U0839368

内蒙古年鉴

2011卷

内蒙古自治区人民政府主办
内蒙古自治区地方志办公室编辑
远方出版社出版

图书在版编目（CIP）数据

内蒙古年鉴.2011/内蒙古自治区地方志编纂委员会办公室编.
-- 呼和浩特：远方出版社, 2012.4
ISBN 978-7-80723-683-2

Ⅰ.①内… Ⅱ.①内… Ⅲ.①内蒙古－2011－年鉴 Ⅳ.①Z522.6

中国版本图书馆CIP数据核字（2012）第061219号

内蒙古年鉴（2011）

主　编：杨泽荣
副主编：查干浪涛　孟秀芳
编　者：内蒙古自治区地方志编纂委员会办公室
（内蒙古自治区党政综合楼7层）
邮　编：010098　电话：0471—4825245
网　址：http//www.nmqq.gov.cn
邮　箱：nmqqnjb@163.com

责任编辑　云高娃　刘洪洋
装帧设计　李瀚鹏　姚　洁
出版发行　内蒙古出版集团　远方出版社
社　址　呼和浩特市乌兰察布东路666号
（电话：0471-2236466　邮编：010010）
经　销　新华书店
印　刷　内蒙古爱信达教育印务有限责任公司
开　本　889×1194mm　1/16
字　数　1600千
印　张　61
版　次　2012年4月第1版
印　次　2012年4月第1次印刷
印　数　1—2000册
标准书号　ISBN 978-7-80723-683-2
定　价　380.00元

編修年鑒

利國惠民

乌云其木格

二〇〇一年

全国人大常务委员会副委员长（原内蒙古自治区党委副书记、自治区主席）乌云其木格题词

《内蒙古年鉴》（2011卷）监审人员

总 监 审： 巴特尔（自治区党委副书记、自治区主席）

副总监审： 潘逸阳（自治区党委常委、自治区副主席）

常　海（自治区人民政府秘书长）

《内蒙古年鉴》编纂委员会名录

主　任：　巴特尔　自治区主席

副主任：　柳　秀　自治区人大常委会副主任
常　海　自治区人民政府秘书长
盖文山　自治区人民政府副秘书长、办公厅主任
乌日吉图　自治区人民政府办公厅副巡视员
杨泽荣　自治区地方志编纂委员会办公室主任

委　员：　梁铁城　自治区发展和改革委员会主任
阿迪雅　自治区民族事务委员会主任
牙萨宁　自治区经济和信息化委员会主任
常军政　自治区财政厅厅长
于永泉　自治区人力资源和社会保障厅厅长
王志诚　自治区文化厅厅长
长　江　自治区审计厅厅长
苗银柱　自治区地税局局长
胡敏谦　自治区统计局局长
陈　洁　自治区工商行政管理局局长
杨红岩　自治区新闻出版局局长
梁文清　自治区档案局局长
张　宇　自治区党史研究室主任
牛　森　自治区社会科学联合会主席
许廷章　自治区国家保密局局长
陈国文　内蒙古军区副参谋长
张　旭　武警内蒙古总队副政治委员
秦　义　呼和浩特市市长
孙炜东　包头市市长
张利平　呼伦贝尔市市长
邓月楼　兴安盟盟长
胡达古拉　通辽市市长
包满达　赤峰市市长
刘俊臣　锡林郭勒盟盟长
陶淑菊　乌兰察布市市长
廉　素　鄂尔多斯市市长
段志强　巴彦淖尔市市长
侯凤岐　乌海市市长
冯玉臻　阿拉善盟盟长

《内蒙古年鉴》（2011卷）编务人员

主　　　编：　杨泽荣

副　主　编：　查干浪涛　孟秀芳

常务副主编：　姚思泰

执行副主编：　喜　荣　海　棠　芙　蓉

编　　　辑：　（按姓氏笔画排列）

冰　霜　齐迎春　何晓伟　张晓虹

孟国荣　赵在旺　郝文强　徐媛英

韩　泽　曾　石　戴建峰

校　　　对：

查干浪涛　孟秀芳　姚思泰

喜　荣　海　棠　芙　蓉

赵在旺　孟国荣　李潇枫

装帧设计：　李瀚鹏　姚　洁

蒙文目录：　芙　蓉

英文目录：　赵国春

索引制作：　王彦祥　毋　栋

编辑说明

一、《内蒙古年鉴》是内蒙古自治区人民政府主办，内蒙古自治区地方志办公室编辑的自治区级综合性年刊。是集知识、信息、资料为一体的权威性工具书。由内蒙古远方出版社出版，向国内外公开发行。

二、《内蒙古年鉴》2011卷以全面、系统、客观地记载内蒙古自治区2010年自然、政治、经济、文化、社会发展各个方面情况为编辑宗旨，以为海内外各界人士了解内蒙古、研究内蒙古和建设内蒙古提供翔实、可靠的区情资料为出版目的。

三、《内蒙古年鉴》2011卷由篇目、栏目、条目组成。除篇目、栏目外，条目统一用黑体加[ ]表示，部分条目加层次性小标题。全书设置特载、中国共产党内蒙古自治区委员会、内蒙古自治区人民代表大会常务委员会、内蒙古自治区人民政府、中国人民政治协商会议内蒙古自治区委员会、民主党派·工商联、群众团体、政法、军事、人事·劳动·扶贫开发、民族宗教·民政、经济管理与监督、农牧林水与农村牧区经济、工业、信息产业、地质矿产勘查、气象·测绘·地震、交通运输、建设·环保、经济贸易·旅游产业、财税、金融·保险、科技、教育、文化传媒、卫生·计划生育·体育、盟市旗县（市区）、企业概览、工业园区、大事记、荣誉等共计31个篇目，全书160万字。

为突出民族特点、地方特色，年鉴除设中文目录、英文目录外，另设蒙文目录。

四、《内蒙古年鉴》所用稿件均由自治区各部门、各盟市及旗县（市区）政府撰（供）稿，并经各单位领导审查，自治区地方志办公室统编，自治区人民政府审定。凡全区性的数据，以统计部门资料为准。

五、《内蒙古年鉴》2011卷随书出版发行电子版光盘，并在内蒙古区情网站(www.nmqq .gov .cn)全文上网，欢迎查阅。

六、《内蒙古年鉴》2011卷的出版，是自治区各地区、各部门通力合作的结果，在编辑出版过程中得到了自治区党委、政府领导，地方志编委会领导和各地区、各部门、各单位领导及同仁的关心支持。在此，对所有给予年鉴编辑工作热情关怀、大力支持和积极参与的同志们一并表示衷心感谢。

内蒙古自治区地方志办公室

2012年3月20日

2010 数字内蒙古

全区总人口2 470.63万人

男性1 283.25万人，占51.94%

女性1 187.39万人，占48.06%

蒙古族422.60万人，占17.11%

其他少数民族82.95万人，占3.36%

城镇人口1 248. 26万人

乡村人口1 165.47万人

盟市（地级）12个（盟3个、市9个）

旗县区（市）101个（旗52个、县17个、

盟市辖县级市11个、区21个、苏木乡镇917个）

全区总面积118.3万平方公里（居全国第3）

实有耕地面积为714.9万公顷

（是全国人均耕地的4倍，居全国之首）

森林资源面积2 366.67万公顷

（占全国森林总面积的 11%，居全国第1位）

林木总蓄积量13.61亿立方米，

森林覆盖率20%

草原总面积8 666.7万公顷

（占全国草原总面积21.7%，可利用草场面积6 818.0万公顷，居全国第1）

全区确定的自然保护区185个

其中：国家级自然保护区23个

自治区级自然保护区61个

自然保护区面积1 382.37万公顷

其中：国家级自然保护区面积384.37万公顷

全区风能总量约54亿千瓦

（占全国总量的30%以上）

水资源总量378.15亿立方米

流域面积为300平方公里

全区地表水资源为406.60亿立方米

地下水平均资源量为254亿立方米

年径流量673亿立方米

淡水总面积85.7万公顷

可利用水面为51.1万公顷

已利用的水面有49.5万公顷

河流258条，

较大的湖泊有295个，

全年平均降水量为50毫米~500毫米

天然降水量100～450毫米之间

年平均气温为0℃～8℃

总辐射量在115～167千卡／平方厘米年之间（仅次于青藏高原，居全国第2位。日照时数在2 700～3 400小时）

稀土氧化物储量7 646.56万吨

（占全国的90%，居世界首位）

发现矿种135种

探明储量矿藏84种

煤碳已经查明和预查煤炭资源储量6 583.4亿吨（居全国第1位，其中100亿吨以上的特大型煤田有5处,10亿吨～100亿吨的大型煤田有11处）煤炭保有储量3 465.83亿吨

天然原油储量146.92万吨

天然气地质储量7 903亿立方米

铁矿石保有储量36.17亿吨

铅保有储量814.36万吨

锌保有储量17 571.63万吨

盐保有储量2 037..31万吨

在已探明储量的矿种中，储量居全国首位的有7种，前3位的有22种，居全国前5位的有41种，居全国前10位的有56种。

野生动物24科114种（占全国兽类450种的25.3%；珍贵稀有动物10余种；鸟类51科365种）

野生植物2 167种

国内生产总值11 655亿元

第一产业增加值1 101.38亿元

第二产业增加值6 365.79亿元

其中：工业5 618.40亿元

建筑业747.39亿元

第三产业增加值4 187.83亿元

全区一、二、三产业比例为9.5：54.6：35.9

全年完成地方财政总收入1 738.13亿元

其中：地方财政一般预算收入1 069.98亿元

全年地方财政支出2 280.47亿元

人均国内生产总值47 642元

发电量2 483.88亿千瓦小时

钢1 232.84万吨

水泥产量5 354.39万吨

卷烟生产265.00亿支

全年粮食总产量2 158.25万吨

农作物种植面积700.26万公顷

粮食作物种植面积549.88万公顷

小麦产量165.24万吨

玉米产量1 465.70万吨

稻谷产量74.79万吨

大豆产量133.39万吨

薯类产量170.98万吨

油料产量128.15万吨

甜菜产量160.96万吨

蔬菜产量1 350.90万吨

水果产量278.17万吨

牧业年度牲畜总增头数6 512万头（只）

牧业年度牲畜存栏头数10 798.5万头（只）

年末牲畜存栏头数6 852.69万头（只）

其中：大牲畜887.86万头

羊5 276.80万只

生猪684.40万口

林业全年完成营造林面积65.78万公顷

其中：人工造林23.02万公顷，

飞播造林7.9万公顷，

封山育林34.86万公顷。

全年完成退耕还林和荒山荒地造林面积5.50万公顷

完成天然林资源保护工程造林面积11.70万公顷

完成京津风沙源治理工程造林面积28.96万公顷

完成“三北”防护林四期工程造林面积15.48万公顷

幼林抚育（作业）面积49.17万公顷

年末全区森林面积2 366.67万公顷

全区农牧业机械总动力3 033.58万千瓦

机电井数量42.86万眼

农田有效灌溉面积302.75万公顷

全年农村牧区用电量48.41亿千瓦时

化肥施用量（按折纯）177.24万吨

肉类总产量248.93万吨

禽蛋产量50万吨

牛奶产量905.15万吨

乳制品产量355.94万吨

绵羊毛10.76万吨

山羊绒8 104吨

原煤产量78 664.66万吨

洗煤产量6 413.05万吨

天然原油182.91万吨

汽油42.10万吨

柴油79.35万吨

天然气202.87亿立方米

生铁1 357.02万吨

钢1 214.12万吨

粗钢1 232.84万吨

钢材1 341.41万吨

铁合金257.74万吨

平板玻璃2 483.88万重量箱

发电量2 483.88亿千瓦小时

风力发电量199.25亿千瓦小时

羊绒衫产量为2 021.16万件

化肥（折纯）180.82万吨

载货汽车41 646.00辆

彩色电视机204.37万部

液体乳产量308.92万吨

水产品11.38万吨

铁路线路长度8 039.00

公路线路里程157 994.00

各种各种运输方式完成货运量150 041.29万吨

铁路货运量67 878.4万吨

公路货运量85 162万吨

民航货运量0.89万吨

各种运输方式完成货运周转量4 800.68亿吨公里

其中：铁路货物周转量2 539.47亿吨公里

公路货物周转量2 261.12亿吨公里

民航货物周转量0.09亿吨公里

全年各种运输方式完成客运量24 206.1万人

其中：铁路客运量4 225.13万人

公路客运量19 830万人

民航客运量150.97万人

各种运输方式完成旅客周转量403.60亿人公里

其中：铁路旅客周转量170.49亿人公里

公路旅客周转量218.21亿人公里

民航旅客周转量14.90亿人公里

年末民用汽车保有量237万辆

私人轿车保有量114.34万辆

邮电业务总量（2000年不变价）675.43亿元

电信业务总量662.37亿元

邮政业务总量13.06亿元

移动电话用户2 033.99万户

固定电话用户414.13万

全区固定及移动电话用户总数达到2 448万户

全区电话普及率（固定和移动）101.07部/百人，

（居西部第一，全国第六）

全区互联网络用户1 271.03万户

全社会固定资产投资总额8 972.08亿亿元

其中：第一产业投资450.63亿元

第二产业投资4 451.75亿元

其中：工业投资4 330.94亿元

第三产业投资4 069.70亿元

城镇房地产开发投资1 120.02亿元

社会消费品零售总额3 337.30亿元

城镇实现社会消费品零售额2 914.58亿元

乡村消费品零售额422.72亿元

批发零售贸易业实现零售额2 897.31亿元

住宿和餐饮业实现零售额439.99亿元

城市消费品零售额2 914.60亿元

旗县消费品零售额2 201.90亿元

旗县以下消费品零售额422.70亿元

海关进出口总额87.19亿美元

出口总额33.35亿美元

进口总额53.84亿美元

全年实现旅游总收入732.7亿元，

国内旅游人数4 477.55万人次

国内旅游收入692.92亿元

入境旅游人数142.80万人次

旅游外汇收入6.02亿美元

年末金融机构各项人民币存款余额10 278.69亿元

全年新增存款1 905.18亿元

其中：企业存款余额3 107.29亿元

城乡储蓄存款余额4 618.11亿元

年末金融机构各项人民币贷款余额7 919.47亿元

全年新增贷款1 626.97亿元，

其中：短期贷款余额2 709.41亿元

中长期贷款余额5 136.53亿元

个人消费贷款余额834.48亿元

金融机构各项外汇存款余额7.03亿美元

金融机构各项外汇贷款余额11.04亿美元

年末上市公司户数20户

两家法人证券公司股民开户数为56.61万户

证券交易额为4 859.16亿元

全区保险机构1 768家

保险营销员6.08万人

保险业保费收入215.54亿元

保险业赔付金额61.71亿元

全年全区农业保险实现保费收入14.89亿元

（累计赔付支出9.78亿元，156万户次农牧户受益）

重大科技成果344项

其中：基础理论成果43项

应用技术成果297项

软科学成果4项

获奖科技成果116项

其中：获国家级奖励2项

获自治区级奖励114项

专利申请量2 912个

专利授权量2 096个

年末普通高等学校数44所

全年招收学生11.65万人

年末普通高等学校在校学生数37.14万人

少数民族在校学生10.04万人

其中：蒙古族8.79万人

每万人口拥有的在校大学生151人

年末全区有研究生培养单位9个

全年招收研究生5 168人

年末在校研究生13 964人

少数民族在校研究生4 504人

其中：蒙古族研究生4 020人，

年末普通中等专业学校数86所

年末普通中等专业学校在校学生数16.82万人

年末中等职业教育学校数285所

年末中等职业教育学校在校学生数33.47万人

年末普通高中学校数289所

年末普通高中在校学生数49.93万人

年末有初中学校834所

年末普通初中在校学生数81.47万人

年末有小学2 767所

年末小学在校学生数143.08万人

全年小学适龄儿童入学率99.99%

全区幼儿园在园人数38.08万人

年末全区有艺术事业机构155个，从业人员6 192人

艺术表演团体120个

其中：乌兰牧骑73个

文化馆102座

公共图书馆113座

博物馆46个

档案馆146座

公共图书馆113个

制作蒙古语译制片53部

年末全区拥有广播电台13座

中短波广播发射台和转播台60座，

广播人口覆盖率96.60%

拥有电视台14座

一千瓦以上电视发射台和转播台92座，

电视人口覆盖率95.38%

有线电视用户313.93户

卫生机构数7 792个

其中：医院468个

农村牧区卫生院1 307个

疾病预防控制机构127个

妇幼卫生机构117个

专科疾病防治院（所）48个

卫生机构床位数97 345张

其中：医院71 596张

乡镇卫生院拥有病床16 000张

妇幼卫生机构拥有病床2 700张

卫生技术人员145 028人

其中：医院拥有8.51万人

乡镇卫生院拥有1.94万人

疾病预防控制机构拥有0.61万人

妇幼卫生机构拥有0.56万人

执业（助理）医师53 231

拥有农村牧区村卫生室1.04万个

拥有乡村医生和卫生员3.42万人

年内开展新型农村合作医疗试点的旗县达到98个

实际参加农村合作医疗农牧民数1 214.63万人

获得国内外重大比赛奖牌1 590枚

其中：国外获奖牌51枚

国内获奖牌1 539枚

破自治区记录4项。

图书出版量5 633万册

其中：蒙文版1 203.12万册

期刊出版量1 051.40万册

其中：蒙文版140.43万册

自治区和盟市两级报纸全年出版份数30 104.11万份

其中：蒙文版766.70万份

出版图书4 580种（其中蒙古文2 545种、报纸79种、期刊148种、内部资料性出版物280种、音像制品 100种、光盘403万张、引进图书版权30余种）

年末城镇登记失业率3.90%

领取失业保险人数4.81万人

参加基本养老保险人数430.68万人

参加基本养老保险人数886.37万人

年末全区就业人员1 184.67万人

年末城镇单位从业人员数249.19万人

国有单位从业人员169.44万人

集体单位从业人员8.91万人

其它单位从业人员70.48万人

年末城镇单位在岗职工人数244.88万人

城镇单位在岗职工工资总额879.8亿元

城镇单位在岗职工平均工资35 507元/人均

城镇居民人均可支配收入17 698元

农牧民人均纯收入5 530元

城乡储蓄存款余额4 618.11亿元

人均储蓄存款余额187 16元

城镇居民家庭恩格尔系数为30.1%

农村牧区居民家庭恩格尔系数为37.5%

全区各家银行累计发放贷款5 466亿元

金融机构工业贷款3 046亿元

体育彩票实现销售11.6亿元

年末全区各类社会福利院床位4.32万张

全区社会福利院收养3.44万人

年末全区城镇建立各种社区服务设施5 194个

其中：社区服务中心1 046个

全年筹集社会福利资金6.47亿元

销售社会福利彩票20.06亿元

接受社会捐赠2 025.3万元

全区化学需氧量排放量27.51万吨

二氧化硫排放量139.41万吨

2010年盟市国民经济主要指标位次

鄂尔多斯市	生产总值2 643.23亿元	1
包头市	生产总值2 460.80亿元	2
呼和浩特市	生产总值1 865.71亿元	3
通辽市	生产总值1 176.23亿元	4
赤峰市	生产总值1 080.18亿元	5
呼伦贝尔市	生产总值932.01亿元	6
巴彦淖尔市	生产总值603.33亿元	7
锡林郭勒盟	生产总值591.25亿元	8
乌兰察布市	生产总值567.60亿元	9
乌海市	生产总值391.12亿元	10
阿拉善盟	生产总值305.89亿元	11
兴安盟	生产总值261.40亿元	12

2010年旗县（市）区国民生产总值前3名

包头市昆都仑区　生产总值700亿元　1

鄂尔多斯市准格尔旗 生产总值671.14亿元 2

鄂尔多斯市东胜区　生产总值639.16亿元 3

2010年内蒙古主要经济指标在全国的位次

生产总值（GDP）11 655.00亿元　15

第一产业增加值1 101.38亿元　17

第二产业增加值6 365.79亿元　14

工业增加值5 618.40亿元　13

第三产业增加值4 187.83亿元　14

人均生产总值（GDP）47 642元　6

地方财政一般预算性收入1 069.98亿元　13

地方财政一般预算性支出2 280.47亿元　15

粮食2 158.25万吨　11

油料128.15万吨　9

肉类总产量248.93万吨　13

牛奶905.15万吨　1

原煤78 664.66 万吨　1

发电量2 483.88亿千瓦小时　5

粗钢1 232.84万吨　16

成品钢材1 341.41万吨　17

水泥5 354.39万吨　16

化肥180.82万吨　13

十种有色金属224.50万吨　5

彩色电视机204.37万台　11

全社会固定资产投资额8 972.08亿元　12

社会消费品零售总额3 337.30亿元　17

海关进出口总额29 728.00亿美元　25

出口总额15 779亿美元　25

实际外商直接投资额 33.85亿美元　18

居民消费价格指数（以上年为100）103.2　14

商品零售价格指数（以上年为100）103.0　21

城镇居民人均可支配收入17 698.15元　10

农牧民人均纯收入5 529.6 元　16

总人口2 470.63万人　23

城镇单位在岗职工平均工资35 507 元/人均　10

HG全区已批准国家级生态乡镇11个，省级生态乡镇69个，省级生态村14个

年末全区拥有各级环境监测站108个

全区监测的15个城市空气质量达到二级标准的14个，达到三级标准的1个

中国共产党内蒙古自治区委员会

自治区党委书记胡春华作重要讲话

自治区党委副书记、自治区主席巴特尔主持大会

中国共产党内蒙古自治区第九次代表大会2011年11月10日在呼和浩特隆重开幕

聆听报告

中共内蒙古自治区第九次代表大会举行第二次全体会议,通过大会选举办法,总监票人、副总监票人和监票人名单

内蒙古自治区人民代表大会常务委员会

大会执行主席、主席团常务主席胡春华主持大会

自治区党委书记、自治区人大常委会主任胡春华参加了自治区十一届人大四次会议解放军代表团的讨论。胡春华表示，各级党委、政府要全力支持军队和国防建设，以实际行动进一步密切同呼吸、共命运、心连心的军政军民关系。他希望驻区部队官兵在“十二五”期间继续发扬优良传统，为促进我区科学发展、和谐发展，巩固民族团结、社会稳定、边疆安宁的良好局面作出新的贡献

自治区十一届人大四次会议2011年1月16日在呼和浩特内蒙古人民会堂开幕

内蒙古自治区人民政府

2011年1月16日，自治区主席巴特尔在自治区十一届人大四次会议上作政府工作报告

自治区党委副书记、自治区主席巴特尔与教育界政协委员讨论政府工作报告

2011年9月21日，巴特尔和部分代表在鄂尔多斯市参观考察精功恒信特种车辆制造厂产品

2011年5月4日，自治区党委副书记、自治区主席巴特尔陪同全国人大常委会原副委员长盛华仁（中），在神华包头煤化工分公司集控室了解煤制烯烃项目发展情况

新当选的自治区政协主席任亚平在自治区政协十届四次会议闭幕大会上讲话

在自治区政协十届四次会议第四次全体会议上，新当选的自治区政协主席任亚平（右）与自治区政协原主席陈光林握手

2011年1月15日，自治区政协十届四次会议在呼和浩特开幕

中国人民解放军内蒙古军区

内蒙古军区政委吴合春出席军区安全工作电视电话会议

内蒙古军区司令员刘志刚出席军区安全工作电视电话会议

军区召开宣布领导班子成员调整命令大会

某部民兵防凌爆破分队进行专业技能集中培训

某部组织军事训练

军分区组织乘驼全线巡逻

中国人民武装警察部队内蒙古总队

3月19日16时许，由中铁十二局施工的集包线新建旗下营隧道发生塌方事故，内蒙古总队及时派出兵力参加救援

4月23日上午，内蒙古总队在呼和浩特市新城区举行武警绿化基地揭牌仪式

2010年7月10日，内蒙古总队派兵参加鄂尔多斯市准格尔旗抗洪抢险救灾

内蒙古总队把改善营区面貌作为后勤工作的重点，努力营造拴心留人的环境

3月31日，自治区党委书记胡春华、自治区主席巴特尔等党政军领导现场观看内蒙古总队组织的处突反恐课目演示及装备展示，接见参加演示的官兵

2010年1月初，内蒙古乌兰察布地区突降大雪，铁路公路交通受阻，总队及时调集兵力，抢险救援

2010年7月27日，国务委员、公安部部长、武警部队第一政治委员孟建柱在呼和浩特接见内蒙古总队总队长张国祥、政委张如平

内蒙古总队从实战需要出发，适时组织部队进行处突反恐演习

中国人民武装警察部队内蒙古总队

内蒙古总队党委加强对基层部队的帮建，扎实做好补课赶队工作。图为党委常委在检查机关干部蹲点笔记

内蒙古总队坚持把军事训练提高到战略高度，从难从严从实战需要组织部队进行强化训练

内蒙古总队医院院长郭纯同志扎根边疆40年，从医35年，多次受到武警部队和内蒙古自治区表彰，多家媒体连续报道他的先进事迹，被中宣部宣传为“时代先锋”

内蒙古总队注重加强基层党的建设，在庆祝建党89周年之际，组织开展重温入党誓词，举行入党宣誓活动

内蒙古总队组织共青团员开展主题团日活动

内蒙古总队运用多种形式开展随机性教育。图为在战士复退期间组织“学老兵、赞老兵、送老兵”活动

内蒙古总队组织部队广泛宣传《人民武装警察法》

内蒙古总队严密组织各项重大临时勤务。图为总队官兵在第四届中国民族商品交易会执勤

内蒙古公安边防总队

内蒙古自治区党委书记胡春华视察内蒙古公安边防部队

内蒙古自治区党委书记胡春华接见王正平总队长

10月12日，公安部草原110工作调研组在内蒙古自治区政府会议中心听取草原110工作汇报

总队与俄罗斯安全局后贝加尔斯克边疆区边防局举行授权代表工作会谈

总队代表队在全区公安系统第三届散打比赛中再获骄人战绩，囊括现役组全部13枚金牌，连续3届荣登金牌榜和奖牌榜榜首

内蒙古公安边防总队

草原110入选"2006-2010影响内蒙古法治进程十大法治事件"总队许群杰政委以特邀嘉宾身份出席揭晓晚会并主持揭晓了第二件十大法制事件

应急处突训练

内蒙古公安边防总队草原110指挥中心开工奠基仪式

全区公安边防官兵全力以赴抗雪救灾

中国人民武装警察部队内蒙古森林总队

高压水枪灭火训练

火焰喷射器训练

索降灭火

灭火炮灭火训练

水枪灭火训练

索滑降训练

快速出动

中国人民武装警察部队内蒙古森林总队

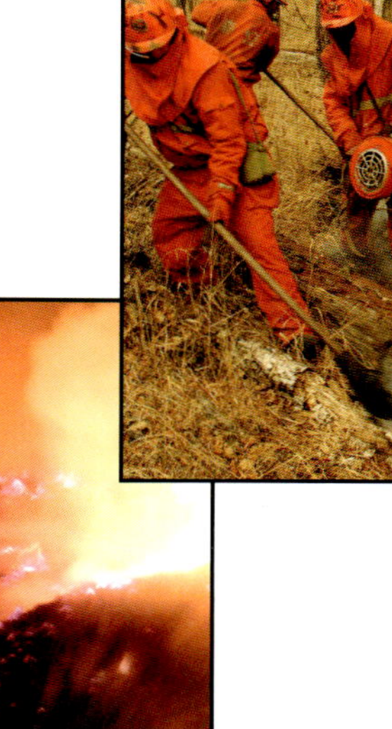

灭火战斗

官兵组成的军乐队

官兵组成的武术表演队

官兵组成的威风锣鼓队

内蒙古自治区公安厅

自治区副主席、公安厅党委书记、厅长 赵黎平

赵黎平副主席与各盟市领导签订责任状

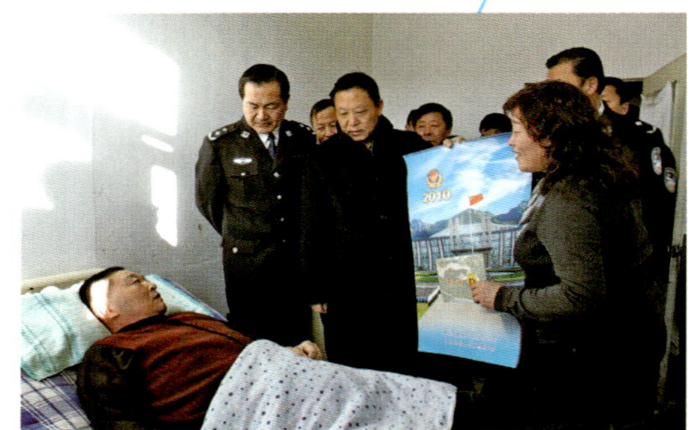

赵黎平厅长看望慰问呼和浩特市公安局负伤民警

赵黎平厅长为散打比赛获奖选手颁奖

自治区副主席、公安厅厅长赵黎平视察呼和浩特市看守所

内蒙古自治区公安厅

国务委员、公安部部长、武警部队第一政治委员孟建柱视察包头市公安局

自治区领导在10.17案件现场

全区道路安全会议现场

综治宣传

2011年科技活动周内蒙古公安厅展台

中国内蒙古第五届警察音乐会现场

护城河4号反恐演习现场

呼和浩特市人民政府

第十二届昭君文化节开幕式现场

伊利万头奶牛牧场园区

大型喷灌圈正在喷灌大田马铃薯

呼和浩特第二中学新校区

呼和浩特火车东客站

华能内蒙古武川李汉梁风力发电项目

蒙牛公司科研技术大楼

呼和浩特市人民政府

"呼和浩特城市之肺"的南湖湿地公园

领到廉租房钥匙的低保户

正在建设的500万吨炼油扩能改造项目

正在建设的如意总部基地

新华东街新建节点绿化景观

呼和浩特市中山西路商业街

呼和浩特市土默特左旗5MW光伏并网示范电站

蔬菜大棚

内蒙古自治区人力资源和社会保障厅

国家人力资源和社会保障部副部长胡晓义一行视察内蒙古人力资源社会保障厅经办机构服务窗口

于永泉厅长春节前慰问内蒙古农业大学专家

呼和浩特2011年“春风行动”启动仪式

2010年全国高校毕业生就业服务月活动内蒙古自治区启动仪式

全区人力资源社会保障系统学习贯彻《社会保障法》动员部署会议

内蒙古自治区人力资源和社会保障厅

和谐中国民生行人力资源和社会保障政策法规主题宣传周启动仪式

内蒙古自治区高校毕业生就业见习基地授牌仪式

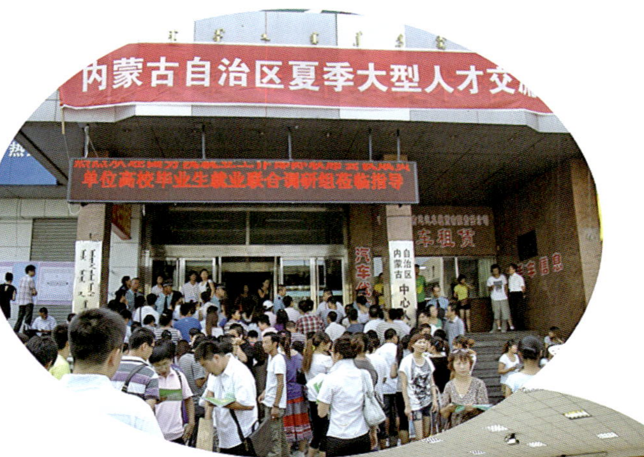

内蒙古自治区夏季大型人才交流会

全区《就业失业登记证》发放与管理业务培训班

内蒙古人力资源和社会保障厅创先争优集中学习暨军事培训班

内蒙古籍高层次人才“家乡行”活动

内蒙古引智培训班

人民网强国博客团考察内蒙古巴彦淖尔市人才储备工作

内蒙古自治区环境保护厅

“十一五”全区共关停小火电机组62台152万千瓦，30万千瓦以上机组已占总装机容量的74.2%。图为包头三电厂淘汰落后小机组爆破现场

“十一五”全区新增污水处理厂67座，日处理能力160.8万吨。图为乌海市海勃湾区污水处理厂，处理污水4万吨，可削减COD4000多吨

“十一五”以来全区5405万千瓦火电机组（含燃用低硫煤机组）率先在全国实现全部脱硫，综合脱硫效率达到90%以上（图为大唐托克托发电厂燃煤机组脱硫设施）

2008年12月，新建的内蒙古自治区环境科研监测大楼正式投入使用

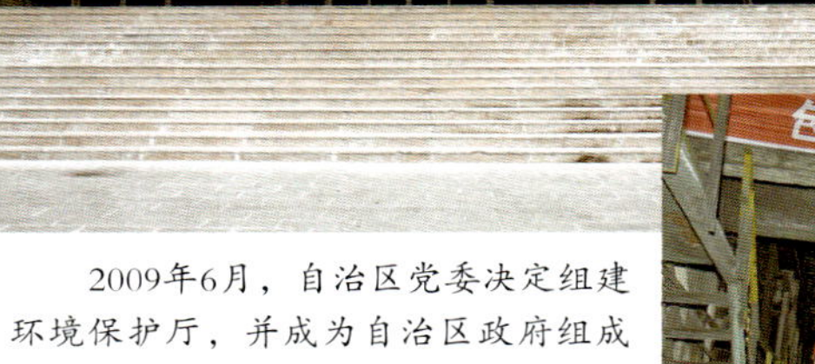

2009年6月，自治区党委决定组建环境保护厅，并成为自治区政府组成部门

2009年8月包钢淘汰2台烧结机

2010年7月27日，环境保护部部长周生贤到内蒙古自治区环保厅慰问自治区环保厅干部职工，并考察环保能力建设情况

苏青厅长视察赤峰市红山高科技园区京能发电厂环保设施建设情况

内蒙古自治区新闻出版局

2010年6月杨红岩局长慰问帮扶社区居民

2010年12月新闻出版总署黄司长一行赴包头验收09-10年草原书屋

充满活力团结进取的领导班子

办公大楼

2010年2月新闻出版局被评为全国报刊审读先进单位

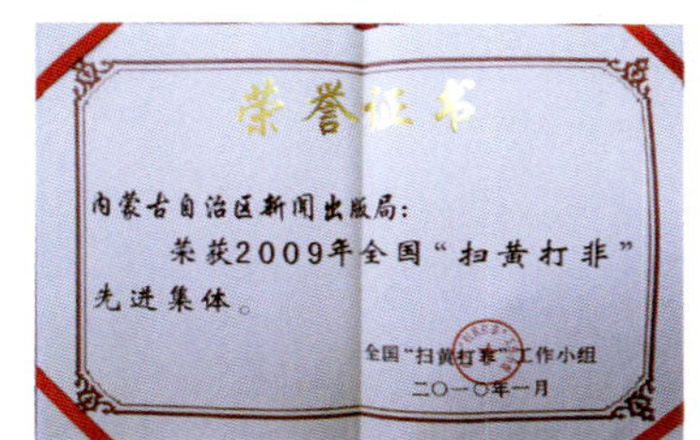

2010年2月新闻出版局被评为全国扫黄打非先进集体

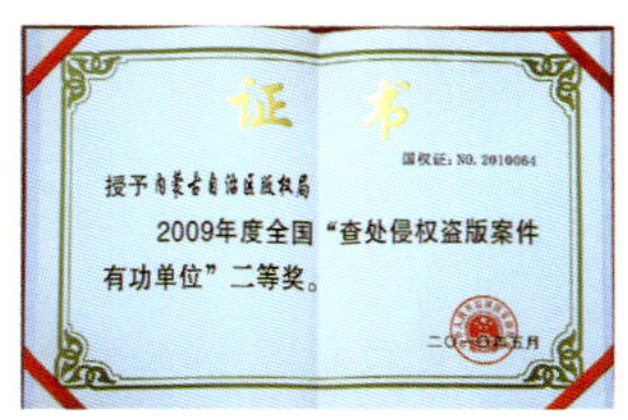

2010年5月新闻出版局获全国知识产权保护二等奖

2010年12月新闻出版局获世博会知识产权保护专项行动先进集体

草原书屋一角

内蒙古自治区文化厅

王志诚厅长在全区文化工作电视电话会议上讲话

乔玉光副厅长在“中国入选联合国教科文组织非物质文化遗产名录项目颁证仪式”上领取蒙古族长调、呼麦等项目证书

荣获文华大奖特别奖的民族舞蹈诗《鄂尔多斯婚礼》剧照

内蒙古民族歌舞剧院“吉祥颂”在央视春晚演出

内蒙古演艺中心工程开工奠基仪式

自治区副主席刘新乐在乌兰牧骑艺术节闭幕式上为获奖单位颁奖

内蒙古自治区文化厅

乌兰等自治区领导参观自治区在深圳文化产业博览会上的展位

王志诚厅长在三下乡启动仪式上讲话

文化产业政银战略合作签字仪式

被评为全国十大考古新发现的赤峰市红山区二道井子夏家店下层文化遗址

内蒙古自治区民政厅

2010年1月12日，自治区党委副书记、自治区主席巴特尔赴呼伦贝尔市慰问军队离退休老干部

2010年，内蒙古自治区党委副书记任亚平慰问低保对象

呼伦贝尔市扎兰屯市为城乡低收入群体发放医疗救助卡

达茂旗第二次地名普查中制作的地名标志

内蒙古自治区民政厅

2010年7月30日，自治区党委书记胡春华看望慰问呼和浩特市离休抗战老干部

2010年8月24日，吴金亮厅长在赤峰查看旱灾

2010年2月28日，满洲里市兵妈妈拥军团开展走边关路、送慈母情活动

锡林郭勒盟苏尼特右旗牧民宝音巴达尔呼感动地领取医疗救助费

2010年7月17日，呼和浩特市发生洪涝灾害

内蒙古自治区旅游局

赵广华局长陪同布小林副主席考察盟市旅游工作

《多彩吊桥》组照

草原欢迎您

呼和浩特喇嘛洞

草原巨龙

黑城晚霞

旅游圣地—成吉思汗陵

马上勇士

齐心协力—马队表演

秋风骏马

内蒙古自治区价格监督检查局

局长 赵标林

热情处理举报，群众送来锦旗表示感谢

深入基层调研价格服务进社区工作

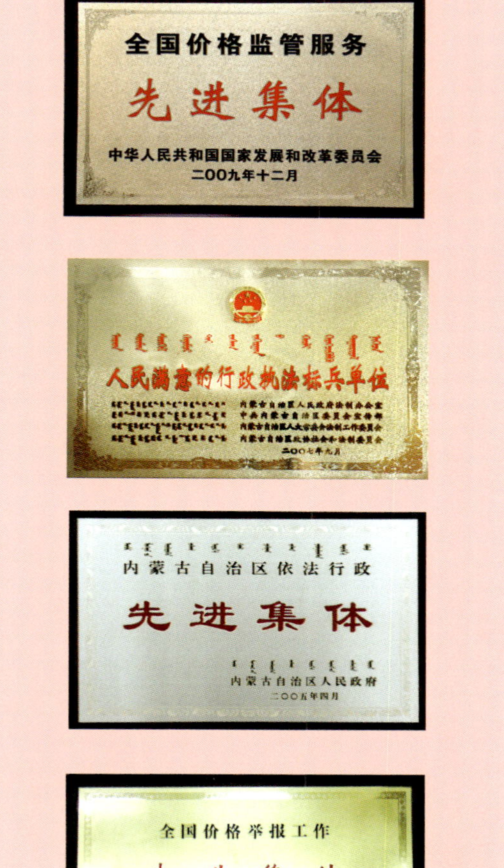

组织案卷评查，促进依法行政

市场价格检查

开展“3·15国际消费者权益日”宣传活动

举办知识竞赛，强化队伍建设

内蒙古自治区广播电影电视局

内蒙古广播电影电视局501台

内蒙古广播电影电视局706台

内蒙古广播电影电视局731台

内蒙古广播影视数字传媒中心效果图

内蒙古广播电影电视局841台

内蒙古自治区广播电影电视局

内蒙古人民广播事业60年暨内蒙古人民广播电台成立60周年庆祝大会，自治区党委副书记、自治区政协主席任亚平出席会议并讲话

内蒙古人民广播事业60年暨内蒙古人民广播电台成立60周年庆祝大会

全区广播影视"十二五"规划编制工作座谈会

全区广播影视工作会议

内蒙古自治区出入境检验检疫局

2010年5月25日，内蒙古检验检疫局周永生局长（前左）和自治区质量技术监督局张铁网局长（前右）共同签署了合作备忘录

2010年，内蒙古检验检疫局按照国家质检总局领导提出的“打造西部大局、争取更大作为”的指示精神，以全面提升检验检疫工作质量和服务地方经济建设水平为目标，进一步解放思想，转变观念，改革创新，在扩大自治区特色产品出口、促进俄蒙资源性产品进口、提高口岸疫病疫情防控能力等方面做出了突出成绩，积极应对国际金融危机带来的不利影响，努力促进了自治区对外经济贸易又好又快发展。

2010年，内蒙古检验检疫系统共检验检疫出入境货物23.6万批、货值117.4亿美元。检出不合格货物558批、货值1194万美元，批次、货值合格率均为99.9%以上。其中检验检疫出境货物6.4万批、货值18.1亿美元。检验检疫入境货物17.2万批、货值99.3亿美元。出入境人员卫生检疫384.4万人次；健康检查1.3万人次，发现病例682例，预防接种9634人；检疫交通工具：火车68.3万节，汽车100.7万辆，飞机673架次，集装箱8.1万标箱。

出口沙特阿拉伯活羊产地检疫

对二连浩特铁路口岸进境原木进行检疫

内蒙古检验检疫局检验检疫人员对呼和浩特白塔国际机场入境韩国航班进行检疫

内蒙古检验检疫局开展12月1日世界艾滋病日宣传

在珠恩嘎达布其口岸对蒙古国入境车辆消毒

内蒙古自治区监狱管理局

自治区司法厅副厅长、监狱局局长刘国栋在局机关会议上讲话

司法厅副厅长，监狱局局长刘国栋（左一）代表监狱管理局向甘肃舟曲泥石流灾区捐款

局领导深入基层进行调研指导

全区监狱系统维护安全稳定工作电视电话会议会场。主席台就座左三为司法厅厅长、监狱局党委书记徐呼和；左四为司法厅副厅长、监狱局局长刘国栋；左二为监狱局副局长杜平安；左五为监狱局副局长王化吉；左一为监狱局党委委员、政治部主任杨建绥

内蒙古自治区人口和计划生育委员会

1. 2010年9月21日，中共中央政治局常委、国务院副总理李克强出席在北京人民大会堂召开的“全国做好人口计生工作暨中国计生协成立30周年座谈会”。会前，李克强同与会代表亲切见面，同王苏布道主任亲切握手。

2. 2010年9月20日，“我们与时代同行——内蒙古自治区人口计生工作30年成就展”在内蒙古自治区展览馆展出，老一辈与新一代人口计生人观看展览时的激动、兴奋溢于言表。

3. 2010年7月20日,全区基层人口和计划生育服务站机制改革现场观摩会在赤峰市召开。

4. 2010年1月28日，自治区党委政府召开全区人口计生工作会议。

2010年10月6日，国家人口计生委副主任江帆参观额济纳旗苏泊淖尔苏木伊布图嘎查人口文化大院

中纪委驻国家人口计生委纪检组组长勾清明在座谈会上听取我区人口计生系统阳光计生行动开展情况的汇报

自治区党委书记胡春华为人口计生30年特殊贡献奖获得者颁奖

2010年11月30日，国家人口计生委副主任王培安带队的国家“十一五”人口发展规划督评小组，在自治区副主席刘新乐、自治区人口计生委主任王苏布道、通辽市领导的陪同下，视察科尔沁区民航社区人口公共服务大厅

2010年9月20日，自治区党委、政府隆重召开纪念《公开信》发表30周年大会。会前，自治区领导胡春华、巴特尔、任亚平、柳秀、刘新乐、郭子明与参会代表合影留念

中国共产党内蒙古自治区委员会老干部局

1

2

3

4

5
7

6
8

1.自治区党委书记、人大常委会主任胡春华慰问老同志

2.自治区党委副书记、自治区主席巴特尔慰问老同志

3.自治区党委副书记、自治区政协主席任亚平慰问老同志

4.自治区党委常委、组织部部长、自治区离退休干部工作领导小组组长李佳在2011年全区离退休干部工作会议上讲话

5.自治区党委副书记、自治区政协主席任亚平向老同志通报形势

6.自治区党委、政府举办2010年度区直机关离退休老同志迎春茶话会

7.2011年全区离退休干部工作会议上为调研、知识竞赛及征文活动获奖单位和个人颁奖

8.2009年召开了全区离退休干部“双先”表彰大会

9.自治区党委老干部局召开离退休干部党组织和党员创先争优活动推进会

10.2010年,胡春华、巴特尔、任亚平等自治区领导接见离退休干部及工作者“双先”代表

11.内蒙古老年大学举办共建和谐校园师生联谊会

12.2010年,自治区领导接见全区离退休干部“双先”代表及工作者

9
10

11

12

内蒙古自治区高级人民法院

内蒙古自治区高级人民法院党组书记、院长 胡毅峰

胡毅峰院长接见包头市两级法院干警

2010年1月13日，自治区高院召开自治区人大代表、政协委员、廉政监督员座谈会，通报法院工作，听取社会各界对人民法院工作的意见和建议

2010年3月4日，自治区高院女法官协会组织广大女法官走进儿童福利院，为这里的孩子送去关心和温暖

2010年9月19日在最高人民法院和中央电视台等单位联合举办的《经济与法》特别节目——“有法大家帮—走进内蒙古”法制宣传活动现场，内蒙古高院法官为群众提供法律咨询服务

为纪念“五四”运动91周年，2010年5月4日，自治区高院组织机关全体青年法官，赴“全国百家爱国主义教育示范基地”——乌兰夫纪念馆，接受爱国主义教育

内蒙古自治区高级人民法院

2010年6月3日，全区法院院长会议暨全区法院队伍建设工作会议在自治区高院隆重召开。会议对全区法院深入推进三项重点工作的总体思路、工作措施和目标要求作了全面部署

2010年9月6日，全区法院审判管理工作研讨会暨内蒙古法学会审判理论研究会第一届年会在鄂尔多斯市达拉特旗恩格贝召开。会议宣布，内蒙古法学会审判理论研究会正式成立

2010年7月31日，全区法院执行干警培训班在呼和浩特开班，全区法院1108名执行干警全部参加这次集中培训

2010年机关春节晚会上，干警进行蒙古族服饰表演

内蒙古自治区煤炭工业局

内蒙古自治区经信委副主任、煤炭工业局局长 王旺旺

内蒙古自治区煤炭工业局是内蒙古自治区人民政府的煤炭行业管理部门，隶属于自治区经济和信息化委员会，现内设煤炭行业管理处、煤矿安全生产监管处、煤矿灾害治理处三个处室。

“十一五”以来，依托内蒙古丰富的煤炭资源，坚决贯彻落实国家和自治区有关煤炭的方针政策，通过大力推进资源整合，构建多元煤炭工业体系；认真开展煤炭生产经营监管、安全监管工作；加强火区灾害治理，加强煤矿建设管理；使我区煤炭生产结构不断优化，技术装备水平进一步提升，煤炭产能有序增加，安全生产形势稳定好转。有效地促进了全区煤炭工业健康可持续发展，为国家、自治区经济建设和社会发展做出了巨大的贡献。

2010年，全区生产原煤7.87亿吨，同比增长26.4%；全区销售煤炭 7.85亿吨，同比增长26.3%。全区煤炭工业增加值完成1314亿元，同比增长26.4%；全区煤炭进口1638.66万吨，同比增长120%。在生产经营监管方面，全区共关闭煤矿899处，淘汰落后产能5012万吨，生产煤矿平均单产能力已由2005年的14万吨提升至2010年的140万吨以上。煤矿综合机械化水平提高至90%以上，资源回收率达到60%以上；在灾害治理方面，截止2010年底，全区累计投入治理资金65亿元，完成煤矿火区治理项目107个，占全区煤矿治理现有项目总数的50%，治理面积达4180万平方米，恢复植被1409万平方米，完成土石方工程量7亿立方米。在安全生产监管方面，全区安全质量标准化达标矿井341处，占全区生产矿井的80%。其中，达到国家级标准化煤矿46处；2010全区煤矿瓦斯抽采6465.6万立方米，超额完成国家下达的1665.6万立方米指标；2010全区煤炭生产百万吨死亡率0.062，居全国领先水平；在煤矿建设方面，2010年，自治区新建竣工投产煤矿8个，新增产能3630万吨，新开工建设煤矿4处，设计生产能力1040万吨。

世界首个煤制烯烃项目——神华包头煤化工有限公司煤制烯烃项目

全国煤矿安全质量标准化工作座谈会会议期间，与会代表现场参观乌海市、鄂尔多斯市及神华集团乌海能源公司的4个安全质量标准化煤矿

内蒙古煤炭企业通过矿井整合、技术改造、加大煤矿安全投入等措施，使我区机械化程度达到了90%以上，确保了生产与矿工安全双保险

我国最大的露天煤矿——内蒙古大唐国际胜利东二号露天煤矿。图为建设中的储煤仓和煤炭传送带

内蒙古自治区煤炭工业局

国家安全监管总局局长骆琳在自治区副主席赵双连的陪同下，考察伊泰集团公司大地精煤矿的安全生产工作

自治区党委书记、自治区人大常委会主任胡春华考察大唐集团内蒙古克什克腾煤制气项目

自治区党委副书记、自治区主席巴特尔在霍煤集团考察工作

2009年3月23日，由伊泰集团煤制油项目生产的柴油、石脑油等产品成功投产

由内蒙古通辽金煤化工有限公司投资建设的年产20万吨煤制乙二醇项目在内蒙古通辽市建成投产，此项目是我国煤化工五大重点示范工程之一

2010年内蒙古已查明煤炭资源储量达到7323亿吨，继续居全国第一位

大唐集团内蒙古克什克腾煤制气项目，投产后每年将通过440多公里管道向北京直接供应天然气40亿立方米

内蒙古自治区教育厅

教育厅厅长 李东升

胡春华书记在阿拉善盟视察教育工作

2010年全区高等教育工作会议召开，全面部署2010全区高等教育重点工作

巴特尔主席主持召开校安工程领导小组会议

深入实施素质教育，促进学生全面发展，图为中学生进行大课间活动

2010年自治区进一步加大民族教育的投入，加强民族学校基础建设，图为民族学校学生在使用新配置的教学实验室里上化学实验课

兴安盟在玛拉吐嘎查建起的村级幼儿园

中职学生正在进行数控机床操作

内蒙古自治区科学技术厅

自治区党委书记胡春华、自治区主席巴特尔与获得科学技术特别贡献奖的朝伦巴根（代领）、李喜和合影

自治区领导参观科技成就展

国家科技支撑计划益生菌生产基地奠基投产

科技奖励大会全景

原中国科学院院长、党组书记路甬祥与自治区党委书记胡春华共同为中科院内蒙古草业研究中心揭牌

内蒙古自治区科技厅厅长徐凤君在第八届内蒙古（赤峰）农业科技成果博览会上致辞

内蒙古自治区干细胞生命科技产业化基地开工奠基

徐凤君厅长陪同自治区副主席连辑参观农机展品

内蒙古自治区食品药品监督管理局

郝富局长在庆祝建党90周年大会上讲话

2011年春节前，局领导探望老干部

办公大楼

2011年春节前，部分局领导陪同刘新乐副主席到奶源基地考察调研

局领导深入药品生产企业视察

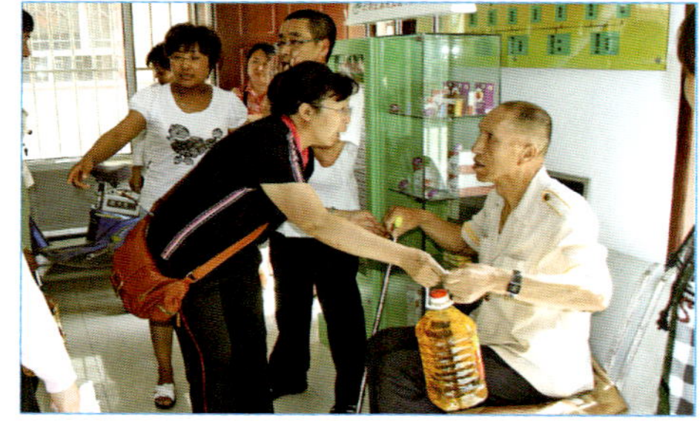

慰问梁山街社区困难党员

2011年2月26日在呼和浩特市召开全区食品药品监督管理工作会议

荣誉墙

内蒙古自治区食品药品监督管理局

全区食品药品监督管理系统党风廉政建设工作电视电话会议

2011年7月在通辽市召开全区食品药品监督管理工作座谈会

郝富局长陪同中纪委驻国家局纪检组长李东海参观药品生产企业

格日勒图副局长陪同刘新乐副主席到基层调研

局领导3·15期间在市区做宣传

郝富局长深入基层扶贫

办公大楼

局领导班子向中纪委驻国家局纪检组长李东海汇报工作

内蒙古自治区文学艺术界联合会

内蒙古文联主席巴特尔与全国人大常委会原副委员长布赫亲切握手

党组副书记、主席 巴特尔

党组书记、副主席 王金喜

内蒙古自治区文学艺术界联合会，简称内蒙古文联，是自治区各文学艺术家协会和各盟市文联、各产业文联组成的人民团体，是党和政府联系全区各民族文艺家的桥梁和纽带。自治区文联现有在职职工120人,各文学艺术门类会员有11571名，全国会员有1773名。所属机构有：内蒙古作家协会、戏剧家协会、美术家协会、音乐家协会、舞蹈家协会、民间文艺家协会、摄影家协会、电影家协会、书法家协会、曲艺家协会、杂技家协会、电视艺术家协会、职工文联等13个协会及文艺理论研究室、美术馆等业务部门，办有文学月刊《草原》(汉)、《花的原野》(蒙)、音乐期刊《草原歌声》和蒙文文学翻译刊物《世界文学译丛》、蒙文文艺理论刊物《金钥匙》等杂志。

内蒙古文联成立50多年来，以其独具草原风格、民族特色的文艺形式享誉全国。近年来，围绕中心，服务大局，举办了一系列重大文艺活动，圆满完成了纪念自治区成立60周年、建国60周年和改革开放30周年、上海世博会等活动任务，承办的内蒙古自治区文学艺术杰出贡献奖、突出贡献奖和特殊贡献奖社会反响热烈，“草原文化与文学艺术论坛”、“八骏杯全国大中学校学生蒙古文作文大赛”已成为在全国颇具影响力的文艺品牌活动。文学艺术事业取得了长足发展，涌现出一批全国知名的优秀人才，有多部作品获全国奖，通过实施“送欢乐，下基层”活动，让广大群众分享到了高质量的精神文化生活。新时代新征程，自治区文联将继续推动我区文艺事业的大发展大繁荣，为建设民族文化强区作出更大贡献。

8月23日，第七届中国内蒙古草原文化节闭幕式暨文学艺术“突出贡献奖”、“特殊贡献奖”颁奖晚会；自治区领导与获奖文艺家合影

7月28日上午,内蒙古自治区文学艺术界联合会第七次代表大会在呼和浩特隆重召开

自治区党委常委、宣传部部长乌兰与第七届主席团全体成员合影

内蒙古农牧业科学院

内蒙古农牧业科学院领导班子成员，左三赵存发院长、左四冯万玉书记、左二刘永志副院长、左五康暄副院长、左一路战远副院长。

中国科学院内蒙古草业研究中心落户内蒙古农牧业科学院

农业部农产品质量安全综合检验测试中心（呼和浩特）挂牌

向日葵杂交种“内葵杂3号”

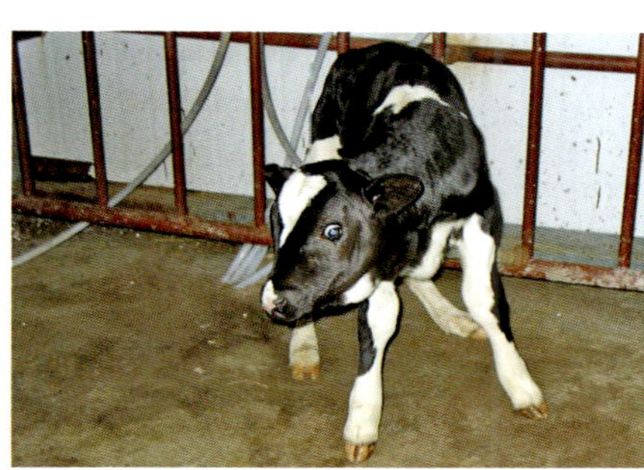

自治区首例克隆牛－蒙蒙诞生，高产奶牛体细胞克隆技术应用取得突破

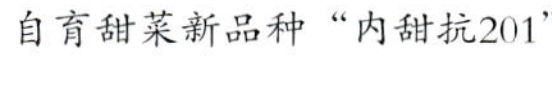

自育甜菜新品种“内甜抗201”

内蒙古农牧业科学院育成的金红4号胡萝卜

遥感技术对草原类型进行地面样点监测

小麦套种玉米超吨粮田技术集成示范

农麦2号

驼绒藜与冰草大田生产

内蒙古自治区总工会

自治区领导亲切接见劳动模范和先进工作者

1月31日，自治区党委书记胡春华在自治区人大常委会副主任、总工会主席云秀梅陪同下，慰问劳动模范。

12月16日，自治区人大常委会副主任、总工会主席云秀梅率慰问团深入建筑工地，慰问正在施工的外省籍农民工，送去价值3万元的保暖物资

自治区人大常委会副主任、总工会主席云秀梅为困难职工家庭子女代表发放助学金

1月23日，自治区总工会与自治区人民政府召开第五次联席会议

内蒙古自治区总工会

自治区总工会组织两个劳模事迹报告团赴全区各地作巡回报告

4月23日，自治区劳动模范和先进工作者表彰大会在呼和浩特隆重举行

内蒙古困难职工家庭高校毕业生阳光就业对接活动启动仪式

在12月21日召开的全区送温暖活动启动仪式上，两级工会向呼和浩特地区分到保障性住房的困难劳模代表发放新房钥匙

1月18日，全区职工职业技能比赛总结表彰暨劳动竞赛活动推进电视电话会议在呼和浩特召开

4月8日，自治区厂务公开工作领导小组在呼和浩特召开全区厂务公开民主管理工作经验交流会议

11月10日至11日，自治区总工会承办了内蒙古党委、政府召开的全区工资集体协商经验交流会议

内蒙古福利彩票发行管理中心

内蒙古福利彩票发行管理中心是内蒙古自治区民政厅下属的自收自支型事业单位，负责中国福利彩票在内蒙古自治区境内的发行销售和管理工作。

自治区福利彩票发行始于1988年（始称“中国社会福利有奖募捐券”，1994年起更名为“中国福利彩票”），截至2010年底，已累计销售福利彩票94亿元，筹集公益金31亿元，年销售额已突破20亿元大关。目前，全区共建立了3500个电脑福利彩票投注站、24个中福在线销售大厅以及3600个网点即开型福利彩票销售点，为社会直接提供近万个就业岗位。内蒙古福利彩票发行工作得到了自治区政府、民政厅、财政厅等机关单位和社会各界的肯定和赞誉，连年被自治区民政厅评为全区民政系统先进单位。

内蒙古福利彩票发行管理中心始终遵循“扶老、助残、救孤、济困、赈灾”的发行宗旨，坚持“公开、公平、公正、公信”的发行原则，发行销售福利彩票所筹集的公益金有力的支持了自治区社会福利事业和公益事业的发展：资助兴建、改扩建社会福利院、农村敬老院、儿童福利院等社会福利设施，资助实施了为残疾孤儿进行手术康复治疗的“明天计划”，以农村敬老院建设为主要内容的“霞光计划”，以及“福利彩票公益金圆梦助学”等活动，同时资助了光荣院建设和社区居委会办公用房等各类福利事业项目1500个，真正做到了“上为政府分忧，下为百姓解愁”，为促进自治区和谐社会建设作出了重要贡献。

见证福利彩票公开、公平、公正、公信

福彩公益金资助“晓霞聋儿语训学校”

关注巴彦淖尔雪灾灾区并捐赠价值20万元救灾货物

福利彩票公益金助学活动为四所高校400名贫困生提供资助

福利彩票刮刮乐在我区上市后持续热销

内蒙古自治区食品药品检验所

团结奋进的领导班子

内蒙古自治区食品药品检验所成立于1957年7月，在国家药品监督体制改革后，分别于2001年和2002年相继加挂内蒙古自治区医疗器械检测中心和内蒙古自治区药品不良反应监测中心两块牌子，2007年经内蒙古自治区政府批准将内蒙古自治区药品检验所更名为内蒙古自治区食品药品检验所。主要工作是承担内蒙古自治区境内的药品和医疗器械技术监督，餐饮业等消费环节和保健食品、化妆品监督检测及安全评价工作，以及药品不良反应和医疗器械不良事件的监测工作。

食药检验所2008年通过了国家CNAS实验室认可，同年通过了自治区质量技术监督局实验室资质认定现场评审。2003年取得了自治区科技厅颁发的实验动物许可证，2004年取得国家食品药品监督管理局医疗器械检测资格认可。2004年食药检验所档案室经内蒙古档案局专家评审，档案管理工作达到国家科技事业单位二级标准。

新实验楼

食药检验所现有职工93人，各类专业技术人员73人，占全所职工的78.5%。所内设技术和管理共16个科室。2010年由大学西街60号迁入金桥开发区世纪六路药检综合大楼，占地面积27980平方米，检测区域面积11219平方米，内含屏障环境动物室、普通动物室、无菌室、仪器室等50多间实验用房。拥有液相色谱-质谱-质谱联用仪、气相色谱-质谱联用仪、离子色谱仪、电感耦合等离子体质谱仪、高效液相色谱仪、气相色谱仪、红外分光光度计、原子吸收分光光度计、紫外分光光度计等大型精密分析仪器90余台件。

近年来，内蒙古自治区食品药品检验所以科学发展观为统领，以创先争优活动为切入点，以加强食品药品检验能力建设为中心，以不断提高干部职工队伍爱岗敬业精神为抓手，以加强质量体系建设为突破口，以科研工作为支撑点，以保发展、保稳定、保安全为主线，在新一届领导班子的带领下，不断开拓进取，技术创新，积极承担科技部“十一五”科技支撑项目，先后参与各版《中国药典》、《卫生部药品标准》和《内蒙古自治区地方标准》2000余个品种的起草工作，编辑出版了《中华人民共和国卫生部药品标准》蒙药分册，2007年出版了《内蒙古蒙药制剂规范》第一册并进行了蒙文版的编译工作，目前《内蒙古蒙药制剂规范》第二册已基本完成。食药检验所先后被自治区党委组织部、自治区直属机关工委评为“学习型党组织”，被自治区食品药品监督管理局连续6年评为“实绩突出单位”，为自治区医药事业发展做出了重大贡献。

在新的发展时期，食药检验所干部职工将继续加强学习《药品管理法》、《食品安全法》等法律规范和专业技术知识，强化实验室质量管理体系建设，严格依法履行技术监督职责，为保证人民饮食用药用械安全做出新贡献。

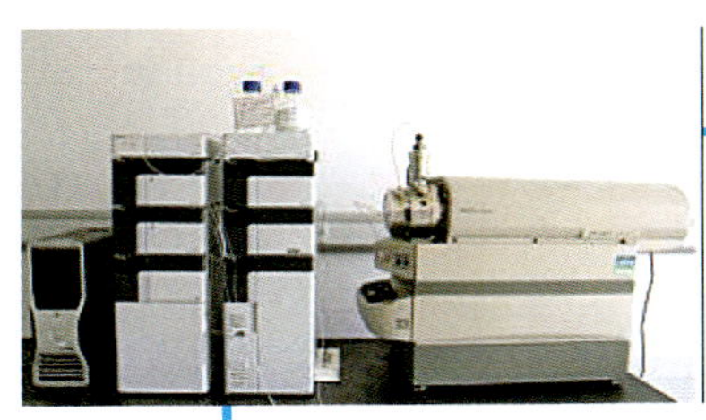
LC-MS-MS为药品非法添加、食品监督及安全评价做了大量工作

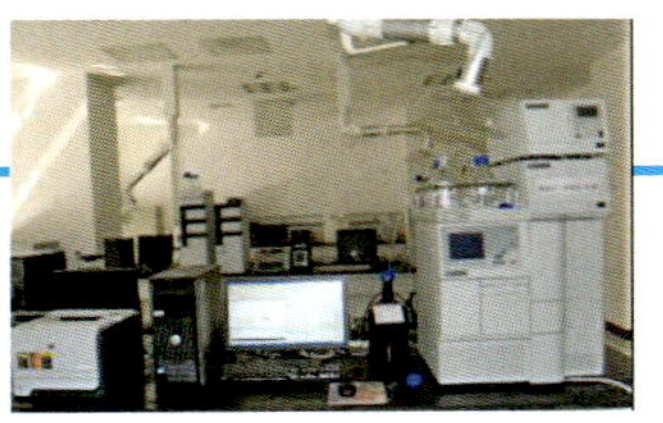
WATERS高效液相色谱仪

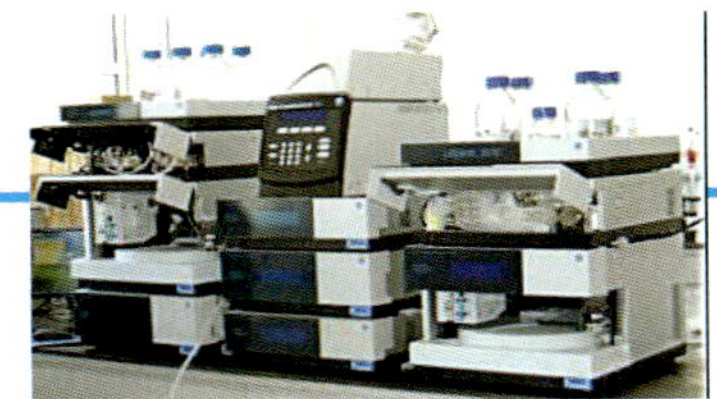
高效液相色谱仪，配二极管阵列检测器和电化学检测器

新实验楼中宽敞的理化实验室，良好的通风环境

内蒙古自治区残疾人联合会

内蒙古自治区残疾人联合会成立于1988年7月30日，是国家法律确认，内蒙古自治区人民政府批准成立的将残疾人自身代表组织、社会福利团体和事业管理机构融为一体的残疾人事业团体，具有“代表、服务、管理”职能—代表残疾人共同利益；维护残疾人合法权益；开展各项业务和活动，直接为残疾人服务；承担政府委托的行政职能，发展和管理残疾人事业。自治区残联下设内蒙古自治区聋儿听力语言康复中心、残疾人职业技术培训中心（也称残疾人特殊职业技术学校）、残疾人劳动就业服务中心和自治区残联机关事务服务中心等四个所属事业单位。成立了内蒙古自治区残疾人福利基金会、内蒙古残疾人法律援助中心内蒙古残联工作站、残疾人事业新闻宣传促进会、残奥委员会、特奥委员会、聋人体育协会和肢残人、聋人、盲人、精神病亲友协会等为残疾人服务的组织和专门协会。

1

2

3

4

1. 2011年自治区残疾人就业援助月活动现场

2. 2010年自治区残疾人就业招聘周现场

3. 30名“人工耳蜗项目”受助儿童家长向自治区残联总送匾额

4. 内蒙古自治区残疾人郑怀勇向上海世博会捐赠作品

5. 中国残联党组书记、理事长王新宪与内蒙古自治区党委书记胡春华商谈残疾人事业发展

6. 自治区党委副书记、自治区常务副主席任亚平等领导赴上海世博会参观内蒙古残疾人才艺展示

7. 自治区人大副主任郝益东、政协副主席郭子明等参观自治区残疾人公益书法绘画工艺品展

8. 自治区残联党组书记、理事长杨志民为中心学生捐赠校服

5

6

7

8

9. 自治区残疾人福利基金会与书法家协会共同举办的爱心笔会

10. 自治区残联党组书记、理事长杨志民与安装人工耳蜗的儿童交谈

11. 上海世博会上外国参观团与我区残疾人才艺展示人员合影留念

12. 内蒙古自治区残疾人康复就业综合中心

9

10

11

12

内蒙古自治区体育彩票管理中心

内蒙古自治区体育局党组书记、局长石梅谈体育彩票工作

内蒙古体育彩票管理中心对兴安盟科右中旗好腰苏木呼热嘎查捐助20万元用于电网改造工程

内蒙古体育彩票管理中心全体员工为玉树灾区捐款

2010年内蒙古体彩管理中心捐助50名贫困大学生

内蒙古自治区体育彩票管理中心是内蒙古自治区体育局下属的自收自支型事业单位，负责在内蒙古自治区内中国体育彩票的发行销售管理工作。

内蒙古自治区电脑型体育彩票于2002年5月18日开始发行。建立了3000余个电脑体育彩票销售和1000余个即开型体育彩票销售网点，直接提供就业岗位8000余个。八年中，共有14种体彩玩法亮相内蒙古彩市，满足了广大彩民的各种需求。

内蒙古自治区体育彩票管理中心遵循“公开、公平、公正”的发行原则和“取之于民、用之于民”的发行宗旨，截至2010年底共发行体育彩票55.7亿余元。其中，电脑型体育彩票42.3亿元，即开型体育彩票13.4亿元，筹集公益金近16.8亿元，有力的支持了内蒙古自治区体育事业和社会公益事业的发展。体育彩票公益金除了用于奥运争光和全民健身计划的实施之外，还广泛地应用于我国的残疾人事业、农村医疗救助、红十字人道主义救助、援助西部体育设施的“雪碳工程”。

内蒙古自治区煤田地质局

煤炭工业地质勘查

功勋单位

中华人民共和国煤炭工业部
一九九三年六月

全国煤炭工业

地质勘查功勋单位

中国煤炭工业协会
二〇〇五年四月

近年来，内蒙古煤田地质局积极购置一流的钻探设备，引进先进的钻探工艺，打造现代标准化勘探队。图为局长、党委书记莫若平等领导视察117勘探队勘探工地

局党建工作受到国土资源厅党组表彰

召开煤田地质工作会议，部署2011年工作及“十二五”规划

内蒙古煤田地质局锡盟胜利煤田二、三号露天勘探工地

内蒙古自治区通信管理局

内蒙古军区司令员刘志刚在乌力吉局长陪同下实地考察内蒙古联通机动通信局

蒙西-2010地震应急演练先进单位及个人受到表彰

召开2011年度电信用户委员会座谈会倾听委员意见

召开全区电信行业工作会议 确定2011年行业工作重点

召开整治手机淫秽色情专项行动总结大会

自治区国防动员委员会信息动员办公室组织应急演练

中国共产主义青年团内蒙古自治区委员会

内蒙古团委书记常志刚深入基层调研

内蒙古团委召开“共青团与人大代表政协委员面对面”座谈会

内蒙古团委召开2010年青年五四奖章个人（集体）表彰会

内蒙古团委召开乡镇街道团委书记培训班

志愿者服务工作

国家统计局内蒙古调查总队

国家统计局纪检组长罗兰到内蒙古检查工作

国家统计局副局长许宪春到内蒙古巡查统计执法大检查工作

自治区副主席潘逸阳视察总队工作

总队开展“世界统计日”和“中国统计开放日”庆祝活动

全区组织工作满意度民意调查培训会

2010年统计调查工作会议

人民银行呼和浩特中心支行

中国人民银行纪委书记王洪章在呼和浩特中心支行调研指导工作

人民银行呼和浩特中心支行党委书记、行长、国家外汇管理局内蒙古分局局长王景武

举办反洗钱知识竞赛

金融知识进“社区、企业、农村牧区”

人民银行呼和浩特中心支行领导班子

王景武行长陪同自治区领导进行金融调研

人民银行呼和浩特中心支行

人民银行呼和浩特中心支行王景武行长与自治区领导亲切交谈金融工作

人民银行呼和浩特中心支行举行辖区第五届职工运动会

人民银行呼和浩特中心支行组织全区金融机构认真贯彻落实货币政策

人民银行呼和浩特中心支行组织召开全区金融机构迎新年座谈会，共商金融支持自治区经济发展大计

召开全区农村牧区支付服务环境建设推动现场会

中国人民银行副行长易纲在呼和浩特中心支行调研

内蒙古自治区农村信用社联合社

自治区副主席布小林在佟铁顺理事长的陪同下视察指导农村信用社工作

党委副书记、主任杨阿麟巡视招聘行长现场

金谷合作银行开业

换届社代会

科学发展观活动

社代会举手表决

党委书记、理事长佟铁顺，党委副书记、主任杨阿麟为先进工作者颁奖

代表填选票

投选票

内蒙古自治区农村信用社联合社

联保带来的微笑

企业文化

信用社贷款支持的产业化项目

中国农业发展银行内蒙古分行

行长、党委书记 贾楞

总行郑晖行长在营业室慰问职工

监事会丁仲麓主席到内蒙古分行指导工作

总行郑晖行长在营业室慰问职工

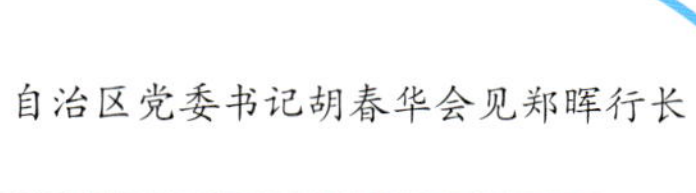

自治区党委书记胡春华会见郑晖行长

员工素质提升工作总结表彰动员大会

中国农业发展银行内蒙古分行

农民喜收售粮款

支持粮食收购

支持肉类加工

支持修建农村公路

支持现代农牧业开发

中国邮政储蓄银行内蒙古分行

内蒙古分行行长张少波荣膺“2009年度内蒙古十大经济人物”称号

荣获“2009年度内蒙古百姓口碑金奖单位”荣誉

分行员工在“首届内蒙古金融业卓越理财团队评选活动”中取得佳绩

宽敞明亮的营业大厅

中国邮政储蓄银行内蒙古分行2011年工作会议

邮储银行内蒙古分行与银联内蒙古分公司银行签订业务全面合作协议

邮储银行内蒙古分行与中国烟草总公司内蒙古自治区公司签订全面合作协议

中国工商银行股份有限公司内蒙古分行

工商银行内蒙古分行支持地方经济建设

工商银行内蒙古分行2010年服务价值年启动动员大会

工商银行内蒙古分行参加内蒙古银行业2010年公众教育服务日活动

工商银行内蒙古分行开展大学生就业见习基地活动

工商银行内蒙古分行召开会议部署年度工作

工商银行内蒙古分行召开劳动模范报告会

中国人寿保险股份有限公司内蒙古分公司

中国人寿保险股份有限公司内蒙古自治区分公司党委副书记、副总经理（主持工作）柳廷生

2010年度《财富》“全球500强企业”揭晓，中国人寿名列第118位，较上年跃升了15位

3·14重特大交通事故发生7小时后，公司领导及理赔人员赶赴山西大同开展现场理赔工作

主动引入社会监督，全力打造服务品牌

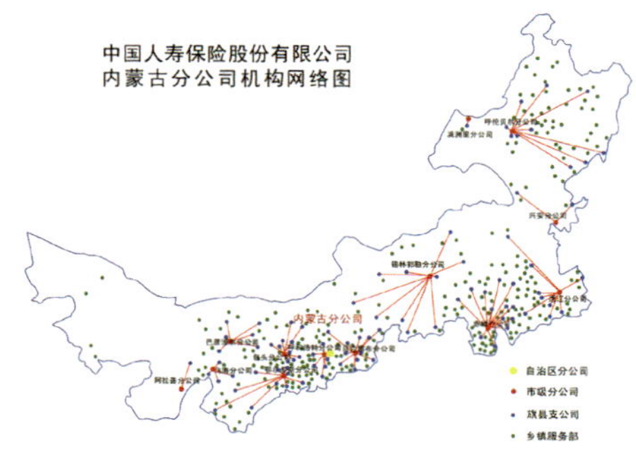

国寿服务网络遍布全区

“盛世中国，人寿年丰”60周年司庆活动

中国人寿保险股份有限公司内蒙古分公司

参加在人民大会堂举办的"营销十五周年"庆典活动

公司开展送保险进家庭社区公益活动

在业界首先推出"1+N"服务理念，向客户提供保单服务的同时提供多种附加值服务

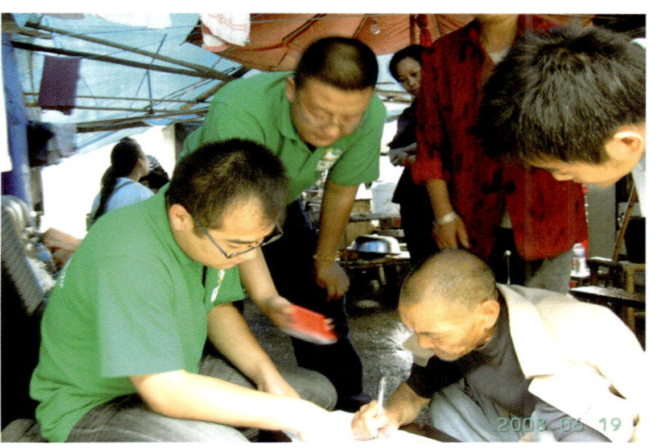

中国人寿内蒙古分公司员工深入5·12 汶川地震灾区一线开展理赔工作

在6·16国寿客户节当天，举办"牵手国寿，精彩生活"健康长走活动，倡导全民健康

中国人寿内蒙古分公司办公楼

中国银联内蒙古分公司

自治区副主席布小林出席全区农村牧区支付服务环境建设推动现场会并讲话

中国银联内蒙古分公司总经理 戈岚

中国银联内蒙古分公司戈岚总经理获2010年度自治区“十大经济人物”

组织举办第二届内蒙古金融家与企业家年会

中国银联内蒙古分公司

全区农村牧区支付服务环境建设推动现场会展示区

举办内蒙古成员机构业务规则及风险管理系统培训班

举办自治区第三届“银联杯”商业服务业收银员职业技能竞赛

开展“安全用卡 放心支付”银行卡安全知识宣传

组织举办银行卡专业工作委员会2010年年会

中国银联内蒙古分公司与中国农业银行内蒙古分行签署全面合作协议

国家开发银行内蒙古自治区分行

2010年，获得全区促进就业先进单位

2010年4月23日，内蒙古分行党委书记、行长马健荣获“内蒙古自治区劳动模范”荣誉称号

国家开发银行内蒙古自治区分行党委书记、行长 马健

2010年，总行姚中民监事长来蒙调研贷款支持的欧Ⅳ发动机项目

2010年，总行李吉平副行长赴内蒙古项目现场调研

举办贷款新规知识竞赛

国家开发银行内蒙古自治区分行

2010年10月27日，与伊泰集团签订《开发性金融合作协议》

2010年4月16日，马健行长代表总行与土耳其国库署在中土两国领导人见证下签订《合作意向书》

2010年9月29日，与呼和浩特市土地储备中心签订滨河新区土地储备项目合同

2010年11月15日，与兴安盟签订“扶贫支点工程”—农牧民微贷款业务合作协议

2010年4月13日，召开全区融资平台研讨会议

2010年3月20日，与呼伦贝尔市签订《文化旅游产业规划合作协议》

交通银行内蒙古分行

交通银行内蒙古自治区分行党委书记、行长 卢永胜

卢永胜行长在北方奔驰重型汽车股份有限公司考察

沃德财富服务区（高端客户服务区）

交通银行内蒙古自治区分行与内蒙古煤炭交易市场有限公司签订合作协议

宽敞明亮的营业场所

目　录

特　载

中国共产党内蒙古自治区委员会

内蒙古自治区人民代表大会常务委员会

内蒙古自治区人民政府

中国人民政治协商会议内蒙古自治区委员会

民主党派·工商联

群众团体

政　　法

军　　事

人事·劳动·扶贫开发

民族宗教·民政

经济管理与监督

农牧林水与农村牧区经济

工　业

信息产业

地质矿产勘查

气象·测绘·地震

交通运输

建设·环保

经济贸易·旅游产业

财　　税

金融·保险

科　　技

教　　育

文化传媒

卫生·计划生育·体育

盟市旗县(市 区)

企业概览

工业园区

大 事 记

荣 誉

索 引

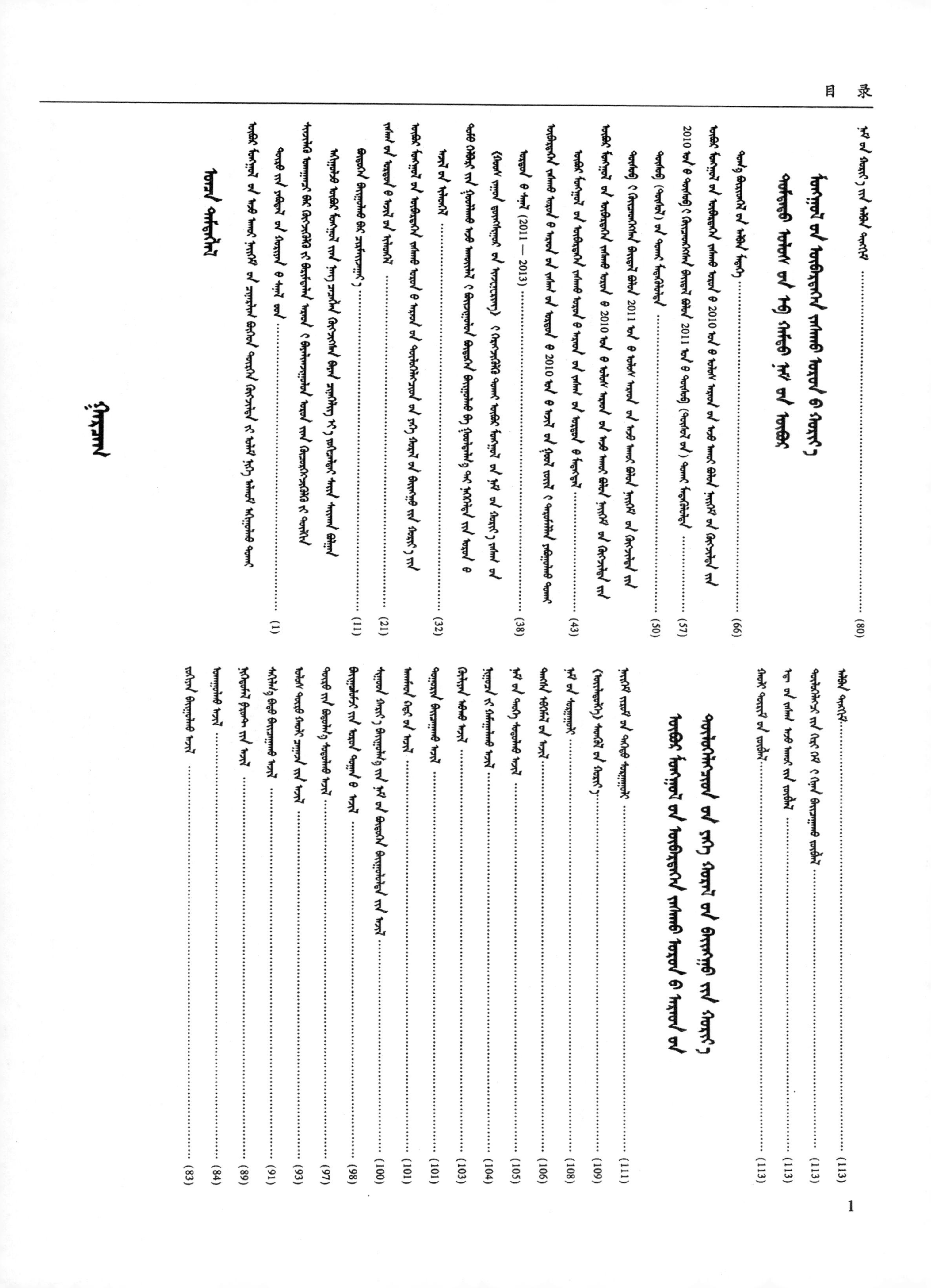

[illegible]

[illegible]

[illegible]

[illegible]

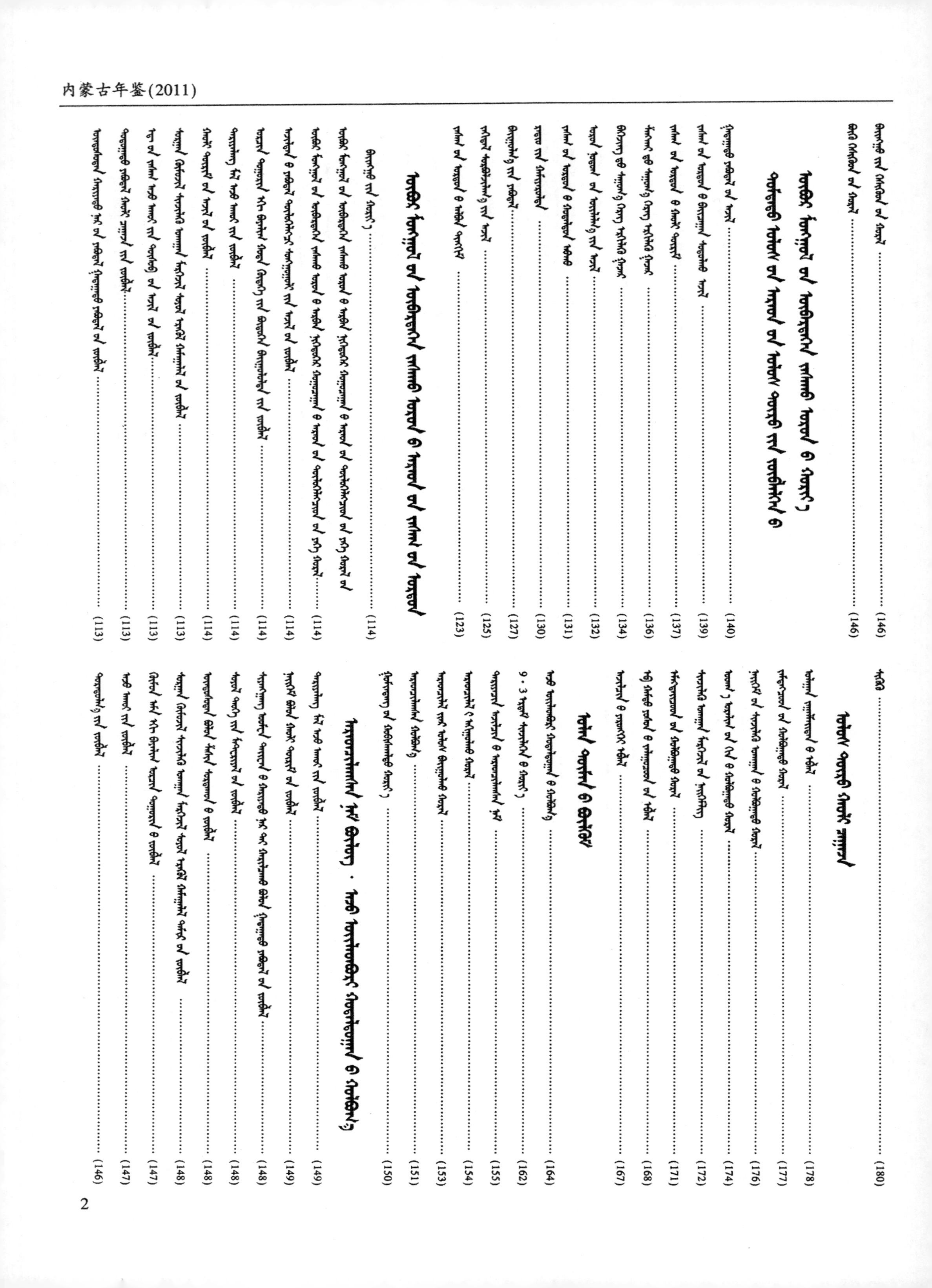

[illegible]

[illegible]

[illegible]

[illegible]

[illegible]

[illegible]

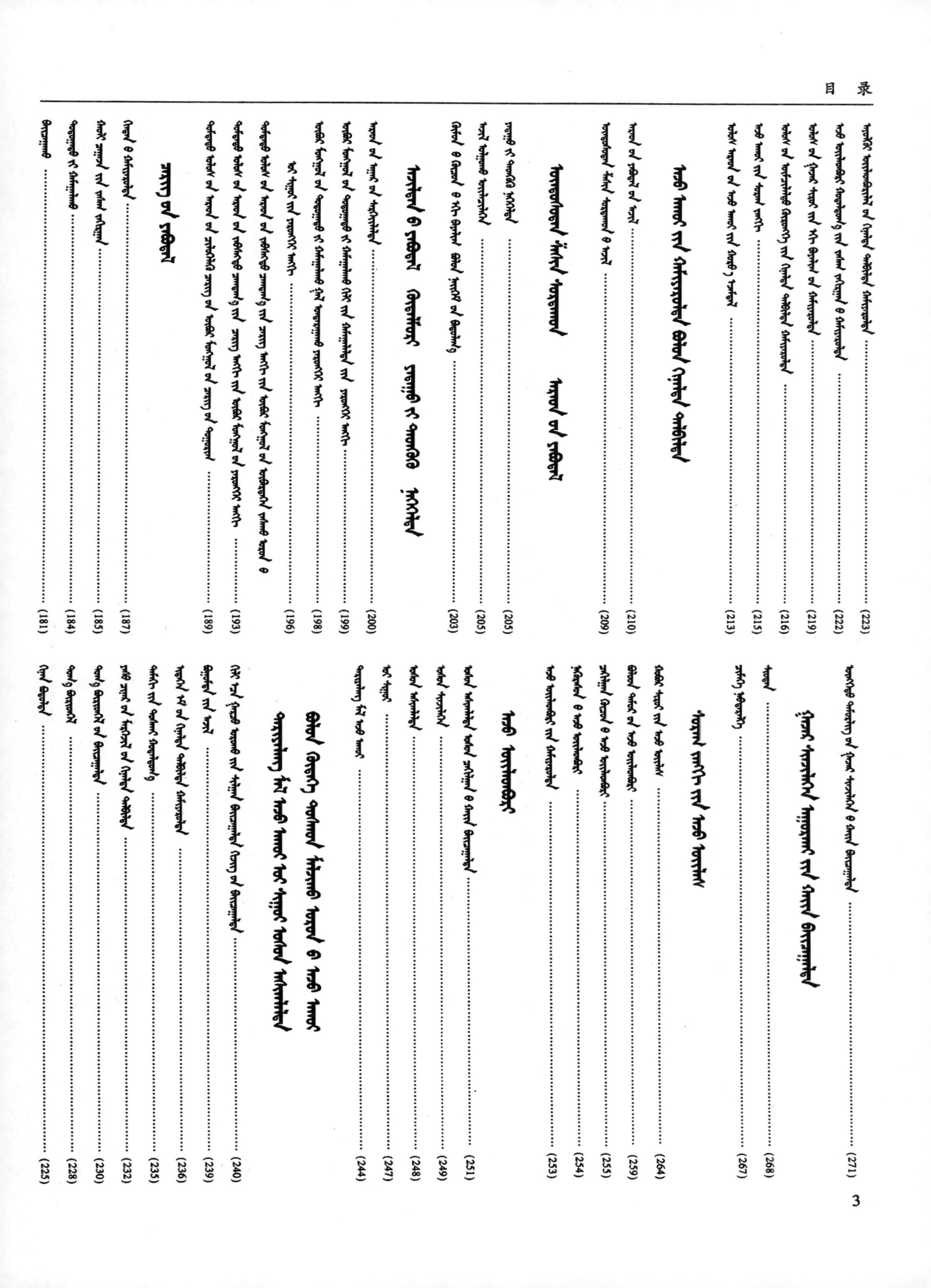

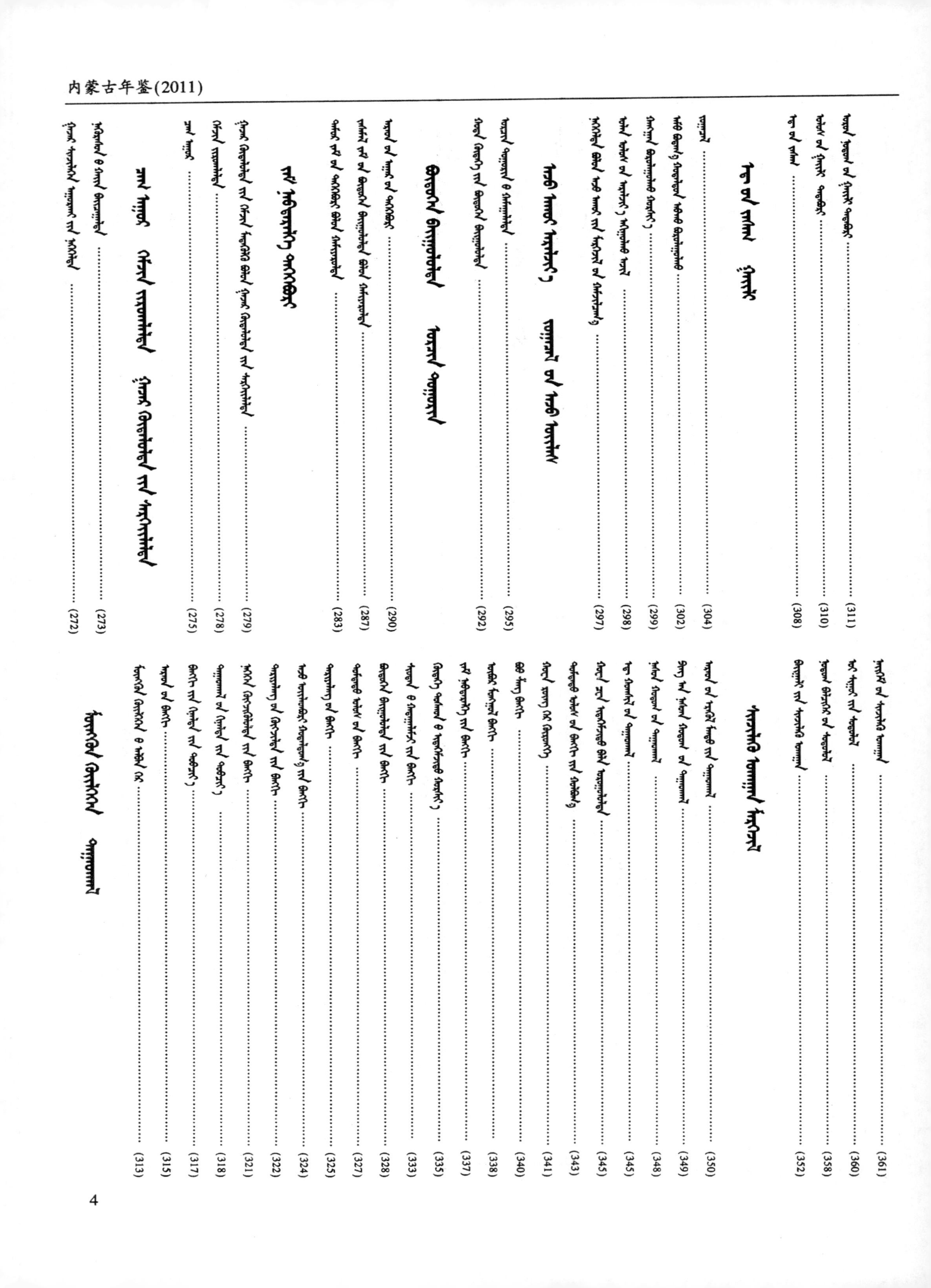

[illegible]

[illegible]

[illegible]

[illegible]

[illegible]

[illegible]

[illegible]

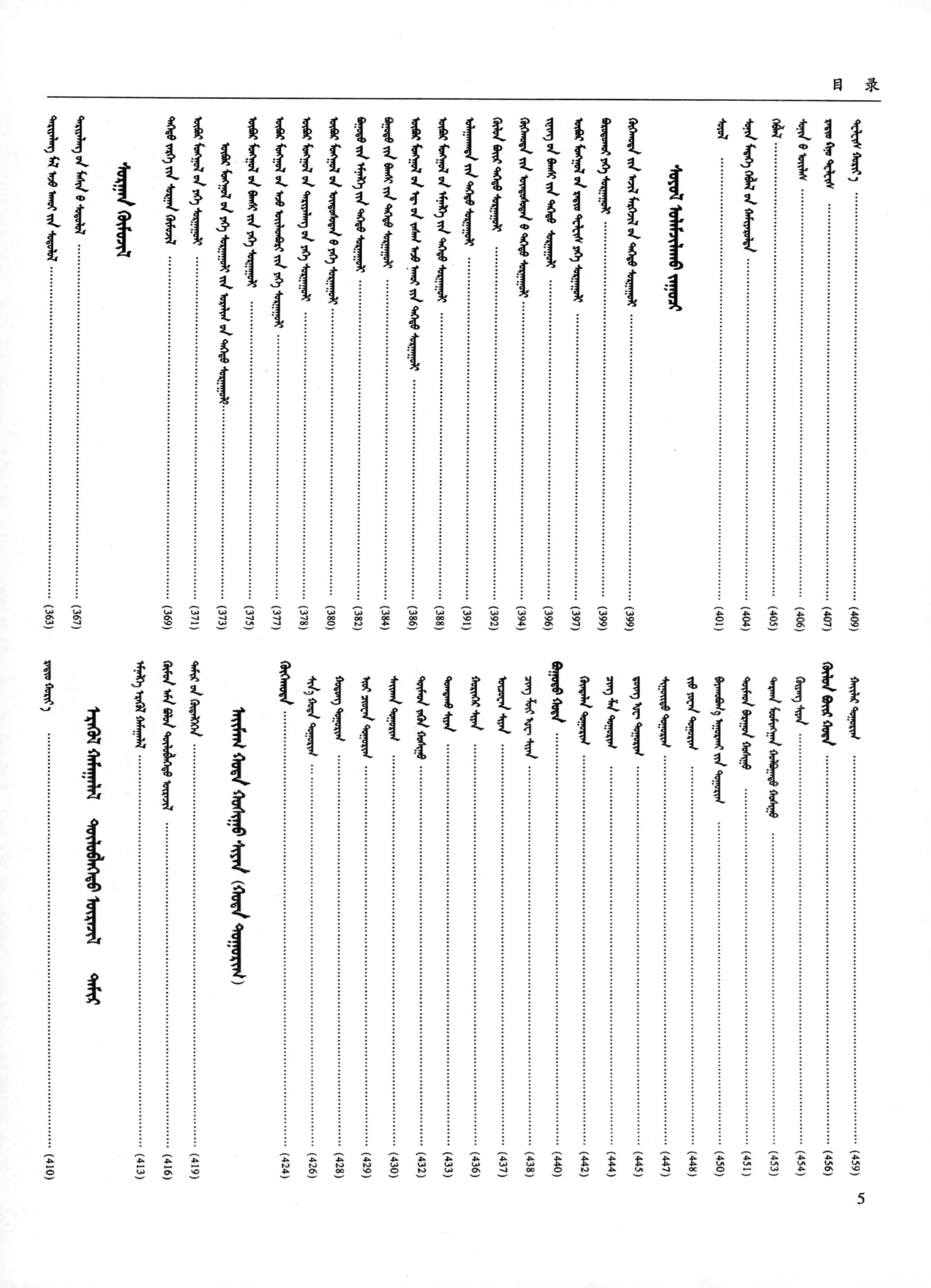

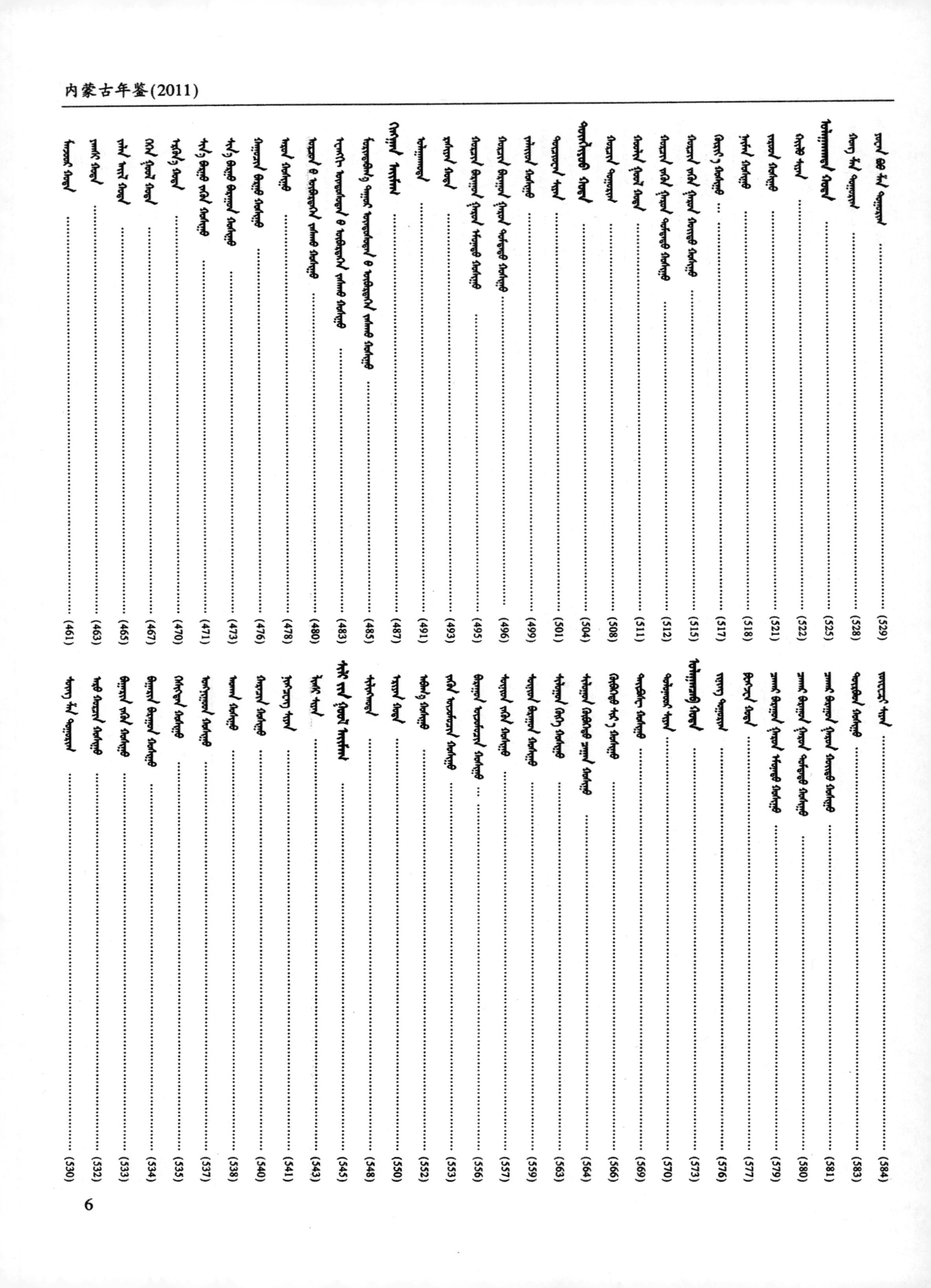

[illegible]

[illegible]

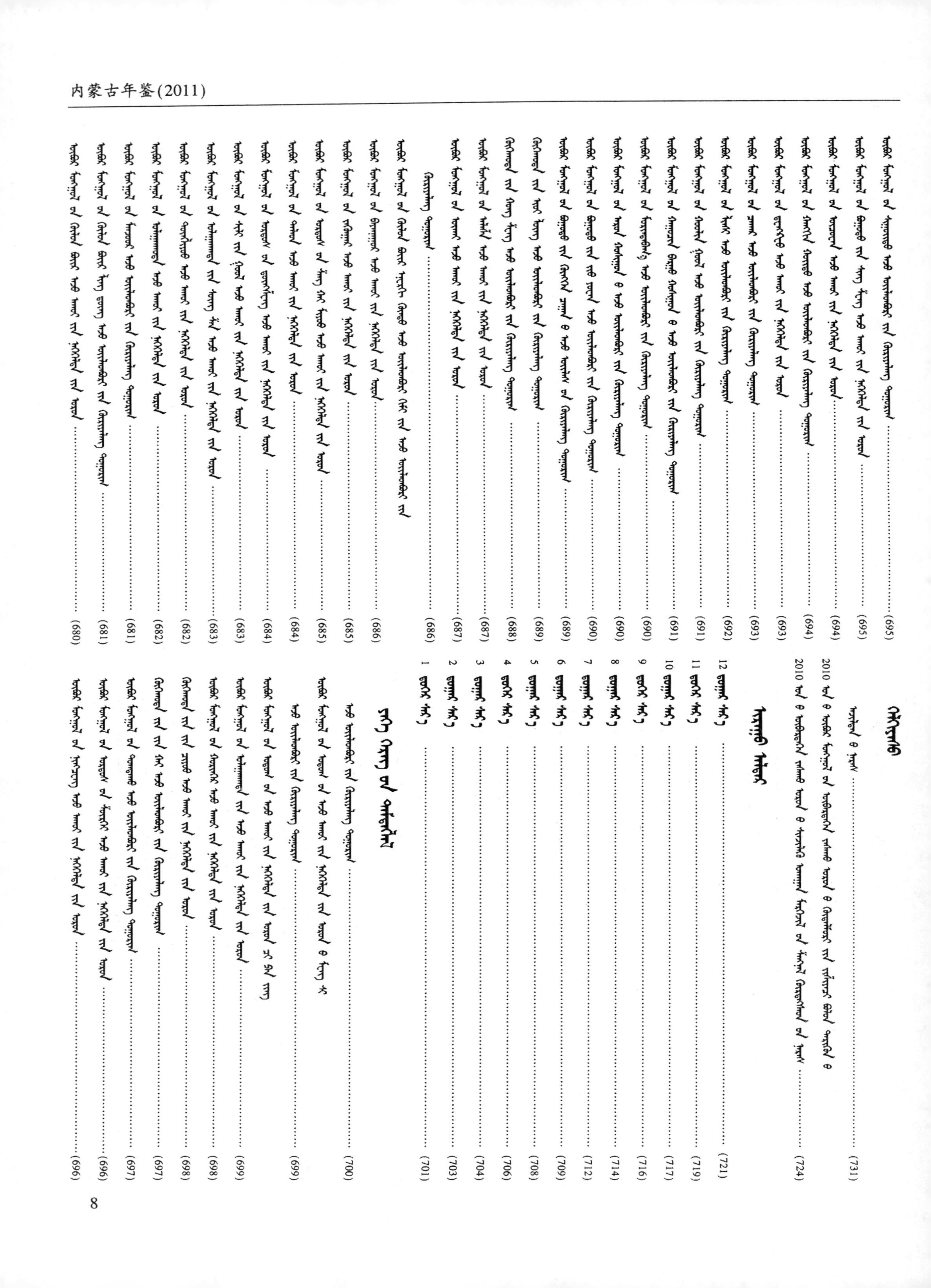

CONTENTS

Special Records

Committee of Inner Mongolia Autonomous Region of the Chinese Communist Party

Standing Committee of the People's Congress, Inner Mongolia Autonomous Region

People's Government of Inner Mongolia Autonomous Region

Committee of the Chinese People's Political Consultative Conference of Inner Mongolia Autonomous Region

Democratic Parties Association of Industry and Commerce

Mass Organization

Politics and Lawful Works

Military Affairs

Personnel Affairs, Labor and Development for helping the Poor

Minority Affairs and Religion, Civil Affairs

Management for Economy and Supervision

Agriculture, Animal Husbandry, Forestry, Water conservancy and Rural Economy

Industry

Information production

Geological ore Surrey

Climate, Survey and Drawing, Earthquake

Traffic Transportation

Construction and Environment Protection

Economic Trade and Environment Protection

Finance and Tax

Banking and Insurance

Science and Technology

Education

Cultural Transmission

Hygiene, Birth Control and Physical Culture

Leagues Cities and Counties (Districts)

The Brief Introduction of Enterprises

Industrial Garden Regions

Major Events

Honor

Index

特　　载

国务院关于进一步促进内蒙古经济社会又好又快发展的若干意见

国发〔2011〕21号　　6月26日

各省、自治区、直辖市人民政府，国务院各部委、各直属机构：

改革开放特别是实施西部大开发和振兴东北地区等老工业基地战略以来，内蒙古抢抓机遇，开拓进取，经济社会发展取得巨大成就，已经站在新的历史起点上。但内蒙古在发展中仍存在基础设施建设滞后、生态环境脆弱、产业结构单一、区域发展不平衡、公共服务能力不强等突出困难和问题，为进一步促进内蒙古经济社会又好又快发展，现提出以下意见：

一、总体要求

（一）重大意义。内蒙古位于我国北部边疆，是我国民族区域自治制度的发源地，煤炭、有色金属、稀土、风能等资源富集，发展潜力巨大，生态区位独特，在全国经济社会发展和边疆繁荣稳定大局中具有重要的战略地位。在新形势下，推进内蒙古加快转变经济发展方式、深化改革开放，有利于构筑我国北方重要的生态安全屏障，有利于形成我国对内对外开放新格局，有利于优化提升经济结构，有利于促进区域协调发展，有利于加强民族团结和边疆稳定。

（二）指导思想。高举中国特色社会主义伟大旗帜，以邓小平理论和“三个代表”重要思想为指导，全面贯彻落实科学发展观，坚持和完善民族区域自治制度，深入实施西部大开发和振兴东北地区等老工业基地战略，以加快转变经济发展方式为主线，以深化改革、扩大开放为动力，进一步加大国家支持力度，着力加强生态保护和基础设施建设，夯实可持续发展基础；着力推进经济结构战略性调整，提高发展质量和水平；着力培育新的经济增长点，促进城乡和区域协调发展；着力保障和改善民生，不断提高公共服务能力；着力加强社会建设和社会管理，促进民族团结边疆稳定，努力实现全面建设小康社会目标，为全国经济社会发展作出更大贡献。

（三）战略定位。

——我国北方重要的生态安全屏障。全面实施重点生态保护与建设规划，大力推进重大生态工程建设，加强重点区域、流域生态建设和环境保护，构筑以草原和森林为主体、生态系统良性循环、人与自然和谐相处的国家生态安全屏障。

——国家重要的能源基地、新型化工基地、有色金属生产加工基地和绿色农畜产品生产加工基地。充分发挥资源丰富、靠近市场、基础较好的优势，做大做强特色优势产业，加快构建多元化的现代产业体系，把内蒙古建设成为国家战略资源支撑基地和新的经济增长点。

——我国向北开放的重要桥头堡。大力实施沿边开放战略，依托重点口岸和合作园区，加快国际通道、对外窗口及沿边开发开放试验区建设。深化与俄罗斯、蒙古等国家的经贸合作与交流,发挥内引外联的枢纽作用,努力构建面向北方、服务内地的对外开放新格局。

——团结繁荣文明稳定的民族自治区。坚持和完善民族区域自治制度,发扬民族团结的优良传统,全面落实各项民族政策,大力繁荣民族地区经济,切实增进各族人民福祉,筑牢我国北方安全屏障,建设民族团结、经济繁荣、社会进步、边疆稳定的民族自治区。

(四)基本原则

——坚持推进经济结构战略性调整。把经济结构战略性调整作为加快转变经济发展方式的主攻方向,协调推进新型工业化、新型城镇化和农牧业现代化,增强自主创新能力,加快产业结构调整升级,优化城乡结构和区域布局,促进经济社会协调发展。

——坚持保障和改善民生。走富民强区之路,始终把保障和改善民生作为经济社会发展的出发点和落脚点,着力解决各族人民最关心、最直接、最现实的利益问题,努力实现居民收入增长和经济发展同步,劳动报酬增长和劳动生产率提高同步,使发展成果惠及各族人民。

——坚持节约资源保护环境。树立绿色发展理念,加强生态建设和环境保护,开发利用低碳技术,落实节能减排措施,大力发展循环经济,提高资源综合利用水平,促进经济社会发展与人口资源环境相协调,不断提高可持续发展能力。

——坚持深化改革扩大开放。赋予先行先试政策,深化重点领域和关键环节的改革,力争取得突破;深化对内对外开放,不断拓展广度和深度,增强经济社会发展的活力和动力。

——坚持促进民族团结社会稳定。全面贯彻落实党的民族工作方针和政策,始终坚持各民族共同团结奋斗、共同繁荣发展,巩固和发展社会主义新型民族关系,加强和创新社会管理,提高社会管理的科学化水平,以繁荣发展促进团结稳定,以团结稳定保障繁荣发展。

(五)主要目标。

到2015年,交通、能源、水利、农牧业等基础设施瓶颈制约明显缓解;基本形成多元发展、多级支撑的产业体系,自主创新能力显著提高,综合经济实力进一步增强;农牧区生产生活条件明显改善,城乡居民收入达到全国平均水平;基本公共服务能力显著提高,区域发展差距明显缩小,贫困人口显著减少;生态环境恶化趋势得到有效遏制,治理区明显好转;基本实现草畜平衡,草原植被覆盖度达到43%,森林覆盖率达到21.5%;节能减排取得明显成效,单位地区生产总值能耗下降、主要污染物和二氧化碳减排实现预期目标。

到2020年,基础设施更加完善,基本适应经济社会发展需要;经济结构进一步优化,经济发展水平明显提升,城乡居民收入超过全国平均水平;实现基本公共服务均等化,区域内部发展的协调性明显增强;贫困地区经济社会发展水平全面提升,稳定实现扶贫对象脱贫致富;草原植被覆盖度和森林覆盖率进一步提高,生态状况明显改善,主要生态系统步入良性循环,可持续发展能力显著增强;形成生产发展、生活富裕、生态良好的现代化内蒙古新局面。

二、全面推进生态建设和环境保护

(六)加强草原生态保护与建设。推进草原生态保护与建设,在全国退牧还草工程建设中继续把内蒙古作为重点。全面落实草原生态保护补助奖励政策,严格执行草畜平衡、休牧轮牧制度,对严重退化、沙化草原实行禁牧。启动实施呼伦贝尔草原草甸、科尔沁草原、阴山北麓草原等重点生态功能区保护与建设工程。推进草原牧区基础设施建设,发展设施畜牧业和人工草场,稳步实施生态移民,培育后续产业。提高草原防灾减灾能力,加大草原防火和病虫鼠害防治力度。探索建立基本草原保护制度,研究制定草原征用占用补偿标准,依法征收草原植被恢复费。推进草原生态保护和治理的技术研究与应用,加强草原生态监测监理体系建设,加大草原管护力度。

(七)强化森林生态保护与建设。继续实施天然林保护和"三北"防护林工程,巩固退耕还林成果,支持人工造林和森林改造培育。加强林地管理,严禁毁林开荒,在林区逐步实施"代木能源"工程。加大重点湿地保护与恢复力度，严禁湿地开垦等破坏性活动，逐步扭转湿地萎缩趋势。推进大小兴安岭生态功能区的生态保护与建设，加快实施《大小兴安岭林区生态保护与经济转型规划(2010－2020年)》。提高森林防火和有害生物防治能力，加强大兴安岭寒带生物基因库保护和建设。继续实施森林管护中央财政补助政策，将符合规定的国家级公益林纳入中央财政森林生态效益补偿范围。

(八)加大沙地沙漠和水土流失治理力度。加强沙地沙漠综合治理，在京津风沙源治理工程建设中继续把内蒙古作为重点。启动重点地区防沙治沙专项治理工程和沙化土地封禁保护区建设，推广实用技术和模式，鼓励发展沙产业。加大水土保持重点工程建设规划实施力度，启动黄土高原综合治理工程，以多沙粗沙区为重点，实施黄河沿岸十大“孔兑”综合治理。加强江河源头地区水土保持和嫩江、辽河流域黑土区及中小河流水土流失治理，提高水土流失监测能力。实施阿拉善生态绿洲保护与治理工程。

(九)加强环境综合整治。加大黄河、辽河、松花江、海河等重点流域水污染防治力度，推进项目建设。抓紧开展乌梁素海综合治理，提高生态用水保障程度，严格控制污染源。强化水功能区和入河排污口监测，健全监督管理体系。加强城镇和工业园区污水、垃圾、危险废物处理等环保基础设施建设，实现危险废物全过程规范化管理。加大“以奖代补”力度，推进污水处理设施配套管网建设和既有居住建筑供热计量及节能改造。推进重点城市大气污染防治工程建设，支持燃煤电厂和工业锅炉除尘脱硫脱硝，发展集中供热，防治机动车尾气污染。全面加强矿区生态保护与环境综合治理。提高共伴生矿、煤层气、矿井水和粉煤灰、煤矸石、尾矿等工业“三废”综合利用水平。采取综合措施，开展农村面源污染治理。强化对持久性有机污染物和危险化学品的监管，开展重金属污染责任保险试点，建立重金属防治和事故应急体系。提高环境监管能力，完善管理体系。支持开展生态建设示范区和生态文明试点工作。

(十)切实做好节能减排工作。大力实施重点节能工程，支持高载能行业节能改造和重大节水技术改造工程建设。加快淘汰落后产能，推行清洁生产，积极发展循环经济。开展循环经济示范、主要污染物排污权有偿使用和交易试点工作。推广应用低碳技术，实施森林草原固碳增汇技术示范工程，控制温室气体排放。

三、大力加强基础设施建设

(十一)加快综合交通运输体系建设。推进鄂尔多斯、锡林郭勒等煤炭资源富集地区至河北、辽宁沿海港口煤运通道建设，规划建设内蒙古西部煤炭产地至中部省份的北煤南运新通道，提升大秦、朔黄等既有煤运铁路集运能力；建设呼和浩特至张家口客运专线和赤峰、通辽至京沈客运专线联络线等铁路，规划建设连接50万人口以上城市的快速铁路；继续实施铁路电气化改造。推进呼和浩特—集宁—张家口、呼和浩特—包头—东胜等高速公路扩能，建设通辽—沈阳、临河—哈密、赤峰—承德和锡林浩特—张家口等连接周边省区的高速公路；加大国省干线公路、农村公路、国边防公路建设投入，加强国边防公路养护、界河航道维护，推进国家公路运输枢纽建设。支持内蒙古发展支线航空，建设霍林郭勒等支线机场，研究论证扎兰屯、乌兰察布等支线机场建设问题，积极推进阿拉善通勤航空试点和呼伦贝尔拓展通用航空服务领域试点工作；加快呼和浩特国际机场建设，增加呼和浩特—北京航班密度；按照国家航空应急救援体系建设规划，研究购置应急救援直升机、建设应急救援基地和部分航空起降点。建设呼和浩特、包头、鄂尔多斯、通辽等区域性综合交通运输枢纽。有序建设原油、成品油、天然气和煤基燃料输送管道。

(十二)加强水利工程建设。加快黄河内蒙古段防洪工程、海勃湾水利枢纽、三座店水库等项目建设，推进文得根、扎敦河等水库和“引绰济辽”调水等工程前期工作，适时开工建设。实施病险水库(闸)除险加固和黄河防凌防洪工程，加强黄河、辽河、嫩江等重要江河及中小河流治理。完善防洪工程设施，切实提高城市防洪能力。积极推进河套、察尔森等大型灌区、中型灌区和小型微型水利设施建设。全面建设节水型社会,开展农牧业高效节水示范,加大对农业高效节水灌溉工程的支持力度。严格执行黄河、松花江等重要河流水资源用水指标,落实黑河流域水资源分水指标。

(十三)加快电力输送通道建设。将内蒙古电力外送通道纳入国家电网建设总体规划,优先安排建设。加快蒙西、呼伦贝尔等煤电基地至华北、华中、华东、东北输电通道前期工作,研究论证锡林郭勒至南京等长距离大容量高电压等级输电通道建设。完善区内500千伏骨干网架,扩大电网覆盖范围,积极推进城乡电网改造工程。鼓励利用火电输出通道外送部分风电,扩大电网接纳风电规模,配套建设调峰电源,统筹制定风电消纳方案。

(十四)推进信息网络建设。加强数字化城市管理信息系统和城市空间地理信息数据库建设,建立覆盖农牧区乡镇的信息综合服务体系。加快电子政务网和重点政务信息系统建设。推进宽带、新一代移动通信网络和广播电视网络建设,逐步实现城市光纤到户,行政村(嘎查)通宽带,实现通信信号基本覆盖自然村、居民点、旅游景点和主要交通沿线等地区。鼓励具备条件的地区开展三网融合试点,建设呼包鄂乌工业化、信息化融合创新试验区,推进其他具备条件的地区开展工业化、信息化深度融合。支持蒙古语软件研发和应用推广。建立邮政、电信普遍服务补偿机制,对农牧区邮政、通信网络建设和运营给予政策和资金支持。

四、积极发展现代农牧业

(十五)转变畜牧业发展方式。在牧区、半农半牧区坚持以草定畜,因地制宜发展草原畜牧业,在农区大力发展设施畜牧业,推进标准化规模养殖。支持百万头奶牛、百万头肉牛和千万只肉羊高产工程建设,加强饲草料基地、储草棚、青贮窖等设施建设。建立健全动物疫病防控、畜禽良种繁育和畜牧业技术推广服务体系,加大重大动物疫病和布病等人畜共患病防控工作资金投入。对牛羊肉、羊绒、羊毛等大宗畜产品实施价格保护政策。扩大牧区畜牧良种补贴范围,在对肉牛和绵羊进行补贴基础上,将山羊纳入补贴范围。完善牧业机械补贴政策。

(十六)提高农业现代化水平。加强农业基础设施建设,优化种植业结构,贯彻实施《全国新增1000亿斤粮食生产能力规划(2009-2020年)》,提高粮食综合生产能力。坚持最严格的耕地保护制度,积极推进农村土地整治,加大中低产田改造和农业综合开发力度。完善技术推广体系,促进农业科技成果转化。加强测土配方施肥和病虫害专业统防统治,发展现代种业,提高农业机械化水平,提倡保护性耕作,大力发展旱作节水农业。完善现代农业产业体系,发展高产、优质、高效、生态、安全的现代农业,推进农业生产经营专业化、标准化、规模化、集约化。发展设施农业和都市观光农业,支持赤峰、通辽、乌兰察布等地区建设绿色、有机蔬菜基地。把马铃薯列入国家良种繁育补贴范围,逐步扩大马铃薯原种生产补贴规模,对种植马铃薯脱毒种薯给予良种补贴。对粮油生产大县(旗)加大奖励性扶持力度。

(十七)深化农牧林业改革。稳定农村土地和草原家庭承包经营责任制。按照依法自愿有偿的原则,规范引导农村土地、草牧场承包经营权有序流转,稳妥推进农牧业规模化经营。深化农垦体制机制改革,建立有利于现代农业发展的经营管理制度,将国有农牧场纳入强农惠农政策范围,逐步实现垦区与地方的资源共享,支持垦区企业集团和国有农牧场发展。深化集体林权制度改革,加快国有林场改革,稳妥推进重点国有林区森林资源管理体制改革,完善林权改革配套政策。鼓励农牧区集体和个人以土地、草场使用权入股等方式参与当地资源开发建设,增加农牧民财产性收入。

五、积极构建多元化现代产业体系

(十八)稳步推进国家能源基地建设。优化煤炭资源开发,进一步规范开采秩序,推进资源整合,强化安全生产管理,建设一批现代化露天煤矿和千万吨级安全高效矿井,建成一批年产5000万吨以上的大型煤炭生产矿区乙支持呼伦贝尔、锡林郭勒和鄂尔多斯等重点煤电基地建设。对富铝煤、富锗煤、焦煤和无烟煤等资源实行保护性开发,适度开展褐煤干燥等工艺创新。加大煤田灭火力度。打造蒙西、蒙东两个千万千瓦级风电基地,在太阳能资源富集地区建设一批兆瓦级并网太阳能光伏和太阳能热发电基地。鼓励城市发展背压机组实现集中采暖，允许符合条件的地级城市发展大型热电联产，合理安排工业园区热电建设，在特大型洗煤厂周边优化布局煤矸石资源综合利用电厂。

（十九）大力发展资源深加工产业。充分发挥煤炭、有色金属、农畜产品等资源优势，提高开发和深加工水平，努力打造国家新型化工、有色金属生产加工和绿色农畜产品生产加工基地。以资源环境承载能力为基础，依据国家规划适度发展煤化工产业，优先布局升级示范项目，适时推进产业化。建设油气生产加工基地，在符合国家天然气利用政策和统筹全国天然气供需的前提下，增加当地利用天然气规模。支持大型聚氯乙烯和焦炭企业技术进步和升级换代，以乌海及周边地区为重点建设全国重要的焦化、聚氯乙烯生产加工基地，以乌兰察布为重点建设高水平精细氟化工产业集群。根据水资源条件有序发展盐碱、煤焦油深加工等优势化工产业，延伸后续产业链。发展铝电联营，支持高铝粉煤灰资源综合利用，推进铜、铅、锌等有色金属采、选、冶一体化建设，实现资源就地高效转化。依托龙头企业和知名品牌，做大做强乳品和羊绒生产加工业，加快培育肉类、粮油、果蔬生产加工龙头企业，打造一批绿色知名品牌。加强原产地产品及地理标志产品保护。

（二十）改造提升传统产业。利用高新技术改造提升冶金、建材、轻纺等传统产业，提高企业技术装备水平和产品竞争力。推进钢铁产品结构调整和换代升级，发展高强度轿车用钢、高档电力用钢、大型石油管材等产品，不断提高特种钢和优质钢比重，建设包头钢铁基地。提高水泥、玻璃、陶瓷等建材行业生产水平，鼓励发展新型建筑材料。支持发展轻纺、服装、地毯生产加工以及民族手工业和民族特需用品，扩大产业规模，提高产品档次。

（二十一）努力发展装备制造业。依托现有产业基础，积极引进优势企业和先进技术，做大做强装备制造业。进一步提升工程机械、矿山机械等优势制造业发展水平，培育发展风电设备、输变电设备、化工装备、冶金装备、环保及综合利用装备和农牧业机械，扶持发展乘用车、新型商用车和新能源汽车，推进通用飞机制造项目建设。加快模具、关键零部件生产，发展配套产业。加强政策扶持和产业引导，推动形成一批先进装备制造业基地。

（二十二）积极培育战略性新兴产业。积极有序发展新材料、新医药、新一代信息技术和节能环保等战略性新兴产业。加强稀土资源保护，加大资源开发整合和储备力度，加快稀土关键应用技术研发和科技成果产业化，提高稀土开发利用水平，以包头为重点大力发展稀土等新材料产业。积极推进电子信息产业发展。鼓励发展生物制药、现代中蒙药、生物疫苗和生物育种，加强生物发酵技术研发及产业化。大力发展节能环保产业，提高技术水平，培育壮大一批节能环保企业。推进鄂尔多斯、呼伦贝尔等地可再生能源产业园区建设。支持设立新兴产业创业投资基金。

（二十三）加快发展服务业。把发展服务业作为产业结构优化升级的重点，推进生产性服务业和生活性服务业发展。加强区域性物流节点城市的物流基础设施建设，依托煤炭、化工、农畜产品等资源产品优势和口岸优势，建设一批地区性物流中心，把满洲里建成东北亚国际物流中心。合理布局商业网点，完善城乡流通网络，提升城市社区服务业功能和水平；实施“万村千乡市场工程”，开展农超对接，提高农牧区连锁经营、物流配送覆盖面；推进粮食储备设施和专业市场建设。大力发展电子商务。扶持快递业规模化发展。加快发展服务贸易，积极发展软件出口、服务外包和高新技术服务业。支持民族商品贸易发展，办好中国民族商品交易会；培育发展会展产业，提升内蒙古农博会、中俄科技展的影响力。建设草原文化旅游大区，提升草原、森林、沙漠、地质奇观等重点旅游景区水平，扶持发展休闲农业和乡村旅游，大力发展红色旅游和边境旅游，推动开展特色景观旅游名镇（村）示范建设；发展特色专项旅游、沙漠探险旅游和生态休闲旅游，打造精品旅游线路；加强旅游公路、景区公共服务等基础设施建设，提升城市旅游集散中心功能。培育壮大金融业，进一步发展银行、证券、保险、信托、期货等金融服务，加快建设现代金融服务体系，推进金融改革创新，规范金融市场秩序。支持服务业综合改革试点区域做好相关工作。

(二十四)切实增强自主创新能力。努力增强原始创新、集成创新和引进消化吸收再创新能力,优化升级产业结构。推进科技基础设施、创新平台和创新载体建设,加强核心技术和共性关键技术研发,支持建设大型数据中心、重点(工程)实验室、工程(技术)研究中心、企业技术中心等。鼓励地方科研单位与国家级科研院所开展科技合作,推动新技术开发和成果应用。提升高新技术开发区产业集聚和自主创新能力,充分发挥企业家和科技领军人才在科技进步中的作用。

六、统筹推进城乡区域协调发展

(二十五)加快城镇化进程。统筹规划、合理布局,促进城市和城镇协调发展,积极构建多中心带动的城镇发展格局。依托盟(市)、旗(县)所在地和建制镇,积极引导产业集聚,提高城镇服务功能,引导城镇有序发展,积极稳妥推进城镇化。稳妥推进城乡户籍制度改革,为农牧民进城就业落户创造条件。加强城镇公共基础设施建设,加大城镇保障性住房建设力度。研究推动大中城市快速轨道交通建设。

(二十六)培育壮大县域经济。加强县城和重点镇建设,提高集聚和辐射带动能力。发挥比较优势,扶持资源加工型、劳动密集型、产业配套型等产业发展,培育一批具有一定规模和水平的特色产业,着力打造一批各具特色的经济强县(旗)。合理规划布局工业园区,引导企业向园区集中,推动生态工业园区建设。鼓励龙头企业在农牧区建设原料生产加工基地。结合推进生态保护工程建设、相关产业发展和城镇化,有序引导农牧区劳动力转移。

(二十七)统筹内蒙古东西部地区发展。加快构建沿黄河、沿交通干线经济带,合理布局生产力,着力提升能源、新型化工、装备制造等产业水平,增强区域实力和竞争力。推进呼和浩特、包头、鄂尔多斯一体化发展,辐射带动内蒙古西部地区率先发展。加大内蒙古东部地区开发开放力度,进一步融入东北及环渤海经济区(圈),主动承接辐射带动和产业转移。优化兴安、赤峰、锡林郭勒等地区的水煤资源配置,有序发展煤电、煤化工、有色金属加工、装备制造、农畜产品深加工等产业。支持革命老区、少数民族聚居区、边境地区、贫困地区加快发展,对集中连片特殊困难地区实施扶贫攻坚。在加大对东部地区支持力度的同时,建立自治区内部对口帮扶机制,引导西部地区在资金、技术、人才、管理等方面加强对东部地区的帮扶。

(二十八)促进资源型城市转型。积极培育壮大接续替代产业,建立多元化的产业体系,支持资源型城市加快经济转型。推进内蒙古整体列为国家资源型地区可持续发展试点工作,探索资源型地区可持续发展新模式。完善资源有偿使用制度,规范资源矿业权及产权交易。将符合条件的资源型城市(地区)列入第三批资源枯竭城市名单,增加转移支付补助。全面推进采空区沉陷区治理、植被恢复和尾矿库安全闭库。支持矿区棚户区改造和转产转业人员安置。

七、着力保障和改善民生

(二十九)改善农牧区生产生活条件。积极推进新农村新牧区建设,做好村镇发展建设规划。到2013年,解决规划内农牧民及农林场职工饮水安全问题和无电地区的用电问题,尽快实现城乡用电同网同价。到2015年,解决农牧民饮水安全问题,实现所有具备条件的乡镇(苏木)通沥青(水泥)路和建制村(嘎查)通公路。积极开发农村沼气,建设一批大中型养殖场沼气工程。加大农村危房改造和游牧民定居工程实施力度,加快林区棚户区改造和垦区危房改造及配套设施建设。开展农牧民聚居区环境综合治理,落实"以奖促治"政策。

(三十)加大扶贫开发力度。积极推进贫困地区基础设施建设,改善发展环境和生产生活条件。加大财政扶贫资金投入力度,扩大扶贫贴息贷款规模,继续实施整村推进、产业化扶贫、劳动力转移培训、以工代赈、兴边富民等工程,提高贫困人口收入。积极做好易地扶贫搬迁工作,妥善解决搬迁农牧民后续发展和长远生计问题。尽快实现农村低保制度与扶贫开发政策有效衔接。积极稳妥发展贫困村互助资金组织,加强定点扶贫和东西扶贫协作,鼓励民间组织和企业积极参与扶贫开发。

（三十一）优先发展教育事业。积极发展学前教育，巩固提高九年义务教育，普及高中阶段教育，提高高等教育质量。改善义务教育办学条件，积极推进县域义务教育均衡发展。支持乡镇（苏木）、村（嘎查）幼儿园和边远艰苦农牧区学校教师周转宿舍建设，改善特殊教育学校条件。加强民族教育，提高双语教学质量，对高中阶段教育和农村义务教育家庭经济困难寄宿生给予生活费补助。积极发展技工教育，落实好中等职业教育免学费政策，支持职业教育基础能力、国家示范性职业院校以及高等院校和重点学科建设。鼓励国家重点高校与内蒙古联合办学，扩大中央部属高校和东部省（市）高校在内蒙古的招生规模，实施对口支援中西部地区高等学校计划和招生协作计划。加强师资培训和人才队伍建设，推进"草原英才"工程，实施"内蒙古院士援助计划"和"内蒙古少数民族专业技术人才特培计划"，培养和引进高层次和高技能人才，完善人才储备制度。

（三十二）提高医疗卫生服务水平。深化医药卫生体制改革，建立健全覆盖城乡居民的基本医疗卫生制度，完善公共卫生服务体系，提高医疗服务的覆盖面和可及性。支持精神卫生、农牧区应急救治、卫生监督等专业服务网络建设。加强以县（旗）医院为龙头、乡镇（苏木）卫生院和村（嘎查）卫生室为基础的农村三级医疗卫生服务网络，实现每县（旗）至少有 1 所基本达到二甲水平的县级医院（含民族医院），有 1 – 3 所达标的中心乡镇（苏木）卫生院，行政村（嘎查）有卫生室。推进新农合制度建设，扩大覆盖面，逐步提高筹资与保障水平。完善以社区为基础的新型城市医疗卫生服务体系，实现每个街道都有社区卫生服务机构，加强盟（市）综合医院和妇儿医院建设。加大地方病、传染病防治防控力度。支持建设卫生人才培养基地，积极培养全科医生。推进医药卫生信息化建设。完善农村计划生育家庭奖励扶助制度和计划生育家庭特别扶助制度，继续实施"少生快富"工程。建立健全出生缺陷分级干预体系、人口和计划生育技术服务体系，加强人口和计划生育基础设施及农牧区流动服务能力建设。

（三十三）积极发展文化体育事业。推进广播电视村村通工程、农牧区电影放映工程、西新工程、文化信息资源共享工程、农家（草原）书屋工程、农民体育健身工程等重大惠民工程建设，健全公共文化服务体系。培育民族特色文化产业，推进文化产业基地和区域特色文化产业群建设，鼓励发展乌兰牧骑等民族文化演艺事业。加大对民族历史文化遗产和非物质文化遗产的保护力度。加强蒙古族历史文化典籍的挖掘、整理、保护和传承。建设国家蒙古文出版基地，努力提高新闻出版单位技术装备水平，创新内容、形式和传播手段，增强新闻出版市场监管能力。支持广播影视数字化、民族语言广播噂视和节目译制能力以及特色院线设施建设。加强面向群众的体育公共服务设施建设，挖掘推广优秀传统民族体育项目，积极开展民族体育节庆活动和特色体育赛事，打造体育赛事品牌。

（三十四）努力扩大就业。实施积极的就业政策，加大对就业和创业的支持力度，建立健全促进就业和支持创业的长效机制，以创业带动就业。继续做好高校毕业生、返乡农牧民、复员退伍军人和新成长劳动力等各类人群的就业工作。进一步发挥政府投资、重大项目建设带动就业的作用，吸纳一定比例的当地劳动力就业。支持开发牧区草场管护、乡村道路协管、城镇公共服务管理等公益性岗位，解决好城镇"零就业"家庭和就业困难群体的就业问题。加强公共就业服务体系和基层劳动就业公共服务平台建设，推进职业技能培训，建立健全人力资源市场。

（三十五）完善社会保障体系。建立覆盖城乡的社会保障体系，扩大覆盖范围，加大投入力度，提高保障水平。加快实施新型农村社会养老保险制度，"十二五"期间实现全覆盖。按照先保后征原则，将被征地农牧民纳入社会保障范围。进一步完善城镇基本养老保险、职工基本医疗保险、城镇居民医疗保险、新型农村合作医疗保险、失业保险、工伤保险和生育保险制度，提高社会保险统筹层次，合理确定城乡居民最低生活保障标准。加快建立城镇居民养老保险制度，按照国家统一部署提高企业退休人员基本养老金水平。支持解决关闭破产集体企业退休人员和困难企业职工参加医疗保险、国有企业和集体企业"老工伤"人员纳入工伤保险统筹管理等历史遗留问题。加强城乡社会保障经办、社会救助服务平台建设,“十二五”期间基本建成盟(市)、旗(县)人力资源和社会保障服务中心。健全社会救助体系,推进社区服务、儿童福利、养老服务、残疾人服务设施建设,完善五保供养、医疗救助、教育和临时救助资金保障机制。提高防灾救灾体系和应急能力,支持建设国家级救灾物资储备库。

八、不断深化改革扩大开放

(三十六)推进体制机制创新。坚持把深化改革作为促进科学发展的根本动力,消除体制机制障碍,增强发展活力。加快政府职能转变,创新行政管理体制,提高行政能力和效率。坚持和完善基本经济制度,加大国有企业改革力度,鼓励和引导民营企业通过参股、控股、资产收购等多种形式,参与国有企业改制重组。积极推进投资主体多元化,大力发展混合所有制经济。鼓励中央企业与地方企业联合重组,培育具有较强竞争力的大企业集团。大力发展非公有制经济,落实放宽市场准入的各项政策,支持非公有制企业进入基础设施、公用事业、金融服务和社会事业等领域。认真落实促进中小企业发展的各项政策,依法保护中小企业合法权益,鼓励中小企业与大企业形成产业链的协作配套关系。推进投资体制改革,落实企业投资决策自主权,降低民间资本市场准入门槛。健全土地、资本、人力资源、技术等要素市场,加快建设统一开放的市场体系。

(三十七)深化国内区域合作。进一步加强与北京、东北三省及其他省区的区域合作,建立健全合作机制,拓展合作领域,积极引导中央企业和其他省(区、市)企业到内蒙古投资兴业。鼓励跨地区的重大基础设施建设和产业园区共建,支持内蒙古与沿海地区合作建设出海通道和临港产业基地,与相邻省(区)合作建设能源产业集聚区。支持建设承接产业转移示范区,国家产业转移引导资金适当向内蒙古倾斜。

(三十八)扩大对外经贸合作。大力发展外向型经济,鼓励机电、轻纺、建材和优势特色农畜产品,以及高新技术产品“走出去”,加大对国内短缺原材料进口的扶持力度。创新利用外资方式,吸引外商投资特色优势产业,扩大基础设施、社会事业、生态环保、扶贫开发等领域利用外资规模。支持有条件的企业在境外建立资源开发基地。促进边境贸易发展,对进口有资质限制的商品,在核定边贸企业资质时适当放宽标准。推进满洲里重点开发开放试验区建设,研究建立二连浩特国家重点开发开放试验区。规划建设沿边开发开放经济带。探索在巴彦淖尔等有条件的地区设立边境经济合作区,支持在符合条件的地区设立海关特殊监管区和保税监管场所。探索建立中俄、中蒙跨境旅游合作区。

(三十九)打造开放合作平台。加强与俄蒙毗邻地区的交往和联系,积极参与东北亚、中亚等国际区域合作。支持开展政府间互访、商贸往来、人文交流等双边多边活动,形成多层次宽领域的合作交流机制。加大支持力度,推进满洲里、二连浩特、甘其毛都、策克等重点口岸基础设施建设。支持阿尔山口岸正式开放。加快满洲里、二连浩特等重点口岸公路和阿尔山一乔巴山等跨境铁路建设。研究出台便捷通关和简化边民互市监管的措施,推进跨境运输和口岸通关便利化。加强口岸安全、卫生检疫等工作。

九、努力构建和谐稳定边疆

(四十)巩固和加强民族团结。发扬民族团结优良传统,进一步巩固和发展平等、团结、互助、和谐的社会主义新型民族关系,深入开展民族团结进步创建活动。切实保障少数民族群众的合法权益,尊重少数民族群众的风俗习惯、文化传统和宗教信仰。落实和完善促进民族地区发展的各项政策,解决好各族人民最关心、最直接、最现实的利益问题。加大对鄂伦春、鄂温克、达斡尔、俄罗斯四个人口较少民族的扶持力度。积极推进兴边富民行动计划。

(四十一)加强和创新社会管理。强化各级政府的社会管理职能,妥善处理各类矛盾,努力构建和谐社会。动员和组织群众依法参与社会管理。强化非公有制经济组织和社会组织管理。引导各类社会组织加强自身建设,增强服务社会能力。建立健全维护群众权益机制,解决好资源开发、土地征用、房屋拆迁等涉及群众切身利益问题。完善公共安全体系,健全食品药品安全监管机制。加强安全生产管理,健全突发事件应急机制,提高社会危机管理和抗风险能力。完善社会治安防控体系,依法加强对重点地区、重点部位、重点对象以及互联网等新兴媒体的管理。

（四十二）维护边疆社会稳定。加强边境县旗（市）、乡镇（苏木）和村（嘎查）的办公场所、综合服务设施建设。强化基层政法机关建设,支持公安、检察、法院、司法、安全以及边防、消防等基础设施建设,提高技术装备水平,增强预防和处置突发事件能力。行政人员编制适当向边境地区基层倾斜,保障运行经费,增强管理和服务能力。加强爱国主义和法制宣传教育,增强国家意识、法律意识、公民意识。严厉打击蓄意挑拨民族关系、破坏民族团结、制造恶性事件的行为,加强边境地区管理,严防境外敌对势力－酌破坏、分裂和渗透活动,扎实推进"平安内蒙古"建设。

十、加大政策支持力度

（四十三）产业政策。根据国家产业布局和专项规划,实施差别化产业政策,优先在内蒙古布局建设具有比较优势的煤炭、电力、煤化工、有色金属生产加工等项目,在项目核准、资源配置等方面给予积极支持。按照国家节能减排总体要求和环境容量,综合考虑经济发展、产业结构调整和能源供应等因素,合理确定内蒙古节能减排指标和主要污染物排放总量。支持具备条件的省级开发区升级为国家级开发区。建立健全电力市场机制,大力推进电力多边交易。制定促进风力发电、太阳能发电等行业发展的上网电价。建立健全节约用水和水资源保护机制,加快水权转换和交易制度建设,在内蒙古开展跨行政区域水权交易试点。

（四十四）财税政策。加大中央财政一般性转移支付和专项转移支付支持力度。推进资源税改革,研究完善内蒙古煤炭等矿产资源领域收费基金政策。完善风电产业税收政策,促进风电发展。将符合条件的公益性建设项目国债转贷资金全部改为拨款。中央财政对符合条件的农牧业保险给予适当补贴。鼓励中央企业在内蒙古的分支机构变更为独立法人,实行税收属地化管理。建立生态环境补偿机制,加大生态补偿力度。

（四十五）金融政策。鼓励段份制商业银行、外资银行和保险公司创新服务,支持内蒙古加快转变发展方式、调整经济结构。扶持地方性银行等金融机构发展。进一步加大对内蒙古的信贷支持力度。加快推进农村信用社股份制改造,培育发展村镇银行等新型农牧区金融机构。大力推进农村金融产品和服务创新,鼓励银行业经营机构在金融服务空白乡镇（苏木）设立服务网点。继续完善小额信贷和联保贷款制度。发挥邮政储蓄银行网点优势,进一步加大对"三农"的信贷投入。适度放宽扶贫贴息贷款条件。加快信用担保体系建设,积极探索扩大抵押品范围,完善农业巨灾风险分散机制。支持符合条件的企业上市和发行企业债券。

（四十六）投资政策。加大中央预算内投资支持力度,重点向民生工程、基础设施、生态环境等领域倾斜。提高对公路、铁路、民航、水利等建设项目投资补助标准。对中央安排的公益性建设项目,取消旗县以下（含旗县）以及集中连片特殊困难地区盟（市）的配套资金。加大企业技术改造和产业结构调整专项资金对优势产业的支持力度。安排中央预算内投资,支持纳入西部大开发的重点项目前期工作。

（四十七）国土资源政策。鼓励使用未利用土地,适当增加土地利用年度计划特别是未利用地计划指标。国家重点建设项目中的控制工期单体工程可申请办理先行用地手续,优先审批重大基础设施建设用地,支持盘活工矿废弃地。严格矿业权审批权限,建立健全资源型企业可持续发展准备金、矿山地质环境治理恢复保证金和生态恢复保证金制度。加强地质调查、资源勘查与评价,加大中央地质勘查基金、国土资源调查评价资金、矿山地质环境治理资金的支持力度,并向优势矿产资源重点规划区倾斜。推进基础测绘工作,支持基础地理信息库和测绘基准现代化建设。

（四十八）工资收入分配政策。进一步完善机关事业单位收入分配制度,落实艰苦边远地区津贴动态调整机制。建立企业职工工资正常增长机制,逐步提高职工收入水平。落实国家对基层边远地区教育、卫生和农牧业技术服务人员的工资倾斜政策,逐步提高边境一线地区干部职工工资收入水平和守土固边农牧民的生活补助标准。逐步提高老干部、老党员、老劳模生活补贴标准。

十一、全面落实各项任务

(四十九)切实加强组织领导。内蒙古自治区人民政府要加强领导,周密部署,创新机制,明确责任,切实承担起国家赋予的历史使命,认真完成各项重大战略任务。要加强与国务院有关部门的沟通衔接,强化与相关省(区、市)的协调配合。

(五十)积极做好指导协调。国务院有关部门要充分认识支持内蒙古又好又快发展的重要意义,按照职能分工,认真落实各项任务,抓紧制定细化方案和具体措施。国家发展和改革委员会要会同有关部门做好与相关规划的衔接,跟踪分析本意见实施情况,重大问题及时向国务院报告。

促进内蒙古经济社会又好又快发展,是实施国家区域发展总体战略的重要举措,是一项长期而艰巨的战略任务。各有关方面要进一步解放思想,提高认识,开拓创新,锐意进取,扎实工作,乘势而上,努力推动内蒙古经济社会发展实现新跨越。

坚持科学发展　推进富民强区
努力把内蒙古建设得更加繁荣富裕和谐美好

——在中国共产党内蒙古自治区第九次代表大会上的报告

（2011 年 11 月 10 日）

胡春华

同志们：

现在，我代表中国共产党内蒙古自治区第八届委员会向大会作报告。

这次大会的主题是：高举中国特色社会主义伟大旗帜，以邓小平理论和“三个代表”重要思想为指导，深入贯彻落实科学发展观，坚持科学发展，推进富民强区，努力把内蒙古建设得更加繁荣富裕、和谐美好。

高举中国特色社会主义伟大旗帜，坚定不移地走中国特色社会主义道路，是我们必须坚持的前进方向；深入贯彻落实科学发展观，进一步推动内蒙古科学发展，是时代发展的新要求；加快富民强区进程，把内蒙古建设得更加繁荣富裕、和谐美好，是各族人民的新期待。全区各级党组织和广大共产党员要努力肩负起这一光荣使命，以奋发有为的精神状态，在新的历史时期奋力开创我区改革开放和现代化建设的新局面。

一、过去五年的经济社会发展

自治区第八次党代会以来的五年，是不平凡的五年。在党中央的正确领导下，全区上下深入贯彻落实科学发展观，积极应对国内外环境的复杂变化，扎实推进社会主义经济建设、政治建设、文化建设、社会建设以及生态文明建设和党的建设，圆满完成了第八次党代会确定的目标任务。

——综合经济实力大幅提升。坚持以经济建设为中心，深入推进工业化、城镇化和农牧业现代化，着力转变经济发展方式，积极应对国际金融危机冲击，全力推动经济平稳较快发展。全区生产总值由2005年的3 905亿元增加到2010年的11 672亿元，年均增长17.6%；地方财政总收入由478.7亿元增加到1 738亿元，年均增长29.4%；固定资产投资累计完成近3万亿元，是“十五”时期的4.3倍。经济结构调整迈出重要步伐，农牧业基础地位日益巩固，工业主导地位显著增强，服务业发展水平不断提高，三次产业结构由15.1∶45.4∶39.5演进为9.4∶54.5∶36.1。城镇化进程加快，五年新增城镇人口238.6万人，城镇化率提高8.3个百分点。新农村新牧区建设稳步推进，统筹城乡发展取得积极成效。基础设施建设力度加大，发展保障能力增强。生态保护和建设不断加强，整体恶化趋势趋缓、局部地区明显改善。节能减排任务如期完成。

——人民生活水平不断提高。坚持富民优先，五年累计投入1 800多亿元，实施了一系列民生工程，全区各族人民普遍受益。努力扩大就业、增加收入，累计新增城镇就业114.2万人，每年平均转移农牧民就业224万人次；城镇居民人均可支配收入由9 137元增加到17 698元，年均实际增长11.1%；农牧民人均纯收入由2 989元增加到5 530元，年均实际增长9.7%，去年全区城乡居民收入分别居全国第10位和16位。加强社会保障体系建设,保障范围逐步扩大,城乡生活困难群众保障标准达到或超过全国平均水平。加大社会事业投入,教育、科技、卫生等各项社会事业全面进步,基本公共服务水平稳步提高。

——*民主法制和精神文明建设扎实推进*。加强和改进新形势下人大和政协工作,各级人大、政协职能作用充分发挥。巩固壮大爱国统一战线,与各民主党派、工商联和无党派人士的团结合作进一步加强。深入推进民族团结进步事业,社会主义新型民族关系巩固发展。工会、共青团、妇联等人民团体工作取得新成绩。基层民主政治建设有序推进。依法治区进程加快,公民法制意识和社会法治水平明显提高。社会主义核心价值体系建设深入开展,意识形态领域工作不断加强。民族文化大区建设扎实推进,文化体制改革稳步实施,文化事业和文化产业健康发展,公共文化服务体系逐步建立完善。广泛深入开展城乡精神文明创建活动,公民文明素质和社会文明程度得到提升。

——*改革开放迈出新步伐*。深入推进农村牧区、国有企业、事业单位改革和投资、财税、金融、行政体制改革,经济社会发展活力增强。以加强与周边地区的联系和协作为重点,全方位扩大对内开放,累计引进国内资金1万多亿元。积极扩大对外开放,加强与俄蒙的经贸往来和文化交流,巩固传统市场、开拓新兴市场,口岸经济较快发展,对外贸易稳步增长,累计引进国外资金125亿美元。

——*社会大局保持和谐稳定*。以建设祖国北疆安全稳定屏障为目标,建立健全领导体制和工作机制,进一步强化维稳第一责任。以排查化解社会矛盾为重点,深入推进"三项重点工作",加强基层基础建设,社会建设管理水平稳步提高。扎实推进平安内蒙古建设,依法打击违法犯罪和敌对势力的渗透破坏活动,有效预防、妥善处置突发事件,始终保持了社会大局稳定,人民群众安全感和满意度不断提高。积极支持国防和军队现代化建设,扎实开展双拥共建活动,军政军民团结进一步巩固发展。

——*党的建设进一步加强*。扎实开展深入学习实践科学发展观活动,取得一批重要思想成果、实践成果和制度成果。加强学习型党组织建设,改进各级党委中心组学习,马克思主义理论研究和宣传普及工作取得新成效。深入推进创先争优活动,大力实施"北疆基层党组织固本工程",基层党组织建设全面加强。深化干部人事制度改革,干部选拔任用和监督管理机制进一步健全,人才队伍建设呈现新局面。启动实施党代表任期制和党代会常任制试点工作。加强惩治和预防腐败体系建设,严肃查办了一批大案要案,坚决遏制腐败现象滋生蔓延,党风廉政建设和反腐败斗争取得新进展。

过去五年取得的成绩,是党中央正确领导的结果,是全区各级党组织、广大党员和各族人民团结奋斗的结果,是各民主党派、社会各界和有关方面大力支持的结果。在此,我代表中共内蒙古自治区第八届委员会,向所有为内蒙古建设与发展作出贡献的同志们和朋友们,表示衷心的感谢,致以崇高的敬意!

内蒙古的跨越式发展,是从进入新世纪开始的。这些年来,我们紧紧抓住国家实施西部大开发、振兴东北地区等老工业基地战略的历史机遇,坚持不懈地推进工业化、城镇化和农牧业现代化,实现了边疆民族地区的跨越式发展。经过十年的努力,全区经济总量由千亿元跃上万亿元,地方财政一般预算收入由百亿元跨过千亿元,一产比重由22.8%下降到9.4%,二产比重由37.9%提高到54.5%,城镇化率由42.7%提高到55.5%,实现了由农牧业主导型经济向工业主导型经济的历史性转变。在经济快速发展的同时,各项社会事业全面进步,人民生活不断改善,始终保持了民族团结、社会和谐、边疆安宁的良好局面。这一时期,是内蒙古发展进程中综合实力提升最快、城乡面貌变化最大、社会建设成就最好、人民群众得到实惠最多的时期之一。

在看到成绩的同时,我们也要清醒认识到,尽管我区的经济实力有了较大提升,但欠发达的基本区情没有根本改变,发展不足仍是主要矛盾。我区近年来的快速发展,是低起点上的高增长,与先进地区相比还有很大差距,突出表现在发展水平不高上。一是产业发展不充分。产业结构单一、链条不长，多数产业处在成长阶段，产品初级化低端化特征明显，资源综合开发利用水平不高。新兴产业发育不足，服务业发展滞后，自主创新能力不强，产业竞争力和抗风险能力较弱。二是区域、城乡发展不平衡。呼包鄂三市人口和国土面积分别占全区1/3和1/10左右，经济总量和财政收入均占全区一半以上，地区发展差距较大，东西部发展不平衡。城乡发展差距仍在扩大，统筹城乡协调发展任务繁重。三是基础设施条件不适应发展需要。高等级出区公路、快速铁路专线、能源外送通道建设滞后，货物外运、电力输出能力严重不足。水利基础设施薄弱，水资源保障能力不强。农村牧区公路通达率低于全国平均水平。信息基础设施建设滞后。四是民生和社会建设比较薄弱。城乡居民收入增长滞后于经济发展，人均收入低于全国平均水平，部分低收入群众生活还比较困难。基本公共服务水平不高，社会建设和管理有待加强。五是生态保护建设任务艰巨。生态恶化趋势虽然趋缓，但生态状况仍十分脆弱，全区中度以上生态脆弱区域占国土面积62.5%，其中重度和极重度占36.7%。部分产业能耗水耗和污染排放较高，环境保护压力增大。在党的建设方面，少数领导干部素质、能力和作风不适应科学发展的要求，一些基层党组织软弱涣散，有的领域消极腐败现象时有发生，个别领导干部腐败行为影响恶劣。这些问题必须引起我们高度重视，采取切实措施加以解决。

经过新世纪以来的努力，内蒙古发展站在了一个新的起点上。过去十年取得的成就，值得我们骄傲和自豪，我们一定要倍加珍惜。面向未来，我们必须保持清醒的头脑，正视存在的问题，准确把握我区所处的历史方位和发展的阶段性特征，这样才能更好地推动内蒙古发展。今后一个时期，我们做大经济总量、增强综合实力的任务仍很艰巨；解决发展中不平衡不协调不可持续的问题，调整优化经济结构、提高发展水平的任务更加紧迫。我区正处在转变经济发展方式的关键期。我们一定要发扬成绩、总结经验、再接再厉，在新的时期把内蒙古改革开放和现代化建设事业不断推向前进。

二、坚持科学发展、推进富民强区的总体要求

我们已经进入了全面推进科学发展的新阶段。新世纪第一个十年，我们着力加快发展，较好地解决了总量不大的问题。今后一个时期，我们要着力推进科学发展，在继续做大总量的同时，切实解决发展水平不高的问题。要通过全区各族人民的团结奋斗，加快改变欠发达面貌，率先在西部地区全面建成小康社会。

今后五年全区工作的总体要求是：高举中国特色社会主义伟大旗帜，以邓小平理论和“三个代表”重要思想为指导，深入贯彻落实科学发展观，牢牢把握科学发展主题和加快转变经济发展方式主线，坚持发展第一要务不动摇，坚持富民与强区并重、富民优先，加快构建多元发展的现代产业体系、多极支撑的城镇体系和健全完善的基本公共服务体系，筑牢我国北方重要生态安全屏障和祖国北疆安全稳定屏障，解放思想，抓住机遇，不断深化改革，全方位扩大对内对外开放，全面加强社会主义经济建设、政治建设、文化建设、社会建设以及生态文明建设和党的建设，把内蒙古建设得更加繁荣富裕、和谐美好。

我们已经顺利实现了“十二五”发展的良好开局，团结带领全区各级党组织和广大干部群众全面实现“十二五”奋斗目标，是新一届党委的第一要务。主要目标是：地区生产总值年均增长12%以上，地方财政总收入年均增长15%，经济发展综合水平、经济增长质量效益明显提高；城镇居民人均可支配收入和农牧民人均纯收入年均增长12%，“十二五”末城乡居民收入和基本公共服务达到全国平均水平；基础设施瓶颈制约明显缓解，生态恶化趋势有效遏制，节能节水减排实现预期目标，发展保障能力和可持续发展能力显著增强。

做好今后五年工作，必须牢牢抓住科学发展、富民强区这个中心任务，着眼全局，把握和坚持好以下原则：

——*持推动经济平稳较快发展*。我们要改变欠发达面貌，早日实现全面建成小康社会目标，必须把推动经济平稳较快发展作为首要任务，紧紧扭住经济建设中心不动摇，继续保持高于全国平均水平的增长速度，

努力把经济平稳较快发展势头长期保持下去。

——坚持调整优化经济结构。我们要实现更长时间、更高水平、更好质量的发展,必须把经济结构调整作为加快转变经济发展方式的主攻方向,增强科技创新能力,促进产业结构优化升级,缩小区域、城乡发展差距,努力在发展中促转变、在转变中谋发展。

——坚持保障和改善民生。我们要顺应各族人民过上美好生活的新期待,必须把保障和改善民生作为根本出发点和落脚点,坚持富民与强区并重、富民优先,着力实现好维护好发展好各族人民的根本利益,使改革发展成果充分惠及各族人民。

——坚持走生态文明发展之路。我们要增强发展的可持续性,必须牢固树立生态文明理念,坚持在保护中开发、在开发中保护,着力提高资源开发和环境保护水平,促进生产发展、生活富裕和生态良好有机统一,努力实现美丽与发展双赢。

——坚持促进社会和谐稳定。我们要把内蒙古建设得更加繁荣富裕、和谐美好,必须把维护稳定作为基本前提,统筹抓好发展与稳定两件大事,巩固发展社会主义新型民族关系,加强和创新社会管理,以繁荣发展促进团结稳定,以团结稳定保障繁荣发展。

——坚持加强和改进党的建设。我们要坚持科学发展、推进富民强区,必须把抓好党的建设作为根本保证,以执政能力建设和先进性建设为主线,充分发挥各级党委总揽全局、协调各方的领导核心作用,全面加强党的思想、组织、作风、制度和反腐倡廉建设,不断提高党的建设科学化水平。

推动内蒙古经济社会又好又快发展,实现科学发展、富民强区,我们面临许多重要机遇和有利条件。我国仍处于可以大有作为的重要战略机遇期,我区发展面临良好的环境。国家新一轮西部大开发、振兴东北地区等老工业基地战略的深入实施,特别是国务院促进内蒙古经济社会又好又快发展的意见,进一步明确了我区发展的战略定位和努力方向,为我们各项事业发展提供了有力的政策支持。我区经济主要靠国内需求拉动,随着国家扩大内需战略深入实施和工业化、城镇化加快推进,国内需求持续扩大,消费结构不断升级,我们将拥有更为广阔的发展空间。国际国内产业分工深刻调整,生产要素流动和产业转移加快,沿海地区资本和产业北上西移,为我们扩大对内对外开放、加快自身发展提供了现实机遇。更为重要的是,新世纪以来内蒙古持续积累的物质基础和不断改善的发展环境,全区上下干事创业、奋力赶超的发展氛围,为我们实现新的更大发展奠定了坚实基础、提供了强大动力。把握好科学发展的新要求,抓住经济结构战略性调整带来的新机遇,加快转变经济发展方式,高水平地推进我区经济社会建设,我们完全可以在新时期实现内蒙古发展的新跨越。

我们必须清醒地看到,前进道路上还有许多风险和挑战,还会有许多不可预见的困难,但是任何风险都不能动摇我们坚持科学发展的信心,任何困难都不能阻挡我们推进富民强区的步伐。今后五年对内蒙古的发展至关重要,我们担负着承前启后的重任,要通过扎实有效的工作,巩固已经形成的好的发展势头,开启内蒙古科学发展的新征程。一个地区的发展,往往取决于关键几步,现在就是内蒙古发展的关键时期。全区广大党员干部要进一步增强责任感和紧迫感,增强机遇意识和忧患意识,坚定信心,振奋精神,以脚踏实地的奋斗开创内蒙古科学发展的新局面。

三、全面提高经济综合发展水平

大力调整优化经济结构,统筹城乡、区域协调发展,加快构建多元发展的现代产业体系,切实增强科技创新能力和发展保障能力,全方位扩大对内对外开放,推动全区经济向更高水平发展。

(一)巩固提高第一产业。坚持现代农牧业发展方向,加快转变农牧业发展方式,增强农牧业综合生产能力、抵御风险能力和市场竞争能力,巩固和加强农牧业基础地位。调整优化农牧业结构,大力发展高产、优质、高效、生态、安全现代农牧业,合理规划、重点建设一批优势农畜产品基地和产业带,稳定发展粮食、肉类、乳类等主要农畜产品生产。加强农牧业基础建设,大力发展设施农牧业,发展林沙草产业。进一步推进农牧业产业化经营,做大做强农畜产品加工和流通企业,打造更多农畜产品优质品牌,提升农牧业规模化、集约化、品牌化发展水平。稳定和完善农村牧区基本经营制度，依法推进土地和草牧场经营权有序流转，积极发展多种形式的适度规模经营。加强农牧业社会化服务体系建设，扶持引导农牧民专业合作组织发展。加快新农村新牧区建设步伐，制定完善新农村新牧区建设规划，加大政策扶持和示范引导、组织实施力度，努力促进城乡协调发展。

（二）优化提升第二产业。以构建多元发展现代产业体系为目标，大力提升资源型产业层次、提高非资源型产业比重，推进信息化与工业化深度融合，进一步增强我区工业经济实力。加快推动资源型产业延伸升级，采用新技术、新设备、新工艺延长产业链条，大力发展煤化工、氯碱化工精深加工，加快钢铁产品结构调整和升级换代，推进有色金属探、采、选、冶、加一体化发展，提高农畜产品转化程度和精深加工水平，努力把资源型产业做强做优，把我区建设成为国家重要的能源、新型化工、有色金属和绿色农畜产品生产加工基地。大力发展非资源型产业，积极承接发达地区产业转移，加快发展机械设备、汽车制造、零部件生产等装备制造业，培育发展新能源、新材料、生物医药、信息技术、节能环保等战略性新兴产业，打造一批新的支柱产业。推动工业经济集群化发展，大力实施“双百亿工程”和“千户中小企业成长工程”，加快沿黄河沿交通干线产业带和重点工业园区建设，合理引导企业兼并重组，推动优势企业向重点园区、优质资源向重点企业集中，进一步提高产业集中度和企业竞争力。加强建筑行业管理，培育壮大建筑业龙头企业，促进建筑业健康快速发展。进一步优化产业布局，加快呼包鄂一体化进程，支持东部盟市加强产业建设，推动盟市产业协作，提高区域协调发展水平。

（三）发展壮大第三产业。把发展服务业作为产业结构优化升级的重点，大力推进生产性服务业和生活性服务业发展，培育新的支柱产业，推动服务业发展提速、比重提高、竞争力提升和结构优化。加快发展现代物流业，加强市场流通体系和物流基础设施建设，依托煤炭、化工、农畜产品等资源产品优势和口岸优势，建设一批区域性物流节点城市和物流中心，加快构建现代物流体系。积极发展旅游业，提升草原、森林、沙漠、地质奇观等重点旅游景区水平，推出一批国内外驰名的黄金旅游线路和精品旅游景区，促进历史文化、民俗风情与旅游业融合发展，建设草原文化旅游大区。培育壮大金融业，做大做强地方金融机构，积极引进区外金融机构和外资金融机构，进一步发展银行、证券、保险、信托、期货等金融服务，加强融资平台建设与管理，切实防范和化解金融风险。制定完善鼓励服务业发展的投融资、税收、用地、价格等政策，放宽市场准入，鼓励、支持和引导非公有制经济进入服务业领域，扶持服务业中小企业发展，为服务业发展创造良好环境。

（四）进一步加强基础设施建设。按照统筹规划、适度超前的原则，以提高交通运输能力、能源外送能力和水资源保障能力为重点，全面抓好各类基础设施建设。加快快速铁路客运通道、铁路煤运通道、高等级公路、民航机场和跨境铁路、重点口岸公路等出区通道建设，提高区内公路通达深度和公路等级，根本上解决高等级公路出区通道不畅问题，到“十二五”末基本形成连接内外、覆盖城乡的现代化综合交通运输体系。完善重点输电通道和联网工程，加快特高压电网建设，推进天然气、煤基燃料等运输管道建设，构建立体化综合能源输送网络。加强骨干水利工程、重点水利枢纽工程、大中型灌区和小型微型水利设施建设，实施病险水库除险加固和黄河防凌防洪工程，优化水资源配置，有效缓解资源性、工程性缺水状况。健全防灾减灾体系，增强抵御自然灾害能力。加强信息基础设施建设，推进信息化与产业发展、民生改善、社会管理有机融合，加快经济社会信息化进程。

（五）加快提高科技创新能力。更加注重发挥科技在转变经济发展方式中的支撑作用，推动我区经济社会发展步入创新驱动、内生增长轨道。紧扣经济社会发展急需和制约长远发展的科技难题，集中高等院校、科研院所等各方面力量组织实施一批科技重大专项，加强稀土、新型煤化工、新能源、冶金、装备制造、新材料研发及应用等重点产业领域关键共性技术攻关，努力在更多领域实现技术突破。加强科技基础设施、创新平台和创新载体建设,培育建设大型数据中心、重点工程实验室、工程技术研究中心和企业技术中心,努力提高自主创新能力。强化企业在科技创新中的主体地位,加快建立以企业为主体、市场为导向、产学研相结合的技术创新体系,引导和支持创新要素向企业集聚,鼓励企业推进新产品研发,培育知名品牌,加快科技成果产业化。开展群众性技术创新活动。加大科技事业发展投入,加强科技人才培养、引进和使用工作,重视知识产权保护,为推动科技进步、促进经济社会发展提供有力保障。

(六)全方位扩大对内对外开放。充分发挥内蒙古的区位优势,全面加强与国内外的合作交流,更加主动地融入全国发展大局,更加积极地走向世界。要以融入周边发展为重点,全方位扩大对内开放。进一步加强同周边省区市的互利合作,建立健全合作机制,拓展合作领域,推进跨地区重大基础设施建设,合作建设出海通道和临港产业基地,建设能源产业集聚区和重点经济区,形成区域合作发展新格局。主动加强同各省区市的联合与协作,积极承接发达地区产业转移,推进各领域交流合作,形成全方位对内开放新局面。要以建设我国向北开放重要桥头堡为目标,全方位扩大对外开放。继续巩固扩大与俄蒙的合作交流,加快满洲里、二连浩特开发开放试验区建设,加强重点口岸、合作园区和国际通道建设,大力发展边境贸易和口岸经济。积极推进内陆港建设。进一步扩大国际合作交流范围,积极参与东北亚、中亚、东欧等国际区域合作,巩固发展传统市场,积极开拓新兴市场,把我区对外开放提高到一个新水平。

四、切实保障和改善民生

民生建设是党和政府最重要的职责,我们所做的一切,都是为了让各族人民生活得更美好。实现"两个同步"、"两个达到",是自治区"十二五"规划确定的重要目标,也是我们对全区各族人民作出的郑重承诺,必须坚持不懈地抓紧抓好,确保各项民生工作目标任务落到实处。

(一)千方百计扩大就业。就业是民生之本,要始终放在经济社会发展优先位置来抓。加快调整经济结构,大力发展服务业、劳动密集型产业、非公有制经济,充分发挥中小企业吸纳就业的重要作用,促进经济增长和就业增长相协调。实施更加积极的就业政策,建立健全促进就业和支持创业的长效机制,加强公共就业创业服务体系建设,完善城乡人力资源市场,努力开发公益性岗位,统筹解决好高校毕业生、城镇就业困难人员、新生劳动力和农村牧区富余劳动力就业问题。以就业需求为导向,大规模推进劳动者职业技能培训,调整优化高等教育、职业教育布局和学科专业设置,努力培养更多适应经济社会发展需要的合格建设者。

(二)加大收入分配调节力度。要大力提高城乡居民收入水平,合理调整收入分配关系,努力提高居民收入在国民收入中的比重,提高劳动报酬在初次分配中的比重,把改善民生落到真金白银上。充分挖掘农牧业增收潜力,引导农村牧区富余劳动力向二、三产业转移,认真落实各项惠农惠牧政策,促进农牧民稳定增收。大力推行企业工资集体协商,完善最低工资制度和工资正常增长、支付保障机制,逐步提高一线职工工资水平。进一步规范公务员津补贴,推进事业单位绩效工资制度改革,逐步缩小我区与国内发达地区以及区内地区间工资和津补贴差距。认真落实中小企业和个体工商户税费减免政策,精减规范行政事业性收费。完善资源开发、征地拆迁补偿办法,创造条件让更多群众拥有财产性收入。大力实施整村推进、集中连片开发和产业化扶贫工程,努力消除绝对贫困。加大转移支付力度,继续实施对口帮扶,帮助困难地区改善发展条件,提高基本公共服务和群众收入水平。

(三)健全完善社会保障体系。加快推进覆盖城乡居民的社会保障体系建设,在扩大覆盖范围、提高保障水平、提升统筹层次和实现制度统一等方面迈出更大步伐。进一步完善基本养老、基本医疗等社会保险制度,推进城乡居民社会养老保险全覆盖。按照先保后征原则,将被征地农牧民纳入社会保障范围。积极争取国家支持,逐步增加财政投入,努力解决关闭破产集体企业退休人员和困难企业职工参加医疗保险、国有企业和集体企业老工伤人员纳入工伤保险统筹管理等历史遗留问题。高度重视困难群众的生活,加强对困难群众的救助，合理确定、逐步提高城乡居民最低生活保障标准。积极发展社会福利、慈善事业。加大保障性安居工程建设和农村牧区危旧房改造力度，进一步规范管理，切实解决好中低收入群众住房困难问题。

（四）推动文化大发展大繁荣。坚持社会主义先进文化前进方向，加快文化改革发展步伐，努力促进民族文化大区向民族文化强区跨越。加强社会主义核心价值体系宣传教育和学习实践，在全社会形成统一指导思想、共同理想信念、强大精神力量、基本道德规范。做好关心下一代工作，加强青少年思想道德教育和大学生思想政治工作。加大基层公共文化设施建设力度，实施重点文化惠民工程，加快构建覆盖城乡的公共文化服务体系，保障人民群众基本文化权益。制定实施文化产业发展规划，加快文化产业园区等重大文化产业项目建设，培育壮大出版发行、影视制作、演艺娱乐和动漫等文化产业，推动文化产业成为支柱性产业。突出社会主义时代精神和民族文化特色，加强哲学社会科学研究，繁荣文艺创作，打造民族文化和草原文化品牌，提升我区文化影响力。坚持团结稳定鼓劲、正面宣传为主，壮大主流舆论，加强新兴媒体的建设和管理，积极有效引导网上舆论，提高舆论引导的及时性、权威性和公信力、影响力。加强对民族历史文化的挖掘，加大文化遗产保护力度，积极开展文化对外交流，传承发展民族优秀文化。广泛开展群众性精神文明创建活动，深入推进社会公德、职业道德、家庭美德和个人品德建设，加强诚信体系建设，倡导文明健康生活方式，不断提升公民素质和社会文明程度。

（五）加快发展社会事业。教育是民族振兴的基石，要努力办好人民满意的教育。坚持教育优先发展，深化教育改革，加大教育投入，强化素质教育，提高教育质量，促进教育公平。加大统筹城乡基础教育发展力度，巩固提升九年义务教育成果，全面普及高中阶段免费教育。优先重点发展民族教育，实施民族教育发展工程，保持民族教育国内先进水平。大力发展职业教育，逐步扩大城乡劳动者接受职业教育的覆盖面。重视高等教育发展，全面提高人才培养质量和科技创新能力。积极发展继续教育，关心和支持特殊教育。医疗卫生关系千家万户的幸福，要加快发展医疗卫生事业，深化医药卫生体制改革，重点加强农村牧区三级医疗卫生服务网络和以社区为基础的新型城市医疗卫生服务体系建设，提高重大疾病预防控制能力和医疗救治能力。加快发展蒙医药、中医药事业。推进体育事业发展，加强体育公共服务设施建设，广泛开展全民健身活动。加强人口和计划生育工作，稳定低生育水平，提高出生人口素质。积极发展妇女、儿童和老龄事业，关心和支持残疾人事业。

五、努力实现生态保护与发展双赢

内蒙古是我国北方重要生态安全屏障，生态地位十分重要，生态环境非常脆弱。保护好生态环境，既是维护国家生态安全的需要，也是实现我区经济社会可持续发展的要求。今后一个时期，我们必须把生态建设和环境保护作为一项十分重要的任务，在坚定不移地推进工业化、城镇化和农牧业现代化的同时，坚持不懈地加强生态建设和环境保护，努力走出一条具有内蒙古特色的生态文明发展之路。

（一）协调推进工业发展和环境保护。工业化的快速推进必然会加重生态环境压力，我区工业以资源型产业为主，尤其要重视解决好工业化和资源环境约束之间的矛盾。加强资源开发的科学规划和依法保护，有效控制资源开采的节奏、进度、规模，坚决摒弃无节制、粗放型开发方式，切实解决产业布局分散、资源开发布点过多等问题。积极构建循环工业体系，下大力抓好节能节水减排，努力实现低消耗、低排放、低污染，推动形成一体化的循环产业链，使能源资源得到最充分的利用。以园区建设为载体，坚持工业项目向园区集中，积极推行有利于节约资源、保护环境的生产方式，建设一批国家和自治区级循环经济园区，实现集约发展。进一步加大环保投入，强化技术创新，大力推广节能环保新技术，加强相关设施建设，提高“三废”集中处理水平。加强水资源保护，严禁抽取地下水发展高耗水产业。

（二）切实减轻传统农牧业对生态的影响。广种薄收、超载过牧是内蒙古生态退化的重要原因。要加快推进传统农牧业向现代农牧业转变，切实减轻我区的生态环境压力。推行农牧业规模集约经营,调整农牧业种养结构,在保障供给、提高效益的基础上,使更多不宜种养的土地退耕退牧、还林还草。稳步推进生产力布局调整,积极推动农村牧区人口向城镇集中,推动种植业向水资源条件较好地区集中。加快转变畜牧业发展方式,大力发展农区畜牧业,稳定发展草原畜牧业,加快发展规模化标准化养殖业,促进草原休养生息。加大草原森林保护执法检查力度,严禁滥垦滥伐、乱采乱挖。

(三)积极构建有利于生态保护的多极支撑城镇体系。内蒙古地域广阔、东西狭长、人口分散,难以形成由一、两个大型城市带动的城镇化格局,从环境承载来讲也不宜发展特大型城市。必须坚持从实际出发,充分考虑生态环境承载能力,以发展盟市所在地中心城区为重点,着力打造一批规模适度、宜居宜业的区域中心城市,加快构建多极支撑的生态型城镇体系。要结合地区特色,强化城镇的生态特点,适度拉大框架,增加林草绿地,完善配套设施,加快生态城镇建设。要按照城市标准抓好县城建设,增强县城对周边地区的辐射带动能力,吸纳更多农牧民就地转移,充分发挥县城统筹城乡、保护生态的重要作用。

(四)进一步加大生态环境保护力度。全面落实草原生态保护补助奖励政策,严格执行草畜平衡、禁牧休牧轮牧制度,扎实推进风沙源治理、生态移民等工程建设,探索建立基本草原保护制度。加强森林保护建设,实施重点林业生态工程,认真落实大小兴安岭林区生态保护与经济转型规划和国家重点公益林补偿政策,建设好我国北方最大的森林生态功能区。加强重要江河及中小河流域治理,搞好重点流域水污染防治工作。加强矿区生态保护与环境综合治理,建立重金属防治和事故应急体系。加强生态管理,健全和落实生态补偿机制,建设我国重要的碳汇基地。生态建设和环境保护人人有责。要在全社会牢固树立生态文明理念,动员人民群众共同参与、积极行动,保护我们的草原,保护我们的森林,保护我们的环境,让青山绿水长在、美丽与发展共赢。

六、扎实推进和谐内蒙古建设

内蒙古地处祖国北部边疆,是我国民族区域自治制度的发源地。进一步巩固发展民族团结、社会稳定、边疆安宁的政治局面,关系国家安全稳定大局,关系内蒙古改革发展全局,关系全区各族人民的根本利益。我们要高度重视、切实抓好和谐内蒙古建设,更好地肩负起维护团结和谐稳定的重大政治责任。

(一)切实加强社会主义民主法制建设。坚持和完善人民代表大会制度,支持各级人大及其常委会依法履行职能。坚持和完善中国共产党领导的多党合作和政治协商制度,支持人民政协充分发挥政治协商、民主监督、参政议政职能。巩固和壮大最广泛的爱国统一战线,最大限度地团结和调动一切积极力量投身内蒙古建设。积极发展基层民主,保障人民享有更多更切实的民主权利。加强和改进地方立法工作,制定和完善符合民族地区特点、促进科学发展与社会和谐的地方性法规。推进依法行政和公正司法,推动各级国家机关严格按照法定权限和程序办事,保证审判机关、检察机关依法独立公正地行使审判权、检察权。深入开展社会主义法制宣传教育,拓展和规范法律服务,完善法律援助和司法救助制度,在全社会形成知法守法、依法办事的良好氛围。深化国防教育,完善国防动员体制机制,加强国防后备力量建设和边防建设,深入开展双拥共建活动,进一步巩固加强军政军民团结。

(二)深入推进民族团结进步事业。我们要倍加珍惜内蒙古民族团结的光荣传统,巩固发展我区民族团结的良好局面。坚持不懈地开展马克思主义民族理论、党的民族政策和民族团结进步教育,深入开展民族团结进步创建活动,发展社会主义新型民族关系,推动各民族和睦相处、和衷共济、和谐发展,促进各民族共同团结奋斗。坚持和完善民族区域自治制度,认真贯彻民族区域自治法,充分行使民族区域自治权利,切实用足用好国家支持少数民族和民族地区发展的各项政策,加大对人口较少民族、少数民族聚居区和边境旗市发展的扶持力度,促进各民族共同繁荣发展。全面贯彻党的宗教工作基本方针,积极引导宗教与社会主义社会相适应,促进宗教关系和谐。

(三)进一步加强和创新社会管理。我们处在深化改革的攻坚期和社会矛盾的凸显期，面临许多新情况新问题，必须高度重视社会管理。要加快健全完善党委领导、政府负责、社会协同、公众参与的社会管理格局，形成强有力的社会建设管理领导体制和工作合力。加强基层基础工作，强化苏木乡镇街道社会管理服务职能，发挥城乡社区区域性社会管理服务作用，增强基层社会管理服务能力。支持工青妇等人民团体和群众组织做好直接联系服务群众工作，促进社会组织健康有序发展，引导和促进企业切实履行社会责任，实现社会管理多元参与、共同治理。健全重大决策社会稳定风险评估机制，畅通社情民意表达渠道，深入持久排查化解社会矛盾纠纷，完善突发事件应急管理机制，最大限度地减少不和谐不稳定因素。把做好新形势下群众工作与加强和创新社会管理紧密结合起来，建立健全科学有效的利益协调机制、诉求表达机制、矛盾调处机制和权益保障机制，着力解决群众最关心最直接最现实的利益问题，切实维护群众合法权益，紧紧依靠群众做好社会管理工作。

（四）全力维护社会稳定。要坚持把维护稳定摆到突出位置，作为各级领导必须履行好的第一责任，“一把手”负总责、亲自抓，切实筑牢祖国北疆安全稳定屏障。深入开展平安创建活动，加强社会治安综合治理，建立健全常态化社会面管控机制，提高社会治安防控能力。排查整治群众反映强烈的突出治安问题，严密防范和依法打击各种违法犯罪活动，始终保持对刑事犯罪的高压态势，维护社会秩序和市场秩序，增强人民群众的安全感。严厉打击敌对势力的渗透破坏活动，牢牢掌握对敌斗争主动权，切实履行好维护国家安全重大责任。牢固树立安全发展理念，认真落实安全生产责任制，加强食品药品安全监管，抓好各类安全隐患排查治理，有效防止重特大事故发生，确保人民群众生命财产安全。加强维稳力量建设，增强预防和处置突发事件能力。

七、不断加强和改进党的建设

在世情、国情、党情发生深刻变化的新形势下，党的自身建设面临许多新情况新问题新挑战，精神懈怠的危险、能力不足的危险、脱离群众的危险、消极腐败的危险更加尖锐地摆在我们面前，落实党要管党、从严治党任务比过去任何时候都更为繁重和紧迫。我们必须适应新形势新任务的要求，以改革创新精神全面加强党的建设，切实提高管党治党能力，为科学发展、富民强区提供坚强有力保证。

（一）坚持不懈地抓好理论武装工作。把思想政治建设放在首位，坚定自觉地与党中央在思想上政治上行动上保持高度一致。坚持用中国特色社会主义理论体系武装头脑，加强党的理论创新成果宣传普及工作，推动学习实践科学发展观向深度和广度拓展。党的十八大召开后，要认真抓好大会精神的学习宣传和贯彻落实。加强理想信念、革命传统和思想道德教育，引导广大党员干部牢固树立正确的世界观、人生观、价值观。大力弘扬理论联系实际的学风，用科学理论指导实践、推动工作，切实增强学习教育的针对性和实效性。结合开展学习型党组织和学习型领导班子创建活动，大规模进行干部教育培训，不断提高各级领导干部和广大党员的思想政治素质。把开展学习情况作为考核评价领导班子的重要内容，作为考核评价党员干部的重要依据，形成促进学习的长效机制。

（二）着力加强领导班子和干部队伍建设。按照科学执政、民主执政、依法执政的要求，改善党的领导方式和执政方式，下大力提高各级领导班子和领导干部谋划发展、统筹发展、优化发展、推动发展的本领，提高群众工作、公共服务、社会管理、维护稳定的本领，增强新形势下依法办事的能力和应急管理、舆论引导、新兴媒体运用、做好民族宗教工作的能力。坚持贯彻民主集中制原则，积极推进党内民主，保障党员主体地位，落实党员民主权利，完善党内民主决策机制，提高决策的科学化、民主化、制度化水平。优化各级领导班子配备，选好配强党政正职领导干部，加大优秀年轻干部选拔使用力度，注重培养少数民族干部、女干部、党外干部，增强班子整体功能和合力。深化干部人事制度改革，坚持正确的用人标准和导向，深入推进选人用人公信度提升工程，规范干部初始提名，推行差额选拔任用干部制度，加大竞争性选拔干部力度，形成充满活力的选人用人机制。深入实施“草原英才”工程，坚持重在使用、以用为本,充分发挥现有人才作用,大力培养本土人才,积极引进高层次人才和高技能人才,重视企业经营管理人才的培养,壮大企业家队伍,把各方面人才集聚到我区改革开放和现代化事业中来。

(三)切实增强基层党组织的凝聚力和战斗力。深入开展创先争优活动,扎实推进“北疆基层党组织固本工程”,把服务群众、做群众工作作为基层党组织的核心任务和基层干部的基本职责,使基层党组织成为推动科学发展、促进社会和谐、加强民族团结、维护社会稳定的坚强战斗堡垒。围绕建设社会主义新农村新牧区,深化“三级联创”活动,加强乡村两级党组织带头人队伍建设,及时整顿软弱涣散嘎查村党组织,着力解决农村牧区党员队伍老化、嘎查村民委员会成员党员比例偏低等问题,夯实党在农村牧区的执政基础。适应城镇化快速推进和党员分布的新变化,加强和改进街道社区党组织建设,优化组织设置,创新活动方式,更好地为辖区居民提供服务。全面加强机关、学校和国有企业党建工作,加大在非公有制经济组织、新社会组织中建立党组织力度,不断扩大党的工作的覆盖面和影响力。以提高素质为重点,加强和改进发展党员工作。把基层一线作为培养锻炼干部的基础阵地,注重从基层选拔优秀干部充实党政领导机关,鼓励党政机关干部到基层工作,完善选聘高校毕业生到嘎查村、社区任职工作机制。建立稳定规范的基层政权建设经费保障制度,加强基层组织活动场所建设,改善基层工作条件,合理提高基层干部报酬待遇。

(四)深入推进反腐倡廉建设。我们要深刻认识反腐败斗争的长期性和艰巨性,以坚定决心和有力举措,扎实推进反腐倡廉建设。坚持标本兼治、综合治理、惩防并举、注重预防的方针,认真落实党风廉政建设责任制,健全完善教育、制度、监督并重的惩治和预防腐败体系,着力从源头上预防和治理腐败。深化党性党风党纪教育,加强廉政文化建设,筑牢党员干部拒腐防变的思想防线。严格执行党员领导干部廉洁从政各项规定,切实规范领导干部从政行为。加强和改进巡视工作,推进政务公开和经济责任审计,强化对权力运行的监督制约。深入开展专项治理,坚决纠正损害群众利益的不正之风。始终保持惩治腐败的高压态势,严肃查办违纪违法案件,坚决惩处腐败分子。各级领导干部要坚持讲党性、重品行、作表率,自觉加强党性锻炼,正确行使手中权力,始终做到为民务实清廉。

优良的作风体现着党的形象,是凝聚党心民心的巨大力量。在坚持科学发展、推进富民强区的进程中,必须大力发扬党的优良作风,切实加强党员干部的作风建设。全区各级党组织和广大共产党员,要以时不我待的进取精神、奋发有为的精神状态、求真务实的工作作风,深入基层一线,密切联系群众,立足本职岗位,脚踏实地做好每一件事情,扎扎实实抓好各项工作的落实,团结带领全区各族人民,在内蒙古大地创造新的业绩、谱写新的篇章。

同志们!建设现代化内蒙古,走进我国发展前列,寄托着几代中央领导集体的殷切期望,凝结着全区各族人民的热切期盼。经过60多年的艰苦奋斗特别是新世纪以来的努力拼搏,内蒙古取得了令人瞩目的成就,发生了翻天覆地的变化。今天,这一美好的前景已不再遥远,将通过我们的接力奋斗去实现。我们有理由为肩负的使命而自豪,我们有责任把承担的各项工作做得更好。今后一个时期对内蒙古的发展至关重要。全区各级党组织和广大共产党员,一定要肩负起历史重任,和各族人民一道,不动摇、不懈怠、不折腾,坚定不移地把我区改革开放和现代化建设推向前进,经过新世纪又一个十年的扎实奋斗,奋力走进我国现代化进程的前列。

让我们更加紧密地团结在以胡锦涛同志为总书记的党中央周围,高举中国特色社会主义伟大旗帜,以邓小平理论和“三个代表”重要思想为指导,深入贯彻落实科学发展观,锐意进取、埋头苦干,为把内蒙古建设得更加繁荣富裕、和谐美好而努力奋斗!

政府工作报告

——2011 年 1 月 16 日在内蒙古自治区第十一届人民代表大会第四次会议上

自治区主席　巴特尔

各位代表：

现在，我代表自治区人民政府向大会报告工作，请连同《内蒙古自治区国民经济和社会发展第十二个五年规划纲要（草案）》一并审议，并请自治区政协委员和列席会议的同志们提出意见。

一、“十一五”时期和 2010 年经济社会发展回顾

“十一五”时期，是我区发展进程中很不平凡的五年。在党中央、国务院和自治区党委的正确领导下，全区上下深入贯彻落实科学发展观，紧紧抓住国家实施西部大开发、振兴东北等老工业基地战略的机遇，有效应对国际金融危机冲击，努力促进经济社会又好又快发展，圆满完成了“十一五”规划确定的主要目标和任务，开创了自治区改革开放和现代化建设的新局面。

——综合经济实力跃上新台阶。预计全区生产总值从 2005 年的3 905亿元增加到 2010 年的11 620亿元，年均增长17.6%，超过“十一五”规划目标 4.6 个百分点，经济总量由全国后列进入中列。人均生产总值接近7 000美元，位居全国前列。地方财政总收入由478.7亿元增加到1 738.1亿元，年均增长29.4%。固定资产投资累计完成近 3 万亿元，是“十五”时期的4.3倍，建成了一批重大项目。

——经济结构调整取得重大进展。三次产业结构由 2005 年的15.1：45.4：39.5 调整为 2010 年的8.5：55.2：36.3，总体上完成了由农牧业主导型向工业主导型的历史性转变。优势特色产业得到巩固和加强，战略性新兴产业和非资源型产业迅速成长。非公有制经济占 GDP 比重由 2005 年约33% 提高到 2010 年的43% 左右。新农村新牧区建设稳步推进，城镇化率达到55%，提高7.8个百分点。呼包鄂地区率先发展，东部盟市发展加速，其他地区发展呈现新局面。

——基础设施和生态建设成效明显。综合运输体系初步形成，5 年新增公路里程3.3万公里、铁路运营里程3 100公里，新增民航机场 3 个，建成 8 条500千伏电力外送通道。生态总体恶化趋势趋缓，重点治理区明显改善，森林覆盖率提前完成20% 的规划目标，草原植被盖度继续提高。节能减排扎实推进，预计单位地区生产总值能源消耗能够如期完成国家下达的控制目标，主要污染物减排总量超额完成国家下达的目标任务。

——人民生活水平显著提高。预计城镇居民人均可支配收入由 2005 年的9 137元增加到 2010 年的17 698元，年均实际增长11.2%；农牧民人均纯收入由2 989元增加到5 529元，年均实际增长10%。累计投入1 800多亿元，实施了一系列民生工程，为群众办了许多实事，城乡居民普遍受益。就业规模不断扩大，社会保障开始向保基本、广覆盖、可持续目标迈进，基本公共服务水平明显提高。

——社会建设迈出坚实步伐。组织实施了 77 个重大科技项目，自主创新能力明显增强；财政累计投入教育的支出是“十五”时期的 3.5 倍，各级各类教育稳步发展;新型农村牧区合作医疗常住人口参合率达到97.4%,公共卫生体系进一步健全;大力推进文化体制改革和公共文化服务体系建设,民族文化大区建设取得丰硕成果;政府职能转变步伐加快,依法行政水平稳步提高;全面推进社会管理创新,社会保持和谐稳定。

五年来,我们重点抓了以下几方面工作。

(一)努力保持经济平稳较快发展。五年来,我们经受住了一系列严峻考验。面对国际金融危机的严重冲击,坚持把扩大内需作为保增长的着力点,充分发挥投资、消费对经济增长的拉动作用,创造性地实施了电力多边交易、大用户直供等政策措施,迅速扭转了经济增速下滑局面。规模以上工业年均增长254%,工业占经济总量的比重由378%提高到482%,实现利润由226亿元增加到1 200亿元,成为推动经济平稳较快增长的主导力量。面对各种严重自然灾害,不断强化农牧业基础地位,农牧业综合生产能力稳步提高,具备了年产400亿斤粮食、230万吨肉类、900万吨牛奶、10万吨绒毛的生产能力,牛奶、羊肉、羊绒产量稳居全国首位。妥善处置奶粉事件,全力保护奶农利益,帮助企业渡过难关,促进了乳业健康发展。针对服务业发展相对滞后的状况,进一步巩固提升传统服务业,大力发展现代服务业,全区第三产业增加值年均增长149%,对城镇就业的贡献率达到70%。

(二)大力推进经济结构优化升级。加快推进新型工业化。以能源、原材料等为主的优势特色产业不断发展壮大,原煤产量由26亿吨增加到79亿吨,电力装机由1 989万千瓦增加到6 500万千瓦,外送电量居全国首位。以新能源、现代煤化工等为主的战略性新兴产业快速发展,风电装机由20万千瓦增加到1 000万千瓦,居全国首位;煤制油、煤制烯烃、煤制二甲醚、煤制甲烷气和煤制乙二醇五大示范工程取得突破性进展。以装备制造业为主的非资源型产业加快发展,装备制造业增加值年均增长23%以上。产业发展水平进一步提高,30多项技术、工艺和设备处于国内外领先水平。加快发展现代农牧业。高产优质高效安全作物比重达到66%,比2005年提高19个百分点,设施蔬菜、马铃薯面积双双突破百万亩。农牧业产业化进程不断加快,全区销售收入百万元以上龙头企业达2 200家,其中国家和自治区级龙头企业286家,实现销售收入2 200亿元以上,增长15倍。积极推进城镇化。加快人口布局调整和城市扩容改造,中心城市的综合服务功能和辐射带动能力明显增强。累计新增城镇人口211万人,城市建成区面积扩大161平方公里。

(三)着力改善经济社会发展条件。把生态建设作为最大的基础建设来抓,五年累计投入生态建设资金3 228亿元,实施了退耕还林、退牧还草等重点生态工程,草原建设总规模5亿亩,禁牧休牧面积78亿亩,林业生态建设总面积5 000多万亩,6 000万亩农田和8 000万亩基本草牧场受到林网保护。全面加强公路、铁路和电网三大通道建设。累计完成公路建设投资1 470亿元,建成赤峰至通辽、呼和浩特至大饭铺至东胜等一批高速公路,开工建设赤峰至承德等9条连接区外的高速公路,公路通车总里程达到157万公里,其中高速公路2 365公里,12个盟市全部有了高速公路。累计完成铁路建设投资555亿元,建成临河至策克、包头至西安等30个重点项目,铁路运营里程达到10 789公里。开工建设锡林浩特至乌兰浩特、赤峰至锦州等35个重点项目,在建铁路总规模5 980公里。累计完成民航机场建设投资50亿元,建成鄂尔多斯、二连浩特和阿尔山机场,机场总数达到12个。开工建设海勃湾水利枢纽等一批重点水利工程,完成134座病险水库除险加固,解决了农村牧区581万人的安全饮水问题,农田有效灌溉面积达到4 500万亩,节水灌溉面积3 500万亩。加强重点区域、流域和行业环境治理,淘汰了一大批落后产能。加强国土综合整治和地质勘查工作,煤田灭火取得阶段性成效,新增煤炭资源储量5 500亿吨。

(四)切实加强以改善民生为重点的社会建设。实施更加积极的就业政策,城镇累计新增就业114.2万人,城镇登记失业率稳定控制在4.2%以内,基本实现了“零就业家庭”至少一人就业的目标。财政用于社会保障补助支出累计达1 048亿元,各项社会保险覆盖面不断扩大,基本养老保险、医疗保险参保人数分别达到430.7万人和886.4万人,230.9万职工纳入失业保险。优抚对象、农村五保户生活补助标准进一步提高，200多万城乡困难群众的基本生活得到了保障。全面启动保障性安居工程建设和棚户区改造，累计用于保障性安居工程建设投资689.4亿元，建设保障性住房78.5万套。深入推进对口帮扶和扶贫开发，累计扶持农村牧区贫困人口75万人。

加快发展社会事业。着力推进科技创新体系建设，创新型内蒙古建设步伐不断加快。优先发展教育事业。提前完成普及九年义务教育，稳步推进中小学校标准化建设，中小学校舍安全工程建设进度居全国前列。民族教育水平明显提高，中等职业教育迅速发展，高等教育质量稳步提高。覆盖城乡的公共医疗卫生体系建设取得新突破，公共卫生、医疗服务和医疗保障体系建设得到加强，城镇社区卫生和蒙中医药事业发展迅速。大力发展文化事业和文化产业，公共文化设施建设进一步加强，基层文化服务体系不断健全，草原文化整体形象和实力明显提升，涌现出一批具有草原文化特色的艺术精品，《蒙古学百科全书》出版发行，广播影视、新闻出版、哲学社会科学和文学艺术健康发展，精神文明创建活动深入开展，公民文明素质不断提高。大力实施人才强区战略，深入推进人才储备制度建设，组织实施“草原英才”工程，人才队伍建设进一步加强。认真做好人口和计划生育工作，低生育水平保持稳定。群众体育和竞技体育协调发展，实现了奥运会金牌零的突破。妇女儿童、老龄、残疾人、气象、人防、档案等各项工作都取得了新进展。

（五）深入推进改革开放。国有企业改革取得重大进展，引入国电集团重组了蒙能公司，呼兴电网上划国家电网公司，国有资产管理体制改革稳步推进。依法开征了煤炭价格调节基金，进一步完善了煤炭资源配置政策。农村牧区综合改革取得阶段性成果，集体林权制度改革深入推进，大兴安岭国有林区剥离办社会和辅业改制取得重大进展。金融领域改革全面推进，成功组建了内蒙古银行，搭建了水利基础设施建设投融资平台，农村信用社资产效益大幅增长，村镇银行和小额贷款公司发展迅速，农业政策性保险走在全国前列。医药卫生体制改革启动实施，文化体制改革迈出重大步伐，行政管理体制改革稳步推进。积极扩大对内对外开放。加强与有关省区市的经济技术协作，累计引进国内（区外）资金实际到位1万多亿元。加快实施“引进来”、“走出去”战略，深化与俄蒙的经贸合作，累计引进国外资金实际到位125亿美元，进出口总额增长1.4倍。

（六）不断加强政府自身建设。全面推进依法治区进程，加强行政立法、执法监督和普法教育，努力提高依法行政水平。自觉接受人大依法监督和政协民主监督，认真听取各民主党派、工商联和无党派人士意见，决策科学化、民主化程度不断提高。政务公开取得积极进展，政务服务水平明显提高。加强行政监察和审计监督，重视源头治理，规范资金运行，勤政廉政建设取得新成效。强化信访工作，集中解决了一批群众反映强烈的突出问题，群体性上访持续下降。加强隐蔽战线斗争，严厉打击各类刑事犯罪，维护了国家安全和社会稳定。坚持标本兼治，安全生产水平稳步提高。加强市场监管和专项整治，确保产品质量和食品药品安全。国防动员和后备力量建设不断加强，军警民共建和双拥工作取得新成绩。全面贯彻落实党的民族政策，坚持民族区域自治制度，认真做好宗教工作，民族团结、社会稳定、边疆安宁的局面进一步巩固和发展。

五年来，我们成功举办了自治区成立60周年大庆、世界草地与草原大会等重大活动，圆满完成了北京奥运会、共和国60华诞的各项保障任务，积极参与上海世博会，在缓解国家煤电紧张、抗击南方雨雪冰冻灾害、汶川玉树抗震救灾中作出了积极贡献。

刚刚过去的2010年，面对复杂多变的宏观形势，我们深入贯彻落实科学发展观，把工作的着力点放在转方式、提质量、惠民生、促和谐上，经济社会保持了又好又快的发展态势。全区生产总值增长14.9%，跨过万亿元门槛。农牧业喜获丰收，粮食产量达到431.6亿斤，再创历史新高。规模以上工业增加值增长19%，实现利润增长60%以上。地方财政总收入增长26.2%，其中一般预算收入突破千亿元，达到1 070亿元，增长25.8%，财政收入结构进一步改善。全社会固定资产投资完成8 972.1亿元，增长19.1%；社会消费品零售总额达到3 337亿元,增长19%。全区投入近千亿元用于保障和改善民生,为群众办了"十件实事"、实施了"十项民生工程",出台了促进牧民增收、提高低收入群体保障标准等一系列政策措施,城镇新增就业24.7万人,城镇居民人均可支配收入和农牧民人均纯收入分别增长11.7%和12%。加快建设以呼包鄂为核心的西部经济区,打造沿黄沿线经济带,积极推动东部盟市融入东北、华北加快发展,确定鄂尔多斯市对口支援兴安盟、京蒙对口帮扶重点调整为赤峰市和乌兰察布市,区域协调发展呈现新格局。统筹抓好发展和稳定两件大事,深入开展社会矛盾化解工作,促进民族团结和社会稳定,营造了良好的社会环境。经过一年的努力,我们胜利完成了自治区十一届人大三次会议确定的主要任务,为"十一五"划上了圆满句号。

经过五年的实践,我们在科学发展观的指引下,进一步加深了对现代化建设规律的认识和把握,积累了许多宝贵的经验。我们更加深刻地体会到,实现经济社会又好又快发展,必须始终立足自治区欠发达的基本区情,牢牢抓住发展这个第一要务,不断创新发展理念,完善发展思路,探索一条具有内蒙古特色的科学发展新路子;必须抓住和用好战略机遇,更加自觉地将内蒙古置于全国发展大局中,充分利用各种有利条件,发挥比较优势,创造性开展工作;必须加快推进经济结构战略性调整和科技创新,切实转变经济发展方式,不断提高经济发展的质量和效益;必须全面推进新型工业化、城镇化和农牧业现代化,正确处理改革发展稳定各方面关系,统筹经济社会、城乡、区域及人与自然协调发展,稳步提高可持续发展能力;必须坚持改革开放,努力形成科学发展的体制机制,全面推进对内对外开放,优化资源配置,促进要素集聚,不断提高自我发展能力;必须坚持以人为本,在促进经济又好又快发展的同时,着力保障和改善民生,始终做到发展为了人民、发展依靠人民、发展成果由人民共享;必须倍加珍惜民族团结、社会和谐的大好局面,始终坚持各民族共同团结奋斗、共同繁荣发展,为改革开放和现代化建设创造和谐稳定的社会环境。

各位代表,"十一五"时期是我区综合实力提升最快、城乡面貌变化最大、社会建设成就最好、人民群众得到实惠最多的时期之一。我们在全面建设小康社会的道路上迈出了重要步伐,为"十二五"时期经济社会又好又快发展奠定了更加坚实的基础。这些成绩的取得,是党中央、国务院和自治区党委正确领导的结果,是自治区人大、政协有效监督和大力支持的结果,是全区各族人民共同团结奋斗的结果,也是各方面关心、帮助的结果。在此,我代表自治区人民政府,向全区各族人民,向所有为自治区建设和发展作出贡献的同志们,向关心和支持内蒙古工作的朋友们,表示衷心的感谢和崇高的敬意!

在看到成绩的同时,我们也清醒地认识到,我区欠发达的基本区情没有根本改变,发展不足仍然是我们面临的主要矛盾,经济社会发展中还存在着不少困难和问题,主要表现在:一是产业发展不充分,农牧业基础薄弱,工业化整体水平不高,服务业发展不足。二是产业结构不合理,经济增长对资源的依赖偏重,非资源型产业、非公有制经济和中小企业发展滞后,科技创新能力不强,"原字号"产品比重大,产业竞争力和抗风险能力较弱。三是生产力布局比较分散,区域性中心城市的辐射带动力不强,城乡、区域发展不平衡,经济社会发展不够协调,社会事业发展相对滞后。四是城乡居民收入增长相对缓慢,就业总量压力和结构性矛盾并存,基本公共服务水平有待进一步提高。五是生态环境脆弱,水资源供需矛盾突出,基础设施瓶颈制约严重。六是促进科学发展的体制机制有待进一步完善,对外开放水平需要进一步提高。此外,政府职能转变还不能适应经济社会发展要求,形式主义、官僚主义比较严重,奢侈浪费、贪污腐败现象不同程度存在。对于这些问题,我们一定要增强忧患意识和责任意识,采取有力措施,认真加以解决。

二、"十二五"时期经济社会发展的主要任务

"十二五"时期是我区加快推进富民强区进程、全面建设小康社会的关键时期,是深化改革开放、加快转变经济发展方式的攻坚时期。根据党的十七届五中全会和自治区党委《关于制定国民经济和社会发展第十二个五年规划的建议》精神,"十二五"时期我区经济社会发展的总体要求是:**高举中国特色社会主义伟大旗帜,以邓小平理论和“三个代表”重要思想为指导,深入贯彻落实科学发展观,以科学发展为主题,以加快转变经济发展方式为主线,坚持走富民强区之路,推进经济结构战略性调整,提高科技创新能力,着力保障和改善民生,建设资源节约型和环境友好型社会,深化改革开放,加快工业化、城镇化和农牧业现代化进程,促进经济长期平稳较快发展和社会和谐稳定,为全面建成小康社会奠定坚实基础**。经济社会的主要发展目标是:地区生产总值年均增长12%以上,地方财政总收入年均增长15%,全社会固定资产投资年均增长15%,社会消费品零售总额年均增长18%,城镇居民人均可支配收入和农牧民人均纯收入年均增长12%,城镇化率达到60%,城镇新增就业人数平均每年超过25万人,城镇登记失业率控制在4.2%以内,总人口控制在2 520万人以内,单位地区生产总值能源消耗降低15%,单位工业增加值用水量下降10%,各项减排指标达到国家要求。经过全区各族人民共同努力奋斗,使我区综合经济实力显著增强,经济发展方式转变取得实质性进展,城乡居民收入和基本公共服务达到全国平均水平,社会事业发展水平全面提升,城乡各族人民生活更加美好,全面建设小康社会的基础更加牢固。

实现上述目标,全面落实“十二五”规划确定的各项任务,必须突出科学发展这一主题,把握转变发展方式这一主线,切实做到在发展中促转变,在转变中谋发展。一是坚持加快发展。从我区欠发达的基本区情出发,牢牢抓住并用好重要战略机遇期,始终坚持发展这个第一要务不动摇,把发展作为解决我区所有问题的关键,紧紧围绕保持经济平稳较快发展的要求,努力促进经济发展得更快一些、更好一些,更加注重以人为本,更加注重全面协调可持续发展,更加注重统筹兼顾,更加注重保障和改善民生。二是坚持转变方式。把经济结构战略性调整作为主攻方向,把保障和改善民生作为根本出发点和落脚点,把科技进步和创新作为重要支撑,把建设资源节约型、环境友好型社会作为重要着力点,把改革开放作为强大动力,努力把加快转变经济发展方式的要求贯穿于经济社会发展全过程和各领域。三是坚持富民强区。在发展的目标取向上突出富民优先,把促进就业摆在经济社会发展的优先位置,加快发展各项社会事业,推进基本公共服务均等化,加大收入分配调节力度,落实好保障和改善民生的各项政策措施,使人民群众更多地享受改革发展成果,努力构建和谐内蒙古。为此,我们要认真做好以下工作。

（一）坚持发展第一要务不动摇,继续保持经济平稳较快发展。以国家实施扩大内需战略为动力,充分挖掘内需潜力,加快形成投资、消费、出口协调拉动经济增长的新局面。发挥投资对经济的拉动作用。继续保持投资的足够强度和适度规模,优化投资结构,加大政府对民生和社会事业、基础设施、科技创新、生态环保等领域和发展相对滞后地区的投资力度。抓好项目储备和建设管理,提高投资质量和效益。确立企业和社会的投资主体地位,放宽市场准入,支持民间资本进入基础产业、基础设施、市政公用事业、社会事业和金融服务等领域。努力促进消费需求增长。把扩大消费作为扩大内需的战略重点,着力提高城乡居民的消费能力和水平,进一步释放消费潜力。逐步完善基本公共服务体系,合理控制物价总水平,形成良好的消费预期。发展新型消费业态,拓展新兴服务消费,改善消费环境,促进消费结构升级。合理引导消费行为,发展节能环保型消费品,倡导文明、节约、绿色、低碳消费模式。积极扩大出口。大力实施出口市场多元化战略,巩固传统出口市场,开拓新兴市场,优化出口产品结构,加快出口加工区、保税区和出口商品物流园区建设,保持出口较快增长,逐步增强出口对经济增长的拉动能力。

（二）加快转变经济发展方式,全面提升综合经济实力和水平。把调整经济结构作为转变发展方式的主攻方向,大力加强产业建设,促进区域、城乡协调发展,增强发展保障能力,不断提高发展的质量和效益。着力推进产业结构优化升级。大力发展现代农牧业,加快转变农牧业发展方式,调整优化结构,推进产业化经营,提高综合生产能力。粮食产量达到450亿斤以上,牲畜存栏稳定在1亿头(只)左右。完善惠农惠牧政策和农牧业补贴机制,不断增加“三农三牧”投入。稳定和完善土地、草牧场承包经营制度,积极发展多种形式的适度规模经营。进一步提高工业化水平,努力构建多元发展、多极支撑的现代产业体系。着眼于把我区建设成为国家重要的能源(新能源)、新型煤化工、冶金和绿色农畜产品生产加工基地,坚持在增量中调整结构、在转型中优化升级,巩固提升能源、农畜产品加工等传统优势产业,发展壮大新型煤化工、冶金建材和稀土产业,大力支持装备制造等非资源型产业发展,积极培育新能源、新材料、生物制药等战略性新兴产业,构建结构优化、技术先进、清洁安全、附加值高、吸纳就业能力强的现代产业体系。大力发展现代物流、金融保险等生产性服务业,加快发展旅游、家庭服务等生活性服务业,努力提高服务业的比重和水平。积极促进区域协调发展。加快沿黄河、沿交通干线经济带建设,统筹基础设施、产业布局和资源配置,推动产业集中集聚集约发展,打造以呼包鄂为核心的西部经济区。加大对东部盟市的支持力度,推动其在融入周边发展、加强盟市合作中构筑发展新优势。扶持困难地区加快发展,加大对口支援、对口帮扶和扶贫开发力度。统筹推进城乡发展。坚持统筹规划,积极构建布局合理、多中心带动的城镇化格局,着力加强区域中心城市和县城两级城镇体系建设。推进呼包鄂城市一体化进程,大力培育以呼包鄂为核心的西部城市群。集中力量加快盟市所在地城区建设,打造区域中心城市,积极发展以县城为重点的中小城市。搞好城镇体系规划和城市总体规划,统筹推进工业园区与城镇建设,实现工业化与城镇化互动发展。建立以工促农、以城带乡长效机制,推动城镇基础设施向农村牧区延伸,促进城市公共服务向农村牧区覆盖,加快农牧民向城镇转移步伐,稳步推进社会主义新农村新牧区建设。加强保障能力建设。坚持适度超前原则,突出重点,统筹规划,集约布局,加快综合交通运输体系、水利基础设施、能源输送通道和信息基础设施建设,着力解决基础设施瓶颈制约问题,基本形成适应经济社会发展需要的现代基础设施体系。强化资源保障和综合利用。通过制度规范、监管约束和科技创新等方式,切实推进能源、材料和水资源的节约利用。严格土地资源管理,节约集约利用土地。加强矿产资源勘查和管理,提高有序开发和综合利用水平,增强对发展的支撑和保障能力。加大生态环境保护力度。以构筑我国北方重要生态屏障为目标,加快建立生态保护和建设的长效机制,坚持点上开发、面上保护,继续组织实施各类重点生态工程,建设我国北方最大的森林生态功能区,森林覆盖率提高到22%。以解决饮用水源、空气和土壤污染等损害群众健康的突出环境问题为重点,进一步加大环境保护力度。加快资源循环利用产业发展,建设循环经济园区,推广循环利用技术,构建循环型农牧业体系和循环型城市与社区。积极应对气候变化,加快培育以低碳排放为特征的工业、建筑和交通体系。增加森林和草原碳汇,建立固碳标准体系,探索开展碳汇交易。加强防灾减灾体系建设。

(三)坚持富民与强区并重,切实保障和改善民生。以满足人民群众不断增长的物质文化需求为目标,切实加大民生工作力度,推进基本公共服务均等化。千方百计提高城乡居民收入。把增加城乡居民收入作为改善民生的首要任务,进一步拓宽增收渠道,加快分配制度改革,不断增加低收入者收入,扩大中等收入群体,努力实现城乡居民收入增长和经济发展同步。实施更加积极的就业政策,多渠道开发就业岗位,推动以创业带动就业。加快推进覆盖城乡居民的社会保障体系建设,在扩大覆盖范围、提高保障水平和统筹层次等方面迈出更大步伐。促进社会事业发展。优先发展教育事业。认真贯彻落实国家有关政策措施,进一步加大教育投入。深化教育教学改革,促进教育公平,提高教育质量,推动各级各类教育协调发展。加快医疗卫生事业改革发展,强化公共卫生服务体系建设,健全覆盖城乡居民的基本医疗卫生服务体系,支持蒙中医药事业发展。以建设民族文化强区为目标,加强社会主义精神文明建设,进一步健全公共文化服务体系,全面提升文化产业的竞争力和影响力,努力将文化产业培育成为国民经济新的增长点。统筹人口工作,提高出生人口素质。推进老龄事业发展,保障妇女儿童合法权益,健全残疾人服务体系。

（四）深入推进改革和科技创新，构建全方位开放格局。加快建立保障科学发展的体制机制，大力推动科技进步与创新，实施更加积极主动的开放战略，为经济社会发展提供不竭动力。进一步深化改革。毫不动摇地巩固和发展公有制经济，毫不动摇地鼓励、支持和引导非公有制经济健康发展。进一步深化国有企业改革，深入推进行政管理体制和财税金融体制改革，加快资源性产品价格和资源配置方式改革，深化农村牧区综合改革和统筹城乡综合配套改革，稳步推进教育、科技、文化、卫生、体育等事业单位分类改革。提高科技创新能力。加大科技投入，完善科技管理体制和运行机制，营造有利于自主创新的政策环境。大力推进原始创新、集成创新和引进消化吸收再创新，实施重大产业技术开发专项工程，加大对非资源型产业研发项目孵化的扶持力度，强化企业创新主体地位，加快创新平台建设。认真抓好自治区中长期人才发展规划纲要的贯彻落实，继续推进和完善人才储备制度，组织实施好“草原英才”工程和人文社会科学英才培养工程，统筹推进各类人才队伍建设。全方位扩大对内对外开放。全面融入国家发展大局，把扩大开放与区域协调发展结合起来，把“引资”与“引智”结合起来，在引进战略投资、对接基础设施、承接产业转移、引进技术和管理等方面实现更大突破。坚持“引进来”与“走出去”相结合，进一步加强与俄蒙的合作交流，更大范围开拓国际市场，扩大利用外资规模，加强科技文化交流，努力把我区对外开放提高到一个新水平。

（五）全力维护社会稳定，扎实推进和谐内蒙古建设。以建设和谐内蒙古为目标，进一步创新社会管理，加强社会矛盾化解，深入推进平安创建活动，更加扎实有效地维护社会稳定。加强社会管理能力建设，加快建立政府管理与社会调节互联互动的社会管理新模式，引导社会组织健康发展。建立健全社会矛盾排查化解长效机制，有效预防和妥善处置群体性事件和突发公共事件。提高公共安全保障水平，加强安全生产，健全对自然灾害、事故灾难、公共卫生事件、食品安全、社会安全事件的预防预警和应急处置体系。完善社会治安防控体系，加强基层基础建设和重点地区社会治安综合治理，依法严厉打击敌对势力和各种犯罪活动，营造安全的社会环境。全面贯彻党的民族和宗教政策，巩固和发展平等、团结、互助、和谐的社会主义新型民族关系，促进各民族共同团结奋斗、共同繁荣发展。支持国防、边防和军队建设，巩固军政军民团结，筑牢祖国北疆安全稳定屏障。

三、2011 年经济社会发展的主要任务

2011 年是“十二五”开局之年，我们将迎来中国共产党成立 90 周年，做好今年的工作具有十分重要的意义。今年经济社会发展的主要预期目标是：地区生产总值增长13%，地方财政总收入增长17%，城镇居民人均可支配收入和农牧民人均纯收入增长12%，城镇登记失业率控制在4.2%以内，居民消费价格指数涨幅控制在4%左右，节能节水减排指标完成国家下达的任务。实现上述目标，要重点做好以下工作。

（一）贯彻落实国家扩大内需的政策措施，保持经济平稳较快发展

保持投资、消费持续较快增长。多渠道筹集建设资金。按照国家产业政策导向，扎实做好项目筛选和申报工作，积极争取中央资金投入。推动银企合作，全力争取金融信贷资金。认真落实国务院新“36 条”，下放审批权限，降低准入门槛，进一步激活民间投资。加大开放引资力度，扩大与各省区市特别是周边地区的经济技术协作。加强与中央大企业的合作，积极争取央企扩大投资。努力扩大消费需求。增加城乡居民收入，完善社会保障体系，改善居民消费预期，增强消费能力。落实鼓励消费的政策，优化消费环境，健全市场体系和信用体系，积极发展文化消费、信用消费、网络消费等多种消费形式，不断培育新的消费热点。

加快推进项目建设。组织实施自治区重点工业项目300项，全年工业固定资产投资力争达到5 100亿元。加快 14 个高速出口通道建设，建成赤峰至平庄、通辽至双辽等 4 条高速公路，加快旗县通一级公路建设，启动实施嘎查村通沥青水泥路工程，确保完成公路建设投资450亿元。开工建设呼和浩特至张家口、赤峰和通辽至京沈客专等 19 个重点铁路项目，新开工里程3 100公里。开工建设阿拉善通勤机场。加快推进锡

盟至南京、蒙西至潍坊、乌兰察布至南昌等电力外送通道项目前期工作,加强区内500千伏主网架和220千伏电网建设。积极推进海勃湾水利枢纽等在建项目,力争开工尼尔基、绰勒下游灌区项目,做好扎罗木德水库、锡林郭勒供水工程等项目前期工作。切实抓好农牧业、服务业、节能环保、城市建设和民生领域的项目。根据产业结构调整需要,重点储备一批新能源、新材料、先进装备制造和生物技术等战略性新兴产业项目。

(二)做好“三农三牧”工作,不断强化农牧业基础地位

提高农牧业综合生产能力。抓好粮食生产,确保农作物总播面积和粮食播种面积稳定在1亿亩和8 000万亩以上,全面实施百亿斤粮食增产工程。调整优化农牧业结构,加快规模化、标准化生产基地建设。大力发展设施农牧业和避灾型农牧业,力争新增设施蔬菜和设施马铃薯面积各30万亩。通过增加投入等措施,加快建设“菜篮子”基地,提高蔬菜自给水平,充分发挥其对平抑市场物价的积极作用。推进畜牧业生产方式转变,在草原牧区大力推进联户家庭牧场和现代化家庭牧场建设,加快农区半农区标准化圈舍建设,提高规模化、标准化养殖水平。鼓励中小企业以“公司+农户”的形式参与农牧业开发经营。继续组织实施肉牛、奶牛、肉羊高产创建工程。加强质量监管和重大疫情防控,确保农畜产品质量安全。

加强以水利为重点的农牧业基础建设。进一步提高固定资产投资用于农村牧区基础设施建设的总量和比重,土地出让收益重点向农牧业开发和农村牧区基础设施倾斜,积极引导社会资金投向农牧业和农村牧区。突出抓好水利基础设施建设,推进中小河流和大江大河重要支流治理,完成中小病险水库除险加固任务,进一步提高水旱灾害的综合防御能力。实施“四个千万亩”节水灌溉工程,全面推进大型灌区续建配套和节水改造,新增节水灌溉面积300万亩。加强以灌溉饲草料基地为重点的牧区水利建设。继续推进农村牧区安全饮水工程,确保实现100万人安全饮水目标。

深化农村牧区各项改革。完善土地承包经营制度,健全土地流转市场,发展多种形式的适度规模经营。推进草原基本经营制度改革,扩大草原承包经营规范化试点。积极推进农村牧区综合改革,完善村级公益事业投入机制,促进公益性乡村债务清理化解。深化以公益林为重点的集体林权制度改革,公益林确权率力争达到80%以上。稳步推进国有林场改革。

完善惠农惠牧政策。加大“三农三牧”投入,财政支出用于农村牧区的总量、增量、增幅都要有所提高。完善农牧业补贴机制,形成适合农区、牧区、林区特点的农牧业补贴政策。落实好国家和自治区草原生态奖补等各项惠农惠牧政策,加快生态环境恶劣地区农牧民转移步伐,提高农牧民转移就业的组织化程度,组织实施好东部富余劳动力到西部就业工作。统筹用好各项惠农惠牧资金,促进农牧民增收目标的实现。

(三)大力推进经济结构调整,构建多元发展、多极支撑的现代产业体系

提高资源型产业发展水平。加快大型煤炭基地建设,提高产业集中度和现代化开采水平。加强电网建设,扩大电力外送规模。优化电力结构,继续推进东西部两个千万千瓦风电基地和百万千瓦光伏产业基地建设,全年新开工风电规模350万千瓦,太阳能发电12万千瓦。加快推进新型煤化工国家示范工程和自治区重点煤化工项目建设,争取开工中天合创300万吨二甲醚和上海庙100万吨乙二醇等重大项目。抓好化工、冶金等领域的延伸加工,大力培育、引进、集聚加工企业,开发精细化工产品和高附加值的钢铁、有色深加工产品,推进产业向高端化、新型化发展。稳步发展农畜产品加工业,依托龙头企业和知名品牌,扩大乳、绒加工业在高端市场的份额。以提高质量、打造品牌为重点,做大做强肉、薯、粮油加工业。

大力发展非资源型产业。充分发挥资源配置政策的导向作用,吸引先进装备制造、高新技术产业项目落地,带动非资源型产业快速发展。加快发展工程机械、运输机械、电子信息、生物制药、光伏产业及其配套产业。促进稀土产业健康发展,加快包头稀土交易中心建设。支持北奔、华泰等企业扩大产能,推进汽车整车制造及发动机、变速箱等配件生产。加强大型风电设备生产基地建设,提高零部件本地配套率。抓住国内

外产业转移提速的机遇，加大招商引资力度，对接产业转移项目。科学制定园区产业规划，认真研究财税、金融、土地和资源配置支持政策，加快建设一批承接产业转移示范园区，重点培育60个销售收入超百亿元的产业集群。

努力促进中小企业发展。认真落实扶持中小企业政策，扎实开展“促进中小企业政策落实年”活动，全力实施中小企业成长工程。加快建设公共服务平台，进一步完善中小企业服务体系。以承接产业转移为重点，以推进“双百工程”为引擎，促进中小企业集聚集约发展。大力培育和发展具有地区优势和较高产业关联度的中小企业，充分发挥其在调整结构、促进就业和提高城乡居民收入中的重要作用。增加中小企业信用担保和风险补偿等专项资金投入，健全金融服务体系，解决中小企业融资难问题。

加快发展服务业。大力发展生产性服务业，特别是现代物流、金融保险、设计咨询等产业，促进工业生产向研发设计和品牌营销两端延伸，提升产业发展水平。加快建设煤炭、聚氯乙烯、农畜产品物流配送交易中心和大型专业化物流园区。积极引进区外金融机构和外资金融机构，支持内蒙古银行等地方金融企业做大做强。加快发展旅游、房地产、文化产业等生活性服务业。推进旅游与文化融合，提升旅游文化品位，打造精品旅游线路和旅游景区，延伸旅游产业链。以发展普通商品住房和保障性住房为重点，促进房地产业健康发展。加强文化产业项目建设，规划建设一批文化产业示范基地和园区，大力发展新兴文化业态，培育一批大型文化企业，不断增强文化产业的实力。

（四）加大节能减排和生态保护力度，推进“两型”社会建设

全力抓好节能减排。继续实施重点节能工程，加快推行合同能源管理等节能制度，做好节能环保新技术、新产品推广应用。大力发展循环经济，抓好循环经济示范工程和示范点建设。继续做好关闭落后小企业工作，加大电石、铁合金等落后产能淘汰力度。积极探索碳汇核算、交易途径，发展碳汇经济。加强环境保护。继续推进主要污染物总量减排和环境综合整治工作，加快城镇污水、垃圾处理设施和集中供热工程建设，推广使用清洁能源。加强燃煤电厂脱硫脱硝，做好主要城市、重点流域、重金属和农村牧区污染防治工作。

促进资源合理开发利用。加快建立合理的资源开发利益分配机制和生态补偿机制，妥善解决资源开发过程中的环境保护问题。加强稀土矿产开发监管，促进稀土资源合理利用。积极争取国家支持，加快推进资源型城市经济转型。加大煤田灭火力度，确保完成全年火区治理任务。坚持节约集约利用土地，严格保护耕地，统筹安排各类用地。加强湖泊、河流等水资源保护利用，积极推进水权置换，提高水资源利用率。

加强生态保护和建设。坚持自然修复与工程措施相结合，促进生态环境的持续恢复。认真实施国家草原生态保护政策，落实草畜平衡、禁牧休牧轮牧和基本草原保护制度，继续抓好退耕还林、退牧还草和京津风沙源治理等生态重点工程建设，争取启动实施黄土高原综合治理工程、沙漠沙地专项保护治理工程和乌梁素海重点湿地保护与治理工程，力争完成林业生态建设面积1 000万亩，退牧还草3 000万亩，治理水土流失面积650万亩。大力发展林、沙、草产业，加强林地、湿地和野生动植物保护。

（五）加快推进城镇化，促进区域协调发展

坚持走多极发展、多中心带动的城镇化路子。科学编制和严格落实城镇体系规划，有序推进区域中心城市和县城两级城镇体系建设。强化城市基础设施建设，完善城市功能，推动城镇化率和城镇化水平同步提高。突出抓好区域中心城市发展，进一步做大盟市所在地城市规模，提高城市综合承载能力和辐射带动能力。大力发展县域经济，因地制宜地发展特色产业，搞好与大中城市、工业园区配套衔接。进一步完善有序转移农牧业人口的政策措施，有计划、有步骤地解决农民工在城镇就业和生活问题，逐步实现在劳动报酬、子女入学、社会保障等方面的同等待遇。继续做好鄂尔多斯统筹城乡综合改革试点工作。

统筹区域协调发展。加快编制呼包鄂一体化发展规划，促进交通、通讯和金融等方面的融合，着力打造

以呼包鄂为核心的西部经济区。推动东部盟市融入东北三省、京津冀等周边地区发展,加快基础设施和产业对接,加大盟市间合作力度,增强自主发展能力。加大财政转移支付力度,逐步缩小区域间在公共服务等方面的差距。进一步加强对贫困地区的扶持,组织实施好京蒙对口帮扶和鄂尔多斯市支援兴安盟工作。深入推进“兴边富民行动”,继续实施整村推进和集中连片攻坚,启动实施新一轮扶贫移民示范点建设。

(六)深化改革、扩大开放,增强发展的动力和活力

继续深化各项改革。推进资源型产品价格改革,居民生活实行阶梯式电价和水价制度。加快环保收费改革,完善污水处理收费管理制度,探索建立排污权有偿使用和交易制度。按照国家统一部署,推进资源税改革,实现煤炭、天然气、原油等资源税由从量计征改为从价计征。完善国有资产监管体系,促进国有资产保值增值。鼓励、扶持和引导非公有制经济健康发展,努力实现平等准入、公平待遇。加快推行事业单位分类改革、绩效工资制度改革,进一步深化以岗位管理制度和聘用制为重点的事业单位人事制度改革,规范发展社会组织。推进非基本公共服务市场化改革,积极引进社会资本,增强社会服务供给能力。

深化文化体制改革,基本完成经营性文化事业单位转企改制和文化产业集团组建任务。继续深化医药卫生体制改革,着力抓好基本药物制度建设和公立医院改革试点工作。

努力提高开放水平。继续推动区域合作,加快落实与北京、湖北等省市及东北地区合作框架协议,拓展与天津、浙江等省的战略合作。加快推进园区共建,抓好东部盟市承接东北地区装备制造产业园等重点产业园区建设,做好曹妃甸建设出海港口和临港工业区的前期工作,积极争取与辽宁协作建设绥中出海港口。加强与俄罗斯、蒙古国的经贸合作,支持有实力的企业参与境外资源开发,扩大战略性资源进口规模。推进满洲里、二连浩特国家重点开发开放试验区和保税物流中心建设。

(七)保障和改善民生,促进社会和谐进步

多渠道增加居民收入。今年将城乡居民收入增长指标确定为12%,接近经济增长预期目标,目的是把改善民生落实到真金白银上,体现在人民群众生活水平的提高上。要继续抓好“十项民生工程”和“十件实事”,不断丰富内容,提升民生工作整体水平。要把促进就业作为经济社会发展的优先目标和提高城乡居民收入的基本立足点,全年城镇新增就业25万人。大力发展劳动密集型产业、服务业、中小企业和民营经济,多渠道开发就业岗位。落实促进就业的优惠政策,鼓励支持自主创业,以创业带动就业。完善城乡就业服务体系,积极推进城乡统一的人力资源市场建设,加强就业服务指导。强化职业技能培训,重点建设一批具有示范带动作用的职业技能实训基地。进一步提高企业工资平均指导线,完善工资集体协商和保证金等制度。制定针对个体工商户的税费优惠政策,通过让利于民促进增收。研究出台新的增加机关事业单位津补贴措施。完善社会保障体系。进一步加大自治区本级财政的社会保障补助资金投入。继续扩大新型农村牧区社会养老保险试点范围,健全企业退休人员养老金、城乡居民低保标准正常调整机制。完善城乡医疗保障制度,进一步扩大保障覆盖面,提高保障标准,基本实现城镇基本医疗保险盟市统筹。加大保障性安居工程建设力度,优先保证用地供应,多渠道增加保障性住房资金投入,鼓励社会资金参与公共租赁住房建设和运营。按照国家统一部署,建设保障性住房40.52万套。加强物价管理,落实好中央和自治区稳定物价政策,逐步建立社会救助和保障标准与物价上涨挂钩的联动机制,确保低收入群众生活水平不因物价上涨而降低。认真做好扶贫济困和救灾工作。

推进教育改革发展。全面落实《国家中长期教育改革发展规划纲要》,推进公共教育资源合理配置。全部免除用蒙(朝)语授课的高中学生、中等职业教育学生的学费和教科书费,免除普通高中家庭经济困难学生的学费和教科书费,三年内全部实现高中免费教育。启动实施农村牧区学前教育试点工程,全面完成中小学校舍安全工程一期建设任务。支持民办教育发展。推进中等职业教育基础能力建设,切实加强农村牧区

富余劳动力职业教育，加快建立比较完善的实用技能培训体系。认真落实加快民族教育发展政策，大力推进少数民族地区“双语”教学，不断提升民族教育水平。优化高等教育结构，积极化解高校债务，进一步提高高等教育质量。

加快发展医疗卫生事业。认真落实国家基本药物制度，完善试点政策。积极推进基层卫生体系建设，完善三级卫生服务网络功能。全面完成82个旗县级医院标准化建设，完成186所苏木乡镇卫生院和236个社区卫生服务中心的新改扩建任务。加强新型农村牧区合作医疗制度建设，进一步扩大覆盖面，推行异地参合就医。大力发展蒙中医药事业。稳定低生育水平，提高人口素质。

繁荣发展文化事业。加快推进广播电视村村通、文化资源共享、苏木乡镇综合文化站和基层文化阵地建设、农村牧区电影放映及草原书屋等五大公共文化服务工程建设，实施内蒙古文化艺术长廊建设计划，推动文化服务向基层延伸。加强文物和非物质文化遗产保护，继续实施国家自然文化遗产地、历史文化名城名镇名村、抢救性文物保护和重点旅游景区建设工程。大力发展新闻出版事业，做强做优民族出版产业。加强广播影视工作，繁荣哲学社会科学，推进文学艺术精品创作。大力发展群众体育事业，提高竞技体育水平。

全力维护社会稳定。注重从源头上预防和化解社会矛盾，建立和完善重大事项社会稳定风险评估机制。健全信访工作综合协调机制，进一步加大积案化解力度，积极预防和妥善处置群体性事件和突发事件。切实加强安全生产管理，认真落实安全生产“一岗双责”责任制和企业安全生产主体责任，坚决遏制重特大安全事故。加强产品质量安全监管，确保食品、药品安全。加强社会治安综合治理，健全社会治安防控体系，严厉打击各类违法犯罪活动，深入推进平安内蒙古建设。积极支持驻区部队和武警部队建设，做好军队转业干部、复员退伍军人安置工作。

（八）加强精神文明和民主法治建设，提高政府行政效能

深化社会主义核心价值体系建设，坚持正确导向，唱响主旋律，提高舆论引导能力。广泛开展群众性精神文明创建活动，提升公民文明素质和社会文明程度。全面贯彻落实党的民族政策，巩固和发展民族团结的大好局面。依法管理宗教事务，积极引导宗教与社会主义社会相适应。认真落实人大及其常委会各项决议决定，坚持向人大及其常委会报告工作，自觉接受监督。认真接受人民政协民主监督，主动听取各民主党派、工商联、无党派人士和各人民团体的意见和建议。完善基层民主管理制度，加大社区建设和管理力度。

积极推进政府自身建设。全面推进依法行政，严格按照法定权限和程序行使权力、履行职责，规范行政行为。深化行政审批制度改革，集中清理审批事项，今年自治区权限内的审批事项和行政事业性收费各减少三分之一以上。继续深化政务公开，畅通群众的知情、参与、表达和监督渠道。切实加强政务服务，构建面向基层、面向群众高效便捷的政务服务体系。大力加强政风建设，大兴勤俭节约、艰苦奋斗之风，严格控制一般性支出。各级党政机关出国经费、车辆购置及运行费、公务接待费等支出保持零增长；大力压缩会议、文件等支出，切实降低行政成本。进一步加强廉政建设，严格执行党风廉政建设责任制和领导干部廉洁从政准则，强化行政监察和审计监督，严格责任追究和行政问责，加大反腐倡廉力度，形成风清气正的良好氛围。

各位代表，做好今年的工作，任务艰巨繁重，责任重大光荣。让我们紧密团结在以胡锦涛同志为总书记的党中央周围，坚持以邓小平理论和“三个代表”重要思想为指导，深入贯彻落实科学发展观，锐意进取、扎实工作，努力完成经济社会发展各项目标任务，以优异的成绩迎接建党90周年。

内蒙古自治区人民代表大会常务委员会工作报告

——2011年1月19日在内蒙古自治区第十一届人民代表大会第四次会议上

自治区人大常委会副主任　雷·额尔德尼

各位代表:

我受自治区人大常委会的委托,向大会报告一年来的工作,请予审议。

2010年是自治区全面完成"十一五"规划、经济社会发展取得显著成绩的一年,也是我区人大工作取得重要进展的一年。常委会在自治区党委领导下,紧紧围绕全区工作大局,认真履行法定职责。一年来,审议法规案28件,其中通过法规5件,初审法规草案2件,批准呼和浩特市、包头市地方性法规和鄂伦春自治旗、莫力达瓦达斡尔族自治旗单行条例13件,作出决定、决议8件;听取审议"一府两院"专项工作报告5项,听取审议计划、预算、审计等工作报告5项,开展执法检查、执法调研8项,开展跟踪监督3项;就重大事项作出决定、决议4件;依法任免国家机关工作人员153人,其中决定任免自治区副主席4人,任免人大常委会工作机构、盟工作委员会负责人16人,任免政府组成部门负责人18人,任免司法机关工作人员115人;补充自治区人大专门委员会组成人员5人,接受自治区人大常委会委员辞职8人。常委会全面完成自治区十一届人大三次会议确定的工作任务,为推进我区经济社会又好又快发展作出新的贡献。

一、着力加强对经济工作的监督

牢牢把握发展这个第一要务不动摇,着力保持经济平稳较快发展,是我区经济工作的首要任务,也是人大工作服务大局的首要任务。

常委会把保障中央和自治区党委重大决策部署贯彻落实作为监督工作的重中之重。去年,安排听取审议政府贯彻国务院关于抑制部分行业产能过剩和重复建设、引导产业健康发展若干意见情况报告,对政府落实中小企业促进法、土地管理法执法检查报告及审议意见情况进行了跟踪监督。为此,常委会组成调研组,深入各盟市进行了调研、检查。

就产业发展问题,组成人员指出,政府立足我区实际,在抑制产能过剩和重复建设、引导产业健康发展方面思路清晰、措施到位、富有成效,从构建多元发展、多极支撑的现代产业体系出发,要继续加快产业结构调整,做大做强特色优势产业,推进非资源型产业发展。就中小企业发展问题,组成人员认为,随着扶持政策的不断完善,我区中小企业发展后劲逐步增强,政府要继续在优化发展环境、强化服务功能上下功夫,切实解决中小企业融资难问题。常委会充分肯定政府在加强耕地保护和经营性用地管理方面所取得的成效,对进一步加大土地管理执法投入,建立联合执法机制提出建议。常委会还开展了农民专业合作社法执法检查,就完善配套规章,落实扶持政策,充分发挥专业合作社提高农牧民组织化程度、促进农牧民增收的积极作用提出建议。对建设工程质量法律法规实施情况进行了调研,就加强建筑市场专项整治,加大重点工程、民生工程监管力度提出建议。

常委会继续加强计划、预算监督工作,听取审议了

2010年国民经济和社会发展计划上半年执行情况报告、2009年自治区本级财政决算及2010年财政预算上半年执行情况报告和审计工作报告，审查批准了2009年财政决算，对发改委、计生委、农牧业厅、国土资源厅、公安厅、民政厅、教育厅、科技厅、卫生厅、工商局等10个部门的决算草案进行了审查。为推动实施积极的财政政策，审议了政府关于2010年自治区本级预算调整方案的报告，批准了预算调整方案，将地方政府债券资金纳入预算管理，全部转贷盟市旗县，用于中央扩大内需项目配套。听取审议了2009年中央转移支付资金安排使用情况报告，就完善专项转移支付政策、加大困难地区转移支付力度提出建议。

我区是祖国北疆重要的生态屏障，加强森林草原生态保护和建设是我区最大的基础建设工程。常委会高度关注这一问题，2008年对草原法律法规实施情况进行了检查、调研，2009年对森林法律法规实施情况和草原生态情况进行了调研，在此基础上，去年继续对草原生态保护建设情况开展了跟踪监督，并安排听取审议了林业生态保护建设情况报告。常委会组成调研组，对10个盟市及所属17个旗市的草原生态情况进行了调研，实地查看了草原生态建设工程实施情况、牧民生产生活情况，就合理控制草原资源开发强度，改善畜牧业发展条件，积极稳妥推进牧区人口转移，加强草原执法队伍建设提出建议。组成人员充分肯定我区林业生态保护建设所取得的成效，就继续加大保护建设投入，提高林业生态建设质量，推进集体林权制度改革，完善林业生态补偿机制提出建议。常委会还对环境影响评价法、防洪法实施情况进行了调研，建议政府进一步推进规划环评编制、加大建设项目环评监管力度，统筹防洪减灾综合治理、加强防洪基础设施建设。以“保护生态环境、发展低碳经济”为主题开展了环保世纪行活动。

二、着力促进解决民生问题

贯彻党委富民与强区并重、富民优先，全力推进民生工作的决策部署，常委会把促进解决民生问题作为重要任务。

去年，常委会通过的5件法规，全部是以改善民生为重点的社会领域立法。

劳动保障监察是确保劳动保障法律法规有效实施，促进劳动关系和谐稳定的重要行政执法工作。随着市场主体多元化、用工形式多样化，劳动关系日趋复杂，劳动保障监察在护法维权中遇到新的情况和问题。为此，常委会重新制定了劳动保障监察条例，重点就劳动保障管辖权划分、劳动保障监察办案程序以及社会保险费征缴等内容作出规定。为保护劳动者工资权益，条例规定出现工资纠纷时由用人单位承担举证责任，并把建设单位、总承包人和承包人纳入支付工资主体范围，为解决建筑行业层层转包、违法分包和以拖欠工程款为由拖欠农民工工资问题提供了法律依据。

保障农村牧区饮用水安全，是关系广大农牧民群众切身利益的重要民生问题。2000年以来，我区实施农村牧区饮水解困工程取得明显成效，但任务依然十分艰巨。为此，常委会制定了农村牧区饮用水供水条例，对编制农村牧区饮用水供水发展规划，抓好工程设计与施工，开发保护饮用水水源，加强卫生检测等方面作出规定。条例的制定实施，使农村牧区饮用水供水工作纳入法制化轨道，依法保障了农牧民群众饮水安全。

促进蒙中医药事业发展，对深化医药卫生体制改革、提高人民群众健康水平具有重要意义。常委会重新制定了蒙医药中医药条例，对加强蒙中医疗机构设置和人员配备、支持蒙中医药制剂研发使用作出规定。根据修改后的消防法，常委会修订了自治区消防条例，进一步明确了政府主管部门、公安消防部门、社会组织以及公民的消防责任。常委会还修订了未成年人保护条例，强化了家庭、学校、社会对未成年人的保护责任。

去年，常委会监督工作有4项直接涉及民生问题。

食品安全与人民群众身体健康、生命安全息息相关，与经济健康发展、社会稳定息息相关。常委会在2009年开展食品安全法执法检查基础上，听取审议了政府贯彻落实食品安全法情况报告，就理顺食品安全监管体制，强化生产、加工、流通、消费各个环节的监管职能，加大食品监督执法力度，扫除监管盲区提出建议。这项工作，有效地支持和促进了政府依法加强食品安全工作,维护人民群众的切身利益。

教育关系每一个家庭,关系科教兴国战略的实施,是最大的民生工程。常委会高度关注教育问题,每年都有所侧重地开展监督工作。去年,常委会以3个盟市为重点,对义务教育法及其实施办法落实情况进行了执法检查,委托9个盟市开展了自查。组成人员就落实义务教育经费保障机制,促进义务教育均衡发展,推进教师队伍统筹管理、均衡配置提出建议。

常委会还对妇女权益保障法及其实施办法、自治区全民健身条例的实施情况进行了检查、调研,就维护妇女政治、劳动、生命健康权益,解决侵害农村牧区妇女土地权益及相关经济利益问题;落实体育惠民政策,保障农牧民享有基本体育公共服务提出建议。

三、着力提高立法质量

围绕确保如期形成中国特色社会主义法律体系的总体要求,常委会坚持一手抓法规制定,一手抓法规清理,继续推进科学立法、民主立法。

为保证法律体系科学统一和谐,全国人大常委会对集中清理地方性法规作出部署。常委会认真组织实施这项工作,会同政府及有关部门对自治区现行有效的166件地方性法规进行了清理,并对呼和浩特市、包头市和三个自治旗做好法规清理工作提出要求。在对法规逐件梳理的基础上,常委会就法规中存在的与形势发展不适应、与上位法不一致、法规之间不协调等问题,区别轻重缓急,分别加以处理,作出关于修改部分地方性法规的决定4件,对37件法规的72个条文进行了修改或删除;作出关于废止部分地方性法规的决定1件,废止法规5件;批准呼和浩特市修改、废止法规32件,批准包头市修改、废止法规3件,批准鄂伦春自治旗修改单行条例1件。

常委会进一步扩大立法民主,去年通过的5件法规全部将草案文本及背景材料向社会公布,组织立法咨询顾问和专家学者进行论证,征求代表意见达到637人(次)。对各方面提出的建议意见,有关部门进行了认真研究、吸收,并反馈了采纳情况。这些措施,进一步扩大了公众对立法工作的参与度,做到发扬民主、集思广益。

常委会继续做好法规审查批准工作,坚持提前介入,加强与提请机关的协调配合。去年批准的地方性法规、单行条例,涉及城乡规划、供水供热、农药管理、湿地保护、旅游管理、民办教育、残疾人保障、流动人口管理等方面,为呼包两市和自治旗经济社会发展提供了法制保障。常委会进一步完善规范性文件备案审查工作机制,接受备案25件。

四、着力促进公正司法

为促进司法公正、维护社会公平正义,常委会选择人民群众普遍关注的突出问题作为侧重点,依法行使重大事项决定权,加强对司法机关工作的监督。

在2009年听取审议法院执行工作情况报告和检察院诉讼监督工作情况报告基础上,去年常委会作出关于加强人民法院执行工作的决定和关于加强人民检察院对诉讼活动法律监督工作的决议。为保证法院生效判决、裁定有效实施,保障当事人合法权益,破解“执行难”问题,决定对健全执行工作机制、加大执行工作力度、完善执行工作联席会议制度、保障执行办案经费和技术装备作出规定。为支持检察院依法履行法律监督职责,决议对检察机关在推进社会矛盾化解、社会管理创新和公正廉洁执法中加强对诉讼活动的法律监督,各司法机关按照法定权限和程序履行职责,自觉接受检察机关法律监督作出规定。决定决议全面贯彻了中央、自治区党委深化司法体制改革的决策部署,是支持和促进审判机关、检察机关公正司法的重要措施。

常委会高度关注“两院”建设问题,听取审议了法官队伍建设情况报告和基层检察院建设情况报告。审议中组成人员提出,要进一步加强法官队伍司法能力建设、司法作风建设和反腐倡廉建设,加大违法办案行为查处力度,解决基层法院案多人少、装备落后问题;以队伍建设为核心加强基层检察院建设,推进基层检察业务创新,解决基层检察官断档问题。常委会还开展了监狱法执法检查,就提高教育改造工作质量,推进狱务公开,加强监狱保障工作提出建议。

常委会高度重视信访工作,把人民群众反映强烈的突出问题作为监督工作的重要内容。一年来,受理人民群众来信来访1 223件(次),按照分级负责、归口办理,谁主管、谁负责的原则,督促有关地方、部门对信访反映的问题认真调查核实,依法按政策进行处理,及时化解社会矛盾,维护人民群众的合法权益。

五、着力加强代表工作

常委会充分尊重代表的主体地位,积极支持代表履行职责、发挥作用。

进一步提高代表议案、建议处理质量。对自治区十一届人大三次会议主席团交付办理的 8 件议案,有关委员会在认真调查研究的基础上,提出办理结果报告并答复了代表。对代表提出的482件建议、批评和意见,认真做好办理和督办工作。常委会把办理代表建议与开展人大工作结合起来,去年就农村牧区饮水、城镇供热开展立法工作,作出加强法院执行工作的决定,听取审议基层检察院建设情况报告,就是采纳了代表建议的内容。对交由政府和有关部门办理的代表建议,常委会进一步规范办理程序,加强与承办部门的沟通,及时掌握工作进展和办理结果。政府及有关部门坚持在严格责任、突出重点、狠抓落实上下功夫,比如,对代表提出的治理交通拥堵、支持棚户区改造、完善惠牧政策等建议,承办单位在原有基础上进一步加大工作力度,提高了建议落实率、问题解决率和代表满意率。针对草原生态和牧民增收问题,在十一届全国人大三次会议期间,内蒙古代表团以全团名义向大会提交了关于进一步加强草原保护和建设的建议,全国人大常委会将其列入重点办理的建议;在中央领导同志参加内蒙古代表团审议政府工作报告的全团会议上,代表们就完善惠牧政策、促进牧民增收提出建议。这些建议得到了党中央、国务院的高度重视。在自治区党委领导下,人大、政府、政协共同努力,为国务院出台草原生态保护补助奖励机制做了基础性工作。

进一步加强代表服务保障工作。丰富闭会期间的代表活动,以“十一五”规划实施情况为重点组织代表开展了集中视察和专题调研。加强同代表的经常性联系,及时向代表通报常委会工作情况,邀请40位代表列席了常委会会议。坚持代表培训制度,110名代表就预算监督、依法履职等内容进行了学习培训。适应加强代表工作的实际需要,提高了全区各级人大代表活动经费标准,强化了代表履职保障。

六、着力加强自身建设

加强自身建设对常委会做好工作至关重要。为此,常委会一是加强思想政治建设,把坚持正确政治方向贯穿于依法履职的全过程,不断增强坚持走中国特色社会主义政治发展道路、坚持完善人民代表大会制度的自觉性和坚定性。二是提高推进民主法制建设和人大工作的能力,认真学习人大制度理论和知识,熟悉掌握人大工作方式和程序;学习中央、自治区党委重大决策部署,准确把握我区基本区情和实际;学习经济、管理、科技知识,提高综合工作能力。三是加强作风建设,结合常委会立法、监督等工作,深入实际、深入基层调查研究,形成有分量的调研成果,提高常委会工作质量。四是加强常委会机关建设,深入开展创先争优活动,推进干部队伍建设和机关基础建设,人大专门委员会和常委会各工作机构密切配合、相互支持,为人大及其常委会依法履行职责提供了有效服务和保障。

去年是我区人大制度建设取得重要进展的一年。自治区党委于 11 月召开了全区人大工作会议,发出关于加强新形势下人大工作的意见,充分肯定了近年来全区各级人大及其常委会在我区改革建设事业中作出的重要贡献,对进一步坚持和完善人民代表大会制度,支持人大及其常委会依法履行职责作出全面部署。会前,常委会积极配合参与调研筹备工作,组成考察组赴北京、天津、辽宁、吉林、黑龙江、上海、江苏、浙江、安徽、山东、四川、重庆、广西等 13 个省区市进行了考察;会同党委有关部门组成调研组,深入 12 个盟市进行调查研究,实地考察了 96 个旗县市区、69 个苏木乡镇、16 个街道、18 个嘎查村及社区,全面调查了解了全区人大工作情况,为党委决策提出建议。

常委会进一步加强同上下级人大的联系。积极配合全国人大常委会开展工作,完成了预算法、车船税法、水土保持法、村民委员会组织法等 14 件法律草案征求意见工作,对科技进步法、清洁生产促进法、妇女权益保障法实施情况进行了检查,就民族地区经济社会发展、“十二五”期间财税体制改革、城乡医疗保障体系建设、大兴安岭森林草原湿地生态保护等问题开展了专题调研,完成全国人大在我区就重点建议办理、信访等工作召开会议的组织服务工作,完成澳门特别行政区全国人大代表来我区视察的组织服务工作,组织我区全国人大代表参加了有关学习培训,配合完成了美国、芬兰议会来我区考察的接待工作。常委会认真履行联系指导全区人大工作的职责,支持各级人大在实践中探索创新,总结交流工作经验;加大干部培训力度,培训各级人大干部400余名。适时召开了盟市人大主任座谈会,推动各级人大深入贯彻落实党委加强人大工作的决策部署。

各位代表,过去一年常委会工作所取得的成绩,是在自治区党委领导下,自治区人大代表、常委会组成人员、专门委员会组成人员和自治区人大机关工作人员共同努力的结果,是自治区政府、法院、检察院协同工作的结果,也是全区各级人大和各方面大力支持的结果。在此,我代表常委会对大家表示衷心的感谢和崇高的敬意!

回顾一年来的工作,我们也清醒地看到,常委会工作中还存在一些需要改进的地方,主要是在进一步突出重点、抓住关键、增强工作实效方面需要下功夫,在完善常委会履行职责的方式方法和工作机制方面需要下功夫,在提高服务保障水平、支持代表发挥作用方面需要下功夫,在加强常委会自身建设、提高机关工作整体效能方面需要下功夫。我们将自觉接受人民监督,虚心听取代表意见,认真研究我区民主法制建设进程中的新情况新问题,努力加强和改进工作,更好地履行宪法和法律赋予的职责。

各位代表,2011 年是“十二五”时期开局之年,也是深入贯彻落实自治区党委加强人大工作决策部署的重要一年。常委会要在自治区党委领导下,认真贯彻党的十七届三中、四中、五中全会和自治区党委八届十三次全委会议、全区人大工作会议精神,按照围绕中心、服务大局,完善方式、增强实效的思路安排工作。要紧紧围绕科学发展这个主题、加快转变经济发展方式这条主线和富民强区的目标,立足人大工作职责与特点,依法行使职权,发挥职能作用;要始终坚持人大工作正确政治方向,完善履职方式方法,切实增强工作实效。

一、立法工作方面

中国特色社会主义法律体系的形成,对加强地方立法工作提出新的更高的要求。常委会要根据五年立法规划和我区经济社会发展的现实情况,统筹安排立法工作,做到急需先立、突出重点、注重质量,提高立法工作的科学化、民主化水平。

今年拟审议法规案 12 件,包括制定自治区实施就业促进法办法、实施环境影响评价法办法、城镇供热条例、无线电管理条例、特种设备监察条例、邮政管理条例,修改自治区实施义务教育法办法、实施村民委员会组织法办法、实施红十字会法办法、基本草牧场保护条例、体育市场管理条例、各级人民代表大会选举实施细则。拟就 17 个立法项目开展前期调研,主要涉及民族教育、节约能源、节约用水、畜牧业、动物防疫、技术市场管理、企业工资集体协商、大青山自然保护区管理、防震减灾、边境管理、预防职务犯罪、残疾人保障、地方志工作、法制宣传教育、代表工作、人大常委会询问和质询、盟人大工委工作等方面,为明年立法工作奠定基础。继续做好审查批准呼和浩特市、包头市地方性法规和自治旗单行条例工作。认真做好规范性文件备案审查工作,维护国家法制统一。

进一步完善立法工作机制,坚持立改废并重,做到法规清理常态化,使立法工作更好地适应形势发展;畅通公民有序参与立法工作的渠道,充分发挥人大代表和基层人大在立法工作中的作用;完善民意采纳机制,认真研究采纳各方面提出的建议意见,通过适当方式反馈采纳情况;选择事关群众切身利益的法规,开展立法后评估工作。

二、监督工作方面

要认真实施监督法,紧紧围绕“十二五”规划纲要实施和自治区党委重大决策部署贯彻落实,有重点地开展监督工作,确保法律法规有效实施。切实做到监督与支持相统一,使监督效果体现在对“一府两院”工作的支持和促进上。

加强对经济工作的监督。计划听取审议政府有关水利建设情况报告、加快服务业发展情况报告,对节约能源法及其实施办法、固体废物污染环境防治法、测绘法律法规、自治区湿地保护条例进行执法检查和执法调研，对城镇排水设施建设情况进行调研，依法听取审议计划及预算执行情况报告、决算报告、审计工作报告，审查批准2010年自治区本级财政决算。

加强对解决民生问题的监督，拟听取审议政府有关广播电视“村村通”工程实施情况报告，对农产品质量安全法、城市房屋拆迁法律法规、自治区预防和制止家庭暴力条例进行执法检查和执法调研，对归侨侨眷权益保护法、自治区蒙古语言文字工作条例实施情况进行跟踪监督。

加强对司法工作的监督，计划听取审议法院围绕三项重点工作推动审判管理创新发展工作情况报告，检察院贯彻执行人大常委会关于加强人民检察院对诉讼活动法律监督工作决议情况报告，采取上下级人大联动方式对公安机关监管场所管理情况进行执法调研，对政府落实监狱法执法检查报告及审议意见情况进行跟踪监督；听取审议政府有关“五五”普法情况报告，作出关于加强法制宣传教育的决议。

完善监督工作方式方法。选择人大代表和人民群众普遍关心的问题，听取政府有关部门专题汇报、进行专题询问，进一步增强监督实效。

三、代表工作和联系指导方面

要认真扎实地做好代表工作，保障和支持代表依法履行职责。加强同代表的联系，继续邀请代表列席常委会会议，扩大代表对立法、监督工作的参与，支持代表加强同原选举单位和人民群众的联系。提高代表议案、建议处理质量，发挥代表议案、建议促进人大工作的作用，完善代表建议办理工作机制，对事关全局、涉及群众切身利益、社会普遍关注的建议进行重点督办。继续加强代表培训，提高代表履职能力。

加强同全区各级人大的联系，通过调查研究、交流经验、干部培训等方式履行好指导职责。探索开展重点工作的上下联动，发挥全区各级人大的整体功效。建立经常性的联系指导机制，及时沟通情况、加强协调配合。学习借鉴盟市、旗县人大依法履行职责的好经验，共同推进全区人大工作深入发展。认真做好苏木乡镇人大换届选举指导工作。

四、自身建设方面

坚持把加强自身建设作为履行好职责的基础，牢固树立党的观念、政治观念、大局观念、群众观念和法治观念，进一步增强做好新时期人大工作的责任感和使命感。深入学习贯彻中央、自治区党委重大决策部署，不断充实法律、经济、科技、管理等方面知识。坚持依法按程序办事，充分调动和发挥组成人员的作用。把密切联系群众、深入调查研究作为履行职责的基本要求和基本方法，围绕常委会议题和事关全局、社会普遍关注的重大问题开展调查研究，提高审议质量和工作效率。全面加强常委会机关建设，充分发挥专门委员会和常委会各工作部门作用，完善工作制度，规范工作方式，加强协调配合，不断强化机关的集体参谋服务职能。

各位代表，当前我们正处于全面建设小康社会的关键时期，肩负的任务繁重而艰巨。让我们紧密团结在以胡锦涛同志为总书记的党中央周围，在自治区党委领导下，振奋精神，开拓进取，扎实工作，充分发挥地方国家权力机关的职能作用，为迎接建党90周年，推进自治区科学发展、富民强区做出新的更大的贡献！

内蒙古党委、政府关于培育建设大型骨干企业和重点开发区实施“双百亿工程”的意见(2011—2013年)

内党发〔2011〕9号　4月2日

为贯彻落实中央关于促进企业兼并重组的要求，全面提高我区产业的集中度和企业的竞争力，结合自治区“十二五”规划安排部署，自治区党委、政府决定重点培育建设一批营业收入超百亿元的大型骨干企业和重点开发区(园区)，实施“双百亿工程”。现就有关工作提出如下意见。

一、重要意义

“十一五”期间，我区经济快速发展，大企业、大项目和开发区(园区)成为推动工业增长、促进产业集中集聚的重要力量。金融保险、交通运输、仓储物流等现代服务业发展势头强劲，成为第三产业快速增长的主导力量。但与发达地区相比，我区在工业总量和规模、运行质量和效益、产业集中度和集聚度等方面还存在很大差距，现代生产性服务业发展滞后于快速推进的工业化进程。2010年，包括中央驻区企业在内的营业收入超百亿元的企业19户，实现营业收入4 685亿元，对全区国民经济的贡献率仅为16%左右。第三产业占国民经济的比重为35.9%，低于全国平均水平7.1个百分点。在全区各级各类开发区(园区)中，营业收入超百亿元的只有19个，对全区工业的贡献率不足40%。

面对国内外市场竞争日益激烈的新形势，我区要赢得发展的主动权，就必须加快推进工业化进程，着力培育建设一批大型优势骨干企业和企业集团，促进开发区(园区)扩规模、上水平，加快发展第三产业特别是现代生产性服务业，为自治区转变发展方式，增强市场竞争力，实现可持续发展打下坚实基础、提供战略支撑。实施“双百亿工程”，是深入贯彻落实科学发展观、加快转变经济发展方式、调整优化产业结构的现实需要，是解决我区产业集中度较低、企业创新能力不强、市场竞争力较弱问题的现实需要，是巩固提升优势特色产业、继续保持经济平稳较快增长的现实需要，也是我区调整优化生产力布局、加快企业战略性重组、提高发展质量和效益、增强抵御市场风险能力、实现可持续发展的必然选择。各级党委、政府一定要充分认识实施“双百亿工程”的重要意义，切实增强紧迫感和责任感，全力以赴抓好各项工作的落实，力争用三年时间，重点培育建成一批营业收入超百亿元大型骨干企业和营业收入超百亿元开发区(园区)。

二、培育重点和目标

(一)培育重点

大型优势骨干企业培育范围涵盖国民经济各行业、各领域。工业领域重点围绕巩固发展优势特色产业，大力培育建设煤炭、电力、钢铁、有色金属、化工、装备制造、农畜产品加工大型优势骨干企业，以及对结构调整有重大影响的新能源、稀土、生物医药、电子信息制造等战略性新兴产业大型骨干企业；建筑业领域重点选择资质等级较高、规模较大、资产和业绩优良的企业，以资产为纽带跨地域联合重组，提高核心竞争力；服务业领域在巩固扩大传统服务业的同时，重点培育发展金融、交通运输、商贸流通、仓储物流、信息服务等现代服务业。大型开发区(园区)培育范围涵盖全区各级各类开发区、园区。重点培育建设具有一定经济规模、主导产业突出、上下游产业联动发展、大中小企业协作配套、优势产业集群化发展、循环经济特色鲜明、承接产业转移环境良好、吸纳就业能力强的开发区(园区)。

(二)培育目标

——培育形成一批营业收入超百亿元的大型骨干企业及企业集团。力争到2013年底,全区营业收入超百亿元的大型骨干企业及企业集团达到60户左右(含驻区中央企业),实现的营业收入对全区经济贡献率达到25%以上。百亿元企业基本实现主业突出、竞争力强、规模大、效益好、自主创新机制新、节能减排成效大、综合服务功能强的发展目标。

——培育建设一批营业收入超百亿元开发区(园区)。力争到2013年底,全区营业收入超百亿元开发区(园区)达到40个左右,实现的营业收入对全区工业的贡献率达到50%以上。百亿元开发区(园区)基本实现主导产业突出、产业集群形成规模、骨干企业带动作用明显、中小企业配套能力较强、承接产业转移成效显著、对区域经济社会发展贡献大的发展目标。

——通过实施"双百亿工程",力争到2013年,我区优势特色产业营业收入总规模突破25 000亿元,其中煤炭工业突破7 000亿元,电力工业突破2 500亿元,化学工业突破3 000亿元,钢铁工业突破1 500亿元,有色金属工业突破2 000亿元,建材工业突破1 000亿元,装备制造业突破2 000亿元,农畜产品加工业突破4 000亿元,战略性新兴产业突破2 000亿元。第三产业对国民经济贡献率达到40%左右。

三、基本原则

(一)市场主导、政府推动。遵循市场经济规律,充分发挥市场机制的基础性作用,促进各类生产要素向重点培育企业和开发区(园区)优化配置,提高产业集中度,促进大中小企业协调发展,促进各种所有制企业公平竞争和优胜劣汰。各级政府要切实转变职能,制定实施配套促进政策措施,优化发展环境。坚持统筹协调,对重点培育企业实施一企一策,分类指导。

(二)兼并重组、做强做优。推动优势企业实施强强联合、跨地区兼并重组、境外并购和投资合作。鼓励竞争性领域优势企业跨行业、跨所有制兼并重组关联产业的中小企业,促进规模化、集约化经营。加快发展具有自主知识产权和知名品牌的骨干企业,培养一批具有国际国内竞争力的大型企业集团。发挥企业的主体作用,通过完善相关政策措施,引导和激励企业自愿、自主参与兼并重组。鼓励地域相邻、产业相同的开发区(园区)整合资源,打造工业集中区,合作共建,利益共享。

(三)创新引领、转型升级。鼓励重点培育企业建立健全规范的法人治理结构,创新管理理念、管理机制和管理手段,提高管理水平。推进自主创新,着力提高重点培育企业核心竞争力。积极培育专业化特色产业园区,培育延伸加工型大企业,配套发展中小企业,建设中小企业集群。在重点培育开发区(园区)加快建设区域性大型仓储物流、金融服务、包装设计、信息服务等生产性服务企业。

(四)一体化发展、协调推进。积极推进工业、建筑业、服务业协调发展,推进非资源型产业、中小企业、富民工程一体化发展,推进工业基地、工业园区、工业重镇一体化布局,推进大型企业、中小企业、产业集群一体化建设,推进特色产业、区域经济、生态环境一体化重构,增强区域经济社会发展的协调性和可持续性。进一步破除市场分割和地区封锁,消除企业兼并重组和园区整合共建的制度障碍,理顺地区间利益分配关系。

四、政策措施

(一)推动企业联合重组,提高产业集中度

按照产业加市场、企业加资源和上下游产业一体化的思路,积极推动煤炭、电力、冶金、建材、化工、装备制造、农畜产品加工等行业重点企业强强联合,鼓励优势企业跨地区、跨行业、跨所有制兼并重组中小企业,推动重点培育企业快速做大做强。煤炭行业要认真落实《国务院办公厅转发发展改革委关于加快推进煤矿企业兼并重组若干意见的通知》(国办发〔2010〕46号)精神,按照《内蒙古自治区煤炭企业兼并重组方案》的要求,鼓励和支持地方煤炭生产企业兼并重组,鼓励非煤重点企业参与煤炭企业兼并重组。以资源为基础,以资产为纽带,以股份制为主要形式,通过并购、转让、联合、控股等多种有效形式,开展煤炭生产企业兼并重组。推动重组后的地方大型煤炭骨干企业实现资源、资本、生产、安全、经营、组织等方面的高度有机统一。钢铁和有色金属行业要按照“采—选—冶—加”一体化发展模式,促进基础较好的加工制造企业并购重组矿山开采企业。鼓励钢铁、铝及其他有色金属、化工、硅材料等领域重点培育企业用电大户与电力企业直接进行整合重组,支持重点培育企业兼并单机30万千瓦以下的电力企业。鼓励和引导农畜产品加工龙头企业积极推行“公司加基地,基地带农牧户,科技市场服务一体化”等组织经营形式,培育发展“生产—加工—运销—餐饮”一体化企业集团。

煤炭等矿产资源和土地、环保、用水指标,优先满足重点培育企业和开发区(园区)发展需要。煤炭资源重点向投资规模大、技术含量高的深加工项目、大型装备制造和高新技术产业化项目配置。对已配置矿产资源的探矿权和采矿权,未在规定期限内开发利用的,或未按规划进行有效开发利用的,依法收回矿权,集中配置给重点培育企业。新增矿产资源优先配置给重点培育的加工企业。

对兼并重组涉及的资产评估增值、债务重组收益、土地房屋权属转移等,按照国家和自治区有关规定给予优惠。

(二)加快项目建设,强化准入等综合配套服务

各盟市要进一步加大招商引资力度,下大力引进大项目、培育大企业。凡是国家和自治区核准备案的重大工业项目,都要进开发区(园区),并向重点培育建设的开发区(园区)集中。对重点培育企业规划建设的项目,要列入自治区年度重点项目计划,重点调度。重点培育企业申报的项目,凡是国家限制以外的,除国家明确不允许下放核准权限的,其他由自治区发展和改革委员会、经济和信息化委员会核准的,一律下放到盟市;对需要国家核准的项目,自治区相关部门要积极协助企业向国家有关部门争取,并落实好土地、环保、水利等相关配套条件。属于自治区环境保护厅审批的项目环评,在开发区(园区)规划环评下简化审批手续。自治区和盟市年度计划新开工重点项目,开工率必须达到90%以上。

(三)整合资源,大力培育建筑业和服务业领域大型骨干企业

继续贯彻落实《内蒙古党委、政府关于进一步推进建筑业服务业非公有制经济中小企业发展和提高城乡居民收入的意见》(内党发〔2007〕16号),加快推进建筑业、服务业发展,通过产权重组、市场化改制和各项优惠政策落实,培育建设具有内蒙古特色的建筑业、服务业优势骨干企业。

建筑行业要进一步调整优化企业组织结构,鼓励资质等级高、资产和业绩优良的建筑企业以资产为纽带,通过兼并重组、内引外联等多种形式进行跨地域联合重组,进一步提高企业的核心竞争力和资质等级。实施大建筑业战略,鼓励建筑企业向路桥经营、房地产开发、物业管理、建材生产经营、建筑设计等行业渗透,延伸产业链。

商贸流通领域要进一步调整优化布局,着力加强品牌建设和营销队伍建设,以品牌为龙头,促进国际国内大型商贸流通企业兼并重组地方企业,积极开展连锁经营。集中力量推进生产性服务业特别是现代物流业发展,全面落实《内蒙古自治区人民政府关于贯彻落实国家物流业调整和振兴规划的实施意见》(内政发〔2009〕103号),加大招商引资力度,积极引进第三方物流企业,打破地区、行业和部门界限,扶持培育一批大型地方物流企业。

在重点培育建设的开发区(园区)加快发展现代生产性服务业,积极培育建设大型中央商务区、金融服务区、创意产业园、科技创业园、研发中心、工业设计中心、软件园、现代物流园、产品交易市场等,促进现代生产性服务业规模化、集约化经营。

深入推进市政、电信、铁路、民航等领域国有服务企业的股份制改造,进一步放宽科技、教育、文化、卫生、体育等社会事业服务领域的市场准八条件,鼓励社会资金、民营资本进入社会事业服务领域。

(四)积极开展对外经济交流合作,进一步拓展发展空间

坚持“走出去”与“引进来”并举,充分利用“两种资源”,面向“两个市场”,在资源开发、加工制造、边境

贸易等领域，进一步加强与俄罗斯、蒙古的经济交流合作。以开拓俄蒙市场为重点，鼓励重点培育企业到境外投资建厂或合作创办企业，建设面向国内外市场的生产加工基地。依托口岸，加快边境互市贸易区建设。加强对世界500强和国内500强企业产业布局、投资动向、并购等战略研究，寻找与国内外大企业和企业集团发展的对接点，积极寻求联营合作。

通过委托管理、投资合作等形式与沿海地区、京津冀地区、东北地区合作共建开发区（园区）。参照苏州新加坡工业园模式，在重点培育开发区（园区）率先开展“外省园”、“外企园”、“专业化园”建设试点，积极承接长三角、珠三角、环渤海地区相关产业园区的整体转移。

（五）加大资金投入，支持自主创新和基础设施建设

自治区各类技术创新专项资金主要用于支持重点培育企业的自主创新工作，支持重点企业建设科技创新载体和品牌培育。对自主创新研发取得专利的项目和引进区外（国外）高新技术落地转化的项目给予奖励。力争到2013年底，重点培育企业都建立起国家级或自治区级企业技术中心。依托大企业，选择一批具有较好基础和优势、事关自治区经济发展的重点领域和关键技术，加强与国内外科研院所的合作，联合攻关，重点突破，加快技术成果转化。各盟市要制定相应政策，支持重点培育企业新产品、新技术、新工艺、新材料、新装备的开发、引进和创新工作。自治区“草原英才”工程工作重点和支持资金要向重点培育企业倾斜，支持重点企业引进和培育高层次科技人才。

凡是重点培育建设的开发区（园区），各盟市和自治区有关部门要优先安排基础设施建设专项资金。开发区（园区）所在地政府要加大园区交通、通信、供水、供气、供电等配套基础设施建设投入，增强园区综合配套能力。对开发区（园区）内的科技创新、技术改造、结构调整、节能减排等项目和中小企业发展项目，优先争取国家专项资金和优先安排自治区专项资金。

（六）强化金融服务，努力拓宽融资渠道

鼓励商业银行对兼并重组后的企业实行综合授信。鼓励证券公司、资产管理公司、股权投资基金以及产业投资基金等参与企业兼并重组，并向企业提供直接投资、委托贷款、过桥贷款等融资支持。

优先支持重点培育企业通过股票上市、发行债券、股权转让及建立企业财务中心等融资方式筹集发展资金。各类金融机构要扩大重点培育企业授信规模。建立重点培育企业银行贷款“绿色通道”，支持地方政府控股的担保公司对重点培育企业项目贷款进行担保。鼓励区内商业银行设立重点培育企业专项贷款。自治区根据各金融机构对重点培育企业的贷款情况，对金融机构进行评比奖励。

在重点开发区（园区）积极创办融资性担保公司。通过吸收园区内企业八股、各级财政注资扶持、其他社会资金参股等多种渠道，成立股份制担保公司，为入园企业提供贷款担保。积极探索“银行、园区、企业”三方封闭运行的土地质押、资产抵押等灵活多样的信贷办法。

（七）加快推进信息化建设，促进信息化和工业化深度融合

积极运用信息技术改造提升传统产业，鼓励和支持重点培育企业运用信息技术提高产品设计和开发能力，提高生产过程控制水平；利用信息技术改造业务流程，实现企业业务整合和集成；大力推进电子商务，降低成本，提高效益；充分利用网络手段，提高信息获取、发布和利用能力。具备条件的重点培育企业，要加快实施涵盖财务管理、决策分析、集团控制、仓储物流、信息服务等多领域的企业信息化整体解决方案。

重点培育的开发区（园区）要切实加强信息基础设施建设，加快建设宽带、泛在、融合、安全的信息网络基础设施，加强物联网建设和应用，加强信息技术在园区管理、社会化服务、物流等领域的应用，加快推进数字园区建设。

（八）加大运力、电力支持，发挥保障支撑作用

支持重点培育的开发区（园区）建设物流园区和战略装车点，优先满足重点培育企业的运输需求。用电量大的重点培育企业，按大用户直供条件优先列入电力多边交易范围。支持具备条件的开发区（园区）

建设微型电网,降低企业运营成本,提高竞争力。

(九)全面落实各项扶持政策,优化发展环境

全面落实国家和自治区出台的各项政策措施,坚决清理和废止各种不利于企业联合并购重组的规定,清理和废止不合理收费,切实减轻企业负担。依法加大惩治力度,坚决遏制影响企业发展的乱收费、乱摊派、乱罚款行为,进一步优化企业发展环境。

把《内蒙古自治区以呼包鄂为核心沿黄河沿交通干线经济带重点产业发展规划(2010—2020年)》和《内蒙古自治区人民政府关于承接产业转移发展非资源型产业构建多元发展多极支撑工业体系的指导意见》(内政发〔2011〕5号)中关于重点产业发展、开发区(园区)建设、产业集群建设、承接产业转移等促进政策与实施"双百亿工程"有机结合起来,确保各项促进政策落到实处。积极推动开发区(园区)扩区升级。列入三年培育计划的盟市级开发区(园区),同等条件下优先升级为自治区级开发区。

五、加强组织领导

(一)明确职责分工。成立由自治区政府领导牵头、自治区相关部门主要负责人参加的"双百亿工程"协调领导小组,统筹协调"双百亿工程"实施工作。自治区经济和信息化委员会负责各项促进政策的协调落实、运行调度、督促检查和评价考核等工作。自治区发展改革、财政、国土、建设、交通运输、水利、商务、环保、工商、税务、金融、电力等部门和单位,要根据本意见,结合各自职能,制定实施具体培育计划和配套政策措施。

(二)创新工作方法。要把实施"双百亿工程"与转变发展方式、发展非资源型产业结合起来,与承接产业转移、发展中小企业结合起来,与深化企业改革、推进企业兼并重组结合起来,与发展循环经济、打造特色园区结合起来,与扩大固定资产投资、抓重点项目建设结合起来,完善工作思路,创新工作方法,统筹推进实施"双百亿工程"和地方经济建设各项工作,充分发挥"双百亿工程"的支撑和引领作用。

(三)强化目标考核。要突出盟市实施"双百亿工程"的主体作用,强化盟市党政主要领导的第一责任。各盟市要根据"双百亿工程"三年规划目标,结合实际,制定分年度培育建设计划和具体实施方案,进一步明确资金投入、招商引资、项目建设、促进政策体保障措施。要把"双百亿工程"组织实施工作纳入盟市党政领导班子年度实绩考核目标,实行目标责任制管理,确保到2013年实施"双百亿工程"各项工作目标如期实现。

各级各地实施"双百亿工程"的进展情况,要定期向自治区党委、政府及协调领导小组报告,自治区党委、政府督查部门要会同有关部门定期开展工作督查。

内蒙古自治区人民政府关于印发自治区人民政府2010年工作要点的通知

内政发〔2010〕16号　2月11日

各盟行政公署、市人民政府，自治区各委、办、厅、局，各大企业、事业单位：

现将《内蒙古自治区人民政府2010年工作要点》印发给你们，请结合实际，认真贯彻落实。

2010年是实施“十一五”规划的最后一年，也是我区经济社会发展非常关键的一年。各地区、各部门要坚持以邓小平理论和“三个代表”重要思想为指导，深入贯彻落实科学发展观，坚持经济平稳较快发展与调结构、促转变并举，坚持富民与强区并重，坚持自我发展与争取国家支持相统一，进一步坚定信心，鼓足干劲，更加奋发有为地做好各项工作，努力推动自治区经济社会又好又快发展。

按照自治区党委、政府关于2010年工作部署和自治区第十一届人民代表大会第三次会议精神，今年我区经济社会发展的主要预期目标是：生产总值增长13%以上，地方财政总收入增长17%，城镇居民人均可支配收入实际增长11%，农牧民人均纯收入实际增长10%，城镇登记失业率控制在4.3%以内，居民消费价格指数涨幅控制在3%左右，节能减排完成“十一五”规划确定的目标。

一、坚持以扩大内需为重点，促进经济平稳较快发展

（一）保持投资稳定增长。全年力争完成固定资产投资8 700亿元。积极争取中央投资，落实好资金配套等各项条件，加快推进中央投资项目建设。积极筹划新的建设项目，继续争取中央新增投资、国债项目和专项资金。调动企业和社会投资积极性，优化投资环境，完善投资政策，保护投资者合法权益。凡是国家法律法规没有明文禁止的领域，都要向民间资本开放；凡是符合国家产业政策的项目，不论规模大小、企业性质，都要平等对待、积极争取。加大金融支持力度，完善信用担保体系，优化金融环境，鼓励金融机构拓宽信贷领域，增加信贷投放。大力发展资本市场，支持企业通过上市、发行债券等途径，扩大直接融资规模。加大招商引资力度，全年力争引进区外资金2 500亿元。（自治区发展改革委、财政厅、商务厅、金融办负责）

（二）提高居民消费能力。多渠道增加城乡居民收入，推进收入分配结构调整，扩大就业规模，完善社会保障体系。健全企业职工工资正常增长机制，完善公务员津补贴政策，在全区事业单位推行绩效工资制度，提高低保、抚恤、养老金标准，缩小地区、城乡、行业收入差距。（自治区财政厅、人事厅、劳动和社会保障厅、民政厅、发展改革委负责）

（三）落实刺激消费的政策措施。完善住房消费和调控政策，大力发展中低价位普通商品住房，抑制房价过快上涨。继续实施家电下乡、汽车以旧换新等政策，积极支持我区产品开拓区内外市场。继续取消一批行政事业性收费，进一步优化消费环境。加大对关系群众生活的商品和服务价格的监管，努力保持物价水平基本稳定。（自治区发展改革委、建设厅、财政厅、商务厅、工商局负责）

（四）大力开拓农村牧区消费市场。加快农村牧区商贸流通体系建设，深入实施“万村千乡市场工程”和“双百市场工程”。简化家电、汽车、摩托车下乡补

贴手续,方便农牧民。大力培育农牧民改善性住房需求。(自治区商务厅、财政厅、建设厅、供销合作联社负责)

二、加大结构调整力度,提高经济发展的质量和效益

(五)促进优势特色产业升级。巩固提升传统资源型产业。稳定煤炭工业产能,提高产业水平。严格落实煤炭资源就地转化一半的要求,继续推进煤制二甲醚、煤制乙二醇等煤化工项目建设。坚持与市场需求和工业发展相适应并适度超前的原则,规划布局电网和电源点建设。继续推进大用户直供试点和电力多边交易,培育拓展区内用电市场。加快呼伦贝尔至辽宁电力外送通道建设,尽快启动锡林郭勒至江苏、鄂尔多斯至河北等电力通道建设,积极拓展区外用电市场。(自治区发展改革委、经委负责)

(六)加快工业重大项目建设。力争完成工业投资4 560亿元。组织实施170个重点项目,其中续建项目85个、新开工项目85个。突出抓好500万吨炼油、300万吨煤制化肥、200万吨聚氯乙烯、15 万辆轿车等重大工业项目。严格项目管理,严防低水平重复建设和产能过剩。全面完成“十一五”淘汰落后产能目标。(自治区经委、发展改革委负责)

(七)努力提高企业经济效益。加强对工业运行的协调与服务,引导企业加强管理,着力通过整合资源降低生产成本,着力通过开拓新市场提高占有率,着力通过技术改造提高产品附加值,实现重点亏损企业减亏增盈。(自治区经委、国资委负责)

(八)大力培育新兴产业。大力发展清洁能源产业。加快千万千瓦风电基地规划和建设,着力解决电网接入等制约风电发展的突出问题。抓好太阳能、生物质能发电项目建设。积极实施煤制天然气、褐煤化学法提质等项目,着力提高煤的清洁利用、综合利用水平。积极发展甲醇下游产品,延伸甲醇产业链,建设清洁能源醇醚基地。大力发展新材料产业。打造以多晶硅、单晶硅、太阳能电池为主的硅材料产业链,推进百万千瓦光伏产业基地建设。加快发展稀土新材料,发挥包头稀土高新区龙头带动作用,加强稀土原料战略储备和资源整合,积极研发稀土应用产品。大力发展装备制造业。突出抓好煤矿机械、工程机械、汽车及其配套产业发展,积极承接先进制造业转移。大力发展生物和环保产业。加快建设生物发酵产业基地,做大做强生物制药产业。全面推进粉煤灰提取氧化铝等循环经济项目。(自治区发展改革委、经委、科技厅负责)

(九)进一步提高自主创新能力。在资源综合利用、新能源、新材料等重点领域,组织实施一批重大科技专项,以技术突破带动产业转型升级。加大技术改造力度,投资280亿元,组织实施重点技改项目100个。大力推动工业化与信息化融合,推进“两化融合”创新试验区建设。强化企业的创新主体地位,发挥高等院校、科研院所作用,推进产学研结合,加快科技成果产业化应用。深入实施人才强区战略。着眼于经济社会发展需要,组织实施“草原英才”工程,强化人才储备制度,加快建设人才流入区。(自治区科技厅、经委、信息办、教育厅、人事厅负责)

(十)积极扶持中小企业和非公有制经济发展。全面落实国家和自治区有关政策措施,为中小企业和非公有制经济发展创造更加宽松的环境。支持中小企业转型升级,调整产品结构,进行技术改造和产品创新。以推进“双百工程”为抓手,以工业园区为载体,鼓励和引导中小企业围绕大企业、大项目搞配套协作。完善中小企业信用担保体系,做大做强中小企业担保机构。建立金融机构中小企业贷款奖励和担保机构风险补偿激励机制,鼓励金融机构扩大对中小企业的信贷投放。加快发展非公有制经济。破除体制障碍,推进公平准入,鼓励支持非公有制经济参与国企重组、新兴产业、基础设施和农村牧区建设。(自治区经委、财政厅、金融办负责)

三、做好“三农三牧”工作,促进农牧业稳定发展、农牧民持续增收

(十一)提高农牧业综合生产能力。积极争取国家粮食增产工程建设任务,启动实施自治区新增百亿斤粮食生产能力规划。深入开展高产创建活动,建设粮油高产示范田 150 万亩以上。加快重点旗县肉牛、肉羊生产基地建设，继续实施畜牧业高产创建工程。积极推进规模化养殖，加快建设奶牛、生猪标准化养殖小区。（自治区发展改革委、农牧业厅负责）

（十二）转变农牧业发展方式。积极推广良种培育、高效栽培等适用技术，推进农牧业机械化作业。大力发展设施农牧业，继续扩大设施蔬菜和设施马铃薯种植面积。加强防灾减灾体系建设，积极发展避灾型农牧业，提高农牧业抵御自然灾害的能力。（自治区农牧业厅负责）

（十三）提高农牧业产业化水平。坚持培育和引进相结合，做大做强龙头企业。加快建设一批集中连片的农畜产品生产基地，培育一批各具特色的专业苏木乡镇和嘎查村，创建一批具有地理标识的自主品牌，实现规模化、标准化生产。加强现代农牧业社会化服务体系建设。优化整合现有资源，建立完善适合我区特点的农牧业科技创新与推广体系。加快建设农村牧区新型流通网络，不断健全农畜产品市场体系。（自治区农牧业厅牵头，自治区科技厅、商务厅、工商局、供销合作联社配合）

（十四）抓好农畜产品质量安全工作。加强产品质量安全管理，做好动物防疫、饲料安全和农畜产品质量监管工作。（自治区农牧业厅牵头，自治区工商局、质监局、食品药品监管局配合）

（十五）改善农村牧区生产生活条件。加强农田草牧场水利建设，大力发展节水灌溉，加快大型灌区续建配套和节水改造，在井灌区加快推广喷灌、管灌、滴灌等灌溉模式，以旱地改水浇地为重点实施中低产田改造，加强节水灌溉人工草牧场和饲草料基地建设。全年新增有效灌溉面积200万亩以上、节水灌溉面积300万亩以上。加快农村牧区危旧房改造，解决1.3万户农牧民通电问题，新增30个苏木乡镇通油路、300个嘎查村通公路，基本实现乡乡通油路、村村通公路。（自治区发展改革委、农牧业厅、水利厅、建设厅、交通厅等负责）

（十六）努力增加农牧民收入。提高主要粮食品种最低收购价格，扩大农牧业补贴规模，特别是对牧民和牧业的补贴，增加农牧民政策性收入。加强对涉农涉牧补贴资金的管理。完善产业化利益联结机制，使农牧民从农畜产品加工转化增值中更多受益。大力发展农村牧区二三产业，拓展农牧民就业增收渠道。加强农民工职业技能培训，有序组织劳务输出，努力增加农牧民工资性收入。加大扶贫开发投入，继续组织实施各项扶贫工程。（自治区发展改革委、农牧业厅、财政厅、劳动和社会保障厅、扶贫办负责）

四、加快发展服务业，推进城镇化和区域协调发展

（十七）提高服务业发展水平。加快发展金融业，积极引进区外金融机构，做大做强地方金融骨干企业，重点支持内蒙古银行、包商银行等地方商业银行扩大覆盖范围。稳步推进小额贷款公司试点，实现旗县全覆盖。积极发展现代物流业，建设一批重点物流园区和物流配送中心。发挥民族和草原文化特色，加快文化产业发展。打造优秀传统民族文化精品，培育发展新兴文化业态，推进文化产业示范基地建设。大力发展旅游业，合理开发旅游资源，改善基础设施条件，加强重点旅游景区、线路建设。改造提升商贸流通、住宿餐饮等传统服务业，加快发展会展业、社区服务和市政公用事业，满足群众多层次、多样化需求。（自治区发展改革委、商务厅、文化厅、旅游局、金融办负责）

（十八）提高城镇化水平。把推进城镇化作为扩大内需和调整经济结构的战略重点来抓，增强城镇综合承载能力，稳步推进农牧民向城镇转移，全区城镇化率达到55%左右。突出抓好区域中心城市发展。以盟市所在地为重点，加快人口、产业集聚，增强区域中心城市的辐射带动能力。提高城市规划、建设和管理水平。科学制定并严格落实城市建设总体规划，提高控制性详细规划覆盖率。加快市政基础设施和公共服务设施建设，完善城市功能。加强城市治安、市容卫生、交通秩序综合整治和水电气热配套服务，提高城市管理水平。稳步推进农牧民向城镇转移。有计划、有步骤地解决农民工进城后的就业和生活问题，逐步实现在劳动报酬、子女就学、医疗、社保、住房等方面与城镇居民享有同等待遇。深化户籍制度改革，放宽城市落户条件，在有条件的地区开展试点并逐步在全区推开，使在城镇稳定就业和居住的农牧民有序转变为城

镇居民。(自治区发展改革委、建设厅、农牧业厅、教育厅、卫生厅、劳动和社会保障厅、民政厅、公安厅负责)

(十九)提高区域协调发展水平。研究制定推进呼包鄂经济一体化规划,争取在交通通讯、信息资源、金融服务等一体化发展上取得新突破。加快东部盟市发展步伐,加强与周边省市的经济协作,积极培育自治区新的增长极。继续对基础薄弱地区给予倾斜支持,改善发展条件,增强自我发展能力。加大资金投入,扶持革命老区、边境地区和人口较少民族地区发展。高度重视县域经济发展,不断增强县域发展活力和综合实力。进一步完善财政转移支付制度,加大对财政困难旗县的均衡性转移支付。(自治区发展改革委、财政厅负责)

五、深入推进生态文明建设,提高可持续发展水平

(二十)加大生态保护和建设力度。认真编制并向国家上报自治医生态建设总体规划,保持生态建设投入稳定增长,促进生态环境持续恢复。坚持草畜平衡、禁牧休牧轮牧和基本草原保护制度,积极推进退耕还林、京津风沙源治理、退牧还草、“三北”防护林等重点生态工程建设,启动实施黄土高原综合治理工程试点,完成林业生态建设1 000万亩,治理水土流失650万亩,深入开展荒漠化治理,继续扩大保护性耕作面积。严肃查处开垦草原、破坏生态的违法行为。加快建立草原生态恢复补偿机制,适时出台草原资源恢复补偿管理办法。大力发展林、沙、草产业。加强野生动植物和湿地保护。发挥我区森林、草原碳汇资源优势,积极开展碳汇核算、碳汇交易等方面的研究,探索发展低碳经济的现实途径。(自治区发展改革委、农牧业厅、林业厅、水利厅、环保厅负责)

(二十一)大力推进节能减排。明确责任,分解目标,确保“十一五”节能减排目标全面完成。切实加强节能工作。加快实施建筑节能、绿色照明等重点节能工程,在重点领域和重点行业推广节能技术。打好减排治污攻坚战。加强燃煤电厂脱硫设施运行监管,推进非电行业减排工程建设。加快城镇污水处理设施建设,确保“十一五”规划确定的污水处理厂全部建成并正常运行。做好松花江等重点流域水污染防治工作。(自治区经委、环保厅、建设厅、发展改革委负责)

(二十二)加强资源保护和管理。加大资源开发管理力度,切实做到在保护中开发,在开发中保护。进一步完善煤炭资源配置政策,以资源配置促进产业结构优化调整和资源集约开发、节约利用,严控制向产能过剩行业配置资源。建立健全资源开发利益分配和生态补偿机制,做好煤炭价格调节基金的征收、使用和管理。加大地勘工作力度,增强资源接续保障能力。超前谋划资源型城市转型和接续产业发展,促进资源型城市可持续发展。深入开展矿山地质环境治理和煤田灭火工作,年内煤田火区要有三分之一达到熄灭标准。加强土地资源管理,加大土地整理力度。规范土地市场行为,清理处置批而未用土地。高度重视水资源的保护节约,大力调整用水结构,全面推进节水型社会建设。(自治区发展改革委、经委、国土资源厅、财政厅、水利厅负责)

(二十三)加快基础设施建设。水利方面,开工建设海勃湾水利枢纽等重点水利工程,加强黄河、辽河、嫩江等大江大河及重要支流治理。按期完成规划内病险水库除险加固任务。铁路方面,在抓好续建项目的同时,力争新开工呼和浩特至张家口快速客运等12个重点铁路项目,做好通辽和赤峰至北京快速客运通道开工准备工作。公路方面,突出抓好与周边省区市连通的高速公路、呼包鄂通畅工程和农村牧区公路建设,建设总规模1.7万公里,其中高速公路1 790公里、一级公路1 740公里。机场方面,开工建设霍林河机场、阿拉善通勤机场,建成巴彦淖尔机场和阿尔山机场。城镇建设方面,力争三年内完成城镇供热管网二次改造。以棚户区改造为重点,综合运用廉租住房和经济适用住房的相关政策,统筹推进保障性住房建设。(自治区发展改革委、水利厅、交通厅、建设厅、铁路办负责)

六、着力保障和改善民生,加快发展社会事业

(二十四)千方百计扩大就业。扎实推进新一轮就业政策的落实和完善,健全促进就业的长效机制,确保城镇新增就业22万人以上,农村牧区劳动力转移就业240万人,其中转移就业 6 个月以上180万人。坚持面向高校毕业生、城镇下岗失业人员和新增劳动力、转移就业农牧民三大群体，分类施策，完善措施，强化服务，努力增加就业。积极开展对“4050人员”、“零就业家庭”、“零转移家庭”及其他就业困难群体的就业援助，形成常态化工作机制。积极扶持自主创业，落实好小额担保贷款、税费减免等各项优惠政策，促进以创业带动就业。大力开展职业技能培训。加强公共就业服务体系建设。（自治区劳动和社会保障厅、人事厅负责）

（二十五）提高社会保障水平。继续做好社会保险扩面工作。全年基本养老、基本医疗保险参保人数分别达到415万人和880万人，新型农村牧区社会养老保险参保人数达到160万人以上。健全养老保险省级统筹办法，初步实现基本医疗保险盟市级统筹。完善社会救助体系，在保持城乡低保人数适度增长的基础上，提高保障标准，制定按标施保办法。加强医疗救助、教育救助和临时救助工作，重视发展社会福利、慈善和残疾人事业，做好老龄工作，如期完成妇女和儿童发展纲要的各项达标任务。（自治区劳动和社会保障厅、财政厅、民政厅、教育厅、卫生厅、人口计生委、建设厅、水利厅等负责）

（二十六）办好“十件实事”、实施“十项民生工程”。（见《内蒙古自治区人民政府办公厅关于印发全区为群众办“十件实事”和实施“十项民生工程”2009年工作总结和2010年工作安排及任务分解的通知》中具体任务分解）。

（二十七）优先发展教育。保持教育投入稳定增长。全面实施素质教育，促进各类教育协调发展和教育公平。积极推进义务教育均衡发展，加快普及高中阶段教育。继续推进义务教育学校标准化建设工程，组织实施中等职业教育基础能力建设工程，深入推进高等职业教育特色院系建设。加强重点学科和专业建设，提升高等教育办学质量，加快建设高水平大学。认真研究化解高校债务问题。优先、重点发展民族教育，改善民族教育办学条件，加强“双语”师资队伍建设，逐步在民族语言授课高中阶段和民族幼儿教育阶段实现免费教育。鼓励社会力量办学，引导民办教育健康发展。重视特殊教育发展。（自治区教育厅、财政厅负责）

（二十八）大力发展卫生事业。加快公共卫生体系建设，有效预防和控制重大疾病和突发公共卫生事件，继续做好甲型 HIN1 流感防控工作。加快发展社区卫生服务，引导卫生资源向社区流动，重点建设盟市所在地社区卫生服务机构。在农村牧区建设一批旗县级综合医院、苏木乡镇中心卫生院，努力实现每个苏木乡镇有一所标准卫生院、每个嘎查村有一所标准卫生室的目标。大力推进蒙、中医药事业发展，加快自治区蒙医医院建设。继续实施食品药品放心工程，确保群众饮食用药安全。（自治区卫生厅、财政厅、发展改革委、食品药品监管局负责）

（二十九）加强人口和计划生育工作。深入开展出生人口缺陷干预和生育关怀行动，提高出生人口素质，稳定低生育水平，统筹解决人口问题。（自治区人口计生委负责）

（三十）加快发展文化事业。认真贯彻落实国务院关于进一步繁荣发展少数民族文化事业的意见，充分挖掘民族文化资源，丰富发展草原文化，加快建设民族文化大区。改善公共文化服务基础设施条件，推动内蒙古演艺中心等重大文化项目建设，全面完成苏木乡镇综合文化站工程，文化信息资源共享工程实现旗县全覆盖。广泛开展文化惠民活动，推动图书馆、科技馆、美术馆等公益性文化单位免费向社会开放。加大文化遗产保护力度，做好元上都申报世界文化遗产各项工作。继续实施无线覆盖、农村牧区电影放映工程。认真贯彻国务院《全民健身条例》，促进群众体育和竞技体育协调发展。（自治区文化厅、财政厅、发展改革委、广电局、新闻出版局、体育局负责）

七、全面推进改革开放，增强发展的活力和动力

（三十一）深化农村牧区改革。稳定和完善农村牧区基本经营制度。在依法自愿有偿的基础上，推进土地、草牧场承包经营权流转，积极发展多种形式的适度规模经营，扶持发展农牧民专业合作组织。深化集体林权制度改革，稳步推进集体公益林和国有林场改革。加快水利和水务管理体制改革。积极发展农村牧区金融组织，加快普及惠农惠牧基本金融服务。推进

城乡统筹一体化发展综合配套改革试点。(自治区发展改革委、财政厅、农牧业厅、林业厅、水利厅、金融办负责)

(三十二)深化财政、投资领域改革。深化财政管理体制改革,完善公共财政体系。加快投资体制改革,对自治区本级投资非经营性项目开展代建制试点,切实解决工程建设"超规模、超标准、超概算"问题,发挥政府投资的最大效益。(自治区财政厅、发展改革委负责)

(三十三)积极推进医药卫生体制改革。扩大基本药物制度实施范围,做好公立医院改革试点工作,促进基本公共卫生服务均等化。(自治区卫生厅、财政厅、劳动和社会保障厅负责)

(三十四)加快文化体制改革步伐。完成演艺集团组建,推进"全区一网"有线电视网络整合,认真做好广播电视制播分离和文化市场综合执法改革工作。(自治区文化厅、广电局负责)

(三十五)进一步提升开放水平。巩固传统出口市场,开拓新兴市场,促进对外贸易恢复和增长。加快实施"走出去"战略,深入开展与俄蒙在矿产资源开发等重点领域的合作。加强边境公路、铁路和口岸通关能力建设,大力发展口岸加工贸易。抓住国内外产业加快转移的机遇,加强与发达地区和周边省区市的经济技术合作与交流,在资源延伸加工、装备制造业配套、农畜产品深加工等重点领域,积极承接先进生产力转移,坚决防止低水平、高污染项目向我区转移。积极引进有利于扩大就业、改善民生的各类项目,注重引进先进技术和高端人才。(自治区发展改革委、经委、交通厅、商务厅、铁路办、外事办负责)

八、切实维护社会稳定,加强精神文明、民主法制和政府自身建设

(三十六)做好维护社会稳定工作。严格落实维稳工作责任制,加强政法基层基础建设,完善社会治安防控体系,严厉打击违法犯罪活动。进一步强化信访工作,做好群体性事件预防处置。完善应急管理体制机制,提高预防和处置突发公共事件能力。重视和加强国家安全工作,确保边疆稳定。抓好人防工作和国防动员体系建设,深入开展双拥共建和优抚安置工作,巩固军政军民团结。(自治区人民政府办公厅、公安厅、信访局、人防办、国家安全厅、民政厅负责)

(三十七)切实加强安全生产工作。牢固树立安全发展理念,健全各项安全生产制度,落实生产经营单位安全生产主体责任和各级政府部门安全监管责任,切实抓好重点行业、重点地区、重点企业的安全治理,加大对矿山、危险化学品、烟花爆竹、道路交通和人员密集场所的安全监管力度,坚决排除安全隐患。加强救援体系和应急预案体系建设,提高及时有效施救能力。(自治区安全监管局、公安厅负责)

(三十八)加强精神文明建设。加快构建社会主义核心价值体系,广泛开展群众性精神文明创建活动。巩固学习实践科学发展观活动成果,不断增强干部群众科学发展的自觉性和坚定性。全面贯彻党的民族宗教政策,大力开展党的民族理论、民族政策宣传教育和民族团结进步创建活动,继续推进兴边富民行动,促进各民族共同团结进步、共同繁荣发展。(自治区文化厅、民委、广电局、新闻出版局负责)

(三十九)加强民主法制建设。深入开展普法教育,做好对困难群众的法律援助工作。坚持依法治区方略,切实执行人大及其常委的决议和决定,认真接受人大监督,自觉接受政协民主监督,积极听取各民主党派、工商联、无党派人士和各人民团体的意见,认真办理人大代表议案、建议和政协委员提案。完善基层民主管理制度,提高村民自治水平。加大社区建设和管理力度,更好地发挥社区在就业、社保及维护稳定等方面的重要作用。(自治区司法厅、人民政府办公厅、法制办、民政厅负责)

(四十)严格依法行政。按照法定权限和程序行使权力、履行职责,规范行政行为。加强行政立法,提高立法质量。进一步精简行政审批事项,简化审批程序,下放审批权限。健全政府部门协调配合机制,坚决杜绝推诿扯皮现象,提高行政效能。加快电子政务建设,深入推进政务公开,保障人民群众的知情权、参与权、表达权和监督权。(自治区人民政府办公厅、发展改革委、法制办、信息办负责)

（四十一）加强作风建设。大兴调查研究、真抓实干之风。坚持深入实际、深入基层，切实解决好关系群众切身利益的突出问题。强化行政监察，确保政令畅通。坚持求真务实，坚决反对形式主义、官僚主义和弄虚作假、虚报浮夸行为。（自治区人民政府办公厅、监察厅负责）

（四十二）加强廉政建设。强化对政府投资项目、预算执行情和民生领域资金的审计，确保资金安全规范运行。继续压缩政府部门经常性项目支出，严格控制会议、差旅、出国、接待等费用。坚持廉洁从政、从严治政，加强公务员队伍建设，树立为民、务实、清廉的良好形象。（自治区人民政府办公厅、监察厅、审计厅、人事厅负责）

（四十三）积极谋划“十二五”发展。组织开展好重大问题研究和调研论证，认真做好“十二五”规划的编制工作。（自治区发展改革委负责）

自治区人民政府各部门和单位要根据本要点抓紧制定本部门和本单位的2010年工作要点，并报自治区人民政府备案。

关于内蒙古自治区2010年国民经济和社会发展计划执行情况与2011年国民经济和社会发展计划草案的报告

——2011年1月16日在内蒙古自治区第十一届人民代表大会第四次会议上

内蒙古自治区发展和改革委员会

各位代表:

受自治区人民政府委托,向大会提出2010年国民经济和社会发展计划执行情况与2011年国民经济和社会发展计划草案,请予审议,并请自治区政协委员和列席会议的同志们提出意见。

一、2010年国民经济和社会发展计划执行情况

过去的一年,在自治区党委的正确领导下,全区各地坚持科学发展,认真贯彻落实国家宏观调控的各项政策措施,经济社会总体实现又好又快发展,调结构、促转变、惠民生取得明显成效。

(一)经济增长逐步回稳。前三季度全区经济增长呈现逐季下降趋势,但降幅逐渐收窄,第四季度以来开始稳步回升,初步统计,全年实现生产总值116 55亿元,增长14.9%。从生产方面看,预计第一产业增加值1 101.4亿元,增长5.8%;第二产业增加值6 365.8亿元,增长18.2%,其中规模以上工业增加值4 855亿元,增长19%;第三产业增加值4 187.8亿元,增长12.1%。从需求方面看,全社会固定资产投资完成8 972.1亿元,增长19.1%;实现社会消费品零售总额3 337亿元,增长19%。

(二)经济结构逐步优化。从产业结构看,着力构建多元发展、多极支撑的现代产业体系初见成效。一是农牧业生产获得丰收。粮食播种面积进一步扩大,全区粮食播种8 248万亩,增加112万亩,全年粮食产量431.6亿斤,增长8.9%。畜产品产量稳定增长,全年肉类产量245万吨,牛奶产量905万吨。二是工业结构进一步优化。煤炭、电力等传统产业较快增长。煤炭产量达到7.9亿吨,增长26.3%;发电量2 483.9亿千瓦小时,增长13.1%。新能源、装备制造、现代煤化工等新兴产业快速成长。累计新增风电装机480万千瓦,达到1 000万千瓦;风力发电199.2亿千瓦小时,增长73.2%;载货汽车4.2万辆,增长67.6%。新型煤化工示范工程加快推进,已形成煤制油产能140万吨、煤制乙二醇20万吨、煤制烯烃106万吨。三是服务业平稳较快发展。交通运输业快速增长,全年铁路货运量6.1亿吨,增长17.1%;公路货运量8.5亿吨,增长20.2%。城乡消费品市场繁荣活跃,城镇和农村社会消费品零售总额分别增长19.7%和13.9%。社会事业与公共服务业稳定增长,社会事业与公共服务支出增长22%。四是节能减排取得积极进展。主要污染物减排于上半年提前完成"十一五"规划目标,预计全年单位生产总值能耗下降4%左右。

从区域结构看,统筹区域协调发展力度加大。一是西部地区产业布局调整深入推进。制定了《以呼包鄂为核心沿黄河、沿交通干线经济带重点产业发展规划》，推动西部地区产业布局调整和集约集聚发展。二是东部地区发展加快。出台了《内蒙古自治区人民政府关于进一步落实东北地区等老工业基地振兴战略的实施意见》，推动盟市间加强协作，促进东部盟市积极融入东北等周边地区发展。东部盟市规模以上工业增加值增长24%，高于全区平均5个百分点。三是对口帮扶工作进一步加强。鄂尔多斯市和兴安盟建立了结对关系，制定了对口支援实施方案，重点帮扶项目陆续开工建设。

从城乡结构看，城镇化进程加快推进。区域中心城市和县城两级城镇体系建设得到加强，启动了《呼包鄂城市群规划》、《乌海及周边地区城镇规划》。大力支持首府城市建设，出台了《关于支持和加强呼和浩特市城市规划建设和管理工作的意见》。积极推进农村牧区人口向城镇转移，城镇化率达到55%左右。

（三）经济质量不断提高。企业效益大幅增加。1～11月份规模以上工业企业实现利润1 074.3亿元，增长67.1%。煤炭、电力、冶金行业利润大幅增加，三个行业实现利润792.9亿元，占全部利润总额的73.8%。

财政收入结构进一步改善。全年地方财政总收入1 738.1亿元，增长26.2%，其中地方财政一般预算收入1 070亿元，增长25.8%。各项税收较大幅度增加，地方税收完成752.8亿元，增长30.5%，比财政一般预算收入增长率高4.7个百分点；税收占一般预算收入的比重达到70.4%，较上年提高2.6个百分点。

城乡居民收入稳步增长。全年城镇居民人均可支配收入17 698元，增长11.7%。工资性收入提高是带动城镇居民收入增长的主要因素，去年自治区本级和九个盟市提高了机关事业单位人员津补贴水平，人均调资幅度达到576元。农牧民人均纯收入达到5 530元，增长12%。促进农牧民收入增长的主要因素：一是农牧业丰收，农畜产品价格上涨，带动农牧民家庭经营收入实现稳定增长。二是国内用工需求增加，外出务工人员增多，同时各地普遍提高最低工资水平和企业工资指导线，带动了工资性收入较快增长。三是提高社会保障标准和各类补贴标准，较大幅度增加了转移性收入。

（四）民生状况明显改善。就业形势稳定。全年城镇累计新增就业24.7万人，城镇登记失业率3.9%。农牧民转移就业246.8万人，其中转移6个月以上的184.9万人。保障性住房建设步伐加快。各类保障性安居工程累计开工38.7万套，开工率106.1%。开工建设廉租住房4.7万套、购改租廉租住房4 978套，建设公共租赁住房7 157套、经济适用住房5.2万套，实施中央下放煤矿棚户区改造3.6万套、国有林区棚户区（危旧房）改造4.1万套、国有垦区危旧房改造8 889套、国有工矿棚户区改造1.3万套，实施城市棚户区拆迁改造13.4万套、农村牧区危房改造4.3万套。社会保障标准大幅提高。企业退休人员养老金人均每月增加177元，城乡居民最低生活保障标准每人每月分别提高35元和19元。五保集中供养和分散供养标准分别提高1 504元和753元。农村牧区民生工程得到加强。累计新建农村户用沼气10万户，解决了139.7万人的安全饮水问题和5 000户游牧民的定居问题。

（五）社会事业全面进步。教育保障能力进一步增强。全年共安排教育支出328.5亿元，增长34.9%。免除了义务教育阶段中小学寄宿生住宿费，减免了中等职业学校学生相关费用，直属高等院校生均经费提高到4 800元。中小学校舍安全工程稳步推进，累计开工面积1 659.4万平方米。卫生服务体系建设得到加强。全年共安排建设各类卫生机构项目508个。15岁以下补种乙肝疫苗、白内障复明手术、农村牧区妇女两癌免费检查等重大公共卫生服务项目进展顺利。文化事业繁荣发展。公共文化服务工程稳步推进，重点文化工程项目建设进展顺利，元上都遗址博物馆开工建设。文化产业政银战略合作取得新突破，自治区政府与9家银行签订战略合作协议。

（六）改革开放稳步推进。各项改革不断深化。一是医药卫生体制改革扎实推进。全区912个社区卫生服务中心（站）和苏木乡镇卫生院实现了基本药物零差率销售。在通辽市和鄂尔多斯市的20所公立医院开展了公立医院改革试点工作。二是投资体制改革进度加快。内蒙古科技馆新馆、内蒙古演艺中心、自治区党委政府联合接访中心和内蒙古医院住院楼B座四个代建制试点项目开工建设。三是资源性产品价格改革继续推进。出台了天然气价格调整方案,提高了天然气销售价格。四是国企改革不断深入。自治区人民政府和中国长城资产管理公司共同出资重组内蒙古基本建设咨询投资有限公司。

对外经济合作得到加强。一是对外贸易较大幅度增长。全年完成进出口总额87.2亿美元,增长28.7%,其中出口33.4亿美元,增长44%;进口53.8亿美元,增长20.8%。二是招商引资规模进一步扩大。累计引进国内(区外)资金2 739.8亿元,增长23.4%。外商直接投资33.8亿美元,增长13%。三是区域协作取得新进展。与东北三省签署了《东北四省区合作框架协议》和重点合作项目协议,25个重大合作项目中已有14个项目开始实施。京蒙合作进一步深化,签署了《北京市人民政府·内蒙古自治区人民政府区域合作框架协议》,京蒙"十二五"时期对口帮扶合作工作正式启动,北京对口帮扶赤峰市和乌兰察布市。与河北省签署协议,商定在15个领域加强务实合作,河北省同意在曹妃甸分期提供50平方公里土地用于内蒙古出海港口和临港工业区建设。四是"走出去"战略加快推进。新批准设立境外投资企业25家,中方协议投资额5.8亿美元。

在肯定成绩的同时,我们也要充分认识到,内蒙古作为欠发达地区的基本区情还没有得到根本改变,发展不足仍然是经济社会发展中的主要矛盾,特别是当前经济社会发展还面临一些突出的困难和问题:产业结构单一,特别是非资源型产业发展不足,比重较低;经济增长对就业和增收的带动能力不强,就业不够充分,城乡居民收入与全国平均水平仍有一定差距;通道建设滞后,运力明显不足,窝电现象严重,对经济社会发展形成较大制约;物价上涨压力较大,特别是食品价格上涨较快,保障群众生活稳定的任务艰巨。对于这些问题,我们将采取有效措施,逐步加以解决。

二、2011年国民经济和社会发展的主要任务

按照自治区经济工作会议的总体部署,2011年国民经济和社会发展的主要预期目标是:生产总值增长13%,地方财政总收入增长17%,城镇居民人均可支配收入增长12%,农牧民人均纯收入增长12%,城镇登记失业率控制在4.2%以内,居民消费价格指数涨幅控制在4%左右,节能节水减排指标完成国家下达的任务。实现上述目标,关键是要坚持以科学发展观为指导,认真贯彻落实中央和自治区关于今年经济工作的各项部署,更加积极稳妥地处理好保持经济平稳较快发展、调整经济结构、管理通胀预期的关系,加快经济结构战略性调整,稳定价格总水平,切实增强经济发展的协调性、可持续性和内生动力,实现"十二五"良好开局。

(一)促进经济平稳较快发展。继续扩大投资规模,促进消费持续增长,推动经济较快发展。

努力扩大固定资产投资规模。一是多渠道筹集建设资金。按照国家确定的重点投资方向和领域,扎实做好项目筛选和申报工作,争取更多的中央资金投入。进一步协调央企和各金融机构,推动各大商业银行总行扩大对中央企业投资项目的直接贷款规模,推进各大商业银行联合系统内区外分行扩大对大型优质项目的银团贷款规模,协调各商业银行按承诺加快信贷资金投放进度。二是加快推进重点项目建设。生态方面,继续抓好京津风沙源治理、退牧还草等生态重点工程建设,争取启动实施黄土高原综合治理工程和沙漠沙地专项保护治理工程,力争完成造林任务1 000万亩、退牧还草3 000万亩,治理水土流失面积650万亩。水利方面,争取开工尼尔基、绰勒下游灌区项目,推进扎罗木德水库、扎敦水库、锡林郭勒供水工程前期工作。铁路方面,新开工建设呼和浩特至张家口客专、赤峰和通辽至京沈客专、额济纳至哈密等19个重点项目,新开工铁路里程3 100公里。公路方面,新开工建设通辽至好力堡、京新高速呼和浩特至集宁至韩家营段等高速公路,新开工里程306公里。电网方面,加快推进锡盟至江苏、蒙西至长沙、蒙西至潍坊、乌兰察布至南昌、呼伦贝尔至山东、赤峰至华中外送通道项目前期工作,加强区内500千伏主网架和220千伏电网建设,新开工500千伏线路875公里。三是加强项目管理。建立重点项目目录,对重大项目实行按月调度、按季专项报告制度。以特色优势和非资源型产业为重点，进一步扩大项目储备规模，重点储备一批新能源、新材料和装备制造等战略性新兴产业项目。

促进消费需求快速增长。重点是提高居民消费能力，培育新的消费热点，营造良好的消费环境。进一步丰富和完善促进家电、汽车、农机、节能产品消费的各项政策，加强房地产市场调控，发展网络购物和信用消费，促进消费结构升级。继续加强农村牧区市场流通体系建设，努力扩大农村牧区消费规模。

（二）积极调整产业结构。巩固和加强农牧业基础地位，保持特色优势产业稳定增长，大力发展非资源型产业和第三产业，扶持中小企业发展，不断提高经济增长的质量和效益。

巩固和加强农牧业基础地位。继续组织实施百亿斤粮食增产规划，提高农牧业综合生产能力。加强农牧业基础设施建设，围绕“四个千万亩”工程，重点推进旱改水、井灌区配套和大中型灌区改造，全年新增节水灌溉面积300万亩。加强农畜产品基地建设，推进百万奶牛、百万肉牛、千万肉羊高产工程建设，建成奶牛标准化养殖小区500个、生猪标准化养殖小区300个。

保持特色优势产业稳定增长。煤炭方面，重点加快大型煤炭基地建设，提高产业集中度和现代化开发水平，新开工胜利东2号二期、高头窑煤矿等8个煤炭项目，新开工规模5 320万吨。电力方面，继续扩大电力外送规模，努力增加区内用电负荷，争取新开工上都电厂三期等5个火电项目，新开工规模400万千瓦。煤化工方面，继续推进煤制油、煤制气、煤制烯烃、煤制二甲醚和煤制乙二醇等五大国家示范工程的前期工作和项目建设，争取新开工二甲醚300万吨、尿素500万吨。冶金方面，突出发展有色工业，加快粉煤灰提取氧化铝、铜铅锌铝下游深加工和铝硅、铝镁合金新材料等项目建设。

大力发展非资源型产业。切实加强自主创新能力建设，实施重大产业技术开发专项工程。重点在7个产业领域打造一批特色产业集群，力争到“十二五”末期，在非资源型产业领域培育形成60个销售收入超百亿元的产业集群。组织制定战略性新兴产业实施方案，重点培育新能源、新材料、新医药和装备制造业。新能源方面，继续推进东西部两个千万千瓦风电基地和百万千瓦光伏产业基地建设，全年新开工风电规模350万千瓦，新开工太阳能发电规模12万千瓦。新材料方面，以稀土为重点，积极推进资源整合，支持引进先进技术，扩大应用性产品生产规模，做大做强稀土产业。完善稀土储备政策，推动建立包头稀土交易中心。新医药方面，重点发展生物医药，开发中蒙医药、动物疫苗和绿色农药兽药等新产品，提升产业规模和技术水平。装备制造业方面，重点发展工程矿山机械、重型汽车和铁路机车以及风电、光伏关键零部件和整机装备制造。

积极承接发达地区产业转移。制定出台自治区贯彻《国务院关于中西部地区承接产业转移的指导意见》实施细则。加快推进园区共建，为发达地区产业整体转移落地创造条件，重点抓好鄂尔多斯陶瓷产业园、集宁皮件产业园等重点产业园区建设。继续扶持中小企业和非公有制经济加快发展，鼓励引导中小企业围绕优势特色产业搞延伸、围绕重点项目搞协作，打造各具特色的中小企业集群。完善中小企业信用担保体系，引导金融机构扩大对中小企业信贷投放，简化贴息、担保贷款程序，解决中小企业融资难问题。

加快发展现代服务业。继续落实自治区《关于贯彻落实国家物流业调整和振兴规划的实施意见》，推动建设赤峰红山物流园、通辽经济开发区物流园、鄂尔多斯阿康物流园、巴彦淖尔临河农畜产品（保税）物流园等重点项目。促进金融业持续健康发展，做好引进民生银行、进出口银行的各项工作，推动符合条件的企业上市融资和发行企业债券，扩大自治区创业投资引导资金规模。大力发展文化产业，支持文化企业兼并重组，组建内蒙古民族演艺集团，筹划建设一批文化产业园区，培育文化产业新增长点。加快发展旅游业，出台贯彻落实《国务院关于加快发展旅游业的意见》的实施意见，继续实施重点旅游景区建设工程，提升综合接待能力和服务水平。推进呼和浩特市国家服务业综合改革试点工作，促进服务业体制机制改革创新。研究制定全区服务业集聚区发展指导意见,推动服务业集聚发展。

(三)努力推进节能减排。把建设资源节约型、环境友好型社会作为加快转变经济发展方式的重要着力点,坚持不懈地推进节能、节水和减排工作,完成国家下达的年度责任目标。

严格落实目标责任。充分考虑地区经济发展水平、产业结构和节能潜力等因素,科学合理确定“十二五”及今年的节能、节水和减排目标,并分解落实到各地区。开展对盟市“十一五”节能减排目标完成情况的评价考核,并落实奖惩措施。

加强节能减排重点工程建设。加快实施重点节能改造工程、节能产品惠民工程、合同能源管理推广工程,推进流域治理、城镇污水垃圾处理设施建设,力争新开工建设22个污水处理项目和26个垃圾处理项目。继续加大淘汰落后产能力度,加快节能环保技术和产品的推广应用。

大力节约水资源。统筹农业、工业和生活用水,全面推进节水型社会建设。重点推进工业节水,对火电、冶金、化工、建材、食品等高用水行业实施节水技术改造,鼓励企业使用再生水和循环水。严格执行自治区行业用水定额标准,对不符合行业用水定额标准的新上项目不予审批,对超出行业用水定额的企业实行用水累进加价制度。

加快发展循环经济。继续抓好循环经济示范工程、国家级和自治区级循环经济试点单位(示范点)建设,构建一批循环经济产业链,提高资源综合利用水平。编制实施《内蒙古自治区循环经济规划》,争取将我区列入全国发展循环经济示范省区。

(四)确保物价总水平稳定。落实好国家稳定物价的各项政策措施,确保物价总水平控制在预期目标之内。

切实保障市场供应。全面落实国家扶持粮食、生猪、油料生产和奶业发展的政策措施,促进重要农产品生产稳定发展。加强“菜篮子”工程建设,支持赤峰、通辽、乌兰察布等地区建设绿色有机蔬菜基地,扩大呼市、包头和盟市所在地城市郊区蔬菜种植面积,对温室大棚建设给予补贴,全年新增设施蔬菜30万亩、设施马铃薯30万亩。认真落实大宗农畜产品临时储备政策,把大豆和油葵列入国家政策性收购和粮食储备政策范围。

加大价格补贴力度。针对价格上涨给低收入群体生产生活带来的困难问题,继续对优抚对象、城乡低保对象、农村五保供养对象发放临时价格补贴,对大中专院校家庭经济困难学生和学生食堂给予补贴,并根据物价变动情况做出相应调整,确保居民生活水平不因价格上涨而相对降低。

积极开展价格收费专项治理。加强农资价格和粮食收购价格检查,认真落实化肥生产供应各项优惠政策和粮食收购价格政策。继续开展涉企收费专项治理,重点清查中介、行业协会涉企收费问题。加强价格监测预警,关注市场动态,严厉打击各类串通涨价行为。

(五)推进城乡区域协调发展。抓好各类区域规划和政策的落实,推动区域之间全面协调可持续发展。

打造以呼包鄂为核心的西部经济区。组织落实《以呼包鄂为核心沿黄河、沿交通干线经济带重点产业发展规划》,推动自治区确定的22个重点工业园区快速发展。配合国家完成《呼包银重点经济区发展规划》,加快编制《呼包鄂经济区一体化发展规划》,研究制定交通、通讯、金融、社保一体化实施方案,推进呼包鄂一体化发展。

促进东部地区加快发展。组织实施《自治区人民政府关于进一步落实东北地区等老工业基地振兴战略的实施意见》,争取国家将我区整体纳入国家资源型城市可持续发展试点范围。推进大兴安岭林区生态保护和经济转型,制定《关于大小兴安岭林区生态保护与经济转型规划的实施意见》,做好项目申报和资金争取工作。加快实施沿边开放战略,与黑龙江省合作编制《绥(芬河)满(洲里)沿边开发开放经济带规划》。进一步推进鄂尔多斯市对口帮扶兴安盟工作,落实好已经签订的各项帮扶协议。

推进城乡统筹发展。做好鄂尔多斯市统筹城乡综合改革试点工作,加快旗县推进城乡统筹步伐,对经济总量大、财政实力强的旗县，加快农牧民向旗县所在地城镇、向非农产业转移的步伐；对生产生活条件比较恶劣的地区，加快生态移民和扶贫移民搬迁的步伐。积极争取国家将兴安盟、赤峰市、通辽市、乌兰察布市、锡林郭勒盟以及周边困难旗县纳入国家集中连片特殊困难地区。加快发展县域经济，稳步推进城镇化，推动有条件的城镇把有稳定职业和收入的农民工及其子女转为城镇户口，并纳入城镇社会保障、住房保障等公共服务体系。

（六）着力保障和改善民生。把促进就业作为经济社会发展优先目标，加强社会事业建设，大力改善民生，促进和谐社会建设。

努力提高城乡居民收入水平。研究制定收入分配体制改革方案，逐步提高居民收入在生产总值中的比重。按照居民收入增长和经济发展同步、劳动报酬增长和劳动生产率提高同步的原则，今年继续出台增加城镇职工津补贴的措施，逐步缩小与全国差距。切实落实结构性减税政策，进一步提高个体工商户税收起征点，推动企业内部收入分配制度改革，建立和完善职工工资集体协商制度，努力增加企业职工收入。加强农牧民工转移就业培训，扩大农牧民工转移就业规模，增加务工收入。加大各项支农惠农政策的补贴力度，扩大牧业补贴范围，增加牲畜良种和牧业机械补贴品种，提高燃油燃料补贴标准，增加转移性收入。

加强就业和社保工作。认真贯彻落实《国务院关于加强职业培训促进就业的意见》，开展有针对性、实效性的职业技能培训，重点扶持建设一批具有示范带动作用和区域性辐射能力的职业技能实训基地，力争全年城镇新增就业 25 万人。加快完善覆盖城乡居民的社会保障体系，落实养老、医疗保险关系转移接续办法，提高社会保险统筹层次。进一步扩大新型农村社会养老保险试点范围，研究制定城镇无收入居民养老保险试点办法，解决集体企业退休人员养老保险历史遗留问题，健全企业退休人员基本养老金正常调整机制。高度关注弱势群体，进一步提高城乡居民最低生活保障标准，继续推进残疾人社会保障体系和服务体系建设。

加强民生工程建设。积极改善农村牧区生产生活条件，全面实施通村公路工程，解决 100 万人的安全饮水问题，新增户用沼气 10 万户。加大保障性住房建设力度，全年新增保障性住房40.52万套，其中经济适用房4.8万套，廉租住房5.67万套、公共租赁房 3 万套，限价商品房0.45万套，国有工矿棚户区改造0.67万套、国有林区棚户区（危旧房）改造4.2万套、国有垦区危旧房改造2 663套、中央下放煤矿棚户区改造1.16万套，城市棚户区改造 15 万套、农村牧区危旧房改造 5 万套，落实游牧民定居建设任务3 000户。

（七）大力发展各项社会事业。进一步加强教育、文化、卫生事业建设，促进经济社会协调发展。

优先发展教育事业。加快推进高中阶段免费普及教育，全部免除用蒙（朝）语授课的高中学生、中等职业教育学生的学费和书本费，启动实施农村牧区学前教育试点工程，全面完成中小学校舍安全工程建设任务。继续实施义务教育学校标准化建设和中等职业教育基础能力建设工程，改善办学条件。积极化解高校债务，加强高校重点学科建设，提高高等教育质量。

繁荣发展文化事业。加快实施文化信息资源共享、苏木乡镇综合文化站、基层文化阵地建设、农村牧区电影放映以及草原书屋等五大公共文化服务工程，继续实施国家自然文化遗产地、历史文化名城名镇名村、抢救性文物保护。广泛开展文化惠民活动，实施送书下乡工程、流动舞台车工程，推动图书馆、文化馆、文化中心等公益性文化单位免费向社会开放。

加强卫生事业建设。建设覆盖城乡的公共卫生服务体系、医疗服务体系、医疗保障体系和药品供应体系。积极推进基层卫生体系建设，全面完成 82 个旗县级医院标准化建设，完成 186 个苏木乡镇中心卫生院和 236 个社区卫生服务中心的新建和改扩建任务。

（八）着力推进改革开放。进一步深化改革，扩大开放，为经济社会发展创造良好的体制机制环境。

继续深化各项改革。深化行政审批制度改革，公布出台一批取消和停止征收的收费项目，自治区权限的审批事项和行政事业性收费精简三分之一以上。推进医药卫生体制改革，抓好《自治区深化医药卫生体制改革近期重点实施方案(2009－2011年)》各项工作的落实。推行事业单位分类改革和绩效工资制度改革,培育和规范发展社会组织。深化资源性产品价格改革,推行居民生活用电阶梯式电价和居民生活用水阶梯式水价制度,积极推进资源税改革。加快环保收费改革,完善污水处理收费管理制度,研究探索建立排污权有偿使用和交易制度。深化投资体制改革,抓好代建制试点项目建设。

努力扩大对外开放。重点抓好与俄罗斯、蒙古国在资源开发领域的合作,支持有实力的企业开发境外资源以及并购境外资源开发企业,扩大煤炭等资源性产品进口规模,增加战略性资源储备。研究制定满洲里国家重点开发开放试验区建设实施方案,做好呼和浩特、满洲里、二连浩特综合保税区和巴彦淖尔保税物流中心(B型)建设相关工作。充分利用已经开通的呼和浩特到法兰克福铁路线,引进一批面向欧洲的出口加工企业,建设呼和浩特出口加工基地。

大力推动区域协作。跟踪落实与北京、河北、上海、湖北、山东及东北三省签署的合作框架协议和重点合作项目,做好在曹妃甸建设内蒙古出海港口和临港工业区的各项准备。进一步拓展省际合作领域,广泛开展与周边省区和港澳地区的合作交流。

2011年是“十二五”规划的第一年,开好局、起好步意义重大。我们要在党中央、国务院和自治区党委的领导下,深入贯彻落实科学发展观,解放思想,锐意进取,扎实工作,努力完成全年经济社会发展的各项目标,以优异成绩迎接建党90周年。

关于2010年预算执行情况和2011年预算草案的报告

——2011年1月16日在内蒙古自治区第十一届人民代表大会第四次会议上

内蒙古自治区财政厅

各位代表：

受自治区人民政府委托，现将2010年预算执行情况和2011年预算草案的报告提请本次人民代表大会审议，并请自治区政协各位委员提出意见。

一、2010年全区预算执行情况

2010年，面对复杂多变的国内外经济环境，在自治区党委的正确领导下，各地区、各部门坚持以科学发展观为指导，认真贯彻落实国家宏观调控的各项政策措施，以及自治区十一届人大三次会议的有关决定和决议，有效巩固和扩大了应对国际金融危机冲击的成果，经济社会总体实现又好又快发展，调结构、促转变、惠民生取得明显成效，全区及自治区本级预算执行情况良好，圆满完成了2010年预算确定的各项任务和目标。

2010年年初提请人代会审议的全区地方财政总收入预算为1 610亿元，根据2010年12月31日汇总的国库数据，2010年全区地方财政总收入入库1 738.1亿元，完成年度预算的111.8%，比上年增加360.4亿元，增长26.2%，其中：一般预算收入1 070亿元，完成年度预算的119.8%，比上年增加219.1亿元，增长25.8%；上划中央税收收入668.1亿元，比上年增加141.3亿元，增长26.8%。

2010年中央财政对我区各类补助收入1 153.2亿元，比上年增加130亿元，增长12.7%，其中：返还性收入和一般性转移支付678.8亿元，比上年增加88.6亿元；各类专项转移支付474.4亿元，比上年增加41.4亿元。

2010年，经自治区人大常委会批准，由中央财政代我区发行地方政府债券59亿元，自治区全部转贷盟市、旗县，重点用于国家扩大内需项目配套。

2010年自治区财政下达盟市补助收入1 019.2亿元，比上年增加106.7亿元，增长11.7%，其中：返还性收入和一般性转移支付502.4亿元，比上年增加22.1亿元；各类专项转移支付516.8亿元，比上年增加84.6亿元。

汇总全区地方财政一般预算收入、中央补助收入、地方政府债券收入、上年财政结转结余、调入资金以及上解中央支出等，2010年全区总财力为2 575.9亿元，其中：一般预算收入1 070亿元，中央财政各类补助收入1 153.2亿元，发行地方政府债券收入59亿元，调入预算稳定调节基金17亿元，上年财政结转结余等276.7亿元。

2010年年初全区地方财政支出预算为1 710亿元。根据2010年12月31日汇总的国库数据，2010年全区地方财政支出2 280.5亿元，比上年增加353.6亿元，增长18.4%，转入预算稳定调节基金35亿元后，全区地方财政支出完成调整预算的90%。2010年全区财政结转结余资金259.4亿元,其中:有专项用途的结转资金242.1亿元,净结余17.3亿元。2010年结转资金,将按规定用途陆续拨付,结余资金将由各级政府统筹安排,经法定程序批准后使用。

2010年,自治区本级一般预算收入完成223.5亿元,完成年度预算的144.2%,比上年增加43.5亿元,增长24.2%。自治区本级一般预算收入,加上中央各类补助列自治区本级收入、上年财政结转结余以及调入资金、盟市上解收入等,自治区本级总财力495亿元。自治区本级一般预算支出370.4亿元,比上年增加42.5亿元,增长13%,转入自治区本级预算稳定调节基金35亿元后,完成调整预算的82%。2010年自治区本级财政结余结转资金89.6亿元,其中:有专项用途的结转资金88.8亿元,净结余0.8亿元,2011年将继续下达盟市或安排本级支出。

与2010年年初预算相比,自治区本级超收68.5亿元,主要为列收列支的探矿权、采矿权价款及使用费等专项收入,按照财政部规定,除用于地质资源勘查、矿山环境治理等专项支出外,其余部分转入预算稳定调节基金。盟市、旗县超收收入的使用情况,分别由各级政府向同级人大常委会报告。

2010年,自治区本级政府性基金收入完成109.1亿元,完成年度预算的151.5%,比上年增加57亿元,增长109.4%。超预算较多,主要是车辆通行费(限于政府还贷)从2010年起纳入基金预算管理,净增收7亿元;从2010年起开征的重大水利建设基金入库3.4亿元;煤炭价格调节基金翘尾增加34亿元。2010年,自治区本级政府性基金支出完成20.5亿元,比上年增加12.5亿元,增长156.3%。

上述各类收支数据,待财政部批复决算后,还会有一些变化,届时向同级人大常委会报告。

2010年全区预算执行的主要情况是:

(一)落实中央宏观调控政策,促进了自治区财政经济协调发展

2010年,自治区各级财政部门认真落实国家积极财政政策,并与货币政策协调配合,着力扩大内需,促进了自治区经济平稳较快增长。在此基础上,自治区财政收支规模实现了新突破,迈上新的台阶。2010年,我区一般预算收入首次突破1 000亿元,一般预算支出突破2 000亿元,为进一步促进财政经济协调发展奠定了坚实的基础。2010年,全区财政用于环境保护、交通运输、城乡社区事务等方面的政府公共投资支出467.9亿元。一是认真落实积极财政政策。争取中央预算内基本建设投资127亿元,各级财政安排配套资金63.5亿元,重点支持农村牧区基础设施建设,保障性住房、教育和医疗卫生等社会事业,节能减排与环境保护等方面。争取财政部代理发行地方政府债券59亿元,优先用于保障中央投资公益性项目地方配套,重点用于完成在建项目续建和收尾。继续完善家电、汽车、摩托车下乡等鼓励消费的一系列政策,全区共销售补贴类家电产品111万台(部),汽车摩托车14.4万辆,共计实现销售额52亿元,兑付补贴资金5.5亿元。二是促进经济结构调整和经济发展方式转变。支持发展新能源和节能环保产业,下达资金7.8亿元,扶持金太阳示范工程项目7户,实施太阳能光电建筑示范项目13个,在全区9个盟市22个嘎查村开展农村环境综合整治和生态示范建设,实施重金属污染治理项目,支持开展主要污染物排污权有偿使用和交易试点。加快实施节能减排重点工程,鼓励企业节能技术改造和淘汰落后产能,多渠道筹措资金41.6亿元,奖励节能技术改造项目205个,支持电力、焦炭、铁合金等八个行业淘汰落后产能项目44个,对1 575公里城镇污水处理设施配套管网、63个污水处理设施建设项目以及48个污水处理厂给予奖励和补助,对全区设市城市和旗县政府所在地居民住宅供热系统管网建设和改造项目给予奖励补助,累计完成既有居住建筑节能改造任务852万平方米。这些措施,为实现自治区"十一五"节能减排目标发挥了积极作用。三是加快实施重大科技专项。2010年全区科学技术支出21.2亿元,增长17.1%。加大对重点领域和前沿技术的投入,支持应用技术研发项目483项,大专院校及科研单位自然科学基金项目45项;继续设立科技创新引导奖励资金,支持企业及科研单位自主创新项目75个。四是加快中小企业发展。继续

实施“双百工程”，投入财政资金8 000万元，拉动银行贷款41.8亿元，支持13个行业104个工业项目的技术改造，新增就业岗位3万个，新增利税4.2亿元。下达资金2.4亿元，支持企业外经贸项目1 520个，鼓励中小企业实施“走出去”战略。上述措施的实施，对扩大内需、促进自治区经济企稳回升发挥了重要作用。

（二）加大了“三农三牧”投入，各项惠农惠牧政策落实到位

自治区各级财政部门认真落实中央和自治区1号文件精神，把支持“三农三牧”作为财政工作的重中之重。围绕促进农牧民增收，完善各项惠农惠牧政策，加强农村牧区水利等基础设施建设，统筹城乡区域协调发展，着力促进城镇居民、农牧民收入水平同步增长。2010年全区财政用于农林水、粮油事务及生态建设方面的支出398.6亿元，比上年增加55.9亿元，增长16.3%。一是全面落实国家和自治区政府出台的各项惠农惠牧补贴政策。安排各类惠农惠牧补贴资金83.9亿元，比上年增加8亿元。在继续完善粮食直补、农资综合补贴、农作物良种补贴以及农机具购置补贴等惠农政策的基础上，全面落实自治区政府确定的阶段性禁牧轮牧、牲畜良种补贴、牧民燃油补贴等对牧民生产发展的各项补贴政策，促进牧业发展和牧民增收。积极争取国家建立草原生态补偿机制，确定补偿面积10.2亿亩。完善农牧业保险保费补贴政策，下达资金11.8亿元，全区种植业、养殖业保险参保农牧户达到219.5万户，承保农作物面积6 771万亩，全区奶牛、能繁母猪投保数量30.7万头。二是支持现代农牧业发展。投入资金7.1亿元，搭建以“现代农业生产发展资金”为整合平台，支持38个旗县玉米、马铃薯、肉羊三大优势产业带建设；加快现代农牧业产业化发展，支持自治区确定的乳肉绒、蔬菜瓜果等六大主导产业项目93个，农作物、畜禽优良新品种繁育等农业技术推广示范项目65个，农牧民专业合作组织发展项目229个。三是着力改善农村牧区生产生活条件。全区投入农业综合开发资金15.2亿元，改造中低产田98万亩，建设高标准农田27万亩，完成人工种草、改良草场、划区轮牧等建设任务107万亩，支持设施蔬菜、肉牛等产业化经营项目202个，进一步改善了农村牧区生产生活条件，增加了农牧民收入。加大农村牧区公路建设及养护资金投入，筹集资金23.9亿元，新增30个苏木乡镇通沥青（水泥）路，2 121个嘎查村通公路，全区基本实现乡乡通油路、村村通公路的目标。进一步加快水利建设，投入资金16.7亿元，重点解决好重砷、重氟区100万人饮水安全问题，对24个小型农田水利重点县以及64个小型农田水利专项工程给予补助。四是创新财政扶贫机制和支持农牧业防灾救灾机制。投入财政扶贫资金10亿元，重点扶持350个嘎查村实施整村推进直接扶持到户，实施50个旗县小城镇移民示范点建设，通过实施贫困地区雨露计划累计培训农牧民5万人。及时拨付农牧业防灾救灾资金9.4亿元，支持特大抗旱、防凌防汛、重大动物疫病防控以及灾民生活救助等。五是进一步完善生态建设财政补助政策。争取中央生态建设资金54.4亿元，落实天然林保护、退耕还林、退牧还草等补助政策；完善森林生态效益补偿制度；实施森林抚育试点；支持深化集体林权制度改革等。六是全面推进嘎查村级公益事业建设一事一议财政奖补工作。全区共实施项目2 197个，覆盖1 825个嘎查村，受益农牧民285.9万人。

（三）加快推进富民进程，各项民生保障水平不断提高

按照自治区党委、政府富民强区总体战略部署，各级财政部门进一步加大了民生投入，千方百计提高城乡居民收入，同时减轻群众在教育、医疗卫生、社会保障等方面的负担，让广大人民群众共享改革发展的成果。2010年，全区用于教育、社会保障和就业等各类民生支出823.6亿元，比上年增加181.9亿元，增长28.3%。其中：落实自治区党委、政府确定“十件实事”和“十项民生工程”，全区各级财政投入资金512亿元。一是大力支持就业和再就业。实施更加积极的就业政策，落实就业补助经费14.7亿元，增加小额担保贷款贴息及奖补资金，实现就业11.6万人，完成培训14万人；开展劳动力转移培训和职业技能培训，农牧民转移就业246.8万人，城乡劳动者职业技能培训39.7万人；鼓励高校毕业生面向基层、非公有制企业和中小企

业就业。二是继续提高社会保障水平。2010 年,全区社会保障支出291.3亿元,比上年增长20.2%。城乡居民最低生活保障标准每人每月分别提高35元和19元,每人每年分别达到3 324元和1 595元。企业退休人员养老金人均每月增加177元,月平均水平达到1 402元。农村牧区社会养老保险国家试点从10个旗县扩大到21个,实际参保人数达到168.8万人。提高在乡老复员军人、建国前农村牧区老党员等部分优抚对象生活补助标准。五保对象集中供养和分散供养标准分别提高1 504元和753元,达到每人每年3 079元和2 064元。为减轻物价上涨的影响,对城乡低保对象、农村牧区五保供养人员等221万城乡困难群众发放临时生活补贴 2亿元,对林业、渔业和城市公交等六大公益性行业给予成品油价格补贴6.5亿元。三是加快教育事业发展。2010 年,全区教育事业支出328.5亿元,比上年增长34.9%。全面落实义务教育阶段中小学生“两免一补”政策,对180万城乡中小学生免除学杂费并免费发放教科书,对59.9万家庭经济困难寄宿生给予生活费补助。大力推进中小学校舍安全工程,全年竣工并交付使用的项目学校1 278所,累计开工面积1 659.4万平方米。加快职业教育发展,支持71所院校实训基地建设,支持4 所中等职业学校教育发展示范校建设;继续落实好中等职业学校农村牧区家庭经济困难学生和涉农专业学生免学费政策,并将城市家庭经济困难学生也纳入免学费范围,14.4万学生受益。为提高高等教育办学质量,支持15所高校42个重点学科和重点实验室建设;启动化解全区高校债务工作,建立高校防范财务风险的长效机制。进一步完善和落实家庭经济困难学生资助政策,资助学生107.9万名。四是支持推进医药卫生体制改革。2010 年,全区医疗卫生支出120.2亿元,比上年增长16.8%。加快推进基本医疗保障制度建设,新型农村牧区合作医疗、城镇居民基本医疗保险财政补助标准由人均80元提高到120元;支持向城乡居民免费提供疾病预防控制、妇幼保健、健康教育等基本公共卫生服务;在全区60%以上基层医疗卫生机构实施基本药物制度;启动公立医院改革试点。实施补种乙肝疫苗、贫困白内障患者复明救治等五项中央重大公共卫生项目。五是加大保障性住房建设支持力度。2010 年,全区保障性住房支出83.6亿元,增长55.4%。廉租住房、农村牧区危房改造、棚户区改造等各类保障性安居工程累计开工38.7万套,开工率106.1%。六是支持文化、体育和计划生育等其他社会事业发展。2010 年,全区文化与传媒、计划生育支出64.7亿元,比上年增长11.7%。继续推进农村牧区电影放映、“农家书屋”、乡镇综合文化站和广播电视节目无线覆盖等文化惠民工程。支持农牧民体育健身工程和苏木乡镇体育设施建设。实施以利益导向机制为核心的计划生育“三项制度”建设,奖励扶助惠及1.7万人,特别扶助惠及3 700人,少生快富工程惠及家庭4 100个。

(四)加大转移支付力度,提高基层政府的基本公共服务保障能力

按照财力与事权相匹配的原则,逐步建立规范透明的转移支付制度,加大对困难旗县的转移支付力度,增强基层财政保吃饭、保运转和落实各项民生政策的保障能力。2010 年自治区下达盟市、旗县一般性转移支付454.3亿元,比上年增加21.3亿元。一是继续完善现行转移支付办法,合理确定最低财力保障标准,增加社会人口分配因素,对边境、少数民族聚居、财政困难和革命老区旗县,加大均衡性转移支付力度。二是认真落实国家重点生态功能区转移支付政策,对符合条件的国家限制开发区和重点生态功能区旗县列入转移支付补助范围,通过加大财力缺口补助等方式,增强这些旗县基本公共服务和生态环境保护的保障能力。三是继续完善激励性转移支付办法,鼓励各地做强做实财政收入。四是认真落实自治区支持区域经济协调发展的决策部署,进一步加大对兴安盟、乌兰察布市等财政困难地区的政策资金支持力度。五是建立健全县级基本财力保障机制,进一步完善县级基本财力保障转移支付办法,在充实保障内容、提高保障标准的基础上,对困难旗县下达县级基本财力保障转移支付补助26.9亿元,比上年增加 6 亿元,进一步增强县乡政府基本公共服务保障能力。六是落实中央关于村级组织运转经费保障政策规定,下达补助资金2.4亿元,对全区

1.1万个嘎查村增加了补助,使6万多名村干部的最低工资标准提高到人均6 100元,村级公用经费提高到3.7万元。

(五)大力推进各项财税改革,依法理财、科学理财水平明显提高

坚持完善制度、夯实基础与提高执行力并重,加快财税体制改革,积极构建有利于转变经济发展方式的财税体制、运行机制和管理制度,提高依法行政、依法理财、民主理财水平。一是深化部门预算改革。进一步完善基本支出定额标准体系和以人员为核心的基础信息库,提高预算编制的科学性和完整性。继续细化专项资金预算编制,稳步推进项目预算滚动管理。按照政务公开的要求,向社会主动公开了自治区本级2010年预算和2009年决算。二是推进国库集中收付制度改革。加快推进公务卡改革步伐,2010年,自治区本级1 036个预算单位、12个盟市本级全部实行了改革,11个旗县启动了试点工作。扩大财税库银税收收入电子缴库横向联网工作,将所有盟市纳入试点范围。三是深化非税收入收缴管理制度改革。按照财政部的要求,将交通、司法、体育等13个部门的中央行政事业性收费纳入预算管理。制定了自治区重大水利工程建设基金征收使用管理暂行办法,为自治区重大水利工程建设提供了新的筹资渠道。四是完善收入分配制度改革。足额落实各级政府出台的行政事业单位调整津贴补贴政策。全面兑现义务教育阶段中小学教师绩效工资。进一步提高公共卫生与基层医疗卫生事业单位人员绩效工资补助标准和补助比例。落实行政事业单位离退休人员住房补贴政策。五是继续推进其他财政领域改革。全面编制政府性基金预算,启动国有资本经营预算编制工作,制定了自治区直属企业国有资本收益收取管理办法,初步建立了行政事业单位资产管理与预算管理相结合的运行机制。扩大政府采购范围和规模,2010年全区采购规模达到263.4亿元,比上年增长49.9%,资金节约率为10.8%。完成地方政府融资平台清理核实工作。全区"一卡通"发放财政补贴资金118.6亿元,涉及38类128项补贴,390.6万户城乡居民受益。深入开展"小金库"专项治理工作。组织实施会计信息质量和会计事务所执业质量检查。

2010年财政运行总体较好,但也存在着一些亟待解决的问题,如:区域经济社会发展不平衡,一些旗县仍处于"吃饭"财政状态;财政收支矛盾比较突出,超预算增支事项较多,各级财政支出压力较大;预算执行力度不够,部分单位结余结转资金较多;基层财政管理仍比较薄弱,旗县以下财政机构、人员配备有待加强;政府性债务不断累积,财政风险不容忽视,等等。我们必须高度重视这些问题,通过不断加快发展、深化改革和规范管理等综合措施,着力加以解决。

二、2011年预算草案

根据自治区党委、人大对财政经济工作的总体部署,2011年全区财政预算安排的总体要求是:全面贯彻党的十七大和十七届五中全会精神,深入贯彻落实科学发展观,紧紧围绕科学发展主题和加快转变经济发展方式主线,继续实施积极的财政政策,深化财税制度改革,进一步优化财政支出结构,加大对"三农三牧"、教育、医疗卫生、社会保障和就业、保障性住房、节能环保以及欠发达地区的支持力度,切实保障和改善民生,推动经济增长、结构调整、区域协调和城乡统筹发展,促进富民强区战略的实现。坚持依法理财、统筹兼顾、增收节支的方针,加强财政科学化精细化管理,从严控制一般性支出,提高财政资金使用效益,促进经济平稳较快发展和社会和谐稳定。

根据自治区宏观经济发展预期以及目前掌握的政策性调整因素,2011年全区地方财政总收入安排2 030亿元,比2010年实际完成数增加292亿元,增长17%。2011年全区地方财政支出预算安排2 108亿元,加上上年结转和预算执行中中央增加的各类补助,2011年全年实际总支出将达到2 620亿元,比2010年实际支出数增加340亿元,增长15%。

根据《预算法》的规定,各级财政预算由同级人民政府编制,报同级人民代表大会审查批准。下面,重点报告自治区本级公共财政预算和政府性基金预算的安排情况:

根据现行财政体制划定的收入范围和中央明确的补助数额,2011年自治区本级财政一般预算总财力安

排1 104.4亿元,其中:一般预算收入230亿元;中央返还性和一般性补助收入660.6亿元;中央专项补助收入200.7亿元;盟市上解收入5.5亿元;调入资金7.6亿元。

根据收支平衡的原则,2011 年自治区本级财政一般预算总支出安排1 104.4亿元,其中:按政策和体制规定返还和补助盟市742亿元;本级一般预算支出安排362.4亿元,比上年年初预算数增加69.8亿元,增长23.8%。

2011 年自治区本级财政支出预算按经济分类和功能分类分别编制,从不同角度反映政府的支出活动。按经济分类划分,自治区本级一般预算支出安排情况是:基本支出预算安排90.7亿元,占25% ;各类专项支出安排271.7亿元,占75%。在基本支出预算中,行政事业单位工资福利支出43.6亿元,商品和服务支出即公用经费22.1亿元,对个人和家庭的补助支出25亿元。

按功能分类划分,自治区本级一般预算支出主要安排情况是:

——安排一般公共服务支出37.1亿元,比上年年初预算增加5.9亿元,增长18.8%,其中专项资金安排9.9亿元。主要用于保障自治区党政机关及其所属职能部门的基本支出。完善人口和计划生育利益导向机制,加大对农村牧区及城镇无业人员独生子女父母奖励扶助力度,继续支持农村牧区贫困家庭"一杯奶"生育关爱行动。加大人才开发、培训和引进投入,鼓励高校毕业生到嘎查村、非公有制企业和中小企业就业,支持实施"草原英才"计划。

——安排公共安全和国防支出25.6亿元,比上年年初预算增加3.9亿元,增长18%。其中专项资金安排14.3亿元,重点用于推进政法经费保障体制改革,支持公检法司基层单位办案业务开支、执法装备购置和开展各种专项斗争;增加军队、武警经费,切实维护社会和谐稳定。

——安排教育支出48.1亿元,同口径比上年年初预算增加12.6亿元,增长35.5%,高于经常性财政收入的增长,符合《教育法》规定的增长要求。其中专项资金安排33.4亿元,重点用于落实城乡义务教育经费保障政策,继续实施全区中小学校舍安全工程。加快中等职业教育基础能力建设,对农村牧区、涉农专业及城市家庭经济困难中等职业学校学生给予生活费补助。认真落实普通高校、高等及中等职业学院(校)家庭经济困难学生资助政策和国家助学贷款政策。支持高等院校提高办学质量,积极推动高校化解债务。支持民族教育、民办教育、幼儿教育、特殊教育加快发展。实施教育民生工程,落实全区中等职业学校学生、高中阶段蒙语(朝鲜语)授课学生以及高中阶段家庭经济困难学生免学费和免教科书费"双免"政策。

——安排科学技术支出7.4亿元,同口径比上年年初预算增加2.3亿元,增长45.1%,高于经常性财政收入的增长,符合《科技进步法》规定的增长要求。其中专项资金安排6.5亿元,主要用于继续设立科技发展创新引导奖励资金和自然科学基金;保障自治区重大科技专项顺利实施;鼓励企业加大新材料、可再生能源、节能环保等方面的研发投入。

——安排文化体育与传媒支出9.9亿元,比上年年初预算增加4.7亿元,增长89.2%。其中专项资金安排6 亿元,主要用于推动自治区文化体制改革,支持文化产业发展;继续实施广播电视无线覆盖工程、农村牧区电影工程等重点文化项目;支持内蒙古电影集团、日报社体制改革;落实备战全国十二届运动会经费。

——安排社会保障和就业支出、住房保障支出50.7亿元,比上年年初预算增加13.5亿元,增长36.3%。其中专项资金安排30.4亿元,重点用于落实企业退休人员养老金调标政策;继续提高城乡居民最低生活保障财政补助标准,每人每月分别提高30元和15元;扩大新型农村牧区社会养老保险试点范围。加大对廉租住房、公共租赁住房、农村牧区危房改造等保障性住房的投入力度,缓解低收入群体住房困难。充实小额担保贷款基金,加强就业实训基地建设,大力支持就业和再就业。

——安排医疗卫生支出15.6亿元,比上年年初预算增加2.6亿元,增长19.8%。其中专项资金安排10.9亿元,重点用于推进医药卫生体制改革,支持基层医疗卫生服务和药品供应保障制度建设;提高新型农村牧区合作医疗和城镇居民基本医疗保险财政补助标准,由人均120元增加到200元；提高基本公共卫生服务均等化补助标准，人均补助从15元提高到25元；实施农村改厕等中央重大公共卫生项目。

——安排节能环保、国土资源气象、城乡社区事务支出29亿元，比上年年初预算增加4 763万元，增长1.7%。其中专项资金安排26.7亿元，主要用于支持节能技术改造、淘汰落后产能、建筑节能等重点节能工程建设；加快实施城镇污水处理配套设施和城镇供热管网建设等重点减排项目；积极扶持新能源、可再生能源和节能环保产业发展；全面推进矿产资源有偿使用制度改革，加大矿产资源勘查、矿山地质环境治理等方面的投入。

——安排农林水事务支出39.9亿元，比上年年初预算增加14.7亿元，增长58.4%，高于经常性财政收入的增长，符合《农业法》规定的增长要求。其中专项资金安排37.7亿元，主要用于支持现代农牧业发展；落实牧业旗肉羊良种补贴、禁牧休牧补贴以及加大牧区水利基础设施建设等各项惠牧补贴政策；深入推进农业综合开发，加大中低产田改造和高标准农田示范工程投入，提高农业综合生产能力；完善农牧业保险保费补贴制度和政策；加快集体林权制度改革；全面推进嘎查村公益事业建设一事一议财政奖补工作；积极稳妥化解乡村其他公益性债务。

——安排交通运输、资源勘探电力信息和商业服务业等事务支出65.3亿元，比上年年初预算增加13.6亿元，增长26.3%。其中专项资金安排62.9亿元，主要用于巩固成品油税费改革成果，加大重点公路建设资本金以及农村牧区公路建设和养护资金投入。落实企业优惠政策，鼓励企业扩大投资；支持工业重点项目建设，扶持中小企业发展壮大。加快现代物流、旅游、金融等服务业发展。

——安排其他支出33.8亿元，比上年年初预算增加1.1亿元，增长3.4%。其中专项资金安排33亿元，主要用于预算内基本建设投资、地方政府债券偿债准备金、政府预备费以及扶持边贸经济发展等。

根据现行政府性基金政策规定，2011年自治区本级政府性基金收入预算安排112亿元，比2010年实际完成数增长2.8%，其中：新增编列重大水利工程建设基金收入3.5亿元，将车辆通行费纳入政府性基金预算（原列财政专户）增加7.2亿元。基金收入来源主要是新增建设用地有偿使用费、地方水利建设基金、煤炭价格调节基金。加上预计中央补助收入和上年结转收入131.7亿元，可安排的自治区本级政府性基金收入总量为243.7亿元。

按照“以收定支、专款专用”的原则，2011年自治区本级政府性基金支出预算相应安排243.7亿元。其中：自治区本级支出128.6亿元，基金支出重点用于公路建设、企业剥离办社会、矿山环境综合整治、土地整理和水利基础设施建设等；对盟市、旗县的转移支付108.1亿元；调出资金7亿元。

三、坚持依法理财，强化科学管理，确保圆满完成2011年预算

（一）认真落实积极财政政策，努力促进自治区经济平稳较快发展

积极发挥财政政策作用，处理好支持经济平稳较快发展、调整经济结构和管理通胀预期的关系，更加重视稳定物价总水平，进一步巩固和扩大应对国际金融危机冲击的成果。一是促进扩大消费需求。加大各项惠农惠牧补贴政策的实施力度，继续提高对企业退休人员、城乡低收入群体等困难群众的财政补助水平，稳步推进公务员津补贴改革和事业单位绩效工资制度改革，增加居民消费能力。二是进一步优化政府公共投资结构。配合自治区相关部门，积极争取中央预算内投资，加大对保障性住房、水利设施、教育卫生基础设施、节能减排以及自主创新和战略新兴产业发展的支持力度，保持投资平稳增长。加强地方政府性债券管理，足额落实中央投资公益性项目配套。多渠道筹措资金，支持公路、铁路、电力重大通道项目建设。三是继续实行结构性减税政策。对部分小型微利企业实施所得税优惠政策，支持中小企业发展。落实好各项税费减免政策，促进产业结构升级和服务业发展。实施有利于节能减排、环境保护和增加就业的税收优惠政策。继续清理规范行政事业性收费项目，减轻企事业单位和人民群众负担。四是发挥财税政策稳定物价的作用。大力支持粮油、蔬菜等基本生活必需品生产,促进市场供求平衡和物价基本稳定。落实城乡低保对象、农村牧区五保供养对象以及大中专院校家庭经济困难学生等补助政策,保障低收入群众基本生活。对城市公交、农村道路客运等部分公益性行业给予油价补贴。

(二)继续加大“三农三牧”投入,推动农村牧区改革与发展

落实中央2011年1号文件精神,加强农牧业基础设施建设,促进农牧业发展、农牧民增收和农村牧区社会全面进步。一是拓宽农牧民增收渠道。增加对种粮农民的各项补贴规模,完善农作物良种补贴、农机具购置补贴制度。落实自治区出台的各项惠牧补贴政策,并与国家草原生态保护补助奖励政策相衔接,带动牧民持续增收和牧区生产生活条件改善。支持农村牧区转移劳动力培训和专业合作组织发展,增加农牧民生产经营性收入和工资性收入。二是增强农牧业综合生产能力。推进农业综合开发,加快实施中低田改造和高标准农田示范工程项目,提高农业综合生产能力。支持现代农牧业产业技术体系建设、农业技术推广和科技成果转化,促进农牧业优势特色产业发展。完善农牧业保险保费补贴政策。落实对金融机构增加涉农贷款的奖励政策。三是加强水利建设。建立水利投入稳定增长机制,预算内固定资产投资、土地出让收益等财政资金重点用于水利建设;完善水利建设基金政策,拓宽来源渠道,增加收入规模;完善增值税、耕地占用税等税收政策,广泛吸引社会资金投资水利。加快小型农田水利建设,大力支持中小河流治理、小型病险水库除险加固。继续推进中型灌区节水配套改造项目建设和农村牧区饮水安全建设。

(三)加快转变经济发展方式,促进经济结构调整和区域协调发展

坚持把经济结构战略性调整作为加快转变经济发展方式的主攻方向,增强经济发展的协调性和竞争力。一是增强科技创新能力。加快实施重大科技专项,促进科技成果有效转化。支持国家(重点)实验室及科研机构、大学科研能力建设。创新科技引导奖励资金使用方式,支持服务业、中小企业以及战略新兴产业发展。二是推进生态建设和节能减排。建立草原生态保护补助奖励机制,促进草原生态环境保护。加强重点节能工程建设,发展循环经济,鼓励节能技术改造、淘汰落后产能,推进建筑节能。落实国家原油、天然气资源税改革政策,提高资源节约利用水平。促进发展新能源、生物质能源和可再生能源。推广并完善排污权有偿使用和交易试点。三是推动区域协调发展。运用好国家实施西部大开发和振兴东北老工业基地发展战略的财税优惠政策。支持以呼包鄂为核心沿黄河沿交通干线经济带重点产业发展。加大对革命老区、少数民族聚居区、边境地区和财政困难地区的扶持力度。增加对盟市、旗县的均衡性转移支付规模,提高财力薄弱地区落实各项民生政策的保障能力。

(四)落实富民强区战略,进一步保障和改善民生

提高政府民生保障能力,逐步完善符合国情、比较完整、覆盖城乡、可持续的基本公共服务体系,切实维护社会和谐稳定。一是合理调整国民收入分配格局。落实国家个人所得税改革政策,降低中低收入者相对税赋,强化对高收入的调节。增加财政补助规模,提高城乡居民特别是中低收入者的收入,切实减轻困难群众在教育、医疗、住房等方面的负担。二是促进优先发展教育。完善城乡义务教育经费保障机制,进一步提高中小学公用经费基准定额和家庭经济困难寄宿生生活费补助标准。全面实施教育民生工程项目。三是建立覆盖城乡居民的社会保障体系。完善城乡低保标准动态调整机制。适时调整优抚对象等人员抚恤和生活费补助标准。扩大新型农村牧区社会养老保险试点范围。继续提高企业退休人员基本养老金水平。做好高校毕业生、农村牧区转移劳动力、城镇就业困难人员的职业培训,促进就业和构建和谐劳动关系。四是支持深化医药卫生体制改革。推进基本药物制度实施和公立医院改革试点,促进基层医疗卫生机构综合改革,建立多渠道补偿机制。继续支持实施重大公共卫生服务项目,促进基本公共卫生服务均等化。五是加大保障性住房建设的补助力度。落实好各项财税扶持政策,加大保障性安居工程建设力度。增加公共租赁住房供

给，落实国家合理引导个人住房消费的税收政策，抑制房租和住房价格过快上涨。推进各类棚户区和农村牧区危房改造。

（五）加快财政支出进度，提高预算执行效率

狠抓预算执行管理，建立预算编制与预算执行相互制衡、有机衔接的运行机制，提高财政管理绩效。一是建立健全预算支出责任制度。落实部门预算支出主体责任，督促部门制定预算执行的量化目标计划，将责任落实到项目主管单位、具体执行单位和负责人，并把上一年的预算执行情况作为编制下一年预算的重要参考依据。完善预算执行通报机制，加强对本级部门和盟市财政预算执行情况的督促指导。二是细化专项资金预算。财政部门会同主管部门加快建立和完善项目库，提前做好项目筛选，及时分配和下达专项资金，充分发挥资金使用效益。三是改进超收收入使用办法。超收收入除依法安排当年支出外，原则上要转入预算稳定调节基金，以后年度经过预算再安排使用，提高预算执行的规范性。四是加强国库资金调度管理。根据实际情况将适合通过核定留用比例方式调度下级财政的资金，全部纳入基层财政资金留用范围，减少解缴和拨付的资金规模，保障基层财政预算支出的资金需要。五是加强结余结转资金管理。加大对结余结转资金的清理力度，部门基本支出原则上年底前都要列支，凡未列支形成结余资金的，以及部门专项支出结转超过一年以上的项目，财政部门要通过调减预算的方式，将资金收回总预算统筹管理。

（六）深化财政改革，加强监督管理，提高财政资金使用效益

深化财税制度改革，加强财政科学化精细化管理，进一步完善公共财政体系。一是完善转移支付制度。围绕基本公共服务均等化和主体功能区建设，继续优化转移支付结构，增加一般性转移支付规模，清理归并专项转移支付项目。二是加强“两基”建设。切实抓好预算管理，细化项目预算编制，健全项目支出定额标准体系，推进项目库建设和项目预算滚动管理。扩大专项资金支出绩效评价范围，提高资金使用效益。加快推进行政事业单位资产管理立法进程，进一步完善资产管理制度。充分发挥基层财政职能作用，强化苏木乡镇财政管理。三是健全政府预算体系。完善公共财政预算，全面试编2011年国有资本经营预算草案，进一步细化政府性基金预算，加快推进建立社会保险基金预算。四是加快推进预算公开工作。增强预算透明度，切实做好财政预决算和部门预算公开工作，自治区本级支出预算中的部分重点支出逐步公开到“项”级科目。五是加强地方政府性债务管理。建立规范的地方政府举债融资机制，加强对融资平台公司债务的全口径管理和动态监控。认真做好清理其他公益性乡村债务试点。六是严格财政监督。建立健全覆盖财政运行全过程的监督机制，重点对关系经济社会发展和群众切身利益的重大项目进行专项检查，确保政策落实到位。要在切实整改审计发现问题的基础上，着眼于制度建设，注重从源头上杜绝预算执行中的违规违纪问题。七是加快财政管理信息化建设。加大自治区金财工程应用支撑平台的推广实施力度，通过平台大力开展财政核心业务系统的整合与统一。强化基于平台的预算、国库等财政业务应用，逐步实现财政系统内部、财政与同级预算单位之间的业务通畅和数据贯通，使信息系统在支撑财政资金监控、统计分析和决策支持上发挥更大作用。

各位代表，2011年是全面实施“十二五”规划的起始之年，我们要深入贯彻落实科学发展观，紧紧围绕自治区经济社会发展大局，按照自治区党委的决策部署和本次会议对财政工作提出的各项要求，充分利用有利条件，积极克服各种困难，努力完成2011年各项财政工作任务，为促进自治区经济社会平稳较快发展做出更大的贡献。

内蒙古自治区2010年国民经济和社会发展统计公报

(2011年2月28日)

2010年,全区各族人民在自治区党委、政府的正确领导下,以邓小平理论和“三个代表”重要思想为指导,深入贯彻落实科学发展观,积极推进经济发展方式转变和经济结构调整,努力构建社会主义和谐社会,经济社会保持了又好又快发展态势。全年经济运行平稳、协调,民生改善迈出了新步伐,经济与社会、环境的协调性进一步增强,2010年圆满完成“十一五”规划主要预期目标和任务,为“十二五”全区经济社会发展奠定了良好的基础。

一、综合

初步核算,全区实现生产总值11 655亿元,首次超过万亿元,按可比价格计算,比上年增长14.9%。其中,第一产业增加值1 101.38亿元,增长5.8%;第二产业增加值6 365.79亿元,增长18.2%;第三产业增加值4 187.83亿元,增长12.1%。第一产业对经济增长的贡献率为3.6%,第二产业对经济增长的贡献率为67.1%,第三产业对经济增长的贡献率为29.3%。全区生产总值中一、二、三次产业比例由上年的9.5:52.5:38调整为9.5:54.6:35.9。“十一五”期间,全区生产总值年均增长17.6%,快于“十五”时期平均增速0.5个百分点。

全年居民消费价格总水平比上年上涨3.2%。分城乡看,城市上涨3%,农村牧区上涨3.5%;分类别看,食品类价格上涨9.5%,烟酒及用品类价格上涨1.9%,医疗保健及个人用品类价格上涨1.8%,居住类价格上涨2.2%,其它消费品和服务类价格均比上年下降。从生产资料价格看,工业品出厂价格和原材料、燃料及动力购进价格分别比上年上涨6.7%和5%,固定资产投资价格上涨5.4%,农产品生产价格上涨11.4%。〔详见附表1〕

年末全区就业人员1 184.53万人,比上年末增加42.06万人,增长3.7%。其中,城镇就业人员465.05万人,比上年末增加25.55万人,增长5.8%。城镇私营个体就业人员216万人,比上年末增加22.33万人,增长11.5%。全年领取再就业优惠证的下岗失业人员再就业12.56万人,比上年增加0.21万人,增长1.7%。年末城镇登记失业率为3.9%,比上年末下降0.1个百分点。

全年完成地方财政总收入1 738.13亿元,其中地方财政一般预算收入1 069.98亿元,分别比上年增长26.2%和25.8%。全年地方财政支出2 280.47亿元,比上年增长18.4%。2010年,公共与民生领域仍然是支出的重点,其中,一般公共服务支出258.48亿元,比上年增长15.1%;社会保障和就业支出291.33亿元,增长20.2%;医疗卫生支出120.20亿元,增长16.8%;教育支出328.46亿元,增长34.9%;环境保护支出107.22亿元,增长9.5%。“十一五”期间,全区地方财政总收入和支出年均分别增长29.4%和27.3%,分别比“十五”时期快4.6个百分点和4.3个百分点。

国民经济和社会发展中存在的主要问题是:一是产业发展不充分,农牧业基础薄弱,工业化整体水平不高,服务业发展不足。二是产业结构不合理,经济增长对资源的依赖偏重,非资源型产业、非公有制经济和中小企业发展滞后,科技创新能力不强,“原字号”产品比重大,产业竞争力和抗风险能力较弱。三是生产力布局比较分散，区域性中心城市的辐射带动力不强，城乡、区域发展不平衡，经济社会发展不够协调，社会事业发展相对滞后。四是城乡居民收入增长相对缓慢，就业总量压力和结构性矛盾并存，基本公共服务水平有待进一步提高。五是生态环境脆弱，基础设施瓶颈制约严重。六是促进科学发展的体制机制有待进一步完善，对外开放水平需要进一步提高。

二、农业

全年农作物种植面积700.26万公顷，比上年增加7.46万公顷。其中，粮食作物种植面积549.88万公顷，比上年增加7.48万公顷。全年粮食总产量2 158.25万吨，比上年增产176.55万吨，增长8.9%。全年油料产量128.15万吨，增长7.1%；甜菜产量160.96万吨，增长46.9%；蔬菜产量1 350.90万吨，下降2.2%；水果（含果用瓜）产量278.17万吨，增长33.3%。

牧业年度全区牲畜存栏头数达10 798.5万头（只），比上年同期下降0.6%；牲畜总增6 412万头（只），牲畜总增率达59.1%。牧业年度良种及改良种牲畜总头数10 136.3万头（只），比重93.9%。全年肉类总产量248.93万吨，比上年增长6.4%；牛奶产量905.15万吨，增长0.2%；山羊绒产量8 104吨，增长9.9%；禽蛋产量50万吨，增长2.3%；水产品产量11.38万吨，增长7.4%。〔详见附表2〕

林业全年完成营造林面积65.78万公顷。其中，人工造林23.02万公顷，飞播造林7.9万公顷，封山育林34.86万公顷。全年完成退耕还林和荒山荒地造林面积5.50万公顷，完成天然林资源保护工程造林面积11.70万公顷，完成京津风沙源治理工程造林面积28.96万公顷，完成“三北”防护林四期工程造林面积15.48万公顷，幼林抚育（作业）面积49.17万公顷。年末全区森林面积2 366.67万公顷，森林覆盖率达20%。全年实现林业产业产值201.43亿元。年末全区农牧业机械总动力3 033.58万千瓦，比上年增长4.8%；机电井数量42.86万眼，增长2.6%；农田有效灌溉面积302.75万公顷，比上年增长2.6%；全年农村牧区用电量48.41亿千瓦时，增长17.6%；化肥施用量（按折纯）177.24万吨，增长3.4%。

三、工业和建筑业

全年全部工业增加值5 618.40亿元，比上年增长18.8%。其中，规模以上工业企业增加值比上年增长19%。在规模以上工业企业中，国有及国有控股企业增加值增长15.1%，集体企业增加值增长14.5%，股份合作企业增加值增长52.7%，股份制企业增加值增长19.2%，外商及港澳台商投资企业增加值增长9.2%，其它经济类型企业增加值增长49.4%。在规模以上工业企业中，轻工业增加值增长16.8%；重工业增加值增长19.5%。

全年规模以上工业新产品产值比上年增长25.6%；出口交货值比上年增长46.1%。能源、冶金、化工、装备制造、农畜产品加工业和高新技术六大优势特色产业增加值占规模以上工业的90%左右，成为拉动工业生产快速增长的主要动力。从工业产品产量看，全区原煤产量首次突破7亿吨，达7.87亿吨，比上年增长26.3%；发电量达到2 483.88亿千瓦小时，增长13.1%，其中，风力发电量199.25亿千瓦小时，增长73.2%；羊绒衫、载货汽车产量分别为2 021.16万件和41 646辆，分别增长48.5%和67.6%；其他主要工业产品产量均有不同程度增长和下降。〔详见附表3〕

2010年1～11月，全区规模以上工业企业主营业务收入11 845.26亿元，比上年增长31.6%；实现利润1 074.26亿元，比上年增长67.1%。其中，国有及国有控股企业实现利润395.45亿元，同比增长73.6%；规模以上工业亏损企业亏损额55.4亿元，同比下降23.1 %。全年规模以上工业企业产品销售率97.5%，比上年提高0.1个百分点。

全年建筑业增加值747.39亿元，比上年增长14.1%。全区具有建筑业资质等级的建筑施工企业845个，比上年增加25个；施工企业房屋建筑施工面积7 270.10万平方米，比上年增长24.8%；竣工房屋面积3 192.50万平方米，增长1.7%；房屋建筑竣工率43.9%。全年具有建筑业资质等级的建筑企业实现利润76.31亿元，比上年增长2.6%；实现税金41.82亿元，比上年增长17.5%。

四、固定资产投资

全年全社会固定资产投资总额8 972.08亿元,比上年增长19.1%。其中,城乡50万元以上项目完成固定资产投资8 880.86亿元,增长19.2%。从投资主体看,国有经济单位投资3 371.02亿元,增长15.3%;集体单位投资108.74亿元,增长52.9%;个体投资105.45亿元,增长4.8%;其他经济类型单位投资5 386.87亿元,增长21.3%。按项目隶属关系分,地方项目完成投资8 005.27亿元,增长19.3%;中央项目完成投资926.81亿元,增长11.8%。“十一五”期间,全社会固定资产投资累计达到29 923 亿元,年均增长27.3%。

在全区固定资产投资中,第一产业投资450.63亿元,增长6.9%;第二产业投资4 451.75亿元,增长15.8%,其中,工业投资4 330.94亿元, 增长12.9%;第三产业投资4 069.70亿元,增长32.5%。从城乡看,城镇固定资产投资8 741.35亿元,比上年增长19.1%,其中,城镇房地产开发投资1 120.02亿元,比上年增长37.3%;在城镇房地产开发投资中,经济适用房投资39.09亿元,下降27.4%;农村牧区固定资产投资230.73亿元,增长18.6%,其中,非农户投资139.51亿元,增长26.4%。从主要行业投资看,电力、燃气及水的生产和供应业投资1 351.41亿元,增长17.6%;交通运输、仓储及邮政业投资1 042.88亿元,增长22.8%;水利、环境和公共设施管理业投资657.98亿元,增长7.6%。

全年新开工项目10 115个,比上年下降8.5%;在建项目投资总规模22 107.68亿元,比上年增长18.9%。在全区城乡50万元以上项目固定资产投资中,全部建成投产项目9 349个,项目建成投产率73%;新增固定资产5 554.85亿元,固定资产交付使用率62.6%。城镇住宅施工面积9 837.66万平方米,比上年增长24%;城镇住宅竣工面积2 472.75万平方米,比上年下降8.3%。商品房竣工面积2 192.01万平方米,比上年下降5.3%;商品房销售面积3 020.54万平方米,增长17.0%;农村牧区竣工住宅面积360万平方米,下降8.6%。

五、国内贸易

全年社会消费品零售总额3 337.3亿元,比上年增长19%。从经营单位所在地看,城镇实现社会消费品零售额2 914.58亿元,占社会消费品零售总额的87.3%,增长19.7%;乡村消费品零售额422.72亿元,增长13.9%。从行业看,批发零售贸易业实现零售额2 897.31亿元,增长18.7%;住宿和餐饮业实现零售额439.99亿元,增长20.9%。

消费品市场呈现的主要特点:一是城镇消费品市场主导地位明显,乡村市场增速缓慢。二是随着城乡居民生活水平提高,消费质量不断上升,以汽车、住房为主导的消费升级,有力推动了社会消费品零售总额的增长。大宗商品拉动作用突出。全年限额以上汽车类零售额277.2亿元,比上年增长32.4%;商品房销售的快速增长,居住、家庭装饰等消费增长较快。全年建筑装潢材料零售额增长21.9%。三是一系列保障、改善民生措施得力,对消费品市场较快增长形成有力支撑,加速了居民消费结构的升级,特别是“家电下乡”政策的实施,有力带动了全区农村牧区的消费市场。全年家用电器、音像器材类和通讯器材类零售额增长较快,分别比上年增长25.9%和58.7%。

六、对外经济

全年海关进出口总额87.19亿美元,比上年增长28.7%。其中,出口总额33.35亿美元,增长44%;进口总额53.84亿美元,增长20.8%。从主要贸易方式看,一般贸易进出口额达40.64亿美元,占46.6%,比上年增长29.4%;加工贸易进出口额达 9 亿美元,占10.3%,比上年增长2.4倍。“十一五”时期,全区外贸进出口总额累计达到381.08亿美元,比“十五”时期增长1.4倍。其中,出口143.19亿美元,比“十五”时期增长86%。

全年实际利用外商直接投资33.85亿美元,比上年增长13%。年内全区在工商部门注册的“三资”企业3 693家,比上年增加18家。“十一五”时期,累计外商直接投资129.1亿美元,比“十五”时期增长4.1倍。

全年共签订对外工程承包、劳务合作合同金额2 356万美元,完成营业额4 511万美元。

七、交通、邮电和旅游业

全年各种运输方式完成货运量150 041.29万吨,

比上年增长28.9%。其中，铁路64 878.4万吨，增长42.4%；公路85 162万吨，增长20.2%；民航0.89万吨，下降10.1%。全年各种运输方式完成货物周转量4 800.68亿吨公里，比上年增长21.1%。其中，铁路2 539.47亿吨公里，增长22.2%；公路2 261.12亿吨公里，增长19.9%；民航0.09亿吨公里，下降10%。全年各种运输方式完成客运量24 206.1万人，增长8.8%。其中，铁路4 225.13万人，增长3.2%；公路19 830万人，增长10.2%；民航150.97万人，下降10.2%。全年各种运输方式完成旅客周转量403.6亿人公里，比上年增长7%。其中，铁路170.49亿人公里，增长5.3%；公路218.21亿人公里，增长10%；民航14.9亿人公里，下降12.7%。年末民用汽车保有量237万辆，比上年增长18.8%。其中，私人轿车保有量114.34万辆，增长33.6%。

全年邮电业务总量（2000年不变价）675.43亿元，比上年增长22%。其中，电信业务总量662.37亿元，增长22.2%；邮政业务总量13.06亿元，增长12.1%。年末（本地电话）局用交换机总容量711.47万门，下降0.3%。年末本地网固定电话用户414.01万户，下降6.2%。年末移动电话用户2 033.99万户，增长25.9%。年末全区固定及移动电话用户总数达到2 448万户，比上年末增加390.42万户。全区电话普及率（包括固定和移动电话）达到101.07部/百人，增长17.2%。年末全区互联网络用户1 271.03万户，增长57.2%。

全年实现旅游总收入732.7亿元，比上年增长19.9%。接待入境旅游人数142.8万人次，增长10.7%；旅游外汇收入6.02亿美元，增长7.8%。国内旅游人数4 477.55万人次，比上年增长15.4%；国内旅游收入692.92亿元，增长20.9%。

八、金融、证券和保险业

年末全区金融机构各项人民币存款余额10 278.69亿元，首次突破万亿元，全年新增存款1 905.18亿元，比上年末增长22.8%。其中，企业存款余额3 107.29亿元，比上年末增加528.06亿元，增长16.9%；居民储蓄存款余额4 618.11亿元，比上年末增加704.16亿元，增长18%。年末全区金融机构各项人民币贷款余额7 919.47亿元，全年新增贷款1 626.97亿元，比上年末增长25.9%。其中，短期贷款余额2 709.41亿元，比上年末增加469.94亿元，增长18.5%；中长期贷款余额5 136.53亿元，比上年末增加1 194.05亿元，增长31.9%；个人消费贷款余额834.48亿元，比上年末增加351.65亿元，增长87.1%。

2010年，全区证券机构布局逐步趋于合理，证券公司开户数和交易额均较快增长。辖区两家法人证券公司股民开户数为56.61万户，比上年末增长12%，证券交易额为4 859.16亿元，比上年增加21.72亿元。

2010年，全区保险机构1 768家，保险营销员6.08万人。全年保险业实现保费收入215.54亿元，比上年增长25.8%。全年保险业累计赔付支出61.71亿元，增长8.2%。农业保险稳步推进，全年全区农业保险实现保费收入14.89亿元，累计赔付支出9.78亿元，156万户次农牧户受益，充分发挥了支农惠农作用。

九、教育和科学技术

年末全区共有普通高等学校44所，比上年增加3所；全年招收学生11.65万人，比上年增长2.3%；年末在校学生37.14万人，比上年末增长5.5%，其中，少数民族在校学生10.04万人，在少数民族在校学生中有蒙古族8.79万人，均比上年增长0.7%；全年毕业学生9.47万人，增长24.9%。年末全区有研究生培养单位9个，全年招收研究生5 168人，比上年增长9.2%；年末在校研究生13 964人，比上年末增长11.8%，其中，少数民族在校研究生4 504人，在少数民族在校研究生中有蒙古族研究生4 020人，分别增长8.3%和8.6%。年末有中等职业教育学校285所，招收学生12.42万人，比上年下降23.1%；年末在校学生33.47万人，比上年末增长2.4%，其中，少数民族在校学生7.63万人，增长25.7%；全年毕业学生8.53万人，增长10.6%。年末有普通高中289所，全年招收学生16.64万人，比上年下降4.5%；年末在校学生49.93万人，比上年末下降3.9%，其中，少数民族学生14.16万人，少数民族学生中有蒙古族学生12.52万人；全年毕业学生17.48万人，下降4.5%。年末有初中学校834所，全年招收学生27.04万人,比上年下降3.4%;年末在校学生81.47万人,比上年末下降2.9%,其中,少数民族学生19.2万人,少数民族学生中有蒙古族学生16.79万人;全年毕业学生27.11万人,比上年下降7.2%。全区初中阶段毛入学率106.26%,比上年提高5.5个百分点。年末有小学2 767所,全年招收学生22.18万人,比上年下降3.1%;年末在校学生143.08万人,比上年末下降4.2%;年末毕业学生26.98万人,比上年下降3.4%。全年小学适龄儿童入学率99.99%,比上年提高0.23个百分点。全区幼儿园在园人数38.08万人,比上年增长12.7%。

全年共取得重大科技成果344项,其中,基础理论成果43项,应用技术成果297项,软科学成果4项。全年科技成果获奖116项,其中,获国家级奖励2项,获自治区级奖励114项。全年专利申请2 912项,授权专利2 096项,分别比上年增长17.5%和41.1%;年内签订各类技术合同2 965项,技术合同成交金额86.89亿元。其中,向区外输出技术成交金额0.63亿元,全区吸纳技术成果金额59.7亿元。年末全区拥有产品质量检验机构729个,比上年增加22个。其中国家检测中心4个。拥有产品质量认证机构1个。

十、文化、卫生和体育

年末全区有艺术事业机构155个,从业人员6 192人,分别比上年增长3.3%和6.4%;艺术表演团体120个,其中乌兰牧骑73个。全区拥有电影事业机构1个,全年生产故事片2部,制作蒙语译制片53部。现拥有文化馆102座,公共图书馆113座,博物馆46座,档案馆146座,已开放各类档案170万卷。年末全区拥有广播电台13座,中短波广播发射台和转播台60座,广播人口覆盖率96.6%;拥有电视台14座,一千瓦以上电视发射台和转播台92座,电视人口覆盖率95.38%,比上年提高1.85个百分点;年末全区有线电视用户313.93万户,比上年增长7.6%。自治区和盟市两级全年出版报纸30 104.11万份,其中蒙文版766.70万份;出版各类期刊1 051.40万册,其中蒙文版140.43万册;出版图书5 633万册,其中蒙文版1 203.12万册。

年末全区共有卫生机构7 792个,其中,医院468个,农村牧区卫生院1 307个,疾病预防控制机构127个,妇幼卫生机构117个,专科疾病防治院(所)48个。年末全区医疗卫生单位拥有病床9.73万张,比上年增长11.5%,其中,医院拥有病床7.16万张,乡镇卫生院拥有病床1.60万张,妇幼卫生机构拥有病床0.27万张。年末全区拥有卫生技术人员14.50万人,比上年末增长23.7%,其中,医院拥有8.51万人,乡镇卫生院拥有1.94万人,疾病预防控制机构拥有0.61万人,妇幼卫生机构拥有0.56万人。执业医师、助理医师5.32万人,注册护士3.75万人,分别比上年增长2.5%和7.4%。农村牧区卫生事业不断加强,拥有农村牧区村卫生室1.04万个,拥有乡村医生和卫生员3.42万人。年内开展新型农村合作医疗试点的旗县达到98个,覆盖农村牧区人口1 309.37万人,其中,实际参加农村合作医疗的农牧民1 214.63万人。

年内全区体育健儿在国内外重大竞赛中获奖牌1 590枚。其中,国外获奖牌51枚,国内获奖牌1 539枚,破自治区记录4项。

十一、环境保护

全区确定的自然保护区185个。其中,国家级自然保护区23个,自治区级自然保护区61个。自然保护区面积1 382.37万公顷,其中国家级自然保护区面积384.37万公顷。全区已批准国家级生态乡镇11个,省级生态乡镇69个,省级生态村14个。年末全区拥有各级环境监测站108个,环境监测人员1 361人。全区监测的15个城市空气质量达到二级标准的14个,达到三级标准的1个。

十二、人民生活和社会保障

全年城镇居民人均可支配收入17 698元,比上年增加1 849元,增长11.7%,扣除价格因素实际增长8.4%。从收入构成看,人均工资性收入为12 614元,增长12%;人均财产性和转移性收入4 386元,增长11.2%。"十一五"时期,全区城镇居民人均可支配收入年均实际增长11.1%,高于"十五"时期0.7个百分点。城镇居民人均消费性支出13 995元,增长13.1%。城镇居民家庭恩格尔系数为30.1%,比上年下降0.4个百分点。全年农牧民人均纯收入5 530元,比上年增加591元,增长12%,扣除价格因素实际增长9%。从收入构成看，人均家庭经营性收入3 670元，增长12%；人均转移性和财产性收入823元，增长8.3%。“十一五”时期，全区农牧民人均纯收入年均实际增长9.8%，高于“十五”时期4.6个百分点。农牧民人均生活消费支出4 461元，增长12.4%。农村牧区居民家庭恩格尔系数为37.5%，比上年下降2.3个百分点。城乡居民每百户主要耐用品拥有量均有不同程度增长。〔详见附表4〕

年末全区参加基本养老保险人数430.68万人，比上年增长4.8%；参加失业保险职工人数230.93万人，领取失业保险金人数为4.81万人；全年参加基本养老保险的离退休人员119.17万人，比上年增长5.7%；养老金社会化发放率达到100%；全年参加基本医疗保险人数886.37万人，比上年增长10.1%；全年有309万职工和124.54万退休人员参加了基本医疗保险，分别比上年增长5.5%和6%。全年共有200.94万人得到国家最低生活保障救济。

年末全区各类社会福利院床位4.32万张，比上年增长0.3%，收养3.44万人。年末全区城镇建立各种社区服务设施5 194个，其中，社区服务中心1 046个，比上年增加293个。全年筹集社会福利资金6.47亿元，销售社会福利彩票20.06亿元，分别比上年增长0.3%和3.6%；接受社会捐赠2 025.3万元，比上年增长25.5%。

注：1、本公报为初步统计数。

2、生产总值及分产业增加值数据根据第二次经济普查结果进行了调整，绝对数按现价计算，增长速度按可比价格计算。

3、鉴于2010年全国第六次人口普查工作正在进行中，因此本公报中未公布人口数据，人口数据待第六次全国人口普查公报正式公布。

附表1：居民消费价格变动情况

类　　别	2010年
居民消费价格指数(上年＝100)	103.2
城市	103.0
农村牧区	103.5
食品类	109.5
粮食	110.1
肉禽及其制品	105.3
蛋	109.9
水产品	106.5
鲜菜	127.5
鲜果	123.7
烟酒及用品	101.9
衣着类	99.4
家庭设备用品及服务	98.8
医疗保健及个人用品	101.8
交通和通讯	99.7
娱乐教育文化用品及服务	99.6
居住	102.2
服务项目	100.8
城市	100.7

类　　别	2010 年
农村牧区	101.0

附表 2:主要农畜产品产量和牲畜存栏数

产品名称	计量单位	2010 年	比上年增长%
粮食	万吨	2158.25	8.9
其中:小麦	万吨	165.24	-3.5
玉米	万吨	1465.70	9.3
稻谷	万吨	74.79	15.4
大豆	万吨	133.39	16.6
薯类	万吨	170.98	6.0
油料	万吨	128.15	7.1
甜菜	万吨	160.96	46.9
水果(含果用瓜)	万吨	278.17	33.3
蔬菜	万吨	1350.90	-2.2
肉类总产量	万吨	248.93	6.4
猪牛羊肉产量	万吨	210.84	3.2
猪肉	万吨	71.87	4.8
牛肉	万吨	49.73	4.8
羊肉	万吨	89.24	1.1
禽蛋	万吨	50.00	2.3
牛奶	万吨	905.15	0.2
绵羊肉	万吨	10.76	5.4
山羊绒	吨	8104	9.9
牧业年度牲畜存栏	万头(只)	10798.50	-0.6
大牲畜	万头	1140.10	5.1
羊	万只	8408.00	-1.2
猪	万口	1250.50	-0.9

附表 3:主要工业产品产量

产品名称	计量单位	2010 年	比上年增长%
精制食用植物油	万吨	56.80	21.4
成品糖	万吨	12.04	-20.6
乳制品	万吨	345.36	-10.1
液体乳	万吨	308.92	-12.8
原盐	万吨	271.92	28.3

产品名称	计量单位	2010 年	比上年增长%
卷烟	亿支	265.00	10.4
纱	万吨	2.06	8.5
布	万米	9813.00	24.4
白酒	万升	36858.99	12.8
啤酒	万升	113025.76	11.6
彩色电视机	万部	204.37	-6.0
原煤	万吨	78664.66	26.3
天然原油	万吨	182.91	-3.1
汽油	万吨	42.10	-15.2
柴油	万吨	79.35	55.2
天然气	亿立方米	202.87	35.1
发电量	亿千瓦小时	2483.88	13.1
生铁	万吨	1357.02	-1.4
粗钢	万吨	1232.84	-1.0
钢材	万吨	1341.41	2.5
铁合金	万吨	257.74	-22.8
十种有色金属	万吨	224.50	23.8
水泥	万吨	5354.39	28.8
平板玻璃	万重量箱	1214.12	-20.4
化肥(折纯)	万吨	180.82	-6.7
载货汽车	辆	41646	67.6

附表 4:城乡人民生活

产品名称	计量单位	2010 年	比上年增长%
城镇居民平均每百户耐用消费品拥有量			
彩色电视机	台	110.18	-0.2
电冰箱	台	95.55	0.9
洗衣机	台	95.78	0.5
家用电脑	台	46.76	8.1
家用汽车	辆	11.17	17.5
项目	**计量单位**	**2010 年**	**比上年增长%**
农牧民平均每百户耐用消费品拥有量			
电视机	台	103.0	1.0

产品名称	计量单位	2010 年	比上年增长%
其中:彩电	台	98.7	1.2
电冰箱	台	42.8	15.7
洗衣机	台	58.9	7.3
摩托车	辆	68.2	3.0

中国共产党内蒙古自治区委员会

【领导名录】

自治区党委书记 副书记 常委

书记:胡春华

副书记:巴特尔(蒙古族) 任亚平

常委:邢云 张力 韩志然(蒙古族)
莫建成(4月调离) 乌兰(女 蒙古族) 李佳
符太增 王素毅(蒙古族 6月任职) 曹征海
(12月任职)

委员:王玉明 王苏布道(女 蒙古族)
王维山(蒙古族)云峰(蒙古族)
云光中(蒙古族) 云秀梅(女 蒙古族)
牙萨宁 长江(蒙古族) 乌兰巴特尔(蒙古族) 布小林(女 蒙古族) 白盾 白向群(蒙古族) 邢宝玉 毕立夫(蒙古族) 达西扎布(鄂温克族) 伏来旺(蒙古族) 刘锦
刘丽华(女) 刘卓志 汤爱军
那顺孟和(蒙古族) 孙炜东(蒙古族) 苏青(蒙古族) 苏和(蒙古族) 杜梓 李万忠
李振东 杨汉忠 杨成旺 连辑 吴永新(蒙古族) 吴金亮 张如平 阿迪雅(蒙古族)
陈羽(女 蒙古族) 陈光林 陈朋山(女)
陈毅民 杭桂林(蒙古族) 呼尔查(蒙古族)
罗志虎(蒙古族) 罗啸天 孟智军(达斡尔族)
赵忠 赵双连(蒙古族) 赵黎平 荣天厚(蒙古族)
胡达古拉(女 蒙古族) 柳秀 莫日根布库(鄂伦春族) 徐凤君 高锡林(蒙古族)
郭健(蒙古族) 郭子明 郭启俊 陶克(蒙古族) 陶建 曹征海 常海(蒙古族) 梁铁城(蒙古族) 傅铁钢
雷·额尔德尼(蒙古族) 冀秉峰

候补委员:司永涛 刘永欣 张国华 徐呼和(蒙古族) 刘惊海 李红艳(女) 刘振洪
佟铁顺 马军

【重要活动】

回良玉在内蒙古考察 1月29~31日,中共中央政治局委员、国务院副总理回良玉和随行的国家民委主任杨晶、国务院副秘书长张勇等,在包头市、锡林郭勒盟等地考察指导雪灾救助和黄河防凌工作并看望慰问灾区各族干部群众。自治区领导胡春华、巴特尔、莫建成、符太增等陪同。

回良玉来到雪灾极为严重的锡林郭勒盟,深入到正蓝旗那日图苏木巴音门都嘎查、高格斯台嘎查的受灾牧民家中和锡林浩特市贝利克牧场应急贮草场,实地察看灾情,了解群众生产生活情况,鼓励他们在党和政府支持下自力更生,积极开展生产自救。回良玉还专程看望慰问了锡林郭勒盟儿童福利院的孤儿们,以及在抗灾减灾中作出重要贡献的森林武警部队指战员。

回良玉实地察看黄河包头段堤防和封河情况,要求立足于防御历史最严重凌情,做好应对最坏情况的准备,全面落实各项防凌措施,加强监测预报,搞好防凌调度,强化查险抢险,坚持军民联防,努力确保黄河防凌安全。

考察期间,回良玉还听取了自治区的工作汇报,对自治区经济社会发展的成绩以及抗灾减灾和"三农"工作给予肯定,强调当前要认真贯彻落实中央农村工作会议和中央1号文件精神,抓好农田水利建设和冬春农牧业生产,做好重大动物疫病防控和森林草原防火工作。

张德江在内蒙古指导工作 3月1日,神华集团乌海能源有限公司骆驼山煤矿在建矿井发生透水事故。受国务院总理温家宝委派,中共中央政治局委员、国务院副总理张德江在国务院副秘书长肖亚庆、国家安全监管总局局长骆琳、国家煤矿安监局局长赵铁锤、国家监察部副部长郝明金、卫生部副部长尹力、全国总工会副主席张鸣起等赶赴事故现场,指导救援工作,并慰问参加抢险救援人员。

自治区党委书记、人大常委会主任胡春华,自治区党委副书记、自治区主席巴特尔,自治区党委常委、秘书长符太增等陪同。

湖北省党政代表团在内蒙古考察 4月8~11日,湖北省委书记、省人大常委会主任罗清泉,湖北省委副书记、省长李鸿忠率湖北省党政代表团一行,到呼和浩特、包头、鄂尔多斯市考察。期间召开了内蒙古自治区·湖北省经济社会发展交流会,并签署两省区经济社会发展战略合作协议。自治区党委书记、人大常委会主任胡春华,自治区党委副书记、自治区主席巴特尔,自治区党委副书记、自治区常务副主席任亚平,自治区党委常委、秘书长符太增等陪同。

内蒙古自治区党政代表团赴辽宁、吉林、黑龙江考察 4月16~21日,由自治区党委书记、人大常委会主任胡春华,自治区党委副书记、自治区主席巴特尔率领的内蒙古党政学习考察团前往辽宁、吉林、黑龙江三省进行了为期6天的学习考察。考察团先后到沈阳、大连、长春、吉林、哈尔滨5个城市的30多家企业,学习各市近年来贯彻落实科学发展观、推动经济社会发展的好经验、好做法,重点考察学习发展工业经济、开发区建设、城市建设(棚户区改造)等方面内容;与辽、吉、黑三省分别召开经济交流合作座谈会,签署25项合作协议。通过深入细致的考察,考察团成员较为全面地了解了东三省经济社会的总体情况,也寻找到一些和东三省交流合作的渠道和途径。

乌云其木格在内蒙古考察 4月25~26日,全国人大常委会副委员长乌云其木格,到乌海市考察并参加黄河海勃湾水利枢纽开工庆典仪式。自治区党委书记、人大常委会主任胡春华,自治区党委副书记、自治区主席巴特尔,自治区党委常委、秘书长符太增等陪同。

周永康在内蒙古考察 6月7~10日,中共中央政治局常委、中央政法委书记周永康先后深入锡林郭勒盟、鄂尔多斯市、呼和浩特市的农村牧区和街道社区、政法单位、边防武警部队、工矿企业,看望慰问各族干部群众,考察了解自治区经济社会发展和维护社会稳定情况,同各族干部群众共商科学发展大计。

自治区党委书记、人大常委会主任胡春华,自治区党委副书记、自治区主席巴特尔,自治区党委常委、政法委书记邢云,自治区党委常委、秘书长符太增等陪同。

梁光烈在内蒙古考察 6月20~24日,中央军委委员、国务委员兼国防部长梁光烈在北京军区政治委员刘福连,自治区党委副书记、自治区主席巴特尔,内蒙古军区司令员刘志刚、政治委员吴合春,自治区党委常委、呼和浩特市委书记韩志然等陪同下,先后来到鄂尔多斯、包头、呼和浩特等地,实地察看了鄂尔多斯集团、神华集团鄂尔多斯煤制油分公司煤直接液化项目、包头市稀土研究院、中国兵器内蒙古第一机械制造(集团)有限公司、呼和浩特市人防指挥中心,与军地有关部门同志举行座谈,听取国防动员工作情况的汇报。

何勇在内蒙古考察 6月26~29日,中共中央书记处书记、中央纪委副书记、全国政务公开领导小组组长何勇,在中央纪委副书记、监察部部长兼国家预防腐败局局长马馼,自治区党委书记、人大常委会主任胡春华,自治区党委副书记、自治区主席巴特尔的分别陪同下,先后到呼和浩特市和乌兰察布市的工业企业、城镇社区、农村牧区和纪检监察机关,就经济社会发展和反腐倡廉建设工作进行了深入调研。

自治区党委常委、纪委书记张力,自治区党委常委、呼和浩特市委书记韩志然,自治区党委常委、秘书长符太增分别陪同考察。

周铁农、厉无畏在内蒙古考察 7月10~14日,全国人大常委会副委员长、民革中央主席周铁农,全国政协副主席厉无畏,到海拉尔出席"民革全国专委会工作会议"。会后赴满洲里市考察。

王志珍在内蒙古考察 7月12~17日,全国政协副主席、九三学社中央副主席王志珍,在全国政协常委、九三学社中央副主席赖明,全国政协常委包俊臣的陪同下,就牧区生态建设补偿问题到呼伦贝尔市3个牧业旗以及满洲里市进行专题调研,并听取自治区、呼伦贝尔市专题汇报。

吴伯雄在内蒙古考察 7月13~15日,中国国民党荣誉主席吴伯雄一行在中共中央台办主任王毅等陪同下,先后在呼伦贝尔、满洲里市考察。自治区党委副书记、自治区常务副主席任亚平陪同。

李兆焯在内蒙古考察 7月13日,全国政协副主席李兆焯到呼和浩特市出席华北东北省区市政协第八次提案工作座谈会。13日下午至16日,先后在呼和浩特、包头、鄂尔多斯等市考察。

郑万通在内蒙古考察 7月15~17日,全国政协副主席郑万通到呼和浩特市出席第四届"中国民族商品交易会"开幕式,并到包头市、鄂尔多斯考察。

贺国强在内蒙古考察 7月15~18日,中共中央政治局常委、中央纪委书记贺国强与随行的中央纪委副书记张惠新,中央纪委常委、秘书长吴玉良等,先后到包头、鄂尔多斯、呼和浩特、乌兰察布等市,深入企业、城市社区和农村牧区,就学习贯彻西部大开发工作会议精神、加快经济发展方式转变、加强党风廉政建设和反腐败工作等问题进行调研。自治区党委书记、人大常委会主任胡春华,自治区党委副书记、自治区主席巴特尔,自治区党委常委、纪委书记张力,自治区党委常委、秘书长符太增等陪同。

李金华在内蒙古考察　7月20～27日，以全国政协副主席李金华为团长的全国政协委员草原生态建设和保护视察团到自治区进行考察调研。27日下午，李金华和自治区党委副书记、自治区主席巴特尔在草原生态建设和保护工作交流会上讲话。李金华充分肯定了自治区在草原生态建设和保护方面所取得的成绩。自治区副主席、包头市委书记郭启俊，自治区政协副主席伏来旺先后陪同视察并参加交流会。

吴官正在内蒙古考察　7月25日～8月10日，中共中央政治局原常委、中央纪委原书记吴官正先后到满洲里、呼伦贝尔、鄂尔多斯、包头、呼和浩特等市考察。自治区领导胡春华、巴特尔、陈光林、张力、符太增等分别陪同。

孟建柱在内蒙古考察　7月26～28日，国务委员、公安部部长孟建柱在国务院副秘书长汪永清和自治区党委书记、自治区人大常委会主任胡春华，自治区党委副书记、自治区主席巴特尔等陪同下，先后到包头、鄂尔多斯、呼和浩特等市，深入公安基层单位、工矿企业，详细考察维护稳定和经济社会发展情况，深入调研推进"三项重点工作"和"三项建设"情况，慰问冒着酷暑工作在一线的公安民警。听取了自治区经济社会发展及公安和维稳工作情况汇报，充分肯定了各项工作取得的成绩。考察期间，孟建柱还看望了自治区公安厅和武警内蒙古总队干部。自治区党委副书记、自治区副主席任亚平，自治区党委常委、政法委书记邢云，自治区党委常委、呼和浩特市委书记韩志然，自治区党委常委、组织部部长李佳，自治区党委常委、秘书长符太增等自治区领导分别陪同考察和参加汇报会。

董建华在内蒙古考察　7月30日～8月3日，全国政协副主席董建华一行先后到呼和浩特、鄂尔多斯、包头等市视察工作。7月31日上午，自治区党委书记、人大常委会主任胡春华，自治区党委副书记、自治区主席巴特尔在内蒙古新城宾馆会见了董建华副主席一行。自治区党委常委、秘书长符太增等参加会见。

山西代表团在内蒙古考察　8月2～4日，以山西省委书记、省人大常委会主任袁纯清为团长的山西省党政代表团，在自治区党委书记、自治区人大常委会主任胡春华，自治区党委副书记、自治区主席巴特尔，自治区党委常委、秘书长符太增的分别陪同下，先后到包头市和鄂尔多斯市，深入工矿企业和城市新区、生态项目区，详细了解了两市产业发展、企业技术创新和城市规划建设、生态环境保护与建设等情况。

曾培炎在内蒙古考察　8月3～9日，中共中央政治局原委员、国务院原副总理曾培炎一行先后在呼伦贝尔、满洲里、兴安盟等地考察。自治区党委书记、人大常委会主任胡春华，自治区党委常委、秘书长符太增等陪同。

华建敏在内蒙古考察　8月4～9日，全国人大常委会副委员长、中国红十字会会长华建敏一行先后到呼和浩特市、鄂尔多斯市、包头市，就红十字会工作情况和经济社会发展情况进行考察。自治区党委副书记、自治区主席巴特尔，自治区党委常委、呼和浩特市委书记韩志然，自治区人大常委会副主任柳秀，自治区副主席赵双连等陪同。

罗富和在内蒙古考察　8月6～8日，全国政协副主席、民进中央常务副主席罗富和先后到呼和浩特市、呼伦贝尔市调研。实地察看民进内蒙古区委会机关的工作情况，听取民进内蒙古区委会工作汇报，与民进内蒙古区委委员座谈；视察了民进内蒙古区委会和民进呼和浩特市委会，详细了解了基层组织建设、参政议政、信息化管理、社会服务、机关建设等情况。

刘焯华在内蒙古考察　8月14～22日，澳门特别行政区立法会主席、澳门工会联合总会副会长刘焯华率澳门特别行政区十一届全国人大代表一行及全国人大常委会办公厅和驻澳门联络办公室随行人员，先后在呼和浩特、鄂尔多斯、包头、满洲里、呼伦贝尔考察。14日下午，自治区党委书记、人大常委会主任胡春华，自治区党委副书记、自治区主席巴特尔在内蒙古新城国宾馆会见了刘焯华一行。自治区党委常委、秘书长符太增等参加会见。

杜青林在内蒙古考察　8月16～18日，全国政协副主席、中央统战部部长杜青林就做好新形势下的统战工作、促进民族地区经济社会发展等问题到包头市、鄂尔多斯市深入考察企业发展和城市建设等情况，详细了解自治区经济社会发展和统一战线工作开展情况。自治区党委书记、人大常委会主任胡春华，自治区党委常委、秘书长符太增，自治区党委常委、统战部部长王素毅，自治区政协副主席伏来旺分别陪同考察。

陈至立在内蒙古考察　8月16～19日，全国人大常委会副委员长、全国妇联主席陈至立先后在呼和浩特、通辽，走进街道社区就妇女儿童工作进行了实地考察和深入调研。考察期间，自治区党委书记、人大常委会主任胡春华在座谈会上汇报了自治区经济社会发展情况。自治区党委常委、秘书长符太增出席汇报会。自治区人大常委会副主任柳秀全程陪同考察。

国家联合调研组在内蒙古调研　8月16～23日，

由国家发展改革委副主任杜鹰带队,国务院43个部门和单位组成的制定《进一步促进内蒙古经济社会又好又快发展若干意见》联合调研组,在自治区开展实地调研工作。8月16日,国家联合调研组与自治区党委、政府召开了见面会。会上,自治区党委书记胡春华、自治区主席巴特尔、副主席任亚平和赵双连分别发表讲话。会后,国家联合调研组分为17个小组,分别赴12个盟市的56个旗县区,深入到农村牧区、工矿企业、机关学校、边境口岸,广泛接触基层干部群众,听取意见和建议。召开100多次座谈会,与地方党委、政府负责同志就经济社会发展问题进行深入交流。自治区党委常委、自治区常务副主席任亚平和自治区副主席赵双连及内蒙古有关厅局的负责同志一同参加了调研活动。调研活动结束后,国家联合调研组与自治区党委、政府交换了意见。

司马义·铁力瓦尔地在内蒙古考察 8月17~19日,全国人大常委会副委员长司马义·铁力瓦尔地到鄂尔多斯市参加"2010中国西部国际专利技术暨产品博览会",19日,视察了自治区人大常委会工作,并在内蒙古人民会堂与机关干部座谈。自治区党委书记、自治区人大常委会主任胡春华在鄂尔多斯市拜会了司马义·铁力瓦尔地。

布赫在内蒙古考察 8月21~27日,全国人大常委会原副委员长布赫在自治区党委常委、纪委书记张力,自治区党委常委、呼和浩特市委书记韩志然,自治区人大常委会副主任雷·额尔德尼、云秀梅的陪同下先后在内蒙古师范大学中国少数民族文学馆,呼和浩特市蒙古族幼儿园、维斯塔斯风力系统(中国)有限公司呼和浩特工厂、呼和浩特市农业综合开发技术研究中心、呼和浩特市赛罕区民族中学、呼和浩特市赛罕区民族小学、内蒙古大学艺术学院进行了考察。

北京市党政代表团在内蒙古考察 8月29~31日,由中共中央政治局委员、市委书记刘淇率领的北京市党政代表团一行,先后到呼和浩特、赤峰、呼伦贝尔、满洲里进行为期三天的学习考察,市委副书记、市长郭金龙,市人大常委会主任杜德印,市政协主席阳安江等北京市领导参加。内蒙古自治区党委书记、人大常委会主任胡春华,自治区党委副书记、主席巴特尔,自治区政协主席陈光林等陪同。考察期间,内蒙古、北京双方领导举行座谈并共同签署了内蒙古自治区·北京市区域合作框架协议。

西藏自治区代表团在内蒙古考察 10月12~18日,西藏自治区副主席次仁率西藏考察团一行,先后在呼和浩特、鄂尔多斯、包头,就农牧业现代化生产、产业化经营进行考察。13日下午,自治区党委书记、人大常委会主任胡春华在内蒙古新城国宾馆会见了次仁副主席一行。自治区党委常委、秘书长符太增参加会见。自治区副主席、包头市委书记郭启俊代表自治区政府与西藏代表团座谈,就农牧业经济发展和农牧业产业化情况交换了意见。胡春华陪同西藏代表团一行参观了内蒙古博物院,观看了正在举行的元代文物精品展,详细了解中国北方亿万年来的生态变迁史与草原文明发展史。

内蒙古自治区代表团在澳门出席国际贸易投资展览会 10月20~22日,自治区党委副书记、自治区主席巴特尔率自治区政府代表团赴澳门,出席第十五届澳门国际贸易投资展览会开幕式,并参观了自治区展位,详细了解参展企业参会情况。自治区在会展大厅共设置展位4个,有6家企业参展,展出高科技生物制品、羊绒成衣等特色产品。参会期间,澳门特别行政区行政长官崔世安、中央政府驻澳门特别行政区联络办公室主任白志健分别会见了巴特尔;巴特尔还与澳门特别行政区立法会主席、澳门工会联合总会副会长刘焯华进行了座谈。

新疆维吾尔自治区代表团在内蒙古考察 11月6~8日,由新疆维吾尔自治区党委书记张春贤率新疆维吾尔自治区党政代表团先后到鄂尔多斯市、包头市、呼和浩特市实地考察产业发展和城市规划建设等情况。考察访问期间,两区在加强交通基础设施建设和产业合作方面达成了共识。

自治区党委书记、自治区人大常委会主任胡春华,自治区党委副书记任亚平,自治区党委常委、呼和浩特市委书记韩志然,自治区党委常委、秘书长符太增,自治区人大常委会副主任郝益东,自治区副主席赵双连,自治区政协副主席郭子明分别陪同考察。

河北省代表团在内蒙古考察 11月7~8日,河北省委副书记、省长陈全国,河北省省委常委、副省长杨崇勇率河北省代表团在自治区考察。7日下午,内蒙古自治区·河北省经济社会发展合作座谈会在呼和浩特召开,双方就深化合作、实现共同发展进行交流,签署了《内蒙古自治区·河北省经济社会发展合作协议》。合作协议涉及交通、能源、工业、商贸、港口、口岸、旅游、金融等15个方面的内容。鄂尔多斯市与沧州市的负责人签署了两市缔结友好城市协议。

自治区党委书记、自治区人大常委会主任胡春华主持座谈会并陪同考察。自治区党委副书记任亚平,自治区党委常委、自治区副主席潘逸阳，自治区党委常委、呼和浩特市委书记韩志然，自治区副主席连辑陪同考察。

陈昌智在内蒙古考察　11月11～12日，全国人大常委会副委员长、民建中央主席陈昌智一行到呼和浩特出席民建内蒙古自治区委员会成立20周年纪念大会。11日下午，自治区党委书记、人大常委会主任胡春华在新城宾馆拜会陈昌智一行。自治区党委常委、秘书长符太增，自治区党委常委、统战部部长王素毅等陪同。

驻京中外企业在呼和浩特举行投资内蒙古行活动　12月16日，由北京市人民政府和内蒙古自治区人民政府共同主办的驻京中外企业投资内蒙古行活动在呼和浩特举行。北京市组织了10大类230多家驻京中外企业参加了这此次活动。活动分别举办了驻京中外知名企业内蒙古投资洽谈会、投资推介会和分场对接项目会。部分驻京中外企业与自治区相关盟市、旗县和企业签订了一批投资合作项目。自治区党委书记、自治区人大常委会主任胡春华，自治区党委副书记、自治区主席巴特尔，北京市副市长苟仲文，自治区党委常委、自治区副主席潘逸阳，自治区党委常委、秘书长符太增，自治区副主席赵双连等出席活动。

（吕培君　李涛）

【重要会议】

自治区党委议军会议　1月26日，自治区党委议军会议在呼和浩特举行。会议围绕有效提高军队和武警部队应对多种安全威胁、完成多样化军事任务能力问题，研究部署2010年加强军队和国防后备力量和武警部队建设工作。自治区党委书记、自治区人大常委会主任、内蒙古军区党委第一书记胡春华主持会议并作重要讲话，巴特尔、吴合春、任亚平、张力、韩志然、莫建成、乌兰、李佳、符太增等出席会议。

中国共产党内蒙古自治区第八届委员会第十二次全委（扩大）会议　5月13日在呼和浩特新城宾馆多功能厅召开。全委会由自治区党委书记胡春华主持并讲话。会议主要任务是，民主推荐1名自治区党委常委人选和1名政府副主席人选。出席全委会的自治区党委委员67人，候补委员12人。自治区省级党员领导同志、纪委常委和有关方面负责同志列席了会议。

上海世博会内蒙古活动周　以“城市发展中的草原文明”为主题，5月24日，上海世博会内蒙古活动周在上海市开幕。中共中央政治局委员、上海市委书记、上海世博会执委会主任俞正声，全国人大常委会副委员长乌云其木格，上海市委副书记、市长、世博会执委会执行主任韩正，上海市人大常委会主任刘云耕，上海市政协主席冯国勤出席开幕式。胡春华代表自治区向世博会赠送了蒙古书法长卷《蒙古秘史》。出席活动周的嘉宾和观众共同欣赏了大型蒙古族音乐剧《心之恋》和《蒙古族婚礼》。代表团全体成员在庆典广场观赏了歌舞演出《马背激情》，参观了生命阳光馆、城市地球馆、上汽通用馆及美国馆、卢森堡馆等场馆。内蒙古活动周期间，为中外观众奉献了精彩的文艺演出，举行了草原文化推荐会和草原旅游推荐会，向世界展示了内蒙古草原的迷人魅力，加强了与参展方全方位、多层次、宽领域的交流与合作。

自治区西部盟市经济工作座谈会　6月12～13日，自治区党委、政府在首府召开西部盟市经济工作座谈会。自治区党委书记胡春华，自治区党委副书记、自治区主席巴特尔出席会议并作重要讲话。会议的主要任务是研究自治区西部经济区产业规划和布局问题，更好地促进西部七盟市统筹协调发展。讨论通过《内蒙古以呼包鄂为核心沿黄河沿交通干线经济带重点产业发展规划》。自治区党委副书记、自治区副主席任亚平主持会议，自治区领导张力、韩志然、李佳、符太增、罗啸天、赵双连、郭启俊、布小林、韩振祥出席会议。西部七盟市党政主要负责同志和自治区有关部门主要负责人参加了会议。

全区第三次新农村新牧区精神文明建设现场经验交流会　6月30日～7月2日，全区第三次新农村新牧区精神文明建设现场经验交流会在呼伦贝尔市召开。自治区党委副书记、自治区副主席任亚平，自治区党委常委、宣传部部长乌兰出席会议。会议总结了一年来全区农村牧区精神文明建设的新进展、新经验，深刻分析了农村牧区精神文明建设的新情况、新问题，全面部署当前和今后一个时期农村牧区精神文明建设的主要任务。

全区第六次精神文明建设经验交流会　8月20～21日在赤峰市举行。自治区党委书记、自治区人大常委会主任胡春华出席会议并作重要讲话，自治区党委副书记、自治区主席巴特尔在闭幕大会上作重要讲话。自治区党委常委、宣传部部长乌兰主持会议并作总结讲话。会议分析自治区精神文明建设面临的新形势，研究部署了全区当前和今后一个时期精神文明建设的主要任务，明确了加强全区精神文明建设的发展思路和工作重点。100名全区精神文明建设先进工作者受到了表彰。自治区党委常委、呼和浩特市委书记韩志然,自治区党委常委、秘书长符太增,自治区人大常委会副主任柳秀,自治区副主席连辑,自治区政协副主席郭子明,内蒙古军区副政委周宝莹出席了会议。胡春华、巴特尔等自治区领导为先进工作者代表颁奖。

自治区东部盟市经济工作座谈会　9月26~27日,自治区东部盟市经济工作座谈会在通辽市召开。会议深入讨论了东部盟市的发展战略和发展思路,研究解决制约东部盟市发展的瓶颈问题。这是自治区党委、政府在谋划"十二五"发展规划的新形势下召开的一次重要会议。会议讨论了《内蒙古自治区东部地区"十二五"振兴规划》。自治区党委书记、自治区人大常委会主任胡春华,自治区党委副书记、自治区主席巴特尔出席会议,自治区党委副书记、自治区副主席任亚平主持会议。自治区领导符太增、雷·额尔德尼、刘卓志、董恒宇出席会议。东部五盟市,满洲里、二连浩特市,自治区有关部门、部分中直单位和企业负责人参加会议。

中国共产党内蒙古自治区第八届委员会第十三次全体会议　11月4~5日在呼和浩特举行。会议由自治区党委常委会主持。自治区党委书记胡春华代表自治区党委常委会报告工作并作重要讲话。会议审议通过《内蒙古自治区党委关于制定自治区国民经济和社会发展第十二个五年规划的建议》。会议认为,在党中央的正确领导下,自治区党委常委会全面贯彻党的十七大和十七届一中、二中、三中、四中全会以及中央经济工作会议精神,坚持以邓小平理论和"三个代表"重要思想为指导,深入贯彻落实科学发展观,努力推动经济平稳较快发展,加大保障和改善民生力度,全力维护社会和谐稳定,扎实推进社会主义民主政治制度和精神文明建设,全面加强党的建设,全区改革发展稳定各项工作取得新进展。会议分析了今后一个时期经济社会面临的形势,会议按照党章规定,决定递补自治区党委候补委员毕力夫、云光中、刘锦为自治区党委委员。出席全委会的自治区党委委员65人,候补委员9人。自治区省级党员领导、纪委常委和有关方面负责人列席会议。部分自治区第八次党代会基层代表列席会议。

全区经济工作会议　12月24~25日在呼和浩特召开。自治区党委书记胡春华在会上作重要讲话,分析了当前自治区经济形势,深刻阐述了自治区发展全局中的一些重大问题,明确提出了下一年经济工作的主要预期目标、重要原则和重点任务。自治区党委副书记、自治区主席巴特尔全面总结了2010年全区经济运行情况,具体部署了2011年经济工作。自治区党委副书记任亚平主持会议。自治区领导邢云、潘逸阳、张力、韩志然、乌兰、李佳、符太增、王素毅出席会议。各盟市和满洲里、二连浩特市党政主要负责人,自治区各有关部门、单位主要负责人,中央驻区单位、各大企业和金融机构主要负责人参加了会议。

(张广顺　任宵)

党委办公厅

【中国共产党内蒙古自治区委员会办公厅领导名录】

秘书长:符太增

副秘书长:张守孝(4月离任)　包广林(蒙古族)
王焕承　白志明(蒙古族　9月免职)
廉素(7月任职)
高慧广(蒙古族)　胡丰

办公厅主任:符太增

副主任:陈巧玲(女)　纪强(7月离任)　张成林　郭永祥

副巡视员:贾志奇　麻魁(蒙古族)　韩振业

【概况】　自治区党委办公厅内设机构有:秘书处、会议处、常委会办公室、总值班室、督促检查室、综合一处、综合二处、信息调研处、人事处、翻译处、机要交通处、行政处、保卫处、离退休人员工作处等14个职能处室和机关党委。设管理机构2个:内蒙古党委保密委员会办公室(自治区保密局)、内蒙古党委机要局(自治区国家密码管理局)。委托考核单位1个:自治区档案局。厅属事业单位9个:自治区接待办公室(参公单位,正厅级)、车辆服务处、机关事务服务中心、机关文印中心(机关印刷厂)、自治区专用通信局(双重管理单位,副厅级)、机关幼儿园、信息服务中心、保密技术检查中心、涉密网络管理中心。

行政单位　办公厅机关:总编制数150名,其中:行政编制147名,核定单列编制3名。自治区保密局:行政编制16名。党委机要局:行政编制23名。

事业单位　自治区接待办公室(参公管理)编制38名,车辆服务处事业编制65名,机关事务服务中心事业编制60名,机关文印中心事业编制59名,自治区专用通信局事业编制56名,机关幼儿园事业编制90名,信息服务中心事业编制5名,保密技术检查中心事业编制5名,涉密网络管理中心事业编制12名。

【机关自身建设　干部人事制度改革】　提高领导班子

的思想政治素质和政策理论水平，坚持抓好中心组理论学习。全年共安排中心组学习24次，深入学习党的理论创新成果和中央、自治区党委各项重大决策部署，学习相关专业知识。全面贯彻民主集中制原则，坚持做到日常工作分工负责、重大事项集体决策，班子成员在工作中团结协作、互相补台、密切配合。以学习贯彻《中国共产党党员领导干部廉洁从政若干准则》为主题，通过多种形式开展廉政教育，做到反腐倡廉工作常抓不懈，形成了风清气正的良好环境。

加强和改进干部人事管理。依照《公务员法》和相关法规，积极推进干部选拔任用工作公开化、透明化，拓宽选人用人视野，优化干部队伍结构。按照规定程序成功组织了副处级领导职位竞争上岗、面向全区公开遴选公务员工作，完成了厅属二级行政事业单位公开考试招录工作和军转干部接收任务，共调整交流各个层次干部65人，为保密局、机要局、接待办、机关幼儿园补充工作人员13名，促进了干部队伍的年轻化、知识化。完善厅内干部实绩考核制度，基本形成一套程序简便、考评公正、符合实际的考核体系，使年度考核工作更加科学、规范，更具可操作性。加大干部教育培训力度，全年选派厅级干部2名、处级干部16名参加了脱产培训学习，安排干部参加自主选学培训103人次、2 985个学时。做好老干部工作，积极落实离退休老干部的各项待遇，协调解决老干部生活中的实际困难和问题。

【政务工作】

综合调研和文稿服务工作　紧紧围绕自治区党委中心工作，就党委和党委领导关注的重大问题，以及事关自治区改革发展稳定全局的重要问题，主动深入基层、深入群众，认真开展调查研究，及时把调研成果体现到所起草的党委文件、领导讲话中，使党委的决策部署更具针对性、指导性和实效性。完成了自治区党委领导向中央领导在自治区视察期间的汇报和参加全国“两会”、党的十七届五中全会、中央经济工作会议的发言；完成了自治区党委八届十三次全委会、“十二五”规划建议等重要会议文件和各类专项工作会议文件的起草、修改任务；完成了向中央重要报告的起草；参与了中央支持内蒙古经济社会发展政策性文件和向中外媒体介绍近年来自治区经济社会发展情况宣传材料等重要文稿的起草。全年共起草、修改和整理各类文稿410多篇、210多万字。坚持译文质量和速度并重的原则，及时准确地完成了中央和自治区党委文件以及各种大型会议、重要活动的文件资料蒙古文翻译任务，全年完成译文126万字，文件蒙汉并发率达到100%。

信息服务工作　围绕中心、服务大局，及时准确客观地反映全区重大事件、工作动态、基层情况和群众呼声，全方位、多角度提供国内外和区内外最新资讯参考，及时跟踪反馈党委各项决策部署的落实情况和执行效果。为提高信息服务的及时性、有效性，创办了专报党委主要领导的内部刊物《每日信息》。加强向中办报送信息工作，全年上报中办信息1 396篇，被采用190篇，在全国33个省级信息直报点综合考评中，自治区名列第六位。信息服务质量提升，上年中央领导在自治区上报信息上批示31件(次)，自治区领导在信息刊物上批示351条(次)，综合批示率21.7%。加强信息系统建设，全区信息网络传输系统实现101个旗县市区全覆盖，基础区情信息资源库建设取得了新进展。

督促检查工作　以推动中央、自治区党委重大决策部署和领导重要批示的落实为重点，全力抓好决策督查和专项督查。先后围绕落实“十件实事”、城乡居民增收、中央重大公共卫生项目实施、保障性安居工程建设、重点建设项目推进、社会矛盾化解和维护社会稳定以及稀土资源开发利用等，组织开展或参与全区性实地督促检查和督查调研活动11次。督查范围覆盖全区12个盟市、96个旗县(市区)和30多个大中型企业，形成《决策督查报告》24期。立项办理中央和自治区党委领导批示64件，形成《批示落实情况报告》70期，领导批示办结率97%。办理全国政协委员和自治区政协委员提案19件。开展人民网网民给自治区党委书记留言办理工作，全年筛选、整理人民网网民留言640条，审定办理答复86条，推动了群众诉求问题的解决，自治区党委督查室连续两年被人民网评为全国人民网网民留言办理工作先进单位。加强督查工作研究，全年编印《内蒙古督查》12期，并向中办督查工作专网报送稿件46篇，报送稿件和采用量居全国第一。

办文办会和服务党委常委会工作　办文方面，高度重视中央绝密级和省军级文件的办理和管理，实行专管人员签收、运转和专柜保存管理。特别重要的绝密级文件，按要求做到了双人取送，确保党和国家核心秘密的绝对安全。改进和完善文件拟办、运转、反馈规程，严把文件审改、核发、协调环节，提高办文质量和效率。全年及时准确、高效安全地办理来文1 154件，制发翻印文件452件，撰写各类公文109件，接收整理档案1 090件(卷)，提供档案查阅、借阅1 136件(卷)。

办会方面,从严控制会议,进一步加强会风、会纪管理。在会议服务中坚持“严谨、高效、有序”的原则,提前介入会议筹备工作,狠抓细节和协调环节,周密安排、规范制度,保证各类会议和活动的顺利举行。全年共组织重要会议和活动75次,协助自治区有关部门承办各类会议55次。在服务党委常委会方面,重点加强了服务常委会议中各个环节的相互衔接和信息沟通,做好会前准备和协调、会中服务、会后督办落实反馈工作。同时,认真协调安排常委公务活动和考察调研活动,为保证各位常委领导集中精力抓大事发挥积极作用。全年承办常委会、党政联席会等重要会议85次,协调安排常委公务活动和考察调研活动106次。

公务接待和对外交流活动　强化合作交流工作,紧贴党委的工作思路,及时掌握宾客来访意图和关注方向,为自治区招商引资、对外开放、合作交流提供服务保障。全年接待党和国家领导人33批、375人次;完成中央国家机关省部级领导和各类工作组、军警系统副军级以上领导、兄弟省区市党政经贸代表团、海内外财团、国内外大企业在自治区考察调研、经贸洽谈等活动的组织接待任务;承担了部分重要外宾团组及港澳台要客的接待任务。全年共接待副省部级以上领导及其他重要宾客415批次、4 588人次。安排了自治区四大班子领导的公务接待和赴区外的学习考察活动。

【机要交通和通讯】　机要交通工作方面,完成了重要文件的传递任务。全年传递收发各类文件和刊物78万件,其中收发、收投核心机密6 235件,安全行驶40多万公里,确保了党政军核心秘密载体和重要文件资料的高效、安全传递。政务值班方面,严格执行24小时全天候政务值班制度,提高处理和应对复杂紧急情况、重大突发事件的能力,保证了党委机关政务运转的高效畅通。

【机关行政管理】

加强资金、资产管理　加强节约型机关建设,严格财务管理,切实控制支出,确保经费执行正常、合理。在部分二级事业单位改制后,及时变更经费形式,理顺财务往来关系,加强财务运行情况分析,严格监督财务核算。继续扩大政府采购规模,完善采购、保管、使用和监督制约机制,有效节约和使用资金。做好机关固定资产分类、登记和汇总工作,形成了规范的固定资产台帐。配合自治区财政厅完成了行政事业单位资产有偿使用摸底调查,及时办理了资产产权年度登记年检。

增强服务保障能力　机关后勤服务工作在协调和理顺内外关系的基础上,加强对旧址办公区和生活区水电暖等基础设施的日常检修、维护和设备更新改造,保证了水、电、暖的正常供应,提高了净化、绿化、美化、亮化和物业管理水平。机关幼儿园的教学管理和园区环境得到明显改善。机关文印工作在确保机关文印任务优质高效完成的同时,主动加大技改力度和硬件设施投入,提高生产能力,巩固和扩大市场份额,产值达到1 700万元,实现服务党委机关和兼顾经济效益双丰收,被内蒙古企业信用商会评为“企业信用评价AAA级信用企业”。车辆服务工作坚持安全管理,保障机关日常工作用车,完成自治区党委各类重要会议、重大接待任务的车辆服务保障任务,确保安全行驶。

安全保卫工作　在党委机关旧址的技防设施全面改造完成后,进一步规范了旧址办公区的安全秩序,加大对人员和车辆的集中管理检查。积极协调驻区派出所、武警和社区居委会,加强社会治安综合治理。严格执行值班巡查、安全检查、消防安全等工作制度,做到了防患于未然。积极做好上访群众的疏导、劝阻工作,在第一时间内妥善处置各类突发性事件,维护了党委机关和领导住地的安全。党委办公厅连续9年被评为“驻区综治工作先进单位”。

【创先争优】　开展动员部署环节工作。研究制定《党委办公厅创先争优活动实施方案》,成立了以秘书长符太增为组长、部分厅级领导为副组长的领导小组,召开了全厅创先争优活动动员大会,明确了创先争优活动的指导思想、具体目标、方法步骤和工作要求,落实了工作责任。确定了“加强队伍建设,提高服务能力”的活动主题,设计了“五个坚持”的活动框架。即:坚持把推进学习型党组织建设作为创先争优的先导工程,坚持把提高“三服务”能力和水平作为创先争优的核心目标,坚持把增强党支部的创造力、凝聚力和战斗力作为创先争优的基本任务,坚持把提高党员队伍的整体素质作为创先争优的持久动力,坚持把学习实践活动整改落实工作和帮扶工作作为创先争优的重要内容。在此基础上,明确了提高服务能力的五个关键点,就是要做到“五有五新”,即:参谋有为,在决策服务方面有新理念;协调有方,在协作联动方面有新拓展;督查有效,在推动落实方面有新举措;运转有序,在日常服务方面有新提高;保障有力,在后勤服务方面有新突破。开展公开承诺环节工作。印发党委办公厅《关于做好公开承诺环节相关工作的通知》,明确了公开承诺的主体、内容和方法步骤,落实了工作责任。召开创先争优活动领导小组扩大会议,专题部署公开承诺环节具体工作。提出公开承诺“四兼顾四结合”的原则,即:力求点面兼顾,注重与职责任务和岗位实际紧密结合;力求远近兼顾,注重与建立健全党建工作长效机制紧密结合;力求虚实兼顾,注重与做好当前办公厅各项工作紧密结合;力求前后兼顾,注重与学习实践科学发展观整改落实工作紧密结合。按照这些原则,制定了《党支部公开承诺共性参考》和《党员公开承诺共性参考》。按照工作要求,制定了机关党委、党总支、党支部和全体党员四个层面的公开承诺书,并分别广泛征求意见和建议,按照管理权限认真进行审核把关,在适当范围内进行了公示。开展践行承诺和领导点评环节工作。印发了《党委办公厅关于进一步推进创先争优活动的通知》,对"认真公示承诺、切实践行承诺、约请领导点评、组织群众评议"四项工作作了具体安排。要求各党支部对公开承诺阶段工作进行自查,按照时限要求认真兑现公开承诺,对已经承诺的事项进行"销号"登记处理,并及时约请领导进行点评。

(成学庆 李国强 李静波 何飞)

组 织 工 作

【中国共产党内蒙古自治区委员会组织部领导名录】

部　长:李　佳

副部长:赵世亮(蒙古族 12月离任) 孙炜东(蒙古族) 董树君 于永泉(蒙古族) 武开乐 王喆(12月任职)

副巡视员:樊忠 牛明(7月离任) 张平江(7月任职)

【概况】 自治区党委组织部有编制113名,实有工作人员90名,其中,省级干部1名,厅局级干部7名,处级干部57名;党员90名。研究生以上学历17名,大学学历70名。

【创先争优活动】 以深入学习实践科学发展观为主题,以"基层组织建设年"为载体,以"五个紧紧围绕"为主要任务,开展了创先争优活动。针对少数党员的承诺脱离本职工作、难以兑现的问题,及时开展二次承诺,确保以实际成效取信于民。坚持党内带党外、党员带群众,开展党群共建创先争优,初步形成了党群互动、齐争共创的局面。活动中,共为群众解决实际问题9.2万个,办实事14.2万件。人民网、新华网等中央新闻媒体刊发自治区稿件735篇,发稿量全国领先。在2010年全国"党建宣传示范单位"评选中,全区有6家单位获奖,列全国第一。在全国组织工作满意度调查中,自治区开展创先争优活动的满意度高出全国平均分2.34分。

【领导班子和干部队伍建设】

深化干部制度改革 坚持把扩大民主与竞争性选拔结合起来,在副厅级干部调整中,探索了"公推竞职"的方法,即提名"五步法"。第一步,结合年度考核,根据领导班子实际情况和职位空缺数,进行非定向民主推荐。第二步,按照不低于缺额职位1∶3的比例,分类建立年内可提拔备用人选库,一年内有效。第三步,年内需要配干部时,根据岗位需求,按1∶3比例直接从人选库中差额提出参考人选。第四步,组织参考人选竞职演讲并进行民主测评。第五步,将推荐、测评等情况反馈给人选所在单位,由人选所在单位征求分管领导意见后,党委(党组)集体研究确定考察对象。在全国组织工作满意度调查中,自治区各级领导班子和干部队伍的满意度,比全国平均分分别高出1.90分和1.76分,比上年分别提高3.35分和5.69分;干部选任工作的满意度比上年提高0.26分。

强化干部教育培训 通过推进自主选学、建设在线学习平台,满足干部个性化培训需求,提高了培训质量和效果。全区累计培训干部50万人次。以学习型领导班子建设为抓手,推进干部经常性学习教育,分盟市、厅局、事业单位和企业类别,开展了以讲学、述学、督学、考学、评学为内容的"五学"活动。在全国组织工作满意度调查中,自治区干部教育培训的满意度,比全国平均分高出2.71分,比上年提高9.48分。

完善综合考核评价体系 调整赋分权重,注重向保障和改善民生、维护社会稳定、加强基层党建等方面倾斜,民生的指标权重占到考评总分的1/4,维稳的指标权重由过去的4%提高到17%,基层党建的指标权重提高到17%。改进考评方法,把考核程序由过去的14个减少为7个,强化了民主测评、实绩分析、民意调查、个别谈话等关键环节。坚持考用结合,把年度综合考评与任职考察紧密结合起来,综合分析、相互印证。

加强干部监督管理 贯彻执行干部选任"四项监督制度",结合反馈满意度调查结果,自治区党委组织部班子成员与12个盟市委书记、组织部长和101个旗县(市、区)委书记进行专题谈话。落实中组部加强县委书记队伍建设"20条规定",制定下发了旗县(市、区)党政正职管理办法。建立了整治用人上不正之风"三测评、三反馈"、干部选任专项巡视、上级组织部门派员参加下级党委(党组)讨论决定干部会议等制度,促进干部监督制度化、规范化。加大对违规用人问题

的查核力度,全年受理违规用人举报63件,直接调查27件,立项督查11件。在全国组织工作满意度调查中,自治区防止和纠正用人上不正之风的满意度比上年提高0.98分。

【基层党组织建设】 健全责任机制。制定了旗县(市、区)委书记抓基层党建工作责任制的意见,并通过旗县(市、区)委书记向盟市委和旗县(市、区)委全委会进行专项述职,苏木乡镇、街道党(工)委书记和直属部门党组织书记向旗县(市、区)委和基层党组织进行专项述职,形成了"双向述职、三级联动"的抓基层党建工作责任机制。加强队伍建设。试行了嘎查村和社区党组织书记在旗县(市、区)委组织部备案管理制度,苏木乡镇(街道)按照1:2左右比例建立了嘎查村(社区)党组织书记后备库,解决基层党组织书记后继乏人问题;针对嘎查村主任党员比例偏低的问题,采取推进嘎查村书记主任"一肩挑"、培养吸收优秀嘎查村主任入党等措施,使全区嘎查村主任党员比例由年初的67.4%提高到了74.3%。

【党员队伍建设】 实行基层党员轮训制度,培训基层党员48万人,占全区党员总数的36%;加大年轻党员发展力度,解决了农牧民党员年龄老化的问题;研究制定党内激励关怀帮扶机制的意见,全区101个旗县(市、区)全部建立了困难党员帮扶基金。以"促发展、构和谐、固边防"为主题,在19个边境旗(市)开展了建设"北疆基层党建长廊"活动,边防党员民警兼任村党支部副书记、建立"红色堡垒户",开展"帮扶助边、组织固边、军民共建、兴边富民"等主题活动。完善了党组织领导的嘎查村级民主自治机制。推进了城乡统筹基层大党建格局的形成。加大保障力度,实行了嘎查村级组织运转经费最低保障标准,"两委"正职基本报酬由原来的4 825元提高到6 984元,嘎查村级组织年均运转经费由原来的3万元提高到7万多元。加强阵地建设,建成2 230个嘎查村级组织活动场所、6 730个现代远程教育站点,实现了活动场所和远程教育网络全覆盖。在全国组织工作满意度调查中,自治区基层党组织发挥作用的满意度比全国平均分高出1.53分,比上年提高3.88分。

【人才队伍建设】 围绕自治区经济社会发展对人才的需求,编制完成全区人才发展中长期规划,启动实施"草原英才"工程。发挥组织部门抓总体规划、抓重要政策、抓协调服务、抓督促检查的职能作用,按照统一规划、分头实施的原则,把"草原英才"工程的11个子工程,分解落实到8个成员单位和12个盟市组织实施,并将年度目标任务分解落实到盟市、厅局及用人单位,年底检查验收。通过整合资源、落实责任、完善制度等措施,初步形成了矩阵式、网格化的人才工作运行机制。采取"点对点"、"人盯人"的办法,引进高层次人才244人(其中海外博士54人,5人入选国家"千人计划");培养本土高层次人才168人,培养培训高技能人才、农村牧区实用人才等各类人才42万人。抓"草原硅谷"。在面上抓好"草原英才"工程的同时,在点上选择特色产业、研发力量、创新创业基地相对集中的"呼包鄂",作为人才管理改革试验区,着力打造"草原硅谷",建设人才高地。在全国组织工作满意度调查中,自治区组织部门推进人才工作的满意度比全国平均分高出1.69分,比上年提高8.91分。

【自身建设】 加强干部能力建设。在全区组织系统开展了自身建设研讨活动,通过加强教育培训、开办讲坛、抓好自主选学等措施,推进了学习型组织部门建设。加强干部作风建设。自治区党委组织部20个支部分别在12个盟市的20个嘎查村建立联系点,帮助解决实际困难。在下基层活动中,全区各级组工干部开展谈心谈话1.2万人次,信访接待2 700多人次,为基层解决问题近1 400个。加强干部队伍管理。对组工干部明确提出"四个管好"的纪律要求,即管好自己的"眼",用公正的眼光选人用人;管好自己的"嘴",谨言慎行,严守党的政治纪律和组织人事纪律;管好自己的"手",绝不能利用职务之便,干预和插手市场经济活动;管好自己的"脚",不该涉足的场所坚决不去。带头推进干部制度改革。注重从基层选拔有实践经验的干部,自治区党委组织部首次从旗县(市、区)公开选拔3名处级干部到部机关工作,对部机关空缺的处级职位全部实行竞争上岗。在全国组织工作满意度调查中,自治区组工干部形象的满意度比全国平均分高出0.59分,比上年提高0.74分。

(孙巍)

宣传工作

【中国共产党内蒙古自治区委员会宣传部领导名录】

部　长:乌　兰(女　蒙古族)

副部长:周纯杰(7月任职) 毕力夫(蒙古族 7月离任) 王志诚 佟野黎 李冰(12月离任) 吴团英(达斡尔族) 白玉刚(蒙古族 12月任职) 阿龙(蒙古族 12月离任) 张太平

外宣办副主任:郭　刚

副巡视员:黄文聪 胡益华

【概况】 自治区党委宣传部内设15个职能处室,机关行政编制65名,其中:部长职数1名,副部长职数5名,巡视员或副巡视员职数2名;处级领导职数33名(15正、18副),处级非领导职数17名。机关实有人数56人,均为中共党员,其中:部长1人,副部长6人,外宣办主任1人,副巡视员2人,正处长11人,副处长14人,调研员5人,副调研员8人,一般工作人员8人。下设3个事业单位,核定事业编制56名,其中:处级领导职数6名(2正、4副),处级非领导职数3名。事业单位实有人数40人,其中:正处长4人,副处长5人,调研员2人,副调研员3人,一般工作人员26人。部机关干部中女性12人,少数民族26人,博士学历1人,硕士研究生学历15人,大学本科37人,大学专科3人。

【理论工作】

以学习型党组织建设为契机,加强和改进各级党委(党组)中心组学习 印发了《内蒙古党委宣传部2010年理论工作要点》,对全区党员干部理论学习做了安排部署。起草了《关于推进学习型党组织建设的实施意见》,并拟定了《推进学习型党组织建设任务分解表》。会同机关工委联合召开了"中心组学习交流暨建设学习型党组织研讨会"。总结推广典型经验,其中,扎兰屯市的经验引起中宣部的重视,被确定为全国首批7个重点宣传的先进典型。编发学习型党组织建设《简报》20期和12期《中心组学习》。会同党委办公厅常委办策划举办了4次自治区党委中心组集体学习会。

以重大理论和实践问题为主攻方向,加强社科理论研究 印发《关于举办内蒙古发展论坛的通知》,牵头组织召开了"中国地方政府创新暨草原110社会管理"、"内蒙古低碳经济"等各类理论研讨会、座谈会。会同社科院编辑出版《内蒙古自治区发展模式研究》,会同社科联撰写并编辑出版《内蒙古自治区哲学社会科学普及丛书——理论集结号》。编发《研究报告》为领导决策提供了参考资料。召开了中国特色社会主义理论体系研究会秘书长会议,编印《内蒙古自治区中国特色社会主义理论体系研究会换届大会资料汇编》。

以增强针对性、实效性为着眼点,扩大理论宣传的影响面 召开了自治区理论政策宣传工作协调会,编发了《理论工作协调会纪要》。协调新闻媒体开设了各具特色的理论宣传专栏、专题、专版。开展了"百团千人万场理论政策宣讲活动"。在通辽市召开了"全区理论政策宣讲工作经验交流会",在鄂尔多斯市召开了"鄂尔多斯市理论政策宣讲工作观摩会"。编辑《让科学理论深入人心——全区理论政策宣讲工作资料汇编》。会同社科联举办了"第四届全区哲学社会科学普及周"活动。会同呼和浩特市委讲师团编印了《2010年中共中央一号文件精神学习问答》。完成中央宣讲团成员、国家发展和改革委宏观经济研究院常务副院长、党委书记、研究员王一鸣在自治区的宣讲。起草了《关于学习贯彻党的十七届五中全会精神,集中开展形势政策宣传教育工作方案》,组织宣讲团成员在全区范围内开展了形势政策宣传教育。

以课题研究为抓手,推进社科规划管理工作 全年申报国家社科基金项目共300项,获准立项45项。完成了2010年国家社科基金项目在内蒙古地区的通讯初评工作,共聘请38位专家学者对940份申请书进行了评审。下发了《关于申报2010年内蒙古社科规划项目的通知》及《课题指南》。召开自治区哲学社会科学研究基地建设协调会和经验交流会。编发了《内蒙古哲学社会科学规划工作简报》7期。

提高队伍素质,加强队伍建设 举办"全区理论宣讲工作备课会"、"全区学习党的十七届五中全会精神理论骨干培训班"。起草印发了《2010——2014年全区哲学社会科学教学科研骨干研修工作规划》。举办全区哲学社会科学教学科研骨干研修班。

【新闻出版工作】 传达、贯彻、落实中宣部和自治区党委政府的方针政策、决策部署,把握正确导向、加强舆论引导,宣传党的十七大、十七届四中、五中全会和自治区第八次党代会、八届十三次全委会议精神,组织开展"回顾十一五,展望十二五"、自治区实施西部大开发战略10周年、赤峰市经济社会发展情况和自治区人才、教育、东西部盟市经济工作等大型主题宣传报道,组织召开各类新闻发布会20余场。对呼伦贝尔市阿荣旗女检察长刘丽洁"豪车事件"、鄂尔多斯康巴什新区"鬼城"事件、呼和浩特清水河新区"烂尾楼"事件、"蒙牛破坏伊利商业信誉案"等进行舆论引导。

加强新闻舆论引导力和传播力,印发《关于进一步加强和改进都市类报纸管理的意见》、《关于加强新闻编辑记者队伍管理的规定》、《关于进一步加强自治区新闻媒体涉外采访、合作、培训等活动的有关规定》、《关于做好主要新闻媒体采编审发(播)工作的意见》、《关于进一步加强和改进新闻阅评工作的意见》等5个文件,强化对新闻媒体特别是都市类媒体的引导管理。加大早期策划力度,印发2010年4个季度宣传报道意见,坚持和完善新闻通气会等制度,采用培训、评奖等多种方式不断改进提升新闻节目(栏目)质量,提高新闻报道的水平。

组织开展对全国和全区"两会"、上海世博会和广州亚运会亚残会、自治区党委八届十三次全委会议、蒙古国总统额勒贝格道尔吉在自治区访问的有关情况、锡林郭勒盟镶黄旗文贡乌拉苏木达布森高勒嘎查党支部书记根平同志先进事迹等有关情况的宣传报道。开展了第七届中国·内蒙古草原文化节的宣传报道,组织开展新闻界、出版界杰出贡献奖评选表彰活动和精品图书展。制定《突发公共事件新闻报道应急预案》、《应对舆情信息新闻报道应急预案》,赴乌海和乌兰察布市指导"3.1"神华集团骆驼山基本建设煤矿透水事故和新旗下营铁路隧道塌方事故新闻宣传工作。

向中宣部上报重点新闻报道线索。组织协调中央主要新闻媒体采访报道自治区实施西部大开发10年来各项事业取得的成就、"内蒙古美丽与发展双赢"和"融入东北,走进电网"等。组织协调《人民日报》"加快经济发展方式转变调研行"在自治区的采访报道。组织协调重庆市新闻媒体和北京、天津、山东、河北、山西、辽宁等六省市新闻媒体分别赴呼包二市和满洲里市采访报道自治区经济社会等情况。

编辑出版《新闻内部通信》24期、《新闻出版阅评》22期、《新闻阅评专报》3期、《重要新闻浏览》72期、《热点新闻快讯》24期、创刊《热点新闻快讯》,加大对蒙古文媒体和各种出版物的阅评力度。向中宣部出版局报送出版舆情信息,组织出版单位赴四川参加第20届全国图书交易博览会,参与组织第九届八省区蒙古文图书展销订货会和第二届内蒙古十大藏书家评选活动。组织召开2011年度全国党报党刊发行工作视频会议(内蒙古分会场)和2011年度全区党报党刊发行工作视频会议,对2011年度重点党报党刊发行工作提出具体要求。

【文艺工作】

文艺创作项目 扶持指导电视剧《嘎达梅林》,电影《额吉》、《圣地额济纳》,舞剧《诺恩吉雅》、话剧《拓拔鲜卑》等一批重点创作项目。电影《额吉》在上海举办了首映式,并进入全国院线公映;电影《圣地额济纳》入选北京民族电影节进行展映;舞剧《诺恩吉雅》等4部舞台剧在草原文化节上展演得到好评。组织开展了"唱响中国"优秀歌曲征集评选活动,推出一批新歌。举办了"难忘的歌"——阿拉腾奥勒作品音乐会。对入选展演草原文化节的4部优秀剧目进行奖励性补贴,对18个在国内外重大比赛或评选中获奖的文艺作品和3个组织单位、个人进行再奖励。

文化活动 成功举办第七届中国·内蒙古草原文化节和第五届乌兰牧骑艺术节。协调举办中央电视台青年歌手大赛内蒙古区比赛、中央电视台"心连心"艺术团赴鄂尔多斯市演出活动。组织开展了送优秀剧目到基层活动,从上年入选草原文化节和获得全区"五个一工程"奖的剧目中选择3部作品,以市场运作与适当补贴相结合的形式,赴部分盟市和基层演出50余场,收到良好效果。

文化艺术建设项目 启动实施了全区文化资源普查工程和内蒙古文化艺术长廊建设计划。文化资源普查工作进入整理汇总阶段。文化艺术长廊建设计划中率先组织实施了内蒙古重大历史文化题材美术创作工程,经过确定选题、组织动员、公开招标、签订协议等程序,与60余名美术家签订了创作协议。音乐和舞蹈项目正在进行前期论证,将从下年起正式启动。

调研和规划 成立内蒙古自治区"十二五"文化发展规划纲要编制工作小组,深入基层调查研究,初步草拟规划纲要。启动了"十一五"内蒙古文化发展报告编写工作。召开学习贯彻五中全会精神繁荣文艺创作座谈会,座谈讨论如何形成具有草原文化风格特色和气派的整体实力和形象,更好地推动内蒙古文化艺术走出去问题。

【社会宣传】

爱国主义教育活动 印发《内蒙古自治区关于中国人民抗日战争胜利65周年纪念活动方案》,在全区开展了以纪念抗日战争胜利65周年为主题各项纪念活动。深入开展"万众爱国情"活动,举行了内蒙古自治区第二届合唱节群众大合唱集中演唱活动。在西把栅乡东鼓楼村举办"三下乡"集中活动。完成了第七届中国·内蒙古草原文化节社会宣传工作。

典型宣传工作 以"草原儿女赞"专栏为平台,加强基层典型宣传工作。推出全区重大典型:内蒙古电视台《今日观察》栏目原摄像记者宝力格、锡林郭勒盟镶黄旗文贡乌拉苏木达布森高勒嘎查原党支部书记根平、包头市东河区法院副院长吴燕。推出全国重大典型张章宝,组织成立张章宝同志先进事迹报告团,7月在北京人民大会堂举行"张章宝先进事迹报告会",并赴全国进行巡回报告。

形势政策宣传 爱国主义教育基地和红色旅游工作 制作2010年内蒙古发展报告电视专题片。提出

了红色旅游项目建议书。编辑出版图书《内蒙古爱国主义教育基地概览》。发挥“博苑”讲坛的作用，将讲座制作成光碟，下发全区爱国主义教育基地。

“百城万店无假货”活动　印发《关于组织申报第三批自治区级“百城万店无假货”活动示范街、示范店的通知》，对自治区第一、二批示范街（店）进行复查，对申报的第三批示范街（店）进行检查、验收。印发《关于命名第三批自治区级“百城万店无假货”活动示范街、示范店的决定》，重新确认13条街、40个店为自治区级“百城万店无假货”活动示范街、示范店，命名9条街和39个店，为第三批自治区级“百城万店无假货”活动示范街、示范店，有效期为3年。印发《关于表彰自治区“百城万店无假货”活动先进集体和先进个人的决定》，对在全区“百城万店无假货”活动中表现突出的57个单位和56名同志进行了表彰。

【精神文明建设】

思想道德建设和公民道德建设　围绕迎世博、迎亚运，组织开展多种形式的讲文明树新风活动，普及文明礼仪知识。布置了全民阅读活动，编写了文明礼仪知识手册。在呼和浩特市举办学雷锋主题访谈活动，在包头市举办家庭节能减排启动仪式。在全区开展“迎奥运讲文明树新风”知识竞赛活动。组织开展道德模范的学习宣传活动，推动公民道德建设深入发展。组织开展第二届全区道德模范评选表彰活动，授予张莲云等30名同志为全区道德模范，授予郭英等104名同志为全区道德模范提名奖获得者。组织召开全区第二届道德模范表彰座谈会和表彰颁奖晚会。组织全区道德模范巡讲团，在边防总队、鄂尔多斯市、乌海市、阿拉善盟等地开展巡讲，近5 000名干部群众聆听了报告。开展“我评议、我推荐身边好人”的活动，营造全社会关注、支持、参与道德模范建设的浓厚氛围。推动志愿服务大众化、经常化、规范化。在鄂尔多斯市、包头市举办“关爱百万空巢老人”活动启动仪式。召开“迎世博讲文明树新风”志愿服务视频会议，成立“内蒙古自治区志愿活动协调小组”，确定自治区文明城市和其它盟市的社区志愿服务联系点，开展志愿者心得征集活动。上报中央文明办“全国百名优秀志愿者”自治区10名候选人事迹材料，包头市达茂旗团委副书记陈允广等3人被评为“全国百名优秀志愿者”。组织开展“社区志愿服务工作组织奖”、“奉献之星”评选活动和全区元旦春节期间“红红火火过大年”主题志愿服务活动。开展“我们的节日”主题活动。制作、播出了“我们的节日——春节”电视专题片，在乌兰夫纪念馆举办了有近900名师生参加的“我们的节日——清明节悼念先烈活动”，在呼和浩特市新城区光华社区举办“我们的节日——中秋节爱空巢老人、共渡中秋佳节、建设和谐家园活动”，在呼市福利院举办了“重阳节——敬老志愿服务活动”。认真落实惠民工程。落实了本年度高中宏志班150名中学生和110名大学生的资助工作和往届高中宏志班300名中学生、200名大学生的资助工作。把中央文明办赠送自治区的5 500台电脑全部落实到各旗县区基层文化站和中小学校，元旦前在包头市土默特右旗举行了“绿色电脑进西部”受赠仪式。组织开展全区精神文明先进个人评选表彰活动。共评选出100名先进工作者，在全区第六次精神文明建设经验交流会上予以表彰。在呼和浩特市举办了全区第二期精神文明建设工作培训班，来自各旗县市区的115名基层精神文明建设工作者接受了培训。

精神文明创建活动　按照年初全区宣传思想文化工作会议的要求和全区文明办主任会议的安排，精心组织、细致安排，积极筹办好“两个会议”，扎实开展“三项活动”，认真落实“三大创建”任务，较好地完成了各项工作。在呼伦贝尔市成功召开了“全区第三次新农村新牧区精神文明建设现场经验交流会”。在赤峰市成功举办了全区第六次精神文明建设经验交流会。在全区农村牧区精心组织开展了“百佳十星级文明户”和“百佳文明农牧民”评选活动。在全区101个旗县（市区）开展了全区城市（区）、旗县城公共文明指数测评活动，推动了全区创建文明旗县城活动的开展。在全区窗口行业精心组织开展了“文明杯”规范化服务竞赛活动。在加强职业道德教育、培养职业技能，提高服务质量和服务效率，树立行业先进典型等方面取得了良好效果。按照学习和实践科学发展观活动的要求，完善工作机制，修订完善了《内蒙古自治区精神文明建设委员会关于评选表彰全区文明城市（区）、文明旗县城、文明村镇（乡苏木嘎查）、文明单位暂行办法》、《全区城市（区）公共文明指数测评标准》和《全区城市（区）公共文明指数测评方案》、《关于在全区窗口行业开展“文明杯”规范化服务竞赛标准和活动方案》、《关于在全区农村牧区开展评选表彰“百佳十星级文明户”和“百佳农牧民”的标准和活动方案》等制度和标准，使群众性精神文明创建活动有了较为科学的遵循。编印《全区第六次精神文明建设经验交流会》、《全区第三次新农村新牧区精神文明建设现场经验交流会》资料汇编。

未成年人思想道德建设　组织召开全区未成年人思想道德建设经验交流会,全面总结近年来自治区未成年人思想道德建设工作,交流各地好的做法和经验,安排部署当前和今后一个时期全区未成年人思想道德建设工作。按照有场所、有人员、有活动的要求,在场所功能、活动组织、典型示范等方面,扎实推进试点旗县农村牧区未成年人校外活动场所建设工作。会同有关部门,联合开展了净化社会文化环境家庭护卫行动,举办了家庭护卫行动启动仪式和家庭教育专家咨询活动和评选表彰网吧监督工作先进旗县和“五老”优秀监督员活动,强力净化社会文化环境。围绕推进社会主义核心价值体系走进青少年主题确定了6个课题,会同自治区各有关单位和各盟市文明办组织开展全区未成年人思想道德建设工作调研活动,形成了《关于我区未成年人思想道德建设工作的调查与思考》调研报告,进一步摸清了家底,明确了工作方向。以“做一个有道德的人”为主题,积极牵头组织开展“传唱优秀童谣、做有道德的人”网上签名寄语活动、“文明礼仪伴我行”主题实践活动、全区未成年人思想道德建设先进旗县(市、区)、单位、个人评选表彰活动和优秀创新案例评选表彰活动,为未成年人健康成长营造良好的社会氛围。适应未成年人心理健康教育的需要,筹备建立了呼和浩特市二中、包头市实验一小和通辽市五中等3个自治区级心理健康教育辅导示范中心。同时,指导内蒙古电视台少儿频道办好《健健康康长大》栏目,并赴各盟市对全区未成年人思想道德建设经验交流会上表彰的40个创新案例进行实地拍摄,进一步发挥创新案例的示范作用。

【对外宣传】

对外新闻宣传　分别邀请《中国日报》等12家中央对外新闻媒体、10家蒙古国主流媒体及部分香港媒体,先后对呼和浩特、赤峰、通辽、鄂尔多斯、巴彦淖尔等市就民族教育、草原生态建设和经济社会发展情况进行了3次集中采访,通过录音报道、记者连线、网络视频等多种形式进行了即时报道,有效地扩大了自治区的对外影响。完成了韩国·内蒙古宣传周、国际母语日等大型会议、活动的宣传报道工作。

文化外宣工作　举办中蒙新闻论坛,来自新华社等国内新闻媒体、蒙古国通讯社及内蒙古自治区主要新闻媒体在内的一百多人参加了论坛。举办了首届内蒙古自治区政府奖学金蒙古国留学生毕业典礼暨全区外国留学生中国歌曲演唱、中文诗歌朗诵大赛。成功举办了“2010俄罗斯汉语年汉语演讲”活动。

对外传播　在《索伦嘎》杂志和斯拉夫蒙古文“索伦嘎网”的基础上成立了索伦嘎新闻中心。斯拉夫蒙古文月刊《索伦嘎》在乌兰巴托举办了读者座谈会。5月,《索伦嘎》杂志的发行量由5 000份增加到1万份。斯拉夫蒙古文“索伦嘎网”开通以来,已有53个国家和地区的558个城市的网民登陆过“索伦嘎网”,点击量超过30万人次。

外宣品制作和发行工作　编辑翻译《鲁迅文学奖获奖作品选》(散文卷、报告文学卷、诗歌卷),编写《中国·内蒙古自治区》系列折页,编辑出版《内蒙古印象》(中英文对照)宣传邮册,组织编辑出版《内蒙古自治区》系列折页(一套十种)。

【文化体制改革　文化产业发展】

改革发展工作　召开了2010年自治区文化体制改革工作领导小组第一次工作会议,印发了《2010年全区文化体制改革工作要点》。先后召开了全区学习贯彻中央关于深化文化体制改革精神专题研讨班和全国宣传部长座谈会精神、传达全国文化体制改革工作会议精神、自治区直属文化事业单位内部机制改革工作、文化市场综合执法改革工作协调会及内蒙古新闻网站改革协调会等会议,10月召开了全区文化体制改革与发展工作座谈会,下发了《全区文化体制改革与发展工作进展情况通报》。

完成各项改革任务　推动了经营性文化单位转企改制和资源整合。完善了《全区有线广播电视传输机构转企改制方案》。全区12个盟市及49个旗县有线电视网络实现整合。加快推进盟市及旗县电影发行放映单位的转企改制。召开了自治区直属文化事业单位内部机制改革座谈会。协调指导内蒙古新华发行集团与广东出版集团签订了《战略合作框架协议》,与北方联合出版传媒集团的股权合作也跨入实际运行阶段。研究落实了内蒙古电影集团、内蒙古出版集团及内蒙古新华发行集团内部机构设置,指导内蒙古出版集团完成了组织机构设置工作。协调编办,推动了文化市场综合执法机构改革,下发了《关于加快推进全区文化市场综合执法改革的实施意见》。

文化产业工作　协调中国人民银行呼和浩特中心支行,制定下发了《关于金融支持内蒙古自治区文化产业振兴和发展的意见》。对内蒙古民族电影院线、蒙汉文数字出版平台、蒙古国塔鸽塔传媒中心给予资金支持。首次组团参加了第六届中国(深圳)国际文化产业博览会,与其他省市区文化企业共达成多项合作协议。召开文化产业政银合作战略签约仪式,全区9家银行将为自治区文化产业提供综合授信340亿元。制定《内蒙古自治区“十二五”时期文化发展规划纲要》编制工作方案，成立起草工作小组，召开编制起草会议和座谈会，完成了《内蒙古自治区“十二五”时期文化发展规划纲要》（征求意见稿）。

推进各项改革发展任务　开展综合性和专项性督查活动，定期向各盟市各有关单位印发全区文化体制改革进展情况调查表，及时掌握文化市场综合执法改革、两台合并、有线电视网络整合等重点改革任务的进展情况；陪同中宣部领导，深入鄂尔多斯市、包头市和呼和浩特市等地就基础文化设施建设、重点文化产业项目及基层农牧民文化活动等情况进行调研，撰写了《关于内蒙古自治区文化体制改革和文化建设情况的汇报》；召开座谈会，就自治区文化体制改革与文化建设工作情况听取自治区各有关部门意见；赴呼伦贝尔、通辽、鄂尔多斯、包头、呼和浩特等市调研文化体制改革与文化建设工作，为编制好自治区“十二五”时期文化发展规划纲要提供详实的基础资料；加强舆论宣传，全年共编发文化体制改革发展方面的信息简报以及中央和其他省市自治区刊发自治区信息共计20余期（条）。

【网络文化建设和管理】

网络管理工作　清理整治网上淫秽色情、低俗信息和政治类有害信息。与自治区“扫黄打非”办公室共同牵头，联合公安等部门，在全区范围内开展了进一步深入整治互联网和手机媒体淫秽色情及低俗信息工作，重点清理了手机网站、音视频网站、交友网站以及博客、播客中的淫秽色情信息，有效净化了网络传播环境。对一些登载敏感信息和民族问题的网站进行全方位监控，对网站的政治类有害信息进行及时清理。加强互联网基础管理。会同自治区通管局加强了全区网站域名登记管理，提高域名注册信息准确率；对自治区传统媒体电子版和新闻网站下发备案登记通知，对登载时政类新闻网站进行了重新登记备案，对各网站的重要新闻转发和跟帖管理工作进行了规范。

网络宣传工作　精心组织网上专题宣传。组织全区新闻网站开设“十一五”规划收官总结、上海世博会、广州亚运会等网上主题宣传活动，不断加大改革发展成就和正面典型的宣传力度。举办第一届“‘富民强区’全国网络媒体看内蒙古”采访考察活动。通过对呼和浩特市、鄂尔多斯市两地的实地采访，在网上大力宣传自治区经济社会发展的大好形势，推动经济发展方式转变、经济结构调整和实施富民强区战略以来所取得的成绩。围绕“共同团结奋斗、共同繁荣发展”主题，协调区内外知名新闻网站，特别在内蒙古新闻网开设“民族团结网”主题网页，大力宣传民族团结。与相关部门合作，举办了“草原红段子”短信大赛活动、“文明上网、共建和谐”网上征文和知识竞赛等活动。

舆论引导工作　加强网上舆论引导能力。协调督促相关网站，针对负面有害信息，积极主动开展网上舆论引导，进一步巩固和壮大了网上主流舆论。调整网络评论员管理格局，举办了全区网站站长和网络管理科长培训班，对骨干网络评论员进行了培训，提升网评员和网管人员素质。在一些重大舆论事件中发挥舆论引导的作用。完善了《网络评论员管理办法》和《优秀网络评论员奖励机制》等规定。

【调查研究】　召开年度调研工作例会，全面安排部了2010年的全区宣传思想文化战线调研工作；制定下发2010年调研工作要点，提出73项重点调研选题；利用培训班、会议和学习考察等形式加强对基层调研工作的辅导；印发了《2009年全区宣传思想文化工作优秀调研报告选编》，供全区宣传思想文化战线调研工作者学习参阅。

组织全区宣传思想文化战线调研成果评审会，表彰奖励了2010年度全区宣传思想文化战线调研工作先进单位8个、进步突出单位2个和优秀调研报告一等奖3篇、二等奖6篇、三等奖8篇。

协调部机关有关处室和自治区社科院完成了中宣部《关于提高领导干部与媒体打交道能力的研究报告》、《民族地区建设社会主义核心价值体系的探索》两篇重点委托调研报告，推荐上报了2009年度自治区党委宣传部优秀调研报告2篇；策划和协调各盟市委宣传部、自治区宣传文化系统各单位、有关企业和高等院校完成2010年度全区宣传思想文化战线重点调研课题32个；协调部机关处室开展了推进理论政策讲堂建设、建立净化社会文化环境长效机制、如何做好突发事件新闻宣传及热点焦点问题舆论引导和部分企业宣传思想文化工作基本情况等七大重点调研课题的集中调研活动。

（刘慧娟　德红霞　李京　李博　乌兰娜　贺学礼　郭丁祎　王红凌　乔三旺　周琦　冯仁忠　顾·巴特尔　窦鹏程）

统一战线工作

【中国共产党内蒙古自治区委员会统一战线工作部领

导名录】

部　长:伏来旺(蒙古族 1月离任) 王素毅(蒙古族 6月任职)

副部长:阿迪雅(兼职 蒙古族) 侯世忠 杨继业(蒙古族) 李汉迎 王月虎

副巡视员:白玉金(满族) 曹洪利

【概况】　自治区党委统战部机关行政编制51名,实有工作人员45名。其中部长1名,副部长4名,副巡视员2名;正处长10名,副处长8名,调研员3名,副调研员5名,一般工作人员12名。其中少数民族17人,女性12人;党员45名;研究生以上学历4名,大学本科学历37名,大学专科学历4名。

【多党合作工作】

围绕服务科学发展建言献策　组织各民主党派和无党派人士,就转变经济发展方式、少数民族聚居区和革命老区经济发展、能源产业、生态环境保护和建设等重大问题进行调研,向区党委上报调研成果23篇。组成三批党外高级专家团深入基层调研,开展社会服务,促进产学研联合,推动智力、技术向基层辐射。召开座谈会,充分听取党外人士对自治区制订"十二五"规划的意见和建议。各民主党派和无党派人士积极参政议政,向自治区政协会议提交了一批有价值的提案。

深入推进社会主义核心价值体系学习教育　转发了《中央统战部关于协助各民主党派树立和践行社会主义核心价值体系的通知》。组织学习贯彻中央统战部"学与行"电视电话报告会精神,推动民主党派深入开展"学与行"主题活动。各党派通过召开动员会、举办培训班、组织研讨、举办专题讲座和主题演讲、到革命传统教育基地学习考察等活动,把"学与行"紧密结合起来,增强了坚持党的领导、走中国特色社会主义政治发展道路的自觉性和坚定性。

积极推动中央5号文件的再学习、再宣传、再落实　自治区党委制定了《关于规范我区党委同民主党派、无党派人士政治协商实施意见》,高度重视在经济社会发展等重大问题上,加强与各民主党派的协商。先后召开民主协商会、情况通报会5次,使各民主党派参政议政、民主监督职能得到充分发挥。制定《我区民主党派新建市级组织五年发展规划》,初步建立起一定数量的政治坚定、专业突出、群众认同的民主党派自治区级代表人士队伍。

【党外代表人士工作】　深入开展调研。全面掌握党外代表人士队伍的基本状况,探索把握党外代表人士成长规律,形成了分工联系各领域党外代表人士,分领域培养选拔、安排使用党外代表人士的工作格局。完成党外县处级以上领导干部基本数据采集工作,为工作开展奠定了基础。贯彻落实《纲要》。认真贯彻全国党外代表人士教育培训工作会议暨全国社会主义学院工作会议精神,贯彻落实《中共中央2010－2020年党外代表人士教育培训改革和发展纲要》,在广泛征求各方意见的基础上,起草了具体实施意见。继续贯彻中央关于大规模培训干部的决策部署,充分发挥社会主义学院培训主渠道作用,协调推进"三校共建"工作,整合统一战线培训资源,形成了工作合力。全年共举办培训班26期,培训学员970人次。着手建立党外代表人士实践锻炼基地,选派赴国家机关和发达地区挂职锻炼,不断提高党外代表人士的素质和能力。加强与各级组织部门、党派组织、有关团体的人才信息交流,调整充实党外代表人士后备队伍人选名单,实行动态化管理,确保各领域党外代表人士后备队伍数量充足、结构合理,为统一战线可持续发展奠定了良好基础。

【经济领域统战工作】　以学习贯彻《中共中央、国务院关于加强和改进新形势下工商联工作的意见》为契机,贯彻落实中央电视电话会议精神,制定具体实施意见,推动工商联建立和完善社会服务体系,发挥工商联在引导帮助非公有制企业转变经济发展方式、建立和谐劳动关系、保障和改善民生等方面的重要作用。积极为非公有制企业转型升级创造条件。通过举办项目推介会、银企洽谈会等活动,搭建金融、技术、人才等服务平台;对自治区港澳台侨资企业、出国创业代表人士和口岸地区对外交流代表人士基本情况进行调研,支持引导港澳台海外人士投身自治区经济社会建设;加强与港澳台海外工商社团的联系,争取海外项目和资金,推动民营企业扩大对外贸易和投资。千家民企感恩帮扶行动取得实效。按照中央统战部部署和要求,紧密结合自治区实际,制定了《千家民企感恩帮扶行动实施方案》,引导非公经济人士帮扶老革命、老党员、老模范,接受革命传统教育,激发了非公有制经济人士的爱国情怀;动员千家民企帮扶少数民族进城务工人员,特别是农牧区及少数民族聚居区进城务工的少数民族人员,进一步增进了民族团结。先后投入资金3 425万元,共结对帮扶"三老"人员1 626名。加大对光彩项目的推动、协调和服务力度。继续开展"就业工程"、"温暖工程"、"亮睛工程"、参与新农村建设等,上报2个重点项目并申请扶贫贷款3.5亿元。深入开展综合评价工作。完善了《非公有制经济代表人士综合评价工作联系会议制度》。坚持“凡进必评、重奖必评、两年有效”的原则,对已做政治安排的非公有制经济代表人士进行了复评。通过这些举措,有力促进了非公有制经济健康发展和非公有制经济人士健康成长。深入全区12个盟市和37个企业进行督查指导,推动建立健全党建工作体制机制,扎实推进全区非公经济组织创先争优活动的开展。

【民族宗教工作】 按照自治区党委关于全面推进、突出重点,扎实做好民族宗教工作,服务发展与稳定两大任务的要求,把民族宗教工作摆在更加突出的位置。组成调研组深入各盟市、爱国宗教团体、重点高校,就新形势下民族宗教工作的新情况新问题进行认真调研。在此基础上,召开了全区统战部长座谈会、全区城市民族工作现场会、盟市党政一把手宗教情况通报会,专题研讨了加强民族宗教工作的意见和对策。向中央统战部、国家民委、国家宗教局专题汇报了民族宗教工作情况,组织起草了《关于加强新形势下城市民族工作的意见》、印发《关于加强新形势下宗教工作的若干意见》。围绕各民族共同团结奋斗、共同繁荣发展主题,推进民族团结进步事业。在全区各族干部群众中深入开展马克思主义民族观和党的民族政策宣传教育及民族团结进步表彰活动,贯彻落实中央关于维护民族团结和社会稳定的决策部署。向全国政协副主席、中央统战部部长杜青林等领导和中央民族工作联合督查组汇报了自治区统战工作情况和民族工作情况。完成了全国人大代表、政协委员中的少数民族代表人士考察团来自治区考察的接待任务。

贯彻落实胡锦涛、贾庆林的重要批示精神,以强化管理、抵御渗透、确保稳定为重点,发挥宗教工作联席会议作用,重视基层“三级网络”和“两级责任制”建设,加强对抵御达赖集团和境外宗教组织渗透活动的研究和防范工作。加大对天主教地下势力、基督教私设聚会点、乱建佛教寺庙等问题的专项整治力度。从经费、编制等方面,积极支持爱国宗教团体加强自身建设,指导宗教团体和宗教活动场所制定完善规章制度,增强自我管理能力,努力为爱国宗教团体开展工作创造条件。深入开展创建“和谐寺观教堂活动”,举办了“创建和谐清真寺”、基督教神学思想建设、佛教和天主教中青年教职人员培训班,积极引导宗教与社会主义社会相适应。

【海外联谊工作】 建立和完善与海外爱国社团联系交流机制,加强与俄蒙等海外华人社团的联系。重视“海联”品牌建设,积极推进海联医卫室项目建设,落实在建项目42个,下拨建设款212万元,向中华海联会申请批复20个项目。召开全区台办主任会议,对全区对台工作进行了部署。举办对台工作形势报告会,加大与台湾中南部的联系交流和入岛宣传力度,加强两岸少数民族文化交流活动。组织台胞赴台寻根访祖活动,组织部分盟市商务局、招商局、发改委等部门和企业负责人赴台开展经贸考察。严格赴台人员审批和行前教育工作,全年共立项审批因公赴台交流团组120余个、800余人。加大服务台资企业工作力度,落实台塑集团捐建明德小学项目。召开了内蒙古侨联第六次归侨侨眷代表大会,在全区范围开展贫困归侨侨眷专题调研工作,推动解决华侨村原国营农场侨胞职工社保问题。积极开展侨联“社区工作年”、第二届“侨商—赤峰草原行”和内蒙古侨联成立30周年纪念活动,在中国侨联少数民族地区侨联工作座谈会上作典型发言,参加中国侨联2011年春节赴欧洲亲情中华慰问演出,加强与海外社团联系。组织开展慰问黄埔军校同学会在呼居住人员活动。吸纳社会有关方面人员参与《内蒙古台联通讯》、《在内蒙古的台湾人》的编辑工作,积极促进两岸交流交往。

【自身科学发展】 深入开展创先争优活动和学习型党组织创建活动。按照中央和自治区党委的统一部署,出台了统战部关于开展创先争优活动意见,制定具体实施方案,召开动员大会,及时安排部署和总结活动开展情况。以践行社会主义核心价值体系、坚定理想信念为主题,按照“加强学习、研究问题、提高素质”的要求,通过讲党课、学理论、讲传统、精业务和“找问题、谈对策、提建议”活动,扎实推进活动取得实效。深入调查研究,完善工作思路。结合民族地区的实际,以科学发展观为指导,着眼新的实践和发展,对内蒙古的统战工作进行认真审视,明确突出民族宗教工作重点、全面推进各领域工作的思路。提出抓学习、建制度、强素质、树形象、转作风、重实干等机关建设要求,努力树立正确的导向,营造良好的工作环境,充分调动工作积极性,不断增强机关的向心力和凝聚力,提高统战部门整体工作效能。

(闫慧龙 吕晨光)

纪律检查工作

【中国共产党内蒙古自治区纪律检查委员会 内蒙古自治区监察厅领导名录】

书　记:张　力
副书记:陈哲　张文清(蒙古族)　李杰
额尔德尼(蒙古族)　郭荣祥
常委:韩世华　乔建东　任青原
温树忠　朱俐萍(女　满族)
秘书长:韩世华
厅　长:张文清(蒙古族)
副厅长:郭荣祥　乔建东
温树忠　刘艳玲(女)

【概况】　自治区纪委监察厅内设办公厅、监察综合室、政策法规研究室、执法监察室、党风廉政建设室、纠正部门和行业不正之风室、行政效能监察室、纪检监察一室、纪检监察二室、纪检监察三室、纪检监察四室、纪检监察五室、案件管理室、案件审理室、信访室、宣传教育室、干部管理室等17个厅室和机关党委。其中办公厅下设三个处:秘书处、综合信息处、行政处。另设离退休人员工作处,归办公厅管理。委厅领导职数12人,其中书记1人,副书记4人(其中监察厅厅长1人),常委6人(其中副厅长3人、秘书长1人),党外副厅长1人。

自治区纪委监察厅下设正处级建制的事业单位3个:时代风纪杂志社,内蒙古纪检监察干部培训中心和内蒙古纪委监察厅机关事务服务中心。

【中央　自治区重大决策部署落实情况的监督检查】　全区各级纪检监察机关围绕加快转变经济发展方式、保持经济平稳较快发展,会同有关部门,加强对中央关于宏观调控、结构调整、节能减排和环境保护、规范和节约用地、合理开发利用自然资源、保障和改善民生等重大决策部署执行情况的监督检查,开展自治区党委关于排查化解矛盾、维护社会稳定等工作部署落实情况的监督检查。纠正违法违规问题1 622个,提出监察建议1 341项,督促建章立制498项,立案243件,结案206件,给予党政纪处分68人。参与安全生产事故调查454起,给予党政纪处分50人。加强对工程建设领域法规制度执行情况的监督检查,开展突出问题专项治理工作。纠正和整改问题4 632个。罚没、补交款项5 783万余元。全区查处工程建设领域案件3 304起,结案3 206件,给予党政纪处分159人(其中,县处级干部7人),组织处理23人,移送司法机关67人。列入不良记录企业299家。积极开展行政效能监察工作,自治区本级共受理行政效能投诉399件,办结率100%。

【查办案件工作】　自治区纪委先后三次召开办案工作会议,专题研究部署查办案件工作。加强办案工作制度化、规范化建设,不断强化依纪依法、安全文明办案工作,突出抓好大要案件查处,查办了一批在社会上有影响的大要案件。继查处蔚小平受贿案后,查办了自治区党委原副秘书长、自治区党委防范和处理邪教问题领导小组办公室原主任白志明违纪违法案,查明违纪违法总金额折合人民币3 954万余元,给予白志明开除党籍、开除公职处分,并移送司法机关处理。此外,自治区纪委配合和协助中央纪委对呼和浩特市委原副秘书长张志新侵吞国有资产案、自治区铁路重点项目协调办公室原副主任牛志美(副厅级)涉嫌违纪问题进行调查。2010年,全区各级纪检监察机关共受理信访举报12 134件(次),初核违纪线索2 601件,立案1 236件,结案1 234件,给予党政纪处分1 105人,其中地厅级干部5人,县处级干部52人,为国家和集体挽回经济损失9 038万余元。查处商业贿赂案件68件,涉案金额1 200余万元。

【纠风专项治理】　会同有关部门,开展强农惠农资金专项清查工作,纠正和整改违规金额2.14亿元,查处问题45件,责任追究21人。查处哄抬农资价格、制售假劣农药坑农害农行为587件(次),涉及金额245万余元。查处乱收费、乱罚款、乱摊派等损害农牧民利益案件16起,责任追究7人。纠正和查处农村牧区土地承包、流转、征收和征用、拆迁中损害农牧民权益问题321件。排查、纠正涉及土地、草牧场、退耕还林等方面问题96个,及时化解因党政机关、国家公职人员占地问题引发的矛盾纠纷。取消和清理涉企收费453项,查处涉企乱收费案件65起。严格规范中小学收费行为,清理、规范义务教育阶段改制学校16所。督促全区1 220家医疗卫生机构实施药品网上采购,采购药品总金额30多亿元,让利患者8 100多万元。纠正医药购销和医疗服务中的不正之风问题18件,查处人员6名。查处"问题乳粉"等食品药品安全问题3 460件,涉及金额4 226万余元,给予党政纪处分48人。查处公路"三乱"问题56起,给予45人党政纪处分。民主评议政风行风工作进一步深化。《行风热线》栏目的作用得到有效发挥。

【教育监督】　坚持以党员领导干部为重点,采取丰富多彩的形式学习宣传《廉政准则》、《行政监察法》等法律法规,深入开展党性党风党纪教育。以蔚小平受贿案为反面教材,召开警示教育大会;会同中央纪委制作了徐国元受贿案警示教育片;建成一批警示教育基地,广泛、深入开展了警示教育。同时,大力开展了典型示范教育。加强反腐倡廉网络宣传和舆论引导工作,以“廉政文化六进活动”为载体,深化了廉政文化创建活动。

【执行党内监督制度】 加强对关键岗位、薄弱环节的监督,自治区纪委出台了《加强对旗县(市区)党政正职监督的暂行办法》。落实民主生活会、述职述廉、任职廉政谈话、诫勉谈话和函询及领导干部报告个人有关事项等制度规定。各级纪委负责人同下级党政主要负责人谈话5 500多人次;领导干部任前廉政谈话7 400多人次;诫勉谈话700多人次;全区有37 000多名领导干部进行了述职述廉;有950多名地厅级、14 000多名县处级领导干部按照中央要求报告了个人有关事项。贯彻《巡视工作条例》,巡视工作有效开展,发现各类突出问题32个,向被巡视地区、单位提出反馈整改意见105条,向自治区有关部门提出建议10条。

【惩治和预防腐败体系建设】 以党风廉政建设责任制为龙头,以深入开展“全区惩防体系制度建设与相关改革推进年”活动为载体,抓好中央《工作规划》和自治区《实施办法》的贯彻落实。自治区领导带队考核、检查党风廉政建设责任制落实和惩防体系建设情况。自治区纪委按照《分工方案》和《任务台帐》的要求,加强协调,严格督查,确保党风廉政建设责任制得到有效执行,确保惩防体系建设和各项改革稳步推进,反腐倡廉制度建设进一步加强。工程建设领域监管制度不断完善,工程建设项目决策行为和招标投标活动、政府投资项目公示以及评审制度建设日趋规范;政府投资项目审计监督办法、从业单位信用评价制度开始实施;城乡规划管理、有形建筑市场标准化建设、招投标评审专家评估及管理办法等制度规定更加健全。国有经营性土地和工业用地招标拍卖挂牌出让制度形成体系。行政管理制度改革持续推进,自治区政府印发《关于推进行政权力公开透明运行的意见》,政务公开、政务服务中心建设、电子政务和电子监察等工作继续深化。12个盟市和73%的旗县(市区)成立了政务服务中心,40%的苏木乡镇设立了便民服务大厅,2 000多个嘎查村和社区居委会设立了代办点或服务站,7个区直部门建立了专业办事大厅。基层党组织党务公开工作有序推进,县委权力公开透明运行试点渐次展开。财政管理体制不断完善。“小金库”专项治理工作进一步深化。投资体制改革和干部人事制度改革进程加快。农村牧区党风廉政建设工作机制制度日趋健全。“村民代表会议常设制”等创新经验得到进一步推广运用,基层民主监督机制改革不断深化。国有企业、高等院校和城市社区反腐倡廉建设扎实推进。村务、厂务公开工作更加规范和完善。

【自身建设】 全区各级纪检监察机关贯彻落实《中央纪委关于进一步加强和改进纪检监察干部队伍建设的若干意见》,把深化“做党的忠诚卫士、当群众的贴心人”主题实践活动和开展创先争优活动紧密结合起来,自身建设得到加强。一是加强干部队伍建设。倡导建设学习型机关。自治区纪委开展了主题读书活动,组织编写《内蒙古纪检监察干部自学大纲》,加大纪检监察干部业务培训力度。各盟市、旗县(市区)纪委分别以岗位练兵、技能竞赛、主题读书等多种形式加强学习型机关建设。加强干部选拔、交流使用工作。自治区纪委按照“公开、平等、竞争、择优”的原则,通过竞争上岗方式对空缺的处级干部职位进行了调整和补充。加大干部的内外交流力度。二是加强基层纪检监察机关建设。对苏木乡镇街道纪检监察组织机构、人员配备、工作职能等作出了明确和规范。三是加强制度化、规范化建设。自治区纪委制定了《执纪执法职能室年度执纪执法分析报告制度》、《高等院校、国资委监管企业纪委书记拟任人选征求意见的回复规程》、《内蒙古纪委监察厅向社会通报党风廉政建设和反腐败工作情况制度》等一系列制度。自治区纪委设立机关纪委,进一步加强内部监督。

(曹明珠)

政法工作

【内蒙古自治区党委政法委员会 内蒙古自治区社会治安综合治理委员会办公室 内蒙古自治区维护稳定工作领导小组办公室领导名录】

书　记:邢　云

副书记:王维山(蒙古族) 邢宝玉 宋喜德(4月离任)
高俊义 陶建 杨汉忠(4月任职) 赵吉瑞(蒙古族) 武国瑞(7月任职)

委员:赵黎平 阎光红(10月离任) 傅益生(10月任职) 徐呼和(蒙古族) 刘国栋(7月离任)

秘书长 政治部主任:刘国栋(7月离任)

政治部主任:高俊义(7月任职)

秘书长:赵吉瑞(7月任职)

综治办副主任:刘国君

维稳办副主任:赵瑾琦(7 月任职)

副巡视员:苏云生　郝玉明(7 月任职)

【概况】 自治区党委政法委员会机关、自治区社会治安综合治理委员会办公室(以下简称自治区综治办)合署办公。自治区维护稳定工作领导小组办公室(以下简称自治区维稳办)设在自治区党委政法委员会。机关设 9 个职能处(室、部):办公室、政治部、执法督查室、信息调研处、机关党委,自治区综治办综合协调处、盟市指导处,自治区维稳办信息综合处、协调督办处。代管内蒙古党委防范和处理邪教问题领导小组办公室、内蒙古自治区法学会。自治区党委政法委员会机关(含自治区综治办、自治区维稳办)行政编制 48 人。其中书记 1 名,副书记 5 名,秘书长兼政治部主任 1 名(副厅级),综治办副主任 1 名(副厅级),维稳办副主任 1 名(副厅级),副巡视员 2 名;处级领导职数 17 名(11 正,含机关党委专职副书记 1 名,6 副)。自治区党委政法委员会机关(含自治区综治办、自治区维稳办)有在编干部 51 人,其中少数民族干部 14 人(蒙古族 10 人,达斡尔族 2 人,满族 2 人),妇女干部 12 人,研究生学历 17 人(其中,党校在职研究生 8 人),本科 31 人,大专 3 人。

2010 年,推进社会矛盾化解、社会管理创新、公正廉洁执法三项重点工作,自治区维稳工作连续 8 年受到中央维稳办的表彰奖励。

【社会矛盾化解】

明确目标任务　自治区党委、政府先后召开全区政法暨信访工作会议和全区深入推进社会矛盾化解动员大会,对全区政法工作和深入推进社会矛盾化解专项行动作出部署,确定了四项目标,即:确保中央交办自治区的信访问题力争全部得到解决,自治区向下交办的信访问题 80% 以上得到解决,列入各地工作台账的社会矛盾信访总量 70% 以上得到解决,实现进京上访总量全国排序退出前 10 位。

落实包联责任　自治区确定 12 名副省级领导分别包联 12 个盟市,全区抽调 315 名厅级干部和 21 320 名干部深入基层,集中推进社会矛盾化解工作。自治区党委、政府 5 次召开党政联席会议和矛盾化解工作会议,对涉及政策层面的 18 个信访问题进行深入研究,推动化解工作扎实开展。自治区深入推进社会矛盾化解专项行动办公室(设在自治区维稳办)会同信访部门加强对下指导,细化分解目标,多次专题研究,及时向自治区党委、政府汇报进展情况。定期通报进展情况,共编发《社会矛盾化解动态》60 期。7 月,在通辽召开了全区信访工作暨社会矛盾化解工作经验交流现场会,总结交流推广经验,推进自治区决策部署的贯彻落实。

建立工作台账　指导各级各部门开展排查摸底,建立化解矛盾纠纷工作台账。对排查出的矛盾纠纷,逐件登记建档,逐案明确责任主体、责任单位及责任人,建立起全区社会矛盾纠纷动态信息数据库。对涉及多个诉求、多个部门的,确定牵头责任部门和协作部门;对跨地区的,协调落实责任部门;对本级范围内无法解决的重大疑难复杂矛盾,提请上级协调解决。

展开攻坚行动　督促指导各地维稳、信访、政法部门(单位)对登记在册的社会矛盾问题逐件研究,制定“一揽子”解决方案,本级责任范围的问题,做到必须解决在本地区、本部门、本单位。坚持抓早抓小抓苗头,综合运用经济、行政、法律和教育等手段,通过多种方法和途径化解问题。对缺乏政策依据的疑难复杂问题,如部分教师、“五七”工、企业“协解”人员等群体重复上访问题,协调组成联合工作组,逐件逐案研究,提出处理意见,由自治区矛盾化解工作领导小组进行统筹。指导各盟市包联工作组坚持跟进指导,加大督查力度,加快工作进度,推进重点地区、重点单位深入开展专项行动,提高化解工作质量。指导各地加大非正常上访整治力度,有效遏制非正常上访高发态势,实现进京非正常上访总量大幅度下降。完善大调解机制,逐步健全民意诉求表达机制,提高基层化解矛盾能力。截至年底,中央联席办交办自治区 565 件信访事项已全部化解;自治区交办 2 703 件信访事项和盟市自行排查的 6 731 件信访事项,分别化解 2 617 件、6 463 件,化解率达到 96% 以上。全区重复进京非访量从 9 月份开始退出前 10 位,其中 12 月份退到第 23 位。

落实民生工程　自治区社会矛盾化解办与联席办及时汇总分析情况,梳理出 13 个方面共 18 个需要从政策层面研究解决的信访热点难点问题,逐个确定牵头部门和参与单位。年底前,自治区出台 8 个解决信访突出问题的政策性意见,另有 3 个文件正在酝酿出台。全区各级财政投入近 40 亿元,解决了一大批“老大难”矛盾问题,惠及全区 50 万群众。各地把解决民生问题作为减少社会不稳定因素的抓手,实施惠民工程,解决低收入群体的养老、医疗、住房、就业等问题,有力地促进了社会和谐稳定。

【维护稳定工作】

加强对敌斗争,协调解决影响政治稳定的重大问题　针对高校领域维稳工作面临的新情况,协调成立了维护高校稳定联席会议制度。组织开展了针对邪教组织的专项打击整治行动。按照中央要求,配合公安国保和国家安全等部门,制定周密方案,妥善应对民族分裂活动重点人哈某出狱前后的有关工作。妥善处置了涉日游行事件和呼伦贝尔市部分林业职工群众拦截铁路等重大事件。

完成重大节庆日、敏感节点的维稳任务 督促指导各盟市深入开展不稳定因素的排查梳理和风险评估。协调公安国保和国家安全机关加强情报信息工作,落实对重点人员、重要地区及重点群体的管控措施。指导各级维稳部门坚持把工作做在基层,把隐患解决在基层,确保特殊敏感节点平稳渡过。积极参与做好上海世博会和广州亚运会期间信访维稳工作。年内,自治区没有发生重大社会政治事件和重大群体性事件,实现了“大事不出,小事也不能出”的工作目标。

强化稳定责任 强化各级党政领导抓维稳的责任。自治区党政主要领导针对不同时期的重点任务,及时作出重要指示,听取维护稳定工作汇报,研究解决影响社会稳定的重大问题。强化职能部门和属地单位的责任,认真执行“基层党委书记大接访”制度,并扩大到各维稳成员单位,将各级领导干部抓维稳工作的履职情况纳入领导班子和领导干部实绩考核目标。

健全预防处置机制 督促指导各地在工作部署、机构队伍建设、经费保障上向维稳工作倾斜。加强维稳机构建设和维稳队伍建设,各级维稳经费逐年递增。推进联合接访中心建设,着力构建四级联合接访工作网络体系,确保群众信访诉求“有人接”、“有人解”。建立实行重大社会安全事件应急处置机制和社会稳定风险评估机制,推动维稳工作的规范化、制度化建设。

【社会治安综合治理】 自治区把深入推进社会管理创新作为综治工作的突出重点,确保全区社会治安形势持续平稳。全区8类主要案件同比下降6.4%;群体性事件起数同比下降15.1%,参与人数同比下降9.9%。

推进社会管理创新 年初,成立了推进社会管理创新工作协调小组及办公室,积极探索社会管理创新模式。鄂尔多斯市被确定为全国社会管理创新综合试点城市,呼和浩特市赛罕区等12个旗县区被确定为自治区社会管理创新综合试点旗县(市区)。指导鄂尔多斯市着力提升城市建设和管理水平,东胜区率先实施“数字东胜”工程建设,累计投资4亿多元;组织实施“管理创新工程”、“科技惠民工程”、“阳光政务工程”、“信息畅通工程”等已取得明显成效。指导锡林郭勒盟完善“草原110”社会治安防范体系,使之成为推进牧区社会管理的有效方式。

落实综治责任制 督促落实综治领导责任制和工作责任制,自治区主席巴特尔,自治区党委常委、政法委书记邢云分别与各盟市委主要领导、自治区综治委成员单位签订责任书。印发了2009年度综治工作考核情况的2个反馈意见。坚持五部门联席会议制度,落实奖惩措施。加强综治工作日常监控,严格按季度通报。协调组织、人事部门将党政主要领导和分管领导抓综治工作实绩纳入干部提拔考核内容,书面征求综治部门意见。9月,自治区党委、政府在鄂尔多斯市召开全区社会治安综合治理工作会议暨综治委全体会议,总结工作,表彰先进,落实责任。

排查整治治安重点地区 指导各地把治安重点地区排查整治作为社会管理创新的一项重点内容来抓。成立了自治区排查整治工作领导小组及办公室,下设3个工作组。派出4个督查组,深入12个盟市开展督查,对57个重点部位(场所)和公安部通报的6个涉枪涉爆旗县(市区)进行专项督查。全区共排查重点地区(部位、场所)21 189个,确定治安重点整治地区(部位、场所)3 990个,整治效果良好地区(部位、场所)3 716个,正在整治地区(场所、部位)274个。

推进平安创建活动 加快基层综治组织和服务平台建设,在政策、人力、财力方面给予大力支持。全区苏木乡镇(街道)普遍建立起综治工作中心,嘎查村(社区)绝大多数建立起综治工作站。深化平安创建活动,巩固扩大基层平安创建十大工程成果。印发《关于扎实推进平安内蒙古建设的职责分工意见》,狠抓措施落实,推进基层平安建设向纵深发展;总结推广平安稳定创建先进典型,激发社会各界参与平安建设的积极性。年内,全区综治系统受表彰的先进集体146个、先进个人50名。

【综合治理九个专项工作】

刑释解教人员安置帮教工作 加强安置帮教机构建设,全区建立刑释解教人员安置帮教工作站962个、安置帮教小组13 023个,培训安置帮教工作人员120余名。全区共排查14 730名刑释解教人员(已衔接14 017名)。健全管理制度,基层司法所普遍建立刑释解教人员信息管理台账,落实帮教措施,共帮教刑释解教人员13 947名,帮教率94.7%;安置刑释解教人员12 427名,安置率84.4%。

流动人口服务管理工作 制定《自治区关于进一步加强流动人口服务和管理工作的意见》(征求意见

稿),印发《2010 年自治区流动人口服务和管理工作要点》。深入落实 12 项措施,强化出租房屋管理,进一步完善管理措施。

预防青少年违法犯罪工作　开展未成年人法律保护和预防青少年违法犯罪宣传教育活动,推进重点青少年群体教育、服务和管理创新。组织开展问卷调查和"青少年维权岗"宣传月系列活动,强化 12355 青少年服务台建设,开展关爱特殊青少年群体慰问活动,不断提升服务水平。

铁路护路联防工作　继续推进合资铁路护路联防工作,指导铁路企业和有关地区成立护路联防组织。开展爱路护路宣教活动,全区共举办宣教活动 325 场次,受教育群众 15 万人次。抓重点问题排查整治,对 108 个重点区段、144 个重点问题进行整治和防控,年内,铁路沿线未发生重大治安问题。

电力设施保护工作　开展预防打击电力设施违法犯罪工作,保障电网安全稳定运行。加强对重要设施、重要部位的防范和治安巡逻,开展电力设施保护宣传活动。内蒙古电力公司安监部被评为"2009 年电力行业电力设施保护先进单位"。

综治看守所安全管理工作　转发中央综治办等 9 部门《关于综合治理看守所安全管理工作的意见》和《全国看守所安全管理大检查专项活动方案》,制定《全区看守所安全管理大检查专项活动方案》,召开看守所安全管理工作联席会议,成立综合治理看守所安全管理工作领导小组,派督查组对此项工作进行督查。

打击传销和取缔无照经营工作　转发中央综治办、国家工商总局《关于做好将查处取缔无照经营纳入社会治安综合治理目标考评工作的意见》,成立领导小组,建立联席会议制度,将打击传销和取缔无照经营工作列入综治考核范围。

学校、幼儿园及周边安全工作　自治区"两办"转发《关于加强学校、幼儿园及周边安全工作的意见》。组织开展全区学校、幼儿园及周边地区治安秩序专项整治行动,严密安全防范和管理措施,严厉打击侵害学校、幼儿园师生人身财产安全的违法犯罪活动。全区未发生侵害师生人身财产安全的重大治安事件。

见义勇为表彰工作　表彰奖励全区见义勇为先进分子 59 名,颁发奖金 47.15 万元,其中特等奖 3 名,各颁发奖金 5 万元。2 名同志被评为全国见义勇为好司机,包头市被授予全国十大见义勇为好司机"城市奖",呼伦贝尔市综治办被授予全国十大见义勇为好司机"组织奖"。

【政法综治宣传工作】　配合中央电视台,组织完成《平安中国 · 平安内蒙古》"平安故事"录制工作和"有法大家帮"走进内蒙古大型法律咨询活动,取得了良好社会效果。组织开展综治宣传月活动,活动期间解答群众咨询 15 万余人(次),直接受教育群众 310 多万人。开展政法综治好新闻评选活动,内蒙古人民广播电台《10.17 杀人越狱案第一现场》获全国综治优秀新闻作品二等奖,获"内蒙古新闻奖"二等奖。《"公调对接"为了案结事了》获全国综治优秀新闻作品三等奖。

【公正廉洁执法】　制定了《关于全区深入推进公正廉洁执法的意见》,提出树立"北疆卫士"形象,增强五个能力(即增强把握运用法律政策的能力、做好群众工作的能力、处置化解矛盾纠纷的能力、信息化实战应用的能力、舆论引导的能力)、取得四个进步(即在提高执法能力上、细化执法标准上、加强执法监督上、永葆政法队伍先进性上取得新进步)、实现三个显著提高(即政法队伍整体素质、办案质量、人民满意度显著提高)的总体目标。

开展执法大培训　开展执法培训工作,严格落实政治轮训制度,着重解决执法方向性问题。6 月,在江苏省常州市举办了全区政法系统领导干部培训班,80 余名政法领导干部参加学习培训,取得了良好效果。9 月,在内蒙古党校举办了全区政法系统中青年干部培训班,49 名学员参加培训。组织全区政法委系统 50 余人赴兄弟省市区学习考察。

清理涉法涉诉信访积案　年内,中央政法委交办案件 94 件,自治区联席办交办案件 91 件,自治区党委政法委向下交办案件 12 件,全部息诉罢访。通过集中清理信访积案,多数盟市涉法涉诉信访高发势头得到有效遏制,涉诉信访总量大幅下降。建立涉法涉诉信访救助基金,年内共使用救助资金 976.71 万元,救助确有实际困难上访群众 305 人(涉及 269 个案件)。

开展"百万案件评查"　截至年底,全区评查案件 9 536 件,通过评查发现存在执法过错的案件 72 件,存在瑕疵的案件 288 件,依法监督纠正了一批群众反映强烈的执法司法不公案件。

强化执法监督　加强案件督办和案件协调工作,及时交办重大疑难案件,转办群众反映的案件。年内共交办案件 17 件,转办案件 5 件。组织参与协调复杂疑难案件 3 件。协调做好专案调查,对 1 起有较大影响的案件,组成工作组进行专案调查,依法提出处理意见,使这些案件得到公正处理。

完善公正廉洁执法制度保障　推进"阳光执法",

提高政法工作的透明度。指导督促政法部门建立执法档案制度和执法考评机制,创新执法监督机制,完善部门协作配合机制,加强对重点执法环节的专项督察,发挥执法监督职能作用。加快执法信息化建设进程,组织开展政法专网建设,积极推行网上办案。严格落实执法责任追究制,督促政法领导干部自觉履行“一岗双责”,严格执行中央政法委“五条禁令”和硬性规定。落实从优待警措施,在职级待遇、履职保障等方面为政法部门和政法干警解决实际问题。积极协调解决政法机关人员不足、经费紧张、装备落实、管理不严等问题,夯实公正廉洁执法的基层基础。年内,共备案自治区政法部门呈报的处级干部322名。

【政法干警招录培养改革试点工作】 会同组织、人事等相关部门制定下发《内蒙古2010年政法干警招录培养体制改革试点工作实施方案》,组织开展2010年政法干警招录工作,完成定向招录干警412名。会同组织、人事等部门下发《转发中央政法委员等12部门〈关于规范使用新增政法专项编制严把政法机关进人关的通知〉的通知》、《关于认真做好政法干警招录培养体制改革试点毕业生定向派遣工作的通知》,规范政法专项编制使用和管理,推动落实定向培养政策。

（李建军）

政策研究工作

【中国共产党内蒙古自治区委员会政策研究室领导名录】

主　任:王焕承(兼任内蒙古自治区党委副秘书长)

副主任:胡匡敬　刘万华

副巡视员:特木勒(蒙古族)　陈智　郝影　图雅(女　蒙古族)

【概况】 自治区党委政策研究室是为自治区党委决策服务、从事综合性研究的工作部门。内设办公室、农村牧区研究处、城市经济研究处、政治文化研究处、党建研究处、经济社会发展战略研究处6个职能处室和机关党委,一个正科级机关事务服务中心。共有在职干部38人,在职事业编制职工6人。

【文稿起草】 全面落实自治区党委主要领导关于强化文稿服务的要求,切实加强文稿写作队伍建设,着力提高文稿起草质量,服务党委工作大局的职能进一步增强。全年完成了大量文稿服务任务,主要有:自治区党委主要领导参加党和国家重要会议和活动的文稿服务,中央领导考察内蒙古的文稿服务,自治区党委主要领导重大活动、重要会议讲话及调研考察等文稿服务,国家支持内蒙古发展意见代拟稿、自治区党委“十二五”规划建议、自治区政府关于牧区发展和牧民增收若干意见等重要文件的文稿服务任务。

【调查研究】 把调查研究和文稿服务有机结合起来,围绕重大问题、重大决策和重要文稿起草开展调查研究,为自治区党委、政府决策发挥作用。组织专门力量,就自治区“十二五”发展思路、产业建设、政策支持和公共服务等领域深入开展调研,形成了《内蒙古自治区“十二五”时期发展思路研究》、《“十二五”时期内蒙古信息化与工业化融合的研究》、《“十二五”期间争取国家支持内蒙古发展的政策研究》、《加快推进内蒙古公共服务均等化》、《内蒙古自治区“十二五”口岸发展规划》等一批调研报告和研究课题,为自治区制定“十二五”规划提供了重要参考依据。完成了自治区党委主要领导交办的调研任务,对沿黄河沿交通干线产业布局、文化系统人才流失、民生考核指标设置等问题进行调研,形成了《关于沿黄重化工业发展与水资源供需关系的研究报告》、《关于全区文化系统专业人才流失情况的调查和建议》、《关于设置民生工作考核指标的建议》等研究报告。重点对转变经济发展方式、调整经济结构、发展现代农牧业、提高居民收入、加强基层组织建设等重点难点问题进行调研,形成了《困扰苏木乡镇党政领导干部的四大问题——对苏木乡镇党政领导干部队伍建设的调查》、《开辟农牧业发展和煤炭转化利用的新途径——内蒙古永业集团调查》、《加快我区城市总部经济发展,促进经济发展方式转变》、《创新党建工作模式,激活党组织和党员内在活力——达拉特旗“一统三化”党建工作模式的实践与启示》、《也把旅游业确定为我区的战略性支柱产业》、《关于提高我区城乡居民收入的对策建议》、《应高度重视物价上涨对低收入群体生活的影响》等一批有情况、有分析、有对策的调研成果。与相关部门合作起草了《关于我区争取成为国家资源型地区可持续发展试点的建议》,为争取国家有关政策提供了支持。加强与兄弟省区的交流合作,成功主办了东北内蒙古四省区市的党委政研室主任会议,交流了“十二五”发展思路和产业结构调整、区域合作等做法及经验。

【党建领导小组秘书组工作】 起草了自治区党建领导小组有关负责同志的讲话、党建工作领导小组2009年工作总结、2010年工作要点。在中央政策研究室《党建动态》上刊发了《内蒙古自治区开展创先争优活动注意突出重点、创新载体、强化保障》的文章。在推动党建领导小组工作规范化和制度化建设上取得新进展,建立了抓基层党建工作专项述职制度,制定了《自治区党委党的建设工作领导小组听取本单位党组(委)书记抓基层党建工作述职实施方案》,形成了《党建工作领导小组办事机构、成员单位工作联系制度(试行)》。完成了党建领导小组有关活动的组织和日常工作。编发了《内蒙古党建通报》8 期,评比、通报、奖励了 2009 年度党建优秀调研报告。

【刊物建设】 《决策研究》坚持注重质量、兼顾数量和喜忧兼报的原则,增强针对性和时效性,为领导决策提供及时有效的依据。《政研专报》主要突出内部性和反映情况的功能,坚持重大问题、重要情况一事一报、报送专人,集中反映特定事项或重大情况。《内蒙古工作》主要突出服务基层、指导工作的功能,不断完善办刊思路,在办好原有优势栏目的基础上,新增"转变发展方式"、"维稳工作"等栏目。全年共刊发《决策研究》36 期,领导批示 7 期,批示率 19.4 %;上报《政研专报》5 期,领导批示 2 期;编发《内蒙古工作》12 期。

【农村牧区固定观察点工作】 农牧区固定观察点工作在扩大覆盖面的基础上,重点抓了完善指标体系、稳定提高调查员队伍和数据处理的软件开发工作。全区 67 个观察点的数据处理全部实现了信息化。组织召开全区固定观察点会议,对工作人员进行了技术培训。对 2010 年度农村牧区固定观察点数据进行处理分析,形成年度汇编报告报送自治区党委参阅。并将 1 600 余个固定观察户和调查员情况编印成册,分送自治区有关领导,使其可与农牧民直接通话。

【机关建设】 把文稿服务能力建设作为机关建设的重中之重,强化学习,加强业务培训,改变机关作风建设,抓好学习实践科学发展观活动后续工作和长效机制建设,干部精神状态和机关面貌呈现新气象。把组织建设作为班子建设的关键环节,注重抓好干部队伍建设和干部培养使用,1 名班子成员提拔交流为正厅级领导,2 名处级干部走上副厅级领导岗位,班子结构更趋合理。改善机关干部职工物质文化生活条件,购置更新了部分车辆、电脑等设备。组织全室干部职工参观世博会,有针对性地进行爱国主义教育。组织离退休同志和部分处室同志到赤峰市参观考察。

【联系基层】 全年共筹集扶贫资金 652.8 万元,帮助兴安盟德力斯台嘎查,加强生产生活基础设施建设。新建水浇地 1 000 亩、打机电井 18 眼,建设通乡水泥路 3.6 公里,整修前中屯结合部砂石路 3 公里,硬化文化广场 1 万平方米,新改造危草房 30 户。使农牧民纯收入达到 5 000 元左右,高于全盟平均水平 1 300 元。帮扶工作得到国家扶贫办、自治区党委和直属机关工委的高度评价。配合嘎查班子组织 61 名村民到黑龙江省甘南县兴十四村参观学习,使他们开阔了视野。全面提升规模化种养殖水平。购进奶牛 80 头、雏鸡 1.2 万只,新建、改建鸡舍 6 栋约 1 300 平方米,建立"统分结合"的合作管理新模式。与嘎查班子和旗扶贫办共同研究制定了土地规模经营试点工作实施方案,积极组织实施连片种植覆膜玉米 3 000 亩,谷子 500 亩。把昭君新村社区作为党员执政为民教育基地,"七一"同社区党员干部共同学习党章,重温入党誓词,为社区 6 个考入大学的低保户家庭筹资 9 000 元。

(黄志英)

机构编制工作

【内蒙古自治区机构编制委员会办公室领导名录】

主　任:杨再明

巡视员:邢志华(蒙古族 9 月离任)

副主任:高娃(女 蒙古族) 刘高恩 张润生(9 月任职)

副巡视员:乌仁其其格(女 蒙古族 7 月离任) 王桂英(女 蒙古族 7 月任职)

【概况】 内蒙古自治区机构编制委员会办公室是自治区机构编制委员会的常设办事机构,既是自治区党委的工作机构,又是自治区政府的工作机构,列自治区党委机构序列,正厅级。行政编制 33 名,实有 30 人。设综合处、机关机构编制处、事业机构编制处、机构编制监察处、事业单位登记管理处(局)5 个职能处室和机关党委。另设有处级事业性质的机关事务服务中心,编制 9 名,实有 9 人。

【自治区政府机构改革】 在顺利完成第一批 43 个部门"三定"(主要职责、内设机构和人员编制规定)工作的基础上,审核印发了第二批 4 个部门的"三定"规定。通过政府机构改革和"三定"规定的落实工作,政府职能转变取得实质性进展。参照国务院部委"三定"规定,适应自治区经济社会发展需要,各部门共增加职责 54 项,强化职责 64 项,下放职责 12 项,弱化职责 18 项,取消职责 33 项,具体行政事务减少 18 项,取消行政审批事项 40 项。理顺了部门间的职责关系,解决部门交叉重复的职责 30 项。强化和明确部门责任,明确自治区政府各部门承担责任共97项。优化政府组织结构，完善行政运行机制，规范机构设置和编制管理，提高了行政效能，初步建立起符合经济社会发展实际的行政管理体制，推动了法治政府、责任政府、服务政府、廉洁政府的建设。8月对自治区政府各部门机构改革工作进行了全面督查评估，重点督查部门间职能划转是否到位，转变职能和强化部门责任的要求是否落实，规定的机构设置、内设机构、人员编制、领导职数是否严格执行等。从评估结果看，自治区政府各部门能够认真落实《内蒙古自治区人民政府机构改革方案》和部门"三定"规定，按照要求采取切实可行的办法和措施，完成机构改革的各项任务，严格落实机构编制的各项规定，达到了改革的预期目标。

【盟市 旗县(市区)政府机构改革】 各地把推进政府机构改革作为全年工作的重点，盟市、旗县政府机构改革和部门"三定"工作基本完成。推动政府职能转变，初步理顺政府各层级的事权关系，规范了盟市、旗县(市区)政府部门设置，解决了一些行政职能体外循环及政事不分等问题。调整和理顺了盟市、旗县(市区)物价检查和价格成本机构的设置，相应划转了人员编制。

【苏木乡镇机构改革】 为妥善解决苏木乡镇机构改革遗留问题，对呼伦贝尔市、兴安盟、通辽市苏木乡镇机构改革情况进行了调研，提出对呼伦贝尔市、兴安盟苏木乡镇机构改革试点方案的调整意见，经自治区党政主要领导同意后印发实施。对苏木乡镇机构改革的情况进行了调研，了解存在的主要问题，听取深化苏木乡镇机构改革的意见和建议。各地按照中央和自治区党委、政府的要求，在巩固苏木乡镇机构改革成果的基础上，继续深化苏木乡镇机构改革，着力转变苏木乡镇职能，创新工作机制，苏木乡镇政权建设得到加强，服务"三农"、"三牧"水平得到明显提高。

【事业单位改革】 提出《内蒙古自治区事业单位分类改革工作方案》，组织开展了事业单位模拟分类工作，基本完成了区直事业单位的模拟分类，为下一步进行清理规范、科学分类奠定了基础。各盟市按照自治区的统一要求，积极推进事业单位改革有关工作，清理整顿现有事业单位，研究和开展事业单位模拟分类，创新事业单位管理体制和运行机制，为开展事业单位分类改革做了必要的准备。各盟市还选择部分旗县进行了事业单位模拟分类工作试点。

【机构编制管理】 在不突破总量的前提下，坚持从严从紧审批机构编制，重点研究解决了涉及社会管理、公共服务、生态环保、维护社会稳定、保障和改善民生等领域的一些机构编制事项。本着控制总量、盘活存量的精神，积极探索编制动态调整的办法，调整增加了旗县纪检监察机关编制。对第一批下达的政法专项编制的分配使用情况进行了检查评估，向中央编办上报了自治区第二批公安、司法政法专项编制需求情况的报告。继续大力推进机构编制实名制管理。召开了全区机构编制实名制管理工作会议，培训实名制信息系统管理人员。推进区直机关事业单位实名制数据的录入和《机构编制管理证》的更换工作，完善实名制信息系统软件功能。自治区机构编制实名制管理工作得到中央编办的充分肯定，在一些全国性会议上作了典型发言。全面启动了全区政务和公益域名注册工作。

【机构编制监督检查】 对违规核定编制和领导职数等问题进行督查。开展机构编制政策法规宣传，对各地学习、宣传和执行《机构编制违纪行为适用〈中国共产党纪律处分条例〉若干问题的解释》进行了督查，提高各级领导干部执行机构编制纪律的意识，严肃了机构编制纪律。做好"12310"举报电话的受理工作。开展年度机构编制管理目标考核工作，对全区所有盟市机构编制管理工作进行了普遍检查。

【事业单位登记管理】 召开全区事业单位登记管理工作会议，回顾总结了2000年以来事业单位登记管理工作，对2010年登记管理工作安排部署。对区直符合年检条件的690家事业单位全部年检，年检率100%。完成事业单位法人的其他日常登记管理工作，加强对事业单位的监督管理。对开展事业单位网上登记管理进行了认真准备，举办了15期网上登记管理工作人员培训班。

【其它工作】 配合医药卫生体制改革，出台了《苏木乡镇卫生院机构设置和编制标准指导意见》，截至年底，全区苏木乡镇卫生院机构编制核准备案工作已经完成。配合做好文化体制改革的相关工作，与自治区有关部门联合下发了《关于加快全区文化市场综合执法改革的实施意见》，批复各盟市成立了文化市场综合执法机构。

组织做好回复有关部门征求意见稿等工作，答复人大代表建议、政协委员提案27件。做好信息宣传工作，按时编发《内蒙古机构编制工作》，全年共出刊12期。做好政府机构改革宣传工作，编发《机构改革简报》16期。举办了全区第5期新任编办主任培训班。

(周知)

直属机关党建工作

【中国共产党内蒙古自治区直属机关工作委员会领导名录】

书　记:符太增

常务副书记:曹树山(9月离任) 李　华(女 9月任职)

纪工委书记:李宝昌(9月任职)

副书记:赵奎元 张琛(女 蒙古族 9月任职) 王君(9月任职)

副巡视员:王学文 邸贵雄

【概况】 中共内蒙古自治区直属机关工委是自治区党委的派出机构,领导自治区直属机关党的建设,指导自治区盟市机关党组织开展工作。设有区直机关纪工委、办公室、组织部、宣传部、研究室、区直机关工会工委(妇工委)、区直机关团工委、机关党委、工委党校、机关事务服务中心及区直机关帮扶办和关工委。

【创先争优活动】 组织领导区直机关开展创先争优活动,不断增强机关基层党组织活力。机关工委成立了区直机关创先争优活动领导小组和办事机构,建立了分片联系、领导联系点、调度会等制度。全年,共组织专题培训会2次,调度会3次,专项推进会1次,集中搞了两次较大范围的调研和督查考核,推动了活动的深入开展。各单位建立领导干部联系点2 619个,党员领导干部深入基层调研指导4 320次。以"讲党性、重品行、作表率"为主题,以创建学习型党组织和"两深入、两促进"活动为载体,坚持分类指导,扎实推进。抓好公开承诺、践行承诺和领导点评等重点环节的工作,确保活动质量。坚持典型引路,加大宣传力度。总结推广区直机关创先争优活动先进典型22个,在20多个单位中评比表彰504个先进基层党组织和1 445名优秀共产党员,营造了争当先进、学习先进的良好氛围。

【理论武装和学习型党组织建设】 把建设学习型党组织与创先争优活动有机结合起来,注重用马克思主义中国化最新理论成果武装头脑、指导实践、推动工作。以领导班子和领导干部为重点,抓好中心组学习,充分发挥中心组的引领带动作用。加大对党务干部、党员和入党积极分子的培训力度,举办了学习十七届五中全会理论骨干和党务干部培训班,培训理论骨干和党务干部147人。工委党校举办各类培训班11期,参训1 047人次。在广大党员干部中组织各种形式的读书、实践活动,积极搭建学习平台,健全完善学习考评制度,采取干部竞争上岗等有效措施,激发学习的主动性和自觉性。机关工委通过制定建设学习型党组织的实施意见、深入基层调研、召开工作推进会和经验交流会等方式,加强具体指导。加强机关党建理论研究,组织创新成果奖评选工作,11个单位获得创新成果奖,3个课题研究报告得到全国党建研究会机关专委会的好评。

【"两深入 两促进"工作】 在定点帮扶兴安盟方面,2010年,各帮扶单位投入资金5.49亿元,五年累计投入帮扶资金17.61亿元。通过实施"352"工程,帮扶点的基础设施建设、农田基本建设有了长足的进步,人居环境明显改善,基层组织建设得到加强,农牧民脱贫致富的信心增强。被帮扶区域内的贫困人口由6.8万人减少到1.8万人,贫困人口人均纯收入由766元提高到1 700元。在重点帮扶鄂伦春和莫力达瓦达斡尔族两少数民族自治旗方面,实施帮扶项目140个,到位资金4.02亿元,三年累计实施重点帮扶项目459个,到位资金11.93亿元。在社区党员执政为民教育基地建设方面,85个单位投入资金共计470.4万元,五年累计投入2 621.11万元。各单位通过走访慰问、结对帮扶、共驻共建等措施,完成五项工作任务,较好地践行了机关党组织和党员服务基层、服务群众的承诺。

【党风廉政建设和反腐败工作】 落实党风廉政建设责任制和《工作规划》,积极推进惩防体系建设。学习贯彻《廉政准则》,组织区直机关5 732名处以上党员领导干部进行知识测试。加强反腐倡廉宣传工作,通过组织召开廉政文化建设经验交流会、发送廉政贺卡和廉政手机短信,开展廉政文化活动。加大查办案件工作力度。区直机关单位全年共受理来信来访150件(次),区直机关纪工委受理群众来信来访6件(次),全部进行初查核实,对4名处级干部给以党纪处分,1人政纪处分,1人组织处理。

【精神文明建设和群团组织工作】 继续开展文明单位创建活动和社会主义核心价值体系学习教育活动,工委与党委宣传部等单位联合举办了"草原赞歌·祝福祖国"第二届合唱节群众大合唱,区直机关有12支代表队参加了大合唱,激发了干部群众的爱国热情。工会、共青团、妇联和关工委组织借助全党开展创先争优活动的有利时机,通过开展学习教育活动和主题实践活动,实现党群共建,创先争优。在维护职工、妇女合法权益、推荐先进典型、慰问困难职工、活动品牌工程建设等方面做了大量工作,取得了较好的效果。

（郝松山）

老干部工作

【中国共产党内蒙古自治区委员会老干部局领导名录】

局　长:董树君

副局长:吴云霞(女　蒙古族) 张忠　徐国铭(9月离任) 郝兰树(9月任职)

副巡视员:赵发　陈旭明(女　9月任职)

【概况】 内蒙古自治区党委老干部局内设办公室、政治文化待遇处、生活待遇处、社会待遇处、机关党委(人事处)、离退休人员办公室等6个处室。内蒙古关心下一代工作委员会办公室挂靠在老干部局,负责内蒙古关心下一代工作委员会的日常工作。直属管理机构5个:自治区直属离退休人员工作办公室、自治区直属机关干部休养所、老干部活动中心(老年大学)、老年大学函授部、机关事务服务中心。局机关核定人员编制190名,实有人员174人。截至2010年底,全区离退休干部约51万人,离休干部共计18 911人(不含中直单位),平均年龄82.6岁。其中:80岁以上的占76.4%;女性2 322人,占12.3%;红军时期27人;抗战时期1 733人;解放战争时期17 151人;享受省级待遇的68人;行政机关离休6 725人,事业单位5 167人,企业7 019人;易地安置332人;离休干部无工作单位遗属8 365人;委托行政、事业单位管理的企业离休干部2 695人。厅局级以上退休干部1 388人,其中副省级37人。离退休干部中党员19.9万人,基层党组织4 349个。

【政治待遇】 各地各部门通过组织形势通报、专题辅导、参观考察、订阅报刊等形式,让广大离退休干部了解中央和自治区党委的部署和要求,了解区内外政治经济发展形势,促进离退休干部思想政治建设。结合离退休干部实际,以强化组织功能为重点,不断创新党组织设置,扩大党组织覆盖面,积极组织开展创先争优活动,推动了离退休干部党支部建设。

【生活待遇】 通过电话了解、与组织部联合通报、实地督查等方式,加大对离休干部住房补贴发放工作的督查力度。截至年底,7个盟市本级和50个旗县(市、区)已全部发放;5个盟市和49个旗县(市、区)部分发放。全区发放住房补贴近4亿元,20 358名离休干部领到住房补贴。自治区研究制定了提高"文革"伤残人员养老、医疗、护理等待遇的政策,将本级享受医疗定额补助离休人员补助标准调整至13 000元。各地不同程度地提高了离退休人员离退休费或生活补贴标准,加大对特困离退休干部的帮扶力度。

【文化待遇】 自治区七部门联合下发《关于在"十二五"期间加快离退休人员学习活动和社区居家养老服务场所建设的意见》。全区老干部活动场所(场地)面积达到137.5万平方米。自治区党委老干部局组成检查组先后深入8个盟市、30个旗县(市、区)检查验收各地老干部活动中心建设达标情况。有7个盟市和60%以上的旗县(市、区)场所建设达到或超过4 000平方米和1 000平方米基础设施建设的目标要求。全区新增老年大学11所,在校学员近2万名。各地组织老同志开展形式多样的文体娱乐活动,丰富了离退休干部的精神文化生活。

【社会待遇】 对全区"十二五"期间离退休人员社区居家养老服务场所建设提出了具体要求。各地继续抓好"四位一体"服务网络建设示范点工作,并逐步扩大范围。各示范点普遍建立了社区离退休人员信息档案,发放了联系卡,利用社区资源,开展各具特色的活动为离退休干部服务。

【荣誉】 3月25日,自治区党委老干部局上报的《利用社区资源做好离退休干部服务管理工作的思考》的调研报告,被中组部老干部局评为"2009年度全国老干部工作部门优秀调研成果奖"。

【老干部文化生活】 5月6日,自治区老干部活动中心晚霞艺术团选送的舞蹈《牛角式》和《蒙古宴》在第十一届中国上海国际"金玉兰奖"音乐舞蹈器乐金牌大奖赛中获"金玉兰最高奖",老干部活动中心获"组织金奖"。9月12～14日,自治区老干部活动中心晚霞艺术团参加第二届中国老年文化艺术节舞蹈大赛,获得金奖。

（陈旭明）

巡视工作

【中国共产党内蒙古自治区委员会巡视机构领导名录】

内蒙古党委巡视工作领导小组办公室

主　任:索耀乐(蒙古族　9月离任)

王　亚(10月任职)

内蒙古党委巡视一组

组　长:云荣布扎木苏(蒙古族)
副组长:武　兵(7月离任)
郭荣祥(7月任职)
巡视专员:白德全(蒙古族)
内蒙古党委巡视二组
组　长:李久祥(4月离任)
冀秉峰(4月任职)
副组长:金　平(蒙古族)
巡视专员:杜子洲
内蒙古党委巡视三组
组　长:赵道尔基(蒙古族 6月离任)
陶　克(蒙古族 6月任职)
副组长:史继善(7月离任)
叶占魁(7月任职)
巡视专员:包铁强(蒙古族 12月任职) 杨静平(6月离任) 曲帆(蒙古族 12月离任)
内蒙古党委巡视四组
组　长:曹树山
副组长:满都拉(蒙古族 7月离任)
王迎希(7月任职)
巡视专员:吕志东(女)
内蒙古党委巡视五组
组　长:刘秀清(女)
副组长:李晓峰
巡视专员:王亚(10月离任) 侯秉权(女 12月任职)

【概况】 以贯彻落实《巡视工作条例》为主线,加强对领导班子及领导干部党内监督,促进自治区经济平稳较快发展,以提高巡视工作质量为根本要求,本着强责任、重力度、求实效的原则,广泛听取和收集各方面的意见,深入细致地了解了被巡视地区、单位领导班子及其成员的情况,完成年度巡视工作任务。

【巡视任务】 5个巡视组按照《2010年内蒙古党委巡视工作方案》的部署和要求,分两批开展巡视工作。其中,巡视一组巡视了鄂尔多斯市和乌兰察布市及鄂托克旗、杭锦旗、察右后旗、卓资县;巡视二组巡视了锡林郭勒盟、乌海市和包头市及阿巴嘎旗、苏尼特左旗、东河区、土默特右旗;巡视三组巡视了呼伦贝尔市和巴彦淖尔市及牙克石市、额尔古纳市、乌拉特中旗、杭锦后旗;巡视四组巡视了自治区交通厅(包括内蒙古高等级公路建设开发有限责任公司)、司法厅、水利厅和民政厅;巡视五组巡视了内蒙古民族大学、内蒙古农村信用社联合社、内蒙古财经学院、内蒙古盐业公司(盐务管理局)。各巡视组立足于了解实情、发现问题、加强监督、推动工作,在全面完成五项巡视内容的基础上,把贯彻落实《廉政准则》、转变经济发展方式、推动经济平稳较快发展、富民与强区并重、着力保障和改善民生、维护社会稳定、优化经济发展环境等方面的情况作为巡视的重点内容。

巡视中,各巡视组共进行个别谈话3 276人次,召开座谈会95个,接待来访928人次,受理来信来访457件(次),发放民主测评问卷521份。共提交巡视报告26份,专题报告2份,对14个盟市厅级、12个旗县(市区)领导班子和50多名领导干部作出评价;共发现各类问题32个,向被巡视地区、单位提出反馈整改意见105条,向自治区有关部门提出建议10条。

【回访工作】 6~8月,5个巡视组分别对阿拉善盟及阿拉善左旗、阿拉善右旗、额济纳旗,通辽市及霍林郭勒市、库伦旗,兴安盟及科尔沁右翼前旗、阿尔山市,自治区农牧业厅、林业厅,内蒙古师范大学、科技大学和内蒙古电力公司的整改情况开展回访督查。重点监督检查了巡视中发现并指出的52个问题的整改落实情况,5个巡视组各形成整改情况报告1份。自治区负责牵头落实整改事项的纪委监察厅、党委组织部、发改委、人力资源和社会保障厅等有关单位、部门,组成联合调研组进行调查研究,并积极协调相关职能部门督促指导被巡视地区、单位进行整改落实。巡视组对回访中再次发现的问题和不足提出改进意见和建议。一些涉及班子建设及政策等方面的重大问题,及时向自治区党委作汇报。

【巡视成果】 巡视组认真贯彻落实《内蒙古党委巡视成果运用办法》,对一个地区、单位巡视结束后,及时将巡视工作情况向自治区党委和巡视工作领导小组全面汇报,并通过《巡视报告》、《巡视专报》等形式书面报自治区相关领导。高度重视巡视情况的反馈,注重巡视情况和问题的移交办理,督促被巡视地区、单位根据反馈意见认真改进工作,督促有关部门从建章立制入手,健全完善规章制度,促进制度建设。2009年巡视工作结束后,巡视办与各巡视组密切配合,对巡视中发现的52个问题进行深入细致的分析、梳理,并及时向被巡视地区、单位提出整改要求。2010年,巡视组和巡视办加强对上述问题的监督检查,许多问题得到了较好解决,有力地促进了巡视成果的转化和运用。

【自身建设】 以理论研讨推进工作深化。年内有4篇理论研讨文章和工作体会分别被《巡视参考》、《中国纪检监察报》、《实践》、《内蒙古日报》刊发。其中,

《关于深化巡视工作的思考》受到中央巡视办的肯定。加强学习培训。采取以会代训的方法,集中时间对全体成员进行集中培训。开展了创建学习型巡视机构活动,引导巡视干部深化对党的政治理论、社会主义核心价值观的学习和理解,加强对巡视干部有关纪检监察、组织人事等有关政策法规和业务知识的学习,加强对经济、财政、金融、科技和管理等知识学习。自治区党委选调5名同志担任巡视组组长、副组长,1名副厅级巡视专员调任巡视办主任,实现了巡视机构领导干部的顺利交替。巡视一组、三组、四组、五组和巡视办党支部进行了改选,切实加强了对巡视干部的教育、监督和管理。

(赵秀平 刘宇)

接待工作

【内蒙古自治区接待(合作交流)办公室领导名录】

主　任:包广林(蒙古族)

副主任:贾志奇 刘良玉(9月任职)

【概况】 内蒙古自治区接待办公室,成立于1997年6月,隶属党委办公厅,副厅级事业单位(全额拨款,参照国家公务员制度管理),2009年7月,机构规格由副厅级升为正厅级,并加挂内蒙古自治区合作交流办公室牌子。核定编制38名,增加内设机构2个,即内设机构调整为一处、二处、三处、四处、五处5个处。统一负责、具体承办到自治区考察、调研和指导工作的中共中央、国务院及全国各省区市党委、人大、政府、政协副省部级以上领导干部(含副省部级以上离退休干部)的接待工作;负责与自治区进行友好往来、合作洽谈的各省区市党政及经贸代表团,国内外大企业集团、财团,港澳台要客和部分外宾团组以及自治区党政领导出访国内地区的联络协调、组织运转和服务保障工作。接待经费列入自治区财政预算,实行计划单列。

【接待工作】 2010年,共接待副省部级以上领导及其他重要宾客415批次4 588人次,比2009年增加13批815人次。其中,党和国家领导人33批375人次;党群口75批865人次;人大口49批391人次;政府口117批1514人次;政协口51批599人次;法检两院和军警系统14批91人次;外宾、港澳台及其他重要宾客11批129人次;国内企业集团及金融保险财团45批369人次;按省部级规格接待的其他重要宾客20批255人次。

【组织接待党和国家领导人】 接待中共中央政治局常委、中央政法委书记周永康,中共中央政治局常委、中央纪委书记贺国强,中共中央政治局原常委、中央纪委原书记吴官正,中共中央政治局委员、国务院副总理回良玉、张德江,中共中央政治局委员、中央军事委员会副主席徐才厚,中共中央政治局委员、北京市委书记刘淇,中共中央政治局原委员、国务院原副总理曾培炎等党和国家领导人33批375人次。

【组织接待检查、考核、调研、巡视等各类工作组】 共接待中央、国务院派遣的各类检查组、调研组、考核组、巡视组、督查组等任务23批352人次。工作范围涉及中央学习实践活动巡回检查指导、中央十二五规划调研、扩大内需政策落实检查、信访工作督查、污染物总量减排检查、中央治理工程建设领域突出问题检查、草原生态保护与牧民增收调研、乳食品专治督查、安居工程建设督查、人口普查督查、农民工工作督查、安全生产综合检查等。

【组织接待大型会议活动】 组织接待了国家42个部委、近200人组成的联合调研组,北京市人民政府和内蒙古自治区人民政府共同主办的驻京中外企业投资内蒙古行等大型团组。

【组织接待兄弟省区市党政考察团】 先后接待了湖北、山西、北京、西藏、河北、新疆及江西赣州共7个省区市8批438人次的党政代表团和经贸考察团。

【组织接待大企业集团】 接待中国国电、中煤、神华、东方希望、国家电网、中国石油、中兴通讯、中国华电、中国电力、中国光大、嘉里集团、盾安集团、中国东方航空、中国国际航空、首钢集团、中国电信、中国华能、中国铝业、中粮集团等国内知名大企业38批320人次。

【组织接待各大银行 财团】 接待中国农业发展银行、招商银行、开发银行、兴业银行、建设银行、英国渣打银行等国内外财团要员共6批34人次。

【组织接待港澳台要客及部分外宾团组】 先后牵头组织完成接待蒙古国总统查・额勒贝格道尔吉,蒙古人民革命党监督总委员会主席鲁・敦德格,中国国民党荣誉主席吴伯雄,澳门特别行政区立法会主席、澳门工会联合总会副会长刘焯华,香港四洲集团执行董事胡永标,可口可乐全球CEO穆泰康等外宾团组及港澳台贵宾共11批129人次。

【组织接待军警系统团组】 接待总装备部、31基地、20基地、26基地首长,空军试验训练基地首长,北京军区首长,武警部队首长等14批91人次。

【协调安排自治区领导参观考察上海世博会活动】

上海世博会期间,根据自治区党委、政府要求,自治区接待办派人参与上海世博会内蒙古馆接待组工作,在上海专门负责自治区副省部级以上领导在沪期间参观考察活动的联络协调、服务保障工作,共协调安排了23批次465人次副省部领导带队的参观考察任务。

【自治区党政主要领导率团出访国内省区市】 4月,组织完成了自治区党政主要领导率党政考察团赴辽宁、吉林、黑龙江三省出访考察活动的联络协调与服务保障工作。

(吕培君 陈文静)

保密工作

【内蒙古党委保密委员会办公室 内蒙古自治区国家保密局领导名录】

主 任(局 长):王树青(7月离任)

许廷章(7月任职)

副主任(副局长):武绥生 淮庆立

【概况】 内蒙古党委保密委员会办公室与内蒙古自治区国家保密局是一个机构两块牌子,为副厅级建制,内设综合处、业务处和保密技术检查中心(正科级建制)。机关行政编制15人,事业编制5人。截至年底,实际在编18人(公务员13人,事业编5人),行政在编人员中,副厅级领导1人,处级8人(4正处、2副处、2副调研员),自带正团职职数军转干部1人,科级以下干部3人;事业在编人员中,正科级1人,副科级2人。内蒙古党委保密委员会办公室是自治区党委的办事机构,内蒙古自治区国家保密局是自治区人民政府的职能部门,现统一归口自治区党委办公厅管理,同时接受中共中央保密委员会办公室、国家保密局的业务指导,主管全区保密工作。

【重要会议】 1月22日,内蒙古党委保密委员会召开第十二次全体会议,会议对2009年的工作进行了全面总结,讨论并通过了《内蒙古党委保密委员会2010年工作要点》。9月14日,举办了自治区直属机关单位保密法学习宣传报告会,区直机关的分管领导及具体负责人员共500多人参加了报告会。9月16~17日,与自治区党校联合举办了全区保密法宣讲人员专题培训班,区直机关及盟市保密部门负责人共计169人参加了培训。

【保密宣传教育】 对自治区"五五"保密法制宣传教育工作进行了检查验收。在全区范围内组织开展了保密承诺书签订人员知识竞赛活动,近9万人参加了活动。围绕新保密法的颁布实行,在全区范围内组织了保密法学习宣传活动,成立了保密法学习宣传工作领导小组,制定了学习宣传工作方案;9月25日,在全区范围内组织开展了保密法宣传日活动,8万多人次参加了现场活动;与《内蒙古日报》社协调开辟了保密法学习宣传专栏;10月1日,《内蒙古日报》发表了自治区党委秘书长符太增署名文章《深入宣传贯彻实施保密法,努力开创全区保密工作新局面》。采取全局人员备课、试讲的方式,选派优秀授课人员陆续为40多个区直机关、单位进行了保密法宣讲,26 000多人接受了保密教育。分别为2个盟市和22个区直机关、单位进行了现代办公设备反窃密防泄密技术演示,观看人数达11 000多人次。恢复编发了《内蒙古保密》刊物。

【保密行政管理】 强化了涉密信息系统保密管理,制定并下发了《自治区涉密信息系统保密管理和检查制度》、《涉密计算机信息系统集成资质管理制度》和《涉密计算机定点维修准入标准》;对赤峰市巨安科贸、申联科技两家公司涉密信息系统集成资质进行了审查并向其颁发了证书;组织涉密网络专家(领导)对宁波、烟台五二研究所的涉密计算机网络集成方案进行了审查论证;建设了内蒙古自治区电子政务外网涉密信息及特种"木马"实时监管平台;重新调整充实了涉密网络领导(专家)小组组成人员;强化了对保密要害部门部位确定工作的管理,明确动态管理原则;完成了对呼市地区14家印刷单位的国家秘密载体定点复制资格许可证核发工作;对17家二级保密资质和2家三级保密资质的军工企业全部按照新的认证标准进行严格的审查和复查;对乌海市、阿拉善盟3个试卷保密室进行了实地检查验收,派员直接参与高考考务及考试巡视工作,对兽医注册考试保密室进行了检查验收;强化了涉密载体销毁管理工作,共监销文件资料99.47吨。

【保密监督检查】 与自治区国家安全厅联合开展"天网"行动,对涉密计算机及其网络进行了安全保密检查。组织开展清理取缔涉密文件资料非法交易工作专项检查,联合公安、工商及工信部门对呼和浩特地区82家废旧回收点、3家造纸厂进行了检查,对9 652条互联网可疑信息进行了排查,共查获涉嫌非法交易的文件资料527份。组织开展全区保密工作大检查,制定工作方案,成立了以自治区党委秘书长符太增为组长的领导小组。

【泄密案件查处】 全年共查处6起泄密案件:一是查处了包头科技大学网上泄密案。二是指导督促赤峰市国家保密局对克什克腾旗档案局泄密案进行了严厉查处。三是对包头市九原区教育局违规在互联网上传递国家机密级文件进行了查处。四是参与“3·23”间谍窃密案的查处工作。五是对包头宏腾能源公司持有、使用国家气象、地质测绘资料案进行了查处。六是查处并上报了自治区林业厅涉密笔记本电脑丢失案。依法开展密级鉴定工作:对天津市国家保密局转来的由内蒙古自治区测绘局出版的4幅测绘图进行了核实并出具了密级鉴定意见;对自治区国家安全厅提交的309幅地形图图片进行了密级鉴定,并依据鉴定结果对泄密危害进行了评估。

(蓝景伟)

党史研究工作

【中国共产党内蒙古自治区委员会党史研究室领导名录】

主　任:张　宇

副主任:贾志义(7月任职) 姜爱军(蒙古族 7月任职)

副巡视员:马万里(7月任职)

【党史编研工作】 出版党史图书19部,出版党史期刊6期,共约800万字。完成全国重点课题——抗日战争时期中国人口伤亡和财产损失内蒙古部分系列成果图书12部,其中包括B卷本:《内蒙古抗战时期人口伤亡和财产损失·人口伤亡档案资料卷》,《内蒙古抗战时期人口伤亡和财产损失·财产损失档案资料卷》,《内蒙古抗战时期人口伤亡和财产损失·部分人员伤亡名录卷》,《内蒙古抗战时期人口伤亡和财产损失·惨案劳工卷》,《内蒙古抗战时期人口伤亡和财产损失·战役毒疫卷》,《内蒙古抗战时期人口伤亡和财产损失·殖民统治卷》,《内蒙古抗战时期人口伤亡和财产损失·忆述供诉卷》,《内蒙古抗战时期人口伤亡和财产损失·大事记》,《内蒙古抗战时期人口伤亡和财产损失·呼伦贝尔卷》,《内蒙古抗战时期人口伤亡和财产损失·包头卷》,《内蒙古抗战时期人口伤亡和财产损失·巴彦淖尔卷》,《内蒙古抗战时期人口伤亡和财产损失·呼和浩特卷》。

完成自治区重点党史课题《1950内蒙古纪事》系列丛书5部,包括《禁毒运动·1950内蒙古纪事》,《防疫·1950内蒙古纪事》,《剿匪斗争·1950内蒙古纪事》,《土地制度改革·1950内蒙古纪事》,《禁赌·1950内蒙古纪事》。

出版《青山英魂——为新中国建立而牺牲的内蒙古地区部队烈士名录》,《关起义纪念文集》和《内蒙古党史》期刊六期。按照中央党史研究室的总体部署,组织开展了全国性重点党史工作任务——革命遗址普查。

【党史宣传教育】 以拍摄党史题材的影视作品为重点,开展了内容丰富、形式多样的宣传工作。影视作品主要有:1.拍摄13集电视专题片《红色寻踪—重走革命路》,每集20分钟,在内蒙古电视台播放。2.制作完成33集广播剧《青山烽火》,每集30分钟,在内蒙古广播电台播放。3.拍摄数字电影《成成烽火》前5部。4.拍摄了农村题材电影《选举》。党史宣传活动:组织“党史图书漂流”活动,在全市设立4个图书漂流点,发放党史图书500多套。参与了题为“哲学社会科学与科学发展”的科普活动周。制作党史宣传展板,向广大市民赠阅近千套党史图书。为内蒙古党委宣传部主办的《内蒙古宣传思想文化工作》和《实践》理论版等刊物上的党史栏目撰写了系列稿件,扩大党史工作的宣传面。在包头市举办了“革命传统教育专题研讨会”。举办了“祖国颂”大型文艺晚会,自治区21个单位表演了23个节目,以红歌合唱的形式歌唱了中国共产党和新中国。多次深入到农村、学校、军营、企业等开展党史宣传“六进”活动。全年共举行党史六进活动10次,赠送党史图书和党史影视光盘上千套,在革命老区看望并慰问了当地老干部和困难党员。

【纪念活动】 8月28日,为纪念抗日战争胜利65周年,举办“自治区纪念抗日战争胜利65周年座谈会”,自治区有关领导和老干部、党史专家学者共60多人参加会议。为纪念抗日战争胜利65周年,组织有关专家、党史研究室的同志在《内蒙古日报》上登载10多篇纪念文章,弘扬抗战精神和爱国主义精神。

【党史展览】 8月24~31日,分别在内蒙古展览馆、包头市举办了“新中国从这里走来——西柏坡精神·内蒙古革命斗争史巡回展”,受到社会各界的欢迎。

【党史资料征集工作】 围绕编写重大党史专题和拍摄专题片,加强党史资料征集工作。编写党史正本第一卷和第二卷,利用一年多的时间,组织相关人员查阅、征集了大量历史资料。组织人员赴东北三省、河北、山西、陕西和自治区各盟市、旗县征集了近万幅解放战争时期的图片资料。在全区革命遗址普查工作中,拍摄了大量的图片资料和音像资料,征集了大量的文字资料。在电视专题片摄制中,拍摄了大量影像资料。

【党史学术活动】 4月和10月分别组织党史学会领导和有关专家、理事召开座谈会,就有关“大青山精神”及其内涵进行了研讨。8月11日,与内蒙古史学会、内蒙古蒙元文化研究会联合主办了“中国·乌兰浩特·内蒙古红色文化论坛”,共有20多家大专院校和学术团体、60多位区内外专家学者参加了会议,收到论文42篇,交流论文17篇。8月30~31日,与有关部门共同在呼和浩特市举办了第十届全国党史期刊工作会议。会议主题是如何贯彻全国党史工作会议精神和如何实现自身的科学发展。中央党史研究室副主任曲青山出席会议并作重要讲话。自治区党委副书记任亚平在会上致辞。中央党史研究室、中央文献研究室、当代中国史研究所和全国各省市区和计划单列市党史研究室主办的44个党史期刊代表近80人参加了会议。9月16日、17日,组织了首次全国少数民族自治区党史工作协作会议,有8个省市区的代表参加了会议,议定了关于开展少数民族自治区协作党史研究的相关事宜。中央党史研究室有关部门领导参加会议并进行了指导。

【对基层党史工作的指导】 7~11月,赴呼伦贝尔市、兴安盟、通辽市、赤峰市、锡林郭勒盟、乌兰察布市、呼和浩特市、包头市、巴彦淖尔市、阿拉善盟等11个盟市、50多个旗县区,行程2万多公里,就革命遗址普查工作进行调研、指导和督查。推动各地的普查工作。审阅了部分盟市、旗县的党史课题,提出了修改意见。参加了一些盟市、旗县党史课题的评审会。

【干部培训】 4月,组织了一期由全区盟市和部分旗县党史干部参加的革命遗址普查培训班,此次培训班请中央党史研究室科研部领导授课。此后,在呼伦贝尔市、包头市、赤峰市等地区组织了盟市级的普查工作培训班。

【重要会议】 4月15~16日,全区党史办主任会议暨全区革命遗址普查工作会议在呼和浩特市召开,各盟市及部分旗县党史部门的负责同志参加了会议。会议传达了全国党史研究室主任会议精神,总结了自治区的党史工作,研究部署了今后的工作。会上还传达了全国革命遗址普查工作会议精神,部署了自治区的革命遗址普查工作。

9月13日,自治区党委副书记任亚平主持召开了自治区党委党史领导小组会议,各成员单位领导参加会议。会议听取了自治区党委党史研究室的工作汇报,专门研究了贯彻落实《中共中央关于加强和改进新形势下党史工作的意见》和全国党史工作会议精神的具体措施。

12月7日,自治区党委召开全区党史工作会议,自治区党委书记胡春华接见会议代表,并与大家合影。中央党史研究室副主任章百家出席会议并作重要讲话,自治区党委副书记任亚平在会上作了重要讲话。会议由自治区党委常委、组织部部长李佳主持,自治区党委常委、秘书长符太增出席会议。全区各盟市分管党史工作的领导和党史部门的负责同志,自治区直属机关、企事业单位、高等院校、内蒙古军区、武警总队都派代表参加了会议。会上传达了全国党史工作会议精神和中央领导关于党史工作的重要指示,对自治区贯彻落实全国党史工作会议精神进行了部署。

(陈鹏)

档案工作

【内蒙古自治区档案局(馆)领导名录】

局(馆)长:张佃敏(9月离任) 梁文清(9月任职)

副局(馆)长:杨勇(4月离任) 丁丁(达斡尔族)
朝克(蒙古族)

巡视员:杨勇(4月任职 12月离任)

副巡视员:李　岱(女)

【概况】 内蒙古自治区档案局(馆)总编制135人,其中参照公务员管理编制110人,全额拨款事业编制15人,差额拨款事业编制10人。内设12个处室,即办公室、人事教育处(机关党委)、法规处、档案馆室业务监督指导处、经济档案业务监督指导处、信息处、收集整理部、蒙文档案部、科技部、保管利用部、编目编研部、乌兰夫研究会办公室;下设机关事务服务中心、档案教育与研究中心2个二级单位。

【档案法制建设】 自治区档案局对18家区直机关、事业单位档案工作进行档案行政执法检查;与自治区民政厅联合对全区民政系统婚姻档案、收养档案管理开展执法检查;对《档案法》、《档案违法违纪处分规定》和《内蒙古自治区城市建设档案管理办法》提出修改意见;开展对盟市档案事业发展综合评估工作,兴安盟被评为档案事业发展综合评估先进单位。

【档案宣传工作】 以宣传贯彻《档案法》、《内蒙古自治区档案条例》为重点,通过电视、广播、网络、报纸、杂志等新闻媒体,全方位宣传档案工作,据不完全统计,全区累计在《内蒙古日报》、《北方新报》、《晨报》、《中国档案报》、《中国档案》、《档案与社会》上发表档案宣传文章174篇。自治区档案馆“兰台荟萃”、“光辉的历程”两展室接待各级领导、社会各界人士1 566人；与呼和浩特市赛罕区纪检委合作，将自治区档案馆作为赛罕区“廉政教育基地”，开展廉政教育；承办华北地区第六次档案学术讨论会，并出版档案学术论文集。

【档案科技 信息化工作】 自治区档案局对2007－2009年度全区档案科研获奖项目进行表彰。完成“蒙古文档案管理系统”升级研发及《电子文件管理中元数据的自动捕获》、《非结构化电子文件的归档》立项工作。《基于XML的电子文件全程管理》获自治区人才开发基金批准立项。自治区档案局召开全区档案信息化工作会议。印发《内蒙古档案局关于加强全区档案信息化建设的意见》、《内蒙古自治区档案信息化2010－2012年建设目标》、《内蒙古自治区数字档案馆建设方案》、《内蒙古自治区数字档案馆建设管理办法》、《内蒙古自治区档案信息化建设评估标准》。自治区档案馆完成档案原文扫描12 282卷，128.9万页，录入目录22.7万条。扫描打印照片512张，刻录光盘270张，编辑视频1 080分钟。录入蒙文历史档案文件级目录8 000条。实施重要档案异地备份制度，与吉林省档案局签订协议，互为对方提供重要档案异质备份库，确保档案安全。完善内蒙古档案信息网公开栏目，增加上网信息、公开现行文件和开放档案信息量，发布各类信息480条、20万余字，图片150张。

【档案开发利用】 自治区档案馆立足馆藏，大力开发档案资源，编辑出版《旅蒙商档案史料选编》、《共和国记忆——从元旦社论看新中国变迁》；完成《成吉思汗陵档案文献汇编》系列丛书、《中国少数民族古籍总目提要·蒙古族卷》档案条目编写工作。创新服务理念，提高利用效率。向社会承诺实行公众节假日提供档案利用服务，自治区档案馆全年接待档案利用单位368个、利用者1 365人次，提供档案5 833卷（册、盘）。

【档案馆 机关档案工作】 根据国家档案局《市、县级国家综合档案馆测评办法》，开展市、县级国家综合档案馆测评工作，鄂尔多斯市档案馆晋升为国家一级档案馆，填补了自治区没有市县级国家一级档案馆的空白。兴安盟、海拉尔区、集宁区、东胜区、伊金霍洛旗档案馆晋升为国家二级档案馆。以中西部县级档案馆建设为契机，自治区档案局与自治区发展改革委员会配合，编制自治区县级综合档案馆建设年度计划，启动自治区旗县级国家综合档案馆建设项目。按照人力资源和社会保障部《关于开展社会保险业务档案管理达标验收工作的通知》要求，对社会保险业务档案管理进行监督指导，自治区社保局、医保局通过全国社会保险业务档案达标验收领导小组验收。推进机关文件材料归档范围和文书档案保管期限表审批备案工作。加强对各级机关、团体档案工作监督指寻，制定《机关档案工作测评办法（征求意见稿）》。对呼伦贝尔市建立“党政机关档案管理中心”进行调研，召开现场会，推广呼伦贝尔市做法，得到国家档案局肯定。继续开展档案利用服务考核、机关档案工作目标管理认定，自治区直属机关有1家达到档案利用服务优秀单位、5家达到档案工作目标管理特级先进单位。

【企事业单位档案工作】 贯彻国家档案局制定的《企业档案工作规范》和新修订的《科学技术档案案卷构成的一般要求》，指导企业依法进行档案规范化管理。对自治区国有资产监督管理委员会监管的包头钢铁集团公司、内蒙古盐业公司等5家企业的档案工作进行调研、指导。对重点建设项目档案工作进行监督指导，自治区档案局与自治区煤炭工业局联合召开全区煤炭建设项目档案工作现场会，总结交流经验，提出做好煤炭企业档案工作的意见和要求。组织、参与交通、电力、煤炭、化工、水利等28个重点建设项目档案验收和预验收工作，按照国家档案局要求，对部分已验收的电力项目的档案管理情况进行复查，保证重点项目档案齐全完整和安全保管。

【民生档案工作】 按照《内蒙古自治区集体林权制度改革档案管理办法》，各盟市、旗县档案部门与林业部门密切配合，做好集体林权制度改革档案管理工作，保证林地承包合同、林权登记表等文件材料及时归档，广大农牧民利益得到保护。各级档案部门坚持以人为本、贴近百姓需求，努力为民生工作服务。自治区档案局对安全生产、食品药品监督档案管理进行监督、指导；赤峰、通辽、鄂尔多斯、巴彦淖尔等地档案部门对社会保险、医疗保险、劳动就业、低保、房贷、校安工程、婚姻、收养、社会救助、伤残等多种类型的民生档案，及时指导建档，为保障和改善民生服务。

【档案基础业务】 自治区档案馆依法接收应进馆档案，接收整理自治区科学发展观办公室、妇联、沈阳办事处和档案局（馆）办公楼、家属楼基本建设档案3 901件（卷）、资料882册，自治区档案馆馆庆实物档案19套30件以及一批重要档案。主动开展散存社会珍贵档案征集工作，征集百年老照片档案181张。与自治区卫生厅联合下发《关于征集蒙医药文件材料的通知》。根据自治区人民政府办公厅《关于做好自治区本级政府主动公开信息报送工作的通知》要求,与列入范围的65个单位进行接洽,共接收征集、下载1 014份文件。自治区档案馆整理档案并拟写卷内目录27 610条。整理照片档案1 041张,名人档案2 435件。整理喀喇沁左旗札萨克衙门档案3 000卷。翻译蒙文历史档案案卷目录1.5万条。与《北方新报》社、蒙牛乳业集团联合召开三千孤儿寻亲档案座谈会,建立寻亲档案。加强重点档案抢救工作,缩微档案100轴,复制100轴,修裱档案2.5万张。继续督促、指导盟市、旗县开展明清档案案卷级目录采集工作。

【干部教育培训】 加强对全区档案教育工作宏观指导,加强"232档案人才"队伍建设,完善人事人才信息数据库。建立编制实名制管理信息系统,实现编制信息化管理。继续开展档案人员岗位培训、档案专业继续教育、档案人员基础知识与基本技能考试考核。根据实际工作需要,提高培训工作针对性、实效性,先后举办重点建设项目档案管理、企业档案管理、修订《机关文件材料归档范围和文书档案保管期限规定》、会计档案管理、档案统计工作培训班。开展送教下基层活动,协助神东煤炭集团公司、准格尔旗档案局举办档案业务培训班。全年累计培训档案人员3 000余人。

(李晓梅)

党　　校

【中国共产党内蒙古自治区委员会党校 内蒙古自治区行政学院领导名录】

党校校长:任亚平

党校常务副校长

行政学院常务副院长:刘建明(7月离任)

杨飞云(7月任职)

社会主义学院常务副院长

党校副校长:斯热文(达斡尔族)

党校副校长:额尔敦(蒙古族 7月离任) 郜良 吕广明 金瑞 张志明

【概况】 全校(院)定编358名,其中,行政人员88人,事业人员和工勤人员270人,有在编人数298人,离退休人员191人。有专职教师91人,其中正教授27人,副教授38人,讲师18人,助教8人;有博士研究生学历3人、硕士研究生学历45人,在读博士研究生9人、在读硕士研究生8人。有兼职教师6人,聘请校外客座教授20人。

【教学工作】 按照培训、进修、专题研讨三种班次类型,分长中短三种学制,分类别、分层次办班,共举办主体班次29个,培训学员1 488人次。其中,党校举办了全区盟市厅局及旗县(市、区)主要领导干部专题研讨班、厅局级干部任职培训班、厅局级干部专题研讨班、中青年干部培训班、政法系统中青年干部班、旗县长任职培训班、旗县长专题研讨班、自治区党代会基层代表培训班、苏木乡镇党委书记培训班、党校系统师资培训班、企业经营管理者培训班、选调生岗前培训班等23个班次,培训学员1 203人次;行政学院举办直属机关和盟市处级公务员培训班、新任处级公务员培训班等6个班次,培训学员285人次。招收内蒙古党校在职研究生(直属班)336人、中央党校研究生36人、函授本科生2 812人、农村牧区管理大专生353人。开展计划外培训和干部自主选学培训,培训中心与区内外有关单位合作举办各类培训班26个,培训学员2 367人次;举办干部自主选学培训班30个,培训学员12 392人次。

【科研工作】 修订完善了《关于加强调查研究工作的规定》、《科研津贴办法》、《科研奖励办法》和《研究所管理办法》等4个文件。成立了内蒙古社会发展研究所、内蒙古区情研究所,分别挂靠哲学、经济学教研部。开展《围绕甘其毛都口岸打造内蒙古黄河北岸沿边经济带的战略构想及对策研究》等多个课题研究。创办直报自治区党委、政府领导的内部刊物《区情研究报告》。

获得年度国家社科基金项目4项、自治区社科基金项目1项、全国党校系统重点研究课题3项。完成国家社科基金项目3项、自治区社科基金规划项目5项、国家行政学院系统课题4项、校级课题17项,完成自治区"十二五"规划的4个前期研究课题。获得自治区社科优秀成果政府奖9项,全国党校系统优秀科研成果奖5项。完成了全区党校、行政学院系统2009~2010年度课题成果结项评审工作,开展了全区党校、行政学院系统第四届科研评奖活动,召开了全区党校、行政学院系统第四届科研表彰暨科研工作会议。

【队伍建设】 落实教学科研奖励办法,兑现了教学和科研优秀奖。按照自治区统一安排部署,启动实施事业序列岗位设置和聘用工作。支持中青年教师攻读博士学位,2010年全校有在读博士7人。为满足新校区信息化和电器维修方面的人才需求,公开招聘了4名专业技术人员。调整上报年度"新世纪321人才工程"

人选，新入选3人。

【基础设施建设】 完成通往新校区市政道路、天然气、热力管网、有线电视线路等的配套建设，新校区功能逐步完善。对弱电工程进行了测试、验收和整改。开展文体活动中心立项前期工作。做好旧校区国有资产的清理处置，加强固定资产的集中采购和管理。做好新校区工程善后工作。

【基层党建和精神文明建设】 深入开展创先争优活动，完成了学习动员、公开承诺、践行承诺环节的各项工作，推进领导点评环节，党员素质得到提高。加强党风廉政建设。校委领导和处级以上干部以身作则，认真学习贯彻《廉政准则》等文件精神，强化对全体党员的党风廉政建设教育。围绕新《保密法》的颁布施行做好学习宣传，开展丰富多彩的校园文化活动。加强校园网络宣传，组织一线教职工到外地学习考察，组队参加自治区和直属机关工委的体育比赛，举办教职工和学员文体活动，开展了丰富多彩的迎新年文艺活动等。发动教职工为青海玉树和甘肃舟曲灾区捐款8.3万元。为兴安盟帮扶点投入资金10万元，资助新入学大学生12人，培训基层党校教师8人，协调500亩土地开展果树种植项目。与呼和浩特市共建团结社区党员教育基地，选派干部参加社区工作，为社区购买了计算机和复印机等办公用品。

【业务指导工作】 围绕贯彻落实好《党校工作条例》和《行政学院工作条例》精神，对盟市党校、行政学院贯彻落实两个《条例》的情况进行调研，督促检查落实情况。组织起草了《自治区人民政府关于贯彻落实〈行政学院工作条例〉的若干意见》。承办了全国党校系统“近代以来中国文化转型与发展”理论研讨会和全国行政学院系统“贯彻落实《行政学院工作条例》座谈会”。

【重要活动】 2月24～27日，举办盟市厅局及旗县（市区）主要领导干部专题研讨班。自治区党委书记胡春华，自治区党委副书记、自治区主席巴特尔以及自治区四大班子领导出席开班式并听取专题讲座。来自全区各盟市、旗县的222名学员参加了此次专题研讨班的培训。国家行政学院副院长韩康、国家城乡建设部副部长仇保兴、中央党校社会学教研室教授吴忠民、国家环保部标准司副司长高吉喜和内蒙古党校经济学教研部教授安静赜分别作了专题讲座。

6月21日，中国马克思主义研究基金会副理事长、中央党校原教育长郝时晋一行5人到党校调研。

8月20～21日，国家行政学院贯彻落实《行政学院工作条例》座谈会在行政学院召开。来自国家行政学院和华北、东北、华中地区的11个省市区行政学院主要负责人和有关部门的同志近40人参加座谈会。

9月1日，内蒙古党校、行政学院隆重举行2010年秋季开学典礼。自治区党委副书记、自治区副主席、内蒙古党校校长任亚平出席开学典礼并讲话。

（张天彦 韩宝）

实践杂志社

【领导名录】

社　长：郭　宇

副社长　总编辑：布仁巴雅尔（蒙古族）

副总编辑：徐钢　斯琴毕力格（蒙古族）

田培良

副社长：梁金玉（蒙古族）

副总编辑：特古斯（蒙古族）

【概况】 实践杂志社内设10个处室：办公室、总编室、思想理论版编辑部、党的教育版编辑部、蒙文版编辑部、通联发行部、广告策划部、专刊部、网络部和机关党委，共有在职职工64人，离退休人员49人。实践杂志社实行党组领导下的社长负责制，以编辑出版发行《实践（思想理论版）》、《实践（党的教育版）》、《实践（蒙文版）》3个版本刊物为主要任务。

【《实践（思想理论版）》】 努力办成“各级领导的参谋智囊、学习理论的生动课堂、政策咨询的忠实顾问、洞察形势的瞭望之窗”。以版块栏目组合的方式，归结为六大主题版块，即言论宣传、理论宣传、经济宣传、典型宣传、党建宣传、文化宣传。2010年，思想理论版在25个常设栏目基础上新开辟“建设学习型政党学习型党组织”、“开展深入学习实践科学发展观活动”、“北疆党旗红”、“西部大开发10周年”等专栏，深化科学发展观、富民强区战略、建设学习型政党学习型党组织、党的民族理论与政策、转变经济发展方式等内容的宣传。同时，加大关注实践、宣传实践的力度，对自治区党委确定的富民强区战略、沿黄沿线战略以及各盟市旗县贯彻落实自治区战略决策、努力推动科学发展、和谐发展的好思路、好做法、好经验强化宣传，形成规模。

【《实践(党的教育版)》】 努力办成“共产党员的知心朋友、支部书记的亲密助手、积极分子的热忱向导、组织生活的忠实顾问”。在明确刊物定位的同时,提出了读者对象的定位、刊物着眼点的定位和刊物宣传的三个切入点。用通俗易懂的语言反映中央和自治区的部署、决策、法规。用鲜活生动的形式把各地区、各部门的好思路、好作法、好经验、好典型总结上来,宣传出去;用简明扼要的方式为基层读者在工作、生产、生活中遇到的问题解疑释惑。2010 年,新开设了“学习贯彻党的十七届四中全会精神”、“来自争先创优一线的报道”等栏目,对基层学习四中全会精神和争先创优的先进典型、措施经验进行及时报道。加大了对学习实践科学发展观方面和重大典型的宣传报道。

【《实践(蒙古文版)》】 努力办成“基层党建工作助手、农村牧区的政策向导、农牧民群众的致富参谋、草原文化的传播使者”。在宣传上主要是突出 4 个重点,达到 3 个要求。4 个重点:一是重点宣传党的理论政策和中央、自治区党委重要精神;二是以保持共产党员先进性教育为主要内容的党建宣传;三是根据蒙古文版读者群体的特点,抓好旗县和农村农区、少数民族聚居区的经济社会发展和小康建设的宣传,以达到典型引路、鼓舞人心的目标;四是民族文化大区建设和民族文化发展的宣传。3 个要求:一是努力达到“三贴近”;二是达到内容的可读性、知识性、趣味性和指导性;三是短而精,通俗易懂。2010 年,蒙古文版按照“三贴近”的要求,紧紧围绕服务读者,深入基层搞调查研究,拓宽办刊思路,调整和增设若干个新栏目,突出宣传十七大和十七届四中、五中全会精神、深入学习实践科学发展观、开展争先创优活动、西部大开发 10 周年、上海世博会、民生、党的建设等内容,在刊物的版面安排和封面设计等方面突出民族特色,提高刊物的针对性、实效性、可读性。

【经营管理】

发行 2011 年度,《实践》3 个版的总订数达到 169 208 册,比上年增加 1 685 册。其中:党教版定数 140 461 册,蒙文版 15 380 册,理论版定数为 13 367 册。3 个版订数总体实现了“稳中有升”奋斗目标。

广告 各类广告策划活动取得进展。为更好地适应对外拓展和开发业务的需要,年初成立传媒策划中心,主要负责对外承办增刊、广告承揽、开展培训等社会活动业务,广告市场化经营深化。2010 年广告增刊实施整合承包,编辑出版了《党风廉政文化建设成果巡礼》、《科学发展新长征》活动特辑;顺利筹备《实践》画刊;成功举办全国首届党刊摄影美术编辑研讨会,开启从摄影美术角度研讨党刊发展的先河。

【深化改革】 发行体制改革。成立发行公司,实现对现有发行模式、发行途径的补充、深化、完善及拓展。内部管理体制改革。通过建立健全“进人制度”、“选拔用人制度”,规范科学用人方式,将竞争机制和激励机制引入人事管理,提高工作效能。按照全区推进事业单位改革的实施意见,积极推进岗位设置管理工作,研究制定社内竞聘上岗、岗位管理办法等相关配套制度。建立与绩效挂钩的收入分配机制,在定岗、定责、定员的基础上,按责、权、利相结合的原则,推进分配制度改革。针对人员老化、干部队伍趋向断层等问题,探索干部能上能下的管理办法,激发杂志社活力。

【机关党建】 将创先争优活动作为推进机关党建工作改革创新的重要载体,按照自治区直属机关工委要求和部署,扎实有序、富有成效地开展创先争优活动。加强基层党组织建设,制定支部整改方案,开展创建学习型机关活动,建立中心组学习制度,将组学、自学、讲学、研学结合,把学习活动落到实处。做好对兴安盟科右前旗察尔森镇呼和嘎查的定点帮扶;加强党员执政为民教育基地建设力度,与社区党组织开展“三个一”活动;组织全社职工参加社会公益事业,在“博爱一日捐”活动和为玉树地震灾区捐款活动中,受到自治区红十字会的表彰。

【网络宣传】 对杂志社蒙汉文网站平台进行整体改版和升级。按照“刊网互动”的工作思路,采取频道开发综合模式,一方面做好刊网内容相互促进,另一方面做好商务咨询的经营推广业务。加强对外合作,推进电子阅读平台建设。加强了同自治区党委组织部远程办的平台建设协作。

【队伍建设】 组织工作人员参加培训学习及对外交流考察。抓好基础学习，在专业技术人员认真参加继续教育培训的基础上，全社干部职工按照自治区党委组织部要求，参加干部自主选学。加强对外交流，通过赴北京、上海、广东、山东等地的学习考察和参加全国党刊会议及采访活动，开阔了办刊、经营管理视野。加大基础设备的投入力度，更换陈旧电脑15台，购进蒙古文版编辑器6套。

（黄晓勇）

社会主义学院

【内蒙古社会主义学院领导名录】

党组书记：侯世忠

院　长：董恒宇

党组副书记 常务副院长：斯热文（达斡尔族）

党组副书记 副院长：刘志军

副院长：钱灵犀

党组成员 副院长：田蒙绥（满族） 张学军

【概况】 内蒙古社会主义学院是内蒙古自治区民主党派、无党派人士的联合党校，是具有统一战线性质的高等政治学院。学院设有办公室、教务处、教研室、总务处、学报编辑部和党总支等6个处室。在校教职工48人，其中专任教师10名。专业人员有教授1名、副教授4名、讲师1名；副编审1名、翻译1名、副主任医师1名、馆员1名、美术编辑1名、工程师2名。

【正规化建设】 9月9～10日，中央社会主义学院党组书记、常务副院长叶小文到内蒙古社会主义学院视察工作，与自治区党委、政府主要领导就内蒙古自治区贯彻落实《2010——2020年党外代表人士教育培训改革和发展纲要》精神，完善社会主义学院与党校、行政学院三校共建工作，加强社会主义学院正规化建设问题交换了意见。社院经过与党校多次协商，形成共识。9月19日，自治区党委统战部向自治区党委呈报了“关于完善三校共建，推进社会主义学院正规化建设的报告”。11月24日，自治区党委统战部向自治区党委呈报了《关于完善三校共建，建设社会主义学院新校区的初步意见》的报告，三校共建工作取得实质性进展。

【教学培训和科研】 全年举办民主党派、党外干部、统战干部、民族宗教、海外联谊等各类培训班21期，包括计划外7个班次，共培训学员1 024人次，完成了年度培训计划。科研工作取得新成绩，《人民政协与中国共产党执政能力的提高》、《科学发展观与宗教》两篇论文在中央社会主义学院学报上发表。经过实地调研，完成了自治区课题《内蒙古城镇社区建设与发展研究》，上报自治区党委、政府。中央社会主义学院中标课题《政府依法管理和构建和谐政教关系研究》结项。

【理论宣传】 《内蒙古统战理论研究》是宣传党的统战理论、政策的重要窗口，也是服务学院教学科研、开展统战理论研究的重要阵地。全年编辑发行汉文版刊物6期，蒙古文版刊物2期，增刊1期；编排稿件150余篇，约70余万字。汉文版发行3 000余份，蒙古文版发行500余份。抓好学院信息化建设，改版社院门户网站，增设中华文化学院敕勒川文化研究会网站；与中央社院开通互动平台及远程教学系统，并加入中央社院图书馆系统，做好网络办公和图书信息查阅等工作。充分发挥《内蒙古社院通讯》、《社院信息》的作用，全年发布通讯、信息11期。

【调查研究】 暑假期间，社会主义学院开展了广泛而深入的调研活动。常务副院长、副书记斯热文带队，到通辽市、呼伦贝尔市、兴安盟、锡林郭勒盟等地调研；副书记、副院长刘志军带队到包头市、鄂尔多斯市调研，到兴安盟帮扶慰问；副院长钱灵犀、田蒙绥到通辽、阿拉善盟考察调研。调研期间，与部分党外代表人士、统战干部和非公企业家进行了座谈，了解他们的学习、工作和生活情况，听取对培训工作的意见和建议。

【敕勒川文化研究会】 经过一年多的充分筹备，2010年10月16日召开了内蒙古敕勒川文化研究会成立大会。敕勒川文化研究会的成立，为深化敕勒川文化的研究和宣传，探讨草原文化与黄河文化交融、民族团结等问题，推动区域经济社会发展和繁荣民族文化具有重要意义。同时，指导策划、设计了“敕勒川博物馆”。该馆占地面积1 200平方米，由中共中央政治局委员、中宣部部长刘云山题写馆名。

【文化建设】 撰文编写《图文版内蒙古历史与文化》,用通俗语言介绍内蒙古历史,文字部分已完成,图片征集中。茶叶之路研究会、内蒙古文化艺术研究会等挂靠单位的工作运转正常。按照中央社院和国台办的安排,办好"台湾青年中华文化研习营"在内蒙古的活动。全年接待3批180人在自治区的研习活动。

(张建虎 塔娜)

内蒙古自治区人民代表大会常务委员会

【领导名录】

内蒙古自治区第十一届人民代表大会常务委员会

主　任:胡春华(1月24日选举)

储　波(1月11日辞职)

副主任:雷·额尔德尼(蒙古族) 罗啸天 郝益东 云秀梅(女 蒙古族) 柳秀 赵忠

秘书长:胡毅峰(蒙古族)

委员(按姓名笔画排序):

于江 云才晓(蒙古族) 云荣布扎木苏(蒙古族) 乌兰巴特尔(蒙古族 1月25日选举) 王志人(满族) 王林和 王耀新 布和朝鲁(蒙古族) 石玉平 白顺(蒙古族) 永红(蒙古族) 邢永明 吕德文 乔小南(女) 乔明凌(女) 刘金水 刘建明 刘晓兵 汤爱军(1月25日选举) 杨继业(蒙古族) 苏和(达斡尔族 1月11日辞职) 李斌 李冰(1月25日选举) 吴培荣 何祖侃(满族 1月11日辞职) 宋喜德 张仑 张玉峰 张佃敏 张伯群 张国治 张偏考 张福宽 张德斌(回族) 阿云嘎(蒙古族) 陈羽(女 蒙古族) 陈其俊(女) 林琳 其其格玛(女 鄂温克族) 庞启(1月11日辞职) 孟和松布尔(蒙古族) 胡书捷 胡达古拉(女 蒙古族) 荣院院(蒙古族) 赵九九(蒙古族) 赵凤山(1月11日辞职) 娜仁图雅(女 蒙古族) 高志宏(蒙古族) 徐翔(女) 郭明伦(1月11日辞职) 凌呼君 海力斯(蒙古族) 曹树山 赛革(鄂伦春族)

副秘书长:乔小南(女 兼) 白顺(蒙古族 兼) 潘守刚(7月30日免职) 石生俊 田继生(满族)

法制委员会

主任委员:赵忠(兼)

副主任委员:云荣布扎木苏(蒙古族) 乔小南(女 兼)

委员(按姓名笔画排序):

于江 吉雅(女 蒙古族) 宋喜德

陈羽(女 蒙古族) 庞启(1月11日辞职) 博彦(蒙古族)

财政经济委员会

主任委员:罗啸天(兼)

副主任委员:永红(蒙古族) 张国治 张仑

委员(按姓名笔画排序):

胡达古拉(女 蒙古族) 查干(蒙古族)

赵凤山(1月11日辞职) 侯岩 郭明伦(1月11日辞职)

代表资格审查委员会

主任委员:罗啸天

副主任委员:胡毅峰(蒙古族) 高志宏(蒙古族)

委员(按姓名笔画排序):

王志人(满族) 王林和 布和朝鲁(蒙古族) 邢永明 乔明凌(女) 李斌 阿云嘎(蒙古族) 陈羽(女 蒙古族) 胡书捷 胡达古拉(女 蒙古族) 徐翔(女) 赛革(鄂伦春族)

办公厅

主　任:白　顺(蒙古族)

副主任:李莉(女 回族) 孙红梅(女 满族)

信访局局长:马忱(副厅级)

副巡视员:李艾琳(女 9月退休)

民族侨务外事委员会

主　任:娜仁图雅(女 蒙古族)

副主任:云晓明(蒙古族)

副巡视员:刘富国

内务司法委员会

主　任:荣院院(蒙古族)

副主任:苏远方 潘永如(蒙古族)

财经预算工作委员会

主　任:张　仑

副主任:查干(蒙古族) 呼格吉勒(蒙古族) 孟庆民

副巡视员:石继安

教科文卫委员会

主　任:吴培荣(7月30日免职) 潘守刚(7月30日任职)

副主任:徐翔(女)
郭洪涛(蒙古族)

法制工作委员会

主　任:乔小南(女)
副主任:博彦(蒙古族) 张宇
副巡视员:梅　振

农牧业委员会

主　任:赛　革(鄂伦春族)
副主任:巴达尔胡(蒙古族 7月30日免职)
巡视员:巴达尔胡(蒙古族 7月2日任职)
副巡视员:巴音其木格(女 蒙古族) 兴安(蒙古族)

环境资源城乡建设委员会

主　任:张偏考
副主任:关　青(蒙古族)
巡视员:王　明

人事代表选举工作委员会

主　任:高志宏(蒙古族 11月2日免职)
钢特木尔(蒙古族 11月2日任职)
副主任:钢特木尔(蒙古族)
副巡视员:于万友(蒙古族)

【内蒙古自治区第十一届人民代表大会】

第三次会议　内蒙古自治区第十一届人民代表大会第三次会议于2010年1月20～25日在呼和浩特召开。会议听取和审议了自治区主席巴特尔作的政府工作报告,审查了自治区发展和改革委员会关于自治区2009年国民经济和社会发展计划执行情况与2010年国民经济和社会发展计划草案的报告,自治区财政厅关于自治区2009年预算执行情况和2010年预算草案的报告。听取和审议了自治区人大常委会副主任雷·额尔德尼作的自治区人大常委会工作报告,自治区高级人民法院院长王维山作的自治区高级人民法院工作报告,自治区人民检察院检察长邢宝玉作的自治区人民检察院工作报告,通过了关于各项报告的6项决议。会议审议了内蒙古自治区第十一届人民代表大会常务委员会关于废止《内蒙古自治区实施＜中华人民共和国妇女权益保障法＞的补充规定》议案,并通过了内蒙古自治区人民代表大会关于废止内蒙古自治区实施《中华人民共和国妇女权益保障法》的补充规定的决定。会议选举胡春华为自治区人民代表大会常务委员会主任;选举乌兰巴特尔(蒙古族)、汤爱军、李冰为自治区十一届人大常委会委员。

【内蒙古自治区第十一届人民代表大会常务委员会】

第十二次会议　内蒙古自治区第十一届人民代表大会常务委员会第十二次会议于2010年1月11日在呼和浩特举行。

自治区人大常委会副主任雷·额尔德尼主持全体会议,副主任罗啸天、郝益东、云秀梅、柳秀、赵忠,秘书长胡毅峰和委员共52人出席会议。自治区副主席赵双连,自治区高级人民法院院长王维山,自治区人大法制委员会委员、财政经济委员会委员,自治区人大常委会副秘书长和工作机构负责人,自治区人民检察院负责人列席会议。

会议听取了自治区人大常委会人士代表选举工作委员会主任、代表资格审查委员会副主任委员高志宏关于《内蒙古自治区第十一届人民代表大会常务委员会代表资格审查委员会关于个别代表的代表资格的审查报告(草案)》,并表决通过了这个报告。

会议审议并原则通过了《内蒙古自治区人民代表大会常务委员会工作报告(稿)》,审议并通过了《内蒙古自治区人民代表大会常务委员会2010年工作要点》,审议并通过了《内蒙古自治区第十一届人民代表大会第三次会议议程(草案)》、《内蒙古自治区第十一届人民代表大会第三次会议日程(草案)》、《内蒙古自治区第十一届人民代表大会第三次会议主席团和秘书长名单(草案)》、《内蒙古自治区第十一届人民代表大会第三次会议主席团常务主席名单(草案)》、《内蒙古自治区第十一届人民代表大会第三次会议执行主席分组名单(草案)》、《内蒙古自治区第十一届人民代表大会第三次会议副秘书长名单(草案)》、《内蒙古自治区第十一届人民代表大会第三次会议列席人员名单》、《内蒙古自治区第十一届人民代表大会第三次会议关于代表提出议案截止时间的决定(草案)》、《内蒙古自治区第十一届人民代表大会第三次会议表决议案办法(草案)》,表决并通过了《内蒙古自治区人民代表大会常务委员会关于接受储波同志辞去内蒙古自治区第十一届人民代表大会常务委员会主任职务的请求的决定》、《内蒙古自治区人民代表大会常务委员会关于接受苏和同志辞去内蒙古自治区第十一届人民代表大会常务委员会委员职务的请求的决定》、《内蒙古自治区人民代表大会常务委员会关于接受何祖侃同志辞去内蒙古自治区第十一届人民代表大会常务委员会委员职务的请求的决定》、《内蒙古自治区人民代表大会常务委员会关于接受庞启同志辞去内蒙古自治区第十一届人民代表大会常务委员会委员和内蒙古自治区第十一届人民代表大会法制委员会委员职务的请求的决定》、《内蒙古自治区人民代表大会常务委员会关于接受赵凤山同志辞去内蒙古自治区第十一届人民代表大会常务委员会委员和内蒙古自治区第十一届人民代表大会财政经济委员会委员职务的请求的决定》、《内蒙古自治区人民代表大会常务委员会关于接受郭明伦同志辞去内蒙古自治区第十一届人民代表大会常务委员会委员和内蒙古自治区第十一届人民代表大会财政经济委员会委员职务的请求的决定》。

第十三次会议　内蒙古自治区第十一届人民代表大会常务委员会第十三次会议于2010年3月24～25日在呼和浩特举行。

自治区人大常委会主任胡春华、副主任雷·额尔德尼分别主持全体会议，副主任郝益东、云秀梅、柳秀、赵忠，秘书长胡毅峰和委员共51人出席会议。自治区副主席连辑，自治区高级人民法院院长王维山、自治区人民检察院检察长邢宝玉，自治区人大财政经济委员会委员、法制委员会委员，自治区部分人大代表，自治区人大常委会副秘书长和工作机构负责人、盟工作委员会负责人，各设区的市人大常委会和满洲里市、二连浩特市、莫力达瓦达斡尔族自治旗、鄂温克族自治旗、鄂伦春自治旗人大常委会负责人，自治区人民政府有关部门负责人列席会议。

会议听取了自治区人大法制委员会副主任委员云荣布扎木苏关于《内蒙古自治区劳动保障监察条例（草案）》审议情况的报告，审议并通过了这个条例。会议听取了自治区人大常委会法制工作委员会主任乔小南关于《内蒙古自治区人民代表大会常务委员会关于修改部分地方性法规的决定（一）（草案）》的说明，审议并通过了这个决定。会议听取了呼和浩特市人大常委会副主任李岳清关于《呼和浩特市民办教育促进条例》的说明和关于《呼和浩特城乡规划条例》的说明，审议并通过了《内蒙古自治区人民代表大会常务委员会关于批准<呼和浩特市民办教育促进条例>的决议》和《内蒙古自治区人民代表大会常务委员会关于批准<呼和浩特城乡规划条例>的决议》。会议听取了包头市人大常委会副主任王飞关于《包头市残疾人保障条例》的说明和关于《包头市城乡规划条例》的说明，审议并通过了《内蒙古自治区人民代表大会常务委员会关于批准修订的<包头市残疾人保障条例>的决议》和《内蒙古自治区人民代表大会常务委员会关于批准<包头市城乡规划条例>的决议》。

会议审议并通过了《自治区十一届人大三次会议主席团交付的代表联名提出的第1号议案办理意见的报告》。会议通过了人事任免事项。

第十四次会议　内蒙古自治区第十一届人民代表大会常务委员会第十四次会议于2010年4月19日在呼和浩特举行。

自治区人大常委会主任胡春华主持全体会议，副主任雷·额尔德尼、罗啸天、郝益东、云秀梅、柳秀、赵忠，秘书长胡毅峰和委员共55人出席会议。自治区副主席任亚平，自治区高级人民法院院长王维山，自治区人民检察院检察长邢宝玉，自治区人大各专门委员会委员，自治区人大常委会副秘书长和各工作机构负责人列席会议。

会议听取了自治区人大常委会副主任罗啸天关于提请人事任免事项的说明。会议听取了自治区副主席任亚平关于提请人事任免事项的说明。会议通过了人事任免事项。

第十五次会议　内蒙古自治区第十一届人民代表大会常务委员会第十五次会议于2010年5月27～28日在呼和浩特举行。

自治区人大常委会主任胡春华主持全体会议，副主任雷·额尔德尼、罗啸天、郝益东、云秀梅、柳秀、赵忠，秘书长胡毅峰和委员共55人出席会议。自治区副主席郭启俊，自治区高级人民法院院长王维山，自治区人大各专门委员会委员，部分自治区人大代表，自治区人大常委会副秘书长和工作机构负责人、盟工作委员会负责人，各设区的市人大常委会和满洲里市、二连浩特市、莫力达瓦达斡尔族自治旗、鄂温克族自治旗、鄂伦春自治旗人大常委会负责人，自治区人民政府有关部门负责人，自治区人民检察院有关负责人列席会议。

会议听取了自治区副主席郭启俊关于提请任命人事事项的说明。会议听取了自治区公安厅副厅长张有恩关于《内蒙古自治区消防条例（修订草案）》的说明，审议了《内蒙古自治区消防条例（修订草案）》。会议听取了自治区卫生厅副厅长乌兰关于《内蒙古自治区发展蒙医药中医药条例（草案）》的说明，审议了《内蒙古自治区发展蒙医药中医药条例（草案）》。会议听取了包头市人大常委会副主任王飞关于《包头市供热条例》的说明，审议并通过了《内蒙古自治区人民代表大会常务委员会关于批准<包头市供热条例>的决议》。会议听取了莫力达瓦达斡尔族自治旗人大常委会副主任庄福松关于《莫力达瓦达斡尔族自治旗旅游条例》的说明，审议并通过了《内蒙古自治区人民代表大会常务委员会关于批准<莫力达瓦达斡尔族自治旗旅游条例>的决议》。

会议审议并通过了《自治区十一届人大三次会议

主席团交付的代表联名提出的第7号议案办理意见的报告》、《自治区十一届人大三次会议主席团交付的代表联名提出的第5号议案办理意见的报告》、《自治区十一届人大三次会议主席团交付的代表联名提出的第6号议案办理意见的报告》、《自治区十一届人大三次会议主席团交付的代表联名提出的第8号议案办理意见的报告》、《自治区十一届人大三次会议主席团交付的代表联名提出的第2号议案办理意见的报告》、《自治区十一届人大三次会议主席团交付的代表联名提出的第3号议案办理意见的报告》、《自治区十一届人大三次会议主席团交付的代表联名提出的第4号议案办理意见的报告》。

会议决定任命赵黎平为自治区副主席,并通过了其他人事任免事项。

第十六次会议　内蒙古自治区第十一届人民代表大会常务委员会第十六次会议于2010年7月28～30日在呼和浩特举行。

自治区人大常委会主任胡春华、副主任雷·额尔德尼分别主持全体会议,副主任郝益东、云秀梅、柳秀、赵忠,秘书长胡毅峰和委员共53人出席会议。自治区副主席刘新乐、赵黎平,自治区高级人民法院院长王维山,自治区人大各专门委员会委员,部分自治区人大代表,自治区人大常委会副秘书长和工作机构负责人、盟工作委员会负责人,各设区的市人大常委会和满洲里市、二连浩特市、莫力达瓦达斡尔族自治旗、鄂温克族自治旗、鄂伦春自治旗人大常委会负责人,自治区人民政府有关部门负责人,自治区人民检察院有关负责人列席会议。

会议听取了自治区人大常委会副主任云秀梅关于提请人事任免事项的说明。会议听取了自治区人大法制委员会副主任委员乔小南关于《内蒙古自治区发展蒙医药中医药条例(草案修改稿)》审议结果的报告,审议并通过《内蒙古自治区蒙医药中医药条例》。会议听取了莫力达瓦达斡尔族自治旗人大常委会副主任庄福松关于《莫力达瓦达斡尔族自治旗农药管理条例》的说明,审议并通过了《内蒙古自治区人民代表大会常务委员会关于批准<莫力达瓦达斡尔族自治旗农药管理条例>的决议》。会议听取和审议了自治区发展和改革委员会主任梁铁城关于自治区2010年国民经济和社会发展计划上半年执行情况的报告、自治区财政厅厅长常军政关于2009年自治区本级财政决算和2010年预算上半年执行情况的报告和2009年中央转移支付资金安排使用情况的报告、自治区审计厅厅长长江关于2009年自治区本级预算执行和其他财政收支的审计工作报告及自治区人大财经委员会副主任委员、自治区人大常委会财经预算工作委员会主任张仑关于2009年自治区本级财政决算的审查报告。并审议了自治区人民政府《关于2010年自治区本级预算调整方案的报告(书面)》。会议审议并通过了《内蒙古自治区人民代表大会常务委员会关于批准2009年自治区本级财政决算的决议》、《内蒙古自治区人民代表大会常务委员会关于批准2010年自治区本级预算调整方案的决议》。

会议通过了人事任免事项。

第十七次会议　内蒙古自治区第十一届人民代表大会常务委员会第十七次会议于2010年9月14～17日在呼和浩特举行。

自治区人大常委会主任胡春华、副主任雷·额尔德尼分别主持全体会议,副主任罗啸天、郝益东、云秀梅、柳秀、赵忠,秘书长胡毅峰和委员共51人出席会议。自治区副主席布小林,自治区高级人民法院院长王维山、自治区人民检察院检察长邢宝玉,自治区人大各专门委员会委员,部分自治区人大代表,自治区人大常委会副秘书长和工作机构负责人、盟工作委员会负责人,各设区的市人大常委会和满洲里市、二连浩特市、莫力达瓦达斡尔族自治旗、鄂温克族自治旗、鄂伦春自治旗人大常委会负责人,自治区人民政府有关部门负责人列席会议。

会议听取了自治区人大法制委员会副主任委员乔小南关于《内蒙古自治区消防条例(修订草案)》审议结果的报告,审议并通过了《内蒙古自治区消防条例》。会议听取了自治区人大常委会内务司法委员会副主任潘永如关于《内蒙古自治区未成年人保护条例(修订草案)》的说明,审议了《内蒙古自治区未成年人保护条例(修订草案)》。会议听取了自治区无线电管理委员会办公室主任李生义关于《内蒙古自治区无线电管理条例(草案)》的说明,审议了《内蒙古自治区无线电管理条例(草案)》。会议听取了自治区水利厅厅长戈锋关于《内蒙古自治区农村牧区饮用水管理条例(草案)》的说明,审议了《内蒙古自治区农村牧区饮用水管理条例(草案)》。会议听取了自治区人大常委会法制工作委员会副主任博彦关于《内蒙古自治区人民代表大会常务委员会关于修改部分地方性法规的决定(二)(草案)》和关于《内蒙古自治区人民代表大会常务委员会关于修改部分地方性法规的决定(三)(草案)》的说明,审议并通过了这两个决定。会议听取了呼和浩特市人大常委会副主任赛娜关于《呼和浩特市人大常委会关于废止部分地方性法规的决定》的说明，审议并通过了《内蒙古自治区人民代表大会常务委员会关于批准〈呼和浩特市人大常委会关于废止部分地方性法规的决定〉的决议》。会议听取了包头市人大常委会副主任张伯群关于《包头市湿地保护条例》的说明，审议并通过了《内蒙古自治区人民代表大会常务委员会关于批准〈包头市湿地保护条例〉的决议》。会议听取了鄂伦春自治旗人大常委会副主任彭兴亚关于《鄂伦春自治旗人民代表大会关于修改〈鄂伦春自治旗流动人口管理条例〉的决定》的说明，审议并通过了《内蒙古自治区人民代表大会常务委员会关于批准〈鄂伦春自治旗人民代表大会关于修改〈鄂伦春自治旗流动人口管理条例〉的决定〉的决议》。会议审议了自治区人大常委会人事代表选举工作委员会和自治区人民政府办公厅关于自治区十一届人大三次会议代表建议、批评和意见办理情况的报告（书面）。听取和审议了自治区人大常委会农牧业委员会主任赛革关于《中华人民共和国农民专业合作社法》执法检查情况的报告。听取和审议了自治区食品药品监督管理局局长郝富关于贯彻落实《食品安全法》情况的报告。听取和审议了自治区高级人民法院常务副院长王虎关于全区法官队伍建设情况的报告。听取和审议了自治区人民检察院检察长邢宝玉关于全区基层检察院建设情况的报告。

会议通过了人事任免事项。

第十八次会议　内蒙古自治区第十一届人民代表大会常务委员会第十八次会议于 2010 年 11 月 2 日在呼和浩特举行。

自治区人大常委会主任胡春华主持全体会议，副主任雷·额尔德尼、罗啸天、郝益东、云秀梅、柳秀、赵忠，秘书长胡毅峰和委员共 55 人出席会议。自治区副主席赵双连，自治区高级人民法院院长王维山，自治区人民检察院检察长邢宝玉，自治区人大各专门委员会委员，自治区人大常委会副秘书长、办公厅和各工作机构负责人列席会议。

会议听取了自治区人大常委会副主任罗啸天关于提请人事任免事项的说明。会议听取了自治区副主席赵双连关于提请人事任免事项的说明。

会议通过了人事任免事项，决定免去任亚平的自治区副主席职务，决定任命潘逸阳为自治区副主席，免去高志宏的自治区人大常委会人事代表选举工作委员会主任职务，任命钢特木尔为自治区人大常委会人事代表选举工作委员会主任，决定免去阎光红的自治区国家安全厅厅长职务，决定任命傅益生为自治区国家安全厅厅长。

第十九次会议　内蒙古自治区第十一届人民代表大会常务委员会第十九次会议于 2010 年 11 月 29 日 ~12 月 2 日在呼和浩特举行。

自治区人大常委会主任胡春华、副主任罗啸天分别主持全体会议，副主任郝益东、云秀梅、柳秀，秘书长胡毅峰和委员共 50 人出席会议。自治区副主席刘卓志，自治区高级人民法院院长王维山、自治区人民检察院检察长邢宝玉，自治区人大各专门委员会委员，部分自治区人大代表，自治区人大常委会副秘书长和各工作机构负责人、盟工作委员会负责人，各设区的市人大常委会和满洲里市、二连浩特市、莫力达瓦达斡尔族自治旗、鄂温克族自治旗、鄂伦春自治旗人大常委会负责人，自治区有关部门负责人列席会议。

会议听取了自治区人大法制委员会副主任委员云荣布扎木苏关于《内蒙古自治区农村牧区饮用水条例（草案）》审议结果的报告，审议并通过了《内蒙古自治区农村牧区饮用水供水条例》。会议听取了自治区人大法制委员会副主任委员乔小南关于《内蒙古自治区未成年人保护条例（修订草案）》审议结果的报告，审议并通过了《内蒙古自治区未成年人保护条例》。会议听取了自治区住房和城乡建设厅副厅长范勇关于《内蒙古自治区城镇供热条例（草案）》的说明，审议了《内蒙古自治区城镇供热条例（草案）》。会议听取了自治区人大常委会内务司法委员会副主任苏远方关于《内蒙古自治区人民代表大会常务委员会关于加强人民法院执行工作的决定（草案）》的说明，审议并通过了《内蒙古自治区人民代表大会常务委员会关于加强人民法院执行工作的决定》。会议听取了自治区人大常委会内务司法委员会副主任苏远方关于《内蒙古自治区人民代表大会常务委员会关于加强人民检察院对诉讼活动法律监督工作的决议（草案）》的说明，审议并通过了《内蒙古自治区人民代表大会常务委员会关于加强人民检察院对诉讼活动法律监督工作的决议》。会议听取了自治区人民政府法制办公室副主任刘廷山关于《内蒙古自治区人民政府修改部分地方性法规的建议（草案）》的说明，审议并通过了《内蒙古自治区人民代表大会常务委员会关于修改部分地方性法规的决定（四）》。会议听取了自治区人民政府法制办公室副主任刘廷山关于《内蒙古自治区人民政府废止部分地方性法规的建议（草案）》的说明，审议并通过了《内蒙古自治区人民代表大会常务委员会关于废止部分地方性法规的决定》。会议听取了呼和浩特市人大常委会副主任邢燕菊关于《呼和浩特市人民代表大会常务委员会关于修改部分地方性法规的决定(一)》和《呼和浩特市人民代表大会常务委员会关于修改部分地方性法规的决定(二)》的说明,审议并通过了《内蒙古自治区人民代表大会常务委员会关于批准<呼和浩特市人民代表大会常务委员会关于修改部分地方性法规的决定(一)>的决议》和《内蒙古自治区人民代表大会常务委员会关于批准<呼和浩特市人民代表大会常务委员会关于修改部分地方性法规的决定(二)>的决议》。会议听取了包头市人大常委会副主任格日勒关于《包头供水条例》的说明,审议并通过了《内蒙古自治区人民代表大会常务委员会关于批准<包头市供水条例>的决议》。会议听取了包头市人大常委会副主任格日勒关于《包头市人民代表大会常务委员会关废止<包头市集贸市场管理条例>的决定》的说明,审议并通过了《内蒙古自治区人民代表大会常务委员会关于批准<包头市人民代表大会常务委员会关废止<包头市集贸市场管理条例>的决定>的决议》。会议做出了《内蒙古自治区人民代表大会常务委员会关于召开内蒙古自治区第十一届人民代表大会第四次会议的决定》。

会议听取和审议了自治区人大常委会内务司法委员会副主任苏远方关于《中华人民共和国监狱法》执法检查情况的报告。听取和审议了自治区人大常委会教科文卫委员会主任潘守刚关于《中华人民共和国义务教育法》和《内蒙古自治区实施<中华人民共和国义务教育法>办法》执法检查情况的报告。听取和审议了自治区发展和改革委员会副主任张磊关于贯彻落实国务院关于抑制部分行业产能过剩和重复建设引导产业健康发展若干意见情况的报告。听取和审议了自治区林业厅副厅长呼群关于林业生态保护和建设情况的报告。

会议通过了人事任免事项。

【主要工作】 常委会在自治区党委领导下,紧紧围绕全区工作大局,认真履行法定职责。全年审议法规案件28件,其中通过法规5件,初审法规草案2件,批准呼和浩特市、包头市地方性法规和鄂伦春自治旗、莫力达瓦达斡尔族自治旗单行条例13件,作出决定、决议8件;听取审议"一府两院"专项工作报告5项,听取审议计划、预算、审计等工作报告5项,开展执法检查、执法调研8项,开展跟踪监督3项;就重大事项作出决定、决议4件;依法任免国家机关工作人员153人,其中决定任免自治区副主席4人,任免人大常委会工作机构、盟工作委员会负责人16人,任免政府组成部门负责人18人,任免司法机关工作人员115人;补充自治区人大专门委员会组成人员5人,接受自治区人大常委会委员辞职8人。常委会全面完成自治区十一届人大三次会议确定的工作任务。

(双虎)

内蒙古自治区人民政府

【领导名录】

主席 副主席

主　席:巴特尔(蒙古族)

副主席:任亚平(11月离任) 潘逸阳(11月任职) 赵双连(蒙古族) 连辑 郭启俊 刘卓志(12月双规免职) 布小林(女 蒙古族) 刘新乐(蒙古族) 赵黎平(5月任职)

秘书长 主席助理 副秘书长

秘书长:乌兰巴特尔(蒙古族 4月离任) 常海(蒙古族 4月任职)

主席助理:黄·阿拉腾别立格(蒙古族) 崔国柱 赵黎平(5月离任)

副秘书长:王晓成(10月离任) 何永林(4月离任) 张院忠(4月离任) 王喜才 盖文山 孙惠民 魏军 杨玺 于清理(满族) 那炜清(蒙古族) 李春光(10月离任) 张国良(10月任职) 张津(11月任职) 武志忠(蒙古族) 江维(4月离任) 张守孝(4月任职) 王军朴 张海顺(10月任职) 傅益生(11月任职)

【重要会议】

政府常务会议　1月6日,自治区主席巴特尔主持召开自治区人民政府2010年第1次常务会议,研究了《内蒙古自治区人民政府关于促进牧民增收若干政策的意见》,审议并原则通过了《内蒙古自治区农牧业机械事故处理办法(草案)》、《内蒙古自治区信息化促进办法(草案)》。自治区党委副书记、自治区副主席任亚平,自治区副主席赵双连、郭启俊、布小林,自治区政府秘书长乌兰巴特尔,主席助理黄·阿拉腾别立格出席会议。

1月8日,自治区主席巴特尔主持召开自治区人民政府2010年第2次常务会议,审议了《政府工作报告(征求意见稿)》、《自治区2009年国民经济和社会发展计划执行情况和2010年国民经济和社会发展计划草案》、《自治区2009年财政预算执行情况和2010年财政预算草案》。自治区党委副书记、自治区副主席任亚平,自治区副主席赵双连、郭启俊、刘新乐,自治区政府秘书长乌兰巴特尔,主席助理黄·阿拉腾别立格、赵黎平出席会议。

1月19日,自治区主席巴特尔主持召开自治区人民政府2010年第3次常务会议,就自治区人大代表对《政府工作报告》、计划、财政预算报告和自治区《"十二五"规划纲要(草案)》所提意见和建议进行了专题研究,政府班子全体成员出席会议。

3月19日,自治区主席巴特尔主持召开自治区人民政府2010年第4次常务会议,研究了《内蒙古自治区非政府投资水利项目管理办法》和《内蒙古自治区直属企业国有资本收益收取管理办法》,听取了《关于贯彻落实全国防震减灾工作会议精神加强我区防震减灾工作的汇报》和《2008年度"内蒙古自治区杰出人才奖"评选情况的汇报》。自治区党委副书记、自治区副主席任亚平,自治区副主席赵双连、郭启俊、刘卓志、刘新乐,自治区政府秘书长乌兰巴特尔出席会议。

5月10日,自治区主席巴特尔主持召开自治区人民政府2010年第5次常务会议,研究了《关于规范苏木乡镇街道办事处行政区划调整审批事项的通知》和《内蒙古自治区应对气候变化方案》,审议了《内蒙古自治区发展蒙医药中医药条例(修订草案)》、《内蒙古自治区消防条例(修订草案)》、《内蒙古自治区著作权管理办法(草案)》和《内蒙古自治区无线电管理条例(草案)》。自治区党委副书记、自治区副主席任亚平,自治区副主席郭启俊、刘卓志、刘新乐,自治区政府秘书长常海,主席助理黄·阿拉腾别立格出席会议。

6月24日,自治区主席巴特尔主持召开自治区人民政府2010年第6次常务会议,研究了《鄂尔多斯市统筹城乡综合配套改革实验区建设实施方案》、《内蒙古自治区新增四个千万亩节水灌溉工程发展规划纲要(2010年-2020年)》、《内蒙古自治区重大水利工程建设基金征收使用管理暂行办法》、《内蒙古自治区人民政府关于促进民办教育发展的决定》,审议了《内蒙古自治区城镇建设档案管理办法(草案)》、《内蒙古自治区价格监测规定(草案)》。自治区副主席郭启俊、刘卓志、赵黎平,自治区政府秘书长常海,主席助理黄·阿拉腾别立格出席会议。

8月25日,自治区主席巴特尔主持召开自治区人民政府2010年第7次常务会议,审议了《内蒙古自治区农村牧区饮用水条例(草案)》、《内蒙古自治区城镇污水处理厂运行监督管理办法(草案)》,研究了《内蒙古自治区应急救援管理办法》、《内蒙古自治区国民经济和社会发展第十二个五年规划思路》、《内蒙古自治区人民政府关于解决原民办教师、在岗代课人员和部分师范毕业生信访问题的指导意见》。自治区常务副主席任亚平,自治区副主席赵双连、刘新乐,自治区政府秘书长常海,主席助理黄·阿拉腾别立格出席会议。

11月16日,自治区主席巴特尔主持召开自治区人民政府2010年第8次常务会议,审议了《内蒙古自治区城镇供热条例(草案)》、《内蒙古自治区内部审计办法(草案)》、《内蒙古自治区特种设备安全监察条例(草案)》、《关于对内蒙古自治区部分地方性法规、规章修改、废止的建议》,研究了《内蒙古自治区一级公路建设资金统贷分还暂行办法》。自治区党委常委、自治区副主席潘逸阳,自治区副主席赵双连、刘卓志、布小林,自治区政府秘书长常海,主席助理黄·阿拉腾别立格出席会议。

11月22日,自治区主席巴特尔主持召开自治区人民政府2010年第9次常务会议,研究了《关于贯彻落实国务院通知精神的实施意见》,审议了《内蒙古自治区人工影响天气管理办法(草案)》和《内蒙古自治区气象灾害预警信号发布与传播管理办法(草案)》。自治区副主席连辑、刘卓志、布小林、赵黎平,自治区政府秘书长常海,主席助理黄·阿拉腾别立格出席会议。

12月22日,自治区主席巴特尔主持召开自治区人民政府2010年第10次常务会议,研究了《内蒙古自治区水资源费征收标准管理办法》和《内蒙古自治区地下水保护行动计划》,听取了《〈内蒙古自治区教育规划纲要〉编制工作及全区教育工作会议前期准备情况汇报》。自治区副主席潘逸阳、赵双连、连辑、刘新乐,自治区政府秘书长常海出席会议。

主席办公会议 1月6日,自治区主席巴特尔主持召开自治区人民政府2010年第1次主席办公会议,听取《关于2010年自治区预算内基本建设投资计划安排建议的汇报》,研究《关于煤炭转化和技改项目资源配置事宜》。自治区党委副书记、自治区副主席任亚平,自治区副主席赵双连、郭启俊、布小林,自治区政府秘书长乌兰巴特尔、主席助理黄·阿拉腾别立格出席会议。

2月8日,自治区主席巴特尔主持召开自治区人民政府2010年第2次主席办公会议,听取《关于提高我区部分民生指标初步测算情况的汇报》。自治区副主席任亚平、刘卓志,自治区政府秘书长乌兰巴特尔出席会议。

5月10日,自治区主席巴特尔主持召开自治区人民政府2010年第3次主席办公会议,专题研究《内蒙古自治区农村土地整治重大工程项目建设方案》。自治区副主席郭启俊、刘卓志、刘新乐,自治区政府秘书长常海、主席助理黄·阿拉腾别立格出席会议。

6月21日,自治区主席巴特尔主持召开自治区人民政府2010年第4次主席办公会议,研究《煤炭转化和接续项目资源配置事宜》、《自治区快速客运铁路通道项目筹资方案》、《关于调整京藏高速公路内蒙古段货运车辆通行费标准的意见》、《内蒙古通勤机场试点布局方案》。自治区副主席赵双连、刘新乐,自治区政府秘书长常海,主席助理黄·阿拉腾别立格出席会议。

8月12日,自治区主席巴特尔主持召开自治区人民政府第6次主席办公会议,研究《“万里大造林”案件善后处置工作方案》及相关事宜。自治区副主席连辑、自治区政府秘书长常海出席会议。自治区党委常委、秘书长符太增列席会议。

9月19日,自治区主席巴特尔主持召开自治区人民政府2010年第7次主席办公会议,听取了自治区发展改革委、经济和信息化委员会、财政厅、住房和城乡建设厅、交通运输厅等部门关于支持兴安盟发展的汇报,研究了支持兴安盟发展的具体政策和措施。自治区副主席任亚平、赵双连、自治区政府秘书长常海出席会议。

11月16日,自治区主席巴特尔主持召开自治区人民政府2010年第8次主席办公会议,研究《关于追加县域金融机构涉农贷款增量奖励资金有关事宜》,听取《关于全区布病、结核病防控工作有关情况的汇报》。自治区党委常委、自治区副主席潘逸阳,自治区副主席赵双连、刘卓志、布小林,自治区政府秘书长常海,主席助理黄·阿拉腾别立格出席会议。

12月22日,自治区主席巴特尔主持召开自治区人民政府2010年第9次主席办公会议,听取《关于2011年自治区预算内基本建设投资建议计划的汇报》、《关于全区大中型水库超出国家核定后期扶持移民人口指标计划安排情况的汇报》,研究《内蒙古自治区本级调整预算审批权限和程序规定》,听取《关于自治区三大文体工程建设有关情况的汇报》,研究《对巴彦淖尔市增加财力性转移支付补助事宜》。自治区党委常委、自治区副主席潘逸阳,自治区副主席赵双连、连辑、刘新乐,自治区政府秘书长常海出席会议。

12月30日,自治区主席巴特尔主持召开自治区人民政府2010年第10次主席办公会议,研究神华集团缴纳煤炭价格调节基金有关问题。自治区副主席潘逸阳、赵双连、连辑、郭启俊、赵黎平,自治区政府秘书长常海出席会议。

其他重要会议　1月28日,自治区人口和计划生育工作会议在呼和浩特市召开,自治区党委副书记、自治区主席巴特尔出席会议并作重要讲话。

3月23日,自治区人民政府召开全体会议暨第三次廉政工作电视电话会议。自治区党委副书记、自治区主席巴特尔作重要讲话。自治区党委常委、纪委书记张力,自治区副主席郭启俊、刘卓志、刘新乐参加会议。自治区副主席连辑主持会议。

7月16日,为期3天的第四届中国民族商品交易会在内蒙古国际会展中心开幕。全国政协副主席郑万通,自治区政协主席陈光林,全国政协常委、提案委员会副主任王占,自治区党委副书记、自治区副主席任亚平,自治区党委常委、呼和浩特市委书记韩志然,中联部副部长陈凤翔,蒙古国驻呼和浩特总领事恩和阿木古楞,全国政协常委苏士澍,自治区人大常委会副主任郝益东,自治区政协副主席郭子明等出席开幕式。

9月6日,自治区召开加快保障性安居工程建设电视电话会议,贯彻落实国务院常务会议和自治区第四次党政联席会议精神,通报全区保障性安居工程建设进展情况,听取各盟市工作汇报,交流工作经验,安排部署下一步重点工作,自治区党委副书记、自治区副主席、自治区保障性安居工程建设工作领导小组组长任亚平出席会议并讲话。

9月14日,自治区召开全区林业工作会议,自治区党委副书记、自治区主席巴特尔强调作重要讲话。自治区党委副书记、自治区副主席任亚平主持会议,国家林业局副局长张建龙,自治区副主席、包头市委书记郭启俊讲话。自治区政协副主席董恒宇出席会议。

9月26~27日,自治区东部盟市经济工作座谈会在通辽市召开。自治区党委副书记、自治区主席巴特尔出席会议并作重要讲话。

10月28日,全区重点铁路协调领导小组会议在呼和浩特举行。自治区党委副书记、自治区主席巴特尔在会议上讲话。自治区副主席赵双连主持会议。

12月23日,自治区西部大开发工作会议在呼和浩特召开,会议传达了国家发展改革委贯彻落实中央深入实施西部大开发战略暨西部大开发“十二五”规划编制启动会议精神,安排部署我区西部大开发工作,自治区党委常委、自治区副主席潘逸阳讲话。

12月24~25日,全区经济工作会议召开,自治区党委书记胡春华,自治区党委副书记、自治区主席巴特尔作重要讲话,自治区党委副书记任亚平作总结讲话。

【重要活动】　1月18日,自治区党委副书记、自治区主席巴特尔在新城宾馆会见湖北宜化集团董事长、党委书记、总经理蒋远华一行。自治区副主席赵双连参加会见。

1月20日,2010上海世博会内蒙古实体馆建设正式开工启动,自治区副主席布小林出席开工启动仪式。

1月27日,内蒙古自治区人民政府与吉林省人民政府在北京举行战略合作框架协议签字仪式。自治区副主席赵双连、吉林省副省长王祖继代表双方签字。

1月28日,内蒙古自治区应急管理研究中心揭牌仪式在内蒙古大学举行。自治区副主席、内蒙古大学校长连辑,中国工程院院士张铁岗为内蒙古自治区应急管理研究中心揭牌。

1月29~31日　中共中央政治局委员、国务院副总理回良玉在国家民委主任杨晶、国务院副秘书长张勇等领导及自治区领导胡春华、巴特尔、莫建成、符太增、郭启俊的陪同下,深入包头市、锡林郭勒盟,考察指导雪灾救助和黄河防凌工作,代表党中央、国务院看望慰问灾区各族干部群众。

2月10日,自治区人民政府与中国人民保险集团公司在呼和浩特签署战略合作协议。自治区党委书记胡春华,自治区党委副书记、自治区主席巴特尔,中国人保集团公司董事长、总裁吴焰出席签约仪式。自治区副主席布小林,中国人保集团公司执行董事、副总裁丁运洲,分别代表自治区人民政府和中国人保集团公司在协议上签字。

3月8日,自治区政府与中国科学院在京签署科技合作协议,举行了中国科学院内蒙古草业研究中心揭牌仪式。全国人大常委会副委员长、中国科学院院长、党组书记路甬祥,自治区党委书记、人大常委会主任胡春华,自治区党委副书记、自治区主席巴特尔出席并讲话。

3月13日,由文化部、国家民委、内蒙古自治区人民政府主办的全国少数民族非物质文化遗产项目调演内蒙古自治区专场演出《草原欢歌·永恒之火》,在北京天桥剧场上演。

3月26日,自治区副主席郭启俊在新城宾馆会见了新西兰农业部部长大卫·卡特及新西兰农经贸考察团一行。

3月29日,《乌力吉文集》首发式在呼和浩特市举行。中共中央政治局委员、书记处书记、中宣部部长刘云山,全国政协副主席陈奎元,全国人大常委会原副委员长布赫为《乌力吉文集》题词。自治区党委副书记、自治区主席巴特尔为文集作序。

4月12日,自治区党委副书记、自治区主席巴特尔在新城宾馆会见了英国驻华大使吴思田一行。

4月16日,辽宁、吉林、黑龙江和内蒙古四省区党政主要领导聚首沈阳,参加2010年东北四省区合作行政首长联席会议,自治区党委副书记、自治区主席巴特尔作大会发言。

4月25日,"中国马都"规划建设新闻发布会在人民大会堂举行,锡林郭勒盟被中国马业协会正式授予"中国马都"称号。全国人大常委会原副委员长布赫出席并致辞,自治区党委副书记、自治区副主席任亚平出席并讲话。

4月26日,黄河海勃湾水利枢纽工程在乌海市正式开工建设。全国人大常委会副委员长乌云其木格宣布工程开工,自治区党委书记、人大常委会主任胡春华,自治区党委副书记、自治区主席巴特尔出席开工仪式。

5月2日,蒙古国文化周在内蒙古博物院隆重开幕。蒙古国总统额勒贝格道尔吉及蒙古国代表团全体成员、中国驻蒙古国大使余洪耀及外交部有关人员,自治区党委书记、人大常委会主任胡春华,自治区党委副书记、自治区副主席任亚平,自治区党委常委、秘书长符太增,自治区人大常委会副主任云秀梅,自治区副主席刘新乐出席开幕式。

5月6日,华北区域内蒙古电力多边交易市场在呼和浩特正式启动运行。国家电监会主席王旭东,自治区党委副书记、自治区主席巴特尔出席启动仪式并为内蒙古电力多边交易市场鸣锣开市。

5月24日,上海世博会内蒙古活动周开幕。中共中央政治局委员、上海市委书记、上海世博会执委会主任俞正声,全国人大常委会副委员长乌云其木格出席开幕式。自治区党委副书记、自治区副主席任亚平致辞。自治区副主席布小林主持开幕式。自治区领导邢云、乌兰、符太增、郝益东、云秀梅、肖黎声和自治区高级人民法院院长王维山参加开幕式。全国人大农业委员会原主任委员刘明祖、全国政协常委包俊臣等嘉宾应邀出席开幕式。

5月25日,世博会内蒙古活动周草原文化推介会在上海举行。自治区党委副书记、自治区副主席任亚平,自治区党委常委、政法委书记邢云出席,自治区党委常委、宣传部长乌兰致辞。

6月2日,《孔飞风雨坎坷六十年——新中国开国蒙古族将军孔飞传记》首发式在呼和浩特举行。中共中央政治局委员、中央书记处书记、中宣部部长刘云山,全国人大常委会原副委员长布赫,中国工程院副院长旭日干等发来贺信。自治区党委副书记、自治区主席巴特尔向内蒙古军区、自治区人民政府办公厅、内蒙古图书馆和内蒙古大学图书馆赠送图书。自治区党委副书记、自治区副主席任亚平出席并讲话。

7月7日,自治区党委副书记、自治区主席巴特尔在新城宾馆会见日本驻华大使宫本雄二。

7月12日,自治区党委副书记、自治区主席巴特尔在新城宾馆会见了印度驻华大使苏杰生。

7月14日,自治区党委副书记、自治区主席巴特尔在呼伦贝尔天骄宾馆会见了中国国民党荣誉主席吴伯雄和夫人。中共中央台办主任王毅,自治区党委副书记、自治区副主席任亚平参加会见。

7月16日,第十一届中国·呼和浩特昭君文化节开幕式——"伊利情"大型文艺晚会《天堂草原》在呼和浩特体育场隆重举行,全国政协副主席郑万通,自治区党委副书记、自治区副主席任亚平出席开幕式。

7月22日,中国内蒙古·韩国友好周开幕式在呼和浩特举行。自治区党委副书记、自治区主席巴特尔,韩国驻华大使柳佑益出席开幕式并致辞。自治区副主席布小林主持开幕式。

8月11日,首届鄂尔多斯国际那达慕大会暨内蒙古自治区第七届少数民族传统体育运动会在鄂尔多斯市隆重开幕。自治区党委副书记、自治区副主席任亚平致辞,自治区副主席刘新乐主持开幕式。

8月16日,自治区第十二届运动会在乌海市奥林匹克体育中心体育场隆重开幕。自治区党委副书记、自治区主席巴特尔宣布内蒙古自治区第十二届运动会开幕,自治区副主席刘新乐代表自治区人民政府向乌海市人民政府赠送了"中华宝鼎"。

9月2~3日,卫生部部长陈竺在鄂尔多斯市、包头市、呼和浩特市考察,自治区副主席刘新乐陪同。

9月3日,自治区人民政府与卫生部在呼和浩特签署了《人间布鲁氏菌病联合防治协议》。自治区党委副书记、自治区主席巴特尔,卫生部部长陈竺签署协议。

自治区党委副书记、自治区主席巴特尔出席纪念中国人民抗日战争暨世界反法西斯战争胜利65周年纪念日活动。

9月9日,第二届中蒙俄国际青少年运动会在呼和浩特开幕,自治区副主席刘新乐宣布中蒙俄国际青少年运动会开幕。

9月20日,全区纪念《中共中央关于控制我国人口增长问题致全体共产党员共青团员的公开信》发表30周年大会在呼和浩特召开,自治区副主席刘新乐主持大会。

9月25日,庆祝阿拉善盟成立30周年暨民族团结进步表彰大会在阿拉善体育馆举行,全国人大常委会副委员长乌云其木格为大会题词,全国人大常委会原副委员长布赫出席大会,自治区副主席布小林出席大会。

10月30日,自治区人民政府与上海交通大学人才与科技合作框架协议签字仪式在上海交通大学举行。自治区副主席布小林代表自治区人民政府,上海交通大学校长、中国科学院院士张杰代表上海交通大学,共同签署了《内蒙古自治区人民政府与上海交通大学人才与科技合作框架协议书》。

11月1日,全区第六次人口普查入户登记启动仪式在呼和浩特举行。自治区党委副书记、自治区副主席、自治区第六次人口普查领导小组组长任亚平出席启动仪式并讲话。

11月6日,自治区党委副书记、自治区主席巴特尔率自治区代表团,前往印度、伊朗和叙利亚进行访问。

12月20日,北京市—内蒙古"十二五"时期对口帮扶合作工作启动大会在北京举行,自治区党委常委、自治区副主席潘逸阳作讲话。

12月21日,天津航空公司在呼和浩特白塔国际机场举行天津—呼和浩特—乌兰巴托国际航线开通仪式,自治区副主席赵双连出席开通仪式。

12月27日,内蒙古自治区首届干细胞产业化高峰论坛在呼和浩特市召开,自治区副主席连辑出席论坛并讲话。

(王鹏)

政府办公厅

【内蒙古自治区人民政府办公厅领导名录】

主　任:乌兰巴特尔(蒙古族 4月离任) 常海(蒙古族 4月任职)

副主任:李生义(4月离任)

纪检组长:吉日嘎拉(蒙古族 7月任职)

巡视员:张友好(10月离任) 李生义(4月任职)

副巡视员:任茂 寇斌(蒙古族 10月离任) 乌日吉图(蒙古族 10月任职) 王瑞峰(10月任职) 牛克冉(10月任职)

【概况】 2010年,自治区人民政府办公厅围绕自治区党委、政府的中心工作,深入学习实践科学发展观,扎实开展创先争优活动,牢固树立"围绕中心、主动服务、提高效率、强化落实"的工作理念,不断提高服务质量和服务效率,圆满完成了全年各项工作任务,办公厅整体效能得到全面提升。紧紧围绕重大决策部署的制定和实施,为自治区政府提供优质的参谋服务,认真做好政务服务工作,发挥了上传下达、协调沟通的职能作用,有力地保障了政府日常工作的快速高效运转;积极发挥后勤保障职能,有序推进代建工作,全面开展公共机构节能工作,继续加强财务、基建和资产管理,努力做好各类公务接待工作,不断提高后勤服务水平,为自治区政府提供优质的事务服务;提高无线电管理保障能力、技术支撑能力和应急处置能力,有效保障了无线电通信的正常运行和边疆信息安全。严格规范政府采购工作,改进内部运行管理制度,全力推行精细化采购,稳步推进电子化采购,采购规模创历史新高。加强对全区修志工作的指导,推进地方志数字化、网络化进程,内蒙古区情网实现升级改版。进一步创新《内蒙古政报》编辑工作,扩大《内蒙古政报》赠阅范围和社会覆盖面。全力推进办公自动化平台项目建设,有序推进办公自动化应用,加大网络环境整改力度和保密管理,政务信息化建设稳步开展。扎实组织开展创先争优活动动员部署、公开承诺、践行承诺和领导点评等各个环节的活动,针对政府办公厅工作实际和业务特点,精心设置活动载体,全面加强厅机关自身建设,基层组织和干部队伍建设不断加强,内部体制机制不断完善。

【政务工作】

文稿服务 围绕自治区党委、政府工作重点,积极主动深入基层,针对重点难点问题,认真开展调查研究,年内开展了贯彻落实中央扩大内需政策、促进非资源型产业发展、扶持中小企业发展、节能减排、"十项民生工程"、农牧民增收、推进按标施保、保障性安居工程、深化医药卫生体制改革等重大问题、重点课题的调研。完成了《内蒙古党委、政府关于加大统筹城乡发展力度 进一步夯实农牧业和农村发展基础的实施意见》、《内蒙古政府关于促进牧民增加收入的实施意见》党委、政府两个1号文件,关于承接产业转移,发展非资源型产业,构建多元发展多级支撑工业体系的指

导意见,以及实施“十项民生工程”等重大决策性公文的起草核改任务,全年累计开展重点调研110余次,起草、修改、整理领导讲话等文稿1 200余篇,约600多万字。

严格规范公文报送程序,修订完善各项制度,严格执行规范性公文前置法律审核制度,提高公文运转的质量和效率。全年收受公文6 416件,机要文件283件,受理请示报告1 540件,办理国务院及国务院办公厅、国家各部委、各省区市文件1 958件,传递机要交换文件21万余件。组织开展了规范性文件清理和政府议事协调机构清理工作,查阅筛选从1947年以来制发的政府文件8万余件,清理规范性文件近2 000件;清理议事协调机构230个,撤销126个。完成各类文件、会议材料翻译约16万字,刊物会标等翻译86.1万余字。

信息服务　提高信息服务质量,为领导决策提供全面、及时、准确和规范的信息服务,如反映全区稀土产业整合情况、蒙西电网电力平衡问题、自治区出台政策力促牧民增收等问题的信息引起国务院和自治区领导的重视,并作重要批示。全年收集信息28 452条,编发《每日要情》、《信息参考》等信息刊物952期约150万字,领导批示62次;上报国务院办公厅信息1 245条,被采用39条,党和国家领导人批示6次,综合考评在全国各省区市中列第14位。

督查服务　准确把握督查工作的方向、节奏和力度,努力提高督查工作的灵活性、针对性和时效性,全年完成集体林权制度改革、文化体制改革、扶持和发展蒙医药事业、城镇居民增收等重大问题的督查,完成了实施“十项民生工程”、重点流域水污染防治、棚户区改造、“万里大造林”案件善后处置、食品安全整顿及问题奶粉清缴等专项督查任务,完成决策督查和专项督查共50余项,政府常务会议议定事项落实情况督查31项,撰写督查报告40余篇;督促办理全国和自治区人大代表建议501件,政协委员提案843件。

应急值守服务　强化应急管理机制建设,积极推进自治区应急平台建设,全力做好重特大突发事件的处置协调工作。重新规划和修订了应急预案,自治区专项预案增加到50个,部门预案增加到103个。协助处置突发公共事件75起,协助处置集通铁路“1·2”暴风雪灾害事故、神华集团乌海骆驼山煤矿“3·1”特大透水事故、中铁十二局新旗下营隧道“3·19”重大坍塌事故、乌兰察布市境内G6高速公路“10·28”重大伤亡事故和大兴安岭林区火灾等重特大突发公共事件13起。圆满完成政务值班工作,全年共办理各类业务事项1 747项,上报国务院值班信息158期。

【会议服务】　提高会议承办水平,会务服务质量提高。全年承办政府会议150余个。做好大型赛事、展览会等重要活动的服务和协调工作,完成了上海世博会、广州亚运会、鄂尔多斯首届国际那达慕大会、自治区“十二运”和自治区第七届少数民族传统体育运动会等大型活动的组织、参展和参赛工作。

【政务工作】　全年主动公开各类政府信息约40万条。全区12个盟市、99个旗县市区和近百家区直单位建立了门户网站。积极构建政务服务体系,全区所有盟市和73%的旗县已成立政务服务中心,40%的苏木乡镇设立便民服务大厅,2 000多个嘎查村和社区居委会设立政务代办点或服务站,7个区直部门设立专业办事大厅。

【机关建设】

创先争优活动　组织开展了创先争优活动动员部署、公开承诺、践行承诺和领导点评等各个环节的活动。组织开展了以“提升服务水平,争当服务标兵,建设服务型机关”为主题的大学习、大讨论活动,在活动中落实和体现“五讲五重”。

基层组织建设　开展以党员为主体、党支部为基础、领导班子为重点的创建学习型党组织活动。与63个基层党组织签订目标责任制。深入玉泉区巴彦乌素社区开展“问政于民、问需于民、问计于民”活动,协助社区创建“五个好”党支部,帮助解决社区民生问题。春节期间,走访慰问社区贫困户38户,捐助现金实物23 600元。做好定点帮扶兴安盟突泉县学田乡利民村工作,协调解决资金170余万元,年内帮助建设了村委会办公场所和街道硬化改造项目。

完善内部体制机制　理顺部分厅属单位的体制机制,调整后勤服务中心和房产管理中心机构职责,整合了自治区政府驻香港、深圳、沈阳和海南办事处,筹备组建了自治区应急指挥服务中心。修订完善了公文运转审核、会议应急、后勤保障、政府采购、代建等方面的制度和规则。

领导班子和干部队伍建设　调整任用28名处级干部,积极倡导“团结、务实、进取、敬业”的办公厅精神,强调“讲大局、重服务,讲敬业、重职责,讲品行、重素质,讲纪律、重有为,讲团结、重和谐”,各项工作以“快、准、细、严、精”为标准。高度重视党风廉政建设责任制和惩防体系建设各项目标任务的落实,全年未发现违法违纪现象。

【机关后勤工作】 加强办公区日常管理、巡查和人员登记,组织开展安全大检查6次。配合有关部门及时妥善处置各类上访事件541起,8 759人次。与33个防火重点单位签订责任状。会议中心完成会议服务776次。机关餐厅接待就餐人员39万人次。机关幼儿园工作取得成效,通信和医务所服务水平提升。文印水平和质量提高,全年完成产值650万元。车辆服务优质高效,安全行驶208.9万公里。落实老干部政治、生活待遇,尽力为老干部排忧解难。

【代建工作】 自治区党委政府联合接访中心项目主体结构按期封顶,完成了内蒙古科技馆新馆、演艺中心和内蒙古医院住院楼B座项目地下部分的施工任务。年内完成施工、监理、设计、专业分包工程招标额约11.98亿元,全年支付代建投资工程款3.06亿元,节省、核减建设经费1 400余万元。

【公共机构节能工作】 建立完善自治区公共机构节能管理体系,及时汇总上报相关数据。开展各类培训和宣传,举办"绿色办公,低碳生活"等主题活动,增强干部职工绿色环保意识。制订节能考核办法,开展楼宇能源审计,建立办公建筑能耗数据库,夯实公共节能基础。

【财务基建和资产管理工作】 严格规范财务管理,加强经费预算约束,努力降低行政运行成本,提高了资金使用效率和保障能力。落实"小金库"专项治理整改工作,完成对办公厅独立预算单位的审计工作。规范固定资产采购、配置、使用和管理,确保国有资产的完整性。机关餐厅改建、两个办公区维修改造、硬化美化等建设项目都取得了新进展。

【公务接待】 完成了国家机关、兄弟省区市各类团组来自治区考察调研、经贸洽谈等活动的接待工作和自治区政府领导外出考察的随行服务工作。全年接待国内外来宾752批6 108人次,承办国家、自治区政府领导考察调研、会见、洽谈等活动70次。

【无线电工作】 提高无线电管理保障能力、技术支撑能力和应急处置能力,有效保障了无线电通信的正常运行和边疆信息安全。年内新审批设台单位35个,新增无线电管理设备495部,查出设台单位干扰46起,开展电磁环境测试8次,配合各类考试监测13次。加快无线电管理基础设施和技术设施建设,申报项目41项,总投资额9 500万元,提高了技术支撑能力。

【政府采购】 采购规模创历史新高。全年完成采购项目583项,采购金额20.02亿元,节约采购预算资金2.01亿元。

【《内蒙古政报》编辑工作】 提高办刊质量,扩大《内蒙古政报》赠阅范围和社会覆盖面,发行量稳定在48 000份,实现了纸制政报与电子版政报同步出刊,《内蒙古政报》网络版点击率近62万次。2011年,《内蒙古政报》更名为《内蒙古自治区人民政府公报》,刊期改为半月刊。

【政务信息化建设】 全年采用信息11.6万条,网络点击率达248万人次。推进办公自动化平台项目建设,有序推进办公自动化应用,加大网络环境整改力度和保密管理。

【驻外办事机构工作】 发挥窗口优势,做好政务联络和接待工作,及时、高效发送信息,扩大对外宣传,主动服务自治区经济社会发展大局。较好地履行了驻外办事机构处理信访事件的职能作用,在劝返、接返、稳控上访人员方面发挥了重要作用。

(王　鹏)

信访工作

【内蒙古自治区党委政府信访局领导名录】

局　长:王晓成(9月离任) 秦义(10月任职)

副局长:白占先 连存宝(9月离任) 傅仲宇 代钦(蒙古族 10月任职)

副巡视员:马　进

【概况】 自治区信访局为内蒙古自治区人民政府直属机构。局机关内设9个业务处室:办公室(人事处)、综合处、办信处、来访接待一处、来访接待二处、督查一处、督查二处、投诉受理处(人民群众建议征集办公室)、机关党委和3个事业单位(信息中心、内蒙古自治区联合接访办公室、机关事务服务中心)。共有编制69名,其中行政编制46名,局长1名、副局长3名,副巡视员1名,处级领导职数22名(11正、11副);事业编制23名,处级领导职数6名(3正、3副)。实有工作人员42名,其中女性9名,占21.4%;少数民族18名,占42.8%;大学学历以上40名,占95.2%。

【组织领导】 自治区党委分管信访工作领导:自治区党委副书记、政府常务副主席任亚平,自治区党委常委、秘书长符太增。

自治区人民政府分管信访工作领导:自治区副主席连辑(1~10月),自治区党委常委、常务副主席潘逸阳(11~12月)。

【信访活动】

信访分布　2010年,全区旗县级以上三级信访工作机构及其它部门共受理群众来信1.7万件次,接待群众来访4.9万批次、35万人次。自治区信访局受理群众来信9 554件次,其中联名信1 796件次、重复信1 444件次、蒙古文信件84件次;接待群众来访2 910批次、23 843人次,其中集体访948批次、20 393人次,重复访726批次、10 055人次。

盟市信访部门受理群众来信来访113 695件次,占全区信访总量的34.6%,与上年同期相比增加11.4%,其中受理群众来信4 943件次,同比减少42.2%;接待群众来访13 518件次108 853人次,同比分别增加11.1%和16.4%。来访中,集体访4 826件次93 553人次,分别增加22.5%和66.5%。

2010年,群众进京非正常上访1 681人次,与上年相比下降49.8%;中央联席会议办公室通报重复进京非正常上访720人次,同比下降48.5%。

信访内容　主要集中在企业改制遗留问题、企业军转干部问题、军队退役人员非正常上访问题、"五七工"老有所养问题、水库移民问题、大中专院校定向毕业生问题、城镇房屋拆迁问题、农村土地征用问题、法院判决后执行不到位或执法不公问题、国有商业银行改制问题等直接涉及群众切身利益方面的问题。此外,反映各级干部违法违纪问题也比较普遍。

信访特点　全区信访总量增幅减小,赴京非正常上访总量大幅下降,群众赴自治区非正常上访得到有效遏制,依法信访的格局正在形成,但面临的信访形势仍不容乐观。一是信访总量仍在高位运行,形势依然严峻。二是重信重访居高不下,信访问题解决难度不断增大。三是过激行为时有发生,组织化倾向更加明显。四是信访重点地区问题仍很突出,信访隐患大量存在。

信访原因　客观上,中国进入体制转轨、社会转型的特殊历史时期,经济社会快速发展的战略机遇期,自治区同全国一样正处在人均GDP由1 000美元向4 000美元迈进的关键时期。各种社会矛盾和问题在一定时期内处在高发态势。主观上,存在领导的问题、工作的问题和群众的问题等多方面。

【信访信息】

信访统计　对全区群众来信来访情况进行统计分析,并与上年同期进行比较,全面、及时、准确地掌握全区各级信访情况和信访动态。

信息传递　坚持以《信访动态》、《信访专报》、《每日信访动态》等形式报送信息,对突发紧急信访问题及时以《信访信息》向自治区党委、政府和中联办、国家信访局报送情况。全年编发专报、动态、信息、通报等500余期,多数引起有关领导的重视,为党和政府决策提供了详实的参考依据。

综合分析　坚持信访形势分析制度,准确把握苗头性、倾向性、政策性问题,及时进行综合分析,研究提出相应的工作建议。全年向中联办、国家信访局、自治区党委和政府以及有关地区、部门提供综合性情况分析126条,多次得到自治区主要领导和有关领导的批示和表扬,对领导责任制的落实和信访问题的解决起到了推动和促进作用。

领导批示　自治区党委、政府及自治区党委办公厅、政府办公厅领导关于信访工作和信访问题的批示300余件,对妥善处理和解决群众信访反映的问题,特别是对处理信访突出问题及群体性事件起到了很好的指导和促进作用。

【受理工作】

群众来信受理　工作程序在原有基础上进一步规范,向自治区和盟市党政领导及信访部门交办来信873件,办结率达95%以上。加大反映土地问题的调查力度。加强对初信、联名信的交办,围绕带有全局性、根本性的问题,为自治区领导提供决策执行情况、落实情况。

群众来访接待　一是重点加强初访接待工作,不断提高一次性接访工作水平;二是加强协调,妥善处理集体访,防止发生越级进京集体上访;三是加强对来访问题跟踪督查。四是集中清理、劝返在京滞留上访人员。

信访热线主席信箱和网上信访　加强信访热线电话受理工作,及时协调督办群众反映的实际问题。全年通过"信访热线"电话受理信访事项280件。受理群众向"主席信箱"发送的电子邮件1 786件次、"网上信访"事项1 182件次、国家投诉受理办公室交办信访事项414件次,及时进行了答复和交办转送。

【工作会议】　1月4日,自治区召开处理信访突出问题及群体性事件联席会议第十九次全体会议。会议传达了全国信访工作经验交流会精神,听取了自治区"迎国庆、保稳定"信访百日攻坚工作汇报。

1月26日,在呼和浩特市召开全区政法暨信访工作会议,总结2009年工作,安排部署2010年信访工作。

1月27日,在呼和浩特市召开全区信访工作座谈会,传达全国信访现场经验交流会议和自治区处理信访突出问题及群体性事件联席会议第十九次全体会议精神;通报和部署群众进京非正常上访考核工作;听取各单位联合接访工作的相关情况汇报,安排和部署联合接访试点工作。

4月12日,召开全区深入推进社会矛盾化解工作电视电话会议。自治区党委书记胡春华、自治区主席巴特尔出席会议。会议确定到2010年底,全区集中开展社会矛盾专项化解行动,以此为抓手,全力推进社会矛盾化解、社会管理创新、公正廉洁执法三项重点工作。

7月26~28日,在通辽市召开全区信访工作暨社会矛盾化解经验交流现场会。深入贯彻落实全国信访工作经验交流现场会和全区深入推进社会矛盾化解工作电视电话会议精神,通报2010年以来信访和社会矛盾化解工作情况,分析当前形势,总结交流工作经验,部署下一步任务,推动全区联合接访机制建设和社会矛盾化解工作深入开展。

12月12日,在呼和浩特市召开盟市信访局长信访工作座谈会。传达全国用群众工作统揽信访工作经验交流会精神,总结分析全年以来的信访工作和形势,研究探讨如何加强新形势下信访工作。

【工作措施】

落实信访工作决策部署,畅通社情民意表达渠道 畅通信访渠道,协调、推动信访事项的办理,努力做到"件件有着落、事事有回音"。一是认真受理办理群众信访事项。二是完善信访信息化建设。三是领导干部定期接访、机关干部下访制度得到较好落实。四是认真做好信访事项复查复核工作。

推动"事要解决",维护群众合法权益 把"事要解决"作为工作的出发点和落脚点,协调推动解决群众的合理诉求。一是积极推动社会矛盾排查化解。二是政策层面信访问题的解决取得突破性进展。三是加大督查督办力度。四是解决信访问题的资金保障。

强化非正常上访处置,规范信访秩序 围绕"退十"目标,集中开展了进京非正常上访专项整治工作,按照年初自治区主席巴特尔与盟市、企业主要负责人签订的非正常上访目标管理责任书要求,强化目标管理和督查督办,加大通报考核力度,充实加强了自治区和盟市驻京信访工作组力量,健全和完善日常机制与应急机制相结合的驻京信访工作机制。从9月开始,自治区重复进京非正常上访量在全国省区市月度排名连续4个月退出前10位,其中12月退到第23位,实现了进京非正常上访、重复进京非正常上访总量、集体访、个体访量"三下降"。

完善制度机制,提升信访工作效能 适应新的信访形势、任务和要求,不断强化制度建设,着力创新信访问题解决机制。一是全面推进联合接访机制建设。二是制定完善加强信访工作的综合性意见和工作制度。三是搭建了信访理论研究平台。

加大工作力度,做好上海世博会、广州亚运会等重大活动期间的信访工作 针对2010年重大政治活动多、敏感节点多的实际,确保为全国和自治区"两会"、上海世博会、广州亚运会的胜利召开和成功举办作出应有贡献。自治区驻沪、驻粤信访工作考评分别取得了全国第5名和第13名的好成绩,共有27名同志受到中央联席会议办公室表彰,驻沪信访工作组被评为先进集体。

加强信访部门自身建设,增强工作凝聚力 针对自治区信访局现有机构设置、人员配置与当前信访形势和任务不适应的实际,积极与自治区党委组织部、编办等部门协调,在机构改革中增设了投诉受理处和联合接访管理办公室、机关事务服务中心,信访局机关党总支升格为机关党委,机关行政编制、事业编制、领导职数相应增加。组织部门选调了3名副厅级干部、8名处级干部到信访局挂职。

(孙　炜)

机关事务

【内蒙古自治区人民政府直属机关事务管理局领导名录】

局　长:王喜才

【概况】 内蒙古自治区人民政府直属机关事务管理局为自治区政府办公厅参照公务员管理的副厅级事业单位(主要领导高配为正厅级)。局机关内设6个处室,分别是办公室(挂自治区行政管理学会秘书处的牌子)、财务审计处、基建与资产管理处、接待处(挂自治区政府接待办公室牌子)、保卫处、公共机构节能处。核定事业编制55名,实有48人,大专以上学历占95.8%。核定正厅级领导职数1名;处级领导职数20名:11正(含3名副局长、1名局党委专职副书记,1名局机关党委专职副书记)、9副。管理4个处级单位:后勤服务中心、车辆服务处、政府办公厅文印中心、房产管理中心。自治区本级政府投资非经营性项目基建办公室也挂靠在管理局。

【综合协调工作】 档案工作提供借阅、利用92人次310卷,电子录入工作取得突破进展,完成了局2009

年度考核总结工作和机构编制实名制软件的填报工作,协调自治区编办调整了后勤服务中心、房产管理中心职能和人员编制事宜。公务用车编制管理严格履行审批程序,审批新增(更新)、报废、调出调入公务用车124辆。行政管理学会工作确定了10个重点课题并成立研究小组;学会第三届理事会召开前期的各项准备工作基本就绪。全面落实离退休人员的政治、生活待遇。春节前夕对离退休人员进行慰问;解决了原迎宾馆退休职工1992~1994年期间养老保险费缴纳遗留问题;完成离退休人员的体检工作;报销老干部医疗费14.5万元。完成了节日慰问和职工福利发放工作。

【财务审计】 按时完成了政府办公厅系统2009年度财务决算的编制、审核、汇总和分析工作。落实2010年办公厅本级和管理局机关各处室经费包干指标,为机关工作正常运转,降低行政运行成本提供了保障。全年对办公厅独立预算单位进行了2次审计,审计金额约2.56亿元,查出违规金额25.8万元,应上缴财政非税收入6.01万元,撰写审计、检查综合报告37份。完成党政机关办公区基建指挥部财务移交工作。规范原迎宾馆离退休人员医药费报销审核工作。落实专项治理"小金库"的整改工作。完成房屋和汽车的实物拍照并补录到资产管理系统中。召开了政府办公厅系统2010年部门决算暨2011年部门预算工作专项会议。

【基建与资产管理】 按照自治区领导指示,将会议中心第一会议室重新装修改造为内蒙古自治区党政领导会见厅。完成党政机关食堂改建图纸论证、设计和工程招投标工作。组织有关单位完成了两个办公区的维修改造工程。核实补录2 399户产权面积约14.93万平方米的大房本。共出售原房管局房改房22套,实售金额约52.93万元。配合财务处对原房管局所管辖的住宅楼和办公楼进行资产登记,对72栋楼进行现场拍照。办理了政苑住宅区小楼产权证和过户等事宜。协调办理政苑住宅区东六楼大产权的协调工作。严把资产购置、处置关,加强资产管理,确保国有资产的完整性。两个办公区共收回、调整分配办公用房86间。协助自治区民主党派机关与呼市土地收储中心办理了新旧办公用地土地置换事宜,对人事厅等17个申请增加办公用房单位的办公用房现状进行了调查,并做好收回技术监督局办公用房后重新分配的前期工作。完成了17号商住楼出售工作。积极协调有关单位,做好原卫生厅办公房地产挂牌前的相关准备工作。

【政府接待】 完成规范和清理驻京机构工作。在做好前期调研、征求自治区相关职能单位的意见的基础上,按照国务院有关规定上报驻京机构清理方案并最终保留了自治区政府驻北京办事处等14家驻京办事机构。做好被撤销办事处的人员安置和资产处置等善后工作。共接待国内外来宾752批6 108人次。到飞机场、火车站迎送领导及宾客577次。为领导、来宾及机关工作人员购车、机票3 970张。为国家考核组、调查组考察有关盟市企业的随行服务12次,为自治区政府考察团和政府领导赴外随行服务16次。承办自治区政府及有关部门领导与来宾会见、洽谈及签约仪式等42次。编制了《接待工作手册》。发送协调、联络工作函215件。

【安全保卫 综合治理】 党政办公区的治安管理工作,逐步进入规范化管理阶段。组织有关人员,对两个办公区进行6次安全大检查并积极督促整改。协调辖区派出所加强了幼儿园上下学时间的治安巡逻。对党政机关办公区的329名雇佣人员进行政治审核并建档建卡。组织三次治安保密教育培训。协调武警、公安部门认真抓好警卫勤务,严格验证,加强巡逻,设立"4444"(外线4824444)值班电话,及时稳妥处置群体上访事件和突发事件,维护党政办公区的正常工作秩序。全年配合有关部门及时处置群体上访事件541起、8 759人次。与两个办公区33个防火重点单位签订了防火目标化管理责任状,落实了防火工作责任人。对党政办公区火灾自动报警系统的烟感探头和灭火器进行维修。组织有关部门对两个办公区进行消防安全大检查,消除安全隐患。参加全区综治宣传月活动。签订了2010年综治成员单位综治委员责任状。开展"创安"活动,组织管理局70余名干部职工赴四子王旗联系点开展工作。经自治区综治委研究审定,政府办公厅被评为2009年度参与综治工作实绩优秀单位。政府办公厅的社会治安综合治理工作,连续五年被自治区综治办评为优秀成员单位。

【后勤保障】 强化日常工作质检,设立"5555"(外线4825555)报修热线,确保两个办公区水、电、暖、空调供应安全。完成自治区向国家调研组的工作汇报会、国家调研组与自治区交换意见会、香港凤凰卫视吴小莉专访巴特尔主席等776次会议服务工作。职工餐厅接待就餐人员39万人次,宴会餐厅接待1 532桌,用餐满意度85%以上。对办公区主席楼前和警卫营前空地进行绿化景观改造,制定逐年更换节水抗旱植物替代高养护成本进口草坪的长期规划。加强幼儿季节防病工作,确保幼儿饮食卫生安全,办园条件逐步改善。在中国早教论坛第二届年会上，机关幼儿园被评为“引领中国·十大知名幼儿园”。幼儿舞蹈“吉祥草原”全体演员赴京参加“朝霞杯”第六届全国儿童艺术展演暨魅力校园六一晚会的录制工作，获金奖。通信服务秉承一站式服务理念，加大客户回访力度，不断提升服务水平。机关门诊部业务收入持续增长，被纳入市级医疗保险资金管理中心定点医疗机构。

【车辆服务】 紧紧抓住“加强教育、保证安全、优质服务、节油降耗”重点工作，以用车人满意为目标，把安全行车作为车辆服务工作重点，坚持抓安全教育不放松，开展“做岗位先锋、当节能标兵、创一流服务”主题教育活动，切实做到“安全、正点、卫生、保密”。全年共维修、保养车辆437台次，车辆累计安全行驶208.9万公里。

【机关文印】 推行“6S”管理理念，切实提高服务质量，做到高速、高效、细心、细致，印刷水平和印刷质量进一步提高。全年完成产值650万元，用纸6 003令。完成《内蒙古政报》(蒙、汉文版)、《内蒙古妇女》、《内蒙古科学管理》等22种杂志印制任务，得到了各印户单位的认同。2010年，办公厅文印中心被自治区保密局审定为自治区国家秘密载体定点复制单位。

【房产管理】 打造和谐政府办公区，改善所辖33个住宅区环境、构建“三位一体”的安防体系。在政府办公区3、4号楼原址新建占地6 000多平方米的停车场，新增280个停车位，基本满足了办公区工作人员驻车需求，解决了办公区交通混乱的问题。对办公区1.1万平方米地带进行绿化改造，对2.1万平方米物业管理服务实行市场化管理。积极解决“正泰家园”、“丁香佳园”两小区基建后续问题，完善“正泰家园”、“丁香佳园”两住宅小区配套设施，配合物业公司，采取有效措施提高物业费收缴率。组织相关单位负责人召开供暖协调会，从源头上查找原因并制定切实可行的解决措施，使办公区、政苑住宅区冬季供暖温度低的问题得到改善。

【机关党建】 完成了部分党总支、党支部的增补调整工作，表彰了一批优秀的党支部、优秀党员和先进党务工作者。全年发展预备党员9名，党员转正2名，收缴党费2.3万余元。组织干部职工向玉树、舟曲灾区捐款约12.2万元。深入开展创建“无职务犯罪单位”活动，全局人员无一例职务犯罪案件。举行了基建办党风廉政建设责任书签字仪式。自治区本级政府代建工作共计完成施工、监理、设计、专业分包工程招标额约11.98亿元，已审核签订代建工程合同价款约9.92亿元。管理局基建工程组织了7次公开招标，中标金额为1 025万元。完成政府采购159笔，采购金额约7.55亿元。全年无一起关于招标和政府采购工作方面的举报和投诉，实现了零投诉的目标。

【自治区本级政府代建】 根据自治区政府代建工作部署，基建办按照自治区党委政府联合接访中心项目年内完成主体结构封顶，内蒙古科技馆新馆、演艺中心和内蒙古医院住院楼B座项目年内完成地下部分施工任务的计划。内蒙古科技馆新馆与内蒙古演艺中心共用水、电、排污接入，较单独接入节省开支30%、近1 000万元。自治区党委政府联合接访中心项目优化供电接入方案，一次施工两次使用，节省开支20余万元。在自治区科协和文化厅大力支持下，内蒙古演艺中心与科技馆项目共用消防系统，取消宿舍中央空调系统、办公室和琴房的机械通风系统、卫星天线系统，取消各文艺团体的小会议室会议系统及部分灯光音响设施，结合乌兰恰特大剧院已有功能，演艺中心小剧场取消升降舞台及侧车台。一系列措施优化了资源配置，降低了工程投资。代建财务管理工作建账合理、数据准确、收支规范、支付及时，财政下达代建投资工程款预算指标4.33亿元，已支付3.06亿元；下达代建管理费412.72万元，支出339.52万元，预留人工工资及办公费73.20万元。全年累计办理直接支付83笔，授权支付119笔。积极协调有关部门，年内核减城市建设规费共计235万元。强化代建工作的市场调节作用，利用商务谈判、合理竞争，最大限度促进项目合同价款经济化。科技馆、演艺中心项目通过商务谈判共节省建设经费207.2万元。

【公共机构节能】 建立公共机构节能联络员制度和资源能源消耗统计制度。争取资金和改造项目，做好培训、宣传、能耗统计等工作。进一步完善建立公共机构节能管理体系，明确各盟市、各单位公共机构节能工作的主管领导和联络员。及时汇总上报相关数据。通过电话催办、会议强调、督促检查等方式，先后完成上报全区2005～2008年公共机构能源资源消耗汇总报表和2009年公共机构能源资源消耗汇总报表，完成区直单位公共机构能源资源消耗汇总工作。开展培训工作，召开各盟市管理局局长(中心主任)公共机构节能工作座谈会；组织各盟市机关事务管理局(中心)和管理局相关人员参加国管局能耗统计培训；与自治区住建厅、财政厅联合举办新能源、可再生能源应用培训等等。广泛宣传《条例》。制定自治区公共机构2010年节能宣传周文宣方案，举行以“绿色办公，低碳生活”

为主题的节能宣传周启动仪式以及“节能减排我承诺”签字活动,在后勤职工中组织“倡导绿色办公,提倡低碳生活”征文活动、绿色出行能源紧缺体验活动和节粮活动,增强和干部职工绿色环保意识。按照国家批准的国家办公建筑和大型公共建筑能耗监测体系方案,对自治区500栋楼宇进行能源审计,对210栋楼宇开展能源监测。建立自治区公共机构办公建筑能耗数据库,掌握自治区公共机构办公建筑的第一手资料,为制定公共机构节能改造提供依据。更换综合楼空调智能面板600个。争取资金128万元,在党政机关办公区安装风光互补路灯、景观灯、草坪灯106台套。制定“十二五”公共机构节能规划编制计划,向自治区发改委上报工作方案。初步确定自治区本级和各盟市“十二五”期间公共机构节能量化目标和宏观管理目标,对节能管理的主要任务和措施等进行综合布置和具体安排,把节油节电作为重点工程来抓。

(张　炜)

无线电管理

【内蒙古自治区无线电管理委员会领导名录】

主　任:赵双连

副主任:常海　张院忠　郧建华

办公室主任:李生义(4月离任)　盖文山

【概况】　内蒙古自治区无线电管理委员会办公室是自治区无线电管理委员会的办事机构,设在自治区人民政府办公厅。内蒙古自治区无线电管理委员会办公室对12个盟市无线电管理处实行垂直领导,人、财、物统一管理。财务实行“收支两条线”管理,内蒙古自治区无线电管理委员会办公室是自治区财政单独预算单位。全区无线电管理系统现有干部、职工110人。其中:国家公务员50人;事业编制人员60人;处级以上干部23人,占总人数的19%;本科以上学历85人,占总人数的77%;少数民族干部、职工10人,占总人数的9%。

【通信建设】　截至年底,全区各类无线电发射设备总数2 048万部,其中:公众移动GSM电话1 830万用户,基站14 193个;公众移动CDMA电话140万用户,基站2 648个;移动TD-SCDMA电话3.5万用户,基站1 679个;联通WCDMA电话33万用户,基站2 059个;广播电视台站1 146个;短波电台1 264个,超短波电台26 936个;固定无线接入29 226部;卫星地球站169个;微波站3 240个;业余电台939个。

【法制建设】　《内蒙古自治区无线电管理条例》(草案)于5月10日经自治区人民政府审议通过。5月16日,在自治区十一届人大常委会第十七次会议上作了关于《内蒙古自治区无线电管理条例》(草案)的起草说明。5月17日,内蒙古自治区人民政府关于提请审议《内蒙古自治区无线电管理条例》(草案)的议案经自治区十一届人大常委会第十七次会议审议通过。12月,再次配合人大法工委赴相关盟、市调研,预计在2011年年初正式出台。

【无线电宣传】　根据《全国无线电管理宣传纲要(试行)》、《2010年全国无线电管理宣传月活动方案》和全国无线电管理宣传工作会议精神,制定了《内蒙古无委办无线电管理宣传工作实施方案》,对全系统进行统一部署,各单位指定专人组织实施。全区各级无线电管理机构围绕“无线电管理服务自治区经济建设”的宣传主题,结合“管好频率、管好台站、管好秩序”的各项重点工作,组织开展了一系列内容丰富、形式多样的宣传活动。宣传月活动期间,全区累计开展广播、电视宣传78次,报刊宣传20次,悬挂标语、条幅299幅,网站发布信息56条,制作宣传牌32块,发布手机短信54条,出动人员473人次、车辆46辆,宣传的覆盖面不断扩大,广大群众遵守无线电管理法律法规、维护空中电波秩序、主动与违反《条例》的不法行为作斗争的自觉性不断增强。

【频率台站管理】　全区的无线电台站日常管理按照行政许可审批权限,加强新设台受理程序的制度化、规范化,年内新审批设台单位35个,新增设备495部;核发、换发电台执照4 850余份。继续完善频率台站资料数据库。继续开展边境协调与电磁环境测试。7个边境盟市管理处共计行程万余公里,完成了本年度边境测试任务,积累了边境电磁环境第一手资料。在内蒙古军区所属有关军分区和边防部队的大力支持与配合下,完成了中俄、中蒙边境地区900MHz频段的使用情况测试。开展了查处非法使用对讲机专项清理整顿,全区共检查185个单位。继续坚持无线电频率资源有偿使用的原则,严格执行国家有关无线电频率资源收费和“收支两条线”的管理规定,加强频占费的收取和管理,2010年完成收取频占费380万元,及时上缴自治区财政。

【无线电监测】　全年完成国家两会、自治区两会、法定节假日24小时值班共48天。及时受理用户投诉和干扰排查。全区各级无线电监测站共接到设台单位干扰申诉46起，查处46起。开展电磁环境测试和无线电发射设备的检测。年内为海拉尔机场、兴安盟机场、通辽机场、根河机场、阿拉善盟机场、锡林郭勒机场、满洲里气象局雷达站、通辽气象局雷达站电磁环境测试8次，出具电磁环境测试报告35份。建立无线电频谱监测统计报告工作机制，每月及时完成全区无线电监测统计报告工作。截至年底，自治区监测站各站累计监测时间12 482小时，固定站使用率76%，移动站使用率54%，完成国家下达的3次专项监测任务共计22个频段的监测，通过监测查处各频段中出现的不明信号11起。积极配合有关部门查处各类考试中利用无线电设备作弊行为。年内在硕士研究生入学考试、公务员考试、高考、英语四、六级考试、司法考试等13次考试中，配合教育、人事、司法、公安等部门查处考试中利用无线电设备作弊行为为105起，抓获涉案人员130余人，查获涉案设备89部，实施无线电阻断29起。先后派工作人员共350人次，监测车辆65台次，有效打击了利用无线电设备进行考试作弊等违规行为。

【技术设施建设】 按照自治区无线电管理技术设施建设"十一五"规划要求，2010年申报技术设施建设政府采购任务41项（其中含2008年和2009年度未完成的建设项目18个）总投入资金额9 500万元（其中基础设施建设4 700万元，技术设施建设4 800万元）。

（任玉龙）

政府采购

【内蒙古自治区政府采购中心领导名录】

主　任：刘恒斌

【概况】 内蒙古自治区政府采购中心为自治区人民政府直属的准厅级全额拨款非营利性参照公务员法管理事业单位，编制31名，实际在编30人。内设综合处、采购业务一处、采购业务二处和服务采购处4个职能处室。中心业务由自治区采购领导小组领导，并接受自治区财政厅的监督管理，人事、编制、党务、后勤等由自治区政府办公厅管理。

【采购业务】

完成采购业务指标　2010年，自治区政府采购中心共承担完成各类采购任务20.02亿元，较上年增加5亿元，实际签订采购合同18.01亿元，比采购预算节约采购资金2.01亿元，平均节资率10.04%。采购规模和预算资金节约额均创历史新高。其中，按标前、标后分段组织实施各类采购活动252项，完成采购预算16.32亿元，实际签约金额14.61亿元，比采购预算节约资金1.71亿元，平均节资率10.50%；组织完成公务用车和办公自动化设备等协议供货采购1.98亿元，比采购预算节约资金0.05亿元，平均节资率3.4%（不包括采购单位自行按协议供货采购的项目）；完成服务类定点采购1.72亿元，比采购预算节约资金0.25亿元，平均节资率14.53%。全年采购项目有效投诉为零。草原书屋、人口普查、消防设备等多个采购项目，得到采购人的充分肯定和国内政府采购专业媒体的关注，受到社会好评。年底，在政府采购信息报社组织的"政府采购精品项目"和"全国十佳集采机构"评选活动中，草原书屋采购项目获"全国精品采购项目奖"，中心获得了"全国十佳集采机构"荣誉称号。

拓展采购业务　全年完成服务类定点采购预算1.72亿元，比上年增加0.75亿元，增长率43.6%，比采购预算节约资金0.25亿元，平均节资率14.53%。其中，办理政府采购车辆保险5 355辆，完成采购预算0.3亿元；车辆定点加油996万公升，完成采购预算6 300万元；印刷定点完成采购预算0.35亿元，平均节资率4%；会议定点完成采购预算0.44亿元（不包括三类会议），平均节资率在20%以上。完成对行政机关和事业单位办公场所物业管理定点招标采购工作，已确定10家物业服务定点企业，为2011年全面启动此项服务类采购项目奠定了基础。协议供货作为方便采购急需，提高采购效率的一种新兴采购方式，近年来被各级政府集中采购机构广泛应用于公务用车和办公自动化设备等政府采购活动中。2010年，自治区本级共完成协议供货采购1.98亿元，比上年增加1.15亿元，增长率达58.1%。其中，办公自动化设备等协议供货采购0.94亿元，公务用车协议供货采购1.04亿元。在已完成的办公自动化设备等协议供货采购项目中，单次采购10万元以下，由采购单位自行采购0.51亿元。单次采购10万元以上，由采购中心通过网上二次询价采购0.43亿元，实际签约0.41亿元，节约资金0.02亿元，平均节资率4.7%。采购中心承接完成363辆公务用车协议供货采购项目，采购预算1.04亿元，实际签约1.01亿元，节约资金0.03亿元，平均节资率2.9%。

【廉政建设】 按照自治区政府办公厅机关党委和纪检组的要求，以自治区组织开展的创先争优和创建学习型支部活动为抓手，组织干部职工学习中央各项方针、政策，围绕理想信念、职业道德、廉洁从政、依法行政等教育内容,通过外出考察、聘请专家讲座、集中研讨等多种形式,引导干部职工树立正确的人生观、价值观,提高政策水平和业务技能,对照《廉政准则》把好自己的廉政关。按照党风廉政建设任务分解要求,联系中心工作实际,制定《廉政建设工作的实施意见》,坚持"谁主管谁负责"的原则,根据中心制定的政府采购业务流程和职责要求,明确工作重点和责任分工,将任务目标逐项分解到各处室和具体人员。全年,没有出现违规操作的采购项目,未有重大违纪事件发生。

【机关建设】 通过坚持周一工作例会制度,及时通报和研究重大事项,确保管理工作公开透明。年初,按照政府采购法的有关规定,中心对部分副处级以上和一些关键岗位的工作人员进行了轮岗调整。调整方案公开,程序透明,被调整人员积极配合,确保了中心各项工作的平稳、顺畅运行。采取公开招聘方式,从400多名报考人选中通过笔试、面试、综合考核等方式,选聘了6名工作人员,集中培训以后,充实到各有关工作岗位。推行精细化采购。年初,组织全体职工就推行精细化采购,进行案例剖析和专题研讨,为做到采购项目及时公开,增设了采购项目网上预告环节;为确保评委打分公正,对评委在公开招标项目中给出的"客观分"实行了复核制;为防止供应商利用提供虚假材料谋取中标、成交现象的发生,制定了《关于对投标供应商提供虚假材料的处罚规定》;通过制定一系列细则,规范了非招标采购项目供应商资格预审程序,统一了供应商对招标文件质疑的受理和处置程序,明确了各类采购信息的审核与发布程序。利用参与编制《内蒙古自治区政府采购规范》的契机,对现行的各类采购文件范本进行了系统修改和补充,全面启用了新范本。推进电子化采购。通过优化"办公自动化协议供货网上竞价系统",及时更新"办公自动化入围产品价格库"和"公务用车协议供货车型价格库",为进一步推进协议供货电子化采购提供了技术支持,为各盟市共享网络平台和信息资源创造了条件。全区4个盟市采用"办公自动化协议供货网上竞价系统",办理了337批次网上询价采购项目。在采购中心门户网站新增了"采购项目预告"和"网上报名"栏目,为供应商及时了解采购项目,随时提供报名材料提供方便。通过门户网站,实现"五公开",即:采购项目进度公开、采购程序公开、采购文件公开、采购结果公开、质疑和投诉电话公开。

(林秀群)

地方志工作

【内蒙古自治区地方志办公室领导名录】

主任:杨泽荣(9月任职)

【概况】 内蒙古自治区地方志编纂委员会办公室成立于1982年9月。编纂委员会办公室在自治区党委和政府的领导下,统一组织和领导全区地方志的编纂工作。

2005年8月,内蒙古自治区地方志办公室列入依照公务员制度管理范围。2009年6月,为加强全区地方志工作,促进全区地方志事业发展,经自治区编制委员会2009年第二次会议研究决定,将内蒙古自治区地方志编纂委员会办公室升格为副厅级事业(参公管理)单位。核定内设机构4个:综合处、自治区志业务处、盟市志业务处、地情资料处。调整后,自治区地方志编纂委员会办公室事业编制共23名,在编人员纳入参照公务员法管理范围。核定副厅级领导职数1名,正处级副主任职数2名,处长4名,副处长4名,调研员2名,副调研员3名,主任科员4名,副主任科员2名,科办员1名。截至2010年底,单位有在职干部18人,其中,汉族10人,蒙古族7人,满族1人。在职人员中研究生学历2人。

内蒙古自治区12个盟市、2个计划单列市设有地方志工作机构。12个盟市中独立建制的地方志办公室有5家,党史地方志合署办公的有3家,档案、党史、地方志三家合署办公的有4家。全区101个旗县级地方志机构中,有50多个旗县(市、区)是三家合一,30多个旗县(市、区)是两家合一,其他旗县(市、区)地方志工作任务归属到政府办公室,还没有专门的修志结构。在全区12个盟市级地方志机构中处级以上规格建制的已达11家,并且全部由全额拨款事业单位转变为参照公务员法管理事业单位;旗县级地方志机构中已有46%的单位实现参公管理。全区地方志编制人员总数445人,正式在编437人,具有高、中级专业技术职称的77人,约占总人数的18%,具有大专以上学历384人,约占总人数的88%,参加地方志业务培训305人,约占总人数的70%。

2010年9月,杨泽荣任内蒙古自治区地方志编纂委员会办公室主任。原内蒙古自治区地方志编纂委员会办公室主任张建功调任自治区政府研究室。

【志书编纂】 2010年,自治区地方志办公室共评审、验收志稿25部，累计审阅字数3 892万。其中，评审11部，即：《内蒙古自治区志·林业志》、《内蒙古自治区志·测绘志》（续志）、《内蒙古自治区志·体育志》、《内蒙古自治区志·环保志》、《武川县志（1998—2009年）》、《包头市白云鄂博矿区志（1994—2008年）》、《通辽市科尔沁区志》（续志）、《库伦旗志》（续志）、《扎鲁特旗志》（续志）、《科尔沁左翼中旗志》（续志）、《扎兰屯市志（1991—2001年）》；验收14部，即：《内蒙古自治区志·环境保护志》、《内蒙古自治区志·社会科学志》、《内蒙古自治区志·人大志》、《内蒙古自治区志·人口志》、《武川县志（1998—2009年）》、《包头市白云鄂博矿区志（1994—2008年）》、《通辽市科尔沁区志》（续志）、《库伦旗志》（续志）、《扎鲁特旗志》（续志）、《科尔沁左翼中旗志》（续志）、《扎兰屯市志（1991—2001年）》、《乌兰浩特市志（1991—2008年）》、《巴林右旗志》（续志）、《鄂托克前旗志（1991—2009年）》。

全年出版发行19部志书，即：《内蒙古自治区志·土地志》、《内蒙古自治区志·妇联志》、《内蒙古自治区志·水利志》、《内蒙古自治区志·外事志》、《内蒙古自治区志·环境保护志》、《内蒙古自治区志·审判志》、《内蒙古自治区志·出入境检验检疫志》、《武川县志（1998—2009年）》、《呼和浩特市回民区志》、《包头市白云鄂博矿区志（1994—2008年）》、《牙克石市志（1990—2005年）》、《乌兰浩特市志（1991—2008年）》、《通辽市科尔沁区志》（续志）、《库伦旗志》（续志）、《扎鲁特旗志》（续志）、《科尔沁左翼中旗志》（续志）、《奈曼旗志》（续志）、《察哈尔右翼中旗志》（续志）、《鄂托克前旗志（1991—2009年）》。内蒙古自治区地方志办公室承编的《内蒙古自治区志·方言志》、《内蒙古自治区志·民俗志》已通过公开招标，进入印刷、出版阶段。《内蒙古自治区志·人物志》正在进一步修改完善中。

【年鉴出版】 2010年，《内蒙古年鉴》2010卷（150万字）如期编辑出版。根据区情变化，结合年鉴编辑特点，适时调整篇目结构，及时反映自治区发展的新情况、新事物，增加了年鉴的可读性和实用性。向自治区各委、办、厅、局，盟市、旗县（市区），全国其他省、市、自治区交流、交换《内蒙古年鉴》（2010卷）300余册。自治区12个盟市分别编辑出版了反映本地区实际情况的综合性年鉴；旗县级出版综合年鉴15部；《赤峰军分区年鉴》出版发行。

【期刊编辑】 《内蒙古史志》履行着推动方志理论研究、宣传内蒙古区情文化和学术成果的职责，是地方志办公室与社会各界交流的平台与载体，具有指导性和学术性兼备的特点。2010年，共出版发行《内蒙古史志》刊物6期，发行量8 000册，编辑、审校字数达70余万。2010年底对《内蒙古史志》刊物顾问及编辑委员会主任、副主任进行了调整，加强了力量、充实了队伍，为刊物质量的进一步提高奠定了基础。

【调整地方志编纂委员会】 为了更好地发挥地方志编纂委员会的领导协调作用，参照兄弟省、市、自治区的做法，经自治区政府领导批准，2010年11月22日，内政办字【2010】221号文件（《内蒙古自治区人民政府办公厅关于调整自治区地方志编纂委员会组成人员的通知》），对现任自治区地方志编纂委员会组成人员进行了调整。主任由自治区主席巴特尔担任，副主任由人大副主任、政府副主席、政协副主席、政府秘书长、地方志办公室主任等担任，委员由相关部门主要领导和各盟市长组成。自治区地方志编纂委员会主任由自治区主席担任，增强了编委会的权威性，加强了对地方志工作的领导力度，充分体现了自治区党委、政府对地方志工作的重视和支持，对更加有效推动全区地方志事业的发展起到了积极作用。

【地方志立法】 2006年5月，中华人民共和国国务院公布了《地方志工作条例》（国务院令第【2006】467号）。随后，全国大部分省、市、自治区也相继出台了本行政区域内的地方志法律、法规。自治区地方志办公室于2010年10月再次启动立法申请工作，成立立法小组，开展立法调研，就《内蒙古自治区地方志工作条例（草案）》立项事宜做了大量工作。经过多方努力，《内蒙古自治区地方志工作条例（草案）》已被自治区人大、自治区政府法制办列为2011年立法调研计划，为自治区地方志建设纳入法制化轨道奠定了基础。

【旧志整理 地情资源开发】 2010年，内蒙古自治区巴彦淖尔市地方志办公室编辑出版了《清·五原厅志略》和《民国·临河县志》；包头市地方志办公室完成了《包头市志》和《萨拉齐县志》的点校整理工作；锡林郭勒盟史志办公室完成了《多伦商会档案》整理出版工作。

在地情资源开发工作中，巴彦淖尔市地方志办公室、乌兰察布市地方志办公室为《内蒙古资源》供稿5万余字；乌兰察布市地方志办公室承编了《四子部落通览》；锡林郭勒盟史志办公室编辑出版了《草原多娇》、《锡林郭勒英烈》地情书；包头市地方志办公室编纂的《包头方言》、《人杰地灵敕勒川》等书即将出版；呼伦贝尔市档案史志局组织编纂的《经济体制改革》、《方言》完成初稿,《人口》正在组稿,还参与了《陈奎元文集》的编校工作;兴安盟地方志办公室完成的《兴安盟对外形象定位和品牌营销研究》调研报告被兴安盟委宣传部评为优秀理论文章。

【信息化建设】 2009年,自治区地方志办公室开始对全区三级志书制作电子版。2010年,自治区12个盟市志书电子版已全部制作完成。《内蒙古年鉴》自1998卷始至2009卷制作了电子版,并同时做成数据库。"内蒙古区情网"站自2002年组建以来,不断加强网站的建设,明确分管领导和具体工作人员,确定网站维护单位。2010年12月,对原有"内蒙古区情网"站进行了全面改版升级。对原有网站一、二级栏目进行了全方位调整。调整后的网站平台设有14个一级栏目,62个二级栏目,内容涵盖全区政治、经济、文化、社会等各个方面,突出了自治区的特点和亮点。通过不断充实和调整完善,"内蒙古区情网"将建成为内蒙古自治区具有权威性、综合性,覆盖面广、信息量大的区情网站,是海内外人士了解内蒙古的重要窗口、展示内蒙古自治区地方志工作的重要平台。

【年度奖项】 2010年1月,《内蒙古年鉴》在中国出版工作者协会组织的第四届全国年鉴编纂出版质量评比中荣获综合二等奖及框架设计、条目编写、装帧设计二等奖。

2010年11月,中国地方志指导小组办公室、中国地方志协会组织的全国地方志系统第二届年鉴评奖中,《内蒙古年鉴》荣获二等奖,《呼和浩特市年鉴》、《乌海市年鉴》、《内蒙古电力年鉴》、《兴安年鉴》、《赤峰年鉴》、《包钢年鉴》荣获三等奖。

2010年12月,"内蒙古地方志学会"荣获内蒙古自治区第三届哲学社会科学优秀成果政府奖评选工作组织奖。《内蒙古自治区志·政协志》和《内蒙古自治区志·土地志》在内蒙古自治区第三届哲学社会科学优秀成果评奖中荣获二等奖;《内蒙古自治区志·外事志》荣获三等奖。

(陶利)

驻京办事处

【内蒙古自治区人民政府驻北京办事处领导名录】

书记 主任:王军朴

副主任:刘连恕(回族 8月离任) 布大林(女 蒙古族) 苏文清 巴 根(蒙古族) 李海洪(8月任职)

【概况】 内蒙古自治区人民政府驻北京办事处(以下简称"驻京办事处")是内蒙古自治区人民政府设在首都北京的办事机构,成立于1949年3月,是北京和平解放后,全国各省、区、直辖市最早在首都成立的办事机构。下设办公室、接待处、经济联络处、信息处及自治区投资兴建的天津联络处、劝返中心、北京内蒙古大厦。

【机构规范清理工作】 年初,《国务院办公厅关于加强和规范各地政府驻北京办事机构的意见》下发后,办事处及时组织召开机关干部和各联络处负责人会议,学习传达《意见》和国管局办管司有关文件精神。按照自治区政府的部署,办事处和各联络处协助各盟市和相关厅局,对地方政府和部门在京设立机构情况开展了为期两个多月的调研,摸清机构设置情况。各级政府和部门共设立驻京机构33个,其中厅局设立8个。在此基础上,办事处专门向自治区政府进行汇报,并提交具体工作方案。经报批国管局和北京市有关部门,全区在京机构共保留14家,撤销19家。完成了对保留的机构重新报批、登记,撤销的机构注销、人员安置和资产处置。办事处对保留范围内的办事机构提出转变职能的新要求。

【政务联络和接待工作】 做好自治区党委、政府与在京老领导老同志座谈会的筹备工作。元旦、春节期间和重大节日对在京领导同志进行走访慰问。协助有关部门做好汇报走访工作。3月份自治区党政主要领导到京拜会铁道部、国家发改委、财政部、国家电网公司等部委(单位),在内蒙古大厦与中直企业座谈,办事处完成政务联络工作。配合有关部门开展在京相关活动。协助自治区发改委、人事厅在京召开"十二五"规划研讨会、西部大开发十年工作研讨会、农村政策研讨会、人才招聘会等。做好重要会议接待工作。在全国"两会"、十七届五中全会和中央在北京先后召开的西部大开发、全国教育、全国党史、集体林权制度改革工作等会议期间,办事处配合有关部门完成了参会领导的服务工作。全年共接待副省级以上领导1 199人次,厅级领导792人次,处级及以下重点宾客2 657人次,迎送宾客1 303次。接待量比上年大幅增长。天津联络处共接待各级领导及有关人员300多人次。

【经济联络信息工作】

建立盟市经济信息联络员制度 年初专门召开联络员座谈会,听取情况,沟通信息。编写自治区和各盟市招商引资项目册，与自治区科技厅进一步完善和推进为中小企业融资服务工作，协助旅游局开展与港澳旅游合作。

加强与兄弟省市办事处、港澳驻京机构和外国使领馆的联系 走访港澳驻京机构和外国使领馆8次，接待和走访省级驻京机构和北京市相关部门、企业43次。

加强与在京经商、创业人员、科技和高校人员的联系 北京内蒙古企业商会发展会员330家，完成换届选举工作，并新扩展成立了鄂尔多斯、通辽两个分会。组织联络活动，先后与北京市丰台、门头沟、平谷、东城等建立联系，帮助会员协调相关问题。开展商会间交流等活动，扩大与金融部门联系，积极开展授信工作。参与组织了在京博士后和北京内蒙古青联回自治区考察，组建"草原英才联谊会"，联系在京博士后为内蒙古建设服务。天津联络处组织在津企业成立天津内蒙古商会。

组织推进具体合作项目 与北京红十字会和步长集团合作，完成"西部地区心脑血管疾病健康关爱计划内蒙古行动"，全国100余家医院的712名专家和北京市三级医院164名专家分11批次分赴乌兰察布市72个乡镇卫生院和阿拉善盟9个县级医院、5个苏木卫生院开展免费义诊，捐赠药品400多万元，受益群众达3万多人。联系"北大国际白内障复明慈善光明行内蒙古科尔沁草原站"活动团到兴安盟扎赉特旗，开展以白内障复明手术为主的送光明慈善活动，8名专家为500多名眼疾患者义诊，为114人免费手术，并捐赠药品100多万元。天津联络处协调天津市鑫茂科技投资集团，分别在集宁市、苏尼特左旗投资各2.5亿多元建设产业园。协助国家发改委国际交流中心在大厦举办"经济每月谈—西部大开发十年回顾展"，国务院原副总理曾培炎和60多位部级干部参加。协助"中阿友好协会"举办中阿合作论坛及项目交流启动仪式。各联络处，引进项目50多项。

信息收集报送工作 完成了办事处网站的升级改造，增加与各联络处和相关信息单位的信息交流。重点围绕"十二五"规划、振兴东北、京津冀发展及重点产业和与群众密切相关的领域，收集报送信息4 717条。采用情况在党委、政府116个单位中排名第4。天津联络处报送信息3 100条，部分信息被政府办公厅《参考》和《要情》采用，效果良好。成立了驻京机构工会组织，为在京务工人员提供就业、维权等方面服务。

【驻京信访劝返工作】 确保"两会"、十七届五中全会、世博会期间不发生信访事件。将非正常上访数量退出全国前十名作为工作目标。做好企业、盟市、自治区、北京三地四方的协作，早发现、早预防，尽量减少非正常上访行为的发生。组织全区驻京信访机构召开了驻京信访工作现场会，通过情况通报、经验交流与实地观摩，总结驻京信访工作经验，寻找工作不足。全年共向自治区联席办报送《信访专报》25期、《信访快报》31期、《驻京信访工作动态》12期。全年累计非正常上访为1 599人次，同比下降49.8%（去年全年为3 347人次）。9~12月连续4个月实现"退十"，全年没有发生突发性或群体性事件。

【内蒙古大厦建设运营工作】 2009年12月大厦投入使用。全年可实现收入3 200万元，实现利润180万元。大厦完成接待副省级领导66人次，接待会议132次。大厦按照四星级酒店的标准和规程，制定出台了涉及财务、价格、培训、质量、考勤、安全等36项内部规定和131个岗位职责。大厦与基建组顺利完成了设备交接和运行磨合。办事处修订的《接待管理办法》等规章制度与大厦进行了良好对接。

北京市建行审价咨询中心对大厦工程支出进行把关，派纪检干部参加到基建领导小组中，重点对施工队伍选择、设备采购、资金使用进行监督。审计暂定决算62 438万元，没有突破65 534万元的预算。

【队伍建设】 印发《办事处党委关于创建学习型机关开展队伍建设主题年活动的决定》。系统各单位普遍召开了活动动员会，印发了实施方案或安排意见。举办专题讲座。聘请自治区联席办副主任、自治区信访局副局长白占先和劝返中心负责人，就做好驻京信访工作在全系统进行了专题学习讲座。请自治区党校教授金瑞对自治区的形势与任务进行专题讲授。就做好机要工作请办管司专家授课。进行学习交流。先后两次举办学习交流活动。7月、8月分两次组织全区驻京机构对呼伦贝尔市、兴安盟、乌兰察布市和锡林郭勒盟进行考察，历时两年分4次完成了对12个盟市和二连浩特、满洲里的考察，对上海浦东等地进行了考察。开展党团工作，年初对上年度的先进集体和先进工作者进行了表彰。11月在国管局党委系统创先争优活动总结评比中，办事处党委被办管司党委评为先进党组织，机关和劝返中心两位处级干部分别被评为国管局和办管司优秀共产党员。办事处先后两次组织全系统向青海玉树、甘肃舟曲灾区捐款125 781元。发展预备党员5名、党员转正1名。完成了驻京机构团委换届工作。制定完善相关规章制度，对机关20多项岗位职责进行修订完善。印发《工作月报》10 期、《工作简报》10 期、《驻京工作简报》8 期。

(陈　琳)

驻沪办事处

【内蒙古自治区人民政府驻上海办事处领导名录】

办事处主任:胡庚全(9 月离任) 周凌宏(9 月任职)

【概况】 内蒙古自治区人民政府驻上海办事处为副厅级事业单位。内设办公室、业务处、接待处。编制 15 人,其中 12 名参照公务员管理。副厅级领导 1 人,副巡视员 1 人,正处级 1 人,副处级 1 人,正科 1 人,高级工 2 人。下设内蒙古干部(上海)培训中心,为正处级事业单位。上海内蒙古白云宾馆已实行租赁经营。

【重要活动】

世博期间观展接待工作 制定了上海世博会期间接待服务工作方案,以确保接待工作圆满完成,实行从接站到送站的"一站式"服务。按照接待服务指挥部和自治区政府的要求和需要,认真收集、整理相关信息,上报有关部门和领导,做到信息畅通、准确。试运行期间积极参与和做好自治区省部级以上离退休老干部 60 余人赴沪参观上海世博会的接待工作。在 184 天观博时间里,共接待区内省部级领导 16 批次,省部级领导 56 人次,随员 269 人次;区内厅局级领导 30 批次,厅局级领导 87 人次,随员 147 人次;区内厅局级以下领导 153 批次,厅局级以下领导 4 319 人次;总计 199 批次,4 735 人次。

建立机制,参与世博期间社会稳定工作 贯彻落实"关于加强上海市合作交流系统维护社会稳定工作的意见",召开内蒙古各盟市驻上海联络处主任会议,制定具体落实措施。内蒙古自治区驻沪办、包头市、鄂尔多斯市、呼伦贝尔市联络处分别成立了维稳工作领导小组,办事处主任和各联络处主任为各单位第一责任人。做到维稳工作有人管、有人做、有人督查、有人负责。形成办事处与联络处之间维护社会稳定、处置突发事件的联动机制。各单位确定了联络员,建立了工作网络,及时沟通信息,加强相互配合,凡发生涉及本系统影响社会稳定的突发事件,各单位在第一时间向主管部门和上级单位值班部门报告,做好信息首报工作。

【经济合作】

提供信息 牵线搭桥 向自治区政府办公厅提供了"上海市南徐家汇商务区出让约 256 亩土地,与有关省、市、自治区的驻沪机构、商会及部分大企业开发合作,建立总部基地"的信息。在自治区政府领导意见的指导下,积极联系内蒙古商会及部分大企业,征询各盟市所辖企业的意见,协助其办理承购使用等各项事宜,为此项目建设做了大量的相关准备工作,同时将多家企事业单位参建此项目的意愿上报上海市合作交流办。

增强蒙沪合作交流 上海增爱基金会为自治区残联和老区建设促进会捐赠轮椅和助行器各三百部(套)。促成与自治区残联和老促会联系,形成捐赠协议。以"为区内相关部门和盟市旗县服务"为宗旨,支持部分盟市旗县和单位来沪开展招商工作,包括接受委托招商、代理前期准备工作,协助办理注册登记等事宜。根据内蒙古煤炭交易市场有限公司发来的《关于恳请协助办理内蒙古煤炭交易市场南方交易所相关手续的函》,驻沪办积极协助其与上海市政府及工商、税务等相关部门进行沟通,办理了注册登记等相关手续。为内蒙古煤炭交易市场拓展市场空间和业务覆盖面,缓解上海及周边地区煤炭需求的紧张状况起到了积极的助推作用。夯实合作交流的基础性工作,巩固招商网络和优化项目库,重新改版办事处网站,与《扬子晚报》、《上海商报》、《东方网》建立协作关系,刊登内蒙古招商信息,为对外宣传、招商引资搭建有效平台。做好上海内蒙古商会和上海内蒙古经济开发促进会的指导工作,通过创办《蒙商申报》,搭建上海内蒙古商会网,促进多方面沟通交流。扩大新蒙商的知名度,打造新蒙商品牌。

【信息报送】 采集编发了长三角地区落实"十一五"规划、研究制订"十二五"编制规划、推动经济、社会发展的成功经验和措施、各省市提高党的执政能力建设的经验做法、参与西部大开发的动向,以及对中央政策贯彻落实情况等方面的信息。在有关领导和部门点题索要信息或信息约稿时,能够迅速完成信息反馈任务。多条信息在要情栏目中被刊登。充分利用区位优势,多方了解和积累信息,并根据华东地区的特点和相关政策措施,不断提高信息的采用率。加强了与自治区党委、政府办公厅信息处、上海市合作交流办信息处的请示指导,加强与兄弟省市驻沪办的联系,拓展信息搜索渠道。完成了自治区政府办公厅和上海市合作交流办的各项工作任务。

【干部培训】

抓好培训课程设计　在教学手法上，重视多媒体课件的运用，在教学方法上，注重运用案例分析法进行教学。在案例选择上，既包括全国范围的典型个案，又有自治区的实际情况，使得学员能够更好的掌握课程内容。培训中心利用地域优势与上海市委党校、华东政法大学、复旦大学、同济大学、上海交通大学等国内知名院校建立持久稳定的合作关系和学识渊博，经验丰富的师资队伍。

强化后勤服务　应对世博会期间上海和周边地区住宿、餐饮及考察等各种资源紧张的情况。努力做到报到接送显温馨。培训中心实行24小时跟班制，考察学习上，耐心听取办班单位和学员的要求和感受，灵活调整行程和食宿标准，尽力为学员做好服务。强化培训管理制度。重新修订规章制度，编辑完善《内蒙古干部（上海）培训中心制度汇编》。全年共举办培训班21期，培训学员共800多人次。

【机构建设】　以建设服务型政府为方向，加强机关作风建设，营造“和谐单位”、“平安单位”的氛围，重点抓了各联络处“双服务”和“平安单位”的创建工作及办事处制度建设，重新研究制定了接待工作制定、财务管理制度、车辆管理制度和办事处公文管理等制度。改进办公环境和办公条件，组织离退休老同志赴奉贤参观新农村建设，组织老同志进行体检，组织机关和单位职工为玉树灾区捐款合计3 500元。

（赵宏）

政府法制

【内蒙古自治区人民政府法制办公室领导名录】

主　任：武志忠（蒙古族）

副主任：关英（蒙古族）　丁才　刘廷山　贾莉（女）

副巡视员：王爱丽（女）　张洁民

【概况】　内蒙古自治区人民政府法制办公室机关行政编制41人。人员结构为：主任1名（正厅级），副主任4名（副厅级），副巡视员2名，处长9名，副处长9名，调研员6名，副调研员7名。内设秘书处、立法一处、立法二处、行政复议一处、行政复议二处、行政执法监督处、规范性文件审查监督处、依法行政指导处、机关党委。下辖2个事业单位和1个社会团体组织：机关事务服务中心、内蒙古自治区法律咨询中心、自治区政府法律顾问委员会办公室（典章法学研究院）。

【立法工作】　年初，制定了年度立法工作计划，确定了6项地方性法规、9项政府规章为年度立法任务。计划内的15项法规规章全部完成，包括《内蒙古自治区消防条例（修订）》、《内蒙古自治区农村牧区饮用水条例（草案）》、《内蒙古自治区城镇供热管理条例》等地方性法规和《内蒙古自治区著作权管理办法》、《内蒙古自治区内部审计办法》等政府规章。为配合自治区各项重点工作的顺利推进，超计划完成了相关立法项目，如：完成调研项目《内蒙古自治区特种设备安全监察条例》的修改审查工作；完成《内蒙古自治区计算机信息系统管理办法》和《内蒙古自治区基本草原保护条例（草案）》的征求意见阶段；修改了《内蒙古自治区行政事业单位国有资产管理办法》等；办理了国务院及自治区人大议案、政协提案等法律法规78件。全年共清理地方性法规123件，政府规章99件，其中废止地方性法规5件，修改4件；废止政府规章10件，修改26件。拟定《内蒙古自治区城镇供热管理条例》、《内蒙古自治区发展蒙医药中医药条例（修订）》等法规规章草案的过程中，通过自治区政府法制网和《内蒙古法制报》公开征求意见，受到了社会各界的广泛关注。探索立法后评估工作。拟选申报的《立法后评估制度研究》课题，已经自治区社会科学院批准立项。

【行政复议工作】　依法办理行政复议案件63件，比上年增加5%，数量居历年之最。召开听证会、协调会25次。依法撤销、确认违法率占全部受理案件的24%。法制办撰写的论文《对行政复议制度的思考》刊登在《内蒙古人大》杂志上，《浅谈行政复议申请期限问题》入选国务院法制办第十次协作会论文集。

开展全区行政执法文书关于复议权利告知内容的清理工作，共清理了94 916份执法文书，清理出没有告知复议权利的执法文书645份，从源头上保证当事人享有充分的诉权。发挥自治区政府法律顾问职责，组织办理了自治区政府的诉讼案件、经济合同及其他涉法事务共19件。

【法制监督工作】

行政执法队伍管理　按照《内蒙古自治区行政执法证件管理办法》的要求和自治区政府办公厅《关于清理行政执法人员换发行政执法证件的通知》精神，启动了对全区约12万名行政执法人员的换证工作。通过换证审查，对不适合担任行政执法的人员、不具备行政执法条件的人员清理出行政执法队伍。各级法制办对辖区内的行政执法人员和监督人员持证情况实行科学、规范管理,剔除不在执法岗位的执法人员和监督人员资料,及时补充新的行政执法人员和监督人员资料,利用执法证件数据库,规范管理行政执法人员和监督人员持证上岗情况。各盟市、各旗县完成了约7万名执法人员的信息资料的录入和逐级审核工作,约1.5万名执法人员证件正在制作当中,其余因工作变动或培训考试不合格的执法人员已经列入注销人员名册里。

行政执法管理　大力推进相对集中行政处罚权和综合执法试点工作。经国务院法制办批准,全区15个城市和5个厅局开展了相对集中行政处罚权和综合执法试点工作。集中各个职能相近相关或需要同时执法的部门,形成一个综合执法机构,逐步解决多头执法、交叉执法、效率低下等问题。

行政执法监督　利用社会监督、专门监督和法制监督的结合,拓宽监督渠道。以个案监督为突破口,充分发挥社会监督作用。受理群众举报呼市教育局《关于2010年初高中招生工作的通知》与国家有关法律法规相抵触的投诉后,经过认真审查,认定投诉属实,并向呼市法制办下发了行政执法监督通知书。参加了自治区政府采购中心组织的对自治区招生办公用品招投标的监督工作。

行政执法考核　修改完善了《自治区部门推行行政执法责任制、依法行政考核目标》和《盟市推行行政执法责任制、依法行政考核目标》,形成了新的实绩考核目标评价指标体系,完成对12个盟市、52个委办厅局的考核工作。组织开展了全区政府法制工作先进单位和先进个人的评选活动。评选出4个先进盟(市)法制办、8个先进直属厅局法制工作机构、26个先进旗县(市、区)法制办和50名政府法制先进个人。

行政审批制度改革　将各地区各部门行政审批制度改革的相关数据整理统计后上报,掌握了全区行政审批制度改革的总体情况;消减行政审批事项,将自治区本级原有662项行政审批事项,经过认真筛查清理,拟减少262项,消减率39.58%。

【备案审查工作】　加强规范性文件制定和备案审查工作,全年,前置法律审核自治区政府拟制发的规范性文件共60件。其中,有9件由于起草部门未征求相关部门意见,将草案退回并要求其征求相关部门意见,修改完善后重新报备审核;对《内蒙古自治区城镇污水处理厂运行监督管理办法》提出了规章的立法建议。全年共审查各盟行政公署、市人民政府及自治区政府各部门报送备案件158件。其中,审查各盟行政公署、市人民政府报送备案的规范性文件87件;审查自治区政府各部门报送备案件71件。对4件内容违法的规范性文件,及时下发《行政执法监督通知书》。加大备案审查情况报告和情况通报力度,贯彻统计分析制度。完成了2009年度全区规范性文件制定和备案审查情况的统计工作。对各盟市和自治区政府各部门报送备案的规范性文件,及时进行登记备案,于每个季度首月将上一季度上报备案的规范性文件录在《政府法制工作动态》和自治区政府法制办门户网站上定期公布,突出重点抓好示范,以点带面促进工作全面提高。呼伦贝尔市创新前置审查程序,成为全区第一个实行文件审查登记号制度的地区,加大了前置审查力度,控制规范性文件数量,提高规范性文件质量;锡林郭勒盟在全区首创规范性文件有效期制度和定期清理制度。

【政府法制信息宣传】

培养信息联络员　9月组织了集中培训,共有142名具体做信息工作的同志参加,学习信息报送的范围、内容及新系统的使用方法,促进了信息联络员能力素质的提高。对2009年度工作成绩突出的单位和信息联络员进行通报表彰,国法办网站共采用自治区法制办编报的信息1 357篇,名列全国省级法制办第四名。自治区政府门户网站采用684篇,连续三年受到自治区政府的通报表彰。张婷被自治区政府评为优秀信息联络员。

落实《全国政府法制信息化建设2010-2015年规划》　对门户网站进行升级改造,对网页结构和栏目设置进行调整,使信息分类更为科学、合理,使用检索更为方便。实行二级管理模式,网站内容得到了及时充实、更新。对全办57台电脑进行了硬件升级,完成了办公业务数据填报任务,确定了信息安全等级保护定级工作,及时排除设备故障400余次,网站的在线办事能力明显加强。在国务院法制办组织的2010年省级政府法制信息网站绩效评估中,13个二级指标中,有8个得了满分,综合排名为第6名。

自办刊物　全年共编发《政府法制动态》8期、《法制办半月动态》23期,完成了《政府法制25年》的编纂工作。完成《内蒙古年鉴》和《迈向法治内蒙古》有关资料的整理编报工作。

法学理论研究　完成国法办研究中心委托的重点课题《行政补偿法律制度研究课题报告》；完成了《<草原法>及相关法规、规章实施效果评估调研报告》；与国务院法制办政府法制研究中心合作开展了《中国未成年人法治启蒙教育教材》课题研究；形成《关于在刑法中增设"非法开垦草原犯罪"规定的议案》，上报后成为内蒙古代表团向第十一届全国人民代表大会第三次会议递交的议案之一。开展蒙古族法制史学研究，完成了四大汗国法制研究的材料搜集工作；筹备影印、出版土默特左旗档案馆馆藏清代蒙古文档案；筹备出版《游牧民族法律文化研究》论文集；与蒙古国国立大学建立学术互访、合作研究关系。申报了《内蒙古重大行政决策法治化研究》、《内蒙古自治区基层政府依法行政实务研究》和《内蒙古生态移民政策中的法律问题研究——以建立完善的生态移民制度为中心》等三项申请资助课题项目。《立法后评估制度探讨》被自治区人大评为优秀论文一等奖。《立法后评估》研究课题，被内蒙古自治区社会科学院给予立项和资金支持。完成7部政府规章英文版的翻译工作和6部政府规章蒙文版的翻译工作。

【非政府法律咨询】　全年共接待、调处各类纠纷100余件，起草、审查合同等各类法律文书80份，比上年同期增长30%，涉及标的额2亿多元人民币，解答法律咨询百余人次，担当法律顾问十余家，办理案件24件，出具各类法律建议书和法律意见书52份，根据客户要求代为起草规章制度8份，挽回经济损失500余万元。

（张建军）

政府调查研究室

【内蒙古自治区政府调查研究室(参事室)领导名录】

主　任：何永林(9月离任)　张海顺(9月任职)

副主任：张建华(9月离任)　王海滨　冯永林　文风

副巡视员：杨泽荣(9月离任)　刘补堂　张建功(9月任职)

【概况】　内蒙古自治区人民政府研究室是承担自治区政府经济社会发展和改革开放重大问题调查研究决策咨询，组织参与自治区政府有关重要文件或大型会议、文件起草修改工作，跟踪研究自治区经济社会发展形势，收集分析整理和报送经济社会发展重要信息、动态和组织参事开展参政咨询的政府直属机构。2010年10月以前，内设办公室、综合研究处、农牧研究处、工交财贸研究处、社会研究处、信息研究处、参事工作处和机关党委。机关行政编制为37名。自治区核定厅级领导职数5名，其中主任1名、副主任4名；处级领导职数16名。2010年10月，根据自治区政府内政发[2009]93号文件规定，现内设处室为：办公室、综合研究处、农村牧区经济研究处、工交财贸研究处、社会研究处、信息研究处、参事工作处、机关党委。现有机关公务员35名，自治区政府任命制参事5名，聘任制参事11名。

全年完成3件《调研报告》、8件《送阅件》，呈报五期《参事建议》。党政领导的批示率近90%。参与起草政府文件、专项方案等其它重要文稿40多篇，90多万字，内容涉及自治区经济、社会各个领域的诸多方面。

【决策咨询服务】

建议、推动和完成国务院促进内蒙古发展意见研究制定工作　此项工作纳入自治区党委政府的重要议事日程后，与自治区发改委、政研室等有关部门共同完成了国务院支持内蒙古经济社会发展指导意见(代拟稿)的起草工作，并根据国务院调研组要求，起草了制定内蒙古政策的4份背景材料。

推进呼包鄂一体化研究工作　2009年呼包鄂座谈会之后，政研室组织开展了推进呼包鄂一体化研究工作，形成了27项区域和部门研究成果，参与了《以呼包鄂为核心的沿黄河沿交通干线经济带规划》、《呼包鄂经济区一体化发展规划》、《呼包鄂城市群规划》等重要规划和意见的研究论证。

【调研工作】　按照自治区领导对2009年11月22日新华社《国内动态清样第4694期》刊登的"内蒙古部分牧民因借高利贷陷入困境"一文批示精神，政研室会同有关部门进行调研，完成《关于锡林郭勒盟牧民借高利贷及牧区金融服务情况的调研报告》。通过对国内外低碳城市建设发展的背景及实践的研究，分析自治区低碳城市建设的基础条件及面临的问题，提出自治区低碳城市建设的思路及具体路径，撰写了《关于推动我区低碳城市建设与发展的建议》。根据自治区矿产资源开发过程中矿坑疏干排水量非常严重的情况,撰写了《关于我区矿坑疏干排水管理利用的调研报告》。根据自治区村镇银行存在的问题,完成了《关于我区村镇银行现状的调研报告》。根据兴安盟经济社会发展现状,完成了《关于"十二五"期间促进兴安盟经济社会发展的几点建议》的调研报告。还撰写了《关于大青山自然保护区管理体制相关问题的调研报告》、《转变经济发展方式和改善民生形势下加快我区社会事业发展的思考》、《关于锡盟牧民民间借贷、高利贷及牧区金融服务情况的调研报告》、《中国发展指数(RCDI)有关情况》、《对推进呼包鄂一体化进程的几点思考》、《关于我区东部地区融入东北经济区发展的几点建议》、《内蒙古能源工业定位及向国家争取支持的政策建议》、《借鉴先进地区经验促进我区家政业发展》、《一些省区、地市公立医院改革的做法和经验》等调研报告和送阅件。

【课题研究规划起草】 参与完成了《内蒙古工业经济可持续发展研究》、《自治区文化产业发展规划纲要》、《内蒙古大兴安岭林区生态保护与经济转型研究报告》。完成了《内蒙古资源的科学开发和利用》一书的研究、撰写、出版工作。参与了自治区发改委重点课题《我区农村牧区劳动力转移就业服务体系建设对策研究》,此课题在2010年《北方经济》上刊发。参与了《内蒙古创意产业发展研究》、《内蒙古自治区"十二五"财政发展规划》、《内蒙古邮政普遍服务发展规划》、《内蒙古自治区国民经济和社会发展第十二个五年规划纲要》的修改工作。对经信委提出的"2011年及今后一个时期我区工业经济发展基本思路"提出意见建议,与水利厅合作完成了《赤峰市和通辽市水权分配方案》。参与自治区党委和政府组织的全区集体林权制度改革情况督查调研,与有关部门合作进行了关于开展西辽河流域水资源可持续利用专题调研,《我区农村牧区劳动力转移就业服务体系建设对策研究》、完成了《内蒙古创意产业发展研究》,撰写了《关于呼和浩特、乌兰察布市、锡林郭勒盟、赤峰市集体林权制度改革工作情况的督查报告》。

为国务院研究室提供了经济分析会议材料,起草并上报《内蒙古经济形势分析》。为自治区发改委等单位组织的论坛提供论文《气候变化条件下内蒙古草原畜牧业的发展对策》。为内蒙古转变经济发展方式系列深度报道,撰写的《发展农牧业优势,建设食品工业强区》发表在《内蒙古日报》上。办理了三件政协会议提案。

【参政咨询】 加强与国务院参事室、自治区党委统战部的沟通联系,为参事更好地履行职责,发挥参事在政府决策工作中的咨询作用提供了保障。组织政府参事认真学习、讨论修改《政府工作报告》,呈报了5期《参事建议》。进行了就新聘参事的遴选和任期届满参事的解聘、续聘工作,解聘4名,续聘2名,新聘4名。陪同国务院参事就"西部水资源利用"和有色稀土企业进行了调研。接待了国务院参事、馆员赴呼伦贝尔市休假。接待广西、山西、南京、山东、黑龙江、湖南、四川、成都等省市区参事室共200余人次来内蒙古考察调研。

(郭立民)

外事工作

【内蒙古自治区外事(侨务)办公室领导名录】

主　任:张守孝

副主任:吴达来(蒙古族) 李岩青(女) 王毅 于学军(满族)

纪检组长:武凤梅

副巡视员:逯敬东 杜　斌

【概况】 自治区外事(侨务)办公室是自治区党委及其外事工作领导小组的办事机构。是自治区人民政府外事侨务工作的职能部门和自治区政府组成部门。下设秘书处、礼宾处、出国审理与护照管理处、俄蒙处、友协处(自治区人民对外友好协会办公室)、侨务处6个职能处室,行政编制46人。直属事业单位有机关事务服务中心、驻京自办签证服务处、外事培训中心、对外友好交流中心。

【高层互访】 2010年,自治区领导出访19批19人次,盟市厅局级人员出访333批448人次。共接待和安排来自美国、韩国、日本、加拿大、新西兰等40个国家和地区的团组来访。

4月12～13日,自治区主席巴特尔会见了英国新任驻华大使吴思田先生一行14人。吴思田先生等一行旨在了解自治区基本情况，加强英国与自治区在服务业和低碳经济方面的合作。期间，吴思田先生等一行与农牧业厅、环保厅、商务厅举行了交流座谈。

5月11日，自治区党委书记胡春华会见了泰国财政部长功·扎迪瓦尼一行，就探讨加强泰国与内蒙古自治区经济、贸易及企业间的合作以及在能源和资源领域合作交换意见。

5月25日，自治区主席巴特尔会见了美国纳斯达克集团高级副总裁、主管新上市和资本市场的麦柯奕先生12人。

6月，自治区党委书记胡春华、自治区主席巴特尔、党委秘书长符太增、自治区副主席布小林会见了日本驻华大使宫本雄二。期间，自治区政府与日本驻华使馆共同举办了“中日经济交流洽谈会”。日方三井物产、三菱商事、伊藤忠、日立等十余家大型企业的20位负责人与自治区有关企业进行了深入洽谈交流，就进一步加强合作达成许多共识。

6月14日，自治区主席巴特尔会见了以山田俊满为团长的日本技术士第16次访华团。

7月30日~8月1日，自治区党委书记胡春华、党委秘书长符太增、人大常委会副主任雷·额尔德尼会见了韩国国际数字嘉年华（IEF）组织委员会委员长、韩国国会议员南景弼，韩国江原道知事、国会议员李光宰等一行（8名国会议员）17人。韩国代表团此行的主要目的是拜会自治区领导，探讨与自治区开展合作交流事宜。

11月，自治区主席巴特尔率自治区代表团访问印度，会见了印度矿业部长，就加强自治区与印度在矿山、能源等领域的交流与合作进行深入探讨，并达成在印度矿业部长访问自治区时签署扩大矿业合作协议的意向。

【睦邻友好工作】 把与俄蒙全面友好合作作为自治区外事工作的主攻方向和重点，积极开展了同俄、蒙及毗邻地区的友好交往及合作。

3月，应自治区邀请，蒙古国驻华大使苏赫巴特尔一行访问了自治区。此次访问是苏赫巴特尔大使上任后在中国的首次访问。苏赫巴特尔大使参观考察了包钢集团和北奔重型汽车公司，并与自治区部分企业代表进行深入的交流。随后，苏赫巴特尔大使于7月又考察访问了自治区东部三盟市，目的是加强蒙古国与自治区东部盟市的交流与合作。

5月，蒙古国总统查·额勒贝格道尔吉在对中国进行国事访问后，对自治区进行了为期三天的访问。除国家大呼拉尔副主席等35名政府官员外还有22名企业家和8位记者随同访问。就自治区与蒙古国在经贸、科技、教育、文化等领域的交流与合作广泛交换了意见；出席了蒙古国文化周相关活动；考察了自治区有关大专院校和企业；出席了中蒙企业家座谈；到牧民家做客。此次蒙古国总统来访，进一步加深了中蒙两国人民的传统友谊，增加相互理解和信任，也进一步推动自治区与蒙古国在友好交往、经济技术合作以及文化、教育、卫生等各领域的交流与合作。

6月，应蒙古国和俄联邦后贝加尔边疆区、布里亚特共和国的邀请，自治区党委书记胡春华率自治区代表团访问了蒙古国和俄罗斯。代表团在8天时间内访问了两国的6个地区，出席了30多场双边活动，会见了两国多位国家、政府、议会、政党和地区领导人，参观、考察了有关企业、图书馆、学校、幼儿园，走访了牧民家庭，广泛接触了两国各界人士，增进了相互了解和信任；与俄罗斯后贝加尔边疆区签署了《中国内蒙古自治区与俄罗斯后贝加尔边疆区关于经贸、科技和文化合作协议》。

9月，应俄联邦伊尔库茨克州和布里亚特共和国政府的邀请，自治区主席巴特尔率自治区代表团访问了俄罗斯伊尔库茨克州和布里亚特共和国，参加了在伊尔库茨克市举行的“第六届贝加尔国际经济论坛”全体会议，出席了由中国国家发改委与俄联邦地区发展部共同组织的“中国－俄罗斯：开展中俄合作，开辟新潜力”国际研讨会并发表了演讲，并与参加论坛的俄有关地区领导人进行了广泛接触；会见了布里亚特共和国总统；参观考察了部分企业。

【因公出国派遣情况】 2010年，自治区共派各类因公出国（境）团组2 350批9 085人次，涉及72个国家和地区。出访各国家人次数分别是：蒙古国4 036人次，俄罗斯724人次，美国452人次，德国274人次，日本269人次，澳大利亚213人次，赴港澳地区905人次。

2010年，自治区因公出访呈现了4个特点：一是人员出访总量有所下降。截至年底，全区出访团组数与人次数分别较上年同期下降了7.6%和7.8%；二是出访俄、蒙两个毗邻国家的人员是出访主体。截至年底,出访俄、蒙人员数量占出访总量的52.4%;三是全区党政人员出访数量继续减少,同比上年下降了8.2%。盟市党政人员同比下降了14.7%;四是出访类别比例趋于合理。考察团组得到进一步控制,考察人数占总量18.7%,科技、经贸洽谈占总量的62.8%,文化艺术、卫生体育交流及培训等占出访总人数的14.4%,会议占4.1%。全区因公出国(境)工作总体呈现健康有序的良好状态。

【界务工作】 为中俄边界第一次联合检查做准备工作。按照外交部的要求和统一部署,结合自治区的实际,组织呼伦贝尔、满洲里、额尔古纳市有关人员,先后4次对中俄边界内蒙古段进行内部踏察工作。了解自治区段中俄边界现状,掌握界线标志、界河主流和岛屿、沙洲变化等情况,研究制定自治区段拟增设界标方案共三套上报外交部,为中俄边界第一次联合检查谈判提供了可靠的依据,对联检工作的正式启动打下基础。

派员参加中俄边界联合委员会、中俄跨界水利用委员会会议、中俄边界第一次联检筹备会议、国家边海防工作会议、全国陆地边界经费管理工作会议等会议。按要求上报了相关材料。协助安排并参加中蒙口岸协定执行情况第二轮司局级会晤。

参加了自治区边防委员会组织举行的各种活动和会议,配合边防委员会办公室完成世博会、亚运会期间的控边清边等活动。在完成日常边境管理工作的同时,根据边防委办公室的要求,制定了自治区外办贯彻落实《中共中央、国务院、中央军委关于加强新形势下边海防工作的意见》的具体措施。

【民间友好交往】 2010年,是自治区对外民间交往工作较多的一年,自治区友好城市工作继续扩大和深化,并取得新进展。通辽市与匈牙利德布勒森市经过多年深入交往,建立友好城市关系得到了全国友协、外交部的正式批准;包头市与韩国项浦市缔结友好城市关系的请示上报全国友协;阿尔山市与法国蓬巴杜市签署了建立友好城市关系意向书,并确定双方交流合作框架性协议。通辽市与蒙古国达尔汗乌拉省缔结友好市省关系的请示上报自治区政府。截至年底,友好城市缔结数量达到27对。

接待来自韩国、印度、日本的官方及民间友好组织代表团5个43人次。其中接待并组织了第六届中国内蒙古·日本丰中市青少年交流活动,双方参与人数近70人。此项交流活动继2002年开始连续在呼和浩特举办了6届,双方累计参与人数近500人次,已形成相对固定的机制。

组织参加了全国友协在上海举办的2010年中国国际友好城市大会。此次会议,是近年来中国举办的一次规模较大的国际友好盛会。俄罗斯赤塔市、蒙古国乌兰巴托市被授予友好城市贡献奖。会议期间,与前来出席会议的法国欧洲文化行动学会密特朗一行4人进行了座谈,就自治区阿尔山市与法国蓬巴杜市建立友好城市关系,开展友好交流充分交换了意见。

组织参加了在南京举办的第三届中法地方政府高层论坛和在满洲里市举办的中俄区域经济合作论坛。介绍了阿尔山市在环境保护、绿色产业方面的情况,取得了很好的对外宣传效果。

组织自治区代表团共计11人,分别随全国友协赴日参加第12届中日韩友城大会,赴北欧三国参加第二届中欧文化论坛;派出3名优秀中学教师参加了在日本举办的中日青年教师交流活动。

2010年,是自治区与美国加州建立友好区州关系10周年。应美国加州议会国际关系办公室的邀请和外事办的委派,通辽市副市长李永刚率通辽市政府代表团访问美国加州。期间,美国西湖投资公司副总裁程慧明先生积极牵线,介绍代表团与美国加州著名的高科技企业座谈,就通辽市发展清洁能源、垃圾发电项目进行了考察、座谈。

【侨务工作】 开展联谊交友工作。组织自治区海外交流协会代表团赴澳大利亚和新西兰对当地侨团特别是内蒙古侨团开展交流活动;参加了第5届世界华侨华人社团联谊大会;接待13批海外涉侨团组访问自治区。美国国际华人工商协会主席李大西来访时带来3个高科技项目与自治区进行了深入探讨。从国侨办争取经费,对旅蒙华侨友谊学校13名教师进行了培训,推动了蒙古国的华文教育。

开展宣传教育活动。采取设立"侨法宣传角"等多种形式进行集中宣传,全区共发放宣传资料60 000多份,张贴标语20 000多条,召开座谈会8次,接受群众涉侨事务咨询5 000多人次。宣传《归侨侨眷权益保护法》。

推进"关爱工程"。通过积极协调,解决部分生活困难归侨和归侨遗属的社会养老保险缴费问题。帮助额尔古纳市室韦俄罗斯民族乡归侨侨眷创办俄罗斯民族民俗家庭游。选派医疗专家赴锡林郭勒盟正蓝旗开展“侨爱工程—送温暖医疗队”义诊活动,为当地患者进行了医疗义诊。9 月承办了国务院侨办在呼伦贝尔市召开的“全国归侨侨眷关爱工程暨朝蒙归侨扶贫救助工作座谈会”,得到国务院侨务办公室的充分肯定。

努力拓展捐赠渠道,积极引进海外侨胞、侨社的捐赠资金。经与香港、美国等 4 家基金会协商,签订捐赠项目 11 个,涉及捐建卫生院、校舍改造及助学等方面,捐赠金额 212.6 万元。对华侨华人捐赠款物的使用情况进行专项检查,下发《关于加强华侨华人捐赠款物监督管理工作的通知》,使华侨华人的捐赠款物得到有效的使用。

【外国记者管理和外宣工作】 全年共受理、接待、通报来自日本、韩国、法国、德国等 6 个国家 10 批 8 家媒体 24 名外国记者来自治区采访拍摄。采访内容主要有:今日中国、探索中国;鄂尔多斯地理风光、沙漠风光;寻找匈牙利东方之根;中国现代面貌和古老传统文化等题材。

（安利兵　张玲睿）

中国人民政治协商会议内蒙古自治区委员会

【领导名录】

主席 副主席

主　席:陈光林

副主席:郭子明 云峰(蒙古族) 伏来旺(蒙古族) 陈朋山(女) 韩振祥 王长聚 娜仁(女 蒙古族) 董恒宇 郑福田 牛广明 肖黎声

秘书长 副秘书长

秘书长:陈毅民

副秘书长:牛敏(7月离任) 汪海涛(满族) 黎莉(女 蒙古族9月任职) 张金龙(9月任职) 靳明龙 钱灵犀 杨仁选 邢洁晨 王学东(女) 边占喜 郝智农

办公厅主任:陈毅民

办公厅副主任:张金龙(9月离任) 代钦(蒙古族) 石登山

巡视员:张钢彦(7月离任) 张如培(7月离任)

提案委员会

主　任:王俊林

专职副主任:崔亚平(女 9月任职)

副主任:乌力吉(蒙古族) 田震 刘香芸(女) 邢洁晨 李玉然(女) 杨建和 郑锦春 金华(女 蒙古族) 郜丰平

经济委员会

主　任:韩瑞峰

专职副主任:云祝平(蒙古族)

副主任:冯笠 史青晓 刘秀清(女)周山 靳明龙

人口资源环境委员会

主　任:孟志毅(达斡尔族)

专职副主任:白云松(蒙古族 9月任职)

副主任:元重举(蒙古族) 王学东(女) 邓秀英 王德宝(蒙古族) 帅志凯 石玉山 张晓兵 张维民 杨劼(女 蒙古族)

教科文卫体委员会

主　任:牛敏(7月任职)

专职副主任:贾登云

副主任:云高怀(蒙古族) 白宝玉(蒙古族) 刘兆和 何成保 林莉(女 蒙古族) 荀黎明 郭厚诚 高学义 崔莲姣(女) 亢贵厚

民族和宗教委员会

主　任:玉荣(女 蒙古族)

专职副主任:奎巴特(蒙古族)

副主任:乌兰(蒙古族) 乌其拉图(蒙古族) 王佐玉 卡尔文·扎木苏(藏族) 李联盟 杨宝忠 格根其其格(女 蒙古族) 秦蒙 照日格图(蒙古族)

文史资料委员会

主　任:刘建禄

专职副主任:梁耀君(女 9月任职)

副主任:王东生 王德恭 余向东 高云 贾学义 巴图仓(蒙古族) 高延青(蒙古族)

港澳台侨联络和外事委员会

主　任:斯琴高娃(女 蒙古族)

专职副主任:田乃立(女 满族 12月离任)

副主任:白玉金(满族) 刘兴柱 张元斗 李汉迎 李岩青(女) 杨映成 孟树德(达斡尔族) 梁汉武 斯热文(达斡尔族)

社会和法制委员会

主　任:布　仁(蒙古族)

专职副主任:云肖峰(蒙古族 9月任职)

副主任:巴瑞明(蒙古族) 许振祥 张钢彦 阿斯林(蒙古族) 陈欣 陈中才(蒙古族) 周忠清 郝勇 康永恒 宝笑平(女 蒙古族) 庞润辉

昝振英(女)

农牧业委员会

主　任:白长江(蒙古族)

专职副主任:杨漫宇(9月任职)

副主任:马祖融　云宗元(蒙古族)　扎布(达斡尔族)　杨阿麟(蒙古族)　赵金才(蒙古族)　钱灵犀　陶克(蒙古族)

【概况】

深化学习,统一思想,坚定政治方向　全年自治区政协理论中心组组织6次集体学习,举办4次常委会集体学习讲座,邀请中央党校、全国政协的专家学者作了3次学习讲座和专题报告会。先后在鄂尔多斯、乌海和赤峰、锡林郭勒盟举办两期委员学习研讨班,对政协委员进行集中学习培训。各专门委员会通过学习会、研讨会、座谈会等形式,组织各界别委员联系工作实际进行有针对性的学习。政协机关制订了《关于建设学习型机关、提高服务水平的意见》,有计划、有重点地组织了科学发展观、政协理论和业务知识学习。

围绕中心,服务大局,协商建言更加注重实效　年初召开的自治区政协十届二次全体委员会议,委员们提出的深化经济结构调整、推动产业转型升级、拓展中小企业融资渠道、解决"三农三牧"问题、做大做强旅游业等许多方面的建议。十届六次、七次两次常委会议都紧紧围绕应对金融危机中遇到的一些重大问题进行专题议政,相继对中小企业融资、高等院校毕业生就业、新型农村合作医疗和农村养老保险等一系列重要问题进行专题调研,63人发言,形成了《关于促进全区旅游业发展的建议案》和《关于促进全区社会保障工作的建议案》报自治区党委。围绕自治区经济社会发展和关系群众切身利益的问题,先后组织驻内蒙古全国政协委员视察团和3个自治区政协委员视察团及17个调研组,分别由主席、副主席带队,就推进经济结构调整、转变经济发展方式、建设现代农业、促进农牧业产业化、城乡一体化、产业转型升级、中小企业发展、重点城市污水处理运营情况、旗县区域经济和民营经济发展、旅游文化产业、农村社会养老保险、医疗保险社会保障等课题,深入盟市、旗县、乡镇(苏木)、企业进行视察、调研,形成了中小企业发展情况调查报告等。

深入群众,关注民生,参政议政更加广泛深入　重点围绕高等院校毕业生就业、廉租房建设、职业教育、人口出生缺陷干预、边境牧区经济社会发展等与民生息息相关的问题,开展了多种形式的调研活动。其中《关于高等院校毕业生就业情况的调查报告》、《关于新型农牧区社会养老保险工作情况的调查报告》、《关于东四盟市职业教育情况的调研报告》,都引起自治区政府高度重视,推动了民生问题的更好解决。通过信息形式反映社情民意。截至年底,共向全国政协、自治区党委和政府报送社情民意政协信息快报94期,专报16期,为党政领导和机关掌握社情、了解民意、集中民智、促进有关部门改进工作提供了有价值的参考。

弘扬主题,发挥优势,团结民主氛围更加浓厚　通过联合调查、集体提案和联席会议等形式,搭建参政议政的平台。重视发挥各党派、无党派人士、工商联和广大政协委员、各界人士的作用,畅通民主渠道,了解民意,反映民情。有计划地组织各界别委员开展调研、视察和监督、检查活动,主动向公、检、法、司等行政执法单位推荐政协委员作为特约监督员。协助党委政府认真贯彻党的民族、宗教政策,做好民族宗教工作。围绕自治区三少民族文化遗产保护、边境少数民族聚居区经济社会发展情况、生态移民政策落实情况和宗教工作基本情况及现有教职人员纳入社会保障体系进程情况进行专题调研,形成了专题调研报告。积极走访宗教团体,考察宗教场所,看望宗教界代表人士,了解和反映他们的意见和要求,促进了信教群众与不信教群众、信仰不同宗教群众的团结,发挥了宗教在促进社会和谐方面的积极作用。

加强联络,推进宣传,政协影响面更加扩大　组织参加了第二届京津冀晋蒙政协区域经济发展论坛、东北老工业基地区域发展论坛第五次年会。组织驻内蒙古自治区全国政协委员考察团赴江苏就对外开放进行了学习考察,形成了考察报告。专门在港澳地区成立了委员活动小组。政协领导赴香港、澳门走访看望驻港澳的自治区政协委员,与他们共同探讨应对金融危机的对策。进一步密切与新闻媒体的联系,努力做好宣传工作。承办了《中国政协》杂志社宣传研讨会,积极向全国宣传和推介内蒙古。《人民政协报》专版报道了自治区经济社会发展和政协的工作情况。《内蒙古日报》、电台、电视台等自治区主要媒体加大了政协重要会议、活动和政协工作经验的宣传报道力度。《内蒙古政协》会刊和政协网站在政协新闻宣传报道方面,进一步发挥了应有的作用。注重发挥政协文史资料的作用。编辑出版了《亲历改革——内蒙古政协委员纪事文集》,完成了《内蒙古政协人物志》、《内蒙古知青史料》的征集编辑工作以及全国政协关于"农村改革"、"新中国政协"、"文史工作50年"等专题的征稿工作,完成了《内蒙古自治区志? 政协志》的出版,启动了内蒙古大兴安岭林区史料的征集抢救工作。

总结经验,开拓进取,政协工作更加富有特色　组织开展了全区各族各界庆祝中华人民共和国和人民政协成立60周年座谈会、庆祝中华人民共和国和人民政协成立60周年诗词书画摄影展活动等。继续坚持把贯彻落实中共中央《关于加强人民政协工作的意见》和自治区党委《关于进一步加强政协工作的决定》作为工作重点,配合党委促进深入贯彻落实《意见》和《决定》精神。召开盟市政协主席座谈会,总结交流各盟市政协学习贯彻中共中央《意见》和内蒙古党委《决定》的做法和经验。新建和完善了《关于进一步加强和改进提案工作的意见》、《关于进一步发挥界别作用的意见》、《关于充分发挥委员作用的实施意见》、《关于建设学习型机关、提高服务水平的意见》等意见和制度,为政协工作进一步走向制度化、规范化、程序化,不断提高科学化水平提供了制度保障。

【全体委员会议】　十届三次会议 2010年1月19~24日在呼和浩特召开。会议听取并审议了主席陈光林代表第十届委员会常务委员会所作的工作报告,听取并审议了第十届委员会常务委员会提案工作情况报告,列席了内蒙古自治区第十一届人民代表大会第三次会议,听取并讨论政府工作报告、计划与财政报告及法检两院报告;通过了十届委员会第三次会议政治决议、常委会工作报告决议、提案工作情况报告决议、提案审查情况报告。增选伏来旺为政协副主席,增选吕二喜等人为常委。

【常务委员会会议】

第9次会议　2010年1月24日在呼和浩特召开,陈光林主席主持会议。会议审议通过自治区政协十届三次会议的选举办法、选举监票人名单、同意辞去委员的决定、副主席和常委候选人名单以及十届三次会议政治决议、常务委员会工作报告的决议、提案审查情况报告的决议。

第10次会议　2010年5月26~27日在呼和浩特召开。陈光林主席主持开幕和闭幕大会并讲话。会议深入贯彻落实科学发展观,围绕转变经济发展方式、统筹城乡发展、编制"十二五"规划和社会发展事业等建言献策。会前举办了自治区政协十届常委会议第五次专题学习讲座,会议听取了全区1~4月份经济社会发展情况通报、关于自治区"十二五"规划编制情况的说明,审议通过了自治区政协委员视察团关于城乡统筹发展视察报告。有22位同志作了大会发言。

第11次会议　2010年9月27~29日在呼和浩特召开。陈光林主席主持开幕大会并讲话。会议深入贯彻落实科学发展观,围绕经济结构调整、社会事业发展,特别是中等职业教育、农村牧区义务教育、医疗卫生社会保障事业等建言献策。会议听取了全区1~8月份经济社会发展情况通报,审议通过了自治区政协委员视察团关于职业教育发展情况的视察报告,通过有关人事事项。23人作了大会发言。

第12次会议　2010年12月27~29日在呼和浩特召开。陈光林主席主持开幕大会和闭幕大会。会议学习贯彻中共十七届五中全会、自治区党委八届十三次全委会和全区政协工作会议精神;听取自治区政府关于政协十届三次会议以来提案办理情况的通报;审议通过关于召开政协内蒙古自治区第十届委员会第四次会议的决定及会议有关事项;审议自治区政协各专门委员会2010年度工作报告;审议通过有关人事事项。

【提案委员会】　(一)做好提案的征集、审理、交办工作。内蒙古政协十届三次会议以来,征集提案856件,立案832件。截至12月15日,已全部办复。(二)筛选确定重点提案。筛选出9件提案作为2010年度重点提案,分别由主席会议成员领衔,各专门委员会协助进行重点督办。向各承办单位下发了《关于做好政协十届三次会议提案办理工作的意见》,建议承办提案20件以上的单位自行选择10%的提案作为本单位本年度重点办理的提案。(三)审阅分析提案及办理复函,对办理不尽如人意的,协商作二次办理。(四)选择25件有关国计民生热点、难点问题的提案作为自治区党委、政府提案办理督办工作的重点。(五)先后7次开展了提案办理专题调研和视察活动,召集协调会5次,印发办理进度通报4次。围绕自治区经济和社会发展“十一五”规划的实施和“十二五”规划的制定，结合提案办理督办进行了有针对性的专题调研。(六)继续加强与民主党派、工商联及人民团体的联系。(七)加强与各专门委员会的协作与配合。关注提案工作的宣传报道。(八)编辑出版了《使命与担当——政协提案背后的故事》一书。(九)在阿拉善盟召开了全区政协提案工作座谈会，着重研究探讨如何进一步提高提案办理质量的问题。会议邀请了22个承办单位出席会议，发改委、经济和信息化委员会、住房和城乡建设厅、公安厅等8个单位在会上发了言。(十)组织全区9市3盟和2个计划单列市政协开展关于全国政协《提案工作条例》修订和政协提案工作的调研，并将修订意见及调研成果汇总报全国政协提案委。(十一)主办了华北东北省区市政协提案工作座谈会(十二)组织关于十届三次会议以来提案办理情况的视察活动。先后到自治区住房和城乡建设厅、交通运输厅，就提案办理工作开展调研。(十三)进行了2009年度和2010年度优秀提案遴选工作。(十四)加强与兄弟省区市政协的联系和对盟市旗县政协提案工作的业务指导。(十五)按照自治区党委组织部要求，对2010年60多个承办政协提案单位的提案办理工作进行考核评价工作。

【经济委员会】 (一)完成了《争取将内蒙古绿色清洁能源基地建设上升为国家战略的建议》，由陈光林主席在全国政协十一届三次全委会议期间提交提案。该提案被列为全国政协重点提案。全程跟踪该提案办理情况。(二)接待全国政协经济委员会副主任李德水率国家有关方面人员来自治区进行专题调研，形成《关于将内蒙古绿色清洁能源基地建设上升为国家战略的论证报告》。(三)承办了全国政协在内蒙古召开的十四省区市专题调研协商会及全国政协协同调研预备会。(四)，参加了全国政协与国务院有关部委关于重点提案办理的联席会议和全国政协举办的21世纪论坛会议。根据副主席云峰关于《构建内蒙古沿黄新型工业经济带》的基本构思，进行了调研和资料收集分析工作，完成了初稿的撰写。这一构思和具体意见受到了自治区和国家有关部门的高度重视，沿黄呼、包、银区域经济的开发列入国家“十二五”规划。(五)以自治区“十一五”期间经济社会发展的瓶颈问题为切入点，组织部分经济委员会委员针对自治区建设大通道的问题先后赴自治区电力总公司、呼和浩特铁路局、自治区交通厅等单位进行了深入调研，形成了《关于内蒙古电力、铁路、公路大通道建设情况的调研报告》。(六)就自治区新能源生物质发电产业中出现的问题，组织部分政协委员拟写了《关于内蒙古生物质发电面临的问题》的社情民意反映，被全国政协信息部门采用。(七)就呼和浩特铁路东客站建设问题，组织部分政协委员进行调研，形成了《关于尽快完成呼和浩特东站建设相关土地征迁及配套市政工程的提案》。(八)召开全区盟市政协经济委员会主任会议，交流了工作经验，评选了一批各盟市提交的优秀调研报告。(九)完成了由自治区主办的第六次“东北论坛”会议筹备和召开，组织参加了华北论坛会议。(十)参加全国二十六省区市政协经济委员会联系会议。

【人口资源环境委员会】 (一)认真开展专题调研，献务实之策。组织了露天煤矿开发与环境保护调研、湿地生态保护与建设调研等，分别形成了调研报告。其中关于露天煤矿报告中提出的建议引起政府高度重视，分管领导批示：“可否考虑针对露天煤矿环境保护和治理制定一个专门的政策措施性文件，并加强监管”。(二)拓宽工作形式，丰富参政议政内容。组织图片资料等大量素材，积极参加全国政协组织的西部大开发十周年生态环境和人居环境成就展览。大会组委会给予内蒙古展厅“周密策划、精心组织、成效显著”的评语，并授予“浩瀚之美奖”。与包头市政协密切配合，在全国政协机关多功能厅举办了“保护环境、珍爱生命”内蒙古野生鸟类生命摄影作品展览，展示自治区20年来鸟类保护取得的成绩及鸟类保护面临的问题等，呼吁全社会关注生态建设。(三)加强与民主党派合作，提升建言献策水平。与民盟内蒙古区委联合召开了湿地生态保护与建设研讨会、内蒙古智能电网应用与新能源发展研讨会等。(四)加强工作联系，交流工作经验。加强与各级政协组织的联系，学习好的经验。加强与对口部门的联系，提升工资水平。先后参与内蒙古低碳促进会组织的活动、参加自治区计划生育年终政绩考核工作等。

【教科文卫体委员会】 (一)围绕促进科学发展,认真开展调研活动。先后对全区中等职业教育情况、蒙医蒙药事业的繁荣、自治区参加全国第十一届全运会的准备情况和竞技体育开展情况等开展调研活动,并分别形成了相关调研报告,其中《关于解决蒙医临床用药严重受限问题的建议》中的意见建议,被列入《内蒙古自治区蒙医中医条例》修订的内容。(二)进一步加强同各方面的联系。承办了2010西部十二省(区、市)政协教科文卫体工作研讨会;加强与党政对口部门的联系,年初制定工作计划时,向对口职能部门发函征求意见,并结合他们的工作重点,共同协商调研课题,增强了调研课题的针对性,也提高了政府部门的支持力度和配合的积极性。积极参加政府对口部门组织的全区性工作会议和重大活动,如一些系统的重要会议以及成人高考、普通高考、自学考试的巡视工作等。加强与民主党派的对口联系,加强与全国政协和盟市政协相关委员会的联系等。(三)结合创先争优活动,进一步加强了专委会的自身建设。

【民族和宗教委员会】 (一)就城市民族工作的议题,协调部分盟市开展协作调研,形成了《以科学发展观统领城市民族工作,促进边疆民族地区经济社会和谐稳定可持续发展》调研报告。配合全国政协民宗委调研组,围绕"十二五"规划编制,进一步推动少数民族地区经济社会发展问题进行了专题考察调研。继续开展推动边境少数民族相对聚居的牧区经济社会发展、巩固草原生态建设成果等方面的调研。组织开展宗教工作专题调研,了解各宗教团体投身社会公益事业、宗教寺院场所自养情况。(二)充分运用提案工作平台,关注社会事业发展。组织了关于建立"四少"民族民间文化生态保护区的建议》、《关于呼和浩特大召壁画抢救保护的建议》等集体和个人提案。并对关于优先发展民族教育的重点提案进行了跟踪督办。(三)不断强化与宗教界代表人士的工作联络与情感交流。多次走访探望了自治区佛教、基督教、天主教、伊斯兰教等宗教界别的委员和代表人士,实地考察了礼拜堂、天主教堂、清真大寺、大召、席力图召等宗教活动场所。(四)广泛开展工作交流活动。参加全国政协民族和宗教委员会召集了关于"加强对进城务工经商的少数民族群众服务管理问题"的专题工作座谈会、北方九省(区、市)政协民族和宗教工作研讨会。(五)加强自身建设。与港澳台侨联络和外事委员会联合举办了政协民族宗教和侨务工作培训班。

【文史资料委员会】 (一)编辑出版65—68四辑《内蒙古文史资料》,第65辑是知青史料专集,记述了"文革"期间内蒙古知识青年上山下乡运动和内蒙古生产建设兵团成立始末。66、67、68辑,为纪念新中国成立60周年、改革开放30周年和西部大开发10周年,刊载了政协委员亲历的重大史事和反映本地区、本单位发展变化的文章。(二)加快进行《内蒙古政协人物志》、《大兴安岭林区史料》的征集编辑工作,后者已征稿75篇50万字。(三)对已出版的64辑《内蒙古文史资料》进行了全面整理和专辑编辑。对已出版的史料进行专题化、系统化整理,现已基本完成《绥远九一九起义》、《内蒙古近现代军事史料》、《内蒙古王公总管录》(上下集)四部专辑的编辑整理工作。(四)对文史资料存稿进行整理打印和刊用工作。自治区政协文史委存有未刊用的文史稿件2 540篇,分为34个专题,约3 000万字,其中包括一些"文革"前的稿件,能保存至今,十分难得。从2010年起,文史委着手对存稿进行筛选整理,对一些有价值的文稿略作文字修改后打印。(五)深入盟市旗县开展文史资料工作和历史文化的调研考察。(六)组织召开了全区文史资料工作会议,总结交流了自治区十届政协以来全区政协文史资料工作开展情况,研究今后主要工作任务。(七)选派学员参加全国政协文史干部培训班。(八)加强与自治区党政有关部门对口联系;扩大省际交流,参加区域会议,学习兄弟省区市政协文史工作的好经验。

【港澳台侨联络和外事委员会】 (一)开展专题调研,积极建言献策。先后形成了东乌旗经济社会发展情况、侨务工作、港澳台侨资企业发展情况、阿拉善盟经济社会发展情况的调研报告。并在调研基础上,组织委员提交了关于保持自治区对外贸易稳定发展的提案等。(二)认真做好联络工作。加强与全国政协、兄弟省区市政协港澳台侨委员会的工作联系。参加有关协作会议,经常与对口联系单位,沟通情况,交换意见。组织召开纪念绥远"九·一九"和平起义60周年座谈会。加强与委员的联系，组团赴香港、澳门特区走访看望自治区政协委员。（三）做好对外交往工作。组织了赴澳大利亚、新西兰访问活动，对两国内蒙古侨团开展了交流活动。接待旅蒙古国华侨协会、新西兰内蒙古同乡会、澳门狮子会等。

【社会和法制委员会】 （一）认真开展深入细致的调研活动。先后组织了关于创业带动就业、农村牧区养老保险开展情况的调研，分别形成调研报告。（二）发挥提案的作用。在充分调研的基础上，提出关于提高城乡居民收入水平的集体提案，以数据详实、措施明确、操作性强引起党政领导和社会各方面关注。（三）开展立法协商工作。主动与自治区政府法制部门联系，确定今后凡涉及社会法制方面的条例、法规，在出台前均交自治区社会和法制委员会进行协商讨论。2010年对《内蒙古自治区城市供热管理条例（草案）》进行座谈讨论，广泛征求意见，提出的合理化建议被政府法制办采纳。（四）做好特约监督员的工作。不定期召开特约监督员和特约监督员聘任单位负责人座谈会，对存在问题梳理归纳，提出解决意见。

【农牧业委员会】 （一）开展专题调研、视察。先后就锡盟阿巴嘎旗部分苏木引进南非肉用型杜泊羊和蒙古羊经济杂交情况、城乡统筹、发展现代农业等进行了调研和学习考察活动，分别形成调研报。其中《关于锡盟杜泊羊蒙古羊经济杂交情况的调研报告》经有关领导批示，由自治区农牧业厅抓好有关落实工作。（二）加强了专委会自身建设。（三）为委员参政议政搭建平台。组织委员撰写和提交各类调研报告、提案、信息31件。（四）组织起草了《关于加大草原畜牧业扶持力度，促进牧民增收》和《关于将草原保护和建设纳入国家"十二五"规划和中长期发展规划》的提案，提交全国政协会议。完成重点提案《关于发挥农村土地承包经营权流转的作用，促进自治区农业产业结构调整的提案》的督办工作。（五）参加了全国十省区统筹城乡发展联合调研，提交了《内蒙古自治区统筹城乡发展的现状及建议》。（六）召开全区盟市政协经济委员会、农牧业委员会主任会议，交流各盟市政协经济委员会、农牧业委员会在工作中的好做法、好举措和新思路，评选出了2010年各盟市政协经济委员会、农牧业委员会优秀调研报告。

【重要活动】

内蒙古自治区政协委员视察团视察 6月22～29日，以全国政协委员、自治区政协副主席郑福田为团长的自治区政协委员视察团一行15人，就自治区职业教育问题赴阿拉善盟、乌海市进行为期8天的视察。视察团详细了解了职业教育发展的总体规划及基本情况，形成调研报告报送有关部门。

全区盟市政协主席座谈会在通辽市召开 7月31日，全区盟市政协主席座谈会在通辽市召开。会议听取各盟市政协关于贯彻落实《中共中央关于加强人民政协工作的意见》和《内蒙古党委关于进一步加强政协工作的决定》的做法、经验、存在问题，以及今后加强和改进政协工作的意见和建议，为召开全区政协工作会议做准备。各盟市政协围绕会议主题，对工作进行了认真总结和全面分析，提出了许多有价值的意见和建议。

2010·东北老工业基地区域发展论坛在内蒙古自治区召开 8月1～6日，由辽宁、吉林、黑龙江省和内蒙古自治区政协共同主办，内蒙古自治区政协承办的"2010·东北老工业基地区域发展论坛"在内蒙古自治区召开。论坛在前五次论坛取得积极成果的基础上，以"促进发展方式转变、加强绿色能源基地建设、推动区域经济合作"为主题，围绕经济发展方式转变、承接先进生产力转移、促进区域经济合作、实现东北老工业基地全面振兴，进行了深入研讨和广泛交流，并考察了通辽市、锡林郭勒盟、赤峰市能源发展情况。

内蒙古十届政协第三期委员学习研讨班在牙克石举行 9月8日在牙克石举行开班仪式，自治区政协党组书记、主席陈光林在研讨班上作了重要讲话。中央党校马克思主义理论教研部教授曹鹏飞作了《不平凡的奋斗，不平凡的60年》的讲座等。研讨班期间，委员们考察了牙克石、大兴安岭林区、满洲里等地经济社会发展情况。

（张海容）

民主党派·工商联

民　　革

【中国国民党革命委员会内蒙古自治区委员会领导名录】

主任委员:肖黎声

副主任委员:张元凯　王志人(满族)　靳明龙　刘斌(蒙古族)

秘书长:张广平

【概况】　2010年发展党员46人,全区共有党员1 193人,有呼和浩特、包头、乌海三个市级委员会,集宁地区委员会,直属赤峰、通辽、呼伦贝尔、巴彦淖尔四个市级总支委员会,直属呼和浩特地区总支委员会(包括12个支部)。党员平均年龄52岁,大学以上学历558人,占党员总数48.3%。中高级职称746人,占党员总数的65%,女党员435人,占党员总数的36%,各级人大代表、政协委员218人,各级特邀人员37人。党员年龄结构、界别结构改善,高学历、高职称、高层次的党员明显增加。

【参政议政】　年初,由区委调研部牵头召开了参政议政联席会议,经过讨论,共确定了12个调研课题,组成了12个课题组。区委从经费上给予保障和支持。11月,12个课题组相继完成调研报告。在自治区和全国“两会”上,提交大会发言10件、集体提案15件、个人提案24件。各级民革组织中担任人大代表、政协委员的党员,积极履行职责,在地方参政议政工作中做出了重要贡献。

【社会服务】　区委会把社会服务工作与树立践行社会主义核心价值体系活动、创建先进基层组织活动结合起来,进一步开拓社会服务工作新途径。区委会配合民革中央社会服务部和中华慈善总会在内蒙古地区的医疗扶贫工作。区委会领导多次陪同民革中央原副主席、中国医学基金会理事长朱培康等领导深入赤峰市考察农牧区医疗卫生状况,把赤峰市敖汉旗定为重点医疗扶持地区。7月,协助中国医疗基金会与赤峰市卫生局签订了《定点援助赤峰市卫生事业协议书》,将赤峰市翁牛特旗医院、阿鲁科尔沁旗同济医院确定为“中国医学基金会基层卫生扶持工程定点帮扶医院“。中国医学基金会共向赤峰市捐赠医疗设备1 400多万元。此项活动深得广大农牧民欢迎,得到赤峰市党政领导的高度重视和大力支持。在对清水河县的扶贫工作上,积极拓展新渠道。7月,在北京召开的第二次(民革专场)中西部地区优势产业对接会上,区委社会服务部协调有关部门,将清水河县的一些优势产业项目与发达地区的企业进行了对接洽谈。区委还联系民革企业向清水河县扶贫办捐赠5万元扶贫款。

【祖国统一工作】　区委会与一些祖籍在内蒙古的台湾老乡建立并保持长期密切联系,向他们介绍大陆改革开放的大好形势。年内接待了台湾绥远省文献社主编李振兴先生和编辑赵丽珍女士,看望了定居呼和浩特市的台湾同胞许琨先生,参加了台湾地区著名教育家侯玢先生“魂归故里”的仪式活动,与自治区政协港澳台委员会、自治区台办、台联等部门接待了台湾企业家孔金雷先生、台湾国民党中央候补委员邓治平先生。

【重要会议与活动】　7~10月,由主委肖黎声带队,组成宣讲组先后到全区各地进行宣讲和调研。在中国人民抗日战争胜利和世界反法西斯战争胜利65周年之际,宣讲组一行和民革巴彦淖尔总支党员前往五原县抗日烈士陵园悼念抗日英烈,以实际行动纪念抗日战争胜利65周年。巴彦淖尔市和五原县两级中共组织,以及政协负责人参加了悼念活动。9月30日,区委会在奥沌山庄举行了“树立和践行社会主义核心价值体系暨爱国主义歌曲大家唱”活动,自治区党委常委、统战部部长王素毅参加,呼和浩特市地区民革党员100余人参加了活动。区委会把推进学习教育活动与学习型参政党建设和学习型机关建设有机结合起来,在区委会中心学习组会和机关学习会上,邀请专家学者进行专题辅导,进行学习座谈,要求广大党员和工作人员撰写学习心得体会和理论文章。向全区党员征集学习稿件30余篇,5篇上报民革中央宣传部,其中,民革海拉尔支部上报的《何长春:立德树人,践行社会主义核心价值体系》获民革中央征文二等奖,民革包头市委会张乃均同志的《学习社会主义核心价值体系心得》获优秀奖,受到民革中央表彰。呼和浩特市委员会被评为地市级组织思想宣传活动先进集体,乌海市委会和直属一总支部被评为学习践行社会主义核心价值体系先进组织,评出彭皓方和洪冬梅为先进个人,在2月22日举行的民革全国学习践行社会主义核心价值体系表彰大会上进行表彰。

7月2日,举行了学习和践行社会主义核心价值体系座谈会,三总支就其组织发展、支部生活及学习体会做了的交流。直属二支部组织党员参观了澳醇酒业山庄、新农村建设全国最早的养牛、种植示范基地。直属三总支参观内蒙古呼和浩特金山开发区。民革内蒙古自治区妇女工作委员会在国际"三八"劳动妇女节100周年之际,结合学习和践行社会主义核心价值体系活动,邀请草原英雄小姐妹玉荣作报告。为纪念辛亥革命100周年,8月22日,由民革中央和国家图书馆、中国社会科学院、中国人民大学等单位联合主办的"百年辛亥革命专题研究系列讲座"在国家图书馆拉开帷幕。

认真学习中共十七届五中全会精神,贯彻落实民革中央常委会提出的工作安排。10月31日,民革内蒙古区委召开了学习中共十七届五中全会精神座谈会。区委把2010年确定为"基层组织建设年",号召在全区民革组织中开展"创优争先"活动,并把这项活动与开展"走中国特色社会主义道路"为主题的政治交接学习教育活动和开展"学习践行社会主义核心价值体系"活动结合起来。2010年初,区委会制定了《关于开展"基层组织建设年"活动实施方案》和《民革内蒙古区委先进基层组织、基层工作先进个人评选范围及条件》等。从2010年6月开始,由肖黎声带队的调研组先后对呼伦贝尔、通辽、赤峰、乌兰察布、乌海、包头和呼和浩特地区民革组织进行组织工作调研。全面、认真地了解了基层组织好的工作经验和工作方法以及存在的困难和问题。10月份,区委在统筹兼顾、综合平衡、突出典型的基础上,评选出集宁地区委员会丰镇支部、直属巴彦淖尔市总支委员会和包头市委员会青山区支部为先进基层组织;党员戴强、刘德忠、胡慧智为基层组织先进个人,上报民革中央作为民革中央表彰的全国先进组织和先进个人。

经与自治区、呼伦贝尔市统战部协商,已同意在适当时候成立民革呼伦贝尔市委员会筹委会。关于其他地区组织升格工作也做了积极努力。

区委会积极落实民革中央《2010－2013年民革全国党员、干部教育培训规划》,区委会于上年11月份在内蒙古社会主义学院举办了全区党员培训班,近五年加入组织的党员77人参加了培训学习,并组织部分学员前往福建考察。呼和浩特、包头二市民革组织也举办了新党员培训班。

【荣誉】 党员郭凌云和刘荣华获2010年度全国劳动模范和先进工作者称号,受到国家的表彰,民革中央发来贺电表示祝贺。党员胡美珍和金丽凤被民革中央授予"民革全国优秀女党员"称号。

(张维新)

民　　盟

【中国民主同盟内蒙古自治区委员会领导名录】

主任委员:董恒宇

副主任委员:钱灵犀　徐翔(女)　姜月忠　李相合

【概况】 截至2010年底,自治区共有盟员2 169人,6个地方委员会、3个基层委员会、15个总支(区直7个、地方8个)、84个支部(区直5个),盟员老龄性问题有所缓解,平均年龄51.5岁,年轻化程度在全国列第二位。2010年新发展盟员133名,净增长率为5.0%。

【内蒙古碳汇评估研究院在呼和浩特成立】 3月28日,内蒙古碳汇评估研究院在呼和浩特举行成立大会。内蒙古政协副主席、民盟内蒙古区委主委董恒宇,内蒙古防沙治沙协会会长、内蒙古政协原副主席夏日共同为研究院成立揭牌。内蒙古碳汇评估研究院是一所公益性研究机构,在全国尚属首创,其宗旨是:组织相关科学家开展碳汇评估及课题研究,开展内蒙古自然生态系统的碳汇形成机制和计量方法的研究,为政府提出应对全球气候变化、发展绿色经济提出可靠数据,促进碳汇贸易科学发展。

【参政议政】 2010年,区委完成了10项课题调研报告,内容涉及:风电建设、太阳能发电、生物质能开发利用、湿地生态保护、城乡统筹发展、低碳经济、食品安全监管、沿黄经济一体化发展、工业碳排放控制与估算、草原投入机制等。为调研报告、提案议案以及大会发言的撰写搜集了丰富的资料。区委和民盟中央科技委员会合作,完成民盟中央《新能源产业的健康有序发展》调研课题。全国人大代表郭丽虹向全国人大十一届四次会议提交了关于提高牧区公路建设养护补助标准等8项建议;在全国政协十一届四次会议上,委员董恒宇提交了关于重视碳汇价值促进节能减排和生态保护等3篇书面发言,提交了关于构建内蒙古煤电一体化循环经济产业群发展等4项提案;委员侯先志提交了关于退休人员迁居异地后就医问题等2项提案。在十一届内蒙古人大四次会议上,提交了《关于碳源工业碳排放量测算评估的建议》、《关于完善相关法律增强打击黑社会性质组织力度的建议》、《关于加快海拉尔至呼和浩特一线铁路建设和客运运营的建议》等;在政协内蒙古十届四次大会口头和书面发言有:《健全我区碳汇机制促进节能减排与生态保护》、《关于促进我区低碳经济发展的建议》、《加强对小商小贩的管理,确保食品卫生安全》;书面发言有:《关于加快内蒙古沿黄地区发展的建议》、《关于深入挖掘草原文化的当代价值"立法促诚信"的建议》等10篇。同时,提交集体提案17个,个人提案42个。内容涉及经济、社会、文化教育、"三农三牧"、生态文明、科技卫生、民生等众多领域,得到了社会的广泛关注。

【社会服务】 烛光行动。7月下旬,民盟北方生态研究基金会召开"第三次理事会暨民盟烛光行动捐书仪式大会",会后向赤峰市宝山区实验中学捐赠《生态文明建设读本》,向赤峰巴林右旗索博日嘎中心小学捐赠与生态保护有关的科普书籍2 000余册。

帮教工作。2007年12月,区委将赤峰市劳教所确定为帮教活动联系点,2010年9月赤峰市委到劳教所慰问演出,同劳教所200多位干警和学员共庆"国庆""中秋"双节。

丰富社会服务内容。11月,民盟鄂尔多斯市委赴伊金霍洛旗红庆河镇开展"三下乡"活动,带领农牧技术和法律人员搞咨询服务,代表区委发放《奶牛养殖》、《低碳经济与低碳生活》等书籍400余册,资料3 000余份。

4月,青海玉树地震发生后,区委成立抗震救灾工作领导小组,广泛组织动员各级组织和盟员以各种形式参与抗震救灾斗争,积极捐款捐物。

【思想建设】 12月16日,区委举办专题讲座,邀请内蒙古大学教授李树榕、内蒙古社会主义学院教授李占和围绕社会主义核心价值体系授课。会上传达了"身边的榜样——树立和践行社会主义核心价值体系先进人物事迹报告会"电话电视会议精神。

区委向全区各级盟组织发放《社会主义核心价值体系学习读本》,网站设立专题栏目及时报道相关讲话、优秀盟员事迹以及各级盟组织开展树立和践行活动的好经验和好方法。组织盟员观看《建国大业》、《民主之澜》等历史影视剧,重温民盟与中国共产党合作的历史,加深盟员对多党合作制度的了解。为深入开展生态文明教育,与中国生态教育促进会合作出版了《生态文明教育读本》,同时印发了《碳汇科普手册》。

【宣传工作】 区委紧扣各项盟务工作,充分发挥《内蒙古盟讯》、网站和其他新闻媒体等宣传阵地的作用,提升《内蒙古盟讯》、区委网站的编辑质量,及时更新网站内容,为履行各项职能营造良好舆论环境。全年《内蒙古盟讯》共出刊3期,文字约13万字,图片约150幅。区委网站1月成立,各项工作步入正轨。网站全年上传盟务要闻34篇,参政议政发言汇编、提案39篇,基层动态29篇,盟员论坛29篇,图片140余幅。2010年,《人民政协报》、《内蒙古日报》、新华网、光明网等多家媒体共刊登35篇文章报道区委各项重大活动;区委领导署名文章和访谈刊发在《群言》、《人民日报》海外版、《人民政协报》等媒体上。

健全宣传工作机制,建立完善通讯员队伍,7月,组织了《内蒙古盟讯》、网站通讯员培训班,来自基层组织的20余位通讯员参加了培训。对近些年在民盟宣传工作中积极投稿、业绩突出的集体和个人进行了表彰。

【重要活动】

"熊一然书法篆刻展暨大漠风光摄影展"在包头展出 6月6日,内蒙古著名书画篆刻家、民盟盟员熊一然书法篆刻展暨大漠风光摄影展在包头市美术馆展出。全国政协提案委员会副主任、自治区政协原主席王占,自治区副主席、包头市市委书记郭启俊,自治区政协副主席伏来旺,全国政协常委、自治区政协副主席、民盟内蒙古区委主委董恒宇,民盟区委副主委徐翔、李相合,秘书长安中,民盟包头市委主委赵学友,副主委田明等出席展览开幕式。中国法学会副会长、内蒙古中国画院院长、自治区人大常委会原副主任胡忠,自治区人大常委会原副主任贾才等应邀出席展览开幕式。

"低碳经济与金融创新座谈会"在呼和浩特召开 7月11日,由民盟内蒙古自治区委员会、中国西部控股集团、内蒙古蒙草抗旱股份有限公司主办,内蒙古民萌生态基金会、内蒙古碳汇评估研究院承办的"低碳经济与金融创新座谈会"在呼和浩特市召开。自治区政协副主席、民盟内蒙古区委主委董恒宇主持会议。中国西部控股集团董事长陈远东、内蒙古低碳促进会副会长、内蒙古政协原副主席、民盟自治区原主委、经济学家许柏年到会发言。

"内蒙古湿地生态研讨会"在呼和浩特召开 9月6日,由民盟内蒙古区委和内蒙古政协人口资源环境委员会主办、内蒙古民盟生态研究基金会承办的内蒙古湿地生态研讨会在呼和浩特召开,自治区党委常委、统战部部长王素毅出席会议,自治区政协副主席、民盟内蒙古区委主委董恒宇致词。南京大学湿地生态研究所、部分高校的特邀专家、教授及政府相关部门负责人出席了研讨会。

“兴安盟绿色发展座谈会”在呼和浩特召开　9月15日,由内蒙古碳汇评估研究院和兴安盟行政公署共同主办的兴安盟绿色发展座谈会在呼和浩特召开。自治区政协副主席民盟内蒙古区委主委董恒宇出席。座谈会上,来自中国草学会、北京林业大学、中国农业大学、中国农业科学院草原研究所、内蒙古林业科学院、内蒙古农业大学、内蒙古师范大学以及兴安盟经济社会发展研究中心的10多位专家学者就工业发展与绿色发展的协调、碳汇交易等问题进行了深入探讨。

“内蒙古智能电网应用与新能源发展研讨会”在呼和浩特召开　11月21日,由中国民主同盟中央科技委员会、中国民主同盟内蒙古自治区委员会、内蒙古政协人口资源环境委员会、中国科学院高技术研究与发展局、内蒙古电力(集团)有限责任公司共同主办,内蒙古民盟北方生态研究基金会、中国科学院清洁能源技术发展中心承办的“内蒙古智能电网应用与新能源发展研讨会”在呼和浩特召开。

内蒙古自治区党委常委、统战部部长王素毅发来贺电,全国政协常委、内蒙古自治区政协副主席、民盟内蒙古区委主委董恒宇出席研讨会。民盟中央参政议政部部长张冠生、内蒙古统战部副部长侯世忠、内蒙古政协人口资源环境委员会主任孟志毅、中科院高技术局副局长孟丹、内蒙古科技厅副厅长额尔顿等领导、专家学者共80余人出席了会议。

(王艳茹)

民　　建

【中国民主建国会内蒙古自治区委员会领导名录】

主任委员:郝益东

副主任委员:杨仁选　李荣禧　康永恒(满族)　王凤之(女)

秘书长、副巡视员:王建华(女)

【概况】　截至2010年底,全区共有会员1 481人,经济界会员占76.9%,其中企业界会员占会员总数的54%,担任各种经济实体正副董事长、总经理等186人,占会员总数的12.6%,新社会阶层人士291人,占会员总数19.6%。新发展会员中,大学以上学历的占94.4%,其中硕士以上占11.1%。平均年龄39岁。

【重要会议】　11月12日,以弘扬传统,开拓进取为主题,开展中国民主建国会成立65周年暨民建内蒙古区委成立20周年纪念活动。全区各直属地方(基层)组织的代表、先进基层组织和优秀会员代表、在呼会员代表近200余人出席纪念大会。全国人大常委会副委员长、民建中央主席陈昌智,内蒙古自治区党委副书记任亚平出席大会并讲话。内蒙古自治区党委常委、统战部部长王素毅以及各民主党派区委、工商联以及政府对口联系单位负责同志莅会。

【参政议政】　发挥民建自身的特色和优势,围绕自治区的工作中心和关系民生的重要问题,深入调查研究,采取多种形式履行参政议政职能。在自治区党委、政府召开的“十二五”规划座谈会上,民建代表(主委)提出的关于农牧业现代化、草原保护建设、风力发电、保障性住房等意见基本得到采纳。

完成了2010年度中央重点调研专题《加强中西部水污染防治,提高环保监测能力》的子课题《内蒙古湖泊湿地生态环境危机及应对策略》。

向民建中央和自治区政协编发“关于设立道路交通事故社会救助基金的建议”等12期《社情民意信息专报》,其中《建议驾校实行预约培训机制》、《关于设立道路交通事故社会救助基金的建议》、《增加公共场所的英文标识和注译》等3篇,被自治区政协以《政协信息快报》报全国政协信息局,自治区党委、政府办公厅,自治区政协主席、副主席等。

在“民建首届京津冀晋蒙区域经济发展研讨会”上,围绕“加强区域合作,实现共赢发展”主题,区委的《华北经济区若干特点与协作重点》、《论华北五省区市区域旅游经济一体化》以及《为非公有制经济营造公平竞争环境的思考》等课题在研讨会上交流;另有3篇论文入选研讨会《材料汇编》。

【组织建设】　7月下旬,区委主要领导及机关有关领导陪同民建中央副主席王少阶一行对自治区中西部5个地方组织自身建设工作进行调研。

制定对全区各直属地方组织督查考核方案,12月,对呼和浩特、包头、乌海、赤峰四个市级委员会进行工作考核,采取领导班子成员述职会、谈心会、群众测评等方式,推动自身建设工作,加强对地方组织工作的指导和与会员的联系。11月中旬,召开了全区自身建设工作会议,传达学习民建中央安排意见和会议精神,把自身建设的任务落到实处。与自治区医学院党委联系协调工作,民建医学院支部正式成立。

【思想建设】 在思想建设和宣传工作方面,把深入学习贯彻科学发展观作为首要的政治任务,印发了关于开展"弘扬民建优良传统,努力践行社会主义核心价值体系"主题教育活动的方案,转发民建中央的宣讲光盘并组织各地学习《中国民主建国会简史》。结合开展纪念民建成立65周年、区委成立20周年活动,表彰先进支部和优秀会员。组织编辑出版《世纪之交二十年》纪念文集。机关各部门与各地方组织收集、查阅大量的档案文件资料,整理撰写了30多万字文稿,全面反映了民建内蒙古区委成立20年来,全区各级组织和会员在民建中央和自治区党委的领导下,在参政议政、自身建设和社会服务等方面所取得的成绩和进步。编辑印发机关刊物《内蒙古民建》,重新开通民建内蒙古区委网站,并对网站栏目进行优化整编。截至年底,点击量为43 831次,平均每日150次,共编辑信息118篇。网站以全新的面貌展示了内蒙古民建的各项活动及会员风采。

【社会服务】 社会服务工作坚持"尽力而为,量力而行"的原则。组织近70位会员企业家出席在西安举办的民建中央非公经济发展论坛。组织推动各级组织和会员向论坛投写论文,其中《后金融危机时代非公有制经济实施"走出去"战略的对策与思考》被大会采纳并获优秀论文三等奖。动员会员企业家继续为武川县第二小学捐款助学。

(金振海)

民　　进

【中国民主促进会内蒙古自治区委员会领导名录】

主任委员:郑福田

副主任委员:陈其俊(女) 邢洁晨 张润锁 李凤斌 武晓瑞(女)

【概况】 区委会五届委员会成立以来,每年在盟市新建基层组织或基层组织升格,相继在通辽市、呼伦贝尔市、乌兰察布市成立总支。2010年6月,成立了巴彦淖尔市总支。全区共发展会员90人,平均年龄38岁,大专以上文化程度88人。其中博士学位4人、硕士学位15人,占会员总数的21%;其中具有高级职称71人,占79%;教育文化出版界别51人,占57%。截至年底,全区有市委会4个,基层组织67个,共有会员1 314人(已退休会员377人),有中高级职称的会员1 108人,会员中有各级人大代表22人,各级政协委员130人,副处级以上干部42人。会员年龄结构、界别结构明显改善,高学历、高职称、高层次会员比例有了显著提高。

【建言献策】 在2010年自治区政协十届三次全委会上,区委会共提交大会发言12份,集体提案41份,委员提案24份,从质量和数量上实现了历史性突破,居于各党派前列。

主委郑福田在政协全委会、常委会上《关于促进全区旅游业发展的建议》、《新经费保障机制下义务教育的新情况新问题》等大会发言受到一致好评,并通过自治区政协《社情民意专报》报送自治区有关领导。区委会的大会发言《重视农牧民看病难看病贵,构建和谐社会的建议》被列为自治区政协主席重点督办提案。全年向民进中央和有关部门报送社情民意信息共53件。

【社会服务】 扶贫助学是区委会长期坚持的社会服务项目。区委会邀请国际关系学院教授及柳州师范高等专科学校教师对呼和浩特二中及内蒙古师大附中教师进行培训;区直普教支部到巴彦镇中心小学和呼市第22中学开展支教活动;教师节期间,区委会慰问了区直在岗教师。据不完全统计,2010年,全区各级组织共帮扶贫困学生28名。

玉树地震灾害后,全会各级组织和广大会员向灾区捐款20余万元;在内蒙古"情系玉树、大爱无疆——内蒙古百位书画家赈灾笔会"和"扶残助残爱心笔会"活动中,内蒙古民进开明画院的书画家捐赠了大量书法作品,开展了赈灾义卖等活动。

区委会各级组织充分发挥自身人才优势,开展各种公益活动,服务社会。区委会组织法律界会员在呼和浩特市新华广场开展法律咨询日活动;包头市委会成立法律服务部,开展法律服务进社区、进校园活动;乌海市委会到劳教所举办"心理知识专题讲座",开展"纪念世界读书日暨励志讲座"活动。

【思想建设】 成立了"树立和践行社会主义核心价值体系领导小组"。制定下发《民进内蒙古区委会会关于树立和践行社会主义核心价值体系 推进学习型参政党建设的方案》,对在全会开展树立和践行社会主义核心价值体系,推进学习型参政党建设活动进行了全面安排部署。区委会主委、自治区政协副主席郑福田、区委会副主委武晓瑞等一行组成宣讲团,先后到乌海市、巴彦淖尔市、包头市民进组织开展调研,并就树立和践行社会主义核心价值体系进行宣讲。

【宣传工作】 区委会及各级组织在电台、电视台、报纸和期刊上发稿182件,其中国家级媒体采用11件(深度报道7件),其他媒体采用187件(深度报道20件),发表理论文章20余篇;在民进中央网站和统战网、政协网上编发各类稿件270多条、60多万字。乌海市委会开通了民进网站、巴彦淖尔总支制作民进网页,集宁委员会为每位会员注册电子邮箱和手机短信提醒义务,加强了宣传工作的时效性、便捷性。2010年民进内蒙古区委会荣获民进中央"2010年民进省级组织新闻宣传工作先进单位"、呼和浩特市委会干部荣获"民进中央宣传工作先进个人"。

【自身建设】 按照建设高素质参政党的要求,区委会以不断提升机关干部综合素质和加强"三化建设"为重点,努力建设学习型机关。机关认真学习贯彻国家《公务员法》,选派部门领导参加中央社会主义学院学习培训,组织全体机关干部到区外学习考察,举办书画笔会进机关活动,修订相关的规章制度,明确各种会议纪要制度,强化办公室职能,提高机关办文、办事能力,突出部门工作的重要性,强化各部门的职能,规范了部门的发文、办事程序。乌海市委会成立了专门工作机构,配备了专职驻会副主委。呼和浩特市市委会的档案管理工作晋升为自治区特级单位,成为自治区民主党派第一家档案管理特级单位。

(王焕超)

农 工

【中国农工民主党内蒙古自治区委员会领导名录】

主任委员:牛广明

副主任委员:云治厚(蒙古族) 张伯群 王学东(女) 卢计成

【概况】 农工党自治区委机关核定编制16名,其中厅级领导职数(主任委员或副主任委员)1名,处级领导职数(含秘书长1名)5名,工勤人员2名;机关设办公室、组织部、宣传部、社会服务部4个内设机构。2010年机关实有工作人员14名,其中专职副主任委员1名,秘书长1名,副秘书长兼办公室主任1名,办公室副调研员1名、主任科员1名,组织部副部长1名、工作人员1名,宣传部部长1名、宣传部副调研员1名、工作人员1名,社会服务部部长1名、调研员1名,高级技师1名、高级工1名;其中硕士研究生学历1名,大学学历5名、大学双学历1名、党校本科学历3名、大学专科学历2名、党校专科学历2名;蒙古族5名、朝鲜族1名;男性8名、女性5名。

【重要会议】

中国农工民主党内蒙古自治区第五届委员会第四次全体(扩大)会议 1月18日下午,在呼和浩特内蒙古维力斯大酒店召开。农工党自治区委主委牛广明向大会作《发挥优势特色,履行职能责任,为促进经济平稳较快发展、和谐社会建设做出新贡献——在2010年1月18日中国农工民主党内蒙古自治区第五届委员会第四次全体(扩大)会议上的工作报告》。会议举行增选委员会议,经无记名投票,增选霍燕军为中国农工民主党内蒙古自治区第五届委员会委员。

在会议闭幕式上,为荣获中国农工民主党"2007—2008年度社会服务信息工作先进集体"中国农工民主党包头市委员会。和荣获中国农工民主党集宁委员会,中国农工民主党"2007—2008年度社会服务信息工作先进个人"赵尔曼、王旭清颁发了荣誉证书。

会议举手表决通过了《中国农工民主党内蒙古自治区第五届委员会第四次全体(扩大)会议关于常务委员会2009年工作报告的决议(草案)》。

五届十一次主委会议 1月10日下午在呼和浩特召开。牛广明主委主持会议。云治厚、张伯群、王学东、卢计成副主委出席会议。

会议同意中国农工民主党内蒙古自治区农牧业第一届支部委员会增加委员职数1名;同意中国农工民主党内蒙古自治区农牧业第一届支部委员会补选委员1名、增选委员1名;同意中国农工民主党内蒙古自治区农牧业第一届支部委员会补选副主任委员1名;同意提名乌日罕(女)、乔鹏飞为中国农工民主党内蒙古自治区农牧业第一届支部委员会补选、增选委员候选人;同意提名乌日罕(女)为中国农工民主党内蒙古自治区农牧业第一届支部委员会补选副主任委员候选人。

会议批准杨文君等29名同志加入中国农工民主党。

五届十二次主委会议 3月27日上午在呼和浩特召开。牛广明主委主持召开会议。云治厚、张伯群、王学东、卢计成副主委出席会议。

会议批准沈晨光等7名同志加入中国农工民主党。

五届十三次主委会议 10月19日下午在呼和浩特召开。专题研究召开"纪念中国农工民主党建党80周年暨中国农工民主党内蒙古自治区委员会成立25

周年大会”有关问题。牛广明主委主持召开会议。云治厚、张伯群、王学东、卢计成副主委出席会议,秘书长耿豫蒙、副秘书长兼办公室主任陈永胜、宣传部部长李松鹏、组织部副部长郭瑞列席会议。

五届十四次主委会议 12月19日上午在呼和浩特召开。牛广明主委主持召开会议。云治厚、张伯群、王学东、卢计成副主委出席会议。

会议批准李海霞等32名同志加入中国农工民主党。

五届九次常委(扩大)会议 1月10日下午在呼和浩特召开。牛广明主委主持会议。云治厚、张伯群、王学东、卢计成副主委,李一飞、郝福明、赵心力、耿豫蒙、鲁剑钧、蓝峰常委出席会议。农工党自治区委副秘书长兼办公室主任陈永胜、组织部副部长郭瑞、宣传部部长李松鹏、社会服务部部长刘平列席会议。

五届十次常委(扩大)会议 3月27日在呼和浩特市召开。牛广明主委主持会议。云治厚、张伯群、王学东、卢计成副主委,郝福明、赵心力、耿豫蒙、鲁剑钧、蓝峰常委出席会议。农工党自治区委副秘书长兼办公室主任陈永胜、组织部副部长郭瑞列席会议。

五届十一次常委(扩大)会议 8月15日下午在呼和浩特市召开。牛广明主委主持会议。张伯群、卢计成副主委,赵心力、耿豫蒙、蓝峰常委出席会议。农工党自治区委副秘书长兼办公室主任陈永胜、社会服务部部长刘平、组织部副部长郭瑞列席会议。

五届十二次常委(扩大)会议 12月19日下午在呼和浩特市召开。牛广明主委主持会议。云治厚、张伯群、王学东、卢计成副主委,郝福明、赵心力、耿豫蒙、鲁剑钧、蓝峰常委出席会议。农工党自治区委副秘书长兼办公室主任陈永胜、宣传部部长李松鹏、社会服务部部长刘平、组织部副部长郭瑞列席会议。

【看望自治区各民主党派、工商联和无党派人士代表】 春节前夕的2月9日下午,自治区党委书记胡春华,自治区党委副书记、自治区主席巴特尔,代表自治区党委、政府亲切看望了自治区各民主党派、工商联和无党派人士代表,向全区广大统一战线成员致以新春的祝福和诚挚的问候。

自治区人大常委会副主任、民建自治区委主委郝益东,自治区副主席、九三学社自治区委主委刘新乐,自治区政协副主席、民盟自治区委主委董恒宇,自治区政协副主席、民进自治区委主委郑福田,自治区政协副主席、农工党自治区委主委牛广明,自治区政协副主席、民革自治区委主委肖黎声和自治区工商联主席田震参加了座谈。农工党自治区委副主委王学东、卢计成也参加了座谈。

【视察内蒙古山路煤炭集团有限责任公司光伏循环经济产业链】 3月29日,自治区党委书记、自治区人大常委会主任胡春华在自治区党委常委、秘书长符太增及自治区有关部门负责人的陪同下,视察内蒙古山路煤炭集团有限责任公司光伏循环经济产业链。农工党员、内蒙古山路煤炭集团有限责任公司董事长倪明镜等公司领导陪同视察。胡春华书记来到公司展厅时,公司董事长倪明镜重点汇报了公司调整产业结构,制定发展光伏循环经济的战略目标及远景规划,介绍了每个产业链条科学合理的链接优势,汇报了建设二期工程后将形成的多晶硅5 000吨、单晶500MW、多晶铸锭500MW和与之配套的1 000MW切片生产和电池片生产能力。

【走访自治区各民主党派自治区委机关】 7月1日上午,自治区党委常委、统战部部长王素毅在内蒙古社会主义学院党组书记、自治区党委统战部副部长侯世忠,自治区党委副巡视员曹洪利陪同下,走访自治区各民主党派自治区委机关,与机关工作人员亲切交谈,共话多党合作事业发展。

【纪念中国农工民主党建党80周年暨中国农工民主党内蒙古自治区委员会成立25周年活动】 中国农工民主党自1930年8月9日在上海创建,2010年迎来80华诞。中国农工民主党内蒙古自治区委员会1985年成立,已走过25年的历程,农工党自治区委以农工党建党80周年、农工党自治区委成立25周年为契机,广泛开展各种形式的纪念活动,团结教育农工党全党同志继承发扬多党合作优良传统,推动农工党各项工作取得新的成绩。

【为惠州“邓演达纪念园”建设募捐】 2010年是中国农工民主党建党80周年、邓演达诞辰115周年,也是农工党自治区委成立25周年,为了纪念农工党的主要创始人邓演达先生的革命功绩,中共惠州市委、惠州市政府规划建设邓演达纪念园、设立邓演达陈列馆。农工党自治区委根据农工党中央办公厅《关于为惠州邓演达纪念园建设募捐及征集文物的通知》(农工中办发〔2010〕研字6号),在农工党全区各级组织部署开展为惠州“邓演达纪念园”建设募捐工作。4月22日,组织机关工作人员在自治区民主党派机关会议室举行援建广东惠州“邓演达纪念园”捐款仪式,募集现金5 200元。全区各级组织和广大党员自愿踊跃捐款,捐款额达59 940元,为惠州邓演达纪念园建设作出贡献。

【编辑出版《〈风雨同舟 肝胆相照——纪念中国农工民主党内蒙古自治区委员会成立25周年〉纪念册》】 2010年是农工党自治区委成立25周年，农工党自治区委出版《风雨同舟 肝胆相照——纪念中国农工民主党内蒙古自治区委员会成立25周年》纪念册，通过农工党自治区委和全区各级组织一个个历史瞬间和点滴记录，描绘中国农工民主党与中国共产党肝胆相照、和衷与共的风雨历程，勾画农工党自治区委和全区各级组织在中国共产党领导的多党合作和政治协商制度中不断发展壮大的前进足迹，充分展示广大农工党员昂扬奋进的精神风貌。

【地方组织建设】 推进新建地市级组织机构工作和筹划地市级组织换届工作，组织实施农工党自治区委《2009—2013年新建市级组织发展规划》，争取在中共自治区委统战部和中共地方党委统战部的支持下，有计划、有步骤地逐步成立呼伦贝尔市、通辽市、乌兰察布市、巴彦淖尔市等农工党新建地市级组织。建立全区各级组织领导班子换届后备干部名单，为换届做好充分的人才准备。

中国农工民主党呼和浩特市委员会完成了换届工作。中国农工民主党赤峰市委员会任命专职干部隗春华为副秘书长。中国农工民主党乌海市委员会进行了届中调整，补选乔惠萍为中国农工民主党乌海市第二届委员会委员，任命专职干部蒋庆春为副秘书长兼办公室副主任。

农工党地方组织积极拓展对外交流联系合作关系新领域，推进工作开展。中国农工民主党呼和浩特市委员会于2010年4月与中国农工民主党昆明市委员会缔结为友好委员会；与中国农工民主党北京市海淀区委员会达成对口支援合作意向。

【组织发展】 截至年底，农工党自治区委发展党员166名，其中高级职称36名，占21.69%；中级职称84名，占50.60%；医药卫生界81名，占48.79%；文化教育界29名，占17.47%；科学技术界3名，占1.81%；其它界别1名，占0.60%；女党员94名，占56.63%。全区党员人数达2 163名，其中高级职称695名，占32.13%；中级职称1 214名，占56.13%；医药卫生界1 150名，占53.17%；文化教育界391名，占18.08%；科学技术界213名，占9.85%；其它界别49名，占2.27%；女党员944名，占43.64%。

适应参政党工作需要，进一步扩大组织覆盖面，全区农工党组织地域覆盖全区各盟市、行业结构进一步健全、内部关系进一步协调、功能进一步完善、作用得到进一步发挥，成为农工党自治区委开展工作的重要基础。截至年底，农工党自治区委下辖33个地方、基层组织，其中市级委员会5个、不定级委员会1个、基层委员会3个、总支部委员会9个、支部委员会9个、支部4个、小组1个、支部筹备组1个。

【专门委员会工作】 农工党自治区委人口资源环境工作委员会、医药卫生工作委员会、文化教育科学技术工作委员会、老年工作委员会分别召开会议，部署参政议政、提案、社情民意信息等工作。其中人口资源环境工作委员会提供的《大力推进首府中水回用工作》，被农工党自治区委采纳，作为自治区政协十届十次常委会议大会发言材料。为纪念"三八"国际劳动妇女节100周年，农工党自治区委妇女工作委员会举办庆"三八"乳腺保健护肤防晒专题讲座，邀请自治区中蒙医医院中西医结合肿瘤科、乳腺科主任耿刚做《远离乳癌，拥有健康》专题讲座，内蒙古医学院第一附属医院皮肤性病科主任医师王晓彦做《春夏季如何护肤及防晒》专题讲座。农工党自治区委文化教育科学技术工作委员会联合由清华大学汽车系书脊计划委员会、内蒙古社会扶贫工作促进会培训教育工作委员会、、内蒙古教育学会在内蒙古和林格尔县第五完全小学共同主办"清华大学书脊计划内蒙古项目"开营仪式。农工党自治区委文化教育科学技术工作委员会承办由农工党自治区委主办的征求自治区教育事业"十二五"发展规划意见座谈会，针对《自治区教育事业"十二五"发展规划》征求意见稿，提出建设性意见和建议。农工党自治区委召开参政议政工作座谈会，认真总结一年来参政议政工作成果和经验，专门部署2011年1月召开的自治区人大、政协"两会"的议案、提案和大会发言工作。

【机关信息化建设】 与中国联合网络通讯有限公司呼和浩特分公司签订《ADSL宽带包年服务协议》，自3月1日起中国联合网络通讯有公司呼和浩特分公司为农工党自治区委互联网接入ADSL宽带服务，速率由2G升为4G。为有关部配备、更新传真机、打印机、计算机、扫描仪，安装电话、宽带网。按照自治区党委保密委员会、自治区保密局要求，加强机关计算机网络安全教育和管理。

【门户网站】 发挥互联网高效传播信息功能，转发国家、自治区重要信息，网站全年发布信息近800条、图片260余幅，累计点击1.1万多次，成为党员学习的重要渠道，1月，农工党自治区委门户网站荣获农工党中央“2010年度党务网站先进集体”称号。

7月22日,农工党包头市委举行中国农工民主党包头市委员会网站开通仪式。农工党包头市委网站,是包头市各民主党派开办网站的第一家和农工党全区地市级组织开办网站的第一家。

【学习考察】 以农工党内蒙古自治区委副主任委员卢计成为领队,副秘书长兼办公室主任陈永胜带队,组成农工党内蒙古自治区委学习考察团于4月6~12日赴海南省进行学习考察。与农工党海南省委就参政议政、组织建设、宣传思想、社会服务、树立和践行社会主义核心价值观等方面进行了工作交流。

由自治区党委统战部常务副部长、内蒙古社会主义学院党组书记侯世忠率领的内蒙古自治区党外人士学习考察团,于4月6~16日赴福建省、江西省进行学习考察。农工党自治区委副主委王学东、秘书长耿豫蒙参加学习考察,并与农工党江西省委交流了开展参政议政、组织建设、宣传理论、社会服务、机关建设等方面的工作经验和成果,参观考察了福州市经济技术开发区、林则徐纪念馆、厦门市陈嘉庚纪念馆、南昌经济技术开发区、百路佳客车有限公司、井冈山革命历史纪念馆,学习借鉴了福建省、江西省工业企业、民营企业发展壮大的好经验、好做法,切身感受了中国共产党为中国革命胜利进行艰苦卓绝奋斗的光辉历程,接受了生动的爱国主义教育。

在纪念中国农工民主党成立80周年暨中国农工民主党内蒙古自治区委员会成立25周年之际,为了做好2011年全国、自治区人大、政协“两会”议案、提案工作,学习借鉴先进地区参政议政工作的经验,促进农工党省自治区组织之间的自身建设的经验工作交流,发挥民主党派参政党作用、充分履行参政党职能,积极参政议政、建言献策,提高自身建设科学化水平,农工党内蒙古自治区委组织农工党内蒙古自治区委赴云南省学习考察团,由农工党自治区委副主委王学东带队,于11月26日~12月3日赴云南省进行学习考察。学习考察期间,农工党自治区委一行还拜访了农工党云南省委机关。在内蒙古、云南双方举行的座谈会上,双方分别介绍了各自省区在自身建设、参政议政、社会服务等方面的工作情况,进行了书面工作交流。

【“梨园英才李小春——艺术研讨会”】 由农工党自治区委、自治区文化厅主办,自治区京剧团承办的“梨园英才李小春——艺术研讨会”于8月26日下午在呼和浩特市梨园宫举行。

自治区政协副主席、农工党自治区委主委牛广明出席研讨会。

【理论研究】 农工党自治区委认真落实贯彻农工党中央办公厅《关于印发〈中国农工民主党2010年理论研究课题计划〉的通知》围绕参政党理论研究的指导思想、研究重点、研究课题,按照抓紧组织实施、整合研究力量、开拓研究思路、突出研究重点、认真抓出成果的要求,组织农工党全区各级组织和广大党员开展参政党建设理论研究工作,党员撰写提交高质量的理论研究论文13篇。

在农工党中央开展的表彰活动中,马宏、武永刚《坚持社会主义核心价值观,构建民主党派核心价值观》,姚勇《新形势下民主党派机构改革与解决机制性障碍的研究》,刘德杰《民主党派在公共决策中的地位和作用研究》论文荣获农工党中央“2009年理论研究优秀成果奖”三等奖。

【创办《内蒙古农工》】 加强党务社会宣传工作,3月15日,自治区新闻出版局经审核,农工党自治区委申请创办《内蒙古农工》和申请内部刊号符合内蒙古自治区内部资料管理暂行规定,为农工党自治区委颁发《内蒙古自治区内部资料准印证》。《内蒙古农工》为季刊,2010年按半年刊出版。会议调整了《内蒙古农工》的组织领导机构和办刊机构。

【政治协商】 1月7日,内蒙古自治区党委副书记、自治区主席巴特尔主持召开各民主党派、工商联、无党派人士和政府参事、文史馆馆员《政府工作报告(征求意见稿)》征求意见座谈会。

自治区政协副主席、农工党自治区委牛广明做《在自治区政府召开征求2010年〈政府工作报告〉(征求意见稿)及政府工作意见座谈会上的发言》,就《政府工作报告(征求意见稿)》提出许多具体意见和建议。

10月28日,自治区党委在呼和浩特召开党外人士座谈会,就内蒙古自治区党委关于制定国民经济和社会发展第十二个五年规划的建议听取各民主党派、工商联负责人和无党派人士的意见和建议。

自治区政协副主席、农工党自治区委主委牛广明在座谈会上做《在中共自治区党委召开的征求民主党派、工商联、无党派人士“十二五”规划建议座谈会上的发言》,就医药卫生、计划生育、生态建设、环境保护等提出了修改意见。

12月23日,自治区政府在呼和浩特召开党外人士座谈会,就自治区国民经济和社会发展第十二个五年规划纲要听取各民主党派、工商联负责人和无党派人士的意见和建议。

自治区政协副主席、农工党自治区委主委牛广明做了《在自治区政府召开的征求民主党派、工商联、无党派人士“十二五”规划纲要建议座谈会上的发言》。

【调查研究】 农工党自治区委就自治区经济社会发展中的重大问题,人民群众普遍关心的热点、难点、焦点问题,组织农工党全区各级组织和专题调研组,深入基层、深入实际,开展调查研究工作,取得重要成果。经过调研数据分析、理论审慎思考后撰写形成的《推进内蒙古向北开放的新格局》、《内蒙古自治区实施基本药物制度调查研究报告》、《内蒙古自治区卫生应急体系建设情况调查研究报告》、《内蒙古自治区学前教育发展状况调查研究报告》,提交中共自治区党委统战部。这些调研成果,涉及当前现实问题,针对性强,为党政决策,提供了重要参考。如农工党呼和浩特市委《深加工对马铃薯产业发展的作用及影响》等6篇调研报告,分别得到内蒙古自治区党委常委、呼和浩特市委书记韩志然,副书记兰恩华和副市长刘菊茹的重要批示。农工党鄂尔多斯市委《关于我市学前教育的调研报告》,获得了鄂尔多斯市全市统战系统唯一一个优秀成果一等奖。农工党锡林郭勒盟基层委员会经过调查研究,形成了《好事缘何办好难——关于对义务教育学校实施绩效工资情况的调研报告》。

8月5日,自治区政协副主席、农工党自治区委主委牛广明一行对乌兰察布市新型农村养老保险制度实施情况进行调研,并举行座谈会。乌兰察布市政府副市长周明虎、乌兰察布市政协副主席石良先及有关部门负责人参加座谈会。乌兰察布市社保局负责人向调研组汇报了乌兰察布市的新型农村养老保险进展情况。

【社情民意信息】 加强与政协信息工作的联系。为了进一步推进农工党自治区委的信息工作,4月29日,联系自治区政协办公厅信息处,召开参政议政工作座谈会,就政协提案、政协常委会大会发言、社情民意信息等方面的工作进行座谈、交流,密切了农工党自治区委与自治区政协的信息工作联系。

加强信息工作学习培训。选派机关专职信息员霍弘参加农工党中央于6月18~20日在山西太原召开的中国农工民主党社情民意信息联络员座谈会进行培训。

举办全区社情民意信息联络员、参政议政骨干培训班。7月26~29日,举办“中国农工民主党全区社情民意信息联络员、参政议政骨干培训班”。特邀农工党中央办公厅主任、研究室主任游宏炳为40名学员和农工党自治区委机关全体工作人员做《谈进一步做好社情民意信息工作》、《调研(调查)报告的撰写》专题讲座,进一步提高骨干人员做好社情民意信息和参政议政工作的能力。

征集编辑社情民意信息。组织动员全区各级组织和广大党员,发挥自身工作专业特长和优势,认真收集关系经济社会发展、民生、生态文明建设、环境保护、医药卫生体制改革等重大信息,全年编辑《农工党内蒙古社情民意信息》37期。其中《加大农村牧区人口养老保险工作力度》、《关注气候变化条件下大兴安岭森林火灾加速冻土排放温室气体的问题》、《把呼伦贝尔市打造成我国北方重要的森林草原湿地碳汇基地》3件信息被全国政协办公厅信息局采用;《加强农村养殖和生活垃圾污染治理》、《建议在内蒙古设立草地生态资源自然保护区》、《国家应进一步重视游牧民定居工程建设》、《关于立法管理黑河流域水资源的建议》、《建议国家在追收还草工程上继续加大对内蒙古的支持力度的》、《完善动物尸体无害化处理机制》、《关于提高马兰察布市生态工程实施效果的建议》被自治区政协《社情民意专报》采用;《加强呼和浩特市中水回用工作》、《改变人文社科领域项目化生存现状的建议》、《尽快提高失地农民的社会保障金标准》、《需重视农村“留守老人”问题》、《重视听障残疾儿童师资的培养》、《尽快制定自治区中小学生健康体检管理办法》、《关注少数民族大学毕业生就业问题》被自治区政协《政协信息快报》采用。《加大农村牧区人口养老保险工作力度》、《建议设置奶牛养殖准入制度》、《关注气候变化条件下大兴安岭森林火灾加速冻土排放温室气体的问题》、《中俄原油管道对大兴安岭森林造成的影响要引起国家关注》、《把呼伦贝尔市打造成我国北方重要的森林草原湿地碳汇基地》、《关于加强农村养殖和生活垃圾污染治理的建议》、《部分地市严重挤占黑河流域下游生态用水 建议立法管理黑河流域水资源》、《建议在内蒙古自治区建立草地生态资源自然保护区》、《内蒙古与俄罗斯、蒙古国的能源、资源、生态、经济合作大有可为,建议将构建“北亚经济圈”纳入国家“十二五”规划》、《改变人文社科领域项目化生存畸形学术现状》、《建议进一步支持内蒙古推进退牧还草工程》、《进一步完善城镇医保和新农合制度,妥善解决农牧地区群众看病难看病贵问题》被农工党中央研究室《信息专报》采用。

9月,农工党中央研究室编辑出版《中国农工民主党反映社情民意信息案例选》,农工党自治区委2004

年4月《婚前健康检查应引起有关方面的重视》、2008年1月《利用自治区乳业优势,提高出生人口素质》、2009年6月《严控人畜共患病 保障公共卫生安全》信息收录其中。

【社会服务】

第二十二届中国“国际科学与和平周”活动　在农工党全区各级组织开展第二十二届中国“国际科学与和平周”活动。

11月7日,农工党乌海市委与乌海市人民医院共同组织专家医疗服务队,来到乌海市海勃湾区滨河办事处,为177户库区移民进行义诊咨询服务,义诊咨询服务246人次,免费发放800多元的药品和宣传材料。

11月13日,农工党包头市委开展第二十二届中国“国际科学与和平周”进社区送健康活动。来自包头市中心医院、包头市肿瘤医院、包医二附院的4名农工党医疗专家在口岸花苑社区卫生服务中心设立了健康宣传咨询台,开展了包括中医科、内科、外科、B超等检查,为前来的群众免费提供了健康医疗咨询服务,活动受益社区群众60余人。

11月16日,农工党自治区第四医院支部委员会组织医疗慰问队,赴地处大青山南坡深处的革命老区呼和浩特市新城区小井沟乡黄花卧铺村开展第二十二届中国“国际科学与和平周”下乡义诊活动。共诊疗村民70余人(其中B超检查28人,费用近千元),为村民发放价值5 000余元的药品和体温卡、视力表等。在慰问活动中,为村民带去了价值3 000余元的生活用品,为孩子们是送去了学习用品。

11月20日,由农工党自治区委、农工党呼和浩特市委、呼和浩特市红十字会联合主办,呼和浩特市赛罕区黄合少乡朱亥村慈善协会承办的内蒙古自治区第二十二届中国“国际科学与和平周”活动启动仪式在呼和浩特市赛罕区黄合少乡朱亥村举行。活动围绕“绿色 低碳 健康 和谐”主题,组织医学专家、奶牛养殖专家、法律专家为村民服务,为家庭生活困难的老乡带去了面粉、衣物,还向慈善协会捐赠电视机一台。受益群众达200人次。

4月,农工党自治区委荣获“国际科学与和平周”中国组织委员会颁发的第二十一届中国“国际科学与和平周”活动“科学和平贡献奖”。

第三届“中国环境与健康宣传周”　内蒙古自治区“中国环境与健康宣传周”活动领导小组根据“中国环境与健康宣传周”活动领导小组确定的第三届“中国环境与健康宣传周”活动主题,组织实施开展活动。

内蒙古自治区第三届“中国环境与健康宣传周”活动启动仪式在呼和浩特新华广场隆重举行。

自治区“中国环境与健康宣传周”活动领导小组组长牛广明宣布第三届“中国环境与健康宣传周”正式启动,并发表题为《以人为本,关注土壤环境与健康,促进水土保持事业和人民健康的可持续发展》讲话。

全区各地积极围绕活动主题,发挥各自优势,组织开展了形式多样、内容丰富的宣传活动。

5月15日,农工党自治区科学技术支部委员会、自治区卫生总支部委员会、自治区法律支部委员会、内蒙古大学支部、自治区水利支部、呼和浩特市中蒙医院支部委员会在呼和浩特市土默特左旗沙尔沁乡公布板村联合举办内蒙古自治区第三届“中国环境与健康宣传周”送健康、科学技术、法律咨询、节水灌溉、奶牛养殖讲座、懂医送药、文艺表演下乡活动。5月28日,由自治区水土保持学会主办,自治区“中国环境与健康宣传周”领导小组协办,自治区水土保持工作站承办的“水土保持生态建设与水土资源可持续利用学术研讨会”在呼和浩特举行。5月30日,在第三届“中国环境与健康宣传周”启动仪式上,包括农工党自治区委作为成员单位在内的内蒙古自治区“中国环境与健康宣传周”活动领导小组荣获第二届“中国环境与健康宣传周”活动“突出贡献奖”殊荣。6月5日,农工党乌海市委举行“环境与健康”宣传活动,宣传我国土壤保护、污染治理、对人民健康防护的政策法规及科普知识,倡导人与自然和谐相处的理念,宣传保护环境对人类健康的意义,提高国民环境保护的意识,增强人民群众投身环境保护事业和人民健康事业的力量和信心。6月12日,农工党集宁委员会举行以“中国环境与健康宣传周”为主题的环境保护调查研究及党员培训活动。6月20日,农工党呼和浩特市委、农工党自治区医院总支部委员会、农工党内蒙古医学院委员会联合在呼和浩特市赛罕区中专路办事处展览馆社区举办“环境保护宣传、健康进社区义诊体检活动”。

支援青海玉树地震灾区抗震救灾　农工党自治区委机关工作人员举行支援青海玉树地震灾区抗震救灾、重建家园捐款活动,机关工作人员共为支援青海玉树地震灾区捐款2 100元。

农工党内蒙古自治区委联合内蒙古国际文化交流中心、内蒙古社会扶贫工作促进会、《北方新报》社,分别于4月23日、27日在呼和浩特市共同主办和举行“情系玉树·大爱无疆——内蒙古百位书画名家笔会”、“情系玉树·大爱无疆——自治区百位书画名家艺术作品慈善拍卖会”,101 位自治区书画名家饱含深情、挥毫泼墨、激情创作的 318 幅书画作品,经过义拍,166 幅书画作品被成功拍出,共筹集善款 4.4 万元。慈善拍卖会所得善款全部汇入中国扶贫基金会账户,通过中国扶贫基金会捐献给青海玉树地震灾区。

农工党自治区委还通过自治区红十字会捐赠人民币 1 000 元,用于支持青海玉树地震灾区抗震救灾和重建家园工作,深情表达对地震灾区人民的一片爱心。

农工党全区各级组织和广大党员积极响应农工党中央、农工党自治区委的号召,发扬“一方有难、八方支援”的人道主义精神,伸出援手、慷慨解囊、奉献爱心。农工党全区各级组织和广大党员以不同方式为青海玉树地震灾区各项捐款总计 83.1 万元,其中通过农工党系统寄到农工党自治区委的捐款 4.62 万元。以实际行动为地震灾区人民早日重建家园,贡献出自己的一份力量。

5 月 5 日,中共青海省委统战部代表中共青海省委、青海省政府发来致农工党内蒙古自治区委《感谢信》。5 月 27 日,农工党青海省委发来致农工党内蒙古自治区委《感谢信》。

社会公益活动 1 月 6 日,农工党乌海市委员会、乌海市红十字会在乌海市海勃湾区海北办事处东山北社区门前共同举办“博爱送万家”活动。农工党乌海市委为 5 户贫困户送去了价值 1 000 元的面、油等慰问品。乌海市人民医院和乌海市蒙中医院的 8 名知名医生免费为老百姓义诊并发放药品价值 800 多元。

3 月 5 日,为纪念“三八”妇女节 100 周年,关注女性健康,推进妇女事业的发展,农工党包头市委、包头市卫生局在固阳县妇幼保健所联合举行纪念“三八”妇女节 100 周年“送医、送药、送健康”活动暨医疗器械、药品捐赠仪式。中国初级卫生保健基金会、农工党包头市委向固阳县妇幼保健所捐赠了价值 12 万元的医疗器械及部分药品。来自包头市中心医院、肿瘤医院、第八医院、蒙中医院的农工党知名医学专家为 100 多名当地群众作了包括中医科、内科、妇科、B 超等科目的义诊咨询活动。

3 月 8 日,农工党包头市委在青山区计划生育生殖健康服务中心举行纪念“三八”妇女节 100 周年慰问计划生育技术服务人员座谈会暨医疗器械捐赠仪式,向工作在一线的基层计划生育技术服务人员赠送慰问品。中国初级卫生保健基金会、农工党包头市委向青山区计划生育生殖健康服务中心捐赠了价值 12 万元的医疗器械。

3 月 26 日,农工党集宁委员会组织农业专家到集宁区白海子镇黄土场村,为 2009 年栽种下的李子树苗修剪枝条,并为当地农民讲解实用的农牧业科技新技术,同时为该村村委会送去农业科普资料 100 余份。

5 月 21 日,农工党乌海市委主委、乌海市心理卫生协会理事长、乌海市人民医院内二科主任医师、心理医学专家李世华应邀为乌海市公安警察干部学校公安干警培训班讲课,讲授主题《怎样维护生理健康与心理健康》。在 3 小时的演讲中,李世华为来自全市参加培训的公安干警讲解了健康的新概念、抑郁与自杀、人格障碍、性心理变态、心理检测与心理治疗的原理及手段、自我解除心理压力的方法、常见疾病的预防等,受到广大公安干警的好评。

6 月 30 日,农工党锡林郭勒盟基层委员会在锡林郭勒盟党政大楼 6 楼会议室举行农工党“康齿行动”进国企,真情服务促和谐主题活动。农工党锡林郭勒盟基层委员会为锡林郭勒盟国企的 2 000 名产业工人提供价值 20 万元的康齿保健服务。通过这次活动,对增强产业工人的口腔保健意识,提高大家的防病治病能力,改善身体健康状况会起到积极的促进作用。农工党阿拉善盟基层委员会医疗小组和阿拉善左旗委统战部全体共产党员,前往吉兰泰镇查哈尔沙拉嘎查和木仁高勒敬老院,联合举办“七一”党日送温暖活动。农工党阿拉善盟基层委员会的 8 位医疗专家组成内科、外科、妇科、B 超、心电图等义诊医疗小组,为近 50 位村民检查、诊断、治疗。医务人员还针对部分病人提出了预防、治疗、进一步诊断的建议。在村委会会议室里,中共阿拉善左旗委统战部和查哈尔沙拉嘎查全体党员以及企业家、工商联代表和农工党代表,欢聚一堂,就查哈尔沙拉嘎查今后的发展进行座谈。下午,农工党阿拉善盟基层委员会医疗小组,不顾旅途辛劳,驱车赶往近 100 公里的木仁高勒敬老院,为 30 多位孤寡老人义诊、体检,赠送慰问品。

7 月 24 日,农工党呼伦贝尔市总支部委员会带领来自呼伦贝尔市医院、呼伦贝尔市中蒙医院、呼伦贝尔市妇幼保健所、海拉尔区医院、海拉尔区结核病防治所和海拉尔区胜利社区服务中心的 15 为医疗专家前往鄂温克旗锡尼河镇维特很嘎查开展送医、送药、便民义诊活动。活动历经 5 个多小时,诊查各类病人 170 余人次,其中心电图者 70 余例、腹部 B 超者 60 余例,发放价值 2 500 元的药品。义诊检查出 1 例重症心梗患者、10 余例心肌供血不足患者、20 余例胆囊炎、胆结石、肾结石患者,现场医疗专家均嘱咐其抓紧时间到上级医院接受进一步诊治。义诊极大地方便和资助了当地广大牧民患者。

8 月 1 日,农工党锡林浩特市支部委员会、锡林浩特市红十字会联合农工锡林郭勒盟医药卫生支部委员会,在锡林浩特市贝力克牧场开展“送医送药送健康社会服务活动”,8 名农工党医疗专家,投入 13 台(件)医疗器械,为贝力克牧场牧民群众义诊、体检,服务项目涉及内科、骨科、口腔科、常见病、地方病等,免费向就诊的牧民群众配发了价值 18 000 多元的药品,300 多名群众受惠。现场还开展了健康咨询活动,吸引了方圆 40 多公里的农牧民群众纷纷前来就诊、体检。

8 月 12 日,中国农工民主党中央委员会授予中国农工民主党包头市委员会、中国农工民主党乌海市委员会“中国农工民主党 2007——2009 年社会服务工作先进市、县级委员会”称号;授予中国农工民主党内蒙古自治区传媒支部委员会、中国农工民主党呼伦贝尔市总支部委员会、中国农工民主党巴彦淖尔市总支部委员会被授予“中国农工民主党 2007——2009 年社会服务工作先进基层组织”称号。授予祁晓晔、其木格、赵春生、陈立波、蒋拴柱、巩海军“中国农工民主党 2007——2009 年社会服务工作先进个人”称号。

10 月 17 日,由农工党巴彦淖尔市总支部委员会主委、巴彦淖尔市医院副院长武永刚带领的定点联系帮扶活动小组一行 10 人,来到巴彦淖尔市杭锦后旗蛮会镇中心医院。武永刚代表农工党巴彦淖尔市总支部委员会向蛮会镇中心医院捐款 1 万元,用于改善医院的医疗条件。活动小组各位专家、教授亲自坐诊,为上百名患者进行了认真细致的检查和治疗,对中心医院部分医务人员进行指导培训工作,帮助提高当地医务人员的诊疗水平。

11 月 22 日,农工党鄂尔多斯市委组织医疗专家赴伊金霍洛旗红庆河镇,为 100 多名农牧民进行了义诊。

12 月 10 ~ 13 日,兴安盟特大雪灾,农工党兴安盟总支部委员会自带心电图机、血压计、眼底镜,协同自治区医疗队,到科尔沁右翼前旗勿布林牧区、放牧点牧民家中,科尔沁右翼中旗巴彦呼舒镇查顺他嘎查为灾区牧民免费送医送药价值 2 万余元,解决了部分灾区牧民缺医少药之急。

12 月 21 日,农工党集宁委员会带领医疗专家、农牧业专家赴集宁区白海子镇黄土场村举行“送医、送药、送科技”三下乡活动,为村民义诊并发放 1 000 余元的药品;农牧业专家为村民讲解奶牛养殖技术,无偿捐赠科普图书 100 余册,并为果树种植户讲解了果树越冬的相关知识。

(陈永胜)

九 三 学 社

【九三学社内蒙古自治区委员会领导名录】

主任委员:刘新乐

副主任委员:边占喜 林琳 闫伟 徐建新

【胡春华、巴特尔到党派机关走访慰问自治区各民主党派】 2 月 9 日 ,自治区党委书记、人大常委会主任胡春华,自治区党委副书记、自治区主席巴特尔,自治区党委常委、自治区党委统战部部长伏来旺等领导视察民主党派机关并接见了各民主党派主要负责人。

【九三学社内蒙古自治区第六届委员会第四次全体会议】 3 月 18 日 ,九三学社内蒙古自治区第六届委员会第四次全体委员会议在呼和浩特内蒙古国际锦江大酒店举行。会议主要议程是:学习贯彻中共十七届四中全会精神;传达贯彻九三学社十二届三中全会精神;传达贯彻全国“两会”精神;传达贯彻自治区“两会”精神(书面);传达贯彻全区经济工作会议精神(书面);听取并审议社区委常委会工作报告并通过相关决议;表彰社区委 2009 年度提案和信息工作先进个人。

【王素毅视察各民主党派区委机关】

7 月 12 ~ 17 日,全国政协副主席、九三学社中央副主席王志珍,全国政协常委、九三学社中央副主席赖明就牧区生态建设补偿问题到呼伦贝尔市考察调研。调研组听取了自治区、呼伦贝尔市的专题汇报,并对呼伦贝尔市 3 个牧业旗以及满洲里市进行了调研。社区委副主委林琳、社集宁委员会副主委赵永华陪同。

【重要会议】 3 月 17 日, 九三学社内蒙古六届九次常委会议在呼和浩特内蒙古国际锦江大酒店举行。会议主要议程是:通过九三学社内蒙古六届四次全委会议议程;审议通过社区委关于表彰 2009 年度提案和信息工作先进个人的决定;其他事项。

“纪念九三学社建设 65 周年”座谈会 9 月 3 日,社区委在呼举办“纪念九三学社建设 65 周年”座谈会。社区委副主委林琳主持会议,副主委徐建新与社员分别代表社区委和新社员在会上作了发言。在呼和浩特近 200 余位社员出席座谈会。

九三学社内蒙古六届十次常委会议 11 月 12 日,社区委召开六届十次常委会议,学习并传达九三学社中央关于学习贯彻中央七届五中全会精神决议。自治区副主席、社区委主委刘新乐出席会议并讲话。

【参政议政】 1月7~12日，自治区政协十届三次全委会议在呼和浩特举行。会议期间社区委提交集体提案11件，联名提案24件，委员个人提案35件。10月29日 自治区政协经济委员会邀请社区委参加2010年度重点提案督办会议，重点督办社区委提交的“关于再次呼吁应高度重视内蒙古自治区煤层气开发利用的提案”，自治区国土厅、科技厅等有关单位负责同志出席会议。

【组织建设】 截至年底，全区共有社员1 709人，平均年龄53.11岁，社员中具有高级职称和中级职称的社员分别为955人和694人，分别占全区社员总数的56.27%和40.89%；分别在包头、呼和浩特、赤峰、乌海、通辽、呼伦贝尔、鄂尔多斯建立市级委员会，7个市委会共有社员总数1 034人。

社区委现有各级人大代表、政协委员276人次，218人，约占全区社员总数的12.76%，其中，全国人大代表1名，全国政协委员1名，自治区人大代表9名（其中常委1名），自治区政协委员23名，（其中常委5名，兼职副秘书长1名，兼职专委会副主任1名），市级人大代表20名，其中副主任1名，常委3名。盟市级政协委员100名，其中副主席3名，常委19名。旗（县）市（区）级人大代表10名，其中副主任2名。旗（县）市（区）级政协委员66名，其中副主席5名，常委7名。

社员中担任自治区副主席1人，副市长1人，自治区高校副校长2人，自治区文史馆馆员4人，有34位社员享受政府特别津贴，担任副县级以上领导职务的社员有40余人，担任学会、政府副理事长以上职务的社员有8人，各级政府特邀人员40余人。

社区委由29人组成，主任委员1人，副主任委员4人（专职副主委兼秘书长1名），常委17人。全区建有7个地市级地方委员会，2个地市级基层委员会，61个基层支社，社区委还有14个直属支社和一个基层委员会。

【九三学社内蒙古区委直属医药四支社（内蒙古医院支社）成立】 3月5日，九三学社内蒙古区委直属医药四支社（内蒙古医院支社）在内蒙古医院会议室举行成立大会，朱华、南晓燕、柴庆和当选为委员。

【九三学社新社员培训班开班】 5月12~17日，九三学社内蒙古自治区2010年新社员培训班在呼和浩特开班。培训期间学员赴西柏坡、白洋淀、冉庄等地参观考察。

【九三学社呼伦贝尔市第二次代表大会举行】 12月27日，九三学社呼伦贝尔市第二次代表大会在海拉尔区呼伦贝尔宾馆举行。

【宣传工作】 《内蒙古社讯》是九三学社内蒙古自治区委员会机关刊物。由九三学社内蒙古自治区委员会宣传部主办，现为季刊，总刊数105期。自1983年创刊以来，宣传以中国共产党领导的多党合作事业为己任，也进行了很多内容的改革，具体分为“信息专栏”、“九三人物”、“社员论坛”、“组织发展”、“社内活动”、“地方快讯”、“社会服务”等栏目。现任主编为九三学社内蒙古自治区委员会专职副主任委员林琳，封面题字由中国著名书法家，曾任九三学社中央宣传部副部长的启功先生题写。

【社会活动及社会服务工作】

7月22~26日，经社区委联系，社山东省委应邀在锡林郭勒盟开展“亮康行动”太仆寺旗行活动，为太仆寺旗49位白内障患者实施了免费手术，免除医疗手术费20余万元。社区委为活动资助资金一万元。

4月4日，社区委教委会组织社内外专家赴清水河县中学开展支教活动，活动内容主要是辅导学生如何填报高考志愿。4月27日 社区委机关会同自治区各民主党派机关共同向青海省4·12地震灾区捐款6 000元人民币。

6月12日 呼和浩特市人民政府、内蒙古自治区文化厅、内蒙古农业大学、九三学社内蒙古自治区委员会在呼和浩特市共同举办首府地区中国文化遗产活动。本次活动主题是：爱我长城，修我长城。社区委为活动赞助一万元。

6月20日，九三学社内蒙古医学院委员会与呼伦贝尔市医院医疗技术和医院管理扶助项目在呼伦贝尔市正式启动。自治区党委统战部副部长、内蒙古医学院党委副书记包红亮，社区委常委、内蒙古医学院基层委员会主委霍洪军、副主委赵海平和部分社内专家出席启动仪式。

（李　媛）

工　商　联

【内蒙古自治区工商业联合会领导名录】

党组书记:杨继业(蒙古族)

主　席:田　震

副主席:郝智浓　和光(满族)　高海涛　李岳清　连广明　潘刚　李志强　王文彪　张钢　丁新民(蒙古族)　赵永亮　刘忠元　敖其尔(蒙古族)　张海峰　李勇毅　马麟　戴洪九　王清军　张东海

副巡视员:王进生(10 月离任)　牛勇强(12 月任职)

【概况】　2010 年联合会工作的总体思路是:以邓小平理论和"三个代表"重要思想为指导,深入学习实践科学发展观,认真贯彻落实自治区经济工作会议和全国工商联十届三次执委会议精神,实施"2452"工程,即加强两支队伍建设(工商联机关干部队伍和非公有制经济代表人士队伍建设)、提高四种能力(参政议政能力、宣传教育培训能力、经济服务能力和机关科学化管理能力)、发挥"五个作用"(发挥在非公有制经济人士参与政治和社会事务中的主渠道作用、在非公有制经济人士思想政治工作中的重要作用、在政府管理非公有制经济方面的助手作用、在构建和谐劳动关系过程中的协调作用和在我国行业协会商会改革和发展中的积极作用)、促进"两个"健康(引导非公有制经济人士健康成长和促进非公有制经济健康发展),为自治区经济发展和社会和谐稳定做出新的贡献。

【政策理论学习】　通过召开会议、转发文件的形式,组织非公有制经济人士认真学习党的十七届四中、五中全会精神,胡锦涛总书记在全国政协民建、工商联界别委员联组讨论会上的重要讲话精神,全国两会、西部大开发工作会议精神,国务院颁布的《关于鼓励和引导民间投资健康发展的若干意见》(新 36 条),以及自治区经济工作会议和全国工商联执委会议精神。

【表彰宣传工作】　与新闻媒体合作,宣传报道国家和自治区经济结构调整、产业转型升级和鼓励引导民间投资等相关政策,宣传报道发展非公有制经济的先进经验和先进典型,宣传报道工商联和商会的工作业绩,全年共发表各类宣传报道文章 300 多篇,用正确的舆论引导、教育、激励非公有制经济人士,为非公有制企业转变发展方式营造了良好的环境。与自治区有关单位共同评选表彰了 30 个"全区促进就业先进民营企业"、20 个"光彩事业国土绿化贡献突出民营企业",会同自治区有关单位开展了"感动内蒙古人物"和"内蒙古十大法治人物"评选活动,营造有利于非公有制经济人士健康成长的舆论环境和社会环境。

【教育培训】　邀请知名专家学者,联合有关单位,先后举办了"城市资本与城市地产新动力专题讲座"、"新能源、低碳经济专题讲座"、"突破瓶颈,超速盈利总裁高级研讨班",以及"国务院新 36 条给中小企业带来发展机遇论坛"、"内蒙古企业家新资源新优势高峰论坛"、"第五届中国管理五环峰会"等。为内蒙古金宇集团 200 多名管理人员先后举办了"集团管控"和"电子商务"两期专题培训班,受到企业欢迎和好评。全年共举办各类培训班、论坛、专题讲座 20 个,参加的非公有制经济人士达 2 000 多人次。

【光彩事业】　青海玉树地区发生地震后,与自治区党委统战部、呼和浩特市工商联等单位举行了救灾捐款仪式,20 多家各类商会协会、100 多个会员企业现场捐款捐物 422 万元。组织非公有制经济人士参与社会主义新农村新牧区建设、支持教育事业、资助失学儿童和贫困大学生、救助困难家庭等社会公益事业和慈善活动,资金投入和捐款捐物价值近亿元。

【调查研究】　联合自治区党委政研室、内蒙古财经学院等单位确定了 5 个重点调研课题,深入基层、深入企业开展调研,撰写非公有制经济组织党建工作、非公有制企业产业结构调整和发展方式转变、保障和改善民生、企业家队伍素质、工商联组织建设等 5 个调研报告,为自治区党委、政府掌握非公有制经济发展现状、制定相关政策举措,提出大量有价值的建议。完成民营企业参与光彩事业统计和上规模民营企业调研任务,分别获得全国工商联二等奖和三等奖。根据全国工商联的统一部署,与东北三省共同撰写了《东北三省和内蒙古民营经济发展报告》,编写了 2009 年自治区民营经济发展报告、4 篇商会发展报告,2008～2009 自治区私营经济发展年鉴。完成 40 份第九次全国私营企业调查问卷、1 600 份企业人才心理素质调查问卷、40 份高校毕业生民营企业就业调查问卷、40 份行业协会商会调查问卷填报任务。编写完成1951~2010年工商联大事记。

【参政议政】 向自治区政协十届三次全委会议提交团体提案14件，其中《关于以科学发展观为指导 进一步加快民营经济发展的提案》列为自治区政协1号提案，《关于我区产业结构调整的提案》列为自治区政协主席重点督办提案。在全国政协十届三次会议上作的《关于进一步推动西部地区新能源发展的几点建议》的大会发言，得到国家有关部委的高度重视。

【融资服务】 与自治区金融办、包头市政府共同举办了“2010年自治区西部五盟市银企对接会”，20多家金融机构、200多家中小企业参加了会议。与交通银行内蒙古分行等共同举办了金融产品展示会，向100多家参会中小企业推出特色金融产品。与包商银行呼和浩特分行合作举办两次银企洽谈会，第一次组织内蒙古五金机电行业商会的31家会员企业参加金融产品洽谈，其中有20多家会员企业获得信贷资金1 000多万元；第二次组织5家异地商会和内蒙古女企业家商会直属的60多家会员参加了金融产品洽谈会，对有贷款需求的企业进行细分，推出了针对贷款额度需求为100万元－500万元的中小企业金融产品。组织非公有制企业参加“中国企业国家级融资洽谈会”。与内蒙古建设银行签订《共同支持中小企业县域经济发展框架协议》，建立了长期为中小企业发展提供金融产品服务的合作机制。

【经贸交流】 与蒙古国工商会、俄罗斯联邦布里亚特共和国工商会、美国内蒙古总商会分别签订了合作备忘录和友好商会合作协议，加强与国外工商社团的交流与往来。为扩大经贸交流，鼓励企业走出去，组织非公有制企业参加了环渤海地区经贸洽谈会、湘商大会、西部博览会，以及知名企业家齐鲁行、山西行、北部湾行，在辽宁省营口、大连举办招商引资推介活动，推动了政企对接和招商引资。

【会员服务】 与自治区党委宣传部、自治区质量技术监督局等8个部门共同开展了以“抓质量水平提升，促发展方式转变”为主题的“质量月”系列活动，增强非公有制企业的质量意识。组织20多家非公有制企业参加察右前旗投资环境介绍暨项目推介会，签约8个项目，合同金额10.2亿元。协助兴和县在包头市举办招商引资洽谈会。与有关单位举办了呼和浩特市春秋两季房展会、内蒙古药交会等，支持会展经济发展。经与自治区民航局多次协调，呼和浩特市至杭州直飞航班正式通航。协助用友集团在内蒙古开办10家软件分公司和成立幸福企业俱乐部。帮助呼和浩特仁济医院、内蒙古医药商会等解决经济纠纷问题，维护了企业合法权益。

【推动就业】 贯彻落实全区就业工作会议精神，帮助和扶持初始创业者成功创业，以创业带动就业，与自治区人力资源和社会保障厅等9部门合作开展了“名师带高徒”活动，从2010年起在全区各行业、各领域选拔创业名师500人左右，在城乡劳动者中选拔初始创业者高徒500人左右，通过师徒结对帮扶，2年内使创业者高徒实现成功创业的目标，带动就业3 000人以上。

【会员发展和组织建设】 截至年末，全区共有工商联会员6.5万个，同期增加981个。其中企业会员3.6万个，占会员总数55.4%；个人会员2.8万个，占会员总数43.6%。筹备组建了内蒙古视光学技术行业商会、草原茶路协会等12个行业商会协会，自治区工商联直属行业商会协会发展到38个。全区各级工商联组织行业商会协会达到342个。

【感恩帮扶行动】 与自治区党委统战部在全区开展了民营企业感恩帮扶行动，先后组成5个工作组，深入各地督促指导，发动非公有制经济人士以各种形式帮扶生活困难的“三老”人员和少数民族进城务工人员。据不完全统计，全区非公有制经济人士在感恩帮扶活动中捐款捐物近3 500万元，一大批生活困难的“三老”人员和少数民族进城务工人员得到救助。

【学习贯彻中央16号文件精神】 《中共中央、国务院关于加强和改进新形势下工商联工作的意见》（中发〔2010〕16号，以下简称《意见》）颁发后，及时转发了全国工商联《关于学习贯彻落实〈意见〉精神的通知》。在各类新闻媒体深入宣传《意见》颁布实施的重大意义和基本精神。以讲坛的形式在呼和浩特、包头、鄂尔多斯、乌海等地向广大非公有制经济人士宣传《意见》精神。结合非公有制经济发展和工商联工作实际，起草了《关于加强和改进新形势下工商联工作的实施意见》（送审稿）。

【民营企业招聘周活动】 5月23日，按照全国工商联要求，与自治区人力资源和社会保障厅等单位共同举办了“2010年民营企业招聘周”活动，招聘周活动期间,全区12个盟市和2个计划单列市进入各级人才市场、劳动力市场的各类企业8 524家,其中民营企业为6 532家;企业提供就业岗位123 354个,其中提供高校毕业生岗位41 623;签订就业意向人数69 558人,其中:高校毕业生33 256人,进城农民工28 379人,失业人员7 923人;签订职业培训人数12 238人;印刷发放政策宣传品数464 522册;维权及法律援助12 374人次。

【国家科学技术奖】 推荐5家企业参加科技进步奖评选,1家企业参加科技创新企业家奖评选,获得二等奖和优秀奖共3项。包头福禾豆业有限责任公司年产20万吨豆乳生产线项目,被经科技部星火计划办公室批准为国家级星火计划项目,该企业是自治区第一家通过工商联系统上报获批的企业。

【第三届光彩事业国土绿化贡献奖】 积极组织企业参加由国家林业局、全国工商联和中国光彩会联合开展的第三届光彩事业国土绿化贡献奖评选,内蒙古森发林业开发(集团)有限公司董事长李文祥、内蒙古毛乌素生物质热电公司总经理李京陆二人获奖。

(郑洪军)

群 众 团 体

总 工 会

【内蒙古自治区总工会领导名录】

主　席：云秀梅（女 蒙古族）

副主席：崔明龙 金华（女 蒙古族 12 月离任） 郑祖敏（女 12 月任职） 额尔敦巴雅尔（蒙古族） 姜言文 李建军

经审会主任：刘勤胜（蒙古族 12 月离任）

副巡视员：王丽红（女 9 月任职） 苏日娜（女 蒙古族 9 月任职）

【概况】 内蒙古自治区总工会内设机构有办公室、组织部、宣传教育部、调查研究室、基层工作部、法律工作部、保障工作部、劳动保护部、经济技术部、女职工部、财务部、精神文明办、机关党委、离退休人员工作处 14 个处室，4 个驻会产业工会，分别为：教科文卫工会、建筑建材公路运输工会、财贸轻纺烟草工会、国防化工机械工会和直属企事业工会。2010 年机关核定人员编制 66 名，实有 57 人。

【自治区人民政府与自治区总工会第五次联席会议】 1 月 23 日召开。会议就支持工会加强困难职工帮扶中心建设和困难职工帮扶工作进行研究。自治区人大常委会副主任、总工会主席云秀梅出席并讲话，自治区副主席赵双连主持会议。自治区总工会副主席崔明龙就《内蒙古自治区人民政府关于支持工会进一步加强困难职工帮扶中心建设的意见》作了详细说明，自治区民政厅、财政厅等 6 个委办厅局负责人对该意见进行了深入讨论。

【推进“两个普遍”】 为在企业依法普遍建立工会组织、普遍开展工资集体协商，自治区总工会争取自治区党委政府的重视和支持，联合有关部门制定了《关于建立企业职工工资正常增长机制若干意见的实施办法》等一系列文件，为推进“两个普遍”提供保障。通过开展“工资集体协商要约年”活动和“加强企业工会建设、推进工资集体协商”百日攻坚、“广普查、深组建、全覆盖”集中行动，推动“两个普遍”工作取得新进展。2010 年，全区基层工会净增 3 910 家，工会会员净增 30 多万。全区国有、集体及其控股企业全部签订集体合同，建会非公有制企业集体合同签订率达 87.2%，签订工资集体协议 14 524 份，覆盖职工 122.5 万人。

【全区工资集体协商经验交流会议】 11 月 10 ~ 11 日，自治区总工会在包头承办了自治区党委政府召开的全区工资集体协商经验交流会议。就全面推进企业工资集体协商工作作出部署。自治区党委副书记任亚平，自治区人大常委会副主任、自治区总工会主席云秀梅，自治区副主席连辑出席会议。包头市、赤峰市总工会和部分企业代表作了典型发言。与会代表到燕京啤酒（包头雪鹿）股份有限公司进行观摩学习。自治区有关委办厅局负责人，各盟市党委、政府分管领导，各盟市人力资源和社会保障局、工会、企业联合会负责人，自治区部分规模以上企业负责人参加会议。

【推动建立自治区发展和谐劳动关系工作联席会议制度】 由自治区总工会建议，提请自治区党委、政府于 11 月建立了自治区发展和谐劳动关系工作联席会议制度。自治区党委副书记任亚平，自治区人大常委会副主任、总工会主席云秀梅，自治区副主席连辑担任联席会议召集人。联席会议办公室设在自治区人力资源和社会保障厅，联席会议有自治区党委办公厅、组织部、宣传部、自治区政府办公厅、自治区总工会、自治区人力资源和社会保障厅等 24 家成员单位参加。自治区发展和谐劳动关系工作联席会议制度明确了 14 个方面的主要任务并落实相关责任单位，如研究和解决重大劳动关系政策、劳动关系工作中存在的问题，建立健全劳动关系工作机制，督促检查劳动保障政策和企业职工收入政策落实情况；督促用人单位认真贯彻实施《劳动合同法》及《劳动合同法实施条例》，维护职工和用人单位双方的合法权益；加强对企业工资分配的宏观调控和指导，督促企业做好收入分配工作等。联席会议每年至少召开一次会议，主要内容包括学习中央和自治区关于发展和谐劳动关系、企业职工工资收入分配等文件精神；听取有关部门履行职责及工作进展情况的汇报；从全区劳动关系状况、企业职工工资正常增长机制和开展工资集体协商的制度建设、实际成效等方面总结经验,查找问题,研究对策;研究其他需要联席会议议定的事项。

【团结动员各族职工建功立业】 以促进经济结构调整、加快经济发展方式转变为主题,在100多个自治区重点项目和重大工程中,开展建功立业劳动竞赛活动。会同自治区人力资源和社会保障厅等7家单位,联合开展全区职工职业技能比赛,115万名职工参加了涉及47个工种的职工职业技能大赛。深化职工经济技术创新活动,评选出200项职工技术创新成果,其中4项荣获全国第三届职工优秀技术创新成果奖,呼铁局职工郭晋龙完成的《钢轨焊缝双频正火设备及工艺》,获得2010年国家科技进步二等奖。

【大力弘扬劳模精神】 4月23日,由自治区总工会承办的内蒙古自治区劳动模范和先进工作者表彰大会在内蒙古人民会堂隆重召开。自治区党委书记胡春华出席大会。自治区党委副书记、自治区主席巴特尔出席并作重要讲话。陈光林、任亚平、邢云、张力、乌兰、符太增、雷·额尔德尼、云秀梅、赵双连、刘卓志、海力斯、张如平出席大会并为获奖代表颁奖。任亚平主持会议。王太平等545名同志被评为"内蒙古自治区劳动模范",李文阁等253名同志被评为"内蒙古自治区先进工作者"。大会对2009年35个全区重点工程项目劳动竞赛成绩突出单位和14项重大技术创新成果进行了表彰,授予自治区五一劳动奖状。自治区总工会组织两个劳模报告团在全区巡回演讲,出版发行长篇纪实报告文学《雪战"1·03"》,弘扬工人阶级的伟大品格,在全社会进一步营造了工人伟大、劳动光荣的良好氛围。

【阳光就业对接活动】 针对困难职工家庭高校毕业生就业难的问题,为推动高校毕业生就业,自治区总工会在开展金秋助学活动的同时,于8月21日在12个盟市和大兴安岭林管局同步启动了全区困难职工家庭高校毕业生阳光就业对接活动,组织企业与困难职工家庭高校毕业生对接。参加活动的全区1 700多家企业提供了包括机械制造、电子通讯、计算机网络等15大类、500多个工种的3.4万个工作岗位。5.4万名高校毕业生进行现场对接,有1.2万多名高校毕业生与企业签订了就业意向,4 800余人实现就业。为表彰在吸纳就业中贡献突出的中小企业,自治区总工会向首批30家企业授予自治区"五一劳动奖状"。

【自治区总工会九届二次常委(扩大)会议暨第五次全区工运形势分析会】 7月5~6日召开。会议回顾全区工运形势分析会议制度建立以来所取得的丰硕成果,分析了当前内蒙古工会工作面临的新形势及存在的主要问题,对进一步做好维权维稳工作、发挥企业工会作用等重点工作作出安排部署。自治区人大常委会副主任、总工会主席云秀梅作了题为《认清形势、主动作为,在推动科学发展、促进和谐稳定大局中充分发挥工会组织重要作用》的讲话。会议决定从7月20日至10月30日,在全区开展"加强企业工会建设,推进工资集体协商"百日攻坚专项行动,集中力量开展企业工会规范化建设工作,全面推进工资集体协商要约行动。部分盟市、产业、旗县(市区)、企业工会的负责人在会上交流了推进工会工作创新发展的好经验好做法。

【工会组织创先争优】 自治区党委组织部、自治区党委创先争优活动领导小组、自治区总工会联合制发《关于以党建带工建推进工会组织创先争优活动的指导意见》。明确推进工会组织创先争优活动的总体要求和主要任务。要求以基层党组织和广大党员的创先争优,带动各级工会组织和广大职工的创先争优。围绕组织职工建功立业、建设和谐劳动关系、服务和凝聚职工、加强工会组织建设4个方面,提出工会组织开展创先争优活动的12项主要任务:着眼大局,服务经济社会发展;教育引导,造就优秀职工队伍;源头参与,建设职工维权载体;因企制宜,深化职工民主管理;健全机制,确保工资正常增长;关口前移,及时化解劳动纠纷。拓宽渠道,帮助困难职工家庭就业;改进方式,深化"农牧民工援助行动";扶贫济困,大力实施"送温暖"工程;夯实基础,扩大工会组织覆盖;抓好规范,增强工会组织活力;加强培训,提高工会干部素质。

【工会领导干部培训班】 5月5~11日,自治区总工会在中国浦东干部学院举办了工会领导干部培训班。来自各盟市、自治区产业(系统)、部分旗县(市区)工会和区总机关的73名工会领导干部,通过课堂讲授、现场教学、互动研讨等形式,学习了党的十七届四中全会精神、工会法与依法维权、基层群众工作的实践与探索、新时期党群关系与群众工作创新、领导执行力建设与提升、群体性事件与和谐社会构建等专题内容,听取了"共产党人的责任意识"的专题讲座,观摩了通用集团生产车间,学习了杨浦区总工会网络"工建"的经验。学习期间还进行了媒体沟通情景模拟及企业危机的干预与预防的行为训练课程。

(郭正宁)

共 青 团

【中国共产主义青年团内蒙古自治区委员会领导名录】

书记：胡达古拉（女　蒙古族　5月离任）　常志刚（蒙古族　12月任职）

副书记：张晓兵（7月离任）　刘春　陈晓东（蒙古族）　高润喜　王旺盛（蒙古族　9月任职）　张慧宇（9月任职）

【概况】　共青团内蒙古自治区委员会下设9个部室及5个二级单位。现有在编人员26人。

【创先争优】　开展"党建带团建"专题调研，与自治区党委组织部、自治区创先争优活动领导小组办公室联发了《关于以党建带团建推进共青团组织创先争优活动的指导意见》，自治区、盟市、旗县三级团组织确定了332个基层团组织作为创先争优活动联系点，编印《内蒙古共青团组织创先争优活动简报》19期，把基层团组织创先争优情况列为年度考核重要内容，推进全区共青团创先争优活动。积极推进旗县、乡镇团委书记列席同级党委常委会或党委会工作，已有68个旗县和314个乡镇实现列席。

【团员和团干部队伍建设】　在深入总结前三批经验的基础上，选拔第四批22名团干部深入到旗县团委驻点，鼓励驻点干部结合实际，创新方法，大胆探索。积极用好"西部计划"青年工作专项志愿者，在高校1 000个团支部继续推行团干部兼任指导员联系制度，在有条件的地区积极推动大学生"村官"、"西部计划"、"三支一扶"、社区民生志愿者和人才储备大学生等兼任基层团干部，充实基层力量。按照团中央要求，组织45名高校团干部到旗县挂职。按照基层团建创新和乡镇、街道团组织格局创新试点的要求，强化试点工作联络员和指导员工作责任，试点地区和单位在流动团员管理和服务、联合建团、长效机制建设等方面创造了许多有益经验。推进基层团委书记直选试点和农村牧区产业协会建团工作，有120个基层团委完成了团委（支部）书记直选试点工作，建立产业协会团委（团总支）267个。

【组织建设】　继续深化"两新"组织团建"十百千"工程，在自治区、盟市、旗县三级团干部的801个联系点中建立团组织676个。在自治区、盟市两级青联委员和青企协会员企业中开展"集中建团月"活动，在189家企业中建立团组织。全年，全区共完成非公有制企业新建团1 335家。推进外出务工青年群体团建工作。实地学习借鉴河南省模式，以抓外出务工青年集中地区为原则，在北京、天津、辽宁、宁夏等地确定外出务工青年群体团建试点17个，在呼和浩特市、包头市确定团建试点8个。加强内蒙古团校建设，分片举办3期培训班，对全区840名苏木乡镇（街道）团委书记进行了培训。督促、指导各盟市团委对全区8 966名嘎查村（社区）团干部进行了培训。

【思想政治教育】　坚持用社会主义核心价值体系教育引导广大青年。深入推进"我与祖国共奋进，我与草原同发展"、"迈入青春门，走好成人路"等主题教育实践活动。注重培养青年骨干，深化"青年马克思主义者培养工程"。分层分专题多次召开在校大学生代表座谈会，学习了胡锦涛总书记、温家宝总理"五四"期间对广大青年师生的寄语，了解疏导大学生心理及就业、维稳等方面的情绪。召开了内蒙古青年五四奖章表彰座谈会，并邀请获奖代表走进高校，感染青年学生弘扬"五四"精神、自觉成才报国。举办了第五届"思想草原"文化之旅大型系列讲座，邀请李肇星、刘长乐、王纪言、白岩松、纳森等知名人士走进高校，与青年学生面对面交流，受到了广泛欢迎。深入开展"三下乡"社会实践活动，组织国家、自治区、学校三级重点服务团队617支，动员20万大学生在服务基层中增强对国情、区情的理解，强化他们成才报国的自觉性。

【青少年民族团结进步教育】　贯彻"三个离不开"思想，组织了"让爱伴我成长—我与民族同学的故事"主题征文、演讲比赛活动，引导各民族学生维护校园稳定、促进民族团结和社会和谐。开展"爱祖国、同发展"内蒙古优秀少数民族青少年励志营活动，帮助他们开阔视野，增强各民族共同团结奋斗、共同繁荣发展的自觉性。组织大学生蒙古语歌曲大赛，融合时尚元素，弘扬优秀民族文化，唱响主旋律。启动了以青少年民族团结教育为重点的全区青少年思想状况调研，采用发放问卷、座谈走访特别是大样本一对一访谈的方法，细分青年类别进行深入调研。已完成一对一访谈400多人，发放调查问卷4 500份。

【未成年人思想道德建设】　全区各级少先队组织深入开展"争当四好少年"活动，通过故事大赛、征文等形式，组织开展寻访"四好少年"典型、"四好少年手拉手、互助校"、集中组织纪念建队日等活动，举办"海宝来了——上海世博会内蒙古馆沙岩画作品征集活动"，引导少先队员讴歌家乡和祖国，48名少先队员的岩画作品张贴在世博会内蒙古馆中。组织了第63期全区少先队辅导员骨干培训班，认真学习贯彻第六次全国少代会精神。

【分类引导青年工作】　明确提出了分类引导青年工作的十个关键点，针对企业青年、农村牧区青年、进城务工青年、大学生等重点青年群体，制定下发了《分类引导大纲》,分类引导工作已经取得初步成效。注重运用网络等新媒体引导青年,在各高校学生会中增设了网络信息部,全面推进大学生“红网工程”。在全区建立了一支素质较高、便捷有用、用心“沉”在青少年当中开展引导工作的网络志愿引导员队伍,对青少年中出现的一些模糊认识、不良思想进行主动引导。在全区41所高校全面开展了2010年全区大专辩论赛,引导青年学生在思想交锋中明礼诚信,树立正确的世界观、人生观、价值观。

【青年志愿服务工作】 大学生志愿服务西部计划新招募志愿者428名,试点实施了“西部文化建设志愿者”项目。在全区各盟市、旗县广泛实施了全区共青团关爱农牧民工子女志愿服务行动,设计开展了爱心书漂流、志愿“一助一”、爱心服务站、爱心进校园、青春期教育、亲情陪伴、感受城市、自护教育、爱心捐赠等9个活动项目,对800多所农牧民工子女比较集中的学校进行了信息采集登记和工作覆盖,一对一结对帮扶农牧民工子女31 948人。积极承担了第十五届世界元老乒乓球锦标赛、上海世博会、广州亚运会志愿服务任务,受到了国家体育总局、国际斯韦斯林俱乐部和自治区政府以及有关方面的高度赞扬和嘉奖。

【青年就业创业】 强化青年就业创业见习基地建设、小额贷款、技能培训等方面的工作措施。召开全区农村牧区、城市战线共青团工作会议,就青年就业创业等重点工作进行专题部署,自治区团委与12个盟市团委签署了青年就业创业目标责任状,细化、分解工作任务。截至年底,全区已建立青年就业创业见习基地1 128个,提供见习岗位21 120个,13 799名青年上岗见习,5 008名青年正式被见习企业聘用。共组织培训青年74 808人次,实现就业24 719人,落实培训机构112个,落实培训资金411.41万元,其中“订单式”技能培训项目共培训8 101人,6 966名青年上岗。全区共发放青年创业小额贷款近6亿元,9 415人获得贷款,带动22 387人就业。开展“名师带高徒”活动,结成帮扶对子200个。在政府未投入的情况下,积极筹措资金700万元,并经自治区民政厅批准,成立并启动了内蒙古青年创业就业基金会。积极协助自治区政府成立了内蒙古青年创业促进会,把青年就业创业工作纳入全区就业工作之中,整合劳动就业、财政、金融、税务、工商等各方面资源促进青年就业创业。深化“百万青年出草原”活动,推动农村牧区青年富余劳动力转移就业。开展第五届“挑战杯”自治区大学生创业计划竞赛,在第七届“挑战杯”中国大学生创业计划竞赛中,自治区1件作品荣获金奖,11件作品荣获铜奖,3所高校荣获全国优秀组织奖。

实施农村牧区青年科技特派员行动,下派特派员180人。切实抓好农村牧区创业致富带头人培养工作,储备带头人100多名。开展“送金融知识下乡”活动,举办金融知识培训248期,培训青年12 758名。扎实推进“青工技能振兴计划”,继续开展“百万青工岗位练兵,千名能手技术比武”活动,在第六届“振兴杯”全国青工技能大赛中获得团体总分第10名的好成绩。

【青年交流活动】 组织“内蒙古青联委员通辽行”活动,为通辽市经济社会发展建言献策,向通辽市捐资50万元用于农牧民工子女助学。邀请中央国家机关青联、中央企业青联到内蒙古考察指导,接待了蒙古国青年联盟代表团、英国百名青年代表团和日本东京JC日中友好之会代表团,严格按照要求完成了赴国外的青年交流任务,进一步加强了与港澳台青年组织和青年的交流。

【组织社会公益活动】 春节期间,动员各级团队组织开展集中走访慰问活动,为青少年捐款捐物48万余元。积极发动全区各族各界团员青年、少先队员,为西南旱区筹集捐款300多万元、饮用水100吨,为玉树地震灾区、舟曲泥石流灾区筹集捐款100多万元。发展壮大希望工程。世纪金源集团为内蒙古希望工程捐款3 000万元,成立了“内蒙古希望工程·黄如论爱心基金”,壮大了内蒙古希望工程基金规模。举办了纪念内蒙古共青团实施希望工程20年活动,现场募捐1 662万元,扩大了共青团和希望工程的社会影响力。加大边疆屏障绿色希望工程和内蒙古青少年生态园示范建设。

【青少年合法权益工作】 全面开展“共青团与人大代表、政协委员面对面”活动。全区团组织集中以“互联网与青少年健康成长”为主题,组织“面对面”座谈会20场,经“面对面”活动提出的各级议案、提案10项。协调自治区人大、政协,建立了定期开展“面对面”活动的制度,探索建立“面对面”活动的长效机制。对全区12个盟市不同类型的12355青少年服务台进行分类指导,提高专业化水平,完善诉求咨询服务、个案转接处理、动态监测功能,提高服务台的综合服务能力。开展12355进校园、进少管所等活动,提升服务台的知名度和影响力。推进“为了明天——预防青少年违法犯罪工程”,开展重点青少年群体排查摸底工作,组织关爱服刑人员未成年子女活动。与自治区司法厅、律师协会合作,建立未成年人保护律师公益服务工作站。

新的《内蒙古自治区未成年人保护条例》于12月经自治区人大审议通过，将于2011年1月1日起正式实施。继续深化“青少年维权岗”创建工作。紧扣青少年普遍性利益诉求，推动创建范围向系统（行业）、城乡基层组织、“两新”组织拓展，丰富工作内涵，延伸工作手臂。规范“青少年维权岗”的考核管理，开展“维权岗行动月”等系列活动。

【团的外围组织】 内蒙古团校（内蒙古师范大学青年政治学院）办学水平提升，“双基地”作用得到有效发挥。《内蒙古青年》、《花蕾》、《这一代》、《北方少年报》和“内蒙古共青团”网站等团属舆论阵地坚持弘扬主旋律，发挥了引导和服务青少年、指导工作的作用。各级青联组织积极凝聚优秀青年人才，学联组织切实为广大学生学习成才服务。青年统战联络工作不断深化，加强了与宗教界青年群体的联系。

（乌斯哈拉）

妇　　联

【内蒙古自治区妇女联合会领导名录】

主　席：陈　羽（女　蒙古族）

副主席：宝笑平（女　蒙古族　5月离任）　郑祖敏（女　12月离任）　张淑华（女）　冀晓青（女）　李雪梅（女　9月任职）　云翠荣（女　12月任职）

副巡视员：冯　梅（女　蒙古族　12月离任）　敖特根其木格（女　蒙古族）　鲁男（蒙古族　12月任职）

【概况】 内蒙古自治区妇女联合会下设6个处室，自治区政府妇女儿童工作委员会办公室设在妇联。现有编制37人。2010年底在编人员共36人，其中女26人，男10人；蒙古族15人，满族1人；研究生3人，大专以上文化程度33人。

【“三八”国际劳动妇女节100周年宣传纪念活动】 抓住“百年妇运”契机，充分利用各类宣传媒体，围绕各民族妇女共同团结奋斗、共同繁荣发展的主题，大力开展纪念国际妇女运动100周年和“迎世博、讲文明、树新风”等活动。自治区党委隆重召开了纪念“三八”国际劳动妇女节100周年表彰大会，胡春华书记、巴特尔主席亲切接见了受表彰的自治区三八红旗手和三八红旗集体等全区各行各业先进妇女典型，激励广大妇女学习先进、立足岗位、建功立业。各级妇联相继举行了精彩纷呈的系列纪念活动，通过制作和播放历史回眸专题片、举办妇女发展成就展、开展各类座谈研讨活动、大力表彰各界优秀女性等，向社会展示了内蒙古妇女运动的光辉业绩和各族妇女的时代风貌，进一步宣传了男女平等基本国策，推动了群众性爱国主义教育和民族团结进步教育的深入开展。

【内蒙古妇女第十次代表大会】 9月14～16日，内蒙古妇女第十次代表大会隆重召开，全区各族各界600多名妇女代表汇聚呼和浩特，参加五年一度的历史盛会。全国妇联党组副书记、副主席、书记处书记陈秀榕专程到会祝贺并讲话；自治区党委副书记、自治区主席巴特尔，自治区党委副书记、自治区常务副主席任亚平及自治区各大班子领导和妇女界老领导出席了大会，任亚平同志代为宣读了自治区党委书记、人大常委会主任胡春华同志的讲话，崔明龙同志代表各群众团体向大会致贺词。大会通过了陈羽主席代表自治区妇联九届执委会所作的工作报告，选举产生了自治区妇联新一届领导班子，全面总结了过去五年的工作，认真谋划了未来五年内蒙古妇女儿童事业的发展，表彰了“城乡妇女岗位建功”先进集体和个人。

【创先争优活动】 按照自治区党委统一部署和全国妇联的要求，将创先争优活动与贯彻落实胡锦涛总书记在纪念“三八”国际劳动节100周年大会上的重要讲话精神相结合，以建设“坚强阵地”和“温暖之家”为主题，紧密围绕“推动科学发展、促进社会和谐、服务妇女群众、加强基层组织”的目标，全面推进创先争优活动，促进了重点工作的有效突破。抓住党群共建契机，大力加强妇联基层组织建设。自治区妇联与自治区党委组织部和自治区党委创先争优活动领导小组联合下发了《关于以党建带妇建推进妇联组织创先争优活动的指导意见》，为推动解决基层妇联在干部配备、经费保障、阵地建设等方面存在的实际问题提供政策支持。坚持资源共享，阵地建设有了新突破。全区嘎查村、社区普遍建起了“妇女之家”。与自治区党委组织部联合举办了全区女大学生“村官”和嘎查村女干部培训班。全区妇代会主任进“两委”的比例为92.93%，部分盟市达到了100%。

【拓展小额信贷项目促妇女创业就业】 各级妇联立足“造血”式扶贫救助，发挥“资金循环使用”优势，不断扩大小额信贷项目实施规模和受益人群。截至2010年6月底，通过协调国有商业银行及政策性银行、农村信用社，筹集政府扶贫资金、国内外捐赠资金，以及妇联自筹等形式，累计在全区发放各类小额贷款4.86亿元，扶持约10万名妇女发展种养、加工等特色产业及流通业。2010年全区共发放小额贷款2.3亿元，扶持妇女3万多人。着力落实由财政部、人力资源和社会保障部、中国人民银行、全国妇联共同制定下发的《关于完善小额担保贷款财政贴息政策推动妇女创业就业工作的通知》,为基层妇联开展妇女小额担保贷款工作提供政策依据,与自治区相关部门沟通协调,建立妇女小额信贷担保基金,以点带面推进妇女小额担保贷款工作。各级妇联已协调劳动部门发放妇女小额担保贷款2.6亿元,已落实贴息资金1 742万元。

【依托"巾帼家政服务工程"促妇女创业就业】 把大力发展"妇字号"家政服务作为拓宽妇女就业渠道、配合政府做好妇女创业就业工作的重要载体,积极引导、大力扶持、全面推进家政服务业的发展。自治区妇联在联合相关部门成立"自治区家政服务协会"的基础上,又建立了"自治区家政服务指导中心",在内蒙古妇女网开通了自治区家政服务协会网页,在就业局职介中心信息平台发布家政协会工作信息,组织全区家政行业和家政企业管理人员赴山东知名家政服务企业学习考察,与自治区人力资源和社会保障厅联合召开了全区盟市妇联主席、就业局长工作座谈会,进一步理顺家政服务工作思路,并争取了1 600万家政服务培训专项经费划拨各盟市妇联,加大培训工作力度,为推进家政服务工作创造条件。各级妇联均成立了"巾帼家政服务工程领导小组",并与当地就业部门签署了家政服务就业培训协议,依托社区服务平台,采取扶持创办家政实体、引进国内家政知名品牌、成立家政信息服务站等措施,扶持家政企业发展。各级妇联已开展保姆、月嫂、保洁、养老护理等15大类30多个工种的培训,培训家政服务人员31 268人、安置就业24 771人,扶持创办了221个家政服务公司,有18个家政企业被命名为自治区促进就业示范企业(单位)。

【维护妇女儿童合法权益】 积极协助自治区人大执法调研组对《中华人民共和国妇女权益保障法》、《内蒙古自治区实施<中华人民共和国妇女权益保障法>办法》及"两纲"(《内蒙古自治区妇女发展纲要(2001—2010年)》、《内蒙古自治区儿童发展纲要(2001—2010年)》)贯彻落实情况进行执法调研和督促检查,促进地方性法规和政策的完善,推动2001-2010年"两纲"如期达标,认真编制新"两纲"。在全区妇联系统广泛组织开展为"十二五"规划建言献策活动,推动将妇女儿童发展的重要指标及少数民族地区妇女儿童突出问题纳入"十二五"规划。积极配合全国妇联认真开展第三期中国妇女社会地位调查,为提供决策依据做准备。进一步强化社会化维权工作理念,推动把妇联维权工作纳入全区综治维稳工作大局。深化"五个一"创建活动,积极参与社会矛盾化解和社会管理创新工作。全区创建妇女维权服务站(点)2 167个,有9 632名志愿者活跃在妇女维权战线上,为14 192人提供了免费法律咨询和帮助。全区旗县以上妇联全部设立了法律援助工作站,开通了妇女维权热线,进一步畅通了妇联信访渠道,全年共发放普法维权宣传材料15万份,接待来信来访来电4千多件,处结率达97%,为维护社会稳定作出了积极贡献。

【实施各类公益项目惠民生】 积极争取并实施农村牧区妇女"两癌"检查、"母亲水窖"、"母亲健康快车"、"香港回归扶贫基金"、"三八绿色工程"等项目,改善妇女生存和发展条件。2010年,着力配合卫生部门加强"两癌"检查项目的规范运行、普及健康知识、争取医疗救助。截至2010年底已检查35万多人,查出患病人数588人。"母亲水窖"项目已累计使用资金2 380万元,建成集雨水窖、大口井、筒井4 175眼,小型集中供水工程185处,帮助12.5万人解决了生活生产用水困难。2010年,"母亲水窖"项目投入资金180万元,建小型集中供水工程等7处。全区共建立"三八绿色工程"基地1 010个,植树3 000万株。连续九年实施"香港回归扶贫基金"项目,循环使用资金800多万元,2010年新增146万元,帮助农牧民妇女发展种养业。有33辆"母亲健康快车"在农村牧区开展流动医疗工作,受益妇女达20万人次,被誉为"门诊医疗保健车",在基层特别是牧区妇幼保健工作中发挥了积极作用。

(赵瑞荣)

科　　协

【内蒙古自治区科学技术协会领导名录】

主　席:牛广明

党组书记 副主席:景建华

副主席:亢贵厚 陈天保 于平(女) 洪晏(女 蒙古族) 马强 乌力吉特古斯(蒙古族) 邢永明 亚新(蒙古族) 闫伟 安玉麟 李春龙 杨宏 杨劼(女 蒙古族)

巡视员:陈普凡(蒙古族)

【概况】 内蒙古科协系统已形成覆盖理、工、农、医等多学科,涉及城乡社区、企业和学校等多领域、多层次的组织网络。拥有自治区、盟市、旗县(市、区)、乡镇苏木(街道)4级科协组织1 116个。自治区12个盟市科协有11个独立建制,101个旗县(市、区)科协,独立建制的有60个。现有组织机构37 223个,其中:基层科协112个,企业科协176个,自治区级学会86个,团体会员1 691个,街道、乡镇科普协会1 185个,农技协3 671个,青少年科技教育机构59个,各类科普场馆、科普教育示范基地、示范学校、科普活动站(青少年工作室)3 663个,科普网站55个,科普从业人员17 400人,各类科普协会拥有个人会员48万人,其中中级以上职称7万人。8月18日,内蒙古科学技术馆新馆工程建设项目举行开工奠基仪式。内蒙古科技馆新馆工程总建筑面积为48 300平方米,建成后的新科技馆展览教育面积约28 000平方米,工程总投资约4.6亿元。

【服务经济社会发展】 开展科技咨询专家在线视频、内蒙古技术交易中心、政府大型项目引进等重点工作,努力为经济和社会发展服务。与自治区财政厅联合实施"全区科普惠农惠牧计划",表彰"全区科普惠农惠牧先进集体",奖补资金200万元。争取中国科协、财政部奖补资金1 000万元。组织基层实施"站栏员"和科普惠农服务站项目建设。截至2010年底,全区共有12个盟市、90个旗县(市、区)开展了该项目建设,有4个旗县(市、区)全国科普活动站建设示范试点网络书屋开通。与国务院信息研究所合作在乌兰察布市建立了"低碳"电子科普走廊。组织开展了内蒙古自治区第二次公民科学素质调查工作。与自治区党委组织部等联合举办了内蒙古自治区"讲理想、比贡献"活动总结表彰大会。建立了全区首家低碳型高科技农牧业企业院士工作站,全区"院士专家工作站"达到3家。

【科普工作】 开展对《全民科学素质行动计划纲要》实施情况的督促检查工作,督促各地将公民科学素质建设纳入经济社会发展总体规划和政府年度工作目标考核,优化科协工作环境。

开展科普宣传活动 以"节约能源资源、保护生态环境、保障安全健康"为主题,与党委宣传部、科技厅等部门举办了"2010年内蒙古科技活动周暨全区第十五届科普活动宣传周"、"全国科普日"、"文化科技卫生三下乡"和"科教进社区"等活动。自治区、盟市、旗县(市、区)"文化科技卫生三下乡"活动形成长效机制。

开展科普示范创建活动 开展申报创建全国科普示范县(市、区)工作。全区现有自治区级科普示范乡镇(苏木)36个,科普文明街道(办事处)14个,科普文明社区(居委会)8个,创建科普教育基地68个(国家级5个)。

搭建科普工作平台 举办了内蒙古中西部地区科普工作经验交流现场会。打造草原文化品牌"乌兰牧骑",命名了19支自治区首批科普"乌兰牧骑"。组织指导盟市、旗县(市、区)创办"社区科普大学"。全区4个盟市、10个旗县(市、区)成立"社区科普大学"15所。继续与中国科协、中国信息产业商会、华硕电脑集团合作,联合开展"科技照亮金土地,IT科普百城行"活动,全区新建"华硕科普图书室"35个,受赠华硕电脑35台、打印机35台、图书10万余册。组织实施爱德基金会锡林郭勒盟阿巴嘎旗和西乌旗"草原管理与社区发展项目",给予"阿巴嘎旗和西乌珠穆沁旗草原管理与社区发展项目"189万元的资金支持。

开展青少年科技创新活动,培养创新型后继人才 与教育厅等单位共同开展了第25届全区青少年科技创新大赛。经积极争取,内蒙古自治区获得第26届全国青少年科技创新大赛承办权。举办了内蒙古中俄蒙青少年科技教育论坛,论坛共收到全区科技教育论文45篇,评出特等奖3篇、一等奖9篇、二等奖12篇、三等奖21篇。在全区开展了"我的低碳生活"青少年科学调查体验系列活动。组织Ⅲ型科普大篷车在9个旗县26所中小学进行了科普宣传活动,受益中小学生2万余人。

举办动漫展 与自治区党委宣传部等部门联合举办了内蒙古自治区第三届动漫展,各类参赛队伍近百支,收到动画、漫画原创参赛作品546幅(部),600余人参加了电子竞技和Cosplay大赛,近4万人参观了动漫展。开展了《侏罗纪世界》大型活体恐龙展、《天文奇观、宇宙揭秘、防灾减灾》等科普展览和"科技馆进校园活动"。

实施"科普报刊村村通"工程 帮助农牧民脱贫致富,为全区每个村和部分嘎查的边远贫困地区农牧民赠送《内蒙古科技报》和蒙古文《身边科学》杂志。

【学术交流】 举办高校学术交流月活动 在全区各高等院校广泛开展"内蒙古科协2010年学术活动月"活动。邀请中国工程院秦伯益先生为自治区高校学生作了题为《文理交融 多元并举》的学术报告。与内蒙古数学学会、内蒙古大学特邀中国力学学会理事长、中国科学院院士李家春在呼和浩特作学术报告。与内蒙古水土保持学会等共同主办了"水土保持生态建设与水土资源可持续利用学术研讨会"。

引进高端人才,为自治区经济发展献计献策 9月16日,承办了国务院学位委员会第八届博士生学术年会。600名专家学者参加会议。次日在内蒙古科技馆举行了"高层次人才推介与对接(招聘)洽谈会",其中参加第八届博士生学术年会的区内外53名博士生向用人单位投放了简历,13位博士生与用人单位达成了就业意向。

搭建青年科技人才成长平台 召开主题为"创新与使命"的内蒙古自治区第三届青年学术论坛,评选出优秀论文230篇,其中一等奖19篇,二等奖75篇,三等奖136篇,编辑出版了《创新与使命—内蒙古自治区第三届青年学术论坛优秀论文集》。举办了"首届内蒙古青年创新思维演讲比赛”。

促进国际民间科技交流,深化海峡两岸科技合作 与内蒙古农业大学、自治区气象局共同主办了首届“气候变化与生态系统响应”大型国际学术研讨会。与台湾神农科技发展协会等联合举办了“第八届海峡两岸休闲农业发展学术研讨会”。

【服务科技工作者】 与自治区人力资源和社会保障厅共同开展内蒙古自治区优秀科技工作者评选和全国优秀科技工作者推荐工作,共评选表彰40名内蒙古自治区优秀科技工作者,推荐1名参加“全国十佳科技工作者”评选。

做好全国科技工作者状况调查内蒙古自治区站点管理工作。与中国科技咨询服务中心合作,开展了“中国科技咨询专家视频系统”内蒙古地区创建工作,有500多位专家进入数据库。举办了2010年科学家迎新春音乐会。多次组织科技工作者开展考察活动。

【自身建设】 组织召开了“内蒙古2010年盟市科协学会工作座谈会”。指导内蒙古水产学会、内蒙古食品药品学会、内蒙古电机工程学会、内蒙古物理学会召开了会员代表大会和换届工作。指导成立了内蒙古乳酸菌学会。加大年轻干部选拔使用力度,对空缺副处级领导职位实施竞争上岗。对机关部分人员进行轮岗交流,极大地调动了全体干部的积极性。举办内蒙古科协党组中心组理论学习研讨班,机关领导班子成员及部门、事业单位主要负责同志30余人参加培训,编辑出版了学习中共十七届五中全会专刊。加强宣传和信息工作。承办了中国科协网络工作交流会。积极落实《中国科协网与地方科协公务信息采编合作机制项目》,取得阶段性成果。

(刘卫江)

文　　联

【内蒙古自治区文学艺术界联合会领导名录】

党组书记　副主席:王金喜

党组副书记　主席:巴特尔(蒙古族)

党组成员　副主席:吴迎春(女　蒙古族)　尚贵荣
官布扎布(蒙古族)

副巡视员:荣　毅

【概况】 内蒙古自治区文学艺术界联合会,简称内蒙古文联,是自治区各文学艺术家协会和各盟市文联、各产业文联组成的人民团体,是党和政府联系全区各民族文艺家的桥梁和纽带。自治区文联现有在职职工120人,各文学艺术门类会员有11 571名,全国会员有1 773名。所属有:内蒙古作家协会、戏剧家协会、美术家协会、音乐家协会、舞蹈家协会、民间文艺家协会、摄影家协会、电影家协会、书法家协会、曲艺家协会、杂技家协会、电视艺术家协会、职工文联等13个协会及文艺理论研究室、美术馆等业务部门,办有文学月刊《草原》(汉)、《花的原野》(蒙)、音乐期刊《草原歌声》和蒙文文学翻译刊物《世界文学译丛》、蒙文文艺理论刊物《金钥匙》等杂志。内蒙古文联成立50多年来,以其独具草原风格、民族特色的文艺形式享誉全国。近年来,围绕中心,服务大局,举办了一系列重大文艺活动,圆满完成了纪念自治区成立60周年、建国60周年和改革开放30周年、上海世博会等活动任务,承办的内蒙古自治区文学艺术杰出贡献奖、突出贡献奖和特殊贡献奖社会反响热烈,"草原文化与文学艺术论坛"、"八骏杯全国大中学校学生蒙古文作文大赛"已经成为在全国颇具影响力的文艺品牌活动。文学艺术事业取得了长足发展,涌现出一批全国知名的优秀人才,有多部作品获全国奖,通过实施"送欢乐,下基层"活动,让广大群众分享到了高质量的精神文化生活。

【创先争优活动】 按照中央和自治区党委的统一部署和要求,在文联系统广泛开展“创先争优”活动,制定《内蒙古文联创先争优活动2010年工作方案》和《关于在内蒙古文联党的基层组织和党员中深入开展创先争优活动的实施方案》。确定“创先争优”活动的主题:强化服务意识,推动文艺繁荣。具体活动内容载体为“六比六看”:比活动,看实效;比制度,看创新;比管理,看纪律;比学习,看素质;比义务,看奉献;比职责,看业绩。认真学习胡锦涛总书记在中共中央政治局第二十二次集体学习时的重要讲话精神和中共十七届五中全会精神,特别是李长春同志关于做德艺双馨文艺家的重要讲话,并以“德艺双馨”为题对文联各部门40岁以下的干部职工进行测试。结合文联实际,解决机关长期存在的一些具体问题,为完善机关管理、整顿机关工作秩序奠定了基础。同时,积极开展了对兴安盟的扶贫和党员执政为民教育基地工作,继续落实了资助贫困学生的“山花工程”,争取到江苏省的助学资金200万元,第二批200名贫困学生得到捐助。

【第七次文代会】 内蒙古自治区文学艺术界联合会第七次代表大会于2010年7月28日在呼和浩特召开,来自全区文学艺术界的近400名代表出席大会。中国文联党组主要领导、自治区党委、政府、人大、政协、宣传部及群团组织领导出席会议并作了重要讲话。全国31个省市自治区文联发来贺电和贺词。会议审议通过内蒙古文联第六届委员会工作报告,修改文联章程,选举产生新一届委员会和主席团。

新一届文联领导班子产生后，召开了第七届主席团第一次会议，讨论通过了《内蒙古文联主席团工作规则》和《内蒙古文联书记处工作规则》，通报了2010年各协会的工作情况，提出了今后的工作目标、主要任务和重要举措。

【重要文艺活动】 上海世博会内蒙古文化活动周期间，文联承办影视展、摄影展、美术书法展等文化推介内容。积极参与第七届草原文化节的筹备和实施工作，组织实施内蒙古文学艺术"突出贡献奖"、"特殊贡献奖"的评选和颁奖活动，56名65岁以下的文艺家获奖。"第七届中国内蒙古草原文化节"闭幕式暨颁奖晚会的举办，引起了广泛的社会反响，极大地鼓舞和激励了自治区广大文艺工作者；承办了主题为"草原文化核心理念与内蒙古文学艺术"的草原文化论坛分论坛和内蒙古百年老照片摄影展。同时，组织力量，认真完成了全区文化资源普查工作。

各文艺家协会和《草原》、《花的原野》杂志社也分别举办了丰富多彩、各具特色的活动。书法家协会组织"书法进企业——走进金融"笔会、书法进军营迎春笔会、全区书法篆刻艺术学习观摩展，何奇耶徒当选中国书协副主席；摄影家协会举办了"秘境阿拉善"、"成吉思汗陵"等展览，承办了纪念西部开发十周年"魅力内蒙古"在北京民族文化宫的展览；作协与中国作协《民族文学》杂志社联合举办为期一个月的"全国多民族作家改稿会"和"内蒙古蒙古族翻译家座谈会"；职工文联举办以反映林区改革题材的《大兴安岭时间》报告文学研讨会，为活跃企业文化做了大量工作；电影家协会举办"民族电影进校园"及多部电影的首映活动，与电视台共同制作了"内蒙古影视人"专题节目第五、六季，展示了影视方面的成就；电视家协会参加了全区纪录片题材规划会，举办第四届全区十佳电视艺术家的表彰活动；音乐家协会举办难忘的歌》阿拉腾奥勒作品音乐会和全区首届青年歌手大赛；舞蹈家协会举办第五届华北五省区舞蹈比赛，协助中国舞协在鄂尔多斯成功举办第七届中国舞蹈"荷花奖"现当代舞蹈比赛，赵林平当选为全国舞蹈家协会副主席；剧协参加第十一届中国戏剧节；民间文艺家协会主持的民间文化遗产抢救保护工程有了新的进展，启动了剪纸集成等39个项目；曲艺家协会举办了"全区在校大学生蒙古语相声小品大赛"；翻译家协会组织翻译蒙古族中青年作家的作品并与《草原》合办翻译专刊，完成《鲁迅文学奖获奖作品译丛》散文、诗歌、报告文学集斯拉夫文版的翻译工作；理论研究室、文艺评论家协会参与多次调研活动，承办六次理论研讨会；杂技家协会举办建团50周年纪念活动；美术家协会举办自治区小幅美术作品展览和"绿色净土 天堂草原"第六届中国西部大地情中国画油画作品展，重大历史文化题材美术创作工程全面展开；美术馆完成改造工程，组织内蒙古美术作品捐赠征集活动。

【荣誉】 2010年文联和各协会在全国、全区评奖比赛活动中，共有24人和47部作品获奖，其中正规奖项34个，全国奖项28个，自治区奖项6个。

舞蹈家协会全国知名舞蹈家斯琴塔日哈荣获中国第九届表演艺术奖，这是自治区蒙古族艺术家首次获得此项殊荣；3部作品获第七届中国舞蹈荷花奖—现当代舞蹈比赛编导金奖、作品和表演银奖。书法家协会一位会员的篆刻作品获西泠印社第七届全国篆刻评展一等奖。摄影家协会的摄影作品《黄土高坡》获第23届全国摄影艺术展铜奖，作品《蒙古人家》获中国艺术摄影家协会举办的第十二届当代摄影大赛纪实类金奖。作家协会会员的作品《改革开放30年的少数民族儿童文学》获第八届全国优秀儿童文学奖。电视家协会长篇电视连续剧《东归英雄》获得金鹰奖和飞天奖；两部电视节目获全国旅游电视节目金奖和优秀奖。美术家协会有9件作品获西部大地情作品展金银铜奖。民协五位会员分获全国民间剪纸大赛金、银、铜奖；11人获中国民间文学集成贡献奖；3部作品获中国民间艺术节奖。戏剧家协会2人获第五届中国戏曲红梅荟萃表演金奖，一部二人台歌剧获第三届中国少数民族戏曲奖和自治区"五个一工程"奖及二人台艺术节银奖。曲协3个节目获国家级非物质文化遗产鼓曲大赛节目、表演金、银奖，3个节目获第四届全国少数民族曲艺展演奖。组织农牧民参加全国首届乡村歌手大赛，分别获得金、银、铜奖、特别奖和优秀组织奖。评论家协会有三位会员的评论作品获第七届全国文联文艺理论评论奖。一位干部获全国文联文艺舆情信息工作先进个人。

【文化交流】 文联及各协会充分发挥自身优势开展一系列对内对外文化交流活动，全年共组织22项活动，参加人员334人。书协组织代表团64人访问日本；《草原》杂志社与森工集团在阿尔山召开理事会和《小说选刊》文学创作笔会，全国期刊主编交流会，民协参加了中国民协举办的中国新农村建设暨全国文化之乡现场交流会。作家协会接待"广东省作协考察团"，签订两省区文学交流、作家培训、作品研讨、文化建设等五个方面的协议书，一名会员随中国作家团参加在塞尔维亚首都贝尔格莱德举办的第47届国际作家会议，接待布里亚特加盟共和国作协主席一行来内蒙古文化交流。音协、舞协与吉林、青海、广西三省区音乐家举行草原采风活动。杂技团赴加拿大、英国、日本、台湾巡演,并与蒙古国少儿马戏院开展学术交流活动。摄协会员一人应中国摄影家协会邀请代表中国摄影家参加在法国阿尔勒举办的摄影艺术节。职工文联组织企业文化工作者参加了挪威中国文化节纪念活动开幕式。美术家协会组织西部十二省市自治区美术家协会、全国著名美术家草原采风团采风。

(田　晓)

社　科　联

【内蒙古自治区社会科学联合会领导名录】

主　席:牛　森

副主席:李风(女　蒙古族)　邹万银　白亚光

【概况】　内蒙古自治区社会科学联合会是中共内蒙古自治区委员会领导下的社会科学群众性学术团体的联合组织。社科联有团体学会112个,10万余名个人会员,7个盟市社科联。内蒙古社科联是自治区党委和政府委托管理社会科学类区直学会、协会、研究会、盟市社科联的业务主管部门。社科联内设办公室、学会部、咨询部、机关党委、评奖办、机关事务服务中心、《前沿》杂志社7个职能处室。

【学会民间社科研究机构管理】　出台《内蒙古社科联关于直属学会筹建程序的规定》、《内蒙古社科联关于直属学会学术活动管理制度》、《直属学会秘书长工作例会制度》,对112个学会、协会、研究会进行直属学会基本情况调查,对所属112个直属学会的宗旨、任务、组织机构、历史沿革、经费来源、开展活动、换届情况等信息形成了一套较祥实的资料,按照社团章程指导了内蒙古史学会、内蒙古妇女儿童研究会、内蒙古农牧金融学会、内蒙古社会心理学会、内蒙古农财研究会、财政学会、社保协会、内蒙古国有资产学会、保险学会、图书馆学会、税务学会11个学会的换届工作;指导并参加了"内蒙古自治区信访学会"、"内蒙古伦理学会"成立大会。根据自治区社会科学发展的趋势,指导并筹建"内蒙古社会工作学会"。按照《内蒙古文化资源普查工作实施方案》的通知要求,组建了普查小组,全面负责社科联所承担的社会科学研究方面的普查工作。普查方案向自治区各学会、协会、研究会和盟市社科联下发。

【评奖工作】　完成自治区第三届哲学社会科学优秀成果政府奖评选工作。本届评选共接受参评成果1349项,经过初评,自治区评奖办共计接受内蒙古大学等91个申报单位报送的复评成果944项。经过专家委员会的评审最终评选出一等奖12项(著作类11项,系列论文1项)、约占复评入围成果总数的4%;二等奖123项(著作类73项,论文类50项),约占复评入围成果总数的33%;三等奖238项(著作类78项,论文类160项),约占复评入围成果总数的63%。

【科普工作】　第四届哲学社会科学普及周6月5~12日在全区同时举办。各地围绕本届"科普周"主题"哲学社会科学与科学发展"开展了活动。"科普周"期间,向公众发放科普图书数十万册,宣传材料数百万份。各盟市结合自治区党委宣传部开展的"百坛千人万场"活动,举办各类科普讲座数百场。结合当地实际组织开展了"五进"系列活动。赤峰市、呼和浩特市通过当地报纸开展了社科知识有奖竞赛活动。全区各盟市上下联动的科普宣传工作机制逐步形成,巴彦淖尔、鄂尔多斯、赤峰三市的科普宣传活动深入到旗县。

【北疆讲坛】　加强"北疆讲坛"机制建设,进一步充实了"北疆讲坛"讲师库、讲座题库等。深入基层院校开展讲座活动,通过高质量的讲座打造"北疆讲坛"品牌。"科普周"期间,围绕本届"科普周"主题,由专家学者们做了"内蒙古经济发展与前景"、"成吉思汗域外后裔","看电影说草原","探索王昭君魅力长存的奥秘"等一系列专题讲座。"北疆讲坛"电视版的前期筹备工作完成,录制阅读草原板块:蒙古密码、茶叶之路与呼和浩特等讲座,预计2011下半年在内蒙古卫视播出。

【学术活动】　10月26日,与内蒙古党委宣传部、《内蒙古日报》社、《实践》杂志社举办了"自治区社科界学习十七届五中全会精神座谈会"。自治区有关学会的专家、学者和新闻媒体记者等40多人参加会议。会后《内蒙古日报》、内蒙古新闻网理论版、《内蒙古社会科学动态》等均以专版、专刊的形式全文刊发了学者专家提交的理论宣传文章。8月17~18日,内蒙古社科联与内蒙古党委宣传部、内蒙古社会科学院等单位联合承办了"第七届中国·内蒙古草原文化主题论坛"。11月18日,与内蒙古社科院、内蒙古哲学学会联合举办了2010年国际"哲学节"座谈会。12月17日,与内蒙古社科院、呼伦贝尔市联合举办了内蒙古自治区第二届达斡尔、鄂温克、鄂伦春民族经济文化研讨会。

【重点课题】　下发《关于2010年度内蒙古社科联委托资助科研课题的立项通知》,按照引领方向、整合资源、规范管理的原则,学术委员会认真评审,确定2010

年立项7个委托课题,即:网络环境下大学生道德教育研究;内蒙古地区对台工作研究;赤峰市文化产业发展研究;内蒙古高校大学生思想政治教育有效性研究;内蒙古自治区农村牧区民生热点问题研究;构建和谐社会中的道德教育;立法后评估制度研究。

【期刊工作】 《前沿》杂志社进行体制改革,规范期刊栏目设置。全年共出刊12期。《内蒙古社会科学动态》共出刊10期。

【党建工作 机关建设】 机关中心组全年学习12次,学习内容紧密结合"建机制、强素质"中心环节。统一认识,提高做好社科工作自觉性,促进社科联各项工作的实施和完成。社科联机关党支部年内完成了"惠民生、进百县"的调研和总结收尾工作;围绕党员执政爱民教育基地建设,召开机关、社区干部联席会议,为社区购置打印机、复印机各一部,组织机关党员赴社区慰问困难户20户;开展"救灾和博爱一日捐","玉树救灾捐款"和"舟曲救灾捐款",组织机关干部参加宣传部组织的"干部职工文艺汇演"、区直工委主办的"万人登山"活动。完成了社科联办公楼的购买及改造装修工程。办公条件和办公环境得到明显改善。公开考录社科联机关工作人员4名,杂志社差额拨款事业编制人员2名。

(苏日娜)

残　　联

【内蒙古自治区残疾人联合会领导名录】

理事长:杨志民

副理事长:乔晓勇　张志新　冀育青(蒙古族)

【概况】 全区共有残疾人152.5万,占总人口的6.39%,涉及470万家庭人口。2010年,自治区政府办公厅出台了《关于加快推进残疾人保障性住房建设的实施意见》、《关于印发自治区农村牧区最低生活保障制度与扶贫开发政策有效衔接试点工作实施方案的通知》,转发了《关于进一步加快残疾人文化事业发展意见的通知》、《关于进一步加快特殊教育事业发展实施意见的通知》。自治区残联与有关厅局联合下发了《内蒙古自治区"阳光家园计划"—智力、精神和重度残疾人托养服务项目实施方案》、《开发残疾人公益性岗位实施意见》。推进残疾人社会保障和服务体系建设的政策法规体系日臻完善。

【社会保障与服务体系建设】 以推动解决涉及残疾人切身利益的突出问题为突破口,健全工作机制,制定和完善政策法规,不断提升残疾人社会保障水平,拓展残疾人服务领域,加强残疾人基层组织和基础服务设施建设,完成了残疾人事业"十一五"发展纲要制定的年度任务。全面启动"0—6岁儿童抢救性康复工程"、"残疾人社会保障工程"、"残疾人特殊教育体系建设工程"、"残疾人就业、扶贫工程"、"残疾人托养服务工程"等五项工程。通过实施五项工程,加快自治区残疾人社会保障和服务体系建设,从根本上解决残疾人基本生活、教育、就业、康复、扶贫、社会保障等方面最直接、最现实、最迫切的实际困难,缩小残疾人生活与社会平均水平的差距。

【重要活动】 1月26~29日,中国残联康复技术讲师团一行5人来到内蒙古呼和浩特市,为自治区12个盟市、满洲里和二连浩特市分管康复工作理事长、康复部主任、康复机构及辅助器具负责人、19个全国和自治区级社区康复工作示范旗县市区理事长、承担中国残联贫困儿童抢救性项目负责人等90余人进行了康复业务培训。

1月31日,内蒙古"贫困聋儿人工耳蜗抢救性项目"启动仪式在内蒙古医院举行。

3月18日,自治区残联、财政厅联合下发了《关于印发内蒙古自治区"阳光家园计划"至至智力、精神和重度残疾人托养服务项目实施方案的通知》。

4月16~19日,内蒙古自治区残疾人举重运动员在北京残奥中心举行的全国残疾人举重锦标赛上获二金、一银、二铜的好成绩。杨艳、徐利丽获得金牌,郭宏志获银牌,杨建全、王宏杰获铜牌。总分全国排名第三、获体育道德风尚奖。

5月17日,内蒙古电视台手语新闻节目《这7天》开播一周年研讨会在呼和浩特市召开。《这7天》是内蒙古电视台开办的一档专门为残疾人朋友服务的节目,时长30分钟,该节目在手语主持人播报的基础上,通篇加配字幕,让聋人朋友能够通过这个平台,便捷地掌握社会资讯,掌握党和国家的方针政策。

9月19~25日,中华人民共和国第五届全国特殊奥林匹克运动会在福州市举行。自治区的36名特奥运动员参加了乒乓球、羽毛球、地滚球、篮球、举重、田径、轮滑等7个项目的比赛,共取得16枚金牌、20枚银牌、14枚铜牌的好成绩。

(姚明月)

红 十 字 会

【内蒙古自治区红十字会领导名录】

会　长:宝音德力格尔(蒙古族)

副会长:桂忠(蒙古族) 邢喜成

副巡视员:于爱和(女 9月任职)

【概况】 2010年全区基层组织达到5 825个、会员147.04万人、团体会员7 115个、红十字志愿者28 446人;全年募集款物2.6亿元,较上年增加1.6亿元,除支援西南旱灾、玉树地震和舟曲泥石流灾害救助外,投入1.14亿元开展了区内救灾救助工作,受益群众达58.47万人,分别比上年增加了6 041万元和11.62万人;培训红十字急救员11.93万人,开展卫生救护普及性培训25.42万人次,完成造血干细胞有效入库数据3 587份,实现捐献4例。

【改善硬件设施】 自治区红十字会争取财政支持和企业资助,采取自治区、盟市、旗县三级配套方式,投入资金1 200万元,为101个旗县(市、区)、4个开发区红十字会配备了工作用车,改善了办公条件。盟市、旗县(市、区)红十字会的办公场地、硬件设施得到全面改善,旗县以上红十字会都设立了备灾仓库,仓储总面积达到16 810平米,较上年增加了4 930平米,应急反应能力显著增强。

【队伍建设】 全区红十字会专职干部达到708人,聘用人员310人,较上年增加了127人,专职干部人数居全国首位。一批年富力强,政治素质和业务能力强的同志被充实到各级领导岗位,增强了基层红十字会的工作活力。分级举办了业务培训班,专职工作人员培训率达到了100%,干部队伍的工作能力有了新的提高。

【基层组织建设】 各级红十字会认真贯彻《自治区人民政府办公厅关于进一步加强红十字会基层组织建设工作的通知》,开展了基层组织建设试点,以点带面,稳步推进了组织建设。在试点工作的推动下,全区基层组织达到5 825个、会员147.04万人、团体会员7 115个、红十字志愿者达到28 446人,苏木(乡镇、街道办事处)和嘎查(村、社区)的建会率分别达到了91.96%和21.19%,形成了自上而下、覆盖全区、遍布城乡的红十字会工作网络。

【增强人道救助实力】 2010年,全区红十字会系统把巩固"博爱一日捐"募捐活动长效机制作为筹资工作的首要任务,认真贯彻《自治区政府办公厅关于进一步开展好"博爱一日捐"活动的通知》(内政办发〔2010〕37号)精神,改进了宣传动员和组织服务工作,推动了募捐活动的深入开展。全年募集"博爱一日捐"善款12 196.90万元,较上年增加1 596万元,增幅达到15%。各级红十字会还结合当地实际推出了一批贴近群众需求的公益救助项目,通过项目筹资募集资金2 112万元,物资价值1 996万元,款物合计4 108万元,较上年增加2 700万元,增幅达到192%。各地发起了支援西南旱灾、玉树地震、舟曲泥石流等救灾专项募捐,接收西南旱灾捐款445.75万元、玉树地震捐赠款物8 474.97万元、舟曲泥石流捐款898.72万元。

【人道救助服务工作】 充分发挥了政府人道工作领域的助手作用。2010年,自治区红十字会先后向贵州、云南、广西、四川、重庆、广东、海南、福建、江西等旱灾、洪涝受灾省市区提供了423.13万元的救灾援助。投入资金2 446万元参与中国红十字会总会玉树整体援建工作,投入4 200万元直接援建玉树州疾控中心项目,投入救灾款800万元,援建舟曲县疾控中心项目。进入冬季后,采购了价值280万元的1万床驼绒被运送到玉树和舟曲灾区,帮助当地年老体弱、伤残人员及儿童防寒过冬。全区红十字会系统投入5 202万元款物开展了区内救灾工作,为灾区群众购置了面粉、煤炭等生活必需品和饲草料等抗灾保畜物资,组织医疗队开展巡回医疗,受益人群达14万人(次)。投入6 156万元款物,开展了"红十字博爱送万家"、"博爱一日捐、助你上大学"、医疗救助等社会救助活动,受益困难群众44万人(次)。在察右中旗等5个旗县实施了挪威红十字会援助的改水改厕、防灾减灾项目,改善了当地卫生环境,增强了抵御自然灾害的能力。扎实推进初级卫生救护培训,在采矿、电力、铁路、民航等行业和人群中开展了初级卫生救护培训,培训红十字急救员11.93万人,开展救护防病知识普及性培训25.42万人次。全年采集寄送造血干细胞血样2 318份,完成合成入库有效数据3 648人份，超额完成总库下达的年度入库任务，实现捐献4例。

【重要活动】 4月28日，自治区红十字会在呼和浩特市新华广场举行救灾车辆发放仪式，向49个旗县（市区）红十字会发放了救灾工作车辆。任亚平、娜仁、宝音德力格尔等自治区领导出席了发放仪式。

8月5～6日，全国人大常委会副委员长、中国红十字会会长华建敏在内蒙古自治区调研红十字会工作。巴特尔、任亚平、韩志然、柳秀、娜仁、宝音德力格尔等自治区领导陪同调研。

8月9～16日，由拉布登·萨木登道卜吉秘书长率领的蒙古国红十字会代表团一行10人在呼和浩特市、鄂尔多斯市、包头市访问考察。

9月8日，中国红十字基金会幸福天使基金在呼和浩特向自治区捐赠总价值505万元的贝因美婴幼儿食品和50万元资金用于贫病婴幼儿的救助，捐赠96万元资金援建12所“幸福天使博爱卫生站”。赵忠、娜仁、宝音德力格尔等自治区领导出席捐赠仪式。

11月5日，“红十字会千台多功能募捐箱投放活动”启动仪式在呼和浩特市新华广场举行。牛广明、宝音德力格尔等自治区领导出席了启动仪式。

（孙慧莲）

政　　法

审　　判

【内蒙古自治区高级人民法院领导名录】

院　长:王维山(蒙古族)

常务副院长:王　虎

副院长:赵建平　于雪峰(蒙古族)

政治部主任:刘文义

纪检组长:火　亮(蒙古族)

正厅级审判员:李宪法(9月任职)

审判委员会专职委员:赵姝平(女)　萨仁(女　蒙古族)　徐睿霞(女)

执行局局长:苏　和(蒙古族　7月离任)　王彦军(7月任职)

副厅级审判员:奇牡丹(女　蒙古族　9月离任)　杨小树

【概况】　全区共有118个法院,包括自治区高级人民法院、12个盟市中级人民法院、1个铁路运输中级法院和104个基层法院,下辖人民法庭351个。全区法院现有政法专项编制10 071个,实有在编人数9 600人。具有审判职称的人员5 600人,占实有人数的58.3%。自治区高院现有政法专项编制340个,实有在编人员333人,其中法官202人,占60.7%。

【审判业务建设】　全年全区法院共受理案件259 169件,审、执结248 001件,同比分别上升3.5%和4.3%,其中审、执结民事案件215 734件,占87%;刑事案件17 366件,占7%;行政案件4 954件,占2%;其他案件9 947件,占4%。

民事审判工作　全区法院依法审结金融、投资、资源、房地产等案件54748件,企业破产、清算、重组案件33件,知识产权案件353件,涉案总标的额64.2亿元。依法审结婚姻家庭、人身损害赔偿、医疗纠纷、劳动争议、社会保障、物业管理以及农民工工资等案件69132件,涉案标的额15.7亿元。

刑事审判工作　依法惩处经济犯罪,坚决维护市场经济秩序,审结集资诈骗、信用卡诈骗、制售伪劣食品、药品以及制售假币、假发票案件501件,判处罪犯909人。依法严惩职务犯罪,审结重大责任事故案件38件,判处罪犯58人,审结贪污、贿赂案件553件,判处罪犯841人。

行政审判工作　判决撤销、变更或责令重新作出具体行政行为424件;妥善化解官民矛盾,通过协调促成和解712件;维护依法行政,对各级政府打击制裁土地违法、危害食品药品安全、侵犯知识产权、破坏资源环境等专项行动予以支持,判决维持行政机关裁决257件,执结非诉行政执行案件1 997件。2010年,自治区高院首次开展行政审判"白皮书"活动,对近年来审理的2 800件行政案件进行全面系统分析,就资源管理、房屋拆迁等领域存在的主要问题,向自治区政府及有关部门提出有针对性建议和意见,促进依法行政。

【推进社会矛盾化解】

贯彻"调解优先"原则　强化全面全员全程调解,完善诉讼调解和非诉讼调解衔接机制,构建司法调解、人民调解、行政调解"三位一体"的大调解工作格局。加强诉前调解,使近20%的矛盾纠纷在诉前得到及时有效化解;加强诉中调解,提倡院庭长带头主持调解,提高调解成功率。通过判后答疑、执行和解,加强诉后调解,把调解工作贯穿于诉讼活动的全过程。全区共建立诉调对接点153个,指导人民调解组织调解案件26 500件,使大量社会矛盾化解在萌芽状态。全区法院调解处理民事案件108 317件,调撤率达到71%,同比提高3个百分点,高于全国平均水平6个百分点。

执行工作长效机制建设　开展创建"无执行积案先进法院"和"委托执行案件专项清理"活动,在有财产可供执行的积案基本清理完毕的基础上,加大对新收案件和无财产可供执行案件执行力度,全年执结案件46 479件,执行率94%;执结最高法院交办和其他省区委托执行案件1 684件。自治区党委政法委和自治区高院对"清积"活动中涌现出来的62个先进集体和100名先进个人进行表彰。自治区高院提请自治区人大常委会,审议通过了关于加强人民法院执行工作的决定,为解决执行难问题提供法制保障。

开展"集中清理信访积案"活动　全区法院深入

开展"集中清理信访积案"活动，全面落实信访责任终身制、信访责任倒查制、信访案件终结制，构建"党委领导、法院理诉、政府解难、多元化解"的涉诉信访化解机制。全区法院排查涉诉信访积案546件，化解391件，化解率71.6%；接待人民群众来信来访20 235件，同比下降2.5%；中央政法委、最高法院和自治区联席办交办的15件信访积案全部办结。

【深化人民法院改革】 创新审判管理制度，以加强审判流程管理、案件评查、质量评估为重点，全面加强质量管理、效率管理、效果管理、组织管理、绩效考评、信息化保障六大体系建设，推动审判管理由粗放型、分散型向集约化、系统化转变。全区法院普遍成立由"一把手"负责的审判管理领导小组和专门职能机构，建立改判和发回重审案件分析会制度、错案责任追究制度，加强对重点环节的监督管理，推广使用审判质量评估体系软件系统。深化审判机制改革，推进量刑规范化改革，制定15类案件的量刑标准，规范法官自由裁量权，全区试点法院以规范化量刑方法审结案件2 609件，上诉和抗诉率明显降低；完善司法民主公开机制，组织开展"司法公开宣传月"活动，进一步畅通民意沟通渠道，选任人民陪审员1 675人，参审案件12 105件；完善司法为民措施，全区法院基本完成标准化立案信访窗口建设，在审判场所配套建设无障碍设施，在交通不便的农村牧区、山区林区和少数民族聚居地区设立收案点、办案点、调解站1 955个，巡回审判案件32 000件；全年为有困难的当事人减免缓交诉讼费2 539万元；出台刑事被害人救助工作实施办法，各级财政逐步建立专项救助资金，给部分救助对象核发了救助款。

【队伍建设】

加强教育培训工作　制定全区法院"十二五"教育培训规划，自治区高院举办中院和基层法院领导班子、人民法庭庭长、执行人员、"双语"法官等培训班18期，培训人员5 489人，编译"双语"培训教材4卷80万字，填补了"双语"培训教材的空白；开展岗位练兵活动，推进庭审观摩、文书评比、知识竞赛、法警技能等岗位练兵活动，提高广大干警解决实际问题的能力。

推进法官助理制度试点工作　累计任命法官助理973人；推行公开考录，公开考录工作人员564人，三年累计1 587人；落实遴选制度，高院遴选法官10人，三年累计42人。累计招录"双学位"定向生125名，制定关于组织优秀人才交流挂职的意见，全区法院交流挂职49人。推行干部绩效考核制度，探索建立审判质量评估、队伍管理、事务管理为一体的绩效考核体系，对全年工作中涌现出来的先进典型进行表彰，全区共有126个集体和147名先进个人受到国家和自治区表彰奖励。

开展警示教育活动　全区法院对120多名干警进行诫勉和廉政谈话。开展"违规收费问题"专项检查，对12个盟市中院和30个基层法院收费情况进行全面调查和清理，完善诉讼收费管理办法。加强司法巡查工作，自治区高院派出巡查组先后对四个盟市法院司法廉政状况进行司法巡查，针对发现的问题提出并督促落实整改措施。加大违法违纪查处力度，自治区高院根据来信来访，对25个举报问题进行认真调查核实，处理情况及时通报举报人，全年查处违法违纪干警12人。

【基层基础建设】 落实领导基层联系点制度，深入基层指导工作，帮助基层解决实际问题；探索建立案例指导制度，选编案例500篇，统一司法尺度，规范司法标准。加强基础设施建设，协调自治区发改委争取审判法庭建设项目36个，人民法庭建设项目62个，总投资1.1亿元；针对基层经费保障存在的问题，自治区高院组织开展专项调研，协调各地落实基层法院经费保障标准，制定全区法院装备经费使用意见，对巡回审判点设置和专用车辆进行了统一规划配置。加强信息化建设，建成全区法院远程提讯视频系统、立案信访窗口监视视频和电子卷宗软件系统，建设科技法庭170个，有效节约司法资源，提高工作效率。

（史燕龙）

检　察

【内蒙古自治区人民检察院领导名录】

检察长：邢宝玉

副检察长：杨怀武　周忠清　张敏（女　满族）李茂林　郑锦春

检委会专职委员：苑瑞先（女）

反贪污贿赂局局长：杨卫平

反渎职侵权局局长：王来明

副厅级检察员：赵如意（蒙古族　9月离任）邢志文（9月离任）李晓钟（12月离任）王俊德（9月任职）杨琳（9月任职）

【概况】 自治区三级检察院为121个，其中省级院1个，分市院13个，地区院2个，基层院105个。自治区检察院内设机构为办公室、政治部、侦查监督处、公诉处、反贪污贿赂局、渎职侵权检察处、监所检察处、控告申诉监察处、民事行政检察处、职务犯罪预防处、检查技术处、法律政策研究室、翻译处、计划财务装备处、机关党委、纪检监察室。二级单位有检查干部学校和机关事务服务中心。全院核定人员编制 288 名,实有人数 253 人。

【三项重点工作】 制定重点工作措施,深入推进社会矛盾化解、社会创新、公正廉洁,指导全区检察机关落实自治区党委和最高人民检察院的部署,推进三项重点工作,把开展社会矛盾化解专项工作作为首要任务,实行检察长负总责,分管领导各负其责,各部门齐抓共管。对检察环节的信访积案进行深入细致的排查。对列入专项工作范围的 302 件案件,分别交办,落实责任。自治区检察院召开专门会议,就 50 件重点案件的办理工作与各盟市检察分院检察长签订责任书,逐案定领导、定人员、定时限。对一些累积多年、化解难度大的案件,自治区检察院领导亲自约谈相关盟市检察(分)院检察长,推动案件办理。截至年底,中央政法委和最高人民检察院交办的 18 件案件全部办结息诉;自行排查列入自治区检察院本级和盟市检察(分)院台帐的案件 95% 办结息诉。把化解矛盾贯穿于执法办案始终。建立矛盾纠纷排查化解机制,实行执法办案风险评估预警,加强办案环节的释法说理工作,积极探索检调对接、刑事和解、民事执行和解等工作,最大限度地化解矛盾、促进和谐。

【查办 预防职务犯罪】 针对职务犯罪的新特点、新变化,完善检察机关侦查办案机制,既集中力量查办有影响的大案要案,又及时查办发生在群众身边、损害民生的各类案件。抓住关系国计民生的突出问题,集中开展了治理商业贿赂和工程建设领域突出问题专项工作,查办了文化教育、医药购销、土地征用、房屋拆迁、工程建设中的职务犯罪案件 173 件 224 人。开展查办非法认定驰名商标案件专项工作,立案侦查 25 件 25 人。开展查办涉农涉牧职务犯罪专项工作,查办了发生在征地补偿、退耕还林、涉农涉牧款发放等环节的基层组织人员犯罪案件 186 件 338 人。全面加强和改进渎职侵权检察工作,着力破解此类犯罪给国家和人民生命财产造成的损失巨大。全年共查办此类案件 171 件 225 人,为国家挽回经济损失 7 681.12 万元。坚持惩防并举,强化预防职务犯罪工作。召开自治区第七次预防职务犯罪工作联席会议,在联席会议成员单位中开展“无职务犯罪单位”创建活动。集中开展预防工程建设领域职务犯罪专项工作,积极参与重大工程建设项目专项预防。加强预防宣传和警示教育,全区新建成预防职务犯罪警示教育基地 31 个,开展警示教育2 560次,受教育人数达 30 万余人次。结合办案,开展预防职务犯罪调查、职务犯罪重点案例分析和对策研究,提出预防检察建议,帮助有关单位完善制度、堵塞漏洞,最大限度地减少职务犯罪的发生,全面推进行贿犯罪档案查询工作,提供查询单位3 723个。

【诉讼活动的法律监督】 落实自治区人大常委会对自治区检察院诉讼监督工作报告的审议意见,全面加强诉讼监督,着力解决人民群众反映强烈的执法不严、司法不公问题,提高监督水平,增强监督实效。加强对刑事立案、侦查活动和刑事审判活动的监督。对应当立案而不立案的,监督立案 447 件;对不应当立案而立案的,监督撤案 237 件;对应当逮捕而未提请逮捕、应当起诉而未移送起诉的,追捕追诉 1 067 人。与公安厅和工商局、国税局、海关等行政执法部门召开联席会议,建立立案监督线索移送制度,推进刑事司法与行政执法工作的衔接。巩固刑事审判法律监督专项检查工作成果,以加强抗诉为重点,加大审判监督力度。对认为确有错误的刑事判决裁定提出抗诉 86 件。纠正侦查、审判活动中的违法情况1 005件次。加强民事审判和行政诉讼监督,重点监督纠正损害国家利益、群众利益、社会公共利益,以及审判人员严重违反法定程序、贪赃枉法导致的错误裁判。立案审查各类民事行政案件1 266件,决定抗诉 181 件,抗诉案件改变率为 81.3%。在人民法院的支持、配合下,积极探索对民事执行工作的法律监督。全区已有 10 个盟市开展了此项工作,其中,呼伦贝尔市、乌海市、鄂尔多斯市和兴安盟法检两院会签了开展民事执行监督工作的意见。全区检察机关共办理民事执行监督案件 208 件,发出纠正违法检察建议 182 份,法院采纳 106 份。对不服正确裁判的申诉,积极做好当事人的服判息诉工作,努力化解矛盾、促进和谐,维护法院裁判的权威。

【刑罚执行 监管活动监督】 配合监狱管理机关,开展了监狱清查事故隐患、促进安全监管专项活动,依法惩治“牢头狱霸”。全面加强刑罚变更执行同步监督,审查减刑、假释、暂予监外执行案件14 855人,对不符合条件的 396 人全部予以纠正。开展全区久押未审结案件的专项清理工作,纠防超期羁押。

【检察改革】 全面实施职务犯罪案件审查逮捕上提一级。加强上级检察院对下级检察院查办职务犯罪案件的监督。规范侦查工作、提高办案质量。加强检察委员会工作规范化建设,完善工作制度和程序,落实学习培训制度,加强民事行政检察工作知识的学习,提高决策水平和议事效率。推行检察长列席同级法院审判委员会制度,推广刑事案件量刑建议改革,开展民事行政抗诉案件审查方式改革,实行讯问职务犯罪嫌疑人全程同步录音录像制度。深化人民监督员制度试行工作,做好铁路检察管理体制改革实施前的调研准备工作,推进检察改革和机制创新。深入推进执法规范化建设。自治区检察院制定《关于加强和改进业务指导工作的意见》,强化上级检察院及其业务部门对下级检察院业务工作的指导和管理。继续实施《内蒙古检察机关业务重点指标体系运行监控暂行办法》,加强自治区检察院对盟市检察(分)院重点办案指标运行情况的监控和预警,推进办案流程管理和业务工作考评机制建设。坚持案件复查制度,细化执法标准,开展规范执法专项活动。举办以"执法规范化与案件质量管理"为主题的"正义论坛",编辑发了80多万字的《执法办案相关法律法规规范性文件汇编》。深入开展"百万案件评查"活动,三级检察院共自查各类案件5 882件,复查5 864件。学习贯彻最高人民法院、最高人民检察院、公安部等部门制定的《关于办理死刑案件审查判断证据若干问题的规定》和《关于办理刑事案件排除非法证据若干问题的规定》,强化证据意识,改进证据收集和使用工作,提高办案质量。

【学习宣传张章宝先进事迹活动】　张章宝同志是全国检察机关的重大先进典型,他荣膺2010年中国十大法治人物特别贡献奖。按照中央宣传部、中央政法委、最高人民检察院和自治区党委的要求,承办和参与筹备了张章宝同志"全国模范检察官"和"全区优秀共产党员"荣誉称号命名表彰大会、在人民大会堂举办的张章宝先进事迹报告会和先进事迹学习座谈会、张章宝工作模式研讨会等系列活动,编辑了张章宝先进事迹和工作模式读本及光盘;组织以张章宝为原型的话剧《乡村检察官》全区巡演,协调制片单位着手拍摄张章宝题材的电影和电视剧;协调配合中央、自治区各媒体采访报道活动。向社会展现基层政法工作人员扎根基层、执法为民的时代风貌,宣传检察机关和检察工作,宣传深入推进三项重点工作,化解社会矛盾,营造边疆安宁、民族团结、社会稳定的大好形势。全区检察机关和检察人员以张章宝同志为榜样,广泛深入地开展了学先进、赶先进、做先进活动,宣传、推广以"融入群众、公正执法、情理兼容、促进和谐"为内涵的张章宝工作模式,弘扬亲民、爱民、为民的精神,推进全区检察工作的创新发展。

【队伍建设】　在自治区检察院和盟市检察(分)院建立党建工作领导小组,完善系统抓党建工作的机制和责任制,加强各院党组建设、基层党组织建设、党员队伍建设和反腐倡廉建设。开展了创先争优和"建设学习型党组织、创建学习型检察院"活动。利用井冈山革命历史资源,举办了检察机关党员领导干部、党务干部培训班,进行革命传统教育和忠诚教育,召开党的建设暨政治工作座谈会,推进以党建带队建工作思路的落实。开展"恪守检察职业道德、促进公正廉洁执法"主题实践活动,弘扬"忠诚、公正、清廉、文明"的检察职业道德;开展"反特权思想、反霸道作风"专项教育活动,认真查摆、解决不符合检察职业道德要求的突出问题。探索建立检察职业道德教育培训、奖惩、自律、监督制约以及考核评价机制,构建检察职业道德建设的长效机制。开展大规模检察教育培训,提高队伍的专业化水平。推进全员培训和骨干培养。全年共举办各类业务培训班68期,培训7 586人次,其中网络培训2 458人次。开展首届全区检察业务专家和专门人才评审工作;举办全区十佳公诉人暨全区优秀公诉人、全区十佳侦查监督优秀检察官评选活动;启动全区检察机关反渎职侵权部门大练兵、大比武活动;组织开展以基层赛、全员赛、网络赛为特点的第五届全区检察业务技能竞赛,全区105个基层检察院8个业务系统人员参赛参与率97.3%。通过公开招录和定向培养引进377人,其中具有硕士研究生学历和通过司法考试的占67.6%。创办网络学校支持各院进行司法考试培训,呼伦贝尔市、赤峰市、锡林郭勒盟等盟市检察(分)院还自办了司法考试培训班。全区有443名检察人员参加司法考试,通过率达到36.6%。选派年轻干部在系统内外挂职锻炼,聘请高等院校法学教师到检察机关挂职。

【自身监督制约】　落实和完善领导干部述职述廉、报告个人有关事项和巡视盟市检察(分)院领导班子、上级检察院负责人与下级检察院检察长谈话等制度,强化对领导班子和领导干部特别是"一把手"的监督。自治区检察院检察长与其他领导班子成员和盟市检察(分)院检察长,分别签订了党风廉政建设责任书。自治区检察院领导与15个盟市检察分院检察长进行了廉政谈话,派员参加了8个盟市检察(分)院党组民主生活会,对2个盟市检察(分)院的领导班子进行了巡视。自治区检察院检察长向最高人民检察院进行了述职述廉。自治区检察院召开了以"贯彻落实《廉政准则》加强领导干部作风建设”为主题的党组民主生活会和处级以上党员领导干部民主生活会。举办了“检察机关自身反腐倡廉教育巡回展览”。加强对执法办案活动的监督,在全区查办职务犯罪工作中推行“一案三卡”监督制度,试行检察人员执法档案。全面推进检务督察工作,在自治区检察院机关、14 个盟市检察(分)院和 29 个基层检察院、22 个派驻监管场所检察室,进行了检务督察。对“一案三卡”制度落实不到位、派驻检察工作不规范、办案安全防范工作整改不彻底、警车违规等方面的问题作出严肃处理并进行集中督促整改。坚持从严治检,严肃查处违纪检察人员 4 人。

【基层院基础建设】 巩固和深化 2009 年“基层检察院建设年”活动成果,全面推进基层检察院执法规范化、队伍专业化、管理科学化、保障现代化建设。落实和完善上级检察院领导干部联系基层检察院、部门对口指导、基层检察院结对共建、对后进检察院重点帮扶等制度,充分发挥盟市检察分院“一线指挥部”的作用和基层检察院自身的主观能动性,促进基层检察院建设的深入发展。推行基层检察院检察长任职备案制度,配合盟市、旗县党委选好配强基层检察院领导班子。对基层检察院领导班子成员进行全面培训。解决基层检察院人才短缺、经费不足、装备条件差等实际困难。为基层检察院招录法律人才(含蒙汉语兼通“双语”办案人才)261 人。推进基层检察院工作向乡镇苏木延伸。全区 74 个旗县检察院,以派驻检察室和巡回检察室为基本形式,设立延伸机构 254 个,开展调处矛盾纠纷、收集职务犯罪案件线索、协助初查案件和法律宣传、咨询等工作,在服务新农村新牧区建设、便民利民中发挥积极作用。开展争创先进检察院活动,全区基层检察院共有 42 个集体和 120 名个人受到省级以上表彰。

(薛卫国)

公　　安

【内蒙古自治区公安厅领导名录】

党委书记　厅长:赵黎平

党委委员　副厅长:阿斯林(蒙古族 7 月离任) 周黎明(蒙古族) 张有恩 颜炳强(11 月离任) 孟建伟(10 月任职)

党委委员　巡视员:王智 颜炳强(12 月任职)

党委委员　副厅长:孙凤鸣(10 月任职) 杨小平(10 月任职)

党委委员　政治部主任:杨小平(9 月离任) 么永波(9 月任职)

党委委员:赵慧山 葛勇

副巡视员:石小红(女 蒙古族)
张建国(10 月任职)
王长春(10 月任职)
范新义(10 月任职)

【概况】 2010 年,自治区公安厅机关专项编制 675 名,实有 630 人。核定了 29 个内设机构,3 个厅属行政单位,4 个厅属事业单位。

【推动全区公安工作跨越式进步】 组织全区公安机关围绕“积极适应经济社会快速发展新形势,努力实现内蒙古公安工作跨越式进步”主题,深入开展“大学习、大讨论”活动,出台了《关于全区公安机关积极适应经济社会快速发展新形势,努力实现公安工作跨越式进步的实施意见》。经过努力,全区公安机关涌现出一批优势地区、优势警种、优势项目。

【保持社会治安稳定】 完成 2010 年全国、全区“两会”和上海世博会、广州亚运会等重大活动安保任务。以“2010 严打整治行动”为总抓手,针对突出违法犯罪问题,先后组织开展了 2009 年“冬季行动”、2010 年“暖冬行动”等一系列严打整治专项行动。深入推进治安乱点排查整治。公安厅下达《内蒙古自治区旗县(市区)社会治安状况等级评估办法(试行)》,以治安状况等级评定促旗县平安建设。全年全区共排查整治治安重点地区2 395处,排查突出治安问题 849 个,整治 750 个。对自治区综治办和公安厅挂牌整治的 57 个重点地区进行重点整治,取得显著成效。排查内部隐患4 794处,落实整改4 357处。加大治安案件查办力度。全年全区共受理治安案件190 377起,查处案件181 438起,查处违法人员169 176人,同比分别上升37.1%、37.3%、20.5%。加强交通、消防安全管理。治理 G6 高速公路和呼和浩特市城区交通拥堵问题取得阶段性成效。实施消防“防火墙”工程,大力排查火灾隐患,有效预防和减少火灾事故隐患。加强学校、幼儿园安全保卫工作,成功防范校园寻衅滋事案件 23 起、精神病人肇事肇祸案件 14 起。

【社会管理创新】 出台了《全区公安机关社会管理创新实施意见》,探索自治区流动人口居住证制度和“以证管人、以房管人、以业管人”的流动人口管理新模式。

开展旅店业清理整治，通过旅店业管理系统抓获网上逃犯1 029人，同比上升 71.2%。开展户口整顿工作，完成入户核对常住人口8 640 228户24 490 006人。深入实施社区和农村牧区警务战略，全区共建城镇警务室2 575个、农牧区警务室3 424个，配备社区民警 3518 名、驻村（嘎查）民警2 493名。积极开展“技防建设年”工作，快速推进全区视频监控报警联网系统建设。已安装摄像机143 900台，安装场所44 054个。加强区域警务协作，分别加入了环北京“护城河”省份警务协作机制、东北地区警务协作机制、西北地区警务协作机制。

【执法规范化建设】 开展整治执法突出问题、规范执法制度、加强执法培训、保障执法安全、创建执法示范典型执法规范化建设五项活动。组织全区公安机关执法规范化建设观摩交流活动，继续开展“背法条”活动，启动网上法律学习考试工作，开展执法办案中涉案人员非正常死亡专项治理，加快推进网上执法办案、网上执法监督。开展执法质量考评、案件评查、执法巡查和执法规范化建设考核工作。树立了一批全国、全区执法示范单位、执法示范标兵。

【行政管理服务】 推进爆破作业一体化管理，对58 家申请成立爆破公司的单位进行了现场检查和评估，向 54 家爆破公司颁发了《爆破作业单位许可证》。开展了“平和内蒙古交警”形象创建活动，提升执法服务质量。开展窗口单位“文明杯”规范化服务竞赛活动。推广网上机动车号牌自编自选、驾驶人网上预约考试、医疗机构网上传输驾驶人身体条件证明、驾考电子评分、汽车品牌店代办机动车注册登记业务、摩托车带牌销售等交通管理服务项目。简化大陆居民应邀赴台审批程序，在包头、通辽市进行出入境证件直寄申请人试点工作。6 市公安局启用了赴港澳团队旅游再次签注自助申请系统，申请人 30 分钟即可拿到证件。在呼伦贝尔市开展赴俄边境旅游异地办证试点，公民因私出国（境）无纸化审批和档案数字化管理试点工作。边防部门推出“电子口岸”、“自助通关”等勤务改革新举措，提高通关效能，旅客满意度始终保持在99% 以上。

【队伍建设】 构建“大教育、大培训”教育训练体系，推行“轮训轮值、战训合一”训练模式，举办培训班 1523 期，培训民警 62206 人次。深化干部人事制度改革，公安厅机关通过竞争上岗选拔处级领导干部 20 名。加强党风廉政建设和反腐败斗争，加强执法执纪监督，开展了“讲党性、重品性、作表率”等主题教育活动和警示教育、案例教育，促进民警特别是领导干部廉洁自律。

（祁文杰　高建英）

司法行政

【内蒙古自治区司法厅领导名录】

厅长：徐呼和（蒙古族）

副厅长：刘国栋（10 月任职）　岩英　杜志刚（蒙古族）　王健（女）　徐贵中（10 月离任）　翟贵文（10 月离任）

政治部主任：尤俊成

纪委书记：王洪中（7 月离任）　王耀学（9 月任职）

巡视员：徐贵中（10 月任职）

副巡视员：王曰群　张德成（蒙古族）

【概况】 内蒙古自治区司法厅是负责全区司法行政工作的自治区政府组成部门。内设办公室、人事处、组织宣传处、警务督查处、纪检监察室、计财装备处、法制宣传处、律师公证工作处、基层工作处、法制处、司法鉴定管理局、司法考试处、机关党委、离退休人员工作处。下设 3 个直属事业单位：内蒙古自治区法律援助中心、机关服务中心、内蒙古自治区律师协会。机关人员编制 93 名，实有人员 84 人。

【监狱劳教工作】 全区监狱加强警戒设施建设，完成 AB 门、钢网墙、监门哨的建设，与武警部队实现联动报警装置。严格落实警察直接管理，加强重点部位和“三大”现场管理，加强监所内部规范化管理。开展监狱劳教场所非正常死亡整治活动，加强文明执法建设，保障罪犯和劳教人员合法权益。推行教育改造工作“5 天劳动、1 天学习、1 天休息”管理模式。加强教育改造和心理矫治工作，健全教育改造评估体系。做好强制隔离戒毒和戒毒康复工作，建立完善管理制度，提高戒断效果。加强生产项目准入监督，安全生产管理有效强化。监狱劳教经济效益平稳增长，全区监所保持安全稳定。

【普法依法治理】 筹备召开了自治区依法治区领导小组第八次全体会议，提请自治区党委、政府下发了《关于进一步加强依法治区工作的意见》。组织开展

“五五”普法依法治理规划实施情况总结验收工作，为“六五”普法依法治理规划的制定奠定基础。立足法制宣传教育职能，组织开展“加强法制宣传教育，促进社会矛盾化解”主题法制宣传活动，将法制宣传教育与矛盾纠纷排查化解有机结合起来，增强法制宣传教育的实效性。认真贯彻落实全区“法律六进”经验交流会精神，开展“五五”普法神州行媒体系列宣传活动，以全国法制宣传日确立10周年为契机，大规模开展“12·4”法制宣传日系列宣传活动，举办领导干部法制报告会，开通内蒙古普法网，启动“法宣通”手机短信普法服务业务，举办2006~2010年影响内蒙古法治进程的十大法治事件评选活动。法治城市、法治旗县(市区)、“民主法治示范村(嘎查、社区)”创建活动取得新进展，10个嘎查村被命名为第四批“全国民主法治示范村”，推荐6个旗县(市区)为“全国法治县(市、区)创建活动先进单位”。组织开展第二届内蒙古法制新闻人物和依法治理十大优秀企业评选活动，提高了社会法治化管理水平。

【基层基础工作】 推进司法所规范化建设，解决司法所人员编制、经费保障和职级待遇等问题。组织第三批司法所考核验收工作，对12个盟市的197个司法所实地考核验收，呼和浩特市新城区东街司法所等173个司法所被命名为内蒙古自治区规范化司法所。全区已有831个司法所被命名为内蒙古自治区规范化司法所，占司法所总数的92%。

【人民调解工作】 开展《人民调解法》宣传月、宣传周活动。推进社会矛盾化解专项行动和矛盾纠纷化解攻坚活动，重点加强对征地拆迁、劳动争议、教育医疗、环境保护、交通事故等方面纠纷的调解。年内全区人民调解组织共调解各类矛盾纠纷172 131件，成功率95%以上。12月，自治区司法厅与公安厅、保监局联合下发了《关于做好道路交通事故民事损害赔偿纠纷人民调解工作的意见》，推动道路交通事故纠纷人民调解机制建设。

【安置帮教 社区矫正工作】 切实加强社会管理创新，突出抓好对特殊人群的教育管理，认真做好刑释解教人员安置帮教工作。加强安置帮教组织建设，刑释解教人员安置帮教工作站达到962个，安置帮教小组达到13 023个。着力建立监所与基层帮教组织信息沟通机制、各成员单位信息共享机制和刑释解教人员信息库，安置帮教工作信息化管理建设进展顺利，共排查刑释解教人员14 730人(已经衔接14 017人)。加大刑释解教人员安置力度，多渠道安置刑释解教人员，创办安置基地和过渡性实体88个，刑释解教人员安置能力明显提高。健全社区矫正工作和领导机制，完善接收、管理、考核、奖惩、解除矫正等制度，规范对社区服刑人员的管理和教育矫治。认真开展社区矫正对象摸底调查工作，逐人建立监管帮教小组，落实帮教服务措施。全区社区服刑人员累计14 027人，其中解除矫正6 368人，无重新违法犯罪。推进社区矫正和安置帮教工作的有效衔接，将社区矫正解矫对象纳入安置帮教范围，防止发生漏管失控。

【法律援助】 认真开展“中国特色社会主义法律工作者”主题实践活动，为化解社会矛盾、改善民生、促进经济社会发展提供有效法律服务。加强律师代理敏感性案件、群体性案件工作指导，律师队伍参与处理涉法涉诉信访工作取得新进展。落实法律服务和法律援助工作便民利民措施，法律服务和法律援助服务水平进一步提高。截至年底，全区律师代理各类案件32 430件，公证机构办理各类事项272 332件，法律援助机构办理法律援助18 754件。深入贯彻全国全区法律援助工作会议精神，认真开展规范化建设“回头看”，大力推进信息化管理建设，实现盟市旗县法律援助中心咨询、办案网上信息化管理，法律援助工作水平显著提高。拟定出台《关于律师法律服务收费管理办法和收费标准》，建立健全律师执业状况评价和诚信状况披露制度，稳步开展合作制律师事务所转制工作；推进公证机构调整，完善公证处内部运行机制；加强基层法律服务机构准入管理，法律服务改革进一步深化。加强司法鉴定管理工作，制定下发《全区司法鉴定机构年度考评标准》，建立健全重大敏感司法鉴定事项报告制度，强化司法鉴定职业道德和执业纪律监督，司法鉴定管理工作加强。

【国家司法考试组织工作】 加强领导，落实责任，完善应急预案，加强与有关部门的沟通协作，实现了国家司法考试“平稳、安全、顺利、有效”的总体目标。全区报名参加考试人数7 713人，实际参加考试人员6 670人，参考率86.5%。做好2009年司法考试合格人员资格审核申报工作，全区共有1 684人取得法律职业资格，争取将兴安盟、锡林郭勒盟、阿拉善盟列为全国司法考试试点地区，使94人取得特殊C类资格，增加了边远少数民族地区法律职业人才储备。

【队伍建设】 加强律师行业党的建设，扩大律师队伍党组织覆盖面，增强党组织凝聚力和战斗力。开展创先争优活动，改进工作作风，提高工作效率。开展了领导干部报告个人有关事项、述职述廉、诫免谈话、经济责任审计工作，健全和完善了人、财、物管理制度。加强干部人事制度建设，坚持和完善民主推荐、民主测评、民主评议、任前公示、竞争上岗等制度，增强广大干警对选拔任用干部的知情权、参与权、选择权和监督权。组织开展司法行政机构改革的调研和实施工作，基本完成机构设置、职能配置和人员编制等工作。健全完善干部双重管理体制，加强与地方党委组织部门的沟通，发挥了干部协管的职能作用。强化执法执业监督检查，着力抓好监狱劳教人民警察“规范执法行为、提高执法水平”专题教育实践活动，提升执法执业公信力。开展监狱劳教人民警察执法大培训、岗位大练兵活动，监狱劳教人民警察执法能力和业务水平进一步提高。各单位编写辅导教材282份，举办培训班743次，培训干警10 376人次，人均参训14.2天；组织实施各类突发事件演练253次；开展督察1 025次，督察民警24 431人次。严格落实党风廉政建设责任制，深入推进党风政风警风行风建设。

【三项重点工作】 1月26日，自治区司法厅在全区政法工作会议上向全区司法司法行政系统部署了深入推进社会矛盾化解、社会管理创新、公正廉洁执法三项重点工作；先后三次召开全系统深入推进三项重点工作专题会议；建立推进三项重点工作联系点制度，强化工作督导，确保中央和自治区深入推进三项重点工作的重大部署在司法行政系统得到全面贯彻落实。

【“五五”普法检查验收工作】 7月29日，自治区依法治区领导小组召开第八次全体会议，专题安排部署“五五”普法总结验收工作，研究确定全区“五五”普法考核验收方案和验收标准。8月11日～9月20日，自治区依法治区领导小组组成8个检查验收组，由自治区相关领导担任各检查验收组组长，采取实地察看、问卷调查、查阅资料、听取汇报、座谈交流等方式，对全区12个盟市的行政执法机关，司法机关，社区，苏木（乡镇），司法所，行政村，中小学校，企业和自治区直属机关，中直、区直企业以及高等院校共186个单位进行了抽查。

【呼和浩特市推广社区法务室】 自治区司法厅副厅长徐贵中对呼和浩特市清泉街社区法务室在化解基层矛盾中起的重要作用进行了专题调研和跟踪调查，并撰写调研报告《法务室——安宁社区的守护者》，得到市委市政府的高度重视，呼和浩特市司法局在保和少镇及8个街道办事处成立了法务室，同时分别在其所辖46个社区、26个村委会也成立了法务室。

【东北内蒙古三省一区律师论坛】 8月22～23日，自治区律师协会举办的东北内蒙古三省一区（黑龙江、辽宁、吉林、内蒙古）律师论坛在鄂尔多斯市召开，近300名律师参加了论坛。论坛以“使命 合作 发展”为主题，以促进东北内蒙古四省区律师法律服务领域拓展与创新、提升律师形象、发挥律师在构建和谐社会中的作用为宗旨，围绕中央“坚持把保持经济平稳较快发展作为经济工作的首要任务”的重大战略部署，集中探索了律师行业服务民生、保障民生，加强法制建设、维护社会公平正义的职责与使命等重要命题。组委会共收到论文500余篇，评出优秀论文140篇。

【乌海市刑释解教人员戒毒人员安置救助帮扶暂行办法】 乌海市正式出台《乌海市刑释解教人员戒毒人员安置救助帮扶暂行办法》。该办法规定对刑释解教人员戒毒人员在就业、创业、住房和子女就学等方面给予照顾，采取企业安置、基地过渡安置、扶持自主创业和落实社会保障等措施，提高全市刑释解教人员戒毒人员安置救助帮扶水平。

【巴彦淖尔市公调对接工作实施意见】 10月13日，巴彦淖尔市司法局、财政局、公安局、中级人民法院、检察院联合出台了《巴彦淖尔市公调对接工作实施意见》，实现公安110接警处与人民调解对接机制。

（李朝辉）

监狱管理

【内蒙古自治区监狱管理局领导名录】

党委书记 厅长：徐呼和（蒙古族）

局长：翟贵文（10月任职）

副局长：张志强 杜平安（蒙古族） 王化吉 王立军

政治部主任:杨建绥

【监管工作】 全区监狱系统吸取“10·17”案件教训,开展警示教育活动,贯彻落实司法部《关于加强监狱安全管理工作的若干规定》,完善管理制度,规范管理工作。强化内部管理,开展安全隐患专项排查整治活动和罪犯矛盾排查化解专项活动。深化“三共”工作,推进“四防一体化”建设,加强警戒设施建设,所有的监狱都完成了AB门、钢网墙、监门哨、联动报警装置,这项工作走在了全国的前列。加大安全生产投入,强化安全隐患排查整改,安全生产工作进一步加强,“安全稳定建设年”活动取得明显成效。全年,各监狱没有发生罪犯脱逃、重大疫情、较大安全生产事故,初步扭转了“10·17”案件带来的不利局面,保持了良好的发展态势。

【教育改造工作】 落实“首要标准”和司法部《教育改造罪犯纲要》,全面推行“5天劳动、1天学习、1天休息”罪犯教育改造模式,加强思想教育、文化教育和技术教育。加强个别教育和心理矫治工作,逐级完善心理矫治工作机构和制度,规范心理矫治工作,罪犯的改好率、顽危犯的转化率继续保持高比例。社会帮教工作不断拓展,建立了刑释人员安置帮教工作信息网,形成了多层次的帮教格局,对重点人和危险程度较大的刑释人员实现了帮教的无缝对接。

【执法工作】 坚持“三公开、两公示、一监督”制度,加强狱务公开,促进执法公正。对全区监狱系统“规范执法行为、提高执法水平”专项教育活动进行验收,巩固专题教育活动的成果。对各监狱执行《监狱法》情况进行检查,加强减刑、假释、保外就医的审查和监督,稳步推进社区矫正,确保执法公平公正。

【布局调整工作】 争取2010年监狱布局调整重点建设项目投资计划和地方配套投资计划,锡林浩特监狱的迁建工程基本完工,通辽监狱改扩建工程已列入2010年监狱布局调整中央重点投资项目。做好第三批监狱布局调整建设项目可研报告和初步设计的编制、论证和审批工作,呼和浩特第二监狱改扩建二期工程全面开工建设,呼和浩特第一监狱和赤峰监狱武警营房已进入开工阶段。

【队伍建设】 全区监狱系统结合开展“创先争优”活动和“执法大培训、岗位大练兵”活动,着力提高党的思想建设和组织建设,着力提高民警政治思想水平、法律素养和业务能力。加强领导班子建设,加大了轮岗交流的力度,一批年富力强的同志走上了领导岗位。进一步加强和规范了监狱的新闻宣传和舆情监控工作。落实党风廉政建设责任制,坚持标本兼治、综合治理、惩防并举、注重预防的方针,构建惩治和预防腐败体系建设,加大查办案件工作力度,强化对权力的制约和监督,深入开展创建“无职务犯罪单位”活动,全系统党风廉政建设工作取得了实效。

【工人管理】 司法厅、监狱局把解决监狱工人问题列入监狱工作的重要议事日程,积极向自治区党委、政府反映情况,把监狱工人问题列入自治区涉及政策层面的热点难点问题进行研究解决,形成了分5年补发监狱工人工资、核定监狱工勤人员编制、增加“三类岗位”人数、将退休工人补发工资项目纳入养老保险统筹的意见。

(色音那)

军　　事

中国人民解放军内蒙古军区

【领导名录】

司令员:刘志刚(少将 2月任职)
政治委员:吴合春(少将)
副司令员:罗刚(少将) 海力斯(少将 蒙古族)
车华松(少将)
副政治委员:周宝莹(少将 1月任职)
参谋长:郧建华(少将)
政治部主任:高红光(大校 2月任职)
后勤部部长:张永田(大校)
装备部部长:周　力(大校)

【概况】 2010年,全区部队建设取得新的发展和进步。深入贯彻落实科学发展观,紧紧围绕军区党委提出的"突出首位抓根本、紧贴使命抓中心、强化能力抓干部、科学管理抓安全"的总体思路,大抓党委班子和干部队伍建设,大抓基层工作,大抓先进典型,思想政治工作比较活跃,服务保证作用发挥明显;加强以边防执勤训练为中心的各项军事工作,战备训练、信息化建设和后备力量建设又有新的提高,深入贯彻落实北京军区《关于进一步加强边境综合防卫管控的意见》,边防工作强势推进,确保了北部边境的安全稳定;全面贯彻落实《纲要》,注重在抓经常打基础上下功夫,促进了基层建设健康发展;认真贯彻依法从严治军方针,制定下发了《安全工作责任制实施意见》,安全管理工作得到进一步加强;后勤工作认真贯彻《全面建设现代后勤纲要》,坚持面向边防、服务基层,大抓业务建设,服务保障水平不断提高;装备工作以北部边境地区多样化军事任务为牵引,以装备维修"不出蒙"工程、边防部队"两成两力"建设为中心,圆满完成了年度各项任务。

【思想政治建设】 以团以上领导干部为重点,加强专题化学习、课题式调研、对策性研讨,各级党委中心组学习质量明显提高。6月,举办了全区副师正团职领导干部理论读书班,重点研究推动学习实践科学发展观向深度和广度发展、拓展和深化军事斗争准备、加强领导干部思想作风建设、建设坚强的党委班子和高素质干部队伍等重大现实问题。广泛开展读背记考活动,总结推广了边防某部学习创新理论普及化通俗化经常化的经验。培育当代革命军人核心价值观,扎实抓了"崇尚学习强素质、爱军精武立新功"主题教育,开展向"伊木河模范边防连"学习活动,为202名官兵颁发"北疆卫士"荣誉奖励基金,激发了官兵卫国戍边的使命感和责任感。学习贯彻《政治工作条例》,增强了依据条例开展工作的能力。坚持把主题教育与经常性思想工作、经常性法纪教育、经常性形势政策教育结合起来,高度重视意识形态领域和隐蔽战线斗争,制定下发了《关于严防政治性问题发生若干规定》,针对年内国际国内形势的冲击和影响,及时开展时事政策教育,不断强化官兵的政治意识、大局意识和忧患意识;注重做好一人一事的思想工作,跟踪抓了老兵退伍、新兵入伍教育,加大了大学生士兵教育培养、官兵婚恋教育力度,《针对复转老兵思想状况,认真搞好工作引导和指导》的做法被北京军区转发。

【党委班子和干部队伍建设】 大力推行学习型党组织建设,军区分别在乌兰察布军分区和边防某部抓了创建学习型党委班子和学习型部队的试点。开展"学廉政法规、倡廉洁新风、树清廉形象"教育,加强对敏感问题检查监督,清房工作力度大、任务完成圆满,巡视工作试点做法被北京军区党委转发。边防某部党委被北京军区表彰为先进团级党委。严格干部选拔任用程序,重视少数民族干部培养使用,深入推行"双考"机制,树立了"靠素质立身、凭实绩进步"的鲜明导向。军区组织新任人武部主官培训,安排机关干部下边防代职,组织全区干部"四学一强"考核,达到以考促学、以考促强的目的。开设"干部教育网上大课堂",编写19讲系列教材,定期组织网上授课。积极为干部排忧解难,认真办好"十件实事",军区先后组织149名干部及家属外出疗养和参观世博会。扎实做好老干部工作,对12个干休所党委班子进行了考核帮建,召开退休干部移交安置经验交流会,完成了离退休干部年度移交任务。

【边防工作】 贯彻落实北京军区《关于进一步加强边境综合防卫管控的意见》,各级领导机关聚焦边防,强势推进。军区先后9次召开专题会议研究边防建设,军师团三级首长机关狠抓一线检查督导,及时发现和解决问题,有效促进了边境管控。执勤控边能力加强。上半年,锡林郭勒军分区在边防某部组织了加强边境综合防卫管控能力建设试点,9月,军区在10个边防口岸连队进行了规范化执勤管控试点。加大二线支援一线和驻点执勤力度,先后3次组织全纵深大范围边境封控。坚持勤训结合,突出“四防”训练演练,有效地提高了官兵执勤技能。深入贯彻全国“边海防基础设施建设工作会议”精神,完成了年度建设任务,提高了基础设施综合保障效益。年内新建了部分边防监控中心和监控站、边防连队营区哨楼和巡逻路。对外交往进一步加强。军区与俄罗斯后贝加尔边疆区边防局和蒙古国边防总局保持联系,互致节庆贺信、定期通报边境管控信息。应军区司令员刘志刚邀请,9月下旬和11月中旬,蒙古国边防总局局长斯日古楞准将和俄罗斯后贝加尔边疆区边防局局长古里科夫中将,分别率代表团对军区进行了工作访问。第一季度,额尔古纳河地段冰雪覆盖,道路通行困难,呼伦贝尔军分区与俄方合作推通了巡逻冰道。7月,边防某部与蒙方开展了相互观摩边境反走私演练活动。相关部队妥善处理边界事务,认真与俄、蒙方共同组织巡查边界,有效维护边境地区秩序。

【战备训练】 修订完善了军师团三级作战方案,通过北京军区军事斗争准备检验评估;科技控边设施逐步完善,通辽和阿拉善军分区被北京军区表彰为信息化建设先进单位;组织基础训练比武竞赛,创破训练纪录35项,参加北京军区比武取得5金、5银、5铜和联勤装备系统8块奖牌的成绩,预备役某部夺得预备役系统第一名,侦察兵专业总评成绩第三,边防某部战士许立式、姜浩获得全能尖子金质奖章,呼伦贝尔军分区、预备役某部和边防某部被北京军区表彰为基础训练先进单位。抓好非战争行动军事能力建设,制定了军地融合推进建设的《全区非战争行动军事能力建设意见》,重点抓了国家级维和给水工程营建设和自治区级应急专业力量建设,对口指导各任务单位制定非战争行动军事能力建设实施计划标准和规范。完成了黄河防凌、抗雪救灾、隧道塌方救援等急难险重任务。给水工程部队完成了西南抗旱任务,被表彰为全国防汛抗旱先进集体,为军区赢得了荣誉;乌海军分区在参加矿难救援中组织有力,受到国务院表扬;汽车某部实现连续五批执行维和任务安全顺利。

【部队基层建设】 集中组织军师团三级领导机关干部,以“下基层帮基层、抓起步抓稳定”为主要内容,深入所有基层单位蹲点帮建,对梳理出的问题,军区专门召开会议逐项研究解决。持续落实小散远直单位重点帮建三年规划,集中力量对3个边防部队实施重点帮建。加强基层党支部建设,注重选准配强正副书记,采取多种形式抓好基层干部和骨干培训,增强基层党组织自抓自建能力。按照“摸清底数过一遍、集中时间帮一遍、巩固提高抓一遍”的思路,对基层党支部逐个进行了调研分析和帮带。开展“学纲要、知纲要、用纲要”活动,呼伦贝尔和兴安军分区组织了现场观摩活动,规范了基层秩序。9月,在边防某部召开基层建设座谈会,总结交流经验,制定了领导机关按纲指导基层12条措施,做法被北京军区转发。抓好基层风气建设,积极推进事务公开、党务公开,公道正派处理基层敏感问题,弘扬正风正气。总结宣传被北京军区授予“伊木河模范边防连”荣誉称号的边防某部1连等先进典型。开展“送法到基层、送戏到边关”活动,认真抓了军营文化“十件事”的落实,创作唱响《八千里边防大北疆》,组织文化骨干培训,举办“草原杯”业余文艺会演,文工团深入边防演出138场。通信某部被总政表彰为全军文化活动先进单位,边防某部1连党支部被总政表彰为全军先进基层党组织,边防某部8连、某部9连被北京军区表彰为先进连队。

【安全管理工作】 制定《安全工作责任制实施意见》,逐级签订安全管理责任状。集中开展“学条令、严纪律、正风气”教育活动,促进了部队正规化管理;针对“两节”、“两会”抓“十二个严防”;在全区集中开展了“十项治理”活动,抓人车枪弹密网的管控并制定了各类措施规定。抓好安全保密工作,组织保密骨干集训,开展军事核心秘密专项治理,军区司令部被评为全军保密工作先进单位;对发生问题的单位、个人进行了严肃处理,并在全区部队进行安全教育大整顿,促进了安全工作的落实。军区后勤部和边防某部被北京军区评为安全管理先进单位,给水工程某部连续多年被评为“双无”先进单位。

【后备力量建设】 逐步建起与“市场环境”和“战场需要”相适应的后备力量组织新格局。制定《内蒙古自治区民兵组织建设实施规范》,军区派5名领导分别带领工作组进行检查验收。全区12个盟市的分管领导和三分之二的旗、县(市、区)分管领导,都对本级的整组工作进行了检查督导。民兵编组布局突出了城区、重点地区和新兴企业特点，科学构建了以中心城市、边境口岸、能源基地、交通沿线为重点的民兵预备役组织建设新格局；编组范围坚持以农村为基础、城市为骨干、街道社区为依托，并向科研单位、大专院校和民营企业拓展；编组方法坚持以任务为牵引，加强编组力度。根据国家《关于在内蒙古自治区开展能源动员试点工作的通知》要求，成立了自治区能源动员工作领导机构，并确定由鄂尔多斯市具体承担能源动员试点任务。按照"建在身边、抓在手中、用在关键"的原则，突出抓了应急力量、边防民兵和防空作战等重点分队建设。在各级党政军机关、重要能源基地附近组建了应急营、应急连、应急排；为边防一、二、三线部队分别编组了联编联防力量；呼和浩特、包头、乌兰察布、赤峰和鄂尔多斯市抓防空队伍建设，初步形成打防结合的力量体系；在鄂尔多斯、包头市等黄河沿线单位，组建抗洪抢险分队；在呼伦贝尔市、锡林郭勒盟等森林草原地区，组建扑火分队；根据地区实际组建了电力、燃气等基础设施抢修分队和部分防化分队。加强民兵预备役军事训练，突出抓了民兵干部、一线联编力量和应急力量的训练，年内，先后组织了边防民兵联编联训和民兵干部、预任军官、专业技术骨干、应急分队、边防民兵和专业救援及保障分队训练，促进了训练"四落实"。组织民兵预备役参加边境封控、黄河防凌防汛、草原森林扑火、铁路隧道塌方事故抢险、植树造林、矿难救援和安保警戒等应急任务。举办"强国防、固北疆"国防教育书法展，世界反法西斯海拉尔纪念园、乌兰夫纪念馆、成吉思汗陵、北方兵器工业城被命名为首批国家国防教育示范基地。全区4个国家命名的国防教育基地、34个自治区命名的国防教育基地普遍实行了市场化运作，重要纪念日免费开放接受团体开展爱国主义教育。

【双拥工作】　制定《关于在全区部队广泛深入开展"学人民爱人民为人民"活动意见》，组织部队积极开展"学人民为人民爱人民"活动，军区转发了通辽军分区《坚持"三真"理念践行根本宗旨，扎实推进新形势下拥政爱民工作深入发展》的做法。协调自治区民政厅转发了鄂尔多斯市民政局、鄂尔多斯军分区政治部《认真抓好退伍军人培训就业，扎实推进"三好"工作落实》的做法。11月，配合自治区双拥办对拟申报自治区和国家双拥模范城(县)的地区进行了检查考评。指导部队为141个帮扶村投入资金170余万元，协调扶贫资金100余万元，向145所共建学校资助资金60余万元；全区团以上干部结对资助贫困学生总金额达90余万元。组织全区官兵为青海玉树地震灾区捐款213.2万元；7月，组织军区机关和直属队干部参与"博爱一日捐"活动，捐款7.7万元；8月，动员全区官兵向甘肃舟曲自发捐款64.7万元。协助组织并参加北京军区商都义务植树活动，组织部队、民兵预备役官兵6.6万余人开展了大规模生态建设活动，完成生态绿地8.96万亩。

【后勤建设】　坚持党委理财制度。与各直供单位签订《领导干部理财责任状》。召开2010年度军区党委常委议财会议，汇报2009年度军区本级经费执行情况，审定2010年度经费预算。深化财务制度改革，完善配套相关财务制度32项。对资产管理与预算管理相结合改革情况进行了认真总结。加强廉政监督工作，年内对部分军分区、边防团、干休所领导干部进行了任期经济责任审计。深化后勤保障规范化建设，加大与司令部门、上下级业务部门协调，分层次、分重点、分专业修订、完善了操作性较强的军需物资油料和军交运输保障方案，确保遇有情况能够依案组织保障。配齐补充各类物资器材，协调上级业务部门为全区建制团(队)等分别配发了连、排、班用野战给养器材单元。组织强化训练，在北京军区组织的基础训练比武竞赛中，军需、油料、军交专业共获得两个第一名、1个第二名、3个第三名好成绩。推进营区综合配套整治，新建边防部分连队围墙、打井洗井、接常电及更换锅炉等。贯彻住房制度改革精神，审定上报了年度退休干部、士官住房保障方式，组织退伍军职干部住房专项清理工作。按照全军第二次军用土地调查的部署和要求，完成了全区部队营区的权属调查、权属界线图营区平面图绘制及营房实力统计等工作。加强卫生防病工作，在全区组织开展了以"清洁军营环境，维护官兵健康"为主题的第22个爱国卫生月活动和暑期卫生防病工作。坚持为兵服务，全区各级医疗卫生机构认真抓了战士体检和军队院校、国防生招生体检工作。253、291医院巡回医疗队完成了2010年度对所属体系部队的巡回医疗工作。9月，举办全区第三期卫生信息管理系统骨干培训班，提高了全区部队各级卫生信息管理人员的技术水平和管理能力。

【装备工作】　加强装备整治配套，某巡逻艇部队船艇配备了单船应急维修机具和船艇装备应急维修器材，各部队依据作战方案和担负的多元保障任务，加强修理分队的实兵、实装、实供、实修训练，提高应急装备保障能力；按照有关标准细则，加强库室正规化建设，完善配套管理设施。边防某部、给水工程某部、汽车某部和通信总站结合营院规划、库室建设等任务,加强装备整治配套,并更新补充了应急维修器材,提高了装备综合保障能力,全区部队“两成两力”建设产生了质的飞跃。积极稳妥推进装备维修“不出蒙”工程建设,边防某部进行“不出蒙”工程常态化建设的深入研究,结合现有装备和保障力量,与装备生产厂家、特约维修站,器材、设备供应厂商建立联系,在器材供应、人员培训、技术支持、信息共享等方面进行了初步探索,为全区边防部队开展军民一体化保障提供了借鉴,初步完成了“不出蒙”工程常态化建设“制度体系、标准体系和评估体系”的编写工作。加强装备管理工作,组织全区装备助理员(参谋)集训和修理所长集训。各部队把制度规定细化、量化,边防某部编印了《武器装备教育管理应知应会手册》、《边防连队装备“三熟悉四会”指导手册》等口袋书下发到官兵手中,提高官兵“三熟悉四会”能力和爱装管装的热情;某巡逻艇部队制定了《明水期执勤船艇技术管理规定》、《红旗船员评比标准》,实行装备管理责任制。完善全区队属危险品库房的安全管理设施和管理制度,确保库存物资的绝对安全。完成退役报废武器装备处理和报废弹药销毁。

【内蒙古军区党委七届三次全体(扩大)会议】 1月5~6日,军区召开党委七届三次全体(扩大)会议。军区政委吴合春作工作报告,全面总结2009年工作,安排部署了2010年工作任务并就认真贯彻军委扩大会议和北京军区党委扩大会议精神,抓好新年度工作落实,切实解决好需要把握的问题,在新起点上推进军区部队建设提出要求。

【内蒙古自治区党委议军会议】 1月26日,自治区党委议军会议在呼和浩特召开。会议围绕深入学习实践科学发展观,积极走军民融合式发展之路,有效提高军区部队应对多种安全威胁、完成多样化军事任务能力这个主题,总结回顾2009年全区部队、国防后备力量建设和自治区党委议军会议精神落实情况,研究解决2010年全区部队和国防后备力量建设有关问题。自治区党委书记、军区党委第一书记胡春华和自治区党委副书记、自治区主席巴特尔作了重要讲话。

【给水工程部队赴西南地区抗旱救灾】 3月29日,军区赴云南、广西抗旱救灾部队出征誓师大会在给水工程某部召开。誓师大会结束后,救灾官兵奔赴云南昆明、楚雄和广西百色、柳州等灾情严重地区,为灾区人民找水打井。至8月5日,共成井105眼,为灾区人民恢复生产、改善生活、发展经济做出贡献,受到了军委总部、北京军区首长的充分肯定。

【军区司令员刘志刚到锡林郭勒军分区视察工作】 4月12~16日,刘志刚带领工作组到锡林郭勒军分区视察工作。先后视察了一线边防连队和锡林浩特市、东乌珠穆沁旗人武部、军分区机关和边防某部机关及各直属队,了解各单位建设现状,就战备训练、边境管控、基础建设、民兵工作、安全管理及大项任务开展等进行检查指导。

【军区第五批赴利比里亚维和运输分队出征】 内蒙古军区第五批赴利比里亚维和运输分队官兵出征。4月17日,第一梯队110人踏上维和征程,接替第四批赴利比里亚维和官兵,执行运输保障任务。第二梯队官兵随后于5月7日出发。

【军事训练比武竞赛】 5月8~9日,军区集中组织了基础训练尖子比武竞赛。比武竞赛课目依照大纲要求,紧贴训练实际,分全能尖子、参谋军官、侦察、通信、后勤、装备6大类29个专业78个项目。比赛共产生53块金牌、33块银牌、33块铜牌,创立了35项新纪录。5月28~6月13日,采取“集中组织与一线巡回”相结合的方式,组织进行了基础训练建制单位比武竞赛。分人武部、边防连、通信连、汽车连4大类。比武竞赛课目结合边防现状,紧贴训练实际,共设4大类16个专业28个项目。

【军区政委吴合春检查包头市民兵整组工作】 5月19~20日,吴合春带机关工作组到包头军分区对民兵组织整顿、部队安全管理和人武部机关比武准备工作进行了检查验收。期间听取了军分区工作汇报,拉动检验了市民兵应急营,实地检查了九原区、东河区、土右旗、固阳县人武部和部分基层武装部、民兵连(营)部。

【北京军区司令员房峰辉到边防部队调研】 5月26日~6月5日,北京军区司令员房峰辉到内蒙古军区东中部边防部队,围绕贯彻落实国家主席胡锦涛关于树立综合安全观念重大战略思想、进一步加强边境综合防卫管控问题进行调研。先后到呼伦贝尔、兴安、锡林郭勒3个军分区,实地察看了执勤哨点、战备工事、执勤方案计划、训练演练和科技管边等情况,拉动检验了边防应急分队。

【中央军委委员、国务委员兼国防部长梁光烈到内蒙古调研】 6月20~23日,梁光烈在北京军区政治委员刘福连的陪同下,先后对鄂尔多斯、包头和呼和浩特等地区的国防动员建设情况进行检查调研。自治区主席巴特尔、副主席连辑,内蒙古军区司令员刘志刚、政治委员吴合春和副司令员海力斯等陪同检查调研。

【自治区党委书记胡春华慰问军区通信总站】 7月30

日，胡春华到军区通信总站走访慰问官兵，军区政委吴合春、参谋长郧建华、政治部主任高红光陪同慰问。

【副总参谋长马晓天到边防某部视察】 8月4日，总参副总参谋长马晓天在北京军区司令员房峰辉、政治委员刘福连，内蒙古军区司令员刘志刚、副司令员海力斯、参谋长郧建华陪同下，到边防某部视察。首长一行先后视察了边防8连、会谈会晤站、国门和边检大楼。听取了团队工作汇报，参观了团史风情馆，并与机关干部合影留念。

【中共中央政治局委员、中央军委副主席徐才厚到驻内蒙古某训练基地调研】 8月15日，中共中央政治局委员、中央军委副主席徐才厚在副总参谋长马晓天，北京军区司令员房峰辉、政委刘福连等有关领导陪同下，到北京军区驻内蒙古地区某合同战术训练基地和在内蒙古的驻训部队调研，观摩了首长机关作战指挥和实兵演练，视察了部队野战指挥所、训练装备和基地基础设施，听取了有关情况汇报。徐副主席一行还到基层分队与官兵交谈，并到内蒙古军区边防某部8连看望官兵，听取了连队建设和执勤情况汇报，与哨所执勤战士亲切交谈。徐副主席充分肯定了合同战术训练基地全面建设取得的成果，勉励他们再接再厉，在管好用好现有建设成果的同时，不断创新和完善组训功能；徐副主席要求各级党委要切实加强对军事训练的组织领导，坚持军事训练中心地位不动摇，认真落实党委议训制度，不断加大训练投入，及时研究解决训练中遇到的矛盾问题。各级领导班子成员要发挥示范带头作用，不仅军事干部，政治、后勤、装备干部都要带头参加军事训练。

【北京军区“十项治理”检查组对内蒙古军区部队进行检查考评】 8月16～20日，北京军区“十项治理”检查组到内蒙古军区进行检查考评，通过听取汇报、查阅资料、实地查看、现场提问等方式先后对军区机关、253医院、呼和浩特综合仓库、通信总站以及2个边防团队和鄂尔多斯军分区进行检查指导。

【顾秀莲、罗梅分别到军区第三干休所参观】 8月28日，第十届全国人大副委员长、国家关心下一代工作委员会主任顾秀莲，到军区第三干休所检查指导关心下一代工作。10月13日，团中央书记处书记罗梅到军区第三干休所调研，看望慰问了第三干休所“学雷锋、学赖宁中队”辅导员代表和老干部，参观了干休所开展关心下一代工作的图片展览。

【中央军委委员、总参谋长陈炳德视察军区边防部队】 9月3日，总参谋长陈炳德到边防某部视察指导工作，看望慰问官兵。详细了解了装备更新情况，就加强战役投送力量建设、抢险救灾、维稳处突方面提出了空运、铁路输送、摩托化开进三条原则。

【征兵工作】 2010年，征兵工作实现了“确保兵员征集质量、确保征兵政策改革、确保公平公开公正、确保廉洁征兵不出问题”的要求。9月16日，自治区政府、军区召开了全区征兵工作电视电话会议。总结了2009年全区征兵工作，部署了2010年冬季征兵任务，表彰了2007～2009年全区征兵工作先进单位和先进个人，制定颁发了新的全区兵员征集办法。士官直招任务也于6～8月份圆满完成 。

【北京军区党委巡视组到内蒙古军区部队检查工作】 北京军区党委巡视组9月至11月底，对内蒙古军区部队进行了巡视检查。为迎接北京军区党委巡视组检查工作，军区9月25日召开了动员大会。军区司令员刘志刚主持会议，北京军区副政委杨建亭讲话，巡视小组组长方文平、专员韩宝恒分别传达了北京军区司令员房峰辉、政委刘福连在北京军区巡视干部培训会议上的讲话精神，军区政委吴合春代表军区党委发言。巡视组先后到兴安、锡林郭勒、乌兰察布等军分区及军区机关直属队等，对被巡视单位党委班子及成员在贯彻执行党的路线方针政策和党中央、中央军委及北京军区党委决议、决定、命令、指示等8个方面的情况进行了巡视监督。

【自治区党政军慰问团慰问北京军区驻训部队】 10月9日，自治区党政军慰问团赴驻区某训练基地慰问北京军区驻训部队。并向北京军区驻训部队赠送30万元慰问金。北京军区司令员房峰辉发表了热情洋溢的讲话。北京军区政委刘福连主持座谈会。北京军区副司令员段端武、副政委黄建国及内蒙古军区司令员刘志刚、副司令员海力斯等参加了慰问活动。

（孙新春　闫世明　黄述凡　马毓秀　高宇）

中国人民武装警察部队内蒙古总队

【领导名录】

总队长：张国兴（少将）

第一政治委员：赵黎平

政治委员：张如平（少将）

副总队长：莫德勒图（蒙古族　大校）　卢穗秋（大校）

祁殿喜(蒙古族 大校)

副政治委员:张 旭(大校)

参谋长:范武茂(大校)

政治部主任:贺海涛(大校)

后勤部部长:王东海(大校)

【概况】 中国人民武装警察部队内蒙古自治区总队1983年1月重新组建,1999年1月由正师级调整为副军级。

【党委班子建设】 建立对支队级班子“调学、考学、评学、讲学、述学”五项制度,坚持理论学习月讲座、走出去参观学习、定期组织学习体会网上交流、对班子成员进行年度理论考核,总队与支队、党委与机关“双同步”学习办法,指导各级采取集中培训、在职锻炼、岗位交流、选送入学、下基层代职等形式,全年选送培训干部222人。加强支队级班子建设,年初对部分支队级班子成员作了调整交流,对支队级班子成员进行民主集中制培训,制定下发《加强支队级党委班子建设的实施办法》,把加强党课教育作为提高各级党组织科学化水平的有效途径,全年讲授党课60余课。明确提出“宁肯几年不出名,也要把基础打过硬”的口号,引导各级抓基层打基础;年初出台抓部队建设“三招”、“五法”和“稳住、盯紧、抓实、管严、帮好”十字年度工作要求;建立“普遍帮一遍、重点帮几个、一年帮全程”的责任帮扶机制,总队党委常委4次带工作组下基层调研帮建。落实军队《惩治和预防腐败体系2008~2012年工作规划》和总部《实施办法》,突出加强对团级以上干部尤其是主官的管理教育;坚持阳光操作,集中一周时间,以支队为单位,认真进行风气建设教育整顿,着重解决“正派做人、廉洁从政、健康交往、令行禁止”4个问题,总队派出6个检查组进行专项督查,确保教育整顿效果。

【思想政治工作】 在总队、支队两级党委机关集中开展“建设学习型党委机关、争做学习型领导干部”学习教育,全年组织两期师团职干部理论集训;把培育当代革命军人核心价值观主题教育作为年内思想政治建设的“重头戏”,在乌兰察布市支队先行试点,深化教育内容,达到教育效果。加强对学习实践科学发展观活动指导,建立“党委统一领导、政治部门主抓、领导带头参与”的责任机制;年内,对总队各级党支部正副书记进行培训;落实组织生活制度,在呼和浩特市支队组织试点,增强创先争优的操作性;结合纪念建党89周年,集中表彰23个先进基层党组织、50名优秀党务工作者。抓好月课培训,认真做好一人一事思想工作;加大干部骨干培训力度,总队先后组织中队长、指导员、司务长、特战队员和基层中队“六小骨干”(班长、“三互”小组长、思想工作骨干、军械员、安全员、心理工作骨干)培训;指导部队深入抓好新兵工作,建立政治委员主抓新兵思想政治工作责任制;总队、支队建立健全心理工作领导小组,突出做好个别人管控和转化工作;做好任务中政治工作,指导部队及时抓好职能任务和形势政策教育,加强对执勤、处突中政治工作法规的学习培训,确保中心任务完成。

【完成中心任务】 在全总队掀起军事训练热潮。坚持按纲施训,突出实装实兵实战训练和新装备操作等难点课目训练;加强训练基地和教导队建设,完成新兵教育训练、勤训轮换和专勤专训、教练员比武、侦察兵业务考核、狙击手集训任务;集全总队之力,完成武警部队“三项军事活动”承办任务;投入兵力参加上级组织的处突反恐演习。适应边疆总队任务特点和反恐处突严峻形势,狠抓执勤“四防一体化”建设,深入开展执勤“百日会战”活动,采取措施积极进行勤务分类治理、执勤等级评定和岗楼哨位阵地建设,运用挂账销号办法,排查解决固定执勤隐患;积极改善执勤设施,为“两看”目标建成AB门、安装钢网墙和刀刺网、增设监门哨;对支队、中队两级勤务值班室进行信息化改造,90%以上达到“一点一屏”、“一哨一屏”要求;看押目标全部完成应急兵力前置部署。年内,处置有碍目标安全问题18起。建立自治区、盟市、旗县、执勤目标4个层次反恐力量体系,争取自治区、盟市两级财政支持改善装备、加强训练,深化对反袭击、反爆炸、反劫持、反劫机、核心区武力突击、边境地区防“端窝”等重要样式的实战准备,组织参加国家“长城7号”反恐演习。年内,投入数千兵力,圆满完成重大临时勤务,配合公安机关执行“风暴”行动。

【部队管理教育】 以人员、车辆、枪弹管理和八小时以外活动为重点,开展安全隐患排查。组织基层“十大员”安全技能教育训练,开展“刹酗酒、守纪律、树形象”专项教育整顿,组织新条令学习,开展条令知识竞赛活动。组织一期师团和部分营职干部参加的依法从严治警集训。以驻呼部队为机关基层正规化建设示范点,制定下发《实施细则》。总队、支队两级成立执勤和管理“双查”组,昼夜对部队进行多层次、大密度检查和录像讲评。严格兑现奖惩,年内,48个单位和216名官兵受到总队以上表彰奖励。推行士官制度改革,对全总队各类专业士官岗位进行公正选取套改。组织老兵退伍,确保退役老兵安全返乡。加强装备管理,落实武警违章车辆抄告制度和打击假冒武警车辆制度，查纠违章车辆、收缴过期假冒武警牌照、查扣假冒车辆。

【基层建设】 组织部队进行《建设现代化武警纲要》（以下简称《纲要》）专题学习，组织参加总部支队（团）主官《纲要》网上培训；采取集中办班、以会代训等方法，分批对机关和基层大、中队干部普遍轮训；把《纲要》培训与基层党支部书记培训结合起来，推广第三支队认真组织基层“六小骨干”培训的做法。指导各支队明确抓艰苦偏远中队补课赶队的任务、方法、步骤，列出清单、分类排队、挂账销号，解决艰苦偏远中队多年难以解决的问题。对连续5年未进入先进的支队和中队、“四配套”不达标的中队以及小散远直单位进行重点帮建。重点加强基层主官配备、基层干部事业心责任感教育和基层干部大练基本功活动。为生活困难干部发放救济金，帮助官兵解决涉法问题18起，组织优秀基层干部、好军嫂及家属疗养。

【后勤保障】 建立健全各级后勤应急保障机构，修订完善应急保障预案，调整总队机动保障大队抽组方案；组织两级后勤机关多次进行应急保障演练，提高快速反应、随机保障能力。依据可能发生的黄河凌汛、森林防火、处置群体事件等情况，对呼和浩特市、赤峰市、呼伦贝尔市、巴彦淖尔市4个战备保障区储备物资作进一步量化和充实。以呼和浩特市支队为试点，制定《进一步完善和规范“四项设施”配套建设的意见》、《基层中队“四项设施”配套建设实施细则》，全总队“四项设施”基本配套率达到99.1%，完全配套率达到65%。投入资金开展为基层服务的暖心工程和情暖哨位活动，专项解决2个大、中队吃水不达标问题，部分旗县中队实现就地医疗。抓“四类经费”和险点部位管理，建立完善“三会、四定、一责任”的固定资产管理机制。对所有支队级单位2009年度决算和2010年度预算安排及执行情况进行审计，完成所有大项工程审计和领导干部任期和离任经济责任审计。对所有已安装使用的军械库、兵器室联控系统进行升级改造。完成总队战备油库、2个支队加油站的建设任务，对所有油料库（站）进行全面安全检查，安装加油站IC卡识别系统。

【自治区党委专题研究贯彻《武警法》】 1月26日，内蒙古自治区党委召开常委扩大会议，研究贯彻《人民武装警察法》、加强边疆武警现代化建设问题。会议由自治区党委书记胡春华主持，自治区党委常委、自治区政府有关领导、武警总队党委常委、自治区有关部门主要负责人共70人出席会议。总队政委张如平就近年来总队全面建设情况向自治区领导作汇报。自治区党委书记、人大常委会主任胡春华和党委副书记、政府主席巴特尔分别作重要讲话。

【处置突发事件反恐课目演示】 3月31日，总队组织进行处突反恐课目演示。自治区党委书记、人大常委会主任胡春华，党委副书记、自治区主席巴特尔，内蒙古军区司令员刘志刚，自治区党委副书记、自治区常务副主席任亚平，党委常委、政法委书记邢云，党委常委、呼和浩特市委书记韩志然，党委常委、党委秘书长符太增，自治区副主席连辑，自治区主席助理、公安厅厅长、总队第一政委赵黎平，内蒙古军区参谋长郧建华等党政军领导现场观看演习及装备展示，并专门听取总队汇报，看望参加演习的官兵。各级领导对总队官兵表现出的良好精神状态、过硬军事素质、顽强战斗作风给予了充分肯定和高度赞扬。

【重大临时勤务】 6月7～10日，总队完成中共中央政治局常委、中央政法委书记周永康一行在锡林郭勒盟、鄂尔多斯市、呼和浩特市视察期间的警卫勤务。7月15～18日，总队完成中共中央政治局常委、中纪委书记贺国强一行28人在包头市、鄂尔多斯市、呼和浩特市、乌兰察布市视察期间的警卫勤务。7月25日～8月10日，原中共中央政治局常委、中纪委书记吴官正一行11人，先后在呼伦贝尔市、鄂尔多斯市、包头市、呼和浩特市视察。完成首长住地、活动现场外围警戒、专用交通工具守护和机动备勤任务。

【处突反恐演习】 8月25～26日，总队组织全区部队两级首长机关和驻呼、包部队“卫士—10”实兵检验性演习，先后完成抽组机动、平息事态、驻守维稳3个阶段9个课题的演练。9月27～28日，内蒙古自治区反恐怖工作协调小组在鄂尔多斯市举行“护城河—04号”反恐演习。总队动用“天鹰 WJ－2”侦察飞行器、无人侦察机、防弹运兵车和攀登突击车等先进装备及部分兵力和车辆，圆满完成演习任务。

【抢险救灾】 1月4日凌晨，乌兰察布地区普降暴雪，气温降到－28℃。集通铁路和呼海大通道商都段铁路、公路运输受到严重影响，3列火车、100余辆汽车被阻，近1 600余人被困车内达15小时。乌兰察布市支队快速反应，累计出动186名兵力、车辆10台，历时22个小时，行程360余公里，运送防寒物品和食品10余吨，清除积雪5 000立方米，救助受困人员及受灾群众3 500余名、车辆120余辆，完成抗雪救援任务。

3月1日7时29分，乌海市海南区骆驼山煤矿（隶属于神华能源集团）发生透水事故，井下作业的77

名矿工有46人获救,31人被困井下。乌海市支队紧急出动兵力赶赴抢险现场,完成外围警戒、抢险救援和机动处突任务。

3月19日16时许,由中铁十二局施工的集包线新建旗下营隧道发生塌方事故,有10人被困。乌兰察布市支队由40名武警官兵组成的先期救援队伍迅速展开行动。连续工作近30个小时,抢救被困人员。

12月1日,自治区东部部分地区遭受30年未遇的强降雪,兴安盟科右前旗平均积雪厚度达30厘米,局部积雪达1米,严重影响交通和人民群众生产生活,造成直接经济损失近1.94亿元。总队迅速组织兵力,与地方政府、各界群众共同展开抗击雪灾大会战,清理积雪,疏通道路,打通向灾区运送草料、粮食的生命线。

【武警绿化基地揭牌】 4月23日,内蒙古总队在呼和浩特市新城区举行"武警绿化基地"揭牌仪式。总队长张国兴、政委张如平带领机关部门以上领导及驻呼部队500余官兵参加仪式。自治区林业厅、呼和浩特市有关领导和人民群众参加此次活动。官兵们种植5 000余株树木。"武警绿化基地"由地方政府在大青山南麓划分600余亩荒山,由林业部门提供苗木,武警总队负责建成一个园林式的景区,为呼和浩特市民提供休闲、郊游的场所。

【郭纯入选"时代先锋"】 武警内蒙古总队医院院长郭纯扎根边疆40年,从医35年,多次被武警部队和内蒙古自治区表彰为"先进医务工作者"、"优秀科技专业干部"、"优秀共产党员"、"中青年学科带头人"、"民族团结进步先进个人"和"道德模范",荣立二等功1次、三等功2次,被草原农牧民亲切地称为赛额木其(蒙古语:好大夫)。中宣部将其作为"时代先锋"在全国全军范围内进行宣传,新华社、中央电视台、解放军报、人民武警报等十多家中央级媒体的记者对郭纯进行采访,并连续报道他的先进事迹。

(何溢春 刘树伟)

中国人民武装警察部队内蒙古自治区森林总队

【领导名录】

总队长:张忠国(大校 12月离任)
杨宇光(大校 12月任职)

第一政治委员 党委第一书记:郭启俊(兼 10月离任)

党委第二书记:高锡林(蒙古族 兼)

政治委员:张维国(大校)

副总队长:韩亚民(大校) 马国兵(大校 4月离任) 张富(大校 4月任职) 朱宁力(上校)

副政治委员:哈斯(大校 蒙古族)

参谋长:陶谦(大校)

政治部主任:王和(大校 9月离任) 张福彦(大校 9月任职)

后勤部部长:姜德明(上校)

【概况】 中国人民武装警察部队内蒙古自治区森林总队(简称武警内蒙古森林总队),正师级。1952年成立,1987年8月起列入武警序列。1999年2月,调整领导管理体制,隶属武警森林指挥部领导管理。下辖大兴安岭、赤峰市、通辽市、呼伦贝尔市、兴安盟和锡林郭勒盟6个支队。总队机关驻呼和浩特市赛罕区展东路33号。

2010年,在武警党委、指挥部党委和自治区党委政府的正确领导下,坚持以邓小平理论和"三个代表"重要思想为指导,深入贯彻落实科学发展观,着眼有效履行职责使命,准确把握特点规律,扎实抓好各项建设,圆满完成了以防火灭火为中心的多样化任务,部队建设呈现全面协调持续发展的良好局面。

【思想政治建设】 把学习实践科学发展观作为一项长期的政治任务,搞好第二批学习实践活动"回头看",整改落实第三批学习实践活动,研究制定常态化措施,推动了学习实践活动向深度和广度发展。开展培育和践行当代革命军人核心价值观主题教育,召开基层思想政治教育准备会,开展优秀政治教员评比和"四会"技能竞赛,组织"四爱"为主题的系列文化活动,周宝华被指挥部表彰为"践行当代革命军人核心价值观先进个人",白呼和被评为首届森林部队"十大绿色卫士"。贯彻落实武警部队经常性思想工作会议精神,组织网上业务培训,广泛开展"深知兵、真爱兵"和政治干部岗位练兵活动,经常性思想政治工作质量明显提升。发挥心理工作服务平台作用,开展第6个法律服务到基层活动,妥善解决了5起官兵涉法问题。加强任务中政治工作,精心组织弘扬战斗精神专题教育,开展火线立功、入党和创模活动,火场政治工作扎实有效。开展新闻宣传工作,全年在中央级媒体刊稿300余篇。支援西部大开发,广泛参与扶贫帮困、公益捐助活动,共捐款30余万元,投入扶贫资金24万元,义务植树3.5万余株。中央领导先后两次视察锡盟支队，对部队维护边疆稳定和建设生态文明做出的贡献给予了充分肯定。

【中心任务】 召开春防专题会议，派出前进指挥所，组织交叉巡回检查，狠抓战备工作落实，部队保持良好战备状态。依法按纲施训，全面实施新兵基地化训练，开展首长机关带实兵演练，部队野外化模拟化训练，举办军事业务骨干集训，组织军事业务技能比武竞赛，部队遂行任务能力明显提升。注重提高军事保障能力，举办6期专业技术兵培训，调整配备4 300余件灭火装备，完成4个单位超短波通信网扩建和改造，签订中蒙两国边境防火协议，把握了防火灭火工作主动权。总队东北指挥中心启动运转，较好地发挥了4种功能，基地化指挥平台的优势初步显现。针对夏季火灾多地同时爆发、用兵单位灭火理念调整的实际，采取靠前指挥、靠前驻防、前出机动等超常措施，部队快速反应、快速到位、快速扑救，完成了64起森林(草原)火灾扑救任务，特别是大兴安岭林区夏季灭火战斗和支援俄罗斯灭火备勤行动，得到了国家林业局、武警总部和指挥部的充分肯定。按照指挥部统一部署，承办了森林部队教练员集训暨教练员比武和新疆总队60名官兵灭火业务培训任务。

【正规化建设】 开展新条令学习，广大官兵的条令意识、纪律意识和号令意识进一步增强。贯彻武警总部从严治警集训精神，举办依法从严治警暨正规化管理集训，解决认识不统一、建设不规范、工作标准低等问题，部队正规化建设水平得到提升。坚持安全工作形势分析和讲评制度，抓住敏感时期、重点时段和薄弱环节，集中开展3次专项教育整顿和安全隐患排查，派出二十余个工作组深入基层蹲点检查指导，有效防范重大安全问题。

【基层建设】 开展"学纲要、练内功、抓落实"活动，举办基层党委(支部)书记培训班，各级按纲抓建的意识和能力明显增强。搞好基层建设特点规律研究，制定下发《关于进一步规范基层建设秩序的意见》，科学规范"双争"评比，基层建设秩序进一步规范。以创先争优活动为抓手，加强基层党组织建设，全年有24个基层党组织、103名党员受到总部、指挥部和总队通报表彰，调动了基层党组织和广大党员创先争优的积极性和主动性。加大考帮建力度，总队对6个支队和直属单位党委班子进行了普遍考察和重点帮建，各支队精心组织季度考评、双向讲评、蹲点帮扶，推动了基层建设全面发展和整体提高。大兴安岭支队、锡盟支队被指挥部表彰为基层建设先进支队。

【综合保障能力】 完善各类预案，严密组织后勤专业训练、应急保障演练和技术骨干培训，投入防火灭火专项经费3 282万元，为部队遂行任务提供了有力保障。狠抓后勤科学管理，逐级签订责任书，严格审查各类经费支出计划和行为，下拨公用经费3 678万元，审计金额1.45亿元。加强后勤直属单位建设，新建仓库、修理所、军械库投入使用，实现了物资、枪弹集中统管，装备物资保障能力和安全管理水平提升。推进医疗制度改革，900余名干部及"双无"家属先期纳入内卫部队医疗保障体系。加大基本建设力度，年度投入经费1.24亿元，下达58个建设项目，已开工51个，竣工44个，部队基础设施得到改善。坚持试点先行，成功举办"四项设施"建设管理现场会，规范建设标准，推动了建设进程，基本配套率达到100%。五岔沟大队试点经验被指挥部转发。

【党委班子建设】 落实党委中心组学习、个人自学和理论研究等制度，制定加强学习型党委班子建设20条措施，在两级党委机关集中开展"建设学习型党委机关，争做学习型领导干部"专题教育。5名总队党委常委的课题研究被指挥部评为优秀理论成果。加强党风廉政建设，开展风气建设教育整顿和"读书思廉"活动，制定总队基层风气建设评估实施意见，对敏感问题进行全程监督检查，党委班子的公信度和感召力提高。贯彻总部两个《考核办法》，全年共调整营团职干部58名，干部队伍结构进一步优化。加强现代化建设研究，组织开展专题教育，深入进行专项调研，研究制定《现代化建设发展规划》。

【国务院副总理回良玉一行到锡林郭勒盟森林支队视察】 1月30日，国务院副总理回良玉一行在内蒙古自治区党委书记胡春华、自治区主席巴特尔、国家民委主任杨晶等领导陪同下，到武警锡盟森林支队机关慰问全体官兵。

【武警部队政治部主任魏亮到武警内蒙古森林总队机关检查指导工作】 3月8日，武警部队政治部主任魏亮一行工作组到内蒙古森林总队机关检查指导工作，就贯彻落实好总部治"三松"、严纪律、保安全教育整顿部署会议精神，确保部队安全稳定提出了具体要求。

【武警部队副司令员息中朝莅临内蒙古森林总队检查指导工作】 6月19日，武警部队副司令员息中朝一行工作组莅临内蒙古森林总队教导队检查指导。视察了总队教导队营区环境建设、训练场地设施建设和营房建设情况。

【周永康到锡林郭勒盟森林支队机关视察】 6月8日

下午,中共中央政治局常委、中央政法委书记周永康,在内蒙古自治区党委书记胡春华、自治区主席巴特尔以及锡盟盟委书记荣天厚、盟长张国华等领导的陪同下,视察了锡盟支队机关。对支队全面建设情况给予了充分肯定,对支队在维护生态安全、维护民族团结、维护社会稳定方面发挥的重要作用给予高度评价。

【武警部队副司令员何映华赴内蒙古森林总队驻东北指挥中心检查指导工作】 7月4日,何映华赴内蒙古森林总队东北指挥中心检查指导工作。检查指导期间,看望了刚刚从大兴安岭金林火场灭火一线凯旋归来的广大官兵。

【吴双战赴呼伦贝尔市森林支队检查指导工作】 7月17日,武警部队原司令员吴双战上将莅临内蒙古呼伦贝尔市森林支队红花尔基大队检查指导工作,看望大队全体官兵,察看了官兵的工作、生活环境。高度评价了森林部队取得的优异成绩,肯定了部队在保护国家生态资源、维护社会稳定和处置突发事件等任务中做出的突出贡献。在红花尔基林业局查看了森林防火远程视频监控系统,对森林防火信息化建设取得的成果给予充分肯定,要求加强警地一体化建设,森林部队和地方林业要密切协同,相互配合,共同完成好守护祖国北方绿色林海的重任。

【白呼和被武警森林指挥部表彰为首届森林部队“绿色卫士”】 白呼和,男,蒙古族,内蒙古通辽市人,1964年11月出生,1983年10月入伍,大学学历,中共党员,现任内蒙古森林总队司令部通信修理技师,一级警士长。入伍27年来,他努力学习、刻苦钻研,成长为总队通信领域不可或缺的专业人才。他参加大小灭火战斗100多次,特别是2002年的“7·28”特大森林火灾,为抢修供电设备、架设天线,他爬上十几米高的大树,由于连日没有休息从树上滑下,胳膊和腿被刮得血肉模糊。曾荣立二等功2次、三等功1次,15次受嘉奖,多次被总部、指挥部和总队评为优秀共产党员,被内蒙古自治区政府评为劳动模范,被四总部、武警总部评为优秀士官,获得“全军士官优秀人才奖”一等奖,被选为29届奥运会奥运火炬手。

(赵厚成)

内蒙古公安消防总队

【领导名录】

总队长:王秋彧(5月离任) 汪浩(5月任职)

政　委:张　剑

副总队长:田力生 刘凤鸣 许建民(10月任职) 葛相君(5月离任) 黄锦良(5月任职)

副政委:刘海涛

司令部参谋长:许建民(10月离任) 王晋忠(10月任职)

政治部主任:崔慧才

后勤部部长:姜海涛(蒙古族)

防火部长:淡永再(10月任职)

【火灾概况】 2010年,全区共发生火灾8 785起,死亡47人,受伤13人,直接财产损失5 239万余元,与上年相比,起数和损失分别下降6.1%、2.0%,死亡和受伤人数分别上升30.6%和44.4%,其中,较大火灾3起,死亡10人,直接财产损失55.2万元,与上年相比,起数增加1起,死亡人数增加4人,损失上升665.4%(上年较大火灾损失7.2万元);未发生重大、特别重大火灾。

【消防责任制】 年初,自治区政府召开工作会议,部署消防工作,自治区副主席连辑与各盟市和各大企业签订了2010年消防工作责任状。提请政府出台《建设工程施工人员住宿场所消防安全管理暂行规定》等规章制度,推动重点场所火灾整治工作。全年盟市级以上政府召开会议研究消防工作124次,盟市级以上党委政府领导带队调研和检查消防工作443次,解决影响消防事业发展的难题。

【执法监督】 推进“防火墙”工程,部署开展以大型电力化工企业、易燃易爆单位和公众聚集场所、高层、地下建筑为重点的专项整治行动,发现并整改火灾隐患2.5万余处,责令“三停”单位611家,行政拘留178人,罚款2 376万元,临时查封238处,政府挂牌整改火灾隐患137处。开展消防执法质量考核评议、消防监督执法示范单位考评工作,举办窗口单位“文明杯”规范化服务竞赛活动和“创建人民满意的消防监督执法队伍”活动。

【社会宣传】 与内蒙古电视台联合摄制消防贺岁片《我们村的消防队》,开展消防宣传进社区活动、“消防安全教育示范学校”创建活动和新《消防法》宣传、“快乐家庭 平安相伴”主题活动及“119消防日”等一系列活动,增强消防宣传的深度和广度,提升消防常识普及质量。全区消防部队在国家级媒体刊播稿件205篇,其中中央电视台562篇,中央人民广播电台26篇,国家级报刊上稿117篇,自治区媒体刊播稿件1 754篇,在门户网站上稿万余篇。

【训练执勤】 开展打造消防铁军工作，组建125个灭火救援攻坚组，举办全区消防部队打造铁军比武竞赛，参加全国“打造消防铁军”北方地区比武竞赛，举办“蒙陕两地跨区域灭火救援实战演习”，自治区政府依托公安消防部队挂牌成立了自治区综合应急救援总队，全区12个盟市挂牌成立综合应急救援支队，68个旗县区挂牌成立综合应急救援大队。全区消防部队共接警11 538起，出动消防车19 000辆次，消防官兵112 345人次，抢救被困人员5 926人，抢救财产价值104 415万元，成功处置了以集通铁路冰雪灾害事故、长呼天然气管道泄露事故、乌海骆驼山煤矿透水事故、乌兰察布斗金山在建铁路隧道塌方事故等一系列急难险重任务。

【队伍管理】 开展团职干部“一推双考”，调整提拔团职干部133人、营职干部316名，高配22个大队主官、54名干部为副团职，优化干部队伍结构；依法从严治警，加强部队廉政建设，全面推行精细化管理，开展作风纪律教育整顿、“安全双百日竞赛”和“五无创建”活动，部队预防事故案件能力明显增强，全年未发生等级以上责任事故，未发生严重违法违纪案件，总队被公安部消防局评为“安全工作先进单位”、奖励人民币50万元。总队党委被公安部消防局党委评为“全国公安消防部队先进总队党委”。

【部队建设】 全年累计投入消防业务经费563 298万元，比上年递增23.51%。全年投入资金63 000万元，新改扩建营房59个，其中支队级指挥中心建设项目3个，消防队站建设项目56个，有26个消防队站建设竣工，总队防灾救灾训练基地已投入使用，防灾救灾指挥中心即将竣工。全年投入资金13 000万元，新购执勤车辆125辆、器材装备21 580件（套），官兵工作、生活、执勤、训练条件明显改善。

（白田明）

内蒙古公安边防总队

【领导名录】

总队长：陈怀树（5月离任） 王正平（9月任职）

政　委：孙希良（7月离任） 许群杰（7月任职）

副总队长：秦学伟 史祯平（4月任职）

副政委：白亚洲（蒙古族）

参谋长：史祯平（4月离任） 陈学军（4月任职）

政治部主任：宝　山（蒙古族）

后勤部部长：张海峰

【维稳工作】 完成上海世博会、广州亚运会边防安全保卫任务。开展“涉危物品专项治理”、“边境社会治安整治冬季行动”、“反偷渡走私专项行动”、“学校幼儿园及周边地区治安专项整治”、“2010严打整治”等行动。全年共破获刑事案件160起，查处治安案件1 935起，打击处理违法犯罪嫌疑人1 336人，抓获在逃人员44人。查获偷越国（边）境案件32起，走私案件17起。查获涉毒案件9起，打掉特大种植、制造、贩卖毒品团伙1个，抓获犯罪嫌疑人10人。侦破了“8·16”走私武器弹药案。建立了东北四省区联席会议制度，深化区域警务协作。与俄、蒙边防机构举行高级会谈3次，签署合作文件3份，举办联合处突演练5次，协同处置口岸突发事件6起。总队蝉联全区“平安稳定创建先进厅局级单位”和“参与社会治安综合治理工作优秀单位”。

【爱民固边】 下发《关于进一步深化爱民固边战略的意见》，爱民固边战略被纳入省区级党政工程。22个模范村实现刑事案件“零发案”，8个模范村被自治区综治办命名表彰，452名民警兼任464个行政村（社区）村官，覆盖97%的边防辖区行政嘎查村（社区），群众满意率、安全感达98%以上。11月21日～12月17日，呼伦贝尔市、兴安盟、锡林郭勒盟等地相继遭受强暴风雪等灾害天气，全区部队先后出动警力2 647人次、车辆814台次，救助被困群众1 470人、车辆234台，找回暴风雪中失散人员85人，运送救灾物资110.9吨，筹措救灾物资33万元，调拨汽油24吨，捐款5 000元、捐物871件，为受灾群众送云米、面、粮、油等生活日用品3万公斤，加固牲畜棚圈313间，转移牲畜15 900头（只），抢运饲料182吨，编播气象信息236条，群发防灾手机短信息30 111条，消除安全隐患357处，挽回经济损失569万余元。

【边防检查】 把2010年确定为边检“勤务规范年”。完善《边检勤务中心视频督察工作制度》，制定《提服视频督察评分细则》、《梅沙系统业务使用操作规范》，促进官兵服务定式养成。开展“提高边检服务水平回头看”和“强化法制理念，提升执法素质”主题教育活动，发现整改8类54个业务问题。在甘其毛都、满洲里边检站实行了车辆“快捷通”系统及自助通关系统试点建设，提高通关效率，提升管控能力。全年共检查出入境人员361.1万人次、交通工具94.1万辆（架、列）次，查处违法违规人员164人次，实现了零投诉、零差错。

【草原 110 建设】 召开"第九届中国地方政府创新论坛暨草原 110 与社会管理创新"理论研讨会,完善草原 110 边境地区社会治安综合治理多主体联动、应急管理指挥、公共服务的"三大系统"职能定位。推动自治区草原 110 领导小组召开第二次全体会议,研究部署了今后一个时期草原 110 建设任务。配合公安部调研组完成草原 110 建设调研,调研成果受到中央、公安部及自治区领导的高度关注。草原 110 荣获第五届"中国地方政府创新奖",入选"2006~2010 影响内蒙古法治进程十大法治事件",被自治区公安厅确定为全区社会管理创新的重点项目之一。

【基层基础建设】 四级网开通率达到 99.1%。97.3% 的派出所开通了视频会议系统,98.2% 的派出所启用警务综合平台,62.8% 的派出所实现网上办案,95.7% 的责任区民警开通了移动警务通;口岸边检现场实现视频监控全覆盖和总队远程监控。制定《公安边防派出所建设规定五十条实施细则》,5 个边防派出所晋升二级派出所、1 个边防派出所晋升一级派出所。新建、翻建、维修了 24 个单位的营房,解决了 38 个单位吃水、取暖、照明、晒衣困难,新建、维修、改造温室、牧场 32 处,装配车辆 82 台。

【队伍建设】 总队被自治区公安厅评为"实绩突出部门"。在全区公安系统散打比赛中摘得现役组 13 个级别全部金牌,以绝对优势蝉联金牌和奖牌榜首;在公安边防部队专训机构教员教学能力竞赛和标兵教练员评定中,4 人获奖。11 个单位、2 名个人被驻地党委政府评为拥政爱民先进单位和先进个人;10 个单位、10 名个人被评为全区民族团结进步先进集体和先进个人;32 个单位进入了自治区文明单位行列。布仁达来被评为"全国公安机关爱民模范"和"全国边防海防先进个人",当选"内蒙古十大法制新闻人物";苏雅拉被授予"自治区先进工作者"和"内蒙古青年五四奖章";张勇当选"第二届全区敬业奉献道德模范"。

(王孝东 何 伟)

人民防空

【内蒙古自治区人民防空办公室领导名录】

主 任:白和平(蒙古族)

副主任:韩国刚(蒙古族) 孙保平 吴为民(12 月任职) 王玉栓(12 月离任)

副巡视员:崔静(女 9 月任职) 刘法德(7 月离任)

【概况】 内蒙古自治区人民防空办公室是自治区人民政府的直属机构,是人民防空工作的主管部门,是自治区国防动员委员会的常设办事机构,正厅级。内设综合处、人事处、法制宣传处、财务处、指挥通信处、工程处、机关党委、离退休人员工作处。人员编制 38 人。下辖机关事务服务中心、人防指挥信息保障中心、人防工程质量监督(定额管理)站、人防建筑设计研究所、人防培训中心 5 个事业单位。

【业务应急训练】 全区人防系统加强训练演练,防空防灾应急能力提高,完成防灾救灾通信保障任务。为了提高机关干部的综合能力,组织了"城防-2010"全区人防机关网上防空袭研究性演习。为检验人防专业救援队的应急能力和跨区支援能力,在巴彦淖尔市召开了全区"两防一体化"建设暨重要目标防护跨区支援行动现场会。组织部分盟市应急指挥车辆参加了自治区地震救援演练。自治区人防办和各盟市人防部门调剂使用直属事业单位人员组建了人防特种救援队伍,展开了应急救援训练;自治区人防办、赤峰市人防办购置了特种救援车,配备先进的救援装备器材,初步具备随时应急的能力。

【信息化建设】 完善人防指挥信息系统建设,全区各盟市人防部门实现了与自治区人防专网、政府政务网、军网的互联互通。盟市与旗县人防"三网合一"基本实现。

【人防指挥设施建设】 全区人防基本指挥所、人防应急指挥中心和移动指挥平台建设成效显著。自治区本级和 70% 以上的盟市建设了防空防灾应急指挥中心、完成基本指挥所主体建设和改造,建设了移动指挥平台。

【通信警报建设】 国家人防重点城市人防警报基本实现统控。警报音响覆盖率达到 95% 以上,鸣响率 100%。

【依法筹措资金】 依法筹集人防建设资金 3 亿元,比上年增长 30 %。

【平战结合】 平战结合收入完成 2 682 万元。

【人防工程建设规划编制工作】 按照自治区政府办公厅《关于编制城市人民防空工程规划通知》要求,7 个盟市及 9 个旗县人防工程规划编制工作基本完成。

【人防法制建设】 加强人防立法和执法监督工作,与自治区建设厅联合下发《关于加强人民防空建设管理的通知》,为规范人防工程建设提供了保障。开展贯彻落实《人防法》、自治区《实施办法》自查互查，对兴安盟、通辽市、锡林郭勒盟、乌兰察布市、乌海市进行抽查。配合自治区政府督查室对贯彻落实自治区127号文件情况进行了督查，配合自治区人大内司委进行了人防执法检查。自治区人防办在全区12个盟市和49个委办厅局行政执法部门检查评比中被评为工作突出单位；自治区人防办被自治区政府评为全区规范性文件制定和备案审查先进集体。

【人防执法检查】 全区各级人防部门依法查处各类违法案件130起，补建人防工程16 918平方米，追缴人防工程易地建设费1 848.7万元，索赔18万元，无行政复议案件，无败诉案件和国家赔偿案件。

【机构改革】 加强自治区人防办公室机构"三定"后机构设置管理相关工作。细化了内设机构主要职责和具体工作，明确内设机构的人员和岗位。在自治区机构编制委员会的专门评估中得到肯定。

【"十二五"人防发展规划编制】 向自治区人民政府呈报了《关于将自治区人民防空建设规划纳入自治区第十二个五年发展规划、重点专项规划的请示》，自治区"十二五"人防发展规划被自治区列入"十二五"专项重点项目规划，规划评审稿通过自治区专家组评审。

【人防宣传教育】 全区完成初级中学防空教育390所，大专院校防空教育19所；各级党校、行政学院人防教育68所。旗县以上初级中学、大专院校和党校、行政学院人防教育已达到普及，21万余人受教育。

充分利用广播、电视、报纸等媒体，采取发表领导讲话或署名文章、邀请领导出席人防重大活动等形式，加大宣传力度。邀请国防大学知名教授为党政机关、企事业单位领导干部作国家安全形势专题报告。开展了新中国人民防空创立60周年庆祝活动，自治区人防办公室获得国家人防办组织人民防空创立60年大型活动特别贡献单位奖。

【旗县人防机构】 全区91个旗县人防机构，单独设置11个，挂靠政府办公室58个，挂靠建设部门22个。旗县人防机构增编了专职副主任和2～3名工作人员，基本上解决了过去旗县人防依法行政执法主体资格不合法的问题。

【政务公开】 加强组织领导，强化政务公开工作的责任落实；强化政务信息公开工作的主动性；建立规章制度，强化人防机关政务公开工作及政务信息报送工作；抓载体公开，强化拓展政务公开工作的形式和内容；强化监督检查，逐步完善了政务公开工作制度。全年共计公开政务信息712条，收到各类咨询、意见、建议10条，全部公开回复。接受了自治区政务公开考核组的考核检查，受到好评。

【政风行风建设】 "以建设服务型机关为目标，以关注民生、服务群众为主线"，狠抓行风建设责任制的落实。

制定了《2010年自治区人防办政风行风建设责任制若干规定》、《内蒙古人防办2010年民主评议政风行风工作实施方案》，建立了行风评议工作机制。采取灵活多样的方式，多层次、多方位地听取干部职工和社会各方面的意见，虚心接受群众的监督。在自查自评中，对群众提出的建议意见，采取了相应的整改措施。

【机关党建】 在创先争优活动中，各支部完善了党员活动室、党建资料、党内制度、办公设施等。党员队伍建设得到加强。党员的身份意识、先锋意识、为民服务意识明显增强。为激发党员爱国热情，"七・一"组织了升国旗仪式，全办106名党员参加了仪式。

【干部培训】 在上海民防办的支持下，分两批先后组织了自治区人防机关、直属单位和盟市人防办部分科级以上干部赴上海进行为期一周的民防专业培训，通过听取讲座、实地考察、座谈交流等形式，全面系统地学习了民防业务知识。

【帮扶工作】 按照自治区党委、政府总体部署和直属机关工委具体安排，制定了《自治区人防办帮扶兴安盟满都拉图嘎查工作计划》。积极争取财政项目资金30万元，用于项目建设和300平方米的村委会办公、活动房配套建设。人防办工作组深入兴安盟帮扶点进行了调研、慰问，并投入10万元帮扶资金。

【人防协会建设】 机关加强对人防协会的管理。规范职能任务，充分发挥其协助人防部门进行技术培训、信息咨询、理论研究、科研论证等方面的作用，承担资质评审、设计审查、市场开发等事项。全年人防协会共协调组织3项人防工程建设项目可研论证，1次专题研讨，2次经验交流活动。

【荣誉】

受国家国防动员委员会表彰的全国人民防空先进城市2个(呼和浩特市、赤峰市)；受国家人力资源社会保障部、总参谋部表彰的全国人民防空先进集体1个(包头市)；受国家人民防空办公室表彰的全国人民防空先进单位6个(自治区人民防空办公室、呼伦贝尔市、巴彦淖尔市、乌海市、霍林郭勒市、伊金霍洛旗人民防空办公室)；自治区人民防空办公室被国家人民防空办公室评为全国人防宣传报道先进单位和组织人民防空创立60周年大型活动特别贡献单位奖。

受国家人民防空办公室表彰的全国人民防空先进个人2人(自治区人民防空办公室主任白和平、自治区人防建筑设计研究院院长郭艳萍)。

(毕新跃)

人事·劳动·扶贫开发

人力资源和社会保障

【内蒙古自治区人力资源和社会保障厅】

厅　长:赵世亮

巡视员:刘健一

副厅长:丁飞　王顺

纪检组长:武玉学

副厅长:乌伟东(蒙古族)　王燕峰(蒙古族)　王永明　杨博

副巡视员:白万宝　高生丽(女)　范金

林丛虎　孙来旺

【就业工作】

完善和落实新一轮就业政策　贯彻内蒙古进一步促进就业和鼓励全民创业、促进以创业带动就业的要求,围绕援企稳岗、促进大学生就业、鼓励创业、技能培训、农牧民工转移就业、就业援助和就业服务等,制定出台了一系列切实可行的政策措施,形成了“2+45”就业工作政策体系。

新增就业稳定增长　截至年底,全区累计实现新增就业24.65万人,完成年度计划的112%,持再就业优惠证的下岗失业人员实现再就业12.56万人,完成年度计划的114%。全区城镇登记失业率控制在4%以内。组织实施服务基层等12项促进高校毕业生就业计划,全区10.5万名高校毕业生实现就业或落实了就业去向,完成全年9万人就业目标的116.7%。通过各种就业渠道安置“就业困难对象”5.94万人,完成年度计划的119%。加强对“零就业家庭”等就业困难人员的认定和管理,完善援助措施和手段,建立就业援助目标责任制,全区认定的1 427户“零就业家庭”全部得到援助,通过各种渠道帮助1 608人实现了就业,继续保持“零就业”家庭动态归零的目标。开展了创建“返乡农牧民工创业园”试点工作,启动实施了农村牧区“零转移家庭”专项援助行动和农牧民转移“三级联创”等活动,全区农村牧区劳动力转移就业人数达246.77万人,其中转移6个月以上的184.89万人,均完成年度计划的103%。

创业带动就业　通过推广“创业培训+实训模块+小额贷款+后续服务”的运作模式,加大了对初始创业者的小额贷款支持力度,指导呼和浩特、包头、通辽、乌海等4个城市开展创建国家级创业型城市试点工作,在鄂尔多斯率先开展了“创建充分就业城市”试点工作。在全区组织实施了“创业名师带高徒”计划,已有企业领导人、创业成功人士与创业者结成300对帮扶对子。加强创业培训工作,参加创业培训5.42万人,完成年度计划的120%,其中,培训后创业成功3.74万人,完成年度计划的149%;创业带动就业13.65万人,完成年度计划的137%。全区累计发放小额担保贷款19.87亿元,完成年度贷款计划的132%。

提高劳动者就业能力　以规范培训行为、加强实训基地建设为重点,开展职业技能培训工作,组织实施了特别职业培训计划,截至年底,城镇就业培训17.52万人,完成年度计划的135%,其中培训后实现就业15.22万人,完成年度计划的146%。加大农牧民工培训投入力度,开展“订单”式农牧民技能培训试点,大力实施“农村牧区劳动力技能就业计划”和“农村牧区劳动力转移培训计划”,不断提高转移就业质量,农牧民转移技能培训15.07万人,完成年度计划的116%。全区职业技能鉴定21.6万人,完成全年目标任务的150%。通过建立健全面向全体劳动者的职业培训制度和就业服务体系,使更多的劳动者走上素质就业、技能就业道路。

【社会保障工作】　启动实施了养老保险自治区级统筹工作,制定下发了基本养老保险关系区内转移接续暂行办法,制定“五七工”参加养老保险办法,推进新型农村牧区养老保险试点工作。解决了关闭破产企业退休人员和困难企业职工的医疗保险问题,统一了城镇职工异地就医管理和流动就业人员基本医疗保险关系转移接续办法,推进基本医疗保险盟市级统筹工作,全区有6个盟市开展了医疗保险盟市级统筹试点工作,8个盟市和1个计划单列市开展了城镇居民门诊统筹试点。研究起草了全区“老工伤”纳入社会统筹政策,出台了内蒙古生育保险实施办法,探索参保患者住院单病种结算模式,顺利完成了基本医疗、工伤和生育保险乙类药品目录调整工作。

截至年底,全区基本养老保险参统430.68万人(其中企业在职职工参统292.23万人),按时足额发放了企业退休人员基本养老金,并全部实行了社会化发放。全区实行社会化管理服务的企业退休人数为113万人,其中:纳入社区管理85.5万人,企业退休人员社区管理服务率75.1%。全区共有55个旗县区开展了新型农村牧区养老保险试点工作,参保人数达到216.85万人,享受待遇48.02万人。3个盟市启动了城镇居民基本养老保险工作。全区参加失业保险230.93万人,完成年度计划的100.4%。全区累计有4.81万人领取失业保险金。基本医疗保险、工伤保险、生育保险参保人数分别达到886.37万人(其中:城镇居民参保452.83万人)、207.52万人和233.86万人,分别完成年度计划的101%、100%和102%。

再次调整了企业退休人员养老金水平,涉及106.9万人,人均增加169元,目前全区月人均达到1405元,高于全国平均水平。城镇居民医疗保险财政补助标准由每人每年80元提高到120元。12个盟市的城镇职工和居民医疗保险最高支付限额全部提高到当地职工工资和居民可支配收入的6倍以上。职工和居民医疗保险住院费用政策内报销比例,分别由上年的71.8%和55.3%提高到75%和60%以上,提前完成了年初确定的调整目标。提高了工伤人员伤残津贴、生活护理费和供养亲属抚恤金标准等各项社会保险待遇水平。

【人才队伍建设】 落实自治区人力资源和社会保障厅承担的"草原英才"工程的有关任务,起草了"草原英才"工程政策框架体系的相关意见,设立了引进海内外高层次人才的日常工作机构和"服务窗口",海内外人才联络联系机制初步形成,海内外高层次人才信息库正在筹建。组织实施了"院士引进与培养"工程,在《人民日报》发布海外高层次人才招聘公告,在上海发布高层次人才招聘信息,组织参加"2010年大连·中国海外学子创业周"和"深圳国际人才交流大会",柔性引进了5名中国工程院院士为自治区政府特聘院士科技顾问,与54名海外高层人才签订了引进意向,与北美洲中国学人国际交流中心草签了"共建内蒙古驻北美洲引进海外人才工作联络处合作意向书",举办了区外内蒙古籍高层次人才"家乡行"活动。继续深入推进"511人才培养工程"、"百人赴港培训工程"等人才培养工程,完成出国(境)培训项目17项,培训人员416人次。从旗县级医院选拔30名医务工作者到内蒙古医学院进修。选拔了"111企业经营管理人才选拔培养工程"第一层次7人、第二层次71人,将及时跟进后续培养工作。做好专业技术人员对口培训和继续教育,通过多种渠道、多种形式加强人才培养工作。"321人才(选拔)工程"已选拔第一层次人选56人,第二层次人选258人。其中,有27人入选国家"百千万人才工程"第一、二层次。推荐了40名内蒙古享受国务院政府特殊津贴专家人选,选拔了100名内蒙古有突出贡献中青年专家。完成了29个系列55个专业的高级专业技术资格评审工作,开展了中小学教师职称评审改革试点工作。全年完成12.3万余人参加的35项各类专业技术资格、执业资格考试,完成了3.8万人参加的8.4万余个模块的计算机应用能力考试。中国包头留学人员创业园挂牌成立,吸纳留学人员267名,留学人员创办、领办企业121家,成为当地经济发展新的增长点。新增博士后工作站4家,博士后工作站和博士后流动站总数达到30家。执行引进国外技术、管理人才项目67项、166人次,其中国家重点项目2项、成果示范推广项目6项,取得良好效果。编制了《2010年内蒙古重点产业人才开发专业目录》,并以内蒙古政府办公厅名义印发。

【公务员管理工作】 研究草拟了公务员录用、考核、任免、调任、奖惩等七项公务员法配套法规的地方实施办法。坚持"凡进必考"原则,切实抓好公务员考试录用工作,2010年面向社会先后组织3次公务员考试录用工作,共有11万余人参加考试,加大了从农村牧区、社会优秀基层干部和有基层经历人员的招录比例。推进公务员竞争上岗和公开遴选工作,做好公务员日常登记和参照管理单位工作人员登记工作,进一步加强公务员培训工作,对公务员管理数据库及时进行更新和维护,公务员统计工作被中组部、人社部、国家公务员局评为全优单位。开展了参照管理集中审批的扫尾工作,批复盟市、旗县779个事业单位列入参照管理范围。

【人事制度改革】 完善事业单位岗位管理实施工作相关政策,区直和盟市所属事业单位岗位设置实施方案的批复工作基本完成。旗县所属事业单位的批复工作,已完成总量的60%。推进事业单位工作人员公开招聘工作,草拟了事业单位公开招聘暂行办法,结合事业单位特点,调整了公共考试科目,2010年面向社会统一组织实施了两次区直事业单位公开招聘工作,指导14个区直事业单位自行组织实施公开招聘工作,共招聘工作人员1 855名。

【收入分配制度改革】 对内蒙古机关事业单位工资收入水平状况进行了调研分析,提出了进一步完善内蒙古艰苦边远地区类别和实施范围的初步意见,并向人社部作了专题汇报。公务员津补贴政策得到进一步规范和完善。会同教育、财政等部门,对各地义务教育学校实施绩效工资工作进行了督查,确保义务教育学校教师绩效工资足额兑现。公共卫生与基层医疗单位实施绩效工资工作正在有序推进,会同卫生、财政等部门,研究制定了指导意见,举办了骨干培训班。稳步推进工资集体协商制度的落实,促进企业建立工资正常增长机制。完善企业工资分配宏观指导和调控制度,适时调整了企业最低工资标准,四类地区标准分别由680元、620元、560元和500元,调整为900元、820元、750元和680元,发布了2010年度企业工资指导线。

【劳动关系和劳动者权益保护】 在全区35个旗县区的322个社区开展了"劳动关系协调进社区"试点工作。建立了劳动关系协调员制度、劳动关系台账和基础数据库,将劳动关系协调工作延伸到苏木乡镇、街道办事处和社区,从源头上进一步规范了用人单位的招用工行为。组织实施了小企业劳动合同制度和集体合同专项行动,全区城镇各类企业劳动合同签订率达到95%。加大了劳动监察执法和劳动人事争议调解仲裁工作力度。以贯彻实施《内蒙古自治区劳动保障监察条例》为重点,组织开展了农牧民工工资支付情况专项检查和整治非法用工打击违法犯罪专项行动,切实维护职工的合法权益。全区人力资源社会保障部门主动检查用人单位4.47万户,涉及劳动者214.24万人。通过各种形式的执法检查,补签劳动合同34.91万人,督促缴纳社保费1.56亿元,追发劳动者工资3.74亿元。在自治区有关部门联合开展的"2006~2010影响农民工法制进程的十大法制事件"评选活动中,自治区人力资源和社会保障厅推荐的"保障劳动者权益促进公平正义"被评为十大法治事件之一,劳动保障监察总队案审科科长白青峰入选"十大法制面孔"。

(李虹影)

就业服务

【内蒙古自治区就业服务局领导名录】

局　长:王又红

副局长:李广智　王林

【概况】 自治区就业服务局是受人力资源和社会保障行政部门委托,依照公务员管理,承担就业管理职能的准厅级单位。机关共设行政编制30名,实有人数29人。内设办公室、就业管理处、农牧民工管理处、失业保险处、培训处5个职能处室。

【城镇就业】 全区城镇新增就业24.65万人,完成年度计划的112%。城镇下岗失业人员再就业12.56万人,完成年度计划的114%(就业困难人员再就业5.9万人,完成年度计划的119%)。实现了"有就业愿望和能力的零就业家庭至少有一人就业"的目标。全区城镇登记失业率为3.9%,低于年初控制目标0.4个百分点。

【技能培训】 全区共培训城镇下岗失业人员17.5万人,完成年度计划的134.6%;培训后实现就业15.2万人,完成年度计划的146%。农牧民工转移技能培训15.08万人,完成计划的116%。

【创业带动就业】 全区创业培训人数5.42万人,完成年度任务的120%;培训后创业成功人数3.74万人,完成年度计划的149%;带动就业人数13.65万人。全区创业人数与带动就业人数之比为1:3.7。全区累计发放小额担保贷款19.87亿元,完成年贷款计划的132%。

【农牧民转移就业】 农牧民工进城就业环境明显改善,农牧民工权益得到显著维护。全区农牧区富余劳动力转移就业人数达246.77万人,完成年度计划的103%。其中,转移就业6个月以上的为184.9万人,完成年度计划的103%。

【失业保险工作】 失业保险参保人数为230.9万人,完成年度计划的100.4%。有4.8万人领取到失业保险金并享受到相关待遇,支出3.89亿元。

(白　莉)

扶贫开发

【内蒙古自治区扶贫开发办公室领导名录】

党组书记　主任:崔国柱(12月离任)　李荣禧(12月任职主任)

党组书记:刘忠诚(12月任职)

副主任:冯有恩　周立群　杜古(鄂温克族)　苏和

(蒙古族 9月任职)

党组成员 纪检组长:甄小兵

副巡视员:杨秉谦 靳延平(9月任职)

【概况】 自治区扶贫开发办公室原为自治区扶贫开发领导小组办公室,1996年升格为独立的正厅级单位,是自治区党委、政府议事协调机构。2009年自治区政府机构改革中,自治区扶贫开发领导小组办公室更名为"内蒙古自治区扶贫开发办公室"并加挂"内蒙古自治区革命老区建设办公室"牌子,列入政府直属机构。省级以下扶贫机构改革中,除乌海市外,其它11个盟市扶贫办和2个计划单列市全部列入当地政府直属机构。60个国家和自治区级扶贫开发重点旗县(市区)、人口较少民族旗的扶贫机构基本保留,列入政府直属机构。区机关内设综合处、计划财务与社会扶贫处、项目管理处、移民扶贫开发处和革命老区建设处5个机构。机关党委负责机关和直属单位的党群工作。2005年设立纪检组监察室派驻机构。所属4个事业单位:扶贫办机关事务服务中心、革命老区发展中心、扶贫培训中心、扶贫基金会。

【编制扶贫开发新十年纲要和"十二五"规划】 自治区扶贫办认真总结"十一五"扶贫开发工作成功经验和有效做法,安排专项经费,抽调专门人员,开展《内蒙古自治区扶贫开发纲要(2011－2020年)》、《内蒙古自治区扶贫开发"十二五"规划》及相关专项规划的编制工作。自治区扶贫开发规划注重扶贫开发的方向性、战略性、宏观性和政策性,各专项规划则主要针对少数民族聚居区、革命老区、牧区等特殊类型贫困区域,着重强调扶贫开发的特殊性。各盟市、旗县相继成立工作机构,与自治区同步开展扶贫开发规划编制工作。

【做好重点县和集中连片特殊贫困区争取工作】 抓住国家今后十年将继续在中西部地区确定扶贫开发工作重点县,并认定一批国家级集中连片特殊困难地区给予重点扶持的机遇,自治区党委、政府和相关部门做了大量的协调和争取工作。国家多个部门对自治区提出的意见和建议表示理解和认可,认为内蒙古作为北部边疆少数民族地区扶贫开发具有特殊性,应当给予区别对待。

【社会扶贫】 各地继续组织动员党政机关、部队、企事业单位,深入开展以"单位包村、干部包户"为主要内容的社会扶贫活动。22个国家机关定点帮扶26个国家扶贫开发工作重点旗县,年内投入帮扶资金物资3 170万元,实施帮扶项目32个。积极开展医疗卫生等扶贫捐赠活动,协调中华慈善总会为全区100家乡镇卫生院捐赠了价值3 000万元的医疗设备。加大对兴安盟的扶持力度,将自治区直属机关定点帮扶兴安盟延长至2015年,并确定鄂尔多斯市对口支援兴安盟。

【京蒙扶贫协作】 加强与北京市的对口援助和扶贫协作工作,自治区党委、政府的主要领导和北京市委、市政府主要领导进行互访,并就集中帮扶赤峰市和乌兰察布市的16个旗县市区达成了协议。

【"两项制度"衔接试点】 在呼和浩特市清水河县、赤峰市巴林右旗、锡林郭勒盟太仆寺旗3个国家重点县开展"两项制度"有效衔接试点工作,研究制定《内蒙古自治区农村牧区最低生活保障制度和扶贫开发政策有效衔接试点工作实施方案》,下派干部专项指导。试点旗县共识别出贫困对象26 280户、52 881人,占试点旗县农牧业人口总数的16.4%,为今后在全区国家和自治区重点旗县开展两项制度有效衔接工作、建立和完善贫困人口识别机制奠定了基础。

【整村推进重点扶贫】 投入2.45亿元财政扶贫资金,完成350个重点贫困嘎查村的整村推进巩固提高工作,每个嘎查村投入100万元,主要用于改善农牧民基本生产生活条件和农田草牧场等基础设施建设。实施推进的贫困嘎查村,在发展条件、自我发展能力和村容村貌等方面有了明显变化。

【产业化扶贫】 在国家和自治区扶贫开发重点旗县、少数民族聚居区、边境牧区及革命老区安排产业化扶贫资金15 097万元,重点支持到村到户的养殖业、蔬菜、马铃薯种植业、特色种养业等产业化扶贫项目的基地建设,项目全部落实到贫困嘎查村,带动了贫困嘎查村产业的发展,农牧民的收入明显提高。

【连片开发】 投入7 500万元财政扶贫资金,在15个国家和自治区扶贫开发重点旗县实施连片开发试点项目,覆盖11个盟市的15个国家和自治区扶贫开发重点旗县,重点支持了特色种养业、设施农业、生态建设等贫困地区优势特色产业发展。

【中央机关定点扶贫】 22个中央、国家机关定点帮扶自治区26个旗县,年内投入资金、物资3 170万元,实施帮扶项目32个。其中,修建校舍17所,资助学生

7 454人;举办培训班15期,培训3 503人次;组织劳务输出601人次。

【扶贫资金投入】 中央财政扶贫资金达到8.95亿元,比上年增加3 459.5万元;自治区配套1.2亿元,比上年增加1 200万元。

【扶贫培训】 安排3 600万元财政扶贫资金,对农村牧区3万名当年未考上大中专院校的应届初高中毕业生、复员军人、计划生育贫困户和无畜户开展农牧业实用技术和职业技能培训,促进转移就业和自主创业。按照贫困地区干部培训计划,会同党委组织部、财政厅完成14期、2 738人次的干部培训任务。

【移民扶贫】 安排5 130万元财政扶贫资金,以发展生产、增加收入、改善生态环境、推进城镇化为主要内容,完成第六期共40个点、1.6万人的移民搬迁任务。

【革命老区扶贫开发】 安排3 000万元财政扶贫资金对33个革命老区进行专项扶持。

【扶贫项目资金监管】 开展财政扶贫资金绩效考评和扶贫开发工作多因素量化考评检查工作,在盟市、旗县全面自查的基础上,对12个盟市、满洲里市和二连浩特市及所属37个旗县(市区)的2009年扶贫开发工作进行了重点抽查,对盟市扶贫办和37个受检旗县扶贫办进行了综合考评。评出突出单位4个盟市、25个旗县(市区),比较突出单位10个盟市、12个旗县。

【贫困嘎查村互助资金试点】 投入750万元在6个试点旗县实施开展贫困村互助资金项目。截至年底,全区共发展"贫困村村级发展互助资金"试点旗县19个(其中中央试点旗县17个,自治区试点旗县2个),贫困嘎查村155个,投入财政扶贫资金共2 025万元。

【扶贫贷款贴息】 组织认定第三批自治区扶贫龙头企业65家,使自治区的国家级和自治区级扶贫龙头企业达到159家,积极发挥扶贫龙头企业在带动贫困地区经济结构调整和贫困农牧民增加收入中的作用。年内,中央下达自治区扶贫贷款贴息1 990万元,自治区安排扶贫龙头企业贴息1 000万元,扶贫到户贴息990万元,已全部下达各盟市,由盟市确定项目旗县和贴息企业后,上报自治区评审备案。

【自治区扶贫基金会成立】 10月26日,内蒙古自治区扶贫基金会成立暨第一届第一次代表大会在呼和浩特举行。自治区党委副书记、自治区副主席任亚平,全国政协常委、自治区政协原副主席包俊臣出席大会并讲话。自治区人大常委会副主任柳秀,自治区政协副主席韩振祥出席会议。会上提议通过宋志民、张鹤松为名誉会长,包俊臣为会长,崔国柱为常务副会长,冯有恩、云宗元、张双旺为副会长,徐建新为秘书长,王平刚为副秘书长。下设综合部、项目部和财务部3个科室。自治区扶贫基金会自1997年开始筹建,至此,扶贫基金会机制和体制建设进一步健全和完善。

【"李嘉诚内蒙古医疗扶贫项目"启动】 8月26日,"李嘉诚内蒙古医疗扶贫项目"在赤峰市克什克腾旗启动。医务工作者在克什克腾旗确诊脑瘫患者58名,唇、腭裂患者7人,截瘫患者4人,将患者分期分批送到赤峰市康复医院免费进行手术治疗。此次内蒙古医疗扶贫项目由李嘉诚基金会资助,也是李嘉诚基金会在内蒙古自治区启动的第一个医疗扶贫慈善项目。本次行动由李嘉诚基金会康复中心孙德林、许龙水教授带队,并聘请北京博爱医院的周天健、田心明教授组成义诊团对就诊患者进行诊断筛选。

【科技扶贫项目】 扶贫办与自治区财政厅联合下发《关于做好2010年财政科技扶贫项目遴选工作的通知》,对科技扶贫项目的申报提出明确要求。此后,聘请专家进行严格的评审论证,确定39个科技扶贫项目,安排资金2 000万元,分布13个盟市35个旗县(市区)。

【开展创先争优活动】 5月31日,扶贫办召开动员大会,安排部署开展创先争优活动的有关内容。按动员部署、公开承诺、践行承诺、领导点评4个环节展开。制作活动宣传栏,公布创先争优活动的指导思想,先进基层党组织、优秀共产党员的基本要求。购买《创先争优活动党员干部读本》、《深入开展创先争优活动工作手册》供每个党员、领导和各支部学习。将开展创先争优活动的主题确定为"心系人民群众,干好扶贫事业"。将革命老区凉城县、国家级贫困县清水河县、回民区环河街办事处,阿吉拉沁社区作为活动的联系点,达到了认真履行职责,圆满完成扶贫开发各项任务;内部和谐、服务人民群众的意识明显增强;党组织的战斗堡垒作用和党员的先锋模范作用发挥显著的目标。

【范小建主任考察内蒙古扶贫开发工作】 6月5~6日,国务院扶贫开发领导小组副组长、扶贫办党组书记、主任范小建在兴安盟考察扶贫工作。自治区主席助理黄·阿拉腾别力格、自治区政府副秘书长于清理、自治区扶贫办副主任冯有恩和兴安盟以及有关旗县领导陪同。先后到扎赉特旗、科右前旗、突泉县、科右中旗等4个旗县、5个乡镇苏木、1个龙头企业、5个嘎查村,考察了解整村推进、扶贫易地搬迁、农产品生产加工、对口帮扶、贫困状况等。

【国家扶贫开发工作重点县】 国家扶贫开发工作重点旗县31个:托克托县、和林格尔县、清水河县、武川县、固阳县、达茂旗、巴林左旗、巴林右旗、林西县、克什克腾旗、翁牛特旗、喀喇沁旗、宁城县、敖汉旗、库伦旗、奈曼旗、准格尔旗、鄂托克前旗、杭锦旗、乌审旗、伊金霍洛旗、科右中旗、扎赉特旗、太仆寺旗、多伦县、化德县、商都县、察右前旗、察右中旗、察右后旗、四子王旗。

【自治区级扶贫开发工作重点县】 自治区扶贫开发工作重点旗县29个:阿鲁科尔沁旗、松山区、科左中旗、科左后旗、东胜区、达拉特旗、鄂托克旗、莫力达瓦达斡尔族自治旗、阿荣旗、科右前旗、突泉县、正镶白旗、正蓝旗、苏尼特右旗、卓资县、兴和县、凉城县、乌拉特后旗、阿拉善左旗、丰镇市、扎鲁特旗、乌拉特中旗、扎兰屯市、镶黄旗、乌拉特前旗、苏尼特左旗、磴口县、海南区、阿拉善右旗。

(高凤义)

民族宗教·民政

民族宗教工作

【内蒙古自治区民族事务委员会宗教局领导名录】

党组书记 主任:阿迪雅(蒙古族)

副主任 宗教局局长:秦蒙

副主任:特古斯(蒙古族) 曹艳荣(女 蒙古族) 孟智军(达斡尔族)

副巡视员:敖日其楞(蒙古族) 李国成

【概况】 内蒙古自治区民族事务委员会为自治区人民政府组成部门,挂自治区宗教局,内蒙古自治区蒙古语文工作委员会牌子。内设办公室、人事处、机关党委、政策法规处、监督监察处、经济发展处、社会发展处、蒙古语文科研处、民族语文处、宗教一处、宗教二处、八省区蒙古语言文学协作处,共13个处室。机关行政编制59名,实有人员59人。

【民族团结进步创建活动】 与自治区党委宣传部、统战部共同开展了民族团结教育宣传教育活动,对包头市城市民族工作、准格尔旗等民族团结进步创建工作、王布和等民族团结模范个人的先进事迹进行广泛宣传。指导全区有关部门开展民族团结月活动,加强与内蒙古博物院、乌兰夫纪念馆等民族团结进步教育基地的联系,与自治区边防总队联合开展全区公安边防部队民族团结先进表彰活动。组织自治区受国务院表彰的基层民族团结进步模范个人参加全国少数民族参观团。会同自治区党委统战部就全区各地贯彻第三次中央民族工作会议和国办发33号文件精神、落实民族政策法规的情况开展了专项督查。会同自治区党委办公厅等部门,对部分盟市旗县和中(区)直企事业单位的社会市面用文蒙汉两种文字并用工作进行专项督查。在包头市召开全区城市民族工作现场会,推广先进典型,交流工作经验,推动城市民族工作的开展。对全区相关清真食品企业进行检查治理,确保自治区供应上海世博会清真食品的安全。加强维护民族团结和社会稳定方面的工作,指导各地及时妥善处置突发事件,修改完善涉及民族、宗教方面突发事件应急预案。制订出台自治区确定民族成份的规范性文件,规范了民族成份变更工作。

【民族经济社会事业】 完成兴边富民行动和扶持人口较少民族“十一五”规划任务。投入专项资金1.08亿元,用于推动19个边境旗市和61个人口较少民族聚居村的发展。确定包头市达茂旗、锡林郭勒盟东乌珠穆沁旗、巴彦淖尔市乌拉特后旗为特色优势产业试点旗,启动兴边富民特色优势产业发展试点工作。对鄂伦春旗、莫力达瓦达斡尔族自治旗和扎赉特旗做好区域重点帮扶。落实新增民族贸易企业享受国家在贷款、利率方面提供的优惠政策,全区123家定点企业受益。完成《内蒙古自治区关于进一步繁荣发展少数民族文化事业的决定》(送审稿)。在鄂尔多斯成功举办了第七届全区少数民族传统体育运动会,来自12个盟市的1 800多名运动员、教练员、裁判员,参加了13个项目的竞赛和2个项目的表演。参加全国第九届少数民族传统体育运动会,确定了参赛项目,启动了运动员选拔和冬训工作。配合民族院校完成了在自治区的招生任务,做好内蒙古文化资源普查中民族语言文字学习使用情况和宗教文化普查工作,参与少数民族服饰文化的研究与传承。选派莫力达瓦达斡尔族自治旗乌兰牧骑赴台湾、鄂托克旗乌兰牧骑赴美国进行文化交流,充分展示了自治区民族文化风采。

【蒙古语文工作】 贯彻《内蒙古自治区蒙古语言文字工作条例》,对条例实施五年来的工作进行总结宣传。对蒙古语文工作条例实施细则进行全面修改完善。召开第二次“乌兰夫基金蒙古语言文字奖”表彰大会,对全区学习使用蒙古语言文字的5个先进集体和10名先进个人进行表彰。争取到内蒙古自治区民族语言文字学习使用情况调查工作经费209万元,完成基础性工作。承办中国蒙古语翻译专家工作会议、全国民族语文工作座谈会,展示了自治区民族语文工作取得的成绩。做好蒙古语文信息化、规范化、标准化工作。对《现代蒙古文语料库的更新、扩充及新标记集的研制》、《蒙古文编码键盘布局》等科研项目进行审定。搜集、整理和审定蒙古语新词术语1 000余条,发布6期《蒙古语新词术语公报》。指导高校和盟市培训测试点开展蒙古语标准音培训与测试,举办了12期培训班,培训测试1 000多人。与自治区信息办共同向国家争取到5 000多万元蒙古语文信息化发展资金计划,2010年落实了800万元。《中国少数民族古籍总目提要》中《蒙古族卷》进入审定出版阶段,《达斡尔族卷》、《鄂温克族卷》、《鄂伦春族卷》出版发行。蒙古文《清实录》的数字化工程基本完成。整理出版《蒙古族祝词赞词》等12部古籍文献。编辑出版了蒙古文版《额尔敦陶克陶全集》。《蒙古语文》杂志内容不断丰富、质量明显加强,数字化、网络化有了新进展,发行量和影响力均有所提高,被中国文字博物馆作为展品永久收藏。

【八省区蒙古语文工作协作活动】 组织协调八省区举办了蒙古语授课学生蒙古文文学作品征文活动、蒙古语诗歌大赛、蒙古语文翻译工作研讨会、蒙医药协作工作会议暨学术研讨会、蒙古象棋大赛、蒙古语祝颂词大赛、鄂尔多斯民歌大赛、蒙古四胡演奏大赛等活动,受到八省区广大蒙古族群众的欢迎与好评。

【干部培养培训】 会同自治区党委组织部、统战部选派21名干部赴国家部委和北京市挂职锻炼。在中央民族干部学院举办第三期全区青年干部理论研讨班,组织选派边境旗市、人口较少民族聚居旗市领导和各级民族宗教干部参加自治区和国家民委、国家宗教局举办的各类培训活动278人次。选派6名干部参加境外培训。组织自治区4个宗教团体分别举办中青年教职人员培训班。对294名蒙古语文翻译专业技术人员进行继续教育培训。加强机构建设,优化干部结构,组建监督检查处,选拔了一批优秀干部走上新的工作岗位,考录5名公务员。下拨民族工作专项经费1 100多万元,支持各盟市及30个旗、县、区民族宗教工作部门加强执法能力建设,提高基层工作部门维护民族团结社会稳定的能力。

【城市民族工作现场会】 12月7~8日,自治区党委统战部、自治区民委在包头市召开全区城市民族工作现场会。自治区党委常委、统战部部长王素毅出席会议并讲话,自治区副主席刘新乐作总结讲话。与会人员考察了包头市城市民族工作具有代表性、示范性的幸福办事处、新型社区、大仙庙社区、佳园社区、包钢集团、鹿王集团、内蒙古科技大学、九原区蒙古族小学、高新区服务大厅、包头市公安边防支队等。

【全区兴边富民行动工作会议】 5月8日在呼和浩特召开。内蒙古自治区民委主任阿迪雅出席会议并讲话。自治区19个边境旗市就各自开展兴边富民行动的总体情况和主要做法,开展兴边富民行动的成效和经验,经济社会发展中存在的主要问题、困难及“十二五”工作建议进行了汇报发言。

【第七届全区少数民族传统体育运动会】 内蒙古自治区第七届少数民族传统体育运动会于8月11~16日在鄂尔多斯市举办。国家民委副主任丹珠昂奔,国家体育总局副局长冯建中,全国人大常委会委员、民族委员会副主任委员哈斯巴根,自治区党委副书记、自治区副主席任亚平,自治区党委常委、政法委书记邢云,自治区人大常委会副主任雷·额尔德尼,自治区政协副主席郭子明、云峰等领导出席开幕式。自治区副主席刘新乐主持开幕式,内蒙古电视台全程直播了开幕式和大型文艺表演《鄂尔多斯——梦开始的地方》。运动会共设搏克、射箭、赛马、赛驼、蒙古象棋等13个项目和民族健身操及抢枢2个表演项目,比赛共产生66枚金牌,鄂尔多斯市、锡林郭勒盟、通辽市代表团分别获得团体总分前三名,呼和浩特市等12个盟市代表团获得体育道德风尚集体奖。

(李志田)

民 政 工 作

【内蒙古自治区民政厅领导名录】

厅　长:吴金亮

副厅长:金华(女　蒙古族)　黄志江(蒙古族)　冯呼和

纪检组组长:娜日莎(女　蒙古族)

副厅长:苏权(满族)　王守俭(9月任职)

副巡视员:波特奇(蒙古族　5月任职)

自治区老龄办主任:韩　奇

巡视员:郝勇(4月任职　12月离任)

副巡视员:鲍德胜(9月任职)　公维春(12月任职)

【三项民生指标全面落实】 年初,自治区分别召开党政联席会议和政府常务会议,作出了六项民生指标达到或超过全国平均水平的决策,其中,涉及民政部门的三项指标得到全面落实。全区城市低保保障标准平均达到277元,比上年提高33元,高出全国240元的标准37元;低保对象月人均补助水平达到242元,比上年提高59元,高出全国168元的水平74元。农村牧区低保保障标准达到年人均1 595元,比上年提高231元,高出全国1 316元的标准279元;低保对象年人均补助水平达到1 125元,比上年提高300元,高出全国

744元的水平381元。全区五保对象集中供养平均标准达到3 079元,比上年提高1 504元,高出全国2 804元的标准275元;分散供养标准平均达到2 064元,比上年提高753元,高出全国1 990元的标准74元;敬老院集中供养能力达到32%,高出全国一个百分点。孤儿供养方面,率先在全国提高孤儿供养标准,供养标准由原来的每人每月340元,分别提高到集中供养700元、分散供养500元。年底,中央财政安排孤儿供养专项资金,自治区的供养标准已达到集中供养1 060元、分散供养860元。

【救助救灾工作】 全区城乡社会救助工作在继续提高对低保、五保等救助对象的保障标准和补助水平的基础上,探索建立对低收入群体的物价补贴机制,通过发放临时物价补贴等方式提高困难群众的实际生活水平。按照城市低保对象、重点优抚对象和孤儿每人每月80元和农村牧区低保对象、五保对象每人每月40元的标准,全区共发放困难群众价格临时补贴资金近3亿元。自治区财政安排1 500万元,用于对困难群众实施临时救助。五保供养及敬老院建设力度加大,全年共下拨五保供养经费4 076万元,国家"霞光计划"项目补助资金391万元,自治区敬老院建设经费3 700万元,提高了各地敬老院的供养能力和院民的生活水平。城乡医疗救助全年共支出救助资金3.8亿元,累计救助城乡患病困难群众35.8万人次。全区各级民政部门抓好冬令和春荒期间灾民生活救助和新灾应急救助工作。全年共下拨救灾资金3.56亿元,向灾区调拨价值200万元的救灾物资,有效救助受灾群众300多万人。

【社会福利事业】 中央和自治区两级财政共投入补助资金8 000万元,用于41个社会福利中心新建项目。全区12个盟市和2个计划单列市已有12家建成了具有一定规模和档次的民政福利园区,101个旗县(市、区)中有80个建成了综合福利中心,基本上完成了以老年福利服务为主、集城镇"三无"人员、孤残儿童、流浪乞讨人员和自费老人服务为一体的民政基础设施建设任务。按照民政部的统一部署,推进明天计划,先后启动了贫困家庭唇腭裂患病儿童"重生行动"和西部贫困家庭疝气儿童手术康复计划,为贫困家庭患儿实施唇腭裂手术256例,疝气手术32例。全区12个盟市建立了高龄老人津(补)贴制度,自治区老龄委组织每年在全区范围评选表彰3 000名"敬老孝星",以此推动全社会形成敬老孝亲的浓厚氛围。福利彩票销售连续多年保持强劲增长的良好势头,全年销售总量历史性地突破了20亿元大关,筹集公益金6.32亿元,为全区社会福利事业发展提供了有力的资金支持。

【社会自治功能】 各地围绕"管理有序、服务完善、文明祥和"的社区建设目标和"政府主导,部门配合,社区协调,居民参与"的社区建设模式,加强社区"五项建设",使社区建设向社会化、产业化、多元化方向发展。全区2 101个社区中,有48%的社区办公和活动场所面积达到300平方米以上。全区建立起社区文化站1 118个,社区卫生服务站1 072个,形成了以街道服务中心为龙头、社区服务中心为主体、多种服务组织和社区志愿者队伍为基础的服务网络。

全区共有社会组织8 000多家,2010年新登记注册的社会组织953家,每年以10%左右的速度在增长。社会组织结构不断优化,涉及教育、卫生、劳动、科技、慈善等多个领域。全区各类社团组织拥有团体会员4.5万个,个人会员120万人,注册资金总额近10亿元,安排从业人员13万人。

【社会公共服务】 规范婚姻登记和殡葬管理,开发了"内蒙古自治区婚姻登记信息平台",有100家婚姻登记机构开始使用,全年共办理结婚登记近20万对,离婚登记近3万对,登记合格率100%。各地严格加强对经营性公墓和公益性公墓的管理,特别是对清明节期间祭扫公墓的管理和服务。区划地名和管理工作取得新的进展,与辽宁省、宁夏回族自治区共同制定了蒙辽线、蒙宁线联检方案,完成了两省区外业联检工作。在界线管理中,先后处理了蒙辽、蒙吉、冀蒙、蒙陕、蒙宁、蒙甘线之间的分歧和边界争议,与周边7个省区签订了平安边界建设协议,确保沿边地区的稳定。推进地名公共服务工程建设,完成了1:5万图形数据库的建库工作,指导盟市开展地名规划、地名设标和数字地名工作,全区有5个盟市建成地名网络,20个城市、520个苏木乡镇完成地名标志设置,为服务社会发展和向当地人民群众提供生活便利发挥了重要作用。

【优抚退役和双拥工作】 各项优待抚恤政策得到较好落实,全区优抚事业经费支出6 522万元,4.9万名重点优抚对象的生活得到改善。细化和完善优抚对象的医疗保障制度,中央和自治区各级财政每年筹集8 000余万元医疗资金,解决优抚对象看病难的问题。积极开展"爱心献功臣"活动,在新农村建设和危旧房改造工作中,重点优抚对象的住房难问题得到有效解决。退役士兵安置工作依法进行。全区共接收退役士兵10 177人,安置率95%,自谋职业率31%。接收安置1~6级伤残退役士兵17人,接收军休干部128人,完成了第一批1 013名军休干部住房补贴申报和资金发放工作,理顺军休服务管理机制,完成“使命行动-2010A”演习军供保障任务。开展了第八次双拥模范城(旗县)检查考评工作,对各地申报推荐的56个全国和自治区双拥模范城(旗县)进行检查考评。

(王天俊)

经济管理与监督

国民经济宏观调控

【内蒙古自治区发展和改革委员会领导名录】

主　任:梁铁城(蒙古族)

党组书记:张磊(10月任职)

副主任:乔木　高云　张利平(10月任职)　王秉军　包满达(蒙古族)　安俊义

纪检组长:铁钢(蒙古族　7月任职)

副主任:杨崇义　冯任飞(9月任职)　刘伯正(12月挂职)

稽察特派员:高晓光(女　7月任职)　特木尔(蒙古族　7月任职)

副巡视员:魏晓明(9月任职)　苏亚(蒙古族　9月任职)

【概况】　内蒙古自治区发展和改革委员会是自治区综合研究拟定经济和社会发展政策,进行总量平衡,指导总体经济体制改革的经济调节部门。机关核定行政编制153名,设办公室、人事处、政策法规处、发展规划处、国民经济综合处、经济体制综合改革处、固定资产投资处等24个内设机构以及机关党委、离退休人员工作处。

【重大问题研究】

经济运行监测分析　全年共完成12期经济运行监测报告、4期经济形势分析报告,提出了优先确保完成节能降耗目标等多项决策参考意见,以及2011年主要经济指标安排的建议。

规划编制　完成了“十二五”规划思路和纲要的编制。编制完成了主体功能区规划,确定了重点开发区、限制开发区、禁止开发区的范围和发展方向,提出了差别性的政策措施。组织开展了农牧业、生态、交通、能源等15个重点专项规划的编制工作。

重大政策研究　提出了《内蒙古自治区党委政府关于贯彻落实〈中共中央国务院关于深入实施西部大开发战略的若干意见〉的实施意见》等政策性文件。会同各地区、各部门配合国务院联合调研组完成了国家出台《关于进一步促进内蒙古经济社会又好又快发展的若干意见》的调研任务。

【重点项目建设】

落实项目和建设资金　全年争取中央预算内投资143.9亿元,争取6家企业发行债券总规模达76亿元,引进国内(区外)资金2 739.8亿元。落实退耕还林任务75万亩,退牧还草2 700万亩,京津风沙源治理825万亩,11个大型灌区续建及节水配套改造、牧区节水灌溉示范项目。争取国家批准重大交通项目11项,其中铁路8项,高速公路3项,批复自治区权限内重点交通项目42项,其中铁路13项、公路26项、民航机场3项。争取国家核准岱海电厂二期等4个火电项目,风电项目6个,500千伏输变电项目1个,煤炭项目3个,以及汇能16亿立方米煤制天然气项目和长呼输气管道复线项目。落实中央投资重点产业振兴和技术改造项目15项、中小企业技术改造项目118项。新开工多晶硅3 000吨、化肥52万吨、醋酸乙烯60万吨、乙二醇20万吨。落实包头稀土研究院稀土冶金及功能材料国家工程研究中心创新能力建设项目等中央投资高技术产业项目47项。

加强项目管理　加强项目建设情况调度,研究提出了建立自治区固定资产投资和重点建设项目通报制度的建议。加强项目监督检查,配合中央两轮检查组、国家发改委两个专项稽察组、审计署两个调查组以及自治区政府组织的两个专项检查组全面开展了对中央投资项目的监督检查工作。加大项目储备,储备计划总投资1亿元以上重点项目(社会事业项目3 000万元以上)3 700多个,投资规模约8万亿元。

【区域发展】

打造以呼包鄂为核心的西部经济区　牵头编制完成《以呼包鄂为核心沿黄河沿交通干线经济带重点产业发展规划》,启动了重点园区产业发展、项目建设等专项规划编制工作以及规划配套政策、园区准入标准等制定工作。推进呼包鄂一体化进程,编制了呼包鄂一体化规划。

推动东部地区发展　研究拟定了《内蒙古自治区关于<国务院关于进一步实施东北地区老工业基地振

兴战略若干意见 > 的实施意见》,配合国家编制完成了《大小兴安岭林区生态保护和经济转型规划》,呼伦贝尔市和兴安盟的 11 个旗市区纳入了规划实施范围。

【节能减排】 强化责任目标落实,将 2010 年节能减排目标任务分解下达到盟市和节能减排成员单位。加大环境保护资金投入力度,落实国家投资 4 亿元,实施了巴彦淖尔市阳光能源集团有限公司能量系统优化改造等 15 个节能项目,海拉尔污水处理工程等 43 个城镇污水和垃圾处理项目,圆满完成了"十一五"节能减排目标。

【改善民生】

社会事业和民生工程 开工建设 2 158 所中小学校舍安全改造工程。安排建设各类卫生机构项目 508 个,内蒙古医院住院楼 B 座、自治区蒙医院等项目稳步推进。元上都遗址博物馆等重点文化工程项目进展顺利。解决了 1.3 万户农牧民的通电问题和 139.7 万人的安全饮水问题,新增户用沼气 10 万户。落实廉租住房建设任务 5.1 万套、中央下放煤矿棚户区改造 3.4 万套、国有林区、垦区、矿区棚户区改造 6.3 万套、农村牧区危房改造 4 万套等各类保障性住房。

扶贫开发和重点帮扶 落实易地扶贫搬迁试点工程中央预算内投资 1.4 亿元,搬迁人口 2.8 万人。争取中央预算内以工代赈资金 2 亿元,实施了 70 个重点贫困嘎查村的整村推进项目。做好鄂尔多斯对口支援兴安盟的协调工作,提出了对口支援实施方案,支持兴安博源投资公司 30 万吨合成氨 52 万吨尿素等对口支援重点项目建设。

【改革开放】

推进各项改革 研究提出了 2010 年经济体制改革指导意见。医药卫生体制改革扎实推进,在通辽市和鄂尔多斯市的 20 所公立医院建立了改革试点,全区 862 个社区卫生服务中心和苏木乡镇卫生院实现了基本药物零差率销售。投资体制改革进度加快,推进政府投资项目代建制,内蒙古科技馆新馆、自治区党委政府联合接访中心等 4 个代建制试点项目已经开工建设。资源性产品价格改革稳步推进,出台了天然气价格调整方案,完成了成品油销售价格调整。

扩大对外开放 开展招商引资活动,组团参加了"西洽会"、"津洽会"等一系列全国性的投资洽谈活动,达成经济合作项目 26 项,协议引进资金 90 亿元。推动区域经济协作,促成内蒙古自治区与北京、东北三省、河北、湖北等省市签订合作协议,河北省同意在曹妃甸分期提供 50 平方公里土地用于内蒙古出海港口和临港工业区建设。推动企业"走出去",鄂绒集团投资 1.5 亿美元增持鄂绒 B 股已获国家批准,鸿峻集团在柬埔寨建设装机 2 台 13.5 万千瓦电站项目报国家审核。

【价格和收费管理】

加强价格调控 针对居民消费价格上涨较快的情况,及时提出抑制物价上涨,保障群众生活稳定的一系列政策建议。研究制定了《农副产品市场价格监管实施方案》,推动《内蒙古自治区价格监测规定》出台实施。对低保对象、重点优抚对象、孤儿、五保供养对象、大专院校家庭经济困难学生实施价格临时补贴政策,补贴资金共计 3.9 亿元。落实农副产品绿色通道、化肥生产用电用气和铁路运输等价格优惠政策。启动实时价格应急监测调查系统试点工作,开展了杂粮市场专项检查和节假日市场价格检查。严厉打击价格欺诈等违法行为,共查处价格违法案件 1 366 件,违法金额 3 756 万元。

规范收费管理 治理规范涉及企业的经营服务性收费,认真落实国家减轻企业负担各项政策规定,对质监、国土、建设、消防、交通、环保等方面收费进行重点清理,共取消和清理涉企收费 453 项,为企业减负近 3 亿元。规范医疗服务和教育收费,出台了内蒙古自治区药品、医用耗材集中采购服务收费标准,部分高校普通硕士、专升本考试、会计从业资格等考试类收费标准。

【重要活动】 1 月 18 日,召开自治区发展改革委推进惩防体系建设和落实党风廉政建设责任制检查考核动员大会,自治区党委常委、自治区纪检委书记张力到会指导。3 月 17 日,召开自治区发展改革委传达贯彻"两会"精神大会。3 月 29 日,召开自治区发展改革委领导班子和领导干部年度考核大会。4 月 29 日,召开自治区发展改革委 2010 年党风廉政建设工作会议。6 月 9 日,召开自治区发展改革委深入开展创先争优活动动员大会。7 月 23 日,在北京组织召开全区发展改革工作座谈会。8 月 1 日,自治区发展改革委承办的国家发展改革委《宏观经济管理》工作会议在呼和浩特市召开。8 月 5 日至 6 日,第四期全区发展改革工作研究班、全区重点建设项目推进会议在呼和浩特市和林格尔县召开,自治区党委副书记、自治区副主席任亚平到会指导并作重要讲话。10 月 25 日,自治区党委副书记、自治区副主席任亚平到自治区发展改革委调研指导工作,与自治区发展改革委领导班子座谈并作重要讲话。11 月 25 日 ,自治区党委常委、自治区常务副主席潘逸阳到自治区发展改革委调研指导工作，与自治区发展改革委领导班子及各处室、各单位主要负责人座谈并作重要讲话。12 月 4 日，内蒙古“十二五”规划纲要征求意见座谈会在北京召开。12 月 26 日，自治区发展和改革工作会议在呼和浩特市召开。

【荣誉】 自治区发展改革委获得自治区党委系统信息调研工作先进单位、自治区党委系统督查工作先进集体、自治区参与社会治安综合治理工作优秀单位、自治区优秀政府网站和信息报送先进集体。

（许静轩）

经 济 信 息

【内蒙古自治区发展研究中心领导名录】

主　任：杭栓柱

书　记：那艳茹（女　满族）

【概况】 内蒙古自治区发展研究（经济信息）中心的政策咨询研究工作主要围绕自治区重大发展规划，全面开展规划编制工作，先后编制重大规划 10 多项、研究课题 20 多项、公开发表论文 20 多篇。有多项研究成果获得省部级奖。其中《内蒙古财政与新型工业化、农牧业产业化和城镇化互动研究》获自治区第三届哲学社会科学优秀成果政府奖一等奖；《内蒙古自治区特色优势产业集群研究》获国家经济信息系统优秀研究成果一等奖和自治区第三届哲学社会科学优秀成果二等奖；《内蒙古加快转变经济发展方式研究》获自治区第三届哲学社会科学优秀成果二等奖；《内蒙古自治区主体功能区政策研究》获 2009 年度国家发展改革系统优秀研究成果二等奖。公开出版了《内蒙古发展研究文库》专著四部。

【政策咨询研究】

参与编制和起草重大规划及重要文件　积极配合自治区发改委，全面参与了自治区“十二五”规划编制工作。历时一年时间，先后完成了自治区“十二五”规划思路和纲要。同时，重点承担了一批区域规划和行业规划编制工作，完成了《呼包鄂一体化发展规划》、《内蒙古东部地区“十二五”振兴规划》等区域规划和“十二五”装备制造业、农牧业、生态综合治理等行业规划。积极承担自治区党委、政府重要文件和领导同志讲话起草工作。先后参与起草了胡春华书记《在全区人才工作会议上的讲话》、巴特尔主席的《政府工作报告》和《在全区经济工作会议上的讲话》以及东北四省区行政首长联席会材料。受发改委领导委托，起草了《当前我区城乡居民增收工作中存在的问题及对策建议》、《关于建设内蒙古碳交易体系的建议》和《内蒙古经济社会发展基本情况及思路》等。

抓好重点课题研究　一是着力加强对宏观经济形势的分析判断。针对 2010 年自治区经济形势的变化和热点难点问题，完成全区 2010 年上半年、全年经济运行分析及 2011 年经济走势预测等报告。二是针对民生问题，开展促进内蒙古城乡居民增收研究，重点完成《内蒙古城乡居民财产性收入研究》、《内蒙古就业与社会保障对居民增收的效益分析》和《提高我区城乡居民收入——基于国民收入分配的角度》等课题。三是针对农村牧区发展问题，探索统筹城乡发展途径，完成了《统筹城乡发展中的农牧民增收问题分析》。四是针对应对气候变化问题，承担了中英瑞国际合作项目（ICC）《中国适应气候变化项目——内蒙古适应气候变化战略评估总报告》的研究任务，先后举办了低碳经济发展研讨会、中国应对气候变化影响风险评估专家研讨会等 4 次专题学术会议。

【信息资源开发】

加强宏观经济数据库建设　围绕《内蒙古自治区宏观经济监测与管理国产化示范工程》建设内容，集中力量开发宏观经济年度库、月度库，热点研究专题库，涵盖历年内蒙古统计年鉴宏观经济指标数据及行业部门数据。年度库指标 171 个，时间跨度 22 年，完成数据录入 3 862 条。月度库指标 731 个，时间跨度 5 年，完成数据录入 57 802 条。

进一步办好“4 刊 2 网”　《决策信息要参》及时反馈国际、国内特别是有关产业方面的重要信息，全年共发行了 52 期，其中有 3 期获得自治区领导的批示，11 期被自治区党委、政府内部刊物转发，《内蒙古日报》转载 2 期，国务院办公厅约稿 1 次。《调查研究报告》汇集中心大量科研成果，全年共计发行 13 期，其中有 3 期获自治区领导批示。《内蒙古创业投资》集中反映自治区创业投资领域的最新动态及政策情况，全年共计发行 6 期。《北方经济》是全区唯一一份国内外公开发行的经济类刊物，是内蒙古重要的学术阵地和对外宣传的窗口，全年共发行 24 期。继续做好自治区发改委门户网站和内蒙古经济信息网的内容服务和信息资源开发。今年自治区发改委门户网站在自治区网站绩效评估中获得“自治区政府网站绩效评估优秀奖”。

【信息技术服务】 围绕发改委业务工作，强化服务意识，提高技术服务水平，做好信息技术服务保障。一是做好网络维护。二是做好设备日常维护。三是提供计算机信息安全技术支持。此外,加大信息技术应用培训力度,完成经济类继续教育、计算机软件资格水平继续教育培训600多人次,举办组织部"干部自主选学"培训班19期,培训学员近600人次。

【"示范工程"建设】 《内蒙古自治区宏观经济监测与管理国产化示范工程》(简称示范工程)是全区一项重大信息化应用平台。

为做好项目建设工作,成立了项目领导小组开展项目建设工作。建立了项目调度会议制度、工作简报制度和沟通交流制度。设立了4个项目实施小组,确立了分步实施、逐步推进的建设思路,并吸收了相关领域专家参与项目建设研究工作。"宏观经济监测预测系统"、"投融资项目管理系统"完成基本建设,进行系统测试。"价格监测与管理系统"建设方案已经确立,进行系统开发。"宏观经济公务员服务门户网站"建设基本完成,该网站在内蒙古经济信息网的基础上进行改版升级。进行"技术支撑平台"设备采购。

【推进创业投资引导基金工作】 积极配合自治区发改委、财政厅,按照创业投资基金理事会要求,密切关注自治区战略性新兴产业发展形势,积极推进创业投资引导基金工作。一是完成首个项目合作。在"内蒙古创业投资引导基金签约仪式暨首届创业投资论坛"上,与包头红土创业投资有限公司签署了增资扩股协议,标志着自治区创业投资引导基金工作迈出了实质性的一步。二是通过实地调研和考察,筛选创投企业和项目。三是建立创投企业库、项目库、专家库和法律法规库,为企业搭建对接平台。

【加强自身建设扩大对外交流】

完善内部管理 提高队伍素质 规范完善内部管理。根据《中心2010年工作安排》,明确细化各处室工作任务,量化考核目标。修改完善了《中心财务管理办法》,规范了财务制度和管理。完成科研管理的项目、经费、档案管理制度建设,为进一步提升中心科研管理水平奠定了基础。形成了及时反映中心动态的"中心信息上报制度"。在重大项目建设方面,与多家经验丰富、实力雄厚的机构合作,拓宽了科研队伍的知识面,提高了知识层次。

扩大对外交流 一是受邀作报告,接受媒体采访。中心领导和多位专家接受厅局、盟市、高校等部门和地区邀请作专题报告30多人次,接受电视台、电台和报社等媒体采访30多人次。二是积极参加重要会议,建言献策。中心领导先后多次参加了国家发改委、国务院发展研究中心、国家信息中心和国家发改委宏观院等召开的重要会议;参加了分别由自治区党委副书记任亚平、自治区副主席赵双连主持的中央调研组座谈会和工业经济发展座谈会;参加由国家发改委组织的关于"深化东北地区与东北亚合作研究"座谈会和"老工业基地优化提升"座谈会,并积极发言,建言献策。成功组织召开了"2010年西部地区宏观经济监测预测网年会"。三是做好接待工作,增进沟通联系。全面参与组织安排了国务院发展研究中心主任张玉台一行调研组来内蒙古的调研活动及国家有关部门和兄弟省市的调研考察接待工作。

抓好党建和精神文明 深入开展创先争优活动,成立了创先争优活动领导小组和办公室,制定了工作职责,编制了实施方案。进行了支部改选,健全了支部机构。继续做好扶贫工作,争取到扶贫资金60多万元。做好老干部工作,组织老干部参观考察。

加强系统建设发挥系统优势 为整合系统资源,发挥系统优势,组织召开了全区发展和改革系统信息化工作座谈会,全面总结了过去的工作,讨论了未来5年系统建设规划,部署了2011年系统建设工作。

(何　芳)

国有资产监督管理

【内蒙古自治区人民政府国有资产监督管理委员会领导名录】

主任 党委书记:苏　和(蒙古族)
党委委员 副主任:司永涛(4月任职)
党委委员 副主任 监事会主席:范金星
党委委员 副主任:王　耀
党委委员 纪委书记:刘志彧
党委委员 副主任:朝克图(蒙古族 9月任职)
巡视员:郎立兴(10月离任)
副巡视员:张恩惠(9月离任)
监事会主席:王温(蒙古族 10月任职)
副巡视员:李淑霞(蒙古族 7月任职)

【概况】 共有行政编制60名(含派驻国有企业监事会编制)。2010年底实有人数53人。国资委内设办公室(党委办公室)、企业领导人员管理处(人事处)、政策法规处、规划发展处、财务监督与统计评价处、产权管理处、企业改革改组处、企业分配处、业绩考核与综合处、预算与收益管理处、监事会工作处(国有企业监事会工作办公室)、党务工作部(机关党委)等12个职能机构,国资委纪律检查委员会(监察室)设纪检监察一室、纪检监察二室两个副处级机构。一个直属事业单位国资委信息中心。

2010年,国资委出资监管的9户企业实现销售收入916.2亿元,同比增长23%;实现利润40亿元,同比增加65.7亿元,增长255.5%。全年上缴税金66.6亿元,同比增长18.3%。截至2010年末,9户企业总资产达到1 668.1亿元,同比增长9.5%,国有资产保值增值率提高到105.4%,平均资产负债率降至69.4%。

【着力引导和推动国有企业加快转变发展方式 努力提高发展的质量和效益】

抓好企业"十一五"规划的落实和"十二五"规划的制定工作 深入企业调查研究,及时协调解决企业改革发展中的困难和问题,确保"十一五"目标任务的顺利实现。注重从战略上为企业发展提供指导和服务,提出了出资监管企业"十二五"面临的形势和总体发展思路,要求各企业围绕转变发展方式,调整经济结构的,立足企业的可持续发展的要求,科学编制好"十二五"规划。由国资委领导分别带队,赴17个省市区国资委就国资监管和国企改革发展问题,国有经济和国企的发展方向和趋势问题,各地工作的新经验进行了考察学习,调研了解各地推动国有企业"转方式、调结构"的做法经验及"十二五"改革发展设想,丰富和完善了自治区国有企业改革发展思路。

发挥出资人职能职责 推进企业节能减排和科技创新 将企业节能减排和技术创新纳入经营业绩考核,引导和推动企业节能降耗,提高资源能源使用效率,加大研发投入,不断增强自主创新能力;落实自治区科技发展中长期规划,配合自治区科技厅研究拟定《自治区技术创新工程实施方案》,推进创新型企业试点和产学研战略联盟构建。

加强企业重大事项管理 重大项目实施全过程的监督 有效防范投资风险促进企业科学发展。按照中央办公厅、国务院办公厅《关于进一步推进国有企业贯彻落实"三重一大"决策制度的意见》和《自治区国资委所出资企业重大事项报告制度》的要求,严格审核出资企业重大投融资、对外借款、捐赠、担保、资产转让行为,有效防范和规避企业经营风险。指导和推动企业按照规范的公司法人治理结构,完善企业重大投融资决策程序,实现投资决策的科学化、民主化和规范化。认真搞好企业重大项目的后评估,保证了项目实施和财务管控的质量。

指导企业加强内部管理 提高发展质量 继续引导企业深入开展"管理年"活动,加强对企业管理工作的督导检查,促进企业不断改进管理问题,完善管理制度,建立加强管理长效机制。各企业按照自治区国资委的部署,立足实际,突出重点,狠抓落实,经济效益和运行质量进一步提高。"管理年"活动开展三年来,企业的总资产增长了18.25%,主营业务收入增长了17%。7月,国资委组织召开了出资企业管理工作交流总结会议,进行了全面总结和表彰,并研究部署了下一步企业加强管理工作的主要任务。

【加大国有企业重组整合与内部改革力度 增强企业发展活力和动力】 改革重组工作不断深入。历经一年多的反复协商和努力推动,与中国长城资产管理公司就重组内蒙古基本建设咨询投资公司达成协议,重组后的新公司于5月份正式挂牌运营,并逐渐步入良性发展的轨道。同时,按照建立现代企业制度的要求,指导企业完善了公司法人治理结构。

劣势企业退出工作取得了新的进展和成效,促进了国有资本优化配置和布局结构调整。包头铜厂依法破产工作顺利推进。通过对包头铜厂划拨土地进行改性变现,落实了破产成本,妥善安置了下岗职工,保证了破产工作按计划顺利推进,维护了职工合法权益和社会稳定。

研究解决改制退出企业和分离企业办社会工作遗留问题。对原国资公司所属天津金马宾馆资产处置和改革重组问题提出了处理意见。

出资企业内部改革进一步深化。在深入调研的基础上,对电力公司引进战略投资者重组华宁电厂工作提出了指导规范意见。

现代企业制度建设步伐进一步加快。国资委在进一步指导内蒙古电力集团公司等试点企业完善法人治理结构,在建立健全董事会议事规则的基础上,总结经验,扩大范围,研究制定了内蒙古森工集团公司和内蒙古盐业公司建立健全公司法人治理结构方案,逐步使自治区出资监管企业全部按照现代企业制度要求科学规范运行。

【实施积极有效的国资监管方式 提高国资监管水平】

坚持考核工作的原则和规范,加强工作创新,努力提高考核工作质量。2010年,国资委在依法规范做好对监管企业2009年度经营业绩和领导班子履职情况考核的同时,引入了价值管理理念,开展了经济增加值考核试点准备工作。对各企业近三年经济增加值情况进行了分析测算,开展了经济增加值考核知识专门培训等工作,为全面启动经济增加值考核奠定了基础。制定了《自治区国有企业领导班子和领导人员综合考核评价办法(试行)》。

依法规范推进企业收入分配管理各项工作　在广泛调研的基础上,研究提出了《深化出资监管企业劳动用工和内部收入分配制度改革的指导意见》、《自治区国资委监管企业外部董事报酬管理试行办法》等制度。制订并下发了《自治区国资委监管企业工资总额预算管理试行办法》,正式启动了企业工资总额预算管理。按照"业绩升、薪酬升、业绩降、薪酬降"的原则,将年度考核结果与绩效薪酬紧密挂钩,完成了2009年度企业负责人年薪兑现工作。

监事会监督检查工作质量得到提高　国资委外派监事会在做好日常监督的同时,深入派驻企业,开展了年度集中检查,顺利完成了各项监督检查任务,就事关企业发展的重大问题和出资人关注的重要事项,进行了专项报告和反映。进一步完善监事会监督体系和制度建设,努力提升监督实效。依法依规向其余6户企业派出了监事会,年底前外派监事会全部进驻企业,启动了监事会监督检查,实现了外派监事会制度在所有出资监管企业的全面覆盖,推进了外派监事会监督组织体系建设。加强制度建设,依法开展了对企业内设监事会履行职责的指导和监督。

国资监管基础建设进一步加强　加强国资监管法规制度建设,提高了监管工作的规范化、法制化水平。积极推进企业法律顾问制度规范化建设,制定了《国有企业法律顾问职业岗位等级资格评审管理暂行办法实施细则》。

加强财务监督与统计评价工作　研究提出了《自治区国资委监管企业财务预算管理暂行办法》。完成了2009年度监管企业财务决算审核汇总工作。开展监管企业经济运行特别是财务运行状况的动态分析监测,逐月进行调度分析,形成《监管企业月度财务分析报告》,为监管工作决策提供依据。

依法规范开展产权管理各项基础工作　积极推动企业国有产权管理的制度化建设,建立全区统一的企业国有产权交易管理制度。规范开展资产评估管理,完成了2009年度企业国有产权登记和国有资产评估汇总分析报告。依照《内蒙古国资委资产评估项目评审会工作程序》,规范完成了有关企业重组资产评估评审、核准等工作

加强产权交易监管 推动产权市场建设　会同自治区监察、工商、财政、发改、证券等部门深入9个盟市和5户监管企业开展了全区企业国有产权进场交易检查工作。向国务院国资委积极协调申请,将内蒙古产权交易平台接入了全国企业国有产权交易监测系统,实现了对全区国有产权进场转让行为全程、实时、动态监控。

稳步推进国有资本经营预算工作　推进国有资本经营预算管理制度建设。配合预算主管部门制定了《内蒙古自治区直属企业国有资本收益收缴管理暂行办法》。印发了《关于出资监管企业国有资本经营预算建议草案编报试行办法的通知》明确了国资委与出资企业在编制资本预算建议草案中的职责分工、预算编制基本内容和工作要求。

【贯彻落实国家相关政策法规 努力推进国有资产监管体系建设工作】　2010年,国资委紧紧抓住国资监管体系建设这个根本,积极采取措施,努力完善国资监管体制和制度。一是认真学习贯彻全国国资监管工作会议、全国县级国资监管体制改革现场会议、地方国资委负责人培训班及国务院国资委《关于进一步加强地方国有资产监管工作的若干意见》精神,结合自治区国资监管体系建设存在的问题,研究提出了健全和完善自治区国资监管体制和制度的意见和建议,向自治区党委、政府进行了汇报。二是与自治区党委组织部共同召开完善国资监管体系,加强国资监管工作务虚会,就进一步完善体系,健全制度,加强和改进区直企业国有资产监管工作进行了深入研讨。三是加强了对盟市、旗县级国资监管工作的监督和指导。会同自治区党委、政府的有关部门,深入各盟市开展了监管体系建设情况调研,了解掌握了盟市体系建设相关情况,宣讲了国家政策要求,并向各盟市领导同志提出了贯彻落实国家有关会议精神和政策要求,进一步改进和加强地方监管体系建设工作的意见和建议。

按照国家的有关要求和定方向、立规则、上轨道的思路,在深入调查研究,充分听取各盟市及相关方面意见的基础上,提出了《关于进一步加强盟市国有资产监管工作指导意见》,为加快推进盟市国资监管体系建设工作提供了依据和制度保障。

【国有企业党的建设全面推进 创先争优活动态势良好】

全系统扎实开展创先争优活动　按照自治区党委的统一部署,国资委党委精心组织,周密安排,强化指导,按照"六个环节"的要求,在出资企业和委机关认真组织开展了创先争优活动。一是明确了活动思路、活动目标和努力方向。把创先争优活动与"四好班

子”和“四强四优”争创活动结合起来,形成合力,相互促进。以创先争优活动为抓手,推动学习实践活动整改落实工作,全面兑现对职工群众的承诺,促进建立科学发展长效机制。突出国资系统特色,努力形成组织创先进、党员争优秀、职工提素质、企业上水平的局面。二是围绕中心任务,突出工作重点。紧紧围绕抓好学习实践活动整改后续工作、解决突出问题;紧紧围绕促进科学发展方式转变、推动科学发展;紧紧围绕化解社会矛盾、促进和谐稳定;紧紧围绕服务人民群众、推动富民强区,紧紧围绕固本强基、加强基层组织,扎实推进党建各项工作不断深入开展。三是健全机构和工作制度,落实工作责任。成立了由国资委主要领导为组长的活动领导小组。制定了定期例会、责任追究、目标考核等行之有效的制度和活动保障措施,形成自上而下、层层负责、分级指导、各负其责的工作格局。保证了活动扎实有序稳步推进。

企业领导班子建设和管理工作进一步加强 深入开展企业“四好”领导班子创建活动,积极探索建立企业领导班子和领导人员综合考核评价体系,完善和创新企业领导人员选拔任用机制。会同自治区党委组织部研究提出了《自治区国有企业领导人员管理暂行规定》。创新推选模式,注重专业特长和能力培养,根据干部管理权限,对部分企业领导班子后备干部进行了调整补充,企业后备干部队伍的知识结构、专业结构和年龄结构得到进一步改善。

落实人才强企战略扎实推进人才建设 贯彻落实自治区人才工作总体部署,结合出资监管企业人才队伍建设实际,把人才引进与培养有机结合,为企业可持续发展提供人才保证和智力支持。研究制定了《关于“草原英才”工程自治区直属(控股参股)企业高层次经营管理和技术研发人才引进培养工程子工程实施方案》。国资委党委分别与包钢、森工、电力三户企业签订了2010年高层次人才引进培养责任状。加大自主培训培养人才力度。制定了2010年企业经营管理者培训计划,继续与清华大学合作举办了现代企业管理高级研修班,60多名出资企业领导人员、后备干部参加了培训,在拓展企业经营管理人员视野,丰富现代企业经营管理知识,改善知识结构,促进企业经营实践方面收到了很好成效。

扎实推进国有企业党风廉政建设 构建有效的出资企业惩防体系 坚持“党委统一领导,党政齐抓共管,纪委组织协调,部门各负其责”的领导体制和工作机制,对中央和自治区相关重大决策部署及时跟进,把落实党风廉政建设责任制和推进国有企业惩防体系建设放在国企、国资工作的突出位置来研究部署。

国资委党委会同自治区纪委联合召开了全区国有企业纪检监察查办案件工作座谈会,就进一步贯彻落实“三重一大”决策制度和若干规定,深化企业效能监察,推进国有企业查办案件工作提出了新的任务和要求。

认真贯彻落实中央《工作规划》和自治区《实施办法》,扎实开展了清理“小金库”、工程建设领域突出问题专项治理工作。切实抓好《国有企业领导人员廉洁从业若干规定》和“三重一大”决策制度的落实,起草了《内蒙古国资委关于进一步推进国有企业执行“三重一大”决策制度的实施意见》以及贯彻落实若干规定实施意见。依法依规查办违纪违法案件,强化责任追究,取得了新进展和新成效。

(吴大鹏)

国土资源管理

【内蒙古自治区国土资源厅领导名录】

厅　长:白　盾

副厅长:孔燕燕(女 蒙古族) 赵保胜(蒙古族) 元重举(蒙古族 7月离任) 杨仁选 王富友 陈伟(7月任职)

总工程师:张　宏(9月任职)

纪检组长:孙建华(7月离任) 敖拉(达斡尔族 9月任职)

副巡视员:高华 陈喜良(7月离任) 乌俊清(蒙古族 9月任职)

【概况】 内蒙古自治区国土资源厅主管全区土地、矿产等自然资源的调查评价、规划、管理、保护与合理开发利用及测绘行政管理,承担国土资源执法监察职责,是自治区政府综合职能部门。内设处室17个:办公室、人事教育处、政策法规处、规划与科技处、财务处、地籍管理处、耕地保护处、土地利用处、矿产资源储量处、矿产开发管理处、地质勘查处、地质环境处、测绘管理处、执法监察局、离退休管理处、纪检组、机关党委,厅机关行政编制95人。

厅直属事业单位14个:内蒙古自治区地质矿产勘查开发局、内蒙古自治区有色地质勘查局、内蒙古自治区测绘事业局、内蒙古自治区煤田地质局、内蒙古自治区土地勘测规划院、内蒙古自治区国土资源信息院、内蒙古自治区地质调查院、内蒙古自治区地质环境监测院、内蒙古自治区土地整理中心、内蒙古自治区土地储备登记中心、内蒙古自治区测绘产品质量监督检验站、内蒙古自治区国土资源执法监察总队、内蒙古自治区国土资源厅机关事务服务中心、内蒙古自治区地质勘查基金管理中心。

【土地资源】 内蒙古自治区总面积118.3万平方公里,占全国土地面积的12.3%。截至2008年底(第二次土地调查成果尚未公布),全区农用地9 541.45万公顷,占全区总面积的82.60%;建设用地147.76万公顷,占全区总面积的1.28%;未利用地1 862.26万公顷,占全区总面积的16.12%。农用地中耕地714.857万公顷,园地7.28万公顷、林地2185.18万公顷、牧草地6 577.94万公顷。全区常住人口2 470.6321万,人均土地面积4.9公顷,其中人均耕地4.3亩,居全国首位。

【地籍和土地利用】 2010年,内蒙古认真执行土地利用总体规划,严格落实土地利用年度计划,全年可使用的用地指标达到2.7万公顷,其中:国家下达计划指标1.1万公顷,占用国家计划指标0.76万公顷,增减挂钩指标0.05万公顷,利用土地置换政策解决用地指标0.43万公顷,临时用地0.38万公顷。批准农用地转用和土地征收总面积1.77万公顷,其中:国务院批准0.4万公顷、自治区批准1.33万公顷。建设用地供应6 716宗2.14万公顷;土地出让5 343宗,面积1.48万公顷,出让成交价款488亿元,是上年的2.36倍,基本满足了自治区用地需求。土地收储银行融资投入15.3亿元,计1 392.07公顷。部署和完成了全区45个国家级和自治区级开发园区的土地利用评价成果更新工作,其中5个国家级开发区中开展了集约用地评价成果已报国土资源部。

完成了全区第二次土地调查标准时点统一更新调查、汇总、数据核查整改及上报、国家入库前的整改对接;完成了基本农田调查上图成果的合库上报、整改对接工作;完成了101个旗县(市、区)农村土地调查全面验收评价工作,达到优良的80个,合格的21个,优良率达79.9%。印发了城镇数据汇交办法,完成12个盟市所在地地籍调查成果检查验收;旗县(市、区)所在地的城镇数据库全部建立,通过了质量监理;面积233 058.12平方公里,宗地1 026 599宗。

完成并提交了自治区农用地汇总成果,完成12个市县级农用地定级评价试点项目,全区新一轮城市建制镇基准地价更新工作圆满完成,地价动态监测省级示范项目稳步推进。编制完成了自治区土地利用总体规划大纲。

【耕地保护】 建立耕地保护责任目标双向考核制度,实行耕地占一补一、进一步完善和细化了土地管理和耕地保护的责任,年度土地变更调查结构显示耕地总量达到713.3万公顷,与上年度持平。批准建设用地置换4 330公顷,对盘活存量废弃、未利用建设用地,缓解新增建设用地指标紧张局面,保障发展建设用地需要起到了重要作用。

2010年争取到三年总投资38亿元,整治土地300万亩,新增耕地2.7万公顷的国家农村土地整治重大工程项目。当年投入资金11亿元,其中,中央资金6亿元、自治区和盟市配套资金5亿元。项目已在自治区通辽市、巴彦淖尔市、呼和浩特市等5个粮食主要产区实施,当年整治农村土地84万亩,新增耕地11.23万亩;与此同时,2010年还完成国家和自治区投入14.21亿元,实施了国家和自治区重点土地整理项目181个,完成整治面积8.93万公顷。成为自治区粮食连续8年增产的重要因素之一。

【矿产资源管理】 截至2010年底,全区已发现矿种136种,占全国发现矿种的79.5%;开发利用矿种112种,占全国矿产种数的47.86%;有26种矿产保有资源储量居全国前3位,66(亚)种矿产保有储量居全国前10位,20种矿产的人均占有量是全国的两倍以上。全区已查明煤炭资源保有储量7 413亿吨,跃居全国第一位;保有稀土氧化物资源储量7 893.24万吨,均居全国第一位。全区查明铁矿资源储量41亿吨,初步改变了自治区铁矿资源紧缺的局面;全区已查明金资源储量537吨;查明银资源储量32 509吨。自治区丰富的矿产资源不仅为发展优势特色产业提供了资源保障,也使内蒙古具备了建设国家能源战略接续基地的资源条件,而且有效保障了国家能源安全。

全区共有矿山企业4 457家,开发利用矿产114种,年实际采矿能力6.19亿吨,年矿业总产值1 100多亿元。逐步形成了包头白云鄂博、巴彦淖尔东升庙、鄂尔多斯准格尔和东胜煤田、锡盟胜利煤田、赤峰拜仁达坝、呼伦贝尔海拉尔、鄂尔多斯苏里格天然气、锡盟和二连浩特石油等11个特色鲜明、布局合理、具有较强竞争力的矿业基地。

截至2010年底,自治区完成了9 282个有效矿业权实地核查,基本摸清了矿业权勘查开发现状,据此完成了一批无问题采矿权的换证工作,核查成果被国土资源部评定为优秀。在审查批复12个盟市进一步推进矿产资源开发整合方案的基础上,全面推进矿产资源整合，完成了42个矿区整合任务，整合后的矿业权数由302个减少至152个，减少49.7%，整合区域矿业开发布局进一步优化。开展稀土专项整治工作，启动了北方三省区稀土矿产开发区域联动，五次深入白云矿区现场督导整治工作，通过打击、整合、管理3个阶段的工作，基本实现了白云鄂博矿区由包钢集团公司统一勘查、统一规划、统一开发的阶段性工作任务，白云鄂博矿区开发秩序明显好转。白云鄂博矿区初步实现了整体规划、整装勘查、包钢对稀土勘查开发加工上下游专营，集中储备的良好局面。

【地质勘查】 全年总投入地质勘查资金336.66亿元。全区非油气地质勘查基金总投入76.66亿元，其中：国家投入6.66亿元、自治区财政专项投入7亿元，社会投入63亿元。2010年，油气勘查总投入260亿元，勘查开采面积34万平方公里。通过大规模的地质勘查投入，截至2010年底，全区累计完成1/20万区域地球化学调查187幅，面积71.8万平方公里，覆盖率达到60%；完成1/5万区域地球化学调查30幅，面积1.05万平方公里。全区累计完成1/5万矿产地质专项调查847幅，面积28.09万平方公里。全区基础地质工作程度大幅度提高调查。同时开展和基本完成了矿业权核查、资源利用调查和潜力评价，采集了大量的基础数据，发现了大量的找矿线索，为全区地质勘查和矿业可持续发展奠定了坚实的基础。2010年，初步估算新增铁矿石量约6 048万吨，铜金属量11.5万吨，铅锌金属量111.6万吨，新增煤炭资源储量约300亿吨，新增矿产地41处。为自治区煤炭、电力、冶金等资源型产业的发展提供了资源保障。

【资源有偿使用】 全年实现国土资源收益542.5亿元，同比增长20%。其中：土地出让金等收益450亿元，新增建设用地有偿使用费24亿元；矿业权规费55.42亿元；矿产资源补偿费13.5亿元，同比增长50%；探采矿权使用费和价款为自治区“以矿补勘”的多元化投资良性循环和滚动发展的地质工作新机制注入了活力。土地、矿产资源的有偿使用，对全区经济社会发展起到了重要的拉动作用。

【地质环境保护】 全年安排矿山地质环境恢复治理项目39个，资金2.71亿元，治理和恢复面积3 000公顷，有效改善了全区矿山地质环境问题。下达2010年度地质遗迹保护和地质公园建设项目11个，总投资4 930万元。与财政厅联合组织了2010年度地质遗迹保护和地质公园建设项目审查13个，其中国家级项目2个，自治区级项目11个，旅游人数已由2005年的100万人次增加到2010年的675万人次，旅游收入达35亿元，分别是2005年的6.8倍和11.3倍。组织拍摄了反映自治区近年来矿山地质环境治理工作的电视纪录片《绿色矿业谱华章》，并在内蒙古电视台播出，社会反响良好。及时开展地质灾害隐患调查、核查、排查和检查工作，健全群策群防网络，加强地质灾害气象预报预警工作。汛期发生的地质灾害均为小型，主要危及公路、农田和草地，未造成人员伤亡。

【地勘单位企业化改革】 完成经营性收入66亿元，增长6%；实现利税12亿元，增长5%，净资产34.67亿元，增长8%；经营性资产28.73亿元，增长20%；职工年均收入3.7万元，增长15%。

【基础测绘】 2010年，自治区基础测绘投入资金7 000万元，全区完成1:1万地形图测绘外业1 808幅，内业1 712幅，使全区1 ：1万地形图覆盖率达到35.6%，覆盖面积为42.1万平方公里。完成1 ：1万基础地理信息数据入库2 015幅，基础测绘航空摄影8.4万平方公里。地理信息市场专项整治工作取得圆满成效，地图市场监督管理得到加强。编制了《内蒙古自治区测绘事业发展十二规划》。自治区基础地理信息公共服务平台建设全面启动，“数字城市”建设工作有了新进展，新农村（新牧区）测绘保障服务示范项目进展顺利。

【国土资源执法监察】 认真开展土地、矿产资源违法违规监察工作，建立健全了维护社会稳定的预警机制、矛盾纠纷排查调处机制、应急处置机制和责任追究机制，着力解决农牧区土地征用方面的突出问题。2010年，通过各级国土资源部门动态巡查和12336举报电话，全区共发现土地违法行为530件，涉及土地面积1 414公顷，同比分别下降27.8%和11.5%；立案479件，立案率90%，同比增加9%；结案235件，结案率71.87%。全区共立案查处矿产资源违法案件308件，同比下降27.8%；结案301件，结案率97%。接待群众来访294批次、1 250人次，分别较上年减少5.6%和8.9%。借助卫片执法检查工作，进一步加强了预防、查处、监管和部门联动等土地执法监管长效机制。卫片执法检查共调查疑似图斑5 852个，涉及4 323宗地，面积50.86万亩。通过查处，违法违规行为得到有效遏制，依法用地、依法采矿意识进一步提高，实现了执法监察工作的新突破。

【党风廉政及干部队伍建设】 2010年，在系统内开展了创先争优、“两整治一改革”活动，将国土资源管理体制建设与强化人员素质作为实践科学发展观活动的延续,收到了良好实效。加强了政风行风建设,虚心听取社会各界对国土资源厅的工作意见,并制定了整改方案和措施,围绕经济发展大局,积极改进工作方式,提高服务质量,通过全系统干部职工的艰辛努力,全员服务意识和整体服务水平有了很大提高,难点、热点问题的处理得到了社会各界的普遍理解和支持,在纪念建党 89 周年之际,召开了党建工作表彰大会,有 110 个先进集体和 280 名先进个人受到表彰,并发出了《争创先进基层党组织,争当优秀共产党员倡议书》。为营造国土资源系统创先争优活动的浓厚氛围,国土资源部门的对外形象得到了进一步改善。

在 2009 年组建国土资源政务大厅并推行网上报件审批工作的基础上,2010 年进一步优化审批流程,规范报批方式、强化监督管理措施,大力推进行政审批系统三级全业务、全流程网上运行工作。全年经政务大厅窗口受理的报件为 10 443 件,其中:地政业务 995 件,矿政业务 9 415 件,测绘业务 33 件。

经过内蒙古自治区各级国土资源部门的共同努力,顺利完成国土资源部和自治区确定的 2010 年国土资源工作主要任务。进一步践行了科学发展观,为稳增长、转方式、调结构、惠民生、维稳定提供主动积极服务,为自治区经济社会平稳较快发展提供支撑和保障。

(张　晶)

工商行政管理

【内蒙古自治区工商行政管理局领导名录】

局　长:王玉英

副局长:马　麟(12 月离任)　李　彦　王玉成(蒙古族)　霍武

纪检组长:杨建平

副局长:王爱平(12 月任职)

总会计师:洪宝柱

副巡视员:郭瑞峰(女)　李振华　双　喜(蒙古族)　利　军(蒙古族)

【概况】 内蒙古自治区工商行政管理局共有在职人员 76 名,设有办公室、人事教育处、财务装备处、法规处、宣传调研处、公平交易处、消费者权益保护处、市场规范管理处、食品流通监督管理处、企业注册管理处、外商投资企业注册管理处、商标监督管理处、广告监督管理处、基层工作指导(个体私营经济监督管理)处、离退休人员工作处、机关党委、派驻纪检监察室等 17 个职能处室,信息中心、12315 消费者申诉举报、广告监测中心、机关服务中心、个体私营劳动者协会、消费者协会、广告事务所等 7 个事业单位,2 个派出机构为中西部稽查分局和东部稽查分局。管辖全区 12 个盟市工商行政管理局和 2 个计划单列市工商行政管理局。

2010 年,全区工商系统提出实施《关于进一步推进个体私营经济发展的意见》的 42 条措施,扶持个体私营经济、中小企业、服务业发展。在此基础上,举办了 87 场用工招聘会、就业安置会、创业政策说明会等,共有 41 000 名高校毕业生、下岗失业人员、退役军人和返乡农民工在个体私营经济领域实现就业再就业。各级工商部门和个私协会配合金融部门,帮助中小企业融资 152.7 亿元。全区个体工商户发展到 75.4 万户,其中新登记 184 133 户;私营企业发展到 11.4 万户,其中新登记 26 099 户,个体私营企业从业人员 260 万人。自治区个体私营企业户均注册资金、从业人员与全国平均水平持平,2010 年,全区新登记非资源性企业比资源性企业明显增长,工业园区(经济开发区)企业占全区企业总数的32%。新登记农民专业合作社 5 167户,总量达10 142户;外商投资企业略有增长,总量达3 693户。这些也证明自治区的产业结构、产业层次、产业集群发展水平进一步提升。

【商标工作】 2010 年,全区新注册商标 8 500 件,3 件商标被认定为中国驰名商标,自治区注册商标总量达 3.2万件,其中驰名商标 29 件,著名商标 277 件,地理标志商标 13 件。全系统共查处案件 1 744 起。包头市和内蒙古伊利集团公司分别被授予实施商标战略示范城市和示范企业,商标兴农、商标兴企、商标兴市(盟)的氛围逐渐形成。

【规范市场管理秩序】 全系统认真贯彻总局的各项部署,始终瞄准市场监管的重点、难点、热点问题,结合实际、突出重点、统筹安排,加大监管规范、行政指导的力度,共查办各类经济违法违章案件 86 000 件,打击了经济违法行为,优化了市场环境,促进了公平竞争。

【流通环节食品安全监管】 大力宣传《食品安全法》及《食品流通许可证管理办法》,召开现场会观摩学习、实地培训,实现了食品经营许可管理由卫生部门向工商部门的平稳过渡,进一步落实索证索票、进货台帐制度,发放食品流通许可证 10.74 万个,占应发总户数的 67%;培育食品示范店 7 153 户,组织流通环节食品质量抽检 309 个批次,查处食品违法案件 1 140 件。

【查处“两虚一逃”】 针对公司虚报注册资本、虚假出资和抽逃出资等行为，检查企业登记代理机构及相关企业5 356户、会计师事务所89户，查获公司出资违法案件1 486件，维护了交易安全，巩固了社会信用体系建设的基础。

【推进“红盾护农”】 强化农资、成品油、粮食、“家电下乡”等专项市场检查。共检查各类农资经营主体39 406户次，取缔无照经营106户，查处不合格化肥169吨、种子2.4吨，查处各类农资违法案件941件。

【消费维权工作】 全系统坚持维护消费者合法权益无小事的原则，围绕“消费与服务”这一主题，健全了四级连通的12315消费者申诉举报网络，为消费者提供了高效畅通的行政保护。建立了消费者协会分会、消费者投诉举报站、维权联络站6 151个，基本覆盖了村嘎查、社区、学校和大型企业、市场。开展了发布消费警示、消费教育、消费者评议、比较试验、消费者满意度测评等在内的一系列活动。全系统受理群众申诉、举报、投诉、咨询59 515件，为消费者挽回经济损失2 605万元，做到了及时受理、及时调解、及时查处、及时反馈，使大量消费纠纷解决在基层、解决在商户、解决在萌芽状态，没有出现因消费投诉引发群体性上访的事件。

【基层监管方式全面转型】 停征“两费”、新三定方案施行后，自治区工商局审时度势，按照“三个转变、两个延伸”的思路，迅速做出了基层工作职能战略转移的部署，把基层工商所建设成为发展服务队、监管执法队、消费维权队，出台了基层工商所建设五年规划、规范化达标工商所标准，开展了创建“监管服务先进工商所”活动，提高了工商所特别是农牧区工商所人均公用经费标准。各盟市工商局结合基层肩负的新任务和物价职能划转后人员调整状况，探索改革工商所内设管理机构，强化充实基层一线人员，购置先进的办案装备，提高执法能力和水平，建立健全激励机制。特别是针对“干什么”、“怎么干”，开办工作实务培训班，推进柔性的、人性化的管理和服务，着力解决缺责任、缺标准、缺技能、缺监督等问题，提高信息化条件下市场监管本领，推进了工作的高端化、精细化、专业化。2010年，全系统办理的行政处罚案件中，食品安全、虚假广告、商标侵权、非法传销、虚假出资、消费维权、无照经营、假冒伪劣等案件主要由工商所办理，包含了工商行政管理部门的主要职能。通过转型证明实践，基层工商部门已经由收费管理型转变为监管服务型管理，新的工作思维、监管方式、服务理念、工作作风、管理模式初步确立。

【基础建设】 全面开展了廉政风险点和监管风险点防范管理工作，完善了基层执法人员向监管服务对象述职述廉、旗县局长向社会各界通报履职履责、盟市局长向自治区工商局述职述廉工作，各种形式的明查暗访促进了政风行风建设。全系统举办各类培训班、巡回授课、技能练兵等320多次，培训人员近2万人次，参加总局培训413人次。在法制建设上，结合“五五”普法验收，组织开展了法律法规培训和考试，为10 000多名执法人员换发新版执法证，全面落实了执法人员持证上岗制度；全系统核审一般程序案件22 266件，强化了执法质量监督，堵塞了执法漏洞，推行了行政执法报告制度和行政执法评价考核制度；积极化解行政争议，行政复议、行政应诉工作得到强化，维护了执法的严肃性、权威性。

【信息化建设】 进行了综合业务改造、网络设备升级改造，完善了信息网络建设项目报备制度，11个盟市工商局达到了人均一台计算机，信息化应用系统基本完善、支撑平台基本保障、工作机制基本建立，信息化已经成为工商工作的强力支撑点。

【机关建设】 开展了窗口单位“工商文明杯”竞赛活动，全面应用了新版OA办公自动化系统，加强了对专项资金、车辆购置、办公楼建设、重要固定资产购置、公务接待的管理，加强了统计工作和市场主体数据分析，新闻宣传和信息报送工作，促进了工商工作的上下传达、内外沟通。全系统各级协会、学会和直属单位紧紧围绕中心任务，在服务经济发展、推动就业创业、端正行业风气、反映社会诉求、促进行业自律、开展理论研究等方面，做了大量工作，发挥了积极作用。

（王　敏）

安全生产监督管理

【内蒙古自治区安全生产监督管理局领导名录】

局　长：张院忠(4月任职)

副局长：王英夫　苗雨　孟国夫(蒙古族　9月任职)
刘大群(9月任职)

【概况】 全区共发生各类伤亡事故13 887起，死亡1 828人。与2009年同期相比，事故起数减少29起，下降0.21%，死亡人数减少57人，下降3.02%。各类事故死亡人数是年度下达的安全生产控制指标的99.51%，在年度可控指标范围之内。全区共发生4起重大、特大事故，死亡64人。其中，一起特大事故死亡

32人。全区共发生一次死亡3~9人的较大事故78起,死亡302人,同比起数增加9起,上升13.04%,死亡增加20人,上升7.09%。

【全面加强重点行业监管】

煤矿安全方面 继续深化煤矿瓦斯专项整治,深入开展煤矿建设项目专项监察,督促各类煤矿认真落实防治水措施,严格火工品管理,严防瓦斯事故,严防整合技改和基建矿井发生事故,严防水灾、火灾和火药爆炸等事故。深刻吸取"骆驼山3·1事故"教训,对全区所有煤矿进行全面调查摸底,凡存在水、火、瓦斯隐患的,一律重新审查设计、重新审查安全专篇、重新检查防治水工程。

非煤矿山方面 一是强化"双百"工程建设,突出抓100户自治区和盟市重点监管井工矿的建设。二是深入开展3个专项整治活动,即金属非金属地下矿山安全生产专项整治、井下外包工程安全管理专项整治和"打非治违"安全生产专项整治。三是出台并认真落实七项重点举措,即:大力推行安全标准化建设;强制推行安全生产先进适用技术;加大事故企业停产整改工作力度;严格安全生产许可证颁发和延期审查工作;切实加强在建项目安全监管;建立天然气长输管道安全监管长效机制;进一步推动矿产资源整合和整顿关闭工作。

危险化学品方面 狠抓五项重点工作,深入开展4个专项行动。五项重点工作:一是全面推进安全标准化建设,出台自治区《危险化学品从业单位安全生产标准化评审考核标准》,对全区137户企业实施考评;二是继续加强对347个危险化学品建设项目的监控,特别对违规建设和违规试生产项目进行重点监控和检查;三是加强对175户非药品类易制毒化学品企业的监管;四是强化安全试车监管工作。重点监督34户试生产企业落实《自治区化工装置安全试车工作规范(试行)》和遵守《自治区化工装置安全试车十个严禁》情况;五是对全区28户重点监控企业实施专家会诊,并跟踪排查出隐患的整改验收情况。

4个专项行动:一是按照国家总局要求,扎实做好礼花弹专项整治工作;二是配合质监部门联合开展液化石油气掺混二甲醚问题专项整治行动;三是配合公安部门联合开展羟亚胺专项检查行动;四是开展全区制药企业安全生产基本情况摸底调查行动。

烟花爆竹方面 继续深入治理生产企业"三超一改",严格实施生产过程在线监控和驻厂员制度;加大关闭整治监管力度,完成了2010年关闭10家生产企业的任务。

道路交通方面 2010年,自治区安监局会同交通、公安、高速公路公司就进一步加强道路交通安全监管、有效遏制较大以上事故多发、高发势头进行了研究,并联合下发《关于切实加强道路交通安全工作的通知》,推动道路交通各项防范措施切实落实到位。年内,对呼和浩特、沈阳、哈尔滨铁路局和内蒙古集通铁路公司安全生产工作进行了监督检查。

对其他行业监管 2010年,自治区安监局加强了与相关主管部门的协调和联合行动,全年在自治区层面上组织实施了联合督查。一是会同住建厅、内蒙古电监办,联合东北电监局共同对区内的重点电力企业进行联合检查。二是对驻区央企大唐、神华、华能等企业开展了安全生产检查。三是会同建设、水利等部门联合开展了建筑行业安全生产大检查。通过检查,使企业进一步提高了对安全生产的认识,从制度建设、安全投入、岗位职责的落实等方面切实发挥了主体作用。对检查发现的问题,进行了挂牌督办,整改效果较好。

【夯实安全生产基础】

宣传工作 2010年,全区各级安监部门扎实开展"安全生产宣传月"活动;推进企业安全文化建设,同时,全区各盟市还通过广播、电视、报纸、网络等新闻媒体,积极进行活动宣传和跟踪报道,进一步扩大了安全生产工作的宣传面和教育面。在7~8月间,自治区安监局与内蒙古电视台(经济生活频道)联合制做了11期《安全生产》专题片,分别是《危险化学品安全》、《非煤矿山安全》、《烟花爆竹安全》、《天然气管道安全》、《公共场所消防安全》、《在建工程项目安全》、《煤炭行业安全》、《建筑行业安全》、《道路交通安全》、《企业职工安全》和《安全生产综述》,在内蒙古卫视黄金时间滚动播出,收到了良好的宣传效果。

培训教育 抓好企业负责人、安全管理人员和特种作业人员的培训,全年共培训上述三类人员107 132人,其中,企业负责人3 962人、安全管理人员10 543人,特种作业人员92 627人。此外,重点抓了3个方面的培训:一是新进人员的岗前培训:实行全员持证上岗制度,高危行业生产一线操作人员强制培训;二是举办盟市、旗县分管领导、安监机构主要负责人、重点企业负责人培训班,培训上述三类人员370多人;三是抓监管监察执法人员上岗资格培训,提高执法人员的法律素质。

制度建设 一是扎实做了《内蒙古自治区安全生产条例》修订前的协调准备和调研工作。二是草拟制

定了《建设和生产项目工程外包安全管理规定》,规范外包工程安全管理秩序。三是制定出台了《天然气管道安全管理细则》,明确天然气管道安全管理职责。四是制定出台了《作业场所职业健康监督检查办法》。五是制定印发了《自治区委办厅局安全生产工作考核办法》。

标准化建设　2010 年,自治区安监局深入推进非煤矿山安全标准化工作,印发了《2010－2011 年全区非煤矿山企业安全标准化建设规划》,制定了非煤矿山安全标准化的总体目标及主要措施。同时,把行政许可、专项整治与安全标准化工作相结合,加强企业日常安全监管和现场安全标准化检查,推动企业标准化工作在保级的基础上升级,不断提高企业安全标准化工作水平。截至 2010 年底,全区已达标的非煤矿山企业共 1 216 户,其中三级企业 81 户,四级企业 140 户,五级企业 995 户。在危险化学品生产企业开展安全标准化工作,截至 2010 年底,全区已达标企业 28 户,其中达到二级标准的 9 户,达到三级标准的 19 户。

【事故调查处理工作】　按照事故调查处理“四不放过”原则,自治区安监局牵头会同有关部门认真调查处理了“旗下营隧道塌方事故”、“包满铁路 8.13 溜逸事故”等重大事故,对有关单位和有关责任人依据相关规定进行了严肃处理;会同自治区监察厅、内蒙古煤监局对乌海、鄂尔多斯、包头、通辽、赤峰、锡林郭勒等 6 盟市重特大事故责任追究落实情况进行专项督查。

【应急救援工作】　一是出台了《内蒙古自治区生产安全事故灾难应急预案》以及自治区应对石油天然气开采、储运、矿山、尾矿库、冶金和危险化学品事故灾难 6 个专项预案,加强应急预案审查备案管理工作,明确规定对高危行业和重点企业的应急预案进行审查备案。二是在呼伦贝尔、赤峰、乌海和鄂尔多斯建设 4 个应急救援物资设备储备基地;推动了 6 个危险化学品应急救援特勤站建设。三是强化了非煤矿山企业自身队伍建设,提高企业自身救护能力。2010 年,全区共有非煤矿山救护队伍 13 支,另有 3 支组建中,人数接近 350 人。

【重要活动】　4 月,自治区安监局与原自治区经济委员会分开,机构单设,成立自治区安监局党组,张院忠同志任自治区安监局党组书记、局长。6 月 17 日,自治区党委、政府下发了《关于切实加强安全生产工作健全和完善“一岗双责”制度的通知》(内党发〔2010〕8 号)。12 月 3～18 日,国家安全监管总局副局长孙华山来自治区进行全国安全生产综合检查督查。

【荣誉】　1 月,内蒙古安监局危险化学品管理处被国家安全生产监督管理总局、国家安全监察局评为安全生产监管监察先进单位。10 月,职业安全监督管理与应急救援处组织参加由国家安全监管总局和中华全国总工会举办的“全国安全生产应急知识竞赛”获得优秀组织奖。

(云娜)

审　　计

【内蒙古自治区审计厅领导名录】

厅　长:长　江(蒙古族)
巡视员:赵慧容(女)
纪检组长:王玉璋
副厅长:王月胜　孙德志(满族)　吕靖原
经济责任审计局局长:靳素平
总审计师:郭少华
副巡视员:千梅海(朝鲜族)　刘文磊(9 月任职)

【概况】　内蒙古自治区审计厅行政编制 152 人,其中厅机关行政编制 120 人,驻海拉尔、赤峰审计处行政编制 32 人,厅机关事业编制 46 人;行政在编 112 人,驻海拉尔、赤峰审计处行政在编 32 人,厅机关事业在编 42 人。厅机关内设处室 21 个:办公室、人事教育处、机关党委、纪检组、调研室、法制处、离退休人员工作处、财政审计处、行政事业审计处、金融审计处、农业与资源环保审计处、经贸审计处、固定资产投资审计处、政府投资审计处、外资审计处、社会保障审计处、党政领导干部经济责任审计处、企事业单位领导经济责任审计处、派出审计一处、派出审计二处、审理处;审计厅派出机构 2 个:审计厅驻赤峰审计处、审计厅驻海拉尔审计处;审计厅下设直属事业单位 4 个:审计科研培训中心、机关事务服务中心、审计信息与计算技术服务中心、内部审计管理中心。

截至 2010 年末,全区审计机关共审计5 022个单位,审计调查 1 652 个单位。审计查出违规金额 145.3 亿元,损失浪费金额 5 177 万元,已归还原渠道资金 10.7 亿元,已收缴财政金额 14.9 亿元,减少财政拨款或补贴金额 3.8 亿元,核减投资(结算)额 20.3 亿元,挽回或避免损失 1.8 亿元。移送司法、纪检监察机关案件 24 件,涉及 9 人,涉案金额 3.05 亿元;移送其他部门处理案件 17 件,涉及金额 29.6 亿元。上报审计专题报告、信息6 459篇,被批示、采用 3 439 篇。提出审计建议 4 049 条,被审计单位制定整改措施 155 项,建立健全规章制度 73 项,向社会公告审计结果 36 篇。

【财政审计】 财政预算执行审计工作紧紧围绕促进落实积极财政政策、规范财政管理、深化财政体制改革、提高财政资金使用效益等方面,重点审查财政收入的真实性、预算编制的完整性、规范性、准确性,专项资金使用的效益性,预算执行的严肃性。截至 2010 年末,全区财政预算执行审计 825 个单位,审计调查 228 个单位,审计查出违规金额 76 亿元,管理不规范金额 47.3 亿元,应上缴财政金额 41.5 亿元。财政决算审计 238 个单位,查出违规金额 5.1 亿元,管理不规范金额 3.7 亿元。

从 3 月至 10 月底,审计厅还组织全区本级、盟市、旗县三级审计机关开展了政府性债务和财政收入质量审计调查。审计中关注到财政支出结构优化情况、综合预算改革情况以及土地财政等问题,并从体制、机制和制度等方面提出了 5 条建议。审计调查。引起了自治区党委、政府领导的高度重视,自治区党委书记胡春华将两个审计调查报告批示自治区党委各位常委传阅,自治区副主席潘逸阳对此也作了重要批示,要求将政府性债务审计调查报告全文转发全区。

【政府投资审计】 根据自治区投资规模不断扩大的情况,投资审计工作始终重点跟踪重点工程和重大项目,特别是加强政府投资项目的审计监督,关注投资使用效果,促进政府投资项目资金及时到位,推动自治区宏观政策措施落到实处。2010 年,全区固定资产投资审计 1 269 个单位,审计调查 76 个单位,审计查出违规金额 19.5 亿元、管理不规范金额 16 亿元、应上缴财政金额 4 529 万元、应减少财政拨款或补贴 3.8 亿元。2010 年,组织东部 5 个盟市审计机关对东部 5 个盟市 2007 ~ 2009 年污水处理及配套管网、垃圾处理项目进行审计,审计中把对该项目的经济效益、社会效益、环境效益进行评价作为工作重点,通过对该项目经济效益、社会效益、环境效益进行综合评价,发挥审计在促进节能减排措施落实以及环境保护方面的建设性作用。

【金融外资审计】 全区审计机关审计或审计调查金融机构 5 个,查出了一些违规和管理不规范等问题。同时对内蒙古、包头、鄂尔多斯、乌海等四家地方商业银行进行审计调查。发现在法人治理不完善、信贷管理、财务管理、风险管理上存在一些问题。对此,审计机关提出了改进意见,为促进地方商业银行可持续发展起到了积极作用。去年在跟踪审计常规外资项目的同时,为外资项目及时出具了公证审计报告。

【社保 民生审计】 自治区各级审计机关,始终抓住事关自治区经济社会发展大局,涉及人民群众切身利益的专项资金进行跟踪审计监督。一是全区三级审计机关普遍开展了全区农村牧区低保资金审计,查出低保资金发放不及时、不足额、挤占挪用、公款私存私放、违规发放、应保未保、执行公示制度不到位等违规违纪金额 1.1 亿元。二是开展了全区农村牧区新型合作医疗基金审计调查,查出重复参合参保,定点医疗机构超标准收费和药品加价高,资金管理使用不规范等问题,并有针对性地提出了加强管理的审计建议。自治区党委书记胡春华、自治区副主席潘逸阳分别对上述两项审计调查报告做出重要批示,并以自治区党委办公厅、政府办公厅文件形式将审计厅《审计综合报告》批转全区执行。三是组织全区三级审计机关两次对全区有关青海玉树地震救灾资金和物资的筹集、分配、拨付、管理情况进行了审计。四是对自治区校舍安全工程资金进行了审计,审计中发现资金拨付不及时,挪用、超限额使用现金支付,工程重建项目超范围、超规模,报批手续滞后、进展缓慢、资金到位率低等问题。针对审计发现的不同问题,分别进行了处理。五是对全区农村牧区饮水安全工程资金进行了审计和审计调查,掌握了资金的管理使用情况,查出了工程立项调查不充分、工程进度迟缓、饮水工程运行及维护成本高等问题。六是对全区扶贫资金进行了审计和审计调查。查出违法违规金额 2.4 亿元,发现滞留、挤占挪用,虚列支出、公款私存、擅自改变投向,项目管理、财务管理不规范等问题。自治区党委常委、副书记任亚平对扶贫资金审计结果高度重视,批示有关部门认真整改。

【非国有企业审计调查】 对 1 109 户非国有工业企业进行了审计调查,占全区非国有工业企业总户数的 28.8%。调查结果表明:近年来,各级党委、政府把扶持非国有经济发展作为强区富民、推动经济结构调整、培育新的经济增长点来抓,出台了多项支持非国有经济发展的政策措施,安排了大量的专项资金扶持非国有企业发展,营造了良好的发展环境,特别是在拉动地方经济增长及增加企业投资等方面发挥了积极作用。但审计调查中也发现了一些不容忽视的问题:一是资金分配体制存在制度缺陷,分配不严谨、不透明,有一定的随意性,部分财政资金分配零散,未能发挥效益。二是项目考察和审批不公开,个别地区出现虚假项目和企业,纳税、社会保障意识相对不强,会计信息失真等。三是浪费资源、占用银行贷款、财政专项资金多的现象较为普遍,造成了潜在的金融风险。审计厅针对上述问题提出了整改意见,并向自治区政府上报了专题审计调查报告。

【经济责任审计】 加大了领导干部任中审计的数量,扩大了党政领导“一并”审计的覆盖面。自治区三级审计机关共审计经济责任人 1 533 人。根据自治区党委组织部的委托,审计厅对 14 名盟市厅局级领导干部全部进行了任中审计。这在自治区经济责任审计工作中尚属首次。实践证明,经济责任审计在加强干部管理监督、促进党风廉政建设、推动依法行政、促进经济社会健康发展中越来越发挥出不可替代的重要作用。

【班子建设】 审计厅领导班子在连续 15 年被自治区党委组织部评为“实绩突出领导班子”的基础上,继续推行在党建工作和行政业务工作中“一岗双责、一肩挑、两手抓”的做法,坚持狠抓班子思想和作风建设,增强班子的凝聚力和发挥带动作用。坚持人性化带队伍,注重干部的培养、提拔和使用,关心和爱护审计干部。班子成员下基层调研轻车简从,注重了解群众疾苦,切实解决基层审计机关工作中的困难,使广大审计人员受到很大的鼓舞。2010 年,审计厅领导班子又被评为“实绩突出领导班子”。

【队伍建设】 审计厅党组高度重视审计队伍建设,一是深入开展创先争优活动,强化党员干部的思想教育;二是加大业务培训力度,切实提高审计人员业务素质。2010 年,审计厅机关共举办 4 期培训班,培训 450 人。分两次组织 155 人次参加了全国审计系统“现场审计实施系统”计算机软件认证培训考试;三是注重培养干部职工树立“绿色办公,低碳生活”的节约理念。

【理念创新】 理论创新,服务实践,形成了有效指导审计工作的思路:“压数量、保质量、抓重点、出精品”,“改进方法、加大力度、保证质量、提高效率、文明审计”。并实施了审计干部队伍建设思路:

1. 审计机关党员干部要争做 5 个方面的模范:学习践行科学发展观的模范、精通审计业务的模范、学习的模范、团结的模范、遵纪守法的模范。

2. 审计人员要保持 6 个健康:身体健康、精神健康、思维、心态健康、作风健康、行为健康。

3. 审计人员在思想观念上要进行 4 个转变:实现由财务收支审计向财政收支审计为主转变;由真实性合法性审计向效益性审计为主转变;由强调审计覆盖面向提高审计质量方向转变;由传统的手工作业向审计信息化转变。

4. 审计人员要树立六种意识:审计工作要树立宏观意识、创新意识、发展意识、依法审计意识、服务意识、质量意识。

5. 审计工作中要处理好五种关系:处理好压数量与保质量的关系;监督与服务的关系;法与情的关系;审计业务与其他工作的关系;监督与服务的关系;班子建设与队伍建设的关系。

【廉政建设】 审计厅党组把廉政建设视为审计工作的生命线,共新出台和完善机关管理、党风廉政建设等各项规章制度 40 多项,从源头跟踪审计项目进行监督,联系实际落实了党风廉政建设责任制的各项要求,通过抓台账落实廉政责任。每一个审计组进驻被审计单位时首先递交监督卡、公示举报监督电话。审计结束后,自治区纪检委派驻审计厅纪检组的纪检组长和监察室人员,深入盟市、基层审计机关和审计点进行回访,检查审计纪律的执行情况。纪检组长王玉璋为干部职工作了题为《警钟长鸣 永不懈怠》的廉政教育讲座。

【政务公开】 审计厅把推进政务公开,增强审计工作的公信力贯穿于审计工作的各个环节。成立了政务公开领导小组, 加大群众关注的热点信息的公布力度,强化审计阳光工程,不搞神秘主义,扩大审计报告、调查报告、审计动态报送面。在注重发挥重大决策过程和结果通过社会告示、听政、专家咨询、论证等政务公开渠道的作用,通过审计厅门户网站、广播、电视的“行风热线”、《内蒙古日报》等宣传媒体强化 6 个公开:公开审计机构设置;公开审计内容;公开审计程序;公开审计执法人员和审计工作纪律;公开审计处理、处罚;公开监督举报电话。随着不断增强审计监督的公开化和透明度,为审计工作深入开展创造了良好的环境。2010 年,印发了《内蒙古自治区优秀审计项目评选办法》和《内蒙古自治区优秀综合性审计项目评选办法》,修订了《内蒙古自治区审计厅机关制度汇编》、《内蒙古自治区审计厅特约审计员组织管理办法》,完成了审计专网平台全新改版升级。

2010 年 12 月 5 日,《内蒙古日报第 2 版》刊登了审计厅厅长长江在自治区十一届人大常委会第十六次会议上作的《关于 2009 年自治区本级预算执行和其他财政收支的审计工作报告》;同版还刊登了自治区十一届人大常委会第十六次会议对《关于 2009 年自治区本级预算执行和其他财政收支的审计工作报告》的审议意见。2010 年 5 月 13 日,《内蒙古日报》第 2 版刊登了《11 个国外贷援款项目 2009 年度公正审计结果》。

【重要活动】 3 月 25 日,自治区党委常委、纪检书记张力及纪检委的有关领导赴审计厅调研,厅长长江代表审计厅领导班子作了工作汇报。张力书记作了重要讲话,对审计工作给予了充分肯定并谈了对审计工作的总体印象,并对做好今后的审计工作和加强党风廉政建设提出了具体要求。7月28日,审计厅厅长长江受自治区政府委托,在自治区十一届人大常委会第十六次会议上作了《关于2009年自治区本级预算执行和其他财政收支的审计工作报告》,7月29日,会议分组审议了审计工作报告。

11月10日,自治区党委常委、政府常务副主席潘逸阳一行到审计厅调研。潘逸阳副主席对审计工作给予充分肯定并对今后工作提出了如下六点具体要求:一是审计部门要坚持依法对财政预算的执行和财政决算进行审计,确保财政资金的安全使用、有效使用。二是各种审计要提出重点,抓好固定资产投资、政府投资审计,尤其是加大民生投入的审计力度。三是要加强对党政领导干部的任中经济审计。四是进一步抓好审计干部队伍建设。五是进一步提高审计信息化水平。六是充分运用好审计成果,努力提高审计决策落实率。11月26日,自治区主席巴特尔签署内蒙古自治区人民政府令 第177号,公布《内蒙古自治区内部审计办法》,自2011年1月1日起施行。

(张磊)

统　　计

【内蒙古自治区统计局领导名录】

局　长:胡敏谦

纪检组长:付玉生

副局长:张肯发　周耀亭　苑虹(女　7月任职)

巡视员:巴根那(蒙古族　7月离任)

总统计师:郭永在(9月任职)

副巡视员:李玉芝(女　9月任职)　王志强(9月任职)

【概况】 内蒙古自治区统计局共设行政编制78名,实有人数76人,设有办公室、机关党委、人事处、纪检监察室、政策法规处、财务处、统计设计管理处、国民经济综合统计处、国民经济核算处、固定资产投资统计处、工业交通统计处、能源与环境统计处、贸易外经统计处、服务业与社会科技统计处、人口和就业统计处、农村牧区经济统计处、离退休人员工作处17个处室。所属事业编制216名,现有人员140名。所属事业单位有统计普查中心、粮农分中心、机关事务服务中心、培训中心、计算中心、咨询中心、科研所、记者站、印刷厂、内蒙古农产量调查队、内蒙古城乡人民生活调查队。

【统计服务】 2010年,全区统计系统在保证统计数据质量的前提下,全面提升统计服务质量和水平,积极发挥统计的决策咨询作用。进一步强化了统计分析研究监测,全面掌握全区经济运行的动态情况,充分发挥统计作为党委、政府决策的参谋助手作用。深入开展调查研究,服务于经济建设的大局,撰写了多篇有影响的统计调研报告,部分报告还受到胡春华、巴特尔、任亚平、赵双连等自治区领导的批示。抓好经济社会发展的前瞻性研究,为自治区重大发展规划服务。统计局在2010年度党委、政府系统信息调研工作中双双荣获先进单位。在党委系统信息报送工作中列区直机关第2位;在政府系统信息报送工作中列直属机构第1位。在2010年度党委、政府系统督查工作评比中,也获得先进集体称号。

【统计数据质量监管】 全区各级统计部门以提高统计数据质量为核心,建立和完善了数据质量控制办法,加强了审核和评估,严把数据质量关,特别是强化了对主要和敏感统计指标数据质量控制体系,建立和完善了各项统计业务工作规范化标准,严格实施统计调查规范化管理,加强了专业统计的基础工作和基层业务能力建设,加强了对部门统计调查项目的管理,高度重视各项统计数据间的协调性和匹配性。通过采取一系列行之有效的措施,统计数据质量进一步提高,全面、客观地反映了全区经济社会发展的成果。

【改进统计制度方法】 加强了对统计调查项目的管理。不断规范统计调查行为,使自治区统计调查项目管理实现了严格审核,及时上报,审批执行,规范管理。积极推进工业增加值环比增速计算方法和工业生产指数试点试算工作。积极做好“企业一套表”实施的准备工作。认真做好节能减排进展情况的统计监测,建立了节能减排目标分析预警机制。研究和建立了自治区服务业统计调查指标体系及调查制度,开展了部门服务业统计调查工作。研究建立了文化产业统计调查指标体系,以第二次经济普查数据库为依托,开展了全区文化产业统计核算工作。修订完善了《内蒙古自治区对外贸易、旅游综合统计报表制度》。进行了私营单位劳动工资抽样调查工作。积极推进新增的农牧业经济全面统计及其增加值核算任务,加强了对盟市农牧业统计业务的培训和指导,确保农牧业统计的连续性和数据的衔接性。

【统计基层基础建设实现标准化】 按照《内蒙古自治区旗县级统计机构统计基础工作达标标准》及其《细则》的要求，至2010年底，全区101个旗县级统计局全部达到三星级标准，提高了旗县级统计工作的规范化水平。2010年4月，制定了《内蒙古自治区旗县级统计基层基础建设五星级达标标准》，将用三年左右的时间，彻底改变全区统计基层基础薄弱的状况，推动自治区统计基层基础建设向着更高的水平迈进。“五星级”标准要在硬件达标的基础上，进一步提升旗县级统计工作的质量和水平，加快建立各项统计业务工作规范化标准，制定统计数据生产操作规程，实现旗县级统计机构工作制度、统计工作流程、统计执法、统计干部培训、乡镇级统计工作的标准化，保证统计工作的正常开展和统计工作质量。

【大型国情国力调查】 全区第六次人口普查工作取得了阶段性成果。统计局作为人口普查牵头单位，认真研究、全面部署全区的人口普查工作；构建了普查网络，组建并培训了普查指导员和普查员队伍；协调各有关方面，督促检查各地区普查机构、人员、经费、责任、办公场地五落实工作；制定了周密的普查方案、工作计划和工作流程；进行了普查试点、宣传动员和户口整顿；完成了普查所需物资和数据处理设备、环境的准备工作；进行了人口普查摸底、登记和复查工作；开展了事后质量抽查和普查数据处理工作，获得了较高质量的人口普查登记数据。高质量完成了全区第二次经济普查工作，发布了普查公报，组织开展了第二次经济普查数据分析研究工作。圆满完成了全区R&D资源清查工作，取得了满意的清查数据，并获得了国家统计局的表彰。各项常规统计工作顺利开展，工业、贸易外经、两纲监测、基本单位等专业在全国评比中获奖，统计普法、统计新闻宣传、统计年鉴工作也获得国家统计局的表彰。

【统计法制建设和巡查】 2010年是新《统计法》实施的第一年，按照国家统计局、监察部、司法部《关于联合开展统计法和统计违法违纪行为处分规定贯彻执行情况大检查的通知》要求，在各有关部门的积极配合下，自治区从2010年6月到8月在全区范围内开展了统计执法大检查工作。在这次统计执法大检查活动中，全区共检查起报单位16 188家，发现违法行为496件，立案查处统计违法案件54件，结案35件。坚持统计工作巡查制度，全局抽调7个厅局级领导和16名处级干部，组织7个巡查组对全区12个盟市进行了统计工作巡查，引导地方党政领导对统计工作的关注和重视，有力地促进了全区统计工作的开展。

【统计信息化建设】 利用现有的“三级网络”为传输平台，建成了自治区到盟市的视频会议系统，实现了自治区统计局到全区12个盟市统计局的远程培训及视频会议功能。利用该系统，2010年，多次召开了人口普查、统计执法大检查等各类视频会议，并对自治区及各盟市统计局开展了网络视频高级统计师考前培训。进一步提高了网络传输速度，为统计工作的正常开展提供了方便。组织进行了“四级网络”和“数据直报系统平台”建设论证工作，积极为实现“企业一套表”的目标创造条件。加强了网站建设和维护工作。开设了第六次人口普查内网，建立了普查新闻、文件讲话、工作动态、方案制度、知识园地等13个栏目。网站架构在自治区统计局网站信息管理系统上，实现了与局内网统一管理、统一维护。

【干部队伍建设】 举办了全区旗县统计局长培训班，组织全局职工参加了干部自主选学培训，以多种形式组织职工参与区内、区外和国外各项培训，提高了广大统计人员的知识能力和业务素质。进一步完善了干部选拔任用和考核评价制度。2010年，自治区统计局进行了大规模的处级干部选拔任用工作，新提任41名处级干部，转任轮岗18名现任处级干部，充分体现了公开、平等、竞争、择优的原则，受到了广大干部职工的拥护。

【重要活动】 1月6日，自治区党委副书记、政府常务副主席任亚平在自治区统计局上报的《关于2009年统计工作情况的报告》上批示：同意报告内容，明年统计工作改革和发展的任务很繁重，自身建设的要求也很高，要精心部署，狠抓落实，为自治区发展大局做出新的贡献。1月18日，大型专题片《迎难而上——2009年内蒙古发展报告》在内蒙古电视台正式播出。2月3～5日，国家统计局局长马建堂在内蒙古调研统计工作和经济社会运行情况。2月10日，自治区统计局分获2009年自治区党委、政府系统信息调研工作先进单位。3月4日，自治区统计局OCS即时消息系统的建设工作完工。3月18日，自治区人民政府在呼和浩特市召开全区统计工作暨第六次人口普查动员会议。自治区党委副书记、常务副主席任亚平到会讲话并与各盟市分管盟市长签订了第六次人口普查责任书。4月1日，国家统计局投资调研组在内蒙古考察调研固定资产投资工作。4月9日，自治区统计局正式开通新邮件系统和相关服务。4月21日，自治区统计局建成自治区到盟市视频会议系统。4月23日，内蒙古第六次人口普查内网开通。5月20日,自治区统计局印发《内蒙古自治区政府综合统计机构统计专家评选办法(试行)》。6月3日,自治区党委副书记、常务副主席任亚平对自治区统计局撰写的《转变发展方式促进内蒙古经济社会全面协调可持续发展》一文做出批示:“按照春华书记、巴主席提出的要求,请财政厅算算帐,看看下半年在民生改善方面,我们还能在什么问题上有所推进,根据我区财力和民生实际,着手解决什么问题,请财政厅商有关部门研究后提出意见”。6月25日,自治区统计局联合自治区司法厅、监察厅、法制办、国家统计局内蒙古调查总队召开了《统计法》和《统计违法违纪行为处分规定》贯彻执行情况大检查视频会议。10月19日,自治区党委副书记、常务副主席任亚平对自治区统计局撰写的《2010年内蒙古GDP全年增长预计和“十二五”经济增长预期目标建议》作出批示。10月22日,国家统计局党组成员、副局长许宪春一行赴内蒙古巡查统计执法大检查工作。10月下旬,自治区党委书记胡春华,自治区主席巴特尔,自治区党委副书记、常务副主席任亚平,自治区副主席赵双连分别对自治区统计局撰写的《确保实现“十一五”节能目标的建议》作出批示。11月9日,自治区常务副主席潘逸阳来内蒙古统计局调研。11月21日,自治区统计局召开全区统计年报工作会议,部署今冬明春统计工作。12月10日,自治区统计局荣获全区部门决算工作先进单位。

(春　英)

统 计 调 查

【国家统计局内蒙古调查总队领导名录】

总队长:郑世成

副总队长:赵兴中　李　敏

纪检组长:布　仁(蒙古族)

巡视员:汪海涛

副巡视员:方向荣(女)

【概况】　国家统计局内蒙古调查总队是国家统计局的派出机构,为正厅级事业单位,编制144名,现有工作人员116人,设有综合处、法规制度处、农业调查处、农产量调查处、畜牧业调查处、农村牧区住户调查处、城镇住户调查处、工业调查处、服务业调查处、生产投资价格调查处、消费价格调查处、商业和投资建筑业调查处、统计监测处、信息技术应用处、人事教育处、财务管理处、纪检监察室、机关党委、办公室19个处室。

【常规调查】　完成了城乡居民收入调查、居民消费价格调查、生产投资价格调查、农畜产品价格调查、规模以下工业调查、部分服务业调查、农林牧渔业产值综合统计、农村牧区贫困监测调查、退耕还林还草监测调查、农村全面建设小康监测调查、农民工调查等工作,在国家年度统计调查报表考核中,各专业均取得了较好的成绩。

【统计业务建设】　根据国家统计局《关于部分国家统计调查项目分工调整的通知》和《关于理顺和规范国家抽样调查任务工作机制的通知》精神,总队及时与内蒙古自治区统计局共同研究制定了贯彻落实意见,组织实施了自治区、盟市、旗县三级调查项目分工调整工作,保持了业务工作的连续性和调查数据的衔接性。创新和完善调查队管理体制机制,明确国家调查队职能定位,采取有效措施,理顺了局队业务关系。主要调查数据实行了“下管一级”,重点解决各专业工作的上下对接问题,严格执行国家统计调查制度,坚持独立调查、直接上报,努力提高统计调查规范统一、公开透明程度,全面完成了各项常规统计调查工作任务,统计调查整体水平和能力得到了提升。在2010年度全国统计系统专业工作考核评比中,多项专业获奖。

【统计宣传】　为配合联合国2010年10月20日首个“世界统计日”,体现官方统计“服务、诚信和专业”的核心价值,国家统计局决定2010年9月20日为“中国统计开放日”,提出以“统计和您在一起”和“走向公开透明的中国统计”为主题开展活动。内蒙古调查总队组织开展了全系统庆祝活动。在总队网站上增设“世界统计日宣传”专页,介绍统计调查成果、统计制度建设、农牧民生活状况、城镇居民生活状况。制作悬挂宣传“世界统计日”的条幅、标语,制作宣传展板,发放科普读物、海报,进行咨询服务,宣传统计知识、统计法规,各级调查队通过走访调查点、慰问记账户及统计调查对象,感谢公众对统计调查工作的理解和支持,提高了统计调查对象的配合程度。

【样本轮换工作】　完成了全区城乡抽样调查样本轮换工作。结合内蒙古实际,以盟市为总体编制抽样框,抽取代表盟市城乡住户调查所需的样本量,建立了盟市城乡住户调查工作直接调查、直接上报的超级汇总制度。同时,开展了以盟市为总体的农产量抽样调查基础性研究,积极探索新形势下搞准农产量调查数据的模式,改进全面统计与抽样调查并用的制度,满足了农产量抽样调查数据的分级决策的需要。消费价格调查运用大量数据资料，辅以典型调查，测算、评估四套价格权数，为规范手持采价、编制新一轮价格指数做好了准备。生产价格调查开展样本调查产品目录与基本分类权数两项调查，编制了基期价格，为编制工业生产者价格指数奠定了基础。

【数据评估】 明确统计调查结果必须符合经济发展规律、符合自然规律、符合统计规律。在实际工作中，加强数据评估，发现调查数据与以上3个规律不相符时，积极组织力量进行调研核查，查找影响因素和存在问题，使统计调查数据与各地的经济和社会发展实际相匹配。

针对统计调查工作中存在的问题，如统计调查供需不平衡、调查对象配合程度下降、在统计上弄虚作假、高指标高攀比、不尊重统计调查成果等，进行了深入分析和调查研究，改进和完善统计调查方法。2010年，价格走势受到全社会广泛关注，在生产价格调查定基指数改革、消费价格调查手机采价改革等方面下功夫，及时准确地反映和判断了各类价格变动情况。对内加强管理和规范，对外加强宣传和解释，尽力排除一切干扰，维护统计调查数据的真实性、科学性和权威性。

【咨询服务】 围绕各级党委、政府中心工作和经济社会发展的热点、难点问题，组织开展分析研究和信息报送工作，加大相关数据的解读研判能力，增强分析研究的前瞻性与预警性，撰写提供了大量有观点、有建议的统计分析和调查报告，一些分析报告得到了自治区领导的批示。全年编印《调查与研究》和《调查内参》41期，出版发行了《内蒙古社会经济调查年鉴》，拓展和提升了咨询服务空间和水平。建立季度主要数据评估制度和经济形势分析制度，及时准确地分析和交流各地经济运行态势和特点，及时向内蒙古党委、政府提供季度经济分析材料，把统计调查数据优势转化成为分析优势，为党政领导掌握情况、分析问题、制定政策提供参考依据。全年总队上报的分析信息被国家统计局采用100多条，被内蒙古党政“两办”采用195条，在内蒙古党政两办的年度信息工作评比中，分别列第4位和第7位。

【专项调查】 组织开展了组织工作满意度民意调查、全区公众气象服务评估调查、居民国内旅游调查、农民工调查等多项专业调查。多次派出工作组，组织相关专业人员对基层业务工作进行检查指导，完成了各项新开展的调查工作。专项调查，为各级党委、政府及时了解社情民意、制定决策措施提供可靠信息依据。

【主要数据指标】

粮食产量 2010年，全区大部分地区农业生产气候出现了历史上少有的雨水充足景象，降水量达到近十年最好水平，为全年农业生产丰收奠定了基础。据农产量抽样调查显示：2010年，全区粮食播种面积达8 248万亩，比上年增加100多万亩；粮食产量达到431.65亿斤，比上年增加35.31亿斤，超额完成“十一五”规划目标。

牲畜头数 据6月末夏季牧业普查统计，全区牲畜总头数10 798.5万头（只），比上年同期减少59.97万头（只），同比下降0.55%，连续6年稳定在1亿头只以上。牛存栏929.4万头，同比增长5.4%，其中奶牛增加17万头；羊存栏8 407.99万只，同比下降1.22%，其中山羊存栏下降11.3%；猪存栏1 250.46万口，同比下降0.89%。奶牛和山羊存栏数量的增减变化，呈现了畜牧业生产结构调整的成效。

畜产品产量 2010年，全区猪肉、牛肉、羊肉和禽肉产量分别达到71.87万吨、49.73万吨、89.24万吨和19.75万吨，同比分别增长4.8%、4.8%、1.2%和2.5%；禽蛋产量为50万吨，增长2.3%；牛奶产量达到905万吨，同比增长0.2%。在主要畜产品产量保持稳定增加的同时，全区奶牛存栏数和人均占有鲜奶量、羊肉、半细羊毛、山羊绒等特色畜产品产量均在全国保持领先优势。

城镇居民收入 2010年，全区城镇居民人均可支配收入17 698元，比年同期增加1 849元，增长11.7%，继续保持稳定增长态势。其中：全区城镇居民人均工资性收入为12 614元，比上年同期增加1 347元，增长11.9%，是构成城镇居民可支配收入的主体，也是推动可支配收入增长的主要动力。在城镇居民家庭收入中，经营性、转移性、财产性收入继续保持两位数增长。据统计，全区城镇居民人均经营性收入达到2 014元，同比增长15.9%；人均财产性收入433元，比上年同期增长18.9%；人均转移性收入3 953元，同比增长10.3%。2010年城镇居民人均消费支出达13 995元，同比增加1 625元，增长13.1%。

农牧民收入 2010年全区农牧民人均纯收入5 529.59元，比上年增加591.78元，增长11.98%。其中：农牧民人均工资性收入为1 036.8元，同比增加136元，增长15%；家庭经营性收入3 669.9元，人均增加392.4元，增长11.97%；财产性收入和转移性收入分别为164元和659元，分别增长19.6%和5.8%。2010年，全区农牧民人均生活消费支出4 460.6元，同

比增加493.4元,增长12.4%。

居民消费价格(CPI)　2010年,全区居民消费价格在食品价格上涨带动下,呈结构性上涨。1月份价格同比涨幅由负转正,达到2.2%,2月份同比上涨3.0%,达到全年宏观控制上限后略有回落,7月份再次上扬,8月份超过全年宏观控制上限0.3个百分点,9月份重新回落到2月份水平,进入四季度后再次冲高,11月份达到全年最高值,同比增长5%,超过全年宏观控制上限2个百分点,12月份略有回落为4.5%。2010年,全区居民消费价格累计上涨3.2%,其中:城市上涨3%,农村上涨3.2%。

工业品出厂价格(PPI)　2010年1~12月份,全区工业品价格同比上涨6.7%,出现加快上涨势头。从个月同比指数看,1月份为4.9%,2月份为4.2%,3月份为4.4%,4月份逼近全国平均水平,涨幅为6.5%,5月份涨幅再创新高,超过全国平均水平达到8.3%,6月份以后逐渐回落,进入四季度后出现加快上涨势头,10月份为7.4%,11月份8.5%,12月份达到全年最高涨幅8.8%。

(方　玲)

质量技术监督

【内蒙古自治区质量技术监督局领导名录】

局　长:刘秀清(女　4月离任)　张铁网(4月任职)

副局长:王纪和　谢绍清　富锡原(蒙古族)

纪检组长:刘　波

副局长:张立忠

总工程师:娜日莎(女　蒙古族　9月任职)

副局长:马　达(9月任职)

副巡视员:武路希(蒙古族)　高英杰(9月任职)

【概况】　全系统共设置机构242个。其中,行政机构130个,事业机构112个。全系统核定编制总数为5 469个。其中,行政编制1 711个,事业编制3 432个,工勤编制260个,自治区本级行政编制为66个。自治区局内设处室:办公室、人事处、计划财务科技处、内部审计处、政策法规处、质量管理处、认证评审处、产品质量监督处(执法督察局)、食品生产监管处、标准化处、计量处、特种设备安全监察局、机关党委、离退休人员工作处、纪检监察室。

自治区质量技术监督局是依法履行质量管理、食品生产监管、认证评审、产品质量监督、标准化、计量、特种设备安全监察等综合管理和行政执法监督职能的政府主管部门,是《食品安全法》、《产品质量法》、《标准化法》、《计量法》、《特种设备安全监察条例》等法律法规的行政执法主体。

【质量兴区】　调整了自治区“质量兴区”工作领导小组成员。推广实施了《质量兴市绩效评价指南》,建立了质量工作联席会议制度。13个盟市和87个旗县开展质量兴市(盟、旗、县)活动。鄂尔多斯市每年提取财政收入的0.5%作为质量兴市工作基金,设立了“鄂尔多斯市市长质量奖”。

【名牌战略】　召开了自治区质量奖审定会。举办了首届内蒙古名牌产品图片展览。组织内蒙古名牌产品参加了西部产品博览会。制定了《“十二五”期间全区名牌培育发展目录》,推荐94种产品为内蒙古名牌产品,120家企业参评自治区质量诚信A类企业。基本形成了“质量信用优级企业－内蒙古名牌产品－中国名牌产品”的层级递升名牌战略推进体系。全区共有中国名牌产品11个,内蒙古名牌产品255个。

【质量提升活动】　召开全区质量管理工作会议,印发《内蒙古自治区质量奖评审实施细则》。确定825家重点推进企业开展质量管理对比提升,组织10个行业400多家生产企业与本行业内的标杆企业开展质量管理对比提升。建立质量专家库,组织开展名优产品生产企业调研工作。为820家企业和项目进行对口帮扶,召开质量分析会107次,组织免费培训83次。组织100余家内蒙古名牌企业签署了质量承诺书。组织40家产品质量检验机构开展了检验质量能力比对提升活动,2 800多名检测人员参加了全区质检系统检测技能大比武活动,有效提升了检验检测机构的技术保障能力。

【食品质量安全监管】　全力开展问题乳粉清查行动和乳制品专项治理活动。对全区277个乳制品企业及含乳食品生产企业进行了清查。对查出的6起问题乳粉案件,进行了严肃处理,对已确认的问题奶粉进行销毁。三聚氰胺监测制度全面落实,在对企业出厂产品的跟踪监测中,139个批次样品三聚氰胺项目全部合格。187家企业公开承诺不存放、不使用、不藏匿问题乳粉。积极倡导开展“放心乳粉从内蒙古做起”活动。共对626个食品生产企业进行了换证,对683个食品生产企业申请进行了发证。

【产品质量监督抽查】　发放产品生产许可证225张。开展了“农资打假下乡”、“建材装饰材料清新居室行动”执法检查和地沟油、卫生纸、豇豆、发光肉和液化石油气掺混二甲醚等的专项整治。全年共出动执法人员4.6万人次，查处各类违法案件859起，移送司法机关案件8起，查获假冒伪劣商品货值218.3万元。

【产品质量监督抽查】 将涉及国计民生和人民群众生命财产安全的产品作为监督抽查重点。开展了细木工板、家用燃气灶具、电动助力车用密封铅酸蓄电池和室内加热器4类产品的全国联动抽查。承办了国家强制性产品认证获证产品监督抽查部署工作会，对呼包两市流通领域的电动工具进行了监督抽查。对全区59家食品、农产品获证企业进行了监督抽查。全年共抽查2 761家企业生产的3 275种产品，抽样合格率达80%。对监督抽查不合格企业均按规定进行了后处理。

【农业和服务业标准化】 内蒙古21个国家第六批农业标准化示范区完成建设任务并通过验收。陈巴尔虎旗哈达图国营农牧场通过国家标准化良好行为企业创建验收，并被确定为4A级标准化良好行为企业。赤峰市克什克腾旗被授予“国家级旅游服务标准化示范旗”称号。《内蒙古阿尔山市服务业综合标准化试点》项目被批准为国家级服务标准化试点项目。

【技术标准战略】 全国风力机械标准化技术委员会提出的“风力发电机组标准研究与制定”科研项目列入自治区科技计划项目。内蒙古鹿王羊绒有限公司梁慧莲被吸收为国际标准化组织ISO/TC38/SC23/WG05天然蛋白纤维中国专家组成员。《内蒙古自治区公路风吹雪雪害防治技术》地方标准被评为2010年中国标准创新贡献二等奖。内蒙古标准化院承担的“内蒙古标准信息服务平台建设”方案通过专家论证并开始建设。审批发布了《液化天然气(LNG)汽车加气站设计与施工规范》和《中小学生夜间高能见度反光交通安全校服》2项地方标准。组织修订了《内蒙古自治区行业用水定额标准》地方标准，审批发布节水灌溉新工艺技术操作规程2项，实现了水资源的可持续利用。发布了交通物流信息化建设系列地方标准，实现了物流信息资源共享。加快科技成果转化，组织成果转化地方标准10项。主导制修订国际标准1项；主导或参与国家标准和行业标准制修订65项。制修订内蒙古地方标准23项。

【计量监督管理】 全面开展“推进诚信计量、建设和谐城乡”活动，300家单位公开承诺，杜绝计量失信行为。组织开展了加油机、医用计量器具、定量包装商品净含量等监督检查和治理商品过度包装专项检查。

强化计量器具监管，强检计量器具近128多万台件。全区集贸市场、宾馆饭店和医疗卫生单位在用计量器具受检率分别达到92%、96%和98%。稳步推进供热计量改革，联合有关部门下发了《关于进一步推进全区供热计量改革工作的意见》，加大热能表经费投入，为全区开展热能表首检工作奠定基础。

加强计量技术基础建设，新建计量标准37项，计量标准复查申请108项。加强过程管理，推动8家企业建立和完善测量管理体系。引导企业积极申请“C”标志，蒙牛企业的液态奶产品、伊利在呼企业的液奶、奶粉等均通过“C”标志认证。

【节能减排】 积极实施“能源计量基础保障”工作，为各类企业提供节能计量技术服务，督促85家重点耗能企业进出用能单位能源计量器具配备率和主要次级用能单位能源计量器具配备率均达到或超过了国家标准要求。加快国家城市能源计量中心(内蒙古)建设步伐，为自治区节能减排工作提供更有力的计量技术保障。积极推广“四个一”节能工程及燃煤工业锅炉运行能效测试快速方法应用与节能管理标杆锅炉房建设工作。强化高耗能特种设备节能监管，淘汰高耗能锅炉132台，节能改造锅炉172台，水处理达标锅炉5 845台，锅炉房达标503个，各单位投入节能经费1 442.3万元，节煤16.6万吨。推广节能新技术使用2项，在呼和浩特市白塔机场启动了锅炉及其循环系统改造试点工作。

【特种设备安全监察】 全区累计出动执法人员2 459人次，检查1 085家使用单位的8 406台特种设备。下达特种设备安全指令书342份。整改气瓶充装站45家，检验气瓶37.28万只，报废各类气瓶8.3万只，气瓶“两站”许可率、充装和检验人员持证率、气瓶使用登记率和定期检验率明显提高。严格行政许可制度。全年特种设备行政许可受理、审查、发证251家。加大证后监管力度，对全区20%的获证企业进行了抽查。

【技术机构建设】 国家城市能源计量中心(内蒙古)已进入政府划拨用地和申请机构设立、人员编制阶段，该中心是2009年由国家质检总局批准筹建的。国家天然气煤化工产品检测中心正在建设，该中心由自治区政府申请，国家质检总局于2008年批准建设。国家毛绒质量监督检验中心和自治区纤检局通过了国家认监委第二次复评审。自治区质检院通过了国家认监委实验室三合一认可定期监督评审。自治区计量院已申请立项天然气流量计量标准装置、大口径热量表及液体流量计量标准装置项目建设。

大力实施科技兴检战略。完成37个技术改造、技术装备项目和执法装备项目的申报工作,总投资908万元。自治区计量院标准砝码发明专利项目参评第十二届中国专利奖。《山羊绒品质分析与技术特征指标研究》科技项目被国家科技部、财政部和质检总局批准为2010年度公益类科研项目。

【认证认可】 对2010年建成的15家安检机构进行了计量认证评审和资格许可核查,对全区33家安检机构的46条汽车检测线和9条摩托车检测线的检测能力进行了评估。组织全区95家各级质监部门和107家检验机构开展检测工作整顿活动。组织5个验收组对91家各级质监部门和103家检验机构进行了现场验收,整顿验收率达到100%。组织全区质监系统40家产品质量检验机构开展了食品、建材领域三种产品(11个检验项目)和1个参数的检测能力比对工作(7家检验机构参加所有项目能力比对),合格率为67.5%。

【创先争优活动】 紧密围绕质监中心工作深入推进创先争优活动。进一步拓展党员联系服务群众的渠道,积极开展定点帮扶兴安盟并开展与呼和浩特市社区建设党员执政为民教育基地共建工作。在全区系统组织开展以“建设学习型领导班子、学习型机关”为主题的中心组专题学习研讨会,提高综合素质和服务意识。检验机构以“检测工作整顿”为重点,通过设立“党员示范岗”,开展“业务练兵”、“劳动竞赛”、“科技创新”等活动,不断提升检测工作的管理水平,提升检测设备的技术水平,提升检测人员的业务水平。

【队伍建设】 完成了“三定”方案的落实工作。全系统新考录公务员67名。编制实施了《2010年度全系统教育培训计划》,开展了自主选学培训,对351名专业技术人员进行了继续教育。完成质量技术监督专业技术职称评审工作,评出高级工程师36人,中级工程师80人。加强党风廉政建设和政风行风建设。开展了系统内党风廉政建设暨政风行风建设互查活动,组织了纪律教育月活动。加强外部监督,全区各级质监部门聘请行风监督员800余名。

【重要活动】 1月20日,自治区副主席赵双连带领自治区检查考核组,检查指导落实党风廉政建设责任制和推进惩防体系建设情况。局长刘秀清代表局党组作关于落实党风廉政建设责任制和推进惩防体系建设情况的汇报。2月3～4日,全区质量技术监督工作会议在呼和浩特市内蒙古军区招待所召开。自治区副主席刘卓志出席会议并作重要讲话。局长刘秀清作工作报告。会上与各直属单位签订了惩防体系建设和党风廉政建设目标责任书,表彰了2009年度工作实绩突出单位和先进个人。4月26～27日,全区质量管理工作会议在呼和浩特市新城宾馆隆重召开。自治区局新任党组书记、局长张铁网作了重要讲话,明确了质监工作总体思路并会议部署开展“质量提升”活动。5月11日至18日,张铁网局长赴乌海市、巴彦淖尔市、包头市、鄂尔多斯市调研检查指导质量技术监督工作。6月7日,召开了区局机关和驻呼直属单位创先争优活动动员大会,局党组书记、局长张铁网作了动员讲话。

6月4～13日,局长张铁网一行先后赴呼和浩特市、乌兰察布市、锡林郭勒盟和二连浩特市进行考察调研。6月17日至27日,局长张铁网一行先后赴赤峰市、通辽市、呼伦贝尔市、满洲里市和兴安盟进行考察调研。7月9～12日,局长张铁网一行先后赴阿拉善盟、乌海市、包头市进行了考察调研。8月10日,克什克腾旗被授予“国家级旅游服务标准化示范旗”称号。国家标准委主任纪正昆亲自参加授牌仪式。

8月10～12日,国家标准委主任纪正昆在呼和浩特市、包头市进行标准化工作调研。8月26日,总局行风建设互查组与区局召开了行风检查情况反馈意见交流座谈会。总局行风建设互查组组长王立成及全体成员,区局局长张铁网等相关人员参加会议。9月9日,内蒙古2010年质量月启动仪式在内蒙古人民会堂隆重举行。此次活动的主办单位是自治区宣传部、质监局、经信委、住房和城乡建设厅、国资委、工商联、总工会、团委。承办单位是呼和浩特市质量技术监督局和内蒙古质量协会。活动的主题是:“抓质量水平提升,促发展方式转变”。9月10日,《内蒙古自治区公路风吹雪雪害防治技术》地方标准被评为2010年中国标准创新贡献二等奖。9月29日,四川省质监局党组书记、局长刘云夏一行到内蒙古质监系统调研“质量提升”活动、羊毛羊绒及其制品质量监管等工作,区局党组书记、局长张铁网与刘云夏一行进行座谈。

9月,《消费与质量》杂志创刊号如期面世,作为内蒙古质监系统机关刊物,每月一期。编委会主任由局长张铁网担任。编辑部主任由贾学义担任。10月23日,由内蒙古自治区纤维检验局为主要承担单位的质检公益性行业科研专项《山羊绒品质分析与技术特征指标研究》项目年度技术分析汇总会议在呼和浩特市召开。11月8日至15日 自治区质监局组织各直属单位和局机关部分处室负责人,分成综合和技术检测两个组,分别由局长张铁网和副局长马达带队,赴山东、河北和广西、云南进行学习考察。11月18～19日,自治区质监局召开全区质监系统纪检监察工作暨业务培训会议。自治区纪检委副书记李杰到会并作了讲话。局长张铁网要求纪检工作要在质监事业发展中起到保驾护航的作用。11 月,自治区 21 个国家第六批农业标准化示范区全部完成建设任务,顺利通过验收。11 月 30 日,自治区副主席连辑一行到自治区质量技术监督局调研指导工作并题词:“质量兴区”,“保国安民以质取胜”。12 月 7 日,自治区副主席、自治区质量奖审定委员会主任连辑主持召开自治区质量奖审定会议,73 家企业的 96 个产品被确定为 2010 年度内蒙古名牌产品。自治区有关部门出席会议。副局长张立忠代表审委会办公室作了 2010 年度内蒙古名牌产品评审和预选产品情况介绍。12 月 13 日至 17 日,国家质检总局对自治区质监系统“检测工作整顿”活动进行验收检查。12 月 17 日,组织召开了 2010 年度落实党风廉政建设责任制和推进惩防体系建设检查考核工作动员大会,局党组书记、局长张铁网作了动员讲话。12 月,编制完成《内蒙古自治区质量技术监督事业十二五规划》。

(乌恩奇)

烟草专卖

【内蒙古自治区烟草专卖局(公司)领导名录】

局长 总经理:董晓民

副总经理:乌力吉(蒙古族) 王文忠

副局长:赵德国

副巡视员:张福义 郑子林 于小芹(女) 刘凤书(女 满族 10月任职)

【概况】 2010 年,自治区烟草行业系统外销售卷烟 104.13 万箱,同比增长 4.01%。其中,销售低档烟 29.17万箱,完成全年计划的 100.58%;实现卷烟销售收入 176.26 亿元(含税),同比增长 18.72%;全区共收购、销售烟叶 17.43 万担,占计划的 87.63%。2010 年,全区烟草行业实现税利(含烟叶)33.63 亿元,同比增长 25.37%。其中,上缴税金 16.02 亿元,同比增长 45.77%;实现利润 17.61 亿元,同比增长 11.21%。

【烟叶产销】 2010 年,全区烟叶签订种植收购合同 2 362份;种植面积40 276亩;全区收购烟叶 17.43 万担,占合同约定总量的 87.63%,烟叶收购等级合格率为 83.69%。

推进现代烟草农业　在赤峰市松山区建立烟叶种植专属区,专属区内已基本具备育苗工场(中心)、烘烤工场、烟农合作社、中心仓库等现代烟草农业生产要素。现代烟草农业试点工作稳步发展,赤峰市敖汉旗现代烟草农业试点通过整治基本烟田和调整生产布局,烟叶种植面积由原来的 850 亩扩大到2 126亩,专业化采摘、烘烤队伍逐步形成。

基础设施项目建设　全区新建密集式烤房 111 座,行业投入补贴资金 351 万元,当年完工并投入使用。

烟叶标准化生产　赤峰市局完成包括管理标准、技术标准、工作标准三部分内容的烟叶标准体系,共 166 项标准,其中,引用国家局和区局标准文件 9 个,制定企业标准 157 个,形成基本完善的烟叶标准化总体框架体系。安排新品种试验、湿润育苗、增质提钾、工厂化基质育苗 4 个创新项目。

【卷烟营销】 全区商业企业销售重点骨干品牌 68.99 万箱,同比增长 22.84%,占系统外销量的 66.26%;单箱销售收入 16 927 元/箱,同比增长 14.15%;三类及以上销量排名前 15 位品牌销售 40.81 万箱,同比增长 39.46%;销售收入(含税)排名前 15 位品牌实现销售收入 137.67 亿元,同比增长 32.96%。商业企业平均毛利率为 26.02%,同比增长 3.50%。商业企业平均费用率为 8.83%,同比降低 4.85%。全区烟草行业深入开展“按客户订单组织货源”、工商协同营销、重点品牌培育工作。不断提高网建软实力,推进“135”工作法推广与网上订货工作。以“六有”为抓手,加强质量管理体系建设。扎实推进优秀基层营销部创建活动。

【专卖管理】 自治区烟草行业全年共出动打假 98 771 人次,查获违法案件 8 165 起,其中,假冒卷烟案件 1 862起(5 万元以上案件 101 起);查获假烟 4 735.18 万支,罚没款 400.79 万元。全区共刑事拘留犯罪嫌疑人 123 人,逮捕 92 人,有 49 名违法犯罪分子被判刑。2010 年,各盟、市局共破获销售假烟网络案件 21 起,其中有 19 起达到国家局、公安部制售假烟网络案件标准,2 起达到内蒙古区局、公安厅制售假烟网络案件标准。

自治区烟草行业内部专卖管理监督工作长效机制初步建立,监管机构与人员配备基本到位,制定专卖内管工作规范实施细则,全年共开展 5 次大规模的内管检查工作。深入开展卷烟市场清理整顿专项行动,全年开展 3 次大规模的卷烟市场清理整顿专项行动,共出动14 095人次,查处各类涉烟案件2 255起,共查获各类卷烟3 017.2万支,其中假烟1 726.9万支,罚没款99.848万元。扎实推进优秀县级局创建工作,开展“每月当一周专管员”活动。

【安全生产】 2010年,自治区烟草行业没有发生重大以上(含重大)安全生产责任事故。深入开展“安全生产月”活动,加强安全宣传和教育培训工作,印制并下发了《烟草行业安全生产适用法律法规汇编》和《安全知识手册》,制作不同内容的安全宣传展板,举办安全生产经营知识答题活动。加强交通安全管理,在全区烟草行业举办19场机动车驾驶员上岗考试,共973人参加,并对合格者颁发新的上岗证。加强安全设施建设,近两年全区烟草行业共计投入1 900多万元,用于配置、改造火灾自动报警系统、自动灭火系统、电子监控系统及其它安全设备设施。

【重要活动】 1月6日,召开2010年全区烟叶工作会议。1月26~28日,召开2010年全区烟草工作会议。1月27日,在呼和浩特市召开了全区卷烟销售网络建设现场会。3月1日,召开国家局“三项检查”重点抽查工作动员电视电话会议。5月13日,召开2010年全区烟草专卖管理工作会议。7月6日,召开全区烟草行业深入开展创先争优活动动员大会。7月30~31日,召开2010年全区烟草工作座谈会。9月2日,国家烟草专卖局局长姜成康一行在自治区副主席赵双连的陪同下到内蒙古鄂尔多斯市上海庙能源化工基地视察工作。12月1日,在包头召开全区烟草行业现代物流建设工作会议。12月14日,召开传达全国卷烟销售工作电视电话会议。

【荣誉】 内蒙古自治区烟草专卖局被中国卷烟销售公司评为2010年度全国卷烟销售工作先进单位。内蒙古自治区烟草专卖局在全区十大法制新闻人物和十大依法治理优秀企业评选活动中被评为全区十大依法治理优秀企业之一,获得了“全区十大依法治理优秀企业”奖。自治区直属机关文明委、工委重新认定内蒙古自治区烟草专卖局为自治区文明单位。内蒙古自治区烟草专卖局被国家局经济运行司评为2009~2010年度烟草行业经济运行分析工作先进单位。

9月2日,国家烟草专卖局局长姜成康一行在自治区副主席赵双连陪同下到内蒙古鄂尔多斯市上海庙能源化工基地视察工作。

(关晓勇)

食品药品监管

【内蒙古自治区食品药品监督管理局领导名录】

党组书记 局长:郝 富

党组成员 副局长:罗黔英(女) 格日勒图(蒙古族) 韩玉明

党组成员 纪检组长:杨文忠

副巡视员:栾亚利(女) 李光荣

【概况】 内蒙古自治区食品药品监督管理局牢固树立科学监管理念,以确保群众饮食用药安全为中心,继续深化医药卫生体制改革,深入开展食品药品市场秩序整顿、坚持科学监管,严格依法行政,切实履行监管职能,全面有效地完成了全年食品药品监管的各项工作任务,内蒙古自治区没有发生一起重特大食品药品安全事故。

【食品药品安全责任体系建设】 在2010年初召开的全区食品药品监督管理工作会议上,内蒙古自治区政府与12个盟市行署、政府和食品药品监督管理局、农牧业厅、卫生厅、质量技术监督局、工商局、商务厅、教育厅等7个主要食品药品安全监管部门签订了2010年食品、药品安全责任书,明确了各盟市和各相关部门的工作职责和主要任务。内蒙古自治区食品安全委员会办公室进一步完善了食品安全联席会议制度等工作制度,定期召开食品安全联席会议和协调会议,及时解决工作中存在的问题。各盟市、各相关部门严格落实食品安全监管责任制和责任追究制,进一步完善了“地方政府负总责、监管部门各负其责、企业是第一责任人”的食品药品安全责任体系。

【食品药品监管体制改革】 为做好食品药品监管体制有关下划移交工作,内蒙古自治区食品药品监督管理局成立了全区食品药品监督管理体制改革移交工作领导小组和办事机构,多次召开会议,组织机关全体人员学习内蒙古自治区食品药品监督管理局新的“三定”方案及有关文件精神。召开了各盟市参加的移交对接协调会,提出了明确具体的要求,集中解决了一批遗留问题,化解了基层矛盾,从人事、财务、资产等方面入手,积极做好各项工作。多次同内蒙古自治区党委组织部、政府办公厅、编办、人事厅、财政厅、发改委等有关部门就移交工作进行协商,在广泛征求有关部门意见并形成共识的基础上,于2010年9月16日组织召开了全区的移交下划工作会议,以一站式办公的方式,协调组织、人事、编制等各有关部门,一揽子签字划转了12个盟市食品药品监督管理局的资产、人员、档案等。根据《食品安全法》及内蒙古自治区食品药品监督管理局新“三定”方案要求,积极做好食品药品监督管理部门与卫生行政部门的职能移交准备工作,多次向内蒙古自治区有关领导汇报，同编制部门沟通，逐步推进职能移交划转工作。

【医药卫生体制改革】 为了配合做好医药卫生体制改革工作，在确保基本药物质量安全方面做了大量的工作。对内蒙古自治区基本药物生产、配送和使用情况进行了摸底调查，制定了《全区关于基本药物2010年工作计划》，重点加大了对基本药物的抽验力度，按计划开展了基本药物专项监督检查，将基本药物生产、经营企业列为药品GMP、GSP跟踪检查和日常监督检查的重点，全面加强对原辅料采购、投料、生产、验证、仓储、销售、运输等环节的管理，防止不合格的基本药物进入流通和使用环节。按照国家食品药品监督管理局要求，对基本药物生产、批发企业加入药品电子监管网工作进行了全面部署，并对拟入网企业进行了专题培训，坚持以点带面推动该项工作的深入开展。2010年对基本药物生产企业监管覆盖全部达到了2次以上，圆满完成基本药物生产工艺及处方工艺173个品种的核查任务。实现了全区基本药物中标品种、中标企业两个100%全覆盖抽验，中标品种检验合格率100%。抽验流通环节基本药物累计450种，757批次，合格率为99.2%；抽验使用环节的基本药物累计557批次，合格率为99.1%。

【药品生产经营企业换证和跟踪检查】 以企业许可证有效期届满换发新证为契机，严格执行换证标准，认真开展监督检查。组织开展了GMP认证工作。2010年，共受理16家药品生产企业的GMP认证申请资料，安排现场检查15家药品生产企业，其中13家药品生产企业通过了认证。飞行检查药品生产企业1家。重点对药品批发企业、零售连锁企业（总部）购销票据、自动温湿度监控系统、冷库条件、人员条件、企业各项管理制度的制定及执行情况等软硬件设施进行了检查。2010年，跟踪检查药品批发企业64家，药品零售连锁总部2家，药品零售企业1 659家。限期整改药品批发企业1家，药品零售企业69家，收回药品零售企业GSP认证证书14家。注销药品批发企业《药品经营许可证》28家，药品零售连锁企业总部《药品经营许可证》9家。

【药品医疗器械市场专项整治】 按照国家食品药品监督管理局等六部局要求，成立了由内蒙古自治区副主席刘新乐任组长、食品药品监管、卫生、工商、公安、经信委等部门为成员的全区药品安全专项整治工作领导小组，办公室设在内蒙古自治区食品药品监督管理局，切实加强了对药品安全专项整治工作的组织领导。各级政府和各监管部门也按照要求，成立了相应的领导组织，建立了联席会议制度和部门间联动工作机制，形成了部门分工协作、齐抓共管的药品安全专项整治工作合力，深入开展了互联网药品信息服务、药品交易服务专项整治、非药品冒充药品专项整治等专项工作。为了落实2010年初的工作部署，内蒙古自治区药品安全整治领导小组办公室组织相关部门组成4个督查组，分赴12个盟市对各地药品安全专项整治工作进展情况进行了督查，促进了专项整治工作的深入开展。

【药品医疗器械稽查打假】 把城乡结合部和农村牧区作为重点监督检查地区，将违法发布药品广告、扩大宣传及质量问题突出的药品作为重点监控品种，重点检查了药品购进渠道、超范围经营、GMP和GSP执行情况等违法违规问题，切实加强监管，保持了对制售假劣药品、医疗器械违法行为的高压严打态势。2010年，全区共出动执法人员37 319人次，检查涉药、涉械单位28 037家；立案1 811起，结案1 787起，结案率为98.7 %；查获假劣药品、医疗器械827批次，货值226.41万元，罚没款982.75万元。销毁假劣药品468批次，货值130.13万元，不合格医疗器械174个品种，货值9.17万元，有效规范了全区药品、医疗器械市场秩序。

【医疗器械日常监管】 按照国家食品药品监督管理局要求，重点部署开展了医疗器械安全生产大检查、体验类物理治疗医疗器械产品专项检查、个体诊所、美容机构在用医疗器械专项检查、医疗机构在用医用分子筛制氧设备专项检查等重点工作，取得了明显成效。在继续巩固医疗器械专项整治成果的基础上，重点强化对医疗器械生产企业质量管理体系运转情况的核查，不断加强不良事件的监测，切实完善了企业日常监管档案，规范了企业生产经营行为。2010年，对42家二、三类医疗器械生产企业进行了现场检查，对呼和浩特市、包头市、通辽市、赤峰市等盟市的32家医疗器械生产企业进行了重点监督检查。依据《内蒙古自治区医疗器械企业信用等级档案管理办法》，首次对全区医疗器械生产企业信用等级进行了评定。按照诚信、基本诚信、警示和失信4个级别，施行动态管理。其中评定为A级企业占参评企业的19%，B级企业占参评企业的55% ，C级企业占参评企业的26%，暂无评定为D级的企业。

【药品不良反应监测】 2010年，全区上报药品不良反应监测报告1 220份，涉及基本药物不良反应报告799例，严重不良反应18例，新发现72例，完成监测分析报告8份。

【药品医疗器械注册】 2010年,共受理新药注册申请5份,仿制药注册申请13份,药品补充申请308份;受理药包材注册申请1份,再注册申请2份,补充申请4份;受理医疗机构制剂注册申请1份,再注册申请2份,补充申请2份。核发再注册批件2 464份。完成了药品注册研制现场核查和现场检查14个品种。完成了3个直接接触药品的包装用材料和容器的生产现场考核评估。对外省委托的4个品种进行了临床核查。注册二类医疗器械产品13个。

【药品医疗器械广告监管】 举办了全区广告监测、互联网监测人员培训班,培训了广告监测系统和互联网监测系统的操作方法、广告监测系统日常维护,服务器使用与维修及如何使用违法广告填报系统等,提高了监管人员的业务能力。对发布严重违法广告的产品,加大产品下架等行政强制性措施的力度,同时将企业的不良行为记入信用档案中。2010年,共审批药品广告45份、医疗器械广告,备案348份、5份,撤销药品广告批准文号4份,对13个品种的药品采取了暂停销售的行政强制措施,发布《违法药品广告公告》5期,对117份违法药品广告予以公告;共发布《违法医疗器械广告公告》3期,发布医疗器械质量公告1起。

【食品安全整顿】 为贯彻落实国务院办公厅有关要求,内蒙古自治区政府制定下发了《内蒙古自治区2010年食品安全整顿工作方案》,对全区2010年食品安全整顿工作进行了安排部署。成立了内蒙古自治区食品安全整顿工作领导小组,确定了工作时限和考核指标,逐级分解了工作任务和落实了工作责任。为了确保专项整顿工作的深入开展,内蒙古自治区食品安全委员会办公室全年两次组织6个厅局50个人组成督查组,对12个盟市食品安全整顿工作进行了督查,对发现的问题及时通报并加强督促,确保整顿活动开展的深度和广度。

【问题乳粉清查销毁】 针对2008年未销毁问题乳粉流入消费市场这一严重问题,内蒙古自治区成立了由自治区副主席刘新乐任组长,食品药品监管、农牧业、质监、工商、卫生等部门为成员的领导小组,制定了细致的工作方案。针对全区乳制品市场的实际情况,以重大案件的查处为突破口,着重解决非法添加和使用问题奶粉的违法犯罪问题,组织人员在全区范围内全面开展了对问题乳粉的全面清查和销毁工作。经过对全区所有乳制品和含乳食品生产、经营企业和餐饮服务单位进行全面集中清查,共查出问题乳粉1 398.182吨,重点立案查处了呼和浩特市乳子牛食品有限公司使用原料乳粉三聚氰胺超标等9个重点案件。贯彻落实国务院及内蒙古自治区领导对问题乳粉进一步清查的重要批示精神,内蒙古自治区食品安全委员会要求各地、各相关部门按照“十查十看”的要求,对全区问题乳粉再进行一次全面清查,确保群众饮食安全。同时派出2个督查组,对各级政府落实问题乳粉清缴责任状情况、清缴问题乳粉公告发布情况、监管单位清查情况进行了重点督查,对部分乳品生产企业进行了产品现场抽检,促进了清缴问题乳粉工作的圆满完成。

【《食品安全法》宣传活动】 按照国家食品药品监督管理局要求,成立了《食品安全法宣传》工作领导小组,制定了详细的工作实施方案,在全区范围内组织开展了餐饮服务食品安全宣传周活动。自治区副主席刘新乐出席了启动仪式,食品药品、质监、卫生、工商等相关部门参与,同时邀请了有关行业协会和部分食品生产经营及餐饮单位共同参加。活动现场设立了咨询投诉台接受现场咨询投诉。宣传周期间,组织人员深入学校、社区、工地、农村、机关,开展了“五进”活动,采取悬挂横幅标语、张贴宣传画、设立宣传咨询台、巡回宣讲食品安全知识、发放宣传材料等群众喜闻乐见的形式,进一步推动了餐饮服务食品安全知识的广泛宣传。同时,在内蒙古日报、内蒙古电视台、北方新报等媒体开展了专题宣传,全区利用短信平台发送宣传标语以及健康饮食小常识等温馨提示共20 000余人次。

【餐饮服务食品监督性检测】 制定了《内蒙古自治区2010年餐饮服务食品安全监督抽检工作实施方案》,并在全区12个盟市组织开展了餐饮服务食品抽检。全区共抽检样品3 786批,“餐盒、羊肉、砖茶”等17个品种均有不同程度的不合格率,非发酵豆制品、凉拌菜、沙拉、生活饮用水、熟肉制品、鲜榨蔬果汁、砖茶等品种超标率较高。同时,组织开展了对保健食品、化妆品的抽检工作。

【食品药品安全“十二五”规划编撰工作】 为进一步加强对药品、医疗器械、餐饮消费环节食品安全及保健食品、化妆品等的监管工作,不断提高公众饮食用药安全水平,促进社会和谐稳定,依据《国家药品安全“十二五”规划》和《内蒙古自治区国民经济和社会发展第十二个五年规划纲要》,成立了内蒙古自治区食品药品监督管理局食品药品安全“十二五”规划工作领导小组,以确保人民群众饮食用药安全为中心任务,推动公众饮食用药安全水平迈上新台阶为目标,围绕“保安全、重民生、促发展”这一主题,组织编撰了《内蒙古自治区食品药品安全"十二五"规划》。并积极协调内蒙古自治区发改委等部门将其纳入内蒙古自治区"十二五"规划编制整体工作之中。

【制度建设】 针对《食品安全法》有关食品摊贩和小作坊的管理授权地方立法情况,组织开展了全区食品摊贩和小作坊的管理立法调研工作。按照国家食品药品监督管理局课题研究项目,开展了基层依法行政课题研究,形成了《内蒙古自治区食品药品监管系统推进依法行政措施调研报告》。加大了制度建设的力度,研究下发了《基本药物生产监督管理办法》、《贯彻落实科学发展观促进我区药品产业持续快速发展的具体意见》、《药品批发企业药品安全信用分类管理办法》等规范性文件。

【队伍建设】 内蒙古自治区食品药品监督管理局新的"三定"方案印发后,党组广泛征求群众意见,并多次召开会议研究,形成了《"三定"实施方案》、《干部择岗及选拔使用工作方案》、《内蒙古自治区食品药品监督管理局机关部分处室领导岗位竞岗方案》等一系列配套文件,对各部门职责和人员要求提出明确意见。在此基础上,对新设置的保健食品化妆品监管处、餐饮服务监管处、稽查局3个处室的领导岗位采取竞争上岗的办法选拔,对机关其他符合条件的干部进行民主测评,严格按照《干部选拔任用工作条例》,并经领导班子反复酝酿,落实了"三定"方案人员调整工作。此次改革,内蒙古自治区食品药品监督管理局机关由于处室名称变动重新任免的处级干部23人,占总人数的34%;共提拔使用的处级干部10人,其中通过公开竞争的方式选拔处级干部6人,占60%;轮岗交流12人,占机关总人数的18%;处级干部中由实职转任非领导职务3人。

【创先争优活动】 成立开展创先争优活动专项工作领导小组,召开全局创先争优动员大会。通过广泛征求各党支部党员、群众意见,制定了《内蒙古食品药品监督管理局创先争优活动2010年工作方案》、《关于深入开展创先争优活动的实施意见》、《搞好公开承诺环节努力做好本职工作的指导意见》。局领导班子成员分别深入到呼和浩特市、巴彦淖尔市等地区调研,各党支部也深入到社区、联系点认真征求意见,完善承诺事项和服务措施。经过梳理,累计承诺事项128条。并把承诺事项以党支部为单位分别进行梳理归类,建立台账、逐项登记,力求承诺主体、事项、目标、措施、期限"五明确"。并制定了《食品药品监管行业创先争优活动党支部自查、督查表》,及时督促检查活动开展情况。

(张国厚)

海 关 工 作

【呼和浩特海关领导名录】

党组书记 关长:葛连成

党组成员 副关长:王富宽

党组成员 纪检组长:格日勒图(蒙古族)

党组成员 副关长:孙铁燕(女)

党组成员 副关长兼缉私局局长:高志刚

党组成员 副关长兼政治部主任:程宏飞(9月离任) 卢永嘉(10月任职)

缉私局政委:崔志坚

副巡视员:韩翔 李学真(满族)

【概况】 2010年,呼和浩特海关全面贯彻落实2010年全国海关关长会议精神和反腐倡廉会议精神,深入学习实践科学发展观,紧紧围绕"抓党建、严管理、促规范"的全年工作主线,积极推进大监管体系建设,继续优化海关监管与服务,强化内部管理,防控两大风险,为呼和浩特关区第3个《三年规划》的起步开局奠定了坚实基础。

业务运行机制不断完善,主要业务指标实现跨越性发展。一是税收入库创历史新高,征管质量进一步提升。2010年,税收入库49.27亿元,同比增长52.1%,比2009年增收16.88亿元;审价补税1.67亿元,是2009年的1.1倍,其中边境贸易审价补税7 609.54万元,位居全国海关第一。二是进出口货运量稳定增长,监管效能进一步提高。2010年,监管进出口货物2 701.5万吨,同比增长83%;进出口贸易总值52.2亿美元,同比增长52.2%;申报出口报关单中"低风险快速放行"类达到73.77%。三是缉私"两个大格局"建设稳步推进,打私能力进一步加强。2010年,立案侦查走私犯罪案件9起,案值360.36万元,涉嫌偷逃税65.22万元;立案调查行政案件514起、案值3 333.08万元,同比分别增长3.8%和62.4%。四是风险、企管、稽查工作扎实推进,服务分类通关能力进一步增强。2010年稽查企业44家,发现走私违规线索9起,涉及货物总值9 281万元,涉及税款2 160万元。五是统计基础工作水平显著提升,辅助作用进一步强化。2010年,上报总署统计分析报告22篇、采用3篇,提供统计咨询服务100余次。

【队伍建设】 一是夯实工作基础,扎实推进机关党建工作。二是加强班子建设,形成各级坚强领导核心。制定下发《呼和浩特海关党组关于切实加强关区内部管理和队伍建设的通知》等文件,进一步明确选拔使用干部向积极到边关艰苦环境锻炼并做出实绩的同志倾斜的导向,2010 年,提任正处级干部 5 人、副处级干部 12 人、正科级干部 72 人、副科级干部 29 人。三是完善管理机制,提高队伍履职能力。2010 年,交流调整 23 名处级领导干部,关区干部交流 53 人、借调 10 人次,接收海关总署机关来区学习锻炼干部 12 人,通过积极呼吁申请新增行政编制 20 个。四是突出工作实效,继续深化思想政治工作。五是落实廉政责任制,有效防控两大风险。印发《呼和浩特海关党组关于进一步加强和完善关区内控机制的意见》,开展任前廉政谈话 58 人次,编发《关区反腐倡廉工作动态》宣传载体 18 期,实施关长离任经济责任审计及管理审计 2 次,完成基建项目审核金额 2 074.80 万元,拒收、退回现金及有价证券 312 人次、人民币 11.44 万元,调查问卷显示外界对呼和浩特海关廉政、纠风等各项工作“满意”和“基本满意”度达到 97.56%。

【综合管理】 一是加强政务基础,各项政务运行日益规范。完成《呼和浩特海关大监管体系建设实施方案》,下发《呼和浩特海关关于进一步规范政务管理提高运行效率和效能的意见》,顺利通过海关总署特级档案复查验收,“12360”海关热线开通并投入使用。二是提升法制基础作用,法制工作成效显著。开展“4.26”、“8.8”、“12.4”、《“有法大家帮”走进内蒙古》等专项普法工作,查办知识产权侵权案件 3 起,没收侵权货物 1 221 件。三是实现协调推进,技术、关保、财务、后勤保障作用发挥明显。完成关区中心机房整体搬迁,政务、业务等 60 余个应用系统正常运转,资产装备设备实现统一归口管理,推行总关机关车辆包干使用制度。

【服务地方经济】 坚持“区兴我兴、区荣我荣”的服务理念,在推动区域经济发展中出实招、办实事。全力推动署区合作机制建立,自治区商务厅牵头对呼关草拟的《署区合作备忘录(代拟稿)》进行了专题研讨。对报送自治区党政部门的各类信息统一载体、归口办理,统计信息每月一报,统计分析随有随报,海关统计作用日益明显。开通了与石家庄海关的进口区域通关,并办理了首票“陆港”区域通关出口货物,区域通关业务稳步扩展。积极指导、协调原煤口岸通道改造和监管场所优化布局工作,继续促进关区监管场所规范化建设。规范保税仓库业务操作流程,组织人员赴深圳海关学习考察出口监管仓库管理先进经验,在关区范围内推广使用加工贸易银行保证金台帐电子化联网管理系统,推动自治区保税业务健康有序发展。

【重要活动】 7 月 29 ~ 8 月 2 日,海关总署副署长李克农一行赴内蒙古阿拉善盟和呼和浩特市考察调研,期间视察指导策克口岸并与当地政府座谈,出席呼和浩特海关党组 2010 年民主生活会暨党风廉政落实工作汇报会,听取呼和浩特海关党组工作汇报。9 月 16 ~ 17 日,海关总署副署长孙毅彪携中国海关代表团与蒙古国海关代表团在甘其毛都口岸举行中蒙海关署级双边工作会晤,并在呼和浩特听取呼和浩特海关党组工作汇报和视察工作。2010 年,呼和浩特关区税款开单数 49.87 亿元,同比增长 51.67%,创建关以来税收最好成绩,提前 16 天完成全年税收 45 亿元目标。

(李春晖 耿亚杰 宗照临)

出入境检验检疫

【内蒙古出入境检验检疫局领导名录】

局长 党组书记:周永生(回族)

党组成员 副局长:云布奎(蒙古族) 斯勤夫(蒙古族) 孟传金

党组成员 纪检组长:张秉龙

【概况】 2010 年,检验检疫出入境货物 23.6 万批、货值 117.4 亿美元,同比分别增长 12.6% 和 39.8%。检出不合格货物 558 批、货值 1 194 万美元,批次、货值合格率均为 99.8% 以上。检验检疫出境货物 6.4 万批、货值 18.1 亿美元;检验检疫入境货物 17.2 万批、货值 99.3 亿美元。出入境人员卫生检疫 384 万人次,同比增长 28.7%;监测体检 1.3 万人次,发现病例 682 例,其中艾滋病 1 例,预防接种 9 634 人;检疫交通工具:火车 68.3 万节,汽车 100.7 万辆,飞机 673 架次,集装箱 8.1 万标箱;旅贸查验 83.6 万人次、317.4 万个货包,货值近 3.2 亿元人民币。

【质量提升活动】

组织开展检测工作整顿 按照总局检测工作整顿的要求,内蒙古局认真分析了检测工作面临的形势,对所属实验室的现状和承担的检测任务以及资质、能力等进行了全面分析,查找出了存在和可能出现问题的隐患,制定了检测整顿实施方案,把检测工作整顿作为“质量提升”活动的重要工作来抓。根据总局制定的《委托检验行为规范(试行)》,内蒙古局制定了《实验室检测工作管理办法》,对实验室检测工作进行了全面规范,从技术和管理上提升检测水平,为执法把关提供强有力的技术保障。

组织开展检测技能大比武　首先在全局系统从事实验室工作人员的范围内开展了检测技能知识竞赛;二是和自治区技术监督局共同组织开展了检测技能大比武,内蒙古局按照区域实验室划分派出5个参赛队40名选手参加了比武;三是选派人员参加总局举办的检测技能大比武,内蒙古局代表队获得微生物专业组第二名的优异成绩。

实验室开放集中展示月　按照总局的统一部署,9月1日启动了"实验室开放"集中展示月活动,全系统分别有技术中心国家级乳制品检测重点实验室、保健中心艾滋病确证实验室、满洲里局化矿检测实验室、二连局食品检测实验室、包头局化矿检测实验室、赤峰局农食畜化矿实验室等6个实验室同时向社会开放。整个"实验室开放"集中展示月接待参观人员600余人,举办座谈会和讲座12次,电视台、报纸采访报道6次,向社会发放宣传资料1 000余份,为企业培训检测技术人员10人次,免费为企业检测样品6次。

强化商品质量安全风险分析　召开进出口商品质量状况分析会,对进出口食品、化妆品、出口服装、出口羊绒及其制品、出口俄蒙果蔬、进境原木、俄罗斯输华植物及其产品、进口废物原料等进行质量和安全风险分析,并向地方政府和有关部门报送了书面分析材料和有关建议,为政府决策建言献策。对全年的检测业务进行了统计和质量分析,全面掌握进出口产品的质量安全状况,发现在进出口商品质量控制、风险防范等方面存在的问题,为加强质量管理提供了第一手资料。

推行工业产品企业分类管理　按照总局《出口工业产品企业分类管理办法》,制定了《出口工业产品企业分类管理工作规范》,统一了操作规程。在呼和浩特、包头、赤峰等地组织了专门培训,同时开展分类管理转换评定工作,全年共对86家出口工业产品企业进行了分类管理评定。经过综合评定,首批确定分类管理一类企业8家,二类企业23家,三类企业55家。

建立大质量工作机制　按照建立以依靠地方、联合部门、抓住企业、监管产品为主要内容的大质量工作机制的要求,加强与质量技术监督部门的协作与配合。内蒙古局和自治区质量技术监督局签署了《合作备忘录》。《合作备忘录》在指导思想上坚持"共促发展、共同提高、优势互补、注重实效"为原则,找准务实合作的切入点和结合点。在合作方法上坚持突出重点,科学规划,循序渐进的方式,建立联席会议制度,确保合作的制度化、规范化、经常性和连续性。在合作内容上,从业务、管理、信息、技术、科研、文化、宣传、精神文明建设等多方面进行合作与交流,保证合作的多样性、全面性和时效性。在广度和深度上,不仅是直属局和省局之间加强合作,同时加强各部门之间、各基层局之间的交流与合作,形成多层次、多形式、多渠道的合作氛围。内蒙古局与天津局、辽宁局共同签署了提高监管有效性、促进贸易通关便利化合作备忘录,与浙江局签署了市场采购边境贸易出口商品检验监管合作协议,与深圳局签署了供港活牛检验监管合作备忘录。

组织开展质量提升活动　按照总局的统一部署,内蒙古局系统组织开展了以窗口建设和证单质量提升工作为主题的质量提升活动,从窗口建设、服务能力、工作质量、专项行动4个方面展开工作,使全系统窗口建设和证单质量等工作明显提高,并通过了总局检查组检查验收。

【疫病疫情防控】

加强口岸公共卫生核心能力建设　成立了口岸卫生检疫核心能力建设工作领导小组,明确了分级建设标准和总体目标,制定了建设实施步骤计划,确保整个工作有计划、按步骤、高标准进行。研究制定了《内蒙古口岸卫生检疫核心能力建设方案》和《华北五局口岸鼠疫防控应急演练方案》,组织开展了由华北五局及黑龙江、广西、云南、新疆、青海等局参加的鼠疫应急演练,得到了总局卫生司和地方疾控专家高度评价。与自治区公安厅、环保厅、疾控中心分别签署了应对口岸突发事件合作协议。保健中心"口岸传染病电子监管系统"开始正式运行,实现了体检业务档案管理电子化。

关注国内外疫情动态　加强对俄蒙两国疫情监控2010年4月,二连浩特局在口岸地区开展春季鼠情监测中捕获1只达乌尔黄鼠,经血清学监测为鼠疫F1抗体阳性,及时向总局卫生司和地方卫生行政部门进行了报告。针对蒙古国、俄罗斯先后发生的动物狂犬病和口蹄疫等疫情,内蒙古局密切关注疫情动态,加强与两国有关部门的联系,及时掌握有关信息,同时各口岸加大旅客携带物的查验力度,加强对入境车辆的消毒和卫生处理,采取措施为中方企业人员紧急撤离蒙古国疫区提供优质快速服务。针对俄罗斯当局提出布里亚特等地发生麻疹疫情是从中国输入,要求中方通报满洲里地区麻疹疫情的问题,内蒙古检验检疫局责成满洲里局立即进行调查核实,结果证明满洲里地区

2010 年以来无麻疹病例发生。

加大对禁止入境动物及其产品的查堵力度 全年共查出违规入境的动物及其产品:羊肉 7 500 多公斤、羊绒 300 公斤、各类皮张 600 余张、其它动物产品 2 000多公斤、小型犬 8 只、狼尸体 2 只,全部进行了退运和销毁处理。在查堵旅客违禁携带物中,检疫犬发挥了很好的作用,总局给二连口岸配的检疫犬,全年发现旅客携带违禁物品 40 多批。

防止外来有害生物 把进境木材携带疫病疫情监测防控工作作为重点,加强植物疫情监测和防控工作。满洲里局在对进境原木携带有害生物的检测中,多次截获各类有害生物,全年全系统共从进境木材中截获各类有害生物 120 余头(只)。针对携带虫情出现的新特点,强化和完善进口木材境外预检和口岸熏蒸处理工作,督促俄方检疫机构切实履行中俄植保双边协定的承诺。加强进境木质包装检疫监管和除害工作,加大对卫生除害处理工作的监督和管理,对口岸卫生除害处理工作进行全面检查,对 4 个除害处理单位 200 余名从业人员进行了培训,确保除害处理工作的效果。在参加总局举办的"口岸卫生处理技能竞赛"中,内蒙古局获得团体三等奖,参赛的两名选手获得"全国检验检疫系统口岸卫生处理技能标兵"称号。

【完善服务措施】

提高服务质量 促进自治区外经贸企业发展 认真落实服务企业十二条措施,对自治区重点投资项目神华包头煤制烯烃项目给予重点服务,确保了该项目 200 多批、1.3 亿元进口设备顺利进口、安装、调试并投入使用。加大对自治区特色产品的扶持力度,拓展新的国际市场。2010 年,北方重汽生产的重型汽车首次出口新加坡和赞比亚,北方重工业公司生产的螺旋钻艇首次出口叙利亚。春节、五一、十一等假期,包头、赤峰局坚守工作一线,完成了 11 000 吨进口铜精粉和 60 台机动混凝土搅拌车的检验任务。2010 年,先后为蒙东能源集团、大唐内蒙古多伦煤化工有限责任公司、霍煤集团、包头铝业等成功索赔 700 多万美元,维护了进口企业合法利益。

针对开鲁县红干椒在国际国内的知名度越来越高,种植面积越来越大的实际,帮助地方政府建立"出口红辣椒质量安全示范区",基本达到了"出口无障碍、源头无隐患、监管无盲区、问题可追溯"的建设目标。2010 年种植面积达到 30 万亩,年产鲜椒 15 万吨,干椒 6 万吨。河套地区番茄酱出口成为仅次于新疆的第二大出口基地,年出口量达到 22 万吨。根据山东寿光番茄感染 TY 病毒造成大幅减产的情况,内蒙古局立即向巴彦淖尔市通报了疫情,同时深入到田间地头指导防治措施。河套地区葵花种植面积达到 300 多万亩,葵花种子大量从美国、澳大利亚进口,鉴于美国已发现向日葵茎溃疡病,内蒙古局加强了进口葵花种子检疫和对经营企业的监管,同时配员深入田间进行疫情监测,建立与农业部门和科研院所的联系与合作,防范疫病疫情风险。

创新通关机制 促进对外贸易便利化 针对进口资源性货物大幅度增加给口岸带来巨大压力的实际,在有效利用"进口原油综合业务管理系统"、"木材检尺管理系统"等先进技术手段的同时,采取挖掘内部潜力,增强人员素质,提高工作效率等手段,围绕口岸过货通关、物流贸易和落地加工三大功能的发挥,增强服务的主动性。满洲里铁路、公路口岸和二连浩特铁路口岸实行 24 小时通关,策克、甘其毛道、珠恩嘎达布其口岸实行每周 7 天通关,满都拉、阿日哈沙特、额布都格口岸由季节性开关变成对部分企业常年开关,大大缩短了货物在口岸的滞留时间,减轻了口岸压力。2010 年,从策克、甘其毛都两个口岸进口煤炭达到 1 672万吨,货值 9.7 亿美元,同比分别增长 143.7% 和 162%,成为内蒙古口岸经济快速增长的一大亮点。全年共进口原油 943.4 万吨,货值 52.5 亿美元;木材 1 050万立方米,货值 15 亿美元;铜精矿 85.8 万吨,货值 14.2 亿美元;铁精矿 562 万吨,货值 6 亿美元;木浆 56.8 万吨,货值 3.6 亿美元;化肥 72.3 万吨,货值 2.4 亿美元;润滑油 23.3 万吨,货值 1.6 亿美元。全年口岸过货量大幅度增长,由 2009 年的3 765万吨增长到 2010 年的近5 000万吨,同比增长 32%。

落实国家优惠政策 减轻企业负担 认真贯彻落实国家质检总局出口农产品、纺织品检验费减免政策,按照国家发改委和财政部的要求,及时对进口原油检验费的收费标准进行了调整。全年农产品、纺织品检验费共计减免 446.9 万元,原油检验费减费 4 000 多万元,为进出口企业减轻了负担。进口原油检验是内蒙古局进口检验业务中最大的一项业务,检验费标准的大幅度将低,对全局的业务收入影响巨大,内蒙古局能够以大局为重,认真落实国家的有关政策,把该降的收费足额的降下来。

为了促进自治区畜牧业的健康发展,内蒙古家畜改良工作站首次从澳大利亚引进 6 个品种 1 279 只种羊,内蒙古局对此高度重视,制定了详细的实施方案。此次任务从 2010 年 9 月 15 日入境到 10 月 29 日为止,隔离检疫时间共计 45 天,共检测 9 种疫病 11 个项目,检验次数多达 14 000 多次,隔离期实行 24 小时不间断驻场监管。2010 年,完成进口屠宰马 4 405 匹、54

匹美国混血赛马隔离检疫、供港活牛4 063头和出口蒙古国奶牛300头、种猪60头的检疫任务。

做好普惠制产地证签证工作和强制性产品认证免办等工作，发挥其在服务外贸扩大出口中的重要作用。全年共签发普惠制产地证书22 553份，签证金额4.4亿美元，同比分别增长9.5%和24.6%；签发一般原产地证书1 912份，签证金额1.7亿美元，同比分别增长21.8%和66.8%；签发区域性优惠产地证明书707份，签证金额1亿美元，同比分别增长49%和161%。积极开展免予办理强制性产品认证工作，全年共办理186份，累计货值1亿元人民币。

【加强自身建设 提高发展水平】

组织开展争优创先活动 把争优创先活动作为全年思想政治工作的主要内容来抓，成立领导小组，制定活动方案，在全系统中进行广泛发动，创造了良好的活动氛围。坚持和完善党组中心组学习制度，学习贯彻十七届五中全会精神，创建学习型机关。配合推进大质检文化建设，开展了各类体育比赛、歌咏晚会、摄影书法美术展等形式多样的活动，不断增强全系统的创造力、凝聚力和战斗力。把精神文明建设作为一项重要工作来抓，制定了《内蒙古检验检疫局精神文明建设规划》，召开了全区系统精神文明创建工作会议，推动精神文明建设健康发展。

开展社会公益事业和献爱心活动 组织做好向玉树地震和舟曲泥石流灾区捐款献爱心活动，全系统共计捐款169 830元，捐款人员共计达到1 000人次。

加强干部队伍建设 确立正确用人导向，坚持德才兼备、以德为先的用人标准，重品德、重能力、重业绩，不让老实人吃亏，提高选人用人公信度。按照民主、公开、竞争、择优的原则，严格按照民主推荐、重点考察、党组研究、任前公示等程序选拔任用干部。

推进科技建设和实验室建设 提高技术保障能力，把提高检测能力和科技水平作为"打造西部大局、争取更大作为"的一个重要突破口。二连浩特国家级鼠疫重点实验室顺利通过现场验收；技术中心乳制品实验室被确定为国家级重点实验室；承担的自治区自然科学基金项目顺利通过专家审定，完成了"牛传染性鼻气管炎病毒PCR定性检测"和"纺织品中4－氨基偶氮苯检测"能力验证；满洲里技术中心通过"肉制品中亚硝酸盐"检测能力验证。内蒙古局技术中心参与研制的"微流体芯片技术及食品安全检验检疫应用研究"和"乳粉中新出现致病菌研究及其风险评估"2个项目获得2009年度总局"科技兴检奖"二等奖，技术中心主持完成的《动物源性食品中多种糖皮质激素残留的高效液相色谱－串联质谱同时测定技术研究》课题通过总局科技司成果鉴定。技术中心撰写的《羊肉中单核细胞增生李斯特氏菌的分离与鉴定》论文在中国畜牧兽医学会动物检疫学分会年会上评为优秀论文。技术中心获得总局"科技兴检先进集体"称号，内蒙古局门户网站建设取得了较大进步，获得了2010年度内蒙古自治区政府网站绩效评估综合优秀网站奖。

推行机关"三位一体"建设 强化机关内部管理。成立了"三位一体"综合行政管理体系建设领导小组，广泛进行调查研究，编制了《建立、实施综合管理体系总体方案》、《综合管理体系培训方案》、《质量管理体系文件编写大纲》等多个文件。

提高事业单位的综合实力 利用LRP2000实验室资源管理系统，提高管理效率，优化检测流程，大部分检测项目的流程时限比原来缩短一半以上，检测能力范围从2009年的166个检测参数增加到2010年的22大类、285个检测参数，增涨71.7%。全年共完成出入境商品检测2 867批、19 524个项目，检测批数和项目数大幅增加，特别是检测项目数是2009年的5.5倍。

保健中心艾滋病确证实验室参加了中国CDC能力验证考核，参加的乙肝表面抗原、丙肝抗体、梅毒螺旋体抗体、HIV抗体筛查以及确认的4个项目能力验证等次全部为优秀。2010年，共完成出入境人员传染病检测体检7 795人，检出各类传染性疾病312例，预防接种6 718人份，社会健康体检51 880人次，同比增长30%，为37个单位、12 000名人员进行了职业病健康监护体检，取得了良好的社会效益和经济效益。

加强党风廉政建设 认真落实党风廉政建设责任制，坚持"一把手"负总责，层层签订廉政建设责任状，增强了各级干部抓廉政建设的自觉性和责任感。强化执法监察和责任追究，增强依法行政水平。按照总局要求深入开展了以"六个一"为主题的纪律教育月活动，利用典型案例进行警示教育，提高干部职工的拒腐防变能力。

（康徐男 李亚平）

农牧林水与农村牧区经济

农　牧　业

【内蒙古自治区农牧业厅领导名录】

厅　长:郭健(蒙古族 4月任职)

副厅长:纪大才(女) 周文毅 赵存才 云忠义(蒙古族) 翟琇 布仁(蒙古族) 许燕辉(兼兽医局局长) 云挨厚(蒙古族) 牧远(蒙古族)

纪检组长:张明辉

助理巡视员:石先勇 扎木苏(蒙古族) 高常胜 娜仁(女 蒙古族)

【概况】 内蒙古自治区农牧业厅行政编制144人,设有办公室、人事处、政策法规处、市场与经济信息处、发展规划处(自治区农牧业资源区划领导小组办公室)、财务处、经济合作处、科技教育处、种植业管理处、畜牧处(奶业管理办公室)、草原处(草原防火办公室)、饲料处、防疫监督处、医政药政处、农牧业机械化管理局、农牧场管理局、渔业局(内蒙古自治区渔政局)、乡镇企业局、农牧业产业化处、农产品安全质量监管局、离退休人员工作处21个职能处室局,另设机关党委及派驻纪检组、监察室。厅属正厅级事业单位1个(自治区农牧业科学院)、正处级事业单位28个。

2010年,全区农牧业增加值达到1 101.38亿元,增长5.8%;全年农牧民人均纯收入5 530元,比上年增加591元,增长12%,扣除价格因素实际增长9%。

【粮食生产】 全年农作物种植面积700.26万公顷,比上年增加7.46万公顷。其中,粮食作物种植面积549.88万公顷,比上年增加7.48万公顷。全年粮食总产量2 158.25万吨,创历史新高,比上年增产176.55万吨,增长8.9%。全年油料产量128.15万吨,增长7.1%;甜菜产量160.96万吨,增长46.9%;蔬菜产量1 350.90万吨,下降2.2%;水果(含果用瓜)产量278.17万吨,增长33.3%。设施蔬菜和设施马铃薯面积分别达到129.8万亩和178.9万亩,较上年分别增长27.8万亩和73.8万亩。

【畜牧业发展】 2010年,全区畜牧业产值达到839.8亿元,同比增长16.4%,畜牧业占第一产业产值的比重达到45.2%,畜牧业已撑起第一产业半壁江山。牧业年度全区牲畜养殖总量达到10 798.5万头只,连续6年稳定在1亿头只以上。全年肉类、奶类、禽蛋、绵羊毛、山羊绒总产量分别达到245.5万吨、941.6万吨、50.4万吨、10.7万吨、8 104吨,同比分别增长4.6%、0.82%、1.8%、5.3%、9.8%。内蒙古畜牧业综合生产能力位居全国五大牧区之首,已经具备了年生产240万吨肉、12万吨绒毛、920万吨牛奶和50万吨禽蛋的综合生产能力,牛奶、羊肉、山羊绒、细羊毛产量均居全国第一位。内蒙古畜牧业成为中国绿色畜产品生产和加工基地。

【农牧业结构调整】 农牧业结构中,畜牧业占第一产业产值的比重达到45.2%。种植业结构中优质、高产、高效、生态、安全作物占农作物总播面积的比重达到66%,比去年增长2个百分点。全区规模以上加工企业农畜产品加工转化率达到52.3%。

【农牧业产业化】 2010年,全区销售收入百万元以上农畜产品加工企业达到2 072家,实现销售收入2 429亿元,同比增长17.3%;实现增加值724亿元,同比增长19.3%;其中,规模以上农畜产品加工企业实现增加值占全区规模以上工业增加值的13.7%。农畜产品加工率达52.3%。全区共有国家级重点龙头企业29家,自治区级重点龙头企业258家,33个农畜产品加工品牌被认定为中国驰名商标,全区产业化经营带动农牧户212万户。农牧民专业合作组织快速发展,农牧民专业合作社达到10 154个,比上年增长71.5%。

【农牧业科技】 启动了玉米、肉牛养殖等10个产业科技服务体系建设,农牧业科技示范服务全面推进,提升了农牧业生产的科技服务水平。全面推进了百万亩粮油作物高产创建活动。项目覆盖全区12个盟市69个粮油糖主产旗县、市区和农场,共建设153个高产创建示范片,落实面积171.8万亩,辐射带动全区1 500万亩粮油糖增产10.63亿斤。2010年全区"五大作物五项核心技术"推广面积4 148.3万亩;为253.3万个农户免费提供了测土配方施肥技术服务,占全区总农户数的66 %;共推广测土配方施肥技术8 113.3万亩,总节本增效72.7亿元。实施了畜牧业"双百千万"高产创建工程,积极推进畜牧业规模化、标准化养殖小区建设。农牧业科技培训力度加大,培训农牧民400万人次。保护性耕作技术推广继续保持全国领先水平,应用面积达到1 405万亩,比上年增加168万亩。实现了奶牛良种全覆盖,牧区肉牛、肉羊良种全覆盖。农牧业生产装备水平进一步提高,综合机械化水平达到68.3%,同比提高2.7个百分点。农牧业科技贡献率已达47.45%。农牧业信息服务与宣传水平快速提升。“金农工程”稳步推进,“千乡万村”助农惠农信息服务工程和“农信通”手机短信服务覆盖面不断扩大。积极与报社、电台、电视台合作,宣传农牧业政策、推广农牧业技术、传播农牧业富民信息,收到了良好效果。

【动植物防疫】 制订实施了《2010年内蒙古高致病性禽流感和口蹄疫等主要动物疫病免疫实施方案》,及时组织开展春季集中免疫和免疫效果监测,建立和实施补免制度,及时补免,确保免疫密度和质量。2010年,口蹄疫免疫牲畜17 731.57万头只;禽流感免疫禽类12 350.77万羽;高致病性猪蓝耳病免疫1 504.69万口;猪瘟免疫1 730.43万口;鸡新城疫免疫9 796.36万羽。应免密度均达到了100%。强化了消毒灭源和动物疫情应急管理,着重加大了对口蹄疫等重大动物疫病的病原学监测力度,在全区范围内设立8个动物疫病监测点、3个猪病监测点、10个牛羊病监测点和2个禽病监测点,实行定时定点持续监测。2010年全区口蹄疫、高致病性禽流感等动物疫病病原学监测286 227头羽份,血清学监测570 666头羽份。充分发挥各级疫情报告网络和边境动物疫情观察报告员的作用,重点加大了对边境野生偶蹄动物、野生鸟类等动物口蹄疫、禽流感、小反刍兽疫、羊痘、蓝舌病等重点疫病的巡查排查,随时掌握边境及境外动物疫情动态,及时发布预警信息。建立了自治区、盟市、旗县三级水产养殖病害测报网络,在全区开展了水生动物疫病诊断和疫情防范咨询服务,为今后全面开展水生动物检疫工作积累了经验。草地螟、蝗虫等迁飞性病虫害得到有效控制。成功地防控了突发性、暴食性二代草地螟幼虫暴发对农作物的危害。

【农畜产品质量安全】 农畜水产品质量安全标准、检验检测、认证体系得到加强。区、盟市、县、乡四级动物防疫与监督体系初步建立,禽流感、高致病性猪蓝耳病等重大动物疫病全年零疫情,始终处于稳定控制状态。农产品质量安全整治暨执法年活动扎实推进,成效显著。持续开展农资打假专项治理行动,强化了农产品质量安全例行监测和监督检查,蔬菜、畜禽产品、水产品2010年抽检合格率分别达到95%、99%和98.4%,饲料抽检合格率达到94%。生鲜乳收购站清理整顿工作全面完成,三聚氰胺抽检合格率为100%,达到了国家生鲜乳质量安全管理的预期目标。自治区供应世博会和亚运会的各类农畜产品受到了农业部的表彰。

【草原生态保护和建设】 2010年在全区普遍遭受严重干旱的情况下,草原建设仍取得了较好的成绩。草原建设总体规模达到6 278.148万亩。其中,人工种草810.182万亩,饲料作物种植面积1 451.456万亩,饲用灌木213.6万亩,草地改良852.06万亩,飞播牧草30.5万亩,草地围栏2 920.35万亩。年内青贮238.64亿公斤。为保护草原生态、促进畜牧业发展奠定了良好基础。

禁牧休牧轮牧制度　2000年自治区开始实施禁牧休牧轮牧制度,到2010年已是第十一个年头。禁牧休牧成为各地保护草原生态的自觉行动。2010年全区草原禁牧休牧轮牧面积达到7.81亿亩,其中,禁牧3.04亿亩,休牧3.77亿亩,轮牧1亿亩。

草原鼠虫害防治　2010年受气候因素的影响,草原鼠害发生严重,对草原生态环境和畜牧业可持续发展构成了严重威胁。全区草原鼠害危害面积9 822.18万亩,严重危害面积4 245.96万亩;草原虫害危害面积达到1 1947.45万亩,严重危害面积5 471.51万亩。针对严重的草原鼠虫害危害,各地采取有效措施,开展防治工作。完成草原鼠害防治面积2 353.63,草原虫害防治面积3 219.29万亩,防治效果达90%以上。

草原法规配套建设　在自治区人大、政府的大力支持下,完成了修订《内蒙古自治区基本草原保护条例》的起草,并已正式列入自治区人大2011年审议计划。2010年还对《内蒙古自治区草原植被恢复费征收管理办法》进行了修改。

查处草原违法案件　按照自治区政府下发的《关于严禁开垦草原的紧急通知》(内政办发电【2010】57号)要求。派出两个督查组对开垦草原行为进行了专项督查,对征用、使用草原活动严格实行审核审批制度。2010年,共办理征用草原审核17起,涉及草原面积4 935.8亩。提起行政诉讼或行政复议的案件1起,构成犯罪移送司法机关处理的案件9起,破坏草原面积10.11万亩。

基本草原划定工作　2010年,继续推进基本草原划定工作。一是开展13个试点旗县的基本草原划定“回头看”工作,按照《基本草原划定技术规程》要求,进行补充和完善。二是开展半农半牧区基本草原划定试点工作。6月和9月,分别组成督查组,对扎兰屯、库伦旗、乌拉特前期和伊金霍洛旗4个半农半牧区基本草原划定试点工作进行了专项督查。

草原生态保护补助奖励机制　2010年,内蒙古为国务院出台建立草原保护补助奖励机制做了大量的调研和筹备工作。一是成立了农牧业厅落实补奖机制工作领导小组,同时要求盟市旗县成立相应的领导小组,形成自上而下的强有力的工作机构;二是起草了《关于进一步落实草原“双权一制”的通知》,为实施补奖机制提供前提条件;三是召开了两个草原系统内的布置工作会和全区落实补奖机制座谈会,研究部署补奖机制工作;四是做了实施补奖机制前的摸底调查工作。

【农村牧区政策落实】 2010年,中央和自治区惠农惠牧政策覆盖范围和领域进一步拓展。小麦、玉米、水稻、大豆和棉花良种补贴实行了全覆盖,马铃薯良种覆盖面积进一步加大。全区认真落实惠农惠牧政策。共落实农资综合补贴、粮食直补、良种补贴和农机具补贴等各类补贴资金55.7879亿元。其中:农资综合补贴31.78亿元、粮食直补5.74亿元、良种补贴7.6679亿元、农机补贴资金6.9亿元、畜牧业各种补贴3.7亿元。并通过“一卡通”的形式发放给了农牧民,极大地调动了农牧民的生产积极性。农业保险稳步推进,为214.56万户农民承保农作物6 466.01万亩,保险签单保费13.9亿元。

【农牧业机械化】 2010年,全区农牧业机械化生产稳步提升,机械化春耕春播生产,全区共投入农机具138.2万台,较上年增加18.5%。“三夏”机械化生产,全区736台联合收割机参加出区作业,机收小麦75.8万亩,机收率达到83.1%。秋季机械化生产,全区共投入玉米收获机3795台,较上年同期增加212.1%,实现玉米机收544万亩,机收水平达到10.7%,同比提高1.3个百分点。马铃薯机收水平达到39.5%,同比增加4.9个百分点。全年机耕9 276万亩,机播9 086万亩,机收3 864万亩;耕、播、收机械化水平分别达到87.3%、75.5%和35.9%,同比分别增长3.47个、3.52个和0.87个百分点;综合机械化水平达68.3%,同比提高2.67个百分点。农机专业合作社和示范园区建设继续深化。全区农机专业合作社建设蓬勃发展,呈现出政府推动有力、新建数量增加、发展模式多样、功能不断扩大、带动作用明显等特点。自治区农牧业厅把稳步推进200个农机专业合作社规范化建设作为农牧民办十件实事内容深入推进。2010年全区各类新型农机化服务组织达1 055个,其中农机专业合作社有456个,较上年增加了246个。全区新建各类农机化示范园区155个,总数达335个,机械化示范基地规模达347.4万亩,辐射带动作业面积1 176.8万亩。保护性耕作技术稳步推进。2010年实施面积达1 405万亩,较上年增加168万亩。

【渔业经济】 2010年,自治区渔业发展紧紧围绕建设“蓝色农业”、“低碳经济”的目标任务,充分发挥地区渔业资源、环境、区位、潜力优势,调整渔业结构、优化产业布局,依靠科技进步,积极推广健康养殖。依托呼伦贝尔市丰富的冷水资源,建设百公里冷水鱼产业带;依托沿黄连片池塘养殖区,全力打造池塘现代产业园区;依托丰富的盐碱水域资源,建设螺旋藻、盐藻工厂化养殖园区。2010年,全区渔业总产量达到11.3万吨,同比增长6.6%。养殖产量达到8.4万吨,同比增长10.3%,占水产品总产量的73.68%。渔业产值达14亿元,同比增长8.5%。

【农垦改革与发展】 2010年,全区农垦系统完成国内生产总值82.74亿元,比上年增长12%。固定资产投资完成51.6亿元,比上年同期下降13.8%;实现利润2.5亿元;人均纯收入完成7 100元,增长9%。全区农垦粮豆总产量30.7亿斤,油料总产量4.75亿斤,肉类总产量6.9万吨,鲜奶产量39.6万吨,羊毛产量4 207吨。深化国有农牧场“两田制”改革,推进适度规模经营。海拉尔、大兴安岭、兴安盟、巴彦淖尔等垦区,都开展了“两田制”或“多田制”的改革试点。2010年,各垦区新增加规模经营田面积25万亩。截至2010年底,全区农垦系统已有10万职工加入了城镇职工基本养老保险体系,占职工总数的77%,基本实现了在岗职工全员入保。在医疗保险方面,参加城镇职工基本医疗保险的有4.2万人;参加城镇居民基本医疗保险的有3万人;参加新农合的有28.5万人。按照国家发改委批复的垦区危旧房改造三年规划,海拉尔、大兴安岭两个垦区的危旧房改造工程,继2009年安排1.1万户,2010年又安排改造8 889户,垦区居住条件明显改善。

【党建“三创一落实”活动】

深入开展了创先争优活动　并以此作为推动农牧业经济科学发展的重要契机,积极开展“立足岗位比贡献、为农服务争先锋”主体实践活动;组织党员公开承诺,认真开好专题生活会,开展领导点评活动,9位党组成员,分别深入46个联系点调查指导创先争优活动,共点评了26个基层组织、200多名党员。通过深入开展创先争优活动,广大党员干部的思想作风进一步转变,“科学发展农牧业、更好服务农牧民”的理念更加牢固。

大力推进机关精神文明建设　积极开展形式多样、丰富多彩的文娱活动,培养了广大干部职工建立健康和谐的工作生活方式。全面落实帮扶和执政为民教育基地建设,深入基层帮助落实扶贫项目建设和社区服务,共落实呼伦贝尔市鄂伦春、莫力达瓦和兴安盟科右前旗帮扶资金6 330万元。精心组织厅系统干部职工开展“博爱一日捐”公益募捐活动,共为青海玉树灾区捐款 7 万多元。

（黄　伟　贯文姝）

林　　业

【内蒙古自治区林业厅领导名录】

厅　长：高锡林（蒙古族）

副厅长：曹文仲

纪检组长：李树平

副厅长：田选明　呼群（蒙古族）　龚家栋（10 月任职）

总工程师：高桂英（女　10 月任职）

自治区森林防火指挥部专职副总指挥：阿勇嘎（蒙古族）

副巡视员：杨俊平　云岚（女　蒙古族　7 月离任）　乔云　肖文武　王福英（女　蒙古族　7 月任职）　魏江（10 月任职）

【概况】　2010 年全区共完成林业生态建设面积 68.3 万公顷，占自治区下达任务的 102.5%，其中完成人工造林 24.7 万公顷，飞播造林 7.8 万公顷，封山（沙）育林 35.8 万公顷。完成四旁植树 4409.4 万株。共 1000 多万人（次）参加义务植树，植树 7400 多万株。以樟子松基地建设为突破口，积极调整林种树种结构，完成樟子松基地建设 4 万公顷。

【森林保护】

森林草原防火　针对 2010 年严峻的防火形势，自治区林业厅及早安排部署，层层落实责任，先后派驻了前指、督查员和 40 多个检查组，深入重点火险区和防火一线检查指导，厅领导也多次到各地督查。6 月 25 日以来，大兴安岭北部林区气候异常，短时间内发生 48 起雷击火灾，由于组织严密，指挥有力，措施到位，经过全体扑火人员 3 天的艰苦奋战，将林火全部扑灭，受到了国家森防指的充分肯定。全区共发生森林火灾 88 起，受害森林面积 8559 公顷，森林火灾受害率 0.36‰；草原火灾 13 起，受害草原面积 407.7 公顷，草原火灾受害率 0.005‰。森林和草原火灾受害率均低于国家控制指标，当日灭火率达到 99%。实现了不发生大的人为森林草原火灾和人员伤亡事故的目标。

林业有害生物防治　防治体系建设扎实推进，监测预警、检疫御灾能力得到提高，防治水平不断增强，防灾减灾工作成效明显，共防治各类林业有害生物 54.8 万公顷，其中无公害防治面积 51 万公顷，无公害防治率 93%。

野生动植物和湿地保护与管理　开展了第二次陆生野生动物资源调查试点、第二次湿地资源调查工作。切实加强自然保护区管理，古日格斯台自然保护区晋升国家级自然保护区已通过国家评审委员会评审；经国家林业局批准，着手建设阿拉善黄河国家级湿地公园和白狼洮河国家级湿地公园。加强了陆生野生动物疫源疫病监测和濒危野生动植物物种进出口工作。

森林公安工作　加强森林公安队伍建设与管理，严把“进口”关，强化“五条禁令”、“五化”建设和警务技能大比武活动取得显著成效，“三基”工程建设取得阶段性成果，队伍建设水平得到提升。组织开展了“春季行动”、“保护过境候鸟行动”、“冬季行动”等一系列专项行动。全区共发现和受理各类林业案件 25 005 起，共侦破和查处 24 852 起，综合查处率为 99.4%，挽回直接经济损失5 163万元。

林业法制工作　草拟了《林业行政许可监督管理办法》，进一步规范林业行政许可工作；参与自治区人大组织开展的林业生态建设检查；配合自治区政府法制办，着手修改《内蒙古自治区森林草原防火条例》；出台《内蒙古自治区人民政府关于进一步加强三北防护林工程建设的意见》、《森林抚育试点实施办法》、《造林补贴试点管理办法》、《公益林采伐更新管理办法》、《农田防护林采伐管理办法》、《集体人工商品林采伐管理办法》和《灌木资源采伐更新管理办法》；开展了“五五”普法检查验收工作。

森林生态效益补偿　与自治区财政厅联合制定了《自治区森林生态效益补偿基金管理实施细则》，完成了国家级公益林补充区划界定工作。全区共启动重点公益林补偿面积 760 万公顷，中央财政投入补偿资金 8.95 亿元；自治区、盟市、旗县三级财政共启动地方公益林补偿面积 66.7 万公顷，投入资金 3 000 万元。

【资源林政管理】

严格执行林地定额管理制度　完成审核审批各类工程建设征占用林地项目 728 项，面积 1.14 万公顷，征收森林植被恢复费 4.6 亿元。

严格执行森林采伐限额　全年采伐林木蓄积 180 万立方米，占“十一五”年采伐限额的 36.4%。

组织规划编制　组织开展了自治区和旗县级 2010～2020 年林地保护和利用规划编制工作。

完成采伐改革试点　完成了开鲁县、敖汉旗和临河区森林采伐管理改革试点阶段性工作，试点成效明显，受到了当地群众的普遍欢迎。

开展资源二类调查　组织开展了鄂温克旗、阿拉善盟阿左旗等 11 个旗县的森林资源二类调查，调查总面积 2580 万公顷。

引进资格重新认证　开展了乙级以下林业调查规

划设计单位资格认证和绩效考评,重新认证乙级以下资格单位65个。

核查造林实质　完成了42个旗县的造、封、飞营造林实绩和成效核查。

开发森林管理信息软件　森林资源管理信息系统的应用软件开发基本完成,在试点地区的调试运行工作进展顺利。

清理检查占用林地　大力督办查处超占、未批先占林地等违法使用林地行为,配合自治区有关部门,对大青山国家级自然保护区内的矿山进行了清理整顿,配合国家林业局专员办,对赤峰市、呼和浩特市、鄂尔多斯市等地征占用林地行政许可项目进行监督检查。

【林业产业】　完成了2010年产业化项目的申报、评审工作,安排林业产业扶持资金1000万元,扶持产业项目32个。开展了内蒙古肉苁蓉地理标志认证工作,完成了考察、取样、地理范围划定及其技术规范的编制。积极开展人造板、家具市场秩序专项整治工作。进行了第二批林业产业化龙头企业评选的摸底调查。制订了"十二五"林业产业发展思路、目标及措施。积极调整林业产业结构,突出区域和资源优势,强化基地建设和龙头企业培育,积极发展节能减排、低碳、循环经济,促进了生态建设和成果巩固,带动了农牧民就业增收。2010年,全区林业产业总产值190亿元,农牧民人均林业收入355元,与去年同比增加15元。

【集体林权制度改革】　全面推进主体改革。商品林改革基本完成,公益林改革进展顺利。2010年新增确权面积280万公顷、发证面积75万公顷。全区累计完成确权面积1040万公顷、发证面积558万公顷,确权率47.7%。积极探索配套改革。联合中国人民银行呼和浩特中心支行、自治区农牧业厅出台了林权等抵押贷款的指导意见,累计办理林权抵押1.25万公顷,贷款2.3亿元,缓解了林农资金短缺问题。成立盟市、旗县林业综合服务中心或相关机构10个。积极引导和扶持农民林业专业合作社建设。2010年初,配合国办工作组完成了对自治区林改的督查。11月18～28日,按照自治区主要领导的批示精神,自治区林业厅与有关部门组成工作组,对呼和浩特等6盟市林改进行了实地督查。树立和推广典型示范。经过推荐和国家实地核查,开鲁县、敖汉旗、宁城县、杭锦旗、乌拉特前旗被确定为全国林改百县典型县,组织中央和自治区新闻媒体记者,对5个旗县林改工作进行专题报道,起到了宣传自我、以点带面的典型示范作用。

【林业科技】　编制了自治区《十二五林业科技发展规划》、《陆地生态系统定位研究中长期发展规划》和《林业地方标准体系构建与发展规划》,制订了《林业科技服务林改实施方案》,出台了《林业科技项目管理办法》,编制了容器苗、飞播造林、沙障设置、杨树低产低效林划分及改造、蒙古栎育苗等技术标准和规程。争取国家各类林业科技项目10余项,重点推广了以节水、抗旱造林技术为主的9项适用技术,完成指令性技术推广任务48万公顷。组织召开了商都县部队造林、浑善达克沙地西缘治理、乌珠穆沁沙地治理、巴丹吉林沙漠亚布赖山段治理等专家咨询论证会。

(张爱军)

水　　利

【内蒙古自治区水利厅领导名录】

厅　长:戈　锋(蒙古族)

副厅长:冯国华(满族)

纪检组组长:周秀芬

副厅长:于长剑　牛明　康跃

总工程师:路二文

副巡视员:柴建华　李旭

【概况】　2010年下达水利投资60.02亿元,为历史年度最高水平。其中争取国家投资23.56亿元,自治区投资18.47亿元,盟市、旗县投资8.89亿元,社会融资9.1亿元。2010年,自治区政府正式批复《内蒙古"四个千万亩"节水灌溉工程规划纲要》。水文站网体系进一步完善,预测预报预警能力显著提高。水利科技创新成效显著,加快了水利科技成果转化与新技术、新材料、新设备的推广应用。水利信息化建设步伐加快,启动实施防汛抗旱指挥和水资源管理系统建设,电子政务不断完善。部署开展了第一次全区水利普查,水利安全生产监督检查深入开展,为推进水利建设和强化水资源管理创造了有利条件。

【农牧水利】　解决了农村牧区139.7万人的安全饮水问题,全面完成了列入国家《专项规划》的134座病险水库除险加固任务,启动了列入全国小型病险水库和水闸除险加固专项规划的51座小型病险水库和一批水闸的除险加固工作;新增节水灌溉面积24.95万hm2;开工建设了海勃湾水利枢纽工程和扬旗山水利枢纽复建工程。这些水利工程的建设,保障了防洪安全、粮食安全、用水安全和生态安全,为自治区富民强区战略的实施提供了水利保障。

【水土保持生态建设】　实施国家水土保持重点工程,采取小流域综合治理、淤地坝建设、坡耕地整治、造林绿化、生态修复等措施,有效防治水土流失。强化生产建设项目水土保持监督管理,建立健全水土保持、建设项目占用水利设施补偿制度。2010 年新增水土流失综合治理面积 45.27 万平方千米。

【防汛抗旱】 面对 2010 年局部地区的严重旱情，多渠道筹集抗旱资金 7.41 亿元，千方百计增加抗旱水源，加紧修建一批应急水源工程，保证城乡居民的基本用水需求。

【水资源配置】 依法治水管水能力显著增强，水利政策法规体系不断完善。以落实水功能区限制纳污能力为抓手，加强水资源保护，完成了自治区水功能区划修订工作，启动了全区地下水保护行动。围绕新型工业化、城镇化快速发展，在全国率先开展黄河水权转换，大力调整用水结构，鄂尔多斯市在完成一期黄河水权转换 1.3 亿立方米水量的基础上，启动实施了二期工程，为新增工业项目再增加 1 亿立方米水量指标。通过政府调整流域用水指标、节水、水权转换、用水补偿等综合措施，大力调整用水结构，促进工农业生产、城镇生活和生态环境用水的优化配置，工业用水比例提高约 5%，农业用水比例降低近 6%。2010 年，自治区政府修订了《自治区行业用水定额标准》和《自治区水功能区划》，批准了《自治区水资源费征收标准》和《全区地下水保护行动方案》，为实行最严格的水资源管理制度奠定了基本的制度框架。

【水利改革】 2010 年，结合推进政府机构改革，转变政府职能，推行部门绩效管理和行政问责制度。继续实施水利项目前期工作行政审批制度改革，将部分水土保持项目、水利工程项目招投标事项、农村牧区饮水安全项目审批权下放到盟市承担，并加大督查力度，着力构建权责一致、分工合理、决策科学、执行顺畅、监督有力的行政管理体制。

【党风廉政建设】 深入开展学习型党组织建设和创先争优活动。党风廉政建设责任制不断加强，惩防体系建设逐步深入，加强关键部位和重点环节的监督、稽察和审计，开展了水利工程建设领域突出问题专项治理，严肃查办违纪违法案件，水利系统政风行风建设成效明显。精神文明建设取得新成果，离退休人员工作全面加强，工青妇、学会、协会等团体作用进一步发挥，“献身、负责、求实”的水利行业精神得到广泛弘扬。

（杨亚军　李建国）

水　文

【内蒙古自治区水文总局领导名录】

局长 党委书记：云雪峰（蒙古族）

副局长：罗喜成（蒙古族） 张培金　云振科（蒙古族）

【概况】 内蒙古自治区水文总局是自治区水利厅所属的相当于副厅级的事业单位。现有在职职工 1 296 名，其中教授级高工 5 名，高级工程师 84 名，工程师 368 名，本科以上毕业生 132 名。总局机关现有在职职工 82 名，其中教授级高工 4 名，高级工程师 39 名，工程师 19 名，本科以上毕业生 48 名。内蒙古自治区水文总局承担着全区各流域地表水资源的勘测和资料汇总整编，审定裁决；水文情报预报，水情信息传递；水文分析计算，水资源调查评价、供需平衡及旱情分析；地下水观测、水环境监测等项任务。现有国家基本水文总站 136 处（169 处监测断面），水位站 10 处，雨量站 630 处，蒸发站 83 处，墒情监测站 15 处，地下水动态监测井 958 眼，水环境监测站 45 处（48 处断面），基本上形成了监测门类齐全、覆盖广泛、控制良好、功能完善的水文监测网络。

【组织建设】 总局党委以抓好党建促发展，不断加强党的思想政治建设、组织制度建设、工作作风建设和党风廉政建设。始终坚持党委集体领导下的分工负责制和民主集中制。健全和完善了选人用人机制，提高了选拔任用的公信度。大力弘扬求真务实的作风，坚持走群众路线，努力为职工办实事、办好事。深入开展了创先争优活动，经常开展党风廉政教育，不断健全组织制度和管理。基层党组织工作不断得到加强，党支部的战斗堡垒作用和党员的先锋模范作用在水文各项工作中得到充分发挥。

【精神文明建设】 以创建全国文明测站为契机，不断加强水文系统精神文明建设。深入开展文明单位、文明科室、文明测站创建活动，加强局容局貌和站容站貌建设，使新建的测站基本上达到庭院整洁、环境优美、绿树成荫的现代文明标准站。目前，已有 5 个盟市局荣获“市级文明单位”称号，5 个测站荣获“全国文明水文站”称号，通辽市水文勘测局被全国妇联授予“全国三八红旗集体”荣誉称号。

【内部管理】 从总局机关到各勘测局和测站，都建立健全了内部管理制度，严格规范了工作程序、办事程序，形成了用制度管人管事的良性机制。积极推进政务、事务公开，重大事项局务会研究决定，并在职工大会上公布，提高了工作透明度，切实保障了职工的知情权、参与权和监督权。认真做好信访工作,主动化解矛盾,不推诿,不上交,确保内部安全稳定。高度重视安全生产和社会治安维稳工作。发现问题,及时予以纠正。各勘测局按照总局的部署,大力开展安全宣传教育,认真落实各项安全措施,通过上下通力合作,杜绝了隐患,确保了安全度汛,确保了职工生命安全,确保了各项水文工作的顺利完成,全年没有发生一起安全事故。

【水文防汛】 总局党委高度重视防汛抗旱工作,把做好防汛抗旱水文情报预报作为第一位的任务来抓。在汛期来临时,精心准备,周密部署。凌汛期,按照修改完善的《黄河内蒙古段水文测报方案》,研发了"内蒙古黄河防凌服务系统",沿黄各防凌部门能通过网络及时、准确、直观地查询黄河内蒙古段的水位、流量、槽畜水量变化等冰情信息。及时召开防凌工作会议,对西部五个盟局认真布署防凌任务。沿黄的呼和浩特、包头、鄂尔多斯、巴彦淖尔和巴彦浩特水文勘测局,成立了应急抢测分队、巡测组、保障组等组织机构,增设黄河防凌水位观察段面126处,随时观察和掌握凌情变化,及时上报防汛部门。凌汛开河期,共监测水文数据1 000多个,传递冰情信息上万余份,用手机发送水情短信息3 000余条,编发《防凌简报》50期,《防凌快讯》20期,为黄河防凌工作提供了有力的数据支撑。

主汛期,总局及时召开汛前工作会议,安排部署防汛工作,下发了《关于做好水文测报和加强安全生产的通知》,使全区水文系统全部进入临战状态。修改完善测报方案,开展测洪演练,培训上岗人员,细化测报责任,维修报汛设备,购置电台备件,确保仪器设备功能完好,确保报汛畅通。总局领导靠前指挥,机关干部与水情人员昼夜值班,基层测站职工日夜奋战在防汛抗旱第一线,精心测验,科学分析,及时提供水情信息,牢牢把握水文测报主动权。乌兰察布市水文勘测局丰镇水文站在"5.4"大洪水发生后,及时赶赴现场,精心测报,为确保山西大同市人民群众生命财产安全作出了重要贡献,山西省和大同市有关领导亲自到勘测局感谢慰问水文职工。赤峰市水文勘测局乌丹水文站在"7.28"发生百年一遇的洪水后,组织职工及时抢测,认真开展洪水调查,为夺取抗洪抢险胜利发挥了不可替代的作用。一年来,报送水情信息4万余份,编发《水情日报》92期,《水情月报》3期。为黄河、黑河调水传递水情信息5000余份,为防汛减灾提供了科学的决策依据。

【水资源管理和保护】 编制发布了《水资源简报》、《水资源公报》、《泥沙公报》等报告,为社会提供了大量实用信息。拓展了监测服务领域,在墒情监测、地下水动态水质监测、应对突发性水事件机动巡测、水土保持监测等方面做了大量工作,提供了优质服务。加强国际河流、省界水体、主要江河湖库引排水、地下水及水质保护区域的水质监测。开展城镇入河排污口普查与登记、水功能区调整、水域纳污能力核定、限制排放意见方案、海河流域内蒙古湿地调查等工作。完成了地下水监测资料的审查验收,各项资料全部达到《地下水监测规范》要求。

加强水环境监测实验室改造建设。更新改造了水环境监测中心和四个分中心的常规仪器设备,以及水质监测信息系统的主要设备,提高了监测能力和水平,得到了国家认监委的认可,顺利通过国家监督评审和复查认证。开展了鄂尔多斯市、巴彦淖尔市水环境监测分中心的筹建工作。及时编制发布了《重要城市主要供水水源地水质状况月报》和《主要江河湖库水质通报》。组织完成了全区水质资料复审,全区水环境监测资料样品完成率、设备完好率等各项指标为100%。完成了水利部布置的《全国水文事业发展规划》水环境部分的编制工作。进一步修改完善了《质量手册》等三大体系文件,规范监测程序,提高了水质化验质量。

【水文基础建设】 以基层测站危旧房改造为重点的基础建设取得可喜成效。投资1 248万元完成了内蒙古第二期45处水文站危旧房改造工程。投资2 508万元完成了内蒙古呼伦贝尔市、兴安盟跨界河流水文站网第一期建设工程。改造建设水文站33处,80%的建设项目基本竣工。投资2 087万元完成了内蒙古水文建设工程,改造建设水文站35处,60%的工程已完工。亚行嫩右防洪非工程措施建设项目全部实施完成。城镇水文站建设步伐加快,完成了西乌珠穆沁旗、多伦县、乌拉盖经济开发区等20多个城镇站建设任务。所有新建测站均达到优良标准,为推进水文现代化建设起到了很好的示范作用。在抓好基础设施的同时,进一步强化了项目前期规划工作和水文基础工作。

【水文技术服务和职工生产经营】 一年来,总局和各勘测局分别开展了水资源论证、水资源评价、水平衡测试、水保方案编制、水利工程设计、洪水影响评价等社会有偿服务，为国民经济建设、城乡饮用水源地保护、节水型社会建设、流域综合治理、生态环境保护等提供了优质服务。完成服务项目50多个，受到委托单位和社会各界的好评，取得了良好的经济效益和社会效益。10个盟(市)水文勘测局全部完成了总局年初下达的任务指标。在搞好水文技术服务的同时，基层测站水文职工通过就地取才、开饭店、办石场、种植养殖等方式，开展了多种形式的创收活动，取得了可观的经济效益。

【队伍建设和人才培训】 坚持对各勘测局领导班子实施考核讲评制度，每年考核一次，讲评一次。根据各勘测局领导和科室领导退休短缺的情况，及时考核任用，调整配备了呼和浩特市、赤峰市水文勘测局的领导以及有关盟(市)局的科室领导。圆满完成了聘用大学生工作，通过请进来作报告、走出去参观学习、举办各类专业培训、岗位竞赛等平台，培养了一支技术精湛的专业队伍。

总局下发了《关于开展职工素质教育的通知》，对强化职工素质教育进行了全面细致部署。通过强化教育，极大地提高了职工的综合素质。

【开展创先争优活动】 以“五争五优”为载体，围绕践行科学发展观，在8个方面开展了创先争优活动，取得明显成效。

【抗洪抢险】 水文总局非常重视防汛工作，每当汛期、旱情来临时都精心准备，周密部署，肩负起“防大汛、抗大旱”的重要责任。各级领导靠前指挥，机关干部与水情人员昼夜值班，基层测站职工不惧风吹雨打，日夜奋战在防汛抗旱第一线，精心测验，科学分析，及时提供水情信息，精确地作出凌情、水情、旱情预报，牢牢把握水文测报主动权。在今年“5.4”，乌兰察布市水文勘测局乌丹水文站发生特大洪水后，全体水文职工全力投入抗洪抢险战斗，不顾个人安危及时抢测，认真开展洪水调查，为夺取抗洪胜利发挥了不可替代的作用。

【加强水环境监测实验室建设】 水文总局更新改造了中心和4个分中心以及水质监测信息系统的主要设备，积极筹建鄂尔多斯市、巴彦淖尔市水环境监测分中心，极大地提高了监测能力和水平，得到了国家认监委的认可，获得向社会出具公证数据的资格。

【加强水文数据库建设】 水文数据库事关水文事业的长远发展，水文总局高度重视水文数据库建设，组织30多名技术骨干，历时200多天，自筹90多万元，完成了1898～2009年1 449处水文站年的数据录入、补录、校核、统计、数据转储、装载入库运行和设备购置与安装等工作，在11月底建成了内蒙古水文数据库。结束了在全国水文系统内蒙古自治区未建成水文数据库的历史。同时完成了全国水文数据库32处重要水文站的资料汇交工作。

【编制水文年鉴】 组织专业技术人员对地表水、地下水及水环境监测资料进行了精细全面的整编、复审、汇编。在地表水水文资料审验方面，共审验逐日水位表、流量日表、洪水水文要素摘录表等各种成果表2800余站年。在地下水水文资料审验方面，共完成了对803眼地下水水位观测井、308眼水化学八大离子常规观测井、147眼地下水水文观测井及17眼地下水开采量监测井监测资料的审验，所有资料全部达到《地下水监测规范》要求。在水环境监测资料审验方面，共完成全区45个站(48个断面)、201个水样平均23个项目的水质资料的审验。全区水环境监测资料的样品完成率为100%，仪器设备的完好率为99%，分析室内部质量控制完成率为100%，各单位项目测定率为100%，获得水环境数据1万多组。在完成常规水文资料整编的同时，参加了黄委组织的《2009年水文年鉴第4卷第2册汇编》刊印工作。参加了《2009年海河流域第3卷1－6册水文年鉴资料成果汇编》工作。主编了《2009年水文年鉴辽河上游区第2卷第1册汇编》及《2009年水文年鉴内陆河湖第10卷第6册汇编》。

(刘月珍)

水利水电勘测

【内蒙古水利水电勘测设计院领导名录】

院　长：路二文(10月离任) 于铁柱(12月任职)

党委书记：王南风

纪检书记 副院长：胡喜平

副院长：周全栓 张世侃

总工程师：王亚东

副院长:李学忠

【概况】 2010年,内蒙古水利水电勘测设计院共承担各类勘测设计项目253项,其中:水利厅下达的指令性任务21项,签订合同值约3.15亿元,财务回款约2.04亿元。完成一大批防洪、供水、水库除险加固、风力发电、水土保持、水资源论证、环境影响评价项目的设计和勘察、测绘工作。积极拓宽风电业务范围,共签订风电勘测设计项目60项。

【技术质量管理】 一是加大技术质量管理力度,始终按照ISO9000质量管理体系的要求,对生产过程涉及的各个进程进行跟踪管理,严格各设计环节的把关,不断提高产品质量和水平。二是加强监督管理工作,保证了质量管理系统的有效运行。三是制定完善规章制度。制定了《内蒙古自治区水利水电勘测设计院设计代表管理办法》,修订了《内蒙古自治区水利水电勘测设计院优秀勘察设计获奖项目奖励办法(试行)》,不断加强工程建设项目设计代表现场服务管理,提高建设项目工程勘测设计水平。四是紧紧围绕"档案、资料为院及全区经济发展服务"为目的,认真做好档案管理工作。完成了《水利水电勘测设计华北片档案协作网第十三次网会》的举办,使院档案管理工作更加制度化、规范化、科学化。五是加大软、硬件投入。完成了管理信息系统的开发及引进工作;购置了涉密计算机网络隔离卡、招标购置了多台笔记本电脑和台式电脑;引进购买了风电、建筑、机电、概算、地质等相关专业软件,增加设计工作的先进科技手段,在提高工作效率的同时增加产品的科技含量。六是积极参加全区优秀勘察设计奖、科技进步奖、工程咨询奖的评选活动。七是做好设计产品的保密工作,制定了有关设计产品保密规章,对涉密项目管理和机关人员的职责做出了明确规定,并签订保密承诺书。

【重视人才】 大胆使用年轻技术干部。经过近几年大量实际设计工作的锻炼,年轻技术干部大都能够胜任一般工程的设计工作,部分人员已承担了项目负责人,一批优秀人才脱颖而出。

【党的建设和精神文明】 认真组织全院深入开展创先争优活动。起草印发了全院深入开展创先争优活动实施方案,组织召开了宣传动员大会、阶段总结会、对创先争优活动的每一个环节做了具体安排和指导,完成了动员部署、公开承诺及内部点评工作,建立了全院创先争优活动档案。组织建设方面,注重抓好领导班子建设和队伍建设。坚持抓好思想、组织、作风建设,提高领导班子的政治敏锐性和掌控大局的能力,向心力和凝聚力进一步增强。坚持抓好环节干部队伍和专业人才队伍建设,使他们成为全院发展的骨干力量。作风建设方面,抓好党风廉政建设及教育宣传工作,增强干部廉洁自律的自觉性,引导广大党员干部遵纪守法,洁身自好,坚决抵制歪风。精神文明建设方面,大力支持工会、共青团开展群众性精神文明创建活动。

【安全生产】 认真抓好安全生产工作,通过院WEB综合信息系统主页中设置"安全生产专栏",及时转载传达贯彻上级各部门关于安全生产方面的文件精神,发布施行了《院安全生产奖惩管理规定》,通过院与各处室,处室与班组(项目组)分级签订《安全生产目标管理责任书》,安全生产责任目标实现逐级落实。认真组织开展了"安全生产年"和"安全生产月"活动。

(孙　超)

工　　业

工业管理

【内蒙古自治区经济和信息化委员会领导名录】

党组书记 主　任:牙萨宁

党组成员 副主任兼国防科工办主任:郝茂荣

党组成员 副主任:崔 臣　兰 惠　杨瑞平 王进国
张佰成　白培珠(蒙古族)
张树德(蒙古族)

自治区中小企业局局长:张金亮

副巡视员:芦宗华(女)

【概况】　2010年规模以上工业增加值达到4 855.6亿元,同比增长19%,是2005年的4.2倍,按可比口径年均递增26.7%。实现利润1 200亿元,增长60%以上,是2005年的5.3倍,年均递增39.6%。实现主营业务收入1.35万亿元,增长30%以上,是2005年的4.5倍,年均递增35.3%。

【工业结构调整】　按照转变发展方式的要求,突出加快工业结构调整步伐,大力推动非资源型产业发展,效果日益显现。机械装备制造业、化学工业和高新技术产业快速增长。2010年,载货汽车增长66%,风力发电设备制造增长95%;新增风电装机342万千瓦,累计达到968万千瓦。新型煤化工示范工程加快推进,已形成煤基油产能142万吨、煤基乙二醇产能20万吨、煤基烯烃产能106万吨。医药工业增加值同比增长21.1%。"十一五"期间,机械装备制造、化工、新兴产业占工业的比重提高到20%以上。延伸加工水平不断提高。铝轮毂、电子化成箔、电线电缆等有色延伸加工和PVC深加工产品产量大幅增长;初级化工产品延伸加工率达到10%。2010年全区50万元以上工业固定资产投资完成4 330.22亿元,同比增长14.8%。其中机械装备制造业投资增长30%,风力发电、太阳能光伏组件、硅材料等新能源、新材料投资增长19%。"十一五"期间,累计完成工业投资1.51万亿元,年均递增25.2%,为"十二五"工业经济继续保持较快发展奠定了基础。

【中小企业发展】　截至2010年底,全区工商注册的中小企业及个体工商户达到89.2万户,比2005年增加32.4万户。"十一五"期间,中小工业发展带动新增就业46.7万人。2010年规模以上中小企业工业增加值增速高于全部工业4.1个百分点,对工业的贡献率达到76.3%。中小企业进一步向园区集中集聚,形成了一批具有一定规模和较好基础的产业集群,促进了工业园区扩容增效。全区各级各类工业园区创造了60%以上的工业总量,比2005年提高近10个百分点。

【技术创新和产业发展】　截至2010年底,自治区拥有中国驰名商标41个,比2005年增加28个,中国名牌产品11个;自治区著名商标330个,比2005年增加252个,自治区名牌产品255个。企业技术中心75个,比2005年增加39个,其中国家级企业技术中心9个,比2005年增加4个。在能源、冶金、煤化工等领域拥有40多项国际国内领先水平的工艺、技术和装备。在现代煤化工、光伏材料自主创新及产业化等领域,核心技术和关键技术攻关以及自主创新成果产业化进程明显加快。包头稀土高新区、青山装备制造园区、科尔沁工业园区被国家确定为新型工业化产业示范基地。

积极推动信息化与工业化深度融合。"呼-包-鄂-乌(海)"国家两化融合创新试验区建设取得阶段性成果,150户两化融合重点龙头示范企业生产装备自动化、智能化水平得到了有效提升。全区90%以上规模以上工业企业不同程度采用了信息技术,其中30%以上企业应用信息技术的水平及程度进入了较高阶段。电话普及率由2005年的56.3部/百人提高到96.4部/百人,互联网上网用户由2005年的131.85万人提高到627.9万人,宽带网络的带宽由2005年的不足1兆比特/秒提高到2兆比特/秒以上。

【工业节能降耗,淘汰落后产能】　在推进新型工业化进程中,自治区把加大节能减排、淘汰落后产能、发展循环经济、推进资源节约型和环境友好型发展作为主要目标,采取强有力措施,加大工作力度,取得了明显成效。初步测算,"十一五"期间单位工业增加值能耗累计下降40%以上,为全区确保完成"十一五"GDP能耗下降22%的目标作出了重大贡献。累计淘汰小火电装机156.2万千瓦,煤炭产能2 247万吨,钢铁961万吨,焦炭1 748万吨,铁合金60万吨,有色金属15.5万吨,电石88.1万吨,水泥839.5万吨,造纸26.6万吨。

(任常水)

煤 炭 工 业

【内蒙古自治区煤炭工业局领导名录】

局长:王旺旺(自治区经信委副主任 兼)

【概况】 2010年自治区煤炭工业局认真贯彻"安全为先、加强监管、调整结构、构建绿色高效矿山"的工作理念,采取积极有效措施,继续健全和深化工作机制,通过技术改造、产业升级、严把煤炭市场准入关和狠抓安全质量标准化建设,及时掌握煤炭生产运行动态,及时处理安全和生产过程中存在的问题,加大煤矿安全生产力度,使自治区煤炭工业实现安全平稳较快发展。

【原煤产量】 2010年,全区生产原煤7.87亿吨,同比增长26.4%。从地区分布看:西部地区生产原煤5.23亿吨,同比增长32.8%。其中,鄂尔多斯市4.5亿吨,增长30.54%;东部地区生产原煤2.64亿吨,同比增长18.8%。从企业类型看:地方煤炭企业生产原煤4.99亿吨,同比增长36.7%;原国有重点煤炭企业生产原煤2.87亿吨,同比增长11.16%。其中,神华集团在自治区生产1.84亿吨,增长11.24%。

【煤炭进口】 2010年,自治区从蒙古国进口煤炭1638.66万吨,同比增加894万吨,增长120%。占全国煤炭进口总量(1.6亿吨)的10%。其中,策克口岸进口861.82万吨,同比增长143%;甘其毛道口岸进口759.79万吨,同比增长128%;二连口岸进口17.04万吨,同比下降15%。

【煤炭销售】 2010年,全区销售煤炭7.85亿吨,同比增加1.63亿吨,增长26.3 %。其中,区内销售3.35亿吨,占总销量的42.8%;销往区外4.5万吨,占总销量的57.2%;其中,经铁路外运3.5亿吨,同比增长16.7%;经公路外运1亿吨,同比增长138%。

【煤炭售价】 2010年,东部区商品煤平均出矿价为180元,进入10月份后平均上涨10元左右,后两月基本平稳;西部区商品煤平均出矿价为320元,10月份上涨60元左右,后两个月基本平稳。

【工业产值】 2010年,全区煤炭工业增加值完成1314亿元,同比增长26.4%,占全区工业增加值的24.6,拉动全区工业增长5.8个百分点。全区煤炭开采和洗选业实现利润总额约620亿元,同比增长63 %,占全区规模以上工业利润总额的52%。

【整合技改】 2006年至2010年,自治区政府实施结构调整、整合关闭和整合技改同步实施战略。截至2010年底,全区共关闭煤矿899处,淘汰落后产能5012万吨,生产煤矿平均单产能力已由2005年的14万吨提升至2010年的140万吨以上。煤矿综合机械化水平提高至90%以上,资源回收率达到60%以上。全区煤炭产能达到7.5亿吨/年。其中,年产120万吨以上大型煤矿176处,占总产能75%以上;年产1 000万吨以上特大型生产矿井15处,占总产能的29%。

【安全质量标准化】 2010年,自治区制定了《内蒙古自治区关于加强煤矿安全质量标准化建设日常管理办法》,将安全质量标准化工作纳入企业各级领导实绩考核和安全生产责任制的主要内容。要求各个企业采取定目标、排进度、抓落实的方法,确保煤矿质量标准化达标任务的完成。2010年全区安全质量标准化达标矿井341处,占全区生产矿井的80%。其中,达到国家级标准化煤矿46处,达到自治区一级标准矿井137处,达到二级标准矿井127处,达到三级标准矿井77处。

【安全培训】 2010年全区组织矿长培训班13期,参加培训矿长1200多人次,培训特种作业人员2万余人。组织煤矿安全质量标准化培训班9期,参培人员1226人。

【瓦斯抽采】 2010全区煤矿瓦斯抽采6465.6万立方米,超额完成国家下达抽采指标1665.6万立方米(国家下达抽采指标4800立方米);完成瓦斯利用510万立方米,利用率达到50%,超额完成国家下达瓦斯利用指标10立方米(国家下达瓦斯利用指标为500万立方米)。

【火区治理】 2010年自治区实施火区专项治理工作全面展开。截至年底,全区累计投入治理资金65亿元,完成煤矿火区治理项目107个,占全区煤矿治理现有项目总数的50%,治理面积达4180万平方米,恢复植被1409万平方米,完成土石方工程量7亿立方米。自治区火区治理中心组织实施火区勘查项目70个,完成火区专项初步设计70个。火区治理工作已实现了由重点实施向全区覆盖的转变、由治表灭火向深度治理的转变、由单一火区治理向综合生态治理的转变。自治区的煤田(煤矿)火区治理工作取得突破性进展,获得了阶段性成果。

【煤矿建设】　2010 年，自治区煤炭工业局为建设本质安全、高效、绿色矿山，在煤矿基础建设方面狠下功夫，从项目源头上把关，按照标准化设计、标准化施工、标准化验收、标准化管理的一条龙流程，把安全质量标准化建设贯穿于煤矿建设生产和安全管理的全过程。在夯实煤矿安全生产基础方面，自治区煤炭工业局通过专家委员会审查，严把设计质量关；通过煤炭工业建设工程质量监督站，严把工程施工质量关；通过多部门联合，严把竣工验收关；通过强化行业管理和安全监管手段，加强日常煤矿安全生产监管。对于安全隐患不排除的矿井，一律停产。通过一系列的努力，全区煤炭行业整体水平与“十五”相比，有质的提升，为今后的可持续发展奠定了良好基础。

2010 年，自治区新建竣工投产煤矿 8 个，新增产能 3630 万吨；新开工建设煤矿 4 处，设计生产能力 1040 万吨。核准新建煤矿 4 个，设计生产能力 1040 万吨，其中：露天煤矿 1 个，设计生产能力 300 万吨；井工煤矿 3 个，设计生产能力 740 万吨。新增产能全部为大型机械化煤矿。

【安全生产】　2010 年，自治区煤炭工业局认真贯彻落实《国务院关于进一步加强企业安全生产工作的通知》精神，通过召开会议、专业培训、现场督导、安全检查、重点煤矿瓦斯治理、专家会诊和建设示范企业等工作方式，确保煤炭安全生产。自治区还按照煤矿安全管理的新情况，在瓦斯、水、火、顶板等自然灾害的防治方面对煤矿提出了“有掘必探、先探后掘、不探不掘不采、不抽不掘不采”的防治新要求；对于开采深度增加的矿井，要求企业对本井田和相邻井田的地质灾害情况进行补勘详查。通过上述措施，2010 年全区煤矿安全生产形势继续保持全国先进水平，全区煤矿共发生死亡事故 17 起，死亡 49 人；同比事故起数减少 4 起，煤矿百万吨死亡率 0.062。

【科技进步】　自治区煤炭工业大力推进煤炭技术创新体系建设，建立健全以市场为导向、企业为主体、产学研相结合的煤炭科研与技术创新机制，形成一批具有自主知识产权的行业重大关键技术。推进煤炭企业信息化建设，利用现代控制技术、矿井通讯技术，实现生产过程自动化、数字化。培育科技市场，发展服务机构，形成完善的技术创新服务体系。

重点培养建设以神华神东公司、伊泰煤炭集团公司、北方重工业集团为主的产学研相结合的企业技术创新基地。采用高新技术和先进适用技术，建设高产、高效和质量标准化矿井。井工煤矿采煤机械化水平由 15% 提高到 75%（按机械化采煤率计算），露天矿数量已占到全区煤矿总量的 36% 以上。采用机械化壁式采煤技术的煤矿产能提高到 70% 以上。边角煤回收、采空区煤柱回收等提高资源回收率的采煤技术取得一系列技术突破，伊泰集团泰丰煤矿煤柱回收技术达到国内先进水平。急倾斜特厚煤层水平分段综采放顶煤技术的研究也取得重大进展。在东中部褐煤地区实施以热解技术、气化技术为主的褐煤提质技术研究攻关示范项目稳步推进。全区煤矿安全生产监测监控系统已全面实施，重点盟市、旗县联网正在调试。

【转化增值】　内蒙古自治区坚持“综合开发、加工转化、高效利用、集约经营”的原则，坚持资源配置向煤化工、煤转电产品转化，煤电向环保型循环经济产业转化；鼓励煤炭、电力与化工等相关产业联营，围绕合成油、煤制天然气、聚氯乙烯等主导产业链，构建以煤炭、电力、天然气等为主的新型煤化工产业形态。

为了吸引有实力的能源企业来内蒙古投资开发，内蒙古自治区调整了资源、土地、环境、产业和技术等方面政策，对在内蒙古投资办电厂或煤化工的大型企业集团，实行了“两个 50%”的政策，即按项目转化量 1∶2 配置煤炭资源，50% 就地转化，50% 进入市场。在自治区建设的众多转化项目中，神华集团一期 108 万吨/年煤直接液化项目已打通全流程，运行基本正常；伊泰集团 16 万吨/年煤间接液化项目已正常生产油品，并在煤耗催化剂等方面达到了世界领先水平；大唐多伦年产 160 万吨煤制甲醇及 46 万吨煤制烯烃项目的规模和技术装备均达到了世界先进水平；大唐托克托电厂是亚洲装机容量最大的火电厂；赤峰市克什克腾旗的煤制天然气项目，利用内蒙古褐煤资源，采用先进技术生产煤制天然气，投资 257 亿元，2010 年实现供气 13.4 亿立方米，到 2012 年该项目将通过输送管线向北京提供 40 亿立方米天然气。

截至 2010 年底，自治区火电装机 5406 万千瓦，煤制油生产能力达到 142 万吨，煤制甲醇生产能力达到 339 万吨，煤制烯烃生产能力达到 106 万吨，煤制乙二醇生产能力达到 20 万吨，煤制合成氨生产能力达到 50 万吨。

（王晓波）

电力工业

【内蒙古电力（集团）有限责任公司领导名录】

党委书记 董事长:刘 锦

总经理 党委副书记 董事:张福生

副总经理 党委委员 董事:张景生

党委副书记 董事:托 克(蒙古族)

副总经理 党委委员:高 野

纪委书记 党委委员:张日成

副总经理 党委委员:于立新(蒙古族)

副总经理 党委委员:耿 白

工会主席 党委委员:李 燕(女)

副总经理 总经济师 党委委员:鲁当柱

副总经理 总工程师 党委委员:杨泓

总会计师:孙文彪

【概况】 2010年,内蒙古电力公司,坚持科学发展理念,积极推进电网和公司发展方式转变,沉着应对复杂的政策环境和市场形势,全力强化安全监管,加快电网建设,开拓电力市场,创新经营管理,变革体制机制,构建和谐企业,主要经营指标再创新高,以2010年的优异成绩为标志,公司圆满完成"十一五"各项奋斗目标。

2010年,公司售电量完成1171.11亿千瓦时,同比增长16.27%。其中区内售电量899.95亿千瓦时,增长18.89%;东送华北电网电量271.15亿千瓦时,增长8.32%。公司线损率4.48%,完成年度计划指标。公司总产值完成437.48亿元,增长25.42%;其中电网收入398.59亿元,施工企业产值32.56亿元,多经企业产值6.83亿元。公司利税总额42.22亿元,资产总额371.98亿元,资产负债率72.4%,较年初下降9.1个百分点。公司经营绩效、资产质量和内外部环境进一步改善,逐步走上良性发展轨道。

【安全生产】 公司紧紧围绕"安全第一、预防为主、综合治理"的方针,以"安全生产年"活动为主线,深入开展春秋查、安全生产月、创建无违章企业、安全性评价等专项活动,全方位排查治理安全隐患,强化现场安全监管,加大交通、消防安全管理考核力度,加强基建项目全过程安全督查,保证各项电网工程零缺陷移交。公司驾驭大电网能力不断提高,截至2010年底,内蒙古电网实现4876天的长周期安全记录。在高载能负荷大量停产、发电机组出力严重不足的形势下,公司科学安排电网调度,优化机组运行方式,保证了用户用电需求和城市居民供热安全。特别是公司全力参与骆驼山煤矿透水、斗金山隧道塌方事故抢险,得到自治区领导、抢险指挥部和社会各界的高度评价。

【电网建设与发展】 公司结合自治区节能减排政策落实及用电负荷变化趋势,积极与各盟市政府开展工作对接,紧紧围绕市场和负荷安排重点电网项目,科学组织施工,各参建单位克服了征地、青赔、清障等社会性矛盾阻力,全力推进各项工程顺利实施。全年累计完成投资53.95亿元,投产大中型电网工程37项,其中500千伏项目7项、220千伏项目19项、110千伏项目9项,电气化铁路供电工程2项,新增变电容量725万千伏安、输电线路1480千米;开工在建32项,为持续优化网架结构,完善电网功能,满足机组接入、负荷落地和电力输出创造了条件。随着500千伏河套变电站顺利投产,蒙西电网"三横四纵"500千伏主网架结构正式形成环网,区域互供能力和东送能力进一步提高。加大城市配网建设改造和营销装备、信息化项目投资力度,全面推进智能化电网基础设施建设,不断提升电网科技含量和信息化、自动化水平。

【经营管理】 公司全面开展"精细化管理年"活动,从规范基础管理入手,抓住资本运营、市场营销、业扩报装、物资和招投标管理、工程建设等关键环节,创新机制,细化管理,建立"降本增效,堵漏增收"长效机制,严格控制非生产性费用增长,公司系统全年堵漏增收6亿元左右,两年累计创造堵漏增收业绩近12亿元。全方位压缩成本费用和财务费用,坚决控制非生产性费用增长,全年增收节支4.57亿元。组织开展"五部会审",力求内部审计不留死角,有效防范经营风险,确保经营安全、干部安全。创新招投标管理机制,推行厂家审核入围和合理低价中标的"两步式"招投标方法,全年完成招标合同金额28.56亿元,在保证设备质量的前提下节省资金1.73亿元。实行废旧物资统一处置,回收废旧物资处置资金400万元。按照"全面审计,突出重点"的方针,不断前移审计关口,扩大审计覆盖面,促进了公司依法经营,规范管理,降本增效。

【营销工作】 公司紧紧抓住金融危机过后自治区工业经济快速发展的市场机遇,深入挖掘优质负荷,大力开发区内电力市场,稳步推进电力多边交易,不断规范自备电厂管理,实现售电量快速增长。积极应对经济危机和节能减排政策对电力市场的冲击,努力挖掘符合国家产业政策优势特色产业的优质负荷,在国家电监会和自治区政府领导下,2010年5月6日,内蒙古电力多边交易市场正式启动,改革电网独家购售电的垄断格局,构建了互利多赢、多买多卖的市场交易价格机制,是全国第一个成功运营的市场,成为"十一五"电力体制改革的一个亮点,是我国电力市场改革的一次破冰之举。在自治区国资委和监事会的领导支持下成立供用电稽查局,实施供用电稽查垂直管理,建立起强有力的用电市场监督机制，在新的稽查管理机制下，各供电单位主动加大线损管理力度，在自备电厂退出公用及节能减排导致无损用户大量退出的情况下，10 千伏以下线损大幅度降低。

【企业管理】　始终坚持“责任、服务、发展”的企业使命，认真履行国有企业政治责任、经济责任、社会责任。坚持促进电网发展方式转变，促进公司发展方式转变；全面实施企业机制创新、管理创新、科技创新；电网建设、市场开拓、经营管理、企业改革等实现了跨越式发展。持续深化全员绩效考核管理，规范所属企业负责人薪酬管理办法，使分配向基层和生产一线、向高技术高技能岗位倾斜。出台了《多经企业管理办法》，进一步明确了多经企业有进有退，有所为有所不为的总体改革思路。积极推进产权制度建设和资产产权界定工作，完成了产权登记、年检及变更的相关工作，保证了国有资产保值增值。印发了《关于加强和改进考核工作的实施意见》文件着重从进一步优化考核组织体系、加强考核评价体系和考核分配体系，实现了对企业经营管理工作和经营指标的有效监督和控制。完善法律风险防控机制，强化合同管理、用工管理和诉讼管理，不断提高企业管理法制化水平。

【人力资源】　公司积极拓展教育培训模式，大力开展全员业务技能培训，全年完成总培训量 32.81 万人。建成了覆盖公司总部和主要生产单位的远程培训系统，目前系统有管理类课程 368 门，生产技能类课程 83 门。公司制定了《“师带徒”管理办法》，各生产单位全年共有 2005 对技能人员签订“师带徒”协议，结对进行“一对一”指导培训。全年公司共有 50 名专家入选内蒙古高层次科技人才专家库，35 人当选华北电网公司优秀工程师和优秀青年工程师。内蒙古电力技术院“专家讲师团”深入基层积极开展送教上门活动。为使技师队伍跟上科学技术进步，满足公司发展需要，为维护职业资格证书的权威性，举办了 55 人参加的变电站技师复核培训班，此举创全国先例，受到中电联赞赏。

【农电工作】　坚持“新农村、新牧区、新农电、新服务”发展战略，农网安全形势不断好转，全年未发生电网设备重大责任事故，全年完成趸售电量 116 亿千瓦时，同比增长 28.6%；全网综合线损率完成 5.81%，同比下降 0.08个百分点；所属 38 个趸售农电企业历史上首次实现全部盈利。通过实施中央扩内需农网完善工程，进一步加强了各县域内电力基础设施建设，改造和完善电网覆盖面进一步扩大，有效保障了地方县域经济和社会发展用电需求，农牧区基本实现“一户一表”，农村牧区用电管理执行了“三公开、四到户、五统一”。完成全部趸售电力公司三项制度改革，形成了有效的激励竞争机制，供电所人员持证上岗率 100%，在国网公司组织的供电所人员持证上岗调考中，公司在国网 27 个省市自治区中获得团体总分第三名的好成绩。农电技术标准、管理标准、工作标准三大体系建设稳步推进，全区农电信息一体化管理系统建设顺利进展。

【科学技术】　大力推进科技创新活动，全年安排科技项目 126 项，资金 5 000 万元。公司获自治区科技进步奖 8 项。积极开展风电有功、无功可控化技术研究，科学进行风电出力控制。与清华大学合作，开展了风电负荷预报系统研发。进一步加强信息化工程建设，组织了生产 MIS 系统的开发应用。继续进行生产管理信息系统的开发建设与应用工作，开展了变电设备、运行管理和信息通信管理模块的推广应用工作。开发完成了输电管理、技术监督管理、检修管理、调度管理、安全监督管理等 5 个模块并开始试运行。组织开展了公司信息安全自查和整改工作，对调度管理系统（OMS）进行了等级保护测评。呼包配网通过国债资金改造，完善了配电网络结构，有效降低了技术线损。针对电网快速发展、运行人员严重不足的突出问题，积极推广集控站建设。截至 2010 年底，内蒙古电网运行 110 千伏及以上变电站 326 座，主变 587 台，变电容量 57 461 兆伏安；110 千伏及以上输电线路 751 条，长度 22 478 公里。

【优质服务】　在供电营业窗口（95598 服务热线）开展“蒙电——金牌服务行动”，为客户提供“融、通、便、捷”的全方位服务，全面推行、应用《营销服务行为规范手册》。开展“优质服务月”活动。建设三级客户服务中心。在各盟市、旗县、社区以统一的服务设施、统一的服务内容、统一的考核标准建设三级客户服务中心，统一了内蒙古电网 9 个盟市局 A、B、C 三级客户服务中心的外部标识，树立起统一的供电企业服务窗口的外部形象。先后下发了《内蒙古电力（集团）有限责任公司业扩报装客户工程管理办法》、《业扩报装检查评比实施方案》。并把对各环节的时限考核工作纳入营销 MIS 系统，在系统内真正实现了统一管理流程、管理内容、管理职责的目标。强化客户服务中心专业化管理力度，推行客户代表负责制，真正实现“一口对外”管理，实现业扩管理透明化。进一步利用营销业务集中管理信息系统平台实现与各银行联网，开展电费代缴、代扣、网上银行、电话银行、手机银行、ATM 自助业务，拓展了内蒙古政府信息办一卡通、鄂尔多斯政府市民卡等代收电费业务渠道，缓解了公司各供电网点柜面交费排队现象,极大地方便了客户交费。深入开展“创优争先”活动,组织“蒙电杯”规范化服务竞赛活动,全面提升公司规范化供电服务水平。

【党风建设和精神文明建设】 认真学习贯彻十七届五中全会精神,深入开展“创先争优”活动,突出抓好“四好”领导班子和“三个学习型”组织建设,各级党组织的战斗力、凝聚力和向心力显著增强。公司上下突出抓好活动中承诺、践诺等关键环节,突出解决制约电网发展、工程建设、经营管理中存在的主要问题,解决职工群众和电力客户的合理需求,进一步优化公司内外部环境。以巩固文明单位创建成果为主线,在系统内全面开展“蒙电杯”规范化服务竞赛活动,构建“融通便捷”的供电服务体系,精心组织了电力市场多边交易、西部大开发10周年、“蒙电杯竞赛”等主题宣传,成功发布了社会责任报告。着力打造“负责任、受尊敬”的责任蒙电新形象。

【重要活动】 1月7日 鄂尔多斯市达拉特旗政府与公司签订了总投资为10.5亿元的电网建设合作协议。该协议的签订,对于保障达拉特旗大型产业基地和重大项目供电、拉动地区经济持续稳定增长,具有重要的战略意义。

3月2日 张福生总经理、杨泓副总经理率公司生技部、安监部、电科院及乌海、阿拉善、巴彦淖尔、鄂尔多斯电业局主要负责人,紧急奔赴神华集团骆驼山煤矿透水事故现场,安排部署抢险救援保电工作。

3月19日 张福生总经理亲临斗金山铁路施工隧道坍塌事故现场,主持召开抢险救援办公会,安排部署电力保障服务工作。乌兰察布电业局迅速抽调精兵强将,第一时间赶赴事故现场,确保电力供应及时、稳定。

5月6日 内蒙古自治区政府和国家电监会共同举行华北区域电力市场内蒙古电力多边交易市场运行启动仪式,标志着内蒙古电力多边交易市场正式启动运行。国家电监会主席王旭东、自治区主席巴特尔等领导出席启动仪式。5月21日 内蒙古自治区新闻办公室召开新闻发布会,发布《内蒙古电力(集团)有限责任公司2009社会责任报告》,公司成为今年自治区国有大中型企业中首家发布社会责任报告的企业。该报告分企业概况、共同责任、特定责任3个部分15个章节,重点阐述了公司的社会角色、社会承诺以及在履行社会责任方面所做的工作和努力。

8月9日 刘锦董事长、张福生总经理与鄂尔多斯市副市长李世镕共同签订了《鄂尔多斯市康巴什新区城市输变电工程暨配电网络建设投资合作协议》,协议明确:康巴什电网输变电工程公用基础设施建设和康巴什配电网公用基础设施建设总投资规模20.5亿元,其中公司出资12.5亿元,鄂尔多斯市出资8亿元。

10月13日 河套500千伏变电站一次启动成功,标志着内蒙古电网500千伏“三横四纵”北通道基本贯通。该站投运,解决了临河西部地区电网过负荷现象,为当地循环经济工业园区提供了双回路电源,还为汇集周边风电上网送出提供了重要通道。

11月12日 自治区副主席潘逸阳、赵双连会见了国家电网公司副总经理舒印彪。双方就内蒙古电力外送及国家电网公司“十二五”电网发展规划中有关特高压通道建设与自治区电网发展规划相衔接等事宜交换了意见。公司刘锦董事长参加会见。

【荣誉】 7月6日 在全国“安康杯”竞赛表彰暨经验交流电视电话会议上,公司荣获全国“安康杯”竞赛优秀组织单位,刘锦董事长荣获全国“安康企业家”荣誉称号,公司所属7个单位荣获全国“安康杯”竞赛优胜企业,5个班组荣获全国“安康杯”竞赛优胜班组,3名员工荣获全国“安康杯”竞赛优秀组织者。

9月4日 2010年中国企业500强发布,内蒙古电力(集团)有限责任公司以营业收入3 833 115万元排名166位,位居今年自治区7户入选企业之首。

12月30日 中电联组织全国电力行业优秀企业、优秀企业家专家委员会经评审和网上公示,刘锦董事长荣获“全国电力行业优秀企业家”称号。

【人物】

全国劳动模范

刘　锦　内蒙古电力公司董事长、党委书记

王小海　内蒙古电力公司副总工程师、电力调度通信中心主任

自治区劳动模范

李　燕　内蒙古电力公司工会主席、公司党委委员

李智玲　包头供电局修试管理处继保一班保护专责

王金兰　薛家湾供电局修试管理处高压试验班一级工程师

徐博华　阿拉善电业局财务处出纳

吉日嘎拉　锡林郭勒电业局输电管理处运检班班长

陈万金　乌兰察布电业局变电管理二处二级工程师

杨会凌　鄂尔多斯电业局输电管理处带电一班班长

徐家澍 内蒙古电力信息通信中心主任
杨水山 内蒙古电力公司工会副主席、公司机关党委副书记
姚树华 内蒙古电力科学研究院副总工程师
吕学峰 内蒙古第一电力建设工程有限责任公司项目经理
李二宏 内蒙古送变电有限责任公司副总经理
陈补师 包头供电局土右电力公司党总支书记
张 轲 包头供电局固阳电力公司总经理
臧志红 包头供电局工会主席、纪委书记
魏哲明 内蒙古超高压供电局局长、党委副书记
侯登旺 乌兰察布电业局局长、党委副书记
乔玉良 鄂尔多斯电业局生产技术处处长
王 中 鄂尔多斯电业局鄂托克旗供电公司党总支书记
王志坚 巴彦淖尔电业局局长、党委副书记
王金凤 巴彦淖尔电业局杭锦后旗电力公司经理
郝占彪 乌海电业局局长、党委副书记
魏生厚 薛家湾供电局党委书记、副局长
王继生 阿拉善电业局局长、党委副书记
奇志新 阿拉善电业局阿拉善右旗电力公司经理

自治区五一劳动奖状

包头供电局
内蒙古超高压供电局
内蒙古电力科学研究院
内蒙古电力物资供应公司

自治区五一劳动奖章

刘世强 包头供电局大用户管理处用电检查员
蒋剑锋 鄂尔多斯电业局调度处调度班班长
孙增伟 内蒙古电力科学研究院焊接中心焊培专责

（张晓虎 斤克斯 刘继胜 王志清）

钢铁工业

【包头钢铁(集团)有限责任公司领导名录】

董 事 长 党委书记:周秉利
总经理 党委副书记 董事:李春龙
董事 党委常委:孙国龙
党委副书记:魏栓师
党委常委 副总经理:王胜平
党委常委 纪委书记:贾振国
党委常委 工会主席:李金贵
董事:朝 鲁(蒙古族) 孟智全
副总经理:丁志云(满族)
总经济师:刘玉瀛
总工程师:李德刚
总会计师:汪 洪(女)
党委常委:赵晖 宝志华(女 蒙古族)
党委常委 党委组织部(人事部)部长:孟繁英(女)

【概况】 包钢是新中国成立后最早建设的钢铁工业基地之一。1954 年开始建设,1959 年投产,同年 10 月,周恩来总理亲临包钢为 1 号高炉出铁剪彩。包钢拥有“包钢股份”和“包钢稀土”两个上市公司,是我国主要钢轨生产基地之一、品种规格较齐全的无缝钢管生产基地之一、西北地区最大的板材生产基地,是中国稀土工业的发端和最大的稀土科研、生产基地。截至 2010 年末,资产总额 778.76 亿元。在岗员工 4.9 万人。

【生产经营】 2010 年,包钢铁、钢、商品坯材的产量分别为 970.19 万吨、1 011.53 万吨和 953.97 万吨,分别比上年增长 0.52 %、0.47 %和下降 0.63 %。其中,铁道用钢材 136.30 万吨,同比增长 4.79 %;大型型钢 7.19 万吨,同比降低 47.91 %;特厚及厚钢板产量 75.45万吨,同比降低 1.79%;中板 48.89 万吨,同比降低 15.10%;中厚宽钢带 128.71 万吨,同比增长 6.96 %;热轧薄宽钢带 7.29 万吨,同比增长 7.73% ;无缝钢管 86.82 万吨,同比增长 5.02%。工业总产值 432.04亿元,同比增长 19.38%;工业增加值 179.73 亿元,同比增长 19.38%。资产总值 778.76 亿元,同比增长 4.82%;流动资产 350.93 亿元,同比增长 3.65%;固定资产净值 241.66 亿元,同比增长 2.78%;流动比率 104%,同比上升 9 个百分点。全年实现销售收入 479.76 亿元,同比增长 26.69%;管理费用 23.14 亿元,同比增长 46.58 %;财务费用 11.60 亿元,同比增长13.87%;应交税金 36.45 亿元;全年实现利润 25.19 亿元。出口钢材 73.03 万吨,达到商品坯材总量的 7.66%;集团创汇 5.91 亿美元,同比增长69.93%。进出口总额达到11.91亿美元,同比增长 63.47%。

主要经济技术指标:连铸比达到 100%,比上年增长 0.33 个百分点;高炉入炉焦比 415.83 千克/吨,比上年提高 9.03 千克/吨;高炉利用系数 2.147 吨/立方米・日,比上年降低 0.014 吨/立方米・日;综合成材率 94.37%,比上年提高 0.37 个百分点;转炉钢铁料消耗为 1089.22 千克/吨,比上年降低 9.2 千克/吨;吨钢

综合能耗709千克标煤/吨,比上年降低8千克标煤/吨;铁钢比完成0.959吨/吨,同比持平;吨钢耗新水5.95吨/吨,同比降低0.77吨/吨。

【完善制度】 细化生产管理,根据产品盈利能力精细排产,此项增利4.89亿元。创新考核管理,绩效考核的导向性、有效性、科学性显著提高。筹备成立内蒙古自治区首家独立法人财务公司,计财部结算中心计划并入财务公司;将物资公司管理的8家股权资源类公司划转矿业公司;对入厂原燃辅料进行集中取样、集中检化验;恢复物资公司对辅料采购的管理职能;将技术中心的检化验管理职能划入技术质量部;各厂产成品管理职能划归销售公司;将铁渣、钢渣开发处理业务全部收回,交由西北创业公司管理经营。完善了废钢铁及废次材管理制度。扩大备品备件总包的实施范围,部分价格降幅超过原合同价格20% -30%。推进实施新的营销、科研、基建管理办法,制定实施《包钢直供户、协议户管理办法(试行)》,推行科研课题组长负责制,在教育培训中心改扩建项目中试行工程项目经理责任制。

聘请管理咨询公司进行组织结构与管理流程设计,已完成初步方案。

【技术攻关】 自产矿、西部煤利用取得历史性突破。自产矿配比由上年的44%增加到51%以上,最高达到57%,全年可降低成本2.74亿元。炼焦西部煤配比从上年的67%增大到72%以上,全年可降低成本1.25亿元。原燃料成本的降低形成了包钢的炼铁成本优势,1~10月份行业平均生铁制造成本升高436元/吨,包钢则降低了19.7元/吨,较行业平均水平低230元/吨。此外,针对重点环节进行的降成本攻关效果显著,无缝钢管成本大幅降低;积极组织废钢加入,同时减少铁水落地,1~11月份钢铁料消耗同比降低7.66千克/吨,标志着包钢炼钢工艺水平得到提升。

【新产品开发】 全年新产品开发量由40万吨增加到200万吨,为上年的两倍多。1~11月份销售产品中,品种钢占51.3%,较上年同期提高9.3个百分点。全年培育名牌产品13个。首次在钢轧系统开展工序质量专项审核,首次聘请第三方评价机构评价包钢产品的实物质量和服务质量。包钢综合成材率同比提高0.4个百分点,重点产品各项质量指标均好于上年同期水平。新产品、品种钢、名牌产品的增量生产以及质量改善对公司产品创效能力的提升起到了重要作用。

"日月同辉"商标申报内蒙古自治区著名商标通过初审。10至100毫米控温轧制和热处理状态交货的宽厚板产品获准通过欧盟CE认证注册,至此,包钢共有24个牌号的热轧板材产品通过欧盟CE认证。铁路用钢轨获"全国用户满意产品"称号;U76CrRE高强稀土钢轨试铺于京包线小半径曲线段,各项性能良好;美标SS钢轨出口沙特、墨西哥、巴西;时速350公里高速轨2010年产销量全国第一,并应用于武广、郑西、京沪等国家重点高速客运专线;贝氏体钢轨辙叉及尖轨同类产品市场占有率超过90%。用CSP生产线生产低成本、环保型热轧双相钢为世界首创,风电用钢占有较大的区域市场,耐磨板研发推广成效显著。无缝钢管市场开拓取得重要进展,成为中石油、中石化一类供应商,与延长油田结成长期战略合作伙伴。含稀土耐湿抗硫化氢腐蚀用换热器用管填补国内空白,成功研制BT100H稠油热采井专用套管和目前公司附加值最高的高压化肥、石油裂化用无缝钢管。稀土磁性材料继续保持不可替代的领先优势,为"嫦娥二号"提供重要器件材料。

【节能减排】 TRT、干熄焦、CCPP发电稳步增长,自发电增加1亿度,增利4 000万元,全年自发电超过总受电的50%。吨钢综合能耗比上年降低7千克标煤/吨;吨钢耗新水比上年降低0.72立方米/吨。10月份,吨钢综合能耗降至690千克标煤/吨,同比降低30千克标煤/吨,创历史最好水平。转炉钢铁料消耗为1 089千克/吨,比上年降低9.42千克/吨。

各工序能耗达到《钢铁工业生产经营规范条件》的要求,已上报国家工信部申请首批通过审核。积极推进CDM项目创效工作,已交易减排量使包钢获得总计约1.3亿元人民币的收益。

【开放合作】 与乌海黄河工贸集团合作的万腾钢铁一期100万吨高炉项目预计2011年1月底建成投产,炼钢、轧钢工程计划于2011年7月底建成投产,四道泉煤田及海南区石灰石资源的开发积极推进。积极寻求耐火材料项目的对外合作。成立包钢与首钢合作工作组,筹划全方位、多领域的合作。210万吨/年焦化项目已在乌拉特前旗工业园区奠基。与奇瑞汽车公司、首钢、鄂尔多斯市进行接触,商谈合作建设板材剪切中心。河北馆陶钢材市场合作已达成初步意向。与包头市商洽建设钢铁物流基地。促成山西焦煤集团、太原铁路局和包钢签订三方物流协议,有效缓解了铁路运输紧张局面。

【产业发展】 稀土资源保护成效突出。按照国家和内蒙古自治区稀土等矿产开发秩序专项整治行动部署,通过建设网围栏和加强巡护等保护稀土资源,并积极协助地方政府清理非法小矿点。包钢稀土对集团效益的支撑力显著提升，全年实现销售收入53亿元，净利润7.5亿元，比上年增加近6亿元。积极延伸下游产业链，15 000吨磁性材料产业化项目一期工程竣工，建设高性能抛光材料异地扩建工程，年产300台稀土永磁核磁共振影像系统产业化项目预计2011年6月投产。成功进军南方中重稀土产业；及时、合理地进行产品投放和收储，市场话语权和行业影响力进一步提高。在自治区范围内实现稀土资源专营的工作正在进行，并在筹备建立国内首个稀土电子交易平台。稀土院致力于保持稀土科研的一流水平，成功举办第四届国际室温磁制冷会议，通过技术鉴定、验收的8项科技项目中有两项接近国际先进水平，与清华大学合作完成的一项高分子材料研究成果为世界首创。

矿业产业作为包钢新兴战略产业的重要地位进一步凸显，对外拓展能力进一步增强，煤、铁资源供应稳步增长，实现销售收入17.8亿元、净利润2.68亿元。与澳大利亚CXM公司合作的班格鲁项目正式启动。鑫岳公司铁精粉项目已试车；在乌拉特前旗境内的铁矿已具备开采条件；普兴公司400万吨/年洗煤项目已完成自治区立项审批手续；黄岗矿业公司有色金属综合回收项目取得阶段性成果。

西北创业公司全年营业收入可达32亿元，完成利润7 000万元。在完成包钢内部基建和生产、生活服务的同时，承揽了万腾炼钢连铸总包项目和太钢4号高炉中修工程。乌海水泥熟料项目已达到设计生产能力，矿渣微粉项目顺利推进，入驻包头钢铁深加工园区的三个项目也在按计划进行。建成包钢大学生公寓。新星水岸花园经济适用住房项目开工建设。

集体企业在注重民生、保持稳定的前提下，呈现出较好的发展态势。综企（集团）公司2010年销售收入18.07亿元，与上两年相比，保持了每年递增2亿元的水平。建安公司年产值完成13.26亿元。

【项目建设】　全年在建工程61项，已经完工42项。巴润选厂和矿浆管道建成投运，为包钢自产矿配比的提高奠定了基础。500米焊轨线建成投产，成为延伸下游产业链的成功范例。炼钢厂两座150吨新转炉建成投产，形成南、北、中三个作业区的新生产格局。技术中心研发基地工程竣工，公司技术研发装备水平得到提升。建成四烧复合烧结工程，为自产矿的进一步利用创造了积极条件。Φ159毫米无缝连轧管工程、4万立制氧机工程、3号高炉水冲渣系统改造工程等正在稳步推进。在科学研判市场的基础上，于9月份重启Φ460毫米热轧无缝管等项目，标志着包钢“十二五”规划前期项目建设拉开帷幕。

【环境治理】　国务院重点流域“十一五”规划治理项目涉及包钢的工程——酚氰废水和选矿厂尾矿坝综合治理工程、总排污水处理中心扩容改造，都已按期完成并稳定运行。组织有关部门、单位就环境治理外出学习考察，看到了差距，提高了认识。制定为期3年的厂区环境治理规划，统筹安排，强化考核，分步实施。厂容治理工作已取得阶段性成果，拆除废旧建筑1.4万平方米、管道790米，清除垃圾废弃物9.5万吨，维修道路2.8万平方米，完成对1号公路等重点线路两侧近100千米的管道以及约50万平方米工业建筑管道支架的防腐与亮化。加大对在建工程的文明施工量化考核，宣传牌和广告牌治理初具成效。全面推开“5S”管理，生产现场环境明显改观。2010年共组织厂区植树11.65万株，植沙地柏43万株，新增改造绿地面积30万平方米，厂区绿化覆盖率达到35.5%。

【惠民富民】　注重改善民生，如期完成对职工承诺的十件好事实事，并努力扩大好事实事范围。坚持职工收入与企业效益同步增长，完成职代会确定的职工收入增长目标。炼铁四烧车间烟气治理等节能环保项目进展顺利。厂区绿化、美化项目8月底交工。完成对东、西93号等街坊的环境治理。实施第五期健康水工程，总覆盖面达到7.9万户。对离退休人员活动场所进行了维护、维修。继续开展“春蕾计划”、“金秋助学”活动，对考入大学的困难家庭子女资助额在原标准基础上提高1 000元。建成职工文体活动中心。积极推进三医院门诊楼改造。调整住房公积金缴存基数，增加了职工福利性收入。为近6万名职工提取10年个人住房公积金账户余额约5亿元。完成乌海矿业公司职工住宅区整体搬迁。狠抓安全管理，各项安全指标全部在控制范围之内。

【党群工作】　围绕降本增效中心任务，创新开展了以“降本增效提水平，加快发展创一流”为主题的“创先争优”活动、以“降本增效迎挑战，解放思想谋发展”为主题的大讨论活动以及以“爱岗敬业、爱厂如家”为主题的“双爱”教育活动，为生产经营提供了有力的思想保证和精神支持。

进一步发挥两级党委的政治核心作用，持续推进“四好班子”建设和“学习型班子”建设。加强专业技术人才队伍建设，全面启动建立专业技术职务新序列模拟设岗、编制岗位说明书工作。加强操作人员队伍建设，加快高技能人才培养造就。更加注重职工培训，为加强三支队伍建设提供了重要支撑。

反腐倡廉工作坚持以惩防体系建设暨党风廉政建设责任制为统领,突出管理和制度创新,强化效能监察和审计监督,有力保证了公司各项目标任务的顺利实现。

宣传思想工作与时俱进,结合公司实际,加强理论武装、形势任务教育和企业文化创建,强化精神文明建设、思想道德教育和民族统战工作,对外宣传成效显著。

工会组织服务企业大局,服务职工群众,群众性经济技术创新活动取得新成效;创建和谐劳动关系,积极组织“送温暖”、职工疗休养等活动,对生活困难职工救助基本实现全覆盖。

共青团组织履行团的四项基本职能,扎实推进基层组织建设、青年思想教育、青年技能提升等重点工作,服务于青年成长成才,丰富了包钢共青团工作的内涵,充分发挥了团员青年的生力军作用。

武装保卫工作重点做好物资查控,对运送原材料车辆弄虚作假行为进行了专项治理,并在稀土等矿产开发秩序专项整治行动中发挥了重要作用。

此外,信访维稳、法律、保密机要、新闻、信息调研、关心下一代、离退休职工管理、扶贫、外事、督查、档案、幼教、医疗、预防保健等工作为维护公司发展、改革、稳定大局发挥了积极作用,取得了重要进步。

【重要活动】 1月4日 包钢(集团)公司白云鄂博西矿铁精矿矿浆管道全线投入运行仪式在选矿厂举行。白云鄂博西矿铁精矿矿浆输送管道是迄今为止国内管径最大、输送能力最强、单极泵站输送距离最长的矿浆输送管道。1月22日 全国总工会党组成员、书记处书记喻红秋率全国总工会慰问团慰问包钢困难职工。内蒙古自治区人大常委会副主任、总工会主席云秀梅等领导陪同慰问。

2月2日 内蒙古自治区党委常委、包头市委书记莫建成,自治区副主席赵双连一行在包头市委常委、副市长程刚等的陪同下慰问包钢职工。2月9日 内蒙古自治区人民政府批复了《内蒙古自治区稀土资源战略储备方案》,其中由包钢稀土提出并实施的包头稀土原料产品战略储备方案获批准。

4月10日 湖北省委书记、省人大常委会主任罗清泉,省委副书记、省长李鸿忠率湖北省党政考察团到包钢考察。内蒙古自治区党委副书记、常务副主席任亚平等领导陪同参观。4月19日 包钢(集团)公司召开干部大会。内蒙古自治区国资委主任、党委书记苏和主持大会并宣布自治区党委、政府及自治区国资委关于包钢主要领导职务调整的决定。自治区党委、政府决定,周秉利任包钢(集团)公司董事长、党委书记,李春龙任包钢(集团)公司总经理、党委副书记。

5月27日 包钢(集团)公司根据5月20日全国稀土等矿产开发秩序专项整治行动电视电话会议精神,召开专门会议部署此项工作,并成立由公司董事长、党委书记周秉利任组长,公司总经理李春龙任副组长的稀土等矿产开发秩序专项整治行动领导小组。5月31日 内蒙古自治区副主席赵双连,带领自治区有关部门负责人到包钢调研,公司领导周秉利、李春龙、王胜平、孟志泉等陪同。

6月5日 内蒙古自治区副主席、包头市委书记郭启俊等一行到包钢调研。6月18日 包钢中铁轨道公司首批生产的500米焊轨装车发运,标志着包钢中铁轨道公司500米焊轨生产线建成投产。6月19日中纪委副书记黄树贤率领中央党校进修部第47期省部班“国有企业反腐倡廉惩防体系建设”课题调研组到包钢调研。自治区党委常委、纪委书记张力,自治区副主席、包头市委书记郭启俊等陪同调研。6月21日中央军委委员、国务委员兼国防部长、国家国动委副主任梁光烈上将一行,在内蒙古军区司令员刘志刚,内蒙古自治区副主席连辑,自治区副主席、包头市市委书记郭启俊,内蒙古军区副司令员海力斯,包头市长呼尔查等的陪同下到稀土研究院视察。

7月5日包钢(集团)公司集团管控与组织结构调整项目启动大会在会展中心举行,标志着包钢集团管控与组织结构调整项目启动。7月12日内蒙古包钢钢联股份有限公司第三届董事会第十一次会议在包钢宾馆召开。会议审议并通过《关于选举周秉利为公司董事长的议案》和《关于聘任孟志泉为公司总经理的议案》等10个议案,包钢(集团)公司董事长、党委书记、包钢股份董事周秉利当选包钢股份董事长,包钢(集团)公司董事孟志泉被聘为包钢股份总经理,包钢(集团)公司董事长、党委书记、包钢股份董事周秉利授权主持会议。会议应出席董事13人,董事周秉利、孙国龙、李金贵、郭景龙和独立董事张巨林、安胜利、刘向军出席会议,崔臣、司永涛、曹忠魁、刘玉瀛、孙文彪分别委托周秉利、孙国龙、李金贵、郭景龙4名董事出席会议并代行表决权,独立董事于绪刚委托独立董事刘向军出席会议并代行表决权。7月15日中共中央政治局常委、中央纪委书记贺国强到包钢视察。中央纪委副书记张惠新,中央纪委常委、秘书长吴玉良等随同视察。内蒙古自治区党委书记胡春华,党委常委、纪委书记张力,党委常委、秘书长符太增,自治区副主席、包头市委书记郭启俊等陪同视察了宽厚板生产线和万能轧机高速钢轨生产线。7月,包钢(集团)公司薄板坯连铸连轧厂成功试轧冷轧连轧不锈钢板;包钢(集团)公司生产的无铝脱氧 SWRH82B 盘条工业试验获得成功。

8月2日全国政协副主席董建华一行在内蒙古自治区副主席、包头市委书记郭启俊,自治区政协副主席娜仁等陪同下考察包钢。公司董事长、党委书记周秉利,总经理李春龙,董事朝鲁等陪同考察了薄板坯连铸连轧厂宽厚板生产线、轨梁轧钢厂万能轧机高速钢轨生产线和稀土研究院稀土展厅。8月5日内蒙古包钢西北创业公司冶金渣公司2号离线水淬渣生产线投产。8月6日 中共中央政治局原常委、中央纪律检查委员会原书记吴官正,在内蒙古自治区政协主席陈光林等领导陪同下到稀土研究院视察,公司董事长、党委书记周秉利,总经理李春龙陪同视察。8月8日 全国人大常委会副委员长华建敏、全国人大常委会财经委副主任委员储波,在内蒙古自治区人大常委会副主任柳秀等陪同下到稀土研究院视察,公司董事长、党委书记周秉利,董事朝鲁等陪同视察。8月16日 全国政协副主席、中共中央统战部部长杜青林,在内蒙古自治区党委常委、统战部部长王素毅,自治区政协副主席伏来旺,包头市委副书记、市长呼尔查等的陪同下到稀土研究研究院参观考察。8月17日 由国家发改委副主任杜鹰带队的国家联合调研组综合一组到稀土研究院参观考察。内蒙古自治区党委副书记、政府常务副主席任亚平,自治区副主席等陪同考察。8月18日 中央人民政府驻澳门特别行政区联络办公室主任白志健率十一届全国人大澳门特别行政区代表团,在内蒙古自治区人大常委会副主任罗啸天,自治区副主席、包头市委书记郭启俊等的陪同下,到稀土研究院进行工作考察,公司董事长、党委书记周秉利,总经理李春龙,董事朝鲁等陪同考察。8月24日由稀土研究院承办的2010年第四届国际室温磁制冷会议在万號酒店开幕。国际制冷学会总干事迪迪埃·库龙,包头市市长呼尔查和公司总经理李春龙在会上致词,中国稀土学会秘书长林东鲁、公司董事朝鲁和来自中、美、日以及欧洲等20多个国家的近140名国际磁制冷协会成员、磁制冷技术专家学者和关注磁制冷技术的企业家参加了会议。8月26日首钢总公司党委书记、董事长朱继民,总经理王青海一行到包钢考察,公司领导周秉利、李春龙、魏栓师、孟志泉、丁志云、李德刚、汪洪陪同考察,并与朱继民一行座谈。8月,由铁道部组织的“固定型贝氏体钢组合辙岔及尖轨”示范推广验收会在呼和浩特市召开。会上,用包钢生产的贝氏体钢轨制作成的铁道辙岔顺利通过铁道部的验收。

9月2日 国家卫生部部长陈竺到包钢视察社区卫生服务工作。内蒙古自治区副主席刘新乐等陪同视察了友谊18社区卫生服务中心。9月20日 包钢(集团)公司技术中心研发基地竣工庆典仪式在技术中心科研综合楼门前广场举行。内蒙古自治区副主席连辑为技术中心研发基地竣工发来贺信并题词。中国钢研科技集团有限公司董事长、钢铁研究总院院长干勇发来贺信。

9月27日全国人大常委会原副委员长布赫在内蒙古自治区人大常委会副主任、总工会主席云秀梅等陪同下到包钢考察。

10月17日 西藏自治区副主席次仁、农牧厅党组书记朱春生一行,在内蒙古自治区副主席、包头市委书记郭启俊等的陪同下到包钢考察。公司董事长、党委书记周秉利等陪同考察。

10月29日包钢(集团)公司炼钢厂两座150吨转炉投产剪彩仪式隆重举行,公司领导周秉利、李春龙等参加投产剪彩仪式。10月 包钢(集团)公司生产的10~100毫米控温轧制和正火/正火轧制的宽厚钢板产品获准通过欧盟CE认证注册。至此,包括CSP、宽厚板和热处理3条生产线在内所生产的24个牌号的热轧板材产品通过欧盟CE认证,获得了出口欧盟市场的“通行证”;包钢(集团)公司试制的具有资源特色的“含稀土L210NS耐湿硫化氢腐蚀用换热管”填补了国内空白,首批60吨交付中石化,用于制作石油炼化专用换热器。

11月8日包钢稀土与江西信丰新利、全南晶环、赣州晨光成功合作暨包钢稀土国贸公司赣州分公司开业庆典仪式在江西省赣州市举行。江西省副省长、赣州市委书记史文清,包钢(集团)公司董事长、党委书记、包钢稀土董事长周秉利等参加庆典仪式。11月17日 内蒙古自治区党委常委、自治区副主席潘逸阳一行到包钢,视察了会展中心和轨梁轧钢厂万能轧机高速钢轨生产线,自治区副主席、包头市委书记郭启俊,市长呼尔查,公司领导周秉利、李春龙等陪同视察。11月18日 自治区副主席赵双连带领自治区有关部门负责人赴巴彦淖尔市调研包钢与巴彦淖尔市发展合作工作,公司领导周秉利、李春龙一同参加了调研。11月

26日自治区副主席、包头市委书记郭启俊带领市有关部门的负责人到技术中心调研,公司领导周秉利、李春龙、李德刚陪同参观技术中心理化综合检验室和力学性能试验室。

12月3日"十一五"国家科技支撑计划《包头稀土铌资源综合利用关键技术研究》课题通过国家验收,标志着包钢在铌选冶技术及稀土冶炼新工艺方面取得了突破性进展,铌的选冶工艺达到国际先进水平。12月4日 内蒙古自治区党委书记胡春华在自治区党委常委、秘书长符太增,自治区副主席、包头市委书记郭启俊等领导陪同到白云鄂博考察,公司董事长、党委书记周秉利陪同考察了白云鄂博铁矿及巴润矿业有限责任公司。12月7日 由内蒙古自治区副主席刘新乐、自治区民委主任阿迪雅率领的自治区城市民族工作现场会观摩组到包钢参观,公司领导周秉利、魏栓师、李金贵等陪同。12月9日 包钢(集团)公司210万吨焦化项目在巴彦淖尔市乌拉特前旗工业园区奠基。内蒙古自治区党委常委、统战部部长王素毅,巴彦淖尔市委书记那顺孟和、市长何永林、市人大常委会主任贺永华,公司领导周秉利、李春龙等出席项目奠基仪式。12月15日中共包钢(集团)公司一届六次全委(扩大)会议在会展中心举行。公司董事长、党委书记周秉利作了题为《以科学发展为主题,以转变经济发展方式为主线,思想大解放,推动大发展,建设大包钢,谱写包钢再创业的新篇章》的工作报告,总经理、党委副书记李春龙作总结讲话。12月25日 包钢(集团)公司与武昌船舶重工有限责任公司在会展中心一楼会议室签署战略合作协议。包钢(集团)公司总经理李春龙、武船重工副总经理杨少稀共同在战略协议书上签字。12月26日 内蒙古自治区党委书记胡春华在自治区党委常委、秘书长符太增,自治区副主席、包头市委书记郭启俊,市长呼尔查等陪同下到包钢尾矿库视察,公司董事长、党委书记周秉利,总经理李春龙,董事孟志泉陪同视察。12月27日 内蒙古自治区副主席、包头市委书记郭启俊,市长呼尔查等到包钢调研,公司领导周秉利、李春龙等汇报工作。12月28日 包钢集团三届三次职工、会员代表大会在包钢文化宫隆重召开。内蒙古自治区国资委派驻包钢监事会监事辛尚奎、郭润成、高琨应邀出席大会。公司董事长、党委书记周秉利等在包公司领导参加大会。公司总经理李春龙作了题为《加快转变经济发展方式,持续提升企业竞争实力,为实现包钢再创业良好开局而努力奋斗》的工作报告。12月29日包钢(集团)公司科技大会在会展中心隆重召开。公司董事长、党委书记周秉利在会上讲话,总经理李春龙作了题为《以改革促进创新驱动,以创新实现内生增长,为包钢加快转变经济发展方式提供强劲动力》的工作报告。12月 稀土研究院与清华大学合作完成的《稀土复合助剂提高聚氨酯橡胶耐热性能研究》成果填补了世界低成本耐高温耐磨橡胶的空白,为稀土在聚氨酯橡胶乃至整个高分子材料中的应用奠定了基础。中国质量协会冶金工业分会公布了2010年度冶金行业品质卓越产品名单。其中,包钢生产的钢筋混凝土用热轧带肋钢筋、热轧碳素结构钢钢板和钢带、热轧310乙字型钢、优质碳素结构钢热轧圆钢和合金结构钢热轧圆钢5种产品榜上有名。包钢(集团)公司生产的锅炉和压力容器产品通过国家质量监督检疫总局认证,取得特种设备制造许可证。

(宋 伟)

稀土工业

【包头稀土高新技术产业开发区领导名录】

包头市委常委 党工委书记:张海顺(9月离任)

副书记 主任:任 福

副书记:刘俊华

【概况】 包头稀土高新区成立于1990年,1992年被国务院批准为国家级高新区,是全国83个国家级高新区中唯一以资源命名的高新区,也是内蒙古地区唯一的国家级高新区。稀土高新区南临黄河,西临昆都仑河,北与昆都仑区、青山区、九原区接壤,东与东河区为邻,地理坐标为北纬40°32′、东经109°51′,总面积约150平方公里,总人口约11.8万。其中位于市区南侧的建成区面积约15.54平方公里,全部实现了"八通一平",建成了较为完善的基础设施保障体系和配套服务体系,是稀土高新区高新技术产业的集中区。位于黄河北岸的滨河新区面积约88平方公里,即将建成内蒙古西部地区环境优美、独具特色的"创新型生态新城"。位于昆都仑河东岸、包兰铁路两侧的希望工业园区面积12平方公里,已入驻东方稀铝、华鼎铜业等大型企业,正在形成以铝、铜、化工为主导的循环经济产业园区,重点发展配套产品和深加工项目,打造国家级铝、铜等有色金属高新技术产业基地。位于建成区南侧的稀土应用产业园面积约4平方公里,大力发展以稀土深加工、稀土新材料、稀土应用器件和稀土终端应用产品为主,相关配套产品为辅的高新技术产业。位于阴山之北的红泥井牧场面积约29.12平方公里。2010年，稀土高新区实现生产总值227.4亿元，是2005年51.4亿元的4.4倍，五年年均增长31.9%；固定资产投资完成288.6亿元，是2005年30.7亿元的9.4倍，五年年均增长56.5%；财政收入完成50.5亿元，是2005年10.03亿元的5倍，总量居全市10个旗县区第一位；城镇居民人均可支配收入和农民人均纯收入分别达到26 992元和11 827元，均高于全市平均水平，其中城镇居民人均可支配收入比2005年翻了一番。

【重点项目】 总投资531亿元的120个重点项目全部开（复）工，完成投资216.3亿元，同比增长22.3%，占全部固定资产投资额的77%。完成投资超亿元项目53个，普凡生果饮、爱科风机、伊利技改等49个项目（其中工业项目33个）相继竣工，竣工率40.8%。

【产业升级】 优势特色产业集群效应显现，稀土、铝铜、机电三大主导产业分别实现规模以上工业总产值73.2亿元、93.4亿元和110.6亿元，同比增长21.9%、52.1%、27.7%，占全区规模以上工业总产值的19.5%、24.9%、29.5%，拉动规模以上工业总产值增速加快4.1个百分点、9.9个百分点和7.4个百分点。软件产业实现总收入40.12亿元，同比增长32%；利税总额3.6亿元，同比增长55%。汽车销售保持高位运行，实现销售收入24.5亿元，同比增长35%，占全部社会消费品零售总额的52%。总部经济加速发展，完成税收2.86亿元，比2009年增加1.8亿元，同比增长168.4%。。

【对外开放】 全年签约入区项目76个，其中亿元以上项目43个，已购地开工亿元以上项目23项，总投资157.1亿元。承办了自治区创新方法应用交流会、全市安全信息化管理工作现场会等多次市级以上会议。成功举办第二届稀土产业论坛和2010年中国留学人员西部科技交流洽谈会，地区知名度和影响力得到新的提升。

【城乡统筹】 4个城边村城市化步伐加快，210国道以东26.55平方公里发展规划基本完成。研究出台了《被征地农民养老、医疗保险实施细则》等6项惠民政策，累计达到16项。低保标准全市最高，每人每月均补差达到298元。武银福村第二套楼房已建成并全部分配完毕，曹家营村住宅小区一期主体工程和油房村高效温室道路建设工程均圆满完成，民馨家园、万泉佳苑76栋安置楼交付使用。户籍改革试点和“村委会转居委会”试点积极推进。

【科技创新】 规模以上高新技术企业实现工业总产值140亿元，同比增长13%，占规模以上企业总产值的37.3%；全区专利申请量新增240项，累计达到1 415项，约占全市的50%；创业中心新进驻企业175家，在孵企业总数达到670户，其中科技型企业占到总数的80%以上；吸引35名海外高层次人才创业，新增“千人计划”人才1人，累计达到3人；经自治区认定的高新技术企业54家，占全自治区43%。全年完成二氧化硫减排2 500吨，同比下降22.7%；化学需氧量减排150吨，同比下降4.7%。

【城市建设】 总投资210亿元的135个城建项目全部开（复）工，完成投资61.3亿元，新增道路48公里、72万平方米，给排水管网87公里，绿地面积240万平方米，水体面积50万平方米，蓄水量240万立方米，路灯1 187基。市图书馆、少年宫已经具备使用条件，锦绣公园如期开园；滨河新区61项市政工程顺利实施；小白河蓄滞洪区二期续建工程完成开挖土方约200万立方米；沿黄湿地路坝一体工程全面通车。种植大树6.88万株，超额完成全年5万棵植树任务。

【改善民生】 年初承诺兴办的18件31项好事实事项目全部完成。城乡居民养老保险参保人数累计6 506人，城镇居民医疗保险参保人数累计10 501人，分别完成目标任务的100.4%和105%。推荐农民、农工转移就业962人（次），实现农民转移就业1 011人，城镇新增就业1 811人。累计发放小额担保贷款3 617万元，扶持创业实体467个。教育事业全面推进，高新区一中建成并投入使用；北师大包头附校、高新区二中和蒙中搬迁项目顺利开工；高质量完成2500多平方米校舍安全工程建设。卫生事业得到加强，投资989万元建设的万水泉卫生服务中心顺利实施。高度重视社会稳定，投入55万元建设联合接访中心，改善和畅通群众的诉求渠道。深入开展社会矛盾化解专项行动，完成上级交办的71件和本级排查的47件信访事项，结案率100%。

【重要活动】

2家企业入选全国企事业单位知识产权试点单位　1月，在国家知识产权局公布的第四批全国企事业单位知识产权试点单位名单上，稀土高新区包钢稀土、长安永磁榜上有名。

创业中心成为国家大学生科技创业见习基地试点单位　3月20日，国家科技部确定了全国149家单位为国家大学生科技创业见习基地试点单位，其中，包头稀土高新区科技创业服务中心榜上有名，是内蒙古自治区唯一一家获此殊荣的单位。

稀土高新区成为国家知识产权示范创建园区　6月2日,国家知识产权局致函包头市人民政府,同意稀土高新区为国家知识产权示范创建园区,示范创建时间自2010年6月1日算起,为期三年,标志着稀土高新区知识产权工作又上了一个新台阶。

内蒙古软件园被评为中国软件和信息服务业年度最佳服务机构　6月22日,在大连举办的第八届中国国际软件和信息服务交易会的发布会上,内蒙古软件园被组委会评为2009～2010年度中国软件和信息服务业年度最佳服务机构,同获此殊荣的还有齐鲁软件园、中关村软件园等13家国内著名软件园区。

自治区首家大学生创业指导中心成立　7月22日,由包头市人事局、劳动和社会保障局和包头稀土高新区发起成立的包头大学生创业指导中心在内蒙古自治区大学科技园管理服务中心成立,这是自治区范围内成立的首家大学生创业指导中心。

成功举办第二届中国包头稀土产业论坛　8月8日,由包头市人民政府,中国工程院化工、冶金与材料工程学部,中国稀土学会共同主办,包头稀土高新区管委会承办的第二届中国包头·稀土产业论坛在稀土高新区隆重开幕。本次论坛主题为:“中国稀土永磁材料产业链的发展与共赢”。国内知名专家学者及相关行业企业家200余人,围绕“稀土原料—稀土发光材料—稀土节能灯及灯具—照明电器”产业链,就国家稀土行业管理新政策、科研新成果、稀土发光材料产业链等问题进行研讨。

中国稀土新材料及绿色照明展览会开展　8月8日,2010年中国稀土新材料及绿色照明展览会开展,本次展会面积2000平方米,展期三天。来自四川、福建、江苏、宁波等涉及稀土新材料及绿色照明的40家企业参展,共设48个展位,参展企业覆盖了从原材料到终端应用产品的整条产业链。展示产品主要包括:稀土新材料、各类光源产品、灯具及灯饰、LED、专业灯光及配套设备等稀土应用产品的最新科技成果。同时,展会现场还有国家财政补贴高效照明产品优惠销售活动,呈现出专业性强、亮点突出、影响力广泛等特点。

“中国包头留学人员创业园”挂牌奠基仪式在包头稀土高新区举行　8月19日,内蒙古自治区留学人员创业园成为36家国家级“省部共建”留学人员创业园之一,同时也成为内蒙古自治区高层次人才创新创业基地。

中央信访督导调研组到稀土高新区检查指导工作　11月24日,国家信访局副局级督查专员马继祖、国家国资委企业分配局调研员刘新伟等中央信访督导调研组领导到高新区检查指导工作。稀土高新区党工委副书记、管委会主任任福接待调研组一行,并汇报了高新区信访工作总体情况。

稀土高新区召开党工委(扩大)会议　12月31日,稀土高新区召开党工委(扩大)会议,审议通过了《中共包头稀土高新技术产业开发区工委关于制定国民经济和社会发展第十二个五年规划的建议》、《中共包头稀土高新技术产业开发区工委(扩大)会议公报》。

【荣誉】　稀土高新区被国家科技部火炬高技术产业开发中心评为“火炬统计工作先进单位”;稀土高新区管委会被国家知识产权局评为“国家知识产权示范园区先进集体”;李志琴被国家人口计生委授予“国家级流动人口知识竞赛参与奖”;吴凤英被自治区党委、政府授予“自治区纪念‘公开信’发表30周年特殊贡献奖”。

(曹锋)

信息产业

通　　信

【内蒙古自治区通信管理局领导名录】

局长　党委书记:乌力吉(蒙古族)

副局长:刘宝钧

纪检组长:耿利君(女)

副巡视员:杨文玉

【概况】　2010年,内蒙古自治区电信业全面完成了"十一五"规划确定的目标任务,有效地促进了电信市场的有序运行、行业经济的平稳增长,电信市场秩序整治效果明显,网络信息安全管控能力和水平有效提升,农牧区通信建设稳步推进,通信保障工作进一步加强。

全年完成电信业务总量659.97亿元,增长21.65%;完成电信业务收入168.63亿元,增长14.32%;完成固定资产投资70亿元,增长-8.95%。移动电话用户新增418万户,达到2 033.99万户;固定电话用户减少27.49万户,降至414.1万户,全区电话用户达到2 448.09万户,普及率101.07部/百人,居西部第一位、全国第六位。互联网宽带用户新增32.1万户,达到190.62万户,普及率达到7.87%。3G网络建设完成投资26.09亿元,建成室外基站6 994个,发展3G用户145.94万户。共建共享工作稳步推进,全年共建铁塔493个、杆路466.9公里、基站及其配套环境495个、传输线路1 638公里;共享铁塔691个、杆路1 385公里、基站及其配套环境798个、传输线路1 721.57公里。

【市场秩序整治】　建立了主要电信资费感知价调查制度和电信资费信息材料报送制度,受理资费备案113件,提升了电信资费的管理能力。完成了移动语音和短信业务计费检测工作。开展以"规范服务、放心消费"为主题的行风建设、"文明杯"窗口服务竞赛和全国用户满意电信服务明星、明星班组活动。全年共受理用户申诉86件,企业有责任案件24件,较上年减少42.86%。针对通信建设领域的突出问题,开展了全面检查和实地抽查,进一步规范了建设市场秩序,加强了通信建设招投标备案和外省通信参建企业备案管理工作。互联互通管理机制不断健全,互联互通和网间结算问题在盟市层面基本得到解决。

【网络信息安全】　印发了《内蒙古电信行业整治手机淫秽色情专项行动实施方案》,对呼包鄂等6个盟市的互联网、手机淫秽色情整治工作情况进行了督促检查,推动整治工作向纵深发展。启动了电话用户实名制登记和网站备案核验工作,对14家ISP企业进行了办公地点、生产场地的核实和检查。18 776家备案网站通过年度审核,备案准确率达到99%。坚持互联网网络安全事件信息通报制度,制定了应急处置预案,圆满完成了世博会、亚运会期间的网络信息安全保障工作。全年受理垃圾邮件、垃圾短信申告185起,协助相关部门关闭违法网站2家。举办了"草原红段子"活动。

【农牧区通信建设】　继续高度重视农牧区和偏远地区电信基础设施建设问题,全年投入建设资金4.33亿元,解决了部分偏远地区的移动通信信号覆盖问题,超额完成自治区"十项民生工程"之一的农村牧区通信基础设施建设任务。按照工业和信息化部的统一部署,面向全区启动了信息下乡活动,在投入使用的"村通工程"村点开展农牧业信息站点建设,面向农牧区提供了"农信通"、"乡务通"等信息服务,较好地满足了农牧民对各类实用信息的需求。

【通信保障】　为有效防范和坚决遏制通信建设工程

安全生产事故的发生,对呼包鄂等9个盟市公司进行了现场检查。督促各企业加强日常管理,健全通信安全生产监督管理机制。进一步完善电信网间互联互通应急预案,保障了通信网络安全畅通。开展了通信网络单元安全防护定级备案调整工作,354项通信网络单元获定级备案。制定出台了《内蒙古自治区损坏公用电信设施赔偿损失参考计算办法(试行)》。建立了突发事件监测预警、信息报告制度。圆满完成"蒙西—2010"地震应急演练通信保障工作。积极开展国防信息动员工作,明确了机构设置和人员组成,设立了综合保障部、3个保障大队、4个专业保障分队和36个盟市保障分队。

【重要活动】 1月21日,召开全区电信网络互联互通管理工作会议。1月26日 内蒙古通信管理局组织自治区各基础电信运营企业签署《内蒙古自治区共建共享电信基础设施维护标准协议》。2月9日,召开2010年全区电信行业工作会议,确定了"保发展、保安全、保稳定"的行业工作目标。2月 内蒙古通信行业职业技能鉴定中心被工业和信息化部通信行业职业技能鉴定指导中心授予"高技能人才评价工作推广奖"。3月19日 制定《内蒙古电信行业开展窗口"文明杯"规范化服务竞赛活动的实施方案》,在全行业开展为期一年半的"文明杯"规范化服务竞赛活动。5月31日,由内蒙古通信管理局、内蒙古党委宣传部指导,内蒙古通信行业协会、互联网协会、通信学会、网络文化协会、信息化推进联合会、学生联合会、电子商务商会联合主办的"草原红段子"创作大赛在呼和浩特正式启动。6月11日,召开内蒙古自治区通信管理局深入开展创先争优活动动员大会,全面启动管理局创先争优活动。6月,按照工业和信息化部统一部署,开展以实现"四个一"即:"一乡一站、一村一点、一乡一库、一村一品"为目标的"信息下乡"活动。7月,在自治区学习贯彻廉政准则和两项法规制度知识签题活动中,内蒙古通信管理局被自治区纪委、自治区直属机关纪工委评为"答题活动优秀组织单位"。7月8日,建立对主要电信业务感知价调查制度。9月14日,组织自治区四大基础电信运营企业参加自治区政府在巴彦淖尔市组织的全区模拟地震应急演练,圆满完成搭建应急通信网、为指挥现场提供通信保障的演练任务。9月,内蒙古自治区电话用户实名登记工作正式启动。11月底,提前完成自治区下达的2010年度2.5亿元农牧区通信基础设施投资指标,该项目被自治列为重点实施的"十项民生工程"之一。12月2日,成立内蒙古自治区通信行业三网融合协调工作领导小组,通过对通信行业三网融合工作的组织协调,配合自治区三网融合领导小组推进全区三网融合工作顺利开展。12月23日,自治区国动委常务副主任、内蒙古军区司令员刘志刚少将和副司令员车华松少将、参谋长勋建华少将等一行10人对我区国防信息动员工作情况进行了深入调研,考察了内蒙古联通公司机动通信局、移动公司网管中心,并就国防信息动员工作与通信管理局及自治区各电信运营企业主要领导进行了座谈。12月27日,召开全区整治手机淫秽色情专项行动总结会,对在从2009年起开展的整治手机淫秽色情专项工作中成绩突出的先进集体、先进个人进行表彰。12月28日,内蒙古通信管理局制定出台了《内蒙古自治区损坏公用电信设施赔偿损失参考计算办法(试行)》,将于2011年2月1日正式试行。

(王　颖)

邮　　政

【内蒙古自治区邮政管理局领导名录】

党组书记 局长:张子旗

副局长 纪检组长:吴邦柱(蒙古族)

副巡视员:张树旺

【概况】 内蒙古自治区邮政管理局于2006年9月7日成立。主要职责为:组织研究提出内蒙古地区贯彻邮政业发展战略、发展规划的具体政策和方案并指导从事邮政业务的企业贯彻实施;负责推进邮政地方性法规、规章的制定和修改工作;负责行政执法监督和涉及行政复议、行政应诉的工作;贯彻国家邮政局邮政普遍服务标准,对邮政企业落实普遍服务标准情况进行监督检查,并提出处理意见;负责组织协调内蒙古地区机要通信、义务兵通信、党报党刊发行、盲人读物寄递等特殊服务的实施;负责组织对邮政企业贯彻执行邮政服务价格政策情况的监督检查,审核邮政企业分支机构设置或者撤销的申请,处理邮政普遍服务、特殊服务和快递等质量投诉、举报,依法查处侵犯用户合法权益的违法行为,负责邮政配套设施建设、使用情况的监督检查;依法监管邮政市场,指导、监督、检查、规范邮政市场主体行为,规范经营秩序,维护公平竞争;依法维护信件寄递业务的专营权;根据国家邮政局授权,依法实施快递等邮政业务的市场准入制度;负责集邮市场的监督检查和邮政用品用具的监制工作,依法查处伪造、冒用、或擅自使用邮政专用标志的行为;办理国家邮政局交办的其他事项。

内蒙古自治区邮政管理局内设机构:办公室、政策法规处、普遍服务处、机要通信处、市场监管处、人事处、纪检监察室、内蒙古自治区邮政行业职业技能鉴定中心、内蒙古自治区邮政业消费者申诉受理中心。

2010 年,全行业完成业务收入 15.62 亿元,同比增长 18.5%;其中快递业务收入完成 3.85 亿元,同比增长 23%。邮政普遍服务和快递服务公众满意度稳步提升,行业对国民经济的基础性作用进一步加强。

【地方法制建设】 地方法制建设取得突破性进展,先后与自治区政府法制办联合开展贯彻执行《内蒙古自治区邮政管理办法》情况监督检查,推动《内蒙古自治区邮政管理办法》有效实施。圆满完成《内蒙古自治区邮政条例》的草案起草、征求意见和立法调研。自治区人大将《内蒙古自治区邮政条例》列入 2011 年立法计划。

【行业规划】 组织宣传贯彻国家《邮政业“十一五”规划》,结合行业实际,开展“十二五”规划编制工作,并着力与自治区其他专业规划衔接,积极推动将邮政行业“十二五”规划纳入自治区重点专项规划。

【行业统计和标准化工作】 不断完善统计方法和指标体系。将全区规模以上快递企业纳入邮政行业统计范围。完成行业投入产出和统计检查。加强行业统计人员队伍建设。强化了行业经济运行情况监控和分析。编制完成自治区《交通不便边远地区邮政普遍服务标准》。

【普遍服务保障政策】 自治区党委政府高度重视邮政业改革发展,2009 ~ 2010 年连续两年将邮政服务明确写入自治区党委政府 1 号文件。2008 ~ 2010 年连续三年将农村牧区邮政基础设施建设纳入自治区民生工程,加大农村牧区邮政基础设施改造力度。推动出台《关于加快自治区电信和邮政业发展的意见》和《关于推动内蒙古农村牧区邮政物流发展的意见》。实施免除邮政企业房产税和邮运车辆通行费的优惠政策,积极促成“直邮服务中小企业双千工程”。

【普遍服务监督】 积极完善“政府监管、社会监督、企业自律”三位一体的邮政普遍服务监督体系,确保了公民基本通信权益。组织开展贯彻执行《邮政法》及其配套法规监督检查。按照国家邮政局要求连续 3 年在全区开展邮政普遍服务满意度调查。组织开展邮件全程时限测试、信报箱安装情况和邮政资费执行情况等监督检查活动。依法开展撤销提供邮政普遍服务营业场所审批。加强了邮票发行监督管理。建立邮政普遍服务监管报告制度和邮政普遍服务基础设施台账系统。在全区范围内组建了 78 人组成的邮政社会监督员队伍,覆盖全区 48% 的市县。强化了机要通信监督管理,开展了边防及重点地区机要通信保密安全专项检查。

【实施普遍服务】 全区各级邮政企业始终把做好邮政普遍服务和特殊服务作为重要政治任务,较好地履行了邮政普遍服务和特殊服务义务。全区函件收入稳步增长,党报党刊发行量稳中有升,保障了机要通信安全。全面贯彻全区农村牧区邮政物流现场会精神,积极参与社会主义新农村新牧区建设,提供方便农牧民生产生活的农资分销、小额贷款等服务。

【邮政设施建设】 积极推进空白乡镇邮政局所补建进程,计划用三年补建146个空白乡镇邮政局所,首批48个局所建设配套资金落实到位并进入实施阶段。"村邮户箱"工程全面启动,与自治区建设厅联合发布政策文件,推进信报箱建设。制定了信报箱设置技术规范和产品标准,将信报箱建设纳入住宅分户验收的强制性内容。积极开展村邮站建设试点工作。邮政企业持续推进普邮和速递物流网络建设,网络能力稳步提升。2010年,全区邮政营业网点达到1 465处,邮路达到677条,单程邮路总长度达到72 245公里,投递路线总长度达到143 865公里。780个支局实现了电子化,完成了12个盟市投递网改造。

【优化快递市场政策环境】 修订后的《邮政法》首次将快递业务纳入调整范畴,确定了快递企业的法律地位,提出了"鼓励竞争、促进发展"的原则,为快递业健康发展提供了法律保障。加快优化政策环境,规范市场秩序,快递企业加快发展步伐。在全区范围内统一了快递营业税税收政策,有效降低了快递企业的实际税赋。联合有关部门出台文件,较好地解决了快递车辆进城通行、工商登记政策、治安案件处置等问题。

【实施快递市场准入制度】 组织成立内蒙古自治区邮政行业职业技能鉴定中心,积极开展快递业务员职业技能鉴定,为推进快递业务经营许可提供有效支撑。2010年,职业技能鉴定中心共分六批次组织了893名快递业务员参加职业技能鉴定考试,同时指导海南省局完成了四批次421名快递业务员的职业技能鉴定考试工作。按照"严格规范程序、形成内外合力、注重实际效果"原则,依法有序推进快递业务经营许可。加强经营许可办理的"一对一"指导服务。全区94家快递企业依法获得经营许可。

【规范快递市场秩序】 组建邮政执法队伍,与多部门建立和完善联合执法协作机制。坚持日常检查和重点检查相结合,加大检查频次,扩大检查范围,增加刚性执法力度。陆续开展市场检查220次,检查企业687个(次),纠正和查处违法行为38起,下达行政处罚和整改通知182份。实现邮政业消费者申诉电话"12305"与自治区消费者投诉电话"12315"的对接和信息共享。畅通用户申诉渠道,妥善解决用户反映的服务问题。健全安全责任制。强化应急保障机制。加强节日旺季快递服务指导和监督检查。组建内蒙古快递协会,第一次在快递领域建立代表企业、联系政府、服务用户的行业组织,为加强行业自律,维护公平竞争发挥了重要作用。

【邮政管理队伍】 围绕"提升服务,提高效能,促进邮政业科学发展",全面履行政府职能,加强服务型政府建设,夯实基础管理,邮政管理队伍建设进一步加强。高度重视干部政治素质和行政能力建设,加大教育培训力度,加强干部日常考核和监督,重视年轻干部培养,干部政策理论水平、法律意识和业务能力进一步提高。

【基础管理】 健全完善管理制度,坚持用制度管人管事,机关工作逐步制度化、规范化。加强对外沟通协调,与自治区有关部门深化合作,建立了良好工作关系。信访、档案、保密等工作扎实推进。预算和财务管理水平稳步提升。开通二级子网站,信息化建设进一步加强。

【党建和党风廉政建设】 建立健全机关党组织和工会机构。深入开展学习实践科学发展观活动,牢固树立科学发展意识,促进行业科学发展。大力弘扬井冈山精神和延安精神,认真开展"创先争优"和学习型党组织建设活动。认真做好工会工作,加强机关文化建设,党风廉政制度进一步完善。认真开展了规范津补贴、"小金库"等专项治理工作。坚决纠正损害群众利益的不正之风,政风行风建设扎实推进,政务公开取得积极进展。

(许晓红)

地质矿产勘查

有色地质勘查

【内蒙古有色地质勘查局(集团公司)领导名录】

局党组书记 局长 集团公司党委书记 总经理:吴日山(蒙古族)
局党组成员 副局长 集团公司党委委员 副总经理:李中军(蒙古族)
集团公司党委委员 副总经理:谭玉根
局党组成员 副局长 集团公司党委副书记:米保林
集团公司党委委员 副总经理:刘俊成
集团公司党委委员 工会主席:刘铁军(蒙古族)
总工程师:沈存利

【概况】 全年实现总收入8.59亿元,其中:地勘事业费收入8 500万元,经营收入7.74亿元。在经营收入中:中央基金和自治区财政出资地质项目收入9 800万元,社会地质项目收入2 300万元,自有矿权引资合作项目收入31 800万元,工程勘查收入23 000万元,其它10 500万元。年度利润总额5 500万元,超额22%完成任务;净资产保值增值率141%;实现了安全生产无事故。

民生状况进一步得到改善。继续用企业收益弥补事业费缺口2 000万元,注重解决涉及职工群众切身利益的历史遗留问题。2010年职工的收入水平有了新的提高,职工年人均收入实现4.4万元,比上级下达指标提高了25%。离退休人员年平均收入2.51万元。

【有色金属地质勘查】

地质项目基本情况 全年共安排地质项目150项,其中:中央和自治区财政项目共40项,到位资金9 800万元;自有矿权引资合作项目92项,实现收入3亿多元;社会地质项目18项,到位资金2 300万元。以上项目全部按设计任务书和要求完成工作量,新增煤炭资源量8亿吨。

地质找矿获得重要突破 一是通辽市扎鲁特旗罕山林场铜多金属矿普查项目,铜银矿有望达到大而富的规模。二是呼伦贝尔市新巴尔虎右旗查干陶勒盖(长岭)铜多金属矿普查项目,有望达到大型斑岩型钼矿规模。三是兴安盟扎赉特旗东芒合铬镍多金属矿普查项目,具有中型以上斑岩型钼矿的找矿前景。四是包头市达茂旗查干文都日铁金矿普查项目,已发现石墨矿和钴镍矿两个矿化集中区,石墨矿为大型晶质石墨矿;钴镍矿有望达到中型规模。五是锡盟正镶白旗都北铜多金属矿普查项目,有望达到中型以上规模。六是乌兰察布市丰镇市泉子沟铜钼矿普查项目,具有寻找大型斑岩型钼矿的前景。七是中央地勘基金内蒙古自治区东胜煤田公尼召勘查区煤炭普查项目,已完成全部野外工作并通过验收,初步估算煤炭资源量54亿吨,为一大型煤田。

【产业化建设启动】 经过近两年的积极努力,地勘局在兴安盟有色金属探采选冶产业化项目已经自治区人民政府正式批准。目前项目的前期工作正在紧张进行中。与此同时,兴安盟的10万吨锌冶炼项目也在洽谈之中。

建筑施工业稳步发展 以地勘局属内蒙古中色建设工程总公司为龙头的建筑施工业稳步发展,经济效益和经济实力不断提升,全年实现经营收入2.3亿元。

党风和精神文明建设 结合地勘局自身实际,突出行业特点,把党风廉政建设和精神文明建设工作有机融入企业经营管理之中,通过深入开展“创先争优”活动,加强基层党组织建设工作,提高党员素质,强化作风建设和反腐倡廉建设;通过文明单位创建活动,积极推进企业文化建设,确定了“承担责任,创造价值”为局(集团公司)的使命,“人为本,真为魂,和为贵,拓为神”为经营理念,“做好做实做强”为发展愿景,已正

式印发宣传使用,局网站已开通,局展览室正在筹备中。

【荣誉】 内蒙古有色地质勘查局获“2010年度中国有色金属工业科学技术奖”三等奖。内蒙古有色地质勘查局“内蒙古自治区苏尼特左旗巴彦哈尔敖包矿区金矿勘探报告”及参与报告编写工作的陈旺等8人获得“2010年度中国有色金属工业科学技术奖”三等奖。

程文国荣获2010年度全国国土资源先进工作者。

徐发荣获2010年度自治区劳动模范称号。

陈旺等主持完成的“内蒙古自治区苏尼特左旗巴彦哈尔敖包矿区金矿勘探项目”和“内蒙古自治区卓资县大苏计钼矿勘查项目”分别荣获“2010年度中国有色金属工业地质找矿成果奖”二等奖。

(王锦龙)

地质矿产开发

【内蒙古自治区地质矿产勘查开发局领导名录】

局　长 党委副书记:杨永宽(蒙古族)

副局长:郑翻身 吕福生

【内蒙古地质矿产(集团)有限责任公司领导名录】

总经理 党委副书记:杨永宽(蒙古族)

副总经理:郑翻身

党委副书记:高　岭

副总经理:吕福生 王杰 张锋 李铁军

纪委书记:图门巴雅尔(蒙古族)

副总经理:胡子勤

工会主席:白志斌

【概况】 内蒙古自治区地质矿产勘查开发局是自治区境内最大的一支从事各类地质勘查工作的专业技术队伍,有23个直属的地质勘查单位,分布在自治区12个盟市。现有职工16 665人,其中在职职工5 266人,离退休职工9 753人,注册职工1 646人。局机关内设办公室、计划财务处、人事劳动教育处、经营管理处、生产技术部、境外资源部、安全生产监督管理处、政治工作处、审计处、基地建设规划处、离退休工作处、纪检委(监察室)、地质工会等职能处(部)室。

【经济发展】 2010年全局实现总收入66.05亿元,其中实现经营收入61.68亿元,较2009年经营收入42.23亿元增长了46%。全年实现利税13.42亿元,比2009年的11.51亿元增长了16.6%。在职职工人均年收入6.27万元,较2009年的5.33万元增长了17.6%。截至2010年底,全局资产总额达到108.29亿元,净资产总额达39.82亿元。

【地质找矿】

地质找矿成果 2010年,全局共承担各类地质勘查项目641项,获得勘查资金12.42亿元。全年已初步探明特大型矿床2处、大中型矿床9处、中型矿床3处,新发现有良好找矿前景的矿产地19处,有进一步工作价值的矿产地百余处。评价大型水源地3处、中型水源地7处、小型水源地3处。成功勘探地热井2眼。提交煤炭资源储量340多亿吨,其中焦煤15亿吨。金属矿产勘查成果喜人,亮点纷呈。阿鲁科尔沁旗劳家沟铅锌多金属矿初步估算金属量铜9.76万吨、钼9.8万吨,伴生铅加锌6 578吨。该区深部找矿潜力巨大,有望成为特大型多金属矿床。乌拉特后旗查干花钼多金属矿初步估算钼资源量26万吨。乌拉特后旗查干得尔斯钼多金属矿初步估算钼资源量12万吨。上述两处矿床为同一斑岩型钼铋多金属矿床,成矿远景巨大,有望成为一处超大型矿田。煤田勘查取得重大突破,提交煤炭资源量约340多亿吨。其中,呼和诺尔(西区)煤炭勘查,在2009年提交资源量230亿吨的基础上,通过外围勘查新增煤炭资源量60多亿吨。阿拉善左旗黑山煤炭资源勘查取得突破,获得稀缺焦煤资源量15亿吨。东胜煤田楚鲁图梁等2个矿区获得煤炭资源量达26亿吨。地热和水资源勘查取得重要成果。包头市滨海新区成功打出一眼日出水量2 900多立方米,井口水温达64摄氏度的地热井。水中含有氟、碘、硅酸盐等对人体有益的矿物质,已达到医疗和饮用水标准。乌海市海勃湾区成功打成一眼井深2 095米的地热井,日出水量为619立方米,出口水温43摄氏度。承担的多个缺水地区找水项目成果显著,共评价大型水源地3处、中型水源地7处、小型水源地3处。其中,喀喇沁旗缺水地区找水项目彻底解决了30个村2.88万人和2.26万口牲畜的饮水难题,受到当地政府和群众的高度称赞。

矿业权的经营与管理 2010年,全局共变更矿业权20宗。在全球矿业经济低迷的不利条件下,仍合作勘查探矿权157项,引进风险勘查资金1.3亿元,有效地缓解了勘查资金紧张的压力。

境外勘查 一是积极拓展海外地质市场。与河南省地矿局合作,在阿尔及利亚建设的日处理矿石2 000吨的铅锌矿选厂已建成,计划今年年初投产。集团公司驻蒙古国资源勘查开发公司已经注册成立,已搜集到5个省区的地质图、矿产图180多幅,基本掌握中蒙边境附近地质矿产分布规律。对澳大利亚新南威尔士州矿产资源进行了考察,对新州许多大型金属远景区和煤炭规划区地质工作程度、找矿潜力、合作环境有了充分的认识,目前已筛选勘查靶区30个。二是紧紧抓住国家实施新一轮西部大开发和中央推动加快新疆经济社会发展的历史机遇,积极进军新疆地质市场。至目前,全局已有9个单位在新疆设立办事机构,正在开展矿产资源勘查开发等方面的工作。

【产业发展情况】 2009年重点开展了阿右旗特拜金矿、呼伦贝尔东郡铅锌矿、东苏旗准苏吉花铜钼矿、西乌旗布金黑铅锌多金属矿4座矿山的筹建工作。目前,全局已建成矿山11座,其中境外1座,已建成的矿山日处理矿石量超万吨,年处理矿石量达300多万吨。乌审旗水源地开发项目已取得了300万立方米/年的地下水开采权。"乌兰陶勒盖城镇供水工程"项目一期工程正在建设中,已完成征地收储345.05亩,凿成水井21眼,完成水源井一级加压泵站6座,已有5座水源井开始供水。兴安银铅冶炼厂二期工程已于2009年8月完成贵金属和铜浮渣系统的点火试产。兴安铜锌冶炼厂现已达到设计生产能力,去年生产锌锭10.02万吨、副产品硫酸19万吨、精镉157.9吨。

【民生工程】

地基建设步伐加快 "十一五"期间,全局竣工和在建职工住宅99.8万平方米,社会购置13万平方米,解决职工住房9356户。全局竣工和在建办公大楼23万平方米,有10个单位新办公大楼已竣工,3个单位新办公大楼正在建设中。局机关办公大楼和职工住宅都已封顶,预计2011年底交付使用。

高度关注职工生活 一是职工收入逐年提高。2010年全局在职职工人均年收入达到6.27万元,较2009年的5.33万元增长了17.6%。二是高度重视下岗职工生活,在2005年大幅度增加下岗职工生活费的基础上,2006年起下岗职工生活费随着全局经济的发展逐年提高,已从2006年人均8 000元增加到2010年的人均15 000元,2011年将达到17 000元,使他们更加真切地感受到改革发展带来的实惠。三是全力做好离退休人员管理和服务工作,落实好"四个待遇"和"两个经费",有力地维护了队伍稳定。四是做好帮扶和两节慰问工作。2010年,全局共筹集款(物)118万多元,对2 640户困难职工、离退休职工及遗属进行慰问,及时送上组织的关怀。到目前,全局划拨扶贫基金332万元,已经出贷311万元,帮扶困难职工580余人次,取得了良好的效果。

【人才引进和培养】 2010年,全局引进紧缺急需中高级专业技术人才和经营管理人才10人;签约大学本科以上毕业生60多人;有54名职工完成中国地质大学工程硕士研究生班的学习;2010年,经教育部等部门批准,建立了自治区地矿系统首个"博士后工作站",为培养高精尖专业技术人才提供了平台。

(李国志)

煤田地勘

【内蒙古煤田地质局 内蒙古煤炭地质勘查(集团)有限责任公司领导名录】

党委书记 局长 总经理:莫若平

党委副书记:王春彦(满族)

副局长 副总经理:邵显琨 顾振吉 刘学明

工会主席:宋跃生

总工程师:武 文

【概况】 内蒙古自治区煤田地质局、内蒙古煤炭地质勘查(集团)有限责任公司是自治区唯一从事煤田地质勘探专业工作的单位,主要任务是根据国家地质勘探计划,综合运用各种手段,在全国范围内进行煤炭地质勘查工作,探明煤炭资源储量和矿山开采条件,为自治区煤炭工业规划和建设提供地质资料。局(公司)下属8个勘探队、3个科研院所。集团公司下属10个子公司、10个分公司。全局(公司)现有职工7 100人,专业技术人员815名。截至2010年底,发现煤炭资源量7 400亿吨,其中新探明资源量4 572亿吨,约占自治区新探明资源量的90%,使内蒙古探明煤炭资源储量上升为全国第一。

【经济指标】 2010年,自治区煤田地质局紧紧围绕"地质勘查求生存,矿业开发谋发展"的总体工作思路,调结构,强管理,促发展,惠民生,保稳定,各项工作取得了较好的成绩。全局实现经营性收入14.5亿元,实现利润1.3亿元,利润率11.6%,资产增值率130%。在职职工人均年收入达到4.8万元,其中在岗职工6.18万元,分别较2009年提高了16.8%和12.2%。全年无重大安全生产事故。全年地勘主业实现经营性收入10.2亿元,其中自治区财政项目收入4.6亿元,社会地质收入5.6亿元。完成野外施工项目102个,煤勘钻探工作量67万米,编制地质报告168件。

【地质找矿】 全局全年风险勘查资金总投入1亿元,发现较好的矿产地4-5块。海子塔煤矿开发建设的前期工作正在有序进行中。完成了鄂尔多斯市东胜煤田察哈素煤炭资源勘查项目矿权申领、延续及资源价款的交纳工作,并成功收回了北井田勘查费用8 200万元。环评院成功置换了原额济纳梧桐沟多金属矿权。煤炭地质局104队莫拐矿权在2010年完成了总体股份转让后,由该队进行了精查工作,探明储量5.8亿吨,实现了互利共赢。

【地勘产业】 231勘探队多种思路经营房地产开发业,实现房地产创收4 737万元,占总收入的41.68%。472勘探队在霍林郭勒市工业园区购买土地20余亩拟建设钻探设备维修基地。117勘探队在乌海市原该队老基地处30余亩土地变性工作得到落实,规划建设石油钻探分队队部。勘测队新组建的地震勘探项目,成功承揽和完成了二连浩特二维地震勘探、乌海天誉煤矿三维地震勘探等四个重大项目,达到了积累经验,锻炼队伍的预期目的。此外,在煤质检测和岩矿测试、环境评估、煤层气、煤田灭火、石油勘查、公路工程、酒店经营等领域也取得了新成绩。

【经营管理】 积极争取上级部门支持,协调解决了油气勘查施工资质问题,为局油气勘查施工助力。加强干部及人才队伍建设,全年共招聘新毕业学生53人,其中本科36人,硕士研究生7人。结合单位实际需求,专门引进1名地震勘探项目教授级高级工程师、1名矿产工程师和2名地质工程师,负责地震勘探项目施工和非煤类矿权的管理检查工作。完成了局机关岗位职责制度建设工作,明确了各部门、各岗位的职责范围,机关作风建设取得了明显成效。强化设备管理工作,合理使用自治区财政下拨的5 000万元地勘设备专项扶持款,并自筹资金7 000万元,先后为局属各单位添置了煤田钻探、油气钻探、三维地震等新设备,提高了全局的生产装备水平。

【安全生产】 以提高执行力为准则,扎实有效地开展了一系列工作,彻底扭转了2009年安全生产的被动局面,保障了经济工作健康、稳定、可持续发展。4月,召开了全局安全生产现场会议工作,全年开展了由局分管领导带队的春秋两次安全大检查,共排除各类安全隐患120余处。认真开展“三个专项治理”工作,在局属各队开展了“放射源”库专项整治工作,根据区域特点对“放射源”库进行了整合。10月,召开了建局以来规模最大的质量安全现场工作会,各勘探队队长、项目经理等60余人参加了会议。会议督促各单位要以对事业高度负责的态度,保障各项工程质量。各单位在施工管理上狠抓钻孔质量和钻孔工艺的改进,钻孔质量有了较大程度的提高。

【党建和精神文明建设】 扎实开展创先争优活动,局各级党组织及所属党员,全部开展并参加了创先争优活动。得到了自治区第五检查指导组、自治区直属机关检查指导组的肯定与好评。认真抓好学习实践科学发展观活动整改落实后续工作。基层党组织和各级领导班子向心力、凝聚力增强,领导干部廉洁自律意识进一步提高。

(高军 张旭 程润富 赵英哲)

气象·测绘·地震

气　　象

【内蒙古自治区气象局领导名录】

党组书记 局长:乌　兰(蒙古族)

副局长:李彰俊

纪检组长:何卫卫(蒙古族)

副局长:顾润源 裴浩 王金良(挂职)

巡视员:李红宇(女 蒙古族)

【概况】

机构设置　自治区气象局内设机构为办公室、应急减灾处(内蒙古自治区人工影响天气指挥部办公室)、观测与网络处、科技与预报处、计划财务处、人事处、政策法规处、监察审计处(与党组纪检组合署办公)、机关党委办公室(精神文明建设办公室)、离退休干部办公室。

直属事业单位为内蒙古自治区气象台、内蒙古自治区气候中心(内蒙古自治区气象环境影响评价中心)、内蒙古自治区生态与农业气象中心、内蒙古自治区气象科技服务中心(内蒙古自治区专业气象台、内蒙古自治区气象影视中心、内蒙古农牧业经济信息中心)、内蒙古自治区大气探测技术保障中心、内蒙古自治区雷电预警防护中心、内蒙古自治区气象培训中心、内蒙古自治区气象科学研究所(内蒙古自治区人工影响天气中心)、内蒙古自治区气象信息中心(内蒙古自治区气象档案馆)、内蒙古自治区气象局机关服务中心、内蒙古自治区气象局国有资产管理中心(内蒙古自治区气象局财务结算中心)。

台站设置　全区有119个气象台站,包括13个国家基准气候站、34个国家基本气象站、72个国家一般气象站。其中119个台站承担地面观测,117个台站承担生态与农业气象业务,29个台站承担国家农业气象观测,23个台站承担雷电监测,12个台站承担高空观测,6个台站承担新一代天气雷达观测,5个台站承担数字化天气雷达观测,8个台站承担太阳辐射观测,8个台站承担酸雨观测,8个台站承担沙尘暴观测,4个台站承担牧业气象试验、4个台站承担大气成分监测、1个台站承担农业气象试验、1个台站承担蔬菜气象试验。全区已建成634个区域自动站、71座测风塔、63个自动土壤水分观测站。

人员情况　2010年底,全区气象在职职工3 094人。学历结构:博士10人,硕士172人,本科1 569人,大专971人。职称结构:高级职称308人(正研级14人、副研级294人),中级职称1 610人,初级职称989人。

【气象服务】

气象防灾减灾服务　全区各级气象部门认真履行气象防灾减灾职责,加强灾害性天气监测预报预警服务。完善农牧业干旱指标和流程,制定干旱预警发布标准,强化干旱灾害认定权威性。新建区、盟、旗三级服务系统在预报预警、灾害评估和救灾服务中发挥重要作用。黄河凌汛和汛期服务措施得力、服务及时。“6.26”等森林火灾多部门联动服务获国家森林草原防火指挥部和自治区党委政府高度评价。跨境联防拓展防扑火服务新领域。东部雪灾、6次寒潮、6次霜冻、7次沙尘暴等灾害性、关键性、转折性天气预报准确、服务高效。组建自治区航空气象服务中心,承担8个运行和在建支线机场气象保障服务。为区内铁路防汛监测和应急处置提供全程动态服务。为首届国际那达慕大会、世界中学生排球锦标赛等重大活动提供优质气象保障。全年向各级党政部门上报专题材料5 445期,发布预警信号797次,发送各类气象信息1 978万人次,启动应急响应3次,为各级党委政府和有关部门有效组织防灾减灾提供了有力保障。

优质服务受到决策部门、各界用户、社会公众的好评。区局分别获“全国草原防火工作先进单位”、自治区政府“特色网站奖”;生态与农业气象中心获“全国防汛抗旱先进集体”;呼伦贝尔市气象局获中国气象局“重大气象服务先进集体”。各盟(市)政府均致函区局为当地气象部门请奖。

“两个体系”建设　自治区和盟市政府分别下发文件部署“两个体系”(农牧业气象服务体系和农村牧区气象灾害防御体系)建设。各盟市均组建由政府分管领导任组长的领导小组,部分盟市政府和试点旗县将“两个体系”建设纳入实绩考核,政府主导的“两个体系”建设体制机制得到加强。自治区气象局制订“现代农牧业气象业务发展专项规划”和“两个体系”建设实施方案,重点主抓2个盟市试点,盟市气象局各选择1个旗县开展试点工作。加强与政府应急办、民政、农牧业、国土等部门合作联动。加强气象信息员队伍建设和培训工作,编制蒙汉两种版本的信息员培训教材。

应对气候变化和开发利用气候资源工作　充分发挥气象部门在应对气候变化中的科技支撑作用。完成《内蒙古应对气候变化实施方案》、《内蒙古主体功能区规划》编写任务。选取气候变化代表站点,进行资料均一化检验订正。形成《气候变化对草原区生态环境影响评估》等多项决策材料。

完成内蒙古风能资源详查和评价任务,工作总量占全国2/5。全面开展风电场选址和气候可行性论证等服务。完成《内蒙古风能资源综合评估报告》、《内蒙古风能资源短期数值模拟技术报告》。建立内蒙古太阳能资源评估业务系统。建成风电功率短期预报示范系统,内蒙古电力调度与风电场气象服务平台投入运行。

人工增雨服务　综合业务平台实现升级,业务现代化建设和作业点标准化建设取得新进展。人工影响天气联防作业有效开展,安全管理工作得到加强。由8架增雨飞机(其中自购3架)、264部火箭、676门高炮构成的人工影响天气作业体系,对农牧业生产、防灾减灾、生态环境的服务保障能力不断增强。

【现代化建设】

综合观测业务　编制完成7类专项观测系统建设规划。完成新增自动土壤水分观测站、区域自动站和雷电监测站建设。完成71座测风塔516个测风传感器的检定及更换任务。自主开发“台站天气实况传输及监测系统”并投入运行。完成新一代国内通信业务系统本地化并在全国率先投入运行。探索测报岗位分级管理并在部分基层局站试点。加强观测资料分析应用研究和观测初级产品的制作,为观测站网布局、预报预测提供了基础支撑。

预报预测准确率和精细化　制定“发展现代天气业务指导意见”实施方案。完善预报预测业务平台。开展中尺度天气分析业务并形成对下指导产品。加强预报预测指标方法的研发和数值预报模式产品释用、检验。改进天气会商流程,研制预报质量考核管理平台。实现台站实景监控系统和雷达定量估测降水业务在短临预报中的综合应用。组建暴雨、大雪、沙尘暴预报创新团队,制定考核管理办法。制定实施预报员学习考核跟踪检查办法,倡导重温天气学。实行新进预报员岗前培训、导师培养和考核上岗制。组织盟市台长业务培训,举办台长论坛。开展汛期预报质量竞赛。编制完成内蒙古天气预报技术手册。

【科技创新与人才体系建设】

任务型科研　完成科研立项125项,其中科技部、内蒙古自然科学基金、中国气象局14项,总经费达830万元。发表科技论文227篇,其中SCI收录2篇,国内核心期刊66篇。获自治区科技进步三等奖1项。举办以“气象与防灾减灾”为主题的第五届科技月活动。

多层次人才培养　1人获得正研职称,25人获得副研职称,112人获得中级职称。引进大学本科以上高校毕业生82人。调整补充11个处级领导班子,对6名处级干部进行轮岗交流。完成4个处级领导班子副职竞争上岗工作。落实中国气象局《百名优秀年轻干部下基层计划》,选拔3名干部到盟市气象局任职锻炼。选派38名干部到部门内外交流挂职。举办培训班193期4 588人次。98人完成为期1年的气象专业知识培训。选送出国培训5人。干部人事档案通过中国气象局审核、验收,并被评为“优秀”等次。

【社会与科学管理】

社会管理　自治区政府颁布实施《内蒙古自治区气象灾害预警信号发布与传播管理办法》,修订《内蒙古自治区人工影响天气管理办法》。编写草原干旱评估技术规范和内蒙古防雷装置检测规范等行标、地标各2项。人工影响天气、气象信息传播、气象探测环境和设施保护、防雷减灾、施放气球等管理工作得到加强。与教育部门、民委联合开展防雷安全检查。受理气象行政许可事项5 049件,作出行政许可决定4 915件。执法检查798件,违法行为得到及时处理和纠正。区气象局被自治区政府评为“行政执法工作突出单位”。

科学管理　区气象局各处室根据职责分别在12个盟市气象局试点,建立完善上下衔接、运行有序的各类管理制度和工作标准体系。进一步规范财务管理,实行科技服务收支预算审批制、地方经费预算和大额资金使用备案制。采取自查、互查、中介审计的方式加大财务监督检查力度。预算执行序时进度居气象部门前列。落实双重计划财务体制,地方投入经费1.8亿元,同比增长40%。调整科技服务收入分配机制,全区收入1.466亿元,同比增长62.44%。编制完成《内蒙古自治区“十二五”气象事业发展规划》。

【党建与基层工作】

党建　以“提高管理效能、提高业务水平、增强履职能力”为重点,坚持与“试点工作、业务工作、帮扶工作、整改落实、学习贯彻五中全会精神”相结合,扎实开展创先争优活动,受到自治区指导检查组充分肯定。4 个单位获全国气象部门文明台站标兵,8 人获自治区“先进工作者”,1 人获自治区“五一劳动奖章”。自治区级文明单位全部通过文明委复查。强化党风廉政建设责任制,严格实行“一票否决”。廉政教育和廉政文化建设得到自治区纪委充分肯定,在全区大会做典型发言。审计项目 68 项 3.55 亿元,节约资金 454 万元。连续 8 年被中国气象局、连续 6 年被自治区评为内审先进单位。

基层工作 派出制、托管制、轮休制、轮换制运行模式在 29 个旗县以下艰苦站推广,并获中国气象局创新工作奖。预算分配向基层倾斜,落实倾斜资金 3 167 万元,同比增长 1 459 万元。积极解决地方性津补贴,职工收入得到提高,办公生活条件得到改善,自我发展活力显著增强。

【气候影响评价】

气候概况 2010 年度内蒙古自治区的主要气候特征是:年平均气温接近常年,前半年偏冷,后半年偏暖;年总降水量全区大部地区正常到偏多。冬春季全区出现罕见持续低温;夏季全区大部地区出现高温、局部地区出现暴雨、雷暴、冰雹、病虫害等灾害,部分地区出现较严重干旱,给农牧业生产带来不利影响。

气候与农业 2010 年度内蒙古地区极端天气气候事件频发,冬季极端低温、降雪、春季低温、沙尘暴、夏季极端高温等事件在历史同期排位均靠前,秋季降水普遍偏多,对农业生产产生影响。3、4 月冷空气活动频繁,大部地区平均气温持续偏低 2 ~ 4℃,持续低温寡照造成全区大部地区春播生产延后约 15 天左右,已经播种作物出苗期延缓,同时低温寡照也给设施农业作物移栽及缓苗带来一定困难;5 月大部地区天气对流旺盛,短时强降水和冰雹天气频繁出现,洪涝、冰雹、大风等灾害性天气造成水毁、机械伤害等对农作物尤其是苗期农作物的生长以及一些设施农业造成损害。春季大风沙尘天气不利于土壤保墒,对春耕播种等农业活动造成影响;夏季内蒙古地区异常高温少雨,出现明显夏旱,6 月下旬开始高温天气逐步加剧,大面积农作物生长受到影响;7 月全区干旱进一步加剧,严重影响大田作物正常生长,大部地区作物生育期普遍推迟,特别是中西部大部地区受长时间干旱少雨和高温共同影响,农业生产遭受严重水分亏缺,甚至导致减产;8 月全区降水仍然偏少,特别是通辽市北部、赤峰市北部及阴山以北地区,干旱严重影响玉米后期灌浆和马铃薯块茎增大。秋季降水偏多以及寡照天气对中西部大部以及赤峰市南部等地大田作物收获以及晾晒不利。总之,2010 年气候条件对自治区农业生产活动影响是弊大于利。

气候与畜牧业 2010 年气候条件对内蒙古畜牧业生产的影响较大。冬季大部牧区气温偏低,降雪量偏多,且部分地区低温持续时间长,是近年来少有冷冬。持续低温以及降雪天气造成内蒙古大部牧区被积雪覆盖,且积雪持续时间长,牲畜无法外出觅食,牲畜抗病能力较差,牧区交通运输受阻,对饲草料短缺地区造成影响。春季多低温、寡照天气,造成牧草返青相应推迟,影响牲畜体力恢复及膘情增长尤其对母畜、幼畜及老弱病畜造成严重威胁,对牧区接羔保育造成不利影响。5 月洪涝、冰雹天气还对牧区牲畜生产造成损害,致使牲畜受伤、死亡等,但 5 月降水普遍偏多,对牧区春旱的缓解有利。夏季内蒙古牧区出现大范围干旱,牧草生长受阻,大部地区牧草出现黄尖、萎蔫和干枯等现象。另外,夏季高温少雨,我区大部牧区出现草原虫害,对牧草产量以及品质造成影响,对当地牧业生产影响较大。秋季内蒙古东部以及锡林郭勒盟东北部牧区气温偏高,降水偏少,有利于牲畜采食、脂肪蓄积以及接羔保育打草、贮草、晾晒等,但中西部大部牧区由于降水偏多,对当地牧草晾晒等不利。

【重要活动】 1 月 25 ~ 26 日,2010 年全区气象局长会议在呼和浩特召开,全区党风廉政建设暨纪检监察工作会议和全区人工影响天气会议一并召开。3 月 1 日,国务院在北京召开全国森林草原防火工作电视电话会议,内蒙古气象局被评为全国草原防火工作先进单位。3 月 23 日,区气象局围绕 2010 年世界气象日“世界气象组织——致力于人类安全和福祉的六十年”主题举办多种纪念活动。8 月 12 日,中国气象局沈晓农副局长一行 3 人到区局宣布人事任免通知,并检查指导工作。8 月 26 日,自治区人民政府印发“内蒙古自治区人民政府关于贯彻落实《气象灾害防御条例的实施意见》”(内政发〔2010〕63 号)。11 月 26 日,中国气象局沈晓农副局长在鄂尔多斯市杭锦旗视察扶贫工作。12 月 2 日,自治区主席巴特尔签发内蒙古自治区人民政府第 178 号令和第 179 号令,正式发布《内蒙古自治区气象灾害预警信号发布与传播办法》和《内蒙古自治区人工影响天气管理办法》。12 月 14 日,自治区政协主席陈光林、副主席郭子明、娜仁一行到区气象局视察指导工作。

(魏兴杰)

测　　绘

【内蒙古自治区测绘事业局领导名录】

党委书记 局　长:吴齐文(蒙古族)

副局长:赵新刚

副局长 纪检书记:郭党师

【概况】 内蒙古自治区测绘事业局承担内蒙古自治区境内基础测绘工作。工作范围包括基础测绘、重大测绘项目、地籍测绘;地理信息系统建设;编制出版内蒙古自治区行政区域地图、地图集和其他专业性图集;向社会提供测绘成果,为各级政府及有关部门提供测绘保障服务。内设机构有办公室、人事教育处(工会)、财务处、生产技术处。直属单位包括内蒙古自治区测绘院、内蒙古自治区航空遥感测绘院、内蒙古自治区地图制印院及内蒙古自治区测绘科技档案资料馆(内蒙古自治区地理信息中心),其中,内蒙古自治区测绘院、内蒙古自治区航空遥感测绘院、内蒙古自治区地图制印院为甲级资质测绘单位,内蒙古自治区测绘科技档案资料馆为科技事业单位档案管理国家二级。

【基础测绘】 2010 年,自治区基础测绘项目经费投入总计7 865 万元,其中,国家投入965 万元、自治区投入6 900万元。为了提高测绘应急保障能力,投入信息化测绘装备建设经费 1 750 万元。2010 年全局承接完成其它测绘项目产值 3 343 万元。全年完成 1 ∶ 1 万地形图测绘外业 1 859 幅、内业 1 762 幅,更新测绘外业 509 幅、内业 253 幅。全区新增 1 ∶ 1 万基本比例尺地形图覆盖面积 4 万平方公里,新增覆盖率 3.4%,全区 1:1 万基本比例尺地形图覆盖率达到 35.6%,覆盖面积 42.1 万平方公里。安排自治区东部三等水准测量1 000公里。1 ∶ 1 万数字地形图更新试生产项目正在组织实施中。完成数字线划地形图(DLG)工艺改进项目,其成果已经应用到全局基础测绘生产中。

【重大工程测绘】

内蒙古自治区基础地理信息公共服务平台“建设 2010 年项目启动,投入启动经费 349 万元,计划用三年时间建设完成。

数字城市建设　内蒙古自治区测绘事业局负责实施国家测绘局试点项目“数字包头”、“数字通辽”、“数字乌海”和“数字呼和浩特”地理空间框架建设项目;继续安排自治区中部地区全球导航卫星系统(GNSS)连续运行参考站综合服务网项目建设,2010 年建成参考站 8 个,目前全区已开通运行的参考站达 53 个。

测绘新技术应用　内蒙古自治区测绘事业局完成了利用高分辨率卫星影像建立的内蒙古三维影像演示系统。异地测绘资料备份基地完成了设备安装调试和测绘成果的备份工作,开始投入使用。2010 年,投入信息化测绘装备建设经费 1 750 万元,将购置像素工厂、移动三维扫描系统和无人航空摄影飞机等先进仪器设备等。

【质量监督与保密管理】 内蒙古自治区测绘事业局与项目承担单位签订《基础测绘项目责任书》,确保责任层层落实。为加强基础测绘生产的监督、指导,切实抓好基础测绘成果质量,采取了对二级单位基础测绘成果进行质量互检措施,特别是加强了对生产单位一、二级检查是否落实到位的监督。严格按照业务流程对内业成果进行抽查,把责任落实到人,对检查中出现的质量问题按照责任书追究相关人员责任;加强安全生产,定期开展安全生产检查,通过检查,发现安全隐患,及时纠正;实施了三角高程测量代替三等水准测量技术,提高了生产效率;加强培训教育,邀请测绘专家和软件公司相关人员进行生产质量和软件应用方面的培训。

2010 年,内蒙古自治区测绘事业局重新调整了局保密领导小组成员,对局属各单位的保密工作提出了明确要求并进行全面检查,对局域网、互联网进行物理隔离,安装了“涉密数据介质加密系统”,有效防止了测绘数据在生产、存储、使用和交换过程中的泄露。

【地图编制与成果应用】 为自治区党委、政府以及各有关部门领导办公室更新了挂图;为新来的自治区领导制作了专用分盟市地图,方便领导视察和快速了解区情;投入专项资金更新编制了领导工作用图,便于领导多方面了解自治区情况;及时为自治区发展改革委编制内蒙古地图册,满足了国务院调研组来自治区调研需要;分别为自治区党委常委办、纪检委、接待办、组织部等部门开发制作不同的地图成果,满足领导机关不同部门的需要。

2010 年,内蒙古自治区测绘事业局投入几十万元,为自治区各级党政部门提供各类挂图 400 多幅,各类地图集、地图册 3 000 多本,为社会各界提供各种专用地图 10 000 多幅。同时为基础测绘和社会提供各种比例尺地形图 17 000 多张,提供数字成果 3 000 多幅,提供航摄像片数据 9 000 多张、像片 8 000 多张,提供各种等级控制点成果 22 500 多个。

【人才培养】 2010 年,内蒙古自治区测绘事业局按照《2010 年内蒙古自治区政府直属事业单位公开招聘工作实施方案》要求，组织了二次公开招聘工作，共招收测绘专业人员22人。其中武汉大学毕业生12人，其他学校测绘专业毕业生10人。为加强人才管理，制定了《内蒙古测绘事业局人才发展五年规划》(2011－2015)，该《规划》2011年将正式实施。

【测绘合作共建】 内蒙古自治区测绘事业局开展了基础地理信息资源共建共享，与公安厅、环保厅等厅局签署了地理信息共建共享协议。同时大力组织实施测绘项目，不断充实自治区地理信息数据库，实现了全国测绘成果目录分发服务内蒙古分站点与国家测绘局的联通。

【创先争优活动】 根据上级党委安排，从6月开始，内蒙古自治区测绘事业局围绕5个基本要求、6个公开环节有计划、有步骤地开展创先争优活动。从促进科学发展的需要出发，紧紧围绕“争当测绘先锋，服务科学发展”这个主题，结合各项工作实际，坚持把创先争优活动同正在开展的各项工作结合起来。组织完成了局基层党组织、党员个人公开承诺环节，全局19个基层党组织、215名共产党员，按照开展活动的主题，结合自身实际，认真完成了公开承诺。

【党的建设】 通过民主生活会、述职述廉、廉政警示教育等形式，进一步规范权力运行及资金审批程序。严格执行《中共中央纪委关于严格禁止利用职务上的便利谋取不正当利益的若干规定》，按照《国土资源“二整治一改革”专项行动方案》要求，完成了《测绘事业局“二整治一改革”专项行动方案》和《测绘事业局“二整治一改革”专项行动阶段工作总结》，组织有关处室和单位排查岗位廉政风险点，建立防范体制。

【精神文明建设】 组织职工为青海玉树地震灾区、甘肃舟曲泥石流灾区和自治区遭受雪灾的地区进行献爱心捐助活动，全局干部职工共捐款100 046元。各基层工会组织开展“卡拉OK”歌咏比赛和“潮涌测绘——我的理想我做主”演讲比赛，邀请总工会直属企事业工会、托县大唐电力公司工会参加，在内蒙古大唐托电公司举办了工会干部培训班，同时开展了局创先争优典型事迹演讲会。局团委组织航空遥感测绘院团支部和地理信息中心团支部召开“增强质量意识，实践事业理想”座谈会。地理信息中心团支部和航空遥感测绘院团支部联合举办了“穿越时空的坐标——忆峥嵘岁月，创测绘新绩”访谈会。地图制印院团支部积极开展争创“青年文明号”活动。测绘院团支部组织团员青年参观内蒙古博物院。2010年内蒙古自治区航空遥感测绘院团支部被评为自治区直属机关先进团组织。

为展现30多年来内蒙古测绘事业发展成就，编辑出版了“回眸测绘36年——聚焦内蒙古测绘发展历程”影像集，并发送到职工手中。

【帮扶工作】 按照自治区安排部署，2010年，内蒙古自治区测绘事业局为兴安盟扎赉特旗提供20万元帮扶资金，续建50平米以上住宅房14套。

【荣誉】 2010年内蒙古自治区测绘事业局被评为“国家测绘局测绘应急保障先进集体”，测绘资料馆馆长张作宁被评为“国家测绘局测绘应急保障先进个人”。

(清格勒)

地震测报与防震

【内蒙古自治区地震局领导名录】

党组书记 局　长：包东健(蒙古族)

党组成员 副局长：曹刚 张建业

副巡视员：李晓峰(女)

【概况】 主要职能是，根据有关法律、法规和规章，监督、检查内蒙古的防震减灾工作，负责拟定防震减灾的规划和计划，负责建立地震监测预报和震灾预防及地震救援工作体系等项工作。管理机构为：办公室(法规处)、人事教育处、发展与财务处、科技监测处、震害防御处(地方地震工作处)、应急救援处、机关党委、审计监察处、离退休干部处。下属事业单位：地震监测预报研究中心、地震工程研究勘察院、行政执法监察总队、机关服务中心。

2010年，内蒙古自治区发生$M_L \geq 1.0$级地震488次，其中，$M_L 1.0 \sim 1.9$级地震284次，$M_L 2.0 \sim 2.9$级地震173次，$M_L 3.0 \sim 3.9$级地震24次，$M_L 4.0 \sim 4.9$级地震7次，无$M_L \geq 5.0$级地震。最大地震是2010年6月20日阿拉善左旗发生的$M_L 4.7$级地震，次大地震是2010年10月12日阿拉善右旗发生的$M_L 4.5$级地震。以上地震次数统计均为可定位地震。

【地震活动特征】

$M_L \geq 3.0$级地震频度出现较大下降　2010年发生$M_L \geq 3.0$级地震31次，与2007年38次、2008年45次、2009年50次相比，地震活动频度有较大下降。其中，特别是2010年未发生$M_L 5.0 \sim 5.9$级地震，与2009年发生2次$M_L 5.0 \sim 5.9$级地震相比，$M_L 5.0 \sim 5.9$级地震频度明显下降。

地震活动强度西部地区强、中部和东部地区弱　2010年发生的7次$M_L \geq 4.0$级地震都分布在内蒙古

自治区西部地区,特别是阿拉善地区地震强度水平相对较高。内蒙古自治区中部和东部地区地震强度水平相对较低,未发生 $M_L \geqslant 4.0$ 级地震。

发生1次有感地震 2010年6月20日19时03分,在阿拉善左旗(北纬39°56′,东经106°27′)发生 $M_L4.7$ 级地震,乌海市区有感,阿拉善左旗巴彦木仁苏木震感较为明显,大部分人感觉到摇晃和听到门窗作响。

老震区中等地震活跃 2010年内蒙古自治区发生7次 $M_L \geqslant 4.0$ 级地震,其中有5次发生在老震区:2010年6月20日 $M_L4.7$ 级地震发生在1976年9月23日巴音木仁6.2级老震区;2010年9月6日 $M_L4.0$ 级、2010年12月9日 $M_L4.3$ 级、2010年12月18日 $M_L4.1$ 级地震均发生在1954年7月31日腾格里沙漠北7.0级老震区;2010年12月10日 $M_L4.1$ 级地震发生在1954年2月11日阿拉善右旗与甘肃省山丹县交界的7.2级老震区。

地震丛集活动区 2010年地震活动出现5个丛集活动区:阿拉善右旗与甘肃山丹交界地区;腾格里沙漠北地区;乌海市至蒙宁交界地区;呼和浩特至山西交界地区;扎兰屯地区。

【震情监测预报工作】 1.2010年,内蒙古自治区发生 $M_L \geqslant 1.0$ 级地震488次,发生 $M_L \geqslant 3.0$ 级地震31次,与2007年38次、2008年45次、2009年50次相比,地震活动频度有较大幅度下降。

2.2010年先后对鄂尔多斯杭锦旗民用井、八一井水位、乌加河电阻率、乌加河大地电场、宝昌电阻率(多次)、乌拉特中旗民用井、巴彦浩特金属摆等地震前兆观测手段和一些宏观井进行核实,逐一排查,为震情跟踪和判定提供了重要依据。

3.6月20日,阿拉善盟阿左旗巴彦木仁苏木发生4.3级地震,内蒙古自治区地震局在及时通过新闻媒体向大众发布震情的同时,召开专门局务会和紧急会商会,以《震情通报》的形式报告内蒙古自治区党委、政府和中国地震局,并多次派出工作组赶赴现场开展异常核实工作。内蒙古自治区地震局专门下发通知,要求阿拉善盟、乌海市、巴彦淖尔市、鄂尔多斯市地震局、地震台站进入震情短临跟踪工作状态,并对震情值班、监测和异常排查工作、启动短波电台和地震应急备震提出具体要求,特别要求阿拉善盟与内蒙古自治区地震局建立热线,实行零报告制度。"八一井"对超限异常进行人工测量,巴彦浩特对历史资料进行全面总结清理,开展了为期三个月具有实战性的短临跟踪工作。

4.6月12日,呼和浩特市地震局牵头在鄂尔多斯市东胜区举行4盟市地震联防工作会议。7月8日至12日,包头–呼和浩特–晋冀蒙三省交界区地震联防会议在乌兰察布市召开。8月10日,内蒙古自治区西部地震联防工作会议在乌海市举行。通过一系列联防会议的召开,形成了跨区域大联防和区域内小联防的整体联防网络,内蒙古自治区地震联防体系日趋完善。

5.2010年10月18日至20日,内蒙古自治区地震局在呼和浩特市召开了2011年度全区地震趋势会商会。会议组织与会专家和分析预报人员对2011年度内蒙古自治区地震趋势判定、短临预报工作思路及重点监视区强化跟踪措施进行了认真的讨论,确定了临河–蒙宁交界地区、蒙晋冀交界地区等2个地震重点监视区和牙克石–扎兰屯地区1个值得注意的地区以及辽蒙交界地区、兴安盟与呼伦贝尔交界地区等2个需要关注的地区。

【台网运行管理】 东胜地震台、集宁地震台的干扰破坏事宜年内正在积极商谈中。在2009年度全国地震监测预报工作质量全国统评工作中,呼和浩特地震台获资料分析第三名、乌加河地震台获资料分析第三名、包头地震台获洞体第三名、信息管理第三名。

【台网建设】 1.2010年完成了海拉尔地震台受到严重干扰后的拆迁以及科普教育基地兴建工作。完成了清水河地震台观测室整体搬迁工作。

2.完成西山咀地震台站优化改造项目工程,绩效考评报告顺利通过中国地震局监测预报司验收。包头地震台优化改造项目主体工程全面完工。按照内蒙古自治区地震局总体安排部署,已申报乌海市地震台站作为2011年重点地震台站优化改造项目。

3.陆态网络项目完成仪器安装调试并进入试运行阶段。2010年初在天津市进行的陆态网络项目档案验收工作中,乌加河等6个基准站陆态网络建设项目通过了由中国地震局组织的一级监理,各部委监理专家认为内蒙古自治区地震局项目建设规范、档案完整,土建工程全部到达优良。

4.按照中国地震局要求,4月至7月项目实施组对内蒙古自治区17个GNSS基准站进行了线路接入和设备安装工作,通过与内蒙古气象局、测绘局及教育部、总参测绘局、中科院等单位有效沟通,精心组织、合理安排,按时完成了内蒙古自治区设备安装和网络联调工作。

5."内蒙古自治区地震预测预警项目"是内蒙古自治区发改委首次下达的地震监测系统项目,"数字化地下流体观测网络建设”作为其子项目,内蒙古自治区地震局在方案设计、设备购置和基础建设等方面严格监督管理,完成了呼和浩特、包头、赤峰台的钻井工作,土建工作接近尾声,架设了数据接受服务器,包头观测井完成设备安装工作并进入试运行阶段。

6.按照中国地震局背景场探测项目管理组统一部署要求,全面完成了背景场探测项目土地预审和项目初步设计工作,为背景场项目2011年进入土建实施阶段奠定了坚实基础。

【震害预防工作】

抗震设防要求管理 1.配合自治区教育厅等有关部门继续做好中小学校舍安全工程。规范农牧区建房抗震管理,与自治区建设、民政、文明办、农牧业厅等单位加强联系,为围封转移、文明村建设等民居工程提供抗震设防依据,调查自治区农村、牧区民居建设投入和规模,推进地震农居安全示范区建设工作。

2.与内蒙古自治区发改委联合向各盟市发改委、物价局、地震局转发《国家发展改革委、中国地震局关于印发〈国家地震安全性评价收费管理办法〉的通知》,并提出了内蒙古自治区地震安全性评价收费执行的具体要求。

3.与自治区人力资源社会保障厅联合在全区开展二级地震安全性评价工程师考试工作。在全国率先提出二级地震安全性评价工程师职业资格考试成绩滚动管理的方法。

地震安全性评价管理 1.2010年全年审批建设工程场地地震安全性评价报告150个,其中,国家地震安评委评审安评Ⅱ级工作报告2个,内蒙古地震安评委评审148个项目。评审安评Ⅱ级工作报告53个;Ⅲ级工作报告8个;Ⅳ级工作报告87个。

2.组织一级地震安全性评价工程师考试报名工作。全区有7人取得一级地震安全性评价工程师资质证。

3.根据中国地震局《关于做好地震安全性评价工程师注册和单位资质重新认定工作的通知》要求,完成申报甲级资质单位审查工作。对申报的第一批二级地震安全性评价工程师进行了网上公示和确认。全区已有1个单位取得甲级资质、1个单位取得乙级资质。二级地震安全性评价工程师注册和丙级单位资质重新认定工作也在进行中。

活动断层探测 包头市、乌海市将活动断层探测和危险性评价纳入“十二五”规划,年内已经立项并开始着手实施,力争在“十二五”期间完成。

防震减灾社会宣传教育 1.针对2010年4月上旬、中旬出现在内蒙古自治区中西部地区的地震谣言,内蒙古自治区地震局和有关新闻媒体在广播电视、电台和报纸等主流媒体开展一系列识别谣言的宣传报道。

2.4月20日,内蒙古自治区地震局包东健局长做客“中国·内蒙古”网在线回答网友提问,通过互动交流、防震减灾政策讲解、地震科普知识介绍等方式进行防震减灾宣传,保证了在地震谣传事件中有政府有关部门辟谣的主流声音后,内蒙古自治区党委宣传部、政府办公厅、地震局、公安厅和移动、联通等初步建立起防止地震谣言协调联动机制,在网络监控和信息传播方面采取了一定的措施。

3.4月15日,内蒙古自治区地震局与内蒙古经济生活频道“百姓热线”栏目组合作,邀请社区群众30人在呼和浩特防震减灾科普教育基地制作了防震减灾专题宣传片。以呼和浩特防震减灾科普教育基地为背景,带领社区群众系统参观了地震科普展厅、地震监测山洞和数据处理中心,使社区群众系统地学习了地震科普知识,了解了地震监测台站的工作。

4.2010年5月至7月,内蒙古自治区地震局及各盟市地震局积极开展全国防灾减灾日、唐山地震纪念日主题宣传系列活动,在各盟市举办中小学校应急疏散演练、防震减灾科普宣传进社区等科普宣传活动,并在相关报纸刊登防震减灾知识专版宣传内容。

5.继续完善呼和浩特市防震减灾科普教育基地工作,充实内容和必要设施,加强科普基地的维护和管理。完成了赤峰市科普教育基地土建工程和布展等。加强对盟市科普基地的指导,给予了必要的技术支持。

震灾预防其他工作 1.在全国市县防震减灾工作综合评比中,赤峰市地震局获得三等奖,巴彦淖尔市、乌兰察布市获得优秀奖,乌兰察布市获得社会动员单项奖,呼和浩特市玉泉区科技局地震办、通辽市霍林郭勒科技局地震办、赤峰林西县地震局、兴安盟扎赉特旗地震局、巴彦淖尔市乌拉特前旗地震办获得全国县级防震减灾工作先进单位称号。

2.2010年11月11日,与自治区教育厅、科技厅、科协联合印发了《内蒙古自治区防震减灾科普示范学校管理办法》(试行)和《内蒙古自治区防震减灾科普示范学校评比标准》(试行)。对呼和浩特市、赤峰市、乌海市、锡林郭勒盟申报的“内蒙古自治区防震减灾科普示范学校”进行了评审,认定呼和浩特市实验中学、呼和浩特市第二中学、赤峰市元宝山区风水沟镇中心校、赤峰市元宝山区第二中学、锡林郭勒盟正蓝旗蒙古族中学、锡林郭勒盟正镶白旗第二小学、乌海市乌达区巴音赛街小学、乌海市海勃湾区第一小学等八所中小学为2010年度“内蒙古自治区防震减灾科普示范学校”。

3. 印发了《关于加强防震减灾“三网一员”建设工作的通知》,进一步规范盟市“三网一员”人员队伍管理,统计更新了全区“三网一员”人员名单。

4. 制订了《内蒙古自治区防震减灾工作综合评比办法》,并由自治区防震减灾工作领导小组办公室名义下发全区执行。

5. 在现行《内蒙古自治区防震减灾条例》的基础上,起草完成了《内蒙古自治区防震减灾条例》修订初稿。内蒙古地震局和自治区人大教科文卫委员会、政府法制办组成联合调研组,分两次赴吉林省、陕西省、四川省、云南省和区内的兴安盟、赤峰市等地进行了立法调研。

【应急救援工作】 制定内蒙古地震局“大震应急方案”(包括地震模拟演习)实施细则,对各部门的工作流程和主要职责进行了细致、明确的划分。7月20日至21日,内蒙古自治区政府举办全区地震应急预案培训班,对自治区防震减灾领导小组成员单位负责人、各盟市政府秘书长、应急办主任进行了培训。8月11日,内蒙古地震局在呼和浩特市和林格尔县进行了模拟远程地震事件应急拉练演习,进行了科学考察、震害快速评估和指挥中心应急通信等科目的演练。9月14日,举行了内蒙古“蒙西－2010”大型地震应急演练。演练以巴彦淖尔市临河区发生6.5级地震为背景,演练“地震监视、路桥抢修、维护社会治安、人员抢救、医疗救护、卫生防疫、应急疏散、通信抢修、新闻报道、灾民安置、电力抢修、供气抢修、供水抢修、铁路抢修、次生灾害救援”等15个内容。自治区防震减灾工作领导小组成员单位负责人,各盟市分管防震减灾工作的盟市长、秘书长和18个专业分队1000余人参加了演练。中国地震局应急救援司苗崇刚副司长专程参加了应急演练。

制定了《内蒙古自治区地震应急联动工作实施方案》,按照区域划分原则,将全区划分为东北、华北、西北三个协作联动区开展应急联动工作。结合内蒙古自治区地域特点和震情形势,坚持“抓中间、带两头”的工作方针,建立以“呼—包—鄂金三角”为中心,东西部为两端的协作区框架,进一步完善和健全震情跟踪、应急协作工作方案。加大武警内蒙古总队抢险救援力量建设,建立了基本救援力量和专业救援力量。根据内蒙古自治区地域特点,将基本救援力量划分为三个战区指挥调度兵力,已配备各类救援装备100余种。2010年12月,武警内蒙古总队选派6名骨干参加了武警部队依托国家地震紧急救援训练基地组织的抢险救援干部骨干培训。

(弓建平)

交 通 运 输

铁路运输与管理

【呼和浩特铁路局领导名录】

局长 党委副书记:林奋强

常务副局长:刘彪 于文峰(11 月任职)

副局长 总工程师:王连春(5 月免总工程师)

副局长:曹云明(5 月兼任总工程师)

副局长:陈玉柱 李玉平 马俊飞 王福 王利铭 王云光(11 月任职)

总会计师:李希顺

党委书记:甄忠义

党委副书记 纪委书记:陈洪奎

工会主席:曲永堂

【概况】 呼和浩特铁路局管内大部分线路北傍阴山,南沿黄河,是连接西北、华北物资运输的主要通道。集二线又是通往蒙古国、俄罗斯及东欧的国际干线。

管界东起京包线(北京~包头)的古店站与孤山站间 K380+500 处,与北京局毗邻;西至包兰线(包头东~兰州)的乌海西站与石嘴山站间 K423+000 处,与兰州局相连;南起包西线(包头~西安)的新街站与中鸡站间 K176+923 处,与西安局相连;北到集二线的二连站至蒙古国扎门乌德站间 K335+601 处,与蒙古国接轨。管内共有 3 条干线、9 条支线(含一条环线)、7 条联络线、7 条合资铁路。

干线:京包线(北京~包头东),全长 831.519 公里,管内长 415.9 公里(双线);包兰线(包头东~兰州),全长 845.679 公里,管内长 422.8 公里(双线);集二线(集宁~二连),全长 364.910 公里(其中集宁~贲红 34.6 公里双线)。

支线:包白线(包头西~白云鄂博),全长 155.530 公里(双线 10.686 公里);包石线(包头东~二道沙河~石拐),全长 31.664 公里(封闭);包环线(包头东~昆都仑召),全长 28.964 公里;乌吉线(乌海西~吉兰泰),全长 130.088 公里;海公线(乌海~分界),全长 1.723 公里;郭查线(郭尔奔敖包~查干诺尔),全长 48.387 公里;包神线(包头~神木),管内线路长度 1.259 公里(双线);呼准线(呼和浩特~准格尔),管内线路长度 1.322 公里(双线);临哈线(临河~分界),全长 1.390 公里。

联络线:集葫联络线(集宁~葫芦),全长 6.056 公里(双线);南北联络线(集宁南~集宁),全长 4.984 公里(双线);包石包环联络线(二道沙河~二道沙河),全长 1.087 公里;包石包环联络线(昆都仑~昆都仑),全长 0.766 公里;包兰包白联络线(打拉亥~包头北),全长 5.088 公里;中蒙联络线(二连~中蒙边境),全长 5.599 公里;万包联络线(包头站~万水泉南站),全长 3.985 公里。

合资铁路:呼准线(呼和浩特西~周家湾),全长 124.628 公里(其中呼和浩特西~倘不浪 3.795 公里双线);包西线(包头~西安),全长 173.802 公里(双线);包满线(白云鄂博南~巴音花),全长 85.627 公里;临哈线(临河~哈密),管内开通长度 700.607 公里;天策线(天鹅湖西~策克),全长 67.490 公里;海公线(分界~公乌素),全长 51.677 公里;拉黄线(黄白茨~拉僧庙),全长 24.741 公里。

准轨运营线路总延展长 3 819.576 公里,其中准轨正线 2 484.157 公里,宽轨正线 5.3 公里,营业里程 1 581.100 公里。正线无缝线路总长度 1 985.466 公里,占正线总长度 80.1%,站线无缝线路总长度 38.060公里,占站线总长度的 3.0%。60 公里/米钢轨正线铺设总长度 1 887.673 公里,占正线总延展长度的 95.1%,其中区间无缝线路 1 705.084 公里。道岔总计 3940 组,其中准轨正线道岔 1 218 组,宽轨线路道岔 104 组。合资线路延展长 1 604.800 公里,其中正线延展长 1 402.119 公里,道岔总计 537 组,其中正线道岔 277 组。国铁桥梁 1 335 座,总延展长 40 385 米,其中特大桥 5 座,延展长 4 815 米,大桥 43 座,延展长 8452 米,中桥 343 座,延展长 1 6719 米,小桥 944 座,延展长10 399米。隧道 14 座,总延长 8 294 米。涵渠 1 422座,总延展长32 133米。合资铁路桥梁 414 座,总延展长68 770米,其中特大桥 30 座,延展长38 565米,大桥 79 座,延展长 17 845 米,中桥 132 座,延展长

8 843米,小桥173座,延展长3517米。隧道9座,总延长28 053米。涵渠1 722座,总延展长41 274米。

车站154个,其中一等站8个、二等站9个;配属机车479台,其中内燃机车340台、蒸汽机车51台、电力机车88台;配属客车(含代管邮政、行李车及局管路用车)1 419辆,其中硬座车385辆,硬卧车558辆,软卧车116辆,餐车62辆,软座车4辆,发电车46辆,双层客车28辆,特种试验车2辆,代管行李车61辆,代管邮政车15辆,局管路用车139辆。配属中,25G型及以上客车633辆,占配属总数的44.6%。

信号设备总计2 652公里,其中复线1 066公里。车站(场)数合计159个,继电集中车站47个,计算机联锁车站112个,自动化驼峰场5个。自动闭塞1 133公里,半自动闭塞1 519公里,一体化机车信号346台,通用式机车信号73台,道口信号10处。联锁道岔4 237组,无联锁道岔100组,全局设备换算道岔48 748组。固定资产1 558 399万元。

局所属单位有52个。其中运输站段19个(直属站5个、车务段3个、客运段1个、机务段2个、供电段1个、工务段3个、电务段1个、车辆段2个、工务机械段1个),多集经单位4个(多元经营管理中心、恒诺集团公司、外经集团公司、集体经济管理处),铁路公安局、检察院、法院单位12个,工附业单位1个(焊轨段),局直属单位16个(局党校、扬州疗养院培训中心)、科研所、信息技术所、机关服务所、计量所、铁道报社、职工培训基地、疾病预防控制所、招待所、沁原工程监理公司、华丰会计师事务所、装卸监督管理所、临策铁路基础设备管理部、蒙冀铁路筹备组、呼准东乌筹备组)。

局机关设有行政限额内机构22个,科室93个,行政限额内机构定员编制407名;限额外机构3个,科室28个,限额外机构定员编制235名;派出机构1个,定员编制13名;附属机构30个,定员编制532名;自收自支或有经费来源的附属机构7个,定员编制215名;学协会机构2个(铁道学会、企业管理协会),定员编制4名。

全局职工总数67 184人(含控股合资铁路公司),其中工人57673人,占职工总数的85.8%;干部9 511人,占职工总数的14.2%。职工中少数民族4 509人(工人3898人,干部611人),占职工总数的7.2%。

【铁路建设】 新建呼准鄂、张唐、天策、金甘、蓝张和集通扩能6个项目完成前期工作,除呼准鄂外全部开工;包西和呼和东站等9个项目建成,新投产线路612公里、复线184.1公里、电气化铁路445.1公里,完成建设总投资183.8亿元。

【运输生产经营】 全局货物发送量完成20 260.6万吨,超部定目标1 760.6万吨,同比增加4 498.1万吨,增长28.5%,增量历史最高;旅客发送量完成2 107.4万人,超部定目标57.4万人,同比增加84.2万人,增长4.2%。运输总收入完成257.4亿元,超部定计划31.4亿元,同比增加73.8亿元,增长40.2%;运输营业收入完成141.2亿元,超部定计划14.3亿元,同比增加30.7亿元,增长27.8%。运输总支出调控到预算范围,资产管理、成本控制、劳动用工、工资分配工作不断加强,全年节支3.38亿元,非生产性成本支出较上年压缩4.8%。

【多元经营】 完成经营收入166亿元,超部定计划61亿元,同比增长42.7%;实现利润4.8亿元,超部定计划2.7亿元,较上年翻了一番;创造综合效益12.8亿元,同比增长56.9%。集体经济完成收入11.8亿元,超年计划39%,同比增长20.4%;实现利润2 853万元,超年计划43%,同比增长32.9%。

【铁道部表彰抗击特大暴风雪英雄模范集体和个人】 1月26日,铁道部、铁道部政治部、中华全国铁路总工会、全国铁道团委召开全路电视电话会议,隆重表彰呼和局在年初抗击特大暴风雪中涌现出的英雄模范集体和个人决定:授予呼和局包头客运段1814次列车"抗击暴风雪英雄列车"荣誉称号和"火车头奖杯",授予集通铁路(集团)公司白旗工务段"抗击暴风雪、奋力保畅通模范铁路工务段"荣誉称号和"火车头奖杯",授予集通铁路(集团)公司白旗工务段商都线路车间三介海子工区工长黄德玉等40名同志"抗击暴风雪、英勇救旅客模范职工"荣誉称号和"火车头奖章"。

【临策线(临河——额济纳段)正式开通使用】 临策线(临河——额济纳段)自2010年5月8日正式开通使用。线路开通后,正线全线限速每小时80公里运行,到发线允许速度为每小时45公里,以后运行速度根据设备情况而定。

【荣获全国"安康杯"竞赛活动优胜企业称号】 7月6日,全国"安康杯"竞赛表彰暨经验交流大会在北京召开,这是呼和局连续9年被中华全国总工会、国家安全生产监督管理总局授予全国"安康杯"竞赛活动优胜企业。同时也是全路唯一获得全国"安康杯"竞赛活动示范企业的单位。

【蒙东铁路网三条新线开工建设】 8月30日,蒙东铁路网集宁至通辽铁路增建二线扩能改造工程、锡林浩特至多伦铁路增建二线扩能改造工程、新建正蓝旗至张家口铁路三条铁路线正式开工建设。

集通线是国家“八纵八横”铁路网的组成部分，是连接我国三北（东北、华北、西北）地区的一条东西大干线，是蒙东路网规划的关键线路之一，同时也是国内的一条煤运主通道。集通铁路增建二线扩能改造工程西起集二线贲红站，东至通霍线通辽北站，全长923公里，按一次性电气化最高设计时速160公里/小时标准，年输送能力8 000万吨。铁路建成后，将进一步密切内蒙古自治区中东部地区与东北、中原地区经济合作交流，实现优势互补，整体联动。

锡多线是蒙东路网的关键铁路之一，是内蒙古中部地区丰富的煤炭、矿石资源等货物出海大通道，对促进该地区外向型经济的发展和丰富资源的开发起着积极的作用。2010年内蒙古查明煤炭储量7 000多亿吨，跃居全国第一位，而蒙东地区的煤炭储量占自治区煤炭储量的五分之一。锡多铁路增建二线扩能改造工程北起锡林浩特北站，南至多伦站，全长256公里，年输送能力12 500万吨。该铁路建成后，进一步扩充蒙东路网主轴通道能力，形成蒙东地区煤炭资源经锡丰线至曹妃甸港出区达海黄金通道，促进蒙东地区资源开发及相关产业发展，有效缓解锡林郭勒盟煤炭外运的“瓶颈”制约。

蓝张铁路是蒙东路网规划的重点线路之一，北起内蒙古自治区锡林郭勒盟正蓝旗，南至河北省张家口地区，向南通过锡林郭勒盟正蓝旗、太仆寺旗进入河北省境内，途经河北省塞北管理区、沽源县、张北县、崇礼县，最终与京包线接轨于沙岭子东站，线路全长247公里，年输送能力3 000万吨。该线路是既有集通线连接京包线的重要通道，也是锡林郭勒盟煤炭进入华北地区路网干线最方便快捷的通道。铁路建成后，将成为锡林郭勒盟至京津唐地区最便捷的客货通道，对完善蒙东地区路网结构，拉动沿线经济发展，具有十分重要的意义。

【局房地产开发公司完成公司制改建】 局房地产开发公司成立于1992年，主要是集房地产开发、建安施工和物业管理为一体的综合性、多元化经营实体，具有房地产、建安施工三级资质，属国有全资企业。为进一步优化公司经济性质和组织结构，创新发展机制，增强市场竞争力，增强创收创岗功能，公司按照路局要求，依据《公司法》和国家企业改制的政策法规，按现代企业制度改制，将公司改制为法人独资的有限责任公司，正式更名为内蒙古呼和浩特铁路局房地产开发有限责任公司，注册资本金6 100万元。

【安全生产12周年】 全局牢固树立安全发展理念，全面推进精品高效局和“三项工程”建设，以推行“2＋1”安全管理模式为平台，强化专业管理、专职监督和综合保障，深入推进安全专项整治，不断提升行车设备质量，着力解决影响运输安全的突出问题，有力提升了安全基础保障能力和现场安全防控能力，使全局运输安全保持了持续稳定可控的良好态势，截至2010年10月11日实现无责任铁路交通一般A类及以上事故12周年，创建局以来安全最好成绩。

【包西铁路内蒙古段全线开通】 10月31日，内蒙古自治区第一条快速铁路，包（头）西（安）铁路内蒙古段全线开通剪彩仪式在新街站隆重举行。

2007年12月6日开工建设的包西铁路是我国《中长期铁路网规划（2008年调整）》中南北大通道包柳通道的重要组成部分。新建包西铁路内蒙古段位于内蒙古中南部，线路全长177.08公里，设计年运量1.6亿吨，客车每日30对，投资概算54.4亿元，建设等级为国铁Ⅰ级双线电气化铁路，速度目标值160公里/小时，预留200公里/小时条件。共设包头南、达拉特西等8个车站，其中7个车站具备万吨开行条件。包西铁路内蒙古段全线建有双线特大桥16座和大桥19座、涵洞185座、隧道4座，其中飞跨黄河的特大桥全长3 918米，距水面最高处27.5米，乌兰木伦河特大桥最高墩55米，活沙兔隧道全长4254米。此段线路的开通运营，对促进沿线煤田大规模综合开发利用，保障西电东送，带动老区开发红色旅游，实现地区经济协调持续发展都具有重要的现实意义。线路开通后将为呼和浩特、包头、鄂尔多斯经济“金三角”地区提供低成本、大运量的运输服务，使鄂尔多斯融入中国铁路快速重载网络，极大增强蒙西地区煤炭的铁路运输能力。

【海公铁路扩能改造工程竣工】 11月1日，海公铁路扩能改造工程竣工开通剪彩仪式在黄白茨站隆重举行。海公铁路是自治区西部从矿区直达港口煤运大通道的重要组成部分。海公铁路扩能改造工程分为两部分。一是新建拉僧庙至黄白茨铁路，线路长度24.25公里；二是在既有海公线拉僧庙至公乌素间进行电气化扩能改造，新建和改造线路长度共计35.06公里，共有特大桥4座、大桥7座、涵洞58座，总投资7.6亿元。工程工期原计划18个月，仅用15个月提前完工。

海公线每年发运量889万吨，新线建成后通过海公新线每年发运量近期为1 200万吨，远期将达到3 000万吨。该扩能改造工程的竣工开通，对于优化我国北方地区铁路网结构,加强包兰、太中、包神、包西等干线铁路间联系,打破乌海市铁路运输瓶颈,提高乌海地区的铁路运输能力,加快乌海地区资源开发,促进乌海和鄂尔多斯西部地区经济发展,改善沿线生态环境,提高包兰、东乌铁路运量,加速自治区西部开发建设步伐都具有重要意义。

【额济纳至呼和浩特旅客列车开行仪式隆重举行】 11 月 24 日,额济纳至呼和浩特 4662/1 次旅客列车开行暨天鹅湖西至策克铁路开通仪式正式开始。额济纳至呼和浩特铁路全长 1 066.8 公里,新建天鹅湖西至策克铁路是自治区重点口岸铁路通道,由临策铁路临河至额济纳段中的天鹅湖西站引出,向北至中蒙边境策克口岸,线路长 68.8 公里,建设技术标准为国铁Ⅱ级,单线内燃机牵引,速度目标值 120 公里/小时,预留电气化运输条件,设计年运量 1 600 万吨,客车 1 对/日,建设总投资 5.8 亿元。项目于 2010 年 4 月 25 日开工,当年建成。天策铁路由呼和局和首钢控股有限责任公司、中国中铁股份有限公司 3 家共同出资修建,它的建成通车标志着临策铁路全线开通运营,对做大做强内蒙古自治区口岸经济,更好更快地促进口岸贸易品质提升,加强蒙西和蒙中地区经济文化交流,实施互利共赢开放战略、构建全方位对外开放格局具有重要战略意义。

【呼铁同洲物流园一期工程投入运营】 呼铁同洲物流园是以金属非金属矿石、危险化工品、普通化工品和精煤、焦炭的仓储、搬运、装卸、运输及其它延伸服务为主的现代化综合物流园,由呼和局多元经营管理中心深圳蒙鑫公司联合鄂尔多斯电力冶金公司、内蒙古三维资源集团公司共同出资组建,位于乌海市海南区西来峰工业园区内,占地 1 020 亩,总投资约 2.3 亿元。物流园分三期建设,此次建成的一期工程投资达 1 亿元,建设有效长 1 050 米的铁路作业线三条,高站台 830 延米,钢结构仓库和雨棚各两座,整体装运能力不低于 300 万吨/年。二期和三期工程全部建成后物流园的装运能力将不低于 800 万吨/年。同洲物流园区的建成开通,是路地双方本着“集约化、规模化、现代化”的原则和“系统性、功能性、前瞻性”的思路,统筹乌海市产业布局规划、产品结构特征和呼和局路网建设规划,加强路地深入合作的成功典范,在加速拉动乌海市、鄂尔多斯市经济建设,加快地方经济社会发展等方面将产生积极而深远的影响。

【新建包满铁路白巴段开通】 12 月 15 日,新建包满铁路白云鄂博至巴音花段开通剪彩仪式在白云鄂博南站隆重举行。包满铁路是国家“五横五纵”铁路网的重要组成部分,是内蒙古自治区“十一五”铁路建设规划的重点项目,全线由包头至白云鄂博(既有线)、白云鄂博至巴音花、巴音花至满都拉口岸三段铁路组成,全长 262.69 公里。该线路由呼和局和内蒙古蒙电华能热电股份有限公司、江苏长三角能源发展有限公司、中铁六局集团有限公司、达茂联合旗城市基础设施投资有限责任公司共同投资建设。线路建成后将与既有的包兰、京包铁路连接,形成贯通中国北部边疆的铁路运输大通道,进一步提升蒙中地区铁路运输能力,促进沿线资源开发利用。同时,包满铁路将使蒙古国乌兰巴托至包头的铁路运输距离缩短 319 公里,必将进一步推动铁路沿线地区经济发展和矿产资源开发利用,在更高层次、更宽领域、更大范围促进中蒙两国经贸往来。

白云鄂博至巴音花段为包满铁路一期工程,线路全长 84.88 公里,是自治区重要的口岸通道,建设标准为国铁Ⅱ级,单线电气化,预留重型轨道条件,设计时速 120 公里,牵引质量 5 000 吨,设计年输送能力为近期 1 800 万吨、远期 2 670 万吨,总投资 12.055 亿元。该段线路经白云鄂博矿区进入达茂旗境内,途经巴音敖包、巴音珠日和、查干诺尔苏木,共设白云鄂博南、百灵庙、朝鲁图、额很乌苏、小布盖齐、巴音花 6 个车站。

【新建西甘铁路西金段开通】 12 月 16 日 10 时 38 分,新建西甘铁路西小召至金泉段开通仪式在西甘铁路西小召站隆重举行。西甘铁路南起既有包兰线的西小召站,北至中蒙边境甘其毛都口岸,全长约 225.19 公里,工程总投资 31.56 亿元,建设标准西金段为国铁一级,金甘段为国铁二级,单线电气化铁路,设计时速 120 公里,牵引质量 5 000 吨,设计年输送能力为近期 2 627万吨、远期 3 958 万吨。该线由呼和局与内蒙古蒙泰煤电集团有限公司、巴彦淖尔市亨通物流国际有限责任公司、上海万业企业股份有限公司等 7 家股东共同出资修建。

【新建新恩陶铁路新街至图克段工程列车开通】 12 月 21 日,新建新街至恩格阿娄至陶利庙铁路,新街至图克段工程列车开通仪式在图克站隆重举行,标志着新建新恩陶铁路建设取得阶段性成果。新建新恩陶铁路主要在乌审旗境内,是自治区铁路网规划的重要项目,也是鄂尔多斯市“三横四纵”铁路网规划的主要组成部分。它位于煤炭资源富集的鄂尔多斯市境内,由包西线的新街站接轨,向西南穿越毛乌素沙漠,终到乌审旗陶利庙。全线共设新街西、台阁庙、察汗淖、图克、大牛地、乌兰陶勒盖、乌审旗、陶利庙 8 个车站。工程于2009 年 8 月 20 日正式开工，线路全长 177.821 公里。工程总投资 28 亿元，建设等级为国铁Ⅰ级，单线电气化铁路，预留双线条件，设计区段旅客列车速度120 公里/小时。开通的新街西至图克段，线路全长35.8 公里。

该段铁路主要服务于鄂尔多斯地区的矿区开发和地方经济发展，它的建成可增强蒙西地区煤炭的集运能力，保证煤炭的开发规模，降低运输成本。也可满足沿线地区生产生活的运输需要，对实现我国能源发展战略，发挥西部地区能源资源丰富优势，保障东部地区的能源供应，支援国家经济建设具有重要意义，同时也结束了乌审旗没有国铁的历史。

【荣获"全国厂务公开民主管理先进单位"称号】 全国厂务公开协调小组颁布《关于表彰全国厂务公开民主管理工作先进单位的决定》，呼和局榜上有名，荣获"全国厂务公开民主管理先进单位"称号。

（张建森）

公路建设与管理

【内蒙古自治区交通厅领导名录】

党组书记 厅长：常　海（蒙古族 4 月离任）

江　维（4 月任职）

党组成员 副厅长：姜革锋（蒙古族）

党组成员 纪检组长：额尔敦仓（蒙古族）

党组成员 副厅长：张礼 周杰 戴贵 牛东风

党组成员 总工程师：李和平（10 月任职）

副巡视员：云雯靖（12 月任职）

【概况】 2010 年交通运输厅核定编制 75 人（含纪检干部 4 人），实际在编 58 人（含纪检干部 3 人）。

全年公路建设规模 3.2 万公里，完成投资 388.5 亿元，新增公路6 679公里，其中高速公路 189 公里、一级公路 250 公里，到年底全区公路总里程达 15.7 万公里，高速公路达 2 365 公里、一级公路达3 387公里，是历史上建设规模和完成投资最多的一年；全年新开工重点出口公路项目 9 项，在建高速公路1 740公里，是历年来新开工重点项目最多的一年。全年完成营业性公路运输客运量 1.98 亿人、旅客周转量 218 亿人公里、货运量 8.5 亿吨、货物周转量2 261亿吨公里，同比分别增长 10 %、10 %、20.2% 和 19.9 %。

【出区高速公路通道建设】 全年新开工建设出区高速公路 805 公里。呼和浩特至包头四改八、呼和浩特至杀虎口、锡林浩特至桑根达来、十七沟至大饭铺、赤峰至茅荆坝、海拉尔至牙克石、通辽至好力堡等高速公路项目年内开工建设。巴彦浩特至银川、宝昌至三号地、乌兰浩特至石头井子等高速公路建成通车。

【农村牧区交通】 全年完成建设投资 78 亿元，新改建农村牧区公路 2.3 万公里，新增 30 个苏木乡镇通沥青水泥路、2 122个嘎查村通公路，超额完成了自治区下达的民生工程任务。全面完成了部区协议，实现了具备条件的苏木乡镇基本通沥青水泥路、具备条件的嘎查村基本通公路。

【道路运输业发展】 圆满完成了春运、"十一"等节假日运输和电煤、农畜产品等重点物资以及日常运输任务。全年新增各类客运班线 49 条，进一步方便了群众出行。大力调整运输结构，运输市场主体集中度持续提高，运力结构继续优化，运输业经营方向更加多元，运输组织手段更加先进。全面加快物流信息平台建设，积极促进物流园区建设和传统货运业转型，努力为社会提供优质高效的物流服务。举行了中俄 22 次、中蒙 24 次口岸汽车运输例会，及时研究解决相关问题，促进国际道路运输业健康发展。全年新建成乡镇客运站 93 个，农村牧区道路运输进一步发展。深入开展运输市场治理整顿，进一步维护了市场秩序，规范了经营行为。建设了重点营运车辆 GPS 联网联控系统，加强了对营运车辆的管控。组织 23 家企业参加交通运输部开展的"车船路港"千家企业低碳交通运输专项行动；举办了"宇通杯"机动车驾驶员节能大赛；全面实施了营运车辆燃料消耗量限值制度。

【行业监管】 继续推进公路建设和运输市场诚信体系建设，规范了招投标程序，采取措施严厉打击了围标、串标、转借资质、无证无照经营等扰乱市场秩序的行为。全面加强公路的预防性养护和及时性养护，加大路网改造和危桥改造力度，组织实施了公路贷款养护工程，进一步改善了路况，全区公路综合优良率达到了 61.2%。加大质量监督力度，各类公路建设工程的质量总体上处于可控状态，全年竣工验收的 11 项重点公路项目全部达到部颁优良标准。加强安全监管，按照"一岗双责"要求，认真落实安全生产责任，加强安全检查，全年发生一次死亡 1 人以上的安全生产事故30 起、死亡 57 人，同比分别下降 3% 和 32%。加强了超限超载治理，组织开展了百日治超专项行动，巩固和保持了治超成果，全区超限车辆比例稳定控制在 4% 以下。

【改革创新】 圆满完成了成品油价格和费税改革人员安置工作,改革涉及的征稽部门成建制划转为路政执法监察机构。自治区政府出台了《内蒙古自治区一级公路建设资金统贷分还暂行办法》,明确了一级公路建设资金自治区统贷和盟市分还的责任,从制度安排层面上为多元筹措资金搭建了体制机制平台。完成了各级交通运输行政机关的机构改革工作,改革涉及到的机构、人员基本到位,各项工作进一步理顺。积极推进科技创新,完成了4个交通运输部支持西部地区科技项目研究工作和13个项目的鉴定验收,部分成果达到国际先进水平。积极开展职工教育培训,争取交通运输部支持西部地区干部培训计划5项,全年培训人员近6 000人次。加快信息化建设,交通物流公共信息平台建设稳步推进,高清视频会议系统建设初步完成,信息资源整合与服务工程通过预验收。积极推进交通运输行业特有工种职业资格鉴定工作,全年完成了4 500名公路收费及监控员的职业技能鉴定。

【保障和改善民生】 努力破解京藏高速公路拥堵问题,按照谋长远和解近忧相结合的思路,在积极争取新项目开工的同时,通过加快硬件改造、加强软件管理、建设分流通道等措施,使拥堵问题得到了初步缓解。认真办理“两案”,2010年自治区人大、政协交我厅办理的代表建议23件、委员提案28件,全部按要求办结。积极鼓励农牧民参加农村牧区公路建设,广泛开展了交通运输行业创业名师带高徒活动,大力促进就业。认真落实国家、自治区政策,出台了鲜活农畜产品免费通行的绿色通道政策等11项措施,为稳定消费价格总水平,保障群众基本生活做贡献。为相关客运经营者及时足额发放了燃油补贴。督促各项目及时发放征地拆迁补偿款和民工工资。全面开展“管理服务年”活动,提高全行业的管理和服务水平。进一步开展了对鄂伦春自治旗、莫力达瓦达斡尔族自治旗、扎赉特旗的帮扶工作,使3个旗的交通运输面貌有了新的变化。社区共建工作取得积极进展。

【自身建设】 从思想、组织、作风、修养等方面入手,不断加强行业各级班子建设。狠抓了党风廉政建设责任制的落实。认真组织学习并落实《廉政准则》。在基础设施建设领域开展了制度落实年活动。认真开展了经济责任审计和公路建设项目的跟踪审计。深入推进工程建设领域突出问题治理等专项活动。大兴调查研究之风,厅主要领导带队赴12个盟市调研了交通运输发展状况、对接了项目、研究解决了存在的问题,进一步理清了发展的思路,其他厅领导也都深入基层,了解掌握情况,解决问题。全面启动了创先争优活动,结合交通运输特点,明确了活动主题和目标,召开动员会进行了全面安排部署,并积极推进。积极配合自治区党委巡视四组完成了巡视我厅的任务,对巡视组指出的问题进行了认真整改。深入开展“创建学习型党组织”活动,全年厅中心组集中学习13次。在厅中心组学习扩大会上,厅领导轮流进行了讲座。在行业内举行了读书竞赛活动。深入开展了“学树创”行业文明创建活动,启动了“交通运输文明杯”服务竞赛活动。全行业文明单位建成率达到99.7%。全面贯彻落实《干部任用条例》,认真做好干部选拔任用工作。全年厅党组共任免、调整处级干部61人次。在自治区公路路政执法监察总队各支队副支队长范围开展了竞争上岗工作,全区12个路政支队的34名副支队长通过竞争产生。积极加强机关自身建设,机关的行政效能和服务水平进一步提高。在较短时间内完成了机关职工食堂的改扩建工作,改善了干部职工的就餐环境,得到干部职工的好评。交通战备、离退休人员、综合治理、交通宣传、史志编撰、计划生育、学会协会等各项工作都取得了新成绩。

【重要活动】 1.1月17～18日,自治区人民政府在呼和浩特召开全区交通工作会议暨交通系统廉政工作会议,自治区副主席赵双连出席会议并讲话。

2.2月3日,自治区副主席赵双连视察内蒙古高等级公路建设开发有限责任公司哈素海服务区及呼和浩特分公司一间房收费所的交通配套设施、交通运行情况,并对奋战在一线的交通职工致以节日慰问。

3.3月16日,自治区党委巡视四组开始对交通厅进行巡视。

4.5月5日,自治区交通厅召开厅直系统创先争优动员大会,部署开展创先争优活动。

5.5月18日,国道110线兴和至集宁至呼和浩特段一级公路改扩建工程开工。自治区主席巴特尔宣布开工,自治区副主席赵双连、自治区政协副主席王长聚出席开工誓师大会。

6.5月26日,自治区机构编制委员会通知,内蒙古自治区交通厅更名为内蒙古自治区交通运输厅。

7.6月4日,自治区交通运输厅与国家开发银行内蒙古分行举行仪式,签署了《公路大中修20亿元借款合同》暨《开发性金融支持交通产业规划合作协议》。

8.8月21日,大庆至广州高速公路赤峰至承德段奠基仪式在河北省承德市隆化县隆重举行。内蒙古自治区党委书记胡春华，河北省委副书记、省长陈全国，内蒙古自治区党委常委、秘书长符太增参加奠基仪式，河北省省委常委、副省长付志方主持奠基仪式，内蒙古自治区副主席连辑讲话。

9.8月30日，自治区副主席赵双连来自治区交通运输厅调研，就G6高速公路交通拥堵分流等问题听取了汇报，并就自治区党委、政府关于解决拥堵问题将采取的相关措施作了传达部署。

10.10月20日，京藏高速公路呼和浩特至包头段改扩建工程、呼和浩特至杀虎口（蒙晋界）高速公路开工誓师大会在呼和浩特举行。自治区党委书记胡春华出席誓师大会并宣布工程开工。自治区领导任亚平、符太增、雷·额尔德尼、赵双连、郭启俊、郭子明和内蒙古军区副司令员车华松等出席誓师大会。

11.10月20日，自治区党委书记、人大常委会主任胡春华，自治区领导任亚平、符太增、雷·额尔德尼、赵双连、郭启俊、郭子明和内蒙古军区副司令员车华松视察高路公司。

12.11月30日，集宁至尚义进京方向应急通道、锡林浩特至张家口高速公路宝昌至三号地段公路建成通车仪式分别在集宁和宝昌举行，自治区副主席赵双连分别宣布两条公路建成通车。

13.12月7～9日，交通运输部部长李盛霖、中纪委驻交通运输部纪检组组长杨利民在自治区考察调研，并与自治区党委书记胡春华，自治区党委副书记、自治区主席巴特尔，自治区党委常委、秘书长符太增，自治区副主席赵双连等进行座谈。

14.12月30日，通辽至好力堡高速公路和通辽至凤凰岭、通辽至保康、甘旗卡至库伦三条一级公路开工建设誓师大会在通辽市举行。自治区党委常委、自治区纪委书记张力出席誓师大会，自治区副主席刘新乐宣布工程开工。

【荣誉】（仅包括厅机关及厅直单位）

3月15日，自治区交通厅被自治区人民政府表彰为促进就业工作先进单位。

4月22日，高路公司指挥调度监控中心副主任刘凤林、内蒙古交通设计研究院有限责任公司赵玉春被自治区人民政府授予“内蒙古自治区劳动模范”荣誉称号。

5月4日，自治区公路局等单位承担的“内蒙古自治区公路管理地理信息系统”、内蒙古自治区省际通道管理办公室等单位承担的“严寒干旱地区路堑边坡稳定性评价方法与处治技术研究”被自治区人民政府评为2009年度科学技术进步奖二等奖。省际通道办等单位承担的“高寒地区桥面铺装新材料及其应用研究”和“内蒙古自治区一级公路交通安全研究”、自治区公路局等单位承担的“震后桥梁性能评价及加固技术研究”被自治区人民政府评为2009年度科学技术进步奖三等奖。设计院罗俊宝被评为2009年度中青年科学技术创新奖。

6月12日，国家交通战备办公室表彰全国交通战备工作先进单位和先进个人，自治区交通战备办公室被表彰为先进单位，自治区交通战备办公室常海、王凡被表彰为先进个人。

7月12日，自治区人民政府表彰全区规范性文件制定和备案审查先进集体、先进个人，自治区交通运输厅被表彰为先进集体，厅办公室高晓炜被表彰为先进个人。

7月13日，高路公司郝振华、设计院王全录被自治区人民政府授予“2010年自治区有突出贡献中青年专家”荣誉称号。

9月3日，自治区收费公路监督管理局兴安分局科右前旗通行费收费所被交通运输部命名为第二批交通运输文化建设示范单位。

9月13日，交通运输部表彰2008至2009年度全国交通运输行业文明建设先进集体先进个人。自治区交通运输管理局被评为“全国交通运输文明行业”；自治区收费公路监督局赤峰分局林东收费所、自治区交通通信信息中心、高路公司服务区分公司被评为“全国交通运输文明单位”；自治区交通运输管理局封玉亮、自治区收费公路监督管理局通辽南收费所刘洪伟、高路公司呼和浩特东收费所王雄奇被评为“全国交通运输行业文明职工标兵”。

10月12日，自治区交通运输厅科技处崔琳、自治区公路工程质量监督站马永在、高路公司张志耕被交通运输部评为“交通运输行业优秀科技人员”。

10月24日，自治区交通运输厅办公室丁永清被交通运输部评为“全国交通运输系统保密先进工作者”。

11月25日，交通运输部表彰全国交通运输系统“五五”普法先进集体先进个人，自治区交通运输厅、高路公司被评为先进集体。

12月22日，自治区交通运输管理局被交通运输部评为交通运输依法行政示范单位，自治区交通运输厅办公室李海荣被交通运输部评为“交通运输法制先进工作者”。

（渠　涛）

民航运输

【内蒙古自治区民航机场集团有限责任公司领导名录】

总经理 党委副书记:邱蕴琦

党委书记 副总经理:伊克苏苏(蒙古族)

副总经理 党委副书记

纪委书记 工会主席:吕 涛

副总经理:李兰英(满族) 陈建军 姜春阳

财务总监:刘浩洋

【概况】 内蒙古民航机场集团公司成立于2003年12月,前身为中国民用航空内蒙古自治区管理局。2005年12月,受自治区政府的委托,由首都机场集团公司经营管理内蒙古民航机场集团公司。至2010年,集团公司共有员工2 700余人,资产总额约32亿元,经营管理呼和浩特、包头、赤峰、锡林浩特、通辽、乌兰浩特、呼伦贝尔、乌海等8家机场,受托经营管理鄂尔多斯机场和二连浩特机场。2010年,内蒙古民航机场集团公司与巴彦淖尔市政府签订《巴彦淖尔机场托管经营管理协议》,与阿尔山市政府就阿尔山机场公司重组事宜达成了初步共识。

【运输生产】 2010年,内蒙古民航机场集团公司共运营航线141条(国际航线8条、地区航线1条),通航城市55个,参与运营的航空公司24家(外航4家)。完成旅客吞吐量733.7万人次,同比增长32.0%;完成货邮吞吐量3.3万吨,同比增长45.3%;保障运输飞行7.9万架次,同比增长27.3%。所属各机场出港流向排名前五位的城市北京、上海、呼和浩特、广州和西安。

【机场建设】 内蒙古民航机场集团公司在“十一五”期间先后完成了呼和浩特、包头、呼伦贝尔、锡林浩特、乌兰浩特、通辽、乌海机场扩建工程和赤峰机场迁建工程,完成了新建鄂尔多斯机场、二连浩特机场、阿尔山机场工程,完成了安全专项整治、除冰雪设备购置、奥运保障设备更新等项目,累计投入资金38亿元,是“十五”期间投入资金的4.3倍。呼和浩特机场航站楼工程荣获新中国成立60周年“百项经典暨精品工程”、2009年度中国建设工程鲁班奖(国家优质工程)和第十届“詹天佑奖”,为自治区赢得了荣誉。

【航空服务】 内蒙古民航机场集团公司打造96777服务品牌,在原有机场问询、机票预订、酒店预订和投诉受理等业务的基础上,新增货运服务、贵宾服务、候机楼餐饮、电话支付、航空保险销售、行前取票、代办登机牌等延伸服务项目。与内蒙古交通广播电台合作设立了“机场直播间”,以连线直播和录音采访等多种形式,及时向广大听众播报全区各机场运营情况、航班动态、票务信息,特色服务、民航常识等信息。推出中转行李直挂、一票到底、食宿优惠等政策,完善了呼和浩特机场的中转服务功能。

【呼和浩特机场分设】 6月8日,内蒙古呼和浩特白塔国际机场有限责任公司独立运行。呼和浩特机场分设是内蒙古民航机场集团公司推行的“第三次变革”,是内蒙古民航深化企业体制机制改革的重要举措。呼和浩特机场公司将着力打造区域性枢纽机场,标志着内蒙古民航机场集团公司已大步迈开“支线强区”战略步伐。

【支线快线】 内蒙古民航机场集团公司积极探索“支线快线”运营模式,通过“小机型、大密度”的运营方式,搭建各盟市连通首府的快速空中通道。“支线快线”2010年4月起在呼和浩特—锡林浩特航线试运行,开通以来运营情况良好,旺季日航班量达到7班,淡季保持4班,平均客座率达到80.4%,为内蒙古民航进入“公交化、走廊化、大众化”时代奠定了良好的基础。

【航线布局】 2010年,内蒙古民航机场集团公司运营的141条航线,分别为:呼和浩特—北京首都、呼和浩特—北京南苑、呼和浩特—上海虹桥、呼和浩特—上海浦东、呼和浩特—广州、呼和浩特—天津、呼和浩特—沈阳、呼和浩特—海拉尔、呼和浩特—满洲里、呼和浩特—乌兰浩特、呼和浩特—通辽、呼和浩特—赤峰、呼和浩特—锡林浩特、呼和浩特—二连浩特、呼和浩特—乌海、呼和浩特—西安、呼和浩特—南京、呼和浩特—杭州、呼和浩特—武汉、呼和浩特—成都、呼和浩特—石家庄、呼和浩特—济南、呼和浩特—海口、呼和浩特—合肥、呼和浩特—宁波、呼和浩特—重庆、呼和浩特—烟台、呼和浩特—三亚、呼和浩特—乌鲁木齐、呼和浩特—赤峰—大连、呼和浩特—赤峰—沈阳、呼和浩特—包头—广州、呼和浩特—石家庄—南京、呼和浩特—武汉—深圳、呼和浩特—成都—昆明、呼和浩特—天津—青岛、呼和浩特—鄂尔多斯—杭州、呼和浩特—满洲里—哈尔滨、呼和浩特—天津—烟台、呼和浩特—太原—昆明、呼和浩特—济南—厦门、呼和浩特—长沙—海口、呼和浩特—郑州—深圳、呼和浩特—石家庄—上海虹桥、呼和浩特—深圳—海口、呼和浩特—太原—上海虹桥、呼和浩特—鄂尔多斯—武汉、呼和浩特—石家庄

—长沙、呼和浩特—郑州—重庆、呼和浩特—邯郸—温州、呼和浩特—长沙—深圳、呼和浩特—长沙—福州、呼和浩特—济南—广州、呼和浩特—郑州—济南、呼和浩特—银川—兰州、呼和浩特—洛阳—深圳、呼和浩特—徐州—上海虹桥、呼和浩特—石家庄—贵阳、呼和浩特—首尔、呼和浩特—莫斯科、呼和浩特—烟台—济州岛、呼和浩特—郑州—香港、呼和浩特—乌兰巴托 包头—北京、包头—上海虹桥、包头—上海浦东、包头—广州、包头—西安、包头—大连、包头—天津、包头—青岛、包头—海口、包头—烟台、包头—三亚、包头—银川、包头—太原、包头—郑州—南京、包头—太原—上海、包头—石家庄—深圳、包头—石家庄—三亚、包头—北京南苑 锡林浩特—北京、锡林浩特—呼和浩特—鄂尔多斯 、锡林浩特—呼和浩特—鄂尔多斯—武汉、海拉尔—北京首都、海拉尔—北京南苑、海拉尔—上海浦东、海拉尔—天津、海拉尔—杭州、海拉尔—哈尔滨、海拉尔—大庆、海拉尔—沈阳、海拉尔—长春、海拉尔—呼和浩特—杭州、海拉尔—呼和浩特—武汉、海拉尔—呼和浩特—深圳、海拉尔—呼和浩特—广州、海拉尔—呼和浩特—石家庄、海拉尔—呼和浩特—郑州、海拉尔—大连—南京、海拉尔—南京—厦门、海拉尔—乌兰巴托、海拉尔—莫斯科、海拉尔—赤塔、海拉尔—乔巴山、鄂尔多斯—北京首都、鄂尔多斯—北京南苑、鄂尔多斯—上海浦东、鄂尔多斯—武汉、鄂尔多斯—银川、鄂尔多斯—石家庄、鄂尔多斯—西安、鄂尔多斯—西安—深圳、鄂尔多斯—郑州—上海、鄂尔多斯—天津—大连、鄂尔多斯—石家庄—重庆、鄂尔多斯—太原—武汉、鄂尔多斯—郑州—广州 乌海—呼和浩特—上海、乌海—西安—广州、乌海—呼和浩特—北京、乌海—北京、赤峰—北京、赤峰—天津—上海浦东、赤峰—呼和浩特—广州、通辽—北京、通辽—呼和浩特—重庆、乌兰浩特—北京、二连浩特—北京、沈阳—呼和浩特—昆明、成都—包头—沈阳、长春—包头—昆明、大连—呼和浩特—银川、沈阳—呼和浩特—重庆、厦门—鄂尔多斯—沈阳、沈阳—呼和浩特—银川、满洲里—呼和浩特—广州、哈尔滨—鄂尔多斯—三亚、乌兰巴托—呼和浩特—天津、乌鲁木齐—呼和浩特—天津、长春—呼和浩特—乌鲁木齐。

【通航城市】 2010 年,内蒙古民航机场集团公司通航的 55 个城市,分别为:北京、上海、广州、呼和浩特、西安、天津、深圳、沈阳、昆明、海拉尔、乌鲁木齐、成都、杭州、郑州、锡林浩特、大连、石家庄、赤峰、武汉、太原、长沙、南京、乌海、海口、济南、厦门、通辽、三亚、长春、乌兰浩特、包头、银川、青岛、哈尔滨、满洲里、重庆、鄂尔多斯、烟台、二连浩特、福州、合肥、宁波、兰州、温州、徐州、贵阳、大庆、邯郸、香港、乌兰巴托、济州岛、首尔、莫斯科、赤塔、乔巴山。

（王清 刘剑 郭吉慧）

建设·环保

城乡建设

【内蒙古自治区住房和城乡建设厅领导名录】

厅　长:李振东

副厅长:吴　龙 范　勇 王学军 揭新民 姜振友(7月任职)

纪检组长:白劼夫(蒙古族)

总工程师:王文杰(9月任职)

巡视员:郑学鸣(7月任职)

副巡视员:张　晓 朱和平

【概况】 内蒙古自治区住房和城乡建设厅内设17个处室:办公室、人事教育处、法规与稽查处、计划财务处、建筑节能与科技处、建筑业管理处、工程建设管理处、城市规划处、勘察设计处、城市建设处、村镇建设处、住宅与房地产业处、住房保障处、住房公积金监管处、机关党委、驻厅纪检组(监察室)、离退休人员工作处等。行政编制83人。

【城镇化进程】 城镇化进程进一步加快,全年城镇市政公用基础设施固定资产投资完成400亿元,同比增长17.6%以上,城市建设管理取得了新成效。在“十一五”期间,初步形成了以呼和浩特市和包头市为龙头,以盟市所在地等区域中心城市为支柱,以旗县所在地及重点镇为支撑,大中小城市和小城镇协调发展的城镇体系,呼包鄂城市群初具规模,城镇化率由“十五”期末的47.2%提高到2010年底的55%,年均提高近1.6个百分点,城镇化水平进一步提高。

城市及城市群规划的编制　根据城市发展的需要和城市规划管理的要求,开展了城市、开发区总体规划修编及城市群规划的编制工作,对巴彦淖尔市、太仆寺旗宝昌镇、策克口岸等12个城镇、自治区级开发区总体规划进行了评估论证。根据呼包鄂三市产业发展新形势,对《呼包鄂城市群规划》的内容进行了补充完善,进一步明确了呼包鄂城市群及三个城市的功能定位和发展方向。完成了《乌海及周边地区城镇规划》的编制工作。

集中供热管理　会同自治区有关部门出台了《关于进一步推进全区供热计量改革工作的实施意见》,明确了自治区供热计量改革的总体目标和主要任务,并从供热计量和温控装置的安装、热价确定、热费收取等方面做出了具体规定。研究修订了《内蒙古自治区城镇供热管理条例》,已经自治区政府常务会议通过,进入自治区人大常委会审议阶段。加强热网建设和老旧管网改造维护,全年新增集中供热面积1 700多万平方米,全区城镇供热状况有了较大改观。

城镇供排水和垃圾处理　开展了自治区供水水质普查工作,对全区所有设市城市和旗县所在地镇的供水水质和水质检测能力进行了普查,加强了城市供水水质安全监管工作。积极申报城市供水水质保障和设施改造规范项目,计划改造供水水厂79个,管网改造项目88个,供水监测能力建设项目75个,新扩建供水项目82个。全年建成污水处理厂31座,形成污水设计处理能力45.8万吨/日,尚有15个城镇的15个污水处理厂正在加紧建设,将形成污水处理能力15.38万吨/日,超额完成国家核定内蒙古的COD减排目标。全区已有23个城镇建成生活垃圾无害化处理场27座,总处理能力9 515吨/日。44个城镇的45座生活垃圾无害化处理场正在建设中,建设总规模达到6 910吨/日,全区城镇人居环境进一步改观。

城市管理　以实施城市道路“畅通工程”工作为重点,加强城市环境综合整治,加大治理城市脏乱差的工作力度,有效遏制了非法占用城市道路等市政公共设施行为。呼和浩特市进一步加大了城市道路建设投入,街道改造取得明显成果。包头、赤峰、通辽、鄂尔多斯等城市的道路建设步伐明显加快,城市交通、市容市貌明显改善。乌海市、扎兰屯市分别通过验收获得自治区园林城市称号。

加强了城建档案管理工作,研究制定了《内蒙古自治区城乡建设档案管理办法》,已经自治区政府常务会议审议通过并以政府规章形式正式颁布。

村镇建设　制定印发了《内蒙古自治区关于加强农村牧区住房建设优化村镇人居环境的指导意见》，对今后一个时期我区农村牧区住房和人居环境建设提出了全面的指导性意见。配合有关部门实施游牧民定居工程，完成了中央下达自治区 5 000 户的建设任务。积极开展农村牧区危房改造试点工作，组织编制了《内蒙古地区农牧民住房节能改造技术方案(试行)》。继续加大对重点小城镇的扶持力度，以点带面推动全区小城镇的健康发展。赤峰市巴林右旗索博日嘎镇申报成为全国特色景观旅游名镇。

【住房保障体系建设】

保障性住房建设　2010 年各类保障性安居工程建设任务 37.7 万套，是 2007－2009 年三年总量的 2.8 倍，是 2009 年全区建设总量的 3.4 倍。为圆满完成建设任务，与各盟市签订了目标责任书，制定出台了《内蒙古自治区人民政府关于加快推进保障性安居工程建设的通知》，对加快推进全区保障性安居工程建设提出了指导性意见和具体的政策措施。建立了保障性安居工程实施情况考核制度和按月统计通报制度，有效地增强了各地的重视程度，加快了各地的建设进度。2010 年共争取中央各类补助资金 37.7 亿元，自治区本级财政安排配套资金 14.65 亿元，共计比 2009 年净增 20.7 亿元，全区各类保障性安居工程已开工 39.3 万套，超计划任务 1.55 万套，其中完工或基本完工达到 76.6%，超过国家要求的到年底完工或基本完工达到 60% 的目标。由住房和城乡建设部门牵头组织实施的各项工程开工 28.8 万套，超目标任务 2 万套，开工率超过 100%。其中廉租住房开工建设 52 472 套，超计划任务 1 873 套；公共租赁住房开工建设 7 157 套，超计划 660 套；城市棚户区改造开工建设 13.4 万套，超计划 9 554 套。

在自治区党委组织部的指导下，举办了保障性住房安居工程建设专题研讨班，各盟市分管盟市长及有关部门负责同志参加了学习培训。

房地产业发展　全年完成房地产开发投资 1 120 亿元，同比增长 37.35%，全区商品房屋施工面积、销售面积分别为 11 517.78 万平方米、3 020.54 万平方米，同比增长 39.87%、22.64%。全区商品住宅平均售价 2 981 元/平方米，同比增长 11.73%，与去年相比增幅下降了 7.43 个百分点。

房地产市场监管　各地认真贯彻落实中央和自治区的调控政策和措施，采取有效措施遏制城市房价过快上涨势头，加大市场监测监管力度，共检查房地产企业 789 家，在建项目 1 046 个，对存在的问题直接记入该企业信用档案，并公开予以曝光。全面实施全区住宅与房地产业信息化管理和网络化服务，建立房地产企业信息系统操作员、房地产开发企业售楼员持证上岗制度，进一步加强商品住房预售许可管理，实施网上在线签订购房合同，坚决杜绝无证销售、一房多卖、合同欺诈、霸王条款等违法违规行为，房地产市场秩序明显好转。加快推进住宅全装修步伐，促进了建筑新材料、新技术、新产品在住宅中的广泛应用。加强产权产籍和物业管理，开展城镇房屋拆迁项目全面排查清理工作，积极维护被拆迁群众合法权益。住宅性能认定工作有序推进，全年共计 5 145 万多平方米住宅项目进行了性能认定，住宅品质有了新的提高。组织开展了房地产开发中违规变更规划和调查容积率问题专项治理工作，对部分盟市旗县进行了重点检查，对存在的问题提出了整改意见，有效地保障了建设项目的顺利实施。

住房公积金监管　认真贯彻实施自治区住房公积金归集、提取和贷款等管理办法，积极开展专项治理工作，提高了住房公积金管理水平。2010 年全区住房公积金归集总额达到 516.8 亿元，归集余额 365.12 亿元，贷款总额 367.4 亿元，个贷率达到 61%，为 45 万多个家庭提供了个人住房贷款，为促进居民住房消费，改善居民住房条件发挥了积极作用。

【建筑市场监管体系建设】

建筑企业发展　继续加大政策扶持力度，积极引导全方面开拓市场，鼓励全区建筑企业做大做强。目前全区一级以上资质企业增加到 73 家，二级资质企业增加到 340 家，建筑业企业总数上升到 1 700 多家，资质等级和数量得到提升，极大地增强了参与市场竞争的能力。全年全区建筑业实现增加值 747 多亿元，同比增长 15.1%。2010 年在工程设计、质量、安全等创优活动中，自治区有 5 项工程获得鲁班奖，创历史最好成绩。

建筑安全生产　扎实有效地推动“安全生产年”活动。根据国家和自治区有关要求，在全区住房和城乡建设系统继续扎实开展了以安全生产宣传教育、安全生产执法、安全生产治理“三项活动”和加强安全生产法制体制机制、安全生产能力、安全生产监管队伍

“三项建设”为主线的“安全生产年”活动。先后召开了建筑安全生产工作会、安全形势分析会和质量安全标准化工作现场会,签订了责任状,开展了“拉网式”的安全隐患排查、复查和重点地区的督查,淘汰了一批不符合安全要求的起重设备,加强安全用品的普遍检测,扎实组织了“三类人员”的安全培训和考核发证工作,严格建筑企业安全生产许可证的动态监管,继续广泛开展创建文明工地活动,保持了全区建筑安全形势的总体稳定。

工程建设管理　制定印发了《内蒙古自治区预拌混凝土技术管理规定》,为全区在预拌混凝土企业质量管理提供了技术保障,使全区预拌混凝土质量管理步入标准化、统一化轨道。开展了工程建设领域突出问题专项治理,及时纠正了一些违反强制性技术标准问题。出台了《内蒙古自治区住宅工程质量分户验收管理办法》,促进了全区建设工程质量的提高。编制完成了《内蒙古自治区城市道路维修养护定额》和《内蒙古自治区抗震加固工程预算定额》工作。完善了工程造价计价体系,填补了计价依据专业上的空白。

招标投标管理　继续贯彻执行评标专家随机抽取监督管理办法、专家评估管理办法,建立健全评标专家动态管理制度,加强对评标专家的培训、考核、评价和档案管理,完善办事公开、公示制度,规范了工程建设市场交易行为。2010 年全区报建工程实行招标投标的建设工程 5 986 项,工程中标价 1 047.5 亿元,应招标工程招标率 100%。其中国道 110 线旧路改扩建等 74 项公路工程项目进场招标试点。

勘察设计　继续推进以产权制度为核心的勘察设计企业的改革与发展,运用资质管理手段调整优化队伍结构,促进了企业资质上层次、设计质量上水平。2010 年全区预计完成了施工图设计投资额 823 亿元,完成建筑面积 3 544 万平方米,完成勘察设计收入 44 亿元,上交税金 2.6 亿元。发挥职能部门优势,积极推进中小学校舍安全工程,出台了一系列规范指导性文件,有力地支持了校安工程的顺利实施。加强超限高层建筑工程抗震设防管理,组织对超限高层建筑工程项目进行抗震设防专项审查。修编了住房城乡建设系统破坏性地震应急预案。加强工程建设地方标准的制订工作,编制出版了《蒸压粉煤灰砖砌体结构设计及施工验收规范》和《CL 结构构造图集》。成功举办了全区第二届优秀规划、建筑设计作品展览,展示了区内外具有创新性的规划设计作品,为引导提高全区规划设计水平起到了积极的促进作用。

社会保障费筹集和建筑劳务管理　全区共收缴建设工程社会保障费约 15 亿元,收缴率达到 94%,基本实现了一般民用建设项目收缴的全覆盖。认真落实农民工工资保障金制度,切实解决被拖欠农民工工资问题。注重加大建筑业农民工培训力度,组织了农民工培训“示范工程”检查验收工作,扎实开展了建设行业就业培训和建筑施工特种作业人员培训、考核工作,全年完成农牧民工职业技能培训 4.2 万余人,职业技能鉴定 2.5 万余人。

【建筑节能与科技】

建筑节能　既有居住建筑节能改造被列入自治区重点实施的十项民生工程,2010 年向国家争取了 100 万平方米的改造任务,实际实施改造 200 万平方米。

国家机关办公建筑和大型公用建筑节能监管体系建设成果显著,获得国家补助资金 2 032 万元。“节约型校园”建设进展顺利,2010 年内蒙古农业大学、内蒙古科技大学被列入国家“节约型校园”示范项目,争取国家补助资金 950 万元。

自治区城镇新建建筑设计阶段节能强制性标准执行率为 100%,施工阶段执行节能强制性标准的比例为 100%。2010 年筹备成立了“内蒙古自治区绿色建筑委员会”,制定了全区绿色建筑发展规划,开展了节能、节水、节地、节材和室内外环境保护方面的研究工作,积极推动绿色建筑在自治区的发展。多个绿色生态建设项目正在鄂尔多斯市、呼和浩特市等地建设。

建筑科技　新技术、新产品在自治区住宅建设中得到广泛应用,全年推广各类建设新技术 415 项。可再生能源建筑应用示范工作扎实有效。2010 年克什克腾旗、阿拉善左旗、满洲里市、扎兰屯市被列为国家可再生能源建筑应用示范县,获得国家专项补助资金 7 200万元。太阳能光电建筑得到规模化应用,全区共有 13 个项目成为国家太阳能光电建筑应用示范项目,获得国家补助资金 19 853 万元。

【重要活动】　1 月 28 日,自治区人民政府在呼和浩特市召开全区建设工作会议。会议贯彻落实全国住房和城乡建设工作会议暨党风廉政建设、精神文明建设工作会议和全区经济工作会议精神,总结 2009 年全区建设工作,研究部署 2010 年全区建设工作。2 月 9 日,住房和城乡建设厅通报表扬了呼和浩特市华仁世纪房地产开发有限责任公司等23家房地产企业项目手册填报规范的房地产企业。3月23日住房和城乡建设厅，同盟市建设行政主管部门签订了2010年建筑施工安全管理目标责任状。4月20日，下发《关于注销不参加2008年度资质年检的20家物业服务企业资质证书的通告》。4月20日，下发《关于注销不参加2008年度资质年检的11家房屋拆迁企业资质证书的通告》。4月27日，根据内蒙古自治区党委、政府《内蒙古自治区人民政府机构改革实施意见》，组建自治区住房和城乡建设厅，并启用“内蒙古自治区住房和城乡建设厅”印章。6月4日，住房和城乡建设厅以自治区政府名义在呼和浩特市召开全区保障性安居工程建设工作会议，会议内容是贯彻落实中央和自治区的决策部署，全面推进保障性安居工程建设。6月10日，会同自治区民政厅、财政厅联合转发住房和城乡建设部、民政部、财政部关于加强廉租住房管理有关问题的通知。6月24日，住房和城乡建设厅会同自治区财政厅下发关于自治区各盟市建设部门报送2010—2011年购买、改建、租赁、廉租住房规划的通知。8月31日，住房和城乡建设厅按照《内蒙古自治区创建园林城市考评办法》和《自治区级园林城市标准》，经专家对扎兰屯市创建园林城市工作进行了评审和现场考核，决定命名扎兰屯市为自治区级园林城市。9月1日，会同监察厅联合对全区房地产市场秩序进行检查。9月3日，自治区保障性安居工程建设工作领导小组、自治区党委组织部联合印发自治区保障性安居工程实施情况考核办法的通知。9月6日，自治区人民政府在呼和浩特市召开全区加快保障性安居工程建设工作会议。9月17日，下发《关于开展中小城市基础设施完善“十二五”规划编制工作的通知》。11月2日，向自治区党委报告了《内蒙古自治区住房和城乡建设厅2011年重点工作安排》。11月19日，向国家住房和城乡建设部办公厅报送《内蒙古自治区住房和城乡建设厅2010年工作总结和2011年工作思路》报告。11月25日，批复了《阿拉善盟阿左旗巴彦浩特镇城市供热规划(2010—2020年)》。

（刘庵军）

环境保护

【内蒙古自治区环境保护厅领导名录】

厅　长：苏　青(蒙古族)

副厅长：石玉山　高震风(蒙古族)　潘彦昭　任福生

纪检组长：吕慧卿

总工程师：杜俊峰(蒙古族)

副巡视员：郝庆文　王龙　李剑

【概况】　自治区环保厅前身是自治区环保局，1995年成立，原为自治区政府直属机构，2009年7月1日正式升格为环保厅，成为自治区政府组成部门。全厅现有行政编制71个(其中纪检编制3个)，在岗人员70人。全厅设12个处室，分别是办公室、规划财务处、法规处、人事处、科技监测处、总量控制处、环评处、监督管理处、污染防治处、自然处、核与辐射管理处、机关党委，1个派驻机构，即自治区纪委派驻纪检监察室。厅辖10个直属事业单位，分别是机关事务中心，监测站、环科院、固废中心、监察总队、宣教中心、评估中心、监控中心、自治区东部和西部两个环境督查中心。其中监察总队参照公务员管理。

全区12个盟市、101个旗县区均设有独立的环保局。全区环保系统总编制数为4 708人，实有人数5 596，其中，自治区级工作人员443人，盟市和旗县5 153人。

【完成“十一五”主要污染物减排目标】　经环保部核查认定，2010年全区化学需氧量排放量为27.51万吨，比2005年下降7.46%，完成目标的109.51%；二氧化硫排放量为139.41万吨，比2005年下降4.25%，完成目标的110.61%，主要污染物减排监测体系建设和运行考核结果为74.6分，高于全国平均成绩2.8分，超额完成了国家对自治区下达的“十一五”减排目标任务。同时，全区12个盟市也采取切实有效措施，全面完成了两项减排任务。

【重点流域治理】　2010年自治区重点监测的40条河流，67个断面，Ⅲ类以上标准水质断面占65.7%，比2005年提高45个百分点。全区城市饮用水水源地水质保持稳定。经国家环保部考核认定，自治区境内的海河、辽河、黄河中上游、松花江四大流域化学需氧量减排任务均提前完成。

【重点区域和行业污染防治】 全面完成了城镇集中式饮用水源地保护区的划分及调整工作,加强饮用水源地、饮用水源保护区的监管,严禁在饮用水源保护区及沿黄流域新建排污口,加大重金属污染水源防治工作力度。清理饮用水水源保护区及上游含铅、汞、镉、砷、铬等重金属排放企业,对不符合国家和自治区产业政策的重金属企业坚决关闭。在全区12个上报集中式饮用水水源地水质监测数据的城市中,排除天然本底偏高所导致的水质超标情况外,各城市饮用水质100%达标。积极组织编制自治区的重金属污染防治实施方案,认真开展重金属污染企业基础情况调查工作,摸清了重金属污染现状。将集中整治重金属排放企业环境违法专项检查列入自治区2010年整治违法排污企业保障群众健康环保专项行动重点工作,严肃查处企业违法建设、污染物超标排放,对61家存在重金属排放等问题的企业进行集中整治,切实做到检查到位、查处到位、整改到位。积极指导条件基本成熟的呼和浩特市开展"创模"活动。呼和浩特市"创模"工作已经通过了环保部的技术评估和自治区的验收。包头市、鄂尔多斯市、乌海市也已启动"创模"工作。

【增强服务经济发展能力】 2010年,经环保部审批的重点项目30个,总投资1 666.3亿元,自治区审批环评项目352个,总投资2 190.2亿元。内蒙古自治区政府批转了自治区环保厅提出的工业园区规划环评审查"十要点",有效解决了工业园区布局不合理、交叉污染严重、治污设施不规范的问题。2010年,自治区确定将西部地区79个工业园区调整为9个工业集中区和10个点状布局工业园区,在新的规划环评中,自治区环保厅提出要按照"工业企业进园区、园区依托城镇"的思路,贯彻"靠城不入城"的指导原则,真正落实工业园区的产业定位,形成循环经济发展模式。

【加强环境执法】 环保专项行动方面,共出动环保执法人员48 683人次,检查企业18 615家次,立案232件,办结183件(其余正在整改),一批重金属排放企业环境违法问题得到查处。管理减排发挥了应有作用,汽车尾气防治工作取得初步成效,解决了一批久拖不决的历年挂牌督办的案件,较好地维护了群众的环境权益。2010年,自治区环保厅制订了《城镇污水处理厂现场核查要点》、《规模化畜禽养殖场及养殖小区现场检查要点》、《国家级自然保护区现场检查要点》、《公路铁路建设项目现场环境监察要点》,为基层现场执法工作提供了业务指导。2010年自治区本级共计解缴入库二氧化硫排污费25 652.07万元,与上年同期相比增长26.96%。自治区全年12369办理群众环境投诉举报案件约1.6万件,办结率保持96%以上。

【农村环境保护与生态保护】 2010年,开展了对辖区内的23个国家级自然保护区专项执法检查。建设了自然保护区"3S"管理系统的初步框架,选择具有典型性和代表性的达里诺尔和西鄂尔多斯国家级自然保护区进行试点,初步完成了自然保护区基本资料的录入和补充。西鄂尔多斯自然保护区的"3S"系统已开始投入试运行。呼伦贝尔市的巴彦托海镇、兴安盟的天池镇等9个乡镇被环保部授予"全国环境优美乡镇"称号。2010年,全区27个乡村共获得国家农村环保专项补助资金2 110万元,用于农村牧区环境综合整治。完成对2009年农村环境综合整治项目的核查和验收,组织实施了2010年国家专项资金支持的农村环境保护项目。

【改善环境质量】 2010年,通过实施电厂脱硫设施改造,空气联防联治,推进集中供暖、减少原煤散烧、清洁能源替代等一系列措施,有效减少污染物的排放量。特别是在西部污染较重的"小三角"地区,实施区域联防联控,通过联合执法、统一标准等措施,解决了长期以来该区域环境污染的难题。全区空气环境质量得到了明显的改善。重点监测城市空气质量为二级良好,优良天数平均达338天,可比城市优良天数比2005年平均增加63天;主要污染指标分别比2005年下降15~40%,内蒙古是全国唯一没有发生酸雨的省区。

【碳汇交易机制和排污权交易试点】 2010年,财政部、环保部将内蒙古列入主要污染物排污权有偿使用和交易试点地区。通过排污权有偿使用,实现环境资源的优化配置,从而引导企业主动改进生产工艺、实施产业升级,降低污染物排放量。自治区排污权交易中心已经成立并开展排污交易工作。从2010年起,自治区环保厅积极开展碳汇核算评价体系、碳汇交易核算政策及机制方面的研究,探索发挥碳汇优势,发展碳汇经济的现实途径。

(赵巍峰)

经济贸易·旅游产业

对外开放与经济技术合作

【内蒙古自治区商务厅领导名录】

厅　长:李万忠

副厅长:高晓峰(蒙古族)　宝笑平(女　蒙古族)　孟和达来(蒙古族)

纪检组长:王文杰

巡视员:德顺(蒙古族)

副巡视员:马运先(满族)　薛清

【概况】　内蒙古自治区商务厅内设16个处室,行政编制89人,2010年在职人数86人。人员结构:男50人,女36人;蒙古族21人,满族4人,鄂温克族2人,汉族59人。

2010年,全区商贸流通业在拉动经济社会发展方面的作用明显,商贸流通业实现社会消费品零售总额3 337.3亿元,同比增长19%。居民消费结构不断升级,汽车、通讯、住房等成为消费热点。批发业和住宿业消费增长较快,全年实现消费总额428.87亿元,同比增长分别为27.1%、25.3%。

【对外贸易】　全区实现外贸进出口总额87.19亿美元,同比增长28.7%。其中:进口53.84亿美元,增长20.8%;出口33.35亿美元,增长44%。12月当月实现进出口额10.72亿美元,同比增长47%。其中:当月进口6.36亿美元,增长36.6%;出口4.36亿美元,增长65.4%。外贸整体实力显著增强,目前全区外贸经营权备案登记企业5 891家,已与全球160多个国家和地区有贸易往来。外贸进出口商品结构进一步优化,在羊绒及制品、农畜产品、冶金及矿产品、化工产品等传统商品出口继续扩大的同时,机电、高新技术产品出口保持快速增长。

【利用外资】　全区新批外商投资企业71家,实际使用外资33.85亿美元,同比增长13%。投资主要来自香港、毛里求斯和日本,主要集中在制造业和电力燃气水的生产供应业。

【对外投资】　全区新签对外承包、劳务合作、设计咨询合同19个,合同总额2 356万美元,完成营业额4 511万美元,外派劳务1 085次。新批境外企业25家,中方协议投资总额5.32亿美元,主要集中在俄罗斯、蒙古国、日本、印度等国家的市场,投资主要集中在矿产资源合作开发、地质勘查、森林采伐、木材加工等领域。

【口岸经济】　全区口岸进出境货运量5 243.3万吨,同比增长40.3%。其中,满洲里、二连口岸货运量达3 473.4万吨,占全区口岸货运量的66.2%;策克、甘其毛都进出境货运量分别达到865.9万吨和836.2万吨,同比增长138.03%、187.31%。

【进出口商品交易会】　第107届中国进出口商品交易会于4月15日–5月5日在广州举行。自治区118家企业参展,新增参展企业25家,增长26.88%,使用各类展位270个,比上届增加9个,增长3.45%;累计成交1.24亿美元,比上届春交会增长51.91%。出口成交前10位的国家和地区为别是为:美国、英国、意大利、日本、法国、土耳其、加拿大、德国、韩国、香港。出口成交前10位企业的出口成交额4 392.06万美元,占全区总成交额的35.14%　。本届广交会自治区交易团成交的特点,一是私营、民营企业成交效果显著,成交总额为10 420.4万美元,占自治区成交总额的83.38%。二是洽谈成交主要以欧洲、亚洲和中东等国家和地区成交居多。三是品牌展位、特装展位接待客商洽谈成交效果明显好于一般性展位。

第108届中国进出口商品交易会于10月15日至11月4日在广州举行。自治区117家企业参展,使用各类展位262个。累计出口成交1.55亿美元,比107届广交会增长25%。出口成交前10位的国家和地区分别为:美国、加拿大、澳大利亚、巴西、欧盟、日本、韩国、印度、东盟等,出口成交12 415万美元,占自治区总成交额的79.95%。

【中俄蒙经贸合作论坛】　7月24日至25日,内蒙古自治区政府、俄联邦后贝加尔边疆区政府、蒙古国东方省政府在满洲里市联合举办"第四届中俄蒙毗邻城市跨境投资与经贸合作论坛"。该论坛以促进中俄蒙边境地区跨境投资与合作,实现边境区域经济更快发展为主题,共有12位中俄蒙三国专家学者发言,征集整理论文33篇。

【重要会议】 1月24日至25日,自治区商务和口岸经济工作会议在呼和浩特市举行,各盟市分管商务工作的盟市长、商务主管部门负责人,呼和浩特经济技术开发区、包头稀土高新技术产业开发区负责人,有关盟市、旗县分管口岸工作的副旗(市)长、口岸办主任,自治区有关部门代表,口岸联检联运部门代表,商务厅全体干部及直属事业单位负责人参加了会议,会议分析了自治区商务和口岸经济工作面临的形势和任务,交流了工作经验,总结和部署了全区商务和口岸经济工作。

2010年,商务厅组织企业参加了第14届(厦门)中国投资贸易洽谈会、乌洽会、中博会、西博会、中日经济合作会议和香港中小企业活动日、哈尔滨投资贸易洽谈会和东北亚博览会等大型展洽会,积极支持呼和浩特市举办第四届中国民族商品交易会,通过各种方式广泛宣传了自治区的投资环境、产业优势。

【基层人员培训】 6月28日至7月2日,商务部与自治区商务厅在呼和浩特市共同举办了内蒙古自治区外贸业务培训会。各盟市商务局、旗县商务局、外向型企业约300人参加了培训。内容包括宏观贸易形势、进出口业务操作实务、国际商务礼仪与谈判、国际商务人才素质的提升、电子商务营销与战略。

10月18~22日,内蒙古自治区商务系统人事管理工作培训班在乌兰浩特市举办,来自自治区各盟市商务系统从事人事管理工作的代表参加了培训。

【第九届沙迦中国商品交易会】 第九届沙迦中国商品交易会于11月22日至25日在阿联酋沙迦世贸中心举行。自治区重型汽车及零部件、专用车及工程机械、粮油食品、木材加工及制品等9家企业参展。参展面积36平方米,4个展位;累计成交142万美元,协议订单284万美元,意向性贸易签约合计金额近1 000万美元。对外成交的主要商品有葵花籽仁、电站锅炉用厚壁管、石油开采设备、自卸车、油罐车、洒水车、水泥搅拌车、专用车零部件、集成材质品等。

【第二十届中国华东进出口商品展览会】 第二十届中国华东进出口商品展览会于3月1~5日在上海举行。自治区交易团共有30余家企业参展,现场签单总成交额346.5万美元,全部为羊绒围巾披肩类商品;实现意向总成交额507.3万美元。

(侯燕会 张冠女)

国际贸易促进工作

【中国国际贸易促进委员会内蒙古自治区分会 中国国际商会内蒙古商会领导名录】

书　记:李建钢(蒙古族)

会　长:刘新乐(蒙古族 10月离任)

布小林(女 蒙古族 10月任职)

副会长:李建钢 刘少坤 李超英(9月任职)

张和平(10月任职) 史万钧(蒙古族 9月离任)

【概况】 中国贸促会内蒙古自治区分会是中国贸促会的分支机构。2010年贸促会编制21人,实有人数21人,机关人员参照《国家公务员暂行条例》进行管理。内设3个处级机构:综合部、联络部(法律部)、展览部。

【综合保障工作】 2010年国家总会重新颁发贸促系统的工作规则,对贸促工作作了新的规范。贸促会以自治区政府的名义转发了总会新颁发的工作规则,为下一步机构队伍建设打基础。开展培训工作,编报了培训计划,组织职工参加培训。编发《贸促参考》6期,编撰稿件100余篇。完成了上年度的财务决算。积极申请专项经费和预算资金,使分会承担的所有重大活动得以实现。

【完成自治区参加上海世博会工作】 按照世博会组委会的要求,由贸促会等有关部门和单位组成内蒙古馆管理运营机构。贸促会世博办在上海设立驻园区办公室,现场成立临时党组织,发挥党的先锋模范领导作用。积极执行上海世博局指令。将世博局对内蒙古馆消防、安全要求、工作规范等及时传达;办理了人员、车辆及货物运输通行证件。协调邻近的北京、吉林、山西等省市馆,相互配合、礼让、帮助,顺利完成了建馆任务。在现场随时巡查,保障了内蒙古馆在世博会184天的展期中运营安全、平稳、顺畅。完成国家领导人、外国元首、政要人士等要客接待任务。内蒙古馆在本次世博会上累计接待全国各地、海内外游客150万人次以上。获上海市委、总工会及世博局颁发的各类荣誉奖励40余项。被评为全国贸促系统办博先进集体、世博知识产权保护先进集体;静永波、冉建生、王建华三位同志被评为系统内先进个人。内蒙古馆临时党支部被自治区党工委评为先进党支部。

【自治区政府代表团赴澳门访问】 应澳门特别行政区行政长官崔世安的邀请,由贸促会具体承办,自治区党委副书记、自治区主席巴特尔率自治区政府代表团赴澳门访问,并为第十五届澳门国际贸易投资展览会开幕式剪彩。访问期间,崔世安与巴特尔会见,希望两地延续沟通,更大范围、更广领域开展交流合作。此行是继2002年澳门特别行政区特首何厚铧访问内蒙古后两地友好交往的又一次重大事件,对两地间今后在经济、贸易、旅游、文化、教育等全方位开展合作与交流,有着重大的意义。

【出席中俄蒙国家商会论坛及中乌地区合作论坛】 应俄罗斯新西伯利亚工商会、乌克兰国家工商会的邀请,贸促会党委书记李建钢率团,组织鄂尔多斯、包头、呼和浩特、满洲里等地区贸促会和有关企业家出访。作为中俄蒙论坛的发起者之一的内蒙古贸促会承担论坛中方秘书处的工作,协助国家贸促会组团参加第六届中俄蒙商会联合论坛和中国—乌克兰地区合作论坛。

2010年年会由俄罗斯国家工商会主办,俄罗斯西伯利亚联盟工商会承办。期间,与俄罗斯东西伯利亚工商会和哈卡西亚工商会签署友好合作协议。考察了莫斯科绿城经济开发区和中国商品贸易中心项目。贸促会正式成为乌克兰商会合作伙伴。

【举办乌兰巴托中国商品展洽会】 举行了“2010乌兰巴托中国商品展览暨投资贸易洽谈会”。锡林郭勒盟、兴安盟、包头、鄂尔多斯、呼和浩特、二连浩特、满洲里及北京、天津、浙江等地的31家企业、100余人参加了本届展览会,共设展位27个。签订合作项目5项,合同金额4 322万元人民币,协议金额625万元人民币。锡林郭勒盟支会获展会组委会颁发的“优秀组织”奖,锡林浩特市桃园羊绒制品有限公司、二连威龙汽车销售公司获“消费者信得过产品”奖。会后,考察了蒙古国阿拉坦布拉格自由贸易区。初步商定,适时组织中、俄、蒙三方企业就有关在自贸区的合作项目投资等进行具体洽谈合作。

【第七届世界华商高峰会】 自治区组团参加了由澳门贸易投资促进局主办的“第十五届澳门国际贸易投资展览会”和由世界华商组织联盟主办的“第七届世界华商高峰会”。自治区设置了4个展位,6家企业参展,展出高科技生物制品、羊绒成衣、民族工艺品等特色产品。澳门特别行政区行政长官崔世安、中央政府驻澳门特别行政区联络办公室白志健主任、自治区巴特尔主席为开幕式剪彩,并参观了自治区展位。期间,自治区代表团与澳门贸促局共同举办了“内蒙古·澳门经贸合作推介会”,50余位澳门及海外知名企业家出席了推介会。呼和浩特市、通辽市、锡林郭勒盟和包头钢铁集团公司的代表分别作了关于本地区的投资环境、重点合作领域和项目的推介。接洽了澳门、香港、德国、美国、加拿大、葡萄牙、拉美等国家和地区800多名客商。

【联络活动】 年内接待了蒙古国工商会会长登贝尔勒,与自治区主席巴特尔会见并就蒙古国人员培训、中俄蒙商会联合论坛等方面交换了意见。参与了内蒙古-韩国友好周活动。韩国驻华大使率多家企业访问内蒙古。与自治区旅游局共同接待了来自意大利的欧盟援助—旅游项目评估考察团。为内蒙古银行业联系安排了蒙古国议员和蒙古国银行业一行4人来自治区进行洽谈、交流、合作等事宜。接待了英国广播公司(BBC)采访报道鄂尔多斯。为日本贸促会及所属企业提供投资政策、环境等方面的资料。

【出证认证工作】 截至年底,受理新注册企业19家。签发一般原产地证2 469份,签证金额23 715万美元,与上年相比有较大增幅;签证国别91个国家和地区。办理国际商事证明书216份。代办领事认证127份。

(王　桢)

供销合作社

【内蒙古自治区供销合作社联合社领导名录】

党组书记　理事会主任:薄连根(4月任职)

理事会副主任:武金祥(正厅级)　唐利民　张鳞龙　刘贵荣

监事会主任:王政和(正厅级)

监事会副主任　工会主席:郭　桢

【概况】 内蒙古供销合作社系统现有三级联合社机构104个(其中:自治区级联合社1个、盟市级联合社12个、计划单列市联合社1个、旗县级联合社90个);旗县级以上社有企业实体经济319个;基层供销合作经济组织6 786个(其中:基层供销合作社496个,农牧民专业合作社3 088个,村级综合服务社3 202个);主管领办的行业(专业)协会1 264个。自治区供销合作社联合社直属系统现有7个直属企业、1所全日制重点中专学校。全系统职工总数19 254人,其中,区社直属系统职工总数394人。区社机关机构为综合办公室、人事教育处、财务审计处、经济发展处、合作指导处、流通网络建设处、社有资产监督管理处、党务工作处。

【经济运行】 2010年,全系统完成商品购销总额

321.93亿元,同比增长15.8%。其中:商品销售总额171.19亿元,同比增长21.24%;商品购进总额150.74亿元,同比增长10.03%。上缴国家税费总额1.23亿元,同比增长8.85%;社会贡献总额4.5亿元,同比增长50.5%;实现利润总额2.11亿元,同比增长51.88%;资产总额达到56.38亿元,同比增长37.45%;所有者权益达到22.53亿元,同比增长90.13%。自治区供销合作社荣获全国供销合作社系统综合业绩考核一等奖。

【加快改革发展】 2010年,全区有10个盟市、15个旗县政府出台了贯彻《国务院关于加快供销合作社改革发展的若干意见》(国发〔2009〕40号)和《内蒙古自治区人民政府关于进一步加快供销合作社改革发展的实施意见》(内政发〔2009〕108号)两个文件精神的实施意见,另有4个盟市政府出台了贯彻"内政办发〔2009〕125号"文件精神的发展规划实施方案。在资金扶持、项目建设、金融、税收、土地等方面对供销合作社系统的改革发展均制定了优惠政策给予支持。同时,为了进一步推动"两个文件"精神的深入贯彻落实,8月,自治区供销合作社、自治区农村信用社签署了全面金融支持战略合作协议,推进农村牧区资金流通渠道和商品物流通道的有机结合;11月,自治区供销合作社与国家开发银行内蒙古分行的战略合作开始启动;12月9日,自治区人民政府与中华全国供销合作总社在北京签署了"加快推进新农村新牧区现代流通服务网络工程建设战略合作备忘录",双方就共同推进自治区"新网工程"建设作了明确的承诺,自治区党委书记胡春华,自治区主席巴特尔,自治区发改委、财政厅主要领导到京参加了签字仪式。"两个文件"的贯彻落实,有效地改善了全区供销合作社系统改革发展的外部环境,促进了供销合作社经济的发展。

【"新网工程"建设】 全系统紧紧抓住国家统筹城乡经济发展、大力开拓农村牧区市场的良好机遇,按照多方参股、多方筹集资金、政府适当扶持的运营模式,全面组织实施"新农村现代流通服务网络工程"建设,构建农牧业生产资料、农畜产品、农村牧区日用消费品现代经营和再生资源回收利用四大流通服务体系。一是中央和自治区"新网工程"专项资金落实到位。2010年,全系统实际完成"新网工程"建设项目100个,其中,农资经营网络项目25个,农畜产品网络项目41个,日用消费品项目26个,再生资源项目8个;有92个项目获得中央、自治区"新网工程"专项资金支持,扶持资金额度为4 409万元,其中:自治区财政安排了"新网工程"地方配套资金2 000万元。二是连锁经营业态初现规模。全系统拥有连锁经营企业104个,同比增长28.4%;建设农资、日用品等连锁配送中心221个;建设农资、日用品连锁门店8 176个,同比增长4.9%;实现连锁销售额46.48亿元,同比增长1.66%。三是传统经营业务稳中有升。2010年,全系统组织供应农牧业生产资料52.37亿元,其中,供应优质化肥120万吨,占到全社会需求量的80%以上;供应农药8 291吨,供应额9 896万元;供应农膜9 223吨,供应额7.62亿元。完成日用消费品经营额79.32亿元,同比增长46.5%。组织收购农副产品59.4亿元,同比增长68.75%。实现再生资源购销总额8.9亿元,同比增长22.59%。农资供应和大宗农畜产品经营业务继续保持主导地位。

【农牧服务体系建设】 为打造供销合作社为农牧服务的前沿阵地,区社加大工作力度,不断推进基层社、专业合作社、村级综合服务社等基层合作经济组织建设。一是基层社通过股份合作制改造和资产盘活,参与农牧业产业化经营,服务功能和辐射带动能力明显增强。全区供销合作社系统496个基层供销合作社发展乡村经营服务网点2 221个,拥有净资产4.01亿元。年实现销售额47.79亿元,实现利润总额4 938万元,同比分别增长1.49%和36.94%。二是专业合作社呈现数量迅速增长的态势,在推进农牧户标准化生产和品牌化经营方面成效明显。由供销合作社创办、领办的农牧民专业合作社3 088家,其中,经工商注册登记的有2 933家;纳入全国供销合作总社"千社千品"富农工程的专业合作社172家;拥有注册商标的221家;拥有绿色、有机、无公害食品认证的632家;入社成员13.25万个,其中,农牧民成员12.38万个,占入社成员总数的93%;帮助农牧民实现收入16.37亿元。农牧民专业合作社经营服务涉及种植、养殖、加工、服务等多个领域,由过去单一的供销合作,逐步向生产、土地、资本、劳动力、产品等多种合作方式转变。三是乡村级综合服务社进一步扩大服务覆盖面。全区依托社有企业和基层社以及其它乡镇经营实体,采取加盟和直营的方式,发展以农资、日用消费品零售为主体的综合服务社3 202个,占全区行政村的28.5%,其中使用供销合作社标识的1 913个,同比分别增长0.95%、3.02%。四是大力发展了各个领域的行业(专业)协会。

【项目建设】 2010年,区社提出了"项目兴社"发展战略,建立了"项目库"。在前期调研的基础上,全系统根据国家产业政策和市场需求，重点在农资、农畜产品仓储物流、批发交易市场、再生资源循环利用、日用消费品经营和商品基地建设、房地产开发、城乡服务业等方面分别规划、储备和申报了一批发展前景好、带动能力强的项目。据不完全统计，“十二五期间”各盟市供销合作社拟建项目总数400余个。

2010年，区直系统已立项和在建项目近20个，投资总额近6亿元。项目形成产能后大幅度提升社有资产的运营质量和效益，夯实合作经济发展基础。

【社有企业建设】 一是加快推进社有企业股份制改造和现代企业制度建设。2010年，全系统旗县级（包括旗县）以上社有企业319个，其中：全资和控股企业115个，参股企业138个，合作企业66个。2010年，全系统旗县级以上社有企业拥有净资产18.66亿元，同比增长93.74%；实现营业收入122.85亿元，同比增长31.38%；实现利润总额1.63亿元，同比增长58.25%，盈利面达到99%。区社直属公司在巩固传统经营业务的同时，积极拓展新兴业务，经营亮点频现，企业发展势头良好。自治区农资公司强化网络建设，突出终端销售和服务，经营指标持续增长，2010年化肥销售总量50.78万吨，同比增长7.58%，占系统优质化肥销售额的56.4%；牧王公司多领域拓展市场，已形成羊毛、粮食收储、油脂加工、羊肉储备、房地产五大业务板块，并启用了电子商务平台；土副公司在做好边销茶、烟花爆竹经营业务的同时，新组建了绿泰农产品超市有限公司，在内蒙古世奥大厦试营了供销系统名优特产品展示展销中心第一家连锁示范店；冷冻公司建成了内蒙古地区较为先进的可调式冷库；内蒙古汇特投资公司、润欣房地产开发公司和铉力和再生资源开发公司以资产、股份为纽带，深层次推进区直企业与盟市、旗县社有企业的联合发展。在管理上，2010年区社统一组织开展了区直企事业单位资产清产核资工作，为全面摸清“家底”实施企业改造重组、完善和规范企业股份制改造、推动社有资产优化组合和加强对区直单位的管理提供了科学决策的依据。

【创先争优活动】 按照自治区党委的工作部署，区社直属系统深入开展了以“服务‘三农三牧’，全力推进‘新网工程’建设”为主题的创先争优活动，建立了组织机构，制定了活动方案，结合党员公开承诺内容开展了各具特色的教育活动，形成了党员干部比工作、比奉献、比踏实作风、比饱满精神状态的“四比”氛围，有效地推动了创先争优活动的开展。

【重要活动】 1月25～26日，全区供销合作社工作会议在呼和浩特市召开。会议贯彻落实国务院和自治区人民政府关于加快供销合作社改革发展的文件精神，全面总结2009年全区供销合作社系统工作，认真分析当前的形势和任务，明确提出2010年工作的总体要求和任务目标，对系统综合业绩考核优胜单位和先进个人进行了表彰。1月25日，中华全国供销合作总社印发《关于表彰2009年全国供销合作社系统综合业绩考核优胜单位的决定》，授予内蒙古供销合作社全国供销合作社系统2009年度综合业绩考核省级优胜单位一等奖。4月20日，内蒙古供销合作社召开干部大会。自治区党委组织部副部长武开乐宣布了自治区党委、政府对自治区供销合作社党组书记、理事会主任调整的决定并作重要讲话。自治区供销合作社新任党组书记薄连根作重要讲话。自治区人大常委，自治区供销合作社原党组书记、理事会主任刘金水主持会议。6月18日，内蒙古供销合作社在呼和浩特市召开第五届理事会第四次全体会议。根据《中华全国供销合作总社章程》和《内蒙古自治区人民政府关于薄连根等同志职务任免职令》（内政任字〔2010〕4号）精神，会议替补、增补了25名自治区供销合作社第五届理事会理事，现有理事共41名，选举薄连根同志为内蒙古供销合作社理事会主任。8月30日，内蒙古供销合作社与内蒙古农村信用社战略合作协议签约仪式在呼和浩特市举行。自治区供销合作社党组书记、主任薄连根和自治区农村信用社党委书记、理事长佟铁顺分别致辞。自治区供销合作社领导王政和、武金祥、唐利民、张鳞龙、郭桢、刘贵荣，自治区农村信用社领导杨阿麟、贾埃兵、白晓春、曲国民等出席签约仪式。10月29日，内蒙古供销合作社召开第五届监事会第四次会议，会议通报了全区供销合作社系统2010年1－9月经济运行情况及近年来改革发展情况；增补、替补了15名内蒙古供销合作社第五届监事会监事，现有监事24名。11月1～2日，在天津召开的全国供销合作社系统企业工作会议，对2010年度全国供销合作社系统百强企业和50名优秀企业家进行了表彰。内蒙古农牧业生产资料股份有限公司入选全国供销合作社系统百强企业行列；赤峰市新元粮油市场有限公司总经理梁忠被评为“全国供销合作社系统优秀企业家”。12月9日，内蒙古自治区人民政府与中华全国供销合作总社在北京民族饭店签署《加快推进新农村新牧区现代流通服务网络工程建设合作备忘录》。自治区党委书记胡春华出席签字仪式。自治区主席巴特尔与中华全国供销合作总社党组书记、理事会主任李成玉代表双方签署合作备忘录。中华全国供销合作总社理事会副主任顾国新主持签字仪式。自治区副主席刘卓志和中华全国供销合作总社理事会副主任戴公兴致辞。签字仪式前,胡春华会见了李成玉,巴特尔、刘卓志等会见时在座。自治区供销社、发改委、财政厅以及中华全国供销合作总社有关负责人出席签约仪式。

(慈晓云)

粮 食 购 销

【内蒙古自治区粮食局领导名录】

党组书记 局长:卫庆国

党组成员 副局长:康昱幸(蒙古族) 张忠何 王斯琴(女 蒙古族) 刘永旺

党组成员 总经济师:张天喜(7月任职)

党组成员 纪检组长:巴 图(蒙古族 9月任职)

副巡视员:柯 克(蒙古族 9月任职)

【概况】 2010年,自治区粮食工作面对复杂多变的粮食市场形势,全面贯彻党的十七大、十七届三中、四中和五中全会精神,深入贯彻落实科学发展观,进一步完善宏观调控政策措施,坚决实施粮食依法管理,推进现代粮食流通产业发展,在巩固和发展粮食流通体制改革成果方面取得显著成效,圆满完成国家粮食局和自治区党委、政府下达的各项工作任务。全年收购商品粮200.32亿斤,同比增长45.45%;粮食销售市场繁荣活跃;依法管粮进一步加强;粮食仓储设施建设和农户科学储粮项目稳步推进;粮食宏观调控基础和措施不断加强,地储粮数量有所充实,调控措施不断完善,成功举行了粮食应急演练;确保了全区粮食安全。

【粮食流通】 全年收购粮食1 289.9万吨,销售801.2万吨,出口12万吨,无进口。商品量1584.8万吨,商品率64.6%。城市口粮206.1万吨,农(牧)区口粮326万吨,工业用粮575万吨,种子用粮62.6万吨,饲料用粮862.9万吨。

秋粮收购工作 国务院关于做好秋粮收购和加强市场调控工作的通知下发后,自治区粮食局对粮食生产、收购有关情况进行了认真的调查,在此基础上,向国家粮食局上报了全区2010年秋粮收购和市场调控方案,并于2010年11月10日召开了全区秋粮收购工作会议,专门部署秋粮收购和市场调控工作。要求各地抓紧做好粮食收购资格审核、企业最高库存量核定、地方储备粮补库计划和实施方案上报备案等工作。核定了全区2697家粮食经营企业最高库存量,建立了秋粮收购价格日报和五日报制度。同时,根据秋粮收购形势,建议自治区成立秋粮收购工作领导小组,自治区政府办公厅以内政办字【2010】254号通知,成立了以布小林副主席任组长,以自治区发改委、财政厅、粮食局、工商局、监察厅、农发行分管领导为成员的秋粮收购领导小组,组织、协调秋粮收购工作。

【完善粮食宏观调控和应急机制】

地方储备粮计划完成情况 按照产区3个月、销区6个月的销量标准,建立地方储备粮规模的规定,国家粮食局核定下达了地方储备粮指导性计划,自治区粮食局及时分解下达了自治区级和盟市级地方储备粮计划。截至2010年底,自治区级储备粮数量完成计划的100%,盟市级完成了计划的94%。

举行粮食应急演练 2010年11月10日,自治区粮食局指导呼和浩特市进行了粮食应急演练,取得了圆满成功。自治区政府主管粮食工作的布小林副主席和发改委、财政厅、农发行、中储粮内蒙古分公司、中国华粮内蒙古分公司的领导观摩了应急演练。

完善粮食市场宏观调控体系和机制 按照国家12部门《关于发挥骨干企业积极作用健全和完善政府对大宗农产品市场调控体系和机制的通知》要求,以《内蒙古自治区人民政府办公厅关于报送我区健全和完善政府对大宗农产品市场调控体系和机制工作方案的函》,向国家12部门报送了工作方案,将小麦、稻谷、玉米、大豆和食用植物油确定为自治区的调控品种,将353个粮食流通骨干企业纳入了政府宏观调控体系。

【宣传贯彻《条例》,加强粮食流通管理】 在《粮食流通管理条例》颁布实施六周年之际,组织开展了《条例》知识问答活动,广泛宣传《条例》等相关法规知识。《粮油仓储管理办法》出台后,及时组织全区20多名仓储管理骨干参加国家粮食局举办的宣传培训班,全面推进《粮油仓储管理办法》及配套制度在全区粮油仓储企业中的贯彻实施。

开展粮食收购资格审核 对粮食收购许可证的增加、变更、注销等情况进行统计。2010年,全区对4 933家企业和个体工商户进行了粮食收购资格审核,保留具备粮食收购资格的企业和个体工商户4 114家,注销819家。

加强粮食质量和品质测报及质检体系建设 确定玉米样品140份、大豆样品35份参加全国会检。对全区粮食质量监管工作进行了调查。截至2010年底,全区粮油质检机构25个,质检人员115名,总投资441

万元,检测样品4 023份,国家授权的质检机构4家。2010年粮食清仓查库共抽验样品186份,合格率99%。

【加强粮油仓储业务管理】

粮油储运能力 截至2010年12月31日,全区共有718户粮食仓储企业,仓房总仓容1 224.6万吨,油罐总罐容18.8万吨,简易仓房容量246.6万吨,罩棚100.8万平方米,地坪1 259.4万平方米。铁路专用线73.4千米,有效长度47.6千米。具有散粮接收能力1 630吨/小时,散装发运能力2 330吨/小时。

粮油仓储管理 年初,对呼和浩特市粮食局组织进行的工商户粮油仓储企业规范化管理活动评价进行了实地督促指导。推荐上报34户全国粮油仓储规范化管理企业。通报表彰了315户全区粮油仓储规范化管理先进企业。

临储玉米定向销售 主动协调地方政府和相关部门,努力克服"出库难"等问题,按时完成了全区103.7万吨地方临时储备玉米定向销售和加工任务。

粮油承储企业税收减免 根据国家财政部、税务总局关于国家储备商品有关税收政策的通知精神,明确了全区46个自治区级储备粮油承储企业2009年度、2010年度有关营业税、印花税、房地产税和土地使用税的税收享受减免政策。

【全区"十二五"粮食流通规划编制】 根据国家粮食局的要求,在自治区发改委和有关部门的配合下,自治区粮食局编制了《内蒙古自治区粮食行业"十二五"总体规划(2011—2015)》,其中包括《内蒙古自治区粮食总量平衡与宏观调控"十二五"规划》、《内蒙古自治区粮食市场体系建设与发展"十二五"规划》、《内蒙古自治区粮食流通基础设施建设"十二五"规划》和《内蒙古自治区粮油加工业"十二五"发展规划》4个子规划。2011年4月,自治区政府已批准同意将该规划列入自治区总体规划。按照规划,"十二五"期间自治区粮食流通基础设施建设将在信息监测预警系统、宏观调控、质量检测体系、批发市场体系、粮油仓储设施与维修改造、粮食现代物流设施、农户科学储粮、加工体系等八个方面的建设取得突破性进展。

【粮食流通基础设施建设情况】

粮油仓储建设投资及规模 2010年共争取各方面建设资金45 928万元,其中:中央资金13 378万元,自治区资金3 000万元,企业自筹和贷款29 550万元。总投资比2009年增加15 860万元,增长34.5%。争取国家粮油仓储设施建设项目20个,涉及9个盟市,建设粮食仓容57万吨,建设油罐1.5万吨。

农户小粮仓建设 2009年国家下达内蒙古自治区鄂尔多斯市农户科学储粮专项投资计划农户数量2万户,总投资6000万元,将专项建设资金由自治区下达的国家、自治区、市旗和农户3:3:2:2的比例调整为3:3:3:1,其中中央补助资金1 800万元,自治区配套资金1 800万元和鄂尔多斯市、旗(县)各配套资金900万元全部落实,到年底,各方面资金到位5 445万元,占总投资6 000万元的91%,基本完成了小粮仓建设任务。

【开展粮食行政执法和监督检查】 2010年,全区开展各类检查2 645次,出动执法人员9 006人(次),检查企业11 502个(次),查处违法案件646例。先后开展了政策性粮食销售出库专项检查、粮食统计执法检查、粮食库存检查,其中粮食库存检查对3个盟市的6个旗县、10个库(点)、93.1万吨粮食库存实物、财务信贷、费用补贴和承储资格等项目进行了全面检查,约占全区库存总量的20%。检查结果显示,所有被查企业库存数量真实,质量良好,账账相符,账实相符,企业管理比校规范。国家粮食局督查组对自治区粮食库存检查工作进行了督查,并给予了高度评价。

【强化行业管理,推进行业发展】

粮食行业协会、学会工作 2010年4月召开了全区粮食行业协会三届二次、粮食经济学会六届二次理事会,增选了理事、常务理事、副会长,确认了新会员。截至2010年底,全区有6个盟市先后成立了粮食行业协会和粮食经济学会,尚未成立的明确了分管领导、联系科室及联系人。

"放心粮油"工作 开展了全区"放心粮油"和"粮油销售放心店"申报工作,向国家粮食局推荐了6家示范企业,全部获得批准。其中:加工企业4家,配送中心1家,主食厨房1家。组织部分盟市赴山西、陕西省对放心粮油工程和粮食行业协会、学会建设进行了学习考察。建议把放心粮油工程建设列入自治区为民办实事之中。

积极培育粮食经济人队伍 据不完全统计,全区8个盟市共有粮食经济人1.3万人,其中:呼伦贝尔市、兴安盟和乌兰察布市粮食经济人收购的粮食占当地粮食收购量的50%以上。

【落实党风廉政建设责任制】

细化廉政责任制 将全年党风廉政建设责任制细化分解,落实到各处室、局属各单位。坚持"谁主管谁负责"的原则,"一把手"负总责,分管领导各负其责,各处室明确任务,责任到人。明确一级抓一级、层层抓落实,把党风廉政建设贯穿于机关党的建设、业务能力建设和作风建设的全过程,同各项工作有机结合起来,落实在行动上。严格执行党风廉政责任考核制度,坚持平时监督与定期考核相结合,发现问题及时纠正。

纪检干部既参与政务又参与业务　始终坚持纪检监察室负责人列席党组会议、民主生活会,参加局务会议和重要的业务活动。强化对机关重要环节、重点部位的监督,参与对机关干部选拔任用、储备粮、军粮采购招标、粮食工程建设项目招标过程的全程监督和国家储备粮承储企业的监督。

【创先争优活动】　加强领导,精心组织,成立创先争优活动领导小组,制定了工作方案;召开动员会,提出具体要求;广泛征求意见,确定公开承诺内容。11 个支部(总支)、92 名党员公开承诺,11 个支部(总支)共承诺 74 项,92 名党员共承诺 374 项,并在局域网和宣传栏内公示,同时建立了承诺台账;建立领导联系制度,局领导深入基层 18 次,并进行点评 14 次。截至 2010 年底,支部(总支)完成践诺 512 项,正在落实的 23 项,党员完成承诺 204 项,正在落实的 170 项,践诺率达到 100%。区直机关工委创先争优考核组对自治区粮食局创先争优活动给予充分肯定,认为粮食局创先争优活动起点高,落点实,效果好,整个活动组织有序、保障有力、结合实际、有效推进。

(王金云)

旅　　游

【内蒙古自治区旅游局领导名录】

局　长:赵广华

副局长:马永胜　云大平(蒙古族)　白薇(女)

副巡视员:郑家宁

【概况】　2010 年,接待国内旅游者4 477.55万人次,国内旅游收入692.92亿元;接待入境旅游者142.8万人次,入境创汇6.02亿美元;全区旅游业总收入732.7亿元,相当于全区生产总值的6.31%。旅游业已成为自治区国民经济的重要产业。

【旅游消费】

组织"全国百城世博旅游宣传推广周"内蒙古活动启动式　4 月 3 日,在全区各盟市主要广场举办了"全国百城世博旅游宣传推广周"内蒙古活动启动式、"美丽草原我的家"内蒙古人游内蒙古活动启动式。在主会场呼和浩特新华广场,设立了世博旅游宣传区、《美丽草原我的家》内蒙古人游内蒙古宣传区、呼和浩特旅游宣传区、内蒙古旅游服务质量提升年宣传区和伊利乳业宣传区。各盟市同时举办世博旅游、内蒙古人游内蒙古宣传推广活动,开展了世博游咨询,推介世博旅游线路,使更多的人了解了世博,走进世博。各地设立世博旅游宣传专栏 500 多个,发放资料近百万份。

组织大型促销活动　7 月份,组织国内主流媒体 60 余人来内蒙古进行旅游采风,考察了呼和浩特、包头、鄂尔多斯内蒙古中部旅游线路,和赤峰、锡林郭勒内蒙古东部旅游线路,有 14 家电视台拍摄制作 20 个 15 分钟以上专题片。深圳电视台、广东电视台、南京电视台、北京电视台、浙江电视台、上海电视台、西安电视台等媒体都作了深度宣传。5 家网络采编图文稿件 50 多篇,网上点击数累计达到 5 万多次,其他网站也纷纷转载。有关报社、广播电台都详细宣传了内蒙古旅游资源。7 月中旬,自治区旅游局与内蒙古商报社联合举办了"陪你一起看草原"——全国报刊纵深宣传内蒙古活动。来自全国 85 家报刊 95 名记者分别参加了呼伦贝尔—满洲里、赤峰两条线的采风活动。此次活动,共发稿 85 篇,在全国范围内同一时间集中、广泛地宣传了内蒙古旅游,收到了良好的宣传效果。

组织密集旅游节庆活动　为加大旅游节庆活动宣传力度,继续推出 100 个覆盖四季旅游节庆产品。第 21 届内蒙古旅游那达慕大会"中国内蒙古第七届蒙古族服装服饰艺术节"等一批节庆活动更具民族特色、地域特色、历史文化特色和现代特色,吸引了众多游客,成为拉动 2010 年旅游消费的重要产品。

【旅游项目建设】　2010 年,自治区为 11 个旅游重点项目争取旅游国债资金,积极申报了国家旅游发展基金项目。国家旅游发展基金预分配指标下达了1 685 万元。自治区旅游局配合自治区财政厅,完成了自治区旅游发展基金项目的收集、整理等工作。自治区对呼伦贝尔市草原风情园、民族风情园、蒙兀室韦蒙古之源文化园、嘎仙洞拓跋鲜卑文化园、美林谷滑雪场、中国马都文化园、敕勒川草原文化旅游区、阿拉善世界地质公园巴丹吉林园区、乌海甘德尔山生态旅游区、希拉穆仁草原旅游区、响沙湾二次开发、成吉思汗陵园旅游区等一批重点旅游项目建设给予了积极指导,进一步提升了项目建设的档次,逐步向品牌化旅游景区发展。改善了重点旅游地区、旅游景区的道路、厕所、旅游标识、供电供水以及环卫设施,优化了重点地区的旅游环境。

【旅游规划】 进一步加大旅游规划工作的指导力度，加强旅游规划的编制、评审和管理。组织区内外专家对盟市和部分旗县的旅游业发展规划、重点旅游景区建设规划进行论证和评审，共组织召开了13次旅游发展规划和重点旅游景区建设规划评审会议，对旅游项目开发建设起到了积极的指导和规范作用。对13个各类旅游规划最终成果进行了严格的审核，并下发了备案意见书和批复文件，保证了旅游规划的有效实施。认真指导各地的旅游规划编制工作，从编制任务书的制定、规划编制的组织、阶段性成果的审核和验收等各个环节进行了具体指导，促进了各盟市旅游规划编制质量的提高。

【旅游景区创建】 大力开展了旅游质量提升活动，重点指导各地的A级旅游景区的创建工作。2010年重点抓了创建国家5A级旅游景区工作。对自治区上报创建5A级的两个重点旅游景区响沙湾和成吉思汗陵园旅游区进行了多次指导，从软件升级和硬件改造都提出了具体意见，加强旅游景区整改情况的检查，国家旅游局验收组已经到两个景区进行实地检查和验收，达到了国家5A级旅游景区的标准。按照国家旅游局的工作部署，对全区的4A级旅游景区进行复核建设，对现有4A级旅游景区进行了现场检查，提出了提升改造的整改意见。对各盟市上报的申请评定A级的旅游景区进行检查验收，并对已经评定3A和4A级旅游景区进行复核检查，严格按照国家旅游标准对所有景区的软件和硬件条件进行检查，提出了整改意见。

【红色和乡村旅游项目】 依据《2004—2010年全国红色旅游发展规划纲要》，在国家发改委和旅游局的大力支持下，继续对列入国家100个红色旅游经典景区的乌兰夫纪念馆与乌兰夫故居、大青山抗日根据地旧址、满洲里红色国际秘密交通线3个红色旅游景区给予资金帮助。认真总结5年来自治区红色旅游发展状况，组织开展红色旅游调研，查找自治区红色旅游发展的现状和存在问题，建立红色旅游景区档案，提出了下一步自治区红色旅游发展思路。积极配合自治区发改委、宣传部和财政厅，提出了乌兰浩特内蒙古自治区成立纪念地等5个项目，上报国家发改委、中宣部、财政部和旅游局，争取列入国家第2期红色旅游规划的重点项目。2010年共安排500万元用于自治区红色旅游景区的基础设施建设。大力发展乡村旅游。坚持把乡村旅游发展作为促进社会主义新农村、新牧区建设，带动农村牧区实现生产方式转变，解决农村牧区富余劳动力，实现农牧业产品就地转化，增加农牧民收入，发挥旅游业综合带动作用的一项重点工作来抓，共投入500万元用于全区乡村旅游景区的基础设施建设。组织开展乡村旅游调研，建立了全区各盟市乡村旅游接待点、乡村旅游重点村的资料档案，确定了乡村旅游的重点地区和项目，明确了今后扶持乡村旅游的重点。为了进一步推进全区的乡村旅游发展，与自治区农牧业厅联合布置创建全国休闲农业与乡村旅游示范县和全国休闲农业示范点工作。与自治区建设厅合作积极开展了创建全国特色景观旅游名镇(村)工作，自治区有4个城镇入选全国首批特色景观旅游名镇(村)，为开展创建全国特色景观旅游名镇(村)开了个好头，奠定了工作基础。

【国际旅游宣传】 一是继续加强入境旅游市场的宣传促销，组织参加了新加坡和马来西亚国际旅游展、俄罗斯莫斯科国际旅游展、韩国国际旅游展、香港国际旅游展，以及由世界遗产旅游博览会组织委员会、澳门会议展览业协会、澳门世界遗产促进会共同主办"第三届澳门国际旅游与世界遗产博览会"，大力宣传和推广了内蒙古旅游资源和产品。7月份组织接待了韩国《交通观光新闻》、《旅行休闲》《朝鲜周刊》、《文化观光杂志》等12家韩国媒体的15名韩国记者和20名韩国旅行商，对乌兰察布——呼和浩特——包头——鄂尔多斯——巴彦淖尔旅游线路进行考察，此次考察为保持扩大韩国旅游内蒙古市场起到了积极作用。2010年，韩国旅游包机8个航班飞进内蒙古。二是积极发展台湾旅游市场。3月份组织参加了贵州第十三届海峡两岸联谊会。7月份接待了台湾中华两岸旅行协会组织的内蒙古旅游考察团。8月份组织各盟市旅游局、企业参加了海峡两岸台北旅展。三是对欧美旅游市场进行了有效的开拓。与欧盟开展了"内蒙古地区可持续性旅游发展"合作，参加了米兰国际旅游展，向欧洲旅行商、媒体和游客介绍推广内蒙古旅游，参加了与欧洲旅行商的座谈。9月份，欧盟地区项目负责人组织旅行商13人对呼和浩特及周边线路进行了考察踩线，与呼和浩特主要旅行社负责人探讨了欧洲游客来内蒙古旅游的现状，对内蒙古旅游的发展和旅游项目的实施与延伸提出意见和建议。10月份参加了由国家旅游局、美国旅游协会主办的2010中美省州旅游局长合作发展对话会议。

【国内旅游市场】

组织世博会内蒙古活动周旅游宣传活动 5月26日，自治区旅游局在上海大厦举办内蒙古旅游推介会，自治区党委常委、自治区常务副主席任亚平，自治区副主席布小林和自治区人大、政协的领导参加内蒙古旅游推介会,并邀请国家旅游局、上海市旅游局的领导出席推介会。上海的主要旅行社、主流媒体以及自治区媒体近70人参加了推介会。会后,内蒙古电视台、内蒙古日报、内蒙古新闻网以及上海媒体播报了推介会和内蒙古旅游线路。

组织参加国内旅游交易会 分别参加了广州国际旅游交易会、重庆国内旅游交易会、西安国际旅游交易会和北京北方旅游交易会。加强针对性宣传,加大媒体、旅游企业的营销力度,突出地区和民族特色,进一步巩固了主要旅游市场。

拓展宣传促销渠道 充分利用广电媒体、平面媒体、网络媒体,形成有效的宣传覆盖网络,强化了对公众的旅游宣传。增加了央视、旅游卫视、北京国际机场T航站楼数码刷屏、北京南站液晶电视的广告的投放。利用央视、卫视、北京机场、北京动车的媒体覆盖面广,受众多,影响巨大特点,播放内蒙古旅游宣传片。在全国树立内蒙古旅游良好的品牌形象,扩大了内蒙古旅游知名度。继续与内蒙古广播电台蒙语台的"内蒙古旅游"合作,提高旅游资讯、互动咨询、旅游娱乐等节目质量,利用广播的黄金收听时段宣传内蒙古。加强与内蒙古日报合作,增加广告版面,积极推介内蒙古旅游线路。认真筹建内蒙古旅游宣传网站,并于8月正式开通。

【旅游区域合作】 4月在西安第十四届中国东西部合作投资贸易洽谈会旅游交易会上,与陕西省旅游局签署了《内蒙古自治区与陕西省区域旅游合作框架协议》。7月在兰州举办的"第十六届中国兰州投资贸易洽谈会暨甘肃旅游博览交易会"上,与甘肃省旅游局联合签署了《内蒙古自治区与甘肃省区域旅游合作框架协议》,在区域规划、联合宣传促销、跨区域管理方面达成意向,为旅游业按照区域规律健康有序发展奠定基础。呼和浩特、包头、巴彦淖尔、鄂尔多斯、乌兰察布等五个城市,共同组织内蒙古中部地区旅游推介踩线会,并推出"观沙漠、游草原、相约京津夏都 "为主题的系列活动,五盟市对《内蒙古五盟市合作协议》内容进行进一步的分解和细化,明确了联合制作旅游宣传品联合促销的工作计划。积极与俄罗斯后贝加尔边疆区国际合作对外经济联络及旅游部、蒙古国自然环境旅游部保持工作联系,认真筹划准备中俄、中蒙边境旅游协调会议,促进了自治区边境旅游的发展。

【旅游服务质量提升年活动】 国家旅游局将2010年确定为"旅游服务质量提升年",在全国旅游行业广泛开展了提高旅游服务质量的活动。根据国家旅游局的统一部署,积极组织开展"旅游服务质量提升年"的宣传活动,深入贯彻了国家旅游局《旅游服务质量提升纲要(2009 - 2015)》,全区6个旅游中心城市同时举办"旅游服务质量提升年"启动仪式。自治区旅游局"3·15"在新华广场开展"品质旅游,伴你远行"大型宣传活动,4月3日在新华广场举办"2010世博旅游年、旅游服务质量年"启动仪式,进行了广泛的宣传。自治区制订下发了《2010全区旅游服务质量提升年活动方案》,确定了目标任务、内容,百家旅游企业发起"提升旅游服务质量倡议书"。举办全区旅游星级饭店技能大赛,参加在宁波组织的"全国旅游饭店服务技能大赛"。

【旅行社管理】 一是扎实推进了旅行社责任保险工作。国家旅游局联合中国保监会推出旅行社责任险统保示范项目,自治区旅游局通过认真部署,扎实推进,圆满完成了投保工作任务,旅行社投保率达到100%,居全国第一。二是认真抓了自治区居民赴台湾旅游的开放工作。按照国家关于内蒙古自治区等六省(区)开放赴台湾旅游的工作部署,7月28日至30日,自治区组织参加了国家旅游局在兰州和自治区公安厅在呼和浩特市举办的大陆居民赴台游旅行社培训会议。自治区旅游局、自治区政府台湾事务办公室、内蒙古新世纪康辉国际旅行社有限责任公司、赤峰国际旅行社有限公司的相关负责人、赴台游领队等30人参加培训。就国家涉台工作的方针、政策、旅游活动的有关法律、赴台旅游者证件办理、赴台领队业务、台湾地区基本情况等内容进行了培训。9月12日至20日,由内蒙古新世纪康辉国际旅行社组织的内蒙古赴台游首发团165人完成旅行。三是积极规范旅行社经营。认真开展旅行社统计调查工作,分季度和年度对旅行社经营情况进行统计上报,加强了对旅行社业务的管理。组织开展旅行社年度综合检查评比,表彰了30家业绩突出旅行社,41家违规旅行社进行了限期整改,注销了11家旅行社。

【星级饭店管理】 一是完成了星级饭店复核工作。年度复核星级饭店236家,通过复核的211家,处罚星级饭店25家,其中取消星级15家,限期整改和警告10家。截至10月,全区共有星级饭店256家,五星级7家,四星级15家,三星级78家,二星级141家,一星级15家。客房总数20 573间,星级饭店总营业收入19.33亿元。二是组织了星级饭店评定工作。新评定星级饭店21家。其中,五星级饭店1家,四星级饭店3

家,三星级饭店1家,三星级以下饭店16家。三是加强了星级饭店统计上报工作。按照国家旅游局季度统计调查、年度统计调查任务,认真组织星级饭店相关信息的采集、统计、上报工作,加强了对星级饭店的量化管理。

【旅游安全】 在全区推行了"国内外旅游示范合同"和"旅游车辆租用合同"的示范文本,加强了合同管理,进一步提高旅行社的安全责任意识和风险意识。强化安全检查,3次组织机关干部深入14个盟市对旅行社规范经营、旅游企业安全组织制度建设、分社门市部开办、质量保证金的存储、景区特种设备安检运行、旅游饭店消防设施等情况进行了全面检查,查出各种安全隐患645个,督促企业进行认真整改,堵塞安全漏洞,消除了事故隐患。

【重要活动】 3月24日,自治区党委常委、纪检委书记张力一行到自治区旅游局进行工作调研,研究探讨进一步加强全区旅游系统党风廉政建设以及效能建设等方面的工作思路。3月25~27日,内蒙古自治区旅游局赴广州参加2010年广州国际旅游展,宣传促销内蒙古旅游,取得圆满成功。4月3日,在全区各盟市主要广场举办了"全国百城世博旅游宣传推广周"内蒙古活动启动式、"美丽草原我的家"内蒙古人游内蒙古活动启动式。5月26日,在上海大厦举办了内蒙古旅游推介会,自治区党委常委、自治区常务副主席任亚平,自治区副主席布小林和自治区人大、政协的领导参加了内蒙古旅游推介会,并邀请国家旅游局、上海市旅游局的领导出席了推介会。上海主要旅行社、主流媒体以及自治区媒体近70人参加了推介会。6月2日,在首尔举办了内蒙古旅游推介会,韩国观光协会中央会副会长崔鲁锡、国家旅游局住韩国办事处主任杨强出席推介会并致词,200多位韩国旅行商和20多家韩国首尔主流媒体的记者参加了内蒙古旅游推介会。7月16日,由中国社会科学院旅游研究中心、中国市场学会、中共呼和浩特市委员会、呼和浩特市人民政府共同主办的"民族地区旅游发展论坛"在维力斯大酒店拉开帷幕。7月,组织国内主流媒体60余人来内蒙古进行旅游采风,考察了呼和浩特、包头、鄂尔多斯内蒙古中部旅游线路,和赤峰、锡林郭勒内蒙古东部旅游线路。7月中旬,自治区旅游局与内蒙古商报社联合举办了"陪你一起看草原"——全国报刊纵深宣传内蒙古活动。来自全国85家报刊95名记者分别参加了呼伦贝尔—满洲里,赤峰两条线的采风活动。7月25~31日,内蒙古自治区第二十一届旅游那达慕在四子王旗格根塔拉草原旅游中心隆重举行。9月16日,2010年全区假日旅游厅局协调会议在呼和浩特召开,假日旅游协调会议成员单位及部分媒体参加了此次会议。会议就如何做好2010年国庆假日旅游工作做出认真部署。9月19~21日,布小林副主席深入到呼伦贝尔扎兰屯市考察了柴河月亮小镇、心湖天池、驼峰岭天池、月亮天池等景观区。9月28日,中国巴丹吉林沙漠文化旅游节在阿右旗额镇隆重开幕。9月29日,中国额济纳金秋胡杨生态旅游节在阿拉善盟隆重开幕。11月25日,中国内蒙古自治区旅游局与俄罗斯后备加尔边疆区国际合作、对外联络、旅游部第八次中俄边境旅游协调会议在内蒙古区呼伦贝尔市召开。12月15日,中国内蒙古自治区旅游局与蒙古国自然环保旅游部旅游局2010年中蒙边境旅游协调会议在呼和浩特市召开。12月17日,内蒙古冰雪节暨第十一届呼伦贝尔鄂温克旗冬季那达慕在巴彦呼硕敖包山下隆重开幕。自治区副主席布小林、自治区政协副主席娜仁、香港凤凰卫视中文台台长王纪言、美国M. MR国际企业总裁林际昌等率团到会祝贺。12月22~26日,第七届中俄蒙国际选美大赛暨第十二届满洲里国际冰雪节在满洲里市举行。

(穆　伟)

财　　税

财　　政

【内蒙古自治区财政厅领导名录】

厅　长:常军政

副厅长:云宗元(蒙古族) 张华

纪检组长:海风云(女 蒙古族)

副厅长:云喜顺(蒙古族) 杨茂盛 刘义胜

总会计师:赵　兵

副巡视员:崔更发 吴守普 韩树清 孙尚英 丛建华

【概况】 2010年,内蒙古自治区实现国内生产总值11 655亿元,比上年增长14.%。其中:第一产业增加值1 101.8亿元,增长5.8%;第二产业增加值6 365.79亿元,增长18.2%;第三产业增加值4 187.83亿元,增长12.1%。全社会固定资产投资总额完成8 972.08亿元,比上年增长19.1%,增幅回落14.7个百分点。全年海关进出口总额87.19亿美元,同比增长28.7%,其中:出口总值33.35亿美元,同比增长44%;进口总值53.84亿美元,增长20.8%;贸易逆差20.49亿美元,较2009年缩小0.83亿美元。全年社会消费品零售总额3 337.3亿元,比上年增长19%,增速提高3.1个百分点,高于全国平均增速0.6个百分点。全年城镇居民人均可支配收入17 698元,比上年增加1 849元,增长11.7%。全年农牧民人均纯收入5 530元,比上年增加592元,增长12%。

全年地方财政总收入完成1 738.1亿元,比上年增加360.4亿元,增长26.2%。一般预算收入1 070亿元,增长25.8%;一般预算收入中税收收入752.8亿元,增长30.5%,占一般预算收入的70.4%。全区地方财政支出2 280.5亿元,比上年增加353.6亿元,增长18.4%,首次突破2 000亿元。全区政府性基金收入607亿元,比上年增加289.6亿元,增长91.2%;全区政府性基金支出510.9亿元,比上年增加220.1亿元,增长75.7%。

2010年,全区财政收入预算任务圆满完成,一般预算首次突破千亿元。区内部分盟市、旗县财政收入均有新突破。鄂尔多斯市地方财政总收入跨越500亿元大关,达到538.2亿元;包头市、呼和浩特市地方财政总收入双双超过240亿元,分别达到243.3亿元和241.5亿元;呼包鄂金三角地区继续领跑全区经济社会发展。东部五盟市中的通辽市、赤峰市地方财政总收入双双突破100亿元,分别达到102.9亿元和100.5亿元,均创历史新高。从旗县区看,继鄂尔多斯市的东胜区及准格尔旗之后,鄂尔多斯的伊金霍洛旗成为第三个财政总收入超百亿元的旗县区。全区101个旗县区中,财政总收入超10亿元的旗县区亦由2009年的36个增加到39个。

【保持经济较快发展】 2010年,自治区共争取到中央预算内基本建设投资127亿元,自治区本级和盟市落实配套资金63.3亿元,继续发行2010年地方政府债券59亿元,利用银行贷款、国外贷款等资金179亿元,努力扩大投资规模,发挥政府性投资的引导带动作用,保持投资拉动经济增长力度不减。通过结构性减税、增加城乡居民收入、家电、汽车下乡等措施,有效拉动消费市场,不断扩大消费需求。全区共销售补贴类家电产品95.3万台(部),兑付补贴资金2.2亿元;销售补贴类汽车摩托车14.3万台(部),兑付补贴资金2.9亿元。拨付政策性补助资金6.1亿元,落实自治区对包钢、电力公司、伊利集团等重点企业的财政政策,支持重点企业增强发展后劲。扶持中小企业开拓国际市场,实施“走出去”战略,下达外经贸发展资金2.4亿元,支持企业外经贸项目1 520个。

规模以上工业年均增长25.4%,实现利润增加到1 200亿元,成为推动经济平稳较快增长的主导力量,面对各种严重自然灾害,不断强化农牧业基础地位,使农牧业综合生产能力稳步提高,牛奶、羊肉、羊绒产量稳居全国之首。针对全区服务业发展相对滞后的状况,除进一步巩固提升传统服务业外,财政大力扶持发展现代服务业。按照“富民强区”的总体要求,千方百计增加城乡居民收入,让经济发展成果惠及广大人民群众。一是全面落实惠农惠牧补贴政策。多方筹集资金9亿元,增加牧业机具、牧民燃油、畜牧业良种等九项惠牧补贴,解决了惠农惠牧补贴不均衡问题。全年累计下拨粮食直补、农资综合补贴等各类涉农涉牧资金52.8亿元,确保广大农牧民持续增收。二是进一步规范公务员津贴补贴,缩小地区间公务员收入差距;推进事业单位收入分配制度改革，继续实施义务教育学校绩效工资政策，确保义务教育学校老师工资收入不低于当地公务员水平；下达补助资金1.7亿元，落实公共卫生和基层医疗卫生事业单位绩效工资，保证公共卫生和基层医疗卫生事业单位职工收入不低于当地事业单位平均水平。三是大力支持就业再就业和自主创业，下拨各类就业补助资金17亿元，主要用于职业培训、就业服务补贴，提升城乡居民的就业能力，以创业带动就业、促进增收。四是着力解决特殊群体特殊困难。针对食品等生活必需品价格上涨过快的影响，拨付城乡困难群众临时生活补贴资金2亿元，保障221万城乡困难群众的基本生活。落实资金3.6亿元，调整了部分优抚对象人员抚恤和生活补助标准。及时下拨自然灾害求助资金9.4亿元，支持防灾减灾，确保灾区群众正常的生产生活。

为支持科技创新，全区共投入财政资金21.2亿元，比上年增长17.1%，支持重点领域和前沿技术研究，筹集资金4.6亿元，支持企业、大专院校、科研单位项目75个，推动重点工业项目技术改造、科技型企业技术创新和科技成果转化。安排资金10.8亿元，支持全区淘汰落后产能项目44个，促进新能源产业和循环经济发展；投入资金7.4亿元，继续推进建筑节能工程的实施。落实资金54.4亿元，进一步完善天然林保护工程、森林生态效益补偿、退耕还林、退牧还草、森林抚育试点补贴等政策。安排专项经费7.5亿元，治理采煤沉陷区和地质灾害问题突出区域，支持污染防治和环境监测，开展主要污染物排污权有偿使用和交易试点。积极争取国家出台草原生态保护奖励补助机制政策，为自治区草原生态保护提供了稳定的资金来源。投入资金11.8亿元，改造中低产田98万亩，建设高标准农田27万亩，草原建设107万亩。经积极争取，黄河流域和西辽河流域被确定为国家农村土地整治重大工程示范区，2010～2012年，中央财政投入24亿元，自治区投入14亿元，达到整治土地规模300万亩，建设基本农田280万亩，新增耕地40万亩，提高粮食产能10亿斤目标。累计筹集资金85.5亿元，积极支持全区重点干线公路和农村牧区公路建设和养护，全区新增公路建设里程6 679公里。拨付补贴资金2.7亿元，支持地方机场建设和运营。

【为中长期协调发展奠定基础】　各级财政积极推动“三化”进程。在支持工业化方面安排资金1.3亿元，支持承接发达地区转移项目34个，对6个重点工业园区服务平台建设项目给予资助，大力支持农村物流等现代服务业发展。筹集资金1.8亿元，支持中小企业技术改造、发展地方特色产业、培育发展服务体系。在支持城镇方面投入以奖代补专项资金5.5亿元，通过融资平台贷款33.4亿元，推进全区城镇污水处理设施及配套管网建设；安排城镇供热管网以奖代补资金1.5亿元，对城镇居民住宅供热系统管网建设和改造给予奖励补助，完善和提升了城市功能。在支持农牧业现代化方面，稳定粮食生产，落实产粮（油）大县奖励资金10.4亿元，支持粮油流通及产业发展项目88个。稳步推进农牧业保险保费补贴工作，投入资金13.2亿元，全区种植业保险面积达6 771万亩；奶牛投保数量18万头，能繁母猪投保数量12.7万头。投入资金9.9亿元，支持38个旗县现代农业建设项目建设，扶持农业产业化经营项目202个，在2010年中央财政现代农业发展资金绩效评价中名列前茅，中央奖补资金9 000万元。在支持推动“三化”进程的同时，支持实施“人才强区”战略。设立“草原英才”专项经费3 500万元，对引进、培养高层次人才成交显著的单位给予奖励。安排资金1.4亿元，支持高校毕业生到嘎查（村）任职、到农村牧区从事支农、支教、支医和扶贫，提高了中小企业人才储备生活补贴标准，发挥了政府投入的导向作用。

为了促进区域协调发展和基本公共服务均等化，下达盟市、旗县均衡性转移支付169.9亿元，比上年增加20.3亿元，增长13.6%。认真落实国家重点生态功能区转移支付政策，下达转移支付资金17.5亿元，比上年增加7.6亿元，增长76.7%，增强重点旗县基本公共服务和生态环境保护的保障能力。进一步加大对兴安盟、乌兰察布市等财政困难地区的政策和资金支持力度，下达对兴安盟、乌兰察布市定额财力补助5.5亿元，有效增强了两盟市的财政保障能力。

【民生工程建设】

继续完善义务教育经费保障机制　拨付义务教育保障经费共22.6亿元，从当年秋季学期起，提高农村牧区义务教育阶段中小学公用经费标准，小学每年从生均300元提高到400元，初中每年从生均500元提高到600元。大力推进中小学校舍安全工程建设，筹集财政资金、开行贷款114.8亿元，全年竣工并交付使用的学校1 278所，累计开工面积1 662.5万平方米。促进职业教育加快发展，投入资金10.5亿元，支持学校基础能力建设，改善职业教育实验实训条件。拨付资金7.7亿元，支持高校学科建设、重点实验室建设和人才引进。安排资金10.5亿元，建立覆盖从小学到大学全程教育资助体系，资助学生114.6万名，从制度上保障每一名学生不会因家庭经济困难而失学，促进教育公平。

完善社会保障制度　全年社会保障支出291.3亿

元,增长20.2%,其中下拨资金28.1亿元,进一步提高城乡居民最低生活保障财政补助标准,城镇每人每月提高30元以上,农村牧区每人每月提高15元以上。拨付资金48.2亿元,继续提高企业职工基本养老金待遇水平,每人每月平均提高170元以上。下拨资金2.6亿元,继续推进新型农村牧区社会养老保险试点工作,试点旗县从13个扩大到24个。

深化医疗卫生体制改革 下达医药卫生体制改革补助资金35亿元,进一步提高城镇居民基本医疗保险和新型农村牧区合作医疗财政补助标准,完善城乡医疗救助制度,推行基本药物制度,推动公立医院改革,缓解困难群众看病难、看病贵问题。投入资金7 400万元,实施计划生育奖励扶助、特别扶助和少生快富工程,继续实施出生缺陷干预工程和“一杯奶”生育关怀行动,全面提高人口素质。投入资金2.2亿元,稳步推进广播电视无线覆盖、乡镇综合文化站建设等五项工程,继续推动公益性博物院、纪念馆免费开放,支持蒙元文化研究、元上都申遗等工作。安排专项资金3 600万元,有效化解信访突出问题,维护社会稳定。

加大保障性安居工程资金投入 全年共下达资金43.9亿元,进一步扩大了廉租住房保障范围,新建廉租住房4.2万套,实施棚户区改造和游牧民安居工程16万户,开展了公共租赁住房建设和农村牧区危房改造。全面推行村级公益事业建设一事一议财政奖补工作,财政投资10.7亿元,奖补项目达2 197个,村级公益事业多元投入新机制初步形成。投入资金10亿元,继续加大扶贫开发力度。拨付补助资金6.4亿元,国有企业关闭破产及职工安置工作稳步推进。拨付成品油价格财政补贴资金6.5亿元,有效缓解成品油价格调整对困难群体和公益性行业的影响。拨付资金2.1亿元,促进库区和移民安置区经济社会全面协调可持续发展。

【深化财政管理】 深化部门预算改革,细化项目支出预算,建立项目预算滚动管理制度;推进预算信息公开,向社会主动公开经自治区人大审议批准的预算和决算。进一步完善村级组织运转经费保障机制,下达补助资金7.4亿元,对全区1.1万个嘎查村增加补助,使6万多名村干部报酬提高到每年人均6 100元,村级公用经费标准提高到每年3.7万元。积极推进国有资本经营预算试点工作,出台了《内蒙古自治区企业国有资本经营预算编报试行办法》和《内蒙古自治区企业国有资本收益收取管理暂行办法》。试编了社会保险基金预算。稳步推进公务卡制度改革,继续扩大财税库银横向联网电子缴税试点范围。政府采购规模迅速扩大,全年达到263.4亿元,比上年增长49.8%,资金节约率10.8%。非税收入收缴管理制度改革范围进一步扩大,制定了《自治区重大水利工程建设基金征收使用管理暂行办法》。继续推进资产管理与预算管理相结合,规范和加强了行政事业单位国有资产管理。资产处置进场交易增值率达18%,有效防止了国有资产的流失。财政补贴资金“一卡通”发放增长迅猛,延伸改革进展顺利,多次受到财政部领导的表扬。强化会计管理工作,积极推进会计人才信息库建设,实施会计行业中长期人才发展规划,推广企业内部控制制度,促进国内外会计制度并轨,注册会计师行业管理进一步加强。制定了《内蒙古自治区本级财政专项资金跟踪监督检查办法(试行)》,对专项支出实行全过程跟踪检查。加强中央扩大内需投资、“三农三牧”、社会保障等重点专项资金的监督检查,继续组织实施“小金库”专项治理工作。继续扩大财政投资和涉农项目评审范围,提高财政资金的安全性和有效性。认真开展地方政府性债务统计工作,规范清理融资平台,防范和化解财政风险。“金财工程”应用支撑平台全面推广实施,20多个财政业务信息系统上线运行。完成2008~2010年外国政府贷款完工项目绩效评价工作,引进外资促发展取得新成效。

(刘彦芳)

国家税收

【内蒙古自治区国家税务局领导名录】

局　长:刘景溪
副局长:王月仙(女 蒙古族)
巡视员:吴　沛
副局长:叶殿祥
纪检组长:谢一湖
副局长:张占斌
总经济师:李青山
总会计师:刘培平
副巡视员:李元存 董坤林(满族) 赵巍

【概况】 2010年,全区税收收入入库805.66亿元(不含海关代征134.93亿元),同比增收183.17亿元,增长29.42%。其中:国内增值税入库553亿元,国内消费税入库48.73亿元,企业所得税入库151.24亿元,个人利息所得税入库0.37亿元,车辆购置税入库52.32亿元。

【服务地方经济发展】 围绕中心,服务大局,认真贯彻落实国家实施结构性减税保发展、深化税制改革调结构的各项税收调控政策。充分运用税收杠杆对自治区经济有效发挥调控作用。2010 年,减免各项税收 74.2亿元,办理出口退税 13.5 亿元。按照自治区发展战略规划,研究提出了《关于国税部门支持西部经济带产业发展的意见》,代自治区政府起草了《关于提请国家给予我区税收政策支持的若干意见》,积极争取新的国家税收优惠政策和扩大民族自治地区税收自主决策权。认真落实边境贸易人民币结算政策,促进边境小额贸易和口岸经济发展。

【依法治税】 坚定不移地落实依法治国基本方略,坚持贯彻组织收入原则,深入推行税收执法责任制,严格过错责任追究,全面推行执法管理信息系统,实现了税收执法行为的自动考核。2010 年,全区国税系统共追究执法过错责任 3 110 人次,追究率达到 100%。认真贯彻落实了《税收规范性文件制定管理办法》,制定了《内蒙古自治区国家税务局机关税收规范性文件制定工作规程》。

【税务稽查】 按照"内外并举、重在治内、以内促外"的思路,认真开展了税收专项检查和重点税源企业检查,共检查企业 799 户,组织企业自查 2 302 户,查补入库 13.8 亿元。加强了与公安、财政、海关、地税的协调配合,严厉打击了发票违法犯罪,税收执法环境得到进一步改善。

【优化服务】 深入开展国地税合作,与地税局联合开展了第十九个税收宣传月暨八千里路税收宣传纵深行活动。大力推行国地税联合办税,设置国地税联合办税场所 9 个。建立健全纳税服务体系。全面推行财税库银横向联网。12366 纳税服务热线和网上办税平台建设完成阶段性工作。大力开展税法宣传工作,在全区范围内开展"情系纳税人 税法送万家"活动。规范办税服务厅建设,积极创新办税服务方式,采取同城通办、驻厂办税服务、自助申报等方式优化办税工作。

【税收征管】 积极探索分级分类税收专业化管理模式,推进大企业个性化管理和服务。制订实施了《企业所得税优惠政策跟踪问效管理办法》、《煤炭行业税收管理办法》、《商业零售企业增值税管理办法》、《增值税、消费税重点税源企业联系制度》《增值税专用发票管理操作规程》《贯彻落实 2010 年纳税服务工作规划的实施意见》等多个行业税收管理和服务办法。组团赴蒙古国进行税收考察,就加强内蒙古与蒙古国税收协作、开展反避税、企业所得税避免双重征税以及保护内蒙古"走出去"企业在蒙税收权益等问题签署了备忘录。

【干部队伍及党风廉政建设】 深入学习宣传《廉政总则》,加大廉政文化建设力度,积极推进惩防体系建设,加强内部控制机制,梳理权力事项 81 项和 141 个廉政风险点并制定了防控措施。全面推广应用了税务纪检监察管理信息系统,全系统有 154 个单位上线运行。认真开展工程建设领域突出问题、小金库和纠风等专项治理工作。加大案件查办工作力度,畅通信访举报渠道,对重点案件进行深入剖析,严格落实有关规定制度。建立和实施了人事、监察、督查内审巡视等部门成果共享机制。"五五普法"工作顺利通过自治区验收。

(卜卫东)

地方税收

【内蒙古自治区地方税务局领导名录】

党组书记　局长:苗银柱
党组成员　副局长:云　飞(蒙古族)
党组成员　纪检组长:白　烨(蒙古族)
党组成员　副局长:乔志明　向东(蒙古族)　张莉(女)　包清泉(蒙古族)
党组成员　总审计师:王鹤普
党组成员　总会计师:杨华
党组成员　总经济师:徐学龄(女　达斡尔族)
副巡视员:王茂林(蒙古族)　王贵卿　万宏　王留贤

【概况】 自治区地方税务局的主要职能是:贯彻指引国家和自治区关于税收的法律、法规和规章,研究拟定自治区地方税收规划与计划,依法承担地方税,共享税及政府基金的征收管理责任,并负责纳税服务体系建设、征收管理的稽查、监督、行政管理活动等项职责。内设机构:办公室、人事处、法制处、税政管理一处、税政管理二处、农税局、税收管理处、计划会计统计征收处、社会保险费征收管理处、监察室、稽查局、财务装备处、宣传教育处、机关党委、老干部处及科研所、信息中心、培训中心、服务中心。全区地税系统于 1994 年成立。全系统实行自治区以下垂直管理体制,辖 12 个盟市、2 个计划单列市、99 个旗县市(区)地税局。现有干部职工 1.4 万人。其中,区局机关 150 人。共担负着 26 项税费的征缴工作。

【各项收入完成情况】 2010 年,全区地税系统各项收入累计完成 1 068.74 亿元,比上年同期增加 272.19 亿元,增长 34.17%。其中,税收总收入累计完成 705.81 亿元,比上年同期增加 169.95 亿元,增长 31.71%,完成年度计划的 112.59%,按总局口径税收收入累计完成 615.21 亿元,同比增加 153.93 亿元,增长 33.37%。社会保险费累计完成 274.34 亿元,比上年同期增加 51.3 亿元,增长 23%。煤炭价格调节基金完成 71.55

亿元,水利建设基金完成13.38亿元,工会经费完成1.52亿元,残疾人就业保障金完成1.74亿元,文化事业建设费完成0.39亿元。

【税收职能】 全系统立足自治区经济社会发展全局,充分运用“税收加减法”调节经济调节分配。在增税方面,自治区先后将煤炭资源税税率由2.3元/吨调高至3.2元/吨、对冶金独立矿山铁矿石资源税税额由减征60%调整为减征40%、新增矿产品品目并提高未列举名称的其他非金属矿和其他有色金属矿税额标准等,共计增加资源税32.4亿元。为促进房地产业平稳健康发展,自治区扩大了房产税征税范围,并大力强化房地产业税收征管,共计增加房产税23.7亿元。随着城镇化进程的不断加快,及时调整了城镇土地使用税、城建税的征收范围、税率、税额和征收标准,共计增加土地使用税74.8亿元。为加强土地增值税征管,自治区在全国率先对商品房销售土地增值税预征率作出调整,累计征收土地增值税54.5亿元。对占用经济技术开发区耕地和基本农田提高耕地占用税税额,对占用天然牧草地、林地和养殖水面等开征耕地占用税,共计增加耕地占用税39亿元。积极建议自治区政府开征煤炭价格调节基金,从2009年7月开征到2010年底,共计征收煤炭价格调节基金97.4亿元。

【队伍建设】 2010年,自治区地税局领导班子充实了3位党组成员和4位副巡视员,1名副巡视员转任实职,有效充实了全系统现有的领导力量,是一次体制机制的突破。在巩固深化学习实践科学发展观活动的基础上,扎实推进学习型领导班子和学习型党组织建设,健全学习制度,落实工作责任,增强开拓创新能力,努力提高领导水平和决策能力。始终坚持民主集中制原则,将贯彻落实上级决策部署与推进地税工作有机结合起来,不断推进决策的科学化和民主化。加强中心组学习,有力促进了各级领导干部思想理论水平和领导能力的提升。大力倡导深入基层、深入一线、多做少说的良好风气,鼓励和引导各级领导干部勤于学习,善于思考,想全局,议大事,始终保持推进地税事业发展的强劲动力和旺盛活力。通过层层召开专题民主生活会的形式,增进各级地税组织的班子团结,提高各级班子的执政能力和执政水平。

强化干部队伍建设。坚持开展多层次、宽领域的学习培训,重视培养岗位能手和业务骨干,选送干部到各级各类院校进行学习,促进了干部业务技能素质的提高。2010年,全系统共举办各级各类培训班634期,2.1万人次参加了培训。组织开展“文明杯”优质服务竞赛活动,成立摄影协会,开展书法比赛、演讲比赛、体育比赛,举办“唱红歌、讲和谐、树形象”等一系列丰富多彩的活动,丰富职工精神文化生活,提升地税形象,增强组织的凝聚力和向心力。

【廉政建设】 自治区地税局全区地税工作暨党风廉政建设工作会议于2010年1月21日在呼和浩特市召开。自治区党委副书记、自治区常务副主席任亚平出席会议并作了重要讲话。2010年,各级地税机关紧紧围绕税收中心工作,坚持标本兼治、综合治理、惩防并举、注重预防的方针,统筹推进勤政廉政建设。全面构建“党组统一领导,主要领导牵头,班子成员各负其责,纪检部门组织协调,干部全员参与,上下齐抓共管”的工作格局。紧紧围绕税收执法权和行政管理权这两个重点,健全和规范廉政谈话、诫勉谈话、内部审计、巡视检查以及基建工程和大宗物品采购等各项制度,开展内部审计和效能监察,加大监督约束力度。坚持教育为先,深入开展廉政文化建设,加强风险教育、预警教育和作风教育,增强干部职工勤政廉政自觉性。深入开展节约型机关建设,落实厉行节约八项要求,推进治理“小金库”专项工作。坚持不懈地加强全系统的机关管理、安全管理、财务管理和群众来信来访等工作,着力维护全系统的和谐稳定和规范有序。部署“学法懂法用法守法教育培训”和“税风税貌执法执纪检查监督”活动,全力推动地税事业健康发展。

(刘素霞)

金融·保险

金 融 办

【内蒙古自治区人民政府金融工作办公室领导名录】

主 任:宋 亮

副主任:李毅刚(9月离任) 李雅(女) 李国俭

【概况】 内蒙古自治区金融工作办公室共设行政编制19人,设有综合处、银行保险处、小额信贷监管处、证券处4个业务处室和机关党总支。

2010年,各项贷款增长实现了“三个超过”,即:贷款增速超过存款增速、超过全国同期贷款增速、超过全区经济增长速度。到12月末,全区金融机构人民币各项贷款余额同比增长25.9%,增速高于全国同期6个百分点、高于同期存款增速3.1个百分点、高于同期经济增速10.9个百分点。2010年,全区金融机构缴纳税金66亿元(其中地方金融机构缴纳32亿元),同比增长33.9%;全区银行业实现税后利润193.7亿元,同比增长27.4%。全区不良贷款余额为250.4亿元,比年初减少9.9亿元,不良贷款率为3.1%,比年初下降0.9个百分点。自治区现有银行、证券、保险、担保公司、小贷公司等从业人员17万人,2010年,新增就业人员近2万人。

【资金投入】 为了满足自治区项目资金需求,各家银行积极争取总行增加信贷规模指标,通过组织银团贷款,转让信贷资产腾出信贷规模,发行理财产品和信托产品等扩大对自治区的资金投放。到2010年末,人民币贷款余额达到7 919.5亿元,全年新增贷款1 627亿元,为历史上新增额最多的年份之一。各家金融机构积极拓宽融资渠道,创新融资方式,2010年跨省区银团贷款和联合贷款新增217亿元,跨省区银信合作引入资金121亿元,金融租赁30亿元,信托融资117亿元,资本市场融资170亿元,全年金融系统新增融资总计2 282亿元。

【信贷投入】 固定资产投资项目是各家金融机构支持的重点。2010年,各家银行累计发放贷款5 466亿元,其中累计发放中长期贷款3 800亿元,占全区固定资产投资总额的42%。全区中长期贷款余额增长31.9%,超过全国中长期贷款增速6个百分点,对于支持内蒙古固定资产投资的快速增长起到重要的支撑作用。全区金融机构工业贷款余额3 046亿元,占各项贷款的37.8%。交通运输等基础设施贷款余额860.7亿元,同比增长29.6%。个人消费贷款余额996亿元,比上年增长46%以上。

【中小企业融资】 自治区初步构建了大型银行小企业贷款专营机构、地方性商业银行、农村合作金融机构、小额贷款公司、融资担保机构组成的中小企业金融服务体系。到12月末,全区中小企业贷款余额达到2 564亿元,同比增长37.4%,高于全国中小企业贷款余额增速15个百分点。其中,小企业贷款余额1 148亿元,同比多增111亿元,比全部贷款增幅高18.1个百分点。中小企业贷款余额已经占到全部企业贷款余额的49%,占到全部贷款余额的32.4%。小额贷款公司成为中小企业金融服务的新生力量。自治区小额贷款公司开业户数达到422家,注册资本312.5亿元,覆盖全区95%的旗县区,全年累计发放贷款511亿元,12月末贷款余额348亿元,已经相当于全区农信社系统贷款余额的三分之一,成为全国小额贷款公司数量最多、规模最大的省区,支持了4万多户小企业、个体工商户和农牧民的融资需求。浦东发展银行、中信信托为通辽岳泰饲料、锡盟苏尼特碱业两家企业捆绑发行中小企业集合票据1亿元,实现了自治区中小企业债券市场融资零的突破。重庆新华信托、西安信托、新时代信托为小额贷款公司融资6.3亿元,组织开发银行等为小额贷款公司融资14.1亿元,在创新中小企业融资方面走在了全国前列。一个核心、三级层次、网状结构的担保和再担保体系已经覆盖全区各盟市工业园区和开发区。全区备案的各类融资性担保机构共有130家,累计筹集担保资金76.2亿元,累计为中小企业融资担保430亿元,已经成为中小企业融资的有力支撑。

【农村牧区普惠金融服务】 农业银行、农村信用社、邮政储蓄银行、村镇银行、贷款公司、资金互助社、银联公司、财险公司、寿险公司等多家金融机构在农村牧区拓展信贷、结算、保险等多种金融服务,银行卡、ATM

机、POS 机、转帐电话、手机支付等现代金融服务工具使用面迅速扩大。2010 年,全区累计发放农牧业贷款 763 亿元,12 月末涉农贷款余额 2 414 亿元,同比增加 883 亿元,增长 57.6%,比全部贷款增幅高 32.4 个百分点。全区农户贷款余额达到 534 亿元,户均贷款余额达到 3 万元,60% 以上的有需求的农牧户得到信贷支持。自治区农业政策性保险走在各省区前列,保费收入、承保面积和承保额在全国各省区中列第一位。全年农业保险实现保费收入 14.9 亿元,覆盖种植面积 6 469 万亩(占全区播种面积的 75%),牲畜 77 万头(只),为 215 万户(次)农牧民提供风险保障 195 亿元。

【金融组织体系】 2010 年,自治区共引进 4 家银行、4 家保险机构、1 家证券营业部,初步建立了银行、保险、证券、信托、租赁、资产管理等门类比较齐全的金融服务体系。全区共有 7 家国有大型银行,8 家股份制商业银行,2 家外资银行,4 家地方性商业银行,1 家农村商业银行,8 家农村合作银行,82 家旗县农村信用社,37 家村镇银行等新型农村金融机构,2 家银行卡服务机构,2 家信托公司,29 家保险公司,2 家证券公司。金融机构网络布局从呼包鄂地区逐步向其他盟市延伸,新引进的 8 家股份制银行在全区共设立 32 家分支机构。至 2010 年底,全区共有银行业金融机构 4 836 家,保险机构 1 768 家,证券业机构 59 家,融资担保机构 130 家,小额贷款公司 422 家。

【地方金融龙头企业】 到 2010 年末,全区地方性银行业金融机构资产总额达到 3 933 亿元,同比增长 32.7%,占全区银行业金融总资产的 30%;存款余额达到 2 873 亿元,在全区银行业的比重占到 27.8%;贷款余额达到1 536亿元,比重占到 19.2%。全区地方性银行业机构共计新增贷款 316.8 亿元,占全部银行贷款新增额的 19.7%。包商银行资产已经突破1 000亿元,在全区 9 个盟市和成都、宁波、深圳市设立分行,在区外设立 10 家村镇银行(2 家筹建),区内设立 8 家村镇银行和 1 家贷款公司,并已经获准筹建北京分行,正在向全国性股份制银行发展;2010 年,实现税后利润 14.1 亿元,上缴税金 5.8 亿元,成为当地仅次于包钢的纳税大户。内蒙古银行总资产近 300 亿元,实现税后利润 4.1 亿元,上缴税金 2.1 亿元,已经在区内设立 3 家分行,筹建区内 2 家分行和区外哈尔滨分行,发展势头强劲。鄂尔多斯银行呼和浩特分行即将开业,实现跨区域发展的新突破。农信社系统资产已经超过 1 900亿元,实现税后利润 28 亿元,上缴税金 13 亿元,存贷款余额在全区银行业分别居第二、第四位;新增存款 385.7 亿元,新增贷款 215.1 亿元,在各家银行中居于首位,成为全区网点人员最多、服务范围最广、资产规模最大的金融机构,在 10 项经营和监管指标中,9 项高于全国平均水平。

【资本市场融资】 通辽市城投公司、赤峰市城投公司等发行企业债券 66 亿元,蒙东能源公司、集通铁路公司等企业发行短期融资券 67 亿元,伊泰集团发行中期票据 30 亿元,福瑞制药创业板上市融资 5.5 亿元。2010 年全区实现各类直接融资 170 亿元。君正能源首发上市已经通过中国证监会审核,即将挂牌上市。

【保险业保障功能增强】 保险业成为自治区金融业中市场主体最多、盟市覆盖面最广、吸纳就业最多的行业。自治区先后引进 25 家保险公司,保险从业人员 8.1万人。2010 年实现原保险保费收入215.5 亿元,同比增长25.8%,向社会提供风险保障近 3 万亿元,有效发挥了社会稳定器的作用。

【重要活动】 2010 年 1 月,福瑞股份在深交所创业板挂牌,融资 5.5 亿元,是内蒙古第一家在创业板上市融资的企业。3 月,自治区金融办与亚行合作的“内蒙古农村金融改革和小额信贷机构发展”项目,在亚洲开发银行与中国财政部联合举办的第二届技术援助项目评选中,荣获了“制度创新奖”。自治区首家由国有大型产业集团发起、以服务产业链上下游企业为特色的包头润丰小额贷款有限公司正式成立,公司由中国兵器总公司直属企业——包头北奔重型汽车有限公司主发起,其上下游企业参股,注册资本金为 5.32 亿元。4 月,内蒙古自治区金融办与辽宁、吉林、黑龙江三省信用主管部门联合召开了“东北地区四省区共建区域信用合作机制”联席会议。5 月至 11 月,由自治区党委宣传部、自治区金融办等 13 家主管部门联合开展了第二届内蒙古自治区诚信企业、诚信人物评选活动,评出了 232 家企业、118 名个人作为内蒙古自治区的诚信典范。7 月至 11 月,内蒙古、辽宁、吉林、黑龙江信用主管部门联合开展了“2010 年度东北地区四省区诚信示范企业”创建活动,评出 100 家东北地区四省区诚信示范企业。8 月 23 日,自治区成立了由副主席布小林为组长,工商、财政、公安、金融办、人民银行、银监局等单位共同参加的融资担保机构规范整顿领导小组,在全区范围内开展融资性担保机构规范整顿工作。9 月 30 日,自治区金融办制定并下发了《关于加强内蒙古自治区小额贷款公司外源融资管理的通知》,进一步规范了对小额贷款公司的外源融资管理,严禁小额贷款公司向公众吸收存款和参与非法集资活动。

（王秀平）

人民银行

【中国人民银行呼和浩特中心支行领导名录】

党委书记 行　长：王景武

党委副书记 副行长：张子君

党委委员 副行长：曹元芳（女） 牧人（蒙古族）
高兰根 额尔德尼（蒙古族）

党委委员 纪检委书记：肖长江

党委委员 工会主任：包　健（蒙古族）

【概况】 中国人民银行呼和浩特中心支行是中国人民银行的派出机构，于1999年1月1日成立。内设20个职能处室、4个直属单位，下辖5个支行。基本职责是：贯彻执行国家有关法律、法规、方针、政策及总、分行的有关政策规定；负责在全区内贯彻执行中央银行资金、存款准备金、再贴现、利率等有关货币信贷政策，监督管理金融市场；防范化解辖区及内蒙古自治区系统性金融风险，维护地区金融稳定；分析、研究辖区及内蒙古自治区宏观经济金融形势，为总行制定和修改货币政策提供政策建议和依据；负责管理内蒙古自治区的金融统计工作及信贷征信业务，推动社会信用体系的建立；管理内蒙古自治区货币发行、现金管理和反假人民币业务；管理内蒙古自治区人民银行系统的会计财务、支付结算业务，负责全区反洗钱工作的组织协调；管理内蒙古自治区国库业务、科技和安全保卫工作；管理内蒙古自治区外汇、外债和国际收支业务。

【贯彻适度宽松货币政策】

加强窗口指导　2010年，人民银行呼和浩特中心支行针对内蒙古信贷供需矛盾突出的情况，加强对适度宽松货币政策的宣传解释和窗口指导，研究制定《关于拓宽融资渠道促进自治区经济平稳较快发展的意见》等5个指导意见，组织召开自治区金融形势分析会及政银企合作座谈会，逐家约见银行业金融机构主要负责人谈话，与通辽市政府组织召开了推进政银企合作支持通辽市经济发展座谈会，引导金融机构合理增加信贷投入，积极调整信贷结构，并丰富金融产品，扩大直接融资，支持地方经济平稳较快发展。年末贷款余额7 919.5亿元，同比增长25.9%；债券融资规模达164亿元，是2009年全年的1.7倍。

发挥信贷政策导向作用　印发《2010年全区金融机构信贷政策导向效果评估办法》，加强信贷政策与产业政策的协调配合。进一步完善小额担保贷款与信用社区建设和创业培训联动机制，继续落实好助学贷款政策。年末全区下岗失业人员小额担保贷款余额25.3亿元，同比增长87.1%；助学贷款余额7.1亿元，同比增长67.9%；启动大学生村官创业富民项目36项，有15名大学生村官获得134万元贷款支持。

加大信贷支农力度　倡导金融创新，大力推动“一县一品”工作，自治区县域金融机构创新信贷产品50余种，贷款余额515.4亿元，较好地满足了县域经济多元化发展的资金需求。灵活调剂、合理分配支农再贷款，支持农村信用社和村镇银行等新型金融组织增强支农实力，全年发放支农再贷款115.9亿元。加强农村信用社改革试点资金支持工作，支持了“三农三牧”经济发展。

稳步推动跨境贸易人民币结算试点工作　制定了《内蒙古自治区跨境贸易人民币结算试点工作实施方案》和《管理办法》及《操作规程》，推动自治区金融机构开展试点业务。全年办理货物贸易项下跨境贸易人民币结算业务97.5亿元，办理服务贸易及其他经常项目进口业务114万元。

【维护地区金融稳定】

加强风险监测评估　积极运行“属地监测＋风险提示＋风险排查＋汇总分析”的三级行风险监测联动模式，重点加强对地方法人银行业金融机构的风险监测和防控。全年共对全区54家金融机构提示风险95次。研发法人金融机构风险监测预警分析系统，并在全区推广使用。

拓展金融风险监测　将新型农村金融组织（村镇银行、贷款公司、资金互助社等）的风险情况纳入日常监测范围。加强金融稳定协调机制建设，联合有关部门制定印发了《关于进一步加强内蒙古自治区金融稳定工作的意见》，强化了与地方政府和金融监管部门的工作配合。

强化金融监管　整合人民银行和外汇局监督检查职能，制定了《综合执法检查工作办法（试行）》和实施方案，在全区范围内启动了2010年综合执法检查工作，对商业银行开展现场检查，取得良好效果。

【提高金融服务水平】

提高支付管理与服务水平　制定《重要支付系统及关联系统评估实施办法》，健全定期评估机制，各支付系统安全稳定运行。组织召开自治区农村牧区支付

服务环境建设推动现场会,协调自治区政府出台了《关于全面推动农村牧区支付服务环境建设的指导意见》,组织阿荣旗等金融机构通过网银、转账电话进行支付结算,在鄂温克旗锡尼河镇成立了首家金融流动服务站,实现了支付结算服务向农村牧区空白金融网点的延伸,推进了农村牧区支付环境建设。加强银行卡受理市场管理,推动银行卡受理市场健康发展。

开展反洗钱工作　提请自治区政府印发《内蒙古自治区2009－2012年反洗钱发展规划》,签署了《人民银行呼和浩特中心支行、内蒙古监察厅反洗钱合作规定》,积极推动反洗钱合作机制建设。完善反洗钱非现场监管制度体系和工作流程,完成非银行金融机构反洗钱非现场监管交互平台上线工作。在全区范围内开展反洗钱现场检查。积极开展反洗钱宣传培训工作,成功举办反洗钱知识竞赛,深入推动反洗钱知识“进社区、进营业场所、进农村牧区”宣传活动,扩大了反洗钱的影响力。

加强货币金银管理　提高现金投放回笼分析预测和计划调拨管理水平,确保现金供应。开展人民币现钞跨境流动监测,完善中蒙两国商业银行现钞供应协商沟通机制,保障对蒙人民币。巩固反假货币宣传网络建设成果,扎实开展反假货币工作。有序开展县支行发行库业务恢复工作,组织商业银行与人民银行现金往来业务无线加密预约监测系统试点工作,提高了货币发行管理水平。

完善国库服务功能　推动财税库银电子缴库横向联网,进一步扩大纳税人签约率和联网业务量。完成了国库信息处理系统的推广及国库管理信息系统上线试运行和升级工作。继续推行政府涉农补贴“一卡通”与国库直接支付惠民补贴服务模式,政府性补助资金直补面达90%以上,全区30%的地区实现社保缴费直缴入库和国库直接支付养老保险金。

推进信用体系建设　继续推进企业和个人征信系统建设,为13万户企业、989.4万自然人建立了信用档案。加强非银行信息采集工作,信息的采集量稳步增加。积极推进中小企业、农村信用体系建设,组织开展信贷市场评级工作。大力开展征信宣传,联合教育厅、团委在全区43所大专院校开展了“以诚为主,以信为本,构建和谐社会”的大专辩论赛等系列活动,组织开展“征信知识宣传周”活动,推动了诚信环境建设。

强化金融信息化安全管理　完成全区运维监控管理系统建设,加强信息安全检查,及时组织信息安全应急演练,金融网络和信息系统全天候安全稳定运行。加强对银行业信息化建设的指导与协调,实施对部分银行业综合执法信息安全检查,促进了金融业信息化可持续发展。

开展调查研究工作　密切关注经济形势发展变化,加强特色研究,《推动内蒙古经济结构调整的金融思考》、《内蒙古经济金融发展中的十个问题》等一批具有较高参考价值的研究报告得到了人民银行总行和自治区党委、政府的重视。

【改进外汇管理】　改善外商直接投资和境外投资外汇管理,简化业务办理程序,提高办公办事效率。深入企业开展政策宣传和业务指导,为重点企业“量身定做”外汇业务指引,切实帮助重点企业解决具体困难。争取总局核定自治区境内银行融资性对外担保余额指标5 950万美元,为促进涉外企业发展打下的良好基础。构建统计监测预警体系,提升了监测预警水平。完善边境外汇管理,加强个人外汇业务监管,圆满完成出口收汇核销工作,贸易进口付汇核销改革取得阶段性成果。扎实推进中蒙人民币跨境流动监测,切实做好外商投资企业和境外投资企业外汇年检工作,并开始将企业年检相关信息纳入企业征信记录。组织开展了外汇统计执法大检查,加强国际收支和结售汇统计非现场指导和现场核查,认真做好异常外汇资金流动监测工作,严厉打击外汇违法违规行为,积极维护外汇管理秩序。

【重要活动】　1月19日,召开“创新金融服务、支持经济发展”竞赛委员会工作会议,传达了总分行“创新金融服务、支持经济发展”会议精神,部署呼和浩特中心支行2010年竞赛工作任务。2月4日,召开全区人民银行工作会议暨外汇管理工作会议,提出了以“促发展、保稳定、严管理、抓创新”为全年工作着力点,认真履行基层中央银行职责,更好地支持自治区经济平稳较快发展的总体工作要求。3月,制定实施了《内蒙古自治区金融机构空白乡镇金融服务推进工作方案》,引导银行业金融机构在金融服务空白乡镇共设立营业网点,提供金融服务,积极解决自治区农牧区偏远乡镇金融服务空白问题。4月1日,组织召开内蒙古自治区货币信贷形势分析座谈会,分析当前内蒙古自治区的信贷形势和面临的困难,提出了处理好货币信贷运行中出现的新情况、新问题与促进地区经济发展关系的对策措施。5月4日,自治区政府转发了人民银行呼和浩特中心支行等5部门《关于拓宽融资渠道意见》,指导金融机构在保持信贷适度增长的同时,加强金融创新,开展多渠道融资,促进自治区经济平稳较快发展。6月16～22日 王景武行长陪同自治区副主席布小林在呼伦贝尔市调研。调研期间,王景武行长还参加了呼伦贝尔市中心支行在陈巴尔虎旗举办的改善牧区支付服务环境暨支付清算知识宣传启动仪式。7月28日～8月26日,成功举办了“建行杯”2010年内蒙古自治区反洗钱知识竞赛活动。此次活动展现了各金融机构反洗钱知识的水平,在全社会宣传了反洗钱知识,为推动反洗钱工作奠定了坚实的基础。8月4日,中国人民银行副行长、外汇管理局局长易纲来人民银行呼和浩特中心支行调研指导工作。并对人民银行呼和浩特中心支行和外汇管理局内蒙古自治区分局的工作给予了充分肯定。8月15日,由人民银行呼和浩特中心支行牵头,联合内蒙古自治区党委宣传部、总工会、金融办在呼和浩特市新华广场共同组织举行了金融知识“进社区、进企业、进农村牧区”大型公益宣传活动启动仪式,为期一个月的全区金融机构集中宣传活动由此拉开序幕。8月29日,中心支行与自治区金融办联合在呼伦贝尔市阿荣旗组织召开了全区农村牧区支付服务环境建设推动现场会。自治区副主席布小林、各盟市自治区各厅局、金融办及各金融机构主要负责人参加了会议。9月7日 由呼和浩特中心支行承办的“黑吉辽冀蒙”五省区人民银行反洗钱合作机制建设联席会议在鄂尔多斯市召开。人民银行沈阳分行、哈尔滨中心支行、长春中心支行、石家庄中心支行、呼和浩特中心支行签署了《反洗钱合作框架协议》,标志着“黑吉辽冀蒙”五省区人民银行反洗钱合作机制正式建立。10月15日,中国人民银行纪委书记王洪章到呼和浩特中心支行调研指导工作。希望呼和浩特中心支行加强对信贷政策的研究和窗口指导、加强金融风险监控、加强内控和党风廉政建设、加强省会中心支行领导班子能力建设,推动各项工作上水平上新台阶。10月20日～12月24日,人民银行呼和浩特中心支行、国家外汇管理局内蒙古自治区分局组织开展对金融机构综合执法检查工作。11月9日,内蒙古金融学会在呼和浩特中心支行成功举办了“金融支持内蒙古经济发展方式转变”研讨会。71家会员单位参加了研讨会。12月31日,人民银行呼和浩特中心支行组织自治区金融系统召开迎新年座谈会。自治区政府办公厅、金融办,自治区银监局、证监局、保监局,21家银行业机构,2家证券公司,2家保险公司,华宸信托有限责任公司,中国银联内蒙古分公司主要负责人参加了座谈会。自治区副主席布小林参加座谈会并作讲话。

(王晓中 李永泽)

银 监 局

【中国银行业监督管理委员会内蒙古监管局领导名录】

局　长:薛纪宁

副局长:陈志韬 宋建基 罗勇 贾奇珍

纪委书记:韩雅芳(女)

副巡视员:林雪清(女 蒙古族)

【概况】 中国银行业监督管理委员会内蒙古监管局2003年10月成立,是中国银行业监督管理委员会的派出机构。2010年,内蒙古银监局在辖内各盟市设11个银监分局和80个旗县监管办事处,局机关内设15个职能部门,另设后勤服务中心,全局系统共有工作人员850人。其主要职责:贯彻执行国家有关金融工作的法律、法规,根据中国银监会的授权,制定监管法规、制度方面的实施细则和规定;负责对辖内银行业金融机构及其分支机构的设立、变更、终止和业务准入(退出)的监督管理;审查和批准辖内银行业金融机构及其分支机构高级管理人员的任职资格;对辖内银行业金融机构的业务活动及其风险状况进行非现场监管、现场检查,并依法查处金融违法违规行为;负责统计、分析、上报辖内银行业金融机构经营管理相关数据,依据有关规定指导、监督其信息披露;负责分析、研究辖内银行业金融风险,并独立或会同有关部门提出处置风险的意见和建议;负责指导、监督辖内银行业自律组织的活动;负责指导、监督、检查辖内银行业金融机构案件防控工作,并配合公安部门做好辖内银行业金融机构安全保卫工作。

2010年,辖内银行业金融机构新增节能环保和新兴产业贷款212.59亿元,压缩退出“两高一资”行业贷款113.94亿元;涉农贷款余额2030.6亿元,同比增长31.51%,比全部贷款增幅高9.52个百分点;中小企业贷款比年初增长24.71%,比全部贷款增幅高4.2个百分点。

【银行机构信贷精细化管理】 积极宣传、认真落实银监会“三个办法一个指引”的政策要求,督促指导银行业金融机构做好对企业、客户政策解释工作,通过举办培训班、高管人员新规考试、新规知识竞赛,促进了银行业从业人员对新规的理解和掌握。年内共举办新规培训班127个,高管人员新规考试58次,新规知识竞赛46次,培训银行从业人员达20 000余人次。督促指导辖内法人机构制定“三个办法一个指引”推进工作时间表,通过监管走访、现场检查等方式,及时发现并纠正了部分银行机构未按新规签订贷款协议、受托支付操作程序不严谨等方面的问题。至年底,辖内法人银行机构全部完成了合同文本修订、信息系统改造、信贷管理流程与机制再造等工作,辖内银行业新发放贷款基本能够按照“实贷实付”的要求进行管理和操作,信贷管理精细化水平明显提高。

【地方融资平台贷款监管】 认真开展地方融资平台贷款清查工作,成立地方融资平台贷款“统一会谈”工作领导小组,制定完善配套工作制度,先后11次召开领导小组会议,督促辖内银行机构切实做好平台贷款的监测和风险防范工作,按时完成分解数据、四方对账、分析定性和汇总报表等各阶段工作。年内,辖内银行业金融机构共整改规范平台贷款656.64亿元,占全部平台贷款余额的44.7%。同时,主动加强与地方政府及审计、财政等有关部门的联系沟通,及时掌握地方政府性债务总体情况,实现了平台贷款信息共享和风险防控联动。

【银行业案件治理工作】 一是组织辖内银行机构对2005年以来发生的144起案件进行了全面集中检查清理的“百案跟踪检查集中行动”,共发现银行机构案件隐患和内控漏洞98处,督促发案机构追回案件损失1 958万元,对20名涉案责任人重新进行了责任追究。二是组织指导全区农村合作金融机构全面实施员工经济联保责任制,在岗人员全部签订了经济联保责任书,健全完善内部监控机制。三是对辖内271家银行机构基层网点进行了突击检查,及时发现并纠正其违规行为,消除了案件隐患,进一步增强银行从业人员经营操作的自律性。四是编写《银行业从业人员警示教育读本》,持续开展银行从业人员合规主题教育活动,其做法和成效得到中纪委副书记黄树贤同志的肯定。五是不断加大案件查处力度。年内,共取消涉案机构高管人员任职资格5人,责令银行业机构对46名涉案责任人进行了严肃处理,全区银行业各类案件数和涉案金额分别同比下降58%、90%。

【重点机构 重点业务和高风险领域监管】 一是密切关注房地产贷款风险,组织完成了对辖内主要银行机构的房地产压力测试工作。二是编制了《内蒙古银监局信息科技风险监管“三年规划”》,指导辖内银行机构认真落实信息科技风险防控责任。三是对辖内13家5B级以下农村信用社实施了“盯住式”监管,经营风险状况明显改善。四是组织5个帮扶工作专家组对邮储银行内蒙古分行完善内控及风险管理机制进行监管帮扶活动。五是加强银行理财业务监管,年内未发生银行与客户的理财业务纠纷等问题。六是不良贷款实现持续“双降”。年末,辖内银行机构不良贷款余额比年初下降11.08亿元,不良率下降0.92个百分点。七是积极配合自治区政府做好“万里大造林”案件善后处置和对鄂尔多斯石小红、包头圣瑞投资股份有限公司涉嫌非法集资案的核查工作,非法集资预警报告工作受到国务院处非办通报表扬。

【改进监管方式和手段】 一是建立了银行机构数据异动监测分析和早期预警监测报告制度,强化了非现场监管的分析预警功能。二是制定了辖区非法人银行机构监管制度,进一步完善了监管工作机制。三是认真落实非现场监管“三盯、三谈、三报”工作制度,年内共对银行机构进行风险提示100余次,监管谈话169次,监管走访97次。四是加强监管联动,非现场监管、现场检查部门在充分共享信息的基础上共同拟定现场检查项目、开展现场检查,形成并发挥了监管合力。五是开发应用了现场检查项目后续管理系统,对各类现场检查信息实施统一管理。六是建立了银监局系统现场检查人才库,监管队伍建设专业化。七是加强银行大额贷款风险监测工作,实现了大额贷款风险监测的全覆盖。八是组织开展现场检查,共完成银监会安排现场检查19项,自行安排的现场检查56项,查出违规问题1 290个,涉及违规金额293.83亿元,提出监管意见1 348条。九是依法处理违法违规机构和责任人,年内共作出行政处罚14件,其中:罚款93万元,取消高管人员任职资格5名。受理行政审核事项1 385件,其中不予核准高管人员任职资格22名。

【荣誉】 自治区政府授予内蒙古银监局“2010年金融环境建设成就奖”。

张立军同志被人力资源和社会保障部、中国银行业监督管理委员会命名为全国银监会系统先进工作者。

(李　旭)

保　监　局

【中国保险监督管理委员会内蒙古监管局领导名录】

局长(正局级):毋育生

副局长(副巡视员):刘甄　徐德宁

【概况】 2001年1月10日,经中国保险监督管理委员会批准,中国保险监督管理委员会呼和浩特特派员办事处正式成立,2004 年 2 月 6 日,更名为中国保险监督管理委员会内蒙古监管局。经中国保监会授权,内蒙古保监局履行如下职责:贯彻执行国家有关法律、法规和方针、政策,研究制订辖区内保险业发展战略规划;依据中国保监会授权,依法对辖区内保险机构、保险中介机构违法违规行为进行查处,维护保险市场秩序,依法保护被保险人利益;制订辖区内保险市场监管的相关实施细则、具体办法和工作措施;监测、分析辖区内保险市场运行情况,预警、防范和化解辖区内保险风险;负责辖区内保险公司分支机构、保险中介机构及其分支机构的市场准入、退出等有关事项的审批和管理工作;负责审查核准相关高级管理人员的任职资格;负责管理有关的保险条款及费率;归口管理辖区内保险行业协会、保险学会等行业社团组织。

【行业发展】 2010 年底,自治区保险业资产总计353.74亿元,比年初增长20.64%。保险机构达1 768家,同比增长4%,各类中介机构3 023家,保险营销员60 768人,保险服务的覆盖面和对经济社会的渗透力逐步提高。2010 年,全区实现保费收入215.54亿元,同比增长25.82%,比上年上升 4.6 个百分点。其中,财产险保费收入96.27亿元,同比增长42.96%;人身险保费收入119.27亿元,同比增长14.72%。

【结构调整】 2010 年,内蒙古保险业结构调整继续深入。财产险业务实现了规模险种出效益、效益险种上规模,车险业务在保持 57% 高速增长的同时,实现承保利润 4.19 亿元,承保利润率为 7.07%,高于全国平均水平 4.6 个百分点;非车险业务同比增长 13.31%,与经济建设和人民生活密切相关的家财险、责任险等险种快速发展,同比增幅达 67.23%、25.69%。人身险业务内涵价值进一步提升,新单期交保费占比、银邮代理业务占比较大幅度高于全国平均水平。

【经营效益】 区内保险企业经营效益不断提升,财产险公司实现承保利润 5.8 亿元,同比增长 116.66%;承保利润率 7.39%,高于去年同期 2.7 个百分点,高于全国平均水平 4.7 个百分点;除年内新成立的 2 家公司外,其余 13 家财产险公司全部实现盈利,盈利面进一步扩大。人身险公司经营成本得到控制,业务及管理费用率 10.11%,与去年同期基本持平;佣金及手续费率 10.96%,同比下降 0.5 个百分点;短险赔付率 44.58%,同比下降 8 个百分点。

【保险功能作用】 2010 年,全区保险业累计赔付支出 61.71 亿元,同比增长 8.22%。保险业在服务"三农",参与社会风险管理和社会保障等方面,充分发挥功能作用,服务了自治区经济发展全局。

保险业服务"三农" 全年农业保险实现保费收入 14.89 亿元,覆盖种植面积 6 469 万亩、牲畜 77 万头(只),为 215 万户(次)农牧民提供风险保障 195 亿元,保费收入、承保面积和财政补贴均列全国第一。推进农村小额人身保险产品试点工作,全年累计为21.21万人提供了 107.36 亿元的农村小额人身保险保障。

参与社会风险管理 与自治区环保厅、公安厅、财政厅等部门加强合作配合,启动环境污染责任保险试点,围绕机动车道路交通事故社会救助基金的建立、交通事故保险理赔服务中心的设立等事宜进行协商,解决行业热点、难点问题,支持保险业充分发挥社会管理功能。

参与社会保障体系建设 2010 年,全区健康保险保费收入 8.18 亿元,同比增长 7.75%;养老金业务实现保费收入 3 550 万元,同比增长 13%,保险业逐步成为社会保障体系重要的组成部分。

【风险防范化解】

建立风险监测预警制度 制定实施《内蒙古保险业风险监测预警实施办法》,提高了动态监测和早期识别风险的预警能力,有效前移监管关口。

完善风险防控体系 认真落实保监会偿付能力监管政策措施,强化偿付能力监管制度的执行力,按照上下联动原则,将偿付能力监管延伸到公司最前沿。贯彻保监会《保险公司分支机构分类监管暂行办法》,首次对辖区保险机构从业务管理、内部控制、市场行为、合规经营等方面开展分类评价,实施差异化监管。

风险防范重点 督促保险公司加强对车险、大型商业保险的风险管理,对政策性农险经营中出现的风险、保险业务中社会风险、道德风险、重大案件风险及应收风险等重点关注,对业务波动较大、发展异常的公司,及时进行风险提示和预警干预。规范电话约访行为,全面清理中介机构基础信息,完善保险营销员监管信息系统管理,避免新的风险发生。

【整顿规范市场】 2010 年,内蒙古保监局全年共派出 191 人次组织 33 个检查组,对 19 家保险公司的 33 个分支机构和 2 家专业中介机构开展了现场检查,财产险方面,深入贯彻落实保监会 70 号文件精神,开展了财务业务数据真实性现场检查、车险市场"贴费"治理专项检查、财政补贴养殖业保险经营情况和东北旱灾种植业保险理赔情况专项检查。人身险方面,重点开展了销售误导专项现场检查、意外险专项检查、银邮代理业务专项检查、内控评价与合规性现场检查。中介方面,重点开展了保险公司中介业务专项检查,对兼业代理机构和航空意外伤害保险业务开展了清理整顿。统计信息方面,重点开展了信息系统专项检查。针对检查中查出的问题,全年累计实施行政处罚32次,共罚款307.2万元,其中对保险机构罚款284万元,高管人员罚款23万元,营销员罚款0.2万元。责令停止接受新业务1次,责令撤换高管2人,下发监管函28次,实施监管谈话4次。依法吊销保险专业代理公司1家,清理保险机构出单点591个。

【信访投诉】 内蒙古保监局畅通信访投诉渠道,进一步完善信访工作流程,落实信访责任,全年共处理群众信访有效案件112件次,接待来访群众33批、46人次。

【重要活动】 1月10日,自治区副主席郭启俊主持召开政策性农业保险工作专题会议,会议在肯定农业保险对服务"三农"作用同时,提出三个突出问题和四项解决对策。1月31日,自治区党委政府制定出台《关于加大统筹城乡发展力度 进一步夯实农牧业和农村牧区发展基础的实施意见》1号文件,积极鼓励创新农村牧区金融保险体制,夯实农村牧区发展基础,提出要加快推进集体林权制度改革,力争在森林保险方面有所突破。3月14日,山西大同发生一起重特大交通事故,事故发生后,内蒙古保监局第一时间启动重大突发应急事件处置预案,指导辖区各家保险公司快速处置"3.14"重特大交通事故。3月26日,内蒙古保监局下发《关于规范人身保险公司电话约访行为的通知》,对辖区人身险公司的电话约访行为做出规范。3月29日,内蒙古保监局召开全区产险监管工作会议,会议分析产险市场形势,提出2010年财产险市场监管的重点工作。4月12日,内蒙古保监局印发《关于全面实施"零现金"支付制度的通知》,要求辖区财产险公司于2010年5月1日起全面实施"零现金"支付制度。4月,在内蒙古自治区政府召开的2010年全区道路交通安全工作会议中,内蒙古保监局被评为"2009年度全区道路交通安全工作先进集体"。6月3日,内蒙古保险行业协会召开第五届会员代表大会,会议选举产生新一届常务理事、会长、副会长、监管长和秘书长。毋育生局长出席会议,对行业协会工作提出要求。6月17日,内蒙古保监局制定《内蒙古保监局保险机构和高级管理人员管理实施细则》,进一步加强保险机构和高级管理人员监管力度,同时原《内蒙古保监局保险机构及高管人员管理指引》废止。7月15日,内蒙古车险信息集中平台系统正式上线运行,系统将在规避价格垄断风险,实现车险信息共享,缓解车险理赔难方面起到良好作用,进一步控制车险经营风险和保险欺诈等道德风险。7月20日,内蒙古保监局与自治区公安厅联合下发《内蒙古自治区机动车轻微道路交通事故当事人自行协商处理办法》。8月3日,中国保监会纪委书记陈新权赴内蒙古调研,与内蒙古保监局全体干部召开座谈会,提出工作要求。8月13日,内蒙古保监局与自治区其他八部门联合下发《关于金融支持内蒙古自治区文化产业振兴和发展的意见》,并提出保险业贯彻落实《意见》的具体要求。9月2日,内蒙古保监局制定《人身保险公司业务结构调整评价指标体系和管理办法(试行)》,按照评估结果对保险公司采取相应监管措施。内蒙古保监局与自治区财政厅、公安厅、卫生厅、农牧业厅五部门联合商请自治区政府审定《内蒙古自治区道路交通事故社会救助基金管理试行办法》并以政府名义印发。9月7日,内蒙古保险学会召开第二届会员代表大会,大会选举产生新一届学会领导集体,内蒙古保监局毋育生局长出席会议并做重要讲话。10月9日,内蒙古保监局制定《非银行邮政保险兼业代理机构管理办法》。《办法》细化和完善了非银行邮政类保险兼业代理机构的资格证书、代理关系、代理业务、代理佣金、培训及产品销售等六方面的管理要求,进一步强化了保险公司的管理责任。11月9日,内蒙古保监局与银监局联合召开规范银行代理寿险业务会议,提出规范银行代理业务的具体要求。内蒙古保监局制定《人身保险收付费风险管理操作规范》,有效控制人身保险资金风险。11月16日,中国保监会陈文辉主席助理参加内蒙古保监局民主生活会,做重要讲话,对监管队伍建设提出明确要求。12月1日,内蒙古保监局下发通知,要求辖区财产保险业启动大灾处理应急预案,采取有效措施,简化雪灾理赔手续,与当地气象部门密切联系,积极参与兴安盟特大雪灾救助工作。12月20日,内蒙古保险学会成立内蒙古法学会《保险法》研究会,《保险法》研究会是内蒙古法学会的直属机构,挂靠内蒙古保险学会,研究会设理事会,理事会设会长、副会长,内蒙古保险学会秘书处负责日常工作。12月24日,内蒙古自治区人民政府授予内蒙古保监局"金融环境建设奖",表彰内蒙古保监局在应对国际金融危机冲击,推动自治区经济平稳较快发展中发挥的积极作用。

(雷志杰)

开发银行

【国家开发银行内蒙古自治区分行领导名录】

党委书记 行　长:马　健

党委委员 副行长:王伟化(回族) 吴丽洁(女)

黄志平 陈久宁

【概况】 2010年,分行人民币贷款余额新增204亿元,位居自治区同业第一;中长期贷款余额954亿元,位居同业第一;外汇固定资产市场份额全区第一。在2010年全区就业工作会上,作为区内唯一一家金融机构获得“全区促进就业先进单位”。在人行呼和浩特中心支行银行业信贷政策导向效果评估中,分行综合排名第一,并获得文化产业、低碳经济、保障性住房、助学贷款、中小企业、就业贷款6个单项排名第一。在自治区劳动模范和先进工作者表彰大会上,分行行长马健荣获“内蒙古自治区劳动模范”。

【经营管理】

资产余额 达到1 244.82亿元,其中表内贷款余额1 010.35亿元,圆满完成了表内千亿行目标,表内余额新增207.35亿元,增速25.82%,高于全区平均水平。

表内外贷款发放 全年发放表内本外币贷款426.12亿元,其中人民币贷款414.13亿,外汇贷款1.81亿美元,折合人民币11.99亿元。中小企业、助学贷款、农村基础设施、下岗再就业、保障性住房等基层民生业务均超额完成年度计划;受托业务工作量完成96.1亿元。

项目开发 全年完成中长期项目开发126个,达到1 006.96亿元,其中人民币、外币、国合项目开发分别为896.6亿元、16.66亿美元、10.52亿美元;协同项目开发6个,金额12亿元。

评审承诺 突破700亿元,达到706.8亿元,同比增103%,其中总行贷委会承诺598.13亿元,分行贷委会承诺56.22亿元;表内外币评审承诺7.92亿美元,均超额完成年度计划。

本息回收 当期和累计回收率再次实现100%,连续31个季度保持高位运行。

经营利润 达到21.23亿元,同比增加5.53亿元,增幅35%;资产利润率为2%,圆满完成年度计划;人均利润达到1 600万元,同比增长31%。

存款余额 达到126.37亿元,日均存款余额达到142.76亿元,同比增长83.9%。

【两基一支】 创新融资模式,全力支持自治区校安工程、污水处理、廉租住房三大民生工程,向覆盖全区12个盟市101个旗县区1 666所学校发放贷款80.05亿元,向覆盖全区12个盟市94个旗县区109座污水处理厂发放贷款13.8亿元,向覆盖全区12个盟市96个旗县区5万套廉租住房项目发放贷款7.3亿元;全年向公共基础设施领域发放贷款207亿元,进一步加快推进自治区城镇化进程;承诺呼和浩特市滨河新区土地储备项目贷款90亿元,发放13亿元,支持首府建设;完成满洲里新国际货场配套基础设施建设工程等3个跨境基础设施项目承诺贷款3.5亿元,支持口岸发展;向京藏高速呼和浩特至包头段改扩建工程等公路项目承诺贷款180亿元,发放65亿元,支持自治区出口通道建设;向张集线铁路项目发放贷款22.5亿元,创分行5年来铁路行业贷款发放之最;成功牵头组建自治区2010年仅有的2项国家西部大开发重点工程之一,总投资95.5亿元的胜利东二号露天煤矿二期工程银团,承诺人民币贷款34亿元、美元4.55亿元;向伊敏电厂三期工程、呼伦贝尔电厂、京海煤矸石电厂等优质煤电一体化重点项目发放贷款80亿元;重点支持内蒙古东源科技年产6万吨1,4-丁二醇项目、大唐粉煤灰生产铝硅钛、久泰100万吨甲醇10万吨二甲醚项目增贷、汇能煤制天然气等煤化工产业;融资推动北奔重汽、欧Ⅳ发动机等装备制造业产业升级;积极介入白云鄂博风电、源丰投资生物质发电等新能源领域;向年产2 000吨高性能钕铁硼项目发放贷款6 000万元,支持自治区稀土产业深加工;积极支持呼伦贝尔民族文化园区等文化产业基础设施项目。

【基层民生】 推动完善了投融资公司类等五类45家合作机构,全年发放中小企业贷款24.3亿元,支持了覆盖全区12盟市上万家中小企业、自然人和个体工商户;大力开展助学贷款业务,全年发放生源地助学贷款3.7亿元,占自治区助学贷款发放3.8亿元的97.4%,支持了近7万名家庭经济贫困学生顺利进入大学,累计发放6.1亿元,资助家庭经济贫困学生达11.85万人,分行已成为自治区助学贷款的第一大银行;积极拓展就业贷款,在3月16日全区就业工作会议当天签订1.5亿元就业小额担保贷款合同,累计发放就业贷款4.7亿元,支持了通辽市、兴安盟、锡林郭勒等5个盟市1.7万名初始创业者创业;积极贯彻自治区党委、政府提出对口帮扶兴安盟有关精神,支持兴安盟两市三旗一县七家医院建设,贷款总金额为3.6亿元,继“巾帼致富、星火工程”妇女微贷之后,创新启动“扶贫支点工程”微贷业务;11月

21 日,兴安盟发生百年一遇的雪灾,分行迅速发放二批次应急贷款4 000万元,及时缓解了灾情对当地农牧民生活的影响。

【国际合作】 积极落实2009年在中蒙两国国家领导人见证下分行与蒙方、中建材三方签订的《投资意向协议书》,成功完成在蒙建设水泥生产线项目2.49亿人民币、1 000万美元的评审承诺工作,完成蒙古国哈拉特乌拉铁锌矿采选工程3.3亿元项目开发;4月16日,在中央政治局常委李长春与土耳其副总理阿里·巴巴江的共同见证下,与土耳其国库署签订《合作意向书》;积极推进土耳其水泥厂、炼油厂、高速铁路,阿塞拜疆电解铝、银行授信项目,亚美尼亚亚伊铁路、玄武岩生产纤维产品等项目的开发评审工作。

【规划先行】 与自治区"十二五"、呼包鄂重点区域、公路、煤化工、新兴能源等规划编制主体签订《规划合作备忘录》,参与重大规划编制工作;作为区内唯一一家金融单位,参加了由国家43个部委和单位组成的调研组援蒙调研,深入内蒙古大部分盟市进行考察和座谈;深入调研自治区稀土战略资源整合、产业延伸;与伊泰集团签订600亿元的《开发性金融合作协议》,深化双方在煤制油、煤运铁路通道等方面合作;与自治区文化厅签订《规划合作备忘录》,"十二五"期间文化领域拟合作金额达100亿元;积极开展受国家领导人高度关注的乌梁素海综合治理规划合作贷款,额度2 000万元,该笔业务是开行系统和自治区第一笔环境治理专项规划贷款。

【中间业务】 开展包括财务顾问、保险代理、结售汇、信托债权、银行承兑汇票、资产证券化、保函、企业理财等8个中间业务品种,金融产品进一步丰富;牵头组建国道109线东胜-察汗淖高速公路、荣成-乌海、久泰煤化工等重点项目银团贷款,金额共计78亿元;在经济活跃度高的鄂尔多斯地区组织开展系统首个"投、贷、债、租、证"金融研讨会;推动完成包头北奔公司11.5亿元融资租赁框架协议;与农行内蒙古分行签订全面战略合作协议;与自治区金融办签署了《支持小额贷款公司融资战略合作协议》,向包头蒙银等小额贷款公司发放贷款2.77亿元;开展系统内首笔"为达拉特国开村镇银行支农再贷款提供的2 000万元融资性担保"业务。

【队伍建设】 2010年,国家开发银行内蒙古分行进一步加强制度建设和人才队伍建设力度。严格按照党中央、总行党委的统一部署,紧紧围绕分行的中心任务和发展目标,以"五带头、五争当、五创建"为主线,结合业务深入开展创先争优活动,进一步强化了党建统领发展的核心优势;进一步完善季度工作会议制度和处室负责人季度工作述职制度;结合业务开展课题专项研究,提高业务创新的能力,塑造良好的学习氛围;成功招聘15名优秀毕业生,加强对年轻员工培训,开展处级干部竞争上岗,队伍综合素质稳步提高,整体协作能力不断增强;认真学习贯彻总行首次职工代表大会和工会工作委员会精神,以党建带工会、团委,开展植树、篮球比赛、运动会、环保行等多项文体活动,团体文化进一步丰富,集体凝聚力进一步增强。

(刘威)

农业发展银行

【中国农业发展银行内蒙古自治区分行领导名录】

行长 党委书记:贾楞

副行长 党委副书记:赵焕英

副行长 党委委员 纪委书记:郭子强

副行长 党委委员:刘瑞恒 石忠海

【概况】 中国农业发展银行内蒙古自治区分行成立于1995年2月13日,现下辖二级分行12个(包括区分行营业部),旗县级支行72个。全行员工2 013人。农发行内蒙古分行在总行的授权内依法开展农业政策性银行业务。截至2010年末,全行各项贷款余额538.1亿元,比年初增加60.9亿元;各项存款余额202.7亿元,比年初增加82.8亿元;中间业务收入1 203.7万元,同比增加424.3万元;不良贷款余额7.3亿元,比年初下降1.58亿元,占比1.36%,比年初下降0.5个百分点,不良贷款实现"双降";实现账面盈利9.14亿元,超总行利润计划1.83亿元,人均考核利润46.02万元,同比增加0.64万元。

【信贷支农】

粮油收购资金供应和管理 2010年,面对粮棉油市场复杂多变的形势,农发行内蒙古分行从维护国家粮食安全、稳定市场粮价、保护农民利益的大局出发,严格执行国家粮油收购政策,保证政策性收购资金及时足额供应,确保粮油收储调计划的顺利实施。全年累计发放粮油收购贷款111亿元,支持收购粮油55亿公斤,确保了全年支持粮油收购没有出现大的问题。

支持农牧业农村牧区基础设施建设 2010年,农发行内蒙古分行认真贯彻落实中央1号文件要求,加大政策性金融对农村改革发展重点领域和薄弱环节支持力度,大力开展农业开发、农村基础设施建设中长期政策性信贷业务,将信贷资源投向转变农牧业发展方式、增强农牧业可持续发展能力、推进城乡统筹发展的重点项目上。重点支持了鄂尔多斯百万亩现代农业示范基地建设,投入信贷资金12亿元。开办了以农村土地整治、农民集中住房建设为主的新农村建设贷款业务,当年审批新农村建设贷款项目8个,投放贷款5.7亿元。全年累计投放农村基础设施、农业综合开发、农村流通体系、县域城镇和农村建设贷款57亿元,支持项目86个,有力推动了自治区农村牧区经济发展。

做强农牧业产业化经营业务　2010年,农发行内蒙古分行围绕农牧业主导产业、优势产业,加大支持力度,累放加工企业、产业化龙头企业、农业生产资料等贷款64亿元,支持企业94户,充分发挥了产业化经营的辐射带动作用,有效推动了全区农业产业结构升级和现代农业发展步伐。

【业务经营】

经营管理　2010年,农发行内蒙古分行把积极发展存款和中间业务作为提高经营效益的重要途径来抓。大力营销企业存款、财政存款、同业存款,各项存款余额202.6亿元,同比增加69.08亿元;日均余额达到152.71亿元,同比增加37.43亿。全力构建中间业务多元化发展格局,重点推进代理保险、保函业务,积极开办咨询顾问业务,全年实现中间业务收入1 203.7万元,其中代理保险手续费收入394.2万元,国际结算业务收入74万元,咨询顾问、保函等手续费收入735.5万元。

风险防控　强化办贷环节责任落实,完善客户经理尽职记录。实施粮油准政策性贷款名单制管理。调整优化客户结构。加强融资平台贷款管理,防控融资平台贷款风险,努力提高信贷电子化应用水平。加强风险监测分析,全面开展贷款客户风险排查和信贷督导检查。多措并举大力清收不良贷款,全年清收处置存量不良贷款2.26亿元。实行不良贷款容忍度管理,对新增不良贷款责任人进行了责任追究。

【内部管理】

两基建设　2010年,农发行内蒙古分行大力推进标准、执行、监督、奖罚"四位一体"制度化、标准化基础管理体系建设,整合出台了115项制度办法,废止88项制度。探索并建立灵敏管用的绩效考核办法,实行绩效考核和基础工作考核并重。增强服务意识,大力提高办贷效率。强化信贷财会基础管理和信息技术支撑。优化计划管理方式,提高资金营运水平。研发应用了固定资产条形码管理系统。大力推广网上银行、牡丹金山卡、POS机等非现金结算业务。以综合业务系统、CM2006系统、支付系统为核心的各系统安全运行。强化内部审计和监督检查。全年实现安全生产无事故。完成了二级分行贷款营销评估平台、审查审议平台、资源配置考核平台、风险案件管控平台和队伍建设平台建设。强化县级支行经营管理基础平台的支柱职能。

队伍建设　启动并实施了员工素质提升三年计划。大规模、多层次、全方位的开展学习培训、专题教育、实践锻炼、考察学习等各类活动。全年举办培训班400多期、培训1万人次。派出103名管理人员和高端客户代表到国外、境外、兄弟省行学习考察。以考促学、以考促用,组织考试700多次,2万多人次参加。加强宣传,典型引路,奖励促进,评选11个学习型单位、20名学习型员工。加强领导班子建设,调整优化了班子年龄、知识、专业结构。完成了全员聘用合同签订、市场化用工招聘和符合条件的市场化用工转聘工作。召开了全行思想政治工作会议。深入开展创先争优活动。保持案件防控高压态势,加大反腐倡廉、案件防控工作力度,全年实现无案件。积极推进以信贷文化、视觉文化为重点的企业文化建设,努力构建和谐银行。

【荣誉】　包头市分行荣获总行"学习型银行标兵单位"。锡林浩特市支行荣获总行"青年文明号"。鄂温克旗支行获总行"女职工文明示范岗"荣誉。海拉尔支行、扎赉特旗支行荣获自治区总工会"自治区工人先锋号"称号。阿拉善盟分行董晓丽荣获"内蒙古自治区劳动模范"、总行"青年岗位能手"称号。包头市分行牛泽、鄂尔多斯市东胜区支行张晓红获总行"青年营销能手"荣誉。

【重要活动】　1月6日,自治区副主席布小林在内蒙古分行报送的《关于支持秋粮收购情况的报告》上批示:农发行在支持自治区粮食收购、推进"三农三牧"发展、保护农牧民利益的工作中作出积极贡献。2月22日~26日,自治区分行召开全区分支行行长会议,观摩蒙牛公司企业文化建设,开展警示教育,举办视频培训讲座,总结2009年工作,部署2010年工作。4月13~14日,中国农业发展银行行长郑晖在内蒙古自治区调研。13日、14日,自治区党委书记胡春华、自治区主席巴特尔在呼和浩特市新城宾馆会见郑晖行长、李刚副行长。9月16日,贾楞行长与内蒙古蒙牛乳业(集团)股份有限公司总裁杨文俊商谈业务合作事宜。10月26日,总行批复内蒙古分行开办企业资信调查、企业信用等级评定、信息定制服务、资产评估、会计报表审计、融资顾问、常年财务顾问7个业务品种。11月9日,贾楞行长向自治区副主席布小林汇报秋粮收购和新农村建设贷款业务等工作。12月6日,贾楞行长与自治区副主席、包头市市委书记郭启俊,包头市市委副书记、市长呼尔查,包头市副市长牛俊雁商谈支持土地收储和新农村建设等事宜。

(李斌春)

工商银行

【中国工商银行股份有限公司内蒙古自治区分行领导名录】

行　长:郝　彬

副行长:崔亮(5月离任)　李长命(2月离任)　范继忠

纪委书记　工会主任:张素鲜(女)

副行长:刘志忠　王学勇(3月任职)

巡视员:李长命(2月任职)

【概况】 2010年,全行实现拨备后利润32亿元,较上年增长24%;实现经济增加值17亿元,较上年增长27%。全行人民币各项存款余额1 615亿元,各项贷款余额(含票据贴现)1 055亿元,分别较上年增长17%和21%,存贷款继续保持强劲增长态势,全年实现中间业务收入8.8亿元,增长44%,中间业务收入再创历史最好水平。全行不良贷款余额和占比持续双降,资产质量进一步改善。

【经营管理】 深化管理体制和经营机制改革,不断提高管理效率和经营效益。在管理体制改革方面:研究制定《内蒙古分行一级支行内部等级评定办法》和《内蒙古分行营业网点类机构内部等级评定办法》及《提升内蒙古分行营业部竞争力方案》,完成了2009年全辖支行及营业网点的内部登记评定工作;全面落实总行《关于深入推进县支行变革的意见》,正式启动和推进县支行变革工作;完善流程管理,优化资源配置。在运营管理改革方面:全面完成远程授权改革;全行网点顺利完成会计档案管理改革;全面完成了区分行集中监控改革,建立了机制更有力、功能更强大、管理更智能、效果更突出的新监督体系;构建全行统一的业务集中处理体系,形成“网点全面受理、后台集中处理”业务运营格局,完成了辖属投产工作。在推进绩效管理体系建设方面:完善了《二级分行经营管理者绩效考核办法》、《分行部室绩效考评办法》等,推动团队协作配合,完善激励约束机制,提升经营管理水平。在优化工资总量、健全工资等级调整机制方面:建立科学、良性、透明的工资费用分配机制,有效地发挥工资分配对经营绩效的推动和促进作用。

【信贷管理】 强化市场营销,全面提升对公业务市场竞争力。主动承担国有大行对推进经济结构调整和产业优化升级的责任,积极参与民生工程,全方位扶持地方支柱产业和新兴产业,向能源、交通、冶金、化工、装备制造以及城市基础设施行业企业累计投放公司贷款310亿元,支持了自治区重点产业升级发展;积极响应国家和地区产业扶持政策,全面提升小企业信贷服务能力,设立55家小企业专营机构,下放审批权限,创新担保方式,通过贸易融资方式累计投放小企业贷款近50亿元,小企业贷款余额增长11倍;重视自主创新,全面提升综合金融服务能力,提升公司业务服务层级,以二级分行为核心搭建客户服务和经营运作平台,完善分层营销服务和客户经理制度,加强各专业条线间的协作配合和产品统筹组合,运用“评审合一”、“调评合一”、“认同评估”等政策,缩短重大优质项目的评审流程,提高服务效率;深入挖掘公司存款资源,公司存款快速增长。年末,全行人民币公司存款(含保证金存款)余额比年初增加49亿元。狠抓营销管理,努力拓展机构业务市场份额,年末,全行机构、同业存款余额比年初增加96亿元。

【个人金融业务】 围绕“大个金”向“强个金”跨越的战略目标,着力推动个人金融业务持续快速发展。突出储蓄存款基础作用,强化考核激励与问责制度,确定了全行未来三年储蓄存款赶超目标及措施,储蓄存款业务快速发展。年末,全行储蓄存款余额占比继续保持同业四行之首,全行基金、保险、理财产品销售额均居四行第一,到年末,全行个人金融资产增量同业占比30%,居四行第一位。加大个人贷款投放力度,积极调整个人信贷业务结构,截至年末,个人贷款余额较年初增长100亿元,同比多增51亿元,个人贷款余额和新增额在地区同业实现了“双第一”。加强新市场、新客户拓展力度,努力提升多渠道服务水平。制定了《2010年个人金融业务营销活动方案》,继续加快营业网点建设改造,努力提升多渠道服务水平,全行新建财富管理中心、贵宾理财中心、理财网点、金融便利店等。

【中间业务和新兴业务】 强化改革创新,中间业务和各项新兴业务快速发展。夯实业务基础,加大创新力度,投行业务快速发展,积极营销投融资顾问、常年财务顾问等投行业务。截至年末,全行实现投行收入同比增长64%。以对公结算帐户营销为切入点,加大现金管理、法人理财、贵金属等业务推广力度,全年结算业务量和存量账户四行占比继续保持第一,对公结算规模和账户质量双提升。发挥全行整体优势,推动信用卡业务快速发展。截至年末,全行累计新增发卡量增幅为23%,全年消费交易额、信用卡总收入增幅分别达到60%和42%;信用卡透支规模和中间业务收入均创历史最好水平。组织开展“十年同行,真情回馈”、“工行手机银行,随机而动的银行”等一系列主题营销活动,扩大了客户规模,取得良好效果。截至年末,全行实现电子银行交易额同比增长50%;实现电子银行业务收入同比增长38%;离柜业务笔数占比较去年提高6.8个百分点。全面规划,多措并举,国际业务市场竞争力显著提升;加大市场营销力度,企业年金和资产托管业务快速发展。

【风险管理】 加强信贷基础管理,加大不良贷款清收处置力度,努力提升风险管理能力。科学合理把握贷款投向与投量,提高信贷管控水平。认真贯彻国家宏观调控政策和总行信贷政策,前、中、后台沟通协作,统一行动目标,推进全行信贷核心竞争力稳步提升。积极贯彻国家推进节能减排、循环经济、低碳经济结构调整战略,严格执行总行绿色信贷政策,严控“两高一剩”行业贷款,坚持“环保一票否决制”,加大了对风力发电等节能环保和资源综合利用项目的支持力度。全年新增贷款全部投向了环保合格企业,未向国家淘汰落后产能行业和项目新增融资。加强信贷风险管理,促进信贷结构和质量优化。在认真贯彻国家产业政策和总行信贷政策的同时,科学把握贷款投向,切实加强风险贷款管理,继续做好国内贸易融资等新兴信贷业务,认真开展信贷结构调整调研,积极争取总行政策支持,促进信贷结构和质量的优化。全年作业监督率为100%,作业监督合格率为100%,信贷作业监督在总行综合排名较年初上升4个位次。加强不良贷款清收处置管理,全面提高资产质量和经营效益。强化不良贷款清收处置预案动态管理,继续推行各级行领导挂帅清收大额不良贷款工作制度,优化不良贷款客户结构。进一步完善全面风险管理体系,制定了《内蒙古分行关于完善风险管理委员会运作机制的指导意见》等7项制度和办法。提升风险管理委员会工作效能,风险管理水平不断提高。

【内控案防】 全面推进内控体系建设,提升内控管理水平。组织实施《2009—2011年内部控制体系建设规划》、《2010年内控体系建设工作计划》。切实加强营业网点的内控管理,对促进营业网点负责人履职尽责,防范各类风险和案件隐患起到了积极作用。组织开展“内控和案防制度执行年”活动。健全合规管理机制,积极推广应用“合规检查监督管理系统”,进一步严格违规积分管理,强化各项合规管理工作。认真组织开展合规检查和常规审计,有效发挥监督检查作用,全面加强反洗钱工作,完成了一、二级分行反洗钱中心建设工作,提高了反洗钱工作水平,为有效履行反洗钱职责奠定了基础。完善案防责任体系和内控案防管理制度,推动案防工作长效机制建设。认真开展信访工作,着力构建和谐氛围。2010年该行员工及协解人员无重复进京访,无赴区非正常上访,在自治区党委办公厅、政府办公厅《2010年进京赴区非正常上访及管理交办案件工作目标管理责任书》中综合考核为优秀。切实落实治安保卫责任制,建立和完善安全保卫工作长效机制。在全区大型国有商业银行中率先实现“零配枪”,彻底杜绝了涉枪风险,圆满完成守押社会化改革。

【组织建设】 坚持以人为本,加强领导班子和员工队伍建设。选好配强各级领导班子,提升全行管理人才队伍建设,加强员工队伍水平,着力提高全员素质。坚持重点培训与全员培训、岗位适应性培训与专业资格培训相结合,开展了大规模培训工作。

【服务管理】 积极组织全行“服务价值年”活动,制定了《中国工商银行内蒙古分行“2010服务价值年”活动实施意见》和《中国工商银行内蒙古分行优质规范服务工作管理办法(试行)》,推进了“细节100”工程,着力提升企业形象和品牌价值。开展了“文明杯”及“千佳示范单位”竞赛活动,推进改善了全行服务面貌,赤峰王府支行等5家单位通过了内蒙古银行业协会“千佳示范单位”竞赛活动验收,其中4家获得中国银行业协会“千佳示范单位”称号,入围数量和比例均列区内同业之首。全行高度重视服务价值年活动,积极采取措施,收到了显著成效,在服务理念转变、服务机制建立、服务设施投入、服务渠道建设、服务品牌传播、服务形象提升等方面有了明显进步和提高。启动了全区营业网点服务监控联网工作,对全区营业网点实施服务监控联网,为全区各网点的服务现场监控、调阅回放、取证抓拍和处罚反馈等提供了科技手段,为加强服务、安保和实施远程控制提供了先进的管理平台。

【荣誉】 工商银行内蒙古分行连续9年被授予自治区级“文明单位”荣誉称号,近两年先后获得了国家级“全国民族团结进步模范集体”、全国“企业文化建设先进单位”、自治区“金融优质服务奖”、自治区“公益之星单位”、自治区“质量月用户满意单位”、自治区“诚信企业”等荣誉和奖励。

(徐丽梅)

农 业 银 行

【农业银行内蒙古分行领导名录】

行　长:许金超

副行长:潘文俊　董玉华　毛军　杜青山　贾登明

纪委书记:陈效忠(蒙古族)

【概况】 2010年,农行内蒙古分行围绕自治区经济发展战略和产业重点,在服务三农惠民富民,支持优势资源转换,应对危机力保民生,全力扶助中小企业等方面有力地支持了内蒙古经济社会的发展,被自治区政府授予"金融突出贡献奖"荣誉称号,获得"2010年度内蒙古百姓口碑(二钻)金奖单位"荣誉称号。到2010年末,全行各项存款1 460多亿元,各项贷款850亿元。

【三农业务】 按照中央和农总行"服务三农"的各项政策,农行内蒙古分行始终把加快推进"三农三牧"金融服务作为改革发展的首要任务。结合自治区"三农三牧"产业优势和县域资源特色,围绕现代"三农三牧"发展方向,以惠农卡为载体,以农户小额贷款为核心,以农牧业产业化龙头企业为依托,不断提升服务"三农三牧"和县域经济工作水平。到2010年末,全行涉农贷款余额356亿元,占各项贷款余额的42%,县域贷款余额256亿元,占各项贷款余额的30%。

围绕自治区推进农牧业产业化的战略部署,全力支持了伊利、蒙牛、鄂尔多斯羊绒、塞飞亚、科尔沁牛业、东达蒙古王、河套酒业、小肥羊等龙头企业的成长,对国家级农牧业产业化龙头企业服务覆盖面达60%以上,对自治区级农牧业产业化龙头企业服务覆盖面近一半,带动了大批农牧民增收。全区农牧业产业化链条上的农牧民有200多万户,其中有70%以上获得了农行提供的金融服务。拓宽电子服务"三农三牧"渠道,形成了包括转账电话、自助银行、网上银行、电话银行、手机银行、电子商务等多渠道服务格局。到2010年末,全行在农牧区布设转账电话、自助存、取款机等自助服务终端1.2万多台,为农牧民办理网上银行38万多个、手机银行17多万个,有效缓解了乡镇以下金融服务空白的矛盾,极大地改善了农村金融服务环境。

【城市对公业务】 认真贯彻国家宏观调控政策,严格执行国家产业行业政策,围绕能源、化工、冶金、农畜产品加工、装备制造和高新技术六大优势产业,突出重点行业、重点地区、重点客户,加大信贷投放力度。重点支持了以资源为依托的优势产业和特色产业,加大了对内蒙古电力、包钢、鄂尔多斯国投公司等大客户的信贷投放力度。到2010年末,全行电力、煤炭、交通、城市基础设施、钢铁、有色金属等重点行业贷款余额450多亿元,在各项贷款余额的占比超过一半。在加大对自治区优势行业、重点领域信贷投放的同时,农行积极关注自治区教育、卫生事业发展,不断加大对学校、医院等机构事业法人信贷支持力度,为学校、医院等机构类客户提供全方位金融服务。重点支持了国家"211"工程建设的高校及区属重点高校、三级甲等医院,其中内蒙古大学、内蒙古医学院、内蒙古科技大学、内蒙古医院、乌海市人民医院等都得到农行的大力支持。到2010年末,全行累计发放学校、医院等机构事业法人类客户贷款3亿多元。

【中小企业业务】 积极开拓小企业信贷业务,强化产品创新,有针对性地为小企业客户提供一揽子金融服务,根据县域内产业集群的经营规模和业务发展特点,创新金融产品和信贷业务运作方式,实行了特色信贷业务重点经营行模式,建立健全小企业服务体系,推行简式快速贷款,加大对小企业的扶持力度。按照"两个市场,各成条线、统一规划、专业运作"的基本思路,在农村市场,将县域中小企业客户纳入到农村产业金融部的服务框架内,推行事业部制管理;在城市市场,按照银监会建立专营机构的基本要求,采取试点先行的做法,形成条线的中小企业经营管理组织架构。与自治区经信委签订了服务小企业合作备忘录,通过客户推介、信息化合作、政策交流等多方面的合作,加强政策措施和金融资源的结合。与自治区政府金融办、内蒙古移动公司签订了针对中小企业融资的战略合作协议,发挥金融办的组织与协调优势,移动公司的信息化服务优势和农行的资金与金融服务优势,面向自治区中小企业联合开展"e融行动",积极服务成长型中小企业,探索政府、大型国企和银行"三位一体"的金融服务模式。到2010年末,全行中小企业贷款余额232亿元,占全行法人客户贷款的32.21%;比年初增加70亿元,增幅为43.25%,比全行法人客户贷款增幅高出30个百分点,有力支持了自治区中小企业的发展。

【个人零售业务】 始终坚持把增存工作当做首要任务来抓,组织开展"春天行动"综合营销活动、"增存上台阶"等阶段性增存竞赛活动;开展了"爱行储蓄"活动,充分调动辖内各行工作积极性。推出了个人贷款、基金代销、理财产品、实物黄金、保管箱等新业务;进一步完善系统性、集团性客户的服务,相继为伊利、蒙牛、网通、奈伦、西蒙、东达等企业开通了现金管理平台,改进了服务手段;推出了白金卡、喜洋洋联名卡、台湾旅游卡等特色产品和业务;加大了网上银行、手机银行、转账电话、ATM、POS机具等电子渠道建设力度;普及了外汇机构,国际业务得到长足发展。在全行范围内推行新的形象建设标准,全面启动“绿色行动”,大力提升基层网点服务水平,树立了良好的社会形象。到2010年末,全行人民币储蓄存款余额807亿元。

【内控风险管理】 切实加强对银行卡、ATM、POS、网上银行等电子交易机具的管控,防止诈骗、恶意透支和非法套现。充分运用案件风险排查和集中审计成果,下大力气抓好重点领域、关键环节的问题整改,进一步提高内部控制水平。认真做好基建、网点装修、不良资产和委托资产处置、惠农卡等重点领域的治理,加大违规违纪问题查处力度,切实防范各类案件发生。严格落实行为排查、岗位轮换、强制休假、整体移位、查库飞行队以及柜面业务风险防范的各项制度要求,抓好对重点部门、关键岗位、关键人员和关键业务的风险防范。认真做好机房安全风险排查,加强信息系统的维护管理,防范IT风险。加强声誉风险防控,强化媒体危机应急管理,建立声誉风险日常监测机制,切实履行舆情报告制度。持续抓好信访维稳工作,确保不发生大规模非正常上访活动,为全行业务发展营造良好的外部环境。

【荣誉】智呼声,连续四届获得全国劳动模范、“时代领跑者——新中国成立60年最具影响力60位劳动模范”、全国民族团结进步模范、全国五一劳动奖章获得者、全国金融系统劳动模范、全国金融系统和全国农行系统优秀共产党员等70多种荣誉称号。

(吴永伟 孙惠 杨红宇)

中国银行

【中国银行股份有限公司内蒙古自治区分行领导名录】

党委书记 行长:张凤槐

党委委员 副行长:牛海忠(回族) 刘明

党委委员 纪委书记:梁天民

党委委员 副行长:杨 青

总稽核:王淑凤(女)

党委委员 行长助理:高宗胜

【概况】 截至2010年末,全行资产总额1 209.13亿元,负债总额1 185.77亿元,分别比上年末增长13.32%和13.37%。总资产回报率(ROA)1.67%,同比提高0.08个百分点。

【存款业务】 人民币各项存款比上年末增加140.14亿元。人民币公司存款比上年末增加56.60亿元。其中,行政事业单位存款比上年末增加64.51亿元。储蓄存款比上年末增加42.23亿元;网均新增2 442万元,在四大行排名第二位。金融机构存款新增41.31亿元余额及新增额市场份额均居四大行第一位。

【信贷投放】 人民币各项贷款比上年末增加190.78亿元,增长26.06%,增速列四大行之首;余额市场份额为11.65%,上升0.02个百分点。大力拓展公司授信业务,重点支持铁路、煤炭、电力、冶金、煤化工等重点行业和总分行级重点客户、优质中小企业客户。零售贷款比上年末增加81.55亿元,新增额市场份额居同业第二位。

【清收不良资产】 2010年,成功化解蒙元煤炭、兴安电力、通辽交通局、华资雪峰、维信深喜等不良授信资产3.52亿元,年末不良资产余额为4.46亿元,比上年末减少1.13亿元,不良率为0.47%,比上年末下降0.25个百分点。

【扩大中间业务规模】 中间业务同比增长41.14%。银行卡、金融机构产品线中间业务收入贡献度显著提升,同比分别提高7.34和3.17个百分点;电子银行产品线贡献度同比提高0.01个百分点。注重产品推广与市场营销,现金管理、工商验资E线通、养老金业务发展取得新突破,成功营销集通铁路企业年金基金托管业务。跨境贸易人民币结算业务取得先发优势,实现跨境人民币结算量12.60亿元。

【加强内控管理】 2010年,中国银行内蒙古分行以地方政府融资平台、房地产及产能过剩行业为重点,加强信贷资产风险管控,严格控制信贷总量。对地方政府融资平台贷款逐户检查,逐笔核对,圆满完成重检、增信工作。认真执行“三个办法一个指引”,强化贷款全流程管理,严格落实“实贷实付”、“受托支付”。加强内部控制,严防各类案件。积极开展全辖业务合规检查,对基层机构、柜面业务等高风险环节及网点负责人履职行为进行检查监督,全面排查案件风险。加强业务管控,强化职业操守教育,规范操作行为,员工内控意识不断增强。加大对高管人员和员工8小时以外行为的监督管理。全面落实六项内控制度。实行严格问责制,坚持违规“零容忍”和5个问责不动摇。

【推进网点转型】 以加快网点硬件改造、推进业务流程整合、加强专业化队伍建设、提升网点综合效能为中心,大力加强渠道建设,将网点转型确定为“一把手”工程,实行严格的责任制,层层抓落实。截至2010年末,累计完成标准化改造网点206个。以网点软件转型为重点,全面启动218家网点服务销售流程整合工作,梳理改造网点流程,整合优化人力资源配置,以客户为中心改进柜面业务模式,打造以开放式柜台为核心区域的客户分层和产品交叉销售服务模式,柜面服务效率、客户营销能力及对外服务形象大幅提升。

【企业文化建设】 高度重视企业文化建设,大力弘扬“追求卓越”的核心价值观和“诚信、绩效、责任、创新、和谐”的企业文化理念。认真落实内控和案防制度执行年活动,开展了一系列职业操守教育、合规经营教育和专业技能培训,形成了自觉遵守规章制度、自觉执行内控要求、自觉抵制违规行为的良好执行力文化。全面推进以惩治和预防腐败体系建设为重点的党风廉政建设工作,创新工作机制,扎实开展工作,在宣传教育、制度建设、监督检查、员工行为分析等方面取得明显成效。积极开展丰富多彩的文体活动,形成健康向上的文化氛围。深入贯彻“服务创造价值”的理念,客户满意度和中行声誉显著提升,在全行形成良好的服务文化。2010年,中国银行内蒙古分行获得内蒙古自治区诚信企业、内蒙古百姓口碑金钻奖单位、服务质量用户满意单位、首府百姓最满意的商业银行品牌第一名等多项荣誉。

(刘宝禄)

建设银行

【中国建设银行股份有限公司内蒙古自治区分行领导名录】

党委书记 行长:黄先俊

党委副书记 副行长:裴品才

党委委员 副行长:高升亮

党委委员 副行长兼纪委书记:肖青(女)

党委委员 副行长:张兆西

风险总监:崔殿满

【概况】 2010年,中国建设银行股份有限公司内蒙古自治区分行存款余额大幅度上升,贷款余额超千亿元,资产质量良好,经营效益持续攀升。全行机构288个(不含未开业的6个),对外正式营业机构275个,员工人数7 950人。

【存款余额】 建行区分行全口径存款余额1 491亿元,当年新增238亿元,增幅19%。其中,企业存款余额798亿元,当年新增129亿元,增幅19.23%;个人存款余额634亿元,当年新增104亿元,增幅20%;同业存款余额60亿元,当年新增5.11亿元,增幅9.37%。在全国建行系统内,建行区分行全口径存款余额排名第24位,比上年前移1位;新增排名第12位,比上年前移8位。在内蒙古地区工行、农行、中行、建行四家国有商业银行中,建行区分行全口径存款余额占比25.84%,比上年提高0.52个百分点,排名第三;新增占比28.95%,排名第一。其中,企业存款余额占比29.07%,比上年提高0.15个百分点,新增占比29.84%,排名第二;个人存款余额占比22.80%,比上年提高1.05个百分点,新增占比30.19%,排名第一;同业存款余额占比24.24%,排名第二。

【贷款余额】 各项贷款余额1 185亿元,当年新增179亿元,增幅17.82%。其中,对公贷款余额1 043亿元,当年新增126亿元;个人贷款余额142亿元,当年新增53亿元。2010年8月,对公贷款总额突破千亿大关,成为自治区首家对公贷款超千亿的银行。在系统内,各项贷款余额排名第20位,新增排名第19位,位次分别与上年保持一致。在地区四行中,贷款余额占比29.31%,比上年提高0.53个百分点,排名第一;新增占比26.64%,排名第二。个人贷款余额142亿元,占全部贷款的11.99%,较上年提高3.14个百分点;中小企业贷款余额299亿元,占全部贷款的25.20%,较上年提高7.2个百分点。

【经营效益】 经营效益持续攀升,价值创造能力显著增强。全年实现拨备前利润36.92亿元,同比增加5.07亿元,完成总行计划的102%,系统排名第17位。拨备前利润地区四行占比28.1%(账面口径),排名第一。实现经济增加值15.05亿元,同比增加0.73亿元,完成总行计划的114%;经济资本回报率28.5%,同比增加0.93个百分点,比总行计划高2.42个百分点。

【资产质量】 资产质量持续提高,信贷结构不断优化,抗风险能力明显增强。2010年末,不良贷款余额3.83亿元,较年初减少0.76亿元,不良贷款率0.32%,比上年下降0.13个百分点,系统排名第5位,同业四行排名第一。存贷比79.44%,较上年下降0.79个百分点,资金平衡能力有所增强。实现不良资产处置4.73亿。其中,处置不良贷款4.34亿元,完成总行计划的153%;处置个人类不良贷款0.36亿元,完成总行计划的262%。全年共处置回收现金17 086.44万元,完成条线KPI计划的120%。其中,回收公司类贷款本息13 131.96万元,回收个人类贷款本息946.68万元,抵债资产处置回收3 007.8万元。实现不良资产超值现金回收4 336.76万元,完成条线KPI计划的123.91%。

【成本管理】 一是持续推进全面成本管理工作。在全行组织开展了“深入推进成本管理、全力支持业务发展”劳动竞赛活动，以定额预算管理和本级成本管理作为重点实施项目，推进全行的成本管理工作，提升成本管理水平。二是不断完善财务管理制度。对定额预算的动因参数、支出标准做了适当调整，进一步明确了区分行本级费用归口管理部门的财务管理范围和职责；强化预算管理，优化支出结构，重点支持渠道建设、业务转型与流程优化改造建设，提高网点自有率，提升信息技术水平，改善全行生产性基础设施及设备更新，保障正常运行。三是切实做好集中采购工作。全年共组织实施集中采购项目405个，采购预算1.68亿元，采购合同金额1.44亿元，节约资金2 316万元，资金节约率13.83%。五是加大对资金管理的考核力度，进一步降低无效、低效人民币内部资金占用。根据总行计划对各二级行资金备付率做了重新调整，全年日均资金备付率0.38 %，比上年下降0.1个百分点。

【激励机制】 改革创新管理机制。一是推动“S + Y”业绩考核方式运行。解决了部分行有时会为下年打埋伏的思想，激励先进，鞭策后进，真正实现价值创造能力与市场竞争能力的和谐统一。2010年，辖内14个二级分行中有9个行中间业务收入占比当地四行第一，最高的占比达74.85%。二是不断完善薪酬分配机制。在酬薪管理方面引入精细化管理方法，并对制度进行了重检，对机构类系数进行适当调整，调增基层机构员工机构类群系数、岗位工资与绩效工资分配系数，引导员工向经营一线、营销一线流动。三是推动班子“逻辑”分工模式运行。打破班子成员按业务板块分工的原有模式，有效增强了上下游产品的联动，增进了对公、对私板块的优势互补和相互促进，加强了前后台的沟通，在“把客户做全、把产品做全”方面发挥了积极的作用。四是完善战略性业务激励机制，对财务资源进行矩阵式分配。按照“业绩责任共担、财务资源合理流动”的原则，“谁营销客户、谁创造业绩，谁享用财务资源”，实现财务资源在条线间、条线内部的合理流动。

【公司业务】 一是大力发展存款，不断夯实业务发展根基。首先，抓好对公存款工作，扩大对公客户群体，提高同业市场份额，完善奖惩机制，加强监测督导。通过加大激励力度，并辅以对条线各层级的诫勉谈话、黄牌警告等行政约束，建立企业存款日常监测通报制度，实时报告大额企业存款变动等措施有效推动了全行对公存款和客户群体的稳步增长。其次，开展了以“拼抢市场，创先争优，健康发展”为主题的对公存款专题营销活动。此次活动，历时6个月，全行对公存款业务各项指标得到不同程度增长。第三，运用多种宣传手段，扩大“民本通达”品牌影响力。区分行成为全区13所院校的主办行；与内蒙古大学等5所高校签订了《全面业务合作协议》；办理9所医院类客户的基本账户、代发工资账户、电子银行业务、职工贷记卡业务，并办理内蒙古自治区医疗保险管理局全部账户、全部代理业务。二是持续推进信贷结构调整，增强可持续发展动力。从客户、行业、产品、区域等4个维度确定了全行2010年信贷结构调整的总体思路和布局、调整目标、实现路径及保障措施。拓宽行业范围，降低贷款集中度。在重点支持自治区煤炭、电力等优势行业的同时，加大对交通运输业、城市基础设施、节能减排、循环经济、涉农等行业领域的支持力度。贷款余额居前2位的电力和道路运输业贷款集中度从2009年的40.74%，下降到2010年的33.02%，降低7.72个百分点。三是区别重点，实施分类推进。根据各二级分（支）行市场资源、管理水平和机构建设情况，将其分为“重点发展”、“稳步发展”、“培育能力”三类，进行分类推进；利用行业筛选工具将各区域行业分为“支持”、“维持”、“控制”三大类，大力支持区域优势特色行业。四是研究市场，找准营销方向，做到有所为、有所不为。信贷资源重点向“支持类”行业和产业园区、专业市场、产业集群倾斜。实施小企业营销“平台工程”，实现小企业业务的批量化营销。探索大银行服务中小企业的市场营销新模式，提高小企业的市场营销和金融服务能力。大力推进“信贷工厂”小企业经营中心建设步伐。小企业贷款占比不断提高。按总行统计口径，2010年，自治区分行小企业非贴现贷款余额39.39亿元，占区分行对公非贴现贷款余额的3.8%，比2009年提高2.6个百分点。

【投行业务】 投资银行业务总收入实现52 113万元，计划完成率141%，同比增长62.6%，占区分行中间业务收入的42.7%，系统排名第一；理财业务总收入实现24 670万元，计划完成率157%，同比增长74.7%；财务顾问实现收入26 152万元、计划完成率125.9%，同比增长49.2%；债券承销业务收入实现2 405万元，计划完成率185%，同比增长300.8%。

【国际业务】 2010年，外汇对公存款时点余额7 963.42万美元，日均余额6 155.64万美元；转贷款余额1.09亿美元，新增国际融资签约额合计6 360万欧元（折美元8 395万美元），余额及签约额仍保持市场份额第一;实现结算量32.46亿美元,当年新增15.02亿美元,增幅86.10%;实现结售汇11.37亿美元,完成全年计划的113.68%,增幅8.06%。2010年末,区分行已与俄罗斯和蒙古国共13家银行建立了账户行关系,边贸分行二连浩特和满洲里共完成结算量18.13亿美元,累计完成边贸结算总收入235万元。

【个金业务】 实施"经营客户"战略,大力拓展个人存款,巩固存款基础地位。一是转变以往偏重产品营销的模式,将注意力更多地集中在客户上。切实加强对客户信息的分析和整合力度,努力满足不同客户群体的需求,提高客户对建行的依存度、稳定性和贡献率。二是在全行范围内开展以"创建星级网点"、"创建服务旗舰店"、"创建精品理财中心"、"创建品牌财富管理中心"为主题的"4个创建"活动。充分发挥网点的营销前沿作用,把服务客户的链条拉长,继续巩固和扩大客户群体,提高业务持续发展能力。三是组织开展个人金融条线旺季营销活动,实现"开门红",开展"抓客户、增存款"专项营销活动,对存款变化较大的客户和网点实行日报制度,加强存款的监测和调度。四是开展资产组合营销,建立到期产品适时"预警"机制,保证存款资金的稳定,防止存款和客户流失。五是积极拓展银行卡业务,努力提升银行卡对个人存款的负载量,提高银行卡的基础贡献度。个人贷款健康快速增长。个人类贷款占比从2009年的8.90%,上升到2010年的12%,提高3.1个百分点。

【个金客户】 2010年,个人客户总量达到533万人,当年新增172万人,增幅47.6%。其中,AUM5~300万元大众富裕客户总数达到29.33万人,当年新增5.1万人,增幅21.07%;私人银行高端客户2 021人,当年新增625人,增幅44.77%;信用卡账户数达到37万户,当年新增11.7万户。对公信贷表内外客户(含贴现)650户,当年新增324户;存量个人贷款客户98 312户,当年新增34 795户。规模以上人民币对公结算客户新增1 538户(OCRM系统数据)。电子银行客户数246.68万户,当年新增115.63万户,增幅88.24%。

【房贷业务】 个人贷款当年新增52.66亿元,增幅58.88%,增长率系统排名第二。个人住房贷款新增同业排名第二。委托性住房资金归集余额216.94亿元,当年新增38.48亿元,增幅21.56%,完成总行计划的120.26%。

【信卡业务】 信用卡客户净新增116 698户(含重点产品折算数),完成总行计划的106%,信用卡消费额83亿元,完成总行计划的128%,系统排名第14位;卡均消费20 179元,系统排名第3位;贷款余额13.9亿元,当年新增7.01亿元,完成年新增计划的156%,系统排名第11位;账户活动率61.38%,较年初提高3.7个百分点,高于年初制定目标6.38个百分点。新增特约商户969户,完成总行计划的161.5%。累计实现商户收单额166亿元,完成总行计划的111%;新增分期商户100户;全年实现分期交易额3.9亿元,分期收入3 406万元,增幅150%。

【电子银行】 个人网银盾客户新增24.86万户,完成总行计划的99.45%;企业网银高级客户新增2 270户,完成总行计划的126.11%。累计实现电子银行交易额5 630亿元,当年新增2 268亿元,增幅67.46%。电子银行交易量3 992万笔,当年新增1 735万笔,增幅76.9%;电子银行与柜面交易量之比达到66.49%,账务性交易量占比达到28.85%。

【产品销售】 产品销售量大幅增长,品牌优势凸显,市场营销能力明显增强。全年共销售个人理财产品71.42亿元,实现理财产品销售收入1.44亿元,增幅56.47%。在系统内,销售总量排名第19位,收入排名第5位。在地区四行中,个人理财产品销量占比17%,收入占比72%,排名第一。实现全量基金销售53.82亿元,增幅9.83%;在系统内,基金销售排名第15位,较上年前移4位;在地区四行中,基金销售量占比44%,排名第二。实现个人黄金交易额29.1亿元,同比增长40.98%,系统排名第13位。其中,个人实物黄金交易量1 157公斤,系统排名第13位;个人账户金交易量9 772公斤,系统排名第13位;在地区四行中,全量黄金交易额占比52%,排名第一。实现柜面代销保险4.18亿元,增幅20%;在地区四行中,区分行代理寿险收入1 682.44万元,同比增长41%,地区四行占比29%,排名第二。销售储蓄国债和凭证式国债8.25亿元。在地区四行中,国债代销市场占比达到51%,排名第一。

【中间业务】 全年实现中间业务毛收入12.21亿元,当年新增4.3亿元,增幅54.7%,完成总行计划的124.6%。在系统内,中间业务毛收入排名第16位,比上年前移5位;增速排名第6位。在地区四行中,中间业务收入占比38.85%,排名第一。中间业务净收入占主营业务净收入的20.4%,同比提高5.05个百分点。

【渠道建设】 渠道建设有序推进,集约化水平进一步提升。2010年,全行机构288个(不含未开业的6个),对外正式营业机构275个,已完成一代转型275个;100个网点通过总行二代转型验收,已完成转型网点占符合条件转型网点比例为60%,系统排名第9位。网点自有率58%,同比提高6个百分点。全年共购置自助设备464台,自助设备总量1562台;建成自助银行429个,同业占比33%;离行式自助银行72个;附行式自助银行275个。全行自助业务交易量8 215万笔,同比增加2 697万笔,增幅49%。自助设备账务性交易量占比56%。全年实现自助业务手续费收入4 546万元,同比增加1 626万元,增幅58%。同业比较,区分行全口径存款点均余额5.18亿元,同比增加0.8亿元;人均余额1 871万元,同比增加313万元。全口径存款新增、企业存款余额、一般性存款新增额、贷款余额、对公贷款余额、对公贷款新增额、中小企业贷款余额、中小企业贷款新增额、个人金融产品销售总量、资产质量、中间业务收入、利润12项主要大类业务指标,地区四行排名第一。其中,中间业务收入、利润、资产质量、全口径存款新增、一般性存款新增额、贷款余额、个人金融产品销售总量7项指标连续三年排名第一。另外有36项小类业务指标位居四大国有银行首位。在系统内,全口径存款网均余额排名第29位,比上年前移1位;点均余额排名第29位,比上年前移1位;企业存款人均余额排名第27位,比上年前移1位,点均余额排名第24位,比上年前移1位;个人存款人均余额排名第32位,比上年前移1位,点均余额排名第32位,比上年前移2位;贷款人均余额排名第20位,点均余额排名第16位,排名与上年一致;中间业务人均排名第20位,比上年前移7位,点均排名第17位,比上年前移5位;账面利润人均排名第18位,点均排名第15位。

【机构改革】 不断完善组织架构改革,一是进行了对公条线组织机构改革。在全区二级分(支)行,撤销公司业务部和机构业务部,设置了批发业务管理部、资金结算部、客户经营中心,实现了对公条线的垂直管理。二是按照区分行"专业、专注"的经营要求,成立了中国建设银行内蒙古自治区分行私人银行部。三是撤销区分行计划财务部,成立了区分行财务会计部,新成立了区分行研究部和档案管理中心,为区分行办公室二级部,进一步提升了经营管理的专业化、集约化、标准化、精细化水平。四是持续推进"信贷工厂"小企业经营中心建设。

【产品创新】 一是逐渐减少对传统产品的依赖,根据市场变化和客户需求,力推信用卡等战略性产品,现金管理系统、支付密码器、电子银行等高附加值、融资融智类新产品。二是在产品模式、业务模式、服务模式方面,实现了非保证性融资租赁业务、动产质押业务零的突破;率先推出了委托贷款模式和集合信托计划模式的新产品;首次开办了企业债质押资产监管业务;顺利发行首单民营企业中期票据;成功推出凭证式国债理财产品。三是网点以"每个客户至少使用我行三个产品"目标做市场,将存款、银行卡、电子银行产品包装成套餐为个人客户提供综合服务,稳定了客户群体,抓住了市场竞争的主动权。

【科技服务】 充分发挥科技服务的支撑保障作用。一是以科技创新为主线,完成总、分行应用系统推广与开发。2010年,共完成综合前端推广项目、第二代支付系统项目等13个总推分项目的上线工作。二是配合全行经营管理机制的深化改革,积极开发了支持管理工作的软件和系统。完成了会计回单柜系统推广,电子银行部代缴话费、代收水费、电费,机构部代理赤峰地方财政,卡中心代收电力收费POS四项代收付功能的开发上线工作。三是加大了计算机软件著作权的申报工作。现已收到国家版权局为"移动pos代收电费系统"、"校园一卡通系统"、"综合数据管理平台软件"等7个项目颁发的《计算机软件著作权登记证书》。

【风险管理】

完善风险管理机制强化全面风险管理　一是持续开展信贷政策重检工作,实施客户信贷政策差别化管控。在宏观层面,按照"优先支持类、审慎控制类和压缩退出类"细分存量客户类型;在微观政策重检方面,全面"体检"与客户细分并重。二是细化落实操作风险管理机制,推动操作风险管理再上新台阶。三是建立市场风险管理架构,积极推进市场风险管理。四是采取多项措施,努力提升信用风险管理精细化水平。五是不断完善风险管理激励约束机制,引导和规范管理行为。

提升信贷审批水平　一是信贷审批工作坚决贯彻五项基本原则,坚守风险底线,严格控制,明确从严审批要求,不断提高审批水平,充分发挥信贷审批在调整信贷结构、信贷资源配置中的作用。二是通过对额度授信项下单笔支用信贷业务的审批把关,提高重点行业及业务领域的监控督查力度。三是利用审批平台回收存在风险隐患的存量贷款,控制存量贷款转贷风险。四是建立存量对公客户的评级、授信到期预警制度,有效提高了信贷审批执行力和风险防控能力。五是将3 000万元以下小企业授信业务调整为双签方式审批,将个人助业贷款审批权限全部上收到区分行小企业及个人贷款审批中心,优化小企业授信审批流程,完善小企业授信管理制度,稳步推进集约化、专业化进程。

强化贷后管理动态化解风险　在辖内全面开展了以“加强贷后管理,促进结构调整,提高资产质量,提升竞争能力”为主题的“贷后管理年”活动,创新贷后管理模式,在系统内率先进行了贷后管理的专职化、专业化改造。在区分行层面,将资产保全部向前延伸,承担贷后管理职责。在二级分行层面,在对公业务组织架构改革时,设置了专门从事执行授信方案和贷后管理的部门,将原先的客户经理职责中细分出客户经理职责和信贷经理职责,客户经理专注于客户营销与市场拓展,信贷经理则专注于贷中和贷后的管理,实现了岗位分离和工作流程区分,解决了过去贷后管理工作存在的有要求、没人管的问题,提高了贷后管理的有效性。

【基础管理】　一是强化基础管理,提升全行专业化、精细化水平。区分行将2010年确定为“提升基础管理年”,以强化贷后管理和精细化管理为主要内容。创新贷后管理模式,在区分行层面,将资产保全部向前延伸,承担贷后管理职责;在二级分行层面,进行对公业务组织架构改革时,设置了专门从事执行授信方案和贷后管理的部门,将原先的客户经理职责中细分出客户经理职责和信贷经理职责,实现了岗位分离和工作流程区分。精细化管理,设定了251个实施项目,明确每个项目的内容、要求、期限和责任人。二是加强会计和营运管理,不断提高业务支持保障能力。继续深化前后台业务分离,提高集约化处理水平。组织完成了“深化前后台业务分离项目”的业务适应性分析和批量代收付系统跨行功能推广上线。夯实精细化管理基础,不断提升营运管理水平。制定了主要业务系统应用参数变更流程、凭证扫描塑封补录及现金集中整点外包成本管理指导意见等,对相关业务进行了规范。三是强化检查辅导,提高员工合规经营意识。开展“严纪律、抓合规、防风险、抓发展”柜面操作专项整治活动,整治了有章不循、违规操作、屡查屡犯的顽疾。组织银行业从业人员合规教育暨从业人员行为准则贯彻落实情况检查活动,培育依法合规文化。

【安全生产】　加大安全生产和社会治安工作力度,持续提高安全防范能力。一是自上而下层层签订了《综合治理目标责任书》,认真落实安全生产管理责任制。二是深入推进“平安建行”创建活动。全行14个二级分行、270个营业机构网点全部达到“平安分(支)行”、“平安网点”标准,达标率100%,实现了三年创建“平安建行”工作目标。三是持续加大检查整改工作力度。严格落实《中国建设银行安全检查实施办法》确定的检查频次,对各二级分行进行了13批次的安全抽查,营业网点检查覆盖面达100%,发现隐患153处,已整改153处,整改率100%。四是进一步完善了突发事件应急预案处置制度。要求营业机构每月组织不少于2次防抢劫、防盗窃、防诈骗预案演练,提高各级机构,特别是一线员工对突发事件的预防和处置能力。五是稳步推进守押社会化改革。按照“稳妥、节约、安全”的原则,除赤峰分行4个旗县支行以外其余各辖属行已全部实现了金库守卫和押运工作社会化改革目标。六是正式运行远程监控联网报警系统。安防、消防设施建设全部达标,覆盖率达到100%。

【案件防控】　一是认真开展了“内控和案防制度执行年”活动。二是与所辖二级分行签订了《2010年案件防控、党风廉政建设、信访维稳目标管理责任状》,废止了“摘帽子、发票子”的办法,重新制定了《内蒙古区分行安全运营与案件防控工作考核办法》。三是在全行范围内认真开展了防治非法高息融资案件专项整治、“小金库”专项治理、公司业务客户经理违规代客办理业务专项治理、对私柜面业务专项整治、防治商业贿赂案件专项治理等活动。四是加强基层机构关键风险点的监测和检查工作。坚持和完善案件风险提示制度,持续深入开展日常整改工作,努力消除检查中发现的违规问题。五是组织开展了3次专项排查工作。根据建行内蒙古总审计室提供的交易清单,排查了303名员工账户发生的1 052笔业务;针对员工从业19项禁止性规定,在全行范围内组织了两次集中排查,共排查员工14 271人次。

【维稳工作】　区分行党委将维稳工作列入重要工作议程,坚持稳控与帮扶救助并重。一是高度重视,提高认识,做好对信访维稳工作的安排部署。2010年8月,召开了全区维稳工作座谈会,对全区做好维稳工作进行了部署。二是明确责任,预防为主,做好上下级部门的联动和沟通。进一步强调了信访维稳工作“属地管理,分级负责,谁主管谁负责”和“一岗双责”的原则和要求。各二级分行从排查入手、源头上预防,成功化解和阻止了30余人次的进京上访。三是将信访维稳工作纳入常态化管理。把日常排查、化解和重要时点、重要时段的稳控工作有机地结合起来,确定了专门部门和专门人员常抓此项工作,随时掌握协解人员的上访势态及有关信息。

【队伍建设】　大力加强班子建设,打造坚强领导核心。全面加强党风廉政建设，有效保障业务健康发展。组织全行领导干部认真学习中纪委五次全会精神和《中国共产党党员领导干部廉洁从政若干准则》。在具体工作中，健全完善学习制度，加强组织纪律观念和党性修养；突出抓好民主集中制建设，实现决策民主化、科学化；坚持深入群众、调查研究，坚持真抓实干、务求实效。不断加强反腐倡廉教育，严格要求遵守领导干部廉洁自律各项规定。认真落实党风廉政建设责任制、严格执行“三重一大”集体决策制度。加强职工代表大会对各级行领导人员在经营管理过程中权力运行的监督。在领导干部提拔和平级调动时都进行廉政谈话，以党风廉政建设促进业务发展。不断完善用人机制，打造高素质队伍。在干部选拔中，注重机制作用的发挥，尽可能避免因领导主观判断失误所带来的负面影响，一是民主测评，二是二级分行党委的集体推荐，三是二级分行一把手的意见。2010 年，提拔使用了 44 名副处级以上领导人员，在组织考察时，所选拔的每一位干部推荐率都达到了 100%，公信度极高，没有收到一封举报信。

【用工改革】 积极稳妥推进用工制度改革，有效配置人力资源。严格执行公开、公正、透明的原则，全年共组织实施 3 次校园招聘、定向招聘，招聘员工 288 人，择优将 325 名劳务派遣制员工转为合同制员工，全行大学以上学历者较上年提高 2 个百分点。将用工资源集中于重点区域和一线岗位，新增员工的 71% 分配到呼和浩特、包头、鄂尔多斯等经济较发达地区的机构，97% 从事前台柜面业务。

【创先争优】 深入推进创先争优活动，促进科学发展。全行认真贯彻落实创先争优活动的要求，主要业务当地市场份额、主要指标系统内排名得到有效提升，实现了业务发展上的创先争优；营业网点服务水平和能力得到较大提升，在总行服务质量调查和客户满意度调查中取得了较好的成绩，也得到了银行业协会的充分认可，实现了服务客户中的创先争优；建立党员责任区、先锋岗、示范岗，号召广大党员干部带头学习提高、带头争创佳绩，把政治优势转化为发展优势，有效提高区分行市场竞争力和可持续发展能力，实现了发挥党员模范带头作用上的创先争优。

【企业文化】 加强企业文化建设，以优秀的企业文化凝聚人心。一是开展关爱员工活动，建立员工沟通机制。通过“一对一”谈心、召开座谈会、深入基层网点谈心等形式，主动了解员工的工作、生活情况和思想状况。二是加大服务水平提升力度，提高客户满意度。开展个人 VIP 客户服务专项整治活动、100 家标准化理财中心创建活动，启动以“创建星级网点”、“创建服务旗舰店”“创建精品理财中心”、“创建品牌财富管理中心 ”为主题的“四个创建”工作，力争通过品牌打造工作，进一步提升服务能力。

【工会工作】 加强工会建设，充分发挥员工主人翁作用。一是成功召开了区分行第二届职工代表大会第一次会议，认真研究落实职工提案。二是根据总行统一安排和部署，区分行开展了分行级先进职工之家评选表彰活动，大力弘扬劳模精神。三是各级工会组织开展了对特困职工、特困协解人员送温暖献爱心活动。四是通过开展劳动竞赛、文体娱乐活动丰富员工文化生活，增强员工的凝聚力。

【公益事业】 2010 年，启动了“中国建设银行少数民族地区大学生成才计划”，继续落实贫困高中生成长、贫困英模母亲捐助年度计划。积极开展植树造林、资助修建公路、捐建水窖、“博爱一日捐”等公益活动。

【荣誉】 2010 年，区分行先后荣获“东北地区四省（区）诚信示范企业”、“内蒙古自治区诚信企业”、“内蒙古十佳质量·服务双满意单位”、“内蒙古十大依法治理优秀企业”等荣誉称号。

（高效利）

邮 储 银 行

【中国邮政储蓄银行有限责任公司内蒙古自治区分行领导名录】

党委书记 行长：张少波

副行长：麻勇 林志刚 牧仁（蒙古族）

总审计师：魏东斌

【概况】 中国邮政储蓄银行有限责任公司内蒙古自治区分行，业务上受中国人民银行呼和浩特中心支行、中国银行业监督管理委员会内蒙古银监局的监督和管理，并接受中国邮政集团公司、中国邮政储蓄银行有限责任公司的领导。机构内设：办公室、工会筹备办、人力资源部、计划财务部、公司业务部、个人业务部、信贷业务部、风险合规部、渠道管理部、审计部、会计结算部、科技发展部、直属支行。在职人员 156 人。2010 年底，全区邮政金融实现收入 12.18 亿元，其中银行自营收入 5.83 亿元，超额完成全年收入预算 40 个百分点，绝对值增加 1.68 亿元，同比增长 81.37%。代理金融完成业务收入6.35亿元,增长12.73%。信贷和公司业务分别实现收入3亿元和0.8亿元。信贷收入占比已达51%;公司业务收入占比逐年提高,达到13.85%,较上年底提高2.48个百分点。各项业务保持优质健康发展,增长幅度显著,结构日趋优化,分行向商业银行转型迈出了坚实的一步。2010年,邮政储蓄银行共实现利润3 720万元。

【个人业务】 截至2010年底,全区各项存款累计达417亿元,新增额市场占有率达到3.14%。全行本外币账户超过1 200万户,累计发行绿卡超过570万张,绿卡户均余额2 138元。全区商易通数量1.84万台,沉淀资金余额5.43亿元,POS机6 249台,回流金额31亿元。全区销售理财类产品46亿元,其中,银行销售28亿元;理财类客户达到6.13万户;个人理财客户户均资产余额达2.79万元。

【信贷业务】 分行积极应对不断变化的金融形势,强化信贷基础能力建设,全面搭建服务中小企业、"三农"融资平台。至2010年底,全行各项贷款余额达到156.42亿元,其中,个人贷款业务实现翻番,较年初增长33.95亿元,市场占有率达到2.7%。小额贷款新增9.95亿元,结存20.77亿元;个人商务贷款新增20亿元,结存29.6亿元;住房按揭贷款新增3.9亿元,结存4.4亿元。全区已有56个二类支行获批开办小额贷款业务,累计发放贷款3.47亿元,结余2.2亿元,业务基本覆盖了全区所有旗县。小企业贷款稳健起步,已建成小企业信贷中心7家,累计授信94户,贷款结余2.35亿元。协助总行签订银团贷款合同7个,合同金额16.77亿元,结余61亿元。总行直接贷款结余34亿元。办理票据转贴业务20笔,交易金额28.81亿元,结存3.15亿元,实现利润212万元。

【公司业务】 分行公司业务占比日渐合理,营销体系建设初具成效,公司业务的大项目、大客户营销取得新成果,新型客户结构初步形成。公司存款余额累计达到58亿元,活期比达到93%,市场占有率达到1.1%,收入完成0.8亿元。公司项目营销成果显著,全区共开发涉及财政、社保、医保、烟草等重点项目存款规模达35亿元,占公司业务存款总额的63%。

【财务会计管理】 分行财务认真开展"小金库"治理工作,加大对各项财务行为的检查、规范力度。通过实施全面预算管理和加强会计核算管理,逐步强化预算执行过程控制。深入推进网点损益核算,扎实推进增收节支工作,强化成本费用管控,加强营销费用管理,会计监督检查工作高效落实,财务会计管理水平有效提高,有力地推动了全行经营管理向现代商业银行的稳步转型。

【审计工作】 先后组织开展了全区城市零售信贷业务、代收付类中间业务、代理保险业务、公司业务等专项审计活动。组织各盟市分行完成了银监局和总行的多项自查活动,继续开展盟市分行内控评价工作,对7个盟市分行网点迁址改造工程进行了审计。区银监局牵头组织商业银行的专家对我行内控体系建设进行帮扶活动,从信贷授信、柜面业务、中间业务、会计结算及审计5个方面强化制度建设。加强违规积分管理,提高审计效能,发挥审计督导作用。

【风险防控】 深入开展"业务行为规范年"活动,充分发挥"三道防线"联动作用。针对信贷业务、公司业务、中间业务以及三级权限密码管理,梳理出风险点2 727个,出台控制措施4 747条。在呼市、包头、鄂尔多斯分行试点开展风险经理派驻,实现了网点内控监督关口前移,对网点业务转型起到了有力的支撑作用。积极推进资产保全工作,认真开展法律事务和反洗钱工作,合规合法经营意识显著增强。

【渠道和信息化建设】 新建、改造、装修迁址一类网点27处,有效推动了网点功能从交易型向销售型转变。受理环境明显改善,全年共布放POS机5 282台,结存6 249台,占全区总量的18.27%,荣获总行和中国银联颁发的"全国最佳受理环境建设奖"。ATM投入使用超过400台,较2009年增加150台。网上银行和自助银行建设步伐加快,全区个人网上银行注册客户数达5.4万户,累计交易笔数达33万笔,交易金额2.65亿元。

【党建和精神文明建设】 分行上下深入贯彻落实科学发展观,加强基层党组织建设和领导班子建设,积极培养发展新党员,广泛开展创先争优活动。认真贯彻落实中纪委五次全会精神,推进反腐倡廉建设。扎实推进精神文明创建活动,取得了良好效果。被自治区人民政府授予"金融优质服务奖"、自治区总工会授予全区"厂务公开"先进集体、被自治区党委宣传部、总工会评为"服务质量用户满意单位"。

【重要活动】 4月6日,中国邮政储蓄银行个人网上银行正式上线。6月30日,中国邮政储蓄银行总行正式批复内蒙古分行开办票据转贴现业务,邮储银行全面进入票据市场领域。8月10日,阿拉善盟分行试点启动个人商务贷款业务,至此全区12家二级分行及直属支行全部开办了个人商务贷款业务。10月30日,邮政集团客户现金管理系统成功上线运行，这标志着邮政储蓄银行已经具备为大型网络型客户提供现金管理服务的能力。11 月 9 日，中国邮政储蓄银行中职学生资助卡发行。

【荣誉】 3 月 28 日 内蒙古分行行长张少波荣膺“内蒙古十大经济人物”称号。7 月，中国邮政储蓄银行内蒙古分行获 2010 年邮保新春开门红“新春创优”奖。11 月 22 日，内蒙古分行荣获中国银联“2009 年－2010 年银行卡受理市场建设最佳受理环境建设奖”第一名。

（李岩）

农村信用社

【内蒙古自治区农村信用社联合社领导名录】

党委书记 理事长：佟铁顺

党委副书记 主任：杨阿麟（蒙古族 4 月任职）

党委委员 副主任：东方（蒙古族） 巴勇（满族） 张建成 贾埃兵

党委委员 副理事长：于学忠

党委委员 纪委书记：白晓春

工会主席 党办主任：胡越瑛（女 蒙古族 11 月任职）

党委委员 组织部部长 人力资源部部长：曲国民（8 月任职）

【概况】 自治区农村信用社准确把握在国家相关严格贷款规模控制的大背景下政策，认真贯彻落实自治区加快结构调整和推进“富民强区”的战略部署，既很好地落实了宏观调控政策，又力保了支农信贷投放，实现了平稳运行。截至 2010 年末，全区农村信用社资产总额达到 1 983 亿元，居全区金融机构第一位，比上年增加 510 亿元，增长 35%。各项存款 1 511 亿元，居全区金融机构第二位，比上年增加 366 亿元，增长 32%。各项贷款 970 亿元，居全区金融机构第四位，比上年增加 215 亿元，增长 28%。不良贷款余额 57 亿元，比上年下降 3 亿元，不良贷款率 5.9%，比上年下降 2 个百分点。当年实现各项收入 124 亿元，比上年增加 29 亿元，增长 31%。首次实现社社盈余，缴纳所得税 9.3 亿元，比上年增加 1.1 亿元，利润 28 亿元，比上年增加 12 亿元，增长 75%。股金总额 62 亿元，比上年增加 18 亿元。资本充足率 9.9%，比上年提高 1.4 个百分点。提取呆账准备金 9.9 亿元，呆账准备金余额达到 40 亿元。贷款损失准备充足率达到 136%，比上年提高 25 个百分点，拨备覆盖率达到 69%，比上年提高 12 个百分点。弥补历年亏损 1.6 亿元，亏损挂账余额降至 1.3 亿元。2010 年，在全国 25 家省级联社中，自治区农村信用社贷款增幅居第四位，利润总额居第七位，资产、存款、贷款、利润增幅以及历年亏损挂账、贷款损失准备充足率、拨备覆盖率、不良贷款余额和占比等经营指标均高于或好于全国平均水平。

【业务发展】 一是加大资金组织力度。全年新增各项存款 366 亿元，达到 1 511 亿元，比上年增长 32%。同时充分发挥自治区联社资金调剂平台作用，共为 50 家旗县联社调剂资金 76 亿元，并积极申请人民银行支农再贷款 70 亿元，有效缓解了资金困难联社信贷投放不足问题。二是进一步优化信贷结构。坚持“立足县域、服务‘三农’、支持中小企业”的市场定位，按照“有保有控”的要求，落实国家宏观经济政策和产业政策，积极实施绿色信贷，支持低碳经济和新兴战略产业。2010 年底，全区农村信用社农牧业贷款余额 621 亿元，占各项贷款的 64%。全年累计投放各类贷款 1 158 亿元，按照贷款用途，累放农牧业贷款 763 亿元，占比 66%，同比多投 86 亿元，其中投放生产性贷款 479 亿元，农畜产品流通贷款 126 亿元，农村牧区消费贷款 158 亿元；累放非涉农贷款 395 亿元，占比 34%。按照贷款对象，累放农户贷款 439 亿元，占比 38%；累放中小企业贷款 383 亿元，占比 33%；累放下岗职工再就业贷款、创业贷款、生源地助学贷款、农村牧区危房改造等民生贷款 21 亿元，占比 2%；累放其他贷款 255 亿元，占比 22%，其中涉农其他贷款 126 亿元、非涉农其他贷款 129 亿元。在全区金融机构中，农村信用社发放的农牧业生产贷款占 90% 以上，个私经济贷款和下岗再就业贷款分别占 1/3 和 2/3。三是不断创新业务品种，开办个人循环信用贷款、个人住房贷款、个人汽车贷款、生产设备抵押贷款、应收账款质押贷款、林权抵押贷款、股权质押贷款、土地和草牧场承包经营权抵押贷款等新的信贷产品。推广信用互助协会、农牧民专业合作社以及“公司＋农户”、“公司＋中介组织＋农户”等多种信贷方式。

【风险防控】 制定并启动全区农村信用社风险管理机制建设三年规划，组织制定和修订 47 项行业自律管理制度，发出风险预警和提示 21 项。以学习贯彻银监会“三个办法、一个指引”为契机，加强固定资产贷款、个人贷款、流动资金贷款管理，全面推行员工经济联保责任制，在岗员工签订率达 99% 以上。加大稽查力度，开展内控制度执行情况、决算真实性等 7 项稽核检查,共发现各类问题1.7万个,涉及金额38.5亿元,问题整改率达96%。开展"内控和案防制度执行年"活动和"百案跟踪检查集中行动",发现违规问题90笔、金额490万元。2010年,自治区农村信用社共发生案件4起,其中经济案件2起、外部抢劫未遂案件2起,涉案资金178万元已全部追回。全年共处理违规违纪责任人1 994人,其中旗县联社高管14人。

【产权改革】 在首轮产权改革任务基本完成的基础上,重点完善法人治理结构,切实转换经营机制。职责分工明确、科学有效制衡的机制逐步健全,"三会一层"作用进一步显现。东胜农商行更名鄂尔多斯农商银行,并跨区域在乌海设立支行,控股阿尔山信用社。阿拉善左旗农合行持股额济纳旗和阿右旗联社。全区农村信用社共设立村镇银行10家,其中区外4家。充分利用农村信用社方便、快捷和遍布城乡的网点优势,通过设立机构网点、实行流动服务、布设电子机具、开办车载银行等方式,全面解决了自治区41个乡镇的金融服务空白问题。

【信息化建设】 集中力量推进信息化建设,大力加强信息化建设成果应用,提高科技的转化率和贡献率。重新规划设计全区农村信用社网络系统,在自治区使用无线网络率先试点开通移动银行。两次组织主备机断电重启切换演练,确保了世博会和亚运会期间信息系统安全运行。完成了农信银电子商业汇票等13个信息化项目的建设工作。全年自治区农村信用社累计发行金牛借记卡281万张,布设ATM自助机具506台,POS机具5 303台,发展特约商户4 817家。充分利用核心业务系统不断提升服务的科技水平,积极开办农副产品收购资金非现金结算业务,代理地税征收社保费、非税收入收缴、发放新型农村社会养老保险等代理惠民业务。进一步丰富银行卡功能,推进代理财政补贴农牧民资金业务的"惠农一卡通"、加载小额贷款业务功能的"富民一卡通"和手机转账业务的"手机支付通",为自治区385万户农牧民累计代理发放各种财政补贴97.7亿元,解决了自治区历史上长期在旗县以下没有金融自助机具的问题,使广大农牧民更加充分地享受到现代金融服务。

【领导班子和员工队伍建设】 顺利完成了自治区联社换届工作,通过选举和聘任,产生了第二届理事会和新的领导班子。成立了系统工会,选举产生了工会主席、副主席。按照产权制度改革和干部交流制度要求,对呼伦贝尔、赤峰等6个地区的53名领导班子成员进行了调整、配备、交流。深入推进员工队伍结构优化工作。指导呼和浩特金谷农合行、阿左旗农合行公开招聘中层管理人员,伊金霍洛旗等联社从招录储备的人才库中补录工作人员307人。试行新的用工方式,金谷农合行以劳务派遣方式用工100人。核准了25家联社108名内退人员,分两批对2 705名员工开展持证上岗考试。

【党建工作】 坚持党建工作与业务经营相结合,有效发挥了党的政治核心作用。配合自治区党委巡视组完成对自治区联社的巡视任务。组织开展创先争优活动和学习型领导班子建设工作,坚持党委中心组学习制度,推动全区农村信用社营造良好学风。认真贯彻民主集中制,坚持党委集体领导和个人分工负责相结合,实行领导班子成员业务分工和包片负责制,党组织的战斗堡垒作用得到加强。以规范高管人员及员工廉洁从业行为为重点,进一步加强全系统的反腐倡廉工作。与旗县联社签订了党风廉政建设责任状,开展了百日宣传教育活动和民主评议政风行风工作。通过对青海、甘肃、海南等省受灾联社捐款442万元,深入开展优质文明规范服务竞赛,组织员工知识竞赛、篮球赛等庆祝自治区联社成立五周年活动,弘扬了积极向上的企业文化,树立了良好的企业形象。

【重要活动】 2月2~3日,自治区联社召开一届八次社员大会暨2010年全区农村信用社工作会议。5月19日,自治区联社召开一届十九次理事会。会议审定了佟铁顺同志在自治区联社二届一次社员大会上的工作报告、自治区联社章程(修订稿)以及第二届理事会理事、理事长和副理事长选举办法。自治区联社召开二届一次社员大会。会议审议通过了佟铁顺同志代表第一届理事会所作的工作报告,自治区联社章程(修订稿)以及第二届理事会理事、理事长和副理事长选举办法,选举产生了自治区联社第二届理事会理事。5月20日,自治区联社召开二届一次理事会,会议选举了自治区联社第二届理事会理事长、副理事长,聘任了主任、副主任以及计划财务部和稽核监察部负责人。6月28日,自治区农村信用社顺利接入中国人民银行组织建设的电子商业汇票系统。7月8日,全区第一家统一法人联社托克托县农村信用合作联社改制组建的内蒙古托克托农村合作银行挂牌开业。8月30日,自治区联社与自治区供销社签署战略合作协议。9月6日,自治区总工会直属企事业工会批准成立内蒙古自治区农村信用社联合社工会委员会。10月15日,鄂尔多斯农商银行乌海支行开业,填补了乌海市农村合作金融机构空白。11月3日,自治区联社召开二届二次社员大会。会议审议通过了全区农村信用社 2011－2013 年三年发展战略规划纲要、风险管理机制建设规划和 2010 年度综合考核办法，审议修订和出台了 6 项行业自律管理制度。11 月 4 日，自治区联社第一届工会委员会第一次会员代表大会在呼和浩特召开。大会选举产生了第一届工会委员会和经费审查委员会，选举产生了主席和副主席。

【荣誉】 乌拉特前旗联社、包头市郊区联社被中国银行业协会评为全国农村金融机构服务三农和支持中小企业优秀奖。乌拉特前旗联社营业部被评为“全国巾帼文明奖”。在 2010 年中国银行业协会（花旗）微型创业奖评选中，宁城县三座店信用社获一等奖，鄂伦春旗阿里河信用社大杨树分社获二等奖，托克托农合行五什家支行、察右中旗联社获三等奖。内蒙古托克托农合行光明支行、红山区联社营业部、包头市南郊联社哈林格尔农村信用社被中国银行业协会评为“2010 年度中国银行业文明规范服务千佳示范单位”。

（李武）

交通银行

【交通银行内蒙古自治区分行领导名录】

行　长：卢永胜

副行长：赵祥根　刘树军

行长助理：张振兴

【概况】 截至 2010 年 12 月末，全辖本外币各项存款余额 162.22 亿元，较年初增加 41.01 亿元，增长 33.83%；各项贷款余额 164.37 亿元，较年初增加 32.81 亿元，同比增长 24.94%；实现经营利润 3.7 亿元，人均创利 67 万元，同比增长 52.95%。与此同时，初步搭建形成覆盖呼、包、鄂“金三角”地区的网络布局。现有网点总数 14 个、员工 549 人。

【推进业务发展　提高市场竞争力】 全力抓好稳存增存工作，存款业务保持稳定增长，市场占比同步上升。截至 12 月末，全辖人民币存款余额 161.56 亿元，增速分别高于当地同业和系统内 11.91 和 12.24 个百分点；市场占比同比上升 0.19 个百分点。其中，对公存款增量完成 33.49 亿元，同比增长 61.48%，储蓄存款增量完成 6.93 亿元，同比增长 256.43。大力开展基本客户和基础客户群建设，全年新增有效对公账户 1 230 户，同比增加 468 户，新增日均存款余额 40.25 亿元。大力营销区市两级财政拨款预算单位，成功营销多家行政事业单位在我行开户，吸纳政府类、财政性存款同比增长 119.15%；对公中高端客户 81 户，同比增加 37 户；领汇财富高端客户数 26 户，同比增加 17 户；私人中高端客户新增 3 932 户。积极挖掘中小企业客户市场，1 000万元以下存款客户数新增 894 户。加快推动战略转型业务，零售、国际、创新性业务快速发展，非利息收入占比进一步提高，全年实现中间业务收入 5 299.65万元，同比增长57.59%。

【加大信贷投放　支持地方经济】 积极履行国有大型商业银行的社会责任，围绕自治区“三大基地”建设和“四大产业”发展战略，着力提升主导产业项目贷款占比，大力支持以煤炭为核心的主导产业发展，着力加大对主要交通干线的支持力度，加大国家稀土、锗业等国家战略资源的信贷投入，继续支持电力、钢铁、装备制造等重点产业发展，积极介入水资源等短缺重点项目，大力支持本土企业创全国名优产品，探索支持煤贸、钢贸、汽贸等物流业发展，支持农牧业产业化发展和环保项目建设，切实保障对自治区重点项目、重点工程和重点企业的信贷支持和金融服务。截至 12 月末，全辖人民币贷款余额 163.86 亿元，较年初增加 32.95 亿元，增长 25.17%，其中煤炭、电力、交通运输等重点行业贷款余额 78.93 亿元，占全部对公贷款的 59.12%；支持各类中小企业 344 家，授信余额 181.17 亿元，中小企业贷款余额占比达 26.87%；累计办理承兑汇票业务 98.25 亿元，同比增长 63.29%；全年信贷增量投向合理度为 197.98%，信贷投向进一步优化、资产质量进一步提高。

【优化信贷结构　提高资产质量和效益】 坚持在保增长中调整结构和在信贷投放中防范风险并重，更好地实现支持实体经济平稳运行和自身业务健康发展的和谐统一。严格把握信贷投向，坚持依法合规经营，把好市场准入关口，切实把信贷资源有效配置到符合国家产业和宏观调控政策、前景良好的领域和企业，进一步巩固提升支柱产业信贷份额。着力调整客户结构，加大存量信贷资产盘活力度，按内部评级口径，截至 12 月末，交通银行区分行 1－8 级公司贷款余额占比 96.85%，较上年提高 3.57 个百分点，13－15 级公司贷款占比仅为 0.22%。支持产业结构调整和节能减排，严格限制“两高一资”、产能过剩行业的新增授信，持续动态地强化对存量授信客户进行风险排查和减退加固，一年来主动压缩退出贷款 1.32 亿元，将腾出来的信贷资源，更好地用于支持产业升级、企业技术改造和促进民生改善。加大存量不良资产清收力度，不良贷款和不良率实现双降。全行不良贷款率0.22%,较上年下降0.12个百分点,新增不良率自成立以来继续保持为零。

【推行金融创新 满足客户需求】 着力转变发展方式,不断创新金融服务产品,培育竞争优势,切实满足经济社会日益增长的各类金融需求。推行"蕴通供应链"金融服务模式,大力支持本土企业创全国名优产品,先后为内蒙古北奔重型汽车有限公司及其上游9户零部件生产商和下游全国17个省市区41家经销商共提供6.14亿元贷款和8.78亿元承兑汇票业务。灵活运用多种融资产品,大力拓展承兑汇票、票据贴现、开证、押汇、保函、保理等贸易融资业务,2010年,表外授信业务较上年增加18.84亿元,同比增长77.43%。创新中小企业金融服务模式,推行"园区推荐+企业联保+风险担保金质押"和存货质押等方式,推出中小企业"一站通"系列融资产品,在破解"中小企业融资难"方面发挥了作用。切实满足居民消费信贷需求,以住房按揭贷款为重点,大力开展个人综合消费贷款、个人汽车贷款、个人质押贷款等业务,截至12月末,个人贷款余额25.95亿元,同比增长75.69%,个人贷款增量占到全年贷款增量的33.93%。加快网络渠道建设,大力推行"人工网点+客户经理+电子银行"三位一体经营模式,异地东胜支行成功升格为鄂尔多斯分行,准格尔旗县域支行顺利筹建完成并对外营业,4个离行式自助银行装修工程基本完成,同时加大企业网银、个人网银、手机银行业务拓展力度,进一步增强了金融服务供给能力。

【加强风险管理 提升内控水平】 高度重视新形势下的内部控制和风险管理工作,努力细化信用、操作、合规风险管理重点,组织开展内控评价和风险隐患重点排查,逐步构建形成系统缜密、操作性强的内控风险管理体系。信用风险方面,坚决贯彻落实银监会"三个办法、一个指引"新规,从严把关发放支付审核环节;加强对宏观经济和主要行业的运行监测,强化信贷资产风险预警和质量监控,扎实抓好贷后管理工作并通过总行达标验收,加大存量不良资产清收力度,存量不良资产和非信贷不良资产清收分别完成总行全年计划的110.05%和163%。操作风险方面,加强信息系统的运行、管理和维护,加强会计日常账务核算,建立会计操作风险管理责任制,努力提高操作风险管理工具的综合运用程度。合规风险方面,强化条线业务部门和各经营单位作为合规管理第一道防线的管控职责,规范授信审批、放款中心、票据业务等环节的合规经营行为,切实做好案件防控工作,风险防范水平明显提高。

【加强党的建设 提高队伍素质】 落实党的建设各项任务,扎实开展"创先争优"活动,党建工作取得新的成效。着力加强各级领导班子建设,强化班子团结与和谐,班子整体合力大大提高;认真执行民主集中制,坚持科学决策、民主决策,党委的核心领导作用明显增强;注重"推动科学发展"和"促进和谐建设"两个能力建设,努力提高经营决策和解决实际问题的能力。着力加强干部队伍建设,坚决贯彻"德才兼备、以德为先、实践标准、群众满意"的用人标准和导向,切实抓好经营队伍、客户经理、前台服务营销"三支"队伍建设,加大对年轻干部的培养使用,进一步优化了干部队伍结构、增强了队伍活力。加大员工培训力度,较好地实现了岗位培训的广覆盖。扎实推进党风廉政建设,围绕教育、制度、监督、惩治等工作,进一步加大预防腐败工作力度,并出台《反腐倡廉长效机制的工作意见》,保证了各项业务的健康发展。

(张宁)

内蒙古银行

【领导名录】

党委书记 董事长:杨成林

党委副书记 行长:姚永平

党委副书记 监事长:白文明(蒙古族)

副行长:白剑国 延城

【概况】 呼和浩特市商业银行于2009年9月8日经中国银行业监督管理委员会批准更名为内蒙古银行。自成立以来,不断深化"三个立足"的市场定位,始终秉承"专注于心、高效于行"的经营理念,按照"一级法人,统一核算,总行—分行—支行分级管理"的扁平化管理体制,在推进分支机构、村镇银行建设和可持续发展目标上取得较快发展的同时,为自治区富民强区战略目标的实施做出了积极的贡献。

【业务指标】 截至2010年12月31日,资产总额309.66亿元,比上年增长103.24亿元,增长了50%;各项存款272.66亿元,比上年增长96.68亿元,增长了55%;各项贷款133.48亿元,比上年增长24.24亿元,增长了22%;五级分类不良贷款余额为1.45亿元,比上年初减少9 555万元,不良贷款率1.09%,比年初下降1.12个百分点;实收资本金总额15亿元,所有者权益达到28.4亿元,资本充足率为14.29%,核心资本充足率达到14.1%,分别比监管标准高出6.29和10.1个百分点;全年累计实现税前利润5.35亿元,实现净利润4.06亿元,比上年增长1.95亿元。

【经营管理】 一是成功启动内蒙古银行五年发展规划项目建设,结合内蒙古银行现状、区域环境以及资源优势等特点,定制了差异化发展模式、提出了综合经营方式的可行性及其工作安排建议,并对包括组织框架优化、人力资源管理、风险管理、信息科技建设、财务管理、产品开发、企业文化和项目群管理等8个方面在内的关键核心能力进行了具体分析和说明。二是按照速度与质量并举的指导方针,逐步拓展经营区域,截至目前,内蒙古银行所辖呼市21家支行共61家营业网点,在包头、乌海、呼伦贝尔、通辽、哈尔滨5地完成了分行建设工作,锡林郭勒、兴安盟、乌兰察布3家分行将于2011年底之前开业。三是积极主动抓住国家农村金融体系改革的发展机遇,加快了村镇银行建设的步伐,取得了明显的成果。一方面内蒙古银行成立了村镇银行管理总部(筹),制定了具有很强的针对性和操作性的法律法规性文件,对内蒙古银行村镇银行的发展发挥了重要的指导意义,内蒙古银行的做法和好的经验得到了监管部门的高度重视和支持,为形成蒙银村镇银行的企业文化和树立全国性金融品牌奠定了较好的基础,成为内蒙古银行发展一个新的亮点和品牌。另一方面机构数量走在全国前列。按照"区内为主、区外为辅"的战略,截至2010年底,内蒙古银行向区内外银监局申请筹建的村镇银行共42家,区内32家,区外10家。其中已批准开业9家,批准筹建10家,涉及自治区12个盟市和全国9个省市地区,已向12家村镇银行拨付资本金达到1.93亿元。四是科技信息系统建设在确保原有各项业务系统安全稳定运行的基础上,在全行各部门的密切配合下,完成了总分行系统和小企业服务中心系统的改造,以及信贷管理系统、征信报送、协同办公系统、电子商业汇票系统、反假币系统、公务卡系统的建设,完成了财政集中支付、对账系统的开发联调工作以及财政非税收入收缴系统的开发并投入运行,为村镇银行开发了业务系统。内蒙古银行进口信用证业务得到批准,国际业务功能更加全面和完善;网上银行业务开始全面推广,网银业务体系逐步建立健全。

【风险管理】 内蒙古银行在多年的实践中,已形成了董事会风险管理委员会、风险管理部、审计部门等较为完善的风险防控管理机制。对政策、市场、信用、流动性、操作等全面风险控制情况进行监测和管理,已构成了三道风险防线,即:业务条线作为第一道防线,此线必须严格按照各项管理制度和操作流程办理业务,把风险控制在事前;风险管理条线作为第二道防线,从各项风险管理制度、操作流程和制度执行力方面进行事中管理;审计条线作为第三道防线,通过对各类业务的事后定期和不定期的审计,从而对流动性风险、信用风险、市场风险、操作风险、信息科技风险等进行全面有效的防控和整改,实现了银行监管综合评级由较弱的银行跨入全国同类城商行的中等水平序列,尤其是更名为内蒙古银行后,监管评级的指标持续、普遍、再次提升,现已向全国同类城商行中等以上迈进。

【承担责任】 一是关注中小企业。根据呼和浩特市"一核双圈"、推进城乡一体化建设的发展规划,内蒙古银行适时提出了金融先导、支持县域经济和新农村建设的战略目标,成立"小企业金融服务中心"准法人机构,把支持中小企业和居民消费作为重点,加大对中小企业支持服务的范围和力度,并通过对目标客户的细化和自身优势的发挥,先后推出了"商融通"、"能源通"、"钢融通"等具有内蒙古银行特色的中小企业金融服务产品,为中小企业提供了多种多样的金融服务,充分发挥比较竞争优势。到2010末,内蒙古银行中小企业贷款余额达89.3亿元,占全行贷款的70%,支持范围涉及农业、养殖、信息、科技、制药、零售、物流、制造、冶金、采矿、建筑、路桥、房地产建设诸多领域,被中国中小企业家年会组委会、中国中小商业企业协会评为"全国支持中小企业发展十佳商业银行"。二是关注民生。在规模整体扩大的同时,内蒙古银行积极加大对重点项目和基础设施项目的信贷投入,先后支持了一系列重点市政建设项目以及首府地区供水、供热、供电等关系民生的建设项目,如:呼市供电系统、供水系统、呼武公路、县府街大桥、呼包高速公路、旧城北门广场管网改造、大青山前坡绿化等项目,累计贷款80亿元,为改善首府市民的生活质量和首府经济的发展提供了有力支持。三是关注"三农三牧"和弱势群体。近年来,内蒙古银行在以城市金融业务为主的同时,大胆探索涉农涉牧业务,通过对"三农三牧"提供金融服务,探索服务县域经济和"三农"的有效模式,逐步培育在这些领域的竞争优势,在促进农牧地区经济发展方面也取得了突破性进展。截至2010年末,内蒙古银行涉农贷款户数1 449户,余额近20亿元,占全行各项贷款总量的14.01%;主发起的村镇银行也在成立一年时间内,发放涉农贷款达4.25亿元,较好地实现了业务由城市向农村更有效的延伸。四是积极开办下岗职工小额贷款,支持首府地区下岗失业人员创业和再就业,帮助上万名下岗失业人员走上再就业之路。截至2010年末,内蒙古银行共计发放下岗职工小额贷款

3.05亿元,支持逾2万人走上创业致富之路。

(岳如燕)

包商银行

【领导名录】

党委书记 董事长:李镇西

党委副书记 监事长:李献平

行 长:王慧萍(女)

【概况】 包商银行成立于1998年12月,是自治区最早成立的股份制商业银行,前身为包头市商业银行,2007年9月,经中国银监会批准更名为包商银行。包商银行有包头分行、赤峰分行、巴彦淖尔分行、通辽分行、呼和浩特分行、兴安盟分行、鄂尔多斯支行、锡林郭勒支行、呼伦贝尔支行9家区内分支机构,有宁波分行、深圳分行、成都分行3家区外分支机构,共95个营业网点,员工4 400多人。此外,还成立了达茂旗包商惠农贷款公司,发起设立了固阳包商惠农村镇银行、四川广元包商贵民村镇银行、北京昌平兆丰村镇银行等16家村镇银行。正在积极筹建包商银行北京分行、乌兰察布分行。至年末,总资产达到1 141亿元,较年初增加328亿元;各项存款余额933亿元,较年初增加263亿元;各项贷款余额341亿元,较年初增加63.7亿元;五级分类不良贷款余额1.57亿元,不良率为0.46%;存贷比36.5%,成本收入比37.49%,资产利润率1.44%,资本利润率27.25%,资本充足率11.21%,拨备覆盖率239.46%,均达到银监局的要求。

【金融业绩】

公司金融业务 年末,公司类贷款(含贴现)余额189.9亿元,较年初增加9.4亿元;银行承兑汇票余额609.6亿元,累计签发853.4亿元。国际业务取得新进步,一方面拓宽了业务发展领域,与蒙古贸易发展银行合作,畅通了与蒙古国的国际结算业务渠道;另一方面推动区外分行发挥区域优势,提升全行国际业务发展水平。

个人金融业务 年末,全行个人贷款余额68.2亿元,较年初增加18.4亿元;不良率0.28%,较年初下降0.07个百分点,不良率连续三年下降;累计发行银行卡16.2万张,其中借记卡12.2万张,贷记卡4万张。

微小企业金融业务 年末,全行累计发放微小企业贷款163.9亿元,贷款余额43.8亿元,较年初增加22.6亿元;不良贷款余额1 431万元,不良率0.33%。微小企业贷款月放款能力最高达到5 773笔、9.8亿元,月均放款达到2 945笔,创历史最好水平,得到德国IPC公司的高度评价。

小企业金融业务 年末,全行小企业贷款余额36亿元,较年初增加12.1亿元;累计投放贷款1 464笔、44.2亿元,累计回收贷款1 121笔、32.1亿元;贷款不良率为0.57%,较年初下降0.27个百分点,保持新增贷款零不良。

全球金融业务 年末,全行债券投资规模达265亿元;债券市场累计交易4 311笔,累计成交量达到1.3万亿元;外汇交易4 772笔,交易量达到29.5亿美元;累计委托交易2 646笔,累计交易量2 321亿元。

新型农村金融机构 2010年,新开业新型农村金融机构10家,开业机构总数达到16家;各项存款余额达到16.4亿元,各项贷款余额达到15.8亿元,不良率为零。制定了16项新型农村金融机构管理办法,规范了机构运行制度,完善了公司治理结构;积极协助新型农村金融机构拆借资金,引导新型农村金融机构大力发展小额信用贷款和农牧户联保贷款;支持新型农村金融机构完善信息科技系统,增强信息系统安全和风险防范能力;强化了对新型农村金融机构人员的业务培训,全年举办了4期业务培训,内容涵盖了法律法规、贷款操作、财务报表、市场营销等方面。

【风险防范】

信用风险 积极应对市场变化,首次制定了2010~2011年信贷政策,出台了14项信贷管理制度。对7家分支机构实施了信贷专项检查。全面开展全资产分类工作,同时密切关注不良资产的日常监测并督促清收,累计现金收回不良贷款5 109万元。年末,全行关注类贷款占比0.06%,比年初下降0.09个百分点。

市场风险 加强市场风险和流动性风险的监测分析,实现了全行流动性风险和市场风险的季度报告机制,开展了利率风险压力测试,并按季度实施了全行流动性风险压力测试。

内控审计 大力开展专项审计,进一步扩大审计范围,覆盖了全行所有分支机构和2010年前开业的5家农村金融机构。全年共完成审计项目71项,特别是首次开展了对信息科技风险和市场风险管理的专项审计。

合规风险 以制度审查为抓手,强化合规审核职能,开展制度后评价工作;制定了《反洗钱合规工作制度》,积极探索建立反洗钱非现场监管体系。

案件防控与操作风险 出台了《操作风险管理办

法》、《合规政策》和《诚信举报制度》;通过组建委派会计队伍,充分运用先进的 PDC 检查手段,对运营环节进行全面、连续监控。

【管理工作】

财务管理　深入推进全面预算管理,实现了由费用会计管理向费用引导资源配置的转变,促进了各单位积极主动进行财务管理,提高了财务预测的准确性,充分发挥了财务管理的作用。

考核评价　成立了包商银行评价委员会,制定了全面的考核评价方案,融入了“1－3－5”管理理念,建立起以平衡计分卡为主体的评价体系,突出了经济资本占用、风险成本控制、合规运营等要求,为实现绩效管理向全面化、精细化转变打下了良好的基础。

质量管理　以质量认证工作为契机,组织了 20 多人的内部审核队伍,分批次、分阶段完成了共 13 类、326 项规章制度的梳理工作,并顺利取得了 ISO9001:2008质量管理体系认证证书。引入了业内知名第三方“神秘人”公司,全面开展了服务质量、效果及客户满意度调查。

信息技术　经过三年来全行员工,特别是信息科技人员的努力,新一代综合业务系统于2010 年6 月15 日成功上线,为包商银行未来信息科技建设提供了坚实基础。同时,努力确保其它重点科技项目的开发,完成了新呼叫中心系统等 10 个系统的上线工作,实现了网银系统行内上线。

流程与服务　根据新系统的业务操作流程,修订了全行近60 项会计管理和流程管理制度,提高了业务操作效率。全年呼叫中心共受理电话52 万余通,增长109%,发送短信180 多万条,增长95%,自助语音受理36 万通,增长了 78%。

【履行企业社会责任】　以“包容乃大”为品牌推广主题,组织包商银行“情系灾区,爱心之旅”支援青海玉树抗震救灾系列活动,全行捐款达108 万元;组织年度先进员工代表及艺术团成员赴维也纳金色大厅演出以“草原放歌”为主题的“2010 年维也纳中国新春音乐会”,并在奥地利维也纳莫雅宫殿举行“大美内蒙古”摄影展第一站国际展。以小企业贷款为营销主题,组织策划了首届“包商银行杯”中国微型金融征文大赛和包商银行杯全国首届“小企业贷款”摄影大展等系列品牌推广活动。通过《包商时报》、《金融正前方》等平台,加大文化理念宣传贯彻力度,举办了“激扬青春·成就未来”包商银行纪念“五四运动”91 周年首届青春风采大赛和第五届职工田径运动会等系列活动。

(刘郁远)

华融资产

【中国华融资产管理公司呼和浩特办事处领导名录】

党委书记　总经理:陈　胜(女　蒙古族　1 月离任)

党委副书记　副总经理:孟玲虎(1 月主持工作)

党委成员　副总经理:张新军

党委成员　总经理助理　纪委副书记　工会副主席:高峰(满族)

【概况】　2010 年,全年共实现商业化收入5 142 万元,完成确保目标的284.09%,力争目标的255.82%;改变了亏损经营的历史,实现利润3 361.45 万元;未发生各类风险案件。在公司分支机构分类考核中,不仅在上半年由 D 类上升为 B 类办事处,还于年底达到了公司总部关于 A 类办事处的考核等级。

【经营理念】　办事处在转型发展中,认真贯彻公司党委对新班子工作的要求,针对内蒙古市场环境和员工队伍的思想状况,落实公司赖总裁提出的“创新就是做华融以前没做过的事”的指示精神,为谋划好新年度工作,从抓员工思想观念的转变入手,通过听取部门情况汇报、召开研讨会等形式,在研究完善各部门新年工作措施的基础上,了解掌握员工的思想现状,特别是在办事处工作研讨会上,把落实目标任务的渠道和措施、经营操作中应特别关注的问题、强化绩效考核、弘扬正气等问题交给大家,引导大家统一思想,树立公司大力倡导的转型与发展新理念,极大增强了全体员工紧迫感、责任感,为办事处真正转型与实现商业化业务收入的跨越式发展,打下了坚实的思想基础。

【管理创新】　为适应公司转型与业务拓展的要求,推进办事处由政策经营型向商业化经营型转变,业务发展资源由政策配置向参与市场竞争发展转变,办事处进行了一系列管理创新。

建立健全管理机制　依据公司有关业务管理办法和工作要求,制订了办事处《开展商业化业务指导意见》,在“商业化业务的管理和考核”中明确了项目组组成人员及项目责、权、利划分办法,提出了办事处商业化业务实行“基本保障,分别管理,倾斜一线,拉开距离,成本核算,正向激励”的激励原则,并按该原则修订了办事处《绩效考核分配实施细则》,提出了按照“节约成本,讲求效益”的要求,对开发商业化业务,在当年的费用计划中,根据下达各部门商业化收入任务,核定各业务部门开展商业化业务的基础费用,主要用于开展商业化业务的差旅费、招待费等。这个《指导意见》,对办事处商业化业务拓展发挥了重要作用。

完善绩效工资分配办法　为适应办事处商业化改革和业务发展需要,强化成本效益意识,构建正向激励机制,根据公司《办事处绩效考核办法(2010 年版)》,结合办事处实际,修订了《绩效考核分配实施细则》,绩效分配由原来公司核拨绩效工资提取总经理基金、向一线倾斜规定比例与任务目标挂钩后全员考核分配,改变为公司核拨绩效工资提取总经理基金、向一线倾斜规定比例与任务目标挂钩后,按业务部门、业务支持部门分别考核分配,且业务部门绩效(含倾斜部分)完全与个人创收贡献率挂钩,切实提高了绩效工资正向激励的力度,拉开了"创多创少"的差距。同时,实行项目创收与费用支出考核挂钩。

员工培训创新　根据员工队伍素质不适应业务发展要求的实际情况,在积极选派人参加公司各类培训的同时,建立了"每周一课"培训学习制度,采取参加公司培训人员当老师,每周五进行一次学习培训的办法,组织全体人员参加学习,对提高员工队伍整体素质尤其是业务能力发挥了作用。

【市场拓展】　办事处在业务市场拓展上,一是根据内蒙古经济发展的实际,制定实施了"以资产经营业务为核心,以平台业务为重点,以开拓创新为抓手,以大企业、大集团、大银行为龙头,以股权企业为骨干,以加强风险管控为基础,全力拓展主营业务,巩固扩大平台业务,积极开发创新业务"的发展策略,认真贯彻国家产业政策、风险管控政策,坚持"有所为,有所不为"和"抓大不放小"的指导思想,重点发展与开发业务需求比较大,具有持续性,经营收入有保障,风险可控的业务。二是实行"大客户营销为主,部门营销为主;优质服务争客户,强化宣传引客户,做精产品留客户"的办法,营造了良好的业务拓展氛围。三是组织工作到位,成立了领导小组,落实了分层营销责任。四是分别于上半年和下半年开展了两次大规模集中营销活动,营造了良好营销氛围。五是发挥领导干部"第一营销官"作用,营销效果显著。六是发挥业务"组合拳"的作用,为企业提供可选择的产品(服务),提高了华融知名度。七是定期召开业务营销项目论证会,分析营销情况,筛选项目,确定关注重点,培训提高营销水平。八是加强与公司有关部门及平台公司的联系,得到了大力支持。年内营销开发实施商业化项目 37 个,待批准实施的项目 7 个,同时与 7 家"大客户"签订了长期合作协议。

【股权资产管理】　一是对债转股企业派出人员重新进行了调整,强化了派出人员对持股企业的可持续性和履职尽责能力的工作力度,落实了派出企业董监事薪酬管理制度。二是积极参加股权企业"三会",对 8 户债转股企业"三会"68 项议题材料进行了审核,否决议案 1 项,维护了资产权益。特别是根据北重集团股份制改造的进程安排,以及 2009 年 7 月各方股东签署的增资协议的约定,配合企业顺利完成了 2 次增资扩股,公司持有北方重工的拟转股债权9 500万元按约定顺利完成转股。三是按照公司的统一部署和要求,开展民股权企业资产估值工作,为股权合理定价奠定了基础。四是培植了股权企业商业化业务资源。根据公司关于股权管理暨客户营销工作会议的要求,办事处与企业全面接触,落实了总部和办事处关于大客户战略的思想,奠定了扎实商业化业务合作基础。五是加强了债转股企业资产重大事项的调查研究和反映,为办领导及上级有关部门决策,解决股权资产管理中存在的问题,提供了详实的参考依据。

【财务核算管理】　为适应转型的要求,贯彻落实公司《关于切实加强财务管理严格控制费用开支的通知》和《关于厉行节约,反对奢侈浪费的通知》,在创收增收的同时,对于非业务发展的费用进行了严格控制,严格了费用报销审查、审核、审批制度;对于拓展业务在经费上给予了重点倾斜保证;同时将招待费、差旅费等部分费用纳入业务收入考核,实行了成本核算。这些措施,在调动员工积极性的同时,确保了营销费用的合理有效使用。

【风险管控】　贯彻落实公司"依法合规科学发展、风险管控责任到人、争创利润绩效优先"的管理方针,制定了办事处《风险管理实施细则》,定期进行风险评估分析,召开风险管理和内部控制会议,促进各项业务规范发展。同时积极发挥风险合规部门对商业化业务事前风险独立审查的作用,通过风险提示,督促完善项目风险控制措施。本年度共计完成了 21 个租赁、信托、财务顾问等商业化项目的立项和审批的风险审查,并出具独立风险审查意见。办事处成立了案件预防风险控制领导小组,进行了资产处置项目法律风险自查,并成功化解了河北省冀州市人民法院 2010 年 8 月 19 日执行庭冻结了办事处账户 38 万元的案件;对 21 个租赁、信托、财务顾问等商业化项目进行了法律审查,出具了独立法律审查意见,确保了各项业务在风险可控的前提下健康发展。根据公司的统一部署,成立内部审核工作组,对办事处一年来质量管理工作的运行情况逐项进行了审核,并按公司要求,组织进行了质量管理体系执行情况“回头看”,切实提高了全体员工风险防范意识和履职合规意识。

【人力资源管理与工资制度调整】 根据公司关于业务支持部门与业务部门和人员工资分配3 ∶ 7开的制度安排,一是对内设机构、人员进行了调整。调整后办事处内设2个业务支持部门,即:综合管理部和计划财务部;4个业务部门,即:资产经营一部、资产经营二部、金融服务部、创新业务部。人员为:业务支持部门10人,业务部门23人。二是组织招聘了新员工2名。三是贯彻公司关于天津等23家办事处、营业部开展工资制度调整工作的通知精神,对办事处工资制度进行了调整,即将多年实行的行员工资制,改为岗位绩效工资制(或称薪点工资制)。工资制度调整后,员工工资包括基本工资和绩效工资两部分。基本工资由职位工资、岗位工资、专业技术津贴组成。基本工资按月固定发放,绩效工资按季或按年考核发放,提高了市场化分配效率。

【党的建设和队伍建设】 坚持以“创先争优”为统领,以“抓班子,带队伍”为抓手,以实现办事处跨越式发展为目标,大力加强了党的建设和队伍建设。

加强班子自身建设 一是坚持中心组学习制度,落实学习计划。通过学习,进一步解放思想,更新观念,进一步提高了处理办事处转型发展过程中的矛盾问题、带好队伍、克服前进中的困难、促进办事处又好又快发展的能力。二是贯彻公司关于印发《中国华融资产管理公司关于贯彻落实“三重一大”决策制度的暂行规定》的通知精神,制定了办事处《“三重一大”暂行实施细则》,规范办事处决策行为,提高决策的科学性、民主性、规范性。三是对照公司纪委《关于进一步加强领导干部廉洁自律工作的通知》的规定,进行了讨论和自查自纠,并对办事处领导干部廉洁自律提出了具体要求,增强了全办的凝聚力。

开展“创先争优”活动 成立了“创先争优”活动领导小组。组织全体员工参加了公司召开的深入开展“创先争优”活动动员大会。制定《办事处深入开展“创先争优”活动实施方案》,召开了动员大会,对办事处深入开展“创先争优”活动进行了全面部署。以“五好、五优”为目标和标准的“创争”活动全面展开。广大党员在“比、学、赶、帮、超”竞赛中,立足本职工作,学广州、找差距、争收入、比贡献,正气进一步得到弘扬,积极性进一步提高。

落实反腐倡廉责任制 一是狠抓了中纪委十七届第五次全体会议精神贯彻落实,强化了反腐败意识和廉洁自律意识,实行了领导干部勤政廉洁“双签”责任制。办党委“一把手”分别与班子成员及各部门负责人签订了《勤政廉洁责任书》。办纪委与党员签订了《廉洁自律责任书》。二是开展了党风廉政教育活动,根据银监会和公司党委的部署和要求,开展了《中国共产党党员领导干部廉洁从政若干准则》、《国有企业领导人员廉洁从业若干规定》及银监会落实《若干规定》的《指导意见》、《银行业金融构从业人员职业指引》和《中国华融资产管理公司职业操守规定》(试行)学习教育活动。三是进行了“小金库”专项治理教育与清理活动。四是认真坚持了领导干部廉洁自律重大事项报告制度,加强了党风廉政动态管理。

加强工会工作 一是作为公司推进民主管理的试点办事处,12月下旬举行了办事处职工成立大会暨第一届第一次职工大会,为职工参与办事处民主管理,发挥主人翁作用提供了重要平台。二是开展“扶危济困献爱心”活动。“玉树”震灾发生后,办事处全体干部职工共计捐款14 350元,开展了博爱一日捐活动,奉献爱心。充分体现了办事处全体员工对灾区人民弱势群体的强烈责任感。三是办事处于春节期间开展了棋牌娱乐等节日联欢活动,活跃了职工文化生活。

(王玉和)

中国银联

【中国银联内蒙古分公司领导名录】

总经理:戈　岚(女　蒙古族)

助理总经理:任思溟

【概况】 中国银联内蒙古分公司牢记产业使命,履行社会职责,努力构建“三个中心”(银行卡跨行转接中心、银行卡数据分析中心、银行卡风险管理控制中心)、致力“四个服务”(服务地方经济、服务地方政府、服务地方金融、服务地方百姓)、打造“五个工程”(银行卡网络服务“畅通工程”、公务卡“阳光工程”、公共支付“便民工程”、支持地方经济和特色企业“品牌工程”、银行卡知识“普及工程”),实现银联网络覆盖全区所有盟市及旗县,建成横跨全区、支持城乡、服务三农、联通全国的安全、高效的自治区银行卡联网通用网络体系,推动了自治区银行卡产业的超常规、跨越式发展,提前超额完成自治区政府《内蒙古自治区银行卡产业发展规划(2006－2010年)》的主要目标。

【业务指标】 至2010年末,全区发卡机构达17家,银行卡产品达80多种,累计发卡量达4 177.93万张,同比增长34.25%;其中借记卡3 987.94万张,同比增长33.48%;贷记卡189.99万张,同比增长52.71%。“62”字头银联标准卡累计发行3 223.7万张,占全部银行卡发卡总量的77.2%。全区银行卡特约商户数量达到46 438家,POS、ATM机具数量分别达到61 965台、4 516台。当年跨行清算笔数4 200万笔,交易金额1 279亿元,增长率在全国各省、自治区、直辖市和单列市中均排名第1位。全区银行卡渗透率(即银行卡消费金额占社会消费品零售总额的比率)从2007年的9.4%增长到2010年的30%,接近全国平均水平。2010年内蒙古银行卡产业拉动全区GDP增长约50亿元,使用银联卡交易节约社会成本约11.98亿元。

【便民工程】 实现了银行卡在便民缴费终端、手机、互联网三大受理渠道的突破。全年累计布放便民缴费终端500台;有线电视缴费业务实现交易笔数2.93万笔,633.35万元;新一代手机支付业务已经初步形成了银行、通信运营商、第三方服务机构多方参与的产业格局,手机支付业务全年实现交易235.32万笔、31.0亿元。与5家区域性商业银行签订银联互联网支付业务协议,全年互联网交易额1 269万元。在内蒙古银联的推动下,银行卡极大地方便了民众的日常生活,民众不仅可以刷卡购物消费,而且可以通过手机或自助终端、互联网等多渠道使用银行卡交纳公共事业费用,以及医疗、保险、交通、教育费用,也逐步可以用卡缴纳税款等,极大地方便了民众生活,“足不出户,实现支付”的理想正在逐步变成现实。

【惠农惠牧工程】 积极推动“惠农一卡通”的推广应用,使财政补贴通过银行卡直补到人、直补到户,全年通过“惠农一卡通”发放资金100多亿元,惠及约400万农牧户。支持自治区农信社发行面向农牧民的银行卡——“银联标准金牛卡”,并推动实现了全区农信社约2 700多个网点的联通。内蒙古银联推动的“农牧民工银行卡特色服务”、“惠农支付通”等业务也使广大农牧民享受到了银联卡联网通用带来的便利,已布放近百台惠农支付通终端,注册用户822户,累计交易额4.69亿元。积极落实针对县以下农村牧区的价格优惠扶持政策,建设县域银行卡受理市场,不断改善县域及农村牧区用卡环境。

【阳光财政工程】 实现了公务卡的“三统一”(统一规划、统一标准和统一的卡面设计),形成了内蒙古公务卡推广的特色。经过内蒙古银联的积极努力,至2010年末,全区公务卡已累计突破11万张,全年公务卡交易金额突破8.7亿元,公务卡发卡银行扩大至10家。所有自治区本级预算单位已全部实施了公务卡改革,约400家二级预算单位也已开展公务卡改革。在全区12个盟市中,包头、呼伦贝尔、乌兰察布、通辽、赤峰、锡林郭勒等地都已开展公务卡改革试点工作,其他盟市的公务卡改革工作也相继推开;全区所有联网商户全部可以受理公务卡。通过推广银联标准公务卡,促进政府预算单位实施“阳光财政”工程,提高了财政财务管理透明度和财政资金结算效率。

【拓宽应用领域】 继续将银行卡应用于乳业、煤炭、保险等行业的结算,为地方特色经济服务。推动伊利、蒙牛资金归集业务,截至2010年末,伊利、蒙牛项目全年累计交易金额分别为148.2亿元、1.94亿元。银联卡在煤炭销售流通环节的渗透不断加深,全年累计实现银行卡跨行交易笔数4 785笔,交易金额4.82亿元。积极推动通过银行卡实现保险业收付费业务,全年内蒙古地区保险类商户累计实现跨行交易笔数93.62万笔,跨行交易额35.52亿元。银行卡在全区应用领域的不断拓宽,极大地提高了资金周转效率,有效降低了资金结算成本,为促进地方企业发展和经济建设发挥了重要作用。

【拓展国际业务】 内蒙古银联一直积极推动通过中蒙双方建立银联卡支付结算的方式,解决边境贸易和旅游消费资金支出和结算问题。至2010年末,蒙古国约60%的商户及约70%的ATM机均可受理银联卡,蒙方累计发行银联标准卡5 509张。全年蒙古国发行的银联标准卡在全球累计交易金额8 960.38万元,中国发行的银联标准卡在蒙古国累计交易金额2 488万元,分别较2009年增长307%、611%,有力地支持了中蒙两国边境贸易的快速发展。

【防范银行卡风险】 组织成员机构对发卡、交易、受理等各个业务环节进行梳理,促使成员机构提升风险管理和合规经营能力。按照自治区公安厅和人民银行呼和浩特中心支行的有关要求,扎实开展打击银行卡犯罪专项行动。配合司法机关完成涉案卡交易查询,向辖内各机构发布风险提示,有效促进了内蒙古地区银行卡产业的安全、健康、有序发展。

【普及银行卡知识】 为进一步强化全区民众对银行卡知识的了解,提升对现代支付知识的掌握和应用能力。内蒙古银联充分利用多种载体,加强与《内蒙古日报》、内蒙古电视台、内蒙古电台等媒体的合作,有效发挥宣传合力,大力开展银行卡知识"普及工程"。联合自治区人力资源和社会保障厅、总工会、妇联等有关部门,举办了三届"银联杯"商业服务业收银员职业技能竞赛,为自治区银行卡产业的健康发展营造了良好的氛围。

【荣誉】 内蒙古银联,荣获自治区"打击银行卡犯罪专项行动先进单位"、"双学双比"活动领导小组"巾帼文明岗";第四届"银联杯"全国商业服务业收银员职业技能竞赛总决赛"优秀组织奖";中国邮政储蓄银行、中国银联联合颁发的2009~2010年银行卡受理市场建设"最佳活动组织奖";中国银联"重点行业发展质量进步奖";内蒙古电子商务、内蒙古信息化推进联合会"内蒙古企业信息化建设杰出贡献单位"。内蒙古银联总经理戈岚,获2010年内蒙古自治区政府"劳动模范"、"2010年度内蒙古十大经济人物"、"内蒙古电子商务十大领军人物"。

(许成海)

华宸信托

【华宸信托有限责任公司领导名录】

董事长:刘晓兵

总经理:甄学军

党委书记 监事会主席:王连庄

副总经理:杨新良 李建国 汪文明

【概况】 2010年,华宸信托有限责任公司以信托为主业,以创新为手段,各项业务和综合指标再创历史新高。全年实现营业收入25 347万元,比上年增加7 381万元,增长了41.08%;利润总额17 416万元,比上年增加4 713万元,增长了37.10%;净利润15 215万元,比上年增加5 061万元,增长了49.85%。

【信托业务】 2010年,公司共完成信托业务60笔,新增托管信托资金1 210 897万元,新增规模再创历史新高。其中,成功发行集合资金信托计划13笔,募集资金191 597万元;办理单一资金信托47笔,托管资金1 019 300万元。截至2010年12月31日,公司托管的信托资产规模为1 431 679万元,比上年增长17.59%;全年共实现信托手续费收入14 001万元,比上年增长18%,占公司营业收入的55.23%,进一步巩固了信托业务的主业地位。全年兑付本金的信托项目共计59个,兑付金额为996 739.90万元。分配信托收益的集合资金信托计划34个,分配金额16 032.01万元,分配信托收益的单一信托计划76个,分配金额65 127.74万元。以上项目全部兑付和分配,本金兑付率和信托收益分配率已连续8年保持100%的优秀记录。

【自有资金业务】 2010年,公司新开展贷款项目均符合政策要求,运作管理规范,风险可控。证券投资在中国证券市场经历结构性调整的不利形势下,公司及时调整投资思路,将重点放在低风的险套利品种上,同时择机进行新股申购,并及时兑现了部分股票的投资收益,规避了风险,全年累计实现证券投资收益为4 491万元。

【固定收益业务】 2010年,公司固定收益业务债券交易量为411亿元,投资品种有国债、央票、政策性金融债、短期融资券、中期票据、企业债、公司债等,实现收益1 983万元。公司已连续两年在全国信托机构债券交割量排名中位于前三甲。为了在现有资金规模内实现投资收益的最大化,公司在一级分销市场和二级交易市场交易都加大工作力度,一手抓收益,一手抓交易规模。在准确判断市场机会的前提下,利用各种市场人脉关系,依托核心客户,积极争抢、成功申购了多支评级AA-的短期融资券和中票,为公司在二级市场赚取差价奠定了基础。

【荣誉】 公司荣获自治区政府颁发的"内蒙古自治区金融业务创新奖"。7月,在《证券时报》举办的第三届中国优秀信托公司评选中,公司荣获"中国最具区域影响力信托公司"荣誉称号;公司推介发行的《内蒙古高新控股有限公司股权投资单一资金信托计划》荣获"中国最佳基础设施信托计划"荣誉称号;公司员工张燕冰、秦立东荣获"中国优秀信托经理"荣誉称号。12月,公司荣获"内蒙古自治区诚信企业"荣誉称号。被评为"内蒙古自治区A级纳税企业"。由管艳秋、张静、杜东方、张燕冰四名员工组成的公司信托理财精英团队,在第二届内蒙古金融业卓越理财团队评选中荣获"最具创新理财团队奖"。

(陈 睿)

人保财险

【中国人民财产保险股份有限公司内蒙古自治区分公

司领导名录】

党委书记 总经理:吴建林

党委委员 副总经理 系统工会主任:王暄(蒙古族)

党委委员 副总经理 纪委书记:刘 煜

党委委员 副总经理:宋金生(蒙古族) 白俊 周志文

专 家:秦 岭(女)

【概况】 2010年,中国人民财产保险股份有限公司内蒙古自治区分全年实现保费收入44.44亿元,同比增长45.14%,完成年计划的132.55%;实收保费44.60亿元,同比增长42.89%,完成年计划的135.65%。保费收入、实收保费双双跨越40亿元,再创历史新高,市场份额44.98%,较2009年底(43.98%)上升1个百分点。累计承担保险各类风险责任总额11 590.72亿元,累计处理各类赔案38.08万件,向受灾企事业单位、家庭和个人支付各类赔款17.91亿元,占内蒙古财险市场总赔款的48.90%,有力支持了人民群众恢复生产生活。公司先后被内蒙古自治区金融办授予"2009年度金融优质服务奖";被内蒙古党委宣传部、自治区政府金融办、发改委等13个部门联合授予"2010年度内蒙古自治区诚信企业"称号;被自治区党委宣传部、自治区政府国资委、经委等8个部门授予"用户满意单位"称号,并连续十余年荣膺自治区"A级信用纳税人"称号。

【服务重大投资项目】 围绕自治区煤炭、化工、电力、公路等基础设施及民生工程重大项目投资,加强对重点行业企业和建设项目的跟踪服务和配套支持。自主设计开发了《煤矿财产保险条款》、《建筑施工机具保险条款》、《个体私营企业财产保险条款》等多款区域性产品,满足不同行业、不同层次的保险需求。长期以来,凭借履行社会经济保障职责的坚实基础和雄厚实力,公司与神华、大唐、中电投、华电、京能、国家电网、内蒙高路公司等重点行业和企业保持着密切的合作关系。为神华煤制油、神华煤化工、大唐煤化工、中电投蒙东分公司、呼伦贝尔甘南高速公路、内蒙古高等级公路、国道211线改造、锡乌铁路、银巴高速公路、绥满高速公路等项目提供了充足的保险保障,为自治区重大项目顺利实施打下了良好基础,2010年,公司财产险市场份额55.05%,始终保持了在全区重大项目保险领域排头兵的地位。

【发展"三农"保险】 紧紧抓住中央和自治区政府加快发展"三农三牧"的历史机遇,深化与政府合作,大力拓展农村保险市场,充分发挥保险在服务"三农三牧"中的特殊作用。公司在原有机构网点覆盖至县一级行政区域的基础上,启动农村保险示范县创建活动,投入1 000万元专项费用用于农网建设,目前已建成农村服务网点287个,总分公司级农村保险示范县5家,选聘农村牧区协保员2 254名,初步建立了遍布乡村的农村保险服务网络。公司成立了政策性农业保险领导小组、农村保险工作协调组和"大灾应急处理领导小组",单独设立了农业保险事业部,选聘农牧业专家40名,建立壮大了"农业保险承保服务与理赔队伍",形成了层层有机构,处处有人负责的专业、系统服务机构。制定《科学发展农村保险指导意见》,围绕自治区农牧业产业化需求,积极发展种养两业保险,特别是在自治区政府相关部门和保监局等领导下,扎实做好财政补贴农险的前期宣传、调研、培训准备和后续承保、理赔服务。2010年,承保小麦、玉米、大豆、油菜、葵花、马铃薯1 687万亩,同比增加354.4万亩,共计承担风险责任47.38亿元,同比增长44.25%。围绕自治区农牧业产业化和涉农涉牧优势产业,自主设计开发《肉羊保险条款》和《牲畜免疫副反应保险条款》等两个区域性产品并取得业务突破;在林权改革相对较充分的兴安盟、阿拉善盟和巴彦淖尔市独家试点开办了林木保险,承保林木4.13万亩,向自治区财政补贴农业保险领导小组提交了《关于在自治区试点开办财政补贴森林保险的报告》,为政策性森林保险在内蒙古的全面开展奠定了基础;紧跟内蒙古乳业发展趋势,积极拓展大型牧场奶牛保险,成功承保内蒙古和林格尔现代牧业有限公司等六家现代牧场商业性奶牛保险,累计承保奶牛4万头。2010年商业性农险保费收入1 806万元,保费规模创公司自1993年开办农险业务以来的历史新高。

【发展各类责任保险】 通过大力发展承运人责任险、雇主责任险、火灾公众责任险、医疗责任险、校园方责任险等各类责任保险,用商业手段解决责任赔偿等方面的法律纠纷,有利于降低社会诉讼成本,分担政府责任,提高政府管理效率。一是大力发展承运人责任险,坚持迅速查勘、快速定损、及时赔付,有效缓解了政府处理善后工作的压力，有力保障了乘客的人身和财产权益。2010 年，公司累计为 28 977 台营业性客车提供了 969 亿的风险保障，支付赔款 3 287 万元。二是大力发展雇主责任险，有效协调雇主和雇员之间的利益关系，化解劳资纠纷。公司与煤炭工业局、劳动和社会保障厅、煤矿安全监察局联合发文，在煤炭企业推行强制责任保险试点工作。三是大力发展火灾公众责任险，拓展高危行业安全生产责任险，探索在安全隐患比较多的行业建立强制性的责任保险制度。四是大力发展全区政法干警因公伤亡责任险，独家为全区 6.3 万名政法干警提供了保险保障，开办六年累计支付赔款 1 834万元。五是大力发展校园方责任险，在大部分盟市实现了校方责任险统保，积极协调自治区教育部门推开中等职业学校实习生责任保险，有效解除了教育主管部门、学校和学生家长的后顾之忧。六是开办环境污染责任保险，与自治区环保厅一道为完善内蒙古环境污染风险管理体系、推进环保事业发展而积极努力。2010 年，公司责任险保费收入 1.25 亿元，同比增长 25.91%，市场份额为 72.04%。

【推广治安保险】 公司继续贯彻落实中国保监会、中央综治办联合下发的《关于保险业参与平安建设的意见》的文件精神，将发展治安保险作为转变家财险业务发展经营模式的重要突破口，根据各盟市分公司治安保险协议内容和农户的基本保障需求，开发了区域性的社会治安家庭财产保险产品。2010 年，公司下辖 9 家盟市分公司先后与当地综治部门签订了合作协议，共为 48.77 万户家庭提供了 81.69 亿元的家庭财产保险保障，充分发挥治安保险维护社会稳定的职能作用，受到了中央政法委督导检查组的充分肯定。公司通过开办综合治安保险，协助地方部门有效解决了多年来联防队员经费无法保障和落实的"老大难"问题，借以提高城市社区、农村牧区的安全防范能力。由于联防队伍的壮大和联防能力的提升，开办治安保险地区的刑事案件、治安案件、群体性事件均出现不断下降，人民群众对社会治安的满意度不断提高。

【加快客户服务创新】 公司从解决困扰全行业的"理赔难"等消费者反应强烈的问题入手，全面提升客户服务水平，有效保护保险消费者权益，涉及服务质量的有效投诉呈现出逐渐减少的趋势。一是立足于管控集中化、专业化的要求，在实现全辖 95518 省集中的基础上，扎实推进核保、理赔、资金、信息技术省集中，初步搭建了高效、顺畅、有序的省集中运营平台，充分发挥了统一服务标准、提升专业技能、强化监督职能的优势和作用。二是立足于服务规范化建设，在销售、理赔、咨询、投诉、服务环境等客户接触端口推行标准化服务，构筑全覆盖、全流程、全方位的服务标准化体系；牢固树立以客户为中心的经营理念，强化基层服务人员的服务素质和服务技能，完善客户服务规范，实现服务语言、行为举止、仪容仪表、沟通技巧等多方面规范和统一；制定从报案、查勘定损、单证收集到理算赔付全流程的服务标准，明确处理时限，限时办结；将赔付时效和查勘时效作为提升重点，制定差异化理赔服务时效标准，推行理赔服务对外承诺制，建立优质客户快速理赔绿色通道。三是以开展"携手中国人保，共享世博亚运"客户节为契机，郑重向社会承诺"一小时赔付、一张纸理赔，24 小时全方位服务"。通过客户节各项活动的开展和服务承诺的兑现，公司进一步规范了服务标准，并将上述"三项承诺"固化为一项常规理赔服务标准予以长期执行。四是制定《投诉管理办法》，成立投诉专家委员会，设专人负责接待投诉，实施定期投诉分析制度，建立起"渠道畅通、响应快速、处理得当、整改有力"的客户投诉工作机制，强化对现场查勘、理赔速度等关键客户服务环节的监督，切实提高公司服务效能和反应速度。五是聘请第三方对辖内 102 个分支机构开展神秘人调查，实施全方位服务质量监测考评，公司整体服务机制不断健全，服务基础更加扎实。

【荣誉】 总经理吴建林获 2010 年内蒙古自治区劳模称号。6 月，分公司被自治区保险行业协会评为"内蒙古自治区第二届保险诚信教育先进单位"，并被保监局、自治区保险行业协会评为"内蒙古自治区保险五进入宣传工作先进单位"。荣获内蒙古自治区金融办授予的"2009 年度金融优质服务奖"。12 月，被内蒙古自治区党委宣传部、金融办、发改委、财政厅、经信委、工商局、国税局、地税局、工商联、人行呼和浩特中心支行、银监局、证监局、保监局 13 个部门联合授予"2010 年度内蒙古自治区诚信企业"称号。

【重要活动】 2 月 3 ~4 日，公司在呼和浩特市召开 2010 年全区系统工作会议，党委书记、总经理吴建林作了题为《提升能力强基础 精耕细作抓落实 在新的起点上把公司各项事业继续推向前进》工作报告。

2月9～10日，中国人保集团公司党委书记、董事长、总裁吴焰，集团公司副总裁、公司监事会主席丁运洲一行，到公司看望老同志、慰问基层员工并通过电话连线向全系统95 518名员工拜年。6月22日，公司组织召开全区系统作风整顿活动动员大会，对作风整顿活动进行全面动员部署，要求在全区系统广泛开展以“转变观念、反骄破满、改进作风、推动发展”为主题的作风整顿活动。7月29日，公司在呼和浩特市召开第一届一次职工代表大会暨2010年上半年经营形势分析会议，公司党委书记、总经理吴建林代表经营班子作了题为《抢抓机遇加快转型 扎实推动公司规模和效益再上新台阶》的工作报告。8月26日，中国保监会统信部调研组及内蒙古保监局统研处陪同人员一行六人来公司，就保险统计相关工作进行了现场调研座谈。9月1日，公司在南昌保校举办全区系统2010年度第一期旗县区级支公司管理者轮训班，来自全区系统的78名旗县区级支公司经理和盟市分公司部门负责人参加本次为期7天的培训。

11月29日，内蒙古保险行业隆重举行表彰大会，表彰全区保险业第二届“保险明星”和“保险之星”。内蒙古保险行业协会会长、公司总经理吴建林宣读了表彰决定。公司15名员工分别荣获“保险明星”、“管理之星”、“服务之星”、“展业之星”称号。

（杨慧强）

人寿保险

【中国人寿保险股份有限公司内蒙古自治区分公司领导名录】

总经理：柳廷生（主持工作）

副总经理：郭如敏（女） 王玉林

纪委书记 副总经理：乌云台（蒙古族）

副总经理：周玉清

总经理助理：高丰河

督导员：张志忠

【概况】 中国人寿保险股份有限公司是中国人寿保险（集团）公司代表国家控股的全国性商业寿险公司。从2003年起连续八年蝉联世界500强企业，并由2003年的第290位跃居到2010年的第118位，在所有入围的中国金融保险企业中排名第一，是国内唯一一家资产过万亿的保险集团，是中国资本市场最大的机构投资者之一。中国人寿保险股份有限公司内蒙古分公司作为自治区最大的专业化商业寿险公司，拥有13个盟市分公司，104个旗县区支公司，330个营销服务部，515个农村网点，696家兼业代理机构，遍布全区所有的旗县区和乡镇，开办有人寿保险、人身意外险、健康保险和分红保险等4大类100多个险种。公司现有在职员工2 500余名，保险营销人员18 494余人。

【经营管理】 “十一五”期间，公司综合经营实力得到了显著增强。总保费收入由2005年的30.58亿元发展到2010年的51.01亿元，规模增长了66.81%；首年期交保费收入由2005年的5.39亿元发展到2010年的7.15亿元，规模增长了32.65%；续期保费收入由2005年的12.95亿元发展到2010年的33.16亿元，规模增长了156.06%；“十一五”时期首年期交保费在首年保费中的占比较“十五”时期提高了11.5%；续期保费在总保费中的占比较“十五”时期提高了24.09%；公司总资产由2005年末的74亿元增长到了2010年末的179亿元。

【关注民生 惠及“三农三牧”】 至2010年12月末，全区实现农村小额保险费2 363.5万元；全区建成保险先进村695个，拥有驻村业务员1 805个，农村小额保险承保人数32.4万人，农村小额保险承保件数14.6万件，累计赔付支出495.1万元，以实际行动有力地支持政府解决“三农”问题。为深入推进农村保险业务发展，公司提出县域业务发展的“3152”工程，即力争从2010～2012年用3年的时间，全区系统在“两乡”布局1万人以上的驻村业务员队伍，与500万农牧民建立保险服务关系，建成2 000个保险先进村，为健全和完善自治区农村社会保障体系做出贡献。

【社会责任】 作为商业保险公司，公司自1996年以来，已累计向100多万人次支付各种赔款和给付近60亿元。作为企业公民，公司深入贯彻落实“国十条”精神，勇于承担社会责任，积极拓展农村小额保险业务，推动县域市场发展；积极支持自治区政府“三支一扶”工作，全区“三支一扶”大学生保险唯一指定承保单位；积极响应社会公益活动，每年参与“博爱一日捐”

和"送温暖、献爱心"活动,充分体现了企业与社会的和谐发展。

【服务品牌】 为进一步提升服务水平,为客户提供更多的服务体验机会,中国人寿推出"国寿1+N"服务品牌。"国寿1+N",一位客户,多种服务。客户在享受保单基础服务的同时还可凭借"国寿鹤卡"享受包括健康好帮手、国寿资讯通、国寿大讲堂、国寿特惠超值以及特色客服活动,以及全国24小时统一客服专线95519的"一站式"服务,异地出险报案服务,95519短信提醒服务等。

【重要活动】 3月,人寿保险公司自治区分公司与自治区政府签署了《关于深化医药卫生体制改革重点实施方案》,加强了与当地政府部门的沟通联系,推动了政策性业务的发展。4月,鄂尔多斯分公司业务处理中心核赔员王海平,作为全区国寿系统唯一的自治区级劳动模范参加了2010年内蒙古自治区劳动模范及先进工作者表彰大会。7月,为贯彻落实总公司《关于开展"五有"保险示范村创建活动的通知》的文件精神,经过综合考虑,自治区分公司最终将赤峰、通辽、呼和浩特、巴彦淖尔四家分公司作为创建"五有"保险示范村的试点单位。10月,自治区分公司与内蒙古行业协会签署了内蒙古航空意外伤害保险行业共同管理约定,规范了航意险市场及手续费支出比例和代理机构的资格。11月,启动2011年度校园招聘工作,分别在内蒙古大学和内蒙古财经学院开展校园宣讲活动。12月,制定《中国人寿内蒙古分公司面向大学生"村官"专项招聘工作方案》,开展全区大学生"村官"专项招聘工作。

(崔杰)

平安人寿保险

【中国平安人寿保险股份有限公司内蒙古分公司领导名录】

总经理:廖志坚

副总经理:刘平(3月任职) 吴宇 于新颖(女) 葛慧敏(女)

【概况】 2010年,平安人寿内蒙古分公司个银总保费收入19.07亿,市场份额16.16%,市场排名第2;其中个险总保费18.42亿,同比增长26.81%,高于市场平均水平近10个百分点,市场份额24.24%;个险新单保费5.20亿,同比增长9.37%,高于市场平均水平9.64个百分点,市场份额26.60%;银保保费6 463.48万,同比增长19.13%,高于市场平均水平近9个百分点,市场份额2.24%。

【优化创新展业模式】

推出移动展业模式(MIT) 移动展业模式指保险营销员携带专用设备经由设有快速通道的功能系统,与公司后台系统直接交互,现场完成录入、交费、承保等完整业务流程,实现保单即时生效。2010年10月,分公司完成了MIT项目的上线工作,受到了业务队伍的广泛欢迎。

推行保单E化服务 2010年,分公司推出了E行销服务。该服务设置缴费通知,停效预警,停效通知,账号检视、保单信息查询等多种功能,让保险代理人可以在任何客户方便的时间和地点与客户进行沟通,很好地实现了客户与代理人之间的"无缝沟通",并能为客户提供专业而优质的售前、售中和售后服务,帮助公司加强管理,让销售更为规范。

推行多渠道保全 多渠道保全是指客户可通过网络、电话、手机、ATM自助终端等平台随时随地自助办理保全业务,无需前往门店,无需填写纸质单证,且办理时效非常高。这些渠道功能强大、交易安全,便捷环保,完全符合现代高效环保生活的服务需求,在客户办理保全的同时,还能参与到绿色环保事业当中,使之意义更加深远。

【参加社会公益活动】 2010年,分公司各层级员工积极投身于教育、红十字、灾难救助等各方面公益活。援建呼伦贝尔根河市金河、赤峰市林西县五四村两所平安希望小学,并开展定期维护及支教行动,为提升乡村小学的基础设施条件及教育软实力做出了贡献;5月,组织全体内外勤员工、客户及广大热心公益市民共同参与了无偿献血及造血干细胞活动,获得红十字会及社会各界的广泛好评。

【升级服务承诺】 自2009年推出"信守合约,为您寻找理赔的理由"理赔服务承诺口号以来,分公司理赔10日内结案率、自动化系统审核案件比例、死伤医疗给付大幅提升大为提高。10日内结案率达到96%,较

2009年提升了近1个百分点;自动化系统审核案件比例达到50%;死伤医疗给付5 604万,同比提升超过20个百分点。总公司在下一年推出了“标准案件,资料齐全,三天赔付”服务承诺,即在客户理赔材料提供齐全后,3个工作日内完成案件审批,对于未达成时效的超期案件,除支付保险金外,将从第4日起按超期天数支付客户超期利息,利率按照中国人民银行公布的金融机构人民币活期存款基准利率再加1个百分点,此举开创了行业先河。

(富向阳)

人民健康保险

【中国人民健康保险股份有限公司内蒙古分公司领导名录】

主要负责人:王庆明

总经理助理:董雪松(6月任职)

【概况】 中国人民健康保险股份有限公司(简称“人保健康”)是国有骨干保险集团-中国人民保险集团股份有限公司(简称“中国人保”,PICC)旗下一个专业子公司,是国内第一家专业健康保险公司。中国人民健康保险股份有限公司内蒙古分公司(简称“人保健康内蒙古分公司”)于2008年6月开业。同年9月,鄂尔多斯、包头、赤峰、通辽、呼伦贝尔等五家中心支公司相继开业。至此,人保健康内蒙古分公司形成了以分公司本部为核心,以重点地市中心支公司为依托,辐射全区的保险经营和服务网络。2010年,全区系统实现保费收入10 839万元,同比增长83.29%,其中个险渠道实现保费收入3 440.19万元,同比增长100.23%,新单保费收入2 900万元,同比增长80%,增长幅度在内蒙古人身险市场13家同业主体中排名第一位;银保渠道实现保费收入6 461.73万元,同比增长77.82%,在整个万能险市场份额保持在60%以上,引领者地位更加巩固。

【业务结构】 分公司业务结构渐趋合理,内涵价值进一步提升。一是保障型业务明显增长,实现保费收入1 490.7万元,在总保费收入中占比13.74%,同比增长46.26%。二是长期储蓄型业务和短期效益型业务快速增长。其中个险新单期交保费收入2 649.38万元,同比增长84.82%;短期意外险278.96万元,同比增长92.81%;健康险668.23万元,同比增长58.07%。

【业务质量】 不断提高对健康保险风险特点和经营规律的认识,建立了“病前健康管理、病中诊疗监控、病后赔付核查”的“三位一体”的医疗风险控制机制,有效控制了健康保险业务的经营风险。强化业务质量管理体系建设,注重流程管理和关键点控制,对重点业务实施全流程跟踪,不断改善承保条件。2010年,分公司共为46 064万人提供风险保障,承担风险责任金额36 525万元,保险赔付金额达到9 983.28万元。

【全面参与医疗保障体系建设】 分公司自成立以来,一直致力于把自身发展融入到自治区医疗保障体系建设、服务民生健康保障的格局中,努力为自治区广大民众提供专业的健康保障和健康管理服务。分公司以发展政府委托业务为重点,参与医疗体制改革,得到了内蒙古自治区政府的明确支持。自治区人力资源和社会保障厅专门下发了《关于与中国人保健康内蒙古分公司合作开展补充医疗保险等有关事宜的通知》(内人社发〔2010〕75号),明确了与分公司的合作地域、合作项目和工作要求,为开展下一步工作提供了有力的政策支持。在办理政府委托业务过程中,分公司逐步建立了以“政府主导、专业运作、联合办公、优质服务”为主要特点的与自治区社保部门合作的新模式,获得了行业内外的普遍认可,在取得良好社会效益的同时,也取得了较好的经济效益。2009年6月,分公司承办了赤峰市松山区城镇职工大病补充医疗保险项目。2010年7月,该项目成功续保,为27 000名职工提供风险保障金21.6亿元,给付大病补充医疗保险金278.46万元。

【坚持专业化经营方向】 分公司已形成了由56人专兼职健管人员、8人外聘医疗专家共同组成的健康管理服务队伍;与31家医疗机构和2家体检中心建立长期稳固的合作关系,初步建立了“诊疗绿色通道、慢性病管理、异地转诊”等服务项目;在分公司内部设立健康管理体验室,使每一位客户都能亲身体会到人保健康的专业健康特色服务;2010年,分公司累计举办各类健康讲座40余次,参加人数超过1 600人,发放健康管理宣传材料3 000余册;同时为承保客户建立了健康档案,先后发送10 000条健康短信、发放健康通讯

2 560本、进行健康体检达到631人次，提供各类健康咨询热线260多次。

【荣誉】 内蒙古分公司和分公司主要负责人分别荣获“2010年度内蒙古自治区诚信企业”、“2010年度内蒙古自治区诚信人物”称号。

（陈颖 王溟琦）

科　　技

科学技术

【内蒙古自治区科学技术厅领导名录】

厅　　长:徐凤君

副 厅 长:林　莉(女　蒙古族)　马强　田颖男

杨　颉(女　蒙古族　10月任职)

额尔敦(蒙古族　7月任职)

纪检组长:包锐锋(蒙古族　9月离任)

曲　帆(蒙古族　12月任职)

副巡视员:乌宁奇(蒙古族　12月离任)　李增建

云　涛(蒙古族　10月任职)

巴根那(蒙古族　12月任职)

【概况】　内蒙古自治区科技厅实有人数62人,内设机构有:办公室、人事处、政策法规处(创新体系建设办公室)、科研条件与财务处、发展计划处、基础研究处、高新技术发展及产业化处、农村科技处、社会发展科技处、科技合作处、知识产权管理处、专利处12个职能处室,另设机关党委、离退休人员工作处及派驻纪检组。

厅所属事业单位实有人数151人,所属事业单位机构有:内蒙古科学技术信息研究所、内蒙古甜菜制糖工业研究所、内蒙古科学技术厅机关事务服务中心、内蒙古生产力促进中心、内蒙古科学技术奖励中心、内蒙古对外科技交流中心、内蒙古技术市场管理办公室、内蒙古火炬高技术产业开发中心、内蒙古转制科研院所离退休人员服务中心、内蒙古科技厅驻北京联络处、内蒙古虚拟科学技术研究院、内蒙古保护知识产权举报投诉服务中心、内蒙古科技培训中心。

【自主创新成果】　2010年,自主创新亮点频现,产生了一项世界科研成果首创和3个方面的16项科研成果突破。一项世界科研成果首创是:依托产学研合作,在乌海市建成世界上最先利用热气流原理的沙漠太阳能热风发电站,实现并网发电。3个方面的突破是:

1. 技术路径升级取得四大突破。生物质能领域,实现了从非粮油脂原料制生物柴油,到以秸秆类生物质和木质纤维类原料制生物柴油及相关化学品的突破;克隆技术领域,实现了从单体到群体的突破,成功克隆出国际上规模最大的12只转基因绒山羊,克隆出25只国内最大规模的转基因绵羊群,克隆出中国首例高产鹿茸马鹿。

2. 高新技术成果产业化取得八大突破。煤炭清洁高效利用领域,具有自主知识产权的世界首套煤制乙二醇和煤制烯烃生产线建成投产;风能发电设备制造领域,国内首套完全自主知识产权的稀土永磁风力发电机组生产规模进一步扩大,太阳能光伏发电领域,国内首次应用280W大功率组件建设的5MW示范电站并网发电,国内首条物理法多晶硅材料生产线开始建设;环保节能领域,“城市生物质垃圾联合厌氧发酵工艺”在国内最早实现系统集成;先进装备制造领域,国内首条新型直线电机煤炭运输系统完成650米的试验线。

3. 创新载体建设取得四大突破。干细胞、探地雷达、益生菌、水源热泵4项关键技术均实现了从实验室、工程技术研究中心到开始进行产业化基地建设的突破。

【建成国家级创新平台载体】　一是根据创新体系建设总体要求和加快两大升级工作部署,提出分类指导意见,强化重点实验室的知识创新功能,强化工程技术中心的技术创新功能,强化高新技术产业化基地的产业聚集功能,强化农业科技园区的服务县域经济功能.二是大力推动科技资源向创新平台载体聚集,使人才、项目、计划、经费在其中发挥最大的集成效应,以推动创新平台载体升级,打造出2个省部共建国家重点实验室培育基地、1个国家级特色产业化基地、1个国家农业科技园区。三是培育品牌性创新平台载体,为了推动科技体制改革,重点建设了三大创新平台载体,其中京蒙高科企业孵化器实现了第二次转变,在人才团队引进、新兴产业培育、创新创业投资等方面开始发挥巨大的作用;内蒙古虚拟研究院在充分完成科技中介服务任务的基础上,实现了从单纯做项目、项目集成到组建内蒙古科学院,推动战略性新兴产业和运作产业链的转变。内蒙古科技城为转制科研院所再创业提供了重要条件保障,为建设呼和浩特国家高新技术产业开发区奠定了坚实的基础。

【科技投入体系】 2010年,自治区全社会R&D经费超过52亿元,达到历史最高点。自治区本级科技投入大幅增加,2010年达到4.06亿元,是“十一五”初期的两倍多。争取国家科技经费投入超过2.2亿元,同比增长33%,“十一五”期间从国家科技部获得的经费支持11.54亿元,远远超过自治区本级投入,极大地缓解了自治区科技经费不足的矛盾。通过与金融机构的合作为科技型中小企业解决贷款近亿元,科技金融合作取得实质性进展。

【综合科技进步】 2010年,自治区综合科技进步水平监测指数排名全国第21位,比2005年上升了3位;“科技进步环境”和“科技促进经济社会发展”2项重要的一级指标双双进入全国前10位,在科技发展史上第一次实现了“走进前列”,科技创新支撑和引领自治区经济社会发展的作用进一步增强。

【重点高新技术　产品及产业】

装备制造业　新型直线电机运输系统在呼和浩特金山经济技术开发区试验一年后,鄂尔多斯市蒙泰煤电集团新型直线电机运输系统2.5公里商业示范线已进入筹建阶段。这项具有自主知识产权的创新成果示范成功后,将极大地节约煤矿等运输成本和降低粉尘污染。

北重3.6万吨大压机问世并投入生产后,2010年,国际市场耐高温高压大口径厚壁无缝钢管由9万~14万元人民币/吨降至3万~7万元/吨,每年可为国家节省外汇上百亿元。

获得国家科技进步二等奖的包钢重轨,京沪高铁铺设里程800公里,占全线钢轨量60%。2010年,这一成果为包钢带来70亿元收入,其利润占包钢总利润的35%以上。

由中国农业机械化科学研究院呼和浩特分院实施的“现代草原畜牧业装备与设施研制”项目,取得了国际先进成果4项,国内领先成果5项,先进成果3项;草原畜牧业装备关键技术83项;研制了草原畜牧业装备新产品22台套;完成标准编制23项;申报专利33项;注册计算机软件2项。内蒙古灵奕集团成功研制的具有自主知识产权的深层探地雷达主机,突破了高电压短脉冲生成、毫微秒脉冲高效率内同步接收、杂波抑制等关键技术难点,探测深度达到70米左右,可满足市政建设、公路、铁路、水利、电力、环保、工程地质、地下资源勘探以及公安和国防等部门对深层地下目标的探测需求。

煤炭创新技术　不打井、不挖地,插根管子采煤气——煤地下气化技术的诞生,改变了传统采煤方式,实现了地下储煤的吃干榨尽,保护了地表生态。2010年新奥集团在乌兰察布市采气515万立方米,发电188万千瓦时。

2010年,自治区煤制油、煤制烯烃、煤制二甲醚、煤制甲烷气、煤制乙二醇五大示范性取得突破性进展。这五大示范性工程均是产学研结合取得的自主创新成果。煤炭高效清洁利用开始延伸到煤制丙烯及聚丙烯;煤制富勒烯;煤炭提取锗、镓;煤制合成氨和尿素;焦炉气制甲醇、醋酸、乙二醇、二甲苯、褐煤干燥提质等产品。

新能源产业　风电产业方面 内蒙古风电装机容量2010年达1 000万千瓦,居全国之首。拥有自主知识产权的大型风力发电机制造技术打破了发达国家的技术垄断。

包头市汇全稀土(集团)有限公司采用国际首创的“双电枢混合励磁”技术和国际最新无主轴设计,研发出中国第一套大型雷达式风光一体化并网发电系统,机组的生产成本比国外机型约低20%,发电量提高10%以上。

内蒙古工业大学博远风电装备制造有限公司在国内首次采用完全自主的针刺纤维专利技术和国际通用的真空导入法相结合,成功研制出了具有完全自主知识产权的兆瓦级风电机组复合材料叶片。叶片规格从37.5米到45.3米,达到了目前1—2兆瓦风电机组全部机型的安装要求,并形成了年产600套兆瓦级风电机组叶片的产业化规模。

国电、金风、中科宇能、瑞能、天力、久和能源等一批风电设备开发与制造企业纷纷落户内蒙古。2010年,自治区大型风力发电机组总装能力达到800台,形成了年产300台风力发电机齿轮箱、800套风机叶片、200套塔架和2 000支风机主轴的生产能力,全区风电机组的国产化率达到了85%以上。

光伏产业方面,内蒙古神舟硅业有限责任公司1 500吨多晶硅项目、内蒙古晟纳吉光伏材料有限公司1 000吨太阳能电池单晶硅棒及切片项目已投产,内蒙古中环光伏材料有限公司年产800MW~1 000MW单晶硅和硅片的项目、内蒙古大陆光伏材料有限责任公司年产2 500吨多晶硅项目开建。一个以多晶硅材料制造为核心,太阳能电池片、太阳能组件和半导体组件等与之相配套的光伏制造产业集群正在内蒙古形成。

包头山晟新能源公司与中国科学院合作建设的内

蒙古首个物理法多晶硅项目建设获得突破性进展。多晶硅纯度达到6N,生产成本低于20万元/吨,电池转换效率达到15%～16%,满足了光伏发电的低成本商业化生产要求。内蒙古晟纳吉光伏材料有限公司依靠引进、吸收、再创新,在国内率先建成直径18英寸的半导体级单晶硅棒生产线,该体积半导体级单晶硅棒只有少数发达国家可以生产。

世界上最大的硅基薄膜光伏电站项目——国家"金太阳"太阳能示范电站在内蒙古动工。这一5兆瓦光伏电站将采用5.7平方米双结硅基薄膜太阳能电池技术,工业化生产转化率达9.2%,是世界上光电最高的转化率。

由包头市爱能控制工程有限责任公司、内蒙古科技大学和乌海金沙旅游公司共同建设的200kW沙漠太阳能热风发电站,2010年11月在乌海并网发电。该发电站是全球第一个太阳能热风发电站,这种发电系统不仅能够进行太阳能发电,而且可以进行风力发电,还可以进行太阳能和风能混合发电。

内蒙古神舟光伏电力有限公司投资建设的5MW示范电站,在国内首次应用了280Wp大功率组件,采取了18种(不同电池结构、封装结构和封装材料)单、多晶电池组件,具备逆变器现场实测检验能力,首创光伏阵列影子倍率新方法,在钢结构设计方面达到国内领先水平。预计年发电量850万千瓦时。在生物质能产业方面。内蒙古金骄特种新材料有限公司在建成国内首套年产15万吨生物基柴油生产线基础上,又相继在北京和赤峰建设了年产万吨的木质纤维素类原料高温高压双反应器水解生产糠醛及乙酰丙酸中试线和生物质气化多联产产业化示范工程,达到年产生物柴油、汽油7.5万吨、燃料乙醇10万吨、生物燃气4万立方米/时的生产规模。

内蒙古金骄生物质工程有限公司联合内蒙古科技大学、北京化工大学共同开展"沙漠地带淡水高油微藻养殖技术"研发,在内蒙古包头地区周边水域进行产业化微藻养殖。目前已建设20台套集成微藻养殖及微藻油高温高压连续酯交换制生物柴油的中试生产线。

电动汽车方面 ,2010年,呼和浩特市成为国家节能与新能源汽车示范推广试点城市。城市公交客车的选取以混合动力汽车为主,纯电动汽车为辅,其中混合动力客车占97.5%;公务用车和通勤车的选取以混合动力汽车为主,混合动力客车占90%。预计到2012年底,呼和浩特市公交车、市政和公务用车领域节能与新能源汽车将达到600辆。

内蒙古稀奥科镍氢动力电池公司拥有国内装备水平最高、最先进的镍氢动力电池生产线。目前已与江苏益茂纯电动汽车有限公司合作建设8条世界先进水平的大容量锂离子动力电池生产线。

生物技术产业 2010年,自治区干细胞生命科技产业化基地在呼和浩特金山开发区开工奠基,标志着一个新兴产业正式起航,该基地将建成世界唯一的蒙古族干细胞资源储存库。

国内最大的益生菌产业化示范项目研发生产基地2010年在呼和浩特投建。该项目属国家科技支撑计划重点项目,总投资6 800万元。项目全部建成后,将年产益生乳酸菌发酵剂和制剂双百吨,实现产值12亿元、利税1.8亿元,形成中国乃至亚洲最大的乳酸菌菌种资源库。

2010年,内蒙古大学成功培育出12只转基因克隆绒山羊,这是目前国际上规模绒山羊最大转基因克隆工程。内蒙古农业大学周欢敏教授带领的科研团队在"成年体细胞克隆绵羊研究"获得成功的基础上,利用克隆技术成功培育出25只中国最大规模的转基因克隆绵羊群。

2010年从美国斯坦福大学引进的首席专家孔五一教授,把其处于世界领先水平的研究成果"类干细胞小胞体"应用于医学临床治疗各种疑难杂症,在京蒙高科企业孵化器建设了"类干细胞小胞体"GMP实验室和生产车间。转基因克隆绵羊、绒山羊,标志着中国绵羊、绒山羊现代生物育种技术又有了新的突破,为自治区培育绵羊、绒山羊新品种,提质高效,推动畜牧业可持续发展具有重大现实和深远意义。

节能减排 自治区粉煤灰提取氧化铝工艺技术路线不断创新,有效地提高了粉煤灰利用的经济价值。2010年,大唐国际的预脱硅+碱石灰烧结法粉煤灰提取氧化铝联产活性硅酸钙工艺路线、蒙西集团的石灰石烧结法、神华集团的酸法粉煤灰提取氧化铝、华电集团的氨法粉煤灰提取氧化铝等四种技术精彩纷呈,既节能减排,又变废为宝,还增加效益。

总投资近3亿元的神华集团10万吨/年CCS(CO_2捕集、封存)试验项目于2011年1月神注一井、神监一井钻井工程全部完毕,绽放了二氧化碳的捕捉、储存与利用是减少二氧化碳排放的新途径。

乌审旗生物质电厂捕集利用CO_2年产1000吨螺旋藻项目,是国内首个CO_2捕集利用项目。该项目通过捕集生物质电厂烟气中的CO_2进行螺旋藻养殖,既能实现碳捕集,又能创造一定的经济效益。

【草原英才工程】 在自治区党委组织部的统领下，科技厅承担了“草原英才”三个子项目的实施。一是设定目标，通过开展广泛而充分的调研，提出顶层设计思路，将三个子项目统筹部署，确立了以科技领军创新创业人才为重点，三个层次同步开展的科技人才“金字塔”梯队培养目标。二是加强组织领导，成立了以厅长为组长的工作领导小组，研究制定了“人才、项目、平台、载体”四位一体整体推进的工作方案。三是把人才工作列为重中之重，举全厅之力，出台了最优惠的政策，把人才引进培养融入各项科技计划和各类平台载体建设之中，以21%的经费和88个项目推进草原英才工程。四是创新人才引进培养工作机制，针对自治区在刚性引进人才方面的实际困难，创造性地形成了“不为我有，但为我用”的引才机制，创新性地设计了政府参与引导、产学研联盟等5种引才模式，以及刚性、柔性和弹性3种引才机制，为顺利开展高层次创新创业人才引进培养工作提供了有效手段，首次通过国际招标，启动了重大基础研究开放课题，吸引海外人才参与自治区科技创新。五是充分利用各种机会拓宽引进人才渠道，通过发布需求信息和引才公告，举办“2010年中国留学人员西部科技交流洽谈会”，召开在沪内蒙古籍高层次人才座谈会，成立内蒙古人才发展研究院等活动，增强了“草原英才”工程宣传力度，扩大了“草原英才”工程的社会影响。通过一年来的艰苦努力，引进了23名高层次科技人才，包括彭苏萍院士、高锦博士等领军人才创新团队，确定培养本土高层次科技人才77名，首次获得2项国家杰出青年基金项目。

【战略新兴产业】 一是充分认识到发展战略性新兴产业的重要意义。在计划安排、经费投入、平台载体建设等方面都给予了最大支持。二是做好战略性新兴产业的规划布局。根据国务院加快培育和发展战略性新兴产业的总体要求，组织编制了《自治区战略性新兴产业科技发展研究报告》和《“十二五”战略性新兴产业创新基地建设规划》，确定了新能源、新材料、生物技术、先进制造、节能环保五大发展领域，形成了相应的产业规划图。三是科学选择突破口。有针对性地重点选择了一批既符合区情，又可能在近期取得突破的干细胞、生物质能、直线电机等几项核心技术，集成强有力的科技资源，不断完善技术路线，推动了原始创新和集成创新，为产业发展奠定了基础。四是建立以市场为导向的产学研合作机制。主动加强与大企业的合作，主动为孵化战略性新兴产业提供研发平台、创业基地，主动为培育、开拓市场提供服务。鼓励企业、科研机构和大学联合组建不同形式的产学研合作实体，支持各种形式的合作模式。五是充分发挥政府培育战略性新兴产业的职能作用。起草推动新兴产业发展的相关政策，同时，大力争取国家科技支撑计划支持，积极协同自治区有关部门加大政府资金支持力度，并将自治区创新引导资金的大部分经费用于支持战略性新兴产业发展。一批技术成果已经出现产业化雏形，部分项目已经进入产业化基地建设阶段，在内蒙古科技城基本形成了一个战略性新兴产业的发展集群。

【民生科技】 重点围绕人口健康、生态治理、中蒙药现代化、公共安全、环境保护等领域启动实施了一批重大专项。经费安排有了大幅度增长，仅通过争取5个国家科技支撑计划项目，就获得资助近5 000万元，其中“高铝粉煤灰提取氧化铝多联产工艺技术优化与产业示范”项目得到了温家宝总理、李克强副总理的高度重视，列入了国家专项规划。

【农牧业科技服务】 为实现农村牧区科技“零距离服务”，联合其他部门共同推动，积极发挥政府引导和市场驱动两个作用，支持了12个新农村科技示范点的发展；结合专家大院、科技特派员行动、科技下乡、科技培训等内容，建成星火科技12396综合信息服务站50个，不仅为农牧民提供了适用技术咨询、技术培训和商业信息等服务，同时也为科技人员搭建了基层创业平台；在乳、肉、草、蔬菜、马铃薯等10个领域建立了科技产业化服务体系创新平台，有3个市场化创新模式得到广泛推广。包头市和阿荣旗获得国家示范市县称号。

【科技特派员创业服务行动】 2010年，全区93个旗县开展了此项工作，50多万农牧民从中获益。在全国首批认定了“马铃薯产业”等22个自治区级科技特派员创业链，进一步聚集了创业服务要素资源。科技特派员组织化程度不断提高，实现了从单个科技特派员到专业化、法人科技特派，从单人单户服务到集团化、企业化运作，从农业领域向工业领域延伸的三大转变。

【富民强县试点工程】 继续组织实施科技富民强县专项行动计划，2010年新增5个试点县市，累计有33个富民强县试点旗县共争取国家资金5 767万元。通过专项行动计划，集成推广了一批先进适应技术，规划建设了一批科技示范园区和基地，发展壮大了一批龙头企业。在试点地区形成了“一县一产业”的新格局，促进了农业增产增效、农民就业增收，推动了县域经济社会全面协调发展。

【基础研究和前沿技术研究】 一是为解决开放课题

国外专家申报和评审的技术难题,首次实现了基金项目的远程申报、异地评审和视频答辩,使基金计划的开放能力得到显著提升。二是全年争取国家自然科学基金和“973”前期专项160项,获得资助4 722万元,同比增长38%和55%。三是发挥自然科学基金计划在人才培养、学科建设、产业化技术预研方面的重大作用,全年资助380余项课题、240余个学科方向,发表论文600余篇,其中国际三大检索文献收录154篇,比上年度有较大增长。

【技术创新工程】 技术创新工程是科技部确立的推动技术创新的主要战略部署,这方面的工作自治区已走在前列。一是强化对创新型试点企业的引导和培育,推动北重集团、博源控股等企业进入国家创新型试点企业行列。二是为解决科技与经济结合的问题,建成肉羊、蓝莓、蔬菜、稀土和鹿业等5家产业技术创新战略联盟,并着手建设以内蒙古为盟主的11个省市联合的马铃薯产业技术创新战略联盟。三是在企业推行普及“萃智理论”等创新方法,成立了4个创新方法工作平台,为创新方法在自治区全面推广应用提供服务和保障,被科技部列为国家创新方法工作重点省市。四是通过中小企业创新基金和重点新产品计划项目,扶助科技型企业开展创新创业。五是加强科技成果的推广转移,为企业与适用技术的有效对接提供服务。

【科技政策】 与自治区人大教科文卫委员会、自治区政府法制办起草了《内蒙古科学技术进步条例》(修订稿),并制定出台了企业研究开发中心、企业孵化器、高新技术特色工业产业化基地等一系列管理办法,对发展新兴产业、建设创新载体和提高企业研发能力给予了政策倾斜;配合自治区人大常委会对自治区、盟市、旗县三级政府贯彻实施《自治区科普条例》和《科协条例》情况进行了执法检查,科技政策环境得到明显改善。

【科技管理】 在政务管理方面,推行了融目标管理、ISO9001质量管理和办公自动化为一体的科学化管理体系,制定了《2010年自治区科技工作路线图》,建立了网上虚拟政务系统,为科研人员和广大群众办事提供了方便。在科技奖励方面,采取了聘请外地专家、异地电话答辩等一系列网络化评审机制创新措施,确保了科技计划和科技奖励程序的严肃性,维护了评审的公正性和权威性。在项目征集方面,研发建设了“自治区科技计划项目管理系统”,将四大类25种科技计划项目的申报、评审全部纳入网络化管理。在重大项目管理创新方面,推行首席专家负责制和中期评估监理追踪制度,形成科技项目技术与效益双保险模式,有效提升了科技项目实施效益和管理水平。

【知识产权】 通过实施“雷雨”、“天网”执法专项行动,开展全区知识产权执法情况巡查督导,召开“西部六盟市贯彻实施新专利法联合执法研讨会”等一系列活动,规范市场经济秩序。不断深化知识产权试点示范,列入国家知识产权企事业试点12家、示范企业3家,列入自治区知识产权试点企业10家。举办中国专利周内蒙古地区专利技术展示交易会和“4·26”知识产权宣传活动,建立国家专利技术(呼和浩特)展示交易中心,实施253培训工程,提高了全社会知识产权意识。专利资助政策促进了全区发明专利持续增长,全年专利申请2 912件,专利授权2 096件,同比增长17.5%和41%。

【科技合作交流】 针对自治区科技资源严重不足的现状,把加强科技合作作为重要的保障措施,不断拓展科技合作的空间和内容。一是选择科技实力雄厚的中科院、清华大学、国机集团等国家级的科研机构、大院大所开展科技合作。成功与中科院签署新一轮科技合作协议,路甬祥、胡春华等领导出席了签字仪式。成立了自治区首家中国科学院内蒙古草业研究中心及所属鄂尔多斯市和乌兰察布市分中心以及恩格贝生态研究站;二是选择自治区急需的关键技术引进消化,如煤制烯烃、大压机等技术引进和合作创新,为自治区经济发展做出了巨大贡献。三是积极建设合作平台和基地。在内蒙古农业大学建设了自治区高等院校的第一个“国际科技合作基地”。加速器驱动的次临界系统(ADS)等一批新的、具有重大意义的项目即将落户内蒙古,有望使自治区部分地区形成新的国家级科学技术中心。四是争取科技部对自治区的支持和倾斜,深化与国家科技部建立的部区会商机制,并与5个盟市签订厅市会商协议。

【科技成果转化】 全年参加了北京科博会、杨凌农博会、重庆高交会等8个全国或区域性展会,成功举办了赤峰农博会和满洲里中俄蒙科技展等3个大型科技会展,达成协议金额55亿元。连续举办八届的赤峰农博会已经成为内蒙古乃至中国北方一个重要的品牌展会;连续举办六届的满洲里中俄蒙科技展已成为国内外合作的重要平台。通过参与或举办这些会展,为全区科技发展引进外部资源提供了有力保障。

【科技普及与宣传】 成功举办了5万多人参加的“2010年内蒙古科技活动周暨全区第十五届科普活动宣传周”和“三下乡”活动,利用科技资料、宣传展板、科普画廊、外宣专题、电视专题节目等渠道，宣传了科学思想，弘扬了科学文化；通过赠送药品、农资，开展企业技术诊断，开放科普基地，举办培训班、科技报告会，放映科普影视，接受科技咨询服务等方式，激发了科技工作者和普通民众的创新热情和创造活力，形成了推动科技发展的良好环境。

【重要活动】 1月6日，自治区"草原英才"工程子项目专题研讨会召开，会议由自治区党委常委、组织部部长李佳主持。会上，自治区科技厅厅长徐凤君就科技厅承担的3个子项目方案之间的关系、总体目标、采取的模式以及保障措施作了宏观层面的汇报。马强副厅长就方案制定情况、基本思路和主要内容作了详细汇报。

1月10日，在2010年全国科技工作会议上，20个市（区）被国家科技部确定为首批"全国创新型试点城市"，包头市被列为创新型试点城市。国家创新型试点城市确立后，科技部将通过重大项目资助、重点创新基地建设，在营造创新政策环境、培养和引进优秀人才、加强国际科技合作等方面给予多个层面资源和政策支持。

1月12日，2009年中国十大科技进展新闻揭晓，通辽金煤化工"万吨级煤制乙二醇成功实现工业化示范"入选，排第10位。通辽金煤化工采用的"万吨级CO气相催化合成草酸酯和草酸酯催化加氢合成乙二醇"成套技术，拥有完全自主知识产权，属于世界首创技术，标志着我国率先实现了煤制乙二醇成套技术的工业化应用，由煤炭资源替代目前石油路线生产乙二醇，不但摆脱了对石油的依赖，同时使生产成本降低40%～50%。

1月13日，具有自主知识产权的益生菌Bifidobacteriumanimalissubsp. lactisV9的全基因组图谱由内蒙古农业大学"乳品生物技术与工程"重点实验室全部绘制完成。这是继该实验室2008年5月30日完成的我国第一个益生乳酸菌L. caseiZhang基因全序列测定之后，顺利完成的中国第2个益生乳酸菌基因全序列测定。

2月8日，2009年新建省部共建国家重点实验室培育基地评审工作结束。"北京市城市环境过程与数字模拟重点实验室"等34个实验室被科技部批准为省部共建实验室。由内蒙古大学建设的"内蒙古自治区哺乳动物生殖生物学及生物技术重点实验室"获此殊荣。

2月16日，内蒙古自治区哺乳动物生殖生物学及生物技术重点实验室被批准为省部共建国家重点实验室培育基地。截至目前，自治区共有2家科技部省部共建国家重点实验室培育基地。

3月20～22日，内蒙古第八届农牧业科技成果博览会在赤峰召开。自治区副主席连辑出席开幕式。本届农博会以"科技创新·服务三农"为主题，共展出农牧业新技术、新品种、新产品、新成果达1 960项。实现现场及合同交易额达7 280万元，达成意向性交易额2.4亿元，参展参会人数是7.2万人次，其中农牧民占80%以上，发放各种技术宣传资料1 800万份。徐凤君、马强、包锐锋出席农博会开幕式。

3月30日，内蒙古硅材料研究开发中心揭牌仪式暨内蒙古神舟硅业有限责任公司技术研发分公司成立仪式在呼和浩特市举行。自治区副主席连辑，科技厅厅长徐凤君，上海航天技术研究院院长朱芝松等领导以及上海太阳能工程技术研究中心等单位出席了揭牌仪式。林莉主持仪式，连辑、朱芝松为中心揭牌。

5月7日，内蒙古自治区科学技术奖励大会暨科技工作会议在自治区人民会堂召开。自治区党委书记胡春华出席会议，自治区主席巴特尔讲话，科技部副部长杜占元致辞，会议由自治区党委副书记、自治区副主席任亚平主持，自治区领导李佳、符太增、柳秀、连辑、牛广明等出席会议并为获奖者颁奖。大会表彰奖励了117个为自治区科技事业进步做出突出贡献的个人或团体。

5月7日，2010年全区科技工作会议开幕，会议总结全区2009年度科技工作，安排今后一个时期科技工作，自治区副主席连辑，自治区政协副主席牛广明及科技厅领导班子全体成员出席会议。

5月24日，2010首届中国西部国际专利技术暨产品博览会新闻发布会在呼和浩特召开。自治区人大副主任雷·额尔德尼、自治区副主席连辑、自治区政协副主席郭子明等领导出席新闻发布会。自治区各有关单位30多家驻区和自治区主要媒体的记者参加新闻发布会。李增建出席发布会并就"西专会"的总体思路和主要内容以及自治区知识产权工作有关情况作了详细介绍。

6月18日，第二届中国内蒙古国际低碳产业及节能减排科技博览会在呼和浩特开幕。自治区副主席赵双连，自治区政协副主席郑福田出席开幕式。博览会以"建设绿色内蒙古科学发展保护环境节约资源"为主题，共有来自北京、河北、山东等11个区外省市和区内12个盟市近300家单位参展。徐凤君出席开幕式并讲话,林莉、田颖男出席。

7月5日,国家科技支撑计划重点项目“益生菌产业化示范项目研发生产基地”在内蒙古普泽生物制品有限责任公司建成投产,标志着中国益生菌产业将迎来以自主知识产权为依托,打破国外菌种垄断地位、进入科研成果快速产业化的新时代。自治区副主席连辑出席庆典仪式。徐凤君、包锐锋、马强、乌宁奇、李增建出席庆典仪式。7月24~26日,由科技部、国家知识产权局、蒙古教育文化科技部、中国科学院、中国工程院和内蒙古自治区政府共同主办,内蒙古自治区科技厅和满洲里市人民政府承办的第七届满洲里中俄蒙科技展暨高新技术产品交易会在满洲里举行。本届展会新增了蒙古国科教部为展会主办单位新成员,参会地区、参展企业和人数创展会举办以来新高。共有俄罗斯参展企业近108家,蒙古国参展企业51家,国内参展企业达500余家,参加展会总人数近千人。展会上共签约96项,总成交金额达21.6亿元。徐凤君、林莉、乌宁奇参加展会。

7月30日,福日能(包头)高新科技有限公司8寸晶圆项目开工奠基仪式在包头稀土高新区举行。自治区副主席连辑、包头市委书记郭启俊出席奠基仪式。由第一高新控股投资的福日能8寸晶圆项目总投资46.8亿元,规划建筑面积23万平方米,将建设8英寸集成电路级晶圆、太阳能级单晶硅晶片、太阳能电池单元及组件和晶圆制造等四大生产线,计划在2011年至2013年陆续建成投产。乌宁奇出席奠基仪式。

8月18~21日,由国家知识产权局、自治区政府主办,自治区知识产权局、鄂尔多斯市政府、自治区经济发展与研究促进会共同承办的中国西部国际专利技术暨产品博览会在鄂尔多斯市国家会展中心举行,自治区副主席连辑致开幕词,甘绍宁副局长作重要讲话。国内28个省市以及中科院等全国知名的135家大型企业参展,清华大学、上海交通大学等10家高等院校参展,并有来自美国、日本、德国等国外企业参加展会。

9月14日,内蒙古能源与可持续发展协会成立大会暨第一届代表大会召开。自治区副主席连辑出席会议并作重要讲话。徐凤君出席会议并讲话,林莉、额尔敦出席会议。

10月30日,内蒙古自治区政府与上海交通大学人才与科技合作框架协议签字仪式在上海交通大学举行。布小林代表自治区政府,张杰代表上海交通大学,共同签署了《内蒙古自治区人民政府与上海交通大学人才与科技合作框架协议书》。鄂尔多斯市天旭轻合金有限公司与上海交通大学轻合金精密成型国家工程中心签订了镁合金开发与应用科技合作子协议。自治区副主席布小林、上海交通大学校长、中国科学院院士张杰出席签约仪式并讲话。马强副厅长、云涛副巡视员出席会议。

12月11日,国家科技部“内蒙古农业大学国际合作基地”揭牌仪式在内蒙古农业大学举行。揭牌仪式由自治区科技厅厅长徐凤君主持。自治区副主席连辑出席并作重要讲话。国家科技部国际合作司司长靳晓明、副司长马林英参加了揭牌仪式。连辑、靳晓明为内蒙古农业大学“国际科技合作基地”揭牌。

12月13日,自治区副主席连辑一行,在北京京蒙高科企业孵化器考察了北京京蒙高科干细胞技术有限公司并出席“树立科学发展观促进内蒙古干细胞产业发展”工作汇报会议。会议由自治区科技厅厅长徐凤君主持。京蒙干细胞公司“干细胞项目”团队主要负责人作了工作汇报。马强、杨劼、额尔敦出席会议。

12月27日,“内蒙古自治区首届干细胞产业化高峰论坛暨内蒙古自治区干细胞生命科技产业化基地开工奠基仪式”在呼和浩特举行。论坛由自治区科学技术厅主办,呼和浩特市金山经济开发区管委会、内蒙古自治区干细胞生命科技产业化基地、内蒙古银宏干细胞生命科技投资有限公司、北京中关村京蒙高科企业孵化器有限责任公司、内蒙古科技城投资管理有限公司、北京京蒙高科干细胞技术有限公司共同承办。自治区副主席连辑、中国科学院院士吴祖泽等领导出席奠基仪式。

【荣誉】 1月17日,包头市科技局荣获首届中国产学研合作促进奖。该奖由国家科技部和国家科技奖励委员会批准,为奖励国内在促进产学研合作及创新方面做出突出贡献的单位及个人而设立,包头市科技局是自治区唯一获此殊荣的单位。

10月28日,内蒙古自治区知识产权局、呼和浩特市知识产权局、包头市知识产权局3个单位及李占祥、卢军峰、韩冬3位同志分别获得“全国知识产权培训工作先进集体”及“全国知识产权培训工作先进个人”荣誉称号。

(池波　王志强)

草原研究

【中国农业科学院草原研究所领导名录】

所长 党委副书记:侯向阳

党委书记 副所长:王育青(蒙古族)

副所长:徐柱 陆致成 李志勇

【概况】 中国农业科学院草原研究所内设机构13个,其中,职能部门4个:办公室、人事处(党办)、科技管理处、条财处;专业研究室5个:草地生产与管理研究室、牧草资源与育种研究室、草地生态与监测研究室、草地工程机械研究室、草地综合发展研究室;中心3个:草业科技信息中心、牧草及草产品质量检测与分析测试中心、后勤服务中心;公司1个:内蒙古中农草业发展有限公司。拥有国家牧草种质资源中期保存库、国家种质多年生牧草圃、国家旱生牧草种子繁育基地、农业部草原资源与生态重点实验室、农业部野外观测台站3个、农科院野外观测台站2个、试验基地4个、农业部农业遥感应用中心呼和浩特分中心、农业部草业产品质量安全监督与检测中心以及中国农业科学院欧亚温带草原研究中心。截至2010年底,有在职职工166人,其中科技人员120人(具有正高级专业技术职务的13人,副高级专业技术职务的35人;博士生导师6人,硕士生导师19人)。

2010年,草原所坚持以科学发展观统揽工作全局,以构建创新、和谐研究所,建设"国内一流、国际上有重要影响的草业科学专业研究所"为目标,着力提高草业科技自主创新能力,加大凝炼组装重大科研成果力度,逐步完善草业科技平台建设,扩大国际合作交流,全面提高服务"三农"、"三牧"水平,为现代草业发展提供强有力的科技支撑。

【科学研究】 紧紧围绕草业发展需求,加强项目策划,多渠道争取课题,持续提高科研立项水平。2010年共申请各类项目65项,其中,国家自然科学基金项目10项,内蒙古自然科学基金11项,主持或参加申请农业部行业项目5项,第一次参与国家环境保护部行业项目申请工作。2010年在研项目50项,合同经费2 205.3万元,其中新增科研项目26项,合同经费680.5万元。首次获得内蒙古自然科学基金重大项目资助。2010年落实中央级公益性科研院所基本科研业务费391.5万元,资助研究项目19个。

2010年结题项目32项,19项通过了农业部等有关部门组织的验收;获得中国农科院科学技术奖励一等奖1项,北京市科技进步三等奖1项,全国农牧渔业丰收二等奖1项,2个项目申报了2010~2011年度中华农业科技奖;获国家发明专利4项,申请国家发明专利5项,这是继2009年实现发明专利"零"突破以来,又一重大突破;国家牧草品种审定委员会审定并登记新品种1个;出版著作5部;在国内外学术刊物和各类会议上发表学术论文104篇,其中SCI论文2篇,连续第三年论文超百篇。

【人才培养和团队建设】 打造人才齐备的优质团队,进一步突出优势学科,明确了创新团队建设的发展方向与目标,采取"老中青,传帮带"模式,加强团队领军人才的培养、年轻科技人员的能力锻炼,逐步优化团队结构;加大人才引进和培养力度,2010年公开招聘了4名高校毕业生;重视在职科技人员的学习培训,推荐3名在职人员攻读博士学位,1人攻读硕士学位,科技人才队伍整体素质得到提高;提升教育软硬件水平,培育高层次科技人才实力。招收研究生12人,其中博士研究生7人,硕士5人。有1名进站博士后。有1人中期考核被评为优秀,有4名硕士、3名博士顺利毕业。

【合作与交流】 2010年,研究所先后派出人员7人次赴美国、加拿大等国,邀请来自波兰、美国、新西兰、蒙古等国外专家来所访问8人次;整合资源,突出优势领域,科学规划研究所"十二五"国际合作发展战略;广开渠道,积极拓展国际合作。作为第一主持单位,2010年申报中俄、中日、中保、中韩、中英等各类国际合作项目5项,已落实2项,与俄罗斯科学院西伯利亚分院普通与实验生物研究所签订科技合作协议,成为战略合作伙伴;组织召开欧亚温带草原家庭牧场适应性管理国际研讨会,扩大了国际影响力。

【科技兴农】 2010年科技兴农工作稳步向前,加大试验示范基地建设,促进科技与生产紧密结合。在科技示范旗准格尔旗布尔陶亥苏木与内蒙古远林农牧业有限公司合作,提供中苜1号,中苜2号苜蓿品种和技术支撑,建立了1 600亩准格尔旗最大面积的苜蓿种植示范基地;在科技示范旗杭锦旗与宏昌农牧林开发有限公司合作,提供苜蓿种植技术与适宜当地种植的苜蓿品种,建植苜蓿示范基地1 000亩;在科技示范旗土默特左旗依肯板申村指导农民种植中苜2号21 600亩,为奶联社与农牧民构建合作桥梁。

研究所始终将科技人才培训作为农牧业增效、农牧民增收的重要举措,2010年在内蒙古呼和浩特市土默特左旗、鄂尔多斯市达拉特旗共举办了近100次培训班和现场会,培训农民5 400人次,培训技术人员人数达400余人次,发放"苜蓿种植高产栽培技术"、"苜蓿收获加工机械"和"青贮饲料加工手册"550余份;完成了由草原所承担的第四批青海草原科技人员培训任务,培训人员10人;建立各类品种、组装集成技术高产示范推广田近10万公顷;示范加工半干青贮和青贮饲草40余万吨,取得经济效益近10亿元;推广我国自主培育的优良苜蓿品种中苜2号3 000亩,牧草产量提高20%;推广草地螟性诱剂的合成与应用技术、草地螟寄生性天敌昆虫饲养繁殖技术、草地螟虫生真菌—白僵菌菌剂应用技术、草原蝗虫虫生真菌—绿僵菌菌剂应用技术、草原蝗虫虫生真菌—白僵菌菌剂应用技术、牧鸡灭蝗技术和草原蝗虫生态治理技术7项新技术,累计推广面积109万亩,按防治1公顷草原害虫可挽回牧草损失560~577.5公斤/年,总计实现新增产值5 164.23万元,新增利税3 301.87万元。

【基地建设】 研究所现有农业部野外观测台站3个、农科院野外观测台站2个、试验基地7个;2010年申报部级试验站2个,重点实验室1个。加入了小肥羊绿色产业技术创新战略联盟;按照立足内蒙古高原,面向全国,走向世界的定位战略,突出草原所作为国家队的作用和影响力,针对欧亚温带草原研究中心发展需要,建设了欧亚温带草原研究中心中英文网站,进一步向国内外展示,对外宣传力度得到加强。

【条件建设】 2010年争取到科研条件建设项目3项,落实经费859万元。其中"国家牧草改良中心"项目经费445万元,"国家牧草圃基础设施改造"项目经费90万元,"鄂尔多斯沙地草原改良试验站基础设施改造"项目经费324万元。经过几年基地的扩增、规划建设,目前草原所拥有农业部野外台站3个,农科院级野外试验站5个,占地21 325亩,分别坐落在草甸草原、荒漠草原、典型草原和农牧交错区,以基地和野外台站为支撑点,搭建草业科技平台,已初具规模。

【荣誉】 5月,"优质草产品生产加工与高效利用关键技术研究"获得中国农业科学院科学技术奖励一等奖。

6月,"中草3号紫花苜蓿"通过全国牧草品种审定委员会审定并登记为育成新品种。

7月,主办了"欧亚温带草原家庭牧场适应性管理国际研讨会",来自美国、日本、新西兰、蒙古及我国草业专家参加了会议。

10月,农业部草原监理中心副主任徐百志一行到草原所考察指导工作。与俄罗斯科学院西伯利亚分院普通与实验生物研究所签订科技合作协议,并作为合作伙伴,成功联合申请了2010年中俄国际科技合作项目;英国ESPA项目"青藏高原草地生态系统管理与消除贫困"成功获得立项资助(NE/I004440/1);中俄合作项目"中俄温带草原气候变化适应性关键技术研究"成功获得资助(CR14-40);首个国家自然科学基金重点项目获得批准资助;"从牧草尖叶胡枝子中提取和纯化总黄酮的方法"获得国家知识产权局颁发的发明专利。

(戴雅婷)

林业科研

【内蒙古自治区林业科学研究院领导名录】

院　　长:郭　中

党委书记:滕晓光

【概况】 内蒙古自治区林业科学研究院内设15个部门。其中,专业研究机构6个:沙漠治理研究所、林业研究所、森林经营与保护研究所、森林生态与资源环境研究所、实验室和树木园;管理处室4个:工会、党委办公室、院办公室和科研与信息管理处;科技支撑部门4个:景观环境研究所、产业中心、环境绿化工程中心和花卉中心;后勤保障部门1个:后勤服务中心。此外,还有国家林业局重点实验室——沙地生物资源保护与培育实验室,自治区重点实验室——沙地(沙漠)生态系统和生态工程实验室。全院人员编制114人,在职职工146人,其中,专业技术人员89人(正高级职称28人,副高级职称36人,中级职称21人,初级职称4人),离退休职工110人。

【科研项目】 2010年,全院承担科研项目共计62项,其中延续项目40项、新列项目22项。承担项目按来源渠道统计:科技部4项、国家林业局13项、科技合作3项、内蒙古科技厅7项、内蒙古人事厅5项、内蒙古发改委1项、内蒙古林业厅9项、内蒙古自然科学基金6项、"十一五"科技支撑计划14项。按项目类别统计:科技攻关14项、应用基础9项、引智及引进技术7项、科技支撑16项(包括"十一五"科技支撑计划项目)、科技推广6项、成果转化4项、标准化示范1项、生态监测2项、人才开发基金3项。

【科研成果】 2010年,内蒙古林科院被国家林业局确定为第一批林业知识产权试点单位,试点工作从2010年5月正式启动。

2010年,内蒙古林科院共有4个项目完成结题、验收和通过鉴定,认定成果2项,获实用新型专利1项。其中,内蒙古自然科学基金"沙漠生物结皮与维管植物关系研究"、"沙米适应流动沙丘的繁殖特性研究"等2个项目结题;国家"十一五"科技支撑项目"呼伦贝尔沙地草场风蚀沙化控制技术研究与试验示范"

通过了国家林业局组织的专家验收，并认定1项成果——“呼伦贝尔沙地流动沙地直播生物沙障综合固沙技术”；国家林业局重点项目“内蒙古干旱区抗逆性优良树种选育及栽培试验”通过了国家林业局组织的专家验收，认定成果1项——“优良抗逆尖果沙枣和甘蒙锦鸡儿繁育技术”；“固沙肠式沙障”获得实用新型专利（已授权），技术发明专利“直播植物活沙障的固沙方法”已进入实质审查阶段。“沙棘果实采收专利技术与推广”和“多效保水生物复合肥研制与应用技术研究”2个项目参加在鄂尔多斯举办的“首届中国西部国际专利技术博览会”。

【科技支撑】 2010年，内蒙古林科院科技人员与相关部门合作，探索林业科研与林业生产的结合途径，将选题立项的立足点放在解决林业生态建设中的关键技术问题上，科技支撑工作取得进展。全院在全区范围内承揽绿化工程规划、作业设计、可研报告等项目共计13项，包括：准格尔旗大路新区市政区与东煤化工基地隔离区绿化设计、作业设计、可研报告；中国第二届郑州绿博会内蒙古园设计、施工；伊金霍洛旗红碱淖尔育马场绿化设计、施工；内蒙古党委住宅区西门休闲绿地设计；准格尔旗大路新区市政区与煤化工基地隔离区绿化工程；额托克前旗上海庙新镇区鹰骏草原文化公园二期工程云归广场施工；大路新区快速路线土方工程；伊金霍洛旗四区十线绿化工程；党委政府家属区施工；内蒙古大学绿化施工；内蒙古审计厅家属院绿化施工；赛蒙特尔煤矿绿化设计；内蒙古政府主席周转楼绿化设计。

【科技合作】 2010年，内蒙古林科院共开展大中型学术交流活动5次。其中，选派3名科技人员赴德国进行技术培训，并邀请德国波斯坦大学生态学院2位专家到院属试验基地进行实地考察及培训交流活动；3名科技人员赴俄罗斯进行技术培训；6位科技人员应台湾蒙藏基金会邀请赴台湾参加“2010年海峡两岸沙尘暴防治研讨会”并进行大会发言，6篇论文被收录到论文集发表；4名科技人员参加“第九届中国林业青年学术年会”及“中国林学会森林工程与林业机械分会2010年学术研讨会”，其中“气吸拨簧式沙棘果实采收机的研究设计”获得学术论文一等奖；成功举办“全国森林资源监测技术体系研究培训班”，邀请鞠洪波等全国知名专家进行授课，全区各盟市100余人参加了培训和研讨。

（刘润焕　张幼军　段丽娟）

社会科学

【内蒙古自治区社会科学院领导名录】

内蒙古党委宣传部副部长　院党委书记：
吴团英（达斡尔族）
院　长：马永真（回族　9月任职）
纪检委书记：包桂花（女　蒙古族）
副院长：乐奇　安建洛（满族）
巡视员：宝力格（蒙古族）

【概况】 2010年，内蒙古社会科学院下设有历史（成吉思汗）、蒙古语言文字、文学、哲学与宗教、经济、牧区发展、社会学、政治与法学、民族、草原文化、俄罗斯与蒙古国、公共管理、城市发展等13个研究所及图书馆、杂志社；并设有邓小平理论研究中心、蒙古学研究中心、“三少民族”研究中心、内蒙古舆情研究中心等4个研究中心；设有院办公室、科研组织处、人事处、机关党委（纪检委）等4个职能部门；还有应用开发科研实体蒙古语信息技术研发中心（MIT）和设在盟市、不占编的鄂尔多斯分院、呼伦贝尔分院、乌海市分院、通辽分院和兴安盟自然资源研究所。出版有《内蒙古社会科学》（蒙汉文版）、《中国蒙古学》、《蒙古学研究年鉴》四种杂志。

“中国草原文化研究中心”、“中国社会科学院国情调研内蒙古基地”和“内蒙古草原文化研究基地”设在内蒙古社会科学院。

全院现有在职职工222人，其中各类专业技术人员151人，享受国务院特殊津贴专家8名，自治区有突出贡献的中青年专家6人，“新世纪321人才工程”一、二层次人员7人，1名学者列入中共中央组织部联系专家行列，5名学者列入自治区领导干部联系的百名专家行列，4名学者被确定为非党优秀人才，2名学者被自治区党委确定为意识形态领域“四个一批”人才，1名学者被评为“改革开放30年内蒙古最具影响力的经济人物”。

建院以来，内蒙古社会科学院共出版各类著作500余部，发表论文、调研报告及学术文章6 700多篇，获得全国哲学社会科学规划项目优秀奖、国家图书奖、中国图书奖和自治区哲学社会科学优秀成果政府奖等国家级、省部级各类奖项280余项，获准立项国家及自治区社会科学规划课题200余项。

【国际学术交流】

蒙古国国立大学社会科学学院代表团来院进行学术交流 2010年1月12日,由蒙古国国立大学社会科学学院院长额尔敦巴雅尔教授、历史系主任捷尔格乐教授、哲学系主任达立呼教授、考古与人类学系图门教授一行四人组成的蒙古国国立大学代表团,在蒙古国驻呼和浩特总领事馆领事雅·钢巴塔的陪同下到内蒙古自治区社会科学院访问,与社科院俄蒙所、历史所、文学所的部分科研人员进行学术交流与座谈。

副院长马永真研究员代表内蒙古社会科学院对蒙古国国立大学专家学者的来访表示欢迎,介绍了院学术研究概况,并向来宾赠送了学术书籍与画册。马永真副院长表示,内蒙古社会科学院愿与蒙古国国立大学社会科学学院进一步加强学术交流关系,在双方感兴趣的学术领域加强合作,在互派学者、资料交换、合作课题研究方面等共同努力,并期望今后双方在学术交流与合作方面取得实质性进展。

俄蒙所所长斯林格副研究员、副所长敖仁其研究员分别介绍了俄蒙所的研究状况及学术成果,历史所所长、国务院特贴专家晓克研究员、国务院特贴专家乔吉研究员分别介绍了历史所的研究概况及学术成果,文学所副所长、自治区有突出贡献的中青年专家布和朝鲁研究员介绍了"内蒙古民族民间文化遗产数据库"的建设情况。蒙古国来宾介绍了各自的研究机构概况及学术成果。

日本蒙古文学研究学者藤井麻湖女士来访并作学术报告 2010年3月30日,日本爱知淑德准教授藤井麻湖博士应院邀请来院访问并作题为《试析蒙古秘史53-68节中有关别勒古台母亲的情节》的学术报告。藤井麻湖在其攻读博士学位期间曾于1994年来院文学所进修学习。藤井麻湖博士多年从事蒙古族英雄史诗和传说故事研究,著有《传承的丧失与结构分析方法——蒙古族英雄史诗中的主人公》、《蒙古英雄史诗构造研究》等专著和论文多篇。她是日本研究蒙古族文学的代表性学者之一。

中日学者草原生态问题学术座谈会在内蒙古社会科学院召开 2010年8月18日,由内蒙古社会科学院和日本综合地球环境学研究所共同主办、中国农业科学院草原研究所协办的中日学者草原生态问题学术座谈会在内蒙古社会科学院召开。会议的主题是:关爱草原生态环境、关注草原生态问题。

日本综合地球环境学研究所创建于2001年,是日本各大学诸多学科领域里专门面向研究地球环境问题的综合研究学术机构。此次来访并出席座谈会的日方人员有:日本东京大学、千叶大学、东北大学、大阪大学、京都大学、横滨市立大学、日本农林水产省的林业专家等11名专家学者。内蒙古社会科学院出席座谈会的有:俄蒙所副所长敖仁其研究员、社会学所所长苏浩研究员、城发所副所长天莹研究员、原牧经所副所长额尔敦布和副研究员、院办副主任乌恩特。中国农业科学院草原研究所原党委书记苏和教授、韩文军博士、内蒙古大学社会学与民族学学院宝力道等出席了座谈会。

乌恩特代表内蒙古社会科学院对日本专家学者的来访表示欢迎,并介绍了内蒙古社会科学院概况及学术研究情况。中外学者围绕草原生态、生态环境的治理、内蒙古草原生态环境政策变迁、荒漠草原耐盐植物的种类及特征、草原生态补偿政策、人类与地球绿化的关系、生物多样性等诸多学术问题进行了深入的探讨,对治理内蒙古草原荒漠化、改善草原生态环境提出了对策建议。通过交流学术信息、研究方法和学术成果,加深了中日学者相互间的了解,为今后社会科学与自然科学紧密结合进行跨学科、多领域的草原生态学研究,打下了良好基础。

【国家社科基金课题】 2010年,社科院申报的《草原生态经济理论与实践研究》、《从战略高度研究内蒙古"软实力"》、《西部大开发后续政策研究》、《国外收藏蒙古文版刻图书录与研究》等4项课题获准立项为2010年度国家社科基金课题。

【第七届中国·内蒙古草原文化主题论坛】 由内蒙古自治区党委宣传部总承办,内蒙古社会科学院、内蒙古社科联、内蒙古文联、内蒙古博物院承办的第七届中国·内蒙古草原文化主题论坛于2010年8月17~18日在内蒙古呼和浩特举行。论坛的主题为:"弘扬草原文化核心理念,打造内蒙古文化品牌"。本届论坛设置了"草原文化核心理念与文化品牌打造"主论坛和"草原文化与文学艺术"、"边疆考古与聚落研究"两个分论坛。内蒙古党委常委、宣传部部长、内蒙古"草原文化研究工程"领导小组组长乌兰出席开幕式并作重要讲话。内蒙古党委宣传部副部长、内蒙古社会科学院党委书记、院长、内蒙古"草原文化研究工程"领导小组办公室主任吴团英研究员致开幕词。来自中国社会科学院、中国工程院、北京大学、中央民族大学、内蒙古社会科学院、内蒙古大学、内蒙古师范大学、内蒙古文联、内蒙古博物院等全国18个省市自治区相关科研院所、高等院校等单位的专家学者、记者近300人出席研讨会开幕式。论坛开幕式由内蒙古社会科学院副院长马永真研究员主持。

本届论坛共收到中国社会科学院和全国18个省市自治区专家学者提交的论文170余篇，共有34篇论文获得本届草原文化主题论坛二等奖、三等奖和优秀奖（一等奖空缺）。其中，《草原文化的思维特征及其现代变迁——以对蒙古族思维方式的分析为视角》等4篇论文获得二等奖；《草原文化与文化产业链建设》等10篇论文获得三等奖；《低碳经济视域下区域整合及旅游市场一体化构建——内蒙古、张家口草原圈旅游形象塑造的启示》等20篇论文获得优秀奖。

【国家社科基金特别项目《北部边疆历史与现状研究》】 2010年8月23日，内蒙古社科院与中国社会科学院中国边疆史地中心共同承担的国家社科基金项目《北部边疆历史与现状研究》在呼和浩特正式启动。该项目是继《东北边疆历史与现状系列研究工程》、《新疆历史与现状综合研究项目》、《西南边疆历史与现状综合研究项目》之后又一重大的边疆系列研究项目。该项目的实施，将极大地完善中国边疆地区历史与现状的系列研究，推进完善院相关研究的深入发展，使边疆学科的研究及成果上升到国家级层面，为内蒙古社科院成为自治区党委、政府的“新智库”发挥更大的作用。

【“元代漠南城市与经济社会”学术研讨会召开】 7月21～24日，内蒙古社科院同中国元史研究会、锡林郭勒盟行署在锡林浩特市联合举办了元代漠南城市与经济社会学术研讨会，40余名专家学者出席了会议，会议共收到论文21篇。这是中国元史研究会再次与内蒙古社科院合作召开有关元上都和元代漠南社会的高层次学术研讨会，对深入研究元史和促进元上都申遗具有重要意义。

【中国“联合国教科文组织第十一届国际母语日活动”】 6月17日，由内蒙古社科院承办，呼伦贝尔学院、鄂温克族自治旗人民政府协办的中国“联合国教科文组织第十一届国际母语日活动”在呼伦贝尔市举行。活动的主题为“保护母语、传承文明”，旨在普及母语保护的相关知识和观念，促进文化多样性发展和和谐语言生活的建设。中国教育国际交流协会会长章新胜、内蒙古自治区副主席连辑、中国联合国教科文组织全国委员会副秘书上长杜越，联合国教科文组织驻华代表处代表阿比曼纽·辛格，以及蒙古国、尼泊尔、巴林、也门、突尼斯等外国驻华使节，教育部语信司、自治区党委宣传部、自治区民委等单位的领导和有关专家学者出席了“国际母语日”活动。活动充分展示了中国在建设和谐语言生活，特别是自治区在发展民族教育方面取得的成就，扩大了该活动在中国的影响，进一步提升了内蒙古社科院影响力。

【“内蒙古重大历史文化题材美术创作工程”】 5月22日，由自治区党委宣传部组织，内蒙古社科院参与承办的“内蒙古重大历史文化题材美术创作工程”正式开启。该工程是“内蒙古文化艺术长廊建设计划”第一个启动的精品工程项目。经过前期精心组织策划、论证，提出100个创作选题，并在全国招标，现已进入实质性创作阶段。在组织实施此工程过程中，内蒙古社科院学者参与策划、论证，标志着内蒙古社科院在跨领域合作与交流方面迈出新步伐。

【内蒙古社会科学院16项成果获奖】 经内蒙古自治区哲学社会科学优秀成果评选委员会终评，2010年10月自治区人民政府批准，内蒙古社会科学院有16项成果分别获得内蒙古自治区第三届哲学社会科学优秀成果一、二、三等奖，其中，社科院草原文化研究课题组的系列论文《崇尚自然 践行开放 恪守信义——论草原文化核心理论》，蔡常青、马俊林的专著《内蒙古持续快速发展与人才支撑研究》分别获一等奖。晓克主编的《土默特史》、王关区主编的专著《草原生态经济系统良性循环之研究》、巴特尔的著作《蒙古语名词术语研究》（蒙文）和胡尔查毕力格的著作《成陵祭祀文化研究》（蒙文）获二等奖。德力格尔等的编著《草原那达慕》、王其格的著作《红山诸文化与游牧民族原始宗教比较研究》（蒙文）、范丽君的译著《卡尔梅克语语法》、何天明的论文《河套地区北魏以前古代民族初探》、贾喜喜（无极）的论文《参照系、切入口与着力点——中国西部文化产业发展战略研究》、莎日娜的论文《人的力量的有限性与再现生活本来面目的叙事策略——巴·格日勒图小说的一种解读》（蒙文）、全荣的论文《〈圣主成吉思汗史〉版本考》（蒙文），白兰的调研报告《现代化过程中的鄂伦春族经济和文化调研报告》、涂建军的调研报告《鄂温克族教育现状及发展调查》获三等奖。社科院科组处获内蒙古自治区第三届哲学社会科学优秀成果政府奖评选工作组织奖。

（乌恩特）

农牧业科研

【内蒙古农牧业科学院领导名录】

院长 副书记:赵存发

党委书记 副院长:冯万玉

副院长:刘永志 康 暄 路战远

【概况】 2010 年,在自治区党委、政府及农牧业厅党组的正确领导和支持下,农科院围绕服务“三农三牧”工作大局,以提升自主创新能力为手段,以发挥科技支撑作用为目的,积极开展自主创新与成果转化,重点做好院百年庆典和创先争优活动,为全区农牧业持续稳定发展发挥了重要的科技支撑作用,全院各项工作又获新进展。农科院编辑的各种学术类和技术推广类期刊正常出版发行。

【自主创新能力持续提升】

继续加强基础设施建设 2010 年,综合实验楼、动物育种、疫病防控、动物营养、草原生态、节能型牛羊舍、动物试验场及作物、甜菜、饲料三个加工厂等科技创新平台相继竣工、通过验收并投入使用。研究生楼完成外部装修。农业部农产品质量安全监督检验测试中心完成三期建设工程,主要包括仪器设备购置和实验楼综合改造。中心取得经农业部认证的开展农药登记残留试验的资质,在农业部组织的相关检测能力考核中成绩优异,检测能力和检测领域得到了有力的提升和拓展。完成智能温室改造方案的设计、论证,工程招标和合同签订工作。托克托科技试验基地培肥地力1 200亩,与北京市农林科学院共同编制了基地中长期发展规划,争取到自治区土地整理项目360万元,为进一步提升基地科研平台作用创造了条件。四子王基地成为中科院植物所与农牧业科学院共建的中科院内蒙古草业研究中心乌兰察布分中心。巴音哈太基地续建成为国家西部旱生牧草基地。协助鄂尔多斯市政府建设白泥井现代农牧业科技示范园区,为全院新增一个院外试验示范基地。讨速号生态型园艺科技示范项目已基本完成土地征用工作,完成大部分实验设施如 13 栋温室的基础部分及果窖、道路、围墙等的建设工作 。

【人才队伍建设】 利用执行有关项目的条件,派遣 28 名科研人员赴国外培训学习和开展科研合作交流,选送“511 人才培养工程”人选 1 人赴美国学习,与中国科学院合作培养 2 名博士后。3 人获内蒙古有突出贡献的中青年专家奖励。目前全院有博士 46 人,硕士 88 人,合计占在职科技人员的29%。副高级职称科技人员 147 人,正高级职称科技人员 94 人,合计占专业技术人员的53%。

【科研项目和经费 】 积极拓宽科研项目、经费来源渠道。主动向国家、自治区、盟市与企业争取科研项目和经费,确保科研项目、经费逐年得到增加。2010年全院新上项目100项,其中国家级项目 9 项,自治区级项目 91 项。2010 年共承担各级各类项目 158 项,较2009 年增加 10 项,获得科研资助经费总计5 379万元。

获得国家和自治区科技奖励 4 项,其中,路战远研究员主持的“干旱半干旱农牧交错区保护性耕作关键技术与装备的开发和应用”项目获国家科技进步二等奖,这是 2002 年以来,自治区在农牧业领域主持项目获得的一次国家奖励。燕麦新品种“蒙燕 1 号”,向日葵新品种“科阳 7 号”、“T33”,甜菜新品种“内 2499”通过审(认)定,其中“蒙燕 1 号”燕麦新品种通过国家审定。

国家成果转化资金项目“高产、优质小麦新品种农麦 2 号中试与示范”等 7 项成果通过了鉴定验收,国家自然科学基金项目“作物残茬生物蓠防治农田风蚀及其机理的研究”等 2 个成果按要求顺利结题。

重新修订并颁布实施了院财务管理办法,保证了全院科研及其他各项工作的有序开展。

【科技支撑作用】

为“十二五”项目做准备 2010 年是国家现代农业产业技术体系“十一五”的最后一年,院领导和各体系科技人员为“十二五”项目滚动做了大量的工作,取得可喜的成绩。“十二五”开局之年新增首席科学家 1 名,岗位科学家 2 名,试验站站长 1 名。目前岗位科学家 17 名(包括 2 名首席科学家),试验站站长 9 名,名列全国省级农科院第一。取得以上成绩在很大程度上得益于 2010 年,农科院在实施国家现代农业技术体系工作方面的出色表现。

集中全院科技力量,重点开展种植业新品种选育与新技术攻关。在向日葵新品种选育方面,主要开展油葵和食葵新品种选育、抗盐碱油葵新品种试验等工作;在小麦新品种选育方面,主要开展小麦杂交育种试验,国家及自治区小麦区域试验及生产试验示范;筛选适合自治区气候特点的高产、优质、多抗啤酒大麦新品种;开展了甜菜纸筒育苗、移栽加覆膜丰产、高糖、优质栽培技术集成示范,适用配套多功能甜菜农机具筛选和生产示范及甜菜超高产栽培集成技术研究;“优质、高产枸杞新品种蒙杞 1 号中试与示范”、“2010 年国家薄皮甜瓜品种区域试验”、“2010 年全国籽瓜品种试验”等项研究均圆满完成计划任务;开展温室结构性能研究、温室土壤研究、为自治区设施农业发展提供技术支撑;在植物保护方面,除开展“油菜病虫草害综合防治关键技术研究”等科研外,主要是将植物保护研究力量结合进国家现代农业产业技术体系等一些重大项目中进行配套研究，效果很好。在旱作农业方面，主要开展了“农牧交错带旱作农业关键技术集成研究与示范”等研究，取得了一批实用成果。

2010 年是农牧业科学院承担“鄂尔多斯百万亩现代农牧业科技支撑项目”的最后一年。项目实施 3 年来，在达拉特旗白泥井镇、乌审旗苏力德苏木、杭锦旗吉曰嘎朗图镇、鄂托克旗赛乌素镇、鄂托克前旗昂素镇 5 个示范区，共集成喷灌条件下玉米高产高效栽培技术集成、麦后复种绿肥及禾本饲草作物、设施农业高效种植、无定河流域玉米高产（亩产 800 公斤）、高效机械化栽培技术、鄂尔多斯杭锦旗沿河地区主要农作物技术集成、喷灌条件下玉米高产高效机械化栽培技术、鄂托克前旗昂素嘎查草原建设与合理利用等 8 种农业种植模式，提出了肉羊高效养殖技术、肉牛高效养殖技术、细毛羊和绒山羊高效养殖技术等 3 种畜牧业养殖模式，总结出公司化经营、合作社经营、公司加协会加基地（农户）、农机服务队和家庭农（牧）场等 5 种经营管理模式，制定了 53 种农牧业种、养殖技术规程、技术评定报告和技术方案。

开展肉羊经济杂交集成技术的推广示范工作　通过腹腔内窥镜输精，结合高效同期发情，精液大倍稀释等技术，利用优良肉用种羊与项目区地方品种羊进行经济杂交，使同期发情率提高了10～25%，情期受胎率达到85%以上，大大提高了优质种公羊的利用率。开展绒山羊冷冻精液和胚胎移植技术研究和推广工作。该项技术的推广应用，每年可向社会提供优质胚胎 10 000枚、细管冷冻精液 20 万支（粒），种羊5 000只，改良山羊 10 万只，使绒山羊主产区羊绒综合品质普遍得到提高。在肉牛方面，制定了蒙古牛种质资源研究、保护与利用技术方案，草原牧区肉牛标准化牧场标准，研究了犊牛定向培育技术，开发了育肥牛生产经营决策系统。开展奶牛高效养殖综合配套技术集成与示范研究，制定了规模化奶牛养殖区牧场标准化操作与管理办法，推广了 1＋1 奶牛优化饲养模式及 1＋1 奶牛群管理技术等，均得到普遍认可，取得了较好的效果。在动物疫病防控研究方面，主要做法是将动物疫病防控科技力量结合进入国家和自治区重大、重点项目，进行配套联合攻关，以提高项目研究的整体质量和水平。我院申报的亮氨酸过瘤胃包被技术国家发明专利已公开。在鄂托克前旗示范推广人工光控增绒技术，积极探索转变草原畜牧业生产方式，合理利用放牧草场，在降低绒山羊生产成本的同时又提高了其综合生产性能。积极参与现代农牧业示范区“高产创建活动”和“百日科技服务活动”。

继续进行全区草原普查工作　将此项工作列为工作重点，选派专业骨干力量全力以赴投入此项工作。2010 年，主要转入内业和部分外业的补调工作。完成了全区 12 个盟市 101 个旗县遥感影像的判读解析和草原开垦面积的调查。继续做好全区草地资源动态监测工作，为领导机关决策提供依据。

开展生物高新技术研究　主要开展了葡萄糖氧化酶基因转化向日葵自交系、亚麻雄性不育相关基因的功能验证及载体构建、甜菜航天育种、甜菜转基因技术、油菜黑胫病菌两个基因位点上的毒性差异等项研究。首次测定内蒙古白绒山羊尿素转运蛋白序列。

【科技联合与协作】　与俄罗斯、蒙古国、中国农科院草原所合作开展国家“973”“蒙古高原典型草原生态功能区优化模式研究”项目。3 月 8 日，院与中国科学院共建的自治区首家非法人研究单元—中国科学院内蒙古草业研究中心正式挂牌，中国科学院和自治区按 1∶2 的比例分别落实相关政策。自治区政府已批复 24 人编制和 400 万元的中心启动资金，中心开始正常运作。执行农业部“948”“内蒙古抗逆性作物与牧草种质资源收集与创新利用平台建设”项目，派出科研人员赴蒙古国有关机构进行合作交流，采集野生牧草种子 42 种份。派出专家赴美国、加拿大、澳大利亚等农牧业发达国家进行有关向日葵、小麦、大麦、动物疫病防控等方面的合作研究、学术交流及引进育种材料，出席国际相关学术会议。与东北三省及黑龙江农垦四院的战略合作关系进一步深化。与鄂尔多斯市、巴彦淖尔市、乌兰察布市、赤峰市等自治区主要农牧业盟市农牧业发展的科技支撑及技术服务关系得到进一步加强。

【百年庆典活动】　经自治区政府批准，院于 8 月初举行了成立 100 周年庆典活动。为办好庆典活动，成立指挥部并由分管院领导分别主持会务、建设和宣传 3 个领导小组的工作。分别编印出版“百年耕耘”画册、获奖成果选编、论文集农业篇和牧业篇。

8 月 6 日，在内蒙古人民会堂召开了成立 100 周年庆祝大会。全国政协副主席罗富和，科技部副部长张来武，国家工程院副院长、工程院院士旭日干，中国科学院院士陈文新、张新时，农业部原副部长洪绂曾，自治区党委秘书长符太增，自治区人大副主任郝益东，自治区副主席连辑，自治区政协副主席郑福田，自治区政府秘书长常海到会祝贺。自治区主席巴特尔，农业部副部长张桃林，中国农科院院长翟虎渠在庆祝大会上作了重要讲话。中国科学院、中国农业科学院、中国热带农业科学院、中国社会科学院、中国农业大学等单位及所属研究所领导,全国31个省区市农(牧、林)业科学院领导,自治区党委、政府有关部门、相关厅局领导,盟市分管农牧业副盟市长、农牧业局局长、盟市农(牧)业科学院(所)领导,部分示范旗县领导,企业代表,院全体在职职工及离退休人员代表1 300余人参加了庆祝大会。会上,表彰奖励了获得特别贡献奖和突出贡献奖的科技人员。8月6日下午,举行了院士报告会,由旭日干、陈文新、张新时3位院士分别作学术报告。

【党建和精神文明工作】 按照自治区党委和农牧业厅党组的部署要求,院党委精心组织,基层党总支、支部及广大党员积极参加,党外同志热情支持,在全院开展了创先争优活动和推进学习型党组织建设活动。院党委认真调研,广泛征求意见并在此基础上做到每名党员、基层党组织、院党委都有形成文字的具体承诺,把虚的工作做实了。组织院属各总支、部分支部书记、委员、入党积极分子参加了区直工委举办的党务干部及党员培训。切实加强廉政建设,重点抓了惩防体系的建设,坚持自查自纠,进一步增强了干部队伍的廉洁自律意识。精心组织定期召开院党委中心组学习会,及时传达学习了中央与自治区"两个1号文件"等重要文件的精神。

【机关建设与民生工作】 成功申报并实施财政部、建设部太阳能光伏建筑一体化示范项目(2. 06兆瓦),获中央财政补贴3 200万元,目前已完成投资70%。在新建综合实验楼和研究生楼楼顶安装了光电板(797块)和光热板(468块),玻璃幕墙538平方米,在办公区和住宅区安装了风光互补路灯。完成7栋办公楼和新小区15栋住宅楼的节能改造,总面积8.75万平方米。完成南区旧小区自来水和天然气转换,分别接入市政自来水和天然气。投资对西区5栋楼162户,南区8栋楼410户职工住宅进行了有线电视线路改造。新建换热站、自来水增压泵房各一座,已投入使用。办理全院322名住房面积未达标退休职工的住房补贴(总计570万元)和原种鸡场及买断人员养老保险等工作。2010年,积极主动的向有关部门汇报沟通,寻求支持,解决5名调入的科研人员和9名博士的编制问题,150名政策性缺编人员列入财政预算,自治区创新基金规模提升到1 000万元,把农科院列为财政一级预算和计划单列单位。院内硬化路面2万余平方米,在办公区修建小花园、网球场各一座。进行供电线路改造,增容630千瓦。完成了西区所有单位的整体搬迁工作。住宅小区全部接入宽带网。

【重要活动】 3月2日,内蒙古农牧业科学院与农业部科技教育司签订了农业部"引进国际先进农业科学技术"自由申报类项目"肉羊繁育新技术及顶级种质资源引进"的合同。本项目通过派出科研人员学习的方式从法国引进腹腔镜采胚技术及其配套设备、电刺激采精技术,并以商务购买的方式从澳大利亚引进顶级肉用种羊胚胎200枚。

3月8日,中国科学院内蒙古草业科学研究中心揭牌仪式在北京中科院举行。全国人大副委员长、中科院院长路甬祥,中科院副院长施尔畏,副院长、北京分院院长丁仲礼,院党组成员、副秘书长、北京分院常务副院长何岩,秘书长邓麦村,内蒙古自治区党委书记胡春华,自治区主席巴特尔,自治区党委副书记、常务副主席任亚平,自治区党委常委、秘书长符太增,自治区副主席连辑,自治区科技厅厅长徐凤君以及中国科学院办公厅、资环局、生物局、高技术局、院地合作局、北京分院,植物所等相关单位的领导出席了签字仪式。内蒙古农牧业科学院院长赵存发,党委书记冯万玉,副院长刘永志等参加了签字仪式。草业中心揭牌标志着"中国科学院内蒙古草业研究中心"正式成立。

5月,根据农业部办公厅"农办机【2010】20号"文件,院副院长路战远研究员被聘为"全国农业机械化与设施农业工程技术专家"。

7月13日,内蒙古自治区人民政府"关于表彰奖励2010年自治区有突出贡献中青年专家的通报"公布,副院长路战远研究员、畜牧所所长达来研究员、李素萍研究员被评为2010年自治区有突出贡献的中青年专家,受到表彰。

7月,农科院博士生导师、总畜牧师荣威恒被国家人力资源和社会保障部、国家发展和改革委员会联合授予"国家西部大开发突出贡献个人"荣誉称号。

8月6日上午,农科院成立100周年庆祝大会在呼和浩特市内蒙古人民会堂隆重召开。全国政协副主席罗富和莅临大会,自治区党委副书记、自治区主席巴特尔,农业部副部长张桃林,中国农科院院长翟虎渠到会祝贺并讲话。科技部副部长张来武,国家工程院副院长、工程院院士旭日干,中国科学院院士陈文新、张新时,农业部原副部长洪绂曾、自治区党委常委、秘书长符太增、自治区人大副主任郝益东,自治区副主席连辑,自治区政协副主席郑福田,自治区政府秘书长常海到会祝贺并在主席台就座。中国科学院、中国农业科学院、中国农业大学、中国社会科学院、中国热带农业科学院等单位及所属研究所的领导，全国31个省区市农业（牧、林）科学院领导、自治区党委、政府有关部门，相关厅局领导，盟市分管农牧业副盟市长、农牧业局局长、盟市农业（牧）科研院（所）领导、企业代表及我院全体在职职工及离退休人员代表1 300余人参加了庆祝大会。

10月28日，由内蒙古农牧业科学院和蒙古国畜牧科学院共同承担的内蒙古科技厅国际科技合作项目“蒙古国草原畜牧业科研试验示范基地建设”通过了由自治区科技厅主持的鉴定验收。

（云和义　常玉霞　张喜彦）

农机科研

【中国农业机械化科学研究院呼和浩特分院领导名录】

院长：杨世昆（满族）

副院长：王培功　卞一丁　柴玉柱

总工程师：刘贵林

纪检委书记：王建平（回族）

【概况】　中国农业机械化科学研究院呼和浩特分院（原机械工业部呼和浩特畜牧机械研究所）是具有自营进出口经营权的中央直属科技型企业，是国家草原畜牧业装备工程技术研究中心、内蒙古畜牧业装备工程技术研究中心、内蒙古新能源工程技术研究中心、国家地方联合太阳能干燥工程实验室、内蒙古自治区饲草料收获及加工机械装备重点实验室的依托单位。也是全国畜牧机械行业技术归口单位，是全国风力机械标准化技术委员会、全国农业机械标准化技术委员会畜牧机械标准化分技术委员、中国农业机械学会畜牧机械分会、机械工业畜牧机械产品质量监督检测中心和风力机械产品质量监督检测中心等公益性机构的挂靠单位。

中国农业机械化科学研究院呼和浩特分院现有从业人员752人，专业技术人员197人，其中研究员18人，获国家特殊津贴专家7人。到2009年末，分院累计完成各类科研技术开发项目925项，其中获国家级、省部级科技成果奖132项，拥有专利、专有技术90项，为中国畜牧业及畜牧机械化的发展做出了突出贡献。

截至2010年末，拥有总资产3.05亿元，当年实现总收入2.29亿元。2010年分院正在执行的项目34项，其中国家部委重点项目18项，国家及行业标准7项，自治区重点项目9项。按合同规定分院当年应完成的国家及地方项目为23项。到目前为止，已全部完成科研项目13项，其中通过鉴定验收的重大科研项目11项，已全部完成了国家标准7项，其他3项正处于准备验收文件阶段。按计划正在运行的项目11项。本年度分院组织申报国家和地方科技项目21项，其中已立项6项。分院承担的国家“十一五”科技支撑计划“多功能农业装备与设施研制”项目“优质草生产与现代工业化养殖技术装备研究与开发”通过课题验收。其中研制的5TGK－96型太阳能牧草干燥成套设备，干燥工艺及设备填补了国内空白，具有广阔的推广应用前景，经济、社会和生态效益显著。

【创新能力建设】　依托分院的国家草原畜牧业装备工程技术研究中心、国家地方联合太阳能干燥技术装备工程实验室等科技研发平台的建设，为分院实现加速自主创新能力建设的战略目标提供了技术支撑，对分院实现经济又好又快发展起到了巨大促进作用。

国家草原畜牧业装备工程技术研究中心是分院的核心科技创新平台。自2009年11月通过科技部验收，中心正式运行一年以来，按计划完成了所承担的国家和地方的全部科研任务。中心承担并完成的国家“十一五”科技支撑计划项目“现代草原畜牧业装备与设施研制”。该项目全面完成了项目任务书规定的各项任务和指标。共突破关键技术78项，开发草原畜牧业装备新产品20项，开发新工艺、新材料、新装置12项。项目共取得鉴定成果12项。项目制订修订标准21项，其中国家标准1项，行业标准4项。围绕项目发表科技论文81篇，出版科技著作1部85万字。项目实施过程中共申请专利55项，已获得专利授权10项，其中发明专利2项。开发计算机软件2项。项目获省部级科技成果奖3项。实施该项目共培养专业技术骨干217人，培养博士、硕士研究生87人。建立了试验示范基地10个和试验示范生产线11条。

国家地方联合太阳能干燥技术装备工程实验室经国家发展和改革委员会批准组建以来，研制了热泵辅助型太阳能储热干燥牧草种子的试验设备，该试验设备以太阳能相变储热为主、热泵除湿加热为辅，实现了整体移动式作业。开发了热泵辅助型太阳能储热干燥、太阳能换热水箱和太阳能相变储热器关键工艺技术及装置，实现太阳能－热泵联合种子干燥。建造了太阳能农副产品干燥试验台，研制开发了太阳能畜产品干燥装置和太阳能草捆干燥设备等系列专利产品。

研制成功了模块化的太阳能畜舍,是牧区适度规模牲畜养殖设施,产品达到了国内先进水平。

【产业化工作】 分院控股的内蒙古华德牧草机械有限责任公司2010年继续加大投入进行技术改造,设备更新,2010年底可完成产值8 000万元,实现营业收入7 000万元。华德牧草机械有限责任公司继续加大产品结构调整的力度,做好方捆机、圆捆机的质量改进与提高工作,确保产品质量稳步提高。

分院充分发挥销售中心设在北京的有利条件,按照分院发展战略构想,不断强化“华德”品牌效应,树立了“新市场寸土必争,老市场寸土不让”的市场观念和“性格决定命运,细节决定成败,态度决定一切”的营销理念,形成了“迅速反应,马上行动”的过硬工作作风。不断建立完善营销体系,强化市场营销品牌战略,在继续加强对传统牧草收获机具市场的开发力度的同时,不断拓展营销领域,销售方捆机突破800台、灌木平茬机23台及其它畜牧机械产品,还完成了乌兰察布市9万亩的滴灌节水项目。全年实现销售收入1.2亿元。

【精神文明建设】 2010年,分院迎来了50华诞。通过举办系列庆祝活动,精神文明建设成效显著,分院的企业形象更加受到世人的瞩目,进步完善了和丰富企业文化的内涵。“十二五”期间,将进一步解放思想,开拓创新,打造新的竞争优势,时刻保持创业的激情与勇气,继续秉承和丰富分院“以人为本,团结奋进,以科铸魂,务实创新”的企业精神,致力于建设一个经济发展,科技领先,氛围和谐,环境优美的分院。

(刘　萍)

教　育

高等教育

【内蒙古自治区教育厅(高校工委)领导名录】

厅党委书记　厅长　高校工委书记:李东升

厅党组成员　副厅长　高校工委副书记:

满达(蒙古族　9月任高校工委副书记)

厅党组成员　副厅长　高校工委委员:董方成(9月任职)　侯元(9月任职)　姚云峰(蒙古族　9月任职)　奇锦玉(蒙古族)

厅党组成员　高校工委委员　副总督学:张志宽(7月任职)

厅党组成员　高校工委委员

高校纪工委书记　自治区纪委派驻厅纪检

组长:钱晓颖(女　9月任职)　程哲(蒙古族　9月离任)

厅党组成员　内蒙古教育招生考试中心主任:韩荣飞(9月任职)　董方成(9月离任)

巡视员:何成保(4月任职)　何瑞芝(女　9月离任)

副巡视员:倪培霖(女　9月任职)　杨文举(9月任职)　张喜荣(9月任职)　王培英(9月离任)

【教育中长期规划和“十二五”规划】　根据《国家中长期教育改革和发展规划纲要2010－2020年》确定的战略目标、发展任务、改革思路和保障措施,结合自治区实际,在充分调研、反复论证、多方征求意见的基础上形成《自治区中长期教育改革和发展规划纲要(2010－2020年)》及相关配套文件和《自治区教育事业“十二五”发展规划》的讨论稿,经自治区政府常务会审议后,由自治区党委审批。

【中小学校舍安全工程】　按照自治区校舍安全工程领导小组的统一部署,教育厅认真履行自治区校安办职责,积极协调自治区相关部门,积极推进工程实施。截至2010年底,累计开工面积1 668.2万平方米,占三年规划面积的95.8%,列全国第2位、西部省区第1位。

【全区教育系统创先争优活动】　成立了全区高校创先争优活动领导小组和中等职业学校、中小学校创先争优活动指导小组及办事机构,制定印发了《关于在全区教育系统党的基层组织和党员中深入开展创先争优活动的实施意见》等指导性文件,并派出巡回指导检查组深入各级各类学校开展工作,创先争优活动取得了积极成效。

【高校党建和思想政治工作】　年初召开了2010年全区高校党建工作会议,对高校党建工作做出安排部署。研究制订了《自治区贯彻落实全国加强和改进大学生思想政治教育工作座谈会精神实施方案》。

【教育法制建设】　会同自治区相关部门开展了《内蒙古自治区实施〈中华人民共和国义务教育法〉办法》和《内蒙古自治区民族教育条例》立法调研。

【义务教育】　代自治区政府起草了《关于全面推进义务教育均衡发展的意见》。义务教育阶段学校标准化建设工程取得新进展。继续实施将自治区示范性高中和优质高中招生计划以不低于50%的比例分配到所在地初中的政策,一定程度上为义务教育均衡发展创造了条件。西乌珠穆沁旗成为自治区第二个实现“双高普九”目标的旗县。

【学前教育和特殊教育】　起草了《自治区关于当前发展学前教育的实施意见》和《自治区学前教育三年行动计划(2011－2013年)》。以自治区政府名义印发了《关于进一步加快我区特殊教育事业发展的意见》。

【基础能力建设工程】　自治区本级财政下达2亿元专项资金,用于建设42所项目学校实训基地。中央下拨内蒙古自治区9 710万元,实施“基础能力建设工程项目”7个、“实训基地建设项目”16个。

【专业课教师素质提高计划】　推荐140名教师参加了国家级骨干教师培训,选派5名教师赴德国进修、15名校长参加教育部举办的校长培训班、500名教师参加自治区级骨干教师培训。与德国汉斯·赛德尔基金会合作举办了专业课教师和校长培训班。

【职业教育教学改革】 大力推行工学结合、分阶段完成学业的教学模式改革,在三年级学生中推广顶岗实习一年的做法。适度扩大中职对口招生计划,各类高校从中职毕业生中录取8 000多人。有3.9万名中职毕业生参加了职业技能鉴定。

【招生职普比】 采取积极有效的措施,较好地完成了教育部下达自治区的中职招生计划。2010 年招生 13.4 万人,高中阶段招生职普比达到 4.5:5.5,基本实现了大体相当。

【学分制改革】 组织召开了全区本科高校推进学分制改革暨深入实施"质量工程"研讨会。制定印发了《关于在全区普通本科高校开展学分制改革工作的通知》。遴选了 8 所本科高校于 2011 年首批实施学分制改革,其它高校将于 2012 年全面展开。

【质量工程】 组织开展了 2010 年度教学名师、教学团队、精品课程和品牌专业评选工作,20 名教授被评为自治区级教学名师,30 个教学团队被评为自治区级教学团队(其中 4 个教学团队被评为国家级教学团队),评出自治区级精品课程 61 门、自治区级优质精品课程 40 门,有 40 个高职专业被评为自治区级品牌专业,有 12 个专业经教育部批准为"特色专业建设点"资助项目。

【重点学科建设】 完成了内蒙古大学"211 工程"三期建设中期检查。指导内蒙古农业大学制定了"国家特色重点学科项目"草业科学学科建设方案。制定了《自治区 2010 - 2015 年专业学位研究生教育发展规划》,新增 10 种类型 11 个专业学位硕士点和 6 个工程硕士领域,并列入招生计划。

【高职教育改革与发展】 内蒙古建筑职业技术学院通过第二批国家示范高职院校建设项目验收,内蒙古化工职业学院和内蒙古机电职业技术学院被确定为国家示范性高等职业院校建设计划骨干高职立项建设院校。

【高校科技工作】 2010 年,自治区高校承担国家级重大科研项目 200 余项,全年科技项目合同总经费5.5亿元,同比增加 2 亿多元。自治区高教专项经费投入 1 180万元,重点支持了 9 个高校重点实验室(工程技术研究中心)和 15 个高校人文社科重点研究基地。内蒙古工业大学"风能太阳能利用技术重点实验室"获批省部共建教育部重点实验室。自治区高校获准立项的教育部科技创新团队 2 个,有 2 人获国家杰出青年科学基金资助,实现了历史性突破。

【民族教育投入加大】 自治区继续安排2 000万元民族教育补助资金,支持 61 所民族中小学相关项目建设;安排近 2 亿元用于补助全区义务教育阶段蒙古语授课寄宿学生生活费;安排2 500万元用于全区蒙古语授课高中生考入区内高校的学费减免补助。

【"双语"教学】 全年共组织审查中小学蒙古文教材和教辅用书 54 种,编译审定和修订大中专蒙古文教材 43 种。受教育部委托,组织编制了全国蒙古族中小学《语文课程标准》和《蒙古语文课程标准》。完成了蒙古语文应用水平等级考试课件研发并组织了两次试考。

【民办教育发展环境优化】 自治区政府出台了《关于促进民办教育发展的决定》,从鼓励引导、落实优惠政策、加强领导等方面提出了具体措施。

【中小学校长队伍建设】 与自治区党委组织部、人社厅、财政厅联合印发了《自治区中小学校长管理办法(试行)》。研究制订了《自治区关于开展旗县范围内义务教育学校校长交流试点工作的意见》,拟于 2011 年选择两个旗县进行了试点,2014 年在全区范围内推行。

【继续实施"农村牧区义务教育学校教师特设岗位计划"】 2010 年,共招聘特岗教师1 244人,农村牧区教师队伍结构进一步优化。

【组织实施各类培训】 组织37 330名中小学教师参加了国家级培训、22 800名教师参加了普通高中新课程培训。中小学校长参加国家培训4 000多人次、自治区培训2 350人。

【高级专业技术职务评审】 全区共有 614 名高校教师、15 051 名中小学教师经评审核准后授予相应的专业技术职务。

【部署实施高中阶段教育免费工作】 自治区党委、政府决定从 2011 年起对普通高中蒙古语(朝鲜语)授课所有学生、中等职业学校所有学生及普通高中家庭经济困难学生实行免学费和免费提供教科书政策,到 2013 年将全面实现高中阶段免费教育。

【启动公办高校银行债务化解工作】 自治区党委、政府决定对区内高校截至 2009 年的 54 亿元银行债务分年度进行化解。2010 年底前安排了15.95亿元的化债资金,其余部分将在 2012 年底以前由自治区和盟市两级财政安排专项资金化解。

【义务教育经费保障机制改革】 2010 年,自治区共下达各项保障经费19.3亿元。农村牧区义务教育阶段学校公用经费补助标准进一步提高,小学每生每年由 300 元提高到 400 元,初中每生每年由 500 元提高到

600 元。汉语授课农村牧区家庭贫困寄宿生生活补助费标准也进一步提高,小学每生每年由 500 元提高到 750 元,初中每生每年由 750 元提高到1 000元。

【家庭经济困难学生资助政策】 2010 年,下达中职学校国家助学金 3 亿元,资助学生 20 万人;下达中等职业学校家庭经济困难学生和涉农涉牧专业免学费资金 3.9亿元,补助学生 26 万人。国家下达自治区普通高中国家助学金1.12亿元,资助15.6万家庭经济困难学生。中央专项彩票公益金教育助学项目为自治区安排资金1 287万元,资助1.3万名普通高中家庭经济困难学生。为8.9万普通高校家庭经济困难学生发放临时性伙食补助资金计1 390万元。6.9万多学生申请到国家开发银行生源地信用助学贷款,贷款总计3.7亿元。全区普通高校中有 535 名学生获国家奖学金、10 558 名学生获国家励志奖学金,94 123名学生获国家助学金资助。

【重要活动】 6 月 1 日,自治区党委副书记、自治区主席巴特尔观看了内蒙古大学艺术学院合唱基地班暨内蒙古少年合唱团庆祝六一国际儿童节音乐会。

6 月 18 日,自治区党委副书记、自治区主席巴特尔出席并参观了内蒙古大学艺术学院举办的妥木斯油画创作研修班结业作品展。

8 月 20 日,全区中小学校舍安全工程工作会议在赤峰市召开。自治区党委副书记、自治区主席、自治区校舍安全工程领导小组组长巴特尔出席会议并讲话。

(格日乐图　郑玮)

内蒙古大学

【领导名录】

党委书记:刘丽华(女)

党委副书记　校长:陈国庆(蒙古族　4 月任职)

巡视员:呼格吉勒图(蒙古族　7 月离任)　刘文英(女　9 月离任)

党委副书记:赵　东(蒙古族)　王贵印

副校长:杨　劼(女　蒙古族　9 月离任)　李延俊　佟国清(蒙古族　9 月离任)　王万义　齐木德道尔吉(蒙古族　7 月任职)　张吉维(7 月任职)

党委委员　艺术学院党委书记:黄海

党委委员　艺术学院院长:李玉林

交通职业技术学院党委书记:孙智凭(9 月任职)

交通职业技术学院院长:柴金义(9 月任职)

【概况】 全校教职工2 735人,其中专任教师1 519人;全日制在校生24 841人(其中,博士研究生 364 人、硕士研究生3 751人、本科生17 157人、预科生 234 人、专科生2 627人、继续教育脱产生 191 人、留学生 517 人)。2010 年共招生7 835人,其中,研究生1 950人、本科生4 978人、高职高专生907人。

学校有 2 个国家重点学科、1 个国家重点培育学科,1 个一级学科自治区重点学科,18 个二级学科自治区重点学科、8 个二级学科自治区重点培育学科,有 1 个博士学位授权一级学科、19 个二级学科博士学位授权点、9 个硕士学位授权一级学科、97 个二级学科硕士学位授权点(含 9 个专业学位授权点)、4 个博士后流动站、70 个本科专业、12 个双学士学位专业;28 个省部级重点实验室(工程研究中心、重点研究基地)。

学校设有 21 个学院和 1 个公共教学部,与地方政府和企业分别合作创办鄂尔多斯学院、满洲里学院和 1 个独立二级学院——创业学院。校园总占地面积 372 万平方米,总建筑面积 107 万平方米,固定资产 15 亿元,教学科研仪器设备总值 3.2 亿元,图书馆藏纸质图书 220 万册。

在 2010 年《中国新闻周刊》选择 110 所“211 工程”、“985 工程”高校和部分专业性高校,向本科毕业生和高年级学生对母校的满意度问卷调查中,学校位列“2010 年度中国大学满意度排行榜”第 6 名。

【党建工作】 组织开展创先争优活动;科学编制了学校“十二五”发展规划纲要;完成处级领导岗位干部聘任工作;扎实推进了党代会常任制试点工作;举办以处级干部、党总支书记、党支部书记、党员等为对象的各种培训班,培训党员、干部3 121人;加强党风廉政建设,认真贯彻落实学校党委《建立健全惩治和预防腐败体系 2008－2012 年实施方案》,不断提高党建工作科学化水平。

【重点建设】 全面落实“211 工程”三期建设任务。抓好“省部共建”项目建设工作,完成了《内蒙古大学中央财政支持地方高校发展专项资金 2010－2012 年项目建设规划》。认真开展第十一次学位点申报工作,获批了金融、会计、新闻与传播和翻译等 4 个专业学位授权点;同时,通过自治区评审上报国务院学位办 5 个博士学位授权一级学科、11 个硕士学位授权一级学科。全面启动创新团队建设计划,共遴选出 47 个创新团队进行建设。正在建设国家动物转基因技术研究中心,哺乳动物生殖生物学实验室被批准为省部共建国家重点实验室培育基地。

【人才队伍建设】 调整成立人才工作领导小组和高层次人才引进工作协调小组,健全人才工作的领导体制和机制。制定了《高层次人才引进计划实施办法》等系列制度。全年共引进、接收各类人员68人(其中,优秀博士52人),共选送32名中青年教师在职攻读博士学位,有18名教师获得博士学位。

新增享受政府特殊津贴专家2人、自治区有突出贡献中青年专家3人,入选自治区"新世纪321人才工程"第一层次10人、第二层次22人。完成了专业技术资格评审工作,共有132人通过了评审,其中,教学科研系列正高级31人、副高级68人、中级33人。

【教育教学工作】

切实加强本科教育教学工作　进一步加强本科实践教学环节,建立了一批稳定的校外教学实习基地,引进了新的教务管理信息系统,成为全区学分制试点改革院校,为创新人才培养奠定了坚实基础。质量工程成效明显,新增生态学、表演2个国家级特色专业和蒙古族文学史系列课程国家级教学团队;新增工程造价自治区级品牌专业,中古蒙古语、马克思主义哲学原理、通信工程、汽车电气设备结构与维修等4门自治区级精品课程,生物学综合实习教学、无机化学系列课程、计算机学科专业基础综合系列课程等3个自治区级教学团队,2名自治区教学名师和2个自治区级实验教学示范中心;学校评选出20门校级精品课程、4个教学团队、5名教学名师。有41个项目被批准为"国家大学生创新性实验计划项目",资助经费40万元,学校投入配套经费85万元。校级本科生创新培养基金项目立项129个,投入经费26.7万元。

进一步加强研究生教育工作　完成研究生指导教师遴选工作,加强了导师队伍建设,新增博士生导师9名,硕士生导师33名。招收MPA民族班学生,拓宽少数民族专业学位培养领域。继续实施研究生创新人才培养建设项目。被教育部批准为开展专业学位研究生教育综合改革试点高校。

加强留学生教育工作　成功举办内蒙古大学国际教育学院成立10周年大会。全年共接收来自蒙古、俄罗斯、美国等22个国家的留学生526人,比2009年同期增加了24%;学历生244人,占长期留学生总数的46.3%。

扎实推进民族教育、高等职业技术教育和继续教育等工作　有7项教材选题被批准为自治区大中专院校蒙古文教材选题。学校当选为中国少数民族教育学会预科专业委员会副主任单位。经自治区人民政府批准,学校原职业技术学院(交通学院)更名为交通职业技术学院,并升格为准厅级。学校被教育部批准为全国新一轮普通高等学校建设高水平运动队院校。

加强少数民族语言文字授课专业、课程、教材建设和预科生教育,积极培养少数民族人才。加强了高职教育和成人继续教育工作,认真做好干部自主选学培训工作。

【科技工作】 2010年共获准科研项目423项,获准科研经费36 589万元,到位科研经费达到1.25亿元,创历史新高。全年发表论文1 017篇,被SCI、EI、ISTP、CSSCI检索论文283篇(其中1篇在《美国科学院院报》上发表,影响因子9.4,创学校发表论文影响因子历史最高);出版著作90部,研究报告12篇。"干旱半干旱农牧交错区保护性耕作关键技术与装备的开发和应用"成果获国家科技进步二等奖、"半干旱农田草原免耕丰产高效技术"成果获农业部全国农牧渔业丰收一等奖,"统一平台汉英混排民族文字(蒙、藏、维、哈、柯、朝)文档识别技术与系统"成果获教育部科学技术进步奖二等奖;11项成果获自治区科学技术奖,69项成果获自治区第三届哲学社会科学优秀成果政府奖。

进一步促进产学研结合　申请国家发明专利42项,授权专利17项。"高吸水树脂的制备方法"等5件国家发明专利正在实现成果转化。新开横向科研项目68项,获准经费695.5万元。主动参与区域创新体系建设,在转基因动物新品种培育、马铃薯关键技术的研究与示范、蒙古语言文字信息处理等方向获得了一批成果。

平台建设成效明显　成立光伏技术研究中心、城市与房地产研究中心和蒙古学学部,学校的"内蒙古自治区半导体光伏技术重点实验室"通过自治区重点实验室专家组论证。全年主办或承办高水平学术活动34次,其中,国际会议7次、国内会议27次。

【合作与交流】 进一步扩大与国(境)外大学与科研机构的合作与交流。新增7所合作大学与科研机构,与日本九州共立大学、九州女子大学和北见工业大学等签署了校际学术合作与交流协议,与日本广岛大学、樱美林大学、美国西弗吉尼亚大学、澳大利亚商会等达成初步合作意向。召开学校与俄罗斯卡尔梅克国立大学共建的孔子学院理事会会议,开展系列教学与文化交流活动。积极拓宽引进国外智力渠道,共聘任10名外籍专家。全年共有313名教师和科研人员出国进修、交流，接待来校学术访问、考察的外宾及港澳台同胞520人。积极开展国内合作与交流，继续加强与地方政府和企业的合作。成功召开校友会第二次代表大会，通过校友会章程，完成校友会理事会换届工作，加强与校友的联络工作。

【管理工作】 根据学校事业发展需要，重新核定内设机构及管理岗位职数，将研究生院（筹）更名为研究生院，增设卡务中心、重大专项办公室。完成2010～2013年党政管理人员岗位聘任工作。制定出台南校区运行经费分担管理办法。进一步完善经营管理制度，加强对经营实体的管理与监督。加大审计工作力度。健全后勤管理机制。做好人口与计划生育工作，完成第六次全国人口普查学校承担的工作任务。

【学生工作】

扎实做好学生教育管理工作　召开学生思想政治工作会议，出台了《关于进一步加强和改进大学生思想政治教育和管理的意见》。以“三节四赛”活动为抓手，大力开展了校园文化活动和学术科技活动，学生创新能力得到进一步提高。学校学生在第五届“挑战杯”全区大学生创业计划大赛中获金奖1项、银奖1项、铜奖10项，优秀奖16项；在第七届“挑战杯”全国大学生创业计划竞赛中获铜奖2项，学校被授予优秀组织奖；在全国大学生英语竞赛中获得赛区特等奖5项、一等奖4项、二等奖16项、三等奖24项；在第十一届“挑战杯”全国大学生课外学术科技作品竞赛中获得二等奖1项、三等奖6项，被授予校级优秀组织奖；在全国"高教社杯"数学建模竞赛中，获得全国一等奖1项、赛区一等奖2项；在自治区ACM计算机程序设计竞赛中获得二等奖2项、三等奖1项，获团体三等奖。艺术学院学生在第六届世界合唱比赛、CCTV青年歌手电视大奖赛等多个专业竞赛中取得好成绩。

切实做好学生资助工作　建立了覆盖校、院两级的学生资助管理系统，进一步完善了“奖、贷、助、补、减”贫困生资助体系，加大了学生资助力度，全年共发放奖助学金和困难补助2 043万元。

高度重视毕业生就业工作　认真落实“一把手工程”和“全员工程”，完善“四位一体”就业指导体系，加强就业培训和就业创业指导。2010年，学校毕业生初次就业率为87.12%，其中，研究生为87.57%，本科生为85.55%，高职生为94.75%。

【基本建设】 完成校本部综合楼、留学生公寓楼、化学化工学院及南校区教学主楼、学生公寓楼等建筑的修缮及改造，完成南校区硬化绿化亮化工程的竣工验收、学生公寓9号楼的建设和第二条10KV供电线路敷设、供电工作。团购的1 416套教职工住宅交付使用。完成国家教育科研基础设施IPv6技术升级和应用示范项目的安装调试。

【图书文献】 加强图书文献信息资源建设工作。完成了3 000种/册、980 942页的蒙古文电子书制作任务及蒙古文《甘珠尔经》数字化扫描刻录工作。学校成为大学数字图书馆国际合作计划（CADAL）项目二期参建单位。全年共购入纸质图书14.5万册。

【学报与出版工作】 完成出版社的转企改制工作。全年出版图书222种，其中新版图书新书135种，重版重印150多种；发行内外版图书4 997万码洋。高质量地完成了全年学报的编辑出版发行工作，《内蒙古大学学报》（自然科学版）连续第三次被评为“中国高校优秀科技期刊奖”，《内蒙古大学学报》（哲社版）再次被评为“全国高校百强社科期刊”，同时，“蒙古学研究”栏目被评为“特色栏目”。

【重要活动】 5月2日，蒙古国总统额勒贝格道尔吉率领蒙古国代表团访问内蒙古大学。

5月10日，内蒙古大学出版社有限责任公司正式成立。

5月31日，教育部党组副书记、副部长陈希，中纪委驻教育部纪检组组长、党组成员王立英率教育部有关司局负责人一行12人莅临学校调研指导工作。自治区副主席、学校前任校长连辑出席座谈会并讲话。

8月1日，全国人大常委会副委员长、中国科学院院长路甬祥到满洲里学院视察指导工作。

8月10日，内蒙古大学附属中学在呼和浩特市金桥开发区开工奠基。

8月27日，全国人大常委会原副委员长布赫到学校艺术学院视察指导工作。

9月15日，教育部批准学校为自治区唯一一所获批专业学位研究生教育综合改革试点的高校，学校工商管理硕士专业成为自治区唯一一个获批专业。

【荣誉】 金海被授予“2010年全国先进工作者”称号。宋生贵、赵林平、何奇耶徒获自治区文学艺术“突出贡献奖”。王晓晶被授予全区“女职工建功立业标兵”称号。

（任彩霞　李兵）

内蒙古大学艺术学院

【领导名录】

党委书记:黄　海

院　长:李玉林

副书记:毅　力(兼纪委书记 蒙古族)

副院长:宋生贵 赵魁武(蒙古族)

【概况】 2010年,学院占地近53 000平方米,总建筑面积近10万平方米。设有美术、艺术设计、音乐、舞蹈、影视戏剧、文化艺术管理新媒体艺术系(筹)7个系,1个公共课教学部,1所附属中等艺术学校,学院现有4个硕士学位授权点,13个本科专业。在校学生4 699人,其中研究生99人,本科生3 444人,中专生1 156人。全院教职工590人,少数民族占42.7%;其中,专任教师448人,其中教授、副教授174人;国内外客座教授30余人。

【党建工作】 2010年,深入开展创先争优活动,扎实推进学习型党组织建设,制定《深入开展创先争优活动实施方案》,圆满完成活动的各项任务;坚持以深入学习贯彻科学发展观为主线,切实加强院系两级领导班子和干部队伍建设,扎实推进精神文明建设和党风廉政建设,不断提升领导干部思想理论水平和办学治校能力;召开纪念建党89周年"创先争优"表彰活动;举办学院党校第27、28期培训班,培训学员329名,有254名入党积极分子加入党组织,190名预备党员转正;结合学院发展战略规划,形成《内蒙古大学艺术学院"十二五"发展规划(征求意见稿)》。

【学科建设】 2010年,学院音乐表演专业获批国家级高等学校特色专业建设点,成为内蒙古自治区音乐学科迄今为止第一个国家级特色专业建设点,学院现有国家级精品课程1门、自治区级精品课程4门、校级精品课程7门,院级精品课程15门;完成艺术学一级学科硕士学位授权点和民族学二级学科博士学位授权点的申报工作,目前已通过自治区教育厅组织的严格评审,并上报国家教育部备案;学院还开设音乐学、艺术设计学、播音与主持艺术、公共事业管理(文化艺术管理)4个双学士学位专业,新增音乐表演(呼麦)专业,加快跨学科的复合型本科人才培养;整合资源,筹备建立新媒体艺术系(筹),申报文化产业管理专业;完成内蒙古大学"211工程"三期重点学科建设项目"内蒙古少数民族艺术研究"2010年建设任务;加强学位点建设,新遴选5名研究生导师。

【人才培养】 学院着眼于高素质、高水平蒙古族艺术人才的培养,制定《本科生分类培养模式的实施意见》,积极探索符合艺术专业特点的人才培养机制;成功举办妥木斯油画创作研修班,并举办结业作品展;认真调研、论证,积极规划启动举办艺术类专业"三少"民族预科班的筹备工作;学院附中成立了"肃北蒙古族自治县乌兰牧骑艺术人才培养基地班"及马头琴基地班,定向委培培养基地班学员,人才培养工作取得新进展。

【科研创作】 学院坚持教学、科研、创作、表演四位一体的办学思路,2010年度共申报各类科研项目76项,有9项获得资助立项;完成教育部高校社科文库出版、自治区第三届哲学社会科学优秀成果政府奖、全区第五届民族教育科研优秀成果奖的申报工作,申报各类成果22项;组织完成教育部高校社科文库申报出版工作,启动"内蒙古民族音乐建设系列工程"首期项目,出版"内蒙古民族音乐典藏系列光盘";在内蒙古重大历史文化题材美术创作工程申报立项中,学院有9位教师的10项选题获得创作立项。2010年,学院在各类专业大赛中屡获大奖,其中,学院百灵合唱团在第六届世界合唱比赛第一阶段赛事中夺得锦标赛"有表演民谣组"金牌和"民谣组"金牌;由学院推荐的"阿音组合"获CCTV青年歌手电视大奖赛优秀奖;在首届"金芦笙"国际民族吹管乐大赛中荣获一等奖1项、三等奖2项;在第二届全国普通高校声乐展演比赛中荣获银奖1项、铜奖2项;舞蹈系师生在第五届华北五省市(区)舞蹈比赛中共计获表演、创作一等奖11项,二等奖9项、三等奖5项;附中学生在2010年全国"荷花杯"校园舞蹈大赛中荣获铜奖。

【师资建设】 2010年,学院共引进各类人才14人,其中,博士研究生4人,硕士研究生9人,新进人员中有11名为专业技术人员;邀请48名知名学者作为"驻校艺术家",到学院短期授课讲学。截至2010年底,学院共有博士12人,硕士135人,在读博士10人,在读硕士47人。学院硕士以上专任教师比例达到32.8%。评出教授6名,副教授17名,学院高级职称专任教师比达到38.8%。全年落实人才培养经费157.3万元,人才引进和师资培养的力度得到进一步增强。

【艺术展演】 2010年,学院举办各类学术讲座100多场、音乐会100余场,举办美术、艺术设计毕业生作品展,组织师生参加全国及自治区级大型文艺演出和社会活动40多场。学院举办圣·彼得堡音乐学院沙洛夫教授巴扬手风琴独奏音乐会、美国杨百翰大学等中美艺术交流演出、额尔古纳乐队汇报演唱会等;参加中国2010年上海世博会内蒙古活动周、昭君文化节开幕式、第五届赤峰红山区文化节暨自治区精神文明建设经验交流会开幕式、第七届内蒙古草原文化节闭幕式、全区民族运动会开幕式等大型演出活动。这些活动突出学院的办学特色和专业优势,取得良好的社会效益。

【对外交流】 与美国佛蒙特大学教育与社会服务学院、美国伊利诺大学、蒙古国文化艺术大学、蒙古国音乐舞蹈学院、蒙古国国立科技大学等5所院校签订合作协议;积极筹备与美国杨百翰大学、美国巴特勒大学、美国南犹他州大学、日本作阳大学、丹麦康纳美术家协会、美国东方艺术基金会等相关合作事宜。成功接待匈牙利科学院、伊利诺大学艺术交流团、俄罗斯圣彼得堡音乐学院、日本作阳大学等44人来学院进行艺术交流;完成师生赴美交流演出、教师美术作品赴日本展出、合唱基地班赴澳门参加国际艺术节演出等活动;聘请8名外籍教师来学院长期讲学;学院现有4名留学生在读;选派2名教师赴美进修。

【基础设施】 一年来学院投入教学经费共计1 661.9万元,占学费收入比例的60.9%;2010年新增教学资产226.2万元,当年年度新增教学仪器设备值占新增资产总量的比例达到82.5%,满足专业教学的需要。

【荣誉】 荣生贵、赵林平、何奇耶徒教授荣获自治区文学艺术家最高荣誉"内蒙古自治区文学艺术突出贡献奖";赵林平教授当选中国舞蹈家协会第九届副主席,何奇耶徒当选中国书法家协会第六届副主席。

学院百灵合唱团以出色的表现夺得第六届世界合唱比赛"有表演民谣组"和"民谣组"两块金牌。世界合唱比赛素有"合唱奥林匹克"之称,本届比赛共有83个国家和地区的472支合唱队参赛,于7月15~19日在绍兴举行,李宝珠老师担任指挥。

(史冬梅)

内蒙古师范大学

【领导名录】

党委书记:陈中永(蒙古族)

党委副书记 校长:杨一江

党委副书记:斯日古楞(蒙古族 7月离任)

格日乐图(蒙古族 9月任职)

党委副书记 纪委书记:傅永春(9月离任)

高云峰(9月任职)

副校长 党委委员:亚新(蒙古族)

副校长 党委委员:云炜恒(蒙古族)

副校长:郑福田 照日格图(蒙古族)

副校长 党委委员:云国宏(蒙古族)

副校长 党委委员:刘前贵(9月任职)

巡视员:王希明(4月任职)

【概况】 内蒙古师范大学创建于1952年,是新中国成立后党和国家在边疆少数民族地区最早建立的高等学校之一,自治区重点大学,是培养基础教育、民族教育师资和蒙汉兼通少数民族复合型人才的重要基地,是自治区中学教师培养中心、中小学教师继续教育中心、基础教育与民族教育改革发展研究中心。

学校占地面积3 800余亩,校舍建筑面积80余万平方米,固定资产总值16亿余元,其中教学仪器设备总值2.5亿余元。馆藏图书230余万册,电子图书1 600余GB,长年购置的电子文献数据达9种,长期订阅的中外文期刊(含电子期刊)近14 000种。学校下设22个职能处室,34个二级学院,1个独立学院,3个教研部。现有教职工2 400余人,其中,专任教师1 500余人,具有硕士、博士学位的教师占专任教师总数的55%,具有副高级以上职称的教师占专任教师总数的42%,有博士生导师20名、硕士生导师544人;有自治区级教学名师7人,国家和自治区有突出贡献中青年专家18人,入选国家"百千万人才工程"、自治区"新世纪321人才工程"、自治区高等教育人才培养"111人才工程"共120人(次),享受政府津贴教师42人,荣获内蒙古杰出人才奖1人,乌兰夫基金奖1人。

学校在校全日制本专科生29 000余人,各类研究生4 400余人,各类成人教育学生5 600余人,各类留学生近400人,形成了多层次的人才培养体系。学校开设64个本科专业,涵盖9大学科门类。有国家级精品课程1门,国家级教学团队2个,教育部特色专业建设点6个;有自治区级品牌专业25个,自治区级精品课程47门,自治区级教学团队5个;有自治区级实验教学示范中心9个,自治区重点学科和重点培育学科18个,校级重点学科37个。

学校拥有博士学位授予权一级学科2个、二级学科4个,硕士学位授予权一级学科18个、二级学科112个,专业硕士8个,此外,还招收高校教师在职攻读硕士学位。2008年,经教育部批准,学校正式成为具有硕士研究生免试推荐入学资格的高校。学校现有科研机构76个,自治区级重点实验室3个,自治区高校重点实验室2个,中央与地方高校共建基础实验室和特色实验室8个,自治区高等学校人文社会科学重点研究基地4个,自治区哲学社会科学研究基地1个。

【教学工作】 学校教学质量工程建设成效显著,土地资源管理专业被批准为国家级特色专业建设点,国家级特色专业建设点达到6个。新增自治区级精品课程5门,校级精品课程31门,有5门课程入选首批自治区级优质精品课程。2个教学团队获得自治区级教学团队称号,2人被评为自治区级教学名师。在2010级7个专业启动了教师教育创新培养模式改革。组织开展了第十届教学成果奖评选工作,有48项成果获奖。积极组织专业申报工作,“社会工作”、“应用韩语”等4个本、专科专业已通过自治区评审。完成了49期国家精品课程高师培训和4期高校青年教师岗前培训。开展了“国培计划”——自治区农村牧区中小学骨干教师培训项目4期,培训骨干教师500余人,选送300名优秀师范生赴西部六盟市中小学校顶岗实习。附中在2010年高考中取得优异成绩,夺得自治区理科总分第一,自治区蒙古语授课理科总分状元,10人考取清华大学和北京大学。

【科技与合作交流工作】 2010年,学校获准各类纵向课题152项、横向课题26项,其中,国家自然科学基金项目11项、国家哲学社会科学项目13项、国家教育科学规划项目1项、教育部人文社科项目10项,资助经费总额达2 690万元。流动科研岗位实现制度化管理,新遴选流动科研岗位人员7名,目前共遴选出17人。深入实施“093计划”,新成立了10个科研机构,科研机构总数达到76个。学校获得2010年自治区科学技术奖自然科学一、二等奖各1项。有58项成果获得自治区第三届哲学社会科学政府奖,获奖数位居全区第一。获得自治区文学艺术突出贡献奖1项,获准发明专利1项、实用新型专利2项。中国少数民族作家研究中心编辑出版了《乌力吉文集》、《阳光丛书》(第四辑)等著作,“中国少数民族文学馆”全年共接待国内外参访者3 500余人次,起到了良好的宣传和推介作用。

学校同英国斯旺西城市大学、美国费耶特维尔州立大学、俄罗斯克拉斯诺亚尔斯克大学、日本国立鸟取大学等国外高校签署了合作协议。2010年共招收留学生255名,留学生规模近400名。不断深化对合作办学院校的管理,在各院校之间建立交流联系机制,促进学习与交流。成立了内蒙古师范大学民族艺术学院和内蒙古阳光留学教育实验基地,与内蒙古体育职业学院签订合作办学协议,组织兴安职业学院教师前来学校进行对口培训。

【学科建设与研究生教育工作】 2010年,“心理学”博士一级学科和“教育学”等11个硕士一级学科顺利通过国务院学位委员会评审。学校已拥有博士学位授予权一级学科2个、二级学科4个;硕士学位授予权一级学科18个、二级学科112个。新增了应用心理硕士、翻译硕士等2个专业硕士学位点,学校专业硕士学位点达到8个。教育硕士专业学位点新增了学前教育领域,共获得教育硕士19个领域中的17个。

2010年,学校录取各类研究生1 530名,在校研究生人数达到4 435人。大力推进研究生创新工程,提高了研究生科研成果奖励标准,对68项研究生科研成果予以奖励。

【党建思想政治工作】 结合学习贯彻第四次全国教育工作会议和《国家中长期教育改革和发展规划纲要》精神,认真开展了学校教育事业“十二五”发展总规划、各项子规划及各学院“十二五”发展规划的研制和完善工作,为学校今后五年的发展指明了方向。进一步做好新形势下的党风廉政建设工作,积极开展各项监察审计。统战、团学、离退休教职工等工作扎实有效推进。积极着手开展60年校庆各项筹备工作,成立了学校60周年校庆筹备工作委员会及相应工作机构,明确校庆主题,认真开展了校庆总体规划、宣传发动、联络校友、校史编纂、校容校貌整治等工作。学校注册成立了内蒙古师范大学校友会和内蒙古师范大学教育发展基金会,为广大校友和社会各界参与、支持学校建设搭建了良好的平台。

【学生及安全保卫工作】 广泛开展学生思想道德、理想信念、形势政策等教育活动,开展了“大学生成长成才大讲堂”等系列活动。成功举办了毕业生就业洽谈会,为毕业生提供就业岗位2 200余个,组织小型招聘会90余场。进一步加强学生资助工作,学生奖助贷管理系统正式投入使用。不断加强学生心理健康教育,对心理问题突出的学生进行了及时的心理辅导和跟踪服务。

坚持“打防结合,预防为主”的原则,配合公安部门,加大各类案件的查处力度和专项治理力度。制定了《赛罕校区交通安全管理办法》,划定停车场,在校园内各道路口、停车处设立交通标识,有效加强了学校的交通管理。通过加强师生法制安全教育,提高师生的安全防范意识。进一步加强校园安全大检查,坚持定期对实验室、资料室、食堂、学生公寓、消防通道等重点部位进行检查,及时整改存在的安全隐患。

【管理工作】 学校启动“十百千”人才培养工程各层次人才选拔工作,获赠首期“老牛师大英才培养基金”捐款100万元。组织落实自治区“草原英才”计划,推选院士后备人选2名、长江学者后备人选1名和内蒙古杰出人才奖2名；获准自治区人才开发基金个人项目4项、自治区有突出贡献中青年专家2名和享受国务院特殊津贴专家2名；入选自治区新世纪321人才培养教师一层次4人、二层次17人。

不断完善两校区办学管理体制和运行机制，促进两校区良性互动、协调发展。改善盛乐校区教师公寓的居住条件，安装了太阳能热水器并提供24小时热水；筹建了200平方米的教职工健身房并免费对教职工开放。盛乐校区学生第二生活区2座公寓及学生餐厅等工程顺利竣工。完成了盛乐校区专家公寓楼配套工程、人工湖工程以及赛罕校区体操馆房顶维修、生物楼实验室改造等项目建设。

进一步完善数字化校园二期建设工程，数字化校园应用系统达到了15个，C类地址256个，IP地址数量达6.5万个，建成了自治区高校IP地址数量最多、规模最大的校园网，教育网出口带宽大幅增加。图书馆全年新进书刊4.5万册，订购期刊1 400种。基本完成蒙汉文旧书和汉文期刊的回溯任务。《学报》在创办特色和打造精品栏目、提升办刊质量和水平方面取得较大进步，获得多项荣誉。

认真做好餐饮管理工作，在确保菜价稳定的基础上，加强菜品开发创新和食品安全管理。顺利完成两校区运输任务60余万人次。加强生态种养殖基地建设，申请注册了“呼和浩特师盛生态种养殖有限责任公司”，为学生餐厅输送各类绿色无公害食品。华远科技开发总公司年度经营性收入再创历史新高，国际交流中心综合楼项目作为自治区高校中首座完全由校办产业主持建设的工程，各项工作进展顺利。

不断改善教职工的工作待遇和生活条件，进一步提高岗位津贴，并增设了任务津贴。为教职工发放了交通补贴、误餐补贴和取暖补助。校医院购进新型医疗设备10余种，为学校师生进行了健康体检。实施了赛罕校区家属区节能改造工程，受到教职工的一致好评。

【荣誉】 2010年，学校被中央宣传部、统战部和国家民委评为“全国民族团结进步创建活动典型单位”，荣获“全国大学生心理健康教育工作先进集体”、“全区高校学生工作四项评估先进达标学校”、“全区高校毕业生就业工作先进集体”等荣誉称号。

（吴爱华　白明）

内蒙古工业大学

【领导名录】

党委书记：荀黎明（7月离任）　刘振洪（7月任职）

校　长：邢永明

党委副书记　纪委书记：刘志雄

党委副书记：王永明

副校长：谭福贵（蒙古族　9月离任）　刘进荣　姚德（9月任职）　黄龙海（蒙古族）　黄雅丽（女）　栗文义

【概况】 内蒙古工业大学坐落在自治区首府呼和浩特市，学校分校本部、金川校区、准格尔校区、海东校区四个校区办学，占地面积3 178亩。

内蒙古工业大学是一所以工为主，工、理、文、经、管、法、教育相结合，具有本科、硕士和博士完整人才培养体系的特色鲜明的多科性大学，截至2010年底共有各类在校生25 499人。学校现有本科专业62个，博士授权一级学科3个，博士授权二级学科13个，硕士授权一级学科16个，硕士授权二级学科86个，工程硕士专业学位授权领域15个，具有高等学校教师在职攻读硕士学位授予权和工商管理硕士（MBA）专业学位授予权、在职人员以研究生毕业同等学力申请硕士学位和推荐优秀本科生免试攻读硕士研究生资格。

学校学科门类较齐全，涵盖工学、理学、文学、经济学、管理学、法学、教育学七大学科门类。现有“热能与动力工程”等19个自治区级品牌专业。

学校实行校院两级管理的管理体制。现设有材料科学与工程学院、电力学院、管理学院、国际工商学院、化工学院、机械学院、建筑学院、矿业学院、图书馆、高等教育研究所、网络中心等25个院（部、中心）。拥有85个实验室，51个研究院所。

学校重视加强师资队伍建设。现有教职工2 057人，专任教师1 392人，其中博士生导师35人，硕士生导师401人，有73.64%获得博士、硕士学位。教师中，有60人次被授予国家和自治区“有突出贡献中青年专家”称号或者享受国务院政府特殊津贴，有45人入选自治区“新世纪321人才工程”一、二层次，有3位教师获得“内蒙古杰出人才奖”。学校还聘请了中国工程院院士在内的一批国内外知名学者担任学校兼职教授、导师。

【领导班子建设】 党委领导下的校长负责制得到认真贯彻落实，民主集中制原则得到充分发挥。班子成员紧密团结协作，形成了坚强统一、和谐高效的领导集体。在新一轮干部聘任中加大了公开选聘工作力度，做到了群众满意，干部满意，组织满意。全校人心凝聚，人气旺盛，事业发展的信心空前增强，形成了齐心协力干事业、谋发展的良好态势。

【人才结构】 2010 年,学校纳入自治区“草原英才”工程引进和培养计划 8 人;新引进和教师取得学位后返校工作的博士研究生 47 名,为历年最高;学校专任教师增加到1 392人,其中具有副高级以上职称教师增加到 530 人,硕士及以上学位的教师增加到1 025人,师资结构进一步趋于合理,整体素质进一步提高。

【学科建设和科研】 2010 年,学校获批 3 个一级博士学科,二级博士学科增加到 13 个,新增一级硕士学科 10 个,一级硕士学科增加到 16 个,二级硕士学科增加到 86 个,取得突破性发展。风能太阳能利用技术重点实验室被批准为省部共建重点实验室,实现了教育部重点实验室零的突破。16 个项目获国家自然科学基金资助,资助经费 430 万元,为历年最高。争取到纵、横向科研经费7 000多万元,纵向经费年度到账1 200多万元。获内蒙古自然科学奖一等奖 1 项、二等奖 1 项,内蒙古科技进步三等奖 2 项,自治区哲学社会科学优秀成果二等奖 7 项、三等奖 10 项。被 SCI、EI、ISTP 收录论文 200 余篇。

【教学质量工程建设】 2010 年,“机械设计制造及其自动化”和“材料成型及控制工程”被批准为教育部特色专业建设点,“泵与风机”和“液压与气压传动”被评为自治区级精品课程,“汽车电器及电子技术”和“流体力学”被评为首批自治区级优质精品课程,“工商管理类专业核心课程教学团队”和“电工电子基础课程教学团队”被评为自治区级教学团队。生源质量好,毕业生就业率高。2010 年各批次报考率和录取分数均位于自治区高校前列,理科一批一志愿最低投档分为 516 分,理科二批最低投档分高于自治区分控线 21 分。2010 届本专科生毕业生一次就业率达到86.59%,其中本科生达到 87.12%,再创历史新高,总体就业质量较高。

【办学条件】 2010 年,完成了金川校区西侧 400 亩土地和矿业学院 750 亩土地的征用、办证工作。学校占地总面积达到3 178亩。金川校区 3.3 万平方米公共(基础)教学楼和 1.8 万平方米逸夫图书馆竣工验收。矿业学院一期建设的 10 个单体建筑全部通过竣工验收。加大了图书资料经费的投入,并争取到中国光华科技基金会捐赠的1 000万码洋图书,学校纸质图书达到 114 万册,电子图书数据容量达到 40TB,各类中外文数据库 26 个。与中国移动合作建设的数字化校园建设二期工程项目建设规模达到1 100 万元,校园信息化水平进一步提升。

(王文华 胡宇慧 吴斌)

内蒙古农业大学

【领导名录】

党委书记:特木尔(蒙古族)

校　　长:李畅游

副书记:郑俊宝 高晓英

副校长:侯先志 任　强(蒙古族) 李金泉 侯晨曦

纪委书记:刘淑芬

副校长:芒　来(蒙古族)

职业技术学院党委书记:王效亮

职业技术学院院长:葛茂悦

【概况】 内蒙古农业大学成立于 1952 年,是内蒙古自治区成立最早的本科高等学校,是国家西部大开发重点支持建设的大学,是国家大学生文化素质教育基地院校之一,是国家草业学会会长单位之一,学校下设的职业技术学院是全国高等职业教育示范院校建设单位。

学校是一所以农为主,具有农、工、理、经、管、文、教、法等 8 个学科门类、29 个二级学科的多科性大学;设有动物科学学院等 22 个学院(部)、1 个高等教育研究所,有 1 个国家级重点学科、3 个国家重点(培育)学科、1 个国家级野外观测站、1 个农业部重点学科、3 个国家林业总局重点学科、1 个教育部创新团队、2 个教育部省部共建重点实验室、1 个国家林业总局重点实验室、22 个自治区级重点学科、4 个自治区重点(培育)学科、5 个自治区创新团队、7 个自治区重点实验室、3 个自治区工程技术研究中心、2 个自治区高校重点实验室、2 个自治区人文社科重点研究基地,2 个自治区高校重点实验室(工程研究中心)培育基地;有 6 个一级学科博士学位授权点、33 个二级学科博士学位授权点、4 个博士后科研流动站、有 72 个硕士学位授权点、有 66 个本科专业、其中汉英双语授课专业 17 个,蒙汉双语授课专业 13 个;截止 2010 年 9 月,学校有全日制在校生31 767 人,其中硕士和博士研究生 2 163人。

学校现有专任教师1 533人,其中具有副高职称以上教师 920 人,博士生导师 101 名,硕士生导师 405 名。专任教师中具有博士学位 351 人,具有硕士学位 533 人,硕士以上学历的教师占专任教师的67%;享受国家特殊津贴的专家 70 人;国家和自治区有突出贡献的中青年专家36人;有5人入选国家级百千万人才工程。

学校总占地面积1.5万余亩,教学行政用房面积349 969平方米。有标准田径场(馆)4个。图书馆建筑面积近3万平方米,教学仪器设备总值达2.9亿元。

【创先争优活动】 校党委紧密结合学校实际,坚持高标准、严要求,成立了创先争优活动领导小组,及时制定了创先争优活动的实施方案,确定了活动主题,提出了总体目标,明确了争创标准。全校各基层组织公开承诺事项1 755项,践行承诺80%以上。认真组织开展领导点评,327个基层组织、4 535名党员接受点评。注重发现和选树先进典型,学校被确定为自治区创先争优重点宣传报道单位,《内蒙古日报》、内蒙古广播电台、内蒙古电视台等主要媒体对我校进行了重点报道。

【教育教学质量】 启动实施了第四阶段教学质量工程,全年新增国家级特色专业1个,自治区级品牌专业1个、教学团队3个、精品课程3门、教学名师2名。完成首批"汉英"双语授课教师资格认定工作,34个班的969名学生接受了"汉英"双语授课。学分制改革取得新进展,首次把学分绩点作为学士学位授予标准。强化实践教学,修订了蛮汉山等10余个校外基地建设方案,完成土右旗现代农业科技示范园区规划,有近3 000名校本部学生在园区进行了实习。

积极探索研究生培养机制改革,拟定了学校《关于研究生"助研"补助的实施办法》,修订了19个全日制"专业学位硕士"的培养方案,修订了28个博士学科、61个硕士学科的课程设置。建设马业技术专业,与香港赛马会、北京国际马术俱乐部签订了合作协议。

【学科和人才队伍建设】 加大学科建设力度,完成了第十一次学位点的申报工作,3个一级学科博士点、7个一级学科硕士点通过了自治区的评审,报国家学位办审批。新增3个专业学位授予权和6个工程硕士领域。积极申报中央财政支持地方高校学科建设项目,获批项目8个,经费3 225万元。完成研究生导师遴选工作,增补博士生导师32名、硕士生导师47名。

加强高层次人才的选拔与引进,结合自治区"草原英才"工程,柔性引进院士8人,引进高层次人才17人,获得"千人计划"1人,推荐后备院士人选2人。3人被评为自治区"有突出贡献中青年专家"。全年录用硕士及以上学位教师49人。加强教学团队建设,确定了9个校级教学团队。

【科技创新工作】 积极争取国家和省部级重点、重大项目,全年新上项目251项,总经费1.28亿元,项目数和经费数均创历史新高。其中,国家自然科学基金项目52项,总经费1 541万元。1人获得了国家杰出青年基金资助。项目完成质量与成果水平进一步提高,组织完成了300余项课题的中期进展和年度进展报告,取得成果66项,部分成果达到了国内外领先水平。全年获得自治区科技奖励6项、自然科学奖一等奖和三等奖各1项,科技进步奖二等奖2项;获得自治区哲学社会科学奖6项;作为第二完成单位获得国家科技进步二等奖1项。学校被科技部评为"十一五"国家科技计划执行优秀团队。

创新团队和平台建设逐步加强。全年列入教育部创新团队支持计划1个,自治区创新团队支持计划5个。进入农业部和自治区"十二五"国家现代农业产业技术体系专家13人。投入启动经费1 035万元,首批立项建设了13个校级科技创新团队、10个培育团队。制定了《关于在校级及以上科技创新团队设置科研岗的暂行办法》,为6个团队配备了科研助手。内蒙古乌梁素海湿地定位研究站通过国家林业局论证,内蒙古畜牧业经济研究基地通过验收并挂牌。

与包头市签署了校市共建农业高新技术示范园区合作协议。落实了沼气和牛场建设项目资金800余万元。申报专利10项,获得专利授权2项。职业技术学院科技园区被评为"全国科普惠农兴村先进单位"。

【学生工作和招生就业工作】 学校先后被评为全国"心理健康教育先进单位",全国"大学生社会实践活动先进单位",全区"学生工作和学生资助工作先进达标院校"。不断推进招生"阳光工程",全年录取全日制本专科生8 702人、硕士研究生567人、博士研究生101名。招收蒙古国留学生15名。注重职业生涯规划课建设,通过在全校开展大学生职业生涯规划竞赛活动,加强对学生就业择业的教育与引导,参加活动学生人数1.8万余名,一二三年级学生的参赛率达到81%。本专科就业人数5 466人,就业率达到85.3%。学校荣获"全区普通高校毕业生就业工作先进集体"称号。一年来,学校在全国和全区各类文体活动中也取得了优异成绩。学校荣获"全国学校艺术教育先进单位"称号。在全国大学生"挑战杯"竞赛中,学校荣获铜奖2项,并获"优秀组织单位"。在全国农业高校大学生田径运动会上,学校取得了女子团体总分第一名、团体总分第三名的好成绩。学校杜威同学荣获第二届内蒙古自治区道德模范称号,庄宏泉、庄汇泉同学当选新华网"感动2010"年度网络人物。

【开放办学】 加大引进国外优质教育资源力度,全年聘请外籍教师26人,引进专业核心课程2门,引进智力项目3项,接待国外专家学者200余人次。不断拓展国际合作空间,与10所国外大学签订了合作备忘录或协议书。特别值得一提的是,2010年,教育部为学校颁发了"中外合作办学许可证书",学校被科技部确定为"国际科技合作交流基地"。

【办学条件改善】 新老校区改扩建步伐不断加快,完成了生命科学实验楼等教学实验及生活用房的规划设计、项目审批和土地转换等前期准备工作。完成了校园环境、水电改造和校舍维修等20多项维修改造工程。投资2 400余万元用于教工住宅、教学行政用房的既有建筑节能改造,总面积达到14.47万平方米,其中申请到国家和自治区财政补助资金1 157万元。完成节约型校园建筑节能监管体系项目申报工作,并经国家财政部住建部批准,获配套资金475万元。

【内部管理体制改革】 拟定了《岗位设置管理暂行办法》等文件,完成了岗位聘用的基础工作。修定了《教师专业技术资格评审条件(试行)》、《学生思想政治教育研究专业技术资格评审条件(试行)》和《教师专业技术资格破格评审条件(试行)》。完成了2010年专业技术职务评审工作,评审通过正高级20人,副高级41人。为推进学校管理重心下移,草拟了《关于进一步完善校院两级管理的意见》和《学院党政联席会议制度》等框架文件。

(乔彪 王忠东 郭松朋)

内蒙古民族大学

【领导名录】

党委书记:王顶柱(蒙古族)

副书记 校长:傅永春

副书记:肖剑平(蒙古族)

副书记 纪委书记:白莉莉(女 蒙古族)

副校长 党委委员:刘宗瑞 吉日木图(蒙古族) 孙国权 巴根那(蒙古族)

【概况】 2010年,是学校"十一五"规划收官之年。学校党委认真贯彻落实党的教育方针,深入学习实践科学发展观,进一步解放思想,开拓进取,突出办学特色,扎实有效地开展工作,调动全校教职员工的积极性和创造性,圆满完成了"十一五"规划收尾工作和本年度各项工作任务,取得了明显成绩。

【党风廉政建设】 认真落实党风廉政建设责任制,学习贯彻《中国共产党党员领导干部廉洁从政若干准则》,制定了《关于贯彻落实<建立健全惩治和预防腐败体系2008—2012年工作规划>的实施意见》以及《落实中纪委 教育部 监察部<关于加强高等学校反腐倡廉建设意见>量化考核指标体系的任务分解》,明确了各单位、各部门的任务和责任。加强行风建设,制定了《行风建设工作实施意见》,认真开展行风建设自查自评工作,接受了自治区高校民主评议行风和教育收费检查组的评议检查。组织开展了"工程建设领域突出问题专项治理"自查工作,进一步规范工程建设领域依法履行职责。

充分发挥纪委、监察审计处的职能作用,积极推进校务公开。按照自治区和通辽市有关文件精神,把学校大宗物资采购、基建维修全部纳入通辽市政府招标办招标范畴,全年共招(议)标31次,招标预算1 780万元,实际中标1 670万元,节约资金110万元。同时进一步加强内部审计工作,对2009年学校财务收支情况进行校内审计,完成基建维修项目竣工结算审计12项。在新一轮处级干部聘任工作中,对45个单位一把手都进行了经济责任审计,加大了责任追究力度。对招生考试、公开招聘引进人才等工作进行了全程监督。

【人才队伍建设】 2010年,通过公开招聘引进硕士以上学位教师及其他岗位人员69人,截至目前专职教师中具有硕士以上学位教师比例由上年的57.4%提高到65.9%(博士学位教师由上年的9%提高到11%),超额完成了"十一五"规划确定的硕士以上学位教师比例达到50%的目标要求。制定《2010年专业技术职务聘任实施意见》,对292名专业技术职务人员予以聘任。推荐自治区"草原英才"工程长江学者后备人选16人,组织完成2010年度自治区"新世纪321人才工程"一、二层次人选选拔推荐工作,经自治区评选确定一层次人选1人,二层次人选23人。另外有两人分别获得第六届自治区优秀科技工作者、自治区有突出贡献中青年专家荣誉。

学校党委高度重视统战工作,支持和帮助民主党派驻校组织加强自身建设,坚持重要意见征求制度和重要情况通报制度,充分发挥了统一战线成员在学校工作中的重要作用。在新一轮处级干部聘任工作中,邀请部分民主党派和无党派人士,对聘任工作进行了全程监督。重视党外干部的选拔和使用,在新聘任处级干部中,民主党派、无党派干部18名,占干部总数的11.8%。

认真落实离退休人员政策,补发了离退休人员交通补贴和取暖补贴，提高了离退休人员的工资待遇。积极搭建离退休人员工作平台，组建了老教授报告团、老年科技协会等组织，为离退休人员"老有所乐、老有所为"提供条件。2010年，学校老年体协被评为通辽市体育工作先进集体。

2010年5月下旬至7月底，自治区党委巡视五组进驻学校开展巡视工作，对学校几年来所取得的成绩给予充分肯定。学校党委根据巡视报告和巡视组反馈意见，认真研究制定了整改工作方案，明确责任领导、承担部门和整改期限，完成了近期整改任务。

【教学工作】

加大学分制改革实施力度　总结2007年以来实施学分制改革工作的成绩和经验，修订和完善了《学分制实施细则》等12个学分制改革配套文件，为实施弹性学分制教学管理模式奠定了良好基础。2010年学校被自治区教育厅列入自治区高校弹性学分制改革的第一批高校。

扎实推进质量工程建设工作　学校自治区级精品课程总数达到25门，其中现代蒙古语、无机化学、蒙医方剂学3门课程被评为首批自治区级优质精品课程。农学专业被评为国家特色专业，学校国家特色专业总数达到3个。护理学专业被评为自治区级高职高专品牌专业，学校自治区级品牌专业总数达到13个。1名教师被授予第四届自治区级教学名师奖。"世界史教学团队"被评为国家级教学团队。

重视新设专业建设　依照学校《新设专业评估指标体系》，组织专家对全校18个学院的37个新设专业进行了综合评估，全部达到合格以上，新设专业整体教学条件较好，教学质量能够得到保证。

组织全校24个教学单位召开教学工作会议　审议并通过了《学院教学工作报告》和学院"十二五"发展规划，巩固了学院在教学工作中的主体地位，形成了依靠全体教职员工推动学校各项事业发展的新机制。进一步加强日常教学质量监控，全年共开展各类教学检查80余次，教学秩序得到有效保证。组织开展了学生评教工作、青年骨干教师考核工作，新增中青年骨干教师30名。组织开展了第四届优秀教学质量奖、教学名师奖、优秀主讲教师初评工作。

注重实践教学环节　重新调整了教研室、实验室、实验管理中心和校内实践教学基地，基本满足了学生实践教学工作需要。建立和完善了实验室综合管理系统，完成2 003个实验项目的信息统计工作，实验项目实现了精细化管理。强化学校分析测试中心的综合服务功能，实现了贵重仪器设备的资源共享。

圆满完成本专科生、研究生、留学生和成人教育学生招生工作　全日制在校学生总数达到20 541人，成人教育学生达到18 903人，基本实现"十一五"规划预期目标。四少民族预科教育、双语教学和农牧民大专班的教育教学工作开展顺利。

对外交流和合作办学取得新进展　积极扩大留学生招生规模，学校现有蒙古、巴基斯坦、日本、韩国等留学生334人。2010年，与澳大利亚昆士兰科技大学合作开展的计算机科学与技术、艺术设计等5个三本专业开始正式招生，共招收300名学生。与韩国又松大学、爱尔兰格里菲斯学院等国外高校签署了合作协议。

【学科建设和研究生教育】

加快优势特色学科建设　9个一级学科硕士学位授权点通过国务院学位委员会审批，蒙医学博士学位授权点申请材料已由自治区人民政府报国务院学位办，学科建设的龙头带动作用显著增强。开展第二批硕士点立项建设项目中期考评，加强了自治区级重点学科建设工作，部级重点学科蒙药学(生药)通过国家中医药管理局检查验收并继续列入"十二五"重点学科建设规划。全校一级学科硕士学位授权点达到10个，二级学科硕士学位授权点达到68个，为博士学位授权单位建设奠定了坚实的基础。

深化研究生招生制度改革　2010年共招收全日制研究生219人，非全日制在职研究生36人，在校研究生规模达到596人。积极稳妥地推行研究生培养机制改革，修订和完善了学位与研究生教育管理规章制度，为建立创新人才培养机制奠定了基础。

【科研工作】

科研平台建设和科技创新团队建设再上新台阶　蒙医药研发工程中心被列为国家发改委工程中心，获得建设经费500万元。"蒙医药研发工程国家民委——教育部重点实验室"正式挂牌，标志着学校蒙医药研发的科研实力有了新的提升。"内蒙古自治区体育社会科学研究基地"在学校挂牌。"内蒙古东部经济历史文化研究基地"通过自治区年度检查，并从2011年开始，研究基地立项的科研项目列为自治区规划办的课题，基地建设工作得到主管部门的肯定。内蒙古自治区高校蓖麻产业工程技术研究中心、科尔沁非物质文化研究中心的各项工作扎实推进。组织申报了内蒙古自治区大学生就业创新基地和学习型社会研究基地，成立了学校科技咨询服务中心。

2010年正式启动首批9个校级科技创新团队建设项目，其中，蒙药与创新药研究团队已经被列入自治区科技领军人才及创新团队建设计划，成为学校第一个自治区级科技创新团队。

科研工作成果显著　2010年,学校获得国家科技支撑计划课题1项,资助经费400万元;国家自然科学基金项目8项,资助经费192万元;国家社科基金项目4项,资助经费46万元;教育部人文社科规划项目6项,资助经费42万元;国家民委民族问题研究专项1项,资助经费3万元;自治区自然科学基金项目23项,资助经费93万元;社科项目3项,资助经费2.8万元;自治区高校科研项目21项,资助经费47万元;内蒙古科技计划项目3项,资助经费40万元;内蒙古医疗卫生计划项目15项,资助经费20.1万元。获得自治区第五届社会科学优秀成果二等奖5项,三等奖2项,国家民委社科研究优秀成果著作类二等奖1项,民族问题研究论文类三等奖3项。

完成6种版本26期学报编辑出版　学校学报的社会影响力进一步扩大。组织承办了“内蒙古高校学报审读工作座谈会”、“全国高等农业院校学报研究会2010年学术年会”。“数字化校园”建设进展顺利,学校网站和多媒体教室均平稳运行,为全校师生员工提供了良好的网络工作环境和技术平台。

【内部管理体制改革工作】

制定并实施《后勤管理体制改革实施方案》　成立了基建处,将原后勤管理处的部分职能与后勤服务总公司合并,成立后勤处(后勤服务总公司),实行了“小机关、多实体”的管理模式。成立了农业科技园区建设办公室,负责园区的规划和建设工作。将学生公寓管理中心从后勤服务总公司划归学生处,将后勤服务总公司财务部并入学校财务处,原学校车队移交给后勤处管理和运营,基本满足了校内公务用车需要,节约了用车成本。

调整校内津贴发放办法　自2010年1月开始,调整在职教职工津贴(岗位津贴、课时津贴、责任津贴)和离退休人员生活补贴的发放标准及办法,采取了过去年终一次发放改为按月发放的办法。根据自治区和通辽市有关文件精神,学校自筹资金3 974.7万元,为全校教职工发放交通补贴,提高取暖费补贴标准,为在岗教职工发放误餐补贴,较大幅度地提高了教职工的福利待遇。另外组织部分专家教授、离退休人员、统战人士和工会干部共计170余人,先后赴阿尔山考察疗养,反响良好。

调整教学单位设置　在原艺术学院、职业技术学院和其他学院相关专业的基础上,分别成立了音乐学院、美术学院、护理学院、传媒学院等4个教学单位。加快校院两级管理模式改革步伐,成立学校专题调研组,对农学院等4个内部管理体制改革试点单位进行了深入调研和评估。在此基础上,多次召开专题会议,认真研究各项改革配套措施,从制度建设入手,修订完善相关规章制度,建立激励约束机制,以最大限度地调动学院的工作积极性和创造性。这项改革从今年开始将分步、分类逐步在全校推广。

附属医院整体工作再上新台阶　圆满完成临床教学和学生实习任务,在科研方面获得国家级科研项目5项、自治区级科研项目和课题共6项,发表SCI论文6篇。完成了新建7.5万平方米,总投资3.7亿元的附属蒙医医院的建设论证和整体规划工作。医院的经济效益和社会知名度明显提高,与上年同期相比,门诊人数增加16万人次,业务收入增加1 900万元。

【基本建设工作】

积极争取政府立项支持建设资金　学校1.5万平方米的工程实训中心、2.6万平方米的实验教学大楼、4万平方米的图书馆、2万平方米的文科楼等4个建设项目获得国家立项支持建设资金9 000万元,自治区匹配资金1.2亿元。光伏发电项目获得国家立项支持建设资金422万元。水源热泵制冷制热项目获得自治区支持建设资金81万元。

加快推进基础设施建设工作　霍林河校区9号学生公寓和塑胶田径运动场建成投入使用。完成了图书馆主体工程及部分附属工程建设。滨河园区10号学生公寓楼和工程实训中心已破土动工,将在2011年内相继竣工交付使用。实验教学楼、滨河园区9号学生公寓已完成选址工作,现正在组织工程设计。文科教学楼前期论证工作已启动。水源热泵制冷制热项目和学校建筑节能改造项目已分别报送国家住建部和自治区财政厅、建设厅。

【科学编制“十二五”规划】　围绕国家和自治区“十二五”教育规划的发展思路,明确提出了学校“十二五”发展规划的指导思想。在目标任务设计上,坚持以调查研究为基础,以广泛征求意见和充分论证为前提,科学设置各项事业发展目标任务,努力保证目标任务的可实现性和操作性。在具体工作上,全面回顾总结了“十一五”规划完成情况,注重各项工作的衔接和持续发展。

(崔建强)

包头医学院

【领导名录】

党委书记:奇那顺达来(蒙古族)

党委副书记 院长:李成义

党委副书记:和彦苓(女 蒙古族)

党委副书记 纪委书记:杜茂林

党委委员　副院长:郭春林　额尔登(女　蒙古族)

副院长:周立社

【概况】　包头医学院成立于1958年。学校设有研究生学院、临床学院、基础学院、公共卫生学院、护理学院、医学技术学院、口腔学院、麻醉学院、药学院、法医学系、人文社会科学学院、外国语学系、计算机科学与技术系、体育部、继续教育学院、职业技术学院等16个教学单位,有8所附属医院(其中直属的第一附属医院为全国三级甲等医院)、35所临床教学实习医院、15个自治区全科医学教育培训基地、37个公共卫生教学基地、6个药学专业教学基地、10个法医学专业教学基地。

学校现设有19个本科专业,6个一级硕士学位授予学科,共40多个硕士学位授权点,6个学科为自治区重点学科,2个自治区重点培育学科,3个自治区重点实验室、4个自治区实验教学示范中心,2门自治区级优质精品课程课程、15门精品课程。内蒙古基因诊断研究所、内蒙古应用解剖研究所、内蒙古消化病研究所、内蒙古高血压病研究所、内蒙古自治区全科医学培训中心、内蒙古自治区学校卫生人员培训基地等设在包头医学院。学校现占地面积1 100多亩,建筑面积20万平方米。图书馆藏图书64万余册(种),建成了现代化的校园计算机网络。

学校目前有各类在校生12 000多名,其中硕士研究生340名,已形成集全日制本科教育、研究生教育、继续教育、职业教育为一体的多层次、多形式的办学格局和教育体系。

【党建思想政治工作】　2010年,学校根据自治区党委、高校工委统一安排部署,认真组织开展创先争优活动。学校按照上级对高校要紧紧围绕推进教育改革、搞好教书育人、加强教师队伍建设设计载体,创新适应教育科研、师生需求的活动内容方式,加强和改进大学生思想政治教育,各级党组织按照活动安排开展选树宣传典型,学校党委、各党总支、基层党委、党支部和全体党员进行公开承诺并践行承诺,充分发挥党组织的战斗堡垒和党员的先锋模范作用。各项活动都按照《方案》规定的时间、内容有计划、分阶段进行,取得了阶段性成果。结合学校工作实际,按程序对基层党组织进行了重新调整,目前有3个基层党委、17个党总支。学生党员占在校生比例为9.5%。学校被评为包头市民族团结进步先进集体。

【教学工作】　2010年,护理学高职专业被评为自治区品牌专业,目前学校有自治区品牌专业5个。人体解剖学、生理学被评为自治区级优秀精品课程,组织学与胚胎学、儿童少年卫生学和基础护理学被评为自治区级精品课程,使学校的自治区精品课程达到15门,校级精品课程达到29门。临床医学、公共卫生与预防医学、生物学以及化学工程、物理学、历史学等6个学科被批准成为一级学科硕士学位授予学科,实现学校一级学科硕士学位授予学科零的突破,硕士点由13个达到40多个。

新生一志愿录取率超过100%,是近年来招生形势最好的一年。2010年共录取新生1 735名、研究生120名。理科本科录取分数超自治区二本最低线8分,其中临床医学超37分。

【师资队伍建设】　进一步加强师资队伍建设,2010年学校引进硕士研究生50人,博士研究生3人,定向培养博士研究生2人。成功申报西部地区人才培养项目2项,包头市"新世纪人才工程"优秀专家、拔尖人才基层行活动4项,包头市院士、专家包头行活动课题资助项目2项,包头市人事局择优项目资助2项,高等学校青年骨干教师国内访问学者1人,推荐申报享受政府特殊津贴3人,内蒙古自治区有突出贡献中青年专家3人,内蒙古自治区基本药物专家库专家38人,包头市非物质文化遗产保护工作专家库专家7人,自治区人才基金5项。同时结合学校实际,全员聘任工作已基本完成。

【继续教育】　开展了职业技能培训、全科医学教育培训、卫生院在职卫生技术人员培训等多种形式的培训工作。全年新增全科医学培训基地1个。承办了一期自治区普通话测试员的培训,成立了包头医学院普通话测试站。继续做好2010年中医类别全科医师岗位培训工作及2010年卫生院在职卫生技术人员教育工作,取得良好的社会效益。

【科研工作】　2010年组织申报各级各类科研项目200余项,101项被批准立项,共获得科研资助经费308万元,其中国家自然科学基金4项,内蒙古自治区自然科学基金10项。一些高级别的重点项目成为今年的亮点,获教育部重点项目1项,教育部春晖计划2项,中国中医科学院委托卫生部科技基础性工作专项重点项目子课题1项。其中教育部重点项目是学校"十一五"期间首次获得批准立项,是学校科研工作的一大突破。今年共获内蒙古科技进步二等奖1项、三等奖1项,包头市科技进步三等奖6项。科技成果转化和推广项目自治区3项、包头市4项。全年教师发表学术论文271余篇,有5篇被SCI收录。深入开展科技创新和知识产权保护工作,有2项实用专利获得批准。《包头医学院学报》的影响因子逐年提高。

【医疗工作】　2010年,学校坚持对两所直属医院实行目标管理,全力提升全国三级医院的各项水平,加大学科建设、人才培养力度,提高医教研水平,使医院工作整体上水平、上台阶,医德医风得到进一步的改善,一附院、二附院实现了经济效益和社会效益的双丰收。两所直属附院积极响应“健康包头行动”活动号召,分别承担了“唇腭裂患者免费手术治疗”、“45 岁以上人群骨质疏松筛查治疗”及“万名高血压患者规范治疗帮扶行动”等活动,惠及人数达5 000余人次,为患者减免费用、捐款捐物折合人民币约 160 余万元,为社会公益事业作出积极的贡献。两所附院被评为包头市"健康包头行动"先进单位,一附院被评为全国改革创新医院。

【学生工作】 2010 年,学校以深入开展创先争优活动为契机,制定了《包头医学院 2010 年共青团工作计划》、《包头医学院 2010 年学生思想政治教育工作安排》,举办团校培训班,巩固和完善共青团“旗帜”网站和广播站建设。开展了“三好一强”学风建设活动,完成了包头医学院第三届“自强之星”评选活动,举办“包医讲坛”11 场,组建了包头市大学生民族艺术团,成功举办了第二届少数民族艺术节和第二届红歌演唱会暨爱国歌曲大家唱活动以及首届公寓文化节等活动,同时学校还成功承办了世界中学生排球赛的部分赛事和自治区大学生排球赛,较好的丰富了校园文化。学校鼓励大学生开展科技创新,共有 3 项作品在自治区“挑战杯”大学生课外学术科技作品大赛中获奖。共有 5 份作品在全国“祖国需要我”征文比赛中分获一、二、三等奖。完成青年志愿者西部服务计划的宣传动员和招募工作。组织开展了大学生暑期社会实践活动,参与学生达3 000余人,组建集中实践服务团 11 支,队员近 200 人,获自治区先进集体 2 个,自治区优秀指导教师 3 名,自治区优秀服务队员 8 名,包头市先进集体 3 个,包头市优秀指导教师 6 名,包头市优秀服务队员 6 名。

【就业工作】 高度重视就业工作顺利完成选聘高校毕业生到嘎查村任职、“三支一扶”工作、招募“西部计划”志愿者、城市社区民生工作志愿者和“人才储备”计划及 2010 年招收士官等工作。2010 年学校“三支一扶”国家项目就业录取 41 人,社区民生计划 18 人,大学生村官 15 人,有效地拓宽了就业方向。截至年底,毕业生就业率达到 81.6%。

【管理工作】 坚持教代会制度,按期召开教代会,加强民主管理,民主监督。坚持以目标管理为突破口,整体提升学校工作。加强作风建设,认真解决师生员工、医护人员的实际问题。校领导班子在注重抓大事、议大事的同时,认真为师生员工办实事、办好事。为提高工作效率,对办公用品、差旅费、实验动物和低值易耗品等经费切块到各二级院系部和相关职能部门,逐步实行分级管理,重心下移,调动教职工的工作积极性。加强财务管理、国有资产管理和监察审计,增收节支,提高资金设备使用效益。加强新校区绿化美化,打造花园式校园。加快教职工公寓楼建设进度,目前工程已进入扫尾阶段,2011 年上半年将交付使用。

【维稳工作】 紧紧围绕创建“平安校园”的工作目标,以维护校园稳定为头等大事,坚持预防为主,人防、物防、技防相结合的原则,积极开展各项工作,保证了教学、科研等各项工作的顺利开展。2010 年学校加强对重点部位和危险品的管理,完善校园 24 小时值班巡逻制度,做好实验用危险化学品管理工作,严格执行相关法律法规和规章制度,通过举办综合治理宣传月、平安校园宣传月等活动,有效地防止治安事件的发生。全年没有发生火灾、刑事案件、治安案件和影响稳定的重大事故,平安校园创建工作取得可喜成绩。

【荣誉】 5 月上旬,学校外语系学生李璇获第七届自治区十佳大学生提名奖称号,学校一附院何慧洁荣获自治区第四届五四青年奖章。

5 月,2009 年自治区科学技术奖励结果揭晓,学校一附院王永福等人完成的《HLA - DRβ1 * 04 抗原表位与类风湿关节炎的相关性研究》,贺其图等人完成的《白血病骨髓血管新生及其相关因子相互作用机制的研究》、郑玉云等人完成的《血清睾酮水平与男性冠心病患者冠状动脉影像学特点的关系》获自治区科学技术进步三等奖,王彩丽获自治区中青年科学技术创新奖。

6 月 27 日 ~7 月 3 日,学校成功承办了世界中学生排球赛的 21 场比赛,这也是学校承办的第一次国际性体育赛事。

9 月,学校邵国博士、张学明博士、李旻辉博士和和姬苓教授主持申请的四项课题被国家自然科学基金项目批准立项,共获资助经费 102 万元。

(王亚娟)

包头师范学院

【领导名录】

党委书记:邬建刚(蒙古族)

党委副书记 院长:初志壮

党委副书记:李海丰

副院长　包头市政协副主席：侯晓菊（女）

党委委员　副院长：薛长江　刘兴旺

党委委员　副院长　纪委书记：汪支平（蒙古族）

【党建思想政治工作】　认真贯彻执行党委领导下的校长负责制，建立健全了沟通、协调、决策和监督机制。

建立健全了党委会议事规则、院长办公会议事规则等决策制度，按照“集体领导、民主集中、个别酝酿、会议决定”的议事原则；进一步健全完善了党政班子沟通协调、决策和监督机制。建立了校领导接待日、校领导联系二级学院、联系党外人士和学科带头人制度。进一步完善了二级学院的议事规则和决策程序，推动了二级学院决策的科学性和民主化，推进了民主管理和依法治校。

完善惩治和预防腐败体系为重点，推进党风廉政建设。认真落实党风廉政建设责任制，积极推进了惩防体系建设，不断完善制度建设，切实加大了执行力度。

以学习型领导班子和党组织建设为重点，切实推进了思想政治建设工作。切实推进了学习型领导班子和党组织建设，加强了党员、干部的教育培训工作，加强了大学生思想政治理论课和辅导员队伍建设。

深入开展了创先争优活动。加强组织领导，保障了工作部署到位，围绕中心工作，立足实际抓承诺，认真开展了领导点评活动，把握正确舆论导向，加大宣传，选树典型，活动取得了明显成效。

【人才工作】　坚持党管人才，全面完成了“十一五”人才队伍建设规划，研究制定了“十二五”人才队伍建设规划，不断创新人才工作体制机制，完善人才培养、吸引、使用、评价、激励办法，为优秀人才脱颖而出搭建了平台。努力突破“人才瓶颈”，积极参与“草原英才”建设工程，开展引智借智，组织申报了高校创新团队项目和高层次科研项目，加大引进培养力度。全年新进硕士学位教师9人，在岗教师获得博士、硕士学位28人，在职攻读博士和硕士学位的教师72人，1名教师参加“西部之光”访学，1名教师入选国家新世纪人才支持计划，3名教师入选自治区“321人才工程”第二层次，6名专家受聘兼职（客座）教授，人才队伍的结构更趋合理。加强重点学科人才培养力度，建立了校领导联系高层次人才制度，出台了《科研创新团队遴选、建设与管理暂行办法》，遴选产生了“专门史科研创新团队”等4个校级重点建设创新团队，领军人才培养正在有序推进。

【教学工作】　教学基本建设得到进一步加强。教学总经费投入达到1 522万元，其中四项教学经费达976万元，新增教学仪器设备值420万元；不断加强校园网建设，基本实现了校园无线网络的全覆盖；进一步强化图书馆的服务功能，启动了校内专家个人数字图书馆的创建工作，全年新增纸质图书1.14万册、电子图书1.85万册，教室、宿舍等基本办学条件得到了进一步改善。

质量工程建设稳步推进。切实加强了专业建设，召开了专业建设工作专题研讨会，研究制定了专业建设中长期规划，推动了特色和品牌专业建设，汉语言文学专业获准为国家级特色专业，音乐教育专业获准为自治区级品牌专业，增强了发展后劲。进一步推进了课程建设，网络辅助教学平台和网络课程网站建设得到进一步加强，300余门课程实现了网上辅助开课。中国古代史、儿童文学获准为自治区精品课程，中华文明史获准为自治区级优质精品课程。加强了教学团队建设，制定出台了《教学团队建设管理办法》，遴选产生了应用语言学类课程群教学团队等16个校级教学团队，中国文化史系列教学团队获准为自治区级教学团队。进一步加强实践教学平台建设。加快了实验室共享共用平台建设，开发了《实验室管理平台》，加大了实验室开放力度；获准中央财攻300万元的专项资金，用于计算机模拟仿真实训平台和科学研究与学生实践平台建设。

教育教学改革不断深化。启动了完全学分制改革，按照自治区教育厅的统一部署，进行了大量前期调研论证工作，改革将从2011级新生中实施。围绕人才培养模式、课程建设、教学改革等内容，学校批准了43个项目立项。组织开展了“高校教学理念、教学方法与实践”专题培训活动，加强了教学理念和教学方法的学习与交流，进一步开阔了视野。

【合作办学】　积极拓展合作办学空间，与白俄罗斯国立艺术大学和台湾蒙藏基金会等高校或社会组织开展了交流与合作，与英国波尔特大学等高校签署了合作协议（意向）。选派5名教师出国访问交流，与国家互联网产业无锡基地高层次留学人员团队建立了合作关系，并完成第一轮学生到岗实习。与加拿大女王大学、美国费耶特维尔州立大学合作办学取得了新突破。

【继续教育】　充分发挥学校盟市级教师培训基地的作用，承担了包头市第七期中小学骨干教师培训和2010年中小学校长任职培训任务，并组织开展了教学观摩活动。共为9个旗县区培训中小学校长128名、骨干教师331名、特岗教师17名，进一步得到拓宽了培训领域。

【科技工作】 加强了科技创新平台建设。制定出台了《重点实验室和人文社会科学重点研究基地遴选、建设与管理暂行办法》,遴选确立了2个校级重点实验室、3个校级人文社会科学重点研究基地。切实推进了科技创新平台开放运行和资源共享,建成凝聚态物理等4个实验平台。

科研质量和水平明显提升。全年发表论文472篇,出版著作12部。申报各级各类项目183项,获准89项。其中:获准国家社会科学基金项目1项、国家自然科学基金项目2项、教育部人文社科项目2项、自治区科技计划项目7项、内蒙古哲学社会科学研究规划项目4项、自治区高等学校科学研究项目20项、包头市科技发展项目14项、校内项目38项,获准纵向科研经费220万元,较去年翻了一番多。

着力推进学科建设。包头3所本科院校联合开展了新一轮次硕士学位授权点的申报工作,历史学、生物学和物理学3个一级学科硕士学位授权点已通过国务院学位委员会审批。

【学生工作】 进一步健全了"全员、全过程、全方位"育人工作机制。在学生中深入开展了创先争优活动、社会主义核心价值体系教育、爱国主义教育、民族精神教育、理想信念教育、感恩诚信教育、思想道德教育、基础文明教育、国防教育等活动,取得了明显成效。积极搭建了大学生心理健康教育平台。不断完善"学校—心理咨询中心—二级学院—班级—宿舍"五级大学生心理健康教育工作体系。学校获得了全区高校大学生心理健康教育工作先进集体,并被推荐参加全国先进集体评选。进一步加强了校园文化建设和大学生社会实践工作,注重发挥学生社团和实践基地在人才培养中的重要作用。举办了校园文化艺术节和社团文化节,社团活动实现经常化,《大学生管理中推行助理班主任制的探索与实践》项目获得教育部2010年高校校园文化建设优秀成果奖,学生在全国全区大学生数学建模、程序设计、"挑战杯"等竞赛中多项获得一二三等奖,3项科技发明获得国家专利。进一步加强了学风校风建设,开展了优良学风班级建设活动,学风建设成效明显。

【就业工作】 坚持实施就业"一把手"工程,探索建立了就业工作与专业设置、招生计划、切块经费相挂钩的考评工作机制;进一步完善了全程式大学生就业指导体系,加强了远程面试室和就业信息网站建设;大学生实习见习基地和就业市场进一步拓展,举办了学前教育、民办教育、中小企业等专场招聘会40余场,毕业生初次就业率达到76.04%。

【贫困生资助工作】 奖、贷、助、补、勤、减等资助措施完善,管理严格规范,有55名贫困生通过"绿色通道"顺利入学,3 349名学生获得国家奖助学金1 079.7万元,1 608名学生申请生源地贷款815万元,200多名勤工助学学生获得20余万元补助,没有学生因贫困而辍学。

(张勇)

内蒙古财经学院

【领导名录】

党委书记:刘振洪(7月离任) 额尔敦(蒙古族 12月任职)

党委副书记 院长:张亚民

党委副书记:荣板晓(蒙古族) 智崇文

党委副书记 纪委书记:袁广德

副院长:孟凡如 刘文清 陈志平 霍拓亚(蒙古族) 王 立(12月任职)

巡视员:杨平川(9月任职)

纪委书记:倪培霖(女 9月离任)

副院长:李春林(9月离任)

【概况】 内蒙古财经学院始建于1960年,学院拥有一个国家级实验教学示范中心,2个国家级特色专业,5个硕士学位授权点,1个专业硕士学位授权点,5个自治区重点学科,现有会计学院、金融学院、工商管理学院、财政税务学院、商务学院、旅游学院、统计与数学学院、计算机信息管理学院、经济学院、马克思主义学院、职业学院、继续教育学院、MBA学院等13个二级学院,法学系、公共管理系、外语系、中文系等4个直属院系,体育教学部1个直属教学部,7个科研教辅机构。

【创先争优活动】 学校党委成立创先争优活动领导小组,先后组织召开3个座谈会,对活动的实施方案(草案)广泛征求意见并进行修订。召开创先争优活动动员大会,对创先争优活动进行了整体部署。各基层组织成立专门的组织机构,确定活动主题,细化活动内容,明确活动目标,配发学习材料,开展一系列的学习领会活动。各级党组织结合本单位提出了具有实际意义和可行性、有利于事业发展的公开承诺;全体党员也都结合自己的工作岗位,做出公开承诺。在践行承诺过程中,坚持践行承诺记实制度、公开承诺回查制度、通报制度等制度,保证公开承诺落到实处。开展以党建带工建、团建、妇建活动，初步形成“党建带工建团建妇建，工建团建妇建促党建”的良好局面。

【党建和思想政治工作】　认真贯彻落实《中国共产党党员领导干部廉洁从政若干准则》和《关于加强廉政文化建设的意见》，深入开展了党风廉政建设宣传教育工作；进一步健全和完善了党风廉政建设责任制，进一步强化了党员领导干部的“一岗双责”意识，真正形成了一把手负总责、一级抓一级、层层抓落实的局面；全面贯彻落实中共中央、国务院《关于开展工程建设领域突出问题专项治理工作的意见》，严格执行《内蒙古财经学院大宗物资采购监督工作规程（试行）》和《内蒙古财经学院基建维修项目监督工作规程（试行）》；所有基建项目严格履行了招投标程序，并委托中介机构进行审计，加强了内部审计工作，全年内审送审金额1 146.83万元，审定金额为958.19万元，审减188.7万元，审减率为20%。充分发挥“两课”在思想政治教育中的主渠道、主阵地作用，认真开展了邓小平理论、“三个代表”重要思想、科学发展观和十七大精神“三进”工作；以党的十七届五中全会召开、“建党89周年”等重大活动为契机，广泛开展了理想信念教育、革命传统教育和爱国主义教育；着力加强了校园文化建设，一年来共举办人文素质系列教育讲座110余场，参与人数近5万人次，举办各种形式的大型校园文化活动100多场次，参与人数6万余人次。

【领导班子建设】　认真坚持党委领导下的校长负责制，贯彻落实党委会议事规则；坚持集体领导、民主集中、个别酝酿、会议决定，坚持集体领导与个人分工负责相结合，始终注重发扬民主，并将民主制度建设与依法治校、校务公开建设结合起来，推动了学校事业健康发展；始终坚持“三重一大”事项由领导班子集体研究决定，党委支持校长在党的集体领导下，依法行使职权，充分发挥作用，形成了党政齐抓、上下共管、人人负责、协调配合的良好局面。

【师资队伍建设】　多次召开党委会议和院长办公会议研究人才培养、人才吸引、职称评定、设岗聘岗等相关工作；通过公开招考，经由笔试、面试、考核等程序，择优录用教职工26人；组织新进教师开展了素质拓展训练；利用国内外人才培训项目和资金，选派了8名教师赴国外大学研修；有32名教师修完了学校与武汉理工大学合作培养博士研究生的课程，开始撰写论文。有19名教师考取了博士研究生，有9名教师取得博士学位返校工作、19名教师获得硕士学位回校工作，有两人获得政府特殊津贴、两人获得自治区有突出贡献中青年专家称号，22人入选自治区“新世纪321”人才工程一、二层次人选，11名教师获得正高级职称、28名教师获得副高级职称。

【教学工作】

加大教学经费投入　改善教学基本条件　继续加大对教学基础设施和教学运行需求的投入力度，全年净增设备总值3 905万元，其中教学、科研仪器设备资产总值净增2 769.41万元，占70.91%。

深入实施教育质量提升工程　制定完善了《内蒙古财经学院普通高等教育全日制本、专科生学生学历与学位证书管理规定（试行）》、《内蒙古财经学院学生学籍信息变更管理办法（试行）》、《内蒙古财经学院全日制本科学生专业分流实施办法（修订）》等规章制度；组织了院级优秀教学团队、教学名师的评选，评选出了5名教学名师和3个优秀教学团队、4个优秀教学建设团队；修订了《内蒙古财经学院民族班学生赴北京工商大学学习工作方案》及工作细则，选派了第二批25名学生赴北京工商大学学习；深入推进个性化人才培养模式改革，按照因材施教原则修订了本专科专业培养方案，在政治理论课程方面加大了实践教学比重，根据专业需要把计算机基础课程与各专业课程结合并嵌入了职业化课程，注重利用语音实验室培养学生的外语应用能力，采取校企联合培养的形式培养网络工程人才。

加强学科专业建设　获得了理论经济学、应用经济学和工商管理3个一级学科硕士学位授予权；新增了工程管理、土地资源管理、风险管理等三个本科专业，金融学被评为国家级特色专业，高职高专工程造价专业被评为自治区级品牌专业。

大力发展研究生教育　2010年新增理论经济学、应用经济学、工商管理三个一级学科硕士学位授权点。积极组织研究生到企业、科研单位开展社会实践活动，同时多次邀请国内知名专家学者来校举行学术讲座；加强导师队伍建设，实施导师动态管理；成立了MBA教育学院，工商管理硕士（MBA）专业学位教育首次开始招生，实现了专业硕士学位教育的零突破。

嫁接境外优质办学资源　推进三本教学工作　2010年3月及9月，澳大利亚阳光海岸大学国际部主任及校方代表先后两次赴财院访问并进一步商榷联合教育项目学生赴澳留学及进一步的交流合作等事宜。与北京新航道雅思英语培训机构合作，加大雅思英语培训力度，有11名同学通过考试赴澳留学。与美国、英国、加拿大、新西兰、日本等国的高校探讨了合作办学的可能性。

加大实验课程建设力度　经济管理类实验课程从28门增加47门,增加60%,覆盖了35个本科专业。规范化建设了43门实验课程,基本完成实验教学平台架构,扩大了实验教学的广度和深度,将部分实验教学资源整合到实验教学平台。

【科研工作】　出台了《内蒙古财经学院横向科研项目管理办法》、《内蒙古财经学院关于大力支持基础理论研究的实施意见》、《内蒙古财经学院校级科研项目管理办法(修订稿)》等规章制度;广泛开展了学术交流活动,全年共主办、参与各种学术交流活动百余场次,编写了学校《优秀科研成果集锦》;加强对挂靠在我校的各科研基地、中心的管理与协调,促进各研究机构的工作有序开展。2010年是科研课题立项层次最高、在核心期刊发表论文数量最多的一年。共获得各级各类项目64项。获得自治区哲学社会科学第十届政府奖62项。

【学生工作和维护稳定工作】

加强对学生的服务　教育和管理　重新修订、编印了《学生手册》,制定了《专职辅导员公寓值班管理办法》等规章制度,提高了工作的规范化、制度化水平;开展了辅导员工作检查和校园文明建设专项检查,加强了对学生的日常教育管理;开展了新入校学生心理健康普查,举办了心理素质拓展、心理健康讲座、心理健康主题班会等形式多样的心理健康教育活动;扎实开展了大学生医疗保险工作,学生参保率为100%。由于国家奖助学力度不断加大,学员积极推动奖学金、助学金、特困生补助、生源地贷款、勤工助学等项工作,学生奖助贷面不断扩大,很好的满足了学生学习和生活需要。

努力提高生源质量和毕业生就业率　制定了《内蒙古财经学院2010年招生工作实施意见》和《内蒙古财经学院2010年招生章程》,努力规范和改进招生工作,改善招生工作效果。出台了《内蒙古财经学院关于做好2010年毕业生就业工作意见》、《内蒙古财经学院2010年毕业生就业工作奖励办法》等一系列制度性文件;进一步完善了就业服务,严格执行全天候无休息就业服务制度;建立了"一对多"实名帮扶机制,每一名教职员工至少指导、帮扶三名毕业生;继续加大就业经费投入,年就业经费预算105万元,全年累计支出85.46万元,比上年增加19.02万元;加大了信息宣传力度,共发布招聘信息465条,使用短信群发平台发送短信11.6万多条,提供就业岗位超过毕业生总数;充分整合社会资源,与政府、企事业单位、社会团体合作,进一步扩展了实习实训基地。2010学校本科和高职高专的录取分数均大幅度高出自治区控制线,高职高专普通文科,录取最低分339分,高出自治区控制线139分。截至9月1日,毕业生总体就业率为90.23%,其中研究生就业率100%,本科生就业率92.61%,专科生就业率85.06%。总体就业率突破90%,本专科就业率创2000年以来最高记录,被自治区教育厅推荐参加全国就业工作先进单位评选。

【新校区建设二期工程】　召开了十余次党委会议或院长办公会议研究部署新校区建设工作,主要校领导经常到施工现场检查指导工作,分管校领导在施工期坚持每天到施工现场督促工程进展、解决建设过程中发现的问题;制定了基建施工2010年工作计划,明确了各项工作任务和时间安排,提出了两个确保,即在确保工程质量的同时,确保按期完成建设任务;新校区建设采用建筑业新规范,并使用先进的施工工艺、施工理念,充分体现了高校建筑的高格调、高品质。全年累计投入建设资金近1.5亿元,完成了新校区供电工程、天然气引进工程和东校区天然气改造等工程,校园面貌焕然一新。

【节约型校园建设】　依托国家节约型校园示范院校建设项目,获得国家和自治区节能改造资金奖励2 238.77万元,完成既有居住建筑节能改造12.89万平方米;基本完成了覆盖水、暖、电、气等各用能设施的校园节能监管平台建设,实现了对全校用能情况进行远程实时监控,得到了建设部评估专家的高度评价与认可,节能减排工作走在了全国高校前列。

【建校50周年庆典活动】　校庆活动得到了国家和自治区有关领导的亲切关怀,得到了自治区党委政府及有关部门的大力支持,得到了社会各界的广泛好评和一致认可。通过校庆活动,全面加强了各项建设,检验了学校的办学水平,总结了50年来的办学经验,宣传了办学成果,扩大了办学影响,凝聚了师生员工精神,提升了文化认同,加强了与广大校友和社会各界的联系交流,丰富了办学资源,为学校未来的健康快速发展注入了新的活力。

(杜和平　董锐　陈永庆)

内蒙古医学院

【领导名录】

书　记:包红亮(蒙古族)

院　长:杜茂林

副书记:李建(女　蒙古族)

副院长:宋振先　毅和(蒙古族)　牛广明　赵云山

【概况】　内蒙古医学院创建于1956年,是新中国在少数民族地区最早建立的高等医药院校之一,当时隶属国家卫生部,1958年划归内蒙古自治区管理。已成为一所具有鲜明办学特色的地方高等医药院校。学校现有金山校区、新华校区两个校区,总占地面积123.19万平方米,总建筑面积31.90万平方米。其中,教学行政用房面积18.64万平方米。教学科研仪器设备总值1 0128.10万元,各类图书文献86万册(种)。学校设有临床医学部、基础医学院、药学院、中医学院、蒙医药学院等16个教学单位,有5所附属医院(3所为直属附属医院,2所为非直属附属医院),24所临床教学医院,46个实践教学基地。学校有32个本专科专业,本科各专业面向国内23个省(市、自治区)招生。本科专业中,蒙医学蒙药学和中药学被评为教育部第二类特色专业。各级各类在校生16 000余人。学校现有专任教师774人,硕士生导师362人,兼职博士生导师8人。有享受政府特殊津贴专家58人,国家和自治区有突出贡献的中青年专家26人,国家"新世纪百千万人才工程"第二层次人选1人,自治区"新世纪321人才工程"第一、二层次人选24人,自治区高等教育"111人才工程"第一、二层次人选9人。2005年以来,学校先后承担各级各类科研项目1 010项。其中,国家自然科学基金项目29项。学校主办的《疾病监测与控制》是中华预防医学会系列杂志,出版的《内蒙古医学院学报》被教育部科学技术司评为"中国高校特色科技期刊",被中国科学技术信息研究所确定为"中国科技论文统计源期刊"。学校一贯坚持开放办学的方针,重视与国内外高校的交流与合作。与英国布莱德福德大学合作培养生命科学领域高素质人才;与北京大学、北京中医药大学、中国军事医学科学院、首都医科大学等高等院校建立了长期的合作关系;与日本、美国、英国、澳大利亚、俄罗斯、蒙古等国家和地区的多所医药院校或科研单位开展了多层次、多领域的学术交流与合作。

【教育教学】　深化教学改革,加强教学基本建设。制定了《内蒙古医学院教学改革研究项目管理办法》,共立项五个大类32个教改项目,投入项目经费30万元。将获得的中央支持地方院校发展项目1 000万元资金用于教学基本建设。全年新增教学科研设备700万元。投入368万元专项资金,开展质量工程项目建设。制定了《内蒙古医学院关于进一步加强教学质量与教学改革工程实施方案》,完成了2010年度学校质量工程六大项目的组织申报、评审、立项工作,获准立项建设的有品牌专业3个、精品课程4门、实验教学示范中心4个、优秀教学团队5个、教学名师3名、优秀主讲教师10名,投入建设和奖励经费100万元。新增3门自治区精品课程,2门自治区优质精品课程。建设国家级教学团队1个。加强学位与研究生工作,加大重点环节的工作力度,改革学术型、专业型、高校教师型、同等学力型研究生的课程设置,强化培养过程管理,加强学术不端行为检测,严把毕业论文答辩关,努力提高培养质量。

【科技创新】　继续加大对学科带头人的培养,培育具有创新精神和实践能力的科技创新团队。按照自治区投入经费1:1的比例,积极为"干细胞应用技术创新团队"和"肿瘤防治及分子机制研究创新团队"两个自治区科技创新团队提供支持。完成了临床医学、药学一级学科硕士学位点的申报工作。加大对蒙药重点实验室和分子病理学实验室以及学校科研平台的建设力度。组织申报各级各类科研项目308项,获批191项,获得科研经费1 469.8万元。其中,申报国家自然科学基金项目44项,获批8项,获得科研经费173万元;申报自治区自然科学基金项目82项,获批42项,获得科研经费158万元。申报内蒙古自治区科学技术奖16项,经过评选有6项获奖。有2项发明专利申报被国家专利局受理。获自治区医疗卫生科技成果与适宜技术推广项目3项,科技成果鉴定13项。

【医疗】　各附属医院按照医院管理年活动目标、"全国百姓放心示范医院"创建标准和"质量万里行"工作要求,健全医院管理工作的长效机制,加强首诊负责制,加大三级医师查房、危重病人床旁交接、病例讨论、术前讨论等制度建设力度,制定临床合理检查、用药、治疗标准,严抓病历书写和病案质量,实行护理三级管理。同时,不断加强基础设施建设,购进先进仪器设备,促进和保障医疗水平的不断提高。成立了第一临床医学院、第三临床医学院、自治区医院临床医学院,进一步提高了临床教学质量。第一附属医院积极筹建门诊大楼,病床达到1 800张。全年门诊总量1 120 992人次,同比增长3.9%;住院患者62 566人次,同比增长13.4%;手术28 172例,同比增长17.6%;医院业务收入同比增长24.9%,人均收入同比增长56.8%,第二附属医院完成改扩建工程的购地和拆迁任务,全年门急诊总量65 728人次,同比增长0.95%;床位使用率

94.28%,同比增长7.61%;住院患者8 027人次,同比增长8.6%;业务收入同比增长27.12%。附属人民医院完成了住院医技大楼一期工程建设任务,开放床位368张,门急诊患者61 486人,住院患者8 696人,同比增长21.03%;全年业务收入同比增长25%。各医院社会效益、经济效益显著提升。

【人才队伍】 围绕学科专业建设,完善培养高层次学科带头人、教学名师、业务技术骨干和中青年教师的相关制度。制定了《内蒙古医学院高层次人才引进管理办法》、《内蒙古医学院2010年公开招聘工作人员实施方案》,按照自治区相关规定,实施人才引进计划,面向社会招聘、引进高学历、高层次人才和急需人才。遴选2011年硕士研究生第一导师363名,第二导师142名。出台《内蒙古医学院专业技术资格评审办法(暂行)》,对工作在教学医疗一线岗位的专业技术人员进行了校内聘任,共聘高教系列95人,卫生系列90人,药系列17人,中蒙医系列18人,高级经济师5人。建立健全专业技术队伍建设长效机制,制定了《内蒙古医学院专业技术岗位设置与职务聘任管理办法(暂行)》。加强专业技术人员的继续教育,组织各种学术讲座、科研立项培训班和继续教育培训班59场。

【学生工作】 制定出台了《内蒙古医学院任课教师和辅导员及班主任联系制度》、《内蒙古医学院学生考勤管理条例》等规章制度。邀请专家名师,对团学干部进行培训,全年组织团学干部培训22次,团学干部专题讲座10场。逐步更新完善学生评奖评优相关条例,进一步规范各类评奖评优程序。全年评选出校级特等奖学金72人,一等奖学金434人,二等奖学金860人,三等奖学金1 132人,单项奖1 037人次。432人被评为校级优秀学生,358人被评为校级优秀学生干部,35个班集体被评为校级先进班集体。136人荣获自治区级三好学生,136人荣获自治区级优秀学生干部,160人荣获自治区级优秀毕业生。成立了学风建设指导委员会,制定出台了《内蒙古医学院学风建设实施方案》,加强学风建设宣传报道,营造舆论氛围。创新就业工作机制,不断提高就业服务质量。继续执行就业工作“责任制”、“月报制”和“一把手”负责制,积极鼓励75名毕业生参加“大学生村官”、“三支一扶”、“西部计划”、“特设岗位教师”、“民生工作”、“人才储备”、“应征入伍服义务兵役”等国家就业项目。加强就业工作人员与教师队伍培训,组织就业讲座,做好就业指导工作,举办100余场小型校园招聘会,为毕业生积极搭建就业平台。截至2010年9月1日,学校本专科毕业生的初次就业率为80%。构建扶贫帮困助学体系,拓宽资助途径,成立了内蒙古医学院助学基金会,开辟了更广泛的资助渠道,目前已吸纳社会资金64.7万元。为22人发放国家奖学金17.6万元。为380人发放国家励志奖学金190万元。为3 569人发放国家助学金535.4万元。开通新生报到绿色通道,为72名困难新生办理缓交学费入学手续。为800多名学生安排勤工助学岗位,发放工资51万元。为1 736名学生办理了生源地贷款,解决学生学费、生活费831.92万元。在自治区红十字会和自治区教育厅主办的2010年“博爱一日捐,助你上大学暨红十字进校园”活动中,学校有60名新生接受了每人1 000元的资助。

【党建与思想政治工作】 全年发展党员273名,有253名党员按期转正。在建党89周年之际,组织开展了"三优"评选表彰活动,表彰了16个先进基层党组织、74名优秀共产党员和24名优秀党务工作者。加强干部队伍建设,增强干部队伍活力。认真做好处级干部教育培训工作,选派25名处级干部参加自治区党委组织部的干部自主选学培训。制定了《内蒙古医学院2010－2013年处级干部选拔任用工作实施方案》,启动了新一轮处级干部选拔聘任工作。加强全校宣传思想教育工作,深入开展校园文化建设。组织开展了“三育人”先进个人评选表彰活动,表彰先进个人84名。紧紧围绕学校改革发展大局,积极开展党风廉政建设和反腐败工作。制定了《内蒙古医学院关于加强“三重一大”决策管理和监督的实施意见》,出台了《内蒙古医学院关于党风廉政建设责任制的规定》,编辑出版了《内蒙古医学院党风廉政建设汇编(三)》,认真做好来信来访工作,受理案件7件,对上级纪委转交的案件在认真查办的基础上将查办结果逐一及时上报。不断加强内部监督审计工作,继续做好金山校区完工项目竣工结算审计工作。对20项小型基建及维修项目工程结算进行了审计,审计总金额298.31万元,核减金额52.66万元。

【综合治理与后勤保障工作】 加大校园环境综合整治力度,加强了职工住宅区的物业管理,美化了生活环境。对新华校区腾挪搬迁进行摸底统计,制定新华校区教学楼等腾挪搬迁工作方案,启动了搬迁工作。完成实验动物中心建设方案设计、论证等工作,现已完成施工图设计工作。完成新华校区整体规划设计工作。积极争取资金,完成药用植物园设计、立项等前期工作。完成了大量的给排水、洗浴、供电、供暖、通信、房屋等基础设施的维修维护和服务管理工作任务。加强卫生管理,提高餐饮服务水平。搞好运输服务,全年安全行车65万多公里。与中国移动通信集团内蒙古有限公司合作开展校园“一卡通”建设,搭建了“一卡通”专网,在全校试行了新的“一卡通”系统。投入经费100余万元,用于维护稳定创建平安和谐校园。综合治理工作坚持“谁主管,谁负责”的原则,完善健全综合治理工作责任制和追究制度,对重大责任进行严格追究,对责任人和责任单位实行“一票否决”制。修订完善了《内蒙古医学院预防和应对各类突发公共事件预案》、《内蒙古医学院维护稳定专项应急预案》,强化了应急工作队伍的培训和演练。完善了校园“110”联动机制。落实《内蒙古医学院防火、防盗安全管理规定》,举办安全防火等讲座10余次,参加师生员工2 100多人次。把安全教育贯穿于教学之中,在全校师生员工中开展消防、交通、法律法规、安全防范等知识讲座10余次。在学生中开展以防火为内容的预防和处置突发公共事件应急演练活动2次。

【荣誉】 1月4日,由学校毕力夫、布仁达来、那生桑等专家编写的《蒙医药炮制研究》一书,荣获全区第十届精神文明建设“五个一工程”优秀作品奖。

2月8日,全区首例颅内自体骨髓干细胞移植治疗在学校附属医院获得成功。

3月24日,全区首例脐带血干细胞移植治疗颅内疾病在学校附属医院获得成功。

11月21日,附属医院皮肤科王晓彦教授荣获“中国优秀中青年医师奖”。

（何鹏　安志新）

赤峰学院

【领导名录】

党委书记:高金祥

党委副书记　院长:李春林

党委副书记　纪委书记:于建设

副院长:德力格尔(蒙古族)　于毅夫

贾国富　郭丽虹(女)　崔其福

王曙光

巡视员:郑克　席永杰(蒙古族)

【概况】 赤峰学院是2003年经国家教育部批准组建的一所多学科性的本科普通高等学校。学院占地面积480 223平方米,建筑面积15.97万平方米。学院师资力量雄厚,现有专任教师937人,其中教授110人、副教授322人。学院现有蒙古文史学院、汉语言文学系等23个院系部。现有全日制普通本专科在校生9 511人,成人教育函授生6 721人。学院建有计算机中心、多媒体教室、专业实验室、语音教室、体育馆、琴房、画室、高性能计算机校园网络和电子阅览室等现代化的教学科研设施。还设有附属医院、第二附属医院和附属中学,其中附属医院为三级乙等医院。

【教学工作】 学院专业设置涵盖文学、史学等九大学科门类,形成了蒙古语言文学、汉语言文学等39个本科专业和60个高职高专专业的以本科教育为主体的教育教学培养体系。学院重点建设了以红山文化和契丹辽文化为特色的历史学、蒙古学、理论物理和口腔临床医学等学科,巩固了以教师教育为主的优势学科,大力发展了面向当地经济建设和社会发展需要的应用学科,加强了校、系级重点扶持学科和重点学科的扶持力度,初步形成了具有赤峰学院特色的学科体系。稳步实施了教育质量工程和合格课程体系建设工程。

【科研工作】 科技工作形成了科研与教学良性互动、教学与科研相长的局面。按照学院的办学理念和定位及学科发展战略,加强了各层次重点学科学术梯队和学术骨干队伍建设,以“红山文化国际研究中心”、伦理学研究所等学术机构为龙头,以历史学、口腔医学、物理学等及相关学科为突破口,以学院主办的《赤峰学院学报》为载体,形成了自己的办学特色和学科优势。科技成果不断涌现,2010年教职工申报的各级各类项目获准立项27项,项目立项数和获得立项经费均创历史新高。全年发表学术论文710篇,其中全国中文核心期刊发表82篇,专利5项,SCI、EI收录35篇,出版著作46部。其中,有一项成果获教育部优秀成果三等奖;一项成果获自治区人民政府哲学社会科学优秀成果一等奖;四项成果获自治区人民政府哲学社会科学优秀成果二等奖;一项成果获自治区人民政府自然科学二等奖。

【学生工作】 学院高度重视学生工作,签订了学生工作目标责任状,完善了学生工作“院、系、班三级管理,以系为主”的学生工作管理体制。加强了学生工作制度建设和学生管理的信息化、网络化建设。招生就业工作实行一把手负责制,加强了大学生就业指导,通过各种形式对毕业生开展人生观、职业观、择业观教育,加强对毕业生就业的指导工作。加强了贫困学生资助、贫困生建档和绿色通道工作,使贫困学生通过绿色通道顺利入学。加强大学生心理咨询和心理健康教育,通过开通心理咨询热线、心理咨询网络、《大学生心理健康报》等方式有效地丰富了大学生的心理健康知识。

【图书文献工作】 学院图书馆是赤峰地区规模最大、设施最完善、设备最先进、功能最齐全的现代化图书馆。馆内藏有图书85.9万册,藏有《四库全书》、《四部备要》、《古今图书集成》、《十通》、《大藏经》等珍贵文献。电子图书室投入使用了清华同方等15个数据库,加入了CALIS内蒙古自治区文献信息服务中心,实现了馆际互借与文献传递服务业务。

【荣誉】 美术学院教授鲍凤林的中国画作品《玛拉沁》入选第十六届广州亚运会组委会和中国美术家协会主办的《激情盛会 翰墨流芳》全国中国画展,并荣获本次全国中国画展优秀奖(最高奖)。该作品现已被中国美术家协会收藏。

音乐学院副教授、国家二级作曲宋汇霖老师创作的内蒙古第一部民族器乐作品专辑《永远的牧歌》由内蒙古出版集团内蒙古文化音像出版社正式出版发行。该专辑的出版发行标志着赤峰市民族器乐作品创作已经走在了自治区民族器乐作品创作的前列。

(郑国军)

呼伦贝尔学院

【领导名录】

党委书记:王　志

党委副书记 院长:朱玉东

党委副书记:郭守杰(女)

党委副书记 纪检委书记:李雅梅(女)

党委委员 副院长:德力(蒙古族) 王广利 郭伟忠(达斡尔族)

党委委员 组织部长:张国栋

党委委员 院长助理:常　海(蒙古族)

党委委员 党政办主任:乌云达来(蒙古族)

【概况】 呼伦贝尔学院是自治区一所全日制综合性普通本科院校。2003年学院成功晋升本科院校。

学院占地面积1 800余亩,校舍建筑面积近40万平方米,建有功能齐全的体育馆、图书馆、美术馆、音乐厅、科技实验大楼等,图书馆藏书100万册,学院现有国有资产总值近6亿元。

学院现有22个学院,1所附属中学。教职工1 197人,其中专任教师871人,正高级专业技术人员88人,副高级专业技术人员271人,具有博士、硕士学位人员305人。外聘客座教授100余位,以及来自欧美等国的外教10余位。全日制在校生12 000人,各类成人教育学生8 000余人。

学院现有38个本科专业、47个专科专业,专业设置涵盖文学、理学、工学、法学、经济学、历史学、教育学、管理学八大学科门类,部分专业采用蒙、汉两种语言授课。学院已建成国家级特色专业1个、自治区级品牌专业6个、自治区级精品课程11门、院级重点学科7个、院级特色学科8个。2010年批准设立的摄影专业在全区本科高校是第一家。

学院建成自治区级实验教学示范中心1个、自治区优秀教学团队1个、研究所和研究中心21个。近年来,由学院主持和承担的省部级以上科研课题上百项。学院主办的《呼伦贝尔学院学报》为国内外公开发行的省级学术期刊。

【本科教学迎评促建工作】 积极营造评建氛围,统一思想,提高认识,让评建工作更加深入人心;继续规范教学,加强教学管理,提高教学质量;积极推进学院第二轮院系本科教学工作评估的准备工作;按照评估要求,积极进行图书仪器设备购置等硬件建设;为顺利通过评估,积极争取上级党委、政府及各级主管部门对学院迎评促建给予支持。

【不断提高教学质量】 强化内涵建设,全面实施"质量工程"积极培育发展优势学科和品牌专业,以加强学科和专业建设。2010年,学院俄语专业获批成为国家级特色专业建设点,摄影专业成为全区高校第一家本科摄影专业。完善合格课程、优秀课程、精品课程三级课程建设体系和逐级提升的良性发展机制。2010年,又有三门课程评为自治区精品课程、十门课程评为院级精品课程、42门课程评为院级优秀课程。

加强实习实训基地建设,拓展各类实习实训基地,为教育教学服务。同时学院依托自身优势积极申报高水平运动队,冰雪项目高水平运动队获教育部批准。师资队伍建设又有新进展。历时一年,大力开展了教师教学技能大赛暨教学能手评选活动,对进一步提高教师教育教学水平,落实教育教学中心地位,强化质量工程,收效显著。2010年,有一个教学团队被评为自治区优秀教学团队,教师队伍的职称结构、年龄结构、学历结构和学缘结构得到进一步优化。

深化教学改革,提高教育教学质量,努力实现"一实二高三强四会"的人才培养目标。按照人才培养目标进一步完善各专业人才培养方案，强化技能训练，提高了学生的综合素质，人才培养质量明显提升，学生外语考级过关率、计算机等级考试过关率、考研率、资质证书获证比例都有进一步提高。

进一步加强教育教学管理，完善了教学质量监控保障体系。

实验室建设方面，进一步规范了实验室管理，完善了实验教学及实验室管理的规章制度，扩充更新了各专业所需的实验仪器设备，不断创新实验教师队伍建设。

【科研工作】 加强科研管理，从制度上保证科研工作有效推进。鼓励教师及科研人员依托专业、面向社会主动寻找科研项目，不断提高服务地方经济社会能力。多年来一直坚持的“申报高层次课题、出高水平成果、获高级别奖励”初见成效。2010 年批准的立项中，获国家哲学社会科学基金 3 项，内蒙古自然科学基金 1 项，内蒙古教育厅科学研究项目 15 项，数量和质量及所获经费资助均创学院新高，同时有多项成果获省部级奖励。

广筑平台，柔性引智，主办和承办了多个高水平学术会议。“教授论坛、博硕论坛”常年坚持不断，加强学术交流的同时浓厚了学院的学术氛围，提升了学院学术品味和学术水准。

【学生教育管理】 学院认真贯彻中共中央、国务院和自治区相关文件精神，结合《呼伦贝尔学院进一步加强和改进大学生思想政治教育工作的实施意见》的落实，不断创新和完善学生教育管理工作的内容和方法；着力打造校园文化品牌，完善了具有地域特色和民族特色的校园文化活动模式；扎实推进全院大学生心理健康教育工作；以宿舍管理为突破口，进一步加强了大学生日常行为规范养成教育；招生工作成绩显著，生源质量明显提升，新生报到率稳中有进；毕业生就业工作不断加强，90% 以上的就业率得到又一次巩固；学生资助工作取得新进展，资助学生数和资助额度大幅增加。

【对外交流与合作】 2010 年，先后接待来自国外高校、教育组织及个人 18 批次，学院因公出访国外教育机构 11 批次，派出赴俄留学生 78 人，接受俄、蒙留学生 40 人，派出赴俄罗斯、蒙古和马来西亚实习生 15 名，接受国外实习生 53 名；进一步加强外籍专家的管理和留学生管理，改善外籍专家和留学生学习和生活环境；扎实推进学院与教育部出国留学服务中心共建的“赴俄留学培训基地”建设，依托基地与俄罗斯高校进一步加强合作办学。

【重要活动】

内蒙古俄罗斯民族研究会在呼伦贝尔学院召开学术座谈会 2010 年 4 月 24 日上午，内蒙古俄罗斯民族研究会在呼伦贝尔学院成功召开学术座谈会。会上张晓兵会长详细介绍了研究会成立的过程、章程、任务、已经完成和即将开展的工作，作为自治区级社科类学术研究会该研究会承担了 2010 年内蒙古社科类重点课题《内蒙古俄罗斯族》一书的研究和撰写工作。呼伦贝尔学院俄罗斯语言学院将承担该书第五章的研究与撰写任务。

联合国教科文组织第十一届国际母语日活动在呼伦贝尔学院举行 6 月 17 日，联合国教科文组织第十一届国际母语日活动在我院举行。本次活动的主题是"保护母语、传承文明"。中国教育国际交流协会会长章新胜、联合国教科文组织驻华代表处代表阿比曼钮·辛格、教育部语言信息管理司副司长王铁琨、自治区副主席连辑，内蒙古自治区宣传部副部长、内蒙古社会科学院党委书记、院长吴团英，市委常委、宣传部长赵立华，副市长金昭，呼伦贝尔学院党委书记王志、院长朱玉东等领导出席开幕式。数十位中国少数民族语言文字学者和蒙古、尼泊尔、巴林等国驻华使节也出席了此次活动。

华北地区第十六次高校德育工作研讨会和内蒙古自治区高校思想政治教育研究会 2010 年年会在学院隆重召开 6 月 26 ~ 28 日，华北地区第十六次高校德育工作研讨会和内蒙古自治区高校思想政治教育研究会 2010 年年会在学院隆重召开。内蒙古教育厅副厅长何瑞芝、呼伦贝尔市党委常委宣传部长赵立华等相关领导出席了会议。北京、天津、山西、陕西和内蒙古五个省市区 150 多名代表以及学院部分师生参加了会议。

举办 2010 年“海峡两岸族群与文化发展”学术论坛 7 月 7 日，学院举办的 2010 年“海峡两岸族群与文化发展”学术论坛在呼伦贝尔市宾馆召开，来自台湾元智大学、台湾清华大学、台湾交通大学、台湾世新大学、台湾孙中山纪念馆的多位学者、教授和我院党政领导及相关专家参加了本次学术论坛。

中国教育信息化学会第四届理事会第七次常务理事会召开 2010 年 7 月 15 日，中国高等教育学会教育信息化分会第四届理事会第七次常务理事会议在学院召开。中国高等教育学会秘书长办公室主任沙玉梅、呼伦贝尔学院党委书记王志、教育信息化学会理事长，北京大学信息办主任黄达武、清华大学、中国人民

大学、复旦大学等30位常务理事,以及学院计算机学院领导与部分教师参加了会议。中国高等教育学会教育信息化分会其前身是"国家教委直属高校管理信息系统协作会",成立于1992年1月。常务理事会由各985高校和部分211高校组成。

中国留学服务中心与呼伦贝尔学院共建赴俄留学培训基地签字暨揭牌仪式举行　7月20日上午,"中国留学服务中心/呼伦贝尔学院赴俄留学培训基地"签字暨揭牌仪式分别在呼伦贝尔市宾馆和呼伦贝尔学院隆重举行。中国留学服务中心安玉祥副主任、国际合作处明廷玺副处长、国际合作处项目主管杨小婧、呼伦贝尔学院党委书记王志等学院领导以及宣传部、外事处、教务处、俄罗斯语言学院等部门领导同志及媒体记者出席了仪式。安玉祥副主任与王志书记代表双方签字并互赠了礼物。之后在呼伦贝尔学院安玉祥副主任与王志书记共同为"中国留学服务中心/呼伦贝尔学院赴俄留学培训基地"揭牌。学院成为自治区首家"赴俄留学培训基地"。

学院与蒙古国东方省东方大学签署合作意向　9月15日,蒙古国东方省社会发展局局长德·吉日嘎拉、东方省政府外事办公室主任孟和萨础日拉、东方省东方大学校长赫·奥德满达呼及7名赴学院学习的东方省留学生一行13人到学院进行访问,并与学院签订了合作意向书,为今后两校深入合作奠定了基础。

蒙古之源国际学术研讨会在呼伦贝尔学院召开　11月8日,蒙古之源国际学术研讨会在呼伦贝尔学院召开。呼伦贝尔市委常委、统战部长、呼伦贝尔民族历史文化研究院院长孟松林,副市长姜华,蒙古国考古协会会长、成吉思汗大学校长拉哈巴苏荣,蒙古国著名《蒙古秘史》研究专家、地理学家苏赫巴特尔,蒙古国考古协会研究员孟和巴图及我院领导及相关专家出席了研讨会。

美国密苏里大学副校长访问学院　11月15日,美国密苏里大学副校长威廉森先生、密苏里大学副校长办公室顾问欧阳文教授在呼伦贝尔市领导及相关部门负责人的陪同下来访学院并座谈。此次威廉森先生的来访使学院与欧美高校建立了联系,为今后进一步拓展合作奠定了基础。

(张玉清)

呼和浩特民族学院

【领导名录】

党委书记:迟耀君
院　　长:白长明(蒙古族)
巡视员:白布和(蒙古族)
党委副书记 纪委书记:阿　民(蒙古族)
副院长:布和温都苏(蒙古族) 徐福全(蒙古族) 韩　猛 胡春梅(女 蒙古族) 哈斯朝鲁(蒙古族)

【概况】 呼和浩特民族学院(原内蒙古民族高等专科学校),是经国家教育部批准设立,由内蒙古自治区人民政府主办的普通本科高等学校。学院占地面积529亩,固定资产总值近3亿元,其中教学科研仪器设备总值2 600万元。现有图书66.8万册,期刊900种,电子阅览室和图书检索系统完善。设有传媒系、翻译系、经济系、计算机系、美术系、音乐系、外语系、公共管理系、数学系、法学系、教育系、环境工程系、中文系、体育系和马列教研部等教学机构,42个专业,开设10个本科专业并已经开始招生。学院现有教职工502人,其中专任教师322人,专任教师中,具有博士研究生学历的教师22人,具有硕士研究生学历的教师122人。专任教师中自治区有突出贡献中青年专家、享受政府特殊津贴、入选自治区"321人才工程"、入选自治区高等教育人才培养"111工程"、全区意识形态首批"四个一批"人才共18人。在校生人数5 995人,其中本科生1 012人、专科生4 983人。

学院致力于民族优秀传统文化艺术的继承和研究,促进民族文化艺术的繁荣。学报《蒙古学研究》(蒙文)是全国乃至世界蒙古学研究的重要期刊,具有较高的学术水平和科研价值。蒙古文书法研究、蒙古应用语言文字研究、蒙古文学研究、蒙文信息处理研究、哈撒儿研究、草原生态与环境研究是目前主要科研特色和优势。先后承担并完成《草原畜牧业现状及其发展对策研究》、《哈撒尔研究》、《哈撒尔祭祀与成吉思汗祭奠比较研究》、《蒙古语术语数据库》等国家、省部和厅局级课题;部分教师承担、完成中国蒙古学文库选题,参加《蒙古学大百科全书》的编写工作。2004年,学院被确定为"八省区蒙古语文规范化研究中心"和"八省区蒙古语文规范化培训中心"。

【专业与课程建设】 根据学院专业建设总体规划,申报并完成第三批拟升本专业的人才培养方案、专业建设规划等论证工作,其中艺术设计、会计学、工商管理、法学4个专业已通过自治区教育厅批准,上报至国家教育部。将原有的部分本科专业扩充为若干个专业方向,使学院本科招生专业和专业方向增至28个。按照本科教育办学的要求,对学院与教学部门进行整合与调整,新建立了3个系、2个公共教学部(中心)。2010年,学院“电视节目制作基础”课程被评为自治区高职高专类精品课程,评审确定了“环境学”、“电视节目制作”课程为院级精品课程。共有17部教材被列入自治区蒙文教材编写计划,其中16部教材由学院教师主编,创下了建校以来教材编写历史的新高。

【教学工作】 制定出台《呼和浩特民族学院学分制实施方案》、《呼和浩特民族学院制订(修订)人才培养方案的规程》、《呼和浩特民族学院学士学位授予工作实施细则》、《呼和浩特民族学院第二学位与辅修专业管理暂行办法》、《呼和浩特民族学院本科生学籍管理规定》等规章制度,为进一步规范本科教育教学管理,保证本科教育人才培养目标的顺利实现提供了有力的依据。严格执行院、系两级教学监控,重点听取了新闻学、日语、行政管理3个新增本科专业教师的课堂教学,并逐一进行反馈,及时改进了课堂教学中存在的问题。组织全院2009级教学信息员先后对187名教师进行课堂教学质量评估,确保了课堂教学秩序的稳定和教学效果的不断提高。

【招生与就业】 2010年,共录取2 189名新生,其中本科生713名,新生报到率达94%。全院在校本科生1 056名。学院坚持并严格执行院、系两级“一把手”工程,成立“大学生就业与创业服务协会”和就业信息服务员队伍,定期召开会议,及时交流信息,有效提升了学生自我教育与服务意识。先后与170余家用人单位进行沟通和联系,组织就业恰谈会103场次,提供就业岗位6 000多个。共有113名同学通过“西部计划”、“三支一扶”和民生工程考试获得就业机会,有17名同学应征入伍。2010年初次就业率为80.36%,年终就业率为84.8%。

【科研与图书资料建设】 2010年,学院组织申报各类科研项目38项,获准立项国家社会科学基金项目2项,教育部人文社会科学研究一般项目1项,自治区哲学社会科学规划项目1项,自治区高等学校科学技术研究项目15项,其中2项为重点课题。顺利结项自治区社会规划课题1项和自治区高等学校科学研究课题4项。有一部成果获得自治区第三届哲学社会科学优秀成果政府二等奖,三部成果获得了三等奖。与包头市委统战部、民委、社科、达茂旗旗委政府联合成功举办“哈撒儿历史文化学术研讨会”。学报《蒙古学研究》——“风俗学研究”栏目荣获第四届全国高校社科期刊特色栏目奖。

根据学院专业设置的需要,不断增加馆藏图书量,馆藏图书量已达66.8万册,生均图书量约100册。全年共采集新书5.2万册;修改蒙文书目数据1 208种,核对蒙文工具书目录248种,1 089册;核对数据、补齐汉文图书总帐,登记图书6 476种,32 380册。上下架图书3 000册,打包图书8 000册,修补旧图书300余册。分发2010年报刊8 500多份,续订和补订有关数据库,现已拥有北京同方知网(CNKI)、超星电子图书和爱迪科森网上报告厅3个数据库。

【学生管理与资助】 通过举办《强化学生管理、提高自律意识》一系列校园文化活动和与学生签订《大学生自律承诺书》,进一步提高了广大学生的思想道德素质和自我管理意识,有效促进学生良好的学习习惯、生活习惯的培养。通过选派6名辅导员(班主任)参加国家、自治区两级辅导员培训学习和召开“呼和浩特民族学院2010年度学生管理工作研讨会”,学生管理队伍整体素质有了进一步的提升。本着认真贯彻落实“零伤亡责任事故”的责任目标,继续加大力度,狠抓常规管理,做到了防患于未然。成功举办首届心里健康教育宣传月活动,进一步规范了心理健康教育工作。

2010年,共有164名学生获得国家奖学金和国家励志奖学金83.5万元,累计有9 680名学生分别获得专业一至五等奖学金231.652万元,20名学生获得“乌兰夫奖学金”10万元,34名学生获得中国建设银行奖学金和“冈松庆久教育基金奖学金”6.8万元。1 554名学生分别获得各类助学金和社会捐助共计460.5万元。为1 629名学生办理了的生源地助学贷款746.91万元。

【人事管理】 制定出台《呼和浩特民族学院岗位设置与聘用实施细则》、《教师工作量核算办法》、《呼和浩特民族学院劳动合同制工人管理办法》,为即将进行的岗位设置管理工作提供制度保障。重新修订《呼和浩特民族学院教师攻读学位和进修学习的管理办法》、《呼和浩特民族学院出国留学人员管理规定》、《呼和浩特民族学院人才引进相关待遇的暂行规定》和《出国留学人员协议书》,并依据出台的《呼和浩特民族学院师资培养计划》(2010－2015),对部分教学人员进行岗位调整。2010年,有1人被选入“321人才工程”一层人选,1人被评为有突出贡献的中青年专家,2名教师获得自治区人才开发基金。及时更新全院在职、非在职和离退休人员的相关信息,形成《机构编制实名制管理信息系统》。完成了对325名专业技术人员的继续教育培训学习、验印工作和2010年度30名教师职称材料的审核、评定和申报工作。

【基础设施建设】 根据国家发改委关于支持地方民族院校基本建设的有关文件精神,申报并获准的图书馆工程、教学楼接建工程、学生公寓等共1.6亿元的基建项目均顺利进行。其中图书馆工程已圆满完工;教学楼接建工程和学生公寓楼也已经完成了主体建设;在建设中的综合实验楼和体育馆两项工程也按计划建设。按照中央低碳节能的要求,利用暑假顺利完成了校园内所有教学用房、行政用房及学生餐厅共计28 300平方米的外墙保温工程。完成新增40吨的扩炉工程,确保了全院的暖气供热和安全运营。

(吴利春)

集宁师范学院

【领导名录】

党委书记:高云峰(9月离任) 于杰勇(9月任职)

党委副书记 校长:于杰勇(9月离任)

院长:谭福贵(9月任职)

党委副书记 纪委书记:许 卫

党委委员 副校长:田智 赵刚 葛笑天

党委委员:刘国栋 朱俊仙 梁政

校长助理:赵海忠

【概况】 集宁师范学院位于内蒙古自治区乌兰察布市集宁区。学院设有中文、政史、外语、教育、数学、计算机、物理、化学、体育、音乐、美术、蒙文和马列部等13个教学系部。有在校生10 974人(普通本专科生8 568人,成人函授本专科生2 406人)。学院现有理学、文学、历史学、法学、教育学、工学、农学、管理学、艺术学等9个学科门类。其中本科专业17个,专科(高职)专业35个。现有自治区级品牌专业8个,自治区级精品课程7门。有7个自治区合格实验室,3个校级重点实验室,1个自治区级人文社会研究基地,1个校级人文社会研究基地,13个研究所。

学院现有教职工786人,专任教师494人,另有外聘教师25人。专任教师中有教授34人,有副高级专业技术职务的178人。教师中有获得国务院特殊津贴专家2人,自治区教学名师1人,自治区有突出贡献的中青年专家1人,自治区优秀教师5人,曾宪梓教育基金高等师范院校教师奖一等奖1人、二等奖1人、三等奖4人,内蒙古"321人才工程"专家4人。

近三年来,学院教师申请立项的科研课题共24项,其中国家级课题2项;出版专著和教材20余部,发表论文260余篇,其中有25篇发表在国际有影响的刊物或国内核心期刊,有3篇被ISTP、人大复印资料等全文收录。学院从1980年开始主办、出版《集宁师专学报》。

学院现有南、北两个校区,占地面积691 245.7平方米,总建筑面积259 849平方米。设备仪器总值6 712.65万元。学院共有适用图书79.04万册;阅览室21个,阅览座位数3 171个;年定购各种专业杂志、报纸1 600余种;电子阅览室有座位数300个,电子图书10万册。建有计算机网络服务体系。

学院设有附属实验中学,占地35 709平方米,招收高中生,在校生2 700多人,教职员工150人。

【教学管理】

加强教学质量建设 强化教学管理工作 积极推进专业建设 以提高教学质量为中心,制定了2010级新建本科专业人才培养方案。以精品课程建设为龙头,全面推进学校课程建设。学校高度重视精品课程建设,2010年学院建设校级精品课程3门,申报自治区级精品课程2门。组织申报2011年新增本科专业7个。积极组织学校教师编写特色教材。2010年正式出版教材1部,编写和修订校内自编试用教材3部。

加强教学常规管理 全面推进教学规范化运行机制 坚定不移地抓教学,以教学监控为重要手段,通过各种方式不断完善监控机制,认真做好教学任务的审核、落实、安排等工作,采取多种措施优化教学运行状态。进一步促进学风考风建设。继续加强考试管理力度,从认识、组织、宣传、处理全方位推动考试管理和考风考纪建设,不断创新考试管理办法,不断强化考试管理体系。进一步完善了教学评价体系,包括完善了学生测评教师课堂教学效果制度,坚持听课制度,开展期中教学检查。

加强在校生学籍管理 顺利完成了2011届毕业生的图像采集工作和毕业资格审核。组织完成1次全国大学外语四六级及三级考试,2次全国计算机等级考试,2次全国英语等级考试,考生共9 393人次。

【学生教育管理】

学生思想政治教育 在上一年度工作的基础上,学院进一步加大对各系做好学生工作的领导和监督力度,强调校系两级管理。在学生思想政治教育中,始终坚持以深入学习贯彻中共中央、国务院16号文件的精神为根本,体现"以学生为本、以教育为先"的工作理念,利用丰富多彩的课外文化活动为载体,将思想工作落到实处,收到了良好效果。在作好思想政治教育工作的同时，还加强了法律法规教育、安全知识教育、心理健康教育、诚实守信教育、感恩教育等工作。继续倡导和开展毕业生文明离校教育，人生观、价值观教育，就业和择业观教育。

加强制度建设　出台了一些新的规章制度，进一步规范学生管理工作，如《贫困学生认定办法》、《2010版新型生源地助学贷款指南》、《辅导员管理暂行规定》等。继续完善了部分学生管理规章制度，编纂了《集宁师院学生管理制度汇编》（电子版），进一步加大执行的力度，学生管理工作严格按制度办事。

学生常规管理和服务工作　加强校风、学风、考风建设，继续严格考试制度，加大力度惩治学生违纪行为。顺利完成了本学年的学生综合测评及各类评优工作，完成了国家奖学金、助学金和贫困学生困难补助评比、审定和发放。加强了学生干部队伍建设，进一步完善“学生公寓自治管理委员会”，新组建了“学生自律委员会”，加强学生自我教育、自我管理，培养学生自我服务、自我完善的能力。

【学生资助管理】　在学生资助管理方面，制定了《集宁师范学院家庭经济贫困学生认定办法》、《集宁师院国家奖助学金管理办法》等文件制度。开展2010年新型生源地助学贷款，使1 261名家庭经济贫困学生得到了不同程度的资助，并进一步做好贷后管理和教育工作。10月，按教育厅和开发银行的要求，对2006、2007年国家助学贷款工作进行了专职人员培训和微机录入、微机化管理，并与开行及教育主管部门联网办公。2010年为近300名家庭经济贫困学生办理了缓交学费手续，为4名特困生减免了学费，为40人免费发放行李用品或军训用品，为50名新生办理了5万元的红十字捐助。

【师资队伍建设】　积极做好机构编制改革的准备工作。进一步深化人事制度改革，认真抓好年度考核工作。根据上级主管部门的要求，按照民主测评、干部互评、党委评价的方式，根据分值确定优秀人员，基本上达到了公平、公正、公开客观的评价每一位干部。按有关规定，按期办理退休、坐休及辞职手续。关心慰问帮助离退休老同志，发挥离退休老同志在学校建设发展中的作用。按照上级人事部门要求，做好教师职务聘任工作。制订了干部人事档案规章制度，做好干部人事档案的整理、归档及管理工作。对档案进行逐份加工、整理，对材料不全的档案重新收集材料，做到材料齐全、分类准确、达到上级部门对干部人事档案达标升级的要求。加强劳资管理工作，根据国家有关工资政策，及时准确地完成了全院教职工年度工资晋升、职务变动等工作。学院积极采取多种措施，吸引硕士研究生以上的优秀人才来校工作。征求用人部门意见，制订了2010年毕业生引进计划。稳定现有教师队伍，鼓励中青年教师以多种方式提高学历层次和教学业务水平。进一步完善助教制度，充分发挥老教师“传、帮、带”的作用。依照教育教学工作的实际需要继续聘请客座教授。

【招生就业工作】　圆满完成各项招生任务。2010年学院在全国11个省份招收新生，新生报到2 888人，其中专科学生1 741人，本科学生1 147人，圆满完成了招生、录取、报到工作。

加强对学生的就业指导，积极为学生就业提供优质服务。拓宽区内外就业市场，积极与用人单位联系，巩固、拓展毕业生供需互择平台。继续加强与现有用人单位的联系，了解用人需求，主动征求意见，巩固已有的就业市场，并积极开拓新的就业市场，为学院毕业生顺利就业创造更多条件。积极引导和鼓励毕业生面向基层、艰苦地区就业，派专人负责咨询和解释国家的“三支一扶计划”、“村官计划”、“志愿服务西部计划”，让毕业生的就业观念、就业期望值逐步转变。加强就业指导课程和师资队伍建设，形成了一支专职的就业指导队伍。加强职业资格培训，增强就业竞争力，继续完善就业网站的建设。2010年院毕业生人数为2 757人，在毕业人数增加，专升本人数大幅度减少的情况下，我院签约率相比去年峰值略有所下降。截止9月1日签约人数已达924人，灵活就业1 782人，专升本51人，一次性签约率为37.40%，就业率为33.51%。

【成人教育工作】　积极推动成人教育的发展。在现有规章制度基础上，布置、草拟本科层次成人教育管理制度。2010届成人教育毕业生总数为986人，成人学历教育预计专科招收1 000人，本科招收200人。

积极开展中小学教师继续教育培训工作。中小学老师教育技术能力培训班培训287人，旗县教师培训机构培训28人，本校教师国培计划骨干培训3人。以“乌兰察布中小学教师继续教育研究会”为依托，开展教师培训研究和学术活动。

（孙登高）

内蒙古广播电视大学

【领导名录】

党委书记:孟　和(蒙古族 7月离任)
额尔敦必力格(蒙古族 7月任职)
党委副书记 校长:韩　竞
党委副书记 纪委书记:于　洋
党委委员 副校长:张利生 哈萨(女 蒙古族)
李建军

【概况】 内蒙古广播电视大学是根据邓小平同志关于创办广播电视大学的批示,于1979年2月经内蒙古自治区人民政府批准成立的一所自治区直属高等学校。

内蒙古广播电视大学建校以来,立足自治区经济社会发展的需要,坚持面向地方、面向基层、面向农村牧区、面向民族地区的办学方向,为自治区培养了各类学历教育毕业生18万余人,燎原广播电视实用技术培训30万人次,非学历继续教育岗位培训约30万人次,截至2010年底,学校各类在籍学生6万余名。现有开放教育本科、专科、成人大专、蒙语授课、一村一、中等专业教育、继续教育等多种学历教育和非学历教育形式。在自治区118万平方公里的土地上,建立了以内蒙古广播电视大学为中心,15所盟(市)级电大和100个旗(县)工作站构成的内蒙古广播电视大学现代远程开放教育系统和网络。

2007年1月,经自治区教育厅批准,内蒙古现代远程开放教育中心在学校成立,"中心"依托学校的系统、设施、网络、资源优势,逐步形成社会化的远程教育公共服务体系,为各类学历、非学历的远程教育项目提供教育支持、技术支持、资源建设、资源传输等方面的服务。

【党建工作】 扎实开展创先争优活动,校党委以"凝心聚力抓质量、创先争优谋发展"的活动主题,以"筑坚强堡垒,树先锋形象,促科学发展"为主线,坚持抓好"四个提高"、"五个结合",把活动的目标任务落到了实处。

建设学习型党组织,引领电大事业发展进步。进一步健全领导班子理论学习的长效机制,努力将电大领导班子建设成为学习型领导班子。改善了党委中心组学习制度。注重领导班子作风建设和党风廉政建设。

【办好开放大学】

开阔思路　拓展事业　各类教育形式全面发展　2010年,全区电大系统开放教育招生共计19 222人,同比增长3.5%。2010年共开设开放教育本科专业23个,专科专业30个,"教育部一村一名大学生计划"专业12个。从开设专业数、参加招生教学点数和招生人数来看都创开放教育开办以来的新高。全区电大系统成人教育共计录取新生1 245人,较2009年招生规模增长31%。全区中央电大现代远程教育公共服务体系招生2 334人,较2009年增长了12.5%。2010年学校获准开办蒙汉双语法学开放教育(本科)专业,为通过现代远程开放教育手段培养更多的少数民族应用型高等专门人才开辟了新途径。

以教学工作为中心　加快条件建设　努力提高教育教学质量　一是狠抓网上教学工作。组织制订《内蒙古电大网上教学规程(试行)》,加强对全区电大系统网上教学平台的监控、跟踪检查、考评,并将其与各分校绩效评估的考核指标挂钩。二是进一步完善了教学管理制度。结合学校整章建制工作,制定和补充完善了专业规则管理等规定。实现了"四个一"建档工程电子化。三是加强了科研工作管理。与内蒙古大学共同承担了《边远地区远程网络教育的通信方式研究》课题项目。两位教师获内蒙古自治区第三届哲学社会科学优秀成果三等奖,四位教师获得2010年度广播电视大学优秀科研成果各级别奖项。《广播电视大学学报》和《内蒙古电大学刊》在同类期刊评比中多次获奖。四是提高队伍素质。进一步完善了教师、管理、技术和科研四支队伍管理与培训制度,举办了开放教育教学、课程教学设计、网上导学等专题讲座。积极落实"全区现代远程高等教育工作会议"精神,组织开展了"现代远程教育师资库"建设工作。两位教师荣获全国广播电视大学第四届"教学创新奖";在全国电大教务管理人员业务大赛中,学校成绩在全国电大排名第八位,并获"精神风貌"奖。学校各部门获得上级奖励16项,获得奖励的教职工有60余人次。五是加强了教学平台建设。组织共建五门开放教育非统设课程和一门西部特色课程远程教育资源。筹备建设"内蒙古广播电视大学远程接待系统"和"网络教育数字化学习资源中心"。六是积极探索远程开放教育条件下的学生管理工作。学校有170名学生获得中央电大奖学金,152名学生获得内蒙古电大奖学金。

【系统建设】 继续开展了对全区电大分校绩效评估

工作。兴安盟电大、包头电大、巴彦淖尔电大入选第一批“全国示范性基层电大(教学点)”,包头和巴彦淖尔电大奥鹏远程教育中心入选全国奥鹏远程教育示范学习中心。中央电大、中国残联联合授予学校残疾人教育学院“全国示范性电大教学点”。进行了基层教学点清理、整顿和建设工作。经过清理整顿,现有开放教育教学点100个,分布在78个旗县(区),对旗县的覆盖率达到了77.2%。

(敖特更吉雅)

河套大学

【领导名录】

党委书记:邢　秀

党委副书记　校长:张永胜

党委副书记　纪检书记:郭玉梅

党委委员　副校长:巴图查干(蒙古族)

石文清

副校长:张建国

党委委员　副校长:张高明

党委委员　校长助理:冯泉海　宋文忠

党委委员　组织部长:胡　远

【概况】　河套大学创办于1985年,是内蒙古自治区较早设立高等职业教育的院校之一。原国家副主席乌兰夫为河套大学题写了校名。在25年的办学历程中,河套大学始终坚持“以服务为宗旨,以就业为导向,以质量为核心”,以培养高素质技能型人才为主要目标,牢牢把握“科学发展、特色立校、品牌兴校、质量强校”这一主题,紧紧围绕学校办学定位和发展思路,全面优化学校教育资源和教育环境,深化教育教学改革,不断提升办学综合实力,努力为经济发展和社会进步提供更多更好的人才和智力支持。

2010年,是河套大学“十一五”教育事业发展规划顺利完成之年,也是继往开来向实现升本目标迈进的一年。

【教学工作】　学校坚持把教学质量工程建设放在各项事业发展的首要位置,坚持内涵式发展,提升学校核心竞争力。全年有2个专业被评为自治区级品牌专业,全校共建成140多门校级优质课,2门课程被评为自治区级精品课程,2门课程被评为自治区级优质精品课程。美术教育专业教学团队被评为自治区级教学团队。继续加强教师队伍建设,做好师资培养培训长、中、短期规划,重视对学科、专业带头人、"双师型"教师的培养培训,加大教师特别是骨干教师的培养和培训工作力度,鼓励青年教师攻读硕士及以上学位,有40余名教师参加了学位攻读和在职培训。

【科研工作】　2010年共完成全国教育科学“十一五”规划、国家社科基金、自治区宣传部、自治区社科基金、自治区科技厅、自治区教育厅、巴彦淖尔市科技局等9个批次教科研项目审批申报工作。完成中国教育技术学会课题的10个子课题的结题工作和自治区教育规划办7个课题、教育厅4个课题的立项工作。《河套大学学报》按时出版。科技人员先后举办农林科技培训117期,培训农牧民10 000多人次。

【学生工作】　继续探索和实践“三自一主”学生教育管理工作模式,进一步加强学生的思想政治教育、学风建设、日常管理、心理健康教育和国防教育、学生资助工作,加强辅导员、班主任队伍建设。深入开展大学生科技创新和以“青年志愿者行动、四进社区、三下乡”等为主要内容的社会实践活动。不断健全完善“奖、贷、助、勤、补、缓、免”助学体系。2010年,共有979名学生办理生源地助学贷款,总金额452.73万元。发放大中专各类奖助学金7 392人次共计834.7万元、发放中专免学费补偿金1 683人次共计168.3万元。

【招生就业】　在高职高专招生形势严峻的情况下,经过全校各方面共同努力,圆满完成招生任务,2010年共录取高职高专学生2 740人(计划2 680人);远程教育招生居全区第一,并建成全国示范性基层电大;继续教育、中职教育在生源极其困难的情况下招生人数稳中有升;2010年高职高专毕业生就业率达到93.59%。

【基本建设】　基本建设步伐加快,基本完成图书信息大楼、医学院综合教学楼、学生运动场主体工程建设。网球馆、附属医院等项目投入使用。

(办公室)

呼和浩特职业学院

【领导名录】

党委书记:赵全兵

党委副书记 院长:李怀柱

党委副书记 纪检书记:董鹏

呼和浩特市政协副主席 学院党委委员 副院长:张润锁

副院长:巴图巴雅尔(蒙古族)

党委委员 副院长:贾润

副院长:易晶

调研员:赵秀梅 吴瑞恒

【概况】 呼和浩特职业学院是2002年经内蒙古自治区人民政府批准成立的全日制综合类高等职业学院,也是呼和浩特市举办的唯一一所高等院校。学院的办学历史可追溯到1907年的归绥学堂,迄今已有百余年,其中职业教育办学也历经50多年,成为呼和浩特市及自治区经济和社会发展的人才摇篮。

截至2010年末,学院占地面积1 780多亩,教学建筑面积33万多平方米,教学仪器设备值8 600多万元,馆藏图书90余万册,教学用计算机2 600多台,固定资产总额8.8亿多元,年招生人数5 000余人,各类在校生人数2万余人,其中全日制在校生1.5万余人(含中专生1 900余人)。录取分数线从自治区最低出档线到全区排名前列,历年毕业生就业率平均为95%以上。

【基础设施建设】 学院以基本建设为突破口,逐步改善办学条件,2010年末形成"一校两区"格局,一座园林化、人文化、信息化地现代化大学校园基本成型。旧校区改扩建投入资金2亿元,新增建筑面积近11万平方米。新校区征地1 480亩,总投资约6.5亿元,按照在校生1万人的规模和本科院校的标准完成了建设,体现了"传承百年文化底蕴,彰显时代气息"的建设风格。与此同时,加快绿化美化和配套设施建设步伐,加大图书资料购置经费,获得中国光华科技基金会1 000万元图书捐赠,引进超星、方正等图书数据库,丰富文献资源;投入1 000多万元建设数字化校园。

【教学科研工作】 学院以专业建设为重点,以科技创新为动力,深入推进教学科研工作健康发展。现有自治区级品牌专业6个、精品课程8门,院级精品课程30门,重点建设专业11个,教学改革试点专业4个,校内实验实训基地98个,校外实训基地122家。

2010年学院正式成为国家自然科学基金依托单位,为加强基础研究,培养科学技术人才及自然科学研究提供了平台。学院已获得自治区级科研项目6项,资助金额72 000元,自治区级获奖论文25篇。

【人才队伍建设】 始终坚持"名师强校、人才兴校"和"留住人才、善用人才"的理念,着力建设一支结构合理、道德高尚、业务精湛、治学严谨的高素质教师队伍。2010年,继续面向社会公开招聘高层次人才、紧缺专业师资、专业带头人,行业企业能工巧匠,共引进各类人才49名。在引进人才的同时,着力培养"双师型"教师,出台一系列政策鼓励教师下企业锻炼,奖励专业带头人和精品课程负责人,资助教职工参与科研项目、出版学术专著;举办各类技能大赛、培训讲座,促进教职工素质的提高;开展"名师工程"发挥引导示范作用。

【招生就业】 2010年科学合理制定招生计划,加大招生宣传力度,严格执行"阳光政策"。计划招生4 300人,实际报到5 204人,超额完成了招生计划,招生人数、录取分数线和新生报到率均为自治区同类院校前列。

就业工作常抓不懈。积极拓宽渠道,利用各方面资源为毕业生就业提供服务。毕业生就业工作形成全院重视、全员参与的局面。学院共有2010届毕业生3 503名,截至10月底共接待用人单位620家,用人需求总数近6 800多人,人均2个招聘单位,33名同学专升本,65名同学参加国家项目。初次就业率已达92%。

【对外合作】 国际交流与合作成为学院办学特色之一。学院先后与白俄罗斯维捷布斯克国立大学、新西兰南方理工学院开展旅游管理、计算机应用技术、美术教育、建筑工程技术、道路桥梁工程技术等16个专业合作办学,合作院校增加至6所,招生人数逐年增加,2010年共录取160人。

【开放教育 继续教育】 充分发挥电大、继续教育多层次、多规格、多功能、多形式办学的优势,坚持"面向地方、面向基层、面向农村和边远地区"的宗旨,以现代教育技术为依托,以多种教学媒体综合运用为手段,积极引进办学项目,全面推广网络平台,广泛开展合作办学。2010年,在教育师资、职业技能培训鉴定、执法人员培训、安全生产等几个大的培训项目上有新的进展。学院年培训能力达到了1.2万人次,技能鉴定覆盖维修、电工等22个工种,合格率在90%以上。

(徐金生 程敏)

文 化 传 媒

文 化

【内蒙古自治区文化厅领导名录】

厅 长:王志诚

副厅长:刘春良(7月任职) 安泳锝(蒙古族) 赵新民 乔玉光(蒙古族7月任职)

纪检组长:韩 冰(女 9月驻厅)

副巡视员:李鸿英

【概况】 内蒙古自治区文化厅是主管全区文化艺术事业的自治区人民政府组成部门。厅机关现有公务员编制52名,在职49人,离退休69人,设职能处室11个,管理区直文化单位18个,职工1 285人。

【公共文化服务体系建设】

基础建设 投资3.5亿元的内蒙古演艺中心开工建设。文化信息资源共享工程稳步推进,在全区建立各级分中心95个,乡村、社区基层点6 414个。2010年又新建15个县级支中心,完成350个乡镇基层服务点的设备配置。抽查验收2008年度54个县级支中心。制定"十二五"文化资源建设、网络管理平台建设等建设规划。乡镇综合文化站建设项目顺利实施。2010年已建成和在建综合文化站479个,完成规划总数的47%。开展公共图书馆评估达标活动,77个参评图书馆中有58个达到国家三级以上标准,其中一级7个,二级9个,三级42个。

群众文化活动 参加全国第十五届"群星奖"评奖活动,歌曲《家乡的古神树》等5项作品荣获全国群众文化最高奖——群星奖作品类奖,包头市鹿城文化艺术节等3项活动荣获群星奖项目类奖,全区有3名个人荣获"群文之星"称号,总获奖11项,在5个少数民族自治区中排在第一位。漫瀚调《鄂尔多斯有个五家尧》和舞台剧《祝福阿拉善》两个节目荣获中国农民艺术节"精粹奖",文化厅荣获优秀组织奖。呼麦演唱《天驹》荣获第八届中国西部民歌(花儿)歌会金奖,五人民歌组合《狼耳黑骏马》荣获银奖,双陶布秀尔弹唱《这样美丽的阿拉善》荣获铜奖。举办自治区首届"群星奖"评奖活动,展出美术、书法、摄影作品400余件,90幅作品获奖;音乐、舞蹈、曲艺和戏剧类作品评出各类奖项42项,8个单位被评为优秀组织工作奖。主办了首届中国·呼和浩特民歌合唱汇演,来自全国16个省市自治区共25支合唱团参加,参赛人数达到1 500人左右,获得广泛好评。

文化惠民活动 开展"百团千场"下基层慰问演出工程,全区三级专业艺术院团全年深入农村牧区、厂矿企业、军营哨所等基层单位演出近6 900场次,丰富了基层群众的精神文化生活。继续推进自治区博物馆、纪念馆免费开放工作。全区各级博物馆免费接待观众200余万人。加强对农村牧区文化大院(文化户)、民间剧团等自办文化的政策扶持和资金奖励。社区文化、广场文化、老年文化、少儿文化、农村牧区文化等社会文化活动遍及全区,群众性文艺创作、演出和展览活动蓬勃开展,呈现出群众文化活动的繁荣发展的良好态势。完成自治区《团结奋进的内蒙古》成就展和《内蒙古自治区人口和计划生育工作30年成就展》等大型展览工作。

【艺术创作和演出】

艺术创作 推出一批新的舞台艺术作品。组织专家先后对舞剧《诺恩吉雅》、《嘎达梅林》、话剧《拓跋鲜卑》、舞蹈诗《追寻契丹》、歌舞《敖鲁古雅》、大型民族歌舞集《呼伦贝尔大雪原》、蒙古族曲艺情景剧《江格尔》等进行研讨论证,其中《诺恩吉雅》、《拓跋鲜卑》、《敖鲁古雅》已搬上舞台,反响较好,其他剧(节)目正按论证意见进行修改完善。对近年来创作的一些基础较好、有提升空间的剧目,在演出实践中不断修改提高,《巴雅尔与大花眼》、《乡村检察官》在自治区西部地区共巡演50多场,《西口好人》、《草原记忆》推出了更加方便下乡演出的精编版,既增加演出场次,又提高剧目质量,收到很好的效果。全国性艺术评奖有新收获。鄂尔多斯市歌舞剧团的舞蹈诗《鄂尔多斯婚礼》获第九届中国艺术节文华大奖特别奖及音乐创作、表演2个单项奖,《巴雅尔与大花眼》获第二届中国少数

民族戏剧会演剧目银奖及导演、表演等8个单项奖,《乡村检察官》获第六届全国话剧展演优秀剧目奖,《拓跋鲜卑》获全国话剧金狮奖,舞蹈《东方筑路人》获第七届中国舞蹈“荷花奖”当代舞比赛金奖。

演出展示活动 举办2011年新年音乐会和那顺个人演唱会;组织了湖北省党政代表团慰问演出团大型舞剧《王昭君》在自治区的慰问演出活动,自治区主要领导和湖北省主要领导观看演出;组织参加第九届中国艺术节、第六届全国话剧优秀剧目展演、2010年全国京剧优秀剧目展演、中国西部交响乐活动周、中国民族音乐百场巡礼等全国性重大艺术活动,舞蹈诗《鄂尔多斯婚礼》、话剧《乡村检察官》、京剧《大漠昭君》以及内蒙古歌舞剧院民族交响乐团、包头市漫瀚艺术剧院民乐团分别参加了上述活动,内蒙古歌舞等艺术活动在一年内频繁亮相全国舞台,使自治区在全国性重大艺术活动中不缺位并取得较好成绩,为近年来鲜见。同时,加快培育演出市场,由内蒙古演出服务中心牵头,联合呼和浩特市、包头市、鄂尔多斯市成立呼包鄂演出联盟,为建立全区演出院线奠定基础。

艺术节庆活动 在镶黄旗和察右后旗成功举办第五届内蒙古自治区乌兰牧骑艺术节。由1 100多名乌兰牧骑队员、500多位来宾参加艺术节的9项活动,惠及各族各界群众20多万,是历届乌兰牧骑艺术节规模最大、活动内容最丰富、参演人数最多、惠及群众最广的一届,乌兰牧骑品牌效应和影响力进一步提升。圆满承办第七届草原文化节优秀剧(节)目展演和演出交易洽谈会。引进区外优秀剧(节)目,内蒙古演出服务中心举办3个大型演出季,全年承接演出90余场,湖北省歌剧舞剧院的《洪湖赤卫队》、中国儿童艺术剧院的《喜羊羊与灰太狼》、俄罗斯歌舞《印象俄罗斯》、朝鲜歌剧《红楼梦》等一批中外艺术院团的精彩演出令自治区观众耳目一新,广受欢迎。

乌兰牧骑建设 自治区党委办公厅、政府办公厅转发《自治区党委宣传部、文化厅、财政厅、人社厅、编办关于加强新时期乌兰牧骑工作的意见》,将乌兰牧骑建设纳入基层公共文化服务体系。起草《内蒙古自治区乌兰牧骑评估管理办法》。陈巴尔虎旗等18个旗县乌兰牧骑荣获全区服务基层服务群众先进乌兰牧骑,乌审旗乌兰牧骑荣获全国基层文化建设先进集体。

【文化遗产保护】

第三次全国文物普查的田野调查及验收工作 圆满地完成了覆盖全区所有乡镇、苏木及行政村、嘎查的实地文物普查工作。共调查登记不可移动文物点21 000余处,其中新发现12 000余处,复查9 700余处,数量较“二普”登记点翻了一翻。在国家文物局公布的100项文物普查重大发现名录中,自治区占7项。赤峰市二道井子夏家店下层文化聚落遗址,被国家文物局评为“2009年全国十大考古新发现”。完成对全区12个盟市、101个旗县的文物普查的验收工作任务,全区三普的工作进度在全国名列第七位。组织举办《全区文物普查成果展览》,评选出“全区文物普查20大新成果”。进行长城资源调查。重点调查秦汉长城7 400余公里,与全区各盟市文化局签订《保护长城目标责任状》。

元上都遗址申报世界文化遗产 元上都申遗工作已正式列入2012年中国向联合国申请世界文化遗产的名单中。争取元上都保护、申遗专项经费5 000万元,投资3 000万元、建筑面积4 000平方米的元上都遗址博物馆工程已正式开工建设。元上都遗址申遗文本的编制工作已完成,由中国政府送交了联合国教科文组织世界遗产委员会。自治区政府下发《内蒙古自治区元上都遗址保护管理办法》、颁布《元上都遗址保护总体规划》,对元上都遗址保护管理以及申遗工作将起到推动作用。

文物执法和文物保护 配合公安部门开展严厉打击破坏、走私文物的专项活动。查办呼和浩特市某公司破坏大青山秦汉长城案,对当事人进行刑事责任追究。制定《自治区文化厅(文物局)安防工作应急预案》,会同自治区消防总队对15个重点文物单位及重点古建筑进行消防安全大检查,全年实现文物保护安全年。

非物质文化遗产保护 评审第二批8个自治区级文化生态保护区,共达到12个。开展第二批自治区级非物质文化遗产名录项目代表作传承人评审工作,确定10个大类的115名传承人。13个项目被列入第三批国家级非物质文化遗产名录项目公示名单。确定6个蒙古族长民歌和呼麦传承基地,启动潮尔道、蒙古诵经等濒危项目的抢救性保护工作。参加“人类非物质文化遗产代表作名录——中国剪纸艺术展”,《凤戏牡丹》、《五哥放羊》两幅作品荣获一等奖,五项分获二三等奖。蒙古族马鞍具制作技艺等8个项目参加中国首届非物质文化遗产博览会,6项获作品奖和优秀组织奖。加强对蒙古国文化交流,在呼和浩特召开了蒙古族长调民歌国际研讨会,研究商讨民族民歌和共有文化项目交流合作、联合申报、联合保护的长效机制问题。2010年底参加在蒙古国召开的中蒙非物质文化

遗产保护合作机制工作会议。开展蒙古族服饰专项保护活动,深入11个盟市41个相关旗县,对蒙古族服饰进行田野调查、研究论证和风格鉴定,确认区内28个部落及蒙元时期的蒙古族服饰的典型样式,完成106套蒙古族服饰和34套头饰的复原性制作。这些服饰和头饰已全部移交内蒙古博物院作永久性收藏和展示。文化厅排演的《草原欢歌·永恒之火》,参加了"全国少数民族非物质文化遗产(音乐舞蹈类)调演",受到文化部领导和首都各界观众的一致好评。

【文化市场管理】

开展构建平安文化市场专项整治行动 针对网络游戏、网吧、网络音乐、演出等市场存在的突出问题,开展2010年元旦、春节期间文化市场专项整治行动。以"平安世博、精彩文化"为主题,围绕维护社会稳定、促进未成年人身心健康、维护国家文化安全等重点,开展"平安世博"文化市场专项保障行动。开展整治互联网低俗之风和利用手机传播淫秽视频违法犯罪活动专项行动。开展文化市场知识产权保护专项执法行动。全区共出动执法人员253 489人(次),检查经营场所220 954家(次),处罚违规经营场所3 285家(次),收缴各类非法出版物445 072件(册、盘),吊销《文化经营许可证》1家,取缔无证经营场所185家,罚没款547.84万元。

完成全区电子游戏市场三年规划工作 按照文化部、公安部、国家工商行政管理总局《关于进一步加强游戏娱乐场所管理的通知》精神,制定《内蒙古自治区2010—2012年游戏娱乐场所总量与布局规划》,明确市场准入条件、实施步骤和措施。2010年游戏娱乐场所发展的数量,自治区政府已批复各盟市。

开展网吧和电子游戏经营场所重新审核登记工作 针对个别地区违规审批、许可证照的非法转让和变更等问题,对全区网吧和电子游戏经营场所进行重新审核登记,摸清限制审批的全区两类经营场所的底数,纠正和查处违规审批的问题,强化全区文化市场管理执法人员的纪律意识、廉政意识。

开展推进网吧连锁化的调研摸底和市场培育工作 按照文化部关于加快推进网吧连锁工作的要求,结合自治区经济欠发达、网吧市场需求延缓的实际情况,积极听取文化市场管理部门和执法机构、经营业主、有关企业负责人的意见建议,鼓励初步具备连锁企业资格的业主大胆实践,不断扩大规模化经营。

【文化产业】

发挥典型示范作用 带动文化产业发展 开展第二批自治区文化产业示范基地评选命名工作,命名呼和浩特市玉泉区大召文化产业群落等11家企业和单位为自治区第二批文化产业示范基地。至此,全区文化产业示范基地已达21家。赤峰力王工艺美术公司和鄂尔多斯响沙湾旅游公司被文化部命名为国家级文化产业示范基地,全区国家级文化产业示范基地已达4家。完成自治区演艺、动漫、会展、文物复仿制品及工艺品、文化产业园区和基地项目库建设,新增入库项目40个,为"十二五"期间项目建设奠定基础。组团参加深圳文博会、西安文博会,通过展览展示自治区文化产业发展成就,推荐商演文艺项目,开展工艺品、图书音像、动漫等文化贸易,搭建学习和交流平台,达成17项合作协议,现场销售400多万元,文化产业对外交流合作取得实效。

打造民族品牌 扶持动漫产业发展 经文化部审核,自治区手机动漫原创作品《修床》和呼和浩特市漫影传媒有限责任公司分别获手机动漫原创作品和手机动漫原创人才(团队)资金扶持。组织国家第二批"动漫企业"和"重点动漫企业"的认定工作,向文化部推荐内蒙古东联影视动漫科技有限责任公司等4家企业为"动漫企业"和"重点动漫企业"。完成了全区动漫项目申报工作。对东联影视动漫、安达传媒、伊克赛传媒等6家企业的7个动漫作品予以专项资金扶持,并为全区动漫企业购置动漫渲染平台供企业创作动漫产品使用。

加大金融支持文化产业力度 2010年9月,推动有关部门共同主办自治区文化产业政银合作战略签约仪式。文化厅与国家开发银行内蒙古分行等9家银行签订战略合作协议。之后又与中国建设银行签订合作协议。未来五年,这10家银行将为自治区的文化企业提供490亿元的授信额度。文化厅已向10家银行机构推荐文化产业项目39个。政银合作初见成效。

【文化体制改革】

艺术院团改革 在内蒙古民族歌舞剧院、内蒙古直属乌兰牧骑改革试点基础上,2010年,研究制定内蒙古民族演艺集团组建方案,上报自治区文化体制改革领导小组。盟市文艺院团的体制机制改革不断加快,进展顺利。

文化市场综合执法改革 各盟市相继组建了综合执法机构。2010年6月,自治区党委宣传部等5个部门联合下发《关于加快推进全区文化市场综合执法改革的实施意见》,进一步理顺文化市场管理的领导体制,统一文化市场综合执法权。全区已经形成自治区、

盟市、旗县三级108个文化行政执法机构,800多人的专业执法队伍。

【对外文化交流】

对外文化交流　全区艺术演出、文物展览、书画展览、学术研讨、文化考察等项目共组团60余个,900多人次分赴世界各国进行交流活动。接待10多个国家及台湾地区的文化团组800余人次。内蒙古杂技团蒙派杂技在加拿大、英国、荷兰、日本等国家共演出近500场。满洲里市歌舞团赴俄罗斯乌兰乌德市,参加俄罗斯"汉语年"满洲里——乌兰乌德缔结友好城市60周年文艺演出暨"满洲里日"开幕式文艺演出。内蒙古考古研究所与蒙古国有关单位组成的中蒙联合考古队对蒙古国后杭爱省浩腾特苏木都根乌珠尔遗址和阿德根哈里雅尔遗址进行发掘,共发掘遗迹30余处。派出赴港、澳、台地区文艺演出、文物展览、书法、绘画、摄影等各类团组共300余人次,引进台湾"S·H·E"组合、"天王天后"组合等30余人次赴自治区演出。内蒙古博物院在台北蒙藏文化中心展出《父亲的草原母亲的河—蒙古族文物精品展》,展出内蒙古地区出土及传世的珍贵文物119件(套)。在台湾故宫博物院进行《黄金辽原—内蒙古博物院精品特展》,获得台湾民众的广泛好评。内蒙古民族歌舞剧院参加香港中乐团第34季音乐会开幕式演出,演奏的交响音乐史诗《成吉思汗》受到当地观众的热烈欢迎。

(关福财)

新闻出版管理

【内蒙古自治区新闻出版局(自治区版权局)领导名录】

局长:杨红岩(女　蒙古族)

副局长:王东生(9月任职)

纪检组长:段洪胜

副局长:高金祥(9月离任)　姜伯彦(蒙古族)　庞亚民(12月任职)

副巡视员:林华

【概况】　新闻出版局下设办公室、出版产业发展处(法规处)、新闻报刊处、出版管理处(审读处)、印刷发行管理处、反非法和违禁出版物处(自治区"扫黄打非"工作办公室)、版权管理处。广泛开展重大主题、重大事件和重大活动的出版报道工作,做到了导向正确、基调鲜明。

【增强出版能力】　出版图书4 580种(其中蒙古文2 545种)、报纸79种、期刊148种、内部资料性出版物280种,出版音像制品100种,生产光盘40万张,实现了品种、印量和效益的同步增长。引进图书版权30余种,满足了读者的多样化需求。报刊数字化、网络化出版取得新进展。一批优秀出版物获全国大奖。

【推进产业发展】　编制了新闻出版业"十二五"发展规划。积极向民族文化创意、软件开发设计等相关行业延伸,在市场化、产业化、多元化发展道路上取得新进展。

【规范行业管理】　制定了《内蒙古图书出版管理办法》,实行书号网上实名申领。建立了信息反馈制度,在无网络监管系统的条件下有效保障了网络出版安全。加大出版物质量监控,开展了2次、360种出版物的印刷质量检测;进行了6次、170多种出版物专项审读,总计约9 000万字。推进报刊管办分离,建立健全准入和退出机制。严格新闻记者队伍、报刊记者站、新闻记者证管理,换发了新版新闻记者证。推进行政审批改革,做到行政审批零收费,成为自治区行政审批事项、行政收费项目清理最早、最彻底的单位之一。据初步统计,共减免各类收费300万元,同时也方便了企业群众办事,为各级出版单位降低行政成本1 000余万元。

【关注社会民生】　2010年,共建成草原书屋4 000家,总计采购图书近690万册、音像制品100多万盘、报刊近160万份,采购总码洋约1.4亿元,出版物的选配数量超过了新闻出版总署的刚性标准,又突出了区域和民族特点,得到总署肯定,受到基层欢迎,草原书屋工程获"全国政府采购精品项目奖"。继续深化"书香内蒙古、魅力大草原"为主题的全民阅读活动,在全区农村牧区开展了"我的书屋我的家"阅读演讲活动,开展了"4·23"世界读书日和第三届农牧民阅读大接力活动。

【净化文化环境】　出台了《内蒙古自治区著作权管理办法》,维护著作权人的合法权益,有序推进软件正版化工作。深入开展"扫黄打非",实施了查缴非法出版物、扫除淫秽色情等文化垃圾、打击各种侵权盗版、查处非法和违规报刊等专项行动,全区共出动执法人员20.7万人次,检查出版物市场、店档摊点8.7万次,复制印刷企业29 000多家(次),收缴非法出版物46.8万件,关闭出版物店档摊点、印刷复制店铺2 116家。开展了互联网有害信息和低俗内容清理工作,取缔关闭非法网站53家,有力地打击了不法经营分子的嚣张气焰,遏制了非法出版物的传播。

【荣誉】 第二届"中国出版政府奖"图书奖(国家级最高奖):《费孝通全集》(共20卷),出版单位:内蒙古人民出版社,责任编辑:王东生等。

第二届"中国出版政府奖"图书奖提名奖:《内蒙古珍宝》(共6卷),出版单位:内蒙古大学出版社,责任编辑:石斌。

第二届"中国出版政府奖"音像制品、电子出版物和网络出版物奖提名奖:《长调》,出版单位:内蒙古文化音像出版社出版,责任编辑:臧志君等。

第二届"中国出版政府奖"优秀出版人物奖:莫德格、乌力吉。

第三届"中华优秀出版物(音像出版物)"奖:《长调》,出版单位:内蒙古文化音像出版社出版,责任编辑:臧志君等。

(康宇凤)

出　　版

【内蒙古人民出版社领导名录】

社　长:王东生(12月离任) 吉日木图(蒙古族 12月任职)

【精品图书】 2010年,出版社共出版图书627种,1 178千册(其中蒙古文图书182种,261千册);重印再版图书167种。

出版"十一五"规划图书及重点图书《费孝通全集》、《尹湛纳希全集》、《敖鲁古雅风情》、《蒙古学百科全书·文学卷》等21种。

继续拓展优秀蒙古文图书"60周年回望工程"项目,全面展示优秀蒙古文图书出版成果。在蒙古文图书出版成本不断增高、补贴不足、经费缺口很大的情况下,尽最大努力保证蒙古文图书的出版品种和规模。全年共出版蒙古文图书182种,261千册,较好地满足了蒙古族读者多层次、多样化的需求。

9月,启动第三届蒙古文图书农牧民阅读大接力活动,出版社拿出2万多册、总价值50余万元的图书在全区20个旗县40个苏木乡镇开展活动,受到广大农牧民读者欢迎。《中国新闻出版报》、《中国读书报》、《北方新报》及中央电视台、新华网、中国图书出版网、中国新闻网媒体对比等进行了跟踪报道。由出版社主办主管的潮洛濛杂志社、内蒙古少年报社年内争取到自治区财政的支持,列入财政经费拨款单位。

"农家书屋"、"草原书屋"工程图书出版规模不断扩大。

出版了《蒙医方剂全书》、《蒙古族民间验方500例》(蒙古文)、《农家书屋养殖系列》、《农家书屋种植系列》等"农家书屋"、"草原书屋"工程图书。

调整出书结构,参与市场竞争,策划出版适销对路的图书,拓展图书品种,不断扩大市场占有率。陆续出版了《万象文画》(42册)、《世界名著阅读经典》(120册)等畅销图书,从美国、英国、日本、蒙古等国引进版权图书25种,如:《P·G·詹姆斯系列》(10册)、《世界灾难史》等。深受读者欢迎。

提高地方教材发行量,出版社编写的《手工制作指导用书》、《研究性学习指导》等教材参加自治区地方教材招标工作均中标,幼儿教材通过教育厅审定,发行量有所增加。

2010年,出版社报送国家出版基金申请项目两种,其中《蒙古族古今经典文学大系》(20卷)被列入项目,出版经费已落实。

积极参加国家及省部级评奖活动,其中,《费孝通全集》报送参加第二届中国出版政府奖(图书奖)并获奖。《再走西口路》、《祖国各地蒙古族》等16部图书获得第25届北方十五省、市、自治区哲学社会科学优秀图书奖。《蒙古女人》等14种图书获"北方13省文艺图书优秀图书奖"。

不断加强图书营销网点建设,丰富营销手段,强化营销措施,努力实现利润最大化,加大回款力度。全年蒙汉文图书回款1 117万元。

【建立健全规章制度】

开展"创先争优"活动。制定《实施方案》,成立活动领导小组,认真开展了党员干部"创先争优"公开承诺活动,全体党员干部公开承诺,广大群众认真监督,收到良好的效果。如期完成1名预备党员转正工作,发展4人加入中国共产党,确定1人为重点培养对象。有6人获内蒙古自治区"出版界杰出贡献奖",1人被评为内蒙古新闻出版战线"十大杰出人才",1人获"内蒙古自治区有突出贡献的中青年专家"称号。

深化对出版体制改革的认识,加强对职工的教育,使广大职工把精力集中到出版工作上,齐心协力实现文化事业和文化产业的协调发展。转变经营理念,建立、健全、实施各项制度,增强竞争实力。2010年出台、修订、实施了多项制度。其中,《汉文图书营销业务员任务定额、跑片及补助规定》、《内蒙古人民出版社储运部工作人员岗位管理及分配办法》等已实施。

【提高管理水平】 对各类档案的系统分类、归档,规范档案管理。完善财务、营销、储运数据联网管理。完成清产核资工作。配合自治区审计厅、财政厅完成对出版社的财务检查工作,提高财务管理水平。同有关部门合作,加强“扫黄打非”力度,全年共查缴盗用出版社名义的非法出版物169种。完成专业技术人员副高以上技术职称申报工作。对社内一批取得中高级专业技术职务任职资格和通过工勤技能技术等级考评的人员进行了内部聘任。

(陈利保)

报　　业

【内蒙古日报社领导名录】

书记 社长:刘惊海

副书记 副社长 总编辑:贾学义(7月离任)

副书记 副社长 总编辑:王开(7月任职)

党委委员 副总编辑:于守民 相恒义

党委委员 纪检委书记:郭漠南(达斡尔族)

党委委员 副总编辑:李玉林

党委委员 副社长:张彦钦

党委委员 副总编辑:吴海龙(蒙古族)

党委委员 副社长:冀学博(蒙古族)

【概况】 2010年,内蒙古日报社在新闻宣传、报网互动、中宏观管理、新媒体建设、做大做强传媒集团方面都取得了明显的进展。按照“一社三制”的改革目标和路径,争取到了自治区财政对蒙文报和离退休干部的定额拨款,全社历史债务继续得到化解。汉文报面向市场迅速做强,北方新报、印务中心、闻都置业公司、北方酒店公司在文化体制改革的推动下,迈上了新的发展台阶。多元化、产业化、集团化思路已展现了效果,内蒙古日报传媒集团发展架构与态势已经形成,迈向了一个新的发展阶段。

【新闻宣传】 一是重大主题宣传凸显主流媒体引导力。按照自治区党委宣传部关于为加快经济发展方式转变提供有力思想舆论支持要求,蒙、汉文报及时开设“转变方式,科学发展”专栏,刊发和撰写理论文章、系列评论员文章。其他媒体也结合各自特点,以不同形式予以跟进,深入反映自治区在实施富民强区发展战略、加快经济发展方式转变过程中的伟大实践和取得的巨大成就,取得了良好的宣传效果。

二是大型新闻策划和社会公益活动亮点频现。通过不断推出大型新闻策划和社会公益活动,各媒体在扩大其影响力的同时,体现了各自的办报办刊办网特色和新闻的独家性。

三是公共突发事件反应迅速跟进有力。神华集团骆驼山煤矿发生透水事故、京藏高速公路新旗下营隧道坍塌、呼和浩特市土左旗春花花炮公司爆炸、乌兰察布市察右后旗旅游客车翻车事故和东四盟市10旗县雪灾等突发事件,各媒体基本上做到了反应迅速、报道准确、应对有力。其中汉文报的东四盟市10旗县雪灾报道得到中宣部《新闻阅评》的表扬。

四是民生和监督报道反响良好。汉文报主打专栏“关注民生”已经成为具有一定水准的品牌专栏。蒙文报针对蒙语授课民族教育中存在的问题和一些地方禁牧补贴政策落实不到位等情况开展监督报道,社会效果显著。《北方新报》百日追暖行动,受到读者及有关部门的高度关注。

【新媒体建设】 整建制接管内蒙古互联网新闻中心,形成了《内蒙古日报》(蒙、汉文版)和《北方新报》三大办报体系和中国蒙古语新闻网、内蒙古新闻网、北方新闻网三网格局。承办《索伦嘎》杂志,与2009年底承办的索伦嘎网形成一刊一网格局。社党委抓住这个机遇决定按一报(刊)一网模式对报社新老媒体发展进行结构性调整,积极探索报网互动的发展新模式。

一是推动报网互动实践。蒙文报出台了《报网互动实施办法》,规范报网互动流程。建立了采编考核办法及信息通报制度,把网站频道分给各编采部门经营,要求记者写的稿件必须先网后报。《北方新报》与北方新闻网实现了报网联动,报借网的技术,网借报的品牌,形成合力,取得了很大的社会效益。索伦嘎新闻中心采取“一个编辑部、两个出口”的办法,深度报道和重点内容集中放在杂志上,各类新闻和服务信息通过网络发布。

二是整合技术和人力资源,占领技术高地。与蒙科立公司理清了技术服务与研发的关系,理顺了中国蒙古语新闻网的组织和运转模式,将中国蒙古语新闻网与蒙文报网络部实行了一体化运作;将媒体形态的三报一刊四网和办公局域网的技术服务进行整合,组建成立了传媒集团互联网技术服务中心,力图延长报社经营产业链,增强自身科研能力,提高新媒体的竞争力,为推行一报一网报网互动战略提供有力的技术服务支撑。

三是内蒙古互联网新闻中心由汉编管理,重新确定其机构设置、人员编制。对所有人员实行双向选择,完善制度建设,业务上正在融入汉编,为尽快实现汉文报报网互动打下了良好的基础。

【荣誉】 李建国、李德斌分别被自治区人民政府授予自治区劳动模范,乌云巴图荣获自治区十佳新闻工作者。乌吉斯古楞、格根图雅、吉格木德采写、编辑的《六座房讲述六十年的变迁》荣获中国新闻奖二等奖。有14件新闻作品获第十八届内蒙古新闻奖。

(于有臣)

广播电影电视

【内蒙古自治区广播电影电视局领导名录】

局　长:刘永欣

副局长:关方方(蒙古族 10月任职)

副局长:王　增

内蒙古电视台台长:赵春涛(10月任职)

副局长:罗·麦尔根(蒙古族 10月任职)

副局长:王大为

内蒙古电台台长:张兴茂

副局长 内蒙古电影集团董事长:牧 仁(蒙古族)

驻局纪检组长:呼伦(女 蒙古族 7月任职)

副巡视员:邹韬 陆文祥(7月任职)

【概况】 内蒙古广播影视业始于1950年11月1日内蒙古人民广播电台开播。

全区共有盟市级以上电台13座,电视台14座,旗县级广播电视台76座。全区共有广播节目126套,全年播出617 769小时;电视节目125套,全年播出615 727小时。内蒙古电台已形成8个频率播出的专业化布局,全天播出近150小时。内蒙古电视台已形成8个频道播出的专业化格局,全天播出近170小时。内蒙古是全国唯一规模生产译制蒙古语广播电视节目的基地。内蒙古电台蒙古语广播节目每天播出18小时15分钟,年生产能力达6 628小时。内蒙古电视台蒙古语卫视每天播出24小时。蒙古语广播电视卫星节目分别在蒙古国首都乌兰巴托和俄罗斯乌兰乌德等城市落地入户,发挥着独特的外宣作用。

内蒙古蒙汉语广播电视节目通过中星6B卫星传输,覆盖中国全境及亚太53个国家和地区。内蒙古汉语卫视在全国的总覆盖人口达4.38亿。全区有6 123.2公里的广播电视微波干线,是全国省级最长的微波干线;全区有线广播电视传输干线网络长达4.52万公里,居全国各省市区之首;全区有中短波广播发射台57座,调频发射台511座,电视发射台1 383座;卫星收转站395 911座。2010年全区广播电视综合人口覆盖率分别达到96.6%和95.38%,全区有线电视用户达313.9万,其中数字电视用户近215.7万。2010年,村村通工程完成20户以上自然村7 496个村、204 058户的直播卫星接收设备安装和使用,覆盖人口近70万人;无线覆盖工程自治区投入资金2 000万元,新增48部大功率电视发射机、48部大功率调频发射机、6部大功率中波发射机、24部小功率调频发射机及附属设备。构建了"天上一颗星,地下一张网,干线贯东西,台站遍全区"的传输覆盖体系。

【宣传工作】 2010年,广播影视宣传紧紧围绕自治区党委政府的中心工作,牢牢把握正确舆论导向,及时、准确地宣传中共十七届四中、五中全会精神,展示"十一五"取得的辉煌成绩,展望"十二五"美好前景。以保持经济平稳较快发展为主线,全面报道中央和自治区关于加强宏观调控、加快转变发展方式、加大经济结构调整的一系列重大举措。深入报道自治区提高经济发展的质量和效益,坚持富民强区并重,着力保障和改善民生,实现经济平稳较快发展。加强社会事业的宣传报道,紧紧围绕百姓关心的难点、热点问题进行舆论引导,加强舆论监督,通达社情民意,疏导公众情绪,化解社会矛盾。精心安排全国、全区"两会"、创先争优活动、草原文化节、两个文明建设现场会、上海世博会、广州亚运等重要会议和重大活动的宣传报道,营造喜庆热烈的氛围。

加大对外宣传力度　2010年,内蒙古电台、电视台在中央三台发稿1 136条。蒙古语广播电视在乌兰巴托、乌兰乌德有线电视用户数量进一步增加,影响力进一步扩大。

加强精品创作生产　内蒙古电台消息《农民女代表顾双燕对话温家宝总理》、内蒙古电视台消息《录指纹 谁的指纹谁的命》分别获"中国新闻奖"一、二等奖,广播新闻《大树输液为哪般》获"中国广播影视大奖"一等奖,内蒙古两台有5篇作品获"内蒙古新闻奖"一等奖。2010年,全区共拍摄完成电影4部,电视剧7部240集,电视动画片3部161集,电影译制片35部,电视剧、动画译制片35部975集。电影《帕日扎特格》获第10届西班牙马德里国际电影节最佳影片和最佳导演奖;《斯琴杭茹》获第17届北京大学生电影节最佳新人奖、民族题材创作奖和德国科隆电影节评委会特别奖 。

【安全播出】 认真加强对无线、有线、卫星广播电视监测系统的技术改造,具备了对所有中央和自治区广播电视节目进行监测的能力,做到及时发现和解决问题,大大降低了停播率,提高了播出质量。完善安全播出应急预案,对所属播出部门的信号源、供电系统、播出系统、发射机、天馈系统等设施进行全面、认真的隐患大排查,确保不发生重大安全播出问题。2010 年,内蒙古电台 9 套节目全年共播出65 011小时,内蒙古电视台 10 套节目全年共播出78 433小时;内蒙古网络公司 124 套数字电视节目共播出 104 万小时;全区中短波发射台共播出 122 万小时,调频发射台共播出 317 万小时,电视发射台共播出 180 万小时,停播率均优于下达指标;57 个中短波发射台实现连续 10 年"三满"播出合格率达99.5%以上,位列全国先进行列。

【事业建设】 继续实施村村通工程、无线覆盖工程和西新工程,全面完成自治区 20 户以上自然村村村通工程建设任务,共完成7 496村、204 058户的直播卫星接收设备安装和使用,新增覆盖人口近 70 万人。自治区投资2 000万元,新增 48 部大功率电视发射机、48 部大功率调频发射机、6 部大功率中波发射机。继续在边境牧业旗县采用大功率覆盖、小功率补充覆盖方式,实现部分乡镇苏木和嘎查村的蒙汉语调频广播覆盖。通过实施三大工程,全区广播电视人口覆盖率分别达到 96.6%和95.38%,比上年增长1.85%。

【行业管理】 按照国家和广电总局相关政策规定,不断加大播出机构、频率频道、节目内容、广告播出、网络视听节目管理力度。2010 年,完成了全区 103 家广播电视播出机构许可证换发、部分电台、电视台节目台标变更、13 家广播电视节目制作经营机构颁发许可证等工作;查处了部分电视台擅自增加频道和调整频道名称事件;对全区电视购物频道进行清理,规范了 7 家电视台购物节目时段;建立了对网络视听节目日常监管和违规查处机制,查处 29 家违规开办的视听节目网站;进一步规范了广播电视广告节目播出秩序,及时停播 80 余条不符合要求的广告。

【产业发展】 广播影视产业经营经历了金融危机的严峻考验,仍保持两位数增长。2010 年,全区广播影视创收收入13.56亿元,比上年增加1.26亿元,增幅11%。新媒体新业务开始起步,2010 年内蒙古广播电视信息网络公司付费节目收入3 440万元,比上年增长56.85%。移动多媒体广播电视(CMMB)信号覆盖全区所有盟市所在地和部分旗县,发展用户 11 万户。2010 年全区电影票房收入9 452万元,比上年增加6 149万元,增长1.86倍。

【体制改革】 2010 年基本完成电影管理职能划转工作,实现电影统一归口管理。内蒙古电影集团 2009 年底挂牌以来运营情况良好,2010 年组建了全区城市院线公司和农村牧区院线公司,全年发放数字电影放映设备 490 台,电影放映车 33 辆,农村牧区放映电影 16 万场。继续推进网络整合,2010 年整合 16 个旗县有线电视网络,基本形成了自治区、盟市、旗县三级贯通,并实行统一管理。内蒙古两台继续推进制播分离改革,广告实行代理制,基本实现宣传和经营两分开。

建筑面积 15 万平方米的内蒙古广播影视数字传媒中心工程于 2010 年 10 月顺利封顶,实现投资 3.5 亿元,工程主体将于 2011 年底竣工。届时将极大地提高广播电视节目的制作播出能力,极大地改善职工的工作条件和出行条件。

【荣誉】 1 月 15 日,中国广播影视领域的政府最高奖——第 21 届"星光奖"评选揭晓,内蒙古电视台五部作品获奖。《草原颂》获音乐电视节目大奖;《在祖国的怀抱里——2008 年新疆电视台、内蒙古电视台新春大联欢》获歌舞节目大奖;《童心中国——2009 年 12 省市少儿春节晚会》获少儿节目大奖;大型媒体行动《穿越内蒙古》、《蔚蓝的故乡 · 音乐部落》获提名荣誉奖。

3 月 14 日,内蒙古电视台选送的《2010 年内蒙古电视台汉语春节联欢晚会——蔚蓝的故乡》、《2010 年内蒙古电视台蒙古语春节联欢晚会——爱 · 家园》在第七届全国春节文艺晚会暨春节特别节目评优活动中分别被评为"2010 年度春节文艺晚会最佳作品奖"、"2010 年度春节特别节目最佳作品奖"。

6 月 26 日,第二届中国品牌与传播大会暨"品牌贡献奖"年度颁奖盛典在北京举行,内蒙古卫视再次荣获"影响中国最具品牌传播价值卫视"。

9 月 16 日,内蒙古人民广播事业 60 年暨内蒙古人民广播电台成立 60 周年庆祝大会在乌兰恰特举行。乌云其木格、田聪明、翟惠生、王求、任亚平、乌兰、刘新乐等领导题词祝贺,国家广电总局、中央人民广播电台、中国国际广播电台发来贺电。自治区党委副书记、自治区常务副主席任亚平代表自治区党委、政府向内蒙古人民广播电台全体同志表示热烈祝贺。自治区政协主席陈光林,自治区人大副主任云秀梅,自治区人民检察院检察长邢宝玉,蒙古国公共广播电台台长普日布达希等嘉宾到会祝贺。自治区广播电影电视局党组书记、局长刘永欣在庆典大会上讲话,内蒙古电台台长张兴茂在庆典大会上致辞。

11 月 21 日,中国广播电视学会主办的第七届中国电视戏曲“兰花奖”颁奖盛典在河南郑州落下帷幕，内蒙古电视台大型综艺娱乐栏目《西口风》喜获“兰花奖”戏曲栏目一等奖。

内蒙古电台《农民女代表顾双燕对话温家宝总理》获中国新闻奖一等奖、《60 年难忘的中国之声——新中国的声音历史》获中国新闻奖三等奖。《内蒙古新闻联播》获 2010 年度总局金帆奖 标准清晰度节目录制(新闻类)三等奖。

内蒙古电视台电视消息“录指纹 谁的指纹谁的命”获中国新闻奖二等奖、《探密蒙古高原》获第 25 届中国电视金鹰奖电视纪录片提名奖、《蔚蓝的故乡·音乐部落》2010 年度总局金帆奖标准清晰度节目录制(专题类)三等奖。《天南地北锡盟人——2010 年锡林郭勒盟春节晚会》获春节文艺晚会优秀作品奖。

(文国庆)

电视台

【内蒙古电视台领导名录】

台　长:赵春涛

【概况】 2010 年,内蒙古电视台坚持以宣传工作为中心,不断提高舆论工作的影响力,为全区经济社会发展和民族团结创造了良好的舆论氛围。在事业的发展建设上,不断深化体制机制改革,宣传管理和经营创收都取得了显著成效。

【上海世博会报道】 有声有色、高潮迭起,整体效果生动大气,满足了观众对世博会的收视需求,得到了自治区党委领导的肯定和表扬。

【主题报道】 “转变经济发展方式”、“富民强区在行动”、“草原文化·星光闪耀”、“迎难而上——2009 内蒙古年度发展报告”等主题报道,受到了宣传部领导的肯定和广大观众的好评。

【对外宣传】 与央视的新闻合作中,上稿质量和数量都有提升。截至 11 月 17 日,内蒙古电视台在央视《新闻联播》节目发稿 136 条。其中,头条 8 条,提要 43 条,在中央电视台新闻频道播出各类动态报道 400 多条,在《焦点访谈》栏目播出两期抗击暴风雪的报道,在央视 2 套《经济信息联播》播出了内蒙古发展非资源产业的专题报道。

【蒙古语宣传】 改版后的蒙古语《新闻联播》“立足内蒙古、放眼八省区、集纳国内国际新闻的综合性新闻栏目”,增强了节目的新闻性和时效性,起到了宣传中国及内蒙古形象的作用。

【汉语卫视精品节目】 展现了草原风情和本土文化魅力,促进民族文化的发展和繁荣。2010 年,汉语卫视以品牌栏目《蔚蓝的故乡》为载体,推出了一系列高品质的节目。为配合西部大开发十周年的宣传,内蒙古电视台和宁夏广电总台联合录制了的大型纪录片《大河套》,已进入后期制作阶段。此外,为展示自治区改革开放以来特别是西部大开发 10 年来所取得的巨大成就,内蒙古电视台联合相关部门拍摄了纪录片《变迁十年》,在 2011 年自治区“两会”期间重点推出。在完成重点项目的同时,汉语卫视以常规节目内容的多样化来提升收视率,取得了不俗的收视业绩。

【大型活动和文艺节目】 2010 年蒙汉语春节晚会《蔚蓝的故乡》、《爱·家园》取得了较大的成功,在 2009 年度全国春节电视文艺晚会及特别节目评优活动中,两场晚会分别获得“最佳作品奖”和“好作品奖”。在昭君文化节和草原文化节期间,电视台通过晚会、专题、专题片等形式和途径进行了深入报道。播出平台管理中心结合文化节,调整节目编排方案,安排播出了具有民族特色的节目。经济频道重点打造以民生新闻集萃栏目《七点看吧》、本地民生新闻栏目《都市全接触》和民生访谈栏目《百姓热线》的“民生”节目群,取得了明显成效。《都市全接触》栏目推出“图说新闻”版块,丰富了节目形式。《百姓热线》栏目以“雷蒙行动”的纪实形式,提升了可视性、生动性。电视剧和纪录片的生产也取得了很好的成绩,电视剧《胡杨女人》在央视 8 套黄金时间播出后,受到观众的好评。纪录影视发展中心推出了两部系列纪录片《高原记忆》和《天籁之音》,展现了内蒙古的自然风光和风土人情,加强了内蒙古电视台的对外宣传的影响力;新闻综合频道以品牌建设为重点,通过全年编播季的实施,对频道进行了整合编排和推广。《今日观察》栏目推出了大型系列访谈节目《草原文化·星光闪耀》,集中宣传获得自治区文学艺术“特殊贡献奖”和“突出贡献奖”的文化艺术工作者,表达了“崇尚自然、践行开放、恪守信义”的草原文化核心理念。2010 年 12 月 4 日全国法制宣传日,新闻综合频道依托品牌栏目《法制专线》,倾力推出“2006－2010 影响内蒙古法治进程的十大法治事件”评选活动,全面回顾和盘点五年来对内蒙古法治建设和社会生活产生过重大影响的法治事件,无论是活动规模,还是社会影响,都已成为推进内蒙古法治建设的最具影响力的媒体活动。《新闻天天看》栏目以民生为本、新闻为先、服务为重,全方位关注民生,采集播出了一系列老百姓关注的问题。

【体制机制 改革和创新】 促进内蒙古电视台核心竞争力和影响力的提升。2010年,内蒙古电视台进行了一系列制播分离的改革。成立了播出平台管理中心,运行专业播出平台的管理机制;成立了娱乐节目中心,统筹全台娱乐节目的策划、制作、营销工作;成立了策划研发中心,形成了节目创新和科学的准入退出机制,为提升节目质量、打造品牌、扩大宣传工作的影响力奠定了基础;在技术发展上,信息化建设步伐加快,技术水平不断提升,安全播出能力不断增强;区内媒体的合作形成了新格局,分别实现了与乌兰察布电视台和鄂尔多斯电视台的战略合作,实现了优势互补、资源共享、合作共赢的新局面,为内蒙古电视台事业、产业的发展带来了新的机遇;在产业合作上,与包头德隆房地产公司合作建设的内蒙古文化产业创意园工程全面封顶,2011年8~9月即可投入使用。

(葛 红)

广播电台

【内蒙古人民广播电台领导名录】

台 长:张兴茂

副台长:郭文秀

【概况】 内蒙古人民广播电台成立于1950年,经过60年的发展,已经成为中国发射功率最大、覆盖面最广的省级广播电台之一。截至2009年底,内蒙古电台职工总人数为567人,其中,具备高级专业技术职称94人(其中正高级41人,副高级53人),中级专业技术职称64人。全台蒙汉语八套广播节目和内蒙古广播网、内蒙古音乐网共同形成了门类较为齐全,布局较为合理的广播节目体系。这八套广播节目初步构建起内蒙古人民广播电台现代化节目播出格局,八套节目全天播出时间累计达到183个小时。

【主题宣传】 全面深入地宣传贯彻落实中共十七届五中全会精神,增强干部群众推进改革开放和现代化建设的决心和信心。蒙汉语新闻节目开设《回眸十一五 展望十二五》专栏,深入宣传了自治区“十一五”建设的辉煌成就,增强了干部群众投身改革和建设的信心。全台精心组织中共十七届五中全会精神的宣传报道,全面、准确、深入宣传胡锦涛总书记重要讲话精神,深入解读了全会通过的《中共中央关于制定国民经济和社会发展第十二个五年规划的建议》。

深入开展学习实践科学发展观、基层党组织和党员创先争优活动的宣传。2010年,电台承接上一年学习实践活动的宣传,继续做好自治区学习实践科学发展观活动收尾总结阶段的宣传报道工作。推出一批学习实践活动中涌现出来的地区、企业典型,生动展示在学习实践活动中“党员干部受教育、科学发展上水平、人民群众得实惠”的情况。

加强精神文明建设宣传,推进社会主义核心价值体系建设和社会主义文化繁荣发展。2010年,电台充分报道了全区各地各部门大力开展社会主义核心价值体系学习教育,推动青少年思想道德建设持续深入发展的举措和成效。做好“我们的节日”系列主题活动宣传,在春节、国庆、中秋节等节日,新闻广播、经济生活生活广播、绿野之声广播围绕节日组织了一系列报道,营造欢乐祥和的节日氛围,激发人们的爱国热情。

【做好转变经济增长方式报道】 2010年,电台及时报道了全区各地各部门按照中央和自治区经济工作会议要求,结合自身实际制定发展思路、谋划发展策略的情况,充分反映各行各业经济运行的积极变化和发展亮点。广泛宣传了全区各地各部门转变经济发展方式、调整经济结构、推进节能减排、淘汰落后产能、发展战略性新兴产业的好做法、好经验,集中反映风电、太阳能等环保产业、清洁能源产业的发展情况。蒙汉语新闻节目开设了“转变方式 科学发展”等专栏。推出了《结构转型见实效,科学发展结硕果》、《城乡统筹,开启农村牧区发展新时代》、《新能源——低碳经济发展的新动力》、《科学发展中的循环经济》、《现代农牧业发展促增收》等系列报道。

【西部大开发战略实施10周年宣传】 2010年是中国实施西部大开发战略10周年,电台按照上级的安排部署,大力宣传党中央、国务院深入推进西部大开发的战略目标、重点任务和政策措施。新闻广播播出西部大开发工作会议政策解读系列报道。邀请自治区权威人士对会议精神进行解读。蒙古语广播开设专栏集中报道西部大开发十年来自治区在经济、社会各方面取得的成就。

【三农三牧宣传】 2010年以来,电台相关频率先后对全区农牧业生产现状、农牧民增收、农民工就业、创业、备耕、春耕、农牧民生活等情况进行了全面深入的报道。2010年春节期间,电台组织20名记者深入基层,与盟市旗县苏木嘎查的广大群众共度新春佳节,用鲜活生动的报道展现全区各地政治、经济文化、社会等方面的喜人景象。4月,内蒙古电台推出《广播记者牧区行》大型采访活动，组织7位记者分三路深入到5个畜牧业规模比重较大的盟市进行采访，集中关注草原生态与畜牧业的发展。绿野之声广播为农牧民提供了大量的新闻资讯、政策法律、科技致富和文艺娱乐服务，受到农牧民的喜爱和肯定。

【民生问题宣传】 2010年，电台在宣传报道中充分关注民生，积极报道了自治区各地各部门积极做好困难群众就业、高校毕业生就业、农牧民工就业和零就业家庭就业，加强职业技能培训的情况。报道各级领导干部深入灾区解决困难群众实际问题、妥善安排灾区群众生产生活的情况。蒙古语广播在国庆期间推出大型系列述评——《解决民生问题 促进社会和谐》。新闻广播推出《国庆节里话民生》系列报道，从多方面盘点了自治区民生工程实施的进展情况。

【大型活动宣传报道】 全国“两会”报道主题突出，富有新意。为报道好全国“两会”盛况和自治区人大代表、政协委员共商国是、参政议政等重大活动的情况，电台精心策划，周密组织，推出“相约春天——2010年全国‘两会’特别报道”。会议期间蒙汉语各类节目共播出新闻及专题230多篇（组），其中90%是录音报道；设立《“两会”直播间》栏目，针对热点问题播出代表对话与访谈节目；《纵横118》节目开辟《对话“两会”》专栏，针对自治区经济社会发展的热点问题制作专题节目。

台网配合、立体化报道上海世博会盛况。从4月开始，电台对报道资源进行优化配置，派出由蒙、汉语及内蒙古广播网记者组成的世博会报道组赶赴上海进行深入采访，由后方抽调得力干将组成世博会编辑组，以内蒙古电台蒙古语广播、新闻广播和内蒙古广播网为主要播发平台，前后方联动、台网一体化报道了2010年上海世博会。

广州亚运会报道生动精彩、及时全面。蒙古语广播开设了亚运专栏和专门时段给予重点关注。新闻广播开设30分钟轮盘“亚运快讯”栏，及时报道最新亚运新闻，在联播节目中开设“亚运进行时”专栏，播发前线记者最新发回的重要亚运报道。交通之声广播开辟“亚运会特别关注”专栏，及时报道亚运会赛况。

自治区第十二届运动会的报道全面深入，及时准确。蒙汉新闻节目通过实况直播、人物专访、录音报道、实时连线等形式，全方位、多角度报道了自治区十二运的盛况。

第七届中国·内蒙古草原文化节的报道丰富多彩，好戏连台。新闻广播挂栏播出中国内蒙古第七届草原文化节特别报道，蒙汉语新闻节目及时播出开幕消息，配发了评论。随着文化节各项活动的推进，电台各档新闻节目也陆续播出了关于草原文化节暨优秀剧目展、草原文化主题论坛等活动。

首届鄂尔多斯国际那达慕大会暨全区第七届少数民族传统体育运动会的报道特色鲜明，引人入胜。蒙汉语新闻精心制作了报道策划方案，采访报道了鄂尔多斯国际那达慕大会体育竞赛、文化艺术、会展、经贸交流等一系列活动。

【突发事件报道】 2010年，电台相关频率在第一时间派出记者、第一时间直播报道、第一时间整合资讯的方式对突发事件进行报道。蒙汉语新闻节目对呼和浩特天然气爆炸、土默特左旗春花花炮厂爆炸、乌海神华集团骆驼山煤矿透水、新旗下营铁路隧道塌方、赤峰林西县的热力管道爆裂等突发事件派出记者深入现场调查采访。

青海玉树地震后，电台速派记者前往灾区一线进行深入报道。4月21日，电台整合编、采、播力量，7个汉语频率并机播出抗震救灾全国哀悼活动特别节目——“情系玉树 大爱无疆”直播节目。

甘肃舟曲特大泥石流灾害发生后，蒙汉语新闻节目迅速反应，连线甘肃台前方记者和在呼和浩特待命的自治区特警战士，了解最新情况，滚动播出最新消息，播出特别节目，全方位报道救援进展。

【外宣工作】 2010年，电台继续加大对外宣传的力度，各频率有选择、有针对性地将一些重大题材、优秀稿件整合、加工、制作，发送中央两台。截至10月，蒙汉语广播向中央人民广播电台、中国国际广播电台供稿460多篇（套）。

2010年，电台加大精品节目的制作力度，一些节目和作品获得国家和自治区的重要奖项。新闻广播《农民女代表顾双燕对话温家宝总理》、《大树输液为哪般》分别获中国新闻奖一等奖和中国广播影视大奖，创下电台近些年来节目创优最好成绩。同时，新闻广播还有九篇作品和节目分获内蒙古新闻奖、内蒙古广播影视奖一、二、三等奖。蒙古语广播有11篇作品和节目分别获得蒙古语八省区广播评奖特别奖、一、二等奖。绿野之声广播《张三女的幸福生活》获得中国广播影视大奖提名奖。音乐之声广播《歌唱——额尔古纳》荣获中国广播电视协会创优音乐节目二等奖。

【增强广播传输科技含量】 2010年圆满完成了新闻广播频率的正式申报批复工作，完成了评书曲艺广播等5个频率节目信号通过卫星传输以及经济生活广播、评书曲艺广播在包头和鄂尔多斯落地的报批任务，并为蒙古语广播对外频率做好申报准备工作。

交通之声广播在完成二期覆盖工程验收、监测工作的基础上，顺利完成了三期覆盖工程规划、设计、勘测选点、设备招标、组织施工、维护落实等各项工作，增加播出发射落地点22个，基本实现了覆盖全区主要公路的目标；此外还筹集资金，完成了呼、包、鄂三地发射机升级改造工作，完成了部分地区发射机遥控监听、自动报警设备的安装、检测任务，改善了广播信号播出质量。

为了适应广播事业发展的需要，2010年电台加大投入，切实加强技术维护管理，完善和健全岗位责任制度，强化技术维护管理章程，完善应急预案，细化责任、分工，为全台的宣传报道工作提供了有力的技术保障，确保安全优质播出。圆满完成自治区“两会”、“春节”、全国“两会”、“五一”、“国庆”、“抗震救灾”、“内蒙古电台成立60周年”等重要播出期的安全播出任务。全年(技术年度统计时间为2009年11月—2010年10月)共播出65 714小时，停播率为:0秒/百小时。经济生活广播、音乐之声广播、评书曲艺广播三套调频节目实现了卫星信号传输和24小时播出。

年内多次筹集资金购置了移动直播车和多功能舞台直播车。大大改善了技术条件，增强了技术保障能力。

【网络建设】 电台积极加强网络建设，力争从单一广播媒体向多种媒体发展。投入大量资金，建成了网络视频直播间，开通了蒙古语频道。2010年完成了网络音频节目、图文节目播出许可证相关申请工作；内蒙古广播网又开通了通辽频道和乌兰察布频道，建成了内蒙古人民广播电台乌海直播间，已开始试运行。

【对外合作交流】 从2001年11月电台蒙古语广播在乌兰巴托落地至2010年底，双方交往频繁，合作交流渠道畅通，友好合作关系日益密切。2010年6月，蒙古国家广播电台一行5人来到内蒙古自治区进行技术交流和采访，对内蒙古自治区畜牧业发展、人文景观、文化、艺术等方面内容以及蒙牛、伊利等企业进行采访，制作播出多个领域的系列专稿，在蒙古国播出后产生了强烈反响。

2010年，内蒙古电台积极做好与兄弟省台、市台的合作交流。中央台、国际台、吉林台、西藏台、陕西台、福建台、黑龙江台、湖北台、贵州台等兄弟省台分别来内蒙古台考察、交流，建立友好合作关系。9月，电台还主办了“广播发展论坛”，全区12个盟市电台的领导和代表出席论坛，就如何进一步促进广播发展、扩大广播的传播力和竞争力等问题与区内外专家们进行了深入的交流与探讨。

【建台60周年活动】 2010年是内蒙古人民广播事业60年，内蒙古电台成立60周年，党和国家领导人、自治区党委政府和自治区有关部门领导以及社会各界给予了高度重视和关怀。9月16日，举办了内蒙古人民广播事业60年暨内蒙古人民广播电台成立60周年庆祝大会、“中国草原之声”交响音乐会和广播发展论坛。整个庆典活动“隆重、热烈、务实、节俭”，充分展示了内蒙古广播事业60年和内蒙古广播电台成立60周年走过的风雨历程和辉煌成就。达到了展示成就、锻炼队伍、凝聚力量的目的。

【“三大体系”建设】 在节目质量评价体系方面，加大了节目的研究听评力度，在原来听评力量的基础上，增加了社会听评员，并结合听众服务中心收集的听众意见和建议，形成了专家听评、专业媒介公司调查、社会听评员意见以及听众评价相结合的节目评价体系，使得对节目的评价更为全面客观。

在广告监管体系方面，进一步理顺了广告播出管理流程，广告监管力度明显加强。一是加强了广告播出的审核工作。全台广告、合办节目的播出统一经广告管理部门审核后，下达播出单，明确了广告经营与管理部门的各自分工职责；二是细化了不同时段的广告价格，将广告播出进度与广告款进帐相关联，强化了广告价格的监管，三是加强了广告播出的备案监听稽查工作，建立了由财金管理办公室总负责，内广传媒发展中心和各播出频率协同配合的广告监管机制。

【人力资源管理】 2010年，内蒙古电台把人才队伍建设的重点放在提高全员素质上，完善了培训考核机制，全面提升干部职工的业务能力、管理能力和创新能力。拟定了《内蒙古人民广播电台职工培训规划》，针对工作需要，采取了多元化方式加强职工培训。认真组织科级以上干部参加干部自主选学培训，完成了组织部要求的每人40学时的岗位技能培训。台里先后两次组织举办新闻采编人员、技术工程和广告业务人员岗位培训班。实现了部分节目通过挂牌招标形式，选拔主持人和播音员，初步建立内部人才市场，促进了内部人才合理流动。

(李天慈　肖俊青)

卫生·计划生育·体育

医疗卫生

【内蒙古自治区卫生厅领导名录】

厅　长:杨成旺

副厅长:白宝玉(蒙古族) 乌兰(女 蒙古族) 贺丰奇 许宏智

副巡视员:尹赤林(蒙古族) 裴政峰

【概况】 2010年,全区卫生系统按照“保基本、强基层、建机制”的要求,将医改重点任务纳入各级政府重要的年度工作内容,强化组织领导,突出工作重点,完善工作机制,充分发挥医改主力军作用,在卫生系统这个主战场,唱响深化医改工作的主旋律,全力推进深化医改各项工作。

【医改工作】 2010年,自治区政府将基本药物制度建设和公立医院改革作为全区各级政府“八项重点改革”之一,将提高新农合补助标准、补种乙肝疫苗、白内障患者手术补助、农村牧区孕产妇住院分娩补助、农村牧区改厕等公共卫生项目纳入为民办“十件实事”的重要内容;将健全基层医疗卫生服务体系列为全区“十项民生工程”之一。同时,按照国家的要求,任亚平副主席6月11日主持召开2010年全区深化医药卫生体制改革工作会议,刘新乐副主席与12个盟市政府签订医改工作责任状,明确了年度工作任务。

参与制定《深化医药卫生体制改革实施意见》、《深化医药卫生体制改革近期重点实施方案(2009~2011年)》、《医药卫生体制五项重点改革2010年工作安排》等政策。同时,按照国家出台的医改配套政策,及时出台了相应的贯彻意见。全区12个盟市、95个旗县区按要求都成立了组织机构,并陆续出台相应配套政策。

印发了《关于进一步完善医改工作领导组织机制的通知》,在进一步明确职责与分工的基础上,卫生厅内部成立了5个专项工作组并实行例会制度,进一步加大落实的力度。具体包括新型农村牧区合作医疗制度建设工作领导小组、基层医疗卫生服务体系人才队伍建设工作领导小组、基本药物制度工作委员会、促进基本公共卫生服务逐步均等化领寻小组和公立医院改革试点工作协调小组。同时,在细化、实化国务院医改领导小组和卫生部《2010年度深化医药卫生体制改革任务责任状》的基础上,印发了《卫生系统2010年度深化医药卫生体制改革主要工作安排意见》,将自治区自主开展的10个专项试点内容纳入卫生厅与盟市卫生局签订的责任状,建立起横向问责工作部署、纵向问责贯彻落实的“双向”问责制。

编发医改政策问答读本13 000多册发放全区,并采取制作专题医改政策光盘、召开医改工作新闻发布会等多种方式,深入宣传医改政策措施,努力营造良好的舆论环境,发动广大医务工作者投身医改。为抓好年度工作的启动和落实,卫生厅制定了《2010年全区卫生重点事项督查工作意见》,由厅级领导分片赴盟市调研指导医改工作。5位厅党组成员完成督导检查工作后,形成了督导分析报告。同时,在政务办公外网建立督查督办系统,已督办涉及深化医改工作事项105件,完成74件。印发了《关于进一步加强卫生统计网络直报和医改监测工作的通知》,建立医改监测数据报送、审核和分析使用机制,组织专家分析研究并形成了第二、三季度医改工作进展监测分析报告。针对第二、三季度监测结果分析出的问题,卫生厅采取发通报和给工作落后盟市的分管盟市长写信的方式进行督促,对个别盟市财政补助经费落实滞后情况,采取致函财政部门协助督促方式加快工作进度,确保医改补助资金及时到位,为基层单位完成医改任务提供基本保障。

【新农合制度建设】 全区卫生系统积极推进自治区“十件实事”之一的新农合制度建设。一是提高参合率。2010年,全区98个有农牧业人口的旗县市区全部建立新农合制度,参合农牧民1 214.2万人,较上年增加12.4万人,参合率达92.87%。二是提高保障水平。已筹集资金18.8亿元,人均筹资155.68元,其中各级政府人均补助标准为127.5元。自治区财政对人口总数在6万以下的21个农牧业旗县每人继续多补助

20元。第三季度末,共支出新农合基金12.45亿元,人均补偿住院医药费用1 657.31元,较上年同期增加350元。87个旗县封顶线高于农民人均纯收入6倍以上,86个旗县住院报销比例达到60%。三是大力开展门诊统筹和地级统筹试点工作。全区有75个旗县区开展门诊统筹工作,占旗县市区总数的76.53%。包头市、乌海市开展了新农合盟市级统筹工作。四是开展特殊病种医疗保障试点。与民政厅联合印发了《提高农村牧区儿童先天性心脏病医疗保障水平试点实施方案》,6月28日召开启动会,确定了7家定点医疗机构开展试点工作,计划年底前完成500例手术任务,截至9月底已完成192例。同时,将布病、儿童白血病、耐多药结核病纳入新农合特殊重大疾病管理范围。五是开展省级医疗机构即时报销工作。制定出台了《新农合自治区级定点医疗机构即时结算办法》,确定自治区直属8家医疗机构为省级新农合定点单位,为呼和浩特市周边的6个盟市参合农牧民提供即时结报服务。

【基本药物制度建设】 自治区政府成立基本药物制度工作委员会,制定出台了《建立国家基本药物制度实施方案》和基层医疗卫生机构《基本药物增补目录管理暂行办法》、《基本药物增补工作方案》等政策。结合自治区实际,基本药物增补工作已经完成,确定了增补化学药品42种,蒙成药122种,中成药47种。2009年,在呼和浩特、包头、通辽、鄂尔多斯、乌海、阿拉善等6个盟市开展试点,有96个社区卫生服务中心和479个苏木乡镇卫生院实施基本药物制度,全部配备使用基本药物并实行零差率销售。2010年,自治区又在其他6个盟市选定了89个社区卫生服务中心、461个苏木乡镇卫生院推行基本药物制度,年底前,全区有71.4%的政府办基层医疗卫生机构全部配备使用基本药物并实行零差率销售。同时,成立内蒙古自治区药械集中采购服务中心,启动了以政府为主导、以省级为单位的药品集中采购工作,2010年底开展了第一次招标采购工作,有277种基本药物入围,占国家基本药物目录的90.23%,较政府指导价降幅32%。

【基层医疗卫生服务体系建设】 自治区政府将健全基层医疗卫生服务体系列入自治区"十项民生工程"。一是加强基层医疗卫生基础建设。2010年,各级政府投资12.4亿元,支持建设项目506个。其中,县级医院32个,苏木中心卫生院49个,城市社区卫生服务中心62个,嘎查村卫生室360所,精神卫生机构3所。在与中国医药卫生发展基金会共建20辆流动医院车的基础上。二是加强基层医疗卫生队伍建设。启动高等医学院校农村牧区定单定向免费培养项目,制定了农村牧区定单定向免费培养项目实施办法,已完成250人的招生任务。2009年城市社区卫生服务人员1 545人的转岗培训任务已完成。三是开展城乡卫生对口支援工作。实施万名医师支援农村牧区项目,北京市有23所三级综合医院和3所三级专科医院对口支援自治区的36家旗县医院,北京市有12所中医医院与内蒙古56所蒙中医医院建立对口支援协作关系。全区已有区内外67家三级医院已与114家县级医院(含蒙中医机构)建立了长期对口支援协作关系。同时,实施二级以上医疗机构对口支援苏木乡镇卫生院项目,162所二级以上医疗机构派出186支医疗队支援186所苏木乡镇卫生院。

【基本公共卫生服务】 落实基本公共卫生服务经费2.6亿元,由全区城乡基层医疗卫生机构免费向全民提供9类基本公共卫生服务项目。截至2010年9月底,全区城镇居民规范化健康档案累计建档率为49.09%,其中,计算机管理人数比例为27.81%。农村牧区规范化健康档案累计建档率为42.67%,其中,计算机管理人数比例为13.86%。慢性病规范管理74.58万人。有8个盟市实现免费婚检。

在实施国家重大公共卫生服务项目方面,自治区将补种乙肝疫苗、白内障患者手术补助、农村牧区孕产妇住院分娩补助、农村牧区改厕等公共卫生项目纳入为民办"十件实事"的重要内容。4~9月份,全区乙肝疫苗补种人数达32.78万人。贫困白内障手术人数3 261人,完成年度任务的108.7%。农村牧区孕产妇住院分娩补助82 764人。农村牧区妇女免费增补叶酸73 359人。农村牧区妇女宫颈癌和乳腺癌实际分别检查99 746人和18 248人。建设无害化卫生厕所10.76万座。

在实施自治区重大公共卫生服务项目方面,自治区政府将鼠疫、布病防控和人畜安全饮水列为自治区的重大公共卫生服务项目,逐步解决区内重大公共卫生问题。自治区政府印发了《鼠疫防控工作预案》,制定了《人间鼠疫应急处理程序规范》等4个专项技术方案,不断完善自治区、盟市、旗县三级鼠防机构,设流动监测点300个,严防人间鼠疫的发生。自治区政府印发了《人间布鲁氏菌病防治项目5年实施方案》,与各盟市签订了人间布病防治项目责任状。从2010年开始,自治区政府每年列支布病专项防控经费500万元,用于布病专项防治工作。与此同时,按照全国消除麻疹会议要求,卫生厅制定了《2010~2012年内蒙古自治区消除麻疹行动方案》、《2010 年全区麻疹疫苗强化免疫活动实施方案》、《全区麻疹疫苗强化免疫疑似预防接种异常反应监测处置方案》，并召开全区麻疹疫苗强化免疫实施工作会议部署有关工作。110 万 8 个月至 4 岁儿童接种工作已经完成。

【公立医院改革试点】 确定并启动了通辽市、鄂尔多斯市开展以公立医院改革为重点的整体医改试点工作。制定了内蒙古自治区《区域卫生资源配置标准》、《医疗机构设置规划》和《公立医院改革试点实施意见》。确定在乌兰察布市开展"计卫联手"试点工作，探索基层医疗卫生资源优化整合的多种实现形式。通辽市和鄂尔多斯市分别围绕组建医疗集团模式、调整医疗资源布局进行试点，探索体制和机制方面的改革；乌兰察布市基层卫生与计生资源整合已见成效。依托中国移动搭建了 12580 预约诊疗服务平台，全区三级医院和部分二级医院在此平台基础上开展了预约挂号服务。结合患者就诊的实际需求，弹性安排门诊时间，全面推进急诊病人"先诊疗，后结算"服务模式。选择 21 家医院开展临床路径管理试点，落实 112 个病种的临床路径管理试点任务，开展了多种形式的为民、便民服务。为从根本上解决农牧民就地获得基本医疗服务难的问题，早日实现"大病不出县"的目标，自治区卫生厅提出了鼓励旗县综合医院发展壮大的意见，认定 3 所符合条件的旗县级医院为三级医院，鼓励有条件的三级医院以托管等方式帮扶旗县医院发展，先后有 7 家旗县综合医院进行了积极并富有成效的探索。

【完善卫生管理体制和机制】 一是开展基层医药卫生体制综合改革试点工作。自治区政府制定出台了《关于基层医药卫生体制综合改革试点的实施意见》，明确了以定机构、定功能、定编制为核心，推进基层医疗卫生机构管理体制、人事制度、分配制度、基本药物制度、政府补偿机制改革。2009 年在 6 个盟市共 40 个旗县市区政府办基层医疗卫生机构实施综合改革试点，2010 年又扩大到其余盟市的 36 个旗县区。力争在建立基本药物制度的同时，推进财政补偿机制、功能定位、一体化管理和绩效考核工作的落实。

二是建立健全医疗卫生服务监管体制。制定出台了《执业医师、执业护士管理暂行规定》、《手术分级管理办法》、《内蒙古自治区三级医院合理用药公示指导意见》等规章制度，建立 30 个医疗质量控制中心，积极探索和完善医疗服务管理体制。重新修订了二、三级等级医院评审标准，将医院管理年活动 6 项目标和 42 项重点内容列入等级医院评审标准中。深入开展"志愿服务在医院"、"优质护理服务示范工程"活动，确定 16 所重点联系医院，全面落实 16 项工作任务，树立"以病人为中心"的服务理念。全面加强食品卫生、职业卫生、公共场所卫生、放射卫生、传染病防治、医疗服务和采供血等领域的监管。在全区范围内，积极推进卫生监督执法下沉苏木乡镇卫生院、城市社区卫生服务中心等工作，推进公共场所监督量化分级管理和食品安全风险监测预测工作，开展以打击无证行医为主要内容的夏季风暴专项行动，强化卫生监督机构的文化建设，提高全区卫生监督执法工作水平。

三是探索完善医疗卫生机构运行机制。在全区疾病预防控制机构实行绩效考核工作，按考核结果核拨财政补助经费。组织开展基层医疗卫生机构定编定岗工作，推行全员聘用制度和岗位责任管理制度。苏木乡镇卫生院编制按农牧业人口的 1.3‰实行总量控制。农牧业人口在 1 000 人以下的，按 7 名核定编制；1 000 ~ 7 700 人的，按 8 ~ 10 名核定编制；超过 20 000 人的，按 1.3‰的标准核定编制，每增加 10 000 名人口增加 5 名编制；牧区卫生院编制上浮 15% ~ 20% 核定。服务居民为 1 万 ~ 5 万人的社区卫生服务中心编制，按照每万名居民配备 3 ~ 4 人的标准配置执业医师。同时，制定实施《基层医疗卫生机构绩效考核办法（试行）》，重点考核基本公共卫生服务和基本医疗服务情况，并将考核结果与财政补助、工作人员收入待遇相结合，促进基层医疗卫生机构全面履行职责。

【学科建设和人才培养】 从 2001 年开始组织实施《内蒙古自治区医疗卫生领先（重点）学科实验室建设方案》，自治区政府累计投入 4 000 万元，加强建设医疗卫生领先（重点）学科。开展新一轮领先学科、重点学科、重点实验室认定工作，评审确定了自治区临床医学领先学科 23 个、临床医学重点学科 42 个、基础与预防保健医学重点实验室 15 个。大力开展社区卫生人员、农村牧区卫生人员培养工作。自治区政府每年列支专项资金 200 万元，为苏木乡镇卫生院在职人员免费培养医学大专学历，已累计培养 500 人。制定实施《内蒙古自治区城市医疗卫生机构医师到基层服务实施办法》，建立全科医学岗位培训基地 85 个，培训社区卫生技术人员 3 887 人。

【卫生信息化建设】 重点建设了卫生应急指挥系统、药品集中招标采购、新农合信息管理、卫生政务信息管理、医疗机构管理、互联网医疗保健信息服务管理等平台。其中，卫生应急指挥系统于 2006 年覆盖全区 14 个盟市，在应急指挥、远程教育、视频会议中发挥了重要作用。2009 年,自治区又投资 840 万元,建设旗县视频会议系统,将其延伸到全区所有旗县区,已有部分旗县完成建设任务。98 个旗县级新农合管理平台已运行多年,自治区级新农合管理平台正在建设中。阿拉善等盟市开发了基于居民电子健康档案为基础的区域卫生信息管理平台,已投入使用。内蒙古医学院附属医院与 110 家旗县级医院(包括部分旗县蒙中医院)建立了远程医疗会诊及医学教育系统。

【地方性卫生法制建设】 结合医改精神,自治区人大重新修订颁布了《内蒙古自治区蒙医药中医药条例》,在原来的 22 条基础上增加到 60 条。新条例完善了蒙医中医管理体系建设、蒙医药高层次人才培养等事项,重点强调了各级政府在推动蒙中医药事业发展方面的职责,突出了蒙中医药在提供基本医疗和公共卫生服务的作用,并将蒙中医药有关知识纳入全区中小学生卫生教育课程。

【蒙中医药事业】 按照《国务院关于扶持和促进中医药事业发展的若干意见》,自治区政府制定出台了《进一步扶持蒙医中医事业发展的决定》,将蒙中医药服务纳入到公共卫生、重大疾病防治、农村牧区卫生和城市社区卫生服务中,启动了公立蒙中医院改革试点。认真组织开展名老蒙中医药专家学术经验继承工作,推进蒙医药标准化建设,积极开展蒙中医院评价工作,不断强化内涵建设,提高蒙中医药服务能力。建立了以自治区蒙中医院为龙头、盟市蒙中医院为骨干、旗县级蒙中医院为基础、各级各类医院蒙中医科为补充、城市社区卫生服务中心(站)和农村牧区卫生院、卫生室为网底的蒙中医药服务体系。2010 年,全区旗县级以上蒙医中医机构已发展到 111 所,蒙中医病床 9074 张,蒙中医药从业人员达 15 296 人。国际蒙医医院项目正在抓紧实施。

(生焰明 张玲玲)

人口和计划生育

【内蒙古自治区人口和计划生育委员会领导名录】

主　任:王苏布道(女 蒙古族)

副主任:曹殿云 云文霞(女 蒙古族)

保勒德巴根(蒙古族) 姜华

纪检组长:刘凯

副巡视员:胡达古拉(女 蒙古族)

杨毅(蒙古族)

【概况】 2010 年自治区人口计生委机关行政编制 42 人。设办公室、政策法规(人口研究)处、发展规划与信息处、流动人口服务管理处、宣传教育处、科学技术服务处、财务处、机关党委(人事处)、驻委纪检组(监察室)。另设机关事务服务中心、人口和计划生育培训中心、人口和计划生育技术服务中心、人口和计划生育药具发展中心、人口宣传教育中心、计划生育协会 6 个事业单位,事业编制 96 人。

据《内蒙古自治区 2010 年第六次全国人口普查主要数据公报》显示,2010 年 11 月 1 日零时,全区常住人口为24 706 321人,同第五次全国人口普查 2000 年 11 月 1 日零时的23 755 427人相比,十年增加950 894人,增长4.0%,年均增长率为0.39%。

全区常住人口中共有家庭户8 176 128户,家庭户人口为23 069 077人,平均每个家庭户人口为2.82人。全区常住人口中,男性占51.94%,女性占48.06%,性别比为108.05;0~14 岁人口占14.1%,15~64 岁人口占78.34%,65 岁及以上人口占7.56%。

全区常住人口中,汉族人口为 19 650 687 人,占 79.54%,蒙古族人口为 4 226 093 人,占 17.11%,其他少数民族人口为 829 541 人,占 3.36%。。

【统筹解决人口问题】 内蒙古自治区政府召开由盟市主要领导参加的全区人口和计划生育工作会议,全面部署人口计生工作。自治区人大、政协积极推动解决影响事业发展和人民群众密切关注的热点、难点问题。严格落实人口计生工作目标管理责任制,自治区党委、人大、政府、政协相关领导带队,对全区人口计生目标管理责任制落实情况进行了检查验收。自治区人口计生工作领导小组充分发挥领导、组织、协调作用,各成员单位积极履行统筹解决人口问题的职能职责,采取法律、行政、经济、宣传教育、科技等手段,推进社会管理与公共服务长效工作机制建设。在加强人口计生队伍建设、落实计划生育服务体系项目、确保人口计生事业投入增长幅度高于经常性财政收入增长幅度、出台惠及计划生育家庭的优惠政策等诸多方面,给予了强有力的支持。

【提高出生人口素质】 实施了"四个一"工程。深入推进生殖健康促进工程,在全区开展生殖健康进校园、进军营、进社区活动。全区各地高度关注已婚育龄妇女和男性生殖健康,2010 年,全区共完成生殖健康普查、普治约 1 000 多万人次,并全部建立档案实施跟踪服务,育龄群众生殖健康水平进一步提高,生殖健康实现全覆盖。

出生缺陷一级干预工程取得阶段性成效。2010年,全区优生咨询人数约100万人次,优生检测24万人次,重点人群跟踪指导率达到95%。自治区计划生育科学研究所完成染色体检测2 600多例。

“一杯奶”生育关怀行动成为内蒙古特色品牌。自治区政府在2009年实施了“一杯奶”生育关怀行动,2010年继续将其纳入为民办10件实事之一,进行了全面部署。截至2010年底,在全区12个盟市、83个旗县相继拓展,各级共投入资金近6 300万元,使11.38万人受益。经国家人口计生委科研所跟踪对比检测显示,受益者所生育的新生儿体重、身长和发育评分等出生质量指标明显提高。作为全国首创民生项目荣获国家人口计生委2009年度创新奖,自治区政府已将其纳入“十二五”发展规划。

生命“绿色通道”工程。为群众解决不孕不育症问题,帮助他们实现生育愿望。2010年,通过对600余对不孕不育夫妇实施不良生活方式和生殖健康的干预和疾病诊疗,使116对夫妇怀孕生育。

【公共服务】 全区共建成标准化旗县、苏木乡镇服务站70个和414个,覆盖率达到70%和60%。进一步完善“乡镇服务站+流动服务车”模式,2007~2010年,累计投入4 500万元,为687个苏木乡镇配备流动服务车,在全国率先实现了全覆盖。计划生育优质服务先进单位创建活动扎实推进,2010年,全区已创建国家级优质服务单位37个,覆盖率达到36.6%,自治区级优质服务单位51个,覆盖率达到50%。继续发挥自治区计划生育科研所培训基地的作用,采取“走出去、请进来”的模式,聘请国内外专家教授讲课,对旗县、乡镇两级技术人员进行轮训。全区101个旗县服务站全部获得《计划生育执业许可证》,使具有《医疗卫生执业许可》的旗县计划生育服务站达到了83个。深化药具管理改革,药具免费发放覆盖率、使用药具有效率和随访率均在90%以上。组织实施旗县、苏木乡镇服务站设备装备计划,国家、自治区和各盟市共投入1.4亿元,基层服务站设备得到全面加强、服务手段明显改善。

【利益导向】 自治区人口计生委与自治区人力资源和社会保障厅、财政厅联合下发《关于做好新型农村社会养老保险制度与人口计划生育政策衔接的通知》,为“吉祥草原惠民计生行动”注入新的内涵。国家“三项”制度(“奖励扶助”、“少生快富”、“特别扶助”)得到有效落实,截至2010年底,全区累计投入1.2亿元,惠及计划生育家庭和群众4万人。全区累计投入4 000万元,为农村牧区政策内生育二孩和双女户采取永久性节育措施的家庭给予1 000元和1 500元的一次性奖励,受益人群达3.6万人。

开展“幸福工程”——救助贫困母亲行动。截至2010年底,已在全区9个盟市,27个旗县建立了国家级“幸福工程”项目点。2010年6月17日,在国家“幸福工程”15周年纪念大会上,内蒙古“幸福工程”组委会获爱心组织奖,内蒙古4位受助母亲获“幸福母亲”光荣称号。部分盟市生育关怀公益金制度的运行,使1 664个独生子女伤亡、困难的计生家庭和基层计生干部得到救助,使用公益金512.5万元。积极推进生育保险。截至2010年底,全区67个旗县(市区)共投入1 218万元,为独生子女、双女户、基层计生干部办理计划生育保险,惠及43.3万人。

【宣传教育】 编辑整理了《国策英模》报告文学和纪念人口计生工作30年大型画册。全区各地强化阵地建设,人口文化大院、长廊、广场、学校乃至人口文化大旗、大市建设。利用电视、广播、手机短信、乌兰牧骑、那达慕等形式推陈出新。把婚育新风进万家和关爱女孩行动贯穿在“吉祥草原惠民计生行动”、计划生育优质服务中。2010年,呼伦贝尔市被国家人口计生委确定为全国第4批“婚育新风进万家”活动示范市。

【依法行政】 在全区人口计生系统全面开展“深入推进社会矛盾化解工作”专项行动。2010年,全区人口计生系统共受理群众来信来访17 158件(次),比2009年减少5 436件(次),降幅24.6%。全区集中开展了基层文明执法专项活动,治理行政执法中存在的突出问题。推行“12356”阳光计生行动,切实保障人民群众的知情权、表达权、参与权和监督权。全区多年来从未发生因计划生育执法而导致损害群众利益的恶性案件和群体性事件。各级计生协组织,指导并推行广大群众参与嘎查村(居)民自治,坚持民主决策、民主管理、民主监督。2010年8月,自治区人口计生委连续第四年荣获由内蒙古社会治安综合治理委员会授予的“全区社会治安综合治理优秀单位”荣誉称号。

【流动人口计划生育服务管理】 自治区和各盟市都成立了以分管领导为组长,公安、民政、财政等组成的流动人口计划生育工作领导小组,建立齐抓共管的工作机制。2010年,全区流动人口免费技术服务率为97%,避孕药具免费发放率达99%。创新流动人口“网格化管理”和“一站式服务”新机制。鄂尔多斯市被确定为全国流动人口均等化服务试点。

【人口发展战略和信息化建设】 2010年,自治区全员人口信息资源库初步建成,人口信息管理实现了由育龄妇女向全员人口的转变。发挥人口计生基础管理网络和基础数据健全的优势,积极参与全国第六次人口普查的摸底和登记工作。自治区人口计生委与11个盟市、59个旗县人口计生部门实现了电子政务外网联通和网上办公。截至2010年底,全区12个盟市和60个旗县(市、区)建成了人口网站,自治区人口计生委门户网站在2010年自治区政府网站绩效考核排名第7位,荣获自治区综合优秀网站奖和信息上报优秀奖。

【队伍建设】 落实国家"三千人才"和自治区"五百人才"工程。截至2010年底,全区技术人员大中专以上学历为72%、中高级专业技术职称为23.8%、有执业资格的技术人员为67%。全区11个盟市的计生协会实现了参公管理;认真落实国家"强基提质"工程的要求,全区累计培训人员约16万人次。全区有1 500人参加生殖健康咨询师考试,通过率达到40%,包头市探索开展生殖健康咨询师的认证和聘用工作,走在了全国的前列。

【创先争优活动】 按照中央和自治区党委的统一部署,自治区人口计生委以高度的政治责任感和良好的精神状态,紧紧围绕"统筹解决人口问题,提升公共服务能力,促进人口科学发展"这一主题,以创建共产党员"五个好"、"五带头"为核心,迅速行动、认真谋划、扎实推进。成立了由主要领导为组长,班子成员为副组长,各党支部书记为成员的创先争优活动领导小组,全委上下掀起了创先争优活动的热潮。特别是围绕提高出生人口素质、促进家庭幸福,实施了"四个一"工程(即生殖健康促进工程、出生缺陷一级干预工程、实施"一杯奶"生育关怀行动、生命"绿色通道"工程)。同时,自治区人口计生委在赛罕区大学西路办事处兴安南路社区建立党员执政为民教育基地,三年来投入20多万元,为社区解决了办公场所,建起了人口计生宣传长廊,帮助基层党组织建设上水平,培育了党员干部体恤民情的胸怀。2010年,投入60万元帮助兴安盟扎赉特旗扶贫点群众生产生活,扶贫济困救助特困党员9 000元,参加"博爱一日捐"捐资9 907元,向玉树、舟曲捐款37 087元。

【目标管理责任制考核评比结果】 内蒙古自治区党委、政府综合2009年日常业务监控和年末责任制检查验收结果,授予通辽市、乌海市、赤峰市、包头市、呼和浩特市"2009年度人口和计划生育综合改革机制建设奖",授予赤峰市、乌兰察布市、呼伦贝尔市、巴彦淖尔市"2009年度人口和计划生育服务站机制改革暨优质服务奖",授予通辽市、兴安盟、锡林郭勒盟、乌兰察布市、阿拉善盟"2009年度人口和计划生育统计信息化建设奖",授予乌海市、阿拉善盟"2009年度人口和计划生育财政投入与利益导向政策体系建设奖",授予"鄂尔多斯市、呼伦贝尔市、兴安盟、巴彦淖尔市、锡林郭勒盟"2009年度宣传教育暨综合治理出生人口性别比奖",授予"包头市、呼和浩特市、鄂尔多斯市"流动人口服务管理奖";授予自治区发改委、财政厅、人力资源和社会保障厅、公安厅、民政厅、卫生厅、工商局、扶贫办等8个部门单位"2009年度完成人口和计划生育工作目标奖"。

【人口计生工作会议】 2010年1月28日在呼和浩特召开。自治区党委副书记、自治区主席巴特尔出席并作重要讲话。自治区党委副书记、常务副主席任亚平宣读了自治区党委、政府《关于兑现<2009年度盟市党政主要领导和相关部门人口和计划生育目标管理责任书>的表彰决定》,自治区副主席刘新乐作工作报告。自治区人大常委会副主任柳秀,自治区政协副主席牛广明出席会议。会上,自治区政府同各盟市和相关部门分别签订《2010年度盟市党政主要领导人口和计划生育目标管理责任书》和《2010年度相关部门人口和计划生育目标管理责任书》。呼伦贝尔市、乌兰察布市、鄂尔多斯市、巴彦淖尔市、包头市在会上分别作典型发言。

【《公开信》发表30周年大会】 2010年9月20日,自治区党委政府在呼和浩特召开纪念《公开信》发表30周年大会。自治区党委书记、人大常委会主任胡春华出席会议,自治区党委副书记、自治区主席巴特尔作重要讲话,自治区党委副书记、自治区常务副主席任亚平宣读《内蒙古党委政府关于授予武巧莲等30位全区"人口计生30年特殊贡献奖"的决定》,自治区副主席刘新乐主持会议。自治区人大常委会副主任柳秀、自治区政协副主席郭子明,自治区政协原副主席杨紫珍、刘芝兰出席会议。自治区人口计生委主任王苏布道作《与改革开放同行走统筹发展之路》报告,乌兰察布市凉城县计生服务站站长刘树浑代表获奖者作典型发言。会上,自治区党委、政府表彰奖励了8位80年代、9位90年代和13位新世纪以来为全区人口计生工作做出特殊贡献的人员。

【计生药具工作会议】 2010年8月19~20日,全国计划生育药具工作座谈会在内蒙古包头市召开。会议主要研讨"十二五"药具工作发展思路,从统筹解决人口问题的大思路出发,分析当前药具事业发展面临的机遇与挑战，研讨进一步深化药具工作改革的措施和办法，促进药具工作改革的各项目标顺利实现。国家人口计生委副主任江帆出席并讲话，自治区人口计生委主任王苏布道、包头市副市长刘玉华致辞，国家人口计生委药具中心主任李凤岐作上半年工作总结及下半年工作部署。

【荣誉】 2010年9月2日，国家人口计生委授予鄂尔多斯市鄂托克前旗昂素镇计生办主任阿拉塔为“全国人口计生事业新闻人物”。

（杜　康）

体育运动

【内蒙古自治区体育局领导名录】

局　长：石　梅（女 蒙古族）

副局长：李　远 施李明 李志友（满族）

副巡视员：乌兰阿塔（蒙古族） 吴刚

【概况】 2010年是内蒙古体育工作备战第十二届全国运动会周期的第一年，也是“十一五”计划的收官之年。以贯彻落实国家和自治区《全民健身条例》为核心，全民健身活动开展广泛深入；围绕奥运争光计划，着力提高竞技体育水平，在第十六届广州亚运会上取得可喜的成绩；积极创造有利环境，大力推进体育产业发展，以“车”、“马”为载体体育品牌赛事日臻成熟；精心组织，认真筹办第十五届世界元老乒乓球锦标赛、第二届中蒙俄国际青少年运动会，促进了中外体育、文化的交流，传递了各国之间的友谊；体育宣传工作积极发挥体育记者协会的作用，抓住时机展开宣传，不断扩大宣传阵地，让更多的人关心体育事业、支持体育事业，体育宣传工作再上新台阶。

【群众体育】 为深入贯彻落实两个《全民健身条例》，形成全社会关心、参与、支持全民健身工作的良好局面，让广大人民群众共享体育事业的发展成果，享受运动带来的健康和快乐为目标，积极组织和引导广大群众开展丰富多彩的体育活动和全民健身运动。6月上旬，以“欢乐草原、快乐生活”为主题的第二届全区健身大会在呼伦贝尔市举行。来自12个盟市的400多名运动员齐聚在鄂温克草原，进行了搏克、摔跤、射箭、喜塔尔、蒙古族传统射箭、赛马、颠马、米日干车（马车赛）等民族传统体育项目及羽毛球项目的比赛，进一步打造了具有民族特色和地域特点的全民健身活动品牌。以此为龙头，全区各地逐步展开的全民健身活动将达到1 000多项，让体育运动走进了城镇社区和农村牧区、走进了各族群众的生活，热爱运动、积极锻炼日益成为科学文明的生活方式；进一步做好《全民健身条例》的贯彻落实工作。10月召开《全民健身条例》座谈会，认真研究制订《内蒙古自治区全民健身计划》。配合自治区民委认真举办第七届全区少数民族传统体育运动会。加强对社会体育指导员的培训，举办了两期国家级社会体育指导员培训班。评选表彰一批全区群众体育先进集体和先进个人；进一步完善全民健身服务体系。圆满完成了第三次全国国民体质监测内蒙古地区的前期数据采集工作。注重发挥社会体育指导员和群众体育组织的作用，充分调动社会办体育的积极性，开展了社会体育指导员风采展示活动；组织参加第四届全国体育大会获得1个一等奖、4个二等奖、10个三等奖，并获得“体育道德风尚奖”，取得运动成绩和精神文明双丰收。

【竞技体育】 坚持“以奥运会为最高目标，以奥运带全运，以全运促奥运”的指导思想，重点进行了制度改革。首先，进行竞技体育管理体制改革，调整项目设置战略布局。原来的3个体育工作大队顺利进行了中心管理改革，与国家体育总局项目管理中心对接，创新了管理模式，提高了管理水平和效率。对自治区优秀运动队项目进行微调，实行项群管理。其次，进行教练员选拔、任用制度改革。实行教练员竞争上岗，形成了能进能出、能上能下的教练员选拔、任用机制，增强了教练员的责任感和危机感，强化了教练员队伍建设。第三，加大了竞赛制度改革的力度，使自治区全运会与奥运会、全国运动会设项接轨。在全区运动会设项上，自治区重点项目金牌总数上调，同时设置了重点项目乙组比赛、大级别加倍奖励；经过改革制度，促进了竞技体育成绩的提高。在第16届广州亚运会上，自治区共有19名运动员代表国家参加了田径、马术、现代五项、柔道、拳击、曲棍球、藤球、铁人三项等8个项目的比赛，取得4金3银4铜的亚运会最好成绩。其中，柔道、女子藤球是自治区运动员参加亚运会的最好成绩。截至10月底，自治区运动员参加61项国际、国内赛事，已经获得47枚金牌、40枚银牌、48枚铜牌，150多人次进入比赛名次；本着有利于充分利用现有环境、人才资源和促进竞技体育可持续发展的原则，鼓励和支持有条件的盟市旗县与自治区体育局合办专业运动队，尤其是在冬季项目和集体项目的设置上探索多种渠道、合作共赢。召开了冬季项目研讨会，成立了自治区冬季项目运动管理中心。继续加大后备人才培养、储备力度,实施走出去、请进来的开放政策,不断加强教练员、运动员队伍建设,探索多元化的体育人才培养模式;逐步完善训练、科研、医疗一体化工作机制,优化科研工作模式。加强国家体育总局重点实验室建设,推进体育科研的基础理论研究和应用研究。召开了第12届全区运动会赛风赛纪和反兴奋剂培训班,进一步强化了在运动员、教练员中的反兴奋剂教育,全面完善反兴奋剂工作网络。

【体育产业】 以深入贯彻落实《彩票管理条例》为抓手,继续巩固体育彩票销售市场,稳步提高销量。2010年自治区体育彩票实现销售11.6亿元,其中电脑彩票销售6.9亿元,即开型彩票销售突破4.7亿元,为全区体育事业和各类社会保障工作提供了有力的经济支撑;体育局继续打造"车"、"马"、冰雪项目和那达慕等品牌赛事,规范竞赛管理,形成长效机制。先后举办了中国房车锦标赛、2010年国际超级联盟方程式汽车大奖赛中国鄂尔多斯分站赛等多项规模大、水平高的汽车赛事,体育赛事运作水平进一步提高。

【国际赛事】 6月6~12日,第15届世界元老乒乓球锦标赛在呼和浩特举办。本届比赛是自治区举办的规模最大、参与人数最多、规格最高的国际单项赛事。办好本届赛事是体育局2010年的一项重点工作。在国家体育总局,自治区党委、政府的高度重视和大力支持下,本届比赛获得了圆满成功。国家体育总局党组书记、局长刘鹏亲自出席开幕式并宣布比赛开幕。自治区党委书记胡春华、自治区政府巴特尔、自治区政协主席陈光林及国际乒联终身名誉主席徐寅生等出席了开幕式。国家体育总局副局长蔡振华出席闭幕式。本届赛事以团结、友谊、健康、和谐、创新为办赛理念,弘扬团结、友谊、进步、创新的乒乓文化,促进了内蒙古与世界的相互了解和友好往来,充分展示了中国内蒙古及呼和浩特市的形象和风采;9月8~16日,第二届中蒙俄国际青少年运动会在呼和浩特举行。本届比赛共有来自蒙古国、俄罗斯联邦布里亚特共和国、中国内蒙古自治区及呼和浩特市、包头市和赤峰市的6个代表团近700名运动员参赛。比赛共设拳击、柔道、自由式摔跤、乒乓球、射箭、田径等6个大项51个小项的比赛。在为期6天的比赛中,自治区代表团共获得25枚金牌、22枚银牌和18枚铜牌,金牌和奖牌总数均名列第一。中蒙俄国际青少年运动会旨在加强三国体育交流与合作,促进相互间竞技运动水平的提高。此项比赛不仅促进了各国、各地区青少年运动员竞技运动水平的提高,还为相互间加强友好往来奠定了良好的基础。

【全区第十二届运动会】 8月16~22日,自治区第十二届运动会在乌海举行。来自全区12个盟市代表队的3 340余名运动员参加了23个大项412个小项的角逐,共产生487枚金牌、457枚银牌和457枚铜牌。其中,8人22次超4项自治区最高纪录,80人122次超43项自治区青少年最高纪录,充分展示了内蒙古竞技体育良好的发展态势。本届全运会由自治区人民政府主办,自治区体育局、乌海市人民政府承办,主题是:相约乌海、感受运动。本届全运会单项比赛从7月初开始进行,分别在包头赛区举办了射击、铁人两项比赛,在鄂尔多斯赛区举办了曲棍球比赛。乌海赛区在开幕式前进行了柔道、拳击、男子篮球等10个项目的比赛。呼和浩特市代表队、包头市代表队和乌海市代表队等11个代表队获得了本届全运会的精神文明奖。呼和浩特市代表队以132.5枚金牌夺得本届全运会金牌榜第一名,包头市代表队分别以259.5枚奖牌和5 605分获得了奖牌榜和总积分的第一名。

【体育宣传】 体育宣传工作再上新台阶。5月召开了全区体育宣传工作会议,期间,组织自治区主流媒体记者对西部部分盟市的全民健身活动进行了实地采访。6月中旬,全区健身大会期间,自治区体育记者协会又赴东部盟市进行了实地采访。组织30多名记者先后两次赴全区各个盟市进行了采访采风活动,受到了基层体育部门和各个新闻媒体单位的一致好评。与自治区主流媒体,在全区范围组织开展了"社会体育指导员风采展示"活动,展示内蒙古社会体育指导员的风采,加大社会体育指导员的宣传力度,推动自治区全民健身活动的深入开展。围绕第十六届亚运会,集中力量做好内蒙古自治区运动员参加亚运会的宣传报道工作,该宣传工作取得了新闻记者采访亚运会人数最多、参与报道时间最长、发稿数量最大等多方面的成绩,为内蒙古自治区运动员参加亚运会营造了宽松、良好的舆论氛围。

【体育要闻】 1月2~8日,贝娜齐尔布托国际拳击A级赛在巴基斯坦共和国举办,内蒙古男子拳击队在本次邀请赛上获得男子团体冠军,其中党勇、孟繁龙、包旋、李和帅分别获得54公斤、81公斤、-91公斤和+91公斤级第一名,胡斯乐获得75公斤级第二名,巴音杭盖、胡日查毕力格分别获得60公斤、64公斤级第三名。

1月16日,2009安踏CCTV体坛风云颁奖在北京大学举行,自治区竞走运动员王浩获得2009年度体坛最佳新人奖。

2月2日，内蒙古拳击队运动员孟繁龙在北京举行的2010年亚洲拳王争霸赛上，以绝对实力分别战胜蒙古国、印度选手，获得81公斤级别亚洲拳王。

3月11～12日全区体育工作会议在呼和浩特市召开。这次会议的主要任务是：以科学发展观为统领，认真贯彻落实2010年全国体育局长会议精神，回顾总结2008年以来全区的体育工作，安排和部署当前和今后一个时期的工作任务。自治区副主席刘新乐出席并作重要讲话。石梅局长作总结讲话。

3月17～19日，全国男子柔道锦标赛在北京市举行。内蒙古共派出32名运动员，分别代表内蒙古、解放军、广东省、呼和浩特市、海口市、福建省等6个地区，参加了除无差级以外7个级别的比赛。斯日吉嘎瓦、额日敦道布分别获得81公斤级冠军和73公斤级第二名，都仁贺希格获得60公斤级第三名，青昭日格图获得100公斤级第三名。

3月17～23日，全国拳击锦标赛在海口市举行。呼日查毕力格、孟繁龙分获64公斤级和81公斤级第一名。

4月5～10日，首届中国拳击公开赛在贵州省贵阳市举行。内蒙古运动员孟繁龙在比赛中分别战胜印度、约旦等国选手，勇夺81公斤级冠军，胡日查毕力格在64公斤级比赛中获得亚军。

4月13～16日，全国自由式摔跤锦标赛在海口市举行，内蒙古摔跤运动员乌云毕力格获得96公斤级第一名，乌云毕力阁获得74公斤级第二名。

4月24～25日，全国田径大奖赛系列赛（苏州站）首场比赛在苏州市体育中心体育场举行。内蒙古运动员李珍珠、刘相蓉分获女子田径3 000米障碍、铅球冠军。

5月1日，铁人三项亚洲锦标赛在菲律宾举行，内蒙古运动员刘婷获得女子组冠军。

5月15日，铁人三项洲际杯赛暨全国冠军杯系列赛在福州举行，刘婷获女子国际组、国内专业组双料冠军。

5月15～16日，2010年全国田径大奖系列赛在昆山市举行。内蒙古运动员杨乐以9分4秒65、裴乐以9分8秒40的成绩分获男子3000米障碍冠军和第三名，刘相蓉以18米48的成绩获女子铅球冠军，李广金以52秒79的成绩获男子400米栏亚军。

同日，全国现代五项冠军赛分站赛在郑州举行，内蒙古现代五项队获得女子接力赛冠军。

同日，第24届墨西哥竞走世界杯赛在其瓦瓦进行。内蒙古共有4名运动员、1名教练员代表中国队参赛，共夺得4枚金牌1枚银牌。其中，王浩、褚亚飞分别以1小时22分35秒、1小时22分46秒包揽20公里竞走个人冠军和亚军，同时他们与另外3名队友为中国田径队捧得了男子20公里的团体冠军奖杯。此外，自治区运动员徐发光与外省4名运动员合作获得男子50公里竞走团体冠军，个人获得第九名。

5月16～26日，第四届全国体育大会在安徽省合肥市举行。内蒙古近60名优秀选手参加了中国式摔跤、舞蹈啦啦操、三人篮球、围棋、门球、健身气功、轮滑等7个项目的比赛。最终中国式摔跤获得1个一等奖、4个二等奖。健身气功、轮滑、中国式摔跤获得10个三等奖。

5月18日，在南京举行的全国射击冠军赛上，内蒙古运动员陈海龙获男子步枪三种姿势第二名。

5月20～27日，全国青年男子曲棍球锦标赛在兰州举行，内蒙古代表队获得团体冠军。

5月21～24日，2010年亚洲少年田径锦标赛暨青奥会选拔赛在新加坡举行，内蒙古运动员毛艳雪、教练员白连生代表国家参赛。在22日举行的女子5 000米竞走决赛中，毛艳雪以24分38秒48的成绩获得冠军。

5月23～24日，柔道世界大满贯赛（奥运会积分赛）在巴西里约热内卢举行，内蒙古运动员吴树根获得48公斤级第三名，并获得120分奥运会积分。

5月29日，2010年国际田联竞走挑战赛波兰克拉克夫站比赛中，内蒙古运动员褚亚飞在10公里竞走比赛中以38分40秒的成绩获得冠军，这一成绩也刷新了他39分的个人最好成绩。

6月1日，亚洲田径大奖赛在印度浦那举行，内蒙古田径队运动员刘相蓉代表中国参赛，并以18米43的成绩获得女子铅球冠军。

6月6日，2010年男子柔道世界杯赛在西班牙马德里拉开战幕。内蒙古与解放军双计分运动员阿拉木斯代表中国队参加了60公斤级的比赛，获得了本届世界杯赛的第三名。

同日，亚洲田径大奖赛第二站比赛在印度班加罗尔举行，内蒙古选手刘相蓉以18.03米的成绩再次获得女子铅球冠军。

6月6～7日，国家体育总局党组书记、局长刘鹏一行到自治区进行了为期2天的考察调研，刘新乐副主席，石梅局长全程陪同调研。

6月7～12日，第15届世界元老乒乓球锦标赛在呼和浩特市举行。国家体育总局党组书记、局长刘鹏出席开幕式并宣布比赛开幕。自治区党委书记胡春华、自治区主席巴特尔、自治区政协主席陈光林及国际乒联终身名誉主席徐寅生等出席了开幕式。本届比赛共有来自世界51个国家和地区的2 076名运动员参赛,比赛共产生了48枚金牌、48枚银牌、64枚铜牌和96个安慰赛奖杯。

6月9日,亚洲田径大奖赛第三站比赛在印度钦奈举行,内蒙古田径运动员刘相蓉以17米95的成绩第三次摘得女子铅球冠军,同时也成为在印度三站大奖赛中唯一三夺冠军的运动员。

6月13~14日,2010年全国田径大奖系列赛最后一站比赛在安徽省合肥市举行,内蒙古田径队运动员杨乐以8分56秒98的成绩获得男子3 000米障碍冠军,刘艳梅以13米70的成绩获得女子三级跳远冠军;姜凤晶以58米46的成绩获得女子铁饼第二名,李珍珠以10分13秒27的成绩获得女子3 000米障碍第二名,刘相蓉以17米87的成绩获得女子铅球第二名。

西班牙时间6月19日,2010年国际田联竞走挑战赛西班牙拉科鲁尼亚站比赛中,内蒙古运动员褚亚飞以1小时21分11秒的成绩获得男子20公里冠军,王浩以1小时21分13秒的成绩获得第三名。

6月24日,全国射击锦标赛在云南举行,内蒙古运动员韩庆洲、杨巍、代守贵获男子气手枪团体第二名。

6月27日,世界中学生排球锦标赛在包头市举行。代表自治区参加第十二届全国运动会的包头一中女子排球队此次代表国家参加女子组比赛,获得第二名。

7月3日,2010北京国际铁人三项锦标赛暨全国冠军杯系列赛在北京昌平举行。内蒙古运动员刘婷勇夺女子组国际国内两项冠军,王沛获得女子青少年组国际国内两项亚军。

7月10~13日,2010年"耐克杯"全国大学生田径锦标赛在武汉市举行。代表内蒙古科技大学的自治区运动员杨乐以14分30秒69的成绩获得男子甲组5 000米冠军;褚亚飞以41分37秒47的成绩获得男子甲组10 000米竞走冠军,郑国军获得该项目第二名;边岐获得男子甲组5 000米、10 000米两项第三名。

7月18日,第三届中国速度马大赛在兴安盟科右中旗图什业图赛马场举行。在1.46米以下8 000米速度赛中,兴安盟科右中旗代表队勇夺桂冠,扎赉特旗代表队摘取5 000米走马比赛的桂冠。兴安盟科右中旗代表队获得体育道德风尚奖和最佳驯马师两项大奖。

7月22日~8月1日,2010年全国现代五项锦标赛在四川成都举行,内蒙古运动员张晔、付洋、张燕获女子团体冠军,张晔获个人冠军,付洋获个人第四名。

8月4日,八省区首届"喜塔尔"大赛在内蒙古镶黄旗喜塔尔广场隆重举行。来自北京、河北、黑龙江、辽宁、吉林、甘肃、青海、新疆等八省区的1 024名"喜塔尔"选手同时开赛。经过两天角逐,镶黄旗选手巴雅尔图摘得桂冠,东乌旗选手孟克特木尔获得亚军,西乌旗选手瑟温道获得第三名。

8月11日,首届鄂尔多斯国际那达慕大会暨内蒙古自治区第七届少数民族传统体育运动会在鄂市隆重开幕。国家体育总局副局长冯建中,国家民族事务委员会副主任丹珠昂奔,全国人大常委会委员、民族事务委员会副主任委员哈斯巴根,文化部部长助理高树勋,自治区党委副书记、自治区副主席任亚平等出席开幕式。首届鄂尔多斯国际那达慕大会为期8天,来自俄罗斯、蒙古国、韩国等12个国家和地区的体育代表团及中国北方8个省市自治区共20支代表队参赛。大会的体育比赛项目包括赛马、搏克、蒙古象棋、射箭、国际式摔跤、毽球、曲棍球等7项,本届大会还创造了万人拔河比赛和万人人体多米诺两项吉尼斯纪录。

8月16~22日,内蒙古自治区第十二届运动会在乌海市隆重举行。自治区党委副书记、自治区主席巴特尔宣布内蒙古自治区第十二届运动会开幕。国家体育总局党组成员、局长助理晓敏,自治区人大常委会副主任雷·额尔德尼,全国人大常委会委员、民族事务委员会副主任委员哈斯巴根,自治区人大常委会副主任赵忠,自治区政协副主席郭子明,自治区政协原副主席夏日出席开幕式。自治区副主席刘新乐代表自治区人民政府向乌海市人民政府赠送了"中华宝鼎"。开幕式由乌海市委副书记、市长侯凤岐主持,乌海市委书记白向群致欢迎词,自治区体育局石梅局长致开幕词。

8月21日,首届青年奥运会田径比赛在新加坡展开首个决赛日的争夺。在女子5 000米竞走决赛中,毛艳雪以22分29秒42的个人最好成绩获得银牌,并打破了5 000米竞走成年女子22分40秒99的全区最高记录。

8月24~27日,2010年中国门球冠军赛内蒙古分赛区比赛在鄂尔多斯市举行,东道主鄂尔多斯市伊金霍洛旗代表队夺得冠军,获得了代表内蒙古参加中国门球冠军赛总决赛的资格。

8月25日,2010年全国水上运动会铁人三项赛暨全国铁人三项锦标赛在山东日照举行，刘婷内蒙古运动员获女子组亚军。

9月8～16日，在第二届中蒙俄国际青少年运动会在呼和浩特举行。本届比赛共有来自蒙古国、俄罗斯联邦布里亚特共和国、中国内蒙古自治区及呼和浩特市、包头市和赤峰市的6个代表团近700名运动员参赛。

9月18～20日，2010年国际田联竞走挑战赛总决赛暨全国竞走锦标赛在北京奥体中心举行。内蒙古田径队16名运动员分别参加了其中7个小项的总决赛。徐发光以3小时47分54秒的成绩获得男子50公里冠军和20公里第六名，吴钱龙以3小时58分33秒的成绩获得第三名，丛福东以1小时25分04秒的成绩获得男子青年组20公里第二名。内蒙古队获得男子20公里、50公里团体亚军。代表乌兰察布市参赛的侯志杰获得男子基地组10公里第二名。毛艳雪获得少年女子10公里第四名。

11月12～27日，第16届亚运会在广州市隆重举行。本届亚运会上内蒙古共有19名运动员代表国家参赛加了田径、马术、现代五项、柔道、拳击、曲棍球、藤球、铁人三项等8个项目的比赛，取得4金、3银、4铜、1个第四名、2个第五名和1个第六名的亚运会最好成绩。

12月12～19日，在广州亚残运会上，内蒙古为国家队选送的运动员杨艳在女子56公斤级比赛中以107.5公斤的成绩获得冠军，敖云波在田径T38级脑瘫200米短跑中以28秒47的成绩获得第八名。

12月22日，内蒙古运动员参加第十六届广州亚运会总结表彰大会在内蒙古人民会堂隆重举行。会前，自治区党委书记胡春华接见了内蒙古参加亚运会的运动员并与他们合影留念。自治区党委常委、统战部长王素毅，自治区副主席刘新乐，自治区政协副主席牛广明等出席总结表彰会。自治区体育局局长石梅在会上对内蒙古参加第16届广州亚运会的情况进行了汇报，并对2011年度冬训工作进行了安排部署。自治区体育局副局长李志友在会上宣读了自治区政府的表彰决定。

（李雪梅）

盟市旗县(市区)

呼和浩特市

【党政军领导名录】

市　委

书　记:韩志然(蒙古族)

副书记:汤爱军(4月离任) 王波(4月任职) 杨飞云(7月离任) 兰恩华(7月任职)

常　委:薄连根(5月离任) 刘惠(10月任职) 赵江涛(蒙古族 10月任职) 李鹤(满族) 朝鲁(蒙古族) 刘俊清(10月任职) 云丽珠(女 蒙古族) 王恒俊(蒙古族) 武文元(10月离任) 云建东(蒙古族) 狄瑞明　潘平(7月任职)

人　大

主　任:吴一微(女 蒙古族)

副主任:李岳清 韩钊(蒙古族) 吕景瑞 赛娜(女 蒙古族) 邢燕菊(女) 吴安俊(满族)

政　府

市　长:汤爱军(4月离任) 王　波(4月任职代市长)

副市长:薄连根(5月离任) 赵江涛(蒙古族 10月任职) 武文元(10月离任) 刘菊茹(女) 吕慧生 云公和(蒙古族) 包钢(蒙古族 10月离任) 白金祥 贾英祥(10月任职) 孙建华(7月任职) 刚布和(蒙古族 10月任职)

政　协

主　席:张彭慧

副主席:扎木苏(藏族) 彭皓芳(女) 张润锁 云普选(蒙古族) 崔世清(回族) 银孝 鲁剑钧 陈曼莉(女 满族) 张赢

纪检委

书　记:朝　鲁(蒙古族)

政法委

书　记:李　鹤(满族)

法　院

院　长:李宪法(10月离任) 王伟(10月代理)

检察院

检察长:云布俊(蒙古族)

公安局

局　长:颜炳强(10月离任) 贾英祥(10月任职)

军分区

司令员:潘　平

政　委:白光荣

【概况】 呼和浩特市是内蒙古自治区首府,位于内蒙古自治区中部。地处北纬40°51′~41°8′、东经110°46′~112°10′。行政区划共辖9个旗县区,31个街道办事处,15个乡,25个镇。土地面积17 224平方公里。其中,城区面积2 054平方公里。总人口229.6万人,其中,市区人口120.6万人。

全年地区生产总值1 865.71亿元,按可比价格计算,比上年增长13.0%。分三次产业看:第一产业完成增加值91.33亿元,比上年增长4.7%;第二产业完成增加值678.95亿元,比上年增长13.3%;第三产业完成增加值1 095.43亿元,比上年增长13.3%。三次产业结构之比为4.9 : 36.4 : 58.7。

全年地方财政收入达241.5亿元,比上年增长20.1%。其中,地方财政一般预算收入126.8亿元,比上年增长18.8%。上划中央税收收入96.5亿元,比上年增长19.8%;上划自治区收入18.1亿元,比上年增长31.4%。全年地方财政支出177.2亿元,比上年增长7.4%。支出重点主要是:教育支出累计完成27.3亿元,比上年增长23.1%;社会保障和就业支出累计完成20.0亿元,比上年增长21.1%;医疗卫生支出累计完成9.8亿元,比上年增长21.8%。

【农牧业】 全年农作物播种面积443.4千公顷,比上年略有增加,其中,粮食播种面积321.3千公顷。粮食产量116.1万吨,比上年下降2.9%。年末,全市家畜存栏261.7万头(只),比上年增长4.2%。其中,大牲畜存栏76.3万头,基本与上年持平。大牲畜中,奶牛存栏头数70.5万头,比上年增加5 003头,占大牲畜的比重为92.5%,比上年提高0.6个百分点;小畜存栏156.2万只,比上年增长6.5%;生猪存栏29.2万头,比上年增长3.1%。全年肉类总产量9.9万吨,比上年增长8.7%;鲜奶产量305.6万吨,增长0.1%;禽蛋产量3.0万吨,增长1.5%。

【林业】 全年荒山荒(沙)地造林面积34.8千公顷,其中,人工造林13.2千公顷,无林地和疏林地新封21.6千公顷。年末,实有封山(沙)育林面积202.5千公顷,四旁(零星)植树304万株。当年苗木产量10.1亿株。

【工业】 全市规模以上工业增加值同比增长13.2%,352家规模以上工业企业实现利税146.2亿元,比上年增长27.1%;盈亏相抵后利润总额73.6亿元,比上年增长45.6%。

伊利、蒙牛、三联化工、中燃等重点监控企业,效益显著回升。天津中环单晶硅一期、中粮可口可乐、中海油聚甲醛等项目相继建成。加大对重点耗能企业节能监管力度,对各种污染源全面进行达标排放治理,完成节能减排目标。

【金融 保险业】 全市拥有独立法人机构和商业银行分行26家,保险公司29家,小额贷款公司68家、证券公司2家、证券营业部12家以及担保公司、典当企业近50家,初步形成了较完整的投融资体系。其中,新开业渣打银行呼和浩特分行等5家商业银行,新开业人寿财险等3家保险公司,新开业24家小额贷款公司,华蒙金河、和信园蒙草两家企业进入上市辅导期。全年金融机构存、贷款余额分别为2 634亿元和2 518亿元。

【商贸物流】 全市拥有各类专业批发交易市场96家,其中,以润宇装饰城、美通无公害农产品批发中心为代表的交易市场,占据自治区中部集散与配送中心地位。呼铁东客站、呼和浩特出口加工区保税物流中心等一批物流重点工程建成并投入使用。

【旅游】 以城市景观、草原风光、民族风情、工业旅游、现代化农业观光、历史文化为主要内容的旅游线路逐步成熟。大青山生态旅游区、大召召庙文化旅游区、黄河旅游区、哈素海旅游区等旅游建设工程有序推进。全年共接待国内外游客1 300万人次,实现旅游总收入178亿元,分别比上年增长25%和23%。

【固定资产投资】 全市完成城乡50万元以上固定资产投资881.2亿元,比上年增长12.7%。分产业看,第一产业完成投资51.1亿元,比上年增长7.1%;第二产业完成投资257.8亿元,比上年增长3.4%,其中,工业投资完成250.1亿元,比上年增长6.0%;第三产业完成投资572.3亿元,比上年增长13.6%。房地产完成投资254.4亿元,比上年增长42.7%。商品房施工面积2 461.1万平方米,比上年增长34.3%;商品房竣工面积462.8万平方米,比上年增长1.4%;商品房销售额193.7亿元,比上年增长32.7%。

【国内贸易和对外经济】 全年实现社会消费品零售总额756.6亿元,比上年增长18.7%。分地区看,城镇和乡村零售额分别为702.7亿元和53.9亿元,分别增长19.4%和10.1%。分行业看,批发业实现零售额120.8亿元,增长46.5%;零售业实现零售额538.0亿元,增长14.4%;住宿和餐饮业实现零售额97.8亿元,增长15.5%。从限额以上批零企业销售类值看,食品、饮料、烟酒类、金银珠宝、日用品、书报杂志、家具、建筑及装潢材料等实现了高速增长,其中,食品、饮料、烟酒类实现零售额164.3亿元,增长55.3%;金银珠宝类实现零售额11.0亿元,增长37.0%;日用品类实现零售额8.6亿元,增长39.5%;书报杂志类实现零售额0.9亿元,增长31.4%;家具类实现零售额3.3亿元,增长266.0%;建筑及装潢材料类实现零售额13.8亿元,增长67.7%。

全年海关进出口总额15.1亿美元,比上年增长113.2%。其中,出口总额7.6亿美元,增长118.6%;进口总额7.5亿美元,增长107.9%。

全年引进外方资金83 676万美元,比上年增长7.9%;引进区外资金267.0亿元,引进区内资金209.7亿元,分别比上年增长12.1%和8.8%。

【环境保护】 加大对重点耗能企业节能监管力度,对各种污染源全面进行达标排放治理,节能减排目标圆满完成。全年城区空气质量优良天数达到349天,饮用水源地水质64项指标监测合格率100%。

【城市建设】 开展以"新亮美绿净畅"工程为重点的老城区整治改造,核心区5条主次干道改造全部完工,109条小街巷改造顺利推进。拆除影响环境、阻碍通行的建筑物27万平方米,实现还道于民、还绿于民、还空间于民。确定了"一街五区"的城市新区发展思路,新区规划设计、土地收储等工作全面启动。环城水系治理工程取得重大进展,部分河段竣工注水。开展市容市貌集中整治行动,加强交通组织管理,整治规范乱停乱放、占道经营等行为,城市面貌发生新变化。

【交通】 金盛路建成通车,呼武公路复线、209国道和林至清水河段一级公路进展顺利,109国道十七沟至大饭铺高速、呼和浩特市至杀虎口高速公路开工建设。

全年公路货运量9 407万吨,比上年增长33.5%,公路货运周转量313.2亿吨公里,比上年增长33.5%;公路客运量1 468万人,比上年增长6.2%,公路客运周转量37.7亿人公里,比上年增长6.2%。

【邮电】 全年邮电业务总量81.1亿元,比上年增长18.9%。其中,邮政业务总量2.3亿元,增长14.0%;电信业务总量78.8亿元,增长19.1%。互联网络用户达28.3万户。

【科技】 市财政投入科技资金6 947万元,比上年增长11.7%,争取国家及自治区支持资金8 680万元、项目94项。年内专利申请量910件,授权专利633件。安排重大科技引导资金5 463万元。

【教育】 校安工程全面推进,完成64所中小学29万平方米的校舍加固改造任务,开工73所中小学51.2万平方米的校舍新建重建工程。至年末,全市共有普通高校22所、成人高校1所、中等职业教育学校65所、普通中学125所、小学361所、幼儿园158所。年内普通高校在校学生21.5万人,比上年增长5.6%。普通中学在校学生15.66万人,比上年增长2.19%。小学在校学生17.75万人,比上年下降2.98%。在园幼儿人数为3.47万人,比上年上升20.2%。

【文化】 年末,全市共拥有艺术表演团体13个,文化馆9个,公共图书馆10个,博物馆4个,乡镇文化站36个,广播电台2座,电视台2座。乡镇文化站建设项目全部完工,实现了乡乡拥有标准文化站的目标。昭君文化节成为全国知名文化活动品牌,一批优秀文艺作品走向全国,民族文化大市建设成效显著。

【卫生】 新农合参合率达到90%以上;基层卫生医疗机构基本药物制度初步建立,实现零差率销售;基层医疗卫生服务体系继续完善,全市5个旗县级医院全部列入国家投资新、扩建项目;9类66项基本公共卫生服务逐步均等化工作开始落实。年末,全市共有各类卫生机构861个。其中,医院62个。医院拥有病床12 643张。全市共有专业卫生技术人员16 515人,其中,执业医师及助理执业医师6 866人。

【体育】 竞技体育和群众体育蓬勃发展,实施了“农牧民健身工程”,举办了第十五届世界元老乒乓球锦标赛,并派出多名运动员和志愿者参加了广州亚运会和第十二届自治区运动会,取得良好成绩。体育基础设施不断完善,拥有各类公共体育运动场馆17个,面积达10万平方米以上。

【人民生活】 城镇居民人均可支配收入25 174元,比上年增长12.4%。农村居民人均纯收入8 746元,比上年增长12.1%。在收入增长的同时,居民的消费水平不断提高,消费层次进一步提升。城镇居民人均消费性支出16 624元,增长12.7%;农民人均生活消费性支出5 526元,增长14.6%。

【社会保障】 年末,全市城镇单位从业人员31.5万人,比上年末,增加1.11万人。全年城镇新增就业人员34 300人,安排下岗失业人员20 828人,其中,安排就业困难人员再就业6 029人。城镇登记失业率控制在3.9%。

年末,全市参加基本养老保险人数37.3万人,比上年末,增加1.4万人;参加失业保险职工39.5万人,比上年末,增加2.5万人。全年参加基本医疗保险的城镇职工43.39万人,比上年末,增加1万人;参加基本医疗保险的城镇居民52.7万人,比上年末,增加7.7万人。参加生育保险25.74万人,比上年末,增加2.1万人。

城镇居民享受最低生活保障人数73 938人,发放低保资金24 717万元;农村居民享受最低生活保障人数74 946人,发放低保资金9 246万元。

(谢勇　蔺东　王东风)

新　城　区

【领导名录】

区委书记:张和平(10月离任)　刘惠(10月任职)
人大主任:武志强
区　　长:薛燕群(满族)
政协主席:朱祥福
武装部长:王义平(10月离任)　尹彦民(10月任职)
政　　委:尹彦民(10月离任)　高小更(10月任职)

【概况】 新城区位于呼和浩特市东北部,北面和东面以大青山为界与武川县和乌兰察布市的卓资县隔山相望,南与赛罕区接壤,西与回民区毗邻。总面积700平方公里,其中,城区面积55平方公里,农区面积645平方公里,总人口60万人,其中,常住人口43万人,流动人口17万人。新城区是一个由汉、满、蒙古、回等33个民族组成的满族相对集中的聚居区,辖1个镇、8个街道办事处和1个自治区级工业园区,设26个行政村、46个社区居委会。区内驻有自治区人大、政协和呼和浩特市党政军机关及自治区和呼和浩特市部分大中专院校、科研、新闻、出版单位,建有内蒙古博物院、乌兰恰特影剧院、内蒙古体育馆、呼和浩特体育场、呼和浩特乒乓球训练中心等重要公共设施,110国道、丹拉高速公路贯穿境内,呼和浩特长途客运站、铁路客运站和铁路东客站及众多金融保险、邮电、通信机构都坐落在新城区,是自治区、呼和浩特市的交通枢纽和邮电、通讯、金融中心及对外开放的重要窗口。

2010年,实现地区生产总值373亿元,比上年增长12.5%;财政收入实现34.7亿元,比上年增长28.1%,城镇居民人均可支配收入实现28 000元,比上年增长11.9%;农民人均纯收入实现10 600元,比上年增长12.9%;工业现价总产值完成58亿元,比上年增长20.8%,其中,规模以上工业增加值完成11.8亿元,比上年增长12.3%;固定资产投资完成165.6亿元,比上年增长21.6%;社会消费品零售总额完成232.1亿元,比上年增长18.1%,引进资金104.9亿元。三次产业比例为0.3 : 12.8 : 86.9。

【农牧业产业化】 1.5万亩设施农业基地初具规模,实施甲兰板、面铺窑等村的产业化蔬菜基地新建续建工程,建成塔利村智能温室育苗中心暨花卉种植中心和香岛花卉种植中心。全区新增保护地蔬菜种植面积510亩,新建蔬菜大棚600余栋。引进种植蝴蝶兰等高档花卉50余万株,推广种植草莓96棚。启动建设野马图奶牛牧场园区,实施恼包村规模为2 500头的育肥牛养殖基地,在农业科技示范基地开展林地散养鸡的示范养殖。建成农业科技信息技术综合服务站。完成了面铺窑水库除险加固和节水灌溉工程,新增有效灌溉面积2 100亩、节水灌溉面积5 000亩。投资157万元实施界台小流域水保治理工程,新增水土保持治理工程2.51万亩。

【工业】 依托自治区"两化"融合创新实验基地,把发展高科技产业作为主攻方向,积极打造新型工业园区。开工建设投资规模在5 000万元以上的工业项目11个,其中,亿元以上项目为6个。新引进投资3.2亿元的海明农业科技固水及有机肥、投资2亿元的耕耘数控制造项目。作为吸引企业总部入驻的重要载体——总投资3亿元的"两化融合"创新实验基地孵化园已完成近半工程,多家高新技术企业达成入住意向。目前园区入园企业达到60家,投产项目27家。

【服务业】 按照"七横一纵"8条商贸街区的发展布局,围绕加快发展现代服务业和优化升级传统服务业,全力巩固全区服务业在全市的首要地位,着力提升全区服务业的发展水平。推进太伟方恒金融城、元福物流综合园区等重点项目的建设,兴业银行呼市分行入住开业,引进动漫婚纱城、信息资源大厦,为现代服务业的加快发展奠定基础。推进鼎盛华世纪广场、维多利大厦和维多利时尚广场、金翡丽广场、百脑汇IT科技广场、蒙满风情园等重点项目的实施,优化升级传统服务业。编制完成《蟠龙山旅游区修建性详细规划》,并开展前期基础设施建设。实施奥淳原生态酒庄园、蒙锡劲马术俱乐部、面铺窑"农家乐"等项目的续建工程。开工建设太伟滑雪场二期工程、圣水山庄等新项目。大唐新能源内蒙古总部入驻,小肥羊集团内蒙古总部达成入驻协议。

【城乡建设】 按照"打造一流首府城市"、"城市建设十年巨变"的要求和"新亮美绿净畅"六字工程的部署,围绕建成区、成吉思汗特色景观区、东河新区3个30平方公里的城区发展格局,推进城市建设。投资104亿元,建成天和大厦等19个项目,完成建筑面积520万平方米;投资近1亿元,实施38条小街巷、30个旧小区和20栋旧楼体的综合整治;拆除有碍市容观瞻建筑物5万余平方米;投资2 500万元,完成垣街带状公园和10条景观街等绿化改造工程;东河水系建设工程基本完工;实施市容管理体制改革,将10个城管中队整建制划归各街道办事处管理。投资600万元,完成黄花窝铺至坝上段8公里通乡油路。投资1 300万元,修建哈拉沁至乌兰不浪段5.7公里通村油路。投资200万元建成保合少至恼包2.6公里通村水泥路。

【教育】 实施总投资1.2亿元的8所中小学校的校舍安全工程,预计2011年9月全部投入使用。加强教师队伍建设,招聘教师120名,转正临时代课教师40名,加大教师职称工资兑现力度,整体兑现率达到90%。

【文化】 加强基础公共文化设施建设,续建了保合少镇文化站,建成锡林北路社区文体中心。实施"村村通"工程,农村文化室普及率达80%,社区文化普及率达100%。全民健身广泛开展。实施广播电视"村村通"工程,为偏远地区群众安装电视数字化接收设备360套。

【卫生】 续建新城区疾控中心大楼、成吉思汗街道办事处社区卫生服务中心,改扩建东西街卫生服务中心,新建海东路、迎新路、锡林北路3个街道社区卫生服务中心。实施了基本药物制度,新城区2个卫生院,6个社区卫生服务中心全部使用基本药物,并实行零差价销售。推进食品药品安全监管工作,完善卫生应急体系。继续稳定低生育水平,人口出生率控制在10‰左右。

【劳动就业】 公开招聘教师、卫生工作人员、社区工作人员共计280名,安置复转军人、随军家属60余人,在农村复转军人中招聘15名工作人员,从事护林防火工作。全区城镇新增就业5 000余人,安置下岗失业人员再就业3 200余人,安置就业困难人员1 200余人,转移农村劳动力2 600余人,城镇登记失业率控制在3%以内。

【社会保障】 城乡低保、五保供养标准全部实现按全市新提高的标准发放,城市低保标准由每人每月300元提高到340元、农村低保标准由每人每年1 400元提高到1 900元,五保集中供养标准由每年1 800元提高到3 000元,分散供养标准由每年1 500元提高到2 000元。农村老年人生活补贴由每人每月70元提高到80元。城乡居民养老保险工作全面推进,75岁以上城乡居民直接领取养老金。加强保障性住房建设,新城家园二期廉租房270套主体完工。

【社区建设】 把加强公共服务体系建设作为解决群众办事难的重要抓手,完善覆盖城乡的三级公共服务体系。在城区建成10个社区公共服务站,在农区建成2个乡镇公共服务中心,完善三卜树村、哈拉更村、奎素村3个农村社区服务中心的服务功能。在每个街道办事处确定一个社区作为试点,为老年人提供基本的生活照料或医疗服务。

(李强　杜永珍)

回　民　区

【领导名录】

区委书记:云挨厚(蒙古族 10月离任)
　　　　　白　云(回族 10月任职)
人大主任:高玉喜
区　　长:白　云(回族 10月离任)
　　　　　赛青克(蒙古族 10月任职)
政协主席:牛　俊(回族)
武装部长:武同保
政　　委:张国庆(5月离任)
　　　　　张庆军(5月任职)

【概况】 回民区地处呼和浩特市城区西北部,总面积200平方公里,其中,城区面积30平方公里,共有回、蒙古、汉、满等23个民族,是一个回族聚居区。全区辖海拉尔西街、新华西街、通道街、环河街、钢铁路、光明路、中山西路7个街道办事处和攸攸板镇,共有42个社区居委会、19个行政村。全区总人口40万,其中,回族人口两万余人。人口出生率为10.03‰,死亡率为4.2‰,自然增长率为4.3‰。

2010年,实现地区生产总值(GDP)232.14亿元,其中,第一产业实现增加值0.42亿元,第二产业实现增加值41.57亿元,第三产业实现增加值190.15亿元。三次产业比重为0.23 : 17.08 : 82.69。完成固定资产投资62.2亿元。全年财政收入完成16.64亿元。

【农业】 农作物总播种面积1.269万亩,其中,粮食作物面积1.149万亩,经济作物面积0.1585万亩,粮食总产量3 779.6吨。强农惠农政策落实到位,累计发放农机具补贴、农业综合补贴、粮食直补等补贴102万元。完成水保治理面积1万亩、节水灌溉面积2 000亩、有效灌溉面积1 000亩。投资370万元的半山小流域综合治理工程竣工。

【畜牧业】 年度牲畜总头数1.6123万头(只),大小畜良种改良比重达92%。动物疫病防控和监督体系进一步完善,禽畜免疫率、检疫率均为100%。

【林业】 完成义务植树68万株、天然林围栏封育工程1.5万亩。森林植被覆盖率39.3%。完成大青山前坡冲积扇经济林补植、三北防护林和天然林保护工程任务1.8万亩。

【工业】 工业总产值完成46.28亿元,其中,规模以上工业总产值完成37.8亿元。工业增加值完成17.4亿元,其中,规模以上工业增加值完成14.1亿元。

【商贸服务业】 服务业增加值完成190.15亿元,社会消费品零售总额234.22亿元。《回民区服务业发展规划》编制完成。中山西路首府商务核心区建设扎实推进。投资4亿元的城发大厦投入使用。投资1.6亿元的阿拉伯时尚广场基本建成。投资27亿元的海亮广场二期项目拆迁工作扎实推进。维多利集团与海亮百货实施战略合作,商业资源进一步整合优化。专业市场集聚区辐射带动能力增强。投资2.6亿元的金海国际五金机电城二期项目拆迁工作进展顺利。利丰公司与香港鼎晖投资公司就资产重组事宜签订合作框架协议。大青山生态旅游区建设取得新进展,总投资约2

亿元的段家窑影视城扩建项目和腾格里塔拉餐饮演艺中心基本完工。

【招商引资】 吸收区内外资金实际到位26.66亿元，吸收外商直接投资实际到位7 398万美元。

【城市建设项目与管理】 棚户区改造。拆除城区危旧房屋16.5万平方米，完成全年任务的165%。总投资7.7亿元，总建筑面积22万平方米的云鼎公寓等3个项目全部完工。总投资67亿元，总建筑面积223万平方米的燕莎玫瑰园二期等20个项目建设进展顺利。城中村改造。拆除城中村房屋12.2万平方米，完成全年任务的102%。西龙王庙村改造工作基本完成，塔布板、青山等9个村改造工作启动实施。总投资4.5亿元、总建筑面积32万平方米的刀刀板就业新村等4个项目基本完工。总投资58亿元、总建筑面积232万平方米的桃源水榭二期等8个续建项目稳步推进，设计供热能力500万平方米的巴彦热源厂主体建成。总投资40亿元、总占地面积153万平方米、总建筑面积285万平方米的自治区广播影视数字传媒中心等14个项目开工建设。总投资146亿元、总占地面积406万平方米、总建筑面积815万平方米的伊泰公司华府岭秀住宅小区等32个项目落户新区。投资1 443万元，完成大寺北巷、东洪桥街等18条小街巷的改造工作。总投资近6亿元的环城水系回民区段综合治理工程一期基本完工，二期完成工程总量的30%。北出城口滨河绿地完成拆迁面积1.3万平方米。投资1.2亿元，新建绿地16.6万平方米，栽植树木66万株。城区人均公共绿地面积达到10.34平方米。城管执法队伍划归镇和街道办事处属地管理。市容市貌综合整治工作成效明显，拆除临时和违章建筑2万平方米。规范10处便民市场，改建10个社区菜市场。投资330万元，建成3座水冲厕所和3座垃圾转运站。城区空气质量优良天数达到349天。

【科技】 全年投入地方应用技术研究与开发资金335万元，比上年增长6.35%。

【教育】 年末，普通中学在校生17 128人，职业中学在校生527人，普通小学在校生19 391人。义务教育阶段适龄儿童入学率100%，高中入学率98.27%，高考上线率92.28%。二环路以内8个城中村中小学毕业生纳入城区中学招生范围。完成教育基础设施投资1.44亿元，城区23所中小学抗震加固工程全部竣工，塔布板小学新建工程基本完工，6所中小学改扩建工程顺利实施。公开招录教师70名，教师队伍整体素质进一步提高。

【文化】 组织各类文体活动143场次，放映电影138场次。在段家窑影视城拍摄反映北方农村生活的电影《大碌碡和他的村民们》。取缔了电子游戏厅等非法娱乐场所4家，收缴、销毁盗版书刊及音像制品1.7万册(张)。

【卫生】 共有医疗机构169个、床位4 363张、卫生技术人员5 202人(包括其他卫生技术人员423人)。卫生技术人员中，有执业医师1 967人、执业助理医师61人、注册护士2 245人、药剂师318人、检验人员188人。公共场所食品卫生和医疗市场监督覆盖率均达100%，药品集中招标采购率90%。新型农村合作医疗农民参合率96.68%。投资400万元的中山西路社区卫生服务中心改造工程全部完工。

【劳动就业】 城镇新增劳动力就业人员4 580名，农村富余劳动力转移就业人员3 085名，城镇登记失业率为3.9%。

【社会保障】 发放创业小额担保贷款360万元。社会保险覆盖面继续扩大。城镇居民基本医疗保险参保人数达到83 270人，支付限额由16万元提高到21万元。城乡居民社会养老保险参保登记人数达26 459人，5 245位农民参加了失地农民养老保险。发放75岁以上老年人养老金和70岁以上老年人生活补助金1 066.7万元。

【人民生活】 城镇居民人均可支配收入24 230元，农民人均纯收入10 855元。城乡低保标准分别提高到每人每月340元和每人每年1 900元。五保对象分散和集中供养标准分别提高到每人每年2 000元和3 000元。孤残儿童供养标准提高到每人每月500元。累计发放低保、五保、救灾及各类救助款共计5 057万元。投资822万元的108套廉租住房开工建设。经济适用住房新开工面积25.7万平方米，竣工总面积20.4万平方米。整村推进扶贫工程顺利实施，解决了410人的温饱问题。

(乔俊 方楠)

玉　泉　区

【领导名录】

区委书记：田忠宝
人大主任：付培义
区　　长：格尔图(蒙古族)
政协主席：云林华(女 蒙古族)

武装部长:李远南

政　　委:王润生

【概况】 玉泉区位于呼和浩特市区西南部,北纬39°28′~40°08′,东经110°23′~111°01′。北依大青山,南濒黄河水,是一座有着400多年悠久历史的文化名城。全区面积258平方公里,辖1个镇8个街道办事处,人口38.3万,是一个以蒙古族为主体的由25个民族组成的多民族市辖区。

2010年,全区地区生产总值183亿元,年均增长24.7%;人均地区生产总值约92 650元,年均增长23.4%,是全市平均水平的1.37倍;财政总收入28.4亿元,年均增长20.2%;社会消费品零售总额实现约121亿元,年均增长25%,三次产业比例为1.1 ∶ 35.5 ∶ 63.4。

【农牧业】 新增蔬菜保护地103亩,新增节水灌溉1 600亩,蔬菜年产量7万吨。以特色项目为龙头,推进种养殖业规模化经营、产业化发展。完成金盘养殖场首批种猪引进工作。规模达300头的达赖庄犇牛牧场建成并投入使用。完成义务植树、四旁植树共计6 860亩。

【工业】 坚持盘活存量与扩张增量并举,加大招商引资力度,加快重点项目建设。阜丰生物、冀东水泥等企业产销两旺。齐鲁制药、天浩纸业等项目相继建成。力帆汽车项目取得重大突破,资金问题得到解决。新伊和豆乳制品生产项目成功落地。全区工业总产值完成约58.5亿元,同比增长25%,规模以上工业现价增加值完成约34.3亿元,同比增长15%。

【服务业】 红星美凯龙、居然之家等项目稳步推进,华美国际汽配城等在建项目高效实施,世界500强企业——华润万家等项目成功落地。承办了第37届世界旅游小姐大赛内蒙古分赛。旅游服务质量进一步提升,蒙古风情园创建为四星级酒店。玉泉区旅游综合收入13.76亿元,同比增长20%以上。

【城市建设】 玉泉区现有续建项目37个,总投资142.75亿元,占地面积6 917亩,建筑面积约768.47万平方米;新建(包括拟建)项目24个,总投资393亿元,占地面积19 341亩,建筑面积约1 864万平方米。环城水系建设一期工程(3.5公里高标准治理段)在全市率先竣工。19条小街巷改造工作完成。针对私搭乱建和非法占地等行为进行集中整治,拆除私搭乱建近20万平方米。对蒙元文化景观街两侧40多栋建筑进行修缮美化。在全区范围内栽植各类乔灌木36万余株(丛),"创森"任务圆满完成。

【文化】 玉泉区代表自治区参加第五届中国西部文化产业博览会。大召庙会荣获全国群众文化"群星奖"。

【社会保障】 为符合条件的965名75周岁以上城镇老人发放养老金346万元,为64名75周岁以上农村老人发放养老金20.2万元。投资1.47亿元对二十六中、牛场小学等4所学校进行重建、新建,对巧尔齐召小学等8所学校进行加固。投入900万元解决区中蒙医院业务用房。建设完成社区便民市场13个。启动区人武部办公楼建设工程。一次性安置152名退伍士兵、14名军嫂。

(王小雨)

赛　罕　区

【领导名录】

区委书记:康存耀(蒙古族)

人大主任:赵连炳(蒙古族)

区　　长:刘　晶(女)

政协主席:张　荣

武装部长:夏玉辉

政　　委:王宏胜

【概况】 赛罕区位于呼和浩特市城区东南部,大青山南麓,土默特平原东北部。地理坐标为北纬40°36′~40°57′,东经111°40′~112°10′。东部和东南部属集宁群蛮汉山脉的丘陵山地,与乌兰察布市卓资、凉城二县相邻;西部南部是大黑河冲击平原,与玉泉区、土默特左旗、和林格尔县相连;北与新城区相依,是呼和浩特市面积最大的新型城区。共辖6个乡镇、5个街道办事处、124个行政村、59个社区居委会。总面积1 025.2平方公里,其中,城区面积近50平方公里。有耕地75.3万亩,天然草地32.5万亩。全区总人口57.2万人,常住人口39.3万人,其中,城镇人口24.3万人,农业人口15万人,由37个民族组成,其中,蒙古族5.2231万人,其他少数民族1.68万人。辖区地理位置优越、交通便利。京包(北京—包头)铁路,呼包(呼市—包头)、呼集(呼市—集宁)高速公路和110国道横贯东西。呼和浩特白塔机场坐落于辖区东部。境内有国家、自治区、市级教育科研单位28所,涉及农、林、牧、水、电、化工、煤炭、冶金和社会科学、教育、科研各个领域,其中,知名的有:中国航天六院、内蒙古大学、内蒙古师范大学、内蒙古草原研究所等。自治区党委、政府和各大厅局机关入驻,赛罕区已经成为自治区和呼和浩特地区的政治、文化、教育和科研中心。

全年地区生产总值完成 314 亿元;财政总收入 50.2亿元;城镇居民人均可支配收入26 990元;农民人均纯收入 10 421 元。

【农业】 着力巩固现有蔬菜基地,提高利用率,重点完善2 000 亩蔬菜保护地生产设施。推广无公害蔬菜进社区,建立 10 个蔬菜直销点。创建根堡村、合林村等5 个蔬菜种植示范村,其中,根堡村成为农业部第一批设施蔬菜标准园创建基地,合林村等 3 个村成为自治区绿色防控示范基地。全年蔬菜总产量达到 32 万吨,占到全市本地菜上市量份额的 60%。发展现代养殖业,积极推广牧场式规模化养殖,新建改建扩建奶牛牧场园区 21 处,开工建设羊盖板万头奶牛牧场园区。奶牛存栏数达到 16 万头,成为优质奶源基地。

【基础设施】 榆林镇古力半等村集中供水工程全部完工,解决 2.7 万人的安全饮水问题。建设卫生示范户厕 600 套、沼气池 600 个。改造中低产田 7 300 亩,实施测土配方施肥项目1 000个。新修通乡通村公路 3 条、7.4 公里,硬化村内道路 167.1 万平方米,在自治区百旗县区率先实现所有行政村"村村通"油路和绝大多数村内道路硬化,群众出行更加便捷。建成内蒙古植物园等五大苗圃 1 万亩,育苗 300 万株。实施区、乡(镇)两级 13 个社会主义新农村重点村建设,完成榆林镇石门沟村和二道河村扶贫移民工程。第一产业增加值实现 16.3 亿元,农村经济继续保持良好的发展态势。

【工业】 启动了金桥日处理 5 万吨污水处理厂项目。中石油、中海油、神舟硅业、中环等企业不断拓展和延伸产业链条。中石油 500 万吨炼油扩能改造项目完成原油罐区土建工程。中海油 6 万吨聚甲醛项目投产。神舟硅业二期3 000吨多晶硅项目试车。中环单晶硅项目一期工程竣工投产,390 兆瓦二期项目陆续投产。健全以石化、硅产业、太阳能电子和光伏材料、电力、烟草、印务为主体的新型工业格局,带动经济增长的作用明显增强。

【服务业】 开发呼市东部商贸中心,着手打造金宇文苑街、东影南路特色餐饮街,建成了万达广场、中海锦绣城、东岸国际等高档现代化商业和住宅区,万千百货、华润万家、家乐福超市等商业实体陆续签约或进驻,高等职业教育园区服务区即将投入使用,餐饮、商贸等服务业保持较快增长。浦发银行、民生银行、光大银行、包商银行、国家开发银行、光大证券等金融企业分支机构和中国移动内蒙古分公司、内蒙古东部电力有限公司、中国华电集团内蒙古能源公司等企业总部相继入驻,金融业和总部经济的带动效应日益显现。引进蒙西物流、利丰汽车公园等物流企业,京东石油物流、烟草仓储中心等项目有序推进。开发农村特色旅游,舍必崖等农家乐观光采摘游受到市民欢迎。新建"万村千乡市场工程"农家店20 家,升级改建区级标准化配送中心 2 个,全区第三产业增加值达到 220 亿元,第三产业对经济增长的贡献率和吸纳就业能力持续提高。

【城乡建设】 实施以电、气、热、排水等地下管网建设为重点的 17 条小街巷综合改造和 7 个老旧小区、38 栋居民楼的节能保温改造。完成老旧小区"五化"改造 15 个,并实现了物业管理。栽植各类苗木 222.8 万株,全区新增绿化面积 370 万平方米,人均公共绿地面积达到 16.1 平方米,城区绿化覆盖率提高到 36.1%,为首府创建国家森林城市做出了重要贡献。重点改造小厂库伦、黑兰不塔、黑土凹等 11 个城中村和十八中前巷区域等 10 处危旧房。完成小黑河赛罕区段改造工程河道治理并蓄水。完成大黑河生态公园规划和征地工作。实施金盛路、铁路"三四"线等重点项目征地拆迁工作。继续完善 2 个卫星镇改造建设,镇区面貌得到根本改善。拆除桃李巷、丁香路等有碍市容观瞻的建筑物、违章建筑、老旧小区凉房等各类建筑 52 万平方米。新建改建压缩式垃圾转运站 8 座,新建水冲公厕 5 座。拆除供暖锅炉 8 台,限期治理锅炉 4 台,拆改茶浴炉 5 台。城区实行 24 小时清扫保洁,将城郊结合部的城中村全部纳入环卫管理范围。举办了呼和浩特市城市管理工作现场会,总结推广赛罕区城市管理的成功经验和做法。

【科技】 全年投入科技经费 1 280 万元,安排项目 44 项,争取自治区、呼和浩特市科技项目 8 项。加快"三网合一"科技信息服务模式的推广应用,为 40 个村委会和 3 个合作社配备电脑等信息化设备,引导建立以各自单位命名的网站,拓宽了乡村、合作社对外宣传渠道。

【教育】 完成十中等 11 所学校的续建任务,开工新建内蒙古大学附属中学、新桥小学、巴彦中心校等 7 所学校,完成大学路小学、南门外小学校安全工程改造任务。

【文化】 完善基层公共文化设施,建成了 2 个乡镇综合性文化站和 30 个村文化室,建成 27 家草原书屋,举办了首届冬季文化节。

【卫生】 扩大新型农村合作医疗覆盖面,参合农民达到9.8万人,参合率99.05%,报销上限提高到4.5万元。健全基层医疗卫生服务体系,实施区医院迁建工程,新建乌兰察布东路社区卫生服务中心。城乡卫生服务网络进一步健全,实现小病不出村(社区)、常见病不出乡(街道)的目标。突发公共卫生事件应急处置机制不断完善。医疗市场监管、卫生监督和食品安全工作逐步加强。

【体育】 成功举办第三届全区综合性运动会、第四届农民运动会。安装了20套健身路径。

【社区建设】 推进社区公共服务全覆盖。打造税苑、学府花园路等10个设施一流、功能完善的精品社区。新建改建支农社区、望兴园社区等12个社区服务中心,全区社区办公及服务场所面积平均达到420平方米以上。开展社区为老年人服务活动,在15个社区开展居家养老服务工作,为6 000多位老年人提供了日间照料、定期体检等多项服务。在中专路街道展览馆社区成立全区首家社区科普大学。承办全国和谐社区建设示范单位(华北片)工作推进会,展现全区城区建设及社区建设的成果。

【社会保障】 保全庄、茂盛营村整村加入了失地农民养老保险,大台什、后巧报、西把栅村整村加入了失地农民医疗保险。对城乡所有75周岁以上居民发放了社会养老保险金。城乡低保标准稳步提高,城市低保标准达到每人每月340元,农村低保标准提高到每人每年1 900元,城乡低保实现全覆盖。发放城乡医疗救助金182万元、救助439人,发放城乡常见病救助金225万元、救助9 882人。提高五保户集中供养、分散供养标准,分别达到每人每年3 000元和2 000元。建成容纳180人的区综合社会福利中心。城镇新增就业5 138人,其中,安置下岗失业人员再就业3 391人。城镇登记失业率降低到3%。新建廉租房108套、4 564平方米,解决了部分低收入群众的住房难问题。

(丁瑞卿 赵剑峰 赵子阳)

土默特左旗

【领导名录】

旗委书记:王恒俊(蒙古族)

人大主任:解雨生

旗　　长:苏日勒格(蒙古族)

政协主席:张老在(蒙古族)

武装部长:季　晓

政　　委:杨树山

【概况】 土默特左旗北部为山地,属阴山山脉中段之大青山中部,最高点为金峦殿峰,海拔2 270米;南部为平原,属土默川平原北端,海拔1 000米左右。全年四季分明,属准温带大陆性季风气候。年平均气温6.3℃,无霜期130天左右,年均降水量400毫米,日照2 876.5小时。地理位置在东经110°47′~111°48′,北纬40°26′~40°56′。北与武川县接界,南临托克托县、和林格尔县,东与呼和浩特市相连,西与包头市土默特右旗相邻。东西最宽87公里,南北最长55公里,辖区总面积2 700平方公里,共有9个乡镇、321个行政村。

2010年,全旗地区生产总值155亿元,其中,第一产业实现增加值25.5亿元,同比增长8%;第二产业实现增加值61亿元,同比增长14%;第三产业实现增加值68.5亿元,同比增长24%。财政收入13亿元,固定投资52亿元。城镇居民人均可支配收入18 480元,农民人均纯收入9 540元,同比分别增长10%、10.2%。

【农业】 全旗农作物总播种面积124.8万亩,其中,粮食作物90万亩,经济作物20万亩,其它作物14.8万亩。玉米完成播种面积81.2万亩,仍是主播作物。粮经饲比例为72:16:12。蔬菜保护地面积5 600亩。粮食总产量44.1万吨,比上年增加2.3万吨。

【畜牧业】 奶牛存栏25万头,奶牛牧场园区、奶业合作组织分别为111座和270个。累计售伊利、蒙牛两大企业鲜奶25万吨,占全市销售份额的36%。自治区级农牧业产业化龙头企业达到5家。

【工业】 全旗规模以上工业企业44家,完成增加值23亿元,其中,产值上亿元的有9家。金山开发区入驻企业113家,其中,工业企业92家,非工业单位21家;建成82家、在建22家、拟建9家;共有规模以上工业企业26家;完成工业增加值20亿元。全旗固定资产投资完成52亿元,工业投资仍占主体地位。其中,投资累计上亿元的工业项目有:伊利"六心一区"、吉宏印刷包装、内蒙古晟态热力、瑞隆重工、坤瑞玻璃、神舟光伏电力、鲁阳节能扩建。

【生态建设】 继续实施了天然林保护、退耕还林两项国家林业重点工程;完成了通道绿色、标准农田防护林绿化、冲击扇经济林带、哈素海湿地保护、大青山前坡绿化等创建国家森林城市年度建设任务。森林覆盖率达到25.1%。全年纯增有效灌溉面积2万亩,新增水土保持治理面积4万亩。

【交通】 重点实施战备路工程——土左旗毕克齐镇

国道110线至金銮殿雷达站营区公路,全长37公里;完成上级下达的3个通村公路项目,建设规模4.6公里;完成3座危桥改造工程;全旗152个行政村完成水泥路建设任务,累计全长253公里,完成投资8 837万元。城镇建设重点实施污水管网配套建设、垃圾处理场续建、致富北路续建、西辅路建设、市政道路维修等工程。

【招商引资】 全旗引进国内资金40.3亿元,利用国(境)外资金6 243万美元。坚持以新型工业化为主攻方向,培育壮大了乳产业、精细化工产业、装备制造产业、电力载能产业、物流服务产业等五大产业集群。

【社会保障】 察素齐镇廉租房建设一期工程项目竣工,安置276户城镇低收入困难户入住。新型农村合作医疗参合人数25.49万人,参合率97.3%。人口出生率为8.7‰,计划生育率98%。城镇新增就业2 639人,完成创业培训400人,农村劳动力转移就业36 142人,发放小额贷款485万元。城镇低保由每人每月200元,提高到240元,农村低保由年人均1 400元,提高到1 900元,ABC三类年补助水平分别达到1 900元、1 200元、1 000元。农村五保对象集中供养由每人每年1 800元提高到3 000元,分散供养由每人每年1 500元提高到2 000元。社会消费品零售总额13.6亿元。

【阳光小区】 根据《内蒙古自治区2009-2011年廉租住房保障规划》,土左旗从2009年7月开工建设,到2010年初,建成第一批廉租住房,共计276套。建筑面积每套在45平方米至50平方米之间,出售价格按建设成本、前期场地平整费用进行测算,采取政府补贴、个人出资的形式以均价600元/平方米出售。按照公平、公正、公开、自愿申请、逐级审核的原则,符合"已纳入察素齐镇城镇居民最低生活保障范围且人均住房面积在13平方米以下的家庭;已纳入2008年度、2009年度住房保障范围且进入内蒙古自治区廉租住房保障管理信息系统网的家庭"两项条件的都可以申购。经过申请、审核、媒体公示、抽签等程序,符合条件的低保家庭如愿买到了廉租住房。

【敕勒川精品奶源基地】 刺勒川精品奶源基地建设是土左旗"1235"工程中的重要组成部分,通过政企合作、企业自建、创新科技、利益联结等措施,经过三年的努力,该基地的建设达到了集约化、规模化的养殖水平。2010年初,伊利总部基地正式迁入土左旗。此外土左旗政府大力扶持打造规模化、多元化牧场园区,全旗奶牛存栏25万头,鲜奶年产量140万吨,建成各类奶牛牧场及小区89处,同时引进了规模较大的企业"圣牧高科"投资奶牛牧场建设。现已成为全国最大的县级奶源基地。

【煤炭物流产业基地】 沙尔营煤炭物流交易中心位于旗白庙子镇沙尔营区域中部,规划用地5平方公里,发展备用地5平方公里,重点发展以煤炭集用、煤炭洗选、煤炭销售等为主的煤炭物流产业。至2005年5月,已有28家煤炭经营企业入驻交易中心。

【沼气池建设】 土左旗是一个典型的农业大旗,依托良好的农牧业基础条件和基础设施,提出并实施"一园两带三大基地5个体系"的"1235"工程,扎实推进现代农业的发展,建设社会主义新农村。截至2010年,全旗牲畜存栏量73万头,其中,奶牛存栏25万头,年排泄粪便500吨;玉米种植120万亩,秸秆约840吨。从2006年开始,全旗开始实行沼气项目,修建沼气池,配套改厨、改厕、改圈,至2010年年底,建成沼气池6 690座,养殖小区沼气工程6处,村级服务网点23个,旗级服务站1个,建成了一批"一池三改"、"三沼"综合利用的精品村、示范村,沼气池建设促进了全旗循环经济的发展。

(张贵英)

托克托县

【领导名录】

县委书记:孙建国

人大主任:郝映峰

县　　长:斯钦毕力格(蒙古族)

政协主席:塔　娜(女　蒙古族)

武装部长:孙毅刚(蒙古族　3月离任)　郝占成(5月任职)

政　　委:武成祥

【概况】 托克托县隶属呼和浩特市,位于自治区中部、阴山南麓、黄河上中游分界处北岸的土默川平原,南与库布其沙漠隔黄河相望。地处呼、包、鄂"金三角"开发区腹地,是首府"一核双圈一体化"战略重点发展区。总面积1 416.8平方公里,平均海拔1 132米,辖5镇、13个居委会、120个村委会,居住着蒙古、汉、回、满等25个民族,总人口20万人,现有耕地60万亩。黄河流经县境37.5公里。

2010年,全县地区生产总值完成172.9亿元,比上年增长13.0%,人均GDP 12 764美元,高于全区和全市平均水平。财政收入完成20.3亿元。固定资产投资完成30.6亿元,特别是工业固定资产投资完成额连续四年位居全市第一。城镇居民人均可支配收入20 090元,比上年增长12.6%;农民人均纯收入9 454元,比上年增长13.6%;城镇登记失业率控制在4%以内。人口自然增长率控制在10‰以内。托克托由国家级贫困县跨入全区一流旗县行列,连续五年进入全国西部百强县行列,在第六届全国中小城市科学发展评价中,位列中国中小城市科学发展百强县第68位,并跻身于全国最具区域带动力中小城市百强行列。

【农村经济】 第一产业增加值完成15.3亿元,比上年增长9.0%,粮食总产量23.4万吨。

基础设施建设不断加强 全县共洗挖整修渠道108公里,平整土地21万亩,新打配套机电井12眼,维修各类桥、涵、闸460座(处),加固堤防9.2公里,新增节水灌溉面积4万亩。农业综合开发土地治理4处,集中连片改造中低产田1.8万亩。投资3 700万元的麻地壕灌区泵站节能改造项目和节水改造续建项目全部完工。全县共造林绿化15 000多亩,其中,,项目补植补造完成13 000多亩,植被恢复1 200亩,高速公路两侧补植、沿黄生态治理、村庄绿化等工程植树近2 000亩。

强农惠农政策全面落实 兑现国家粮食直补资金267万元,农资综合补贴资金2 832万元,良种补贴资金678万元,农牧业机械购置补贴资金450万元,已购置补贴农机具400多台套。发放市政府民生工程奶牛养殖牧场(小区)建设补贴资金120万元,补贴牧场(小区)8处。扶持农牧业产业化经营项目4个,争取财政补贴资金252万元。县财政配套政策性农业保险资金192万元,新增农作物投保面积20.3万亩,全县农作物投保面积达到60.1万亩,占农作物总播面积73.6%,理赔资金1 000万元以上,有效降低了自然灾害带来的损失。

产业结构不断调整优化 全县农作物总播面积81.42万亩,其中,粮食作物63.09万亩,经济作物10.26万亩,其它作物8.07万亩,粮食作物总产量达23.4万吨。粮食作物在农作物中的比重加大。奶牛存栏10.3万头。推进奶牛集约化养殖,开工建设奶牛牧场22处(8处已完工),可容纳近10 000多头奶牛集中饲养。特色畜禽养殖规模不断扩大,畜牧业在农业中的比重不断加大。

【工业经济】 全年规模以上工业增加值完成111.67亿元,同比增长17.35%,占全市总量的近四分之一,总体排名位居全市第一。工业固定资产投资完成21.21亿元,连续四年位居全市第一。

【基础设施建设】 园区道路、生活服务区、企业厂区的绿化、美化、亮化工作进一步完善。完成东区6.9平方公里地形图实测和34.7公里电力线、道路等地形补测,建立园区控制网27座。配合市发改委完成重化工园区规划初稿,委托中国有色金属加工设计院编制完成铝工业园区规划初稿。园区生活服务区住宅楼已建成10栋,在建13栋,很好地满足了园区企业生产生活需要。

【项目建设】 全县已开工的工业重点项目(投资1 000万元以上工业项目)累计16个。其中,,续建项目3个,新建项目3个,技改项目10个。蒙丰特钢二期、鑫沙陶粒项目开工建设,大唐再生资源一、二期工程年产14万吨铝硅钛合金项目,已开始试生产。

【新农村建设】 全县各试点村共投入新农村建设资金2 445万元,用于道路改造,农田水利建设,村容村貌整治,农村敬老院、文化站建设和特色产业发展等方面。推广应用测土配方面积50万亩,平均每亩节本增效40元,全县农民节本增效总额达到2 000万元。农民专业合作社发展为21个,其中,2个专业合作社被自治区农牧业厅列为自治区级农牧业专业合作示范社。专业协会为农产品走向市场架起了“桥梁”。农村医疗卫生、养老事业不断发展,农村社会保障、社会福利、公共服务、劳动就业培训服务及新农村建设领导协调服务体系不断完善。农村残疾人、贫困户危旧房改造试点工作和农村中心幼儿园建设工作继续开展。农业科技服务、农产品销售信息服务、动植物疫病防控、产品质量安全等工作不断加强。

【城镇建设】 投资5 300万元的黄河大街东段、兴华路、民族路改造工程稳步推进。兴华路改造工程基本完工。黄河大街东段拓宽改造工程累计投入约2 200万元。铺城区污水处理厂建设工程全部完工,进入试运行阶段。建成廉租住房24套,总面积1 155平方米。

【服务业】 加快推进煤炭物流园建设,投入资金7 000万元,完成征地、手续报批等工作并正式开工建设。呼铁局恒诺集团铁路物流园试运行。推进“正荣商品连锁配送中心”建设,累计完成5 000平方米的商品连锁配送交易中心建设及1 000平方米行政综合大楼建设,在全区率先建成配送网站及电子商务平台。全年新建“万村千乡”农家超市8家。全县累计建成108家“万村千乡”农家超市,其中,正荣商品电子连锁店10家。全县累计销售家电下乡产品16 084台,销售金额2 829万元,其中,国家补贴金额303万元。

【旅游业】 神泉生态旅游风景区建设项目累计完成投资9 000万元,园林主景区的基础设施建设已完成,库布其沙漠旅游区中沙漠冲浪、卡丁车、滑沙、探险等旅游项目建成并逐步完善,于8月28日正式开园接待游客。成功举办2010年呼和浩特·托克托首届"黄河文化旅游节"。神泉生态旅游景区被国家旅游局批准为国家4A级旅游景区。古迹恢复重建工程,累计完成投资2 300多万元,观音大殿、门楼、牌楼等主体工程已完成。发展"农家乐"民俗旅游,全县建成"农家乐"旅游接待点45个,全年共接待游客25万人(次),旅游收入4 500万元。

【交通】 完成村级水泥路建设4公里。投资190万元,实施主苗线4公里和萨凉线1公里路面改造工程。总投资309万元的什拉壕桥建设项目投入使用。投资86万元,完成官士夭和苗家梁两座危桥改造工程。五申至和林县巧什营公路完成前期准备工作。园区汽车站建成并投入使用。修补路面坑槽2 500平方米。全年完成货运量2 760万吨,完成旅客运输量168万人(次)。

【科技】 举办各类培训班157期,共培训6.57万人(次),发放各种培训资料8.9万份。建成科技示范园区19个,引进推广新品种、新技术36个。成功申报市级重大科技专项项目5项,共争取项目资金509.5万元。

【教育】 深化"以县为主"的教育管理体制改革。推进校安工程建设,投资2 571万元,对质量不达标的教学楼、宿舍楼进行新建和加固,总面积达14 945万平方米。全县高考本科上线人数1 092人,较上年增加189人。职业中学的一本上线人数和对口升学考试均名列全市农业旗县第一名。对职业中学学生实行免费教育,每人每学年免学费1 600元,全年共为2 156人免除学费425.2万元。

【文化】 加强地方文化刊物《云中文苑》的发行力度,出版发行《托克托文史资料》第七辑和《托克托民俗》。实施文化站(室)建设、农村数字电影放映、广播电视村村通、文化信息资源共享、"万村书库"、"草原书屋"等重点文化惠民工程。全年共放映数字电影1 000场,累计发展农村数字电视用户3 980户。完善全县120个村级图书室,配备了图书、音像资料、电视等软硬件设施,在呼和浩特市地区率先实现"草原书屋"全覆盖的目标。

【卫生】 全面启动免费婚检工作,完成全员人口信息化采集录入。120个行政村都建成合格的计生服务室。农村独生子女户、双女户实行"三结合"帮扶等七项优先、优惠政策,奖励标准不断提高,奖励范围逐步扩大。启动全县医疗卫生集团化管理工作。北京协和医院首批专家在县医院开展医疗帮带工作。在传染病报告中实行零报告制度与日报告制度,疫情网报实行24小时值班制度,报告率、处理率达100%。计划免疫工作建证、建卡率100%,适龄儿童五苗接种任务全部按标准完成。城乡医疗救助工作成绩显著,全年累计救助15 249人次,发放救助金421.54万元。

【社会保障】 加强养老、失业、医疗、工伤、生育五大保险的征缴扩面工作,参统人数分别达13 120人、15 610人、23 445人、15 210人、14 253人,征缴金额分别为6 738万元、600万元、2 954万元、188万元、154万元,基层干部养老保险参保人数694人,累计征缴保险费576万元,共有353人享受养老保险待遇。农村独生子女养老保险2 170人,征缴养老保险费627万元,已有110人开始享受养老保险待遇。失地农民养老保险参保人数1 608人,累计征缴保险费2 055万元,有782人开始享受养老保险待遇。城乡居民养老保险全面实施,参保人数61 897人,征缴养老保险费3 548万元,有5 063人开始享受养老保险待遇。城乡低保实现应保尽保,保障标准按上级要求城镇人均每月增加40元,共为3 804户、7 583人发放低保金2 218万元;农村低保标准已按要求提高,共为7 775户、11 740人发放低保金1 515万元。全县70周岁以上老年人敬老金制度顺利推进,全年共发放1 559.25万元。统筹抓好城镇新增劳动力和农村富余劳动力转移工作,完成城镇新增就业2 616人,下岗失业人员再就业1 728人,转移农村富余劳动力2.4万人。

【招商引资】 投资300亿元的北控集团煤制天然气一期项目正式签约,项目投产后,将打造成为绿色能源进北京的重要基地。富勒希项目、四川通威集团太阳能发电站、意大利独资注塑机生产、北京东亚铝业铝制品等项目在谈,工业经济发展后劲进一步增强。

【节能减排】 全县规模以上工业企业万元工业增加值能耗达到2.5716吨标准煤,同比下降5.8%。落实环保审批制度和"三同时"制度,加大环保基础设施建设投入力度,加强环境监管,构建上下游完整的环保体系,园区二级污水处理厂二期技改工程和园区中水回用项目启动实施,《托克托工业园区污水达标排放一揽子工作方案》,引进联合水务集团(上海)等4家高科技企业共同处理园区污水达标排放问题。

(卢玉忠 刘永前)

和林格尔县

【领导名录】

县委书记:刘文玉

人大主任:孟　斌

县　　长:吴志强(蒙古族)

政协主席:云珍丽(女　蒙古族)

武装部长:黄龙

政　　委:李权

【概况】　和林格尔县位于内蒙古自治区中部,首府呼和浩特市南部。介于北纬39°58′~40°41′,东经111°26′~112°8′之间,全县总面积3 436平方公里,辖4乡3镇1个经济开发区,145个行政村、5个农场、10个居委会,总人口约20万,总耕地面积99万亩。全县地形地貌多样,山、丘、川兼备,属内蒙古高原向黄土高原的过渡地带,素有"五丘三山二分川"之说。

2010年,全县地区生产总值129.2亿元,同比增长10.9%;地方财政总收入完成13.2亿元,同比增长11.0%;固定资产投资完成71.5亿元,同比下降2.2%;社会消费品零售总额13.44亿元,同比增长21.5%;城镇居民人均可支配收入19 419元,同比增长12.7%;农民人均纯收入8 386元,同比增长12.7%。

【农牧业】　大力推广农牧业增产技术,粮食总产量18.04万吨。新建、扩建规模化、标准化奶牛牧场41处,牧业年度家畜总头数82.2万头(只)。露地蔬菜种植面积1.05万亩,保护地投产面积854亩,蔬菜总产量5.2万吨。全年发放各类支农惠农资金1.2亿元。依托现代农业园区的示范带动,建成小农户科技园220个,推广展示新品种119个,推广新技术49项,纯增效益1 000多万元。"内蒙古和林格尔国家农业科技园区"获国家科技部、农业部等六部委批准。农业基础设施继续得到加强,成为全国农田水利重点县。

【工业】　全年完成工业增加值84亿元,比上年增长19.8%,其中,规模以上工业增加值完成68亿元,增长18%。开工建设投资规模在1 000万元以上的工业项目24个,全年完成工业投资28亿元。必威安泰生物科技、纷美(泉林)包装、中粮可口可乐等项目相继建成投产,和林电厂、燕京啤酒、龙源风电等在建项目稳步推进,初步形成了食品加工、石材建材、电力等多种产业竞相发展的格局,工业经济发展后劲明显增强。

【服务业】　蒙牛工业园被评为国家4A级工业旅游园区,大南山生态文化旅游园区基础设施更加完善,全年接待游客86.28万人(次)。物流业迅速崛起,引进山煤集团公司,投资2.3亿元,建成大红城煤炭集运站;引进总投资8.4亿元的大红城三多煤炭物流园区建设项目。抓住金盛路开通和列入呼和浩特现代服务业集聚区的机遇,加快经济开发区北区盛乐服务业集聚区区块规划设计及前期准备工作。全年服务业增加值完成32.5亿元,比上年增长22.6%。

【城镇建设】　完成城关镇北区控制性详细规划,编制了旧城区4个片区土地修建性详细规划。完成城关镇北区新盛街绿化及地下管网配套工程,开工建设东一街、东三街道路工程。城关镇污水处理厂建成投用,启动垃圾处理场建设工程,全年新建、续建23.6万平方米住宅小区。开发区组团"南扩"步伐加快,与和盛路对接配套一批基础设施建设工程,"两大组团"间的时空距离进一步拉近。和林格尔经济开发区至金桥开发区的市政道路金盛路建成通车,国道209和清段改、扩建工程全面开工,呼杀高速与和托路前期准备工作全面完成。

【教育】　全面启动实施校安工程,重建、加固9所、68 265平方米校舍;2010年荣获全区义务教育优秀旗县称号。

【文化】　新建职工活动中心,建成1个乡镇文化站,建成草原书屋32个。编制盛乐古城遗址公园保护规划。

【卫生】　开工新建县医院。改扩建2所乡镇卫生院,基本建成覆盖城乡的三级医疗卫生服务网络;全面实施基本药物制度,全县基层医疗卫生机构药品实行"零差率"销售,有效缓解了人民群众"看病贵"问题;推进乡村卫生服务一体化管理,促进基本公共卫生服务逐步均等化,免费为7 000多名60岁以上老年人进行健康体检,规范化管理慢性病患者2.3万人;传染病、地方病得到有效防控,公共卫生工作得到进一步加强。强化居民健康档案管理,为全县70%的城乡居民建立健康档案。

【社会保障】　发放小额贷款1 600多万元,新增就业1 200多人,失业率控制在3.9%以内。社会保障水平大幅提高,逐年提高基本养老金,企业退休人员总体待遇水平由670元提高到1 360元;加大社会保险办理力度,为1 150名"4050"人员办理了社会保险;年内公开招考录用25名大学生村官和21名复转军人。

【荣誉】　2010年和林格尔县被中国绿色推荐委员会、中国县镇绿色发展论坛组委会评为"中国绿色名县"。

(白皓　李翀)

武 川 县

【领导名录】

县委书记:王雪峰

人大主任:王成年

县　　长:云　海(蒙古族)

政协主席:张占福

武装部长:张　富

政　　委:陈源堂

【概况】 武川县位于内蒙古自治区中部、大青山北麓,距呼和浩特市33公里,是呼和浩特市所属5个旗县之一。辖区总面积4 885平方公里,县境东西长约110公里,南北最宽约60公里。县境东南部和南部与呼市新城区、回民区和土左旗相连,西南和西部与包头市土右旗、固阳县毗邻,北部与达茂旗、四子王旗接壤,东与乌兰察布市卓资县交界。地形南山北丘,山地占41.9%,丘陵占50.4%,滩地河谷占7.7%。全县辖5乡3镇、93个行政村、964个自然村,总人口17.1万人,其中,农业人口14.1万人,蒙古族占1.8%,汉族占98%,其他少数民族占0.2%。

2010年,全县地区生产总值完成44.95亿元,增长8.7%;固定资产投资完成45.2亿元,增长21.9%;规模以上企业37个,规模以上工业增加值完成6.8亿元,增长8.8%;农民人均纯收入4991元,增长8.4%;城镇居民人均可支配收入15 490元,增长15.7%,其中,新增财产性收入590元;全县汽车保有量5 311辆,其中,家用轿车达到3 208辆;社会消费品零售总额完成5.26亿元,增长33.2%;三次产业比例调整为9 ∶ 56 ∶ 35;财政收入完成3.69亿元,增长33.44%。

【农牧业】 按照创建生态农牧业大县的战略构想,继续深入推进“三个百万”生态农牧业富民工程,加强设施农业建设,提高农业装备水平,加快农业市场化进程,全力打造绿色特色农畜产品生产、加工基地。全县农作物总播面积201万亩,粮食总产量7.43万吨;其中,马铃薯种植面积70.32万亩,鲜食薯总产量27.5万吨。无公害、绿色、有机农作物认证面积分别达到125.8万亩、60万亩和0.5万亩。经草粮种植比例由2009年的13.5 ∶ 10.9 ∶ 75.6调整为16.5 ∶ 9.1 ∶ 74.4。全县中棚种植面积累计1.2万亩;喷灌圈累计建成36个,总面积1.8万亩;建设大田滴灌9 000亩,新打各类机电井182眼,全县新增节水灌溉面积2.3万亩;农业机械总动力达27.7万千瓦。“武川土豆”在上海世博会成功参展,产品品牌知名度进一步提高。6月末牲畜总头数73.6万头(只);农畜产品加工企业136个。

培育和发展各类农村合作经济组织,推进土地承包经营权流转,全年共流转土地36.05万亩,各类农民专业合作社和专业协会累计242家,覆盖农民2万余人。种植业投保面积95.3万亩,占种植面积的75.5%,赔偿兑付受灾农民农业保险金1 215万元。良种农资、粮食直补、农机购置、退耕还林、家电下乡等惠农补贴7 369万元,全部通过“一卡通”发放,农民人均纯收入比上年增加299元。扶贫开发整村推进项目等工作有序推进。2009～2010年实施财政奖补“一事一议”项目66个,总投资3 083.27万元。

【工业】 按照“产业升级、产业多元、产业延伸”的发展思路,全面实施资源集聚转化和开发区带动战略。冀东水泥年产熟料320万吨、水泥200万吨的两期生产线全部投产,2台余热发电机组并网发电;永业生物科技、安利冶炼技改项目建成试产;武兰水泥技改扩建、聚德鑫电解镍项目进展顺利。华能新能源、中国国电、中国风电3家风电项目完成30万千瓦建设任务,总发电量达3.1亿千瓦时;抽水蓄能电站全面复工,完成投资1.3亿元。国金矿业一期、二期生产线全面达产,日处理原矿达800吨,全县黄金产量430公斤。全县年产铁精粉55万吨。塞宝燕麦及全国首家大型燕麦博物馆建成投入运营,并成功举办全国燕麦产业高层论坛现场观摩会。县政务服务中心正式建设并投入运行。全年招商引资5 000万元以上项目17个,协议引资45.6亿元,到位资金22.4亿元,同比增长10.6%。

武川经济开发区、金三角开发区基础设施进一步完善,石材园区基础建设基本完成。三大园区基础设施建设共投入资金1.1亿元,工业总产值完成16.2亿元,同比增长74%;固定资产投资完成6.03亿元,同比增长16.4%;财政税收完成1.13亿元,增长4 130万元,同比增长57.6%。

【基础设施建设】 以全市“两个文明”现场会为契机,全面实施“西拓、北连、南绿、东治”建设战略,努力打造“四大版块”(东部旧城区、西部新城区、南部工业区、北部商贸物流区)的城镇发展格局。全年投入城镇建设资金28亿元,主城区面积由8平方公里拓展为12平方公里,完成市政道路续建、街景整治、昆都仑河可镇段综合治理等工程,高档住宅小区项目先后开工建设,一大批政府主导的民生工程和基础设施项目陆续开工建设或已投入使用。保障性住房建设和棚户区改造、农村危旧房改造工程有序推进。组建市容综合执法大队,市政市容管理能力和水平全面提升。“数字武川、平安武川”创建步伐加快。

2010年开始全面实施“生态建设三年规划”(一年种植、二年补造、三年绿化),完成退耕还林工程封山育林1万亩,天然林保护工程封山育林8万亩,“三北”防护林工程人造林4.5万亩。高标准完成“六乡连体”补植、新旧呼武公路等绿化工程,森林覆盖率达16.3%。水土保持综合治理工程进展顺利,部分水库除险加固工程全部完工。呼武一级公路续建工程进展顺利,通村公路工程进展顺利,“三横五纵”路网框架初步形成,全县黑色油路总里程达612公里。500千伏变电站项目成功落地,电力后续保障和并网承载能力进一步提高。

【社会事业】 提高城乡低保、五保户供养标准,全年累计发放救助供养资金2 425万元;调整企业退休人员基本养老金发放标准,人均增幅达15.93%。提供就业岗位3 100个,安置下岗失业人员1 385人,城镇失业率控制在3.9%之内。农村劳动力转移就业34 791人,消除农村零就业家庭204户。发放小额贷款1 200万元,县财政匹配再就业资金160万元,发放公益岗位补贴、灵活就业人员岗位补贴和社保补贴950万元。新型农村养老保险16岁至59岁参保人数达71 667人,参保率87.4%,发放养老金2 019万元;城镇居民养老保险正式启动。各项社会保险工作有序开展,征缴保险费7 340万元,各项保险金支出6 141万元。新型农村合作医疗参合率达到96.03%,门诊住院报销1 369.83万元。各类救灾救助资金做到及时足额发放。全县范围内公开招考聘用县属事业单位工作人员53人。

推进校安工程建设,学校安全工作进一步加强。是年高考本科上线1 212人,比去年增加246人。武川县被国家科技部、财政部列为国家科技富民强县试点县。切实加大卫生基础设施和医疗设备投入,基本药物制度、药品零差价制度顺利实施,基本公共卫生服务均等化稳步推进。《武川县志(第三编)》、《武川故事》出版发行,广播电视“村村通”工程进展顺利。完成食品药品机构改革,县乡村三级食品药品安全监管覆盖率均达到100%。城区新建改建供水管网74公里,新增供热面积18万平方米。

【旅游】 借助首府打造“京津夏都”战略机遇,依托武川深厚的历史文化资源、生态资源和区位优势,积极推进特色文化旅游名县建设。组织开展武川县旅游发展总体规划及部分重点旅游项目单体规划编制工作。得胜沟红色旅游完成二期总体规划和遗址修复工程;编制完成哈达门高山牧场旅游商务高端开发规划,基础设施进一步完善;南山历史文化生态创意产业园完成前期规划,阴山历史博物馆开工建设,吉雅塔拉风电草原旅游区投入运营,卯独沁景区尊胜寺一期工程完工。农家乐、民俗旅游健康发展。全年接待游客约22万人次,实现收入近1 200万元。

(郭银龙)

清水河县

【领导名录】

县委书记:李　宏(蒙古族)
人大主任:白　亮
县　　长:李　理
政协主席:范锦莲(女)
武装部长:睢鹏飞
政　　委:李成富

【概况】 清水河县位于内蒙古自治区首府呼和浩特市的南端,东南以明长城为界,与山西省平鲁区、偏关县接壤;西濒黄河,与鄂尔多斯市准格尔旗隔河相望;北临古勒半几河与和林格尔县毗邻;西北方与托克托县相傍,整体位置处于“蒙、陕、晋”三省交界和“呼、包、鄂”经济技术开发区腹地。全县总面积2 859平方公里,县境内居住有汉、蒙古、满、回等12个民族,总人口14.3万。

【农业经济】 2010年全县粮食总产量5.4万吨,油料产量1.1万吨,生产马铃薯原种3 000万斤,种薯供应辐射周边十几个市县区,马铃薯种薯繁育基地基本形成。全力推进以马铃薯脱毒种薯繁育、肉羊养殖和小杂粮种植为主的三大主导产业,积极探索旱作农业“两高一优”种植,大力发展以三分地网室、旱作节水滴灌、中棚种植为重点的现代设施农业,建成马铃薯三分地网室2 364座,蔬菜中棚1 025座,新增旱作节水滴灌2 820亩,设施农业作为转变传统农业生产方式的引领和示范,正成为农民增收致富的新亮点。

【畜牧业】 建成千头牧场1个、百头牧场3个,全县40%的奶牛入场实现标准化管理。6月末全县牲畜总头数达55.2万头(只),其中,肉羊存栏47.2万只,出栏55万只。

【工业】 全县地区生产总值实现40亿元,人均地区生产总值超过4 000美元。工业增加值完成4.5亿元,较上年同期增长38.1%;规模以上工业增加值实现10亿元;固定资产投资完成16.2亿元。

【生态建设】 到2010年底,全县林木保存面积141.1万亩,森林覆盖率达32.9%,“全国绿化模范县”成果进一步巩固。

【民生工作】 城镇登记失业率始终控制在4%以内。新农合参合率达到99.3%。实施城乡医疗、最低生活保障和贫困学生专项救助,城乡低保、五保供养、孤儿供养、75周岁以上城乡居民养老保险等社会保障均达到全市水平。新建夕阳红敬老院2所,开工建设县综合福利院。新建廉租住房424套、1.83万平方米。

【教育】 义务教育阶段"两免一补"政策全面落实,五年新改扩建中小学19所,加固学校15所,新建学生公寓楼1.36万平方米。

【文化】 认真开展第三次全国文物普查工作,启动实施了明长城维修工程,五年累计建成乡镇文化站6个。

【卫生】 组织实施基本公共卫生服务和重大公共卫生服务,认真开展了校园麻疹应急接种和问题奶粉致病的排查治疗工作,加强艾滋病防治工作,实施县医院病房楼改扩建工程,新改扩建乡镇卫生院13个。

【新兴工业发展格局】 依托资源优势成功引进并建设了中燃焦化甲醇、天皓水泥、蒙西水泥、三鑫高岭土、五矿镁业、运昇镁业、同蒙化工、腾达镁业等一批重点项目。加快推进天赐源、刘胡梁和永胜煤矿技改井工转露采项目;中燃呼和浩特城市燃气公司年产100万吨干全焦、10万吨甲醇、15万吨煤焦油的焦化甲醇一体化项目已全部建成投产;运昇镁业(浙江海亮)年产60万吨煤改制装置项目、3万吨金属镁和1万吨镁合金压铸件项目进展顺利;内蒙古三鑫、清水河兴烨、内蒙古蒙鑫工贸等高岭土生产加工企业运行良好;加快构筑了现代工业体系,全力推进产业多元、产业延伸和产业升级。加快了园区带动和资源转化步伐,做大做强以水泥、建筑陶瓷、高岭土新材料、石材加工为主的建材产业,以煤化工、民爆化工、电石为主的化工产业,以煤炭开发为主的能源产业,以镁合金材料及其延伸产业的四大产业集群,努力形成一批地方优势特色品牌,构筑我县发展新优势。同时还不断完善园区基础设施,优化功能配置、合理布局,充分发挥重要交通轴线带动集聚作用,重点打造"沿线、沿城、沿黄"工业布局,着力引导工业产业向城镇、公路沿线和黄河沿线集中。加大招商引资力度,抓住发达地区产业北上西移的产能转移战略机遇,承接产业转移,支持华润电力和中海油煤制天然气项目,努力推进项目的各项前期工作。以水泥、金属镁、高岭土、化工和煤炭为主的五大产业总体构架基本形成,县域资源优势正在转变为经济优势。

(姜培成)

包　头　市

【党政军领导名录】

市　委

书　记:莫建成(6月离任) 郭启俊(6月任职)

副书记:呼尔查(蒙古族) 廉素(7月离任) 苏誉(9月任职)

常委:莫建成(6月离任) 郭启俊(6月任职) 呼尔查(蒙古族) 廉素(7月离任) 赵江涛(蒙古族 9月离任) 苏誉 程刚 红杰(女 蒙古族) 李迎会 郝茂荣(蒙古族) 孟建伟(蒙古族 9月离任) 刘德军 李杰翔 张海顺(9月离任) 徐国铭(9月任职) 索耀乐(蒙古族 9月任职) 施文学(蒙古族 12月任职) 许文生(12月任职)

人　大

主　任:张俊华(蒙古族)

副主任:格日勒(女 蒙古族) 白同伦(回族) 张伯群 那音太(蒙古族) 王飞 刘志斌

政　府

市　长:呼尔查(蒙古族)

副市长:廉素(7月离任) 程刚 李杰翔(9月任职) 冀学斌(蒙古族) 李逢春(9月离任) 张继平 曹文华 李秉荣 刘玉华(女) 牛俊雁 李成仁(9月任职)

政　协

主　席:董汉忠

副主席:李广斌 侯晓菊(女) 侯焕明 时素珍(女) 朝格图(蒙古族) 黄秀英(女 蒙古族) 梁瑞 张晔 安润生

纪　委

书　记:赵江涛(蒙古族 9月离任) 徐国铭(9月任职)

政法委

书　记:孟建伟(蒙古族 9月离任) 施文学(蒙古族 12月任职)

军分区

司令员:崔浩强

政　委:李迎会

【概况】 包头市位于内蒙古自治区西部,地处渤海经济区与黄河上游资源富集区交汇处,北部与蒙古国接壤,南临黄河,东西接土默川平原和河套平原,阴山山脉横贯中部。地理坐标是东经109°50′~111°25′、北纬41°20′~42°40′,面积为27 768平方公里。辖9个旗县区,是全国首批和第二批文明城市、国家森林城市、国家园林城市。

2010年,全市实现地区生产总值2 460.8亿元,按可比价格计算,比上年增长16.0%。第一、第二和第三产业增加值占全市生产总值的比重分别为2.7%、54.1%和43.2%,三次产业对经济增长的贡献率分别为1.1%、65.3%和33.6%。全年实施投资5 000万元以上重点项目718个,完成投资1 258.3亿元。世界首套、全球最大的神华包头煤制烯烃项目建成并试车成功。第三产业增加值首次突破千亿元大关,达到1 062.9亿元。全市人均生产总值94 269元,增长13.4%,按年平均汇率折算为13 926美元。在全国地级市中名列前茅。年居民消费价格总水平比上年上涨2.8%。城镇年内新增就业5.16万人。年末,城镇登记失业率为3.88%;全年地方财政总收入243.3亿元,比上年增长12.0%;全年税收收入198.4亿元,增长17.1%;年地方财政支出204.7亿元,比上年增长4.7%。先后被评为中国制造业名城、全国投资环境50优城市、全国投资环境百佳城市和全国最适宜发展工业的20个城市之一。

【农牧业】 全年农作物播种面积31.0万公顷,比上年增长1.5%。粮食总产量99.3万吨,比上年下降1.3%。年末,全市牲畜存栏250.3万头(只),比上年增长10.4%。菜、薯、乳、肉四大主导产业持续快速发展,农业综合机械化水平提高到72%。蔬菜保护地和设施马铃薯面积分别增加到5.5万亩和53万亩。奶牛和羊规模化饲养水平分别达到70%和50%,良改率分别达100%和40%。全市规模以上农畜产品加工、流通企业达160家,实现销售收入227亿元,比“十五”末期增长60%。

【工业】 全年全部工业增加值1 188.8亿元,比上年增长19.8%。规模以上工业增加值952.4亿元,增长

20.1%。其中,钢铁、铝业、装备制造、稀土、电力五大产业完成工业增加值681.7亿元,较上年增长23.2%,对规模以上工业经济增长的贡献率达81.4%,拉动工业生产增长16.4个百分点。全年规模以上工业企业实现主营业务收入2 326.4亿元,比上年增长34.9%;实现利税总额229.7亿元,增长94.5%,其中,利润123.3亿元,增长2.8倍。规模以上工业企业产品销售率达96.9%,同比提高0.1个百分点。

【建筑业】 全年建筑业增加值142.7亿元,比上年增长12.5%。在本市注册的具有资质等级的建筑企业共98户,完成总产值185.1亿元,增长16.5%。

【固定资产投资】 全年固定资产投资1 800.5亿元,比上年增长20.0%。其中,第一产业投资43.7亿元,增长53.3%;第二产业投资918.0亿元,增长17.0%;第三产业投资838.8亿元,增长22.1%。在第二产业中,工业投资877.3亿元,增长16.7%。房地产开发投资202.8亿元,比上年增长44.4%。全市房屋施工面积1 621.8万平方米,增长36.4%;房屋竣工面积398.2万平方米,增长5.6%;商品房销售面积597.7万平方米,增长12.1%;商品房销售额266.6亿元,增长38.3%。。

【国内贸易 对外经济】 全年社会消费品零售总额720.7亿元,比上年增长18.7%。城镇消费品零售额702.1亿元,增长18.7%;乡村消费品零售额18.6亿元,增长15.8%;外贸进出口总额19.5亿美元,比上年增长52.4%。其中,出口总额12.0亿美元,增长80.1%;进口总额为7.5亿美元,增长22.2%。全市实际利用外资到位金额11.0亿美元,比上年增长14.0%。

【交通 邮电】 全年各种运输方式完成货运量28 373.7万吨,比上年增长26.1%,完成客运量2 115.5万人,比上年增长9%。

全年邮电业务总量74.9亿元,比上年增长6.5%。其中,邮政业务总量1.5亿元,增长18.9%;电信业务总量73.4亿元,增长6.3%。年末,固定电话用户38.8万户,下降5.9%。移动电话用户266.2万户,增长8.4%。

【旅游业】 全年实现国内旅游总收入109.8亿元,比上年增长15.0%。国内旅游人数601.5万人次,增长14.5%;入境旅游人数1.9万人次,增长5.6%;旅游外汇收入1 058万美元,增长36.0%。

【金融 保险】 年末,全市金融机构人民币存款余额1 705.6亿元,增长14.0%。其中,企业存款余额528.5亿元,增长2.4%;城乡居民储蓄存款余额750.8亿元,增长9.4%。年末,金融机构人民币贷款余额1 037.3亿元,增长27.4%。全年保险业务收入33.7亿元,比上年增长27.9%。其中,财产险收入15.2亿元,增长60.2%;人寿险收入18.4亿元,增长10.8%。保险赔款及给付支出8.2亿元,增长1.0%。其中,财产险赔款及给付5.3亿元,增长31.7%;人寿险赔款及给付2.9亿元,下降27.4%。

【科技】 全年申请专利731件,比上年增长44%。全年组织实施20项重大科技项目,获自治区科技进步奖25项、自然科学奖1项。全市累计创建自治区级以上科技创新型(试点)企业16家,其中,国家级科技创新型(试点)企业2家;累计创建市级创新型(试点)企业56家。

【教育】 全市有普通高等学校3所,全年招收学生1.8万人,在校学生5.6万人。成人高等学校1所,在校学生0.3万人。高职院校4所,在校学生2.6万人。普通中专和成人中等专业学校共19所,在校学生2.8万人。普通高中34所,在校学生5.0万人。普通初中62所,在校学生8.5万人。普通小学185所,在校学生14.3万人。全市有幼儿园151所,在校幼儿3.1万人。有民族中小学13所,在校学生1.2万人。民办中、小学16所,在校学生1.1万人。小学专任教师学历合格率100%;初中、普通高中专任教师学历合格率分别为99.38%和94.94%。

【文化】 全市现有专业艺术表演团体7个,群艺馆、文化馆11个,公共图书馆10个,博物馆2个,美术馆1个。年末,广播综合人口覆盖率98.53%,电视综合人口覆盖率98.5%。

【卫生】 全市共有卫生机构2 013个,其中,医院48个,社区卫生服务机构(中心、站)189个,卫生院72个,疾病预防控制中心11个,妇幼保健院(所、站)10个。年末,卫生机构实有床位12 791张,拥有卫生技术人员21 610人。

【体育】 成功举办了世界中学生排球锦标赛,包头市第一中学女子排球队代表中国参赛并获得银牌。年内全市运动健儿在广州亚运会上共获得1枚金牌和1枚银牌;在自治区第十二届运动会上,共获得103.5枚金牌、79枚银牌、77枚铜牌。体育馆建成投入使用,体育场即将竣工。

【基础设施建设】 继续加大城市建设投资力度,实施了一批城区道路、供水排水管网、集中供热等基础设施工程。年内全市新增道路面积170万平方米,城市燃气普及率95%,集中供热普及率为90%,生活污水处理率82%。继续实施城市园林绿化工程,建成区绿化覆盖率40%。至年底,全市公路总里程6 739公里,其中,高速公路里程138公里。全市公路网密度为24.3公里/百平方公里。

【资源和环境保护】 全年水资源总量6.94亿立方米(不包括黄河水)。年均降水总量303.4毫米,增加9.9%。总用水量103 681万立方米,其中,生活用水6 710万立方米,工业用水26 157万立方米,农业用水70 814万立方米。全年荒山荒(沙)地造林面积26 857公顷,其中,人工造林5 522公顷。林业重点工程完成造林面积25 788公顷,占全部造林面积的96%。至年底,有自然保护区4个,其中,国家级自然保护区3个。实有自然保护区面积14.2万公顷。能源消费总量4018万吨标准煤,比上年增长10.5%;单位GDP能耗2.01吨标准煤/万元,比上年降低4.74%;"十一五"时期,全市单位GDP能耗累计下降28.25%,超额完成自治区下达的目标任务。全年空气质量二级以上良好天数达到316天,比上年增加8天。

【人民生活】 全年城镇居民人均可支配收入25 862元,增长12.0%;城镇居民人均消费性支出20 994元,增长10.8%;城镇居民家庭恩格尔系数为31.6%。全年农牧民人均纯收入8 766元,比上年增长12.0%;农牧民人均生活消费支出6 132元,增长11.0%;农村牧区居民家庭恩格尔系数为37.2%。居民住房条件得到改善,城镇居民人均住房建筑面积31.7平方米,农牧民人均住房面积29.6平方米。石拐棚户区改造和包钢尾矿坝周边五村搬迁工程全面完成,1.6万户、4万多居民陆续迁入新居。全年累计建成健康水站48个、加压站7座、自助饮水屋84个,全市健康水工程覆盖受益人口达113万人;农村牧区饮水安全人口达72.86万人。

【社会保障】 年末,城镇职工养老保险参保人数55.2万人,比上年增长3.4%;享受城镇基本养老保险离退休人员20.9万人,增长2.7%;按时足额发放离退休人员养老金44.6亿元,增长11.4%。全年城乡居民养老保险参保登记人数达31.9万人,其中,城镇居民养老保险参保人数5.2万人,农村社会养老保险参保人数26.7万人。参加失业保险人数41.8万人,增长0.7%。参加医疗保险人数74.2万人,增长3.1%。参加工伤保险人数38.2万人,增长4.4%。参加生育保险人数41.1万人,增长11.3%。

(窦瑛)

昆都仑区

【领导名录】

区委书记:刘德君

人大主任:李明生(蒙古族)

代 区 长:张玉伦

政协主席:范　英

武装部长:刘伯红

政　　委:宋世亮

【概况】 昆都仑区位于包头市区西部,土默川和河套平原之间,北纬40°34′,东经109°50′。北依阴山,南临黄河,源于大青山、乌拉山之间的昆都仑河流经境内,注入黄河。因境域跨昆都仑河而得区名。面积301平方公里,人口65.64万,有蒙古、汉、回、达斡尔等37个民族。辖13个街道,2个镇。

2010年,全区地区生产总值实现700亿元,同比增长15%以上;财政收入实现37.52亿元,同比增长19%;城镇以上固定资产投资实现330亿元,同比增长20%;城镇居民人均可支配收入达到28 166元,同比增长12%;农牧民人均纯收入达到11 872元,同比增长9%。各项主要经济、社会指标全面完成,均位居包头市9个旗县区首位。

【工业】 坚持以工业园区为载体,以新上项目和技改扩能项目为支撑,全力做大做强工业经济,构筑钢铁、不锈钢和稀土等支柱产业优势,加快工业大区建设步伐。全面加强与包钢的合作,工业经济向规模化、集约化发展步伐加快。全力支持包钢发展1 850万吨产能规模,以参与包钢—包头钢铁深加工园区—乌拉特前旗黑柳沟工业集中区分工协作为重要切入点,打造钢铁及其深加工等优势特色产业。重点围绕包钢"板、管、轨、线"四大精品线,引进一批钢铁精深加工项目,延伸产业链条。

【第三产业】 商贸金融业发展规模和质量加速提升。中央商务区集聚辐射效应进一步增强,形成了以大型百货商场、综合超市和专业性市场等为主体的商贸业态格局,包百、王府井百货、神华国际城、苏宁电器、国美电器、海港酒店等重点商贸流通、餐饮服务企业繁荣活跃,2010年社会消费品零售总额实现242亿元,同比增长18%。商业地产投资开发态势强劲,东方伟业城市广场、凯旋·中央公园等一大批项目快速推进,先后引进沃尔玛、颐高数码广场等入驻昆区。居然之家、维多利商厦等已开业运营。

【城市建设】 昆区城市建设日新月异,绿化覆盖率达36.2%,人均公共绿地面积12平方米,城镇人均住宅建筑面积达到27平方米,城市基础设施承载能力和服务功能完备。有效实施城区硬化、亮化、绿化、美化等利民便民工程建设,11处城市棚户区改造项目、10个经济适用房建设项目、1万平方米廉租住房项目等均已开工建设,完成31个旧小区的治理改造,实施乌兰小区等11个旧小区供暖二次网改造,人居条件明显改善。把城中村、城边村改造作为推进城乡一体化的突破口,北部区新城村城市化改造已投入资金8亿多元,完成拆迁量的80%以上。南部区华发新城等一批现代化商住小区加紧建设,城市区域不断扩展。包钢尾矿坝周边五村整体搬迁项目61栋、2125套、22.3万平方米的安置房已具备入住条件,移民搬迁工作正在有序推进。

【科教卫生】 在推进中小学校安工程中,完成了全区79所中小学、323栋校舍的排查鉴定工作。完成翻建、新建校舍面积11.89万平方米。按照“三年任务两年完成”的目标,积极筹措资金,两年投入5.25亿元,率先全面完成“校安工程”,学校办学条件显著提升。

【社会和谐】 把维护稳定作为第一责任,统筹抓好“发展”与“稳定”两件大事。以化解社会矛盾为突破口,继续开展领导干部大接访活动,按照“一个全部、两个90%”为目标,先期投入3 000万元专项资金用于社会矛盾化解工作,成功化解410件信访问题。深入开展“平安昆区”“和谐昆区”建设,推进公正廉洁执法和社会管理创新,平安创建、社会人才、劳动监察等工作走在自治区前列。2月,区人民检察院连续三次荣获“全国先进检察院”荣誉称号之后,再次荣获由最高人民检察院授予的“全国模范检察院”荣誉称号。

继续实施“三个1000万”、“500万救助”等民生工程。千方百计增加城乡居民收入,以创业带动就业,全年城镇累计新增就业12 361人,提高了机关事业单位人员工资。城镇居民和农牧民最低生活保障执行同一标准,达到平均每人每月340元,企业退休人员基本养老金达到平均每人每月1 363元,均有较大幅度提高。不断完善保障的覆盖面,新增养老、医疗、失业等参保人数分别达到2 620人、2 016人、48 813人。

【改善民生实事】

1. 完善社区干部补贴增长机制和竞争激励机制,从2010年1月份起继续为社区干部每人每月增加200元补贴,在2007年的基础上翻一番;继续改善社区活动场所;继续为区属集体企业下岗职工补贴社会保险,全面完成“三个1000万”工程。

2. 继续实施“千名大学生”就业工程。

3. 城镇新增就业12 000人,做好“零就业家庭”就业帮扶,确保有就业能力的“零就业家庭”至少有1名成员就业。

4. 提高企业退休人员养老金标准,确保按时足额发放。

5. 推进城乡居民养老保险工作,使更多的居民实现老有所养。

6. 提高城镇职工、居民医疗保险最高支付限额和报销比例,城镇居民基本医疗保险每人补助标准提高40元,达到135元。

7. 实施好新型农村牧区合作医疗市级统筹,筹资标准提高到每人每年160元,参合率达到95%以上。

8. 投入500万元救助特困群众。

9. 对困难家庭大中专学生进行资助。

10. 提高城乡低保标准和补助水平。

11. 提高城镇低保家庭取暖补贴每户100元,达到700元。

12. 实施中小学校安工程,完成8.6万平方米迁建、翻建和38万平方米校舍加固工程。

13. 完成蒙古族学校、哈业脑包中心校、昆北中心校建设。

14. 大力加强出生缺陷一级干预工作,努力提高出生人口素质,提供免费婚检。

15. 不断拓宽社区卫生服务网点覆盖面,形成“十分钟社区卫生服务圈”。

16. 推进社区居家养老服务工程,拓展到63个社区。

17. 规划建设综合社会福利中心,安置、收容贫困优抚对象、“三无”老人、流浪乞讨人员和孤儿。

18. 提高环卫一线清洁工人月工资200元。

19. 新建5座、改造10座压缩式垃圾转运站。

20. 新建完成经济适用住房30万平方米、廉租住房1万平方米。

【荣誉】 昆都仑区以全自治区城区第一名的总成绩顺利通过2007~2008年度全国科技进步县(市)考核,并获得先进县(市)称号。2009年,昆都仑区申报的科技成果获得自治区自然科学奖1项、科技进步奖5项,占全市获奖总数的19.2%;获得包头市科技进步奖19项,占全市获奖成果的32.8%;3人被授予“全国科技进步考核先进县(市)”先进个人称号。

【校安工程】 9月包头日报刊发昆区校安工程报道—昆区:把校安工程当作“生命工程”。昆区把校安工程作为民生工程的重中之重来抓。2009年初,昆区成立了由区长为组长的校安工程领导小组,明确提出“三年任务两年完成”的目标,2009年已完成工程总量的30%,2010年完成工程总量的70%,计划两年总投入5.25亿元。2009年已完成11.5万平方米的翻建、新建任务,2010年要完成5所学校4.11万平方米的翻建,47所学校93栋30.8万平方米的单体加固,4所去年开工项目的续建,以及甲尔坝小学和前口子小学的翻建。

(桂晓梅 李富春 刘慧智)

青　山　区

【领导名录】

区委书记:张世明
人大主任:高争占
区　　长:张建中
政协主席:路　健(2月离任) 李国清(2月任职)
武装部长:王福明(3月离任) 吴和平(3月任职)
政　　委:王洪斌

【概况】 青山区因坐落于阴山山脉大青山脚下而得名,北靠大青山,南临黄河,地势平坦开阔,北高南低。青山区总人口48万人,辖8个街道办事处和2个镇,68个社区居委会和21个村民委员会。

2010年,实现国内生产总值(GDP)543.03亿元,按可比价格计算同比增长19.9%,第一产业实现增加值2.12亿元,同比增长6.3%,第二产业实现增加值281.12亿元,同比增长24%,第三产业实现增加值259.79亿元,同比增长15.5%;人均生产总值114 178元;财政收入37.27亿元,同比增长19.2%;城镇居民人均可支配收入28 444元,同比增长13.1%。

【工业】 全区规模以上工业总产值实现546.05亿元,同比增长33.79%;中央企业实现总产值260.47亿元,同比增长37.95%;区属企业实现总产值173.83亿元,同比增长31.6%。包头装备制造产业园区工业总产值实现500.5亿元,同比增长31%,占全区工业总产值的82%。全区规模以上工业增加值实现207.45亿元,同比增长26.6%。

【建筑业】 全区有资质以上建筑企业单位29个,从业人员3.54万人,年末,实现总产值64.3亿元。房屋建筑施工面积549.3万平方米,其中,房屋竣工面积185.98万平方米。

【固定资产投资】 全年完成城镇50万元以上固定资产投资288.5亿元,同比增长20.05%。第二产业投资129.65亿元,同比增长7.86%;第三产业投资158.87亿元,同比增长32.24%。

【贸易】 全年社会消费品零售总额实现195.95亿元,同比增长19.1%。按行业划分,批发零售贸易业实现社会消费品零售总额174.17亿元,同比增长19.02%;餐饮业实现销售额21.78亿元,同比增长19.72%;汽车类零售额实现35亿元,同比增长29.86%。

【交通】 青山区地处市中心,四通八达,人均拥有道路面积16.22平方米,辖区范围内规划道路总计67条,其中,主干道14条,次干道22条,小街巷31条,道路网络体系基本形成。

【金融】 至年底,金融机构各项存款余额(不包括外币)632.96亿元,同比增长20.8%,城乡居民储蓄存款余额207.9亿元,同比增长18.8%。各项贷款余额(不包括外币)295.1亿元,同比增长8.1%。

【劳动就业】 城镇新增就业12 402人,完成年目标12 000人的103.35%;下岗失业人员再就业5 775人,完成年目标任务5 500人的105%;就业困难人员再就业1 427人,完成年目标任务1 400人的101.9%;农民转移就业2 245人,完成年目标任务2 000人的112.25%;开展城镇就业再就业培训6 100人,完成年目标任务6 000人的101.67%;农民转移技能培训3 050人,完成年目标任务3 000人的101.67 %;创业培训9期1 140人,完成年目标700人的162.86%;发放小额贷款4 232万元,完成年目标的100.76 %;城镇登记失业率控制在4.0%以内。荣获首批国家级充分就业示范社区:乌素图街道办事处长征社区;5个自治区星级充分就业示范社区:乌素图街道办事处长征社区、科学路街道办事处鹿景苑社区、青山路街道办事处民一社区、幸福路街道办事处赛音社区、富强路街道办事处富五社区。

【社会保障】 养老保险扩面2 670人,完成年初目标任务的152%,参保人数30 255人(企业23 342人,机关事业单位5 181人,被征地居民1 732人)。至年底,养老保险费征缴1.1亿元(企业7 727万元,机关事业3 372万元),收缴率达77%以上;纳入统筹的离退休人员达6456人(企业3 147人,事业单位2 772人,被征地居民537人),全年应发养老保险金1.77亿元,实发养老保险金1.77亿元(企业5 565万元,机关事业

1.17 亿元,被征地居民 477 万元),全部实现了按时足额发放,社会化发放率 100%。至年底,企业养老金历年滚存结余 2.2 亿元,预计可支付能力 44 个月。

【科技】 全年科技经费支出 4 916 万元,应用技术研究与开发资金4 853 万元,科学技术管理费用53 万元,其他科技支出 10 万元。争取自治区、包头市科技计划项目44 项,获得资金支持 1 238.5 万元。认定国家高新技术企业 4 家,包头市创新型试点企业 2 家,市级自主创新产品 2 项,包头市产学研示范企业 1 家。荣获全市科协系统先进集体荣誉。

【教育】 共有办学单位 45 个(小学 25 所、初中 8 所、普高 5 所、完全中学 2 所、九年一贯制学校 2 所、幼儿园、少年宫、特殊教育学校各 1 所),教职工总数 3 881 人,学生总数 54 696 人(小学在校生 25 936 人,初中在校生 15 932 人,高中在校生 12 790 人,特殊教育学校在校生 38 人)。有民办幼儿园 38 所,教职工 761 人,在园幼儿 5 704 人。

【文化】 有文化活动站 8 个,影剧院、文化宫 6 个,剧团 2 个,青山书画院 1 个,文化市场经营场所 440 个。2010 年获包头市 2010 年春节、元宵节文化活动优秀组织单位奖励。

【卫生】 有卫生机构 333 个(医院 11 个,其中,三级丙等医院 4 个、二级甲等医院 2 个、一级医院 1 个、专科医院 2 个、私立医院 2 个,卫生院 1 个,妇幼保健所 2 个,监督所 2 个,疾控中心 2 个,卫校 1 所,社区卫生服务站 46 个,厂矿卫生所和校医室 3 个,门诊部 3 个,村卫生室 68 个,个体诊所 194 个),实有床位 2 882 张,卫生技术人员 3 923 人(执业医师 1 533 人,执业助理医师 30 人,影像技师 49 人,注册护士1 762人,药剂人员 218 人,检验人员 121 人,其他卫生技术人员 210 人)。2010 年获年度社区卫生工作先进地区,爱国卫生银鹿奖第一名。

【体育】 全年体育事业投入达45 万元,安排体育活动经费 13 万元。共有各类标准体育场(馆)297 个(篮球房馆 4 个,乒乓球房馆 8 个,武术房馆 1 个,健身房馆 9 个,棋牌房馆 12 个,体操房馆、羽毛球房馆、综合房馆各 1 个,其他训练房馆 2 个,保龄球房馆 2 个,台球房馆 11 个,田径场 2 个,小运动场 29 个,足球场 3 个,室内网球场馆 4 个,室外网球场 70 个,室外轮滑场 1 个,篮球场 112 个,排球场 16 个,门球场 8 个),有 70 套户外健身路径。体育活动场地总占地面积 10 万平方米,人均占有体育活动场地 0.73 平方米;非标准场地遍布全区,体育场地完好率和开放率达到 100%。获 2010 年全市体育工作先进地区荣誉称号。

【园林绿化】 绿化覆盖面积 2 214 公顷,绿地面积 2 146.8 公顷,绿地率 38.3%,绿化覆盖率 39.5%,人均公共绿地面积 15.5 平方米。共有 27 个独具风情的公园、广场和 23 个不同主题的游园景点。

(郭建光 印慧娟)

东 河 区

【领导名录】

区委书记:许文生
人大主任:王耀文
区　　长:贺海钧
政协主席:白志强(回族)
武装部长:郭良焕
政　　委:陈　书

【概况】 东河区位于大青山南麓,黄河北岸,有近 300 年的发展历史,“老包头”即指东河区。历史上因其通京津、扼西北曾有“水旱码头”,“塞外通衢”的盛名。东河区总面积470 平方公里,辖2 个镇,12 个街道办事处,有蒙古、汉、回、满等 26 个民族,人口近 55 万。

东河区地区生产总值实现 336 亿元,同比增长 15%,是“十五”末的 3.3 倍,年均增长26.6%;其中,第一产业增加值 4.7 亿元,同比增长 6.4%;第二产业增加值 132.4 亿元,同比增长;第三产业增加值完成 198.9 亿元,同比增长 15.3%。固定资产投资完成 253.7 亿元,同比增长 19.1%,是“十五”末的 3.2 倍,年均增长 26.2%;财政收入完成 21.5 亿元,是“十五”末的 2.2 倍,年均增长 16.5%;城镇居民人均可支配收入 23 769 元,同比增长 10.1%,较“十五”末翻一番,年均增长 14.6%;农民人均纯收入 11 587 元,同比增长 12%,是“十五”末的1.7倍,年均增长 10.5%,经济发展质量和效益不断提高。

【农业】 发展以果、菜为重点的现代农业,农业产业化进程进一步加快。受保护地面积达 1.66 万亩,占总耕地面积的 15.9%,成为全市最大的无公害果蔬生产基地。鹿王、华资、金骆驼等一批农畜产品加工龙头企业实力进一步壮大,沙尔沁、远大等农资和蔬菜批发市场交易活跃,全年实现销售收入 18 亿元,“沁园”等绿色农产品直销西安、北京等地,农业生产综合效益不断提高。推进农村基础设施建设,实现了 40 个村通安全饮用水、49个村通公路、10个村建成沼气池,有线电视全覆盖。种粮直补、农资综合补贴、家电和汽摩下乡等国家各项惠农政策全部落实到位,累计发放补贴资金2 900万元。

"城中村"改造有序推进。全面完成已实施的南二里半村、工农村、东河村等12个城中村改造任务。改造面积达1000多亩,建成村民安置房10万平方米、商品房19万平方米,加快了城乡一体化进程。

【工业】 全区规模以上工业企业总数达93家,完成工业增加值80.1亿元,同比增长16.7%,是"十五"末的3.1倍。包铝通过技改扩能,电解铝产能增加到43万吨;高纯铝、碳素、稀土圆铝杆等新上配套项目,分别实现产能2万吨、25万吨、10万吨。几年来,园区引进化成箔、铝轮毂、铝型材、铝合金铸件等60多个产业延伸与配套项目,累计完成固定资产投资400多亿元,实现铝轮毂产能180万只、铝合金制品产能15万吨,建成化成箔生产线113条、产能达2 260万平方米,精铝—化成箔、电解铝—铝型材、铝轮毂等产业链进一步完善,铝深加工应用转化率达到35%以上。园区工业产值达到160亿元,同比增长26.6%,是"十五"末的2.2倍,年均增长22.2%;实现税收4亿元,是"十五"末的2.2倍。

2010年引进项目22个,总投资52亿元,其中,世德南化等5个项目建成试产,矿山机械等17个项目开工建设。此外,银山铝板、沁阳碳素等10个上10亿元项目正在有序推进。实施中小企业"退二进三"战略,积极为中小企业争取贷款贴息、扶持资金近亿元,实现了企业转型发展。

【物流业】 加大煤炭物流园区环保综合治理,建成呼铁伊东、伊泰、公积板三个大型煤炭物流基地,逐步形成辐射全国、环保高效的现代化煤炭物流园区。2010年全区煤炭发运量4 800万吨,实现税收5.1亿元。豪德贸易广场成为西北地区重要的五金机电和工程机械基地,九合置业投资建设的东粮广场将成为重要的区域粮油营销中心。

【商贸服务业】 完成乔家金街建设,精品茶城、玉器古玩等商业街区陆续营业;引进维多利等企业投资25亿元对原三电厂旧址进行改造开发,投资18亿元建设万达商业广场项目已经启动实施,商贸业发展活力进一步增强。

【旅游业】 9大类16处旅游资源逐步得到开发,形成了具有地域民族特色的旅游产业框架。投入17.2亿元对南海和北梁地区基础设施及主要景区景点进行改造建设,素有"塞外西湖"之称的国家AAAA级南海湿地、东河、妙法禅寺、吕祖庙等景区亮点纷呈,"黄河湿地—南海—东河—转龙藏—北梁"旅游带初具规模,景区知名度不断提高。2010年旅游业收入达1.15亿元,是"十五"末的5.7倍。

【城市建设与管理】 全力推进北梁棚户区大水卜洞项目动迁工作,年内签订征拆协议320户,安置房已开工建设;已完工的1万平方米廉租房顺利摇号分配,200户廉租家庭喜迁新居,新开工建设廉租房8万平方米;完成5.25万平方米经济适用房建设。

长21.3公里的黄河湿地护堤工程东河段全线贯通,具备了通车和防洪防凌条件;完成白银湖生态恢复、南海湿地恢复等项目,黄河湿地修复环保污水治理工程完成60%,城市生态环境改善。投资5 016万元,新改扩建道路17条、15万平方米,交通拥堵现象得到一定程度的缓解。集包铁路双线征拆工作基本完成,近6亿元补偿资金发放到位;G6高速和110国道改扩建项目完成了土地占用情况摸底调查;实施20多条小街巷综合治理,对168万平方米小锅炉并网及供热二次网进行改造。

以"三城同创"为契机,投入500多万元实施环境卫生清理整治。对重点项目区域实施管控,拆除和制止违法建筑355处、9.5万平方米,制止违法圈地400亩,实现了"新增为零、存量递减"的目标。

【社会保障】 年内社会保障性支出占财政总支出的30%以上,发展惠民的覆盖面不断扩大。城镇累计新增就业6.9万人;企业养老保险、职工医疗保险参保人数分别达3.1万人和4.1万人。社区主任月工资达1 100元,一线环卫工人月工资达1 000元。企业离退休人员人均养老金、独生子女伤残和死亡家庭扶助金等均按标准足额支付,农民人均低保金高于市级补助标准;年内为5 000多户困难家庭发放廉租住房补贴1 200多万元。

【科技】 全力推进"科教兴区"战略,以包铝偏析法生产高纯铝为代表的企业拥有了自主知识产权,科技进步对经济发展的贡献率不断提高。

【教育】 建成南海小学和河东中心校,完成18.8万平方米校舍安全加固工程。

【文化】 图书馆、文化馆、影剧院等项目相继完工,走西口主题雕塑公园落户南海湿地风景区。

【卫生】 城镇医保覆盖13.6万人,覆盖率85%,新型农村合作医疗实现了全覆盖;新建、改建社区卫生服务中心11个、社区卫生服务站36个,全区共建成标准化农村卫生室95个,医疗服务能力和水平进一步提高。

(政府办)

石 拐 区

【领导名录】

区委书记:韩建民

人大主任:郭 俊

区 长:赵 君

政协主席:王 军

武装部长:赵学良

政 委:吕金灵

【概况】 石拐是蒙古语“什桂图”的音译,其意为“有森林的地方”。石拐区位于包头市东北部,处于阴山山脉,大青山西段,东与武川县相邻,南与土默特右旗隔山而居,西与九原区相连,北与固阳县相接。辖大磁、大发、石拐、五当沟、白狐沟五个街道办事处,五当召镇一个半农半牧镇,全区总人口5.13万,面积约618平方公里。

地区生产总值累计完成57.5亿元,财政收入5.9亿元,固定资产投资完成43亿元,城镇居民人均可支配收入、农牧民人均纯收入分别达到19 205元和6 625元。

【农牧业】 累计投资3 300多万元建成山地温室、多功能大棚、高效节能大棚190栋,实施节水灌溉工程3处、土地整理项目4个、安全饮水工程6处、建设淤地坝13座,新增水浇地6 000多亩,实现土地流转1 400多亩。组建蔬菜种植、土鸡养殖等协会和专业合作社8个,财政累计补贴300多万元培育了特种蔬菜,发展了一批土鸡、獭兔、肉牛、肉羊养殖示范户,形成了“一村一品”产业发展格局。试种七彩西红柿、香蕉西葫芦等新品种40余种,出栏土鸡10万多只、獭兔1.2万只、肉羊5 000只、肉牛700头。投资近100万元在三岔口村建成山农土特产加工厂、缸房地村建成蔬菜交易市场。

【新农村建设】 “十一五”期间,投资600万元在缸房地村建成“四位一体”住房50栋。投资490万元,在试点村建设沼气池300座,改厕1 800座,铺设村通公路0.8公里,安装太阳能热水器260台,消灭无电视户208户,新建候车亭18个,改建农家店15个,设立标准化卫生室11个。落实惠农补贴政策,累计发放粮食直补、农机具补贴、汽车下乡、家电下乡等各类涉农补贴1 000多万元。

【生态环境】 “十一五”期间,累计投资7 400万元实施了三北四期、天然林保护、小流域治理、大青山南坡绿化等林业项目和草原治理工程,新增造林6.7万亩,封山育林15.3万亩,改良草场1.13万亩。全区林业用地达86.6万亩,占总面积的76.6%。森林覆盖率27.6%,比全市高12.5个百分点,位居全市第一。

【旅游业】 投资2亿多元的五当召旅游风景区开发与建设工程,拆迁景区周边不协调建筑1.9万平方米,新建农牧民拆迁安置房20户。举办那达慕大会、自行车越野赛、全国摄影大赛、名人书画笔会、旅游产品开发论坛、内蒙古卫视采风创作等活动。

【物运物流】 引进物流、检车线等企业17个,总投资达43.6亿元。其中,4万立方米油库、机动车道路运输服务中心检车线等项目开工建设,为打造包头市电子交易和货运物流园区、西部交通货运枢纽中心奠定了基础。

【城区建设】

新区建设 《包头市石拐区城市总体规划》已经市政府批复,《石拐区土地利用总体规划大纲》通过自治区国土资源厅审批,《石拐区总体规划环境影响评价》已上报自治区环保厅。完成新区地形图、基础设施外网和主干道、区间道测绘及地勘工作。融资到位资金6亿元,收储土地1万亩,道路、雨水、污水、给水等基础设施一期工程全面开工建设。投资8亿元的包石一级公路项目开工建设,投资7.56亿元的普惠安置区项目完成88栋住宅楼主体工程,投资3908万元的廉租住房项目一、二、三期完成主体工程。

老区修复 “十一五”期间,累计投资3 939万元实施了瓷窑沟、大磁东梁和矿山地质环境恢复治理项目,治理面积22.5平方公里。投资1 200万元实施了新亮美工程,粉刷临街建筑1.6万平方米,改建停车场4处,对人行便道、侧石、街灯进行了增建。投资1 508万元实施了城关镇二期给水工程、既有建筑节能改造4万平方米、供暖管网改造1公里、分户供暖374户。投资2 600万元新建日处理7 000吨污水处理厂1座,铺设污水管网6公里。新增公路里程148公里。

【民生工程】 投入近11亿元全面完成向人民群众承诺的16项好事实事。沉陷区治理项目投资2.25亿元,建成民悦、欣愿、龙苑3个安置小区,3 205户8 142名沉陷区居民喜迁新居。棚户区改造项目投资34.36亿元,新建住宅楼226栋,安置棚户区居民12 459户39 193人,已分配住房11 646户。推行了十二年免费教育、低保“一站式”联审联批、城乡“一杯奶”生育关怀行动、高校毕业生就业见习基地等工作。低保、养老、医保标准逐年提高,参保人数大幅增加。最低生活保障实现了动态管理下的应保尽保,五年共发放各类保障金9 159万元;企业退休人员养老金平均发放标准达到1 404元,较"十五"末增长了110%;城镇职工和居民养老、医疗保险参保人数分别达19 715人和13 767人,报销比例分别达到75%和60%。深入实施全民免费预防保健机制,完成社区卫生服务中心改扩建项目,为全区7 680名40周岁以上的农牧民、65岁以上老人及慢性病患者免费体检并建立了健康档案。对18~45岁农牧民进行免费技能培训,农牧民转移就业累计实现4 500人。启动新型农村合作医疗信息网络化建设,实现市级统筹,农村牧区合作医疗参合率达99%。

【科技】 组建包头兵科硅镁材料工程技术研究中心并申报批准为自治区级工程技术研究中心,北镁科技公司被列为包头市创新型试点企业。积极开创"三创一建"活动,并获得全国科技进步合格区。

【教育】 投资4 000多万元新建后营子中学综合教学楼和公寓楼9 300平方米,实施校舍安全工程24 895平方米。深化教育制度改革,顺利完成教职工竞聘上岗和转岗分流,离岗112人,分流教职工47人。

【文化】 开展了第三次文物普查,发现新石器时期遗址122处,首次证明包头地区史前仰韶文化的存在。自治区首部反映煤炭工业题材的30集大型电视连续剧《大矿井》初步完成剧本创作,并与御景江山影视公司签订了拍摄合同。庆祝建区60周年系列活动丰富多彩,大型陈列展参观人数达到1.6万人。6月3日,石拐区政府在包头市兰亭酒店与北京御景江山影视文化发展有限公司签订协议,联合摄制30集电视剧《红颜绿煤》。

【卫生】 启动实施国家基本药物制度,网络集中招标采购药品并零差率销售。获得自治区计划生育优质服务先进地区称号,地区形象显著提升。

(李培云)

九　原　区

【领导名录】

区委书记:路　智
人大主任:尹福业
区　　长:雪　松(蒙古族)
政协主席:张宏伟
武装部长:敖玉海(蒙古族)
政　　委:牛海欣

【概况】 九原区位于内蒙古自治区中部地区,北依阴山南麓,南临黄河北岸,主要管辖区在包头市主城区的西南部,地处"呼包银"经济带核心区,是包头市新型城区。全区辖1个苏木、3个镇、4个街道办事处、2个工业园区。总面积734平方公里,总人口20.1万人,由汉族、蒙古族、回族、满族等19个民族构成,其中,蒙古族主要聚居在西部阿嘎如泰苏木。2010年,九原区面对区划调整后新的形势和机遇,结合自身实际,确定新的发展战略和发展重点,即:"以统筹城乡发展为统领,以项目建设为依托,做大三次产业,构筑全面协调、可持续的富民强区发展战略,力争用2~3年的时间,进入包头市经济发展第一方阵"。全年实现地区生产总值169.4亿元,完成固定资产投资150.2亿元,实现财政收入20.4亿元,三次产业结构为4.8:48.6:46.6,城镇居民人均可支配收入达26 995元,农牧民人均纯收入达10 422元。

【工业】 全区实现工业增加值67.4亿元,同比增长33.1%;规模以上企业新增36户,达到63户,实现增加值54.7亿元,同比增长32.4%。产业支撑扎实有力,电力、稀土、钢铁深加工、装备制造配套等重点产业实现增加值43亿元,同比增长65%。项目建设卓有成效,实施5 000万元以上工业项目31个,完成投资95.7亿元。盈德气体、吉峰钢管、精工电梯等10个项目竣工投产,特别是经过5年的紧张建设,总投资170亿元的神华煤化工项目投料试车一次成功;海平面、华科稀土陶磁等6个项目推进顺利;国内最大的碳纤维项目、国瑞炭谷和包头市首家世界500强企业独资项目CRH爱德(包头)建筑配件等15个项目落地开工。

【农业经济】 2010年,认真落实包头市"南菜北蔬,乳肉并举"战略,蔬菜种植面积达到4.8万亩,保护地面积达到1.4万亩,奶牛总数达到5.4万头,鲜奶产量28万吨,肉羊出栏8.2万只,禽蛋产量达到7 840吨。同时,农业综合生产能力进一步增强,投资3 783万元实施了中低产田改造、土地整理等4大类16个基础设施项目,新增节水灌溉面积5 000亩,高产稳产田8 000亩,粮食作物总产量达到7万吨。种植业结构进一步优化,重点打造了乌兰计五村、乔圪堵村、万科农业园区3个千亩设施农业基地。畜牧业规模化饲养水平不断提高,梅力更肉羊、久元牧场等一批养殖基地(场)规模扩大,全区标准化、规模化养殖场(小区)达到194

个,规模化率达到70%,出栏牲畜20.8万头(只)。引进29个销售收入超百万元的农畜产品龙头企业,实施产业化项目9个,发展订单农业6 100亩,带动农牧户9 600户。

【第三产业】 加大第三产业的扶持、培育和引进力度,形成了以商贸物流业为主导,以煤炭、石油、汽车等专业市场为龙头的发展格局。全年实现增加值78.9亿元,同比增长15.1%,完成社会消费品零售总额35.9亿元,同比增长18.1%。以神华煤业为龙头的煤炭物流企业达到106家,完成运销量2 500万吨,实现销售收入139亿元,上缴税金3.5亿元;以宁鹿石油为龙头的化工产品物流业销售石油30万吨,实现销售收入19.8亿元;以利丰汽贸、红岩汽车销售公司为龙头的汽贸物流企业达到48家,销售汽车1.9万辆,完成销售收入15.8亿元。北方石油铁路专用线建成通车;宏成得能源储运公司正式落地运营。自治区西部最大的煤炭运销总部金创大厦主体竣工,并与呼铁局签署入驻协议;投资15.3亿元的驼龙实业(包头)综合物流园项目正式启动;恒大华府、惠德花园等23个房地产项目进展顺利,完成商品房销售面积120万平方米,实现销售收入40多亿元;旅游业发展迈出新步伐,全年接待游客69万人(次),实现旅游综合性收入1 010万元。

【城乡建设】 以新规划建设的新都市区为核心,全年实施重点城建项目40个,完成投资22亿元,萨如拉等6个镇域规划基本完成,基础设施和公共服务专项规划正在完善。新都市区建设成效明显,规划面积7.2平方公里、人口9.6万人的新都市区是集政务商务、大型公益事业、总部经济、高档商住和文体娱乐为一体的新型城区,是包头市发展中重要的景观亮点、建设重点和经济增长点。已开工建设了体育中心、会展中心、世界鹿园、广电大厦、环保大楼等公益事业、政务商务项目。其中,市体育馆全面竣工,市体育场主体完工,世界鹿园建成开放。行政审批中心等一批市级重点工程开工建设,鸿德等3个新型居住项目快速推进。组织实施了沙河西街集中供热、城区供水等市政基础设施建设项目。旧城区改造有序进行,韩庆坝等6个城中村和宁鹿等5个旧街坊(旧大院)改造工程顺利实施,完成拆迁面积56.3万平方米,新增建筑面积150万平方米。职教基地征地工作圆满完成,机电学校等6个项目全面开工,道路、绿化等基础设施同步推进,共完成投资4.2亿元。新型集镇和集中居住区(点)建设步伐加快,柏树沟牧民新村和土黑麻淖中心集镇建设主体完工,新增建筑面积14万平方米。城乡基础设施建设不断加强,包巴线等9条农村公路竣工通车,世纪路等27条城区道路扎实推进,铺设集中供热、供水管网244公里。重大项目配合有力,集包双线等征拆任务基本完成,G6高速征拆工作有序推进。

【劳动就业】 实施创业带动就业、就业服务、就业援助等积极的就业政策,城镇新增就业3 007人,农村劳动力转移就业12 500人,“4050”人员就业、新增安置就业均超额完成年度目标。社会保险方面,养老、医疗、生育、工伤和失业保险新增扩面10 773人(次),被评为包头市社会保障工作先进区。

【新型农村牧区合作医疗制度】 将农村牧区合作医疗制度纳入市级统筹,实现定点医疗机即时结报,参合率、报销比例和报销封顶线分别提高到96.8%、65%和5万元。

【社会救助】 启动实施了九原区中心福利院项目,率先在全市实施城乡医疗救助制度,临时救助、“五保”供养标准位居全市首位;开工建设了10万平方米的经济适用房,完成了147户农村危房改造,为384户低收入家庭发放廉租住房补贴98.66万元。

【教育】 投资1.2亿元实施13所学校38个单位的“校安”工程;加强校园及周边安全综合整治,为19所学校配备保安人员和监控设备;教育质量进一步提高,中考成绩位列全市第二,高考重点率、二本上线率均创历史最好成绩。

【医疗卫生】 投资3 200万元实施区医院标准化病房楼和哈林格尔中心卫生院项目,全区37家村卫生室实现一体化管理;在所有苏木镇卫生院和社区卫生服务机构实施国家基本药物制度和九大项基本公共卫生服务;为1 150对新婚夫妇进行免费婚检。

【文化体育】 成功承办世界中学生排球锦标赛开幕式,建成麻池文体广场、18个“草原书屋”和5个文化大院,为所有苏木镇综合文化站配备活动设备;艺术精品创作高质高产,小品《换春联》获得全国第二届“新农村、新文化、新风貌”小品展演6项大奖,歌舞剧《九原我可爱的家》等5项原创作品荣获自治区、华北地区多项荣誉。

【城乡统筹】 在2010年财政预算中安排了5 000万元城乡统筹专项资金,做到机构、人员、资金、制度“四落实”。实施“三区推进、六项统筹”战略,以统筹城乡发展空间、产业发展、基础设施建设、社会事业发展、社会保障体系以及社会管理为目标,根据各苏木、街道办事处经济社会发展的不同阶段,将全区划分为3个区域,分层分步推进城乡统筹发展进程。一是位于城区且基本具备城市功能形态的沙河、赛汗、白音席勒地区,力争在2012年基本完成城市化改造,基本实现各项公共服务均等化。二是靠近城区且经济发展较快的萨如拉、麻池地区,加快城乡要素对流,推进基础配套对接,力争在2015年完成城市化改造,融入包头市区。三是相对远郊的哈林格尔、哈业胡同镇、苏木地区,加大基础设施投入,加强公共服务设置,在“十二五”末基本建成现代化的社会主义新农村。

(王立杰)

白云鄂博矿区

【领导名录】

区委书记:贺伟华

人大主任:张桂英(女)

区　　长:张慧宇(10月离任)　张　轩(10月代理)

政协主席:郝金花(女　蒙古族)

武装部长:周培官

政　　委:逯　爱

【概况】 白云鄂博矿区属内蒙古自治区包头市所辖。东南距呼和浩特市城区212公里,南距包头市城区149公里,北距中蒙边境95公里。区域面积328.647平方公里。至2010年末,,全区常住人口26 036人,有蒙古、汉、满、回、达斡尔等9个民族。全区辖2个街道办事处,7个居民委员会。地区生产总值完成20.76亿元,同比增长15.5%;地方财政总收入完成40 077万元,同比增长19.1%;固定资产投资完成23.1亿元,同比增长18.8 %;城镇居民人均可支配收入28 319元,同比增长13%。

【铁矿石加工产业】 全力配合包钢完成“引水入白”项目,解决了长期制约白云鄂博矿区经济社会发展的水资源瓶颈问题。在“引水入白”项目的带动下,投资12亿元的白云鄂博西矿300万吨选矿厂,投资3 000万元的力志、钢球衬板项目,投资4亿元的沃尔特100万吨选矿厂,投资1.8亿元的包钢白云铁矿东矿深部开发及边坡治理工程,投资1 608万元、设计输水量500万吨/年的包钢向白云区民营选矿厂供水工程(由包钢巴润公司高位水池至沃尔特选矿厂之间的输水管线)相继建成投产。投资22亿元的白云鄂博西矿年产1 500万吨铁矿石采场建设剥岩、扩帮和掘沟工作正在进行中。

【清洁能源产业】 投资10亿元的鲁能风电已完成装机规模9.45万千瓦,一期36台全部并网发电,二期33台现正进行风机调试。总投资4.6亿元、规模为4.9万千瓦的蒙电华能汇全示范风电项目,风机吊装已完成31台,还有30台正在进行风机吊装工作。总投资5.6亿元、规模为4.95万千瓦的金杰科技中广核风电项目,已安装风机33台。现已完成装机规模20万千瓦。

【第三产业】 充分发挥区位开放优势,引进亿元物流、浩通能源等一批商贸流通企业;白云鄂博大厦、白云鄂博大酒店、道衡商贸广场以及汽修一条街等三产项目相继投入使用,6 000平方米的上海客都购物中心已签约落地;编制了白云鄂博矿区旅游总体规划,全力打造以“草原英雄小姐妹”为代表的旅游产业基地和面向全市中小学生以“溯源包头”为主题的市情教育基地。2010年,第三产业增加值完成5.54亿元,同比增长10.5%,第三产业占地区生产总值比重达26.7%。

【基础设施建设】 投资4 520万元的污水处理厂已竣工投入试运行。投资3 500万元开展了城区道路街巷治理工程。投资2 900万元新建了26.6万平方米的白云鄂博湿地公园。投资1 718万元的生活无害化处理工程进展顺利。完成了集中供热二期建设。完成区属5栋13 000平方米的住宅外墙保温和开平窗更换施工工作。

【环境保护】 全部清理三角河地区22家各类小型选矿企业,严格执行建设项目“三同时”制度和环境影响评价制度,实施了建筑节能改造和集中供热改造工程,节能减排成效显著,主要污染物排放指标中的二氧化硫排放量削减370吨,排放总量下降13%,化学需氧量控制到398吨,空气质量二级以上良好天数达330天。

【社会保障】 认真做好就业、再就业工作,加强就业培训,通过公益性岗位开发、企业吸纳、创业促进等方式,解决了600余人的就业问题,城镇登记失业率控制在2%以内。积极开展五大社会保险参保扩面和统筹管理企业退休人员养老金发放工作,各项社会保险覆盖范围不断扩大,保障水平持续提高。关注弱势群体,将低保标准提高30元,达到340元,全年发放低保方面资金287.5万元,人均补差水平达到271.6元,比去年提高41.6元。关爱残疾人,健全残疾人工作机制,走访慰问了贫困残疾人家庭14户,慰问款物共计6 000元。

【人民生活】 2010年,为人民群众兴办的10件30项好事实事全部兑现。实施了健康水工程,以财政补贴的方式引导居民饮用健康水,白云人告别了50多年饮用高氟水的历史。保障性安居工程全面加快,投资420万元,新建60户、2 924平方米廉租住房;实施建筑总面积19 800平方米、235户的城市棚户区改造工程;投资3 550万元,计划建设公租房544套、24 084平方米的公租房,现住宅楼基本封顶。投资600万元组建出租车公司,投放50台出租车,现已投入试运行。2010年,全区在岗职工年平均工资达到48 993元,同比增长17.1%;城镇居民人均消费性支出21 240元,同比增长14.5%;城镇居民人均住房建筑面积33.7平方米。

【幸福社区建设】 一是完成了百灵、祥云社区和矿山路街道社区服务中心建设任务,总建筑面积1 254平米。二是争取市民政局支持,为宝山社区配备了电脑、触摸屏、LED显示屏,社区信息化建设试点工作顺利推进。三是提高了社区办公经费和社区居委会主任报酬标准。

【教育】 投资6 000多万元实施建设规模为27 933平方米的中小学校舍安全工程。不断加大教师培训力度,提高教学质量和水平。2010年,中高考再创历史新高,高考本科上线率达65%,中考重点高中上线率达25%。

【文化体育】 总投资3 000余万元、建筑面积5 135平方米集图书馆、档案馆、展览规划厅、演艺多功能厅于一体的文化艺术中心综合楼已经投入使用。举办白云鄂博"矿山杯"唱响青春、祝福祖国青年歌手大赛及决赛现场晚会;举办全区职工、学生乒乓球和棋类比赛;组织协调了6支业余表演队伍在白云鄂博矿区各主要街道进行各类文艺表演;举行元宵节焰火晚会等各类活动;举办了白云鄂博矿区第五届奇石展;协助内蒙古电视台拍摄文明经验交流会纪录片,与达茂旗联合举办全市第四届文明建设经验交流会专题晚会。

7月12~13日,《白云鄂博矿区志(1994~2009年)》评审会在白云鄂博矿区常委会会议室举行。由区五大班子领导及自治区地方志办公室领导和白云鄂博区地方志办公室组成的评审委员会成员参加了会议。评审委员会一致认为《白云鄂博矿区志(1994~2009年)》是一部政治观点正确,体例完备,结构合理,内容完整,语言规范,文字精炼的高水平的地方志书,具备了印刷出版条件。

【卫生】 投入5.5万元,全面完成"降消"项目工作;建立孕产妇急救"绿色通道",加强对高危孕产妇的保健管理及对新生儿的疾病筛查和监护,有效降低孕产妇死亡率,消除新生儿破伤风。对全区高血压和糖尿病患者开展全年跟踪随访、建立管理档案等慢性病管理工作,并提供免费体检2次;继续为全区70岁以上老人、在职社区居委会主任免费体检。开展救助贫困母亲、关爱女孩等活动,利用节假日对贫困家庭、贫困女孩进行扶助,共走访55户,发放扶助金约3万元。为1 506户独生子女家庭兑现2010年独生子女家庭父母奖励费约19万元。为育龄妇女先后开展了2次免费体检活动,育龄妇女接受免费的基本计划生育技术服务落实率达90%以上;为第一代独生子女家庭夫妇,进行了免费健康检查,共有376户独生子女家庭夫妇接受了免费体检。深入实施孕产妇女"每日一杯奶,健康下一代"爱心活动,受益群众达65户,投入资金31 000元。2010年,人口出生率4.46‰,自然增长率1.28‰,符合政策生育率达100%。

(赵剑梅)

土默特右旗

【领导名录】

旗委书记:李杰翔(10月离任) 唐勇(蒙古族 10月任职)

人大主任:章柱柱(蒙古族)

旗　　长:唐　勇(蒙古族 10月离任) 王章(10月任职)

政协主席:张俊义

武装部长:陈永久(5月离任)
何亚睿(5月任职)

政　　委:段连发

【概况】 土默特右旗,位于内蒙古自治区包头市东南部,地理坐标为北纬40°14′38″~40°51′06″,东经110°14′32″~110°07′02″。北境为大青山主峰——九峰山区。总面积2 369平方公里。旗政府所在地萨拉齐镇,西距包头市区45公里,东距呼和浩特市区103公里,距首都北京666公里,南跨土默川平原与鄂尔多斯市隔河相望,地处自治区首府、"乳都"呼和浩特和世界"稀土之乡"包头市、"煤都"鄂尔多斯市"金三角"腹地。全旗辖5个镇、3个乡、3个管委会,总人口364 509人,由汉、蒙古、满、回、朝鲜、达斡尔、鄂温克、壮、藏、苗、土家、彝、维吾尔等16个民族组成。蒙古族分布全旗各地。其中,汉族350 880人,占全旗总人口的96.3%;蒙古族10 119人,占全旗总人口的2.78%;回族2 472人,占全旗总人口的0.68%;满族725人,占全旗总人口的0.20%;其他少数民族共313人,占全旗总人口的0.09%。

2010年,全旗生产总值完成168.93亿元,同比增长22.4%;财政收入完成21.6亿元,同比增长44.6%;城镇居民人均可支配收入完成17 804元,同比增长15%;农民人均纯收入8 815元,同比增长12%,高于全市平均水平;固定资产投资148.16亿元,同比增长20.1%,社会消费品零售额完成25.18亿元,同比增长15.8%。

【重大项目建设】 2010年,组织实施的重大项目、重点工程共86项,一期总投资315.76亿元,开复工82项,开复工率96.7%,完成投资80亿元,其中,社会资金完成投资66.68亿元,占全部重大项目完成投资的83.4%。竣工37项,竣工率43%。

【农牧业经济】 2010年规划建设了"两带五区九园"现代农牧业生产基地,现代农牧业发展格局基本形成。土地流转面积累计达51.4万亩,百亩以上土地规模化经营积累达到25.2万亩,蔬菜保护地累计建成1.2万亩。新建和改扩建标准化奶牛牧场(小区)30个、肉羊养殖场(园区)13个,规模化养殖比重达到65%。一产业完成增加值26.68亿元,同比增长8%,是"十一五"末的2.5倍。

【工业】 2010年,在建的23个重大工业企业项目,已竣工10项,规模以上工业企业达到了46户,工业增加值完成64.83亿元,同比增长32.6%,是"十一五"末的7.5倍。

【第三产业】 重点加强萨拉齐、大城西、美岱召等煤炭物流园区的建设,神华铁路专用线投入运营,盛华、明华铁路专用线即将投入运营,美岱召煤炭集装站和煤炭交易中心正在加紧建设,2010年达到了7 027万吨;传统餐饮、住宿不断提档升级,现代城包百城市广场和紫晶、新兴等一批星级酒店正在建设,市场消费更加活跃;全面加快旅游景区景点建设,九峰山、美岱召、佳禾、清水沟等旅游景区功能进一步完善,实现旅游业收入1200万元。全年三产业完成增加值64.49亿元,同比增长17.6%,是"十一五"末的4.1倍。

【基础设施建设】 2010年组织实施城建项目14项,完成投资13.67亿元。集中供热扩面和集中供气扩面工程竣工,供热面积256.6万平方米,供气户数1.2万户;污水处理中利用工程和垃圾处理工程竣工并投入使用;太平东街、泰来门广场东侧道路、农牧民文化活动中心两侧道路、站前街等5条道路以及东、西立交桥扩建工程建成通车;续建、新建100万平方米的24个房地产项目已竣工25万平方米。美岱水库、朱尔圪岱水库除险加固工程、1.8万亩的后山沿线绿化、970亩的城郊绿化工程、大城西煤炭产业园区四周挡风抑尘网工程全部完成建设任务,黄河湿地保护开发项目确定投资主体,前期工作正在开展。污水处理中水回用工程和生活垃圾填埋场竣工并投入使用,山晟新能源光伏产业及世益、创美等天然气液化项目全面推进,集中供气、供热扩面,晟泰免烧砖等工程完成,节能减排工程成效显著。万元GDP的综合能耗、单位工业增加值能耗比分别下降5.85%和13%,"十一五"期间分别累计下降34.1%和69.4%,年均下降6.28%和13.88。二氧化硫减排954吨,化学需氧量减排438吨,均完成上级要求减排任务。

【招商引资】 2010年,引进和新开工铝板材、青岛海林电子废砂浆割液、华亿低温液体输送管道、润滑油处理、亿力出口蔬菜育苗种植加工、中援绿能天然气液化、浙江小商品综合市场、建材商贸物流城等13个国内区外项目,合同投资达175亿元,实际到位资金28.3亿元。根据上级资金投向,充分做好各类争取资金项目的前期工作,全年共争取垃圾填埋、污水处理、异地搬迁扶贫、林业棚户区改造、防护林工程等18个项目,争取资金1.21亿元,连续三年列包头市第一名。

【人民生活】 2010年城镇居民人均可支配收入、农民人均纯收入分别为17 804元和8 815元,年均增长分别为16.5%和12.9%。全社会消费品零售总额完成25.18亿元,同比增长15.8%。

【社会保障】 全旗城镇新增就业每年保持在3 500人以上,基本消除了零就业家庭,城镇登记失业率控制在3.6%以内。养老、医疗、低保等保障工作继续推进,城乡居民养老保险人数6.95万人;城镇居民基本医疗保险参保2.9万人;新型农村合作医疗参保率达98.7%;企业离退休人员人均养老金月增加124元;城乡低保补助标准分别提高到每人每月290元和每年1 800元,五保户分散、集中供养标准分别提高到2 000元和3 000元;新建廉租房近3万平方米,为807户城镇低保家庭发放廉租住房租金补贴101.8万元。

【教育】 迁址新建回民小学正在建设主体工程,86 981平方米中小学校舍安全加固工程按期竣工。

【卫生】 旗医院标准化病房楼及将军尧镇、双龙镇卫生院竣工投入使用,毛岱中心卫生院开工建设,20个村卫生室建成使用。

【文化】 农牧民文化活动中心正在进行内外装修;2个乡镇文化活动站、10个村文化活动室、20个文化大院、105个草原书屋已建成;成功举办了第二届三娘子旅游文化节、敕勒川消夏文化艺术节、首届金杏节和第二届“二人台坐腔音乐会”等一系列演出文化活动。

(张海明 张连根)

达尔罕茂明安联合旗

【领导名录】

旗委书记:金满仓(蒙古族)

人大主任:李　凯

旗　　长:宝音德力格尔(蒙古族)

政协主席:陈玉玲(女 蒙古族)

武装部长:刘兴玉

政　　委:董步炜

【概况】 达尔罕茂明安联合旗(简称达茂旗),位于阴山北麓,是内蒙古自治区19个边境旗(市)和33个牧业旗之一。国境线长88.6公里,总面积1.74万平方公里。全旗辖7个镇、1个苏木。总人口12.04万人,其中城镇人口3.28万人;有蒙古、回、满、朝鲜、达斡尔、鄂伦春、藏、苗、土家族等15个民族,其中蒙古族1.73万人,是一个以蒙古族为主体、汉族占多数、多民族聚居的边疆少数民族地区。

2010年完成地区生产总值119.02亿元,同比增长11.2%;实现财政收入15.4366亿元,同比增长18.1%;城镇居民人均可支配收入达到21 485元,同比增长11.0%;农牧民人均纯收入达到7 300元,同比增长6.1%。

【工业】 全年共实施20个工业重点项目,总投资达155亿元,完成工业总产值196.87亿元,同比增长30.5%;完成工业增加值79.42亿元,同比增23.5%。钢铁产业,巴润公司1 500万吨采场、300万吨铁精粉选厂和黄河输水及矿浆管道输送三大工程达产达效,丰达、包钢三合明、大千博、昌欣、金瑞、巴润干堆尾矿库等一批铁矿石采选、技改及配套基础设施项目陆续开工建设。新能源产业,开工建设风电项目9个,装机规模135万千瓦,新增并网发电15万千瓦。新建化工建材产业,积极推进白彦花煤田、布龙图磷矿等优势非金属资源的开发利用;冀东2x4500吨/天新型干法熟料水泥生产项目一期工程全面开工建设,配套建设0.75万千瓦纯低温余热发电系统。主要工业产品铁精粉完成959.8万吨、生铁50.7万吨、黄金5 534两、碳酸稀土4.78万吨、单一氧化物8 245吨。

【农牧业产业化】 全旗耕地总面积120万亩,播种面积80万亩。新增水浇地3万亩,滴灌发展到8.9万亩、旱地覆膜发展到15万亩。率先在自治区实现种植业全程机械化,建成国家农业部马铃薯良种繁育中心。2010年,马铃薯产量达7.3亿斤,薯农人均薯业收入达到9 000元。建成清水湾水库1座,统筹解决了14个自然村、480户农民产业发展和新农村建设问题。扶持发展舍饲畜牧业,以肉牛和肉羊为主,建成规模化养殖和繁育基地51处。积极探索合作化生产模式,建成众惠盛、润丰等15个农业专业合作组织和蒙兴、蒙特等13个牧业专业合作组织,农牧业的组织化程度和市场化水平明显提高。

【城镇化建设】 筹集资金3.7亿元,加快百灵庙镇提质扩容步伐。实施了污水处理厂、河道综合治理、西出口改造、住宅楼节能改造等一批城建重点工程,新增住宅楼面积7万平方米。对45个村庄进行综合整治,建成二楞滩等一批样板新村,在牧区移民园区增建住房338间。切实加大城乡基础设施建设力度,包满铁路一期白云至白彦花段建成通车;开工新建固阳至百灵庙、百灵庙至白云2条一级公路,开工建设通乡公路37.5公里、通村公路80.5公里,乡乡通油路,村村通公路通达率100%。

【社会保障】 实现城镇新增就业2 245人、农牧民转移就业21 223人。全面开展城乡居民养老保险工作,累计参保38 000人;企业退休人员养老金人均提高到每月1 356元;新型合作医疗参合率达96%,共为8.6万人(次)报销医药费840万元。五保户分散供养和集中供养标准分别提高到每人每年3 000元和2 000元,集中供养率达到39%;进一步完善大病救助、教育救助、残疾人救助、博爱送万家等各类救助制度,受益人数5 500多人;投入100万元,为100户农村牧区残疾人实施危房改造工程。

【旅游 口岸 商贸】 旅游业接待人数和收入分别达到80万人(次)和2.41亿元,旅游服务业直接吸纳就业1 924人,间接提供服务9 168人。满都拉口岸实现临时开放,全年出入境人员4.1万人次,进出口货运量11万吨,进出口总额2 558万元,社会消费品零售总额达到12.3亿元。

【重要活动】 7月31日,由国家民委牵头,国家发展改革委、住房与城乡建设部、交通运输部、农业部、水利部、国家能源局等有关部委组成的国务院牧区生活设施专题调研组到达茂旗进行专题调研。调研组一行深入希拉穆仁镇、达尔汗苏木等地,就牧区牧民生活设施进行详细了解,并听取了旗牧区饮水、住房、交通、通信、用能方面的汇报。

8月8~9日,原中共中央政治局常委、中央纪委书记吴官正来达茂旗考察。吴官正在自治区党委副书记、自治区主席巴特尔,自治区政协主席陈光林,自治区副主席、包头市委书记郭启俊的陪同下,先后到二楞滩万亩高效节水农业示范区、九华马铃薯种薯繁育基地、南营所生态移民园区、中电投5万千瓦风电场,考察经济社会发展情况,并看望了胡二喜、阿拉腾其其格等部分牧民群众。

(薛勇 刘金良)

固 阳 县

【领导名录】

县委书记:许文生

人大主任:王凤莲(女 蒙古族)

县　　长:杨泽繁

政协主席:王东明

武装部长:梦晓军

政　　委:刘燕雄

【概况】 固阳县位于内蒙古自治区中部,阴山北麓,是包头市的市辖县。东与呼和浩特市的武川县交界,南与土右旗、石拐区、九原区相邻,西同巴彦淖尔市乌拉特前旗、乌拉特中旗接壤,北与达茂旗相连,东西长约80公里,南北宽约66公里,总面积5 025平方公里,耕地面积285万亩。全县辖6个镇、104个行政村、11个居委会、986个自然村,总人口21.4万人,由蒙古、汉、回等13个民族组成,其中农业人口17.7万人。全县地区生产总值完成72.3亿元,固定资产投资完成87亿元,社会消费品零售总额完成11.5亿元,财政收入完成8.6亿元。城镇居民人均可支配收入达到16 752元,农民人均纯收入6 310元。

【基础设施建设】 总投资30多亿元,持续推进了以路、水、电、通讯为主要内容的基础设施建设。投资15.7亿元、全长50.8公里的包固一级公路已全线通车,省道211线固阳至百灵庙一级公路正在建设中。投资1.99亿元、总库容6 464万立方米的阿塔山水利枢纽工程开始蓄水;投资4.6亿元的包头—固阳输供水管道建设工程已开工。投资3亿元,建成固南220千伏变电站等9个输变电工程,投资10亿元的500千伏输变电工程正在做前期工作。投资近2亿元,新建38座基站和30个直放站。规划筹建了包头金山工业园区,彻底改变了全市唯有固阳没有工业园区的局面。

【工业】 钢铁产业方面,德顺特钢年产55万吨铁、60万吨钢,海明炉料年产50万吨铁、150万吨矿渣水泥项目已建成投产。镁产业方面,凯顺公司年产2万吨镁合金资源综合利用项目即将投产,汇豪集团5万吨高纯镁锭及镁合金深加工项目正在加紧建设,总投资43亿元的东方希望集团10万吨镁合金循环经济示范工程及固体废弃物综合利用项目已开工。新能源产业方面,大唐包头亚能怀朔和华电红泥井两个4.95万千瓦风电项目并网发电。建材产业方面,天威科技60万吨矿渣粉生产项目即将投产,万华、固泰和汉龙等商品混凝土企业180万吨混凝土搅拌项目投产。全县规模以上企业增加到34户。实施了淘汰落后产能工作,拆除小高炉33座、落后水泥生产线1条,淘汰落后生铁产能125万吨、水泥产能6万吨。第二产业增加值完成49.25亿元。

【农牧业产业化】 重点实施了"1132"工程。全县马铃薯种植面积达63万亩,建成6.06万亩滴灌、12万亩覆膜示范基地,马铃薯种薯繁育基地达年产2 000万粒微型薯能力。建成百盈等24处羊产业养殖示范基地,出栏羊达60.5万只。鸡、鹅、野猪等特色养殖达140.1万只(头)。全县龙头企业、农民专业合作社分别达80家和78家,流转土地55万亩。实施水利工程773项,新增有效灌溉面积8.87万亩、节水灌溉面积11万亩。新建人畜饮水安全工程85处,解决了3.67万人、14.68万头(只)人畜饮水困难问题。投资1 246万元的小石拐水库和三成仁壕水库除险加固项目顺利完成验收。实施林业重点工程39.1万亩,绿化面积41.1万亩。争取并实施千万欧元的清洁机制造林项目。坚定不移地实施了围封禁牧政策,森林覆盖率达15.5%。第一产业增加值完成9.44亿元。

【第三产业】 打造了秦长城、大仙山、春坤山等旅游景点,旅游综合收入突破亿元。成功举办了首届中国·包头秦长城热气球节。相继建成金阳、天隆等星级酒店。总投资1.2亿元、建筑面积3.5万平方米的天和商城、宝威创业商厦和祥龙商场投入运营。52个农副产品创出品牌,上市经销。投资5 370万元的固阳县远近农副蔬菜批发市场开工建设。销售家电、摩托车、汽车12 556台(辆),兑现补贴963万元。交通运输货运量完成984.1万吨,货运周转量为11.39亿吨公里。银行业金融机构7家,小额信贷及信用中介机构22家,累计发放贷款18亿元。第三产业增加值完成13.61亿元。

【城镇建设】 累计投入23亿元,实施新旧城区基础设施、保障性安居工程及房地产开发等项目。先后组织建设希望广场、集中供热、垃圾填埋、污水处理、管道天然气、景观大道、道路管网建设改造、小街巷治理等城市功能提升工程。建成廉租住房、经济适用房8万平方米,开工建设了国有工矿棚户区改造工程。组织实施凤凰锦绣苑等一批房地产项目,全县房地产开发面积110万平方米。扎实推进城乡面貌三年大变样工程。投资6 878万元新建大村庄15处850户,完成农村危旧房改造975户,整村拆除不适宜人居自然村39个。投资1 345万元完成外五镇“四个一工程”。

【社会事业】 教育、卫生和文化等社会事业方面累计投入6.25亿元。投资7 321万元新建、迁建、加固、改造校舍4.8万平方米。固阳县一中与包头市九中实现合作办学,2010年高考本科上线人数、上线率由2005年的308人、44%增加到2010年的596人、80%,创历史新高,19所中小学全部与包头市名校结对共建。投资3 025万元实施了县医院病房楼、中蒙医院及镇村卫生院(室)新建改造项目。包头市中心医院整体接管固阳县医院,无偿提供价值1 000多万元的核磁、高压氧舱等先进医疗设备,医疗服务水平显著提升。计划生育方面,“两免一补”工作扎实开展,国家计划生育服务优质先进县水平得到巩固提升。建成固阳县文体活动中心,投资206万元为各镇安装51套健身路径,新建综合文化站6所,草原书屋94个,万家书库10个。大力实施村村通广播电视工程,3 260户村民收看到高质量的无线数字电视节目,群众文化生活更趋丰富。

【民生工作】 保障民生方面累计支出12.11亿元,占可用财力的80.7%。企业离退休人员养老金标准由每人每月567元增加到1 354元。城市低保最高标准由每人每月138元增加到290元,农村低保最高标准由每人每年360元增加到1 360元,均与市区同步提高,城市低保、农村低保人数分别由4 537人、2 791人增加到5 025人、16 550人。城镇职工养老保险应保尽保,城乡居民养老保险参保率达到93.6%,医疗保险实现政策上全覆盖,新型农村合作医疗参合率达到97.4%。住房公积金财政补贴由2%提高到6%,并实现全覆盖。发放廉租住房租金补贴211万元。行政事业人员津补贴逐步提高,实现同城待遇。

(岳建军 王瑞琴)

呼伦贝尔市

【党政军领导名录】

市　委

书　记:曹征海

副书记:罗志虎(蒙古族)　孙震

常委:曹征海　罗志虎(蒙古族)
安国通(蒙古族)　朱炳文
云光中(蒙古族)　赵立华(女)　赵玺成　孟松林(鄂伦春族)　吴浩峰　魏国楠　马誉炜
白志远　张毅
巴树恒(蒙古族 2月任职)
段志强(蒙古族)　刘阳明
王伟(7月任职)　张秀

人　大

主　任:德玉庆(达斡尔族)

副主任:宋照明　马连芳　张继勋　艳东(达斡尔族)
李华　巴树恒(蒙古族 2月任职)

政　府

市　长:罗志虎(蒙古族)

副市长:魏国楠　白志远　刘阳明　斯琴(女 蒙古族)
王宝成　金昭　王国林　郑俊

政　协

主　席:赵凤林

副主席:于德荣　谷盛成　马国起　万路　郝桂娟(女)
汪铭前　达喜扎布(鄂温克族)　特格喜(蒙古族)　李敏(女)

纪检委

书　记:张毅

法　院

院　长:乔　欣

检察院

检察长:王汉武(蒙古族)

公安局

局　长:高苏和(蒙古族)

军分区

司令员:张秀

政　委:孙佳歆

【概况】　呼伦贝尔市南部与兴安盟相连,东部以嫩江为界与黑龙江省为邻,北和西北部以额尔古纳河为界与俄罗斯接壤,西和西南部同蒙古国交界。边境线总长1723.82公里,其中,中俄边界1048公里(不含未定界部分),中蒙边界675.82公里。地处北纬47°05′~53°20′,东经115°31′~126°04′。东西630公里、南北700公里,总面积25.3万平方公里,占自治区面积的21.4%。13个旗市区。其中,有1个区:海拉尔区;5个市:满洲里市、扎兰屯市、牙克石市、根河市、额尔古纳市;7个旗:阿荣旗、莫力达瓦达斡尔族自治旗、鄂伦春自治旗、鄂温克族自治旗、新巴尔虎左旗、新巴尔虎右旗、陈巴尔虎旗。呼伦贝尔市人民政府驻海拉尔区。

全市地区生产总值932.01亿元,按可比价计算增长14.9%。其中,第一产业增加值182.39亿元,增长5.6%;第二产业增加值392.60亿元,增长24.3%,其中,全部工业增加值336.93亿元,增长25.9%,建筑业增加值55.67亿元,增长16.7%;第三产业增加值357.02亿元,增长10.8%。三次产业结构比例由上年19.9 : 39.0 : 41.1调整为19.6 : 42.1 : 38.3。

全市居民消费价格总指数为103.1%,商品零售价格总指数为102.5%,农业生产资料价格指数为100.3%,服务项目价格指数为101.4%,工业品价格指数100.9%。从居民消费价格指数分类看,衣着类下降2.3%、交通通讯类下降0.3%,食品类上涨7.4%、娱乐教育文化用品及服务类上涨0.9%、居住类上涨3.1%。年末,城镇新增就业人数27 548人,下岗再就业18 614人,登记失业率为4.10%。全市财政总收入完成124.68亿元,完成年度预算的95.32%,同比增加12.19亿元,增长10.8%。其中,地方财政总收入完成93.22亿元,完成年度预算的95.0%,同比增加11.42亿元,增长14.0%。在地方财政总收入中,一般预算收入完成55.98亿元,完成年度预算的99.2%,同比增加6.69亿元,增长13.6%。全市财政支出完成207.90亿元,完成年度调整预算的111.4%,同比增加27.33亿元,增长15.1%。

【农业】　全市农林牧渔业增加值182.39亿元,增长

5.6%。农作物总播种面积2 306.1万亩,增长0.2%。其中,粮食作物播种面积1 962.6万亩,增长0.1%。全年粮食产量100.1亿斤,比上年增产9.99亿斤,增长11.1%。在粮食作物中,小麦产量14.39亿斤,增长2.6%。玉米产量44.82亿斤,增长16.3%。大豆产量23.31亿斤,增长35.4%。马铃薯产量9.94亿斤,增长7.0%;在经济作物中,油料产量5.11亿斤,增长6.2%。甜菜产量0.31亿斤,下降26.2%;粮食平均亩产255.0公斤,增长11.0%。粮经饲种植比例由上年的85.2 : 12.4 : 2.4调整为85.1 : 12.5 : 2.4。

【畜牧业】 全市牧业年度牲畜存栏达1610.07万头只,增长3.8%,其中,大小牲畜存栏1 488.44万头只,增长4.0%。生猪存栏121.63万口,增长1.2%。全年牲畜出栏661.35万头只,下降4.5%。其中,大牲畜出栏52.3万头,下降2.0%。小牲畜出栏560.93万只,下降5.3%。牲畜出栏率达80.64%,比上年下降13.18个百分点;良种及改良种牲畜1 443.81万头只,比上年增加60.39万头只,增长4.4%;奶类产量131.98万吨,比上年减少0.89万吨,下降0.7%。肉类产量24.56万吨,比上年增加1.45万吨,增长6.3%。禽蛋产量3.71万吨,增长1.9%。

【工业】 全部工业增加值336.93亿元,增长25.9%,其中,规模以上工业企业增加值278.6亿元,增长27.0%。木材加工业增长25.7%、饮料制造业增长31.7%、非金属矿物制品业增长48.3%、化学原料及化学制品制造业增长12.6%、食品制造业增长38.6%、农副食品加工业增长30.8%、有色金属矿采选业增长70.1%。企业营销能力进一步加强,产销衔接水平良好。产品销售率达到101.8%。主要产品产量增长较快。

【建筑业】 全年全部建筑业增加值55.67亿元,增长16.7%。全市74户具有资质等级的建筑企业完成产值69.61亿元,增长17.8%。房屋建筑施工面积405.9万平方米,增长18.2%。竣工房屋面积326.4万平方米,增长10.2%。房屋建筑竣工率为80.4%,下降5.9个百分点;全市建筑企业亏损5家。实现利润23 907万元,增长54.5%。实现税金总额5.84亿元,增长129.9%。建筑企业亏损面为6.8%,比上年减少2.8个百分点。全员劳动生产率为140 311元/人,比上年增加1 914元/人。

【固定资产投资】 全社会固定资产完成645亿元,比上年同期增长20.8%,其中,城镇限额以上固定资产投资608亿元(不含铁路、森工及乡村50万元以下投资),同比增长21.8%。房地产开发完成投资49.8亿元,增长17.5%。房屋销售面积247.5万平方米,同比增长2.3%,销售金额69.3亿元,同比增长19.1%。在限额以上固定投资完成额中,按经济类型划分,国有经济单位投资427.2亿元,增长11.9%;按投资产业划分,第一产业投资23.97亿元,增长42.92%;第二产业投资377.6亿元,增长27.5%,其中,工业投资364.3亿元,占全部投资的59.2%,增长24.7%。工业投资中,采矿业投资77.4亿元,下降19.5%。制造业投资完成138.4亿元,增长50.1%。电力、热力生产和供应业投资148.6亿元,增长42.9%;第三产业投资完成206.92亿元,增长11.0%,其中,交通运输仓储及邮电通信业投资77.4亿元,增长4.3%。卫生、社会保障和社会福利业完成投资7.0亿元,增长105.6%。

【国内贸易】 全市全社会消费品零售总额完成294.6亿元,增长19.1%。不含其它项批发业完成21.6亿元,增长17.5%。零售业完成217.3亿元,增长18.2%。住宿业完成6.8亿元,增长24.0%。餐饮业完成43.6亿元。

【交通】 全年铁路、公路完成货运量11 350.5万吨,增长12.4%。其中,铁路6 727.5万吨,增长12.0%。公路4623万吨,增长12.8%。民航行货邮吞吐量8 841吨,增长26.5%;全年各种运输方式完成客运量3 164.7万人,增长10.2%。其中,铁路813.2万人,增长2.9%。公路2 273万人,增长12.9%。民航78.48万人,增长15.4%;全年各种运输方式(不含民航)完成货物周转量500.2亿吨公里,比上年增长16.0%。其中,铁路完成货物周转量302亿吨公里,增长10.8%;公路完成货物周转量198.2亿吨公里,增长24.9%;各种运输方式(不含民航)完成旅客周转量45亿人公里,增长6.1%。其中,铁路完成旅客周转量28.4亿人公里,增长2.5%。公路完成旅客周转量16.6亿人公里,增长12.9%。全市公路里程已达1 9700公里。

【邮电】 全市邮电主营业务收入完成16.15亿元,增长9.6%;全市电话用户51.06万户,下降4.3%。其中,住宅电话为39.32万户,下降8.9%;移动电话用户246.17万户,增长14.1%;互联网用户22.03万户,增长19.9%。

【金融 证券】 年末全市金融机构各项存款余额762.31亿元,增长17.6%,其中,企业存款163.88亿元,增长20.4%。城乡居民储蓄存款余额447.20亿元,增长18.1%;金融机构各项贷款余额430.54亿元,增长31.

5%。其中,短期贷款209.22亿元,比上年增加61.97亿元,增长42.1%。其中,个人短期消费贷款17 602万元,比上年增加13 647万元,增长345.1%。中长期贷款220.82亿元,比上年增加41.88亿元,增长23.4%。其中,个人中长期消费贷款19.23亿元,比上年增加8.29亿元,增长75.8%。银行现金收入累计达2 067.07亿元,增长19.4%。银行现金支出累计达2 145.36亿元,增长20.6%。收支相抵累计净投放现金78.29亿元,增长64.6%。

全市证券交易所2家,客户开户数39 273户,比上年净增10 564户,增长47.0%,交易金额201.17亿元,比上年减少49.18亿元,同比下降19.6%。

【保险业】 全市保险主体18家,其中,财产保险公司8家,寿险公司10家。业务总收入17.64亿元,比上年同期增长24.34%。其中,财产险保费收入4.75亿元,增长33.7%。寿险保费收入12.89亿元,增长21.2%;全年保险赔付额为2.99亿元,增长12.8%。其中,财产险赔付1.71亿元,增长17.1%。寿险赔付1.28亿元,增长7.4%。全年政策性农业保险保费收入2.19亿元,下降2.7%。全年政策性农业保险赔款1.41亿元,下降15.1%。

【科技】 全年鉴定科技成果15项。签订各类技术合同25项,合同成交金额10 949.36万元,增长7.95%。

【教育】 全市现有普通高等学校2所,招收普通本、专科学生2 969人,减少31.3%;高等学校普通本、专科在校学生数12 043人,增长4.9%。成人本科、专科在校生2 930人,增长13.4%;普通高中35所,比上年减少8所,招收学生13 940人,下降16.7%。在校学生数48 184人,下降7.4%。其中,少数民族11 924人,下降11.8%;初中156所,同比减少5所,招收学生25 117人,增长1.9%,在校学生数72 123人,下降3.3%。其中,少数民族16 931人,下降2.0%;小学校201所,同比减少76所,招收学生19 695人,上升9.2%,在校学生119 738人,下降5.0%;学龄儿童入学率99.97%,小学毕业升学率为99.92%。

【文化】 年末,全市拥有艺术表演团体14个,公共图书馆14个,群艺馆、文化馆14个,博物馆15个,档案馆24个;全市拥有广播电台1座,调频转播发射台58座,广播覆盖率95.8%;电视台2座,电视发射转播台59座,电视覆盖率93.9%。

【卫生】 全市现有卫生机构1 114个,比上年增加29个,医疗卫生单位病床11 584张,增加1 121张。

【体育】 全市体育健儿在全区竞赛中获奖牌122枚,其中,金牌44枚、银牌32枚、铜牌46枚。

【人民生活】 城镇居民人均可支配收入完成14 857元,增长11.7%。城镇居民人均消费性支出11 877元,增长21.6%。城镇居民家庭恩格尔系数27.7%。城镇居民住房人均总建筑面积27.67平方米,增长1.0%;农牧民人均纯收入完成6 295元,增长12.3%。其中,农民6 053元,增长12.2%。牧民9 075元,增长15.8%。农牧民人均生活消费性支出4 522元,增长2.1%。农牧民家庭恩格尔系数34.03%。农牧民人均居住面积22.1平方米,增长2.8%。城镇居民每百户拥有彩色电视106台,电冰箱87台,洗衣机92台,家用电脑24台,固定电话67部,移动电话147部;农牧民家庭中农民每百户拥有彩色电视机101台,电冰箱49台,洗衣机77台,摩托车48辆。牧民每百户拥有彩色电视机93台,电冰箱52台,洗衣机69台,摩托车110辆,固定电话27部,手机174部。

【社会保障】 年末,社会福利院床位数303张,增长11.1%。在院人数859人。城镇社区服务网络持续发展,已建立各种社区服务中心及服务设施153处。全市有32.44万名职工参加基本养老保险,有10.47万名离退休人员参加离退休费社会统筹。

【资源和环境保护】 全市土地面积25.3万平方公里,天然草场总面积1.262亿亩,市林地面积2.28亿亩,占全市土地总面积的60.2%,有林地面积1.73亿亩,占全市土地总面积的45.61%,森林覆盖率51.3%以上。森林活立木总蓄积量11.18亿立方米。矿产资源探明或初步探明的矿产52种;水资源总量为316.19亿立方米,占自治区的56.4%。其中,地表水总量298.19亿立方米,地下水总量18亿立方米。水能资源理论蕴藏量246万千瓦,水域面积48.32万公顷。

初步核算,全社会能源消费量为1 149.2万吨标准煤,单位GDP能耗为1.6421吨标准煤/万元,同比下降4.54%。第一产业能源消费量11.44万吨标准煤,同比下降56.8%,占能源消费总量的0.9%;第二产业能源消费量537.2万吨标准煤,同比增长14.0%,占能源消费总量的46.7%;第三产业能源消费量290.6万吨标准煤,同比增长11.6%,占能源消费总量的25.3%;居民生活能源消费量312.1万吨标准煤,同比增长7.0%,占能源消费总量的27.1%。全社会用电量为52.3亿千瓦时,同比增长8.9%,单位GDP电耗为746.3千瓦时/万元,同比下降0.05%。

全市共审批建设环评项目867项。其中,市本级审批建设项目220项,旗市区开展647项;全年二氧化硫和化学需氧量排放实现“双降”;对全市79个重点污染源实现自动监控,连接重点污染源企业端29家。对18家重点污染源企业进行视频24小时监控。城市空气环境质量良好及以上天数达96.7%,空气质量明显改善。城市声环境质量保持在“好”和“较好”水平;对呼伦贝尔市境内的18条河流和2个湖泊的31个水质断面进行了监测,与俄罗斯联合开展额尔古纳河界河水质监测。全市绝大部分河流湖泊保持或接近天然水质,主要纳污河流海拉尔河、雅鲁河水质趋于好转;草甸草原和典型草原区域内植被的生物量高于2009年,草原生态环境质量状况逐步好转。

(丁双 王敏)

海拉尔区

【领导名录】

区委书记:段志强(蒙古族 9月离任) 张玉军(9月任职)

人大主任:李春富(蒙古族)

区　　长:张玉军(9月离任) 张天喜(9月代理)

政协主席:刘寒松

武装部长:赵群豪

政　　委:辛石峰(3月离任) 石耸岩(蒙古族 3月任职)

【概况】 海拉尔区地处内蒙古自治区东北部,呼伦贝尔市中部偏西南,大兴安岭西麓的低山丘陵与呼伦贝尔高平原东部边缘的接合地带,地理坐标为东经119°30′48″~120°35′36″;北纬49°5′44″~49°27′15″。北部和西部与陈巴尔虎旗毗邻,南部与鄂温克族自治旗接壤,东部与牙克石市相连。距俄罗斯边界最近距离110公里,距蒙古国边界最近距离160公里,东西长约80公里,南北宽约40公里。总面积1 440平方公里,城区面积28平方公里,辖1镇7个街道办事处。人口由汉族、蒙古族、达斡尔族、俄罗斯族等24个民族组成。户籍总人口271 455人,其中,非农业人口255 268人,农业人口16 187人。年末总户数82 659户。出生人口1 554人,人口出生率为5.75‰,死亡人口1 542人,死亡率为5.7‰,人口自然增长率为0.04‰。

2010年,实现生产总值(GDP)162.4152亿元,按可比价格计算增长22.8%。其中,第一产业增加值完成59 529万元,增长0.5%;第二产业增加值完成751 242万元,增长37.9%,其中,全部工业增加值完成675 311万元,增长39.7%。建筑业增加值完成75 931万元,增长25.6%;第三产业增加值完成813 381万元,增长 14. 8%。三次产业结构由上年的4.2 : 41.4 : 54.4调整为3.7 : 46.3 : 50。人均生产总值60 086元,增长21.5%。居民消费价格总指数为103.6%,比去年同期上涨3.6百分点。财政总收入实现173 276万元(原口径),比上年增长35%,财政总支出实现161 165万元,增长27.1%。地方财政总收入完成130 198万元,比上年增长26.3%;地方财政总支出完成116 619万元,比上年增长16.2%。财政总收入占GDP的比重为10.7%,比上年提高0.9个百分点。

【农业】 完成农林牧渔业增加值59 520万元,增长0.5 %。农作物总播种面积为27 533公顷。其中,粮食作物播种面积20 990公顷,比上年增长11.6%,油料种植面积2 463公顷,比上年减少22.1%,蔬菜种植面积1 109公顷,比上年减少4.6%。全年粮食总产量达到48 775吨,比上年减产15 689吨,减少24.3%。在粮食作物中,小麦产量12 886吨,减少51.7%;马铃薯产量30 022吨,增长40.2%。在经济作物中,油料产量1 696吨,减少68.5%。

【畜牧业】 牲畜存栏达到113 650头只,与上年持平。其中,大小牲畜存栏97 560头只,与上年基本持平,生猪存栏16 090口,增长1.1%;全年肉类总产量5 854吨,增长6.8%,其中,猪肉产量1 783吨,比上年减少5.3%,牛肉产量3 267吨,增长15.85%,羊肉产量376吨,比上年减少4.8%。牛奶产量20.26万吨,比上年增长0.4%。

【林业】 累计投资1.1亿元,实施沙区治理、植树造林、封山育林、禁牧休牧、城乡环境整治等工程。完成造林面积720公顷,义务植树58万株,森林覆盖率达到21.6%。海拉尔区城市绿化率达到32.2%,荣获“全国造林绿化先进城区”称号。

【工业】 完成工业增加值675 311万元,其中,规模以上工业增加值完成560 988.3万元,增长40.1%。规模以上工业企业实现总产值1 526 458万元,增长54%。其中,重工业产值为802 649万元,增长42.9%;轻工业产值723 809万元,增长68.4%。工业对经济增长的推动作用日益显现,年末,工业对社会经济增长的贡献率达到56.3%。

全年规模以上工业企业实现产品销售收入1 531 785万元,增长61.8%;实现税金总额为65 483万元,增长22.9%;应交增值税59 635万元,增长33.2%;全年实现利润211 316万元,增长78.3%。年末规模以上工业产品销售率达到107.9%,增长6.6个百分点。单位GDP能耗达到1.436吨标准煤/万元,比上年下降8%。全年规模以上工业企业主要能源消费量分别为:原煤消费量266.1万吨,比上年增长7.8%;汽油消费量1 047.27 吨,比上年增长 105.3%;柴油消费量2 505.17 吨,比上年降低28.8%;燃料油消费量160 吨,比上年降低29.6%;电力消费量91 865.09万千瓦时,比上年降低0.5%。

【固定资产投资】 完成全社会固定资产投资771 002万元,比上年增长30.3%。在全社会固定资产投资中,按投资产业划分,第一产业投资3175万元,下降76.3 %;第二产业投资539 659万元,增长29.5%;其中,工业投资533 377万元,占全部投资的69.2%,增长27.9%。第三产业投资228 168万元,增长41.4%。全年房地产开发投资完成68 092万元,比上年减少28 449万元,下降29.5%。全年房屋施工面积达到84万平方米,比上年增长23.5%,其中,竣工面积为20万平方米。商品房销售面积达到635 672平方米。。

【城市建设】 完成城市基础设施投资3.2亿元,医疗垃圾处置中心、生活垃圾处理厂、污水处理厂二期、中心城区给水等重大民生工程投入使用;实施城区绿化、美化亮化、沿河景观改造等工程;改造城区道路12条,为15条街巷道路安装路灯200盏,新建、改造污水、雨水管网。城区保洁面积达到339万平方米。

【商贸流通】 共新建、续建商贸类项目14个,完成投资10.5亿元,新增商业营业面积10万平方米。华联、国贸、万豪等大型商厦、酒店投入运营。包商银行、浦发银行、内蒙古银行成功入驻海拉尔;成功举办第六届中俄蒙经贸洽谈暨产品展销会。

【贸易】 全年社会消费品零售总额完成680 250万元,比上年增长20.5%。分行业看,批发零售贸易业完成零售额504 303万元,比上年增长18.8%;住宿餐饮业实现零售额175 947万元,比上年增长25.8%。

全年进出口总额完成2 691.4万美元,比上年增长47.5%。其中,进口额13.9万美元,比上年增长75.9%;出口额2 677.5万美元,比上年增长47.4%。其中,实际出口2 663.6万美元,比上年增长49.3%,货源出口13.9万美元,比上年下降57.3%。

【旅游业】 全年旅游收入完成26.5亿元,旅游接待人数达到258万人次(含一日游游客),分别比上年增长19.9%和26.5%。其中,国内旅游人数257.5万人次,比上年增长26.7%;海外旅游人数5 690人次,比上年下降13.1%。世界反法西斯战争海拉尔纪念园成功入选《全国红色旅游经典景区第二批名录》。魅力海拉尔冰雪欢乐园已成为冬季旅游新亮点,“生态、民族、红色、银色”四大特色旅游品牌已初步形成。旅游接待能力大幅提高,旅游接待床位达2.1万张。赴俄边境旅游异地办证试点获国家批准,航空、铁路、公路旅游交通更加快捷,开通国内外航线达21条。

【交通】 全年完成公路货运量318.4万吨,比上年下降3.4%,公路客运量234.5万人,比上年增长7.7%;公路货运周转量6 921.6万吨公里,比上年下降3.4%;公路客运周转量7 768.5人公里,比上年增长2.5%。民航旅客发送量30.5万人,增长14.7%;民航旅客吞吐量60.9万人次,增长14.4%。民航货邮发送量2 965吨,货邮吞吐量6 341吨,分别增长28.4%和19.0%。海拉尔区机动车拥有量达到47 376辆,增长15%。

【邮电】 完成邮电业务收入35 790万元,增长7.6%。邮政业务总量完成3 936万元,增长12%。固话主线普及率42.85线/百人,增长4.5%;移动电话普及率176.2部/百人,增长1.8%。全区互联网用户达到68 983户,增长25.4%。

【金融】 年末,全区金融机构各项存款余额达到2 383 571万元,增长18%,其中,企业存款620 327万元,增长24.1%,城乡居民储蓄存款余额1143216万元,增长22.9%;金融机构各项贷款余额1 545 907万元,增长38.9%,其中,短期贷款498 733万元,比上年增加221 570万元,增长79.9%。金融机构现金收入累计达6 993 081万元,比上年增长32.4%;金融机构现金支出累计达7 014 450亿元,比上年增长32.9%,收支相抵累计净投放现金21 369万元。

【科技】 2010年海拉尔区被列入“自治区科技进步示范旗县(市、区)”,是第四次获得“全国科技进步考核先进县(市、区)”之后获得的又一重大荣誉。申报国家农业科技成果转化资金项目“GLQ-2.1型割搂草联合作业机中试”和国家中小企业创新基金项目“新型高分子复合植物青贮保鲜膜的技术创新及应用”,获得科技部立项。全年专利申请14件,授权量25件,均比同期有所增加。民营科技企业创新能力不断提高,全年民营科技企业产值完成10 535万元,同比增长21.5%。

【教育】 中等职业学校1所,全年招生620人,在校生2 550人,毕业生659人。普通中学校22所,全年招生6 337人,在校生21 550人,毕业生6 006人。小学16所,招生1 992人,在校生14 587人。特殊教育学校1所,在校生326人。幼儿园6所,在园幼儿2 507人。

【文化】 有文化馆1个,文化站(室)60个,公共图书馆1个,电影院1个。广播、电视综合覆盖率分别达到100%和99.5%。

【体育】 贯彻落实《全民健身计划纲要》,推动体育社会化进程,举办海拉尔区2010年“我们的节日”文体活动启动仪式暨庆“五·一”军民环城赛跑、中小学生春季田径运动会、2010年“全民健身月”启动仪式暨大型健身活动展演、区直属机关第二十三届职工排球赛、庆祝“全民健身日”万人乒乓球健身活动暨海拉尔区第四届社区趣味运动会、“生格体育杯”轮滑周周赛、“友谊·飞利浦杯”街头三人篮球争霸赛、“友谊·海拉杯”庆十一全民健身跑等,通过这些活动的开展,提高了全民健身活动的整体水平。

举办2010年“世界和平跑”火炬接力活动海拉尔站赛段接力活动及庆祝酒词反法西斯战争胜利65周年“中俄和平跑”活动,两项活动的举办,达到了让人们牢记历史、加深友谊的目的。

【卫生】 共有卫生机构161个,卫生技术人员2 765人,其中,执业医师1 093人,注册护士1 039人。病床床位2 028张。卫生防疫、防治机构6个。全年孕产妇系统管理率94.4%,住院分娩率100%;7岁以下儿童保健覆盖率95.8% ;3岁以下儿童系统管理率95.3%,“六苗”接种率达95%以上。全年无甲类传染病发生,乙、丙类传染病共报告1140例,发病率为428.11/10万,发病数较去年下降19.89%。新型农村合作医疗制度进一步完善,全区共16 894人参合,参合率为96%,乡镇村覆盖率为100%。

【人民生活】 2010年,城镇居民人均可支配收入达到17 308元,比上年增加1 854元,增长12%;农民人均纯收入达到11 725元,比上年增加1 591元,增长15.7%。城乡居民生活水平进一步提高,消费结构日趋优化,用于基本生活的支出比重逐渐下降,用于居住、交通通讯和服务等方面的支出比重显著上升。城镇居民恩格尔系数为32.5%,比上年略有上升;农村居民恩格尔系数为25.5%,比上年下降7.6个百分点。

年末,预计在岗职工45 470人,比上一年增长4.3%;在岗职工年平均劳动报酬37 571元,比上一年增长20.4%。

【再就业】 从业人员达到96 680人,比上年增长6 524人,其中,城镇从业人员为87 143人,增加5 783人;农村9 537人,增加741人。据工商部门统计,城镇个体私营从业人员为41 673人,比上年增加8 530人。据劳动部门统计,2010年城镇新增就业人数为4 584人,下岗失业人员再就业3 264人,其中,就业困难人员2 153人,全区城镇登记失业率为4.1%。

【社会保障】 全区职工基本养老保险参保62 468人,养老保险费收入14 877万元;失业保险参保16 122人,失业保险费收入620万元,全年领取失业保险的人数达到410人次;城镇居民医疗保险参保87 918人,医疗保险费收入2 025万元,有5 170人次享受城镇居民基本医疗保险待遇。农村养老保险参保2 300人,保险费收入3 024万元,为330名农民足额发放养老金;同时为哈克镇联合村101名被征地农民办理农村社会养老保险参保登记工作。全年共发放城市低保金1 450万元,保障人数33 450户次61 962人次;发放农村低保金30.03万元,保障人数1 980户次2 251人次。

【保险业】 2010年,保费业务总收入67 702万元,比上年增长174.8%,其中,财产保险收入33 849万元,人寿保险收入

(田华)

满洲里市

【领导名录】

市委书记:吴浩峰

人大主任:周吉良

市　　长:杜学军(蒙古族)

政协主席:张雅斌

纪检委书记:凌　力(女　蒙古族)

法院院长:李　毅

检察院检察长:王希元

公安局局长:陈维吉

武装部部长:智杰(9月离任) 杨靖峰(9月任职)

政　　委:赵政国(5月离任) 刘绍林(蒙古族 5月任职 9月离任) 孙胜强(9月任职)

【概况】 满洲里市位于内蒙古自治区呼伦贝尔市西部,西起东经117°12′~117°53′,南起49°19′~49°53′。东临新巴尔虎左旗,南、西与新巴尔虎右旗相邻,北与俄罗斯联邦接壤。

满洲里市是呼伦贝尔市行政区划内的一个准地级市,是一座边境口岸城市。下辖扎赉诺尔区、中俄互市贸易区、边境经济合作区、东湖区,总面积为732.44平方公里。全市总人口30万人,常住人口25万人。其中,户籍常住人口为168 325人(公安口径),总户数72 266户,男女性别比例为50.6 : 49.3。按行政区划分,市区人口为68 500人,扎区人口92 130人,东湖区7 533人。全年出生1 235人,全市出生婴儿男女性别比为111 : 100,人口自然增长率控制在4.15‰以内。

全市生产总值达127.3亿元,增长4.4%(按可比价格计算,下同)。其中,第一产业增加值完成2.8亿元,增长0.5%;第二产业增加值完成35亿元,增长2.2%;第三产业增加值完成89.5亿元,增长5.3%。三次产业结构比例为2 : 28 : 70(总体为100,下同)。全市人均地方生产总值达5.1万元,增长6.3%。万元GDP能耗为1.05吨标准煤。财政总收入完成22.8亿元,下降5%。地方财政收入8亿元,国税收入3.6亿元,增长20.9%;地税收入7.8亿元,下降17.5%,其中,增值税完成0.4亿元,增长8.5%;营业税1.8亿元,下降8.5%。

【农牧业】 农业总产值完成45 288万元,增长11.1%(按现价计算,下同),其中,种植业产值完成3 982万元,增长3%;牧业产值完成10128万元,增长5.9%;渔业产值30 301万元,增长14.3%;农林牧渔服务业产值完成877万元,增长8.4%。农作物总播种面积1 200公顷,下降1.9%;菜薯总产量117吨、瓜类3 727吨、水果170吨。牲畜总头数59 479头(只),增长0.7%。其中,大牲畜和羊合计36 157头(只),增长0.9%;生猪存栏23 322口,增长0.5%。貂、狐等特种经济饲养量5.4万只,其中,貂2.5万只、狐2万只、獭兔0.9万只。

【工业】 全市工业总产值实现108.5亿元,增长27%。实现增加值32.2亿元,增长16.9%。规模以上工业企业达到104户,实现产值74.5亿元,增长19.5%,实现增加值21.3亿元,增长20%。轻、重工业结构比重为4 : 96(总体为100)。原煤工业实现产值13.7亿元,增长47.3%;电力、热力的生产及供应业实现产值3.9亿元,增长13%。2010年,木材落地加工量347.6万立方米,增长13.6%,规模以上木材加工业实现产值49.6亿元,增长15.9%。

【固定资产投资】 全社会固定资产投资总额33亿元(含铁路),下降49.2%。地方固定资产投资已开工项目117个,完成投资31.2亿元,下降49.8%。第一产业完成0.2亿元,增长320.4%;第二产业完成11.4亿元,下降68.7%;第三产业完成19.6亿元,下降49.7%;房地产项目投资5.8亿元,下降49.7%。全年施工房屋面积157.2万平方米,下降32%,其中,住宅91.6万平方米,下降31.2%。建筑业实现增加值2.9亿元,下降51.7%。

【招商引资】 共引进招商引资项目151项,引进资金851 650万元。续建项目42项,引资额413 864万元,新建项目109项,引资额437 786万元。

【口岸外贸】 新国际货场基础设施建设全面展开,铁路国际货场开工建设。西郊机场完成二期扩建,达到4D标准。铁路、公路、航空并举的立体化口岸疏运体系形成。2010年,货运量完成3 552万吨,增长5.1%。口岸过货量达2 611万吨,增长8.1%(铁路口岸2 528万吨,增长8%;公路口岸83万吨,增长9.2%),其中,进口2 015万吨,增长1.9%;出口185万吨,增长49.1%;转口410万吨,增长28.5%。

口岸外贸进出口总值97.6亿美元,增长46.3%。其中,进口89.3亿美元,增长46.6%;出口8.3亿美元,增长43.1%。上缴关税及代征税91.3亿元,增长24.1%。满洲里市外贸进出口总值32亿美元,增长2.9%。外贸企业进出口总值22.7亿美元,增长6.6%,其中,进口21亿美元,增长8.2%;出口1.8亿美元,下降8.6%;旅游贸易9.3亿美元,增长2.8%。全市有经营业绩的外贸企业263家,增长10.5%;加工贸易实现进出口额7 868万美元,增长16.7%。全年菜果出口28.2万吨,增长5.5%;创汇1.7亿美元,增长21.4%。

【旅游】 全年边境旅游人数62.2万人,增长3.9%,其中,中方出境9.9万人,下降39.9%;俄方入境52.3万人,增长22.4%(全年出入境旅游人数124万人次,增长3.2%)。国内旅游人数427万人次,增长7.4%。旅游总收入37.1亿元,增长5.9%(含一日游);旅游创汇2.4亿美元,增长25.7%。

【邮电通讯业】 全市邮电通讯业务总收入实现2.9亿元,增长4.7%。固定电话用户31 872户,下降9.8%;手机用户23.3万户,增长3.5%;互联网用户普及率为38.2%。

【金融保险业】 2010年,全市金融机构存款余额134亿元,增长5.5%;贷款余额50.5亿元,增长13.9%;银行现金收入403亿元、现金支出414亿元,分别增长2.7%和7.6%。

全年保险行业实现保费收入18 435万元,增长1.7%,其中,财险收入6 448万元,增长16.4%;人险11 987万元,下降4.7%。

【城市建设】 全市在建工程96项,建筑总面积100.5万平方米。其中,新开工工程55项,建筑面积49.08万平方米;跨年结转工程41项,建筑面积51.38万平方米。在建房产开发项目39个,开发建筑面积97.55万平方米,完成投资14.63亿元。

新建改造道路20.6公里、人行道板18万平方米,铺设给水管线11公里、排水管线17公里、供热管线6

公里、燃气管线10公里,新增改造绿化面积2万平方米。无害化处理城市生活垃圾1.56万吨。对街道两侧绿化采取乔灌结合方式,共补植花卉、树木9万株。公园、广场、绿地共栽种花卉2.96万株。安设完成城市景观雕塑13座。新建消防水鹤9个,维修8个。

保障性住房建设方面,已实现人均建筑面积15平方米以下低保家庭的应保尽保。累计保障1371户,共计发放租赁补贴402.5万元,正在实施保障1299户。

【环境保护】 化学需氧量和二氧化硫排放量比上年分别减少排放60吨和224吨。持续开展"整治违法排污,推进节能减排"专项整治行动,重点对木材加工园区大气污染、餐饮业油烟噪声、小洗浴热水炉烟尘达标排放等热点环境问题进行集中整治。关停淘汰落后产能、加快排污设施建设、不断强化污染治理等一系列举措,生态市建设取得了显著成效,全年空气质量二级以上天数超过330天。市环境监测站被自治区授予全区唯一的"县级示范站"。

【教育】 全市现有幼儿园18所,小学14所,普通中学13所,其中,初级中学8所、高级中学3所,九年一贯制学校1所,完全中学1所。发放助学贷款18人9.51万元,为内大满洲里学院262人次提供生源地助学贷款131.79万元,风险补偿金9.88万元。普通中学专任教师共计1 093人,其中,研究生11人、本科910人、专科158人、高中毕业14人。小学在校学生9 509人;当年毕业生2 159人;专任教师841人。2010年当年初中毕业学生参考率100%。

【科技】 确定科技计划项目11项,争取到自治区科技项目6项。荣获2010年内蒙古自治区科学技术进步三等奖。举办了第七届满洲里中俄蒙科技展,展区面积2万平方米,设高新技术产品展,工程机械、建筑机械及特种车辆展,汽车配件及机械设备展,外贸商品订货会4个主题展会。参观洽谈的国内外客商达3万余人次。共签署了各项合作协议96项,协议金额达21.6亿元。

【文化】 市博物馆免费开放,夏季平均每天接待观众近百人。图书馆图书和期刊流通数2.7万册。歌舞团完成各项接待任务60余场,举办了慰问环卫工人、解放军官兵专场演出15场。

【卫生】 全市居民健康档案累计建档116 518份,建档率47.73%,非户籍人口建档16105份。"六苗"接种率达96.64%以上。系统落实儿童保健和孕产妇保健专项方案,孕产妇系统管理率达到96.33%,3岁以下儿童系统管理率达到96.38%。全市共受理投诉、举报案件29起,核实29起。查处非法行医案件2起,罚金6 000元。查处无证经营的公共场所2户,罚金1 500元。

【体育】 2010年举办了首届大力士冠军赛、首届国际足球邀请赛、首届国际冰球邀请赛等特色赛事,电脑体育彩票累计销量1 380余万元。

【社会保障】 养老保险参保人数为32 449人,增长5.8%,全市养老保险费收入16 645万元;医疗保险参保人数为93 167人,医疗保险费征缴完成7 409万元;工伤保险参保人数为30 141人,工伤保险费征缴完成351万元;生育保险参保人数为45 040人,生育保险费征缴完成396万元,。城镇居民医疗保险参保人数为57 746人;失业保险参保人数为45 028人,失业保险费征缴完成2 536万元。全年共有低保对象4 287户、8 831人,低保标准提高到290元,全年支出低保资金2 593万元,人均补助水平242元。全市共实行医疗救助937人次,发放救助资金82.8万元。救助624名贫困大学生,支出救助资金48万元。

【再就业】 举办各类培训班126期,培训学员5 776人(其中,下岗失业人员培训2 681人,农牧民工培训305人),培训后就业2 386人,培训就业率89%。全市城镇新增就业7 386人。帮助1 910名下岗失业人员实现再就业;"4050"人员再就业1 019人。城镇登记失业率为3.79%。发放灵活就业社保补贴430万元,公益性岗位补贴48万元,发放小额贷款3071万元,带动1 220人就业。

【人民生活】 城镇居民人均可支配收入18 021元,增长10.0%。在岗职工31 851人,增长0.3%。在岗职工年人均工资36 432元,增长14.7%。年末全市居民储蓄存款余额87.8亿元(不含外币),增长7.6%;居民人均储蓄存款达5.2万元,增长6.1%。居民年人均消费性支出13 291元,增长11.8%。其中,食品支出仍占主要份额,占30.1%(恩格尔系数)。

(李颖)

牙克石市

【领导名录】

市委书记:巴树桓(蒙古族)

人大主任:于秀斌

市　　长:张宝泉

政协主席:李　昕

武装部长:王存瑞

政　　委:梁天元

【概况】 牙克石市位于呼伦贝尔市中部、大兴安岭中脊中段西坡,东经120°28′~122°29′,北纬47°39′~50°21′。南北长352公里,东西宽147公里,总面积27 590平方公里,其中,林地面积18 544平方公里,水域面积720平方公里,草场面积8 568 642公顷,耕地面积80 234公顷。辖9个镇、2个便民服务中心、7个街道办事处。

2010年,地区生产总值117.4亿元,可比增长22.5%。其中,第一产业增加值25.0亿元,可比增长13.9%;第二产业增加值46.6亿元,可比增长32.4%;第三产业增加值45.8亿元,可比增长19.5%。三次产业比重分别为21.3%、39.7%和39.0%。

居民消费价格总指数为103.0%,比上年上涨3.0%。其中,食品类上涨4.3%,衣着类下降0.7%,烟酒及用品类上涨3.3%,医疗保健和个人用品类上涨7.7%,交通和通讯类下降3.5%,家庭设备用品及维修服务类上涨1.4%,居住类上涨3.8%,娱乐教育文化用品及服务类上涨2.5%。商品零售价格总指数为103.5%,上涨3.5%。

【财政】 财政总收入15.0亿元,比上年增长35.7%;其中,地方财政收入7.6亿元,增长43.6%。国税收入1.7亿元,增长30.3%;地税收入3.9亿元,增长38.9%;非税收入9.4亿元,增长35.3%。财政支出25.5亿元,增长26.3%。

【人口】 全市总人口372 641人。其中,:农业人口13 049人,非农业人口359 044人;市区人口133 619人,乡镇人口239 022人(包括东兴办事处)。在总人口中,少数民族40851人。其中,蒙古族18 455人,回族6 065人,鄂温克族417人,鄂伦春族93人,其它少数民族15 821人。在总人口中,男性188 603人,女性184 038人,性别比为102.5(以女性为100)。全年迁入人口4 338人,比上年上升40.3%;迁出人口5 438人,上升2.3%。出生人口1783人,上升7.0%;出生率为4.8‰,上升0.4个千分点。死亡人口3044人,上升27.5%;死亡率为8.1‰,上升1.8个千分点。人口自然增长率为-3.3‰。

【农业】 全年农作物总播面积170万亩,粮食产量43.1万吨。全市农林牧渔业现价总产值25亿元,比上年增长13.9%(可比价)。农牧业机械总动力38.5万千瓦,比上年增长5.8%;农用拖拉机9 732台,基本持平;农村用电量2 003万千瓦时,比上年略有增长。

【畜牧业】 年末,牲畜总头数30.7万头(只),比上年增长2.8%。其中,奶牛5.2万头,增长3.2%;生猪存栏3.2万口,增长0.8%。肉类产量2.3万吨,增长5.9%;牛奶产量16.6万吨,增长0.1%。

【工业和建筑业】 地方规模以上工业现价总产值81.9亿元,比上年增长45%;规模以上工业增加值29.2亿元,增长34.6%;产品销售率为98.6%,提高2.4个百分点。地方系统固定资产投资60.0亿元,增长41.1%。在总投资中,基本建设投资52.3亿元,增长25.7%;房地产开发投资7.7亿元,增长722.9%。

【邮电】 固定电话用户5.2万户,小灵通用户1.6万户,移动电话用户21万户,宽带用户27 894线。。

【旅游】 2010年,共接待游客130.5万人次,比上年增长25.7%;旅游业总收入14.5亿元,增长23.4%。6月21日由国际雪联和中国滑雪联合会举办,呼伦贝尔市和牙克石市人民政府主办,北京诺迪维管理顾问有限公司承办的2010年国际雪联越野滑雪中国夏季赛牙克石站比赛在牙克石凤冠滑雪场拉开战幕。6月26日走上高高的兴安岭暨2010内蒙古牙克石骑马日活动启动仪式在云龙山庄跑马场隆重举行,活动历时2天。9月11日,2010“毕克”中国牙克石凤凰山第二届国际山地车节在牙克石市隆重举行并取得成功,比赛由牙克石市主办,诺迪维公司承办,挪威毕克山地车节组委会授权。12月15日2010呼伦贝尔冰雪旅游节暨第七届牙克石凤凰山国际滑雪邀请赛在牙克石凤冠滑雪场举行,历时一天,来自美国、日本、韩国及中国北京、河北、山东、辽宁、沈阳、黑龙江等省市的16支代表队的近100名运动员参加比赛。

【贸易】 社会消费品零售总额30.4亿元,比上年增长26.2%。对外贸易进出口总额为442.7万美元,比上年增长26.3%。

【招商引资】 全年共引进招商项目157个,引进国内(呼伦贝尔市外)资金54.5亿元,比上年增长26.7%;其中,引进区外资金35.8亿元,增长11.1%。

【金融保险】 金融机构各项存款余额116.5亿元,比上年增长19.2%;其中,城乡居民储蓄存款余额72.6亿元,增长20.3%。金融机构各项贷款余额33.8亿元,增长78.5%。银行现金收入241.4亿元,增长18.5%;现金支出248.5亿元,增长19.0%;货币净投放7.1亿元,增长39.4%。

全年寿险保费收入2.26亿元,办理理赔案件2 198件,理赔金额990.3万元;财产险保费收入3 178万元,办理理赔案件3 886件,理赔金额2 004万元。

【科技】 全年共推广应用先进适用技术10项,签订技术贸易合同4项,成交额2 700万元。申报科技项目4项,争取科技项目资金38万元。农牧民适用技术培训14 853人次。

【教育】 现有普通中学27所,在校学生17 313人,专任教师1 803人;中等职业学校2所,其中,职业高中2所,在校学生508人,专任教师96人;小学26所,在校学生11 419人,专任教师1 487人。

【文化】 全市现有文艺表演团体1个,文化馆(站)18个,图书馆1个,电影放映单位1个,广播电台1座,电视台1座,有线电视台1座。全市电视综合覆盖人口34.8万人,广播综合覆盖人口34.1万人。有线广播电视用户41 200户,其中,数字电视用户2万余户。广大人民群众的文化生活丰富多彩,文化市场逐步形成。

【卫生】 现有卫生机构214个,其中,医院19个,卫生院15个,社区卫生服务中心(站)17个,妇幼保健所1个,专科疾病防治所(站)2个,疾病预防控制中心(防疫站)7个,医学在职培训机构1个,公共卫生监督所1个。卫生机构实有床位2 799张,卫生专业技术人员3 351人。

【非公经济】 全市私营企业712户,比上年增长12.3%;从业人员4287人,减少3.7%;注册资金10.1亿元,增长16.7%。个体有证工商户13 650户,增长10.2%;从业人员27 580人,增长59.0%;注册资金4.9亿元,增长6.3%。

【人民生活】 在岗职工工资总额9.4亿元(地方),比上年增长19.0 %;在岗职工人均工资32 887元,增长14.4%。城镇居民人均可支配收入14 577元,增长19.4%。农民人均纯收入6 609元,增长15.6 %。

(贾堃 石长亮 马春青)

扎兰屯市

【领导名录】

市委书记:任福生(9月离任) 任宇江(9月任职)
人大主任:常秀峰
市　　长:任宇江(10月离任) 杨利民(10月任代市长)
政协主席:牛长岭
武装部长:张志强(5月离任) 石长城(5月任职)
政　　委:王文义(5月离任) 陈房山(5月任职)

【概况】 扎兰屯市位于呼伦贝尔市南端,北靠大兴安岭,南临松嫩平原,地理坐标为北纬47°5′40″~48°36′34″,东经120°28′51″~123°17′30″。东以音河为界与阿荣旗相依,东南及南以金长城为界与黑龙江省甘南、龙江两县及兴安盟扎赉特旗为邻,西及西北以哈玛尔山和漠克河为界与阿尔山市、鄂温克族自治旗为邻,北以阿木牛河为界与牙克石市相邻。市境东西顶端直线距离210公里,南北顶端直线距离160公里,全市总面积16 926.3平方公里。

市辖6镇3乡7个街道办事处。市区有兴华、正阳、繁荣、向阳、河西、铁东、高台子7个街道办事处,22个社区居民委员会,978个居民小组。乡镇设有成吉思汗镇、蘑菇气镇、卧牛河镇、大河湾镇、洼堤镇、浩饶山镇和萨马街鄂温克民族乡、达斡尔民族乡、鄂伦春民族乡。共有119个村民委员会,13个居民委员会,1 001个村民小组。年末,市总人口428 817人,其中,农业人口261 706人,非农业人口167 111人。全市有蒙古族、汉族、达斡尔族、鄂温克族、鄂伦春族、满族、回族、朝鲜族等20个民族。少数民族人口60 400人。2010年,全市地区生产总值达1 044 306万元,比上年同期增长23.6%。增速居呼伦贝尔市第二位。其中,第一产业增加值完成297 050万元,比上年同期增长9.1%;第二产业增加值完成480 490万元,比上年同期增长37.9%;第三产业增加值完成266 766万元,比上年同期增长13.1%。三次产业结构比为28.4 ∶ 46.1 ∶ 25.5。财政总收入82 209万元,增长29.1%。其中,地方财政收入42 918万元,比上年增长46.5%。财政总支出214 718万元,比上年增长20.6%。

【农业】 种植业完成农作物种植327.7万亩,其中,粮食作物种植282万亩,经济作物种植32.8万亩,粮食总产量23亿斤。土地流转70万亩,规模经营面积30万亩,同比增长246.6%和140.8%。玉米地膜覆盖面积达10万亩,其中,500亩以上集中连片种植面积23 000亩,增产效果显著。农民人均纯收入6 719元。年内实施农牧业项目14个,总投资7 309万元。

【畜牧业】 全市大小牲畜存栏360万头(只、口),同比增长6%。其中,奶牛存栏11.2万头,同比增长16%;羊存栏287.8万只,同比增长5%;肉牛存栏21.7万头,同比增长19.2%;生猪存栏37.4万口,与上年持平。

【林业】 完成生态建设造林5.5万亩,其中,义务植树85万株0.85万亩(总投资170万元);四旁植树16万株0.16万亩(总投资32万元);生态示范林0.2万亩(总投资66万元);市区周边绿化工程0.59万亩(总投资197万元);三北四期防护林1万亩;退耕还林荒山荒地造林1万亩,退耕还林封山育林1万亩,新农村示范林0.45万亩(总投资150万元);退耕还林后续产业经济林0.2万亩,农田防护林0.05万亩(总投资16万元)。年内,启动公益林续建工程246万亩,国家投入资金1 062.27万元。全市完成18个乡镇、办事处外围林地勘测,完成集体林确权总面积154 373亩,发放林权证8 462本,发证154 373亩,涉及8 440户,做到了"山定权、人定心、树定根",产权归属明晰,责任落实到户。

【固定资产投资】 全市固定资产投资完成820 172万元,同比增长47.8%。其中,城镇项目投资741 304万元,同比增长53.8%,房地产投资76 309万元,同比增长4.4%,投资总额中工业项目投资308 297万元,同比增长53.6%。

【工业】 新增规模企业7户,总户数达58户,占呼伦贝尔市总数的14%。新进规模企业增加产值实现2.8亿元,拉动全市工业产值增长3.8个百分点。规模以上工业总产值完成109.3亿元,同比增加34.9亿元,规模以上工业增加值完成33.88亿元,其中,产值超亿元企业39户,占总数的67%。企业盈利能力显著增强,规模工业实现税金8 390万元,同比增长7.9%;实现利润10 380万元,同比增盈4 820万元。完成呼伦贝尔市重点项目16个,重点项目开工率160%,完成投资181 323万元。

【非公经济】 2010年,全市个体和私营企业户数14 243户,同比增长42.58%;吸纳就业人数38 998人,占地区从业总人数的80.83%;固定资产投资完成36.83亿元,占全市固定资产投资的44.9%,同比增长51.43%。全市非公经济完成增加值60.32亿元,同比增长21%,占地区总量的58%。非公经济实现销售收入41.67亿元,其中,超亿元企业39家;实现税收2.55亿元,财政贡献率60%,其中,国税税收完成1.05亿元,同比增长25.27%;地税税收完成1.5亿元,同比增长63.2%。

【招商引资】 全市实施招商引资项目104项,累计到位资金62.24亿元,比上年增长38.6%,完成呼伦贝尔市招商引资指标任务52亿元的116%,完成扎兰屯市制定指标40亿元的155.6%,超额完成呼伦贝尔市的指标任务。

【旅游业】 2010年,实现接待游客156.6万人(次),同比增长20%;旅游总收入实现8.85亿元,同比增长22%。全年印制各种旅游宣传品2万余册(套)。在中国国际广播电台、中央电视台等投放90万元音频、视频广告。参加中国东北、广州、北京、上海等地区国际国内旅游交易会。在齐齐哈尔、海拉尔机场投放户外广告。在呼伦贝尔市宾馆、天骄宾馆及黑龙江省主要宾馆酒店设置旅游宣传展架43个。举办"百家媒体走近扎兰"宣传活动,《人民日报》、《中国旅游报》、新华社、人民网等国内百家知名媒体对扎兰屯市开展全方位宣传。举办"中国英雄"山地户外运动大奖赛、扎兰屯自行车骑行协会"骑车去采摘"发车仪式、"十一"金秋摄影采风游、"中国英雄"户外运动大赛扎兰屯冬季总决赛等活动。年内,按照国家体育总局举办国家级赛事的要求开发了绰尔河漂流户外项目。

【交通】 开工建设柴河至古营河公路、柴河—浩饶山公路等"9路7桥"重点工程16项。完成路基170.7公里,路面33.478公里,新建维修桥梁263.64延长米/7座,完成投资0.98亿元。

【邮电】 全市邮电业务收入实现859.81万元,比上年增长0.89%。其中,邮务类完成288.92万元,同期增长5.28%;代理业务完成570.89万元,与上年比亏损1.2万元。

【金融】 市人民银行配合地方财政部门"一卡通"发放惠农补贴资金55 360农户、15 883万元。办理预算收入业务60 902笔、113 816.59万元;办理支出业务12 903笔、247 549.08万元。为国有破产企业退休人员直接拨付已缴基本医疗保险退费110笔、131.80万元。

【科技】 2010年,由市委宣传部组织,市科技局、成吉思汗镇政府承办,市文体广电局、卫生局等24个部门以及3家民营科技企业组成"三下乡"服务队,共向群众发放各类科技致富宣传品3万余份,举办各类科技培训班20次;录制并播放科技电视讲座5讲;宣传展板70块;赠运农资物品7.5万元;赠送药品1.2万元;普训面9万人(次)。年内,争取科技部项目1个、区级项目1个、呼伦贝尔市级项目6个,项目到位资金103万元。

【教育】 全市有学校(幼儿园)43所,其中,教师进修学校1所,职业高中1所,普通高中2所,普通初中12所(农村7所),普通小学、中心校18所(农村9所),"九年一贯制"学校8所(农村7所),市直属幼儿园1所。全市在岗正式教职工3 814人,特岗教师11人,公办幼儿园聘用代课教师57人。

【文化】 全市有艺术表演团体1个,公共图书馆1个,启动全国文化网络信息资源共享工程,文化馆1个,博物馆4个,档案馆1个;有广播电台1座,调频发射台3

座,广播覆盖率93.3%;电视台1座,电视发射转播台3座,电视覆盖率96%。年内,建设草原书屋42家,将294万元图书发放到每个村组,受益农民5万人。承办"全区图书共享工程培训班",内蒙古自治区51个旗县(市)120名高级图书管理人员参加培训。完成杜鹃节、雅鲁河漂流节、绿色食品交易会、采摘节、滑雪节等大型活动的开幕式演出等任务。举办春节联欢会、农村电视春节晚会、春节元宵灯展、焰火晚会、迎新春送文化下乡等文化系列活动14项。年内,举办第五届雅鲁河文化艺术节,演出6场,观众3万余名。非物质文化遗产普查申报扎兰屯市110项,呼伦贝尔市16项,自治区10项。市图书馆有流通书刊65 304册,接待读者20 876人(次),为流动图书点、武警大队送书500余册。完成全市"全国文化信息资源共享工程"建设,共享工程播放影片200余部,举办讲座27期,观看达6万人(次)。举办以"共享书香、快乐阅读"为主题的"22届图书馆服务宣传周"活动。承办呼伦贝尔市图书馆使用蒙科立软件培训班。市博物馆接待参观者100万人(次),完成扎兰屯市博物馆、呼伦贝尔市中东铁路博物馆、鄂伦春民俗博物馆注册。

【卫生】 全市有医疗卫生机构29个,人员编制1 347个,在岗人员1 143人,其中,研究生学历9人、本科学历273人、中专学历301人;高级职称77人、中级职称364人、初级职称605人;具有执业医师422人、执业助理医师133人、执业护士257人,全市编制内空缺岗位206个。有个体诊所85所,个体医生85人,有村卫生室135所,村医373人。

【体育】 承办2010年"世界和平跑"火炬接力中国段扎兰屯交接仪式。在成吉思汗镇举办扎兰屯市第二届农民运动会,全市24个乡镇办事处510名运动员参加38个项目比赛。举办第二届扎兰屯金龙山滑雪发烧友邀请赛。举办春节系列体育赛事10项。组队参加吉林省举办的北方四省区冬泳邀请赛,组队参加第十届哈尔滨国际冬泳邀请赛,参加呼伦贝尔市老年人乒乓球赛、呼伦贝尔市首届乒乓球协会联赛、呼伦贝尔市第二届女子门球赛和呼伦贝尔市网球赛,参加内蒙古首届旗县网球团体赛获得团体第二名。承办呼伦贝尔市"春秋杯"围棋赛。年内举办黑龙江省、内蒙古自治区"两省七地"轮滑联谊赛,扎兰屯市首届乒乓球单项排名赛等赛事。

【人民生活】 全市城镇居民人均可支配收入15 713元,同比增长11.9%;农民人均纯收入6 406元,同比增长12.5%。

【社会保障】 全市城市低保标准从190元提高到230元。全市有城市低保对象10 594户17 746人,发放低保金4 458万元。全市有农村低保对象24 023户、29 262人,发放低保金3 993万元。有"五保"对象2 413人,集中供养1 211人,分散供养1 202人。资助参合43 960人,划拨参合参保资金132.1万元。城镇失业人员就业再就业培训2 303人,其中,获得职业资格证书773人。发放再就业小额贷款2 910万元。其中,争取自治区开发银行支持中小企业贷款2 100万元、协调信用社发放国有企业失业人员小额担保贷款810万元。

【新农村建设】 全市建立绿色、有机、无公害农产品基地236.37万亩,创建绿色食品原料标准化生产基地168.37万亩,实现无公害、绿色、有机农畜产品"三品"认证40个,扎兰屯大米、葵花、黑木耳、沙果、白瓜籽、榛子6个农产品获国家地理标志保护农产品认证。全市村级公益事业建设"一事一议"财政奖补项目投资总概算为2 541万元,其中,村级自筹资金894万元,市本级预算奖补资金600万元,申请上级奖补资金860万元。项目共41个,涉及14个乡镇27个行政村,受益总户数为2.8万户。土地流转71万亩,其中,转包42.7万亩,入股合作社14.5万亩,流转合同签约率98%。成立农村专业合作组织530个,同比增长31%,带动农户3.6万户,走在呼伦贝尔市的前列。参加新型农村合作医疗人数达到192 707人,参合率98.65%。落实粮食直补、良种补贴、农资综合补贴、退耕还林待遇等15 352万元,农民人均获得政策性收入550元。

(路昌芹 宋剑 安静先)

根 河 市

【领导名录】

市委书记:孙 锐
人大主任:王文明(满族)
市 长:吕建伟(女)
政协主席:张柏吉
武装部长:李亚辉(5月离任) 王河(5月任职)
政 委:贾宏斌

【概况】 根河市位于大兴安岭北段西坡,呼伦贝尔市北部,境域在北纬50°20′~52°30′,东经120°12′~122°55′,是中国纬度最高的城市之一。根河市东临鄂伦春自治旗,西与额尔古纳市接壤,南连牙克石市,北接黑龙江省漠河县、呼中区。南北直线距离最长240.4公里,东西直线距离最宽198.8公里。大兴安岭山地构成了根河市地貌的总体,森林资源是主体资源,森林覆盖率75%。全市总面积20 012平方公里。下辖金河镇、阿龙山镇、满归镇、敖鲁古雅鄂温克族乡、好里堡办事处、得耳布尔办事处、河东办事处、河西办事处、森工办事处3镇1乡5个街道办事处。

2010年,全市实现生产总值265 583万元,按可比价计算增长11.5%;财政总收入完成20 373万元,比上年增长40.9%;财政支出98 000万元,比上年增长11.2%;全市金融机构居民储蓄存款余额达286 778万元,比上年末增长14.2%;城镇居民人均可支配收入13 043元,比上年增长11.7%;城镇居民人均消费性支出8 133.99元,比上年增长13.3%;全年城镇居民住房人均建筑面积22.43平方米。

年内,根河市野生蓝莓茶制备工艺获国家知识产权专利。加大生态市创建力度,金河镇、敖鲁古雅乡被评为国家级环境优美乡镇。生态示范区建设成效明显,投资150万元植树造林建设千里生态文明线,根河市首个生态农业园区正式建成。

【人口】 全市总人口159 711人,市区人口63 692人,总户数56 782户。少数民族人口19 120人,比上年减少150人,其中,蒙古族9 889人,比上年减少23人;回族3 171人,比上年减少56人;满族3 801人,比上年减少112人;达斡尔族945人,比上年增加30人;朝鲜族509人,比上年减少20人;鄂温克族468人,比上年增加32人。

【农业】 全年农作物总播种面积2 831公顷,比上年减少78公顷,同比下降2.7%。其中,粮食作物播种面积1 569公顷,比上年减少575公顷,同比下降26.8%;经济作物油料播种面积1 093公顷,比上年增加463公顷,同比增长73.5%;蔬菜播种面积119公顷,比上年减少15公顷,同比下降11.2%。全年粮食总产量为4 960吨,比上年减少1 414吨,同比下降22.2%;经济作物产量1 698吨,比上年增加797吨,同比增长88.5%;蔬菜产量3 890吨,比上年减少229吨,同比下降5.9%。全市成立种植、养殖农民专业合作社8个,其中,合作示范社1个。年内,根河,市农业技术推广站试种了蔬菜新品种洋葱,亩产达到7 000斤。

【工业】 2010年,全市工业增加值实现59 832万元,同比增长27.7%。地方15家规模以上工业总产值完成108 249.5万元,同比增长61.1%。地方规模以上工业增加值实现3.7亿元,同比增长43.0%。地方15家规模以上工业企业实现利润2 384.8万元,同比增长200.1%;上缴税金8 005.0万元,同比增长99.1%;亏损企业3户,亏损额2 438.5万元,同比增长120.6%;工业企业产品销售率为99.0%,与上年持平。

全年主要产品产量:铅选矿产品含铅量8 511吨,同比增长26.9%;锌选矿产品含锌量8 928吨,同比增长91.2%;发电量23 982万千瓦时,同比增长19.4%;小麦粉生产18 456吨,同比增长4.9%;软饮料生产647吨,同比下降21.9%。

积极推进黑牛王改扩建项目地基工程及70根混凝土桩建设,完成21号井建设,此井2011年即可投入巷道掘进和采矿生产。森鑫矿业进入探矿工作、试车生产阶段,完成钻孔9个,掘进4 212米,探矿坑道掘进2 068米,拥有探矿权7.6平方公里、采矿权0.77平方公里,总选矿能力为日处理矿石1 000吨。

【基础设施建设】 2010年,完成市区5条道路改造任务。投资540万元,对红旗桥南段河堤和根阳桥北段河堤进行改造建设。投资3 000万元,新建污水处理厂一座,污水主管网和支管网5公里。总投资4 000万元,完成根河市垃圾处理场工程,该工程建设两年多,建设规模日处理生活垃圾90吨,2010年全部竣工。投资2 300万元,建设与廉租房和棚户区改造相配套的供热、供水和排水等基础设施工程。投资470万元,完成5处市区供热、排水管道的过铁保护涵工程。

全市建筑业增加值完成8 302万元,同比下降3.4%。市内具有建筑资质等级的建筑施工企业7个,施工企业房屋建筑施工面积37.78万平方米,同比增长114.4%;全年实现利润总额1 159.7万元,同比增长4.0%;实现税金1 581.0万元,同比增长7.5%。

【固定资产投资】 全年固定资产投资完成138 390万元(含林业),同比增长6.0%。在全市板夹泥房改造等民生工程项目带动下,全市固定资产投资规模加大。全年城镇固定资产投资项目42个(不含森工和铁路,下同),比上年减少3个。城镇固定资产投资额完成85 501万元,同比增长0.2%。按登记注册类型分,国有企业投资23 390万元,集体企业投资1 950万元,股份合作企业投资3 880万元,有限责任公司投资27 993万元,股份有限公司投资10 920万元,私营企业投资16 868万元,其他企业投资500万元。分三次产业看,第一产业投资2 074万元,第二产业投资57 268万元,第三产业投资26 159万元。

【国内外贸易】 全年社会消费品零售总额完成113 974万元,比上年增长17.9%。全市个体工商户5 284户,比上年增加56户,从业人员7 998人,比上年下降22.2%,注册资金8 900.2万元,比上年增长5.5%;全年共引进项目10个,引进国内(市外)资金27 388万元,比上年增长10.8%。

【旅游业】 拥有名胜风景区和文物保护区7个,敖鲁古雅乡景区和原始部落景区功能日臻完善。成功举办以"激情敖鲁古雅,快乐冰雪游"为主题的"呼伦贝尔中国·开雪节开幕式暨根河敖鲁古雅使鹿部落冰雪文化节"活动,提升了根河知名度。完成敖鲁古雅景区申报3A级景区工作并获得通过。加强对星级饭店扩建改造、内部管理、提高服务质量等工作的指导,组织开展星级饭店的评定、复核。2010年根河市已有二星级酒店3家。全年共接待旅游人数36.4万人次,比上年增长12.0%;旅游收入5.46亿元,比上年增长15.2%

【交通 邮电】 全年交通运输、仓储及邮政业增加值完成20 217万元,同比增长5.7%。邮政、移动、电信、网通、联通等邮电通讯公司全年业务收入实现5 787.74万元。年末,全市电话交换机容量达7.8万门;固定电话用户达19 180户,其中,住宅15 383户;年末,移动电话用户达11.34万户;年末互联网用户达13 614户。

【金融】 全市金融机构各项存款余额430 921万元,比上年末增长16.9%;金融机构各项贷款余额达84 257万元,比上年末增长49.7%。全年保险业务收入5 344.5万元,比上年下降1.4%,其中,财产险业务收入1 073.76万元,比上年增长25.0%;人寿险业务收入4 270.7万元,比上年下降6.4%。全年保险赔付支出1 195.6万元,同比下降19.2%,其中,财险赔付支出717.2万元,同比增长40.0%;人寿险赔付支出478.4万元,同比下降50.5%。

【教育】 全面整合教育资源,完成校舍安居工程。年末,全市有普通中学校10所,其中,初级中学7所,高级中学1所,九年一贯制中学2所,中等职业学校1所,小学校9所,幼儿园10所。全年普通中学毕业生2 272人,在校生5 571人,拥有教职工1 145人,专任教师780人。全市小学毕业生1 067人,小学在校生4 540人,拥有教职工1 296人。全市幼儿园在园幼儿1 603人,学龄儿童入学率100%,拥有教职工260人,专任教师141人。

【科技】 共推广应用科技项目自治区级3项,争取项目资金61万元;天然针叶林下黑木耳栽培成果转化与推广项目被纳入呼伦贝尔市2010年科技项目,争取项目资金5万元。

【文化】 全市拥有艺术表演团体1个,图书馆1个,文化馆1个,文化站5个,组织各类文艺演出141场。年末,电影放映单位1个,全年电影放映累计510场。全市拥有广播电台1座,有线电视台1座,电视转播台和差转台6座;有线电视用户1.35万户;电视人口覆盖率85.81%;广播人口覆盖率90.28%。在阿龙山发现的古老敖鲁古雅鄂温克族彩绘岩画成为根河市第三次全国文物普查工作的重大发现。根河市的非物质文化遗产"敖鲁古雅鄂温克萨满舞"被列入第三批国家级非物质文化遗产保护名录。《敖鲁古雅》舞台剧在自治区"草原文化节"及北京保利剧院演出获得成功。

【卫生】 全市医疗卫生机构共有79个(含个体诊所),其中,综合医院4个,社区卫生服务中心(站)5个,卫生院6个,门诊部7个,疾病防治控制中心1个,妇幼保健机构1个,卫生监督所(站)5个,采供血机构1个,个体诊所49个。年末全市卫生机构实有床位722张,人员1 529人,其中,卫生技术人员1 253人。

【体育】 根河市在呼伦贝尔市第二届"广电杯"职工乒乓球比赛中分别荣获女子团体、女子单打冠军;在呼伦贝尔市"地税杯"老年人乒乓球比赛中分别荣获女团、女单冠军及男单季军好成绩;获"阳光草原杯"呼伦贝尔市首届乒乓球协会联赛男团冠军、女团第四名好成绩。

【社会保障】 城镇人口登记失业率控制在4.15%。全年城镇登记失业人数2 528人,城镇新增就业人数1 764人,下岗失业人员实现再就业1 358人。全年失业保险参保人数达29 210人,收缴失业保险金1 021万元,年内为353名企业失业人员发放失业保险金114.0万元。全市参加基本养老保险人数27 153人;全年共收缴养老保险金10 779万元;全年共为6 760名企业离退休职工(含遗属289人)发放养老金,发放金额9 062万元。年末,基本医疗保险参保缴费人数达50 703人,全年收缴医疗保险费7 282万元。年末全市最低生活保障对象9 919户,总人数22 993人;全年共发放低保金5 941万元,比上年增长14.7%。全市各种社会福利收养性单位3个,床位80个,在院人数68人。

【特色产业】 实施根河市天然林下黑木耳良种繁育基地建设项目,该项目为2010年国家农业部良种繁育项目,总投资420万元,资金全部到位,截至11月末已完成自筹资金的土建部分。

全市驯鹿养殖达到1 208头,全市狐存栏达到7

万只,貂存栏1万只,黑木耳种植128万袋。全市成立种植、养殖农民专业合作社8个,其中,合作示范社1个。

(车宏宇)

额尔古纳市

【领导名录】

市委书记:牛振声(蒙古族)
人大主任:李桂芬(女)
市　　长:张凤喜
政协主席:戎占祥
武装部长:郑文福(蒙古族)
政　　委:赵玉平

【概况】 额尔古纳市位于内蒙古自治区大兴安岭西北麓,呼伦贝尔草原北端,额尔古纳河右岸。北纬50°01′~53°26′,东经119°07′~121°49′。市境东北部与黑龙江省漠河县毗连,东部与根河市为邻,东南及南部与牙克石市、陈巴尔虎旗接壤,西部及北部隔额尔古纳河与俄罗斯相望。南北长约600公里,东西宽(最窄地段)约50公里,边境线长673公里,约占自治区中俄边境线的70%。辖2个镇、2个乡、2个办事处,驻有6个国营农牧场,1个大型森工企业。全市总户数33 169户,总人口84 253人,其中,男性42 893人,女性41 360人。全市少数民族14个,其中,蒙古族7 708人,回族6 698人,俄罗斯族2 545人,满族3 051人,其他少数民族1 049人。全市农牧民人均纯收入突破万元大关,达到11 110元,同比增加1 145元,增长11.5%。

【生态建设】 投资1 843.8万元,完成人工造林5 000亩、封山育林1万亩、人工种草4万亩、禁牧休牧130万亩、土地整理1.35万亩、草原灭鼠20万亩、节水灌溉4 200亩、公益林管护228万亩、保护性耕作130万亩、围封林地8.7万延长米,河道清淤1 600延长米。额尔古纳市国家矿山公园地质环境综合治理项目可研通过国家评审。完善湿地生态保护机制,严格执行森林采伐限额计划。成功举办额尔古纳河渔业资源增殖放流活动。

【基础设施建设】 完成市区10.37平方公里控制性详规,全年实施基本建设项目40余个。投资1303万元,完成市区主干道改造和4.9公里次干道砼路建设及配套工程;投资2658万元完成天骄公园、哈撒尔广场改造和市区主大街两侧楼房外立面改造及亮化等工程;投资360万元,对市区出口、主要街道和游园进行了绿化、美化;投资232万元,完成市区外环路3.3公里石砌护坡工程;投资345.6万元,完成1.4万平方米既有建筑节能改造工程。规划建设了汽车维修市场和再生资源回收交易市场。投资2 000余万元,完成乡镇7.1公里砼路改造和环境综合治理工程;投资2 740万元,完成拉布大林—上库力、拉布大林—三河北山分场两条35千伏输变电工程,实施了拉布大林—恩和—室韦110千伏输变电工程;投资921万元,完成下吉宝沟—莫尔道嘎公路改造工程和已建城乡公路的养护、防护工程。

【新型化体系】 推进海—黑铁路、得尔布煤电化基地、大西山煤矿、光明煤矿增储扩能、龙源集团99兆瓦风力发电、于里亚铁矿、大梁岩金矿、毕拉河铁矿、太平川铜钼矿和卡达梯岭铅锌矿等工业项目。额尔古纳工业基地已入驻企业4家,年产值达5亿多元。

【农牧业经济】 争取农牧业重点项目11个,获得扶持资金1 824万元。农作物参保面积41万亩,获得受灾理赔562.8万元。新增规模化奶牛小区6个,鲜奶产量达16万吨。龙头企业拉动作用逐步增强。呼伦贝尔雀巢公司日加工鲜奶能力达700吨,年加工鲜奶突破10万吨;春蕾麦芽公司完成两条生产线建设,年生产能力达9万吨;绿宝公司扩大生产规模,年加工优质面粉500吨。

【旅游业】 投资2.08亿元新建、续建旅游项目13个。完成了“蒙古之源·蒙兀室韦民族文化园”八世纪室韦部落和博格达山敖包主体工程。完善西山湿地、白桦林等景区基础设施建设。完成弘吉剌部、黑山头界河等景区改造工程。恩和伊丽娜乡村俱乐部二期和室韦喀秋莎乡村俱乐部竣工投入使用,提高了地方民俗旅游的品味和档次。全年接待游客88.12万人次,实现旅游收入6.56亿元,分别增长11.91%和10.07%。

【对外开放】 投资1 500万元,完成黑山头口岸综合服务楼主体工程,实施了口岸环境综合治理工程。诺永达拉果铅锌矿取得第二批10万吨矿石进口权,别列佐夫铁矿完成矿山规划设计。实现对外贸易进出口总额2 380万美元。

【社会保障】 养老、医疗、失业、工伤和生育保险覆盖面不断扩大,全年发放养老保险金、最低生活保障金、困难企业专项补贴和廉租住房租赁补贴等资金1.5亿元。新农合参合率达96%,报销补偿96万元。争取兴边富民行动和扶持人口较少民族发展资金680万元,推动了民族地区和谐发展。

【科技】 落实科技富民强县项目资金160万元,实施了4个科技示范蔬菜基地项目。

【教育】 投资4 000余万元,新建市二中、三中、三河中学宿舍楼,维修加固市三中、市二小等7所学校10栋教学楼。投资100万元,为全市各中小学、幼儿园安装安全视频监控系统,新建12所门卫室,配备了专职保安员,创建平安和谐的校园环境。

【文化】 投资232万元,实施了黑山头、莫尔道嘎、三河、恩和4个乡镇文化站和22个村级“草原书屋”项目。6月15日,总投资5亿元的蒙古之源·蒙兀室韦民族文化园项目开工建设。

【卫生】 医疗保障制度进一步完善,提高城乡公共卫生服务均等化水平。在政府主办的医疗卫生单位实施基本药物制度。开展计划生育优质服务乡镇创建工作,人口自然增长率控制在2.4‰以内。

【荣誉】 额尔古纳市莫尔道嘎镇被自治区环保局授予“自治区级环境优美乡镇”称号。额尔古纳市民政局 被国家民政部授予2010年全国婚姻登记规范化单位荣誉称号。额尔古纳市文体广电局马健,被自治区文化厅授予全国文物“三普”内蒙古自治区先进个人。

(王国柱 宋金香)

新巴尔虎左旗

【领导名录】

旗委书记:金 海(蒙古族 12月离任) 韩军(蒙古族 12月任职)

人大主任:乌力玛(蒙古族)

旗 长:韩 军(蒙古族 12月离任) 银山(蒙古族 12月任职)

政协主席:段捷飞

武装部长:宝常锁(蒙古族)

政 委:张 侠(10月离任) 王彦争(10月任职)

【概况】 新巴尔虎左旗,位于呼伦贝尔市西南部,东经117°33′~120°12′,北纬47°10′~49°47′。东与陈巴尔虎旗、鄂温克族自治旗为邻,南与兴安盟阿尔山市接壤,西与新巴尔虎右旗相依,西北连接满洲里市,北与俄罗斯国以额尔古纳河为界,西南和蒙古国交界,边境线总长311.24公里。下辖阿木古郎镇、嵯岗镇、乌布尔宝力格苏木、新宝力格苏木、吉布胡郎图苏木2个镇、3个苏木。全旗总面积2.16万平方公里。

2010年,全旗出生人口460人,人口出生率为11.0‰;死亡人口559人,人口死亡率为13.4‰;城镇人口比重达56.4%。年末,全旗总人口41 391人 ,下降1.7%。总人口中,非农业人口23 362人;少数民族人口31 291,占全部人口的75.6%。其中,蒙古族人口30 468人。人口分布点上集中,大面分散,主要集中于阿木古郎镇、嵯岗镇、乌布尔宝力格苏木、新宝力格苏木。

2010年,全旗地区生产总值完成226 035万元,增长15.8%(按可比价计算)。其中,第一产业增加值完成49 210万元,增长4.6%;第二产业增加值完成96 362万元,增长20%。全部工业增加值完成51 202万元,增长10.5%;建筑业增加值完成45 160万元,增长30.2%。第三产业增加值完成80 463万元,增长17.1%。三次产业结构由上年的22.5 : 40.5 : 37.0,调整为21.8 : 42.6 : 35.6。人均生产总值54 141元,增长21.7%。

财政收入快速增长,全年财政总收入17 212万元,同比增加6 892万元,增长66.8%。其中,地方财政收入16 465万元,增长127.4%。在地方财政收入中,一般预算收入6 617万元,增长150.8%。全年财政支出39 851万元,增长31.2%,其中,地方财政收入支出37 672万元,增长40.6%。

【生态建设】 大力实施生态建设和保护工程。整合实施三北防护林、退耕还林、退牧还草、沙区综合治理等生态建设项目,项目区植被密度得到明显提升,森林资源得到较好保护。防沙治沙工作突出整体性建设成效,以“因害设防,综合治理,集中成片、注重实效”为原则,递接治沙项目区,采取综合治理措施深入开展沙地锁边工程,全力建设沙产业原材料生产基地,实现沙地治理成效最大化。年内,完成人工植苗造林0.5万亩,封育26万亩,直播11万亩,沙地综合治理37.5万亩(含机械沙障0.54万亩),完成计划总任务的108.6%,累计完成投资4 192.5万元。

【为民办实事】 一是旗财政投入100万元,提高新牧合补助标准。二是开工阿木古郎第一小学迁建项目,预计2011年投入使用。三是50户危房改造项目全部开工建设。四是470户游牧牧民定居工程全部开工,并以竣工178户。五是吉布胡郎图苏木等五处安全饮水工程完工,解决了1.2万人的安全饮水问题。六是启动了马文化博物馆工程。七是完成了投资规模为800万元的老年公寓主体工程。八是建设建成日处理能力5 000吨的污水处理厂;垃圾处理工程可研获内蒙古自治区发改委审批。九是完成了投资3 000万元的新区主干道建设工程。十是旗财政完成了300万元支牧资金的拨付任务。

【固定资产投资】 全旗限额以上固定资产投资465 996万元,比上年同期增长27.6%。其中,房地产开发完成8 493万元,增长76.6%。在限额以上固定资产投资完成额中,按经济类型划分,国有经济单位投资444 943万元,增长32.0%。按投资产业划分,第一产业投资0.59亿元,增长51.3%;第二产业投资31.29亿元,增长23.8%,占全部投资额的67.1%。工业投资中,采矿业投资8.6亿元;制造业投资18亿元;电力、热力的生产和供应业投资22.5亿元。第三产业投资14.74亿元,增长35.7%。

全年固定资产投资施工项目67个,其中,新开工项目34个,竣工项目29个。

【农牧业】 2010年,牧业年度牲畜存栏132.2万头(只),同比增长1.8%。其中,大畜164 742头,增长13.2%;小畜1 157 505只,增长0.5%;生猪1 078口,下降25.8%。年末牲畜总头数77.4万头(只),增长12.2%。其中,大畜119 937头,增长3.4%;小畜653 537只,增长15%;生猪873口,下降27.4%。牲畜出栏达74.5%。良种及改良牲畜674 180头(只),占全部牲畜的87.1%。

全年农作物总播种面积24 016公顷,增长46.9%。其中,粮食作物播种面积为14 717公顷,增长75.5%。全年粮食总产量49 790吨,比上年增产8 976吨,增长22%。在粮食作物中,小麦产量40 500吨,增长141%;玉米产量6吨,大麦产量9 201吨,马铃薯产量83吨。经济作物播种面积8 000公顷。在经济作物中,油料产量13 800吨,增长38%;蔬菜产量1 184吨,增长0.3%;瓜果产量72吨,与去年持平。

至年末,全旗拥有农牧业机械总动力11.2万千瓦,增长10.9%。共打贮草17万吨。全年农村牧区用电量454千瓦时,增长5.1%。化肥施用量(折纯)650吨,比上年增长8.35%。新建棚圈89座,面积1.37万平方米。

【林 业】 全年造林治沙42.45万亩,其中,植苗造林1.3万亩,直播造林15.15万亩,封山(沙)育林26万亩。

【工 业】 全部工业增加值完成51 202万元,增长10.5%。规模以上工业增加值完成50 000万元,增速达10.1%。规模以上工业总产值71 277.3万元,增长18.17%,其中,:重工业现价产值增长12.9%,轻工业现价产值增长32.43%。国有企业产值4 758.8万元,增长104.78%;股份制企业产值完成63 386万元,增长9.3%,外商及港澳台商投资企业产值完成3 132.5万元。规模以上工业产品销售率为98.99%,同比下降1.2个百分点。全旗规模以上工业企业达到8户。天然原油产量70 303吨;鲜冷藏冻肉产量3 215.5吨;乳制品产量3 339.5吨,同比增长22.7%。全年发电量达到6 895.5万千瓦时。

【国内贸易】 全旗社会消费品零售总额36 080万元,增长20.4%。其中,批发业零售额1 357万元,增长16.9%;零售贸易业零售额26 654万元,增长19.9%;住宿业零售额1 076万元,增长15.1%;餐饮零售额6 993万元,增长27%。

【对外经济】 全年实际引进(国内)市外项目8个,完成招商引资31亿元,增长22.0%。全旗进出口额29.6万美元,增长23.6%。其中,对外贸易出口额27万美元。

【旅游业】 全年共接待游客18.6万人次 ,增长6.6%。其中,国外游客0.55万人次 ,国内游客18.05万人次。旅游业总收入1.93亿元,增长1.0%。

【邮电 通讯】 全年邮电主营业务收入完成246.2万元,增长5.8%。全旗电话用户已达9 798户,增长25.1%,其中,住宅电话为7 629户,增长54.1%;移动电话用户62 897户(包括电信和联通SIM卡用户),增长18.1%;互联网用户7 210户(不包括手机上网),增长175.4%。

【金 融】 截至12月末,全旗金融机构各项存款余额68 764万元,增长41.4%。其中,企业存款8 326万元,增长296.7%;城乡居民储蓄存款余额31 586万元,增长33.6%。金融机构各项贷款余额22 264万元,增长83.7%。其中,:短期贷款11 367万元,增长44.8%;中长期贷款10 897万元,增长155%。银行现金收入累计142 007万元,增长1.4%;银行现金支出累计159 403万元,下降0.4%,收支相抵后,累计净投放现金17 396万元,下降13.1%。

年末,全旗保险业务总收入1 361万元,增长18.7%。其中,财产险收入701万元,增长65%;人寿险收入660万元,下降8.6%。全年保险赔付额310.5万元,增长116.8%。其中,财产险赔款226.5万元,同比增长92.9%;人寿险赔款额为84万元,同比增长225.6%。

【教 育】 民族教育水平切实提高,蒙授初中升学率居全市前列。2010年,中等职业学校1所,招收学生15人,下降16.7%;在校学生数38人,增长18.8%;毕业生9人,下降10%。普通中学4所,招收学生289人,在校生934人,下降8.9%;毕业生378人,增长7.1%。小学3所,招生数304人,下降27.3%;在校生数1 867人,下降4.6%;学龄儿童入学率达98.4%;幼儿园在园幼儿789人。

【文 化】 全旗有艺术表演团体1个,公共图书馆1个,文化馆1个;拥有广播电视台1座,718发射台1座,广播覆盖率95.01%;电视覆盖率达到了85.04%。

年内,组织参加了“2010年呼伦贝尔市蒙古族长调民歌大赛”比赛,并包揽了前三名;注重创建品牌文化,成功举办第三届“宝音德力格尔杯”蒙古族长调民歌演唱大赛;巴尔虎服饰队在“全国蒙古族服饰大赛”中获二等奖。新左旗选手在文化部和中国文联主办的“首届中国农民艺术节全国乡村歌手大赛”中,获得原生态组银奖;新左旗被自治区政府正式命名为“蒙古族长调民歌保护基地”。

【卫 生】 全旗有医疗卫生机构19个,其中,医疗卫生单位病床123张,卫生技术人员274人。年内,率先在全市开展基本药物零差率销售,公共卫生服务逐步均等化项目全面铺开。

【体育】 承办第四届自治区级“蒙古马100公里越野赛”,并以3小时12分的成绩打破了该赛事记录。第五次代表呼伦贝尔市参加“2010年全国中国式摔跤冠军赛”,取得了一金一铜的优异成绩。

【社会保障】 年末,城镇新增就业和再就业747人,城镇登记失业人员446人,登记失业率控制在4.16%。至年末,全旗社会福利院床位数85张,下降7.6%;在院人数48人。有3 700名职工参加基本养老保险,有1 213名离退休人员参加离退休费社会统筹。

【物 价】 全旗居民消费价格总指数为107.1%,商品零售价格总指数为107.2%,农业生产资料价格指数120.7%,服务项目价格指数105.6%。

从居民消费价格指数分类看,烟酒及用品上涨13.8%,居住上涨13.1%,食品类上涨12.5%,衣着类上涨3.5%,交通和通讯上涨2.6%,医疗保健和个人用品上涨2.3%,家庭设备用品及维修服务上涨2.1%。

【人民生活】 全年城镇居民人均可支配收入实现13 054元,增长11.7%;城镇居民人均消费性支出10 070.8元,增长6.0%。城镇居民住房人均建筑面积达24.88平方米;牧民人均纯收入增至9 101元,增长15.3%;牧民人均生活消费性支出4 754.6元,增长4.3%;牧民家庭恩格尔系数达45%。牧民人均居住面积14.2平方米。城镇居民每百户拥有彩色电视机122台,电冰箱96台,洗衣机94台,计算机40台、淋浴热水器10台;牧民家庭中每百户拥有彩色电视机107台,电冰箱3台,洗衣机30台,摩托车107辆。

(斯琴 史兰春)

新巴尔虎右旗

【领导名录】

旗委书记:金　钱(蒙古族)

人大主任:钢巴图(蒙古族)

旗　　长:白爱军(蒙古族)

政协主席:长　明(蒙古族)

武装部长:李　岗

政　　委:魏志方(9月离任) 杜永高(9月任职)

【概况】 新巴尔虎右旗位于内蒙古自治区呼伦贝尔市西部,地处北纬47°36′~49°50′,东经115°31′~117°43′。东以乌尔逊河为界与新巴尔虎左旗隔河相望;东北部与口岸城市满洲里毗邻;北、西、南三面与蒙古国和俄罗斯接壤,边境线长达515.4公里,其中,47公里为中俄边境线、468.4公里为中蒙边境线。全旗东西最宽168.34公里,南北最长245公里,总面积25 194平方公里,其中,水域面积2 217.4平方公里、有效草场面积22 375平方公里。

2010年,全旗辖2个苏木、3个镇、1个牧场,即贝尔苏木、克尔伦苏木、阿拉坦额莫勒镇、呼伦镇、阿日哈沙特镇、敖尔金牧场,其中,阿拉坦额莫勒镇是全旗政治、经济、文化、交通中心;敖尔金牧场是2004年整体移接原内蒙古自治区直属企业——海拉尔牧管局所属牧场后,未获内蒙古自治区批准设立的旗属牧场。2010年,全旗总户数13 864户,总人口35 009人,其中,非农业人口19 649人,农业人口15 360人。在总人口中:蒙古族28 489人,汉族5 953人,分别占总人口的81.4和17.0%,人口男女比例为48.5 : 51.5。全旗居民由蒙古族、汉族、回族、满族、达斡尔族、朝鲜族、鄂温克族、鄂伦春族、黎族、佤族、柯尔克孜族、布依族12个民族构成。

【经济社会综合情况】 2010年,全旗实现地区生产总值46.15亿元,比上年增长14.0%。其中,第一产业增加值完成3.39亿元,比上年下降8.7%;第二产业增加值完成35.58亿元,比上年增长15.5%,其中,全部工业增加值完成34.63亿元,比上年增长20.1%,建筑业增加值完成0.95亿元,比上年下降56.6%;第三产业增加值完成7.18亿元,比上年增长15.5%;三次产业结构由上年的8.7 : 79.3 : 12.0调整为7.3 : 77.1 : 15.6。人均生产总值达132 810元,(折合19 619美元)按可比价格计算,比上年增长12.8%。

【农牧业】 全年实现农林牧渔业总产值(现价)55 165万元,按可比价格计算比上年下降8.5%,实现农林牧渔业增加值33 864万元,按可比价格计算比上年下降8.7%。年末,牲畜存栏1 008 495头(只),比上年下降14.5%。在年末大小牲畜实有头数中,能繁殖的母畜为800 250头(只),比上年减少160 735头(只),下降16.7%,母畜比重为79.4%,比上年下降2个百分点。

【工业】 全部工业增加值完成346 341万元,按可比价格计算比上年增长20.1%,其中,规模以上工业增加值完成345 000万元,按可比价格计算比上年增长20.2%。规模以上工业产值接近60个亿,完成587 664万元,比上年增长42.9%。规模以上工业企业主营业务收入为603 275万元,比上年增长47.6%;实现利润210 434万元,比上年增长88.0%。

【固定资产投资】 全旗完成全社会固定资产投资总额127 717万元,比上年下降55.0%,其中,国有单位投资115 857万元,比上年下降47.7%。按建设性质分:基本建设完成投资114 843万元,比上年下降56.3%;房地产业完成投资12 204万元,比上年下降40.8%;更新改造完成投资430万元,其它投资完成240万元。按项目隶属关系分:地方项目完成投资127 717万元,比上年下降47.5%。本年新增固定资产143 265万元,比上年下降79.7%。从产业分布看:第一产业完成投资3 526万元,比上年下降59.3%;第二产业完成投资95 258万元,比上年下降50.7%,工业投资完成95 258万元,比上年下降50.7%,其中,有色金属矿采选业完成投资2 000万元,比上年下降94.2%,石油和天然气开采业完成投资92 468万元,比上年下降34.5%;第三产业完成投资28 933万元,比上年下降64.8%,其中,房地产业完成投资12 204万元,水利环境和公共设施完成投资5 953万元,电信和其他信息传输服务业完成投资3 900万元,公共管理和社会组织完成投资1 176万元,教育投资3 810万元,卫生社会保障和社会福利业投资690万元,文化体育和娱乐业1 200万元。全旗施工项目30个,比上年减少47个,其中,新开工项目29个,比上年减少29个;本年投产项目28个,比上年减少47个。本年施工房屋面积245 431平方米,比上年增长7.3%;本年竣工房屋面积183 986平方米,比上年增长25.0%。

【交通 邮电】 全旗客运量15.1万人次,比上年增长32.5%;客运周转量1 769.72万人公里,同比增长48.0%。2010年,联通、邮政、移动、电信、铁通五家邮电通讯公司,全年实现邮电通讯业务收入4 188.39万元,比上年增长21.1%。全旗电话交换机总容量达8 336门,与上年持平。年末固定电话用户达8 122户,比上年下降4.0%(包括小灵通),其中,小灵通用户2 453户,比上年下降12.6%;市内电话用户5 294户,比上年增长10.8%;农话用户375户,比上年下降23.2%。全旗电话普及率为59部/百户(包括小灵通、大灵通),每百户比上年减少6部电话。移动电话和互联网用户迅速增长。年末移动电话用户40 340户,比上年增长11.0%,移动电话普及率达115部/百人,每百人比上年增加10部手机。互联网络用户3 932户,比上年增长25.7%。

【经济贸易】 2010年,全旗实现社会消费品零售总额33 004万元,比上年增长27.6%。按规模分:限额以上零售额12 766万元,限额以下零售额20 238万元;按销售地分,县的零售额21 782万元,比上年增长29.6%;县以下零售额11 222万元,比上年增长24.0%。按行业分:批发零售贸易业占据首位,实现零售额26 403万元,增长27.6%,占消费品零售总额的80%;住宿、餐饮业实现零售额6 331万元,比上年增长28.1%,占消费品零售总额的19%;其它行业实现零售额270万元,比上年增长17.4%,占消费品零售总额的1%。居民消费价格指数呈结构性上涨。2010年,全旗居民消费价格总指数达103.2%。商品零售价格总指数为103.2%。农业生产资料价格指数为103.3%。进出口贸易快速增长。

【外贸旅游】 全旗对外贸易进出口总额实现4 854.8万美元,比上年增长10.5%,其中,进口总额2 724.22万美元,比上年增长13.2%;出口总额2 130.58万美元,比上年增长7.2%。全旗进出口货物总量实现77 884吨,比上年增长5.7%,其中,进口总量24 150吨,比上年增长18.4%;出口总量53 734吨,比上年增长0.9%。2010年,全旗招商引资项目12个,实际引进国内市外资金10.40亿元,比上年下降75.2%,其中,引进国内区外资金10.36亿元,比上年下降70.6%。旅游业发展势头良好。2010年,全旗接待国内外游客人数比上年增长4.4%;旅游购物收入比上年增长11.0%。其中,全年接待海外游客15 647人,比上年下降4.8%,国际旅游创汇665.1万美元,比上年增长4.0%。

【财税】 实现财政总收入(原口径)100 224万元,比上年减少25 353万元,下降20.2%。其中,本级收入完成30 807 万元,比上年减少36 221 万元,下降54.0%,在地方收入中一般预算收入完成29 793 万元,比上年增加6 312万元,增长26.9%;基金收入完成1 014万元,比上年减少42 533万元,下降97.7%;上划中央收入完成46 617万元,比上年增加3 408 万元,增长7.9%;上划内蒙古自治区收入完成9 229万元,比上年增长45.5%;上划呼伦贝尔市级收入完成13 571万元,比上年增长50.8%。财政支出完成61 577万元,比上年下降36.3%。分部门看:国税部门实现税收收入46 842万元,比上年增长50.9%;地税部门实现税收收入45 326万元,比上年增长5.6%;财政部门实现收入7 042万元,比上年下降12.5%。

【金融】 年末,金融机构各项存款余额为76 349 万元,比年初增加15 450 万元,比上年增长25.4%,其中,企业存款19 672 万元,比年初增加6 111 万元,比上年增长45.1%;城乡居民储蓄存款余额38 797 万元,比年初增加5 080万元,比上年增长15.1%。全旗金融机构各项贷款余额11 688 万元,比年初增加3 266万元,比上年增长38.8%。金融机构现金收入150 568万元,现金支出185 196 万元,分别比上年增长13.4%和13.3%。收支相抵后全年货币净投放34 628 万元,比上年增长12.9%。

【保险】 保险业保费收入1 151.6万元,比上年增长21.3%。其中,财险收入571.6 万元,比上年增长38.1%;寿险收入580 万元,比上年增长8.3%。保险业赔付额440.37 万元,比上年增长31.3%,其中,财险赔付额348.5 万元,比上年增长36.7%;寿险赔付额91.87万元,比上年增长14.4%,其中,住院赔款75.01 万元,比上年增长53.4%;死亡赔款额16.86 万元,比上年下降46.3%。

【教育】 年末,全旗共有普通中学2 所,职业中学1所,小学2 所,幼儿园6 所,专任教师460 人,比上年增长5.0%。普通初中在校生数895 人,比上年下降10.3%;职业中学在校生数237 人,比上年下降3.7%;小学在校生数1618 人,比上年下降10.3%。普通初中毕业生数318 人,比上年增长15.2%;职业中学毕业生数71 人,比上年下降27.6%;小学毕业生数329 人,比上年增长40.6%。学龄儿童入学率100%;初中入学率100%;义务教育普及率100%。旗综合高中教学楼、乌尔逊学校教学楼、第一小学宿舍楼等校安工程全面竣工,加固总面积1.08 万平方米,总投资1 080 万元。

【文化】 全旗电视覆盖率85.0%,比上年增长3 个百分点,广播覆盖率95.0%,与上年持平。全年放映电影2 651 场次,比上年增长1.0%,文艺演出159 场次,比上年下降27.1%。

【卫生】 年末,全旗共有卫生机构32 个(包括个体私营诊所);卫生单位拥有病床165 张;卫生技术人员297 人,比上年下降0.3%。在卫生技术专业人员中,拥有中高级卫生技术专业人员79 人,比上年增长9.7%;初级卫生技术人员170 人,同比下降12.4%。

【人民生活】 城镇居民人均可支配收入达13 418.26元,比上年增长10.0%,其中,工薪收入12 239 元,比上年增长23.0%。人均消费性支出为13 517 元,比上年增长18.2%。其中,食品消费支出4 299.81 元,比上年增长23.4%;衣着消费支出1 928.37 元,比上年增长28.0%;家庭设备用品及服务支出1 004.56 元,同比增长101.0%;医疗保健支出900.75 元,比上年增长1.7%;交通通讯支出1 485.62 元,比上年下降43.4%;教育文化娱乐服务支出970 元,比上年增长30.6%;居住消费支出2 214.74 元,比上年增长100.5%。2010 年,牧民人均纯收入达9 057元,比上年增长15.4%。人均生活消费支出4 329元,比上年下降26.2%,其中,食品消费支出1 267.77元,比上年增长5.9%;衣着消费支出275.72元,比上年下降38.9%;居住消费支出1 130元,比上年增长76.6%;家庭设备及用品支出204.06元,比上年增长1.8%;医疗保健用品支出416.44元,比上年增长93.5%;交通通讯消费支出523.4元,比上年下降66.8%;文教娱乐用品及服务支出480.31元,比上年下降69.5%。

【社会保障】 全旗养老保险参统人数2 868 人,比上年增长10.4%,其中,企业单位职工参保1 722人,比上年增长12.8%;个体工商户参保的1 146人,比上年增长6.9%,全年基本养老参统者退休990 人,比上年增长10%,全年发放退休费1 347万元,比上年增长18.9%。参加医疗保险人数达6 705人,与上年持平,其中,企业单位参保1 900人,事业单位参保2 294人,行政单位参保1 806人,个体工商户参保705 人。2010年,牧区新型合作医疗参合人数达12 345人,比上年减少4 人,下降0.03%,参合率达80.4%,常住人口参合率基本达到100%。2010 年度,城镇失业人员就业人数484 人,其中,帮扶“4050”等就业困难人员再就业147 人。社会福利院共收养48 人,其中,老人40 人;孤儿8 人,拥有床位98 张。

【节能减排】 全年COD 排放量(化学需氧量)达69.5

吨,比上年下降0.3%,SO2(二氧化硫)排放量达408.31吨,与上年持平,全年污水排放量达41.3万吨,比上年增长1.5%。

【雪灾】 3月14日12时40分至15日08时,新右旗出现暴风雪天气,降雪量达2.8毫米,最大风力6级。此次降雪共造成全旗2 000万亩草场,1 500户、5 500人口和80万头只牲畜受灾,1 350头只牲畜走失死亡,经济损失达到135万元,全旗各类交通主干道和通乡公路全部受阻。

【加拿大麦肯公司种薯基地落户新右旗】 经新右旗阿拉坦额莫勒镇人民政府与加拿大麦肯食品有限公司哈尔滨分公司多次洽谈,加拿大麦肯公司年产1万吨种薯基地落户新右旗。该项目2010年计划总投资2 000万元,其中,固定资产投资1 500万元,流动资金500万元。2010年,种植马铃薯4 300亩,年生产马铃薯1万吨,公司实现产值1 400万元,东庙嘎查收益36万元,带动161户,497个农牧民实现就业增收。

【宝格德乌拉山祭祀活动】 8月9日,宝格德乌拉景区一期工程全面竣工,景区内建有朝圣祭坛、民俗活动区、旅游接待区等服务功能区,按照蒙古族文化内涵设计制作。总投资2 000万元的宝格德乌拉景区一期工程包括圣山祭祀台、"世界第一高苏鲁锭"、蕴含着蒙古族文化内涵的木制大门、木栅栏、凉亭、蒙古包等景观、设施。此次大手笔、大投入的建设宝格德乌拉景区,在丰富宝格德乌拉景观,完善各项服务功能,发扬和传承巴尔虎民俗文化的同时,极大的提高了全旗旅游的整体形象。受此吸引,在8月12日宝格德山一年一度的祭山活动中,参加活动人数首次突破7万人。

【移民扩镇项目】 11月7日,内蒙古自治区移民扩镇项目和呼伦贝尔市农村危房改造阿日哈沙特镇项目工程竣工投入使用,镇人民政府举行牧民搬迁庆典仪式。该项目工程是内蒙古自治区首批无土安置工程,总投资达1 036.8万元,总面积6 500平方米,共解决牧民住房104户。

【扶贫蒙古大营年度扩建工程竣工】 投资300万元,"扶贫蒙古大营"年度扩建工程投入使用,新建22座蒙古包,新增面积8.5万平方米。该项目已累计完成投资488万元,建成蒙古包73座,占地12万平方米,已有50户、179名牧民入住。

【内蒙古国电能源投资有限公司300MW风电项目落户新右旗】 内蒙古国电能源投资有限公司300兆瓦风电项目落户新右旗?。项目总投资27亿元,建设总规模300兆瓦。项目一期计划投资4.95亿元,建设规模为49.5兆瓦。目前,已安装完成3座测风塔,开始为期1年的测风工作。

【西旗羊肉获国家地理标志保护产品称号】 国家质检总局发布公告,根据《地理标志产品保护规定》,经审查合格,"新右旗羊肉"正式被批准为国家地理标志保护产品,同时也成为呼伦贝尔市第一个直接由国家质检总局审批的地理标志保护产品。

【政府为民办六件好事、十项惠民工程】 一是财政出资为困难残疾人缴纳医疗保险;二是将新型农村牧区合作医疗保险政府补助标准由每人每年30元提高到每人每年60元;三是将城镇居民和牧区牧民低保金标准在增长15%的基础上,每人每月再提高20元;四是将全旗五保户供养标准在达到内蒙古自治区供养标准的基础上,每人每月再提高200元;五是免费普及十五年规范的国民教育;六是为安置下岗职工的私营企业按照每人每年1 000元的标准发放100万元扶持资金。10项民生工程:一是投资1 134万元,新建廉租住房150户、7 305平方米;二是投资246万元,为牧区164户危房户,每户发放补助金1.5万元,启动实施总建筑面积8 200平方米的牧区危房改造项目;三是投资175万元,新建垃圾转运站和公厕各5座;四是全力以赴建设完成阿拉坦额莫勒镇污水处理项目;五是启动建设垃圾处理场;六是实施第二热源新建工程,保障全旗用热需求;七是投资120万元,为300户牧民发放便携式除氟设备,逐步解决广大牧民安全饮水问题;八是投资3 297万元,实施校舍安全工程;九是投资3 400万元,新建甲乌拉矿区至阿日哈沙特口岸110千伏输变电工程;十是投资440万元,实施克尔伦苏木白音乌拉办事处和贝尔苏木根子办事处安全饮水工程。

(李晓辉)

陈巴尔虎旗

【领导名录】

旗委书记:李　才(蒙古族)
人大主任:满都拉(蒙古族)
旗　　长:高　昇(蒙古族)
政协主席:银　山(蒙古族)
武装部长:姜志坤
政　　委:陈玉胜

【概况】 陈巴尔虎旗位于内蒙古自治区呼伦贝尔市西北部。属呼伦贝尔大草原腹地,地处北纬48°48′~50°12′,东经118°22′~121°02′,东部和东北部分别与牙克石市、额尔古纳市接壤，东南与海拉尔区毗邻，南接鄂温克自治旗，西与新巴尔虎左旗交接，西北与俄罗斯隔额尔古纳河相望，中俄边境线总长193.9公里（全系水界）。全旗东西宽约180.7公里，南北长约135.2公里，总面积1.86万平方公里，其中，草原面积1.58万平方公里，占总面积的85%，水面积161平方公里，现有耕地面积150万亩，森林面积965亩。国道301线、滨洲铁路横贯旗境，旗政府驻地巴彦库仁镇距呼伦贝尔市政府驻地海拉尔区34公里。

2010年末，全旗总人口为57 814人，同比减少6 909人，其中，非农业人口48 326人，少数民族人口29 000人，新出生371人，人口出生率6.06‰。

2010年，全年实现地区生产总值（GDT）完成52.8亿元，同比增长30.3%；固定资产投资完成55.53亿元，同比增长60.6%；财政收入完成12.04亿元，同比增长20.1%；；地方财政收入完成9.56亿元，同比增长45.8%.城镇居民人均可支配收入达到14,562元，同比增长14.2%。牧民人均收入达到9,345元，同比增长16.1%。

【农牧业】 全旗牧业年度牲畜存栏86.9万头只，其中，奶牛存栏8.2万头。接羔34.3万头只，成活率达到98.1%，出栏牲畜30.5万头只。全旗现有100头以上规模化奶牛养殖场（小区）73个、肉牛基地33个，良种繁育基地4个。养殖肉羊500只以上牧户517户，占牧户总数的24.7%。结合奶业机械补贴项目，新建机械化挤奶站33处，购置奶业机械204台套。引进雀巢、伊利、三元等国内知名乳品企业入驻。鲜奶产量达20.1万吨，肉产量达到1.8万吨。全旗现有29家牧民专业合作社、2个奶业协会、1个肉羊协会。农作物播种面积100.86万亩，粮油总产值实现10.1万吨。

【旅游业】 以北疆风情旅游为龙头的旅游产业快速发展。完成"天骄.成吉思汗"实景演出项目建设，共演出30场，观众达1.5万人次。白音哈达草原旅游景区银宫正在建设阶段。全年接待游客70万人次，旅游总收入2.8亿元，同比增长20.6%。荣获"中国低碳旅游示范区"、"呼伦贝尔发展旅游先进旗市区"称号。

【交通】 全年公路里程全旗交通公路里程983公里。投资7 607万元，新建208.7公里的西乌珠尔—胡列也吐、巴彦库仁—哈大图等6条通乡公路及呼和诺尔客运站工程。

【生态与环境保护】 实施草原恢复性治理，投资4 059万元，完成沙万元，实施退牧还草120万亩、人工草地4万亩、草地围栏120万亩、休牧860万亩、禁牧30万亩。

【工业】 全旗规模以上工业企业达到17户，比上年增加2户。全年规模以上工业增加值完成51.6亿元，同比增长增长65.1%；规模以上工业增加值完成24.6亿元，同比增长32.6%；原煤产量达到2,470万吨，甲醇产量达到18万吨，二甲醚产量达到6.5万吨。

【财政】 财政收入突破12.04亿大关，同比增长20.1%。地方财政收入完成9.56亿元，同比增长45.8%。

【城镇建设】 投入207亿元，新建巴彦库仁镇垃圾处理、污水处理、巷道改造工程。实施巴彦库仁镇文化墙、东西出口雕塑、北三环路、廉租房等11项工程。投资1,095万元，实施宝日希勒镇、呼和诺尔镇、哈大图第五生产队、山登花奶牛村安全饮水工程，解决了1.1万人饮水安全问题。

【民生工程】 全年城镇新增就业542人，城镇登记失业率4.19%。城镇养老、医疗、失业、工伤和生育保险人数分别达到12 823人、18 487人、6 522人、5 506人、4 769人，城镇居民基本医疗参保人数达到9 592人。投资1,209万元新建2栋廉租仨房解决168户困难家庭住房问题；为357户低保家庭发放廉住房补贴资金59.6万元；投资210万元，实施农牧区危房改造70户。

【教育】 全旗小学5所、初级中学3所、九年一贯制学校2所、职业高中1所。职业高中在校生150名、初中生2 000名、小学生2 888名。小学适龄人口入学率100%，投资1 932.5万元，完成校舍安全工程25 700平方米。

【文化】 全旗文化馆1个，图书馆1个、藏书2万册、读者2万余人。乌兰牧骑1个、演员40名，演出130场次，观众达7万余人。体育馆1所、全年举办各类体育运动赛（会）10次，参加运动员3000人。文化站5所、博物馆1所、展厅面积4048平方米、馆藏展品2248件。有线电台1座、电视台1座、电视覆盖率100%。全年放映电影150场次、观众4万余人。

【卫生】 全旗有卫生机构15所。其中，医院5所、卫生院6个、疾病防疫控制中心1个、妇幼保健所1个、卫生监督所1个，卫生技术人员368人，医疗床位187张。个体门诊20个、医护人员36人、观察床位70个，参加新型农村牧区合作医疗人口7 019人。

【社会保障】 全旗享受政府最低保障金的城镇居民户2 282户、人口3 362人、牧区有384户、人口596人，全年支出最低保障金累计840万元。全旗社会福利机构1个、职工11人、床位120张，政府投资790万元新建院舍，占地面积2万平方米、建筑面积2千平方米，收养老人46人。

(白亚平)

阿 荣 旗

【领导名录】

旗委书记:曹晓斌

人大主任:张洪珠(女 满族)

旗　　长:潘金生

政协主席:郭　英(女 达斡尔族)

武装部长:王文芳

政　　委:张喜华(蒙古族 3月离任) 王长久(蒙古族 3月任职)

【概况】 阿荣旗位于大兴安岭东南麓,内蒙古自治区东北部。全境在东经122°2′30″~124°5′40″,北纬47°56′54″~49°19′35″。属中温带大陆性半湿润气候,年平均气温1.7℃,年均降水量458.4毫米。总面积为13 641平方公里。全旗耕地面积470万亩,天然优质草牧场300余万亩,林地面积845万亩。是全国441个优质商品粮基地县和自治区5个大豆主产区之一,素有"粮豆之乡"、"肉乳故里"、"绿色宝库"的美誉。阿荣旗境内河流主要有有阿伦河、格尼河、音河等,地表水年均径流量18.71亿立方米,地下水资源量3.21亿立方米,水资源总量18.97亿立方米。境内已探明矿点有铜、铁、铅、锌、油页岩、大理石矿、莹石、石英石、石灰石、玛瑙石、珍珠岩、高岭土、沸石、硅石等83个,其中,石灰石远景储量50亿吨,氧化钙含量高达54%。旅游资源富集,有人文、生态、自然风光、地质、水域、古遗址等旅游景观。

全旗辖那吉、亚东、三岔河、霍尔奇、复兴、六合、向阳峪7个镇,新发朝鲜族乡、查巴奇鄂温克族乡、得力其尔鄂温克族乡、音河达斡尔鄂温克民族乡4个乡,148个行政村,那吉屯农牧有限责任公司、格尼河农牧有限责任公司2个国营农场,三号店林场、阿力格亚林场、库伦沟林场、大时尼奇林场、音河林场、查巴奇林场、得力其尔林场7个地方林场。全旗总人口330 123人,其中,农业人口230 669人,占总人口的69.9%;非农业人口99 454人,占总人口的30.1%。人口民族构成:汉族294 792人,蒙古族8 859人,回族216人,满族18 807人,朝鲜族1 978人,达斡尔族2 274人,鄂温克族2 644人,鄂伦春族198人,其他民族355人。

2010年,全旗经济继续保持又好又快的发展态势,经济效益显著提高,综合实力明显增强。全年共实施招商引资项目44个,引进旗外资金60.28亿元。全年实现地区生产总值900 173万元,按可比价计算(下同)同比增长13.0%。其中,第一产业增加值完成343 010万元,同比增长8.2%;第二产业增加值完成343 539万元,同比增长21.3%;第三产业增加值完成213 624万元,同比增长8.2%。三次产业比重由上年的37.6∶36.9∶25.5调整到38.1∶38.2∶23.7。人均GDP实现27 268元,同比增长19.6%。财政总收入完成40 487万元,同比增长36.48%,其中,一般预算收入完成24 556万元,同比增长27.39%;财政支出170 266万元,同比增长16.86%。单位GDP能耗1.0224吨标煤/万元,同比下降6.18%。

2010年,城乡居民生活水平稳步提高。城镇居民人均可支配收入实现14 870元,同比增长9.2%;人均消费支出13 691元,同比增长42.1%;农民人均纯收入6671元,同比增长12.9%;人均生活消费支出5 190元,同比增长8.5%。

【城镇建设】 到2010年末,建成教育培训中心、时代广场、熙和国际、鑫海置业等高层建筑16栋,建筑面积17.7万平方米;实施少年宫、幼儿园、滨河公园、南出口城雕广场、体育场、污水处理厂、垃圾处理场、阿伦大街北延、36条主次干路硬化等市政项目65个;建成标准化住宅小区22个,建筑面积140.5万平方米。实施单位业务用房建设项目30个,建筑面积6.42万平方米。新建经济适用住房15.57万平方米、廉租住房5.84万平方米,发放廉租住房租赁补贴442.92万元。改造供热三级网27万平方米,新增供热面积117.74万平方米,那吉镇供热总面积达到184.7万平方米。全年收储土地304.7万平方米,挂牌出让土地20宗,收缴土地出让金5.58亿元。

【固定资产投资】 年内全旗固定资产投资累计完成692 947万元,同比增长25.35%。其中,城镇固定资产投资601 750万元,同比增长15.62%;工业固定资产投资177 370万元,同比下降6.2%;房地产开发投资完成91 197万元,同比增长181.58%。全旗建筑业增加值完成81 420万元,可比价计算同比增长20.8%。

【农 业】 农牧业产业化进程加快,农业基础地位进一步巩固,种植业结构得到优化和调整。全旗粮食总产量28.21亿斤,同比增长16.5%。在粮食产量中,玉米产量920 969吨,同比增长14.3%;小麦产量5 876吨,同比增长108.4%;水稻产量35 250吨,同比下降1.

2%;薯类产量(五折一)176 855 吨,同比增长 7.9%;大豆产量 268 270 吨,同比增长 40.5%;油料产量 16 885吨,同比增长 28.1%。

全旗农作物总播种面积 286 939 公顷,其中,玉米播种 124 046 公顷,同比下降 2.8%;水稻 4 677 公顷,同比下降 0.3%;小麦 1 396 公顷,同比增长 159.5%;薯类 28 787 公顷,同比增长 4.5%;大豆 101 610 公顷,同比增长0.9%;油料播种面积 8 055 公顷,同比增长 12.8%。

全年实现农林牧渔业现价总产值 541 470 万元,按可比价计算同比增长 5.43%。其中,种植业总产值 369 943 万元,同比增长 20.4%;林业总产值 2 660 万元,同比增长 17.7%;牧业总产值 162 940 万元,同比增长 12.3%;渔业总产值 4 114 万元,同比增长 17.8%;农业服务业总产值 1 813 万元,同比增长 18.0%。

生产条件逐年改善,年末农业机械总动力达 63.95 万千瓦,同比增长 4.1%。现有大中型拖拉机 22 850 台,同比增长 10.6%,小型及手扶拖拉机 14 714 台,同比下降 6.9%。化肥施用量 1.56 万吨(折纯量),同比增长 2.6%;农村用电量 4 975 万千瓦时,同比增长 30%。

农田水利建设不断完善,水利年度投入劳动工日 66.5 万个,综合治理水土流失面积 15 万亩。全旗共有中小型水库 13 座,其中,中型水库 2 座。有效灌溉面积 72.45 万亩,其中,新增有效灌溉面积 7.94 万亩,新增节水灌溉面积 7.94 万亩。

【畜牧业】 畜牧业生产平稳增长,牧业年度牲畜总头数达到 361.06 万头只,比上年增长3.07%。其中,大畜 289 293 头,增长 5.2%;小畜 2 981 076 只,增长 3.1%;生猪 340 231 口,增长 1.3%。全年牲畜出栏 141.7 万头只,同比下降 1.46%,其中,大畜出栏 69 278 头,同比下降 7.0%;小畜出栏 1 267 231 只,同比增长 0.6%;生猪出栏 80 822 口,同比下降 22.0%;家禽出栏 60.40 万只,同比下降 51.4%。肉类产量 44 632 吨,同比增长 8.4%;禽蛋产量9 211吨,同比增长 5%,牛奶产量 10.66 万吨,同比增长 0.7%。全年放蚕 3 800 把,蚕茧产量1 400万斤,产值 1.7 亿元。

【林业】 全年完成植树造林面积 467 公顷,义务植树 123.5 万株;市内路边植树 27.6 万株;森林覆盖率达 51.97%

【工业】 全旗工业企业实现总产值 789 370 万元,同比增长 30.10%,其中,规模以上工业产值完成 592 541 万元,同比增长27.7%。全旗全部工业企业实现增加值 262 119 万元,按可比价计算同比增长 21.4%,其中,规模以上工业增加值完成 187 000 万元,按可比价计算同比增长 24.20%。

【建筑业】 全年全部施工项目 132 个,其中,城镇投资新开工项目 132 个。年新开工项目 85 个;年投产项目 98 个,投产项目投产率 74.2%;房屋施工面积 96.75 万平方米,其中,住宅面积 66.94 万平方米;竣工房屋面积 8.21 万平方米(竣工住宅面积 6.87 万平方米)。

【国内贸易】 2010 年,全旗消费品市场购销两旺,供需关系基本合理。全年实现社会消费品零售总额 172 388 万元,同比增长 19.0%。

从销售地区看,城镇零售额 110 026 万元,同比增长 19.7%;乡村零售额 62 362 万元,同比增长 18.9%。

从行业分组看,批发业 39 008 万元,同比增长 13.9%;零售业 94 232 万元,同比增长 20.4%;住宿业 8 098 万元,同比增长 24.1%;餐饮业零售额 31 050 万元,同比增长 22.5%。

【旅游业】 旅游事业快速发展,全年共接待游客 61 万人次,旅游总收入 4.10 亿元,同比增长 102.97%。

【交通运输】 交通运输事业迅速发展,全年客货运周转量完成72 009万吨公里,同比增长9.9%。

【信息产业】 全旗通讯业务收入 10 241 万元,同比增长 15.2%;电话用户达 193 574 户,同比增长 9.1%,其中,固定电话用户 12 399 户;移动电话用户 181 175 户。互联网用户达 7 591 户,同比增长 17.8%。

【金融 保险】 金融市场平稳运行,旗内金融机构各项存款余额 313 414 万元,同比增长 30.2%。其中,城乡居民储蓄存款余额 193 452 万元,同比增长 26.9%;银行贷款余额 122 548 万元,同比增长 21.1%。

保险业务收入 9 153 万元,同比增长72.1%。其中,财险业务收入 2 578 万元,同比增长 36.8%;人寿保险业务收入 3 323 万元,同比下降 3.2%;安华农业保险业务收入 2 577 万元;泰康人寿保险收入 675 万元。全年保险赔付额 2 262 万元,同比增长 96.2%。其中,财产险赔付额 840 万元,同比增长 5.3%;人寿险赔付额 163 万元,同比下降 54.1%;安华农业保险赔付 2 577 万元;泰康人寿保险赔付 11 万元。

【科技】 科技事业进一步发展。全旗共有专业技术人员 4 916 人,其中,高级职称 525 人,中级职称 1841 人,初级职称 2 550 人。

全年共举办各种农民培训班 198 期,培训人员 13.4 万人次。全旗农业先进适用技术推广 9 项,经济效益达 1.4 亿元。

【教育】 教育事业蓬勃发展,九年义务教育普及率达到了100%。全旗共有小学27所,其中,那吉镇6所,农村21所;有普通中学19所,其中,高级中学2所,初级中学14所,九年一贯制学校3所。有少数民族学校4所,职业中等专业学校1所,特殊教育学校1所。年内,普通初中招生2 814人,在校生7 621人,毕业生2 144人;普通高中招生973人,在校生4 062人,毕业生1 383人;中等职业学校招生503人,在校生1 436人,毕业635人;小学招生2 752人,在校生15 177人,毕业生2 628人;特殊教育学校招生10人,在校学生147人,共有教学班13个。全旗共有幼儿园21个,其中,教育部门1个,民办20个。在园幼儿5 535人,其中,学前班1 202人。当年入园幼儿3 955人,其中,学前班3 138人;离园幼儿2 574人,其中,学前班949人。全旗共有幼儿教职工197人,其中,小学高级教师11人,小学一级教师15人,小学三级教师2人。全旗小学共有教职工1 757人,其中,中学高级教师156人,小学高级教师1 099人,小学一级教师335人,小学二级教师10人,小学三级教师3人,未评定职称41人。全旗普通中学教职工1 276人,其中,中学高级教师139人,中学一级教师624人,中学二级教师264人,中学三级教师13人,未评定职称75人。全旗中等职业学校教职工95人,其中,:副高级教师5人,中级教师23人,初级教师47人,未评定职称20人。特殊教育教职工37人,其中,中学高级教师5人,小学高级教师6人,小学一级教师16人,小学二级教师6人。全旗年内共考入各类大专院校和高等职业大学1 516人。

【广播电视】 广播电视事业蓬勃发展,全旗11个乡镇建有文化广电中心,广播综合覆盖率达100%,有广播电视台1座,电视转播台5座,电视人口综合覆盖率达93.77%。旗内有线电视台1座,可收看数字传输电视节目68套,全旗有线电视用户达34 458户,数字电视用户达10 200户。各乡镇共有公用天线系统12座,可收看12套以上卫星节目,全旗已建成卫星地面接收站18 970座,村村通直播卫星站9 341座。

【体育】 全民健身活动基本得到普及,共举办全旗性运动会及其它竞赛活动23次,参加人员33万人次。全旗已有晨练点8个,参加晨练达8万人次。

【医疗卫生】 医疗卫生事业不断发展,服务质量明显改善,全旗已有医疗卫生机构36个;各类医院和卫生院21个;医疗卫生单位实有病床558张。专业卫生技术人员680人,其中,执业医师200人,执业助理医师105人,注册护士182人,药剂人员44人,检验人员19人,其他卫生技术人员120人。

全旗已有村级卫生室228个,村级医生288人。共有个体诊所31个,医务室4个。社区卫生服务中心(站)9个。

【社会保障】 社会保障事业取得较大进展,截至年末,共有17 244人参加基本养老保险,有20 631名职工参加医疗保险,1 521名离退休人员参加社会统筹。全年劳动就业持续稳定,年末城镇登记失业实有人数1 319人,登记失业率控制在4.14%。

【物价】 到12月末,全旗居民消费价格总指数达到105.9%,同比增长5.9%;服务项目价格指数103.3%,增长3.3%;消费品价格指数106.6%,增长6.6%;商品零售价格指数106.6%,增长6.6%;农业生产资料价格指数105.4% ,增长5.4 %。

【人民生活】 全旗在岗职工20 237人,同比增长6.7%。其中,企业在岗职工13 329人,同比增长12.1%;事业单位在岗职工4 850人,同比下降4.8%;机关单位在岗职工2 058人,同比增长3.9%。全旗在岗职工工资总额61 587万元,同比增长20.6%。其中,企业在岗职工工资总额35 789万元,同比增长25.5%;事业单位在岗职工工资总额18 385万元,同比增长12.5%;机关单位在岗职工工资总额7 412万元,同比增长19.3%。

全旗在岗职工平均工资31 116元,同比增长21.5%。其中,企业在岗职工平均工资20 868元,同比增长26.3%;事业单位在岗职工平均工资36 749元,同比增长15.5%;机关单位在岗职工平均工资36 352元,同比增长15.5%。

(李　海)

鄂伦春自治旗

【领导名录】

旗委书记:侯言增
人大主任:阿文保(鄂伦春族)
旗　　长:莫日根布库(鄂伦春族)
政协主席:闫立华
武装部长:杜福刚(5月离任) 张志强(5月任职)
政　　委:王忠安

【概况】 鄂伦春自治旗位于内蒙古自治区呼伦贝尔盟东北部,嫩江西岸,在北纬48°50′~51°25′,东经121°

55′~126°10′之间。东面与黑龙江省嫩江县隔江相望，西面与根河市、牙克石市为邻，南面与莫力达瓦达斡尔族自治旗、阿荣旗接壤，北面与黑龙江省呼玛县以伊勒呼里山为界。南北最长261公里，东西最宽280公里，边线总长1 294公里。全旗总面积59 880平方公里，占呼伦贝尔市总面积的21.6%，是呼伦贝尔市面积最大的旗市。2010年有耕地面积275 952.51公顷，林地面积2 893 688.47公顷，草牧场面积430 999.10公顷。国道93公里、省道124公里。

年末，全旗共有102 677户、人口277 520人，其中，男性人口为143 078人，女性人口为134 442人；少数民族人口为33 036人，占人口总数的11.90%，其中，鄂伦春族人口2 584人；非农业人口209 434人。人口出生率为5.98‰。

2010年，全旗实现现价地区生产总值38.03亿元，按可比价计算比上年增长11.4%。其中，第一产业增加值14.33亿元，比上年增长11.2%；第二产业增加值3.9亿元，比上年增长14.1%；第三产业增加值19.81亿元，比上年增长11%。一、二、三次产业占地区生产总值的比重为37.7 ：10.2 ：52.1。人均地区生产总值13 628元，同比增长23.7%。

全旗财政总收入完成21 753万元，同比增长59.8%，其中，地方财政收入16 450万元，包括一般预算收入完成9 099万元。财政总支出145 596万元，同比增长15.04%，其中，地方财政支出完成136 166万元，同比增长11.25%。

全旗共有乡镇7个、办事处3个，行政村82个，其中，自来水受益村3个，通汽车村数82个，通电话村数82个。全旗共接待国内外游客41.6万人(次)，旅游收入达到6.05亿元。全年招商引资3.7亿元，同比增长76.2%。

【农牧业】 农作物总播种面积为217 532公顷，比上年增长8.2%，其中，大豆播种面积为146 352公顷。粮食总产量达351 091吨，比上年增长20.8%，其中，大豆207 209吨、小麦55 970吨、薯类18 116吨。

全旗牧业年度牲畜总头数达471 571头只，比上年增长15.6%。年末牲畜总头数达387 887头只，同比增长25.8%。

【林业】 全年义务植树50万株，四旁绿化10万株。全旗森林覆被率达到79.22%。

【工业】 全旗12户规模以上工业累计完成现价工业总产值59 126.5万元，同比增长21.97%，完成现价工业增加值2.4亿元，可比增长17.9%。实现销售产值55 858万元，同比增长21.4%，实现产品销售率94.5%。

【建筑业】 全旗建筑业企业6个，实现总产值18 761万元，房屋建筑施工面积97 303平方米，竣工面积67 370平方米。从业人员平均人数1 150人。

【固定资产投资】 全年固定资产投资完成80 325万元，同比增长11.9%。其中，城镇固定资产投资完成64 726万元。房地产开发投资高速增长，全年完成15 599万元，同比增长544%。按投资产业划分，第一产业完成464万元、第二产业完成15 140万元、第三产业投资完成64 741万元。按构成分，建筑工程投资完成71 793万元，安装工程投资完成165万元，设备工器具购置投资完成6 408万元，其它费用投资完成1 959万元。

【商贸】 2010年，全旗实现社会消费品零售总额15.7亿元，同比增长20.5%。从销售地域看，旗、乡镇零售额分别为12.52亿元和3.18亿元。从销售行业看，批发零售业零售额10.83亿元，住宿和餐饮业零售额4.17亿元，其他行业实现零售额0.7亿元。

全旗商品零售价格指数比上年增长2.4%，农业生产资料价格指数比上年增长7.2%，居民消费价格总指数比上年增长4.2%。在居民消费价格总指数中，食品类价格比上年增长10.5%，烟酒及用品类价格比上年增长0.3%；衣着类价格比上年增长0.5%；家庭设备用品及维修服务价格比上年增长0.4%；医疗保健和个人用品价格比上年增长1.2%；居住价格比上年增长5%；交通和通信价格比上年下降1.4%；娱乐教育文化用品及服务比上年增长0.2%。服务项目价格指数比上年增长1.7%。

【交通 邮电】 全年交通运输业公路货运量完成87.2万吨；公路货物运输周转量完成12.45万吨公里；公路客运量完成44万人(次)；公路旅客运输周转量完成1 650万人公里。

全年邮电业务总量达9 472.5万元，比上年下降1.7%。全旗固定电话用户14 740户，手机用户93 328户，互联网用户9 103户。

【金融 保险】 年末，全旗金融机构各项存款余额达

420 828 万元，比上年增长 21.8%；城乡居民储蓄存款余额 286 705 万元，比上年增长 17.6%。金融机构各项贷款余额达 78 602 万元，比上年增长 51.2%。

全年保费收入 9 431 万元，同比增长 13.1 %。其中，财险 3 553 万元，寿险 5 878 万元；赔付额 2 134.48 万元，同比下降 12.9%，其中，财险赔付额 1 600 万元，寿险赔付额 534.48 万元。

【科技】 在阿里河镇齐奇岭村建立 3 500 平方米食用菌科技示范基地，引进推广“小孔木耳”栽培技术。扩大人工栽培蓝莓种植规模，种植面积达 1 000 亩以上。开展科技培训工作，全年共培训农猎民 500 余人次，发放《科技实用技术手册》1 500 本、科技资料 2 000 余份、蓝莓种植光盘 50 本。科技特派员全年累计培训 340 期，培训农猎民 2 万人次。全旗有各类专业技术人员 5 233 人。

【教育】 全旗共有中小学校 48 所，在校学生 23 222 人，同比下降 11.4%；其中，高中 4 569 人，初中 8 022 人，小学 10 631 人。全年小学生招生 1 544 人，初中招生 2 561 人，高中招生1 376人。毕业生数为 7 333 人，同比下降5.5%，其中，高中毕业生数 1 779 人，初毕业生数中 2 957 人，小学毕业生数 2 597 人。教职工人数 3 685 人，同比下降 2.6%，其中，专任教师2 913 人。全旗有幼儿园 42 所，在园幼儿3 122名，教职工 298 人。中等职业学校 2 所，在校学生数 540 人，教职工人数 122 人，其中，专任教师 82 人。

【文化】 全旗拥有艺术事业机构 7 个，文化馆 1 个，文化活动服务中心 10 个，博物馆 1 个，档案馆 1 个；公共图书馆 1 个，广播电台 1 座，体育馆 1 个。进一步开展鄂伦春民族特色文化的保护和传承工作，在库图尔其广场举办首届鄂伦春迎新春《篝火颂》。选派 8 名鄂伦春族舞蹈演员参加“全国少数民族非物质文化遗产项目调演”。旗图书馆全年办理借书证 43 个，读者流通量 1.25 万人次，图书流动量 3.5 万册。图书馆电子阅览室于 2010 年 3 月对外开放。

【卫生】 全旗拥有各种卫生机构 34 个，病床 871 张，比上年增长 7.1%；专业卫生技术人员 1 353 人，比上年下降 7.6%。

【体育】 举办“迎新年”青少年乒乓球交流赛、“迎五一”全旗职工乒乓球赛、全旗中学生篮球赛、全旗职工篮球赛、内蒙古林区职工台球赛 5 次全旗性大型体育赛事。参加上级体育竞赛 4 次。全旗体育锻炼人口达 38.5%，全旗 48 所学校《国家体育锻炼标准》和“体质健康”实施面 100 %。

【人民生活】 2010 年，城镇居民人均可支配收入 12 635 元，比上年增长 12.8%。城镇居民人均消费性支出 8 337.5 元，比上年增长 21.7%。农民人均纯收入 4 829 元，同比增长 12.5%。农民人均生活消费支出 3 884 元，同比下降21.66%。全旗年末在岗职工人数 17 565 人，同比下降 4.2%，在岗职工年平均工资为 27 416 元，同比增长 15.73%。猎民人均纯收入 11 553 元，比上年增长 50%。

【社会保障】 年末，旗社会保险局建帐人数31 109人，比上年增长 12.7%，年末参保职工 25 245 人，比上年增长 1%，缴费人员 21 114 人，比上年增长 1.6%，离休、退休、退职 8 451 人，比上年增长 105%，缴费基数总额中单位15 063万元，增长 14.3%，个人 40 901 万元，比上年增长 25.5%，全年发放离退休养老金 12 762万元，增长 162.9%。

【劳动就业】 2010 年末，城镇新增就业人数为 1 879 人，下岗再就业 1 343 人，登记失业率为 4.17%。

【生态建设】 鄂伦春自治旗旗委、旗政府全面实施《鄂伦春自治旗生态旗建设规划》，组织召开生态旗创建调度会，细化生态旗建设各项指标，明确各相关职能部门的责任目标。开展生态乡镇创建工作，编制了阿里河镇、大杨树镇和乌鲁布铁镇的环境保护规划及国家级生态乡镇申报材料，自治区环保厅网站对拟提名“国家级优美乡镇”称号的阿里河镇、大杨树镇和乌鲁布铁镇进行了公示。实施退耕还林还草、天然林保护等重点工程，全旗共退耕还林还草 20 万亩，禁牧 6 万亩、休牧 4 万亩，种植饲料作物 5 万亩；全民义务植树 50 万株，四旁植树 10 万株；新增水土流失治理面积 1.5 万亩、生态保护面积 10 万亩。对自治旗地方管辖的唯一林业施业区——嘎仙沟经营林场实施禁伐。

【实施民居工程】 鄂伦春自治旗实施廉租住房建设、农村危房改造工程、游猎民定居工程，改善农猎民及低收入家庭的居住环境，工程惠及了全旗 990 户低保家庭，2 030 户农猎民家庭。

廉租住房建设工程 A 区廉租住房在阿里河镇建设，建设 6 栋住宅楼、414 户，总建筑面积 2 万余平方米，投资 4 132 万元，2010 年 10 月完成工程建设。B

区廉租住房在大杨树鑫磊物业小区建设,建设8栋、576户,总建筑面积2.78万平方米。完成投资5 606.7万元,于2009年12月竣工,2010年向符合条件的低保家庭全部出售。农村危房改造工程规划期内计划投入资金7 400万元,建筑面积7.4万平方米、1 848套。2010年总投资200万元,建筑面积2 000平方米50套。

游猎民定居工程实施住房建设12 740平方米182户,项目总投资1 610万元。其中,古里乡58户4 060平方米;诺敏镇32户2 240平方米;托扎敏92户6 440平方米。于2009年施工,2010年10月完成工程建设。

【村企共建】 鄂伦春自治旗采取选聘优秀民营企业家驻村任"名誉村主任",开展村企共建工作。选聘的"名誉村主任"结合任职村的实际情况,2010年共投入资金250余万元,完善村级道路、农田水利、公共设施等基础设施建设,共铺设村级公路5公里、修复水渠3公里、修复桥梁1座;还采取赊购农资、低价提供等方式为农民提供种子、化肥、农药等农资价值160余万元;开展"送温暖、献爱心""扶贫助学"等活动,发放米面100多袋,为贫困学生资助学费4万多元;围绕高油大豆种植、马铃薯繁育、食用菌种植等产业,组织任职村村民进行27次技术指导,培训农民600多人,受益群众4 000多人。

【荣誉】 2010年,大杨树镇个体医师齐秀菊、托河办事处希日特奇猎民村主任何勇被自治区党委、政府授予"全区劳动模范"。

(杜灵丽)

鄂温克族自治旗

【领导名录】

旗委书记:姚　庆

人大主任:敖金福(鄂温克族)

旗　　长:色音图(鄂温克族)

政协主席:齐　全(蒙古族)

武装部长:王耀武

政　　委:张明建(3月离任) 辛石峰(4月任职)

【概况】 鄂温克族自治旗是内蒙古自治区三个少数民族自治旗之一,地处内蒙古自治区东北部,呼伦贝尔草原东南端,大兴安岭西侧。东与牙克石市接壤,西与新巴尔虎左旗毗邻,北与呼伦贝尔市政府所在地——海拉尔区和陈巴尔虎旗相连,南与扎兰屯市和兴安盟阿尔山市交界。旗域呈下垂的枫叶状。地处北纬47°32′50″~49°15′37″,东经118°48′02″~121°09′25″。土地总面积19 111平方公里。旗委、旗人民政府所在地巴彦托海镇。

2010年,鄂温克旗下辖锡尼河、伊敏河、巴彦托海、巴雁、红花尔基(由伊敏苏木分设)5个镇,巴彦塔拉达斡尔民族乡一个乡,辉苏木、伊敏苏木2个苏木,44个嘎查。

全年全旗地区生产总值完成651 481万元,按可比价格计算,同比增长20.2%。三次产业:第一产业增加值完成59 545万元,第二产业增加值完成419 758万元,第三产业增加值完成172 178万元。全旗生产总值中一、二、三次产业比重为9.2 : 64.4 : 26.4。人均GDP达45 130元,同比增加7 903元,增长21.2%。全年地方财政收入完成143 380万元,同比增加10 902万元,增长8.3%,总量位居全市第一位,速度居第十二位,比重占全市地方财政收入的15.4%,比上年下降0.8个百分点。地方财政总支出(原口径)达129 280万元,同比减少2 208万元,下降1.7%;地方财政支出(新口径)达117 318万元,同比增加20 612万元,增长21.3%。总量位居全市第七位,速度位居第四位。

【人口】 鄂温克族自治旗是以鄂温克族为区域自治民族,多民族聚居的县级自治地方。旗内居住生活着鄂温克、蒙古、达斡尔、汉、满、回、朝鲜、鄂伦春、锡伯等25个民族。全旗总人口53 026户、144 357人。其中,男性人口75 194人,女性人口69 163人,性别比为108.72%;在总人口中,汉族85 514人,占59.2%,少数民族58 843人,占40.8%。在少数民族人口中,鄂温克族11 193人,占7.8%;蒙古族27 809人,占19.3%;达斡尔族14 239人,占9.9%。年内,出生人口905人,出生率6.8‰;死亡人口643人,死亡率4.8‰;人口自然增长率为2‰。

【固定资产投资】 全旗限额以上固定资产投资完成1 005 939万元,比上年增加401 625万元,增长66.5%。总量和速度均位居全市第一。按三次产业分:第一产业完成170万元,同比下降54.4%;第二产业完成881 466万元,同比增长83.0%;第三产业完成124 303万元,同比增长1.6%。全年新增固定资产207 387万元,同比增长190.9%。

【农牧业】 至6月末,全旗牲畜头数达828 513头(只),比上年增加31 659头(只),增长3.97%。其中,大小牲畜达814 156头(只),比上年增加30 090头(只),增长3.83%;大小牲畜能繁殖母畜达397 926头(只),比上年增加43 526头(只),增长12.28%。到年末,全旗鲜奶总产量达到171 734吨,比上年增加2 647吨,增长1.57%;出售商品奶126 442吨,比上年增加41 406吨,增长48.69%;肉类总产量达17 673吨,比上年增加1 999吨,增长12.75%;绵羊毛产量达892吨,比上年增加21吨,增长2.41%;牛皮产量59 083张,比上年增加12 652张,增长27.24%;绵羊皮和山羊皮产量达273 234张,比上年增加91 959张,增长50.72%。

全旗农作物播种面积为16 436公顷,比上年减少9 952公顷,下降37.71%。其中,粮食作物面积9 245公顷,油料播种面积5 133公顷,蔬菜播种面积268公顷,瓜类播种面积1公顷,其他农作物播种面积1 789公顷。全年粮食总产量达29 697吨,同比减少20 812吨,下降41.20%。其中,小麦产量17 755吨,同比减少7 640吨,下降30.08%;油菜籽产量4 280吨,同比减少2 975吨,下降41.0%;薯类产量6 154吨,同比增加1 986吨,增长35.38%。全旗人均粮食产量达206公斤,同比减少90公斤,下降25.71%。

年末,全旗拥有农牧业机械总动力162 959千瓦,同比增加16 334千瓦,增长11.13%。其中,拥有大中型拖拉机4 873台。全年牧区用电量98万千瓦小时,同比增加6万千瓦小时,增长6.52%。

【工 业】 全旗19户规模以上工业企业累计实现工业总产值753 489万元,同比增加88 554万元,增长13.3%;全年原煤产量累计完成2 296.94万吨,同比增加104.07万吨,增长4.7%;发电量累计完成129.41亿千瓦小时,同比增加11.15亿千瓦小时,增长9.4%;乳制品产量达9 122吨,同比增加118吨,增长1.3%;规模以上工业企业产销率达100.4%,同比下降6.1个百分点。规模以上工业增加值完成35.3亿元,同比增长22.1%,工业增加值占全市的10.91%,比上年下降2.4个百分点,总量位居全市第四位,速度位居第六位。

【国内贸易】 全旗实现社会消费品零售额85 420万元,比2009年增加12 411万元,增长17.0%。批发零售贸易业实现社会消费品零售额68 270万元,增长18.4%;餐饮业实现零售额16 354万元,增长12.0%;其他行业零售额796万元,增长9.0%。社会消费品零售总额及速度均位居全市第9位,总量占全市的2.9%,比上年下降0.05个百分点。

【金融保险】 年末,全年金融机构各项存款余额达497 403万元,比上年增加104 231万元,增长26.6%;各项贷款余额为1 085 001万元,同比增加220 221万元,增长25.4%。城乡居民储蓄存款达到246 247万元,同比增加49 796万元,增长25.3%。人均储蓄存款达17 073元,比上年增加3 459元,增长25.4%。

2010年,全旗保险总收入达4 630万元,比上年减少771万元,下降14.3%。其中,财产险收入2 038万元,比上年增加284万元,增长16.2%;人寿险收入2 592万元,比上年减少1 055万元,下降28.9%。全年保险赔付1 078万元,同比增加6万元,增长0.6%。其中,财产险赔付927万元,比上年增加108万元,增长13.2%;人寿险赔付151万元,比上年减少102万元,下降40.3%。

【教育】 年末,全旗共有普通中学11所,职业中学2所,小学10所。中小学在校生11 542人。其中,小学5 894人,普通初中3 401人,普通高中1 993人,职业高中254人。全年毕业生人数3 153人。全年招生2 710人。教职工人数2 001人。全旗拥有幼儿园21所,在园幼儿2 326人,教职工335人。

【卫 生】 全旗拥有卫生机构73个(含个体),拥有病床720张,从业人数达1 068人,其中,卫生技术人员843人,全旗达到了每180人拥有1名卫生技术人员的标准。

【社会保障】 全年新增就业1 187人,城镇失业率控制在4.2%以内。对合作医疗参保牧民旗财政人均补贴70元,居全市首位。对牧区养老保险旗财政人均补贴60元,居3个试点旗之首。

【人民生活】 全年城镇居民人均可支配收入达13 855元,同比增加1 712元,增长14.1%;人均消费性支出10 005元,同比增加1 396元,增长16.2%;城镇居民恩格尔系数为30.2%。城镇居民人均可支配收入位居全市第七位,增速位居第三位。牧民人均纯收入达9 067元,同比增加1 184元,增长 15.0%;人均生活费支出 8 715 元,同比增加 1 692 元,增长 24.1%;牧民恩格尔系数 30%。牧民人均纯收入位居全市第五位,增速位居第六位。

(单福堂 何英)

莫力达瓦达斡尔族自治旗

【领导名录】

旗委书记:高 忱

人大主任:郭 力(达斡尔族)

旗 长:孟智军(达斡尔族)

政协主席:咸志广

武装部长:毛国军

政 委:解明奎

【概况】 莫力达瓦达斡尔族自治旗(以下简称莫旗)是全国仅有的三个少数民族自治旗之一,位于内蒙古自治区呼伦贝尔市东部。东隔嫩江与黑龙江省的讷河市、嫩江县毗邻,西部、北部与阿荣旗、鄂伦春自治旗接壤,西南是黑龙江省甘南县。地处北纬 48°05′10″~49°50′50″,东经 123°32′55″~125°16′14″。地域中部宽,南、北部窄,呈纺锤形。莫旗总面积 1.1 万平方公里。辖 10 个乡镇(含两个鄂温克民族乡),7 个办事处,旗人民政府驻尼尔基镇。

2010 年地区生产总值完成 675 080 万元,可比价计算,比上年增长 9.1%,其中,第一产业完成现价增加值 327 095 万元,可比价计算,比上年增长 7.8%;第二产业完成现价增加值 148 589 万元,可比价计算,比上年增长 14.8%,其中,全部工业完成现价增加值 109 010 万元,可比价计算,比上年增长 17%,建筑业完成现价增加值 39 579万元,可比价计算,比上年增长9.6%;第三产业完成现价增加值199 396万元,可比价计算,比上年增长 6.7%。人均地区生产总值完成19 891元,可比价计算,比上年增长9.1%。三次产业结构由 2009 年的 47.9 : 22.3 : 29.8 调整为 2010 年的 48.5 : 22 : 29.5。

全旗总人口 340 582 人,比上年增加 2 373 人,其中,非农业人口 82 568 人,比上年增加 874 人。出生人口 4 148 人,出生率 12.22‰,死亡人口 2 337 人,死亡率 6.88‰,人口自然增长率5.34‰,达斡尔族人口 32 365 人,比上年减少 29 人,鄂温克族人口 6 581 人,比上年增加 355 人,鄂伦春族 335 人,比上年增加 6 人。

【农业】 农作物播种面积达 697 万亩,比同期减少 8 万亩。在总播种面积中:粮食作物播种面积达 652 万亩,比同期减少 9 万亩,其中,水稻播种面积 12 万亩,与上年基本持平;小麦播种面积 15 万亩,比同期减少 7 万亩;玉米播种面积 159 万亩,比同期增加 4 万亩;大豆播种面积 434 万亩,比同期增加 12 万亩,其中,优质高效大豆播种面积 391 万亩,比同期增加 71 万亩。粮、经、饲种植比例调整为 93.5 : 3.6 : 2.9。全旗粮食产量再创新高,总产量达 1469 682 吨,比上年增长 16.3%,其中,水稻产量达 73 200 吨,小麦产量达 57 000 吨,玉米产量达 572 415 吨,大豆产量达 644 386 吨,分别比上年增长 1.7%、5.4%、-3.3%、54.9%。优质高效大豆产量达 520 422吨,比上年增长34.7%。

【畜牧业】 牧业年度牲畜存栏达2 532 206头(只),比同期增加224 659头(只),增长 9.7%。其中,大小畜 2 278 272 头(只),比同期增加 235 725 头(只),生猪 253 934 头,比同期减少 11 066 头(只)。全旗良种及改良种牲畜 2 263 797 头(只),比上年增加 206 251 头(只),能繁殖母畜 1 503 162 头(只),比同期增加 353 041 头(只)。

【工业】 全部工业完成现价增加值109 010万元,可比价计算,比上年增长 17%。规模以上工业对全部工业的贡献逐步提高,规模以上工业企业共 20 家,其中,轻工业 11 家,重工业 9 家。2010 年规模以上工业企业完成现价产值 273 756 万元,比上年增长 27.5%,其中,轻工业完成现价产值 153 913 万元,比上年增长 24.4%;重工业完成现价产值 119 843 万元,比上年增长31.6%。其中,国有企业完成现价产值 18 978 万元,比上年增长 18.9%;股份制企业完成现价产值204 906万元,比上年增长 26.7%;其他经济类型企业完成现价产值 49 872 万元,比上年增长34.7%。规模以上工业完成现价增加值 89 706 万元,比上年增长 18.9%,占全部工业增加值的比重为 82.3%。

【建筑业】 建筑业增加值完成39 579万元,可比价计算,比上年增长 9.6%。

【固定资产投资】 限额以上固定资产投资完成 238 300 万元,比上年增长13.7%。其中,房地产投资完成 47 844 万元,比上年增长 291.5%。

2010年新增固定资产207 600万元,施工项目90个,其中,本年新开工项目71个,本年房屋施工面积577 338平方米,竣工房屋面积273 682平方米。

【商贸】 社会消费品零售总额完成176 540万元,比上年增长22%。从销售地域划分:县及县以上完成零售额113 380万元,比上年增长22.6%,县以下完成零售额63 160万元,比上年增长20.9%。从行业完成情况分:批发零售贸易业完成零售额132 900万元,比上年增长22.6%,其中,限额以上批零贸易业完成零售额18 860万元,比上年增长11.1%;限额以下批零贸易及个体户完成零售额114 040万元,比上年增长24.8%;住宿餐饮业完成零售额23 820万元,比上年增长20%;其他企业完成零售额19 820万元,比上年增长20%。

【财政】 旗财政总收入完成32 100万元,比上年增长56.9%,其中,地方财政总收入完成27 888万元,比上年增长42.6%,地方财政支出完成159 280万元,比上年增长31.2%。

【金融】 2010年银行各项贷款余额完成206 269万元,比上年增长25.4%,银行各项存款余额完成265 851万元,比上年增长39.7%,其中,城乡居民储蓄存款余额完成168 710万元,比上年增长25%,银行现金收入完成840 468万元,比上年增长11.4%,银行现金支出完成951 544万元,比上年增长22.3%,全年现金累计净投放111 076万元,比上年增加87 136万元。

【人民生活】 城镇居民人均可支配收入完成12 601元,比上年增长7.8%,城镇居民人均消费支出9 735元,比上年增长8.5%,城镇家庭恩格尔系数26.2%,人均住房建筑面积25.56平方米。

农民人均纯收入6 372元,比上年增长12%,农村居民人均生活消费支出3 751元,比上年增长13.8%,农村家庭恩格尔系数31.5%,农村居民人均住房面积16.9平方米。

【科技】 组织鉴定科技成果1项,推广市级科技项目2项,投资12万元,推广旗级科技项目3项,投资20万元,各级财政投入科技资金共32万元。

【教育】 全旗现有普通高中1所,在校学生3 589人,中等职业学校2所,在校学生324人,初级中学11所,在校学生6 252人,九年一贯制学校13所,在校学生2 393人,小学校点55所(个),在校学生数17 047人,幼儿园59所,在园幼儿4 269人。

【文化】 6月18日由莫旗乌兰牧骑精心创作的大型歌舞剧《神奇达斡尔》在台北国父纪念馆精彩上演,给台湾观众带来民族歌舞的盛宴,深受台湾观众欢迎,为两岸文化交流起到了积极的促进作用。

【卫生】 全旗现有卫生机构466个(统计范围与往年不同),医疗卫生单位实有床位799张,卫生技术人员887人。

【广播电视】 全旗广播人口覆盖率87%,电视人口覆盖率93%,年末全旗有线电视用户24 000户。

【首届中国·达斡尔冰钓节】 莫旗举办的“首届中国·达斡尔冰钓节”在2010年首届中国节庆创新论坛暨2010年中国品牌节会颁奖盛典发布会上荣获“看我中国·2010十佳休闲旅游节”。

该活动是由人民日报社网络中心(人民网)联合中国城市发展促进会、中国品牌建设与管理协会共同举办的“2010年首届中国节庆创新论坛”暨“2010年中国品牌节会颁奖盛典”。经论坛组委会对全国1900多个城市、县、区6136家节会及1800家行业展会开展的调研评估。中国城市发展促进会、中国品牌建设与管理协会同意组委会评审委员最终评定,经前期调研、网络公示、专家组初评、测评、终审确定莫力达瓦旗举办的“中国·达斡尔冰钓节”荣获“看我中国·十佳休闲旅游节”。

【首届中国达斡尔服饰设计大赛】 6月25日莫旗举办了首届中国达斡尔服饰设计大赛。达斡尔服饰设计大赛以“魅力达斡尔”为主题,体现达斡尔族传统服饰元素,追溯其原始、质朴的风格,赋予其创新、发展的理念,达到设计新颖、独特、美观的目的。参赛作品分为传统达斡尔族服饰、现代生活装、节庆礼仪装3个类别。有来自新疆、齐齐哈尔、鄂温克族自治旗、莫旗等地18支队伍106件作品参加比赛,莫旗文化馆副馆长鄂喜辉荣获传统达斡尔族服饰类一等奖。鄂温克旗伊兰工作室荣获达斡尔族节庆礼仪装一等奖。

(杜卫东)

兴 安 盟

【党政军领导名录】

盟 委

书 记:杨汉忠(4月离任) 王程熙(4月任职)

副书记:郭健(蒙古族 4月离任) 邓月楼(蒙古族 4月任职) 王儒

委员:刘俊清(9月离任) 刘春良(9月离任) 张利 钱海峰(蒙古族) 吴剑华(蒙古族) 李锋(蒙古族) 邵万荣 陈洁(女 9月任职) 李国栋 赵云翔(蒙古族 9月离任) 皇甫军(9月任职) 刘子强(蒙古族 9月任职) 尤国钧(蒙古族 9月任职)

人大工委

主 任:杨汉忠(4月离任) 王程熙(4月任职)

副主任:苏贵民(8月离任) 高震邦 崔文军 郜钢柱(蒙古族) 李秀文(女)

盟 行 署

盟 长:郭 健(蒙古族 4月离任) 邓月楼(蒙古族 4月任职)

副盟长:张利 陈洁(女) 刘福德 杨春山(蒙古族) 步进来(蒙古族) 于仁杰 赵云翔(蒙古族 8月任职) 杨秉谦(挂职) 张世旺(12月挂职)

政 协

主 席:王 玉(蒙古族)

副主席:佟德钧 黄宝平 石兴台(蒙古族) 杜吉雅(蒙古族) 黄金魁 宝新民(蒙古族)

军 分 区

司令员:徐建英

政 委:吴剑华(蒙古族)

纪 检 委

书 记:钱海峰(蒙古族)

法 院

院 长:包满都呼(蒙古族)

检 察 院

检察长:王秀春

公 安 局

局 长:李成仁(9月离任) 赵云辉(9月任职)

【概况】 兴安盟位于内蒙古自治区东部,大兴安岭中段,地理坐标为北纬44°14′~47°39′,东经119°28′~123°38′。西北、北与呼伦贝尔市新巴尔虎左旗、鄂温克族自治旗、扎兰屯市接镶,东北、东与黑龙江省龙江县、泰来县毗邻,东南与吉林省白城市的洮北区、镇赉县、洮南市、通榆县相连,南、西南和西与通辽市的科尔沁左翼中旗、霍林郭勒市、扎鲁特旗,锡林郭勒盟的东乌珠穆沁旗和蒙古国交界。国境线全长125.851公里,其中,陆界长71.611公里,水界长54.24公里,总面积59 806平方公里。辖乌兰浩特市、阿尔山市、扎赉特旗、突泉县、科尔沁右翼中旗、科尔沁右翼前旗。境内居住着蒙古、汉、满、朝鲜、回、达斡尔等22个民族。共有39个苏木乡镇、11个办事处。其中,苏木乡镇中有苏木5个,乡2个,镇32个。

2010年,全年实现地区生产总值261.39亿元,按可比价格计算,比上年增长14.0%。其中,第一产业增加值83.16亿元,增长6.6%;第二产业增加值87.72亿元,增长17.8%;第三产业增加值90.51亿元,增长15.9%。在地区生产总值中,一、二、三次产业比例由上年的 32.2 : 32.3 : 35.5调整为31.8 : 33.6 : 34.6。第一、二、三产业对地区生产总值增长的贡献率分别为13.4%、42.9%和43.7%。

【农业】 全年农作物种植面积761.24千公顷,比上年增加15.37千公顷,增长2.1%。其中,粮食作物种植面积717.38千公顷,比上年增加17.57千公顷,增长2.5%。全年粮食总产量265.00万吨,再创历史新高,比上年增长23.0%。其中,玉米产量178.02万吨,比上年增产38.15万吨,增长27.3%;大豆产量13.85万吨,比上年减产1.62万吨,下降10.4%;薯类产量10.72万吨,比上年减产0.61万吨,下降5.4%。全年油料产量3.85万吨,比上年减产2.19万吨,下降36.2%。甜菜产量0.79万吨,比上年增产0.69万吨,增长691.4%。蔬菜产量41.08万吨,比上年增产17.47万吨,增长74.0%。

年末,全盟农牧业机械总动力372.15万千瓦,比上年增长8.0%。全盟有大中型拖拉机7.42万台,小型拖拉机7.92万台,农用运输车2.48万台,农用排灌动力机械5.11万台,农用水泵7.67万台,节水灌溉类机械0.52万套。农田有效灌溉面积306.43千公顷,其中,新增节水灌溉面积28.00千公顷。农用化肥施用量(折纯)17.95万吨,比上年增长8.1%;农用塑料薄膜使用量1 381吨,下降4.6%;农村用电量19 230万千瓦时,增长6.9%。

【畜牧业】 全盟牧业年度牲畜存栏总头数826.67万头(只),比上年增长4.1%。其中,大牲畜存栏76.24万头,增长13.3%;羊存栏604.41万只,增长6.0%;猪存栏146.03万口,下降6.7%。年末,牲畜存栏总头数600.63万头(只),比上年增长2.1%。其中,大牲畜存栏60.83万头,增长1.5%;羊存栏468.90万只,增长2.4%;猪存栏70.90万口,增长0.3%。全年牲畜出栏头数达527.54万头(只)。其中,羊出栏405.40万只,猪出栏107.80万口。牲畜出栏率达89.6%。全年肉类总产量17.85万吨,比上年增长8.6%;牛奶产量43.36万吨,比上年增长0.8%;禽蛋产量1.88万吨,比上年增长2.0%。全年水产品产量7 106吨,比上年增长7.7%。

【林业】 全年完成造林面积40.07千公顷,年末,实有封山育林面积128.85千公顷,四旁(零星)植树306.60万株,新增育苗面积0.33千公顷,当年苗木产量1.08亿株。年末,全盟森林面积1 659.60千公顷,森林覆盖率达27.8%。

【工业】 全年完成全部工业增加值68.55亿元,按可比价格计算,比上年增长15.7%,对地区经济增长贡献4.2个百分点。其中,规模以上工业企业完成增加值57.27亿元,比上年增长16.0%。在规模以上工业企业中,国有企业增加值19.38亿元,增长26.8%;集体企业增加值1.55亿元,增长6.1%;股份合作企业增加值0.08亿元,增长31.8%;股份制企业增加值29.12亿元,增长11.1%;外商及港澳台投资企业增加值4.11亿元,下降1.5%;其它经济类型企业增加值3.03亿元,增长4.6%。在规模以上工业企业中,轻工业增加值31.60亿元,增长12.5%;重工业增加值25.67亿元,增长17.0%。

全年规模以上工业实现主营业务收入135.85亿元,比上年增长17.9%;实现利税总额15.61亿元,增长118.3%,其中,实现利润4.13亿元,增长318.3%;产品销售率为95.3%;工业经济效益综合指数达254.9,比上年提高50.8点。

【建筑业】 全年建筑业实现增加值19.17亿元,按可比价格计算,比上年增长26.3%。全盟具有建筑业资质等级的建筑施工企业28个。全年房屋建筑施工面积204.9万平方米,比上年增长66.0%;房屋建筑竣工面积64.0万平方米,比上年下降53.9%。

【固定资产投资】 全年全社会固定资产投资252.20亿元,比上年增长31.5%。其中,50万元以上项目固定资产投资完成251.78亿元,比上年增长31.4%。

固定资产投资中,第一产业投资25.88亿元,比上年增长30.2%;第二产业投资103.63亿元,增长51.8%;第三产业投资122.68亿元,增长18.3%。从主要行业投资看,电力、热力生产和供应业投资75.61亿元;交通运输、仓储和邮政业投资45.22亿元;房地产业投资28.89亿元;制造业投资23.11亿元。

全年新开工项目达478个,完成投资162.31亿元,占全部投资的64.4%;续建项目达115项,完成投资额69.90亿元,占全部投资的27.7%。

【基础设施建设】 乌白高速公路、两伊铁路建成通车,乌阿一级公路、通霍铁路复线改造工程具备通车条件,锡乌铁路建设加快推进,乌－白500千伏输变电工程开工建设。全年城镇建设投资达到229.7亿元,全年房地产企业房屋施工面积338.51万平方米,比上年增长25.3%,其中,经济适用房施工面积5.93万平方米,比上年下降31.4%。狠抓节能减排责任目标落实,全面完成了"十一五"节能减排任务。

【国内贸易】 全年社会消费品零售总额109.46亿元,比上年增长19.2%。分城乡看,城镇消费品零售额92.05亿元,增长19.1%;乡村消费品零售额17.40亿元,增长20.1%。分行业看,批发业零售额4.82亿元,增长21.9%;零售业零售额94.36亿元,增长18.3%;住宿业零售额0.80亿元,增长23.6%;餐饮业零售额9.48亿元,增长27.5%。

【对外经济】 全年外贸进出口总额295万美元,比上年增长73.7%。其中,进口总额28万美元,增长46.6%;出口总额267万美元,增长77.1%。全年共引进国内资金163亿元,比上年增长。9.6%

【交通】 全年交通运输、仓储及邮政业实现增加值7.13亿元,按可比价格计算,比上年增长2.5%。全年完成公路货运量2 007万吨,比上年增长6.2%;完成货物周转量507 392万吨公里,增长6.8%。全年完成公路客运量914万人,比上年增长10.1%;完成公路旅客周转量94 126万人公里,增长9.2%。年末,全盟公路通车里程9 775公里,比上年末,增长7.1%,其中,等级公路里程9 386公里。年末,全盟汽车保有量达9.62万辆,比上年末,增长18.3%,其中,私人汽车保有量7.97万辆,增长

21.1%,在私人汽车保有量中载客车保有量4.63万辆,增长40.9%。

【邮电】 全年邮电业务收入7.99亿元,比上年增长14.6%。其中,邮政业务收入0.64亿元;电信业务收入7.35亿元。年末,本地电话用户10.65万户,比上年末,下降43.4%。其中,城市电话用户9.00万户,乡村电话用户1.65万户。年末,全盟有小灵通用户1.97万户,移动电话用户107.97万户。年末,全盟互联网宽带接入用户6.45万户。

【旅游业】 全年共接待国内、外游客185.11万人次,比上年增长20.2%。其中,接待国内游客185.1万人次,增长20.2%;接待境外游客777人次,下降69.0%。全年实现国内旅游收入17.9亿元,比上年下降11.6%;国际旅游外汇收入42万美元,比上年下降74.0%。

【财政】 全年实现地方财政总收入22.22亿元,比上年增加3.71亿元,增长20.0%。其中,一般预算收入10.25亿元,增长23.7%。在一般预算收入中,税收收入7.21亿元,比上年增长24.3%。全年地方财政支出96.02亿元,比上年增长20.3%。其中,一般公共服务支出11.52亿元,增长30.3%;社会保障和就业支出13.27亿元,增长15.3%;城乡社区事务支出5.35亿元,增长28.9%;医疗卫生支出5.31亿元,增长20.5%;教育支出15.47亿元,增长39.2%。

【金融】 全年完成金融业增加值3.47亿元,按可比价格计算,比上年增长3.9%。年末,全盟金融机构各项人民币存款余额234.37亿元,比上年末,增长24.4%。其中,企业存款余额46.41亿元,增长40.2%;城乡居民储蓄存款余额127.64亿元,增长23.5%。年末,全盟金融机构各项人民币贷款余额124.11亿元,比上年末,增长2.7%。其中,中长期贷款60.14亿元,增长27.8%;短期贷款63.95亿元,下降13.3%。银行现金收入768.43亿元,比上年增长11.0%;银行现金支出791.10亿元,增长11.2%;现金收支相抵净投放货币22.67亿元。全盟有证券经营机构1家;证券公司开户数达12747户,比上年末,增长23.1%;全年证券交易额为42.08亿元,比上年下降28.4%。

【保险业】 全盟开展保险业务的保险公司13户。保险业实现保费收入8.23亿元,比上年增长21.8%。其中,财产险保费收入4.64亿元,增长15.0%;人寿险保费收入3.58亿元,增长32.0%。全年保险业各类赔款与给付支出3.07亿元。其中,财产险赔付支出2.66亿元,赔付率达57.38%;人寿险赔付支出0.40亿元,赔付率达11.26%。

【教育】 2010年,全盟普通高考专科及以上上线人数9 904人。全盟共有高等教育学校2所;全年招生3 608人;年末,在校学生9 593人,其中,少数民族在校学生3 356人;全年毕业学生1 970人。中等职业教育学校18所;全年招生9 111人;年末,在校学生20 494人,其中,少数民族在校学生8 466人;全年毕业学生3 023人。普通高中15所;全年招生9 929人;年末,在校学生27 995人,其中,少数民族在校学生16 996人,少数民族在校学生中有蒙古族15 926人;全年毕业学生8 120人。普通初中76所;全年招生16 811人;年末,在校学生46 651人,其中,少数民族在校学生25 169人,少数民族在校学生中有蒙古族23 762人;全年毕业学生15 328人,全盟初中毕业生升学率达88.9%。小学165所;全年招生14 755人;年末,在校学生83 920人,其中,少数民族在校学生46 445人,少数民族在校学生中有蒙古族44 860人;全年毕业学生16 617人。小学学龄人口入学率达100.0%,小学毕业生升学率100.0%。特殊教育学校2所,年末,在校学生185人。全盟幼儿园在园幼儿31 353人。

【科技】 全年科技经费支出1 061万元。年内对农民进行科技培训40万人次,培训乡村技术骨干2.9万人次,送科技下乡47次,受益群众5万人次。全年共取得盟级各类科技成果17项,申请专利号10项,获专利权8项。全年共签订各类技术合同13项,技术合同成交额218万元。年内推广盟级实用技术55项,区级重点技术5项。

【文化】 全盟有盟旗两级图书馆7个,藏书量达25万册。博物馆4个,群艺馆(文化馆)7个,文物管理站(所)7个。盟级专业艺术团体1个,乌兰牧骑5支;文化信息资源共享工程县级支中心6个,乡镇苏木综合文化站42个,村嘎查草原书屋400家。全盟有3处全国重点文物保护单位,9处自治区级重点文物保护单位,72处旗县级重点文物保护单位。有自治区级文化生态保护区1个,国家级非物质文化遗产名录2项,自治区级17项,盟级126项。有自治区级非物质文化遗产项目代表性传承人15人(次),盟级134人(次)。全盟文化行政事业单位有工作人员616人,其中,艺术类专业人才260余人,具有副高级以上专业技术职务

55 人、中级专业技术职务 175 人。全年专业艺术团体送文化送戏下乡 337 场(次)。有旗县级以上广播电台 7 座,广播综合人口覆盖率93.73%;有电视台 7 座,电视综合人口覆盖率 94.42%;有线广播电视用户 6.80 万户,数字电视用户 8.76 万户。全年盟级报刊发行量达1.70万份,其中,蒙文版 0.65 万份。

【卫生】 年末,全盟共有卫生机构 334 个,其中,医院、卫生院(含疗养院)117 个;各类医疗单位实有床位 5 132 张;有卫生技术人员 7 052 人,其中,执业医师、执业助理医师 2 923 人,注册护士 1 900 人。全盟有妇幼卫生保健机构 8 个,卫生技术人员 188 人。全盟有专科疾病防治院和疾病预防控制中心 13 个,卫生技术人员 381 人。全盟有卫生院 92 个,床位 1 406 张,卫生技术人员 1 777 人。全盟共有社区卫生服务中心(站)49 个,床位 344 张,卫生技术人员 459 人。

【体育】 2010 年全盟运动员参加省级以上比赛共获得奖牌 51 枚,其中,金牌 16 枚,银牌 16 枚,铜牌 19 枚。全盟共召开县级以上运动会 9 次,参加运动会人数 2.9 万人次。

【环境保护】 全盟共确定自然保护区 10 个。其中,国家级自然保护区 2 个,自治区级自然保护区 7 个,县级自然保护区 1 个。自然保护区面积 581.78 千公顷。其中,国家级自然保护区面积 221.82 千公顷。全盟有国家级生态示范区 2 个。年末,全盟环境保护系统有职工 236 人,各级环境监测站 7 个,环境监测人员 68 人。全年二氧化硫(SO2)排放量 1.73 万吨,比上年下降 16.0%。2010 年,全盟万元 GDP 能耗为 1.70 吨标准煤,比上年下降4.22%。

【生态建设】 全年,植树造林 60.11 万亩,水保治理 52 万亩,草原围封 220 万亩,改良退化草场 140 万亩,继续完善“北疆绿色长廊建设工程”。扎实推进“县乡级公路两侧绿化工程”,完成总里程 130 公里。集体林权制度改革稳步推进,加强标准化林场基础设施建设,全盟 90% 的林场达到建设标准。

【招商引资】 积极引进优势项目主体,抓住鄂尔多斯市对口支援的机遇,加强两地政府和企业间的沟通交流,促成与 19 家鄂尔多斯企业签约 37 个项目,协议投资额 1 200 亿元。进一步加大与沿海地区和大型国企的合作力度,已有新湖、中海油、中石化、国电、中煤等 10 多家区外企业集团入驻或签约。

【人口】 全年出生人口 1.71 万人(户籍统计),出生率为 10.18‰;死亡人口 2.42 万人,死亡率为 14.40‰;人口自然增长率为 -4.22‰。年末,全盟总人口 167.33 万人,比上年末,减少 1.24 万人。其中,非农业人口 56.39 万人,比上年末,增长 0.2%;蒙古族人口 70.77 万人,下降 0.2%;其他少数民族人口8.65万人,下降 0.1%。

【人民生活】 全年城镇居民人均可支配收入 11 505 元,增长 11.3%。城镇居民人均消费支出 9 272 元,增长 14.6%。城镇居民家庭恩格尔系数(即居民家庭食品消费支出占家庭消费总支出的比重)为 28.02%,比上年降低0.85个百分点。城镇居民人均住房建筑面积 24.98平方米。全年农牧民人均纯收入 3 712 元,增长 9.2%。农牧民人均消费支出 2 721 元,增长4.2%。农村牧区居民家庭恩格尔系数为39.50%,比上年降低 0.67 个百分点。农村居民人均住房居住面积 22.48 平方米。

【社会保障】 全盟基本养老保险参保人数达 16.76 万人,比上年末,增长 6.4%,其中,参保职工为 12.36 万人,离退休人员为4.39万人。基本医疗保险参保人数达 20.37 万人,比上年末,增长 4.5%,其中,退休人员为5.45万人。失业保险参保人数达 10.21 万人。生育保险参保人数为 11.01 万人。工伤保险参保人数为 8.07 万人。全盟有 90.01 万农牧民参加新型农村合作医疗,比上年增长 1.6%,参合率达 91.69%,新型农村合作医疗基金累计支出11 881万元,累计受益 50.73 万人(次)。全盟享受城镇最低生活保障的居民为 6.34 万人,比上年下降 0.3%;享受农村最低生活保障的农牧民为 13.36 万人,比上年下降 0.4%。年末,全盟各类收养性社会福利机构拥有床位3 400张,年末,在院人数 2 800 人。城镇社区服务中心 90 个。

【劳动就业】 年末,全盟从业人员 77.12 万人,比上年末,增加 3.21 万人,增长 4.3%。其中,城镇单位从业人员 11.76 万人,比上年末,增加 0.13 万人;全部在岗职工人数(不含阿尔山森工集团和铁路职工)10.99 万人,比上年末,增加 0.09 万人;城镇个体、私营企业从业人员 7.85 万人,比上年末,增加 0.95 万人。全年城镇新增就业 12 878 人,通过各种渠道安置再就业人员 7 487 人。年末,城镇登记失业率4.33%。

(窦向华)

乌兰浩特市

【领导名录】

市委书记:赵云翔(蒙古族 9月离任) 皇甫军(9月任职)

人大主任:张慧敏(女)

市　　长:孙德敏(9月离任) 白国才(蒙古族 9月任职)

政协主席:李福江

武装部长:杨靖峰(9月离任) 王积顺(9月任职)

政　　委:邢德贵

【概况】 乌兰浩特市位于内蒙古自治区东北部,兴安盟东南部,地处大兴安岭南麓余脉。东部分别与扎赉特旗和吉林省的镇赉县毗邻,南部与吉林省白城市的洮北区、洮南市毗邻,西部与北部与科尔沁右翼前旗接壤。地理坐标为北纬45°41′53″~46°17′48″,东经121°50′30″~122°47′39″。南北长67公里,东西宽73公里,总面积2 353.5平方公里。乌兰浩特市下辖乌兰哈达镇、葛根庙镇,爱国、五一、和平、兴安、胜利、铁西、城郊、都林8个城市街道办事处。有43个嘎查,25个村,48个社区居民委员会,110个自然屯(不包括呼和马场、公主陵牧场)。2010年末,全市总人口317 790人,比上年增加374人,增长0.1%。其中,汉族人口198 734人,蒙古族人口95 116人。

全市地区生产总值为912 160万元,按可比口径计算,比上年增长15.8%。分产业看:第一产业增加值61 622万元,比上年增长6.6%;第二产业增加值417 106万元,比上年增长13.9%;第三产业增加值433 432万元,比上年增长18.7%。第一产业增加值占国内生产总值的比重为6.8%,比上年下降0.5个百分点;第二产业增加值占国内生产总值的比重为45.7%,比上年下降1.8个百分点;第三产业增加值占国内生产总值的比重为47.5%,比上年上升2.3个百分点。

年末,全市从业人员126 714人,其中,城镇从业人员81 495人。在城镇就业人员中,私营和个体从业人员为41 812人。城镇新增就业人数达到6 957人,年末,城镇登记失业率控制在4.2%以内。

【农业】 全市农作物总播种面积达622 155亩,其中,粮食作物播种面积570 540亩。粮食作物总产量达175 000吨,比上年增长43.7%。

【畜牧业】 2010年,全市家畜存栏总头数为265 372头(只),比上年减少3 720头(只),下降1.4%,其中,大牲畜和羊存栏231 241(只),比上年下降1.8%,其中,乳用牛存栏41 569头,比上年增长1.0%。全年肉类产量达8 927吨,全年牛奶产量达120 552吨。年末,农牧业机械总动力255 781千瓦,比上年增长5.2%;各种拖拉机11 739台,比上年增长3.3%。农田有效灌溉面积21.1千公顷,其中,新增节水灌溉面积3.3千公顷。化肥施用量(折纯)13 297吨,比上年下降5.6%;农村用电量3 101万千瓦小时,比上年增长18%。

【林业】 全年完成退耕还林封山育林1万亩,退耕还林荒山造林2 000亩,义务植树5 500亩,“四旁”植树4 000亩,非重点工程造林500亩,巩固退耕还林补植补造1.3万亩。

【工业】 全年完成工业增加值367 509万元,比上年增长12.7%。其中,规模以上工业完成工业增加值343 915万元,比上年增长12.7%;工业经济效益综合指数308.03,比上年提高76.84点;产品销售率93.65%,比上年提高0.41个百分点。

【建筑业】 全年建筑业完成增加值49 597万元,比上年增长24.1%。房屋建筑施工面积156.8万平方米,比上年增长109.9%;房屋建筑竣工面积35.3万平方米,比上年下降18.5%。

【固定资产投资】 全社会固定资产投资完成601 678万元,比上年增长39.8%。其中,城镇投资完成523 817万元,比上年增长52.2%;房地产开发投资完成77 407万元,比上年下降10.2%。

第一产业投资5 565万元,比上年增长345.2%;第二产业投资276 652万元,比上年增长154.2%;第三产业投资234 133万元,比上年增长3.2%。

【房地产开发投资】 商品住宅投资60 866万元,比上年下降13%;办公楼投资476万元,比上年下降55.7%;商业营业用房投资12 356万元,比上年增长1.1%。

【交通】 全社会公路货运量673.6万吨,公路货运周转量59 640.3万吨/公里,公路客运量267.8万人,公路客运周转量23 887.8万人/公里。

【邮电】 全年邮电业务收入33 214.4万元,比上年增长29.9%。其中,邮政业务收入2 662.7万元;电信业务收入30 551.7万元。全市本地电话用户49 466户;住宅电话用户42 420户;手机用户303 926户;宽带用户37 865户。

【旅游】 全年接待游客56.5万人次,增长10%。实现旅游收入5.7亿元,增长19.7%。

【国内贸易】 全年消费品零售额为449 491万元,比上年增长20.8%,扣除价格因素,实际增长17.9%。分行业看:批发业消费品零售额为20 703万元,比上年增长27.6%;零售业消费品零售额为364 054万元,比上年增长19.1%;住宿业消费品零售额为4 747万元,比上年增长21.4%;餐饮业消费品零售额为59 987万元,比上年增长29.7%。

【财政】 全年实现财政收入119 938万元,比上年增长19.1%。其中,地方财政收入23 309万元,比上年增长21.7%。财政支出136 488万元,比上年增长20.9%。

【金融】 年末,各项存款余额1 395 144万元,比上年增长23%;各项贷款余额580 471万元,比上年下降11%;城乡居民储蓄存款余额737 517万元,比上年增长21.1%;人均储蓄存款余额23 221元,比上年增长19.7%。

【保险】 2010年末,全市有各类保险公司13户,全年保险业实现保费收入59 689万元,其中,财产险保费收入36 607万元;人身险保费收入23 082万元。全年保险业各类赔款与给付支出8 430万元,其中,财产险赔款及给付支出7 577万元;人身险赔款及给付支出853万元。

【科技】 全市科技经费支出892.8万元,年内全市举办各类实用技术培训班279期,培训农牧民2万人次,培训实用技术10项。全年共申报专利6项,专利实施产值1 500万元,发展技术贸易机构1家,技术贸易交易额100万元。全年共推广区级重点技术10项,规模效益达5 000万元以上,推广盟级实用技术20项,规模效益达6 000万元以上。

【教育】 全市普通中学在校生25 570人,比上年增长1.1%。初中升学率93%。中等职业学校在校生13 462人,比上年增长50%,小学在校生18 805人,比上年下降4.4%,小学升学率100%。学龄儿童入学率100%。全市共有幼儿园87所,在园幼儿5 800人,其中,公办幼儿园8所,在园幼儿1 826人。5所学校开设学前班,在校学前班幼儿211人。

【文化】 年末,全市共有歌舞团1个,文工团1个,拥有群众艺术馆1个,文化馆1个,文化站13个,文物站2个,历史文化旧址6个;全市公共图书馆2个,藏书12.1万册,借阅人次14.7万人次。年末,全市有调频转播发射台1座,调频发射机5部,广播综合人口覆盖率98.14%;电视转播发射台2座,电视发射机7部,电视综合人口覆盖率98.69%;有线广播电视用户6.42万户,其中,数字电视用户6.39万户。

【卫生】 全市拥有卫生机构171个,各类医院10个,卫生院7个,卫生机构床位数1 502张,卫生技术人员2 170人。

【体育】 全市举办综合运动会2次,举办单项比赛20次,举办全民健身活动1次,参加活动人数10 000人次。在校学生体育达到《国家体育锻炼标准》的有3.8万人,占应达标学生的93.8%。

【环境保护】 全市环境污染治理全年完成投资总额780万元。全市拥有污水处理厂2座,垃圾处理场1个。工业二氧化硫排放量8 363.19吨,工业废水排放量达标率68.35%,工业烟尘排放量达标率75%,城镇生活污水处理率75.2%。

【人口】 全年出生人口2 420人,人口出生率7.69‰,人口死亡率2.63‰,人口自然增长率5.06‰,比上年下降0.74个千分点。年末,全市总人口317 790人,比上年增加374人,增长0.1%。

【人民生活】 全市在岗职工年均工资达到29 618元,比上年增长11.5%;城镇居民人均可支配收入12 700元,比上年增加1 290元,增长11.3%,扣除价格因素,实际增长8.6%。农民人均纯收入5 773元,比上年增加572元,增长11%,扣除价格因素,实际增长8.3%。居民家庭恩格尔系数(即居民家庭食品消费支出占家庭消费总支出的比重),城镇为26.8%,农村为38.1%。实有房屋建筑面积1 136.54万平方米,比上年增长14.4%,城镇居民人均住宅建筑面积28.34平方米,比上年增长9.9%。

【社会保障】 年末,全市基本养老保险参保人数达42 296人,比上年末,增长8.4%,其中,参保职工为31 912人;离退休人员为10 384人。基本医疗保险参保人数达45 474人,比上年末,增长7.7%,其中,离退休人员为10 654人。失业保险参保人数达17 130人,与上年末,基本持平。生育保险参保人数为17 820人,比上年末,增长21%。工伤保险参保人数为33 652人,比上年末,增长6.8%。开展新型农村合作医疗工作,73 626个农民参加新型农村合作医疗,比上年增长3.6%,参合率达99.33%(按常住人口计算),新型农村合作医疗基金支出1 088.9万元,受益55 082人

(次)。全市享受城镇最低生活保障的居民为 26 117 人,比上年增长 1.2%;享受农村最低生活保障的农民为 10 275 人,比上年下降 1.9%。年末,全市各类收养性社会福利机构拥有床位 638 张,在院人数 475 人。

(南宏志 刘颖)

阿尔山市

【领导名录】

市委书记:刘文山

人大主任:周学文

市　　长:白国才(蒙古族 9 月离任) 朱成帮(蒙古族 9 月任代市长)

政协主席:王福森

武装部长:王晓龙

政　　委:魏奎锷

【概况】 阿尔山市位于兴安盟西北端,总面积 7 408 .7平方公里,地理位置北纬 46°39′~47°39′东经 119°28′~121°23′;辖区内设有天池、白狼、五岔沟 3 个镇和温泉、新城、林海 3 个街道办事处,总人口 4.8 万,由蒙古族、汉族、满族、回族、朝鲜族、达斡尔族、锡伯族、苗族、壮族、鄂温克族等 10 个民族构成。

2010 年,全市地区生产总值完成 9.0 亿元,同比增长 14.8%。其中,第一产业增加值完成 1.89 亿元,同比增长 4.0%;第二产业增加值完成 2.13 亿元,同比增长 36.8%;第三产业增加值完成 5.01 亿元,同比增长 11.6%;三次产业结构比为 20.9 : 23.6 : 55.5。全年共接待游客 70.2 万人次,比上年下降 3.8%;全年实现旅游收入 70 200 万元,增长 0.4%;旅行社招徕团队 2 650 个,下降 4.0%。全年实现地方财政总收入 5 747万元,其中,:地方财政一般预算收入 3 398 万元,分别比上年下降 4.5% 和 12.0%。全年地方财政支出 44 277 万元,比上年增长27.8%。公共与民生领域成为支出的重点,其中,:一般公共服务支出 8 204 万元,比上年增长 8.4%;城乡社区事务支出 1 718 万元,增长 48.6%;环境保护支出 921 万元,增长 25.5%;教育支出 4 629 万元,增长 56.3%;社会保障和就业支出 3 947万元,增长 6.1%。

【农业】 农作物播种面积 14 050 公顷,比上年减少 287 公顷,下降 2.0%,其中,粮食作物播种面积 11 660 公顷,比上年增加 100 公顷,增长 0.9%。在粮食作物中:小麦播种面积5 378 公顷,比上年增加338 公顷,增长6.7%;大麦播种面积 4 101 公顷,比上年增加 434 公顷,增长 11.8%;马铃薯播种面积 2 130 公顷,比上年减少 656 公顷,下降 23.5%。全年粮食总产量 50 570吨,比上年增加 5 421 吨,增长 12.0%。其中,小麦总产量 25 345 吨,比上年增加 6 747 吨,增长 36.3%;大麦总产量 14 764 吨,比上年增加 851 吨,增长6.1%;马铃薯总产量 10 384 吨,比上年减少 2 153 吨,下降 17.2%。

全年全市农牧业机械总动力 50 705 千瓦,大中小型拖拉机 1 467 台,其中,大中型拖拉机 678 台,小型拖拉机 789 台。链式拖拉机 126 台,联合收割机 62 台,各种农机具 3 045 台(套),化肥施用量(折纯)2 370 吨,农用柴油 905 吨,农药使用量 39 吨。

【畜牧业】 全市牧业年度牲畜总头数达148 866 头(只),比上年增长 1.0%。年末,牲畜存栏总头数 147 543头(只),比上年增长0.7%,其中,大牲畜存栏 7 522头(只),下降 1.2%。羊存栏 130 878 头(只),下降4.5%。能繁殖母畜在畜群中的比重为 57.5%,良种及改良种牲畜占畜群的比例为 91.6%。年末,牲畜出栏 60 411 头(只),出栏率达 41.2%。全年肉类总产 1 611 吨;牛奶产量 1 001 吨;羊毛产量 513 吨;禽蛋产量 5 吨。

【工业】 全年完成全部工业增加值 4 159 万元,比上年增长 23.6%。其中,:规模以上工业企业完成增加值 949 万元,比上年增长53.7%;规模以上工业实现产品销售率 104.0%,比上年增长 8.3 个百分点;规模以上工业主营业务收入 2 936 万元,比上年增长 156.4%;规模以上工业实现利税总额 76 万元,下降 65.3%。

【建筑业】 全年建筑业实现增加值 17 188 万元,比上年增长 39.6%。全市具有建筑业资质等级的建筑施工企业 1 个。全年房屋建筑施工面积 7.0 万平方米,比上年下降 5.4%;竣工房屋面积 7.0 万平方米,比上年增长 112.1%。

【固定资产投资】 全年全社会固定资产投资210 019 万元,比上年增长 41.9%。其中,城镇固定资产投资完成 191 726 万元,增长 34.3%;房地产开发投资完成 18 293 万元,增长276.2%。在全市固定资产投资中,第一产业投资 3 875 万元,比上年增长 67.2%,第二产业投资 28 867 万元,比上年下降 17.6%,第三产业投资 177 277 万元,比上年增长 60.8%。

【房地产开发】 全年新开工项目达 42 个,完成投资 86 492 万元,占全部投资的 41.2%;续建项目达32 个,完成投资额123 527万元,占全部投资的58.8%。全年房地产开发投资完成18 293万元,比上年增长276.2%。全年房地产企业房屋施工面积32.55万平方米,比上年增长442.5%;房屋竣工面积5.7万平方米,比上年增长612.5%

【环境保护】 年完成造林3 600公顷,封山育林3 333公顷。完成"三北四期"工程720公顷,退耕还林补植933公顷,完成省道203和呼辽直流植被恢复91公顷,专项植被恢复109公顷,完成13公里北疆绿色长廊任务,义务植树造林33公顷,植树70 000株。森林面积530 031公顷,森林覆盖率达80.5%。全市确定自然保护区3个。其中,自治区级自然保护区1个,县级自然保护区2个。自然保护区面积67 930公顷。

【国内贸易】 全年社会消费品零售总额51 006万元,比上年增长9.7%。其中,批发零售贸易业零售额42 504万元,增长6.0%;餐饮业零售额6 954万元,增长30.0%;住宿业零售额1 548万元,增长49.0%。

【招商引资】 全年引进招商项目23个,其中,亿元以上项目16个(含2个续建项目)。协议资金62.6亿元,到位资金7.42亿元。全市向上争取并已到位的各类项目资金29 986万元,比上年增长39.6%。对外贸易出口总额50万元。

【交通 邮电】 全年交通运输、仓储及邮政业增加值9 607万元,比上年增长1.9%。邮电通信各部门全年邮电业务收入3 961万元。年末,本地固定电话用户4 459户,比上年下降45.6%;小灵通用户5 012户,比上年下降9.2%;移动电话用户达44 158户,比上年增长20.7%;互联网用户3 805户,比上年增长0.7%。

【旅游】 全年共接待游客70.2万人次,比上年下降3.8%;全年实现旅游收入70 200万元,增长0.4%;旅行社接待团队2 650个,下降4.0%。

【金融 保险】 全年完成金融业增加值1 695万元,比上年增长14.8%。年末,全市金融机构各项人民币存款余额176 367万元,比上年增长34.6%。其中,城乡居民储蓄存款余额76 288万元,增长21.8%;企业存款余额41 230万元,增长30.0%。年末,金融机构各项人民币贷款余额61 530万元,比上年增长92.7%。其中,短期贷款余额34 220万元;中长期贷款余额27 310万元。

年末,全市拥有各类保险公司5户。保险业实现保费收入1 666万元,比上年下降37.0%,其中,财产险保费收入474万元,下降69.0%;人身险保费收入1 192万元,增长11.8%。全年保险业赔款与给付支出959万元,比上年下降41.2%。其中,财产险赔款支出733万元,下降31.1%,赔付率达154.4%;人身险赔款及给付支出226万元,同比下降60.1%,赔付率达116.8%。

【科技】 全年科技经费支出203万元,年内推广盟级实用技术5项。

【教育】 全市共有中小学8所,在校学生2990人,专任教师356人。其中,普通中学3所,全年招生335人,在校学生1224人,教职工163人,其中,专任教师153人;小学5所,全年招生273人,在校学生1766人,教职工224人,其中,专任教师203人。小学适龄儿童入学率100%。全市共有幼儿园19所。在园幼儿848人;教职工64人,其中,专任教师40人。

【文化】 年末,全市共有艺术表演团体(乌兰牧骑)1个,从业人员16人,全年演出369场。全市拥有文物管理站1个;文化站2个。全市有广播电台2座,广播综合人口覆盖率98.0%;拥有电视台1座,乡级电视站2个,村级电视站5个,电视综合人口覆盖率98.2%,有线广播电视用户12 544户。全年市级报刊发行量24 000份。

【卫生】 全市共有卫生机构(含个体)40个,其中,医院、卫生院(含社区、疗养院)11个。年末,各医疗单位实有病床294张。年末,全市有卫生技术人员260人,其中,:执业医师110人、执业助理医师24人,注册护士82人。全市有妇幼卫生保健机构1个,卫生技术人员2人。年末,全市有疾病预防控制中心1个,卫生技术人员16人。全市共有乡镇卫生院4个,床位60张,卫生技术人员42人。

【体育】 承办全国自由式滑雪空中技巧青年锦标赛,比赛共计六个参赛队伍30名运动员;承办全国自由式滑雪空中技巧锦标赛,比赛共计六个参赛队20名运动员;全区中学生速度滑冰比赛在阿尔山举行,比赛共计有十八个参赛单位近200名运动员参加比赛。

【人口】 全年出生人口219人,出生率为4.54‰;死亡人口338人,死亡率为7.01‰,人口自然增长率-2.47‰。年末,全市户籍总人口48 190人,比上年增加8人。其中,蒙古族人口8 004人,增长1.2%,占总人口的16.6%,其他少数民族2 006人,基本与上年持平,占总人口的4.2%。

【人民生活】 全年城镇居民人均可支配收入11 500元,比上年增加1 485元,增长14.8%。全年农牧民人均纯收入达4 188元,比上年增加346元,增长9.0%。

【社会保障】 年末,参加基本养老保险的职工4 142

人,其中,参加基本养老保险的离退休人员 1 557 人。全市城镇基本医疗保险参保人数 37 198 人。其中,参加基本医疗保险的退休人员 5 312 人,比上年增加 1 017 人,增长23.7%。全市失业保险参保人数 5 100 人。工伤保险参保人数4 555 人。生育保险参保人数 6 024 人。新型农村合作医疗参合人数2 669 人,比上年减少 683 人,下降 20.4%,参合率达 100.0%。城镇居民最低生活保障人数达 4 051 户、7 819 人,共发放最低生活保障金 2 270 万元,比上年增加 742 万元,增长 48.6%。

(唐楠 刘贺)

科尔沁右翼前旗

【领导名录】

旗委书记:皇甫军(9 月离任) 张双泉(蒙古族 9 月任职)

人大主任:张宝泉(蒙古族)

旗　　长:张双泉(蒙古族 9 月离任) 陈延成(9 月任代旗长)

政协主席:张运发

武装部长:王领全(蒙古族)

政委: 贾桂申

【概况】 科尔沁右翼前旗位于内蒙古自治区东北部,大兴安岭南麓,兴安盟中西部。地理坐标为北纬 45°48′51″～47° 01′32″,东经119°49′39″～122°46′16″。南北最长 133.3 公里,东西最宽 227 公里,总面积 16 963.5 平方公里。旗境东与兴安盟扎赉特旗相连;南与吉林省洮南市,兴安盟乌兰浩特市、突泉县、科右中旗相接;西与锡林郭勒盟东乌珠穆沁旗、蒙古国毗邻;北与兴安盟阿尔山市、扎赉特旗接壤。中蒙边境线长 32.496 公里。全旗辖乌兰毛都、阿力得尔 2 个苏木,满族屯满族乡 1 个乡,科尔沁、居力很、归流河、察尔森、额尔格图、大石寨、德伯斯、索伦 8 个镇(白辛、俄体、巴达仍贵、巴拉格歹、哈拉黑、古迹、保门、好仁、树木沟、桃合木 10 个办事处),绿水 1 个种畜场。有耕地 449 万亩,林地 661 万亩,可利用草场 1 498 万亩(全口径)。苏木乡镇(办事处)、国营农牧场人口 337 641 人,其中,蒙古族 154 181 人、汉族 166 062 人,其他少数民族 17 398 人。人口密度为每平方公里 19.9 人。男女比例为105 ∶ 100。科尔沁右翼前旗是一个以蒙古族为主体、汉族为多数的多民族聚居的少数民族边境旗。

全旗地方生产总值实现 48 亿元,增长 20%;财政总收入 2.23 亿元,增长 20.63%;全社会固定资产投资总额 56 亿元,增长 41.5%;全社会消费品零售总额 14.5 亿元,增长20.8%;城镇居民人均可支配收入 10 800 元,增长 10.2%;农牧民人均纯收入 3 568 元,增长 13.1%。

【农业】 粮食总产达到 515 130 吨,全年农作物播种面积为 259.4 万亩。新打井 1 008 眼,新增有效灌溉面积 10.5 万亩,新增节水灌溉面积 10 万亩,测土配方施肥推广面积 152 万亩,施用肥面积 15 万亩。种植业保险面积达到 221.8 万亩。

【畜牧业】 全旗牧业年度大小牲畜存栏达 321 万头(只 口)。大小畜改良 140.1 万头(只),良种改良实现 96% 以上。新增饲料田灌溉面积 10 万亩。

【工业】 规模以上工业总产值达到 23.5 亿元,增加值实现 8 亿元,均同比增长 21%。科尔沁王酒业等 5 家现有骨干企业实施扩能技改。风能开发取得新突破,基本形成风电产业链。乌兰集团重组圣华新药业等一批鄂尔多斯对口支援项目正在积极推进。

【城镇建设】 以科右前旗新址建设为重点的市政建设工程力度加大,房地产开发完成 25 万平方米,城市基础设施建设进一步加强,垃圾处理场开工建设,防水处理项目竣工运行,供水、供热、公交等服务体系进一步完善。大力发展商贸流通等第二产业,实施绿化美化,进一步改善了城市环境。

【重大项目建筑】 开工建设 10 个工业重点项目,完成投资 18.9 亿元。有 48 个项目纳入国家或部委、自治区的"十二五"规划总盘子。科右前旗被列入大小兴安岭林区生态保护与经济转型规划。桃合木百万千瓦风电基地通过评审,阿力得尔电厂一期 2×600 兆瓦机组工程初可研通过评审,勿布林水库被列入自治区"十二五规划"。

【社会事业】 全面启动新型农村牧区社会养老保险试点。实施保障性住房建设,全年共开工建设保障房 10 010 平方米。加大劳务输出工作力度,全年共转移输出劳动力 21 541 人,其中,盟内转移 6 940 人,盟外输出 14 601 人。实施村村通二期工程,组建科右前旗电视台。采用积极有效措施抗击雪灾,并取得了阶段性成果。认真落实维护稳定的责任,开展社会矛盾排查化解专项行动,开展书记大接访,有效化解上三级交办的信访案件。深入推进“平安前旗”建设,有力维护了和谐稳定的局面。

(珊丹　王学东)

科尔沁右翼中旗

【领导名录】

旗委书记:佟布林(蒙古族　9 月任职)

人大主任:白长胜(蒙古族)

旗　　长:佟布林(蒙古族　9 月离任)　张冰宇(9 月任职)

政协主席:全　宝(蒙古族)

武装部长:杨振明(7 月离任)　郭鸿涛(7 月任职)

政　　委:郭彦文(8 月离任)　杨振明(8 月任职)

【概况】　科右中旗地处北纬 44°14′~46°41′,东经 119°34′~122°18′。总土地面积 15 613 平方公里。辖巴彦呼舒、高力板、吐列毛杜、巴仁哲里木、杜尔基、好腰苏木 6 个镇,代钦塔拉、新佳木 2 个苏木,10 个工作部,26 个居委会,173 个嘎查,465 个艾里。全旗耕地面积 184.6 万亩,有林地面积 345.67 万亩,草原面积 1 700 万亩,水域面积 15.03 万亩。总人口为 261 568 人,比上年减少 2 851 人,下降 1.1%。其中,蒙古族人口为 223 129 人,比上年增加 719 人,增长 0.32%,蒙古族人口占总人口比重为85.3%。全旗完成地区生产总值 311 059 万元(31.1 亿元),按可比价格计算(下同),比上年增长 13.9%,其中,第一产业增加值 125 731 万元,比上年增长 6.8%;第二产业增加值 81 295 万元,比上年增长 23.5%;第三产业增加值104 033万元,比上年增长 15.0%。人均地区生产总值(按平均户籍人口计算)11 828 元,比上年增加 2 146 元,可比增长 14.0%。第一产业增加值占地区生产总值比重为40.4%,比上年下降1.6 个百分点;第二产业增加值比重为26.1%,比上年上升3.2 个百分点;第三产业增加值比重为33.5%,比上年下降 1.6 个百分点。全年实现社会消费品零售总额 133 962 万元,比上年增长 19.2%,其中,城镇完成121 765万元,乡村完成 12 197 万元,分别比上年增长 19.3%、18.5%。全年居民消费价格总指数累均为104.9,比上年同期上涨3.5 个百分点,商品零售价格总指数累均为 105.4,比上年同期上涨 4.4 个百分点;农业生产资料价格总指数为 105.5,比上年同期上涨 4.1 个百分点。全旗财政总收入实现 16 522 万元,同比增长26.7%,其中,一般预算收入 9 913 万元,同比增长 18.7%。全旗财政支出 135 621 万元,同比增长 9.2%,其中,一般公共服务支出 12 909 万元,同比增长 25.9%;社会保障和就业支出 18 844 万元,同比增长 31.6%;医疗卫生支出6 254万元,同比增长 1.1%;教育支出 24 333 万元,同比增长 39.4%。全旗招商引资 25 亿元,接待区内外项目洽谈及考察团(组)42 个、5 632人次。

【农业】　2010 年,实施总投资 4 552 万元的高标准农田示范工程建设项目,建设规模 3.3 万亩;总投资 3 099 万元的基本农田土地整理新建项目,建设规模 3.1 万亩,已完成工程量的 30%;总投资 4 219 万元的续建项目,建设规模 4.7 万亩,已完成工程量的 73%;争取到总投资 6 666.7 万元的农村土地整治重点工程建设项目,建设规模 5 万亩。全旗粮食产量达 4 亿公斤,比上年减产 0.15 亿公斤,商品量达 3.25 亿公斤。落实粮食直补、良种补贴、农资综合补贴、退耕还林、退牧还草补贴等各项惠农惠牧政策资金 1.65 亿元,全旗农牧民人均增加政策性收入近 1 000 元。扩大种植业保险覆盖面,保险面积达 170 万亩,农业实现大灾之年不减收。启动现有耕地的环境质量测评工作,累计完成 22.65 万亩有机基地认证。提高农牧民组织化程度。全旗已发展农合组织 154 个,其中,专业合作社 87 个,专业协会 36 个,综合服务社 31 个。进一步完善农村牧区市场流通体系。大力推进“万村千乡市场工程”,新建农家店 80 个,苏木镇连锁店 6 个,全面完成 190 家农资店改造升级工作。

【畜牧业】　5 万头有机肉牛和 30 万只有机肉羊认证工作有序推进。畜牧业生产结构性调整明显,牲畜头数稳步提高。牧业年度,全旗家畜存栏头数达 193 万头(只、口),比上年增加11.8万头(只、口),增长 6.5%,其中,大、小牲畜头数为 172.4 万头(只),比上年增加 11.5 万头(只),增长 7.1%。在大、小畜中:大牲畜 19.5 万头(匹),比上年增加 1.8 万头(匹),增长 10.2%;小畜 152.9 万只,比上年增加 9.7 万只,增长 6.7%。大、小牲畜商品率为 51.2%,死亡率为 1.1%。年末,家畜出栏 119.64 万头(只、口),出栏率为 77.7%,其中,商品率为 72.9%。在家畜出栏中:大畜出栏 6.43 万头(匹),小畜出栏 99.56 万只,猪出栏 13.65 万口,大、小牲畜商品率为 72.98%。年肉类总产量 34 481 吨,牛奶产量 15 234 吨,禽蛋产量4 453吨,分别比上年增长 10.8%、2.3%、5.8%。

【工业】　全旗全部工业企业完成增加值 51 687万元,可比增长 28.1%,其中,规模以上工业企业完成增加值30 263万元,可比增长28.7%;规模以上工业企业产品销售率为101.3%,同比提高2.6个百分点;规模以上工业企业经济效益综合指数为146.0,比上年下降3.5个百分点;规模以上工业企业实现主营业务收入73 147万元,比上年增长27.5%;规模以上工业企业实现利税4 356万元,比上年增长1.0%,其中,税金完成1 870万元,下降13.4%,利润完成2 486万元,同比增长15.4%。主要工业产品产量:铜金属含量744.5吨、煤456 125吨、发电量104 458万千瓦时。乡镇企业产值达120 936万元,引进项目2个,资金5 000万元,新办企业2个,实现增加值31 280万元,同比增长12.6%。

【林业】 全旗完成造林面积14.65万亩,其中,营造用材林6万亩,防护林3.2万亩。年末,森林覆盖率达到14.76%。

【生态建设】 完成退耕还林工程封山育林项目4万亩,完成历年退耕还林补植补造面积10.2万亩。总投资2 500万元,建设规模为110万亩的退牧还草工程,被自治区评为优质工程。同时,积极申报了科尔沁沙地综合治理等生态项目。集体林权制度改革基本完成,进一步推进了林权规范流转。

【水利】 在水利上实施一批项目,总投资8 096万元的翰嘎利水库配套工程,已完成投资5 952万元,完成总工程量的73.5%。总投资1 573万元的霍林河中型灌区节水配套改造工程,完成投资900万元,主体工程已完工。总投资1 929万元的饮水安全工程已完工,解决了2.56万人的饮水安全问题。争取一批项目,总投资1 250万元的水土保持坡耕地治理工程已得到自治区批复,总投资3 621万元的黑土区治理项目和总投资2 400万元的坤都冷河治理工程已纳入自治区投资计划。储备了一批项目,总投资9亿元的嫩江一级支流霍林河治理项目已通过松辽委治理规划。同时,积极推进白云花水库项目的前期工作,力争列入国家"十二五"建设规划。

【交通】 实施总投资1.05亿元的吐列毛杜—坤都冷、义和塔拉—巴彦茫哈公路建设项目,建设里程93.5公里,已竣工通车。总投资1 800万元的代钦塔拉—孟恩套力盖水泥路建设项目,建设里程14公里,现已完成投资800万元;巴—开线公路19公里大中修工程已列自治区建设规划。投资5 800万元,实施建设里程303公里的通村砂石路项目;总投资765万元,建设里程12.6公里的新佳木—贝子府水泥路项目,现已竣工通车。全年公路货运量达417万吨,比上年增长14.9%,货物周转量达32 535万吨公里,比上年增长16.0%,公路客运量完成206万人次,增长10.8%,公路旅客周转量达16 413万人公里,比上年增长15.0%。铁路载客(旗境内)247 176人次,铁路货运(旗境内)144 613吨。全旗通车里程1 580公里。

【邮电电力】 全年完成邮电业务总量10 338万元,比上年增长13.0%,其中,邮政业务总量730万元,比上年增长13.9%;电信业务总量9 608万元,比上年增长13.0%。年末,市话用户9 840户,比上年增加4 636户,同比增长89.0%,其中,住宅电话6 639户;农村牧区电话用户6 851户,同比增长34.8%,其中,住宅电话6 394户;小灵通用户2 208户,同比下降38.7%;互联网用户10 645户;移动电话用户达17.65万户,同比增加4.56万户。总投资1亿多元的高力板、吐列毛杜、巴仁哲里木等输变电工程、农网完善工程和无电地区电力建设项目,现已完工并成功送电。争取到总投资1.2亿元的农网改造升级工程,目前部分工程已开工建设。

【固定资产投资】 全年全社会固定资产投资完成433 470万元,比上年增加69 134万元,增长19.0%,其中,限额以上固定资产投资完成415 641万元,比上年增加67 265万元,同比增长19.3%;房地产业完成投资17 829万元,比上年同期增加2 269万元,同比增长14.6%。全年施工项目102个,其中,新建项目92个;当年竣工交付使用项目68个,工程项目交付使用率为66.7%。房屋施工面积72.5万平方米,其中,房地产开发完成20.1万平方米;房屋竣工面积43.7万平方米,其中,房地产业竣工面积8.8万平方米。

【金融】 全旗金融机构各项存款余额155 269万元,比上年增长28.5%,其中,居民储蓄存款余额87 998万元,比上年增长29.2%。金融机构各项贷款余额114 667万元,比上年增长38.0%,其中,短期贷款71 834万元,比上年增长9.3%,中长期贷款42 833万元,比上年增长146.4%。财险、人险事业稳步发展。全年保费收入4 492万元,比上年增长30.1%,其中,财产险保费收入1 484万元,人身险保费收入3 008万元。全年赔款及给付支出1 075万元,比上年增加203万元,增长23.3%,其中,财产险赔款支出535万元,同比增长29.9%,人寿险赔款及给付支出540万元,比上年增长17.4%。

【个体私营经济】 全旗城乡个体私营企业达5 390户、从业人员12 930人,其中,城镇个体私营企业从业人员5 202人。注册资金88 236万元,其中,个体户53

562 万元、私营企业 34 674 万元。

【旅游】 2010 年,全旗实现旅游总收入 2.18 亿元,接待游客人数 25.99 万人次。

【文化】 全旗共有电影放映队 12 个,专职放映技术人员 12 人;有线电视用户达 15 860 户,广播电视混合覆盖率为 100%;报刊发行量76.3万份,各级各类文化馆(站)18 个;图书馆 1 个,图书总藏量 4.8 万册;博物馆 1 处,馆藏展品 5 250 件。专业艺术团体 1 个,全年演出 137 场,其中,在农牧区演出 52 场。全力开展有线电视信号数字整转,完成 1.15 万户城镇居民有线电视数字转化工作。总投资 684 万元的广播电视"村村通"工程,共投放 1.8 万套卫星地面接收设备,达到嘎查艾里全覆盖、无盲区标准,提前一年完成自治区下达的目标任务,全旗广电工作重心由"村村通"转向"户户通"工程。蒙古族拉弦乐器制作工艺项目被列入第三批国家级非物质文化遗产名录,有 4 名文化艺人被评为自治区级非物质文化遗产项目传承人。同时,完成全区"民歌之乡""科尔沁民族文化原生态保护区""农村文化试点旗"的申报工作。总投资 6 100 万元的图什业图王府修复工程已做好开工前的各项准备工作。整理出版《漠南大活佛传(内齐托音)》等科尔沁文化系列丛书。旗博物馆与民族文化精品展厅常年免费开放,全年接待观众 7 万余人次。公共文化建设扎实推进,争取项目资金 210 万元,建设 52 家草原书屋,全旗所有建制苏木镇文化站已实现全覆盖。兴安盟复建 30 周年庆祝活动为契机,安排系列迎庆活动。成功承办"第二届中国·科尔沁民间文化艺术节"、"'远东杯'八省区第二届蒙古四胡演奏电视大奖赛"、全旗第七届乌力格尔、好来宝大赛、第二届五角枫旅游文化艺术节、全旗首届原创歌曲大赛等迎庆活动,进一步展示了科尔沁文化魅力,提升了地区发展软实力。

【体育】 成功举办"第三届全国中国马速度大赛"。在"第三届全国中国马速度大赛"和"全区第七届民运会"上,科左中旗选手获得两项冠军,奖牌总数达 14 枚。旗体育局被授予"全国全民健身活动先进单位"。在第十六届广州亚运会上,本旗派出的技术官员荣获 1 枚银质奖章和荣誉证书。

【教育】 全旗共有中、小学校 60 所(包括小学教学点 20 个),在校学生 27 846 人,其中,中学在校学生 11 588 人,小学在校学生 16 258 人;有专任教师 2 835 人,其中,中学 1 025 人,小学 1 810 人。学龄儿童入学率 100%。聋哑学校 1 所,在校学生 25 人,专任教师 8 人;幼儿园 53 所,在园幼儿 2 300 人,幼儿教师 209 人;职业中学 1 所,在校学生 1 235 人,专任教师 43 人,年内进行城乡就业人员技术培训 1 500 人次。考入大学本科 595 人,其中,考入外省区院校 95 人。投资 1.86 亿元,大力推进了中小学校舍安全工程,开工建设 25 所项目学校,开工面积达 12.8 万平方米,开工率为 100%。已完成投资 1.6 亿元,竣工校舍 9.3 万平方米,竣工率达到 72.7%。坚持集约发展,推进规模办学,撤销 10 所学校的初中部,成功组建了巴彦呼舒第六中学。

【卫生】 2010 年,全旗共有卫生机构(含个体)45 个,其中,苏木镇、工作部 23 个;医疗单位拥有病床 1 003 张,卫生技术人员 1217 人,其中,执业医师、执业助理医师 490 人;全旗嘎查级医务人员及妇幼保健人员配备率达 100%。全旗新型农村牧区合作医疗参合率达到 94%。旗直医疗卫生单位已全部实行药品全区网上集中招标采购。总投资 1 080 万元的蒙医医院综合楼建设工程,已竣工投入使用;总投资 4 311 万元的旗医院综合楼准备开工。总投资 390 万元的农村牧区无害化卫生厕所建设项目,建设规模 3 500 座,已投入使用。全面促进了基本医疗卫生均等化,建立健全城乡居民健康档案,建档率达到 100%。

【人民生活】 全旗城镇居民人均可支配收入 10 513 元,比上年增加 1 199 元,增长 12.9%;年人均消费支出 7 282 元,同比增长 13.4%;农牧民人均纯收入 3 577 元,比上年增加 422 元,增长 13.4%;年人均消费支出 2 394 元,同比增长 0.5%。

【社会保障】 全旗参加基本养老保险人数为 16 626 人,比上年增加 1 163 人,基本养老保险费收入 3 518 万元,比上年增加 452 万元;领取基本养老保险金的离退休人员 4 814 人,比上年增加 329 人,领取养老金 5 852 万元,比上年增加 808 万元。参加城镇基本医疗保险的人数 68 701 人,比上年增加 13 318 人,其中,参加城镇职工基本医疗保险人数 22 305 人,比上年增加 109 人,参加城镇居民基本医疗保险人数46 396人,比上年增加 13 209 人,新型农村合作医疗参合率为 94%,新型合作医疗基金支出总额为 1 675 万元,比上年增加 342 万元,增长 25.7%,受益 11 148 人次。参加失业保险的人数 10 958 人,比上年减少 7 人,领取失业保险金 2 570 人次,比上年下降 16.7%。参加工伤保险人数 7 432 人,比上年增加 310 人,参加生育保险人数 13 123 人,比上年增加 6 003 人。全旗共有敬老院 3 所,收养孤寡老人 70 人。全年共有 17.2 万人次得到各级政府救济,享受到最低生活保障救济的城乡居民14 755户、29 693人。全年共发放低保金3 890万元,比上年增加538万元,增长16.1%,其中,城镇居民最低生活保障金1 952万元,比上年增加112万元,增长6.1%;农村牧区最低生活保障金1 938万元,比上年增加426万元,增长28.2%,城乡居民年人均享受低保额1 310元,比上年增加185元,增长16.4%。

(色音巴雅尔 庆格勒图)

扎赉特旗

【领导名录】

旗委书记:刘振财

人大主任:海 龙(蒙古族)

旗 长:王旺盛(蒙古族 9月离任) 阿拉坦敖其尔(蒙古族 9月任代旗长)

政协主席:哈 达(蒙古族)

武装部长:于树学(3月离任) 赵家泉(蒙古族 3月任职)

政 委:郭小鸥(3月离任) 白奋冰(4月任职)

【概况】 扎赉特旗位于内蒙古自治区兴安盟东北部,大兴安岭南麓,嫩江右岸,地属大兴安岭向松嫩平原过渡地带。东接黑龙江省龙江县,南与黑龙江省泰来县、吉林省镇赉县交界,西连科尔沁右翼前旗,北与呼伦贝尔市扎兰屯市毗邻。地处北纬46°04′~47°21′,东经120°17′~123°38′,旗境东西长210公里,南北宽143公里,全旗总面积11 155平方公里。现有耕地面积514万亩,草原面积598.8万亩,有林地面积247 746公顷,国道111线和省际大通道境内穿过。旗政府驻地音德尔镇距乌兰浩特市108公里。全旗辖1个苏木、1个乡、7个镇、10个乡级工作部和1个乡级国营种畜场,即音德尔镇、巴彦高勒镇、新林镇、胡尔勒镇、图牧吉镇、巴达尔胡镇、阿尔本格勒镇,巴彦乌兰苏木,好力保乡,国营呼和吉勒图牧场。194个嘎查村、684个自然屯。有自治区监狱管理局东部分局、图牧吉劳教所、八一牧场、五七农场等驻旗单位。

2010年,全旗地区生产总值实现48.48亿元,按可比价计算,比上年增长12.7%。其中,第一产业增加值24.00亿元,增长12.3%;第二产业增加值9.19亿元,增长8.5%;第三产业增加值15.29亿元,增长14.9%。全年完成地方财政总收入15740万元,比上年增长18.9%,其中,地方财政一般预算收入9574万元,比上年增长13.8%。全年地方财政总支出180366万元,增长8.5%。

【农业】 全旗农作物播种面积255 168公顷,比上年增加9 534公顷。其中,粮食作物播种面积247 769公顷。玉米播种面积1 943 940亩,大豆播种面积846 900亩,水稻212 100亩,马铃薯63 900亩,谷糜16 050亩,高粱201 615亩,杂豆421 710亩,花生62 070亩,葵花39 030亩,其他农作物6 600亩。全年粮食总产量100.0万吨,油料产量1.2万吨,蔬菜产量0.9万吨,水果(含果用瓜)产量0.19万吨。2010年,该旗被国家列为首批全国现代农业示范区。全旗农业核心示范区21处,17 740亩,推广农业新成果32项,新技术46项,新品种68个。大力发展设施农业,规划建设10 007亩,其中,温室2 462亩,大棚7 545亩。全旗种植特色农作物12.23万亩,其中,甜叶菊2 100亩、万寿菊260亩、中草药3.9万亩,其他6 000亩。举办农业科技培训班436期,培训农牧民15万人次,发放科普资料6万份。全旗机电井数量25 959眼,新打机电井1 000眼,新增农田有效灌溉面积3 333.3公顷,新增节水灌溉面积5 333.3公顷,全年综合治理水土流失面积6 666.7公顷。全旗水浇地总面积130万亩。全旗共组建各类经济合作组织53个,其中,专业合作社53个,培养农民经济人60人。落实粮食直补资金2 758万元、综合补贴14 893万元、良种补贴3 624万元、农机购置补贴1 613万元。

【畜牧业】 牧业年度全旗牲畜存栏数198.5万头(只)。其中,大畜存栏22.2万头(只),生猪存栏89.2万头,羊存栏87.1万只,牛存栏19.8万头。投资1 850万元建设现代畜牧园区,2010年,扎赉特旗成为全国300个生猪调出大县之一。全旗354个小区大场生猪产业基地建成投产,新建1 000平方米的小区6个。全年新建鹅舍19 554.7平方米,新建种鹅养殖小区2处,新建商品鹅养殖小区3处,白鹅饲养总量达到301万只,全旗新增奶牛10 700头,存栏29 426头,年出栏肉牛35 251头,生猪出栏606 862口,年出栏肉羊348 395只,年末,家畜实有头数1 179 287头(只、口),其中,大牲畜197 797头,羊633 464只,猪348 026口。年肉类总产量6万吨、比上年增长8.5%,牛奶产量8.3万吨,绵羊毛产量0.18吨、山羊毛129吨,禽蛋产量0.08万吨。禁牧草原598万亩,禁牲畜110万头(只)。

【林业】 全年共植树造林1 467公顷,造林成活率

70%以上,全年完成退耕还林和荒山造林1 067公顷,义务植树1万亩,四旁植树0.8万亩。育苗1 300亩,容器育苗200万袋。全旗林业用地面积436 785公顷,其中,天然林206 141公顷、人工林41 605公顷。森林覆盖率24.11%。

【工业】 开工建设重点项目14项,其中,续建项目4项,新开工10项,当年计划完成投资5.37亿元,实际完成投资4.58亿元。促成山东三水集团收购全兴水泥二期项目,日产2 500吨熟料生产线已投入生产;南京雨润集团200万头生猪屠宰加工项目进入生产阶段;引进鄂尔多斯博源集团年产5万吨甜高粱制总容剂和10万吨甜高粱制燃料乙醇项目等。绰尔工业园区新区建设,收储土地1 005亩,投资1 250万元进行基础设施建设。全部工业增加值实现73 631万元,比上年增长31.9%。规模以上工业企业22户,规模以上工业完成增加值63 691万元,比上年增长38.5%,全旗规模以上工业企业主营业务收入172 840.8万元,比上年增长25.8%、实现利润9 139.5万元,规模以上工业经济效益综合指数为340.7%,比上年增长57.5个百分点,全年规模以上工业企业产品销售率为98.3%、比上年增长0.2%。

【城镇建设】 建设基本项目70项,建筑面积29.7万平方米,总投资4.09亿元。其中,新开工60项,建筑面积26.8万平方米,投资3.4亿元;上年结转10项,结转面积2.9万平方米,投资0.66亿元。竣工面积15.3万平方米。施工产值2.3亿元,住宅建设与房地产开发建设项目9项。建筑业增加值1.2亿元,比上年增长40%。日处理1.5万吨,总投资5 091.1万元的利民污水处理厂进入试生产阶段;完成12条巷道硬化改造,改造长度4 285米,硬化面积23 322平方米,投资411万元;完成供水投资128.65万元,供热投资495万元;建设廉租房450套,建筑面积21 700平方米,总投资3 472万元;农村危房改造1 500户,建筑面积90 000平方米,总投资2 230.6万元,城镇绿化投资182万元,财政支出基础设施建设资金2 188万元。

【固定资产投资】 全社会固定资产投资完成34.6亿元,增长5.1%。全旗固定资产投资中,第一产业投资14.4亿元,增长9.9%;第二产业投资4.7亿元,下降21.7%,其中,工业投资2.9亿元,下降34.1%;第三产业投资15.5亿元,比上年增长12.3%。从城乡看,城镇固定资产投资33.1亿元,比上年增长6.8%;全年房地产开发投资0.9亿元,比上年下降35.7%;农村固定资产投资0.6亿元,增长20%。从主要行业投资看,农林牧渔业投资14.4亿元,增长10.3%;电力、燃气及水的生产和供应投资0.6亿元,下降35.6%;交通运输、仓储及邮政业投资0.9亿元,下降64.9%;水利、环境和公共设施管理业投资6.1亿元,增长32.3%。全年新开工项目119个,在建项目总投资规模34.6亿元,分别比上年增长19%和5.1%。

【贸易】 全旗个体工商户7 888户。社会消费品零售总额17.76亿元,比上年增长21%。按行业划分,批发零售贸易业零售额1.21亿元,增长18.9%;零售业零售额15.56亿元,增长20.9%;住宿业零售额0.05亿元,增长24.1%;餐饮业零售0.92亿元,增长25.8%。

【交通 邮电】 完成阿拉达尔吐至杨树沟通乡水泥路全长37.51公里,完成投资2 875万元。完成敖宝吐至查干10.4公里,完成投资470万元。全旗通乡公路网络基本形成。音德尔至江桥一级公路可行性研究已经批复。交通运输业公路货运量218.4万吨,公路运输货运周转量19 488万吨/公里,公路客运量完成78.1万人次,客运周转量完成12 321万人/公里。公路总里程2 080公里。全年邮政业务总量946万元。年末,本地网固定电话用户18 890户,下降24.5%,其中,城镇电话用户8 500户,乡村电话用户10 390户。移动电话用户186 000户,增长4.5%。全旗电话普及率(包括固定和移动电话)达到51.8部/百人。

【电力】 旗电力公司总资产19 226.6万元,年销售电量14 241.3万度,年产值9 629.7万元,上缴税金12.5万元。

【金融】 年末,全旗金融机构各项人民币存款余额249 628万元,比上年末,增加37 848万元,增长17.9%,;年末,全旗金融机构各项人民币贷款余额150 454万元,比上年末,增加29 342万元,增长24.2%。

【保险】 全年保险业保费收入16 746万元。其中,人寿险实现保费收入6 448万元,增长7.7%,财产险保费收入10 298万元,增长356.8%。全年保险业赔款和给付支出6 493.6万元,其中,财产险赔款5 732.3万元,增长410.1%,人寿险赔付761.3万元,下降42.5%。

【劳动就业】 城镇新增就业1 856人,城镇登记失业率控制在4.25%以内。发放失业保险金502.4万元。全旗共组织劳务输出60 542人次,新增22 799人。培训农牧民3.8万人次,劳务收入2.5亿元。

【科技】 全旗有各类专业技术人员6 877人,全年财政科技支出115万元,同比增长0.6%。全年共举办各类培训班153期,培训农牧民9.8万人次,送科技下乡210人次。有农业技术推广人员58人,其中,高级农艺师4人,中级农艺师22人,助理农艺师、技术人员32人。

【教育】 2010年,全旗有职业学校、普通中小学校67所。其中,中等职业学校2所、普通高中2所、普通初中23所、小学40所、幼儿园105个。全旗现有在校学生总数32 192人,其中,普通高中在校生3 639人,职业学校在校生2 745人,初中在校生8 031人,小学在校生17 777人,在园幼儿6 996人。全旗现有专任教师总数3 465人,其中,普通高中专任教师364人,初中专任教师1 073人,小学专任教师1 912人。适龄儿童入学率100%。2010年全旗高考本科上线1 109人,比上年增加120人。财政支出教育事业费29 795万元,比上年增长23.1%。

【文化】 全旗文化产业发展到130家,有文化馆、图书馆、乌兰牧骑、新华书店各1个。图书馆藏书2.4万册,接待读者1万人次;广播人口覆盖率90.26%,电视人口覆盖率90.26%,年末,全旗有线电视用户20 000户。

【卫生】 全旗共有卫生机构32个,床位661张。卫生技术人员734人,执业医师、助理医师341人,注册护士135人。农村牧区卫生事业不断加强,拥有农村牧区村级卫生室337个,乡村医生和卫生员349人。财政对医疗卫生事业经费支出8 871万元,比上年增长60.3%。

【体育】 全年举办各类运动赛会8次,参加运动员人数3 400人,94.5%的在校生达到国家体育段炼标准。年内全旗体育健儿在区内外重大赛事中获奖牌8枚。其中,自治区级金牌4枚,银牌1枚,铜牌2枚;盟级银牌1枚。财政对文化体育支出407万元。

【人民生活】 城镇居民人均可支配收入10 512元,同比增长12.9%,农牧民人均纯收入3 412.4元,同比增长8.19%。

【社会保障】 全旗社会保障和就业支出19 050万元,比上年增长20.5%。全旗社会保障支出5 743万元。37 760名农牧民享受最低生活保障,农村低保支出3 625万元;8 476人享受城镇居民最低生活保障,支出城镇低保资金2 118万元。全旗参加养老保险人数13 700人,财政支出养老保险金5 380万元。城镇职工基本医疗保险已参保36 983人,支出2 158万元。城镇各项就业再就业支出587万元。新型农村合作医疗覆盖了整个农村牧区,265 300名农牧民享受医疗保险待遇,参合率90.3%。共补偿18万人次,累计补偿金额3 397万元。

(高殿富)

突 泉 县

【领导名录】

县委书记:刘剑夕(达斡尔族)

人大主任:石庆喜

县　　长:马焕龙

政协主席:张秀兰(女)

武装部长:彭　海

政　　委:李建平(5月离任) 张宪和(5月任职)

【概况】 突泉县位于内蒙古自治区东北部,兴安盟中南部;大兴安岭南麓,科尔沁草原深处。地处北纬45°11′25″~46°5′12″,东经120°43′45″~122°10′20″。北部、东北部同科尔沁右翼前旗接壤,南部、西南部与科尔沁右翼中旗毗邻,东部和吉林省洮南市相连。地域形状呈西北至东南走向的长方形,东西相距113.9公里,南北相距99.6公里。全县总面积4 889.5平方公里,现有耕地面积217万亩,有林地面积214.2万亩,草牧场面积332.1万亩。2010年,全县辖突泉、六户、杜尔基、水泉、永安、宝石6个镇(学田、溪柳、太平、太东、太和、九龙6个乡),全县有188个村民委员会、19个居民委员会、464个自然屯。盟属国有杜尔基农场驻突泉县。县人民政府所在地突泉镇,位于突泉县南部偏西。全县总人口312 810人,其中,汉族221 766人,蒙古族60 831人,回族、满族、朝鲜族、达斡尔族、鄂温克族、鄂伦春族、藏族、锡伯族、苗族、维吾尔族、土家族、彝族等其他少数民族30 213人。

【财政】 全县财政收入累计实现8 617万元,完成调整预算8 614万元的100.03%,比上年增加1 365万元,增长18.8%。财政支出累计实现138 635万元,比上年增加14 735万元,增长11.9%。其中,一般预算支出实现134 053万元,比上年增加19 493万元,增长17%;基金支出实现4 582万元,比上年减少4 758万元,下降50.9%。

【农业】 推广良种440余万公斤,推广良种补贴项目210万亩,推广测土配方施肥项目195万亩,创建高产粮食作物2万亩,建设标准化旱作基本田15万亩,建设12处高质量农业科技核心示范区,黑土地整理3万亩。投放化肥1.8万吨、农药30吨、柴油9 000吨,积造农家肥300多万立方米,检修农机具2 600台套,新打井2 500眼,投入春耕资金近1.2亿元,春耕高峰期,日出动农业机械2.4万台,配套农具0.8万台套,劳力8万人。全县播种面积217万亩,粮食总产量达12亿斤。

【农业设施建设食用菌产业】 2010年突泉县投入资金20万元,新建育苗中心一处,县财政累计投入扶持资金587万元,投入扶持资金227万元、协调投放贷款300万元、群众自筹资金4 773万元,新建温室大棚小区34个达69个、新建专业村16个达32个,新建温室大棚1 060座,9月末,全部竣工投产,种植品种主要有:食用菌类有香菇、草菇、平菇、鸡腿菇、秀珍菇、双孢菇等;瓜果类的有香瓜;果实类蔬菜主要有黄瓜、西红柿、茄子、辣椒、生姜;茎叶类蔬菜主要以芹菜、韭菜和小菜为主。实现基地产值1.28亿元,增收1.2亿元,拉动就业4 000人,实现就业收入2 000万元,拉动第三产业增加值300万元,拉动全县农民人均增收500元。

【蔬菜产业】 完成蔬菜种植5万亩,新建百亩连片蔬菜基地5 400亩,企业订单蔬菜20 600亩,订单马铃薯29 400亩,机械化整地面积2万亩,育秧3 000亩。脱水蔬菜加工企业投产7家,生产脱水蔬菜干品3 647吨。全县种植脱水蔬菜加工品种7个:青刀豆、胡萝卜、白元葱、甘蓝、红甜菜、马铃薯、南瓜。实现蔬菜工业产值9 900万元,拉动就业1 200人,实现就业收入480万元,拉动第三产业增加值730万元。全县农民人均增收310元。

【农机】 农机总动力达到46.6万千瓦,农机保有量突破2万台套,配套农具3.57万台,机耕作业131万亩,机播作业126万亩,机收作业15万亩,农机综合机械化作业水平达56%。农机购置补贴项目,中央补贴指标550万元、自治区128万元、县级配套55万元,补贴农民773万元。总投入资金1 925万元,其中,群众自筹1 152万元,购置农机4 335台。全年拖拉机年检83%,拖拉机落户1 551台,培训1 333人,驾驶员考核1 333人。全年推广新型农机具267台,玉米收获机27台。

【畜牧业】 牧业年度家畜存栏70.3万头(只、口)。生猪12万口。肉牛出栏1.4万头,肉羊出栏34.4万只(育肥羊8万只)。全县新增奶牛1.5万头。奶牛存栏3.1万头,日产鲜奶170吨。新建肉牛、肉羊育肥场18个,累计达60个,新建3 600口种猪养殖场2座,标准化生猪养殖场4个达14个。良种畜比重达98%,新建黄牛改良站点4个,调引高代肉用种公羊120只,建成种羊扩繁场4个,多胎多羔纯种母羊繁育场9个。重大动物疫病防治密度达100%,完成家畜和禽类免疫3 182.4万头只口(次)。

【禽产业】 县财政投入扶持资金900万元、贷款400万元,完成投资3 816万元,新建肉鸡养殖小区26个累计达64个、养殖专业村16个达32个,新建560平方米的标准化鸡舍650座达1 236座,全部投入饲养,鸡舍总面积达58.8万平方米,养殖能力突破3 000万只。全县有1 236座鸡舍投入饲养,出栏肉鸡2 600万只,农户实现基地销售收入6.763亿元,获净收益1.04亿元,拉动就业2 400人,实现就业收入2 000万元,拉动第三产业增加值4 200万元。拉动全县农民人均增收600元。

【林业】 造林8.9万亩,国家重点工程造林5.4万亩,非重点工程造林3.5万亩。盟内非重点工程造林2.05万亩。历年工程的补植补造5.5万亩,其它荒山荒地造林5万亩(其中,包括2008年巩固退耕还林成果荒山荒地补植补造4.06万亩)。2010年,全县共征占用林地433.9亩。发放林权证163本,其中,集体发证2本、个体发证161本。总确权面积7 937.5亩,其中,集体确权面积57亩、个体确权面积7 880.5亩。2010年,全年采伐限额34 149立方米,共采伐林木活立木蓄积1 240立方米,全年发放采伐证40份、采伐面积3 237亩,其中,皆伐面积508亩。共查处放牧毁林案件120起、警告违法行为人17人次、罚款120人次、行政拘留4人、收缴罚没款6.5万元。查处擅自改变林地用途案件36起、处理36人、收缴罚没款13.9万元。查处各类涉林案件167起,其中:刑事案件3起、林业行政案件154起、野生动物保护行政案件10起,处罚违法犯罪人员171人次、收缴罚款31万元,为国家挽回经济损失近50万元。

【工业园区】 工业园区入驻企业18家,投产11家。截至2010年10月末完成工业总产值3.12亿元,同比增长24.8%;工业增加值1.16亿元,同比增长27.5%;实现利润0.17亿元,同比增长41.6%;税金0.08亿元,同比增长14.5%。

【电力】 县电力公司对所属全部变电站和66千伏线路进行清扫,更换拉线18把,调整10千伏导线弛度14公里,更换线路隐患水泥杆22基,电杆扶正、加固185基,更换悬垂片和高压立瓶145只,更换跌落开关46组,石板闸51只,更换高、低压引线3 200米。截至11月30日,购电量实现1.56亿千瓦时,同比增长25.01%;完成盟局下达全年指标的103.52%,售电量实现1.37亿千瓦时,同比增长25.78%;高压损失率完成8.71%;低压损失率完成9.78%,同比下降0.48个百分点;结合损失率完成11.97%,同比下降0.53个百分点,比照盟局下达全年指标的12.5%下降0.52个百分点。售电平均单价完成591.5元/KKWH,同比上升2元/KKWH。1~11月发行电费80 989 474.3元,电费实现月清月结,电费回收率100%,1~11月末,售电收入实现7 000万元,比2009年增长995万元,同比增长16.6%;购电支出实现4 180万元,比2009年增加购电支出651万元,同比增长18.4%。2010年全年实现利润200万。

【棚户区改造】 实施棚户区改造1.5万平方米,拆迁住户230户、830人,其中,低收入家庭15户。工程总建筑面积4万平方米、434套,总投资4 000万元。拆迁工作全部完成,已完成投资3 200万元,三栋楼主体封顶,其余三栋完成部分主体施工。

【污水处理】 总投资7 393.86万元,新建日处理1.5万立方米污水处理厂一座、污水管网80.7公里,采用工艺为序批式活性污泥法(SBR-CAST),排放标准为一级B。该工程2010年5月开工建设,已完成土建主体、设备安装、污水管网铺设,完成投资5 000万元。

【通路建设】 小蛤蟆岬林场至阿力得尔(突泉镇)公路,全长24.7公里,7月上旬,开工建设,10月末建成通车。完成涉及宝石、永安等6个乡镇(永安镇、六户镇、宝石镇、太和乡、太东乡、学田乡)、8个行政村(查干楚鲁村、宝山村、东城村、巨有村、和安村、永德村、大屯村、永平村)通村砂石路建设,总里程99公里,其中,计划内3条42公里、计划外5条57公里。

【通讯】 县移动公司运营收入完成6 600万,净增通信客户2万户,用户到达13万户,新建基站23处,基站累计到达125处(TD基站6处),直放站20处,自建营业厅2处、手机卖场1处、合作营业厅14处、特许店45处、特约代点80处网络覆盖率到达98%,市场份额三家(移动、联通、电信)比到达80%。

【教育】 初中毕业生总数2 497人,升入高中1 778人,升学率为71.23%。其中,升入普通高中1 405人,升学率为66.94%,比上年提高7.98%;升入职业高中373人,比上年提高8%;考录乌兰浩特一中105人,比上年增加19人,占全盟乌一中招生总数的42%。2010年,参加高考人数1 092人,本科上线人数506人。其中,本科三批以上上线452人,体育、艺术类上线54人,本科上线率为46.3%,比上年提高13.8%。职业高中有4人对口升学考入本科,实现在校生高考本科零的突破。各类教育普及率进一步提高,全县学前三年幼儿入园率达77.2%,小学入学率、巩固率、普及率和毕业率均为100%;初中毛入学率、毕业率分别为103.97%、72.86%;高中毛入学率达65%。

【非物质文化遗产】 擦笔年画技艺、突泉漫画技艺、突泉泥塑技艺、突泉剪纸技艺、突泉根雕技艺、突泉王小二大饼技艺、突泉豆瓣酱技艺、六户干豆腐技艺等8项,被命名为兴安盟第一批盟级非物质文化遗产,有16人被命名为兴安盟第一批非物质文化遗产代表性传承人。

【劳动就业】 就业局共举办勾机操作、家政、服装制作、大货车驾驶、计算机、电焊、电工及创业能力培训61期,培训2 923人。实现新增就业1 744人,城镇登记失业率控制在4.2%以内;持《再就业优惠证》人员实现再就业1 357人,其中,"4050"人员实现再就业993人;共为576名下岗职工、高校毕业大学生、返乡农民工发放小额贷款1 817万元,任务1 300万,完成任务的139.8%,拉动就业1 724人;农牧民当年转移输出21 546人,累计输出5.3万人。开展失业人员技能培训1 002人,创业能力培训525人,农牧民转移技能培训1 396人,实现成功创业457人,新创造就业岗位1 371个;创建充分就业社区3家,上报充分就业模范社区2家,创建充分就业乡镇3个;认定就业困难人员365人,援助就业365人;创建劳动力转移示范乡镇3个,劳动力转移示范村15个;确定城镇"零就业家庭"14户,确定农村"零转移家庭"76户。

【社会保障】 2010年,突泉县城镇低保保障人数7 535人,保障标准从200元提高到247元,人均补差从155元提高到202元。共发放保障资金1 534.9万元。农村低保保障人数28 349人,救助标准每人每年800元。免费为2 775名农村一类低保对象缴纳新型农村合作医疗,参合费每人每年20元,共支出5.6万元。农村医疗救助共发放救助资金222.6万元;城镇医疗救助共发放救助资金67.5万元。

全县参合农民合计189 140人,参合率达90.5%。全年家庭帐户核销53 533人,核销金额为42.83万元;住院补偿12 628人,总费用4 687.27万元,报销补偿金额为2 041.79万元,平均每人补偿1 617元,实际住院补偿比51%。

【灾害】 遭受旱灾、雹灾、雪灾等自然灾害。全县受灾面积232.9万亩,成灾189万亩,绝收20.4万亩,倒塌房屋6间,受灾人口23.7万人,直接经济损失63 592.4万元。草场受雪灾332万亩,直接经济损失5 000万元,缺少饲料26.5万吨。

(冯殿玉 王宏平 宁振江 石睿)

通　辽　市

【党政军领导名录】

市　委

书　记:那顺孟和(蒙古族 6月离任) 傅铁钢(6月任职)

副书记:傅铁钢(6月离任) 胡达古拉(女 蒙古族 6月任职) 道尔吉(蒙古族 8月任职) 萨仁(女 蒙古族 8月离任)

常委:那顺孟和(蒙古族) 傅铁钢 道尔吉(蒙古族) 辛金山 萨仁(女 蒙古族) 闫鹏 吴艳刚(达斡尔族) 陈庆荣 张国秋 师铎 高琦 梁志远(蒙古族) 严洪波(1月任职)

人　大

主　任:白赛娜(女 蒙古族)

副主任:乌兰(女 蒙古族) 王玉伟 王杰 李双喜(蒙古族) 林向阳 特木尔巴根(蒙古族)

政　府

市　长:傅铁刚(6月离任) 胡达古拉(女 蒙古族 6月任职)

副市长:道尔吉(蒙古族 8月离任) 李荣禧 李秀芝(女) 张国秋 李永刚(蒙古族) 高志勇 孙振云(蒙古族) 贺海东

政　协

主　席:王治安

副主席:包庆贺(蒙古族) 巴日格其(蒙古族) 张庆宗 王宝湖(蒙古族) 苏利华(女 达斡尔族) 刘广玉 汤连荣 于沨

纪检委

书　记:吴艳刚(达斡尔族)

政法委

书　记:辛金山

法　院

院　长:宝　音(蒙古族)

检察院

检察长:何　奇(蒙古族)

公安局

局　长:高运民

军分区

司令员:陆　军

政治委员:杨秀春

【概况】　通辽市位于内蒙古自治区东部,地处北纬42°15′~45°41′,东经119°15′~123°43′。东连吉林省,起于科尔沁左翼中旗东部和科尔沁左翼后旗东部;南临辽宁省,起于科尔沁左翼中旗南部、库伦旗南部和奈曼旗南部;西接赤峰市,起于奈曼旗西部、开鲁县西部和扎鲁特旗西部;北与兴安盟和锡林郭勒盟毗邻,起于霍林郭勒市北部。总面积59 535平方公里。

2010年,通辽市有1个市辖区(1个经济技术开发区),1个县级市,1个县,5个旗。年末,全市户籍人口318.70万人,其中,非农业人口123.34万人,农业人口195.37万人。18岁以下人口61.83万人,18~60岁人口223.88万人,60岁以上人口33.00万人。男性人口161.71万人,女性人口156.99万人,男女性别比为1.03∶1。

通辽市地区生产总值增长16.0%,其中,第一产业增长6.2%,第二产业增长24.2%,第三产业增长17%。地方财政收入增长24%,三次产业发展质量明显提升。全年开工建设千万元以上工业项目242个,完成投资350亿元,15个重大项目建设全面启动,梅花生物二期、华能建华风电等项目建成投产。八个优势特色产业完成增加值495亿元,增长28%。

实现地区生产总值1 176.23亿元,比上年增长16.0%,增幅比上年回落0.9个百分点。其中,第一产业增加值178.26亿元,增长5.7%;第二产业增加值689.65亿元,增长24.5%;第三产业增加值308.32亿元,增长10.6%。三次产业结构由上年的15.6∶55.5∶28.9变化为15.2∶58.6∶26.2。与上年相比,第一产业比重降低0.4个百分点,第二产业比重提高3.1个百分点,第三产业比重降低2.7个百分点。

【农业】　第一产业增加值达到178.26亿元,比上年增长5.7%,增幅较上年提高3.1%,正在由农业大市向农业强市迈进。年末,全市实有耕地面积107.44万公顷,与上年持平。农作物总播种面积110.96万公顷,比上年增加1.70万公顷,增长1.6%。在农作物播种面积中,粮食作物播种面积91.33万公顷,占总播种面积的82.3%,比上年提高0.2个百分点,增加1.61万公顷,增长1.8%;油料作物播种面积5.37万公顷,占总播种面积的4.8%,比上年降低1.5个百分点,减少1.48万公顷,下降21.6%;蔬菜播种面积6.73万公顷,占总播种面积的6.1%,比上年提高0.1个百分点,增加0.12万公顷,增长1.8%。

全年粮食产量525.50万吨(105.10亿斤),比上年增产50.25万吨(10.05亿斤),增长10.6%。其中,玉米436.46万吨;水稻22.16万吨。油料产量12.39万吨,比上年增产3.95万吨,增长46.8%;甜菜产量20.90万吨,比上年增产13.52万吨,增长183.2%。蔬菜产量234.98万吨,比上年减产45.57万吨,下降16.2%。

各级政府和农业部门共投入设施农业建设资金3.35亿元。新建50亩以上设施农业小区192个,日光温室小区4.8万亩。全市新增设施农业面积15.4万亩。主要粮食作物良种覆盖率和种子包衣率达到100%。大力开展玉米高产创建活动,建设玉米吨粮田54万亩,高产创建示范区32个,示范区最高亩产达到每亩1120公斤。

【畜牧业】 牧业年度牲畜实有头数1 532.42万头(只),比上年减少29.28万头(只),下降1.9%。年末,全市家畜实有头数1 063.75万头(只),比上年末,增加16.65万头(只),增长1.6%。其中,大小牲畜801.15万头(只),增长2.1%;猪262.60万头,与上年持平。全年肉类总产量达到50.09万吨,同比下降1.3%。其中,猪肉25.56万吨,比上年下降1.6%;牛肉10.05万吨,比上年下降8.5%;羊肉7.80万吨,比上年增长2.4%。

市财政安排专项资金1 000万元,支持优质母牛基地建设、育肥牛生产、肉牛种源建设和牛良种繁育体系建设。全市共建设秸秆养母牛示范村62个,示范村新增牛18 707头,新增养牛户430个,新增牛舍面积113 425平方米,新增永久性窖池1 215座、49 724立方米,新增秸秆加工机械205台(套)。建设小规模大群体模式的育肥牛专业村10个,新增育肥牛养殖场54个。

【工业】 全年完成工业增加值633.80亿元,比上年增长26.6%,增幅与上年持平。其中,规模以上工业企业完成增加值543.01亿元,增长27.6%,增幅比上年回落0.2个百分点。

在规模以上工业企业中,国有企业增加值56.61亿元,增长11.7%;集体企业增加值12.53亿元,增长18.2%;股份合作企业增加值5.08亿元,增长2.3%;股份制企业370.28亿元,增长32.1%;外商及港澳台商投资企业增加值57.88亿元,增长21.7%。国有控股企业完成增加值141.20亿元,增长24.6%。大中型企业完成增加值229.40亿元,增长17.6%。分轻重工业看,全年轻工业增加值189.53亿元,增长21.7%;重工业增加值353.48亿元,增长31.2%。

全年规模以上工业企业实现利润总额104.30亿元,增长35.5%。其中,股份有限公司76.06亿元,增长29.3%,占72.9%;外商投资企业实现利润14.53亿元,增长84.3%,占13.9%。

【财税】 全市财政总收入完成102.92亿元,比上年增长24.0%。地方一般预算收入64.83亿元,比上年增长27.9%。其中,税收收入37.99亿元,增长19.2%;非税收收入26.84亿元,增长42.5%。在税收收入中,增值税收入5.69亿元,增长2.8%;营业税收入9.88亿元,增长33.8%;企业所得税收入2.95亿元,增长63.7%;个人所得税收入1.01亿元,增长31.8%。一般预算支出184.46亿元,增长21.0%。其中,用于教育、医疗卫生、社会保障和就业、交通运输的支出分别比上年增长30.4%、10.7%、18.9%和7.0%,用于科技和城乡社区事务的支出分别增长30.6%和34.5%。

【社会保障】 全市参加基本养老、基本医疗、失业保险、工伤保险、生育保险人数分别为212.20万人、34.30万人、18.60万人、14.10万人和23.53万人,其中,基本养老、基本医疗、工伤保险、生育保险人数分别比上年末,净增192.07万人、2.61万人、1.0万人和5.05万人,失业保险人员与去年持平。城镇居民医疗保险参保人数50.13万人;农牧民参加农村新型合作医疗的人数达到207.59万人,参合率为96.5%。全市享受最低生活保障的人数达到9.68万人,占非农业人口的7.8%,有6.88万户低收入家庭得到救助。农村享受定期救济户数2 946户,五保户2 336户。年末,有收养性福利事业单位、农村收养性老年福利机构156个,职工1 076人,床位数9 030张,年末,在院人数7 793人,其中,老人6 049人,儿童377人。

【国内贸易】 全年实现社会消费品零售额242.65亿元,比上年增长19.3%,增幅比上年下降0.1个百分点。其中,城市消费品零售额173.57亿元,增长20.

1%;县及县以下消费品零售额分别为92.06亿元和69.08亿元,增速达21.8%和17.1%。分行业看,批发业22.37亿元,增长19.2%;零售业188.56亿元,增长19.7%;住宿业1.96亿元,增长14.5%;餐饮业29.76亿元,同比增长16.7%。

限额以上批发和零售企业零售额50.16亿元,比上年增长26.1%。其中,食品饮料烟酒类实现零售额15 850.1万元;服装鞋帽针纺织类12 635.5万元;金银珠宝类3 452.2万元;日用品类6 906.5万元;家用电器和音像器材类13 308.4万元;中西药品类6 611.5万元;体育娱乐用品类1 699.3万元;汽车类31 946.1万元。

【对外经济】 全年外贸进出口总额达到17 498万美元,比上年增长73.3%;其中,出口8 719万美元,比上年增长110.5%;进口8 779万美元,比上年增长47.5%。

全市农畜产品出口3 885万美元,同比增长44.7%,占全市出口总额的44.6% 。其中,杂粮杂豆出口1 386万美元,同比下降22.7%;活畜出口493万美元,同比下降22.7%;冻牛肉出口1401万美元,同比增长4.7倍;淀粉出口468万美元,同步增长52.4%;冷鲜椒出口137万美元,同比增长45.7%。

【交通】 铁路货运量9 053.43万吨,比上年增长32.4%;公路4 980万吨,增长6.3%;民航477.4吨,增长30.2%。铁路货运周转总量653.87吨公里,增长31.6%;公路114.01亿吨公里,增长5.6%;民航29.7万吨公里,下降16.5%。全年铁路旅客运输量627.78万人,下降9.9%;公路2 534万人,增长15.5%;民航11.83万人,增长2.39倍。铁路旅客运输周转量43.73亿人公里,下降4.8%;公路18.75亿人公里,增长24.3%;民航8 275.60万人公里,增长80.5%。

【邮电】 邮电通信业全年完成邮电业务总量43.60亿元,其中,邮政业务总量0.75亿元。城镇固定电话普及率46.09部/百户;农村41.65部/百户。城镇移动电话普及率177.47部/百户;农村141.00部/百户。每百户城镇和农村居民家庭互联网用户分别为20.5户和6.0户。全市有邮政机构140个,邮路总长度4153公里。农村投递路线总长度为16 975公里。

【旅游】 旅游收入总计达到50.71亿元,增长12.9%,接待国内外旅游者271.6万人次,增长35.4%。旅游外汇收入1000万美元,增长9.0%。接待入境旅游者1.6万人次,比上年增长14.0%。根据自治区旅游景区质量等级评定委员会评定验收,通辽市已有A级景区20家,其中,AAA级以上景区达到11家;有星级饭店25家。产业实力快速提升,年旅游收入达到50亿元,五年增长5倍,荣获“中国优秀旅游城市”称号。

【文化】 年末,全市有艺术事业研究所2个,图书馆9个,文化馆9个,博物馆4个,图书馆藏书81万册。艺术表演团体9个,艺术团体共演出1 520场(次),观众达75.2万人次。无线广播电台1座,广播节目四套,广播节目综合人口覆盖率98.26%,与上年持平。县广播电视台7座,乡广播电视站74个,电视节目综合人口覆盖率97.73%,比上年增加0.94个百分点。有线电视入户率为42.97%,比上年增加1.47个百分点。

【教育】 年末,全市共有普通高等院校3所,全年招收全日制学生10 691人,在校生36 014人,毕业生8 218人。全市共有1所普通高校培养研究生,全年研究生教育招生251人,在学研究生596人,毕业生122人。全市幼儿园126所,其中,公办幼儿园22所,在园幼儿3.95万人。普通小学582所,招生3.50万人,在校生21.05万人,毕业生3.58万人;初中140所,招生3.61万人,在校生10.16万人,毕业生3.73万人;普通高中25所,招生2.08万人,在校生6.45万人,毕业生2.16万人;各类中等职业教育学校22所,招生0.99万人,在校生3.03万人,毕业生0.72万人;特殊职业教育学校1所,招生55人,在校生374人,毕业生25人。

【卫生】 年末,全市共有卫生机构633个,其中,医院41个,卫生院168个,社区卫生服务中心(站)145个,其它卫生机构279个。卫生机构共有床位8 636张,其中,医院有床位5 688张,卫生院有床位2 239张。全市卫生技术人员达到12 025人,其中,执业(助理)医师5 799人,注册护士3 223人,药师(士)697人。

【体育】 全市共有国家二级体育运动员125人;国家二级裁判51人。荣获自治区级比赛奖牌151枚,其中,金牌47枚,银牌58枚,铜牌46枚。群众性体育活动达标人数120万人;县以上举办运动会7次,参加运动会运动员4 500人;省以上体育先进县1个。

【服务业】 第三产业增加值达到336亿元,年均增长17 %。物流方面,围绕打造东北地区区域物流中心,加快推进现代物流业发展,服务工业发展的物流园区和物流企业快速做大,物流业吸纳就业10万人以上,物流业增加值达到105亿元。煤炭、粮食、建材等大宗物流形成较大规模,物流产业体系初步形成,被确定为“全国现代物流示范城市”。

【金融】 新增商业金融机构13家,存贷款余额分别达到480亿元和542亿元,分别是“十五”期末的2.6倍和2.5倍,被评为“中国金融生态城市”。

【建筑业】 全市建筑业实现增加值55.85亿元,比上年增长10.3%。全市44户有资质等级建筑企业,实现建筑业总产值63.67亿元,同比下降5.4%;房屋建筑施工面积382.07万平方米,其中,新开工面积344.67万平方米。竣工产值44.97亿元,同比下降25.0%。完成2家工程监理企业资质晋升甲级,全市完成房地产开发投资57.79亿元,增长181.5%,占固定资产投资的比重为8.8%,比上年上升5.1个百分点。在房地产开发投资中,住宅投资43.38亿元,同比增长167.0%;全市房屋施工面积557.15万平方米,增长124.3%;其中,住宅437.57万平方米,增长125.1%。房屋竣工面积172.96万平方米,增长36.2%;其中,住宅125.09万平方米,增长29.8%。商品房销售面积214.54万平方米,增长72.3%;其中,住宅164.31万平方米,增长73.2%。年末,商品房待售面积71.12万平方米,比上年末,增长11.88万平方米,增长20.1%;其中,住宅50.31万平方米,增加9.6万平方米,增长23.6%。

【基础设施建设】 城市基础设施功能进一步完善。完成“一街三路”的新建改建续建工程;完成5条道路绿化、13处楔地绿化和西拉木伦公园“园林造型艺术园”、青年公园二期续建工程、10个街头游园新建工程;完成重点小区污水管道改造工程、城区污水管道、雨水管道新建改造工程、通钱干渠封闭整治工程;完成建华生活垃圾压缩转运站建设工程。在城市供热方面,投资1.75亿元,重点实施了集中供热四期(二阶段)工程和负荷调整等项工作,新增供热能力500万平方米,入网负荷达到1 750万平方米。全市共有建成和在建的城镇污水处理厂13座,其中,12座已经运行或试运行。全市共有生活垃圾处理场8座,其中,2010年新建续建5座,生活垃圾无害化日处理能力1 525吨。

【新型农村合作医疗】 新型农村合作医疗人均筹资水平达到150元以上,参合率达到96.29%。全市实行大病统筹和门诊统筹相结合的补偿方式,住院报销比例在2009年基础上提高五个百分点,封顶线提高到5万元。为进一步方便农牧民就医,将8所民营医院纳入新农合定点医疗机构。市政府投入200余万元建设市级新农合信息管理平台,加强新农合基金监管,实现农牧民在全市所有定点医疗机构出院即时核销。全年新农合总补偿146.96万人次,补偿金额3.27亿元,其中,住院补偿人数14.3万人,补偿金额为2.79亿元。参合农牧民受益率由上年度的42%提高到70%。

【校安工程】 认真落实校安工程相关政策,全年全市已开工校安工程项目834项,涉及全市282所学校,开工面积达161.4万平方米,达到观划面积的150%,竣工的校舍面积达92.4万平方米,占规划面积的85.7%;已到位资金13.7亿元,其中,中央资金0.82亿元。中央资金专项支持项目总数83个。

【广播电视村村通】 广播电视村村通工程完成1 199个自然村的建设任务,这个数量是往年的4倍。在310个自然村村村通工程建设工作中,全市实际共投入建设资金1 515.13万元。6个旗县综合利用有线电视光缆联网、卫星接收有线电视小网、数字MMDS技术手段全部完成310个自然村的建设任务。建设光缆1 331公里、电缆1 179公里。传输电视节目平均42套。有线电视和数字电线MMDS节目入户总数1.8万户,村均入户率84%,广播人口综合覆盖率为98.26%,电视人口综合覆盖率达到97.73%。全市承担直播卫星接收设备安装建设任务的6个旗县于去年6月10日仅用两个月的时间提前完成了全部889个自然村、25 886套直播卫星接收设备的配套、安装、开通工作,是全区第一个提前完成任务的盟市,也是建设安装和用户信息网上录入、设备网上开通惟一达到100%比例的盟市。

【人民生活】 全市城镇居民人均可支配收入达14 263元,增长11.33%,增幅比上年上升2.04个百分点。人均生活消费支出10 403元,增长14.09%。农村居民人均纯收入6 002.2元,增长12.93%,增幅比上年上升6.8个百分点。人均生活消费支出4 264.23元,增长6.79%。城镇和农村居民家庭食品消费支出占消费总支出的比重分别为31.45%和37.87%。年末,城镇居民人均住宅建筑面积25.68平方米;农村居民人均住房面积22.14平方米。全市居民消费价格总水平比上年上涨2.5%,其中,城市上涨2.1%,农村上涨3.2%。

农业生产资料价格比上年上涨1.2%。其中,:饲料价格上涨11.4%,涨幅较上年高6.3个百分点;产品畜价格下降4.1%;化肥价格下降10.9%;农药及农药器械上涨6.0%。房屋销售价格比上年上涨0.5%,涨幅比上年回落0.5个百分点。其中,新建住宅销售价格上涨0.9%,涨幅回落0.5个百分点;二手住宅价格上涨0.1%。

【修志工作】 至2010年末,通辽市二轮修志工作在内蒙古自治区12个盟市中率先完成。共出版发行1部市志(上下册)、8部旗县(市、区)志。11月,通辽市史志办被国家人力资源和社会保障部、中国地方志指导小组评为全国地方志系统先进集体、全国方志系统先进集体,1 人被评为全国方志先进工作者。几年来,通辽市史志办先后对《法院志》、《军事志》、《房产志》、《扶贫志》、《学校志》等编修单位与部门进行了专门的业务指导,其中,《法院志》、《通辽军事志》、《通辽市扶贫志》等已经出版发行。《通辽年鉴》自 2001 年创刊以来,已经连续 6 年按期出版发行。《通辽年鉴 2008 ~2010 卷》在 2010 年底进厂印刷,该书百万余字,全面、系统、准确地记述通辽市三年来政治、经济、社会、文化等各个领域全貌。

【荣誉】 2010 年,通辽梅花生物科技有限公司总经理何君、通辽市库伦旗哈图塔拉嘎查党支部书记乌日塔白乙拉、通辽经济技术开发区河西街道办事处二号村党支部书记陶贵义被评为全国劳动模范。

(吴斯日古楞)

科尔沁区

【领导名录】

区委书记:严洪波(1 月任职)
人大主任:王贵学
区　　长:韩宪军(蒙古族)
政协主席:华　君(蒙古族)
武装部长:郝魁先
政　　委:张文军

【概况】 科尔沁区位于内蒙古自治区东部,松辽平原西部边缘的科尔沁草原上,是通辽市首府所在地。全区地势平衍,旷野坦荡,坡降仅为 1‰左右。西辽河、清河、洪河自西南向东北蜿蜒横贯全境,总流程 338.4 公里,地下水资源量 72.1 亿立方米。境内储有优质天然硅砂 1 200 万吨,灰白色中粒石英砂 7 327 万吨,橄榄灰绿石 3 000 万立方米,还有矿泉水、粘土矿、铀矿等矿产资源。

科尔沁区总人口 767 474 人,全年地区生产总值完成 3 814 211 万元,财政收入 241 826 万元,同比增长 21%。区属一、二、三产增加值分别完成 367 543 万元、2 394 707 万元和2 145 676万元;社会消费品零售总额完成308 243万元。

【农业】 全年共完成总播面积 238 万亩,其中,粮食作物 202 万亩,经济作物 34 万亩,饲料作物 2 万亩,粮食总产可突破 22 亿斤;重点推广玉米吨粮田高产栽培技术 13.85 万亩、水稻高产栽培技术 1.15 万亩、测土配方施肥技术 150 万亩、“一增四改”技术 130 万亩、玉米螟综合防治技术 120 万亩、玉米精量点播技术 160 万亩、种子包衣技术 160 万亩、无公害蔬菜生产技术 20 万亩、玉米大小垄栽培 10 万亩。截至 2010 年,共举办科技培训班 62 期,培训农牧民 2 万人次,发放技术资料 3.5 万份,宣传资料 12 万份。

【畜牧业】 家畜存栏总头数 190 万头只(口),其中,牛存栏 25 万头,羊存栏数达 55 万只,猪存栏数达 98 万口,畜禽养量达 1 620 万只。新建规模养殖场(小区)已达 43 个,其中,育肥牛场 14 个,养猪场 19 个,肉鸡养殖场 5 个,养羊场(小区)4 个,养兔场 1 个。落实养母牛、育肥牛示范村工作,4 个秸秆养母牛示范村,总户数 1 203 户,现已完成秸秆养母牛示范户 845 户,完成养殖户建设任务的 100%;黄牛饲养 4 975 头,其中,饲养母牛 2 964 头,完成养殖任务的 116.9%;新建棚舍 4 910 平方米,棚舍达 37480 平方米,完成建设任务的 295.7%;新建青贮窖池 820 立方米,达到 23 712 立方米,完成建设任务的 100%;新进秸秆加工机械 24 台,达到 290 台;每头牛饲草和饲料储备均达到 5 000 公斤和 500,牛繁殖成活率达到 80% 以上。两个育肥牛示范村总户数 664 户,现已完成育肥牛养殖户 336 户,完成养殖户建设任务的 100%;育肥牛饲养量达到 6 800 头,其中,存栏2 059头,出栏4 741头,完成养育肥牛任务的 100%;新建棚舍 500 平方米,达到10 011平方米,完成建设任务的 100%;新建窖池 2 000 立方米,达到 3 522 平方米。

大小畜改良配种完成 28.12 万头只,其中,牛冷配 4.61 万头,完成任务 100%;羊改良配种 22.1 万只;马、驴改良配种 1.41 万匹。完成猪人工授精 4.5 万头,完成任务的 102.0%。

【林业】 全年共完成人工造林 8.3 万亩(其中,2008 年新增防护林任务 4 万亩);封沙育林完成 1 万亩;义务植树完成 2 万亩;四旁植树完成 0.5 万亩;村屯绿化完成 57 个;退耕还林地补植补造 2.8 万亩。共投入各种造林苗木1 008.7万株,投入资金 1 100 万元,葡萄补助资金 520 万元,文冠果补助资金 100 万元。

“323”工程完成三区修复(封沙育林)1 万亩;两线治理 1 万亩(其中,国省干道沿线绿化 0.1 万亩,河流沿线治理 0.9 万亩);三大产业基地完成 4 万亩,其中,用材林 1.6 万亩,果树经济林 2 万亩,生物质能源林 0.4 万亩。

共完成沙地葡萄栽植 2 万亩,发展文冠果生物质能源林建设0.4万亩,用材林建设1.6万亩。完成赤通高速公路两侧造林656亩,“两改”工程1.1万亩。57个村屯完成社会主义新农村建设村屯绿化工程,街道高标准绿化270条38.3万延长米,休闲广场绿化1个10亩,护屯林132亩。1.8万农牧民庭院栽植了果树6.3万株。

【水利】 全年全区共完成节水灌溉面积15.38648万亩,总投资达到6 997.55万元。其中,水务部门节水工程投资734万元。包括退耕还林节水工程346万元、大中型水库移民后期扶持项目节水工程28万元、莫力庙苏木福巨嘎查节水工程投资25万元。丰田镇建新村引进安装大型喷灌项目。

全年共完成中低产田改造5.415万亩,总投资1 935万元。水务局完成4 670亩,总投资675.55万亩。庆和镇永和屯村完成中低产田改造2 000亩,敖力布皋镇、庆和镇高启堡村各1万亩的中低产田改造完成。

全年总投资2 974.5万元、解决85个村的饮水安全问题(其中,包括2009年45个村、2008年新增5个村、2009年新增6个村、2008年工程24个村、2007年遗留工程1个村等)。

【工业】 规模工业企业完成工业增加值198亿元,为年目标198亿元的100%,同比增长21.5%;完成工业总产值690亿元,同比增长38%;完成销售收入670亿元,同比增长36%;实现税金17亿元,同比增长25%。实现利润40亿元,同比增长31%。其中,区属规模企业完成工业增加值165亿元,同比增长22.2%;完成工业总产值600亿元,同比增长40%;完成销售收入590亿元,同比增长41%;实现税金11亿元,同比增长20%;实现利润35亿元,同比增长25%。新增规模企业15户,为市考核目标12户的125%。

2010年,通辽市政府下达给科尔沁区重点项目指标为新建千万元以上投资项目20个,重点工业项目固定资产投资额为50亿元。全年共安排实施千万元以上项目32个,其中,续建项目4个,新建项目28个;新建项目中亿元以上项目达到9个。1月至10月份,已经建成投产项目10个,累计完成固定资产投资57.6亿元,分别占市下达任务的140%和115%。预计全年完成固定资产投资70亿元,年底前能够建成投产的项目14个。

续建项目完成固定资产投资3.8亿元,现已经投产运行的项目2个,即格林公司风电设备制造项目、长星风电项目。年底前建成投产的项目1个,即同禹铝业15万吨铝板带箔项目。中科天元10万吨玉米溶剂项目,根据产品市场情况,调整变更为5万吨溶剂、40万吨淀粉乳项目。

共安排新建项目28个,已全部开工建设,其中,亿元项目5个。1月至10月份完成固定资产投资53.7亿元。

【工业园区建设】 园区入驻企业达到101户,其中,规模以上企业35户,生产运行企业68户。实现新签约项目13个,协议引进资金14.78亿元,完成招商引资任务的100%。在、续建项目14个,当年投产项目6个。预计全年完成工业总产值500亿元,增加值130亿元,销售收入480亿元,实现税金9.75亿元,实现利润28.8亿元。园区新增就业人员7 230人,园区用工总人数达到26500人。

【招商引资】 全区全年新签约500万元以上招商项目162个,上报市级招商部门项目到位资金50.2亿元。区内统计招商项目到位资金59.8亿元。投资1亿元以上项目8个,5 000万元~1亿元的项目21个,1 000万~5 000万元的项目89个。

【交通】 境内4条县级公路116.82公里进行全面养护,完成土方量约11 628立方米,沟缝26 700延长米,铲草31 500平方米,完成好路率达59.9%。地方铁路专用线管理处完成线路维修22公里,货运量280万吨。测量、设计70余个村屯179.4公里砂石路,全区境内通库线(科区境内)32.7公里、通小线(科区境内)30公里油路和一座危桥翻修建设完工,现已全线通车;新建哈拉呼—木里图线9.8公里,通赤高速公路建设中损毁的部分乡村公路21公里恢复建设已经完工,新建钱家店至西花村通村公路3.5公里,对西姜至前曹通村5公里公路进行养护。全年油路建设投资近1亿元,砂石路投资1 800万元,安保工程投资80万元对建好的通辛线、通阿线安装了各类标识,保障了全区县乡道路的安全。

【城镇建设】 全年小城镇规划建设审批项目62项,规划建设投资3.4亿元(含园区)。审批开工项目51项,建筑面积累计19.5万平方米,总投资1.6亿元。其中,小城镇房地产开发3万平方米,总投资4 000万元。

镇村两级自行投入建设资金1900余万元。绿化整修街道152条,共计115 010延长米,对25个村的排水沟和路灯进行维护和翻修。新建通村公路166.3公里,打通不通公路村屯51个。

【人民生活】 共投入财政扶贫资金865万元(其中,2009年到位财政扶贫资金615万元,2008年下达2009

年实施的财政扶贫资金250万元),扶持46个嘎查村农牧林场,2 875户、10 759人,其中,贫困户1 509户、5 628人(包括2008年资金扶持3个村472户、1 695人,其中,贫困户245户、932人)。

【社会保障】 参保职工总数达63 365人。其中,企业参保341户,参保职工17 091人;农垦企业5户,参保职工2 573人。灵活就业及买断人员43 701人。2010年新参保人数达3 800人,续保完成2 000人。

城镇职工基本养老保险参保人数60 890人,其中,当年新增扩面人数完成4 092人;动员断保人员续保3 000人;养老保险费征缴收入18 500万元;清理养老保险费陈欠310万元。失业保险核定参保人数35 000人,其中,本年新增人数1 000人;核定失业保险费征缴额820万元。医疗保险参保人数已达到185 421人,其中,城镇职工基本医疗保险新增扩面完成21 964人;城镇居民医疗保险新增扩面完成54 611人;城镇居民医疗保险参保人数已达130 221人;城镇职工基本医疗保险核定收入4 109元。全年,工伤保险参保人数21 854人,其中,当年新增扩面完成2 570人;完成工伤保险费征缴收入150万元,共受理工伤认定124人份,当期调查上报已认定工伤的有115人份,当期调查办结认定率为100%;共受理申请劳动能力鉴定的25人份,当期已鉴定为不同等级的有13人。老工伤人员登记上报的有500余人。生育保险核定参保人数12 000人。

【科技】 高标准的完成自治区科技厅秸秆气化项目。申报国家自治区科技项目4个,即科技富民强县项目、秸秆气化项目、宝光废旧塑料综合利用项目、高效设施农业园区产业链项目,争取资金383万元,现已全部到位。组织申报2011年自治区级科技项目6个,即急性缺血性脑卒中降血压干预对预后的影响项目、秸秆气化高效利用模式推广项目、红干椒种籽繁育基地建设项目、蒙古族食管癌相关基因表达水平与食管癌易感性关系项目、内蒙古科尔沁现代医药物流中心WMS系统冷链物联网开发建设项目、生物质直燃技术实验室建设项目。组织申报2011年国家级科技型中小企业技术创新基金2个,即太阳能助力电动车项目、壁挂太阳能热水器项目,合计申请资金481万元。

全年共有37项专利得到国家专利认证,10项发明正在申请专利。科区公安局信息指挥中心发明的警务平台社区管理系统和通辽市公安局协同办公OA系统,得到了自治区科技厅、公安厅的鉴定、验收。

【旅游】 全年共接待国内外游客140.54万人次,实现旅游总收入14.78亿元,同比增长35%。

莫力庙旅游区是科尔沁区的重点旅游项目,集宁寺项目完成大殿、僧舍、殿前广场建设,于10月末举行大殿落成庆典暨重点文物保护单位揭牌仪式,同时向游客开放。9月21日至27日,在莫力庙旅游区成功举办科尔沁区首届金秋采摘节暨旅游文化周活动。

【教育】 全年校安工程的新建建设项目规划总建筑面积265 471平方米,加固项目规划总面积26 154平方米,共涉及35所学校,预算资金37 800万元。

落实2010年蒙授学生寄宿生生活补助资金139.8万元。共为1 447名科区大学生办理了生源地贷款,金额786.15万元,解决了近1 500个家庭的实际困难。接受了希望集团和和园房地产开发有限公司捐资助学款54万元(其中,希望集团50万元)。

实现高中招生制度改革。统招、分招生比例占全市普通高中招生的79%,中考实现新突破。比2009年提高了3.5个百分点。

【体育】 以《全民健身条例》的颁布为契机,逐步加大体育法律法规的学习宣传和执行力度。大力开展"阳光体育"运动,保证学生每天锻炼一小时,提高了学生体质健康水平。在通辽市首届中学生运动会中,以536分取得大会团体总分第一名,并获大会体育道德风尚奖。军体校射击队代表通辽市参加自治区第十二届运动会射击比赛,在比赛中运动员顽强拼搏,赛出了较高水平,取得了4金、4银、4铜的优异成绩,体育运动学校在比赛中获得4块银牌。通辽市开通公路赛,8·18赛马节科尔沁区名列第三。

【文化】 对9个村部进行了重建翻修,建标准文化活动室34个,新增面积2 135平方米,新增藏书2.65万册。投资120万元,建设4个镇苏木综合文化站。投资35万元,建设10处农牧民健身工程。投资90万元,完成30个草原书屋建设。实施"2131工程",放映电影6,000场。完成13个社区文化活动中心建设。新建4个综合文化站,投资43万元完成文化馆艺术培训中心改建、图书馆维修,完成30个农家书屋。投资50万元大林电视差转台更新改造已开始建设,投资68万元资源共享工程中心站已招标完,图书10万元,数字电影设备20万元。莫力庙民族文化旅游景点规划建设有序进行,规划6个景点,集宁寺主体建筑现已完成。全年剧团、影视公司、图书馆开展送文化下乡活动6 120场次,其中,放电影6 020场。开展第三次全国文物普查,已完成文物普查点87处,其中,复查文物53处,新发现文物34处。开展非物质文化遗产普查,摸清全区非物质文化遗产14项,101小项,主体民族为蒙古族、汉族、回族、朝鲜族。并发布全区第一批非物质文化遗产名录15项,成功举办非物质文化遗产成果展,二人转被列为国家级非物质文化遗产。举办大型广场文化活动178场,参加人员2万人,观众近15万人,举办第四届社区艺术节,农民歌手赛、秧歌比赛、青少年才艺选拔赛、少儿版画作品展、原创歌曲演唱音乐会、二人转进通辽百年纪念演唱会等。

【卫生】 科尔沁区第一人民医院原门诊楼拆除完毕,临时接建钢架结构门诊业务用房建设已投入使用;科区妇幼保健院被评为自治区级爱婴医院,区妇幼保健大楼于5月初开工建设,现已主体封顶。大林等3所中心卫生院、高林屯等7所农牧场卫生院、胜利和大罕2所边远贫困卫生院、西门等5家社区卫生服务中心业务用房建设项目顺利实施,建筑面积总计1.73万平方米,现除东郊、西门社区卫生服务中心主体封顶外,其余项目已竣工并投入使用。年初起,科区所有镇苏木卫生院和社区卫生服务中心全部配备和使用国家基本药物,实现零差率销售;加大了宣传力度,在卫生院、社区卫生服务中心明显位置张挂条幅、标语,公示基本药物价格、产地等信息,使人民群众了解和掌握基本药物制度相关政策;建立健全了基本药物使用财政补偿机制,自治区、市级基本药物财政补助到位资金198.3万元和区级财政先行拨付的配套资金123.80万元,共计322.10万元已下拨各基层单位。

全年参合率98.42%,同比增长0.4%。1～10月份,全区住院补偿27 424人次,医疗费用总1.2亿,实际补偿4 843.07万元,实际补偿比例47.41%。

科区第一人民医院门诊楼、科尔沁街道社区卫生服务中心相继开工建设,区妇幼保健综合楼、施介街道社区卫生服务中心已完成即将投入使用,中医院病房综合楼将于近期开工、完成部分基础工程建设,2所贫困卫生院、70所标准化卫生室及国家投入建设的20所嘎查村卫生室建设任务已全面完成。

【再就业】 安置城镇新增就业人员4 800人,完成任务的192%;其中,下岗失业人员再就业2 400人,完成任务的160%;就业困难人员再就业1 783人,完成任务的250%;城镇登记失业率为3.4%。城镇下岗失业人员职业技能培训937人,完成任务的106%;培训后实现就业796人,完成任务125%。

(贺语嫣)

霍林郭勒市

【领导名录】

市委书记:宫秉祥(蒙古族)
人大主任:张国忠
市　　长:徐　辉
政协主席:鞠国华
武装部长:康　忠
政　　委:左　海(蒙古族)

【概况】 霍林郭勒1976年建矿区,1985年建立县级市,城市地处大兴安岭南麓,科尔沁草原腹地,与兴安盟、锡林郭勒盟交界,距中蒙边界120公里,距通辽市330公里。地面标高海拔820～1317米,属典型的半干旱大陆性气候,冬季漫长寒冷,夏季短促凉爽。总面积585平方公里,建城区面积18平方公里。辖管5个街道办事处,21个社区,2010年末,户籍总人口8.2万人。居住有汉、蒙古、满、回、朝鲜等20多个民族。自然资源丰富,已探明优质低硫褐煤储量119.2亿吨,全国五大露天煤矿之一的霍林河煤矿坐落在该市境内。

2010年,全市完成地区生产总值202亿元,同比增长26%,其中,第一产业增加值2亿元,同比增长11%,第二产业增加值130亿元,同比增长23.8%,第三产业增加值70亿元,同比增长27.8%。三次产业结构优化为1 ∶ 64 ∶ 35。财政总收入实现30.02亿元,同比增长27%。其中,地方财政收入完成12亿元,同比增长5.2%。全社会固定资产投资完成80亿元。全年实施内联项目59个,引进市外资金62亿元,增长37%。县域经济基本竞争力跃升至全国第115位、西部百强第12位,荣膺2010年度“中国中小城市科学发展百强”、“最具区域带动力中小城市百强”和“最具投资潜力中小城市百强”称号。

【农牧业】 深入推进农业综合开发,加强草原建设与保护,大力实施生态修复、矿山复垦等工程,完成人工造林2 000亩,围封禁牧10 000亩。切实加快精品设施农牧业发展,全市设施农业面积达到2 000亩,特色养殖小区达到6.7万平方米,农牧业现代化水平不断提高。稳步实施收缩转移战略,全年投入4 500万元,搬迁转移城郊社区居民220户825人,城市化进程进一步加快。

【工业】 全年实施工业重点项目37个,新增投资超亿元项目19个,超5 000万元项目5个,超千万元项目13个,完成工业固定资产投资50亿元。工业经济效益明显提升,全部独立核算工业企业实现增加值115亿元,同比增长17.3%;实现利税57亿元,同比增长129%;规模以上工业增加值完成105亿元,同比增长22%。新增纳税超百万元企业5家,总数达到27家。主导产业发展成效显著。煤炭、电力、冶金、化工等主导产业规模化、集群化、循环化发展模式日趋成熟。煤电铝及铝后加工、煤电硅及光伏产业、煤化工等循环产业链条已经形成,粉煤灰综合利用、矿山机械设备加工等配套产业蓬勃兴起。2010年,全市煤炭产销达到5 400万吨,投产电力装机达到260万千瓦,发电103亿度,电解铝产能达43万吨,铝后加工产品21万吨,提质褐煤300万吨。科技支撑工业发展能力进一步增强。与中钢集团鞍山热能研究院合作建立了褐煤研发中心,成立了全区首家旗县市区“院士专家工作站”。

【第三产业】 规划投资20亿元的9个物流园区建设快速推进,规划年吞吐能力达到8 000万吨,2010年物流业增加值达到28亿元。全年接待游客70万人次,实现旅游收入4亿元。金融电信、交通运输、娱乐餐饮等产业规模和水平全面提升。全社会消费品零售总额完成21亿元,同比增长20%。新增个体工商户1 437户,总户数达到4300户。

【城市建设】 市财政投入2亿元以上,拉动社会投资近16亿元用于城市建设。主城区改造稳步推进,新城区建设快速推进,棚户区改造和收缩转移战略深入实施。城市规划水平不断提升。全年改造市政管网40 000延长米,建设中水管道8 800延长米。改造街路36 880延长米,新建桥梁4座,全年新增建筑面积180万平方米,城市供热、供水、排污覆盖率达到90%以上。

【金融环境】 年末,金融机构各项存款余额达到528 756万元,同比增长36.64%,其中,城乡居民储蓄存款余额287 919万元,同比增长10.32%。各项贷款余额1 197 702元,同比增长26.67%。金融机构现金收入13 268万元,现金支出13 854万元。多元金融体系逐步形成。各类金融机构相继入驻,包商银行、新华保险等金融部门相继在霍林郭勒市设立分支机构,金融服务功能进一步增强。被评为第七批“中国金融生态城市”。

【教育】 投入1.25亿元实施校安工程,办学条件明显改善,开工面积达到63 128平方米,中小学布局调整取得新进展。严格落实教育补助,免收、发放各类教育费用1 000余万元,实现从早期教育、学前教育到中小学教育的18年免费教育。实施校长职级制,教学质量明显提高,高考本科上线率达到65%。积极推进文化事业。开通霍林郭勒市人民广播电台,启动数字电影放映工程,新建草原书屋19个,实现社区全覆盖。

【卫生】 医疗废物无害化处理中心投入使用,开展放心“菜篮子”工程,对农产品质量安全进行检测。推行药品集中采购、统一配送,实施基本药物零差价销售。建立居民健康档案69 233份。在通辽地区率先开展门诊统筹。全市卫生机构达到8个,床位640张,卫生机构技术人员411人。公共卫生和医疗服务水平稳步提升。

【体育】 投入40万元,新建健身设施4处,成功承办通辽市“霍煤杯”网球比赛。

【劳动就业】 发放小额信用担保贷款3 200万元,新增就业岗位2 000个,安置就业2 629人,城镇登记失业率控制在4%以内。

【民生保障】 城镇居民人均可支配收入24 000元,比上年增加3 000元,增长14%,农牧民人均纯收入14 000元,比上年增加3 000元,增长21%。人均GDP超过3万美元,群众购买力切实增强。人均住房超过30平方米,每百户家庭拥有小汽车18辆。各项保险普惠百姓。居民医疗保险和养老保险实现全覆盖,新型农村合作医疗实现完全免费,城镇居民和职工大额医疗保险报销限额提高至5万元和22万元。城镇居民基本养老保险参保人数达1 749人,征缴养老保险基金2 312万元。住房保障更加有力。投入1.2亿元,建设保障性住房14.8万平方米,解决了2300户低收入家庭住房问题。出资1 400万元,为特困家庭发放购房补贴、租赁补贴和供热补贴。城乡低保高效便民。低保审批实现五级联网,资金发放实行“一卡通”,城市低保人群人均月补助达到320元。社会救助实效显著。累计发放各类救助金2 943.5万元,帮助重度残疾人、贫困家庭大学生等弱势群体渡过难关。出资1 000万元,新建老年人活动中心、综合社会福利服务中心。免费为全市25 000名已婚育龄妇女(包括流动人口)开展生殖健康和“两癌”(乳腺癌、宫颈癌)疾病检查。实施殡葬补贴等一系列扶助政策,基本实现较高水平的老有所养、病有所医、住有所居、劳有所职、学有所教、难有所助,民生工作走进全区前列。

(白拉格喜 张奇)

科尔沁左翼中旗

【领导名录】

旗委书记:郭建伟

人大主任:白宝柱(蒙古族)

旗　　长:宝凤山(蒙古族)

政协主席:孙　昌

武装部长:张宇坤(蒙古族)

政　　委:乌铁明(蒙古族)

【概况】 科尔沁左翼中旗位于内蒙古自治区通辽市东北部,科尔沁草原腹地,东西长191公里,南北宽116公里,总面积9 811平方公里,全旗共有11个镇、4个苏木、3个国有农牧场,516个嘎查村。总人口53.5万人,其中,蒙古族人口39.9万人,占总人口的74.6%,是全国县级区域蒙古族人口最多的旗县。这里还是国家重点商品粮基地、油料基地和玉米出口基地,素有"黄牛之乡"、"有机葵花之乡"、"蓖麻之乡"、"草原白鹅之乡"的美誉。境内河流主要有西辽河、新开河、乌力吉木仁河,三河径流总量为5.85亿立方米。有5座中型水库,总库容量2.18亿立方米。境内有通霍线、通让线、平齐线、大郑线4条铁路,国道111线、303线、304线和省道304线、207线五条主要公路穿境而过,交通便利。科左中旗历史悠久,人杰地灵,是清朝国母孝庄文皇后的故里,民族英雄嘎达梅林的故乡,是著名民歌之乡、版画之乡。

2010年,地区生产总值完成100.5亿元,增长10.7%;财政收入完成2.95亿元,增长16.2%;限额以上固定资产投资完成63.8亿元,增长46.6%;城镇居民人均可支配收入和农牧民人均纯收入分别达到11 973元和4 828元,分别增长8.9%和5.4%。

【农牧业】 农作物播种面积445万亩,比上年减少96万亩。其中,粮食播种面积407万亩,比上年增加4万亩;粮食总产量41.9亿斤,连续三年位居全自治区各旗县市区产粮第一名,第四次荣获全国粮食生产先进县标兵称号;全年共争取国家惠农项目25个,总投资10 435.92万元,已验收合格项目9个。全旗2万亩设施农业任务全部完成;牲畜存栏251.5万头只口。完成青贮种植35.1万亩,农村牧区秸秆养牛示范村完成26个,育肥牛专业村完成1个,新建规模养植场、小区33个;全旗累计劳务输出14.07万人次,稳定务工人数达9.89万人;全旗规模以上农牧业产业化龙头企业17家,新上投资1 000万元以上农畜产品加工项目3个;新建市级农村专业合作社示范社3个,旗级农村专业合作社示范社4个;全旗完成机耕360万亩,机播340万亩,机收51万亩,保护性耕作17.5万亩,农机化综合水平达75%;全旗新建农村户用沼气池1 549座。

【工业】 全部工业企业完成增加值37.4亿元,同比增长22.8%。全旗招商引资项目18个,到位资金52.2亿元。新开工千万元以上工业项目21个,完成工业固定资产投资56.2亿元。新增规模以上企业10户,总数达到47家。为规模以上工业企业47户中的21家重点企业争取信贷支持近亿元,帮助企业渡难关保生产。风电开发建设项目快速推进,实现了累计开工168万千瓦,并网发电118万千瓦。

【第三产业】 2010年,发展企业492户,私营企业502户,个体工商户10 574户,全社会消费品零售总额197 096万元,比上年增长18.9%。其中,批零贸易业零售额162 261万元,比上年增长16.5%;住宿餐饮业零售额34 835万元,比上年增长31.7%;出口创汇269万美元。全旗已累计建设改造"万村千乡市场工程"农家店295家。认真落实"家电下乡"、"汽车摩托车下乡"惠农政策,销售家电13 294件,销售金额2 917万元,兑现国家补贴资金392万元。

【交通】 农村公路建设总投资29 965万元。新建计划内项目25条通村砂石路155.3公里,建设计划外项目8个,即通村砂石路720.8公里,全旗517个行政建制村实现通达,其中,103个实现通畅;建成宝龙山至敖本台乡级水泥路40公里,成为本旗继宝开线之后又一条东西大通道;完成乌力吉木仁河蒙古大营渡口改桥主体工程,大桥全长204.87米;完成县道七巴线养护翻修工程8公里;完成危桥改造工程项目3个,共60.4延长米;努日木至乌斯吐段乡级水泥路工程项目,建设规模为35.36公里,已于10月4日招投标结束。

【基础设施建设】 共完成基础设施建设总投资3 580万元。工程总建设面积6万平方米。房地产业2010年有55个建筑开发项目,总建筑面积54.1万平方米,工程总造价6.1亿元;新建四栋360套廉租住房,总建筑面积1.78万平方米。项目总投资2 751.5万元,为保康镇区的591户住房困难户发放住房补贴87万元;危房改造5 062户。土房改造3 766户,共计8 828户,补助资金5 609万元。另外建平房1 500户,林业危房改造384户,合计10 712户,供热建设投资3 000万元;保康镇污水处理厂建设工程总投资6 078万元;保康垃圾处理厂建设工程总投资2 160万元。

【生态建设】 争取国家、自治区项目9个,争取资金1.21亿元。全旗共造林15.2万亩。"323"林业生态工程完成22.3万亩;"三大产业"基地完成9.3万亩;封育完成15万亩;村屯绿化完成50个;退耕还林通过了国家林业局的检查验收和自治区造林核查。成功为全市春季造林现场会和全市集体林权制度改革现场会提供了现场,得到上级的一致好评。旗政府被自治区表彰为“全区林业生态建设先进单位”,旗林业局被“二盟五市”森林草原防火联防委员会表彰为“先进集体”,被国家林业局表彰为“林木种苗先进单位”。

【财税 金融】 全旗财政总收入完成29 182万元,同比增加4 078万元,增长16.2%。其中,一般预算收入完成14 651万元,增长10.4%;上划中央税收收入完成7 542万元,增长16.6%;上划自治区税收收入完成1 881万元,增长62.9%;上划通辽市税收收入完成1 808万元,增长49.9%;基金收入完成3 300万元,增长10%。国税、地税和财政部门非税收入分别完成9 078万元、10 525万元和9 579万元,同比增长16.1%、21.6%、11%,税收收入与非税收入之比为67:33,收入结构更趋合理。全旗财政一般预算支出完成168 931万元,同比增支21 878万元,增长14.9%。其中,本级支出完成99 382万元,增长16.5%;上级专项支出完成69 549万元,增长12.7%;基金预算支出完成7 162万元。其中,本级支出完成3 300万元,上级专项支出完成3 862万元。全旗金融机构各项存贷款余额分别达到25.1亿元和19.2亿元,比上年增长20.2%和16.4%。城乡居民储蓄存款余额108 869万元,比上年增长23.3%。

【贸易】 8月18日,2010年全国速度赛马邀请赛暨“中国联通杯”哲理木赛马节在珠日河举行。旗委书记郭建伟、副旗长宋敬民在通辽出席“8.18哲里木赛马节”2010经贸合作项目签约仪式。

【教育】 全旗义务教育学校全部完成“五三制”向“六三制”的学制改革,高考取得较好成绩。旗蒙古族中学本科上线502人,上线率为54.8%,同比下降9个百分点,保康一中本科上线579人,上线率为53.7%,同比增长10个百分点;争取到国家农村学前教育推进工程试点项目,项目总投资782万元,建设规划幼儿园3所;2010年共落实义务教育政策性资金4 455万元,为3 300多名贫困大学生办理助学贷款,贷款额达1 650万元。争取上级资金32.3万元,资助高中贫困学生323人;65 594平方米的校安建设工程,已完成建筑面积15 175平方米。同时完成了3所寄宿制小学24 300平方米的宿舍和食堂楼续建任务。将3所中心校2011年项目前移至2010年启动建设。

【文化】 首届达尔罕艺术节成功举办,“千人四胡表演”创吉尼斯世界纪录。全旗新建苏木镇文化站3个、社区文体活动中心5个、草原书屋99个,有线电视村村通工作连续四年位列全市第一,457个村实现“村村通”。在有线电视工程建设中投入53.4万元,完成任务的133%,全旗共入村40个,入户5 942户,新增覆盖人口32 920人;在外宣工作方面,全年共播放稿件110条,专题片47部;蒙古语自办栏目《达尔罕民间艺术》,播出节目80多期。全年送文化下乡103场次,现场采集录像资料30多小时,图片3 000余张,为农牧民放电影2 300场次,建立图书流动图书点10个,送图书8 000余册,指导成立20多个民间艺术团体;哈民遗址中清理出14座房屋遗址、3座墓葬和400多件文物,筹建144平方米仿古式哈民遗址工作站一处。5月24日,孝庄园文化旅游区荣膺内蒙古自治区文化产业示范基地殊荣。9月6日,科尔沁左翼中旗首届达尔罕艺术节暨纪念孙良诞辰100周年文化活动开幕式在孝庄广场隆重举行。

2010年,130万字的《科尔沁左翼中旗志(1998~2008)》出版印刷。

【卫生】 全旗29所苏木镇卫生院和2家社区卫生服务中心基本药物实行零差率销售。旗财政拨付补助金316万元;儿童“五苗”接种率均达到96%以上,麻疹强化免疫接种率达98%;孕产妇系统管理率达94.3%,0~3岁儿童系统管理率达78.26%;新农合工作在全市率先完成市级平台建设任务,为全市新农合工作会议提供了学习观摩现场。全旗新农合参合人口371 434人,参合率为96%。争取国家项目资金2 020万元,医疗设备及物品总价达380万元。10 300平方米旗公共卫生综合服务大楼已完成桩基及地下室工程,旗医院14 500平方米病房楼已完成桩基工程,为三家基层卫生院每家扩建400平方米的业务用房,完成80家标准化卫生室建设,通过了验收。完成2 230座农村无害化卫生厕所建设任务。为全旗37 600名中小学生进行眼病筛查,建立了视力电子档案,为30例贫困白内障手术患者发放补助金1.2万元。为农村牧区孕产妇补助194万元。

【人民生活】 城镇居民人均可支配收入和农牧民人均纯收入分别达到11 973元和4 828元,分别增长8.9%和5.4%.全旗农牧民家庭每百户彩电、电冰箱、洗衣机、普通电话、移动电话和摩托车拥有量分别达到93台、29台、93台、53部、136部和66辆,人民生活有了显著提高。

【社会保障】 2010年,城镇居民和农村牧区最低生活补助标准人均每月分别提高了40元和25元,保障范围分别扩大到1.45万人和3.678万人。城镇居民基本医疗保险参保人数达到6.2万人。新农合参合率达到96%以上,人均补助标准提高到100元,大病报销最高额度由2万元提高到4万元。企业退休人员养老金标准人均每月提高了214元,达到1 398元。全旗新增城镇就业人员1 315人,城镇登记失业率控制在3.9%。

(苏全成)

科尔沁左翼后旗

【领导名录】

旗委书记:吴国林

人大主任:特木勒(蒙古族)

旗　　长:李艳荣(女　蒙古族)

政协主席:谷秀云(女)

武装部长:王秉文(5月离任)　赵建华(5月任职)

政　　委:张如军

【概况】 科尔沁左翼后旗1650年建置。位于内蒙古自治区通辽市东南部,地处科尔沁沙地东南边缘与松辽平原交界地带。境内海拔最高为308.4米,最低为88.5米,地理坐标北纬42°40′~43°42′,东经121°30′~123°43′。东部和南部分别与吉林、辽宁省毗邻,属东北经济规划区。2010年末,全旗总土地面积11 570平方公里,聚居蒙古、汉、回、满、朝鲜等19个民族,总人口40.63万人。全旗辖12个苏木镇、12个国营农牧林渔场。旗人民政府驻地—甘旗卡镇区面积22.5平方公里,全旗城镇化率达37%。

2010年,全年实现地区生产总值(GDP)91.3亿元,按可比价格计算,比上年增长12.6%。其中,一、二、三产业增加值分别完成21.3亿元、40.8亿元、29.2亿元,分别同比增长6.4%、21.8%、9.1%;三次产业比重调整为23 : 45 : 32。财政收入完成5.5亿元(按新口径3.5亿元);全社会固定资产投资38.74亿元,同比增长20.39%;工业固定资产投资25.49亿元,同比增长38.16%;人均生产总值22 458元,同比增长18.87%;人均财政收入861元,同比增长27.18%;财政支出17.80亿元,同比增长25.79%;全社会消费品零售总额完成19.2亿元,同比增长20%;居民消费价格总指数102.9%,同比增长2.9%,城镇居民人均可支配收入11 980元,同比增长9.91%,农牧民人均纯收入达5 116元,同比增长7.9%。

【农业】 全旗第一产业增加值达20亿元。农作物总播种面积为315万亩。其中,粮食作物播种面积270万亩,油料作物播种面积11.72万亩。全年粮食总产量达17.6亿斤。沙稻产业日益壮大,水稻产量达2.67亿斤;以食用菌和蔬菜为主的设施农业面积5 750亩,获得“国家级粮食生产先进县”、“全国绿色无公害果菜生产示范县”称号。争取到粮食增产工程和35万亩农村土地整治重大项目,新增节水灌溉面积29.3万亩,改造中低产田50万亩。

【畜牧业】 牧业年度,全旗家畜头数208.68万头(只、口),同比增长10.7%。其中,黄牛存栏42.67万头,同比增长12.14%。

【林业】 全年共完成人工造林30.8万亩,合格面积达20.4万亩,封沙育林面积23.6万亩,村屯绿化完成51个。森林覆盖率达17.87%。

【工业】 全旗规模以上工业企业总产值完成97亿元,同比增长44.56%;实现增加值28亿元,同比增长25.4%(按可比价格计算);规模以上工业企业实现产品销售收入95.36亿元,同比增长43.7%;实现利税5.94亿元,同比增长30.8%。工业固定资产投资完成25.49亿元,同比增长38.16%。工业增加值已达32亿元,同比增长23%,占第二产业比重达88.9%。

【固定资产投资　商贸】 全社会固定资产投资完成38.74亿元,同比增长20.39%。其中,工业固定资产投资完成25.49亿元,同比增长38.16%。全年社会消费品零售总额实现192 023.3万元,同比增长20%。其中,县零售额实现128 998.8万元,占全部零售额的67%,同比增长27%;县以下零售额实现63 024.5万元,占全部零售额的33%,同比增长7.5%。

【城建　基础设施】 全年城镇基本建设项目115项,总投资9.68亿元。其中,新建工程107项,总投资9.27亿元;基础设施工程投资7 104.95万元;住房保障工程投资2 260.25万元;房地产开发在建项目65项,工程投资5.67亿元;公共建筑工程6项,投资3 750万元;校安工程项目37个,投资2.7亿元。新增楼房建筑面积72万平方米,总投资8.7亿元;实施棚户区拆迁2.4万平方米,520户;危房改造完成840户,面积10.1万平方米,提供住房1 050套。全年完成黑色路面铺设4.5公里;供热管网17公里。农村牧区基础实施建设,累计投入扶贫开发资金5 090万元,解决了1.2万户、4.93万人口的稳定温饱问题。实施安全引水工程116处,解决了11万人的安全饮水,全旗已有45%的农村农牧区人口吃上安全的自来水。

【招商　旅游　私营】 全年引进外引内联项目57个,引进生产开发类资金44.6亿元,以招商的许继、中国南车、亚洲新能源等大型企业入驻投产。全年实施千万元以上工业项目41个,其中,超亿元项目9项;全年争取到上级投资项目42个,项目总投资达5.8亿元。以旅游为龙头的第三产业增加值33亿元,全旗共承接国内外游客65万人次,同比增长5.86%,旅游收入达到6.57亿元,同比增长1.86%;已启动大青沟旅游区申报国家AAAAA级景区及僧格林沁博物馆申报AA级景区工作。由北京五丰行有机食品开发公司董事长马春山先生投资开发的“闲趣度假山庄”总投资为500多万元。非公有制经济组织1 016户;非公企业459户;私民营企业532户;全旗从业人员17 746人;个体工商户9 625户。

【交通 邮电】 全旗新建改造四级以上公路总里程2 374公里,基本建成“四横七纵”公路格局,实现了嘎查村通公路,苏木镇通油路的目标。全年交通运输业完成公路货运量1 105万吨,同比增长25.4%;货运周转量67 692万吨/公里,同比增长15.7%;客运量1 111万人次,同比增长108.4%,客运周转量52 921万人/公里,同比增长3.8%。全年邮电业务总量12 653万元。其中,邮政业务量为549万元;年末,全旗手机电话用户达到28.5万户;本地固定电话用户22 566户。其中,农村用户17 766户。改造农村牧区电网1 686公里,网改项目投资总计9 389.3万元;实现连续安全生产2 722天;全年售电量累计完成2.06亿千瓦时,同比上升10.18%;综合线损率完成9.94%,同比下降0.54个百分点;供电可靠率完成99.46%;劳动生产率:完成72 933元/人,同比上升23.8%。

【财税】 全旗财政总收入完成(新口径)35 000万元,(按全口径55 157万元),同比增长27.27%。其中,地方财政收入完成40 428万元,同比增长106.18%。其中,税收收入完成9 642万元,同比增长9.17%;非税收入完成10 629万元,同比增长148.57%;基金收入完成20.157万元,同比增长210.11%;财政收入国税系统完成12 813万元,同比减少42.07%;地税系统完成12 176万元,同比增长32.42%;财政系统完成30 168万元,同比增长201.68%。

【社会保障】 收入完成2 053万元,同比减少72.98%;财政总支出完成178.026万元(不含社会保障基金支出),同比增长25.84%;上划中央税收收入完成10.258万元,同比减少40.18%;上划自治区税收收入完成2 255万元,同比减少1.14%;上划盟市税收收入完成2 216万元,同比减少2.59%。

【金融 保险】 年末,全部金融机构各项存款余额252 591万元,同比增长48.8%。其中,城乡居民储蓄存款136 149万元,同比增长30.8%,人均存款6 217元;全部金融机构各项贷款余额210 936万元,同比增长11.8%。全年保险业务收入11 498.43万元,在总保费收入中,财产保险保费收入8 525.68万元,人寿保险保费收入2972.75万元。支付各类赔款及给付4 997.28万元。其中,财产险赔款及付给4 634.96万元,寿险赔款及付给362.32万元。

【劳动就业】 全旗城镇新增就业人员1 428人,新增城镇就业岗位8 486个。其中,安置下岗失业人员887人,就业困难人员(包括“4050”人员)再就业494人;城镇失业率控制在4%以内;农牧民转移就业人数达54 065人,农牧民转移培训3 100人,职业技能培训960人,万人职业技能培训已鉴定3 284人。新建农村经济合作组织86个,全旗劳务输出10.7万人次,实现外出务工收入6.2亿元,全旗从业人员17.38万人。

【教育】 全面落实“两免一补”政策,全旗17.7万名贫困学生享受寄宿补助。撤并中小学校130所,规划教育园区总投资为3.6亿元的34所学校、82个校安工程项目全面开工。全旗各级各类学校101所。其中,普通高级中学2所,初级中学15所(含九年一贯制学校2所),小学63所(含28个教学点),教育办幼儿园2所。全旗各级各类学校共有在校生49 411名;全旗共有教职工4 799名。

【文化】 全旗文艺工作者发表的全国、全区、全市各级各类文学艺术作品270余篇(幅)80篇获奖;旗图书馆藏书7.1万册,阅览厅同时能容纳390人阅览;专业表演团体乌兰牧骑2010年,分别荣获“全区第五届乌兰牧骑艺术节”和“第九届科尔沁艺术节”金奖;演出298场,观众达78 000人次。11个综合文化站相继投入使用;农村牧区广播电视村村通工程已覆盖262个嘎查村,全旗电视覆盖率达到96.68%。

【卫生】 全旗有卫生医疗机构40所。其中,医院2所,卫生院31所。医疗机构实有床位634张。其中,医院实有床位212张,卫生院实有床位380张;全旗390个嘎查村卫生室;医疗机构卫生技术人员有977人。其中,医院323人,卫生院502人。

【社会保障】 2010年,基本养老保险基金收入改为市级统筹;全年征缴失业保险基金收入492万元,同比增长17.42%;医疗保险基金1 494万元,同比增长24.09%;工伤保险基金收入42万元,同比增长35.48%;生育保险基金收入25万元,同比增长1,150.00%。年末,全旗在岗职工参加基本养老保险人数为20 240

人;参加医疗保险人数为29 300人;全旗共有27 366人领取了城乡最低生活保障金。旗级财政累计投入民生工程建设资金4亿多元,实施民生工程30项。累计新建经济适用房1.7万平方米,廉租住房1.67万平方米,完成城中村、棚户区改造12万平方米,共实施补贴户数512户,发放廉租房补贴200万元。重点向民生和社会事业投资1.8亿元。

【人口 人民生活】 年末,全旗总人口40.63万人。其中,男性人口20.8万人,女性人口19.8万人,男女比例为105 : 100;全旗人口由19个民族构成。其中,蒙古族人口30.03万人,汉族人口9.77万人,满族人口0.72万人,回族0.06万人。分别占总人口的74%、24.1%、1.8%和0.15%。人口自然增长率为5.78‰,死亡率为4.6‰,出生率为10.38‰。

2010年,城镇居民可支配收入达11 980元,同比增长9.91%;城镇人均消费支出8 480.52元,同比增长8.14%;农牧民人均纯收入5 116元,同比增长7.9%;农村居民人均消费支出达到2 839.8元。全旗在岗职工年均工资23 750元,同比增长30%。其中,:机关单位在岗职工年均工资31 294元,事业单位在岗职工年均工资21 877元,企业在岗职工年均工资23 273元。

(王凤霞)

库　伦　旗

【领导名录】

旗委书记:张志强(满族)
人大主任:阿木古冷(蒙古族)
旗　　长:宝音达来(蒙古族)
政协主席:闫存武
武装部长:刘焕龙
政　　委:胡学俭

【概况】 库伦旗位于内蒙古自治区通辽市西南部、南与辽宁省阜新蒙古族自治县、彰武二县接壤,西、北、东与奈曼旗、科左后旗相连,地处东经121°9′~122°21′,北纬42°21′~43°14′。总面积4 716平方公里,其中,耕地138万亩.塔敏查干沙漠,呈东西走向,在库伦北部坨甸区的南沿,海拔250米—300米之间。旗境内长约60公里,宽约5公里,总面积280平方公里,横惯六家子镇、茫汗苏木、额勒顺镇、库伦镇四个苏木镇。全旗辖7个苏木镇、场 ,1个街道办事处,186个嘎查村、8个社区。总人口178 224万,其中,农业人口111 448万,蒙古族人口11.4万 ,占总人口的64%,是一个以蒙古族为主体的,汉、回、满等11个民族居住旗 。旗内的蒙古族主要分布在:库伦镇、巴音花镇、额勒顺镇、茫汗苏木和养畜牧林场。回族集中在库伦镇。2010年全旗地区生产总值达43亿元,同比增长15.9%,是2005年的3.6倍,年均递增28.7%,其中,一、二、三次产业分别达到12.4亿元、20.3亿元和10.3亿元,年均分别递增25.3%、42.7%和16.5%;财政收入达到2.65亿元,同比增长22%,是2005年的3.6倍,年均递增29.5%;全社会固定资产投资达到21.5亿元,同比增长53.6%,是2005年的3倍,年均递增23.4%;社会消费品零售总额达到8.5亿元,同比增长53.6%,是2005年的3倍,年均递增22.4%。城镇居民人均可支配收入和农牧民人均纯收入分别达到11 432元和4 510元,年均分别递增11.1%和12.3%。规模以上企业完成工业增加值10亿元,同比增长29.9%;上缴税金1.81亿元,同比增长8.9%。规模以上企业增加值和上缴税金分别占全部工业的63%和97.8%。全年实施续建工业项目4个,新开工工业项目12个,工业固定资产投资完成12亿元。

【工业】 2010年,工业企业完成销售收入56亿元,同比增长51.4%;工业企业实现增加值18亿元,同比增长28.6%;是2005年的8倍,年均递增51.4%。上缴税金1.85亿元,同比增长8.9%;独立核算工业企业发展到148户,其中,规模以上企业达到20户,形成了以建材、矿产开发、有色金属加工、医药化工、农畜产品加工、食品加工为主的支柱产业。工业项目建设取得历史性突破。五年间,全旗共实施外引内联项目125个,引进国内市外资金44亿元,其中,工业项目55个,投资1 000万元以上项目18个,投资1亿元以上项目7个。东蒙水泥有限公司三期工程、佐源糖业有限公司一期工程等一批立旗型项目相继建成投产。风电产业实现破题,国家级大型铅锌矿协鑫矿业有限公司扣河子铅锌矿项目开工建设。

【农村经济】 2010牧业年度,全旗牲畜总头数达到95.2万头(只、口),较2005年增长31.2万头(只、口);在兴农禽业有限公司的带动下,全旗肉食鸡饲养量达到300万只。设施农业建设取得突破性进展,全旗设施农业面积达到3万亩,比较效益超过30万亩大田。全旗食用菌总规模达到2 600万棒,较2005年增长了5倍。“库伦荞麦”获得自治区首枚国家原产地商标认证。“十一五”以来,全旗累计完成人工造林44万亩,封沙育林14万亩。完成国家水土保持综合治理面积100平方公里。通过实施节水灌溉、农业综合开发、土地整理等项目,全旗新修水库塘坝12座,除险加固水库9座,新增节水灌溉面积10.5万亩。通过实施整村推进、产业化扶贫、连片开发等项目,扶持1.1万个贫困户、4万人口稳定解决了温饱。2008年以来,全旗完成沙化退化草牧场围封83万亩,建立塔敏查干沙带封禁保护区90万亩,15度以上坡耕地和沙区人均8亩外耕地治理29.9万亩,搬迁转移102户、478人口。粮食总产量首次突破10亿斤。

【基础设施建设】 自2006年以来累计完成固定资产投资67.3亿元。城镇化水平达到35%,较“十五”期末提高了14个百分点。以打造“生态山城”,建设宗教文化特色旅游镇为目标,围绕构建“一城两区、一河一轴一线、两个结合部”的城镇建设总体思路,集中精力、财力,重点建设了库伦镇新城区,实施以宗教文化为底蕴的旧城区改造。改善镇区道路、给排水、供热等涉及民生的基础条件,投入城镇基础设施建设资金9亿元。新城区建设在短期内形成了主体框架,库伦镇区由原来的7.8平方公里拓展到11.2平方公里。建成区绿化覆盖率达34.5%,人均拥有绿地面积11.5平方米。“十一五”时期公路交通基础设施建设完成投资6.58亿元,建设二级公路1条、57公里,三级公路12条、323公里,通村沙石公路72条、1 022公里,形成了旗内乡乡通油路、村村通公路的公路网格局。实施了总投资8.25亿元的甘库铁路工程,现已基本具备通车条件。电力基础设施方面,完成了66千伏水泉至扣河子输变电工程、库伦镇至六家子输变电工程及低压网改造等重点工程。实施了甘库220千伏输变电工程,结束了库伦没有220千伏一次变的历史。

【第三产业】 依托寺庙、沙漠等特色景观载体,着力发展旅游业。实施“库伦三大寺”修缮保护一、二期工程,“库伦三大寺”被评定为国家AAAA级旅游景区;开辟沙漠汽车拉力赛场地,成功举办3次汽车沙漠越野挑战赛。先后引进开发山水人家、绿都名苑等住宅小区和阿利坦商贸步行街,开发建筑面积超过50万平方米。商贸物流日渐活跃,建设以东煤鑫舰经贸有限公司为龙头的煤炭物流园;阿利坦商贸步行街投入使用。加快了以杂粮交易、牲畜交易、农资供应为主的农村集贸市场建设,累计建立并完善各类合作经济组织71个。

【社会保障】 年内,累计安置城镇新增就业人员5 693人,其中,安置下岗失业人员再就业3 745人。累计发放小额担保贷款4 000万元。全旗各类企业和城镇个体劳动者养老保险参保人数达到6 550人,是“十五”期末的2倍。职工住院医疗费平均核销比例由2005年的55%提高到75%,最高支付限额由2005年的2.5万元提高到8.5万元。累计发放城乡医疗救助资金454万元,救助困难群众48 521人次。新型农村合作医疗筹资标准由2007年的每人每年50元提高到150元。农村低保标准由2005年的最高每人每年360元提高到1 500元;城镇低保标准由2005年的最高每人每月120元提高到270元。五保集中供养标准由2005年的每人每年1 000元提高到3 000元,分散供养标准由2005年的每人每年700元提高到2 000元。认真落实义务教育阶段“两免一补”政策,投资971万元在3所中小学实施校舍安全建设工程。全面启动免费生殖健康检查工作,“一杯奶”生育关怀行动深入开展。投资1 400万元,建筑面积为6 700平方米的旗医院综合病房楼竣工投入使用。完善了传染病防控机制,依法、科学、有序地开展了甲型H1N1流感等重大疫病防控工作。新型农村合作医疗补助标准人均由80元提高到100元,参合率为94.45%,核销封顶线提高到4万元。扎实推进环境保护和节能减排工作,二氧化硫和化学需氧量减排总量分别为310吨和188吨。

【荣誉】 5月,乌日塔白乙拉获得全国“劳动模范”称号;林发、李强、斯日古楞获得内蒙古自治区人民政府颁发的“劳动模范”称号。

(德·额日德木图)

奈 曼 旗

【领导名录】

旗委书记:王广权
人大主任:尹　恩
旗　　长:关文涛(蒙古族)
政协主席:于　立(蒙古族)
武装部长:王敏峰(满族 5月离任) 董成余(5月任职)
政　　委:孙海鹰(5月离任) 师俊峰(5月任职)

【概况】 奈曼旗位于内蒙古自治区东部,科尔沁沙地腹地,通辽市西南,北与开鲁县隔西辽河相望,东与科尔沁左翼后旗和库伦旗连边,南与辽宁省阜新市和北票市接壤,西与赤峰市敖汉旗和翁牛特旗为邻。地处东经120°20′35″～121°36′,北纬42°14′17″～43°32′14

〃。地势自西海拔570米向东海拔250米方向倾斜。全旗东西宽68公里,南北长140公里,面积8 137.6平方公里,其中,耕地197万亩。旗人民政府驻地为大沁他拉镇。辖12个苏木镇、1个国有农场、1个街道办事处、355个嘎查村、9个社区居委会。4个苏木:固日班花、白音他拉、明仁、黄花塔拉;8个镇:大沁他拉、八仙筒、青龙山、新镇、治安、东明、沙日好来、义隆永。1个农场:六号国有农场。1个街道办事处:大沁他拉街道办事处。

2010年末,全旗总人口441 765人。在总人口中,非农业人口131 679人,农业人口310 086人。男性人口225 819人,女性人口215 946人。蒙古族168 255人,满族7 207人,朝鲜族143人,回族104人,其他少数民族61人,汉族265 995人。人口出生率为10.11‰。

京通(北京—通辽)铁路穿越旗境,境内营运127公里,纵贯奈曼旗巴新(内蒙古自治区西乌珠穆沁旗巴彦乌拉—辽宁省阜新市新邱)铁路奈曼段正在施工。赤通(赤峰—通辽)高速公路自西向东穿过。国道111线(北京—加格达奇)横穿奈曼旗,旗内里程146.9公里。

2010年全年生产总值达到111.0亿元,同比增长22.5%,其中,第一产业增加值完成19.5亿元,同比增长18.2%;第二产业增加值完成55.5亿元,同比增长23.3%;第三产业增加值完成36.0亿元,同比增长23.7%。三次产业比重为18 : 50 : 32。财政总收入完成5.21亿元,同比增长21.2%,其中,地方财政收入完成3.32亿元。财政支出达到16.65亿元。

【农业】 全旗农作物总播种面积为186 090公顷,其中,粮食作物播种面积152 002公顷,蔬菜及特种作物播种面积126 900公顷。农林牧渔业实现总产值325 887万元,同比增长6.0%。其中,农业产值168 387万元;林业产值15 750万元;牧业产值139 950万元;渔业产值200万元;服务业产值1 600万元。粮食总产量达到1 000 392吨。其主要产品:玉米865 197吨,小麦1 771吨,水稻22 794吨。油料总产量39 199吨。瓜类产量506 296吨,甜菜产量13 534吨。蔬菜总产量174 750吨。

年末,农牧业机械总动力达到70.58万千瓦,同比增长3.7%。大中型拖拉机14 130台,同比增加1 000台;大中型拖拉机配套农具24 660部,同比增加4 100部;水稻插秧机50台;联合收获机84台。全年水产品产量达到80吨。全旗有大型水库2座;中型水库3座;小型水库32座。节水灌溉面积达到52.67千公顷,有效灌溉面积达到95.08千公顷。

【畜牧业】 新开工建设养殖小区30处,培育养殖专业村5个。牧业年度,家畜总头数达205.4万头(只),同比增长1.3%。其中,大畜29.8万头,同比下降2.3%。其中,牛存栏20.1万头,同比增长1.5%;马2.4万头,同比下降22.6%;驴4.3万头,同比下降4.4%;骡3.0万头,同比下降3.2%;骆驼52峰。小牲畜(羊)106.2万只,同比增长3.0%。生猪69.4万口,同比增长0.3%。禽类饲养量达700万只。全年肉类总产量达到73 625吨。当年出售和自宰肉用牛57 879头;出售和自宰肉用羊428 911只;出栏肉猪512 210口。牛奶产量达11 756吨。绵羊毛产量达1 426吨。

【林业】 全旗用于营林基建投资9 364万元,其中,造林7 504万元,森林病虫鼠害防治10万元,森林公安90万元,森林管护25万元,中、幼龄林抚育128万元。荒山荒(沙)地造林面积9 000公顷,其中,用材林1 310公顷;经济林615公顷,防护林7 075公顷。低产低效林改造面积1 300公顷,育苗面积237公顷。年末,实有封山(沙)育林面积3 333公顷。森林覆盖率达到29.6%。

【工业】 全部工业企业完成增加值41.0亿元,同比增长30.2%。规模以上工业企业发展到61户,同比增加11户,共完成增加值36.0亿元,同比增长23.7%;产销率达99.6%;实现利税4.13亿元。主要产品产量中,白酒32 912千升,同比增长10.8%;玻璃制品27 200吨,同比下降25.7%;水泥185.0万吨,同比增长109.3%;大米68 200吨,同比增长6.1%;食用植物油51 040吨,同比增长10.3%;染料7 126吨,同比增长1.1%;铁粉523 500吨,同比增长55.3%;钢材82 510吨,同比增长229.5%;变压器63 100千伏安,同比增长10.1%;冷冻鲜肉33 566吨,同比增长74.9%;水泥杆53 089根,同比增长169.5%。

【建筑业】 全旗三级及三级以上建筑企业施工单位4个,建筑施工面积324 720平方米,同比下降6.8%,实现产值34 753万元,同比增长9.5%。全年建筑业实现产值31 736万元,同比增长24.9%。

【节能减排】 全年减排二氧化硫211吨、化学需氧量600吨。农村用电量10 442万千瓦时,同比增长4.2%;农用化肥施用量(折纯)88 073吨,同比下降2.7%;农用塑料薄膜使用量270吨,同比下降51.5%;农用柴油使用量29 066吨,同比下降3.4%;农药使用量684吨,同比增长15.2%。全旗现有66千伏变电站18

座,主变32台,总容量204.8兆伏安,在建变电站3座。全年售电量完成35 276万千瓦时,同比增加3 878.91万千瓦时,增长12.35%。

【固定资产】 固定资产投资完成41.0亿元,同比增长5.1%。其中,工业投资29.2亿元,同比增长24.6%。城镇投资36.4亿元;农村投资1.5亿元;房地产开发3.1亿元。

【交通运输】 全年公路客运量为213万人,同比增长0.5%;公路旅客周转量为13 640万人公里。公路货运量为417万吨,同比增长0.2%;公路货运周转量为28 610万吨公里。全旗共有客运站12个,其中,二级客运站1个;三级客运站1个;四级客运站10个。全旗油路总里程达到450公里,公路总里程3 071公里,其中,高速(包括连接线)152公里;国道146公里;农村公路总里程2 773公里。

【邮政 电信】 全年邮电业务总量达到6 407万元,同比增长13.2%。年末,固定电话用户3.05万户,同比增长6.3%。手机用户达到21.7万户,同比增长20.6%。全旗互联网络用户达到1.5万户,同比增长87.5%。

【国内贸易】 全旗社会消费品零售总额完成21.0亿元,同比增长19.3%。按销售单位所在地分组:城镇14.0亿元;乡村7.0亿元。按行业分组:批发零售业16.0亿元;住宿餐饮业5.0亿元。新增"万村千乡市场工程"农家店26个。

【招商引资】 全年签约项目30个,其中,超亿元项目10个,到位资金37.1亿元。围绕主导产业,组织实施重点项目21个。

【旅游业】 青龙山镇八虎山庄旅游度假村建成运营,银砂九岛生态旅游区被评为国家3A级景区。全年接待游客38万人次,旅游收入达到1.8亿元。

【金融】 年末,全部金融机构各项存款余额为265 263万元,同比增长17.4%,其中,城乡居民储蓄存款余额为190 767万元,同比增长14.2%。全部金融机构各项贷款余额为181 487万元,同比增长9.8%。

【保险】 全年保险费收入达12 443万元,同比增长48.8%。其中,国家政策性农业保险费收入5 379万元;财产保险费收入3 450万元;人寿保险费收入3 614万元。全年各类赔付支出6 016万元,同比增长61.7%。其中,国家政策性农业保险赔付支出3 923万元;财产保险赔付支出1 579万元;人寿保险赔付支出514万元。

【科技】 实施科技"富民强县"专项行动,全年累计培训农民9.5万人次。

【教育】 全旗新建、加固校舍11.2万平方米,第一中学、八仙筒中学、蒙古族幼儿园迁入新址。全旗在校学生人数达54 628人,同比下降4.8%。其中,普通中学在校学生人数22 243人,同比下降3.3%;职业学校在校学生人数3 326人,同比增长1.4%;小学在校学生人数27 808人,同比下降1.9%。全旗学龄儿童入学率达100%,小学毕业生升学率达100%,初中毕业生升学率达90.05%,职业教育学生就业率达95 %以上;农民工和再就业培训达85%以上。

【文化】 建成苏木镇综合文化站3个,村文化室30个,"草原书屋"114个。年末,全旗有艺术表演团体1个,文化馆1个,图书馆1个,博物馆1个,广播电视台1座,中波转播台1座。

【卫生】 年末,全旗共有卫生机构43个,同比增加7个,其中,医院3个;卫生院20个,分院3个;社区卫生服务中心2个,社区卫生服务站10个;结核病防治所1个;综合门诊部1个;疾病预防控制中心1个;妇幼保健所1个;卫生监督所1个。年末,全旗医疗机构编制床位781个,同比增长18.9%;实有床位729张,同比增长13.6%。卫生技术人员1 258人,同比增长16.2%。为参加新型农村合作医疗农民核销医药费5 686万元。新建苏木镇卫生院2所、村卫生室100家。

【体育】 全旗在校学生健康体质测试及格率达92.7%。

【人民生活】 年末,全旗单位从业人员20 554人,同比增长8.0%。其中,国有单位从业人员17 873人,城镇集体单位从业人员884人,其他单位从业人员1 797人。单位从业人员劳动报酬为54 304万元,同比增长38.6 %,在岗职工工资总额为54 160万元,同比增长39.8%,在岗职工年平均工资为26 541元,同比增长34.49%。城镇居民人均可支配收入达到12 526元,同比增长13.6%。农民人均纯收入达4 848.0元,同比增长17.7%。

【城镇建设】 年底,大沁他拉镇建成区面积拓展至16.8平方公里,城镇化率达到37.5%。新增绿化面积7万平方米,安装路灯、景观灯129盏,建成公共停车场1处、公厕6座。搬迁生态脆弱地区农户198户,改造农村危房900户。

【社会保障】 养老、医疗、失业、工伤、生育保险扩面21 592人,全年发放城乡低保金5 261万元,"五保"集中、分散供养标准分别提高了1 500元和900元。为城乡特困居民发放取暖补贴、住房补贴和救灾救济等各类救助资金1 200万元。

【上海世博奈曼日活动】 内蒙古通辽奈曼旗于9月21日在上海世博会国际信息发展网馆举办“奈曼日”活动,21日上午9时新华网现场直播“奈曼日”新闻发布会以及“金沙之城和谐发展”高层访谈。联合国国际信息发展组织罗马总部总干事长丹尼尔·巴瑞奥先生;原农业部副部长、十届全国政协常委、经济委员会副主任、中国草学会名誉理事长、中国沙草产业研究中心顾问洪绂曾先生;十届全国政协常委、民族宗教委员会副主任、中国国土经济学会沙产业专业委员会副主任、原内蒙古政协副主席、内蒙古沙产业草产业协会会长夏日先生;原国务院发展研究中心上海发展研究所研究员、中国系统工程学会草业专业委员会副主任、内蒙古沙产业草产业协会副会长兼秘书长郝诚之先生;北京仁创科技有限公司董事长秦升益先生;内蒙古通辽市委常委、宣传部长闫鹏先生;内蒙古奈曼旗旗委书记王广权先生;内蒙古奈曼旗旗长关文涛先生参加奈曼日活动。

(孙福昌 许晓红)

扎鲁特旗

【领导名录】

旗委书记:林文惠

人大主任:包哈达(蒙古族)

旗　　长:希日巴拉(蒙古族)

政协主席:陈守峰

武装部长:冯立彬

政　　委:侯迎新

【概况】 扎鲁特旗位于通辽市西北部,地理坐标北纬43°50′13" ~45°35′32",东经119°13′48" ~121°56′5"。土地总面积17 471平方公里,辖14个苏木乡镇场,206个嘎查村,29个分场。总人口为311 033人。其中,蒙古族人口为153 988人,占全旗总人口的49.5%(主要分布在阿日昆都楞苏木、巴雅尔图胡硕镇、嘎亥图镇、黄花山镇、鲁北镇、乌力吉木仁苏木、道老杜苏木、格日朝鲁苏木、巴彦塔拉苏木)。2010年全旗出生人数为3 512人,死亡人数为3 215人,自然增长人口297人,自然增长率0.95‰,出生率11.9‰,死亡率10.34‰。

2010年,全旗完成国内生产总值1 116 239万元,同比增长22.7%,其中,第一产业增加值完成213 512万元,同比增长5.7%;第二产业增加值完成63 7 816万元,同比增长35.9%;第三产业增加值完成264 911万元,同比增长18.4%。全旗人均生产总值35 888元,同比增加7 975元,增长28.6%。人均财政收入2 737元,比上年增长23.9%,全旗财政收入占生产总值的比重为7.6%,比上年下降1个百分点。

【人民生活】 全旗城镇居民人均可支配收入12 492元,比上年同期增加1 105元,增长10%。城镇居民人均消费支出达9 713元,增加1 078元,增长12.48%。居民家庭恩格尔系数(即居民家庭食品消费支出占家庭消费总支出的比重)为31.2%。农牧民人均纯收入5 702元,增加683元,增长13.6%;农牧民人均生活消费支出达4 567元,同比下降4.71%;农村居民恩格尔系数为43 %。

【农业】 全旗农作物播种面积达207.99万亩,比上年增加2万亩。其中,粮食作物播种面积达165.7万亩,比上年增加2.7万亩。其中,绿豆播种面积达18.78万亩,比上年减少3.8万亩;全年粮食产量达35万吨,比上年减少3万吨。

全旗化肥施用量(按折纯量计算)38 970吨,农用塑料薄膜使用量134.3吨,其中,地膜使用量为33吨。地膜覆盖面积458万亩,农用柴油使用量为11 138吨。农药使用量532吨。全旗农业机械总动力达52.38万千瓦,比上年增长6.5%,拖拉机拥有量为33 013台,比上年增加1 240台。其中,小型拖拉机22 392台,大中型拖拉机10 621台。全旗现有农业科技示范园区6处,占地共计720亩。其中,旗级1处,30亩;乡级3处,600亩。

【畜牧业】 牧业年度全旗大小畜存栏3 812 578头(只),其中,牛存栏356 119头,生猪存栏310 384口。

【林业 水利】 全旗共完成人工造林面积达22.76万亩,比去年减少3.94万亩,同比下降14.8%。全旗所有井累计达11 627眼。在全部农业井中已配套完好农业井10 527眼。有效灌溉面积达90.97万亩,比去年增加1.02万亩。

【工业】 全旗工业增加值实现了607 218万元,同比增长38.5%。全旗规模以上工业企业(年销售收入在500万元及以上工业企业)66户,完成增加值420 025万元,增长44.7%。产品销售收入达1 194 984万元,同比增长60.19%。利税总额达133 623万元,同比增长57.06 %。

【固定资产投资】 全社会固定资产投资完成501 457万元,同比增长36.5%。其中,城镇固定资产投资完成410200万元,同比增长34.3%;其中,基本建设投资完成54 246万元,同比增长29.5%;更新改造投资完成319 901万元,同比增长29.6%,房地产投资36 053万元,比上年增长81%。

【财政】 财政收入完成85 127万元,同比增长34%。其中,地方财政收入完成39 444万元,同比增长23%。全年财政支出201 960万元,同比增长34%。

【金融】 年末,金融机构各项存款余额254 033万元,同比增长27.2%。城乡居民储蓄存款余额达158 286万元,同比增长14.1%。金融机构各项贷款余额达245 686万元,同比增长18.9%。

【保险】 2010年,全旗保险事业保持平稳发展势头。全年完成保费收入7 575万元,比去年增加2 348万元。其中,财产保险保费收入2 261万元,同比增长42.5%;人寿保费收入达5 314万元,同比增长46%。全年支付各类赔偿款4 011万元,比上年多支付2 811万元。

【交通】 2010年,全旗公路里程为2 185公里。其中,国道499公里;省道101公里;县道338公里;乡道617公里;村道930公里。全年完成客货周转量23 574万吨公里,比上年增加3 712万吨公里。全年完成货运量346万吨,比上年增加41万吨,货运周转量22 523万吨公里,比上年增加3 755万吨公里;完成客运量222万人,比上年增加4万人;客运周转量10 510万人公里,比去年减少432万人公里。

【邮电】 全旗邮电业务收入完成12 723万元,同比增长18.6%。全旗现有城镇电话用户12 815户,同比增加2 655户。全旗现有乡村电话用户10 781户,同比减少4 257户。全旗程控交换机容量36 780门,同比增加2 780门。全旗互联网上网用户达13 200户,同比增加3 559户。

【商贸】 社会消费品零售总额完成177 126万元,同比增长15.9%,按行业划分:批发零售贸易业零售总额完成256 844万元,同比增长16.3%;住宿和餐饮业零售总额完成20 282万元,同比增长13%。按销售所在地划分:县级零售额达120 496万元,同比增长18.6%;县以下零售额完成56 630万元,同比增长10.6%。

【环境保护】 2010年,全旗有自然保护区17处,总面积411.29万亩。其中,自治区级自然保护区2处,面积为227.2万亩;市级自然保护区8处,面积128.32万亩;旗级自然保护区7处,面积为55.78万亩。自然保护区和保护小区占全旗总土地面积的17.9%,全旗现有市级生态示范区6处。

【教育】 全旗现有小学51所,其中,独立设置少数民族小学10所,教学点6个。现有中学17所,其中,独立设置民族中学5所,在现有中学中,初级中学8所;高级中学2所;九年一贯制中学7所。全旗小学在校生19 322人;初中在校生9 560人;普通高中在校生4 357人;职业高中在级生2 098人。全旗现有专任教师4 238人,其中,小学专任教师2 590人,普通中学专任教师1 162人,普通高中专任教师292人,中等职业学校专任教师146人,幼儿园专任教师48人。全旗校舍建筑面积317584平方米,2010年新增建筑面积1 679平方米。学龄儿童入学率100%,初中入学率(毛入学率)102%。

【卫生】 全旗共有卫生机构62个,比2005年末,增加29个;其中,医院2个,卫生院26个,村卫生室464个。卫生机构共有床位577张;全旗卫生技术人员达到951人,比上年末,增加72人;其中,执业(助理)医师496人,注册护士210人。全旗医疗机构共诊疗537 444人次。

【就业与社会保障】 2010年,全旗单位从业人员22 365人。全旗单位从业人员劳动报酬57 143.3万元,增长23.4%。全旗单位职工平均工资25 582元,比上年增加4 792元,增长23.05%。2010年末,全旗城镇失业人员有2 688人(上年结转1 344人),共安置各类失业人员1 305人。城镇登记失业率为3.9%。全旗共参加养老保险、失业保险、医疗保险参保人员分别是20 391人、15 957人、26 288人;城镇享受最低生活保障金的有13 375人,农村享受最低生活保障金的有27 063人;新型农村合作医疗在全旗206个行政村全面展开,参保人员达204 233人。

(邹宪彪 牡丹)

开 鲁 县

【领导名录】

县委书记:么永波(10月离任)
人大主任:姜宝玉
县　　长:韩国武(10月离任) 张　华(10月代理)
政协主席:刘进贤
武装部长:张　仪
政　　委:寿敏智

【概况】 开鲁县位于内蒙古自治区东部、通辽市西部。属西辽河冲积平原腹地,平均海拔241米,地处北纬43°9′~44°10′,东经120°25′~121°52′,东与科尔沁区毗边连,西与赤峰市阿鲁科尔沁旗、翁牛特旗为邻,南与奈曼旗隔西辽河相望,北与扎鲁特旗交界。另外东南、东北部分地区还分别与科尔沁左翼后旗、科尔沁左翼中旗接壤。全县总面积4 488平方公里,现有耕地面积155.08万亩,林地面积125.2万亩,草牧场面积222万亩。国道303线、111线,集通铁路横贯县境,县政府驻地距通辽市政府驻地科尔沁区86公里。

2010年,全县生产总值(GDP)实现122.42亿元,按可比价格计算,比上年增长17.1%,其中,第一产业增加值实现33.67亿元,增长5.4%;第二产业增加值实现58.56亿元,增长34.4%;第三产业增加值实现30.19亿元,增长10.9%。第一产业对经济增长的贡献率为9.8%,第二产业对经济增长的贡献率为67.5%,第三产业对经济增长的贡献率为22.7%。全县生产总值中一、二、三产业比重由上年的29 : 43 : 28调整为27 : 48 : 25。按常住人口计算,全年人均生产总值30 984元,增长19.1%。

全年地方财政收入完成4.88亿元,比上年增长21.58%。全年地方财政支出15.10亿元,比上年增长18.58%。

【农业】 全年农作物总播种面积195.2万亩(含复种),比上年增长1.15%,其中,粮食作物面积137.1万亩,比上年减少0.9万亩,经济作物面积58.1万亩,比上年增加3.1万亩。全年粮食总产量达18.5亿斤。红干椒种植面积25.0万亩,总产量达1.5亿斤,实现产值9.0亿元。

全年农林牧渔业总产值实现534 458.0万元,可比价比上年增长4.95%,其中,农业产值实现325 278.7万元;牧业产值实现191 050.2万元;林业产值实现11 920.1万元;渔业产值实现50.0万元;农林牧渔服务业产值实现6 159.0万元。全年新打配套机电井200眼,空眼井配套500眼;新增农田有效灌溉面积0.1万亩;新增节水灌溉面积14.83万亩;完成人畜饮水工程54处,解决5.34万人和5.69万头(只)牲畜饮水问题。

【畜牧业】 牧业年度全县牲畜存栏头数达233.39万头(只),比上年增长3.24%,其中,牛存栏14.74万头,比上年增长16.57%;羊存栏126.09万只,比上年增长5.91%;生猪存栏83.43万头,比上年下降2.29%。年末,全县牲畜存栏头数达235.81万头(只),比上年增长6.72%,其中,牛存栏14.80万头,比上年增长22.76%;羊存栏126.97万只,比上年增长8.92%;生猪存栏85.10万头,比上年增长2.51%。全年肉产量达111 240吨,比上年增长2.50%,其中,猪、牛、羊肉产量各为71 145吨、12 389吨、13 450吨,分别比上年增长0.66%、4.67%、7.53%。禽蛋产量24 560吨,比上年下降5.54%;羊毛产量2 800吨,比上年增长2.68%。

【林业】 全年完成造林绿化10.6万亩,合格面积10.6万亩,封沙(山)育林4.0万亩,全县森林覆盖率达25.6%。

【工业】 全年全部工业增加值完成544 116.0万元,可比价比上年增长37.8%。其中,规模以上工业企业完成增加值408 716.0万元,可比价比上年增长42.6%。在规模以上工业企业中,国有企业增加值16 365.4万元,增长13.9%,股份制企业增加值287 169.4万元,增长41.8%,其它经济类型企业增加值105 181.2万元,增长50.0%。在规模以上工业企业中,轻工业增加值191 656.7万元,增长30.0%;重工业增加值217 059.3万元,增长56.1%。

全年规模以上工业企业实现利税152 633.0万元,比上年增长41.9%;工业产品销售率达99.2%,比上年提高0.2个百分点;实现产品销售收入1 412 498.4万元,比上年增长62.9%。

全县新开工投资1 000万元以上工业项目14个,全部工业固定资产投资完成638 552万元。

【建筑业】 全年建筑业增加值实现41 488万元,可比价比上年增长10.3%。具有三级及三级以上资质等级的建筑企业实现建筑业总产值353 98.3万元,比上年增长9.6%;利润总额2 744.0万元,比上年增长11.3%;税金总额2 004.2万元,比上年增长16.8%;房屋建筑施工面积303 572平方米,其中,新开工面积197 472平方米;房屋竣工面积239 350平方米。

【固定资产投资】 全年50万元以上固定资产投资完成727 038万元,比上年增长28.61%,其中,城镇投资完成674 683万元,比上年增长29.33%。从投资主体看,国有经济单位投资74 628万元,比上年下降49.17%;其它经济类型单位投资652 410万元,比上年增长55.91%。

在全县固定资产投资中,第一产业投资33 722万元,比上年下降33.05%;第二产业投资638 552万元,比上年增长48.21%;第三产业投资54 764万元,比上年下降34.86%。全县固定资产投资新增生产能力或工程效益:其它发电60万千瓦;改建公路65.5公里;输电线路长度(11万伏及以上)20公里。

【交通 邮电】 全年交通运输业公路货运量完成697.0万吨,比上年增长41.90%,公路货物运输周转量完成43 911.0万吨公里,比上年增长41.63%;公路客运量完成390.0万人,比上年增长21.34%,公路旅客运输周转量完成18 330.0万人公里,比上年增长15.60%;公路总里程达1 999.515公里。

全年完成邮电业务总量21 440.6万元,比上年增长25.62%。全县固定电话用户49 230户,比上年增长5.82%,其中,城市电话用户15 729户,比上年增长28.03%;乡村电话用户33 501户,比上年下降0.71%。全县移动电话用户达257 219户,比上年增长7.02%。

【贸易】 全年社会消费品零售总额达到216 170.6万元,比上年增长19.62%,扣除物价因素,实际增长16.50%。其中,城镇消费品零售额143 350.7万元,增长22.14%,乡村消费品零售额72 819.9万元,增长14.97%。分行业看,批发业零售额38 394.4万元,增长26.00%;零售业零售额136 234.6万元,增长17.27%;住宿业零售额4 284.6万元,增长15.06%;餐饮业零售额37 257.0万元,增长22.81%。

【金融 保险】 年末,全县金融机构各项存款余额为342 613万元,比上年末,增加105 305万元,增长44.37%,其中,企业存款余额为51 451万元,比上年末,增加33 703万元,增长189.90%;城乡居民储蓄存款208 719万元,比上年末,增加43 761万元,增长26.53%。年末,全县金融机构各项贷款余额为317 742万元,比上年末,增加96 397万元,增长43.55%,其中,短期贷款余额232 086万元,比上年末,增加60 545万元,增长35.29%,中长期贷款余额85 656万元,比上年末,增加35 852万元,增长71.99%,在短、长期贷款余额中个人消费贷款余额9 547万元,比上年末,增加4 131万元,增长76.27%。

全年保险业实现保费收入14 641.89万元,比上年增长15.34%。其中,寿险业务保费收入5 976.33万元,增长6.04%;健康险和意外伤害险业务保费收入384.14万元,增长14.22%;财产险业务保费收入8 011.42万元,增长35.63%。全年保险业支付各类赔款3 329.18万元,比上年下降2.78%。其中,寿险业务赔款481.00万元,增长30.81%;健康险和意外伤害险赔款208.88万元,增长47.31%;财产险业务赔款2 639.30万元,下降9.46%。

【科技】 年末,全县各类专业技术人员达5 667人。全年有5项科技成果获科技进步奖,6项科技成果获发明专利。全年科学技术经费支出976万元,比上年增长37.66%,其中,科学技术研究与开发783万元,比上年增长39.57%。

【教育】 全县普通高中在校生6 541人;职业高中在校生2 004人;普通初中在校生15 514人;小学在校生28 546人。小学适龄人口入学率达100.0%;小学毕业生升学率达100.0%;初中毕业生升学率达64.3%。校舍建筑面积中:普通初中102 580平方米;普通高中59 436平方米;职业高中6 568平方米;小学154 348平方米;进修校5 640平方米。全县有幼儿园5个,在园幼儿数610人,学前班161个,在班幼儿数3 901人。

【文化】 年末,,全县有艺术表演团体1个,文化馆1个,公共图书馆1个,藏书72 700册,图书流动册次65 000册次,接待读者人次42 000人次,电影放映队24个,放映场次4 285次,广播人口覆盖率99.74%,电视人口覆盖率94.96%。

【卫生】 全县共有卫生机构29个;床位672张;卫生技术人员932人,其中,执业医师309人,执业助师60人,注册护士141人,药剂人员74人,检验人员44人,其他卫生技术人员181人。

【体育】 全年举办各类运动赛会31次,参加运动员人数3 540人次,95.4%的在校生达到国家体育锻炼标准。

【人口】 2010年全县人口出生率为8.69‰,死亡率为3.36‰,自然增长率为5.33‰。年末,全县总人口为395 119人,比上年下降1.81%,其中,男性人口为200 297人,女性人口为194 822人。少数民族人口为68 161人,占总人口的17.25%。

【人民生活】 全年城镇居民人均可支配收入13 136.00元,比上年增加1 249.00元,增长10.51%,扣除价格因素实际增长7.62 %。其中,人均工资性收入9 049.72元,人均转移性收入2 077.97元,分别增长11.73%和12.51%。城镇居民人均消费性支出9 321.16元,增长24.16%。城镇居民家庭恩格尔系数为31.2%,比上年下降0.6个百分点。全年农牧民人均纯收入6 531.50元,比上年增加668.43元,增长11.40%。其中,人均工资性收入1 213.88元,增长16.60%;人均家庭经营性收入4 560.48元,增长9.36%;人均转移性和财产性收入757.15元,上升16.14%。农牧民人均生活消费支出4 381.73元,下降3.13%。农村牧区居民家庭恩格尔系数为40.65%,比上年上升0.75个百分点。

【社会保障】 年末,全县各类社会福利机构14个,床位339张,收养219人。全县参加基本养老保险人数为24 839人,参加失业保险的人数为16 500人,领取失业保险金人数为12人,全年企业参加基本养老保险离退休人员7 493人,实现了基本养老金全部按时足额发放。全年全县城镇职工参加基本医疗保险的人数为26 504人,其中,参保职工21 421人,参保退休人员5 083人;全县城镇居民参加基本医疗保险的人数为48 802人;全县参加农村牧区合作医疗保险人数312 312人。全县共有城镇居民3 051户6 470人,农村居民8 246户15 653人得到政府最低生活保障。

(姜淑侠)

赤　峰　市

【党政军领导名录】

市　委

书　记:杭桂林(蒙古族)

副书记:王中和　陶淑菊(女　蒙古族)

人　大

主　任:斯日古楞(蒙古族)

副主任:梁万龙　李雪波(女)　李志勋(满族)　白音巴特尔(蒙古族)　张志安　东日布(蒙古族)

政　府

市　长:王中和

副市长:李学玉　张利平　麻树昌　姚云峰(蒙古族)　吴力吉(蒙古族)　吴平(蒙古族)　梁淑琴(女)　陈晓东

政　协

主　席:赵　兴

副主席:王文国　哈斯巴根(蒙古族)　郭丽虹(女)　布和朝鲁(蒙古族)　赵知文　陈宏　韩会申(蒙古族)　张文革　王国联

军分区

司令员:崇先锋(蒙古族　12 月离任)　杨俊旺(12 月任职)

政　委:姜光玉

【概况】　赤峰市位于内蒙古自治区东部,地处燕山北麓、大兴安岭南段与内蒙古高原向辽河平原过渡地带。地理坐标为北纬 41°17′~45°24′,东经 116°21′~120°58′。全市总面积 90 021 平方公里,东西最宽 375 公里,南北最长 457.5 公里。地理环境复杂多样,总观地貌属山地丘陵区,中低山和丘陵约占总面积的73.3%,其中,山地 15 972 平方公里,高平原4 740平方公里,熔岩台地 2 886 平方公里,低山丘陵 17 500 平方公里,黄土丘陵 20 619 平方公里,河谷平原 7 358 平方公里,沙地 20 946 平方公里。市境地势西高东低,北、西、南三面环山,西部地势最高海拔 2 067 米,东部最低海拔不足 300 米。

赤峰市是隶属于内蒙古自治区的地级市,设 3 个市辖区:红山区、松山区、元宝山区;辖 7 旗 2 县:阿鲁科尔沁旗、巴林左旗、巴林右旗、克什克腾旗、翁牛特旗、喀喇沁旗、敖汉旗、林西县、宁城县,共 12 个旗县区。境内居住着蒙古、汉、满、回、朝鲜、达斡尔等 30 个民族,总人口为 456.49 万人。

2010 年,全市地区生产总值达到 1 080.18 亿元,首次超过千亿元,比上年增长 15%。其中,第一产业增加值 177.37 亿元,增长 6.4%;第二产业增加值 551.5 亿元,增长 20.6%;第三产业增加值 351.31 亿元,增长 11.8%。

全年地方财政总收入完成 100.51 亿元,比上年增加 18.23 亿元,增长 22.2%。其中,地方财政一般预算收入 56.33 亿元,增长22.9%;上划中央和自治区税收收入 44.19 亿元,增长 21.2%。有 7 个旗县区的地方财政收入超过 5 亿元,其中,红山区、元宝山区财政收入超过 18 亿元,克什克腾旗超过 12 亿元。全年地方财政支出 219.79 亿元,增加 32.68 亿元,增长17.5%。

居民消费价格总水平(CPI)102.8%,比上年上涨 2.8%。其中,食品类价格上涨 8.7%,工业品出厂价格上涨 6.7%,其他消费品和服务类价格指数多数比上年增长。

【农业】　全市农作物播种面积 1 617 万亩,比上年增长 1.5%。其中,粮食作物 1313 万亩,增长 1.8%;经济作物 257.11 万亩,增长2.6%。全市粮食产量 71.02 亿斤,比上年增长 20%。其中,谷物 63.6 亿斤,增长 13.3%;豆类 1.79 亿斤,增长 145.9%;薯类(折粮)5.61亿斤,增长 143%。松山区、宁城县分别达到 11.8 和 11.6 亿斤。经济作物产量普遍提高,其中,油料 2.34亿斤,增长 57.7%;甜菜 12.25 亿斤,增长45.5%;烟叶 0.25 亿斤,增长31.6%;蔬菜 79.37 亿斤,增长 15.1%;瓜类5.5亿斤,增长 18.8%。

【畜牧业】　牧业年度(六月末)牲畜存栏 1 700 万头只,比上年减少69 万头只,下降0.4%。牲畜良种及改良种率 94.9%;牲畜出栏率55.8%,提高 0.4 个百分点;能繁殖基础母畜存栏 904.42 万头只,比上年增加 32.6 万头只。全年肉类总产量 45.25 万吨,增长

5.7%。其中,猪出栏165.22万头,肉产量12.69万吨,增长0.5%;牛出栏82.25万头,肉产量9.49万吨,增长4.6%;羊出栏484.72万头,肉产量8.23万吨,增长1.7%;禽肉产量11.38万吨,增长1.1%。牛奶39.28万吨,增长0.3%;禽蛋30.02万吨,增长0.5%;绵羊毛1.58万吨,下降10.7%;山羊绒0.12万吨,下降20%。全年水产品产量11 516吨,增长2.8%。

【林业】 全年完成造林面积15.77万公顷,其中,人工造林6.1万公顷,飞播造林1.3万公顷,封山育林8.3万公顷。

【工业】 全年全部工业增加值478.38亿元,比上年增长20.5%。其中,规模以上工业(年销售收入500万元以上工业企业)增加值468.46亿元,增长20.9%。按企业规模分,大中型工业完成244.37亿元,增长15.8%,小型工业完成224.1亿元,增长26.9%;按企业经济类型分,国有及国有控股企业完成179.84亿元,增长17.4%,其它类型企业完成288.66亿元,增长27.5%;按轻重工业分,轻工业完成61.88亿元,增长25.5%,重工业完成406.58亿元,增长20.2%。冶金、能源、食品、医药、建材、纺织、化工和机械八大重点行业实现工业增加值450.9亿元,增长19.7%,对规模以上工业的贡献率达91.3%,拉动规模以上工业增长19.1个百分点。其中,冶金行业实现增加值220.4亿元,增长22.5%,对规模以上工业的贡献率为47.7%,拉动规模以上工业增长10个百分点。

全年规模以上工业主营业务收入实现1 262.07亿元,增长32.9%;利税实现138.94亿元,增长24.4%;利润实现95.68亿元,增长29.1%;全年产销率98.5%,产销衔接基本平衡。

全年规模以上工业原煤产量2 848.35万吨,下降2.6%;发电量218.61亿千瓦小时,增长8.6%。其中,风力发电64.48亿千瓦小时,增长20.1%,;铁矿石原矿量2 447.45万吨,增长50.3%;钼精粉1.23万吨,增长21.2%;铁精粉692.33万吨,增长30.9%;十种有色金属34.57万吨,增长18.9%;钢材154.07万吨,下降18.6%;粗铜15.66万吨,下降9.8%;水泥545.4万吨,增长40.4%;农用化肥(折纯)25.69万吨,增长40.7%;精制食用植物油2.11万吨,增长59.5%;鲜冷藏冻肉17.92万吨,增长1.7%;饮料酒24 711万升,增长10.7%。

【建筑业】 建筑业完成增加值73.12亿元,比上年增长20.7%。施工企业房屋建筑施工面积1 127.52万平方米,竣工房屋面积785.74万平方米,分别比上年增长16%和11.2%,房屋建筑竣工率69.7%。资质等级建筑企业实现利润3.49亿元,实现税金2.63亿元,分别比上年下降43.7%和35.7%。

【固定资产投资】 年内全社会固定资产投资完成848.73亿元,比上年增长29.6%。其中,规模以上投资(城乡50万元以上项目)完成835.51亿元,增长29.4%。按经济类型分,国有经济单位投资236.78亿元,增长37.5%;集体经济单位投资33.15亿元,增长56.1%;有限责任公司投资321.38亿元,增长25.3%;其它经济类型单位投资244.2亿元,增长24.8%。按项目隶属关系分,地方项目完成投资785.55亿元,增长25.4%;中央项目完成投资49.95亿元,增长158.3%。“十一五”期间,全社会固定资产投资累计完成2 758亿元,是“十五”期间的4.6倍,年均增长29.7%。

从产业投资结构看,一、二、三产业分别完成投资74.7、473.6和287.21亿元,分别占规模以上投资的8.9%、56.7%和34.4%,第二产业所占比重同比上升3个百分点,一、三分别下降2.2和0.8个百分点。从行业投资看,工业投资完成458.54亿元,增长36.8%,占规模以上投资的54.9%,所占比重同比提高3个百分点。第三产业中的信息传输计算机服务和软件业、教育、金融业投资分别实现936.8%、259.2%和215.8%的较快增长。

【交通】 年末,全市公路里程达到22 985公里,比上年增长9.1%,其中,等级公路率达到95.7%。全年公路货运量完成5 967万吨,增长13.1%;货物周转量202.4亿吨公里,增长11.3%。公路客运量4 249万人,增长13.4%;客运周转量35.8亿人公里,增长14.6%。

【邮电】 全年邮电业务总量62.58亿元,比上年增长35.1%。其中,电信业务总量60.95亿元,增长35.7%;邮政业务总量1.63亿元,增长14.8%。全市电话用户达62.07万户,其中,住宅电话49.83万户。移动电话用户达931.09万户,增长318.7%。计算机互联网用户18.96万户,增长24.9%。

【旅游业】 全年共接待境内外游客580万人次,比上年增长11.5%,旅游业总收入实现74亿元,增长21.3%。其中,国际旅游创汇2 000万美元,国内旅游收入72.4亿元。

【国内贸易】 全年社会消费品零售总额336.72亿元,比上年增长19.4%。城乡看,城镇消费品零售总额271.39亿元,增长19.5%,其中,城区消费品零售额

158.35 亿元,增长 20.2%;乡村消费品零售总额 65.32 亿元,增长 18.8%。行业看,批发业零售额 52.35 亿元,增长 17.8%;零售业零售额 247.74 亿元,增长 19.3%;住宿业零售额 3.75 亿元,增长21.7%;餐饮业零售额 32.88 亿元,增长 22.9%。

【对外经济】 全年海关进出口总额 10.65 亿美元,比上年增长 108.6%。其中,进口 9.2 亿美元,增长 120.8%;出口 1.45 亿美元,增长 54.5%。在进出口总额中"三资"企业完成 0.8 亿美元,增长 30.5%;自营企业完成 9.85 亿美元,增长 119.3%。"十一五"期间,进出口总额累计实现 27.51 亿美元,是"十五"期间的 5.3 倍,年均增长 45.6%,高于"十五"年均增速 30.1 的百分点。全年实际利用外商投资 5 581 万美元,增长 10.8%。

【环境保护】 全年二氧化硫排放总量 18 万吨,比上年下降 12.67%。化学需氧量排放总量 1.6 万吨,下降 1.23%。全年市中心城区空气质量达到二级及二级以上标准天数 323 天。全市各饮用水水源地各水源井水质各项指标均达到《生活饮用水标准》、《集中式生活饮用水水源地补充项目标准限制》要求,集中式饮用水源水质达标率 100%。

继续开展环境质量监测和污染源监测,全年获监测数据 81 858 个。其中,环境水体监测数据 3 643 个、环境空气监测数据 6 003 个、环境噪声监测数据 3 552 个、污染源监测数据20 060个、应急监测数据 393 个、各类验收、委托、仲裁性监测数据 48 207 个。

【金融】 年末,金融机构人民币各项存款余额 879.42 亿元,比上年增长 22.1%。其中,城乡居民储蓄存款余额 536.71 亿元,增长 20.7%。各项贷款余额 465.93 亿元,增长 17.8%。

【保险】 全年保险业实现保费收入 25 亿元,增长 33.4%,赔款和给付支出 6.58 亿元,增长 12.4%。其中,财产保险保费收入 9.12 亿元,增长 20.4%;赔款支出 4.39 亿元,增长17.1%。人身险保费收入 15.88 亿元,增长 24.9%;赔款与给付支出 2.19 亿元,增长4.1%。

【科学技术】 全年鉴定科技成果 24 项,其中,获自治区以上科技进步奖 4 项。年内签订技术合同 92 项,合同成交额 2 136.1 万元。

【教育】 赤峰学院全年招收学生 2 709 人,在校学生 8 668 人,毕业生 2 181 人;赤峰交通职业技术学院全年招收学生 2 409 人,在校学生6 389 人,毕业生 1 576 人;48 所中等职业学校全年招收学生 24 717 人,在校学生 66 020 人,毕业生 13 031 人。

年末,全市初中和小学在校学生分别为16.3万人和 28 万人,入学率分别为 99.12% 和 100%,辍学率分别为 0.91% 和 0。初升高升学率达 88.48%,高中阶段在校生达 17.6 万人。全年普通中小学新增校舍 53 万平方米。中小学计算机拥有量达到 23 807 台,图书 830 万册。

【文化】 年末,全市拥有艺术表演团体 11 个,公共图书馆 14 个,群艺馆、文化馆 11 个,博物馆 10 个;广播电台 1 座,电视台 1 座,电视发射台、转播台和差转台 204 座,其中,功率一千瓦以上 50 座。广播混合覆盖率 96.9%,电视混合覆盖率 95.5%。《赤峰日报》全年出版10 394千印张。

【卫生】 年末,全市拥有医疗卫生机构 977 个,其中,医院 67 个,卫生院 238 个,采血机构 1 个,妇幼保健机构 13 个,专科疾病防治机构 12 个。全市医疗卫生单位实有病床位 16 774 张,专业卫生技术人员 20 049 人。

【体育】 全年体育健儿参加自治区级 15 大项比赛,共获奖牌 231 枚,其中,金牌 50 枚。全年举办县级以上运动会 58 次,参赛人数 11 万人次,其中,体委系统举办 12 次,参赛人数 1 万人次。全年发展二级运动员 57 人。中小学在校学生中有 53 万人达到国家体育锻炼标准,达标率为 97.3%。全市老年体协组织已发展到 2 048个,有 31 万老年人经常参加体育锻炼,占老年人口总数的 60.7%。

【人民生活】 全年城镇居民人均可支配收入 14 108 元,比上年增加 1 438 元,增长 11.4%。农牧民人均纯收入 5 010 元,比上年增加 510 元,增长 11.3%。其中,农民 5 023 元,增长 11.5%;牧民 4 861 元,增长 9.7%。"十一五" 时期,全市城乡居民收入年均增长 13.3% 和 12.2%,分别高于"十五"时期 2.8、1.4 个百分点。

全年城镇居民人均消费性支出 10 343 元,比上年增长 12.6%。农牧民人均消费性支出3 572元,比上年增长 13.5%。城乡居民恩格尔系数(食品支出占消费总支出的比重)分别为 31.9% 和 41.4%;城镇居民现住房屋人均建筑面积 30.9 平方米,与上年持平。农牧民人均居住面积 23.05 平方米,比上年增加 0.2 平方米。其中,农民 23.24 平方米,增加 0.14 平方米;牧民 20.85 平方米,增加 0.89 平方米。城乡居民每百户耐用品拥有量不同程度增长。

【社会保障】 年末,全市各类社会福利院实有床位 6 111 张,收养 5 446 人。建立各种社区服务设施 849 处。城乡居民得到国家救济的达 38.6 万人。享受国家城镇居民最低生活保障人数为9.5万人。最低生活保障月人均补助由上年的226元增加到255元。全年低保资金支出3.13亿元,增长18.7%。全市有27万职工参加基本养老保险,9.8万离退休人员参加离退休费社会统筹,分别比上年增长3.1%和7.2%。

(唐玉茹)

红 山 区

【领导名录】

区委书记:包振玉(蒙古族 9月离任) 姜 宏(女 9月任职)

人大主任:孙建华

区 长:张 华

政协主席:张敬国

武装部长:唐根朝

政 委:刘振超

【概况】 红山区境内有一红色山峰,名曰红山。清雍正五年(1727年)以红山为标志在赤峰设乌兰哈达关(乌兰哈达汉译即红山、赤峰之意),乾隆四十三年(1778年)设赤峰县,解放后设赤峰市。1983年10月,原昭乌达盟改为赤峰市,原赤峰市改为红山区建置至今。

红山区总面积506平方公里。辖13个乡(镇、苏木、办事处),94个行政村(居委会)。至2010年底全区总人口35.3432万人,其中,非农业人口26.9638万人。男女性别比98.91 : 100。人口出生率7.78‰,死亡率2.2‰,自然增长率5.58‰。有少数民族22个,90 824人。

全区实现国内生产总值171.79亿元,按可比价格计算,比上年增长17.6%。第一产业实现增加值4.63亿元,增长5.2%;第二产业实现增加值86.54亿元,增长24.9%;第三产业实现增加值80.62亿元,增长11.9%。三次产业比重为2.7 : 50.4 : 46.9。全社会完成固定资产投资89.76亿元,比上年增长29.2%。实现财政总收入18.38亿元,其中,地方财政收入9.86亿元,比上年增长34.4%。

【农林牧业】 全区实现农业增加值4.63亿元,增长5.2%。粮食总产量5.27万吨,比上年增长72.4%;6月末牲畜存栏数11.40万头(只口),12月末牲畜存栏数5.95万头(只口);肉类总产量0.61万吨,禽蛋总产量0.52万吨,奶类总产量1.43万吨。全年造林5 000亩,森林覆盖率达26.12%。全区农机总动力6.87万千瓦,增长7.7%。

【工业】 有规模以上工业企业61家,全年实现工业增加值78.81亿元,比上年增长25.8%。规模以上工业实现主营业务收入246.40亿元,增长30.4%;实现利润240 293.2万元,增长38.6%;实现利税289 844.7万元,增长37.9%。

【城乡建设 环境保护】 房地产开发投资16.02亿元,增长2.3%。全年商品房屋销售面积66.2万平方米;实现商品房屋销售额251 676万元,比上年增长37.6%。改造村级油路1公里。完成环境污染治理项目59个,完成投资额93万元,增长7.6%。

【交通 邮电】 公路通车里程343.79公里,公路客运量和周转量99万人、6 237万人公里,分别比上年下降4.8%和增长0.9%;公路货运量473万吨、周转量56 100万吨公里,分别下降7.6%和17.2%。

【贸易】 全年实现社会消费品零售总额664 641万元,比上年增长19.7%。其中,批发、零售贸易业601 443万元,增长19.8%;住宿餐饮业63 198万元,增长19.0%。亿元以上商品交易市场5家,成交额39.3亿元,比上年增长1.03%。

【旅游】 主要旅游景点有6处。全年接待国内外游客135万人次,比上年增长8%;实现旅游总收入14.6亿元,增长5.8%。

【科技】 拥有各类科技人员971人。

【教育】 有各类学校110所,其中,小学37所,在校学生24 999人;初中12所,在校学生13 257人;高中3所,在校学生8 689人;职业高中7所,在校学生4 178人。2010年高考录取人数为3 969人。各类学校有专任教师4 654人。

【文化】 拥有各种艺术表演团体13个,艺术表演场所3个,公共图书馆2个,文化馆1个,基层文化站2个。

【卫生】 拥有卫生机构11所,其中 ,医院、卫生院6所,卫生防疫防治机构4所,妇幼保健机构1所。各类卫生机构拥有床位898张,卫生技术人员1116人,其中,医生1097人。

【体育】 2010年红山区在内蒙古自治区十二运会和内蒙古自治区第七届少数民族运动会上,分别获得8枚金牌,2枚银牌,3枚铜牌;1枚金牌,1枚银牌。

【人民生活】 城镇居民人均可支配收入达15 357元,比上年增长8.56%;人均消费性支出为11 422.2元。人均居住面积24.69平方米。在岗职工平均工资2 763元/月,增长18.7%。农民人均纯收入达8 200元,比上年增长9.07%;农民人均消费性支出5 379

元,增长21.0%;全区最低生活保障救助人数为16 326人,比上年增长10.1%。其中,城镇11 383人,增长4.9%;农村4 943人,增长2.2%。社会福利性收养单位(含敬老院)2个,床位130张,收养80人,社会福利企业15个,安置残疾人员1 045人。

【荣誉】 红山区被民政部、卫生部、中残联授予"全国残疾人社区康复示范区";红山区被国家残疾人康复工作办公室授予"全国白内障无障碍县";孙月光被农业部授予"中国十大三农人物"。

(鲁剑波)

元宝山区

【领导名录】

区委书记:李廷玉
人大主任:何映礼
区　　长:张子明
政协主席:吕广信
武装部长:许国峰
政　　委:石宝林

【概况】 元宝山区位于内蒙古自治区东南部,地理坐标为东经119°03′~119°30′,北纬41°55′~42°25′。地处蒙(内蒙古自治区)、辽(辽宁省)、冀(河北省)交汇处,东隔老哈河与辽宁省建平县及赤峰市敖汉旗相望,南接喀喇沁旗,西北与红山区、松山区相连。距北京450公里,距锦州港238公里,是内蒙古自治区最近的出海通道。沈(阳)赤(峰)、京(北京)通(辽)铁路纵横穿过。全区总面积952.14平方公里。辖5个镇、6个街道办事处,66个行政村、42个居委会。至2010年底全区总人口32.52万人,其中,非农业人口17.82万人。男女性别比103 : 100。人口出生率6.64‰,死亡率3.01‰,自然增长率3.63‰。有少数民族10个,54 704人。

全区实现国内生产总值147.55亿元,按可比价格计算,比上年增长11.5%。第一产业实现增加值11.51亿元,增长5.9%;第二产业实现增加值87.16亿元,增长12.8%;第三产业实现增加值48.88亿元,增长10.8%。三次产业比重为7.8 : 59.1 : 33.1。全社会完成固定资产投资82.93亿元,比上年增长20.9%。实现财政总收入18.36亿元,按可比口径增长20.1%,其中一般预算收入7.17亿元,增长21.2%。年末,金融机构各项存款余额102.81亿元,比年初增加14.6亿元。其中,居民储蓄存款余额66.76亿元,比年初增加8.42亿元。年末,金融机构各项贷款余额45.63亿元,比年初增加7.77万元。

【农牧业】 全年农林牧渔业实现总产值19.18亿元,增长6.0%。农业增加值11.51亿元,增长5.9%。粮食总产量12.31万吨,比上年增长33.6%;经济作物总产量63.02万吨,增长8.3%;6月末牲畜存栏21.91万头只,12月末牲畜存栏16.44万头只;肉类总产量2.47万吨,禽蛋总产量1.22万吨,奶类总产量10.75万吨。全年造林1 058公顷,林木覆盖率达到34.57%。全区农机总动力107 684万千瓦,增加1.0%。

【工业】 有规模以上工业企业74家,全年实现工业增加值78.81亿元,比上年增长12.1%。规模以上工业实现产品销售收入131.22亿元,增长5.45%;实现利润17.68亿元,增长92.66%;实现利税30.99亿元,增长54.9%。

【城市建设 环境保护】 房地产开发投资5.11亿元,增长53.7%。全年商品房屋销售面积29.81万平方米,比上年增长88.2%;实现商品房屋销售额10亿元,比上年增长184.2%。改造村级油路17.27公里。完成环境污染治理项目6个,完成投资额2.97亿元,增长43%。

【交通 邮电】 公路通车里程699.6公里,公路旅客运输量175万人、客运周转量9 010万人公里,分别比上年增长1.7%和2.5%;公路货物运输量423万吨、货物周转量8 989万吨公里,分别增长1.4%和3.3%。完成邮电业务总量1.92亿元,比上年增长29.5%,其中,电信业务总量1.77亿元,增长29.9%;邮政业务总量1 558万元,增长24.8%。年末,固定电话用户达到4.05万户,移动电话用户32.4万户,电话普及率达87.39部/百人,互联网用户2.77万户。

【商贸】 全年实现社会消费品零售总额42.63亿元,比上年增长19.5%。其中,批发、零售贸易业37.29亿元,增长19.1%;住宿和餐饮业5.33亿元,增长22.4%。城乡商品交易市场32处,成交额14.99亿元,同比增长19%。

【旅游】 主要旅游景点有4处。全年接待国内外游客9.7万人次,比上年增长5%;实现旅游总收入1.4亿元,增长6%。

【科技】 拥有各类科技人员8 766人。5月15日,内蒙古第八届农牧业科技成果博览会巡展暨元宝山区国家可持续发展成果展在元宝山开幕。12月21日,内蒙古寒冷地区蔬菜产业技术创新战备联盟在赤峰市正式成立。国家现代农业新技术体系大宗蔬菜首席科学家、中国农科院蔬菜花卉研究所所长、教授杜永臣出席了成立大会。内蒙古寒冷地区蔬菜产业技术创新战略联盟由赤峰和润农业高新科技产业开发有限公司、由国家农科院蔬菜花卉研究所、内蒙古农业大学等14家企业、科研院所共同组建,本联盟的成立将为突破寒冷地区蔬菜产业发展的技术瓶颈,实现元宝山区设施农业又好又快发展起到积极的推动作用。

【教育】 有普通教育学校32所,其中,普通中学11所,在校学生26 592人;小学21所,在校学生21 494人。职业中学2所,在校学生1 851人。特殊教育学校1所,在校学生133人。2010年高考录取人数为2 970人。各类学校有专任教师3 467人。

【文化】 有公共图书馆1个,文化馆1个。

【卫生】 拥有卫生机构117所,其中,医院、卫生院23所,疾病预防控制中心1所,妇幼保健机构1所。各类卫生机构拥有床位1 766张,卫生技术人员1 916人,其中,医生843人。

【体育】 8月17日,2010年全国中学生排球联赛在元宝山区开幕。中国中学生体育协会常务专职副主席、教育部学生体育协会联合秘书处副秘书长张燕军,国家体育总局排管中心训练部部长于光岩及教育部中学生体育协会排球分会相关领导出席了开幕式。最后,元宝山区平煤高中代表队勇夺男子队冠军和女子队冠军。江苏省南通中学排球队、大连市第五中学排球队获得男子队第二、三名;福建晋江市英林中学排球队、长春省第十一中学排球队获得女子队第二、三名。

【人民生活】 全年城镇居民人均可支配收入达15 316元,比上年增长8.5%;人均消费性支出为10 545元,增长12.8%;人均住房建筑面积31.22平方米。在岗职工年平均工资44 269元,增长7.9%。农民人均纯收入达8 008元,比上年增长7.6%;生活消费支出4 679元,增长7.2%;人均住房面积37.1平方米。

【社会保障】 全区最低生活保障救助人数为35 261人,比上年增长1.01%。其中,城镇23 366人,增长1.0%;农村11 895人,增长0.97%。社会福利性收养单位(含敬老院)5个,床位271张,收养259人,社会福利企业4个,安置残疾人员54人。

(马永存)

松 山 区

【领导名录】

区委书记:郑洪学(10月离任) 邹德华(10月任职)

人大主任:屈银霞(女)

区　　长:夏国华

政协主席:张成利

武装部长:王　铁

政　　委:孙德才(3月离任) 王宝生(5月任职)

【概况】 松山区位于内蒙古自治区东部、赤峰市南部,属七老图山地北段,赤峰黄土丘陵台地和努鲁尔虎山地西北边缘的截接复合部位,西辽河上游。地理坐标为东经117°47′~119°39′,北纬42°01′~42°43′。东与敖汉旗相望,西与河北省围场县毗邻,西北与克什克腾旗搭界,南与喀喇沁旗、元宝山区、红山区相连,北与翁牛特旗接壤。赤峰市人民政府驻境内新城区,京通、赤锦、赤沈铁路在这里交汇;111、306国道纵横穿越,正在建设的赤大白铁路和已建成的赤大、赤通、赤朝高速公路贯通全境。区位优势得天独厚。是连结东北和华北两大经济区的重要枢纽,依托京、津、唐、沈大市场,可通联蒙古和俄罗斯边贸口岸。松山区总面积5 629平方公里,有耕地268.12万亩,林地274.6万亩,草场248万亩。辖9镇5乡,7个街道办事处,244个行政村、35个社区居委会。年末,户籍总人口53.55万人,其中,非农业人口10.5万人。男女性别比108:100。人口出生率12.27‰,死亡率17.64‰,自然增长率-5.37‰。全区有少数民族15个,146 009人。

2010年,全区实现地区生产总值138.64亿元,按可比价格计算,增长17.9%。其中,第一产业增加值26.33亿元,比上年增长6.7%;第二产业增加值74.91亿元,增长26.9%;第三产业增加值37.4亿元,增长13.4%。三次产业结构比例由上年的21.3:46.9:31.8调整为19:54:27,第二产业所占比重上升7.1个百分点。实现财政总收入7亿元,其中,地方财政一般预算收入4.05亿元,比上年增长32.6%。

【农业】 全区农作物总播种面积239.1万亩,增长10.5%,其中,粮食作物播种面积174.6万亩;油料播种面积25.8万亩;甜菜播种面积4.8万亩;蔬菜播种面积26.3万亩。全区粮食总产量达590 522吨,增加

60 330 吨，增长11.4%。其中，谷物产量达533 719吨，增加12 969吨，增长2.5%；豆类产量达20 088吨，增加18 278吨，增长1 009.8%；薯类（折粮）产量达36 715吨，增加29 083吨，增长381.1%。经济作物长势良好。其中，油料产量达35 391吨，增加24 605吨，增长228.1%；甜菜产量达148 565吨，增加43 406吨，增长41.3%；蔬菜产量达1 356 406吨，增加484 118吨，增长55.5%。

万利丰鹅业、蒙森淀粉等现有产业化龙头企业生产规模不断扩大，带动能力进一步增强。赤峰福润200万口生猪屠宰加工项目竣工投产；楚东现代农业示范项目已完成园区管理中心和育肥猪养殖场建设。全区销售收入100万元以上的农牧业产业化龙头企业发展到87家，同比增长19%。

【畜牧业】 牧业年度牲畜总头数达92.67万头（只），增长5.2%。其中，肉羊存栏20万只，肉牛存栏18万头，生猪存栏40万口，奶牛存栏3.54万头。蛋鸡存栏1 100万只。全年肉类总产量5.4万吨，增长7.8%。

【林业】 完成生态治理18.13万亩，其中，人工造林5万亩，封山育林7万亩；林木覆盖率32.8%。

【工业 建筑业】 全区完成工业增加值65.46亿元，比上年增长23.8%。其中，规模以上工业企业51家，完成增加值64.12亿元，增长21.1%。产品销售率为99.9%，上升0.2个百分点。规模以上工业企业实现利润7.66亿元，增长1.89%；实现税金1.6亿元，增长7%；应交增值税1.2亿元，增长4.5%；完成利税总额9.3亿元，增长8%。全区建筑业实现增加值9.45亿元，增长44.1%。

【固定资产投资】 全区完成全社会固定资产投资109.7亿元，增长46.17%。其中，50万元以上投资109.7亿元，增长48.24%。工业投资完成49.03亿元，占投资总额的44.7%。

【国内贸易】 实现社会消费品零售总额57.36亿元，增长19.5%。分行业看，批发业实现零售额30.2亿元，增长16.1%；零售业实现零售额21.7亿元，增长20.9%；住宿和餐饮业实现零售额5.4亿元，增长35.1%。

【城乡建设 环境保护】 房地产开发投资18.72亿元，增长25.47%。全年商品房销售面积103.86万平方米，增长71.02%；实现商品房屋销售额28.69亿元，增长104.78%。完成环境污染治理项目12项，完成投资额82万元，增长167.1%。

【交通 邮电】 全区公路里程1 532公里。全年公路货运量252.5万吨，公路客运量385.2万人。完成邮电业务总量2.1亿元，增长27.67%。固定电话数年末，达92 759户，增加21 428户，其中，农村53 074户，增加7 514户。国际互联网用户26 935户，增加9 485户。手机用户达336 136户，增加93 636户。

【金融 保险】 年末，全部金融机构各项存款余额81.83亿元，增长23.53%，其中，城乡居民储蓄存款余额53.52亿元，增长7.63%；全部金融机构年末，各项贷款余额37.97亿元，下降22.6%。全年保险公司保费收入1.74亿元，增长20.4%。其中，寿险保费收入0.87亿元，下降7.97%；财产险保费收入0.87亿元，增长73.92%。全年保险业务支出0.7亿元，下降10.15%。

【招商引资】 全区共引进招商项目85个，引资总额61亿元，增长22%。北城区开发、温州五金机电城、大连五甲万京集团信息科技产业园区等一批重大项目已经启动建设。全年落实上级扶持资金突破2亿元。

【教育】 全区有普通高中4所，在校学生13 275人，毕业生4 788人；初中15所，在校学生18 447人，毕业生6 724人；普通小学79所，在校学生34 247人，毕业生6 805人；小学学龄儿童入学率100%。幼儿园24所，在校人数4 804人。成人教育学校261所，毕业人数达5 000人。高考本科上线率达46%。各类学校有专职教师5 849人。拥有各类专业技术人员11 124人。

【文化】 全区拥有文化馆站15个，公共图书馆1个。全区举办文化体育活动131场（次）。全区所有乡镇、街道办事处均实现了光缆联网，光缆里程达2 950公里。全区有线电视用户8.6万户，有线电视入户率达97%，广播电视混合覆盖率达100%。

【卫生】 全区共有卫生机构43个，其中，医院4个，卫生院28个，妇幼保健院1个，专科疾病防治院1个，健康教育所1个，社区卫生服务站6个。共有床位1 114张，新增57张。卫生技术人员1 334人，其中，医生785人。

【劳动就业】 全年城镇新增就业2 948人，就业和再就业培训人数达1 139人，城镇登记失业率控制在3.74%以内。

【人民生活】 城镇居民人均可支配收入14 700元，增长10.5%；人均消费性支出9 323元，增长8.3%；人均住房建筑面积28.59平方米；在岗职工平均工资34 885元，增长7%。农民人均纯收入6 335元，增长10.5%；生活消费支出2 933元，增长8.86%；人均居住面积24.5平方米。

【社会保障】 参加基本养老保险21 288人,比上年增加1 026人;参加工伤保险13 519人,增加487人;参加女职工生育保险13 983人,增加4 641人。参保的离退休人员5 392人,增加275人。参加基本医疗保险人员93 752人,增加12 458人。年内,有城镇贫困人口4 871人纳入最低生活保障范围,有18 000人享受农村最低生活保障。新型农村合作医疗参合率达96%。

(鲁殿华)

阿鲁科尔沁旗

【领导名录】

旗委书记:邹德华(9月离任) 周春义(9月任职)

人大主任:王铁命(蒙古族)

旗　　长:敖日格勒(蒙古族)

政协主席:齐双义(蒙古族)

武装部长:孙捍卫(5月离任) 赵敬全(5月任职)

政　　委:付建璞

【概况】 阿鲁科尔沁旗位于内蒙古自治区中部,赤峰市东北部,地处大兴安岭南段山地东麓,西拉木伦河北岸。东与通辽市扎鲁特旗为邻;南与翁牛特旗、通辽市开鲁县相望,并以西拉木伦河和台河老河为界;西与巴林右旗和巴林左旗毗连;北与锡林郭勒盟的西乌珠穆沁旗、东乌珠穆沁旗接壤。地理坐标为,东经119°02′~120°01′,北纬43°21′~45°24′。南北长232公里,东西宽114.4公里,总面积14 277平方公里。旗人民政府驻地天山镇,是全旗的政治、经济和文化中心。境内有集通铁路和国道303线、省际通道穿越,旗、乡、村公路交织成网,交通极为方便。旗辖3个苏木、2个乡、6个镇、1个街道办事处。有蒙古、汉、满、回、朝鲜、藏、壮、苗、达斡尔、鄂温克、鄂伦春、土家等12个民族。全旗总人口为299 371人。其中,汉族172 144人,少数民族127 227人。总人口中非农业人口54 602人,占总人口18%。

2010年,全旗地区生产总值实现580 509万元,同比增长18.5%。其中,第一产业实现增加值117 060万元,同比增长6.3%;第二产业实现增加值243 074万元,同比增长34%,其中,工业增加值208 915万元,增长39%;第三产业实现增加值220 375万元,同比增长12.3%。三次产业的比重为20 ∶ 42 ∶ 38。全社会固定资产投资完成396 499万元,同比增长28.4%;地方财政总收入实现26 100万元,同比增长27.3%;社会消费品零售总额完成158 741万元,同比增长18.7%;城镇居民人均可支配收入达12 200元,同比增长19.7%;农牧民人均收入达4 730元,同比增长16.7%。

【农业】 全旗农作物播种面积达到183.4万亩,同比增长1.3%,其中,粮食作物播种面积166.1万亩,增长2.13%,经济作物播种面积17.3万亩,全旗粮豆总产量5.4亿斤,同比增长7.7%。新增设施农业面积3 140亩,推广测土配方施肥面积35万亩,发展农村沼气1 500户。完成草原建设总规模85万亩,人工种草5万亩,新建棚圈18.6万平方米。完成林业建设总规模73.5万亩。新增有效灌溉面积7.3万亩、节水灌溉面积5.3万亩,完成人畜饮水安全工程建设任务,解决了2.85万人饮水安全问题。

【畜牧业】 6月末,牲畜存栏168.29万头只,同比下降33.8%,其中,大牲畜和羊存栏159.7万头只,减少81.5万头只;大牲畜存栏38.41万头,羊存栏121.3万只。12月末牲畜存栏119.95万头只,同比下降12.39%,其中,大牲畜存栏26.52万头,羊存栏86.66万只。肉类总产量35 524吨,其中,牛肉产量11 753吨,羊肉产量11 427吨,猪肉产量7 063吨。山羊绒产量98吨,绵羊毛产量1 238吨,牛奶产量19 238吨。

【工业经济】 全旗工业增加值实现208 915万元,同比增长39%。规模以上工业实现增加值204 590万元,增长43.4%;主导产业作用明显,能源、冶金、建材、食品、机械制造五大产业占工业经济比重达到90.2%;重点工业项目按计划推进,实施新建、续建工业重点项目33个,相继完成喇嘛罕山、哈布特盖等矿山采选工程项目,敖包吐、潘家段、劳家沟、半拉山等一批矿山勘查工作取得新进展,绍根煤田西区与国电平煤实现重组,矿井建设有序推进,生物质一期工程项目基本完成,山水水泥一期日产2 500吨熟料生产线建成投产,二期日产4 800吨熟料生产线正式启动,大型喷灌设施及矿山机械耐磨材料生产线建成投产,风机组装、风电塔筒制造、电力设备制造项目相继开工建设;中小企业技改扩建取得良好成效,宏发食品肉牛羊骨血深加工、塔山食品纯净水生产改扩建、牧原公司梳绒车间建设、三和公司空心砖生产线等一批改扩建项目全面完成。

【固定资产投资】 全年实施规模以上重点建设项目131个,完成投资396 499万元。加强生态建设步伐,京津风沙源治理等生态建设工程按计划完成;城镇建设力度不断加大,完成老渠巷、集通路南段水毁路面及过水路面改建,房地产开发新开工面积30.5万平方米,老城区市民体育广场建设项目竣工并交付使用;公路建设取得新进展,完成省际通道—山水水泥公司、X211线—龙头山公路、扎嘎斯台战备公路、西出口公铁立交桥工程等一系列重点交通建设项目;水利基础建设不断加强,白城子水库、平原水库除险加固工程积极推进,天山镇新城区防洪完成规划设计。

【交通 邮电】 全年公路客运量139.4万人,货运量163万吨。邮政业务总量达到899万元,同比增长12.7%。电信业务总量10 025万元,增长12%。固定电话年末,用户28 970部;移动电话用户达20.9万户,同比增加5.4万户;小灵通用户2 850户。计算机网络用户达到12 110户,同比增加3 015户。

【科技】 年内示范新技术新品种20个,完成农牧民适用技术培训5.77万人次。

【教育】 全旗共有普通高中2所,在校学生6 212人;普通初中14所,在校学生10 011人;职业高中1所,在校学生1 935人;小学31所,在校学生20 215人,学龄儿童入学率达100%。教职工总人数4 457人,其中,专任教师3 344人。

【卫生】 全旗参加新型农村牧区合作医疗236 403人,参合率达95.8%。年末,全旗拥有卫生机构33个,其中,医院4个,卫生院22个。卫生机构共有床位812张,卫生技术人员945人。全旗出生人口2 657人,人口出生率9.27‰;死亡人口1 326人,死亡率4.63‰;人口自然增长率4.65‰;计划生育率96.12%。

【文化】 开工建设巴拉奇如德庙抢险维修等工程项目,启动先锋乡等6个苏木乡镇综合文化站建设项目。全力推进蒙古汗廷音乐的抢救复原工作,深入实施草原书屋工程,群众的文化生活更加丰富多彩。广播电视覆盖率达90%以上。

【社会保障】 就业渠道和社会保险范围不断拓展,城镇登记失业率控制在3.4%以内,劳务输出8.35万人次,全年新增就业岗位1 076个。职工医疗保险和养老保险覆盖面达到100%,城镇和农村牧区低保覆盖面扩大到5 878人和17 800人,发放城乡低保资金3 929万元。

(范明林)

巴林左旗

【领导名录】

旗委书记:王玉树

人大主任:孙庆莲(女 蒙古族)

旗　　长:邱文博(蒙古族)

政协主席:阎　彪

武装部长:傅立文(8月离任) 任志权(8月任职)

政　　委:戴金华

【概况】 巴林左旗位于赤峰市东北部,总面积6 644平方公里,辖9个苏木镇、2个街道办事处,165个嘎查村,总人口36万。旗人民政府驻林东镇,城区人口8万,城南即辽代都城辽上京遗址。

2010年,全旗地区生产总值实现67.22亿元,地方财政总收入完成5.1亿元,固定资产投资完成62.5亿元,农牧民人均纯收入达5 080元,城镇居民人均可支配收入达12 410元,社会消费品零售总额达20.56亿元。第一产业增加值14.09亿元,第二产业增加值31.52亿元,第三产业增加值21.61亿元。全年居民消费价格总指数(CPI)102.3%,其中,消费品价格指数102.6%,服务项目价格指数100%,非食品价格指数101.1%。

【农牧林业】 全旗农作物播种面积159.96万亩,粮食作物播种面积148.49万亩。全旗粮食总产量5.2亿斤。牧业年度家畜存栏177.3万头只;全年肉类总产量2.8万吨;禽蛋产量7 037吨;牛奶产量3 241吨。全年完成人工造林合格面积6 480亩。山杏林面积156万亩,结实面积90万亩。山杏核产量600万斤。

【工业 建筑业】 全部工业企业实现增加值26.14亿元。其中,规模以上工业企业实现增加值25.56亿元。全旗规模以上工业企业实现主营业务收入66.13亿元。

【固定资产投资】 全社会固定资产投资累计完成62.5亿元。

【交通 邮电】 全年累计完成公路货运量99.9万吨,货运周转量6 416.2万吨公里,公路客运量224万人次,客运周转量12 747.2万人公里。

【国内贸易】 全年社会消费品零售总额完成20.56亿元。其中,城镇消费品零售额完成14.73亿元,农村消费品零售额完成5.83亿元。

【金融】 金融机构各项存款余额42.23亿元,各项贷款余额14.79亿元。

【财政】 全年地方财政总收入累计完成51 018万元。其中,一般预算收入完成25 417万元,上划中央税收收入完成21 290万元,上划自治区税收收入完成4 311万元。

【环境保护】 全年完成京津风沙源治理面积12.7万亩。完成水土保持13万亩,新增有效灌溉面积2万亩,新增节水灌溉面积3.5万亩。

【教育】 全旗普通高中在校学生8 221人,职业高中在校学生7 233人;初中在校生14 046人,初中入学率99.8 %;小学在校生21 404人,小学学龄儿童入学率100%。高考本科上线率达68.86%。

【文化】 巴林左旗历史文化底蕴深厚,是富河文化、契丹·辽文化的发祥地。现已发现的历史上各个时期的各类文化遗存514处。其中,辽代文化遗存291处,国家级文物保护单位5处;辽上京博物馆是全国唯一的辽王朝皇都博物馆,藏有各个历史时期的文物15 000多件。

【卫生】 全旗拥有乡级以上医疗卫生机构28个,拥有各类卫生技术人员1 042人。新型农村牧区合作医疗参加农牧民265 803人,常住人口参合率96.83%。

【人口 人民生活】 全年人口出生率9.23‰,死亡率5.73‰,自然增长率3.5‰。年末,总人口35.69万人。全旗城镇居民人均可支配收入12 410元,农牧民人均纯收入5 080元。

【旅游】 境内旅游景区较多,有召庙旅游区、辽祖州祖陵旅游区、洞山旅游区、老爷洞沟旅游区、乌兰坝森林生态旅游区、古冰川遗迹——冰臼群等,具有较高的考古价值和旅游观光价值。

(阎 阔)

巴林右旗

【领导名录】

旗委书记:德 杰(蒙古族)

人大主任:钢苏和(蒙古族)

旗 长:曹 熙

政协主席:李殿玉

武装部长:李树臣(5月任职)

政 委:白 睿(蒙古族)

【概况】 全旗总面积10 256平方公里,辖3个苏木,5个镇,161个嘎查村,583个独贵龙组,居民委员会10个。至2010年底全旗总人口183 897人。人口出生率9.9‰,死亡率9.5‰,自然增长率0.4‰。

全旗实现地区生产总值415 967万元,按可比价格计算,比上年增长17.6%。其中,第一产业增加值72 720万元,同比增长6.5%;第二产业增加值218 059万元,同比增长29.3%;第三产业增加值125 188万元,同比增长8.3%。

【农业】 全旗耕地面积133万亩,农作物播种面积90.5万亩,比上年减少24.0%,其中,粮豆播种面积68.6万亩,比上年下降20.9%。粮食总产量达11 005.5万公斤,比上年减少50.1%。粮食作物良种推广率达到95%以上。全年完成造林合格面积30.9万亩,比上年增长6.2%。其中,人工造林11万亩,封山(沙)育林20万亩。全年水产品产量1 580吨,比上年下降6.0%。

【畜牧业】 投资3 000万元,发展肉牛专业村74个,引进优质肉牛2.15万头。昭乌达肉羊育种专业村达到6个,核心群稳定在1.2万只。育肥出栏肉牛15.2万头、肉羊156万只。完成牛冷配35.6万头,羊改良256万只。全旗经济合作组织达到107家,农牧民经纪人发展到1 563人。除险加固水库9座。

【工业建筑业】 全部工业增加值完成165 026万元,可比增长35.5%。其中,规模以上工业企业完成增加值161 031万元,可比增长36.4%。主要工业产品产量有增有减。钢芯铝绞线346吨,同比下降25.8%;无毛绒1 923吨,同比增长31.8%;锌选矿产品含锌量37 967吨,同比增长2.90%;铅选矿产品含铅量32 007吨,同比增长117.8%;火电8 878万千瓦小时,同比减少2.0% ;铜选矿产品含铜量5 564吨,同比增长62.6%;原煤149 015吨,同比增长14.7%。建筑业完成增加值53 033万元,可比增长13.0%。

【固定资产投资】 全社会固定资产投资完成615 579万元。比上年增长21.3%。本年房屋施工面积470 849平方米,竣工面积107 668平方米。

【交通 邮电】 全年公路货运量完成105万吨,比上年增长2.5%,货运周转量完成11 030万吨公里,比上年增长2.7%;客运量完成102.4万人,比上年增长3.9%,客运周转量完成10 332万人公里,比上年增长5.1%。

全年完成邮电业务总量8 391万元,比上年增长2.4%。其中,邮政业务总量141万元,电信业务总量350万元,移动通讯业务总量5 000万元,联合网络通讯业务总量2 900万元。程控电话用户发展到18000户,移动电话达到8.5万户,联通电话用户达到3.2万户。

【国内贸易 市场物价】 全年社会消费品零售额达122 408万元,同比增长18.6%。其中,批发零售贸易业零售额达100 687万元,同比增长20.2%;住宿和餐饮业零售额21 721万元,同比增长11.4%。

全年居民消费价格指数为102.1,商品零售价格指数为102.4。

【财政】 2010年,全旗财政总收入完成36 000万元,比上年增长19.3%,其中,一般预算收入24 910万元,比上年增长24.0%。全年财政总支出117 998万元,比上年下降0.6%。

【金融】 年末,全旗金融机构各项存款余额142 855万元,比上年增长16.9%。各项贷款余额11 450万元,比上年增长41.2%。

【保险】 全年财产保险保费收入829万元,比上年增长21.2%,赔款支出517万元,比上年增长29.3%;人寿保险保费收入3 033万元,比上年下降9.8%,人身险赔付金额233万元,比上年下降12.8%。

【科技】 全年组织开展12项科技攻关项目,申报专利3项,鉴定科技成果1项,推广应用科技项目20项。荣获市级科技进步奖1项。财政用于科技投入318万元。

【教育】 全旗共有普通中小学30所,在校生总人数22 598人。其中,高中4 671人,初中5 791人,小学12 136人。专任教师2 121人。职业高中1所,在校学生339人,专任教师28人。

【文化】 全旗建有电视差转台1处,电视综合覆盖人口达15.6万人,广播综合覆盖人口达16.7万人。

【人民生活】 全年城镇居民人均可支配收入达11 678元,比上年增加974元。农牧民人均纯收入为4 792元,比上年增加303元,其中,农民人均纯收入为4685元,比上年增加153元;牧民人均纯收入为4 898元,比上年增加451元。全旗共有186个企事业、机关参加养老保险,参加统筹人员12 257人。全面落实惠农惠牧政策,共发放各类补助资金60 667万元。有效保障了1.3万名低保对象的基本生活。农牧民群众参合率达到90.3%。新增就业人数3 560人,城镇登记失业率控制在3.78%。五年累计建设经济适用房和廉租住房8.3万平方米,五年解决绝对贫困人口温饱1.16万人,巩固低收入人口稳定增收2.34万人。

【招商引资】 2010年,共确定实施重点建设项目280个,总投资502亿元,完成投资154亿元。全旗共引进招商引资项目73项,到位资金139亿元,是“十五”时期累计利用国内(区外)资金的5倍。

【生态和基础设施建设】 “十一五”期间,完成林业生态建设145万亩。草原建设407万亩,小流域治理20万亩,进入国家重点公益林补偿面积251万亩,全旗森林覆盖率达到23.6%。全旗铁路总里程达到385公里;赤大高速建成通车,改造完成西大线、古白线、洪大线等县乡公路,全旗公路总里程达到1 810公里。改造完成大板西、北出口公路,城镇绿化、美化等工程得到加强,全旗城镇化率达到45.8%。

【旅游】 全旗主要旅游景点有10处。全年接待国内外游客15.3万人次,比上年增长14%;实现旅游总收入1.7亿元,比上年增长14%,其中,外汇收入0.6万美元。

(吉木斯)

克什克腾旗

【领导名录】

旗委书记:边中悦(蒙古族)

人大主任:斯钦巴特尔(蒙古族)

旗　　长:周春义(10月离任) 于伟东(10月任职)

政协主席:宋喜岭

武装部长:白音门德(蒙古族 5月离任) 马智勇(5月任职)

政　　委:马智勇(5月离任) 焦桂林(5月任职)

【概况】 克什克腾旗位于内蒙古自治区东部,赤峰市西北部,地处内蒙古高原与大兴安岭南端山地和燕山余脉七老图山的交汇地带,东经116°21′~118°26′,北纬42°23′~44°22′,南北长207公里,东西宽170公里,总面积20 673平方公里。辖11个苏木乡镇,2个旅游开发区,2个街道办事处。

年末,全旗总人口25.03万人,其中,非农业人口5.4万人。男女性别比106 : 100。人口出生率9.3‰,死亡率20.4‰,自然增长率-11.1‰。少数民族11个,38 662人,占全旗总人口的15.1%,是一个以蒙古族为主体,汉族居多数,蒙古、汉、回、满、壮、朝鲜、达斡尔等10个民族聚居的地区。

全旗实现国内生产总值87.61亿元,按可比价格计算,比上年增长9%。第一产业实现增加值11.53亿元,增长6.4%;第二产业实现增加值57.93亿元,增长13.8%;第三产业实现增加值18.15亿元,增长-0.1%。三次产业比重为13.2 : 66.1 : 20.7。全社会完成固定资产投资115亿元,比上年增长61%。实现财政总收入12.61亿元,按可比口径增长26.5%。农民人均纯收入达5 039元,比上年增长7.9%;牧民人均纯收入达5 520元,增长6%。年末,金融机构各项存款余额38.30亿元,比年初增加8.31亿元。年末,金融机构各项贷款余额31.12亿元,比年初增加5.75亿元。

【农牧林业】 6月末,全旗农作物播种面积105.4万亩,比上年减少9.8万亩。其中,粮食作物播种面积85.6万亩,经济作物播种面积13万亩,其它作物(主要是青饲料)播种面积6.8万亩;粮食总产量11.37万吨,与上年基本持平;6月末,家畜存栏数253.3万头只,12月末,牲畜存栏数101.07万头只;肉类总产量1.82万吨,禽蛋总产量0.22万吨,奶类总产量2.37万吨。全年造林23 333公顷,林木覆盖率达到30%。全旗农机总动力29.7万千瓦,增长12.9%。

【工业】 有规模以上工业企业30家,全年实现工业增加值48.45亿元,比上年增长8.1%。规模以上工业完成增加值47.71亿元,增长6.9%;全年完成建筑业增加值94 789万元,比上年同期增长46.5%。

【城乡建设 环境保护】 完成房地产开发投资15 276.9万元,同比增长78.7%。全年商品房屋销售面积128 527平方米,比上年增长172%;实现商品房屋销售额39 843万元,比上年增长243.5%。通过结构减排削减二氧化硫101.632吨,完成化学需氧量减排449.1吨。

【交通 邮电】 公路通车里程1 452公里,公路旅客运输量257万人、15 795人公里,分别比上年增长9.4%和8.6%;公路货物运输量135万吨、10 750万吨公里,分别比上年减少12.9%和18.7%。

完成邮电业务总收入3 200万元,比上年增长6%,其中,电信业务总量2 200万元,增长4.3%;邮政业务总量1 000万元,增长9.9%。年末,固定电话达2.6万户,移动电话用户16.5万户,电话普及率达47部/百人,互联网用户11 300户。

【贸易】 全年共实现社会消费品零售总额163 552万元,比上年增长15.7%。其中,批发业零售额13 408.4万元,增长21.1%;零售业零售额82 507.5万元,增长19.2%;住宿和餐饮业零售额67 606万元,增长25.2%。居民消费价格指数102.1.1,商品零售价格指数102.6,农业生产资料价格指数104.1。

【旅游】 主要旅游景点有10处。全年接待国内外游客200万人次,比上年增长12%;实现旅游总收入8.5亿元,增长13%。

【教育】 有各类学校68所,其中,普通中学11所,在校学生11 596人;职业高中1所,专任教师64人,在校学生491人;初中9所,在校学生6 977人;小学57所,在校学生11100人。2010年高考录取人数为1 713人。各类学校有专职教师2 274人。拥有各类专业技术人员6 349人。

【文化】 拥有艺术表演团体1个,艺术表演场所1个、公共图书馆1个、文化馆1个。

【卫生】 拥有卫生机构27所,其中,医院、卫生院23所,卫生防疫防治机构1所、妇幼保健机构1所。各类卫生机构拥有床位1 088张,卫生技术人员870人,其中,医生335人。

【体育】 8月28日至29日,中国网球级别联赛东北区克什克腾分站赛拉开帷幕,来自黑龙江、吉林、辽宁及内蒙古的近300名业余网球运动员参加此次赛事。国家体育总局网球运动管理中心副主任高沈阳、中网级别联赛东北三省一区主任赵新良出席了克旗分站赛的开幕式。

【人民生活】 城镇居民人均可支配收入达12 551元,按可比口径计算,比上年增长15.8%;人均消费性支出为9 437元,增长15.8%;人均住房使用面积28.5平方米。在岗职工年平均工资33 406元,增长21.21%。人均居住面积18.20平方米。全旗最低生活保障救助人数为26 708人,比上年增长2%。其中,城镇6408人,增长4%;农村牧区20300人,增长3%。社会福利性收养单位(含敬老院)14个,床位430张,收养275人。

【全区书法篆刻交流观摩展】 6月29日,“内蒙古书法家协会四届七次全委扩大会议暨全区书法篆刻交流观摩展”在克什克腾旗举办。自治区书协主席何奇耶图、赤峰市副市长梁淑琴、市政协副主席布和朝鲁、克旗相关党政领导出席仪式。

【赤峰市第八届草原文化旅游节暨达来诺日镇牧民那达慕开幕】 8月3日,赤峰市第八届草原文化旅游节暨达来诺日镇牧民那达慕开幕。全国政协文史和学习委员会副主任、国家档案局中央档案馆原局长毛福民,自治区档案局局长张佃敏,赤峰市委常委、秘书长秦义,赤峰市人民政府副市长梁淑琴出席开幕式。

【克旗获“国家级旅游服务标准化示范旗”称号】 8月10日,国家标准化管理委员会为克旗举行授牌仪式,正式授予克旗“国家级旅游服务标准化示范旗”称号。标志着克旗成为内蒙古自治区首个国家级旅游服务标准化示范旗。国家质检总局党组成员、国家标准化管理委员会主任纪正昆,国家标准化管理委员会综合业务管理部主任丁吉柱,自治区质量技术监督局党组书记、局长张铁网,赤峰市委副书记、市长王中和,副市长吴平出席授牌仪式。

【内蒙古肉羊产业技术创新在克旗启动】 8月27日，内蒙古肉羊产业技术创新在克旗启动。中国工程院院士、副院长旭日干，赤峰市政府市长王中和为内蒙古肉羊产业技术创新战略联盟揭牌。内蒙古自治区科技厅厅长徐凤君，副厅长马强，赤峰市政府副市长姚云峰出席启动仪式。

(连向明)

翁牛特旗

【领导名录】

旗委书记：杨远新

人大主任：孙书田

旗　　长：汪国森(蒙古族)

政协主席：吉日木图(蒙古族)

武装部长：孙庆富

政　　委：王宝生

【概况】 全旗土地总面积11 882平方公里，东西最大距离256公里，南北最大距离86公里。辖8个镇3个苏木1个乡6个国营农牧场，226个行政嘎查村，8个居委会。全旗总人口48.1229万人，其中，非农业人口6.7702万人。计生年度人口出生率8.2‰，死亡率9.49‰，自然增长率0.58‰。有少数民族12个，人口7.7406万人。

全年实现国内生产总值80.03亿元，按可比价格计算，比上年增长13.7%。第一产业实现增加值26.61亿元，增长6.5%；第二产业实现增加值31.82亿元，增长22.4%；第三产业实现增加值21.60亿元，增长10.3%。三次产业比重为33.2 ∶ 39.8 ∶ 27.0。人均生产总值16 624元，比上年增长13.4%。居民消费价格比上年上涨2.3%。其中，食品价格上涨5.6%，商品零售价格上涨2.2%，农业生产资料价格上涨0.8%。

财政总收入3.4亿元(不包括基金收入)。比上年增长24.4%。其中，，一般预算收入2.2亿元，比上年增长16.5%；上划中央收入9 289万元，比上年增长44.0%；上划自治区收入3 048万元，比上年增长34.9%。财政支出18.49亿元，比上年增长23.6%。

【农业】 全年农作物播种面积202.94万亩，比上年增加4.5万亩。其中，粮食作物播种面积145.97万亩，比上年增加4.5万亩。油料作物播种面积39.3万亩，比上年增加0.5万亩。粮食总产量55.05万吨，比上年增长16.8%。油料产量3.97万吨，比上年增长16.2%。甜菜产量6.69万吨，比上年增长54.1%。全年淡水产品产量1 903吨，比上年减少16.5%。全年造林70.3万亩，森林覆盖率达29.0%。农机总动力59.03万千瓦，增长3.2%；农田灌溉面积100.5万亩，增长12.4%。化肥施用量(折吨)33 552吨，比上年增长19.6%。

【畜牧业】 牧业年度家畜存栏数278.31万头(只)；肉类总产量5.36万吨，比上年增长2.0%，其中，，猪、牛、羊肉分别为2.07万吨、1.10万吨、0.83万吨。

【工业】 全部工业增加值26.36亿元，比上年增长23.9%。其中，规模以上工业(年产品销售收入500万元以上工业企业)完成增加值25.37亿元，比上年增长24.4%，产品销售率99.93%。

全部建筑业实现增加值5.47亿元，比上年增长15.0%。资质等级三级以上的7家建筑企业完成施工产值7.94亿元，房屋建筑施工面积100.15万平方米，实现营业利润12 983万元，实现税金2 221万元。

【城镇建设】 投入资金4.4亿元，建设乌丹西区玉龙路、少郎河在街等6条道路和清泉桥等3座桥梁，配套给排水、电力等基础设施，实施少郎河综合治理和全宁路广场续建工程，建设西区集中供热站、燃气站和水厂，启动商务行政办公区建设。年内房地产开发总面积83万平方米，其中，旧城改造11.2万平方米。综合治理5条小巷。城镇化率32.0%。

【环境保护】 园林绿化、环境保护、工业三废排放及处理利用，生活垃圾处理、集中供热面积都有明显提高。

【固定资产投资】 全社会固定资产投资完成63.47亿元，比上年增长23.5%。在全社会固定资产投资完成额中，50万元以上固定资产完成63.46亿元，比上年增长23.5%。其中，城镇固定资产投资完成54.54亿元，增长23.4%；农村固定资产投资完成3.35亿元，下降0.4%。房地产开发投资额为5.58万元，比上年增长1 506.9%。

【交通 邮电】 完成交通基础设施投资2.18亿元，实施了解放营子至杨树沟门水泥路、东出口至玉龙工业园区道路拓宽等重点工程，新增黑色路面134公里。新修了s205－布敦花等18条通村砂石路，改造了北长胜桥等6座危桥，建设了桥头、高家梁和乌敦套海客运站。协助春城集团推进了巴新铁路建设工作。

全年交通运输、仓储和邮政业实现增加值25 917万元，比上年增长12.6%。全年货物周转量12 932万吨公里，比上年增长20.6%。旅客周转量14 436万人公里，比上年增长15.7%。完成邮政业务总量13 114万元，比上年增长11.3%。电信业务总量600万元，比上年增长48.5%。移动业务总量11 480万元,比上年增长9.7%。市内电话交换机容量达到3.99万门,全旗12个农话网点实现了交换设备程控化。固定电话用户达到31 107户,移动电话用户269 590户。

【贸易】 社会消费品零售总额21.80亿元,比上年增长19.3%。其中,批发零售贸易业零售额20.19亿元,比上年增长43.9%,零售贸易协定68.17亿元,比上年增长16.2%。住宿1471元,比上年增长14.2%,餐饮业零售额2.82亿元,比上年增长23.8%。招商引资资金41.6亿元,同比增长28.5%。

【金融 保险】 年末,金融机构各项存款余额426 225万元,比年初增加80 036万元,增长23.1%。其中,金融机构居民储蓄存款余额259 528万元,比年初增加50 501万元,增长24.2%。金融机构各项贷款余额为233 501万元,比年初增加48714万元,增长26.4%。短期贷款余额111 138万元,比年初增加9 924万元,增长9.8%。中长期贷款余额122 363万元,比年初增加41134万元,增长50.6%。

至12月末,全旗8家保险金融机构(其中,财险4家,人险4家)实现保费收入12 025万元,其中,,财险保费收入4 894万元,人险保费收入6 131万元,各类赔款给付3 854万元户,财险赔款给付金额2 935万元,人险赔款给付金额919万元。

【科技】 科技创新取得重要进展,被科技部评为“全国科技进步先进放县”。

【教育】 各类学校111所,现有教职工5 932人。其中,普通中学3所,在校学生7 735人;职业高中3所,在校学生4 034人;初中9所,在校学生16 076人;小学69所,在校学生27 718人。民族高中1所,在校学生826人,民族初中1所,在校学生1 303人,民族小学6所,在校学生2242人。普通中专一所,1 218人,教师进修校1所。全旗高考录取人数达到3 200人,录取率72%。

【文化】 全旗文化馆(站)12个,公共图书馆1个。共有电视发射机12座,广播站12个,广播覆盖率98%,电视覆盖率96%。

【卫生】 拥有卫生机构47所,其中,医院、卫生院33所,卫生防疫防治机构3所,妇幼保健机构1所。各类卫生机构拥有床位723张,卫生技术人员1 238人。

【人民生活】 城镇在岗职工平均工资28 404元,比上年增长34.7%。城镇居民人均可支配收入12 404元,比上年增13.2%,城镇居民人均消费性支出9 790元,比上年增长19.2%。农牧民人均纯收入5 069元,比上年增长11.8%。

【社会保障】 全年城镇新增就业1 600人,培训下岗失业人员1 200人,培训农村牧区劳动力3.3万人。劳务输出总量8.47万人次,实现劳务经济收入6.74亿元。参加基本养老保险的职工人数为20 393人,参加城镇基本医疗保险的职工人数为31 104人,参加养老保险的离退休人数9198人,参加工伤保险的人数9 265人。共有37.4万农牧民参加了新型农村牧区合作医疗,新农合常住人口参合率提高到90.23%。享受城镇最低生活保障家庭户数3 573户,享受农村牧区最低生活保障家庭户数17 404户,人数26 400人。各类收养性社会福利单位14个,年末,床位数607张,在院人数631人。

【旅游】 主要旅游景点有7处。全年接待旅游、商务、探亲人数39.5万人次,旅游直接收入3.98亿元,增长9.7%。

【自然灾害】 6月1日至7月6日,全旗除东部以外,其他地区降水不足20毫米。同时高温天气较多。6月1日至7月6日极端最高气温为35.0℃。极端最高气温30℃以上的天气达18天。全旗因旱灾造成农作物受灾面积达2.3万公顷,成灾面积1.8万公顷。受灾人口达18.6万人,直接经济损失达4 200万元。造成草牧场严重受灾,成灾面积5.3万公顷,直接经济损失4 000万元。

7月27日夜间,受局地强对流天气影响,旗内部分地区出现强降水,由于降水强度较大,造成河水暴涨,山洪暴发。受灾人口63 000人,因灾伤病人口230人,紧急转移安置人口1 032人,被困人口1 845人,饮水困难人口1 050人。农作物受灾面积10 727公顷,其中,农作物成灾面积9 514公顷,农作物绝收面积913公顷。倒塌房屋489间损坏房屋3 141间,因灾死亡大牲畜62头只。冲毁机电井135眼,冲淤人饮井439眼,农业损失7 900万元,其它损失10 100万元。直接经济损失18 000万元。

(缴树奇 于敏华 韩增春)

敖 汉 旗

【领导名录】

旗委书记:吉玉龙(蒙古族)
人大主任:冯云亭
旗　　长:黄彦峰
政协主席:鲍杰峰(蒙古族)
武装部长:韩　雷

政　　委:王　辉

【概况】 敖汉旗位于内蒙古自治区赤峰市东南部,地处燕山山脉东段努鲁尔虎山北麓、科尔沁沙地南缘,介于东经119°30′~120°53′、北纬41°42′~43°02′之间。东与通辽市奈曼旗毗邻,南与辽宁省朝阳市接壤,西与赤峰市元宝山区、松山区相连,北依老哈河与赤峰市翁牛特旗隔河相望。旗辖15个乡镇苏木、2个办事处;辖222个村嘎查、11个居委会。全旗土地面积8 300平方公里。其中,有耕地381万亩;现有林面积560万亩,森林覆盖率为43.0%;人工草牧场总面积410万亩,其中,天然草场280万亩,人工草地130万亩;有水域1 150亩。全旗总人口599 985人。其中,城镇人口69 219人。人口出生率为10.12‰,人口自然增长率为4.38 ‰。

2010年,全旗实现生产总值92.6亿元,按可比价计算,同比增长17.1%。其中,第一产业增加值完成26.4亿元,同比增长6.5%;第二产业增加值完成40.3亿元,同比增长30.2%;第三产业增加值完成25.8亿元,同比增长9.3%。三次产业所占比重略有下降,调整为28.53 : 43.53 : 27.94。全旗人均生产总值达15 432.8元,同比增长17 %。全旗累计完成固定资产投资61.3亿元,同比增长18.91%。其中,规模以上固定资产投资完成58.5亿元,同比增长22.74%。分产业看,第一产业投资完成7.7亿元,同比增长9.42%;第二产业投资完成41.2亿元,同比增长14.58%;第三产业投资完成9.5亿元,同比增长106.75%。全旗地方财政总收入完成5亿元,同比增长31%。其中,地方财政一般预算收入完成2.6亿元,同比增长17.9%。财政支出达19.4亿元,同比增长28.6%。农村居民人均纯收入达4 746元,同比增加586元,增长14.0%;全年城镇居民人均可支配收入12 400元,同比增长14.7%。城镇居民人均消费性支出8 995元,同比增长11.09%。其中,食品人均支出2 480元,交通与通讯支出1 168元,娱乐教育文化支出531元,居住支出996元。城市居民人均居住面积达33.49平方米。年末,在岗职工20 412人,在岗职工工资总额54 257.5万元,同比增长9.96%;在岗职工年平均工资26 658元,同比增长15.28%。

【农业】 全年播种面积287.1万亩,其中,粮食作物播种面积253.7万亩,经济作物播种面积23.3万亩,其他作物播种面积10.1万亩。粮食产量达55.4万吨。其中,水稻种植面积5.3万亩,总产3.28万吨;小麦种植面积0.61万亩,总产2 517吨;玉米种植面积113.9万亩,总产34.65万吨;谷子种植面积48.61万亩,总产7.1万吨;高粱种植面积26.8万亩,总产5.03万吨;大豆种植面积15.37万亩,总产0.98万吨。年末,拥有农业机械总动力60.6万千瓦,同比增长4.7%。农用拖拉机6 990台,同比增长7.4%;农用化肥施用量(折纯)62 716吨,同比增长11.8%;塑料薄膜使用量2 727吨。农田有效灌溉面积55.9千公顷。

【林业】 完成营造林29.5万亩。其中,京津风沙源项目造林4万亩,封山(沙)育林7万亩。完成义务植树222万株,四旁绿化造林166.5万株,当年新育苗1 514亩,采伐迹地更新面积1.6万亩。

【畜牧业】 全年肉类总产量达77 934吨,同比下降24.92%。其中,猪肉、牛肉和羊肉分别为33 164吨、6 680吨和14 243吨,分别比上一年增长-50.5%、21.9%和3.03%。牛奶产量4 085吨,绵羊毛产量3 146吨,分别比上一年增长-86.4%和22.03%。畜牧业大小畜存栏达到151.2万头只,同比增长-5.2%。其中,大牲畜存栏27.08万头,同比增长1.2%;羊存栏85.9万只,同比增长4.6%;生猪存栏38.18万口,同比增长-24.5%。

【工业】 全旗规模以上工业累计完成现价产值104.4亿元,同比增长63.8%。规模以上工业企业累计完成工业增加值34.2亿元,位列赤峰市第6位,按可比价格计算,同比增长39.1%,高于赤峰市平均速度18.2个百分点,列赤峰市第2位。工业产品产销率达98.9%,同比增长0.6个百分点。规模以上工业黄金完成2 806公斤,同比增长10.2%;铁粉完成118万吨,同比增长23.4%;氧化钼完成3.01万吨,同比增长136.2%;水泥完成10万吨,同比增长10.7 %;钼粉完成194吨,同比下降1.0 %;白酒(商品量)完成891千升,同比增长5.7 %;细木工板完成2.7万立方米,同比增长59.2%;草产品完成3.7万吨,同比增长2.8%;鲜冷冻肉完成6 125吨,同比增长17.0%。

【交通 邮电】 全旗完成客运量93万人,同比增长105%;客运周转量达4 521万人公里,同比增长104%;完成货运量107万吨,同比增长106%;货物周转量5 731万吨公里,同比增长106%。

全旗邮政业务总收入完成1 760万元,同比增长22%。联通业务总收入完成5 118万元,同比增长5.7%。年末,全旗联通全社会电话用户达19.99万户,其中,移动电话达15.29万部,电话普及率达到7.9部/百人;计算机互联网用户1.13万户,同比增长2.8%。全年订阅报纸301万份,杂志3.5万份。

【城镇建设】 全年用于城镇建设总投资9.6亿元,同比增长17.07%。城镇化率达到28.87%,同比提高1.72个百分点。全年施工房屋面积427 089平方米。

【贸易 物价】 全年社会消费品零售总额达22.2亿

元,同比增长19.5%。按销售单位所在地分,城镇的销售额为18.1亿元,同比增长20.7%;乡村的销售额为4.0亿元,同比增长14.4%。分行业看,批发业零售额为1.56亿元,同比增长18%;零售业零售额为17.66亿元,同比增长19.8%;住宿业零售额为0.23亿元,同比增长17.5%;餐饮业零售额为2.7亿元,同比增长18.4%。

全旗居民消费价格总水平比上一年上涨3.1%。其中,食品类价格上涨8%,衣着价格上涨1.1%,交通和通讯价格下降1.1%,居住价格上涨1.7%。商品零售价格同比上涨3.5 %。

【金融 保险】 年末,金融机构各项存款余额50.36亿元,同比增长21.8%,其中,城乡居民储蓄存款余额34.1亿元,同比增长22.5%。各项贷款余额18.1亿元,同比增长20.2%。

全年保费收入14 060.8万元,其中,财险保费收入4 322.8万元;寿险保费收入9 738万元。支付各类赔款及给付3 030万元,其中,财产险赔款2 810万元,人寿险赔款220万元。

【教育】 全旗共有普通中学31所,其中,完全中学2所,高级中学4所,初级中学22所,九年一贯制学校3所。有在校学生36 088人,专任教师2 407人。有小学82所,有在校学生35 881人,专任教师2 813人。有中等职业学校2所,有在校学生7 275人,专任教师199人。有幼儿园18所,其中,少数民族幼儿园3所,学前及在园幼儿4 873人。小学阶段学生入学率达100%,毕业率达100%,15周岁人口初等义务教育完成率达100%。初中阶段学生入学率达100%,毕业率达100%,17周岁人口初级中等义务教育完成率达100%。全旗初升高入学率达75.8%。

【文化】 全旗有文化馆1个,公共图书馆1个,博物馆1个,档案馆1个,广播电视差转台16座。广播和电视综合人口覆盖率为95%,同比增长2个百分点。有线电视用户达7.5万户,同比增长17.1%。

【卫生】 全旗共有卫生机构37个,其中,,医院2个,乡镇卫生院28个。有卫生技术人员1 214人,其中,职业医师560人,注册护士385人。有卫生机构床位1 119张。新型农村牧区合作医疗参合人口达到47.6万人,户籍人口参合率达到90.07%。全旗共有3.58万人次获得大病补偿,补偿金额达到4 773.12万元。

【社会保障】 全旗新增就业岗位1 299人,城镇登记失业率控制在4.0%以内。全年收缴社会保险费2.4亿元,城镇职工养老保险参保人数达27 274人,其中,在职职工22 030人,离退休人员5 244人,新增700人;城镇职工医疗保险参保人数达25 836人;工伤保险参保人数达20 702人,新增222人;生育保险参保人数达17 110人。农村牧区养老保险参保人数达272 576人。社保基金累计积累3.4亿元,社会化发放率达100%。

(穆海东)

喀喇沁旗

【领导名录】

旗委书记:郭玉峰
人大主任:刘长华
旗　　长:李浩楠
政协主席:李文敏(女 蒙古族)
武装部长:吴章培
政　　委:张全计

【概况】 喀喇沁旗地处内蒙古东部,蒙、辽、冀三省区交汇处,居东北经济区与华北经济区结合部,东与辽宁省建平县相邻,南与赤峰市宁城县毗邻,西与河北省围场县、隆化县交界,北与赤峰市松山区、红山区接壤,距赤峰38公里,北京380公里,沈阳500公里,锦州港280公里,赤锦、赤沈、京通铁路和国省公路G306、S206线穿境而过,赤大、赤通、赤朝高速公路在辖区内交汇,赤峰军民合用机场坐落在境内,交通便利。

全旗总面积3 050平方公里。现辖8个乡镇、2个街道办事处,161个行政村,4个居委会。至2010年底,全旗总人口34.99万人,其中,非农业人口4.42万人。男女性别比124.73 : 100。人口出生率10.65‰,死亡率8.74‰,自然增长率1.87‰。有少数民族12个,178 493人。

全旗实现地区生产总值63.1亿元,按可比价格计算,比上年增长6.8%。第一产业实现增加值8.33亿元,增长6.6%;第二产业实现增加值40.6亿元,增长8.4%;第三产业实现增加值14.1亿元,增长2.9%。三次产业比重为13.2 : 64.4 : 22.4。全年人均生产总值18 048元,比上年增长6.2%。全社会完成固定资产投资61.9亿元,比上年增长27.9%。实现地方财政总收入4.01亿元,增长0.1%。其中,一般预算收入2.62亿元,下降12.4%。年末,全旗金融机构各项存款余额42.87亿元,比年初增加6.9亿元,增长19.1%。其中,居民储蓄存款余额25.87亿元,比年初增加3.66亿元,增长16.5%。年末,金融机构各项贷款余额16.74亿元,比年初增加2.5亿元,增长14.9%。全年保险业实现保费收入9061万元,比上年增长20.2%。

【农业】 全年农林牧渔业实现总产值13.97亿元,增长6.7%。农业增加值8.34亿元,增长6.6%。全年农作物种植面积48 779公顷,比上年增加500公顷。其中,粮食作物种植面积36 915公顷,比上年增加500公顷。全年粮食总产量160 715吨,比上年增产31 626吨,增长24.5%。全年油料产量3 563吨,增长143.2%;甜菜产量10 322吨,增长17.3%;蔬菜产量261 971吨,下降28.7%。6月末牲畜存栏66.8万头只,比上年同期增长3.3%;12月末牲畜存栏37.68万头只;肉类总产量2.52万吨,比上年增长13%;禽蛋总产量2.31万吨,增长48%;奶类总产量0.54万吨,增长50%。全年造林6 666公顷,造林成活率达70%,林木覆盖率46.71%。全旗农机总动力26.8万千瓦,增长3.9%。

【工业】 全旗有规模以上工业企业41家,全年全部工业增加值35.3亿元,比上年增长7.4%。其中,规模以上工业企业完成增加值35亿元,比上年增长6.5%。

全旗规模以上工业企业主营业务收入150.42亿元,比上年增长18.4%;实现利润10.41亿元,比上年增长17%。规模以上工业亏损企业亏损额700万元,同比下降12.5%。全年规模以上工业企业产品销售率100.3%,比上年提高0.6个百分点。全旗具有建筑业资质等级的建筑施工企业10个,同上年持平;施工企业房屋建筑施工面积91万平方米,比上年下降16.6%;竣工房屋面积62.5万平方米,下降15.4%;房屋建筑竣工率68.7%。全年具有建筑业资质等级的建筑企业实现利润1728万元,比上年下降13.8%;实现税金2 875万元,比上年下降16.9%。

【固定资产投资 环保】 全年全社会固定资产投资总额61.97亿元,比上年增长27.9%。其中,50万元以上项目完成固定资产投资60.88亿元,增长28.9%。其中,50万元以上项目固定资产投资中,第一产业投资3.53亿元,增长0.8%;第二产业投资26.6亿元,下降9.8%;第三产业投资30.78亿元,增长115.5%。从城乡看,城镇固定资产投资58亿元,比上年增长25.5%;全年房地产开发投资4.2亿元,比上年增长141.1%;农村项目投资2.8亿元,增长186.6%。

全年商品房屋销售面积47.32万平方米;实现销售额113 600万元。年内新增环境污染监测设备16台,完成投资55万元。

【交通 邮电】 公路通车里程1 235公里,全年各种运输方式完成货物周转量14 080万吨公里、旅客周转量14 938万人公里,分别比上年增长7%、6%。

全年完成邮电业务总量10 674万元,比上年增长11.4%,其中,电信业务总量9 567万元;邮政业务总量1 107万元,增长0.5%。年末,固定电话用户达3.06万户,移动电话用户18.7万户,电话普及率达56.2部/百人,互联网络用户1.07万户。

【贸易】 全年社会消费品零售总额15.2亿元,比上年增长19.4%。分城乡看,城镇消费品零售额0.74亿元,增长348.7%;乡村消费品零售额14.49亿元,增长15.1%。分行业看,批发业零售额1.2亿元,增长22.6%;零售业零售额12.1亿元,增长20.7%;住宿、餐饮业零售额1.85亿元,增长9.9%。

【旅游】 全旗主要旅游景点有11处,全年实现旅游总收入2.7亿元,比上年增长8%。接待旗内外旅游人数48万人次,比上年增长9.1%。

【科技】 拥有各类专业技术人员6 066人。全年专利申请7项,授权专利7项。

【教育】 全旗有各类学校136所,其中,普通高中4所,在校学生6 285人;职业高中1所,在校学生2 925人。初中7所,在校学生10 671人;小学121所,在校学生19 492人。2010年本科高考上线人数1 802人,上线率为70.7%。各类学校有专职教师4 010人。

【文化】 拥有各种艺术表演团体4个,其中,专业表演团体1个,业余表演团体3个。公共图书馆1个,文化馆1个,博物馆1个。年末,全旗拥有广播电台1座,广播人口覆盖率97%;拥有电视台1座,电视人口覆盖率98%;年末,全旗有线电视用户5万户。

【卫生】 拥有卫生机构54所,其中,医院、卫生院21所,卫生防疫防治机构1所,妇幼保健机构1所。各类卫生机构拥有床位733张,卫生技术人员836人,执业医师299人,执业助理医师440人。新型农村合作医疗参合人数28.42万人,农民参合率达93.8%。

【人民生活】 城镇居民人均可支配收入达12 406元,按可比口径计算,比上年增长14.6%;人均消费性支出为8397元,增长7.6%;人均住房建筑面积29.3平方米。在岗职工平均工资28 169元,比上年增长30.2%。农民人均纯收入达4 984元,比上年增长10.8%;生活消费支出3540元,增长27.3%;人均居住面积17.07平方米。

【社会保障】 全旗最低生活保障救助人数为21 675人。其中,城镇4 266人,增长5.8%;农村18 000万人。社会福利性收养单位(含敬老院)18个,床位930张,收养534人,社会福利企业10个,总人数2 640,安置残疾人员1 576人。

(杨志刚)

宁 城 县

【领导名录】

县委书记:赵　富(蒙古族)
人大主任:李显良(蒙古族)
县　　长:刘万虎
政协主席:赵宗源
武装部长:崔宝宾(5月离任)　韩孝民(5月任职)
政　　委:杨延新

【概况】　宁城县位于内蒙古自治区赤峰市南部。总面积4 305平方公里,有耕地95 180公顷,林地236 420公顷。全县辖11个镇、2个乡,2个街道办事处,1个旅游度假区;305个村民委员会,14个社区居委会。2010年年末,全县总户数为206 172户,总人口601 938人,人口密度140人/平方公里。其中,男313 509人,女288 429人,男女比例分别占总人口的52.1%和47.9%。总人口中非农业人口79 216人,占总人口的13.1%。当年出生6 867人,出生率为11.4‰,比上年上升0.5个千分点;当年死亡3 497人,死亡率为5.8‰,比上年下降1.1个千分点。当年区内迁入人口564人,区外迁入人口1 628人;当年迁往区内人口1 060人,迁往区外人口3 254人。人口自然增长率为5.6‰,比上年上升1.6个千分点。

2010年,全县实现国内生产总值91.1亿元,比上年增长19.0%。第一产业实现增加值21.2亿元,增长6.6%。第二产业实现增加值40.0亿元,增长30.0%;第三产业实现增加值29.9亿元,增长13.7%。全社会完成固定资产投资71.4亿元,比上年增长24.6%。实现地方财政总收入5.8亿元,比上年增长23.4%。其中地方财政一般预算收入2.9亿元,比上年增长5.0%。

【农牧业】　全年粮食总产量58万吨,比上年增长14.7%;6月末牲畜存栏数114.5万头只,12月末牲畜存栏数46.4万头只;肉类总产量8.1万吨,禽蛋总产量3.7万吨,奶类总产量1.6万吨。全年造林2 666.7公顷,森林覆盖率达到47.0%。全县农业机械总动力42.3万千瓦,增长3.7%。

【工业】　全年实现工业增加值33.9亿元,比上年增长33%。有规模以上工业企业63家,规模以上工业实现产品销售收入113.7亿元,增长42.2%;实现利润22.7亿元。

【旅游】　主要旅游景点有13处。全年接待国内外游客57万人次,比上年增长3.8%;实现旅游总收入1.7亿元,增长5.6%。

【城乡建设　环境保护】　城镇化率达到34%,比上年提高1.7个百分点。完成基本建设投资50.57亿元,比上年下降6.33%;更新改造投资8.2617亿元,增长151.96%;房地产开发投资11.52亿元,增长75.88%。全年商品房屋预售面积27.86万平方米,比上年增长44.88%;实现商品房屋销售额8.15亿元,比上年增长85.65%。改造村级道路69.83公里。全年废水排放量677万吨,废气中二氧化硫排放量3 410吨,废气中烟尘排放量1 525吨,工业废气中粉尘排放量412吨。

【交通　邮电】　公路通车里程1 855公里,公路旅客运输量463万人,客运周转量8 949万人公里,分别比上年增长14.9%和15.0%;公路货物运输量361万吨,货运周转量17 492万吨公里,增长20.0%;完成邮电业务总量1.9亿元,比上年增长16.3%。其中通讯业务总量1.7亿元,邮政业务总量1 794.89万元。年末,固定电话用户达到5.5万户,移动电话用户14万户,电话普及率达到91部/千人,互联网用户4 950户。

【贸易】　全年共实现社会消费品零售总额30.3亿元,比上年增长19.7%。其中,批发、零售贸易业263 001.3元,增长18.8%;餐饮业38 072.8万元,增长23.8%。

【科教】　有各类学校159所,在校生73 319人。其中,普通高中3所,在校学生9 402人;职业中学4所,在校学生5 045人;初中18所,在校学生17 859人;小学93所,在校学生31 309人。2009年高考达到本科一批以上录取分数线人数为690人。各类学校有教职工6 360人。

【文化】　拥有艺术表演团体1个,艺术表演场所1个,公共图书馆1个,文化馆站17个。

【卫生】　拥有卫生机构589处,其中,医院、卫生院31所,疾病预防控制中心1处,妇女保健机构1所。各类卫生机构拥有床位1 887张,卫生技术人员2 358人,在职医生823人。

【体育】　宁城县体校20余名运动员代表赤峰市在参加自治区第12届运动会的比赛中,共夺得金牌5枚,银牌1枚,铜牌3枚;在赤峰市青少年男子篮球锦标赛中,宁城县体校代表队夺得第一名。在赤峰市少年田径锦标赛中,宁城县代表队共夺得金牌7枚,银牌6枚,铜牌2枚。9月份在中国·宁城第四届辽中京文化节期间成功组织了几项重大比赛,其中有49支代表队参加全县职工篮球赛。

【人民生活】　城镇居民人均可支配收入达13 558元,比上年增加1 562元,增长13.0%;人均住房使用面积32平方米。在岗职工平均工资24 158元,增长12.2%。农民人均纯收入达5 330元,比上年增长10.8%;生活消费支出2 833.46元,增长8.99%;人均居住面积22.9平方米。

【社会保障】　全县最低生活保障救助人数为40 295人,其中农村31 269人,城镇9 026人。支出农村救助资金3 652.2万元,支出城镇救助资金2 966.55万元。有敬老院15所,集中供养500人,分散供养2 036人.全年安置符合条件的退役士兵34人。

【气象灾害】 6月16日16时58分至17时07分、17时30分至43分,八里罕镇遭受雹灾,冰雹最大直径12毫米,最大平均重量达7克。此次雹灾使13个村受灾,受灾面积1 233.3公顷,大田作物绝收6.7公顷,蔬菜绝收20公顷,直接经济损失200万元。7月30日15时15分至45分,大城子镇松树台村出现冰雹天气并造成灾害。农作物受灾面积133公顷,受灾人口800人,直接经济损失80万元。

7月7日15时52分至59分,八里罕镇出现雷雨大风天气,并造成灾害。农作物受灾面积3 066.7公顷,减产4成,经济损失920万元;9.3公顷的冷棚被毁,经济损失45万元。7月25日16时,大城子镇出现洪水、冰雹、大风天气,造成灾害。此次灾害造成直接经济损失200万元。1月3~4日和8~9日,宁城县出现两次强降雪,降雪量分别为3.3毫米与2.3毫米,平均积雪深度5厘米,连续积雪日数达17天。由于低温寒害,造成道路结冰,全县交通中断,237辆客车停运。全县大约有468个蔬菜大棚温度在0度左右,蔬菜停滞生长,7 142个大棚温度在1~3度,蔬菜生长受到影响,8 571个大棚蔬菜生长迟缓。此次雪灾、低温使13个乡镇受灾,造成经济损失超过1.95亿元。

(魏丽达 杨艳)

林 西 县

【领导名录】

县委书记:程俊孝
人大主任:焦清华
县　　长:王世华
政协主席:王明军
武装部长:杨富秀
政　　委:戴天河

【概况】 林西县位于赤峰市北部,地理坐标为东经117°37′~118°34′、北纬43°14′~44°15′,西与克什克腾旗接壤,东与巴林右旗毗邻,北接西乌珠穆沁旗,南与翁牛特旗隔河相望。

全县总面积3 933平方公里,其中,耕地面积618.83平方公里、森林面积520.43平方公里、草原面积1 698.73平方公里、沙漠面积无。辖7镇、1乡、1个街道办事处,8个居委会、101个行政村。2010年末,全县总人口为239 725人,其中,农业人口18.12万人,有少数民族13个,15 523人。男女性别比110.4 : 100;人口出生率8.31‰,死亡率5.38‰,自然增长率2.93‰。

全县实现地区生产总值(GDP)373 363万元,按可比价格计算,增长15.2%。其中,,第一产业实现增加值77 180万元,同比增长6.6%;第二产业实现增加值145 154万元,同比增长23.4%;第三产业实现增加值151 029万元,同比增长11.8%。人均GDP达到15 575元,同比增长13.6%。三次产业比例为17.2 : 39.9 : 42.9。第一、二、三产业对经济增长的贡献率分别为8.1 %、57.5%、34.4 %。

【农牧业】 农牧业全年实现增加值77 180万元,增长6.6%。全年粮食作物播种面积达到69万亩,粮食总产量18.5万吨。全年牛出栏总量达51 209头(只),生猪出栏总量达83 723口,家禽出栏总量达23.9万只,羊出栏总量达28.5万只。肉类总产量22 090吨,禽蛋产量3 244吨,牛奶产量43 456吨。全县农业机械总动力25万千瓦。农村用电量9 961万千瓦时。

【工业】 工业全年实现增加值115 522万元,按可比价格计算,比上年增长23.7%。其中,34户规模以上工业企业实现增加值11.04亿元,同比增长20.8%。

【固定资产投资】 全年完成全社会固定资产投资36亿元,比上年增长37.1%,全年完成工业投资168 600万元,比上年增长62.9%。全年完成房地产开发投资77 200万元,比上年增长121.84%。

【贸易】 2010年全县实现社会消费品零售额156 527.2万元,增长19.6%,增幅比上年提高3.1个百分点。

【旅游】 主要旅游景点有6处。全年接待国内外游客30万人次;实现旅游总收入2亿元。

【交通 邮电】 全县交通运输、仓储和邮政业实现增加值21 677万元,比上年增长12.6%。全县公路货物运输量和周转量131万吨、11 893万吨,同比增长10.1%和12.6%;公路客运量和周转量112万人、8 415万人公里,同比增长9.8%和12.0%。2010年末,全县公路通车总里程达1 570公里。新建通村公路291.7公里,建成乡村客运站10处。邮政业务总收入480.74万元。电信业务收入850万元,同比增长34.92%。年末,全县固定电话用户达2.35万户,司比增长11.9%;移动电话用户达16万户。全县每百人拥有固定电话9.8部;每百人拥有移动电话66.7部。

【环境保护】 城市综合污染指数平均值较2009年下降3.6%,全年县中心城区空气质量达到二级及二级以上天数330天。

【金融 保险】 全县金融保险业实现增加值13 109万元,比上年增长5.0%。年末,全县金融机构各项存款余额266 624万元,同比增长22.4% ;城乡居民储蓄存款180 557万元,同比增长17.5%;金融机构各项贷款余额122 921万元,同比增长22.0%。

全县开展保险业务的保险公司有中国人寿、人民财险、安邦财险、大地财险、中华财险5家,全年保费收入7 065万元,比上年增长19.7%。全年支付各类保险赔款给付总额1 018万元,比去年同期增长26.1%。

【教育】 全县普通中学在校学生16 854人。其中,高中在校学生7 691人,初中在校学生9 163人。全县小学在校学生16 786人。

【文化】 全县共有艺术表演团体3个(专业1个、业余2个)、文化馆1个,图书馆1处,图书馆藏书约4.8万册。无线电视台1座,广播电台1座。全年制作电视节目3 672小时,制作广播节目6 387.5小时。电视、广播综合覆盖率均达到100%。

【卫生】 全县有卫生机构37个,其中,医院5个、卫生院19个,妇幼保健院(所、站)1个,专科疾病防治院(所、站)1个,疾病预防控制中心(防疫站)1个,卫生监督检验机构1个。卫生技术人员1 018人。医院和卫生院床位729张。截至2010年末,全县建成社区卫生服务中心6家。2010年全县参合农民14.3万人,在册人口参合率为90.85%,常驻人口参合率达到97.83%。

【人民生活】 城市居民人均可支配收入12 088元,增长15.3%;农村居民人均纯收入4 869元,增长12.58%。城乡居民恩格尔系数分别为33.87%和44.61%。年末,全县基本养老保险覆盖人数达20 854人,比去年同期增长9.98%。

【大唐新能源一期5万千瓦风力发电并网发电】 由中国大唐集团新能源有限责任公司与林西奥陆嘉新能源开发有限公司投资6亿元建设位于林西县大水菠萝与新林镇、统部镇交界地区的风力发电一期5万千瓦项目于2010年12月底实现并网发电。项目建设内容包括:30万千瓦升压站一处,安装2 000千瓦风力发电机25台,风场集电线路和风场检修及进出通道,建设62公里线径400mm单回输电线路一条。

【林西县实施高效节水灌溉工程】 2010年,林西县实施年投资1 200万元,连续三年投资3 600万元的中央财政小型农田水利建设重点县项目。当年实施管道灌溉8 000亩、膜下滴灌4 500亩、喷灌4 000亩。投资1 480万元的查干沐沦灌区节水改造项目于5月开工建设。

【荣誉】 肖凤琴 女 中国共产党党员 林西县城管局清洁工 2010年被评为自治区级劳动模范

高清山 男 中国共产党党员 林西县林西镇南街村委会书记 2010年被评为自治区级劳动模范

边振廷 男 中国共产党党员 林西县新城子镇七合堂村委会书记 2010年被评为自治区级劳动模范

曹海燕 女 中国共产党党员 林西县妇联主席 2010年被评为自治区级三八红旗手。

(李志华 孙永新)

锡 林 郭 勒 盟

【党政军领导名录】

盟　　委

书　记:荣天厚(蒙古族)

副书记:张国华(12 月离任) 刘俊臣(10 月任职) 武文元(9 月任职)

委员:邓月楼(蒙古族 4 月离任) 王志远 田学臣 张晓兵(7 月任职) 东戈(蒙古族) 罗·麦尔根(蒙古族 9 月离任) 包丽玲(女 蒙古族) 郑宜平 寇小平 张芝元 牛志美(7 月离任) 狄瑞珍(9 月任职)

人大工委

主　任:阿迪雅(蒙古族)

副主任:包湖春(蒙古族) 陈和平(蒙古族) 阿拉腾宝音(蒙古族) 王青山 崔建国 白丽霞(女 蒙古族)

盟 行 署

盟　长:张国华(10 月离任) 刘俊臣(10 月任职)

副盟长:王志远 张晓兵(8 月任职) 莘文印 其其格(女 蒙古族) 武国栋(蒙古族) 张宽治 斯琴毕力格(蒙古族)

政　　协

主　席:其木格(女 蒙古族)

副主席:阿格旺(蒙古族) 敖小孟(蒙古族) 敖秀田(蒙古族) 高晓峰(蒙古族) 武进芳 王萍(女) 辛卫东

纪 检 委

书　记:郑宜平

法　　院

院　长:韩赤锐(蒙古族)

检 察 院

检察长:杨树林

公 安 局

局　长:成映泽

军 分 区

司令员:王文清

政　委:张芝元

副司令员:耿建立

副政委:刘永亮

【概况】 锡林郭勒盟简称锡盟位于内蒙古自治区中部,东经 111°59′~120°00′,北纬 42°32′~46°41′。北与蒙古国接壤,边境线长 1 098 公里;西与乌兰察布市交界;南与河北省毗邻;东与赤峰市、通辽市、兴安盟相连。东西长约 700 多公里,南北宽 500 多公里,土地总面积 201 442 平方公里。锡盟位于首都北京的正北方,距北京直线距离 460 公里。锡盟辖 2 市、9 旗、1 县、1 个管理区、1 个开发区,共 21 个苏木、3 个乡、34 个镇、10 个街道办事处,155 个社区居委会、555 个嘎查委员会、275 个村民委员会。14 个旗县市(区)分别是:锡林浩特市、二连浩特市、苏尼特左旗、苏尼特右旗、阿巴嘎旗、东乌珠穆沁旗、西乌珠穆沁旗、镶黄旗、正镶白旗、太仆寺旗、正蓝旗、多伦县、乌拉盖管理区、锡林郭勒经济技术开发区。锡林浩特市是锡林郭勒盟行政公署所在地,是锡盟政治、经济、文化中心。二连浩特市是中国通往蒙古国、俄罗斯和东欧各国的大陆桥,是内蒙古自治区计划单列市。珠恩嘎达布其口岸是中国面向蒙古国常年开放的重要陆路口岸。

锡盟属中温带干旱半干旱大陆性季风气候,寒冷、风沙大、少雨。春季多风易干旱,夏季温凉雨不均,秋季凉爽霜雪早,冬季漫长冰雪茫。大部地区年平均气温在 0~3℃间,北部中蒙边境地区和灰腾梁一带年平均气温 0℃以下,10 月平均气温 -17℃以下,北部多在 -20℃以下,部分地区日最低气温 -40℃以下,局部地区 -45℃以下。全年除 7 月份外,日最低气温均可出现 0℃以下。

2010 年全盟主要气候特征是年平均气温较常年同期偏高 0.3℃,各地冬、春季平均气温明显偏低,夏、秋季明显偏高。年降水总量偏多 3%,大部地区冬、春、秋季以异常偏多为主,夏季以异常偏少为主。其中,北部地区(苏尼特右旗除外)及多伦,偏少 3%~37%,其余地区偏多 6%~44%。年大风总日数偏少 409 天,属异常偏少,为近 50 年以来次少值。全盟年日照总时数偏少881小时,属正常。主要天气气候事件有:冬、春季持续低温、雪灾及风雪寒潮天气;春季沙尘天气;夏季持续高温和严重干旱及洪涝、冰雹、雷击灾害;春季鼠害、夏季虫害。综合分析,气候对农牧业生产影响以弊为主,农、牧业年景为欠年。

土地总面积201 442平方公里,其中,草原面积191 412平方公里,占总面积的95.02%,可利用草场面积177 706平方公里,占草原面积的92.84%。森林面积15 918平方公里,占总面积的7.9%。地形以高平原为主体,兼有多种地貌单元,地势南高北低,自西南向东北倾斜。西部和北部地形平坦,东南部多低山丘陵,盆地错落其间,形成广阔的高原草场。平均海拔1 000米以上,最高峰是位于西乌珠穆沁旗境内的古如格苏乌拉峰,海拔1 957米。浑善达克沙地位于锡盟中部,属半固定沙漠,面积23 564平方公里。

主要河流有20条,分为三大水系,分别是南部正蓝旗、多伦县境内的滦河水系,中部的呼尔查干淖尔水系,东北部的乌拉盖水系。乌拉盖河是锡盟最大河流,全长548公里,发源于东乌珠穆沁旗宝格达山,由东向西注入乌拉盖湖。锡林河发源于赤峰克什克腾旗,注入查干淖尔湖。锡盟有大小湖泊470余个,总面积500平方公里。

已探明及预测煤炭储量1 883亿吨,占全区煤炭储量的19.6%,被确定为国家重点建设的煤电基地。预测含煤区60余处,估算可开采总储量1 393亿吨,其中,10亿吨以上煤田26处,胜利、白音华、额和宝力格、高力罕、五间房等5处超百亿吨。总储量中,褐煤占99.5%(褐煤储量位居全国首位),长焰煤3.5亿吨占0.3%。部分褐煤中含稀有金属锗。

金属矿30余种,已探明储量的有铁、钨、锌、铜、铅、锗、铋、铬、锡、铬、钼、镍、金、银等17种,铬矿储量居全国第二位。东乌珠穆沁旗的朝不楞多金属矿,国际上认定是一种铁同多种金属共生矿,被正式命名为“锡林郭勒矿”。钨、铋、铬矿储量居内蒙古自治区首位。

非金属矿主要有碱、盐、云母、萤石、石灰石、花岗岩、玛瑙、石膏等。查干淖尔碱矿储量4 500万吨,居全国之首。东乌珠穆沁旗额吉淖尔所产大青盐,是锡盟特有资源之一,已有近千年开采历史,现年产盐10万余吨。

石油埋藏分布较广,二连盆地油田穿越锡盟10个旗市,总面积10万平方公里,探明储量10亿吨。

2010年全盟实现地区生产总值5 912 500万元,同比增长16.3%。其中,第一产业增加值596 000万元,同比增长2.4%。第二产业增加值3 988 700万元,同比增长20.1%。第三产业增加值1 327 800万元,同比增长13.5%。第一产业对经济增长的贡献率为1.5%;第二产业对经济增长的贡献率为74.7%;第三产业对经济增长的贡献率为23.8%。生产总值中一、二、三次产业比例由上年的10.8:65.2:24.0变化为10.1 : 67.4 : 22.5。

全年地方财政总收入完成767 916万元,同比增长24.4%。全年地方财政支出1 222 041万元,同比增长23.2%。

年末,全盟城镇单位从业人员118 804人,同比增长6.5%。城镇登记失业率为3.5%,同比下降0.3个百分点。

【农牧业】 全年农作物播种面积345万亩,同比增长1.5%。其中,粮食作物种植面积223万亩,同比增长3.6%。全年粮食总产量26.5万吨,同比增长1.8%。油料产量1.0万吨,同比增长28.2%。蔬菜瓜果产量达92.1万吨,同比增长3.4%。

6月末大牲畜和羊存栏1 215.63万头(只),同比减少59.78万头(只),下降4.69%。12月末大牲畜和羊存栏635.18万头(只),同比减少62.92万头(只),下降9.01%。全盟肉类总产量24.02万吨,同比增长14.3 %;奶类产量55.59万吨,同比增长5.89 %;羊毛产量达1.21万吨,同比增长14.15 %。

全年完成造林面积92 373公顷。其中,人工造林12 373公顷,飞播造林23 333公顷,封育46 607公顷。

草地治理方面,围栏986 667公顷,暖棚15万平方米,饲料机械35台套。沙源治理面积119 226公顷,其中,营林造林92 373公顷,小流域治理26 853公顷。年末,全盟农牧业机械总动力115.15万千瓦,年内新增4.73万千瓦。

【工业 建筑业】 全年完成全部工业增加值3 432 100万元,同比增长22.2%。规模以上工业企业户数首次突破400户,达到408户,同比增加23户。全年完成规模以上工业增加值3 101 955万元,同比增长22.5%。原煤开采、以水泥和石材为主的非金属制品、有色金属冶炼和电力四个行业对规模以上工业增长的拉动率达到87.6%。其中,煤炭工业的拉动率超过50%,成为工业经济乃至整个国民经济增长的重要引擎。

主要工业产品中,原煤、水泥、花岗岩板材和乳制品等工业产品实现较快增长,增速分别达到49.6%、78.7%、44.9%和34.9%。其中,原煤产量首次突破亿吨大关,达到1.08亿吨。

全年规模以上工业主营业务收入达5 624 507万元,同比增长38.3%。实现利润总额388 386万元,同比增长77.6%。实现税金总额365 200万元,同比增长31.5%。

全盟建筑业完成增加值556 500万元,同比增长10.7%。全盟具有建筑业资质等级的建筑企业35户,实现利税8 390.2万元。

【固定资产投资】 全年完成全社会固定资产投资总额6 475 220万元,同比增长19.2%。国有经济完成投资3 400 503万元,同比增长47.1%;非国有经济完成投资3 074 717万元,同比下降4.1%。第一产业完成投资133 687万元,同比增长9.2%;第二产业完成投资3 314 491万元,同比下降0.9%;第三产业完成投资3 027 042万元,同比增长47.4%。

全年房地产开发完成投资446 317万元,增长22.9%。商品房销售面积73.1万平方米,同比下降27.7%。全年共完成保障性住房面积18.7万平方米,同比增长2.5倍。

全年全部建成投产项目618个,项目建成投产率54.2%。新增固定资产3 192 782万元,固定资产交付使用率49.3%。新增主要生产能力有原煤开采1 217万吨/年,原油开采38.34万吨/年,镍冶炼480万吨/年,风力发电54.9万千瓦,新建改建公路1 185公里。

【国内贸易】 全年社会消费品零售总额1 191 125万元,增长19.3%。其中,城镇消费品零售额925 080万元,增长19.6%;农牧区消费品零售额266 045万元,增长18.2%。在消费品零售总额中,批发零售贸易业零售额1 055 116万元,增长18.5%;住宿和餐饮业零售额17 099万元,增长23.4%;其他行业零售额118 910万元,增长26.0%。

【对外经济】 全年外贸进出口总额实现94 214万美元,同比下降0.3%。其中,外贸出口额36 640万美元,同比下降26.5%;外贸进口额57 574万美元,同比增长29.0%。口岸进出口货运量900万吨,同比增长38.9%。出入境人员183.7万人次,同比增长28.1%。

全年引进国内(盟外)资金4 558 411万元,同比增长36.9%,其中,区外资金2 414 409万元,同比增长84.1%。

全盟外商投资企业13户,全年实现销售收入135 000万元,利润5 100万元,资产248 000万元,从业人员达2 010人。

【交通 邮电 旅游业】 全年公路货运量15 778万吨,同比增长22.1%;公路货运周转量3 248 276万吨公里,同比增长47.8%;公路客运量3 390万人,增长25.1%;公路客运周转量578 879万人公里,同比增长26.8%。全盟通车里程达17 346公里,等级公路达16 568公里,乡村公路达11 081公里。

全年邮政电信业务总量342 677万元,同比增长15.1%。其中,电信业务总量337 069万元,同比增长15.2%;邮政业务总量5 608万元,同比增长9.8%。年末,(本地电话)交换机总容量155万门,同比增长11.5%。年末,本地网固定电话用户14.6万户,同比下降9.9%。其中,城市电话用户13.7万户,同比下降9.9%;乡村电话用户0.9万户,同比下降10.0%。年末,移动电话用户127.5万户,同比增长27.9%。电话普及率(包括固定和移动电话)137部/百人,互联网用户8.7万户,同比增长13.0%。

全年实现旅游总收入91.9亿元,同比增长62.4%。全年共接待游客706.2万人次,同比增长35.3%。

【金融 保险】 年末,全盟金融机构人民币存款余额355.50亿元,同比增长29.8%。其中,企业存款余额101.83亿元,同比增长26.4%;储蓄存款余额183.52亿元,同比增长18.6%。全盟金融机构各项人民币贷款余额308.77亿元,同比增长32.96%。其中,短期贷款余额80.71亿元,同比增长6.8%;中长期贷款余额227.40亿元,同比增长45.6%。全年金融机构现金收入1 008.9亿元,现金支出1 067.09亿元,分别较上年增长16.1%和15.0%。收支相抵后,货币净投放58.19亿元,同比下降0.6%。

全年保险业实现保费收入65 773.4万元,同比增长26.3%。其中,财产险实现保费收入35 144.4万元,同比增长39.4%;人身险实现保费收入27 573.9万元,同比增长16.3%。

【教育 科技】 全盟高等院校(锡林郭勒职业学院)当年毕业生2 004人,在校生7 737人。教职工828人,其中,专任教师472人。中等专业学校(锡林郭勒职业学院中专部)毕业生704人,在校生6 026人。全盟普通中学39所,在校生50 131人,其中,初中33 217人,高中16 914人;毕业生14 778人,其中,初中7 824人,高中6 954人。职业中学11所,在校生10 095人,毕业生2 225人。小学88所,在校生62 022人。全年学龄儿童入学率100%。

全盟各类科技开发机构2个,研究人员208人。全年有1项科研成果获自治区科技进步奖。签订技术合同68份,合同金额540万元,其中,技术交易额54万元。全年专利发明4项。

【文化 卫生 体育】 年末,全盟艺术表演团体13个,其中,乌兰牧骑12支。群众艺术馆1座,文化馆13座,公共图书馆12座,藏书32万册。文物保护站(局、所)13个,博物馆14个。各类电影放映单位13个,全年放映电影9 800场。全盟拥有调频发射台106座,广播人口覆盖率97.8%。电视转播发射台194座,均为数字电视用户,电视人口覆盖率95.69%。《锡林郭勒日报》汉文版日发行量9 400份,蒙文版4 650份,《锡林郭勒晚报》日发行量9 000份。全盟医疗卫生机构560个(含个体),其中,医院25个,乡镇卫生院118个,疾病预防控制机构14个,妇幼保健机构13个。全盟医疗机构拥有病床床位2938张,其中,医院拥有病床床位1 952张,乡镇卫生院拥有病床床位603张。全盟拥有卫生技术人员5 266人,其中,医院2 457人,乡镇卫生院653人。

年内在国内重大赛体育事中获奖牌28枚,其中,金牌9枚,银牌8枚,铜牌11枚。

【环境保护】 全盟自然保护区共10个,其中,国家级保护区1个,自治区级保护区4个,盟市旗县级自然保护区5个。自然保护区面积192.5万公顷,其中,国家级自然保护区面积58万公顷。各级环境监测站13个,环境监测人员88人。全年完成环境污染限期治理项目22个。

【人口 人民生活 社会保障】2010年11月1日零时第六次人口普查数据汇总公布,全盟常住人口1 028 022人,同第五次全国人口普查2000年11月1日零时的993 400人相比,10年共增加34 622人,增长3.49%,年平均增长率为0.34%。全盟常住人口中,汉族人口为681 876人,占66.33%;蒙古族人口为309 764人,占30.13%;其他少数民族人口为36 382人,占3.54%。同2000年第五次全国人口普查相比,汉族人口增加17 976人,增长2.71%;蒙古族人口增加22 364人,增长7.78%;其他少数民族人口减少5 718人,下降13.58%。全盟常住人口中,男性人口为536 361人,占52.17%;女性人口为491 661人,占47.83%。常住人口性别比(以女性为100,男性对女性的比例)由2000年第五次全国人口普查的107.78上升为109.09。

全年城镇居民人均可支配收入15 464元,较上年增加1 712元,增长12.5%。城镇居民人均消费性支出12 148元,增长10.5%。城镇居民家庭恩格尔系数(居民家庭食品消费占家庭消费总支出的比重)为37.7%,较上年下降1.2个百分点。全年农牧民人均纯收入6 153元,较上年增加736元,增长13.6%。农牧民人均生活消费支出4 488元,同比增长6.7%。农村牧区居民家庭恩格尔系数为40.5%,同比下降0.8个百分点。

年末,全盟参加城镇基本养老保险的职工(企业)97 208人,较上年末,增加8 458人。离退休人员36 352人,较上年末,增加3 880人。参加城镇职工基本医疗保险的人数157 247人,较上年末,增加6 543人。参加城镇居民基本医疗保险的人数209 630人,较上年末,增加6 725人。参加失业保险职工89 266人,较上年末,增加1 967人。参加工伤保险的人数为71 384人,较上年末,增加3 574人。参加生育保险的人数为90 160人,较上年末,增加7 683人。城镇居民享受国家最低生活保障救济人数为37 290人,较上年末,减少1 710人。新型农村合作医疗参保人数为482 331,较上年末,增加12 578人。年末,全盟各类社会福利机构69所,其中,光荣院1所,儿童福利院1所,社会福利院1所,共有床位2 523张。

(李志军 周丽萍 岳颖珺)

锡林浩特市

【领导名录】

市委书记:寇小平(10月任职)
人大主任:齐振华(蒙古族)
市　　长:闫宏光(蒙古族)
政协主席:赵世忠(6月任职)
武装部长:刘大东(5月离任) 李存明(5月任职)
政　　委:李兆顺

【概况】 锡林浩特市是锡林郭勒盟盟委、行署所在地,全盟政治、经济、文化、教育和交通中心。地处内蒙古自治区中部的锡林郭勒大草原,位于东经115°13′~117°03′、北纬42°02′~44°52′之间,是东北和西北交汇地,中国向北开放的大通道,距北京、呼和浩特、沈阳、二连浩特口岸和珠恩嘎达布其口岸的直线距离分别为450公里、470公里、600公里、300公里和240公里。总面积14 785平方公里,其中,城市建成区面积34平方公里。总人口20.5万人,其中,城市人口17.8万人,含蒙、汉、回、满、达斡尔、鄂伦春、鄂温克等17个民族,是一个以蒙古族为主体、汉族占多数、多民族聚居的边疆少数民族地区。

畜牧业资源丰富,草场类型齐全,可利用优质天然草场面积2 068万亩。野生动物主要有天鹅、灰鹤、苍鹰、百灵鸟、黄羊、狍子、獾子等;天然药用植物主要有黄芪、甘草、防风、知母、黄芩、柴胡等;天然食用植物有白蘑、黄花、发菜、蕨菜、山杏等。

主要矿产有石油、煤炭、锗、钼、铬等30余种。石油探明储量5亿吨,煤炭探明储量331亿吨,煤炭在建产能6 000万吨。电力在建产能310万千瓦。锗探明储量3 300万吨,占全国储量的70%,占世界储量的38%。铬铁累计探明储量150万吨,居全国第三,在建产能10万吨。钼探明储量17万吨,在建产能3 000吨。锡铜储量超2万吨。萤石储量800万吨。

年平均风速为3.4米/秒,风能总蕴藏量达2.5亿千瓦,其中,可开发利用量超过2 500万千瓦。

【经济综述】 2010年,地方财政总收入21.2亿元,其中,一般预算收入10.8亿元。三次产业结构由6.8 : 64.2 : 29演进为4.5 : 63 : 32.5。一批重点工业项目投产见效,工业增加值占GDP比重连续三年超过53%,成为经济发展的主导力量;第三产业对经济增长的贡献率由24%增加到47%。城镇居民人均可支配收入和牧民人均纯收入分别达到18 330元和9 587元。

【畜牧业】 2010年,牲畜总头数107万头只,大畜比重、良改畜比重分别提高3.4%、1.2%。投入支牧资金8.5亿元。36个农牧业产业化重点项目开复工。建设工厂化养殖基地15处。培育龙头企业6家。56%的牧民加入合作经济组织。设施农业占种植业产值的比重达到58%。

【工业】 全社会固定资产投资完成131亿元,71项重点项目开复工,广东创源褐煤低温热解、九勘院褐煤提质、重庆通用风机叶片生产等项目落户锡市,全年引进盟外资金73.5亿元。规模以上工业企业达到91户,其中,产值超亿元企业23户,增加3户。规模以上工业产值增长28.1%,企业利润总额增长32.4%,税收总额增长7.1%。煤炭产量3 763万吨,增加1 416万吨,产值增长44.8%。原油产值增长28.9%。发电量和供电量分别增长13.6%、56%。建材、乳制品加工、禽畜屠宰加工产值分别增长21.4%、35.5%、12.7%。新能源、装备制造和高科技产业产值增长1.4倍,拉动规模以上工业产值增长15.6%。入驻工业园区的中小企业投产93户,完成产值8.7亿元,安置就业3 200多人。

【服务业】 新建、续建各类园区、专业市场、星级酒店和购物中心25个,交通运输、批发零售、住宿餐饮等行业增加值均保持在18%左右的增速。旅游收入实现6.3亿元,增长26%。金融机构29家,小额贷款公司10家,农村合作银行正式成立,交通银行、内蒙古银行入驻锡市,金融机构存贷款余额分别达到138.7亿元和140.6亿元,增长34%和39.6%。社会消费品零售总额28.9亿元,增长19%。第三产业对经济增长的贡献率达到47%。

【基础设施】 锡市——多伦铁路复线及锡市——乌兰浩特铁路锡林浩特段建成,锡市——二连浩特铁路开工建设,集通公司车辆段机务段扩能改造项目实施。高等级运煤专用线、省道307一级公路完成基础工程,国道207高速公路开工建设。灰腾梁500千伏输变电和明珠110千伏变电站工程完工。锡林河河道疏浚工程展开。城市建设投资26亿元,其中,政府投入2亿元,拉动社会投资24亿元。房地产开工建筑面积122.1万平方米,销售80.3万平方米。实施春季休牧1 126万亩、禁牧600万亩、轮牧328万亩,阶段性禁牧项目区占草原面积的17%。实施京津风沙源治理工程32.7万亩。新增围封草场50万亩。改造、建设高产饲草料基地8.2万亩。转移牧区人口2 361人。胜利矿区各煤炭企业投入环保资金6 000余万元,完成绿化157万平方米。搬迁市区煤站51家,关闭储煤场1家。落实节能减排各项措施,完成"十一五"万元GDP能耗降低指标。

【交通】 年内建成水泥路17.6公里,完成投资1 342万元;建成砂石路53.1公里,完成投资796.5万元。合计完成投资2 138.5万元。省道307线路累计完成投资3.2亿元。

【社会事业】 本级财政用于民生领域和社会事业的资金达到6.9亿元,占一般预算收入的61%,同比增长1倍。征集就业岗位和新增就业人数分别达到1.22万个和1万人,城镇登记失业率控制在3.42%以内。完成危旧房拆改4 000户,建设廉租住房1 575套、牧民新居300套。完成14个小区给水管网二次加压改造和92个小区、120万平方米老化供热二次管网改造工程。投资3.7亿元的新热源厂建设项目如期推进。投资3 400万元的城网改造工程加快建设。投资3 700万元的2 258套风光互补项目实施。6 200户南郊居民饮水安全问题解决。建成蔬菜温室402座。

【公共卫生】 2010年,市医院累计完成投资2.5亿元。新建和改建社区卫生服务中心4所、苏木镇场卫生院8所、嘎查卫生室10所。建成投入使用16处社区阵地。全市牧区人口18 528人,新型农村牧区合作医疗参保人数18 084人,农牧民参合率达到农牧业人口的98%。报销人次950人,报销金额330万元,最高报销比例提高到75%,较上年提高10%,基本药物全部纳入报销范围。

【教育 科技 文化 体育】 2010年,投入2.6亿元,开工建设校园安全工程9所。聘任中小学校长20名,面向全国公开招录中小学教师180人。聘请清华大学规划编制研究中心编制完成《贝子庙保护总体规划》。承办《吉祥敖特尔》大型文艺晚会、“夕阳秀”走进锡林浩特暨第十届全国老年艺术节活动、“友谊彩虹”2010中俄蒙大型歌会活动等3场大型文艺演出。投资320万元建成占地面积为8 710平方米的体育运动综合场地。投资30万元在锡林广场建成四块标准门球场地。

(王栋军)

二连浩特市

【领导名录】

市 委

书 记:邓月楼(蒙古族 4月离任)
陶淑菊(4月任职)

副书记:乌云其木格(女 蒙古族)

常 委:方建平 刘海斌 呼禾(蒙古族) 冯雪涛 张月霞(女) 孙振江 郭刚 张广海(4月任职) 邢瑾熹

人 大

主 任:岩 毅(蒙古族)

副主任:雒雅林 包玉山(蒙古族) 王建利 张如全 任爱民(女)

政 府

市 长:孟宪东

副市长:包海琨(蒙古族) 乔卫国 孙俊青(女) 贾伟东

政 协

主 席:乌云毕力格(蒙古族)

副主席:额尔登毕力格(蒙古族) 刘世生 舍登(蒙古族) 乌·图雅(女 蒙古族) 王金星 田永宏 马素华(女 回族)

纪检委

书 记:方建平

法 院

院 长:通木尔(蒙古族)

检察院

检察长:梁志坚

公安局

局 长:呼 禾

政 委:贾镜文

武装部

部长:张广海(9月离任) 陈军(9月任职)

政委:杨子玉(9月离任) 周敬(9月任职)

【概况】 二连浩特市地处东经111°17′~112°25′,北纬42°55′~43°53′,位于锡盟西部,东临苏尼特左旗,西、南与苏尼特右旗相邻,北与蒙古国扎门乌德市接壤。距北京市720公里,距呼和浩特市380公里,是国内距首都最近的边境口岸。

行政区域面积4 015.1平方公里。设3个街道办事处,辖14个社区居委会,1个苏木(辖4个嘎查),1个科技园区。全市户籍人口26 108人。人口自然增长率为7.58‰。城镇居民人均可支配收入22 288元,较上年增加1 279元;农牧民人均纯收入7 490元,同比增长14.8%。有汉、蒙古、回、满等9个民族,素有“北疆明珠”、“恐龙之乡”的美誉。

【农牧业】 2010年日历年度存栏牲畜35 301头(只),同比增长6.1%;出栏40 483头(只),同比增长30.7%。大小畜繁殖成活率100%。完成农牧业总产值6 377万元,同比增长0.8%。

全年农作物播种面积5 325亩,其中,蔬菜播种面积为870亩,蔬菜产量5 930吨。全年完成沙源治理任务19.75万亩。

【工业 建筑业】 工业增加值完成14亿元,同比增长19.5%。其中,规模以上工业企业户数由上年的21户增加到27户,实现销售收入272 488万元,同比增长19.8%,实现工业增加值12.03亿元,同比增长19.5%;规模以下工业企业实现销售收入50 540万元,同比增长80.07%,实现工业增加值1.97亿元,同比增长19.3%。三次产业中,第二产业的比重由上年的33.34上升到35.72。2010年主要工业产品产量及其增长速度:供电量17 877万千瓦时,同比增长

13.76%;供水量385万吨,同比增长28.76%;无毛绒341吨,同比增长139.79%;饼干4 108吨,同比增长14.97%;风力发电量5 843万千瓦时,同比增长6.68%;水泥94.1万吨,同比增长14.63%;铁精粉43.4万吨,同比增长13.32%;木材加工91.6万立方米,同比增长9.1%。全社会建筑业实现增加值3亿元,同比增长3.2%。

【固定资产投资】 完成固定资产投资总额310 029万元,同比增长19.16%。其中,第一产业投资952万元,同比增长40.83%;第二产业投资149 680万元,同比增长100.94%;第三产业投资159 397万元,同比增长13.85%。全年房地产开发投资57 499万元,下降18.68%。工业投资项目16项,完成投资149 680万元,同比增长100.94%。

【社会消费】 全年社会消费品零售总额168 310万元,同比增长19.5%。批发业零售额完成20 371万元,同比增长15.7%;零售业零售额完成131 356万元,同比增长23.3%;住宿业零售额完成4 741万元,同比增长21.2%;餐饮业零售额完成11 842万元,同比增长13.0%。

【进出口贸易】 全年招商引资实际到位资金11.71亿元,增长9.64%;实际使用外资77万美元,较上年增加67万美元。外贸进出口总额328 410万美元,同比增长35.43%,其中,进口186 288万美元,同比增长33.81%;出口142 122万美元,同比增长37.60%。进口大宗货物以铜矿粉、木材、铁矿石、基础油、锌矿粉等为主,出口商品以建材、机电产品、石油焦、沥青、农副产品等为主。

【交通 邮电】 全年口岸进出口货运量862.14万吨,同比增长38.76%。其中,进口货运量651.87万吨,同比增长36.70%;出口货运量210.27万吨,同比增长45.55%。进出境人数178.41万人次,同比增长29.51%,其中,入境89.62万人次,同比增长29.41%;出境88.79万人次,同比增长29.61%。公路货运周转量31 156万吨公里,同比增长17.96%,公路旅客周转量8 555万人公里,同比增长2.74%。截至年末,电话交换机总容量19 500门,本地网固定电话用户11 500户,同比下降22.3%;移动电话用户74 000户,同比增长7.63%;每百户拥有固定电话机96部,与上年度持平;计算机互联网用户8 400户,同比增长10.5%。

【旅游】 开发"边关文化"、"恐龙文化"、"驿站文化"等特色旅游资源。加强与蒙俄有关地区和周边地区的旅游协作,加快开发针对国内游客的跨境旅游线路,以及蒙古国游客的国内精品旅游线路。建成大盛魁影视基地、汽车露营地等项目,完善恐龙地质公园景区设施和功能,精心打造世界级恐龙地质公园。全年共接待国内外游客124.38万人次,同比增长15.4%。实现旅游业总收入21.81亿元,同比增长14.2%;旅游创汇2.54亿美元,同比增长26.3%。

【财政】 完成地方财政总收入37 390万元,同比增长18.31%。其中,地方财政一般收入23 486万元,同比增长17.57%;上划中央税收11 038万元,同比增长16.74%;上缴自治区税收2 866万元,同比增长32.01%。地方财政总支出86 376万元,同比增长8.43%。

【金融 保险】 全年全市金融机构各项人民币存款余额440 758万元,同比增长4.86%。其中,城乡居民储蓄存款余额248 696万元,同比下降6.66%。全年金融机构人民币各项贷款余额231 179万元,同比增长47.0%。金融机构现金收入1 649 456万元,同比下降10.03%;现金支出1 767 703万元,同比下降9.47%,收支相抵,货币净投放118 247万元。

全年保险业保费业务收入4 879万元,同比增长44.69%。其中,财险业务收入1 671万元,同比增长47.10%;人寿险业务收入3 208万元,同比增长43.47%。保险业赔付额651万元。其中,财产险赔付额440万元;人寿险赔付额211万元。

【教育】 全市共有普通中学3所,小学5所,幼儿园8所。普通中学在校生4 208人,同比增长6.02%;小学在校生5 805人,同比下降6.40%;幼儿数2 567人,同比增长13.74%。普通中学专任教师348人,小学专任教师278人,幼儿教师120人。中小学班级数达到218个。扩大教育对外交流,蒙古国学生来二连浩特市就读人数达到310人。

【文化 广播电视】 推进社区文化、企业文化、校园文化、广场文化建设,举办第七届广场消夏文化月活动。组织优秀选手参加"春晖杯"锡盟青年歌手通俗唱法大奖赛、全盟第六届业余歌手大奖赛及全盟第三届草原歌曲电视大奖赛,均取得优异成绩。邀请蒙古国和俄罗斯艺术家与锡盟艺术家同台演出,体现了中蒙俄三元文化交融的特色文化。

拥有广播电台1座,电视台1座,有线数字电视用户17 100户,年末,广播电视综合人口覆盖率为98%。

【卫生】 全市共有医疗卫生机构8所,个体诊所27家。医疗卫生机构床位219张,拥有卫生技术人员263人。其中,医生103人,卫生防疫人员47人。二连浩特市医院由内蒙古医学院附属医院托管,全年接诊患者5.5万人次,增长1.3%,其中,接诊蒙古国患者2 255人次,医疗服务水平和救治能力得到提高。

【人口】 全市户籍人口26 108人,其中,格日勒图敖都苏木1 768人。在籍人口中,出生285人,死亡65人,人口自然增长率7.58‰。

【人民生活】 城镇居民人均可支配收入22 288元,较上年增加1 279元,同比增长11.9%。农牧民人均纯收入7 490元,同比增长14.8%,城镇居民家庭恩格尔系数38.8。城镇居民人均消费性支出18 289元,同比增长9.9%;牧民人均生活消费性支出7 045元,同比增长14.6%。

【社会保障】 全市参加基本养老保险人数4 004人,同比增长5.04%。其中,企业参保1 350人,增长5.22%;其他参保2 654人,增长4.94%。参加医疗保险人数9 002人,增长11.1%。全市共有1 440名居民享受国家最低生活保障救济,较上年减少126人。

(长江)

阿巴嘎旗

【领导名录】

旗委书记:斯琴毕力格(蒙古族)

人大主任:胡日勒巴特尔(蒙古族)

旗　　长:包·苏雅拉图(蒙古族)

政协主席:李力量(蒙古族)

武装部长:粉继斌(蒙古族)

政　　委:张国华

【概况】 阿巴嘎旗位于锡林郭勒盟中北部,东与东乌珠穆沁旗、锡林浩特市毗邻,西接苏尼特左旗,南与正蓝旗相连,北与蒙古国接壤,边境线长175公里。全旗辖3个镇、3个苏木、71个嘎查,总面积27 495平方公里,其中,草场面积26 985平方公里,占总面积的98.29%。现有人口44 886人,含蒙古、汉、回、满、达斡尔、鄂温克、壮等9个民族,其中,蒙古族24 697人,占总人口的55%。其他少数民族787人。旗人民政府所在地别力古台镇,是全旗政治、经济、文化中心。

2010年,阿巴嘎旗地区生产总值完成34.2亿元,按可比口径计算增长27.7%。其中,第一产业增加值4.1亿元,增长2.1%;第二产业增加值25亿元,增长46.6%;第三产业增加值5.1亿元,增长12%。三次产业结构比例由上年的16 : 59 : 25调整为12 : 73 : 15。全社会固定资产投资50.1亿元,增长22.7%,其中,民间投资19.548亿元,增长106.6%,占固定资产投资总额的39%。城镇居民人均可支配收入15 466元,增长12.6%,牧民人均纯收入9 172元,增长14%。地方财政收入2.6亿元,增长39.5%。全社会消费品零售总额5.4亿元,增长19.4%。

【畜牧业】 实施沙源治理40.2万亩,标准化划区轮牧626万亩,季节性轮牧增至4个嘎查372个牧户;对1 773超载户采取强制措施,清理非牧业户91户,压减牲畜10万头(只);新建棚圈0.8万平方米,新建围栏草场139万亩,新打机井45眼,建成青贮窖2.5万立方米,购入各类牧业机械392台(套);完成黄牛冷配2.2万头,引进西门塔尔牛3 129头,新建西门塔尔牛核心群8处,建成肉牛育肥基地1处,发展肉牛养殖专业户和种公羊集中管理专业户185户和35户;分别加工销售奶制品和策格1 075吨和195吨;兴建和保护打草场712万亩,占可利用草场的17.5%,打贮草2.14亿公斤,新种植黄柳1万亩,种植“123”果树2 000株。牧业年度牲畜存栏150.18万头(只),同比减少10.3万头(只),下降6.4%。其中,大畜16.13万头只,小畜134.05万头只,牲畜良改比率97%。

【工业】 2010年,工业增加值完成199 285万元,占GDP比重58.3%,较上年提高8.2%。灰腾梁风电基地核准装机容量75万千瓦,投产60万千瓦,全年发电17亿度;别力古台10家风电基地企业开展前期工作。查干淖尔一期年产800万吨煤矿项目完成投资6.6亿元。金地矿业一期日处理1 500吨铜钼矿选矿厂投产,生产精粉861吨,二期日处理1 500吨选矿厂完成部分基地浇铸;哈达特矿业一期日处理1 000吨银铅锌矿、白银矿业日处理1 000吨萤石矿和谦德矿业日处理800吨铜铋矿选矿厂建设进展顺利。冀东水泥厂生产水泥201万吨,实现产值7.86亿元,同步配套5.4兆瓦纯低温余热发电厂项目投入试运行。23家规模以上工业企业完成总产值365 151万元,增速70.3%,国有企业完成工业总产值263 228万元,增速93.8%。主要工业产品产量:原煤262万吨,发电量171 560万度,售电量16 899万度,乳制品1 386吨,瓶(罐)装饮用水1 156吨,铁矿石原矿211 000吨。工业产品销售收入358 934万元,增速【8.1% ,其中,国有及国有控股企业产品销售263 388万元,增速93.9%。工业产品销售利润总额33 277万元,增速125.3%。

【第三产业】 房地产开发32万平方米,建成居民住宅小区15个。旅游业,接待国内外旅客7.8万人次,实现旅游收入1 000万元。物流业,汽车维修园、煤炭建材园和再生资源交易市场建成投入使用,全年客货周转量分别达到7 300万人公里和1.5亿吨公里。住宿餐饮业,分别实现零售总额120万元和4 131.2万元,新建大型宾馆饭店4家,全旗现有宾馆29家,餐饮店100家。完成步行街建设,新建百货配送中心1处,新建改造"农家店"85户,家电下乡产品销售298.9万元。年末,全旗存贷款余额分别为10.15亿元和4.8亿,分别增长20.3%和19.1%。固定资产投资共完成267 314万元,其中,房地产开发投资4 000万元,增速207.7%,住宅投资2 500万元,增速138.1%。

【基础建设】 完成城镇建设投资5.4亿元。实施旧城区拆迁3.4万平方米,开工建设94栋楼房共35.97万平方米;新建廉租房90套4 410平方米、经济适用住房90套8 100平方米。新建改建道路9条、硬化巷道13条。新增绿化、硬化面积各20万平方米和22.5万平方米,安装路灯573盏,完成21栋楼房楼体亮化和50栋楼房的穿衣戴帽工程。延伸排污管网22公里,集中供热扩容16.4万平方米。水处理厂厂房主体工程完工,污水处理厂完成部分基础工程。阿巴嘎广场和阿巴嘎博物馆等一批公共设施投入使用。新建改建电网90公里,新增通电牧户30户。别力古台镇至伊和高勒苏木至乌力吉特敖包168.4公里、青格勒宝拉格至吉尔嘎郎图苏木99公里通乡油路建成通车。查干淖尔水库除险加固工程竣工。

【社会事业】 投入资金3 200万元,启动蒙古族小学、汉授幼儿园等7项工程建设,落实各类教育补助专项资金487万元,办理大学生助学贷款153万元。实施广播电视"村村通"工程,完成数字电视整体转换工作,广播和电视综合覆盖率分别达到98.5%和96%。举办全盟精神文明建设经验现场交流会,被自治区命名为"潮尔道文化生态保护区"。标准化旗医院建设项目取得自治区发展和改革委员会批复,别力古台社会卫生服务中心工程竣工;牧区合作医疗参保牧民19 630人,参合率90.6%,为1 312名牧民患者报销医疗费250万元;苏木镇卫生院实行药品零差率销售;人口自然增长率控制在5.6‰。征集就业岗位5 492个,安置各类人员3 310人;发放小额担保贷款420万元,扶持100余名失业人员实现创业;城镇低保人均月标准由250元提高到320元,牧区低保人均年标准由1 500元提高到1 800元;投入300万元实施"整村推进"扶贫工程,3个嘎查的177户牧民受益。

(新巴雅尔 海延峰)

东乌珠穆沁旗

【领导名录】

旗委书记:乌力吉(蒙古族)

人大主任:巴图孟克(蒙古族)

旗　　长:贺希格布仁(蒙古族)

政协主席:松　来(蒙古族)

武装部长:曹　海(5月离任) 刘福全(5月任职)

政　　委:谢卫军(5月离任) 曹　海(5月任职)

【概况】 东乌珠穆沁旗地处祖国北疆,与蒙古国接壤,边境线长527.6公里,是自治区兴边富民重点旗,自治区双拥模范旗,国家、自治区社会主义新牧区建设试点旗,是自治区唯一获得国家"长安杯"的旗县。珠恩嘎达布其口岸位于乌里雅斯太镇以北68公里嘎达布其镇境内。全旗辖5个镇、2个苏木、1个国有林场,总面积4.7万平方公里,是锡林郭勒草原的核心区。全旗总户数18 464户,户籍人口总数60 220人。其中,蒙古族43 803人、汉族15 863人、其他少数民族554人,分别占人口总数的72.74%、26.34%、0.92%。是一个以蒙古族为主体多民族聚居的边境牧业大旗,旗政府所在地乌里雅斯太镇是自治区七星级文明镇。东乌旗地上地下资源十分丰富,天然草原总面积6 917万亩,草饲家畜饲养规模位居自治区乃至全国牧业旗县首位;矿产资源具有良好的成矿条件,现已探明三条有色金属成矿带,已探明的有煤、石油、天然气、芒硝、有色金属等30多个矿种,储量、品位较高。其中,石油、煤炭、有色金属储量最为可观。

地区生产总值58.7亿元,同比增长32.7%。实现财政收入6.05亿元,增长86.3%。其中,一般预算收入3.8亿元,同比增加1.9亿元,增长102.8%。完成固定资产投资70.1亿元,同比增长124.8%。实现社会消费品零售总额10.8亿元,同比增长19%。城镇居民人均可支配收入15 570元,增长12.8%,高于全盟平均水平106元;牧民人均纯收入11 528元,增幅15.3%,高于锡林郭勒盟平均水平5 375元。

全年新增独立核算企业6户,总数达到79户,实现工业增加值35亿元,同比增长49%,总量位居锡林郭勒盟第3位,占地区生产总值的比重达到65%,较上年增长6个百分点。25项工业重点项目完成投资19.12亿元,同比增长18%。煤炭、铁精粉、铅、锌等主要工业产品产量同比增长47.4%、32%、12.5%、

35.6%,矿山企业实现税费收入1.99亿元,同比增长53.1%。

第三产业完成增加值8.05亿元,增长16.8%,实现税收4 649万元,增长92.1%。旅游收入增长24.2%。新建物流园区2个,完成全社会货运量3 300万吨,同比增加1 922万吨。进一步扩大口岸贸易,新增口岸贸易企业17家,总数达到51家,进出口货物31万吨,进出口贸易额突破8亿元,实现关税1.2亿元。金融业进一步发展,金融机构存贷款余额分别为19亿元和7亿元,增长48%和63%。

完成公路建设投资5 936万元,新建公路63公里并完成一批客运站和桥梁涵洞工程。完成电力工程投资近2亿元,实施8个110千伏和35千伏输变电工程。

【畜牧业】 实施春季休牧面积5 017万亩,占草场总面积的85.75%,涉及牧户6 749户、牲畜152万头(只)。通过申请项目资金,在额吉淖尔镇、嘎达布其镇的5个嘎查实施阶段性禁牧工作。禁牧区共涉及404户牧户、1 777人、197万亩草场、5.1万头(只)牲畜。2010年,在道特淖尔镇巴音宝力格嘎查实施划区轮牧工作,轮牧区共涉及93户牧户、408人、100万亩草场、5.2万头(只)牲畜,补助划区轮牧项目区生态保护资金100万元。

在全旗5个苏木镇开展鼠害防治工作,施药量48吨,共防治鼠害面积48万亩。投入防蝗药品8.9吨,累计防治面积为26.7万亩。对发生叶甲虫危害的48万亩,投入防治药品4.5吨,防治面积15万亩。

完成青贮种植1.2万亩,完成任务的100%,青贮玉米总产量达3 600万公斤,平均单产3 000公斤,入窖率100%。种植人工牧草5 000亩,完成任务的100%。共打储草29 520万公斤,同比增长3.2%,完成打储草任务的108%。

全年共查处草原各类违法、违规案件309起,涉及草场面积266.3万亩,结案309件,结案率100%。

出栏牲畜153.76万头(只)。其中,大畜3.68万头、小畜149.78万只,完成出栏任务的97.3%。完成冷配母牛1 191头,本交区落实参配母牛39 788头。引进西门塔尔牛1 608头,其中,西门塔尔母牛1 495头、种公牛113头,完成任务的53.6%。普查鉴定种公牛2 336头,鉴定合格2 070头,淘汰不合格265头。全旗新建西门塔尔牛核心群8个,核心群中西门塔尔基础母牛头数达到337头。全旗种公羊集中管理嘎查新增29个,共30群,集中种公羊10 816只。选留后备种公羊任务18 000(只),已选留后备种用公羔16 515只。共完成种公羊年检31393只,鉴定育成种公羊10 562只,合格6 896只。人工受精母羊共1 852只。发放种公羊补贴资金253.98万元。全旗接冬羔早春羔91.4万只,完成羔羊育肥并提前出栏21.8万只。正式在工商部门登记的各类牧民专业合作社73个,成员牧户1 290户,辐射带动牧户3 300户,占全旗牧户的60%。全旗合作社注册资本出资总额10 471万元。牲畜口蹄疫免疫349.82万头只。完成羊三联防治171.2万只、羊痘防治165.26万只,肉毒防治178.09万头(只)、牛出败6.67万头、牛皮蝇防治6.32万头、牛气肿疽2.09万头、炭疽防治179.55万头(只)、狂犬病防治0.4万条,免疫密度100%,春季内外寄生虫驱治85万只、秋季内外寄生虫防治151.2万只。完成布病免疫206.34万头只。共发放农牧业机械购置补贴490.116万元。全旗7个苏木镇共推广移动式多功能风光互补发电系统52台、移动宿营车1台、移动牲畜药浴池2台、育肥槽340个。

【林业 水利】 完成封山(沙)育林31万亩、人工造林3.8万亩、荒山荒地造林0.5万亩,完成上级下达任务的100%。完成城镇周边景观造林7 530亩。出圃各类苗木1 141万株。完成苗木检疫1 796.2万株,鼠害防治5.3万亩,虫害除治1 505亩。

完成牧区集中供水工程15处,并建成分散供水工程53处,新增牧区基本供水井95眼,安装牧区小型家用降氟改水或除苦咸水设备1 361套(户);完成沙源治理项目小型水源工程292处,完成小流域治理5.8万亩;新增节水灌溉饲草料地3.25万亩,其中,牧区节水示范完成0.68万亩;完成水利规费征收700.64万元。

栽植各类苗木8.7万余株,引进花灌木和各类常绿树10余种。栽植各类苗木18个品种,其中,乔木12 294株、花灌木3 066丛、绿篱9 302平方米,观赏花卉篱5 357平方米。

建成水源井3眼,铺设输水管网6 500延长米,日供水能力3 600立方米。对原有河道进行疏通、衬砌,建设坝体长18延长米,石方220.4立方米,开挖土方量133.6立方米。

有241.25万亩林地被新界定为国家级公益林。全旗林地面积达到696.85万亩,森林覆盖率达到3.12%。

完成人工造林2.5万亩,完成封山育林8万亩,完成退耕还林配套荒山荒地造林0.5万亩,完成义务植树12万株。

投资485万元,建设5处集中供改水工程、26眼机电井及基本供水井,解决2645人、5.9万头(只)牲畜饮水困难问题。

【工业】 全旗工业实现现价产值52.56亿元,同比增长53%;实现工业增加值26.28亿元,同比增长37%。其中,规模以上工业完成现价产值47.76亿元,同比增长54.9%;完成固定资产投资70.6亿元,同比增长1.7倍。

【社会保障】 城镇低保累计保障16.72万人次,累计发放低保金3 132.78万元。牧区低保累计保障11.64万人次,累计发放低保金1 264.06万元。牧区五保供养集中和分散供养标准均达到每人每年10 680元。全旗孤儿养育人均集中供养标准和社会散居孤儿人均供养标准分别达到每月1 000元和600元。城镇医疗共救助7 513人次,累计支出救助金260.16万元。

2010年,东乌珠穆沁旗遭受雪灾、旱灾、沙尘暴、强降雨等自然灾害后,共为683户2 492名灾民发放救济口粮150吨,计54万元;为72户发放燃料180吨,计12.6万元;发放衣被2 530件,救助903人。全旗牧区因灾损坏房屋共165户341间,其中,需要维修房79户166间,需要重建房86户175间。储备口粮100吨,燃煤200吨,被褥400套。全年共为82名新考录大学生发放救助金11.44万元,人均发放1 395元。

【财税】 2010年财政总收入累计完成60 453万元,完成年度收入任务50 000万元的120.9%,较上年增加28 005万元,增长86.3%。2010年非税收入(不包括政府性基金)累计完成13 245万元,同比增加6 582万元,增长98.8%,占财政总收入的21.9%。其中,专项收入2 042万元,同比增加1 296万元,增长1.73倍,主要是2010年盟级返还的煤碳价款1 041万元;行政事业性收费8 020万元,同比增加6 612万元,增长4.7倍,主要是铁路石油等企业上缴的草场补偿费7 978万元;罚没收入519万元,同比增加152万元,增长41.44%;国有资本经营收入2 633万元,同比减少1 472万元,下降35.9%。

【旅游】 全旗共接待游客28万人次,同比增长14.7%;旅游收入达到11 096.4万元,同比增长24.2%。

【环保】 乌里雅斯太镇城镇污水处理厂投入1 200多万元,完成总投资的38%。落实粉尘污染补偿105万元。收缴排污费160万元,同比增长226%。

【城镇建设】 城镇建设各项工程完成投资3.71亿元。勘查、测绘、规划建设项目75宗,用地面积94.87公顷,建筑面积39.24万平方米。通过建设项目详规方案13个,用地面积66.77公顷、建设面积94.68万平方米。

垃圾处理厂总投资1 180万元,日处理垃圾60吨。污水处理工程总投资3 236万元,日处理污水能力1万吨,累计完成投资1 220万元。道路建设面积4.7万平方米,完成投资480万元。完成人行道硬化3.83万平方米,投资490万元。

种植各类乔、灌木4.5万株,安装移动木花盆200个。完成三大出口及敖包山绿化工程,完成投资530万元。安装乌珠穆沁广场人工湖、喷泉LED灯164个,完成投资130万元。

全年共登记发放房屋所有权证书433本,建筑面积6.67万平方米;办理房屋他项权证392本,建筑面积11.58万平方米;办理二手房屋产权交易手续377件,建筑面积5.14万平方米;其它用房67件,建筑面积0.38万平方米。共完成房地产开发3 000套,建筑面积29.49万平方米,完成投资2.5亿元。共建设廉租住房220套,建筑面积9 946平方米,完成投资1 236万元。

全年续建项目10个,新建项目7个,加固工程1个。在建建筑面积7.5万平方米。

【交通】 公路建设项目总投资为7 662万元。新建边防公路项目1个共253公里,总投资8 330万元。续建通乡油路项目1个共63.199公里。新建通村(嘎查)砂石路23.5公里,投资354万元。改建桥梁项目1个,投资210万元。新建苏木客运汽车站2个,投资80万元。

建设253公里四级砂石路面,完成投资5 000万元。建设乌里雅斯太至萨麦通乡油路续建项目,建设规模63.199公里,总投资4 018万元。2010年度上级交通部门下达新建嘎查砂石路23.5公里,完成投资354万元。

【劳动就业】 共征集就业岗位7 680个,安置各类劳动力3 268人,完成年度任务的105%。开办城镇各类培训22期1 384人,完成任务的107%,1 066人实现培训后就业;开办牧区各类培训班25期1 834人,完成年度任务的102%,1 500人实现培训后就业;开办SIYB创业培训班7期,培训146人。

(巴图孟克 苏和 达古拉 包淑梅)

西乌珠穆沁旗

【领导名录】

旗委书记:海　明(蒙古族)

人大主任:孟　克(蒙古族)

旗　　长:巴特尔(蒙古族 1月离任)

额日登孟克(蒙古族 1月任职)

政协主席:娜　仁(女 蒙古族)

武装部长:冯久杰

政　　委:王洪太

【概况】 西乌珠穆沁旗位于锡林郭勒盟东部,大兴安岭中南段,拥有著名的乌珠穆沁草原,被誉为“游牧文化之源、民族服饰之都、蒙古长调之乡、蒙古搏克圣地、摔跤健将摇篮”。西乌旗已发现矿产资源地有107处,主要有煤、铁、铜、铅、锌、大理石、莹石等。煤炭探明远景储量可达600亿吨以上。土地总面积22 434.5平方公里,海拔高度835～1957米之间。旗人民政府驻地为巴拉嘎尔高勒镇(原巴彦乌拉镇)。全旗草原总面积22 132平方公里。现辖5个镇1个苏木,2010年末,总人口77 502人,人口自然增长率为11.6‰。全年完成财政总收入12亿元。全旗完成地区生产总值85.9亿元,全社会固定资产投资完成146亿元,同比增长38.8%。经济总量跃居全盟第一位。三次产业结构调整为9 : 81 : 10。

【畜牧业】 牧业年度全旗牲畜存栏头数达1 890 007头(只),比上年同期减少177 603头(只)。大牲畜和羊的良种及改良种牲畜1 729 501头(只),良改比重为91.5%。

【林业 水利】 全年完成造林面积11.2万亩。风沙育林8.50万亩。全旗森林面积2181.99万亩,森林覆盖率达6.48%。拥有自然保护区1个,面积98 931公顷。

全年新打牧区基本供水井155眼,建设灌溉饲草料基地1.2万亩,新增节水灌溉面积1.6万亩,新增水土保持治理面积3.6万亩,解决饮水安全人口7 463人,解决饮水牲畜22.5万头(只)。共完成投资367万元。

【工业 建筑业】 全年全部工业增加值57.88亿元,比上年增长37.5%。其中,规模以上工业企业完成增加值54.11万元,比上年增长38.4%。全年规模以上工业完成工业总产值108.05亿元,比上年增长71.5%。全年原煤产量3 868万吨,同比增长51.6%;供电量69 479万千瓦时,同比增长277.2%;水泥47.7万吨,同比增长32.4%。铅粉15 150吨,锌粉36 880吨,铜粉10 800吨,锌锭105 375吨。

2010年全旗规模以上工业企业实现利润3.30亿元,比上年增长1.3%。全年规模以上工业产品销售率99.6%,比上年增长4.4个百分点。

全年建筑业增加值11.80亿元,比上年增长50.2%。全旗具有建筑业资质等级的建筑施工企业2个,房屋建筑施工面积182 175平方米。

【招商引资】 全年引进国内外资金95.83亿元,同比增长16.5%,其中,区外资金51.08亿元,增长49.1%。

【旅游业】 全年实现旅游总收入6 700万元,同比增长21.8%。国内外旅游人数26万人次,比上年增长4.0%。

【财政 金融】 至年末,全旗地方财政总收入累计完成120 060万元,地方财政支出87 710万元。一般预算收入为64 090万元,基金收入为45 106万元。上划中央税收收入为45 190万元。各项存款213 792万元,各项贷款269 436万元。

【城镇建设 环境保护】 市政基础建设,完成概算投资38 672.95万元,其中,巴拉嘎尔高勒镇完成概算投资32 160万元,白音华镇完成概算投资6 512.95万元。政府投资34 990.65万元,社会资金投入3 682.3万元。

巴拉嘎尔高勒镇道路工程完成投资6 794万元。白音华镇市政道路完成投资2 869.95万元。美化、绿化完成投资17 004万元。

全年削减生活二氧化硫13吨;削减生活化学需氧量171吨;削减二氧化硫130吨;争取到中央财政主要污染物减排专项资金138万元。

【交通 邮电】 全年公路完成货运量3 448万吨,同比增长35.7%。完成货物周转量498 969万吨公里,增长14.1%。全年公路完成客运量76.7万人,增长67.1%。完成旅客周转量14 084.5万人公里,比上年增长62.3%。

全年邮电业务总量(2000年不变价)6 780万元,比上年增长24.3%。年末,本地网固定电话用户6 171户。移动电话用户93 418户。全旗互联网络用户5 808户。

【国内贸易】 全年社会消费品零售总额98 091.0万元,比上年同期增长19.3%。

【固定资产投资】 全年全社会固定资产投资总额1 460 192万元,比上年增长38.8%。在全旗固定资产投资中,第一产业投资3 701万元,增长6.5%;第二产业投资917 975万元,增长14.1%;第三产业投资538 516万元,增长120.3%。全年房地产开发投资70 057万元。

【人口】 年末,全旗户籍总人口77 502人,比上年增加0.11万人,其中,少数民族人口5.33万人,在少数民族人口中有蒙古族人口5.23万人。城镇户籍人口3.44万人,占全旗户籍总人口的比重44.4%;牧区户籍人口4.31万人,占全旗户籍总人口的比重55.6%。全年出生人口896人,人口出生率11.6‰;死亡人口677人,人口死亡率8.8‰;人口自然增长率2.8‰,比上年下降6.3个千分点。在户籍总人口中,60岁以上老年人口达0.69万人,占全旗户籍总人口的比重为8.90%,比上年提高0.21个百分点。

【人民生活】 全年城镇居民人均可支配收入15 598元,比上年增加1 038元,增长13.6%。城镇居民人均消费性支出9 244元,增长12.5%。城镇居民家庭恩格尔系数为37.1%。

全年牧民人均纯收入9 462元,比上年增加1 213元,增长14.7%。其中,人均工资性收入579.6元,增长93.9%;人均家庭经营性收入14 568.7元,增长4.2%;人均转移性收入836.4元,财产性收入1 994.4元,分别增长54.3%和7.9%。2010年非牧收入占人均纯收入的40.7%。牧民人均生活消费支出7 062.9元,增长15.2%。牧区居民家庭恩格尔系数为40.2%。

【社会保障】 年末,全旗参加城镇企业基本养老保险的职工9 074人;离退休人员2 204人,全旗参加城镇基本医疗保险的人数9 604人,全旗参加失业保险金职工为4 097人;全旗参加工伤保险的人数为5 970人;参加生育保险的人数5 970人;全年共有7 696人得到国家最低生活保障救济。

年末,社会各类福利机构2个,共有床位80张。

【教育 科技】 年末,有普通高中1所,招收学生336人,在校学生336人,其中,少数民族学生300人,全年毕业生109人。普通中学2所,招收学生714人;在校学生1 658人。其中。少数民族学生1 203人;毕业学生671人。有小学4所,招收学生704人;毕业学生796人。全年小学适龄儿童入学率100%。幼儿园在园幼儿1 742人。中等职业学校1所,招生187人,在校生1 291人,其中,少数民族学生1 091人,全年毕业学生251人。

【文化】 年末,全旗有乌兰牧骑1个,文化馆7个,文物保护所1个;全旗拥有调频发射台2座,广播人口覆盖率94%;电视转播发射台3座,电视覆盖率94%;电视台1座,数字电视用户9 868户。

【卫生】 全旗有医疗卫生机构20个,其中,综合医院1个,民族医院1个,牧区卫生院14所,社区卫生服务中心1个,疾病预防控制机构1个,妇幼保健机构1个,卫生监督所1个。医疗机构拥有病床198张,其中,牧区卫生院拥有病床68张,年末,全旗拥有卫生技术人员334人,其中,综合医院131人,乡镇卫生院101人,全旗执业医师166人。

【体育】 年内全旗体育健儿在国内外重大竞赛中获得奖牌19枚,其中,金牌5枚,银牌10枚,铜牌4枚。

【荣誉】

阿·乌仁其木格 2010年5月被评为自治区劳动模范称号。

(尹长喜)

苏尼特左旗

【领导名录】

旗委书记:邢文峰(蒙古族 8月任职)
人大主任:斯日敖德(蒙古族)
旗　　长:白永春(蒙古族)
政协主席:那顺格日勒(蒙古族)
武装部长:张利平(3月离任) 苏利毛(5月任职)
政　　委:陈国金

【概况】 苏尼特左旗位于内蒙古自治区锡林郭勒盟西北部,北与蒙古国接壤,国境线长316公里。西北与二连浩特市交界,西与苏尼特右旗毗邻;南接壤正镶黄旗、正镶白旗、正蓝旗;东与阿巴嘎旗交界。总面积34 251.7平方公里。2010年全旗总人口33 996人。

苏尼特左旗辖3个镇(满都拉图镇、巴彦淖尔镇、查干敖包镇)、2个苏木(巴彦乌拉苏木、赛汉高毕苏木)、49个嘎查、4个居委会。2010年,地区生产总值完成21.1亿元,下降2.9%。其中,一产业实现增加值2.9亿元,同比增长2.1% ;二产业实现增加值10.96亿元,同比下降14.7%;三产业实现增加值5.1亿元,同比增长13.4%;城镇居民人均可支配收入达15147元,同比增长12.1%;牧民人均纯收入达5 919元,同比增长13.7%。

【畜牧业】 全旗牲畜总头数达107.2万头只,较上年减小8.3万头只。一年以来,全面深化"减畜、增绿、转人、增收"措施,进一步巩固牧业基础地位。按照"南牛北羊,压减山羊,保护马和驼"的畜牧业结构调整布局,积极调整畜群和畜种结构。在中北部地区,抓好苏尼特羊提纯复壮工作,苏尼特羊总饲养量占到全旗牲畜总数的80 %左右,种公羊特级、一级率达到92%,建成苏尼特羊专业化养殖嘎查4个。在南部沙区,重点发展西门塔尔肉牛养殖业,建成肉牛养殖嘎查2个。全旗牲畜良改比重达96%。全面推行限量养殖,严格落实草畜平衡制度,坚决清理非牧户。采取宣传引导和早出给予财政补贴等措施,实现早出栏、多出栏的目标,全年共出栏牲畜72.8万头只,牧民享受出栏补贴256万元。年末,牲畜存栏61.8万头只,同比减少2万头只,实现了冷暖季草畜动态平衡。同时,按照"南治北移、中部划区轮休"的功能区划,在南部采取"封、飞、造、禁"综合措施,精心组织实施沙源治理、公益林补偿和农业开发等项目,完成生态治理面积31万亩,投资2 700万元。在中北部,积极推进放牧方式的转变,继续实施"生态恢复禁牧区"试点、边境生态移民等项目,开展全境春季休牧和季节性划大区轮牧,减轻了草场放牧压力,促进植被的恢复。

【工业】 全年全部工业增加值实现10.96亿元,占CDP的比重达到51.9%,同比下降14.7%。芒来煤矿生产原煤567万吨,实现产值9.1亿元;新锦佳矿业生产原油1.51万吨,实现产值0.6亿元;三家铁矿石企业生产铁矿石40万吨、铁精粉4万吨,实现产值1.22亿元;泰高水泥生产水泥熟料17万吨,实现产值0.39亿元。芒来煤矿扩建、大唐风电、萤石矿选厂和黄金选厂等7项盟级工业重点项目,完成投资6.1亿元;铜钼矿采选、芒硝综合利用、氟化工和褐煤干燥等项目进展顺利。有44家地勘单位68个项目在7126平方公里范围内,进行石油、煤炭、黄金、芒硝、铜钼、镍等矿种勘探作业,完成投资5.5亿元。

【教育】 投资2 500万元启动实施校舍安全、第二中学改造、逸夫小学搬迁工程,建成蒙古族幼儿园并投入使用。落实义务教育阶段"两免一补"政策,同时对中等职业教育学生实行了"两免一补"政策,实现了蒙语授课学生15年免费教育。财政对教育事业的投入累计达4 970万元。

【科技】 开展科技培训,累计举办各类科技培训25期,培训牧民和各类技术人员1 800人次。在全旗范围内开展了以"携手建设创新型国家——努力构建和谐苏尼特"为主题的宣传活动,在满都拉图镇的主要街道、各中小学校开展了一系列科普知识宣传活动,发放各种宣传材料、宣传手册共计7 000余份,科普挂图12套240张,科普图片200张,参加人数达7 000余人(次)。

【卫生】 2010年,全旗参加牧区合作医疗的牧民达1 708人,参合率达98%。投资400万元建设标准化医院、巴彦乌拉苏木卫生院、嘎查卫生室等。确定14所合作医疗定点机构,并发放定点医疗机构证书。2010年已经开始推行有旗医院代各苏木镇卫生院统一通过自治区招标采购平台采购基本药物。

【城镇建设】 按照"量力而行,积极建设"的原则,切实加强城镇建设与管理。成功承办了全盟精神文明建设经验交流会,通过以会促创、以会促建,城镇面貌发生了巨大变化。完成面包砖铺装22万平方米,完成投资2 400万元。完成小街小巷硬化黑色路面铺装2万平方米,完成投资360万元。架空线入地改造工程:改造架空线入地3 000延长米,完成投资700万元。街道共补栽树木1 490株。街道摆放盆花390盆,完成街道花卉种植25万株,总投资300万元。秋季绿化,种植松树1 000株,完成投资150万元。完成污水处理厂设备安装与配套管网建设,土建工程已基本完工,完善了部分管网建设,完成投资1 250万元。新安装路灯300盏,照明改造路灯113盏。铺装电缆1.2万延长米,景观灯安装2组,高杆灯2组,共完成投资905万元。完成换热站检修及过路顶管3处,铺装管道完成4 500延长米,投资480万元。完成水厂至白吉拉路实施供水管道铺装2 100延长米。完成投资140万元。已完成拆迁52户,发放拆迁补偿540万元。安达新家园开发企业自行拆迁69户,发放拆迁补偿费480万元。目前被拆迁户已全部安置妥当。临街太阳罩拆除工作由民事局、满镇、城建监察大队共同负责,共拆除的临街太阳罩240个。苏尼特广场工程,广场内三个篮球场与健身场地已全部完工并投入使用,完成投资500万元。新建农贸市场1处,总占地面积4 100平方米,完成投资150万元,入住商户70余家。新建和续建已落实开工建设项目14项,总建筑面积21.7万平方米,已完成投资1.1亿元。

【水利 林业】 2010年节水灌溉项目,完成7台时针式喷灌机的安装,控制面积2 000亩,完成投资230万元。小流域治理面积20平方公里,总投资400万元。完成水源井5眼,网围栏25 000米,人工造林2 700亩,完成投资160万元。组织抗旱服务站维修旧基本井20眼、小机电井配套6眼、大机电井配套3眼,维修机泵10台(套),发放小型喷灌机组35台(套)。

完成全年7万亩飞播造林任务。此次飞播作业历时13天,共飞行59架次,累计飞播时间56小时21分钟,撒播种子38 500公斤。封山(沙)育林完成8万亩,地块落实在赛罕高毕苏木。完成义务植树10万株。完成40亩育苗面积,完成率为133%。结合旗情、林情实际,确定了本旗集体林权制度改革先在白音淖尔镇乌兰淖尔嘎查进行试点后,在全旗范围内进行推广。本旗集体林权制度改革共涉及49个嘎查;3 000户,1.2万人;参改林地789.8万亩,完成380万亩,完成任务的48%。

【财政 税收】 全旗地方财政总收入累计完成20 034万元,同比增加3 866元,增长23.9%。其中,一般预算收入累计完成12 299万元,同比增加468万元,增长3.96%;上划中央税收累计入库6 006万元,同比增加2676万元,增长80.36%;上划自治区收入累计完成1 729万元,同比增加722万元,增长71.69%。税收收入(包括上划中央税收收入、上划自治区级税收收入)累计完成15 828万元,占地方财政总收入79%;非税收入累计完成4 206万元,占地方财政总收入21%。全年全旗地方财政总支出累计完成56 498万元,完成预算数的97.89%。

【交通 通讯】 2010年,全旗牧区公路建设总投资13 994.4万元。哈拉图庙至巴彦温都尔段三级砂石路,全长206.2公路,计划总投资7 144万元,建设工期两年,2010年完成投资4 600万元,完成路基石103万立方米/150公里。新建白日乌拉——恩格尔河四级油路,全长463.2公里,已完成主体工程,累计完成投资2 446.4万元。新建通嘎查四级砂石路463.2公里,总投资6 948万元。2010年,全社会客运量完成10万人;全社会旅客周转量完成1 911万人公里;全社会货运量完成430万吨;全社会货物周转量完成4.5亿吨公里。

2010年,联通、移动、邮政业务收入分别实现632万元、1 118.2万元、179.1万元,分别增长52.8%、7.8%和25.2%。

【文化 体育】 成功举办了第五届“吉鲁根”苏尼特文化艺术节、“寿星老人集体祝寿活动”和“苏尼特骆驼文化节”。建成苏尼特博物馆并对外开放,5个苏木镇文化站相继建成投入使用。举办第五届全国《苍天的骆羔》诗歌大赛复赛、第四届全区《浩瀚杯》业余歌手大赛、第五届全国“吉鲁根”诗歌金牌大赛、《蔚蓝的达日罕》歌咏比赛等歌咏比赛25次。旗乌兰牧骑全年演出133场,参加了在山西省举办的民间艺术节,舞蹈《草原雄风》荣获银奖。圆满完成全国文物普查实地文物调查阶段工作,新发现不可移动文物90处(岩画群4处、古墓葬51处、古遗址33处、古建筑2处)。成功举办“苏尼特杯”搏克赛和“普雷特杯”民族搏克表演赛。

【社会保障】 年内本级财政用于民生和社会事业的投入达7 362万元,同比增长143%。六项民生指标全部超过自治区平均水平。企业退休人员基本养老金人均增加162元;及时完成城乡低保调标提补工作,城镇低保标准每月提高50元,高于全盟标准20元,牧区低保标准每年提高300元,高于全盟标准60元,并做到应保尽保;五保户分散和集中供养标准均提高1 880元,分别达到3 280元和3 480元;孤儿集中供养和分散供养标准每月分别达到1 000元和600元,高于全区标准300元和100元;按照人均住房面积不足15平方米的标准,发放廉租房补贴72万元,366户受益;城镇职工和居民基本医疗保险最高支付分别从5.5万元和3.5万元,提高到14万元和6.5万元。妥善安置城镇下岗失业人员和转移牧民164人。全力推进保障性安居工程,建成廉租住房、游牧民定居住房、经济适用房604套,改善了城乡弱势群体居住条件。实施一事一议建设项目36个,完成投资837万元,25嘎查、2 792户牧民受益。完成牧区安全饮水工程水源井21眼,发放水处理设备290套,解决了1 007人安全饮水问题。

(斯琴朝克图)

苏尼特右旗

【领导名录】

旗委书记:巴特尔(蒙古族 1月任职)

人大主任:巴图巴特尔(蒙古族)

旗　　长:佈　仁(蒙古族)

政协主席:王哈斯(蒙古族)

武装部长:张喜平

政　　委:李方楼(5月任职)

【概况】 苏尼特右旗位于东经111°08′~114°16′、北纬41°55′~43°39″,东与苏尼特左旗、镶黄旗毗邻,南、西与乌兰察布市商都县和四子王旗接壤,北与二连浩特市为邻,西北和蒙古国交界,国竟线长18.15公里。全旗总面积22 340平方公里,南北为220公里,东西为160公里。海拔在900—1 400米之间,最高点为1 670米。属中温带半干旱大陆性气候,冬季漫长寒冷,春季多风,夏季炎热。2010年无霜期166天;年日照3 016.6小时;平均气温5.2℃,最低气温零下35.4℃,最高气温40.2℃;年平均降水量228.6毫米;年均风速4.8米/秒;8级(≥17米/秒)大风82天;年内发生沙尘暴10次。境内矿产资源丰富,金属矿、非金属矿、能源矿、水气矿种类齐全,有石油、浅纪褐煤、盐、天然碱、硝、金、铁、铜、锰、银、萤石、蛇纹岩、石灰石等28种。乌日根塔拉镇(原查干淖尔碱矿)的天然碱储量位居亚洲第二,中国第一。

全旗辖3个苏木、3个镇,有51个嘎查、5个村民委员会、19个社区居委会、1个种畜场。全旗总人口68 943人,其中,蒙古族23 285人,汉族44 786人。牧业年度牲畜存栏140.8万头(只)。地区生产总值360 513万元,同比增长18.1%,其中,第一产业26 341万元,同比增长2.6%;第二产业254 080万元,同比增长20.6%;第三产业80 092万元,同比增长15.5%;人均地区生产总值46 220元;同比增长20.1%。

2010年,城镇居民人均可支配收入15 219元,同比增长8.0%;年末,职工平均工资36 245元,同比增长28.8%。

【农牧业】 全旗大小畜成活仔畜62.8万头(只),其中,大畜0.89万头、小畜61.91万只。牧业年度大小畜存栏140.8万头(只),其中,大畜3.1万头、小畜137.7万只。牲畜改良比重达到99.4%。全旗34个冷配站点共完成冷配1 908头(其中,肉牛1 449头,奶牛459头),冷配受胎率达到76%。引进西门塔尔牛672头。给核心群牧户和全年引进10头以上西门塔尔牛的50户牧户发放60吨饲料。共选留苏尼特羊后备种公羔3 258只。36个重点嘎查种公羊达到特一级化。实行"合作社所有、专业户饲养、牧户有偿使用、独立核算"的管理模式,对全旗36个重点养殖苏尼特羊嘎查种公羊实现集中管理。投入150万元,加强苏尼特羊良种场地基础设施建设。全旗共出栏牲畜74万头(只),其中,大畜1.27万头、小畜72.73万只(其中,山羊20.85万只)。全旗春季休牧面积为3 351万亩,6个苏木镇57个嘎查村全体农牧户休牧20天 。落实阶段性禁牧草场567万亩,涉及4个苏木镇6个嘎查的1 118户牧民,发放禁牧补贴1 190多万元。打储草9 126万公斤,完成目标任务的100.6%。共完成鼠害防治20万亩,完成叶甲幼虫防治5.6万亩,秋季动物疫病防治工作中双价苗免疫注射羊71.2万只、牛2.09万头,免疫密度达到100%。猪瘟免疫注射2 202口、鸡新城疫免疫注射2.9万羽,免疫密度达到100%。共采集牲畜布病血检样品并分离血清7.2765万份,完成目标任务的101%。通过虎红平板凝集试验初检阳性3 402头份,阳性率达4.68%。动物疫病防控中心实验室利用试管凝集实验进行复检,检出阳性1 247头份,其中,种公羊124只份,并要求畜主进行淘汰处理。年底,使用各项补贴总额达到200万元,其中,中央基金120万元,自治区资金40万元,旗县资金40万元。全旗已补贴购置机械170台套、受益户141户,其中,各型拖拉机40台、风光互补设备93台套、其它各类型37台套。全旗巩固退耕还林成果后续产业项目总投资136.4万元,其中,农村能源项目投资15万元、后续产业项目投资114.86万元、技能培训项目投资6.54万元。购置安装太阳能灶250台、建棚舍800平方米、管理室及库房400平方米、修建土公路500米、培训猪鸡养殖人员109人。全旗现有农牧民专业合作社81个,参加合作社的农牧户占总户数和总人口的33%和26%,注册资金总额近7 000万元。截至12月底,全旗规模以上农畜产品加工企业实现销售收入达到102 454万元,较上年同期增长13.9%,其中,肉食品加工企业实现销售收入37 939万元,占总销售收入的37.0%;绒毛加工企业实现销售收入64 515万元,占总销售收入的63.0%;全旗19家肉食品加工企业加工活畜79.6万羊单位。2010年,全旗6个非农非牧收入监测点人均来自非农非牧收入达2 435元。

【林业 水利】 全年完成全民义务植树20余万株。在飞播、封育项目区完成沙障设置2万亩,围栏16.4万延长米,人工补植1.5万亩,人工补播3 000亩,简易整地1.4万亩。完成飞播造林作业面积12万亩(宜播面积10万亩),完成当年飞播造林任务。完成林改面积409万亩,占总任务的45%。全年完成新育苗60亩,容器苗15万袋。巩固退耕还林成果补植造林完成4 000亩。森林植被恢复项目完成造林4 636亩。敖包山和王府通道绿化工程完成人工造林1.2万株。全旗各中小学、幼儿园完成校园绿化种植各类苗木1.15万株。向农牧民兑现国家重点公益林补贴资金188万余元,受益牧户367户,户均受益5 125元。普查小组行程2 000多公里深入全旗6个苏木镇,对全旗境内面积8公顷以上(包括8公顷)的湖泊湿地、沼泽湿地、人工湿地以及宽度10米以上、面积4公顷以上的河流湿地资源和林木品种资源进行普查,共完成采集林木标本近50种。共下达计划自来水工程7处,新建供水基本井35眼,发放改水设备150套,总投资511万元,解决农村牧区饮水不达标及饮水困难人口3 281人。深入全旗6个苏木镇古河道以外历史认定的无水草场,开展历时两个月的找水工作。完成各类水源井建设53眼,新建自来水2处,安装管道4 000延长米,新建节水灌溉工程4处(灌溉面积1500亩),维修水利工程56处。在严重缺水地区设立抗旱应急供水点3处。投入抗旱应急送水车2台,为牧民送水12趟380立方米,累计行程2 400公里。水利技术人员无偿为农牧区群众提供技术咨询和服务200余人次,免费维修机泵29台(套),小修节水设施设备50处(套)。黑尹敖包小流域治理工程总投资330万元,共完成小流域水土保持综合治理面积2.25万亩,完成修建作业路4.5公里,生物措施水保坡面防护林柠条植苗4 500亩,柠条直播6 000亩,完成铅丝石笼谷坊160座,网围栏围封24公里,沟头防护36处,标志碑1座,水源井12眼。

【工业】 年底全旗规模以上工业企业44户,较上年同期增加4户,产值超亿元企业11户,较上年同期增加3户,累计完成工业产值369 920.8万元,同比增长27.2%。全年完成全部工业总产值42亿元,同比增长34.83%,完成工业增加值22亿元,同比增长37.5%。全旗开复工项目22项,完成工业固定资产投资218 950万元。至年末,全旗风机吊装容量突破26万千瓦,并网发电装机容量突破20万千瓦。年产黄金达3吨,年产铜达4 000吨。全旗年用电量6.04亿千瓦时,同比下降2.03%,万元GDP能耗同比下降9.79%。

【市政建设】 完成城市基础设施建投资14 058.5万元。完成12条城市道路修建工程,全长17.6公里,总投资7 130万元。新区给排水工程完成投资1 668.93万元。城市绿化面积15.48万平方米,总投资3 240.6万元。旗直部门综合办公楼门前广场面积2.47万平方米,总投资640万元,硬化面积1.24万平方米,完成投资32万元。污水处理厂项目建设总投资3 326万元,完成投资2 850万元。新建垃圾转运站4个,公厕1座,完成投资83万元。新增供热面积23万平方米,新增供热管网5.7公里,完成投资804.5万元。全年完成绿化面积达13万平方米。维修广场损坏硬化地面4 000平方米,草坪灯86座。完成16个居民小区二次供热管网改造工程,新安装智能表600余块。街道亮化主干道亮灯率达95%,次干道亮灯率达到90%。房地产新开工项目有23项,建筑面积28.36万平方米,完成投资27 721万元。在建工程项目共49项,总建筑面积42万平方米,工程造价47 746万元。重点拆迁项目9个,新开项目5个,接转2009年项目4个,总计涉及拆迁项目11个,总户数808户,拆迁面积54 640平方米,已拆迁户数为449户,已拆迁面积27 280平方米,完成拆迁任务的56%。廉租住房租赁补贴共发放511户,发放金额为73.58万元。争取农牧区危改房500户。现已完成修缮和新建共400户,完成总改项目的80%。

【交通 邮电】 农村牧区公路建设累计完成6 683.6万元,其中,计划内通乡油路12.7公里,完成投资576万元;计划内通村砂石路完成14.7公里,完成投资170万元;计划外通嘎查小油路完成46公里,完成投资2 070万元;计划外通嘎查村砂石路完成322.3公里,完成投资3 867.6万元。投入55.27万元,对全旗282.2公里通乡油路路面灌缝;投入56.4万元,对赛—桑线路肩培土;投入13.23万元对部分通嘎查(村)砂石路进行日常养护。投资1 200万元续建远通物流园区二期工程,年底税收完成1 000万元。投资270万元为查干楚鲁图嘎查修建6.2公里通嘎查油路。在国道208和省道101线交叉口更换减速带,安放警示防撞桶。

邮政累计代收电费471万元,移动话费76.29万元。2010年代发养老金新增600户。已制作邮资封4 000枚,中邮广告一期,制作第六届少儿书信邮简5 000枚,交通安全答题2 000枚,合计收入0.36万元。全年函件收入完成32万元。

中国移动苏尼特右旗分公司运营收入完成3 600万元,创税收近108万元,净增客户5 000多户,市场份额占比为85%。年底建成基站17个,其中,13个基站开通,加强2G网络覆盖。

联合网络通信苏尼特右旗分公司完成总通信服务收入1 099万元,完成年度预算目标1 324万元的83%,完成全年预算进度1 106万元的99%,同比增长11.5%。

【财政 金融】 截至年底,全旗财政总收入完成40 018万元,为年度预算的88.9%,同比增收9 985万元,增长33%。财政总支出72 382万元,为年度调整预算的131%,同比增支5 975万元,增长9%。国库集中支付直接支付金额达21 677万元,直接支付比例由2009年的76.5%,提高到2010年的80.9%;截至12月底,通过"一卡通"方式累计发放惠农惠牧资金3 400万元。截至12月底,兑付下乡补贴资金384万元。共计完成政府采购金额1 716 78万元。确认村级公益事业"一事一议"建设项目19个,总投资866万元。共申报棚户区改造、牧场集中养殖、新能源、高产饲料基地、人畜集中供水等项目32个,入库率100%。截至12月底,实际到位项目资金2.730万元。至2010年年底,国税税收收入累计完成9034万元,较上年同期减收1 968万元,完成税收计划(14 000)的64.53%。截至2010年12月9日,个体税收任务共计完成979 152.09元。地税各项税收收入累计入库20 132万元,同比增收

9 026万元,增幅为81.27%,完成年度税收计划的154.86%。累计征缴各项社会保险费4 525万元。累计完成各项基金收入356万元。2010年金融机构累计向联社发放支农再贷款9 000万元,累计收回5 000万元,年末,余额4 000万元。农村信用社累计发放“草场承包经营证”抵押贷款1 101笔,累放草场权抵押贷款2 920万元,余额2 905万元。抵押草场总面积733万亩。累放各项贷款62 731万元。累放涉农贷款34.442万元,占各项贷款累放总额的55%。累放农业贷款33 297万元,占全辖农业贷款累放额的97%。在畜产品加工收购旺季为近50户加工企业发放7 000多万元的流动资金贷款。农业银行利用惠农卡发放中长期小额农户贷款1 145万元。截至年末,全辖个人住房贷款余额2 462万元,较年初增加2 001万元,增长434.06%,占全辖各项贷款总额的2.3%。截至年末,金融机构各项贷款总额106 144万元,比年初增加30 495万元,增长40.31%。辖区农业贷款余额40 753万元,较年初增加12.436万元,增长44%,占各项贷款总额比38.39%。

【教育 文化 卫生】 全旗实现蒙古语授课学前教育、义务教育、高中阶段教育15年免费教育。在2010年高考中,本科上线223人。蒙授本科上线率较上年提高21.1%,汉授本科上线率较上年提高19%。在全盟汉授中考成绩排名中,前10名学生中苏尼特右旗占5名。全旗汉授进入前100名的共24名,占24%;进入A类校次的共100名,占全盟的21.6%,高于平均水平11.6个百分点。享受高中阶段教育补助金的897名学生,发放资金101.138万元;对享受蒙语授课学前教育补助的774名学生,发放资金46.44万元;享受对农村牧区户和城镇低保户学前教育补助的1 587名学生,发放资金79.35万元。资助农牧民子女上本科249人,发放资金49.8万元。资助农牧民子女专科毕业生38人,发放资金7.6万元。全年校舍安全工程新建项目6个,建筑总面积12 620平方米,总投资1 885万元。3个工程项目已竣工,竣工面积6 700平方米,竣工率为53%。至年底,到位资金1 338万元,占总投资的71%。

举办“第四届苏尼特骆驼文化节”、“巴彦敖包祭祀暨王府那达慕”、“苏尼特右旗第四届乌兰牧骑艺术节”、“八省区首届祝赞词大赛”和“全区首届‘奥登高娃杯’歌咏比赛”、“全盟第二届‘苏尼特碱业乒协杯’乒乓球大奖赛”、“全旗第十二届‘金杯’博克赛暨首届射箭比赛”等活动。申报呼日乐巴特尔为苏尼特长调民歌代表性传承人、那日玛为民间文学(祝赞词)代表性传承人。成功申报“蒙古雅托噶”、“赛骆驼”为全盟第二批非物质文化遗产名录。协助盟文物站调查组,完成对全胜村境内长城的全球定位、打点、测量工作。协助锡盟长城资源调查队调查西苏旗境内的北线金界壕170多公里,对北线长城进行全球定位、打点、测量、拍照,并收集相关材料和文字资料。乌兰牧骑共完成接待演出200多场、城镇演出22场,观众达15万多人次,对外演出11场,观众达70多万人次。至11月30日,共采播蒙、汉语新闻1 460条,采写率较上年同期增加10%。播出信息传递534条。实施电影放映“2131”工程,全年下乡放映56场,广场放映264场,剧院放映40场,放映爱国主义影片和防腐倡廉影片16场,协助相关单位在影剧院举办各类活动12次。全年重点发展特色“牧人之家”旅游点20户。新申请经营“牧人之家”旅游点23个,参与经营的有51户牧民。

在各苏木、镇卫生院、社区卫生服务中心实行药品零差率销售。在旗卫生局成立药品采购办公室,药品采购办统一网上集中采购,旗综合医院网购率达85%以上。投资3 600万元,建设规模1.5万平方米的旗人民医院标准化新医院项目已开工建设;投资100万元的桑宝力嘎苏木卫生院建设国债资金已全部到位。投入99.4万元完成建立居民个人健康档案工作、60岁以上老人健康检查工作、健康教育宣传信息和健康教育咨询服务工作。政府出资15万元为全旗农牧民开展布病筛查体检和治疗工作,至9月底共普查56个嘎查、6个重点学校,普查人数1万余人。传染病防治项目资金中央转移支付到位15.4万元。鼠疫防治工作中央转移支付专项经费8万元,已全部到位。至年底全旗共有25 276人参加新农合,参合率为农牧区常住人口的96%,筹集基金共310万元。城镇居民医保实际参统22 400人。

【社保 再就业】 征集就业岗位7 658个,完成年度任务的117.8%;安置城镇各类人员1 684人,完成任务的105.2%。按安置渠道分,再就业基地安置324人,社区实体安置4人;公益性岗位安置45人;自谋职业283人;其他企业安置685人;劳务输出安置45人;其他渠道安置298人。失业率控制在3.89%。至2010年12月底,共支出就业再就业资金489万元。共培训城镇各类人员1 350人,完成年度任务的103.84%。共培训农牧区转移人员2 089人,完成年度任务的116.1%;培训后就业1 771人,培训后就业率为85.1%。2010年农牧区转移人员就业2 052人,完成年度任务的120.7%。共开展创业培训11期,226人参加培训。建立“高校毕业生就业见习基地”2所,安排20名大中专毕业生见习。为事业单位储备人才、嘎查村领导助理、自治区大学生村官、企业储备人才和2008年退役士兵等70人办理安置手续。教育系统公开招聘19名教师。广电、卫生、翻译中心等事业单位公开招录22人。截至年底,全旗企业养老、职工医疗、失业、工伤和生育保险参保人数分别达到8 544人、14 697人、8 560人、6 300人、6 410人,均完成全年目标任务的100%。共征缴五项保险基金9 469万元。城镇职工医保和城镇居民医保慢性病种扩大至8种,截至年底。为1 208人共发放养老金712万元。退还64个事业单位养老金489万元。

【扶贫开发】 上级财政扶贫资金到位290万元,到位率100%。地方配套资金到位162.705万元,其中,地方财政配套115万元,牧民自筹47.705万元,到位率100%。解决脱贫人口904人,控制返贫率8%以下。全旗整村推进项目重点嘎查2个,分别为桑宝拉格苏木新宝拉格嘎查、乌日根塔拉镇都西乌拉嘎查。共投入资金200.91万元,其中,财政扶贫资金140万元,地方财政配套40万元,农牧民自筹20.91万元,完成购买苏尼特基础母羊2 814只、种公羊90只,扶持贫困户113户、425人。建设产业化扶贫项目3个,已完成乌日根塔拉镇额尔敦宝拉格嘎查的产业化项目,总投资101.795万元,其中,财政扶贫资金50万元、地方配套资金25万元、牧民自筹26.795万元。完成购买苏尼特种公羊40只,基础母羊1 443只。项目扶持46户、161人。完成转移人数5 619人。完成转移培训农牧民1 951人,培训后就业1 677人。旗直84个单位帮扶56个嘎查,投入资金66.883万元。

(斯琴 田珍)

正 蓝 旗

【领导名录】

旗委书记:巴根那(蒙古族)

人大主任:斯琴其木格(女 蒙古族)

旗　　长:田　永

政协主席:钢苏和(蒙古族)

武装部长:袁忠华

政　　委:蔡润平

【概况】 全旗辖3个镇、3个苏木、1个国营牧场、1个示范区、103个嘎查(村)。总人口8.238万人,其中,蒙古族3.12万人、汉族4.5605万人、满族4 286人、回族1 189人、达斡尔39人、土家族42人,其他少数民族12人。土地总面积1.0182万平方公里,可利用草原面积8 223平方公里。

2010年,地区生产总值完成40.01亿元。其中,第一产业增加值4.73亿元,同比增长3.3%;第二产业增加值27.06亿元,同比下降4%;第三产业增加值8.02亿元,同比增长12%。三次产业结构为11.8 : 68.1 : 20.1。固定资产投资完成36亿元,同比增长25.9%。地方财政总收入完成6.75亿元,城镇居民人均可支配收入1.5362万元,同比增长11.8%;农牧民人均纯收入6 778元,同比增长13.8%。金融机构存贷款余额分别达到13亿元和52.7亿元。

【农牧业】 2010年,牲畜出栏33.4万头(只),其中,大畜8.4万头、小畜25万只。牧业年度牲畜总头数57.44万头(只),其中,大畜21.53万头、小畜35.91万只。奶牛养殖小区21个,奶牛养殖户3 427户,存栏奶牛2.8万头。休养禁牧草场1 356万亩。农作物播种面积29.6万亩,其中,粮食播种面积20.66万亩、油料播种面积1.66万亩、蔬菜播种面积2.57万亩。实施种植业良种补贴项目,补贴面积11.24万亩,补贴资金104万元。粮食总产量2 294.1万公斤,平均单产340斤。药材0.01万亩。青饲料4.7万亩。举办各类培训班10期,培训农牧民2 960人(次)。

【水利 林业】 实施农村牧区饮水安全工程项目,完成投资1 017万元,工程建设水源井22眼、铺设管道122公里,投入防改水设备76套,解决7 770人和4万头(只)牲畜的饮水安全问题。节水灌溉示范项目新建节水灌溉面积1 620亩,建小机电井56眼,配套小型移动式喷灌机组56套。完成水土流失治理面积2.7万亩。退耕还林区节水灌溉面积5 150亩。小型农田水利工程新建节水灌溉面积600亩,安装时针式喷灌机组1套,打水源井4眼。

【生态建设】 新建草原围栏5万亩,补播牧草面积达4 514万亩,种植防沙黄柳263亩,蝗虫防治作业面积47.5万亩。争取资金69.21万元,实施草地螟检测站项目,在桑根达来镇、赛音呼都嘎苏木和那日图苏木建立3个草地螟检测站点。

【工业】 全社会固定资产投资36亿元,同比增长25.6%。引进盟外资金32.3亿元,同比增长7.6%。上都电厂三期工程年内完成投资152 431万元;黑城子煤田开发项目完成投资9 451万元;1.2万吨污水处理厂完成投资4 020万元,完成26公里管网工程和厂区建设工程。

【教育 科技】 全旗共有中小学、幼儿园12所,其中,小学7所、初级中学1所、民族综合高中1所、完全中学1所、幼儿园2所,共有教职工820人、在校生5 139人。小学适龄儿童入学率100%,初中入学率97.99%,高中阶段入学率81.3%。投资498.2万元建立全旗教育城域网,配备蒙汉文资源服务器。468名贫困大学生申请生源地助学贷款,发放金额为230.9万元。义务教育阶段贫困寄宿生3 602人获得生活费补贴资金123万元,蒙古语授课学前教育补助资金落实1 372人,发放资金82.3万元。

全旗共有各类科技示范园区10处,科技示范嘎查村35个,科技示范户28户。2项科技成果获得盟级科学技术进步三等奖。

【文化 旅游】 2010年元上都遗址被列入2012年中国提交联合国申报世界文化遗产项目。实现苏木镇文化场所全覆盖,嘎查村文化活动室覆盖率达到60%。举办嘎丹丰吉灵庙开光庆典仪式。全年接待游客32.3万人次,实现相关收入1.45亿元。

【社会保障】 年内,新建廉租住房360套,发放租赁补贴137.7万元。新型农村牧区社会养老保险实现全覆盖。企业养老保险参保人员7 326人,完成目标任务的100%。城镇居民医疗保险覆盖1.41万人,完成目标任务的84%。城镇居民和职工医疗保险支出777万元。对全旗515户贫困家庭进行集中帮扶,实现973人稳定脱贫。

【医疗卫生】 在14所基层卫生院和社区服务中心实行基本药物制度。新型农村牧区合作医疗参加人数为51 593人,参合率98%。人口出生率控制在6.38‰。为2 518人建立居民健康档案。开展慢性病患者管理工作,为3 024人建立档案。

【城镇建设】 城镇基础设施建设完成投资18 900万元,建成商业、住宅小区34万平方米,上都镇建成区面积扩展到13.5平方公里,城镇化率达49%,供热普及率60%。完成通嘎查村砂石公路71.6公里,建成嘎查村通电风光互补机组10台。

(乌日娜)

正镶白旗

【领导名录】

旗委书记:赵　生(蒙古族)
人大主任:阿拉腾花(女　蒙古族)
旗　　长:梁立军
政协主席:朝　鲁(蒙古族)
武装部长:冯久杰
政　　委:杜立权

【概况】 正镶白旗位于锡林郭勒盟西南部,全旗土地总面积6 229平方公里,辖2个镇2个苏木。全旗总人口7.3万人,旗政府驻地明安图镇。2010年,全旗地区生产总值完成17.2亿元,增长9.5%,其中,第一产业增加值3.2亿元,增长3.3%;第二产业增加值8.8亿元,增长9.8%;第三产业增加值5.2亿元,增长12.7%。地方财政总收入7 574万元,增长16.0%;财政总支出5.6亿元,增长28.1%。全社会固定资产投资13亿元,增长2.9%。城镇居民人均可支配收入14 526元,增长11.4%;农民人均纯收入4 618元,增长10.4%;牧民人均纯收入4 907元,增长7.4%。社会消费品零售总额4.3亿元,增长18.8%。城镇登记失业率控制在3.8%以内。万元GDP能耗下降5.6%。

【农牧业】 2010年牧业年度,牲畜存栏57.9万头只,较上年同期减少10.8万头只,其中,羊减少11.8万只,牛增加9 000头。出栏牲畜40万头只,打贮草8 530万公斤。农作物总播种面积25.8万亩。测土配方施肥面积21万亩。实施良种补贴面积8.2万亩。新开发高产饲草料地6 000亩、水浇地3 000亩,新增温室大棚151座。财政投入545万元为受灾农牧户补贴饲草1 345万公斤、饲料270万公斤。完成沙源治理面积25.2万亩。实施阶段性禁牧面积354万亩,覆盖30个嘎查、1.59万牧民,涉及资金4 779.3万元,其中,旗财政配套资金873.6万元。草畜平衡入户率达到100%,规范流转草场面积64.6万亩。实施总投资724万元的农业综合开发项目,农牧业产业化企业31家,辐射带动农牧户4 630户。新建农牧民合作经济组织29个,累计达到63个。新增肉牛育肥专业嘎查1个、肉牛肉羊育肥点16处、育肥专业户63户,全旗育肥出栏肉牛1.1万头、肉羊6万只。投入农机补贴资金530万元,补贴农机具401台套,惠及农牧户264户。转移农村牧区人口4 311人,其中,稳定性转移1 896人。落实嘎查村公益事业"一事一议"项目22个。通过"一卡通"财政专户发放惠农惠牧补贴资金1.4亿元,受益农牧民4.7万人。

【林业】 2010年,73.6万亩林地实行集体林权制度改革,公益林生态补偿面积22万亩。实施总投资

1 447.7万元的退耕还林后续产业项目,累计完成沙源工程林业生态 126.63 万亩,其中,飞播造林 50.8 万亩,封沙育林 36.9 万亩,防护林建设 10.63 万亩,退耕还林 28.3 万亩。义务植树 0.16 万亩,四旁植树 0.08 万亩。全旗森林覆盖率提高到4.09%。

【工业】 推进能源、矿产品采选冶炼、农畜产品加工、建材、化工为重点的项目建设,工业经济规模和效益提高,规模以上工业企业达到20户,全部工业增加值7.5亿元,增长15.3%。主要工业产品产量:发电量2.1亿度,铁精粉7.2万吨,硅铁9114吨,无毛绒800吨,羊绒制品19.5万件,牛羊肉1 127吨,饲料1.2万吨。工业重点项目:北京京能新能源有限公司10万千瓦、国电优能有限公司5万千瓦风电项目并网发电。日处理1 500吨铅锌矿选厂项目累计投资1.3亿元,设备安装和厂区建设完工。日产5 000吨水泥熟料、年加工300万平方米石材板材项目一期工程开工建设。绒毛加工企业14家,年分梳绒毛1 500吨。肉类加工企业10家,加工活畜10.7万羊单位。年产3 000万块新型免烧砖、年产40万根轨枕厂项目投产。蒙苏特二甲基二硫化工项目建成并试生产。石油勘探累计打成油气探井33眼,3眼试采出油。都北多金属矿初步勘探钛金属量30万吨以上,铁矿石量200万吨以上。

【第三产业】 编制《正镶白旗物流业发展总体规划》和《正镶白旗那日图物流园区规划》。那日图物流园区项目获得自治区人民政府批复。察哈尔农贸市场、创业园区等一批服务项目建成。3家煤炭营销企业全年交易煤炭200万吨。家电、汽车(摩托车)下乡产品累计销售7 661台和660辆,财政补贴资金247万元。全年客运周转量14 358万人公里,增长52.2%;全年货运周转量50 157万吨公里,增长58.6%。金融机构各项存款余额9.3亿元,增长30.9%;各项贷款余额6.4亿元,增长132%。全年接待游客12.6万人次,旅游收入4 800万元。

【基础设施】 重点实施旧区道路、人行道改扩建和危旧房改造工程。市政基础设施建设投入1.14亿元,改扩建市政道路10条、11.7公里,小巷硬化和人行道铺装18万平方米,安装节能路灯270盏,改造路灯263盏,新增绿地2万平方米;修建明安图镇外环路2条、8.8公里;集中供热扩容9万平方米,总面积56.4万平方米;日处理1万吨污水处理厂继续施工,日处理50吨垃圾处理厂工程开始建设,完成自来水管网改造工程;环卫保洁人员133人,投入270万元购置环卫车辆及设备,新招录城管人员15人;投入500余万元在新区道路安装监控设备和红绿灯抓拍系统。房地产新开工面积12.6万平方米,其中,平房改建楼房300套、4.2万平方米。

实施乌兰察布苏木至伊克淖尔(善达)苏木通乡油路续建工程,新修通村砂石路80公里。正镶白旗通用通勤机场项目列入自治区机场建设"十二五"规划,机场选址等前期工作启动。开工建设明安图镇西郊110千伏、三面井35千伏、乌兰察布苏木35千伏输变电站工程;投资1 319万元为541户牧民接通网电。解决农村牧区5 600人饮水安全及10万头只牲畜饮水困难问题。

【招商引资】 争取国家和自治区各类资金2.5亿元,实施重点项目34项,建成投产19项。实施各类新建和续建招商引资项目36项,其中,新建17项,续建19项,到位资金10.5亿元,水泥等一批重点招商项目开工建设。

【社会保障】 征集就业岗位6 520个,城镇新增就业1 355人,农牧民转移就业2 464人。加强创业园区建设,首批40户创业者入园营业。为262户创业人员发放小额担保贷款830万元。城镇低保家庭年人均补助水平提高到2 880元,受益2 188人;农村牧区低保家庭年人均补助水平提高到1 000元,受益6 668人。五保对象集中供养标准提高到3 100元,分散供养标准提高到2 182元。孤儿集中养育和社会分散养育月补助水平分别提高到1 000元和600元。城镇职工和居民基本医疗保险参保人数分别达到6 308人和5 013人,报销封顶线分别提高到12万元和6.5万元。新型农村牧区合作医疗参保人数46 948人,参合率90.8%,报销封顶线提高到5万元,扩大补偿病种范围,各段报销比例提高5%。为城镇职工、居民医疗保险、新型农村牧区合作医疗参合者39 364人次报支医药费1 296.8万元,其中,为医药费用在10万元以上的38名大病患者报支医药费155.5万元。发放城乡医疗救助资金270.5万元,累计救助困难群众2 016人次,为医疗费用在10万元以上的9名大病患者支付救助金24.4万元,最高救助金额达到5.2万元。新型农村牧区社会养老试点嘎查村增加到7个。企业、个体工商户基本养老保险参保人数3 966人,工伤保险参保人数1 701人,生育保险参保人数3 485人,失业保险参保人数2 235人。农村牧区现役军人优待金年人均3 000元。安置城镇退伍军人35名。建成和购置廉租住房137套,为653户城镇低保家庭发放住房租赁补贴79万元。100户农村牧区危房改造项目竣工,36户国有林场棚户区改造项目开工建设。投入25万元为50户残疾人危房改造项目进行补贴。投放救灾救济款物折合人民币360万元,救济受灾群众1.9万人次,其中,投入140万元为86户受灾群众新建住房。投入各类扶贫资金1 200万元,近1万名低收入农牧民得到扶持。成立明安图慈善总会,募集款物折合人民币29万元,救助困难群众410人次。

【教育】 实施蒙古族中学实验楼、察汉淖中学综合楼等5项校舍安全工程,新建2所苏木镇幼儿园分园。落实各类教育补助511万元,受益学生8 700人次;帮助421名大学生获得助学贷款210万元。高考本、专科上线率92%,同比提高16.5%。为各学校(包括8所私立幼儿园)配备校警22名。全年公开招录和储备人才120人。

【卫生】 深化医药卫生体制改革,推行药品网上阳光采购。旗医院病房楼开工建设,明安图镇社区卫生服务中心建成。为55名嘎查村医生月人均补助300元。免费为1 100名妇女开展疾病普查,为45名白内障患者实施复明手术。做好优生优育工作,人口出生率控制在6.77‰。

【文化】 举办正镶白旗首届职工运动会、察哈尔文化旅游节、广场艺术节等群众性文体活动。修订《文艺作品创作补贴及优秀文艺作品奖励和优秀文艺工作者表彰奖励办法》,对6部优秀文艺作品和6部文学图书给予奖励。好来宝《成吉思汗的八骏马》获得自治区乌兰牧骑艺术节一等奖。电视剧《明安图传奇》通过国家广电总局审核,获准拍摄。宣传文化中心办公区投入使用,新建3个苏木镇综合文化站和19个草原书屋,为6 077户农牧户安装卫星接收设备。伊克淖尔北朝墓葬"入选全国考古100大发现和自治区考古20大新发现。

(王慧)

镶 黄 旗

【领导名录】

旗委书记:周金桩(蒙古族)
人大主任:都 楞(蒙古族)
旗 长:宝日夫
政协主席:刘 祥
武装部长:刘卜超(5月离任) 郭玉忠(5月任职)
政 委:张国华(5月离任) 乔国庆(5月任职)

【概况】 镶黄旗位于锡林郭勒盟西部,东经113°30′~114°45′,北纬41°56′~42°45′。总面积5 143平方公里,草牧场占总面积的97.68%。辖1个苏木、2个镇,60个嘎查、6个居民区、总人口30 737人,其中,蒙古族18 832人,汉族11 766人 ,其他少数民族140人。旗政府所在地新宝拉格镇。

2010年,地方财政总收入3.35亿元,全社会固定资产投资22.1亿元,城镇居民人均可支配收入1.5532万元,牧民人均纯收入5 289元,引进国内区外资金12.2亿元,三次产业比重为7:76:17,实现由畜牧业主导向工业主导的转变。

【畜牧业】 2010年,接活仔畜21.2万头(只),繁殖成活率99.9%;牧业年度牲畜总数46.24万头(只),其中,大畜2.48万头、小畜43.73只。全旗改良牲畜45.52万头(只),改良比重为98.5%,同比增长1.4%,完成目标的100.5%。牲畜出栏36.52万头(只),完成目标的101.4%。完成草原生态植被建设面积14.62万亩,其中,人工种草1.12万亩,青贮玉米种植4.1万亩,围栏草场面积9.4万亩。防治蝗虫灾害面积18.6万亩。打贮草4 002万公斤,完成目标的100.1%。

有荷斯坦奶牛1 329头、西门塔尔母牛8 508头,新增18月龄育成母牛2 480头。全旗有41个流动式冷配站。共冷配母牛10 943头,完成任务的97%,其中,奶牛1 172头,肉牛9 771头。现有肉毛兼用型种公羊2 360只,其中,合格种公羊2 050只,合格率87%。土种种公羊2 003只,其中,合格种公羊654只,合格率33%。完成细毛羊人工授精2.8万只,肉羊经济杂交15.8万只。全旗现有绵羊人工授精站点48个,建立种公羊集中管理点8个。

【林业 水利】 飞播造林完成2万亩,完成计划任务的100%,建设地点位于文贡乌拉苏木查干淖尔嘎查。封山育林工程完成8万亩,完成计划任务的100%,完成造林补植面积5 600亩,建设地点为文贡乌拉苏木、新宝拉格镇和巴音塔拉镇。其中,文贡乌拉苏木完成3.2万亩,巴音塔拉镇完成3.4万亩,新宝拉格镇完成1.4万亩,共17个封育地块。完成黄花山植被恢复项目造林1 000亩,其中,栽植杜松2.8万株、榆树2.8万株,围栏3.58万延长米;完成自治区浑善达克沙地再生沙障治理流动沙地技术推广项目,设置胡麻秸秆机械沙障4万延长米,黄柳活沙障48万延长米。育苗及义务植树。完成育苗面积240亩,其中,新育面积110亩,培育柠条容器苗20万袋;完成四旁植树15万株,义务植树13万株。栽植树种为云杉、樟子松、丁香、榆叶梅、珍珠梅、榆树、杨树、柠条,栽植地点为新宝拉格镇、巴音塔拉镇、文贡乌拉苏木。城镇周边绿化工程。栽植各种针叶、阔叶、果树、灌木等15种。完成通道绿化15公里,共栽植各种乔木1.5万株、灌木3万株,浇水4万多吨,投入人力1 580人次,车辆5 600车次。

新增灌溉饲草料基地面积0.538万亩,配套节水设施,完成全年任务的134%。新增水保治理面积4万亩,完成全年任务的100%。解决953人的饮水安全问题,完成任务的119%。完成赛音乌苏水库除险加固工程。京津风沙源水利水保综合治理工程,完成石笼坝18条,砌筑石方2 430立方米,沟底防冲林105公顷,开挖坡面水平沟34 920米。新打水源井(筒井)7眼,其中,6眼成井,配套柴油发电机组、水泵各6台(套),投资108.57万元。

【工业】 工业固定资产投资完成144 701万元,同比增加45 832万元,增长46.36%。

花岗岩开采加工项目 累计开采荒料47.73万立方米,同比增加12.5万立方米,增长35.46%;加工板材1431.81万平方米,同比增加374.81万平方米,增长35.46%,实现产值18.61亿元,同比增加4.87亿元,增长35.46%。

石油风险勘探和深加工项目 26家石油勘探企业的170口井开钻,完成钻探152口,其中,油气显示井98口、安装井89口、生产井53口,累计生产原油11.75万吨,实现产值4.97亿元,同比增加0.48亿元,增长10.82%。宁蒙石化有限公司加工溶剂油71 297.56吨,实现产值4.38亿元。绿能气体天然气回收加工项目累计投资1.3亿元。全旗天然气日处理能力达到23万立方米,累计生产压缩天然气1 434万立方米、液化天然气6 102吨、液化石油气2 006吨,实现产值0.52亿元。

风电项目 大唐镶黄旗一期风电场完成基础施工,吊装风机5台。

畜牧业产业化项目 镶黄旗肉食品加工企业累计生产加工27.2万羊单位,同比增加0.1万羊单位,增长0.37%,实现产值16 320万元,同比增加2 545万元,增长18.48%。鸿格尔农牧业有限责任公司畜牧业产业化项目、皇家牧场肉类有限公司牲畜加工项目,完成投资1 800万元。乳制品加工企业生产乳制品1 218.32吨,同比增加546.66吨,增长81.39%,实现产值1 462万元,同比增加656万元,增长81.39%。翔宇羊绒有限公司加工成品绒429.71吨,同比增加76吨,增长21.49%。实现产值3.01亿元,同比增加0.53亿元,增长21.37%。戎立特绒毛制品有限公司加工羊绒衫12.725万件,同比增加5.735万件,增长82.05%。实现产值1.02亿元,同比增加0.46亿元,增长82.14%。

煤炭开采项目 塬林煤矿年产30万吨煤炭项目,累计完成投资8 400万元。

高载能项目 北方冶金有限公司累计生产硅铁7 142.11吨,实现产值4 071万元。众鑫冶金有限公司累计生产硅钙1 350吨,实现产值1 350万元。荣昌冶金有限公司累计生产生铁4 708吨,焦炭5 766吨,实现产值2.03亿元。

水电行业 电力有限责任公司累计售电1.03亿度,同比增加3 821.54万度,增长58.70%,实现产值5 084万元,同比增加1 757万元,增长52.81%。自来水公司累计供水69.94万吨,同比增加16.54万吨,增长30.97%,实现产值266万元,同比增加60万元,增长29.12%。

【招商引资】 引进国内(盟外)资金11.16亿元,完成计划任务的111.6%,同比增长14.7%。其中,引进国内(区外)资金7.09亿元,完成计划任务的101.3%,同比增长4.2%。入驻企业34家。其中,油气勘探开发类企业14家、石材开发类企业9家、大唐风电企业1家、商贸物流、旅游、服务业等企业6家、其它类企业4家。

【金融】 年末,金融机构各项存款余额82 986万元,同比增加30 080万元,增长56.9%。其中,储蓄存款余额41 339万元,同比增加10 509万元。农业银行各项存款44 152万元,同比增加19 660万元,占各项存款总额的53.2%;农村信用社各项存款31 738万元,同比增加8 268万元,占各项存款总额的38.2%;邮政储蓄存款4 553万元,同比增加133万元,占各项存款总额的5.5%。金融机构各项贷款余为26 853万元,同比增加6 023万元,增长28.9%。各项贷款中,农业银行1 886万元,同比增加1 094万元,占各项贷款总额的7%;农村信用社各项贷款24 754万元,同比增加4 722万元,占贷款总额的92.1%;邮政储蓄银行贷款为212万元,同比增加206万元,占比0.8%。金融机构累计实现现金收入337 440万元,累计实现现金支出348 933万元,收支相抵,累计净投放现金11 493万元,同比上升7.3%。

【扶贫开发】 2010年,争取申请"整村推进"项目2个,项目内容为养殖肉毛兼用型德美羊和优质西门塔尔牛。项目投入资金196万元,其中,申请投入财政扶贫资金140万元,自筹资金76万元。申请产业化扶贫项目3个,科技扶贫项目1个。项目总投资400万元,其中,申请上级财政扶贫(产业化)资金200万元,地方财政配套资金120万元,受益牧民自筹资金80万元。新宝拉格镇集中连片开发集约化养殖项目,覆盖周边9个嘎查,1 036户4 147人,其中,贫困人口295户1 020人。购置西门塔尔母牛5 200头,以养殖育肥西门塔尔牛为主导产业,同时在原有设施的基础上配套建设育肥棚圈、青贮窖、高产饲料基地、兽医室、冷配站,项目总投资3 300.00万元,分3年实施,第一期项目资金500万元到位。

各帮扶单位投入资金377.7万元,用于建设标准化棚圈8处、500平方米,打深机井4眼,建青贮窖1处、208立方米;发放牧业贷款90万元;资助93名贫困家庭大学生16.45万元,为96名贫困老人缴纳养老保险金24.065万元;实施危房改造2处,修建和完善文化站配套设施建设,建设高产饲草料基地等牧区基础设施,为牧民购买30.6万元饲料、种子及化肥;为牧民办理医疗保险及发放慰问金5.755万元,对1 979名牧民进行劳动技能培训。

转移牧区人口5 291人(季节性转移4 382人,常年性转移909人),其中,劳动力4 224人,转移人口中旗内转移3 986人,旗外转移1 305人。举办各类培训17期,培训牧区人口1 554人,就业率92.7%。

【科技 教育 卫生】 2010年,实施科技特派员制度,制定出台《镶黄旗2010年科技特派员工作实施方案》,选派25名科技特派员在牲畜改良、高效种植、疾病防治、养殖奶牛、羔羊育肥等领域开展工作。举办各类牧民科技培训47期,培训人数4 840人次。发放各类宣传材料1.065万份。建立36个科普惠农服务站。

镶黄旗第二小学、第一中学、幼儿园和蒙古族中学的校园网络、IP监控、校园广播和教育局中心机房的设备投入使用,总投资423万元。义务教育阶段学校的每个班级都配有电子白板和投影机,综合高中和幼儿园配有幕布和投影机。并配置200台笔记本电脑供任课教师使用。为各中小学、幼儿园3 624名学生缴纳医疗保险25.378万元。总投资4 500万元的蒙古族中学整体搬迁工程开工建设,教学楼、男女生宿舍楼、教职工宿舍楼主体完工。申请中西部农村初中校舍改造工程专项资金390万元,建设第一中学宿舍楼。申请农村牧区中小学校舍维修改造工程专项资金46万元、民族教育专项资金40万元,向自治区民委申请专项设备款20万元。

1.448万人参加新型农村牧区合作医疗保险,占应参加人数的96%,专户资金281.5万元,为参合牧民补偿报销1 296人次,补偿报销309.38万元。建立城镇居民档案9 560份,建档率63.7%;建立牧民健康档案4 068份,建档率25.5%。15岁以下人群补种乙肝疫苗项目,补种190人次,补种率100%。麻疹强化免疫,接种麻疹疫苗儿童836人次,接种率100%。为218位牧区住院分娩的孕产妇发放8.3785万元的补助金。与红十会联合成立医疗队,开展"送医、送药、送温暖"三下乡活动,为312名牧民进行B超、心电图检查,为188名慢性病患者免费治疗,发放1.1万元的免费药品。

【人事劳动 社会保障】 2010年,分配社区民生工作志愿者16名,高校毕业生创业培训40人,建立高校毕业生见习基地2个,见习人数20名,人才市场推荐就业50人。征集就业岗位4 600个,安置各类人员3 148人,求职登记人数1 620人(城镇人员1 050人、农村牧区人员570人)。召开1次就业招聘会,提供就业岗位986个,有206人达成初步就业意向。举办各类培训班29期,培训各类人员2 064人(其中,转移牧民1 354人、城镇下岗失业人员710人),培训后就业1 859人,就业率90%,城镇失业率控制在3.53%。举办戎立特纺织有限责任公司第三期纺织技能培训班,培训期3个月,共24名学员参加培训,培训期间每人每月享受700元的培训补贴。

企业基本养老保险参加人数2 168人,征收基本养老金405万元,为1 121名离退休人员(其中,包括80名遗属)发放养老金1 407万元。参加基本医疗保险人数为5 389人,其中,在职人员3 888人,退休人员1 501人。基本医疗保险费应缴834万元,其中,统筹基金收入626万元,个人帐户收入208万元,收缴基本医疗保险费968万元(补缴历年欠费58万元),其中,统筹基金收入701万元,个人帐户收入267万元。大病互济基本医疗保险应缴57万元,实际收缴57万元(补交历年欠费4万元)。基本医疗保险共支出649万元,其中,个人帐户支出265万元,统筹基金支出384万元。牧区养老保险,应参保人数为1.1078万人,实际参保人数2 578人,覆盖率为23%。享受养老待遇1 563人(包括459名免缴费享受待遇人员)。发放养老保险金290万元。城镇居民基本医疗保险参保人数6 822人(其中学生3 624人、低保人员1 630人、残疾人员1 337人)。共征缴医疗保险费15.5万元,享受医疗待遇人数为138人(其中学生89人、居民49人),发生医疗费总金额为80.3万元,共报支医药费44.4万元,其中,学生住院治疗费支出12.1万元,城镇居民基本医疗保险累计结余106.7万元。

【交通邮电】 完成客运量26.26万人,客运周转量5 139.68万人公里,货运量415.95万吨,货运周转量48 663.65万吨公里。收取公路通行费562万元。修建6条通村砂石路,全长20.2公里。文贡淖尔至巴音塔拉镇26公里油路工程,完成土石方6万立方米,完成路基13公里,备基层、面层机扎料1.5万立方米,完成投资560万元。农村公路养护总里程763公里,完成养护投资544.44万元。省道养护工作。完成油路灌缝69.4公里;清理边沟4460米;路肩边坡上封闭料1 000立方米;整修路肩40公里/12万平方米。

邮政业务收入累计完成157.40万元,同比增长16.88%。集邮收入完成9.42万元。邮务类业务收入完成38.35万元。代理速递物流类业务收入完成6万元。速递业务实现收入5.4万元。物流业务实现收入0.63万元。代理金融类业务收入完成102.51万元。储蓄业务实现收入89.42万元,邮储余额4 748万元。

【城镇建设 环境保护】 2010年,廉租住房建设405套,公用储藏室27套,面积2.1万平方米,累计完成投资1 300万元。对符合租赁补贴发放条件的1 308户家庭,发放租赁补贴资金143.3万元。牧区危房改造300套,完工20户。建筑节能改造项目,改造总面积12.3万平方米,上级到位财政资金762万元,完工改造面积6.8万平方米,完成投资1 300万元。垃圾处理厂日处理垃圾0.45万吨,总投资1 125万元,完成投资1 100万元。新建污水处理厂1座,污水管网20.72公里及附属工程,日处理污水0.45万立方米。工程总投资3814万元,完成投资900万元。城镇基础设施建设完成投资2 760万元。公建工程完成投资1.37亿元,救济饲草料储备库建筑面积续建1 806.5平方米,主体封顶,完成投资1 000万元;异地扶贫移民楼6栋,总建筑面积1.1万平方米,完成投资750万元;石材展厅建筑面积1.3万平方米,完成投资1 800万元;蒙医制剂室、大型室内门球馆开工建设。体育馆、公安科技大楼、疾控中心楼、国税局办公楼、发改办公楼等续建工程基本完工,续建项目完成投资9 850万元。“平改楼”及房地产开发完成投资9 270万元。

完成176个新建项目的环境影响评价工作(其中,环境影响报告表156个,环境影响登记表20个),完成对塬林煤矿的环境工程竣工验收。全旗二氧化硫排放量570吨,较上年削减10吨,化学需氧量排放量360吨,较上年削减3.66吨。

【国土资源开发利用】 实现国土资源各项规费总收益1 097.75万元。其中,土地出让成交价款847万元,收缴探采矿权使用费和价款198.75万元,征缴矿产资源补偿费52万元,涉及各类矿产企业60家。其中,花岗岩开采加工企业39家、萤石开采企业10家、其他非金属开采企业11家。实施地质调查和矿产资源勘查项目25个,其中,铜多金属矿11个、银多金属矿2个、煤炭1个、金多金属矿2个、多金属矿2个、金矿3个、铁矿3个、铌钽矿1个,工作面积737.81平方公里,累计投入地质勘查资金7 900多万元。争取盟级落实花岗岩勘查项目资金60万元。

(乌力吉巴图 渠树芳)

太仆寺旗

【领导名录】

旗委书记:侯志民(蒙古族)
人大主任:王瑞刚(蒙古族)
旗　　长:南中玉
政协主席:云成山
武装部长:盛志军
政　　委:金　虎(蒙古族)

【概况】 太仆寺旗位于内蒙古自治区中部,锡林郭勒盟最南端,浑善达克沙地南缘,与河北省交界,距北京350公里。总面积3 415平方公里,其中,草场面积2 000平方公里。现有4个镇,1个苏木、1个乡,174个行政村(其中,19个嘎查)和8个居委会。总人口21万,其中,蒙古族人口约占总人口的5.3%。农业人口17.1万人,非农业人口3.9万人,是国家级重点扶贫开发旗县。

2010年,地区生产总值27.3亿元,同比增长(以下简称增长)11.4%。第一产业增加值完成8亿元,增长1.6%;第二产业增加值完成10.2亿元,增长19.9%,其中,工业增加值完成7.7亿元,增长19.4%;第三产业增加值完成9.1亿元,增长12.4%。固定资产投资完成26.1亿元,增长29.1%。财政收入完成1.19亿元,增长16.8%,其中,一般预算收入完成5 320万元,增长2.9%。引进盟外资金7.5亿元,增长50%。社会消费品零售总额实现9.5亿元,增长18.6%。城镇居民人均可支配收入实现14 890元,增长11.6%。农民人均纯收入实现5 302元,增长13.8%;牧民人均纯收入实现6 793元,增长12.9%。

【产业结构调整】 三次产业比重从2009年的29∶35∶36调整为30∶37∶33。农牧业,蔬菜种植面积稳定在15万亩、马铃薯种植面积40.2万亩,占总播面积的38.9%,较2009年提高5.8%;肉牛3.5万头、奶牛3.7万头。工业,规模以上工业企业达到26家,实现总产值12.2亿元、增加值5.0亿元,同比分别增长35.7%和21.5%。农畜产品加工、建材、矿产和风力发电四大产业规模比重超过71.7%。旅游业,全年共接待游客16万人次,旅游收入7 200万元。全盟第一家民营银行鑫源村镇银行成立运营。

【工业】 清洁能源,国电电力和中国风电集团公司风电项目并网发电10万千瓦,正在建设的5万千瓦,中国华电集团开展前期工作。规模以上工业实现增值税1 447万元、利润4 651万元,分别增长27.5%和109%。

【节能减排】 单位生产总值的综合能耗、取水量下降,二氧化硫和化学需氧量的排放量分别控制在119吨和1 827吨以内,完成"十一五"规划目标任务。经济运行质量提高。

【金融】 金融机构各项存贷款余额分别达到23.3亿元和12.9亿元,存贷比为55.4%,同比提高10.6%。

【项目投资】 全社会固定资产投资完成26.1亿元,同比增长29.1%。其中,工业完成投资7.32亿元,增长156 %,占全社会固定资产投资的28.1%。国电电力风电一期、220千伏输变电工程、昌鑫化工电石技改、红井源油脂公司技改等8个重点项目竣工投产,国电电力风电二期、中国风电二期、草原酿酒有限责任公司技改、PVC管材制造、北国商贸农畜产品物流园区等14个重点项目加快建设。争取中央投资项目28个,到位资金1.36亿元,完成投资93.6%。引进国电电力、中国风电、长江矿业、昌鑫化工、恒源薯业、格瑞得种业、农产品物流园区、长丰房地产开发等项目,引进盟外资金7.5亿元,同比增长50%。

【基础设施】 新建改建道路13.7公里,铺设污水管网16.5公里,铺设给水主管网4 000延长米、支管网6 000延长米。完成污水处理厂的部分设备采购和安装。投资12 071万元完成南区供热站2台20吨锅炉和北区供热站2台40吨锅炉的安装,铺设供热管网9公里,新增供热面积10万平方米,完成住宅楼开发110栋48万平方米。锡林郭勒盟第一条高速公路途经太仆寺旗并试运营。新建220千伏输变电工程1座,35千伏变电站2座,改造110千伏变电站1座。建成通讯基站73座。

【民生工程】 建筑面积17 600平方米的旗综合医院完成投资的70%以上;完成千斤沟医院医疗垃圾处理和病房改造工程。建筑面积10 050平方米的文化大厦已完成投资的66.7%;为各乡镇文化站和社区配备体育活动器材。安置城镇就业人员11 000人,城镇登记失业率控制在3.78%以内。城镇职工养老保险、医疗保险、失业保险参保人数分别达到6 725人、16 561人和6 330人。城乡最低生活保障人数达到23 717人。保障性建设住房开工680套3.1万平方米,已完成投资的60.4%。民政综合福利中心和乡镇敬老院基本竣工,五保户集中供养率达到20%。

【"十二五"规划编制完成】 编制完成《太仆寺旗国民经济和社会发展第十二个五年规划纲要(草案)》,研究提出"十二五"时期太仆寺旗经济社会发展的指导思想、发展目标、重要战略和主要任务,初步建立"十二五"重点项目库,策划储备项目99项,总投资184亿元。组织完成15个调研报告,为规划的编制提供基础资料。

(闫增甫)

多　伦　县

【领导名录】

县委书记:赵德永
人大主任:赵利华(回族)
县　　长:霍锦炳
政协主席:王崇生
武装部长:刘绪功(5月离任) 张建忠(5月任职)
政　　委:郑良台

【概况】 多伦县位于内蒙古中部、锡林郭勒盟东南端,阴山北麓,小兴安岭余脉,燕山山脉末端,东经115°51′~116°54′,北纬41°46′~42°36′。背靠草原、面向京津,是内蒙古距首都北京最近的旗县(航线距离180公里),距锡林浩特、张家口、承德、赤峰均在280公里左右,是锡盟连接东北、华北地区的交通枢纽。总面积3 773平方公里,其中,耕地面积76万亩,草原面积413万亩,可利用草原面积309.6万亩。全县境内属栗钙土区,有土类7个,亚类14个,土属29个,土种59个。

境内水资源丰富,是海河流域滦河水系的源头,有常年性河流47条、大小湖泊62个,水域总面积16.2

万亩。有库容1亿立方米的大型水库1座、库容0.26亿立方米的中型水库1座、小型水库7座,水库工程所蓄积水资源占全盟一半以上。

县辖2乡2镇(多伦诺尔镇、大北沟镇、大河口乡、蔡木山乡),64个行政村,7个社区。共有41 255户,总人口105 225人。有汉、满、蒙古、回、朝鲜、藏、苗、达斡尔等12个民族,其中,汉族84 788人,满族112 58人,蒙古族4 889人,回族4 206人,其他民族共计84人。

2010年,地区生产总值完成46.26亿元,同比增长10.1%(可比价)。其中,第一产业增加值6.02亿元,同比增长1.7%;第二产业增加值32.2亿元,同比增长11.1%(其中,工业增加值29.2亿元,同比增长26%);第三产业增加值8.04亿元,同比增长14%。三次产业结构为13 : 69.6 : 17.4。全社会固定资产投资完成38亿元,同比下降28.4%;地方财政收入完成3.76亿元,同比增长60.2%;城镇居民人均可支配收入达15 517元,同比增长13%;农民人均纯收入达5 640元,同比增长14.6%。

【农牧业】 牧业年度全县牛的存栏达到17.2万头,其中,肉牛15.1万头、奶牛2.1万头,建成肉牛育肥小区4处、标准化牛舍8.2万平方米,出栏育肥牛2.1万头。种植业在遭受严重自然灾害的情况下,蔬菜、马铃薯产量分别达到4亿斤和2.75亿斤,销售总收入达到2.5亿元,实现灾害之年收入不减。继续支持草莓、油桃等特色种植业发展,加大水产养殖力度。大力发展设施农业,新建日光温室232座、蔬菜大棚353座、蔬菜保鲜库2座、大型喷灌圈69处,建成沼气池800座。多渠道促进农民增收,全年转移农村人口6 200人,其中,常年性转移2 000人,累计争取各类惠农项目资金1.5亿元。

【工业经济】 全年完成工业增加值29.2亿元,增长26%,其中,规模以上工业增加值26.24亿元,增长25.3%。规模以上企业实现利润1.4亿元,增长40%;实现税金2亿元,增长10%。全年实施500万元以上工业项目30项。大唐国际多伦煤基烯烃项目取得重大突破,MTP装置反应系统一次性投料试运成功,标志着多伦煤化工已经解决了最关键的核心工艺,目前项目累计完成投资197.6亿元,即将投产。大西山风电三期、氟化工、立高泡沫玻璃、华川塑料加工、博达电力机械模具、吉泰、金鑫等续建项目相继投产或即将投产;西山湾风水互补发电、洁净煤、蒙联达机械制造、大元牛业肉牛加工等新上项目开工建设;煤化工二期、多伦电厂、特高压输电站、特种钛与合金生产加工等重点项目前期工作有序推进。协鑫煤矿、大西山风电、小河铁矿、伊利奶粉等原有企业产销两旺,全年生产原煤138万吨,发电8.7亿度,生产铁精粉50万吨,奶粉5 700吨。继续完善化工园区西区基础设施建设,“三横五纵”八条主干道路全线贯通,实施道路两侧亮化、绿化工程;加强园区项目建设,已累计入驻项目21家,有4家企业具备生产运营条件。强化节能减排工作,万元GDP能耗下降5.3%。

【生态建设】 启动了百万亩樟子松造林基地项目,标志着多伦由生态大县向生态强县转变迈出了历史性步伐。继续实施“灭荒”工程,完成风沙源治理7.8万亩。加快退耕还林后续产业发展,完成山杏嫁接大扁杏2 050亩,栽植蒙古野果2 050亩。

【基础设施】 多丰铁路累计完成投资2.95亿元,锡盟进京通道上都至十五号一级公路开工建设,前九号至四道河子油路全线通车,新建通村砂石路44公里。编制完成了东城区修建性详细规划和北二环、会盟大街西段街景规划。投入3.6亿元继续高标准建设新城区、大力度改造旧城区,全年实施建筑业和房地产业项目65个,建筑面积53万平方米。完成山西会馆周边(一期)、卉原商厦西侧、原党校周边等拆迁改造工程,继续对新汽车站周边进行整体开发。建成占地12万平方米森林公园,形成县城五大绿地系统,更加凸显山水园林的城市风格。完成污水处理厂建设,开工建设垃圾处理厂。新建龙泽湖2号桥工程,完成污水管网建设3 500延长米,改扩建给水主管网4 000延长米。

积极协调推进锡盟至南京1 000千伏特高压项目,东城区和新村35千伏变电站建成并投入使用。扎实推进“村村通”工程,安装直播卫星接收设备5 010套,新增农村无线数字电视用户850户。

完成大河口水库除险加固工程,新建农村饮水安全工程5处。

【旅游业】 多伦诺尔镇被评为全国首批特色景观旅游名镇,多伦湖景区评为国家AAAA级景区。成功引进鄂尔多斯恒信集团综合开发多伦湖旅游项目,投资7 630万元继续加强景区景点、旅游公路等基础建设,全年接待游客50万人次,实现旅游收入1.8亿元。成功举办第三届多伦诺尔冰雪节和内蒙古“体彩杯”第四届环多伦湖公路自行车邀请赛。加强文物保护工作,启动汇宗寺修复工程、清真中寺功能用房重建工程,完成碧霞宫、兴隆寺抢救性维修,多伦历史文化博物馆项目列入国家红色旅游经典景区二期名录。

【金融财税】 全县各项存款达到18.6亿元,增长28.6%;各项贷款达到13.73亿元,增长37.5%。保险、娱乐、通讯、中介等服务业取得长促发展。

全县完成地方财政收入3.76亿元,完成年初预算3.1亿元的121%,同比增长60.2%。其中,税收收入3.26亿元,占地方财政收入的87%。继续加大财政支出,全县财政总支出首次突破10亿元大关,同比增长32%。财政支出在保工资、保运转、保稳定的前提下,大幅度增加了对民生、“三农”和社会公共事业的投入,积极偿还部分工程欠款。继续加大项目资金争取力度,共争取各项专项资金3.76亿元。

【社会保障】 全年用于民生领域的支出占财政总支出的45%。全年累计征集县内外就业岗位7 532个,安置城镇各类人员1 717人,继续为城镇个体工商户实行税收返还政策,争取并发放小额担保贴息贷款700万元、扶持创业226人。城镇低保补差水平由每人每月180元提高到225元,农村低保补差水平由每人每年800元提高到1 040元。继续扩大养老、医疗、工伤、失业保险参保范围,农村养老保险参保人数达到2 533人,为534名城镇企业档案不全和丢失档案人员办理了退休手续。继续提高新型农村合作医疗补助标准,县财政匹配资金由人均10元提高到25元,全年累计报销医药费1 000多万元,发放城乡医疗救助资金330万元。严格落实教育助学补贴和救助政策,全年发放“两免一补”和高中阶段各项补贴资金1 400万元,发放贫困大学生救助资金43万元、助学贷款174万元,近万名学生受益。着力解决住房困难。新建廉租房240套,改造危房295户,发放廉租房补贴160多万元。着力帮扶特困群体。加大对城乡低保户、五保户等特困群体的救助力度,累计发放生活及物价补助382万元。为全县80周岁以上老年人发放了长寿保健金,为3 000名农村适龄妇女免费进行了“两癌”检查。

【教育】 开工建设职教中心教学楼和实训楼,完成第三中学宿舍楼、第二小学教学楼、第四小学宿舍楼建设和部分农村小学维修工程。新建碧水家园幼儿园,并与北京乐嘟嘟幼教集团签约合作办学。进一步加强教师队伍建设,提高教育教学水平,高考、中考再创佳绩。

【卫生】 开工建设县医院综合楼,完成10所村级卫生室改造工程。强化食品药品安全监管,全面落实甲型H1N1流感、手足口病等重大疫情的防控措施。完成县计划生育综合服务站建设。

【文化】 西城区第二体育馆具备对外开放条件,为四个乡镇文化站配置了内部设施,为15个村(社区)购置了体育健身器材。继续加强农民适用技术培训,全年培训农民3.1万人次。支持电视剧《多伦会盟》拍摄和各类文学作品创作工作,出版了《多伦诺尔散落的记忆》等文艺作品。全年举办各类群众性文体活动100多项。在全区2010年度旗县市(区)公共文明指数测评中,多伦县综合得分名列全盟各旗县(区)首位。12月28日,政协召开《多伦县政协志》评审会议。

(付月梅 李伟民)

乌兰察布市

【党政军领导名录】

市 委

书 记:吴永新(蒙古族)

副书记:李万忠(7 月离任) 王学丰(7 月任职) 刘忠诚(12 月离任) 艾丽华(女 蒙古族 12 月任职)

常 委:王忠 艾丽华(女 蒙古族) 张志强 常永福 薛培明(7 月离任) 云淮(蒙古族) 罗虎在 李建平 段维明 肖军 严洪波(9 月任职) 徐志军(12 月挂职)

人 大

主 任:吴来贵

副主任:武泉(蒙古族) 王继兴 曹二忠 陈建堂 孟甫甬 郭素萍(女 蒙古族)

政 府

市 长:李万忠(7 月离任) 王学丰(7 月任职)

副市长:常永福 薛培明(7 月离任) 王建国(9 月离任) 赵永华(蒙古族) 赵锦(蒙古族) 王芳(女) 周明虎 佟国清(9 月离任) 纪强(7 月任职) 严洪波(9 月任职) 史万钧(9 月任职) 徐志军(12 月挂职)

政 协

主 席:刘 俊(蒙古族)

副主席:希日夫(蒙古族) 郭玉胜 霍建设 石良先 李一飞 袁金莲(女 藏族) 曹兴 范凌华(女)

政法委

书 记:王 忠

纪检委

书 记:艾丽华(女 蒙古族)

法 院

院 长:唐 谦

检察院

检察长:孙建民

公安局

局 长:郝光东(蒙古族)

军分区

司令员:段维明

政 委:田晋裕

【概况】 乌兰察布市位于内蒙古自治区中部,北纬 40°10′~43°28′,东经 110°26′~114°49′之间。乌兰察布系蒙古语,意为红色山的两翼高地。面积 54 492 平方公里,北与蒙古国接壤,边境线长约 110 公里,东北部与锡林郭勒盟苏尼特右旗、镶黄旗、正镶白旗毗连;东临河北省康保、尚义、怀安县;南与山西省大同、阳高、天镇、左云、右玉等市县为邻;西与呼和浩特市和林格尔县、清水河县、武川县和包头市达尔罕茂明安联合旗相接。

乌兰察布市为地级建制,市人民政府所在地为集宁区,距自治区首府呼和浩特市 140 公里,距首都北京 350 公里。至 2010 年底,下辖苏木 8 个,乡 23 个,镇 49 个,街道办事处 13 个,人口密度为每平方公里 52.19人。年末,全市户籍人口为 287.02 万人。其中,蒙古族人口 8.49 万人,占总人口的 2.96%;汉族人口 275.48万人,占总人口的96.1%;其他少数民族2.69万人,占总人口的 0.94%。

生产总值完成 567.6 亿元,按 2005 年不变价计算,比上年增长 11%;其中,第一产业93.96亿元,同比增长 7.6%;第二产业实现 296.74 亿元,同比增长 12.6%;第三产业实现 176.9 亿元,同比增长 10.4%。三次产业结构由上年的 15.6 : 52.3 : 32.1 调整为本年的 16.5 : 52.3 : 31.2。常住人口人均地区生产总值 26 604 元,增长 13.4%。

【农业】 全年农作物种植面积 59.5 万公顷,比上年增加 2%。全年粮食总产量 79.03 万吨,同比增长 55%。其中,玉米产量达 25.42 万吨,同比增长 21.1%;薯类产量达 47.57 万吨,同比增长 68.2%;油料产量达2.33 万吨,同比增长 223.6%;蔬菜产量达 170 万吨,同比增长 15.8%;甜菜产量达 47.59 万吨,同比增长71.4%。

全年农牧业机械总动力达 188.76 万千瓦,同比增长4.8%;化肥施用量(折纯)9.03万吨,增长29%;农用地膜使用量8 444吨,增长44.7%。农村牧区用电量达到2.1亿度,增长1.1%。

【畜牧业】 2010年,全市牧业年度(6月末)牲畜存栏头数836.88万头(只),同比增长4.4%。牲畜总增895.07万头(只),同比增长1.2%。牲畜总增率达111.61%,同比增加2.51个百分点。牧业年度良种及改良种牲畜总头数达822.61万头(只),比重为98.3%,同比增加0.38个百分点。

全年牲畜出栏(日历年度)999.96万头(只),增长2.6%。全年肉类总产量23.94万吨,同比增长3.4%;鲜奶产量91.71万吨,同比增长0.2%;绵羊毛产量10 792吨,同比下降1%;山羊绒产量84吨,同比增长12%;禽蛋产量1.32万吨,同比增长2.3%。

【林业】 完成沙源工程造林面积87.4万亩,封山育林10万亩。当年四旁植树618万株,新育苗7 407亩。退耕还林成果巩固35.4万亩,容器育苗4 203万袋。通道绿化376.6公里,义务植树522万株。

【工业】 全市规模以上工业企业392家,累计完成工业增加值224.27亿元,同比增长13.01%。其中,轻工业完成增加值82.82亿元,同比增长17.4%;重工业完成增加值141.45亿元,同比增长10.6%。按所有制经济类型分,国有企业完成62.19亿元,增长14.9%;集体企业完成0.54亿元,增长15.3%;股份制企业完成增加值88.23亿元,增长5.2%;外商及港澳台投资企业完成7.20亿元,增长33.1%;其他经济类型企业完成66.1亿元,增长14.2%。按行业分,四大支柱产业完成工业增加值169.09亿元,增长14.5%,其中,电力工业完成增加值41.61亿元,增长16.6%;建材工业完成25.12亿元,增长8.8%;重化工业完成49.89亿元,增长15.1%;农畜产品加工业完成52.44亿元,增长15.3%。规模以上工业企业增加值超20亿元的旗县市有5个:丰镇市49.3亿元、凉城县20.67亿元、集宁区29.6亿元、察右前旗28.6亿元、察右后旗24.73亿元。

全年发电量完成3 067 488万千瓦/时,同比增长14.2%。其中,火力发电量完成2 703 853万千瓦时,增长6.2%;风力发电完成355 434万千瓦时,增长167.4%;乳制品完成51.13万吨,增长7.1%;铁合金完成66.63万吨,增长6.4%;水泥熟料完成449.11万吨,增长7.1%;水泥完成584.4万吨,增长9.3%;石墨及碳素制品生产量完成19.24万吨,增长11.6%。

全市规模以上工业企业完成产品销售收入605.92亿元,增长17.1%;实现利税总额38.59亿元,同比增长29.8%;工业产品销售率98.9%,同比增长1.3%;工业企业劳动生产率369 900元/人,增长8.9%。

【建筑业】 年底,全年资质等级以上建筑企业有41个,建筑业从业平均人数27 042人,建筑业总产值完成26.11亿元,增长13.5%;施工企业房屋建筑施工面积289.85万平方米,增长16.4%;竣工房屋面积134.28万平方米,下降0.3%;房屋建筑竣工率达到46.3%,同比下降7.8个百分点;建筑企业完成利润总额1.21亿元,增长3.4%。

【能源 环境保护】 全年规模以上工业企业综合能源消费量(万吨标准煤)912.87万吨,同比增长5.3%。

全市共有自然保护区20个。国家级自然保护区1个,卓资山上高台林场被列入大青山国家级自然保护区。自治区自然保护区5个。生态示范区13个。全市环境保护系统职工594人,各级环境检测站12个。建成烟尘控制区8个,控制区面积74.7平方公里;建成环境噪声达标区2个,达标区面积25.8平方公里。

全市完成环境污染治理项目3个,完成环境污染治理投资4 776万元。二氧化硫(SO2)排放量12.8万吨,减排4.66万吨,化学需氧量排放量(COD)1.22万吨,下降10.9%。

【固定资产投资】 全年规模以上固定资产投资完成274.87亿元,增长17.6%。按所有制经济划分,国有经济投资148.14亿元,增长23.1%;集体经济投资完成12.96亿元,下降30%;个体经济投资完成109.44亿元,增长21.6%;其它类型投资完成4.33亿元,下降9.4%。按三次产业划分,第一产业投资20.96亿元,增长28.9%;第二产业投资136.92亿元,增长20.6%;第三产业投资116.99亿元,增长12.6%。从行业看,电力、燃气及水的生产和供应业完成投资75.01亿元,增长11.32%;交通运输业完成投资40.55亿元,增长60.14%;电信和其它信息传输服务业完成投资1.67亿元,增长10.8%;教育投资完成5.26亿元,增长226.58%。城镇住宅施工面积641.35万平方米,增长132.6%;城镇住宅竣工面积233.11万平方米,下降9.1%。

【财政】 全市财政收入完成36.81亿元,同比增长22.4%。其中,市县级财政收入完成17.33亿元,同比增长23.9%;上划中央和自治区财政收入完成19.48亿元,增长21.2%。从地区看,财政收入前三位的集宁、丰镇、凉城分别完成8.87亿元,6.33亿元,4.11亿元;察右后旗、卓资县超2亿元;察右前旗、兴和、四子王旗、商都县、化德县超亿元。全市财政支出完成140.03亿元,同比增长22.8%。其中,一般公共服务支出12.62亿元,增长21.8%;教育支出17.86亿元,同比增长13.1%;社会保障和就业支出23.86亿元,增长12.3%;医疗卫生支出9.76亿元,同比增长39.3%;环境保护支出16.75亿元,同比增长35.6%;农林水事务支出20.6亿元,增长29.5%。

【新开工生产能力】 城市自来水供应能力3.8万吨/日,城市污水处理能力6万吨/日。水泥120万吨/年,精甲醇20万吨/年,塑料树脂及共聚物3 000吨/年,输电线路长度29公里(11万伏),其它发电50.61万千瓦。

【交通 邮电】 全年公路交通运输业完成公路客运量1 393万人,增长18.8%;公路旅客周转量154 232万人(公里),增长19.6%;公路货运量完成4 993万吨,增长24.4%;公路货运周转量1 988 254万吨(公里),增长33.1%。新建一级公路99公里。

邮政、电信业务总量11.33亿元,增长29.8 %。其中,邮政业务总量0.83亿元,增长12.3%;电信(联通)业务总量10.5亿元,增长31.4%。联通本地电话用户21.92万户,下降3.4%。已通电话行政村比重达98.9%。移动电话用户94.1万户,增长36.9%。计算机互联网用户达到9.9万户,增长28.6%。公用电话用户0.82万户,同比下降3.4%。

【国内贸易】 全年社会消费品零售总额157.7亿元,同比增长19.1%。其中,城市消费品零售额125.9亿元,增长21.6%;乡村消费品零售额31.8亿元,增长10%;分行业看,批发业完成社会消费品零售额27.83亿元,增长24.4%。零售业零售额103.8亿元,增长15.8%;住宿业完成零售额3.17亿元,增长27.6%;餐饮业零售额22.86亿元,增长27.7%。

【对外贸易】 全年海关进出口总额8 220万美元,同比增长51.1%。其中,出口总额5 295万美元,增长27.2%;进口总额2 925万美元,增长128.8%。全年新批准外商投资企业8个,投资总额19 455万美元。注册资本10 313万美元,全年合同使用外商投资9 241万美元,直接利用外资到位资金7 932万美元。

【旅游业】 全年共接待国内外游客405万人,增长6.7%,其中,国外游客1.1万人。旅游业总收入20.5亿元,同比增长13.9%。

【物价消费】 全年居民消费价格总水平同比上涨4.2%。分城乡看,城市上涨3.9%;农村牧区上涨4.8%。分类别看,食品价格上涨11.1%,其中,鲜菜和鲜果上涨速度加快,鲜菜上涨47.7%,鲜果上涨27.7%;烟酒及用品价格上涨4.6%;衣着类上涨0.7%;家庭设备用品及服务上涨0.5%;交通和通讯上涨0.9%;娱乐教育文化用品及服务上涨2.2%;居住类价格指数上涨1.5%。从产品价格看,商品零售价格指数上涨3.7%;农产品生产价格指数下降1.6%。

【金融 保险】 年末,全市金融机构各项存款余额为426.3亿元,同比增长21.5%。其中,企业存款76.16亿元,增长16.8%;城乡居民储蓄存款268.61亿元,增长17.1%。金融机构各项贷款余额为241.12亿元,同比增长14.2%。其中,短期贷款为79.14亿元,增长26.7%;中长期贷款为160.88亿元,增长11.8%。全年金融机构现金收入为1 281.65亿元,增长9.3%;金融机构现金支出1 267.13亿元,增长7.8%。现金投放14.52亿元。

全年人寿、财险两大保险机构年保费收入达5.74亿元,增长12.5%。其中,人寿保险机构保费收入3.92亿元,增长0.5%;财产保险机构保费收入1.82亿元,增长51.4%。人寿、财险两大保险机构业务支出为1.33亿元,增长5%。其中,人寿险业务支出0.58亿元,增长12.2%;财产保险业务支出0.75亿元,增长17.1%。

【科技】 全市拥有科学研究开发机构7个,有各类技术人员358名,其中,高级工程师38人,工程师78人,初级科技人员70人。全年用于科技经费支出3 380万元,全年签订技术合同24个,技术合同成交金额240万元。

【教育】 全市拥有普通高中20所,在校学生4.54万人。其中,少数民族在校生0.35万人,少数民族学生中蒙古族学生0.33万人。拥有普通初中47所,在校生7.25万人。其中,少数民族在校生0.39万人,少数民族学生中蒙古族学生0.36万人。拥有小学230所,在校生11.4万人。其中,少数民族在校生0.52万人,少数民族学生中蒙古族学生0.49万人。小学入学率达99.98%;初中入学率达到99.6%。初中毕业生高中升学率达95.93%。

全市中小学新增校舍面积18.63万平方米,中小学计算机拥有量达到12 926台,拥有图书398.7万册;拥有数字资源(电子图书)108 263GB。

【文化】 年末,全市拥有艺术表演团体12个,公共图书馆12个,群艺馆、文化馆12个,博物馆11个,广播电台电视台24座。其中,市级广播电台、电视台各1座,县级广播电台、电视台各11座。广播人口覆盖率

94%,电视人口覆盖率92%。

【卫生】 年末,全市拥有医疗卫生机构600个,其中,医院24所,卫生院189所;医疗卫生技术人员8 976人。其中,医院4 453人,卫生院1 377人;拥有病人床位5 285张,其中,医院3 330张,卫生院1 207张。

【体育】 全市有1个市级体育运动学校和6个旗县级体校,共有专兼职教练员42名,体育传统学校45所,试点校1所,训练点30多个,国家级青少年体育俱乐部3个。

全市体育健儿参加国际比赛获得6枚金牌,3枚银牌,2枚铜牌。在全国运动会上获得4枚金牌,2枚银牌,1枚铜牌。在全区比赛中获得79枚金牌,19枚银牌,26枚铜牌。

【人民生活】 全年城镇居民人均可支配收入14 202元,增长10.4%。农牧民人均纯收入4 451元,增长7.4%。城镇单位在岗职工年平均工资31 006元。剔除几大电厂因素,在岗职工年平均工资30 084元。城镇居民家庭恩格尔系数(居民家庭食品支出占家庭消费支出的比重)为30%,农村牧区家庭恩格尔系数为43.8%。

【社会保障】 年末,全市参加城镇基本养老保险参保人数达20.2万人,增长2.5%。其中,离退休人数9.55万人,增长24.8%。养老金社会化发放率100%。参加城镇基本医疗保险职工人数25.02万人,增长1.7%;参加工伤保险人数11.67万人,增长4.8%。

全市各类福利院床位1 150张,福利院收养人数690人。城市居民最低生活保障人数达11.04万人,农村居民最低生活保障人数达22.86万人。年末,城镇建立各种社区文化站120个,社区卫生服务中心60个。

【就业安置】 年末,全年城镇单位从业人员14.52万人,增长1.5%。全年城镇新增就业人数28 754人,增长30.4%。其中,下岗失业人员再就业人数8 779人,下降12.3%。年末,城镇登记失业率为4.1%。

(全海 刘宏伟 苏红)

集宁区

【领导名录】

区委书记:罗虎在
人大主任:张　勇
区　　长:李尚荣
政协主席:师永智
武装部长:黄　勇
政　　委:柴俊杰

【概况】 集宁区位于内蒙古自治区中部,阴山山脉灰腾梁南麓,地处北纬40°01′东经113°10′,行政区面积404.8平方公里,辖8个街道办事处,一乡一镇,是乌兰察布市政治、经济、文化和信息中心。居住着蒙古、汉、回等17个民族,户籍人口30.5万。集宁区东临京津,距首都北京320公里,距天津港400公里;南连晋、冀,距煤都大同100公里;西接呼、包,距自治区首府呼和浩特130公里,距呼和浩特白塔机场100公里;北通二连、蒙古、俄罗斯,距二连陆路口岸300公里;集宁交通便利,地理位置独特,区位交通优势十分突出。

2010年,地区生产总值完成105亿元,财政收入完成8.86亿元,固定资产投资累计完成200亿元,城镇居民人均可支配收入达到15 350元,农民人均纯收入达到7 492元。三次产业比为3 : 51.3 : 45.7,二产比重提高了16个百分点。

【招商引资】 共争取到国家扩大内需和自治区各类专项资金15.8亿元,在基础产业、基础设施、社会事业等领域共引进各类项目245个,到位资金130多亿元,2010年在中国西部最具投资潜力城市100个评选中排名第29位。

【工业经济】 内蒙古双汇、福瑞制药等骨干企业发展强劲,福瑞制药成为乌兰察布市第一家上市公司,也是自治区首家在创业板上市的企业。非资源型产业和装备制造业取得进展,海立电子、苏通电子及锋电能源、同盛风电等企业相继建成投产。内蒙古明阳风电装备制造项目、天津建塑20万吨螺旋钢管项目和三信实业3万吨磷酸铁锂电池等重点项目已开工建设,累计用于工业园区基础设施建设投入达到3亿元,基本实现了“五通一平”,入园企业达到28户。皮件产业园建成标准化厂房4栋,3户企业入园生产,园区承载和吸附能力进一步增强。2010年,全区规模以上工业企业达到64户,完成工业增加值29.6亿元;区属工业企业入库税金达到1.9亿元。

【农村经济】 大力发展现代农牧业,共建成温室、大棚4 150栋,马铃薯喷灌圈10台(套),新增灌溉面积3万亩;8.6万亩耕地认定为无公害基地,6个蔬菜品种和2个大田作物被认证为无公害农产品。坚持抓龙头、建基地,民丰薯业、鹏程农科等具有示范带动作用的龙头企业建成运营,内蒙古双汇、雪原乳业、老马清真等农畜产品加工企业不断做大做强,乳、肉、薯等主导产业逐步形成。深入推进新农村建设,马莲渠乡新集镇投入使用,“三横一纵”四条主干道建成通车,5栋移民住宅楼主体工程已完工,新集镇内引进企业28家。进一步加强了农村基础设施建设,共新建、改建农村道路194公里,解决了65个自然村、2.7万人的安全饮水问题。

【基础设施建设】 “十一五”期间,累计用于城建投资150亿元,是“十五”期间的2.4倍,建成区面积扩大到40平方公里。先后新建拓宽改造道路83条,道路长度达到206公里。新建、改建水冲式公厕68座。新增、更换路灯3 283基,便道硬化38万平方米,小街巷治理80条,建成休闲广场14个。新开通公交线路5条,新增公交车辆77台。进一步完善了天然气、给排水等配套设施。全面实施生态绿化工程,累计投入1.85亿元,城市绿化覆盖率达38%,人均公共绿地面积达22.5平方米,因此,集宁区2010年荣获全国绿化模范县称号。新建3台集中供热锅炉,面积达到26平方米。白泉山主题生态公园、榆树湾带状公园、霸王河景观工程以及桥西、新区集中供热项目建设进展顺利。累计用于环卫基础设施投入1.6亿元。

【文化】 建成各类文化活动中心56个,“草原书屋”10家,恢复了集宁乌兰牧骑。《集宁年鉴》成功出版,集宁区档案馆晋升为国家二级档案馆。集宁战役纪念馆正式对外开放。察哈尔民俗博物馆主体工程已完工。10月29日,坐落于老虎山之上的集宁战役纪念馆隆重揭牌开馆。原中央军委副主席迟浩田为纪念馆题写题名。北京军区原司令员李来柱、武警总部副司令员中朝、内蒙古军区司令员刘志刚、内蒙古军区原副司令员王建欣,市党政军领导吴永新、王学丰、刘忠诚、罗虎在、肖军、田晋裕、张义平出席开馆仪式。

【教育】 投资1.2亿元的北师大集宁附属中学投入使用,启动了薄弱学校三年改造计划,实施了13所学校校舍新建和加固工程,五年新增校舍面积9.7万平方米。

8月17日,由集宁区教育局招商引资项目—北京乐嘟嘟集宁阳光宝宝亲子幼儿园近晶在新区举行奠基仪式.该工程占地面积3 567平方米,建筑面积3 400平方米,建成后可同时容纳300名幼儿就读。9月25日,北京师范大学乌兰察布附属中学举行落成揭牌仪式。

【体育】 成功承办全市首届中学生运动会。9月19~21日,由乌兰察布市政府主办,集宁区人民政府、教育局、市体育局共同承办的全市2010年度中学生运动会在集宁新区体育场举行。

【卫生】 乌兰察布市第三医院新院区建设全面启动,建成3个社区卫生服务中心。社区建设全面加强,300平方米以上社区达到40个,新建高标准敬老院4个。人口自然增长率控制在6‰。圆满完成了第六次人口普查工作。7月30日,市第三医院新院区奠基仪式隆重举行。项目新建门诊楼、住院楼等,总建筑面积34 900平方米。

【社会保障】 累计新增就业7万多人,其中,安置“4050”人员5 000人,发放小额贷款8 000多万元,城镇登记失业率控制在4%以内。城镇养老、基本医疗、失业三项保险参保人数分别增加到3万人、2.7万人和1.6万人。参合农民4.3万人,参合率达到98%。全面启动城镇居民医疗和生育保险工作,参保人数分别达到10.5万人和7 000人。集宁区3万多名城乡特困人员纳入最低生活保障范围。全面实施城镇经济适用住房和廉租住房补贴制度,建设保障性住房4 487套,发放廉租住房补贴1 050万元,3 320户低收入住房困难家庭享受到了住房保障政策。

【荣誉】 荣获“全国科技进步先进城市”称号。

(孟涛 孔丽萍 杨淑琴)

丰 镇 市

【领导名录】

市委书记:于生龙
人大主任:米继文
市　　长:刘治民
政协主席:付俊峰
武装部长:桂　军
政　　委:蔚永利

【概况】 丰镇市位于内蒙古自治区乌兰察布市东南部,地理坐标为北纬40°18′27″~40°28′28″,东经112°47′31″~113°48′18″。全市东西长86公里,南北长56公里,总面积2 704平方公里。市境东至浑源夭峨沟、大兰窑村接兴和县界,西至巨宝庄镇十八台村与凉城县接壤,北至红砂坝镇平顶山、二架沿村与察右前旗分界,往南至新城湾镇以长城为界与山西省相连;西北的三义泉镇后房子村与卓资县交界,西南的马家库联前三岔村同山西左云县相连,东南官屯堡乡口子村与山西阳高县毗邻,东北隆盛庄镇老虎沟村相接兴和县界。距煤城大同48公里,距乌兰察布市政府所在地集宁区约62公里,距呼和浩特市160公里。辖5个城区办事处,7个乡镇。32个社区,32个居民委员会,91个村委会,835个自然村。2010年全市总人口为338 189人。

【农业】 大力推广节水灌溉,共完成膜下滴灌16 260亩,膜下滴灌马铃薯亩均产量4 500斤,甜菜亩均4吨,全市覆膜种植面积达26万亩,其中,马铃薯6万亩、玉米18万亩、露地蔬菜2万亩。

【畜牧业】 新建百头以上奶牛牧场园区10处,规模肉牛场3处,千只以上肉羊养殖场5处,新建年出栏500口以上规模养猪场8处,新建养殖规模5 000只以上的养鸡场5处,6月末,全市家畜存栏数达109.82万头(只)。同时,加强牲畜良繁体系建设,利用转基因克隆技术在科维尔良种繁育基地成功克隆出肉牛14头、荷斯坦奶牛20头,肉羊杂交改良2.3万只,冷配肉牛2万只,其中,购进优质德系西门塔尔冻精6 000支,已产西门塔尔改良牛犊2 180多头。全市牲畜良种覆盖率达98.6%。此外,认真抓了畜牧业基础建设,新建棚圈1.1万平方米,新建青贮窖4 000个,完成青贮饲料2.4亿公斤,草地围栏1万亩,为舍饲圈养提供了可靠的物质保障。

【水利】 切实加大了对水利建设的投入力度,新打机电井81眼,维修配套机电井123眼,新增灌溉面积2万亩,节水灌溉面积2.7万亩,完成水保治理面积7.2万亩。狠抓安全饮水工程建设,解决了1.74万人、14.9万头(只)畜的饮水安全问题。九龙湾水库除险加固已完成验收并投入运行,南城区二道沟水库水毁工程已加固完成,验收合格。精心组织实施了各项生态工程建设,完成沙源治理工程8.5万亩;完成巩固退耕还林成果2.2435万亩。全市共完成义务植树57万株,通道绿化37公里。

【工业】 规模以上企业45家,完成工业增加值49.2亿元,同比增长17.1%。氟化工产业方面,1月至11月份实现工业产值25.1亿元,同比增长28.2%;完成工业增加值9亿元,同比增长18.5%。能源产业方面,1月至11月份实现工业产值30.3亿元,同比增长20.1%;完成工业增加值11.1亿元,同比增长13.2%。冶金产业方面,1月至11月份实现工业总产值36.6亿元,同比增长31.8%;完成工业增加值13.4亿元,同比增长24.2%。炭素行业1月至11月份实现工业产值1.7亿元,同比增长87%;完成工业增加值6 216万元,同比增长76.3%。农畜产品加工业方面,1月至11月份实现工业产值14.3亿元,同比增长5%;完成工业增加值5.2亿元。建材业方面,1月至11月份实现工业产值4.5亿元,同比增长36.6%;完成工业增加值1.7亿元,同比增长29.1%。装备制造业方面,1月至11月份实现工业产值6.1亿元,同比增长9.7%;完成工业增加值2.2亿元,同比增长3.4%。

【生态环境建设】 加快实施农村清洁能源工程,成功推广了集中联户沼气工程,在巨宝庄小南梁投资30万元,建成中型沼气池一座,为全村提供服务,成为乌兰察布市目前唯一的一个集中供气工程。同时户用沼气也同步推进,新建成农村户用沼气1 000户。为了保证清洁能源工程有效推广,成立了市级物业服务站,配套完善了28户村级物业服务站。

【基础设施建设】 总投资5 860万元,建设道路14条;投资420万元,综合治理小街巷10条全长4.22公里;投资70万元,完成了北地道综合整治,彻底解决了雨季因排污不畅导致交通堵塞的问题。给水工程投资300万元,完成15条小街巷、1.5万米的管网铺设,新增自来水用户1 200多户,实现了全市所有具备入网条件的住户都用上自来水的目标;改厕工程投资140万元,建设深坑封闭式公厕33座,现已全部投入使用。

【农村危房改造项目】 2010年任务为500户,已全部完成。

【廉租房建设项目】 出台了《丰镇市廉租住房建设方案》,配建廉租住房2085套。

【社会保障】 2010年,全市参加养老保险12 096人,共征收养老金7 296万元,发放养老金15 213万元,参加基本医疗保险23 278人,征收保险费2 208万元,参加城镇居民医疗保险63 355人,征收基金572万元;参加生育保险13 816人,征收保险费49.5万元。基本医疗保险的筹资比例达5%;参加工伤保险9 426人。

城市低保总人数为17 366人,城市低保标准进一步提高到310元。农村低保对象总数为25 236人,保障标准调整为1 600元。

【教育】 2010年全市高考本科上线328人,其中,一本上线74人,创历史新高。中考500分以上的50人,优秀率位居乌兰察布市第一名。投资近30万元改善了校园环境,积极协调与山东历城高中等4所学校进行联合办学,多方筹资20万元,资助贫困大学生280名。积极协调国家开发银行开展生源地贷款工作,为750名学生签订419.75万元的贷款协议。全年共完成加固、重建校舍面积90 298平方米,占总工程量的43.75%,其中,六中、新建小学、武仓小学教学楼,实验小学宿舍楼,逸挥中学综合教室等5所学校的新建项目完成70%;一中教学楼加固项目完成50%。

【卫生】 全市参加新农合农民为16.8万人,常住人口参合率达104%,共筹集资金2 520万元,共为农民患者报销医药费2 368万元,6.8万人次受益。积极开展特殊重大疾病救助试点工作,确定20种重大病种,封顶线提高到6万元;制定《丰镇市新型农村合作医疗门诊统筹管理办法》,于5月份启动了门诊医疗费统筹工作。新农合的实施,有效缓解了农民因病致贫、因病返贫的现象。完成新城湾中心卫生院的新建工作,于9月份投入使用,完成北城区、工业区社区卫生服务中心的建设。积极争取到三义泉中心卫生院和20所村卫生室的新建项目。开展基层卫生技术人员的培训工作,共举办各类培训班8次,培训人数达750人次,基层卫生服务能力得到改善和提高。城乡基本公共卫生服务均等化工作全面铺开。开展城乡居民建档工作,城内居民健康档案建档率达40.6%,农村建档率31.2%。健康教育有序进行,制定了《健康教育工作实施方案》,组织发放健教资料10万余份,开展健康讲座26次,6 000人次接受培训。强化免疫接种率达95%以上,公共卫生监督覆盖率达100%,“五病”调离率达100%。

【科技】 科维尔草业公司动物克隆转基因基地成功克隆出国内首例美利努肉羊和转基因荷斯坦奶牛,奥特普公司氟橡胶聚合生产技术通过自治区科技厅成果鉴定,耐高温和高透明聚三氟氯乙烯制备方法正在申请国家专利。硅锰、镍铁节能冶炼技术革新以及多项现代农牧业适用新技术得到广泛应用。

(付江亭 靳官平 韩雪滨 王晓静)

察哈尔右翼前旗

【领导名录】

旗委书记:陶克涛(蒙古族)

人大主任:吴图雅(女 蒙古族)

旗　　长:张　军

政协主席:纳　森(蒙古族)

武装部长:任德星

政　　委:付国忠

【概况】 察哈尔右翼前旗位于北纬40°41′~41°13′,东经112°55′~113°41′。地处内蒙古高原东南部乌兰察布市中南部,东接兴和县,南连丰镇市,西邻卓资县,北靠察哈尔右翼后旗,中部是乌兰察布市政府所在地—集宁区。察右前旗总土地面积2 440.5平方公里(包括黄旗海镇166平方公里),全旗共辖4镇(土贵乌拉镇、玫瑰营镇、平地泉镇、巴音镇)3乡(乌拉哈乡、三岔口乡、黄茂营乡),131个村委会(包括黄旗海镇18个村委会)、8个社区。总人口25.3万人(包括黄旗海镇29 959人),其中,城镇人口4.4万人(包括黄旗海镇453人),农业人口20.9万人(包括黄旗海镇29 506人)。有蒙古、汉、回、满、壮等11个民族,少数民族约8 200人,占总人口的3.2%,是一个以蒙古族为主体,汉族居多数的多民族居聚区。

察右前旗矿产资源丰富,已探明的矿藏主要有硅藻土、文象石、云母、石榴石、褐煤、墨玉、石灰石、硅线石、白云岩、铅银锌锰矿等18种之多,其中,硅藻土品位居华北第一、石灰石品位居东南亚之最,褐煤储量为1.6亿吨。目前已开采利用的有褐煤、银铅锌矿,石榴石、硅藻土、墨玉石、硅线石、石灰石、云母等10多种。

“十一五”末,全旗地区生产总值完成60.8亿元,比“十五”末21.1亿元增加39.7亿元,年均递增23.6%;三次产业比重由2005年的28.9 : 40.8 : 30.3逐步调整到2010年的15.5 : 59.4 : 25.1;固定资产投资五年累计完成87.3亿元,比“十五”时期32.1亿元增加55.2亿元,增长172%。财政收入完成1.85亿元,2010年财政支出9.35亿元,比2005年3.3亿元增加6.05亿元,年均递增23.1%。城镇居民人均可支配收入13 810元,比2005年增加6 360元,年均递增13.1%。农民人均纯收入4 596元,比2005年增加1 495元,年均递增8.2%。

【农牧业】 全旗8.3万亩保灌面积采取先进适用的节水措施和工程措施,膜下滴灌马铃薯最高亩产上万斤、甜菜亩产突破6吨。建成年饲养量500头以上的标准化奶牛园区12处,年出栏1 000只以上的肉羊养殖场5处,500口以上的生猪养殖场20个,5万只以上肉鸡养殖小区6处;奶牛数量由“十五”末的3.9万头增加到6.97万头,年产鲜奶由11.2万吨增加19.8万吨,肉羊年出栏由“十五”末的24万只增加到50万只。

【工业】 “十一五”期间共实施重点工业项目59个,完成固定资产投资28.5亿元,其中,亿元以上项目9个。构筑起以“乳、薯、糖、肉”为主的农畜产品加工和重化工、矿产资源开发、清洁风能、商贸物流同步发展的格局,形成了年加工处理原奶35万吨、马铃薯7万吨、甜菜40万吨、肉制品2万吨,硅锰合金、电石45万吨,铁精粉20万吨的生产能力。全旗规模以上企业达到49家,完成工业增加值28.6亿元,比“十五”末6.4亿元增加22.2亿元,增长346.9%。

察哈尔工业园区累计投入12亿元,完成“五通一平”基础设施建设,入驻企业由“十五”末16家增加到67家,累计实现税金3亿元。天皮山重化工园区规划面积5平方公里,投资8 000多万元初步完成了道路、水、电基础设施建设。

【城镇建设】 “十一五”期间,城镇建设累计投入8亿多元。完成了土贵乌拉镇第四轮城镇总体规划修编和镇北新区控制性详细规划编制;建设改造松林大道、幸福路等28条近50公里的城镇道路;修建土贵山公园、街心公园、政府礼堂等公共活动场所;完成土贵乌拉镇新水源地和污水处理厂建设;建成3个热源厂,集中供热能力达到180万平方米;开发万荣花园、聚宁花园等18个住宅小区,新增住宅面积40多万平方米。城镇供水普及率达到91%,集中供热普及率达60%,绿地覆盖率达17.6%,城镇化率达42.6%。

【社会保障】 城镇基本养老、医疗、失业三项保险参保人数达到10 350人、14 368人和9 740人;城镇低保人均月补助水平提高到226元,农村低保人均年补助水平达1 013元;新型农村合作医疗实现了常住人口全覆盖,累计为3.1万名农民患者报销医药费4 200万元;建设廉租房738套,改造农村危房1 020套,为824户城镇住房困难家庭发放了住房租赁补贴200万元;累计安置城镇就业1.3万人,劳务输出6.1万人次,就业培训1.6万人次,城镇登记失业率控制在4.1%以内。投资420万元的旗综合福利院投入使用;投资350万元对各乡镇敬老院进行改造建设;改造残疾人危房100户,发放残疾人器械3150件。

【文化】 完成5126户广播电视“村村通”工程;新建5所乡镇综合文化站。

【教育】 投资1.5亿元,实施校安工程等教育基建项目49个,D级危房全部消除;全面落实义务教育“三免一补”政策,完善了贫困家庭学生助学体系。

【卫生】 投资3 200万元立项建设1.6万平方米的旗医院综合楼,新建改造11所乡镇卫生院和15所标准化村级卫生室;全旗人口出生率控制在4.59‰以内。

【体育】 投入2 700多万元建成体育场、篮球场、青少年活动中心和乌兰牧骑演练中心等文体活动场所。

【人文旅游】 古迹有闻名于世的千年墓葬——豪欠营契丹女尸、五千多年前新石器时代古人类原始文化部落遗址——庙子沟、大坝沟文化遗址和久负盛名的曾经是蒙古草原与中原地区商贸交易的重要场所——元代集宁路遗址、呼和乌素汉代古城墙遗址。

(安文华)

察哈尔右翼中旗

【领导名录】

旗委书记:王增强

人大主任:乌宁吉雅(蒙古族)

旗　　长:赵向红(女　蒙古族)

政协主席:乔福才

武装部长:段进生(9月离任)　李玉华(9月任职)

政　　委:于万春

【概况】 察哈尔右翼中旗位于内蒙古乌兰察布市中部,阴山支脉——辉腾锡勒北麓,1954年3月由原镶蓝镶红联合旗与原陶林县组成,是一个以蒙古族为主体,汉族占多数,蒙古、汉、回、满等10个民族聚居的农牧业旗县。全旗土地总面积4 190.2平方公里,丘陵、平原各占42.3%,山地占15.4%。辖2个苏木、5个镇、3个乡、1个园区管委会,177个村委会,950个自然村,户籍总人口22.5万人。旗政府所在地距首都北京市450公里,距自治区首府呼和浩特市110公里,距集宁区65公里,距110国道40公里,距208国道60公里。

2010年,全旗地区生产总值完成28.4亿元,固定资产投资完成24.5亿元,财政收入完成8 766万元,城镇居民人均可支配收入达到12 800元,农牧民人均纯收入达到2 995元。

【农业】 全旗完成总播种面积116万亩。各类喷灌近300套,喷灌节水面积达到10万多亩,新上马铃薯膜下滴灌2.6万亩,新上软管微喷1.5万亩;新上红萝卜软管微喷5 000亩,红萝卜软管微喷累计达到5.66万亩;建日光温室259亩,塑料大棚255亩;新建马铃薯良种繁育温室6座,新建网室110座;新建原种田1 500亩,原种田累计达到5 000亩,新建一级种薯田2.8万亩,一级种薯田累计达到4万亩。全旗形成了以广益隆镇、黄羊城镇、铁沙盖镇、科布尔镇、宏盘乡为主的30公里膜下滴灌和旱作覆膜马铃薯种植带,形成了以铁沙盖镇、巴音乡、乌素图镇为主的30公里红萝卜软管微喷种植带,形成了以大滩乡、黄羊城镇、铁沙盖镇、广益隆镇为主的30公里喷灌圈马铃薯种植带。

【畜牧业】 全旗牧业年度家畜存栏79.8万头(只),新扩建集暖棚、饲料基地、青贮窖和改良配种为一体的肉羊规模养殖场8处,每处养殖场肉羊基础母羊达到1 000只以上,年出栏肉羊1 300-2 000只。调购多赛特种公羊110只,新建肉羊人工授精站11处,完成绵羊人工授精10.5万只。扶持发展奶(肉)牛园区化规模养殖小区14处,冷配奶(肉)牛2.8万头。新扩建生猪养殖场7处,每个生猪养殖场基础母猪存栏50口以上,年出栏商品猪500口以上。新扩建规模化肉鸡养殖场5处。

【水利】 全旗新增有效灌溉面积2.6万亩,改善有效灌溉面积0.3万亩,新增节水灌溉面积5.3万亩。完成农村牧区安全饮水工程39处,解决1.7万人、5.1万头(只)牲畜的饮水安全问题。新增水保治理面积8.8万亩,完成生态保护面积17万亩。完成了卜楞什拉水库除险加固工程。

【生态建设】 林业重点生态工程京津风沙源治理,完成人工造林3万亩,完成封山育林4万亩。完成补植补造1.92万亩。义务植树,旗级完成3 200亩,乡级完成12 800亩。完成通道绿化30公里。

【工业】 全旗依托特有的地区资源优势,形成了以绿色能源、化工、农畜产品加工、矿业开发四大支柱产业为主的工业经济体系。

绿色能源产业 到2010年底,全旗风机总数为1 097台,装机容量达到123.5万千瓦,并网103.5万千瓦,发电量突破20亿度。

化工产业 化工产业主要是生产电石的高载能企业,全旗规模以上化工企业共有6家,其中,电石企业2家,镍铁企业3家,炸药生产企业1家。电石、镍铁、炸药产能分别达到22万吨、3万吨、1万吨。

农畜产品加工产业 瞄准当地优势特色农畜产品,大力发展相关加工企业,先后投产的科银淀粉厂、亿丰淀粉厂、凯盛淀粉厂、辉腾肉食品厂、天品粮油厂等农畜产品加工企业,使农畜产品加工能力进一步提高。精淀粉加工能力达到15 000吨,肉食品加工能力达到10 000吨。

矿业开发 通过引进有实力的企业对矿产资源进行了合理整合,矿业开发能力得到不断提高。全旗规模以上矿业开发企业达到6家,其中,铁矿开发企业2家,铁精粉产能达到150多万吨,脉金矿开发企业3家,金精粉产能达到1万吨,石材加工企业1家,年加工石材能力达到5万平方米。

【基础设施建设】 建设东山生态公园、山顶公园、体育馆、文化中心和文化休闲广场等工程;投资3 668万元对全长2 630米的纳令河进行改造;新建、改建公厕15座;新建改建换热站4座,铺设供热主管网近8 000米,扩大集中供热面积;建设全长8.4公里的7条主干道,形成“六纵六横”的道路;完成全长4.1公里的6条小街小巷改造;新建日处理垃圾60吨的垃圾填埋场1处和日处理污水1万吨的污水处理厂1座;危旧平房改造工程达到了15处,改造开发总面积达到280 390平方米;建设完成S310线科布尔至乌兰花段99公里二级油路;建设完成四级通村砂石公路393.4公里;完成乌素图镇35千伏、土城子110千伏输变电工程;新建10千伏特配电线路147公里,0.4千伏特线路26公里,新建和改造配电变压器173台。

【旅游业】 举办“走进辉腾锡勒”旅游宣传促销活动,与北京、太原、石家庄等地区400多家旅行社建立联络合作关系。两年全旗共接待国内外游客110.6万人(次),实现营业收入1.98亿元。

【教育】 中小学校舍安全工程稳步推进,建成民族学校和教师进修学校新校舍,开工新建东街小学和职业中学新校舍。“两免一补”政策全面落实,寄宿制小学生、初中生生活补助标准分别提高到750元/年和1 000元/年。义务教育普及率达100%,普高升本率达20.21%,职高升本率达26.32%。

【文化】 建设旗文化中心、6个苏木乡镇文化站和11个草原书屋,继续实施电影“2131”工程和广播电视无线覆盖工程。组建了乌兰牧骑,建成大型文化休闲健身场所5处,群众性文体活动深入开展。

【卫生】 人口出生率控制在7‰以内,全面开展吉祥草原惠民计生行动,启动实施“幸福工程”暨“一杯奶工程”。完成大滩、乌兰、黄羊城、铁沙盖四个苏木乡镇计生服务站和旗计生服务站建设任务,建成了4个精品“人口文化大院”。建设旗医院门诊综合大楼,完成铁沙盖中心卫生院改扩建工程。不断加大传染病、地方病的监测与防治力度,有效控制了甲型H1N1流感疫情。新型农村牧区合作医疗制度稳步推进,常住人口参合率达到100%,2009年以来累计补偿金额达到2 700万元。

【社会保障】 社会养老人数达到1.2万人,医保人数达到4万多人,失业保险人数达7 087人。城乡低保人数达3万多人,城镇低保保障标准人均每月达293元,农村牧区低保平均保障标准每人每年达1 680元。2009年以来,全旗共新安置就业4 219人,下岗失业人员实现再就业1 609人。

(陈晓军)

察哈尔右翼后旗

【领导名录】

旗委书记:朝克图(蒙古族 9月离任)张 翔(10月任职)

人大主任:赵炳和
旗　　长:张　翔(10月离任)　纪全富(10月代理)
政协主席:潘小平(蒙古族)
武装部长:韩　飞(6月离任)　段进生(9月任职)
政　　委:周广金(9月离任)　杨章虎(9月任职)

【概况】 2010年,全旗地区生产总值完成49亿元,同比增长18.9%;财政收入完成2.63亿元,同比增长27%;财政支出完成10.39亿元,同比增长9.5%。城镇居民人均可支配收入达14 000元,同比增长13%;农牧民人均纯收入达4 630元,同比增长10%。全社会固定资产投资达24亿元,同比增长39.4%;社会消费品零售总额达14亿元,增长16.5%;全旗引进旗外(国内)资金16亿元,同比增长14.3%;科技、教育、卫生和社会保障支出占财政一般预算支出比重达到41%。

【农业】 全旗总播种面积73万亩,其中,粮食作物64.1万亩,占总播面积的87.8%;经济作物8.9万亩,占总播面积的12.2%。粮食总产量14 238万斤,比上年增产9 838万斤。新建日光温室450座,全旗累计建成日光温室1 142座,塑料大棚1 020座,蔬菜种植面积达到6 000亩。全面推进农机社会化服务体系建设,全旗农机服务队达到17个。

【畜牧业】 全年鲜奶产量4.3万吨,肉类产量2.9万吨,畜牧业增加值占第一产业增加值的比重达到60%。建成百头以上奶牛园区14处,建设千只以上肉羊养殖场4个,年出栏500口以上规模养猪场6处,建设规模养鸡场5个,牧业年度家畜存栏42.5万头只。全旗农畜产品加工业完成产值2.4亿元,同比增长20%。

【林业】 完成生态治理面积16.1万亩,其中,人工造林3.5万亩,封山育林3万亩,草场围栏封育5.7万亩,小流域综合治理3.9万亩。

【水利】 全年新打配套机电井300眼,新增农田有效灌溉面积2.31万亩,新增节水灌溉面积4.4万亩,新增水土保持治理面积16万亩,新增饲草料基地灌溉面积0.85万亩。全旗喷灌累计达到177套,新增,膜下滴灌2.6万亩。完成农村牧区安全饮水工程33项,解决了1.4万人、3万头(只)牲畜的安全饮水问题。

【工业】 全旗规模以上工业实现增加值24.7亿元,增长19.9%。建成红格尔图建材、白雁湖化工、土牧尔台畜产品加工、贲红煤炭物流、巴音锡勒风电和杭宁达莱工业园等八大园区,初步形成新型建材、化工、风电、农畜产品加工、煤炭和高新技术产业集群和"一乡一园区、一园一产业"的发展模式。到2010年底,全旗入园企业达到253家,规模以上工业企业达到53家,实现产值77.1亿元,完成增加值24.7亿元。年初确定的11项市级、10项旗级重点项目全部开工,开工率为100%。市级重点项目总投资38.7亿元,旗级重点项目总投资2.8亿元,完成固定资产投资16亿元。

【招商引资】 2010年分别赴"长三角"、"珠三角"和京冀晋陕等地开展30余次大规模的招商引资活动。全旗共落实招商引资项目36个,协议投资达80.3亿元,到位资金16.81亿元。成功实现与安徽皖维、大唐国际、香港华润、中广核等大企业、大集团的战略合作。

【交通】 全年交通运输支出3 939万元,比上年增加2 060万元,增长109.6%。完成通乡油路40公里、通村砂石路221公里,完成"无土移民"100户9 960平方米。

【第三产业】 全年完成第三产业增加值13.5亿元,增速22.7%。消费建设大型超市4 000平方米,购物中心6 000平方米,封闭式农贸市场5 000平方米,各类商铺5 000平方米以及露天集贸市场10 000平方米。"万村千乡市场工程"经过培育和发展,已累计完成136家农家店,基本覆盖了全旗100%乡镇和70%以上的行政村。土牧尔台活畜交易市场完成投资1 000万元,2011年初开始运行。

【基础设施建设】 全年完成城镇建设投资6.8亿元,完成目标任务5.54亿元的123%。市政工程完成投资21 214.2万元,亮化工程完成投资1 140.3万元,绿化工程完成投资2 812万元,文化景观工程完成投资1 386万元,国家投资重点项目完成投资3 211.7万元,房地产建筑业完成投资3.8 796亿元。

城区面积由原来的4.72平方公里增加到目前的7.3平方公里,城区总人口由原来的4万人增加到5.98万人。硬化面积由原来不足3平方米增加到41万平方米,已建成4纵15横8出口的道路格局,主次干道均安装路灯,亮灯率达90%以上。供水普及率由原来的45%增加到95%以上。完成巨轮广场建设18 000平方米。马头琴广场建设40 000平方米。新建和改造城区道路6.4万平方米,新建续建6条城区道路全部投入使用。修建占地39.1亩人工湖工程,完成投资270万元。

【文化】 成功举办首届察右后旗察哈尔艺术节,承办第五届自治区乌兰牧骑艺术节。投入70多万元,新建3所乡级文化站,对其余4所乡级文化站、13所社区文化活动中心和87所村级文化活动室进行配套完善,按照群众需求和相关标准配备了7个"万元活动设施"村。2008年以来累计投入资金200多万元对乌兰牧骑进行重组,精心编排创作了反映察哈尔文化为基调的文艺节目。

8月8日,第五届内蒙古自治区乌兰牧骑艺术节暨首届察右后旗察哈尔文化艺术节闭幕仪式及《火山草原的祝福》大型颁奖晚会在察哈尔广场隆重举行。自治区副主席刘新乐、乌兰察布市委书记吴永新以及察右后旗党政领导出席。晚会由中央电视台著名节目主持人白岩松,内蒙古电视台杜鹃、田宇和傲特根苏都联合主持,全国知名艺术家德德玛、金花和布仁巴雅尔专程前来演出,察右后旗乌兰牧骑获金奖。

9月27日,主题为“弘扬民族文化,打造察哈尔品牌”的首届察右后旗“察哈尔杯”《中国察哈尔民歌阿斯尔》电视大奖赛在乌兰察布电视台演播大厅举行颁奖晚会。察右后旗乌兰牧骑的葛根塔娜和来自锡林浩特群艺馆分别获得察哈尔民歌一等奖和察哈尔阿斯尔演奏一等奖,还评出最佳原创奖、最佳歌手奖、最佳新人奖、最佳演奏奖等奖项。

【教育】 率先整合优势教育资源推行集中办学,成立一中教育园区,对教育园区就读的高中生全部免除学杂费和住宿费。职工教育也有了长足的发展,全年升学班高考上线率达到70%。

【卫生】 率先在乌兰察布市开展了“计卫联手”服务。新型农村牧区合作医疗参合率达到131.6%。,城镇居民医疗保险和农村牧区合作医疗实现全覆盖。

【社会保障】 率先启动新农保这一惠民工程。农村70周岁、牧区60周岁以上的老年人全部纳入低保。提高村组干部工资待遇,提高五保户、残疾人生活补助标准,进一步扩大廉租房、经济适用房补贴和低保户采暖补助发放范围,城镇新增就业2 562人,扶持375名下岗失业人员实现自主创业,城镇失业登记率控制在4%以内。城镇基本养老、基本医疗、失业三项保险参保人数增加到12 319人、17 800人和9 062人。全旗2.4万特困农牧民纳入最低生活保障。

(孟泽辉)

四 子 王 旗

【领导名录】

旗委书记:肖万寿(蒙古族)

人大主任:孙怀民(蒙古族)

旗　　长:利　民(蒙古族 8月任职)

政协主席:陈世贵

武装部长:魏占全(5月离任) 王治国(5月任职)

政　　委:李建军

【概况】 四子王旗位于内蒙古自治区中部,乌兰察布市西北部,南、东、西三面分别与呼和浩特市、锡林郭勒盟和包头市相邻,北部与蒙古国接壤,边界线长104公里。地理坐标为北纬40°20′~42°40′,东经110°20′~113°。全旗总面积25 513平方公里,总人口215 258人,其中,少数民族21 398人,蒙古族19 174人,占总人口的11.2%,主要分布在该旗四个苏木和乌兰花镇。全旗辖2个乡(东八号乡、忽鸡图乡),4个苏木(江岸苏木、查干补力格苏木、脑木更苏木、红格尔苏木),5个镇(乌兰花镇、白音朝克图镇、库伦图镇、供济堂镇、吉生太镇),1个牧场(乌兰牧场)。全旗现有耕地面积200.81万亩,森林面积207.18万亩,草原面积2985.96万亩,水域23.54万亩,风蚀沙化20 923亩。地区生产总值2010年达到33亿元,财政收入达到1.03亿元,年均增幅10.2%。城镇居民人均可支配收入达到13 900元,平均增幅13.4%,农牧民人均纯收入达到3 680元,年均增幅5%。

【农业】 以马铃薯为主的大型喷灌、膜下滴灌和温室大棚等现代化设施农业技术得到大面积推广。马铃薯种植面积稳定在76万亩,累计建成节灌农田21万亩(喷灌圈11.45万亩,膜下滴灌9.55万亩)亩产量达到4 500万以上,创历史新高,建成蔬菜温室609座、大棚678座,蔬菜种植面积达到3万亩。

【畜牧业】 建成肉牛养殖小区8处、发展肉羊养殖合作户671户,“杜——蒙”杂交肉羊养殖累计20万只,合作牧民户均增收2万多元,成为全市肉羊产业的成功典型。

【生态建设】 京津风沙源工程累计完成投资18.206万元,完成治理面积137.4万亩,退耕还林工程累计完成投资325万元,完成治理面积6.5万亩。先后实施78处饮水安全工程,解决了7万多人、26万多头牲畜安全饮水问题。全旗的森林覆盖率达21.39%。

【工业】 2010年底,完成德日存呼都格煤矿的详查工作,提交煤矿资源总量11.7亿吨,共安装测风搭115座,已建成5万千瓦风电场3座,99台风电机组全部并网发电,工业增加值达11.7亿元,年均增长9.3%,工业增加值占生产总值的比重达35.59%,规模以上工业企业达40户,规模以上工业增加值达7.9亿元,年均增长23.6%,经济效益综合指数达256.6。

【旅游业】 全旗建成各类商业网点3 370个,市场交易额达20亿元。突出打造“吉祥草原、神州家园”这一旅游品牌,与内蒙古兰德公司签订1.4亿元的开发协议,红格尔旅游景区开发正式启动,投资2 700万元的多功能永久性那达慕会场正在建设中。全旗旅游客量年均达50多万人次,旅游总收入年均达5 000多万元,旅游业经济效益日益凸显,占第三产业的25%。

【城镇建设】 新改建公路总里程达1 765公里,公路建设规模居全市之首,苏木乡镇道路畅通率达到100%,行政村(嘎查)通达率72%,“三纵六横”公路网络已基本形成。电网建设累计完成投资2.8亿元,全旗浩特乌素(自然村)通电率达100%,全旗城镇建设累计投入资金18.8亿元,完成拆迁2 840户约50万平方米。城区面积达到13.8平方公里,住宅建设面积194.7万平方米,城镇人均住房面积达到了23平米,集中供热面积达到95万平方米,建成廉租住房872套/3.7万平方米。

【教育】 全旗义务教育“两基”达标全面完成;改扩建校舍总面积9.8万平方米。

【文化】 大力实施广播电视“村村通”工程,全旗广播电视综合覆盖率分别达到95%和93%。

【社会保障】 安置就业人员4 745人,城镇登记失业率控制在4.1%以内;全旗参加养老保险、医疗保险、失业保险的人数分别达到6 643人、4.4万人和8 155人;城镇低保人口达到6 667人、农牧区低保人口达到24 869人。

【荣誉】 布和朝鲁 男,蒙古族,是年4月获得内蒙古自治区劳动模范称号。

明润兰 女,蒙古族,是年4月获得内蒙古自治区劳动模范称号。

(特木尔 张满元)

卓 资 县

【领导名录】

县委书记:范 忠

人大主任:韩文广

县 长:常培忠(满族)

政协主席:周德喜

武装部长:高玉兵

政 委:杨 茂

【概况】 卓资县位于内蒙古自治区中部,全县周边与呼和浩特市及其它8个旗县市相毗邻。卓资县隶属乌兰察布市,县政府所在地卓资山镇西至自治区首府呼和浩特市73公里,东距乌兰察布市集宁区52公里,距首都北京430公里。全县辖卓资山镇、旗下营镇、巴音锡勒镇、梨花镇、十八台镇5个镇和大榆树乡、红召乡2个乡。总辖地面积3 119平方公里,其中,耕地63万亩,林地面积140.5万亩,水域面积352.7万亩。全县总人口约22.3万人,有蒙古族、满族、回族、朝鲜族、壮族、藏族、苗族、土家族、彝族、侗族、白族、布依族、傈僳族、达斡尔族、鄂伦春族、锡伯族、拉祜族17个少数民族,少数民族人口共4 600人。

2010年,全县地区生产总值完成39.6亿元,财政收入完成2.2亿元,规模以上工业增加值完成13.7亿元,固定资产投资完成15亿元,城镇居民人均可支配收入达13 740元,农民人均纯收入达4 571元,全社会消费品零售总额达到10亿元,万元GDP能耗2.5761吨标准煤,化学需氧量、二氧化硫排放量控制在675吨和4 730吨以内。城镇登记失业率控制在3.5%以内。

【农牧业】 农作物总播面积63万亩,其中,马铃薯28万亩、玉米10.8万亩、以蔬菜为主的特色经济作物6万亩,三大主栽作物占到总播面积的70%以上,在大榆树、卓资山、十八台等乡镇新建了7个占地100亩以上的蔬菜示范园区,在梨花镇、十八台和巴音锡勒镇建设了3个3 500亩以上的示范园区。全县设施农业面积达到4.5万亩,效益达到1.16亿元,参与农民增加到了1.9万人,人均收入6 105元。全年新建扩建规模养殖场26处,肉羊、生猪、蛋鸡饲养量分别达到62万只、8.8万口、200万只。鹿、野猪、波尔山羊、绿鸟鸡等特色养殖业稳步发展。

【工业经济】 华电蒙能卓资发电分公司运行情况较上年明显好转;汇通能源一期、君达财神梁二期风电建设项目有序推进,大唐国际四期风电项目39台机组全部投产发电。中西矿业大苏计钼矿项目进展顺利,原日处理1 000吨选厂及设备已拆迁新址;新建日处理1 000吨选厂土建基础已完成,进入安装阶段;日处理10 000吨选厂,于4月份正式开工建设,所有土建与安装工程招标工作扎实推进。伊东投资集团氯碱化工循环经济项目总投资72亿元,一期工程年产60万吨电石、32万吨烧碱、30万吨PVC、10万吨糊状树脂、3万吨三氯氢硅和80万吨水泥熟料等。9月下旬签订合作协议,10月中旬举行奠基仪式,电石厂土建工程于11月中旬开工建设。龙的马铃薯公司精淀粉深加工、薯老大薯业有限公司保鲜土豆系列产品加工,两家新增农畜产品加工项目,生产车间基础建设已完工。亨利达石化清洁燃料项目,即将成为新的经济增长点。规模以上工业企业新增4家,达34家,增加值实现16亿元,增速16.4%。

【旅游业】 旅游业全年接待游客21.3万人次,实现旅游收入2 340万元,同比增长50.2%。

【基础设施建设】 全年组织实施城建项目50多项,完成投资3亿多元。治理小街小巷17条,修建排污排水9处,公厕18座,安装路灯110基;种树4 500多株、草坪3 000平方米,新增绿地4.7万平方米;实施热电联产集中供热,整合供热公司,全县集中供热率达到80.3%;学苑小区、嘉兴二期、卓中家属区、银河小区等商品房建设规模达17万平方米;完成大黑河景观工程、污水处理厂工程。

【交通】 完成通村道路、农田水利、饮水安全、土地整理、中低产田改造等基础设施投资5910万元。新建通乡油路25公里、通村油路11公里、通村砂石路14.9公里。

【林业】 完成人工造林4万亩、封山育林5万亩、义务植树3 000亩、通道绿化35公里。

【水利】 实施农村饮水安全工程72处,新打水源井72眼,解决了2.38万人、3.77万头(只)牲畜的饮水困难。实施土地整理项目4项,新增耕地面积11 700亩,改良土壤5 500亩,新增有效灌溉面积2.3万亩、节水灌溉面积2.9万亩。

【社会保障】 全县社会养老保险、城镇居民医疗保险、工伤保险参保人数分别达13 823人、32 000人、7 346人;新型农村合作医疗筹资标准达到每人每年120元,实现了对常住人口的全覆盖。享受城镇低保人数6 678人,平均月补助标准提高42元,达到人均每月272元;农村低保人数新增3 500人,达到20 584人,人均补助标准提高180元,平均补助水平达到1 089.3元;五保户分散、集中供养标准分别提高861元、1 153元,达到1 961元、2753元。发放小额担保贷款791万元,新增城镇就业1826人,基本消除了零就业家庭。积极实施保障性住房工程,建设廉租房20 044平方米、444套,为1 779户城镇低保家庭发放廉租住房租金补贴318万元。

【教育】 严格实施“校舍安全工程”,为全县5所学校加固、新建校舍46365平方米。积极推进大中专毕业生就业工作,公开招考中小学教师90名、各类事业单位人员46名。

7月8日,内蒙古云曙碧公益事业基金会捐赠卓资县职业中学实训楼基建费活动仪式在卓资县职业中学举行,云曙碧等基金会负责人出席捐赠仪式。

【卫生】 8月,县医院10层门诊综合大楼开工建设,新建了村卫生室50所。

(庞文辉 刘斌 王日勤)

商　都　县

【领导名录】

县委书记:王国相

人大主任:郭正科

县　　长:贾　军

政协主席:王志祥

武装部长:庄　洁

政　　委:姜迪成

【概况】 商都县位于内蒙古自治区中部、乌兰察布市东北部,东与化德县和河北省康保县、尚义县为邻,南与兴和县接壤,西接察右后旗,北交锡林郭勒盟苏尼特右旗、镶黄旗;地理坐标为北纬41°18′~42°09′,东径113°08′~114°15′;全县辖6镇3乡、211个村民委员会、18个社区、717个村民小组;总辖地面积4 353平方公里,境内居住着汉、蒙古、回、藏等12个民族;2010年底总人口为35万人,是乌兰察布市第一人口大县。2010年全县地区生产总值36亿元,财政收入达1亿元,城镇居民人均可支配收入和农民人均纯收入分别达到13 250元和3 300元。

【农牧业】 新建喷灌圈14套,总量达329套、面积15.5万亩;发展膜下滴灌5.4万亩,旱作覆膜马铃薯种植面积稳定在20万亩。加大牲畜改良力度,全县畜牧年度存栏奶牛1.6万头、肉羊53.9万只。年销售收入100万元以上的农畜产品加工、流通企业达14家,其中,销售收入500万元以上的企业6家。组建营销协会9家,发展贩运大户51户,培育市场营销人员3 500多人,产加销一体化的产业化经营格局正在形成。

【工业】 共引进工业项目22个,引进资金44.6亿元,到位资金38.3亿元。京能、天润、北能和科智华远四家风电企业,已装机30万千瓦,并网发电15万千瓦。希森公司全粉项目一期工程已竣工,具备年产全粉1.25万吨的能力。太美薯业公司年加工15万吨法式薯条项目前期准备工作进展顺利。科都薯业公司年产10万吨饲草料和1.5万吨果汁饮料项目已开工建设。民宇公司建设两条日产2 500吨水泥熟料生产线项目,其中,一条已建成,另一条具备了开工的条件。东昊公司年整理废钢60万吨项目已投产达效。万众景观公司年产花岗岩路沿石3万立方米、板材10万立方米项目已建成投产。世嘉瑞通公司年产5 000吨金属镁项目已开工建设。中盛公司年产10万吨萤石、远和公司年梳羊毛5 000吨、嘉泰公司年产60万吨环保型煤和蓝宇公司年产6万吨液态二氧化碳项目均已竣工。全县规模以上工业增加值实现12.7亿元,同比增长36%。

【生态建设】 深入推进军民义务植树基地建设,栽植各类树木52万株,完成造林面积1.2万亩,基地绿化面积达3.26万亩;营造通道林49.3公里;完成京津风沙源治理人工造林4.25万亩,封山育林7万亩,新增水保治理面积5.47万亩。

【基础设施建设】 坚持新区建设与旧城改造协调推进,累计完成投资6.2亿元,新建混凝土道路14条,共计7.4万平方米,同步铺设排污管道6 052延长米、供水管道14 980延长米、供热管道7 100延长米。污水处理场建设有效推进,办公楼及附属设施基础工程全部完工,并铺设管网12公里。对街道断档的绿化带及路林中毁坏枯死的树木全部进行更换补植,更新、安装路灯693机。打造新风路、新民路、七台大街和府左路四条精品街,全面启动生态广场、府前广场改造和水漩公园新建工程,会展中心、体育场、青少年文化活动中心和吉新酒店建设进展顺利,外环路和七台大街南端拓宽改造工程如期开工。并且以交通、环卫、市场整治为重点的城镇管理取得明显成效,人居环境逐步向好。同时,在29个重点村开展以主导产业培育、村容村貌整治、基础设施建设等为主要内容的新农村建设,起到良好的示范作用。新修通村公路4条、50.8公里,玻璃忽镜-屯垦队通乡油路建成通车。实施城乡10千伏电网改造工程40公里,2个增容改造和3个新建的输变电站全部竣工。不冻河、八股地和三面井3座病险水库加固工程全面完成,实施饮水安全工程26处,为16 000人、5 000头(只)牲畜解决了饮水安全问题。

【社会保障】 城镇新增就业2 850人,农民转移就业33 600人。基本养老、基本医疗保险参保人数分别达14 072人和17 600人;把7 851名城镇困难居民纳入低保,农村低保对象达到28 945人,补助标准人均每月分别提高30元和15元。新建廉租房500套,累计达到1 000套,改造农村危旧房1 100户,并为七台镇1 629户低保家庭发放住房补贴270万元,城乡低收入群体住房困难问题得到有效缓解。集中财力实施民生工程,承诺为民办好的"十件实事"全面落实。

【科技】 以完善科技特派员为纽带,以科技宣传、培训、普及和创新为重点,科技与经济的结合更加紧密,运行质量明显提高。

【教育】 为职业中学购置了价值500万元的教学设备,9所中小学 "校安工程" 和特殊教育学校建设取得明显进展。

【卫生】 新建2个社区卫生服务中心和14个社区卫生服务站,为200所村级卫生室配齐了医疗设备,全面推行农村合作医疗和城镇居民医疗保险制度,农民参合率达97%以上,城镇居民参保人数达34 010人。稳定了低生育水平,人口出生率控制在8‰以内。

【特色产业】 5月22日,商都县“中国马铃薯产业示范基地”评审会议在北京召开,与会专家一致同意授予商都县为“中国马铃薯产业示范基地”称号。

【荣誉】

周玉海 (商都县民与水泥有限责任公司总经理)获自治区劳动模范荣誉称号。

武爱兰 (商都县西井子镇赛勿素村民)获自治区劳动模范荣誉称号。

赵素青 (商都县志成建筑维修队农民工)获自治区劳动模范荣誉称号。

(景颂 高启炜)

凉 城 县

【领导名录】

县委书记:冯 超
人大主任:李 贞
县　　长:王晓平(蒙古族)
政协主席:张万寿
武装部长:周 飞(5月离任)
　　　　杜福刚(5月任职)

政　　委:李红兵(5月离任)

　　　　陈　彪(5月任职)

【概况】 凉城县地处内蒙古自治区中南部,位于北纬40°10′~40°50′,东经112°02′~113°02′。地形总体特征为四面环山、中怀滩川(盆地),素有“七山一水二分滩”之称。全县土地总面积3 458.3平方公里,耕地6.33万公顷。全县辖5个镇、2个乡,1个办事处,143个村(居)民委员会、865个村(居)民小组,有蒙古、汉、满、回等15个民族。2010年年末,户籍总人口24.71万人,常住人口184 004人。2010年,地区生产总值完成55亿元,年均增长10.5%;财政收入完成4.31亿元,年均增长15.4%。

【农牧业】 粮食年产量稳定在4亿斤左右、蔬菜3亿多斤,位居全区33个产粮大县行列,被评为“全国粮食生产先进县”。奶牛存栏8万头,肉羊存栏67万只,生猪存栏8.3万口。

【林业】 实施退耕还林、天然林保护、风沙源治理等工程,森林覆盖率达到31.06%,林草覆盖率达到61.8%,荣获“全区生态建设先进集体”称号。

【水利】 新打机电井120眼,新增有效灌溉面积2.6万亩,开工建设人饮工程41处,解决了15 375口人、21 800头(只)畜的饮水安全问题。

【工业】 实现规模以上工业增加值22亿元,年均增长34.5%。形成了电力、化工、制酒、建材、农畜产品加工等极具增长潜力的产业体系,支撑带动能力日益增强。节能减排成效显著,完成了“十一五”控制目标。

【旅游业】 岱海旅游区被评为国家4A级景区。2010年,累计接待区内外游客75.6万人(次),实现旅游收入1.5亿元。

【基础设施建设】 累计完成城镇建设投资18.5亿元,先后建成了岱哈广场、政务办公新区、怡海家园等一大批亮点工程和与之相配套的排洪排污、垃圾处理等公用设施,建成区面积达10.5平方公里,城镇化率达33%;建成等级公路350多公里,打通全县各出口通道。

【教育】 实施“校安工程”,完成建筑面积40 149平方米,职中实训楼和宿舍楼建成投入使用,完成三小和民小教学楼、宿舍楼、餐厅主体工程,完成二中实验楼基础工程。录用13名“三支一扶”大学生和57名特岗教师到中小学任教,招聘222名大学本科生充实到部分县直单位工作。

【文化】 启用了文化图书大厦和会展中心,通过了第三次全国文物普查工作验收。改造数字电视用户5 300多户,“村村通”卫星直播覆盖工程解决了全县104个广播电视“盲村”,3 295户群众收听收看广播电视难的问题。

【卫生】 城镇居民医疗保险制度全面启动,新型农村合作医疗实现常住人口全覆盖。全县居民建立健康档案人数达6.34万人,建档率平均达到26.6%。完成1 000座农村改厕的建设任务。生殖健康医院启动运营,新建县健康家庭服务中心,开展幸福工程救助贫困母亲行动,先后荣获“全国计划生育协会先进集体”、“全国计划生育科技大练兵先进单位”、“全国幸福工程救助贫困母亲示范县”、“全国计划生育优质服务示范站”四项国家级荣誉称号。

【人民生活】 支出各类民生资金5.2亿元,占全部财政支出的57%。城镇居民人均可支配收入和农民人均纯收入分别达到13 188元和5 655元,年均增长10.3%和12%。

【社会保障】 城镇登记失业率控制在3.5%以内,贫困人口数量明显下降。开展保障性住房建设,全面启动住房公积金制度,提高了企业退休职工养老金标准,为干部职工足额兑现了各类津补贴。

【荣誉】 荣获“全国科普示范县”和“全国科技进步旗县”荣誉称号。

(贺晓东　王　瑞)

化　德　县

【领导名录】

县委书记:付涌泉

人大主任:张万堂

县　　长:霍建忠

政协主席:朱世平

【概况】 化德县地处内蒙古自治区中部,乌兰察布市东北部,北靠锡林郭勒盟、南临河北省张家口地区,总面积2 568平方公里,2010年,全县辖3个镇2个乡,93个村委会、368个自然村,7个社区,总人口175 621

人,其中,农业人口 15.04 万人。

2010 年,全县生产总值完成 27.8 亿元。财政收入完成 10 180 万元。固定资产投资完成 16 亿元。城镇居民人均可支配收入达到14 458元。农民人均纯收入达到 2 948 元。

【工业经济】 年末,全县风电总装机容量达到40 万千瓦,全部实现了并网发电,风电装机总量居全市第二。同时,依托风能资源,拓宽产业领域,积极发展风叶、法兰盘、塔架制造等风电配套产业,使风电项目保持了梯次推进的良好格局。2010 年,全县服装产量达到 2 300 万件,实现工业总产值 13.8 亿元。全县累计生产铁合金 11.9 万吨,实现工业增加值 4.3 亿元。积极组织申报矿产资源勘探项目,累计争取国家投资 6 000 多万元,开展探矿项目 32 个。全县销售收入百万元以上的农畜产品加工企业达 14 个,年销售收入突破 1.6 亿元,投资 2 000 万元配套"五通一平"基础设施建设,三大园区入园企业累计达到 32 家,全县规模以上企业完成工业增加值 13 亿元。

【农村经济】 新建日光能温室 200 多座,配套塑料大棚 400 座,马铃薯网室 100 座,全县日光能温室累计达到 700 多座、塑料大棚达到 1 000 多座,覆膜马铃薯种植突破 10 万亩,新增喷灌面积 4 000 亩、软管微喷面积 3 000 亩、发展膜下滴灌 15 000 亩,节水灌溉面积达到 6 万多亩。

【畜牧业】 新建 4 个牧场式园区、15 个肉羊标准化养殖示范村和 8 处年出栏 1 000 只肉羊的规模养殖育肥场,引进以改良育肥为主的龙头企业,延长产业链条,提高养殖效益。年末,全县基础母羊存栏达到 28 万只,出栏肉羊 60 万只,良种奶牛存栏达到 1.8 万头,畜牧业增加值占第一产业增加值的比重提高到 55%。

【推进农村人口"三三制"分流】 2010 年,全县将 48 个 30 户以下的自然村撤并了 5 个,将 54 个 20 户及以下的自然村撤并了 10 个,筹资 340 万元,建设了 6 个村级养老院,安置农村鳏寡孤独等弱势群体 186 人。同时,该县依托服装产业,大力实施"无土移民"工程,从 2006 年开始,累计投资 9 000 多万元,建设"无土移民"楼 32 栋,为 1 920 户、6 720 名进城务工人员解决了住房困难问题。2010 年,新建"无土移民"住宅楼 15 栋、900 套,计划安置移民 900 户、3 211人。

【生态建设】 完成雨季优质牧草补播改种任务 12 万亩、封山育林项目 6.5 万亩,巩固退耕还林成果项目补植任务 4.5 万亩、流域治理8.6万亩、义务植树基地 8 000 亩、通道绿化 122 公里;围绕城镇主要街道、出口,实施城镇绿化工程,栽植各类苗木 1 000 万余株。

【公路建设】 完成通村砂石路建设 125 公里和化康 32 公里三级油路改造工程。

【扶贫】 投入扶贫资金 897 万元,对全县 7 个村进行扶贫整体开发,解决了 3 498 人的脱贫问题。

【改善民生】 完成 3 个乡镇 24 个村 720 座农村户用沼气池建设工程。解决了农村 10 000 人安全饮水问题。落实种植业保险 56 万亩、102 万元,受益农户达到 2 万余户。投资 4 400 多万元,建设了占地 5 万多平方米的廉租房1 020套;完成农村危房改造 520 户,实施城市棚户区改造 236 套,完成拆迁面积 7 000 多平方米,同时,着力推进经济适用房和普通商住房建设,形成了多层次住房保障体系。

【社会保障】 提高社会养老参保人员的待遇,人均提高 160 元,新增参保人员 492 人,全县累计参保人员达到 5 961 人。加大对贫困家庭困难学生的资助力度,筹措扶困助学资金 300 多万元,资助贫困学生 800 多人,为 252 名中职学生减免学费 25.2 万元,为 548 名大学生落实助学贷款 307 万元。全县城镇低保达到 5 418 人,人均补助标准达到 272 元;农村低保达到 26 725 人,年人均补差提高了 181.5 元,年人均补助标准近 1 000 元,城乡低保保障水平高出全市 10 个百分点,基本实现了动态管理下的应保尽保。全县五保户供养人员达到 2009 人,集中供养补助标准由人均 1 600 元/年,提高到3 800元/年,分散供养补助标准由人均 1 100 元/年,提高到 1 961 元/年。加大就业再就业扶持力度,全年发放小额贷款 842 万元,开展各类技能培训 15 期、培训下岗失业和进城务工人员 3 080 人,新增就业 1 600 人。

【水利】 投资 2 000 多万元,新打水井 10 眼,单井出水量每小时 40 吨,日供水能力达到 1 万吨。经化验,水质达到国家饮用水标准,能够满足城镇 8 万人用水需求,年内,已铺设主管道 13.67 公里,基本具备了供水条件,并于 2010 年 12 月 15 日实现试水。

【教育】 投资 7 943 万元,实施了 8 项校安工程,极大地改善了全县中小学办学条件。

【卫生】 推进县医院改扩建项目,全县参加新型农村合作医疗人数达到99 012 人,实现了对常住农业人口的全覆盖,共为25 436 人次核销门诊费用111.92 万元,为4 382 人次补偿大病医疗费1 309.4 万元;城镇居民医保参保人员达2.2 万人;实施医疗救助3 452人,救助金额达到498 万元。推进县医院改扩建项目,投资2 200 多万元,新建县医院综合大楼,投资140 万元,新建1 个乡卫生院和10 个村卫生室。

【文化】 完成农村文化站惠农工程建设任务,公共文化服务体系建设进一步加快。

【基础设施建设】 2010 年,投资7.6 亿元,共实施城镇建设项目42 项。重点实施了新旧区道路建设改造、绿化等15 项市政基础设施建设项目;西山公园、会展中心、新城宾馆、校安工程、县医院改扩建工程、新区商贸物流园区等22 项公益性建设项目;福安住宅小区三期、草原丽都住宅小区二期、长青苑住宅三期等5 项安居工程建设。

(李宏民 于涛)

兴 和 县

【领导名录】

县委书记:张金亮(10 月离任) 袁晓东(10 月任职)

人大主任:杨君青(女)

县　　长:袁晓东(10 月离任) 刘 政(10 月任职)

政协主席:石明成

武装部长:陈永先

政　　委:庞瑞宝(9 月离任) 郭伯群(9 月任职)

【概况】 兴和县位于内蒙古自治区乌兰察布市东南部,东以大青山、阿贵山为分水岭,与河北省尚义县相邻;南以长城、大南山为界,与河北省怀安县、山西省天镇、阳高县交界,西与市内的丰镇、察右前旗接壤、北与察右后旗、商都县毗邻。地理坐标为北纬40°26′40″~41°26′27″,东经113°21′9″~114°7′47″。南北长约109 公里,东西较窄,约67 公里,全县总面积为3 518 平方公里。东距首都北京240 公里,西去自治区首府呼和浩特220 公里,是自治区西部地区通往北京的重要通道。辖区内共有5 个镇、2 个乡,分别是赛乌素、城关、鄂尔栋、张皋、店子5 个镇,2 个乡分别是大库联和团结乡。全县总面积为3 518 平方公里,实施退耕还林还牧后,全县共有耕地111 万亩;森林面积为161.35 万亩,其中,天然林28 万亩;草原面积为156 万亩,人工种草面积年均为27 万亩;全县共有水域总面积为1668.8 公顷,其中,水库库容面积为679.2 公顷。兴和县是一个以汉族为主,多民族共融的聚集县,全县共有汉族、蒙古族、回族、满族等二十多个民族,境内户籍总人口为332 117 人,常住人口为21 991 人,汉族占总人口的96.8%,其中,蒙古族13 137 人,占全县总人口的3.4%,回族637 人,占全县总人口的0.17%,满族634人,约占总人口0.17%,其它少数民族占全县总人口不到1%。

全县地区生产总值完成39 亿元,同比增长16.7%,完成市下达年度任务的100%。一产完成增加值83 492 万元,同比增长9%;二产完成增加值176 403万元,同比增长27.33%,二产中工业增加值完成149 572 万元,同比增长19.1%,建筑业增加值完成26 831万元,同比增长13.5%;三产完成增加值130 135 万元,同比增长18.6%;三次产业比为21.4 :45.2 :33.4,结构更趋合理;城镇居民人均可支配收入13 300 元,同比增长12.9%,占年初县下达目标任务的98.5%,占年初市下达目标任务的100%。农民人均收入达到3 070元,同比增长4%。规模以上工业增加值完成12.8 亿元,同比增长20.8%,完成市下达年度任务的87.1%。固定资产投资完成24 亿元,同比增长13.5%,完成市下达年度任务的100%。社会商品零售总额完成15.8 亿元,同比增长29.67%,完成市下达年度任务的100%。财政收入完成1.3 亿元,同比增长5.6%。

【农业】 全县落实各种农作物播种面积111 万亩。其中,粮食作物80.8 万亩(马铃薯45 万亩,玉米24.15 万亩,杂粮杂豆11.65 万亩),油料作物20.15 万亩(油菜籽19.84 万亩,葵花籽0.31 万亩),甜菜2 万亩,蔬菜8 万亩,瓜类500 亩。

全县新增马铃薯喷灌圈31 套,面积1.55 万亩;落实膜下滴灌面积2.185 万亩,其中,马铃薯膜下滴灌面积1.5 万亩;落实马铃薯地膜覆盖面积6.005 万亩。全县落实设施蔬菜5 100亩,现已建成4 460 亩,其中,日光温室960 亩,塑料大棚3 500 亩。粮食总产量达

1.88亿斤,马铃薯折产1.3316亿斤,总产值达8 655.4万元,其中,喷灌圈马铃薯总产0.63亿斤,膜下滴灌马铃薯总产0.135亿斤,马铃薯产业特别是设施马铃薯已成为全县稳产的主导产业。全县蔬菜总产值达到1.65亿元,其中,设施蔬菜产值0.95亿元。全县马铃薯喷灌圈累计建成187套,喷灌面积93 500亩。加大旱作覆膜马铃薯种植面积力度,覆膜种植面积落实6.005万亩。全县累计已建成设施蔬菜面积11 080亩,其中,日光温室3 160亩,大棚7 920亩。

全县农机总值达1.0495亿元,比上年增长4.49%;农机总动力达到16.0329万千瓦,拖拉机保有量达到4 730台,较上年分别增长4.18%和0.98%;配套农机具达到7 677台,同比增长1.57%,动力配套比达1:1.62;收获机械90台,同比增长1.94%;畜牧业机械2 734台,同比增长0.96%。

【林业】 全县完成京津风沙源治理工程(林业部分)10万亩,其中,人工造林4万亩,封山育林6万亩,完成任务的100%。全县完成巩固退耕还林工程补植造1.37万亩,完成能源林文冠果0.12万亩地,完成低产低效林改造0.39万亩。完成四旁植树81.4万株,完成农田造林0.16万亩。

全县种植优良牧草任务完成6万亩,其中,更新6万亩,占任务的100%。全县商品林应改面积3.43万亩,实际勘界到户3.02万亩,占任务的89%。

【畜牧业】 2010年底,全县大小畜存栏83.67万头只,牛存栏5.1万头,其中,奶牛存栏3.2万头。能繁殖奶牛存栏2.13万头,鲜奶产量达9.6万吨。全县肉羊存栏71.1万只(其中,基础母羊66.5万只),出栏肉羊127.19万只。生猪存栏6.3万口(其中,基础母猪达1.0万口),鸡存栏19.4万羽,新建500口以上规模养猪场12个,肉类产量达4.6万吨。巩固建设奶牛牧场园区5个,巩固建设肉羊养殖小区10个,巩固建设万只肉羊场13个。

【草业建设】 全县共完成人工种草14.2万亩,多年生牧草7.2万亩,一年生牧草7万亩,种植饲料作物24.5万亩,种植饲用灌木10.6万亩;草原灭鼠1.5万亩,草原防虫7.5万亩。建青贮窖7 000个,年内青贮3.2亿公斤,微贮0.4亿公斤。

【水利】 全县新打机电井273眼、配套207眼,维修机电井65眼、机泵73台(套),新增有效灌溉面积4.5万亩。在节水灌溉措施上,全县以点带面大力推广应用了指针式喷灌机、微喷灌、软管喷灌带和膜下滴灌等现代农业节水新技术。全年共订购大型喷灌机42套(500亩),微软喷灌5 000亩,膜下滴灌2.2万亩,共计发展节水灌溉面积4.2万亩。

2010年,兴和县承担国家京津风沙源水土保持治理面积3万亩。目前,重点治理小流域已完成3.0万亩,其中,水保林2.42万亩,封禁治理0.58万亩,建谷坊374座,沟头防护24.24公里,修建作业路13.63公里,工程可拦蓄地表迳流56.4万立方米,保土8.46万吨。全县完成面上水保治理8.6万亩,生态修复16.7万亩,全部完成市下达的任务。

五一水库剩余扫尾工程6月底全部完工,黄石崖水库、侯家村水库主体工程已全部完工,累计完成投资736万元。五万沟、三铺和林古地水库初步设计已委托市水勘队编妥待批复。另外,皂火口和友谊水库移民补偿资金都已按期发放。

【工业】 全县规模以上工业企业共完成工业总产值39.2亿元,工业增加值13.4亿元,销售收入37.4亿元,实现利润1 875万元,实现税金6 500万元,同比分别增长33%、26%、30%、38%、87%;工业产销率达到95.4%;工业重点项目投资完成7.52亿元;万元GDP能耗下降4.6%,万元工业增加值能耗下降11.58%。

【招商引资】 全县共引进项目32个,协议资金56.7亿元。商贸物流项目招商引资协议资金2.9亿元,到位资金2.69亿元。同时达成了投资5亿元的蒙华能源油气仓储项目和投资3亿元的华奇燃气项目以及投资2亿元的恒兴达商务酒楼项目投资协议。

【外贸出口】 全县共有出口自营权企业5家,其中,4家碳素石墨企业和1家商品贸易企业。1月至11月份,全县实现出口创汇总额613.2万美元,同比增长52.2%;利用外资352万美元,同比增长36.5%;

【公路建设】 计划内的新建的通村砂石路有特拉忽洞至小井子(35.4公里)、X554至友谊(1.4公里)、X558至幸福(4.5公里),共计41.3公里,实际完成四级砂石路256.4公里/27条。改建通乡水泥路苏木山至黄石崖(10.0公里)。新建苏木山四级客运站一个,并投入使用,完成投资35万元。续建工程主要包括:完成城关镇至友谊水库至110国道27公里三级通乡油路的路面及部分防护工程,完成投资1 319万元。完成了308米长的县道尚兴线后河大桥改建工程的30根钻孔灌注桩基础的灌注工作及50片大梁的预制安装及桥面系工程,完成投资1 485万元。完成南内环与外环路连接线桥的6根钻孔灌注桩基础的灌注工作,45片空心板的预制及安装工程,完成投资约350万元。完成外环线大桥的后续工程。

【城镇建设】 全年完成城镇建设投资5.954亿元,其中,市政工程完成投资1.636亿元;房屋建筑工程完成投资4.318亿元,建设规模46.3万平方米。城镇化率增长1个百分点,达39.3%。城关镇供水普及率达96.8%,供热普及率达50%,城镇道路覆盖率达25.5%,城镇公共绿化覆盖率达17.5%。2010年廉租房建设面积1.64万平方米400套,总投资1 640万元,其中,中央投资820万元,地方配套820万元,已经完成前期各项手续,于8月中旬开始动工,并完成基础砌筑工作。

【环境保护】 2010年兴和县主要污染物总量控制目标为:SO2控制排放量2 349吨,减排目标100吨;COD控制排放量776吨,减排目标50吨。全县二氧化硫实际排放量2 213吨,消减比例为5.8%;化学需氧量排放量715吨,消减比例为7.9%,连续四年实现了“双下降”。

【社会保障】 城市低保保障标准提高到272元;月人均提高到226.1元。全年共支城市低保资金1 967.7万元。农村低保保障提高到1 180元;月人均提高15元,1月至12月份共支农村低保资金2 924.4万元。全县五保供养总人数2 114人。五保对象集中供养标准提高到每人每年2 753元;分散供养标准提高到1 961元,全年共支供养资金471.2万元。集中供养每人每月700元,分散供养每人每月500元。目前全县69名孤儿全部为分散供养,全年共支供养经费41.4万元。2010年,参保人数达到15 185人,其中,机关事业5 507人,各类企业9 678人,新增扩面2 806人,净增2 06人,完成市局下达全年企业参保人数9 472人的102%;参保离退休职工及遗属9 535人。

全县职工医疗保险共参保144户,15 108人,其中,行政事业单位参保118户,8 525人,条管、企业单位参保26户,6 583人,企业军转干部参保17人。全县工伤保险参保21户,4 536人。全县职工医疗保险共征缴基金619.5万元,全县城镇居民参保人数达32 730人。征收基金91万元,共为898人报销药费504.7万元。全县关闭破产企业退休人员参保人数2 608人。

全县15.4561万人常住人口全部参加合作医疗,从而实现了常住人口参合率100%的目标要求。至12月10日,全县新农合资金到位共计1 855万元。

【救灾救济】 2010年以来,全县先后遭受了干旱、洪涝、冰雹等多种自然灾害,全县7个乡镇161个村委会,931个自然村不同程度的遭受了干旱,受灾达5.5万户,20.1万人,受灾面积91.96万亩,成灾面积54.79万亩,造成直接经济损失达1.7亿元;有5个乡镇50个村委会234个自然村不同程度的遭受了冰雹、洪涝和龙卷风等自然灾害,受灾总户数为9 123户,4.8万人,农作物受灾面积14.5万亩,绝收9.8万亩,造成危房406间,死亡1人,农村基础设施和农业设施受到了严重损坏,直接经济损失8 280.2万元。全年为受灾地区下拨救灾资金530万元。

【劳动就业】 全县城镇新安置就业人数1 961人,城镇新增就业1 837人,下岗失业人员再就业940人,其中,“4050”人员再就业390人,城镇登记失业率控制在3.9%,农牧民转移就业42 100人,农牧民转移技能培训2 241人,城镇就业再就业培训1 350人,创业培训220人,完成年度目标220人的100%,全县失业保险参保人数8 320人,核定失业保险费征缴额完成186万元,发放小额担保贷款1 418万元,完成年度目标任务700万元的203%。

【教育】 中小学校舍安全工程。已开工的学校达15所,总投资7 339万元,总建筑面积达115 255平方米,占三年总规划建设面积90.1%。其中,新建3所,建筑面积16 800平方米;加固10所,建筑面积70 893平方米;加固和新建2所,建筑面积27 562平方米。今年投资4 000多万元的体育活动中心和687万元的明德小学的建成并投入使用。

全县参加高考的考生有1 800人(比上年减少了177人),本科以上上线人数为1 416人,上线人数比上年增加205人,上线率为78.7%,全县中考参考人数1 372人。

【文化】 全年多功能展厅接待观众28 000多人次。为5个文化站装备了价值10万元的设备。是年又争取到5个文化站建设项目,总投资208万元。全年开展活动90多次,接待读者5 000多人次,借读图书4 860多册。投资35万元完成15个行政村文化室"草原书屋"建设项目。利用电视台开辟"文化共享助春耕"专栏,同时复制刻录80套光盘,分别发放到乡镇文化站和农户手中。

共普查不可移动文物点243处,新发现158处,复查遗址点85处,因种种原因消失文物点7处,普查面积3 500多平方公里,占全县普查面积的100%。

乌兰牧骑积极创新编排节目,组织精彩节目下乡。2010年各类演出121场,被评为"全区优秀乌兰牧骑"。小戏《调达》获得了全区第五届乌兰牧骑小戏比赛节目三等奖和编剧奖。现代二人台小戏《赌患》获得河北省戏剧节组委会颁发的"优秀编剧奖"一个,"优秀表演奖"一个,"优秀表演一等奖"二个,"优秀表演二等奖"二个,"优秀表演金奖"一个。展示了兴和县东路二人台的风采。

投资248万多元,全面完成5 744户50户以下20户以上已通电自然村广播电视"村村通"任务。

【卫生】 全县15.5万名群众自愿参加新农合,按常住农业人口计算参合率达100%,户籍人口计算达64.4%。

两所县级医院和14所乡镇卫生院均应配备和销售国家基本药物。县级医院统一实行药品网上集中招标采购,其中,县医院全年药品集中采购金额达617.3万元,占购药总金额的90%,让利于患者5.6万元。蒙中医院全部药品均是集中代购,总金额123.5万元。

建立居民健康档案,城镇居民53 000人,建档21 730人份;农村居民165 000人建档。

县医院全年总诊疗41 724人次,其中,门诊40 156人次,急诊1 568人次,住院4 195人次。

【人口】 至2010年9月30日,全县总人口320 836人。其中,常住人口为220 923人,流动人口为99 913人。2009年10月至2010年9月,全县共出生1715人,出生率7.8‰,总出生性别比103:92,死亡人口910人,死亡率为4.14‰,人口自然增长率为3.66‰。

(迎家杰)

鄂 尔 多 斯 市

【党政军领导名录】

市 委

书 记:杜 梓

副书记:云光中(蒙古族) 王程熙(4月调离) 巴建光(蒙古族 9月任职)

常 委:龚毅(蒙古族) 王凤山 林洁(女 蒙古族)罗永纲(7月任职) 李逢春(9月任职) 王学丰(7月离任) 刘海山(7月离任) 苏建荣 斯琴(女 蒙古族) 白智(7月任职) 王中强(7月任职)

人 大

主 任:杜 梓

副主任:张贵 李秀兰(女 9月离任) 苗秀华(女) 王海强 訾金泉(蒙古族) 马嘎尔迪(蒙古族)

政 府

市 长:云光中(蒙古族)

副市长:王凤山 白玉岭(蒙古族) 李世镕 王建国(9月任职) 付万惠(蒙古族) 包崇明(蒙古族) 曹至琛 王峰(蒙古族) 李国俭

政 协

主 席:徐万山(12月离任) 王凤山(12月任职)

副主席:刘桂华(女) 安源 王果香(女) 赵慧 杨亚民(蒙古族) 刘文山 娜仁图雅(女 蒙古族) 苏文 李兴亮

法 院

院 长:白色登(蒙古族)

检察院

检察长:武国瑞(7月离任) 云晓(女 蒙古族 9月任职)

公安局

局 长:王会师

军分区

司令员:裴克仁

政 委:王中强

【概况】 鄂尔多斯市位于内蒙古自治区西南部,西、北、东三面被黄河环绕,南以长城为界,与山西、陕西接壤,西与宁夏回族自治区毗邻。地处呼和浩特、包头、鄂尔多斯经济区的“金三角”地带。全市辖东胜区、准格尔旗、达拉特旗、伊金霍洛旗、乌审旗、杭锦旗、鄂托克旗、鄂托克前旗等8个旗区,41个镇、6个苏木、2个乡、741个行政嘎查村。东西长约400公里,南北宽约340公里,总面积8.68万平方公里。全市户籍人口173.19万人,其中,蒙古族18.3万人,是一个以蒙古族为主体,汉族占多数的少数民族地级市。

2010年,地区生产总值(GDP)突破2 500亿元,达到2 643.2亿元,按可比价计算,增长19.2%。其中,第一产业实现增加值70.8亿元,增长4.5%;第二产业实现增加值1 591.5亿元,增长22.1%;第三产业实现增加值980.9亿元,增长16.5%。第一产业对GDP的贡献率为2.1%,第二产业对GDP的贡献率为68.7%,第三产业对GDP的贡献率为29.2%。三次产业结构比例为2.7 : 60.2 : 37.1。

【财政】 地方财政总收入完成538.2亿元,同比增长47.1%。其中,地方财政一般预算收入完成239.1亿元,同比增长47.5%。地方财政支出318.9亿元,同比增长37.7%。其中,教育支出43.9亿元,同比增长62.6%;社会保障和就业支出29.5亿元,同比增长36.9%;医疗卫生支出16.4亿元,同比增长62.6%;城乡社区事务支出53.8亿元,同比增长76.4%。

【农牧业】 全市农作物总播种面积568.4万亩。其中,粮食作物播种面积350.7万亩,油料播种面积45.0万亩,蔬菜播种面积8.3万亩。粮食总产量141.0万吨,同比增长3.3%,其中,大豆产量增长29.2%,玉米产量增长9.2%。油料产量7.0万吨,甜菜产量8.6万吨,蔬菜产量23.4万吨。

全市年末,牲畜总头数826.3万头(只),同比增长2.2%;牲畜总增头数499.2万头(只),同比增长6.6%;年末,良种及改良牲畜总头数804.3万头(只)。肉类总产量14.9万吨,同比增长7.1%;牛奶产量28.6万吨,同比增长0.2%;山羊绒产量2 620吨,同比增长

44.9%;禽蛋产量10 310吨,同比增长56.2%。

【工业】 实现工业增加值1 431.2亿元,比2009年增长22.7%。其中,规模以上工业企业完成增加值1139.0亿元,增长23.1%。其中,实现重工业增加值1 069.7亿元,轻工业增加值69.3亿元,分别增长22.4%和35.0%。实现规模以上工业总产值达到2 688.1亿元,同比增长34.5%。规模以上工业销售产值2 644.4亿元,比2009年增长35.0%。其中,出口交货值26.9亿元,增长42.7%。产品销售率为98.4%,比2009年同期上升0.3个百分点,重工业产销率为98.0%,轻工业产销率为102.8%。

【新农村牧区建设】

土地规模经营 至2010年8月底,全市达到验收标准的基地共272 558亩,完成计划任务32万亩的85.2%。其中,喷灌基地125 360亩,渠衬基地141 065亩,滴灌基地6 133亩。另有12.9万亩基地已开工建设,暂未达到验收标准,其中,喷灌基地3.7万亩,渠衬基地9.2万亩。达标基地涉及全市6个旗、16个乡镇苏木、48个村嘎查,基地内新打机电井466眼,新修田间道路775千米,营造防护林2 650亩、35万株。2010年,全市达标的规模经营基地、配套农机园区及农机具、达标养殖园区建设投入资金81 364万元,其中,基地投资44 642万元(不包括水权转换项目和高低压输配电系统改造项目资金)、农机具投资9 272万元、养殖园区投资27 450万元。

设施农业 至2010年8月底,全市设施农业开工8 157栋,14 028.5亩,其中,日光温室3 586栋7 172亩,塑料大棚4 571栋(包括150个普通大棚和4 421个螺旋藻大棚)6 856.5亩。共建成5 579栋9 022亩,其中,日光温室1 307栋2 614亩,螺旋藻大棚4 272栋6 408亩(日光温室使用面积每0.7亩为1栋,塑料大棚使用面积每1亩为1栋)。

现代草原畜牧示范户 全市2009和2010年建设任务1 600户,经市农牧业局审核批复建设1 099户。2010年,全市已签订建设合同411户,开工建设261户,基本完成建设内容132户(其中,沙区65户、软梁区36户、硬梁区31户,分别占基本完成建设内容总户数的49%、27%、24%)。签订合同户中原有草牧场水浇地达标的有220户,开工建设户中草牧场水浇地整合达标的有194户。示范户共种植紫花苜蓿29 400亩。现代草原畜牧业示范户投资情况:平均每户需投资50万元,共需完成投资54 950万元,每户需市旗两级补贴资金32万元,共需补贴35 186万元,按市旗既定补贴比例,需市财政补贴22 444万元,2009年市财政已拨付1 099户的启动资金8 935万元,即市级应补资金的40%。经本次验收全市有132户基本完成建设内容,应拨付剩余60%的补贴资金1 599万元。

【林业】 全市森林资源总面积达3 004.7万亩,森林覆盖率预计达23.01%。2010年共争取国家和自治区投资6.7亿元,完成造林234.6万亩,其中,人工造林161.6万亩、飞播造林39万亩、封育34万亩,人工造林人均超过1亩,创历史最高记录。完成补植补播139.1万亩。全市共完成育苗10.8万亩,采收林木种子34.2万公斤,抽检苗木3.3亿株,种苗质检率达90%,苗木合格率达91%。

义务植树 2010年,参加义务植树适龄公民达到91万人次,义务植树尽责率超过97.8%,完成义务植树面积7.1万亩,栽植油松、沙柳等各类乔灌木934.5万株。

“两个双百万亩”生态工程 2010年,鄂尔多斯市在充分尊重自然规律的前提下,启动实施百万亩油松、百万亩樟子松、百万亩沙棘、百万亩山杏即“两个双百万亩”生态工程。全年共投入资金43.8亿元,完成工程建设任务88.4万亩,新增樟子松37.6万亩,总面积达68万亩;新增油松24.3万亩,总面积达81.3万亩;新增山杏9.6万亩,总面积达37.8万亩;新增沙棘16.9万亩,总面积达100.2万亩。

“五区”绿化 围绕“宜居宜业、走向现代化”的城市定位,加大“五区”(城区、园区、景区、通道区和生态移民区)绿化建设力度,2010年共完成“五区”绿化70.3万亩,栽植各类苗木4 625万株。其中,城区23.3万亩,景区6.6万亩,园区9.6万亩,通道区539公里、17.9万亩,生态移民区12.9万亩。

退耕还林工程 完成2010年退耕还林工程建设任务10万亩,其中,荒山荒地造林4万亩,以封代造6万亩,完成2009年退耕还林成果专题规划涉林项目补植补造31.6万亩,开展全市2002年退耕还林阶段性验收工作,全市退耕还林面积核实率达到100%,保存合格面积率达到99.9%。

三北四期工程 完成“三北”四期工程建设任务30万亩,任务完成率100%。

森林草原防火 年内全市共发生森林草原火灾12起,其中,一般森林火灾6起,过火面积275.7亩,受灾森林面积27.5亩;一般草原火灾6起,过火面积167.7亩,受害草原面积143.7亩,未发生重特大森林草原火灾和人员伤亡事故。全市基本形成了较为完善的市、旗区、乡镇苏木、村嘎查四级防火工作网络。以鄂尔多斯市森林草原防火远程监控系统为平台,完成了东胜区、准格尔旗、伊金霍洛旗和康巴什新区监控点并接工作,新增监控点21个,新增监控面积6 594平方公里。全市重点火险区野外监控点数量达到32个,监控面积超过1万平方公里。

林业有害生物防治　全市主要林业有害生物预测发生302.2万亩,实际发生299.4万亩,预测预报准确率为99%,防治138.8万亩,其中,无公害防治134.3万亩,无公害防治率为96.7%。全市实施产地检疫面积1.9万亩,产地检疫率100%;加强调运检疫工作,调运检疫签证合格率达到100%,查处无证调运等违章案件278起。

林沙产业　全市林业产业总产值达到35亿元,农牧民来自林沙产业的人均纯收入达到2 100元。新增原料林基地87.7万亩,其中,沙柳17万亩、柠条9.5万亩、杨柴25万亩、沙棘17万亩、山杏13.8万亩、梭梭2万亩、文冠果3.4万亩。出台了《鄂尔多斯市人民政府关于扶持沙棘产业发展的意见》,市本级财政每年安排1 000万元专项资金建设10万亩沙棘原料林基地。2010年,10万亩沙棘原料林基地通过验收。

【建筑业】　建筑业总产值256.2亿元,同比增长22.7%。年末,全市具有资质等级的建筑施工企业151个,房屋施工面积为912.2万平方米,同比增长31.8%;房屋竣工面积396.6万平方米,同比增长0.6%,房屋竣工率为43.5%。

【对外经济】　全市完成进出口总额(不含煤炭)43 068万美元,同比下降3.8%,减幅回落44.4个百分点。其中,进口总额11 400万美元,同比下降49.3%;出口总额31 668万美元,同比增长42%。全市2010年利用外资新签合同项目数达10个;合同利用外资金额6 522万美元,同比下降48.5%;实际利用外资金额108 000万美元,同比增长8.0%。

【交通】　公路客运量2 201万人,同比增长13%;公路旅客周转量29.3亿人公里,同比增长8.4%;公路货运量2.5亿吨,同比增长32.5%;公路货物周转量464.8亿吨公里,同比增长33%。铁路客运量89.2万人,同比下降0.4%;铁路客运周转量9 390万人公里;铁路货运量20 941万吨,同比增长13.5%;铁路货运周转量294.6亿吨公里。公路通车总里程1.7万公里,铁路运营1 208公里。

2010年,全市机动车拥有量53.3万辆,比2009年增长12.2%。其中,新注册8.7万户,比2009年增长31.8%;私人汽车48.5万辆,私人汽车中轿车拥有量15.0万辆,分别比2009年增长12.0%和32.0%。

【邮电】　全市实现邮政业务收入8 080.2万元,同比增长18.8%。发送函件126.8万件,特快专递27.9万件,报刊2 414万份。年末,邮政储蓄余额11.8亿元。全市电信业务总收入196 249万元,同比增长34.3%。年末,固定电话用户24.5万户,移动电话用户296.2万户,宽带用户达到9.1万户。

【旅游业】　年末,全市拥有旅游星级宾馆饭店28家,国家5A级旅游景区2个,4A级旅游景区7个,各类旅行社89家,全市旅游直接从业者达2.6万人。全市接待国内外旅游者490.4万人次,同比增长32.4%,其中,接待入境旅游者人员2.2万人次。实现旅游收入76.1亿元,同比增长28.2%。

【金融业】　全市金融机构现金收入3 661.9亿元,同比增长21.6%;金融机构现金支出3 872.0亿元,同比增长21.4%。年末,金融机构各项存款余额1 760.9亿元,同比增长30.5%。其中,企业存款余额647.1亿元,同比增长23.3%;城乡居民储蓄存款余额586.3亿元,同比增长26.1%。年末,金融机构各项贷款余额1 562.1亿元,同比增长29.6%。其中,短期贷款余额657.6亿元,同比增长29.6%;中长期贷款余额903.6亿元,同比增长23.6%;个人消费贷款余额229.2亿元,同比增长87.1%。

【保险业】　全市保险主体22家。累计实现保费收入318 889.5万元,同比增长43.6%。其中,财产险收入196 848.2万元,同比增长61.1%;寿险收入106 141.4万元,同比增长24.1%;健康险收入8 768.4万元,同比下降0.5%;人身意外伤害险收入7 131.5万元,同比增长31.7%。全市保险公司各项赔款和给付支出87 317.2万元,同比增长34.7%。其中,财产险赔款支出73 168.3万元,同比增长39.9%;寿险给付支出9 570.7万元,同比增长6.4%;健康险赔付9 570.7万元,同比增长56.4%;人身意外伤害险赔款支出1 791.8万元,同比增长1.1%。

【固定资产投资】　全市50万元以上固定资产投资完成1 898.4亿元,同比增长21.5%。从投资主体看,国有投资822.7亿元,同比增长20.8%,占固定资产投资总额的43.3%;民间投资1 070.6亿元,同比增长24.3%,占固定资产投资总额的56.4%;外商及港澳台投资5.1亿元,同比下降74.2%。分产业看,第一产业完成投资83.3亿元,同比增长13.7%;第二产业完成投资945.6亿元,同比增长15.9%,其中,工业投资完成

923.7亿元,同比增长13.4%;第三产业完成投资869.5亿元,同比增长29.2%。从主要行业投资看,煤炭行业投资238.0亿元,同比增长3.3%;电力行业投资67.3亿元,同比下降5.5%;交通运输仓储业投资238.4亿元,同比增长30.8%;房地产业投资314.4亿元,同比增长35.3%;天然气开采行业投资177.2亿元,同比增长22.4%;炼焦行业投资36.1亿元,同比下降48.4%;水利环境及公共设施管理业投资160.4亿元,同比增长4.6%。

2010年,完成房地产开发投资280.5亿元,比2009年增长27.8%。其中,住宅投资158.6亿元,增长37.4%;办公楼投资23.7亿元,增长14.1%;商业营业用房投资67.5亿元,增长14.0%。商品房销售面积535.5万平方米,同比增长31.9%;销售额251.6亿元,同比增长57.7%。

全市50万元以上固定资产投资本年到位资金为2 462.7亿元,同比增长30.6%。其中,国家预算内资金为78.6亿元,同比下降50.4%;国内贷款为97.3亿元,同比下降40.5%;企业自筹资金2156.1亿元,同比增长45.8%,占本年资金来源的比重为87.6%。

【城市建设】 2010年,市政基础设施投资175.7亿元。全市污水处理率达86.4%,燃气普及率达67.7%,生活垃圾无害化处理率为85.1%。全市建成区绿地率达29.1%,建成区绿化覆盖率达32.6%,人均公园绿地面积达16.5平方米,人均道路为29.9平方米。

【环境保护】 2010年,全市有自然保护区12个,其中,国家级自然保护区3个,自治区级自然保护区6个,总面积达942千公顷。年末,全市拥有各级环境监测站8个,拥有生态监测站1个。全市环保系统职工人数达395人,其中,环境监测人员194人,环境监察人员110人。全市森林覆盖率为23.0%。

【科技】 2010年,全市取得各类科技成果24项,提交专利申请295件,其中,授权专利262件,同比增长10.9%、103.1%,技术合同认定登记429项,成交金额33 304.4万元。2010年,批准认定国家创新型企业1家,国家级高新技术企业2家,自治区级民营科技企业3家,自治区级企业研究开发中心2家。

【教育】 2010年,鄂尔多斯市率先全面推行十二年免费教育,完成中小学校舍安全改造工程。全市拥有普通高校2所,中等专业学校4所,普通高中22所,普通初中41所,职业高中7所,普通小学117所,幼儿园137所,特殊教育学校2所。2010年全市普通中等专业学校共招生7 026人,在校生14 588人,毕业生2 782人;普通高中共招生12 036人,在校生34 894人,毕业生11 262人;普通初中共招生18 600人,在校生56 327人,毕业生17 720人;普通小学共招生14 357人,在校生103 193人,毕业生18 534人;幼儿园共招生23 586人,在校生47 870人,毕业生10 449人。

【文化】 2010年,全市拥有艺术表演团体10个,其中,乌兰牧骑7个。文化馆9个,公共图书馆9个,博物馆1个。广播电视事业保持较高发展水平,2010年扩大自办节目,推行蒙古语节目覆盖工程,广播、电视综合覆盖率分别达到97.5 %和93.8%。全市拥有一百瓦以上电视发射台和转播台10台,有线电视用户数25万户,增加2万户,比2009年增长8.0 %,入户率为15.38 %;农村有线电视用户数10.6户,比2009年增加2.1万户。

【卫生】 全市共有卫生机构(不包括个体诊所和村卫生所)261个。其中,医院50个,农村牧区卫生院106个,疾病预防中心9个,妇幼卫生机构9个。医疗卫生机构共有床位7 062张。其中,医院有床位5 538张,乡镇卫生院有床位1 524张。卫生技术人员达到11 263人,其中,执业医师4 512人,助理医师967人,注册护士3 206人。已设置城乡社区卫生服务中心24个、服务站51个,分别完成规划目标数的89%和80%,共验收通过6家县级规范化社区卫生服务中心。本年推行农民、妇女健康体检工作,全市已体检参合农民54.7万人,体检率为61%,公共卫生体系建设工作进一步加强。

【社会保障】 全市参加基本养老、基本医疗、失业、工伤保险人数分别为17.4万人、25.9万人、14.2万人和13.1万人,比2009年末,净增2万人、0.3万人、0.6万人和1.1万人;年末,城镇居民和农牧民参加养老保险人数为3.8万人、45.4万人,参保率为74.2%、82.1%。参加农村新型合作医疗的人数达到89.6万人,比2009年末,净增4.1万人。全市享受城市最低生活保障的居民为2.6万人,享受农村最低生活保障的农民为5.5万人。社会保障相关待遇标准有所提高。年末,全市各类收养性社会福利单位43家,床位2 906张,收养各类人员2 279人。城镇建立各种社区服务设施183个,其中,社区服务中心15个。

【人口】 全市户籍人口173.19万人,同比减少14.31%。常住人口133.37万人,同比减少12.44%。2010年,常住人口中出生人数为1.99万人,人口出生率为10.63‰。

【劳动就业】 全市新增就业29 006人,比2009年增加3 346人。年末,全市城镇实有登记失业人员7 901人,比2009年减少1 160人。城镇登记失业率为2.21%,比2009年下降0.7个百分点。

【人民生活】 城镇单位从业人员为17.3万人,劳动报酬为90.8亿元,城镇单位在岗职工年平均工资为52 892元,同比增长19.7%。城镇居民人均可支配收入达到25 205元,同比增长15.2%。其中,工薪收入18 995元,同比增长18.4%;经营性收入3 752元,同比增长15.1%。农牧民人均纯收入为8 756元,同比增长12.2%。其中,工资性收入3 349元,同比增长10.7%;家庭经营收入4 504元,同比增长12.3%。

(阿拉木斯)

【恩格贝生态示范区】 恩格贝地处中国八大沙漠之一的库布其沙漠中段,在内蒙古鄂尔多斯市达拉特旗境内。恩格贝为蒙古语,意为平安、吉祥。历史上曾水草丰茂,风景秀丽,由于长期掠夺性开垦和超载过牧,植被和生态环境遭到严重破坏,30万亩土地上几乎见不到人烟。1989年,鄂尔多斯集团为改良绒山羊,在此建立种山羊基地,因投入和产出的巨大悬殊,1994年,鄂尔多斯集团撤出投资,后在王明海先生等带领一批创业者在极其艰苦的条件下开始植树造林、引洪治沙、澄地造田,经过20多年的艰难探索和艰苦创业,在国家、地方各级政府的大力支持下,在各国各界人士的无私奉献下,恩格贝沙漠植被绿化面积达到70%,土地开发日新月异,沙漠治理取得明显成效。人工水库蓄水量达500多万立方,年日照时间3 000多小时,早晚温差大,特色养殖初具规模,目前已经建成了鸵鸟、孔雀、山鸡、珍珠鸡、贵妃鸡和乌鸡等家禽养殖区等。

1997年恩格贝被国家环保局命名为国家级生态建设示范区,发展成为集沙漠珍禽动物观赏、大漠风光观赏、生态农业观赏、沙生植物观赏和旅游综合服务为一体的国家AAAA级旅游景区,享誉中外。同时也得到了各级领导的高度关注,王震、万里、薄一波、张平化、钱学森等老一辈无产阶级革命家通过各种渠道了解这里的开发情况;原中共中央政治局常委、中组部部长宋平同志1998年和2004年来恩格贝视察并植树,并针对恩格贝生态建设提出了"把恩格贝建成中国发展沙产业的样板"的指示;全国人大副委员长乌云其木格、原副委员长布赫也多次来恩格贝视察工作,2009年著名科学家、科协副主席刘恕来恩格贝后再次对沙产业建设给予高度评价。从1990年开始,日本鸟取大学名誉教授、沙漠绿化实践协会会长远山正瑛先生在耄耋之年,每年带领他的协力队来恩格贝植树,使恩格贝的建设具有国际知名度。

投资367万元的日产1 000立方米沼气项目目前已完成投料并调试运行。规划建设占地150亩、45栋猪舍的现代化、高标准、高质量生猪养殖园区。猪舍现已建成,正在进行上下给、排水管网工程和设备安装。建起100栋现代农业蔬菜大棚和日本北海道甜瓜拱棚。海藻养殖,在1 000亩的藻类养殖基地建起600个养藻大棚,全部完成棚内的种植任务,并生产出"藻粉"。

园区总面积1 180亩,其中,核心建设区345亩、防护林区95亩、道路建设区30亩和外围区710亩,核心建设区分别设置并将建成"五滩、八丘、三十园"。目前,已完成入园大道两行樟子松、两行新疆杨、两行山桃和1行花冠树种的栽植和主道部分绿化工程;核心区滴灌主管道铺设;在800余亩防护林栽种了50米宽的樟子松。

(王志荣)

东 胜 区

【领导名录】

区委书记:王学丰(7月离任) 罗永纲(7月任职)

人大主任:包　山(蒙古族)

区　　长:王东伟(9月离任) 蔺健(9月任职)

政协主席:郝铁军

武装部长:刘亚发

政　　委:秦挨昌

【概况】 鄂尔多斯市东胜区位于内蒙古自治区西南部,地处鄂尔多斯高原中东部,地理坐标为东经109°08′20″~110°23′,北纬39°39′10″~39°58′18″,是鄂尔多斯市经济、科技、文化、金融、交通和信息中心。现辖3个镇、8个街道办事处,总面积2 160平方公里,人口近60万,有蒙古、回、藏等21个少数民族共38 400人,少数民族人口占总人口的6.4%。

2010年,全区地区生产总值达639.16亿元,增长

19.2%;地方财政收入完成158亿元,增长61.1%;固定资产投资达到500.03亿元,增长24.8%;城镇居民人均可支配收入达27 002元,增长15.3%;三次产业结构优化为0.3 : 39.2 : 60.5。2010年获得“中国中小城市科学发展百强”、“中国最具区域带动力中小城市百强”和“国家西部大开发突出贡献集体”等荣誉称号。

【城市建设】 城市建设完成投资612亿元。编制完成17项控制性详细规划和12项专项规划;共审批各类建设项目2 090万平方米,开工建设1 240万平方米;完成拆迁1.5万户180万平方米;新建63条44.7公里城市道路工程和包西铁路东胜段等3个重点铁路项目,建成各等级公路13条153公里,人均道路面积和人均住房面积分别达27平方米和37平方米。完成新区三期昆都仑4号桥等四座桥梁主体工程;新增480辆出租车和100辆新型环保公交车,增加停车位1万个;新建和改造供水管网28公里、排污管网40公里、供热管网79公里;新建改建水冲公厕65座、垃圾中转站120座;建设38处公园广场绿地,建成区绿化覆盖率达到35%,人均公共绿地面积达到8.2平方米;完成科技教育园区基础设施建设,并有2所学校入驻,科技孵化器完成总工程量的40%;完成中小企业总部基地“2010”项目方案设计。

【工业经济】 工业实现增加值210.63亿元,增长16.3%。其中,规模以上工业预计实现增加值185亿元。装备制造基地基础设施全年完成投资20亿元,完成31条55公里道路建设,建成11万伏变电站和13条32公里10千伏线路。新引进奇瑞、中欧等10个项目,全年完成项目投资70亿元,开工20个项目,6个项目投产。精功恒信重卡制造、久和风电整机及零部件制造等项目进入试生产,奇瑞汽车及零配件生产、万捷3G信息产业园等项目全面开工,签约了比克电动车用锂离子电池、席勒直升机生产等项目。完成了鄂尔多斯酒业园区和轻纺园区道路管网等基础设施建设。敖包沟煤炭集装站建成投入运营。全区煤炭产量达8 088万吨,增长46.7%。

【第三产业】 2010年,第三产业实现增加值386.63亿元,增长21%。服务业招商引资成效显著,与顺德区政府建立了经贸合作关系,北京华联、中华慈善总会华夏九九城等11个项目达成入驻协议。完成物流信息平台设计方案及铜川汽车博览园物流信息港基础设施建设和配套软件开发,华研综合物流园区专业批发市场完成封顶,启动建设万家惠农贸市场和易兴建材物流园区40万平方米商贸城、大润发商城、文化休闲一条街,酒吧一条街开始招商,万正广场开始营业。引进华夏、中信股份制银行2家、基金管理公司3家和小额贷款公司13家,组建中小企业投资担保和创业投资公司。

【旅游业】 2010年实现旅游收入达25亿元,增长24.1%,全年新增天骄、风华、内蒙古中青旅鄂尔多斯分社等12家旅行社及国际旅行社分社,新增旅游定点购物商场2家。

【城乡建设】 2010年,城乡统筹试验示范区完成15条28公里道路及其配套管网建设,水电气暖、教育设施等公共服务设施全部完成。继续加大转移农村人口的力度,不断推进城乡一体化建设,生态移民工程一期已完工,共安置移民3 554户12 439人;矿区移民共搬迁4 018户,已分配到安置住房的有2 054户。同时加强对转移农民的培训,全年培训转移农民9 036人次。

【生态建设】 完成植树造林近13万亩,森林覆盖率达33%,植被覆盖率达87%。鄂尔多斯天骄食品公司沙棘叶黄酮项目、花青素项目和佳音公司沙棘黄酮、沙棘油项目投产。投资6 000万元完成了村容村貌整治工作。

【教育】 2010年,总投资约17.65亿元,新建中小学、幼儿园11所,对5所中小学7栋单体进行了抗震加固。面向全国公开招聘优秀教师521人,其中,硕士毕业生36人、本科毕业生262人,外盟市地市级以上优秀教师、教学能手55人、自治区级以上教学能手2人。

【文化】 “盛视2010”全国首届春节电视文艺晚会颁奖晚会、鄂尔多斯国际那达慕大会“拥抱自然、亲吻草原”万人多米诺项目暨吉尼斯世界纪录挑战活动、第60届世界小姐总决赛鄂尔多斯巡游活动等大型文化活动的成功举办及“万家惠”东胜区第二届文化旅游节的圆满落幕,极大地提高了东胜在全国的知名度和美誉度。新增区级非物质文化遗产保护项目12项,其中,九曲黄河阵灯游会被列入自治区级非物质文化遗产保护名录。文化产业成果显著,《大角牛梦工厂》拍摄完成,大型电视剧《秦直道》通过央视审查,取得发行许可证,开工建设了中视文化产业园区和天风动漫产业基地。11月15日,2010年中国动画年度盛典在云南大剧院举行。东胜区天风动漫有限公司的“大角牛”卡通形象荣获2009年度中国原创动画作品及创作人才扶持项目“最佳动画形象提名奖”,国产原创大型系列动画片《小牛向前冲》荣获“最佳动画长篇提名奖”。

【体育】 8月16日,自治区第七届少数民族传统体育运动会圆满完成全部赛事,闭幕式晚会“欢乐鄂尔多斯”在东胜演艺广场隆重举行。自治区人大常委会副主任云秀梅,市委书记、市人大常委会主任杜梓,市委常委、区委书记罗永纲等市、区两级领导,各有关盟市相关领导出席闭幕式并观看演出。

【卫生】 完成8个社区卫生服务中心和23个社区卫生服务站的标准化建设,完成区医院扩建工程和新建蒙中医院的选址,同时完成数字卫生平台的整体规划。继续实行东胜区户籍农牧民住院治疗费用,给予减免20%的优惠,对55周岁以上东胜籍居民每年免费体检一次。

【社会保障】 新型农村合作医疗住院报销封顶线由5万元提高到10万元、住院报销率由55%提高到70%;城镇职工医疗保险最高支付限额由20万元提高到38万元;城镇居民医疗保险最高支付限额由3.5万元提高到10万元,住院报销比例由55%提高至75%;城镇低保标准由每月330元提高到400元,农村低保标准由每年2 200元提高到3 360元;大病医疗救助封顶线由5万元提高到8万元。城镇新增就业2 600人,提供就业岗位3.2万个,失业登记率为2.9%。

【荣誉】 东胜区 被中国中小城市科学发展评价委员会评为“2010年度中国最具区域带动力中小城市百强”、“2010年度中国中小城市科学发展百强”,被人力资源和社会保障部、国家发展和改革委员会评为“国家西部大开发突出贡献集体”,创建国家卫生城市通过自治区验收和全国爱卫会技术评估,被全国残疾人康复工作办公室评为“全国白内障无障碍示范区”,蝉联自治区“双拥模范城”荣誉,被教育部评为“全国家庭教育工作实验区”

东胜区检察院 被最高人民检察院荣记集体一等功。

教育局 被国家教育部、教育学会评为“未成年人思想道德建设工作先进单位”,被教育部评为“全国亿万学生阳光体育冬季长跑活动优秀组织单位”,被国家教育部评为“第八届全国中小学和中职学校思想道德建设优秀成果展评活动先进集体”,被国家教育部、自治区教育厅评为全国和自治区“第三届中小学生艺术展演活动优秀组织奖”。

监督评价中心 被国家住房和城乡建设部评为“全国建设领域信息化2010年度优质工程奖”、“全国建设领域信息化2010年度突出贡献奖”。

万佳小学 被教育部评为“全国学校艺术教育先进单位”。

东胜区殡仪馆 被民政部评为“殡葬工作行风建设先进单位”。

(武强)

达拉特旗

【领导名录】

旗委书记:马建峰

人大主任:伊战胜(蒙古族)

旗　　长:吉格定(蒙古族)

政协主席:董志强

武装部长:侯峥嵘

政　　委:宋明武

【概况】 达拉特旗地处内蒙古自治区西南部、鄂尔多斯高原北端,黄河中游南岸,地理坐标为东经109°00′~110°45′,北纬40°00′~40°30′。全旗地形南高北低,海拔高度由1 500米降至990米,属典型的温带大陆性气候。境内资源丰富,煤炭、硭硝、石英砂、陶土、天然碱、泥炭等矿产资源品种多、储量大、品位高,易开发;水、风力、光照资源充沛。有闻名全国的响沙湾、恩格贝、昭君坟等旅游景区和黄河古渡(金津)、王爱召、秦直道等名胜景点。全旗东西长133公里,南北宽66公里,总面积8 192平方公里(其中,耕地120 000公顷,森林197 452公顷,草原480 000公顷,水域7 100公顷,沙漠155 572公顷)。全旗辖1个苏木7个镇(即:展旦召苏木、树林召镇、吉格斯太镇、白泥井镇、王爱召镇、昭君镇、恩格贝镇、中和西镇),总人口36.4161万人,其中,男性18.7114万人。由蒙古、汉、满、回、壮、朝鲜、达斡尔、苗、维吾尔、藏、彝、土家、鄂温克、锡伯等14个民族组成,汉族人口占多数,蒙古族15 116人,满族628人,回族506人,苗族17人;少数民族中蒙古族主要分布于展旦召苏木、恩格贝镇。城镇人口21.7270万人。

全年完成地区生产总值335.6亿元,同比增长19.7%;实现财政收入40.4亿元,增长54.2%(其中,新口径财政收入26.9亿元,增长27.1%);完成固定资产投资165.4亿元,增长8.7%;万元GDP创造财政收入1 203.8元,增长28.7%。经济运行质量不断提高,抗风险能力明显增强,在第十届全国县域经济基本竞争力与科学发展评价中,位列中国西部百强县(市)第

11位,较上年前进三个位次。城乡居民收入水平不断提高,城镇居民人均可支配收入和农牧民人均纯收入分别达到21 320元和8 800元,分别增长15.1%和11.9%。全旗社会消费品零售总额达到36.6亿元,增长24%;全旗金融机构各项贷款余额108.4亿元,增长18.3%,存款余额71.8亿元,增长23.4%。

【农牧业】 年内,新建现代农业项目面积15.97万亩;全旗农牧业生产机械化率达到83.3%;落实设施农业建设面积2 500亩,新建温室大棚765栋。全旗农作物良种覆盖率达100%,测土配方施肥面积达110万亩,农作物参保面积达到62.3万亩。粮食总产量连续第六年突破10亿斤大关。农牧业产业化进程加快,新增市级以上产业化龙头企业7家。蔬菜、牧草、渔业、乳肉等产业基地逐步形成,露地蔬菜种植面积达3.6万亩,优质牧草种植面积达9万亩,精养鱼水面达7 000亩,建成规模化肉羊养殖项目54个,整顿完善奶牛养殖园区53个,年产生鲜乳7.3万吨。

【工业】 全年实施重点工业项目46项,完成投资54.2亿元;年内累计新开工亿元以上工业项目9个,项目投资额175亿元。兖州煤业一期90万吨甲醇项目主要设备订购和主厂房基础已完成;东海新能源40万吨PVC、36万吨烧碱项目已开工。兴辉陶瓷一期6条、陶尔斯陶瓷一期第一条陶瓷生产线建成投产;旭辉陶瓷一期10条陶瓷生产线正在设备调试。万捷PVC深加工、伊腾高科公司聚苯硫醚、蒙世达玻璃、新长江高薪铝、新天科微晶材料、弘丰氧化锆等徐建项目稳步推进。全旗18家地方煤矿完成技改并通过综合验收,煤炭产量达3 030万吨。全旗电力装机总容量达到414万千瓦,全年发电191亿千瓦时,增长7%。淘汰和改造高耗能电石炉8台;消减二氧化硫排放量39 884吨、化学需氧量3 078吨。全旗单位GDP能耗降到2.82吨标准煤,能耗降低率为5.1%。

【招商引资】 全年累计引进国内区外资金75亿元,利用外资9 016万美元。新签约亿元以上项目21个(其中,百亿元以上项目6个),协议投资总额达3 200亿元。昂林贸峰氢燃料电池、泓泰重工年产3万辆专用重卡、广东益华微电子科技园等一批高起点、高科技、高附加值的新型工业项目相继落地,成为拉动工业经济转型升级的重要力量。全年实施重点工业项目46项,完成投资54.2亿元;年内累计新开工亿元以上项目9项,项目投资额175亿元。百条陶瓷生产线基地建设取得重大突破,累计签约陶瓷生产线178条,其中,建成7条、在建33条;丹丽洁具等一批国内陶瓷行业领军企业进驻。

【旅游业】 响沙湾二次开发全面推进,新建项目完成投资7 605万元;恩格贝景区沙生植物园、沙漠科学馆等项目进展顺利;王爱召文化旅游景区、银肯塔拉沙漠绿洲自然生态旅游区等新建项目加速推进。全年累计接待国内外游客146万人次,旅游总收入17.7亿元,分别增长8.9%和43.9%。

【交通】 交通运输业完成货运周转量746 448万吨公里,客运周转量82 759万人公里,分别增长4.2%和4.1%。

【城镇建设】 投资9.38亿元加强市政基础设施建设,实施了新华路、平原大街、南园路等9条市政道路建设工程,新增道路面积14.3万平方米,铺设雨污管网18公里,完成人行道硬化6万平方米、绿化28.6万平方米。加大旧城改造力度,实施拆迁项目27个,其中,公益拆迁项目14个。双骏公园、银肯公园、体育中心和市民广场全部投入使用,镇区人居环境进一步改善。年内新建廉租住房6 800平方米、经济适用房5.6万平方米,完成林业棚户区改造240户。实施镇区集中供热改造工程,铺设热力主管网12公里,新建换热站9处,集中供热能力达到800万平方米。垃圾处理场主体已完工,3个垃圾转运站已完成土建任务。区域性物流中心初见雏形,马兰滩综合物流园区累计完成投资11亿元;义乌小商品市场主体工程全部完工,惠民食品加工集散中心有序推进;大塔物流园区2条临时铁路装车线投入使用。

【新农村建设】 王贵、风水梁、梁家圪堵、白泥井4个新村主体工程已全部完工,安置转移农牧民2 834户。完成农村牧区产业、村庄、人口布局规划编制工作;投资3.01亿元改善村容村貌,拆除土房、危房1 825户,新建房屋1 311户,改造房屋3 279户,商业网点整治460户。

【基础设施】 蓄滞洪区和召沟水库除险加固项目累计完成投资1.13亿元,标准化堤防加固里程77.8公里;黄河水权转换二期工程全面启动,完成投资9000万元;建成人畜安全饮水工程8处,解决了1.13万人、2.8万头(只)牲畜的安全饮水问题。完成公路建设里程243.7公里;包头沙尔沁至树林召关碾房高速公路具备通车条件;沿黄一级公路达旗段已完成总工程量的90%,4条连接线已完工;树林召西出口建成通车;建成农村公路91公里,实现村村通公路。生态文明建设稳步推进,完成“三北”防护林四期、退耕还林等重点工程5万亩,实施补植补造36万亩;完成退牧还草

20万亩,累计达到310万亩;哈他土沟等小流域坝系工程扎实推进,水土保持综合治理面积达到3 008.8平方公里。

【教育】 扎实推进校安工程建设,加固和改造学校21所,累计完成投资1.3亿元;高考再创佳绩,本科上线率达到66%。

【文化】 积极推进广播电视"户户通"惠民工程,完成2.15万户农牧民免费安装任务。图书馆、影剧院、博物馆、青少年活动中心等大型文化设施前期准备工作已完成;建成展旦召等苏木镇综合文化站5个、嘎查村标准化文化室18个、草原书屋75处。全面完成第三次全国文物普查田野调查工作,积极推进非物质文化遗产保护工作,"达拉特希鲁格都"、"达拉特烫画技艺"、"达拉特纪事剪纸"被列入鄂尔多斯市第二批非物质文化遗产保护名录。努力繁荣群众性文化活动,组织"百日消夏"演出72场。

【体育】 建成全民健身示范点4处,城乡群众体育健身设施不断改善。承办了全市科学发展现场观摩会,圆满完成鄂尔多斯国际那达慕各项任务,成功举办响沙湾沙漠生态乐活营活动。

【卫生】 全旗所有公立医疗卫生机构实行了药品"零差率"销售;新建旗人民医院投入使用,中蒙医院建设工程全面开工。高度重视人口计生工作,建成计生文化大院3处,人口出生率控制在9.73‰,进入自治区计划生育优质服务旗行列。圆满完成第六次全国人口普查工作。

【社会保障】 累计发放城乡低保资金4 285万元、五保供养金338万元、各类救助资金454万元,城乡低保标准分别达到每人每年4 800元和3360元。全旗新型农村合作医疗参合率达到99.94%,住院报销封顶线提高到10万元,累计报销农牧民医疗费4 100万元。城乡居民养老保险参保人数达到14.9万人,应保人员综合参保率达到86.2%。积极开展少数民族、贫困人口和弱势群体扶助工作,扶持贫困人口2 219户、7 865人,年人均增收590元。

【劳动就业】 累计实现新增就业2 361人,实现下岗失业人员再就业930人,积极扶持"零就业家庭"成员实现就业,城镇登记失业率控制在2.32%。

(王志荣)

杭 锦 旗

【领导名录】

旗委书记:阿　木(蒙古族)
人大主任:杨海宽
旗　　长:柳培林
政协主席:黄国华(蒙古族)
武装部长:李　君
政　　委:党栓成

【概况】 杭锦旗位于内蒙古西南部,地跨鄂尔多斯高原与河套平原,黄河流径全旗242公里,库布其沙漠横亘东西。地理坐标东经106°55′16″~109°16′02″,北纬39°22′33″~40°52′14″。全旗东西长197公里,南北宽161公里,总面积1.89万平方公里。全旗辖6个苏木镇(锡尼镇、巴拉贡镇、独贵塔拉镇、呼和木独镇、吉日嘎朗图镇、伊和乌素苏木)。总人口145 756人,居住着蒙古、汉、回、满、朝鲜、藏、维吾尔、壮、瑶等9个民族(其中,蒙古族26 887人,汉族118 548人,其他少数民族人口为321人)。旗人民政府驻锡尼镇。

杭锦旗现有耕地100万亩,宜农宜林待开发土地500万亩,可利用草牧场2 000万亩。"西北沟"甘草畅销世界。杭锦白绒山羊绒质优、产量高,堪称"纤维宝石"。地下水储量为2.7亿立方米,境内有黄河、摩林河两大水系,其中,黄河南岸自流灌区经国家黄委批准年农业用水4.1亿立方米,通过水权转换年置换工业用水1.38亿立方米。境内有煤面积8 155平方公里,煤炭总储量743亿吨,位于国家规划区内的面积2 200平方公里,资源储量为163亿吨,平均发热量为6 500大卡,是优质动力、化工用煤。天然气区块面积9 800平方公里,探明储量500亿立方米,大牛地至杭锦旗天然气管输工程末站建在锡尼工业园区,年供气能力15亿立方米。已探明石膏储量6 500万吨、食盐储量505万吨、天然碱储量700万吨、芒硝储量5 000万吨。杭锦2#土性能独特,已探明储量3.4亿吨,远景储量10亿吨,为国内外少见的非金属粘土矿。北线沿黄高速、南线荣乌高速、南北通道S215公路为支撑的"工字型"高等级公路网络和"一横一纵"铁路网络正在形成。

2010年,全旗地区生产总值完成50.14亿元,是"十五"末的2.2倍,年均增长16.8%;财政收入完成5.26亿元,是"十五"末的3.4倍,年均增长28%;城镇居民人均可支配收入由2005年的8 587元增加到20 576元,年均增长19.1%;农牧民人均纯收入由2005年的4 136元增加到8 694元,年均增长16%;固定资产投资突破百亿元大关,五年累计完成244亿元,是

"十五"时期的6.4倍。

【农牧业】 农作物总播种面积92.4万亩,粮食年产量6亿斤;牧业年度牲畜头数达230万头只,肉类总产量3万吨。现代农牧业基地、设施农业基地面积分别达到56万亩、8 370亩,集中化养殖园区发展到27个。引进伊泰、汉森、宏倡、林中地等农字号企业参与现代农牧业建设,初步形成了"公司+基地+农户"的产业化经营格局。启动实施杨柴、沙柳、柠条、沙棘、文冠果种植"五个百万亩"工程。建成生态自然恢复区7 500平方公里,森林覆盖率提高到14.4%。

【工业】 按照发展低碳循环经济的要求,以工业园区建设为载体,以项目实施为支撑,以煤电、煤化工、新能源发电、新光源装备制造为主的高端产业体系正在形成。独贵塔拉工业园区和新能源产业示范园区两大园区分别列为自治区、市重点园区。全年共实施亿元以上重点工业项目39个。神华1 000万吨煤矿、国电2×33万千瓦煤矸石电厂、上海惠生40万吨煤制甲醇项目加紧建设,金泰通煤焦油裂解深加工、聚野焦热电联产、源丰生物质热电项目即将投产,乌兰木伦乳制品加工、新圣天然气输配气及液化工程等项目投产运行。风电建成并网15万千瓦、在建5万千瓦,累计发电达5亿度,取得5万千瓦太阳能光热发电特许招标批复。杭锦旗被授予"国家首批绿色能源示范县"称号。

【城镇建设】 启动实施锡尼镇3平方公里旧城区征拆改造工程,累计完成征拆面积93.7万平方米,开工建设面积91.7万平方米。独贵塔拉新镇区移民住宅工程、精品移民小区、亿利东方学校、创业大厦、商业中心、星级酒店等公共设施建成投用,巴拉贡镇精品移民小区、物流汽修中心、星级酒店和濒危植物园等工程相继开工。全旗城镇化率提高到50.1%。

【基础设施】 相继实施病险水库除险加固、水权转换、蓄滞洪区、黄河标准化堤防加固等重点工程,一期22平方公里蓄滞洪区基本建成,加固标准化堤防190公里。荣乌高速杭锦段、独贵塔拉堤路一体化、奎素黄河大桥等重点公路工程建成投入使用,沿黄高速杭锦段、阿门其至独贵塔拉运煤专线、109国道杭锦段升级改造工程即将完工,新建农村牧区通村公路570公里,乌拉山至锡尼镇铁路开工建设,全旗公路网络总里程达到2 134公里。新建220千伏变电站2座,新建110千伏输变电线路43公里、变电站2座。投入1.2亿元就重点区域村容村貌进行整治,新建房屋1 100座、改造房屋1 122座。启动实施城乡建设用地增减挂钩试点项目,置换建设用地350公顷。

【旅游】 重点打造了七星湖、摩林河温泉等旅游景区。组建鄂尔多斯市杭锦旗虹桥文化传播研究开发中心和"古如歌"协会,举办巴音杭盖少数民族农牧民文艺汇演。2010年,杭锦旗被评为"中国最具民俗文化特色旅游目的地"。

【文化】 蒙古族长调民歌中的宫廷赞歌,研究蒙古民族历史的活化石"古如歌"被列入国家第二批非物质文化遗产名录;霍洛柴登古城遗址被国务院列为第六批国家重点文物保护单位;独贵塔拉镇、巴拉贡镇分别被市人民政府确定为"古如歌文化之乡"、"骆驼文化之乡"。

【教育】 全力实施好中小学校舍安全工程,投资2亿元,新建、改扩建学校7所。开工建设锡尼镇全民健身体育中心。对考取重点本科、本科和专科的少数民族大学生每人每年分别补助7 000元、5 000元和3 000元。通过旗长助学基金、企业资助、社会救助等多种方式解决200余名贫困家庭学生上学难问题。

【卫生】 城镇职工、城镇居民基本医疗保险统筹基金最高支付限额分别提高到22万元和10万元;新型农村牧区合作医疗人均筹资标准和报销封顶线分别提高至190元、8万元,蒙古族农牧民个人承担部分由政府代交,新型农村牧区合作医疗参合率达到94%。新建旗卫生大厦,建成妇幼保健所病房楼和独贵塔拉中心卫生院。免费实施已婚适龄妇女宫颈、乳腺两癌筛查项目和残疾人白内障复明手术。公立医疗机构药品实行零差价销售。

【劳动就业】 新增就业岗位2 600个,完成就业再就业培训1 000人,发放小额担保贷款1 920万元,城镇登记失业率控制在3.5%以内。1 450名少数民族农牧民实现稳定脱贫。通过公开招考聘用大学毕业生560余名到基层和行政事业单位工作。

【社会保障】 城镇低保标准提高到每人每月400元,农村牧区低保标准提高到每人每年3 360元,五保户集中供养标准提高到每人每年3 500元,分散供养标准提高到每人每年1 800元,为企业退休人员每月再增发100元生活补助。新建经济适用住房5万平方米、廉租住房1万平方米。解决了1万人、10万头只牲畜的饮水安全问题。

(石　峰)

准格尔旗

【领导名录】

旗委书记:潘志峰(女)
人大主任:生格都仁(蒙古族)
旗　　长:祁·毕西勒图(蒙古族)
政协主席:范镇宇
武装部长:王林(5月离任) 张海波(5月任职)
政　　委:尚风岐(5月离任) 李渊(5月任职)

【概况】 准格尔旗位于内蒙古西南部、鄂尔多斯市东部,辖9个苏木乡镇、1个开发区、1个新区、159个行政村、20个社区。常住人口32.15万,其中,蒙古族人口2.5万。地貌称“七山二沙一分田”:70%丘陵区、20%沙漠区、10%农田区。总面积7 692平方公里,其中,平原区占7.8%,沙漠区占11.7%,丘陵区占80.5%。平均气温6.2—8.7℃,多年平均降雨量400毫米左右,平均蒸发量2 000毫米左右。准格尔区位优势明显,地处“呼包鄂”经济圈的金三角地带;旗府薛家湾距鄂尔多斯市府康巴什130公里、呼和浩特100公里、包头180公里、北京650公里;黄河北、东、南三面环绕,过境长度197公里。准格尔资源丰富。含煤面积2 824平方公里,探明煤炭储量544亿吨,占全国的4%、内蒙古的1/4、鄂尔多斯的1/2,远景储量超过1 000亿吨。高岭土探明储量60亿吨、石灰石50亿吨、铝矾土1亿吨。此外,硫铁矿、白云岩、石英砂、煤层气的储量也相当大。

全年实现地区生产总值(GDP)671.14亿元,按可比价格计算,比上年增长22%。第一产业实现增加值7.55亿元,增长5.9%;第二产业实现增加值415.56亿元,增长26.4%,其中,工业增加值完成383.44亿元,增长27.2%;建筑业增加值完成32.11亿元,增长18%;第三产业实现增加值248.03亿元,增长16.5%。三次产业分别拉动经济增长0.2、13.4和8.4个百分点,经济结构比例为1.1 : 61.9 : 37。人均GDP由上年的167 540元(约合2.45万美元)增加到201 544元(约合3.06万美元),增幅20.3%。

全旗财政总收入达146.5亿元,增长46.5%,人均财政收入达4.4万元。其中,上划中央级收入78.43亿元,增长47.3%,上划自治区收入12.22亿元,增长53.9%;一般预算收入55.85亿元,增长43.9%。全年财政一般预算支出44.9亿元,增长26.7%。

【产业和行业税收】 第二产业完成119.09亿元,增长51.5%,占总收入的81.3%;第三产业完成27.41亿元,增长28.1%,占总收入的18.7%。煤炭、电力两大行业继续作为主要税源,分别完成103.47亿元和4.88亿元,分别占财政总收入的70.6%和3.3%。

【农牧业】 新建成现代农业基地1.8万亩、设施农业3 000亩、养殖园区4个。2010年牧业年度全旗牲畜总数达到90.13万头(只),较上年减少了10.35万头(只),其中,羊的总数为80.37万只,较上年减少了10.33万只;奶牛2140头,较上年增加163头;猪8.3万头,较上年增加0.1万头。2010年牧业年度牲畜出栏量达62.3万头(只)。全旗完成农作物播种面积71 995公顷。其中,粮食作物播种面积40 112公顷,较上年减少484公顷;油料作物播种面积3 130公顷,蔬菜、瓜类种植面积2 612公顷,青饲料及牧草播种面积19 808公顷。全旗粮食总产量达到11.49万吨,较上年减少0.06万吨。全年累计转移农村人口2.05万人,新增转移农村劳动力1.46万人,农民从二、三产业得到更多收入。

【工业经济】 全年实现工业增加值383.44亿元,可比价增长27.2%,其中,规模以上工业实现增加值335.44亿元,增长23.8%;累计实现销售收入668.25亿元,增长34.3%;实现利润183.05亿元,增长30.5%;实现利税258.9亿元,同比增长30.7%。全旗工业企业累计上缴税金112.92亿元,占全旗财政收入的77.1%。

煤炭行业全年累计实现工业产值591.35亿元,增长54.3%,占规模以上工业总产值的86.9%。大中型企业仍然是全旗工业经济的主力军,全旗13户大中型企业累计完成工业产值456.16亿元,增长63.2%,占全旗规模以上工业产值的67.1%。

主要产品产量完成:原煤20 502万吨,增长49%,其中,准能4 425万吨,增长20.1%;地方16 077万吨,增长59.5%;全年发电141.42亿度,增长14.1%,其中,火电126.02亿度,增长11.9%;水电15.4亿度,增长35.7%。电石39.25万吨,下降48.3%;水泥30.35万吨,下降23.2%;炸药15.56万吨,增长60.2%。全旗用电量64.34亿度,增长4.5%,其中,工业用电56亿度,增长1.4%。万元GDP能耗下降5.7%。全年规模以上工业企业能源消耗总量为371.6万吨标准煤,同比下降2.9%;万元工业产值能耗为0.55吨标准煤,同比下降27.5%;万元工业产值耗电量为570千瓦时,可比价下降39%。

【建筑业】 全旗具有资质的建筑企业达到8家,全年完成建筑业总产值6.11亿元,实现利润0.61亿元,实现增加值1.71亿元,上缴税金0.43亿元。

【固定资产投资】 全年全旗固定资产投资开工项目451个,累计完成投资400.05亿元,同比增长24.8%。

其中,一产投资12.31亿元,同比下降10.7%;二产投资252亿元,同比增长21.8%;三产投资135.74亿元,同比增长43.2%。投资结构明显优化,三次产业投资结构比例由上年的4.3 : 64.6 : 31.1调整为3.1 : 63 : 33.9。

【交通　邮电】 全年实施公路桥梁建设项目44个,建设里程382公里,年内完工229公里。年末,,全旗公路通车总里程达到2 545.7公里,高速公路、等级公路、矿区公路、乡村公路互为补充的公路交通框架基本形成。实施大准铁路增二线、准东重车线等铁路项目10个,全旗铁路通车里程达到243公里。2010年全旗铁路货运周转量205亿吨公里,较上年增长23.5%;公路货运周转量和客运量分别达到176亿吨公里,6.86亿人公里,分别增长22.7%、18.5%。

邮电通信业持续发展,2010年全旗邮电通信业务总量为4.5亿元,同比增长28.6%。年末,,移动电话用户达25.5万户;互联网上网用户达1.5万户。交通运输、邮电通讯业成为全旗经济新的重要增长点。

【旅游产业】 2010年确定为旅游项目建设年,开工建设黄河峡谷、准格尔召、油松王、黑圪崂湾、暖水础砂岩生态风景区等5个重点项目。全年完成旅游投资1.4亿元。编制完成《黄河峡谷旅游区修建性详细规划》、《油松王旅游区修建性详细规划》、《黑圪崂湾沙漠旅游区修建性详细规划》,完成暖水础砂岩生态风景区总体规划、大路新区北片区总体策划及概念性规划和准格尔旗黄河旅游带总体策划方案的编制工作。全年接待游客51万人次,同比增长19.7%,实现旅游收入7.1亿元,同比增长17.9%。

【金融　保险】 年末,全旗金融机构总数15家,各类营业网点87个;各项存款余额237.96亿元,增长19.2%,其中,城乡居民储蓄存款余额97.44亿元,增长20.5%;各项贷款余额206.97亿元,增长11.8%。全年金融机构现金收入508.44亿元,现金支出525.75亿元,分别较上年增长17.9%和14.6%,收支相抵货币净投放17.31亿元。包商银行、交通银行入驻;开工建设了20万平方米的金融商务区。

全旗现有保险企业及网点16家,全年保费收入37 326万元,增长31.4%,其中,财产险22 927万元,同比增长45.2%,人寿险14 399万元,同比增长14.1%;全年保险赔付总额6 808万元,同比增长15%,财产险赔付5 030万元,人寿险赔付1 778万元。

【贸易】 全年全旗实现社会消费品零售总额57亿元,增长18.8%。在总量中:城镇消费品零售额37.05亿元,同比增长15.6%;农村消费品零售额19.95亿元,同比增长29.5%。城乡居民人均生活消费支出分别达23 016元和7 077元,分别增长39.3%、20.6%。

【教育】 投入5.8亿元,撤并中小学13所,新建小学、幼儿园9所;加大校舍加固工程建设力度,彻底排除了C、D级危房;教育专网实现全覆盖。年内,公开选聘教师217名,办学水平进一步提高。"两基"巩固提高,年度任务圆满完成,九年义务教育人口覆盖率达100%。年末,,全旗共有各类学校和幼儿园54所,有教职工3 742名(其中,专任教师3 030名),在校学生和在园幼儿50 526人,其中,小学24所,在校生21 447人,专任教师1 186人;普通中学13所,在校生17 707人(其中,高中在校生6 227人,初中在校生11 480人),专任教师1 371人;职业中学1所,在校生2 034人,专任教师134人;幼儿园16所,在园幼儿9 338人,专任教师339人。全旗适龄人口小学入学率及初中入学率均达到100%。普通高考本科上线人数达到1325人,上线率达62.1%,比上年提高8.5个百分点。

【科技】 继续实施"1312"科技创新工程,全年列入科技预算基金3 300万元。挂牌成立大路煤化工产学研创新基地和大路煤化工研究所。积极开展科技交流与合作,引进各类科技人才120名。三禾高岭土公司等6家企业参加了2010年首届中国西部国际专利技术暨产品博览会;新绿洲有机农业开发公司、内蒙古准露山野食品有限公司等8家农牧业企业参加了第十七届中国杨凌农业高新科技成果博览会。陶瓷研发中心与北京中航里程科技有限公司共同研制的高智能注浆设备已基本完成,该设备的研制和使用填补了我国在日用陶瓷注浆成型工艺技术和装备上的空白。申报国家科技项目2项,自治区科技创新引导奖励资金项目2项,申报市科技成果2项。

【文化】 开设了漫瀚调艺术培训班,设立民间文艺促进会。全年新建城镇文化活动中心2个,市级示范文化室5个,市级示范文化户5户;建成旗级文化户10户,旗级典型文化大院1座,61个"草原书屋"工程建设点;6个苏木乡镇综合文化站投入使用。美国好莱坞歌舞团、吴桥杂技艺术团等专业团体来旗进行慰问演出。全年共组织开展大型导向性文化活动项目13个,广场文化活动115场,文化下乡活动128次,农村牧区电影放映2 215场。新增2个发射基站,自办广播电视节目全覆盖工程的覆盖率达95%。

【卫生】 投入1.2亿元,加大医疗卫生三级网络建设。建成十二连城乡五家尧卫生院、20个标准化村卫生室、1 个社区卫生服务站。全年共购置万元以上医疗设备、器械57 台（件），选聘医疗卫生专业人员 95 名，医疗卫生条件进一步改善。全旗现有旗直医疗卫生单位6 个，基层卫生院 19 所，民营医院 4 所，村卫生室132 个，个体诊所99 家，社区卫生服务中心 1 个，社区卫生服务站 4 个。全旗卫生机构床位数达 1 653 张，卫生技术人员 1 452 人。年末，新型农村合作医疗和城镇居民基本医疗参合率分别达 95% 和 96% 。26 家公立医疗卫生机构启动实行药物零差价销售工作。全旗计划生育率 97.7% ，免费计划生育技术服务覆盖率达 98% 。人口出生率为 9.8‰。

【体育】 承办"生力杯"乒乓球邀请赛、鄂尔多斯国际那达慕大会 "万众一心黄河情" 拔河锦标赛等各类体育赛事 11 次，全年共举办各类群众性比赛、活动 10次，被内蒙古体育局评为群众体育先进单位。

【城市建设】 全旗城镇建成区面积达到 29.8 平方公里，城镇化率达到 70% ；新增绿地面积23 万平方米，城镇人均公共绿地面积达到 14 平方米，城镇功能、城镇品位继续改善。积极推进旧城拆迁改造工程，启动薛家湾镇南、北片区的拆迁工作，完成拆迁 1 743 户，新开工回迁房43 万平方米。集中供热面积达到 517 万平方米，全旗年供水能力达到 5 000 多万吨。

【生态环境】 全年完成水保生态建设面积52.98 万亩，完成造林绿化 87 万亩，全旗植被覆盖度达到72% ，森林覆盖率达到 27.3% 。污染减排和矿区治理成效显著。全年削减二氧化硫排放量 4 986.85 吨、化学需氧量 434.4 吨，城镇污水处理率和生活垃圾清运面均达 100% 。

【人口】 2010 年全旗户籍总人口 307 901 人，全年出生人口 4 017 人，死亡 1 616 人，人口自然增长率为7.8‰。

【人民生活】 城镇单位在岗职工年人均工资达 5.52 万元，比上年增长 17.7% ；城镇居民人均可支配收入达 26 699 元，较上年增长15.6% ；农民人均纯收入达 8 766元，较上年增长 10.3% 。

【社会保障】 2010 年末，全旗共有 94 369 名农民参加农村养老保险统筹，有 8 295 名城镇居民参加城镇居民养老保险统筹，为 1 340 名个体工商户补贴养老保险费 201 万元，有22 305名职工纳入了企业职工基本养老保险统筹。共有 311 个单位的 35 086 名职工参加基本医疗保险统筹，有 58 600 名城镇居民参加了居民医疗保险统筹。有205 户 17 662 名企业职工参加了工伤保险统筹，有 17 895 名企业职工（其中，女性7 884 人）参加生育保险统筹。有 2 298 人参加了生态移民养老保险统筹，有3 340人参加了被征地农民养老保险统筹。

旗财政全年累计支出社会保障和就业资金 5.04 亿元。年内，旗财政继续为原国有、集体和二轻破产企业职工代缴养老保险费，并发放生活费每月 200 元。全年为城乡困难群体发放低保金 4 690.3 万元，累计救助 92 698 人次。投入 10 亿元，开工建设 8 400 套保障性住房，有效解决了低收入家庭的住房困难。投入1.5 亿元，新建标准化社区综合服务中心 11 个。全旗现有敬老院 6 所，可提供集中供养床位 1 040 张。

【就业】 全年完成就业培训 10 983 人次，新增就业5 344人，扶持创业 370 人，安置大学生2 421人，其中，驻地企业吸纳本地劳动力 1 738 人。城镇登记失业率控制在 2% 。

【"三个规格"成果会在京召开】 1 月 6 日 准格尔旗粉煤灰高岭土陶瓷产业规划评审会在北京召开。会议对《准格尔旗粉煤灰综合利用发展规划》、《准格尔旗高岭土资源开发利用规划》和《准格尔旗陶瓷产业发展规划》三个规划的研究成果进行了评审论证。国家发改委、工业产业信息部等有关司局领导和来自中国建筑材料联合会、清华大学、吉林大学、中国矿业大学的知名专家、教授出席会议。

【荣誉】 2010 年，准格尔旗获首届鄂尔多斯国际那达慕大会暨内蒙古自治区第七届少数民族传统运动会先进集体；在第五届中国全面小康论坛上获"中国全面小康十大示范县市"称号；在首届中国城市民生建设调研活动中获"中国最关爱民生的县（市、区）"称号：

周玉莲，获 2010 年度全国劳动模范

陈玉文，获 2010 年度自治区劳动模范

董明亮，获 2010 年度自治区劳动模范

刘国青，获 2010 年度自治区劳动模范

千八音，获 2010 年度自治区劳动模范

越永清，获 2010 年度自治区劳动模范

伊泰煤制油公司荣获 2010 年度"自治区五 · 一劳动奖状"

（祁勋）

伊金霍洛旗

【领导名录】

旗委书记:王东伟

人大主任:王根喜

旗　　长:云卫东(蒙古族)

政协主席:郝永耀

武装部长:班瑞廷

政　　委:张卫

【概况】 伊金霍洛(汉意为"圣主的院落")旗,地处鄂尔多斯高原东南部,毛乌素沙地东北边缘,南与陕西省榆林市神木县交界,北与鄂尔多斯市府所在地康巴什新区隔河相连。总面积5 600平方公里,辖7个镇138个行政村,人口近16万人,其中,少数民族人口1.1万人,占全旗总人口的7.46%。2010年,全旗地区生产总值完成473亿元,是"十五"末的5倍,年均增长22.4%;全社会固定资产投资完成260亿元,是"十五"末的3.8倍,年均增长30.3%;财政收入完成110亿元,成为继东胜、准格尔旗之后自治区第三个财政收入过百亿的旗(县)区。城镇居民人均可支配收入达到26 684元,年均增长19.3%;农牧民人均纯收入达8 774元,年均增长13.1%;社会消费品零售总额达到28亿元,是"十五"末的2.5倍,年均增长19.8%;万元GDP能耗较"十五"末下降了25个百分点;城镇登记失业率控制在2.5%以内;三次产业结构调整优化为1 ∶ 61 ∶ 38。县域经济基本竞争力跃居全国百强第37位,跻身中国西部最具投资潜力百强县(市、区)前三位。

【基础设施建设】 投入67亿元,完成旧城拆迁48万平方米,新开工各类建筑180万平方米,建成区面积由25平方公里拓展到32平方公里,全旗城市化率达68%。完成阿镇中心城区概念规划、控制性详细规划、乌兰木伦镇中心城区控制性详细规划等总规、控规、专业规划44项。曲棍球场、阿镇污水厂一期工程建成并投入使用,创业大厦、公安指挥中心建设顺利推进;规划建设了乌兰木伦下湖、掌岗图、柳沟河"三大公园",完成阿镇北部新区、那达慕会场周边等绿化工程,全旗新增绿地面积800万平方米,阿镇人均绿地面积增加9.4平方米。大力推进"四城同创",顺利通过"国家卫生城市"创建验收和中央文明委第二轮公共文明指数测评。

【农牧业】 完成人口整体退出107平方公里,转移农牧民849户、2 106人;投入1.2亿元,完成境内主要交通干线两侧300米、77公里、776户村容村貌整治;完成"四区十线一新村"30万亩绿化工程,森林覆盖率达到39%,植被覆盖率达到87%。建成现代农业示范基地2.5万亩,对已建成7 153亩设施农业进行了完善,3 200亩投产。2010年一产完成投资24亿元,增长194%,实现增加值6亿元,增长6%。

【旅游产业】 全旗年内接待游客170万人次,实现旅游收入10亿元,同比增长17.6%,荣获"最具影响力中国西部十大旅游休闲示范县"称号。大力发展物流产业,阿康物流园区已完成基础设施建设,札萨克物流园区正在完善规划设计。改造提升传统服务业,金融、保险、商贸、中介等产业快速发展。2010年,全旗第三产业完成投资111亿元,增长25.5%,实现增加值184亿元,增长25%。

【工业经济】 煤制油、煤制天然气等一批投资百亿元以上的大型煤转化项目进展顺利,神华煤直接液化项目累计生产各类油品38万吨,汇能煤制气项目完成场平,神华煤制气项目进行组织报批。大力发展装备制造业,乌兰、中煤等一批先进制造业项目开工建设,神东煤机维修中心等4个项目建成投产。大力推进节能减排,全年削减二氧化硫7 863吨,完成目标任务的105%,削减化学需氧量916吨,完成目标任务的278%。第二产业完成投资130亿元,增长5%,实现增加值291亿元,增长20 %。

【教育】 全面启动校安工程,投资4.2亿元新建、改造、加固中小学、幼儿园28所。

【文化】 成功举办第二届成吉思汗文化论坛。举办献歌中国广播70年·伊金霍洛《中国民歌榜》听众喜爱的歌手颁奖典礼及大型演唱会。

【卫生】 建成标准化卫生室10个,所有公立医疗卫生机构全部实现基本药物"零差价"销售。新型农村牧区合作医疗人均筹资标准达350元,其中,旗财政补助达200元,筹资标准和补助水平均居全区第一;住院医疗费最高报销比例和封顶线分别达80%和10万元。城镇职工、城镇居民医疗保险平均报支比例分别提高到80%和65%,最高支付限额分别提高至32万元和10万元。

【社会保障】 企业退休人员养老保险待遇水平达到1 782元/月,同时年底一次性发放困难生活慰问金3 600元,待遇标准位居全市第一。城乡低保标准分别达550元/月和350元/月,补助水平分别达450元/月和260元/月,位居全国前列;五保集中供养和分散供养标准分别达8 000元/年和4 500元/年,孤儿分散供养标准达1 000元/月,供养标准均居全市首位。新建经济适用房55万平方米、廉租房5.6万平方米,新建农牧民精品移民住房6万平方米,改造和新建少数民族、残疾人和农村贫困户危房250户,改造林业棚户区职工住房117户。积极启动“数字伊金霍洛”工程,建成7个基层信息化便民服务大厅。“国家级生态示范旗”创建稳步推进,全旗7个镇全部创建为全市首批自治区级环境优美镇。

【荣誉】 2010年,伊金霍洛旗在第十届全国县域经济基本竞争力评价中,跃居全国县域百强第37位,西部百强第3位;伊金霍洛旗被评为“全国平安畅通县区”;伊金霍洛旗被评为“首批全国法治县(市区)创建活动先进单位”;伊金霍洛旗被评为“最具影响力中国西部十大旅游休闲示范县”;伊金霍洛镇被评为“全国特色景观旅游名镇”。

(白一琮)

乌 审 旗

【领导名录】

旗委书记:张　平

人大主任:伊达木(蒙古族)

旗　　长:牧　人(蒙古族)

政协主席:吴兆军

武装部长:吉日嘎拉(蒙古族)

政　　委:李建师

【概况】 乌审旗位于内蒙古自治区最南端,鄂尔多斯市西南部,地处毛乌素沙漠腹地。地理坐标为北纬37°38′~39°23′,东经108°17′~109°40′全旗总面积11 645平方公里,辖1个苏木、5个镇、59个嘎查村。

全旗总人口107 808人,比上年同期增加830人,其中少数民族31 496人。

2010年,全旗地区生产总值完成189.49亿元,增长21.8%,增速高于全市2.6个百分点。财政总收入累计完成23.1亿元,同比增长53.0%,按新口径计算,全年完成地方财政总收入16亿元,同比增长25.7%。城镇居民人均可支配收入达21 116元,农牧民人均纯收入为8 755元。

【农业】 2010年,全旗农作物总播种面积达39 444公顷,与上年持平。其中,粮食作物播种面积18 083公顷,全年粮食总产量11.5万吨,增长0.9%,其中,小麦产量减少9.4%、玉米产量增长17.0%。全年油料产量1 327吨,蔬菜产量2.4万吨。年末,全旗拥有农业机械总动力50.6万千瓦,增长13.7%。年末,全旗拥有联合收割机66台,增长40.4%;农用运输车8 392台(辆)。

【畜牧业】 全旗牧业年度牲畜存栏175万头(只),与上年同期相比减少8.4万头(只),减少4.6%;牧业年度良种及改良牲畜总头数150.68万头(只),良种及改良牲畜比重达到99%。全年肉类总产量3.77万吨,牛奶产量1.46万吨,山羊绒产量24吨,禽蛋产量347吨。

【林业】 全年完成造林面积50.31万亩。其中,人工造林30.81万亩,封山育林6万亩,补植补造13.5万亩。年末,全旗森林面积559万亩,森林覆盖率达30.9%,植被覆盖度达78%。

【工业】 全年实现工业增加值124.07亿元,同比增长27.3%。全旗规模以上工业企业实现主营业务收入2 965 052万元,同比增长47.5%;实现利税368 090万元,同比增长42.3%;实现利润343 767万元,同比增长51.7%。产品销售率达98.9%。

【建筑业】 全年建筑业实现增加值14.89亿元,比上年增长7.5%。全旗具有资质以上建筑业企业5家,共实现利润5 794万元,同比增长36.0%,上缴税金2 851万元,增长72.2%。

【固定资产投资】 年内,全旗共有在建投资项目149个,完成全社会固定资产投资190亿元,同比增长13.8%。其中,亿元以上投资项目20个。从三次产业来看,第一产业投资达23 580万元,同比下降40.0%;第二产业投资达1 247 761万元,同比增长21.6%;第三产业投资达628 922万元,同比增长29.0%。从主要行业投资看,农林牧渔业投资23 580万元;采矿业投资844 684万元;电力、燃气及水的生产和供应业投资19 637万元;交通运输、仓储及邮政业投资309 173万元;水利、环境和公共设施管理业投资155 022万元。

【贸易】 全旗实现社会消费品零售总额179 616万元,同比增长19.6%。按销售区域分,城镇消费品零售额136 299万元,同比增长20.0%;乡村消费品零售额43 317万元,同比增长18.0%。分行业看,批发零售贸易业零售额148 149万元,增长21.2%;住宿餐饮业零售额31 467万元,增长12.3%。

【交通】 全年各种运输方式完成货运量1 621.5万吨,比上年增长3.1%;完成货物周转量129 249.5万吨公里,比上年增长5.3%;公路旅客周转量19 023.2万人公里,增长4.5%;公路客运量221.7万人,增长2.9%。

【邮电】 全年邮电通信业务总量11 991万元,比上年增长11.1%。其中,电信业务总量11 659万元,增长

11.3%;邮政业务总量332万元,增长3.8%。年末,(本地电话)局用交换机总容量20 000门。本地网固定电话用户16 800户,比上年增长21.7%。全年订销报纸168万份,杂志5.24万份,收寄函件0.64万份,国际国内特快专递共完成1.84万件。

【旅游业】 全年共接待游客40万人次,增长10.2%;旅游营业收入55 000万元,增长10.0%。

【金融业】 年末,全旗金融机构各项人民币存款余额435 691万元,比上年增加114 597万元,增长35.7%。其中,企业存款余额117 991万元,比上年末,增加22 018万元,增长22.9%;储蓄存款余额176 103万元,比上年末,增加41 334万元,增长30.7%。年末,全旗金融机构各项人民币贷款余额353 262万元,比上年末,增加116 322万元,增长49.1%。其中,短期贷款余额162 187万元,比上年末,增加38 234万元,增长30.8%;中长期贷款余额191 075万元,比上年末,增加78 088万元,增长69.1%;个人消费贷款余额108 395万元,比上年末,增加81 847万元,增长266.8%。全年金融机构现金收入1 368 093万元,现金支出1 543 632万元,分别比上年增长31.5%和31.3%,收支相抵,货币净投放175 539万元,比上年增长29.6%。

【保险业】 全年保险收入4 500万元,同比增长42.6%。其中,财产保险收入3 100万元,人寿保险收入1 400万元。全年赔付总额为1 662万元,同比增长94.2%。其中,财产保险赔付1 600万元,人寿保险赔付62万元。

【科技】 全旗科技经费支出110万元,中级(含中级)以上科技人员达1 450人。20项科研成果在企业和农村牧区推广。全年授权专利3项。

【教育】 全旗共有学校21所,在校生达14 451人。其中,小学6所,在校生6 212人;中学3所,初中在校生3 251人,高中在校生1 769人,职中在校生201人;幼儿园9所,在园幼儿3 219人。小学适龄儿童入学率达100%。

【文化】 全旗拥有艺术表演团体18个,其中,乌兰牧旗1个,文化馆(包括群众艺术馆)1个,公共图书馆1个,有电视转播台2座,有线数字电视用户18 530户,广播电视覆盖率达98%。

【卫生】 全旗有公立医疗卫生单位18个,其中,旗级医疗卫生单位5个(旗人民医院、蒙医院、妇幼保健所、疾病预防控制中心、卫生监督所),苏木镇卫生院12个(6个中心卫生院、6个普通卫生院),社区卫生服务中心1个;有嘎查村卫生室76个,私立医院3个(广济、博仁、永康中西医院),门诊部1个(惠康门诊部),诊所32个(其中,嘎鲁图镇区25个、苏木镇7个)。公立医疗机构现有公职人员381人,其中,卫生专业技术人员344人,占90.3%;有执业资格(执业医师、执业助理医师、执业护师)249人,占技术人员的72.4%;嘎查村卫生室共有从业人员87人;私立医疗机构现有卫生技术人员90名;全旗医疗机构病床总数为333张。

【人民生活】 2010年,城镇居民人均可支配收入达到21 116元,增长14.6%。其中,工薪收入17 502元,增长15.3%;经营净收入2 218元,增长41.5%。城镇居民人均消费性支出16 141元,增长17.6%。每百户城镇居民拥有家用汽车64辆,较上年增加26辆;拥有移动电话224部,较上年增加1部;拥有家用电脑82台,较上年增加12台。

农牧民人均纯收入达8 755元,增长10.2%。其中,工资性收入1 345元,增长21.3%;家庭经营收入6 586元,增长6.4%。全年农牧民人均生活消费支出8 174元,增长10.9%。农牧民每百户拥有彩电117台,较上年增加1台;拥有电冰箱102台,较上年增加1台;拥有洗衣机106台,较上年增加6台;摩托车111辆。

【社会保障】 2010年,全旗参加失业保险人数6 100人,领取失业保险金人数279人,失业金实际发放金额85.8万元。城镇居民最低生活保障人数2 702人,实际发放金额1 397.8万元,同比增长51.0%。基本养老保险参保职工人数6 218人,其中,参加基本养老保险的离退休人员2 650人,增长7.4%,养老金社会化发放率100%。基本医疗保险参保人数15 085人,增长6%,其中,参加基本医疗保险的离退休人员4 068人。

(布日古德)

鄂托克旗

【领导名录】

旗委书记:郝健君(蒙古族)

人大主任:华·格日乐巴图(蒙古族)

旗　　长:尚志强

政协主席:李月珍(女)

武装部长:谢　展(5月离任) 张忠仁(5月任职)

政　　委:李　占

【概况】 鄂托克旗位于内蒙古自治区鄂尔多斯市西部。地理坐标在东经104°41′~108°54′,北纬38°18′~40°11′之间,总面积20 687平方公里。全旗辖2个苏木、4个镇。2010年全旗总人口97 853人,其中有蒙古族26 254人。全年城镇居民人均可支配收入22 197元,同比增长14.8%。城镇居民人均消费性支出19 837元,增长24.9%。全年农牧民人均纯收入8 720元,同比增长11.4%。年末,全旗在岗职工19 747人(不包括私营企业),比上年末,增加2 726人,增长16.0%。全部职工工资总额为94 938万元,比上年增长45.2%。全旗在岗职工年平均工资为48 741元,比上年增长26.7%。

2010年全旗实现生产总值273.39亿元,按可比价格计算,同比增长21.2%。其中,第一产业增加值4.64亿元,同比增长5.3%;第二产业增加值212.37亿元,增长23.4%;第三产业增加值56.38亿元,比增长16.1%。全旗生产总值中一、二、三次产业比例由上年的1.8 : 77 : 21.2调整为1.7 : 77.7 : 20.6。

全年完成地方财政总收入34亿元,比上年增长36.0%,其中,地方财政一般预算收入13.3亿元,分别比上年增长36%和37.1%。其中,社会保障支出和就业支出1.7亿元,比上年增长24.9%;医疗卫生支出1.5亿元,增长79.1%;教育支出2.6亿元,增长41.2%。

【农业】 2010年农作物总播种植面积1.87万公顷。其中,粮食作物种植面积1.42万公顷。全年粮食总产量82 000吨,同比上年增产1 000吨。

【畜牧业】 牧业年度牲畜存栏头数为167.3万头(只),比上年同期下降6.9%;牧业年度良种及改良牲畜总头数166.7万头(只)。全年肉类总产量15 000吨,比上年增长42.7%;牛奶产量11 159万吨,增长2.8%;山羊绒产量526吨,下降2.95%。

【工业】 2010年全部工业增加值192.99亿元,同比增长24.1%。其中,,规模以上工业企业增加值比上年增长25.5%,在规模以上工业企业中,国有及国有控股企业总产值增长15.1%,集体企业增加值增长14.5%,股份制企业增加值增长19.2%,外商及港澳台商投资企业增加值增长9.2%,其它经济类型企业增加值增长49.4%;在规模以上工业企业中,轻工业增加值增长16.8%,重工业增加值增长19.5%。

2010年能源、冶金、化工、装备制造、农畜产品加工业和高新技术六大优势特色产业增加值占规模以上工业的90%左右,成为拉动工业生产快速增长的主要动力。全旗规模以上工业企业主营业务收入11 845.26亿元,比上年增长31.6%;实现利润1 074.26亿元,比上年增长67.1%。其中,国有及国有控股企业实现利润395.45亿元,同比增长73.6%。全年规模以上工业企业产品销售率97.5%,比上年提高0.1个百分点。

【建筑业】 2010年建筑业增加值747.39亿元,同比增长14.1%。年末,全旗具有建筑业资质等级的建筑施工企业845个,房屋建筑竣工率43.9%,全年具有建筑业资质等级的建筑企业实现利润76.31亿元,比上年增长2.6%;实现税金41.82亿元,比上年增长17.5%。

【环境保护】 全旗有自然保护区3个。其中,国家级自然保护区2个,自治区级自然保护区1个。自然保护区面积73.96万公顷。年末,全旗拥有各级环境监测站1个,环境检测人员11人。

【固定资产投资】 2010年,全年全社会固定资产投资总额200亿元,比上年增长24.4%。从投资主体看,国有经济单位投资91.88亿元,增长22.85%;集体单位投资1.16亿元,下降89.69%;个体投资91.36亿元,增长46.49%;在全旗固定资产投资中,第一产业投资3.4亿元,下降9.7%;第二产业投资165.6亿元,增长25.9%;第三产业投资31亿元,增长21.8%。从主要行业投资看,电力、燃气及水的生产和供应业投资4.3亿元,下降56.43%;交通运输、仓储及邮政业投资10.4亿元,下降38.26%;水利、环境及公共设施管理业投资4.8亿元,同比下降20.28%。

全年新开工项目46个,比上年下降45.24%;在建项目投资总规模501.57亿元,比上年增长3.87%。在全旗城乡50万元以上项目固定资产投资中,全部建成投产项目68个,项目建成投产率54%;新增固定资产99.54亿元。

【商贸】 2010年社会消费品零售总额27.5亿元,同比增长20.7%。经营方面,城镇实现社会消费品零售额16.8亿元,占社会消费品零售总额61.1%,增长16.8%;乡村消费品零售额10.7亿元,增长27.5%。行业方面,批发零售贸易业实现零售额22.6亿元,增长23.8%;住宿和餐饮业实现零售额5亿元,增长8.5%。

【交通】 全年公路客运量62.59万人,同比增长20.1%;公路旅客周转量1 1518.3万人公里,同比增长18%。公路货运量4 300万吨,同比增长4.9%;公路货物周转量225 750万吨公里,同比增长4.9%。

【邮电】 全年邮电业务收入16 093.28万元,比上年增长21.6%。其中,电信业务收入15 278元,增长23.3%;邮政业务收入815.28万元,下降3.2%。年末,本地网固定电话用户21 565户,增长0.5%。移动电话用户227 213户,增长14%。互联网络用户5 133户,增长15.7%。

【金融】 2010年末,全旗金融机构各项人民币存款余额687 001万元,全年新增存款58 264万元,比上年末,增长9.3%。其中,企业存款余额189 803万元,比上年末,减少42 979元,下降18.4%;城乡居民储蓄余额379 953万元,比上年末,增加83 772万元,增长28.3%。年末,全旗金融机构各项人民币贷款余额685 270万元,全年新增贷款164 512万元,比上年末,增长31.6%。其中,短期贷款余额287 743万元,比上年末,增加41 453万元,增长17.4%;中长期贷款余额397 526万元,比上年末,增加123 059万元,增长44.2%;个人消费贷款余额137 893万元。

【教育】 有普通高中2所,普通初中8所,职业高中1所,普通小学8所,幼儿园16所。普通小学入学率100%,普通初中入学率100%,小学毕业生升学率100%,初中毕业生升学率85.3%,普通初中辍学率0.37%。

【科技】 2010年全旗共取得重大科技成果8项,其中,应用技术成果7项,软科学成果1项。全年自治区级科技成果获奖1项。全年专利申请40项,同比下降20%,授权专利23项,同比增长64.3%;年内签订各类技术合同3项。

【文化】 全旗有艺术事业机构12个(其中,基层文化活动中心6个),从业人员148人;艺术表演团体4个,其中,乌兰牧骑1个。文化馆1座,公共图书馆1座,博物馆1座。年末,全旗拥有电视台1座,一千瓦以上电视发射台和转播台1座,电视人口覆盖率97%,比上年提高1个百分点;年末,全旗有线电视用户28 000户,比上年增长40%。旗级全年出版报纸20万份,其中,蒙文版4.8万份。

【卫生】 全旗有医院5个,农村牧区卫生院12个,疾病预防控制机构1个,妇幼卫生机构1个,卫生监督所1个。全旗医疗卫生单位拥有床位650张。其中,医院拥有床位390张,乡镇卫生院拥有床位240张。全旗拥有卫生技术人员512人。执业医师、助理医师351人,注册护士94人。

【社会保障】 2010年,全旗参加失业保险职工人数为16 000人,领取失业保险金人数332人;基本养老保险参保人数达17 809人,比上年增长4.5%。其中,参加基本养老保险的离退休人员为3 681人,养老金社会化发放率为100%。城镇参加基本医疗保险人数为22 087人,比上年增长5.2%。全年共有6 445人得到国家最低生活保障救济。

【鄂尔多斯市首家蒙医药展览室】 鄂托克旗蒙医院投资25万元建成100多平方米的蒙医药展览室,陈列出蒙医药古籍、文献和明清年代使用的制药器皿、医药器械150多种,旗境内生长的医用植物标本400多种。还展出自制蒙成药制剂以及用图文并茂形式介绍古今蒙医学者传略和功勋,促进了传统蒙医蒙药文化遗产的挖掘、整理和保护工作。此展室在鄂尔多斯尚属首家。

【中国转基因克隆绒山羊诞生】 由内蒙古大学生命科学学院实验动物研究中心的研究团队,在中国工程院院士旭日干的指导下、于2009年9月在鄂托克旗的“内蒙古白绒山羊种羊场开展绒山羊转基因克隆胚胎的生产和移植工作。至2010年2月至3月,陆续获得羔羊17只,其中,转基因克隆羔羊14只、体细胞克隆羔羊3只。这是目前国际上规模最大的一批基因克隆绒山羊,是具有国际先进水平的科研成果,标志着中国绒山羊现代生物育种技术又有了新的突破。

【跻身中国产业发展能力百强县】 按照工业高端化的路径和发展低碳经济的目标,鄂托克旗把棋盘井定位为国家环保模范工业园区。“世界硅都”,把蒙西定位为国家循环经济样板园区,使两大园区分别成为全国第一批循坏经济试点产业园区和内蒙古自治区第一批工业循坏示范园区,走出了一条科技含量高、经济效益好、资源消耗低、环境污染少的新型工业化道路,跨入全国最具投资潜力中小城市百强行列,位列全国县域经济西部百强县第10位。

【包金山书法长卷在上海世博会亮相】 鄂托克旗书

法爱好者包金山先生创作的中国书法长卷之最《蒙古秘史》描摹书法长卷于2010年5月22日在上海世博会成功展出。作品展观《蒙古秘史》282节的全部内容,框高1.4米,单幅宽0.8米,总长148米,已超过中国书法创作史上的任何长卷,创造书法长卷之最,上海世博会结束之后将申请世界吉尼斯记录。

【农牧民大病医疗救助基金】 鄂托克旗旗委、旗人民政府及蒙西集团、神华蒙西煤化公司等多家企事业单位共筹集210万元,在蒙西镇成立鄂尔多斯市第一个农牧民大病医疗救助基金。

【荣誉】 10月11日,黄斌被中国科协、财政部授予2010年全国科普惠农兴村科普带头人奖。

《家家有螺旋藻生产协会》,8月8日被内蒙古自治区科学技术协会、财政厅授予全区科普惠农惠牧先进单位奖。

鄂托克旗科学技术协会主席张锡皆,10月被中国农函大授予"中国农函大优秀教师"称号。

鄂托克旗地方史志办公室仁钦道尔吉,11月被中国地方志指导小组授予"全国地方志系统先进工作者"荣誉称号。

(乌斯哈拉)

鄂托克前旗

【领导名录】

旗委书记:额尔敦仓(蒙古族)

人大主任:颉永烽

旗　　长:于新芳

政协主席:冯占平

武装部长:武永平

政　　委:宋明武

【概况】 鄂托克前旗位于内蒙古自治区鄂尔多斯高原西南部,地处蒙陕宁交界。境内主要由毛乌素沙地和鄂尔多斯梁地两大地貌构成,土地总面积1.218万平方公里。属中温带干旱、半干旱大陆性气候,年平均降雨量261.2毫米,无霜期169天左右。全旗辖4个镇,总人口7.5万人,其中,蒙古族人口占总人口的31%,是一个以蒙古族为主体,汉族占多数的少数民族地区。

2010年,全旗完成地区生产总值50.2亿元,增长20.5%;财政收入完成10亿元,增长119.6%;固定资产投资总额达88.2亿元,增长46.2%;城镇居民人均可支配收入达21 046元,增长14.9%;农牧民人均纯收入达8 764元,增长10%。

【农牧业】 全旗农作物总播面积43.7万亩,牧业年度牲畜存栏192万头只。全年为转移农牧民发放生活补贴2 576万元,建成转移住房1 439套。新建现代农业示范基地1万亩;建成大型养殖园区6个,培育养殖大户9户;启动建设设施农业600亩,现代草原畜牧业示范户200户。完成了三段地现代农牧业示范基地扩建工程,种植优质牧草100亩,重点推广了绒山羊提质增绒技术、肉羊三元杂交技术等20项农牧业实用技术。严格执行禁牧休牧划区轮牧政策,旗财政支出100万元,对在生态建设与保护中做出突出贡献的195户农牧民给予重奖。完成人工造林27.9万亩,实施退牧还草120万亩,全旗森林覆盖度和植被覆盖率分别达16%和81%。

【工业经济】 200万吨煤焦化多联产项目建成试产;长城60万吨煤矿、麻黄120万吨煤矿满负荷生产,榆树井300万吨煤矿建成试产,新上海1号400万吨煤矿建设进展顺利,沙章图500万吨煤矿、黑梁180万吨煤矿开工建设,全旗已建成和在建煤矿产能达到2 000万吨,煤炭产量突破500万吨。新建天然气井167眼,天然气产能超过20亿立方米。5万吨液化天然气项目建成投产,苏里格天然气第四处理厂建成试产。在国家发改委、能源局、国土资源部等有关部委和内蒙古自治区、鄂尔多斯市的大力支持下,历经3年的艰苦努力,上海庙矿区煤炭资源整合工作圆满完成。

【旅游业】 全面加强上海庙宜居宜业宜游宜乐文化旅游名镇配套基础设施建设,总投资6 000万元的草原大舞台主体工程已完工。大沙头旅游景区已投入7 800万元完成主题酒店主体工程及门景工程。投入288万元对文化产业园进行整体升级改造,入园经营户达31户,产业园年创收300万元。全旗共建成民族乐器制作等实训基地10个,培育学科带头人35人,先后培养各类职业技术人才4 000多人。全旗社会消费品零售总额达10亿元,同比增长24.9%。

【基础设施建设】 投资9.6亿元,跨省区建成引黄供水工程。220千伏(500千伏降压运行)和110千伏输变电工程建成投运。上海庙至陶利、新上海庙至陕西定边铁路项目前期工作稳步推进。全年公路建设累计投资12亿元,新建通村公路126.3公里。以上海庙镇和敖镇为重点,完成总建筑面积100万平方米。上海庙镇完成投资20亿元,起步建设区11平方公里的市政道路全部建成,给水、中水、雨水、污水及强弱电、供热、供气等10套管网与道路同步施工、一次下地,总建筑面积达60万平方米,新增绿化面积540万平方米。敖镇投资4亿多元实施敖镇市政道路及管网建设、街景改造、拆迁改造、集中供热、排污及垃圾无害化处理工程,新建和改造街路5条,硬化人行道9.5万平方米;实施了6处建成区拆迁改造工程,拆迁土地面积22.3万平方米,拆迁建筑面积5.7万平方米;新开发房地产项目27个,建筑面积达40万平方米。

【就业】 制定46项针对城乡居民创业就业的优惠政策,取消了不利于创业就业的各种限制性规定,降低创业就业门槛。

【教育】 积极推行12年免费教育,免除高中阶段鄂前旗籍学生学费和教科书费,对蒙古语授课幼儿教育阶段学生实行“两免一补”。对蒙古族学生考取专科、普通本科和国家重点本科院校的,每人每年分别补助3 000元、5 000元和7 000元。

【社会保障】 全旗城镇居民最低生活保障标准每人每月提高到400元,农村牧区最低生活保障标准每人每年提高到3 360元。全旗城镇职工基本医疗保险统筹基金最高支付限额提高到22万元,城镇居民基本医疗保险统筹基金最高支付限额提高到8万元。投资4 300万元,建成经济适用房、廉租房3万平方米。

【荣誉】 鄂托克前旗昂素镇计生办主任、副主任医师阿拉塔被国家人口计生委评选为全国人口计生事业新闻人物。

(宋明武)

巴 彦 淖 尔 市

【党政军领导名录】

市 委

书 记:王素毅(蒙古族 6月离任) 那顺孟和(蒙古族 6月任职)

副书记:王波(4月离任) 何永林(4月任职) 王迎希(7月离任) 段志强(7月任职)

常委:李存梓 苏远中(达斡尔族) 王建平 杜隽世(蒙古族) 韦亚力(女) 汤向进(7月离任) 张少甫 岳志君 斯庆(蒙古族) 张明中 王孝国(7月任职)

人 大

主 任:贺永华

副主任:弓占维 王贵平 于文学 张元胜 贾润莲(女) 钱永喜(蒙古族)

政 府

市 长:王 波(4月离任) 何永林(4月任代市长)

副市长:王建平 韦亚力(女) 罗永纲(8月离任) 云治厚(蒙古族) 李文天 蔺富民 李石贵 龚明珠(9月任职) 武银星(9月任职)

政 协

主 席:张向阳

副主席:张占义 吐嘎(蒙古族) 张建国 王辰起 陈和平(蒙古族) 张绥昌 武永刚 郝忠 周玉峰

纪检委

书 记:李存梓

政法委

书 记:苏远中(达斡尔族)

法 院

院 长:王 伟

检察院

检察长:杜江涛

军分区

司令员:侯英慧

政 委:王孝国

【概况】 巴彦淖尔系蒙古语,意为富饶的湖泊。巴彦淖尔市位于内蒙古自治区西部、黄河几字型顶端。北部为乌拉特草原,中部为阴山山地,南部为河套平原。乌拉特草原约占全市面积的47%;阴山山地占全市面积的29%,河套平原占全市总面积24%。

北与蒙古国接壤,有国界线369.057千米。西、南、东分别与阿拉善盟、鄂尔多斯市、包头市为邻。总面积64 413平方千米。地理坐标北纬40°46′,东经107°24′。距呼和浩特383,距北京1 050公里(铁路里程)。辖临河区、杭锦后旗、乌拉特前旗、乌拉特中旗、乌拉特后旗、五原县、磴口县。7个旗县区下辖48个苏木镇。

2010年,全市完成生产总值603.3亿元,三次产业结构为19.7 : 56.3 : 24.0。全年完成地方财政总收入68.9亿元,其中,地方一般预算收入完成38.3亿元,全年地方财政一般预算支出完成123.5亿元,其中,社会保障和就业支出17.66亿元,教育支出16.26亿元,医疗卫生支出7.03亿元,农林水事务支出22.89亿元,住房保障支出5.92亿元。

【农业】 全市农作物总播面积为949.5万亩,其中,粮食播种面积为473.8万亩,经济作物播种面积为454.5万亩。粮食总产量为24.8亿公斤,其中,小麦总产量为7.15亿公斤,玉米总产量为17.25亿公斤。油料总产量为6.5亿公斤,其中,花葵总产量为5.50亿公斤,油葵总产量为0.95亿公斤;西瓜总产量为2.7亿公斤;番茄总产量为19.6亿斤。

【畜牧业】 牧业年度牲畜总头数为901.7万头(只),其中,农区牲畜头数为702.0万头(只),牧区牲畜头数为199.7万头(只)。羊的存栏达824.4万只,牲畜出栏总数为876.8万头(只),年末,奶牛存栏头数达到10.6万头。

【林业】 完成荒山荒沙造林面积74.7万亩。其中,人工造林面积24.7万亩;飞播造林8.0万亩。完成更新造林面积0.4万亩。完成成林抚育面积304.3万亩。完成幼林抚育面积69.4万亩。

【工业】 完成规模以上工业企业主营业务收入674.1

亿元,完成增加值285.8亿元。国有企业增加值增长8.4%;集体企业增加值增长34.2%;股份制企业增加值增长22.2%;外商及港澳台投资企业增加值增长18.2%;其它经济类型企业增加值下降2.5%。

【建筑业】 有四级及四级以上建筑企业53家,从业人员4.1万人,完成建筑总产值53.9亿元,完成建筑施工面积为697.4万平方米,房屋建筑竣工面积为290.9万平方米。

【固定资产投资】 全市完成固定资产投资565.2亿元,第一产业的投资为36.6亿元,第二产业投资为270.5亿元(其中,工业投资269.9亿元),第三产业投资258.1亿元,同比增长29.6%。全年房地产开发投资56.2亿元。

【贸易】 全年社会消费品零售总额完成124.3亿元,外贸进出口总额实现53 270万美元,比上年增长53.5%。其中,进口完成37 297万美元,增长84.7%;出口完成15 973万美元。

【招商引资】 2010年,新开工建设亿元以上项目61项,投资总额447亿元,引进到位资金188亿元,实际利用外资4 630万美元。

【环境保护】 环境保护系统有职工人数418人。环境监测站8个,监测人员119人。累计出动执法人员500余人次,检查各类企业228家,共下达限期整改通知书32件,新增加安装重点污染源在线监控系统企业8家,安装设备10套,全市共有30家企业安装了50套在线监测设备。全市共设立各级自然保护区6处。其中,国家级2处,分别为内蒙古乌拉特梭梭林蒙古野驴国家级自然保护区和哈腾套海国家级自然保护区,总面积为25.54万公顷;自治区级的4个,分别为乌梁素海湿地水禽自然保护区、阿尔其山叉子圆柏自然保护区、乌拉山自然保护区和乌拉特后旗巴音满都呼恐龙化石地质遗迹自然保护区,总面积为13.05万公顷。设立国家级生态示范区1个。

【交通 运输】 完成交通固定资产投资26.4亿元,全年开工建设交通项目289个,新改建公路3 490公里,完成油路里程718公里,完成农村牧区公路3 440公里,完成客运量1 609万人次,客运周转量1 294百万人公里;完成货运量2 464万吨,货运周转量9 724百万吨公里。完成水路客运13万人次(主要指旅游湖泊客运)。

【邮电】 完成邮电业务总量34.5亿元,年末,本地网固定电话用户22.8万户,移动电话用户108.8万部。互联网络注册用户9.7万户,共有邮电局所139所。完成邮政特快专递26.3万件,报刊期发14.1万份,函件351.2万件,包件4.4万件。

【旅游】 2010年,有旅游企业78家,其中,旅游景区点50处,国内旅行社19家,星级饭店10家。全年接待旅游人数114.7万人次,旅游业总收入13.4亿元。

【金融】 金融机构各项人民币存款余额459.3亿元,其中,城乡居民储蓄存款余额263.6亿元;金融机构各项人民币贷款余额346.4亿元,其中,短期贷款余额197.5亿元,中长期贷款完成147.0亿元。

【保险】 保险业保费收入7.7亿元,其中,财产险收入3.0亿元,人寿险收入4.7亿元;赔款支出1.5亿元,其中,财产险支出1.2亿元,人寿险支出0.2亿元。

【科技】 获得批准自治区企业技术中心2家,共获得批准自治区企业技术中心11家。批准建立市级企业技术中心10家,建成国家级高新技术企业3家、国家科技创新培育型试点企业3家,自治区十大科技名牌企业2家,取得国家重点认定新产品13个,国家驰名商标3个,自治区名牌产品13个,自治区著名商标12个,自治区科技名牌产品4种。荣获自治区科技进步奖三项,其中,一等奖一项,三等奖两项。鉴定科技成果17项,推荐2010年自治区科技进步奖6项。共获得专利849项。

【教育】 有普通高等学校1所,在校学生0.7万人,普通中等专业学校6所,在校学生0.7万人;普通中学60所,在校学生9.0万人;小学119所,在校学生9.4万人。小学毕业生升学率达到98.8%;初中毕业生升学率达到92.6%。

【文化】 举办2010中国·河套文化艺术节等13项文体活动;启动阴山岩画申报世界文化遗产工作,共整理阴山岩画资料照片11 000余张,制作线描图20 000余幅,拓片1 000余幅,文字资料50万字。组织参加全区第五届乌兰牧骑艺术节,乌拉特前旗乌兰牧骑歌舞剧《牟纳之声》夺得团体演出金奖、优秀组织奖和7个单项奖,乌拉特前旗乌兰牧骑被评为全区服务基础、服务群众先进乌兰牧骑;乌拉特后旗和磴口县乌兰牧骑分别获得1个一等奖、1个二等奖。组织参加水利部、中央精神文明建设指导委员会举办的全国水歌曲大奖赛,8人次获奖。投入上级和政府资金4 200多万元,建成34个综合文化站、6个社区文化中心、31个文化室、756个全国文化信息资源共享工程和远程教育服务站、276个草原书屋,新建了4个农牧民老年门球场。演出活动日益活跃。全市先后举办巴彦淖尔新年音乐会、巴彦淖尔春晚、《春满河套》2010'慰问农牧民二人台专场文艺晚会等大型演出活动20多场。全市各专业团体深入到农牧区、部队、社区、企业、机关进行慰问演出,全年共演出906场,其中,下乡演出426场,城镇演出480场,观众达110余万人次。年末,拥有广播电台1座,广播电视台6座,调频转播发射台11座,广播综合人口覆盖率95.0%;电视台1座,电视转播发射台14座,电视综合人口覆盖率95.1%;县级广播电视台6座;《巴彦淖尔日报》全年发行378.0万份。《巴彦淖尔晚报》10月15日更明《黄河晚报》,全年发行436.5万份。

【卫生】 有卫生机构1 492个,其中,医院(含门诊)、卫生院141个;社区卫生服务中心53个,诊所、卫生所、医务室444个;村卫生室826个;疾病预防控制中心(防疫站)8个;妇幼保健院(所、站)8个;卫生监督所8个;中心血站1个;专科疾病防治院1个;其它卫生机构2个。

新农合地域覆盖率达100%,参合农牧民94.6万人,占常住农牧业人口的98.2%。截至12月底,共为33.1万人次参合农牧民报销门诊医药费用385.7万元;为9.2万人次大病统筹住院参合农牧民报销医药费用1.3亿元;为0.3万名住院正常分娩产妇补助162.5万元;为0.4万名慢性病患者门诊补助244.7万元。

【体育】 举办中小学田径运动会、市直机关第三届运动会、"人大杯"全市第六届乒乓球赛、全市冬季越野赛等120多项地区性群众体育比赛,参加运动员达2万多人次,观众达20多万人次。乌拉特前旗承办全国青少年中国式摔跤锦标赛,巴彦淖尔市选手唐丽、塔尼尔分获女子44公斤级、男子90公斤级冠军。磴口县"车舞狂沙"俱乐部参加中国银川第九届国际汽摩旅游节,纳日苏获国产组、进口组双料冠军。乌拉特前旗在全区社会体育指导员健身技能展示比赛中,获最佳表演奖。在自治区围棋定段赛中,乌拉特前旗有3人晋级三段,8人晋级一段。100%的中小学实施《学生体制锻炼标准》,学生体育健康率达100%。

【人民生活】 城镇居民人均可支配收入达14 421元,人均消费支出达10 399.9元。农牧民人均纯收入为8 240元,农牧民人均生活消费总支出为6 325元。

【社会保障】 城镇企业职工基本养老保险各类人员达24.8万人。其中,参保缴费人员18.7万人(含合同制工人1.3万人)、离退休人员6.1万人;参加城镇基本医疗保险的各类人员达61.5万人,其中,参加职工医疗保险人员21.0万人,居民医疗保险人员40.5万人。工伤保险的各类企事业单位职工10.4万人(其中,农民工参保2.7万人),参加生育保险的企业职工12.1万人。2010年初,全面启动实施新型农村社会养老保险试点工作。至12月底,已参保农民14.0万人,其中,16周岁至59周岁居民11.3万人,60周岁以上居民2.7万人,综合参保率达80.2%,征缴养老保险费4 408.4万元。城乡低保对象保障标准分别提高到286元和143.5元,累计发放低保金7.2亿元。

有21所敬老院,拥有床位1 045张,入住五保老人744人。共发放五保供养资金1 025万元,五保对象集中供养标准年人均3 058元,分散供养标准年人均2 005元,五保对象集中供养率35%。全市共为5.3万名城镇低保对象发放低保金1.66亿元,为7.0万名农牧区低保对象发放低保资金9 122.6万元,全年共发行福利彩票1.29亿元,筹集公益金1 050万元。

(詹耀中 秦志荣)

临 河 区

【领导名录】

区委书记:杜隽世
人大主任:于建光
区　　长:薛维林
政协主席:张广明
武装部长:孙国昌
政　　委:赵文利

【概况】 临河区位于内蒙古自治区西部河套平原腹部。隶属巴彦淖尔市 ,为市府所在地。区境南临黄河,与鄂尔多斯市隔河相望,北以乌加河为界,与乌拉特中旗相邻,东接五原县,西与杭锦后旗毗连。总面积2 354平方公里。距呼和浩特市383公里,距北京1 050公里(铁路里程)。临河区交通条件十分便利,连接大西北的两大动脉京兰铁路和110公路国道横穿市区,区乡村柏油公路成网,在西北地区公路建设名列前茅。

2010年全区实现地区产总值178.9亿元,增长15.9%。其中,第一产业增加值31.2亿元,增长6.6%;第二产业增加值89.7亿元,增长22.5%;第三产业增加值58.0亿元,增长11.4%。产业结构由上年的16 : 49 : 35调整为17 : 50 : 33,第二产业份额首次过半。

地方财政收入完成16.1亿元,增长25.4%。其中,一般预算收入完成9.0亿元,增长23.0%。完成税收7.9亿元,增长28.5%,占全区全部财政收入的49.1%,其中,增值税、营业税、企业所得税、个人所得税四大主体税种共完成收入4.7亿元,增长86.9%,对全区财政贡献率达到2.9%。重点行业保障能力加强,一般公共服务、教育、社会保障和就业、医疗支出分别增长30.9%、21%、63.4%、26.1%。

全年居民消费价格指数为102.9%,上涨2.9%。八大类商品和服务价格"四涨四落",其中,食品类价格上涨10.9%;烟酒及用品类价格上涨0.8%;医疗保健和个人用品类价格上涨0.1%;居住类价格上涨2.5%;衣着类价格下降2%;家庭设备用品及维修服务类价格下降1.8%;交通和通讯类价格下降0.8%;娱乐教育文化用品及服务类价格下降1.3%。

年末,全部从业人员29.8万人,增长2.1%全区城镇新增就业3 666人。城镇失业人员再就业2 008人,其中,就业困难人员就业507人。城镇登记失业率为4.0%。农村劳动力转移就业4.1万人。城镇再就业培训2 580人。农村劳动力技能培训3 106人。创业培训927人。创建充分就业社区4个。创建示范镇2个、示范村6个。

招商引资全年实际到位资金47.9亿元,增长47.7%。其中,引进国内(自治区外)资金35.3亿元,增长48.8%;引进自治区内(市外)资金12.6亿元,增长44.8%。实施招商引资项目28个。其中,在谈项目10个,新续建项目18个。

【农林牧业】 全年农业总产值实现53亿元,增长21.0%。全年农作物播种面积209.5万亩,与上年持平。其中,粮食作物播种面积102.1万亩,下降8.1%;全年粮食总产量57.6万吨,下降0.8%。平均亩产564公斤,增长7.8%。油料产量16.5万吨,增长6.4%。全年出栏肉猪17.4万头;出栏肉羊276.5万只。全年完成植树造林3.18万亩;年末,实有封山(沙)育林面积1万亩;全年木材产量0.8万立方米。

年末,全区农业机械总动力为71.0万千瓦,增长10.2%。全区全年机耕面积达147.8万亩;机械播种面积139万亩,占农作物总播种面积的66.3%;机械收获面积66.7万亩,占农作物总播种面积的31.8%。节水工程建设完成砼板预制2 053平方米,衬砌斗农渠11条,长14.6公里,配套各类建筑物237座。排水清淤共清淤沟28条,清淤长度287.2公里,土方125.5万方。全区灌溉共用水量10.5亿方,同比少引0.8亿方,完成灌溉面积680万亩次,新增节水面积7.8万亩,新增设施农业面积6 000亩,全区设施农业累计达1.7万亩。完成中低产田改造9万亩。农村用电量持续加大。全年用电量达9 126万千瓦/时,增长1.5%。

【工业】 年末,全部工业实现增加值74.7亿元,增长23.3%。其中,规模以上工业企业实现增加值67亿元,增长26.0%。在规模以上工业企业中,股份制工业企业实现增加值49.3亿元,增长26.2%;大中型工业企业实现增加值22.6亿元,增长15.7%;轻、重工业增加值分别为51.5亿元和15.5亿元,增长27.0%和20.3%。

规模以上工业企业经济效益综合指数为347.5;实现利润5.6亿元,增长32.8%;实现税金3.5亿元,增长18.6%。规模以上工业产品销售率为93.0%。

【建筑业】 全区37家资质以上总承包和专业承包建筑企业共完成建筑业总产值49.7亿元,基本与上年持平。总承包和专业承包建筑业企业房屋建筑施工面积567万平方米,增长82.9%,其中,新开工面积351万平方米。

【固定资产投资】 实现全社会固定资产投资125.5亿元,增长13.0%。其中,城市建设投资完成85亿元,增长29.2%,房地产开发投资完成35.5亿元,下降4.8%。全年房地产施工面积394.1万平米,增长4.2%;房屋销售面积108.1万平方米,下降20%;工业固定资产投资完成30.4亿元,占全社会固定资产投资总额的24.2%;商贸交通完成投资8亿元,占投资总额的6.4%;农村固定资产投资完成2.1亿元。

【贸易】 全区实现社会消费品零售总额56.2亿元,增长19.6%。其中,城市实现零售额48.8亿元,增长19.9%;农村实现零售额7.4亿元,增长17.8%。从行业分组看,批发业实现零售额10.5亿元,增长25%;零售业实现零售额37.5亿元,增长18.6%;住宿餐饮业实现零售额8.2亿元,增长17.4%。

【旅游】 全区接待和出行游客达65万人次。全年实现旅游收入1.5亿元。全区拥有旅行社16家,星级宾馆饭店2家,AA级景区1家,全国工农业旅游示范景区1家。

【交通】 全年公路建设项目148公里,其中,,临河黄河大桥及引线工程全长17.2公里,通乡公路90.1公里,通村油路23.0公里,续建工程18公里。目前,临河境内公路通车总里程达3 444公里。其中,高速公路70公里,国省道134公里,县道262公里,乡道675公里,村道2 373公里。

【运输】 全年各种运输方式完成货物运输总量1 382.7万吨,增长9.3%。其中,完成公路货运量1

284.3万吨,增长9.3%;铁路货运量98.4万吨,增长8.7%。各种运输方式完成旅客运输总量1 339万人,增长9.1%。其中,完成铁路客运124万人,增长10.7%;公路客运1 215万人,增长9.0%。年末,全区共有公共汽车线路9条,拥有公交车111辆,营运里程达839.5万公里。拥有客运出租运营车936辆。

【邮电】 全年完成邮电业务总量12.7亿元,增长12.0%。年末,拥有固定电话用户11.6万户,增长31.8%;移动电话用户53.8万户,增长14.0%;互联网宽带用户达5.5万户,增长77.4%。

【金融】 年末,全区金融机构各项存款余额达259.7亿元,增长20.6%。其中,城乡居民储蓄存款余额达131.3亿元,增长14.7%。企业存款余额达92.2亿元,增长43.8%。各项贷款余额达195.7亿元,增长25.1%。其中,个人贷款余额达53.9亿元;单位贷款余额达138.4亿元;贸易融资1.7亿元。

【保险业】 全区各类保险费收入2.3亿元,下降0.4%。其中,财产险收入8 876万元,增长29.6%。各类赔款支出6 490万元,下降21.8%。其中,财产险给付赔款3 275万元,下降15.2%。

【科技】 全年共获得授权专利68项。其中,发明专利14项,实用新型专利42项,外观设计专利12项。全区自治区级民营科技企业达到13家,占全市62.0%。在第四届巴彦淖尔市“民营企业节”上,临河区5家民营企业受到市委、政府表彰奖励,被评为“优秀民营科技企业”;巴彦淖尔市富田公司被认定为国家高级新技术企业;精益建筑有限公司被认定巴彦淖尔市建筑行业首家自治区级民营科技企业。有4家企业的4项科技成果分别获年度自治区科技进步三等奖和第四届中国技术市场协会金桥奖。建设了3个农业科技示范园区和7个特色农业示范区,示范区面积达1万多亩,试验示范新技术46项,引进推广各类农作物新品种117个,新品种推广应用率达到95.0%以上。

全区拥有产品质量检验机构12家;法定计量技术机构2家;地震观测台站2个。

【教育】 全区拥有各级各类学校61所,在校学生9.3万人。年末,全区拥有普通高等学校1所,在校学生7 433人,专任教师508人;中等职业学校10所,在校生1.4万人,专任教师618人;普通中学18所,在校生3.4万人,专任教师2 616人;小学31所,在校学生3.3万人,专任教师2 772人。全区拥有幼儿园34所,在园幼儿13 151人,教师511人。全区拥有特殊教育学校1所,在校学生17人,专任教师2人。

【文化】 年末,全区拥有表演团体和协会19个,影剧院1个,文化艺术馆3个,档案馆2个,图书馆2个,报社1家,博物馆3个。全区拥有广播电台1座,调频转播发射台1座,广播综合人口覆盖率为97.8%;电视台1座,电视转播发射台1座,电视综合人口覆盖率为97.3%。年末,全区有线电视用户达11.3万户。全年出版报纸855万份。馆藏图书资料24万册。

【卫生】 全区拥有卫生机构68个,其中,医院16个,卫生院19个,社区卫生服务中心(站)26所,妇幼保健院(所、站)2个,专科疾病防治所1个,疾病预防控制中心2所,其它卫生机构2所。年末,拥有标准床位3 474张,其中,医院2 570张;拥有卫生技术人员3 510人,其中,执业医师1 198人,药师224人,检验师151人。

【人民生活】 城镇居民人均可支配收入15 386元,增长15.0%。其中,工资性收入11 016元,增长15.6%;家庭经营净收入1 630元,增长13.9%;转移性收入2 560元,增长12.0%。财产性收入180元,增长27.6%。城镇居民恩格尔系数为31.3%,上升了1.1个百分点。城镇职工年平均工资达30 418元,增长17.7%。农村居民人均纯收入8 577元,增长13.3%。其中,工资性收入1 449.6元,增长17.1%;家庭经营纯收入6 624.6元,增长13.4%;非农业纯收入668.3元,增长16.7%;转移性收入394.8元,增长3.2%。农村居民恩格尔系数为34.0%,上涨3.5个百分点。

【社会保障】 年末,全区参加城镇职工基本养老保险4.5万人;参加新型农村养老保险14.5万人;城镇职工参加基本医疗保险2.8万人,城镇居民参加医疗保险16万人,其中,未成年人参加医疗保险9.3万人;参加工伤保险职工达2.1万人;参加生育保险职工达2.3万人;失业保险参保人数1.6万人;农村合作医疗保险参保人数达23.8万人。全年合作医疗累计报销医疗费3 370.5万元。

【社会福利】 城镇低保户6 916户、13 989人,约占城镇人口的4.6%,全年累计发放城镇低保金4 420万元,月人均补助245.3元;农村低保户共有9 382户、12 143人,约占农村人口的5.3%,全年累计发放农村低保金1 649.6万元,月人均补助103.3元。临河区共有五保供养对象1243人,其中,集中供养221人,分散供养1 022人,集中供养率达到18.0%。全年发放五保供养资金276万元。2010年临河区首次发放孤儿供养专项资金85万元,供养孤儿79人。建设经济适用住房16.4万平方米,解决了1 830户中低收入家庭住房问题。发放廉租房租金补贴1 019万元,3 233户、7 470人城镇低保家庭受益。

全年累计发放城市医疗救助资金228.2万元,农村医疗救助资金211.2万元。发放救灾款项407万元。为183名城乡低保户及低保边缘户家庭大学生发放救助资金30万元。全年发放临时救助资金80多万元,对2 000多名城乡困难群众给予了及时救助。优抚、双拥工作取得新突破。全年发放各类优抚对象定期抚恤补助资金641万元;发放义务兵优待金164.5万元;发放退役士兵自谋职业补助金362.5万元;发放待安置生活补助资金4.1万元。

【资源环境】 2010年,全区两项主要减排指标二氧化硫消减880.6吨,化学耗氧量消减1 674.8吨。临河地区各类医疗垃圾全部实现了无害化处置,拆除垃圾焚烧炉12台。十吨以上锅炉全部配套除尘脱硫设施。年平均气温为8.2℃,日照时数为3 228.8小时,临河城区空气优良天数达到350天,优良天数占总天数95.9%。主要污染物二氧化氮、二氧化硫、可吸入颗粒物年均值同比继续下降,市区空气质量在自治区继续位居前列。城区水源地和农村水源地都实现了规范化管理,饮用水源水质达标率100%。城市污水处理量1 825万立方米;生活垃圾清运量12.3万吨。建成区园林绿地面积877公顷,增长19.2%;公园绿地面积227公顷,增长13.5%。城市绿地率、绿化覆盖率分别达19.3%和24.3%,人均公园绿地面积达到6.1平方米。

(张学军)

乌拉特前旗

【领导名录】

旗委书记:张喜民(蒙古族)

人大主任:贾文广(3月任职)

旗　　长:王学君

政协主席:额尔克(蒙古族)

武装部长:刘永强

政　　委:高怀春

【概况】 乌拉特前旗位于内蒙古西部,巴彦淖尔市东南部,河套平原东端。东与包头市接壤,西与五原县毗邻,南以黄河为界与鄂尔多斯市达拉特旗和杭锦旗相望,北与乌拉特中旗相连。东西长142公里,南北宽85.5公里,总面积7 476平方公里,旗政府所在地乌拉山镇距呼和浩特市288公里,距巴彦淖尔市临河区142公里。旗境西部是广阔富饶的河套平原;中部是美丽的塞外明珠——乌梁素海;东部横亘巴音查干山,查石太山和乌拉山。全旗按地貌分为黄灌、山旱、山牧三大区,黄河从旗境流过,过境长160公里。全旗共辖8个镇1个苏木,总人口34万人。

2010年,完成地区生产总值96.52亿元,同比增长9.9%,较"十五"末翻了一番;财政收入完成11.86亿元,增长15%,较"十五"末翻两番;固定资产投资完成70.54亿元,下降17.3%;城乡居民人均收入分别达14 126元和7 924元,均增长8.0%,较"十五"末增长一倍。

【新农村建设】 年内新建规模化养殖小区8处,农业科技园区10处,流转土地28.5万亩,全旗专业合作组织达92家。优势特色产业规模不断扩大,葵花、枸杞、番茄等五大产业依然是农牧民增收的"推动器"。投资2.15亿元,实施农田节水改造、水库除险加固、水土保持治理等重点项目,特别是启动实施黄河全线二级堤防建设工程,水务防汛部门被评为"全国防汛抗旱先进集体"。筹资8 980万元高质量完成10万亩中低产田改造任务,新建沼气池2220座,筹资6 860万元,实施造林绿化29.7万亩,高标准完成了高速公路出口和乌梁素海旅游公路绿化和补植工程,成为自治区党委、政府推荐的国家级优质工程并授予"全区造林绿化先进旗县";筹资3.34亿元,建设通乡通村油路192.8公里,砂石路186.5公里,年内被评为"全区农村公路建设一等奖"。

【工业】 全年引进资金39.5亿元,实施29项千万元以上工业项目,规模工业增加值完成38亿元,增长15%,工业项目实现数质双提。狠抓项目建设,乌化20万吨多孔硝铵、新天地1.2万吨番茄酱、兴凯湖机械农机具加工等5个项目建成投产;争取节能技改资金1 350万元,单位GDP能耗和主要污染物排放实现双降,环保部门被评为"全国污染源普查工作先进集体"。

【城镇建设】 全年城镇投资16.8亿元,房地产开发面积达135万平米。重点实施东风大街西出口、林海路、林场路等16条13公里道路建设,配套实施各类管网工程;启动乌拉特前旗城建史上规模最大的棚户区改造工程,继续实施卧羊台生态公园、滨河带状公园和康乐游园工程,筹资1.5亿元高标准打造集景观、休闲、娱乐、旅游等多种功能为一体的林海公园扩建工程,筹资1 073万元实施城镇供热管网改造,开工建设廉租房1万平米,220套,发放租赁补贴183万元,解决了644户低收入家庭的住房问题。

【生态保护】 5月,在乌前旗乌梁素海湿地区域内发现大约140只左右遗鸥,这是有史以来出现的数量最大的一次遗鸥集群。

【教育】 撤并8所小学和3所学校的初中部,筹资1.67亿元推进校舍安全工程,中考、高考上线人数再创历史新高,教育部门被评为"全区未成年人思想道德建设工作先进单位。"5月,旗第一中学被自治区命名为自治区示范性普通高级中学。9月1日,由中国目前最大的糖果公司——箭牌糖果(中国)有限公司捐资30万元建成的"箭牌希望小学"(原长胜中心校)落成典礼仪式隆重举行。9月13日,全国职教协会中等职业教育委员会第十九届年会在前乌拉特旗开幕。

【卫生】 投资8 000万元的旗医院综合大楼正式投入使用,并成为北京大学第三医院对口支援医院;筹资200万元建设公庙子卫生院和20所村卫生室。新农合医疗体系不断完善,参合率达98.07%。4月,乌拉特前旗人民医院被中国医院协会授予"全国百姓放心示范医院"。

【文化】 新建2个苏木镇健身广场和29个"草原书屋",文体部门被评为"全区群众体育先进集体"。乌拉特民歌成功入选国家第三批非物质文化遗产名录;8月16日至18日,内蒙古绿野广播联盟第三届年会在前旗召开。内蒙古人民广播电台、全区部分盟市旗县的15个联盟广播电台负责人参加。8月,在全区第五届乌兰牧骑艺术节上,旗乌兰牧骑获得金奖。

【体育】 7月15日,自治区首次举行的国家A级赛事——第四届"享通杯"全国青少年中国式摔跤锦标赛在前旗五中隆重开幕。

【再就业】 城镇登记失业率控制在4%以内,年内发放救助资金3 377万元。10月,前旗首次人才储备工作,经过严格的资格审查、笔试、面议,34个专业的46名优秀高校毕业生顺利进入储备库,并全部上岗工作。

(王雁 史卫 刘芳)

乌拉特中旗

【领导名录】

旗委书记:邱进宝
人大主任:刘 杰
旗 长:边保权(蒙古族)
政协主席:保 安(蒙古族)
武装部长:刘志刚
政 委:杨 宇(5月离任) 闻夕刚(5月任职)

【概况】 乌拉特中旗位于内蒙古自治区西部,地处东经107°16′~109°42′,北纬41°07′~42°28′。北与蒙古国交界,有国界线184公里,东与包头市达尔罕茂明安联合旗、固阳县为邻,南与乌拉特前旗、五原县、临河区、杭锦后旗相依,西连乌拉特后旗。拥有国家一类陆路口岸—甘其毛都口岸及承接蒙古国矿产资源加工利用的口岸加工园区。全旗总面积22 868.1平方公里,其中,可耕地面积891.9平方公里,草场面积21 039.2平方公里,其它面积937平方公里。全旗辖苏木镇8个、种畜场1个,有村民委员会84个,旗人民政府驻地海流图镇。

2010年,全旗生产总值67.4亿元,同比增长33.3%。其中,第一产业增加值11.8亿元,同比增长20.8%;第二产业增加值48.9亿元,同比增长40.9%;第三产业增加值6.7亿元,同比增长10.2%。三次产业比例由上年的19.3 : 68.7 : 12演进为17.5 : 72.5 : 10.0。财政总收入7.3亿元,同比增长21.7%。财政支出13亿元,比上年增长12.96%。

【农业】 全旗农作物播种面积114.39万亩,粮经饲比例26.7:44.8:28.5。粮食总产量达到47 627万斤,农业总产值达到117 039.3万元,增长33.6%。继续扩大良种补贴和农业保险参保面积。全旗玉米和小麦种植实现良种补贴全覆盖,享受良种补贴共50.09万亩,农业保险参保面积81万亩,增长17%。大力发展设施农业,建成日光温室大棚420亩、弓棚200亩。形成巴宏塔、柏木井2处相对连片的设施农业示范点。农业综合开发项目5万亩中低产田改造和产业化经营项目全面实施。土地流转得到规范,流转耕地9.1万亩。建成科技示范园区4个。新建沼气用户1 215户。注册成立各类专业组织100个。

【畜牧业】 牲畜饲养总量128.69万头(只),出栏74.15万头(只)。全年肉类总产量13 177吨,其中,羊肉10 080吨;奶类5 299吨;毛绒类1 513吨(羊绒226吨)。牧业总产值53 401.5万元,增长5.4%。成功申请注册"乌拉特羊肉"地理标志产地证明商标。草原围栏禁牧880万亩,围栏休牧160万亩。流转草场1 353处,面积539万亩,占牧区承包到户草场面积的19.8%。游牧民定居工程年内开始建设,总投资4 285万元,建设规模400户。建成德岭山镇苏独仑嘎查北繁南育基地,总投资953万元,100户北繁南育示范户全部入住。计划投资5 412.2万元建设7个肉羊养殖育肥园区,年内已建成4个。

【工业】 全部工业总产值完成111.15亿元,同比增长59.57%,实现全部工业增加值41.65亿元,同比增长56.29%。规模以上工业企业40家,比上年增加3家,实现增加值39.34亿元,增长54.74%。规模以上工业企业实现销售收入100.93亿元,增长62.8%;实现利润总额11.2亿元,工业企业综合效益指数351.23%,较上年提升22.85个百分点。在工业生产快速发展的带动下,多数工业产品产量均有了不同程度增长。年内洗煤产业已具备1 600万吨产能规模。7个风电项目全部开工建设,新装机10万千瓦,累计装机95万千瓦,发电33.4亿度。神东2×66万千瓦和大唐2×60万千瓦热电联产项目正在开展前期工作。风光新能源产业园基础设施基本完善,中科宇能风叶制造项目建成投产,天力塔筒、济变箱变、华锐主机制造项目全面开工建设。矿山及冶金工业完成12万吨原油、5吨黄金、100万吨铅锌、130万吨铁精粉产能。年产1 000吨多晶硅项目落户加工园区。

【固定资产投资】 全旗固定资产投资总额86.03亿元,同比下降36.3%。按行业投资,农林牧渔业投资1.22亿元,增长23.2%;电力、燃气及水的生产和供应业投资44.68亿元,下降54.3%;批发和零售业投资2.56亿元,增长37.8%;水利、环境和公共设施7.69亿元,下降27.1%。按三次产业投资,第一产业投资1.22亿元,增长23.2%;第二产业投资52.03亿元,下降51.9%;第三产业投资32.78亿元,增长27.2%。

【水利】 总投资9 365万元的乌不浪水库续建工程,年内完成土石方70万立方米,混凝土1.09万立方米,完成投资5 500万元。开工建设总投资2 526万元的城圐圙、黑水壕两座水库除险加固工程,城圐圙水库进行大坝填筑和洪道浇筑,黑水壕水库已完工。总投资666.44万元的乌加河罕乌拉、德岭山大后两处集中供水和风蚀冰臼地质公园供水工程项目全部完工。全年新增节水灌溉面积8.42万亩,新增水保治理面积4.11万亩,生态保护面积39.5万亩。解决安全饮水困难人数0.8万人。

【林业】 林业生产总产值9 701.6万元,增长5.5%。实施重点工程项目12万亩,其中,封山育林工程5.5万亩;荒山荒地造林3.5万亩;"三北"四期防护林工程3万亩。完成通道绿化30公里,489亩,栽植各类苗木5.5万株。集镇绿化2个,100亩,栽植各类花灌乔木2.1万株(丛)。村庄绿化完成8个,335亩,栽植各类花灌乔木3.8万株(丛)。人工造林3 000亩。城郊绿化873亩。农田防护林建设1 736亩,栽植各类苗木17.6万株。义务植树30万株。完成2008年、2009年度荒山荒地补植4.3万亩,完成2008年、2009年度退耕还林成果巩固补植补造10.97万亩。争取到国家级重点公益林补偿项目130.59万亩,涉及5 614户、16 079人。在乌加河镇和德岭山镇集中开展林权制度改革工作,林改面积334.6万亩,涉及20 485户、91 739人。

【城镇建设】 全年完成投资128 000万元。完成道路新建改建4.8公里、8.8万平方米,安装路灯222基,人行道硬化16.2万平方米。完成哈萨尔广场、新区综合服务中心大楼前广场、丽景新苑广场续建工程及绿化工程。新建占地3.7万平方米的云英广场。完成新区防洪应急工程。投资5 018万元,建成日处理生活污水1万吨污水处理厂1座。投资1 100万元的日处理60吨垃圾厂,土方工程和大坝已完工。完成海流图镇集中供热二期工程,海流图镇集中供热面积达到120万平方米。新区综合服务中心大楼建成投入使用。年内开工建设公建项目7.4万平方米、新开工房地产项目35万平方米。投资4 034万元,完成廉租住房建设项目3.3万平方米、721套。

【国内贸易】 2010年社会消费品零售总额78 713万元,增长18%,其中,城镇市场实现零售额58 307万元,增长18.3%,占全社会消费品零售总额74%;农牧区市场实现零售额20 406万元,增长17.2%,占全部零售额的26%。全年批发零售贸易额67 813万元,增长18.2%,其中,住宿餐饮业零售额10 900万元,增长16.5%。居民消费价格总指数为102.7%,上升2.7个百分点,商品零售价格总指数为101.7%,上升1.7个百分点,农业生产资料价格总指数为98.9%,下降1.1个百分点。

【对外贸易】 2010年,累计完成货物吞吐量836.18万吨,完成进口货物816.06万吨、进口额416 416.26万元;出口货物20.12万吨、出口额144 894.76万元。累计出入境人员313 007人次,其中,出境人员157 146人次,同比增长105.2%,入境人员155 861人次,同比增长103.5%。出入境机动车辆215 588辆次,其中,出境107 380辆次,同比增长129.7%,入境,108 208辆次,同比增长135.9%。原煤进口量816.02万吨,同比增长197%。立足境外战略资源的引进,口岸及加工园区基础设施建设力度不断加大。口岸报关报检中心、综合楼、通道扩建等一批基础工程相继完工;甘泉、西甘铁路建设全面开工,中蒙跨境铁路、重载公路等项目前期工作正在进行。成立煤炭协会,规范了过煤秩序。加工园区被列入自治区区域发展战略规划重点推动工业园区。

【服务业】 现代物流业初具雏形,建成际誉、毅腾等物流园区3处,仓储能力2 000万吨。哈萨尔财富广场建成投用,农贸市场、角力格太珠宝城和镇南物流园区全面开工建设。口岸互市贸易区、B型保税物流中心、停车场及汽配修理物流园区开工建设,华泰海关监管场所成为全区首个投入运营的海关共用型保税仓库。工商银行恢复设立,蒙银村镇银行、小额贷款公司、包商银行等多家金融机构入驻。风蚀冰臼地质公园开工建设,已完成一期绿化工程。全旗金融机构各项存款余额282414万元,较上年增长30.45%;各项贷款余额149 337万元,较上年增长8.26%。

【教育】 全旗共有普通中学6所,在校学生3 430人,教职工477人,其中,专任教师398人。共有小学2所,在校学生6 100人,教职工641人,其中,专任教师559人。学龄儿童入学率保持100%。筹资54.05万元,资助贫困学生734名;为992名贫困大学生发放助学贷款558.12万元。完成中小学校舍安全工程续建面积5 209平方米,新建面积36 370平方米,加固面积21 435平方米。农牧区学生回家免费乘车。

【文化】 投资8 514万元,实施了旗文体活动中心、苏木镇综合文化站、秦长城修缮等文体建设工程。建成无线数字频道中继站7个、无线广播工程3处。完成全国第三次文物普查田野调查工作。

【卫生】 全旗拥有各类卫生机构46所,其中,医院3所,拥有床位数207张、卫生技术人员257人;卫生院13所,拥有床位数110张、卫生技术人员105人;诊所27所,社区卫生服务中心(站)3所。投资3 000万元的旗人民医院新楼已完成主体工程。投资110万元,完成石哈河中心卫生院改扩建工程。年内,住院8 109人次,补偿金额1 342.93万元;门诊接诊11 216人次,补偿金额11.02万元;慢性病补助1 222人次,补偿金额54.2万元;大病补充医疗保险补助179人次,补助金额70.3万元。

【人民生活】 城镇居民人均可支配收入14 830元,同比增长11.5%。全年在岗职工年平均工资为32 305元,比上年增长18.64%。农牧民人均纯收入7 114元,同比增长13.4%,其中,农民人均纯收入7 173元,增长12.3%;牧民人均纯收入6 918元,增长17.2%。城镇居民人均消费水平达到10 882元,同比增长23.3%;农牧民人均消费支出4 634元,同比增长9.8%。

【劳动社会保障】 全旗新增城镇就业人员1 006人,其中,下岗职工再就业335人,就业困难人员再就业134人,发放小额担保贷款1 650万元,城镇登记失业率4%。农牧区富余劳动力转移就业15 309人。工伤保险基金等五大保险参保人数累计达到11.5万人(次)。城镇职工基本养老保险参保12 503人,征缴养老保险费5 312万元。完成2010年前纳入社会化发放的5 086名企业退休人员基本养老金上调工作,人均增加152元。牧民养老保险参保人数12 864人。城镇低保人数5 500人,农牧区低保人数9 878人。参加新型农村牧区合作医疗农牧民有87 039人,参合率99.5%。

(乌仁高娃 敖登高娃)

乌拉特后旗

【领导名录】

旗委书记:苏和巴图(蒙古族 10月离任) 杜占贵(蒙古族 10月任职)

人大主任:图布吉(蒙古族)

旗　　长:杜占贵(蒙古族)

政协主席:徐建军

武装部长:杨　平

政　　委:岩　松(蒙古族)

【概况】 乌拉特后旗位于内蒙古自治区西北部,地理座标为东经105°8′20″~107°38′20″,北纬40°41′30″~42°21′40″之间。属巴彦淖尔市管辖,是内蒙古自治区18个少数民族边境旗县之一。东与乌拉特中旗交界,西与阿拉善左旗毗邻,南与杭锦后旗、磴口县相连,北与蒙古国接壤,面积2.5万平方公里,边境线长195.25公里,是巴彦淖尔国土面积最大的旗。是一个以蒙古族为主体,汉族居多的少数民族边境旗。

2010年,全旗总面积2 450 266.67公顷,其中草牧场2 354 600公顷,占总面积的96.2%;耕地8 557亩,人工林0.07公顷,占总面积的0.06%;城镇、工矿、交通用地4 733.33公顷,占总面积的0.19%;水域只有2 200公顷,占总面积的0.1%,其它用地面积0.5%。乌拉特后旗以阴山为分水岭,划为两个水系,山脉南侧为黄河水系,北侧为内陆河水系。属黄河水系的乌拉特后旗流域面积2 298平方公里,大小山沟

92条,全旗平均年总径流量6 442立方米,山前黄河流域1 148.8万立方米,山后内陆河流域5 293.2万立方米。

2010年,乌拉特后旗行政区划现状辖3个镇、2个苏木、51个嘎查村、19个居民委员会。2010年,全旗共有少数民族5个,共有17 037人。其中蒙古族占全旗人口的27%,少数民族分布在5个苏木镇,51个嘎查村。2010年末,乌拉特后旗总人口6.49万人,其中男性3.34万人、女性3.15万人,城镇人口3.37万人、嘎查村人口3.12万人。2010年,人口分布状况为,巴音宝力格镇3.42万人,呼和温都尔镇1.21万人,潮格温都尔镇1.27万人,巴音前达门苏木0.29万人,获各琦苏木0.28万人。

2010年全旗生产总值实现61.1亿元,人均生产总值10万元,人均财政收入达到2.3万元,居全区第5位;固定资产投资累计完成249亿元,城镇居民人均可支配收入达到14 941元,农牧民人均纯收入达到5 840元。三次产业结构演进为3.5 : 84.3 : 12.2。连续四年跨入中国西部县域经济基本竞争力百强旗县,连续两年跨入中国新能源产业百强旗县,2010年首次被评为中国西部最具投资潜力百强旗县,列第50位。

【农牧业经济】 退牧转移扎实推进,集中转移获各琦苏木满都拉嘎查、钼矿和风电项目区、获青线和赛临线两侧牧民221户865人,实现禁牧100万亩,休牧30万亩,补播30万亩。引进内蒙古圣牧高科公司在呼和温都尔镇广林村、西补隆村整合土地2万亩实行规模化经营,并投资8 000万元配套建成一座规模为6 000头奶牛的标准化牧场,近1 500名农民从土地中转移出来。多方整合涉牧项目资金,高标准启动实施12户新牧区改建示范户建设。圆满完成三支渠1万亩农田“六配套”改造工程。启动实施阴山冲积扇绿色通道建设工程,完成了固察线5公里绿化任务。认真落实国家惠农惠牧政策,兑现粮食直补、农资综合补贴、良种补贴、农机补贴及农业保险等各项资金1 559万元。

【工业经济】 全旗规模以上工业企业实现工业总产值128.9亿元,同比增长30.4%;完成工业增加值48.8亿元,增长13.3%。工业对财政的贡献率达80%以上。工业固定资产投资完成54.5亿元,29个工业重点项目顺利实施。瑞峰铅冶炼8万吨电解铅项目和双利120万吨球团点火试车;齐华8万吨合成氨、盾安3 000吨多晶硅、齐华40万吨复合肥、青山300万吨水泥、西部铜业170万吨铜采矿扩建和200万吨铅锌采选、紫金矿业330万吨低品位铅锌采选等重大项目快速推进;风电项目建成中广核二期5万千瓦、大唐河北二期5万千瓦;石油勘探成效显著,钼矿初步探明储量42万吨。工业园区基础设施不断完善,服务功能得到较大提升,入驻园区企业达到34户。招商引资卓有成效,共引进项目16项,到位资金51.6亿元。

【基础设施建设】 城乡建设投资完成5.51亿元。电力调度大楼、会展中心主体工程已完工,民族教育园区和边防大队营房投入使用,巴音宝力格镇6条市政道路全面完工。新增绿地面积15万平方米。巴音宝力格镇污水处理厂和生活垃圾无害化处理场建成运行。建成河套500千伏和双利、毕其尔、东富山、海力素4座35千伏输变电工程。全面完成杨贵沟、工业园区东侧撇洪沟防洪工程;启动巴音宝力格镇北山坡截洪沟建设工程。西补隆至乌根高勒固察线一级公路改造工程全面开工建设;口岸公路和川敖线至哈拉图嘎查公路稳步推进;投资近3 000万元的获各琦铜矿至善岱庙旅游公路建成通车。

【教育】 投入240万元为各学校购置现代化教学设备,教学环境不断优化。继续落实义务教育全免费和高中“三免一补”政策,投入保障资金583.6万元,惠及学生5 051名。进一步提高民族学校住校生生活补贴标准,中、小学住校生生活补助分别提高至每月300元和240元。积极开展扶困助学工程,资助困难大学生222人。为确保校园安全,投入120万元为各学校安装了电子监控设备。

【卫生】 投资918万元在呼和温都尔镇建成了全市最大的中心卫生院。旗综合医院扩建项目开工建设。整改修缮了3所基层卫生院并已投入使用。“新农合”补偿封顶线提高到5万元,本旗补偿资金提高至50元,属全市最高。大病医疗救助54人次,发放救助资金110.8万元。基本公共卫生服务和基本药物制度全面铺开。采取“送出去、引进来”等培训方式,提高医技人员素质。

【文化】 代表巴彦淖尔市参加全区第七届民运会和第十二届运动会,获得10金6银。拍摄完成中国第一部反映乌拉特牧区原生态的主旋律儿童电影《蓝学校》。投资近20万元对汉长城23处古城遗址进行立牌保护。建成草原书屋56个,实现全旗嘎查村图书阅览室、活动室的全覆盖。争取到全区村村通地面接收设备2 174套,解决了偏远地区农牧民看电视难的问题。圆满完成了第六次全国人口普查任务。统筹人口管理,出生率控制在10‰以内。

【再就业】 全年就业安置2 782人;城镇新增就业1 040人;安置下岗失业人员352人,其中“4050”人员

225 人;职业技能培训2 150人,其中“送出去”培训 254 人;农牧区剩余劳动力转移就业3 874人(次);城镇登记失业率控制在3.3%以内。

【社会保障】 全旗养老保险参保16 183人,城镇医疗保险参保30 422人,工伤保险参保8 607人,生育保险参保10 822人,失业保险参保7 480人,五项保险参保人数均达到目标任务的100%。率先在全区开展农牧区养老保险试点工作,已有3 460名农牧民纳入养老保险统筹。、投资5 669万元新建廉租住房 994 套、4.12 万平方米;新建经济适用住房14.2万平方米。发放城镇居民最低生活保障金2 912万元,农牧区低保金 873 万元,分别保障城市和农牧区困难群众8 875人、5 993人;发放各类救灾救济款 140 万元,救济受灾户1 573户。五保集中供养和分散供养标准分别比上年提高 630 元、300 元。自筹资金将牧区低保标准提高至城镇低保水平。各单位对口帮扶村嘎查投入资金 325 万元。

(窦永刚)

杭锦后旗

【领导名录】

旗委书记:杜　存

人大主任:周慧明

旗　　长:额尔敦仓(蒙古族)

政协主席:郭凤玲(女)

武装部长:李建新

政　　委:陆常明(4 月离任) 乔宏伟(5 月任职)

【概况】 地处内蒙古河套平原西北角、南临黄河、北靠阴山、西傍乌兰布和沙漠,全旗辖境位于北纬 40°26′~41°13′,东径 106°34′~107°24′。东南隔黄河与鄂尔多斯市杭锦旗相望,北靠乌垃特后旗,东与临河区毗邻,东北角连接乌拉特中旗,西和西南部与磴口县接壤。全旗面积1 644平方公里。南北长约 87 公里,东西宽约 52 公里,其中,可耕地 89 706.82 公顷(已耕地 89 706.85 公顷),森林 9 502.22 公顷,草牧场2 035.24 公顷(已利用 1 973.91 公顷),交通运输用地(包括铁路、公路、农村道路用地)3 355.62公顷,渠沟占地 12 410.39公顷,沙漠占地 9 482.35 公顷,海子占地 2 328.23公顷,城镇村及工矿用地约 12 839.06 公顷,其它占地 29 140 公顷,人口密度 189 人/平方公里。

2010 年,全旗共有 8 个乡镇,107 个村民委员会,1 046个村民小组,14 个居民委会员,全旗总户数 96 074户,总人口 323 189 人,其中,男162 796人,女 160 393人,汉族 316 621 人,蒙古族 3 435 人,回族 2 429人,满族465 人,其他少数民族239 人。

2010 年,全旗完成生产总值 102.00 亿元,按可比价计算,比上年增长 20.2%。分产业看,第一产业增加值24.01 亿元,增长 16.1%;第二产业增加值 48.69 亿元,增长 23.7%;第三产业增加值 29.30 亿元,增长 18.1%。产业结构进一步优化,三次产业结构由上年的24.2 ∶ 47.2 ∶ 28.6 演进为23.5 ∶ 47.8 ∶ 28.7,第一产业所占比重下降 0.7 个百分点,第二产业和第三产业所占比重分别提高 0.6 和 0.1 个百分点。

全旗居民消费价格总水平上涨 3.6%。分项目看,全年八大类商品及服务价格呈“六升二降”态势。食品类上涨 7.9%,烟酒及用品类上涨 14.7%,衣着类上涨 0.7%,家庭设备用品及服务类上涨 0.2%,医疗保健和个人用品类上涨 1.4%,居住类上涨 2.2%;交通和通信类下降 1.2%,娱乐教育文化用品及服务类下降 1.1%。从流通、生产、建设领域看,商品零售价格、农业生产资料价格、服务项目价格总水平分别上涨 3.1%、4.4%和 0.5%。

年末,全社会就业人员 14.81 万人,比上年增长 0.1%。分产业看,第一产业就业人员9.02万人,第二产业就业人员 1.6 万人,第三产业就业人员 4.19 万人。全年城镇新增就业人数 0.15 万人。城镇登记失业率控制在 3.88% 以内。共转移农村劳动力 3.1 万人。

全年完成地方财政收入 6.01 亿元,同比增长 28.2%,地方财政一般预算收入完成 2.50 亿元,同比增长 23.6%。地方财政支出完成 11.75 亿元,同比增长17.4%。其中,一般公共服务支出 1.55 亿元,同比增长 18.9%;科学技术支出 0.51 亿元,同比增长 459.8%;教育支出 2.59 亿元,同比增长 21.5%;社会保障和就业支出 0.86 亿元,同比增长 1.7%。

【农业】 全年农林牧渔业完成总产值 37.66 亿元,比上年增长 21.9%。

全旗农作物总播面积 132.06 万亩,比上年增加 6.88万亩,增长 5.5%。粮食作物播种面积 84.06 万亩,比上年增加 0.36 万亩,增长0.4%。其中,小麦播种面积 37.94 万亩,比上年减少 0.45 万亩,下降 1.2%;玉米播种面积45.85 万亩,比上年增加 0.87 万亩,增长1.9%。经济作物播种面积 45.88 万亩,比上年增加7.69万亩,增长 20.1%。耕地内牧草面积 2.12

万亩,比上年减少1.17万亩,下降35.6%。粮经草比例由上年:66.9 : 30.5 : 2.6调整为63.7 : 34.7 : 1.6。

全旗粮食总产量47.31万吨,比上年增长1.1%(小麦总产量15.57万吨,比上年减少2.5%;玉米总产量31.61万吨,比上年增长3.1%);油料总产量5.34万吨,比上年增长60.5%;蔬菜总产量51.77万吨,比上年增长0.03%;瓜类总产量10.16万吨,比上年下降0.6%。

全旗农牧业机械总动力77.6万千瓦,比上年增长5.3%。机耕地面积129万亩,机播地面积119万亩,机收地面积65万亩。

【林业】 全年完成荒山荒沙地造林面积3 576公顷。其中,人工造林面积2 908公顷;封沙育林面积667公顷。完成更新造林面积31公顷。完成成林抚育面积52 000公顷。完成幼林抚育面积8 816公顷。

【畜牧业】 年末,牲畜总头数128.37万头(只),其中,大牲畜存栏7.12万头;羊存栏110.57万只;猪存栏10.68万头。肉类总产量4.72万吨,同比增长5.7%。其中,猪肉产量1.23万吨,同比增长4.9%;牛肉产量0.49万吨,同比增长29.6%;羊肉产量2.33万吨,同比增长1.3%;牛奶产量15.12万吨,同比下降8.7%;绵羊毛产量0.26万吨,同比增长47.2%;禽蛋产量0.18万吨,同比增长4.1%;水产品产量0.34万吨,同比增长0.4%。

【工业】 全部工业增加值完成40.00亿元,同比增长24.2%,占生产总值的比重达到39.2%,比上年提高0.5个百分点。其中,,规模以上工业实现增加值31.95亿元,比上年增长25.0%,实现总产值106.43亿元,比上年增长34.1%。分所有制看,国有企业总产值增长18.6%;股份制企业总产值增长34.1%;其它经济类型企业总产值增长186.7%。分轻重工业看,轻工业总产值增长38.1%;重工业总产值增长23.0%。产销衔接良好,规模以上工业企业产品销售率达到94.0%,比上年提高1.0个百分点。

全旗规模以上工业企业盈亏相抵后,实现利润总额3.60亿元,比上年增长34.5%。亏损企业亏损额0.15亿元,比上年下降1.5%。经济效益综合指数达524.8,比上年提高72.6个点。

【建筑业】 全年建筑业增加值完成8.69亿元,同比增长21.6%。其中,资质等级建筑企业有2户,从业人员690人,完成建筑业总产值1.32亿元,房屋建筑施工面积为27.73万平方米,房屋建筑竣工面积为4.14万平方米,竣工房屋价值0.29亿元。

【固定资产投资】 全社会固定资产投资完成72.96亿元,比上年增长7.7%。其中,限额以上固定资产投资完成72.18亿元,比上年增长7.9%。分城乡看,城镇完成投资67.10亿元,增长10.5%;农村固定资产投资完成0.40亿元,下降74.2%。从投资主体看,国有经济投资完成31.80亿元,增长11.6%;非国有经济投资完成40.38亿元,增长5.1%。

【贸易】 全年实现社会消费品零售总额16.11亿元,比上年增长19.1%。分地区看,城镇消费品零售额14.81亿元,比上年增长19.6%,乡村消费品零售额1.30亿元,增长14.4%。分行业看,批发业零售额0.94亿元,增长17.5%;零售业零售额13.25亿元,增长19.0%;住宿餐饮业零售额1.92亿元,增长20.6%。

年内全旗进出口总额4 597.8万美元,同比增长12.6%。全年共引进重点项目24项,引进国内(区外)资金16.54亿元,同比增长0.9%,引进区内(市外)资金13.29亿元,同比增长18.7%。出口创汇3 900多万美元。

【交通】 全旗公路里程达到1 701公里,其中,国道12公里、省道83公里,县道224公里、乡道109公里,村道1 273公里,境内油路里程723公里。初步形成以国省道为依托,县道为主干,“四横五纵”、“八大出口”的公路交通网络体系。全年各种运输方式完成货物周转量4 638万吨公里;旅客周转量40 970万人公里。

【金融】 年末,全旗金融机构各项存款余额40.77亿元,同比增长13.2%。其中,企业存款4.90亿元,下降8.1%;居民储蓄存款28.97亿元,增长12.9%。金融机构各项贷款余额33.40亿元,同比增长28.5%。其中,,短期贷款、中长期贷款分别比上年增长23.8%和45.8%。金融机构现金收入199.02亿元,现金支出210.73亿元,分别比上年增长16.2%和15.3%,收支相抵后,货币净投放11.71亿元,同比增长2.2%。

【保险】 全旗保险业保费收入1.58亿元,比上年增长42.3%。其中,财产险收入0.53亿元,增长20.6%;寿险收入1.06亿元,增长56.3%。全年保险业赔付额0.29亿元,比上年下降30.7%。其中,财产险赔款0.15亿元,下降7.6%;寿险给付0.14亿元,下降44.9%。

【科技】 全年共引进农业试验项目12项,示范项目15项,引进新品种45个,引进新肥料13种,科技培训达18.9万人次,建设农业科技示范区1 300亩,科技对农业的贡献率达到60%以上。完善科技特派员和科技110制度,引进推广一批先进适用技术。通过“科技

110"和"12396"服务体系建设,共挽回经济损失 932 万元,增加效益 1 664.6 万元。

【教育】 全旗共有普通中学 11 所,小学 29 所。普通高中招生 1 947 人,在校生 5 301 人,毕业生 1 595 人;初中学校招生 2 854 人,在校生 9 167 人,毕业生 3 178 人;小学招生 1 704 人,在校生 12 846 人,毕业生 2 830 人。幼儿园在园人数 3 318 人。小学适龄人口入学率达 100%;小学毕业生升学率达 100%;初中毕业生升学率达 92.96%,比上年提高 2.76 个百分点。"校安工程"进展顺利,"平安校园"建设全面加强。

【文化】 全旗有艺术表演团体 1 个,有文化馆 1 个,乡镇文化站 8 个,公共图书馆 1 座,藏书 5 万余册。有广播电台 1 座,广播人口覆盖率 100%;有电视台 1 座,电视人口覆盖率 100%。《陕坝周报》全年发行 48 期 12 万份。

【卫生】 全旗共有卫生机构 31 个(不包括诊所、村卫生室),其中,医院 3 个,卫生院 19 个,社区卫生服务中心 6 个,妇幼保健院 1 个,疾病预防控制中心 1 个,卫生监督所 1 个。卫生技术人员 1132 人,其中,执业医师和执业助理医师 512 人,注册护士 304 人。医院拥有床位 340 张,卫生院拥有床位 344 张。

【人民生活】 全旗城镇居民人均可支配收入达到 14 800元,比上年增加 2 045 元,增长16.0%。随着居民收入的大幅增长,消费水平也进一步提高。城镇居民人均消费支出 9 640 元,比上年增长 26.0%,恩格尔系数(即居民家庭食品消费支出占家庭消费总支出的比重)为 35.91%,比上年降低 0.36 个百分点。城镇居民人均住房建筑面积 31.21 平方米,比上年末,增加 0.68平方米。2010 年全旗农村居民人均纯收入 8 553 元,比上年增加 985 元,增长13.0%。农村居民人均生活消费支出 7 515 元,增长 29.5%。恩格尔系数为 33.37%,比上年降低 6.32 个百分点。农村居民人均居住面积 29.46 平方米,比上年末,增加 0.66 平方米。城乡居民耐用消费品拥有量均有不同程度增长。

【社会保障】 全旗企业养老保险、城镇居民医疗保险、城镇职工医疗保险、工伤保险、生育保险和失业保险参保人数分别为 1.56 万人、5.22 万人、2.67 万人、0.43 万人、0.62 万人和 0.99 万人。城镇居民基本医疗保险覆盖面达 100%。新型农村合作医疗参合人数达 18.19 万人,参合率达 97.5%,共报销医药费总额达 2 367万元,比上年增长 10.9%。城镇职工和居民医疗保险报销统一执行起付线 300 元的标准,报销比例由 70% 提高到 80%,其中,60 岁以上老人提高到 85%。

全旗城乡低保对象达到 16 875 人,累计发放低保资金 2 923 万元。共有五保对象 523 人,年发放供养金 110 万元。有农村敬老院 4 所,床位 109 张,集中供养五保老人 69 人。私建老年公寓一所,入住老人 78 人。大病医疗救助累计救助 2 168 人,发放救助金 295 万元。日常医疗救助累计救助 1 095 人,发放救助金 38.41万元。

【生态环境建设】 全面推进新农村建设"十百千工程 3",巩固提高 21 个市级引领村,新建 28 个生态文明村,改造自然村 56 个,农村生活环境发生了群众期盼的新变化。

(尹兆忠)

五 原 县

【领导名录】

县委书记:贺福宝

人大主任:李晓春

县　　长:蔡明学(8 月离任) 丁凤玲(女 回族 8 月任职)

政协主席:闫星光

武装部长:段新文

政　　委:诗　涛(蒙古族 4 月任职)

【概况】 五原县位于内蒙古自治区西部,居河套平原腹部,属巴彦淖尔市所辖县,现辖 7 个镇。面积 2 492.9平方公里。有耕地197.28万亩、草原28.1万亩、水域35 万亩、沙漠12 万亩。全年平均气温 6.2℃,总人口27.1万人。2010 年全县国内生产总值达69.2亿元,同比增长21.1%,财政收入3.34亿元,同比增长 33.9%,城镇居民可支配收入15 093元,同比增长 18.4%,农民人均纯收入10 020元,同比增长32.4%。全县当年固定资产投资91.28亿元,一、二、三产业比重为31 : 40 : 29。

【农业】 坚持以农民增收为核心,快速推进现代农业,全年农业产值23.16亿元,同比增长11.39%。种植结构呈现"六增五减"的趋势,即:玉米、花葵、甜瓜、甜菜、高粱、温室种植面积增加;小麦、番茄、籽瓜、葫芦、油葵种植面积减少。4 月 9 日,五原县蔬菜标准园创建项目被农业部列入第一批创建名单,园区占地面积 1 100亩。全年农作物总播197.15万亩,其中粮食播种 94.84万亩,产量95 969万斤;经济作物总播102.31万亩,其中油料播种77.9万亩,产量33 268万斤,甜菜播种1.12万亩,产量8 941万斤。种植业效益大幅提升,农民来自种植业的收入人均7 215元,同比增加946元。设施农业整体推进,采用农民建设与引进企业投资相组合的方式,全年投资1.7亿元,新建设设施农业小区23个,10 058亩。加快土地集约化、规模化进程,当年规模化经营土地8.4万亩、流转土地24.7万亩。

【畜牧业】 畜牧养殖业向规模化、标准化、集约化发展,牧业产值9.09亿元,同比增长35.23%。当年家畜饲养量达1 344 016(头)只,其中,养猪131 237头、养羊1 096 199只、养牛9 308头。投入资金3 800万元,大力实施肉羊养殖工程,建成出栏1万只肉羊养殖小区4个,建成年产12万吨肉羊全混日粮饲料加工厂1个。大力推行生猪养殖工程,启动生猪产业大县项目,开工建设年出栏5 000头的商品养猪小区4个。泽隆、宏丰公司奶牛和肉牛规模化养殖场已投入运营。

【林业】 林业生态建设整体推进,以通道工程、农田林网、村屯绿化为重点,全年投资2 800万元完成人工造林2.02万亩,完成通道造林36公里、农田防护林5 000亩、村屯绿化6个,渠堤植树2 000亩、高速公路补植重造林120亩。加强森林防火,严管禁牧,查处人为毁林违法行为30起。加快林权制度改革,全年用于林改资金164万元。全年林业产值达0.19亿元,同比减少17.1%。

【水利】 大规模实施农田水利配套工程,投资1.5亿元实施中低产田改造、土地整理25.7万亩,完成各类水工建筑物1 030座,开挖各类灌水渠1 717条,整修田间路1 062公里,农田水利配套利用率大幅度提升。

【农机】 农业机械化作业水平进一步提高,机械化率达75%,全年购置农机具6 774台,补贴资金1 530万元,农业机械总动力83.25万千瓦时,同比增长5.7%。

【工业 建筑业】 大力实施"突出工业化"战略,抓招商、上项目、建园区,工业经济总量大幅扩张,质量和效益明显提升。当年实现增加值20.1亿元,同比增长22%,占经济总量29.1%。来自工业的税收达到7 800万元,同比增长19.8%。主要工业产品为:纸浆、中成药、小麦粉、植物油、砖、洗煤、糕点、多晶硅、稀土化合物、玻璃制品、碳素制品、人造板材、水泥、羊绒纺织品、番茄酱、纸箱、合成氨。全县注册工业企业116家(户),亏损工业企业14家(户)。工业建设全年实施续建、扩建、新建项目43项,完成工业固定资产投资40.8亿元,同比增长92.5%。工业园区集聚效应凸显,投资3 955万元完成土地收储720亩,投资672万元新建道路及排水工程2.1公里,投资2 070万元铺设供热、供气管网2.44公里,投资1 381万元实施绿化、硬化、亮化工程。11月15日,五原县被国家能源局、财政部、农业部授予"国家首批绿色能源示范县"称号。全年引进工业项目55个,到位资金23.2亿元,为经济发展注入了活力。

城乡建设力度加大,全年房地产投资7.5亿元,同比增长9%,公共及市政建设项目投资3.68亿元,加速推进城镇化进程,共完成房地产开发、公共建筑和市政建设项目35项。建筑业实现国内生产总值8.5亿元,同比增长31.2%。房地产及公共建筑完成竣工面积26.4万平方米,推进旧城区改造13片(区),拆迁7.6万平方米,房地产市场活跃。瑞京商贸大厦、惠富农贸市场建成运营。完成了街道及城区出口绿化,实施了滨河公园、植物园绿化工程,县城绿化率达21%。投资94.8万元完成了城区现状图航拍测绘。新建污水处理厂并已运行。清除违规建筑25处,市容市貌明显改观。

【国内贸易】 2010年,内销商品、外销(出口)产品同步增加,价格总体上扬。批发贸易零售、住宿和餐饮业分别实现国内生产总值达4.36亿元、2.35亿元,分别增长6.3%和3.4%。批发零售业实现销售额12.86亿元,同比增长18.9%,餐饮业实现销售额2.08亿元,同比增长21%。

【交通】 2010年,交通业实施了一批重大项目,投资6亿元的西甘铁路五原段25公里铁路工程如期完工;投资3.6亿元的巴士机场项目正在推进;投资1.42亿元的60公里黄河堤防公路已开工建设;投资1.01亿元新建通乡、通村油路146公里,改善了农村道路。运输量进一步增加,年内客运量以公路为主,线路以相邻旗县(市)为主,较上年增加15%。货运主要以运送农畜产品为主,较上年减少6%。全年运输邮电仓储业实现生产总值5.84亿元,同比增长19.7%。

【电力】 全年全县发电量28 957万千瓦小时,比上年增加26 732万千瓦小时,电力备用容量30万千瓦,供电量30 000万千瓦时。着力提供电力保障。年内完成县城线路更新改革2 231户,农村线路更新改造2 500户。新建成天吉泰镇220千伏输变电工程,已开工建设银定图镇35千伏变电工程。生物质能发电正在加快建设,五原县被列为自治区4个发电网完善工程示范县。

【邮政 电信】 邮政通讯设施进一步完善,现有电信、移动、网通三大通讯公司,邮政部门一家,网点分布全县。3G手机功能开通应用,实现了语音功能向数据,多媒体转载。固定电话递减每百户12部,移动电话大增并更新换代快,户均2部。固定、移动资费下调。互联网业务用户增加,户有量20%,网络资费上调20%。报刊杂志订阅户(人)增加,百户订阅量16%。邮政快递业务增多,全年邮电业务收入2.71亿元,同比增长26.1%。

【财政】 全年财政收入完成3.34亿元,同比增收0.83亿元,增长33.5%,全年可用财力12.5亿元,其中,包括上级转移支付、专项补贴。总支出11.56亿元,其中,投入工业和园区建设资金0.92亿元;拨付涉农资金2.34亿元;投入城镇建设资金0.71亿元;教育事业支出1.91亿元。保障民生支出1.8亿元。政府采购范围扩大,全年培训农村会计458人次。加强监管,对上年度专项资金使用情况实施全程督查,涉及资金0.53亿元。

【税务】 国税部门完成税收0.93亿元,较上年增收0.2亿元,增长28.6%;地税部门完成税收2.15亿元,较上年增收0.55亿元,增长34.29%。

【金融】 全县有金融机构13家,其中新增1家乡村银行。实现国内生产总值0.95亿元,同比增长20.9%,占经济总量的1.4%。年末,各项存款余额37.06亿元,同比增长18.2%,其中居民储蓄存款余额27.86亿元,同比增长15.9%,年末,各项贷款余额25.96亿元,同比增长33.9%。

【环境保护】 全年实现了万元地区生产总值能耗下降5%、化学需氧量消减1 095.3吨、二氧化硫排放量消减6 770.1吨,完成了各项节能减排任务。查清了全县污染源,全县现有工业污染源139家、生活污染源433家。

【文化】 新建乡镇文化活动室(站)21个,新建农家书屋12家。举办了全县"元宵节"文娱汇演,由国家有关部门和自治区广电局联合拍摄的电视剧《大河套》开机拍摄,完成城乡有线电视数字化整改工程。全年放映电影1 404场。全年投入文体事业资金138.3万元。

【教育】 全县有中学7个,在校学生15 641人,同比减少1.6%;小学校24个,在校学生15 793人,同比减少8.7%;教职员工2 980人。筹资2亿元实施校安工程10.2万平方米,投入657.5万元改善学校办学条件,投入120万元高薪招聘高中教师8名,投入120万元提高教师待遇。投入2 937.5万元落实教育补助扶持政策,使2.5万名学生受益。

【卫生】 全县医疗机构35个,乡级防保站20个,村卫生室117个,社区卫生中心(站)8个,个体卫生所47家,全县医疗(卫生)从业人员1 436人。每千人有医务人员3.7人,每千人拥有病床2.1张。农牧民医疗保险参合率98%,达184 259人。全年投入366万元改善医疗条件。计划免疫接种率达98.2%,碘盐食用率达100%,学生健康体检25 042人,为116 830人共建立城乡居民健康档案,人口出生率7.1‰,死亡率3.6‰,农村安全饮水人口达118 996人。

【科技】 选调110名科技人员进行科技承包服务,以设施农牧业为培训重点,培训农牧民10万人次,发放科普资料2.8万册(套)。温室栽培、配方施肥、疫病防治技术普及率达90%。新建农田示范园区8个,引进农作物试验品种新技术27项。农作物良种使用率达95%,科技对农业增长的贡献率达到51%。完成沼气"一池三改"能源生态模式技改2 890户。

【劳动】 全年国有单位从业人员10 290人,集体单位395人,其他类型446人,农业从业人员117 229人。安排"三支一扶"大学生15人、"社区志愿者"大学生23人、大学生人才、企业人才储备各30人,建立大学生人才库235人。培训专业技术人员3 298人,完成了事业单位岗位设置并聘用2 012人,评审申报专业技术人员599人。依法检查用人单位72户,涉及1 437人,督促补签劳动合同659人,受理劳动仲裁议案26件,工伤认定74件。

【就业】 城镇新增就业138人,转移农村劳动力29 645人,城镇登记失业率3.7%。就业培训756人。创建就业小区3个,购买公益岗位350个,为434名各类从业者发放小额担保贷款1 365万元,为1 199名"4050"原国营下岗职工办理社保补贴191.42万元。

【社会保障】 2010年企业参统职工17 017人,征缴5 889万元,发放企业退休养老金7 533万元,发放率100%,调整养老金人均增资164元。工伤实际参保5 634人,实征收92.8万元,生育保险参保4 388人,实征22.2万元,失业保险参保8 610人。为失地农民办理了养老保险,全县城镇社会保障参保率90%。

【人民生活】 投入民生资金占财政总收入32.3%。兑现各项惠农政策资金6 354.4万元,农民人均受益302元。城镇居民医保参保率97%,农民医保参合率98%。投入1 391万元提高城乡低保、企业退休人员养老金标准。投资1 797万元新建廉租房17 950平方米,投资256万元完成农村危房改造183户,城镇居民人均住房29.9平米,农村居民人均住房31.4平方米。农民人均纯收入10 020元,同比增长32.4%,城镇居民可支配收入15 093元,同比增长18.4%,城镇居民人均消费支出9 204元,同比增长21.1%。人口自然增长率3.5‰,平均寿命73岁。

(任学义)

磴　口　县

【领导名录】

县委书记:郭介中(7月离任) 连泽(7月任职)

人大主任:田有光

县　　长:丁凤玲(女 回族 7月离任) 蔡明学(7月代理)

政协主席:赵淑兰(女)

武装部长:石春彦(蒙古族)

政　　委:张喜闻(5月离任) 谢宝辉(5月任职)

【概况】 磴口县位于巴彦淖尔市西南部,地理坐标为北纬40°9′~40°57′,东经106°9′~107°10′;西南与阿拉善盟毗邻,东南与鄂尔多斯市隔河相望,东北、西北分别与本市杭锦后旗、乌拉特后旗搭界;东西92公里,南北65公里,总面积4 166.6平方公里。全县辖3镇1苏木1个乡级办事处,共46个村(嘎查),253个村民小组(独贵龙);5个市属国营农场和林科院沙漠林业实验分场2个。共16个民族,总人口12.24万。

2010年,全县生产总值37.9亿元,比上年增长11.8%。其中,第一产业增加值6.7亿元,增长6.9%;第二产业增加值24.2亿元,增长14.4%(全部工业增加值占GDP的比重53%、占第二产业的比重83%);第三产业增加值7.0亿元,增长7.3%。一、二、三产结构由上年的16.4:63.6:20调整为18:64:18。三次产业对经济增长的贡献率分别为29%、66%和5%。人均生产总值30 513元,按年平均汇率折算4 487美元。

【财政】 全年财政总收入18 603万元,比上年增长16.1%。其中,地方财政一般预算收入9 746万元,增长10.2%;上划中央税收6 956万元,增长24.4%;上划自治区税收1 901万元,增长20%。全年地方财政一般预算支出65 948万元,增长16.5%。其中,一般公共服务7 980万元,增长7.2%;

【农业】 全年农业总产值114 058.5万元,增长36.5%,农、林、牧、渔业及其服务业结构比例为63.7:6.0:29.1:0.8:0.4。农作物总播面积67.37万亩,比上年增长28.9%。粮食作物面积27.84万亩,增长15.6%,其中,小麦面积9.35万亩,下降7.2%;玉米面积18.42万亩,增长32.6%。经济作物面积38.39万亩,增长45.6%。其中,油料面积21万亩,增长74.3%;番茄面积6.66万亩,下降0.9%。饲草作物面积1.15万亩,下降35.4%。粮经草比例由上年的46.1:50.5:3.4调整为41.3:56.9:1.8。主要大宗农作物良种率达100%。粮食总产大幅增长,油料和瓜类总产大幅增长,蔬菜有所下降。

化肥施用量20 509吨,比上年增长59.24%;农牧区生产用电量1 220万千瓦时,增长2.12%;年末,农牧业机械总动力23.12万千瓦,比上年增长11.2%。

【畜牧业】 全年畜牧业产值33 207.5万元,占农业总产值的比重达29.1%。牧业年度(6月末)牲畜存栏总数40.37万头(只),同比增加1.33万头(只);牲畜总增33.12万头(只),总增率84.84%;良种及改良种比率95.71%;能繁母畜24.02万头(只),占牲畜总头数的59.5%。

日历年度牲畜存栏总数39.87万头(只),比上年增长2.0%。其中,大牲畜4万头,增长5.61%;羊33.71万只,增长1.39%;猪2.16万口,下降17.1%。出栏总数为37.13万头(只),比上年增长26.5%;出栏率93.65%,同比上升18.05个百分点;全年肉类总产量9 135吨,增长5%;牛奶产量83 544吨,增长13.11%。

【工业】 全部工业总产值550 760万元,比上年增长15%,其中,规模以上工业总产值500 086.6万元,增长10.7%;全部工业增加值20亿元,增长18%。其中,规模以上工业增加值17.04亿元,增长20.7%,产品产销率98%,与上年持平。

在规模以上工业增加值中:食品制造业74 499.1万元,增长11.2%;农副食品加工业4241.7万元,增长34.5%;轻重工业增加值比例由上年的54:46调整为47:53。轻工业增加值79 959.1万元,增长11.2%;重工业增加值90 474.9万元,增长38.5%。

规模以上工业利润总额5 236.1万元,增长40.3%;实际上缴税金6 506.2万元,增长5.6%;亏损企业亏损额2 118.1万元,下降59.6%。

【林业】 全年共完成荒山荒(沙)地造林面积13.12万亩,其中,人工造林面积3.62万亩,飞播造林4万亩,无林地和疏林地新封5.5万亩。年末,实有封山育林面积99.75万亩。森林覆盖率17.5%。

【建筑业】 全部建筑业增加值4.8亿元,比上年下降0.8%。房屋建筑施工面积78.89万平方米,增长1.62倍,其中,城镇住宅施工面积78.51万平方米,增长4.3倍;竣工房屋面积45.93万平方米,增长3.3倍,其中,城镇住宅竣工面积45.85万平方米,增长5.22倍。

【固定资产投资】 全年全社会固定资产投资287 567万元,比上年下降23.7%。按投资控股类型划分:国有控股 52 832 万元;集体控股1 119万元;私人控股222 527 万元;外商控股6 500万元。

全年 50 万元以上固定资产投资总额282 978 万元,下降 24%。按产业划分:第一产业投资 33 169 万元,增长 1.4 倍;第二产业投资 120 754 万元,下降56.8%;第三产业投资 129 055 万元,增长 61.9%。按城乡划分,城镇固定资产投资 245 533 万元,下降33%;农村固定资产投资 37 445 万元,增长 4.9 倍。按主要行业划分,交通运输、仓储和邮政业 24 912 万元,增长 56.7%;农林牧渔业 33 169 万元,增长 1.39 倍;制造业 24 260 万元,下降 13.3%;电力、燃气及水的生产和供应业 88 314 万元,下降 96.4%;水利、环境和公共设施管理 31 143 万元,下降 20.8%。资金来源合计282 978 万元,其中,国家预算内资金 4 270 万元,自筹资金 278 708 万元。自筹资金和预算内资金分别占项目资金来源的 98.5% 和 1.5%。

在 50 万元固定资产投资中,全部建成投产项目 94 个,投产率达 90%;新增固定资产271 363万元,交付使用率 99%。

【交通】 全年交通运输和邮电通讯业增加值 10 815 万元,比上年增长 5.0%。年末,全县公路总里程 1 812.2公里,其中,等级(四级以上)公路 869.8 公里,在等级公路中有铺装路面 237.8 公里;等级公路率47.9%。全年公路货运量 132.4 万吨,比上年增长21.9%,货物周转量 13 426.3 万吨公里,增长 10.2%;客运量 60.8 万人,下降 7.2%,旅客周转量 4 127.9 万人公里,下降 6.8%。

【邮电】 全年邮电业务总量 5 449 万元,比上年增长0.9%。其中,邮政业务 845 万元,增长 13.4%;电信业务 4 604 万元,下降 1.1%。本地网固定电话用户30 713户(其中,城镇电话用户 23 617 户,下降 0.1%,乡村电话用户7 096户,下降 4.1%);移动电话用户85 100户,增长 1.3%,每百人拥有电话(包括固定和移动电话)93 部,比上年增加 1 部。互联网注册用户20 100户,增长 2.6%。

【国内外贸易】 全年社会消费品零售总额76 115万元,比上年增长 18.1%。其中,城镇零售额 66 821.4 万元,增长 18.4%;农村零售额 9 293.6 万元,增长15.9%。分行业,批发零售贸易零售额 63 485.1 万元,增长 18.2%;住宿和餐饮业零售额 12 629.9 万元,增长17.5%。

全年对外贸易出口交货值 20 988 万美元,比上年增长 19.5%。出口的主要产品有番茄酱、红矾纳、硫化碱等。

【招商引资】 全年引进国内(区外)资金 24.5 亿元,引进区内(市外)资金 12.3 亿元。

【金融】 年末,金融机构各项存款余额 224 561 万元,比上年减少 21 702 万元,下降8.8%。其中,企业存款余额35 494 万元,下降 48.9%;城乡居民储蓄存款余额 154 723 万元,增长 4.2%。

年末,金融机构各项贷款余额 142 532 万元,增加35 568 万元,增长 33.2%。其中,, 中长期贷款余额75 496万元,增长 47.4%;短期贷款余额 66 506 万元,增长 20.2%。在短期贷款中,个人贷款及透支 52 468 万元(个人消费贷款 48 万元),单位贷款及透支(经营贷款)14 038万元。

【保险】 全年保险业保费收入 4 176.9 万元,比上年增长 6.9%。其中,财产险收入 895.9 万元,增长32.4%;人寿险收入 3 281 万元,增长1.6%。保险赔款及给付支出 577.9 万元,增长 57.2%。其中,财产险417.9 万元,增长 53.8%;人寿险 160 万元,增长66.7%。

【科技】 年末,拥有科学研究开发机构 1 个,科技经费支出 191 万元,增长 2.15 倍,拥有自治区高新技术企业 2 家,自治区名牌产品 5 个,自治区著名商标 5 个。

【教育】 全县共有普通中学 2 所,其中,:完全中学 1 所,初级中学 1 所。高中招收学生 602 人,增长28.9%,在校生 1 833 人,下降 6.3%,(其中,少数民族学生 127 人);毕业生 580 人,下降 25.7%。初中招收学生 1 225 人,下降 10.9%,在校生 3 806 人,下降0.2%,(其中,少数民族 220 人);毕业生 943 人,下降17.5%;初中适龄少年入学率 100%,初中毕业生升学率 68.8%。

小学校 11 所,招收学生 729 人,下降11.4%;在校生 5 635 人,下降 14.6%,(其中,少数民族 524 人,同比增长 4.4%);毕业生1 225人,下降 10.9%。小学适龄儿童入学率 100%。

【文化】 年末,全县拥有艺术表演团体 1 个、从业人员 20 人,文化馆 1 个,图书馆 1 个,文物站 1 个,档案馆 1 个,农村牧区文化站 5 个,博物馆 1 个;拥有调频广播发射台 1 座、电视转播台 1 座,有线电视用户11 080户(全部为数字电视),广播人口覆盖率、电视人口覆盖率均达 100%。《磴口时事》全年发行 46 期13.8万份。

【卫生】 年末,共有卫生机构 12 个。其中,医院 3 个、苏木镇卫生院7个、卫生监督所1个、疾病防控中心1个;社区卫生服务中心2个,诊所47个,村卫生室45个;医疗卫生单位拥有病床370张,(其中,卫生院68张);拥有卫生技术人员365人(卫生院35人,执业医师122人,助理医师20人,注册护士110人)。

【人口】 年末,全地区总人口12.42万人(户籍人口),比上年末,减少282人。其中,少数民族11 314人(蒙古族5 199人,回族5 405人)。总人口中:非农业人口5.46万人,农业人口6.96万人,城乡人口比例为43.9 : 56.1。全年出生人口617人,出生率5.68‰;死亡人口454人,死亡率4.18‰;自然增长率1.5‰。

【劳动就业】 年末,全社会从业人员67 685人,增长0.5%。其中,第一产业从业人员44 200人,增长0.2%;第二产业从业人员7 053人,增长3.1%;第三产业从业人员16 432人,增长0.4%。全年城镇新增就业人员985人;安置下岗失业人员再就业324人。城镇登记失业率4.0%,比上年增加0.12个百分点。

【人民生活】 城镇居民人均可支配收入13 796元,比上年增加1 121元,增长8.8%(扣除物价因素,实际增长7.6%)。城镇居民人均消费支出10 282元,增长12.0%。恩格尔系数(居民家庭食品消费支出占消费总支出的比重)30.2%。农牧民人均纯收入8 220元,比上年增加684元,增长9.1%(扣除物价因素,实际增长8.5%)。其中,农民人均纯收入8 287元,增长9.6%;牧民人均纯收入7 892元,增长6.2%。农牧民来自畜牧业的纯收入1 979元,占纯收入的24%。农牧民人均消费支出4 172元,增长3.3%。恩格尔系数44.3%。

【社会保障】 年末,全县参加基本养老保险人数13 980人,全部为企业参保人员。参加医疗保险人数45 948人,参加工伤保险人数4 961人,参加生育保险人数4 021人,参加失业保险人数8 644人。参加新型合作医疗的农牧民52 794人,参合率达94%,基金共计791万元。城镇低保对象5 640人,月人均补助水平261元;农牧区低保对象4 842人,月人均补助水平148元。敬老院1个,床位52张,入住率81%。

【环境保护】 全县年平均气温9.4摄氏度,比上年低0.1摄氏度。年末,拥有国家级自然保护区(哈腾套海自然保护区)1个,面积186平方公里。建成日处理能力15 000吨的污水处理厂,日均处理污水3 500吨。

(杜 伟)

乌 海 市

【党政军领导名录】

市 委

书 记:白向群(蒙古族)

副书记:侯凤岐 周纯杰

常委:白向群(蒙古族) 侯凤岐 周纯杰(9月离任) 包钢(蒙古族 9月任职) 白金海(蒙古族) 冯玉臻 李志民 傅振坤(9月离任) 陈凤珠(女) 白彦(蒙古族) 关成章

人 大

主 任:刘 彪

副主任:伊英(蒙古族) 武文俊 沙日娜(女 蒙古族) 许宏然 关立武(满族) 雍炳炜

政 府

市 长:侯凤岐

副市长:冯玉臻 李志民 甄晨岚(女) 徐德林(蒙古族) 李新征 康文胜 林涛

政 协

主 席:韩琦运

副主席:金奎(蒙古族) 杜建明 许惠和 吕纪俄 宋万强 王利春(女) 马万良 王永平 张建国

纪检委

书 记:周纯杰(9月离任) 包钢(蒙古族 9月任职)

政法委

书 记:陈凤珠(女)

法 院

院 长:曹凤龙

检察院

检察长:宝孟和(蒙古族)

公安局:

局长:孙毅

军分区

司令员:张敬华

政治委员:傅振坤

【概况】 乌海市位于内蒙古自治区西南部,鄂尔多斯高原西部,乌兰布和沙漠的东南缘。东邻鄂尔多斯市,西连阿拉善盟,南界鄂尔多斯市、宁夏回族自治区石嘴山市,北接鄂尔多斯市、阿拉善盟。地处北纬39°02′30″~39°54′55″,东经106°36′25″~107°08′05″,东西相距约45公里,南北距离约100公里,总面积1 754平方公里。1976年1月,乌达市和海勃湾市合并正式成立乌海市,辖海勃湾区、乌达区、海南区,共有5镇、16个街道办事处。

2010年,实现地区生产总值391.12亿元,按可比价格计算,比上年增长19.7%,连续15年实现两位数增长,是"十五"末的3.1倍。其中,第一产业增加值3.71亿元,增长7%;第二产业增加值280.52亿元,增长24%;第三产业增加值106.89亿元,增长11.8%。三次产业中,第一产业对经济增长的贡献率为0.31%,比上年提高了0.11个百分点;第二产业贡献率为78.97%,比上年提高3.67个百分点;第三产业贡献率为20.72%,比上年降低了3.78个百分点。三次产业结构由上年的1 : 68.8 : 30.2调整为1 : 71.7 : 27.3。按常住人口计算,全市人均GDP达7.6万元,突破1万美元。

【农业】 全年粮食播种面积5 033公顷,比上年增长5.3%;粮食总产量3.50万吨,增长7.7%;蔬菜产量9.72万吨,下降4.2%;禽蛋产量0.29万吨,增长3.4%;肉类产量1.22万吨,增长9.5%;牛奶产量0.8万吨,下降8.1%;生猪出栏9.13万头,增长9.5%。

【林业】 全市共完成造林面积10万亩。其中,天保工程完成封山育林3.43万亩,退耕还林工程完成人工造林作业面积1万亩,三北防护林工程完成人工造林作业面积5.45万亩。全民义务植树130万株。全市林木覆盖率达到17.49%。全市有国家级自然保护区1个,面积为1.69万公顷。

【工业】 完成工业增加值258.01亿元,按可比价计算,比上年增长23.9%,是"十五"末的3.9倍。全市177户规模以上工业企业增加值增长25.1%。其中,国有控股企业增长14.2%,股份制企业增长24.8%。

产销衔接良好,产品销售率为96%,比上年提高2个百分点。煤炭开采和洗选、炼焦、化工、建材、冶金、电力六大优势特色产业增加值,除冶金行业比上年下降26.3%外,其余分别比上年增长25.1%、61.4%、33.0%、13.1%、15.8%,成为拉动工业生产快速增长的主要动力。

【建筑业】 全市规模以上工业企业主营业务收入460.91亿元,比上年增长50.1%;实现利润21.26亿元,比上年增长85.7%;其中,国有及国有控股企业实现利润8.92亿元;规模以上工业亏损企业亏损额2.61亿元,比上年下降44.3%。全市资质以上建筑施工企业41家,比上年减少1家,实现建筑业增加值22.51亿元,比上年增长25.3%。房屋施工面积665.20万平方米,增长28.3%;竣工面积144.03万平方米,下降10.2%。

【财政物价】 全市完成地方财政总收入68.01亿元,比上年增长26.3%,是"十五"末的3.7倍。其中,地方财政一般预算收入33.66亿元,比上年增长44.9%。财政支出63.54亿元,比上年增长36.6%,公共服务与民生领域仍然是支出的重点,其中,一般公共服务支出5.79亿元,比上年增长15.34%;医疗卫生支出5.4亿元,比上年增长110.94%;教育支出7.42亿元,比上年增长40%。

全市居民消费价格指数为103.7%,高于上年3.5个百分点。其中,食品类价格上涨11%,高于上年8.9个百分点;烟酒及用品类价格上涨1.4%,高于上年0.8个百分点;居住类价格指数为102%,高于上年2个百分点;医疗保健及个人用品类价格上涨4.3%,高于上年3个百分点。除此以外,衣着类价格上涨3.4%;娱乐教育用品及服务类价格下降2%;交通和通信类价格下降3.9%;家庭设备用品及维修服务类价格下降2.2%。

工业品出厂价格指数上涨15.32%,高于上年15.29个百分点;其中,生产资料价格上涨15.41%,生活资料价格上涨4.03%。原材料、燃料及动力购进价格指数上涨9.44%,高于上年7.51个百分点。

【固定资产投资】 固定资产投资完成238.72亿元,比上年增长31.8%。其中,第一产业投资完成4.34亿元,比上年增长84.3%;第二产业投资完成138.06亿元,比上年增长16.2%;第三产业投资完成96.33亿元,比上年增长60.6%。

非国有单位投资依然是全市投资增长的主要力量。从投资主体看,国有及控股单位完成投资92.92亿元,非国有单位完成投资145.8亿元,占全社会固定资产投资比重61.08%。从项目隶属关系看,地方项目投资完成216.45亿元,增长41.71%;中央项目投资完成22.27亿元,下降21.63%;全年城市基础设施投资完成81.53亿元,占全社会固定资产投资的34.15%,比上年提高7.74个百分点。

全年新开工项目210个,在建项目投资总规模743.29亿元,比上年增长50.02%。自治区级重点项目当年累计完成投资69.24亿元,占全社会固定资产投资的29%。全部建成投产项目151个,新增固定资产165.13亿元,比上年增长85.18%。

房地产开发完成投资24.9亿元,增长8%。商品房屋施工面积417.11万平方米,增长18.2%;其中,住宅301.37万平方米,增长1.2%。商品房屋竣工面积69.86万平方米,下降52.6%;其中,住宅59.02万平方米,下降54.8%。商品房销售面积83.45万平方米,下降0.3%;其中,商品住宅销售面积75.40万平方米,下降5.9%。商品房销售额27.23亿元,增长60.1%;其中,商品住宅销售额22.48亿元,增长41.9%。

【国内贸易】 全市实现社会消费品零售总额71.69亿元,比上年增长19.6%,扣除物价上涨因素,实际增长15.3%。按行业划分,批发零售业贸易额62.49亿元,增长18.3%;住宿和餐饮业营业额9.20亿元,增长29.4%。

【对外贸易】 2010年全市进出口总额达555万美元,比上年降低25.2%;其中,出口额349万美元,比上年降低21.9%;进口额206万美元,比上年降低30.1%。全市参加年终审核的外商投资企业共有12个,引进市外(国内)资金170.65亿元,增长39.9%.

【交通 邮电】 全年各种运输方式完成货物运输总量7 882.01万吨,比上年增长16.3%。其中,铁路2 901万吨,增长10.3%;公路4 981万吨,增长20.2%;民航129.18吨,增长351.5%。旅客运输总量602.36万人次,比上年增长5.2%。其中,铁路客运292.56万人次,增长4.8%;公路客运291.71万人次,增长3.4%;民航进出港旅客18.09万人次,增长56.6%。铁路、公路、民航三种运输方式客运量比重分别为48.57%、48.43%、3%。

2010年全市固定电话用户达12.26万户,增长14.3%;局用交换机容量达119.02万门,增长27.3%;年末,移动电话在网用户达到93万户、互联网络用户达到6.7万户。

全年完成邮政业务总量6 081万元,比上年增长

11%。全年订销报纸751万份,增长4.7%;订销杂志44万份,增长9.4%;收寄函件89.05万份,增长7.1%;收寄特快专递18万件,增长10.4%。

【旅游】 全年国内旅游收入6.41亿元,比上年同期增长17.6%,国内旅游人数73.31万人次,增长10.5%。

【金融 保险】 2010年,全市金融业实现增加值11.49亿元,比上年增长11.6%。年末,全市金融机构本外币存款余额411.98亿元,比年初增加80.74亿元。其中,居民储蓄存款余额192.28亿元,比年初增加21.90亿元;金融机构各项贷款余额279.82亿元,比年初增加62.26亿元。其中,短期贷款余额100.22亿元,比年初增加41.27亿元;中长期贷款余额168.67亿元,比年初增加26.90亿元。

年末,全市共有各类保险及保险代理公司15家。全年保费收入6.37亿元,比上年增长32.2%。其中,财产险保费收入3.24亿元,增长45.9%;人身险保费收入3.13亿元,增长20.3%。全年各类保险赔款给付支出1.58亿元,比上年增长15.2%;其中,财产险赔付1.22亿元,增长25.4%;寿险给付3 559万元,下降10%。

【教育】 年末,全市共有普通高等院校1所。全年招收学生1 026人,与上年相比减少294人;毕业生1 032人,比上年增加289人;在校生3 975人,比上年增加8%;专任教师208人。

年末,全市有中等职业专业学校1所,当年招生1 588人,比上年增加471人;在校生3 610人,较上年增加682人;毕业870人,较上年增加295人;专任教师164人。普通高级中学6所,当年招生3 036人,在校生10 314人,毕业生3 560人,专任教师760人。年末,共有初级中学17所,招生5 820人,在校生17 919人,毕业生6 306人,专任教师1 323人。小学30所,招生4 074人,在校生31 116人,毕业生5 887人,专任教师2 278人。特殊教育学校1所,在校生88人,毕业生5人,专任教师30人。幼儿园53所,在园幼儿11 590人,专任教师648人。2010年校安工程共完成投资4.94亿元。

【科技】 乌海市全年大中型工业企业R&D经费支出25 217万元,比上年增长299.64%。全年申请专利40项,授权专利37项,取得自治区科技成果21项,获得自治区科技进步三等奖3项。全市认定、登记技术合同22项,合同成交额14.28亿元,其中,技术交易额948万元。

【文化】 年末,全市共有公共图书馆3个,总藏书41.32万册,比上年增长27.7%。全市市属专业艺术表演团体1个,举办演出216场。拥有书画院1个,共有书、画作品1 170幅。拥有文化部门艺术表演场所1个,全年共演出537场。拥有电视台1座,开播无线电视频道5个,无线电视节目达到5套。广播、电视综合覆盖率分别达到97.6%和98.1%,实现了"村村通"。全市拥有国家级重点文物保护单位1处,自治区级重点文物保护单位4处,市级文物保护点10处。乌海地区注册登记的博物馆3座,馆藏文物2 000多件。《乌海日报》年发行量11 700份。

【卫生】 年末,全市共有各类卫生机构277个(不含村卫生室)。其中,医院16个,社区卫生服务中心(站)15个,卫生院4个,诊所、卫生所、医务室223个,采供血机构1个,妇幼保健院(所、站)3个,专科疾病防治院(所、站)2个,疾病预防控制中心4个,卫生监督所(中心)4个,健康教育所(站、中心)1个。医疗卫生机构实有床位2897张。其中,医院2 240张,社区卫生服务中心381张,卫生院74张,妇幼保健院162张,专科疾病防治院(所、站)40张。全市卫生技术人员3 253人。其中,执业医师1 142人,助理执业医师133人,注册护士1 158人。

【体育】 全市共有各级各类体育场地676处。其中,体育馆12个(综合体育馆2个,游泳馆1个),门球场3片,塑胶田径场17个,体育生态公园1个。2010年新建体育馆2个,体育生态公园1个,采购全民健身路径80套。全市共实现全民健身路径1 539条,全市体育场地占地面积12.3万平方米。年内经常参加体育锻炼人数达25.9万人次。共获得自治区各类比赛奖牌186枚,比上年增加63枚。其中,金牌76枚,银牌52枚,铜牌58枚。

【人民生活】 年末,全市常住总人口53万人。城市居民人均可支配收入达到19 741元,比上年增长12%,扣除价格因素,实际增长8%。人均消费支出为16 680元,比上年增长11.5%,扣除价格因素,实际增长7.5%。2010年,城市居民恩格尔系数为29 %,比2008年上涨0.9个百分点。城镇居民人均住房建筑面积30.68平方米,比上年增加0.38平方米。农区居民人均纯收入9 244.7元,比上年增长12.4%,扣除价格因素,实际增长8.4%。农区居民恩格尔系数为37.4%,较上年提高2个百分点。农区居民人均住房面积29.92平方米,与上年持平。

【社会保障】 年末,全市基本养老保险参保职工137 167人,同比增长10.7%;基本医疗参保442 282人,同比增长2.1%;失业保险参保人数为105 013人,同比增长7%;工伤保险参保人数为88 004人,同比增长7.6%;生育保险122 670人,同比增长36.2%。城镇登记失业率为4.38%。参加新型农区合作医疗的人数达36 492人。全市享受城市最低生活保障11 198户,比上年减少1 913户,惠及居民为23 152人;享受农区居民最低生活保障3 029户,较上年减少347户,惠及居民为5 942人。2010年共投资2.18亿元,建设廉租房3 312套,建筑面积为14.77万平方米。年末,全市各类收养性社会福利单位3家,床位280张。

【再就业】 年末,全市就业人员26.34万人,比上年末,增加1.09万人,同比增长4.3%。其中,城镇就业人员24.59万人,同比增长4.9%。第一产业就业人员1.31万人,同比下降32.1%。第二产业就业人员10.55万人,同比增长7.9%。第三产业就业人员14.48万人,同比增长6.9%。城镇单位从业人员9.58万人,同比增长3.9%,其中,在岗职工9.41万人,同比增长4.8%。

【环境保护】 城市污水处理率达到89.8%,乌海市中心城区空气质量达到二级和好于二级的天数为295天,比上年增加5天,占全年总天数的80.8%,比上年提高1.3个百分点。建成区绿化覆盖率达到34.46%,比上年提高1.46个百分点。人均公共绿地11.86平方米,比上年增加1.16平方米。2010年,全市完成环境污染治理项目35个,完成环境污染治理项目总投资1.7亿元。

(方志科)

海勃湾区

【领导名录】

区委书记:霍照良(蒙古族)

人大主任:霍照良

区　　长:全党民

政协主席:关旭汉(满族)

武装部长:张　健

政　　委:高　华(6月离任)　白永明(6月任职)

【概况】 海勃湾区总面积529平方公里,辖1镇6个街道办事处。年底,全区总人口28万人,其中,流动人口5.41万人,居住有蒙古、汉、回、满等30个民族。2010年,地区生产总值完成147亿元,同比增长18.5%;财政收入完成24.7亿元,同比增长24.5%;城镇居民人均可支配收入、农区居民人均纯收入分别达到21 186元和9 481元,同比均增长12%;全社会固定资产投资完成110亿元,同比增长34.1%。

【农业】 全年完成农业增加值1.2亿元,同比增长6%。加强农业科技服务与引导,深入推进农业结构调整,大力发展葡萄、蔬菜等特色主导产业,保护地和葡萄种植面积分别新增240亩和3 700亩。大力扶持农业龙头企业发展,投资9 100万元,实施农业产业化项目10个,农业企业达30家,销售收入超百万元的农业企业达10家。重点加强机场路沿线葡萄观光长廊建设,汉森葡萄酒庄园建成运营,岱山农业科技园和新时针等一批生态农庄建设进展顺利。投入2 300余万元,完成园区道路、绿化、供水、集中供暖等基础设施工程,推进育苗、花卉、瓜果等高效作物规模种植,被评为自治区农业科技园区。实施农业扶贫开发项目5个,完成节水灌溉、大型沼气综合利用等工程,培训农区居民4 200余人次,转移农区劳动力1 160人。落实支农惠农政策,发放粮食直补、葡萄补贴、"家电下乡"等各类涉农补贴约330万元。

【工业】 全年完成工业增加值76亿元,同比增长22%;新增规模以上工业企业9家,总数达53家,其中,销售收入超亿元企业21家;引进和实施总投资达182亿元的32个新建、续建重点项目,其中,投资超亿元项目26个。京海2×30万千瓦煤矸石发电项目并网发电,4个300万吨洗煤、3个百万吨焦化、2条百万吨水泥熟料生产线和包钢万腾钢铁高炉技改项目建成投产或开工建设,蓝星低辐射镀膜玻璃、华油和华清焦炉煤气综合利用、海矿天安煤矸石利用等项目进展顺利,传统产业循环体系建设初具规模。陕汽液化天然气专用车、冀东专用车改装等6个机械装备制造项目开工建设,斯凯夫高档油漆、维斯通管材及天宇化工高岭土深加工等新材料项目,蓝星15兆瓦非晶硅薄膜电池及2兆瓦非晶硅光伏地面电站等新能源项目进展顺利,隆兴佰鸿LED节能灯具、新通领电线电缆等节能环保及非资源型项目建成投产,以新兴产业为支撑的现代产业体系初步形成。投入3.2亿元,加快推进园区水、电、路、暖、污水和固废处理等基础设施建设,全面推进企业"四化"工程,入园企业达89户,以千里山工业园区为核心,以煤炭洗选加工区、商砼区、小型工业和服务业加工区为配套的"一园三区"发展布局日渐成型。

【财政】 2010年地方财政收入完成247 049万元,完成年度预算的96.4%,同比增收49 130万元,增长

24.8%。其中,上划中央收入完成115 035万元,完成年度预算的84.7%,同比增长20.6%;上划自治区收入完成22 222万元,完成年度预算的99.9%,同比增长29%;地方一般预算收入完成109 792万元,完成年度预算的111.87%,同比增长28.6%。全区财政支出完成145 476万元,完成年度预算的87.5%,同比增支20 840万元。

【招商引资】 1~12月份,全区上报市招商局招商项目38个,引进市外国内到位资金58.7亿元,完成年度目标任务的106.74%,同比增长70.32%。

【基础设施建设】 实施旧城拆迁改造项目46个,完成拆迁3 033户,拆迁净地面积148.8万平方米,建成亿信国际、盛世华庭等一批高标准住宅小区。新建、改扩建黄河东街、海达街、海拉路等12条街路,高标准完成海北大街沿路景观美化亮化一体化改造,新建公交港湾停靠站及候车亭74个、交叉路口遮阳棚11座,更新完善路灯、交通信号灯等配套设施,城区通行状况极大改善。结合街路改造,同步完成人民路等5条街路商招店招改造和新华街等3条街路两侧建筑亮化工程。建成神华墨玉广场、乌珠慕主题公园、明珠广场和30多处景观绿地,建成如意、岱山等7个人工湖,新增公共绿地80余万平方米,建成区绿化覆盖率达35%。完成供热管网、生活垃圾综合处理厂二期改扩建等工程,新建5座压缩式垃圾转运站,更新了一批机械化环卫设施设备。

【环境保护】 继续实施三北防护林四期工程,投入2 000余万元,完成110国道、机场路沿线、京海电厂沿路等重点生态绿化工程,全年新增造林1.5万亩,森林覆盖率达21.8%。深入实施"蓝天工程",全部拆除60万吨以下焦炉,关停取缔落后产能及环境违法企业59家,削减二氧化硫排放量1万余吨,单位生产总值能耗同比下降8.5%。加强工业污染源防治,完成黄河流域项目治理任务,推进矿山环境综合整治,城区空气质量二级标准以上天数超过290天。

【科技】 安排科技三项费1 208万元,实施科技项目29项,其中,自治区级以上9项。推进科技成果转化,获得授权专利13件,取得科技成果12项。促成多家企业与科研院所进行项目合作,产学研联合进一步加强。

【教育】 投入1.1亿元,全面实施中小学校舍安全工程,整合撤并平沟一小和千里山学校初中部,新建、改扩建校舍5.3万平方米,建成5个标准化塑胶操场,更新一批教学仪器设备。充分利用师资培训基金,加强与北师大和呼市新城区2个师训基地的合作。

【卫生】 推行公共医疗卫生服务均等化,投入2 700余万元,开工建设新华、凤凰岭2个社区卫生服务中心,完成千里山镇中心卫生院改扩建工程,建成疾控中心、卫生监督所办公楼和千里山镇、滨河及海北3个社区卫生服务中心。实施基本药物"零差率"销售等惠民举措,减免医药费用210余万元。

【文化】 投入5 100余万元,改造提升文体中心、图书馆等4个文体场馆,建成青少年宫、实验小学(西校区)体育馆,新增场馆面积达9 500平方米。

【再就业】 1~12月份城镇新增就业2 629人,完成目标任务的116%;再就业1 856人,完成目标任务的116%;其中,就业困难对象再就业1 102人,完成目标任务的116%;培训失业人员2 232人,完成目标任务的101%,农牧民转移技能培训400人,完成目标任务的100%;失业保险参保人员14 000人,完成目标任务的108%,失业保险核定857万元,完成目标任务的214%。累计为290名失业人员发放失业保险金185.6万元,发放率为100%。发放小额担保贷款1 799万元,完成目标任务的112%。

【社会保险】 全年纳入养老保险统筹范围的单位有344户,参加基本养老保险人数达26 329人,完成目标任务的112%。其中,行政事业单位96户,参保1 429人;各类企业参保182户,参保4 705人;个体劳动者及灵活就业人员参保13 020人;农垦企业职工参保770人;医疗保险参统单位共363家,参统人数达31 008人,城镇居民参保119 006人,工伤保险参保企业186家,参保人数16 800人;生育保险参保177户,参保人数27 200人。社会化管理服务率为100%。

【人口与计划生育】 海勃湾区总人口279 849人,其中,流动人口54 130人,已婚育龄妇女67 545人。全区出生人口2 424人,人口出生率8.64‰,出生人口性比109.33,非政策生育149人,符合政策生育率93.85%,人口自然增长率5.85‰,综合节育率90.74%。

【社会保障】 至12月底,共有低保对象4 281户、9 352人,发放低保金3 358.3万元。新增低保对象527户、1 316人。停发低保对象810户、2 161人。为4 345户低保户每户发放取暖补贴870元,共发放补贴378万元。

为低保对象垫付最高2 000元的应急救助金,缓解了低保户"看病难"问题。2010年,开展医前救助60人,发放救助金额8.1万元;大力开展医后救助,已救助229人,发放救助金189.2万元。为低保户中新人学大学生按照本科 2 500 元、专科 1 500 元标准给予救助,共救助本科生 41 人,发放入学补助 10.25 万元;专科生 62 人,发放入学补助 9.3 万元。

【沙尘暴灾害】 共造成 504 户 1 364 人,54.7 公顷的大棚和温室的蔬菜受灾,经济损失 737.8 万元。灾情发生后,积极争取救灾款共 50 万元,已全部下拨到受灾地区。 (陈文杰)

乌 达 区

【领导名录】

区委书记:丁欣亮

人大主任:青格乐(蒙古族 12 月离任) 朱秀花(女 12 月任职))

区　　长:包　野(蒙古族)

政协主席:刘绥峰(6 月离任) 王子林(12 月任职)

武装部长:姜军文

政　　委:叶　林

【概况】 乌达区属内蒙古自治区乌海市辖区之一,位于乌海市西南部,西靠贺兰山脉北段,南、西、北与阿拉善盟接壤,东临黄河,与海勃湾区、海南区隔河相望。区辖地南北长约 21.5 公里,东西宽约 16.4 公里,地理坐标为北纬39°26′~39°38′,东经 106°36′~106°46′,总面积 219.716 平方公里。乌达区辖一镇七个街道办事处,40 个社区居委会和 6 个村委会。国道 110 线斜穿境内,乌巴线在境内与 110 国道相接,公路纵横成网,四通八达,区政府驻巴音赛办事处,全区常住人口为 126 309 人,居住着蒙、汉、回、满等 17 个民族。

2010 年,全年实现地区生产总值 120.15 亿元,同比增长 19.6%。第一产业完成 0.89 亿元,比上年同比增长 7.2%;第二产业完成 94.43 亿元,比上年同比增长 22.2%;第三产业完成 24.82 亿元,比上年同比增长 13.1%。财政收入完成 16.23 亿元,同比增长 7%。

【工业】 全区工业总产值完成 205.13 亿元,同比增长 41.5%。国有控股企业总产值完成 66.27 亿元,同比增长 16.7%;非公有工业总产值完成 119.69 亿元,同比增长 39.5%;工业产品销售产值完成 191.93 亿元,同比增长35.6%。规模以上主要工业产品产量原煤完成 447.16 万吨,同比下降 8.1%;洗煤产业完成 927.41 万吨,同比增长 20.4%;焦炭产业完成 55.93 万吨,同比增长 26.8%;电石产业完成 74.6 万吨,同比增长 0.5%;聚氯乙烯树脂产业完成 59 万吨,同比增长 2420.4%。年内,工业园区规模以上企业实现工业总产值 139.54 亿元,同比增长 47.9%;工业增加值同比增长26.6%;实现销售产值 129.57 亿元,同比增长 45%。

【农业】 全年完成农林牧渔业总产值 14 640 万元,比上年同期增长 9.1%。农作物播种面积达 1 986 公顷,比上年同期下降 1%。其中,粮食作物达 1 122 公顷,比上年同期增长24.3%;经济作物达 399 公顷,比上年同期下降 0.3%;蔬菜达 461 公顷,比上年同期下降 31.8%;瓜类达 2 公顷,比上年同期下降81.3%。年内猪肉产量 1 432 吨,同比增长12.4%;牛肉产量 14 吨,同比增长 27.3%;羊肉产量 302 吨,同比增长 4.1%;禽肉产量256 吨,同比增长 16.4%。年末,大牲畜存栏数达 628 头,同比降低 17.6%。

【固定资产投资】 2010 年,固定资产投资总额完成 580 542 万元,同比增长 34.4%。第一产业完成投资 4 600 万元,同比增长 736%;第二产业完成投资 434 328 万元,同比增长 23.1%;第三产业完成投资 141 614 万元,比上年同期增长 80.2%。其中,房地产开发投资 3 180 万元,比上年同比下降 91%。

【财政】 2010 年,地方财政总收入预计完成 160 330 万元,按可比口径计算是“十五”期末的 3.25 倍,年均递增 26.54%。其中,地方财政一般预算收入预计完成 61 644 万元,是“十五”期末的 3.57 倍,年均递增 28.99%。

【人民生活】 2010 年,城镇居民人均可支配收入达到 19 223 元,同比增长 12%;城镇居民人均消费性支出达到 14 339 元,同比增长17.9%;农区居民人均纯收入达到 9 562 元,同比增长 12.6%;农区居民人均总支出达到10 069元,同比下降 7.2%。

【再就业】 乌达区实现城镇新增就业 2 570 人,下岗再就业 1 680 人,其中,就业困难人员再就业 998 人;就业培训 5 501 人,培训后实现就业 1 608 人;创业培训 970 人 ,成功创业 562 人,带动就业 2 166 人;农牧民转移培训 402 人。失业保险参保 16 008 人,完成年度目标的100%。城镇登记失业率控制在4.5%之内。开发公益性岗位415个,动态消除零就业家庭31户。

【社会保障】 乌达区城镇职工基本养老保险参保27 493人,完成108%,其中,企业职工参保17 680人;基本养老保险费源核定9 010万元;现共有企业退休人员10 209人,纳入社区管理服务率为96%;城镇基本医疗保险参保90 033人;城镇职工工伤保险参保13 205人,完成100%,其中,农牧民工参保4 202人;城镇生育保险参保9 704人,完成49%。为3 650名关闭破产国有企业未参加城镇职工基本医疗保险退休人员办理了一次性缴费手续。为库区移民、旧城区改造搬迁人员、公共基础建设、工业园区建设搬迁居民及符合条件的居民办理缴纳养老保险等相关手续,乌达区共涉及淹没区居民5 510人,有1 080名人员达到法定退休年龄。城乡一体化居民养老保险已登记1 856人,其中,拆迁居民621人、残疾人47人、优抚对象4人。

2010年全区享受最低生活保障共有3 250户、6 903人,累计支出低保金2 560万元。其中,A类27人,占低保总人数的0.5%;B类3 448人,占低保总人数的49.9%;C类3 428人,占低保总人数的49.6%,全区低保对象占总人口的5.56%。

【环境保护】 2010年,对城区空气环境监测334天,其中,空气质量为优、良好天数232天,与去年同期(226天)相比增加了6天,二氧化硫、二氧化氮、可吸入颗粒物年日均浓度值与去年同期相比分别有所下降;加强对一、二级水源地保护区监管力度,无新建排污口及违规项目,截至年底,对饮用水源地现场监察12次,饮用水源水质每月监测一次,达标率为100%;加大主要干线和区域环境噪声的检查力度,在城区设立5条机动车禁鸣街路和重型车辆禁行道路;严格控制建筑工地夜间施工,认真执行夜间施工环保审批制度,全年共审批9次;开展了交通干线噪声和区域噪声监测,平均等效声级分别为63.7分贝和53.3分贝,未超过国家声环境质量标准。2010年共安排11个二氧化硫减排项目(结构调整项目8个、工程治理项目3个)和2个化学需氧量减排项目(工程治理项目),与6家企业签订了《主要污染物总量减排责任状》,加大监管力度,对重点减排企业采取定期、不定期和随时检查相结合的工作机制,确保了减排各项措施的落实。

【人口】 总人口126 309人,其中,流动人口5 597人、已婚育龄妇女28 862人。出生823人,其中,符合政策生育774人,符合政策生育率为94.05%(剔除流动人口政策外生育,符合政策生育率为95.40%),已婚育龄妇女综合避孕率为92.04%,人口自然增长率为3.67‰。

【卫生】 2010年乌达区共投资875万元开工建设区中心医院门诊住院综合楼项目,建筑面积5 891平米,预计2011年5月份投入使用。按照镇、各办事处的行政区划,同步考虑城区布局结构调整和矿区人口搬迁,乌达区重新设置4个社区卫生服务中心(巴音赛、新达、五虎山、三道坎)、2个社区卫生服务站(苏海图、梁家沟)、1个镇卫生院(乌兰淖尔镇卫生院)。2010年乌达区在所有社区卫生服务机构推行基本药物零差率销售,为社区卫生服务机构配送基本药品212种,总金额53 658元。

【教育】 2010年,全区中考600分以上考生55人,乌海市第十二中学各项指标均处全市第2位。乌达区普通高考报考人数1 020人,其中,一本上线54人,二本(包含音体美)上线422人,三本上线273人,本科上线共计722人,本科上线率为71%。600分以上5人,理科最高分627分,文科最高分578分。全年本科升学率较2009年增加了5个百分点。

继续实行"四免一补"和贫困生资助政策,年内共有12 954名中小学生享受"四免一补"政策,其中,免除杂费174万元、免教科书费257万元、免作业本费52万元。补助寄宿生生活费180人共计6.8万元。

北师大乌海附属学校一期工程小学教学楼3栋竣工使用,三期工程中学教学楼4栋、地下车库、连廊等项目已完成封顶,篮球场、主席台、看台、围墙、300米塑胶跑道竣工交付使用。乌海市第十二中学文体馆二层封顶;乌达区胜利街小学综合功能楼二层部分浇筑;巴音赛街小学综合功能楼一层封顶;乌达区新建新达小学、新建十六中正在进行基础施工,爱民佳苑幼儿园预计年底竣工交付使用。

【文化】 乌达区制定了《乌达区书画院2010—2015规划》、《书法进机关、进社区、进学校、进企业培训方案》,每月定期举行一次书法培训活动,各机关、企事业单位以及乡镇、办事处共有274名书法爱好者报名参加,年底共培训了千余人次。共举办消夏广场文化艺术节10场次,社区文化艺术节7场次。乌达区积极向上级部门争取“草原书屋”项目,当年为11个社区争取了3万余册图书,包含1 700多个品种,充实了基层图书室。乌达区图书馆不断强化服务功能和服务质量,吸引读者万余人次,并被评为国家旗县级一级馆。乌达区在党史研究方面走到自治区前列,出版了《乌达区组织机构沿革史》,在自治区101个旗县区中属首例,被自治区党史研究室评为先进集体的同时该书获“新世纪以来全区党史部门党史优秀成果奖”著作类三等奖。

【体育】 在“八进”社区活动中为新达佳苑、爱民佳苑、滨海社区购置体育健身锻炼器械24件(共5.1万元);积极支持“十二运”工作,保质保量为“十二运”选派了62名裁判员;成功组织了一届全区职工篮球赛。

【基础设施建设】 2010年,全区城市建设完成投资约18.07亿元(其中,拆迁资金完成2.28亿元),完成建筑面积62.3万㎡,完成绿化面积104.9万平方米,共计完成拆迁2 534户,完成拆迁建筑面积22.16万平方米,拆迁占地面积51.35万平方米。

开工建设了人民广场改造工程、人民公园改造工程及巴音赛河两岸绿化、110国道、棚户区主要道路绿化等绿化工程和西山生态公园景观工程,总投资约2.87亿元,当年完成投资19 329万元,完成绿化面积104.9万平方米。市政道路亮化及桥梁建设工程总投资28 201万元,累计完成投资24 164万元,当年完成投资17 900万元。城市公用设施工程总投资21 085万元,累计完成投资11 415万元,当年完成投资1 873万元。

【招商引资】 2010年,引进市外国内到位资金497 760万元,同比增长63.06%,完成市级目标任务44亿元的113.13%,完成区级下达目标任务34亿元的146.40%。

(李胜男 王卉 塔娜)

海 南 区

【领导名录】

区委书记:陈文库
人大主任:王培林
区　　长:苏　和(蒙古族)
政协主席:吴耀峰
武装部长:李方平(5月离任) 岳应斌(5月任职)
政　　委:于　江

【概况】 海南区是乌海市三个市辖区之一,位于市区南部。地理坐标为北纬39°15′~39°32′,东经106°40′~107°09′,东连鄂尔多斯市鄂托克旗,西隔黄河与乌达区相望,南与宁夏回族自治区石嘴山市、陶乐县毗邻,北与海勃湾区相接。区域南北长约50公里,东西宽约20公里,行政区域面积1 005平方公里,占乌海市总面积的57.29%。全区辖巴音陶亥、拉僧庙、公乌素三镇和拉僧仲、西卓子山两个街道办事处。2010年,海南区常住人口103 355人,少数民族有蒙古、回、满、达斡尔、锡伯等16个民族。生产总值完成122.41亿元,财政总收入完成18.6亿元。城镇居民人均可支配收入和农区居民纯收入分别达19 386元和8 601元,分别比上年增长12%和10.8%。

【农业】 2010年,全区农业增加值完成1.56亿元,同比增长7%。耕地面积3 703公顷,其中,粮食作物播种面积2 709公顷,粮食产量19 124吨;蔬菜种植面积345公顷。年末,牲畜存栏7.06万头。其中,大牲畜0.27万头;羊5.22万只;猪1.57万头。猪牛羊肉产量5 826吨;羊毛产量178吨。全年完成土地流转面积1 500亩。全年共免疫牲畜26.43万头(只)次,禽类免疫69.81万羽次。全区标准化猪、禽养殖场有伟益、虎望庄、红墩绿源、焱盛、巴音宝5家。

【工业】 规模以上工业企业有60户,完成工业总值202.34亿元,同比增长51.2%。其中,国内投资企业59户,完成工业总值201.87亿元,同比增长51.4%;外商投资企业1户,完成工业总值0.47亿元,同比减少4.7%。工业增加值完成89.82亿元,同比增长25.7%。煤化工、氯碱化工基地初具规模,已建成和在建的百万吨焦化项目8个、160万吨以上重介洗煤项目20个、30万吨以上煤炭生产企业23户、氯碱化工项目5个。延伸工业产业链条,神华30万吨甲醇,黑猫30万吨煤焦油深加工、16万吨炭黑,海亮4万吨PVC管材项目建成投产;东药乌海化工丙炔醇、盛远塑胶PVC软制品、明海锆业氯氧化锆等项目开工建设。提高资源综合利用水平,神华2×20万千瓦煤矸石发电、华资2.4万千瓦焦炉尾气发电、赛马日产2 500吨新型干法水泥、鸿谊1.6亿块煤矸石烧结砖、华油焦炉煤气制天然气和清洁燃料油等项目开工建设。

【基础设施建设】 城市建设重点工程完成投资7.28亿元,其中,市政基础设施完成投资1.76亿元;保障性住房工程完成投资1.02亿元,新建保障性住房23.9万平方米;城市拆迁完成投资4.5亿元。多渠道筹资2.2亿元,新修改造城区公乌素街、广场路、海拉路等8条街路,铺装道路里程13.5公里;铺设给水管网14.6公里、供热管网3公里,新增集中供热面积32万平方米,新增改造园林绿化面积106.4万平方米,天然气入户5 962户。区人民公园、黄河路互通立交桥、生活垃圾无害化处理厂开工建设。旧城拆迁改造力度加大,投资5.6亿元,完成拆迁1 471户,收储土地326万平方米,新增建筑面积9.5万平方米。实施了城区巴彦乌素街、海拉路两侧建筑物立面改造和居民区巷道硬化;强化规划执法监察,拆除违规违章建筑2.6万平方米。铁神物流园二期、同洲物流园一期和海南长途汽车站投入运营,广东塑料交易所PVC物流交收仓储中心、如意俊安物流园和百盛购物中心开工建设,完成二十五公里地区多功能物流园规划,启动金和泰、通用银泰广场和明达花园、东方丽景等一批房地产开发项目。狠抓安全质量生产责任制落实,全区在施建筑工程项目共32项。

【环境保护】 投资1.3亿元,大力实施环城绿化、天然林保护、三北防护林四期等重点工程,新增生态治理面积5万亩,建成区绿化覆盖率达到36%。深入开展企业清洁安全文明生产,投资2.4亿元实施企业“四化”工程。积极开展重点行业企业环保整治专项行动,依法关停取缔不符合产业政策企业34户,淘汰落后产能67.6万吨,焦炉煤气实现综合利用,当年完成二氧化硫减排项目33个,全年削减二氧化硫12 606吨,新增项目17个,新增二氧化硫排放量1 734吨,全年净削减10 872吨,比计划多削减859吨。削减化学需氧量327吨,城区空气质量二级以上天数预计达到230天。

【教育】 全区共有中学4所、小学6所、幼儿园24所。共有专职教师763人,在校生10 182人。全年“四免一补”免补资金共计683.65万元。2010年秋季,将逸夫小学(教学点)整合至巴音陶亥学校。为145名新入学大学生提供86.8万元助学贷款。资助贫困学生136人次,资助资金7万余元。海南区年度教育工作优秀区已通过自治区督导评估验收。实施学校标准化建设和中小学校舍安全工程,投资7 274万元,新建改建区一完小、三完小、四完小、市十八中、市二十二中学等5所学校校舍建筑面积3万平方米。

【科技】 海南区被中国科协评为2011年-2015年度全国科普示范县(市、区)创建单位;海南区农村专业技术协会荣获2010年全国科普惠农先进称号;“高硫、高灰焦煤配粘合剂炼焦生产一级冶金焦技术的研究及应用”项目获得自治区科技进步二等奖。西水公司荣获自治区“十大科技企业”称号,“黑猫”牌炭黑获“自治区十大科技名牌产品”。引进推广新技术、新品种12项。黑猫公司研发的“工程轮胎胎面胶N231炭黑”1项炭黑新产品填补了国内空白;西水公司的“转路基缓凝水泥及其生产方法”、“干法窑窑头冷却装置”2项发明专利进入国家实审阶段;海亮塑胶公司的“内镶式滴灌带”和盛远塑胶公司的“不消光高光压延膜生产工艺”2个项目正在申请国家专利;黑猫炭黑公司的“年产4万吨硬质炭黑反应炉装置”1个项目通过自治区科技成果鉴定;神华乌海能源公司西来峰焦化厂的“捣固机卸料斗与装煤车连锁装置”1项项目被列为自治区知识产权专项项目。黑猫、海化研发中心建设被列入市级2个科技重点项目。海亮塑胶公司的“内镶式滴灌带的开发”和“环保型硬质PVC大口径管材开发”2个项目通过市级科技成果鉴定;黑猫炭黑已获得国家实用新型专利7项;海亮塑胶公司是我市目前投产的唯一一家PVC深加工企业。共认证无公害蔬菜生产基地7 500亩、无公害农产品11个。现有市级科技示范基地3个、示范村1个、示范户3户;共有18名农业科技特派员。巴音宝养殖公司成为全国21个“国家蛋鸡标准化养殖示范区”之一,蛋鸡养殖标准被列为全市蛋鸡标准化养殖的行业推荐标准。

【卫生】 2010年,卫生机构数53所,其中,医院3所,卫生院3所。病床数380张,其中,医院238张,卫生院24张。全区有卫生技术人员466人,其中,医院238人,卫生院27人。

投资1 220万元建设区人民医院门诊楼、附属楼;投资120万元完成对巴音陶亥镇卫生院改扩建工程;投资750万元建设拉僧仲办事处社区卫生服务中心、公乌素镇社区卫生服务中心。医院共接诊门诊患者53 451人次,住院患者2 487人次,实施手术290例,体检7 000人次。

【劳动就业】 年内城镇新增就业2 518 人,共有811名就业困难人员实现了再就业。共安置失业人员再就业1 161 人。2010年就业再就业培训1 919 人;培训后实现就业1 535 人;创业培训960人,成功创业人数580人;带动就业2 180人,农牧民转移技能培训204人。已累计为“4050”灵活就业人员发放补贴金446万元,享受补贴人员2 249 人次。通过家政服务、保洁、绿化、保安等公益性岗位安置277 人。

【社会保障】 年末,养老保险参保单位196户,参保职工24 788 人,核定养老保险费8 082 万元;城镇职工医疗保险参保单位203户,参保职工21 990 人,核定基本医疗保险费3 120 万元;大额医疗保险费207 万元;城镇居民基本医疗保险参保54 012 人;工伤保险参保单位146户,参保职工17 503 人,核定工伤保险费1 076万元;生育保险参保单位81户,参保职工18 405人,核定生育保险费316万元;失业保险参保单位108户,征缴失业保险额447万元,核定人数11 240 人,清欠失业保险金148万元。

至12月底核定低保户3 669 户、7 259 人,低保标准由上年的250元提高360元。全年累计发放低保金2 222 万元(含生活补贴174万元),为每户低保户发放取暖费870元,共发放补贴319.2万元。重点开展大病医后和日常医疗救助,全年共救助贫困居民2 970户(人),发放医疗救助金220.8万元。

(李建平 彭忠峰 王佳佳 李华平)

阿 拉 善 盟

【党政军领导名录】

盟　委

书　记:王玉明

副书记:鲍常青(蒙古族) 王金喜(4 月离任) 谭景峰(7 月离任)

委员:文民 喇军(蒙古族) 巴图朝鲁(蒙古族 12 月离任) 查斯太(蒙古族) 薛成友 魏国权(蒙古族) 萨仁图雅(女 蒙古族)

人　大

主　任:孟和吉日格勒(蒙古族)

副主任:孙万元 赞德来(蒙古族) 孙果兴 郭秀珍(女) 张志中

行　署

盟　长:鲍常青(蒙古族)

副盟长:文民 巴图朝鲁(蒙古族) 龚家栋(10 月离任) 李超英(10 月离任) 王玉宝(蒙古族) 张国良(10 月离任) 田德志 徐景春(10 月任职) 周岩(满族 10 月任职) 赵占军(10 月任职)

政　协

主　席:蔡·铁木尔巴图(蒙古族)

副主席:冯贵林 陶克图(蒙古族) 赵红岩(女 蒙古族) 陈文斌 孟和朝鲁(蒙古族) 王秋才 许景春

纪检委

书　记:喇　军(蒙古族)

政法委

书　记:巴图朝鲁(12 月离任) 查斯太(12 月任职)

法　院

院　长:张学忠(蒙古族)

检察院

检察长:董　贵

公安局

局　长:李中亚

军分区

司令员:李德海

政　委:薛成友

【概况】 阿拉善盟位于内蒙古自治区最西部,东经 97°10’~106°352’、北纬 37°24’~42°47’,东与乌海市、鄂尔多斯市、巴彦淖尔市相连,南与宁夏毗邻,西与甘肃接壤,北与蒙古国交界,边境线长 735 公里。总面积 27 万平方公里,是内蒙古自治区面积最大、人口最少的盟市。

新中国成立后,先后五次变更隶属关系,曾归宁夏、内蒙古、甘肃管辖。1979 年重新划归内蒙古自治区,1980 年 5 月 1 日成立阿拉善盟。现辖阿拉善左旗、阿拉善右旗、额济纳旗 3 个旗和 2 个自治区级开发区(阿拉善经济开发区、孪井滩生态移民示范区),共有 24 个苏木(镇)、191 个嘎查(村)、4 个街道办事处和 53 个社区。盟府所在地巴彦浩特镇,素有“小北京”之称,为全盟政治、经济、文化中心。

阿拉善地区属内蒙古高原的一部分,地势南高北低。盟内东部边缘有黄河流径 85 公里;西部有源于祁连山的黑河水蜿蜒 800 公里注入居廷海,沿途形成居延绿洲。著名的巴丹吉林、腾格里、乌兰布和三大沙漠横贯全境。阿拉善盟是自治区最主要的湖盐产地,在全国湖盐业生产中占有重要地位,主要是吉兰泰、雅布赖、查干布拉格等盐池,探明储量达 1.62 亿吨;天然碱产地 10 处,总储量 57.76 万吨;硝产地 30 处,总储量 1 亿吨。煤炭资源丰富,煤种齐全,煤质优良,主要分布在贺兰山、长山子、西戈壁滩三大含煤区,矿区 16 处,探明煤炭储量达 13.9 亿吨,其中,无烟煤探明储量 4 亿吨。

2010 年,实现地区生产总值 305.89 亿元,与 2009 年相比,第一、二、三产业增加值分别为 8.50 亿元、248.02 亿元、49.37 亿元。三次产业结构的比例由上年的 3 : 78 : 19 调整为 3 : 81 : 16。全年地方财政总收入 42.61 亿元,比上年增长 30.6%;财政支出 51.90 亿元,比上年增长 25.2%。全年居民消费价格总水平比上年上涨 4.0%。商品零售价格上涨 4.0%;农业生产资料价格上涨 3.8%;工业品出厂价格指数上涨 7.86%。

【农业】 全盟农作物播种面积 32 114 公顷,比上年增加 563 公顷,粮食总产量 171 444 吨,比上年增产

14 959吨。年末,农牧业机械总动力25.26万千瓦,增长3.50%。农用化肥施用量15 642吨,增长58.06%,农牧区用电量14 962万千瓦小时,增长15.86%。本年有效灌溉面积达66.11千公顷,节水灌溉面积达18.98千公顷,新增水土流失治理面积0.92千公顷。

【畜牧业】 全年搬迁转移安置农牧民200户647人,解决贫困人口温饱2 412人。牧业年度牲畜存栏169.85万头(只),比上年同期减少1.69万头(只);牲畜出栏59.24万头(只),出栏率34.5%;牲畜总增46.61万头(只),总增率达27.2%;良种及改良牲畜总头数131.07万头(只),占存栏总头数的77.2%。全年肉类总产量15 234吨,减产36吨;羊毛产量689吨,增产23吨;山羊绒产量298吨,增产6吨。

【林业】 全盟确定的自然保护区9个,总面积303.81万公顷。其中,国家级自然保护区2个,自治区级自然保护区6个,旗级自然保护区1个。全年完成造林面积37 867公顷,其中,人工造林面积6 867公顷,比上年减少2 378公顷,飞播造林面积20 000公顷,比上年减少13 333公顷。年末,实有封山育林面积11 000公顷,比上年增加308公顷。

【工业】 全年实现全部工业增加值233.66亿元,比上年增长26.7%,占地区生产总值的76.39%。其中,规模以上工业企业增加值增长28.8%。全盟原煤产量突破千万吨,达1 467.47万吨,增长63.51%;原盐产量258.90万吨,增长31.44%。规模以上工业企业实现利税总额50.72亿元,同比增长101.17%。

【建筑业】 全年建筑业增加值14.36亿元,比上年增长14.9%。全盟具有资质等级的总承包和专业承包建筑业企业19个,建筑业总产值达7.11亿元,同比增长5.43%;房屋建筑施工面积63.51万平方米,增长83.80%;房屋建筑竣工面积56.09万平方米,是上年同期的3.46倍。房屋建筑竣工率88.31%。

【固定资产投资】 全社会固定资产投资总额175.39亿元,比上年增长30.06%,其中,城乡50万元以上项目固定资产投资174.39亿元,增长30.29%。在全盟固定资产投资中,第一产业投资3.55亿元,增长28.28%;第二产业投资109.48亿元,增长35.24%。其中,工业投资96.57亿元,增长25.03%;第三产业投资62.36亿元,增长21.96%。全年房地产开发投资11.03亿元,增长6.18%。

【贸易】 全年社会消费品零售总额36.90亿元,比上年增长19.56%。对外贸易进出口总额43 897万美元,是上年的2.36倍。其中,出口额4 543万美元,比上年增长43.50%;进口额39354万美元,是上年的2.55倍。主要出口商品有金属钠、氯酸钠、硫化黑、无毛绒、食用盐、焦炭、染料、建材等。策克口岸过货量866万吨,增长137.91%,进口原煤862万吨,增长143.16%。全盟实际利用外资580万美元,同比增长8.60%。

【招商引资】 4月7至9日,副盟长张国良率领三旗两区和盟发改委、经济信息化委、商务局、旅游局等有关部门负责人赴西安市参加第十四届中国东西部合作与投资贸易洽谈会。会上,阿拉善经济开发区同陕西北源化工有限公司签订5万千瓦光伏发电项目,孪井滩移民示范区分别同陕西双宇科技有限公司、中电东丰集团公司签订5万吨天然气合作开发项目和40万千瓦风力发电、10万千瓦的光伏发电项目,三项签约项目拟引进资金达91.25亿元。

9月7日,阿拉善昀生贸易有限公司20万吨/年石灰石造纸项目,内蒙古圣源化工有限公司8 000吨/年石化助剂项目,中国节能环保集团公司孪井滩光伏并网发电项目一期10兆瓦工程在孪井滩生态移民示范区举行开工奠基仪式。中国节能环保集团公司党委书记、副董事长陈津恩,盟委书记王玉明,盟委副书记、盟长鲍常青等领导出席奠基仪式。

【旅游业】 全年接待国内外游客174万人次(含一日游游客),实现旅游总收入11亿元,同比分别增长19.75%和37.5%。其中,入境旅游者2.58万人次,入境旅游收入1.01亿元;国内过夜旅游者102.65万人次,国内过夜游收入7.89亿元;一日游游客68.77万人次,一日游收入2.1亿元。

【交通 邮电】 全年交通运输业、仓储及邮政业实现增加值7.00亿元,比上年增长15.5%。年末,铁路总里程达1 344.5公里。公路总里程达7 897公里。年末,全盟机动车保有量达3.80万辆。其中,营运车1.43万辆,非营运车2.37万辆。

全年邮电业务总量86 378万元,比上年增长29.29%。固定及移动电话用户总数达393 682户,增长12.70%。互联网络用户33 502户,增长15.94%。

【金融 保险】 年末,全盟金融机构人民币各项存款余额155.93亿元,比年初增加13.34亿元,增长9.35%。全盟金融机构人民币各项贷款余额188.55亿元,比年初增加29.43亿元,增长18.50%。

全年保险业保费收入27 860万元,比上年增长30.68%,提高13.26个百分点。保险业赔付额6 204万元,增长27.50%。

【科技】 全盟表彰奖励17项科技成果。全年专利申请量7项,受理5项,科技发展计划项目34项,年内签订项目技术合同成交金额11 077万元,推广农牧业先进适用技术23项。

【教育】 年末,全盟共有各级各类学校58所,招生9 740人,在校学生34 205人,毕业生9 042人。全年有1 782人参加各类高考,录取1 591人。年内对全盟学前教育幼儿实施免保教费政策,共有3 746名幼儿享受此项政策,免保教费资金达337.14万元。全盟4 294名高中阶段在校生享受了免学费政策,免学费资金858.8万元。

【文化】 年末,拥有广播电台4座,电视转播发射台37座,调频转播发射台10座,广播电视卫星收转站10 799座,微波站31个。拥有公共图书馆4个,群众艺术馆及文化馆4个,文化站23个,图书馆藏书19.12万册。全年出版报纸200.2万份。

【卫生】 年末,全盟共有卫生机构163个,卫生技术人员1 614人,执业医师657人,执业助理医师146人,注册护士411人。拥有嘎查、村卫生室171所,乡村医生和卫生员224人。

【体育】 2010年,全盟共举办各类群众性体育活动40余次,近10万人次参与了活动。常年参加体育锻炼的人口达8.07万人,体育人口比例达43.71%。全盟体育健儿参加全区体育比赛获奖牌68枚,其中,金牌13枚,银牌9枚,铜牌5枚,其它奖牌41枚。

【人民生活】 全年城镇居民人均可支配收入19 111元,比上年增加2 507元,增长15.10%。农牧民人均纯收入7 836元,比上年增加1 015元,增长14.87%。

【劳动就业】 年末,全盟就业人员129 439人,比上年末,增加5 369人,增长4.33%。其中,城镇私营就业人员23 403人,比上年末,增加1 371人,增长6.22%;城镇个体就业人员17 754人,比上年末,增加989人,增长5.90%。年末,城镇登记失业率3.95%,比上年末,下降0.15个百分点。

【社会保障】 年末,全盟参加基本养老保险46 201人,参加失业保险职工41 826人,享受救济金人数956人。参加基本医疗保险158 420人,比上年增加6 717人,增长4.43%。年内全盟城镇低保户3 081户5 271人,发放低保资金1 833.5万元。农牧区低保户2 039户4 199人,发放低保资金1 033.7万元。各类优抚对象532人。

【建盟三十周年】 9月25日,庆祝阿拉善盟成立30周年暨民族团结进步表彰大会召开。全国人大常委会原副委员长布赫,自治区党委常委、统战部部长、自治区代表团团长王素毅,自治区人大常委会副主任、自治区代表团副团长郝益东,自治区人大常委会副主任、自治区总工会主席、自治区代表团副团长云秀梅,自治区副主席、自治区代表团副团长布小林,自治区政协副主席、自治区代表团副团长伏来旺,内蒙古军区副司令员、自治区代表团副团长海力斯,自治区主席助理、自治区代表团副团长黄·阿拉腾别立格,20基地副政委吴卫林,自治区人大常委会原副主任刘晓旺,自治区人大常委会原副主任陈瑞清,自治区政协原副主席乌伦赛,自治区高级人民法院原院长巴士杰,自治区检察院原检察长王尚罗,盟人大工委主任孟和吉日格勒,盟政协主席蔡·铁木尔巴图,阿拉善军分区司令员李德海出席。自治区党委常委、统战部部长、自治区代表团团长王素毅和盟委书记王玉明分别作重要讲话。盟委副书记、盟长鲍常青主持大会,盟委委员、政法委书记、副盟长巴图朝鲁,副盟长王玉宝、田德志、徐景春、周岩、赵占军出席会议。

【国家重点项目】 4月26日,国家重点项目——黄河海勃湾水利枢纽工程在阿拉善盟隆重开工。全国人大常委会副委员长乌云其木格,水利部副部长周英,水利部黄河水利委员会主任李国英,自治区党委书记胡春华,自治区主席巴特尔,自治区党委常委、秘书长符太增,自治区副主席郭启俊,自治区政协副主席云峰,盟领导王玉明、鲍常青、孟和吉日格勒、蔡·铁木尔巴图及乌海市有关领导出席了开工仪式。

【内蒙古太西煤集团跃升“全国煤炭百强”65位】 2010年9月,中国煤炭工业协会发布了“2010全国煤炭企业100强”,内蒙古太西煤集团排名由96位跃升至65位,在全区入选企业中排名第9位,成为阿拉善盟唯一一家跻身“全国煤炭企业100强”榜的企业。

2010年,该公司总资产达100亿元,上缴国家税费达4亿元。企业员工收入每年递增15%,2010年员工人均收入达4万元。

【额济纳—呼和浩特列车开通】 额济纳至呼和浩特4662/1次旅客列车于2010年11月24日正式开通。额济纳至呼和浩特总里程为1 067公里,硬座普客票全价为123元,半价为62.5元。该旅客列车的开通,结束了全区最西部的阿拉善盟在12个盟市中无旅客列车的历史,必将加速带动阿拉善及整个内蒙古自治区旅游业、经贸业等新的经济增长点。

【为民办理“25件实事”】 2010年,阿拉善盟总投资7.21亿元,解决大量关系人民群众切身利益的热点难点问题。1.巴彦浩特新井水源地供水及城网改造工程全部完工,日供水能力达到4.18万立方米,新增1.78万立方米。2.巴彦浩特城市公共绿地面积达到353.36万平方米,新增159.77万平方米。3.完成了巴彦浩特31条街道和2个晨练点的改造工程。4.新建改建冲水式厕所16座。5.阿拉善广播电视自办节目覆盖率分别达到93.29%和95.36%,覆盖人口达到20.03万人。6.完成100户农村牧区贫困残疾人危房改造项目,新建50平米左右的住房100套。7.全盟统一建立居民健康电子档案,建档率达到93%以上。8.扩大老年人长寿保健金覆盖范围,提高补助金额,全盟1 774位高龄老人申领"高龄津贴"118.023万元。9.全盟实现城乡低保一体化的同时,城乡居民最低生活保障标准提高40元,累计发放低保资金2 462.5万元。10.五保供养标准年人均提高1 000元,分散和集中供养标准分别达到4 592元和5 376元。11.全面实施临时救助制度,享受临时救助的对象2 485户,发放救助资金328.46万元。12.加大就业工作力度,推动城乡充分就业,计划新增就业3 000人,实际新增就业4 184人。13.扶持关闭破产企业2 162名退休人员纳入城镇基本医疗保险。14.全面推行新型农村牧区社会养老试点工作,45 726人参加保险,占应参加人数的92.3%。15.新城东区综合市场建设投资9 400万元,完成建筑面积5.79万平方米。16.实施11项安全饮水工程,解决了18 979人、15 620头牲畜安全饮水问题。17.开展"一杯奶"生育关怀行动,受益生育孕期妇女1 636人。18.建设廉租住房300套14 931.52平方米。19.城镇居民医疗保险补助标准提高到145元。20.企业退休人员养老金人均提高120元。21.完善教育救助体系,为510名家庭经济困难学生办理信用助学贷款296.83万元,救助困难家庭大中专学生222人,发放救助资金62.9万元。22.完成4 159人次乙肝疫苗补种、53例贫困居民白内障复明手术、962人次育龄妇女叶酸补服、1 706人次农牧区孕产妇住院分娩补助和2 600座农牧区无害化卫生改厕任务。23.加大农牧业保险保费补助力度,种植业参保面积33.88万亩,赔付金额567.9万元,养殖业签单保费26.59万元,赔付金额14.1万元。24.大力推进农村沼气建设,村级服务网点15处。25.落实农机购置补贴资金1 860万元,受益农牧户758户。

【中国内蒙古阿拉善奇石文化旅游节】 9月26日,2010中国内蒙古阿拉善奇石文化旅游节暨第八届那达慕大会开幕。全国人大常委会原副委员长布赫,自治区党委常委、统战部部长、自治区代表团团长王素毅,自治区人大常委会副主任、自治区总工会主席、自治区代表团副团长云秀梅,自治区副主席、自治区代表团副团长布小林,自治区政协副主席、自治区代表团副团长伏来旺,内蒙古军区副司令员、自治区代表团副团长海力斯,自治区主席助理、自治区代表团副团长黄·阿拉腾别立格,20基地副政委吴卫林,蒙古国南戈壁省省长伯·巴达拉,盟委书记王玉明,盟人大工委主任孟和吉日格勒,盟政协主席蔡·铁木尔巴图,阿拉善军分区司令员李德海出席。盟委副书记、盟长鲍常青致开幕辞。

(胡雪峰)

阿拉善左旗

【领导名录】

旗委书记:吴忠岩

人大主任:周额尔登巴依尔(蒙古族)

旗　　长:魏巴依尔(蒙古族)

政协主席:阿拉腾敖齐尔(蒙古族)

武装部长:李春江

政　　委:杨生旺

【概况】 阿拉善左旗位于内蒙古自治区西部、阿拉善盟东部。地理坐标介于北纬37°24′~41°52′、东经103°21′~106°51′之间。东北与巴彦淖尔市乌拉特后旗、磴口县相连;东与鄂尔多斯市鄂托克旗,乌海市,宁夏回族自治区的石嘴山市、平罗县、贺兰县、银川市、永宁县、青铜峡市交界;南与宁夏回族自治区中卫市、中宁县,甘肃省景泰县、古浪县毗邻;西与甘肃省武威市、民勤县,内蒙古自治区阿拉善右旗为邻;北与蒙古国接壤,国境线长188.678公里。土地总面积80 412平方公里。辖13个苏木镇、139个嘎查(村)、34个社区居民委员会。旗人民政府驻巴彦浩特镇,有蒙古、汉、回、满、朝鲜、达斡尔、鄂温克、壮、藏等民族。

2010年,全年实现生产总值2 409 859万元,按可比价格计算,增长21.5%。其中,第一产业增加值55 800万元,增长4.6%;第二产业增加值2 025 450万元,增长26.5%;第三产业增加值328 608万元,增长8.2%。第一产业、第二产业、第三产业对经济的贡献率分别为1.63%、93.29%、5.08%。全旗生产总值中一、二、三产比例由上年的2.49 : 81.65 : 15.86调整为2.31 : 84.05 : 13.64。"十一五"期间,全旗生产总值由2005年的46.00亿元增加到2010年的240.99亿元,年均增长39.27%,是"十五"末的5.2倍。阿左旗综合经济实力在全国西部百强县排位由"十五"末年的38位提升到2009年的第30位,连续第五次跨入全国西部百强县之列。2010年在首届中国西部最具投资潜力百县(市)评价中位居第十六位,在内蒙古入围中国西部最具投资潜力27个旗县(市、区)名列第8位。

全年财政总收入301 776万元,比上年增收47 979万元,增长18.90%。其中,地方一般预算收入84 309万元,比上年增收26 155万元,增长44.98%。全旗累计财政支出244 364万元,比上年增加65 462万元,增长36.59%。

【农业】 农作物播种面积37.20万亩,比上年增加1.04万亩,增长2.88%。其中,粮食播种面积26.02万亩,比上年增加1076万亩,增长7.24%;经济作物播种面积11.16万亩,比上年减少0.67万亩,下降5.67%;饲草料播种面积0.02万亩,比上年减少0.04万亩,下降66.47%。粮、经、草种植结构为69.94 : 30.00 : 0.06。全年粮食产量达154 104吨,比上年同期增产16 932吨,增长12.34%。其中,玉米产量140 270吨,比上年同期增产17 674吨,增长14.42%;油料产量21 647吨,比上年同期减少2 715吨,减少11.14%;蔬菜总产量12 163吨,比上年同期增产5 566吨,增长84.37%。

年末,耕地面积39.41万亩,比上年同期增加0.06万亩,增长0.15%。全旗农牧业机械总动力19.3万千瓦;机耕面积38万亩,机播面积37万亩,机收面积24万亩,机电灌溉面积22万亩,农机化培训250人次;机电井眼数997眼,已配套机电井886眼;全年灌溉面积达到36.92万亩,比上年同期增长0.54%。全年节水灌溉面积20.90万亩,比上年同期增长4.14%。其中,新增节水灌溉面积1.5万亩,比上年同期增长194.12%。全年农村牧区用电量13 878万千瓦/时,比上年同期增长15.03%;农用化肥使用量(折纯)8 948吨,比上年同期下降16.28%。

【畜牧业】 12月末(日历年度)牲畜总头数113.34万头(只),比上年同期增加7.37万头(只),增长6.95%。其中,骆驼存栏3.64万峰,比上年同期增加0.09万峰,增长2.54%。全年牲畜出栏50.3万头(只),比上年同期减少4.97万头(只),下降8.99%;牲畜出栏率达47.46%。全年肉类总产量10 067吨,比上年同期减少392吨,减少3.75%;山羊绒产量259吨,比上年同期增加4吨,增长1.57%。

【林业】 完成造林面积48.8万亩,其中,飞播造林面积30.0万亩,人工造林面积6.8万亩,无林地和疏林地封育面积12.0万亩。完成退耕还林工程造林面积4.5万亩;完成天然林资源保护工程造林面积36.0万亩。森林覆盖率达6.16%。林业系统自然保护区3个,面积2 424.96万亩,其中,国家级自然保护区1个,面积132.75万亩;自治区级自然保护区2个,面积2 292.21万亩。

【工业】 全部工业增加值完成1 907 850万元,可比增长27.50%。规模以上工业企业完成工业增加值1 860 950万元,可比增长30.50%,规模以上工业企业完成工业总产值4 287 227万元,比上年同期增长41.99%。工业对全旗经济增长的贡献率为88.81%。

规模以上工业企业主营业务收入3 714 133万元,比上年同期增长35.91%;实现利润209 773万元,比上年同期增长489.42%。

【建筑业】 建筑业增加值117 600万元,可比增长16.60%。全旗具有建筑业资质等级的建筑施工企业15个,与上年同期持平;施工企业房屋建筑施工面积592 133平方米,比上年同期上升97.56%;竣工面积516 141平方米,比上年同期上升337.00%;房屋建筑竣工率87.17%。全年具有资质等级的建筑业企业实现利润15 945万元,实现税金1 836万元。

【固定资产投资】 全社会固定资产投资总额1 420 210万元,同比增长20.76%。第一产业投资17 425万元,比上年同期增长97.72%;第二产业投资1 027 111万元,比上年同期增长39.32%;第三产业投资375 674万元,比上年同期增长30.15%。

【贸易】 社会消费品零售总额265 258.2万元,比上年同期增长21.29%。分地域,县级消费品零售总额为241 675.6万元,比上年同期增长24.05%;县以下消费品零售总额23 582.6万元,比上年同期下降1.25%。分行业,批发业10 027.5万元,比上年同期增长31.38%;零售业207 566.3万元,比上年同期增长19.28%;住宿业5 881.1万元,比上年同期增长71.29%;餐饮业41 783.3万元,比上年同期增长24.30%。

引进项目15个,共引进利用资金12.12亿元。全年对外贸易出口额331万美元。

【交通】 完成公路货运量2 775万吨,比上年同期增长19.20%;完成公路货物周转量333 935万吨公里,比上年同期增长16.50%。完成公路客运量1 082万人,比上年同期增长6.29%;完成公路客运量54 332万人公里,比上年同期增长6.29%。

【环境保护】 拥有自然保护区4个,其中,国家级自然保护区1个,自治区级自然保护区3个。自然保护区面积2 529万亩,其中,国家级自然保护区面积101.57万亩,自治区级自然保护区面积2 427.44万亩。

拥有环境检测站1个;拥有污水处理厂2座,垃圾处理站1个。拥有工业废水治理设施13套,工业废水排放达标率为70.05%;拥有工业废气治理设施15套,工业二氧化硫排放量9 794.42吨,工业烟尘排放量达标率为76.2%,工业粉尘去除量1 338.8吨,工业粉尘排放量1 308.38吨;工业固体废物综合利用率88.55%。

【旅游】 2010年,累计接待国内外游客113.28万人次,比上年同期增长33.3%,实现旅游总收入6.12亿元,比上年同期增长49.3%。

【科技】 年内举办大型送科技下乡活动20次,共下派科技人员120人次;组织开展科普知识进社区活动10次;举办各类专题培训班60期,培训农牧民1.2万余人次。推广农牧业先进适用技术23项。科技对经济发展的贡献率增长到48%以上。

【教育】 年末,全旗共有各类各级学校42所,班级数854个,在校生28 838人,毕业生7 814人,专任教师2 260人。其中,普通中学13所,班级数237个,在校生9 570人,毕业生3 139人,专任教师869人;普通中学中,民族中学2所,在校生945人,毕业生333人,专任教师172人;职业中学2所,班级68个,在校生2 586人,毕业生557人,专任教师144人;小学13所,班级315个,在校生10 673人,毕业生1 882人,专任教师773人;特殊教育学校1所,在校生83人;幼儿园12所,在校生4 112人。

【文化】 完成大型歌舞《苍天般的阿拉善》的改编和演出任务,完成电视连续剧《角斗士》的拍摄工作,组织演员参加由文化部主办的第八届中国西部民歌(花儿)歌会,荣获金、银、铜等奖项。完成第三次全国文物普查工作,蒙宁界贺兰山段长城得到有力保护。通过2010年元宵文化活动、奇石文化旅游节、社区文艺汇演、摄影大赛、首届阿拉善民族皮艺皮雕艺术作品展、开展“草原书屋”、“百日消夏”广场文化活动等文化活动,进一步增强和繁荣了群众文化生活。年末,全旗拥有广播电台1座、电视台1座、图书馆2个、博物馆1个、文化馆1个、文化站13个、电影录像管理站1个、歌舞团1个、群众艺术馆1个、乌兰牧骑1个。广播综合人口覆盖率为92.81%,电视综合人口覆盖率为94.88%,有线广播电视用户为37 085户。

【卫生】 全旗共有卫生机构122个。其中,医院8个,乡镇卫生院24个,社区卫生服务中心22个,疾病预防控制中心2个,卫生监督所2个,妇幼保健院(所、站)2个。年末,拥有床位547张。其中,医院拥有病床391张,乡镇卫生院拥有病床122张,妇幼保健院拥有病床30张,社区卫生服务中心拥有床位12张。年末,全旗拥有卫生技术人员1 156人。

【体育】 以建盟30周年为契机,举办2010奇石文化旅游节及第八届那达慕大会、全旗老年人运动会、全旗干部职工“庆五一、迎五四”趣味体育比赛和环城越野赛、健身操大赛、游泳比赛等全民健身系列活动。

【人民生活】 城镇居民人均可支配收入18 995.95元,比上年同期增加2 479.75元,增长15.01%;城镇居民人均消费性支出16 997.09元,比上年同期增加3 399.41元,增长25.00%。农牧民人均纯收入7 090元,比上年同期增加919.05元,增长14.89%。农牧民人均生活消费支出7 337.54元,比上年同期增加1 171.54元,增长19.00%。

【社会保障】 年内参加基本养老保险人数达22 712人;参加农村牧区养老保险人数34 199人;参加基本医疗保险职工人数26 258人;45 738名农牧民参加新型农牧区合作医疗,参合率达到96.03%(按常住人口计算),22 916名城镇居民参加城镇基本医疗保险。年内参加基本养老保险的离退休人员7 507人,养老金社会化发放率达100%。参加基本失业保险人数34 064人,享受失业金保险人数902人,发放失业金253.78万元。年内城镇居民2 090户3 746人享受最低生活保障金,全年共发放低保金1 239.65万元;农牧民1 807户3 798人享受最低生活保障金,全年共发放低保金876.36万元。社会救助事业继续加强。年末,拥有社会福利收养性机构3所,床位454床,其中,福利院1个;敬老院1个;救助站1个。以养老、医疗、失业保险和最低生活保障为主的社会保障体系进一步健全。

【荣誉】 阿左旗环境保护局被国务院污普办、环保部、国家统计局、农业部授予第一次全国污染源普查先进集体荣誉称号;阿左旗环境保护局被环保部授予全国环境信访工作优秀集体荣誉称号。

阿左旗经济普查办公室被国务院第二次全国经济普查领导小组授予先进集体荣誉称号。

孙振翮被中国地方志指导小组授予“全国方志系统先进工作者”荣誉称号。

林录明、孟克达来被国务院第二次全国经济普查领导小组授予先进个人荣誉称号。

孟科被中国关心下一代工作委员会、中央精神文明建设指导委员会办公室授予“全国关心下一代工作先进工作者”荣誉称号。

吴军元被中国教育学会教育实验研究分会授予全国德育教育先进工作者荣誉称号。

张海霞、杨波被国务院污普办、环保部、国家统计局、农业部授予第一次全国污染源普查先进个人荣誉称号。

郝红霞被农业部、文化部、文学艺术界联合会授予中国农民艺术节先进个人荣誉称号。

刘志伟被财政部授予企业所得税税源调查工作先进个人荣誉称号。

王玉芳被全国妇女“双学双比”活动领导小组授予全国城乡妇女岗位建功先进个人荣誉称号。

石玉龙家庭被全国五好文明家庭创建活动协调小组授予第七届全国五好文明家庭标兵荣誉称号。

吴向荣、王小明被国家林业局、日中绿化交流基金授予先进个人荣誉称号。

郝红霞被内蒙古自治区人事厅、内蒙古自治区文化厅授予全区文化系统先进个人荣誉称号。

(孙振翮 李贺娟)

阿拉善右旗

【领导名录】

旗委书记:才巴特尔(蒙古族)

人大主任:赵家瑞(蒙古族)

旗　　长:刘晓东

政协主席:巴雅尔(蒙古族)

武装部长:范志福

政　　委:史建茂

【概况】 阿拉善右旗位于内蒙古自治区西部,阿拉善盟西南部,龙首山与合黎山北麓。地理位置:北纬38°38′~42°02′,东经99°44′~104°38′。东接内蒙古自治区阿拉善左旗、甘肃省民勤县,南邻甘肃省金昌、山丹、张掖、高台、临泽、金塔诸市县,西连内蒙古自治区额济纳旗,北与蒙古国接壤,国境线长45.25千米。全旗东西长415千米,南北宽375千米,总面积73 443平方千米。2010年底,阿拉善右旗辖3个镇、2个苏木、1个管委会。全旗总人口24 808人,其中,女性12 392人,非农业人口15 617人,少数民族7 977人,分别占总人口的49.9%、63.0%和32.2%。

2010年,全旗地区生产总值达26.56亿元,同比增长9.6%(按可比价格计算)。其中,第一产业增加值1.73亿元、第二产业增加值19.20亿元、第三产业增加值5.63亿元,同比分别增长0.2%、9.3%和12.3%。一、二、三次产业结构由2009年的6.5 : 72.1 : 21.4演进为6.5 : 72.3 : 21.2。人均地区生产总值98 957元,同比增长9.5%。全旗财政总收入2.61亿元,同比增长13.1%。其中,地方财政收入8 488万元,同比增长10.8%。财政总支出6.38亿元,同比增长5.8%。其中,一般预算支出6.06亿元,同比增长1.5%,占总支出的95.0%。

【农牧业】 进一步扩大禁牧面积,全旗退牧还草禁牧面积975万亩,休牧面积82万亩,划区轮牧20万亩,加快发展特色沙产业、中草药种植、采挖产业和特色种养业,扩大农区舍饲养规模,注重畜种改良,适度发展草原畜牧业。年末,牲畜总头数20.4万头(只)。良种畜比重达84%。全旗总播种面积4.2万亩。其中,粮食作物2.5万亩,占总播种面积的59.5%,同比减少了4个百分点;油料、棉花、药材等经济作物播种面积1.1万亩,占总播种面积的26.4%,同比增加了3.2个百分点。

【林业】 完成人工植苗造林6.6万亩,其中,重点公益林补植3.5万亩,重点人工造林3.1万亩。人工补播5.1万亩。额镇绿化20万株,建设肉苁蓉人工种植基地1 000亩。各类林业有害生物防治面积为16.9万亩。

【工业】 全旗工业总产值完成60.5亿元,同比增长17.1%。其中,规模以上工业销售收入41亿元,同比增长43.7%。全年生产原煤202万吨、铁精粉148万吨、硫化碱5万吨、原盐87万吨。全旗万元GDP能耗为3.34吨标准煤,二氧化硫排放量、化学需氧量分别控制在3 211吨和398吨以内。全年售电量8 608万千瓦时,同比增长17.4%。工业经济提质增效,培育形成了雅布赖、常山工业园区和盐硝化工、多金属采选、煤炭采掘、煤电联营、风光新能源等优势产业,产业集聚、产业多元化的工业发展格局正在形成,工业经济逐步由资源输出型向资源加工型转变。

【固定资产投资】 全旗共完成固定资产投资12.11亿元,同比增长50.2%。其中,50万元以上固定资产投资完成12.05亿元,同比增长50.3%。施工面积13.4万平方米,同比增长67.9%。总投资中,工业企业投资4.63亿元,城镇基础设施建设和社会事业投资2.91亿元,交通电力建设投资1.49亿元,农牧林水项目投资1.14亿元。

【交通 邮电】 新开通额济纳旗、乌海、张掖等地客运班线,全旗客运班线达10条。全旗有农村公路1 612千米,其中,县道290千米、乡道293千米、村道1 029千米。全年完成公路客运周转量14 347万人千米;公路货运周转量55 070万吨千米。全旗邮电业务总量2 529万元,同比增长8.4%。快递进口投递26 410件,同比增长58%。全旗每百户拥有固定电话76部,每百人拥有手机113部,每百户拥有上网用户157户。

【金融 保险】 年末,全旗金融机构各项存款余额11.96亿元,同比增长24.2%;累计发放各项贷款2.66亿元,同比增长15.7%。全年保费收入923万元,同比增长24%。赔款支出442万元,同比增长32%。

【科技 教育】 重点推广应用3项农牧民适用技术,实现效益378万元。年末,全旗有各类专业技术人员956人。全旗有教育事业单位12个。在校学生和幼儿3 083人,其中,高中在校学生565人,初中806人,小学1 220人,幼儿492人,在职专任教师403人。全年落实“两免”资金111万元,受益学生2 140人。落实“寄宿生补助生活费”69万元,受益学生885人。

【医疗 人口】 农牧民大病住院起付线从533元下降到183元,医疗报销最高封顶线从1.5万元提升至5

万元。人口出生率4.93‰,人口自然增长率2.48‰。

【旅游】 举办2010中国巴丹吉林沙漠文化旅游节暨第四届那达慕大会。全年共接待游客18.5万人次,实现旅游综合产值1.1亿元,同比分别增长29%和26%。

【居民生活】 城镇居民人均可支配收入、农牧民人均纯收入分别达19 454元和8 396元,同比分别增长15.0%和14.8%。全旗累计社会消费品零售总额3.62亿元,同比增长16.6%。全年居民消费品价格指数103.3%。为应对物价上涨,实行临时物价补贴政策,建立最低生活保证、失业保险与物价上涨挂钩联运机制,建立价格涨跌申报制度。

【社会保障】 年底,全旗参加城镇养老保险4 906人,养老保险基金征收2 802万元。全年发放离退休人员养老金和遗属生活补贴2 686万元。全旗参加农牧民养老保险4 462人,人均养老金每月1 029元。参加城镇职工和居民基本医疗保险人数分别为7 944人和7 401人。全旗参加失业保险、工伤保险和生育保险的人数分别为3 804、3 172和5 562人。参加新型农村医疗保险7 553人。为全旗254名80岁以上的老人发放长寿保健金16.7万元。

【中国首届蒙古族建筑文化论坛】 9月12日,由内蒙古蒙古族建筑文化研究会主办,阿拉善右旗人民政府和内蒙古昌德装饰有限责任公司共同承办的中国首届蒙古族建筑文化论坛在额肯呼都格镇召开。论坛以“蒙古族建筑文化”为主题,秉承“挖掘、传承、弘扬、发展、传播和保护”的蒙古族建筑文化理念,以继承和发展蒙古族建筑装饰文化为宗旨。论坛以历史、社会、经济、文化、旅游等不同视角对构筑和引导蒙古族建筑文化新体系开展深入交流与探讨。中国民族建筑研究会、内蒙古蒙元文化研究会,内蒙古北方少数民族文化遗产研究会等部门领导及专家学者,新华通讯社、内蒙古日报社等新闻媒体记者共计300多人参加论坛。论坛共收到学术论文60余篇。

【中国首届曼德拉山岩画国际研讨会】 9月16日,由阿拉善右旗人民政府主办,中国岩画研究中心、三峡大学、内蒙古博物院协办的中国首届曼德拉山岩画国际研讨会在阿拉善右旗曼德拉山脚下召开。同日,中国岩画研究中心巴丹吉林岩画研究基地成立,标志着以曼德拉山岩画为代表的巴丹吉林岩画正式成为中国岩画研究中心的重点研究对象。阿拉善右旗人民政府特聘陈兆复、邢琏、阿纳蒂、谭志松、杨超等为中国岩画研究中心巴丹吉林岩画研究基地研究员。

(刘金莲 李守荣)

额济纳旗

【领导名录】

旗委书记:高世宏

人大主任:邓吉友(2月离任) 梁建国(2月任职)

旗　　长:陈万荣(蒙古族)

政协主席:娜仁其其格(女 蒙古族)

武装部长:刘金库(5月离任) 姬广鹏(10月任职)

政　　委:张国儒(3月任职)

【概况】 额济纳旗地处祖国北部边疆,位于内蒙古自治区阿拉善盟最西端。地理坐标为北纬39°52′20″~42°47′20″,东经97°10′23″~103°7′15″。东与内蒙古自治区阿拉善右旗接壤,南、西与甘肃省酒泉市相连,北与蒙古国交界,辖区内国境线全长507.14公里。旗境东西最长488.59公里,南北最宽324.22公里,总面积114 606平方公里。旗人民政府所在地——达来呼布镇坐落于旗境中北部的纳林河与鄂木讷河之间。达来呼布镇东距阿拉善盟行政公署所在地巴彦浩特镇637公里。西南至东风航天城、酒泉分别为150公里和397公里。北达策克口岸77公里。

2010年,全旗地区生产总值完成31亿元,同比增长20.2%,是2005年的3.8倍,年均增长30.9%。其中,第一产业增加值达到1.1亿元,同比增长4.8%;第二产业增加值达到17.9亿元,同比增长22.3%;第三产业增加值达到12亿元,同比增长25.4%;三次产业结构比由“十五”末的6:52:42调整为4:58:38;财政收入完成51 088万元,同比增长27.5%;全社会固定资产投资完成20.3亿元,同比增长33.3%。城镇居民人均可支配收入和农牧民人均纯收入分别为19 684元和9 162元,同比分别增长16%和17%。“十一五”期间先后两次进入全国县域经济基本竞争力提升速度最快的百县市行列。

【人口】 额济纳旗是以蒙古族为主体,汉族居多数的多民族聚居的边境牧业旗,下辖3个镇、3个苏木、1个农牧业示范园区、17个嘎查(村)以及5个城镇社区、2个农牧区社区。截至2010年,全旗共有7 242户、17 288人。其中,蒙古族5 530人,汉族11 480人,其他8个少数民族278人。是一个民族团结的大家庭。人口出生率控制在8.2‰以内,人口自然增长率控制在5‰以内。

【工业】 2010年,实现全部工业总产值33亿元,同比增长18.2%;实现全部工业增加值15.9%亿元,同比增长18.2%。其中,规模以上工业企业实现工业增加值15亿元,同比增长12.5%;工业企业实现销售收入28.05亿元,同比增长19%。

【农牧业】 2010年牧业年度牲畜存栏89 039头(只),较“十五”末减少54 561头(只)。其中,舍饲养殖规模达到6万头(只),较“十五”末增加3万头(只)。农作物总播面积67 197亩。

【林业】 共落实林业建设资金5 788万元,完成工程造林2.4万亩、造林整地8万亩、围栏封育3.6万亩、林业有害生物防治55万亩、灌溉林地12.6万亩,出圃苗木247万株,完成全旗第二次森林资源二类清查工作(根据初步调查数据显示,全旗林业用地面积达到2 100万亩,较2001年增加近600万亩);组织实施胡杨林自然保护区、居延海湿地、胡杨林森林公园、公益林建设等重点项目;实现无森林火灾、无林业有害生物成灾的目标,森林资源得到有效保护。

【交通】 完成公路货运量714万吨,铁路货运量106万吨,公路客运量45.9万人(次)。农牧区公路总里程达1 174公里,新增573公里;铁路总里程达684公里,新增328公里。嘉裕关——策克铁路、临河——策克铁路、达来呼布——赛汉陶来路、航天路、温图高勒——雅干公路、巴彦宝格德——古日乃公路建成通车,东风镇、赛汉陶来苏木、策克口岸客运站建成并陆续投入运营。临河——哈密高速公路、策克口岸——天鹅湖公路、通勤机场、达来呼布镇二级客运站前期工作进展顺利,策克口岸——达来呼布镇一级公路已经自治区同意,报国家发改委待批。额济纳客运列车开通,实现自治区盟、市铁路客运全覆盖,结束阿拉善盟不通客运火车的历史。

【城镇建设】 城镇建成区面积增至10.5平方公里。“十一五”期间,累计投入城镇建设资金13.5亿元,实施达来呼布镇供排水、集中供热、垃圾无害化处理、城镇道路新建、拓宽改造以及部分街道的绿化、亮化和美化工程。建成居延大道、环城路、阿拉腾陶来广场等市政公用设施,人均公共绿地和道路铺装面积分别达55.9平方米和90平方米。2010年,新建住宅5.4平方米。

【招商引资】 在加大项目储备的同时,积极开展招商引资和承接发达地区产业转移工作。2010年,达成签约项目4项、意向3项,协议和意向投资35亿元。

【旅游业】 连续举办金秋胡杨节,举办首届“五彩柽柳节”、“乌海化工杯”越野汽车拉力赛、《阿拉腾陶来》大型实景音乐剧等文艺活动。全年,共接待国内外游客42.9万人(次),旅游综合收入3.3亿元。

【文化】 全年共组织落实编创策划、参与辅导各类大小型文化活动演出37场,演出节目570余部,参演人员2 790余人,观众62 500余人(次)。青年歌手巴音那木尔参加上海世博会内蒙古展厅专场文艺演出,赴蒙古国参加中蒙俄三国国际蒙古语歌曲大奖赛,获得银奖,并获蒙古国文化先进工作者称号;组织乌兰牧骑赴东风基地演出“一心向党、矢志航天”2010年东风之夏消夏文艺晚会;邀请蒙古国南戈壁省民族歌舞团到额济纳旗参加2010年·中国·额济纳金秋胡杨生态旅游节开幕式文艺晚会,同时在生态广场、阿拉腾陶来实景剧场参加3场专场文艺晚会。完成第三次文物普查工作,共调查登记不可移动文物355处,新发现176处,实地文物调查覆盖率100%;开展长城普查工作,负责调查分布在居延遗址地区的塞墙及其附属设施;完善馆藏文物的电子档案,已登记在册馆藏文物376件,国家级三级以上的馆藏文物44件;宁夏大学西夏学研究院在黑城遗址正式挂牌设立教育部人文社会科学重点研究基地及宁夏大学西夏学研究院科研教学基地。完成区级名录《驼具》、《土尔扈特婚礼》传承人申报材料,申报确立盟、旗非遗项目7个,增报盟级项目传承人28名;额济纳旗被评为全区“土尔扈特蒙古族文化生态保护区”,是自治区首批6个文化生态保护区之一。按照《居延遗址—黑城遗址抢险维修设计方案》,完成黑城遗址保护工作。

9月21日,著名作家、画家、诗人、内蒙古大学名誉教授席慕蓉以《族群的记忆》为题,为额济纳旗500余名行政企事业单位干部职工和学生进行专题讲座。

【社会保障】 认真落实就业再就业各项优惠政策,着力解决零就业家庭、“4050”人员和大中专院校毕业生的就业问题。城镇登记失业率为3.9%。深入实施和完善农牧民“三项”社会保障制度,全旗养老、医疗、工伤等五大保险覆盖面不断扩大,按时足额发放各类保险基金。社会福利慈善事业以及低收入家庭救助工作得到加强,城乡低保标准提高到308元。

【对外开放】 经过各方积极争取,中蒙双方在司局级会晤上同意策克口岸升格为国际性常年开放口岸。口岸规划和基础设施建设加快,完成《策克口岸总体规划2010—2030》修编工作。2010年,口岸实现进出口贸易总额4.4亿美元,年均增长82%;进出口货物总量增加到866万吨。其中,进口原煤861.8万吨。

【卫生】 完成6个苏木镇卫生院的新建和改扩建。投入1 500万元,购置CT、DR等先进医疗设备。制定医疗卫生事业发展三年规划,全面实施基层医药卫生体制综合改革,落实国家基本药物制度和药品零差率销售制度。

【生态环境建设】 实施公益林保护、退牧还草、退耕还林等重大生态建设项目。新增国家重点公益林面积118万亩,完成人工造林15万亩,围栏封育天然林25.7万亩,完成生态绿洲保护面积506万亩。连续11年成功实施黑河分水,入旗水量累计57亿立方米,45万亩绿洲得到有效灌溉,东居延海水域面积保持在40平方公里左右。高度重视环保工作,淘汰落后产能,环境质量进一步提高。"十一五"期间,取缔关停不符合产业政策粘土砖厂5家、5吨以下取暖锅炉8处;削减二氧化硫426.3吨、化学需氧量251.2吨。在限额以上企业中实行能耗直报制度,建立能耗台帐制度,加强用能管理。2010年单位GDP能耗为0.958吨标煤,万元工业增加值能耗为1.003吨标煤。

【搬迁牧民返乡那达慕】 7月3日至4日 额济纳旗东风镇宝日乌拉嘎查党支部书记敖云格日勒牵头组织举办1958年搬迁牧民返乡观光那达慕。邀请当年为国防事业让出水草丰美草场的260名搬迁牧民代表返乡观光,故地重游,与基地官兵共话双拥情况,共同见证中国国防事业的丰硕成果。1958年,为了祖国的国防事业,额济纳旗人民让出水草丰美的牧场,北迁150公里,为中国第一个综合导弹靶场的创建做出不可磨灭的历史功勋。此次活动内容包括祭祀敖包、博克等民族传统项目。返乡牧民代表参观国防科工委某基地2号、43号、烈士陵园、展览馆等地。敖云格日勒还向国防科工委东风航天基地和空二基地各赠送一面写有"风雨同舟、飞向蓝天"的锦旗。

【为民办实事】 一是圆满完成"实行城乡一体的医疗保险制度、实行城乡居民低保人员养老和医疗保险补贴"两件为民办实事项目,将城镇居民医保统筹基金最高支付限额提高到当地居民可支配收入的6倍左右即10.2万元,将城镇职工医保统筹基金最高支付限额提高到当地职工年平均工资6倍左右即18万元;二是完成2010年新分配的"三支一扶"高校毕业生和"社区民生工作志愿者"接收安置、事业单位工作人员考试录用工作,如期完成2010年度全旗党政机关公务员及参照公务员法管理事业单位工作人员和专业技术人员继续教育培训工作,进行全旗机关事业单位各项津贴的增资测算和调整工作;三是全年实现城镇新增就业275人,农牧区转移就业670人,城镇登记失业率控制在3.8以内;四是"新农保"试点工作稳步运行;五是及时办结各类投诉举报案件和劳动争议仲裁案件共64件,涉及劳动者452人,为劳动者追发工资505万元。

【自然灾害】 2月10日,受冷空气影响,额济纳旗境内10时38分开始降雪,11日07时30分结束,总降水量1.1毫米,积雪深度1厘米。拐子湖地区降雪量达到1.8毫米,积雪深度达到30毫米。马鬃山地区积雪深度达到20厘米左右。降雪过后气温下降3~6度。此次降雪雪量大,范围广,持续时间长,降温幅度大,给农牧民群众的生产生活和交通运输造成严重影响。降雪发生在牧区接羔季节,降雪造成的低温严寒,对母畜和新生小畜顺利过冬构成威胁。据统计,灾情造成全旗786户家庭受灾。因低温造成伤亡新生小畜近2 000头(只)。随着气温继续下降,冰雪消化慢,草场基本被积雪覆盖,牧民存储饲草料普遍不足,饲草料缺口达3 800吨左右。灾情发生后,旗委、旗政府召集各苏木、镇、示范园区主要负责人安排部署救灾工作。各苏木、镇、示范园区广大农牧民也开展生产自救。

3月16~21日,马鬃山苏木连续遭遇严重大风强沙尘天气侵袭。强劲的西北风夹杂大量沙尘,能见度小于10米,平均风力7级。气温急剧下降。特别是19日沙尘暴尤为强烈,目测能见度小于5米,风力最强时为9级。恶劣的天气造成牧民失踪羊只300余只(包括幼崽),部分房屋受损。

4月24日,14时左右,额济纳旗境内出现强沙尘暴天气,达来呼布镇地区最大风力8级,两湖一山等戈壁地区最大风力达到10级,大风导致部分民房受损,毡包倒塌,温棚损毁,大量牲畜走失。同时,强降温天气使处于出苗期的农作物冻死冻伤,刚刚梳剪完绒毛的驼羊,抗寒能力下降,出现冻死现象,农牧业生产遭受严重损失。

5月6日,受冷空气东移影响,额济纳旗出现大风、扬沙天气,风力范围7~8级,戈壁最大风力达8~10级,并伴有强沙尘暴。此次沙尘暴天气对额济纳旗农业生产造成严重损失。造成棉花受灾200亩、绝收150亩,玉米受灾80亩,地膜受损300亩,大棚不同程度受损,经济损失46.5万元。

5月12~13日,额济纳旗境内出现大风、扬沙天气。最大风速17.5米/秒,最小能见度0.01千米,戈壁最大风力达8~10级。此次沙尘暴天气,持续时间长、危害大,给额济纳旗农牧业生产造成严重损失。据统计,全旗农业受灾面积4 180亩。羊失踪70余只,造成经济损失达45万元。

(李靖 满都胡 丁蒙卿 宝秀云 卢海英)

企 业 概 览

内蒙古第一机械制造(集团)有限公司

【领导名录】

董事长:缪文民

副董事长:张新军(5月离任) 孟玲虎(5月任职)

董事:缪文民 孟玲虎(5月任职) 白晓光 李志亮 张新军 郭宝林(4月离任) 冯益柏 王朝钦 王世宏 王 辉 刘 勇

党委书记:缪文民

党委副书记:李志亮

监事会主席 纪委书记:赵风林

监事:赵风林 王德荣(9月离任) 刘良 杜亚良 陈守礼 陈锋(5月离任) 张浩文(5月任职) 宋殿琛

总经理:白晓光

总会计师:王朝钦

副总经理:马忠武 吴杰 魏晋忠 黄明(7月任职)

工会主席:刘 良

【概况】 内蒙古第一机械制造(集团)有限公司是国家“一五”期间156个重点建设项目之一,是中国兵器工业集团公司保军骨干企业,也是自治区装备制造业骨干企业。公司占地面积20多平方公里,资产总额210亿元,在职职工总数19 294人,各类机械动力设备11 000多台(套),其中具有世界先进水平的进口设备1 000多台(套)。公司拥有国家级的企业技术中心,形成了军民品整机和核心零部件的设计开发、工艺研究、计量检测、试验能力和以车辆传动、悬挂、辅助系统、大型精密结构件和整机装配等为核心能力的一整套综合机械制造能力。同时,建立起完善的现代化管理体系,其中质量管理通过ISO9001体系认证,计量管理通过ISO10012-1体系认证,环境管理通过ISO14001体系认证。经过五十多年的建设和发展,第一机械集团已成为兵器行业乃至国内外知名的,以重型车辆为核心业务,覆盖全国重点区域的跨地区、股权多元、军民结合的重型车辆制造集团。“十一五”期间,累计实现主营业务收入601亿元,是“十五”期间221亿元的2.7倍,成为自治区最大的装备制造企业。经营的业务有车辆核心业务、车辆零部件专业化业务、车辆相关业务、辅助产业4个层次。车辆核心业务包括军品、重型汽车、铁路车辆、工程机械等系列产品。

【经营情况】 2010年,公司实现主营业务收入185亿元,同比增长32%。其中,北奔重卡销售40 098台,实现收入108亿元,同比增长49.6%;铁路车辆销售3 533台,实现收入17.9亿元,同比增长13.5%。实现利润1.5亿元,同比增长50%,自1978年以来保持了连续33年盈利,运营质量和行业地位持续提升,在中国机械行业500强排名上升至第51位。

【产品研发】 北奔重卡完成V3新驾驶室重卡系列化研发并批量投放市场,国Ⅳ车型完成系列化、模块化设计,开发了CNG、LNG新能源产品,与奥地利ECS公司合作启动了轻量化平台研发。铁路车辆紧盯大轴重技术发展,完成80t级氧化铝粉罐车、80t级散装水泥罐车研发,完成X70型集装箱专用平车、Y25型转向架等项目研发。工程机械完成130马力推土机试制和160马力湿地型推土机研制,420马力推土机完成工程设计,形成全系列推土机研发格局。车辆零部件完成320马力推土机变速箱、天然气发动机等15项新产品研发,1.5MW风电增速箱研制成功转入生产,在高端制造业风电领域核心技术消化吸收上取得重大突破。

【改革改制】 整合重车产业链资源完成专用汽车股权转让,形成北奔重汽控股经营,有力促进了重车和专用汽车协调发展。华柴公司与石家庄仁力达公司合资组建了发动机连杆制造公司挂牌运营。瑞特公司与美国弛派达公司方向机项目合作进展顺利。投资成立了包头润丰小额贷款公司,为重车发展拓宽了融资渠道。

8家改制子公司取得武器装备科研生产许可证。

【技术创新】 全年完成工艺改进创新项目110项,累计增效3 605万元。获得省部级以上科技成果16项,专利授权22项;完成国家行业标准6项,修订企业技术标准140多项。通过国家级高新技术企业认定,完成“院士工作站”挂牌。

【人力资源开发】 适应结构调整产业升级,不断优化人员结构和人力资源配置,人员总量首次控制在2万人以内。新招收大学本科以上毕业生238人,其中硕士研究生51人。完成职工职业资格鉴定1 037人次,完成转岗转业、一专多能复合型技能人才培训1 721人次。全国“振兴杯”青工技能大赛有2人在2个工种分别获得全国第11名和第19名,兵器工业集团技能大赛有3人在2个工种进入前三名,并获得工艺与技能创新一等奖,自治区“华中数控杯”技能大赛获得2个第一名、1个第二名和2个第三名。

【党建思想政治工作】 切实抓好学习实践科学发展观活动整改方案落实,41项措施已解决31项。创建学习型党组织和“四好”领导班子活动扎实推进,并荣获兵器工业集团“四好”领导班子先进集体、先进基层党组织荣誉称号。围绕完成全年经营目标和重点任务深入开展创先争优活动,有力促进了全年各项任务的完成。深化大监督体系建设,以制度建设为根本进一步完善反腐倡廉预防机制,贯彻落实“三重一大”决策制度与“小金库”专项治理工作扎实有效,廉政增效“阳光工程”全年网上招标1.3亿元,拍卖废旧物资792万元。进一步完善职工代表巡视、干部民主评议等制度,深化厂务公开,切实维护职工合法权益,增强了企业向心力。职工人均收入较上年增长17%,部分效益好的单位达到35%;加大职工住宅建设和环境改造力度,新建职工住宅15万平方米,投资1 700多万元对公司住宅区实施节能保温改造建设,并加大小区美化、绿化、硬化及服务设施的配套建设力度,人均绿地达到12.2平方米;有计划按步骤启动了住房公积金。“送温暖”活动走访慰问2 390人次,发放困难补助141万元,“金秋助学”救助贫困学子209名,发放助学金31.8万元,全公司职工心系玉树灾区捐款134万元。

(陈　谦)

中国联合网络通信有限公司内蒙古分公司

【领导名录】

党委书记 总经理:莫一心
党委委员 副总经理:陶敏(回族) 郑大力 蔡标正
党委委员 副总经理
纪委书记 工会主席:崔铭
党委委员 副总经理 总会计师:吕青山
党委委员 副总经理:乌文全(蒙古族) 姜俊昆 王鑫

【概况】 内蒙古联通公司下设12个盟市分公司和81个旗县分公司,公司本部设有34个部门。公司主业、实业共有国有在岗员工14 044人,内退人员1 370人,离退休人员6 079人。公司光缆线路总长达到12万皮长公里,省际长途交换网共有2兆端口资源1 995个,实占76.39%,区内长途交换网共有2兆端口资源4 700个,实占41.1%,局用交换机231.53万门,实占82.52%,有线接入网容量81.89万门,实占71.17%。无线接入网容量15.15万门,实占27.32%;SCDMA容量41.72万,实占率33.15%。PHS网总容量为239.45万门,实占69.89万门;ADSL用户总端口数152.79万个,实占率76.97%。移动网络交换容量1 026万户。公司移动电话用户734万户(其中2G网696万户,3G网38万户),固定电话用户249万户,宽带用户131万户。公司总资产92.66亿元,全年完成通信服务收入50.14亿元,同比增长9.52%,实现利润 -21 289万元。受3G处在运营初期影响,总资产收益率为-1.97%,同比下降1.21个百分点。

内蒙古联通作为自治区通信市场的主导运营商,主要经营固定通信业务,移动通信业务,国内、国际通信设施服务业务,卫星国际专线业务、数据通信业务、网络接入业务和各类电信增值业务;经营与通信及信息业务相关的系统集成、技术开发、技术服务、信息咨询等业务,以及经营国家批准的其他业务。同时承担着普遍服务和应急通信等任务。用户综合满意度连续多年在全区通信行业民主评议行风活动中名列第一。在神舟系列飞船载人航天飞行、全区重大政治、经济活动和突发事件的通信保障工作中表现突出,在“村村通工程”、“政府上网”、企业信息化、农村牧区信息化、社区信息化等方面都发挥了应用的作用。

【营销服务】 积极开展网格化营销，发展“致富商家”、“幸福一家”融合业务。实施“双百工程”，积极开展全业务营销。电子渠道作用显著增强，交易额达到5.5亿元，同比增长310%。3G优势凸显，收入月均环比高达19%，全年净增3.2亿元，引领移动业务加快发展。2G同比增长7.6%。宽带业务快速增长，互联网收入10.2亿元，同比增长23.5%。信息业务展现活力，全网增值业务净增收入1.5亿元，成熟和典型的行业应用得到普及。开展“联通进万家”系列营销，组织“沃”楼宇营销大赛，策划“炫铃歌友会”等增值业务促销。

【运维建设】 合理安排投资保障移动、宽带发展。改进“客户接入类工程项目管理办法”。实现PMS系统上线，提高了信息化支撑能力。建立健全专家库，完善评标办法，年度框架招标价格较2009年下降19%。对库存物资进行挖潜，盘活闲置物资458万元。完成1 876个驻地网和310个光进铜退项目建设，开展农村DSLAM扩容，宽带网络能力显著增强。完成当年预安排及村通工程建设任务，移动网基站超过12 000个，覆盖水平大幅提升。组织2A达标巩固活动；启动“线路信息资源管理系统”建设；推进降本增效和节能减排；完成骆驼山煤矿、高铁隧道塌方等事故的通信保障；拦截垃圾短信2 800万条，垃圾短信用户7.9万户，有效保障信息安全。

【客户服务】 实施“寻短板、创亮点”服务提升活动，完成672项服务问题的整改。开展“业务受理极限5分钟”和“营业人员技能大赛”活动，窗口服务质量明显提升。全网投诉率由年初11.5次/万户下降至8.3次/万户。建设“客响综合调度系统”，提高装维效率和质量。打造大客户专职维护团队。实施装维人员收入分配改革，提高装维人员积极性。固话、宽带升级投诉率得到较大提升。

【精神文明建设】 开展“联通是我家、发展我有责”大讨论活动。规范“职工之家”建设，组织各类文体活动。全年共有3人荣获“自治区五一劳动奖章”，5人被授予“自治区劳动模范”称号。组织开展创先争优活动；召开区、市两级分公司党委民主生活会；党风廉政建设宣传月内容丰富、效果明显，纪检监察组织建设进一步加强，惩防体系建设工作稳步推进。

【重要活动】 1月5日，内蒙古联通BSS4.0系统固网业务顺利割接上线。

2月6日，内蒙古赤峰市政府、内蒙古联通就“数字赤峰”建设项目在北京签署合作框架协议。中国联通副总经理姜正新、中国联通运营公司副总裁朱立军、中国联通内蒙古分公司总经理莫一心、副总经理蔡标正、中国联通赤峰分公司侯向东总经理、赤峰市市长王中和、副市长麻树昌、吴平及有关部门负责人出席签约仪式。2月10日，内蒙古联通与中国银行内蒙古分行在内蒙古饭店举行战略合作签约仪式，莫一心总经理、张风槐行长分别代表两家公司在战略合作协议上签字。5月11日，内蒙古联通与新华通讯社内蒙古分社在呼和浩特举行战略合作签约仪式，莫一心总经理、吴国清社长代表双方签字。5月19日，内蒙古联通与恒泰证券股份有限公司在呼和浩特签署合作框架协议。内蒙古联通总经理莫一心、副总经理蔡标正、恒泰证券股份有限公司总裁吴谊刚、副总裁张宗友及有关部门负责人出席了签约仪式。蔡标正与吴谊刚分别代表双方签署了合作框架协议。5月23日，内蒙古联通隆重举行新综合通信大楼奠基仪式。自治区党委、政府有关领导，新城区委、区政府有关领导，公司领导班子出席奠基仪式。6月25日，内蒙古联通陶敏副总经理会见贝尔公司全球副总裁Mike先生。6月27日，内蒙古联通召开深入开展创先争优活动动员暨“两优一先”表彰大会。9月9日，集团公司姜正新副总经理、系统集成公司孙世臻总经理、集团客户事业部崔涛副总经理等一行赴赤峰市分公司进行调研。内蒙古联通莫一心总经理、蔡标正副总经理等陪同。9月14日，内蒙古自治区政府组织代号为“蒙西－2010”的地震应急演练在巴彦淖尔市临河区举行。内蒙古联通机动通信局代表公司参加了通信行业演练。自治区副主席刘卓志、通信管理局副局长刘宝钧以及其它相关厅局领导对演练活动进行了现场观摩。11月13～14日，内蒙古联通首届“联通沃3G”杯全区厅局级干部网球赛在自治区党委网球馆、自治区政府网球馆隆重举行，自治区党委副书记任亚平，自治区政府原秘书长、办公厅原主任乌兰巴特尔，党委巡视组副组长满都拉、公司总经理莫一心、副总经理郑大力、蔡标正及自治区有关厅局级领导出席了比赛开、闭幕式。12月23日，内蒙古军区司令员刘志刚少将、副司令员车华松少将、参谋长郧建华少将、国防动员委员会办公室主任靳毅大校等军区领导赴内蒙古联通机动通信局检查公司国防信息动员工作情况。自治区通信管理局局长乌力吉、副局长刘宝钧，公司总经理莫一心、副总经理乌文全等陪同。12月23日，中国联通内蒙古人才培育计划序曲－后弦歌友会在内蒙古农业大学体育馆举行，同时“内蒙古人才培育计划”拉开帷幕。公司副总经理姜俊昆、总经理助理羌谅等出席活动。12 月 28 日,内蒙古人力资源和社会保障厅全区社保管理信息系统上线运行视频启动会在呼和浩特召开,自治区党委、政府及有关厅局领导出席了启动会,内蒙古联通蔡标正副总经理出席并作发言。

【荣誉】 2010 年内蒙古联通共拥有全国精神文明建设先进单位 3 个,自治区级文明单位 12 个。先后获得自治区政府“文明单位”、“信息化先进单位”荣誉称号,自治区党委宣传部、自治区金融办等 13 个部门评选的“2010 年度内蒙古自治区诚信企业”荣誉称号,总经理莫一心被评为“2010 年度内蒙古自治区诚信人物”,以及内蒙古信息化推进联合会评选的“企业信息化建设杰出贡献单位”称号等。

(刘福明)

中国石油内蒙古销售公司

【中国石油内蒙古销售公司领导名录】

总经理 党委副书记:刘合合

党委书记 副总经理:王永和

副总经理:乔世明 刘宏设 王那顺(蒙古族)

总会计师:杨 富

党委副书记 纪检书记 工会主席:郑新龙

【概况】 中国石油天然气股份有限公司内蒙古销售分公司(以下简称公司)是中国石油在内蒙古设立的地区销售公司。公司下辖 12 个盟市分公司、3 个成品油销售控股公司、105 个旗县经营部和零售片区,资产总额 65.56 亿元,员工 19 346 人。

【经营指标】 2010 年,销售量完成 652 万吨,零售量 530 万吨,零售比重 81 %,实现销售收入 431 亿元,利润近 10 亿元,上缴税费 9.3 亿元。

【市场营销】 2010 年,面对自治区经济快速增长对成品油的强劲需求以及复杂多变的成品油市场形势,内蒙古销售公司多渠道采购油品,有效保障了自治区成品油市场稳定供应。一是把握自治区经济结构特点,全面深入地了解各行业对油品的市场需求,准确提报需求计划。二是争取支持。公司将自治区经济快速增长的形势向集团公司、股份公司进行了多次汇报,得到了上级的充分重视,在资源配置中始终将内蒙古地区作为全系统的重点进行安排。三是加强沟通。积极协调大区公司、炼厂,多次专人赴东北、西北公司和各驻厂分公司坐催资源,并争取呼铁局、沈铁局、哈铁局等铁路部门支持,全力做好资源组织发运,全年直炼资源配置计划兑现率达 90%,基本保证了市场需求。四是多渠道采调。积极与陕西延长集团、宁夏宝塔集团、神华集团、伊泰煤制油公司建立合作关系,加大地炼资源的采购力度。在资源紧张时,公司以高成本进油,以倒挂价格销售,以自身承担经营亏损来满足市场需求。全年共购进地炼资源 162 万吨,有效弥补了市场缺口。五是优化保供方案,严控资源流向,保证了市场稳定供应。根据市场需求,提前安排春耕春播、秋收农忙季节市场供应,2 月上旬,腾出赤峰、乌兰察布、包头、巴彦淖尔等地库容,接卸 0#柴油资源 15 万吨,为开春农业用油提供了充足的油品资源。三季度,收储 -35#柴油 5.3 万吨,为应对冬季运行奠定了基础。六是在资源紧张时期,制定了油品供应应急预案,按日制定柴油控制计划,重点保障省会、市、盟行署所在地及中心城市成品油供应,基本满足了政府、公共交通、农业、煤炭、电力等重点行业,高速公路、国省干道等重点要道的成品油需求,没有发生脱销断档的现象,为自治区经济快速发展提供了强有力的油品支持。

【网络建设】 为满足地方经济发展需要,全年完成各类投资 10.4 亿元,推进区域管道网络战略,为企业持续发展和营销能力的提升奠定了坚实基础。同时不断改造老旧加油站,完善服务功能,为广大客户提供安全、方便、舒适的加油环境;积极引导消费,改善销售结构,增加高标号汽油储存能力,不断满足高端客户需求。

【安全环保】 认真贯彻自治区、中国石油安全环保生产要求,牢固树立“环保优先,安全第一,质量至上,以人为本”的理念,从建立安全管理长效机制、实现企业本质安全出发,大力推进 HSE 体系建设,层层签订安全环保责任书,推行有感领导、直线责任和属地管理的管理机制,加强安全规范制度建设,强化安全生产监督检查,加大安全隐患整改,全年投入隐患整改资金 1.57 亿元解决油库和加油站安全隐患,基础设备设施得到改善。加强信息化建设,销售 ERP 系统、加油站管理系统、油库管理系统等一系列信息系统陆续上线运行,为规范运营、科学管理提供了有利条件。2010 年,实现油库、加油站重大责任事故为零的目标。在国庆等特殊重点时段,各级领导和广大员工牢固树立责任意识、大局意识，强化管理，完善预案，全面排查，及时整改，杜绝发生涉油恐怖破坏活动。深入开展矛盾排查化解工作，层层分解责任，做到每个群体的信访工作都有专人负责包案，每个不稳定动向和线索都有专人负责掌控和跟踪，每个不稳定因素都有专人化解和平息，全年排查各类问题 22 个。圆满完成了全国“两会”、“上海世博会”、“广州亚运会”等重要时期的维稳任务，实现了防恐维稳“双零”目标。

【党建和思想政治工作】 认真贯彻落实集团公司党组和自治区直属机关工委的要求，积极开展创先争优活动，召开了创先争优活动视频大会，成立了活动领导小组，各级党组织和党员根据工作职责公开承诺并践行承诺，年终公司领导对联系单位的活动开展情况进行了点评抽查，得到了自治区直属机关工委创先争优活动督察考核组的高度评价。加强领导班子建设，深入开展“忠诚事业、承担责任、艰苦奋斗、清廉奉献”主题教育活动，全系统 629 名副科级以上干部签订了《党风廉政建设责任书》和《廉洁自律承诺书》；组织开展了党内巡视调研工作；完善了干部交流、考核评价、教育培训、后备干部管理和干部有序退出等制度，进一步增强了干部管理的规范性。

【企业建设】 内蒙古销售公司站在讲政治的高度，通过腾岗、增岗、创岗等多种途径，累计安置 80% 以上有再就业意愿的有偿解除劳动关系人员及其子女。将分配收入向一线员工倾斜，不断改善员工工作、生活条件。发放帮扶资金和爱心基金 605 万元，帮扶困难员工 5 835 人次，为自治区经济发展和企业发展创造了和谐稳定的环境。同时，积极投身社会公益事业，继续深入帮扶兴安盟西胡日台嘎查，先后投入 38 万元帮助农牧民实现了脱贫致富。组织全系统 6 000 余名团员青年共捐款 13 万余元支援西南地区抗击特大旱灾。青海玉树地震发生后，向中国石油青海玉树分公司捐款 50 万元，为其重建工作贡献了一份爱心和力量。公司先后荣获全国企业文化建设优秀单位、第四届全国精神文明建设工作先进单位，自治区落实消防工作责任状先进单位、“五一”劳动奖状、文明单位（标兵）、优秀企业、国有企业创建“五个一”先进基层党组织、非正常上访目标管理责任书完成优秀企业、依法治理十大优秀企业、2010 年度内蒙古自治区诚信企业，中国石油天然气集团公司维护稳定工作先进集体等荣誉称号。

（郑涛 田震）

中国石油天然气股份有限公司
呼和浩特石化分公司

【领导名录】

总经理 党委副书记：杜吉洲
党委书记 副总经理：陈汇明（蒙古族）
副总经理 总工程师：刘前保
党委副书记 纪委书记 工会主席：王旭伟
副总经理：周　顺
副总经理 安全总监：赵明泉

【概况】 中国石油天然气股份有限公司呼和浩特石化分公司是内蒙古自治区境内唯一的一家炼油企业，是国家“八五”重点工程之一，与二连油田开发、阿赛输油管线并称内蒙古三项石油工程。公司从 1988 年开始筹建，1990 年 7 月破土动工，1992 年 9 月一次投产成功，有常减压蒸馏、催化裂化等 8 套生产装置，原油加工能力 150 万吨/年，以加工二连原油、长庆原油为主，能生产 4 大类 15 种产品，主要目标市场是内蒙古中西部、山西北部、河北张家口等地区，并出口蒙古国。

【主要生产经营指标】 2010 年，加工原油 125.56 万吨，综合商品率91.56%，轻质油收率69.90%，高标号汽油比例68.02%，原油综合损失率 1.71%，新鲜水单耗 0.66 吨/吨，炼油综合能耗 69.58 千克标油/吨原油；实现销售收入 62.16 亿元，上缴税费 14.68 亿元，实现考核利润 1.33 亿元，完全加工成本 244 元/吨。2010 年末，公司被集团公司评定为二类企业。

【主要产品及产量】 2010 年，汽油产量 42.10 万吨，柴油产量 47.31 万吨，精丙烯产量 1.10 万吨，聚丙烯产量 0.63 万吨，液化气产量10.93万吨。

【安全环保】 2010 年，公司安全生产形势巩固、稳定、可控，未发生一起 B 级及以上生产安全事故，无一例非计划停工，实现了清洁生产、达标排放，全面完成股份公司下达的安全环保指标。作为集团公司 HSE 体系推进十家重点指导企业之一，公司扎实开展体系建设，成立领导小组，召开启动会，制定下发推进规划及 2010 年推进计划。开展两次全要素内部审核，开具 38 项不符合项，督促相关单位检查整改，并做好验证跟踪工作。公司于2010年3月顺利通过北京中油健康安全环境认证中心的认证审核，获得了体系认证证书。加强HSE培训，举办各类培训班36期，培训1 700余人，对82名相关管理人员进行了HSE体系审核员培训。层层签订安全环保责任书，继续开展冬季安全生产劳动竞赛、安全观察与沟通、安全经验分享等活动，各级领导共完成安全观察与沟通报告表4 766份，观察时间1 771.49小时，观察安全行为5 108人次，沟通不安全行为5 695人次，促进了安全平稳生产，提高了生产受控管理水平。注重应急预案演练，全年共组织公司级应急演练4次，车间级58次，参加人员达1 400多人次。组织7个车间进行职业危害因素辨识，组织1 863人进行体检，体检率达93%，职业体检率达96.5%。坚持隐患排查，落实治理整改。2010年，投用专项资金4 000多万元对18项安全隐患、202处盲肠死角、400多个问题进行治理。坚持对及时发现隐患、避免事故的员工给予奖励，先后对77起避免事故人员奖励6.38万元。严格审批各种作业票4 077张，实现了作业受控。针对重点阶段、重点区域和重点防范内容，公司先后组织各类安全大检查28次，检查并督促整改各类问题810项次。对施工、检维修作业坚持属地管理、业务部门监督、安全部门检查，努力做到常态化、制度化。纠正和制止违章行为2 000多人次，处罚390人次(含施工人员)，罚金近12万元。通过严格监管，有效促进了规范化管理水平的提升。加强承包商安全管理，制定下发《承包商安全考核办法》，与54个施工单位签订安全合同，对4 142名施工人员进行三级安全教育，将考试不合格的32人清除出厂，并要求乙方对6人解除劳动合同。2010年，共查处施工单位违章作业61次，对发生事故的承包商按照“四不放过”原则，进行严肃处理，使事故单位责任人和相关人员都受到了教育。

【项目建设】 2010年，公司500万吨/年炼油扩能改造工程总体设计于1月28日正式获得批复。初步设计及“业主+装置EPC”管理模式于6月29日获得批复。项目开工仪式于7月27日举行。先后与寰球院、大连院、华东院正式签订了EPC合同。按时间节点完成了四套装置拆除、新装置土建及地管施工任务，完成常压、催化裂化、聚丙烯等11套装置及配套工程自采及“甲控乙采”招标或谈判采购173项，为2011年全面开展安装奠定了坚实的基础。为充分调动参战人员的积极性，公司适时开展以土建和地管施工为主要内容的专项劳动竞赛活动，有力促进了工程建设的顺利进行。

【挖潜增效】 2010年，在宁波召开的炼化企业竞争力分析研讨会上，公司作了题为《正视差距，瞄准目标，努力提升经济技术指标》的典型发言，并获得成本管理先进单位、综合商品率和综合损失率进步奖两项荣誉，提升了公司的企业形象。在以往工作的基础上，2010年，公司又提出2大类18项挖潜增效指标。如：重点开展原油综合损失率攻关活动，从原油入厂、加工、储运到产品出厂各个环节入手，确定攻关课题，落实到单位和个人，找差距、查原因、定措施、抓整改，基本解决了综合损失率偏高的问题，由2009年的1.82%下降到2010年的1.71%，下降了0.11个百分点。公司从源头狠抓燃煤质量管理，加强全过程控制，2010年耗煤4.2万吨，比2008年减少4.3万吨，按500元/吨计算，降低采购成本2 100多万元，减少了环境污染，优化了操作环境。积极开展清欠工作，2008年至今未发生一起新生欠款，同时全部完成了对2000年前历史陈欠的清理。通过多形式、多渠道挖潜，2010年增效6 000多万元。坚持按月组织召开经济活动分析会，在开实、讲透上下功夫。通过对标分析，拓宽了思路，如四套装置拆除前外购含丙烯的原料气4 182吨，提高了气分装置加工负荷；外购MTBE原料，努力提高高标号汽油调合比例；全年外销干气6 527吨，既消灭了火炬排放，又提高了综合商品率。聘请国际知名咨询公司，持续开展人力资源优化管理活动；引进了经济增加值(EVA)等指标，制定全员绩效考核管理办法。

【生产管理】 坚持实施技改技措，提升装置运行效能。利用2010年停工检修的机会，实施了催化裂化装置MGD工艺、常减压装置超声波电脱盐两项技术改造，以及催化油浆与初底油的热联合、回炼油泵增加变频器等七项能量优化项目，年实现直接经济效益584.3万元。新增烟气监测在线分析系统，实现了各类外排污染物的在线联网。认真抓好节能节水工作，通过采取降低炼油装置、辅助系统对比能耗、优化蒸汽用量，降低动力产汽水耗与煤耗、开好中水回用装置等措施，降低了装置能耗、水耗。在停工检修与装置拆除期间，提前着手，精心组织，优化停工方案，全力抓好环保和节约两个环节，对于停工中所需排放的气体，能回收的全部回收。经测算停工回收液化气180多吨，回收使用瓦斯50多吨，节约价值合计约110多万元，取得了很好的经济效益和环境效益。持续开展生产受控管理活动，生产系统未雨绸缪，针对四套装置拆除后的物料平衡，及早准备，优化生产方案，优化产品结构，做到了平稳操作、稳定运行。强化工艺技术考核分析，充分发挥

MES 系统作用,深化平稳率的考核。全年共处罚违反工艺纪律、操作纪律 141 起,扣罚 46 950 元;表彰 34 起,奖励 42 800 元,提高了装置长周期平稳运行水平。

【队伍建设】 采取多种形式,加大培训工作力度,员工技术技能水平进一步提升。持续推进“3153”高层次人才培养工程,6 名中层管理干部参加内蒙古大学工商管理硕士(MBA)学习,27 名管理人员和高级专业技术人员参加大连理工大学项目管理工程硕士学习。继续推进五型班组创建工作,有 86 个班组又跨入了五型班组行列。认真落实三级培训计划,按照“学以致用、提升业务、促进工作”的原则,选派优秀的管理、专业技术和操作人员 153 人次参加了集团公司、股份公司组织的各类培训班 91 个。选派 102 人次参加集团公司以外的培训班 32 个。在生产车间和调度中心全面推行四班两倒一培训模式,保证培训时间,提高培训效果。组织公司级培训班 18 个,共培训员工 11 000 多人次。抢先抓早,认真抓好 500 万吨/年炼油扩能改造工程人员培训,有计划、分期分批赴兄弟企业学习,先后组织 95 人分别赴大连石化、大庆炼化学习培训 1 ~ 3 个月,23 人到庆阳石化实践观摩。

【精神文明建设】 2010 年,矿区面貌进一步改善。职代会承诺的四件实事全部完成,特别是员工期盼已久的职工住宅楼已全面开工建设,深受大家欢迎。企业文化进一步深化。补充完善制作了公司简介片和公司画册,深入开展了“三同”团队理念教育,企业文化理念深入人心,在铸魂、导向、塑形、聚力方面发挥了较好的作用。2010 年,公司荣获了由中国文化管理学会颁发的“中国企业文化示范单位”光荣称号。公司的企业文化成果得到了集团公司领导的充分肯定和高度赞扬,精神文明建设再上新台阶。公司先后荣获了全国“安康杯”安全生产劳动竞赛优胜企业、“全国模范职工之家”、内蒙古自治区五一劳动奖状、社会治安综合治理长安杯和呼和浩特市“社会治安综合治理特别奖”等诸多荣誉称号。

(刘新利)

内蒙古北方重工业集团有限公司

【领导名录】

董事长 党委书记:陈树清(蒙古族)

董事 总经理:蔺建成

监事会主席 纪委书记:潘雄英

董事 北方股份总经理 党委书记:李建平

董事:雷耀民

董事 兵器集团首席专家:吕小岩

总会计师:肖富强

党委副书记:卢继明(满族)

副总经理:张兴有 雷丙旺

监事 工会主席:张海军

副总经理:高云升 李洪艳(女) 王进忠

【概况】 内蒙古北方重工业集团有限公司(447 厂),始建于 1954 年,是国家“一五”期间 156 个重点项目之一,国家唯一的大中口径火炮动员中心和火炮毛坯供应基地,是国家常规兵器重点保军企业,自治区 20 户重点大企业之一。公司从业人员 12 467 人,资产总额 102 亿元,拥有各类设备 9 300 余台(套)。具有特种钢冶炼、铸造、锻造、热处理、机械加工、电气液压、总装调试和靶场试验等能力,生产工艺门类齐全、技术力量雄厚、科研手段完备、综合加工能力强,拥有国家级企业技术中心、科研试验基地以及国防科技工业 1511 二级计量站、兵器一级理化实验室、国家 94 号实验室;通过了国家保密资格认证和总装备部装备资格许可审查;取得了 ISO9001 国际质量体系认证、ISO14001 国际环境体系认证和 OHSAS18000 国际职业健康安全管理体系认证。

公司始终秉承“铸强国利剑,造富民坚犁”的企业宗旨,全面履行服务于国家国防安全、服务于国家经济发展的核心使命,形成了军用武器装备、特种钢及延伸产品、矿用车及工程机械三大核心业务。为抓住国家鼓励军工企业改制上市的政策机遇,建立产权清晰、权责明确、管理科学、竞争力强的中国特色现代国有企业制度,公司成功推进了整体股份制改造,引进 6 家战略投资者,实现了体制机制的根本性转变。

【经营情况】 公司全年实现营业总收入 103 亿元,主营业务利润 9 146 万元;广大员工收入进一步增加,在岗员工人均年收入达到 33 389 元,比 2009 年增加 5 079 元。一是按照兵器集团“科学发展、五年翻番”总体要求,科学制定了“十二五”发展规划,构筑了“5211 工程”奋斗目标,绘制了公司新的发展蓝图。具体是:利用五年时间,实现利润总额翻两番,营业总收入、员工人均年收入翻一番。二是全面开展了以“推动科学发展、打造 5211 工程”为主题的创先争优活动,党组织融入中心创先进,党员立足岗位争优秀,创先争优成为推动发展的重要载体。三是进一步提升了基础管理水平,对军品分厂实施了一级管控,持续推进了物资集中采购,强化了原材料和军品毛坯库房集中管理,全面预算管理进一步深入推进,外委外协的管控更加规范,建立了以EVA为核心的业绩考核评价体系。四是世界首台首套360项目实现了工艺技术的进一步优化改进,为2011年稳定产出奠定了坚实基础。五是顺利通过国家新一轮保密资格一级认证;国家高新技术企业申请已通过公示;顺利通过兵器集团法律风险管理标准化一级单位评定。六是积极履行社会责任,万元工业增加值综合能耗1.06吨标煤,同比降低9%。全年未发生重大安全、质量和环境污染事件。

【重要活动】 1月22日,全国总工会党组成员、书记处书记喻红秋来公司考察调研。2月25日,中央军委委员、总装备部部长常万全来公司调研。3月16日,中央纪委调研组来公司调研;18日,自治区国防工办主任杨占林出席公司第三次党代会开幕式之后参观国公司360工程;19日,中国共产党内蒙古北方重工业集团有限公司第三次代表大会在文化宫隆重开幕,自治区国防工办主任杨占林等应邀出席大会;30日,公司在香格里拉酒店隆重举行36 000吨垂直挤压大口径无缝钢管技术展示暨高层论坛。4月13日,中央扩大内需促进经济增长政策落实第四轮检查组一行来公司参观;14日,国家国防科技工业局党组成员、中央纪委驻国防科技工业局纪检组组长王双林来公司指导工作。5月5日,国家重大科技专项课题中期检查组一行来集团公司检查指导工作;11日,空军副司令员杨东明一行来集团公司检查指导工作;28日,中组部干部一局巡视员杨中华带领中组部调研组一行15人来公司参观调研;31日,国务院国资委副主任、党委委员黄丹华一行来公司调研。6月7日,国务院派驻兵器工业集团监事会主席倪小庭一行来公司检查指导工作;同日,自治区副主席、包头市委书记郭启俊来公司检查指导工作;北方股份公司荣获2009年度自治区创新型企业、国家高新技术企业自治区十强和3304矿用自卸车自治区十大科技名牌产品三项殊荣。

7月3日,以全国政协经济委员会副主任李德水为组长的调研组一行来公司考察调研;14日,北方兵器城迎来了全国政协副主席李兆焯一行。8月2日,由山西省委书记、人大常委会主任袁纯清率领的山西省党政代表团来公司考察;3日,全国政协副主席董建华来公司参观;8日,全国人大常务委员会副委员长华健敏来公司考察360工程。国家发展和改革委员会副主任、兼国家能源局局长张国宝来公司考察360工程;13日,教育部副部长陈希一行来公司考察;18日,国家发改委副主任杜鹰率国家调研组一行来公司参观考察;18日,澳门特别行政区立法会主席刘焯华率全国人大澳门特别行政区代表团一行来公司参观。9月10日,国防科工局军品项目审核中心来公司审核2010年度军转民项目财政贴息资金;27日,全国人大常委会原副委员长布赫来公司参观。10月15日,国家人力资源和社会保障部公布首批高校毕业生就业见习国家级示范单位名单,集团公司被评为首批高校毕业生就业见习国家级示范单位。北方股份依靠强有力的技术团队,35吨NTS35矿用自卸车成功下线。11月7日,新疆维吾尔自治区党委书记张春贤来公司参观考察;14日,国家科技部副部长曹健林同总参55所所长樊邦奎一行来公司参观;17日,自治区党委常委、副主席潘逸阳来公司参观;18日,总装陆装科汀部副部长雷红雨一行来公司指导工作;21日,公司与攀钢集团四川长城特殊钢有限公司签订战略合作协议。12月4日,ERP项目正式切换上线;海关总署向呼和浩特海关发函批复,北方股份获得了国家海关总署授予的海关验证信用最高等级AA类管理企业称号,成为全国矿用车行业第一家被评为AA类的企业;17日,国家军工保密资格认证委专家组在自治区科技厅宣布,集团公司顺利通过国家一级保密资格认证。

【荣誉】 1.荣获国家环境保护优秀企业;2.全国推行质量管理30周年优秀企业;3.新中国60年企业精神60佳荣誉称号;4.北方重工商标获全国驰名商标;5.获得全国质量信得过班组3个;6.内蒙古国防工办统计工作先进集体;7.自治区2009-2010年度内部审计先进单位;8.荣获内蒙古自治区用户满意称号;9.“内蒙古自治区质量效益型先进企业特别奖”;10.“内蒙古自治区质量效益型先进企业”;11.“2010年内蒙古自治区用户满意服务明星班组”;12.内蒙古“讲理想、比贡献”活动先进集体;13.获得全区优秀质量管理小组8个、质量信得过班组3个;14.包头地区城市与牧区儿童发中微量元素含量研究被评为自治区科学技术奖三等奖;15.公司“3.6万吨黑色金属垂直挤压机及挤压大口径厚壁无缝钢管工艺技术研究”被评为自治区十大科技进展,被评为“第二批全国企事业知识产权示范创建单位”,荣获“第二届中国内蒙古国际低碳产业及节能减排科技博览会优秀成交奖”;16.“3.6万吨黑色金属垂直挤压机”工程项目团队被兵器工业集团授予重大科技创新奖,并获得300万元的特别奖励;17.获得内蒙古自治区“五一”劳动奖状;18.北方股份荣获自治区国家高新企业十强和创新型企业。

个人奖项：蔺建成、雷丙旺、郑贵有、栾永被评为自治区劳动模范；陈树清被评为全国劳动模范和先进工作者。

（贺海清）

中海石油天野化工股份有限公司

【领导名录】

总经理：周林峰

党委书记兼副总经理：冯景信

副总经理：韩秋 余升阳

副总经理兼财务总监：赖宇雄

副总经理：张治涛

工会主席：杨肇基

纪委书记：李可洪（回族）

【概况】 中海石油天野化工股份有限公司是内蒙古自治区和国家“八五”时期重点建设项目，现有设计能力年产30万吨合成氨、52万吨尿素装置，20万吨甲醇装置，6万吨聚甲醛装置。

天野公司合成氨装置由日本东洋工程公司总承包，装置原采用渣油为主要原料，渣油气化采用Shell工艺技术，空分、甲醇洗、液氮洗采用德国Linde工艺技术，合成采用Kellogga卧式合成塔低能耗技术，2005年10月装置改用天然气为原料；尿素装置由意大利斯纳姆公司总承包，采用Snam氨汽提工艺技术。主要生产装置由国外成套引进，采用DCS集散系统控制。甲醇装置采用一段转化、低压合成、三塔精馏技术。聚甲醛装置采用香港MPD公司共聚甲醛专有技术。公司主要产品“天野”牌尿素、“天野”牌甲醇和“天野”牌共聚甲醛，产品质量达到了国家优质品标准。天野公司于2003年底已通过ISO9000质量体系认证，建立了一套可靠的质量保证体系。2004年“天野”牌尿素被评为国家免检产品，2005年评为自治区名牌产品。经过十几年的市场开拓，“天野”牌尿素和甲醇产品市场已覆盖全国二十几个省市自治区，并出口到东南亚等国，聚甲醛主要市场在华东、华南和部分华北地区。

【安全生产】 2010年，生产合成氨32.19万吨，生产尿素56.51万吨，生产甲醇15.86万吨，自发电量10 767万度，圆满完成全年生产任务。化肥装置实现110天连运（跨年）；甲醇实现120天连运，成为投产以来第二个连运好成绩；高锅2炉连运超150天，3炉连运超60天，创新的纪录。各装置持续保持了较高的生产水平。公司取得了比预期更好的经营结果，完成预算计划指标的976.7%，再创新的业绩。

【经营管理】 风险管理建设不断完善，企业基础管理得到加强。完善了目标管理责任体系，基本做到了部门有指标，人人有考核；完成了工资体系的理顺和套改，修订了绩效考核方案。发布实施《业务权限手册》和《内部控制手册》，梳理修订各类标准，明确各级各类员工的工作内容、权限和职责；制订了成本管理考核方案和制度，强化预算管理，加大对资金筹划力度，提高了成本、预算和资金管理水平；对OA系统进行改版，逐步实现网上办公，提高工作效率。

【项目建设】 聚甲醛项目是公司第一次涉足精细化工项目，不仅与大化工装置有很大不同，而且由于技术封锁，国内外均无任何建设、试车及实习经验可借鉴。公司克服工期短、设备供货拖后、冬季施工等困难，全力以赴组织施工建设，共完成投资16.5亿元，完成总投资的95.7%，于2010年11月10日通过机械竣工验收；聚甲醛部在公司各相关单位的全力配合下，克服了冬季试车、员工培训时间短、技术不确定等困难，靠“不畏艰难、无私奉献”的精神，最终使A线在投料25天后，于11月19日产出合格产品；B线在投料12天后于12月31日产出合格产品。聚甲醛试车是集全公司之力取得的成果，投料试车时间创行业新的纪录。

【重要活动】 3月18日，公司召开一届五次职代会暨一届四次会员代表大会，两会代表及各部门、单位职工928人参加了大会。中海石油化学集团发来贺信，内蒙古自治区总工会常务副主席崔明龙应邀出席大会并讲话。公司总经理周林峰作了题为《总结经验 创新思路 锁定目标 扎实工作》的工作报告。3月25日，国家节能减排检查二组组长、国家发改委节能中心主任李仰哲一行在自治区经委副主任白培珠和呼和浩特市经委负责同志的陪同下，来天野公司检查指导节能减排工作。3月29日，公司开展向中国西南旱灾地区“捐赠一箱水，献出一份爱”活动，天野职工总计捐款39 800元。4月28日，内蒙古自治区科技厅向天野公司颁发了“企业研究开发中心”资格认定证书，天野公司被正式认定为自治区级“企业研究开发中心”，具备了自治区级研发中心资质。4月30日，天野公司总经理周林峰荣获内蒙古自治区劳动模范荣誉称号；天野公司公用工程部、仪表车间及生产管理部王清志、仪表车间任富、化肥一部刘平安、甲醇车间朱国珍获得中海化学集团先进集体和先进工作者称号。6月10日，公司举行升旗仪式，全面启动以“安全发展，预防为主”为主题的“安全生产月”活动,公司副总经理、“安全生产月”活动领导小组副组长胡兰松主持启动仪式。6月24日,中海化学集团首席执行官兼总裁杨业新一行来天野公司检查指导工作。7月1日,公司党委召开庆祝建党89周年暨先进党支部、优秀共产党员、优秀思想政治工作者表彰大会。27名预备党员进行入党宣誓;6个先进党支部、32名优秀共产党员、6名优秀思想政治工作者受表彰奖励。8月9日,天野公司召开“创先争优”活动启动大会,公司总经理周林峰、公司党委书记冯景信、公司工会主席杨肇基、副总经理韩秋、胡兰松、余升阳、赖宇雄,总经理助理张治涛,公司各党支部书记,部门、单位岗位经理以上人员,党务工作者、员工代表100多人参加会议。8月18日,中海化学集团CEO兼总裁杨业新莅临天野公司检查指导工作并参加聚甲醛项目投料试车动员大会。8月26日至27日 中海油总公司检查组对6万吨聚甲醛项目进行安全检查。9月3日,天野公司在国家“十一五”千家企业节能目标完成情况和节能措施落实情况的逐年考核中,连续四年位居超额完成等级行列。9月16日,中海化学集团第七届职业技能大赛机械组决赛开幕式在天野公司举行。中海化学集团党委副书记、执行副总裁陈恺,公司总经理周林峰,中海化学集团人力资源部副总经理张君,公司总经理助理张治涛,中海化学集团各基地领队,参赛选手100多人参加了开幕式。9月18日 国务院安全生产调研督导组副组长、国家安全生产监督管理总局监管一司副司长李峰率领调研督导组一行在自治区安监局陪同下来天野公司督导检查工作。10月25日,中海石油天野化工聚甲醛项目正式投料试车。11月3日,聚甲醛B线粒料气力输送系统测试工作取得圆满成功。11月10日,内蒙古自治区副主席赵双连在自治区政府副秘书长张国良、自治区安监局局长张院忠、呼和浩特市市长王波、副市长刚布和、自治区经济信息化委员会副主任王旺旺等领导的陪同下来天野公司视察指导工作。11月14日,公司总经理周林峰,党委书记、副总经理冯景信,副总经理赖宇雄出席中海化学集团成立10周年及海南精细化工项目开工庆典。11月18日,中海化学集团发来贺信,祝贺天野公司聚甲醛主装置A线胜利产出聚甲醛半成品—粉料。11月19日,中海化学集团CEO兼总裁杨业新及化学集团、鹤岗市华鹤煤化股份有限公司、中化二建集团有限公司发来贺信、中海油华鹿山西煤炭化工有限公司、中海化学包头公司,祝贺聚甲醛装置A线胜利产出粒料产品。11月29日,国家环境保护西部督察中心领导宁炳在内蒙古环保厅和呼和浩特市环保局负责人陪同下,来天野公司进行黄河水流域污染治理项目调研。12月24日,天野公司荣获“2010年度内蒙古自治区诚信企业”和内蒙古“A级信用纳税人”荣誉称号。总经理周林峰荣获“内蒙古自治区诚信人物”荣誉称号。12月26日,公司尿素装置完成全年尿素56万吨生产任务。

(赵春玲 王利俊 任意如)

中国国际航空股份有限公司内蒙古分公司

【领导名录】

总经理:(暂空缺)

党委书记:常国军

纪委书记 工会主席 党委副书记:施洋

副总经理:陆立新 王振华

【概况】 2010年,国航内蒙古分公司机关机构内设:办公室、人力资源部、党群工作部、计划财务部、运行安全质量管理部;生产单位为:客舱服务部、地面服务部、综合保障部、生产指挥中心。

【飞行运输】 1月至12月,内蒙古分公司累计完成飞行运输任务3.07万小时,承运旅客150.97万人次。完成旅客运输周转量13 316万吨公里,货邮运输量8 874.68吨。

【安全服务】 航班放行正常率为96%,完成T2值;平均放行延误时间60分钟,完成T3值;关舱门正常率为98%,完成T3值。通过区域协同努力,圆满完成航班正常性各项考核指标,未发生分公司责任原因差错及以上不安全事件,顺利实现安全飞行34周年。

2010年,内蒙古分公司服务品质提升管理点稳步推进,管理手册整合、高价值旅客服务提升、服务一体化和服务短板改进的16个子项目成为分公司服务品质提升的重要抓手。服务综合评价指数分别为:地面服务84.1,客舱服务87.5,值机服务78.9,休息室服务78.9,机上餐食75.2,客舱清洁84.5。内蒙古分公司累计发展大客户27家,实现销售收入530.54万元,同比增加30%。截至12月底,共受理投诉及旅客反馈意见63起,未发生有效投诉界定。

【经济和社会效益】 2010年,区域运输收入7.655亿元,区域贡献收入7.3064亿元,全年区域实现航线利润2.101亿元。2010年,国航在内蒙古区域执行航线21条,执行航班16 455班,平均客座率为78.15%,运力份额为24.3%,市场份额为28.5%。

内蒙古分公司及时完成呼和机场大型机运行保障评估,与机场公司进行保障演练。派乘务人员参加A321/330转机型训练,为将来接飞该机型提前做好相应准备。加大协调争取力度,努力满足市场需求。合理调整机型,丰富区内运力,做好“十一”、“春运”等节假日期间市场组织。动态调整联程产品,最大限度满足公商务旅客需求,确保增产增收。新开乌兰浩特－北京、海拉尔－呼和－武汉、海拉尔－天津、满洲里－北京航线,恢复执行呼和－杭州、呼和－成都、呼和－满洲里航线,进一步拓展区内航线网络。加强国航品牌宣传,与区内外多家媒体建立长期良好合作关系。全年在各类媒体发表文章820余篇,刊发航班信息1 200余条,未出现负面媒体报道。

【重要活动】 5月12日,内蒙古分公司向公司总部进行专题汇报;7月13日,自治区与国航在北京就相关事宜进行商洽;7月20日,国航公司《关于组建内蒙古支线航空公司的方案》报送自治区政府;7月31日,蔡剑江总裁、李虎晓副总裁、樊澄副总裁带领公司总裁办、规划发展部、财务部等一行负责人拜会了自治区党政主要领导以及自治区发改委有关领导,就组建内蒙古支线航空公司进行了高端对话;12月20日,自治区发改委有关负责人专门就框架合作协议等相关事项与樊澄副总裁进行了磋商。在多方的共同努力和关注下,内蒙古支线航空发展工作取得阶段性推进成果。

（周　亮）

内蒙古集通铁路(集团)有限责任公司

【领导名录】

董事长　党委书记:林奋强

常务副董事长　总经理

党委副书记:陈玉柱

常务副总经理:姚永庆

党委副书记:王贵忠

常务副总经理　党委副书记:段晨明

纪委书记:高富安

工会主席:郝建国

常务副总经理兼总工程师:才荣杰

副总经理:曹维

总会计师:张德才

副总经理:孙治国　刘云彦　王伟　给古勒其(蒙古族)贾功勋

副总经理兼

集通铁路土地管理局局长:孙国勋

【概况】 集通铁路集团公司前身为内蒙古地方铁路总公司,由自治区政府于1985年5月7日批准成立并牵头组建。1995年7月16日,变更出资股比,自治区政府和铁道部按照“联合经营、统一运输、独立核算”的原则,撤销内蒙古地方铁路总公司,并共同组建集通铁路有限责任公司,注册资本金为人民币8亿元。2004年12月通过增资后公司注册资本增加至17.49亿元。2008年7月9日,在经营范围覆盖铁路运输、资源开发、煤炭营销、工程建设、专业通信等多领域的基础上,正式组建内蒙古集通铁路(集团)有限责任公司。铁道部出资14.86亿元,持股60%;北方联合电力有限责任公司出资7.43亿元,持股30%;自治区国资委出资2.26亿元,持股9.14%;中铁六局集团呼和浩特铁路建设有限公司出资0.107亿元,持股0.43%;中铁十三局集团电务工程有限公司出资0.107亿元,持股0.43%。

集通铁路集团公司是全国目前管辖营业里程最长、规模最大、经营效益较好和唯一以集团化模式运作的区域性路网合资铁路公司,2008年以来连续三年入围中国服务业企业500强。

【管辖范围】 2010年,集通铁路集团公司管界西起集二线的赛红站(K34+851m),与呼和浩特铁路局相连,东至通霍线哲里木站(K14+600m)与沈阳铁路局相连,北止桑锡线锡林浩特站,南止桑多线的多伦站。

集团公司管内共有4条干线、1条支线、2条联络线。干线:集通线(赛红－哲里木)全长944.431公里;桑锡线(桑根达来－锡林浩特)全长238.702公里;桑多线(桑根达来北－多伦)全长101.556公里;锡乌线锡扎段(锡林浩特－扎布其尔)全长98公里。支线:煤化工专用线(多伦－煤化工专用线上行方向预告信号机)全长16.175公里。联络线:桑东联络线(桑根达来东－桑根达来北)全长2.568公里;锡东联络线(锡林浩特－锡林浩特东)全长14.969公里。

【运输经营】 集通铁路集团公司按照“长短并举、拓口伸腿、扩能增量、挖潜提效”的策略,积极拓展管内管外、黑货白货市场,完善大客户互保联系机制,形成管内辐射煤电企业及赛红、白旗、多伦等运输去向,管外东至沈局、西至呼局、南抵大秦的固定循环运输格局。积极争取并经铁道部批准牵头融资购置C70型、C80型货车,取消配属车辆管外装车限制,扩充铁路运力资源。实施既有线扩能改造,增建临时线路所,补强线路设备基础,线条整体输送能力提高23%。首次开行曹不罕站经呼铁局堡子湾站至太原局曹妃甸西间跨局万吨重载列车,5 000 吨及满轴满长列车开行比例达到92%。采取45 项挖潜提效措施,实行跨段动态调整机车、人机互控检查车辆和套用“天窗”施工,加强分界口通联协调,严格“双联提效”考核,运输效率效益实现同步提升。2010 年,货运量完成4 899.9 万吨,完成年计划的 116.3%,同比增长25.1%;运输收入完成 32 亿元,完成年计划的 130%,同比增长 29.2%;主营业务收入完成33.6 亿元,完成年计划的 128.7%,同比增长 27.9%,增幅增量均创历史新高。

【安全管理】 坚持把运输安全作为企业生存发展的根基,完善运输安全管控、施工安全监管、作业标准执行、安全绩效考评为主体的长效机制,建立双线自闭、万吨列车行车组织和安全卡控、设备养护、作业控制等制度体系,形成了责任落实、现场控制和追究问责的闭环管理。完善 3 个“2 + 1”安全管理机制,改进信息系统功能,实现了问题分项管理、自动识别归类;建立干部检查和职工作业记实制度,严格履职履责记名管理,促进了员工自觉对标行为养成。组建白旗、大板、锡林浩特 3 个地区新线施工安全监察队,对关键施工项目、重点作业环节、大型机具作业定人定责防控,形成关口前移、超前介入、全程监管的施工安全长效机制。深入开展客车安全、操纵安全、自然灾害防范等 11 项专项整治,集中排查整治突出问题隐患;实施 137 项防洪预抢工程,对 37 处危岩落石地段进行挂网彻底整治,拆并改道口 69 处,安全重点部位得到有效控制。加大治安综合治理力度,强化重点列车、货盗高发区段治安防范,加强护路联防管理,沿线站车秩序和治安环境有序可控。围绕春节、国庆节等节假日特殊时期,实行分级分线包保监督,强化检查纠偏和责任考核,确保了重点时期安全稳定。全年消灭了责任人身伤亡、道口安全、火灾爆炸事故和机车车辆走行部恶性故障,至 2010 年 12 月 31 日,实现安全生产 2 656 天和第 7 个安全年。

【基础设施】 在连续两年加大线路补强的基础上,对既有线进行集中换轨、大机捣固、更换道岔等补强整修,全年补充道砟 42.3 万方,车载式机车添乘仪Ⅲ级晃车报警较控制指标压缩 53%。实施既有线扩能改造,锡林浩特至多伦铁路锡白段建成开通,新增无缝线路 85 公里及双线自闭区段设备 800 余台套。有偿调拨内燃机车,新增轨道车和公铁两用除雪车、装载机、应急车载通信系统及事故抢险救援指挥系统等抢险设备,以及工务小型养路机械设备和机务、车辆检修工装机具 816 台套。实施道口无线盲区改造,装设机务运用安全、机车防火视频装置远程传输和货车管理信息系统,安装道口自动报警、机车鸣笛记录、发电车视频以及车站运转室监控设备,完善车辆“2T”监控体系,技术装备保安能力显著增强。

【铁路建设】 按照“3.2”、“9.18”部区铁路建设会谈精神,围绕区域煤炭分布走向和东北、西北、西南方向三条外运主流,科学规划了以蒙东地区资源富集区锡林浩特为辐射中心,以既有集通和锡多铁路为横纵坐标主轴,以“两横三纵”为主干的蒙东路网干线铁路建设。2010 年,全面推进总长 2 500 余公里的锡乌、巴珠、蓝张、多丰、白浩以及集通、锡多复线 7 条铁路建设;锡乌线锡扎段 98 公里建成开通,锡多复线锡白段 100 公里线路较设计工期提前 14 个月建成。本着“完善功能、支撑运量、点线配套、抢线增流”的原则,规划建设 3 条集疏运线、21 个战略装车基地和煤炭集散基地。2 ~ 3 年建成后,将形成两条连接 2 个口岸的资源外运通道和四条连接 4 个港口的煤炭下海通道,构建起以大能力煤运通道为重点,布局合理、顺畅贯通的蒙东路网格局。

【经营管理】 坚持把规范经营管理作为提升经营效益、促进长远发展的有效途径,全面实施奖惩办法、劳动工资管理和劳动用工管理 3 个“一主六辅”管理办法,补充完善经营业绩评价、干部效绩积分考核、职工岗位等级管理等长效管理制度,形成了覆盖重点领域、系统完整配套的制度标准体系。健全子公司法人治理结构,规范各层级工作制度,形成分责分权管理体系。实施以全面预算管理、资金监管、资产清查、审计监督为主体的经营内控机制,建立倾斜生产一线、侧重关键岗位、公平科学合理的工资分配制度,加强周期性、多轮次财务检查、资产清查和专项审计,经营内控管理水平全面提升。科学配置生产资源,构建资源集中、布局合理、有序流动的综合性生产组织模式,主要生产设备利用率同比提高 8.5%。优化车间班组设置,改进生产作业和劳动组织方式,综合运用兼职并岗、跨区段轮乘、季节性岗位调整和“联站保修”等措施,全年劳动生产率同比提高39.1%。按照“破旧立新、抓大放小、有进有退、依主兴辅”的思路,重点发展煤炭运销、铁路建设、通信服务等优势项目,大力拓展房地产、液体篷布、工务轨枕等新兴项目,多元经营全年收入及利润同比分别增长 72.3% 和26.3%。注重企业经济效益与社会效益互促双赢,主动参与区域经济合作交流,2010

年,向自治区纳税3.4亿元,累计纳税16.3亿元;为玉树地震、甘肃舟曲泥石流、南方严重旱灾灾区捐款近300万元,赢得了社会各界广泛赞誉。

【职工培训】 完善“1342”教育管理模式,启动“十百千”人才培养工程,建立专业技术人才双向培养机制,与西南交通大学联合办学,选拔优秀员工进行铁路运输、机车车辆等7个专业网络学历教育。建立关键岗位竞争后备机制,按比例选拔后备工班长和技术骨干。针对新线建设运营需要,择优引进工务、建设、财务管理等专业紧缺人才,健全新线人才超前储备机制,组织关键岗位人员到专业院校进行岗前“4+1”培训,缓解人才紧缺矛盾。加大员工素质教育培训力度,采取集中讲授、基地实践、内部交流、跟班锻炼、院校委培、厂家观摩、外局挂职方式,组织开展覆盖全员的适应性、规范化培训;建设理论培训、模拟演练和电化教学一体化、综合性职工培训基地,配强基层专兼职师资力量,补强硬件教学设施,教育培训基础条件明显改善。

【政治工作】 召开集团公司首次政治工作会议,出台加强政治工作的决定和系统配套制度。建立两级班子成员日常学习、工作调研、检查记实和现场办公等制度。完善干部交流挂职、外派锻炼、培养使用配套机制,规范环节干部选拔任用管理,推行生产岗位人员聘任管理和专业技术岗位职务化管理。积极推进创先争优活动,全面加强党员干部政治理论素养和执行能力建设。广泛开展创建“学习型”领导班子、争创“四强”党支部和争做“四优”共产党员活动。深化安全、经营、管理、服务、和谐五大文化建设,形成全员共同遵守的价值标准和行为准则。以“感动集通”先进事迹评选活动为载体,健全先进典型评选机制,开通互联网门户网站和局域网信息平台,畅通上下沟通交流渠道。重抓党风廉政建设,建立物资采购、项目招标、晋级考试等重点领域监督机制,形成行为有责、追究有据、考核有力的惩防体系;充分发挥各级工会组织作用,竭力维护员工合法权益;开展独具特色共青团活动,形成了合力共为、团结同向、共谋发展的良好态势。

【惠民工程】 始终坚持以人为本,不断提高员工幸福指数,举全公司之力实施惠民举措,确保企业发展成果最大限度惠及全员。完善员工收入增长机制,调增职工岗位工资标准,加大基础工资比重,提高特殊岗位人员待遇,增设高技能及专业人员岗位津贴,员工收入保持稳步增长。在管内通辽、大板、锡林浩特地区建设职工住房,加大“三线”建设投入力度,为沿线站区配全必备的生活食宿设备,实施生产生活房屋改造,完善文体娱乐设施,美化绿化居住环境,员工生产生活条件持续改善。健全综合服务保障体系,全面兑现“三不让”承诺,为困难职工发放助医补助、助困资金,为困难职工子女发放助学金,提高职工医疗保险报销比例和职工伙食标准;组织职工健康体检、先进劳模和先进职工外出疗养,提高室外作业人员劳保用品等级标准,员工生活难题得到有效解决,福利待遇水平不断提高。

(任志玲 郭怡君)

包铝集团

【领导名录】

包铝集团董事长 总经理:高　刘

包铝集团党委书记　董事
包头铝业执行董事　总经理:刘志荣

包铝集团党委副书记 纪委书记
监事会主席:孔祥忠(9月离职)

包铝集团党委常委 副总经理:刘　云

包铝集团党委常委 工会主席
董事:张　智(蒙古族)

包铝集团党委常委 董事
包头铝业副总经理:王云利

包铝集团副总经理:蔡　旭

包头铝业副总经理:石长存

包铝集团财务总监:贾信民

包铝集团副总经理:冀树军(9月离任)

包铝集团副总经理:杨永亮

包头铝业副总经理:董建雄

【概况】 中铝包头企业(以下简称包铝)是中国最大的铝合金生产基地和世界单体产能最大的偏析法高纯铝生产基地,由包头铝业(集团)有限责任公司(简称包铝集团)和包头铝业有限公司(简称包头铝业)组成。有电解铝系列产品产能45万吨、炭素制品产能24.8万吨、高纯铝产能2万吨、合金铝产能30万吨,是国内最大的铝合金生产基地。被国家海关总署评为2004年度红名单企业,是国家AA3级诚信企业,银行信誉等级AA+。

2010年,包铝圆满完成了中铝公司下达的红线目标指标。2010年,包铝累计生产铝系列产品43.24万吨;生产炭素制品21.71万吨;高纯铝1.08万吨;工业硅7 991吨;实现主营业务收入62.63亿元;现价工业总产值62.13亿元;上缴税费总额2.12亿元;实现利润7 151万元。

【控亏增盈】 通过实行“一保二压三从紧”的非常措施,强化资金集中管控,扩大市场份额,通过强化生产过程控制,提高产品综合合格率,通过围绕现有科技研发项目,培养新的经济增长点,通过充分利用循环经济试点单位的优势,推进节能减排项目,努力提高企业效益。继续实施财务刚性预算,压缩费用支出,层层细化分解指标,进一步加强生产过程控制,持续改进生产工艺技术指标。通过采取各项积极有效的措施,增加效益1.71亿元,两公司的生产指标得到进一步优化,生产经营压力得到有效缓解。

【深化管理】 2010年3月,包铝两公司结合实际情况,重新梳理修订了各部门工作职责,并按照“公开、公平、公正、择优”的原则,完成了三级机构组织优化和基层管理人员公开竞聘工作。三级机构由261个精简为176个,精简了32.6%;基层管理人员由353人精简为259人,精简了26.6%。同时,开辟了专业技术人员任职通道,充分调动了基层专业技术人员的工作积极性。

【结构调整】 一是公司根据全方位、深度结构调整总体方案,努力促成自治区党政主要领导与中铝公司主要领导于2010年9月19日会见并签署了战略合作框架协议。二是为解决产业链调整中配套的炭素资源,初步达成了合资兴建30万吨电解铝用预焙阳极炭块意向。三是加大产品结构调整力度,在增加现有优势品种产能的基础上,积极开发新的合金铝品种。四是推进了3.4万吨电子箔和新型结构电解槽阴极项目的前期工作。五是积极开展资产结构调整工作,于2010年7月完成了职工医院和幼儿园移交社会管理工作。六是依据国家相关产业政策、中铝公司的整体发展思路和区位资源优势,围绕自治区与中铝签署的战略合作框架协议,两公司分别形成了具有指导性和可操作性的“十二五”发展规划。

【维稳工作】 一是积极推行“管理标准化、现场标准化、操作标准化”安全管理模式,从严抓管理,铁腕治安全,狠抓安全生产责任制的落实,继续加强环境和职业健康安全管理体系建设,全年未发生重大设备、人身安全事故。二是进一步加大信访维稳工作力度,针对在管理改革期间可能会出现的不稳定因素,积极解决员工生产和生活存在的突出问题,倾听职工的合理诉求,努力做好矛盾纠纷排查化解工作,全年未发生群体性上访事件,信访维稳形势总体平稳。

【重要活动】 2月3日,自治区副主席赵双连代表自治区党委、政府在包头市市委副书记廉素、自治区政府副秘书长张院忠的陪同下到包铝调研慰问。3月29日,自治区党委书记胡春华一行在包头市委副书记、市长呼尔查的陪同下,到包铝生产一线视察工作。6月17日,自治区副主席、包头市委书记郭启俊一行到包铝进行现场考察。9月19日,中铝公司党组书记、总经理、中国铝业董事长、CEO熊维平,中铝公司党组成员、中国铝业执行董事、总裁罗建川,中铝公司党组成员、副总经理张程忠,中国铝业执行董事、副总裁刘祥民,总裁助理谢洪等在呼和浩特市与自治区党政主要领导会见,双方签署战略合作框架协议。随后,熊总一行莅临包铝视察。9月20日,中铝公司党组书记、总经理熊维平一行在包头会见自治区副主席、包头市委书记郭启俊,包头市委副书记、市长呼尔查,双方就包铝生产经营和改革发展的有关事项交换了意见。

【荣誉】 在2010年度全国劳动模范表彰会上,包头铝业检修维护中心技术科科长赵晓燕被授予全国劳动模范。在4月份召开的自治区劳动模范表彰会上,包铝集团董事长、总经理高刘、工会主席张智和包头铝业电解三厂工区长王志斌被授予自治区劳动模范。11月,在呼和浩特市召开的自治区企业联合会第六届理事会第一次会议上,包铝集团被内蒙古企业联合会和内蒙古企业家协会授予内蒙古自治区优秀企业荣誉称号,包铝集团党委书记刘志荣被授予内蒙古自治区优秀企业家荣誉称号。

(魏青贵 钱瑞军)

内蒙古自治区盐务管理局
(内蒙古盐业公司)

【领导名录】

局长 经理:赵玉怀

副局长 副经理:刘建潮(女) 张占选 李学义(8月离任)

纪检委书记:江亚君(女)

党委副书记:王树良(蒙古族)

总经济师:吕 信

【概况】 2010年,全区盐的生产总量为193.30万吨,同比减少29.31万吨,其中,加碘盐生产总量为16.63万吨,完成计划19.3万吨的86.17%,同比减少1.90

万吨。吉兰泰、雅布赖、额吉淖尔三个主要生产企业生产161.53万吨。金属钠、氯酸钠、纯碱、聚氯乙烯、液氯、硫化碱等主要化工产品生产84.15万吨。主要生产企业销售各种盐181.2万吨,销售化工产品:金属钠3.84万吨,氯酸钠8.6万吨,纯碱33.88万吨,聚氯乙烯21.72万吨,液氯8.33万吨,硫化碱4.65万吨,硫化黑2.62万吨。全区运销企业实际销售盐30.53万吨,较上年同比29.91万吨,增加0.62万吨,完成年计划29.05万吨的105.10%。其中:食盐17.42万吨,畜牧盐4.24万吨,小工业盐7.63万吨。

2010年,盐的销售总体趋势好于上年,行业赢利状况明显好转,在经济全面复苏的大形势下,以盐为原料的下游行业需求量明显提升,拉动了盐的初级生产和深加工业的复苏和发展。工业盐、食品工业盐的需求逐步扩大。全年下游“两碱”行业产能提升,对盐的需求绝对量提高,原盐销量同比保持增长。

【市场监管】 按照《自治区盐务管理局2010年盐政工作要点》确定的目标任务,坚持“标本兼治,重在治本,打建结合,重在建设”的原则,深入开展普遍检查、专项治理和联合执法行动,着力提升盐政执法能力,着力提高盐业市场规范化经营水平,着力提高食盐市场的净化率和安全度。全区共出动盐政执法人员3万4千余人次,检查销售网点7万6千多个,检查用盐单位2万5千多个;查处涉盐违法案件149起,查获没收违法盐产品3 268吨,罚没款15.41万元。案件数、罚没数较上年均有所下降。各地把强化宣传作为促进食盐专营、维护市场稳定的一项重要工作,散发宣传材料57万余份,支出宣传费用12.66万元。召开联检会议,研究制定联检方案,积极开展边界联合检查统一行动,净化了边界地区盐业市场。继续巩固小盐湖治理成果,争取政府支持和职能部门配合,治理与整合相结合,限产提质,控制土盐外流,初步建立了小盐湖的长效治理机制。

根据《内蒙古自治区人民政府办公厅关于清理行政执法人员换发行政执法证件的通知》(内政办发电【2010】52号)要求,盐政执法人员相继参加法制培训,完成了执法人员换发行政执法证件工作。

【质量管理】 各企业进一步落实质量管理责任制,建立产销质量信息快速反馈系统,执行不合格食盐追溯制度,加强从生产、加工、仓储、销售各个环节的监督和抽查,做到不合格产品不出厂、不上市,确保了区内合格碘盐的市场供应,确保了盐产品质量的稳定提高。生产企业强化全员质量意识教育,进行职工岗前质量培训,把质量工作重点放在“把好原盐生产第一关”,从源头抓好原料盐质量,为合格成品盐的生产奠定了基础;额吉淖尔盐场进行ISO贯标内审和管理评审,通过了认证公司的复检验收,取得了确认证书。

2010年全区生产、经销盐产品质量指标统计结果显示:

精制盐合格率100%,较目标值99%提高了1个百分点;一级品率98.72%,较目标值96%提高了2.72个百分点。

粉精盐合格率100%,较目标值99%提高了1个百分点;一级品率73.16%,较目标值40%提高了33.16个百分点。

粉洗盐合格率99.47%,较目标值98%提高了1.47个百分点;一级品率10.58%,较目标值50%降低了39.42个百分点。

日晒盐合格率99.21%,较目标值98%提高了1.21个百分点;一级品率38.27%,较目标值40降低了1.73个百分点。

加碘盐综合合格率99.57%,较目标值98%提高了1.57个百分点;一级品率60.16 %,较目标值60%提高了0.16个百分点。

盐产品综合合格率96.55%,综合一级品率45.68%。

按照2010年全区盐产品质量抽检计划,自治区盐业质量检测站共检测10个运销企业、3个生产企业盐产品71个批次,其中食用盐、多品种盐64个批次,合格批次64个,合格率100%。

认真贯彻安全生产政策和法律、法规,各企业结合生产、经营实际,积极投入财力、物力和人力用于安全防护措施的实施,消除了各种安全隐患。

【企业改革】 面对国家盐业体制改革形势,一是以区公司为主导广泛开展调研活动,形成了《内蒙古盐业公司改革发展工作情况报告》,得到自治区国资委的肯定和支持。二是召开了东、西片区和区公司本部专题座谈会,就当前盐业形势与公司确立的改革基调广泛征求各层级建议和意见,明确提出了以市场化为方向,主动求变,以体制、机制转变应对盐业专营体制改革。三是正式启动盐业体制机制改革工作,成立由主要领导负责的改革领导小组,下设办公室,并就改革专题进行了工作分工,制定了改革、发展项目任务分解表、时间进度表,上报自治区国资委。各企业继续深化改革,积极推进内部体制、机制转变,实行人事、用工制度改革,压缩行政岗位,清退临时用工,人均销量等劳动效率指标显著提升;抓好工资总额预算管理,积极探索收入分配制度改革,按照收入分配与能力、业绩、贡献挂钩的原则,在工资总额范围内设置不同的岗薪,审核、确定、兑现职工薪酬,收入分配制度更趋科学合理;推行内部管理精细化,重点抓好成本、费用的定额管理,降本增效工作取得成效。企业管理水平有了明显提高,生产经营运行质量和效率得到了明显改善。

【结构调整】 2010 年,盐的销售结构调整对整体经济起到了突出的拉动作用。全区集中力量抓绿色盐的营销,区公司给予一定的促销政策,各企业设立营销机构,走向市场,拓展销售空间,大力拉动零售终端市场。绿色盐的全面上市,在优化结构、丰富品种、满足需求、实现多元发展的道路上迈出较大步伐。营养盐的销售,各地继续以市场化运作为基础,以巩固大商超、开发和拓展便利店为重点,最大限度地提高铺货率和要货率,经过几年的市场开发培育,已由最初的推广期进入成长期。2010 年,全区总计销售绿色盐、营养盐 47,615吨,较上年 5 100 吨同比增销 4.25 万吨,结构调整成效显著,经济效益极大提升。

【经济发展转型】 各企业结合当地实际,致力于对现有流通网络的改造增值,从单一盐品经营逐步向多元化方向迈进。网络建设着手实施“百千万”工程,特别是一百个自营店的建设,各地以改造、租入、购置等不同方式,采取 职工自愿组合、政策优惠、严格考核,规范经营的做法,推进网络建设工作。2010 年底,区公司决定出资 2 000 万元,配给各直属运销企业一定数量的资金,用以自营店的建设和送货车辆的购置,统一规划,合理布局,并要求按规定工作进度组织实施完成。2010 年,自治区盐业公司经营结构开始向多元化方向迈步。确立“延伸网络、多元经营”的经营思想,整合盐与非盐商品的经营,加强宣传推广,体现个性化、多样化服务,让客户逐步接受非盐产品。并按照管理顺畅、机制合理、可操作的建设原则,逐步打造从生产商、批发商到零售商覆盖城乡的流通配送网络。一些企业邀请网点经销商、综合批发商、厂家代表,举办非盐产品推介会、订货会,扩充代理商品,扩大经营规模,引进和经营日用品类、食品类、酒类等系列商品多个,销量也呈上升态势。

【党建和精神文明建设】 全行业上下以创先争优活动为主线,加强党建群众工作。组织开展了争创“四强四优”为主要内容的创先争优活动、创建学习型党组织活动,自治区盐业公司系统集中表彰了一批表现突出的先进基层党组织、优秀共产党员、优秀党务工作者,在基层形成了比学赶超先进模范的良好氛围,领导班子建设进一步加强。在自治区国资委的指导下,运销企业各级领导班子广泛开展了以“查思想、查业绩、查作风”为主题的领导班子民主生活会,增强了凝聚力、战斗力。各级党组织围绕完成任务、推进发展、项目建设、工作落实、安全生产、节能降耗、服务群众、提升质量、创新业绩等开展了各具特色的实践活动,促进了年度各项目标任务的完成。

(景　恕)

内蒙古大兴安岭林业管理局(森工集团公司)

【领导名录】

局长 总经理 党委副书记:安国通(蒙古族)
党委书记 副总经理:张学勤
党委副书记 副局长:石玉峰(蒙古族)
党委副书记:崔志博
副总经理:马春元 郭燕吉(蒙古族)
党委委员 工会主席:周思伟
副总经理:李国英
党委委员 纪委书记:张　良
副总经理:赵宝军 王彦伟
总经济师:韩锡波
总工程师:徐鹤忠
党委委员 宣传部长:段　英(女)
党委委员 组织部长:陈佰山

【概况】 2010 年,内蒙古森工集团全年实现林业产业总产值 45.99 亿元,同口径增长34.5%。主产品木材销售 271.34 万立方米,平均售价 695 元/立方米,同比提高 6.1%;固定资产投资完成 22.17 亿元,同比增长 43.9%。实现全部营业收入 26.4 亿元,剔除棚户区改造配套资金后实现利润 1.11 亿元,超计划实现利润 3 094 万元,完成目标值的 138.7%。净资产收益率为 1.2%,;成本费用率为 4.3%。全面完成了各项生产建设任务和自治区下达的经营指标。

【生态建设】

资源管理 强化守边意识,严防林缘后退,保障生态功能区完整性。林政资源等管理部门协调当地公检法机关共同开展专项打击活动,共查处林政案件 1 984 起,收回林地 7 400 亩,恢复造林 5 400 亩。落实林地

管理制度，严格审批程序科学使用林地证占用定额，实现林地“占补平衡”。进一步推动生态移居，恢复移居的林场办公区、居民区、废旧贮木场、工程作业区植被28 000亩。结合管护体系建设，清理了807家达不到要求的家庭生态林场，扩大森林腹地无人区面积22万公顷。

森林经营　编制完成了《内蒙古大兴安岭林区三级区划方案》和《森林可持续经营利用方案》，合理调整了公益林范围和位置，为科学经营森林奠定基础。全年更新造林13.52万亩，森林抚育完成218万亩，育苗完成1 599.7亩，产苗量8 683.5万株。采取工程造林手段开展身边增绿工程完成造林221公顷。科学合理地编制了《2011－2020年森林抚育补贴实施方案》，全面完成了森林抚育试点任务，有效促进了森林生长。林木良种化进程加快，甘河种子园晋升为国家级木材良种基地。

根据国家连清结果和资源档案统计显示，“十一五”期间林区有林地面积净增67.4万公顷，森林覆盖率达到78.21%，比5年前提高1.76个百分点。活立木蓄积增加5 303万立方米，森林蓄积增长6 105万立方米，有林地平均每公顷蓄积增加5.62立方米，森林资源总量恢复到开发初期水平，林分质量、结构有了明显改善，为森林资源快速持续增长打下了基础。

防控森林灾害　全林区发生火警火灾78起，与上年环比下降9.2%，受害森林面积8 679.1公顷，森林受害率为1‰。森林火灾当日灭火率96.2%。全面提升防治生物灾害能力，完成防治面积214万亩，防治合格率达到95.3%。有害生物成灾率0.02‰，预报准确率89.3%，种苗产地检疫率达到100%，无公害防治率达到国家指标的84%，圆满完成国家四率指标。

【企业改革与管理】

生产管理　开展管理创新课题216个，重点推进生产组织管理方式、生产作业管理方式创新，全面落实原条下山管理，主伐原条进场率达到95.9%，与上年环比提高17%。实施了物资零库存、数码监控微机判读、木材生产作业招投标、木材竞价销售、资金结算中心等制度创新提高了管理水平。加强能耗定额管理，有效堵塞漏洞，万元产值综合能耗下降6.1%，实现增收节支6 140万元。

主辅分离　全面完成主辅分离辅业改制工作，规范合法处置“三类资产”，共冲减核销国有权益1.3亿元。组建林区“林产工业协会”，入会会员单位52家。52家会员单位2010年总产值53 412万元，总利润2 678万元。全部完成148家改制企业工商注册、土地资产处置、税费减免等相关工作。

机构与劳动用工制度改革　进一步规范人力资源调配流程，实行了人员统一进出管理，及时掌握人员流动信息，人事统计工作被自治区评为先进单位。根据需要组织开展中专技校毕业生招录考试，共招录员工738人。加大人才引进力度，招聘本科以上学历毕业生323人。完成高层次人才引进目标，引进高层次人才3人。

企业管理　承办自治区企业管理工作交流总结会议，阿里河、根河、莫尔道嘎等林业局被评为企业管理先进单位。加强效能监察，对“新林区建设”“棚户区改造”工程进行重点监察，避免和挽回经济损失306万元。清理“小金库”资金47.2万元。成品油效能监察清理债权68万元，立案查处两起。在2009年自治区国有企业经营业绩考核中被评为A级企业。

社会职能移交　协议移交了牙克石林业热电厂和阿尔山、根河镇区棚改新增供热职能。顺利完成了牙克石、鄂伦春、根河旗市所在地和大杨树林业局的城镇消防灭火职能移交。将林区等级公路建设、管理维护职能和电力、通讯、文化娱乐等公共、公益基础设施建设纳入属地和行业统一规划，由政府和行业主导建设管理。牙伊公路、根白公路实行了协议移交。对棚改工程新增电力设施，协调由电力系统维护管理。社会职能的有序归位大量减少了企业“非经营性支出”，大幅提高了移交人员的待遇，促进了林区社会事业资源的有效整合，实现了公共基础设施建设与属地、行业同步发展。

【替代产业】

旅游产业　林区全年接待游客31万人次，同比增长12.9%，实现综合收入2.1亿元，同比增长14.8%。投资4 800万元建设完成莫尔道嘎白鹿岛宾馆，重点景区接待能力提高。阿柴旅游公司景区升级改造，达到日接待能力6 000人。阿柴景区全年接待游客5万人，实现营业收入541万元。投资7 014万元建设完成阿柴景区金江沟—杜鹃湖环线旅游公路38.5千米。

赴俄采伐　3个对俄森林采伐合作项目累计采伐木材16.55万立方米，加工板材1万立方米，累计过货木材15.1万立方米，实现营业额1 220万美元，派出劳务人员574人。与俄罗斯联邦阿穆尔州洁雅木材生产联合体股份有限公司签订合作开发森林资源及木材深加工项目合同，合同金额2亿美元。

【改善民生】

完善社会保障体系 大集体人员属地养老参统缴费政策争取自治区补贴6 000万元,参统人员由3.2万人增加到4.3万人。对3万民"老工伤"人员伤残等级和劳动能力鉴定。

棚户区改造 完成2009、2010年棚户区改造工程面积173万平方米,为计划的81%。3.5万户10万多名林业职工家属迁入新居。将15万人的安全饮水工程纳入自治区民生工程规划,投资6 295万元先期改造的7家林业局已进入工程实施阶段。

新林区建设 改造局场址办公场所159处,42.9万平方米。改扩建检查站、管护站117处,2.9万平方米。完成"四旁"植树75.8万株,景观林抚育16.6万亩。修建文化广场37处,公园11处,景观雕塑132处。扩建市区干道1.7万平方米,硬化道路42.5万平方米,砂化道路28.9万平方米,挖掘排水沟6.4万米,全面改善了职工生产生活环境。

关注弱势群体 制定下发《困难职工帮扶专项资金管理办法》,困难职工建档率100%。筹集帮扶资金1 224万元,实现了进档职工全覆盖。各级工会筹集"金秋助学"资金288.6万元,资助困难职工子女1 891人。扶持引导职工发展家庭经济,成立种养殖、家庭旅店、食用菌等产业协会30个,向1 062户困难职工投放无息贷款434.2万元,876户职工家庭实现脱贫。

【党建和精神文明建设】 开展"创先争优"活动,实施党委、总支、支部、党员四级承诺,共有1 919个党组织、15 954名党员公开承诺25 011项,兑现率达90%以上。各级干部下基层调研1 193次,解决问题282个,点评814次。选取166名先进典型进行了154场巡回演讲,听众50 000人次。在乌尔旗汗、阿龙山、莫尔道嘎、克一河四个局开展了党代会常任制试点工作。举办了"做林业生态建设脊梁,塑林业生态文明形象"主题报告会、新闻媒体见面会、全国网络媒体聚集林区记者见面会等各种形式的宣传。以学习型领导班子和党组织建设为主线,开展系列教育活动,共举办了两级中心组学习60多次,培训班70余期,培训6 200余人次;赴清华大学培训91人次。畅通选人用人渠道,通过公推直选、民主选举、公开选拔等方式选举产生科级干部658名。公开选拔副处级领导干部10名,占同期聘任数的32%。加强机制建设,全面实施党建工作责任制,按照考核办法,对党政工作同部署、同检查、同考核、同奖惩。制订了《问责制实施意见》,对少数基层党组织"不作为""乱作为"的行为进行问责。成立督查领导小组,对专项活动以及党建工作进行督查。将各级党建经费列入年度财务预算。修订完善《党政联席会议事规则》等二十多项规章制度,使党建工作有规可依、有章可循。

【重要活动】 1月6日,自治区党委书记胡春华一行到林区进行工作调研。1月13~14日,自治区党委副书记、自治区主席巴特尔来大兴安岭林区慰问并检查工作。1月27日国家林业局森林资源管理体制改革试点工作总结会议在牙克石召开。2月2日,由中国产业报协会和中国环境报道网联合主办评选的"2009年全国生态文明建设十大新闻发布会"在北京举行。内蒙古大兴安岭林管局局长、内蒙古森工集团总经理安国通入选2009年全国生态文明十大新闻人物。2月6日,在国务院第五次全国民族团结进步表彰大会上,林管局(森工集团)被授予"全国民族团结进步模范集体"荣誉称号。3月1日,全国森林草原防火工作电视电话会议召开。内蒙古大兴安岭林管局、得耳布尔林业局、根河林业局、根河航站、武警内蒙古大兴安岭森林支队荣获先进单位称号。林管局局长安国通、满归林业局局长白俊山等荣获先进个人称号。4月23日,以国家发改委稽查办特派员袁锡卿为首的中央拉动内需检查组来林区检查林区棚户区改造及第四批中央重点项目建设情况。4月25日,"全国生态文明高层论坛暨2009全国生态文明建设十大新闻人物颁奖仪式"在北京人民大会堂举行。林管局局长、森工集团公司总经理安国通作为"2009全国生态文明建设十大新闻人物"之一出席论坛并讲演。7月21~23日,国家林业局副局长印红到大兴安岭林区考察调研。7月29日,内蒙古自治区党委副书记、自治区主席巴特尔到大兴安岭林区考察调研。8月6日,内蒙古自治区党委书记胡春华到大杨树林业局考察调研。8月10日,以全国人大常委会环资委副主任委员张文台为组长的"中华环保世纪行"新闻采访组和以自治区人大常委会副主任郝益东带队的"内蒙古环保世纪行"记者团到大兴安岭林区采访。8月19日,大兴安岭林区开发建设先驱者杰尔格勒同志纪念碑落成仪式在图里河林业局举行。8月29日,主题为"重点国有林区生态地位、作用和贡献"的东北、内蒙古四大重点国有林区首次年会在莫尔道嘎林业局举行。10月22日,内蒙古森工集团与俄罗斯联邦阿穆尔州洁雅木材生产联合体股份有限公司合作开发森林资源项目举行签约仪式。

(吴世军 陈林涛)

国电内蒙古平庄煤业(集团)有限责任公司

【领导名录】

党委副书记 总经理

平能能源公司副董事长:张 志

党委书记 董事 副总经理:赵连陟

党委副书记 纪委书记 董事:刘欣声

工会主席 副总经理:张光伟(5月任平庄煤业集团公司副总经理)

副总经理:张志坚 杨培功

副总经理 总工程师:赵 宏(5月任职)

副总经理:孙占国(5月任职)

平庄能源公司总经理:徐晓慧(5月任职)

【概况】 2010年,平庄煤业主要生产经营指标再创历史最好水平:煤炭产量完成2 668万吨,同比增加134万吨,比国电集团下达的2 318万吨增加350万吨;商品煤销量完成2 635万吨,同比增加120万吨;商品煤销售收入实现55.9亿元;利润完成12.08亿元,同比提高5亿元;经济增加值完成7.18亿元,比国电集团下达的1.6亿元增加5.58亿元;资产负债率36.85%;原煤生产效率6.76吨/工,比国电集团下达的6.0吨/工增加0.76吨/工;资产总额首次突破百亿,达到103.85亿元。

【矿井建设】 生产布局不断优化。淘汰落后生产工艺,关闭了资源枯竭的兴山公司三井和红庙矿一井,全公司井工矿生产系统由10个减少到8个,有6个实现一井一面开采。注重发挥露天开采优势,3个露天矿产量占全公司总产量的63%以上。单产单进进步明显。全公司6个综采队有5个年产超过百万吨,其中,红庙矿二井综采队超过190万吨,老公营子矿综采队突破200万吨。老公营子综掘队还创出了锚杆支护单进超过600米/月、锚喷支护超过200米/月的好成绩。露天矿单机效率较2008年提高50%以上,元宝山露天矿在少用两台电铲的情况下产量达到900万吨以上。机械化程度不断提高。全公司采煤综合机械化程度达到88.60%,同比提高1.91%;掘进综合机械化程度达到70.96%,同比提高11.34%。支护改革效果显著。锚网、锚网喷等复合支护率达到70.29%,同比提高9.43%;应用"软岩支护技术"和"软岩锚注支护技术",推广高强度、高预应力锚杆、锚索、锚注组合支护技术治理失修巷道,采用组合大锚索和深浅部注浆技术治理软岩巷道底鼓,巷道失修率明显降低。技术创新能力不断增强。与科研单位合作,推进科研攻关和技术创新,多个项目在国电集团获奖。"古山矿三井大倾角特厚煤层复杂条件下综放开采研究"成果的成功应用,使三井年产首次突破100万吨。西露天矿"陡帮开采、横采内排"技术填补了国内空白,多回收资源1 000多万吨,延长开采年限5~7年。数字化矿山建设有新进展。积极推广应用了顶板监测、安全监测、煤质在线监测、运输自动控制、选煤厂集中控制、防尘自动喷雾等检测监控系统。正规循环率不断提高。强化现场管理,注重过程控制,推行强制检修和正规循环作业,中断影响时间由过去一个矿每月超过100小时,降到现在全公司每月不超100小时。

修订完善了各级岗位人员的安全生产责任制,推行了矿领导带班下井(坑),加大安全结构工资比例,提高了员工的安全意识。深入开展质量标准化活动,推行"三个达标",进行隐患排查,做到隐患整改措施、责任、资金、时限和预案"五到位"。保证安全生产投入,改善安全装备水平,加强设备升级和技术改造,完善安全监控监测系统,全年安全基础设施投入近亿元,提高了矿井系统的安全性能。强化班组建设,推广"白国周班组管理法",深化"创建工人先锋号——优秀班组"建设活动;组织200人参加中央企业远程教育班组长培训班,发挥了班组"第一道安全防线"的作用。实现了安全生产年,千人重伤率为0.15,同比下降70%。千人负伤率为3.65,同比下降5.26%。质量标准化保持一级标准,安全生产创建企以来最好水平。

【跨越式发展】 努力建设"三大煤炭基地"。在蒙东基地,白音华1号露天矿700万吨大矿项目建设累计完成投资4.9亿元。绍根西区年产120万吨爱民温都煤矿累计完成投资5.4亿元。元宝山露天矿1 500万吨/年扩能改河、征地工作同步启动。西露天矿深部年产120万吨井工开采项目已经开工。在新疆基地,以1.148亿元收购了尼勒克瑞安煤炭有限责任公司;收购处于同一煤田的尼勒克金三角煤炭公司前期工作已经完成,并上报国电集团待批;投资1 139万元,完成尼勒克空白区普查并形成普查地质报告;投资2 136万元,完成伊宁界梁子勘查区地质勘察。预计可在尼勒克煤田获得20亿吨煤炭资源,伊宁界梁子煤田获得5亿吨煤炭资源。在蒙西方面,坚持争取重组草原兴发时内蒙古自治区承诺配置的资源,参加西部采矿权合理竞拍,争取在蒙西建立煤炭基地。成立公司,派驻人员,完成承包国电燃料公司国兴、国强煤矿生产的前期准备工作。

【精细化管理】 推进管理由粗放式向精细化转变,由随意性向规范化转变,企业由生产型向生产经营型转变。六家矿针对立井提升能力受限的实际,细化工作面设计,细化施工工艺,细化现场管理和设备检修管理,推进了生产过程精细化。古山矿坚持成本分析,降低了物资、材料、配件成本。公司财务部坚持"年零基、季滚动、月分析",全面预算管理水平有了新的提升。销售公司构建大营销格局,建立"以长期稳定的电厂和直供户为主体,以规模经营的地销和市场煤用户为辅助,以零散用户为补充"的销售格局;确定了"打煤质牌,抓铁路线,念港口经,走国电路"的营销策略;在锦州港成立办事处,建立煤炭集散地,2010 年下水煤完成 31 万吨;全面加强煤质管理,差异竞争,实现提质增效。物资供应公司加强了供应商管理,完善了供应商考核体系,细化了采购流程,完善了监督机制,强化了招标管理,集中采购优势逐步显现,成本明显降低。公司审计、计划、资源管理、组织人事管理等方面的制度、机制逐步完善,精细化管理理念已经初步形成。

【党群工作】 一是建立了"融入型党建"和"融合型文化"工作机制,深入开展了创先争优和学习型党组织创建活动,强化了干部队伍、党员队伍、人才队伍和员工队伍建设。坚持公平、公正、公开原则,加大竞争性选拔干部力度,53 名优秀科级干部通过公推比选走上副处级岗位。通过班前教育、上党课、开展集中培训等方式,加强了党员教育管理。全年发展党员 161 名。制定和完善吸引高等院校优秀毕业生来公司工作的政策,全年招收 58 名高校毕业生。有 8 名流失的人才从华能等大企业回归。建立教育培训奖学金制度,全年共集中培训员工 8 800 余人。举办了第二届"建功杯"职工安全生产技能大比武。鼓励员工在职进修,目前在读函授、电大的员工有 500 多人。国电集团煤炭技术培训中心在平庄煤业技工学校挂牌成立以来,为国电集团培训 45 名专业技术人员。二是深化"十转十树"解放思想主题教育活动,深入开展形势任务教育和安全教育工作;开展"赠书促学"活动,组织学习心得交流、演讲比赛等学习活动。三是落实党风廉政建设责任制,强化廉洁从业教育,开展工程建设领域专项治理和"小金库"专项治理工作,加大案件查办力度,构建反腐倡廉长效机制。四是和谐矿区建设扎实推进。各级工会履行职能,在强化班组建设、开展员工技术大比武、推进企业民主管理、开展安康杯竞赛、举办文体娱乐活动、进行扶贫救助等工作上发挥了主导作用。共青团组织围绕企业中心工作,开展了符合青年人的特点主题实践活动,激发了团员青年立足岗位做贡献的热情。

【惠民工程】 完善基础设施,改善生产生活环境,投入 1 065 万元,改善办公场所和员工活动室;投入 2 040 万元,改善了生产作业场所;投入 131 万元,改造了矿区道路;投入 563 万元,完善了生产生活服务设施;投入 3 238 万元,硬化、美化矿区环境;投入 963 万元,购置了通勤车。建立帮扶基金,关注弱势群体,走访慰问困难员工 3 200 户次,发放慰问金 160 万元;满足员工合理需求,提高了员工住房公积金扣缴额度,提高了劳动保护标准,实施了"企业年金";关爱劳模,组织 70 人次劳动模范进行健康疗养。

【重要活动】 2 月 13 ~ 19 日 ,平庄煤业完成煤炭产销 264 900 吨,同比提高 7 644 吨,创下春节期间煤炭产销历年之最,保证了春节期间电煤供应,圆满完成了春节保煤任务。4 月 16 ~ 22 日 平庄煤业机关各部门、所属各单位各级管理人员和广大员工,共为青海玉树地震灾区人民捐款 1 008 855 元。6 月 1 日,平庄煤业公司召开全公司副处级以上干部大会。中国国电集团公司人力资源部副主任王兵在会上宣读了中国国电集团公司党组关于赵宏等三名同志的任职通知;宣读了中国国电集团公司关于张光伟等三名同志任职意见;宣读了中国国电集团公司关于徐晓惠任职意见。赵宏、孙占国、徐晓惠为平庄煤业公司党委委员;张光伟、赵宏、孙占国为平庄煤业公司副总经理,徐晓惠为平庄能源公司总经理。6 月 3 日 ,平庄煤业尼勒克能源化工有限责任公司与巩留县宏利房地产开发有限责任公司签订了尼勒克县瑞安煤炭有限责任公司股权转让协议,以 1.148 亿元人民币收购了尼勒克县瑞安煤炭有限责任公司 100% 股权,占有采矿权面积和探矿权面积 7.5 平方公里,储量约 3.07 亿吨。这为进一步占有 48.8平方公里 20 亿吨煤炭资源奠定了坚实基础,为国电平煤尼勒克能源化工有限责任公司年产 20 亿立方米煤制天然气项目提供了有力的资源保证。6 月 24 ~ 25 日,国电集团公司副总经理、党组成员、工委主任杨海滨一行四人到平庄煤业公司检查指导工作。6 月 28 日,平庄煤业党委召开了创先争优活动推进会,全面开展了创先争优活动。中国国电集团党组把平庄煤业确定为国电集团公司"创先争优"活动的两家联系单位之一。6 月 30 日,国务院国资委党委命名表彰了一批中央企业先进基层党组织，平庄煤业公司党委被命名为中央企业先进基层党组织。7月2日，中国国电集团公司2010年煤炭工作座谈会在平庄煤业公司召开。7月3日，中国国电集团公司2010年煤炭工作座谈会与会人员分成四个调研组，分别深入到风水沟矿、古山矿、老公营子矿、六家矿、元宝山露天矿、西露天矿井下（坑下）进行了实地考察参观。中国国电集团公司副总经理、党组成员高嵩，国务院派驻国有大型企业监事会第23办事处副主任李惠敏一行在平庄煤业公司领导的陪同下，先后到老公营子矿井下综采工作面、元宝山露天煤矿进行考察参观。8月25日，平庄煤业与锦州港在锦州签订战略合作框架协议，平庄煤业煤炭水路南运工作全面展开。9月4日，平庄煤业2010年第一次股东大会、第二届董事会第二次会议、第二届监事会第二次会议召开。股东大会通过了关于国电集团将所持平庄煤业51%的股权无偿划转国电内蒙古电力有限公司的议案。股权无偿划转后，平庄煤业的出资人由国电集团变更为国电内蒙古电力有限公司。9月18日，中国国电集团在赤峰国际会展中心召开2011年平庄煤炭供需衔接座谈会。会议主要目的是协调衔接2011年平庄煤炭资源，贯彻落实集团公司2011年煤炭衔接工作方案。集团公司7家分（子）公司、17家电厂近50名分管燃料的负责人参加了座谈会。10月19日，经平庄能源公司申请，深圳证券交易所和中国证券登记结算有限责任公司深圳分公司批准，平庄煤业所持平庄能源622 947 287股限售股份开始上市流通。本次解除限售股份占平庄能源总股本的61.42%。至此，平庄能源公司股票已全部解除限售，进入全流通时代。11月8日，平庄煤业召开公司副处级以上干部大会，宣布机构设置方案和干部任免、聘任、解聘的决定。11月8日，中国煤炭工业协会命名全国117处特级安全高效矿井（露天），平庄煤业老公营子矿、元宝山露天矿榜上有名。与此同时，平庄煤业所属的六家煤矿、红庙煤矿被评为一级安全高效矿井；风水沟煤矿、古山煤矿三井被评为二级安全高效矿井。11月17～18日，中国国电集团公司副总经理、党组成员高嵩到平庄煤业进行工作调研，集团公司工程建设部和科技与综合产业部的领导贾彦兵、张立东、张继文、朱伟、何鲲陪同调研。11月30日，平庄煤业、矿区工会举行古山矿三井大倾角突破百万吨祝捷大会。古山矿三井大倾角综放工作面开采煤炭100万吨，并创造了40度倾角最大、综放所采煤层最厚、回采率最高、中断影响最少、正规循环最好、灌浆量最多、开采岩石最硬、顶板煤层最软、所遇火情最严重、搬家最快、各种新工艺最多、月产最高的一系列新纪录。大倾角工程是平庄煤业首创，全国领先，是公司发展史上技术革新的典范，老矿挖潜的楷模。12月19日，平庄煤业成立国电内蒙古平庄煤业朔州公司，主要工作任务是承包经营山西省朔州市平鲁区内的国兴煤业、国强煤业两个矿井的原煤生产、采煤工作面的安装工程和后勤服务工作。12月26日 中共平庄煤业（集团）公司第一次代表大会召开。赵连陟代表上届公司党委作了党委工作报告。刘欣声代表上届公司纪委作了纪委工作报告。大会选举产生了中共平庄煤业（集团）公司第一届委员会、中共平庄煤业（集团）公司纪律检查委员会。平庄煤业新一届党委召开第一次全体会议，选举赵连陟为党委书记，张志、刘欣声为副书记；新一届纪委召开第一次全体会议，选举刘欣声为纪委书记。

【荣誉】 平庄煤业在国电集团年度目标责任考核中被评为A级企业，荣获“国电一级奖状”；平庄煤业“推进‘五型一流’企业建设取得突出成效”项目获国电总经理奖励基金特等奖，“古山矿三井大倾角特厚煤层复杂条件下综放开采研究”成果获国电总经理奖励基金二等奖；平庄煤业党委被国资委党委授予“中央企业先进基层党组织”荣誉称号；平庄煤业领导班子被国电集团党组授予“四好”领导班子称号，获“国电一级红旗奖状”。技工学校被人力资源和社会保障部授予“高级技工学校”称号。国家安全生产监督管理总局、国家煤矿安全监察局发布全国实现安全生产1 000天以上煤矿（井工）名单。平庄煤业古山煤矿一井、古山煤矿二井、古山煤矿三井和老公营子煤矿4座矿井榜上有名。西露天煤矿采掘队司机长侯景芳、平西白音华煤业公司司机长耿建勇，参加在北京人民大会堂举行的2010年全国劳动模范和先进工作者表彰大会，被国务院授予“全国劳动模范”称号。

（公司办）

神华集团包头矿业有限责任公司

【领导名录】

董事长 党委副书记：李福胜

党委书记 纪委书记 董事：冯巨光

党委常委 副总经理 董事：杨锦峰

党委常委 副总经理 董事：郑沛林

党委常委 副总经理 董事：马贵来

副总经理 董事：宋乐军

副总经理：杜和平

副总经理：庞禹东

工会主席：贾玉柱

副总工程师 安监局局长：王占义

副总工程师：董文智

总经理助理：吴金贵

副总会计师：郭凤忠

总经理助理：杨光荣

副总经济师 ：智　慧(12月任职)

总经理助理：白国明

总经理助理：韩荣清

【概况】 神华集团包头矿业有限责任公司是神华集团公司下属企业。2010年，全年超额完成2010年年初制定的工作目标计划。煤炭总量：完成444万吨，比计划增加74万吨，完成计划的120%。其中，矿井产量完成314万吨，配煤量完成130万吨。商品煤量完成366万吨，比计划增加70万吨，完成计划的123.65%。营业收入15.26亿元，比计划增加2.39亿元，增收18.57%。经营利润1.2亿元，同比增盈1.11亿元。

【生产经营】 阿刀亥煤矿建立完善了矿领导入井跟班制度，实现全年生产原煤89.98万吨，针对煤矿瓦斯和东、西火区的双重威胁，不断优化瓦斯、火区治理方案，有效地解决了制约煤矿安全发展的瓶颈问题。阿刀亥煤矿被中国煤炭工业协会命名为“全国煤炭工业安全高效矿井”。水泉露天煤矿实现单产水平由投产时的10万吨/月提高到21.6万吨/月，全年完成原煤生产223.83万吨，比计划增产103.83万吨，完成186.65%，各项指标均创历史同期最好水平。水泉选煤厂全年入洗原煤271万吨，生产销售商品煤208万吨，完成计划的108%；同时，在洗中煤中配煤42万吨，增收5 000多万元。萨拉齐铁路集装站在2010年3月份投入使用后，迅速组建员工队伍，全力加强运输组织，销售外购煤75.73万吨，增利3 000多万元。运销处完成商品煤销售341.44万吨，完成计划的115%；争取国铁万吨大列125列，比使用自备车节约运费2 500多万元。

【基本建设】 2010年，包头矿业公司上下牢固树立“只争朝夕、争分夺秒”的危机意识，定时间、定人员、定任务、定奖惩，层层落实责任，项目审批和工程建设全面飙红。李家壕煤矿在2010年2月份取得采矿许可证后，全体建设者努力攻关，克服了巷道淋水大、顶底软岩、支护难度高等困难，确保了矿建工程和外来煤系统按期完工，矿井和洗煤厂已具备联合试运转条件。萨拉齐铁路集装站作为包头矿业公司“东扩”项目的收官工程，于2010年3月2日投入正式运营，标志着“东扩”项目建设胜利完成。兰嘎一级公路项目办克服征地拆迁、林地保护、软基处理等困难，全体工程管理人员兢兢业业，不辞劳苦，确保了新建一幅公路建成通车。梅林庙煤矿项目作为包头矿业公司首个千万吨级矿井，于2010年12月29日取得国家能源局关于同意开展前期建设工作的复函。同时公司全面推行和完善了以经济增加值为核心指标的“五型企业”考核体系，实现了投入产出最优化、整体效益最大化，提升了管理品质。并在本安体系建设方面、质量效益方面、科技创新方面、资源节约方面以及和谐发展方面都取得巨大的成绩。

【维稳信访工作】 2010年，包头矿业公司坚持“发展是政绩，稳定也是政绩”的指导思想，通过整合机构，健全机制，源头预防，强化基础，落实责任，使维稳信访形势逐步趋于好转。

为了协助政府维护社会稳定，保障公司正常的生产工作秩序，公司在2010年共派出300多名专兼职人员参与维稳工作，涉稳人员投入占到了公司员工总数的十分之一以上。全年共接访10 000多人次，化解疑难案件32起，完成全年结案计划的107%，越级进京上访人数同比下降54.2%，杜绝了人员伤亡和恶性事件的发生。在各生产和基建矿井相继建设了“两堂一舍一中心”，改善了员工的生产和生活环境。深入开展了送温暖、金秋助学、结对帮扶、爱心救助、互助帮扶工作，不仅让困难员工的基本生活得到了保障，也使全体员工体会到了企业大家庭的温暖。

【重要活动】 2月9日，国土资源部正式授予神华包头矿业公司李家壕煤矿采矿许可证，采矿期限从2010年2月9日至2040年2月9日，生产规模为600万吨/年，矿区面积67平方公里。3月2日，萨拉齐站神华集团包头矿业公司铁路专用线(一期)开通庆典在萨拉齐铁路集装站举行。3月19日，内蒙古自治区煤矿安全监察局和内蒙古煤管局联合检查组来到阿刀亥矿对安全工作进行检查督导。7月15日，中共中央政治局常委、纪律检查委员会书记贺国强等一行在内蒙古自治区、包头市有关领导的陪同下莅临包头市石拐区棚户区搬迁改造项目新建小区及配套工程进行了视察。7月28日至30日，由神华集团公司信访办与包头矿业公司共同举办的中央企业维稳信访工作培训班在包头神华大酒店举行，120名中央企业维稳领导和信访干部参加了培训学习。截至9月15日,水泉选煤厂实现安全生产1 000天,累计生产商品煤6 300 000多万吨。9月19日,中华全国总工会授予神华集团包头矿业公司工会为全国“模范职工之家”光荣称号。这是公司工会成立50多年来取得的最高荣誉。截至12月31日,总投资34.36亿元的石拐区棚户区搬迁改造项目基本完成,安置石拐棚户区居民14 516户、39 193人。

(公司办)

工 业 园 区

国家级开发区

<table>
<tr><th rowspan="2">序号</th><th rowspan="2">开发区名称</th><th rowspan="2">批准机关</th><th rowspan="2">批准时间</th><th colspan="2">审核确定的面积(公顷)</th><th rowspan="2">主要产业</th></tr>
<tr><th>总面积</th><th>其中:集中新建区面积</th></tr>
<tr><td>1</td><td>呼和浩特经济技术开发区</td><td>国务院</td><td>2000.07</td><td colspan="2">980</td><td></td></tr>
<tr><td>2</td><td>包头稀土高新技术产业开发区</td><td>国务院</td><td>1992.11</td><td>956</td><td>956</td><td>光机电一体化,新材料(以稀土为主),生物、医药技术</td></tr>
<tr><td>3</td><td>二连浩特市边境经济合作区</td><td>国务院</td><td>1992.03</td><td colspan="2">100.00</td><td>边境贸易、木材和建材加工、食品及畜产品加工</td></tr>
<tr><td>4</td><td>满洲里市边境经济合作区</td><td>国务院</td><td>1992.03</td><td colspan="2">640.00</td><td>边境贸易、进口木材加工、精细化工加工</td></tr>
<tr><td>5</td><td>满洲里中俄互市贸易区</td><td>国务院</td><td>1992.04</td><td colspan="2">20.96</td><td>轻工产品、旅游纪念品、小商品等民间贸易</td></tr>
<tr><td>6</td><td>呼和浩特出口加工区</td><td>国务院</td><td>2002.06</td><td colspan="2">221</td><td>在建</td></tr>
</table>

备注:六批合计有222家国家级开发区通过审核,其中内蒙古自治区通过审核的6家开发区共核准面积2 917.96公顷。

呼和浩特经济技术开发区

【概况】 呼和浩特经济技术开发区创建于1992年,下辖如意工业园区和金川工业园区,2000年7月被国务院批准为国家级经济技术开发区。完成“七通一平”的土地面积9.8平方公里,土地开发率为100%。基础设施累计投入40.89亿元。

开发区以电子信息、乳业、贵金属冶炼、生物制药、中蒙药业、机械制造、新材料为主导产业。其中有以伊利集团为代表的乳业;以创维电子、TCL王牌、北特通信、方维电器、银安科技等为代表的电子信息制造业;以阜丰生物科技、齐鲁制药、双奇药业、大唐药业、兰太药业、元和药业、海日瀚等为代表的生物发酵和生物制药业;以日月太阳能、华生高岭土等为代表的新型材料业;以众环数控、富特橡塑、恒方科技、一汽亿阳、敕勒川电缆、精诚绝缘子、上海电气等为代表的装备制造业。世界500强利乐集团生产项目落户开发区。开发区现入驻工业企业329家,其中规模以上工业企业64家。2010年实现工业增加值109.46亿元,上缴税金15.12亿元。

包头稀土高新技术产业开发区

【概况】 包头稀土高新技术产业开发区成立于1990年,1992年被国务院批准为国家级高新区,是自治区唯一的国家级高新技术产业开发区，也是全国唯一以“稀土”冠名的高新技术产业开发区。自治区24户重点开发区之一，由建成区、滨河新区、希望园区三部分组成，总面积122平方公里，建成面积15.54平方公里，基础设施建设累计投资32.2亿元，实现了“八通一平”。

开发区以稀土产业、新能源装备、有色金属加工和高新技术产业为主导产业。已入驻工业企业809户，其中规模以上工业企业205户。2010年实现工业增加值309.45亿元，上缴税金40.69亿元。

【重点企业名录】

企业名称	主要产品	生产能力
东方希望包头稀土铝业有限责任公司	铝锭	52.24万吨
包头北方创业股份有限公司	铁路车辆	2 843辆
内蒙古北方重型汽车股份有限公司	自卸车、挖掘机	342台
包头华鼎铜业发展有限公司	硫酸、粗铜	3万吨粗铜
内蒙古包钢稀土高科技股份有限公司	稀土精矿 稀土化合物	14.82万吨 1.88万吨
内蒙古金风科技有限公司	风力发电机部件	571台
包头伊利乳业有限责任公司	液体乳	18.62万吨
包头市西水水泥有限责任公司	水泥	117.85万吨
内蒙古包钢和发稀土有限公司	稀土化合物	1.35万吨
内蒙古中基番茄制品有限责任公司	番茄酱	15万吨

二连浩特市边境经济技术合作区

【概况】 二连浩特市边境经济技术合作区是国家级经济技术合作区，1993年由国务院批准设立，合作区划分为口岸加工区、出口加工区，规划面积27平方公里，已建成面积14平方公里，累计投入基础设施建设资金0.78亿元。

合作区以木材加工为主导产业。现入驻工业企业67户，其中规模以上工业企业16户。2010年完成工业增加值10.35亿元，上缴税金0.59亿元。

【重点企业名录】

企业名称	主要产品	生产能力
二连浩特远恒木业有限责任公司	板材	10万立方米
二连浩特安泰木业公司	板材	10万立方米
美克国际木业（二连浩特）有限公司	板材	10万立方米
二连浩特友谊木业公司	板材	10万立方米
二连浩特万家欣木业	板材	5万立方米
二连浩特鞍海圣洋选矿公司	铁精粉	50万吨

满洲里市边境经济合作区

【概况】 满洲里市边境经济合作区是1992年设立的国家级开发区，规划面积70平方公里，已建成面积35平方公里,园区累计完成基础设施建设投资17亿元。

合作区以木材精深加工、建材、化工为主导产业。现入驻工业企业372户,其中规模以上工业企业53户。2010年完成工业增加值21亿元,上缴税金1亿元。

【重点企业名录】

企业名称	主要产品	生产能力
满洲里光明热电有限责任公司	供热	70万吉焦
满洲里欧亚实业有限公司	集成材	5万立方米
满洲里仟鼎木业有限责任公司	板材	10万立方米
满洲里凯盛木业贸易有限责任公司	板材	10万立方米
满洲里三峡木业有限公司	集成材	6万立方米
满洲里宏丰木业有限公司	集成材	5万立方米
满洲里联众木业有限责任公司	集成材	10万立方米
满洲里满纲实业有限公司	板材	5万立方米
满洲里沈铁木材防腐有限公司	防腐枕木	3万立方米
满洲里筑城水泥制造有限责任公司	水泥 商品混凝土	20万吨 78立方米/时

满洲里中俄互市贸易区

【概况】 满洲里中俄互市贸易区是1992年设立的国家级开发区,规划面积3平方公里,建成面积2.7平方公里,累计基础设施投资2亿元。

贸易区以出口加工、商贸旅游、仓储物流为主导产业。现入驻工业企业10户,其中规模以上工业企业7户。2010年完成工业增加值2.1亿元,上缴税金0.12亿元。

【重点企业名录】

企业名称	主要产品	生产能力
中国华能呼伦贝尔能源公司安泰热电有限公司满洲里热电厂	电力 热力	1.2亿千瓦时 284万平方米
满洲里光明煤业有限责任公司	褐煤	22万吨/年
满洲里三发木业有限公司	板方材、集成材及建筑用材	30万立方米
满洲里市自来水公司	供水	2万吨/日
满洲里涿洲蓝天网架有限公司	彩钢压型、钢结构体系	4 000吨/年
满洲里发达沙石制品有限责任公司	砂石	20万立方米
满洲里宝石洁具有限公司	浴缸、淋浴房	2万套
满洲里华山拖拉机制造有限责任公司	拖拉机 农机具	5 000台 8 000台
满洲里市荣鑫仓储有限责任公司	像胶粉	900吨

企业名称	主要产品	生产能力
满洲里正泰阀门制造有限公司	阀门制造	4 500 吨

呼和浩特出口加工区

【概况】 呼和浩特出口加工区是国家级开发区,2002 年 6 月经国务院批准在呼和浩特经济技术开发区内建立"呼和浩特出口加工区"。规划面积2.21平方公里,已建成面积 1 平方公里,基础设施累计投入1.5亿元。

呼和浩特出口加工区以电子信息、新型材料为主导产业。现入驻工业企业 10 家,其中规模以上工业企业 2 家。2010 年实现工业增加值2.28亿元,上缴税金0.25亿元。

【重点企业名录】

企业名称	主要产品	生产能力
内蒙古晟纳吉光伏材料公司	单晶硅、硅棒、硅片	250 吨
内蒙古北特通信有限公司	光缆 光缆连接品	

自治区级开发区

序号	开发区名称	原名称	批准机关	时间	主要产业	规划面积（公顷）
1	内蒙古金山经济开发区	呼和浩特金山经济技术开发区	自治区政府	2003.03	乳业、机械、纺织	500
2	内蒙古呼伦贝尔经济开发区	呼伦贝尔市海东工业开发园区	自治区政府	2002.09	乳业、工业硅冶炼、新型建材	1 000
3	内蒙古呼伦贝尔岭东工业园区	呼伦贝尔岭东工业园区	自治区政府	2003.07	木材加工、农药、农畜产品加工业	670
4	内蒙古满洲里工业园区	满洲里进口资源加工园区	自治区政府	2003.07	木材加工	100
5	内蒙古乌兰浩特经济开发区	乌兰浩特经济技术开发区	自治区政府	2003.03	农畜产品加工、制药	500
6	内蒙古通辽经济开发区	通辽经济技术开发区	自治区政府	2001.09	乳业、饲料、包装	1 000
7	内蒙古赤峰松山经济开发区	赤峰桥西经济开发区	自治区政府	1992.10	农畜产品加工、非金属材料加工	134
8	内蒙古锡林郭勒经济开发区	锡林郭勒经济技术开发区	自治区政府	2001.12	肉食品加工、生物制药、机械	500
9	内蒙古鄂尔多斯东胜经济开发区	内蒙古东胜经济技术开发区	自治区政府	2003.01	羊绒纺织	1 000
10	内蒙古达拉特经济开发区	内蒙古树林召经济技术开发区	自治区政府	2001.03	纺织、农副产品加工、建材	127
11	内蒙古鄂尔多斯上海庙经济开发区	内蒙古上海庙工业园区	自治区政府	2001.12	生物制药、化工、建材	1 000
12	内蒙古准格尔经济开发区	准格尔旗沙圪堵经济技术开发区	自治区政府	1999.10	电石、煤炭深加工、高岭土加工	1 000
13	内蒙古巴彦淖尔经济开发区	巴彦淖尔经济技术开发区	自治区政府	1993.01	绒纺、食品、医药	433.3
14	内蒙古呼伦贝尔能源重化工工业园区	呼伦贝尔市伊敏高载能工业园区	自治区政府	2003.06	新材料、煤化工	120
15	内蒙古乌海经济开发区	乌海高耗能工业园区	自治区政府	1998.08	化工、金属产品加工、建材	2 500
16	内蒙古阿拉善经济开发区	内蒙古乌斯太经济开发区	自治区政府	2002.01	盐化工、煤化工、金属产品加工	1 000
17	呼和浩特鸿盛工业园区	内蒙古鸿盛高科技园区	自治区政府	2006.04	服装、机械、食品	121.49
18	呼和浩特裕隆工业园区	呼和浩特裕隆工业园区	自治区政府	2006.04	毛纺、乳业、建材	200
19	内蒙古包头铝业产业园区	包头生态示范工业（铝业）园区	自治区政府	2006.04	电解铝及铝深加工	2 000
20	内蒙古包头九原工业园区	包头九原工业开发区	自治区政府	2006.04	钢铁、稀土、工业硅	1 463
21	内蒙古阿荣旗工业园区	呼伦贝尔阿荣旗工业园区	自治区政府	2006.04	大豆加工、肉类加工、淀粉生产	100

序号	开发区名称	原名称	批准机关	时间	主要产业	规划面积（公顷）
22	内蒙古莫力达瓦工业园区	莫力达瓦达斡尔族旗巴特罕工业园区	自治区政府	2006.04	农畜产品加工、食品加工	400
23	内蒙古陈巴尔虎旗工业园区	陈巴尔虎旗宝日希勒工业园区	自治区政府	2006.04	煤炭及煤深加工	217
24	内蒙古霍林郭勒工业园区	霍林河新型能源化工高新技术工业园区	自治区政府	2006.04	金属制品加工、化工	337.1
25	内蒙古林西工业园区	赤峰林西宏林工业园区	自治区政府	2006.04	畜产品加工、绒毛加工、制药	100
26	内蒙古察哈尔工业园区	乌兰察布察哈尔右翼前旗察哈尔生态园区	自治区政府	2006.04	乳业、农畜产品加工、食品	1 000
27	内蒙古磴口工业园区	蒙牛科技食品工业园区	自治区政府	2006.04	乳业、食品、化工	486.78
28	内蒙古杭后工业园区	河套食品工业园区	自治区政府	2006.04	农畜产品加工、食品	310
29	内蒙古武川经济开发区	武川高载能工业园区	自治区政府	2006.05	建材、铁合金、化工	350
30	内蒙古包头兴胜经济开发区	包头九原农业产业化绿色园区	自治区政府	2000.10	生物制药、农副产品加工、电子	36.01
31	内蒙古包头石拐工业园区	包头石拐区高载能工业园区	自治区政府	2006.05	铁合金、电石、金属冶炼	183.71
32	内蒙古宁城经济开发区	宁城经济开发区	自治区政府	2006.05	食品加工	176.17 应核减其中酒厂、养殖场面积
33	内蒙古鄂尔多斯苏里格经济开发区	内蒙古苏里格经济技术开发区	自治区政府	2001.07	新材料、化工	75.59
34	内蒙古托克托工业园区	呼和浩特托电工业园区	自治区政府	2006.06	生物制药、金属冶炼	1 500
35	呼和浩特金海工业园区	呼和浩特金海工业园区	自治区政府	2006.08	服装、建材、机械	92
36	呼和浩特金桥经济开发区	呼和浩特金桥开发区	自治区政府	2001.12	石油化工、生物制药、建材	1 029.79
37	内蒙古和林格尔经济开发区	呼和浩特盛乐经济园区	自治区政府	2000.12	乳业、毛纺、食品	1 400
38	内蒙古赤峰红山经济开发区	赤峰红山高新技术开发区	自治区政府	2002.12	制药、农畜产品加工、新材料	120
39	内蒙古鄂托克经济开发区	内蒙古蒙西经济技术开发区	自治区政府	2001.04	铁合金、新材料、煤化工	2 000

备注：全国八批共审核通过省级开发区1 346户，内蒙古是39户，规划面积25 282.94公顷。

呼和浩特金山经济开发区

【概况】 呼和浩特金山经济开发区成立于2002年3月,是自治区级开发区,规划面积84平方公里,其中北区规划面积18平方公里,已全部开发;新区规划面积66平方公里;累计基础设施投入10亿元。实现了“八通一平”。

园区以化工、乳业、电力、物流、装备制造为主导产业。现入驻工业企业91家,其中规模以上工业企业23家。2010年开发区实现工业增加值2 3.17亿元,上缴税金7.97亿元。

【重点企业名录】

企业名称	主要产品	生产能力
内蒙古伊利实业集团股份有限公司	婴幼儿奶粉	6万吨
中化三联塑胶(内蒙古)有限责任公司	聚氯乙烯 烧碱	24万吨 24万吨
爱生雅呼和浩特包装有限公司	纸包装制品	6 000万平方米
内蒙古北方机械有限公司	混凝土系列产品	
内蒙古三联化工股份有限公司	聚氯乙烯 烧碱	20万吨 20万吨
内蒙古国电金山热电厂	电力	60万千瓦
内蒙古恒鑫铁塔股份有限公司	镀锌铁塔	6万吨
维斯塔斯风力系统中国有限公司	风力发电机组	800套
内蒙古鲁阳节能材料有限公司	陶瓷纤维	

内蒙古呼伦贝尔经济开发区

【概况】 内蒙古呼伦贝尔经济开发区是自治区级开发区。远期规划面积80平方公里,规划面积26平方公里,建成面积10平方公里,累计基础设施建设投资15亿元。基本实现了“八通一平”。

开发区已形成有色金属工业、装备制造业、高新技术产业、新能源产业、现代物流业五大主导产业。开发区现入驻工业企业40户,其中规模以上工业企业18户。2010年完成工业增加值28.55亿元,上缴税金3.04亿元。

【重点企业名录】

企业名称	主要产品	生产能力
呼伦贝尔金骄生物质化工有限公司	菜籽油 菜籽粕	11吨 18万吨
呼伦贝尔驰宏矿业有限公司	铅 锌	6万吨 14万吨
华润雪花啤酒(海拉尔)有限公司	啤酒	20万千升
海拉尔蒙西水泥有限公司	熟料 水泥	140万吨 200万吨
海拉尔晨鸣纸业有限公司	机制纸	3万吨
呼伦贝尔安泰热电公司东海拉尔发电厂	电力	7亿千瓦时
呼伦贝尔海乳乳业有限责任公司	奶粉 脱脂粉 鲜奶	2 100吨 1 400吨 300吨/日

企业名称	主要产品	生产能力
呼伦贝尔昌屹硅业有限公司	工业硅	9 000 吨
呼伦贝尔连发硅业有限公司	工业硅	5 000 吨

内蒙古呼伦贝尔岭东工业园区

【概况】 内蒙古呼伦贝尔岭东工业园区 2002 年 6 月建立，是自治区级工业园区，规划面积 70 平方公里，已建成面积 5.56 平方公里，园区累计完成基础设施建设投资3.9亿元。

园区以农畜林产品加工、医药、化工、生物能源产业为主导产业。现入驻工业企业 34 户，其中规模以上工业企业 27 户。2010 年完成工业增加值31.83亿元，上缴税金0.77亿元。

【重点企业名录】

企业名称	主要产品	生产能力
玖龙兴安浆纸(内蒙古)有限公司	纸制品	10 万吨
内蒙古宏裕科技股份有限公司	乙草胺原药等	2 万吨
扎兰屯市淳江油脂有限公司	大豆油	30 万吨
内蒙古百业成酒精制造有限责任公司	玉米酒精、 DDGS 蛋白饲料	10 万吨 6.74 万吨
呼伦贝尔松鹿制药有限公司	片剂、胶囊 丸剂、颗粒剂 口服液和糖浆剂 中药饮片	12 亿片(粒) 650 吨 1 亿支 2 000 吨
全兴复合不锈钢制造有限公司	铸造不锈钢、钢坯、钢板、钢管	30 万吨
扎兰屯市冰海冷冻屠宰加工有限公司	加工肉羊 羊肉卷	10 万只 800 万吨
扎兰屯市长征饮料有限公司	加工果蔬 饮料	1 万吨 3 000 吨
扎兰屯伊利乳业有限责任公司	乳制品	1 万吨

内蒙古满洲里工业园区

【概况】 内蒙古满洲里工业园区成立于 2003 年 7 月，自治区 24 户重点开业园区之一，规划面积237.8平方公里，已建成面积41.3平方公里，累计投入基础设施建设资金22.13亿元，实现了“七通一平”。

园区以木材加工、建材、冶金、电力、化工为主导产业。现入驻工业企业 413 户，其中规模以上工业企业 69 户。2010 年完成工业增加值26.85亿元，上缴税金2.51亿元。

【重点企业名录】

企业名称	主要产品	生产能力
满洲里三发木业有限公司	板方材、集成材及建筑用材	30 万立方米
满洲里光明热电有限责任公司	供热	70 万吉焦
满洲里欧亚实业有限公司	集成材	5 万立方米
满洲里仟鼎木业有限责任公司	板材	10 万立方米

企业名称	主要产品	生产能力
满洲里蒙西水泥有限公司	水泥	100 万吨
扎赉诺尔灵泉发电厂	电力	2.5 亿千瓦时
中国华能呼伦贝尔能源公司安泰热电有限公司满洲里热电厂	电力 热力	1.2 亿千瓦时 284 万平方米
满洲里凯盛木业贸易有限责任公司	板材	10 万立方米
满洲里联众木业有限责任公司	集成材、实木门窗	10 万立方米

内蒙古乌兰浩特经济开发区

【概况】 内蒙古乌兰浩特经济开发区始建于 2002 年 2 月,自治区 24 户重点开发区之一,规划面积 34 平方公里,建成面积7.6平方公里,累计完成基础设施投资1.62亿元,基础设施完备,实现了“七通一平”。

开发区重点发展农畜产品加工、生物制药和卷烟等产业。现入驻工业企业 30 户,其中规模以上工业企业 12 户。2010 年开发区实现工业增加值11.56亿元,上缴税金2.76亿元。

【重点企业名录】

企业名称	主要产品	生产能力
蒙牛乳业(乌兰浩特)有限责任公司	乳制品	鲜奶 600 吨/日
内蒙古白医制药股份有限公司	生化药、西药	2 500 万支
内蒙古奥特奇蒙药股份有限公司	中蒙成药	700 吨
内蒙古万佳食品有限公司	酱菜	3 万吨
乌兰浩特市雪峰面粉有限责任公司	面粉	240 吨/日
红云红河烟草(集团)有限责任公司乌兰浩特卷烟厂	卷烟	20 万大箱
内蒙古乌兰浩特奈伦淀粉工业有限公司	马铃薯淀粉	5 万吨
内蒙古大民种业有限公司	蔬菜种子	1 500 万斤
兴安盟九州大地饲料有限责任公司	饲料	17 万吨

内蒙古通辽经济开发区

【概况】 内蒙古通辽经济开发区建于 2001 年 9 月,自治区 24 户重点开发区之一。开发区辖区面积 420 平方公里,由工业园区、工贸园区和城市功能区组成,规划面积54.4平方公里,建成面积 13 平方公里,累计完成基础设施投资9.67亿元,基本实现了“七通一平”。

开发区重点发展煤化工、装备制造、电子信息、建材、医药食品和能源原材料六大产业。现入驻工业企业 184 家,其中规模以上工业企业 70 户。2010 年开发区实现工业增加值58.28亿元,上缴税金2.47亿元。

【重点企业名录】

企业名称	主要产品	生产能力
通辽金煤化工有限公司	乙二醇	20 万吨
通辽强盛风电设备有限公司	风机塔筒	400 套
盛国通元(通辽)风电科技有限公司	1.5MW 风机	1 000 台

企业名称	主要产品	生产能力
通辽合飞至纯高新材料科技有限公司	多晶硅	1 500 吨
内蒙古蒙牛乳业科尔沁有限责任公司	鲜奶	400 吨/日
通辽蒙鹅鹅都食品有限公司	鹅、鸭	6 000 万羽
长川制靴通辽有限公司	鞋半成品	600 万双
通辽市泰尔诺食品有限责任公司	番茄酱	7 600 万吨
润鸣新素材通辽有限公司	碳化硼	2 500 吨

内蒙古赤峰松山经济开发区

【概况】 内蒙古赤峰松山经济开发区建于1992年，自治区级开发区，规划面积31.68平方公里，已建成面积8.67平方公里，累计完成基础设施投资1.4亿元。

开发区以机械制造、农畜产品加工为主导产业。现入驻工业企业17户，其中规模以上工业企业11户。2010年园区实现工业增加值6亿元，上缴税金0.39亿元。

【重点企业名录】

企业名称	主要产品	生产能力
赤峰赤阳春蚕业开发有限公司	瓦楞纸 生丝 蚕丝被	2 万吨 80 吨 1.5 万条
赤峰万利丰鹅业有限公司	肉鹅	300 万只
赤峰格拉斯科技有限公司	饲料	9 000 吨
赤峰群鹏火鸡有限责任公司	火鸡 肉制品	300 万只 3 万吨
赤峰恒久铸业有限责任公司	钢球、衬板、矿山配件、球墨铸铁铸段等	3 600 吨
赤峰富龙非金属材料科技园有限责任公司	非金属矿深加工、精加工	2 万吨

内蒙古锡林郭勒经济开发区

【概况】 内蒙古锡林郭勒经济开发区于2001年经自治区人民政府批准设立，自治区24户重点开发区之一，规划面积5平方公里，建成面积4平方公里，累计投入基础设施建设资金12亿元。

开发区下辖产业区、褐煤综合利用示范基地、德力格尔工业园区三个园区，产业区以肉、乳、绒毛等畜产品精深加工、生物制品生产和锗、硅产品研发生产为主导产业，以光伏、光电子产业和新材料制造业为发展方向的综合性园区。褐煤综合利用示范基地以煤化工、褐煤干燥为主导产业，同时发展矿山机械、风机制造、汽车装配等机械装备制造产业。德力格尔工业园区依托丰富的石灰石和萤石资源，重点发展新型干法水泥、萤石采选及其下游产品加工和金属采选产业。开发区现入驻工业企业81户，其中规模以上工业企业73户。2010年开发区完成工业增加值38.79亿元，上缴税金5.14亿元。

【重点企业名录】

企业名称	主要产品	生产能力
神华北电胜利能源有限公司	原煤	1000 万吨
内蒙古能源发电投资有限公司锡林热电厂	电力	60 万千瓦

企业名称	主要产品	生产能力
锡林浩特市北方龙源锡林郭勒风电厂	电力	20 万千瓦
锡林郭勒通力锗业有限责任公司	二氧化锗	1.8 万公斤
锡林浩特市神工制造有限责任公司	干选生产系统	48 套
内蒙古小肥羊肉业有限公司	鲜冻畜肉	60 万吨
锡林浩特市伊顺清真肉类有限责任公司	鲜冻畜肉	50 万吨
锡林宏源羊绒制品有限公司	洗净毛	3 000 吨
锡林郭勒盟鑫泰生物制品有限责任公司	肽粉 颐宁多肽	38 吨 48 吨

内蒙古鄂尔多斯东胜经济开发区

【概况】 内蒙古鄂尔多斯东胜经济开发区 2003 年 1 月经自治区人民政府批准设立,自治区级开发区,总规划面积 20 平方公里,已建成面积 12 平方公里,累计基础设施建设投资27.9亿元,实现了“七通一平”。

开发区以农畜产品加工、建材为主导产业,现入驻工业企业 47 户,其中规模以上工业企业 30 户。2010 年实现工业增加值8.67亿元,实现税金0.56亿元。

【重点企业名录】

企业名称	主要产品	生产能力
东昊纺织有限公司	羊绒披肩 羊绒围巾	18 万条 22 万条
东利羊绒时装有限公司	羊绒衫	17 万件
维丰绒毛实业有限公司	羊绒衫 羊绒纱	15 万件 0.6 吨
东马羊绒制品有限公司	羊绒衫	28 万件

内蒙古达拉特经济开发区

【概况】 内蒙古达拉特经济开发区 2001 年 3 月经自治区人民政府批准成立,自治区 24 户重点开发区之一。总规划面积 100 平方公里,已建成面积 40 平方公里,基础设施建设累计投入35.1亿元,基础设施配套齐全,实现了“七通一平”。

开发区辖农畜产品精深加工园区、王爱召工业园区和亿利 PVC 工业园区,重点发展农畜产品、建材、煤化工及其下游产业。现入驻工业企业 50 户,其中规模以上工业企业 20 户。2010 年实现工业增加值101.85亿元,实现税金19.34亿元。

【重点企业名录】

企业名称	主要产品	生产能力
内蒙古亿利化学工业有限公司	PVC、烧碱	双 40 万吨
神华亿利能源公司	煤矸石电厂	80 万千瓦
亿利冀东水泥公司	水泥	120 万吨
新威远生化公司	阿维菌素	100 吨

企业名称	主要产品	生产能力
鄂尔多斯兴辉陶瓷有限公司	抛光砖	20 条生产线
安徽新长江矿业投资有限公司	高纯精铝 电子铝箔 腐蚀化成箔 化成箔 铝板带	4 万吨 6 万吨 1.26 万吨 2 400 万平方米 20 万吨
内蒙古耕耘化工有限责任公司	PVC 深加工产品	18 万吨
鄂尔多斯市陶尔斯陶瓷有限公司	高档瓷砖	3 100 万平方米
山东兖矿集团	煤制甲醇转 烯烃	90 万吨

内蒙古鄂尔多斯上海庙经济开发区

【概况】 内蒙古鄂尔多斯上海庙经济开发区 2001 年经自治区人民政府批准设立，自治区级开发区，规划面积 66 平方公里，已全部建成，累计基础设施建设投资 43 亿元。基本实现了“七通一平”。

开发区主导产业为煤化工，同时重点发展煤气化多联产项目。现入驻工业企业 33 户。2010 年实现工业增加值16.6亿元，实现税金3.5亿元。

【重点企业名录】

企业名称	主要产品	生产能力
内蒙古恒坤化工有限责任公司	捣固焦、甲醇	96 万吨捣固焦 10 万吨甲醇

内蒙古准格尔经济开发区

【概况】 内蒙古准格尔经济开发区 1999 年 10 月经自治区人民政府批准设立，是自治区 24 户重点开发区之一，规划控制面积 94 平方公里，建成面积 13 平方公里，基础设施完善，累计投入基础设施建设资金12.5亿元。

开发区以煤化工、乙炔化工、非金属矿、农副畜产品加工、现代物流等产业为主，构筑特色多元产业体系。并利用当地高岭土、石英砂、煤矸石等资源发展精品日用陶瓷、煅烧高岭土、涂布高岭土、分子筛、催化剂、石英砂制品等非金属资源产业。开发区现入驻工业企业 102 户，其中规模以上工业企业 29 户。2010 年实现工业增加值54.61亿元，实现税金13.2亿元。

【重点企业名录】

企业名称	主要产品	生产能力
内蒙古伊东煤炭集团有限责任公司	原煤 焦粉 焦油 电力 甲醇	2 500 万吨 30 万吨 1.5 万吨 5 亿千瓦时 2 万吨
鄂尔多斯市国礼陶瓷有限公司	陶瓷	300 万件
内蒙古精峰环保石头纸有限公司	石头造纸	6 万吨
内蒙古春回环保石头纸有限公司	石头造纸	6 万吨
内蒙古久荣毯业有限责任公司	地毯	40 万平方尺

企业名称	主要产品	生产能力
内蒙古天之娇高岭土有限责任公司	高岭土	10 万吨
内蒙古晶华玻璃制品有限公司	压延微晶玻璃	34 万重箱
鄂尔多斯市三维化工有限公司	电石	7.5 万吨
准格尔旗宏利化工厂	电石	5 万吨
内蒙古高原杏仁露有限公司	杏仁露饮料	1 万吨

内蒙古巴彦淖尔经济开发区

【概况】 内蒙古巴彦淖尔经济开发区 1992 年建立,是自治区 24 户重点开发区之一,规划面积 70 平方公里,已建成面积 16 平方公里,累计完成基础设施投资 10 亿元。

开发区以农畜产品加工、制药、化工、电力为主导产业。现入驻工业企业 154 户,其中规模以上工业企业 54 户。2010 年完成工业增加值127.79亿元,上缴税金12.11亿元。

【重点企业名录】

企业名称	主要产品	生产能力
内蒙古春雪羊绒制品公司	无毛绒	700 吨
香港联邦制药公司	6APA	1 万吨
内蒙古大兴羊绒制品公司	无毛绒	1 200 吨
内蒙古双河羊绒公司	无毛绒	1 500 吨
临河热电厂	电力	60 万千瓦
内蒙古维信羊绒实业公司	羊绒衫	100 万件
巴彦淖尔利一泰绒毛制品公司	无毛绒	1 000 吨
内蒙古鲁花葵花仁油有限公司	葵花油	10 万吨
内蒙古浩森羊绒制品公司	无毛绒	1 600 吨
内蒙古新海金属冶炼公司	硫酸	10 万吨
内蒙古临河繁荣磷铵化工有限公司	磷、铵	10 万吨
内蒙古天河化工公司	甲醇	60 万吨

内蒙古呼伦贝尔能源重化工工业园区

【概况】 内蒙古呼伦贝尔能源重化工工业园区 2003 年 6 月建立,是自治区级 24 户重点工业开发区之一,规划面积 80.2 平方公里,已建成面积 5.7 平方公里,累计完成基础设施投资 6.1 亿元。基本实现了"七通一平"。

园区以电力、煤化工、石油化工、有色金属、生物化工、装备制造为主导产业。现入驻工业企业 9 户,其中规模以上工业企业 5 户。2010 年园区实现工业增加值 51.98 亿元,上缴税金 14.08 亿元。

【重点企业名录】

企业名称	主要产品	生产能力
华能伊敏煤电有限公司	煤炭 电力	196 万吨 200 万千瓦

企业名称	主要产品	生产能力
内蒙古通大煤业有限责任公司	煤炭	300 万吨
鲁能大雁集团有限公司	煤炭	580 万吨
中国华电集团	乙二醇 褐煤热解五联产	20 万吨 600 万吨
京能集团呼伦贝尔公司	电力	60 万千瓦
内蒙古蒙东能源有限公司	电力	120 万千瓦
锦化机石化装备呼伦贝尔分公司	大型压力容器	6 000 万吨
内蒙古志海新型建材有限责任公司	钢筋混凝土管	200 千米

内蒙古乌海经济开发区

【概况】 内蒙古乌海经济开发区建立于 1998 年 8 月，自治区 24 户重点开发区之一，下辖乌达园区、海南园区、海勃湾园区三个工业园区，总规划面积75.8平方公里，已建成面积31.18平方公里，累计基础设施建设投资15.34亿元，基本实现了“七通一平”。

开发区以 PVC 深加工、煤化工、氯碱化工为主导产业，现入驻工业企业 235 户，其中规模以上工业企业 144 户。2010 年实现工业增加值 95 亿元，实现税金14.34亿元。

内蒙古阿拉善经济开发区

【概况】 内蒙古阿拉善经济开发区成立于 1997 年 8 月，自治区 24 户重点开发区之一，自治区首批生态工业园示范点和循环经济工业示范园区。规划控制面积 219 平方公里，现已建成面积 40 平方公里，累计基础设施建设投入 23 亿元，实现了“七通一平”。

开发区构建起了以盐化工、煤化工、精细化工、化工新材料、光伏产业、特色冶金、建材、电力和物流等循环产业格局。现共入驻各类企业 201 户，其中工业企业 76 户，规模以上企业 38 户，上市公司 1 户，合资企业 2 户。2010 年开发区实现工业增加值109.04亿元，工业企业上缴税金10.5亿元。

【重点企业名录】

企业名称	主要产品	生产能力
中盐吉兰泰氯碱化工有限公司	聚氯乙烯 电石 烧碱 水泥	40 万吨 64 万吨 36 万吨 106 万吨
内蒙古兰太实业股份有限公司	金属钠 高纯钠 氯酸钠 氯化聚乙烯 氯代异氰脲酸、液氯	4.5 万吨 500 吨 10 万吨 1.2 万吨 1 万吨
内蒙古晨宏力集团宏力化工有限责任公司	聚氯乙烯、烧碱 糊树脂	10 万吨 7 万吨

企业名称	主要产品	生产能力
内蒙古庆华集团有限公司	焦炭 洗精煤 甲醇 蒸压砖	200 万吨 300 万吨 20 万吨 1 亿块
太西煤集团乌斯太焦化有限责任公司	洗煤 焦炭	120 万吨 60 万吨
阿拉善盟泰宇冶炼有限公司煤炭有限责任公司	锰铁	25 万吨
内蒙古瑞达泰丰化工有限责任公司	氢氧化钾	8 万吨
内蒙古泰兴泰丰化工有限责任公司	靛蓝	2.3 万吨
阿拉善西北染料有限责任公司	靛蓝	0.7 万吨
阿拉善达康精细化工股份有限公司	三氯乙烯	6 万吨
内蒙古百建水泥有限责任公司	水泥 熟料	210 万吨 140 万吨
内蒙古锋威硅业有限公司	多晶硅	1 500 吨
内蒙古紫光化工有限责任公司	苯胺基乙腈	3.5 万吨
阿拉善盟瑞钢联实业发展有限责任公司	硅锰	8 万吨
内蒙古美晶塑胶有限公司	PVC 管材、管件	3 万吨
内蒙古圣氏化学有限公司	氨基甘油	200 吨

呼和浩特鸿盛工业园区

【概况】 呼和浩特鸿盛工业园区成立于 2001 年 1 月,自治区级工业园区。规划面积 11 平方公里,一期开发面积 1.6平方公里,二期规划面积9.4平方公里。累计投入基础设施建设资金6.7亿元。

园区以机械制造、服装纺织、新型建材为主导产业。现入驻工业企业 57 家,其中规模以上工业企业 9 家。2010 年园区实现工业增加值10.65亿元,上缴税金1.06亿元。

【重点企业名录】

企业名称	主要产品	生产能力
内蒙古兴鲁特金属结构有限责任公司	金属门窗,挤塑板,钢结构	10 万吨
内蒙古祺泰服饰业有限责任公司	服装	300 万条
内蒙古威尔浪服装有限责任公司	服装	40 万条
内蒙古利城实业有限责任公司	乳制品	5 000 吨
内蒙古京顺达钢构采办有限责任公司	钢结构、彩色钢板	5 万吨

企业名称	主要产品	生产能力
内蒙古金江实业股份有限公司	服装	15 万件
内蒙古金鼎门窗有限公司	钢门,木门	5 万个
内蒙古砼泰混凝土有限责任公司	混凝土	

呼和浩特裕隆工业园区

【概况】 呼和浩特裕隆工业园区于 2000 年开始建设,自治区级工业园区。规划面积 26 平方公里,已建成面积 5.4平方公里。累计实现基础设施建设投资 7 亿元。基本实现了"七通一平"。

园区以机械制造、生物发酵、新型建材、纺织服装、生物制药为主导产业。现入驻工业企业 44 家,其中规模以上工业企业 15 家。2010 年园区实现工业增加值20.48亿元,上缴税金2.16亿元。

【重点企业名录】

企业名称	主要产品	生产能力
内蒙古冀东水泥有限责任公司	水泥	1 万吨
内蒙古星光电熔耐火材料有限责任公司	耐火材料	1 万吨
内蒙古红太阳食品有限公司	火锅底料	1 000 吨
内蒙古大盛羊绒制品有限公司	羊绒制品	1 万件
内蒙古厚生羊绒制品有限公司	羊绒制品	5 000 件
内蒙古大漠羊绒制品有限公司	羊绒制品	5 000 件

内蒙古包头铝业产业园区

【概况】 内蒙古包头铝业产业园区始建于 2001 年,自治区 24 户重点开发区之一,规划面积 20 平方公里,建成面积5.44平方公里,累计基础设施投资1.5亿元。实现了"七通一平"。

园区以电解铝、汽车铝配件、铝型材等铝深加工为主导产业。现入驻工业企业 65 户,其中规模以上工业企业 35 户。2010 年实现工业增加值60.2亿元,上缴税金4.5亿元。

【重点企业名录】

企业名称	主要产品	生产能力
包头铝业股份有限公司	精铝、电解铝	45 万吨
包头铝业(集团)有限责任公司	精铝、电解铝	2 万吨
包头东华热电有限公司	发电	60 万千瓦
凯普松电子科技(包头)有限公司	化成铝箔	1 200 万平米
包头市吉泰稀土铝材股份有限公司	铝型材、熔铸铝	5 万吨
包头成基电子有限公司	化成铝箔	700 万平方米
包铝综合企业公司	铝锭、碳素	1 万吨
包头多维钢构彩板有限公司	钢构彩板	0.5 万吨
包头华源热力有限公司	供热	
包头富诚铝业有限公司	铝轮毂	120 万只

内蒙古包头九原工业园区

【概况】 内蒙古包头九原工业园区成立于2001年,自治区24户重点开发区之一,园区规划面积77.86平方公里,建成面积3平方公里,累计基础设施投资11亿元。基本实现了"七通一平"。

园区分为煤化工、冶金和机械制造、物流仓储、建材、电力能源、高新技术等六大产业板块,以化工为主导,重点围绕神华煤化工180万吨煤制甲醇、60万吨MTO、30万吨聚乙烯、30万吨聚丙烯和包头海平面高分子有限公司年产60万吨电石等项目发展精细化工产业。现入驻工业企业30户,其中规模以上工业企业3户,2010年实现工业增加值52.61亿元,上缴税金4.56亿元。

【重点企业名录】

企业名称	主要产品	生产能力
神华煤制油化工有限公司包头煤化工分公司	煤制甲醇 MTO 聚乙烯 聚丙烯	180万吨 60万吨 30万吨 30万吨
包头市泰利金属型钢制品有限公司	C型钢、异型钢	80万吨
包头市云升气体有限公司	工业气体	22万瓶
包头海平面高分子有限公司	电石	60万吨
包头市东方希望碳素有限公司	碳素	56万吨

内蒙古阿荣旗工业园区

【概况】 内蒙古阿荣旗工业园区2002年9月建立,自治区级工业园区,规划面积80平方公里,已建成面积0.82平方公里。累计完成基础设施投资2.3亿元。

园区以农畜产品深加工、建材化工为主导产业。现入驻工业企业29户,其中规模以上工业企业16户。2010年园区实现工业增加值17.84亿元,上缴税金2.01亿元。

【重点企业名录】

企业名称	主要产品	生产能力
内蒙古蒙西水泥有限责任公司	水泥熟料 水泥	510万吨 100万吨
阿荣旗淳江油脂有限责任公司	豆油 豆粕	2.5万吨 15万吨
阿荣旗中心油脂有限责任公司	豆油 豆粕	1万吨 6万吨
阿荣旗蒙原肉联有限公司	肉羊	2万吨
阿荣旗奈伦淀粉有限责任公司	马铃薯淀粉	5万吨
阿荣旗双娃乳业有限责任公司	奶粉	4万吨
阿荣旗兴农专用肥有限责任公司	农用肥料	12万吨

内蒙古莫力达瓦工业园区

【概况】 内蒙古莫力达瓦工业园区2002年9月建立,自治区级工业园区,规划面积18平方公里,已建成面积1.8

平方公里。累计完成基础设施建设投资 2.1 亿元。

园区以农畜产品深加工为主导产业。现入驻工业企业 17 户,其中规模以上工业企业 10 户。2010 年园区实现工业增加值9.16亿元,上缴税金1.96亿元。

【重点企业名录】

企业名称	主要产品	生产能力
呼伦贝尔塞北乳业有限公司	豆粉加工	3 000 吨
呼伦贝尔华润雪花有限责任公司	啤酒	14 万吨
内蒙古蒙鹅工贸公司	大鹅屠宰	20 万只
内蒙古牛元农牧业产业化公司	肉牛屠宰	30 万头
莫旗富达药业有限责任公司	中草药加工	1 000 吨
莫旗草原清江肉联公司	屠宰羊	3 万只
莫旗嘉联测土配方化肥厂	化肥	5 000 吨
莫旗日冕热力公司	供热	110 万平方米
莫旗三河石材厂	石材加工	2 万平方米

内蒙古陈巴尔虎旗工业园区

【概况】 内蒙古陈巴尔虎旗工业园区 2002 年 4 月建立,自治区级工业园区,规划面积 100 平方公里,已建成面积 3.15平方公里。累计完成基础设施投资 4.5 亿元。

园区以煤炭、电力、煤化工为主导产业。现入驻工业企业 9 户,其中规模以上工业企业 9 户。2010 年园区实现工业增加值19.06亿元,上缴税金5.85亿元。

【重点企业名录】

企业名称	主要产品	生产能力
神华宝日希勒能源有限责任公司	煤炭 型煤	1 000 万吨 50 万吨
内蒙古国华呼伦贝尔发电有限公司	电力	120 万千瓦
呼伦贝尔金新化工有限公司	合成氨 尿素	50 万吨 80 万吨
呼伦贝尔东能化工有限公司	砖 二甲醚 甲醇 褐煤低温热解	3 亿块 10 万吨 40 万吨 100 万吨
陈旗天宝矿业有限责任公司	铁锌矿石	20 万吨
陈旗天顺矿业有限责任公司	煤炭	60 万吨
呼伦贝尔东明矿业有限责任公司	煤炭	60 万吨
内蒙古呼盛矿业有限责任公司	煤炭	60 万吨

内蒙古霍林郭勒工业园区

【概况】 内蒙古霍林郭勒工业园区 2002 年 12 月建立,自治区 24 户重点工业园区之一,规划面积为65.36平方公里,建成面积 15 平方公里,累计完成基础设施投资 4 亿元,基础设施完善,实现了“七通一平”。

园区依托丰富的煤炭资源，围绕煤电、煤电冶、煤化工三大产业，形成了电力、冶金、煤化工、装备制造、资源综合利用等五条循环经济产业链。园区现入驻工业企业 73 户，其中规模以上工业企业 32 户。2010 年开发区完成工业增加值117.05亿元，上缴税金16.94亿元。

【重点企业名录】

企业名称	主要产品	生产能力
通辽霍林河坑口发电有限责任公司	电力	120 万千瓦
内蒙古霍煤鸿骏铝电有限责任公司	电力 铝锭	120 万千瓦 43 万吨
内蒙古霍煤鸿骏铝扁锭股份有限公司	大扁锭	15 万吨
内蒙古霍煤万祥铝业有限责任公司	铝带卷	10 万吨
内蒙古亚铝金桥铝业有限公司	铝型材	3 万吨
霍林郭勒市银凤铝业有限责任公司	铝盘杆	2 万吨
内蒙古霍煤鸿骏高精铝业有限责任公司	高精铝 电子铝箔	1.2 万吨 3 万吨
内蒙古立中霍煤车轮制造有限公司	铝轮毂	100 万只
霍林郭勒市光源热能科技有限公司	提质煤	500 万吨
霍林郭勒霍煤巨星褐煤技术开发有限公司	煤制气	2.4 万立方米/小时
内蒙古源源集团宏宇硅业科技有限责任公司	多晶硅	1 500 吨
内蒙古昌峰光伏太阳能科技有限公司	单晶硅	3 000 吨
内蒙古诚友重型机械有限公司	矿用自卸车	1 000 台
霍林郭勒市泰丰水泥有限责任公司	水泥	60 万吨
内蒙古南辉源源科技电子材料有限公司	化成箔	1 650 万平方米

内蒙古林西工业园区

【概况】 内蒙古林西工业园区建于 2001 年，自治区级工业园区，规划面积30.5平方公里，建成面积13.7平方公里，累计完成基础设施投资2.8亿元，实现了“五通一平”。

园区依托当地农畜产品和矿产资源优势，重点发展冶金化工和食品加工、轻工制造三大主导产业。园区现入驻工业企业 24 户，其中规模以上工业企业 8 户。2010 年实现工业增加值 5 亿元，上缴税金1.9亿元。

【重点企业名录】

企业名称	主要产品	生产能力
林西立仁锡业发展有限公司	精锡 金属砷 三氧化二砷	2 000 吨 1 000 吨 5 000 吨
林西冷山糖业有限责任公司	糖	3 000 吨
林西锦绣大地农业有限责任公司	牛羊肉	60 万只
林西北方油脂工业有限责任公司	油脂 饲料 荞麦米	10 万吨 6 万吨 3 万吨

企业名称	主要产品	生产能力
林西东德羊绒制品有限公司	无毛绒 绒毛制品	160 吨 15 万件
赤峰宏林肉食品公司	羊肉	5 万只
林西宝林酒业有限责任公司	白酒	3 000 吨

内蒙古察哈尔工业园区

【概况】 内蒙古察哈尔工业园区成立于2003年3月，自治区24户重点开发区之一，规划面积100平方公里，建成面积61.01平方公里。累计完成基础设施投资19.65亿元，基本实现了“七通一平”。

园区以装备制造、电子、农畜产品加工、化工、建材为主导产业。现入驻工业企业96户，其中规模以上工业企业30户。2010年园区实现工业增加值19.36亿元，上缴税金1.02亿元。

【重点企业名录】

企业名称	主要产品	生产能力
内蒙古锋电能源技术有限公司	风机主机	300 台(套)
内蒙古同盛风电设备有限公司	风机塔筒	300 台(套)
内蒙古三兴重工有限公司	风机塔筒	400 台(套)
内蒙古伊利集团股份有限公司乌兰察布乳品厂	乳制品	鲜奶 1 000 吨/日
大红碗(察右前旗)食品有限公司	方便面	80 万包/日
内蒙古牛妈妈乳业有限公司	乳制品	鲜奶 180 吨/日
乌兰察布宏力食品有限公司	燕麦食品	0.28 万吨
内蒙古草原生态食品有限公司	肝素纳及肠衣	2 000 桶
内蒙古察哈尔春立电子有限公司	变压器元件	2 600 万支
内蒙古海立电子材料有限公司	铝箔	600 万平方米
内蒙古华立水泥有限公司	水泥	5 000 吨/日

内蒙古磴口经济开发区

【概况】 内蒙古磴口经济开发区成立于2003年6月，自治区级开发区，远期规划面积36.1平方公里，建成面积8平方公里。累计基础设施投资4.8亿元。实现了“七通一平”。

开发区以农畜产品加工、电力、化工、机械制造、仓储物流为主导产业。现入驻工业企业40户，其中规模以上工业企业16户。2010年实现工业增加值18.08亿元，上缴税金1.05亿元。

【重点企业名录】

企业名称	主要产品	生产能力
蒙牛乳业(磴口巴彦高勒)有限责任公司	纯奶、酸奶	18 万吨
泰顺兴业食品有限责任公司	番茄酱	3 万吨
内蒙古中粮番茄制品有限公司	番茄酱	2 万吨

企业名称	主要产品	生产能力
内蒙古黄河铬盐股份有限责任公司	硫化碱 碳化硅 玻纤纱	4 000 吨 6 000 吨 1 500 吨
内蒙古乌兰布和乳业有限责任公司	乳制品	4.5 万吨
亿利资源内蒙古利川化工有限责任公司	硫化碱	2 万吨
内蒙古华润金牛热电有限公司	电力	70 万千瓦
磴口县丰华热力公司	自来水 供热	20 万吨 15 万平方米
上海佳格食品有限公司内蒙古分公司	精炼油	6 万吨
内蒙古鑫盛能源化工有限公司	合成氨 尿素	30 万吨 52 万吨

内蒙古杭后工业园区

【概况】 内蒙古杭后工业园区始建于2002年,自治区24户重点开发区之一,辖陕坝工业园区和蒙海物流加工园区。规划面积20平方公里,建成面积8.15平方公里,累计基础设施投资6亿元。实现了“七通一平”。

园区以农畜产品加工为主导产业。现入驻工业企业60户,其中规模以上工业企业21户。2010年完成工业增加值38亿元,上缴税金4.21亿元。

【重点企业名录】

企业名称	主要产品	生产能力
内蒙古河套酒业集团股份有限公司	白酒	8 万吨
内蒙古屯河河套番茄制品有限责任公司	番茄酱	3 000 吨/天
内蒙古鸣兴食品有限责任公司	脱水菜	1 万吨
内蒙古伊利集团巴彦淖尔公司	乳制品	400 吨/天
内蒙古大好大食品有限公司	炒货	4 万吨
内蒙古大后套面粉有限责任公司	面粉	6 万吨
内蒙古飞马生物科技有限公司(昊元)	谷氨酸 复合肥	3.5 万吨 4 万吨
内蒙古河套木业有限责任公司	纤维板、纸制品	5 万立方米
内蒙古特米尔热电有限责任公司	蒸汽 电力	90 万吨 1.8 万千瓦
内蒙古蒙煦绒毛制品有限责任公司	绒衫裤	10 万件

内蒙古武川经济开发区

【概况】 内蒙古武川经济开发区2002年10月建设,自治区级开发区,总体规划面积5.41平方公里,建成面积3.5平方公里。累计投入基础设施建设资金2亿元。

开发区以建材、冶金、化工为主导产业。现入驻工业企业29家,其中规模以上工业企业12家。2010年开发区实现工业增加值4.68亿元,上缴税金1.1亿元。

【重点企业名录】

企业名称	主要产品	生产能力
内蒙古冀东水泥有限责任公司	水泥 熟料	200 万吨 300 万吨
内蒙古青川铁合金有限公司	硅铁、硅锰	2 万吨
武川县雅虎铁合金有限公司	硅铁	2 万吨
内蒙古聚德鑫有色金属有限责任公司	稀土合金	2 万吨
武川县鹏程化工有限公司	电石	2 万吨
呼和浩特市汇能铁合金有限责任公司	镍铁 稀土合金	1 万吨 2 万吨

内蒙古包头兴胜经济开发区

【概况】 内蒙古包头兴胜经济开发区创建于2001年，自治区级开发区，规划面积2.32平方公里，已全部建成，累计基础设施投资2亿元。实现了“七通一平”。

开发区以生物制药、装备制造为主导产业。现入驻工业企业33户，其中规模以上工业企业30户，2010年实现工业增加值12.7亿元，上缴税金8.35亿元。

【重点企业名录】

企业名称	主要产品	生产能力
包头红岩机械有限责任公司	半挂车、自卸车	2 万台
包头市丰达石油机械有限责任公司	抽油杆 钻铤 钻杆	700 万米 1 万支 2 万吨
内蒙古大圣生物技术有限责任公司	鹿茸素系列产品	30 万盒
包头市晟丰铁路配件有限责任公司	异形弹簧	3 万辆(份)
包头市兴科机械制造有限公司	火车配件	

内蒙古包头石拐工业园区

【概况】 内蒙古包头石拐工业园区2001年5月建立，自治区24户重点开发区之一，园区规划面积1.84平方公里，建成面积3.06平方公里，累计基础设施投资3.5亿元，实现了“七通一平”。

园区以有色金属、稀土合金为主导产业。现入驻工业企业63户，其中规模以上工业企业37户，2010年实现工业增加值30.73亿元，上缴税金1.62亿元。

【重点企业名录】

企业名称	主要产品	生产能力
包头三磊铁合金有限责任公司	硅铁	5.1 万吨
包头三维资源有限公司	硅铁	10 万吨
内蒙古北镁科技股份有限责任公司	镁合金	2 万吨
包头市金石硅业有限公司	金属硅	2 万吨
包头市坤达硅业有限公司	硅铁	3 万吨

企业名称	主要产品	生产能力
包头市大洲化工冶炼有限责任公司	电石	5.6 万吨
内蒙古包头市大青山冶炼有限公司	硅铁	3.5 万吨
内蒙古经纬金属科技有限公司	镁合金	1.5 万吨
包头澳海金属化工有限责任公司	电石	5.4 万吨
包头云海金属有限公司	硅铁	1.6 万吨

内蒙古宁城经济开发区

【概况】 内蒙古宁城经济开发区2002年建立,自治区级开发区,分中京工业园、塞飞亚工业园和八里罕酒业园三个园区规划建设。规划面积为14.1平方公里,建成面积4.26平方公里。累计完成基础设施投资1.29亿元,实现了“七通一平”。

开发区以化工、机械、农畜产品加工为主导产业,现入驻工业企业34户,其中规模以上工业企业13户。2010年开发区完成工业增加值13.5亿元,上缴税金0.98亿元。

【重点企业名录】

企业名称	主要产品	生产能力
内蒙古东方万旗肉牛产业有限公司	肉牛	6 万头
赤峰顺鑫宁城老窖有限公司	白酒	4 000 吨
内蒙古塞飞亚集团	肉鸭	3 000 万只
赤峰金威食品公司	马铃薯淀粉	1.5 万吨
内蒙古天宇集团	膨润土	10 万吨
内蒙古辽中京化工有限公司	有机肥	10 万吨
宁城天晟硅业有限公司	三氯氢硅	3 万吨
宁城奇运膨润土有限公司	干燥剂、球团土	4 万吨

内蒙古鄂尔多斯苏里格经济开发区

【概况】 内蒙古鄂尔多斯苏里格经济开发区2001年7月经自治区人民政府批准成立,自治区级开发区。规划面积30平方公里,已建成面积8平方公里,累计基础设施建设投资17.5亿元。基本实现了“七通一平”。

开发区下辖苏里格园区和图克工业项目区,苏里格园区主导产业为新材料及农畜产品加工,图克工业项目区主导产业为煤化工。开发区现入驻工业企业42户,其中规模以上工业企业5户。2010年实现工业增加值3.1亿元,实现税金1亿元。

【重点企业名录】

企业名称	主要产品	生产能力
乌审旗世林化工有限公司	煤制甲醇	30 万吨
天津荣程联合钢铁集团有限公司	干馏煤 甲醇	120 万吨 23.9 万吨
鄂尔多斯天旭轻合金有限公司	镁合金	5 万吨镁合金及 1 500 万件精密成型

企业名称	主要产品	生产能力
鄂尔多斯华原风积沙开发有限责任公司	玻璃制品	40 万吨风积沙工业选矿生产线、 10 万吨玻璃制品生产线

内蒙古托克托工业园区

【概况】 内蒙古托克托工业园区成立于2003 年,自治区 24 户重点开发区之一。园区规划面积32.6平方公里,已开发面积 12 平方公里。目前基础设施建设累计投入资金 15 亿元,实现了“七通一平”。

园区以电力能源、生物制药、冶金、化工和光伏材料加工为主导产业。入驻企业 26 家,其中规模以上工业企业 18 家。2010 年园区实现工业增加值108.61亿元,上缴税金 15 亿元。

【重点企业名录】

企业名称	主要产品	生产能力
内蒙古大唐国际托克托发电有限责任公司	电力	480 万千瓦
石药集团中润制药(内蒙古)有限公司	化学原料药	1.77 万吨
神舟生物科技有限责任公司	酶制剂、辅酶 Q10	1.42 万吨 156 吨
内蒙古融成玉米开发有限公司	淀粉	8 万吨
内蒙古拜克生物有限公司	阿维菌素	8 343 吨
内蒙古托克托县蒙丰特钢有限公司	圆柱钢坯	100 万吨
内蒙古金达威药业有限公司	辅酶 Q10	195 吨
内蒙古大唐国际再生资源开发有限公司	氧化铝	60 万吨
内蒙古溢多利生物科技有限责任公司	酶制剂	7 281 吨
内蒙古中牧生物药业有限公司	黄霉素	1 664 吨

呼和浩特金海工业园区

【概况】 呼和浩特金海工业园区 2001 年建立,自治区级工业园区。规划面积1.57平方公里,已建成面积0.92平方公里。累计基础设施投入0.2亿元。

园区以服装、新型建材、机械设备制造业为主导产业。现入驻工业企业 39 家,其中规模以上工业企业 19 家。2010 年园区实现工业增加值5.5亿元,上缴税金0.39亿元。

【重点企业名录】

企业名称	主要产品	生产能力
内蒙古丰蒂妮羊绒制品有限公司	披肩,围巾	300 万条
内蒙古华锐肯特家具有限公司	办公、民用家具	2 万套
呼和浩特纳顺设备制造有限责任公司	压力容器	
内蒙古科达铝业装饰工程有限公司	塑钢门窗 钢化玻璃	80 万平方米 100 万平方米
内蒙古德鑫置业有限公司	混凝土	50 万立方米
内蒙古科容包装制品有限公司	包装箱	70 万平方米

企业名称	主要产品	生产能力
呼和浩特乐迪丝服饰有限公司	西裤、西服	10万条(件)
呼和浩特明远食品有限责任公司	熟肉制品	400吨

呼和浩特金桥经济开发区

【概况】 呼和浩特金桥经济开发区2000年9月创建,自治区24户重点开发区之一。开发区规划面积13.6平方公里,分为工业一区(高新技术产业区)和工业二区(石化工业区),已建成面积7.6平方公里,基础设施建设累计投入20亿元。基本实现了“七通一平”。

开发区以太阳能光伏产业、石油化工产业、硅产业、卷烟业、印刷业和电力为主要发展产业。现入驻工业企业39家,其中规模以上工业企业19家。2010年开发区实现工业增加值53.27亿元,上缴税金36.42亿元。

【重点企业名录】

企业名称	主要产品	生产能力
呼和浩特炼油厂	汽油、柴油	150万吨
内蒙古昆明卷烟有限责任公司	卷烟	30万箱
中海油天野化工股份有限责任公司	化肥 甲醇	82万吨 20万吨
北方联合电力呼和浩特金桥热电厂	电、热	60万千瓦
呼和浩特城发热力有限责任公司	供热	1 500万平方米
内蒙古爱信达教育印务有限责任公司	印刷品	120万令
内蒙古神州硅业有限责任公司	多晶硅	1 500吨
内蒙古物西水泥有限责任公司	水泥	100万吨

内蒙古和林格尔经济开发区

【概况】 内蒙古和林格尔经济开发区成立于1999年3月,自治区24户重点开发区之一。规划面积24.8平方公里,已建成面积14平方公里,基础设施建设累计投入30亿元,实现了“七通一平”。

开发区以农畜产品加工业为主导产业。现入驻工业企业47家,其中规模以上工业企业19家。2010年开发区实现工业增加值49.2亿元,上缴税金7.7亿元。

【重点企业名录】

企业名称	主要产品	生产能力
内蒙古蒙牛乳业(集团)股份公司	乳制品	300万吨
内蒙古兆旺羊绒制品有限公司	羊绒衫	300万件
内蒙古九强机械股份有限公司	奶罐	2 000吨
内蒙古昭君羊绒股份有限公司	羊绒裤	500万条
内蒙古草原天邦饲料有限公司	动物饲料	20万吨
内蒙古铁骑纺织有限责任公司	纱绽	10万绽
内蒙古宇航人高技术产业有限公司	沙棘饮品	1 500吨
丰华热力有限公司	热力、蒸汽	500万吨

企业名称	主要产品	生产能力
内蒙古盛都包装印务有限公司	纸箱	5 万吨
内蒙古阿拉蒙牛乳制品有限公司	奶粉	2 万吨

内蒙古赤峰经济开发区

【概况】 内蒙古赤峰经济开发区创建于2002年4月，自治区24户重点开发区之一。2009年在原赤峰红山经济开发区的基础上，将松山安庆工业园区和赤峰市资源型城市开发试验区纳入赤峰经济开发区统筹协调管理。规划控制面积142平方公里，建成面积24.15平方公里，累计完成基础设施投资20亿元，实现了“七通一平”。

开发区基本形成了以冶金、化工、医药、机械装备制造为主导产业，以现代服务业、现代物流、非金属加工为辅助产业的产业体系。开发区累计入驻企业89家，其中规模以上工业企业27户。2010年实现工业增加值55.41亿元，上缴税金2.71亿元。

【重点企业名录】

企业名称	主要产品	生产能力
赤峰远联钢铁有限责任公司	钢材	200 万吨
赤峰金剑铜业有限责任公司	铜 硫酸	18 万吨 60 万吨
赤峰中色库博红烨锌业有限公司	锌 硫酸	30 万吨 50 万吨
京能（赤峰）能源发展有限公司－赤峰煤矸石电厂	电力	27 万千瓦时
赤峰维信羊剪绒制品有限公司	毛革鞋靴 剪绒毯垫	120 万双 6 万平方米
赤峰大吉生化药业集团股份有限公司	蒙药、中成药	800 吨
赤峰万泽制药有限责任公司	原料药 片剂、胶囊 袋剂 膏剂	10－15 吨 13 亿片（粒） 1 亿袋 300 万只
内蒙古力王工艺美术有限责任公司	青铜铸件、仿辽瓷	5 500 件

内蒙古鄂托克经济开发区棋盘井工业园区

【概况】 内蒙古鄂托克经济开发区棋盘井工业园区2001年4月经自治区人民政府批准成立，自治区24户重点开发区之一，园区规划面积65.28平方公里，已建成面积23.4平方公里，基础设施建设累计投入55亿元，实现了“九通一平”。

园区依托煤炭以及硅石、石灰石、铁矿石等矿产资源，重点发展电力、冶金、化工等产业。现入驻工业企业75户，其中规模以上工业企业49户。2010年实现工业增加值199.64亿元，实现税金21.96亿元。

【重点企业名录】

企业名称	主要产品	生产能力
鄂尔多斯化工集团有限公司	合成氨 尿素	60 万吨 104 万吨
内蒙古鄂尔多斯冶金有限公司	高碳锰铁 中碳锰铁	11.8 万吨 6.8 万吨

企业名称	主要产品	生产能力
鄂尔多斯氯碱化工公司	PVC 烧碱 熟料 水泥	40 万吨 36 万吨 77.5 万吨 103.2 万吨
鄂托克旗建元煤焦有限公司	捣固焦联产甲醇	96 万吨捣固焦 10 万吨甲醇
内蒙古旭月化工集团公司	捣固焦联产甲醇	96 万吨捣固焦 10 万吨甲醇
鄂尔多斯市蒙西建材有限责任公司	水泥	4 000 吨/日

内蒙古鄂托克经济开发区蒙西工业园区

【概况】 内蒙古鄂托克经济开发区蒙西工业园区 2001 年经自治区人民政府批准,省级高新技术工业园区,自治区 24 户重点开发区之一,园区规划面积 70 平方公里,已建成面积 20 平方公里,基础设施建设累计投入 10 亿元,实现了“七通一平”。

园区主要引进以循环经济为特色的高新技术企业,重点发展高新材料、建材、冶金、化工、电力、物流六大产业。现入驻工业企业 33 户,其中规模以上工业企业 18 户。2010 年实现工业增加值17.16亿元,实现税金3.94亿元。

【重点企业名录】

企业名称	主要产品	生产能力
神华蒙西煤化股份有限公司	捣固焦、甲醇	100 万吨捣固焦 10 万吨甲醇
内蒙古双欣环保材料股份有限公司	聚乙烯醇	11 万吨
华电集团、蒙西鄂尔多斯铝业有限公司	粉煤灰提取氧化铝	40 万吨
鄂尔多斯市华鑫建材有限公司	铸造及煅造件延伸产品	20 万吨
鄂尔多斯市泰发祥工贸有限公司	捣固焦联产甲醇	96 万吨捣固焦 10 万吨甲醇
星光煤炭集团有限责任公司	水泥	4 500 吨/天

FF

大 事 记

1 月

1 日 沙草产业研究中心在内蒙古大学成立。连辑、夏日、洪绂曾、钱永刚出席并为中心揭牌。

2 日 内蒙古自治区文物考古研究所研究人员在内蒙古赤峰市发现目前保存最好的夏家店下层文化遗址——二道井子聚落遗址。夏家店下层文化属于早期青铜时代文化,年代为公元前 2 000 至前 1 500 年。

3 日 “2009 年度县域经济最具影响力银行”评选结果在北京揭晓。自治区农村信用合作社系统的伊金霍洛旗联社、准格尔煤田联社和兴和县联社 3 家单位获奖。

☆ 拥有完全自主知识产权的世界首创万吨级煤制乙二醇项目一期工程在通辽市经济技术开发区完成联动试车,并成功生产出合格产品,结束了目前世界各国只能采用石油技术路线生产乙二醇的历史。

4 日 4 日至 8 日,自治区党委书记胡春华在呼伦贝尔市和兴安盟考察。自治区党委常委、政法委书记邢云,自治区党委常委、秘书长符太增,自治区副主席连辑陪同考察。

☆ 被大雪围困 20 小时的哈尔滨至包头 1814 次列车于 1 月 4 日 17 时左右恢复通车。该列车于 1 月 3 日 19 时左右行至商都火车站西 18 公里处被大雪围困。

5 日 2009 年,自治区首次出现两个地方财政总收入超百亿元的旗县(市区):鄂尔多斯市的东胜区和准格尔旗地方财政总收入分别达到 103.7 亿元和 100 亿元。

6 日 自治区主席巴特尔主持召开自治区 2010 年第 1 次政府常务会议。自治区党委副书记、自治区副主席任亚平,自治区副主席赵双连、郭启俊、布小林,政府秘书长乌兰巴特尔出席会议。自治区有关部门负责同志列席会议。会议研究了《内蒙古自治区人民政府关于促进牧民增收若干政策的意见》,审议并原则通过了《内蒙古自治区农牧业机械事故处理办法(草案)》、《内蒙古自治区信息化促进办法(草案)》。

7 日 自治区主席巴特尔主持召开《政府工作报告(征求意见稿)》征求意见座谈会。自治区人大常委会副主任郝益东,自治区政协副主席董恒宇、郑福田、牛广明出席并发言。

☆ 内蒙古工业大学作为我区唯一参加第十届“广茂达杯”中国智能机器人大赛的队伍,在本次比赛中取得 2 项一等奖、5 项二等奖的优异成绩。

☆ 乌拉特中旗家和、新龙城小区国家可再生能源应用示范项目建成并投入使用,成为自治区首家太阳能供生活热水、辅助供热、太阳能庭院灯伏照明的综合示范区。

8 日 自治区主席巴特尔主持召开自治区 2010 年第 2 次政府常务会议。自治区党委副书记、自治区副主席任亚平,自治区副主席赵双连、郭启俊、刘新乐等出席会议,自治区有关部门负责同志列席会议。会议审议并原则通过了《政府工作报告(征求意见稿)》等议案。

☆ 内蒙古大学首届 EMBA 开学典礼暨 EMBA 教育中心揭牌仪式隆重举行。这是我区唯一一家有 EMBA 专业硕士学位授予权的单位,填补了内蒙古高端商科教育的空白。

9 日 我区拳击选手党勇等在巴基斯坦卡拉奇举办的 2010 年国际拳击 A 级邀请赛上取得 4 金 1 银 2 铜的优异成绩。

10 日 包头市科研人员成功开发出风光一体化并网发电系统,解决了当前风电场与太阳能电站建设中的诸多“瓶颈”问题,对我国发展可再生能源将起到积极作用。

☆ 在 2010 年全国科技工作会议上,20 个市(区)被国家科技部确定为首批“全国创新型试点城市”,包头市被列为创新型试点城市。

11 日 在亚洲博鳌·中国标杆城市表彰暨中国区域经济可持续发展战略高峰论坛上,呼和浩特荣获“中国招商引资突出贡献城市”奖。

12 日 12 日至 16 日,自治区党委书记胡春华在阿拉善盟、乌海市和巴彦淖尔市考察。自治区副主席刘新乐陪同考察。

☆ 12日至16日,自治区主席巴特尔率自治区慰问团到呼伦贝尔市走访慰问。

13日 在由亚太旅游联合会、文化部旅游文化研究中心等部门联合举办的“2009世界休闲旅游发展高层论坛”上,鄂托克前旗以生态环境优良、休闲旅游资源丰富,荣获“中国最佳休闲旅游目的地之一”称号。

14日 14日至15日,全区宣传思想文化工作会议在呼和浩特召开。会议结合贯彻落实全国宣传部长会议精神,就做好今年我区宣传思想工作进行了部署。自治区党委常委、宣传部部长乌兰出席会议并讲话。

15日 自治区党委书记胡春华在巴彦淖尔市指导抗灾救灾工作。自治区党委常委、秘书长符太增,自治区副主席刘新乐等陪同。

☆ 中国广播影视领域的政府最高奖——第21届“星光奖”评选揭晓,内蒙古电视台的《草原颂》、《在祖国的怀抱里——2008年新疆电视台、内蒙古电视台新春大联欢》等5部作品获奖。

16日 鉴于1月初以来发生在我区部分盟市暴雪寒朝的严重性及灾害后果的延续性,自治区减灾委、民政厅决定从1月16日起将灾害响应等级由三级提升至一级,并采取相应措施,切实帮助灾区做好抗灾救灾工作。

17日 全区统战部长会议在呼和浩特召开。自治区党委副书记、自治区副主席任亚平出席并讲话,自治区党委常委、统战部部长伏来旺主持会议并作工作报告。

18日 锡林郭勒盟盟委原副书记蔚小平因严重违纪被开除党籍和公职。

19日 中国人民政治协商会议内蒙古自治区第十届委员会第三次会议在呼和浩特开幕。自治区政协主席陈光林,副主席郭子明、云峰、陈朋山、韩振祥、王长聚、娜仁、董恒宇、郑福田、牛广明、肖黎声出席会议。陈光林作工作报告。自治区党政军领导胡春华、巴特尔、任亚平、吴合春、邢云、伏来旺、张力、韩志然、莫建成、乌兰、李佳、符太增出席会议并听取报告。

☆ 自治区主席巴特尔主持召开自治区人民政府2010年第3次常务会议,就自治区人大代表对《政府工作报告》、计划、财政预算报告和自治区《“十二五”规划纲要(草案)》所提意见和建议进行了专题研究,政府班子全体成员出席会议。

20日 自治区十一届人大三次会议在呼和浩特内蒙古人民会堂开幕。内蒙古自治区第十一届人民代表大会现有代表530人,出席本次全体会议的代表476人,符合法定人数。列席本次全体会议的,除法定列席人员外,还有部分全国人大代表和经内蒙古自治区人大常委会第十二次会议决定的列席人员。大会执行主席、主席团常务主席胡春华主持大会。大会执行主席、主席团常务主席雷·额尔德尼、罗啸天、郝益东、云秀梅、柳秀、赵忠、胡毅峰出席会议。巴特尔、陈光林、吴合春在主席台就座。自治区主席巴特尔代表自治区人民政府作政府工作报告。

☆ 2010上海世博会内蒙古实体馆建设正式开工启动。自治区党委书记胡春华就上海世博会内蒙古馆建设作出批示。自治区副主席布小林出席开工启动仪式。

23日 呼伦贝尔市鄂温克自治旗锡尼河布里亚特蒙古族文化生态保护区等6家文化生态保护区入选第一批自治区级文化生态保护区。

24日 内蒙古自治区第十一届人民代表大会第三次会议选举胡春华为内蒙古自治区人大常委会主任。

☆ 自治区政协十届三次会议闭幕。自治区政协主席陈光林主持闭幕大会并讲话。副主席郭子明、云峰、陈朋山、韩振祥、王长聚、娜仁、董恒宇、郑福田、牛广明、肖黎声出席会议。自治区党政军领导胡春华、巴特尔、吴合春、任亚平、邢云、张力、韩志然、莫建成、乌兰、李佳、符太增到会并听取发言。

25日 自治区十一届人民代表大会第三次会议闭幕。闭幕会由大会执行主席、主席团常务主席、自治区人大常委会主任胡春华主持。大会执行主席、主席团常务主席雷·额尔德尼、罗啸天、郝益东、云秀梅、柳秀、赵忠、胡毅峰出席。巴特尔、陈光林、吴合春在主席台就座。全国人大常委会委员、全国人大民族委员会副主任委员哈斯巴根出席闭幕式。大会以举手表决的方式通过关于《政府工作报告的决议》等七项决议。选举(以姓氏笔画为序)乌兰巴特尔(蒙古族)、汤爱军、李冰为内蒙古自治区第十一届人民代表大会常务委员会委员。

26日 全区政法暨信访工作会议在呼和浩特召开。自治区党委书记胡春华作重要讲话。自治区主席巴特尔出席会议并与各盟市主要领导签订综治、维稳、信访工作责任书。

☆ 自治区党委议军会议在内蒙古新城宾馆举行。自治区党委书记、内蒙古军区党委第一书记胡春华主持会议并作重要讲话。自治区主席巴特尔出席并讲话。军区罗刚副司令员传达了中央军委、北京军区党委扩大会议和全国国防教育工作会议精神，军区政委吴合春总结了全区部队和国防后备力量建设情况并安排部署了新年度工作任务。

☆ 自治区主席巴特尔在内蒙古新城宾馆会见华北电监局党组书记、局长蒋晓华和东北电监局党组书记、局长韩水一行。

27日 自治区第八届纪律检查委员会第五次全体会议在呼和浩特召开。自治区党委书记胡春华作重要讲话。自治区主席巴特尔主持会议。自治区领导陈光林、任亚平、邢云、韩志然、莫建成、乌兰、李佳、雷·额尔德尼、王维山出席。自治区纪委书记张力代表自治区纪委常委会向大会作工作报告。

☆ 自治区党委书记胡春华、自治区主席巴特尔在呼和浩特会见新兴铸管集团公司董事长刘明忠一行。自治区纪委书记张力陪同会见。

28日 全区人口和计划生育工作会议在呼和浩特召开。自治区主席巴特尔出席并讲话。

☆ 自治区党委书记胡春华、自治区主席巴特尔在呼和浩特会见中国国电集团公司总经理朱永芃、副总经理乔保平一行。

☆ 内蒙古自治区应急管理研究中心揭牌仪式在内蒙古大学举行。自治区副主席、内蒙古大学校长连辑，中国工程院院士张铁岗为研究中心揭牌。

29日 呼伦贝尔大草原入选美国《时代》杂志发布的25个“真正的亚洲体验”排行榜，排名11。《时代》杂志评论呼伦贝尔是“远离城市喧嚣的天堂草原”。

30日 内蒙古第二水文地质工程地勘院在亿利资源库布其沙漠七星湖区域成功打出温泉。该温泉的水温水量在内蒙古地区地热水资源中属最高最大，是内蒙古地区目前唯一能够自流出水的温泉。

31日 29日至31日，中共中央政治局委员、国务院副总理回良玉在国家民委主任杨晶、国务院副秘书长张勇、民政部副部长罗平飞、财政部副部长丁学东、水利部副部长刘宁、农业部副部长高鸿宾、国研室副主任黄守宏及自治区领导胡春华、巴特尔、莫建成、符太增、郭启俊的陪同下，深入包头市、锡林郭勒盟，考察指导雪灾救助和黄河防凌工作，并代表党中央、国务院看望慰问灾区各族干部群众。

2　月

1日 温家宝总理作出重要批示：慰问内蒙古受灾群众，指导内蒙古抗灾减灾工作。

☆ 内蒙古自治区财政工作会议在呼和浩特召开。2009年内蒙古地方财政总收入实现1 378.1亿元，同比增长24.5%。其中，一般预算收入达到850.7亿元，同比增长30.7%；一般预算收入中的税收收入达到576.7亿元，同比增长24.2%。2009年，内蒙古地方财政支出额也稳步增长，全年达1 925.1亿元，同比增长32.3%。

☆ 自治区党委书记胡春华、自治区主席巴特尔在呼和浩特会见神华集团董事长张喜武、总经理张玉卓一行。

2日 自治区党委、政府在北京内蒙古大厦举行北京内蒙古籍和在内蒙古工作过的老领导、老同志座谈会。全国人大常委会副委员长乌云其木格、全国政协副主席陈奎元、全国人大常委会原副委员长布赫，内蒙古籍和曾在内蒙古工作过的老领导刘明祖、储波、杨晶等170人出席座谈会。自治区党委书记胡春华致辞，自治区主席巴特尔主持座谈会。

☆ 在北京人民大会堂举行的“北大荒杯第九届全国农村基层干部十大新闻人物”颁奖盛典上，鄂温克自治旗巴彦托海镇巴彦托海嘎查党支部书记乔玉芳榜上有名，并作为代表在典礼上发言。

3日 按照自治区党委书记胡春华的指示，自治区人民政府召开专题会议，贯彻落实温家宝总理重要批示和回良玉副总理在我区考察慰问时的重要讲话精神，专题研究当前和今后一个时期抗灾救灾各项措施的落实问题。

4日 内蒙古自治区商品房网上销售全面推开，覆盖全区所有盟市和旗县，实现了商品房买卖合同网上联机备案。

☆ 呼和浩特市新城区被联合国人居环境发展研究会、亚洲城市品牌研究会、中国品牌建设协会、中国城乡发展研究会、中国区县发展促进会联合命名为“和谐中国”最佳投资环境区。

☆ 中蒙两国2010年“吉祥的哈达”春节联欢晚会在蒙古国首都乌兰巴托市中央文化宫举行。蒙古国总理苏赫巴托尔·巴特包勒德等蒙方官员、中国驻蒙古国大使余洪耀以及上千名观众观看了演出。中蒙两国已经连续6年联合举办春节联欢晚会。

5日 内蒙古产权交易中心正式启用“金马甲产权网络交易平台”，标志着内蒙古产权交易从此突破行政区划，进入了全新的互联网时代。

7日 今年1月份以来，连续发生的寒潮、暴风雪天气,导致乌兰察布市、锡林郭勒盟、巴彦淖尔市、赤峰市等地农牧业遭受巨大损失。内蒙古受灾人口达242万人,4.3万头(只)牲畜死亡,超过3 500万头(只)牲畜严重缺乏饲草。面对灾害,各级政府启动救灾预案,努力做好防灾减灾和保民生工作。截至1月底,财政部、民政部紧急拨付内蒙古的自然灾害生活补助资金1 800万元及80 000件棉衣陆续发放到受灾群众手中,农业部协调周边地区向内蒙古紧急调运饲草5万吨。内蒙古自治区政府已累计下拨1.36亿元冬春救助资金,受灾四个盟市已经发放救灾口粮6万多公斤。

10日 自治区召开党政联席会议,专题研究改善民生、提高社会保障水平、增加低收入群体收入问题,确保有关民生指标达到或略高于全国平均水平。自治区党委书记胡春华主持会议并作重要讲话,巴特尔、任亚平、邢云、张力、韩志然、乌兰、李佳、符太增等自治区领导出席会议。

☆ 自治区召开省级党员领导干部会议,传达学习中央领导同志在省部级主要领导干部深入贯彻落实科学发展观、加快经济方式转变专题研讨班上的重要讲话精神。自治区党委书记胡春华主持会议并讲话,巴特尔、任亚平、邢云、张力、韩志然、乌兰、李佳、符太增等自治区领导出席会议。

12日 自治区党委书记胡春华、自治区主席巴特尔,赴呼和浩特市新城区公安局东街派出所、城发桥靠热原厂和内蒙古公安消防总队,亲切看望慰问一线干部职工,并向全区春节期间坚守工作岗位的广大干部职工致以新春问候,韩志然、符太增陪同慰问。

☆ 自治区主席巴特尔率自治区党委、政府慰问团赴内蒙古消防总队机关和教导大队,亲切慰问坚守在防灭火救援一线的消防部队官兵。

☆ 截至当日,阿拉善盟积雪覆盖率达82%,积雪厚度平均3cm,为近年来全盟最大范围降雪,当地气象部门首次发布暴雪蓝色预警信号。

22日 2009年,甘其毛都口岸各项运输量再创历史新高,货运量增幅居全国陆路口岸之首,完税额位居全区口岸第3位。

23日 华夏航空公司正式加盟运营内蒙古地区航空市场,至此共有21家航空公司参与运营内蒙古地区航空市场。

24日 最高人民检察院隆重表彰全国检察机关先进集体和个人。自治区检察机关有5个集体、5名个人进入全国"双先"行列。

25日 赤峰市田家炳中学"田歌艺术团"在首届全国"校园时代"文艺比赛中荣获金奖。

☆ 首府各界妇女纪念"三八"国际劳动妇女节100周年暨表彰大会在内蒙古人民会堂召开。会前,胡春华、巴特尔、任亚平、乌兰等自治区领导接见受表彰代表。

26日 赤峰市被中国有色金属工业协会授予"中国有色金属之乡"称号,成为全国唯一获此殊荣的地级城市。

28日 鄂尔多斯市被内蒙古自治区政府明确为循环经济试点示范城市,这是内蒙古自治区首个循环经济试点示范城市。同时,鄂尔多斯市又有2户园区(企业)即内蒙古双欣资源集团有限公司和鄂尔多斯乌审召化工项目区被列为自治区第四批工业循环经济试点示范园区(企业)。

3　月

1日 7时许,神华集团乌海能源有限公司骆驼山煤矿在建矿井发生透水事故,初步查明事故发生在施工中的井下16号煤层掘进工作面,发生事故时井下共有77人。神华集团救护大队现场组织抢险救援。截至12时,7人获救,1人死亡,仍有31人被困井下。

☆ 神华集团乌海能源有限公司骆驼山煤矿在建矿井发生透水事故后,温家宝总理作出重要指示,要求千方百计抢救被困人员,并做好善后工作。受温家宝总理委派,国务院副总理张德江赶赴事故现场,指导救援工作,自治区领导胡春华、巴特尔、符太增、赵双连陪同。

2日 自治区党委书记胡春华、自治区主席巴特尔在北京与铁道部部长刘志军就加快内蒙古铁路建设举行会谈,并签署《铁道部、内蒙古自治区政府关于加快推进内蒙古铁路建设的会议纪要》。

☆ 亿利资源七星湖旅游区被国家旅游局授予"国家沙漠旅游试验基地"称号,成为我区首家国家沙漠旅游试验基地。

☆ 上午8时许,根河市天空中太阳周围出现罕见的两道日晕围绕天文现象,俗称双环套日。

3日 我区出席十一届全国人大三次会议的代表团举行全团会议。会议推选胡春华为代表团团长,巴特尔、任亚平、雷·额尔德尼、郝益东、云秀梅为副团长。会议审议了十一届全国人大三次会议主席团和秘书长名单草案及会议议程草案。

4日　由国际野生生物保护协会(WCS)和中国野生生物保护协会(CWCA)主办的第二届“中国边境野生生物卫士”评选活动于日前揭晓,呼伦贝尔市达赉湖国家级自然保护区荣获“中国边境野生生物卫士”奖。

6日　自治区农牧业科学院与呼伦贝尔、通辽、赤峰、巴彦淖尔市签署协议,正式成立呼伦贝尔等4家农牧业科学院分院。

7日　日本利民工程援助我区项目签字仪式在呼和浩特举行。日本驻华使馆利民工程将对我区赤峰市巴林左旗浩尔吐卫生院急救中心等3家基层卫生院进行无偿援助,金额共计约30万美元。

8日　自治区政府与中国科学院在北京签署科技合作协议,并举行中国科学院内蒙古草业研究中心揭牌仪式。全国人大常委会副委员长、中国科学院院长路甬祥,自治区党委书记胡春华,自治区主席巴特尔出席并讲话。任亚平、符太增出席。

9日　经报教育部审批备案,内蒙古大学、内蒙古师范大学等12所内蒙古高校将于2009－2010年度新增环境工程等37个本科专业。

10日　二连浩特市与中央电视台等单位合作拍摄的4集大型纪录片《发现白垩纪——二连恐龙发掘报告》于10日至13日在中央电视台十频道发现栏目播出。

12日　内蒙古自治区政府与宁夏回族自治区政府、中国烟草总公司、神华集团有限责任公司在北京共同签署《内蒙古上海庙矿区煤炭资源整合开发合作协议》,国家发改委副主任、国家能源局局长张国宝,内蒙古自治区党委书记胡春华,宁夏回族自治区党委书记陈建国,内蒙古自治区主席巴特尔,宁夏回族自治区主席王正伟出席签字仪式。

☆　乌拉特后旗巴音前达门苏木境内发现一大型钼矿,初步探明该矿钼金属储量至少30万吨,是全国目前已探明的最大钼矿。

13日　十一届全国人大三次会议内蒙古代表团举行全团会议,研究部署大会精神的传达学习贯彻工作。自治区党委书记胡春华作重要讲话,自治区主席巴特尔主持会议,任亚平、雷·额尔德尼、哈斯巴根等自治区领导参加会议。

15日　自治区召开直属机关传达贯彻全国两会精神干部大会。自治区党委书记胡春华作重要讲话,自治区主席巴特尔传达十一届全国人大三次会议精神,自治区政协主席陈光林传达全国政协十一届三次会议精神,自治区党委副书记、自治区副主席任亚平主持会议。邢云、韩志然、乌兰、李佳、符太增等出席会议。

16日　全区就业工作会议在呼和浩特市召开。自治区党委书记胡春华出席,自治区主席巴特尔讲话。任亚平主持会议,符太增、罗啸天、刘卓志、郭子明参加会议。

17日　内蒙古永业集团“广谱性植物生长液”项目正式启动,该营养液是专用型高效环保植物生长液,可提高作物产量、改善品质和增强抗逆性。此项目获国家发明专利。

18日　内蒙古文化艺术长廊建设计划正式启动,自治区宣传部部长乌兰出席并作重要讲话。“文化艺术长廊计划”以内蒙古草原文明历程为主线,以弘扬草原文化核心为主旨,以深入展现内蒙古历史文化风貌和改革开放时代精神为重点,兼具开放性和可持续的文化艺术精品建设工程。

19日　自治区主席巴特尔主持召开自治区2010年第4政府常务会。会议研究了《内蒙古自治区非政府投资水利项目管理办法》、《内蒙古自治区直属企业国有资本收益收取管理暂行办法》,任亚平、赵双连、郭启俊、刘卓志、刘新乐、乌兰巴特尔出席会议。

☆　14时35分,集包第二双线新旗下营隧道发生塌方,塌方处距洞口260米,据掌子面35米,塌方长度估计20米左右,有10名人员被困。事故发生后,铁道部和自治区政府联合成立现场抢险指挥部,指挥抢险救援工作。

20日　自治区党委书记胡春华赴鄂尔多斯市准格尔旗和达拉特旗黄河沿线实地检查指导防凌工作。符太增、郭启俊陪同。

22日　“中国·鄂尔多斯市低碳谷”奠基仪式在鄂尔多斯市康巴什区隆重举行。自治区党委书记胡春华、自治区党委秘书长符太增、自治区副主席连辑、清华大学党委副书记韩景阳出席奠基仪式。

☆　中国乒乓球超级联赛内蒙古银行乒乓球俱乐部成立庆典仪式在北京隆重举行,这是我区第一家职业化乒乓球俱乐部。

☆　内蒙古社会科学院与中国社会科学院边疆史地研究中心合作项目“北部边疆历史与现状研究”被全国哲学社会科学规划领导小组批准立项,列为国家社科基金特别项目,计划5年完成。

23　国务院召开第三次廉政工作电视电话会议,自治区有关领导和部门负责同志在呼和浩特分会场参加会议。会后,自治区政府召开全体会议暨第三次廉政工作电视电话会议。自治区主席巴特尔作重要讲话。张力、郭启俊、刘卓志、刘新乐参加会议。连辑主持会议。

☆　自治区在阿拉善盟额济纳旗拐子湖建成首个风沙观测试验场。该试验场为沙尘暴预报、预警提供更加科学的依据。

☆　自治区拳击名将胡日查毕力格、孟繁龙在海南省海口市举行的2010年度全国拳击锦标赛上夺得两枚金牌。

24日　锡林郭勒盟苏尼特羊通过农业部专家组实地验收和国家畜禽遗传资源委员会审定,被正式列入全国优良畜种名录。

☆　迎世博首届国际榜书大赛结果揭晓,我区张笃恭荣获金牌,吴春山获第三名,15名选手获优秀奖。

25日　自治区首批证券经营机构通过IB业务(证券公司为期货公司提供中间介绍业务)现场检查验收,获得股指期货开户资格。截至目前,我区已有6家证券、期货机构可办理股指期货开户业务。

26日　代表当今世界最先进水平的包钢159热连轧无缝钢管项目正式启动。该项目在技术含量、附加值高的小口径无缝管方面发挥出强劲优势。

27日　五原县在第3次文物普查中,在该县塔尔湖镇发现一处有300余座汉墓的罕见汉墓群,这对研究汉代边疆史具有重要意义。

28日　第七届内蒙古年度经济人物评选结果揭晓,并举行颁奖典礼。张双旺、王林祥等5人当选内蒙古经济功勋人物,许金超、吴子申等10人当选内蒙古十大经济人物,陈宏杰、张文忠等10人当选内蒙古十大创业人物。

☆　2009年内蒙古通过地质勘查新增煤炭资源储量约500亿吨,使全区查明煤炭资源储量达7323亿吨,居全国首位。

☆　包头市北重集团与中科院合作,解决了我国曲轴钢冶炼浇铸重大科技难题,将我国的轮船和内燃机火车运行、延长内燃机寿命提高到新等级。

29日　自治区防火指挥部与蒙古国东方省突发事件应急指挥部在呼伦贝尔市就边境地区森林草原防火进行协商,达成一致意见,约定双方定期或不定期举行会晤,建立顺畅的联络机制,并共同签署《中华人民共和国内蒙古自治区防火指挥部与蒙古国东方省突发事件应急指挥部关于边境地区森林草原防火联防的协定》。

31日　自治区党委书记胡春华、自治区主席巴特尔、内蒙古军区司令员刘志刚赴内蒙古武警总队训练基地考察指导工作。

☆　蒙牛集团荣获呼和浩特市2009年度"十大纳税企业"称号。自创业来,蒙牛累计缴纳各种税金超52亿元,居全国乳品行业前列。

4　月

1日　国家科技部下文确认我区包头稀土高新技术产业开发区科技创业服务中心为大学生科技创业见习基地试点单位,这是自治区唯一的试点单位。

2日　2010年上海世博会提出了"城市,让生活更美好"的主题。内蒙古自治区依托独特的区域特征和草原文化资源,确定以"城市发展中的草原文明"为参展主题,提出了"北斗星光,文明共享"的未来城市发展理念。借世博会的平台,向全国全世界展示内蒙古的形象,展示草原文化、草原文明的风采。

3日　"全国百城世博旅游宣传推广周"内蒙古启动仪式在呼和浩特市新华广场举行,这个活动广泛宣传内蒙古人游内蒙古、内蒙古人游世博会等多种旅游项目。当日,"全国百城世博旅游宣传推广周"活动同时在全国100个城市启动。

4日　国家知识产权局对申请创建全国知识产权示范城市进行综合评定,最终批准包头市等8个地级城市为全国知识产权示范城市创建市。包头市是我区唯一获此殊荣的城市。

☆　额济纳旗在"第二届中国县镇绿色发展论坛暨第二届中国绿色名县(镇)推荐成果发布会"上,被中华环保联合会等4个部门联合授予"中国绿色名旗"牌匾。

☆　《东北地区旅游业发展规划》日前正式发布实施,这标志着东北地区旅游业发展规划首次上升至国家层面。我区呼伦贝尔市、兴安盟、通辽市、赤峰市和锡林郭勒盟被列入该规划。

5日　2010年全国现代五项冠军赛(武汉站)在武汉市闭幕,我区现代五项队张晔等5名选手夺得女子团体金牌。

6日　呼和浩特市建委被国家住房和城乡建设部授予"全国住房城乡建设系统创建文明行业示范点单位"。

7日　自治区金融办与德国技术合作公司将联合开展草原碳汇研究。德国政府于2009年底向中国政府正式承诺提供500万欧元对华技术援助项目资金,其中50万欧元用于我区绿色金融发展与草原碳汇研究项目。

☆ 在中意两国文化、文物、考古界的共同努力下，意大利政府为元上都遗址保护提供200万欧元无息贷款，用于元上都遗址本体保护和科学研究工作。

8日 湖北省党政代表团抵达我区，开始为期4天的考察访问。下午，自治区领导和湖北省党政代表在呼和浩特市举行两省区经济社会发展情况交流会。自治区党委书记胡春华主持会议并讲话。湖北省委书记罗清泉、自治区主席巴特尔、湖北省长李鸿忠出席会议并讲话。会后，举行了内蒙古自治区和湖北省经济社会发展战略合作协议签署仪式。巴特尔、李鸿忠分别代表内蒙古自治区人民政府和湖北省人民政府在协议上签字。

☆ 自治区新闻出版社日前编制了《蒙古文图书出版五年规划》，启动蒙古族历史文化经典出版工程。

9日 自治区首例脐带血干细胞移植治疗手术在内蒙古医学院附属医院神经内科取得成功。

10日 呼伦贝尔市鄂温克族自治旗锡尼河镇政府日前公布第一批乡镇级非物质文化遗产名录项目，这是全区首例，标志着我区六级非物质文化遗产名录体系形成。

12日 自治区主席巴特尔在新城宾馆会见英国驻华大使吴思田一行。

13日 自治区党政军领导胡春华、巴特尔、任亚平、邢云、韩志然、符太增、罗啸天、赵忠、连辑、郭启俊、刘新乐、郭子明、云峰、牛广明等赴自治区党政军机关义务植树基地，与呼和浩特市千余名干部群众、部队官兵、共青团员和少先队员代表一起参加植树劳动。

14日 自治区党委书记胡春华、自治区主席巴特尔在呼和浩特新城宾馆会见中国农业发展银行行长郑晖一行。

☆ 呼和浩特市西把栅乡六犋村的4岁男孩被3条恶狗撕咬致死案件在呼和浩特市赛罕区人民法院开庭审理，一审以“过失以危险方法危害公共安全罪”判处被告人康某（动物饲养人）有期徒刑3年缓刑4年执行。这是全国首例因狗咬人而判处动物饲养人刑罚的案例。

15日 4月14日7时49分玉树藏族自治州玉树县发生7.1级地震，造成重大人员伤亡。自治区党委、政府向青海省委、政府发去慰问电，并向灾区捐赠人民币1000万元。

☆ 中蒙两国联合保护蒙古族长调民歌学术研讨会于在呼和浩特市召开。中国文化部、蒙古国教科文部以及内蒙古自治区文化厅等有关方面领导和专家共50多人参加。签署和发布了《中蒙两国蒙古族长调民歌保护联合公报》。

☆ 和林格尔县被第二届中国绿色名县推荐委员会授予中国绿色名县称号。

16日 2010年东北四省区合作行政首长联席会议在沈阳召开。自治区党委书记胡春华出席会议，自治区主席巴特尔出席并作大会发言。

18日 18日至20日，自治区主席巴特尔率领自治区党政学习考察团赴吉林省考察学习。

☆ 自治区财政厅、教育厅等部门联合发布关于中等职业学校家庭经济困难学生和涉农牧专业学生免学费工作的意见。全区13.5万名中等职业学校家庭经济困难学生和涉农牧专业学生将免收学费，学费由自治区财政专项资金支付。

☆ 扎赉特旗图牧吉国家级自然保护区4月被命名为“第二批全国野生动物保护科普教育基地”。

20日~21日 自治区主席巴特尔率领自治区党政学习考察团赴黑龙江省考察学习。

21日 16日至21日，由自治区党委书记胡春华、自治区主席巴特尔率领的内蒙古党政学习考察团前往辽宁、吉林、黑龙江三省进行了为期6天的学习考察。考察团先后来到沈阳、大连、长春、吉林、哈尔滨5个城市的30多家企业，学习各市近年来贯彻落实科学发展观、推动经济社会发展的好经验、好做法，重点考察学习发展工业经济、开发区建设、城市建设（棚户区改造）等方面内容；与辽、吉、黑三省分别召开经济交流合作座谈会，签署25项合作协议。

23日 自治区劳动模范和先进工作者表彰大会在内蒙古人民会堂隆重召开。自治区党委书记胡春华出席，自治区主席巴特尔出席并作重要讲话。

☆ 自治区党委书记胡春华、自治区主席巴特尔在内蒙古新城宾馆会见中国交通建设集团总裁孟凤朝一行。

24日 阿拉善盟遭遇强沙尘天气袭击，雅不赖、吉兰太地区遭遇能见度小于50米的特强沙尘暴（俗称黑风暴）袭击，阿右旗额肯呼都格镇黑风暴天气持续近2个小时，最低能见度几乎为零。

26日 国家重点项目——黄河海勃湾水利枢纽工程隆重开工。全国人大常委会副委员长乌云其木格、自治区党委书记胡春华、自治区主席巴特尔、国家水利部副部长周英等领导出席。

27日 2010年全国劳动模范和先进工作者表彰大会在北京人民大会堂举行。我区72名全国劳动模范和先进工作者受到国务院表彰。

28日 呼和浩特市等8座城市被全国绿化委员

会、国家林业局正式授予“国家森林城市”称号。

30日　上海世博会内蒙古馆运营启动仪式在上海世博园举行。自治区主席巴特尔致辞,副主席布小林主持仪式。

5　　月

1日　1日蒙古国总统查·额勒贝格道尔吉率领蒙古国代表团抵达我区,开始为期两天的访问。自治区党委书记胡春华到机场迎接。任亚平、乌兰、符太增等自治区领导陪同。

☆　内蒙古自治区第二届全区道德模范评选活动启动。这次活动分为“助人为乐模范”、“见义勇为模范”、“诚实守信模范”、“敬业奉献模范”和“孝老爱亲模范”五类,每类模范表彰6名,同时表彰提名奖110名。

2日　蒙古国文化周在内蒙古博物馆隆重开幕。蒙古国总统查·额勒贝格道尔吉及蒙古国代表团全体成员,中国驻蒙古国大使余洪耀及外交部相关人员,自治区党委书记胡春华等自治区领导出席开幕式。

3日　22时33分许,位于呼和浩特市赛罕区榆林镇二道河村的中铁十九局在建隧道施工工地的民工棚发生一起重大火灾事故。造成10人死亡,14人受伤。

4日　在环境保护部门公布的398个“全国环境优美乡镇”名单中,我区的呼伦贝尔市鄂温克族自治旗巴彦托海镇等9个乡镇榜上有名。

5日　乌兰察布市突降暴雨,丰镇市部分地区、兴和县南部矿区、化德县朝阳镇相继受到暴雨袭击,造成巨大经济损失。丰镇市3名村民在洪水中身亡。

☆　牙克石市农村环境空气质量自动监测系统完成安装并进入调试运行阶段,该站是全国31个农村站中首个建成并进入调试的站点。

6日　华北区域内蒙古电力多边交易市场在呼和浩特市正式启动运行,这是全国第一个正式运行电力多边交易的区域市场。国家电监会主席王旭东、自治区主席巴特尔出席启动仪式并鸣锣开市。

8日　内蒙古民航机场集团与锡林郭勒盟政府签订呼和浩特—锡林浩特支线正式通航协议。

9日　“第四届中国(内蒙古)国际乳业博览会暨食品工业博览会”在呼和浩特举行。来自美国、德国、新西兰、日本等国家和地区的百余家企业参会。

10日　自治区主席巴特尔主持召开自治区2010年第5次政府常务会。会议研究了《关于规范苏木乡镇街道办事处行政区划调整审批事项的通知》、《内蒙古自治区应对气候变化方案》;审议并原则通过《内蒙古自治区发展蒙医中医药条例(草案)》、《内蒙古自治区消防条例(修订草案)》、《内蒙古自治区著作权管理办法(草案)》、《内蒙古自治区无线管理条例(草案)》。自治区党委副书记、自治区副主席任亚平,自治区副主席郭启俊、刘卓志、刘新乐,自治区政府秘书长常海出席会议。自治区有关部门负责同志列席会议。

11日　自治区党委书记胡春华在新城宾馆会见泰国财政部部长功·差提卡瓦尼一行。符太增陪同。

☆　满洲里市中俄互市贸易区官方网站正式启用。该网站包括政务公开、新闻类、招商引资、公众服务等几大板块,可以让网友最直观地了解到互贸区相关信息。

12日　自治区党委书记胡春华在新城宾馆会见中国电力投资集团公司总经理陆启洲一行。符太增陪同。

☆　《蒙古族饮食图鉴》首发式在呼和浩特举行。该书是迄今为止对内蒙古饮食文化最全面、深入的一次梳理挖掘。

☆　在2010年中国城市管理发展年会暨第三届中国城市建设与环境提升大会上,扎兰屯市名列本年度“中国最佳管理城市”,这是我区唯一入选城市。

13日　自治区党委书记胡春华、自治区主席巴特尔在新城宾馆会见中国华电集团公司总经理云公民。符太增、赵双连陪同。

15日　我区援建四川省地震灾区大邑县的新体育场日前竣工。这是我区援建大邑县6个灾后重建项目之一。

16日　蒙古国鄂尔浑省与二连浩特市续签《蒙古国鄂尔浑省与中国二连浩特市友好合作协议》。这一协议的续签标志着两地建立了长期稳定的合作关系。

17日　全国首个红山文化暨契丹辽文化研究基地在赤峰市挂牌成立。红山文化是距今5 000至6 000年间一个在燕山以北、大凌河以西、辽河上游流域活动的部落创造的农业文化,因最早发现于内蒙古自治区赤峰市郊的红山而得名。

☆　2010年竞走世界杯赛在墨西哥鸣金,在男子20公里决赛中,我区选手王浩、褚亚飞包揽冠亚军,中国队同时摘得团体冠军。

18日　国道110线兴和至呼和浩特段一级公路改扩建工程开工仪式在乌兰察布市集宁区白海子镇举

行。自治区主席巴特尔出席开工仪式并宣布项目开工。赵双连，王长聚出席开工仪式。

19 日 乌兰夫纪念馆被中央纪委监察部命名为全国廉政教育基地，这是我区唯一入选单位。

☆ 自治区地质调查院在土左旗哈素海地区打出丰富的地下热水，出水温度达51℃，涌水量603 立方米/日，最大涌水量可达 1500 立方米/日。由此证明呼包地区存在可供大规模开发利用的地热资源。

20 日 “共铸中国心”西部地区心脑血管健康关爱计划大型公益行动内蒙古站启动仪式在北京举行。我区乌兰察布市被列为支援重点。

☆ 鄂托克旗在 2010 中国产业发展大会上被授予“中国产业发展能力百强县”称号，位列 61。

21 日 国务院神华集团乌海能源公司骆驼山煤矿“3·1”特别重大透水事故调查组在乌海市召开全体会议。会议强调，要依法严肃认真开展事故调查，彻底查清事故原因，严厉追究事故责任。国家安全监管总局局长骆琳任调查组组长；自治区主席巴特尔，国家安监总局副局长、国家煤监局长赵铁锤，监察部部长郝金明等领导任副组长。

24 日 上海世博会内蒙古活动周开幕。中共中央政治局委员、上海市委书记俞正声，全国人大常委会副委员长乌云其木格，上海市委副书记、市长韩正等领导出席开幕式。自治区党委书记胡春华宣布开幕。自治区副主席布小林主持开幕式。

☆ 3 点 56 分，呼凉公路朝格图村路段发生一起车辆追尾事故，造成 4 人死亡。

☆ 第十五届群星奖颁奖晚会在广州举行。内蒙古自治区报送的小戏《摘花椒》、歌曲《家乡的古神树》、舞蹈《鲁日格勒》、好来宝《呼和浩特赞》和《遨游太空》5 项作品荣获群星奖作品类奖。包头市鹿城文化艺术节、呼和浩特市春节元宵文化庙会、赤峰市城乡基层文艺会演荣获群星奖项目类奖。王黑小、白凌空、吴玉华 3 人荣获“群文之星”称号。总获奖 11 项，在五个少数民族自治区中排名第一位。

25 日 自治区主席巴特尔在内蒙古党政会议中心会见美国纳斯达克副总裁麦柯奕一行。

26 日 历时 10 天的第四届全国体育大会在合肥市落下帷幕。内蒙古代表团共获 35 个奖。

☆ 蒙古国苏和巴托省突发事件应急指挥部与自治区防火指挥部在锡林浩特市签订边境地区森林草原防火联防协定。蒙古国苏和巴托省省长巴图苏日带领的蒙古国代表团与自治区防火指挥部副总指挥、林业厅厅长高锡林带领的我方代表团出席了签字仪式。

27 日 在奥地利举行的国际乳品联合会(IDF)乳业创新奖颁布大会上，伊利畅轻益生菌酸奶荣膺 2010 年 IDF 最佳功能乳制品创新金奖。

28 日 2010 年中俄毗邻地区六一儿童艺术节在满洲里市开幕。来自满洲里市 13 所小学和俄罗斯阿金斯克巴扎萨达耶夫儿童艺校的 400 余名中外儿童共同庆祝属于自己的节日。

☆ 在广东省广州市举行的第九届中国艺术节上，鄂尔多斯市歌舞团的大型民族舞蹈诗《鄂尔多斯婚礼》夺得第十三届“文华大奖”特别奖。“文华奖”是我国舞台艺术的最高奖。

29 日 考古人员在通辽市科尔沁左翼中旗舍伯吐镇哈民艾利嘎查发现一处新石器时代的综合遗址。经有关专家鉴定，初步断定该遗址为距今 5 000—7 000 年前新石器时代人类生活过的部落，面积为 189 215.22 平方米。这座遗址是迄今为止自治区境内发现同类遗址中占地面积最大的。

30 日 自治区党委书记胡春华、自治区主席巴特尔在新城宾馆会见由国务院国资委副主任黄丹华带队的中央企业青联考察团。任亚平、符太增、赵双连等自治区领导陪同会见。

☆ 乌兰察布市商都县通过中国食品工业协会马铃薯食品专业委员会专家组评审，被授予“中国马铃薯产业示范基地”称号，这在自治区马铃薯产业发展史上尚属首次。

31 日 阿拉善盟水产站与自治区水产站合作在额济纳旗天鹅湖开展古老鱼类——大鳍鼓鳔鳅人工繁育和增殖保护获得成功。

☆ 2010 年国际田联竞走挑战赛波兰站比赛结束。代表中国队参战的我区选手褚亚飞夺得男子 10 公里比赛冠军。

6　月

1 日 自治区党委书记胡春华赴乌兰察布市四子王旗蒙古族小学，与那里的孩子们一起欢度六一国际儿童节，并代表自治区党委、政府向全区少年儿童致以节日的祝贺。

☆ 内蒙古大学艺术学院合唱基地班暨内蒙古少年合唱团庆祝六一国际儿童节音乐会在呼和浩特举行。自治区主席巴特尔和孩子们一起观看演出，并代表自治区党委、政府向全区少年儿童致以节日的祝贺。任亚平、乌兰、连辑一同观看演出。

☆　全国首家建筑知识专业教育馆——新维建筑知识教育馆正式开馆运营。该馆位于鄂尔多斯市东胜区,是集教育与科研、合作与交流、培训与创新于一体的现代化综合性教育场馆。

☆　中国城市国际协会在北京发布“中国最具国际影响力城市”初选入围城市名单,北京、上海等159个城市入围,其中我区的呼和浩特、包头、鄂尔多斯、乌海、呼伦贝尔5市榜上有名。该名单是研编《中国城市国际影响力研究报告》的第一阶段工作成果。

2日　2010年亚洲田径大奖赛印度浦那站比赛落幕。我区选手刘相蓉以18米43的成绩夺得女子铅球冠军。

3日　神华包头煤质烯烃项目石化装置联合中交暨项目建成仪式在包头市举行,标志着全球最大煤制烯烃项目建成,是我国现代新型煤化工发展史上的一个重大里程碑。

5日　由鄂尔多斯市宇力藻业集团组建的螺旋藻工程技术中心在鄂托克旗成立,该中心是我区创建的第一家专业从事螺旋藻工程技术研究和生产的中心

6日　2010年“蒙牛杯”第十五届世界元老乒乓球锦标赛在内蒙古体育馆开幕。自治区党委书记胡春华、自治区主席巴特尔、自治区政协主席陈光林等自治区领导出席开幕式。来自世界51个国家和地区的40岁—100岁的2 000余名运动员参赛。

7日　5月24日至6月7日,大兴安岭北部原始森林连续发生10起雷击森林火灾,累计过火面积达100.88公顷。10起火灾全部被扑灭。

8日　自治区第一部规范著作权管理工作政府规章——《内蒙古自治区著作权管理办法》经自治区政府2010年第5次常务会议通过,自6月26日起施行。

9日　在第十三届中国国际科技产业博览会上,蒙牛集团荣获中国低碳节能优秀企业奖。

☆　满洲里市在南山南麓发现6个石板堆成的墓葬群。经专家初步鉴定为鲜卑时期石板墓,距今2 500多年,具有重大考古价值。

10日　7日至10日,中央政治局常委、中央政法委书记周永康和随行的中央政法委秘书长周本顺、国家民委主任杨晶、安全部部长耿惠昌、司法部部长吴爱英、国务院副秘书长汪永清等领导,在自治区党委书记胡春华、自治区主席巴特尔的陪同下,先后深入到我区锡林郭勒盟、鄂尔多斯市、呼和浩特市的农村牧区和街道社区、政法单位、边防武警部队、工矿企业,深入考察了解我区经济社会发展和维护社会稳定情况。

11日　自治区党委书记胡春华、自治区主席巴特尔在新城宾馆会见中国光大集团总公司董事长唐双宁一行。

☆　内蒙古出入境检验检疫局通过网上受理、网上审批,为包钢集团国际经济贸易有限公司签发了CCC免办证明,比国家要求的正式使用此系统提前了5天。该系统推广后,CCC免办工作审核时间将大大缩短,当日办结率将接近100%。

13日　自治区主席巴特尔在新城宾馆会见日本技术士协会访华团田俊满一行。

☆　呼伦贝尔市世界反法西斯战争海拉尔纪念园晋升为国家国防教育基地。

14日　我区被国家发改委、民政部批准列入2010年全国基本养老服务体系建设规划试点工作第二批试点地区,并在呼和浩特市、包头市、兴安盟、通辽市、赤峰市和锡林郭勒盟开展此项工作,建设以机构类和社区类为主的两种养老服务主体。

☆　中国城市经济学会中小城市经济发展委员会批复,准格尔旗被确立为“中国中小城市科学发展调研基地”,成为全国首批10个调研基地之一。

15日　由工业和信息化部支持、全球领先的半导体企业AMD公司建设的“内蒙古农村综合信息服务培训中心”在呼伦贝尔市新巴尔虎左旗落成揭牌。这是我区第一家农村综合信息服务培训中心。

16日　应蒙古国大呼拉尔和俄罗斯联邦后贝加尔边疆区、布里亚特共和国有关方面的邀请,自治区党委书记胡春华率自治区代表团前往蒙古国和俄罗斯联邦访问。

☆　由内蒙古电影制片厂和牙克石市委、市政府联合摄制的影片《帕日扎特格》,获得第十届马德里国际电影节亚洲电影联盟奖最佳影片、最佳导演两项大奖。

☆　13时34分左右,乌兰察布市商都县突降冰雹。冰雹最大直径5厘米,降雨量26.1毫米,历时约20分钟。初步统计,该县6个乡镇57个村42 386人受灾,1人因灾受伤;农作物受灾面积7 031公顷,5 934座大棚受损。造成直接经济损失3 273万元。

17日　经由环境保护部、国家发展与改革委员会等部门专家组成的专家评审委员会综合评估,乌兰察布市察右中旗荣获“中国绿色名旗”称号。

18日　以中央纪委副书记黄树贤为组长的中央

党校进修部第47期省部班党建科学化专题调研组，在我区就国有企业反腐倡廉和惩防体系建设进行调研。自治区主席巴特尔，自治区党委常委、呼和浩特市委书记韩志然陪同调研组考察了自治区人民检察院机关、内蒙古博物院、伊利集团。

☆ 赤峰市二道井子夏家店下层文化聚落遗址成功入选2009年度全国十大考古新发现。

☆ 由莫力达瓦达斡尔族自治旗乌兰牧骑精心创作的大型歌舞剧《穿越千年——神奇的达斡尔》，在台北精彩上演，给台湾观众带来了达斡尔民族歌舞的盛宴，为两岸文化交流起到积极的促进作用。

19日 自治区主席巴特尔在新城宾馆会见武警部队副司令员息中朝一行。自治区领导罗啸天、赵黎平以及武警内蒙古总队总队长张国兴、政委张如平陪同。

20日 呼和浩特市首条公交专用通道正式开通。呼和浩特市首次开通的公交专用通道全长14.5公里，每日行驶在专用通道上的公交车380多台。

21日 2010内蒙古环保世纪行在呼和浩特启动。本次活动的主题是：保护生态环境，发展低碳经济。自治区人大常委会副主任、内蒙古环保世纪行组委会主任郝益东出席启动仪式并讲话。

☆ 在2010中国食品安全高层论坛暨全国食品质量消费者满意品牌颁奖活动中，伊利集团荣获“全国食品质量消费者满意品牌”荣誉称号。

☆ 由国际雪联和中国滑雪联合会举办的2010年国际越野滑雪中国夏季赛牙克石站比赛，在牙克石凤冠高级滑雪场开赛。自治区副主席布小林出席开幕式，并宣布开赛。来自中国、奥地利、丹麦、德国、芬兰、捷克、挪威、瑞典8个国家的58名运动员参赛。

22日 国家发改委日前批复阿拉善盟额济纳旗胡杨林为国家森林公园保护项目。额济纳旗境内胡杨林是世界三大成片胡杨林之一。

23日 21日—23日，以“保护环境，珍爱生命”为主题的内蒙古野生鸟类摄影展在北京全国政协机关多功能厅举行。22日上午，中共中央政治局常委、全国政协主席贾庆林，中共中央政治局常委、国务院副总理李克强，中共中央政治局委员、全国政协副主席王刚，全国政协副主席兼秘书长钱运录等党和国家领导人，在自治区政协主席陈光林、副主席董恒宇等陪同下观看了展览。

24日 自治区主席巴特尔主持召开自治区政府2010年第6次常务会。会议研究了《鄂尔多斯市统筹城乡综合配套改革实验区建设实施方案》、《内蒙古自治区新增四个千万亩节水灌溉工程发展规划纲要（2010－2020年）》、《内蒙古自治区重大水利工程建设基金征收使用管理暂行办法》、《内蒙古自治区人民政府关于促进民办教育发展的决定》，审议并原则通过了《内蒙古自治区城镇建设档案管理办法（草案）》和《内蒙古自治区价格监测规定（草案）》。自治区副主席郭启俊、刘卓志、赵黎平，自治区政府秘书长常海出席会议。自治区有关盟市和部门负责同志列席会议。

☆ 依据24小时内最高气温将升至40℃以上的标准，自治区气象部门对阿拉善盟西北部发出高温红色预警信号；依据连续3日最高气温将在35℃以上的标准，自治区气象部门发布了高温黄色预警信号，预警范围是阿拉善盟大部、乌海市等7个盟市和地区。

25日 郑垧靖同志先进事迹报告会在呼和浩特举行。自治区主席巴特尔，自治区党委常委、宣传部部长乌兰在报告会前会见了报告团成员并合影留念。

☆ 乌拉特民歌入选第三批国家级非物质文化遗产。乌拉特民歌作为蒙古民族的地方民歌，已有200多年的历史。其内容、唱腔、风格与其他蒙古族民歌截然不同，完整地保留着古老乌拉特原生态民歌独特的风韵。

26日 我区59个单位和个人被评为全国科普惠农兴村先进单位和带头人。呼和浩特市土左旗毕克齐镇林果协会等45个单位获评全国科普惠农兴村先进单位，呼和浩特市清水河县城关镇杨家窑村甄红小等14人荣获全国科普惠农兴村带头人称号。

☆ 中国银行内蒙古分行成功为内蒙古广思源国际贸易有限公司开立金额为人民币67.62万元的进口信用证业务，标志着自治区跨境贸易人民币结算业务正式开办。

27日 26日至27日，外交部副部长傅莹和欧洲国家驻华使节考察团一行，在自治区政协副主席云峰的陪同下到鄂尔多斯市参观考察。考察团一行中，有罗马尼亚、阿尔巴尼亚、德国、爱沙尼亚、希腊、奥地利、波兰等20余位欧洲国家的驻华使节及夫人。

29日 26日至29日，中共中央书记处书记、中央纪委副书记、全国政务公开领导小组组长何勇，在自治区党委书记胡春华、自治区主席巴特尔等领导陪同下，在我区进行考察。

☆ 文化部公布了第三批国家级非物质文化遗产新入选项目名录和第三批国家级非物质文化遗产扩

展项目名录,我区的祝赞词、鄂温克萨满舞等13个项目荣列其中。

30日 29日至30日,全国深化政务公开推进政务服务经验交流会在呼和浩特召开。中共中央书记处书记、中央纪委副书记、全国政务公开领导小组组长何勇出席会议并讲话。中央纪委副书记、监察部部长兼国家预防腐败局局长马馼出席会议。国务院副秘书长汪永清主持会议。自治区党委书记胡春华致辞、自治区主席巴特尔参加会议。

7 月

1日 9189名森警和林业扑火队员的连续奋战,发生在我区大兴安岭林区的多起夏季雷击森林火全部扑灭。

☆ 近期,我区全区持续高温,全区大部地区连续出现30℃以上高温天气,个别地区日极端最高温度达35~40℃,平均气温同比偏高3℃至5℃。自治区气象局首次发布干旱黄色预警信号。

2日 自治区党委书记胡春华在呼和浩特新城宾馆会见浙江盾安集团董事局主席姚新义。

☆ 伊利集团荣登"2010年(第七届)《中国500最具价值品牌》"榜单,连续7年稳居中国乳业品牌第一的位置。

3日 自治区首例计算机导航下全膝关节表面置换术在内蒙古医学院第二附属医院成功完成,填补了自治区导航技术在关节外科应用领域的空白。

☆ 在第二届中国品牌与传播大会上,内蒙古金融网荣获"品牌贡献奖·影响中国最具品牌传播价值专业网站";蒙牛集团荣获"品牌贡献奖?影响中国最具中国低碳绿色品牌";内蒙古卫视荣获"品牌贡献奖·影响中国最具品牌传播价值卫视"。

5日 由全国《格斯尔》工作领导小组办公室和赤峰市政府主办、巴林右旗政府承办的百集电视说唱艺术片《格斯尔故事》首发式在北京民族文化宫举行,全国人大常委会原副委员长布赫出席首发仪式。2009年9月,《格斯尔》史诗被联合国教科文组织正式批准列入《人类非物质文化遗产代表作名录》。

☆ 国家科技支撑计划重点项目——"益生菌产业化示范项目研发生产基地"在内蒙古普泽生物制品有限责任公司建成投产,标志着我国益生菌产业将迎来以自主知识产权为依托,打破国外菌种垄断地位、进入科研成果快速产业化的新时代。

6日 国家发改委公布2010年西部大开发新开工23项重点工程,我区的海勃湾水利枢纽工程和内蒙古胜利东二号露天煤矿二期工程名列其中。

☆ 在韩国首尔举行的第23届世界旅游观光节上,内蒙古东方民族艺术团荣获观光节表演奖。

7日 自治区党委书记胡春华、自治区主席巴特尔在新城宾馆会见日本驻华大使宫本雄二。韩志然、符太增、布小林陪同会见。

☆ 自治区党委书记胡春华在新城宾馆会见江西省委常委潘逸阳一行。任亚平、符太增参加会见。

☆ 由自治区政府与日本驻华大使馆共同举办的中国内蒙古——日本经济交流洽谈会在新城宾馆举行。自治区主席巴特尔、日本驻华大使宫本雄二出席会议并致辞。自治区副主席布小林主持会议。

8日 自治区召开传达贯彻中央西部大开发工作会议精神干部大会。会上,自治区党委书记胡春华、自治区主席巴特尔分别传达中央领导的重要讲话。韩志然、乌兰、符太增、王素毅、雷·额尔德尼、罗啸天、赵忠、赵双连、连辑、郭启俊、布小林、郭子明等自治区领导参加会议。

☆ 满洲里市荣登"2010中国城市榜——全球网民推荐的中国旅游城市"榜单,该榜单共有50个城市。

9日 国家发改委公布2009年全国各省区、直辖市节能目标责任评价考核结果,我区的考核结果等级为超额完成,GDP能耗降低率6.91%,居全国第一。

10日 9日至10日,中组部常务副部长、中央创先争优活动领导小组副组长沈跃跃在自治区党委书记胡春华,自治区组织部部长、自治区创先争优活动领导小组组长李佳的陪同下,深入联系点赤峰市喀喇沁旗调研指导创先争优活动。

11日 为期两天的第六届全国"昭君杯"保龄球公开赛在呼和浩特开战。来自全国各省市自治区70余名顶级保龄球选手参赛。

☆ 世界品牌实验室(WBL)发布2010年(第七届)"中国500最具价值品牌"排行榜,内蒙古河套酒业集团的"河套"品牌价值连续六届蝉联中国最具价值品牌500强。

☆ 下午3时20分,在克什克腾旗阿斯哈图石林通往林西方向的盘山路上,一辆来自辽宁的欧曼51座旅游客车翻至道下,造成5人当场死亡,37人受伤,后有2人在送往医院途中死亡。

12日 自治区主席巴特尔在新城宾馆会见印度驻华大使苏杰生。韩志然参加会见。

☆ 全国首家以驿站文化为主题的博物馆在二连浩特市开馆。该馆位于二连浩特市恐龙化石地质公园,占地

1.5万平方米,建筑面积6 500平方米。

☆ 2010年"阿古拉杯"中韩友好科尔沁草原马拉松比赛在科左后旗阿古拉镇旅游区举行。此次比赛共有268名马拉松爱好者参加,其中中方选手228名、韩方选手40名。

13日 国际著名财经媒体《福布斯》在北京揭晓"2010中国最佳品牌价值排行榜",此次入榜的唯一一家乳品企业——蒙牛乳业集团荣膺排行榜第28位,成为中国乳业第一价值品牌。

14日 张章宝同志先进事迹报告会在北京人民大会堂隆重举行。最高人民检察院检察长曹建明、自治区党委书记胡春华、中央政法委秘书长周本顺、最高人民检察院常务副检察长胡泽君等领导出席报告会。

☆ 自治区主席巴特尔在呼伦贝尔天骄宾馆会见中国国民党荣誉主席吴伯雄和夫人。

15日 央视《探索·发现》专栏走进鄂托克旗,拍摄《揭秘阿尔寨石窟》纪实专题片。该专题片从阿尔寨石窟寺入手,揭秘阿尔寨石窟的来历、蒙元文化的全盛、中国佛教的传播和成吉思汗第6次攻打西夏以及丧葬之谜。

16日 第十一届中国·呼和浩特昭君文化节开幕式——"伊利情"大型文艺晚会《天堂草原》在呼和浩特体育场举行。全国政协副主席郑万通,自治区领导陈光林、任亚平、乌兰、雷·额尔德尼、郭子明、伏来旺,蒙古国驻呼和浩特总领事恩和阿木古楞观看开幕式演出。

17日 全国蒙医药学术论坛在呼和浩特举行,来自全国各地100多名从事蒙医药研究的专家学者汇聚一堂,共同研讨蒙医药发展的现状和未来。

☆ 23时30分,从大连起飞的旅游包机抵达满洲里西郊机场,标志着大连——满洲里旅游包机航线首航顺利完成。

18日 15日至18日,中共中央政治局常委、中央纪委书记贺国强在内蒙古自治区考察。在中央纪委副书记张惠新、自治区党委书记胡春华、自治区主席巴特尔陪同下,贺国强先后赴包头、鄂尔多斯、呼和浩特、乌兰察布等地进行考察调研。

19日 自治区党委书记胡春华在新城宾馆会见日本外务省事务次官薮中三十二一行。

☆ 中国·呼和浩特——韩国·济州岛客运国际航线正式开通。该旅游航线是免签证旅游。

☆ 第三届全国中国速度马大赛在兴安盟科右中旗赛马场尘埃落定。内蒙古选手希日巴图和德全分别获得2 000米组和5 000米组走马冠军;科右中旗代表队获得马匹身高1.46米以下8 000米组速度赛冠军。

20日 自治区党委书记胡春华在新城宾馆会见中国东方航空集团公司总经理、中国东方航空股份有限公司董事长刘绍勇一行。

21日 首届"赛罕乌拉杯"全国蒙古文书法篆刻大奖赛在巴林右旗举行。本次比赛吸引了区内外、蒙古国和日本的331名蒙古文书法爱好者,共收到参赛作品617件。

22日 自治区党委书记胡春华、自治区主席巴特尔在新城宾馆会见韩国驻华大使柳佑益及夫人一行。

☆ 中国内蒙古·韩国友好周开幕式在呼和浩特举行。自治区主席巴特尔、韩国驻华大使柳佑益出席开幕式并致辞。自治区副主席布小林主持开幕式。

☆ 由赤峰华孚建材工业有限公司建设的微晶玻璃生产线全面投产,使得喀喇沁旗成为国内生产规模最大、品种最齐全的微晶玻璃生产基地。

23日 在浙江绍兴举行的第六届世界合唱比赛中,内蒙古大学艺术学院百灵合唱团夺得表演民谣组和民谣组两枚金牌。

24日 第七届满洲里中俄蒙科技展暨高新技术产品交易会在满洲里市国际会展中心开幕。自治区政协主席陈光林、中国工程院院长周济出席开幕式,自治区副主席连辑致辞。

25日 中国·满洲里第九届中俄蒙国际旅游节开幕。本届旅游节为期1个月,由国家旅游局、俄罗斯后贝加尔边疆区政府、蒙古国东方省政府、内蒙古自治区人民政府主办。

☆ 内蒙古电力勘测设计院中标"国家电网公司锡盟—南京1 000千伏特高压交流输电线路工程",填补了我区电力行业特高压工程设计空白。

28日 26日至28日,国务委员、公安部部长孟建柱在国务院副秘书长汪永清和自治区党委书记胡春华、自治区主席巴特尔等陪同下在我区考察工作。

☆ 阿拉善盟额济纳旗当日最高温度再次突破历史极值,达到43.7℃,同时地面温度达到71.1℃。当地气象部门连续9次发布红色高温预警信号。

28日~29日 自治区主席巴特尔在呼伦贝尔市考察农业和林业生产情况,看望慰问海拉尔农垦集团拉布大林农场和大兴安岭林管局莫尔道嘎林业局职工。

30日 内蒙古自治区党委书记胡春华赴军区通信总站走访慰问官兵,军区吴合春政委、郧建华参谋长、政治部高红光主任陪同慰问。

☆ 全区2010年大学生志愿服务西部计划志愿者出征仪式在内蒙古团校举行。来自北京、自治区等各高校的436名大学生志愿者们分赴我区101个旗县区开展为期1至3年的志愿服务工作。

31日 自治区党委书记胡春华、自治区主席巴特尔在新城宾馆会见前来我区参观考察的全国政协副主席董建华一行。

☆ 自治区党委书记胡春华、自治区主席巴特尔在新城宾馆会见中国国际航空股份有限公司总裁蔡剑江一行。

☆ 自治区党委书记胡春华在新城宾馆会见以韩国大国家党国会议员、外交通商统一委员会委员长南景弼和江原道知事李光宰为团长的韩国IEF代表团一行。

8 月

2日 第五届自治区乌兰牧骑艺术节暨镶黄旗第十一届那达慕大会在锡林郭勒盟镶黄旗举行。全国人大常委会副委员长乌云其木格、全国政协副主席孙家政、全国人大常委会原副委员长布赫等分别题词和致信祝贺。

☆ “首届全球绿色经济财富论坛”评出全球绿色经济十大领军人物和企业等奖项。伊利集团董事长潘刚荣膺“全球绿色经济十大领军人物”;伊利集团荣获“全球绿色经济十大领军企业”。

☆ 自治区正式开通“12333”人力资源社会保障电话咨询服务热线,便于广大群众及时获得各类人力资源社会保障相关信息。

4日 2日至4日,以山西省委书记袁纯清为团长的山西省党政代表团在我区考察。自治区党委书记胡春华,自治区主席巴特尔,自治区党委常委、秘书长符太增,自治区副主席赵双连等陪同考察。

5日 我区首支综合应急救援支队依托包头市公安消防支队正式成立。同时,包头市组建了各级综合应急救援及专业应急救援组织。

☆ 西乌旗1024名选手参加的射箭大赛,以在同一场地参与人数最多而创造吉尼斯世界纪录。至此,蒙古族传统的“男儿三艺”(摔跤、赛马、射箭)全部在西乌珠穆沁草原创造了世界纪录。

6日 内蒙古农牧业科学院建院100周年庆典大会在内蒙古人民会堂举行。全国政协副主席罗富和出席会议。自治区主席巴特尔出席并讲话。

8日 中国蒙古语言文化第三届学术研讨会在伊金霍洛旗开幕。来自全国各地100多位专家学者,就蒙古语言文化历史、发展等诸多问题展开交流。

☆ 神华包头煤质烯烃示范项目工程开始全流程投料试车。这标志着我国在世界上率先掌握了煤制烯烃工业化关键技术,开创了高碳能源低碳化合替代石油的新途径。

☆ 呼和浩特至北京远成新干线正式投入使用。这条新干线开通后,呼和浩特至北京全程600公里的行程物流运输时间仅需12小时。

9日 3日至9日,中共中央政治局原委员、国务院原副总理曾培炎一行先后在我区呼伦贝尔、满洲里、兴安盟考察。自治区党委书记胡春华,自治区党委常委、秘书长符太增等陪同。

☆ 4日至9日,全国人大常委会副委员长华建敏先后来到呼和浩特市、鄂尔多斯市、包头市考察。自治区主席巴特尔,自治区党委常委、呼和浩特市委书记韩志然等领导陪同考察。

10日 原中共中央政治局常委、中央纪委书记吴官正在我区考察。自治区党委书记胡春华,自治区主席巴特尔,自治区政协主席陈光林,自治区党委常委、纪委书记张力等领导分别陪同考察。

☆ 国家标准化管理委员会为克什克腾旗举行授牌仪式,正式授予克旗“国家级旅游服务标准化示范旗”称号。这是内蒙古自治区首个国家级旅游服务标准化示范旗。

11日 自治区党委书记胡春华在呼和浩特市会见中央驻澳门特别行政区联络办公室主任白志健和南光集团董事长许开程一行。

☆ 第二届中国(北京)国际妇女儿童产业博览会在国家会议中心举办。蒙牛乳业集团在此次展览会上荣获“消费者满意奖”。

12日 8日凌晨,甘肃省甘南藏族自治州舟曲县发生特大泥石流灾害,造成重大人员伤亡和财产损失。12日,自治区党委、政府向甘肃发去慰问电,表达自治区党委、政府和全区各族人民对灾区人民的关切和慰问之情,并决定向灾区捐赠人民币500万元。

☆ 自治区党委书记胡春华在呼和浩特会见渣打银行集团有限公司董事会执行董事长、渣打银行亚洲区首席执行总裁白成睿一行。

☆ 渣打银行(中国)有限公司呼和浩特分公司在呼和浩特市开业。这是首家在呼和浩特设立分行的国际银行。

13日 16时10分,海南航空公司一架波音737飞机从满洲里西郊机场成功起航,飞往俄罗斯伊尔库茨克。此次航线是满洲里机场国际航空口岸正式对外开放后运营的首条航线。

☆　10时30分左右，正在建设的包头——满都拉铁路朝鲁图站发生卸砖专用车溜逸，造成11人死亡、3人受伤。

14日　自治区党委书记胡春华、自治区主席巴特尔在新城宾馆会见以澳门特别行政区立法会主席、澳门工会联合总会副会长刘焯华为团长的澳门特别行政区十一届全国人大代表团一行。

16日　由国家发改委牵头、42个国家部委和单位联合组成的调研组抵达我区，就制定出台促进内蒙古经济社会发展若干意见进行实地调查。下午，自治区党委、政府在自治区党政新区会议中心召开汇报会。自治区党委书记胡春华主持会议并作重要讲话。自治区主席巴特尔、自治区党委副书记任亚平、自治区副主席赵双连分别作汇报。

☆　自治区第十二届运动会在乌海市奥林匹克体育中心举行开幕式。自治区主席巴特尔宣布内蒙古自治区第十二届运动会开幕。

☆　第十届全国县域经济基本竞争力百强县（市）名单揭晓，我区准格尔旗和伊金霍洛旗榜上有名。

17日　第七届中国·内蒙古草原文化节在呼和浩特开幕。自治区党委常委、宣传部部长乌兰致辞并宣布文化节开幕。韩志然、柳秀、牛广明等出席开幕式。

18日　全国政协副主席、中央统战部部长杜青林在我区考察指导工作。自治区党委书记胡春华、自治区党委秘书长符太增、自治区统战部部长王素毅等领导分别陪同考察。

☆　自治区党委书记胡春华、自治区主席巴特尔在新城宾馆会见国家行政学院党委书记、常务副院长魏礼群一行。

☆　元代文物精品特展在内蒙古博物院拉开帷幕。展览以元代精品文物为主，辅以航拍图片、模型、多媒体等辅助展品，多层次、多视角展现了博大精深的元文化，再现了辉煌的草原文明。

19日　16日至19日，全国人大常委会副委员长、全国妇联主席陈至立在我区就妇女工作进行考察。考察期间，自治区党委书记胡春华在座谈会上汇报了我区经济社会发展情况。自治区人大常委会副主任柳秀全程陪同考察。

☆　文化部和中国艺术研究院·中国非物质文化遗产保护中心在人民大会堂举行“中国入选联合国教科文组织非物质文化遗产名录项目颁证仪式”，国务委员刘延东为内蒙古自治区颁发了蒙古族长调、呼麦两个项目的证书，同时，还领取了格萨（斯）尔和中国传统木结构营造技艺项目的证书。

20日　自治区主席巴特尔在赤峰市会见江苏雨润集团董事局主席祝义材一行。

☆　“第五届红山文化节”开幕式在赤峰市举行。自治区主席巴特尔，自治区党委常委、宣传部部长乌兰，自治区政协副主席郭子明，内蒙古军区副政委周宝莹等出席开幕式晚会。

21日　自治区与北京市对口帮扶和区域合作座谈会在北京召开。中央政治局委员、北京市委书记刘淇作重要讲话。自治区党委书记胡春华介绍了自治区经济社会发展情况及进一步加强京蒙两地合作交流的意见。

☆　大广高速（大庆——广州，又称G45）赤峰至承德段在河北省承德市隆化县开工。河北省委副书记、省长陈全国，自治区党委书记胡春华等两省区领导和有关部门负责人出席开工奠基仪式。

22日　自治区最大的农副产品物流配送交易中心——雨润赤峰农副产品物流配送交易中心在赤峰市松山区物流园区开工奠基。

23日　国家起草促进内蒙古经济社会又好又快发展若干意见调研组与自治区在呼和浩特市举行交换意见座谈会。自治区党委书记胡春华，国家促进内蒙古经济社会发展若干意见起草领导小组组长、国家发改委副主任杜鹰作重要讲话。自治区主席巴特尔主持会议。任亚平、赵双连、连辑在国家调研组各专题组通报调研情况后，分别提出补充建议和意见。符太增、郭启俊、刘卓志参加会议。

☆　巴丹吉林沙漠（雅布赖山段）综合治理项目在阿拉善盟启动实施，标志着阿盟三大沙漠综合治理工程已经取得实质性进展，进入实际建设阶段。

24日　自治区召开党政联席会议，决定由鄂尔多斯市对口支援兴安盟。自治区党委书记胡春华主持会议并作重要讲话，巴特尔、任亚平、邢云、张力、乌兰、李佳、符太增、王素毅、吴合春、连辑、布小林、刘新乐等自治区领导出席会议。

25日　自治区主席巴特尔主持召开自治区2010年第7次政府常务会议。任亚平、赵双连、刘新乐等自治区领导出席会议。自治区有关部门负责同志列席会议。会议研究了《内蒙古自治区国民经济和社会发展第十二个五年规划思路》，审议并原则通过了《内蒙古自治区农村牧区饮用水条例（草案）》和《内蒙古自治区城镇污水处理厂运行监督管理办法（草案）》，研究了《内蒙古自治区应急救援管理办法》。

☆　“伊和情”2009—2010（第三届）感动内蒙古人物评选活动启动大会在呼和浩特举行。自治区党委副书记、自治区副主席任亚平出席会议并讲话。

☆ 第15届世界食品科技大会在南非开普敦举行,蒙牛冠益乳在20余种参选产品中脱颖而出,获得“国际食品工业大奖”。

26日 自治区党委书记胡春华在新城宾馆会见首钢总公司党委书记、董事长朱继民一行。

28日 阿尔山机场实现首次校飞,比设计施工期提前了6个月,创造了同类地区最短时间实现机场校飞的纪录。

☆ 全区首家大型公益慈善门户网站——公益内蒙古网正式上线。公益内蒙古网以“公益、慈善”为主题为广大网友提供公益资讯、视频上传、论坛讨论、网上咨询、博客发布等服务,并将不定期举办线下的公益、慈善主题捐助活动。

29日 北京内蒙古经济社会发展合作交流座谈会在呼和浩特召开。双方共同探讨北京市对口帮扶内蒙古、进一步深化京蒙交流合作有关事项。中共中央政治局委员、北京市委书记刘淇,自治区党委书记、人大常委会主任胡春华出席会议并讲话。北京市市长郭金龙、自治区主席巴特尔分别介绍两市区经济社会发展情况。

☆ 中国质量认证中心(CQC)认证小组经过1年多对饲料种子、饲料作物、肉牛繁殖、养殖、育肥、生产加工、销售全过程监督的有机认证检验过程后,将我国首个有机肉牛及有机牛肉产品认证颁发给内蒙古科尔沁牛业集团,实现了在中国境内自己养殖有机肉牛、生产有机牛肉产品。

30日 神华集团在鄂尔多斯煤液化项目区举行CCS项目启动仪式。这个项目是我国第一个也是全球最大的二氧化碳封存项目,将为大规模、高效率推动二氧化碳减排探索出一条新路,有利于鄂尔多斯市煤炭产业健康发展。

31日 29日至31日,由中共中央政治局委员、北京市委书记刘淇率领的北京市代表团在我区考察交流。自治区党委书记胡春华、自治区主席巴特尔等自治区领导分别陪同考察。

☆ 内蒙古不倒公食品有限公司将小麦胚芽由40目左右提升到500目的微粉化程度,彻底解决了小麦培养的适口性难题。该技术属全国首例。

☆ 全国工商联公布2010年中国民营企业500强名单。我区的内蒙古伊泰集团、鄂尔多斯羊绒集团、亿利资源集团、内蒙古庆华集团、内蒙古满世煤炭集团、内蒙古西蒙科工贸集团6家企业榜上有名。

9 月

1日 自治区首个私募股权投资基金—金桥创投在呼和浩特成立。基金主要投资方向为具有高成长性的各类教育机构、连锁机构和高新技术企业。

☆ 我区原创民族动画片《琴魂》获中国首届动漫节动画作品大赛最佳原创故事短片奖。

3日 自治区在乌兰浩特召开支援兴安盟工作座谈会,全面启动对口支援兴安盟的各项工作。自治区党委书记胡春华主持会议并作重要讲话。

☆ 在中国人民抗日战争暨世界反法西斯战争胜利65周年纪念日,自治区领导巴特尔、陈光林等与首府各界代表500多人来到呼和浩特市青城公园,向人民英雄纪念碑敬献花篮,深切缅怀为反抗外敌入侵和中华民族解放事业牺牲的革命先烈。

4日 2010中国企业500强名单发布,我区内蒙古电力(集团)有限责任公司、包头钢铁(集团)有限责任公司等7家企业榜上有名。

5日 国务院发展研究中心产业部在北京发布包头众翔通用航空产业园区发展规划案例研究报告。报告指出,该产业园区的轻型飞机项目填补了国内在水陆两用飞机制造方面的空白。标志着自治区通用航空产业开始起步。

7日 自治区党委书记胡春华在新城宾馆会见全国人大内务司法委员会主任委员黄镇东。

8日 自治区首个钢构住宅建设项目在包头市青山区昌福南村奠基。在日本、美国等发达国家,钢结构建筑占建筑总量的70%以上,而在我国建筑中采用钢结构设计的份额还不到5%。

9日 自治区党委书记胡春华、自治区主席巴特尔在呼和浩特会见华能集团公司总经理曹培玺一行。

☆ 自治区党委书记胡春华在呼和浩特会见中国电信集团总经理、中国电信股份有限公司董事长王晓初。

10日 在庆祝第26个教师节之际,自治区党委书记胡春华来到内蒙古大学,亲切看望教职员工,向全区广大教师和教育工作者致以节日的祝贺。

☆ 自治区主席巴特尔在新城宾馆会见国际商业机器公司(简称IBM)全球副总裁、IBM大中华地区政府与公共事业部总经理范宇。

11日 中国蒙古语文学会名誉会长哈斯额尔敦在实地考察位于鄂托克旗棋盘井镇阿玛乌苏沟后确认,在该地区发现的回鹘体蒙古文岩文属世界首例。

☆ 内蒙古大学 EDP 中心揭牌仪式暨高层管理(EDP)总裁班开学典礼在内蒙古大学举行。EDP 是内蒙古大学继 MBA 、EMBA 高端学位教育之后,最新引进面向高层管理人员的非学历教育项目。

12 日 被视为二连浩特口岸生命线的第二水源地供水工程正式通水。自治区领导雷·额尔德尼、布小林出席通水剪彩仪式。

13 日 12 日至 13 日,中国首届蒙古族建筑文化论坛在阿右旗召开。来自北京、上海等城市以及我区高等院校、科研院所、学术团体的近百名专家学者参加论坛。

14 日 自治区党委书记胡春华在新城宾馆会见韩国 SK 集团董事长崔泰源。自治区副主席布小林陪同会见。

15 日 《魅力内蒙古》西部大开发 10 周年摄影展在北京民族文化宫开幕。全国人大常委会原副委员长布赫、国家民委主任杨晶等领导及首都各族各界群众参加开幕式。

☆ 第七届中国荷花奖当代舞、现代舞大赛在鄂尔多斯大剧院落下帷幕,自治区选送的 3 部舞蹈作品获奖。荷花奖是全国舞蹈艺术最高专业奖项。

16 日 内蒙古文化产业政银战略合作签约仪式在呼和浩特举行,自治区文化厅分别与自治区 9 家银行签订了战略合作协议。协议内容是为自治区文化产业提供综合意向授信 340 亿元支持文化产业发展。

17 日 世界煤炭工业史上的首次采煤技能大型国际比赛在鄂尔多斯市落幕。来自美国博地能源公司、俄罗斯库兹巴茨公司、澳洲万德公司、印度国家煤炭公司和神华集团等企业的参赛者分别获得了总计 115 个集体、个人奖项。

18 日 自治区党委书记胡春华、自治区主席巴特尔在呼和浩特与铁道部部长刘志军一行座谈,共同商议加快内蒙古铁路建设、提高铁路运输能力等事宜。

19 日 自治区党委书记胡春华、自治区主席巴特尔在新城宾馆会见中国铝业公司总经理熊维平一行。

20 日 内蒙古亿利黄河大桥实现全线贯通,标志着内蒙古沿黄经济圈全面连通。大桥贯通后,黄河南北岸通行时间将由原来的 2 小时缩短至 15 分钟。

21 日 自治区党委书记胡春华在新城宾馆会见中韩专家联合研究委员会韩方委员长、高丽大学名誉教授徐镇英一行。

23 日 在福建省福州市举行的第五届全国特殊奥林匹克运动会的赛事上,内蒙古选手赵兵兵获得男子举重 16—21 岁组 60 公斤级提铃金牌、刘健新获得轮滑女子 30 米障碍 M1 组金牌、梁宝宝夺得滚球男子个人赛 M14 组金牌。

24 日 23 日至 24 日,武警部队司令员王建平来到驻内蒙古武警部队亲切慰问官兵,检查指导工作。自治区党委书记胡春华在呼和浩特会见王建平一行并陪同考察调研。

25 日 庆祝阿拉善盟成立 30 周年暨民族团结进步表彰大会在阿拉善体育馆举行。全国人大常委会副委员长乌云其木格为大会题词。全国人大常委会原副委员长布赫出席大会。自治区党委常委、统战部部长、自治区代表团团长王素毅讲话,郝益东、云秀梅,布小林、伏来旺、海力斯、吴卫林等自治区党政军领导出席大会。

26 日 由阿拉善左旗主办的 2010 中国内蒙古阿拉善奇石文化旅游节暨第八届那达慕大会在巴彦浩特开幕。布赫、王素毅、云秀梅、布小林、伏来旺、海力斯出席开幕式。

27 日 26 日至 27 日,自治区东部盟市经济工作座谈会在通辽市召开。自治区主席巴特尔出席会议并作重要讲话。

☆ 《福布斯·亚洲》杂志刊发 2010 年“亚洲上市公司 50 强”福布斯排行榜,中国内地有 16 家企业上榜,蒙牛成为中国唯一入榜的乳品企业。《福布斯》是世界上最著名的财经杂志。

28 日 内蒙古财经学院建校 50 周年庆祝大会在呼和浩特举行。中共中央政治局委员、书记处书记、中宣部部长刘云山,全国人大常委会副委员长乌云其木格,全国政协副主席陈奎元等分别题词或发来贺电。自治区党委副书记、自治区副主席任亚平出席大会并讲话。

☆ 随着 ±500 千伏伊敏换流站建成投入运行,东北地区第一个超高压跨省区直流联网工程,也是我区境内的第一个超高压直流输电工程(呼伦贝尔—辽宁)正式投入运营。

29 日 贺斯格乌拉至东乌珠穆沁草原铁路正式通车,线路全长 313.3 公里,日均发行外运列车 5 列。

10 月

8 日 呼伦贝尔市在“2010 年世界人居日”庆典活动上,获得“2009 年度人居环境范例奖”。本次活动由联合国人居署、中国住房和城乡建设部共同主办。

9日　内蒙古妇女创业就业培训基地挂牌仪式暨内蒙古施美珠服饰有限公司开业庆典在呼和浩特市举行。全国人大常委会副委员长、全国妇联主席陈至立，全国妇联副主席、书记处书记洪天慧等领导发来贺信贺电。自治区领导连辑、郭子明、夏日为其揭牌。

☆　建设银行内蒙古分行私人银行在呼和浩特市成立，这是自治区首家私人银行。自治区副主席布小林出席揭牌仪式。

10日　鄂尔多斯市对口支援兴安盟首批政府援建项目开工奠基和企业投资项目签约仪式在兴安盟乌兰浩特举行。自治区党委书记胡春华出席。

12日　自治区党委书记胡春华在呼和浩特会见中科院常务副院长白春礼。

13日　12日至13日，国家发改委副主任刘铁男在我区就迎峰度冬电力煤炭保障等情况进行考察。自治区党委书记胡春华、自治区主席巴特尔、自治区副主席赵双连分别陪同考察。

☆　自治区党委书记胡春华在呼和浩特内蒙古新城宾馆会见以西藏自治区副主席次仁为团长的西藏自治区代表团。

14日　"世博城市之星"评选活动总结表彰大会在上海世博局落下帷幕，伊利集团荣获"世博城市之星"殊荣。

☆　内蒙古医院副院长屈志国被国际牙医师学院授予院士称号，成为我区口腔医学专家获此项殊荣的第一人。国际牙医师学院授予的院士称号是世界牙医师的最高荣誉称号。

15日　伊利被中国奶业协会授予学生饮用奶计划推广先进单位，伊利供应的湖北黄冈市场也被评为全国学生饮用奶推广的样板市场。

16日　内蒙古敕勒川文化研究会在呼和浩特成立。中共中央政治局委员、书记处书记、中宣部部长刘云山，全国人大常委会副委员长乌云其木格，全国人大常委会原副委员长布赫等题词祝贺。自治区党委常委、统战部部长王素毅出席成立大会并致词。郝益东、布小林、伏来旺等自治区领导到会祝贺。王素毅、布小林为敕勒川文化研究会揭牌。

☆　集包第二双线的重要工程之一——卧佛山隧道顺利贯通。集包第二双线是国家重点铁路建设项目之一，建成后可有效破除蒙西能源基地的外运瓶颈。

☆　赤峰市巴林右旗查干沐沦镇珠腊沁嘎查发现一处国内覆盖面积最大、平均树龄最长的沙地古榆树群。树群平均树龄在350年左右，属国家二级以上古树。

17日　第二届"发展陆桥经济，构建合作走廊"二连浩特经贸论坛隆重开幕。自治区党委常委、统战部部长王素毅参加论坛并致辞。来自中蒙俄三国的代表、商会代表、企业代表共500余人参加此次论坛。

☆　在南京举行的2010中国(国际)休闲发展论坛上，"第二届中国十大休闲城市"评选揭晓，我区的呼伦贝尔市与杭州、成都等十个城市榜上有名。

☆　17日16时20分许，在京藏高速公路东兴以东8公里处，一辆从包头市开往呼和浩特市的大客车追尾一辆重型拉煤车，导致4人死亡，29人受伤。

18日　在全国交通运输行业"卡尔拉得杯"机动车检测维修职业技能竞赛上，我区选手高瑞龙荣获企业组机电维修项目全国第一名的好成绩，获"全国交通技术能手"称号。

19日　自治区召开省级党员领导干部会议，传达学习党的十七届五中全会精神，对全区学习贯彻落实全会精神进行安排部署。自治区党委书记胡春华主持会议，巴特尔、刘志刚、吴合春、任亚平、李佳、符太增、王素毅、雷·额尔德尼、云秀梅、郭启俊、刘卓志、赵黎平、郭子明、云峰、伏来旺等自治区领导参加会议。

☆　自治区党委召开常委扩大会议，研究讨论《内蒙古自治区党委关于制定自治区国民经济和社会发展第十二个五年规划的建议》。自治区党委书记胡春华主持会议并作重要讲话。巴特尔、任亚平、李佳、符太增、王素毅、吴合春、雷·额尔德尼、郭启俊、刘卓志、赵黎平、云峰等自治区领导参加会议。

20日　京藏高速公路呼和浩特至包头段改扩建工程、呼和浩特至杀虎口(蒙晋界)高速公路工程开工。自治区党委书记胡春华出席开工誓师大会并宣布工程开工。任亚平、符太增、雷·额尔德尼、赵双连、郭启俊、郭子明等自治区领导出席大会。

21日　由自治区党委宣传部、自治区文明办举办的我区全国全区道德模范巡讲报告会首场报告在内蒙古边防总队举行。巡讲团还将赴鄂尔多斯市、乌海市、阿拉善盟进行巡讲。

22日　20日至22日，自治区主席巴特尔率自治区政府代表团赴澳门参加第十五届澳门国际贸易投资展览会。

23日　纪念中国农工民主党成立80周年暨中国农工民主党内蒙古自治区委员会成立25周年大会在呼和浩特举行。自治区党委常委、统战部部长王素毅出席纪念大会并代表自治区党委致贺词。郝益东、刘新乐、云峰等自治区领导出席纪念大会。

☆　"2010亚洲都市景观奖"在日本福冈市揭晓。鄂尔多斯市的“恩格贝生态示范区”景观项目获此殊荣。

24日　自治区首个太阳能供暖示范工程在乌拉特中旗海流图镇开始使用。该项目投入使用后每年可以节约标准煤3826吨，减少二氧化碳排放945吨。

25日　25日至26日，以国家民委党组书记、副主任杨传堂为组长，由中央统战部、国家民委、司法部、公安部组成的中央维护民族团结和社会稳定联合督察组在自治区检查指导工作。10月25日下午，督察组在呼和浩特听取了自治区有关工作汇报。自治区党委书记胡春华主持汇报会并讲话，杨传堂讲话。自治区领导符太增、王素毅、云秀梅、刘新乐、赵黎平、娜仁出席会议。

☆　由文化部和山东省人民政府主办的首届中国非物质文化遗产博览会在济南举行。我区6个非物质文化遗产项目获展品奖金、银、铜奖。

26日　自治区党委书记胡春华、自治区主席巴特尔在呼和浩特会见国务院残工委副主任、中国残联理事长王新宪率领的国务院残工委检查组一行。

☆　中国煤炭工业协会发布2010年中国煤炭企业100强企业名单，我区伊泰集团、乌兰煤炭集团等14家企业榜上有名。

27日　自治区主席巴特尔在新城宾馆会见武警森林指挥部政委王长河一行。自治区人大常委会副主任雷·额尔德尼陪同会见。

☆　伊利集团与奔驰中国、联想集团等多家在低碳领域做出突出贡献的企业一并荣膺“中国企业十大环境气候产业创新促进奖”。此次评选活动由中国商业联合会、中国国际贸易促进会等机构共同主办。

28日　自治区党委书记胡春华在呼和浩特会见可口可乐全球总裁穆泰康和中粮集团有限公司董事长宁高宁一行。

☆　非物质文化遗产保护成果—蒙古族传统服饰移交仪式在内蒙古博物院举行。这次移交内蒙古博物院的是其中的90套，将永久收藏并向社会进行展示。

☆　9时40分许，一辆半挂车在沿G6（京藏）高速公路行驶途中，因制动失灵导致9车连环相撞，造成11人死亡，4人受伤。

30日　在搜狐网联合《中国经济时报》举办的“2010中国企业绿金年会暨中国绿金奖颁奖典礼”上，伊利集团荣获分量最重的“绿金社会奖”。

31日　世博会内蒙古馆闭馆。自5月1日世博会正式开园以来，内蒙古馆已累计接待全国各地、海内外游客150万人次以上，摔取世博局颁发各类荣誉奖励60项。

☆　10时58分，包（头）西（安）铁路内蒙古段全线开通剪彩仪式在包西铁路新街站隆重举行，这是我区第一条快速铁路。自治区副主席赵双连出席开通仪式。

11　月

1日　全区第六次人口普查入户登记启动仪式在呼和浩特举行。自治区党委副书记、自治区副主席任亚平出席启动仪式并讲话。

2日　首届“生态中国论坛”在北京钓鱼台国宾馆召开，蒙牛乳业（集团）股份有限公司荣登“生态中国贡献奖”榜单。

3日　中国移动内蒙古公司蒙古语服务信息平台正式投入使用，这是全国首个专门服务于少数民族的信息服务平台。

☆　中海石油天野化工股份有限公司（原内蒙古化肥厂）年产6万吨聚甲醛项目建成投产。该项目填补了自治区化工行业空白，成为国内单体规模最大的聚甲醛项目。

☆　自治区气候中心以达茂旗百灵庙1号风电场为试点，正式建立风电场风电功率短期预报系统。该系统通过对风电场的风电功率进行准确预报，保证内蒙古电网安全稳定运行。

4日　巴彦淖尔市临河区拘留所被公安部评为“全国推行拘留所管理教育新模式先进单位”。

5日　包头市九原区麻池镇打出全区出水水温最高、自流量最大、水头最高、水质最好的地热井。该井地表水温达63℃，涌水量达每小时95立方米，水头超过地面53米。

6日　应印度外交部、伊朗伊中友好协会和叙利亚商业联合会的邀请，经国务院批准，自治区主席巴特尔率自治区代表团前往印度、伊朗和叙利亚进行访问。

7日　7日至8日，河北省委副书记、省长陈全国率领的河北省代表团在我区考察，并在呼和浩特召开内蒙古自治区·河北省经济社会发展合作座谈会，签署《内蒙古自治区·河北省经济社会发展合作协议》。自治区党委书记胡春华主持座谈会并陪同考察。

☆　包头铝业有限公司研发成功的铝电解合金化技术有效地实现了节能减排，在该技术领域达到国际领先水平，填补了国内空白。

8日　2010年全国城市公共文明指数测评结果揭晓，鄂尔多斯市以86.51的总分在79个被测地级城市中排名第

10位。

9日　包头装备制造业园区新区首家企业—太阳电缆(包头)有限公司建成投产,成为中国西部区最大规模的电缆生产与研发基地。

☆　鄂尔多斯市鄂托克旗被中国科协批准为2011—2015年度“全国科普示范旗”创建单位。

10日　鄂尔多斯市乌审旗河南乡农民殷玉珍在“妇女与防治荒漠化国际会议”上获得2010年水环境大奖“盖娅”(GAIA)奖。24年来,殷玉珍在乌兰布和沙漠深处植树7万亩。

11日　自治区党委书记胡春华在新城宾馆会见全国人大常委会副委员长、民建中央主席陈昌智。

12日　中国民主建国会成立65周年暨民建内蒙古区委成立20周年纪念大会在呼和浩特举行。全国人大常委会副委员长、民建中央主席陈昌智,自治区党委副书记任亚平出席并讲话。

13日　由美国、日本和中国专家组成的考察团在鄂托克国家级地质遗迹化石自然保护区发现一处新的足迹化石,其中的四趾型食肉类恐龙足迹在我国属首次发现。

14日　乌拉特前旗额尔登布拉格苏木白彦花嘎查新发现一处突厥石人墓。该发现为研究乌拉特草原的历史文化和北方少数民族的历史变迁提供了新的实物资料。

15日　内蒙古北方重型汽车股份有限责任公司拥有自主知识产权的NR2203A旋挖钻机成功下线,该机型在国内现有同等级别机型中钻深最大。

16日　自治区主席巴特尔主持召开自治区2010年第8政府常务会议。自治区党委常委、自治区副主席潘逸阳,自治区副主席赵双连、刘卓志、布小林,自治区政府秘书长常海、主席助理黄·阿拉腾别立格出席会议。会议审议并原则通过了《内蒙古自治区城镇供热条例(草案)》、《内蒙古自治区内部审计办法(草案)》、《内蒙古自治区特种设备安全监察条例(草案)》、《关于对内蒙古自治区部分地方性法规、规章修改、废止的建议》,研究了《内蒙古自治区一级公路建设资金统贷分还暂行办法》。

☆　内蒙古柔道选手吴树根在广州亚运会柔道比赛上获得女子48公斤级金牌。

17日　以内蒙古军区司令员刘志刚为团长的中国人民解放军内蒙古军区代表团与以俄罗斯后贝加尔边疆区边防局局长古里科夫为团长的俄罗斯联邦安全局后贝加尔边疆区边防局代表团,在呼和浩特市举行工作会谈并签署《会谈纪要》。

18日　国家人力资源和社会保障部授予扎兰屯市“全国农村转移劳动力示范县”称号。

19日　呼和浩特红十字会在内蒙古医学院举行呼和浩特市首家遗体(器官)捐献登记站和接收站揭牌仪式。

20日　在国家首批绿色能源示范县评选中,内蒙古巴彦淖尔市五原县和杭锦后旗,赤峰市松山区,鄂尔多斯市杭锦旗入选,成为国家首批绿色能源示范县。

21日　内蒙古自治区2010年公开选拔副厅级领导干部笔试在内蒙古大学进行。这是我区首次公开选拔40岁以下副厅级领导干部。

☆　内蒙古田径队员王浩在广州亚运会男子20公里竞走决赛中以赛季个人最好成绩夺得冠军,这是本届亚运会田径比赛首枚金牌。

22日　自治区主席巴特尔主持召开自治区2010年第9政府常务会议。自治区副主席连辑、刘卓志、布小林、赵黎平,自治区政府秘书长常海、主席助理黄·阿拉腾别立格参加会议。会议研究了《内蒙古自治区人民政府贯彻落实国务院关于稳定消费价格总水平保障群众基本生活通知精神的实施意见》,审议并原则通过《内蒙古自治区人工影响天气管理办法(草案)》、《内蒙古自治区气象灾害预警信号发布与传播办法(草案)》。

24日　呼和浩特至额济纳旅客列车正式通车,呼额铁路全长1066.8公里,途经包头、临河、苏宏图火车站,全程运行14小时55分。

25日　自治区矿产试验研究所研究人员在锡林郭勒盟白音锡勒牧场东北约15公里处,初步探明一处氧化铷储量达87.36万吨的超大型铷矿。铷是一种稀有金属,是制造自动控制、光谱测定、雷达、激光器等设备的重要原料。

26日　内蒙古体育运动员在广州亚运会上为中国代表团夺得3枚金牌、2枚银牌、5枚铜牌,并获得一个第4名、两个第5名、一个第6名的好成绩。这是内蒙古运动员征战亚运会以来参加项目最多、取得成绩最好的一次。

29日　自治区党委书记胡春华、自治区主席巴特尔在内蒙古乌兰恰特会见全区第二届道德模范和道德模范提名奖获得者。自治区领导乌兰、符太增、云秀梅、牛广明等参加会见。

30日　锡林郭勒盟张家口高速公路宝昌至三号地段公路、集宁至尚义(河北)应急通道公路通车。自治区副主席赵双连宣布两公路正式通车。该公路是锡林郭勒盟境内的首条高速公路。

12　月

1 日　内蒙古自治区文化工作者根据在蒙古族最后一代汗王林丹汗汗国都城所在地发现的音乐文本资料，复原了失传已久的蒙古汗廷音乐。

☆　自治区公安厅交警总队、教育厅、质量监督局等多家单位联合发布关于我区《中小学夜间高能见度道路交通安全反光校服》的地方标准。3 年内，我区 5000 多所中小学的 300 多万名学生将陆续穿上交通安全反光校服，该项标准在全国尚属首例。

2 日　专家在阿拉善左旗吉兰泰镇德日图嘎查阿拉善白绒山羊种羊场，首次成功采集了 50 只优质白绒山羊胚胎 228 枚，并冷冻成功，完成保种任务。

3 日　自治区党委书记胡春华、自治区主席巴特尔分别在新城宾馆会见文化部党组成员、国家文物局局长单霁翔。

4 日　自治区党委书记胡春华、自治区主席巴特尔在新城宾馆会见国务院发展研究中心主任张玉台。符太增、刘卓志参加会见。

☆　自治区党委、政府在北京召开内蒙古自治区国民经济和社会发展第十二个五年规划纲要征求意见座谈会。自治区党委常委、自治区副主席潘逸阳主持会议并讲话。国家发改委、国务院扶贫办、国务院发展研究中心、中国社会科学院、国家行政学院等相关专家、学者、教授参加会议并发言。

5 日　12 月初，我区中西部出现强降温天气，使得黄河首封时间较往年平均提前 6 天，首封位置在全线封冻河段的末端，属历史上少见现象。

6 日　自治区党委书记胡春华、自治区主席巴特尔在新城宾馆会见中国建设银行行长张建国。符太增、布小林参加会见。

☆　国内最大的单板滑雪 U 型场地在扎兰屯金龙山滑雪场建成并投入使用，该滑雪场是专门为参加冬奥会单板滑雪运动员提供的训练场地。

7 日　位于国家重点铁路建设项目集包铁路第二双线上的重点控制性工程——古城湾特大桥钢桁梁转体就位施工顺利完成。大桥全长 2 210.8 米，其中主桥设计为 132 米钢桁梁，在全国铁路建设中属特大钢桁梁。

8 日　2010 · 扎兰屯第二届金龙山滑雪节开幕。自治区副主席连辑出席滑雪节开幕式。本届滑雪节上，国内最大的滑雪 U 型场地投入使用。

9 日　自治区政府与中华全国供销合作总社就加快推进新农村新牧区现代流通服务网络工程建设签署合作备忘录。自治区党委书记胡春华出席签字仪式。自治区主席巴特尔与中华全国供销合作总社党组书记、理事会主任李成玉代表双方签署合作备忘录。

☆　北方股份获得国家海关总署“AA 类管理企业”称号，成为全国矿用车行业第一家被评为 AA 类的企业。

10 日　鄂尔多斯市鄂托克旗宏斌煤矿火区治理项目通过竣工验收。这是自治区首个申请竣工验收的灭火工程。

11 日　内蒙古农业大学国际科技合作基地揭牌仪式在内蒙古农业大学举行。自治区副主席连辑出席揭牌仪式并讲话。

☆　第九届中国成长百强在北京揭晓，内蒙古新大地集团荣膺本届冠军。

12 日　兴安盟第一条高速公路，国道 302 线石头井子（兴安盟与吉林省白城市交界处）至乌兰浩特高速公路通车。

☆　上海大世界基尼斯总部确认内蒙古师范大学冲击吉尼斯脚斗士比赛人数纪录成功。同日，全国脚斗士大赛推广委员会授权内师大为全国脚斗士运动训练基地。内师大成为全国第二个、内蒙古第一个全国脚斗士运动训练基地。

13 日　“高源激光”落户包头市稀土高新区留学生创业园，该项目填补了西北地区激光切割的空白，也使包头成为西部地区最大的激光加工生产基地。

14 日　在首届中国会展业年会上，自治区“中国民族商品交易会”以独特的民族展会特色和良好的品牌效应，被评为 2010 年度中国十佳品牌展会。

☆　经中国温泉之乡（城、都）和地热能开发利用示范单位评审委员会评审，赤峰市克什克腾旗被命名为中国温泉之乡（城、都）。这是全区首个“中国温泉之乡”。

15 日　自治区贯彻落实全国党的基层组织党务公开工作电视电话会议在呼和浩特召开。自治区党委书记胡春华主持会议并作重要讲话，自治区党委副书记任亚平部署工作，自治区党委常委、组织部部长李佳出席会议。

16日　新建西甘铁路西小召至金泉段开通暨金泉至甘其毛都段开工动员大会在巴彦淖尔市西小召火车站举行。西金段开通和金甘段开工，标志着自治区又一条重要口岸铁路即将形成。该线建成后与包兰线、京包线、大秦线一起构成北起蒙古国，东至秦皇岛港的能源运输国际大通道。

☆　自治区党委书记胡春华、自治区主席巴特尔在呼和浩特会见中电投集团总经理陆启洲一行。

☆　自治区主席巴特尔在新城宾馆会见首都机场集团公司总经理董志毅、党组书记刘彦斌一行。

17日　自治区召开党政联席会议，专题研究面向自治区高中阶段学生实行免学费和免费提供教科书的有关政策。会议决定，从2011年起，自治区将对普通高中蒙古语授课所有学生、中等职业学校所有学生及普通高中汉语授课家庭经济困难学生实行免学费和免费提供教科书的政策；到2013年，将这一政策覆盖到我区所有高中阶段学生，全面实现高中阶段免费教育。自治区党委书记胡春华主持会议并讲话。自治区领导巴特尔、任亚平、潘逸阳、张力、韩志然、乌兰、符太增、王素毅、罗啸天、赵双连、连辑、云峰出席会议。

20日　北京市—内蒙古“十二五”时期对口帮扶合作工作启动大会在北京举行，标志着京蒙两区市新一轮对口帮扶合作正式步入实质性操作阶段。自治区党委副书记任亚平出席会议。自治区党委常委、自治区副主席潘逸阳，北京市委常委、副市长吉林分别讲话。

21日　北京市对口帮扶内蒙古挂职干部座谈会在呼和浩特举行。自治区党委书记胡春华出席会议并讲话。自治区主席巴特尔，自治区党委常委、自治区副主席潘逸阳，自治区党委常委、秘书长符太增出席会议。自治区党委常委、组织部部长李佳主持会议。

☆　天津－呼和浩特－乌兰巴托国际航线开通仪式在呼和浩特白塔国际机场举行。自治区副主席赵双连出席开通仪式。

22日　自治区主席巴特尔主持召开自治区2010年第10政府常务会议。自治区党委常委、自治区副主席潘逸阳，自治区副主席赵双连、连辑、刘新乐，自治区政府秘书长常海、主席助理黄·阿拉腾别立格出席会议。会议研究并原则通过了《内蒙古自治区水资源费征收标准》和《内蒙古自治区地下水保护行动计划》，听取了自治区教育规划纲要编制工作等情况的汇报。

23日　呼和浩特市在“2010中国第五届全面小康论坛”上，荣获国内唯一一个2010中国全面小康最佳政务服务城市荣誉称号。

☆　内蒙古农业大学动物生物技术重点实验室诞生了18只转基因克隆绵羊，这是自治区乃至我国规模最大的一批基因克隆绵羊。标志着中国绵羊现代生物育种技术又有了新的突破，进入可以产业化的技术阶段。

24日　自治区党委书记胡春华、自治区主席巴特尔在新城宾馆会见沈阳铁路局局长王占柱。潘逸阳、符太增参加会见。

☆　呼和浩特白塔国际机场至新华广场97路公交快线开通仪式在呼和浩特白塔国际机场举行，结束了呼和浩特机场无公交车直达的历史。

25日　24日至25日，全区经济工作会议在呼和浩特召开。自治区党委书记胡春华在会上发表重要讲话，深入分析了当前我区经济形势，深刻阐述了自治区发展全局中的一些重大问题。自治区主席巴特尔在讲话中全面总结了今年全区经济工作，具体部署了明年经济工作任务。自治区党委副书记任亚平作总结讲话。自治区领导邢云、潘逸阳、张力、韩志然、乌兰、李佳、符太增、王素毅出席会议。

27日　在元旦、春节即将来临之际，自治区党委书记胡春华赴巴彦淖尔市，看望慰问驻守的边防部队和武警官兵。

☆　包头市达茂旗百灵庙镇“二子轮胎超市”因土暖气烟道烟灰掉在可燃物上，引起火灾，导致4人死亡。

29日　内蒙古蒙牛乳业(集团)股份有限公司的“一种生产液态奶制品的方法”，经中国专利奖评审委员会评审、国家知识产权局和世界知识产权组织审核，被授予“第十二届中国专利优秀奖”。

30日　自治区党委书记胡春华、自治区主席巴特尔在内蒙古新城宾馆会见总装备部某基地司令员席政、政委刘建国一行。

☆　国务院核准审批通过了霍林郭勒民用机场项目，标志着霍林郭勒机场正式立项。

31日 自治区主席巴特尔赴赤峰市,看望慰问驻守在这里的部队官兵和基层干部群众,代表自治区党委、政府向他们致以新年祝福。

自治区刘泽明等12名科技工作者近日被评为全国优秀科技工作者。刘泽明还荣获"十佳全国优秀科技工作者"提名奖。

是月,鄂伦春自治旗文物普查队在嘎仙洞两侧岩石峭壁上发现5处远古时期彩绘岩画。新发现的彩绘岩画分布在嘎仙洞口两侧的岩石壁上,目前能够确认的有5处。彩绘岩画颜色为红色,以人物形状和特殊符号组成,岩画保存较好,被确认为是新石器时期的远古岩画,距今有4 000多年历史。

荣　誉

2010 年度自治区科学技术奖励名单

【自然科学奖】

一等奖(2 项)

序号:1
项 目 名 称:求解非线性发展方程的计算机代数方法研究
主要完成单位:内蒙古师范大学
主 要 完 成 人:斯仁道尔吉、套格图桑、扎其劳

序号:2
项 目 名 称:稀土改性的堇青石陶瓷和氧化钛陶瓷的相变、微结构及性能研究
主要完成单位:内蒙古工业大学
主 要 完 成 人:史志铭、冀国俊、赵鸽

二等奖(7 项)

序号:1
项 目 名 称:纳米磁性多层薄膜中的磁激发及相关物性研究
主要完成单位:内蒙古大学
主 要 完 成 人:云国宏、周文平、荣建红

序号:2
项 目 名 称:饲用作物高产优质栽培生理基础研究
主要完成单位:内蒙古农业大学
主 要 完 成 人:刘景辉、李立军

序号:3
项 目 名 称:内蒙古蒙古族民间饮食用野生植物资源的研究
主要完成单位:内蒙古师范大学
主 要 完 成 人:哈斯巴根、苏亚拉图

序号:4
项 目 名 称:乳腺癌血管生成中 bFGF 和缺氧对 HIF－1a 活化的信号转导机制的研究
主要完成单位:内蒙古医学院
主 要 完 成 人:师永红

序号:5
项 目 名 称:肾素－血管紧张素原、载脂蛋白 E 基因多态性与脑血管疾病关系的研究
主要完成单位:包头医学院第一附属医院
主 要 完 成 人:和姬苓、孙洪英、杨国安

序号:6
项 目 名 称:中药石菖蒲有效成分与质量标准的基础研究
主要完成单位:内蒙古医学院、北京中医药大学
主 要 完 成 人:董玉、石任兵

序号:7
项 目 名 称:叶尖小翼对风轮的动力放大和结构动态特性影响的研究
主要完成单位:内蒙古工业大学
主 要 完 成 人:汪建文、高志鹰、东雪青

三等奖(5 项)

序号:1
项 目 名 称:水波方程的理论分析与数值模拟研究
主要完成单位:内蒙古大学
主 要 完 成 人:杨联贵、李宏、菅永军

序号:2
项 目 名 称:负载型纳米金催化剂甲醛完全氧化反应的研究
主要完成单位:内蒙古大学
主 要 完 成 人:沈岳年、杨绪壮、李常艳

序号:3
项 目 名 称:蔬菜嫁接抗逆生理机制及砧木筛选与评价研究
主要完成单位:内蒙古大学
主 要 完 成 人:陈贵林、高洪波、王冉

序号:4
项 目 名 称:含 CpG 基序的寡核苷酸对抗原免疫小鼠佐剂效应的研究
主要完成单位:内蒙古大学、内蒙古医学院
主 要 完 成 人:石艳春、郑源强、韩新荣

序号:5

项 目 名 称:光信息的传输、存储与调制技术的研究与平台建设
主要完成单位:内蒙古大学
主 要 完 成 人:门克内木乐、贾维国、杨性愉

【科学技术进步奖】

一等奖(6 项)

序号:1
项 目 名 称:高铝粉煤灰矿热法冶炼铝硅合金关键技术与产业化
主要完成单位:内蒙古大唐同方硅铝科技有限公司
主 要 完 成 人:孙俊民、陈刚、闫绍勇、王文儒、孙振斌、张战军、霍奇志、张先奇、武利成

序号:2
项 目 名 称:金峰炉熔池熔炼工艺研究与应用
主要完成单位:赤峰金峰铜业有限公司、恒曲县华盛冶金技术有限公司
主 要 完 成 人:黄贤盛、王国军、韩智

序号:3
项 目 名 称:二连盆地新凹陷(阿尔凹陷)快速勘探技术及高效储量发现
主要完成单位:中国石油天然气股份有限公司华北油田分公司、中国石油集团东方地球物理勘探有限责任公司
主 要 完 成 人:赵贤正、张以明、史原鹏、降栓奇、金凤鸣、淡伟宁、李林波、孙朝辉、何展翔

序号:4
项 目 名 称:工业锅炉燃烧系统变频调速计算机自动控制装置
主要完成单位:内蒙古科技大学
主 要 完 成 人:魏毅立、吴振奎、王来军、朱琳、魏荣利、张继红、崔国玮、王新春、李琦

序号:5
项 目 名 称:煤炭黄腐植酸的提取及绿色农用产品的开发与应用研究
主要完成单位:内蒙古永业农丰生物科技有限责任公司
主 要 完 成 人:高静、吴子申、仝宝生、王丽霞、齐景伟、谢荣增、周涛、陈大勇、妥德宝

序号:6
项 目 名 称:牛口蹄疫 O 型、亚洲 I 型二价灭活疫苗研制
主要完成单位:金宇保灵生物药品有限公司
主 要 完 成 人:魏学峰、沈红军、李玉和、陈九连、高艳华、罗宏亮、袁淑珍、布和、高换河

二等奖(23 项)

序号:1
项 目 名 称:内蒙古地区哈密瓜细菌性果斑病的研究和推广应用
主要完成单位:内蒙古植保植检站、内蒙古农业大学、中国农业科学院植物保护研究所
主 要 完 成 人:黄俊霞、胡俊、赵廷昌、刘双平、白音、王利军、邓振荣

序号:2
项 目 名 称:高产优质玉米新品种科河 8 号选育与大面积推广
主要完成单位:内蒙古巴彦淖尔市科河种业有限责任公司
主 要 完 成 人:张常在、张俊杰、吕利俊、王建明、段如文、张永清、韩成

序号:3
项 目 名 称:A 级绿色食品春小麦品质调控、环境质量及生产技术研究
主要完成单位:内蒙古农业大学、内蒙古自治区绿色食品发展中心、巴彦淖尔市绿色食品发展中心
主 要 完 成 人:张胜、赵继文、索全义、李岩、高炳德、杨胜、李斐

序号:4
项 目 名 称:天然草地利用单元划分与生态系统服务功能研究
主要完成单位:内蒙古农业大学
主 要 完 成 人:韩国栋、赵萌莉、鲍雅静、红梅、乔光华、李跃进、王明玖

序号:5
项 目 名 称:白云铁矿深深部勘探及利用成矿理论预测白云鄂博矿周边找矿区域
主要完成单位:包头钢铁(集团)有限责任公司、中国地球科学院地质研究所
主 要 完 成 人:杨占峰、章雨旭、张立志、温贵、柳建勇、程素萍、盛晓雅

序号:6

项 目 名 称:神东亿吨级煤炭矿区生产管理系统
主要完成单位:神华神东煤炭集团有限责任公司、西安华光信息技术有限责任公司
主 要 完 成 人:翟桂武、王继生、刘海琦、赵永峰、牛建军、贺安民、魏永胜

序号:7
项 目 名 称:数字露天矿建设
主要完成单位:华能伊敏煤电有限责任公司露天矿、煤炭科学研究总院沈阳研究院
主 要 完 成 人:姚常明、孙效玉、高登来、孙庆山、刘建国、刘清勋、李希耀

序号:8
项 目 名 称:内蒙古西南部致密性砂岩气藏测井评价关键技术研究
主要完成单位:中国石油天然气股份有限公司长庆油田分公司
主 要 完 成 人:石玉江、杨华、张海涛、杨小明、刘天定、赵太平、时卓

序号:9
项 目 名 称:调理肠道益生菌的筛选和功效研究及其应用产品"畅轻"酸奶的开发
主要完成单位:内蒙古伊利实业集团股份有限公司
主 要 完 成 人:安颖、郝林科、张海斌、陈世贤、杜海云、田文、刘艳清

序号:10
项 目 名 称:不锈钢炉卷轧机国产化集成开发与应用
主要完成单位:中冶东方包头钢铁设计研究院
主 要 完 成 人:闫文彪、郭文军、董红卫、韩德利、徐绍炜、王长春、章昕

序号:11
项 目 名 称:太阳能饲草干燥技术及设备研究开发
主要完成单位:中国农业机械化科学研究院呼和浩特分院
主 要 完 成 人:杨世昆、刘贵林、董忠义、杜建强、敖恩查、贾红燕、邢冀辉

序号:12
项 目 名 称:重型发动机曲轴自动化精密锻造生产线改造及工艺研究
主要完成单位:内蒙古一机集团富成锻造有限责任公司
主 要 完 成 人:祝占宏、宫显宇、王志强、王志国、唐康、曹乃强、王文清

序号:13
项 目 名 称:北奔威驰 XC3500KZ/6 ×4 矿用自卸车开发项目
主要完成单位:包头北奔重型汽车有限公司
主 要 完 成 人:傅健、罗红建、朱德见、饶鹏、黄烈兵、陈刚、徐江富

序号:14
项 目 名 称:大型火电厂在役锅炉系统状态诊治与工程应用研究
主要完成单位:内蒙古自治区电力科学研究院、北方联合电力有限责任公司达拉特发电厂
主 要 完 成 人:薛守洪、卫志刚、鲁玉龙、刘祥、周岩、梁志福、高玉杰

序号:15
项 目 名 称:气动脱硫技术在火电厂 2 ×200MW 机组上的首次研究开发和应用
主要完成单位:北方联合电力有限责任公司、北方联合电力有限责任公司海勃湾发电厂、航天空气动力技术研究院
主 要 完 成 人:刘亚洲、乔栋、王自宽、薛惠民、吴茵、黄魁、朱鹏程

序号:16
项 目 名 称:大气隙高精度稀土永磁力矩电机
主要完成单位:包头长安永磁电机有限公司
主 要 完 成 人:刘长安、张继鹏、付荣华、边长安、徐英振、廖雪松、肖忠义

序号:17
项 目 名 称:柔性纤维半刚性基层的性能及其在内蒙古地区的应用研究
主要完成单位:内蒙古自治区省际通道建设管理办公室、重庆交通大学
主 要 完 成 人:张广、马银华、赵满喜、李俊梅、贾廷跃、仲玉善、李桂英

序号:18
项 目 名 称:脑卒中亚型的临床特征、危险因素比较及入院血压与出院结局的关系
主要完成单位:通辽市医院、苏州大学
主 要 完 成 人:张艳芬、佟伟军、许锬、乔大伟、张永红、张凤山、林哲

序号:19
项 目 名 称:老年阻塞性睡眠呼吸暂停低通气综合征与心律失常的关系研究
主要完成单位:内蒙古自治区人民医院
主 要 完 成 人:赵兴胜、刘喜、斯琴高娃、贺文帅、王砚丽、李继平、贾晓琼

序号:20
项　目　名　称:MED在腰椎退变性疾病中的应用研究
主要完成单位:内蒙古医学院第二附属医院
主 要 完 成 人:银和平、李树文、白明、赵清、曹振华、刘聪、杜志才

序号:21
项　目　名　称:硅胶植入减压室在非穿透小梁切除手术中的应用
主要完成单位:通辽市科尔沁区第一人民医院、武警内蒙古自治区总队医院、内蒙古自治区人民医院
主 要 完 成 人:王云旭、颖辉、崔巍、赵艳、张志鹏、姚震宇、孙志刚

序号:22
项　目　名　称:肺癌血管生成在介入治疗中的临床应用
主要完成单位:包头市肿瘤医院
主 要 完 成 人:张强、郭晓光、郭俊、巴彩霞、李春静、杨永岩、张丹彤

序号:23
项　目　名　称:冠心病心绞痛的蒙医证型规范化研究
主要完成单位:内蒙古中蒙医研究所
主 要 完 成 人:苏和、斯庆格、瑞图雅、莫日根图、张浩、杨鑫泰、左云慧

三等奖(71项)

序号:1
项　目　名　称:设施无公害蔬菜、瓜果标准化生产应用模式的完善及应用推广
主要完成单位:内蒙古农牧业科学院、呼和浩特市广禾农业科技有限公司、呼和浩特市农牧业科学研究会
主 要 完 成 人:白全江、梁莉、王勇、陈静、靳玉荣

序号:2
项　目　名　称:优质高产青椒系列杂交新品种选育及推广应用
主要完成单位:呼和浩特市蔬菜科学研究所
主 要 完 成 人:吕立峰、刘维彬、杨正荣、庞云、张建玲

序号:3
项　目　名　称:耐密、高产玉米新品种“大民338号”选育与推广
主要完成单位:内蒙古大民种业有限公司、兴安盟科右中旗种子管理站、通辽市科尔沁区种子管理站、辽宁省康平县种子公司、吉林省公主岭市种子管理站
主 要 完 成 人:李长华、文贞顺、王大鹏、邱久魁、纪兆芳

序号:4
项　目　名　称:退牧还草——草原生态快速恢复技术及其应用项目
主要完成单位:鄂尔多斯市草地牧业综合开发办公室
主 要 完 成 人:杨永锋、殷伊春、巴雅斯胡良、刘海胜、郇东慧

序号:5
项　目　名　称:铜矿选厂尾矿金银铜综合开发利用研究
主要完成单位:内蒙古地矿科技有限责任公司
主 要 完 成 人:佟红格尔、王林祥、孙敬锋

序号:6
项　目　名　称:白云鄂博铁矿石提铁降氟降钾钠选矿新技术研究及应用
主要完成单位:包头钢铁(集团)有限责任公司、中钢集团马鞍山矿山研究院有限公司、张家口市金科化工有限公司
主 要 完 成 人:李春龙、翟文华、胡义明、贾艳、张鉴

序号:7
项　目　名　称:呼伦贝尔地区白垩系地层人工冻结及强制解冻技术研究
主要完成单位:扎赉诺尔煤业有限责任公司
主 要 完 成 人:朱廷海、郑铁骑、张勇、齐吉龙、马乡林

序号:8
项　目　名　称:马家塔露天煤矿岩层爆破参数实验研究及应用
主要完成单位:内蒙古科技大学
主 要 完 成 人:韩万东、袁绍国、马建兴、赵亚军、张永强

序号:9
项　目　名　称:超大型无压给料三产品重介旋流器选煤工艺与设备
主要完成单位:神华蒙西煤化股份有限公司
主 要 完 成 人:李来喜、陈建康、袁志国、张弘强、于学林

序号:10
项　目　名　称:乌达矿区矿井水防治技术的研究
主要完成单位:神华乌海能源有限责任公司
主 要 完 成 人:张润全、刘瑞、常先文、李晨、李长宝

序号:11
项　目　名　称:苏里格气田东区低渗河道砂岩气藏富集区筛选与井位优选技术研究
主要完成单位:中国石油天然气股份有限公司长庆油田分公司、中国石油大学(北京)

主要完成人:刘占良、龙运辉、兰朝利、杜支文、杜孝华

序号:12

项目名称:海塔盆地优快钻井配套技术研究及应用

主要完成单位:大庆油田有限责任公司呼伦贝尔分公司

主要完成人:王玉华、刘斌、孔凡军、王发现、金波

序号:13

项目名称:苏里格气田动态分析方法及动态特征研究

主要完成单位:中国石油天然气股份有限公司长庆油田分公司

主要完成人:赵勇、张宗林、李跃刚、毛美丽、李进步

序号:14

项目名称:华北油田二连地区有利成藏区带资源评价及建产实施研究

主要完成单位:中国石油华北油田公司二连分公司

主要完成人:梁官忠、闫睿昶、张昌峰、梁星如、黄杰

序号:15

项目名称:羊绒快速染色技术的研发及应用

主要完成单位:内蒙古鹿王羊绒有限公司

主要完成人:程彩霞、聂文山、刘海燕、赵雄、李名芳

序号:16

项目名称:动物副产物综合利用示范项目

主要完成单位:内蒙古草原兴发食品有限公司

主要完成人:辛海波、刘建军、陈烨、刘文彬、郭继香

序号:17

项目名称:笃斯果肉饮料生产专利技术及其产业化研究

主要完成单位:呼伦贝尔市三江饮品有限公司

主要完成人:杨占江、张秀竹、董旭、刘磊、高磊

序号:18

项目名称:QQ星儿童成长牛奶系列产品开发项目

主要完成单位:内蒙古伊利实业集团股份有限公司

主要完成人:巴根纳、赵美霞、樊启程、贺保平、贾琳

序号:19

项目名称:真空分馏法制取精制仲辛醇工艺技术研究与应用

主要完成单位:通辽市兴合化工有限公司

主要完成人:张耀奇、王恩、苏玉臣、许广秀、张辉光

序号:20

项目名称:黄河水质胶体凝胶特性研究及处理对策

主要完成单位:内蒙古工业大学

主要完成人:刘启旺、刘喜元、陈江平、胡俊虎、刘智安

序号:21

项目名称:煤炭铁路运输封尘剂及其喷洒系统的研究与应用

主要完成单位:鄂尔多斯市神东天隆化工有限责任公司

主要完成人:杨飞云、贾勇、高翔、杨艳芬、徐志斌

序号:22

项目名称:高性能稀土有机陶瓷防腐涂料

主要完成单位:包头瑞诺精涂新材料有限公司

主要完成人:曹学军、魏晓明、高晓玲、李佳蓉

序号:23

项目名称:高纯APD合成工艺在生产中的应用

主要完成单位:内蒙古圣氏化学有限公司

主要完成人:孙晟中、杨丰乐、贺满华

序号:24

项目名称:分离式高炉熔渣粒化处理装置研发与应用

主要完成单位:中冶东方包头钢铁设计研究院

主要完成人:贺春平、王丽红、王小功、赵祉荣、赵铭

序号:25

项目名称:包钢铁矿粉复合造块新工艺试验研究

主要完成单位:包头钢铁(集团)有限责任公司、中南大学

主要完成人:孙国龙、邬虎林、郝志忠、吴雷、姜涛

序号:26

项目名称:预防钢轨轨头产生核伤的生产技术研究

主要完成单位:包头钢铁(集团)有限责任公司

主要完成人:李春龙、张晓光、刘平、王云盛、王立军

序号:27

项目名称:1Mn18Cr18N不锈钢的冶炼及电渣重熔

主要完成单位:内蒙古北方重工业集团有限公司

主要完成人:胡永平、石宝凤、雷耀民、王立功、李登仁

序号:28

项目名称:废酸回收产业化技术的研发与应用

主要完成单位:包头华美稀土高科有限公司

主要完成人:马克印、郭如臻、陈刚、戴永锋、赵润喜

序号:29

项目名称:高性能钕铁硼多极辐射环及器件的产业化开发

主要完成单位:内蒙古希苑稀土功能材料工程技术研究中心

主要完成人:刘国征、赵瑞金、赵明静、武斌、鲁富强

序号:30

项目名称:铝电解用优质预焙阳极炭块生产关键技术的研究与开发

主要完成单位:包头铝业有限公司
主 要 完 成 人:王云利、许晶、关文斌、刘伟、何光

序号:31
项 目 名 称:模压细结构石墨阳极
主要完成单位:兴和县木子炭素有限责任公司
主 要 完 成 人:郭长胜、王建新

序号:32
项 目 名 称:气吸式精量铺膜点播机
主要完成单位:巴彦淖尔市富田机械有限责任公司
主 要 完 成 人:陈恒

序号:33
项 目 名 称:挤奶机成套设备研究开发与推广应用
主要完成单位:呼伦贝尔市蒙拓农牧科技发展有限责任公司
主 要 完 成 人:刘忠舍、于华林、乔志成、苗树宝、刘丽娟

序号:34
项 目 名 称:米轨系列转向架的研制
主要完成单位:包头北方创业股份有限公司
主 要 完 成 人:刘进才、赵海鑫、肖艳梅、张姝薇、张国帅

序号:35
项 目 名 称:北方奔驰 6X2 牵引车开发项目
主要完成单位:包头北奔重型汽车有限公司
主 要 完 成 人:石巍、庞建中、高宏忠、刘春颖、嵇岩

序号:36
项 目 名 称:提高内蒙古电网输送极限的分析研究
主要完成单位:内蒙古自治区电力科学研究院
主 要 完 成 人:赵桂廷、田树平、郭向伟、邓昆玲、郭厚静

序号:37
项 目 名 称:燃烧集成技术的开发及在提高包二 200MW 机组锅炉性能中的应用
主要完成单位:内蒙古自治区电力科学研究院
主 要 完 成 人:赵勇纲、孙保民、贾朝晖、侯云浩、郝永刚

序号:38
项 目 名 称:燃煤电站锅炉炉顶密封新工艺的开发与应用
主要完成单位:内蒙古自治区电力科学研究院、无锡昱州环保集团炉顶密封有限公司
主 要 完 成 人:赵勇纲、吕建伟、贾朝晖、薛惠民、张金生

序号:39
项 目 名 称:深度节水型大型火电厂空冷系统设计国产化研究
主要完成单位:内蒙古电力勘测设计院
主 要 完 成 人:刘丰、寇建玉、张智强、薛渌、王志勇

序号:40
项 目 名 称:循环流化床锅炉协调控制投入研究
主要完成单位:内蒙古自治区电力科学研究院、神华亿利能源有限责任公司
主 要 完 成 人:刘德诚、接建鹏、陈世慧、王琪、王彪

序号:41
项 目 名 称:循环流化床电站锅炉热力性能分析系统研究
主要完成单位:内蒙古自治区电力科学研究院、浙江大学
主 要 完 成 人:蔡斌、钟崴、赵勇纲、童水光、孙丙新

序号:42
项 目 名 称:提高空冷机组夏季出力的技术方法
主要完成单位:内蒙古电力勘测设计院
主 要 完 成 人:唐健、赵耀、燕鹏飞、董慧遐、薛渌

序号:43
项 目 名 称:新右旗风电场母线电压过高的研究与控制
主要完成单位:内蒙古东部电力有限公司呼伦贝尔电业局
主 要 完 成 人:曹春诚、张文军、时念国、韩玉辉、韩风武

序号:44
项 目 名 称:Windows 下支持 IPv6 的浏览器和 Email 客户端软件
主要完成单位:内蒙古大学
主 要 完 成 人:叶新铭、李军、石立新、谢辉、白翔宇

序号:45
项 目 名 称:金啤高科公司管理、控制一体化信息集成系统
主要完成单位:内蒙古金川保健啤酒高科技股份有限公司
主 要 完 成 人:杨子龙、王玉宝、韩强、张培先、史诗

序号:46
项 目 名 称:移动警务终端
主要完成单位:内蒙古银安科技开发有限责任公司
主 要 完 成 人:王成波、唐曾圻、齐军、朱金东、池波

序号:47
项 目 名 称:城市管理系统数字化平台(城管通 V1.0)
主要完成单位:人网(北京)信息科技有限公司乌海分公司
主 要 完 成 人:李精文、陈明栋、宋艳、黄子贤、孙捷

序号:48
项 目 名 称:双重深基坑技术研发

主要完成单位:中冶东方包头钢铁设计研究院
主 要 完 成 人:朱丹蒙、张长信、李雪雁、周世炜、王晓莉

序号:49
项 目 名 称:内蒙古自治区农村牧区道路技术标准研究
主要完成单位:内蒙古自治区公路局
主 要 完 成 人:王江涛、佟树和、王振林、郭建明、于彩波

序号:50
项 目 名 称:寒冷地区混凝土桥梁桥面防水技术研究
主要完成单位:内蒙古自治区交通厅赤通鲁公路建设监督管理办公室、内蒙古工业大学
主 要 完 成 人:陈宝玉、王岚、姜海涛、刘智勇、姜铁

序号:51
项 目 名 称:脆弱生态环境区域公路建设环境保护技术研究
主要完成单位:内蒙古自治区省际通道建设管理办公室、长安大学
主 要 完 成 人:张广、邓顺熙、陈爱侠、贾廷跃、马俊源

序号:52
项 目 名 称:高寒湿地公路软基处治技术研究
主要完成单位:内蒙古自治区海满公路建设管理办公室、上海朗琦土木工程有限公司、天津大学岩土工程科学研究所、武汉广益工程咨询有限公司
主 要 完 成 人:辛长国、冯守中、辛国树、侯仰慕、张玉强

序号:53
项 目 名 称:巴柳氮钠产业化生产
主要完成单位:赤峰艾克制药科技股份有限公司
主 要 完 成 人:郝宏兴、夏冰、李春波、江国志、于彩岩

序号:54
项 目 名 称:尿毒清颗粒产业化研究
主要完成单位:康臣药业(内蒙古)有限责任公司
主 要 完 成 人员:黎倩、石兴华、朱荃、肖梓道、敬检求

序号:55
项 目 名 称:参竹精胶囊的研发和规模化生产
主要完成单位:内蒙古京新药业有限公司
主 要 完 成 人:程曙光、胡万、王雪梅、徐丽萍、拓牡艳

序号:56
项 目 名 称:工业菌种基因超级诱变技术的开发与应用研究
主要完成单位:内蒙古新威远生物化工有限公司
主 要 完 成 人:高鹤永、孙瑞行、张彤

序号:57
项 目 名 称:高寒地区老年抑郁症状心理社会因素调查研究
主要完成单位:呼伦贝尔市精神卫生中心
主 要 完 成 人:张雄、徐起岭、钟玉涛、胡保森、高天飞

序号:58
项 目 名 称:减影 CTA 在头颈部血管病变的应用价值研究
主要完成单位:赤峰市医院
主 要 完 成 人:王杰、丁国成、刘丽、罗晓燕、高玉杰

序号:59
项 目 名 称:呼伦贝尔地区蒙古族慢性肾脏病及代谢综合征流行病学研究
主要完成单位:呼伦贝尔市人民医院
主 要 完 成 人:多景华、郭岩、辛智利、曾春艳、梁秀文

序号:60
项 目 名 称:趋化因子阻滞剂对肾脏缺血损伤的临床与实验研究
主要完成单位:内蒙古医学院附属医院
主 要 完 成 人:高进、张铎、苏秀兰、李秀霞、霍巧枣

序号:61
项 目 名 称:包头地区城市与牧区儿童发中微量元素含量研究
主要完成单位:内蒙古北方重工业集团有限公司医院
主 要 完 成 人:孙鲁山、武希强、王全哲、杨治国、王瑾

序号:62
项 目 名 称:腹腔镜下腹膜透析置管术应用研究
主要完成单位:乌海市人民医院
主 要 完 成 人:郑夏珍、张静、贺晔楠、金鑫、刘晓燕

序号:63
项 目 名 称:气管镜无痛检查技术的临床研究
主要完成单位:包钢集团第三职工医院
主 要 完 成 人:陈璞莹、苏向红、汪晓丽、王桂兰、白银兰

序号:64
项 目 名 称:白血病相关耐药蛋白的研究
主要完成单位:内蒙古医学院附属医院
主 要 完 成 人:肖镇、黄彬涛、高大、韩艳秋、崔鹤

序号:65
项 目 名 称:妇科腹腔镜手术对患者凝血和免疫功能及缺血再灌注的影响
主要完成单位:内蒙古医学院附属医院
主 要 完 成 人:宋静慧、托娅、范风卿、张艳、刘铁岭

序号:66

项 目 名 称:涤纶垫片在肺减容术中的临床应用
主要完成单位:内蒙古林业总医院
主 要 完 成 人:侯殿臣、许晓航、刘志平、孟庆江、王晓斌

序号:67
项 目 名 称:颈椎脊髓损伤外科手术时间与预后相关性研究
主要完成单位:鄂尔多斯市中心医院
主 要 完 成 人:杨物鹏、王哲、王春梅、王永华、李小鑫

序号:68
项 目 名 称:椎旁韧带骨化的病理学与影像学对照研究
主要完成单位:内蒙古医学院附属医院
主 要 完 成 人:赵建民、杨勇、王建华、张国梁、高阳

序号:69
项 目 名 称:透明角膜切口下折叠式晶体在白内障手术中治疗的应用研究
主要完成单位:赤峰市第二医院
主 要 完 成 人:白赫南、王英欣、王晓然、贾彩华、郭洪涛

序号:70
项 目 名 称:钬激光与体外冲击波治疗输尿管下段结石的疗效比较
主要完成单位:包钢集团第三职工医院
主 要 完 成 人:萨音白刚、吴希庆、张江萍、杨建新、张博智

序号:71
项 目 名 称:颅骨成型头架的研制在颅骨缺损术中的应用
主要完成单位:包头医学院第一附属医院
主 要 完 成 人:张春阳、孙建营、苏里、赵志军、赵立军

2010年内蒙古自治区劳动模范和先进工作者名单（共798名）

呼和浩特市(81名)

王太平　呼和浩特市回民区攸攸板镇段家窑村委会主任

丁守荣　蒙古族,呼和浩特市玉泉区小黑河镇西地村委会主任

闫维智　呼和浩特市赛罕区西把栅乡合林村党支部书记

葛天明　呼和浩特市赛罕区巧报镇大台什村党支部书记、村委会主任

徐瑞平　土默特左旗北什轴乡三两区域服务中心三两村支部书记

白国清　土默特左旗只几梁乡陶思浩区域服务中心道试村支部书记

杜六小　托克托县双河镇海生不拉村党支部书记、村委会主任

王汇利　呼和浩特市汇利养殖有限责任公司总经理

王喜莲　女,武川县哈乐镇八股地村农民

姜果绿　女,和林县城关镇下喇嘛盖村农民

云二召　蒙古族,清水河县宏河镇青豆沟村党支部书记

徐俊平　内蒙古巨华集团大华建筑安装有限公司副总经理

陈瑞英　女,呼和浩特市玉泉区环境卫生管理局保洁工

王　悦　内蒙古巨华集团大华建筑安装有限公司班长

陈月明　呼和浩特市新城区保和少镇甲兰板村党支部书记

张　丽　女,际华五三零三服装有限公司工人

妥明亮　回族,内蒙古红骏马化工有限责任公司锅炉车间副主任

乔根善　清水河县黄河机械化工程公司工人

孙福录　呼和浩特众环(集团)有限责任公司工人

云慧民　蒙古族,内蒙古三联化工股份有限公司工段长

刘　鹏　女,内蒙古宏利达橡塑机械有限责任公司技术员

闫俊民　内蒙古食全食美股份有限公司市场管理员

耿瑞枫　女,内蒙古维多利商业(集团)有限公司收银员

赵国栋　满族,呼和浩特市环境卫生管理处清扫队队长

李翠琴　女,呼和浩特市恒昌出租汽车服务有限责任公司司机

赵建生　蒙古族,内蒙古三联化工股份有限公司

工人

铁玉兰　女,回族,呼和浩特市回民区清真铁兆义肉食门市部经理

武荷香　女,呼和浩特市玉泉区兴隆巷街道办事处清泉街居民委员会党支部书记、社区主任

孙　富　北方联合电力有限责任公司呼和浩特金桥热电厂运行部部长

丁　圣　内蒙古蒙牛乳业(集团)股份有限公司低温事业本部总经理

吴和义　蒙古族,呼和浩特市文化局文艺干部训练班主任

傅庆生　呼和浩特市中级人民法院民庭庭长

李巴日斯　蒙古族,呼和浩特市公安局特警支队中队长

张守礼　呼和浩特市广播电视局哈素海微波站机务员

于晓义　蒙古族,内蒙古如意实业股份有限公司部门经理

丁美荣　女,呼和浩特市邮政局保险业务部副主任

王　峰　内蒙古银行股份有限公司营业部主任

刘兰凤　女,内蒙通达实业股份有限公司值班站长

索莉娅　女,蒙古族,呼运(集团)有限责任公司呼和浩特长途汽车站站长

杜吉旺　呼和浩特市城市管理综合执法监察支队队长

杨小虎　内蒙古通达影视器材商店业务经理

耿成全　蒙古族,呼和浩特市公安局玉泉区分局石东路派出所社区民警

曹英琪　女,呼和浩特市第十九中学教导主任

郝　军　托克托县民族中学教师

张　渊　武川县医院院长

白　瑛　蒙古族,内蒙古蒙牛乳业(集团)股份有限公司常温液奶事业本部总经理

苏雨堂　和林格尔县第一中学校长

孟俊先　女,清水河县畜牧局高级畜牧师

张　杰　清水河县农村信用合作联社主任

诺　敏　女,蒙古族,呼和浩特市科学技术局科技信息中心主任

李文阁　蒙古族,呼和浩特市土默特中学党总支书记、校长

王　晶　女,呼和浩特职业学院教师

杨瑞清　女,呼和浩特市玉泉区教育局副局长

孙长青　呼和浩特市第一医院大内科秘书

张艳丽　女,呼和浩特市实验中学教师

何小菊　女,呼和浩特市晋剧团副团长

温红瑞　内蒙古伊利实业集团股份有限公司技术总监

张和义　呼和浩特市公路工程局副局长

郭建民　达斡尔族,呼和浩特市建筑工程有限责任公司项目经理

柴晓葵　女,呼和浩特富泰热力股份有限公司财务部部长

云　华　女,蒙古族,呼和浩特市玉泉区民族实验小学教师

云全甫　蒙古族,内蒙古祺泰服饰业有限责任公司总经理

王五团　内蒙古巨华集团大华建筑安装有限公司董事长、总经理

杨有换　内蒙古有信建筑安装工程有限责任公司总经理

范仁义　和林格尔县大众热力有限责任公司总经理

乌兰巴特尔　蒙古族,内蒙古爱信达教育印务有限责任公司总经理

郑子林　内蒙古自治区烟草公司呼和浩特市公司经理

乔力群　呼和浩特市自来水公司党委书记、副总经理

张少波　内蒙古第三建筑工程有限公司总经理

杜雄勇　呼和浩特中燃城市燃气发展有限公司总经理

张　锐　蒙古族,呼和浩特市舞美艺术服装厂厂长

云　鉴　蒙古族,呼和浩特市人事局副局长

王兴建　呼和浩特市人口和计划生育委员会副主任

刘向林　呼和浩特市新城区教育局党委书记

赵　峰　呼和浩特市纳顺设备制造有限责任公司总工程师

刘　伟　蒙古族,内蒙古三千浦餐饮连锁有限责任公司副总经理

朱　彪　呼和浩特金山特种水泥有限责任公司总工程师

智富财　满族,武川县总工会主席

杨君英　女,内蒙古盛都包装有限责任公司业务副经理

高晓路　内蒙古自治区会展协会副会长、秘书长

包建军　蒙古族,内蒙古第二电力建设工程有限责任公司工会主席

包头市(106名)

秦美荣　包头市九原区哈林格尔镇哈林格尔村主任

徐永爱　女,蒙古族,土默特右旗将军尧镇麻花尧村牧民

郭　刚　土默特右旗沟门镇板申气村党支部书记

栗天喜　达尔罕茂明安联合旗石宝镇腮吾素红井滩村农民

额尔登其木格　女,蒙古族,达尔罕茂明安联合旗达尔汗苏木额尔登嘎查牧民

尚　旺　固阳县怀朔镇兴圣公村党支部副书记

连贵生　包头华美稀土高科有限公司工人

曹建军　内蒙古小肥羊餐饮连锁有限公司厨师

赵宪彪　包头晶牛浮法股份有限公司仪表工段段长

陈寿来　包头市大青山冶炼有限公司工人

王贵军　蒙古族,包头市石拐区五当召镇牧业嘎查主任

杨　萍　女,固阳县金山镇万胜壕村党支部书记、主任

朱长伟　包头钢铁(集团)有限责任公司棒材厂工人

罗海明　包头钢铁(集团)有限责任公司薄板厂工长

刘　伟　包头钢铁(集团)有限责任公司焦化厂车间主任

秦红梅　女,内蒙古第一机械制造(集团)有限公司动力能源公司班长

白宏博　蒙古族,内蒙古第一机械制造(集团)有限公司大成装备公司工人

郑贵有　内蒙古北方重工业集团有限公司机电工具公司工人

栾　永　内蒙古北方重工业集团有限公司特殊钢分公司工人

董世哲　女,中核北方核燃料元件有限公司计量检测中心工人

王志斌　包头铝业有限责任公司电解三厂工人

智　广　神华集团包头矿业有限责任公司阿刀亥矿灭火队队长

王文忠　内蒙古鹿王羊绒有限公司保全工

马小涛　女,内蒙古鹿王羊绒有限公司工人

郭继用　中国第二冶金建设有限责任公司工人

张建峰　包钢集团电气有限公司工人

秦志刚　内蒙古蒙牛乳业包头有限责任公司工人

白占军　包头市丰达石油机械有限责任公司车间主任

卢双红　女,包头市白云鄂博矿区公共卫生管理站环卫工人

陈补师　包头市土右电力有限责任公司党支部书记

马智慧　包头市石宝铁矿集团有限责任公司工段长

颜景康　固阳县海明炉料有限责任公司车间主任

杜占江　蒙古族,包头华鼎铜业发展有限公司工人

周昱峰　包头市韵升强磁材料有限公司工段长

武存顺　包头市热力总公司供热二公司甲13热力站站长

高　勇　包头市环卫产业有限责任公司环卫工人

武希祥　包头市公交运输(集团)有限责任公司驾驶员

乌兰娜　女,蒙古族,包头市青山区青山路办事处呼四社区党委书记

陈学忠　包头市远大蔬菜瓜果副食市场有限公司经理

陈允广　共青团达尔罕茂明安联合旗委副书记

王　强　蒙古族,包头市交通局干部

王秀仁　女,包头市科学技术局干部

张红梅　女,包头日报社副主任

刘亚欣　女,满族,包头市中心血站书记、站长

冯建新　包头市殡葬管理处处长

杨长笙　包头市离退休人员管理服务中心主任

代水河　包头市公安局巡逻特种警察支队中队长

郝金明　包头市市政工程管理处路灯维护所所长

林　琳　女,达尔罕茂明安联合旗气象局局长

宋　海　包头钢铁(集团)有限责任公司炼钢厂高级技术主管

贾　艳　女,包头钢铁(集团)有限责任公司选矿厂部长

杜　鹃　女,满族,内蒙古第一机械制造(集团)有限公司北奔重型汽车有限公司副总设计师

刘　勇　内蒙古第一机械制造(集团)有限公司车辆工程研究院科研所副总设计师

雷丙旺　内蒙古北方重工业集团有限公司副总经理

王　军　中核北方核燃料元件有限公司重水堆核燃料元件厂厂长

乌云格日乐　女,蒙古族,包头市蒙古族小学教师

张文科　内蒙古第一机械制造(集团)有限公司

第一中学校长

王增国　包头市第二中学教师

郭文英　女,包头市东河区卫生防疫站科主任

徐丽阳　包头市九原区医院院长

刘运柳　女,包头钢铁(集团)公司白云鄂博铁矿中学教师

王日光　包头市山晟新能源有限责任公司高级工程师

张　轲　包头市固阳电力有限责任公司党总支副书记

刘晓敏　女,包头稀土高新技术产业开发区富林路小学校长

张志宏　包头稀土研究院副院长

白晓茹　女,回族,包头市回民中学教师

韩　峰　包头机电工业职业学校校长

范云海　包头市漫瀚艺术剧院副团长

孙秀丽　女,包头市中心医院科主任

戴纪强　包头市疾病预防控制中心副主任

斯琴格日勒　女,蒙古族,达尔罕茂明安联合旗人口和计划生育局计生服务站站长

曾　燕　女,蒙古族,包头市新时代幼儿园教师

刘治学　包头市供水总公司生产技术副总经理

李文霞　女,包头市农业科学研究所作物研究室主任

高晓玲　女,包头市环境监测站副站长

郭飞宇　中冶东方工程技术有限公司室主任

赵宝荣　中国兵器工业集团第五二研究所所长

赛音德力根　蒙古族,内蒙古科技大学副校长

王彩丽　女,包头医学院第一附属医院肾内科主任

吴广义　满族,包头师范学院教师哈斯女,蒙古族包头职业技术学院党委副书记

白国庆　女,蒙古族,包头轻工职业技术学院副处长

周秉利　包头钢铁(集团)有限责任公司总经理

白晓光　内蒙古第一机械制造(集团)有限公司总经理

蔺建成　内蒙古北方重工业集团有限公司总经理

高　刘　包头铝业(集团)有限责任公司董事长、总经理

李福胜　神华集团包头矿业有限责任公司董事长

赵志顺　满族,中国第二冶金建设有限责任公司总经理、党委书记

朱振三　燕京啤酒(包头雪鹿)股份有限公司总经理

张跃武　包头市佳禾房地产开发有限公司董事长

薛　政　回族,包头东华热电有限公司总经理

李　喆　包头市冶金矿山机械制造有限公司董事长、党委书记

吕爱国　中国人民财产保险股份有限公司包头市分公司总经理

张晓英　女,包头市地方税务局副局长

洪宝柱　蒙古族,包头市工商行政管理局局长

于爱武　女,中共包头市委员会老干部局局长

贾文斌　中共包头市直属机关工作委员会副书记、纪工委书记

赵治华　包头钢铁(集团)有限责任公司稀土冶炼厂总工程师

张嘉星　包头钢铁(集团)有限责任公司供电厂厂长

张　智　蒙古族,包头铝业(集团)有限责任公司工会主席

刘前进　包头市昆都仑区总工会主席

王高乐　土默特右旗交通局党总支书记、局长

臧志红　女,包头供电局纪委书记

李世云　女,锡伯族,包头市昆都仑区人民检察院检察长

尤晓霞　女,包头百货大楼股份有限公司纪委书记

李献平　包商银行股份有限公司党委副书记

呼伦贝尔市(54 名)

郝龙海　满族,扎兰屯市浩饶山镇东平台村农民

刘雪梅　女,蒙古族,额尔古纳市上库街道办事处前进村农民

郭巴图　达斡尔族,莫力达瓦达斡尔族自治旗腾克镇伊兰台村农民

格根哈斯　女,蒙古族,陈巴尔虎旗乌珠尔苏木查干诺尔嘎查牧民

娜仁其其格　女,蒙古族,新巴尔虎左旗新宝力格苏木巴音希勒嘎查牧民

米德格玛　女,蒙古族,新巴尔虎右旗克尔伦苏木耐日莫德勒嘎查牧民

张庙根　满洲里市房屋住宅建筑有限责任公司农民工

张国友　满族,根河市方圆建筑工程有限责任公司施工员

刘政福　牙克石建兴建筑有限责任公司施工员

何　勇　鄂伦春族，鄂伦春自治旗托扎敏乡希日特奇猎民村委会主任

金大一　朝鲜族，阿荣旗新发朝鲜族乡新发村党支部书记

阿拉腾其木格　女，鄂温克族，鄂温克族自治旗辉苏木喜桂图嘎查党支部书记

崔连祥　鄂伦春族，呼伦贝尔安泰热电有限责任公司汇流河发电厂检修部电气班长

巴　图　蒙古族，内蒙古大雁矿业集团有限责任公司第一煤矿综采队长

潘凤涛　华能扎赉诺尔煤业有限责任公司灵泉露天煤矿汽采段技术员

钟志波　神华宝日希勒能源有限公司露天煤矿技术员

长　山　蒙古族，根河板业有限责任公司根河人造板厂总工艺师

朱守成　内蒙古自治区煤田地质局109勘探队钻机机长

刘伟斌　满族，中国联合网络通信有限公司呼伦贝尔市分公司光缆维护中心维护班长

杨秀燕　女，回族，呼伦贝尔市步森百货大楼有限公司营业员

王学辉　呼伦贝尔呼伦湖渔业有限公司乌尔逊河分公司工长

何冬梅　女，达斡尔族，鄂温克族自治旗环境卫生管理处工人

姜少波　满洲里市扎赉诺尔区市政公用事业管理局园林处司机

陈晶涛　海拉尔麦福劳有限责任公司品控部部长

刘　国　内蒙古自治区煤田地质局231勘探队技术主任

齐秀菊　女，鄂伦春自治旗大杨树镇齐秀菊诊所内科医生

任远国　呼伦贝尔市阳光牧场场长

赵立娟　女，扎兰屯市公安局出入境管理办公室主任

于海鹏　满族，海拉尔区信访领导小组办公室主任

许昂德　扎兰屯市地方税务局副局长

沃志民　达斡尔族，呼伦贝尔电业局调度处保护科长

辛亚军　蒙古族，牙克石市农业技术推广中心主任

吴秀丽　女，蒙古族，呼伦贝尔市海拉尔区林业工作站站长

周淑萍　女，蒙古族，牙克石市第七中学副校长

希日胡　蒙古族，新巴尔虎右旗第一中学教师

元　宝　蒙古族，陈巴尔虎旗第二中学教师

康绍芬　女，蒙古族，呼伦贝尔市教育教学研究培训中心幼特教育教研室主任

陈玉成　阿荣旗那吉屯一中校长

刘长山　满洲里市平安创伤医院院长

刘　军　海拉尔区人民医院骨科主任

康国莉　女，蒙古族，扎兰屯中蒙医院医务科主任

冯雪妍　女，呼伦贝尔市药品检验所化学室主任

鄂铁英　达斡尔族，莫力达瓦达斡尔族自治旗水务局水利工程管理站副站长

孙学庆　呼伦贝尔市气象局信息与技术保障中心科长

银　龙　华能伊敏煤电有限责任公司总经理

马洪祥　呼伦贝尔天顺矿业有限公司总经理

郎永昌　呼伦贝尔市深海印刷有限责任公司董事长

王景山　呼伦贝尔天成建筑安装工程集团有限责任公司董事长、总经理

何　文　满洲里市富豪房地产开发有限责任公司董事长、总经理

闫跻明　呼伦贝尔市天元运业有限责任公司扎兰屯分公司董事长、总经理

周　健　内蒙古牙克石五九煤炭（集团）有限责任公司财务总监

才　广　额尔古纳宏源电力有限责任公司工会主席

姚建平　中国人民银行新巴尔虎左旗支行行长

白桂荣　女，蒙古族，呼伦贝尔市红花尔基林业局工会副主席

兴安盟（32名）

包达林台　蒙古族，扎赉特旗巴达尔胡镇巴音陶海嘎查牧民

张冬林　蒙古族，科尔沁右翼中旗新佳木苏木界仁达巴嘎查农民

王秀华　女，蒙古族，科尔沁右翼前旗归流河镇乌兰尔格嘎查妇女主任

王洪亮　蒙古族，科尔沁右翼前旗鹏达建筑有限责任公司农民工

刘树辉　突泉县突泉镇恒兴彩砖厂农民工

王德君　乌兰浩特市乌兰哈达镇胡力台斯嘎查党支部书记

冯　全　扎赉特旗巴岱乡五家子村党支部书记

白　德　蒙古族,科尔沁右翼中旗吐列毛都镇博根扎拉嘎查党支部书记

战洪权　科尔沁右翼前旗科尔沁镇巴拉格歹乡兴安村党支部书记

董有林　突泉县东杜尔基镇杜祥村党支部书记

王玉全　蒙古族,乌兰浩特市宏立实业有限责任公司车间主任

孙晓艳　女,扎赉特旗安德新型建筑建材厂工人

田玉华　女,蒙古族,科尔沁右翼中旗友枫民族地毯厂工会主席

宋广和　内蒙古科尔沁王酒业有限责任公司机修车间主任

张　俭　突泉县莲花山矿业有限责任公司工人

朱翠兰　女,红云红河烟草(集团)有限责任公司乌兰浩特卷烟厂通辽销售区经理

张恩忠　乌兰浩特市绿洁垃圾处理厂工人

姜秀琴　女,阿尔山市粮食局阿尔山军粮供应站业务员

李冬梅　女,乌兰浩特市兴安家政培训就业中心经理

王福才　内蒙古自治区国营奈伦牧场场长

张　青　兴安盟公安局支队长

孙久仁　兴安盟新能源应用研究所主任

于铁柱　蒙古族,乌兰浩特第五中学校长

宗国升　兴安盟广播电视大学校长

王　民　兴安盟气象局局长

沈建平　兴安盟草原工作站站长

籍忠海　乌兰浩特红城水泥有限责任公司总经理

李清武　扎赉特旗宏厦建筑安装工程有限责任公司经理

张贵青　乌兰浩特金鹿运业(集团)有限责任公司董事长

李庆年　兴安盟地方税务局局长

张　峰　兴安盟五岔沟林业局局长

姜雪梅　女,科尔沁右翼前旗人口和计划生育局局长

通辽市(67 名)

迎　春　女,蒙古族,科尔沁左翼后旗努古斯台镇伊和文都嘎查牧民

姜凤春　女,科尔沁左翼后旗甘旗卡镇好力保村农民

谷占英　女,蒙古族,霍林郭勒市达来胡硕街道河热木特社区副主任

丁乃民　开鲁县乃民蔬菜种植专业合作社理事长

裴立国　通辽市科尔沁区大林镇乌斯土村农民

张连荣　通辽市科尔沁区钱家店镇查干花村农民

斯日古楞　女,蒙古族,库伦旗额勒顺镇泊白嘎查牧民

顾双燕　女,奈曼旗明仁苏木保安村农民

席根小　女,蒙古族,奈曼旗固日班花苏木干代嘎查农民

韩乌兰　蒙古族,扎鲁特旗鲁北镇振兴村乌兰奶站牧民

蔡继成　蒙古族,科尔沁左翼中旗舍伯吐镇团结一嘎查农民

于俊艳　女,蒙古族,科尔沁左翼中旗保康镇大辛屯村农民

韩根泉　蒙古族,通辽市塔本扎兰小泉皮革制品有限公司工人

张利伟　蒙古族,通辽经济开发区河西街道办事处坤都庙村党支部书记

高广慧　通辽市科尔沁区清河镇西伯村党支部书记

李　强　库伦旗库伦镇马家洼子村党支部书记

张春良　奈曼旗新镇北大营子村党支部书记

田玉喜　科尔沁左翼中旗图布信苏木后召斯冷嘎查党支部书记

李阿拉坦巴根　蒙古族,科尔沁左翼中旗珠日河牧场直属分场党支部书记

刘宪臣　霍林郭勒东方机电修造有限责任公司董事长

单伟华　开鲁县华蒙开源商贸有限责任公司董事长

刘宏阁　内蒙古威林酒业有限责任公司总经理

黎　倩　女,土家族,康臣药业(内蒙古)有限责任公司车间主任

贾爱红　内蒙古源源能源集团有限责任公司 968 采区区长

吕艳华　女,开鲁县开鲁镇城东杂粮收购站经理

王洪艳　女,通辽市乾坤烟花有限责任公司车间主任

刘淑香　女,通辽梅花生物科技有限公司工人

王宝海　内蒙古霍煤通顺碳素有限责任公司班长

张玉杰　女，蒙古族，奈曼旗安发特种线材有限责任公司车间主任

罗　星　内蒙古霍煤鸿竣高精铝业有限责任公司车间主任

白立杰　通辽市通华蓖麻化工有限责任公司车间主任

曹丽华　女，内蒙古通辽岳泰股份有限公司保管员

薛晓霞　女，通辽市环境卫生管理处队长

那海云　女，满族，中电投蒙东能源集团有限责任公司扎哈淖尔分公司工人

刘图雅　女，蒙古族，扎鲁特旗希日莫羊绒纺织品有限责任公司工人

吴双喜　蒙古族，通辽市科尔沁区人民法院院长

林　发　蒙古族，库伦旗广播电视转播台台长

涛　高　蒙古族，科尔沁左翼后旗吉尔嘎朗中学党总支书记、校长

胡达来　蒙古族，通辽市蒙医整骨医院院长

陈　光　科尔沁左翼后旗人民医院副院长

杨鸿雁　女，满族，通辽市科尔沁区解放小学校长

杨立起　蒙古族，奈曼旗妇幼保健所所长

谢凤才　奈曼旗舍力虎水库工长

谭福泉　蒙古族，通辽市交通局副总工程师

孙成山　蒙古族，通辽市医院消化内科主任

王　庆　通辽市高级技工学校校长

王洪生　蒙古族，通辽一中校长

刘　锋　通辽第五中学校长

孙　发　通辽实验中学校长

马忠钰　通辽市公安局刑警支队队长

柴永江　通辽市林业工作站站长

王月英　女，蒙古族，通辽市农牧业经营管理站站长

张守乾　通辽市农牧业局副局长

于艳君　女，中共通辽市委党校副校长

张旺东　内蒙古龙旺地质勘探有限责任公司董事长

刘凤岭　内蒙古利牛生物化工有限责任公司董事长

宋连喜　蒙古族通辽市运输有限责任公司董事长

石凤楼　通辽市平安房地产开发有限责任公司董事长

王洪明　中国移动通信集团内蒙古有限公司通辽分公司经理

刘凤友　通辽霍林河坑口发电有限责任公司经理

李玉泉　内蒙古东部电力有限公司通辽电业局局长

李永进　通辽市华进土石方工程有限责任公司董事长

达富白乙　蒙古族，中央储备粮通辽甘旗卡直属库主任

毛金明　通辽金煤化工有限公司总工程师

左可胜　内蒙古东蒙水泥有限公司车间主任

盛殿武　通辽发电总厂党委副书记、工会主席

马玉刚　华能内蒙古通辽风电项目筹备处项目经理

赤峰市（84 名）

王　斌　赤峰市松山区岗子乡大榆营村村民组长

迟桂霞　女，满族，赤峰市元宝山区平庄镇向阳村农民

赵国斌　蒙古族，翁牛特旗乌丹镇东门外村农民

张　有　巴林右旗幸福之路苏木胜利村农民

乌恩其　蒙古族，巴林右旗巴彦塔拉苏木哈日根塔拉嘎查牧民

陈桂荣　女，巴林左旗十三敖包镇解放村农民

边振廷　林西县新城子镇七合堂村野果协会会长

王世荣　女，蒙古族，喀喇沁旗美林镇两家村妇联主任

徐占青　宁城县甸子镇白石关村农民

王兆龙　女，宁城县必斯营子乡必斯营子村农

民东义　蒙古族，赤峰宏基建筑（集团）有限公司安全员

孙建国　元宝山向阳黑山青年联营煤矿采煤队工人

孙占友　蒙古族，赤峰市永兴房地产开发有限责任公司工人

王俊岭　巴林左旗辽都矿业有限责任公司工人

肖凤琴　女，林西县城镇管理局清洁公司清洁工

单秀梅　女，克什克腾旗经棚镇新城宾馆员工

于晓龙　金龙恒源敖汉旗水泥制品厂经理

宋旭东　蒙古族，赤峰市红山区桥北街道办事处六大份村党总支书记、村主任

杨文山　赤峰市松山区大庙镇公主陵村党支部书记

王敏太　赤峰市元宝山区元宝山镇南荒村党总支书记

曹凤秋　女，翁牛特旗五分地镇板石吐村党支部书记

王福泉　蒙古族，翁牛特旗示范牧场额日茫哈嘎查嘎查长

翟志英　女，阿鲁科尔沁旗双胜镇小新庙村委会主任

韩广忠　巴林左旗林东镇宏伟庄村党支部书记

高清山　林西县林西镇南街村党支部书记

陈庆发　克什克腾旗经棚镇光明村党支部书记

张国义　敖汉旗宝国吐乡永元号村农民

鲁天才　巴林右旗庆州建筑有限责任公司经理

于　荣　赤峰荣兴堂药业有限责任公司总经理

周　正　宁城县明达建筑工程有限公司董事长

胡万强　敖汉旗万强商运有限责任公司经理

刘宝华　赤峰市威龙汽车贸易有限公司销售经理

王凤龙　赤峰维信羊剪绒制品有限公司鞣染车间主任

宋喜有　赤峰市红山区城市市容环境卫生管理局环卫清洁二大队工人

李永生　翁牛特旗交通运输管理所稽查员

胡振江　巴林右旗公路管理工区养路工

牛志广　喀喇沁旗农电局调度所所长

孙景晖　满族,喀喇沁旗龙都安石材厂销售部部长

李　颖　女,内蒙古塞飞亚集团有限责任公司物流管理部主任

金　山　内蒙古金陶股份有限公司六号采区工人

陈玉学　燕京啤酒(赤峰)有限责任公司车间主任

许政超　内蒙古东部电力有限公司赤峰电业局送电工区班长

吴占文　赤峰中色库博红烨锌业有限公司技术员

李　刚　蒙古族,赤峰天奇制药有限责任公司设备动力车间主任

赵学军　内蒙古辽河工程局股份有限公司建筑安装施工队队长

李云令　赤峰市建设建筑(集团)第一工程有限公司工人

韩志平　赤峰西城建筑有限公司架子工组组长

辛跃明　敖汉旗公路管理工区修理工

郝文义　翁牛特旗公路管理工区养路工

徐春青　赤峰元煤矿区物业管理有限责任公司水电暖管理中心司炉工

张爱政　内蒙古平庄能源股份有限公司古山煤矿采煤队长

张国艳　内蒙古平庄能源股份有限公司老公营子煤矿综掘一队班长

高国兴　赤峰市公安局交通警察支队红山大队主任科员

陈　卓　翁牛特旗治沙站站长

王秀芝　女,蒙古族,赤峰市农牧科学研究院蔬菜研究所所长

康健丽　女,蒙古族,宁城县气象局预报员

黎　明　女,满族,赤峰旺香婷商贸有限责任公司经理

刘世军　蒙古族,赤峰柴胡栏子黄金矿业有限公司北采区副主任

张素敏　女,赤峰红旗中学教师

王　禹　赤峰市元宝山区第一中学校长、党总支书记

张　勤　阿鲁科尔沁旗职业技术教育培训中心校长

李万臣　林西富源矿业有限责任公司生产技术科科长

钱永庆　蒙古族,克什克腾旗经棚一中教师

李　俊　赤峰市水利勘测设计院副院长

尹辑文　女,赤峰学院物理与电子信息工程系党总支书记

乌志颜　蒙古族,赤峰市林业科学研究所副所长

李利民　赤峰市农业环保能源站站长

刘国荣　女,赤峰市草原工作站站长

郑天生　赤峰市计划生育技术服务中心主任

汪贺成　元宝山发电有限责任公司环保运管车间工程师

唐广荣　女,赤峰二中教师

何广文　赤峰市中心血站站长

张郁达　蒙古族,赤峰奔腾实业集团有限公司董事长

范才兵　中钢集团赤峰金鑫矿业有限公司总经理

张国平　蒙古族,元宝山大黑山煤炭有限责任公司总经理

卞文明　赤峰人川大药房连锁有限公司总经理

卢俊杰　蒙古族,阿鲁科尔沁旗巴彦包特水泥有限责任公司经理

宝志强　蒙古族,赤峰东信绒毛制品有限公司董事长

葛桂平　蒙古族,内蒙古银都矿业有限责任公司总经理

吴增恒　燕京啤酒(中京)有限公司总经理

张淑梅　女,赤峰墨香阁文化艺术有限公司墨香阁茶艺楼店长

黄素敏　女,蒙古族,赤峰市中级人民法院纪检组长

王卫东　赤峰市地方税务局局长

魏景峰　敖汉旗农电局局长

锡林郭勒盟(27名)

郝秀花　女,正镶白旗乌兰察布苏木沙日盖嘎查牧民

德力格尔玛　女,蒙古族,镶黄旗巴音塔拉镇敖本高勒嘎查牧民

额日和穆巴图　蒙古族,东乌珠穆沁旗道特淖尔镇巴彦宝拉格嘎查牧民

娜仁通嘎拉　女,蒙古族,西乌珠穆沁旗乌日巴彦胡舒苏木牧民

宋占军　多伦县蔡木山乡一家河村农民

宝音陶格陶　蒙古族,乌拉盖管理区贺斯格乌拉牧场牧民

巴特尔　蒙古族,阿巴嘎旗查干淖尔镇阿拉腾图亚嘎查嘎查长

孟克巴图　蒙古族,苏尼特左旗满都拉图镇巴彦杭盖嘎查嘎查长

沙仁高娃　女,蒙古族,太仆寺旗贡宝拉格苏木乌兰淖尔嘎查党支部书记

岳　剑　正蓝旗阳光超市经理

裴国庆　内蒙古国电能源投资有限公司锡林热电厂工会主席

王秀玲　女,苏尼特右旗今朝食业有限责任公司仓储保管员

肖喜林　锡林郭勒盟红井源油脂有限责任公司车间组长

耿建勇　内蒙古平西白音华煤业有限公司采矿一部铲车司机

唐桂芬　女,锡林浩特养路工区道班班长

王海龙　二连浩特市环境卫生管理所车队队长

朝伦巴特尔　蒙古族,锡林郭勒盟森林草原防火指挥部科长

王素荣　女,锡林郭勒盟水利局水政水资源科科长

耿爱民　锡林郭勒盟建设工程质量监督站监督员

戴岩峰　蒙古族,锡林郭勒盟医院内科主任

哈斯巴根　蒙古族,锡林郭勒盟蒙古中学校长

包　祥　蒙古族,锡林郭勒盟草原工作站站长

苗　坤　中国石油华北油田公司二连分公司经理

李向良　内蒙古上都发电有限责任公司总经理

安学德　锡林浩特市德克隆生活广场总经理

孟玉珍　女,锡林郭勒盟民族歌舞团团长、书记

韩俊蒙　锡林浩特市公安局副局长

乌兰察布市(45名)

格日乐　女,蒙古族,四子王旗查干补力格苏木蒙古艾里旅游点负责人

武爱兰　女,商都县西井子镇赛勿素村农民

郝金莲　女,凉城县蛮汉镇崞县夭村农民

金银和　丰镇市红砂坝镇十八台村蔬菜协会会长

孟铁锁　卓资县旗下营镇青山村农民

王润兰　女,察右前旗三岔口乡十二洲村农民

乌力吉巴雅尔　蒙古族,乌兰察布市集宁区白海子镇七苏木村农民

周玉海　商都县民宇水泥有限责任公司农民工

马拴柱　察右前旗黄茂营乡甘草村农民工

宋英珍　化德县建筑安装工程有限责任公司农民工

赵素青　女,蒙古族,商都县志成房屋建筑维修队农民工

刘平胜　卓资县红召乡中心学校农民工

田　俊　凉城县光源建筑工程有限责任公司农民工

连　军　兴和县大库联乡五号村党支部书记

布和朝鲁　蒙古族,四子王旗查干补力格苏木巴音嘎查党支部书记

孙　来　察右后旗当郎忽洞苏木補力图村委会主任

乔屹基　卓资县梨花镇东壕赖村党支部书记

韩双喜　察右中旗辉腾锡勒园区乡转经召村党支部书记

张　恒　化德县恒利农业综合开发有限责任公司经理

兰卫鑫　内蒙古鑫兴建筑劳务有限公司总经理

吴文兰　女,蒙古族,中国联合网络通信有限公司乌兰察布市分公司客户经理

张根九　内蒙古丰川酒星酒业有限责任公司制酒车间主任

李成龙　兴和县东方建筑安装有限责任公司第一项目部经理

邢士彬　兴和县鲁夏老邢百货精品批发超市负责人

侯瑞强　内蒙古天辅乳业有限公司料房班长

陈孝俊　回族,乌兰察布市集宁区城管局环卫二所清掏队队长

魏哲明　蒙古族,内蒙古超高压供电局集宁东送

交易管理所主任

宁　岗　乌兰察布市劳动教养管理所科长

张晓红　女,兴和县森林公安局副局长

明润兰　女,蒙古族,四子王旗疾病预防控制中心医生

范志斌　察右后旗农牧业局种子管理站站长

刘树浑　凉城县计生服务站站长

张　国　乌兰察布市集宁福瑞特薯业有限公司脱毒马铃薯研发中心主任

开　花　女,蒙古族,乌兰察布市蒙古族中学教师

关慧明　达斡尔族,乌兰察布市新技术开发服务中心会长

李凤岐　乌兰察布市地下水资源勘探队队长

王大成　乌兰察布市中心医院院长

李增柱　乌兰察布市卫生学校校长

侯登旺　乌兰察布电业局局长

王日升　中国移动通信集团内蒙古有限公司乌兰察布分公司总经理

殷贵花　女,中国石油天然气股份有限公司乌兰察布销售分公司党委书记、工会主席

张　平　内蒙古岱海发电有限责任公司总经理

张　颖　内蒙古双汇食品有限公司生产主管

王威士　内蒙古蒙电华能热电股份有限公司丰镇发电厂副厂长

韩振宇　察右后旗工业经济委员会主任

鄂尔多斯市(53名)

郑文英　女,蒙古族,鄂尔多斯市东胜区公园街道碾盘梁村农民

敖腾其其格　女,蒙古族,达拉特旗展旦召苏木展旦召嘎查牧民

陈桂英　女,蒙古族,伊金霍洛旗伊金霍洛镇布拉格嘎查牧民

吉木斯　女,蒙古族,杭锦旗锡尼镇浩绕柴达木嘎查牧民

桑吉德玛　女,蒙古族,鄂托克旗阿尔巴斯苏木巴音陶勒盖嘎查牧民

孟成财　鄂托克前旗二道川乡农民蔬菜协会会长

赵俊伟　女,达拉特旗义和家具销售中心业务经理

刘国青　准格尔旗窑沟乡扶贫煤矿机电队长

董明亮　准格尔旗龙口镇魏家峁村农民

贺永平　鄂尔多斯市乌兰煤炭集团有限责任公司农业园区技术员

千巴音　蒙古族,准格尔旗纳日松镇勿图沟村党支部书记

阿文色林　蒙古族,伊金霍洛旗札萨克镇门克庆嘎查党支部书记

樊立忠　乌审旗无定河镇小石砭村主任

刘美霞　女,鄂尔多斯市东胜区环境卫生事业局业务队长

刘志全　神东天隆集团有限责任公司武家塔露天煤矿矿长

吉嘎苏　女,蒙古族,内蒙古远兴能源股份有限公司碱湖试验站工人

梁海军　杭锦旗恒益建工有限责任公司牧业管理中心经理

赵玉宏　女,内蒙古鄂尔多斯投资控股集团有限公司挡车工

赵国明　神华准格尔能源有限责任公司黑岱沟露天煤矿总工长

邵　力　神华神东煤炭集团有限责任公司布尔台煤矿矿长助理

王世宽　鄂尔多斯市东胜区城市排水事业局工程师

谭井坤　新能能源有限公司工程师

贯玉梅　女,达拉特旗九洲驰名家电有限责任公司经理

张海龙　杭锦旗人民法院沿河地区中心人民法庭庭长

张文政　北方联合电力有限责任公司达拉特发电厂生产技术部部长

杨保林　鄂尔多斯市广播电视局交通台台长

张　钧　达拉特旗种子公司总农艺师

特木尔　蒙古族,鄂尔多斯市蒙古族第二中学教师

阿拉腾其木格　女,蒙古族,鄂托克旗蒙古族中学教师

斯琴巴拉　女,蒙古族,鄂托克前旗文化广播电视局演员

石伟新　内蒙古能源有限责任公司长城煤矿矿长

乔玉良　鄂尔多斯电业局生产技术处处长

杨志伦　中国石油天然气股份有限公司长庆油田分公司苏里格中部气田开发项目部经理

尹成国　亿利资源集团有限公司高级副总裁

李成才　内蒙古伊泰集团有限公司副总经理

贾中文　内蒙古博源控股集团有限公司纳林河二

号矿井项目部负责人

刘丽芬　女，内蒙古蒙西高新技术集团有限公司质检室主任

杨永锋　蒙古族，鄂尔多斯市农牧业局草地牧业综合开发办公室主任

苗凤清　鄂尔多斯市水土保持工作站站长

张永才　鄂尔多斯市气象局科技咨询服务中心科长

康　富　鄂尔多斯市电化教育馆馆长

刘永清　鄂尔多斯市第二人民医院院长

余浩杰　中国石油天然气股份有限公司长庆油田分公司苏里格气田开发指挥部副指挥

孙　平　内蒙古新大地建设集团股份有限公司董事长、总裁

杜培清　内蒙古五鑫置业集团有限责任公司董事长、总裁

陈玉文　准格尔旗蒙南煤炭有限责任公司董事长、总经理

王占勇　神华新街能源有限责任公司董事长

王兴中　神华包神铁路有限责任公司董事长、总经理

王永华　内蒙古鼎盛投资集团有限责任公司董事长

魏生厚　内蒙古电力（集团）有限责任公司薛家湾供电局党委书记、副局长

刘　斌　鄂尔多斯市东胜区建设局局长

越永清　蒙古族，准格尔旗总工会主席

王　中　鄂托克旗农电局党支部书记

巴彦淖尔市（44 名）

张志德　巴彦淖尔市临河区双河镇进步村农民

梁恩洁　女，巴彦淖尔市临河区城关镇晨光村农民

花　日　女，蒙古族，乌拉特中旗呼勒斯太苏木温更嘎查牧民

龙　梅　女，蒙古族，乌拉特中旗新忽热苏木白兴图嘎查牧民

巴德玛　女，蒙古族，乌拉特后旗获各琦苏木乌宝力格嘎查牧民

刘耀宗　磴口县沙金套海苏木巴音温都尔嘎查农民

乌兰布亚　女，蒙古族，磴口县巴彦高勒镇沙拉毛道嘎查农民

孟更巴雅尔　蒙古族，五原县巴彦套海镇锦旗村农民

冯福琴　女，巴彦淖尔市临河区环境卫生管理局清扫工

韩建华　女，内蒙古临海化工股份有限公司工人

哈达其劳　蒙古族，乌拉特前旗白彦花镇乌日图高勒嘎查党支部书记

阿日文斤　蒙古族，乌拉特后旗潮格温都尔镇西日淖尔嘎查党支部书记

王有平　五原县天吉泰镇熊万库村党支部书记

马维义　杭锦后旗陕坝镇中南渠村党支部书记

李占龙　回族，杭锦后旗陕坝镇园子渠村党支部书记

吴　海　乌拉特前旗益生圆农贸专业合作社理事长

蔺　峰　内蒙古巴彦淖尔经济开发区管理委员会驾驶员

安淑玲　女，满族，内蒙古乌拉山化肥有限责任公司电控部技术员

耿利军　内蒙古黄河铬盐有限公司安全环保部长

武永斌　内蒙古经纬建设有限公司技术员

冯良武　内蒙古海流图边防公路机械化养护队道班长

李启旺　巴彦淖尔市临河区环境卫生管理局清掏队队长

张　维　巴彦淖尔市锦宝建筑工程有限责任公司项目经理

马忠强　回族，五原县鑫郡农畜产品有限责任公司营销经理

马丽梅　女，回族，五原县同盛饭店经理

王卫新　蒙古族，巴彦淖尔市公安局刑侦支队政委

苏晓东　蒙古族，巴彦淖尔市科技信息研究所党支部书记

王改桃　女，乌拉特前旗农业局副局长

傅三顺　河套大学远程教育学院院长

李凤娥　女，巴彦淖尔市临河区第五中学教师

刘俊芳　女，巴彦淖尔市医院主任医师

李宇清　女，巴彦淖尔市水利水电勘测设计院设计室主任

李建明　巴彦淖尔市林业勘测设计队队长

杨子龙　内蒙古金川保健啤酒高科技股份有限公司总经理

乔文胜　乌拉特中旗大公热力有限责任公司董事长

吴健辉　巴彦淖尔紫金有色金属有限公司总经理

郝翔宇　内蒙古鑫源泰投资集团总经理

王志坚　蒙古族，巴彦淖尔电业局局长、党委副书记

李光伟　联邦制药(内蒙古)有限公司总经理
利　军　蒙古族,巴彦淖尔市工商行政管理局党组书记、局长
张喜林　巴彦淖尔市气象局局长
王金凤　女,杭锦后旗电力有限责任公司党总支书记
秦小云　乌拉特前旗交通局局长
张宝蓉　女,杭锦后旗妇女联合会主席

乌海市(28名)

白金喜　蒙古族,乌海市铸嵘铁业有限责任公司工人
王锁清　乌海市海南区巴音陶亥镇渡口村党总支书记
魏孝华　乌海市路天矿业有限责任公司综放队队长
董贵林　乌海市义和机械有限责任公司工人
刘　军　蒙古族,乌海市宏阳焦化有限责任公司车间主任
陈兰洲　内蒙古万晨能源股份有限公司千峰水泥分公司车间主任
贺晓峰　乌海蓝星玻璃有限责任公司煤气车间主任
魏广云　乌海市众成工贸有限责任公司工人
孙兆凤　女,北方联合电力有限责任公司海勃湾发电厂运行部值长
白　瑞　乌海市公共交通有限责任公司司机
张俊玲　女,乌海市祥苑保洁有限公司保洁工
郭争光　内蒙古华立建设工程有限公司项目经理
雷云梅　女,蒙古族,乌海市海勃湾公路段道班班长
白利军　蒙古族,乌海市海勃湾区环境卫生管理局装卸工
乌　云　女,蒙古族,海勃湾额克白嘎力饭店主管
赵旭春　女,乌海市气象局副科长
田　野　乌海市海勃湾区农业科技服务中心站站长
李雪涛　乌海市海美斯陶瓷有限公司设计员
王均喜　乌海市林业工作站站长
王永萍　女,乌海市第六中学教师
刘凤玲　女,乌海市妇幼保健院副院长
闫胜利　乌海市公安局指挥中心主任
安世兵　乌海市农业技术推广站站长
付祖福　乌海黑猫炭黑有限责任公司总经理
熊玉昆　蒙古族,内蒙古蒙西建设集团有限公司总裁
郑楚英　女,内蒙古乌海化工股份有限公司总经理
郝占彪　乌海电业局局长
刘　森　乌海市地方税务局直属征收管理局局长

阿拉善盟(16名)

杨其岩　中盐吉兰泰盐化集团有限公司制碱事业部纯碱分厂工段长
黄朝军　内蒙古太西煤集团兰山煤业有限责任公司兴泰煤矿矿长
石永福　阿拉善左旗市容环境卫生管理局清洁队队长
敖　敦　女,蒙古族,阿拉善右旗塔木素卫生院护士
付惠玲　女,阿拉善人民广播电台汉语新闻中心主任
多红霞　女,额济纳旗金龙宾馆经理
张发荣　中盐雅布赖盐化集团有限公司副总经理、总工程师
庄光辉　蒙古族,阿拉善盟草原工作站站长
田永祯　阿拉善盟林业治沙研究所所长
种白玉　女,阿拉善左旗第二幼儿园园长
阿拉腾呼依格　蒙古族,阿拉善蒙古族完全中学摔跤教练
安恩达　蒙古族,内蒙古金沙苑生态工程有限责任公司董事长
王继生　阿拉善电业局局长、党委副书记
包宪玉　蒙古族,阿拉善盟公安边防支队政治委员
林录明　阿拉善左旗旗委副书记
奇志新　蒙古族,阿拉善右旗电力有限责任公司经理

内蒙古森工集团公司(19名)

韩先福　阿尔山林业局贮木场检验队木材检验员
聂宪林　阿龙山林业局综合服务处主任
温建民　蒙古族,毕拉河林业局防火防汛处四方山外站站长
马淑梅　女,绰尔林业局敖尼尔林场森林管护员
董作星　蒙古族,绰源林业局翠岭林场作业组长
白春伟　大杨树林业局森林消防队班长

谢　文　女，甘河林业局甘源林场女子营林队队长
王永义　金河林业局亚金沟林场主任
赵　玉　克一河林业局诺敏经营所采伐工
冯国庆　回族，库都尔林业局小九亚经营林场主任
鲁国忠　满归林业局贮木场检尺队队长
关凤武　满族，莫尔道嘎林业局汽车运修队队长
梁福进　图里河林业局经营林场工人
许凤海　女，吉文林业局吉库林场加油工
宛　晨　回族，伊图里河林业局温河贮木场主任
高希明　根河林业局局长
路　斌　得耳布尔林业局局长
田凤奇　达斡尔族，乌尔旗汉林业局党委副书记
张春荣　女，蒙古族，阿里河林业局工会副主席

呼和浩特铁路局（15名）

陈计平　呼和浩特铁路局包头客运段厨师
孟宪武　呼铁局恒诺（集团）公司公寓主任
高　平　呼和浩特铁路局集宁车务段十八台站站长
李润久　呼和浩特铁路局集宁工务段线路工长
阴祖飞　呼和浩特铁路局包头西车辆段车辆钳工
张　忠　呼和浩特铁路局包头西机务段工人
陈海峰　女，蒙古族，内蒙古集通铁路（集团）有限责任公司锡林浩特车务段工人
刘利萍　女，呼和浩特铁路局呼和浩特站客运车间主任
郭生富　呼和浩特铁路局调度所工程师
甄忠义　呼和浩特铁路局党委书记
杨成岩　呼和浩特铁路局包头车站党委书记
曲永堂　呼和浩特铁路局工会主席
王连春　呼和浩特铁路局总工程师室总工程师
于文峰　蒙古族，呼和浩特铁路局副局长
陈文虎　满族，呼和浩特铁路局恒诺（集团）公司总工程师

哈尔滨铁路局（4名）

金荣贵　哈尔滨铁路局根河车务段车间主任
张洪印　哈尔滨铁路局加格达奇工务段工长
吴德嘉　哈尔滨铁路局装卸管理所满洲里分所所长
关宝岩　满族，哈尔滨铁路局总工程师

沈阳铁路局（4名）

王洪松　沈阳铁路局白音胡硕车务段段长
程国栋　蒙古族，沈阳铁路局通辽工务段工长
张　洁　女，沈阳铁路局赤峰车务段赤峰站服务员
孟德第　沈阳铁路局经济开发总公司通辽铁盛集团公司经理

内蒙古电力集团公司（12名）

李智玲　女，包头供电局修试处保护班工人
王金兰　女，薛家湾供电局修试管理处高压试验班一级工程师
徐博华　女，蒙古族，阿拉善电业局财务处出纳
吉日嘎拉　蒙古族，锡林郭勒电业局输电管理处运检班班长
吕学峰　内蒙古第一电力建设工程有限责任公司项目经理
陈万金　乌兰察布电业局变电管理二处二级工程师
杨会凌　鄂尔多斯电业局输电管理处工人
徐家澍　内蒙古电力信息通信中心主任
杨水山　内蒙古电力（集团）有限责任公司工程师
姚树华　内蒙古自治区电力科学研究院副总工程师
李　燕　女，内蒙古电力（集团）有限责任公司工会主席
李二宏　内蒙古送变电有限责任公司副总经理

北方联合电力公司（12名）

张玉箫　女，蒙古族，内蒙古上都发电有限责任公司检修部工人
陈　亮　达拉特发电厂运行一部集控三值值长
王　生　蒙古族，乌海热电厂热工班副班长
李富斌　丰镇发电厂运行部总值长
胡鹏怀　包头第一热电厂运行二部运行三值值长
高国强　内蒙古北联电能源开发有限责任公司高头窑煤矿筹备处综掘队队长
吴红斌　包头第二热电厂检修部机化队安全员

周志刚　北方魏家峁煤电有限责任公司安全质量部部长

吕　慧　北方联合电力有限责任公司董事长、党委书记

红　焰　女,蒙古族,内蒙古北方龙源风力发电有限责任公司党委书记

李国宝　北方联合电力有限责任公司总工程师

王凤琴　女,北方联合电力有限责任公司副总经济师

国电能源投资公司(4名)

李　东　准大发电厂运行一值工人

丽　亚　女,蒙古族,锡林热电厂运行部化学试验室班长

师　正　新丰热电厂副厂长

刘国梁　内蒙古国电能源投资有限公司董事、副总经理

蒙东电力(1名)

魏国友　内蒙古东部电力有限公司呼伦贝尔电业局局长

邮政(3名)

刘汉斌　鄂尔多斯市鄂托克前旗邮政局投递员

张丽娜　女,蒙古族,兴安盟邮政局大客户服务部主任

李　杰　赤峰市邮政局松山分局老府支局营业员

联通(3名)

曹　义　中国联合网络通信有限公司苏尼特右旗分公司维护工作站站长

唐　艺　女,满族,中国联合网络通信有限公司鄂尔多斯市分公司设备维护中心副经理

张向东　中国联合网络通信有限公司卓资县分公司经理

移动(2名)

王升元　中国移动通信集团内蒙古有限公司系统维护室主任

李玉明　中国移动通信集团内蒙古有限公司赤峰分公司总经理

地质(3名)

李泊洋　内蒙古自治区第十地质矿产勘查开发院项目负责人

李慧强　内蒙古自治区矿产实验研究所化探分析室主任

李旺盛　内蒙古矿业开发有限责任公司总经理

直属高校(8名)

祁柱晓　内蒙古电子信息职业技术学院院长

李春萍　女,内蒙古工业大学科学技术处处长

白秀云　女,蒙古族,内蒙古化工职业学院副院长

白布和　蒙古族,呼和浩特民族学院党委书记

霍洪军　内蒙古医学院第二附属医院院长

刘　斌　内蒙古师范大学附属中学校长

周欢敏　内蒙古农业大学科技处处长

魏喆妍　女,蒙古族,内蒙古财经学院会计学院院长

财贸轻纺烟草(10名)

董河凤　女,中国石油天然气股份有限公司内蒙古呼和浩特销售分公司公安厅加油站副经理

张伊拉　蒙古族,内蒙古自治区盐业公司鄂尔多斯市分公司东胜区支公司经理

李利平　内蒙古自治区烟草公司呼和浩特市公司物流配送中心工人

韩建明　内蒙古土产副食品股份有限公司农副产品经营部经理

邢贞武　中国华粮物流集团扎兰屯国家粮食储备库主任

郭海旺　内蒙古自治区餐饮与饭店行业协会秘书长

杜吉洲　中国石油天然气股份有限公司呼和浩特石化分公司总经理

王永和　中国石油天然气股份有限公司内蒙古销售分公司党委书记

赵　绩　恒泰证券股份有限公司工会主席

戈　岚　女，蒙古族，中国银联内蒙古分公司副总经理

建筑建材公路运输（2名）

刘凤林　女，内蒙古高等级公路建设开发有限责任公司指挥调度监控中心副主任

赵玉春　满族，内蒙古交通设计研究院有限责任公司测绘设计处处长

国防化工机械（1名）

周林峰　中海石油天野化工股份有限公司总经理

直属机关企事业（19名）

刘全喜　内蒙古自治区公安厅信访处主任科员

安玉麟　内蒙古自治区农牧业科学院总农艺师

乌力吉特古斯　蒙古族，内蒙古自治区中蒙医医院副院长

石少宏　内蒙古自治区气象台科长

郭文生　内蒙古自治区地震工程研究勘察院院长

张建亮　内蒙古自治区军粮供应中心主任

张学英　女，蒙古族，神华集团准格尔能源有限责任公司选煤厂煤质化验室技术员

杨鹏英　神华集团准格尔能源有限责任公司大准铁路公司车辆段检车员

同力革　蒙古族，中国电信集团公司内蒙古自治区包头市电信分公司运行维护部副经理

王　珂　女，蒙古族，中国国际航空股份有限公司内蒙古分公司乘务长

许　明　内蒙古西蒙集团有限公司财务总监

黄增芳　女，满族，内蒙古自治区地质调查院生产和科研项目负责人

刘志刚　内蒙古自治区航空遥感测绘院数字摄影测量室主任

徐　发　内蒙古自治区有色地质勘查局108队副队长、总工程师

陈玉柱　内蒙古集通铁路（集团）有限责任公司总经理

郭殿奎　内蒙古大唐国际托克托发电有限责任公司党委书记、副总经理

赵文奎　华电内蒙古能源有限公司副总经理

赵　劲　满族，内蒙古自治区审计信息与计算技术服务中心主任

赵　兵　内蒙古自治区财政厅社会保障处处长

人民银行（1名）

亢　林　人民银行呼和浩特中心支行支付结算处处长

中国银行（1名）

张艳军　中国银行股份有限公司内蒙古巴彦淖尔市分行行长

工商银行（3名）

田　欣　女，中国工商银行股份有限公司包头青山支行行长

赵玉清　女，中国工商银行股份有限公司内蒙古分行营业部乌兰察布路支行行长

张凤山　中国工商银行股份有限公司鄂尔多斯分行党委书记、行长

建设银行（1名）

黄先俊　蒙古族，中国建设银行股份有限公司内蒙古分行行长

农业银行（2名）

付艳春　女，中国农业银行股份有限公司赤峰松

山支行营业室主任

贾军　中国农业银行鄂尔多斯东胜支行银泰分理处主任

农业发展银行(1名)

董晓丽　女,蒙古族,中国农业发展银行阿拉善盟分行财会信息部高级副主管

国家开发银行(1名)

马健　国家开发银行股份有限公司内蒙古自治区分行行长

人寿保险(1名)

王海平　中国人寿保险股份有限公司鄂尔多斯分公司员工

财产保险(1名)

吴建林　中国人民财产保险股份有限公司内蒙古自治区分公司总经理

民航(1名)

李新　内蒙古自治区民航机场集团有限责任公司主管助理

国税(2名)

武培俊　鄂尔多斯市国家税务局征管科副主任科员

杨　丽　女,通辽市国家税务局直属税务分局局长

地税(2名)

张　占　蒙古族,赤峰市元宝山区地方税务局局长

王贵源　女,蒙古族,乌海市乌达区地方税务局局长

工商(1名)

陈　林　蒙古族,内蒙古自治区工商行政管理局稽查分局局长

质量技术监督(1名)

邢玉珺　女,包头市质量技术监督局纪检监察室主任

新闻文化出版(14名)

孙顶战　内蒙古广播电视信息网络有限公司乌海分公司传输部经理

额敦桑布　蒙古族,内蒙古出版集团内蒙古科技出版社总编

乌仁其木格　女,蒙古族,锡林郭勒盟西乌珠穆沁旗乌兰牧骑队长

张轶敏　女,内蒙古电视台新闻综合频道总监

乌云桑　蒙古族,内蒙古自治区民族曲艺团演员

曹建恩　内蒙古自治区文物考古研究所副所长

李德斌　北方新报社总编辑

乌　恩　蒙古族,内蒙古自治区社会科学院草原文化研究所所长

臧志君　内蒙古文化音像出版社总编

吴金刚　蒙古族,通辽日报社副社长、副总编辑

李建国　内蒙古闻都置业有限责任公司总经理

张爱芝　女,内蒙古新华发行集团股份有限公司鄂尔多斯市分公司经理

赵慧华　女,蒙古族,内蒙古人民广播电台副台长

王万昌　蒙古族,中国共产党呼和浩特市委员会宣传部副部长

体育(2名)

韩刚　内蒙古自治区田径柔道武术运动管理中心运动员

朝格巴雅尔　蒙古族，内蒙古自治区摔跤拳击跆拳道举重运动管理中心运动员

民政(2名)

张润爱　女，内蒙古自治区荣誉军人康复医院护士
刘　相　包头市殡仪馆火化车间副主任

边防总队(1名)

苏雅拉　蒙古族，巴彦淖尔市公安边防支队巴音乌兰公安边防派出所民警

消防总队(1名)

蔡罗恒　呼和浩特市公安消防支队三中队中队长助理

索　引

使用说明

一、本索引采用内容分析索引法编制。除大事记外,年鉴中有实质检索意义的内容均予以标引,以供检索使用。

二、本索引按汉语拼音音序排列。具体排列方法如下:以数字开头的,排在最前面;汉字标目则按照首字的音序、音调依次排列,首字相同时,则以第二个字排序,并依此类推。

三、索引标目后的数字,表示检索内容所在的正文页码;数字后面的英文字母a、b,表示正文中的栏别,合在一起即指该页码及左右两个版面区域。年鉴中以表格方式记载的内容,则在索引标目后用括号注明(表)字样,以区别于文字标目。

四、为反映索引款目间的逻辑关系,对于二级标目,采取在一级标目下缩二格的形式编排,之下再按汉语拼音音序、音调排列。

0～9

A

B

E

F

G

H

J

K

L

P

Q

X

Y

Z

(王彦祥 毋栋 编制)

托克托县人民政府

县委书记 斯钦毕力格

县委副书记、代县长 杜延峰

胡锦涛总书记视察托克托工业园区

中央国家机关工委书记、国家行政学院院长华建敏在托克托县考察

国务院副总理李克强视察托克托县

内蒙古自治区党委书记胡春华在托克托县调研城镇建设

国家发改委副主任刘铁男、内蒙古自治区主席巴特尔在托克托县调研

内蒙古自治区党委常委、呼和浩特市委书记韩志然在托克托县调研

呼和浩特市委副书记、市长王波在托克托县调研

托克托工业园区黄河明珠广场

大唐托克托电厂

东胜外故城

神泉生态旅游景区

内蒙古计量测试研究院

国家质检总局领导纪正昆莅临研究院检查指导工作

国家城市能源计量中心（内蒙古）揭牌仪式

内蒙古自治区计量测试研究院成立于1955年，是自治区政府依法设置的隶属于自治区质量技术监督局的社会公益型科研事业单位，是经国家质检总局考核授权的法定计量检定机构，是国家城市能源计量中心（内蒙古）、国家石油天然气大流量计量站内蒙古分站、国家非自动衡器型式评价实验室（内蒙古）、内蒙古标准物质工程技术研究中心和内蒙古计量器具产品质量监督检验中心，是中国合格评定国家认可委员会（CNAS）认可的校准实验室。内设7个管理部门、12个专业实验室和客户服务中心、研发中心、公正计量站等机构。在职员工213人，其中博士1人、硕士9人，大学以上学历120人，占员工总数的56%，正高级工程师4人，高级工程师22人，工程师28人，中级职称以上人员占专业技术人员的51.9%。其中有国务院特贴专家、自治区突贡专家和硕士研究生导师等专家型人才。有53人担任国家及自治区级计量评审员和考评员。

固定资产7166.8万元。建有计量标准127项（其中国家级计量标准44项），可开展555项计量检定、校准和检测项目。取得科研成果8项，获国家“科技进步奖”三等奖1项、国家“科技兴检奖”三等奖1项、自治区“科技进步奖”一等奖2项；研发的动态汽车衡检定装置中的主标准器，被国家先后授予“适用新型专利”和“发明专利”。

2007年和2010年两次被国家质检总局表彰为“全国质量监督检验检疫工作先进单位”，2004年以来，连续7年被自治区质监局评为“工作先进单位”；2010年，在全国省级法定计量检定机构监督检查中名列30个省级计量院前茅，是国家质检总局点名表扬的两个单位之一；2011年被国家质检总局党组授予“全国质量监督检验检疫系统先进基层党组织”，2005年和2011年被自治区党委组织部和直属机关工委评为“先进基层党组织”；2011年被自治区质监局党组评为“先进基层党组织”；2005年、2007年和2009年三次获得自治区质监局机关党委颁发的“先进基层党组织”；2009年获全区质监系统迎国庆60周年红歌大合唱特等奖；2005年以来有29人次受到国家质检总局，自治区党委、政府，自治区总工会、直属机关工委、妇联、质监局及有关单位的表彰奖励，分别获得全区“优秀党务工作者”、自治区突贡专家、和全区“五一劳动奖章”等殊荣；在抓好物质文明的同时，大力加强精神文明建设，促进两个文明协调发展，精神文明建设连续5年上了三个台阶，成为自治区级文明单位，目前已经通过了自治区文明单位标兵检查验收。

大合唱荣获全区质监系统庆祝中国共产党成立90周年文艺汇演一等奖

召开中心组读书会

呼和浩特市中级人民法院

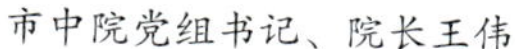

市中院党组书记、院长王伟

自治区高院院长胡毅峰来院视察指导工作

最高院明察暗访组来院视察工作

2010年，呼和浩特市法院在市委的正确领导、人大的有效监督、政府的大力支持、政协的民主监督和上级法院的监督指导下，以党的十七大精神为指导，深入贯彻落实科学发展观，按照“三个至上”指导思想和“为大局服务、为人民司法”工作主题的要求，全力推进社会矛盾化解、社会管理创新、公正廉洁执法三项重点工作,认真履行法定职责，各项工作取得新进展。全市法院共受理审判执行案件24297件，同比减少1486件；审执结22060件，同比增加358件。

刑事案件审判贯彻宽严相济刑事政策，坚持严打方针，全力维护社会稳定，保障首府安宁。全年共受理刑事案件2626件，同比增加26件；审结2491件，同比增加21件。

民商事案件审判主动服务调结构、扩内需、保民生的新任务，坚持调解优先、调判结合、案结事了的方针，维护交易安全和各类市场主体的合法权益，保障经济发展，促进社会和谐稳定。全年共受理民商事案件13316件，同比减少1042件；审结11906件，同比减少555件。

行政案件审判重点完善行政诉讼案件协调和解工作机制，加强同行政机关和有关方面的协调，妥善化解行政争议，加大行政纠纷的协调力度，维护群众权益，促进依法行政。共受理行政案件433件，同比增加23件；审结393 件，同比增加21件。

执行工作方面：完善执行工作机制，规范执行工作行为，采取提级执行、委托执行、集中清积、执行攻坚和执行和解等方式，保障当事人胜诉权益，维护司法公信力。全年共受理执行案件4123件，执结 3485 件，执结率85%，执结标的7亿元。

9·28越狱案公判会

法官为当事人讨回赔偿款

中院领导为群众答疑解惑

市人大视察组莅临中院视察指导

市中院党组全体成员

市法院法警队进行岗位练兵

土默特右旗人民政府

萨拉齐生态公园

山晟循环经济项目电池分厂

神华神东电力萨拉齐电厂

万亩蔬菜保护地示范园区500亩连体大棚

万只肉羊高标准养殖园区

土默特右旗人民政府

土默特右旗地处呼包鄂三市腹地，南临黄河，北依大青山，是包头市唯一列入呼包鄂城镇群规划的旗县。全旗总面积2600平方公里，境内北部煤炭、硭硝、高岭土矿藏资源丰富，美岱召、九峰山等自然风光秀美，南部敕勒川平原盛产粮食、肉类、牛奶，以二人台艺术为表现形式的敕勒川文化底蕴深厚，公路、铁路、跨河出口四通八达，是全国重要的农畜产品生产基地、西部重要的交通枢纽、中国二人台文化艺术之乡和10佳“最具发展潜力的旅游大县”。

明代古刹—美岱召

近年来，土右旗坚持以科学发展观为指导，以建设呼包鄂区域新型中等城市为总目标，以富民强旗为出发点和落脚点，全力推进以光伏、煤化工、煤电等为主导产业的新型工业化，以设施高效种植、规模化养殖、产业化经营为主攻方向的农业现代化和城乡一体化发展进程，覆盖城乡的社会保障体系日趋完善，全旗呈现出经济繁荣、民族团结、社会和谐稳定局面。2010年，全旗地区生产总值完成169亿元，财政收入完成21.6亿元，城乡居民人均收入分别达到17804元、8815元，三次产业结构调整为16:46:38，综合经济实力步入包头市前列。在自治区率先实现村村通水泥（油）路、农村自来水化和饮水安全控制自动化，新型工业园区被自治区政府命名为“循环经济试点示范园区”，先后荣获自治区林业生态建设先进集体、农村卫生工作先进地区、双拥模范旗，全国粮食生产先进旗、绿化模范县、计划生育优质服务先进旗、村务公开民主管理工作示范旗等荣誉称号。在第十届全国县域经济基本竞争力和县域科学发展评选活动中，列中国西部百强县（市）第36位。

内蒙古大漠林深乳业公司万头奶牛牧场

内蒙古明华集团全封闭环保物流园区

内蒙古邮政管理局

自治区副主席赵双连视察邮政管理局

局党组书记、局长张子旗作工作报告

内蒙古邮政管理局和内蒙古法制办领导到鄂尔多斯进行执法检查

张子旗局长在中通检查工作

内蒙古邮政管理局和内蒙古法制办领导到包头进行执法检查

玉泉区人民政府

自治区党委书记胡春华赴玉泉区考察工作

格尔图区长慰问预备役官兵

党政领导田忠宝（中靠右）、格尔图（中靠左）考察农作物生长情况

田忠宝书记接受锦旗

古刹大召无量寺

九久街大召文化庙会

南湖湿地公园景

巴林左旗人民政府

巴林左旗委书记 王玉树

巴林左旗旗长 邱文博

国家3A级景区——辽真寂之寺

辽祖州祖陵石屋

巴林左旗位于赤峰市东北部，是契丹·辽文化的发祥地，总面积6644平方公里，辖9个苏木镇、2个街道办事处，总人口35.8万人，是一个农牧林矿结合的经济区。2010年，全旗地区生产总值实现67.22亿元，全旗地方财政总收入完成5.1亿元，固定资产投资完成62.5亿元，农牧民人均纯收入达到5080元，城镇居民人均可支配收入达到12410元，社会消费品零售总额达到20.56亿元。境内矿产资源蕴含丰富。有铅、锌、铜、锡、金、银、铁、叶腊石、石灰石等矿产30余种，矿产、矿点130余处，主要以铅锌有色金属矿产资源为主。全旗现有铅锌选矿厂18家，实际选矿能力达11000吨/日。特色农牧业生机盎然。全旗耕地面积160万亩，六月末牲畜存栏177.3万头只。十三敖包镇是东北地区最大的笤帚苗集散加工基地；鹿产品深加工技术和马鹿饲养繁殖技术在国内处于领先地位。历史文化底蕴深厚。巴林左旗是富河文化、契丹·辽文化的发祥地，是国家确认的文物大县，现已发现历史上各个时期的各类文化遗存514处，距今1000多年前契丹民族在此建立了“草原上第一座皇都”，辽上京博物馆是全国唯一以辽文化为主题的博物馆。

林东新城区街景

巴林左旗人民政府

自治区党委书记胡春华在巴林左旗视察工作

赤峰中色库博红烨公司林东分厂外景

赤峰山金红岭矿业选厂外景

巴林左旗上京辽文化产业园启动仪式

笤帚苗种植基地

马鹿养殖基地

赤峰山金红岭采选项目开工庆典

阿荣旗人民政府

阿荣旗地处呼伦贝尔市东南部，是呼伦贝尔市连接东北三省的南大门。红色文化底蕴深厚，是东北抗日联军三进呼伦贝尔的主战场和英雄王杰的故乡，2009年5月被内蒙古自治区人民政府确认为革命老区。全旗总面积1.36万平方公里，辖7个建制镇、4个少数民族乡、7个地方林场和2个国营农场，共有148个行政村，总人口32万。县城规划区面积48平方公里，建成区面积14平方公里，辖8个社区、1个行政村。

近年来，阿荣旗紧紧围绕“富民、强旗”两大任务，坚定不移地走“保护与发展并重、富裕与和谐共赢”之路，大力发展现代农业，强力推进重点工业，高标准建设宜居城市，加快发展第三产业，着力改善民生，经济社会实现了又好又快发展。2010年地区生产总值完成90.02亿元，财政总收入完成5.93亿元，固定资产投资完成69.29亿元，城镇居民人均可支配收入完成14870元，农民人均纯收入完成6671元。先后荣获全国文明县城、全国文化先进县、全国粮食生产先进县、全国农田水利基本建设先进旗、全国义务教育均衡发展先进地区、全国科技进步示范旗、全国计划生育优质服务先进单位等50多项国家和自治区级荣誉。

鑫星家园

阿荣旗第二幼儿园

体育场

阿荣旗人民政府

旗委书记 曹晓斌

旗长 潘金生

行政中心

抗联英雄园

王杰纪念馆

阿荣旗蒙西水泥有限公司

农行内蒙古分行领导，时代领跑者—中华人民共和国成立60周年最具影响的劳动模范荣誉称号获得者智呼声同志

农行内蒙古分行获得“社会贡献杰出单位”称号

金融突出贡献奖

内蒙古自治区人民政府

二〇一〇年五月

中国农业银行内蒙古分行

在2010年内蒙古（百姓推荐）社会贡献杰出单位展示活动中被评为

社会贡献杰出单位

主办单位

内蒙古日报社

内蒙古舆情研究中心

内蒙古社情民意调查研究中心

二〇一一年六月

农行内蒙古分行

农行内蒙古分行2010年金钥匙春天行动

农行内蒙古分行2010年工作会议

农行内蒙古分行开展网点文明标准服务暨"我奉献我服务"演讲比赛

农行内蒙古分行与自治区经济和信息化委员会签署战略合作暨服务中小企业备忘录

农行内蒙古分行与中国银联内蒙古分公司就改善农牧区银行卡支付受理环境签定合作协议

乌拉特后旗人民政府

中共乌拉特后旗旗委书记 杜占贵

乌拉特后旗旗长 李建军

腾飞的乌拉特后旗

近年来，乌拉特后旗以科学发展观为统领，强化招商引资，狠抓项目建设，经济社会实现了跨越式发展。地区生产总值从“十五”末的13.6亿元增长到“十一五”末的61亿元，年均增长35%；财政收入从“十五”末的2.7亿元增长到“十一五”末的14.3亿元，年均增长40%；固定资产投资累计完成233亿元，年均增长43.2%。连续五年跨入中国西部县域经济基本竞争力百强旗县行列，2010年排名第59位；连续三年被评为中国新能源产业百强旗县；连续两年被评为中国西部最具投资潜力百强旗县。

“十二五”期间，乌拉特后旗以科学发展为主题，以加快转变经济发展方式为主线，坚持扩总量与调结构并举，富民与强旗并重，努力实现“一个突破”，开通巴格毛都口岸；打造有色金属、新能源“两艘航空母舰”；力争在全区乃至全国率先实现全民养老保险、率先实现所有土地规模化经营和机械化耕作、率先完成新农村新牧区全面建设“三个全区第一”；全力构筑有色金属、风力发电、光伏、煤化工“四个支柱产业集群”，努力将乌拉特后旗建成经济繁荣、社会和谐、民族团结、人民安居乐业的中国百强旗县。

乌拉特后旗人民政府

自治区党委书记胡春华来旗调研矿山工业

自治区主席巴特尔到乌拉特后旗调研

盾安光伏多晶硅一期工程投产暨二期工程奠基仪式

自治区青少年射箭比赛在乌拉特后旗举行

“幸福的泉水”—旗府所在地巴音宝力格镇

我国最大的鲁奇式流态化沸腾焙烧炉在巴彦淖尔紫金建成

乌审旗人民政府

乌审旗位于内蒙古自治区最南端，东南与国家新兴能源重化工基地陕西省榆林市接壤，是自治区南下北进的重要通道，享有自治区“南大门”的称誉。全旗总面积11645平方公里，下辖6个苏木镇59个嘎查村；总人口12.5万人，其中少数民族占30%。

乌审旗历史源远流长、文化底蕴深厚、革命传统光荣，是举世闻名的“鄂尔多斯（河套）人”的故乡和“独贵龙”运动的策源地，也是全区最早的革命根据地和解放区之一，被中国民协命名为“中国苏力德文化之乡”、“中国蒙古族敖包文化之乡”、“中国鄂尔多斯歌舞之乡”和“中国马头琴文化之都”。

乌审旗拥有得天独厚的资源优势，多种资源共生且利于配套开发。已勘探发现苏里格、乌审、长庆、大牛地四个超千亿立方米的大气田，天然气探明储量1.2万亿立方米，远景储量3.6万亿立方米，位居全国县级地区之首，被誉为“中国天然气之乡”；煤层气探明储量1.38万亿立方米；煤炭资源储量丰富、品质优良，探明储量520亿吨，预测储量1000亿吨以上。陶土、泥炭、石英砂、白垩土、“乌审土”等矿产资源储量也十分可观，极具开发价值。

乌审旗具有丰富的农畜林沙产品资源和光热水土自然资源。全旗天然草场1060万亩，林地559万亩，水浇地60万亩。作为工业“命脉”的水资源储量丰富，黄河一级支流无定河穿境而过，过境长度80公里。境内巴图湾水库是自治区西部最大的水库，总库容1亿立方米，现正在开发为生态旅游区。地下水埋藏浅、易开采，年可开采量达3.7亿立方米。

鄂尔多斯细毛羊生产基地

生态型工业园区

鸿沁湖公园

乌审旗博源联合化工100万吨甲醇厂

萨拉乌苏文化旅游开发区

乌审旗毛乌素生物质热电厂

绿浪千重的天然牧场

乌审旗人民政府

首家中国人居环境示范城镇创建试点地区——嘎鲁图镇

规模化饲草料基地

塞上小江南-乌审旗

乌审召庙

乌审旗嘎鲁图镇苏力德街街景

萨拉乌苏文化遗址

珍稀野生动物重现乌审草原

远兴江山10万吨二甲基甲酰胺项目

“十一五”以来，在上级党委、政府的正确领导下，乌审旗以科学发展观为统领，坚持“以人为本，建设绿色乌审”发展理念，坚定不移走生态文明之路，积极构建生态型产业体系，经济总量迅速壮大，社会事业长足进步，开创了跨越发展、科学发展、和谐发展的新局面，为“十二五”发展奠定了坚实基础。2010年，全旗地区生产总值实现189.49亿元，财政收入完成23.1亿元，分别是“十五”末的6.2倍和7.5倍；固定资产投资达到190亿元，是“十五”末的5.9倍；城镇居民人均可支配收入和农牧民人均纯收入分别达到21116元和8755元，较“十五”末分别增加12061元和3972元。综合经济指标进入内蒙古自治区前30位，县域经济基本竞争力上升至西部百强旗县第23位。被列为“首家中国人居环境示范城镇”创建试点地区，获评内蒙古自治区首批“文明城镇”、“全国绿化模范县”和“国家林业科技示范县”，荣膺“中国绿色名县”、“中国全面小康生态文明示范县”、“中国最佳文化生态旅游目的地”等称号。

“十二五”时期，乌审旗将按照市委“富民强旗、进入全市前列”的要求，牢固树立“工业立旗”理念，实施“工业强旗”发展战略，坚定不移走生态文明之路，紧紧围绕“推进转型跨越、建设和谐乌审”核心任务，抓住蒙陕宁国家能源化工金三角和呼包鄂榆经济带的区位优势，主动策应沿黄经济带发展战略，建设蒙陕宁国家级能源化工战略基地的重要节点、国家级绿色有机食品生产加工基地、沙漠地区生态文明示范区、中国马头琴文化传承保护基地、首家中国人居环境示范城镇，朝着全面建设小康社会目标迈进。

东河区人民政府

国务院副总理李克强赴包头市东河区视察北梁棚户区改造建设工作

包头市东兴煤炭交易市场揭牌仪式

包头市人民政府与华电内蒙古能源有限公司关于能源项目合作协议签字仪式

东河景区　　东河区妙法禅寺　　南海湿地风景区

东河区人民政府

包头市委常委、东河区委书记许文生一行赴唐山市考察

自治区副主席、包头市委书记郭启俊赴东河区视察包头市铝业园区建设工作

内蒙古包头铝业产业园区新入园22个项目集中开工奠基仪式

内蒙古包头铝业产业园区化成箔生产线

乔家金街

自治区党委巡视二组赴东河区听取深入学习实践科学发展观活动成果汇报会

东河区委大厦

中共包头市东河区第八届代表大会第四次会议

丰镇市人民政府

市委书记 于生龙

市委副书记、市长 刘治民

自治区党委书记胡春华莅临丰镇视察工作

内蒙古高科技氟化学工业园（美国约克螺旋杆冷冻机组）

丰镇雪鹿啤酒厂

京隆发电厂

变电站

丰镇市人民政府

刘治民一行深入乡镇调研指导农村工作

乌兰察布市代市长王学丰在丰镇调研

于生龙、刘治民等视察城建情况

自治区建设厅领导在丰镇视察保障性安居工程

三爱富槽罐车

圣元

新华广场

乌拉盖管理区

乌拉盖管理区党委副书记、管委会主任 锡林巴特尔

乌拉盖管理区位于锡林郭勒盟、兴安盟和通辽市三盟市的交界处，是锡盟面向东北地区的东大门，总人口2.3万人,其中蒙古族为22%。土地总面积5013平方公里，其中可利用草场693万亩，占总面积的92%。乌拉盖草原是自治区保存最为完好的天然草甸草原之一，水资源和矿产资源丰富，内蒙古最大内陆河水系—乌拉盖河流经全境。煤炭、金属、非金属等矿产资源富集，煤炭资源现已探明储量25亿吨。此外，管理区风能、太阳能等可再生资源开发潜力较大。

近年来,管理区认真贯彻落实科学发展观，积极推进新型工业化、城乡一体化和农牧业现代化进程，加快推动资源优势和区位优势向经济优势转变，经济社会呈现良好发展态势。2010年，完成地区生产总值24亿元，年均增长58.5%，完成财政收入6.8亿元，年均增长86.7%，城乡居民收入分别达到15709元和9226元，年均增长18%和21%。“十二五”时期，管理区将继续深入贯彻落实科学发展观，坚持把生态保护与建设放在发展首位，把经济结构调整作为转变经济发展方式的主攻方向，以城乡一体化建设为切入点，以保障和改善民生为着力点，打造蒙东地区重要的能源化工循环经济示范园区、面向东北地区工业产品外送的重要枢纽、中国典型草甸草原旅游区和全盟城乡一体化发展示范区，全面推进跨越发展、持续发展、和谐发展。

乌拉盖管理区党委书记郝秀川（右一）、管委会主任锡林巴特尔（右三）陪同盟行署领导调研

行政审批中心大厅

循环经济园区

乌拉盖管理区

丰富多彩的群众文化生活

贺斯格乌拉至珠斯花铁路

天堂草原

水库

乌拉盖管理区九曲湾风景

正蓝旗人民政府

中共中央政治局委员、国务院副总理回良玉在正蓝旗视察工作

自治区党委副书记、自治区主席巴特尔在正蓝旗视察工作

蓝旗位于内蒙古自治区中部，锡林郭勒盟南部，总面积10182平方公里，辖3个镇、3个苏木、2个农牧场，总人口8.3万人，是一个以蒙古族为主体，汉族为多数，多民族交错聚居的牧业旗。

正蓝旗地理位置优越，交通通讯便利，资源得天独厚，自然风光独特，是蒙元文化的发祥地、察哈尔民俗文化的典型代表、国家重要的绿色畜产品基地，被先后授予"中国蒙古语标准音基地"、"中国查干伊德文化之乡"和"自治区级革命老区"称号。其境内的元上都遗址是国家级重点文物保护单位，已正式作为我国2012年提交联合国申报世界文化遗产项目。政府所在地上都镇被先后评为"自治区八星级文明城镇"和"自治区文化传承魅力名镇"。

近年来，正蓝旗在上级党委、政府的正确领导下，紧紧抓住国家西部大开发的有利机遇，以发展为主题，以经济转型为主线，扎实推进"生态立旗、工业强旗、牧业富旗、旅游兴旗"四大战略，国民经济步入了良性发展的快车道。2010年，全旗地区生产总值完成40亿元；全社会固定资产投资完成36亿元；地方财政收入完成6.75亿元；城镇居民人均可支配收入、农牧民人均纯收入分别达到15362元和6778元。

全区第五次两个文明建设经验交流会期间，自治区党委副书记、常务副主席任亚平，自治区党委常委、宣传部部长乌兰一行在正蓝旗视察工作

正蓝旗人民政府

旗四大班子领导

元二都遗址申报世界文化遗产工作现场会在正蓝旗召开

元上都遗址

上都发电厂

忽必烈广场一角

武川县人民政府

呼和浩特市两个文明建设经验交流会暨武川现场会

市委副书记、市长王波视察武川

马铃薯起垅种植机械化作业

指针式喷灌圈正在喷灌大田马铃薯

呼和浩特抽水蓄能电站全貌

风光互补路灯

内蒙古冀东水泥有限责任公司

华能集团公司武川李汉梁风电场

武川县第一中学

武川县政务服务中心

哈达门高原牧场旅游区

清水河县人民政府

中共清水河县委书记 李宏

清水河县县长 李理

天浩水泥二期工程外景

乌兰木伦草原

国道109线十七沟至大饭铺段

全国绿化模范县

石峡口水库风光

内蒙古工业大学

校领导合影

工程院程泰宁院士作学术报告

大学生思想政治教育工作专题学习会

与内蒙古乌兰察布市签订市校合作协议

纪念建党九十周年暨“两优一先”表彰大会

纪念建党九十周年党员宣誓中 75岁老教师梁文心矢志不渝加入共产党

纪念中国共产党建党90周年暨建校60周年师生红歌合唱比赛

内蒙古工业大学MBA教育中心

MBA学位授予仪式合影留念

内蒙古工业大学MBA教育项目以专业化与务实风格为特色，建有ERP模拟、电子商务、财务会计、管理沙盘模拟、物流管理、国际贸易实务等管理情境模拟实验室，具备发展MBA教育的良好学科生态支持环境。

学校MBA师资毕业于国内外30多所知名院校，科研与教学实践能力强，主持了多项国家自然科学基金、国家社会科学基金、教育部新世纪优秀人才支持计划项目、国家审计署重点项目等重大科研项目，获得了多项教学科研奖励，其中包括自治区科技进步一等奖、自治区哲学与社会科学优秀成果政府一等奖，"管理情境教学课程体系与培养模式"获得自治区教学成果一等奖。

内蒙古工业大学MBA教育项目首创了实用型的MBA培养模式，在2010年的MBA评估中获三项第一。

报名时间：

在职（春季）MBA，每年七月报名，十月考试。（内蒙古工业大学是内蒙古自治区唯一招收在职MBA的培养单位）

联考（秋季）MBA，每年十月报名，次年一月考试。

咨询电话：0471-6577494、6577191、6578962

传　真：0471-6577494

网　址：http://mba.imut.edu.cn

MBA管理与沟通课程

MBA教育中心抗旱救灾捐款

MBA学员沙盘模拟

MBA学员拓展训练

校运动会上的MBA团队

内蒙古师范大学

校党委书记陈中永教授

校长杨一江教授

全国人大常委会原副委员长布赫来学校考察指导工作

学校隆重召开第六届教职工代表大会暨第八届工会会员代表大会

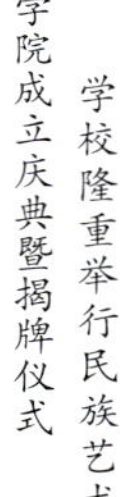

学校隆重举行民族艺术学院成立庆典暨揭牌仪式

学校召开研究生教育工作会议

学校隆重举行肖黎声声乐艺术中心成立揭牌暨肖黎声教授声乐教学35周年音乐会

中央国家机关有关部门联合督查组莅临学校调研指导工作

学校成功举办千人“脚斗士”比赛冲击大世界基尼斯纪录活动

自治区创先争优活动指导检查组莅临学校指导工作

内蒙古广播电视大学

校长：韩竞

《中国远程教育》杂志社和中国网电大频道记者对韩竞校长进行专访

自治区副主席连辑、自治区教育厅厅长李东升为内蒙古现代远程开放教育中心揭牌

部分教师参加亚洲开放大学协会第22届年会大会

伯纳黛特·鲁宾逊教授来校访问

内蒙古广播电视大学纪念建党90周年大会表彰先进

多伦县人民政府

县委书记 赵德永

县长 霍锦炳

多伦县人民政府与德兰有限责任公司沙地综合治理与开发合作签约仪式

霍锦炳县长在2010年上半年全县经济形势分析会上讲话

大唐多伦煤基烯烃项目消防演练

多伦县人民政府

自治区主席巴特尔视察大唐多伦煤化工项目，锡盟盟长张国华陪同，多伦县县长霍锦炳介绍项目情况

锡盟盟委书记白向群考察大唐多伦煤基烯烃项目

县委副书记席治江陪同锡盟盟长刘俊臣考察大唐多伦煤基烯烃项目

县委书记赵德永、县长霍锦炳陪同锡盟盟委书记白向群在多伦考察重点工业项目

四子王旗人民政府

四子王旗旗委书记 肖万寿

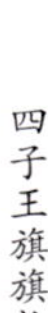

四子王旗旗长 利民

自治区党委书记胡春华与四子王旗蒙古族小学的学生一起欢度六一儿童节

自治区党委书记胡春华慰问四子王旗查干补力格苏木的布和朝鲁、斯庆毕力格两户牧民

自治区党委副书记、自治区常务副主席任亚平与自治区有关部门负责人深入四子王旗查干补力格苏木视察雪灾情况

发展中的杜蒙杂交羊

四子王旗党政大楼

鄂温克族自治旗人民政府

2010年8月30日，中共中央政治局委员、北京市委书记刘淇，市委副书记、市长郭金龙在内蒙古自治区党委书记、人大常委会主任胡春华，自治区党委副书记、自治区主席巴特尔陪同下视察鄂温克族自治旗

2010年人代会

2010年政协会

2011年人代会

2011年政协会

2010年自治区第三次新农村新牧区精神文明建设现场会

集宁区人民政府

区委书记　罗虎在

区长　李尚荣

2011年4月26日，北京东城区和集宁区京蒙对口帮扶区域合作座谈会

2010年9月25日，北师大附中剪彩仪式

2010年10月29日，集宁战役馆开馆留念

集宁区人民政府

2010年10月28日，北京军区原司令员李来柱在集宁区谢臣小学赠书

2010年11月3日，区长李尚荣检查城市建设

2010年10月25日，武利平二人台艺术明星班回报家乡巡回演出

党政大楼大型花坛展示

老虎山

青山区人民政府

青山区锦林音乐广场

青山区党政办公大楼

包头市青山区1956年建区，总人口48万，行政区域面积280平方公里，由蒙古、汉、回、满、朝鲜等36个民族组成，辖8个办事处、2个镇，68个社区居委会、21个村委会。

近年来，青山区坚持以经济建设为中心，以项目建设为重心，以招商引资为核心，锐意进取，扎实苦干，大力推进包头装备制造产业园区、“五大商务区”、城乡一体化和民生建设，新型工业化快速推进，城市服务功能显著增强，社会事业全面进步，人民生活明显改善，全区经济社会实现了新的历史跨越，谱写了改革开放和现代化建设的新篇章。2010年，地区生产总值达到543亿元，是2005年的4.2倍，年均增长20.7%；人均生产总值达到16800美元，是2005年的4.1倍，年均增长19%；财政收入实现37.3亿元，是2005年的2.4倍，年均增长19%；城镇居民人均可支配收入实现28444元，是2005年的2倍，年均增长14.7%；农民人均纯收入实现12010元，高于包头市平均水平；规模以上工业增加值达到228亿元，是2005年的5倍，年均增长22%。各项经济指标位居内蒙古自治区和包头市前列。先后荣获“全国科技进步先进区”三连冠、“第二次全国经济普查先进集体”、“全国城乡划分清查先进集体”、“全国和谐社区建设示范城区”、“全国首批社会工作人才队伍建设试点示范区”、“全国社区残疾人康复工作示范区”、“全国社区红十字服务示范区”、“全国阳光体育运动先进区县”、“全国家电下乡工作先进区县”、自治区“教育管理工作先进区县”等多项荣誉称号。

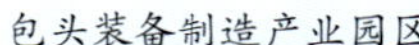

包头装备制造产业园区

青山区人民政府

青山区区委书记张世明视察创卫工作

青山区区委副书记、区长张建中到一机一中调研教育工作

包头国际会展中心

青山区政务服务中心

一宫环岛

扎鲁特旗人民政府

扎鲁特旗地处内蒙古自治区通辽市西北部，大兴安岭南段，科尔沁草原西北端，属内蒙古高原向松辽平原过渡地带。位于东经119° 13′ 48″ ~ 121° 56′ 05″，北纬43° 50′ 13″ ~45° 35′ 32″之间。全旗总土地面积约1.75万平方公里，总人口31.1万，其中蒙古族人口15.39万，占总人口的49.5%，辖11个苏木镇、3个国有农牧场,206个嘎查村、43个分场。

扎鲁特旗四季分明，属中温带大陆性季风气候，年均气温6.6℃，年均日照时数2882.7小时。无霜期中南部较长，北部较短，平均139天，北部约92 ~ 124天，中南部约130 ~ 147天。春旱多风，年均降雨量382.5毫米，适宜各类农作物生长。全旗有林面积843.9万亩,森林覆盖率33%，其中天然次生林724.4万亩，立木蓄积量272.1万立方米。林地中成片的山杏灌木林376.2万亩，居全国旗县之首，年产山杏核280多万公斤。全旗有9条较大河流、25条支流，年均水资源总量7.14亿立方米。野生动物150余种，主要有马鹿、野猪、黄羊、狍子、野鸡等。中草药材200多种，主要有麻黄、防风、甘草、柴胡、党参等。全旗耕地面积223万亩，常年粮食产量10亿斤，其中玉米产量8亿斤、绿豆产量1亿斤、其他杂粮杂豆产量1亿斤；草牧场1700万亩，2010年牧业年度以牛、羊为主的牲畜存栏381.3万头只，其中牛35.6万头、羊310.8万只，是自治区绒山羊、山杏核、中草药材、农畜副产品基地。“扎鲁特绿豆”名扬海内外，是全国闻名的“杂豆之乡”。“扎鲁特葵花籽”是国家地理标志证明商标，产品畅销全国市场。

扎鲁特旗共发现各类矿床(点)120余处，主要有铜、铅、锌、银、铌、钽、锆、铍、铪等有色金属，煤、类石墨、叶腊石、萤石、石灰石等非金属矿产，矿产资源总量约占通辽市矿产资源总量的80%，其中煤炭普查储量120亿吨、“801”稀有金属矿储量2.14亿吨、类石墨储量1.2亿吨、叶腊石储量2亿吨。全旗以资源开发为重点、扎哈淖尔园区等为能源基地、鲁北园区为农畜产品加工平台，煤及煤化工、铝及铝后加工、有色金属及稀有金属、非金属和建材、风电、农畜产品加工等六大优势特色产业已形成，进入了工业化的初期阶段。2010年，原煤生产能力达到2000多万吨，煤炭产量1743万吨；类石墨产量103.4万吨；铜、铅、锌等金属精粉产量1.1万吨；羊绒制品生产能力达到100万件；风电并网发电45万千瓦，年供电能力超过10亿千瓦时；冷鲜肉生产能力达到3万吨，肉食品加工能力达到500吨。

扎鲁特旗是蒙东地区和东北工业基地对接的纽带，旗政府所在地鲁北镇距通辽市政府所在地160公里，距沈阳市410公里、距长春市440公里、距锦州港490公里、距大连港750公里、距首都北京880公里，均有高等级公路与之连接。通霍铁路南北纵穿境内71公里，正在建设中的锡乌铁路通过境内北端27公里；全旗“三横五纵”主骨架公路已经形成，公路总里程2185公里，其中304国道、306省道呈“十”字交叉分别贯通南北199公里、东西101公里，即将竣工的霍白一级路通过境内北部99公里。现有二级客运站1处、四级客运站8处、运输公司1家。

扎鲁特旗历史悠久，文化底蕴深厚，是乌力格尔和好来宝的发祥地，是世界闻名的“中国乌力格尔之乡”、“民族版画之乡”和“民族曲艺之乡”。有山地草原、罕山天然次生林与荷叶花湿地保护区、金界壕、金门山、吴刚山、南宝遗址、岩画等独特的自然和人文景区20多处。

扎鲁特旗人民政府

罕山自然保护区145万亩封禁保护区

自然风光

中国扎鲁特第一届乌力格尔艺术节

鲁北工业园区

百货大楼

扎鲁特旗山杏

扎哈淖尔露天煤业一角

东胜区人民政府

鄂尔多斯市委常委、东胜区委书记罗永纲（前右二）和东胜区区长蔺健（前右一）调研鄂尔多斯市装备制造基地建设情况

东胜区政府与首都医科大学合作建立首都医科大学鄂尔多斯附属医院

东胜区是鄂尔多斯市经济、科技、文化、金融、交通和信息中心。现辖3个镇、8个街道办事处，总面积2510平方公里，城区面积78平方公里，总人口60万。

东胜区以建设生态和谐、宜居宜业的现代化中心城市为目标，探索实践出一条符合东胜实际的“加快城市崛起、促进转型升级、推进城乡统筹、实现和谐富民”的科学发展新路。2010年，地区生产总值到达641亿元，地方财政收入完成158亿元，连续五年位居自治区101个旗县区首位，固定资产投资500亿元，城镇居民人均可支配收入达到27002元。人均公共绿地面积、人均住房面积分别达到9.2平方米和37平方米,每百户拥有汽车51辆。

深入落实“结构转型、创新强市”战略，坚持走科学发展道路,积极探索产业结构优化升级途径。高标准规划建设32平方公里的城乡统筹试验示范区，累计转移农民4万多人，传统的农牧业生产方式基本退出，形成了生产发展、生态恢复、生活宽裕的良好局面。先进装备制造等新兴产业取得破题性进展，投资55亿元完成了鄂尔多斯装备制造基地首期40平方公里的基础设施建设，奇瑞汽车、精功恒信重卡、盾安风机等一批大项目纷纷落地。第三产业长足发展，建成铜川汽车博览园等四大物流园区，改造建设新旧区商圈近140万平方米，以“大角牛”为代表的动漫品牌成功走向全国，金融机构总数达到91家，成为全国小额贷款试点地区。三次产业结构优化为0.3：39.2：60.5。

近年来，东胜综合实力始终保持全国县域百强前列、自治区首位，先后获得中国西部最具投资潜力百强县（市）第一名、中国中小城市科学发展百强、中国最具带动力中小城市百强等荣誉称号。

东胜区人民政府

城市街景

美丽的三台基湖区

青铜器文化广场 铁西公园

迅速崛起的铁西新城

金三角雕塑（崛起的鄂尔多斯）

东胜区生态建设成效显著

奈曼旗人民政府

奈曼旗地处内蒙古自治区东南部，科尔沁沙地腹地。全旗总土地面积8137.6平方公里，辖12个苏木镇、1个国有农场、1个街道，共355个嘎查村、9个居民社区。总人口44万，其中蒙古族人口16万。

“十一五”时期，奈曼旗委、政府团结带领全旗各族人民，深入贯彻落实科学发展观，按照“创新奈曼，实现突破”的总要求，坚定不移地发展工业带动型县域经济，“富民强旗”进程迈出坚实步伐。2010年，全旗地区生产总值达到111亿元，三次产业比重演进为18:50:32，财政收入完成5.21亿元，社会消费品零售总额完成21亿元，全社会固定资产投资达到41亿元，城乡居民人均收入分别达到12526元和4848元。

工业经济迅速崛起。培育形成了建材、化工、能源、金属矿采选加工、轻工食品加工和机械设备制造六个主导产业。工业企业由56户发展到357户，规模以上工业企业由12户增加到61户，纳税超千万元企业从无到有，达到5户。全部工业增加值、规模以上工业增加值分别达到41亿元和36亿元，分别是2005年的4倍和16.4倍。工业对GDP的贡献率由27%提高到37%。奈曼工业园区累计吸纳项目115个，成为通辽市旗县首家市级工业园区。

农村经济结构调整成效显著。累计增加亩效益千元以上特色作物80万亩、总面积突破90万亩，增加模式化养殖小区100处、总数达到104处。设施农业由650亩迅速发展到5.6万亩。粮食产量翻了一番，达到20亿斤。

第三产业服务能力明显增强。华明物流园区、蒙东物流园区建成运营，建材、农资、农机等专业市场相继投入使用，商贸、餐饮、旅游、金融、社区服务业发展迅速，传统服务业与现代服务业协调发展的格局基本形成。

2010年5月5日，自治区党委书记胡春华来到奈曼旗黄花塔拉苏木，了解当地排查化解社会矛盾纠纷的做法经验和具体措施。奈曼旗委书记王广权（右七）、旗长关文涛（右六）陪同考察

奈曼旗不断加大城镇建设力度。2010年启动建设城区、工业区道路15条、1.9万延长米，新增绿化面积7万平方米，新增房地产开发面积38万平方米

奈曼旗从2007年开始，每年投入扶持资金3000万元，大力发展以高效、特色、集约化、避灾型为特点的设施农业，目前总面积达5.6万亩，反季蔬菜、鲜桃、食用菌等主导产品远销全国各地，平均亩效益达2万元以上

奈曼旗因地制宜，在沙地上投资建设了5个工业园区，引进各类工业项目100余个，产值占到全旗工业经济总量的80%。图为奈曼工业区

奈曼旗人民政府

奈曼旗旅游资源丰富，青龙山洼、经缘寺、大悲禅寺、银砂九岛等旅游景区景点配套设施不断完善，2010年接待游客34万人次。图为风景秀美的青龙山洼旅游区

奈曼旗原油初步探明储量1亿吨以上，油田正式投产以来，生产井数已达119口，年产值达3亿元

奈曼旗是中华麦饭石的原产地。近年来，奈曼旗把中华麦饭石的开发利用作为一项重要产业来抓，研发出了麦饭石酒具、茶具、餐具、保健杯、电器、颗粒、工艺品等系列产品，具有较高的实用、观赏、收藏价值。目前全旗麦饭石产品达20多个系列1500多个品种，70%以上远销到美国、日本、韩国、加拿大等20多个国家和地区

赤峰—通辽高速公路于2007年竣工通车，穿越奈曼旗122公里，设有3个出口，是奈曼旗公路网的重要出口和东、西大门

基础条件全面改观。强力推进城关镇“北延东扩”战略，建成区面积由2005年的9.7平方公里拓展到16.8平方公里，城镇化率由32%提高到37.5%。深入实施“生态立旗”战略，森林覆盖率由26.7%提高到29.6%。水利工程建设取得突破性进展，全旗有效灌溉面积增加到143万亩，节水灌溉面积增加到79万亩。完成了220千伏开鲁至奈曼二回输电线路建设，新建、扩建变电所6座，一次变由9万千伏安增容至24万千伏安。巴新地方铁路奈曼段开工建设、通赤高速公路建成通车，苏木镇（场）全部通油路，农村公路总里程由1508公里增加到2773公里。

社会事业长足发展。扎实推进“科教兴旗”战略，科技水平稳步提升，被评为全区科技进步先进旗。全面实行免费九年义务教育，积极推进学校布局调整，大力改善办学条件，新建、维修校舍36万平方米，在全市旗县率先建成教育园区和特殊教育学校，旗民族职专晋升为国家级重点中等职业技术学校。建成了旗体育场，公共体育设施逐年增加，群众体育蓬勃开展，成功承办了一批区、市重大体育赛事。全面加强“文化大旗”建设，建成了国家一级图书馆及文化馆等一批文化设施，推出了电视剧《祥云奈曼》、舞剧《诺恩吉雅》等一批文化精品。旗乡有线电视光缆联网实现苏木镇全覆盖，广播电视村村通覆盖率达到61%。稳步实施医药卫生体制改革，基层卫生服务设施全面改善，行政村全部建成标准化卫生室。

民生状况持续改善。累计投入资金5.2亿元，实施了一批重点民生工程，切实解决了一些群众关注的热点、难点问题。城镇累计新增就业5284人，城镇登记失业率稳定控制在3.9%以内。城乡低保由17173人扩面到32300人，基本实现应保尽保。社保“五险”参保人数由3.8万人增加到12.2万人，新型农村合作医疗参合率达到98.1%。社会救助力度逐年加大，累计救助困难群众13.1万人次。利用本级财力，实施了女性免费健康体检、中小学生及学龄前儿童免费体检、免费婚前医学检查、免除丧葬户火化费等一系列惠民政策。全面启动保障性安居工程，建成廉租房660套、经济适用房260套，改造农村危房1150户。努力改善农村生产生活条件，近16万农村群众饮水不安全问题得到有效解决。

科尔沁左翼中旗人民政府

旗委书记郭建伟在2009年全国农业工作会议上受到表彰

科尔沁左翼中旗位于通辽市东部，地处内蒙古、辽宁、吉林三省区交汇处，土地面积9811平方公里，人口53.7万人，其中蒙古族人口39.5万人，是全国县级行政区域蒙古族人口最多的旗县。科左中旗历史悠久，文化底蕴深厚，是蒙古族的发祥地之一。公元1636年（清崇德元年）正式设治，为当时清政府的直辖旗。这里是历史名人孝庄文皇后的故里,民族英雄嘎达梅林的家乡，以版画、民歌、马头琴为代表的璀璨民族艺术已走向世界。产生并流传于本旗的蒙古族长篇叙事民歌《嘎达梅林》已列入第三批国家非物质文化遗产名录。这里民风淳朴，独具草原风情的8·18哲里木赛马节每年相约在美丽富饶的珠日河草原。2010年，由1151名民间艺人在首届“达尔罕艺术节”上，向世界上同时演奏四胡人数最多的吉尼斯世界纪录发起挑战并成功。这里旅游资源丰富，以孝庄园旅游区、珠日河草原旅游区、乌斯吐自然生态旅游区为主的旅游景点成为广大游客观光的理想去处。科左中旗是以农为主，农牧结合的经济类型区。全旗实有耕地541万亩，是国家重点商品粮基地，目前已形成年产40亿斤粮食的综合生产能力，自2004年以来连续七年被农业部评为“全国粮食生产先进县”，其中四次被评为“全国粮食生产先进县标兵”。全旗有林面积327万亩，森林覆盖率23.4%，2008年荣获全国三北防护林体系建设突出贡献奖。2009年荣获“国家级计划生育优质服务先进单位”和“全国科技进步旗县”最高奖项。

近年来，科左中旗依托风能资源，大力发展风电产业，全旗风电项目累计开工规模达到168万千瓦，并网发电118万千瓦，发展规模和速度均走在全区前列。计划到“十二五”期末，全旗风电装机达到400万千瓦。民族教育发展强劲，蒙授高考成绩始终名列全市同级同类学校前列，中考考生平均成绩始终高于全市平均成绩。

通过实施“一体两翼”扶贫工程，“十一五”期间稳定解决温饱并脱贫2.1万多人口。在申报国贫旗和争取革命老区工作上实现突破，科左中旗被自治区人民政府认定为革命老区。鑫达粮油、联亿羊业和蒙原生物肥业三家企业被认定为自治区第三批扶贫龙头企业，填补了科左中旗的空白。

不断强化以节水灌溉为中心的农牧业基础设施建设，“十一五”期间全旗新增保灌面积123.7万亩，达到243.7万亩，新增节水面积66万亩，达到102万亩，全旗粮食产量五年翻了一番。

科尔沁左翼中旗人民政府

风光秀美的珠日河疏林草原

2010赛马节开幕式

草原一角

打造精品工程

风车

无垠绿色锁沙魔

玉米高产创建示范区

珠日河白音珠日河移民新村

阿拉善左旗人民政府

自治区党委书记胡春华视察阿拉善左旗城市规划建设。盟委书记王玉明、阿左旗旗长魏巴依尔陪同

自治区党委常委、宣传部长乌兰在盟长云喜顺、阿左旗委书记吴忠岩等相关领导陪同下，实地考察营盘山景观公园、石博园等项目建设，并就做好迎接全区第七次精神文明建设经验交流会前期准备工作做出安排部署

2010年建成通车的银巴高速-阿左旗段

2010中国内蒙古阿拉善奇石文化旅游节暨第八届那达慕大会在巴彦浩特隆重开幕。正在阿盟视察工作的全国人大常委会原副委员长布赫出席开幕式。自治区党委常委、统战部部长、自治区代表团团长王素毅，自治区人大常委会副主任、自治区总工会主席、自治区代表团副团长云秀梅，自治区副主席、自治区代表团副团长布小林，副团长伏来旺、海力斯、黄·阿拉腾别立格等出席开幕式

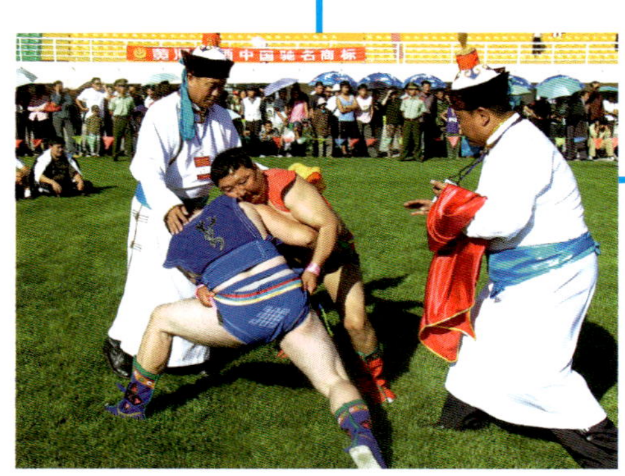

阿左旗凭借沙力搏尔摔跤悠久的历史文化和浓厚的观赏色彩，成功入选内蒙古“体育名城名乡”

阿左旗凭借沙力搏尔摔跤悠久的历史文化和浓厚的观赏色彩，成功入选内蒙古“体育名城名乡”

阿拉善左旗人民政府

巴彦浩特营盘山景观公园、生态公园

松塔水泥项目竣工庆典仪式

萨吾尔登是阿拉善和硕特部独特的一门艺术，它如一颗闪烁光彩的明珠，正以特色鲜明、引人入胜的艺术特点征服了许多爱好者，并逐步在阿拉善推广流行。200名中学生在2010中国内蒙古阿拉善奇石文化旅游节暨第八届那达慕大会开幕式上倾力诠释这一艺术明珠的独特魅力

点燃第八届那达慕大会圣火

巴彦浩特营盘山景观公园、生态公园

陈巴尔虎旗人民政府

旗委书记 李才

旗长 高昇

美丽的陈巴尔虎草原——素有“天下第一曲水”美誉的莫尔格勒河从这里流过

“天骄成吉思汗”实景演出

东能厂区

数质并举的畜牧业

呼和浩特经济技术开发区如意工业园区

呼和浩特经济技术开发区如意工业园区创建于1992年5月，是以吸引国内外客商，发展现代工业为主的国家级经济技术开发区。园区由北区和新区两个功能区组成。北区辖地面积10.97平方公里，率先通过ISO14000环境管理体系认证，绿化覆盖率达35%，人均绿地占有率51平方米。新区位于209国道26公里处，总体规划面积22平方公里，已在11平方公里区域内基本实现“九通一平”。

近年来，如意工业园区在市委、市政府和经济技术开发区的正确领导下，坚持以邓小平理论和“三个代表”重要思想为指导，牢固树立和深入贯彻落实科学发展观，全面实施“一园两区”发展战略，全面打造如意总部基地，全面建设如意工业新区。

按照自治区党委书记胡春华提出的“打造一流首府城市、建设一流首府经济”的要求，市委、市政府根据“一核双圈一体化”战略部署，将如意总部基地（如意行政商务金融中心区）纳入“一街五区”的首区重点打造。2011年4月18日，如意总部基地建设全面启动。如意总部基地突出行政中心、商务中心、金融中心的功能定位，规划面积11.6平方公里，以如意工业园区为核心区域，北至新华大街，南至鄂尔多斯大街，西至二环东路，东至哈拉更沟。如意总部基地总建筑面积约1500万平米，其中新增建筑面积700万平米，容积率1.5—5.0，建筑密度25—40%，绿地率40%。重点发展现代服务业，致力于打造与国际接轨的行政商务金融中心区和总部经济聚集地，力争在短期内成为自治区最具活力、现代服务业高度聚集的总部基地。2011年如意总部基地续建新建项目26个，市政府重点项目18个。其中2011续建项目建筑面积100万平米，2011年新开工项目建筑面积300万平米，涉及200个单体楼宇。现已有交通银行、招商银行、中石化、煤田地质、鹿王集团、内蒙古农牧业现代网络服务中心等金融能源企业决定入驻如意总部基地。

在全力打造如意总部基地的同时，全速推进如意工业新区建设进程。经过发展，新区初步形成新能源、新材料、装备制造、生物技术、现代物流五大产业板块。新区投产、在建、即将开工的企业30余家，规模以上企业产值达20亿元。税收收入近2亿元，占到园区总收入的20%。2009年、2010年新区项目建设厚积薄发，相继举行了三批重点工业项目集体开工仪式，新开工项目数达到14个。2011年新区建设更加强势，举行两个批次10大项目集中签约仪式，总投资达22.6亿元。其中合同投资额1亿元以上项目3个，其余7个项目投资全部在5000万元以上。

如意工业园区已经形成工业经济、总部经济齐头并进的良性发展格局。面向未来，如意工业园区力争建成发展速度最快、经济效益最大、科技含量最高、投资环境最优、服务水平最好的新型工业科技城，进入国家级开发区先进水平，在全市率先实现“富民强区”奋斗目标。

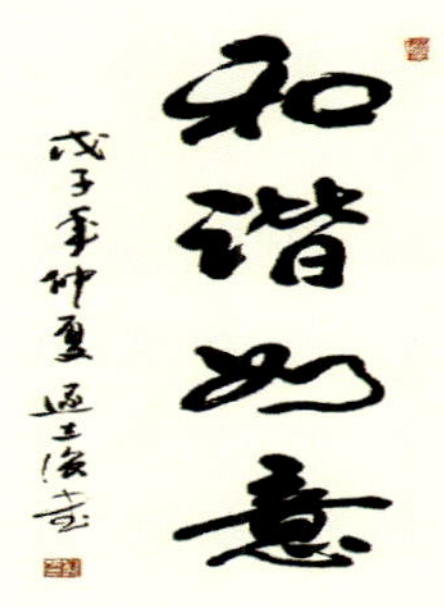

呼和浩特特市纪委书记朝鲁（右一）交通银行内蒙古自治区分行行长卢永胜（左二）启动如意总部基地建设

自治区党委常委、呼和浩特市委书记韩志然视察如意工业园区

自治区党委书记胡春华一行视察如意总部基地建设进展情况

自治区主席巴特尔一行视察如意工业园区

如意工业园区管委会与利乐（呼和浩特）有限公司进行利乐二期投资签约仪式

呼和浩特市市长王波听取如意工业园区党委书记、管委会主任逯志强关于如意总部基地建设情况汇报

中石油内蒙古销售公司

党委书记 王永和

总经理 刘合合

精心摆放便利店商品

送油下乡

一丝不苟计量油品

技术大比武

知识竞赛

内蒙古邮政公司

2009年，在自治区党委、政府和中国邮政集团公司的正确领导下，内蒙古邮政系统努力克服宏观经济形势复杂、内外部市场环境多变带来的困难和影响，坚持狠抓发展不动摇，不断深化改革，努力争创业绩，积极融入地方经济，圆满完成了全年的各项工作任务，实现了经济效益和社会效益的双丰收。

全区邮政系统通过体制改革和机制创新，把握核心优势，积极发展邮务类业务；借助改革契机，快速发展速递物流类业务；抓住政策机遇，加快发展金融类业务。通过推动营销体系建设，积极开展项目营销、大客户营销活动，深入实施服务“三农”和中小企业战略工程，促进了邮政业务又好又快发展。全区邮政业务总收入完成15.5亿元（含邮储银行），收入绝对值全国排名第23位，完成集团公司下达预算的108%，超收绝对值1.11亿元，收入同比增长19.84%。

核心竞争能力得到提升，网路结构得到优化。从全力满足业务发展需要，积极支持速递物流专业化经营改革出发，组开了沈阳至通辽、赤峰至北京二频次的快速干线邮路，加快了通辽、赤峰省际特快邮件的出口速度；采取呼市至东部盟市航空运输包仓的方式，扩大了经济快递航空运输能力，促进了区域特快业务的发展。实施中心局内部信挂合台、平挂刷合台、业务交叉以及散件外走等作业方式，减少了运行成本，加快了邮件传递速度。

信息化建设不断加快，完成了储蓄、代理保险物理大集中等30多个项目和系统的改造和新建，全区已上线运行的应用系统累计达到50余套，涉及三大板块类业务及经营管理的方方面面。初步建成了管理顺畅、职责到位、反应迅速、指挥有效的信息网运行维护体系，有力支撑了邮政业务的发展。

营投网建设取得新进展，紧紧抓住西部营业、投递网点改造的契机，新增营业网点5处，装修改造317处，对40处网点进行了电子化支局改造，使电子化支局达到795处，占自办网点比重达到81%。继续推进投递网建设达标和投递网优化工作，新增场地13处，改造场地12处，新增投递车辆175辆，新增信报箱5万格口，完成了144个县级以上投递部投递系统的上线，投递能力不断增强。

服务“三农”实现新突破，自治区政府在赤峰市组织召开了全区农村牧区邮政物流现场会，出台了《关于推动农村邮政物流发展的意见》，制定了发展农村牧区邮政物流业务的指导思想和目标，提出到2010年要初步建成“网络布局合理，双向流通高效，产品种类丰富，综合服务便利”的农村牧区邮政物流服务体系。将邮政正式纳入了自治区流通体系建设规划中，为邮政发展农村物流创造了良好的外部环境。此外，公司还积极参与“家电下乡”工程，通过整合仓储、运输、配送等资源，优化物流运作流程，搭建起农民与商家的联系纽带，一定程度上解决了商家物流配送成本高，农民购买家电运输不便的问题，受到了商家和农民的欢迎。目前，邮政农资品牌得到了广大农牧民的充分认可与肯定；邮政通过设立“三农”服务站、代办点、加盟店，还解决了一部分农村劳动力的就业问题。据统计，全区农村邮政物流配送网点已吸纳了1500多名农村劳动力就近创业和就业，增加了他们的有效收入。全区邮政服务“三农”的惠农效果已初步显现。

同时，在自治区财政厅的大力支持下，邮政涉农资金“一卡通”代发业务成效明显，系统累计代发涉农资金105万户，代发金额6.9亿元，市场占有率达到20.7%，全区34个旗县争取到了涉农资金的代发资格。其中，乌海市邮政局争取到了全部代发资格，呼伦贝尔、通辽、鄂尔多斯等盟市局代发成效显著。邮政代发服务到位，把党中央的关怀迅速落实到农民手中。另外，代发涉农资金获取的400余万条农牧民数据库信息，也为代理金融、农资分销和数据库商函业务发展带来了巨大商机。通过积极整合业务资源，针对政府和相关企事业单位开展各种公关活动，有效促进了业务发展。

和谐企业氛围日益浓厚，学习实践科学发展观活动收到实效。区公司党组把贯彻落实自治区党委“保增长、惠民生、进百县、促落实”活动与企业自身实际结合起来，突出实践特色，落实整改方案，切实解决突出问题，促进了科学发展观活动的深入开展。区公司领导以“分组包片”的形式赴基层开展调研，指导工作，收到了较好成效；各盟市局党组把开展学习实践科学发展观活动作为一项重要的政治任务来加以落实，实现了“党员干部受教育、科学发展上水平、职工群众得实惠”的预期目标。

精神文明建设成绩斐然。一年来，自治区邮政坚持以人为本，及时掌握改革发展关键时期广大干部员工的思想动态，把做好思想工作同化解矛盾和解决实际问题结合起来，深入开展学习先进模范，组织劳动竞赛活动，引导员工树立自强不息、拼搏奉献的创业精神，合力营造热爱邮政、和谐发展的企业氛围，全区邮政系统精神文明建设工作取得了优异成绩。区公司获得自治区“五一劳动奖状”称号，全区邮政共有6个单位荣获“自治区级文明单位”称号，有38个单位荣获“盟市级文明单位”称号。包头市昆区一分局光彩街支局荣获全国“工人先锋号”；巴彦淖尔市团结路支局、呼伦贝尔满洲里市五道街支局、呼和浩特市局投递中心麻花板投递部荣获自治区“工人先锋号”。

内蒙古电力集团有限公司

党委书记刘锦陪同自治区主席巴特尔考察500千伏变电站

刘锦陪同自治区副主席赵双连在内蒙古电力调度中心考察

总经理张福生在500千伏临河北变电站考察慰问

公司总部大楼

建设中的电网

希望中的电网

内蒙古电力集团有限公司

刘锦在包头供电局包北500千伏变电站检查工作

内蒙古电力公司班子成员参加2010年工作暨职代会

刘锦、张福生陪同国务院政策研究室领导考察工作

交易合作协议签约仪式

张福生在500千伏临河北变电站考察慰问

刘锦在包头考察电力客户服务中心

内蒙古北方重工业集团有限公司

董事长、党委书记 李建平

总经理、党委副书记 蔺建成

36000吨黑色金属垂直挤压机

MT4400非公路矿用车

阿特拉斯液压挖掘机

公司鸟瞰图

内蒙古北方重工业集团有限公司

国务院派驻中国兵器工业集团公司监事会主席石大华来公司考察

原全国人大常委会副委员长布赫来公司生产现场

中共中央政治局委员、全国政协副主席王刚来公司考察

掘进机

超高压钢管

液压支架

神华乌海能源有限责任公司

乌海能源公司董事长、党委书记 魏里阳

乌海能源公司总经理 郝瑞明

神华乌海能源有限责任公司是神华集团公司为打造千万吨级煤焦化板块，在原海勃湾矿业公司、乌达矿业公司、乌海煤焦化公司、蒙西煤化公司的基础上，于2008年10月26日重组整合而成的。是一个集煤炭生产、洗选、焦化、煤化工及矸石发电为一体的多业并举、综合开发的能源企业。

公司生产单位，分布在乌海市各区及鄂尔多斯、阿拉善境内，煤炭生产能力1630万吨，洗煤入洗能力2675万吨，焦炭生产能力600万吨，煤焦油加工30万吨，粗苯加工3万吨,甲醇生产能力40万吨，发电量8.5亿度。产品主要以主焦煤、1/3焦煤、高热混、二级冶金焦及煤焦油、甲醇等化产品为主，是冶金、化工等行业的最佳原料，市场前景十分广阔。目前，公司在册职工2.64万人，总资产211亿元，工业总产值154亿元，名列自治区年产值超百亿企业。

近年来，公司在神华集团公司和地方党委、政府的正确领导和大力支持下，积极调整产业结构，着力构建煤焦化电一体化循环经济产业链，不断提高企业经济效益，增强发展后劲，为实现“打造千万吨级煤焦化板块，五年实现经济总量翻番”的战略目标而努力。2010年，公司实现原煤产量1503万吨；掘进进米58730米；焦炭产量555万吨，比计划增加30万吨；煤化工产品30.85万吨，比计划增加5.85万吨；发电量8.2亿度；销售完成11970万吨；基本建设完成投资15.5亿元；销售收入154亿元，比计划增加17亿元；实现账面利润7.1亿元，剔除增支因素3.6亿元后，利润为10.7亿元，比集团公司下达利润指标增盈3.1亿元；职工年人均收入6.75万元，同比增长13.25%；上缴税费19.1亿元。均创历史最好水平。

公司先后荣获全国“五·一”劳动奖状、全国安康杯竞赛优胜单位、神华集团公司先进集体、先进基层党组织、乌海市企业特别贡献奖、乌海市主要污染物减排先进单位、乌海市纳税先进单位等荣誉称号。

在“十二五”期间，乌海能源公司将按照“科学发展循环经济，打造千万吨级煤焦化板块，五年实现经济总量翻番”的战略目标，进一步发展循环经济，优化产品结构。实现煤炭、洗煤、电力、建材、焦化及煤化工具备一定规模、可持续发展的循环经济产业链条基本建立，神华集团煤焦板块基本形成的目标。着力打造产能稳定、绿色环保、管理一流的国家级冶金化工原材料生产基地，煤、焦、化、电一体化循环经济示范基地。

神华乌海能源有限责任公司

国家煤矿安全监察局局长赵铁锤来乌海能源公司视察

神华集团公司董事长、党组书记张喜武（右二）在乌海能源公司平沟煤矿井下检查工作

乌海市委书记鲍常青（右二）到乌海能源西来峰煤化工公司考察

神华集团公司安全生产警钟常鸣座谈会在乌海能源公司召开

公司为玉树灾区捐款

蒙西甲醇厂

全国五一劳动奖状

证书

中华全国总工会决定

授予 神华乌海能源有限责任公司

全国五一劳动奖状。

荣誉证书

人机合一

西来峰工业园区

红云集团乌兰浩特卷烟厂

乌兰浩特卷烟厂1981年复建，1982年投产。建厂近30年来，企业克服了缺乏人才、技术、资金、原料的困难，坚持以人为本的“文化治厂”方针，发扬“峻岭上的青松”企业精神，自力更生、艰苦创业，改革创新，积极采用现代化管理方法，走出了一条以管理求生存，靠管理求发展的具有自己管理特色的发展之路。构建了由技术标准、管理标准、工作标准构成的标准化体系。2007年，企业通过三标一体认证，使企业管理标准化范围由质量管理扩大到环境管理和职业健康安全管理领域，基础管理更加巩固。多年来，企业荣获全国“五一”劳动奖状、全国精神文明建设工作先进单位、全国模范职工之家等各级各类荣誉240多项。制丝车间被评为全国烟草行业管理样板车间。

根据国家烟草专卖局“深化改革、推动重组、走向联合、共同发展”的战略方针，乌兰浩特卷烟厂从2004年到2008年在四年间实现了企业改革重组的三步跨越：2004年底与曲靖卷烟厂重组；2005年11月随曲靖卷烟厂加入新组建的红云烟草集团，并脱离与曲靖卷烟厂的隶属关系；2008年11月，红云集团与红河集团重组，又成为红云红河集团的一员。通过重组，乌兰浩特卷烟厂原材料、资金、技术、品牌等资源得到全面优化。主打产品“呼伦贝尔”牌卷烟不仅在区内畅销，还成功打入哈尔滨、大庆、齐齐哈尔等区外市场，销量逐年提升。

2010年8月，经过18个月的紧张施工建设，企业总投资近7亿元的易地搬迁技改项目进入收尾阶段并实施了整体搬迁。新厂区占地面积47.68万平方米，年生产能力可达20万箱。在实现技改搬迁的同时，2010年企业经济效益又实现了新的跨越：生产卷烟17万箱，同比增长13.33%；实现销售收入145090万元，同比增长23.64%；实现税利96134万元，同比增长18.06%。

2011年是“十二五”的开局年。乌兰浩特卷烟厂确定了“十二”五期间“2630”效益规模发展目标。“26”即“十二五”期末税利达到26亿元以上，“30”即生产计划指标达到30万箱以上。同时也确定了年度发展目标：计划产量18.5万箱；实现税利同比增幅不低于15%。围绕这一目标，乌兰浩特卷烟厂坚持以人为本深入贯彻落实科学发展观，坚持按照建设“严格规范、富有效率、充满活力”的行业标志性企业的总体要求，努力实现职工队伍建设、基础管理、生产制造、品牌发展、技术创新、企业文化建设六个上水平，为实现“十二五”的良好开局打下坚实的基础。

内蒙古自治区党委书记胡春华视察乌兰浩特卷烟厂工作

集团副总裁和国刚与集团下属各单位主要领导来到卷烟厂调研工作

乌兰浩特卷烟厂退休职工组成的老年秧歌队来厂表演

乌兰浩特卷烟厂易地技改搬迁工作正式开始

红云集团乌兰浩特卷烟厂

乌兰浩特卷烟厂与通辽烟草分公司共同召开深度营销座谈会

乌兰浩特卷烟厂工会组织举办劳动模范、金牌工人事迹报告会

忠诚企业誓师大会

“新的里程”大型文艺晚会

建成后的卷烟车间

乌兰浩特卷烟厂联合生产工房全景

内蒙古新华发行集团股份有限公司

内蒙古新华发行集团与北方联合出版传媒（集团）股权合作协议签字仪式

内蒙古新华发行集团与内蒙古民族电影院线签订战略合作协议

“风铃下”儿童文学丛书新书发布会在北京举行

内蒙古新华发行集团图书大厦

内蒙古新华发行集团图书大厦卖场

第五届文博会上内蒙古新华发行集团展台

内蒙古高等级公路建设开发有限公司

党委书记 黄永刚

总经理 包建设

内蒙古高等级公路建设开发有限责任公司成立于2004年8月16日，是经内蒙古自治区人民政府批准组建的特许经营的大型国有独资企业。公司为一级法人，实行总经理负责制，内蒙古自治区交通厅履行出资人职责。公司的经营范围是：对内蒙古自治区境内已建成运营的G6（京藏）高速公路内蒙古段、G65（包茂）高速公路内蒙古段、G55（二广）高速公路白音查干至丰镇段，110国道、210国道、208国道内蒙古段和304国道鲁北至霍林郭勒段，以及公司再建的其它高等级公路的融资、建设、养护、收费、还贷、保护路产、维护路权、开发服务、资本运营进行统一经营管理。公司实行现代企业制度的法人治理结构和内部激励、约束机制，以及归属清晰、权责明确、保护严格、流转顺畅的现代企业产权制度。

公司现设12个部室、3个中心、8个路段管理分公司、8个项目管理分公司，以及公路工程局、绿化公司、高速石油公司、服务区分公司、设备租赁分公司、综合产业分公司、自治区交通厅派驻高等级公路路政支队共36个部门和单位。人员实行全员劳动合同制管理。公司现辖通车运营的高速公路1398公里、一级公路343公里、二级公路1313公里，通车运营公路总里程3054公里；公司总资产达464亿元。

公司成立以来，在内蒙古自治区交通厅的正确领导下，全面贯彻科学发展观，深入落实“三个服务”总体要求，以“发展、廉政、服务”为主题，改革创新、科学发展、全面推行精细化管理，公路建设高效优质推进、资本运营取得显著成绩、运营管理日臻创新完善、企业党建、廉政建设、精神文明建设等各项工作均取得了巨大成就，开创了内蒙古高等级公路建设运营的新局面，为促进自治区交通工作又好又快发展发挥了全区交通建设开发的战略投资主体和主力军的作用。公司连续三年获得“全区交通系统完成责任目标实绩突出单位”和“内蒙古百姓口碑金奖单位”称号。

今后，公司将在内蒙古自治区交通厅的正确领导下，充分发挥全区公路建设主力军的作用，在自治区公路建设的总体规划框架内，着力加快国网高速、区网高速、省际出口路、重点口岸路、重点能源通道建设，努力建成较为完善的全区高等级公路网络。同时依据现代企业制度和市场经济要求，以提高运营效益为基础，以实施公路建设为重点，以强化资本运营为纽带，以服务全区经济社会发展为目标，进一步完善法人治理结构，实现资产规模大幅良性扩张，逐步形成全区范围内高速公路的规模化、集约化经营和优势互补、滚动发展的良性循环局面，努力把公司建设成为一个资产优良、服务优质、干部优秀、具有核心竞争力的大型企业集团，为自治区经济社会又好又快发展提供良好的高等级公路基础设施和交通保障服务。

飒爽英姿的员工队伍

整装待发的路政巡逻队伍

行车环境优美的高速公路

准格尔经济开发区

自治区党委书记、人大常委会主任胡春华到开发区考察调研

党委书记 杜存良

管委会主任 杨勇

内蒙古准格尔经济开发区是1999年10月自治区人民政府批准成立的自治区级开发区，立足于准格尔旗人民政府原驻地沙圪堵，规划控制用地94.34平方公里，其中城镇25.4公里，建成13平方公里；目前镇区人口约6万人。2008年1月，被自治区党委、政府命名为自治区工业十强开发区。

建区以来，开发区党委、管委会紧紧围绕“煤”、“土”、“石”、“砂”四大特色优势资源，转化煤、开发土、加工石、利用砂，多元并举兴产业，延伸循环促发展。规划建设煤焦化、乙炔化工、陶瓷、高岭土深加工、非金属矿制品和农副产品加工为主的特色产业体系，配套建设物流、汽车服务和中小企业创业园。累计引进项目231个，企业105家，协议引资166.6亿元，到位资金23.94亿元。累计实现GDP320亿元，年均增长43%；实现工业总产值406亿元，年均增长54%；完成财政收入21亿元，年均增长58%；完成固定资产投资83亿元，年均增长75%。

按照“改造、提升、拓展、繁荣”和“建设现代蒙元文化名镇、打造宜业宜居休闲之地”的思路，坚持区镇共进、建区和建城一体化发展，投入近15亿元同步推进基础设施建设和区城功能互补，修建、改造道路57.6公里；实施了引黄入沙、安全饮用水、电网改造、集中供暖、居民供气、网络线路改造以及数字电视惠民工程；建成了消防站、污水处理厂、广场、公园、农贸市场、研发中心、固废物处置场。投资13亿元完成房地产和商业开发110万平方米，拆迁45万平方米，建成住宅小区46个85万平方米。

内蒙古准格尔经济开发区招商办公大楼

国礼陶瓷科研大楼

美稷民俗风情公园一角

高原杏仁露产品

呼和浩特铁路局

大力发展铁路万吨重载运输

努力保证重点企业产品运输

努力提高客运服务质量

全力推进铁路新线建设进度

全力确保铁路线路质量安全

重点铁路建设项目快速推进

内蒙古伊利实业集团股份有限公司

2008年，国际奥委会终身名誉主席萨马兰奇会见潘刚，并盛赞伊利牛奶

2007年11月18日，胡锦涛总书记在内蒙古考察期间专程到伊利集团视察，并勉励伊利集团要在兴农富农进程中发挥更大的作用，要大力推进自主创新、科学发展。

伊利集团：优质乳品的缔造者

内蒙古伊利实业集团股份有限公司是目前中国规模最大、产品线最全的乳业领军者，也是唯一一家同时符合奥运及世博标准、先后为这两大盛事提供乳制品的中国企业。伊利集团由液态奶、冷饮、奶粉、酸奶和原奶五大事业部组成，全国所属分公司及子公司130多个，旗下拥有雪糕、冰淇淋、奶粉、奶茶粉、酸奶、奶酪等1000多个产品品种。

作为中国乳品行业领军者，伊利将食品安全视为企业的生命线。117项原奶检测项目，899项涵盖原辅材料、包装材料的超国标检测，物流全程的GPS跟踪等都成为行业品质管理的标杆，赢得数亿消费者的支持和信赖。同时，伊利集团是唯一一家掌控新疆天山、内蒙古呼伦贝尔和锡林郭勒这三大黄金奶源带的中国乳企。未来，伊利还将加大奶源建设，为消费者提供更好的产品。

近年来，伊利集团不断推进科技创新，推出了多款高科含量和高附加值的产品。比如，国内第一款专为“乳糖不耐症”人群量身打造的“营养舒化奶”，让不能喝牛奶的人实现了饮奶的愿望；在研究几千份中国母乳基础上而诞生的“金领冠婴幼儿系列奶粉”，让中国宝宝喝到了最贴近母乳的奶粉等。如今，高端乳制品的业务收入已占据伊利整个产品线的40%，伊利奶粉产销量自2005年起即跃居全国首位。同时，截至2010年，伊利雪糕产销量连续17年居全国第一，伊利超高温灭菌奶产销量也多年领先全国。

2008年，伊利成为北京2008奥运会独家乳制品赞助商，成为史上首个服务奥运的中国乳企。2010年，伊利又成功服务上海世博会，赢得了各国游客的好评。受世博效应的拉动，2010年，伊利营业收入达到296.64亿元。同时，伊利集团的品牌价值逼近300亿元，摘得中国乳企品牌价值的“七连冠”。

2010年12月20日，伊利集团启动品牌升级，新标识和新的品牌主张——“滋养生命活力”全面亮相。品牌升级意味着，伊利不仅是健康食品的提供者，也是健康生活方式的倡导者，更是行业可持续发展的引领者。面对未来，伊利将致力于实现“成为世界一流的健康食品集团”的愿景。

内蒙古蒙牛乳业（集团）股份有限公司

蒙牛乳业集团总裁 杨文俊

2003年，中共中央总书记、国家主席胡锦涛莅临蒙牛通辽事业部考察指导工作

获得“健字号”认证的蒙牛冠益乳于2010年3月17日举行产品发布会

国务院总理温家宝视察蒙牛唐山事业部，并与员工亲切合影留念

2006年10月在上海举办的IDF世界乳业大会上获创新大奖

蒙牛高智能化牛奶生产基地

蒙牛转盘式挤奶

2006年6月，蒙牛集团向全国贫困地区500所小学捐赠牛奶活动在井冈山宁冈小学启动

2010年蒙牛集团组织开展了“生态行动 助力中国”大型公益活动

蒙牛厂区外景

中国华融资产管理公司呼和浩特办事处

中国华融呼和浩特办事处于2000年4月26日挂牌成立，是中国华融资产管理公司在内蒙古自治区设立分支机构。办事处现内设机构有资产经营一部、资产经营二部、金融服务部、创新业务部、计划财务部、综合管理部。另设有风险管理与内控委员会、业务审查委员会、评估审查委员会、财务审查委员会。办事处现有公司审批人员41人，其中：高级经济师13人、高级会计师1人、高级工程师1人），中级职称人员22人，初级及以下职称人员2人。

办事处组建以来，经过近10年的努力，收购、管理和处置国有商业银行政策性不良债权资产工作已基本结束，自2009年起，办事处按照公司“五年三步走”的发展战略，实施商业化转型。办事处将走市场化、多元化的现代金融企业发展路子，以为投资者、为客户、为员工、为社会创造价值为立足点，积极进行机制与业务创新，力争经过努力，真正把办事处建成以资产经营为中心，资产经营、投资、融资租赁、信托、委托、证券等金融业务全面发展、服务优良、业绩卓著的公司分支机构。

办事处目前的主要业务范围：

一、资产经营业务。收购并经营银行和金融机构的不良资产（含商业化收购）；追偿债务；对所收购的不良资产形成的资产进行租赁或者以其他形式转让、重组债权转股权，并对企业阶段性持股；资产管理范围内公司的上市推荐及债券、股票承销；发行金融债券，向金融机构借款；财务及法律咨询，资产及项目评估；接受委托代理处置不良资产；对管理范围内的实物资产追加必要的投资等。

二、平台业务。融资租赁业务；信托业务；委托业务、股权投资基金业务等。

三、创新业务。资本运营业务；增信业务；财务顾问业务等。

办事处将依托中国华融资产管理公司的整体实力和业务多元化的经营优势，始终秉承诚信、专业服务之理念，竭诚为广大客户提供服务，努力为自治区的经济与社会发展做出积极的贡献。

办事处工会召开首届一次职工大会，全体人员唱国歌

孟玲虎副总经理与呼和浩特城市发展集团公司董事长赵俊生等同志进行业务洽谈

办事处与伊东投资集团公司和伊东煤炭集团公司举行战略合作签字仪式

办事处与股权企业北方奔驰集团公司领导进行座谈

在2011年工作会议上表彰办事处上年度先进工作者

包头稀土高新技术产业开发区

包头稀土高新区成立于1990年，1992年被国务院批准为国家级高新区，是全国83个国家级高新区中唯一以资源命名的高新区，也是内蒙古地区唯一的国家级高新区，先后被国家有关部委认定为“国家稀土新材料成果转化及产业化基地”、“国家新型工业化产业示范基地有色金属（稀土新材料）基地”和“包头国家稀土新材料高新技术产业化基地”等9个国家级基地（中心）。全区有注册企业2693家，其中稀土企业75家，上市公司投资企业22家；经自治区认定的高新技术企业54家，占自治区的43%，占包头市的93%；拥有企业研发中心43个，知识产权试点企业35家；专利拥有量1475项，占包头市的50%；首创新设备、新工艺和新技术13项，占自治区的43%；累计吸引274名海外留学人员创业，其中博士62人、硕士98人，孵化留学人员创办企业265家；引进“千人计划”人才3人，占自治区的3/5。

稀土高新区地处呼包鄂和沿黄沿线中心区域，总面积约150平方公里，由建成区、希望循环经济园区和滨河新区三大板块组成，总人口12万。

稀土高新区按照内蒙古自治区关于打造沿黄沿线经济带的战略部署，坚持以投资积蓄发展能量，以项目集聚发展要素，以创新增添发展动力，全力打造自治区沿黄沿线经济带核心区。2010年，全区地区生产总值完成230亿元，同比增长20%；固定资产投资完成290亿元，同比增长20%；财政收入完成50.5亿元，同比增长26%，总量居全市10个旗县区第一位。2011年前八个月，固定资产投资完成259亿元，财政收入完成48.2亿元；预计全年可完成地区生产总值280亿元以上，财政收入完成60亿元以上，固定资产投资350亿元以上，城镇居民人均可支配收和农民人均纯收入分别达到26922元和11827元。

面向未来，稀土高新区明确提出了“十二五”时期“123456”的发展思路：即围绕一个中心、突出两个重点、实现三个翻番、优化四个结构、明确五个定位、强化六个发展。围绕一个中心：即围绕建设“全国一流创新型特色稀土高新区”这个中心。突出两个重点：即突出全面转型、改善民生。实现三个翻番：即在“十二五”末，实现地区生产总值、财政收入、城乡居民收入与“十一五”末相比翻一番。优化四个结构：即优化产业结构、优化投资消费结构、优化财政收支结构、优化收入分配结构。明确五个定位：即打造呼包鄂经济一体化中心区、自治区科技创新领航区、自治区新兴产业集聚区、自治区统筹城乡发展示范区、自治区科学发展先导区。强化六个发展：即创新驱动发展、低碳绿色发展、人才引领发展、统筹城乡发展、民生优先发展、开放多元发展。努力建设成为包头市经济发展的排头兵、科学发展的示范区，争创全国一流特色高新区。

稀土大厦

稀土高新区创业园区

滨河新区街景

稀土公园

呼和浩特市东瓦窑农副产品批发市场有限公司

总经理　王夜东

呼和浩特市东瓦窑农副产品批发市场地处呼和浩特市呼伦南路东，鄂尔多斯大街路南，巧报镇政府以西，新希望家园以北。地理位置优越。

市场始建于1986年，属东瓦窑村办集体企业，同时也是农业部首批授予的全国23家鲜活农产品批发市场和全国百强批发市场之一。目前，市场已有固定资产5500万元（不包括土地），占地面积94000多平方米，建筑面积约18800多平方米，营业用房14800平方米，硬化地面3500平方米，有多功能交易大厅四个。主要经营蔬菜、肉类、水产品、豆制品、调味品及其它副食品487户，从业人员约2500余人。其中粮油经营户24户，蔬菜经营户210户，调味品经营户102户，水产品经营户19户，生熟肉经营户44户，其它经营户88户。以2010年底营业收入183257万元上缴税金1000多万元。

市场现任领导班子团结奋进，坚强有力。领导班子按照胡锦涛总书记科学发展观的指示精神，遵照国家一系列惠农政策，带领全场职工奋力拼搏，大搞基础设施建设，提高科技含量，努力发展市场，近三年共投入资金3000余万元。目前市场正以一个崭新的面貌呈现于呼市的群众面前。市场现有职工127人，其中党员10人。

随着市场业务范围不断扩大，辐射能力已扩大到北京、天津、河北、山东、辽宁、山西、宁夏等十几个省市自治区，为全国各地农牧民提供诸多信息和物资服务。呼市80%农民的农畜产品通过市场向全国各地销售，并供给50%的呼市市民所需的蔬菜及其它副食品。经过十几年的不懈努力，东瓦窑批发市场已成为自治区农牧业产业化的龙头企业。连续多年获得自治区党委政府颁发的《全区农牧业产业化先进乡镇企业》称号。

成绩和荣誉只能说明过去，今后东瓦窑市场一定要按照党中央、国务院有关惠农政策和精神，进一步把市场经营好，为丰富呼市菜篮子工程做出更大贡献。

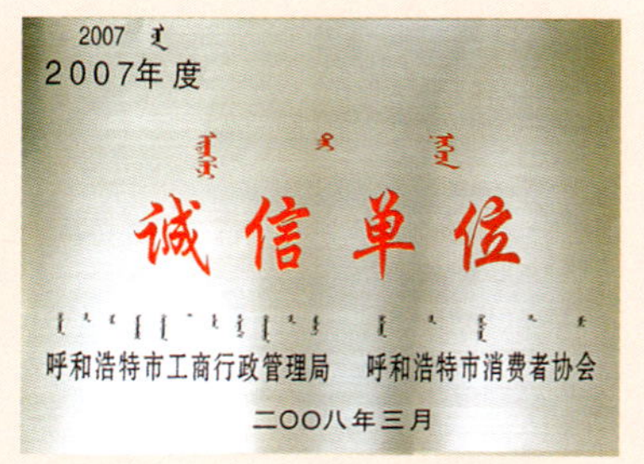

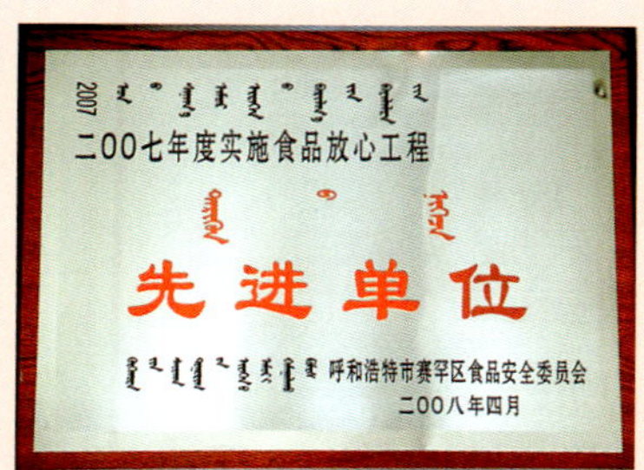

呼和浩特市东瓦窑农副产品批发市场有限公司

3·15宣传活动

蔬菜批发库

农药残留检测室

批发市场一角

市场正门

内蒙古呼和浩特抽水蓄能发电有限责任公司

呼蓄电站全貌

内蒙古呼和浩特抽水蓄能电站（以下简称呼蓄电站）是内蒙古自治区的第一个抽水蓄能电站项目，位于呼和浩特市东北部的大青山区，距离呼和浩特市中心约20公里。呼蓄电站由上水库、水道系统、地下厂房系统及下水库组成，为一等大Ⅰ型工程。总装机容量为1200兆瓦，安装4台单机容量为300兆瓦的混流可逆式水泵—水轮机组。电站额定水头521米，上水库正常蓄水位1940米，下水库正常蓄水位1400米，上、下水库总库容分别为677.47万立方米、703.75万立方米，年发电量20.075亿千瓦时，年抽水电量26.767亿千瓦时。电站建成后投入蒙西电网运行，承担系统调峰、填谷、调频、调相，以及事故备用的任务。按2005年底价格水平测算，工程静态总投资49.34亿元，动态总投资56.43亿元。根据施工进度安排，上水库和下水库初期蓄水时间分别定在2013年4月和2013年3月，电站计划2014年3月实现首台机组投产发电，2014年底全部投产发电。

呼蓄电站原由内蒙古电力（集团）有限责任公司独家投资建设，于2004年5月开始筹建，2005年1月17日，国家发改委批准开展前期工作，2005年1月31日，注册成立内蒙古呼和浩特抽水蓄能发电有限责任公司（以下简称呼蓄公司），2005年3月开始施工准备，2006年8月28日，项目正式通过国家发改委核准，2007年11月停工。

2009年11月18日，中国长江三峡集团公司（以下简称中国三峡集团）等16家股东（股东名单详见呼蓄公司股东名单及出资比例表）共同出资，对呼蓄公司进行增资扩股。重组后的呼蓄公司注册资本金15亿元，由中国三峡集团控股。公司经营范围包括：抽水蓄能电站开发建设、抽水蓄能发电生产及销售；提供电网内的调峰填谷、调频调相、事故备用和黑启动的辅助服务；提供风电入网运行的配套服务；水电工程建设咨询等。

呼蓄公司股东名单及出资比例表

序号	股东名称	出资额(万元)	所占股比(%)
1	中国长江三峡集团公司	76500	51
2	内蒙古电力(集团)有限责任公司	15000	10
3	龙源(巴彦淖尔)风力发电有限责任公司	9685.36	6.46
4	内蒙古华电辉腾锡勒风力发电有限公司	7830.51	5.22
5	中广核(乌兰察布)风力发电有限公司	7341.10	4.89
6	北京京能新能源有限公司	6802.75	4.54
7	华能包头风力发电有限公司	4894.07	3.26
8	华能呼和浩特风力发电有限公司	4845.13	3.23
9	内蒙古大唐国际风电开发有限公司	4716.66	3.14
10	大唐(赤峰)新能源有限公司	2694.18	1.8
11	大唐巴彦淖尔风力发电有限责任公司	2422.56	1.61
12	国电武川风电有限公司	2422.56	1.61
13	中广核(四子王)风力发电有限公司	1211.28	0.81
14	龙源电力集团股份有限公司	1211.28	0.81
15	中节能风力发电投资有限公司	1211.28	0.81
16	化德县大地泰泓风能利用有限责任公司	1211.28	0.81
合计		150000	100

内蒙古呼和浩特抽水蓄能发电有限责任公司

内蒙古自治区党委书记胡春华（左二）在呼和浩特会见中国三峡集团董事长、党组书记曹广晶（左三），总经理陈飞（右一），副总经理杨春锦（右二），副总经理毕亚雄（右三）

2010年4月21日，内蒙古自治区党委副书记、自治区常务副主席任亚平（左二）在呼和浩特会见中国三峡集团董事长、党组书记曹广晶（右一）

2010年4月21日，内蒙古自治区党委副书记、自治区常务副主席任亚平（左四）在呼和浩特会见中国三峡集团总经理陈飞（右一）

2010年4月21日，呼和浩特市委书记韩志然会见中国三峡集团董事长、党组书记曹广晶，总经理陈飞

2010年6月7日，中国长江三峡集团公司董事长、党组书记曹广晶（左四），三峡集团内蒙古分公司副总经理、呼蓄公司董事长毛三军（右一）陪同内蒙古自治区党委原书记王群（右二）考察呼蓄电站施工区

呼和浩特经济技术开发区管委会

呼和浩特经济技术开发区（以下简称开发区），始建于1992年，2000年7月经国务院批准晋升为国家级开发区。下辖如意工业园区、金川工业园区、出口加工区和留学人员创业园。

“十一五”期间开发区党工委管委会在市委、市政府的正确领导下，深入落实科学发展观，有效应对金融危机、三聚氰胺事件、个别支柱型企业总部外迁等不利因素的严峻考验，全面贯彻落实中央保增长、保稳定、保民生的一系列政策措施，坚定不移地加快转变经济发展方式，坚定不移地加强招商引资和项目建设，坚定不移地提升自主创新能力，坚定不移地打造优质发展环境，在“十一五”期末，一举扭转了经济下滑的不利局面，实现了经济社会的平稳健康发展。

一是综合经济实力进一步增强。“十一五”期间，经济总量不断壮大。地区生产总值、工业增加值、财政收入年均增长10%、9.3%、9.5%。规模以上工业增加值约占呼和浩特市比重为22%，成为首府工业经济的重要支撑。

二是产业结构调整步伐进一步加快。“十一五”期间，开发区累计新注册内资企业783家，引进内资实际到位资金208亿元；实际利用外资6.5亿美元。固定资产投资完成275.5亿元，年均递增22.34%。投资1000万元以上的工业重点项目116项，完成固定资产投资126亿元，投资上亿元的工业重点项目54项，完成固定资产投资111亿元。

经过大力推进招商引资、项目建设和加大现有企业的培育力度，产业结构得到了优化调整。形成以伊利、意林、家园等为代表的食品加工业；以创维电子、TCL王牌、北特通信、方维电器、银安科技等为代表的电子信息制造业；以齐鲁制药、双奇药业、大唐药业、兰太药业、元和药业等为代表的生物制药业；以利乐集团、天浩纸业等为代表的包装工业；以乾坤金银、晟纳吉光伏材料、日月太阳能、华生高岭土等为代表的贵金属及新材料加工业；以众环数控、富特橡塑、恒方科技、一汽亿阳、敕勒川电缆、精诚绝缘子、上海电气等为代表的装备制造业。这些产业的快速发展，有力地推动了全市经济的平稳健康发展，对周边区域具有一定的辐射带动性，其规模、经济效益在开发区经济中占有突出的地位。

三是自主创新能力进一步提升。“十一五”期间，开发区企业承担了多项国家和地方科技创新项目，有力地促进了企业技术进步，提高了企业的自主创新能力。至2010年，开发区企业设立研发机构12个，企业技术中心7个，研发人员数达到1378人，当年科技研发经费支出总额达到3亿元，政府支持科技发展资金达到0.6亿元，申请专利数达到204件，授权专利数达到126件。

开发区还分别被科技部、自治区人民政府、呼和浩特市人民政府批准为“国家火炬计划呼和浩特医药产业基地”、“自治区级高新技术产业开发区”、“市级软件园”，国家级呼和浩特留学人员创业园于2010年12月被科技部认定为“国家科技企业孵化器”。成为促进首府经济自主增长的重要“引擎”。

四是产业承载基础进一步夯实。“十一五”期间，开发区在充分利用各项优惠政策，提高服务效率，不断优化发展软环境的同时，切实加大投入力度，进一步加强硬环境建设。期间累计完成基础设施投资20亿元，实现“七通一平”土地面积9.8平方公里，土地开发率为100%，其中工业用地面积达到7平方公里。如意新区投资2亿元，完成“七通一平”土地面积6平方公里，建成面积0.61平方公里。金川新区投资1.8亿元，完成“七通一平”土地面积3.5平方公里，建成面积2.5平方公里。不断优化的投资环境，成为首府招商引资、项目建设、对外开放的重要载体和平台。

五是社会事业全面进步。认真落实安全生产责任制，层层签订了《安全生产目标责任状》，切实加大对重点企业的排查力度，狠抓重点行业和领域的事故隐患治理工作。全面落实社会治安综合治理责任制，积极做好劳动争议处理和周边征地拆迁农民的补偿安置工作，加强了以流动人口服务与管理为重点的社会治安综合治理工作，进一步改善了开发区社会治安环境。全力推动经济发展，带动就业和再就业，全年共举办3次大型人才招聘会，为社会提供就业岗位5100多个，实现就业和再就业的人数达3080人。切实加强开发区社保网络体系建设，社保覆盖面进一步扩大。

根据市委关于开展创先争优活动的总体安排，开发区党工委成立了创先争优活动领导小组，制定下发了《关于在开发区基层党组织和党员中深入开展创先争优活动的实施意见》，确立了“筑二次创业战斗堡垒，树科学发展先锋形象，创强区惠民一流业绩”的活动主题，设计了“创五好五强先进基层党组织”和“五比、五看、争当五星党员”活动载体，出台了《开发区创先争优活动考评办法》，协同推进各园区党委、支部、党员三个层面的活动。按照动员部署、公开承诺、践行承诺、领导点评、群众评议、评选表彰“六个环节”，根据机关和企业的不同特点，有针对性地开展活动，注重从内容、载体、考核评价几个方面大胆创新，保证了活动效果。

内蒙古自治区盐业公司

自治区盐业公司(盐务局)经理(局长) 赵玉怀

内蒙古自治区盐业公司恢复成立于1980年，是自治区国资委监管的国有独资企业，同时挂自治区盐务管理局的牌子，行使全区盐业行政管理和盐政执法职能。作为自治区食盐专营的主体承担着全区2400万人口的食用碘盐、畜牧用盐以及除两碱工业盐以外的其它小工业盐的供应，承担着全民食用碘盐、持续消除碘缺乏危害的社会使命，承担着自治区级食盐储备任务，并负有国有资产保值增值责任。

目前，内蒙古自治区盐业公司实行授权经营的管理体制，全区12个盟市中，设有10个直属分公司（乌海市、阿拉善盟盐业公司隶属地方政府）；在62个旗、县、市（区）设有75个支公司、批发部；直属企业还包括锡盟额吉淖尔盐场、内蒙古远通饲料添加剂制造有限责任公司、内蒙古华晶盐业包装有限责任公司三个生产企业和内蒙古晶旺房地产开发有限责任公司一个房地产开发企业。

内蒙古自治区盐业公司及其直属企业2010年底有从业人员1963人，离退休人员575人。公司经营品种有食盐（精制盐、粉洗盐、腌制盐、食品工业盐、锌强化营养盐、钙强化营养盐、低钠盐、雪花盐等和中盐国本营养盐系列），畜牧业用盐（矿物质饲料舔块、盐粉，普通牧业盐），渔业用盐，肠衣盐，小工业用盐，塑料制品、塑料原料、纸制品等。

2010年，公司盐产品销量29.64万吨，其中食盐销售16.98万吨（多品种盐4.76万吨），食盐市场占有率达95%以上；畜牧用盐4.23万吨；小工业销售7.19万吨；肠衣盐销售1.24万吨。实现营业收入4.11亿元；年实现利润27778万元。上缴税金5122万元。拥有总资产4.5亿元。

内蒙古自治区盐业公司在新的时期将结合地区盐业实际，紧扣发展主题，突出改革创新，努力保持食盐供应稳定，坚持调整和优化经济结构，坚持改革与发展并举，努力开创“十二五”工作新局面。

食盐包装自动化流水线

锡盟额吉淖尔精盐场

多品种营养盐

矿物质饲料舔块

呼和浩特经济技术开发区金川工业园区

2007年11月18日，中共中央总书记胡锦涛（右三）视察伊利时留影。内蒙古自治区党委常委、呼和浩特市委书记韩志然（左三）、金川工业园区党委书记、主任白海泉（左二）陪同视察。

2010年7月5日，益生菌产业化示范项目生产研发基地竣工暨内蒙古普泽生物制品有限责任公司投产举行庆典仪式。自治区副主席连辑（中）出席庆典仪式。

2010年6月9日，王波市长（中）一行视察金川天浩纸业，呼和浩特经济技术开发区管委会领导和金川工业园区党委书记、管委会主任白海泉陪同视察。

2010年6月28日，国药控股内蒙古有限公司举行揭牌庆典仪式

金川工业园区标志性建筑——祥云八骏

金川工业园区广场全景

金川工业园区管委会大楼侧面图

伊利集团新工业园厂区外景

呼和浩特经济技术开发区金川工业园区

2010年8月16日，中共中央政治局常委、中央纪律检查委员会书记贺国强（左二）视察伊利集团公司，内蒙古自治区党委书记胡春华（右二）、内蒙古自治区主席巴特尔（右一）陪同视察。

2010年9月8日，金川工业园区党委书记、管委会主任白海泉带领环节干部深入企业进行调研。

驻金川企业阜丰实验室一角

2010年12月2日，呼和浩特市刚布和副市长视察金川阜丰企业。呼和浩特经济技术开发区管理委员会主任李博宏（右二）金川工业园区党委书记、管委会主任白海泉（右一）陪同视察。

金川工业园区广场全景图

金川工业园区驻区企业伊利集团生产车间

温州商会

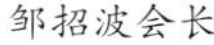

邹招波会长

2010年10月11日，王波市长视察内蒙古温州商会与商会成员合影

内蒙古自治区温州商会于1999年正式成立，是内蒙古自治区第一家成立的异地商会，同时也是内蒙古地区民间社团组织中第一个成立党支部的异地商会。商会业务主管单位是中共内蒙古党委统战部，社团登记机关是自治区民政厅，现有会员单位460多个，经营范围涉及到金融、商业零售及管理、房地产开发、资源开发、餐饮娱乐、机电制造等众多领域。其中工业方面有130多家企业参与了房地产、羊绒、印刷、水泥、包装、装潢、高载能、矿业、通讯电信、机械电器等领域的生产活动；在商业方面有270多家公司参与了商业流通、建材、餐饮娱乐等领域的经营活动。

商会成立以来，联系着在内蒙古经商的10万温州商人的温州商会，在内蒙古投资500多亿元，仅在呼市地区就投资300多亿元。2010年商会成员单位企业年总产值约为一百多亿元，税收达到十几亿元，提供就业岗位10万多个。内蒙古温州商会的成员企业及个人在热心公益事业，关爱员工，救灾济困等累计捐赠了5000万元，为自治区经济发展和社会进步做出了令人刮目相看的贡献。

内蒙古温州商会是内蒙古经济发展与社会和谐建设的一分子，正在内蒙古各级政府领导、各届友人的关心关怀下，继续团结拼搏，勤勉工作，为内蒙古的建设发展奉献自己的力量，走向更美好的明天。

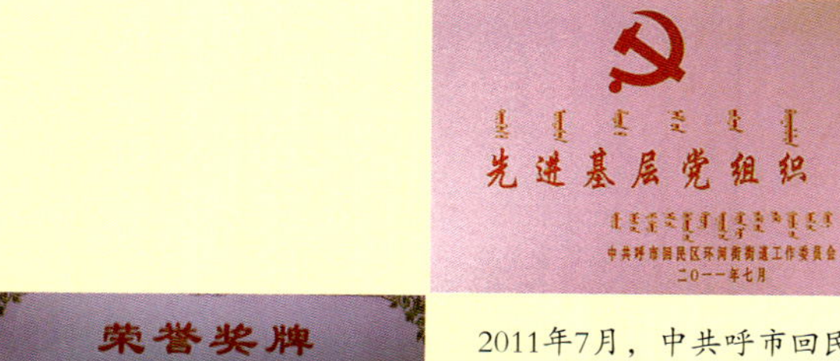

2011年7月，中共呼市回民区环河街街道工作委员会授予内蒙古温州商会为“先进基层组织”光荣称号.

信用建设特别贡献单位

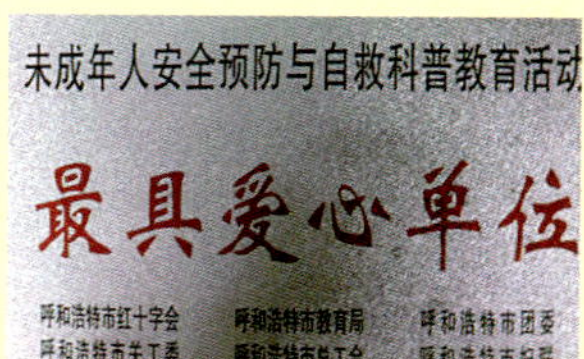

2011年3月，呼和浩特红十字会授予内蒙古温州商会“最具爱心单位”光荣称号.

全国先进民间组织

温州商会

内蒙古自治区党委副书记任亚平（左五）温州商会名誉会长尤仁（左六）温州市委常委、军分区政委郭登明（左四）温州市委副秘书长胡志敏（右三）温州市人民政府经合办副主任周顺来（左二）与温州商会企业家合影

2011年8月8日，内蒙古自治区温州商会邹招波会长(左二)在温州参加了“诚信温商”杰出代表颁奖典礼

2011年8月16日，浙江省统战部蒋学基副部长视察内蒙古温州商会并与商会成员合影

内蒙古自治区磴口县人民政府

2×35万千瓦华润金牛热电厂

巴彦淖尔市华油天然气厂区

社会发展情况

磴口县地处巴彦淖尔市西南部。总面积4166.6平方公里，地貌以沙地、山地、平原为主，有“七沙二山一平原”之称。总人口13万人，有蒙、汉、回、满等17个民族。

全县辖3镇1苏木1办事处，47个自然村，县境内驻有中国林科院沙漠林业实验中心及5个国营农场。县政府所在地巴彦高勒镇。

“十一五”期间，磴口县深入贯彻落实科学发展观，积极应对各种挑战，经济社会得到了平稳较快的发展。2010年，地区生产总值完成40.1亿元，是“十五”末的2.3倍。财政收入完成1.86亿元，是“十五”末的1.4倍。固定资产投资五年完成135亿元，是“十五”时期的2.4倍。城镇居民人均可支配收入达到14500元，年均增长12.6%。农牧民人均纯收入达到8660元，年均增长14.4%。黄河三盛公水利枢纽风景区晋升为国家3A级景区，秦汉长城、阴山岩画、烽燧古城古墓群遗址、阿贵庙、百年教堂、清真大寺、神根峰、红河谷、纳林湖、黄河三桥、沙海戈壁、田园风光、沙漠绿洲等人文和自然景观共同织就了一幅精美的旅游画卷。城镇化率达到50.2%，全县森林覆盖率达到17.5%，先后荣获“中国最佳文化生态旅游名县”、“全区防沙治沙先进集体”和“全国科普示范县”称号。

黄河三盛公水利枢纽

蒙牛乳业(磴口巴彦高勒)有限责任公司

内蒙古自治区磴口县人民政府

自治区副主席连辑视察磴口

磴口县人民政府县长 蔡明学

磴口工业园区是经自治区人民政府批准，并通过国家发改委审核的全区45家工业园区之一，同时也是巴彦淖尔市确定的市县共建重点工业园区。目前，已有蒙牛乳业、上海佳格、中粮公司、金牛能源、华润电力、华油天然气、西部天然气等44户企业入驻。已初步形成农畜产品加工、化工、电力“三大主导产业”，同时涉及机械制造、金属冶炼、物流服务、供水供汽、包装等行业的发展格局。周边乌海、鄂尔多斯等地煤炭资源富集，并随着周边口岸进货量的不断扩大，磴口县将成为蒙古国煤炭入境加工的重要通道，发展煤化工产业条件便利。华润金牛一期2×35万千瓦热电联产项目年可发电55亿度，二期2×60万千瓦项目正在进行前期工作。电力支撑能力强劲。

磴口县资源丰富，区位优势独特。乌兰布和沙区有426.9万亩土地可待利用。阴山一线已探明的伴生金银矿、铜、铁、白瓷石、红柱石等矿产资源储量大，品位高。风能和太阳能资源充足，年日照时数3300小时，年均风速3米/秒，是全国内陆仅有的几个风能、太阳能丰富区之一。名优特产华莱士瓜、王爷地甘草、南瓜、二狼山白山羊绒、黄河鲶鱼、鲤鱼等在国内外久享盛名，有机奶、肉苁蓉发展潜力巨大，是“中国华莱士蜜瓜之乡”和“中国油葵之乡”。黄河流经县境52公里，110国道、京藏高速、包兰铁路、临策铁路横贯全境。

伊金霍洛旗人民政府

胡锦涛在伊金霍洛旗苏布尔嘎镇同当地农牧民亲切交谈

伊金霍洛（汉意为“圣主的院落”）旗，地处鄂尔多斯高原东南部，毛乌素沙地东北边缘，南与陕西省榆林市神木县交界，北与鄂尔多斯市府所在地康巴什新区隔河相连。总面积5600平方公里，辖7个镇138个行政村，总人口近16万，其中少数民族人口1.1万，占全旗总人口的7.46%。境内资源富集，交通便捷，人文独特，为国家重要的能源重化工基地之一，系鄂尔多斯市城市核心区的重要组成部分，是一代天骄成吉思汗的长眠之地，也是集铁路、公路、航空于一体的鄂尔多斯及周边地区的重要立体交通枢纽。2010年，全旗地区生产总值完成473亿元，是“十五”末的5倍,年均增长22.4%；全社会固定资产投资完成260亿元，是“十五”末的3.8倍,年均增长30.3%；财政收入完成110亿元，成为继东胜、准旗之后自治区第三个财政收入过百亿的旗（县）区，超过了除呼包鄂三市之外的其余9个盟市，人均GDP和人均财政收入分别保持全国第一和全自治区第一；城镇居民人均可支配收入达到26684元，年均增长19.3%；农牧民人均纯收入达到8774元，年均增长13.1%;社会消费品零售总额达到28亿元，是“十五”末的2.5倍，年均增长19.8%；万元GDP能耗较“十五”末下降了25个百分点；城镇登记失业率控制在2.5%以内；三次产业结构调整优化为1:61:38。县域经济基本竞争力跃居全国百强第37位，跻身中国西部最具投资潜力百强县（市、区）前三位。

温家宝在神华煤直接液化项目考察

CBD中心区日景

铁路大桥

现代化矿井——神华万利布尔台格矿

伊金霍洛旗人民政府

中共伊金霍洛旗旗委书记 王东伟

伊金霍洛旗人民政府旗长 云卫东

母亲公园

居民广场

草原春色

成吉思汗陵园

准格尔旗人民政府

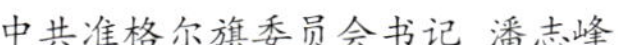

中共准格尔旗委员会书记 潘志峰

准格尔旗人民政府旗长 祁·毕西勒图

准格尔（汉意为“左翼”）旗位于内蒙古西南部、鄂尔多斯市东部、蒙晋陕三省区交界处，全旗总面积7692平方公里，总人口37.3万，辖9个苏木乡镇、4个街道办事处、1个开发区（准格尔经济开发区）、1个工业基地（大路煤化工基地），居住着蒙、汉、回、满、藏等14个民族。黄河三面环绕准格尔旗，过境长度197公里。境内丘陵居多，沟壑纵横，有少量冲击平原和沙漠，素有“七山二沙一分田”之称。

准格尔旗矿产资源极为丰富，其中煤炭资源得天独厚，具有分布广、储量大、煤质好、埋藏浅、易开采等特点，有低灰、低磷、低硫、高发热量的“绿色煤炭”美誉，现已探明储量544亿吨，占全区7.7%、全市33.6%，远景储量1000亿吨以上。同时，高岭土储量也非常丰富，探明储量60亿吨，石灰石、铝矾土、硫铁矿、白云岩、石英砂、煤层气等储量也相当大。此外，准格尔旗地处呼和浩特、鄂尔多斯、包头三角区域内，是内蒙古经济发展的重要核心区，区位资源也非常突出。旗府驻地薛家湾镇距鄂尔多斯市府东胜120公里、内蒙古首府呼和浩特100公里、草原钢城包头180公里、首都北京650公里；而且，准格尔旗位于内蒙古、山西、陕西交界区域，是内蒙古的南大门，是内蒙古与山西、陕西经济交流、商贸往来的前沿，区位优势明显，战略地位突出。

准格尔旗人民政府

自治区党委书记胡春华在准格尔旗调研

自治区主席巴特尔视察准格尔旗

“十一五”以来，准格尔旗立足自身实际，依托资源和区位优势，认真践行科学发展观，经济社会实现了又好又快发展。五年完成地区生产总值3006亿元，年均增长26%，经济总量连续5年全鄂尔多斯市第一；五年累计完成财政收入424亿元，年均增长38%；五年累计完成全社会固定资产投资1246亿元，年均增长39%；累计实施亿元以上重大项目140项，完成投资1020亿元。2010年是我旗经济增长速度最快的一年，地区生产总值达到671.14亿元，财政收入达到146.5亿元，全社会固定资产投资达到400.05亿元；城乡居民人均收入分别达到26699元和8766元。在第十届全国县域经济基本竞争力与科学发展评价中，列全国百强县第20位，西部百强县第1位，先后被评为中国全面小康十大示范县、中国金融生态县、中国十大最关爱民生县、中国绿色名县、中国中小城市科学发展调研基地，是改革开放30年内蒙古总结推出的十个典型旗县市区之一。

2010年8月，全国政协副主席董建华在鄂尔多斯市成吉思汗陵进行考察

全国政协副主席李兆焯在鄂尔多斯市视察

全国政协副主席郑万通在鄂尔多斯市视察

2010年市政协主席徐万山在二届四次全委会上作工作报告

2010年 市政协副主席安源在大会主席台上

中国人民政治协商会议鄂尔多斯市委员会

2010年 市政协副主席赵慧在大会主席台上

2010年 市政协副主席李兴亮在大会主席台上

2010年 市政协副主席刘桂花在大会主席台上

2010年 市政协副主席刘文山在二届四次全委会上作提案工作情况的报告

2010年 市政协副主席娜仁图娅在大会主席台上

2010年 市政协副主席苏文在大会主席台上

2010年 市政协副主席王果香在大会主席台上

2010年 市政协副主席杨亚民在大会主席台上

乌审旗财政局

乌审旗财政局局长 巴音青克乐

奋勇前行的乌审旗财政局

近年来，乌审旗财政局认真落实科学发展观，紧紧围绕上级财政部门和旗委、政府的工作部署，全力抓收入，倾力谋发展，着力保民生，充分发挥财政职能作用，为全旗经济社会的发展做出了积极贡献。

财政工作在旗委、政府的正确领导下，在人大、政协的有效监督下，在上级财政部门的大力支持下，按照“稳增长、调结构、惠民生”的总体要求，财政部门充分发挥职能作用，紧紧围绕确定的各项目标任务，全力组织财政收入，着力保障和改善民生，加强财政管理，圆满完成了全年财政工作任务。2010年，全旗财政总收入突破20亿元，累计完成231399万元（财政收入新口径完成160399万元），完成年度预算的116%，同比增加79711万元，增长53%。一般预算收入完成87541万元，完成年度预算的103%，同比增加8557万元，增长11%。

财政收入的稳步增长为各项工作的开展提供了坚实的财力保障。近几年，集中财力实施了一批重点民生工程，全旗社会保障体系不断完善，社会事业较快发展，惠农惠牧补贴稳步增加，“同城待遇”全面落实，人居环境继续改善，财政管理水平不断提高，财政改革持续推进，理财能力显著提升。财政各项事业的稳步发展，使人民群众切身体会到了公共财政所带来的好处。

财政部门工作得到了旗委、政府和上级部门的充分肯定，获得了“2009年度先进党总支”、“2009年度工作实绩突出单位”、“2009年度党风廉政建设责任考评制先进集体”、“2010年全旗财税工作先进集体”、“十一五扶残助残先进集体”等三十多项集体荣誉；获得自治区、市、旗奖励的个人达二十多人。这些荣誉的取得将激励勇于开拓创新、奋勇争先的财政人不断前行，创造更加辉煌灿烂的明天。

市财政局局长包生荣在乌审旗调研皇香牌猪肉养殖公司生产经营情况

局领导春节期间到帮扶户家中慰问并送去慰问金

财政局对全旗嘎查村干部及会计人员进行农村牧区财政支农支牧政策培训

财政局组织全体干部职工学习十七届五中全会精神

乌审旗新建成的嘎查村一事一议财政奖补项目 图为村卫生所和村民活动场所

内蒙古磴口工业园区管理委员会

团结 奋进 务实的磴口工业园区管委会领导班子

具有国际首创“无废法”技术，年产铬盐系列产品3万吨生产能力的内蒙古黄河铬盐股份有限公司厂景及主要产品

正在投产中的日处理30万Nm3天然气液化的巴彦淖尔华油天然气有限责任公司

有4条番茄制品生产线，日处理番茄生产能力4500吨，年产番茄酱2.5万吨生产能力，并已获得国际ISO9000质量体系认证和HACCP体系认证、清真认证的内蒙古中粮番茄制品有限公司

内蒙古磴口工业园区成立于2003年，经内蒙古自治区人民政府批准，2006年通过国家发改委核准的省级工业园区，同时也是巴彦淖尔市确定的市县共建重点工业园区。

内蒙古磴口工业园区地处巴彦淖尔市西部，东南与鄂尔多斯市隔黄河相望，西邻阿拉善盟，南毗邻乌海市。位于呼包银兰经济带的中间位置和以呼包鄂为核心的沿黄河沿交通干线经济带范围内，是促进区域经济一体化发展的重要节点，对加快内蒙古西部地区经济健康快速发展将起到重要的推动作用。

按照自治区建设厅批准实施的《磴口工业园区总体规划（2007-2020）》，园区总控制面积36.1平方公里，工业园区建成一个以食品、化工、电力、装备制造、矿产加工和仓储物流为主的综合性循环经济园区，充分发挥集聚效应，为推进工业化、实现富民强县打造良好的承载平台。

截至2010年底，磴口工业园区累计完成基础设施建设投资6.855亿元。共引进企业44户（其中规模以上工业企业16户）。目前已形成了农畜产品加工、化工、电力“三大主导产业”，同时涉及机械制造、金属冶炼、物流服务、供水供汽、包装等行业的发展格局。

2010年园区完成工业总产值54.1亿元，同比增长15.1%，占全部工业的98%；实现工业增加值18.08亿元，同比增长29.1%，占全部工业的86%，是全县生产总值的45%；上缴税金1.05亿元，同比增长29.6%，占全县财政收入的56%。

磴口工业园区将充分利用区位优势、资源优势、政策优势和现有的发展基础，“十二五”期间，在国家西部大开发战略指导下，积极融入呼包鄂经济区和沿黄沿线经济带建设中。重点建设“五大产业集中区”，不断提高园区综合经济实力和发展质量。

一是围绕现有的蒙牛、佳格、中粮、泰顺等企业，大力发展农畜产品深加工，着力抓好滨辉制药厂和矿泉水厂、王爷地公司肉苁蓉加工、圣牧高科有限公司有机奶加工等重点项目，着力打造农畜产品加工产业集中区。

二是围绕金牛煤电热电有限公司，加快推进电厂二期工程实施，引进建设太阳能光伏发电、风电项目，着力打造电力产业集中区。

三是围绕黄河铬盐、利川公司等化工企业，采用新工艺，提高产品品质，延长产业链，扩大产能，并抓好年产1000万吨洗煤、粉煤灰制砖和年产9万吨碳黑项目，加快鑫盛能源化肥项目建设进度，争取启动煤制气项目，着力打造化工产业集中区。

四是围绕现有的恒泰、华油、德胜等液化天然气企业，加快液化气站建设，重点引进LNG重型卡车装配厂及与之配套的关联企业，着力打造液化天然气城、装备制造产业集中区。

五是围绕园区重大项目的落地投产，加快推进腾达物流中心和华气物流园区建设，着力打造物流综合服务产业集中区。

内蒙古自治区人民检察院阿拉善盟分院

内蒙古自治区人民检察院阿拉善盟分院党组书记、检察长 董贵

阿拉善盟地处内蒙古最西端，新中国成立以后，阿拉善盟检察分院在改革中不断发展壮大。当时隶属于宁夏、甘肃的阿左、阿右、额济纳三旗人民检察院在1979年5月之前相继恢复重建。1979年7月,3旗划回内蒙古，11月国务院批准设立阿拉善盟。1980年5月1日，随着阿拉善盟的建立，阿拉善盟人民检察院正式成立。1983年12月5日，改称内蒙古自治区人民检察院阿拉善盟分院。伴随着共和国改革开放的历史进程，伴随着自治区经济社会的全面发展，围绕阿拉善盟委行署的中心工作， 30年来，全盟检察人员恪尽职守，严格执法、秉公办案、依法监督，为共和国的国防建设，为阿拉善盟的经济发展、政治安定、文化繁荣、社会和谐作出了应有贡献。

2009年4月，高检院党组成员、中纪委驻高检院纪检组长莫文秀一行来阿拉善盟检察分院调研

2010年9月26日，内蒙古自治区人民检察院原检察长王尚罗来阿拉善盟检察分院视察工作

自治区党委常委、纪委书记张力来阿拉善盟检察分院视察工作

2010年11月，内蒙古自治区人民检察院周忠清副检察长一行来阿拉善盟检察分院视察工作

2010年12月19日，盟委书记王玉明来阿拉善盟检察分院调研指导工作

阿拉善盟盟委书记王玉明陪同自治区纪委副书记额尔德尼视察盟预防职务犯罪警示教育基地

内蒙古自治区人民检察院阿拉善盟分院

2009年5月8日，阿拉善盟检察分院董贵检察长深入监管场所进行实地专项检查

2010年8月18日，阿拉善盟检察分院举行法制宣传日活动

2009年4月8日，阿拉善盟检察分院预防职务犯罪警示教育基地接牌仪式

2010年8月17日，阿拉善盟检察分院举行检察官宣誓仪式

2010年8月19日，阿拉善盟检察分院向人大、政协汇报反渎职工作

2010年11月5日，八盟市检察院死刑案件办案质量座谈会在在阿拉善盟检察分院召开

2009年6月23日，阿拉善盟检察分院召开保障民生新闻发布会

鄂尔多斯市图书馆

图书馆馆长 乔礼

鄂尔多斯市图书馆位于鄂尔多斯市康巴什新区中心，占地21200平方米，总建筑面积41670平方米。馆内设置五大功能区，即普通文献信息服务区、电子资源服务区、特色文献资源服务区、影视音乐报告资源服务区、读者休闲消费服务区。全馆现有馆藏书籍30多万册，阅览席位2300个，网络节点5300个。馆内文献书目全部数字化，阅览区内的书刊实行开架式服务，实现了全面开放、自助借还、一卡通行，所有馆藏免费向全社会开放。同时我馆设有独立的网页网站，延伸了图书馆的服务。另外，还在居民社区、敬老院等地点设立分馆，方便市民阅读。鄂尔多斯市图书馆每年在世界读书日、服务宣传周、全民读书月、六一儿童节以及国庆节都要举办有规模、有特色的读好书系列活动，在春节、元宵节、端午节、中秋节等传统节日也要视具体情况举办相关的主题阅读活动。如有奖征文活动、读书演讲比赛、书画展征文活动、评选优秀读者、夏日电影展播、元宵节猜灯谜等活动，彰显图书馆的书香魅力，实现图书馆与读者的互动，营造人人爱书、读书的良好社会风气。鄂尔多斯市图书馆的工作得到了社会各界的肯定，多年来受到国家级表彰奖励4次，自治区级表彰奖励4次，盟市级表彰奖励20多次。2010年，鄂尔多斯市图书馆被文化部评定为地市级一级图书馆。

市委书记云光中视察市图书馆

上级领导来我单位视察

鄂尔多斯市图书馆

首届鄂尔多斯市图书馆少儿书画展

文化部部长助理高树勋视察市图书馆

文化共享工程 鄂尔多斯市支中心消夏电影展播活动

元宵节猜谜语活动

神华准格尔能源有限责任公司

领导合影

神华准格尔能源有限责任公司(中国神华哈尔乌素煤炭分公司)是集煤炭开采、坑口发电、铁路运输及粉煤灰提取氧化铝为一体的大型综合能源企业，是中央企业神华集团有限责任公司的控股子公司。2005年随中国神华能源股份公司上市，公司注册资本金71.21亿元。截至2010年12月份，神华准格尔能源有限责任公司及中国神华哈尔乌素煤炭分公司总资产229亿元。

准格尔煤田位于内蒙古自治区鄂尔多斯市准格尔旗，地处蒙、晋、陕交界处，东临黄河，北距首府呼和浩特市120公里。煤田已探明地质储量267.6亿吨（我公司拥有煤炭资源储量30.98亿吨），煤层平均厚度32.8米，属低硫、特低磷、高灰熔点、较高挥发份和较高发热量的长焰煤，应用基底位发热量为4000-5600大卡/千克，是优质动力和气化及化工用煤，以低污染而闻名，被誉为“绿色煤炭”。

公司目前拥有年设计能力为2000万吨的黑岱沟露天煤矿及配套的选煤厂；受神华集团公司委托管理年生产能力2000万吨的哈尔乌素露天煤矿及配套的选煤厂和全长16.187公里的点（岱沟）-南（坪）运煤铁路专线;装机容量为2×100MW的坑口电厂、2×150MW煤矸石电厂，拥有权益装机容量总计566MW；2×330MW矸石电厂二期工程即将投产；正线全长264公里，年运输能力7000万吨的大(同)-准(格尔)单线Ⅰ级电气化铁路；大准铁路点岱沟-二道河增二线工程2010年建成；2010年开工建设粉煤灰提取氧化铝工程项目，计划到2012年建成年产40万吨氧化铝工程，2015年完成年产80万吨氧化铝工程；还有配套的供电、供水、通讯、计算机网络、污水处理等生产辅助设施。

2010年，公司生产原煤4800万吨，销售商品煤5143万吨，发电21.5亿度，铁路发送货物7129万吨；营业收入157亿元，实现利润41.6亿元，上缴税费28亿元。

神华准格尔能源有限责任公司践行科学发展观，坚持依靠科技进步，走资源利用率高、安全有保障、经济效益好、环境污染少的可持续发展道路，在创造良好的社会效益和经济效益的同时，为解决地区剩余劳动力就业以及带动当地经济发展作出了应有的贡献。

黑岱沟露天煤矿

露天航拍

新项目投入开采

神华准格尔能源有限责任公司

公司正门

全国第一 世界一流 准能公司学习和践行科学发展观，用世界最先进的设备和技术发展煤炭生产，使2009年的煤炭生产力争达到年3800万吨。图为黑岱沟露天矿大型设备吊斗铲生产情景

准能公司黑岱沟露天矿抛掷爆破

露天航拍

包商银行股份有限公司

包商银行党委书记、董事长 李镇西

2010年8月19日，中央新闻媒体采访团莅临包商银行调研考察

2010年7月5日，包商银行成为中国延安精神研究会战略合作单位

2010年7月19日，包商银行与蒙古国贸易发展银行签订全面战略合作协议